PANTHÉON LITTÉRAIRE.

LITTÉRATURE FRANÇAISE.

BATIGNOLLES-MONCEAUX.—IMPRIMERIE D'AUGUSTE DESREZ, RUE LEMERCIER, 24.

LES
VIEUX CONTEURS
FRANÇAIS

REVUS ET CORRIGÉS SUR LES ÉDITIONS ORIGINALES,
ACCOMPAGNÉS DE NOTES
ET PRÉCÉDÉS DE NOTICES HISTORIQUES, CRITIQUES ET BIBLIOGRAPHIQUES,

PAR PAUL L. JACOB,
BIBLIOPHILE.

LES CENT NOUVELLES NOUVELLES
DITES LES NOUVELLES DU ROI LOUIS XI;

LES CONTES OU LES NOUVELLES RÉCRÉATIONS ET JOYEUX DEVIS
DE BONAVENTURE DES PERIERS;

L'HEPTAMÉRON
OU LES NOUVELLES DE MARGUERITE, REINE DE NAVARRE;

LE PRINTEMPS D'YVER
CONTENANT CINQ HISTOIRES DISCOURUES AU CHATEAU DU PRINTEMPS
PAR JACQUES YVER.

PARIS
SOCIÉTÉ DU PANTHÉON LITTÉRAIRE,
RUE LAFFITTE, 40.

M DCCC XLI.

PRÉFACE DE L'ÉDITEUR.

On vante sans cesse les Conteurs italiens : on ne parle pas des nôtres, du moins en France, où c'est un parti pris depuis longtemps de déprécier autant que possible la littérature nationale au profit des littératures étrangères. Nous n'avons jamais partagé, Dieu merci, cette injuste indifférence à l'égard des plus précieux monuments de la langue des quinzième et seizième siècles; nous accordons même une sorte d'admiration à ces récits pleins de grâce, de finesse et de naïveté, dans lesquels brille de tout son éclat le véritable esprit français. C'est donc avec empressement que nous nous sommes chargés de former ce recueil qui renferme les chefs-d'œuvre de nos vieux Conteurs.

Les *Cent Nouvelles nouvelles* et l'*Heptaméron* (du moins l'ancien texte de Gruget) n'avaient pas été réimprimés depuis plus d'un demi-siècle; les *Contes et joyeux devis*, depuis plus d'un siècle; le *Printemps d'Yver*, depuis deux cent vingt-trois ans : ces ouvrages, dont toutes les éditions sont rares et chères, ne se trouvaient que dans les bibliothèques d'amateurs; ils n'étaient plus guère connus que par tradition; les personnes mêmes qui se piquent encore d'être lettrées, n'avaient lu les Nouvelles de la reine de Navarre que dans la misérable contrefaçon *en beau langage* des éditions de Hollande : ces motifs littéraires nous ont semblé suffisants pour autoriser et encourager notre publication.

Dans ce volume, nous avons cherché à réunir les différents genres du Conte : le Conte de Louis XI et de la cour de Bourgogne, franc, naïf, libre et jovial, comme une réminiscence des fabliaux d'autrefois; le Conte de Bonaventure des Periers, spirituel, railleur, hardi et souvent philosophique, comme un prélude aux romans de Voltaire; le Conte de la reine de Navarre, sage, intéressant, raisonné et entremêlé de morale, comme un sermon de ministre protestant; le Conte de Jacques Yver, musqué, alambiqué, *italianisé* et *ronsardisé*, comme tout ce qui a été écrit en vers et en prose sous le règne de Catherine de Médicis.

Notre intention a été de faire une édition, sinon populaire, du moins mise à la portée de tous ceux qui sont en état de juger et de goûter ces fruits, un peu crus, il est vrai, mais savoureux et succulants, d'une littérature que nous devons conserver. Sans nous préoccuper, dans notre travail, des routines trop respectées d'un petit nombre d'adeptes, qui bornent à des servitudes d'orthographe la *fidèle* reproduction des anciens textes; nous avons appliqué l'orthographe moderne à ces contes du quinzième et du seizième siècles. C'est un système, dans lequel nous persistons et persisterons malgré des critiques plutôt répétées que motivées : « Quant au système admis par quelques éditeurs, dit M. Leroux de Lincy dans son introduction aux *Cent Nouvelles nouvelles*, de rajeunir l'orthographe, en supprimant certaines lettres, nous n'avons rien à en dire, sinon que cette malheureuse tentative de demi-traduction défigure complétement les anciens ouvrages. On s'expose à commettre des anomalies grossières : c'est le travail d'un peintre qui placerait une perruque à la Louis XIV sur la tête d'un chevalier du temps de Charles VII. »

Ce serait bien le cas de défendre ici ce système, en attaquant celui qu'il tend à remplacer et l'édition en tête de laquelle M. Leroux de Lincy n'a pas craint de condamner la nôtre avec un air d'intolérance que ne nous inspirent pas ses utiles et laborieuses recherches; cette édition nous fournirait au besoin toutes les armes de l'attaque que nous voulons engager sur un autre terrain. Nous nous contenterons de répondre aujourd'hui à M. Leroux de Lincy, que nous reconnaissons deux systèmes à suivre, également rationnels, également bons peut-être, dans les nouvelles éditions des anciens auteurs : d'après le premier, il faut donner un *fac-simile* de l'édition ou du manuscrit original, sans aucune variante dans la ponctuation, dans l'accentuation, dans les signes caractéristiques du langage de l'époque; d'après le second, il faut éclaircir les obscurités matérielles de ce langage, par l'orthographe, la ponctuation, l'accentuation, etc. Quel est le système suivi par M. Leroux de Lincy? il reproduit, avec une fidélité dont nous ne pouvons lui savoir gré, jusqu'aux fautes d'impression de l'édition originale qu'il réimprime (t. I, p. 2, *jà soit ce qu'elles*, pour *jaçoit ce que*; p. 42, *à chef de pechié*, pour *à chef de pièce*; p. 46, *tenant le hoc en l'eau*, pour *tenant le bec en l'eau*; p. 50, *riches baguez*, pour *riches bagues*; p. 60, *à tous*, pour *atout*; p. 63, *se me sembleroit*, pour *ce me sembleroit*, et *duel* pour *dueil*; p. 65, *c'est bouté*, pour *s'est bouté*; p. 85, *d'envers*, pour *d'Anvers*; p. 172, *qu'il ne loist*, pour *qu'il n'est loi*; p. 243, *retour*, pour *amour*; p. 304, *mengue*, pour *mange*, etc.); mais, en revanche, il ne s'est pas fait le moindre scrupule de ponctuer à sa guise, et trop souvent au hasard, ce style prolixe rempli de phrases incidentes et de parenthèses inintelligibles lorsque la ponctuation ne vient pas en aide au lecteur; il s'est encore donné plus de licences dans l'accentuation des mots, pour laquelle il s'en réfère à des théories grammaticales et euphoniques qui demanderaient au moins quelque discussion et quelques preuves à l'appui. Quant à l'idée de laisser subsister, dans l'orthographe d'un même mot, ce que M. Leroux de Lincy appelle *toutes les variations en usage*, elle n'est ni logique ni spécieuse : on s'expose sans cesse à obéir au caprice d'un copiste ou d'un imprimeur ignorant.

Il y aurait beaucoup à dire sur ce sujet et nous y reviendrons à loisir. En attendant, nous n'offrons pas cette édition comme un modèle irréprochable, tant s'en faut (l'errata serait trop long pour que nous osassions le faire); mais nous la croyons propre à faciliter la lecture des vieux Conteurs français.

Paul L. JACOB, *bibliophile*.

Paris, 15 mai 1841.

INTRODUCTION.

La littérature, après avoir essayé plusieurs transformations successives, revient sans cesse à une forme première, qu'elle quittera encore pour la reprendre plus tard, lorsque l'oubli lui aura rendu tout l'attrait de la nouveauté. « En effet, dit la Fontaine, on ne peut pas dire que toutes saisons soient favorables pour toutes sortes de livres. » Mais il n'est pas de genre si décrié et si vieux, qui ne puisse être rajeuni et remis en honneur. Ceci est une affaire de mode, un hasard de fortune ; et si les écrivains sont impuissants à créer, ils savent rénover avec art. On jette au rebut les anciens moules ; on ne les brise jamais : demain peut-être on ressuscitera l'héroïde ; et puisque l'ode de Ronsard est remontée sur son trône après deux siècles et demi d'humiliations, ne sera-ce pas bientôt le tour des rondeaux de Benserade, des vers *équivoques* de Crétin, des *Soties* de Gringore et des *Mystères* de Greban ? Aujourd'hui la vogue est au Conte, et les libraires ne sèment plus que conteurs, comme autrefois ils ne greffaient que du Saint-Evremond.

Passe donc pour le conte ; c'est un produit agréable qui ne manquera jamais en France, où il est indigène. Le caractère, l'esprit et la langue de notre pays sont essentiellement propres à la nature du Conte, qui doit être vif, joyeux, hardi et naïf : ces qualités du moins se trouvent réunies dans la plupart des conteurs du quinzième et du seizième siècle. Il y a là toute une littérature, exquise de finesse et de grâce, qui reste ignorée sous les laves refroidies de vingt éruptions littéraires, comme ces villes antiques d'Italie enterrées vivantes et plongées dans les ténèbres, tandis que des villages modernes, bâtis de leurs débris à la place même qu'elles occupaient, s'étalent au soleil et foulent aux pieds les trésors de l'art immortel : la cabane est assise sur le fronton d'un temple.

Le Conte est partout le type primitif de la littérature d'un peuple. Jadis l'historien et le rapsode contaient ; Hésiode, Homère, Hérodote, Lucien, ne furent que des conteurs poëtes et philosophes, qui, selon le goût de leur temps, varièrent les formes de la tradition écrite. Bien avant eux, dès l'origine de la société, au milieu des forêts, les hommes nouveaux se reposaient des fatigues de la chasse en écoutant les récits d'un vieillard qui leur disait ce que son père lui avait dit touchant la naissance de l'Univers. Le conte et l'histoire eurent une source commune, contemporaine des langues, et ce ne fut qu'après des siècles d'éducation intellectuelle, que l'histoire fut dégagée de l'alliage du conte. Plutarque, qui fut le Montaigne des Grecs, résume à lui seul les diverses époques du conte ancien, qui était en honneur jusque dans les veillées des sorcières de Thessalie. Les Romains ne nous ont laissé de conteurs que Diodore de Sicile et Apulée ; mais nous savons qu'ils empruntèrent aux Grecs les banquets *acromatiques*, c'est-à-dire, suivant le commentaire d'un vieux conteur français, « assaisonnés de quelque bonne sauce et savoureux sopiquet de contes récréatifs et plaisantes sornettes. »

Les premiers contes, en France, furent des légendes de saints, narrées avec une crédule simplicité et grossies de bouche en bouche. Le tombeau de Dagobert, à Saint-Denis, où la sculpture a représenté les voyages de l'âme de ce roi dans l'enfer, est un conte fantastique figuré en pierres ; la *Légende dorée* de Jacques de Voragine forme un recueil de contes merveilleux, qui ne le cèdent pas aux *Mille et une Nuits* arabes. Ces contes pieux, inventés par les moines et enjolivés de détails peu édifiants, avaient pris racine dans la religion ; et telle était la manie des contes alors, que les dogmes fondamentaux du culte furent travestis de la façon la plus scandaleuse, sans mauvaise pensée. Ainsi l'Évangile servit de texte à des facéties licencieuses ; les livres d'Heures et les Psautiers étaient d'ordinaire allongés de miracles, de diableries et de paraboles qu'on lisait à l'église par manière de distraction. Voilà comment il est arrivé que les plus célèbres prédicateurs du quinzième et du seizième siècle, Menot, Maillard, Barlette, mêlaient tant de contes à leurs sermons et changeaient la chaire en tréteaux.

On peut rapporter à l'invasion des Maures d'Espagne dans les Gaules méridionales l'invasion du conte de gai-savoir, que les troubadours apprirent aux trouvères. Les Maures, ainsi que tous les Orientaux, se plaisaient singulièrement à entendre les longues narrations qui berçaient leur paresse, à l'ombre des aloès et au bord des fontaines. Le sultan Chahriar reculait de jour en jour la mort de Cheherazade pour ne pas laisser interrompre un de ces contes qu'elle racontait, en attendant l'aurore, à la prière de sa sœur Dinarzade. Bientôt le Languedoc, en expulsant ses conquérants, retint quelque chose de leurs mœurs et de leurs arts. Un dicton populaire donna la palme au *mieldre jugleor en Gascoigne ;* cette province fournissait les meilleurs jongleurs, et, toujours passionnés pour ce genre de divertissement, nos bons aïeux *riaient.*

L'Orient raviva encore la passion des contes lorsque les croisades eurent acclimaté en France une foule d'usage d'outre-mer. Les Sarrasins et le climat de la Palestine amollirent les vainqueurs, qui rapportèrent dans leur patrie le goût des apologues, et cette volupté nonchalante que procurent aux Asiatiques les récits fabuleux. Les trouvères se souvinrent des aventures ingénieuses qu'ils avaient ouïes sous la tente, à Damas et à Massoure. La cour de Philippe-Auguste reçut le reflet de celle du soudan Saladin, et il n'y eut pas de fête royale ou seigneuriale sans un lai récité durant le festin, au murmure des coupes qu'on remplissait de vin de Chypre. Durand, Rutebeuf, Cortebarde, Marie de France et les autres, qui précédèrent les romanciers de chevalerie, eurent la gloire d'inspirer Boccace.

Ne semble-t-il pas que les contes ont été surtout en faveur dans les moments difficiles, où il était besoin d'oublier les malheurs du temps, la guerre, la famine et la peste ? Boccace composa son *Décaméron* pendant la peste de Florence ; Pogge, qui naquit cinq ans après la mort de Boccace, son maître, écrivit ses contes facétieux au milieu des schismes turbulents de la papauté ; Eustache Deschamps, qui avait étudié la médecine dans le Levant, paraît mettre le conte au nombre des remèdes de l'épidémie que Boccace combattait à force de gaieté, lorsqu'il recommande en ballade de fuir la tristesse et *fréquenter joyeuse compagnie.*

C'est dans le quinzième siècle que l'exemple de Boccace réveille en France la muse du conte, endormie comme Épiménide, tant que le choc des armées retentit d'un bout du royaume à l'autre ; depuis quinze ans la guerre civile faisait silence, et la peste ne dévorait plus les populations, lorsque le dauphin de France, qui devait être Louis XI, réfugié à la cour du duc de Bourgogne pour échapper au ressentiment de son père Charles VII, consola son exil par les CENT NOUVELLES NOUVELLES, « assez semblables en « manière, dit Antoine de la Sale, rédacteur « anonyme de ce recueil, sans atteindre le « très-subtil et orné langage du livre de « *Cent Nouvelles.* » Le terrible Louis XI avait ses heures de badinage et de belle humeur à table et parmi les fumées de la *buverie ;* il préludait aux potences de son règne par propos folâtres, et il payait en monnaie de langue l'hospitalité de son *beau-frère de Bourgogne.* Ces deux fiers conteurs se mesurèrent, à quelques années de là, dans la plaine de Montlhéry.

La cour de Bourgogne, où se racontèrent si librement cent nouvelles *moult plaisantes,* n'admettait pas les dames à ces après-soupers gaillards, où chaque assistant avait la parole à son tour et rafraîchissait sa mémoire dans un pot de cervoise ou bière forte ; mais les femmes étant introduites à la cour de France par Anne de Bretagne, le conte quitta son allure soldatesque et voila sa nudité impudique, sans renoncer pourtant à son franc-parler et à sa joyeuseté native. La mère de François Ier, Louise de Savoie, et sa fille Marguerite d'Angoulême, duchesse d'Alençon, depuis reine de Navarre, excellèrent dans un genre qui veut, par-dessus tout, le talent de broder une idée avec esprit et délicatesse. On assure que Louise de Savoie s'avoua vaincue par sa fille et déchira son ouvrage, que nous regretterons, malgré cette rigoureuse condamnation : Marguerite nous a conservé son chef-d'œuvre L'HEPTAMÉRON, OU HISTOIRE DES AMANTS FORTUNÉS, dans lequel, dit Claude Gruget, premier éditeur de ces contes, *elle a passé Boccace.*

Marguerite, que la Réforme n'empêcha pas de faire traduire *le Décaméron* italien par son secrétaire Antoine le Maçon, ne rassemblait aucune nouvelle *qui ne fût véritable histoire*, et sa haute philosophie, loin de s'effaroucher des libertés du conte, *brisait l'os médullaire*, du livre de Rabelais, que des précieux du siècle de Louis XIV ont osé traiter de *bouffon insipide!*... Le cardinal Dubellay envoyait dîner avec les laquais quiconque n'avait pas lu *le Livre!* Enfin, il importe peu que les nouvelles publiées sous le nom de la reine de Navarre soient sorties ou non de la plume d'un de ces valets de chambre lettrés, qu'elle s'attachait par des bienfaits et plus encore par sa beauté et son mérite incomparables : les CONTES ET JOYEUX DEVIS, de Bonaventure des Periers, ne sont peut-être que des lambeaux de l'*Heptaméron* inachevé.

Ce que touche une main royale devient or ; le Conte fut partout le bienvenu, et tandis que, dans chaque ville de France, parents, amis et voisins se réunissaient les soirs pour *banqueter* et conter à frais commun, les imitateurs de Rabelais et de la reine de Navarre accaparèrent et gardèrent longtemps la fortune que leurs modèles avaient eue. Noël Dufail, sieur de la Hérissaye, voulut prouver, par ses *Contes d'Eutrapel*, que *l'utilité des contes facétieux est grande*, et par ses *Discours d'aucuns propos rustiques*, qu'on pouvait *trouver goût* aux naïfs récits des paysans ; le docte Henri Estienne, pour faire l'apologie de son cher Hérodote, n'imagina rien de mieux que de publier un volume de contes, qu'il se défend d'avoir *enrichis*, sous le titre de l'*Introduction au traité de la Conformité des merveilles anciennes avec les modernes;* Tabourot, fidèle à sa devise : *A tous accords*, qui fut aussi celle de Henri III, montra un talent varié dans ses *Bigarrures et touches*, comme dans ses *Escraignes dijonnaises;* le sieur Goulard, une de ces *personnes de si bonne pâte et heureuse rencontre qu'ils semblent nés pour faire rire les autres*, dut sa joviale réputation à la plume badine du même Tabourot, qui rédigea *pour rire* les contes les plus gras du gentilhomme franc-comtois ; Bouchet, sieur de Boncourt, dédia aux marchands de Poitiers ses *Serées*, dont *les discours libres et gaillards se ressentent de l'ancienne prudhommie du bon vieux temps;* Beroalde de Verville, tout chanoine qu'il était, ou parce qu'il était chanoine, gâta son MOYEN DE PARVENIR à force de grossièretés ; et Boisrobert, sous le nom de son frère le sieur d'Ouville, s'appropria beaucoup de bien d'autrui dans ses *Contes aux heures perdues*. Le Conte s'empara, pour ainsi dire, de tous les instants de la vie : non-seulement les *Serées* de Bouchet furent accompagnées des *Facétieuses journées* de Gabriel Chappuis et de la traduction des *Facétieuses nuits* de Straparole, mais encore le seigneur de Cholières imagina ses *Neuf Matinées*, pour inviter la compagnie qu'il avait aux champs à *se dégourdir et aiguiser l'appétit au dîner*, puis ses *Après-dînées*, pour empêcher sa compagnie de dormir au sortir de table, parce que *le veiller est plus gentil, mieux séant, de meilleure et plus honnête grâce*. Le seigneur d'Yver, pour équivoquer sur son nom, intitula PRINTEMPS un recueil de cinq contes entremêlés de digressions savantes, morales et philosophiques, qui avaient été mises à la mode depuis les *Diverses Leçons* de Pierre Messie, traduites de l'espagnol par Claude Gruget, l'éditeur de la reine de Navarre. Duverdier, sieur de Vauprivas, voyant, par le peu de succès de *son Compseutique*, que les contes perdaient de la valeur qu'on avait coutume de leur accorder en France, essaya de les rajeunir en les enveloppant de leçons débitées d'un style sérieux et dogmatique. Ce fut aussi sous le titre de *Diverses Leçons* qu'il imprima un choix de ses lectures, divisé par livres et par chapitres : ce volume, réimprimé plusieurs fois, fut sans doute assez goûté, puisque Louis Guyon, sieur de la Nauche, fit paraître à son tour trois gros volumes de *Diverses Leçons*, plus ennuyeuses que les précédentes, en ce que les anecdotes y étaient plus rares : ce n'étaient déjà plus ces bons contes *à la gauloise* avec lesquels on oubliait la peste et la guerre civile. Enfin, les *Nouvelles tragiques*, de l'italien Bandello, traduites ou plutôt paraphrasées et gâtées par Belleforêt et Boaistuau, furent les derniers soupirs du Conte au seizième siècle, immortel phénix, que cent ans plus tard la Fontaine devait extraire de la poussière de *ces bouquins de haute graisse.*

La plupart de ces bouquins sont aujourd'hui rares ou introuvables, la plupart imprimés avec une orthographe et des caractères gothiques, la plupart d'ailleurs illisibles aux dames. Cependant, c'est là le précieux dépôt du véritable esprit français, et ce précieux dépôt, presque ignoré, finira par disparaître tout à fait, car les étrangers recherchent volontiers nos curiosités bibliographiques. N'y aurait-il pas intérêt et profit pour les gens du monde à visiter les ruines du Conte, qui n'ont jamais eu de cicerone? Il y a tant de perles à tirer du fumier d'Ennius! Les dames se fâcheraient-elles de connaître, d'un ouvrage bizarre, comique et original, ce qui peut leur en être présenté avec les exigences polies de notre siècle? Le fruit défendu a tant de charmes depuis Ève!

Sans doute, le goût a bien varié du quinzième siècle au nôtre : les *Cent Nouvelles* furent *mises en terme et sur pied au commandement et avertissement du très-redouté seigneur Louis onzième;* l'*Heptaméron* parut *sous la permission du roi* et sous les auspices de *très-illustre et très-vertueuse princesse Madame Jeanne de Foix, reine de Navarre;* mais les *Contes* de la Fontaine, qui n'avait pas choisi d'autre Mécène que la Champmeslé, soulevèrent l'indignation du roi; et le lieutenant de police en supprima l'édition comme *remplie de termes indiscrets et malhonnêtes,* et ne pouvant avoir *d'autre effet que celui d'inspirer le libertinage.*

NOTICE

SUR

LES CENT NOUVELLES NOUVELLES.

Les *Cent Nouvelles nouvelles* furent racontées dans l'intervalle de l'année 1456 à l'année 1461, par le dauphin de France, Louis, fils de Charles VII, et par le comte de Charolais, Charles, fils de Philippe le Bon, duc de Bourgogne, ainsi que par leurs officiers et les personnes de leur suite, au château de Genappe, où le dauphin s'était retiré après sa sortie de France et où il tenait sa cour en attendant la mort de son père. C'est là un fait que nous apprend une tradition constante et qui se trouve constaté par les termes mêmes de l'épître dédicatoire : « Notez que, par toutes les Nouvelles où il est dit *par Monseigneur*, il est entendu, par *Monseigneur* le dauphin, lequel a succédé à la couronne et est le roi Louis XIe, car il étoit lors ès pays du duc de Bourgogne [1]. »

Le dauphin Louis montra de bonne heure ce que devait être Louis XI : il fut mauvais fils, avant d'être mauvais père. A peine âgé de quatorze ans, il causa beaucoup de chagrin à Charles VII, en se déclarant l'ennemi implacable de la belle Agnès que le roi aimait, et il s'emporta même jusqu'à donner un soufflet à cette favorite qui l'avait traité peut-être sans ménagement. Ce soufflet fut, dit-on, la cause de la première révolte du dauphin, en 1440, contre Charles VII, qui employa la force des armes pour soumettre le rebelle et faire cesser la *praguerie*, cette petite guerre civile qui menaça un moment de s'étendre par tout le royaume. Charles VII, pour éloigner son fils, le fit gouverneur du Dauphiné, et le jeune prince y résida quelques années, en appauvrissant la province par des exactions impitoyables, en machinant des intrigues criminelles et en créant des obstacles à l'autorité royale qu'il bravait ouvertement. Louis voulut ga-

gner les archers de la garde écossaise et les principaux seigneurs de la cour de Charles VII ; il répandit de l'argent et des promesses dans un but secret qui touchait peut-être au parricide ; mais Antoine de Dammartin, comte de Chabannes, alla dénoncer le complot, et le dauphin nia tout, en laissant punir ses complices qui l'accusaient. Mais il se vengea alors d'Agnès Sorel, empoisonnée à Jumièges, s'il faut en croire l'indignation populaire que souleva cette mort tragique. Il ne put se venger du comte de Chabannes qu'après être monté sur le trône.

Celui-ci continua donc à surveiller les projets sinistres du dauphin, qui était sans cesse en mésintelligence avec son père. Louis s'apprêtait même à en venir à une seconde révolte contre le roi, et il rassemblait des troupes et de l'argent pour tenir tête à la royauté, sinon pour l'attaquer, lorsque Charles VII, poussé à bout et las de pardonner, ordonna au comte d'entrer avec une armée dans le Dauphiné et d'arrêter le dauphin. « Si Dieu ou la fortune, s'écria Louis en apprenant l'approche du lieutenant du roi, m'eussent donné la grâce de disposer de la moitié des hommes d'armes dont le roi mon père est le maître et qui m'appartiendront un jour, de par Notre-Dame ma bonne maîtresse, je lui aurais épargné la peine de venir si avant me chercher : je serais allé jusqu'à Lyon pour le combattre. »

Sentant bien que la résistance était impossible et n'espérant plus de pardon, il résolut de sortir de France et de se réfugier auprès du duc de Bourgogne : dans le cours du mois de juin 1456, il feignit une partie de chasse, pour qu'on ne s'opposât point à sa fuite, et passa en Bourgogne, avec six de ses familiers. En arrivant à Saint-Claude, sur les terres du duc qui devenait son hôte, il écrivit au roi pour s'excuser, et manifesta l'intention de s'associer à une espèce de croisade que Philippe le Bon devait entreprendre contre les Turcs. Le duc de Bourgogne qui assiégeait alors Utrecht, se réjouit de l'arrivée du dauphin de France et transmit les ordres nécessaires pour que le prince exilé fût reçu à Bruxelles avec les honneurs appartenant à sa naissance. Il revint bientôt lui-même à sa cour et il entendit les griefs que le dauphin prétendait avoir contre le roi et ses conseillers. « Monsei-

---

[1] Dans cette Notice, nous suivons presque pas à pas celle de M. Leroux de Lincy, qui s'est servi des meilleurs historiens du temps avec une exactitude que nous ne saurions mieux apprécier qu'en renvoyant une fois pour toutes à cette Notice, empruntée aux Chroniques Martiniennes, aux Mémoires de Comines, de Jacques Duclercq, d'Olivier de la Marche, de Mathieu de Coucy, etc. Cependant M. Leroux de Lincy cite à peine un opuscule très-utile et très-estimable, qu'il connaît bien, puisqu'il en tire de grands secours : *Mémoire sur le séjour que Louis, dauphin de Viennois, depuis roi sous le nom de Louis XI, fit aux Pays-Bas, de l'an 1456 à 1461*, par M. de Reiffemberg.

gneur, soyez le bienvenu dans mon pays, lui dit le duc après l'avoir écouté avec attention ; je suis très-heureux de vous y voir. En tout ce qui touche votre personne, soyez sûr que je vous ferai service, soit de corps, soit d'argent, sauf contre monseigneur le roi votre père, contre lequel, pour rien, je ne voudrois entreprendre aucune chose qui fût à son déplaisir. » Philippe le Bon s'employa volontiers pour réconcilier le dauphin avec le roi ; mais les négociations entamées échouèrent toujours par le mauvais vouloir des personnes intéressées à empêcher ou à retarder cette réconciliation : le dauphin d'ailleurs ne se souciait pas de rentrer en France, du vivant de son père, et celui-ci se croyait plus en sûreté tant que son fils resterait hors de ses États.

Pendant le séjour du dauphin en Brabant, une parfaite harmonie régna entre lui et le duc, quoique Charles VII eût dit, au sujet de la généreuse hospitalité que Philippe accordait au fugitif : « Mon cousin ne sait pas ce qu'il fait ; il donne asile au renard qui mangera ses poules. » Le duc avait promis une pension de 3,000 florins d'or par mois au dauphin, qui alla se fixer au château de Genappe. « Ce château, fort ancien, dit M. Leroux de Lincy, situé sur la rivière de Dyle, entre Nivelle et Gemblours, à six lieues de Bruxelles et à sept de Louvain, fut la dot et le séjour d'Ide, mère du célèbre Godefroy de Bouillon. Les bâtiments dont il se composait, et qui n'existent plus aujourd'hui, entièrement construits sur la Dyle, étaient joints au rivage par un pont de bois, auquel venait se joindre, du côté du château, un petit pont-levis. On arrivait au premier pont en traversant une cour assez vaste, environnée de jardins et d'arbres fruitiers. Deux tourelles protégeaient l'entrée, deux autres étaient placées sur la face gauche. Autant qu'on en peut juger par le dessin qui nous en reste (*Délices du Brabant*, etc., par Cantillon, t. II), l'ensemble de l'édifice se composait de quatre corps de logis distribués inégalement de chaque côté d'une grande cour. A gauche, on voyait s'avancer une chapelle. Un bâtiment séparé, défendu par une cinquième tour carrée, faisait saillie en dehors, du même côté que la chapelle. En considérant avec attention l'aspect de ce château environné de toutes parts d'une rivière aux eaux tranquilles et d'une campagne florissante ouverte aux plaisirs de la promenade et de la chasse, on comprend que le dauphin de France y ait fixé sa demeure en attendant la fin de son exil. La nuit, le pont-levis une fois dressé, il ne craignait ni attaque ni surprise, et pouvait tranquillement se livrer aux plaisirs de la table et à celui d'écouter ou de faire ces joyeux récits qui composèrent plus tard les *Cent Nouvelles*. Le jour, accompagné de ses fidèles serviteurs et du comte de Charolais, dont il aimait à exciter la bouillante ardeur, il chassait, ou bien encore visitait les paysans et s'amusait de leurs propos. »

« Les principaux du conseil dudit dauphin, raconte Olivier de la Marche, furent le seigneur de Montauban et le bâtard d'Armagnac, avec le seigneur de Craon ; et avoit mondit seigneur le dauphin, de moult notables jeunes gens, comme le seigneur de Cressols, le seigneur de Villiers, de l'Estang, M. de Lau, M. de la Barde, Gaston du Lyon, et moult d'autres nobles gens et gens élus ; car il fut prince et aima chiens et oiseaux, et même, où il savoit nobles hommes de renommée, il les achetoit à poids d'or, et avoient très-bonne condition. Mais il fut homme soupçonneux, et légèrement attrayoit gens et légèrement il les reboutoit de son service ; mais il étoit large et abandonné, et entretenoit par sa largesse ceux de ses serviteurs dont il se vouloit servir, et aux autres donnoit congé légèrement et leur donnoit le bond, à la guise de France. »

Le dauphin, au château de Genappe, pouvait se croire encore souverain, comme dans son gouvernement du Dauphiné, à l'exception qu'il ne pressurait pas d'impôts la province et qu'il manquait quelquefois d'argent. « A la dépense qu'il faisoit de tant de gens qu'il avoit, dit Comines, l'argent lui failloit souvent : qui lui étoit grande peine et souci ; et lui en falloit chercher ou emprunter, ou ses gens l'eussent laissé : qui est grande angoisse à un prince qui ne l'a point accoutumé. » C'était une véritable cour, qui ne différait des autres que par le nombre et l'*état* des seigneurs que le prince retenait auprès de lui à force de sacrifices. Le comte de Charolais, que l'exemple et peut-être les perfides conseils du dauphin avaient mis presque en révolte ouverte contre le duc de Bourgogne et qui plusieurs fois oublia même le respect dû à son père, quittait souvent la cour de Bruxelles et se retirait au château de Genappe avec les gentilshommes de sa maison. Ce fut durant les divers séjours de ce prince auprès de Louis de France, que les *Cent Nouvelles nouvelles* furent narrées, à l'imitation de celles de Boccace, dans les veillées d'hiver autour d'une vaste cheminée où brûlaient des arbres entiers, dans les veillées d'été sous les tonnelles de vigne vierge ou entre des murailles de buis taillé.

En ce temps-là, les femmes vivaient à l'écart entre elles et loin de la société des hommes, excepté dans les circonstances solennelles où elles paraissaient pour l'ornement des fêtes, des processions et des tournois. Anne de Bretagne établit la première, entre les deux sexes, ces habitudes de fréquentation polie, qui produisirent cette urbanité que la France a longtemps apprise aux autres nations et que nous ne connaissons plus que par des traditions à demi-effacées : Anne de Bretagne *fonda la Cour des dames*, dit Brantôme, et cette innovation amena presque aussitôt une révolution générale et profonde dans les mœurs, qui, de rudes et grossières qu'elles étaient, devinrent douces et élégantes. On sent bien, en lisant les *Cent Nouvelles nouvelles*, que des femmes ne se réunissaient pas pour les entendre, et que des hommes, jeunes et galants la plupart, pouvaient seuls écouter ce qu'ils contaient si gaillardement, avec cette liberté de paroles qui ne résultait, dit-on, que de l'innocence du bon vieux temps.

Voici par ordre alphabétique la liste des personnages qui ont coopéré à la narration des *Cent Nouvelles nouvelles*, et dont quelques-uns nous sont à peine connus de nom, malgré les persévérantes recherches de MM. de Reiffemberg et Leroux de Lincy [1].

ALARDIN. Il y avait un Alardin la Griselle, écuyer-échanson du duc de Bourgogne en 1436. On trouve encore au nombre des officiers de la maison de Bourgogne un Alardin Bournel, qui passa au service de Louis XI en 1461. C'est sans doute ce dernier qui contait au château de Genappe. (Voyez nouv. 77.)

AMANT DE BRUXELLES (Monseigneur l'). C'est Jean d'Enghien, chevalier, sieur de Kessergat, vicomte de Grimbergh, chambellan et maître d'hôtel du duc de Bourgogne. Il était *amann* de Bruxelles, charge municipale correspondante à celle de notaire ou plutôt d'archiviste. (Voyez nouv. 13 et 53.)

BARDE (Monseigneur de la). Jean d'Estuer, chevalier, seigneur de la Barde, de Salignac en Limousin, de Nieul en Anjou, etc., fut conseiller et chambellan de Louis XI, sénéchal du Limousin en 1462, ambassadeur ou plutôt agent du roi en Angleterre, sénéchal de Lyon en 1483, etc. Il mourut après 1488. (Voyez nouv. 31.)

BEAUVOIR (Monseigneur de). Jean de Montespedon, dit *Houaste*, écuyer, conseiller et premier valet de chambre de Louis XI, n'était pas encore seigneur de Beauvoir lorsqu'il s'expatria pour suivre le dauphin. (Cette circonstance démontre que la rédaction des *Cent Nouvelles nouvelles*, ou du moins des sommaires où sont nommés les narrateurs, est postérieure à l'année 1461.) Jean de Montespedon fut chargé de porter une lettre du dauphin à Charles VII en janvier 1460; Louis XI récompensa ses services en le nommant bailli de Rouen, au mois de novembre 1461. (Voyez nouv. 27 et 30.)

CARON. Il était clerc de chapelle dans la maison de Bourgogne. On voit que les gens d'Église ne se scandalisaient pas aisément en fait de contes. (Voyez nouv. 22, dans le sommaire de laquelle on a omis le nom du narrateur.)

CHANGY (Messire Michaut de), conseiller du grand conseil, chambellan ordinaire, premier écuyer tranchant, puis premier maître d'hôtel des ducs de Bourgogne Philippe et Charles; ce dernier lui accordait une confiance particulière et le combla de faveurs tant qu'il vécut. Après la mort de Charles le Téméraire, Louis XI confirma Michaut ou Michel de Changy dans toutes les charges qu'il avait en Bourgogne. (Voyez nouv. 40, 64, 79 et 80.)

COMMESURAM (Monseigneur de). Ne faut-il pas lire *M. de Conversan*, comme on nommait alors Louis de Luxembourg, comte de Saint-Pol, qui est pourtant nommé *monseigneur de Saint-Pol* en tête de la nouvelle 39 ? (Voyez nouv. 23, 62 et 72.)

CRÉQUY (Monseigneur de). Jean, sire de Créquy, de Canaples et de Tressin, chevalier de la Toison-d'Or dès l'origine de l'ordre en 1431, occupa un rang très-distingué parmi les chevaliers de cet ordre, puisqu'il en porta le collier au roi d'Aragon en 1461 et qu'il fut un de ceux qui en 1453 firent le *vœu du faisan* pour une croisade contre les Turcs. Il était un des douze seigneurs qui portèrent le corps de Philippe le Bon. Il mourut après 1469. (Voyez nouv. 14.)

DAVID (Pierre), se trouve porté aux appointements de 12 sols par mois dans les états des officiers et domestiques de la maison de Bourgogne en 1448. (Voyez nouv. 49.)

DIGOINNE (Messire Chrétien de), chevalier, seigneur de Thianges, chambellan de Jean sans Peur, remplit encore cette charge auprès des ducs Philippe et Charles; il avait en 1473 une pension de 600 francs d'or. Il vivait encore en 1475. (Voyez nouv. 68.)

FIENNES (Monseigneur de). Thibaut de Luxembourg, second fils de Pierre Ier du nom, fut le chef de la branche de Fiennes. Il était pensionnaire du duc de Bourgogne en 1466. Après la mort de sa femme Philippine de Melun, il se fit moine dans l'ordre de Cîteaux et devint tour à tour abbé d'Igny, puis d'Orcamp, et évêque du Mans. Il mourut en 1477. (Voyez nouv. 24 et 43.)

FOUQUESSOLES (Monseigneur de). On sait seulement que ce personnage était bailli de Fouquessoles en 1419. (Voyez nouv. 26.)

GUYENNE (Monseigneur le sénéchal de). Voyez LAU.

LAMANT DE BRUXELLES. Voyez AMANT.

LAMBIN (Maître Jean). On croit que c'est Berthelot Lambin, valet de chambre du duc Philippe le Bon et contrôleur de son artillerie en 1446. (Voyez nouv. 73.)

LANOY (Monseigneur Jean de), créé chevalier de la Toison-d'Or en 1451, était dès l'année 1448 attaché à la maison du duc de Bourgogne qui lui donnait 36 sols de gages par mois. Louis XI, en montant sur le trône, l'attira sans peine à son service, le nomma gouverneur de Lille et bailli d'Amiens, et le chargea d'une mission secrète auprès du roi d'Angleterre. Mais Charles le Téméraire, indigné de la déloyale conduite de Jean de Lanoy, voulut le faire arrêter et s'empara de ses terres en Brabant. Après la mort du duc, Jean de Lanoy reparut à la cour de Bourgogne et joua un rôle important dans la politique

---

[1] Nous laissons les preuves et autorités de ces recherches dans les deux ouvrages, où l'on irait les chercher au besoin.

du temps : il fut abbé de Saint-Bertin, chancelier de la Toison-d'Or, chambellan de Maximilien d'Autriche, et mourut en 1492. (Voyez nouv. 6, 82 et 92.)

LAON (Philippe de). C'est Philippe de Loan, écuyer d'écurie du duc de Bourgogne en 1462. (Voyez nouv. 5, 20, 21, 66, 67, 74 et 76.)

LA ROCHE (Monseigneur de). Philippe Pot, fils de Jacques Pot, seigneur de La Roche de Nolay et autres lieux, était chambellan de la maison de Bourgogne, aux gages de 36 sols par mois, avant 1462. Il devint alors un des plus intimes conseillers de Philippe le Bon, qui lui confia plusieurs négociations délicates. Charles le Téméraire lui accorda la même confiance et le nomma successivement capitaine de la ville et du château de Lille, grand maître d'hôtel et chambellan de Bourgogne, etc. A la mort du duc, Louis XI, qui connaissait l'habileté de Philippe Pot, l'institua grand-sénéchal de Bourgogne. Il mourut vers 1498. On croit qu'il avait été gouverneur du comté de Charolais et du roi Charles VIII. Mais la Notice de M. Leroux de Lincy sur ce personnage ne nous a pas bien convaincu que Monseigneur de La Roche ne fût pas plutôt Jean de la Roche, seigneur de Barbezieux, fils aîné de Guy de La Rochefoucauld, le même qui avait commandé les troupes du dauphin pendant la *praguerie* de 1440. (Voyez nouv. 3, 12, 15, 18, 36, 37, 41, 44, 45, 47, 48 et 52.)

LAU (Monseigneur de). Antoine de Châteauneuf, seigneur et baron de Lau en Armagnac, fut un des favoris de Louis XI, qui le nomma grand-chambellan et grand-bouteiller de France, sénéchal de Guyenne; mais il tomba en disgrâce et se vit emprisonné au château d'Usson en Auvergne. Il parvint à s'évader et se retira auprès du duc de Bourgogne. Il était gouverneur de Perpignan en 1482, et mourut avant l'année 1485. (Voyez nouv. 38.)

LEBRETON. Il y avait en 1419 un Roulant Lebreton, roi d'armes d'Artois, qui fut fait prisonnier à Dreux. (Voyez nouv. 98.)

LA SALE (Antoine de), qu'on regarde comme le rédacteur des *Cent Nouvelles nouvelles*, et qui serait alors l'*acteur*, c'est-à-dire l'auteur, de la nouvelle 51, naquit en Bourgogne dans les dernières années du quatorzième siècle. Dans sa jeunesse, il alla en Italie et s'attacha comme secrétaire à Louis III, comte d'Anjou et de Provence, et roi de Sicile; il passa ensuite au service du bon roi René et fut précepteur des enfants de ce prince. Ramené en Flandre par le comte de Saint-Pol, et présenté à Philippe le Bon, il devint un des ornements de la cour de Bourgogne, qui accueillit ses romans et ses histoires avec de justes applaudissements. « Noble et bien renommé, Antoine de La Sale, dit un autre contemporain (Rasse de Brinchamel, dans la préface des *Aventures de Floridan*), avez toujours plaisir, et dès le temps de votre fleurie jeunesse, vous êtes délecté à lire, aussi à écrire histoires honorables ; auquel exercice et continuant, vous persévérez de jour en jour sans interruption. » Ce fut sans doute pour le délassement du dauphin, qu'Antoine de La Sale écrivit l'*Histoire du petit Jehan de Saintré et de la dame des Belles Cousines*, puisque les manuscrits de ce joli roman sont datés du château de Genappe et de l'année 1459 : il écrivit aussi, dans le même temps et peut-être dans le même but, *les Quinze joies du mariage*, vive et plaisante satire à laquelle il ne mit pourtant pas son nom. « Entre cet ouvrage, la *Dame des belles Cousines* et les *Cent Nouvelles*, il y a, dit M. Leroux de Lincy, un air de famille qui suffirait pour qu'on les attribuât tous trois au même auteur. » Antoine de La Sale aurait donc, suivant toute apparence, rédigé les *Cent Nouvelles nouvelles*, et c'est lui-même qui offrit au comte de Charolais ce *petit œuvre, mis en terme et sus pied*, dit-il dans la dédicace, *à votre commandement et avertissement*. (Voyez nouv. 50.)

MAHIOT D'AUQUESNES. C'est Mahiot Regnault, maître de la Chambre aux deniers, c'est-à-dire argentier de Philippe le Bon ; ou bien Mahiot Noël, domestique qui recevait 7 sols de gages par mois, en 1448, dans la maison de Bourgogne. (Voyez nouv. 54.)

MARTIN (Jean), valet de chambre et premier sommelier du corps de Philippe le Bon, seigneur de Bretonnières, châtelain de Rouvres, etc., ne resta pas au service de Charles le Téméraire après la mort du duc Philippe et se retira à Dijon où il mourut en 1475. (Voyez nouv. 78 et 82.)

MERIADECH (Hervé), breton, écuyer, attaché à la maison de Bourgogne, où il touchait 18 sols de gages par mois en 1448, avait suivi en Écosse le bon chevalier Jacques de Lalain et s'était distingué par de belles expertises d'armes. Louis XI le nomma gouverneur de Tournay en 1461. (Voyez nouv. 42.)

PONCELET. On croit que c'est Jacques Pourcelet, qui était en 1471 conseiller du duc de Bourgogne. (Voyez nouv. 59, 60 et 61.)

ROTHELIN (marquis de). Philippe, marquis de Hocheberg, comte de Neufchâtel en Suisse, seigneur de Rothelin et de Badenviller, fut maréchal de Bourgogne et grand-sénéchal de Provence, et devint en 1490 grand-chambellan de France. Il mourut en 1503. (Voyez nouv. 84.)

SAINT-POL (Monseigneur de). Louis de Luxembourg, comte de Saint-Pol, de Brienne, de Conversan, etc., chevalier de la Toison-d'Or, joua un grand rôle dans les premières années du règne de Louis XI, qui l'avait appelé à son service et créé connétable de France en 1465. Louis de Luxembourg conservait des intelligences secrètes avec le duc de Bourgogne, son ancien maître, et trahissait tour à tour le duc et le roi, en les ménageant tous deux et en les opposant toujours l'un à l'autre. Enfin Louis XI le fit arrêter, juger et décapiter en décembre 1475. (Voyez nouv. 39.)

Saint-Yon (Monseigneur de). C'est sans doute Garnot de Saint-Yon, qui était écuyer-pannetier de Jean sans Peur et qui fut ensuite échanson de Philippe le Bon, avec 100 francs de gages par an. (Voyez nouv. 25.)

Thalemas (Monseigneur de). Messire Gui, seigneur de Roye, Plessis, Muret, Thalemas et Guerbigny, chevalier de la Toison-d'Or, mort sans postérité en 1463. (Voyez nouv. 75.)

Thianges (Monseigneur de). C'est le même que *messire Chrétien Digoinne*, ou *d'Ygoinne*, qui raconte la nouvelle 68. (Voyez nouv. 46.)

Vignier (Philippe), était valet de chambre du duc de Bourgogne en 1451. (Voyez nouv. 19.)

Villiers (Monseigneur de). C'est sans doute Antoine de Villiers, premier écuyer de Philippe le Bon. Louis XI, qui l'avait connu et apprécié à Genappe, l'employa plus tard dans des négociations difficiles et le récompensa de son zèle après plusieurs traités de paix auxquels le seigneur de Villiers avait fort contribué. (Voyez nouv. 22, 35, 55, 56, 57 et 95.)

Waulrain (Monseigneur de), seigneur de Forestel, d'une illustre famille de Flandre, chambellan des ducs de Bourgogne Jean et Philippe, est auteur d'une chronique, encore inédite, qui embrasse l'histoire d'Angleterre et de France depuis les temps les plus reculés jusqu'en 1471. (Voyez nouv. 81 et 83.)

Wastenes (Monseigneur le prévôt de) était un des conseillers du comte de Charolais qui, dans sa querelle avec la maison de Croy, l'accusa de trahison et l'éloigna de sa personne. On ne sait pas le nom de ce personnage. (Voyez nouv. 65.)

Parmi les *Cent Nouvelles nouvelles*, il y en a plusieurs dont les narrateurs ne sont pas nommés. M. de Reiffemberg attribue ces nouvelles à Philippe, comte de Croy, qu'il présente même comme l'*acteur* du recueil entier; mais cette conjecture n'est guère vraisemblable, et l'on a plus de raison de penser qu'Antoine de la Sale, écrivant de souvenir les nouvelles qu'il avait entendues, ne s'est pas rappelé tous les noms des conteurs et en a omis quelques-uns.

Le dauphin, que le rédacteur désigne sous le nom de *Monseigneur*, comme il l'annonce dans l'épître dédicatoire, raconte les nouvelles 9, 11, 29, 33, 69, 70, 71 (quelques éditions lui donnent encore les nouvelles 2, 7 et 4). Louis XI *aimoit fort les bons mots et les subtils esprits*, dit Brantôme. Ce fut chez lui un goût prédominant, dont il ne se corrigea pas en devenant roi, car alors, dit encore Brantôme, « la plupart du temps mangeoit en pleine salle avec force gentilshommes de ses plus privés. Et celui qui lui faisoit le meilleur et le plus lascif conte de dames de joie, il étoit le mieux venu et festoyé. Et lui-même ne s'épargnoit à en faire, car il s'en enquéroit fort et en vouloit souvent savoir; et puis, en faisoit part aux autres publiquement. C'étoit bien un scandale grand que celui-là. Il avoit très-mauvaise opinion des femmes et ne les croyoit toutes chastes. » L'histoire a conservé un grand nombre de réparties facétieuses et d'anecdotes plaisantes, qui nous font bien connaître le genre d'esprit de Louis XI: il n'était pas ignorant comme la plupart des princes, qu'il méprisait, parce que, dit Comines, *de nulles lettres n'ont connoissance et sont nourris seulement à faire les fols en habillements et en paroles*; il prenait plaisir à entendre les gens savants, et, malgré les leçons du docte Jean d'Arconville qui lui avait appris le latin, il préférait aux chefs-d'œuvre des littératures anciennes les poésies, les histoires et les romans français de son temps. Il eût donné Homère et Virgile pour un joyeux propos.

Le comte de Charolais, qui devait pourtant faire moins de cas des récits grivois et familiers que des héroïques histoires de chevalerie, paya aussi son tribut de conteur aux veillées du château de Genappe[1]. (Voyez nouv. 16, 17 et 58.) Le comte, à cette époque, vivait fraternellement avec le dauphin : ils mangeaient à la même table, couchaient dans le même lit, chassaient ensemble, échangeaient leurs pensées et leurs projets, se préparant mutuellement à leur destinée de duc et de roi. Louis aimait les contes, et Charles conta. Lorsqu'ils se quittèrent, à la fin de juillet 1461, le dauphin devenant roi de France par la mort de son père, ils étaient ennemis et ne se retrouvèrent plus que sur les champs de bataille. Louis XI, prisonnier de son cousin de Bourgogne dans le château de Péronne, se souvint peut-être des bons contes qu'il faisait et entendait au château de Genappe.

Les contes dont se composent les *Cent Nouvelles nouvelles*, peuvent se diviser en trois séries, provenant chacune de sources différentes : les unes (nouv. 1, 9, 14, 16, 18, 19, 23, 34, 38, 60, 61, 64, 78, 88 et 96) sont imitées de Boccace et des fabliaux; les autres (nouv. 3, 8, 11, 12, 20, 21, 32, 50, 79, 80, 85, 90, 91, 93, 95 et 99) sont empruntées aux *Facéties* du Pogge; le reste est original et fondé sur des faits véritables. « Se peut très-bien, dit l'*acteur*, ce présent livre intituler de *Cent Nouvelles nouvelles*; jaçoit ce qu'elles soient avenues ès parties de France, d'Allemagne, d'Angleterre, de Hainaut, de Flandre et de Brabant; aussi, pource que l'étoffe, taille et façon d'icelles est d'assez fraîche mémoire et de même beaucoup nouvelle. »

---

[1] On ne sait par quelle préoccupation M. Leroux de Lincy a placé parmi les conteurs des *Cent Nouvelles* le duc Philippe le Bon, lequel n'eût pas certainement compromis la dignité ducale dans des assemblées qui réunissaient les domestiques les plus *privés* du dauphin et du comte de Charolais. Le rédacteur ayant mis *monseigneur le duc* en tête des contes qu'il faut attribuer au prince de Bourgogne, qui ne fut duc qu'après la mort de son père, il en faut conclure que la rédaction a été faite après 1467, ou bien que, lors de l'impression, l'éditeur a changé la qualification du personnage, sans s'inquiéter de l'erreur chronologique qui devait résulter de ce changement.

Les anecdotes contemporaines sur lesquelles reposent la plupart des *Cent Nouvelles* (notamment les nouvelles 1, 5, 47, 62, 63, 75, etc.), ont certaine valeur historique; « mais, dit M. Leroux de Lincy, ce n'est pas seulement sous le point de vue de l'histoire proprement dite, que les *Cent Nouvelles* ont de l'importance; c'est plutôt comme servant à l'histoire des mœurs, des usages, des coutumes du quinzième siècle, que ce recueil doit être considéré. Sous cet aspect, il n'est pas une page qui ne mérite de fixer l'attention. La vie intime de nos aïeux y est peinte dans le plus grand détail; il est facile d'en saisir les circonstances les plus secrètes... Ce qui distingue principalement les *Cent Nouvelles*, c'est le style plein de clarté, de finesse et d'élégance, avec lequel elles sont écrites. Il est impossible de pousser plus loin la satire et la moquerie : la gaîté la plus franche s'y mêle à cette naïveté dont notre La Fontaine avait le secret et qui s'est perdue avec lui. Cette naïveté a l'avantage de faire passer la crudité, quelquefois un peu rude, dont les récits sont empreints, et de faire oublier certaines expressions trop grossières... Le style est surtout remarquable dans le dialogue; l'*acteur* est arrivé, sous ce rapport, à une grande perfection; mais il ne faut pas oublier que chacun des narrateurs y a contribué pour une partie, et que le mérite de l'*acteur* consiste principalement dans la fidélité scrupuleuse avec laquelle il a reproduit chaque récit dans les mêmes termes qu'il l'avait entendu faire. Cette fidélité donne aux *Cent Nouvelles* une grande valeur, parce qu'elle nous permet de juger du langage admis dans la haute société du quinzième siècle. »

On ne possède plus de manuscrits des *Cent Nouvelles nouvelles*. Celui qui était dans l'ancienne Bibliothèque des ducs de Bourgogne, sous le n° 1261, et qui avait été sans doute offert à Charles le Téméraire[1] par Antoine de la Sale, ne se trouve plus ; celui qu'on voit inscrit dans le Catalogue de Gaignat, sous le n° 2214, et qui ne fut vendu que 100 francs en 1769, n'est point entré dans un dépôt public : on doit d'autant plus le regretter, qu'il portait la date de 1462 ; c'était probablement une copie de l'original.

Les *Cent Nouvelles nouvelles* ont été réimprimées environ douze fois depuis la première édition datée de 1486. Voici la liste de ces éditions.

Les Cent Nouvelles nouvelles, composées et récitées par nouvelles gens depuis naguères et imprimées à Paris, le 23ᵉ jour de décembre 1486 par Ant. *Verard*... Pet. in-fol. goth. à 2 colonn. avec gravures en bois. Cette édition, plus correcte que les suivantes, est fort rare.

— Les mêmes. *Imprimé à Paris par Anthoine Verard* (sans date), in-fol. goth. de 158 f. à 2 colonn. avec gravures en bois.

— Les mêmes, *contenant en soy cent chapitres et histoires ou nouveaux comptes plaisants et récréatifs pour deviser en toutes compaignies..... Impr. à Paris, par Nicolas Desprez, le *IIIᵉ jour de février, l'an 1505, pour maistre Durand Gerlier*. Pet. in-fol. goth. de 161 f. à 2 colonn. avec gravures en bois. Cette édition est aussi rare que les précédentes.

— Les mêmes. *Paris, Michel Lenoir* (sans date). Petit in-4° goth. à 2 colonn.

— Les mêmes. *Paris, veuve de Jean Trepperel et Jean Jannot* (sans date). Pet. in-4° goth. à longues lignes, avec gravures en bois.

— Les mêmes. *Lyon, Olivier Arnoullet*, 1532, in-4° goth. de 136 f. à longues lignes, avec gravures en bois.

— Les mêmes, *où sont comprins plusieurs devis et actes d'amour, non moins subtils que facétieux. Rouen* (sans date), in-12.

— Les mêmes. *Cologne (Amsterdam), P. Gaillard*, 1701, 2 vol. pet. in-8°, avec figures en taille-douce d'après Romain de Hooge. Il y a de cette édition deux sortes d'exemplaires : les uns ont les vignettes tirées en tête de chaque nouvelle ; les autres ont ces mêmes vignettes tirées à part.

— Les mêmes. *Amsterdam*, 1732, 2 vol. in-12, avec les figures de l'édition de 1701.

— Les mêmes. *La Haye (Lyon), P. Gosse et J. Neaulme*, 1733, 2 v. pet. in-12. Cette édition fait partie d'une collection de contes qui comprend ceux de Boccace, de la reine de Navarre et de La Fontaine.

— Les mêmes. *Cologne (Suisse)*, 1786, 4 vol. in-12, avec les figures de l'édition de 1701.

Dans ces éditions modernes, le texte est singulièrement altéré et l'on voit que les éditeurs ne comprenaient guère le langage du quinzième siècle ; car, outre les erreurs continuelles de la ponctuation, on remarque presque à chaque ligne des fautes grossières qui prouvent que ces éditions ont été copiées l'une sur l'autre depuis celle de 1701, qu'on imprima sur un exemplaire gothique que les compositeurs ne savaient pas même lire. On ne s'étonne plus, en voyant le texte défiguré de ces éditions, que les deux derniers siècles aient regardé comme barbare et incompréhensible la langue si claire et si charmante de nos vieux conteurs.

— Les mêmes, édition revue sur les textes originaux et précédée d'une introduction par Leroux de Lincy. *Paris, Paulin*, 1841, 2 vol. grand in-18.

Cette édition, qui a paru après la nôtre et qui cependant ne la mentionne pas, se recommande par les

---

[1] « Un livre tout neuf écrit en parchemin à deux coulombes, couvert de cuir blanc de chamois, historié en plusieurs lieux de riches histoires, contenant *Cent Nouvelles*, tant de Monseigneur (que Dieu pardonne!), que de plusieurs autres de son hôtel... » Bibliothèque protypographique, p. 185. Ces mots, *que Dieu pardonne*, prouvent que l'inventaire de la librairie a été fait après la mort du duc Charles, voilà tout.

travaux historiques de M. Leroux de Lincy (son excellente Introduction et ses Notices sur les conteurs, etc.) que nous avons mis souvent à contribution dans cette Notice; mais le tableau des origines et imitations est loin d'être complet, et dans le glossaire-index on désirerait quelquefois plus de critique. Quant au texte, que l'éditeur s'est appliqué à reproduire d'après les deux éditions de Verard, *avec une scrupuleuse exactitude, ayant soin de suivre, dans l'orthographe du même mot, toutes les variations alors en usage*; nous convenons volontiers qu'il est *à peu près* conforme aux originaux, mais nous n'approuvons pas le système adopté et préconisé par l'éditeur (voir la préface de ce volume des *Vieux Conteurs*); nous lui reprochons même l'accentuation et surtout la ponctuation qu'il a cru devoir ajouter à sa fidèle reproduction des originaux, et nous pensons qu'il aurait pu quelquefois ne pas dédaigner les éclaircissements de notre édition.

Les Cent Nouvelles nouvelles, qui furent tant de fois imitées par les conteurs du seizième siècle, avaient rencontré dans ce siècle un éditeur qui les mutila, sous prétexte de les remettre *en leur naturel*, en leur donnant le titre de : *Les Facétieux devis des Cent et six Nouvelles, très-récréatives pour réveiller les bons et joyeux esprits françois*. Le sieur La Mothe Roullant, lyonnais, ne craignit pas de commettre ce sacrilège qui obtint néanmoins les honneurs de trois éditions, l'une, *Paris, Guill. Le Bret*, 1549, in-8°; l'autre, *Paris, Jean Real*, 1550, pet. in-8°, et la troisième, *Lyon, Benoit Rigaud*, 1616; ce plagiaire, qui avait emprunté aux *Cent Nouvelles nouvelles* quatre-vingt-dix-sept nouvelles qu'il abrége et qu'il accommode à sa fantaisie, trouva aussi son plagiaire; mais celui-ci garda l'anonyme, en faisant paraître à Lyon, chez Eustache Barricat, en 1555, le *Recueil des plaisantes et facétieuses Nouvelles*.

NOTICE

SUR

BONAVENTURE DES PERIERS.

Bonaventure des Periers naquit à Arnay-le-Duc, en Bourgogne[1], vers la fin du quinzième siècle. On ignore presque toutes les circonstances de sa vie, qui fut d'abord cachée dans la retraite et consacrée à l'étude des littératures anciennes, avant de briller un moment à la cour de Marguerite de Navarre.

Il est certain que Bonaventure, qui avait le caractère léger de Clément Marot, l'esprit investigateur et satirique de François Rabelais et l'audace novatrice d'Étienne Dolet, fut dès sa jeunesse en intelligence avec ces trois grands écrivains, entre les mains desquels Calvin avait mis la fortune de la Réforme moins religieuse que philosophique qu'il voulait fonder en France. Ses premiers travaux furent une œuvre de prosélytisme : il aida Calvin et Olivetan à traduire en français la Bible, ou plutôt à retoucher la version de Le Fèvre d'Estaples. Cette Bible fut publiée à Neufchâtel, en 1535, et l'on y lit en tête, à côté d'une lettre apologétique de Calvin, un acrostiche latin, signé par Bonaventure, sur le nom d'Olivetan. Mais on peut croire que le collaborateur d'Olivetan et de Calvin ne tarda pas à se séparer d'eux, dès qu'il reconnut que la philosophie n'avait rien à faire avec la Réforme; dès lors, de même que Rabelais, Dolet et quelques autres, qui étaient accusés d'athéisme et de *libertinage* par les protestants rigoristes, il ne servit plus en aveugle les intérêts du protestantisme naissant.

A cette époque (en 1535), il mettait au net, de sa propre main, le premier volume des *Commentarii linguæ latinæ*, immense répertoire d'érudition classique, où sans doute il ne prêta pas seulement le secours de sa plume à Étienne Dolet, son ami[1]. C'est probablement vers ce temps-là qu'il devint secrétaire et valet de chambre de Marguerite, reine de Navarre, qui attachait à sa personne, avec des honneurs et des pensions, tous les jeunes gens qui se distinguaient par leur talent de poëte et par leur dévouement aux opinions de la Réforme. Bientôt après (en 1536), il se fit connaître comme poëte français et aussi comme

---

[1] Étienne Tabourot, dans ses *Bigarrures*, l'abbé Goujet, dans sa *Bibl. franç.*, et M. Weiss, dans la *Biogr. univ.*, adoptent cette opinion appuyée sur le témoignage de Dolet, qui donne à son ami Bonaventure la qualification de *Heduum poetam*. Mais La Croix du Maine, dans sa *Bibl. franç.*, le dit originaire de Bar-sur-Aube en Champagne, et Guy Allard, dans sa *Bibl. de Dauphiné*, le fait naître près d'Embrun.

[1] Dolet reconnaît cette collaboration dans le second tome de son ouvrage.

suspect d'hérésie, en prenant la défense de Clément Marot, réfugié en Italie, contre les calomnies rimées de François Sagon, dit *l'indigent de sapience*, de La Huetérie et de leurs adhérents. Marot, accusé de *luthérisme*, avec une foule d'autres qui s'étaient enfuis en voyant s'allumer les bûchers et se dresser les échafauds pour le *crime de religion*, suppliait le roi, dont il était valet de chambre, de lui permettre de revenir reprendre son poste en sûreté. Ses ennemis s'efforçaient, par leurs clameurs, d'étouffer la voix de la clémence de François Iᵉʳ : Marot, du fond de son exil, répondit aux impertinences de Sagon et convoqua ses disciples et ses amis pour résister à cette croisade des mauvais poëtes et des cafards ; il faisait dire à son valet Fripelippes, dans cette épître qui mit les rieurs de son côté :

> Et nous aurons Bonaventure,
> A mon avis, assez savant
> Pour le faire tirer avant !

Bonaventure entendit cet appel, et lança un factum en vers français *pour Marot absent contre Sagon*, avec une épigramme latine digne de Martial.

Il s'occupait cependant de plusieurs ouvrages de différents genres, qui commencèrent à paraître en cette année 1537 : il traduisait à la fois les comédies de Térence en vers et les dialogues de Platon en prose ; mais il publia seulement l'*Andrie, première comédie de Térence, mise en ryme françoise*, à Lyon, chez Thibauld-Payen, in-8°, édition qui fut réimprimée en 1555 chez le même libraire, avec le *Traité des Quatre Vertus cardinales, selon Senèque*, que l'on trouve aussi dans le Recueil des œuvres de 1544. Il redoutait sans doute la publicité pour son nom, puisqu'il ne l'a pas mis sur le titre de cette traduction, non plus que sur celui du *Cymbalum mundi, en françois, contenant quatre dialogues poétiques fort antiques, joyeux et facétieux*, qu'il faisait imprimer secrètement à Paris, chez Jean Morin, libraire demeurant en la rue Saint-Jacques à l'enseigne du *Croissant*, et dont l'édition entière, portant la date de 1537, fut saisie au moment où elle allait voir le jour, le 6 mars 1538[1].

On lit dans les Registres du Parlement, à la date du 7 mars 1537, avant Pâques (c'est-à-dire 1538, l'année commençant alors au jour de Pâques) : « Ce jour, messire Pierre Lizet, premier président en la Cour de céans, a dit à icelle que mardi dernier, sur le soir, il reçut un paquet où y avoit une lettre du roi et une du chancelier (Antoine Duprat), avec un petit livre en langue françoise, intitulé *Cymbalum mundi* ; et lui mandoit le roi qu'il avoit fait voir ledit livre et y trouvoit de grands abus et hérésies, et que, à cette cause, il eût à s'enquérir du compositeur et de l'imprimeur, pour l'en avertir et, après, procéder à telle punition qu'il verrait être à faire. Suivant lequel commandement, il avoit fait telle diligence, que hier il fit prendre ledit imprimeur, qui s'appeloit Jean Morin, et étoit prisonnier ; et avoit fait visiter sa boutique, et avoit-on trouvé plusieurs fols et erronés livres en icelle, venant d'Allemagne, même de Clément Marot, que l'on vouloit faire imprimer. A dit aussi qu'aucuns théologiens l'avoient averti qu'il y avoit de présent en cette ville plusieurs imprimeurs et libraires étrangers, qui ne vendoient sinon livres parmi lesquels il y avoit beaucoup d'erreurs, et qu'il y falloit pourvoir promptement, etc. »

Le libraire, arrêté et menacé, s'empressa de déclarer l'auteur, et s'excusa d'avoir imprimé le *Cymbalum*, « par ignorance et sans aucun vouloir de mal faire ou méprendre. » On pense qu'il fut relâché, et que le Parlement ne poursuivit pas l'auteur du livre, qu'il se contenta de faire brûler comme tous les ouvrages hérétiques saisis chez les libraires et chez les particuliers[1]. La protection de la reine de Navarre assura l'impunité de son valet de chambre, qui en fut quitte pour des remontrances, en cas qu'on l'ait mandé à la barre du Parlement. Il dut aussi, pour laisser cette affaire s'assoupir, disparaître pendant quelque temps, et il se retira vraisemblablement à Lyon, où son séjour semble marqué par une réimpression du *Cymbalum mundi*, chez Benoît Morin, réimpression presque aussi rare que l'édition originale. On peut supposer, d'après l'avis transmis par le roi au président Lizet, avec un exemplaire du *Cymbalum*, que ce livre avait été signalé comme hérétique et envoyé au roi avant qu'il parût[2].

Le *Cymbalum*, que Henri Estienne appelle un *livre détestable*, sans doute parce qu'il ne l'avait pas lu, que Pasquier aurait voulu jeter au feu avec son auteur, et que La Croix du Maine suppose *rempli d'impiétés*, ne méritait pas plus d'être censuré, que les Métamorphoses d'Ovide, les Dialogues de Lucien et les *livres de folâtre argument et fictions amoureuses*, selon l'opinion d'Antoine Duverdier, qui en donne l'analyse dans sa *Bibliothèque française*. Le *Cymbalum mundi*, qui n'a pas été composé d'abord en latin, comme l'ont cru quelques bibliographes, est adressé par *Thomas du Clevier à son a-*

---

[1] « S'il faut en croire Nicolas Catherinot, dit M. Charles Nodier, la première édition de ce livre fameux sortit des presses de Bourges... L'édition reconnue jusqu'ici comme originale fut donnée, à Paris, par un pauvre libraire nommé Jean Morin, et détruite avec tant de soin, qu'on n'en connaissait plus que deux exemplaires au commencement du dix-huitième siècle, celui de la Bibliothèque du Roi et celui du savant Bigot. Le premier a disparu depuis longtemps ; le second, qui avait passé de la bibliothèque de Gaignat dans celle de La Vallière et qui avait été acquis pour le roi, si mes souvenirs ne me trompent, ne se retrouve, dit-on, pas plus que l'autre. »

[1] Avertissement de l'édition du *Cymbalum mundi*, de 1732.
[2] Le *Cymbalum* ne reparut qu'en 1711, avec un commentaire de Prosper Marchand, *Amsterdam, P. Marchand*, in-12 ; on y ajouta les notes de La Monnoye et de Falconnet dans l'édition de 1732, *Amsterdam (Paris)*, in-12 ; reproduite in-12, Amsterdam, en 1738 ; et in-8°, à Amsterdam et Leipzig, chez Arkstée et Merkus, en 1753. Les figures de Picart se trouvent dans toutes ces éditions.

Pierre Tryocan. M. Éloy Johanneau a découvert, en changeant une lettre douteuse dans le nom de *du Clevier*, une double anagramme qui jette une lumière toute nouvelle sur ces dialogues, que Prosper Marchand et La Monnoye lui-même n'avaient pas su éclaircir : *Thomas Incrédule, à son ami Pierre Croyant*. M. Charles Nodier, si habile et si ingénieux à deviner les énigmes littéraires, nous fournira le dernier mot de celle-ci, en nous prouvant que le *Cymbalum* est un chef-d'œuvre de fine et malicieuse plaisanterie qui va droit à l'impiété :

« Le premier dialogue est à quatre personnages, une hôtesse comprise. Mercure descend à Athènes, chargé par les dieux de différentes commissions, et, entre autres choses, de faire relier tout à neuf le Livre des Destinées, qui tombait en pièces de vieillesse. Il entre au cabaret, où il s'accoste de deux voleurs qui lui dérobent son précieux volume, pendant qu'il est allé lui-même à la découverte pour voler quelque chose, et qui en substituent un autre à la place, « lequel ne vaut de guère mieux. » Mercure revient, boit, et se dispute avec ses compagnons, qui l'accusent d'avoir blasphémé et le menacent de la justice, « parce qu'ils peuvent lui amener de telles gens, qu'il vaudroit mieux pour lui avoir affaire à tous les diables d'enfer qu'au moindre d'eux. » Ces deux drôles s'appellent *Byrphanes* et *Curtalius*, et La Monnoye croit reconnaître sous ces deux noms les avocats les plus célèbres de Lyon, Claude Rousselet et Benoît Court. Quoique le grec et le latin se prêtent assez bien à cette hypothèse d'étymologie ou d'analogie, elle est certainement plus hasardée que les hypothèses du même genre, qui sont fondées sur l'anagramme, et cependant je n'hésiterais pas à l'admettre. L'idée de mettre le dieu des voleurs aux prises avec deux avocats qui s'emparent du Livre des Destinées pour le remplacer par le bouquin de la Loi ; qui font ensuite à ce dieu, qu'ils ont reconnu d'abord, un procès en sacrilège, et qui parviennent à lui faire redouter à lui-même les suites de son impiété, cette idée, dis-je, est tout à fait digne de des Periers, et je serais désespéré qu'il ne l'eût pas eue ; mais c'est une conviction qu'on ôterait difficilement de mon esprit.

«Prosper Marchand imagine que le second dialogue est transposé, et qu'il devrait suivre le troisième, qui pourrait en effet se rattacher immédiatement au premier ; mais Prosper Marchand se trompe. Ce second dialogue est un entr'acte, un véritable intermède, dont l'action se passe entre le premier et le troisième. Mercure volé ne s'est pas aperçu d'abord du larcin qui lui avait été fait ; il sortait « de l'hôtellerie du *Charbon blanc*, où il avoit bu un vin exquis ; c'étoit la veille des Bacchanales, il étoit presque nuit, et puis, tant de commissions qu'il avoit encore à faire lui troubloient si fort l'entendement, qu'il ne savoit ce qu'il faisoit. » Il a donné au relieur un livre pour l'autre, sans y prendre garde, et c'est en attendant son livre, qu'il s'amuse à parcourir Athènes, dans la compagnie de son ami Trigabus. Parmi les bons tours qu'il a joués autrefois aux habitants de cette ville classique de la sagesse, il en est un qui a produit de graves résultats. Pressé par eux de leur céder la pierre philosophale, qu'il leur avait fait entrevoir, il a mis la pierre en poudre et l'a ainsi semée dans l'arène du théâtre, où ils n'ont cessé depuis de s'en disputer les fragments. Il n'y en a cependant pas un qui en ait trouvé quelque pièce, quoique chacun d'eux se flatte en particulier de la posséder tout entière. C'est ici, selon Prosper Marchand, une raillerie des chimistes, c'est-à-dire de ceux qui cherchent la *pierre philosophale*, et c'est en effet le sens propre d'une métonymie dont des Periers n'a pas pris beaucoup de peine à cacher le sens figuré. Qu'est-ce en effet, selon lui, que cette pierre philosophale ? «C'est l'art de rendre raison et juger de tout, des cieux, des champs élyséens, de vice et de vertu, de vie et de mort, du passé et de l'avenir. L'un dit que pour en trouver il se faut vêtir de rouge et de vert ; l'autre dit qu'il vaudroit mieux être vêtu de jaune et de bleu. L'un dit qu'il faut avoir de la chandelle, et fût-ce en plein midi ; l'autre tient que le dormir avec les femmes n'y est pas bon. » Nous voilà bien loin du Grand-Œuvre des alchimistes. Et qu'importe leur vaine science à l'auteur du *Cymbalum mundi* ? La pierre philosophale de des Periers, c'est la vérité, c'est la sagesse révélée ; tranchons le mot, c'est la religion ; et cette allégorie impie est si claire, qu'elle ne vaut presque pas la peine d'être expliquée ; mais si elle laissait quelque doute, l'anagramme l'éclaircirait ici d'une manière invincible. Quels sont ces hommes opiniâtres qui contestent entre eux la possession du trésor imaginaire ? Ce ne sont vraiment pas des alchimistes ; ce sont des théologiens. C'est *Cubercus* ou Bucerus, c'est *Rhetulus* ou Lutherus, les deux chefs, divisés en certains points, de la nouvelle Réforme ; c'est *Drarig* ou Girard, un des écrivains militants de la communion romaine. Tout ceci est d'une évidence qui devait frapper La Monnoye ; mais La Monnoye se contente de le faire deviner, sans le dire positivement. L'antiquité n'a certainement point de fiction plus vive et plus ingénieuse. Ajoutons qu'elle n'en a point de plus claire et de mieux exprimée.

« Le troisième dialogue est moins important, mais il est délicieux. Mercure a reporté dans l'Olympe le prétendu Livre des Destinées, si méchamment remplacé par les *Institutes* et les *Pandectes*. Jupiter vient de renvoyer le messager céleste sur la terre pour y faire promettre, par un cri public, une récompense honnête à la personne qui aura trouvé « icelui livre, ou qui en saura aucune nouvelle. — Et par mon serment ! je ne sais comment ce vieux rassoté n'a honte ! Ne pouvoit-il pas avoir vu autrefois dans ce livre (auquel il connoissoit toutes choses) ce qu'il devoit devenir? Je crois que sa lumière l'a ébloui; car il falloit bien que cettuy accident y fût prédit, aussi bien que tous les autres, ou que le livre fût faux. » Une fois ce gros mot lâché, des Periers oublie son sujet, et le reste du dialogue n'est qu'une fantaisie de poëte, mais une fantaisie à la manière de Shakespeare ou de La Fontaine, dont la première partie rappelle les plus jolies scènes de *la Tempête* et du *Songe d'une nuit d'été*, dont la seconde a peut-être inspiré un des excellents apologues du fabuliste immortel. Il faut relire dans l'ouvrage même, pour comprendre mon enthousiasme, et, si je ne m'abuse, pour le partager, la charmante idylle de *Célia vaincue par l'Amour*, et les éloquentes doléances du *Cheval qui parle*.

« L'idée de faire parler des animaux avait mis des Periers en verve. Son quatrième dialogue, qui n'a aucun rapport avec les autres, est rempli par un entretien entre les deux chiens de chasse qui mangèrent la langue d'Actéon, et qui reçurent de Diane la faculté de parler. Les raisons dont Pamphagus se sert pour se dispenser de parler parmi les hommes, contiennent les plus parfaits enseignements de la sagesse, et, quoique *n'étant que d'un simple chien*, elles méritent toute l'attention des philosophes. Il faut remarquer aussi dans ce dialogue la jolie fiction des *Nouvelles reçues des Antipodes*, où la vérité menace de se faire jour par tous les points de la terre, si on ne lui ouvre une issue libre et facile. C'est une de ces inventions familières au génie des Periers, comme la vérité disséminée en poudre impalpable dans l'amphithéâtre, comme le livre délabré des lois humaines substitué au livre plus délabré encore des lois divines, et la moindre de ces idées aurait fait chez les anciens la réputation d'un grand homme. »

La hardiesse de cette satire déguisée ne fut pas une mauvaise recommandation pour son auteur auprès de la reine de Navarre. « C'est probablement au caractère particulier de son esprit, dit M. Charles Nodier, que Bonaventure des Periers fut redevable de la faveur de cette grande princesse, dont les premiers penchants inclinèrent vers un scepticisme absolu, et qui finit toutefois, comme tant d'autres incrédules, par mourir dans les visions ascétiques de la mysticité. Marguerite n'avait encore que quarante-cinq ans, et on sait qu'aussi savante que belle, elle aimait à réunir dans sa cour les hommes les plus distingués de son temps. Marot avait été son valet de chambre pendant plusieurs années, et depuis 1536 seulement, elle avait senti l'impossibilité de le défendre contre ses nombreux accusateurs sans se compromettre ou se perdre elle-même. Bonaventure des Periers le remplaça au même titre, et jouit de la protection dont on n'osait plus couvrir son imprudent ami. Le palais reprit son éclat, sa gaîté, ses veillées et ses fêtes. Les muses y rentrèrent comme dans leur temple, à l'appel de leur dixième sœur, et sous les auspices d'un de leurs plus brillants favoris, Marot y reparaissait de temps à autre, dans les rares intervalles que lui laissaient des persécutions trop souvent méritées. Deux jeune gens de grande espérance, qui terminaient à Paris d'éclatantes études et qui devaient conserver à des Periers une amitié bien fidèle, y apportaient en tribut les fruits d'une verve précoce dont toutes les promesses n'ont pas été tenues : c'étoit Jacques Pelletier, du Mans, l'audacieux grammairien; c'étoit le précepteur des belles Seymour, Nicolas Denisot, plus connu depuis sous la maussade anagramme du *comte d'Alsinois*.

« Les soirées de Marguerite ne ressemblaient pas aux soirées vives et turbulentes du dix-neuvième siècle. La danse n'était pas encore en honneur comme elle l'est aujourd'hui. Le jeu n'occupait que les personnes d'un esprit peu élevé. Les belles dames prenaient plaisir à entendre jouer du luth, ou, ainsi qu'on le disait alors, du *luc* ou de la *guiterne*, par quelque artiste habile, et des Periers excellait à jouer du luth en s'accompagnant de sa voix. Il est presque inutile de dire qu'il chantait ses propres vers et qu'il les improvisait souvent. Ces fêtes rappelaient donc quelque chose du temps des troubadours et des ménestrels dont le souvenir vivait toujours dans la mémoire des vieillards. Un autre genre de divertissement s'était introduit en France dès le règne de Louis XI, et faisait le charme des veillées : c'était la lecture de ces nouvelles, quelquefois intéressantes et tragiques, presque toujours galantes et licencieuses, dont il paraît que Boccace avait puisé le goût à Paris. Marguerite y fournissait quelque chose pour sa part, et sa part est facile à reconnaître quand on a fait quelque étude de son style; Pelletier, Denisot, des Periers surtout, concouraient à cet agréable amusement, avec toute l'ardeur de leur âge et toute la vivacité de leur esprit. Boaistuau et peut-être Gruget, qui sortaient à peine de l'adolescence, tenaient tour à tour la plume [1].....

« Vers la fin de l'an 1538, ou au commencement de 1539, cette agréable société fut dissoute par un événement qui n'est pas bien expliqué. *Les chants avaient cessé*. Des Periers, longtemps errant, se réfugiait à Lyon, écrivait ses derniers vers et disparaissait tout à coup du monde littéraire, où son nom ne reparaît plus qu'en 1544, avec l'édition posthume

---

[1] M. Charles Nodier veut rapporter à Bonaventure des Periers presque tout l'honneur de l'*Heptaméron*, qu'il suppose composé de nouvelles lues ou racontées par lui et ses amis Denisot, Pelletier, Boaistuau, etc., devant Marguerite qui en racontait aussi quelques-unes. Papillon avait avancé la même opinion dans sa *Bibliothèque des auteurs de Bourgogne*, en attribuant de plus à Bonaventure des Periers une part d'auteur dans le recueil des poésies de la reine de Navarre, où l'on reconnaît en effet ses habitudes de rhythme et de style. Mais quant à l'*Heptaméron*, qui a bien quelque analogie avec les *Contes et joyeux Devis*, on y trouve plusieurs passages qui constatent que la rédaction est postérieure à la mort de Bonaventure des Periers, plaçât-on cette mort en 1544.

de ses ouvrages. Constant dans une noble amitié, il adresse à Marguerite les touchants adieux de sa muse, et il est facile de s'apercevoir, à la dernière strophe de son *Voyage de Lyon à Notre-Dame de l'Isle-Barbe*, daté du 15 mai 1539, que Marguerite devait avoir le secret de son asile et de ses chagrins :

> Retirez-vous, petits vers mistes (*mêlés*),
> A sûreté, sous les couleurs
> De celle dont (quand êtes tristes)
> L'espoir apaise vos douleurs. »

Marguerite était si belle, si noble, si généreuse, si spirituelle, que tous ses officiers l'aimaient comme une mère; quelques-uns comme une *sœur d'alliance*; quelques autres, dont Clément Marot était le moins discret, comme une maîtresse. Bonaventure ne fut peut-être pas moins accessible à cette puissance de la beauté et du génie : il ne prit pas garde que son admiration et son dévouement se transformaient en amour. Dans une lettre en prose rimée qu'il adresse à Marguerite, et dans laquelle il lui parle d'un travail historique qu'elle lui avait confié, il s'exprime avec un abandon qui *excède quelquefois*, dit M. Charles Nodier, *les bornes de la bienséance requise entre un valet de chambre et sa maîtresse, entre un poëte et une reine*. Cet amour ne le conduisit-il pas à la folie qui termina sa vie par un suicide avant l'année 1544 ?

« Je n'oublierai pas Bonaventure des Periers, raconte Henri Estienne dans le ch. xviii de *l'Apologie pour Hérodote*, l'auteur du détestable livre intitulé *Cymbalum mundi*, qui, nonobstant la peine qu'on prenoit à le garder (à cause qu'on le voyoit être désespéré et en délibération de se défaire), fut trouvé tellement enferré de son épée, sur laquelle il s'étoit jeté, l'ayant appuyée le pommeau contre terre, que la pointe, entrée par l'estomac, sortoit par l'échine [1]. » Un autre historien renchérit sur cette fin tragique, en disant que Bonaventure des Periers déchira sa blessure de ses mains et arracha lui-même ses entrailles.

Après sa mort, ses amis, qui s'étaient partagé ses manuscrits, les firent paraître à de longs intervalles ; les uns avec son nom, les autres anonymes : bien des richesses de cet héritage du poëte et du philosophe furent perdues. Antoine du Moulin, valet de chambre de la reine de Navarre, publia le *Recueil des œuvres de feu Bonaventure des Periers* (Lyon, Jean de Tournes, 1544, in-8° de 197 f.) « Ayant ouï plusieurs fois dire à Bonaventure des Periers, peu de temps avant son trépas, dit du Moulin dans sa dédicace à Marguerite de Navarre, que son intention étoit que vous, très-illustre reine, fussiez héritière des siens petits labeurs, lesquels il ne doutoit point que vous n'acceptissiez, de celle prompte volonté que vous avez fait les œuvres de maints autres qui n'ont pensé mieux employer ailleurs les fruits de leurs engins ; mais étant advenu en la personne dudit Bonaventure l'effet du proverbe commun qui dit que : *L'homme propose et Dieu dispose*, mort implacable, implacable mort l'a surprins au cours de sa bonne intention, lorsqu'il étoit après à dresser et à mettre en ordre ses compositions, pour les vous offrir et donner, lui vivant ; il n'a donc pu voir l'effet de ses ardents vœux accompli, très-illustre dame ; et ce, certes, j'estime une très-grande perte et dommage au monde, de n'avoir point eu, jusques ici, la lecture de si divines conceptions. Et quant à moi, de tant que j'ai été de ses plus intimes et familiers amis, les yeux de mon cœur en larmoyent largement toutes fois et quantes (et ce advient très-souvent) que la recordation du défunt me passe par la mémoire ; voire tant me remplit-elle de désirs que je suis présentement forcé, pour ma consolation et de ceux qui ont été ses amis, de mettre en lumière ses élégants et beaux écrits ; reliques vraiment sacrées (comme l'on pourroit dire) et tirées du buste et feu de leur seigneur. En quoi faisant, reine très-illustre, je donne refrigère à mon âme et quant et quant je satisfais aux suprêmes intentions de votre serviteur, en vous signifiant et déclarant héritière universelle des petits biens par lui délaissés..... Recevez donc la belle présente hoirie telle qu'elle est, et ne prenez pas garde si elle n'y est tout entière ; puisque ce n'est par le larcin d'autre que de l'envieuse mort, qui encore tachoit (si je ne fusse) d'ensevelir en éternel oubli les œuvres avec le corps ; car j'espère qu'à votre faveur nous recouvrerons encore partie de ces nobles reliques, desquelles aussi (à ce que j'ai ouï dire au défunt) avez bonne quantité rière vous ; et partie en y a d'un mien connu à Montpellier (Jacques Pelletier). Si vos désirs en sortent effet, les aura le monde assez prochainement. De Lyon, ce dernier jour d'avril 1544. »

Ce *Recueil*, qui n'a jamais été réimprimé, contient le *Discours de la quête d'amitié, dit Lysis de Platon*, traduction en prose ; *Quête d'amitié, à la reine de Navarre*, en vers ; *du Voyage de Lyon à Notre-Dame-de-l'Isle*, en 1539 ; *le Blason du nombril* ; *Victimæ Paschalis laudes* ; *le Cantique de la Vierge* ; *le Cantique de Siméon* ; *Conte nouveau*, petit chef-d'œuvre de narration naïve et délicate ; *des Malcontents*, traduction en prose de la première satire d'Horace ; *le Cri, touchant de trouver la bonne femme* ; *les Quatre princesses de*

---

[1] M. Charles Nodier s'inscrit en faux contre le suicide de Bonaventure des Periers, qui n'est rapporté, il est vrai, que par un seul auteur contemporain, Henri Estienne ; mais cet écrivain, qui est d'ailleurs une autorité assez respectable, revient deux fois sur ce fait, qu'il répète presque dans les mêmes termes en deux endroits différents de son *Apologie pour Hérodote* ; Simon Goulart a cité un de ces passages dans le *Trésor des histoires admirables* ; Chassanion en donne la substance dans ses *Histoires mémorables des grands et merveilleux jugements de Dieu*, et La Croix du Maine dit qu'*il se tua avec une épée qu'il se mit dans le ventre, étant devenu furieux et insensé*. Le genre de mort de Bonaventure des Periers était donc établi par une tradition généralement acceptée.

la vie humaine, c'est à savoir les *quatre Vertus cardinales selon Senèque*, imitation en vers; *Prognostication des prognostications, pour tous temps à jamais, sur tous autres véritable, laquelle découvre l'impudence des prognostiqueurs*[1], imitation en vers de la *Prognostication pantagrueline* de Rabelais; épigrammes, chansons, rondeaux, et *Carême-prenant, en taratantara*. Ce volume porte à la fin pour devise : *Tout à un*, quoique Bonaventure eût pris ailleurs cette autre devise, que la reine de Navarre lui avait donnée : *Loisir et liberté*.

L'éditeur, pendant l'impression du *Recueil*, avait recouvré plusieurs poésies de Bonaventure des Periers, qu'il se proposait, dit-il dans un avis placé à la fin du volume[2], de mettre au jour dans une seconde édition, entre autres les *Brandons, Mi-carême, Pâques-fleuries, Pâques, Quasimodo*, etc. Mais ces pièces n'ont jamais paru. Jean Poictevin inséra seulement le *Cantique de Moïse*, traduit par des Periers, dans sa traduction des *Cent psalmes de David, en rime françoise*. (Poitiers, 1551, in-8°; Rouen, 1554, in-16; Paris, 1558; Lyon, 1559).

Antoine du Moulin, qui avait montré tant de sollicitude pour la mémoire de son ami, et qui rassemblait depuis 1544 les œuvres posthumes de Bonaventure des Periers, dispersées dans plusieurs mains et restées surtout à la disposition de la reine de Navarre, fut sans doute l'éditeur des *Contes*, comme il avait été celui du *Recueil*. Cette première édition, qui parut en même temps que la première édition de l'*Heptaméron*, est intitulée : *les Nouvelles récréations et joyeux devis, contenant quatre-vingt-huit contes en prose* (Lyon, Robert Granjon, 1558, petit in-4° imprimé en caractères dits de *civilité*, qu'on appelait autrefois *lettre française*). Elle contient quatre-vingt-dix contes, bien que le titre n'en annonce que quatre-vingt-huit.

La Croix du Maine, Duverdier, et, d'après eux, La Monnoye, attribuent la plus grande part de ces Contes à Jacques Pelletier du Mans et à Nicolas Denisot; mais nous sommes loin de penser que la collaboration de ces deux amis de Bonaventure des Periers ait été fort importante. Ils travaillèrent sans doute, avec Antoine du Moulin, à revoir et à compléter l'œuvre de leur ami, puisque ces Contes offrent des interpolations qui ne peuvent avoir été introduites dans le texte, que depuis la mort de l'auteur ou après l'année 1544 (Voy. les nouvelles 19, 29, 68, etc.) Ils joignirent aux éditions suivantes deux contes, qui paraissent sortis de la même main que les premiers, et ensuite trente-sept qui sont empruntés à divers auteurs contemporains, et de préférence à l'*Apologie pour Hérodote*, au *Recueil des plaisantes et facétieuses nouvelles*, etc.

Ce livre, ainsi augmenté, a été réimprimé douze ou quinze fois jusqu'en 1735, date de la dernière édition. Voilà donc plus d'un siècle que Bonaventure des Periers n'a eu les honneurs d'une réimpression!

Ces éditions sont les suivantes : *Lyon, J. Roville*, 1561, in-4°; *Paris, Galiot du Pré*, 1564, 1565 et 1568, petit in-12; *Lyon, Ben. Rigaud*, 1568, 1571, même format; *Paris, Nicolas Bonfons*, 1572, in-16; *Paris, Claude Bruneval*, 1582 ou 1583, in-16; *Paris, Didier Millot*, 1588, in-12; *Paris, P. Mesnier*, 1602, in-24; *Rouen, Raphael du Petit-Val*, 1606, in-12; *Rouen, David du Petit-Val*, 1615, in-12; *Amsterdam, J. F. Bernard* ou *Cologne, Gaillard*, 1711, 2 vol. in-12 (cette édition renferme les notes de La Monnoye, avec des observations du même sur le *Cymbalum mundi*); *Amsterdam (Paris), Z. Chatelain (Piget)*, 1735, 3 vol. in-12.

C'est le texte de cette édition, que nous avons suivi, car il avait été collationné par La Monnoye sur les éditions originales. Mais, comme l'édition de 1735 fut faite après la mort de La Monnoye, d'après l'exemplaire corrigé et annoté par lui, Saint-Hyacinthe ou Prosper Marchand, qui semble avoir été l'éditeur anonyme, n'a pas donné au texte toute la correction désirable et a laissé beaucoup de fautes qui accusent une extrême négligence. L'éditeur a, de plus, abrégé çà et là les notes de son savant devancier, en y mêlant les siennes. Nous avons encore abrégé ce commentaire, en modifiant le style et souvent les idées du commentateur; nous y avons incorporé nos propres remarques, sans autre prétention que de faire mieux comprendre le langage et d'expliquer quelques faits obscurs.

M. Charles Nodier, qui regarde avec raison Bonaventure des Periers, *comme le talent le plus naïf, le plus original et le plus piquant de son époque*, vient d'augmenter la collection des œuvres de cet ingénieux écrivain, en lui rendant un ouvrage qui lui appartient évidemment, et qui avait été attribué jusqu'à présent, tantôt à Élie Vinet, tantôt à Jacques Pelletier : *Discours non plus mélancoliques que divers, de choses mesmement qui appartiennent à notre France, et à la fois la manière de bien et justement entoucher les lucs et guiternes* (Poitiers, Enguilbert de Marnef, 1557, petit in-4° de 112 p.)

« C'est, dit M. Charles Nodier, un ouvrage d'examen sceptique, plus particulièrement appliqué aux études historiques et littéraires, à la grammaire et à l'archéologie. L'érudition ne s'était jamais montrée aussi spirituelle et aussi aimable que dans ces vingt chapitres, où le savoir d'Henri d'Estienne est assaisonné de tout le sel attique de Rabelais. L'étymologie, si mal connue jusque là, y est traitée avec une pénétration exquise; les traditions héréditaires de ces nombreuses générations de savants, dont l'opinion s'accréditait de

---

[1] Cette pièce avait été imprimée à part, sans nom d'auteur, en 1537, chez Jean Morin, l'éditeur du *Cymbalum*. Voyez les *Nouvelles recherches* de M. Brunet.

[2] Cette note de l'éditeur, citée par Niceron, ne se trouve pas dans tous les exemplaires, puisqu'elle manque dans celui de la Bibliothèque du Roi.

siècle en siècle, y sont présentées sous un point de vue moqueur qui en détruit le prestige. Rien ne se rapproche autant, dans les trois grandes époques de notre littérature, du persiflage de Voltaire. Le style même se ressent de cette anticipation sur l'âge de l'esprit français, parvenu à son plus haut degré de raffinement : il est vif, coulant, enjoué, toujours pur, jusque dans son affectation badine. »

Nous ne pouvons mieux terminer cette notice déjà pleine de citations, qu'en citant encore M. Charles Nodier, qu'on ne se lasse jamais de citer : « La première moitié du seizième siècle est dominée en France par trois grands esprits, auxquels les âges anciens et modernes de la littérature n'ont presque rien à opposer : ce sont ceux là qui ont fait la langue de Montaigne et d'Amyot, la langue de Molière, de La Fontaine et de Voltaire... De ces trois hommes, le premier, c'est Rabelais ; le second, c'est Clément Marot ; le troisième (je vous le donne en cent, je vous le donne en mille, vous ne le trouverez pas), c'est Bonaventure des Periers, et Bonaventure des Periers n'est, sous aucun rapport, inférieur aux deux autres. »

NOTICE
SUR
MARGUERITE D'ANGOULÊME,
REINE DE NAVARRE.

Marguerite d'Angoulême, fille de Charles d'Orléans, comte d'Angoulême, et de Louise de Savoie, naquit le 11 avril 1492, à deux heures du matin, dans le vieux château de la ville d'Angoulême[1]. Selon un généthliaque composé par quelque astrologue de cour, elle avait été *conçue l'an* 1491, *à dix heures avant midi et dix-sept minutes, le* 11° *jour de juillet*[2]. Son frère unique, François d'Angoulême, vint au monde deux ans après elle.

Elle était à peine âgée de quatre ans lorsqu'elle perdit son père, mort de maladie à Châteauneuf, en Angoumois, le premier jour de janvier 1496. Charles d'Orléans, que le roi Charles VIII regretta comme *l'un des plus hommes de bien qui fût entre les princes de son sang*[3], n'aurait eu aucune influence sur l'éducation et sur la destinée de ses enfants ; mais sa femme, Louise de Savoie, avait un caractère et un esprit bien supérieurs à ceux du comte, et elle les montra, en élevant elle-même sa fille et son fils avec tous les soins qui pouvaient faire d'eux un prince et une princesse accomplis. La nature les avait richement dotés l'un et l'autre, et si François eut de bonne heure les vertus héroïques de la chevalerie, Marguerite, dont les goûts studieux se révélèrent au sortir de l'enfance, commença dès lors à s'y livrer et à donner carrière à cette noble ambition de s'instruire, qu'elle ne cessa jamais de pousser dans les plus hautes régions de l'intelligence humaine.

Elle apprit d'abord les langues anciennes et modernes qui lui ouvrirent la porte de toutes les sciences. Non-seulement elle comprenait le grec, le latin et même l'hébreu, que lui avait enseigné Paul Paradis, dit le Canosse ; mais encore elle parlait avec une égale facilité l'italien, l'espagnol, l'anglais et l'allemand. Elle s'était, de préférence, adonnée à la philosophie et à la poésie, qui convenaient aussi bien à sa gracieuse imagination qu'à son âme inquiète et compréhensive. Dès qu'elle écrivit, ce fut avec un charme et une élégance de style capables de faire honte aux écrits en vers et en prose contemporains, dans lesquels la recherche ridicule de la pensée se cachait sous l'obscurité de l'expression, toujours fausse et ampoulée. Pour acquérir ce style simple, clair et naïf, que nous admirons dans ses ouvrages, elle n'eut qu'à lire et à relire les charmantes poésies de son grand-oncle Charles d'Orléans.

La réputation de sa beauté, de son savoir et de son mérite l'avait devancée à la cour de Louis XII, où elle parut, âgée de douze ans, à côté de son frère ; qui annonçait déjà ce qu'il devait être, le plus brave, le plus galant, le plus noble des gentilshommes. Louis XII n'avait pas d'héritier mâle ; en 1504, une grave maladie l'avertit de se préparer un successeur ; et dès ce moment, malgré l'opposition envieuse et tracassière d'Anne de Bretagne, il décida le mariage

---
[1] *Journal* de Louise de Savoie.
[2] Brantôme, *Dames illustres*.
[3] Jean de Saint-Gelais, *Mémoires*.

de sa fille aînée Claude, avec François d'Angoulême. On croyait que Louis XII ne vivrait pas longtemps et que le jeune comte d'Angoulême allait monter sur le trône de France : la main de sa sœur fut demandée par Henri VII, roi d'Angleterre ; mais le grand-conseil du roi repoussa la demande après mûre délibération, en considérant que ce mariage pourrait, dans certains cas, causer une guerre *immortelle* entre les Français et les Anglais, et peut-être même ébranler les fondements de la loi salique en France [1]. On refusa ensuite, par des motifs analogues, une autre alliance qui s'offrait pour Marguerite d'Angoulême, et Louis XII ne voulut pas la marier à Charles d'Autriche, dont il était le subrogé-tuteur, comme s'il eût prévu les terribles luttes de l'empereur Charles-Quint et de François Ier [1].

Il fit épouser sa nièce à Charles III, duc d'Alençon, qu'elle n'aimait pas et qu'elle jugeait peu digne d'elle : les noces se célébrèrent à Blois, le 1er décembre 1509, *en aussi grand état et haut triomphe que si c'eût été la fille du roi*. Marguerite s'était soumise en gémissant aux volontés de sa mère et de Louis XII ; mais elle *adonna son cœur à Dieu*, puisque son mari ne l'avait pas, et elle adopta pour devise une fleur de souci regardant le soleil, avec cette légende : *non inferiora secutus* (ne s'arrêtant pas aux choses de la terre). Le duc d'Alençon ne possédait aucune des belles qualités qui brillaient avec tant d'éclat chez Marguerite, et le motif apparent de ce mariage antipathique fut l'extinction d'un procès qui se débattait entre le duc et François d'Angoulême, comme héritiers de Marie d'Armagnac : le comte d'Angoulême abandonna donc ses droits sur cette succession en faveur de sa sœur, dont la dot s'élevait à 450,000 livres [2].

Le comte d'Angoulême fut créé duc de Valois par Louis XII, qui, selon son projet favori, aussitôt après la mort d'Anne de Bretagne, lui fit épouser Claude de France, avec laquelle il l'avait fiancé depuis longtemps. Le duc de Valois succéda, le 1er janvier 1515, à son beau-père, et la duchesse d'Alençon, comme sœur du roi, fut qualifiée de *Madame*. On la nomma dès lors indifféremment *Marguerite de France*, ou *de Valois*, ou *d'Angoulême* ; elle ajoutait aussi à ses titres celui de *duchesse de Berri*, que son frère lui donna en 1517. François Ier, qui l'aimait tendrement, l'appelait sa *mignonne* ou la *Marguerite des Marguerites*. Il s'était accoutumé dès l'enfance à la consulter en toute chose et à suivre ses conseils : il ne changea pas à son égard en devenant roi, et il eut souvent recours aux lumières de cette sage princesse dans les affaires d'État, qu'elle entendait mieux que les plus habiles ministres. « Son discours était tel, que les ambassadeurs qui parloient à elle en étoient grandement ravis, et en faisoient de grands rapports à ceux de leur nation, à leur retour ; dont, sur ce, elle en soulageoit le roi son frère, car ils l'alloient toujours trouver après avoir fait leur principale ambassade ; et bien souvent, lorsqu'il avoit de grandes affaires, les remettoit à elle, en attendant sa définition et totale résolution. Elle les savoit fort bien entretenir et contenter de beaux discours, comme elle y étoit fort opulente et fort habile à tirer les vers du nez d'eux : d'ond le roi disoit souvent qu'elle lui assistoit bien et le déchargeoit beaucoup... par l'industrie de son gentil esprit et par douceur [1]. »

La confiance de François Ier dans le jugement de sa sœur chérie n'était pas moindre en ce qui concernait ses affaires personnelles, même celles de la nature la plus délicate : il la trouvait indulgente pour des faiblesses qu'elle ne partageait pas, et souvent complaisante pour un sentiment qui, bien que coupable et illégitime, se relevait et s'épurait sous les dehors d'une noble et généreuse galanterie. C'est ainsi qu'elle composa, au nom de son frère, les *belles devises* que le roi fit graver sur des joyaux qu'il donna à la comtesse de Châteaubriand, et que cette dame lui renvoya en lingots, afin que ces devises ne fussent pas profanées par une autre maîtresse [2]. Lorsque François Ier, cédant à quelque caprice indigne de lui, cherchait des plaisirs faciles auprès de ses humbles sujettes, ou bien déguisait sa royauté pour courir les aventures d'un amour bourgeois, il avait soin de se cacher surtout de sa sœur, qui ne lui eût pas pardonné la trivialité de ces goûts libertins, et qui se fût trop inquiétée des dangers qu'il affrontait en courtisant la femme d'un avocat ou d'un simple marchand [3].

Marguerite, toute sévère qu'elle fût pour elle-même dans sa conduite, était portée vers cette galanterie décente qui résultait de l'intelligence des esprits et des âmes, sans exclure la vertu la plus chaste et la morale la plus rigoureuse. Ce n'était jamais de l'amour, c'était plus que de l'amitié. La lecture des anciens romans de chevalerie avait introduit à la cour ces habitudes de tendre et innocente familiarité entre les deux sexes, et leurs relations continuelles créaient dès lors cette société française, dont le bon goût et la politesse devaient faire plus tard l'admiration et l'exemple de l'Europe. Louis XII avait le premier rapporté d'Italie cette affection platonique pour Thomassine Spinola, qu'il *servit* à titre d'*intendio* ; mais c'est Marguerite qui semble avoir fait admettre dans les mœurs de son temps ces *alliances* toutes spirituelles qu'on peut considérer comme l'expression la plus haute et la moins terrestre de l'amour ; c'est Marguerite qui a inventé les dénominations de *frère*

---

[1] *Histoire du seizième siècle en France*, par le bibliophile Jacob, t. III.
[2] *Hist. généal. de la Maison de France*, par Scevole et Louis de Sainte-Marthe, t. I.
[3] *Histoire du seizième siècle en France*, t. IV.

[1] Brantôme, *Dames illustres*.
[2] Brantôme, *Dames galantes*.
[3] Voyez plusieurs Nouvelles de l'*Heptaméron*.

et de *sœur d'alliance*, sous lesquelles on pouvait s'aimer et se le dire publiquement, sans encourir ni blâme ni soupçon[1]; naïve réminiscence de ce *bon vieux temps* où tout chevalier avait sa *dame* et toute *dame* son chevalier.

Ces souvenirs plaisaient beaucoup à Marguerite, qui, dans sa petite cour d'Alençon comme dans celle de son frère, avait remis en honneur les traditions de la chevalerie; elle s'amusait à faire renaître les *cours d'amour* du moyen âge, et les poëtes, qui l'entouraient sans cesse en qualité de *valets de chambre* pensionnaires, ne traitaient pour elle que des sujets de galanterie raffinée et de doctrine amoureuse. Tels étaient aussi les sujets ordinaires qui occupaient ses inspirations poétiques. Cependant, à cause de ce penchant naturel vers l'exagération des sentiments tendres, elle n'en eut que plus de mérite à résister même aux entraînements de son cœur, quoique Brantôme dise d'elle : « En fait de joyeusetés et de galanteries, elle montrait qu'elle en savait plus que son pain quotidien; » car elle fut aimée du connétable de Bourbon, suivant une tradition qui n'ajoute pas qu'en l'aimant avec la même ardeur elle ait jamais cessé d'être vertueuse[2]; elle fut également aimée de l'amiral Bonnivet, le favori de François Ier, le plus beau et le plus entreprenant des seigneurs de la cour; mais elle ne l'aimait point, et elle eut moins de peine à résister à une audacieuse tentative de violence, de la part de cet amant dédaigné, lorsque Bonnivet s'introduisit la nuit par une trappe dans la chambre où elle couchait, et fut contraint de se retirer honteusement, *le visage tout sanglant d'égratignures et de morsures qu'elle lui avait faites*[3].

Le procès et la fuite du connétable de Bourbon, qu'elle aurait bien voulu protéger contre le ressentiment de Louise de Savoie, furent suivis de la défaite de François Ier à Pavie et de sa captivité à Madrid. Cette fatale bataille de Pavie porta deux coups terribles à la duchesse d'Alençon; car si son frère resta prisonnier du connétable et des Espagnols, ce fut la faute de son mari, Charles d'Alençon, dont la lâcheté entraîna la déroute de l'armée française et la prise du roi; ce prince, qui commandait l'arrière-garde, ayant fait sonner la retraite au moment où son concours pouvait encore décider du sort de la journée. Le duc d'Alençon n'osa pas reparaître devant Marguerite, qui l'eût accablé de trop justes reproches; il mourut de chagrin à Lyon, le 11 avril 1525, deux mois après le funeste événement qui l'avait déshonoré aux yeux de sa femme et de la France entière.

[1] Voyez les poésies de Clément Marot et la nouvelle XXVI de l'*Heptaméron*.
[2] On a bâti, sur cette tradition, deux romans ridicules, quoique encore estimés au dernier siècle: *Histoire de Marguerite de Valois*, et *Histoire secrète du connétable de Bourbon*. Voyez la notice sur les ouvrages de Marguerite.
[3] Elle a raconté elle-même son aventure sous des noms supposés, dans la nouvelle IV de l'*Heptaméron*.

Marguerite donna sans doute peu de regrets à son mari, en présence du malheur de son frère; c'était là son unique préoccupation : elle dirigeait et activait les négociations qui avaient pour but le retour de François Ier dans son royaume; mais Charles-Quint les entravait par tant d'obstacles, que le roi craignit de ne jamais sortir de l'Alcazar de Madrid; il tomba dangereusement malade, et pendant plusieurs jours le bruit de sa mort se répandit par toute la France. « Quiconque viendra à ma porte, disait sa sœur au désespoir, m'annoncer la guérison du roi mon frère, tel courrier, fût-il las, harassé, fangeux et malpropre, je l'irai baiser et accoler comme le plus propre prince et gentilhomme de France; et qu'il aurait faute de lit et n'en pourrait trouver pour se délasser, je lui donnerais le mien et coucherais sur la dure, pour telles bonnes nouvelles qu'il m'apporterait[1]. » Elle partit précipitamment pour aller porter des soins et des consolations au malade, dont elle connaissait le *naturel* et la *complexion* mieux que les médecins, tandis qu'elle travaillerait à la délivrance du prisonnier, qui refusait de se racheter au prix d'une fraction de sa couronne.

Ce fut durant ce long et pénible voyage qu'elle mit *en rimes* les tristes pensées qui remplissaient son âme; cette élégie, qu'elle composa dans sa litière, comme la plupart de ses ouvrages, est un monument de sa piété fraternelle et à la fois un chef-d'œuvre de grâce et de sensibilité exquises :

> Le désir du bien que j'attends
> Me donne du travail matière;
> Une heure me dure cent ans,
> Et me semble que ma litière
> Ne bouge, ains retourne en arrière,
> Tant j'ai de m'avancer désir.
> Oh! qu'elle est longue la carrière
> Où à la fin gît le plaisir!
>
> Je regarde de tous côtés,
> Pour voir s'il n'arrive personne :
> Priant sans cesse, n'en doutez,
> Dieu, que santé à mon roi donne;
> Quand nul ne vois, l'œil j'abandonne
> A pleurer; puis, sur le papier,
> Un peu de ma douleur j'ordonne :
> Voilà mon douloureux métier!
>
> Oh! qu'il sera le bienvenu,
> Celui qui, frappant à ma porte,
> Dira : « Le roi est revenu
> En sa santé très-bonne et forte! »
> Alors, sa sœur, plus mal que morte,
> Courra baiser le messager
> Qui telles nouvelles apporte,
> Que son frère est hors de danger!

Marguerite vint s'embarquer à Aigues-Mortes, descendit à Barcelone et arriva enfin à Madrid. L'empereur partit de son palais pour aller à la rencontre de cette princesse, et il l'accompagna chez le roi qui,

[1] Brantôme, *Dames illustres*.

à la vue de sa sœur, reprit tout à fait courage [1]. François Ier disait souvent, *que sans elle il était mort, dont il lui avait cette obligation qu'il reconnaîtrait à jamais et l'en aimerait* [2]. En effet, il recouvra bientôt la santé avec l'espoir de retourner dans ses États, grâce à l'intervention de Marguerite. Celle-ci ne tarda pas à rejoindre l'empereur à Tolède : elle s'était fait suivre de Philippe de Villiers, grand-maître de l'ordre de Saint-Jean de Jérusalem, que le siège de Rhodes, héroïquement soutenu contre les Turcs pendant plusieurs mois de blocus et d'assauts, avait couvert de gloire. Elle entama sur-le-champ des pourparlers avec Charles-Quint, sous les auspices de l'illustre grand-maître : elle offrit une somme considérable en dehors des propositions qui avaient déjà été faites ; elle insista pour que la sœur de l'empereur, Madame Éléonore d'Autriche, fût accordée en mariage au roi qui était veuf depuis un an, et déclara qu'elle était prête à épouser elle-même le connétable de Bourbon, à qui l'empereur avait promis la main de Madame Éléonore. Ces nouvelles propositions n'eurent pas plus de succès que les autres.

Indignée de n'avoir pu rien terminer avec Charles-Quint, Marguerite revint à Madrid pour faire ses adieux à son frère, et elle lui conseilla de se soustraire par la fuite à une captivité dont on ne prévoyait plus le terme. Un plan d'évasion fut même arrêté entre eux : aussitôt après le départ de Marguerite, le roi devait se noircir le visage, prendre le costume d'un nègre qui le servait dans la prison et s'échapper de l'Alcazar sous ce déguisement ; mais un de ses valets de chambre fit échouer son projet de fuite en le dénonçant à l'empereur, qui ordonna seulement de chasser le nègre et qui ajouta cette phrase conditionnelle au sauf-conduit de la duchesse d'Alençon : *pourvu qu'elle n'ait rien fait contre l'empereur et au préjudice de la nation* [3]. François Ier se vit gardé plus étroitement et séparé de ses plus fidèles serviteurs. Marguerite alla trouver l'empereur et lui parla *si bravement et si honnêtement aussi sur ce mauvais traitement, qu'il en fut étonné*. Elle lui dit, entre autres menaces, que, si le roi venait à mourir en Espagne, *sa mort n'en demeureroit impunie, ayant des enfants qui quelque jour deviendroient grands, qui en feroient la vengeance signalée.* « Ces paroles prononcées si gravement et de si grosse colère, donnèrent à songer à l'empereur, si bien qu'il se modéra et visita le roi, et lui promit force belles choses qu'il ne tint pas pourtant pour ce coup. Or, si elle parla bien à l'empereur, elle dit encore pis à son Conseil où elle eut audience, là où elle triompha de bien dire et bien haranguer et avec une bonne grâce dont elle n'étoit point dépourvue [1]. »

Néanmoins, les conseillers de Charles-Quint le poussèrent à un acte déloyal envers cette grande princesse qui fut secrètement avertie qu'on devait, à l'expiration du délai de son sauf-conduit, la retenir prisonnière en Espagne, du moins jusqu'à ce que le roi eût cédé sur les honteuses conditions qu'on lui imposait pour sa délivrance. Mais François Ier feignit de se résigner à une captivité perpétuelle plutôt que de souscrire à son déshonneur, et, pour faire mieux croire qu'il se préparait à rester longtemps éloigné de son royaume, il data de Madrid un édit par lequel, en cas de maladie ou de mort de sa mère, il associait ou substituait à la régence *sa très-chère et très-amée sœur*, avec les mêmes pouvoirs, commandement et autorité qu'il avait confiés à Louise de Savoie. Le terme du séjour de Marguerite sur les terres de l'empereur approchait, et les fêtes, au milieu desquelles on espérait l'endormir jusqu'à la fin de novembre, continuaient toujours : « Elle, toute courageuse, monta à cheval, fit des traites en huit jours, qu'il en falloit pour quinze, et s'évertua si bien qu'elle arriva sur la frontière de France le soir bien tard du jour que le terme de son passeport approchoit [2]. » L'empereur comprit qu'il n'obtiendrait rien de l'obstination du roi, fortifiée par l'habile politique de Marguerite, et dès lors il se montra moins exigeant à l'égard de son prisonnier, qui fut enfin remis en liberté et rendu à la France.

Le mariage de la duchesse d'Alençon avec le connétable avait rencontré des obstacles insurmontables : François Ier, comme pour mettre à néant ce projet d'alliance qui l'importunait, s'empressa de choisir un autre mari pour sa sœur, et lui fit épouser, à Saint-Germain-en-Laye, le 24 janvier 1527, Henri d'Albret, deuxième du nom, fils aîné de Jean, roi de Navarre, et de Catherine de Foix, à qui Ferdinand d'Aragon avait enlevé une partie de leurs États sous le règne de Louis XII. Dans le contrat, François Ier s'engageait à sommer l'empereur de restituer ces États à Henri d'Albret, et, au besoin, à les reconquérir par la force des armes contre l'usurpateur ; de plus, il assignait en dot à Marguerite les duchés d'Alençon et de Berri, les comtés d'Armagnac, du Perche, et généralement toutes les seigneuries qu'elle possédait du fait de son premier mari, ou bien à titre d'apanage [3]. Henri d'Albret ne manquait pas absolument des qualités nécessaires à un prince : il était brave, il avait à cœur de bien gouverner son petit royaume et d'être aimé de ses sujets ; mais il n'avait aucune des qualités qui font le bonheur d'une femme : il était dur, mélancolique, brutal, jaloux. Cette union fut donc souvent troublée par des divisions intestines

---

[1] Sandoval, *Historia de la vida y hechos del emperador Carlos V.*
[2] Brantôme, *Dames illustres.*
[3] Sandoval.

[1] Brantôme. — [2] *Ib.*
[3] *Hist. généal. de la Maison de France*, t. 1.

qui eurent même un fâcheux éclat à la cour et qui exigèrent plus d'une fois l'intervention de François I[er][1]. Des deux enfants sortis de ce mariage, le premier, nommé Jean, mourut en 1530, à l'âge de deux ans, et le second, qui était une fille, née en 1529, fut cette illustre Jeanne d'Albret, qui exerça tant d'influence sur les événements politiques de son temps et qui eut pour fils Henri IV.

Marguerite, quoique vivant mal avec son mari, ne le seconda pas avec moins de zèle dans ses efforts pour améliorer la situation intérieure du Béarn. Le pays était *inculte et stérile par la négligence des habitants*; ils y attirèrent de bons laboureurs choisis dans différentes provinces de France, et ils y propagèrent, par ce moyen, les meilleures traditions de l'agriculture, en centuplant la richesse du sol; ils fondèrent et embellirent des villes, bâtirent et ornèrent des châteaux, notamment celui de Pau, qu'ils entourèrent de jardins magnifiques; réformèrent la législation coutumière du *fors d'Oleron*; créèrent une chambre de justice pour les appels en dernier ressort, et ouvrirent à la fois toutes les sources de la prospérité publique. Henri d'Albret ne fit aucune tentative pour reprendre la Navarre, car son beau-frère, qui eut toujours trop d'ennemis sur les bras, ne put employer une armée à cette expédition, que la puissance de Charles-Quint rendait d'ailleurs impossible; mais le roi de Navarre s'appliqua du moins à ne rien perdre des domaines qui lui restaient; et, pour les défendre contre les invasions des Espagnols, il couvrit de places fortes les frontières du Béarn et mit Navarreins en état de soutenir un long siège. Marguerite eut part à tous ces actes de sage gouvernement[2], et elle recueillit, en récompense, l'affection des Béarnais qui la voyaient avec joie tenir sa cour à Pau et à Nérac.

Cette cour rivalisait avec celle de France par le choix remarquable des personnes qui la composaient : c'étaient les dames les plus renommées en beauté et en esprit; c'étaient les gentilshommes les mieux faits et les mieux *enlangagés*; c'étaient surtout des savants, des poëtes, des musiciens, des peintres, toute une brillante élite d'artistes et de littérateurs, que Marguerite nourrissait et protégeait d'une main royale.

[1] Le dernier historien de Marguerite, M. Eusèbe Castaigne (dans une *Notice biographique et littéraire sur Marguerite*, imprimée dans l'*Annuaire de la Charente pour* 1837, et remarquable sous le rapport bibliographique), s'inscrit en faux contre toutes les allégations de Lenglet-Dufresnoy dans son édition de Clément Marot, allégations reproduites dans la nôtre (3 vol. in-8°, 1824) avec trop de confiance peut-être, mais appuyées sur une tradition dont Brantôme s'est fait l'écho. Ainsi, malgré les dénégations de M. Castaigne, nous ne doutons pas, encore aujourd'hui, que Marguerite ait voulu se représenter elle-même sous le nom de la *Mal mariée* dans une de ses comédies; nous ne doutons pas, non plus, que Clément Marot ait eu en vue, dans plusieurs de ses poésies, la sombre et fantasque jalousie du roi de Navarre.

[2] Hilarion de Costes, *Elog. des Dames illustres*.

Ses valets de chambre, le *gentil* Clément Marot, le satirique Bonaventure des Periers, l'élégant traducteur Claude Gruget, Antoine du Moulin, de La Haye, etc., avaient fait surnommer sa chambre un *vrai Parnasse*. Tout y retentissait de musique, de vers, d'ingénieux entretiens et de *joyeux devis* : chacun rimait, chantait, parlait, contait à son tour. Or, il y avait entre ces esprits excellents un lien commun plus fort et plus étroit que celui de l'amour des lettres et des arts : cette cour était le foyer de la réforme religieuse ou plutôt philosophique qui devait aboutir au calvinisme, en s'éloignant de son but et aussi de ses premiers apôtres. Marguerite, entraînée par cette curiosité inquiète et par ce doute perpétuel qui la poussaient vers les choses nouvelles et inconnues, embrassa d'abord avec sympathie les idées et les espérances des philosophes, tels que Rabelais, Étienne Dolet, Bonaventure des Periers, qu'on nomma plus tard *athées* ou *libertins*, et en même temps elle écoutait avec un égal enthousiasme les leçons pieuses de Roussel, de Calvin, de Le Fèvre d'Etaples, qui n'étaient que des prédicateurs évangéliques.

Ce dernier, dont la longue carrière avait été consacrée à la recherche de la vérité, eut surtout l'estime et la confiance de Marguerite, qui l'aimait et le respectait comme un père. Le Fèvre d'Etaples, parvenu à l'âge de 101 ans, ne se reprochait rien dans toute sa vie, si ce n'est de s'être tenu éloigné *des lieux où se distribuaient les couronnes des martyrs*, et d'avoir toujours évité la mort que tant de personnes souffraient pour l'Évangile. Un jour, en 1527, comme il se laissait aller à ces regrets, en présence de la reine de Navarre qui était à table avec lui, elle le consola si bien, qu'il s'écria : « Il ne me reste donc plus que d'aller à Dieu que je sens qui m'appelle ! » Puis, jetant les yeux sur elle, il ajouta : « Madame, Je vous fais mon héritière. Je donne mes livres à Me Girard le Roux; ce que je possède et mes habits aux pauvres; je recommande le reste à Dieu. — Que me reviendra-t-il donc de votre succession? — Le soin de distribuer ce que j'ai aux pauvres. — Je le veux, répliqua-t-elle, et je vous jure que j'ai plus de joie de cela, que si le roi, mon frère, m'avait fait son héritière. » Il dit adieu à la reine et aux autres convives, en se levant pour aller prendre quelque repos; il se coucha et rendit l'âme aussi doucement que s'il se fût endormi[1].

Dès les premières persécutions contre les luthériens, en 1523, elle s'était déclarée ouvertement leur avocate, sinon leur complice, et ceux-ci la regardèrent alors comme *suscitée de Dieu pour rompre, autant que faire se pouvait, les cruels desseins d'Antoine Duprat, chancelier de France, et des autres inci-*

[1] *Biblioth. françoise* de La Croix du Maine, art. MARGUERITE. Note de Falconnet. Édit. de 1772.

tant le roi contre ceux qu'ils appelaient hérétiques ; elle fit sortir de prison, malgré la Sorbonne et l'inquisiteur de la foi, son poëte Clément Marot, accusé d'avoir mangé du lard en carême ; elle s'efforça de sauver le malheureux Berquin qui, par son entêtement fanatique, rendit inutile cette puissante intervention auprès de ses juges ; elle détourna plusieurs fois des censures et des accusations prêtes à frapper les livres et les auteurs soupçonnés d'hérésie. Bien plus, elle offrait une retraite dans sa principauté de Béarn à ceux qui étaient poursuivis et menacés : Roussel, Calvin, Le Fèvre d'Étaples s'y réfugièrent auprès d'elle. « Cette douce princesse n'eut rien plus à cœur, pendant neuf ou dix ans, qu'à faire évader ceux que le roi vouloit mettre aux rigueurs de la justice ; souvent elle lui en parloit, et à petits coups tâchoit d'enfoncer dans son âme quelque pitié des luthériens [1]. »

Elle avait fait traduire en langue vulgaire les prières latines de l'Église, par Guillaume Parvi, docteur de Sorbonne, évêque de Senlis et confesseur du roi ; elle mit ce missel français entre les mains de François Ier, et elle le répandit à la cour, qui faillit adopter, à son exemple, la *messe à sept points* et la *messe en français*, hérésie bientôt réprimandée par la Sorbonne, et prohibée par arrêt du Parlement. Marguerite avait, en outre, composé elle-même un poëme mystique, sous ce titre : *Le Miroir de l'âme pécheresse*, avec cette épigraphe empruntée au psalmiste : « Seigneur Dieu, crée en moi un cœur net. » Elle l'avait fait imprimer dans sa ville d'Alençon, en 1531, par Simon Dubois ; la réimpression de ce traité de morale, faite deux ans après à Paris, fut censurée par les Sorbonnistes, comme renfermant des propositions et des tendances contraires à la religion catholique romaine. Mais, par ordre du roi, Nicolas Cop, recteur de l'Université, désavoua cette censure et l'excusa néanmoins, en disant que le livre avait paru sous le voile de l'anonyme et sans l'approbation de la Faculté de théologie. Le fougueux Noël Beda, qui osa signer la condamnation de l'ouvrage de la sœur du roi, avait tellement échauffé les esprits contre la protectrice des sectaires, que les écoliers du collége de Navarre, de concert avec leurs régents, jouèrent une farce dans laquelle Marguerite était transformée *en Furie d'enfer*. François Ier ne pouvait souffrir qu'on insultât publiquement sa *mignonne* ; il envoya des archers de sa garde pour arrêter les coupables, et ceux-ci, élèves et maîtres, repoussèrent à coups de pierre les gens du roi. Ils n'obtinrent leur pardon qu'aux instances de cette généreuse princesse qu'ils avaient représentée sous les traits d'une Furie [2].

Elle eût peut-être gagné à la Réforme François Ier lui-même, qui se laissait entourer des partisans de ces *nouvelletés* et leur prêtait une oreille favorable, si l'*affaire des placards* n'avait contraint le roi de se proclamer le vengeur et l'appui du catholicisme dans son royaume. Une nuit du mois de novembre 1534, des placards injurieux contre l'Eucharistie furent affichés aux portes des églises et dans les rues de Paris. François Ier eut la faiblesse de satisfaire à l'indignation du peuple, en sacrifiant six luthériens qui furent brûlés vifs sur la place de l'Estrapade, et en prenant l'engagement solennel d'anéantir les hérétiques, dans le temps même qu'il négociait secrètement avec les protestants de la Ligue de Smalcade, et paraissait disposé à entendre la parole du grand Mélanchton. Dès ce moment, le crédit de la reine de Navarre ne fut plus suffisant pour couvrir ses amis ; elle leur conseilla seulement d'aller se cacher en Béarn, et pendant que Rabelais, Marot, Dolet, des Periers échappaient aux poursuites de l'inquisition sorbonnique, elle eut besoin de compter sur la tendresse de son frère pour demeurer à la cour où ses ennemis triomphants voulaient la perdre ou l'abreuver de chagrin. « Le connétable de Montmorency, en sa plus grande faveur, discourant de ce fait, un jour, avec le roi, ne fit difficulté ni scrupule de lui dire que, s'il vouloit bien exterminer les hérétiques de son royaume, il falloit commencer à sa cour et à ses plus proches, lui nommant la reine sa sœur ; à quoi le roi répondit : Ne parlons pas de celle-là, elle m'aime trop ; elle ne croira jamais que ce que je croirai, et ne prendra jamais de religion qui préjudicie à mon État [1]. »

Marguerite était vraiment attachée à la religion de Luther ; « mais, pour le respect et amour qu'elle portoit au roi son frère qui l'aimoit uniquement et l'appeloit toujours sa *mignonne*, elle n'en fit jamais aucune profession ni semblant ; et si elle la croyoit, elle la tenoit toujours dans son âme fort secrète, d'autant que le roi la haïssoit fort. » Ce changement dans sa conduite, tant qu'elle resta en butte aux malignités de ses ennemis à la cour de France, n'indiquait pas que ses croyances eussent changé ; son exemple eut pourtant de graves conséquences : « le plus grand mal fut que la plupart des grands commença lors de s'accommoder à l'humeur du roi et peu à peu s'éloignèrent tellement de l'étude des saintes lettres, que finalement ils sont devenus pires que tous les autres ; voire même la reine de Navarre commença de se porter tout autrement, se ployant aux idolâtries comme les autres, non pas qu'elle approuvât telles superstitions en son cœur, mais d'autant que Ruffi (c'est le même que Roussel) et autres semblables lui persuadoient que c'étaient choses indifférentes [2]. » Elle se vit ainsi exposée aux défiances et aux injustes récriminations de ceux qui lui devaient dix ans de tolérance et d'impunité.

---

[1] Florimond de Rœmond, *Histoire de l'Hérésie*.
[2] Théodore de Bèze, *Histoire ecclésiastique*.

[1] Brantôme. — [2] Théodore de Bèze.

Mais aussitôt qu'elle fut retirée dans sa principauté de Béarn, elle ne dissimula plus ses opinions religieuses : elle avait alors auprès d'elle Calvin, Marot et d'autres novateurs, qui toutefois ne se crurent point en sûreté à la cour de Pau et qui passèrent bientôt en Piémont ; car ils se défiaient des intentions du roi de Navarre à leur égard. Celui-ci, d'ailleurs, gardait rancune à Marot, que la poésie avait peut-être mené trop avant dans les bonnes grâces de Marguerite, et qui, en tous cas, affichait indiscrètement l'estime particulière qu'on n'accordait qu'à sa *belle science*[1]. Henri d'Albret, offensé des relations presque familières qui existaient entre la reine et ses domestiques[2], *la traitoit très-mal, et eût encore fait pis, sans le roi François, son frère, qui parla bien à lui, le rudoya fort et le menaça pour honorer sa femme et sa sœur, vu le rang qu'elle tenoit*[3]. Un jour, ayant été averti qu'on faisait le prêche dans la chambre de Marguerite, « il y entra, résolu de châtier le ministre, et trouvant que l'on l'avait fait sauver, les ruines de sa colère tombèrent sur sa femme qui en reçut un soufflet, lui disant : *Madame, vous en voulez trop savoir!* et en donna aussitôt avis au roi François[4]. » Le roi répondit sans doute de manière à faire respecter sa sœur et à inspirer à ce mari brutal la crainte des représailles. Henri d'Albret ne s'arrogea plus le droit de tyranniser les croyances de sa femme.

Marguerite eut le pouvoir de l'amener par degrés à prendre part aux pratiques extérieures qu'elle suivait en dehors de la religion catholique ; elle lui persuada de lire la Bible, de chanter des psaumes, d'écouter le prêche et enfin d'assister à la cène, qui, dit-on, avait lieu dans les souterrains du château de Pau[5]. Le roi de Navarre parut un moment se poser en protecteur des religionnaires. Marguerite continuait à se pénétrer de la lecture des livres saints, et elle avait une foi si ardente dans les divines consolations de cette lecture, qu'elle disait à son historiographe Bertrand Élie : « Qu'il ne laissât aucun jour sans avoir attentivement vaqué à la lecture de quelques pages de ce livre sacré qui, arrosant nos âmes de la liqueur céleste, nous sert de fidèle préservatif contre toutes sortes de maux et tentations diaboliques[6]. » Son enthousiasme pour la Bible se révélait par une foule de chansons et de poésies spirituelles qu'elle composait sur des textes de l'Ancien et du Nouveau Testament ; elle emprunta même à l'Évangile les sujets de quatre *comédies*[1], semblables aux vieux mystères, qu'elle fit représenter dans son palais par des comédiens et des chanteurs italiens, en présence de toute sa cour qui applaudit à ces espèces de prêches dramatiques. Quant aux prêches ordinaires, ils étaient faits avec moins d'éclat par Roussel qu'elle avait nommé évêque d'Oléron, et par un carme défroqué nommé Solon, qui ne se recommandait guère par ses mœurs : ces prêches, il est vrai, ne proclamaient pas la Réforme de Luther ni de Calvin, mais ils élevaient toujours au-dessus des dogmes de l'Église romaine *la pure intelligence de l'Évangile*[2].

Les ennemis de Marguerite recommencèrent leurs plaintes et leurs injures contre elle : le gardien des cordeliers d'Issoudun eut l'audace de dire en chaire qu'elle était luthérienne et qu'elle méritait ainsi d'être enfermée dans un sac et jetée à l'eau. Ces insolentes paroles furent rapportées au roi, qui ordonna que le moine serait puni du même supplice qu'il avait jugé bon pour la reine de Navarre. Mais la populace, ameutée, empêcha le lieutenant-criminel d'Issoudun, Denis Du Jon, de se saisir du coupable, jusqu'à ce que, sur un nouvel ordre du roi, le moine fut tiré de son cloître et envoyé aux galères. Ce fut à l'intercession de Marguerite qu'il dut la vie ; et le lieutenant-criminel, qui l'avait arrêté, s'attira par là tant de haines à Issoudun, qu'il se vit obligé de s'enfuir de cette ville, comme suspect d'hérésie, et qu'il serait mort de misère, si la généreuse reine de Navarre ne l'eût aidé à subsister. Plus tard, ce magistrat, de retour à Issoudun, y fut massacré par le peuple, qui ne lui pardonnait pas d'avoir porté la main sur un cordelier, pour la défense de la sœur du roi[3].

François Ier, que les cardinaux d'Armagnac et de Grammont avaient instruit des comédies saintes, des prêches et des dispositions hérétiques de la petite cour de Marguerite, manda cette princesse, qui se mit en route sur-le-champ avec le seigneur de Burie, gouverneur de Guienne : dès son arrivée le roi la gronda fort ; mais comme elle *répondit en catholique*, il la crut de préférence à tous ceux qui l'accusaient de luthéranisme. Depuis ce voyage à la cour de France, Marguerite sembla renoncer à l'exercice d'un culte qu'elle professait au fond du cœur ; elle se contenta d'encourager Clément Marot, qui était revenu d'exil, à traduire en vers français les psaumes de David, d'après la version littérale du docte Vatable, et elle fit d'abord accepter, par les catholiques les plus scrupuleux, ces *psalmes* qu'on chantait partout à l'instar des branles de Poitou et des noëls bourguignons ; mais la Faculté de théologie censura l'œuvre de Marot, comme infidèle et sentant l'hérésie : le poëte, pour éviter encore une fois le bûcher, l'estrapade ou la prison perpétuelle,

---

[1] Marguerite lui dit dans un dizain :

Car on ne peut (et j'en donne ma voix)
Assez priser votre belle science.

[2] Sans admettre, sur la foi de la tradition, que la reine de Navarre soit la *Marguerite* célébrée dans les poésies de Clément Marot qui l'appelle sa *sœur d'alliance*, on est forcé de reconnaître, au ton des vers qu'ils s'adressaient l'un à l'autre, l'existence d'une grande familiarité entre eux.

[3] Brantôme. — [4] *Ib.*

[5] Florimond de Rœmond.

[6] Olhagaray, *Histoire de Foix, Béarn et Navarre.*

[1] Elles sont imprimées dans les *Marguerites de la Marguerite.*

[2] Florimond de Rœmond.

[3] François Junius, *Vita sua.*

s'en alla compléter sa traduction à Genève, où Calvin ne dédaigna pas de la publier lui-même et de l'accompagner de musique, pour la mettre à l'usage de l'Église réformée. Marguerite, voyant que son frère ne pouvait et ne voulait arrêter la réaction catholique contre les réformateurs, cessa tout à fait de persévérer dans une voie qui eût été funeste à ses amis, au lieu de leur être favorable : elle n'abandonna aucune de ses convictions en matière de religion, mais elle ne les étala plus en public; et tout en conservant un commerce de lettres assidu avec Calvin, elle se montra presque *papiste* : elle se confessait à François le Picard, docteur en théologie, doyen de Saint-Germain-l'Auxerrois, et communiait, de la main de ce saint personnage, à l'église des Blancs-Manteaux où sa piété faisait l'édification des fidèles. Mais elle s'occupait surtout de bonnes œuvres et de fondations pieuses; elle dota richement les hôpitaux d'Alençon et de Mortagne, distribua des sommes considérables aux pauvres, et fonda l'hospice des Enfants-Rouges à Paris, où l'on nourrissait et élevait des petits orphelins qu'elle avait surnommés *les enfants de Dieu le père* [1].

Sa charité chrétienne n'alla pas cependant jusqu'à pardonner au connétable Anne de Montmorency qui avait cherché à la brouiller avec le roi : elle poursuivit, au contraire, de tous ses efforts la disgrâce et le bannissement de ce puissant favori. Le jour où la princesse de Navarre, Jeanne d'Albret, à peine âgée de douze ans, fut fiancée au duc de Clèves, à Châtellerault (le 15 juillet 1540), « ainsi qu'il la fallut mener à l'église, d'autant qu'elle étoit chargée de pierreries et de robe d'or et d'argent, et pour ce que, pour la foiblesse de son corps, n'eût su marcher, le roi commanda à M. le connétable de prendre sa petite nièce au col et la porter à l'église : dont toute la cour s'étonna fort, pour être une charge peu convenable et honorable en telle cérémonie pour un connétable, et qu'elle se pouvoit bien donner à un autre ; de quoi la reine de Navarre n'en fut nullement déplaisante, et dit : « *Voilà celui qui me vouloit ruiner autour du roi mon frère, qui maintenant sert à porter ma fille à l'église* ; » et le connétable en eut un grand dépit pour servir d'un tel spectacle à tous, et commença à dire : *C'est fait désormais de ma faveur, adieu lui dis!* Comme il arriva ; car, après le festin et dîner des noces, il eut son congé et partit aussitôt [2]. »

Ce mariage de la princesse de Navarre fut déclaré nul peu de temps après, et ce n'est qu'en 1548 qu'elle épousa Antoine de Bourbon, duc de Vendôme, qui devint roi de Navarre après la mort de son beau-père en 1555. Marguerite devait précéder son mari dans la tombe et y être devancée par son frère, qu'elle perdit le 31 mars 1547.

Cette perte plongea dans le deuil le peu de jours qu'elle avait encore à vivre. Elle ne songea plus à terminer ce recueil de nouvelles qu'elle composait dans sa litière *en allant par pays*, et qu'elle dictait à une de ses dames d'honneur, nouvelles souvent facétieuses et divertissantes, toujours narrées avec art dans un charmant style, tellement célèbres et répandues, du vivant de Marguerite, qu'on les trouvait manuscrites dans toutes les bibliothèques des dames de la cour : ainsi resta inachevé l'*Heptaméron*, qui aurait eu le titre de *Décaméron* et qui, à l'exemple de celui de Boccace, aurait renfermé cent nouvelles en dix journées. Marguerite aimait les contes, et on lui attribue, avec quelque apparence de raison, ceux de Bonaventure des Periers, qui paraissent venir de la même main que les plus jolis de l'*Heptaméron* : sa réputation de conteuse était si bien établie à la cour, que « la reine-mère et madame de Savoie, étant jeunes, se voulurent mêler d'en écrire des nouvelles à part, à l'imitation de la reine de Navarre, sachant bien qu'elle en faisoit ; mais quand elles eurent vu les siennes, elles eurent si grand dépit des leurs, qui n'approchoient nullement des autres, qu'elles les jetèrent dans le feu et ne les voulurent mettre en lumière. » Marguerite, qui se sentait proche de la mort qu'elle redoutait, avait renoncé à la poésie, comme aux vanités du monde ; mais son valet de chambre, Jean de la Haye, dit Sylvius, obtint d'elle l'autorisation de rassembler et de faire imprimer en 1547 ses œuvres poétiques, sous le titre de *Marguerite de la Marguerite des princesses, très-illustre royne de Navarre*. Ce recueil, où l'on distingue tant de jolies pièces qui ne le cèdent pas aux meilleures de Marot et de Saint-Gelais, parut avec une dédicace à la fille unique de la reine de Navarre, qui paraît avoir autorisé cette publication, mais qui ne put voir celle de l'*Heptaméron* que Pierre Boaistuau, dit Launay, ne se permit pas de faire du vivant et avec le nom de Marguerite [1].

Celle-ci se concentrait alors dans une dévotion toute ascétique : on prétend qu'elle eut la singulière idée de convertir Calvin et qu'elle lui écrivit en ce sens ; elle se retira, pendant un carême entier, au couvent de Tusson en Angoumois, et là elle se plaisait à chanter au chœur avec les religieuses et à tenir le rang de l'abbesse ; mais, malgré ses lectures et ses méditations, elle ne parvenait pas à se familiariser avec la pensée de la mort ; elle répondait même en esprit fort aux gens d'Église qui lui parlaient d'une autre vie : « Tout cela est vrai, mais nous demeurons si longtemps morts en terre, avant que venir là ! » Son esprit, si éclairé et si compréhensif d'ailleurs, était troublé à un tel point par une vague inquiétude sur l'état de l'âme après la mort, qu'elle cherchait dans la superstition même le mot de cette énigme éternelle.

---

[1] Bayle, *Dictionn. histor.*, art. de MAROT et de NAVARRE.
[2] Brantôme.

[1] Voyez les notes de la dédicace de Claude Gruget.

« J'ai ouï conter d'elle, dit Brantôme, qu'une de ses filles de chambre, qu'elle aimoit fort, étant près de la mort, elle la voulut voir mourir; et tant qu'elle fut aux abois et au rommeau de la mort, elle ne bougea d'auprès d'elle, la regardant si fixement au visage, que jamais elle n'en ôta le regard jusques après sa mort. Aucunes de ses dames plus privées lui demandèrent à quoi elle amusoit sa vue sur cette créature trépassante : elle répondit qu'ayant tant ouï discourir à tant de savants docteurs que l'âme et l'esprit sortoient du corps aussitôt qu'il trépassoit, elle voulut voir s'il en sortiroit quelque vent ou bruit, ou le moindre résonnement du monde au déloger et sortir; mais qu'elle n'y avoit rien aperçu; et disoit une raison qu'elle tenoit des mêmes docteurs : que, leur ayant demandé pourquoi le cygne chantoit ainsi avant sa mort, ils lui avoient répondu que c'étoit pour l'amour des esprits qui travailloient à sortir par son long col; pareillement, disoit-elle, vouloit voir sortir ou sentir résonner et ouïr cette âme ou celui esprit ce qu'il faisoit à son déloger. »

L'heure de sonder ce grand mystère était arrivée pour elle; sa maladie fut causée par le froid qu'elle prit en observant une planète, *qui paraissoit alors sur la mort du pape Paul III, et elle-même le cuidoit ainsi; mais, possible, pour elle paroissoit.* La bouche lui tourna aussitôt, et son médecin, M. d'Escuranis, qui s'en aperçut, se flatta en vain de triompher de ce *catarrhe* ou apoplexie qui l'enleva au bout de huit jours. N'espérant plus de guérison, « elle reconnut sa faute et se retira du précipice où elle étoit quasi tombée, reprenant sa première piété et dévotion catholique, avec protestation jusqu'à sa mort qu'elle ne s'en étoit jamais séparée, et que ce qu'elle avoit fait pour eux (les réformés) procédiot plutôt de compassion, que d'aucune mauvaise volonté qu'elle eût à l'ancienne religion de ses pères. » Elle rendit l'âme, en embrassant la croix qu'elle avait sur son lit et après avoir reçu l'extrême-onction, que lui administra un cordelier nommé Gilles Caillau. Ainsi mourut cette grande princesse, au château d'Odos, près de Tarbes en Gascogne, le 21 décembre 1549 [1]; elle fut inhumée dans la cathédrale de Pau.

Les savants et les poëtes, dont elle s'était entourée avec empressement et qui se trouvaient tous plus ou moins redevables à ses bienfaits, déplorèrent sa mort dans une foule de discours et de pièces de vers funèbres. Charles de Sainte-Marthe, lieutenant-criminel d'Alençon et maître des requêtes de la feue reine, écrivit son éloge en latin (*In obitum Margaritæ Navarrorum reginæ oratio funebris*, Par., 1550, in-4°) et le traduisit en français. Un hommage plus flatteur encore pour la mémoire de Marguerite fut celui que lui rendirent trois illustres sœurs anglaises, Anne, Marguerite et Jeanne de Seymour, qui composèrent en son honneur plus de cent distiques latins, que traduisirent à l'envi les premiers poëtes de l'époque, et que fit paraître Nicolas Denisot (dit le *comte d'Alsinois*) sous ce titre : *Le Tombeau de Marguerite de Valois, faict en distiques latins, par les trois sœurs princesses en Angleterre, et traduictz en grec, italien et françois, par plusieurs des excellents poëtes de la France.* Paris, Fezendat, 1551, in-8°.

De cette innombrable quantité d'épitaphes louangeuses, nous en citerons une seule, que Nicolas Denisot a mise sous le nom de sa femme Valentine et qu'une noble simplicité recommande assez au milieu de tant de paroles vides et ampoulées :

Musarum decima et Charitum quarta, inclyta regum
Et soror et conjux, Margaris illa jacet.

Ronsard a consacré aussi plusieurs morceaux lyriques à célébrer, du ton de Pindare, la dixième Muse et la quatrième Grâce; mais ces odes obscures et bizarres ne valent pas cette délicieuse églogue qui dit mieux, à moins de frais, et qui n'eût pas été désavouée par Marguerite elle-même :

> Comme les herbes fleuries
> Sont les honneurs des prairies;
> Et des prés, les ruisselets,
> De l'orme, la vigne aimée,
> Des bocages, la ramée,
> Des champs, les bleds nouvelets :

> Ainsi tu fus, ô princesse
> (Ainçois plutôt, ô déesse!)
> Tu fus la perle et l'honneur
> Des princesses de notre âge,
> Soit en splendeur de lignage,
> Soit en biens, soit en bonheur.

> Il ne faut point qu'on te fasse
> Un sépulcre qui embrasse
> Mille termes en un rond,
> Pompeux d'ouvrages antiques,
> Et brave en piliers doriques
> Elevés à double front.

> L'airain, le marbre et le cuivre
> Font tant seulement revivre
> Ceux qui meurent sans renom,
> Et desquels la sépulture
> Presse sous même clôture
> Le corps, la vie et le nom;

> Mais toi, dont la Renommée
> Porte, d'une aile animée,
> Par le monde les valeurs,
> Mieux que ces pointes superbes,
> Te plaisent les douces herbes,
> Les fontaines et les fleurs.

Plus de trois ans avant la mort de Marguerite de Navarre, Rabelais lui avait déjà fait une sorte d'épitaphe allégorique, en forme de dédicace, placée au devant du IIIe livre de *Pantagruel*, comme une égide capable de conjurer les fureurs des méchants et des sots :

---

[1] Les historiens ne sont d'accord ni sur la date, ni sur le lieu de sa mort. Voyez le *Dictionn. histor.* de Bayle.

A L'ESPRIT DE LA REINE DE NAVARRE.

Esprit abstrait, ravi et extatic,
Qui, fréquentant les cieux, ton origine,
As délaissé ton hôte et domestic,
Ton corps concord, qui tant se morigine,
A tes édits, en vie pérégrine,
Sans sentement et comme en apathie ;
Voudrais-tu point faire quelque sortie
De ton manoir divin perpétuel,
Et ci-bas voir une tierce partie
Des faits joyeux du bon Pantagruel?

OUVRAGES DE MARGUERITE,
REINE DE NAVARRE.

Nous empruntons à M. Eusèbe Castaigne, bibliothécaire de la ville d'Angoulême, une partie de l'excellente notice bibliographique qu'il a jointe à la Vie de Marguerite d'Angoulême, insérée dans l'*Annuaire de la Charente pour 1837*. Nous nous permettons seulement de supprimer les citations, de modifier les jugements littéraires et d'y ajouter quelques observations pour compléter son travail, dont nous lui laisserons cependant tout l'honneur.

§ I.

Les poésies de Marguerite, recueillies et publiées par son valet de chambre de La Haye, connu aussi sous le nom latinisé de *Sylvius*, parurent sous le titre de *Marguerites de la Marguerite des princesses, très-illustre royne de Navarre*. Lyon, Jean de Tournes, 1547, 2 parties in-8°; elles furent réimprimées plusieurs fois : Lyon, P. de Tours, 1549, 1 tom. en 2 vol. in-16; — Paris, B. Prévost ou A. Langelier, 1552, 2 tom. en 1 vol. pet. in-12 , lettres italiques ; — Paris, Est. Groulleau, 1552, 1 tom. en 2 vol. in-16, — et Paris, Ruelle, ou Ve F. Regnaud, ou B. Prévost, 1554, même format.

Ce recueil contient :

1° Le privilége extrait des registres du parlement de Bordeaux, le 29 mars 1546, et une Épître dédicatoire de J. de La Haye à la princesse de Navarre (Jeanne d'Albret).

2° *Le Miroir de l'âme pécheresse*, précédé d'un petit *prologue* en vers. Ce poëme avait paru, dès 1531, à Alençon, chez Simon du Bois, avec ce titre : *le Miroir de l'âme pécheresse* (sic), *ouquel elle recognnoist ses faultes et pechez, aussi ses grâces et bénéfices à elle faictes par Jésus-Christ son espoux. La Marguerite très-noble et précieuse s'est preposée à ceulx qui de bon cueur la cerchoient* (sic) ; in-4° goth. ; mais l'édition la plus connue est celle de Paris, A. Augereau, 1533, pet. in-8°, lettres rondes. Il y a plusieurs autres éditions postérieures, toutes du même format : Alençon, 1533; Lyon, le Prince, 1538 ; Genève, J. Girard, 1539; et une *s. l. n. d.* in-8°.

Ce *Miroir* a pour épigraphe : « Seigneur Dieu, « crée en moy un cœur net » (*Cor mundum crea in me, Deus*). Ce n'est, en effet, qu'une longue paraphrase de cette pensée du Psalmiste.

Il existe un ouvrage en vers et en prose, intitulé : *l'Art et usage du souverain Mirouer du chrestien*, etc., par Pierre Olivier (Paris, Lenoir, 1556, 2 part. en 1 vol. in-16), qui est dédié à Marguerite et qui se rapporte au *Miroir* de cette princesse. Mais il ne faut pas confondre le poëme de la reine de Navarre avec *le Mirouër dor de lame pécheresse moult utile et proufitable*, imprimé par Robin Fouquet et Iehan Chrees... *l'an mil iiiicüii vingts et quatre* (in-4° goth.), c'est-à-dire huit ans avant la naissance de Marguerite.

3° *Discord de l'esprit et de la chair* ; — *Oraison de l'âme fidèle* ; — *Oraison à Jésus-Christ*. Ces trois morceaux, dont le style ne manque pas d'une certaine majesté, sont à peu près du même genre que le précédent.

4° Quatre pièces dramatiques, dans le genre des mystères : *la Comédie de la Nativité de Jésus-Christ*, — *la Comédie de l'Adoration des trois Rois*, — *la Comédie des Innocents*, — et *la Comédie du Désert*.

On y trouve un mysticisme beaucoup plus élevé que dans la plupart de ces sortes d'ouvrages, mais peut-être moins de naïveté. En général, dans ces pièces comme dans toutes ses poésies spirituelles, Marguerite semble avoir toujours en vue cette parole de saint Paul : *In Adam omnes moriuntur...*; *in Christo omnes vivificabuntur*; ce qui, appliqué sans doute dans son esprit à quelques idées de Réforme qu'elle n'osait manifester, donne à sa pensée je ne sais quelle couleur de nouveauté vague et obscure qui devait parfaitement entrer dans le goût des réformateurs luthériens.

On trouve dans l'*Histoire du Théâtre Français*, des frères Parfaict (t. 3, p. 59 et suiv.) une analyse succincte de ces quatre mystères.

5° *Le Triomphe de l'Agneau*, long poëme ascétique en l'honneur du fils de Dieu.

6° *Complainte pour un prisonnier*, sorte de monologue mystérieux et plaintif, qui paraît en quelques endroits se rapporter à la captivité de François Ier en Espagne.

7° *Chansons spirituelles*. Il y en a trente-deux, et de plus un sonnet et un rondeau. Les deux premières sont relatives, l'une à la maladie de François Ier pendant sa captivité, et l'autre à la mort de ce roi. Les suivantes sont des cantiques religieux et moraux où l'on rencontre souvent du naturel et de l'élévation dans la pensée comme dans l'expression.

Ces *Chansons spirituelles* terminent la première partie du volume, laquelle renferme 542 pages, non compris le feuillet de la fin où il y a deux fleurons.

8° *L'Histoire des Satyres et Nymphes de Diane*

(avec une vignette sur bois), poëme mythologique où les Faunes et Satyres *cornus*, échauffés *de fort vin* et barbouillés *du fard de Silénus*, se font *entrepreneurs de grand's batailles* contre Diane et *ses pucelles*.

La fin du poëme nous apprend que Marguerite d'Angoulême l'avait composé pour sa nièce, Marguerite de Savoie.

Cette *Histoire de Satyres et Nymphes de Diane* paraît être une imitation de la sixième églogue de Sannazar, et non une traduction, comme le dit La Croix du Maine, puisque la pièce latine intitulée *Salices* est beaucoup plus courte que celle de Marguerite.

Cette production de la reine de Navarre avait paru dès 1543 (Paris, Adam Saulnier, pet in-8°), sous le titre suivant : *La Fable du faux cuyder, contenant l'histoire des Nymphes de Diane transmuées ensaules, faicte par une notable dame de la court, envoyée à Madame Marguerite fille unique du roy de France*, et en 1547 *avec autres compositions* (Lyon, J. de Tournes, pet. in-8°). Elle a été aussi insérée dans *le Livre de plusieurs pièces*; Paris, F. Girault, 1548, in-16; Lyon, N. Bacquenois, 1548, in-16; et Lyon, T. Payen, 1549, in-16. Dans les différentes éditions de ce *Livre*, et dans la seconde de *la Fable du faux cuyder*, se trouvent quelques morceaux attribués à la reine de Navarre, mais que J. de La Haye n'a pas jugé à propos de comprendre dans *les Marguerites* : tels sont *la Conformité de l'amour au navigage, le Rustique*, un *Sonnet, le Blason des cheveux, les Eschez*, etc.

9° Quatre *Epîtres* adressées *au roi François, son frère*, et une cinquième, *au roi de Navarre, malade*.

La seconde *Epître au roi* est suivie d'une *Réponse* de François Ier : Marguerite lui avait envoyé *un David pour ses étrennes*, et son frère lui fait cadeau *d'une sainte Catherine*.

10° *Les quatre Dames et les quatre Gentilshommes*. Dans cette *moralité*, quatre dames exposent leurs inquiétudes amoureuses dans quatre élégies ou complaintes; quatre gentilshommes en font autant. Le même rhythme est conservé dans ces huit morceaux, où l'on remarque nombre de choses bien senties et bien exprimées.

11° *Comédie : Deux Filles, Deux Mariées, la Vieille, le Vieillard et les Quatre hommes*.

Une jeune fille ne veut jamais aimer, une autre a déjà un amant, et chacune d'elles prétend que son sort est le plus heureux. Deux femmes surviennent : la première, tout en détestant son mari, se garde bien d'écouter le *serviteur* qui la poursuit, et la seconde adore son époux, qui lui est infidèle. Mais arrive fort à propos, pour les mettre d'accord et pour les consoler, une vieille de cent ans, qui en a passé vingt dans le célibat, vingt dans l'union conjugale et soixante dans le veuvage. Voici ce que lui inspire sa vénérable expérience. Elle conseille tout nettement à l'épouse qui ne peut plus endurer son mari, de changer ce *veau* en un *très-plaisant oiseau* ; à l'autre *mariée*, que son époux abandonne, elle dit :

> Faites comme lui : qui tient tienne ;
> ....
> S'il est amant, soyez amante;
> Quand il n'aimera rien que vous,
> N'aimez aussi que votre époux.

Elle annonce à la jeune fille qui ne veut point d'amant, que *le temps y pourvoira*, et prédit à l'autre, si heureuse d'en posséder un, de grandes peines et *tourments d'amour*. Elles sont peu satisfaites des décisions tranchantes et des prophéties de *la fausse vieille*, qui *aura menti :* quatre hommes et un vieillard viennent alors terminer l'affaire, en proposant de les mener toutes quatre à la danse.

Rien n'est plus simple que l'action de cette petite comédie en vers de dix, de cinq et de huit syllabes; mais rien aussi n'est plus gracieux que ses détails. On peut la regarder comme le chef-d'œuvre poétique de Marguerite d'Angoulême.

12° *Farce de Trop, Prou, Peu, Moins*. Il est difficile de deviner ce que signifie cette *farce* allégorique ou énigmatique. *Trop, Prou, Peu* et *Moins* en sont les interlocuteurs et ils parlent en vers de huit syllabes, souvent inintelligibles.

13° *La Coche* (c'est-à-dire *le Carrosse*).

Marguerite, *pensant toute seule être* dans un pré, rencontre trois dames qui voyagent et qui lui semblent plongées dans une profonde affliction. Chacune d'elles avait un amant; mais les deux premières, étant mécontentes des leurs, ont résolu de les fuir, et la troisième, qui n'avait qu'à se louer du sien, l'abandonne néanmoins pour suivre ses deux amies. Ces trois dames se disputent le prix du malheur. Une pluie survient, qui les force de remonter dans *la coche* avec Marguerite, et c'est dans cette voiture qu'elles se décident à choisir un arbitre pour savoir laquelle est la plus infortunée des trois. L'une propose le roi, dont elle fait un pompeux éloge ; une autre demande notre princesse, qui se récuse en alléguant ses *cinquante ans*, mais qui se charge d'écrire leurs malheurs et de les *mettre dans un livre;* la troisième enfin fait renvoyer la cause devant une certaine *duchesse* que Marguerite appelle sa *cousine* sans la nommer, et à qui elle adresse ce récit, en la priant de prononcer son arrêt.

Il y a des vers fort agréables dans ce poëme bizarre, qui est accompagné de dix vignettes sur bois.

14° Le volume est terminé par des poésies diverses, savoir : *L'Ombre;* 2° *la Mort et résurrection d'Amour*, en vers alexandrins, morceau inséré dans *le Livre de plusieurs pièces;* 3° *Chanson faite à une dame et réponse de la reine;* 4° *les Adieux des dames de chez la reine de Navarre, allant en*

Gascogne, à madame la princesse de Navarre; 5° deux *Énigmes*.

Cette seconde partie de l'édition de 1547 a 342 pages, sans y comprendre le feuillet de la fin, au *verso* duquel est un fleuron.

On connaît quelques autres ouvrages en vers de la reine de Navarre, qui ne se trouvent pas dans les *Marguerites de la Marguerite* : 1° *Dialogue* entre l'auteur et l'âme sainte de Charlotte de France, sa nièce, imprimé à la suite du *Miroir de l'âme pécheresse*, Alençon, 1533, in-8°; 2° *Épître familière d'aimer de prier Dieu* et autre *Épître familière d'aimer chrestiennement*, à la suite d'une autre édition du *Miroir*, Paris, A. Augereau, 1533, pet. in-8°; 3° *Eclogue*, publiée séparément à Pau, J. de Vingles, 1552, in-4°; 4° *le Débat d'amour*, en vers mêlés de prose, qui est resté manuscrit et qu'elle avait composé vers l'âge de cinquante ans; 5° deux *Sonnets italiens*, insérés dans le *Parnasse des Dames*; 6° Un *Dizain* dans les poésies de Clément Marot.

§ II.

Les Nouvelles de la reine ne Navarre parurent pour la première fois, sans le nom de l'auteur, sous le titre suivant : *Histoire des Amans fortunez, dédiée à l'illustre princesse madame Marguerite de Bourbon, duchesse de Nivernois, par Pierre Boisteau dit Launay.* Paris, G. Gilles, 1558, in-4° de xix et 184 f. Cette édition, la plus rare de toutes, ne contient que 67 nouvelles, non divisées en journées, et leur texte présente un grand nombre de variantes remarquables.

La seconde édition (première complète) est intitulée : *L'Heptaméron des Nouvelles de très-illustre et très-excellente princesse Marguerite de Valois, royne de Navarre, remis en son vray ordre, etc... dédié à... Jeanne de Foix* (d'Albret), *royne de Navarre, par Claude Gruget.* Paris, B. Prevost, ou Caveillier, ou V. Sertenas, 1559, in-4°. Autres éditions : Paris, V. Sertenas ou G. Robinot, 1560, in-4°; — sans indication de lieu ni nom de libraire, 1560, in-16; — Paris, G. Robinot, 1561, in-16; — Lyon, 1561, in-16; — Paris, 1567, in-16; — Lyon, L. Cloquemin, 1572, in-16; — Paris, M. de Roigny, 1574, in-16; — Paris, G. Robinot, 1576 et 1578, in-4°; — Lyon, L. Cloquemin, 1578, in-16; — Paris, G. Buon, 1581, in-16; — *sur l'imprimé à Paris* (Hollande), 1698, 2 vol. pet. in-12; — Berne, 1780—81, 3 vol. in-8°, fig. de Freudenberg. Quelques exemplaires ont des titres refaits en taille-douce à la date de 1792.

Dans toutes ces éditions, on a respecté le style original de l'auteur. Parmi celles où les contes ont été maladroitement retouchés et *mis en beau langage* par quelques-uns de ces écrivains ignorants qui travaillaient pour les libraires de Hollande à la fin du dix-septième siècle, nous ne citerons que les suivantes, qui sont encore recherchées par les amateurs, à cause des figures de Romain de Hooge et de Harreweyn : Amsterdam, George Gallet, 1698, 2 vol. pet. in-8°; — *ibid.* 1700, pet. in-8°; — *ibid.* 2 vol. pet. in-8°. L'édition de *La Haye* (Chartres), 1733, quoique sans gravures, est assez jolie. Les autres réimpressions de ce déplorable *beau langage* ne méritent pas d'être mentionnées.

Dans une introduction, qu'elle nomme *Préface*, la reine de Navarre suppose que plusieurs personnes s'étaient rendues, le premier jour de septembre, aux bains de Caulderets, dans les Pyrénées. Au bout de trois semaines, vinrent des pluies si extraordinaires, que « toutes les cabanes et logis dudit Caulderets « furent si remplies d'eau, qu'il fut impossible d'y « demeurer. » Quelques baigneurs sont emportés par la rapidité des torrents qu'ils essayent de franchir; d'autres se réfugient chez des *bandoliers* (bandits) qui les attaquent au milieu de la nuit; d'autres se perdent dans les montagnes et sont mangés par les ours. Les gentilshommes, dames et damoiselles qui restent encore en vie, après avoir échappé à tant d'accidents, parviennent à se rejoindre, au nombre de dix, à l'abbaye de *Nôtre-Dame de Serrance*; et là, pendant dix jours que doit durer la construction d'un pont qu'on leur bâtit pour traverser le Gave d'Oléron, ils forment le projet de se raconter, chaque jour, dix *histoires*, pour passer le temps.

La princesse avait l'intention de faire, comme Boccace, un *Décaméron*, c'est-à-dire cent nouvelles divisées en *dix journées*; mais on a donné le nom d'*Heptaméron* au recueil de Marguerite, parce qu'elle n'a pu en achever que *sept journées* et deux contes de la huitième, ce qui fait un total de soixante-douze nouvelles. On prétend que les vingt-huit autres n'ont jamais existé, quoique les manuscrits de ce recueil portent quelquefois le titre de *Décaméron*, comme celui qui est cité dans le catalogue du président De Thou.

Des aventures galantes de gentilshommes, de prêtres et de moines; des séductions de jeunes filles encore novices, et des stratagèmes ingénieux et plaisants employés pour tromper les tuteurs et les maris jaloux, voilà quels sont à peu près les sujets de la plupart des contes que se débitent tour à tour les interlocuteurs de *Nôtre-Dame de Serrance*. Quelques critiques chagrins et atrabilaires n'ont vu dans cet ouvrage qu'un impur ramas d'aventures obscènes et d'impiétés révoltantes; d'autres, plus modérés, y ont fait remarquer une morale peu sévère cachée sous une apparence de simplicité et de piquante naïveté; d'autres enfin, pour couper court, n'ont trouvé rien de mieux que de se ranger de l'avis de ceux qui pensent que ces nouvelles n'ont jamais été composées par la reine de Navarre [1]. Mais aucun des accusateurs

---

[1] Sorel est de ce nombre. (Voir *Rem. sur le XIIIe liv. du Berger extravagant*.) Si cette hypothèse avait la moindre vrai-

de Marguerite n'a voulu sans doute prendre la peine de lire les sages réflexions et souvent les pensées philosophiques que l'auteur a soin de faire découler de ses contes; à la fin de chacun desquels s'établit entre les auditeurs une longue conversation, où la vieille dame Oysille, qui *donne si souvent pâture à son âme de quelque leçon de la sainte Écriture*, ne manque jamais de rappeler le respect dû aux bonnes mœurs et à la religion.

Il est à peu près certain que Marguerite s'est représentée sous le nom de madame Oysille; car elle n'a pas composé ces contes dans sa jeunesse (*ad juvenilem œtatem*), comme l'a pensé De Thou; mais bien dans un âge mûr, lorsqu'elle eut pris les formes austères et graves du calvinisme, sans altérer le fond d'enjouement qu'elle avait dans l'esprit. Beaucoup de passages de l'*Heptaméron* n'ont pu être écrits qu'après 1540, et la nouvelle 66 est évidemment postérieure à l'année 1548. Quant aux personnages qui racontent et qui parlent alternativement, on peut assurer qu'ils ont existé et que l'on découvrirait, sous les anagrammes de *Nomerfide*, *Emarsuitte*, *Dagoucin*, *Saffredant*, *Hircan*, etc., les noms, surnoms ou devises des seigneurs et des dames de la cour de Navarre; car ce recueil fut sans doute formé de nouvelles racontées par la reine et les personnes de sa cour, dans des veillées au château de Pau ou de Nérac, de même que les *Cent Nouvelles nouvelles* avaient été narrées naguère au château de Genappe.

Il y a dans l'*Heptaméron* des nouvelles qui sont véritables, et que l'on peut appuyer quelquefois du témoignage des historiens. Plusieurs sont relatives à Marguerite elle-même, entre autres la IVe, dont Brantôme nous confirme l'authenticité, bien que la reine de Navarre se soit cachée, dans son récit, sous le nom d'une princesse de Flandre.

Les manuscrits de l'*Heptaméron* diffèrent plus ou moins de l'édition de Gruget, qui paraît avoir corrigé le style original, retranché quantité de passages trop violents contre les moines et les prêtres catholiques, changé des contes entiers et mis l'ouvrage inachevé en état d'être publié. Cependant une édition faite sur les manuscrits de la Bibliothèque du Roi ne serait pas inutile pour établir le véritable texte de ce livre, que nous n'avons pas encore tel que la reine de Navarre l'a composé, mais qui doit beaucoup aux soins intelligents de ses premiers éditeurs, Pierre Boaisteau et Claude Gruget.

semblance, comment Claude Gruget, qui avait été valet de chambre de Marguerite, aurait-il pu dire, dans sa dédicace de l'*Heptaméron* à Jeanne d'Albret : « Je ne me fusse ingéré, Madame, vous présenter ce livre des *Nouvelles de la feue reine, votre mère*, si la première édition n'eût omis ou celé son nom? »

§ III.

On conserve, à la Bibliothèque du Roi, trois volumes in-folio des *Lettres* manuscrites de Marguerite de Valois, parmi lesquelles il s'en trouve de fort intéressantes pour l'histoire de son époque. La *Société de l'Histoire de France* va les publier.

On a imprimé, à la suite de deux éditions du *Miroir de l'âme pécheresse*, Paris, A. Augereau, 1533, pet. in-8°, et Lyon, Le Prince, 1538, même format, un petit ouvrage intitulé : *Briefve doctrine pour deuement escripre selon la propriété du langaige françoys*. Cet opuscule n'est pas de Marguerite, mais très-probablement de Bonaventure des Periers, dont on reconnaît les idées sur la langue, en admettant qu'il soit l'auteur des *Discours non plus mélancoliques que divers*, que M. Charles Nodier lui attribue avec raison.

On lit dans Brantôme, que les *belles devises* gravées sur les joyaux donnés par François Ier à madame de Châteaubriant, avaient été composées par la reine de Navarre. (*Dames galantes*.)

Bayle dit que quelqu'un avait marqué de sa main, sur un exemplaire du *Tombeau de Marguerite de Valois*, que cette princesse était « l'auteur d'un li-« vre intitulé *les Méditations pieuses de l'âme* « *chrétienne*, qui fut traduit en anglois par la reine « Elizabeth et imprimé à Londres, in-8°, l'an 1548. » Le savant et infatigable M. Brunet n'a point oublié, dans ses *Nouvelles Recherches bibliographiques*, de mentionner ce volume, de la plus grande rareté. En voici le véritable titre en vieil anglais : *A godly medytacyon of the Christen Sowle... compyled in Frenche by Lady Margarete, Quene of Navarre, and aptely translated into Englysh by the ryght vertuose Lady Elyzabeth, daughter to our late soverayne, Kyng Henri the VIII. — Imprinted in the yeare of our Lorde*, 1548, *in Apryll*; pet. in-8°. C'est sans doute une imitation du *Miroir de l'âme pécheresse*.

On connaît un roman réimprimé plusieurs fois sous le titre d'*Histoire de Marguerite de Valois* (par Mlle de La Force), 1696 et autres éditions; il roule sur les amours de cette princesse avec le connétable de Bourbon. L'auteur d'un autre roman, plus faux et plus mauvais encore, intitulé *Histoire secrète du connétable de Bourbon* (par Baudot de Juilly), 1696, renchérit sur cette idée, en donnant à Marguerite un amour égal à celui qu'elle inspire au connétable.

Il existe aussi une rapsodie grossière publiée par le chevalier de Mouhy; ce sont *les Mille et une faveurs, contes de cour, tirés de l'ancien gaulois par la reine de Navarre*, Londres, 1740, 8 vol, in-12 et autres éditions.

NOTICE SUR JACQUES YVER.

Jacques Yver, seigneur de Plaisance et de la Bigottière, gentilhomme poitevin, naquit vers 1540 [1]. Il avait sans doute pris part aux guerres de religion, dans l'armée du prince de Condé et de l'amiral Coligny [2]; pendant les deux années de calme qui précédèrent le massacre de la Saint-Barthélemi, il écrivit son seul ouvrage, le *Printemps d'Yver*, dans lequel il se montre tour à tour poëte et romancier. Ce fut après le traité de paix du mois d'août 1570, qu'il se trouva dans une société où l'on vantait la prééminence des écrivains italiens sur les écrivains français, en prétendant que ceux-ci étaient plus habiles à les traduire qu'à les imiter : « Je soutenois leur mérite, raconte-t-il lui-même, contre un qui, méprisant les esprits des François, disoit qu'ils ne vivoient que d'emprunts, couvant les œufs pondus par les autres, et se contentant bien d'aller mendier la mercerie d'autrui, pour la rapetasser et en faire après quelque montre à leur nation; comme si, affamés, nous aimassions les miettes qui tombent sous la somptueuse table de ces magnifiques, pour nous faire bonne bouche! En quoi ai senti mon âme si offensée, que longtemps depuis j'ai su un peu mauvais gré à la Nature de ce qu'elle n'a fait ce bien à l'ouïe, comme elle a fait aux yeux, de recevoir les paroles agréables et clore la porte aux fâcheuses; et afin de venger l'outrage qu'alors elles firent à mon cœur, le sincère zèle que j'ai à l'honneur de ma patrie (lequel je vois aucunement violé) m'a donné envie et hardiesse d'essayer à montrer que nous ne sommes plus stériles en belles inventions que les étrangers, et qu'avons bien de quoi récréer et soulager l'ennui qu'apporte l'oisiveté, par les discours nés en France et habillés à la française. »

Il se mit donc à l'œuvre et composa cinq histoires racontées en cinq journées, au château du *Printemps*, qui doit être le célèbre château de Lusignan. Ces cinq histoires sont placées dans un cadre analogue à celui de l'*Heptaméron* : la dame du château, qui est veuve et qui a une fille nommée Marie et une nièce nommée Marguerite, toutes deux *accomplies en toutes les parties de beauté et bonne grâce*, reçoit chez elle trois gentilshommes de ses amis, les sieurs de Bel-Accueil, de Fleur-d'Amour et de Ferme-Foi, qui viennent se reposer des fatigues de la guerre civile en *s'ébattant* dans le parc du château et en faisant de belles dissertations sur l'amour, entremêlées de narrations romanesques et historiques. Cet ouvrage est écrit avec beaucoup d'inégalité, et le mauvais goût du temps s'y produit souvent par des italianismes de langage, par un abus continuel de figures et par une recherche singulière de pensées; mais, en revanche, on y remarque des narrations fort bien faites, des idées gracieuses, et une teinte poétique qui colore les descriptions. Il y a aussi quelques pièces de vers que Ronsard n'eût pas désavouées. Le *Printemps d'Yver* est d'autant plus remarquable, qu'on ne savait pas encore, à cette époque, créer une fable et la développer dans de sages proportions. La première histoire a plus de charme et d'intérêt que les autres.

Jacques Yver avait un frère nommé Joseph et une sœur nommée Marie, qui faisaient aussi de jolis vers [1], et qui furent sans doute les éditeurs de son livre, car il mourut avant que l'impression fût achevée, peut-être victime de la Saint-Barthélemi, qu'il semblait prévoir dans son ode ou *Complainte sur les misères de la guerre civile*. Ses contemporains plaignirent sa mort prématurée, et les faiseurs d'anagrammes découvrirent dans son nom cette devise qui semblait lui promettre l'immortalité : *J'acquiers vye*.

La première édition, intitulée le *Printemps d'Yver, contenant cinq histoires discourues par cinq journées en une noble compagnie au château du Printemps*, fut imprimée à Paris, in-16, par Abel l'Angelier, en 1572. Elle a été suivie de plusieurs autres, qui prouvent la vogue de ce recueil à la fin du seizième siècle : *Paris, Ruelle*, 1574, in-16; *Anvers*, 1575, in-12; *Paris, Borel*, 1578, in-8; *Paris, Moreau*, 1588, in-12, grosses lettres; *Paris, Nicolas Bonfons*, 1588, in-16; *Lyon, Rigaud*, in-16, petites lettres. Nous croyons que la dernière édition est celle de *Rouen, Nic. Angot*, 1618, petit in-12.

---

[1] M. Weiss a pris la responsabilité d'une date évidemment fautive (1520), dans l'article de la *Biog. univ.* Sur le titre de plusieurs éditions du *Printemps*, l'auteur est nommé seigneur de la *Bigottrie* et non *de la Bigottière*.

[2] Dans son ouvrage, il déplore sans cesse les troubles et les déchirements de la France; mais on peut inférer de plusieurs passages, qu'il était protestant.

[1] Voyez ces vers en tête du *Printemps d'Yver*.

LES
VIEUX CONTEURS FRANÇAIS

LES
CENT NOUVELLES
NOUVELLES

SUIVENT LES CENT NOUVELLES;

CONTENANT LES CENT HISTOIRES NOUVEAUX,
QUI SONT MOULT PLAISANS A RACONTER, EN TOUTES BONNES COMPAGNIES,
PAR MANIÈRE DE JOYEUSETÉ.

LES CENT NOUVELLES

NOUVELLES.

Comme ainsi qu'entre les bons et très-profitables passe-temps le très-gracieux exercice de lecture et d'étude soit de grande et somptueuse recommandation, duquel, sans flatterie, mon très-redouté seigneur [1], vous êtes très-hautement et largement doué ; je [2], votre très-obéissant serviteur, désirant complaire, comme je dois, à toutes vos très-hautes et très-nobles intentions, en façon à moi possible, ose ce présent petit OEuvre, à votre commandement et avertissement mis en terme et sus pied, vous présenter et offrir; suppliant très-humblement, qu'agréablement soit reçu, qui en soi contient et aussi traite cent histoires assez semblables en manière, sans atteindre le subtil et très-orné langage du livre de Cent Nouvelles [3], et se peut intituler le Livre de Cent Nouvelles ; et pource que les cas décrits et racontés audit livre de Cent Nouvelles advinrent la plupart ès marches et ès mettes [4] des Italies, jà longtemps, et néanmoins toutefois, portant et retenant toujours noms de nouvelles, se peut très-bien, et par raison fondée convenablement en assez apparente vérité, ce présent livre intituler de *Cent Nouvelles nouvelles* ; jaçoit ce qu'elles [5] soient avenues ès parties de France, d'Allemagne, d'Angleterre et de Hainaut, de Flandre et de Brabant; aussi pource que l'étoffe, taille et façon d'icelles est d'assez fraîche mémoire et de mine beaucoup nouvelle. Et notez que, par toutes les Nouvelles où il est dit *par Monseigneur*, il est entendu, par *Monseigneur*, le dauphin, lequel depuis a succédé à la couronne et est le roi Louis onzième, car il étoit lors ès pays du duc de Bourgogne [6].

[1] Charles-le-Téméraire, qui n'était pas encore duc de Bourgogne, si la rédaction de ces Contes est antérieure à l'année 1467. — [2] Moi.
[3] *Le Décameron de Bocace*, traduit par Laurent du Premier-Faict. C'est la plus ancienne traduction française. — [4] Aux pays et frontières.
[5] Quoi qu'elles.
[6] Voyez la notice sur Antoine de la Sale, rédacteur des *Cent Nouvelles nouvelles*.

NOUVELLE I.

LA MÉDAILLE A REVERS.

La première nouvelle traite d'un qui trouva façon de jouir de la femme de son voisin; lequel il avoit envoyé dehors pour plus aisément en jouir; et lui, retourné de son voyage, le trouva qui se baignoit avec sa femme ; et non sachant que ce fût elle, la voulut voir, et permis lui fut seulement d'en voir le derrière ; et alors jugea que, à ce, lui sembla sa femme [1], mais croire ne l'osa, et, sur ce, se partit et vint trouver sa femme à son hôtel, qu'on avoit boutée hors par une poterne de derrière, et lui conta l'imagination qu'il avoit eue sur elle, dont il se repentoit.

En la ville de Valenciennes, eut naguère un notable bourgeois, en son temps receveur de Hainaut, lequel entre les autres fut renommé de large et discrète prudence ; et, entre ses louables vertus, celle de libéralité ne fut pas la moindre, car par icelle vint en la grâce des princes, seigneurs et autres gens de tous états ; en cette heureuse félicité se maintint et soutint jusqu'à la fin de ses jours, devant et après ce que mort l'eut détaché de la chaîne qui en mariage l'accouploit. Le bon bourgeois, cause de cette histoire, n'étoit pas si mal logé en ladite ville, qu'un bien grand maître ne se tînt pour content et honoré d'avoir un tel logis, et entre les désirés et loués édifices, sa maison découvroit sur plusieurs rues. Et là, avoit une petite poterne vis-à-vis près de là, en laquelle demeuroit un moult bon compagnon [2], qui très-belle femme et gente avoit, et encore en meilleur point. Et, comme il est de coutume, les yeux d'elle, archers de cœur, décochèrent tant de flèches en la personne dudit bourgeois, que, sans prochain remède, son cas n'étoit pas moindre que mortel; pour laquelle chose sûrement obvier, trouva, par plusieurs et subtiles façons, que le compagnon, mari de ladite gouge [3], fut son ami très-privé et familier, tant,

[1] La tradition rapporte que le duc d'Orléans, frère de Charles VI, fit un pareil outrage à Jean-sans-Peur, duc de Bourgogne, qui vengea depuis son bonheur en assassinant son rival dans la rue Barbette, en 1407.
[2] Par opposition à *bourgeois*, *compagnon* doit signifier ici un artisan du corps des métiers. — [3] Femme galante.

que peu de dîners, de soupers, de banquets, de bains, d'étuves et autres passe-temps en son hôtel et ailleurs ne se fissent jamais sans sa compagnie; et à cette occasion, se tenoit le compagnon bien fier et encore autant heureux. Quand notre bourgeois, plus subtil qu'un renard, eut gagné la grâce du compagnon, bien peu se soucia de parvenir à l'amour de sa femme, et en peu de jours, tant et si bien laboura[1], que la vaillante femme fut contente d'ouïr et entendre son cas pour y bailler remède convenable; ne restoit plus que temps et lieu; et fut à ce menée, qu'elle lui promit, tantôt que son mari iroit quelque part dehors pour séjourner une nuit, elle continent[2] l'avertiroit. A chef de pièce[3], ce désiré jour fut assigné, et dit le compagnon à sa femme, qu'il s'en alloit à un château, lointain de Valenciennes environ trois lieues, et la chargea bien soi tenir en sa maison, pource que ses affaires ne pouvoient souffrir que cette nuit il retournât. S'elle en fut bien joyeuse sans en faire semblance ne manière en paroles ne autrement, il ne le faut jà demander; car il n'avoit pas encore cheminé une lieue, quand le bourgeois sut cette aventure de pièça[4] désirée : il fit tantôt tirer les bains, chauffer les étuves, faire pâtés, tartes, hypocras, et le surplus des biens de Dieu si largement, que l'appareil sembloit un droit desroi[5]. Quand vint le soir, la poterne fut desserrée[6]; et celle, qui pour la nuit y devoit le guet[7], saillit dedans, et Dieu sait qu'elle fut doucement reçue. Je m'en passe en bref; j'espoire plus qu'ils firent plusieurs devises[8] d'aucunes choses qu'ils n'avoient pas en cette heureuse journée à leur première voulance[9]. Après ce qu'en la chambre furent descendus, tantôt se boutèrent au bain, devant lequel beau souper fut en hâte couvert et servi. Et Dieu sait qu'on y but d'autant, largement et souvent. Des vins et viandes parler, n'en seroit que redite, et, pour faire le conte bref, faute n'y avoit que du trop. En ce très-gracieux état se passa la plupart de cette douce et courte nuit; baisers donnés, baisers rendus, tant et si longuement que chacun ne désiroit que le lit. Tandis que cette grande chère se faisoit, voici bon mari, retourné de son voyage, non quérant[1] cette bonne aventure, qui heurte bien fort à l'huis[2] de la chambre, et, pour la compagnie qui y étoit, l'entrée de plainsaut[3] lui fut refusée, jusqu'à ce qu'il nommât son parrain. Adoncques se nomme haut et clair; et très-bien l'entendirent et reconnurent sa bonne femme et le bourgeois. La gouge fut tant fort effrayée à la voix de son mari, qu'à peu que[4] son loyal cœur ne faillît, et ne savoit sa contenance tenir, se[5] le bon bourgeois et ses gens ne l'eussent reconfortée; mais ledit bourgeois, tant assuré, et de son fait très-avisé, se fit bien en hâte coucher, au plus près d'elle se bouta, et lui chargea qu'elle se joignît près de lui et cachât le visage qu'on ne pût rien apercevoir. Et cela fait, au plus bref qu'on peut, sans soi trop hâter, il commande ouvrir la porte. Et le bon compagnon sault dedans la chambre, pensant en soi qu'aucun mystère y avoit, quand devant l'huis l'avoit retenu si longtemps; et quand il vit la table tant chargée de vins et de grandes viandes, ensemble ce beau bain très-bien paré, et le bourgeois au très-beau lit encourtiné[6], avec la seconde personne, Dieu sait s'il parla haut et blasonna les armes de son bon voisin; lors l'appela ribaud, loudier[7]; après, putier; après, ivrogne, et tant bien le baptisa, que tous ceux qui étoient en la chambre, et lui avec, s'en rioient bien fort; mais sa femme à cette heure n'avoit ce loisir, tant étoient ses lèvres empêchées de soi joindre près de son mari nouvel. « Ha! dit-il, maître houlier[8], vous m'avez bien célé cette bonne chère, mais, par ma foi, se je n'ai été à la grand'fête, si[9] faut-il bien que l'on me montre l'épousée. » Et à ce tout tenant la chandelle en sa main, se tira près du lit, et jà vouloit avancer de hausser la couverture, sous laquelle faisoit moult grande pénitence et silence sa très-parfaite et bonne femme, quand le bourgeois et ses gens l'en gardèrent : dont le compagnon ne s'en contentoit pas trop, et à force, maugré chacun, toujours avoit la main au lit, mais il ne fut pas maître pourlors ne cru de faire son vouloir, et pour cause. Sur quoi, un appointement très-

[1] Travailla. — [2] Aussitôt.
[3] Cette locution, qui revient souvent dans ces Nouvelles, signifie *enfin, bientôt après,* etc. Le mot *pièce* se prend dans le sens de *temps*. — [4] Depuis longtemps.
[5] Un véritable *désarroi*, désordre.— [6] Ouverte.
[7] Allusion à la garde urbaine, qui faisait le guet dans les poternes de la ville. — [8] Entretien. — [9] Volonté.

[1] Cherchant.—[2] Porte. —[3] Ou *prainsaut, primosaut,* tout d'abord. — [4] C'est-à-dire, peu s'en fallut que. — [5] Si. On écrivait ordinairement *se*, pour distinguer la conjonction de l'adverbe, qu'on employait surtout dans le sens de *aussi, ainsi, néanmoins,* etc.—[6] Entouré de rideaux. —[7] Paillard. — [8] Voleur. —[9] Aussi, cependant.

gracieux et bien nouveau fut fait, de quoi assez se contenta, qui fut tel : le bon bourgeois se contenta qu'on lui montrât à découvert le derrière de sa femme, les reins et les cuisses, qui blanches et grosses étoient, et le surplus bel et honnête, sans en rien découvrir ne voir le visage. Le bon compagnon, toujours la chandelle en main, fut longuement sans dire mot, et quand il parla, ce fut en louant beaucoup la très-grande beauté de cette femme et afferma par un bien grand serment que jamais n'avoit vu chose si bien ressemblant au cul de sa femme, et s'il ne fût bien sûr qu'elle fût en son hôtel à cette heure, il diroit que ce seroit elle. Mais elle fut tantôt recouverte, et adoncques se tira arrière, assez pensif. Et Dieu sait se on lui disoit bien, puis l'un, puis l'autre, que c'étoit de lui mal connu, à sa femme peu d'honneur porté, et que c'étoit bien autre chose, que ci-après assez il pourroit voir. Pour refaire les yeux abusés de ce pauvre martyr, le bourgeois commanda qu'on le fît seoir à la table, où il reprit nouvelle imagination par boire et manger largement du souper de ceux qui, entretemps [1], au lit se devisoient [2], à son grand préjudice. Puis, voulut départir et donner la bonne nuit au bourgeois et sa compagnie; et pria moult doucement qu'on le boutât hors de léans [3], par la poterne, pour plutôt trouver sa maison; mais le bourgeois lui répondit qu'il ne sauroit à cette heure trouver la clef, pensoit aussi que la serrure fut tant enrouillée qu'on ne la pourroit ouvrir, pource que nulle fois ou peu souvent s'ouvroit. Et fut, au fort [4], contraint de saillir par la porte de devant et d'aller le grand tour à sa maison, tandis que les gens au bourgeois le conduisoient vers la porte, tenant le bec en l'eau par devises. Et la bonne femme fut incontinent mise sur pied, et en peu d'heure habillée, lacée sa cotte-simple [5], son corset en son bras, et venue à la poterne; puis, ne fit qu'un saut en sa maison, où elle attendoit son mari, qui le long tour venoit, très-avisée de son fait et des manières qu'elle avoit à tenir. Veci [6] notre homme : voyant encore la lumière et la clarté en sa maison, heurte assez rudement, et sa bonne femme, qui ménageoit [7] par léans, en sa main tenant un ramon [8], demande, ce qu'elle bien sait : « Qui est cela ? » Et il répondit : « C'est votre mari. — Mon mari ? dit-elle; mon mari n'est-ce pas. Il n'est pas en la ville. » Et il heurte derechef, et dit : « Ouvrez, je suis votre mari. — Je connois bien mon mari, dit-elle, et n'est pas sa coutume de soi enclore [1] si tard, quand il seroit en la ville; allez ailleurs, vous n'êtes pas bien arrivé : ce n'est point céans qu'on doit heurter à cette heure. » Et il heurte pour la tierce fois et l'appela par son nom, une fois, deux fois. Adoncques fit-elle aucunement semblant de le connoître, en demandant d'ond [2] il venoit à cette heure; et pour réponse ne bailloit autre chose que : « Ouvrez, ouvrez! — Ouvrez? dit-elle, encore n'y êtes-vous pas, méchant houlier ? Par la force sainte Marie! j'aimerois mieux vous voir noyer que céans vous bouter. Allez coucher en mal repos, d'ond vous venez! » Et lors, le bon mari de soi courroucer, et fiert [3] tant qu'il peut de son pied contre la porte, et semble qu'il doive tout abattre, et menace la bonne femme de la tant battre que c'est rage, dont elle n'a guère grand'paour; mais, au fort, pour apaiser la noise et à son aise mieux dire sa pensée, elle ouvrit l'huis, et à l'entrée qu'il fit, Dieu sait qu'il fut servi d'une chère [4] bien rechinée, et d'un agu [5] et enflambé visage; et quand la langue d'elle eut pouvoir sur le cœur chargé très-fort d'ire et de courroux par semblant, les paroles qu'elle décocha ne furent pas moins tranchantes que rasoirs dégainant bien affilés; et entre autres choses, fort lui reprochoit qu'il avoit, par malice, conclu cette feinte allée pour l'éprouver, et que c'étoit fait d'un lâche et recru courage [6], indigne d'être allié à si prude femme comme elle. Le bon compagnon, jaçoit ce qu'il fût moult courroucé et mal mû par avant, toutefois, parce qu'il véoit son tort à l'œil et le rebours de sa pensée, refraint son ire; et le courroux qu'en son cœur avoit conçu, quand à sa porte tant heurtoit, fut tout à coup en courtois parler converti. Car il dit, pour soi excuser et pour sa femme contenter, qu'il étoit retourné de son chemin, pource qu'il avoit oublié la lettre principale qui touchoit le fait de son voyage. Sans faire semblant de le croire, elle recommence sa légende dorée [7], lui met-

---

[1] Pendant ce temps. — [2] S'entretenaient. — [3] Hors de ce lieu. — [4] Enfin. — [5] Jupon de dessous. — [6] Voici. — [7] Vaquait au ménage. — [8] Balai.

[1] Rentrer. — [2] D'où. — [3] Frappe. — [4] Mine. — [5] Fin, malin. — [6] Faible cœur. — [7] Son imposture; allusion à la *Légende dorée*, de P. Voragine, célèbre par les fables qu'elle contient sur la vie des saints.

tant sus [1] qu'il venoit de la taverne et de lieux déshonnêtes et dissolus, et qu'il se gouvernoit mal en homme de bien, maudissant l'heure qu'oncques elle eut son accointance, et son amour, et sa très-maudite alliance. Le pauvre désolé, connoissant son cas, voyant sa bonne femme trop plus qu'il ne voulsît [2] troublée, hélas! et à sa cause, ne savoit que dire : si se prend à penser, et à chef de pensée ou méditation, se tire près d'elle, ployant ses genoux tout en bas sur la terre, et dit les beaux mots qui s'ensuivent : « Ma très-chère compagne et très-loyale épouse, je vous prie et requiers qu'ôtez votre cœur de tous ces courroux qu'avez vers moi conçus, et me pardonnez, au surplus, ce que vous puis avoir méfait ne médit ; je connois mon cas, et viens, n'a guère, d'une place où l'on faisoit bien bonne chère : si vous ose bien dire que connoître vous y cuidai [3], dont j'étois très-déplaisant. Et, pource que, à tort et sans cause, je le confesse, vous ai suspeçonnée [4] d'être autre que bonne, dont me repens amèrement, je vous supplie, et derechef, que tous autres passés courroux et celui-ci oubliez, votre grâce me soit donnée, et me pardonnez ma folie. » Le mautalent [5] de notre gouge, voyant son mari en bon ploi [6] et à son droit, ne se montra meshui [7] si âpre ne si venimeux. « Comme, dit-elle, vilain putier, se vous venez de vos très-déshonnêtes lieux et infâmes, est-il dit pourtant que vous devez penser, ne en quelle façon croire que votre bonne femme les daignât regarder ? — Nenni, par Dieu ; hélas ! ce sai-je bien, ma mie ; n'en parlons plus, pour Dieu ! » dit le bon homme. Et, de plus belle, vers elle s'incline faisant sa requête jà pieça [8] que trop dite. Elle, jaçoit ce qu'encore marrie [9] et presque en ragée de cette suspicion, voyant la parfonde [10] contrition du bon homme, cessa son parler, et petit à petit son trouble cœur se remit à nature, et lui pardonna, combien qu'en grand regret, après cent mille serments et autant de promesses que [11] celui qui l'avoit tant grevée. Et, par ce point, à moins de crainte et de regret, elle passa maintefois depuis la poterne, sans que l'embûche fût jamais découverte à celui à qui plus touchoit. Et ce souffise quant à la première histoire.

[1] L'accusant. — [2] Voulût. — [3] Crus. — [4] Soupçonnée.
[5] Méchanceté. — [6] Pli. — [7] Maintenant. — [8] Déjà depuis longtemps. — [9] Quoiqu'encore chagrine, offensée.
— [10] Profonde. — [11] Il faut sous-entendre ici : *lui en fit*, pour le sens.

NOUVELLE II.

LE CORDELIER MÉDECIN.

La deuxième nouvelle traite d'une jeune fille qui avoit le mal des broches [1], laquelle creva à un cordelier, qui la vouloit médiciner, un seul bon œil qu'il avoit ; et aussi du procès qui s'ensuivit puis après.

En la maîtresse ville du royaume d'Angleterre, nommée Londres, assez hantée et connue de plusieurs gens, n'a pas longtemps, demeuroit un riche et puissant homme qui marchand et bourgeois étoit, qui, entre ses riches bagues [2] et innumérables trésors, s'éjouissoit et se tenoit plus enrichi d'une belle fille que Dieu lui avoit envoyée, que du bien grand surplus de sa chevance [3] ; car de bonté, beauté et genteté [4] passoit toutes les filles, d'elle plus âgées. Et au temps que ce très-heureux bruit et vertueuse renommée d'elle sourdoit [5], en son quinzième an ou environ étoit. Dieu sait se plusieurs gens de bien désiroient et pourchassoient sa grâce par plusieurs et toutes façons en amour accoutumées, qui n'étoit pas un plaisir petit au père et à la mère. Et, à cette occasion, de plus en plus croissoit en eux l'ardent et paternel amour qu'à leur très-aimée fille portoient. Advint toutefois (ou que Dieu le permit, ou que fortune le voulut et commanda, envieuse et mal contente de la prospérité de cette belle fille, de ses parents, ou de tous deux ensemble, ou espoir d'une secrète cause et raison naturelle dont je laisse l'inquisition aux philosophes et médecins), qu'elle chut en une dangereuse et déplaisante maladie que communément on appelle broches. La douce mère son fut très-largement troublée, quand elle garenne que plus chère tenoient lesdits parents, avoit osé lâcher les lévriers et lui ce déplaisant mal, et, qui plus est, toucher sa proie en dangereux et dommageable lieu. La pauvre fille, de ce grand mal toute affolée ne sait sa contenance que de pleurer et soupirer. Sa très-dolente mère est si très-fort troublée, que d'elle il n'est rien plus déplaisant, et son très-ennuyé père détord ses mains et dessire [6] ses cheveux, pour la rage du nouveau courroux. Que vous dirai-je ? toute la grand'triomphe qu'en cet hôtel souloit [7] tant

[1] Hémorrhoïdes. — [2] Biens. — [3] Fortune.
[4] Gentillesse. — [5] Sortait. — [6] Déchire.
[7] Avait coutume.

comblement¹ abonder, est, par ce cas, flappie² et ternie, et en amère et subite tristesse, à la male heure, convertie. Or viennent les parents, amis et voisins de ce dolent hôtel visiter et conforter la compagnie; mais peu ou rien profitoit; car, de plus en plus, elle est aggressée³ et oppressée, la bonne fille, de ce mal. Adoncques vient une matrone qui moult et trop enquiert de cette maladie, et fait virer et revirer, puis ci, puis là, la très-dolente et pauvre patiente à grand regret, Dieu le sait, et puis lui baille médecine de cent mille façons d'herbes; mais rien; plus vient avant et plus empire, et est force que les médecins de la ville et du pays environ soient mandés, et que la pauvre fille découvre et montre son très-piteux cas. Or sont venus maître Pierre, maître Jean, maître ci, maître là, tant de physiciens que vous voudrez, qui veulent bien voir la patiente ensemble, et les parties du corps à découvert où ce maudit mal des broches s'étoit, hélas! longuement embûché. Cette pauvre fille fut plus surprise et ébahie, que se à la mort fût adjugée, et ne se vouloit accorder qu'on la mît en façon que son mal fût aperçu; même aimoit plus cher mourir, qu'un tel secret fût à un homme découvert. Cette obstinée voulenté ne dura pas grammment⁴, quand père et mère vindrent, qui plusieurs remontrances lui firent, comme de dire qu'elle pourroit être cause de sa mort, qui n'est pas un petit péché, et plusieurs autres y eut, trop longs à raconter. Finalement, trop plus pour père et mère que pour crainte de mort, vaincue, la pauvre fille se laissa serrer, et fut mise sur une couche, les dents dessous, et son corps tant et si très-avant découvert, que les médecins virent apertement le grand méchef⁵ qui fort la tourmentoit. Ils ordonnèrent son régime faire aux apothicaires: clystères, poudres, oignements, et le surplus que bon sembla; et elle prit et fit tout ce qu'on voulut pour recouvrer santé. Mais tout rien n'y vaut, car il n'est tour ne engin⁶ que lesdits médecins sachent pour alléger quelque peu de ce détresseux mal, ne en leurs livres n'ont vu ne accoutumé que rien. Si très-fort la pauvre fille empire, moins que l'ennui qu'elle s'en donne, car autant semble être morte que vive: en cette âpre langueur et douleur forte, se passèrent beaucoup de jours. Et comme le père et la mère, parents et voisins s'enquéroient, par toute la légende, de la fille, si rencontrèrent un très-ancien cordelier, qui borgne étoit et en son temps avoit vu moult de choses, et de sa principale science se mêloit fort de médecine: dont sa présence fut plus agréable aux parents de la patiente, laquelle, hélas! à tel regret que dessus, regarda tout à son beau loisir, et se fit fort de la guarir. Pensez qu'il fut très-voulentiers ouï, et tant, que la dolente assemblée, qui de liesse¹ pieça bannie étoit, fut, à ce point, quelque peu consolée, espérant le fait sortir tel que la parole touchoit: Adonc, maître cordelier se partit de léans, et prit jour à demain, de retourner fourni et pourvu de médecine si très-vertueuse, qu'elle, en peu d'heure, effacera la grand' douleur qui tant martire² et débrise la pauvre patiente. La nuit fut beaucoup longue, attendant le jour désiré; néanmoins passèrent tant d'heures, à quelque peine que ce fût, que notre bon cordelier fut acquitté de sa promesse pour soi rendre devers la patiente à l'heure assignée; s'il fut joyeusement reçu, pensez que oui. Et quand vint l'heure qu'il voulut besogner, en la patiente, médecine, on la prit comme l'autre fois, et sur la couche, tout au plus bel qu'on pût, fut à bougons³ couchée, et son derrière découvert assez avant, lequel fut incontinent, des matrones, d'un très-beau blanc drap garni, tapissé et orné: à l'endroit du secret mal, fut fait un beau pertuis⁴, par lequel maître cordelier pouvoit apertement⁵ le choisir; et il regarde ce mal, puis d'un côté, puis d'autre; maintenant lui touche du doigt tant doucement, une autre fois prend la poudre dont médiciner la vouloit; ores regarde le tuyau, dont il veut souffler icelle poudre par sus et dedans le mal, ores retourne arrière, et jette l'œil, derechef, sur cedit mal, et ne se sait saouler d'assez là regarder. A chef de pièce⁶, il prend sa poudre à la main gauche, mise en un beau petit vaisseau plat, et de l'autre, son tuyau qu'il vouloit emplir de ladite poudre; et comme il regardoit très-entientivement et de très-près, par ce pertuis et à l'environ, le détresseux mal de la pauvre fille, et elle ne se

---

¹ A comble. — ² Flétrie. — ³ Attaquée.
⁴ Grandement. — ⁵ Mal. — ⁶ Artifice.

¹ Joie. — ² Martyrise. — ³ A L'envers. — ⁴ Trou.
⁵ Ouvertement. — ⁶ Enfin. Voyez la note p. 4.

put contenir, voyant l'étrange façon de regarder, à-tout[1] un œil, de notre cordelier, que force de rire ne la surprît, qu'elle cuida bien longuement retenir, mais si mal, hélas! lui advint que ce ris, à force retenu, fut converti en un sonnet[2], dont le vent retourna si très à point la poudre, que la plupart il fit voler contre le visage et seul bon œil de ce bon cordelier, lequel, sentant cette douleur, abandonna tantôt et vaisseau et tuyau, et à peu qu'il ne chût à la renverse, tant fort fut effrayé; et quand il eut son sang[3], il met tôt en hâte la main à son œil, soi plaignant durement, disant qu'il étoit homme défait, et en danger de perdre un seul bon œil qu'il avoit. Il ne mentit pas, car, en peu de jours, la poudre, qui corrosive étoit, lui gâta et mangea très-tout l'œil, et par ce point, l'autre qui jà étoit perdu, aveugle fut, et ainsi demeura ledit cordelier. Si se fit guider et mener, un certain jour, après ce, jusqu'à l'hôtel où il conquit ce beau butin, et parla au maître de céans, auquel il remontra son piteux cas, priant et requérant, ainsi que droit le porte, que lui baille et assigne, ainsi qu'à son état appartient, sa vie honorablement. Le bourgeois répondit que de cette son aventure beaucoup lui déplaisoit, combien que rien il n'en soit cause, ne[4] en quelque façon que ce soit, chargé ne s'en tient. Trop bien est-il content lui faire quelque gracieuse aide d'argent, pource qu'il avoit entrepris de guarir sa fille, ce qu'il n'avoit pas fait; et qu'à lui ne voulût être tenu en rien, lui veut bailler autant en somme que s'il lui eût sa fille en santé rendue, non pas, comme dit est, qu'il soit tenu de ce faire. Maître cordelier, non content de cette offre, demande qu'il lui assignât sa vie, remontrant comment sa fille l'avoit aveuglé en sa présence, et à cette occasion, privé étoit de la digne et très-sainte conservation du précieux corps de Jésus, du saint service de l'Église, et de la glorieuse inquisition des docteurs qui ont écrit sur la sainte théologie; et pour ce point, de prédication plus ne pouvoit servir le peuple; qui étoit sa totale destruction, car il est mendiant et non fondé[6], sinon sur aumônes, que plus conquerre ne pouvoit. Quelque chose qu'il allègue ne remontre, il ne peut finer[7] d'autre réponse que cette précédente. Si se tira pardevers la justice du parlement dudit Londres, devant lequel fit bailler jour à notre homme dessusdit. Et quand il vit heure de plaider sa cause, par un bon avocat bien informé de ce qu'il devoit dire, Dieu sait que plusieurs se rendirent au consistoire pour ouïr ce nouveau procès qui beaucoup plut aux seigneurs dudit parlement, tant pour la nouveauté[1] du cas que pour les allégations et arguments des parties devant eux débattant; que non avoit accoutumées, mais plaisantes étoient. Ce procès tant plaisant et nouveau, afin qu'il fût de plusieurs gens connu, fut tenu et maintenu assez et longuement, non pas qu'à son tour de rôle ne fût bien renvoyé et mis en jeu, mais le juge le fit différer jusqu'à la façon de cestes[2]. Et par ce point, celle, qui auparavant, par sa beauté, bonté et genteté, connue étoit de plusieurs gens, devint notoire à tout le monde par ce maudit mal de broches, dont en la fin fut guarie, ainsi que depuis me fut conté.

NOUVELLE III.

LA PÊCHE DE L'ANNEAU[3].

La troisième nouvelle, racontée par monseigneur de la Roche[4], traite de la tromperie que fit un chevalier à la femme de son meunier, à laquelle il bailloit à entendre que son c.. lui cherroit s'il n'étoit recogné; et ainsi plusieurs fois il la recogna : et le meunier, de ce averti, pêcha, puis après, dedans le corps de la femme dudit chevalier un diamant qu'elle avoit perdu en soi baignant, et pêcha si bien et si avant qu'il le trouva, comme bien sût depuis ledit chevalier, lequel appela le meunier *pêcheur de diamants*, et le meunier lui répondit en l'appelant *recogneur de c..*

En la duché de Bourgogne, eut naguères un gentil chevalier, dont l'histoire passe le nom, qui marié étoit à une belle et gente dame, assez près du château où ledit chevalier faisoit résidence, demouroit un meunier, pareillement à une belle, gente et jeune femme marié. Advint une fois entre les autres, que comme chevalier, pour passer temps et prendre son ébatement, se pourmenât entour son hôtel, du long de la rivière, sur laquelle étoit assise la maison, héritage et moulin du dessusdit meunier, qui à ce coup n'étoit pas à son hôtel, mais

---

[1] Avec. — [2] Pet. — [3] C'est-à-dire, sang-froid.
[4] Ni. — [5] Bien qu'à. — [6] Renté. — [7] Obtenir.

[1] Nouveauté.
[2] Ce mot, que les anciennes éditions écrivent ainsi, est inintelligible, ce qui prouve qu'on doit le lire autrement. Nous n'avons pas réussi à le rétablir.
[3] Imité par La Fontaine, *le Faiseur d'oreilles et le Raccommodeur de moules*, II, 7.
[4] Voyez la Notice historique, au sujet des différents narrateurs de ces Nouvelles. — [5] Tomberoit.

à Dijon ou à Beaune, ledit chevalier aperçut la femme dudit meunier portant deux cruches et retournant de la rivière quérir de l'eau. Si s'avança vers elle et doucement la salua, et elle, comme sage et bien apprinse, lui fit l'honneur et révérence qui lui appartenoit. Notre bon chevalier, voyant cette meunière très-belle et en bon point, mais de sens assez escharssement bourdée [1], se pensa de bonnes, et lui dit : « Certes, ma mie, j'aperçois bien que vous êtes malade et en grand péril. » A ces paroles, la meunière s'approcha de lui, et lui dit : « Hélas ! monseigneur, et que me faut-il ? — Vraiment, ma mie, j'aperçois bien, si vous cheminez guère avant, que votre devant est en grand danger de choir ; et vous ose bien dire que vous ne le porterez guère longuement, qu'il ne vous chée, tant m'y connois-je. » La simple meunière, oyant les paroles de monseigneur, devint très-ébahie comment monseigneur pouvoit savoir ne voir ce méchef à venir, et courroucée d'ouïr la perte du meilleur membre de son corps, et dont elle se servoit mieux, et son mari aussi. Si répondit : « Hélas ! monseigneur, et à quoi connoissez-vous que mon devant est en danger de choir ? il me semble qu'il tient tant bien. — Dea ! ma mie, souffise-vous à tant, et soyez sûre que je vous dis la vérité, et ne seriez pas la première à qui le cas est advenu. — Hélas ! dit-elle, monseigneur, or suis-je femme défaite, déshonorée et perdue ! Et que dira mon mari, Notre-Dame ! quand il saura ce méchef ? il ne tiendra plus compte de moi. — Ne vous déconfortez que bien à point, ma mie, dit monseigneur ; encore n'est pas le cas advenu ; aussi y a-t-il bon remède. » Quand la jeune meunière ouït qu'on trouveroit bien remède en son fait, le sang lui commença à revenir, et ainsi qu'elle sut, pria monseigneur, pour Dieu, que de sa grâce lui voulsit enseigner qu'elle doit faire pour garder ce pauvre devant de choir. Monseigneur, qui très-courtois et gracieux étoit, mêmement [2] toujours vers les dames, lui dit : « Ma mie, pource que vous êtes belle et bonne, et que j'aime bien votre mari, il me prend pitié et compassion de votre fait ; si vous enseignerai comment vous garderez votre devant de choir. — Hélas ! monseigneur, je vous en mercie [3], et certes vous ferez une œuvre bien méritoire, car autant me vaudroit non être, que de vivre sans mon devant. Et que dois-je donc faire, monseigneur ? — Ma mie, dit-il, afin de garder votre devant de choir, le remède si est, que, au plus tôt que faire pourrez, le fort et souvent faire recogner. — Recogner, monseigneur ? et qui le sauroit faire ? à qui me faudroit-il parler, pour bien faire cette besogne ? — Je vous dirai, ma mie, dit monseigneur, pource que je vous ai avertie de votre méchef, qui très-prochain et grief étoit, ensemble aussi et du remède nécessaire pour obvier aux inconvéniens qui sourdre [1] en pourroient, je suis content, afin de plus en mieux nourrir amour entre nous deux, vous recogner votre devant, et vous le rendrai en tel état, que partout le pourrez tout sûrement porter, sans avoir crainte ne doute que jamais il puisse choir, et de ce me fais bien fort. » Se notre meunière fut bien joyeuse, il ne le faut pas demander, qui mettoit très-grand'peine du peu de sens qu'elle avoit de souffisamment remercier monseigneur. Si marchèrent tant monseigneur et elle, qu'ils vindrent au moulin, où ils ne furent guère, sans mettre la main à l'œuvre. Car monseigneur, par sa courtoisie, d'un outil qu'il avoit, recogna en peu d'heures trois ou quatre fois le devant de notre meunière, qui très-joyeuse et lie [2] en fut. Et après que l'œuvre fut polie, et de devises [3] un millier, et jour assigné d'encore ouvrer [4] à ce devant, monseigneur part, et, tout le beau pas, s'en retourne vers son hôtel. Et au jour nommé, se rendit monseigneur vers sa meunière : en la façon dessusdite et au mieux qu'il put, il s'employa à recogner ce devant, et si bien y ouvra par continuation de temps, que ce devant fut tout assuré et tenoit ferme et bien. Pendant le temps que monseigneur recognoit le devant de cette meunière, le meunier retourna de sa marchandise et fit grand'chère, et aussi fit sa femme ; et comme ils eurent devisé de leurs besognes [5], la très-sage meunière va dire à son mari : « Par ma foi ! sire, nous sommes bien obligés à monseigneur de cette ville. — Voire [6], ma mie, dit le meunier, en quelle façon ? — C'est bien raison que je le vous die, afin que l'en remerciez, car vous y êtes tenu : il est vrai que, tandis qu'avez été dehors, mon-

---

[1] Assez pauvrement bâtie. — [2] Particulièrement. — [3] Remercie.

[1] Résulter. — [2] Satisfaite. — [3] Paroles. — [4] Travailler. — [5] Affaires. — [6] Vraiment.

seigneur passoit par-ci, droit à la cour, ainsi que à-tout[1] deux cruches j'allois à la rivière ; il me salua, si fis-je lui, et comme je marchois, il aperçut que mon devant ne tenoit comme rien, et qu'il étoit en trop grande aventure de choir, et le me dit de sa grâce, dont je fus très-ébahie, voire, pardieu! autant courroucée que se tout le monde fût mort. Le bon seigneur, qui me voit en ce point lamenter, en eut pitié; et, de fait, m'enseigna un beau remède pour me garder de ce maudit danger; encore me fit-il bien plus qu'il n'eût point fait à une autre, car le remède, dont il m'avertit, qui étoit de faire recogner et recheviller mon devant, afin de le garder de choir, lui-même le mit à exécution : qui lui fut très-grand' peine et en sua plusieurs fois, pource que mon cas requéroit d'être souvent visité. Que vous dirai-je plus? il s'en est tant bien acquitté, que jamais ne lui sauriez desservir[2]. Par ma foi! il m'a, tel jour de cette semaine, recogné les trois, les quatre fois; un autre, deux; un autre, trois; il ne m'a jà laissée, tant qu'aie été toute guarie; et si m'a mis en tel état, que mon devant tient, à cette heure, tout aussi bien et aussi fermement que celui de femme de notre ville. » Le meunier, oyant cette aventure, ne fit pas semblant par dehors, tel que son cœur au pardedans portoit : « Or ça, ma mie, je suis bien joyeux que monseigneur nous a fait ce plaisir, et se Dieu plaît ! quand il sera possible, je ferai autant pour lui. Mais pource que votre cas n'étoit pas honnête, gardez-vous bien d'en rien dire à personne, et aussi, puisque vous êtes guarie, il n'est jà métier que vous travaillez[3] plus monseigneur. — Vous n'avez garde, dit la meunière, que j'en die jamais un mot, car aussi me le défendit bien monseigneur. » Notre meunier, qui étoit gentil compagnon, à qui les crignons[4] de sa tête ramentevoient[5] souvent et trop la courtoisie que monseigneur lui avoit faite, si sagement se conduisit, qu'oncques monseigneur ne s'aperçut qu'il se doutât de la tromperie qu'il lui avoit faite et cuidoit en soi-même qu'il n'en sût rien. Mais, hélas! si faisoit, et n'avoit ailleurs son cœur, son étude, ne toutes les pensées, qu'à soi venger de lui, s'il savoit, en façon telle ou semblable qu'il lui deçut sa femme. Et tant ainsi fit par son engin[1], qui point oiseux n'étoit, qu'il avisa à une manière, par laquelle bien lui sembloit, que s'il en pouvoit venir à chef[2], que monseigneur auroit beurre pour œuf. A chef de pièce, pour aucuns affaires qui survinrent à monseigneur, il monta à cheval et prit de madame congé bien pour un mois : dont le meunier ne fut pas peu joyeux. Un jour entre les autres, madame eut voulenté de soi baigner, et fit tirer le bain et échauffer les étuves en son hôtel, à part : ce que notre meunier sut très-bien, pource qu'assez familier étoit de léans; si s'avisa de prendre un beau brochet qu'il avoit en sa fosse, et vint au château pour le présenter à madame. Aucunes des femmes de madame vouloient prendre le brochet, et, de par le meunier, faire présent ; mais il dit que lui-même il le présenteroit ou vraiment il le remporteroit. Au fort, pource qu'il étoit comme de léans[3] et joyeux homme, madame le fit venir, qui dedans son bain étoit. Le gracieux meunier fit son présent, dont madame le remercia et fit porter en la cuisine le beau brochet et mettre à point pour le souper. Et entretant que[4] madame au meunier devisoit, il aperçut sur le bord de la cuve un très-beau diamant qu'elle avoit ôté de son doigt, doutant[5] de l'eau le gâter : si le croqua si souplement qu'il ne fut d'âme aperçu. Et quand il vit son point, il donna la bonne nuit à madame et à sa compagnie, et s'en retourna à son moulin, pensant au surplus de son affaire. Madame, qui faisoit grand'chère avec ses femmes, voyant qu'il étoit jà bien tard et heure de souper, abandonna le bain et en son lit se bouta ; et comme elle ne vit point son diamant, si appela ses femmes et leur demanda après ce diamant et à laquelle elle l'avoit baillé. Chacune dit : « Ce ne fut pas à moi. — N'a moi. — Ne à moi aussi. » On cherche, haut et bas, dedans la cuve, sur la cuve ; mais rien n'y vaut, on ne le sait trouver. La quête de ce diamant dura beaucoup, sans qu'on en sût quelque nouvelle ; dont madame s'en donna bien mauvais temps, pource qu'il étoit méchamment perdu, et en sa chambre, et aussi monseigneur son mari lui donna au jour de ses épousailles : si le tenoit beaucoup plus

---

[1] Avec. — [2] Payer le service — [3] Fatiguez.
[4] Ce mot, que nous n'avons pas vu employé ailleurs, doit signifier *bosses, excroissances, épis de*, ou *cheveux*. — [5] Rappelaient.

[1] Esprit. — [2] A bout. — [3] Comme de la maison.
[4] Tandis que. — [5] Craignant.

cher. On ne sait qui mécroire[1] ne à qui le demander, d'ond grand deuil sourd[2] par léans. L'une des femmes s'avisa et dit : « Ame n'est céans entré que nous qui y sommes, et le meunier ; ce me sembleroit bon qu'il fût mandé. » On le manda, et il vit madame : si très-courroucée et déplaisante étoit que plus ne pouvoit, demanda au meunier s'il avoit point vu son diamant ; et lui, assuré autant en bourdes qu'un autre à dire vérité, s'en excusa très-hautement, et osa bien demander à madame si elle le tenoit à larron. « Certes, dit-elle, nenni ! Aussi, ce ne seroit pas larcin, se vous l'aviez par ébattement emporté. — Madame, dit le meunier, je vous promets que de votre diamant ne sais-je nouvelle. » Adonc fut la compagnie bien simple[3], et madame espécialement, qui en est si très-déplaisante, qu'elle n'en sait sa contenance que de jeter larmes à grand'abondance, tant a regret de cette verge[4]. La triste compagnie se met à conseil pour savoir qu'il est de faire ; l'une dit : « Il faut qu'il soit en la chambre ? » l'autre répond qu'elle a cherché partout. Le meunier demande à madame, s'elle l'avoit à l'entrée du bain, et elle dit que oui. « S'ainsi est certainement, madame, vu la grande diligence qu'on a fait de le quérir sans en savoir nouvelle, la chose est bien étrange. Toutefois il me semble bien que s'il y avoit homme en cette ville qui sût donner conseil pour le recouvrer, que je serois celui, et pource que je ne voudrois pas que ma science fût divulguée, il seroit bon que je parlasse à vous à part. — A cela ne tiendra, dit madame. » Si fit partir la compagnie, et au partir que firent les femmes, disoient dame Jeanne, Isabeau, Catherine : « Hélas ! meunier, que vous seriez bon homme, si vous faisiez revenir ce diamant. — Je ne m'en fais pas fort, dit le meunier ; mais j'ose bien dire que s'il est possible de jamais le trouver, que j'en apprendrai la manière. » Quand il se vit à part avec madame, il lui dit qu'il se doutoit beaucoup et pensoit, pource qu'en l'arrivée du bain elle avoit son diamant, qu'il ne fût sailli de son doigt et chu en l'eau, et dedans son corps s'est bouté, attendu qu'il n'y avoit âme qui le voulsît retenir. » Et là, diligence faite pour le trouver, se mit madame sur son lit, ce qu'elle eût voulentiers refusé se n'eût été pour mieux faire ; et après qu'il l'out assez découverte, fit comme manière de regarder çà et là, et dit : « Sûrement, madame, le diamant est entré en votre corps. — Et dites-vous, meunier, que vous l'avez aperçu ? — Oui, vraiment ! — Hélas ! dit-elle, et comment l'en pourra retirer ? — Très-bien, madame ; je ne doute pas que je n'en vienne bien à chef, s'il vous plaît. — Se m'aid'Dieu[1] ! il n'est chose que je ne fasse pour le ravoir, dit madame ; or vous avancez, beau meunier. » Madame, encore sur le lit couchée, fut mise par le meunier tout en telle façon que monseigneur mettoit sa femme quand il lui recognoit son devant, et d'un tel outil la tente pour quérir et pêcher le diamant. Après les reposées de la première et seconde quêtes que le meunier fit du diamant, madame demanda s'il l'avoit point senti[2], et il dit que oui, dont elle fut bien joyeuse et lui pria qu'il pêchât encore, tant qu'il l'eût trouvé. Pour abréger, tant fit le bon meunier, qu'il rendit à madame son très-beau diamant, dont la très-grande joie vint par léans, et n'eut jamais meunier tant d'honneur ne d'avancement que madame et ses femmes lui donnèrent. Le bon meunier, en la très-bonne grâce de madame, part de léans, et vint à sa maison, sans soi vanter à sa femme de sa nouvelle aventure, dont il étoit plus joyeux que s'il eût eu tout le monde gagné, la Dieu merci ! Petit[3] de temps après, monseigneur revint en sa maison, où il fut doucement reçu et de madame humblement bien-venu ; laquelle, après plusieurs devises qui au lit se font, lui conta la merveilleuse aventure de son diamant et comment il fut, par le meunier, de son corps repêché ; pour abréger, tout du long lui conta le procès et la façon et la manière que tint ledit meunier en la quête dudit diamant ; dont il n'eut guère grand' joie, mais pensa que le meunier lui avoit baillé belle. A la première fois qu'il rencontra le meunier, il le salua hautement et lui dit : « Dieu gard, Dieu gard ce bon pêcheur de diamans ! » A quoi le meunier répondit : « Dieu gard le recogneur de c..! — Par Notre-Dame ! tu dis vrai, dit le seigneur : tais-toi de moi, et si ferai-je de toi. » Le meunier fut content, et plus n'en parla ; non fit le seigneur, que je sache.

---

[1] Soupçonner. — [2] Prend sa source, naît. — [3] Sotte, étonnée. — [4] Bague.

[1] Si Dieu m'aide. On écrivait m'aïst.
[2] Senti. — [3] Peu.

NOUVELLE IV.

LE COCU ARMÉ.

La quatrième nouvelle traite d'un archer écossois qui fut amoureux d'une belle et gente damoiselle, femme d'un échoppier, laquelle, par le commandement de son mari, assigna jour audit Écossois ; et, de fait, garni de sa grande épée, il comparut et besogna tant qu'il voulut, présent échoppier qui, de grand'peur, s'étoit caché en la ruelle de son lit, et tout pouvoit voir et ouïr pleinement ; et la complainte que fit après la femme à son mari.

Le roi[1] naguère étant en sa ville de Tours, un gentil compagnon écossois, archer de son corps et de sa grand'garde[2], s'enamoura très-fort d'une belle et gente damoiselle mariée et mercière. Et quand il sut trouver temps et lieu, le moins mal qu'il sut, conta son gracieux et piteux cas, dont il n'étoit pas trop content ne joyeux : néanmoins, car il avoit la chose trop à cœur, ne laissa pas à faire sa poursuite ; mais, de plus en plus, très-aigrement pourchassa tant, que la demoiselle le voulut enchasser et donner total congé, et lui dit qu'elle avertiroit son mari du pourchas déshonnête et damnable qu'il s'efforçoit d'achever, ce qu'elle fit tout au long. Le mari, bon et sage, preux et vaillant comme après vous sera conté, se courrouça amèrement encontre l'Écossois, qui déshonorer le vouloit et sa très-bonne femme aussi ; et, pour bien se venger de lui à son aise et sans reprinse, commanda à sa femme, que s'il retournoit plus à sa quête[3], qu'elle lui baillât et assignât jour, et s'il étoit si fol que d'y comparoir, le blâme qu'il pourchassoit lui seroit cher vendu. La bonne femme, pour obéir au bon plaisir de son mari, dit que si[4] feroit-elle. Il ne demoura guère que le pauvre amoureux écossois fit tant de tours, qu'il vit en place notre mercière qui fut par lui humblement saluée, et, derechef, d'amour si doucement priée, que les requêtes du paravant devoient bien être entérinées par la confusion de cette piteuse et dernière prière, et qu'elle les voulsît ouïr, et jamais ne seroit femme plus loyalement obéie ne servie qu'elle seroit, se de grâce vouloit accepter sa très-humble et raisonnable requête. La belle mercière, soi recordant[5] de la leçon que son mari lui bailla, voyant aussi l'heure propice, entre autres devises et plusieurs excusations servant à son propos, bailla journée à l'Écossois à lendemain au soir, de comparoir personnellement en sa chambre, pour en ce lieu lui dire plus céléement[1] le surplus de son intention et le grand bien qu'il lui vouloit. Pensez qu'elle fut hautement remerciée, doucement écoutée, et de bon cœur obéie de celui qui, après ces bonnes nouvelles, laissa sa dame, le plus joyeux que jamais il n'avoit été. Quand le mari vint à l'hôtel, il sut comment l'Écossois fut léans, des paroles et des grands offres qu'il fit, et comment il se rendra demain au soir devers elle en sa chambre. « Or le laissez venir, dit le mari : il ne fit jamais si folle entreprinse, que bien je lui cuide[2] montrer, avant qu'il parte, voire et faire son grand tort confesser, pour être exemple aux autres fols, outrecuidés et enragés comme lui. » Le soir du lendemain approcha ; très-désiré du pauvre amoureux écossois, pour voir et jouir de sa dame ; très-désiré du bon mercier, pour accomplir sa très-criminelle vengeance qu'il veut exécuter en la personne d'icelui Écossois, qui veut être son lieutenant ; très-douté[3] aussi de la bonne femme, qui, pour obéir à son mari, attend de voir un grand hutin[4]. Au fort, chacun s'apprête. Le mercier se fait armer d'un grand, vieil et lourd harnois ; prend sa salade[5] ses gantelets et en sa main une grand'hache ; or il est bien en point, Dieu le sait, et semble bien qu'autrefois il ai vu hutin. Comme un vrai champion venu sur les rangs de bonne heure et attendant son ennemi, en lieu de pavillon, se va mettre derrière un tapis en la ruelle de son lit, et si bien se cacha qu'il ne pouvoit être aperçu. L'amoureux malade, sentant l'heure très-désirée, se met en chemin devers l'hôtel à la mercière, mais il n'oublia pas sa très-grande, bonne et forte épée à deux mains. Et comme il fut venu léans, la dame monte en sa chambre sans faire effroi, et il la suit tout doucement ; et quand il s'est trouvé léans, il demanda à sa dame s'en sa chambre y avoit âme qu'elle ; à quoi elle répondit assez légèrement, et comme non trop assurée, que non. « Dites vérité, dit l'Écossois ; votre mari n'y est-il pas ? — Nenni, dit-elle. — Or le laissez venir ; par saint Agnan ! s'il vient, je lui fendrai la tête jusqu'aux dents ! voire, par Dieu ! s'ils étoient trois, je ne les crains ; je se-

---

[1] Charles VII. — [2] La compagnie des gardes écossaises fut créée par Charles VII. — [3] Poursuite. — [4] Ainsi. — [5] Se souvenant.

[1] Secrètement. — [2] Pense. — [3] Redouté. — [4] Débat, combat. — [5] Casque sans visière.

rai bien maître ! » Et après ces criminelles paroles, vous tire hors sa grande et bonne épée, et si la fait brandir trois ou quatre fois, et auprès de lui sur le lit la couche, et ce fait, incontinent baiser et accoler, et le surplus, qui après s'ensuit, tout à son bel aise et loisir, acheva, sans que le pauvre coux[1] de la ruelle s'osât oncques montrer, mais si grand' peur avoit, qu'à peu qu'il ne mouroit. Notre Écossois, après cette haute aventure, prend de sa dame congé jusqu'à une autre fois, et la remercie, comme il doit et sait, de sa grand' courtoisie, et se met à chemin. Quand le vaillant homme d'armes sut l'Écossois issu hors de l'huis, ainsi effrayé qu'il étoit, sans à peine savoir parler, sault dehors de son pavillon et commença à tancer sa femme de ce qu'elle avoit souffert le plaisir de l'archer ; et elle répondit que c'étoit sa faute et sa coulpe, et que enchargée lui avoit de lui bailler jour. « Je ne vous commandai pas, dit-il, que lui laississiez faire sa voulenté ne son plaisir. — Comment, dit-elle, le pouvois refuser, voyant sa grande épée, dont il m'eût tuée en cas de refus ? » Et à ce coup, voici son Écossois qui retourne et monte arrière les degrés de la chambre, et sault dedans et dit tout haut : « Qu'est ceci ? » Et le bon homme, de soi sauver, et dessous le lit se boute, pour plus sûrement, beaucoup plus ébahi que paravant. La dame fut reprinse et derechef enferrée, à son beau loisir et à la façon que dessus, toujours l'épée au plus près de lui. Après cette rencharge et plusieurs longues devises d'entre l'Écossois et la dame, l'heure vint de partir : si lui donna la bonne nuit, et pique, et s'en va. Le pauvre martyr, étant dessous le lit, à peu[2] s'il s'osoit tirer de là, doutant le retour de son adversaire ou, pour mieux dire, son compagnon. A chef de pièce, il print courage, et à l'aide de sa femme, la Dieu merci, il fut remis sur pieds. S'il avoit bien tancé sa femme auparavant, encore recommença-t-il plus dure légende. Car elle avoit consenti, après sa défense, le déshonneur de lui et d'elle. « Hélas ! dit-elle, et où est la femme si assurée qui osât dédire un homme ainsi échauffé et enragé comme cettui étoit, quand, vous, qui êtes armé, embâtonné[3] et si vaillant, à qui il a trop plus méfait qu'à moi, ne l'avez pas osé assaillir ne

[1] Couard, cocu. — [2] A peine. — [3] Pourvu d'armes offensives.

moi défendre ? — Ce n'est pas réponse, dit-il ; dame, si vous n'eussiez voulu, jamais ne fût venu à ces atteintes : vous êtes mauvaise et déloyale ! — Mais, vous, dit-elle, lâche, méchant et reproché homme, pour qui je suis déshonorée ! Car, pour vous obéir, j'assignai le maudit jour à l'Écossois. Et encore n'avez eu en vous tant de courage d'entreprendre la défense de celle en qui gît tout votre bien et votre honneur. Et ne pensez pas que j'eusse trop mieux aimé la mort que d'avoir moi-même consenti ne accordé ce méchef. Et Dieu sait le deuil que j'en porte et porterai tant que je vivrai, quand celui, de qui je dois avoir et tout secours attendre, en sa présence m'a bien souffert déshonorer. » Il fait assez à croire et penser qu'elle ne souffrit pas la voulenté de l'Écossois pour plaisir qu'elle y prît, mais elle fut à ce contrainte et forcée par non résister, laissant la résistance en la prouesse de son mari, qui s'en étoit très-bien chargé. D'ond chacun d'eux laisse son dire et sa querelle, après plusieurs arguments et répliques d'un côté et d'autre. Mais, en son cas évident, fut le mari deçu, et demeura trompé de l'Écossois en la façon qu'avez ouïe.

NOUVELLE V.

LE DUEL D'AIGUILLETTES.

La cinquième nouvelle, racontée par Philippe de Laon, traite de deux jugements de monseigneur de Talbot[1], c'est à savoir d'un François qui fut pris pour un Anglois sous son sauf-conduit, disant qu'aiguillettes étoient habillement de guerre ; et ainsi le fit armer de ses aiguillettes sans autre chose, encontre le François, lequel d'une épée le frappoit, présent Talbot ; et l'autre qui l'église avoit dérobée, auquel il fit jurer de ne jamais plus en l'église entrer.

Monseigneur Talbot, que Dieu pardonne, capitaine anglois, si heureux, comme chacun sait, fit en sa vie deux jugements dignes d'être récités, et en audience et mémoire perpétuelle amenés ; et, afin que de chacun d'iceux jugements soit faite mention, je veuil raconter en brefs mots ma première Nouvelle, et au rang des autres la cinquième j'en fournirai et dirai ainsi. Pendant le temps que la maudite et pestilentieuse guerre de France et d'Angleterre régnoit, et qui encore n'a pas pris fin ;

[1] Jean Talbot, surnommé *l'Achille anglais*, qui joua un grand rôle dans toutes les guerres des Anglais en France sous les règnes de Charles VI et de Charles VII. Il périt, les armes à la main, âgé de quatre-vingts ans, en 1453, au moment où les Anglais furent chassés de France.

comme souvent advient, un François, homme d'armes, fut à un autre Anglois prisonnier, et puis qu'il fut mis à finance, sous le sauf-conduit de monseigneur Talbot, devers son capitaine retournoit pour faire finance de sa rançon, et à son maître l'envoyer ou apporter; et comme il étoit en chemin, fut par un Anglois sur les champs rencontré, lequel, voyant le François, tantôt lui demanda d'ond il venoit et où il alloit; l'autre répondit la vérité. « Et où est votre sauf-conduit? dit l'Anglois. — Il n'est pas loin, dit le François. » Lors tire une petite boîte pendant à sa ceinture, où son sauf-conduit étoit, et à l'Anglois le tendit, qui de bout à autre le lut; et comme il est de coutume à mettre en toutes lettres de sauf-conduit : *réservé tous vrais habillements de guerre*, l'Anglois noté[1] sur ce mot, et voit encore les aiguillettes à armer pendantes au parpoint[2] du François. Si va juger en soi-même, qu'il avoit enfreint son sauf-conduit, et qu'aiguillettes sont vrais habillements de guerre; si lui dit : « Je vous fais prisonnier, car vous avez rompu votre sauf-conduit. — Par ma foi! non ai, dit le François, sauve votre grâce! vous voyez en quel état je suis? — Nenni, nenni, dit l'Anglois; par saint Jouen! votre sauf-conduit est rompu. Rendez-vous, où je vous tuerai! » Le pauvre François, qui n'avoit que son page et qui étoit tout nu, et de ses armures dégarni, voyant l'autre et de trois ou quatre archers accompagné, pour le mieux faire, à lui se rendit. L'Anglois le mena en une place assez près de là, et en prison le boute. Le François, se voyant ainsi mal mené, à grand'hâte à son capitaine le manda; lequel, oyant le cas de son homme, fut trèstout à merveille ébahi; si fit tantôt écrire lettres à monseigneur Talbot, et par un héraut les envoya, bien et souffisamment informé de la matière que l'homme d'armes prisonnier avoit au long au capitaine récrit : C'est à savoir comment un tel de ses gens avoit prins un tel des siens sous son sauf-conduit. Ledit héraut, bien informé et apprins de ce qu'il devoit dire et faire, de son maître partit, et à monseigneur Talbot des lettres présenta. Il les lut, et par un sien secrétaire, en audience devant plusieurs chevaliers et écuyers et autres de sa route[3], derechef les fit lire. Si devez savoir que tantôt il monta sur son chevalet[1], car il avoit la tête chaude et fumeuse, et n'étoit pas content quand on faisoit autrement qu'à point, et par espécial[2] en matière de guerre, et d'enfreindre son sauf-conduit, il enrageoit tout vif. Pour abréger le conte, fit venir devant lui l'Anglois et le François, et dit au François qu'il contât son cas. Il dit comment il avoit été prisonnier d'un tel de ses gens et s'étoit mis à finance. « Et sous votre sauf-conduit, monseigneur, je m'en allois devers ceux de notre parti pour quérir ma rançon; je rencontrai ce gentilhomme ici, lequel est aussi de vos gens, qui me demanda où j'allois, et se j'avois sauf-conduit : je lui dis que oui; lequel je lui montrai, et quand il l'eut lu, il me dit que je l'avois rompu, et je lui répondis que non avois et qu'il ne le sauroit montrer. Bref, je ne pus être oui, et me fut force, se je ne me voulois faire tuer sur la place, de me rendre. Et ne sais cause nulle, parquoi il me doive avoir retenu; si vous en demande justice. » Monseigneur Talbot, oyant le François, n'étoit pas bien à son aise; néanmoins, quand il eut ce dit, il dit à l'Anglois : « Que réponds-tu à ceci? — Monseigneur, dit-il, il est bien vrai, comme a dit, que je le rencontrai et voulus voir son sauf-conduit, lequel de bout en bout et tout du long je lus, et aperçus tantôt qu'il l'avoit rompu et enfreint; et autrement, jamais je ne l'eusse arrêté. — Comment l'a-t-il rompu? dit monseigneur Talbot : dis tôt? — Monseigneur, pour ce qu'en son sauf-conduit sont *réservé tous habillements de guerre*, et il avoit et a encore vrais habillements de guerre, c'est à savoir à son parpoint ses aiguillettes à armer, qui sont un vrai habillement de guerre. Car sans elles on ne se peut armer. — Voire, dit Talbot, et aiguillettes sont-ce doncques vrais habillements de guerre? Et ne sais autre chose par quoi il puisse avoir enfreint son sauf-conduit? — Vraiment, monseigneur, nenni, répondit l'Anglois. — Voire, vilain, de par votre diable! dit monseigneur Talbot, avez-vous retenu un gentilhomme sur mon sauf-conduit, pour ses aiguillettes! Par saint Georges! je vous ferai montrer se ce sont habillements de guerre! » Alors, tout échauffé et de courroux bien fort ému, vint au François, et de son parpoint deux aiguillettes

---

[1] Les anciennes éditions mettent *nostre*, ce qui n'a pas de sens.
[2] Pourpoint. — [3] Compagnie, bande.

[1] On dit encore *monter sur ses grands chevaux* dans la même acception. — [2] Spécialement.

tira, et à l'Anglois les bailla, et au François une bonne épée d'armes lui fut à la main livrée, et puis la sienne belle et bonne hors du fourreau va tirer, et la tint en sa main et à l'Anglois va dire : « Défendez-vous de cet habillement de guerre que vous dites, se vous savez ? » Et puis dit au François : « Frappez sur ce vilain, qui vous a retenu sans cause et sans raison ! On verra comment il se défendra de votre habillement de guerre; se vous l'épargnez, je frapperai sur vous, par saint Georges ! » Alors le François, voulsît ou non [1], fut contraint à frapper sur l'Anglois, de l'épée toute nue qu'il tenoit, et le pauvre Anglois se couvroit le mieux qu'il pouvoit, et couroit par la chambre, et Talbot après, qui toujours faisoit férir par le François sur l'autre, et lui disoit : « Défendez-vous, vilain, de votre habillement de guerre. » A la vérité, l'Anglois fut tant battu qu'il fut près jusqu'à la mort, et cria merci à Talbot et au François, lequel par ce moyen fut délivré de sa rançon, et par monseigneur Talbot acquitté; et avec ce, son cheval et son harnois et tout son bagage qu'au jour de sa prinse avoit, lui fit rendre et bailler. Reste à conter l'autre [2] qui est tel. Il sut que l'un de ses gens avoit dérobé en une église le tabernacle où l'on met *corpus Domini*, et à bons deniers comptants vendus. Je ne sais pas la juste somme; mais il étoit grand et beau, d'argent doré très-gentement émaillé. Monseigneur Talbot, quoiqu'il fût très-cruel et en la guerre très-criminel, si avoit en grand'révérence toujours eu l'Église et ne vouloit qu'en nul monstier [3] ne église le feu on boutât ne dérobât quelque chose, et où il savoit qu'on le fît, il en faisoit merveilleuse discipline de ceux qui en ce faisant trépassoient [4] son commandement. Or fit-il devant lui amener celui qui le tabernacle avoit en l'église robé [5]; et quand il le vit, Dieu sait quelle chère il lui fit : il le vouloit à toute force tuer, se n'eussent été ceux qui entour lui étoient, qui tant lui prièrent, que sa vie lui fut sauvée. Mais néanmoins, si le voulut-il punir et lui dit : « Traître ribaud, comment avez-vous osé rober cette église outre mon commandement et ma défense ? — Ah ! monseigneur, pour Dieu ! dit le pauvre larron, je vous crie merci, jamais ne m'adviendra ! — Venez avant,

[1] Qu'il le voulût ou non.
[2] L'autre jugement de Talbot.
[3] Monastère. — [4] Enfreignaient. — [5] Dérobé.

vilain ! dit-il. » Et l'autre, aussi voulontiers qu'on va au guet, devers monseigneur Talbot d'aller s'avance, et ledit monseigneur Talbot, de charger sur ce pèlerin, de son poing, qui étoit gros et lourd; pareillement frappe sur sa tête, en lui disant : « Ha ! larron, avez-vous robé l'église ? » Et l'autre, de crier : « Monseigneur, je vous crie merci; jamais je ne le ferai ! — Le ferez-vous ? — Nenni, monseigneur, — Or jure doncques que jamais tu n'entreras en église nulle que ce soit ? jure, vilain ! — Et bien ! monseigneur, dit l'autre. » Lors lui fit jurer que jamais en église pied ne mettroit, dont tous ceux qui là étoient, et qui l'ouïrent, eurent grand ris, quoiqu'ils eussent pitié du larron, pource que monseigneur Talbot lui défendoit l'église à toujours, et lui faisoit jurer de non jamais y entrer; et croyez qu'il cuidoit bien faire et à bonne intention lui faisoit. Ainsi avez vous ouï raconter de monseigneur Talbot les deux jugements, qui furent tels comme contés les vous ai.

NOUVELLE VI.
L'IVROGNE AU PARADIS.

La sixième nouvelle, racontée par monseigneur de Lanoy, traite d'un ivrogne qui, par force, au prieur des Augustins de La Haye, en Hollande, se voulut confesser, et après sa confession, disant qu'il étoit en bon état, vouloit mourir, et cuidoit avoir la tête tranchée et être mort; et par ses compagnons fut emporté, lesquels disoient qu'ils le portoient en terre.

Advint en une bonne ville de Hollande, comme le prieur des Augustins naguères se pourmenât en disant ses heures, sur le serein, assez près de la chapelle Saint-Antoine située au bois de ladite ville, fut rencontré d'un grand lourd Hollandois si très-ivre qu'à merveilles, lequel demeuroit en un village nommé Stevelighes, à deux lieues près d'illec [1]. Le prieur, de loin le voyant venir, connut tantôt son cas par les lourdes démarches et mal sûres qu'il faisoit tirant son chemin. Et quand ils vindrent pour joindre l'un à l'autre, l'ivrogne salua premier le prieur, qui lui rendit son salut tantôt et puis passa outre, continuant son service sans en autre propos l'arrêter ni interroger. Mais l'ivrogne, tant outré [2] que plus n'en pouvoit, se retourne et poursuit le prieur et lui requiert confession. « Confession ? dit le prieur, va-t-en, va-t-en, tu es bien confessé ! — Hélas ! sire, répondit l'ivrogne, pour Dieu ! confessez-moi !

[1] De ce lieu, de là. — [2] Plein comme une outre; ou bien, hors de sens.

j'ai assez très-fraîche mémoire de tous mes péchés, et si ai parfaite contrition. » Le prieur, déplaisant d'être empêché à ce coup par cet ivrogne, répond : « Va ton chemin ! il ne te faut confesser, car tu es en très-bon état. — Ha ! dea, dit l'ivrogne, par la morbieu ! vous me confesserez, maître prieur, car j'en ai à cette heure dévotion. » Et le saisit par la manche, et le voulut arrêter. Le prieur n'y vouloit entendre, mais avoit tant grand'faim que merveille d'être échappé de l'autre; mais rien n'y vaut, car il est ferme en la dévotion d'être confessé, ce que le prieur toujours refuse, et si s'en cuide dépêcher, mais il ne peut. La dévotion de l'ivrogne de plus en plus s'efforce, et quand il voit le prieur refusant d'ouïr ses péchés, il met sa main à sa grande coutille [1] et de sa gaîne la tire, et dit au prieur qu'il le tuera, se bien il n'écoute sa confession. Le prieur, doutant [2] le couteau et la main périlleuse qui le tenoit, si demanda à l'autre : « Que vueilles-tu dire ? — Je me vueil confesser, dit-il. — Or, avant ! dit le prieur, je le vueil : avance-toi ? » Notre ivrogne, plus saoul qu'une grive partant d'une vigne, commença, s'il vous plaît, sa dévote confession, laquelle je passe, car le prieur point ne la révéla; mais vous pouvez bien penser qu'elle fut bien nouvelle et étrange. Quand le prieur vit son point, il coupa le chemin aux longues et lourdes paroles de notre ivrogne, et l'absolution lui donne, et en congé lui donnant, lui dit : « Va-t'en, tu es bien confessé. — Dites-vous vrai, sire? répondit-il. — Oui, vraiment, dit le prieur : ta confession est très-bonne. Va-t'en, tu ne peux mal avoir. — Et puis que je suis bien confessé et que j'ai l'absolution reçue, se à cette heure mourois, n'irois-je pas en paradis? dit l'ivrogne. — Tout droit sans faillir, répondit le prieur; n'en fais nul doute. — Puisque ainsi est, ce dit l'ivrogne, que maintenant je suis en bon état et en chemin de paradis, et qu'il y fait tant bel et tant bon, je vueil mourir tout maintenant, afin qu'incontinent j'y aille. » Si prend et baille son couteau à ce prieur, en lui priant et requérant qu'il lui tranchât la tête, afin qu'il allât en paradis. « Ha ! dea, dit le prieur tout ébahi, il n'est jà métier [3] d'ainsi faire ; tu iras bien en paradis par autre voie. — Nenni, répondit l'ivrogne : je veuil aller tout maintenant et ici mourir, par vos mains : avancez et me tuez ? — Non, ferai pas, dit le prieur : un prêtre ne doit personne tuer. — Si ferez, sire, par la morbieu ! et se bientôt ne me dépêchez et me mettez en paradis, moi-même, à mes deux mains, vous occirai. » Et à ces mots, brandit son grand couteau et en fait montre aux yeux du pauvre prieur tout épouvanté et assimpli [1]. Au fort, après qu'il eut un peu pensé, afin d'être de son ivrogne dépêché, lequel de plus en plus l'agresse et parforce que lui ôte la vie, il saisit et prend le couteau, et va si dire : « Or ça, puisque tu veux finer [2] par mes mains, afin d'aller en paradis, mets-toi à genoux ici devant moi? » L'ivrogne ne s'en fit guère prêcher; mais tout à coup, du haut de lui, tomber se laissa, et à chef de pièce, à quelque méchef que ce fût, sur les genoux se releva, et, à mains jointes, le coup de l'épée, cuidant mourir, attendoit. Le prieur, du dos du couteau, fiert sur le cou de l'ivrogne un grand et pesant coup, et par terre l'abat bien durement; mais vous n'avez garde qu'il se relève, même cuide vraiment être mort et être jà en paradis. En ce point le laissa le prieur, qui pour sa sûreté n'oublia pas le couteau. Et comme il fut un peu avant, il rencontra un chariot chargé de gens : au moins pour la plupart, si bien advint que ceux qui avoient été présents où notre ivrogne s'étoit chargé [3], y étoient; auxquels il raconta bien au long le mystère dessusdit, en leur priant qu'ils se levassent et qu'en son hôtel le voulsissent rendre et conduire, et puis leur bailla son couteau. Ils promirent de l'emmener et charger avec eux, et le prieur s'en va. Ils n'eurent guère cheminé, qu'ils aperçurent ce bon ivrogne couché ainsi comme s'il fût mort, les dents contre terre, et quand ils furent près de lui, tous, à une voix, par son nom l'appelèrent; mais ils ont beau hucher [4], il n'avoit garde de répondre; ils recommencèrent à crier, mais c'est pour néant. Adoncques descendirent aucuns, de leur chariot : si le prirent par la tête, par les pieds et par les jambes, et tout en l'air le levèrent, et tant huchèrent, qu'il ouvrit les yeux, et incontinent parla et dit : « Laissez-moi, laissez-moi, je suis mort. — Non êtes, non, dirent ses compagnons ; vous faut venir avec nous. — Non ferai, dit l'ivrogne; où irai-je? je suis mort et déjà en

---

[1] Coutelas. — [2] Craignant. — [3] Besoin.

[1] Stupéfait, hébété. Peut-être doit-on lire assoupli. [2] Finir. — [3] Avait bu. — [4] Appeler à voix haute.

paradis. — Vous vous en viendrez, dirent les autres : il nous faut aller boire. — Boire? dit-il. — Voire, dit l'autre. — Jamais je ne boirai, dit-il, car je suis mort. » Quelque chose que ses compagnons lui disent, il ne vouloit mettre hors de sa tête qu'il ne fût mort. Les devises[1] durèrent beaucoup; et ne savoient trouver les compagnons façon ne manière d'emmener ce fol ivrogne, car quelque chose qu'ils dirent, toujours répondit : « Je suis mort ! » En la fin, un entre les autres s'avisa et dit : « Puisque vous êtes mort, vous ne voulez pas demeurer ici, et, comme une bête, aux champs être enfoui? venez, venez avec nous; si vous porterons enterrer, sur notre chariot, au cimetière de notre ville, ainsi qu'il appartient à un chrétien; autrement, n'irez pas en paradis. » Quand l'ivrogne entendit qu'il le falloit enterrer ains qu'il[2] montât en paradis, il fut content d'obéir : si fut tantôt troussé et mis dans le chariot, où guère ne fut sans dormir. Le chariot étoit bien attelé; si furent tantôt à Stevelighes, où ce bon ivrogne fut descendu tout devant sa maison. Sa femme et ses enfans furent appelés, et leur fut ce bon corps saint rendu, qui si fort dormoit, que, pour le porter du chariot en sa maison et en son lit le jeter, jamais ne s'éveilla, et là fut-il enseveli entre deux linceuls[3], sans s'éveiller, bien deux jours après.

NOUVELLE VII.

LE CHARRETON A L'ARRIÈRE-GARDE.

La septième nouvelle traite d'un orfèvre de Paris, qui fit coucher un charreton[4], lequel lui avoit amené du charbon, avec lui et sa femme ; et comment ledit charreton par derrière s'éjouissoit[5] avec elle : dont l'orfèvre s'aperçut et trouva ce qu'il étoit ; et des paroles que dit au charreton.

Un orfèvre de Paris, naguère, pour dépêcher plusieurs besognes de sa marchandise à l'encontre d'une foire du Landit[6] et d'Anvers, fit large et grande provision de charbon de saulx[7]. Advint, un jour entre les autres, que le charreton, qui cette denrée livroit, pour la grand'hâte de l'orfèvre, fit si grand'diligence qu'il amena deux voitures plus qu'il n'avoit fait les jours paravant; mais il ne fut pas sitôt en Paris à sa dernière charretée, que la porte à talons ne fut fermée. Toutefois il fut très-bienvenu, et bien de l'orfèvre reçu; et après que son charbon fut descendu et ses chevaux mis en l'étable, il voulut souper tout à loisir ; et firent très-grand'chère, qui ne se passa pas sans boire d'autant et d'autel[1]. Quand la brigade fut bien repue, la cloche va sonner douze heures, dont ils se donnèrent grand'merveille, tant plaisamment s'étoit le temps passé à ce souper. Chacun rendit grâces à Dieu, faisant très-petits yeux, et ne demandoit que le lit, mais pource qu'il étoit tant tard, l'orfèvre retint au coucher son charreton, doutant la rencontre du guet qui l'eût bouté en Châtelet[2], se à cette heure l'eût trouvé. Pour celle heure[3], notre orfèvre avoit tant de gens qui pour lui ouvroient[4], que force lui fut le charreton avec lui et sa femme en son lit héberger, et comme sage et non soupçonneux, il fit sa femme entre lui et le charreton coucher. Or vous faut-il dire que ce ne fut pas sans grand mystère, car le bon charreton refusoit de tous points ce logis, et à toute force vouloit dessus le banc ou dedans la grange coucher; force lui fut d'obéir à l'orfèvre, et après qu'il fut dépouillé, dedans le lit se boute, où qu'il étoit jà l'orfèvre et sa femme en la façon que j'ai dite. La femme, sentant le charreton à cause du froid et de la pêtitesse du lit d'elle approcher, tôt se vira devers son mari, et en lieu d'oreiller, se mit sur la poitrine de sondit mari, et au giron du charreton son derrière reposoit. Sans dormir ne se tint guère l'orfèvre, et sa femme, sans en faire le semblant; mais notre charreton, jaçoit qu'il fût lassé et travaillé, n'en avoit garde. Car, comme le poulain s'échauffe sentant la jument et se dresse et démène, si faisoit le sien poulain levant la tête contremont[5], si très-prochain de ladite femme; et ne fut pas en la puissance dudit charreton, qu'à elle ne se joignît de près, et en cet état fut longue espace quand la femme s'éveilla, voire ou au moins qu'elle en fit semblant. Aussi n'eût pas fait le mari, si ce n'eût été la tête de sa femme qui sur sa poitrine étoit reposant, qui, par l'assaut et heurt de ce poulain, lui donnoit si grand branle qu'assez tôt il se réveilla : il cuidoit bien que sa femme songeât, mais pource que trop longuement duroit, et qu'il ouït le charre-

---

[1] Devis, paroles. — [2] Avant qu'il. — [3] Draps.
[4] Charretier.
[5] On lit *s'éjouoit* ou *se jouoit* dans toutes les éditions.
[6] Foire célèbre qui avait lieu à Saint-Denis.
[7] Saule.

---

[1] Jeu de mots pour exprimer : boire beaucoup.
[2] Le Grand-Châtelet était la prison où le *chevalier du guet* mettait les vagabonds arrêtés la nuit.
[3] Dans ce moment. — [4] Travaillaient. — [5] En haut.

ton soi remuer et très-fort souffler, tout doucement leva la main en haut, et si très-bien à point, en bas la rabattit, qu'en dommage et en sa garenne le poulain au charreton trouva; dont il ne fut pas bien content, et ce, pour l'amour de sa femme, il l'en fit en hâte saillir[1], et dit au charreton : « Que faites-vous, méchant coquart[2]? Vous êtes, par ma foi, bien enragé, qui à ma femme vous prenez ! N'en faites plus. Je vous jure, par la morbieu, que si elle se fût à ce coup éveillée, quand votre poulain ainsi la harioit[3], je ne sais, moi, penser que vous eussiez fait; car je suis tout certain, tant la connois, qu'elle vous eût tout le visage égratigné, et, à[4] ses mains, les yeux de votre tête arrachés. Vous ne savez pas comme elle est merveilleuse, depuis qu'elle entre en sa malice, et si n'est chose au monde qui plutôt lui [5] boutât. Otez-vous, je vous en supplie, pour votre bien. » Le charreton, en peu de mots, s'excusa qu'il n'y pensoit pas, et comme le jour fut prochain, tantôt il se leva, et après le bonjour donné à son hôtesse, part et s'en va, et à charrier se met. Vous devez penser que la bonne femme, si elle eût pensé le fait du charreton, qu'elle l'eût beaucoup plus grevé que son mari ne disoit; combien que depuis il me fut dit qu'assez de fois le charreton la rencontra en la propre façon et manière qu'il fut trouvé de l'orfèvre, sinon qu'elle ne dormoit pas; non point que je le veuil croire ni en rien ce rapport faire bon.

NOUVELLE VIII.

GARCE POUR GARCE.

La huitième nouvelle traite d'un compagnon picard, demeurant à Bruxelles, lequel engrossa la fille de son maître ; et à cette cause prit congé de haute heure et vint en Picardie soi marier; et tôt après son partement, la mère de la fille s'aperçut de l'encolure de ladite fille, laquelle, à quelque méchef que ce fut, confessa à sa mère le cas et tel qu'étoit, et la mère la renvoya devers ledit compagnon pour lui défaire ce que, lui, avoit fait à sa fille; et du refus que la nouvelle mariée fit audit compagnon, et du conte qu'elle lui conta, à l'occasion duquel d'elle se départit incontinent et retourna à sa première amoureuse, laquelle il épousa.

En la ville de Bruxelles, où maintes aventures sont en notre temps advenues, demeuroit, n'a pas longtemps, un jeune compagnon picard, qui servit très-bien et loyalement son maître assez longue espace[1]; et entre autres services à quoi il obligea sondit maître vers lui, fit tant, par son très-gracieux parler, maintien et courtoisie, que si avant fut en la grâce de fille, qu'il coucha avec elle, et par ses œuvres méritoires elle devint grosse et enceinte. Notre compagnon, voyant sa dame en cet état, ne fut pas si fol que d'attendre l'heure que son maître le pourroit savoir et apercevoir : si prit de bonne heure un gracieux congé pour peu de jours, combien qu'il n'eût nulle envie d'y jamais retourner; feignant d'aller en Picardie visiter son père et sa mère et aucuns de ses parens. Et quand il eut à son maître et à sa maîtresse dit adieu, le très-piteux fut à la fille sa dame, à laquelle il promit tantôt retourner; ce qu'il ne fit point, et pour cause, lui, étant en Picardie en l'hôtel de son père. La pauvre fille de son maître devenoit si très-grosse, que son piteux cas ne se pouvoit plus céler : dont entre les autres, sa bonne mère, qui au métier se connaissoit, s'en donna garde la première, si la tira à part et lui demanda, comme assez on peut penser, d'ond elle venoit en cet état et qui l'y avoit mise. Si elle se fit beaucoup prier et admonester avant qu'elle en voulsît rien dire ni connoître, il ne le faut jà demander; mais, en la fin, elle fut à ce menée, qu'elle fut contrainte de connoître et confesser son piteux fait, et dit que le Picard, valet de son père, lequel naguère s'en étoit allé, l'avoit séduite et en ce très-piteux point laissée. Sa mère, toute enragée, forcenée et tant marrie qu'on ne pourroit plus, la voyant ainsi déshonorée, se prit à la tancer, et tant d'injures lui va dire, que la patience qu'elle eut de tous côtés, sans sonner ni rien répondre, étoit assez souffisant d'éteindre le crime qu'elle avoit commis de soi laisser engrosser du Picard. Mais, hélas! cette patience n'émeut en rien sa mère à pitié, mais lui dit : « Va-t'en, va-t'en arrière[2] de moi, et fais tant que tu trouves le Picard qui t'a faite grosse et lui dis qu'il te défasse ce qu'il t'a fait. Et ne retourne jamais vers moi jusqu'à ce qu'il aura tout défait ce que par son outrage il t'a fait! » La pauvre fille, en l'état que vous oyez, marrie et désolée par sa fumeuse[3] et cruelle mère, se met à la quête du Picard qui l'engrossa; et croyez certainement que, avant qu'elle en pût avoir aucunes nouvelles, ce

---

[1] Sortir. — [2] Sot.
[3] Heurtait comme un bélier, ou embarrassait.
[4] Avec, de. — [5] Il vaudroit mieux lire l'y.

[1] Assez longtemps. — [2] Loin. — [3] Colère.

fut pas sans endurer grand'peine et du malaise largement. En la parfin, comme Dieu le voulut, après maintes gestes[1] qu'elle fit en Picardie, elle arriva, par un jour de dimanche, en un gros village au pays d'Artois, et si très-bien lui vint, à ce propre jour, que son ami le Picard, lequel l'avoit engrossée, faisoit ses noces ; de laquelle chose elle fut merveilleusement joyeuse et ne fut pas si peu assurée, pour à sa mère obéir, qu'elle ne se boutât par la presse des gens, ainsi grosse comme elle étoit, et fit tant, qu'elle trouva son ami et le salua, lequel tantôt la connut, et en rougissant, son salut lui rendit, et lui dit : « Vous soyez la très-bien venue ! Qui vous amène à cette heure, ma mie ? — Ma mère, dit-elle, m'envoie vers vous, et Dieu sait que vous m'avez bien fait tancer ! Elle m'a chargé et commandé que je vous dise que vous me défassiez ce que vous m'avez fait, et se ainsi ne le faites, que jamais ne retourne vers elle. » L'autre entend tantôt la folie, et au plus tôt qu'il put, il se défit d'elle et lui dit : « Par telle manière, ma mie, je ferai volontiers ce que me requérez et que votre mère veut que je fasse, car c'est bien raison ; mais à cette heure, vous voyez que je n'y puis pas bonnement entendre : si vous prie, tant comme je puis, qu'ayez patience pour meshui[2], et demain je besognerai à vous. » Elle fut contente, et alors il la fit guider et mettre en une chambre, et commande qu'elle fût très-bien pansée[3], car aussi bien, elle en avoit bon mestier[4] à cause des grands labeurs et travaux qu'elle avoit eus en son voyage faisant cette quête. Or vous devez savoir et entendre que l'épousée ne tenoit pas ses yeux en son sein, mais se donna très-bien garde et aperçut son mari parler à notre fille grosse, dont la puce lui entre en l'oreille, et n'étoit en rien contente, mais très-troublée et marrie en étoit. Si garda son courroux, sans mot dire, jusqu'à ce que son mari se vint coucher ; et quand il la cuida accoler et baiser, et au surplus faire son devoir, et gagner le chaudeau[5], elle se vire, puis d'un côté, puis d'autre, tellement qu'il ne peut parvenir à ses atteintes ; dont il est très-ébahi et courroucé, et lui va dire : « Ma mie, pourquoi faites-vous ceci ? — J'ai bien cause, dit-elle, et aussi, quelque chère que vous fassiez, il ne vous chaut[1] guère de moi ; vous en avez bien d'autres, dont il vous est plus que de moi ! — Et non ai, par ma foi ! dit-il, ne, en ce monde, je n'aime autre femme que vous. — Hélas ! dit-elle, et ne vous ai-je pas bien vu, après dîner, tenir vos longues paroles à une femme en la salle ? On y voyoit trop bien que c'étoit, et ne vous en sauriez excuser. — Cela, dit-il, notre dame, vous n'avez cause en rien de vous en jalouser. » Et adonc lui va tout au long conter comment c'étoit la fille à son maître de Bruxelles, et coucha avec elle et l'engrossa, et qu'à cette cause il s'en vint par-deçà, et comment aussi, après son partement, elle devint si très-grosse qu'on s'en aperçut, et comment elle se confessa à sa mère qu'il l'avoit engrossée, et l'envoyoit vers lui, afin qu'il lui défît ce qu'il lui avoit fait ; autrement, jamais vers elle ne s'en retournât. Quand notre homme eut tout au long conté sa râtelée[2], sa femme ne reprit que l'un de ses points et dit : « Comment ! dit-elle ; dites-vous qu'elle dit à sa mère que vous aviez couché avec elle ? — Oui, par ma foi ! dit-il ; et lui conta tout ! — Par mon serment ! dit-elle, montra bien qu'elle était bête : le charreton de notre maison a couché avec moi plus de quarante nuits, mais vous n'avez garde que j'en dise oncques un seul mot à ma mère, je m'en suis très-bien gardée. — Voire, dit-il, de par le diable ! le gibet y ait part ! Or, allez à votre charreton, si vous voulez, car je n'ai cure[3] de vous ! » Si se leva tout à coup, et s'en vint rendre à celle qu'il engrossa, et abandonna l'autre. Et quand le lendemain on sut cette nouvelle, Dieu sait le grand ris d'aucuns, et le grand déplaisir de plusieurs, espécialement du père et de la mère de l'épousée.

[1] Importe, soucie.
[2] C'est-à-dire, ce qu'il avait sur la conscience.
[3] Souci.

---

[1] Actions. — [2] Aujourd'hui. — [3] Traitée, hébergée.
[4] Besoin.
[5] On apportait aux époux, au milieu de la première nuit des noces, le *chaudeau*, lait de poule, bouillon chaud ou vin sucré.

NOUVELLE IX.

LE MARI MAQUEREAU DE SA FEMME [1].

La neuvième nouvelle, racontée par Monseigneur [2], traite d'un chevalier de Bourgogne, lequel étoit tant amoureux d'une des chambrières de sa femme que c'étoit merveille, et cuidant coucher avec ladite chambrière, coucha avec sa femme, laquelle étoit couchée au lit de ladite chambrière; et aussi, comment il fit un autre chevalier, son voisin, par ordonnance coucher avec ladite femme, cuidant véritablement que ce fût la chambrière : de laquelle chose il fut depuis bien mal content, jaçoit que la dame n'en sut oncques rien et ne cuidoit avoir eu que son mari, comme je crois.

Pour continuer le propos des nouvelles histoires, comme les aventures adviennent en divers lieux et diversement, on ne doit pas taire comment un gentil chevalier de Bourgogne, faisant résidence en un sien château, beau et fort, fourni de gens et d'artillerie, comme à son état appartenoit, devint amoureux d'une belle damoiselle de son hôtel, voire et la première après madame sa femme; et par amour si fort la contraignoit, que jamais ne savoit sa manière sans elle, et toujours l'entretenoit et la requéroit; et bref, nul bien sans elle il ne pouvoit avoir, tant étoit au vif feru [3] de l'amour d'elle. La damoiselle, bonne et sage, voulant garder son honneur qu'aussi cher elle tenoit que sa propre âme, voulant aussi garder la loyauté qu'à sa maîtresse elle devoit, ne prêtoit pas l'oreille à son seigneur, toutes fois qu'il eût bien voulu; et se aucune force lui étoit de l'écouter, Dieu sait la très-dure réponse dont il étoit servi, lui remontrant sa très-folle entreprinse et la grand' lâcheté de son cœur. Et au surplus, bien lui disoit que se cette quête il continue plus, qu'à sa maîtresse il seroit découvert. Quelque manière ou menace qu'elle fasse, il ne veut laisser son entreprinse, mais de plus en plus la pourchasse, et tant en fait, que force est à la bonne fille d'en avertir bien au long sa maîtresse : ce qu'elle fit. La dame, avertie des nouvelles amours de monseigneur, sans en montrer semblant, en est très-mal contente, mais non-pourtant [4] elle s'avisa d'un tour, ainçois que [5] rien lui en dire : qui fut tel. Elle enchargea à sa damoiselle, que la première fois que monseigneur viendroit pour la prier d'amours, que, très-tous refus mis arrière, elle lui baillât jour à lendemain, de soi trouver dedans sa chambre et en son lit : « Et s'il accepte la journée, dit la dame, je viendrai tenir votre place, et du surplus laissez-moi faire. » Pour obéir comme elle doit à sa maîtresse, elle est contente, et promet d'ainsi ce faire. Si ne tarda guères après que monseigneur ne retournât à l'ouvrage, et s'il avoit auparavant bien fort menti, encore à cette heure il s'en efforce beaucoup plus de l'affirmer, disant que, se à cette heure elle n'entend à sa prière, trop mieux lui vaudroit la mort, et que sans prochain remède vivre en ce monde plus ne pouvoit. Qu'en vaudroit le long conte? La damoiselle, de sa maîtresse bien conseillée si bien à point que mieux on ne pourroit, baille à demain au bon seigneur l'heure de besogner; dont il est tant content que son cœur lui tressault tout de joie, et dit bien en soi-même qu'il ne faudroit [1] pas à sa journée. Le jour des armes assigné, survint au soir un gentil chevalier, voisin de monseigneur et son très-grand ami, qui le vint voir, auquel il fit très-grande et bonne chère, comme bien le savoit faire; si fit madame aussi, et le surplus de la maison s'efforçoit fort de lui complaire, sachant être le bon plaisir de monseigneur et de madame. Après les très-grandes chères et du souper et du banquet, et qu'il fut heure de retraite, la bonne nuit donnée à madame et à ses femmes, les deux chevaliers se mettent en devises de plusieurs et diverses matières; et entre autres propos, le chevalier étrange [2] demande à monseigneur, s'en son village avoit rien de beau pour aller courir l'aiguillette [3]; car la dévotion lui en est prinse, après ces bonnes chères et le beau temps qu'il fait à cette heure. Monseigneur, qui rien ne lui voudroit céler, pour la très-grande amour qu'il lui porte, lui va dire comment il a jour assigné de coucher anuit [4] avec sa chambrière; et pour lui faire plaisir, quand il aura été avec elle un espace de temps, il se lèvera tout doucement et le viendra quérir pour le surplus aller parfaire. Le compagnon étrange mercia son compagnon; et Dieu sait qu'il lui tarde bien que l'heure soit venue. L'hôte prend congé de lui et se retrait [5] dedans sa garde-robe, comme il avoit de coutume, pour soi déshabiller. Or, devez-vous savoir que, tandis que

---

[1] Imité par la reine de Navarre, *Heptaméron*, nouvelle 8; et par La Fontaine, *les Quiproquos*, V, 8.
[2] Louis XI. Voyez l'avertissement préliminaire d'Antoine de la Sale.
[3] Frappé, atteint. — [4] Néanmoins. — [5] Plutôt que.

[1] Manquerait. — [2] Étranger.
[3] On dit encore: courir le guilledoux.
[4] Cette nuit. On disait *ennuit* ou *anuit*. — [5] Retire.

les chevaliers se devisoient[1], madame s'en alla mettre dedans le lit où monseigneur devoit trouver sa chambrière, et droit là attend ce que Dieu lui voudroit envoyer. Monseigneur mit assez longue espace à soi déshabiller tout à propos, pensant que déjà madame fut endormie comme souvent faisoit, pource que devant se couchoit. Monseigneur donne congé à son valet de chambre, et à-tout sa longue robe, s'en va au lit où madame l'attendoit, cuidant y trouver autrui, et tout coiement[2] de sa robe se désarme, et puis dedans le lit se bouta. Et pource que la chandelle étoit éteinte et que madame mot ne sonnoit, il cuide avoir sa chambrière. Il n'y eût guère été sans faire son devoir, et si très-bien s'en acquitta, que les trois, les quatre fois guère ne lui coûtèrent, que madame prit bien en gré; laquelle, tôt après, pensant que fut tout, s'endormit. Monseigneur, trop plus léger que paravant, voyant que madame dormoit, et se recordant de sa promesse, tout doucement se lève, et puis vient à son compagnon qui n'attendoit que l'heure d'aller aux armes; et lui dit qu'il allât tenir son lieu, mais qu'il ne sonnât mot, et que retournât, quand il auroit bien besogné et tout son saoul. L'autre, plus éveillé qu'un rat et vite comme un levrier, part et s'en va, et auprès de madame il se loge, sans qu'elle en sache rien. Et quand il fut tout rassuré se monseigneur avoit bien besogné, voire et en hâte, encore fît-il mieux, dont madame n'est pas un peu émerveillée; laquelle, après ce beau passetemps qui aucunement travail lui étoit, arrière s'endormit. Et bon chevalier, de l'abandonner, et à monseigneur se retourne, lequel comme paravant se vint reloger emprès madame et de plus belle aux armes se rallie, tant lui plaît le nouvel exercice. Tant d'œuvres se passèrent, tant en dormant comme autre chose faisant, que le jour s'apparut, et comme il se retournoit cuidant virer l'œil sur la chambrière, il voit et connoit que c'est madame, laquelle à cette heure va dire : « N'êtes-vous pas bien putier, recraint[3], lâche, qui, croyant avoir ma chambrière, tant de fois et outre mesure m'avez accolée, pour accomplir votre désordonnée voulenté? Vous êtes, la Dieu merci! bien déçu, car autre que moi pour cette heure n'aura ce qui doit être mien. » Se le chevalier fut ébahi et courroucé, ce n'est pas merveille; et quand il parla, il dit : « Ma mie, je ne vous puis céler ma folie, dont beaucoup il me poise[1] que jamais l'entreprins; si vous prie que vous en soyez contente, et n'y pensez plus, car jour de ma vie plus ne m'adviendra, cela vous promets par ma foi. Et afin que n'ayez occasion d'y penser, je donnerai congé à la chambrière qui me bailla le vouloir de faire cette faute. » Madame, plus contente d'avoir eu l'aventure de cette nuit que sa chambrière, et oyant la bonne repentance de monseigneur, assez légèrement se contenta, mais ce ne fut pas sans grands langages et remontrances. Au fort, trèstout va bien, et monseigneur, qui a des nouvelles en sa quenouille, après qu'il est levé, s'en vient vers son compagnon, auquel il conte tout du long son aventure, lui priant de deux choses : la première, ce fut qu'il célât très-bien ce mystère et sa très-déplaisante aventure; l'autre, si est que jamais il ne retourne en lieu où sa femme sera. L'autre très-déplaisant de cette male[2] aventure, conforte le chevalier au mieux qu'il peut, et promit d'accomplir sa très-raisonnable requête, et puis monta à cheval et s'en va. La chambrière, qui coulpe n'avoit au méfait dessusdit, en porta la punition, pour en avoir congé. Si véquirent depuis longtemps monseigneur et madame ensemble, sans qu'elle sut jamais avoir affaire au chevalier étrange.

NOUVELLE X.

LES PATÉS D'ANGUILLE [3].

La dixième nouvelle parle d'un chevalier d'Angleterre, lequel, depuis qu'il fut marié, voulut que son mignon, comme paravant son mariage faisoit, de belles filles lui fît finance : laquelle chose il ne voulut faire, car il se pensoit que lui souffisoit bien d'avoir une femme, mais ledit chevalier à son premier train le ramena, par le faire toujours servir de pâtés d'anguilles au dîner et au souper.

Plusieurs hautes et diverses, dures et merveilleuses aventures ont été souvent menées et à fin conduites au royaume d'Angleterre, dont la récitation à présent ne serviroit pas à la continuation de cette présente histoire. Néanmoins, cette présente histoire, pour ce propos continuer et le nombre de ces histoires accroître, fera mention comment un bien grand seigneur du royaume d'Angleterre, entre les mieux

---

[1] S'entretenaient. — [2] Silencieusement.
[3] Méprisable, débauché. N'est-ce pas plutôt *recréant*, qui se disait d'un homme déshonoré.

[1] Pèse. — [2] Mauvaise.
[3] Imité par La Fontaine, *Pâté d'anguille*, liv. IV. 11.

fortunés riche, puissant et conquérant; lequel, entre les autres de ses serviteurs, avoit parfaite confiance, confidence et amour à un jeune gracieux gentilhomme de son hôtel : pour plusieurs raisons, tant par la loyauté, diligence, subtilité et prudence, et pour le bien qu'en lui avoit trouvé, ne lui céloit pas rien de ses amours. Même, par succession de temps, tant fit ledit gracieux gentilhomme, par son habileté, que fut tellement en sa grace, que tous ses parfaits secrets et aventures de ses amours, mêmement les affaires, ambassades et diligences menoit et conduisoit ; et ce, pour le temps que sondit maître étoit encore à marier. Advint, certaine espace après, que, par le conseil de plusieurs de ses parens, amis et bien-veuillants, monseigneur se maria à une très-belle, noble, bonne et riche dame; dont plusieurs furent très-joyeux ; et, entre les autres, notre gentilhomme, qui mignon se peut bien nommer, ne fut pas moins joyeux, disant en soi que c'étoit le bien et honneur de son maître, et qu'il se retireroit, à cette occasion, de plusieurs menues folies d'amour qu'il faisoit, auxquelles ledit mignon trop se donnoit d'espoir. Si dit un jour à monseigneur, qu'il étoit très-joyeux de lui, pource qu'il avoit si très-belle et bonne dame épousée ; car, à cette cause, plus ne seroit empêché de faire quête çà ne là, comme il avoit de coutume. A quoi monseigneur répondit : ce nonobstant, n'entendoit pas du tout amours abandonner ; et jaçoit ce qu'il fut marié, si n'étoit-il pas pourtant du gracieux service d'amours ôté, mais de bien en mieux s'y vouloit employer. Son mignon, non content de ce vouloir, lui répondit que sa quête en amours devroit être bien finée[1], quand amours l'ont parti[2] de la nompareille, de la plus belle, de la plus sage, de la plus loyale et bonne pardessus toutes autres : « Faites, dit-il, monseigneur, tout ce qu'il vous plaira ; car, de ma part, à autre femme jamais parole ne porterai au préjudice de ma maîtresse. — Je ne sais quel préjudice, dit le maître ; mais il vous faut trop bien remettre en train d'aller à telle et à telle. Et ne pensez pas qu'encore d'elles ne m'en soit autant, que quand vous en parlai premier. — Ha ! dea, monseigneur, dit le mignon : il faut dire que vous prenez plaisir d'abuser femmes ; laquelle chose n'est pas bien fait, car vous savez bien que toutes celles que m'avez ici nommées, ne sont pas à comparer en beauté ne autrement à madame, à qui vous feriez mortel déplaisir s'elle savoit votre déshonnête vouloir. Et, qui plus est, vous ne pouvez pas ignorer que, en ce faisant, vous ne damnez votre âme. — Cesse ton prêcher, dit monseigneur, et va faire ce que je commande. — Pardonnez-moi, monseigneur, dit le mignon; j'aimerois mieux mourir, que par moi sourdît noise entre madame et vous. Si vous prie que soyez content de moi, car certes je n'en ferai plus. » Monseigneur, qui voit son mignon en son opinion aheurté[1], pour ce coup, plus ne le pressa. Mais certaine pièce[2] comme de trois ou quatre jours, sans faire en rien semblant des paroles précédentes, entre autres devises, à son mignon demanda quelle viande il mangeoit plus volontiers, et il lui répondit que nulle viande tant ne lui plaisoit que pâtés d'anguille. « Saint Jean ! c'est bonne viande, dit le maître ; vous n'avez pas mal choisi. » Cela se passe, et monseigneur se trait[3] arrière, et mande vers lui venir ses maîtres d'hôtel, auxquels il encharges, si cher qu'ils le vouloient obéir, que son mignon ne fût servi d'autres choses que de pâtés d'anguille, pour rien qu'il dît[4] ; et ils répondirent, promettant d'accomplir son commandement, ce qu'ils firent très-bien ; car, comme ledit mignon fut à table pour manger en sa chambre, le propre jour du commandement, ses gens lui apportèrent largement de beaux et gros pâtés d'anguille qu'on leur délivra en la cuisine, dont il fut bien joyeux ; si en mangea tout son saoul. A lendemain, pareillement, cinq ou six jours ensuivans, tous jours ramenoient ces pâtés en jeu, dont il étoit jà tout ennuyé. Si demanda ledit mignon à ses gens, se l'on ne servoit léans que des pâtés. « Ma foi, dirent-ils, monseigneur, on ne vous baille autre chose ; trop bien voyons-nous servir, en salle et ailleurs, d'autre viande, mais pour vous il n'est mémoire que de pâtés. » Le mignon sage, qui jamais, sans grand cause, pour sa bouche ne faisoit plainte, passa encore plusieurs jours, usant de ces ennuyeux pâtés, dont il n'étoit pas bien content. Si s'avisa, un jour entre les autres, d'aller dîner avec les maîtres d'hôtel, qui le firent servir comme auparavant

[1] Finie. — [2] Donné en partage, nanti.

[1] Obstiné. — [2] Certain temps après.
[3] Se tire, s'en va. — [4] Quelque chose qu'il dît.

de pâtés d'anguille, et quand il vit ce, il ne se put plus tenir de demander la cause pourquoi on le servoit plus de pâtés d'anguille que les autres, et s'il étoit pâté. « Par la morbieu ! dit-il, j'en suis si bourdé[1] que plus n'en puis ; il me semble que je ne vois que pâtés, et pour vous dire, il n'y a point de raison : vous la m'avez faite trop longue ; il y a jà plus d'un mois que vous me faites ce tour, dont je suis tant maigre que je n'ai force ne puissance : si ne saurois être content d'être ainsi gouverné. » Les maîtres d'hôtel lui dirent que vraiment ils ne faisoient chose que monseigneur n'eût commandé, et que ce n'étoit pas par eux. Notre mignon, plein de pâtés, ne porta guère sa pensée sans la découvrir à monseigneur, et lui demanda à quel propos il l'avoit fait servir si longuement de pâtés d'anguille, et défendu, comme disoient les maîtres d'hôtel, qu'on ne lui baillât autre chose. Et monseigneur, pour réponse lui dit : « Ne m'as-tu pas dit que la viande qu'en ce monde tu plus aimes, ce sont pâtés d'anguille ? — Par saint Jean ! oui, monseigneur, dit le mignon. — Et pourquoi donc te plains-tu maintenant, dit monseigneur, si je te fais bailler ce que tu aimes ? — Ce que j'aime ? dit le mignon : il y a manière. J'aime voirement très-bien pâtés d'anguille pour une fois ou pour deux ou pour trois, ou de fois à autre, et n'est viande que devant je prise ; mais de dire que toujours les voulsisse avoir, sans manger autre chose, par Notre Dame ! non ferai : il n'est homme qui n'en fût rompu et rebuté ; mon estomac en est si travaillé, que, tantôt qu'il les sent, il a assez dîné. Pour Dieu ! monseigneur, commandez qu'on me baille autre viande, pour recouvrer mon appétit ; autrement, je suis homme perdu. — Ha ! dea, dit monseigneur ; et te semble-t-il que je ne sois, qui veux que je ne me passe de la chair de ma femme ? Tu peux penser, par ma foi ! que j'en suis aussi saoul que tu es de pâtés, et qu'aussi voulentiers me renouvellerois, jaçoit ce que point tant ne l'aimasse, que tu ferois d'autre viande, qui pourtant n'aimes que pâtés. Et pour tout abréger, tu ne mangeras jamais d'autre viande jusqu'à ce que me serves ainsi que soulois[2] ; et me feras avoir des unes et des autres, pour moi renouveler, comme tu veux changer de viandes. » Le mignon, quand il entend le mystère et la subtile comparaison que son maître lui baille, fut tout confus et se rendit, promettant à son maître de faire tout ce qu'il voudra, pour être quitte de ces pâtés, voire ambassades et diligences comme paravant. Et par ce point, monseigneur, voire et pour madame épargner, ainsi que pouvons penser, aux pourchas du mignon, passa le temps avec les belles et bonnes filles ; et notre mignon fut délivré de ses pâtés, et à son premier métier rattelé et rétabli.

NOUVELLE XI.

L'ENCENS AU DIABLE[1].

La onzième nouvelle, par Monseigneur, traite d'un paillard jaloux, lequel, après plusieurs offrandes faites à plusieurs saints pour le remède de sa jalousie, offrit une chandelle au diable qu'on peint ordinairement dessous saint Michel ; et du songe qu'il songea, et de ce qu'il lui advint au réveillé, comme vous pourrez ouïr ci-après.

Un lâche, paillard, recraint, jaloux, je ne dis pas coux[2], vivant à l'aise, ainsi que Dieu sait que les entachés de ce mal peuvent sentir et les autres peuvent apercevoir et ouïr dire, ne savoit à qui recourre[3] et soi rendre, pour trouver guarison de sa douleur misérable et bien peu plainte maladie. Il falloit hui[4] un pèlerinage, demain un autre, et aussi le plus souvent, par ses gens, ses dévotions et offrandes faisoit faire ; tant étoit assoté de sa maison, voire au moins du regard de sa femme, laquelle misérablement son temps passoit avec son très-maudit mari, le plus soupçonneux hongnard[5] qui jamais femme accointât. Un jour, comme il pensoit qu'il avoit fait et fait faire plusieurs offrandes à divers saints de paradis et entre autres à monseigneur saint Michel, il s'avisa qu'il en feroit une à l'image qui est sous les pieds dudit saint Michel ; et, de fait, commanda à l'un de ses gens, qu'il lui allumât et fît offre d'une grosse chandelle de cire, en le priant pour son intention. Tantôt son commandement fut accompli, et lui fut fait son rapport. « Or çà, dit-il en soi-même, je verrai si Dieu ou diable me pourroit guarir. » En son accoutumé déplaisir, s'en va coucher auprès de sa bonne et prudente femme, et jaçoit ce qu'il eut en sa tête des fantaisies et pensées largement, si le contraignit nature, qu'elle eut ses

---

[1] Bourré. — [2] Tu avais coutume.

[1] Imité par Rabelais : *Pantagruel*, liv. III, ch. 28 ; et par La Fontaine : *l'Anneau d'Hans Carvel*, II, 12. Ce conte se trouve aussi dans les *Facéties* du Pogge.
[2] Cocu. — [3] Recourir. — [5] Aujourd'hui. — [4] Grondeur.

droits de repos, et de fait, bien fermement s'endormit. Et ainsi qu'il étoit au plus parfond[1] de son somme, celui, à qui ce jour la chandelle avoit été offerte, par vision à lui s'apparut; qui le remercie de l'offrande que naguère lui avoit envoyée, affermant que pieçà telle offrande ne lui fut donnée; dit, au surplus, qu'il n'avoit pas perdu sa peine, et qu'il obtiendroit ce dont il avoit requis. Et comme l'autre toujours persévéroit à son somme, lui sembla qu'à un doigt de sa main un anneau lui fut bouté, en lui disant que tant que cet anneau en son doigt seroit, jamais coux il ne seroit, ne cause aussi venir lui en pourroit, qui de ce le tentât. Après l'évanouissement de cette vision, notre jaloux se réveille, et cuida à l'un de ses doigts ledit anneau trouver, ainsi que semblé lui avoit, mais au derrière de sa femme bien avant bouté l'un de sesdits doigts trouva : de quoi lui et elle furent très-ébahis, mais du surplus de la vie du jaloux, de ses affaires et maintiens, cette histoire se tait.

NOUVELLE XII.
LE VEAU[2].

La douzième nouvelle, par monseigneur de la Roche, parle d'un Hollandois, qui, nuit et jour, à toute heure, ne cessoit d'assaillir sa femme au jeu d'amours ; et comment d'aventure il la rua par terre, en passant par un bois, sous un grand arbre, sur lequel étoit un laboureur qui avoit perdu son veau qu'il cherchoit : auquel il disoit qu'il lui sembloit en voir la queue.

Ès mettes[3] du pays de Hollande, un fol naguère s'avisa de faire du pis qu'il pourroit : c'est à savoir soi marier ; et tantôt qu'il fut affublé du doux manteau de mariage, jaçoit ce qu'alors il fut hiver, il fut si très-fort échauffé qu'on ne le savoit tenir de nuit; encore, vu que les nuits pour cette saison duroient neuf ou dix heures, n'étoient point assez souffisantes ne d'assez longue durée pour éteindre le très-ardent désir qu'il avoit de faire lignée ; et, de fait, quelque part qu'il rencontrât sa femme, il labouroit : fût en la chambre, fût en l'étable ou en quelque lieu que ce fût, toujours avoit un assaut, et ne dura cette manière un mois ou deux seulement, mais si très-longuement que pas ne le voudrois écrire, pour l'inconvénient qui sourdre en pourroit, se la folie de ce grand ouvrier venoit à la connoissance de plusieurs femmes. Que vous en diraije plus ? il en fit tant que la mémoire jamais éteinte n'en sera audit pays. Et à la vérité, la femme, qui naguère au bailli d'Amiens se complaignit, n'avoit pas si bien matière de soi complaindre que celle-ci. Mais, quoi qu'il fût, nonobstant que de cette plaisante peine se fût très-bien aucunefois passée, pour obéir comme elle devoit à son mari, ne fut rébourse[1] à l'éperon.

Advint un jour, après dîner, que très-beau temps faisoit, et que le soleil ses rayes[2] envoyoit et départoit dessus la terre peinte et bordée de belles fleurs : si leur prit volonté d'aller jouer au bois, eux deux tant seulement, et se mirent en chemin. Or ne vous faut-il pas céler ce qui sert à l'histoire. A l'heure droitement[3] que nos bonnes gens avoient cette dévotion d'aller jouer au bois, advint qu'un laboureur avoit perdu son veau qu'il avoit mis paître dedans un pré en un pâtis audit bois; lequel vint chercher, mais ne le trouva pas, dont il ne fut point trop joyeux. Si se mit en la quête, tant par le bois comme ès prés, terres et places voisines de l'environ, pour trouver sondit veau, mais il n'en sait avoir nouvelles. Il s'avisa que par aventure il se seroit bouté en quelque buisson pour paître, ou dedans aucune fosse herbue, dont il pourroit bien saillir quand il auroit le ventre plein ; et à celle fin qu'il puisse mieux voir et à son aise, sans aller courir çà ne là, se son veau étoit ainsi comme il pensoit, il choisit le plus haut arbre et mieux houché[4] de bois qu'il put trouver, et monte sus ; et quand il se trouve au plus haut de cet arbre, qui toute la terre d'environ couvroit, il lui fut bien avis que son veau étoit à moitié trouvé. Tandis que ce bon laboureur jetoit les yeux de tous côtés après son veau, voici notre homme et sa femme qui se boutent au bois, chantant, jouant et faisant fête, comme font les cœurs gais quand ils se trouvent ès plaisants lieux, et n'est pas merveille, se le vouloir lui crut, et le désir l'enhorta d'accoler sa femme en ce lieu si plaisant et propice. Pour exécuter ce vouloir à sa plaisance, et à son beau loisir, tant regarda, un coup à dextre, l'autre à senestre, qu'il aperçut le très-bel arbre, dessus lequel étoit ce laboureur, dont il ne savoit rien, et

---

[1] Profond.
[2] Imité par La Fontaine : *Le villageois qui cherche son veau*, liv. II, 11. C'est aussi un conte du Pogge : *Asinus perditus*. — [3] Frontières.

[1] Rétive. — [2] Rayons, *rais*.
[3] Précisément. — [4] Pour *houssé*, couvert.

sous cet arbre se disposa et conclut ses gracieuses plaisances accomplir. Et quand il fut au lieu, il ne demeura guère après la semonce¹ de sondit désir; mais tantôt mit la main à la besogne, et vous commença à assaillir sa femme, et la jette par terre, car à l'heure il étoit bien en ses gogues², et sa femme aussi, d'autre part. Si la voulut voir par devant et par derrière; et, de fait prend sa robe et la lui ôta, et en cotte-simple la met; après, il la haussa bien haut malgré elle, ainsi comme efforcée. Et ne fut pas content de ce, mais encore, pour la bien voir à son aise et sa beauté regarder, la tourne et revire, et à la fin, sur son gros derrière sa rude main par trois ou quatre fois il fait descendre; puis, d'autre part la retourne, et comme il eut son derrière regardé, aussi fait-il son devant, ce que la bonne simple femme ne veut pour rien consentir : même avec la grand'résistance qu'elle fait, Dieu sait que sa langue n'étoit pas oiseuse; or l'appelle *malgracieux*, maintenant *fol et enragé*, l'autre fois *déshonnête*, et tant lui dit, que c'est merveille. Mais rien n'y vaut; il est trop plus fort qu'elle, et si a conclu de faire inventaire de ce qu'elle porte : si est force qu'elle obéisse, mieux aimant, comme sage, le bon plaisir de son mari, que par refus le déplaisir. Toute défense du côté d'elle mise arrière, ce vaillant homme va passer temps à son devant regarder, et ce sans honneur on peut dire : il ne fut pas content se ses mains ne découvroient à ses yeux les secrets dont il se devoit bien passer d'enquerre³. Et comme il étoit en cette profonde étude, il disoit : « Maintenant je vois ceci! je vois cela! encore ceci! encore cela! » et qui l'oyoit, il voit tout le monde et beaucoup plus; et après une grande et longue pause, étant en cette gracieuse contemplation, dit derechef : « Sainte Marie, que je vois de choses! — Hélas! dit lors le laboureur : bonnes gens, ne véez-vous point mon veau? Sire, il me semble que j'en vois la queue. » L'autre, jaçoit qu'il fût bien ébahi, subitement fit la réponse et dit : « Cette queue n'est pas de ce veau! » Et à tant part et s'en va, et sa femme après. Et qui me demanderoit qui le laboureur mouvoit de faire celle question, le secrétaire de cette histoire répond que la barbe du devant de cette femme étoit assez et beaucoup longue, comme il est coutume à celles de Hollande : si cuidoit bien que ce fût la queue de son veau, attendu aussi que le mari d'elle disoit qu'il véoit tant de choses, voire à peu près tout le monde; si pensoit en soi-même que le veau ne pouvoit guère être éloigné, et qu'avec d'autres choses léans pourroit être embûché¹.

NOUVELLE XIII.

LE CLERC CHATRÉ.

La treizième nouvelle, par monseigneur Lamant de Bruxelles, traite comment le clerc d'un procureur d'Angleterre déçut son maître, pour lui faire accroire qu'il n'avoit nulles c........; et à cette cause, il eut le gouvernement de sa maîtresse aux champs et à la ville ; et se donnèrent bon temps.

A Londres, en Angleterre, avoit naguère un procureur de parlement, qui, entre les autres de ses serviteurs, avoit un clerc habile et diligent et bien écrivant, qui très-beau fils étoit; et, qu'on ne doit pas oublier, pour un homme de son âge il n'étoit point des plus subtils. Ce gentil clerc, et vigoureux, fut tantôt provoqué de sa maîtresse, qui très-belle, gente et gracieuse étoit; et si très-bien lui vint, que, ainçois que ² lui osât oncques dire son cas, le dieu d'amour l'avoit à ce menée qu'il étoit le seul homme au monde qui plus lui plaisoit. Advint qu'il se trouva en place commode, et, de fait, toute crainte mise arrière, à sadite maîtresse son très-gracieux et doux mal raconta, laquelle, pour la grand'courtoisie, que Dieu en elle n'avoit pas oubliée, déjà ainsi atteinte comme dessus est dit, ne le fit guère languir; car, après plusieurs excusations et remontrances qu'en bref elle lui toucha, qu'elle eut à autre plus aigrement et plus longuement démenées, elle fut contente qu'il sût qu'il lui plaisoit bien. L'autre, qui entendoit son latin, plus joyeux que jamais il n'avoit été, s'avisa de battre le fer tandis qu'il étoit chaud, et si très-fort la besogne poursuivit, qu'en peu de temps jouit de ses amours. L'amour de la maîtresse au clerc et du clerc à elle, étoit et fut longtemps si très-ardent que jamais gens ne furent plus emprins³; car, en effet, le plus souvent en perdoient le boire et le manger, et n'étoit pas en la puissance de Male-bouche, de Dangier⁴ ne d'autres telles maudites gens, de

---

¹ Embusqué, caché. — ² Avant que. — ³ Épris.
⁴ *Malebouche* ou la médisance; *Dangier* ou la jalousie, personnages allégoriques du *Roman de la Rose*.

---

¹ L'excitation. — ² *Goguettes*, gaités. — ³ Enquérir.

leur bailler ne donner destourbier[1]. A ces très-joyeux état et plaisant passetemps se passèrent plusieurs jours qui guère aux amants ne durèrent, qui tant donnés l'un à l'autre s'étoient, qu'à peu ils eussent quitté à Dieu leur part de paradis pour vivre au monde leur terme en cette façon. Et comme un jour advint qu'ensemble étoient, et des très-hauts biens qu'amour leur souffrit prendre se devisoient entre eux, en eux pourmenant[2] par une salle, comment cette leur joie nompareille continuer sûrement pourroient, sans que l'embûche de leur dangereuse entreprinse fût découverte au mari d'elle, qui du rang des jaloux se tiroit très-près et du haut bout. Pensez que plus d'un avis leur vint au-devant, que je passe sans plus au long le décrire. La finale conclusion et dernière résolution que le bon clerc print, fut de très-bien conduire et à leur fin mener son entreprinse : à quoi point ne faillit. Veci comment. Vous devez savoir l'accointance et alliance que le clerc eut à sa maîtresse, laquelle diligemment servoit et lui complaisoit; qui aussi n'étoit pas moins diligent de servir et complaire à son maître, et tout pour toujours mieux son fait couvrir, et aveugler les jaloux yeux de celui qui pas tant ne se doutoit qu'on lui en forgeoit bien la matière[3]. Un certain jour après, notre bon clerc, voyant son maître assez content de lui, entreprint de parler, et tout seul, très-humblement, doucement et en grande révérence à lui, et lui dit qu'il avoit en son cœur un secret que voulentiers lui déclarât, s'il osoit. Et ne vous faut céler, que, tout ainsi comme plusieurs femmes ont larmes à commandement, qu'elles épandent au moins aussi souvent qu'elles veulent, si eut, à ce coup, notre bon clerc, que grosses larmes, en parlant, des yeux lui descendoient en très-grande abondance; et n'étoit homme qui ne cuidât qu'elles ne fussent de contrition, de pitié, ou de très-bonne intention. Le pauvre maître abusé, oyant son clerc, ne fut pas un peu ébahi ne émerveillé : mais cuidoit bien qu'il y eut autre chose que ce qu'après il sut; si dit : « Eh! que vous faut-il, mon fils, et qu'avez-vous à plorer maintenant? — Hélas! sire, et j'ai bien cause plus que nul autre de me douloir. Mais, hélas! mon cas est tant étrange et non pas moins piteux ne moins sur tous requis d'être célé, que, nonobstant que j'aie eu vouloir de le vous dire, si m'en reboute crainte, quand j'ai au long mon malheur pensé. — Ne plorez plus, mon fils, répond le maître, et si me dites qu'il vous faut, et je vous assure, s'en moi est possible de vous aider, je m'y employerai voulentiers comme je dois. — Mon maître, dit le renard, je vous mercie; mais quand j'ai bien tout regardé, je ne pense pas que ma langue eut la puissance de découvrir la très-grande infortune que j'ai si longuement portée. — Otez-moi tous ces propos et toutes ces doléances, répond le maître : je suis celui à qui rien ne devez céler; je vueil savoir ce que vous avez, avancez-vous, et le me dites? » Le clerc, sachant le tour de son bâton, s'en fit beaucoup prier, et, à très-grand' crainte par semblant et à très-grande abondance de larmes et à voulenté, se laisse ferrer et dit qu'il lui dira, mais qu'il lui vueille promettre que par lui jamais personne n'en saura nouvelle, car il aimeroit autant ou plus cher mourir que son malheureux cas fût connu. Cette promesse par le maître accordée, le clerc, mut[1] et décoloré comme un homme jugé à pendre, si va dire son cas: « Mon très-bon maître, il est vrai que, jaçoit ce que plusieurs gens, et vous aussi, pourroient penser que je fusse homme naturel comme un autre, ayant puissance d'avoir compagnie avec femme et de faire lignée, vous oserai-je bien dire et montrer que point je ne suis tel, dont hélas! trop je me deuil[2]. » Et à ces paroles, trop assurément tira son membre et lui fit montre de la peau où les c..... se logent, lesquels il avoit par industrie fait monter en haut vers son petit ventre, et si bien les avoit cachés qu'il sembloit qu'il n'en eût nuls. Or lui va dire : « Mon maître, vous voyez bien mon infortune, dont je vous prie derechef qu'elle soit célée; et, outre plus, très-humblement vous requère, pour tous les services que jamais vous (qui ne sont pas tels que j'en eusse eu la voulenté, si Dieu m'en eût donné le pouvoir), que fassiez avoir mon pain en quelque monastère dévot, où je puisse le surplus de mon temps au service de Dieu passer, car au monde ne puis de rien servir. » L'abusé et déçu maître remontra à son clerc l'âpreté de religion, peu de mérite qui lui en viendroit quand il veut se rendre moine par déplaisir de son

---

[1] Trouble, embarras. — [2] Promenant. — [3] Cette phrase était inintelligible dans toutes les éditions, il a donc fallu lui donner un sens, en y ajoutant : *de celui*.

[1] Muet. — [2] Je m'afflige.

fortune, et foison d'autre raisons lui amena, trop longues à conter, tendant à fin de l'ôter de son propos. Savoir vous faut-il aussi, que pour rien ne l'eût voulu abandonner, tant pour son bien écrire et diligence, que pour la fiance que dorénavant à lui ajoutera. Que vous dirai-je plus? tant lui remontra, que ce clerc, au fort, pour une espace, en son état et en son service demourer lui promet; et comme bien ouvert lui avoit son secret le clerc, aussi le maître le sien lui voulut déceler, et dit : « Mon fils, de votre infortune ne suis-je point joyeux; mais, au fort, Dieu, qui fait tout pour le mieux, sait ce qui nous nuit et vaut mieux. Vous me pourrez dorénavant très-bien servir; à mon pouvoir, vous le mériterai : j'ai jeune femme, assez légère et volage, et suis, ainsi comme vous véez [1], déjà ancien et sur âge; qui aucunement peut être occasion à plusieurs de la requerre de déshonneur, et à elle aussi, s'elle étoit autre que bonne, me bailler matière de jalousie, et plusieurs autres choses. Je la vous baille et donne en garde, et si vous en prie qu'à ce tenez la main que je n'aie cause dans elle trouver nulle matière de jalousie. Par grande délibération, fit le clerc sa réponse, et quand il parla, Dieu sait si loua bien sa très-bonne et belle maîtresse, disant que sur tous autres il l'avoit belle et bonne, et qu'il s'en devoit tenir sûr; néanmoins, qu'en ce service et d'autres, il est celui qui se veut de tout cœur employer, et ne la laissera, pour rien qu'il y puisse advenir, qu'il ne l'avertisse de tout ce que loyal serviteur doit faire à son maître. Le maître, lie [2] et joyeux de la nouvelle garde de sa femme, laisse l'hôtel, et en la ville, à ses affaires va entendre. Et bon clerc incontinent sault à sa garde, et le plus longuement que lui et sa dame bien osèrent, n'épargèrent pas les membres qui en terre pourriront; et ne firent jamais plus grand' fête, depuis que l'aventure fut advenue de la façon subtile que son mari abuseroient. Assez et longue espace dura le joli passetemps de ceux qui tant bien s'entr'aimoient; et se aucunefois le bon mari alloit dehors, il n'avoit garde d'emmener son clerc : plutôt eût emprunté un serviteur à ses voisins, que l'autre n'eût gardé l'hôtel, et se la dame avoit congé d'aller en aucun pèlerinage, plutôt allât sans chambrière que sans le très-gracieux clerc; et faites votre compte; jamais clerc ne se put vanter d'avoir eu meilleure aventure, qui point ne vint à connoissance, voire au moins que je sache, à celui qui bien s'en fût désespéré, s'il en eût su le demaine [1].

NOUVELLE XIV.

LE FAISEUR DES PAPES OU L'HOMME DE DIEU [2].

La quatorzième nouvelle, par monseigneur de Créquy, traite de l'hermite qui déçut la fille d'une pauvre femme et lui faisoit accroire que sa fille auroit un fils de lui, qui seroit pape; et adonc, quand vint à l'enfanter, ce fut une fille; et ainsi fut l'embûche du faux [3] hermite découverte, qui à cette cause s'enfuit du pays.

La grande et large marche [4] de Bourgogne n'est pas si dépourvue de plusieurs aventures dignes de mémoire et d'écrire, que, à fournir les histoires qui à présent courent, n'en puisse et doive faire sa part en rang des autres. Je n'ose avant mettre ne en bruit ce qui naguère y advint assez près d'un gros et bon village séant sur la rivière d'Ouche. Là avoit et encore a une montagne où un hermite, tel que Dieu sait, faisoit sa résidence, lequel, sous ombre du doux manteau d'hypocrisie, faisoit des choses merveilleuses, qui pas ne vindrent à connoissance ne en la voix publique du peuple, jusqu'à ce que Dieu plus ne voulût son très-damnable abus permettre ne souffrir. Ce saint hermite, qui de son coup à la mort se tiroit, n'étoit pas moins luxurieux que seroit un vieil singe; mais la manière du conduire estoit si subtile, qu'il faut dire qu'elle passoit les autres cautelles [5] communes. Veci qu'il fit. Il regarda, entre les autres femmes et belles filles, la plus digne d'être aimée et désirée : si ce pensa que c'étoit la fille à une simple femme vefve [6], très-dévote et bien aumônière, et va conclure en soi-même que, se son sens ne lui fault, qu'il en chevira [7] bien. Un soir, environ la minuit, qu'il faisoit fort rude temps, il descendit de sa montagne et vint à ce village, et tant passa de voies et sentiers, qu'à l'environ de la mère et la fille, sans être oiseux, se trouva. L'hôtel n'étoit pas si grand, ne si peu de lui hanté, tout en dévotion, qu'il ne sût bien les engins [8]. Si va faire un pertuis en une paroi non guère épaisse, à l'endroit de laquelle étoit le lit de cette simple femme vefve, et prend un long

---

[1] Voyez. — [2] Gai.

[1] La manière. — [2] Imité par La Fontaine : l'Hermite, II, 15. — [3] Pervers, perfide.
[4] Contrée, province. — [5] Ruses, finesses.
[6] Veuve. — [7] Jouira. — [8] Les êtres de la maison.

bâton percé et creux dont il étoit hourdé [1], et, sans la vefve éveiller, auprès de son oreille mit, et dit en assez basse voix par trois fois : « Écoute-moi, femme de Dieu; je suis un ange du Créateur qui devers toi m'envoie t'annoncer et commander que, pour les hauts biens [2] qu'il a voulu en toi entrer, qu'il veut, par un hoir de ta chair, c'est à savoir ta fille, l'Église son épouse réunir, reformer et en son état dû remettre; et veci la façon : Tu t'en iras en la montagne devers le saint hermite, et ta fille lui mèneras, et bien au long lui conteras ce qu'à présent Dieu par moi te mande. Il connoîtra ta fille, et d'eux viendra un fils, élu de Dieu et destiné au Saint-Siége de Rome; qui tant de biens fera, que à saint Pierre et à saint Paul l'on le poura bien comparer. A tant m'en vais. Obéis à Dieu! » La simple femme vefve, très-ébahie, surprinse aussi et à demi ravie, cuida vraiment, et de fait, que Dieu lui envoyât ce messager; si dit bien en elle-même qu'elle ne désobéira pas; et puis, la bonne femme se rendort, une grande pièce après, non pas trop fermement attendant et beaucoup désirant le jour. Et entretant, le bon hermite prend le chemin devers son hermitage en la montagne. Ce très-désiré jour tôt se montra et fut, par les rais du soleil, malgré les verrières des fenêtres, à coup descendu emmi [3] la chambre de ladite vefve, et la mère et la fille se levèrent à très-grand'hâte. Quand elles furent prêtes et sur pied mises, et leur peu de ménage mis à point, la bonne mère si demanda à sa fille s'elle avoit rien ouï en cette nuit, et la fille lui répond : « Certes, mère, nenni. — Ce n'est pas à toi, dit-elle, aussi que de primesaut [4] ce doux message s'adresse, combien qu'il te touche beaucoup. » Lors lui va dire et raconter tout au long l'angélique nouvelle qu'en cette nuit Dieu lui manda : demande aussi qu'elle en veut dire? La bonne fille, comme sa mère simple et dévote, répond : « Dieu soit loué! tout ce qu'il vous plaira, ma mère, soit fait. — C'est très-bien dit, répond la mère. Or, nous en allons en la montagne, à la semonce du bon ange, devers le saint prud'homme. » Le bon hermite, faisant le guet quand la déçue femme sa simple fille amèneroit, la voit venir : si laisse son huis entr'ouvert et en prières se va mettre emmi la chambre, afin qu'en dévotion fût trouvé. Et comme il désiroit il advint; car la bonne femme et sa fille aussi, voyant l'huis entr'ouvert, sans demander quoi ne comment, dedans entrèrent, et comme elles aperçurent l'hermite en contemplation, comme s'il fût Dieu, l'honorèrent. L'hermite, à voix humble, en cachant ses yeux et vers la terre encliné, dit : « Dieu salve la compagnie! » Et la pauvre vieillote, désirant qu'il sût la chose qui l'amenoit, le tira à part et lui va dire, de chef en chef et de bout en bout, tout le fait, qu'il savoit et trop mieux qu'elle. Et comme en grand'révérence faisoit rapport, le bon hermite jetoit ses yeux en haut, joignoit les mains au ciel, et la bonne vieille pleuroit, tant avoit de joie et de pitié. Et la pauvre fille aussi pleuroit, quand elle voit ce bon et saint hermite, en si grande dévotion, prier, et ne savoit pourquoi. Quand ce rapport fut tout au long achevé, dont la vieillote attendoit la réponse, celui qui la doit faire ne se hâte pas. Au fort, certaine pièce après, quand il parla, ce fut en disant : « Dieu soit loué! Mais, ma mie, dit-il, vous semble-t-il, à la vérité, à votre entendement, que ce que ci vous me dites ne soit point fantaisie ou illusion, que vous enjuge [1] le cœur? Sachez que la chose est grande. — Certainement, beau père, j'entendis la voix qui cette joyeuse nouvelle m'apporta, aussi pleinement que je fais vous, et créez [3] que je ne dormois pas. — Or bien, dit-il, non pas que je vueil contredire au vouloir de mon créateur, ce me semble-t-il bon que vous et moi dormirons encore sur ce fait, et s'il vous appert [2] derechef, vous reviendrez ici vers moi, et Dieu nous donnera bon conseil et avis. On ne doit pas trop légèrement croire, ma bonne mère : le diable est aucunefois envieux d'autrui, bien treuve tant de cautelles et se transforme en ange de lumière. Créez, créez, ma mère, que ce n'est pas peu de chose de ce fait-ci; et se j'y mets un peu de refus, et que ne le veuil pas accomplir, ce n'est pas merveille : n'ai-je pas à Dieu voué chasteté, et vous m'apportez la rompure [4] de par lui? Retournez en votre maison, et priez Dieu; et au surplus, demain nous verrons que ce sera, et à Dieu soyez! » Après un grand tas d'agios [5], se part la compagnie, de l'hermite, et vindrent à l'hôtel; tout devisant. Pour abréger, notre hermite, à l'heure

---

[1] Pourvu. — [2] Vertus.
[3] Au milieu de. — [4] D'abord.

[1] Inspire. — [2] Apparaît. — [3] Croyez.
[4] Rupture de son vœu. — [5] Actions de grâce, prières.

accoutumée et due, fourni du bâton creux en lieu de potence[1], revient, à l'oreille de la simple femme vefve, disant les propres mots, ou en substance, de la nuit précédente; et ce fait, incontinent, sans autre chose faire, retourne à son hermitage. La bonne femme éprinse de joie, cuidant Dieu tenir, par les pieds, se lève de haute heure, et à sa fille raconte toutes ces nouvelles, sans doute et confermant la vision de l'autre nuit passée : « Il n'est que d'abréger. Or, allons devers le saint homme! » Elles s'en vont, et il les regarde approcher : si va prendre son bréviaire, faisant de l'hypocrite, et pensez qu'il le faisoit en grande dévotion, Dieu le sait; et puis, après son service, print à recommencer, et en cet état, devant l'huis de sa maisonnette, se fait des bonnes femmes saluer. Et pensez que se la vieille lui fit hier un grand prologue de sa vision, celui de maintenant n'est de rien moindre : dont le prud'homme se signe du signe de la croix, faisant grand's admirations à merveille, disant : « Mon Dieu, mon créateur, qu'est ceci? fais de moi tout ce qu'il te plaît! Combien que ce n'étoit ta large grâce, je ne suis pas digne d'écouter un si grand œuvre. — Or regardez, beau père, dit lors la bonne femme abusée et follement déçue : vous voyez bien que c'est à certes[2], quand derechef s'est apparu l'ange vers moi. — En vérité, ma mie, cette matière est si haute et si très-difficile et non accoutumée, que je n'en saurois bailler que douteuse réponse; non mie[3], afin que vous entendez sûrement, qu'en attendant la tierce apparition, je veuil que vous tentez Dieu; mais on dit, de coutume : A la tierce fois vaut la luitte[4]. Si vous prie et requiers que encore elle se puisse passer, cette nuit, sans autre chose faire, attendant sur ce fait la grâce de Dieu; et se, par sa grande miséricorde, il lui plaise nous démontrer anuit comme les autres nuits précédentes, nous ferons tant qu'il en sera loué. » Ce ne fut pas du bon gré de la simple vieille qu'on retarda tant d'obéir à Dieu; mais, au fort, l'hermite est cru comme le plus sage. Comme elle fut couchée, au parfond des nouvelles qui en tête lui viennent, l'hypocrite pervers, de sa montagne descendu, lui met son bâton creux à l'oreille, ainsi comme il avoit de coutume, en lui commandant, de par Dieu, comme son ange, une fois pour toutes, qu'elle mène sa fille à l'hermite pour la cause que dit est. Elle n'oublia, tantôt qu'il fut jour, cette charge; car après les grâces à Dieu de par elle et sa fille rendues, se mettent au chemin par devers l'hermitage, où l'hermite leur vint au-devant, qui de Dieu les salue et bénit : et la bonne mère, trop plus que nulle autre joyeuse, ne lui céla guère sa nouvelle apparition; dont l'hermite; qui, par la main la tient, en sa chapelle la convoie[1], et la fille va après, et leans font leurs très-dévotes oraisons à Dieu le tout puissant, qui ce trèshaut mystère leur a daigné démontrer. Après un peu de sermon que fit l'hermite touchant songes, visions, apparitions qui souvent aux gens adviennent, il chut en propos de toucher leur matière pour laquelle étoient assemblés. (Et pensez que l'hermite les prêche bien et en bonne dévotion, Dieu le sait!) « Puisque Dieu veut et commande que je fasse lignée papale, et le daigne révéler non pas une fois ou deux seulement, mais la tierce, d'abondance[2]; il faut dire, croire et conclure que c'est un haut bien qui de ce fait s'en ensuivra. Si m'est avis que mieux on ne peut faire que d'abréger l'exécution, en ce lieu, de ce que trop j'ai différé de bailler foi à la sainte apparition. — Vous dites bien, beau père. Comment vous plaît-il faire? répond la vieille. — Vous laisserez céans, dit l'hermite, votre belle fille, et elle et moi en oraisons nous mettrons, et au surplus ferons ce que Dieu nous apprendra. » La bonne femme vefve en fut contente, et aussi fut sa fille, pour obéir. Quand notre hermite se trouve à part avecques la belle fille, comme s'il la voulsit rebaptiser, toute nue il la fait dépouiller, et pensez que l'hermite ne demeura pas vêtu. Qu'en vaudroit le long conte? Il la tint tant et si longuement avecques lui en lieu d'autre clerc, tant alla aussi et vint à l'hôtel d'elle, pour la doute[3] des gens et aussi pour honte, qu'elle n'osoit partir de la maison; car, bientôt après, le ventre si lui commença à bourser[4]; dont elle fut si joyeuse, qu'on ne le vous sauroit dire. Mais se la fille s'éjouissoit de sa portée, la mère d'elle en avoit à cent doubles joies. Et le maudit bigot feignoit aussi s'en éjouir, mais il enrageoit tout vif. Cette pauvre abusée, cuidant de vrai que sa fille dût faire un très-beau fils, pour le temps à venir, de Dieu élu pape de Rome, ne

---

[1] Béquille. — [2] Certainement, pour tout de bon.
[3] Non pas. — [4] Lutte.

[1] Conduit. — [2] En outre. — [3] Crainte. — [4] Enfler.

se put tenir qu'à sa plus privée voisine ne le contât, qui aussi ébahie en fut comme se cornes lui venoient, non pas toutefois qu'elle ne se doutât de tromperie. Elle ne céla pas longuement aux autres voisins et voisines comment la fille d'une telle étoit grosse, par les œuvres du saint hermite, d'un fils qui doit être pape de Rome : « Et ce que j'en sais, dit-elle, la mère d'elle me l'a dit, à qui Dieu l'a voulu révéler. » Cette nouvelle fut tantôt épandue par les villes voisines, et, en ce temps pendant, la fille s'accoucha, qui, à la bonne heure, d'une belle fille se délivra; dont elle fut émerveillée et courroucée, et les voisines aussi, qui attendoient vraiment le saint-père à venir, recevoir. La nouvelle de ce cas ne fut pas moins tôt sue que celle précédente, et entre autres l'hermite en fut des premiers avertis, qui tantôt s'enfuit, en un autre pays ne sais quel, une autre femme ou fille décevoir, ou ès déserts d'Égypte, de cœur contrit, la pénitence de son péché satisfaire. Quoi que soit ou fut, la pauvre fille en fut déshonorée : dont ce fut grand dommage, car belle, bonne et gente étoit.

NOUVELLE XV.

NONNAIN SAVANTE.

La quinzième nouvelle, par monseigneur de la Roche, traite d'une nonnain qu'un moine cuidoit tromper; lequel en sa compagnie amena son compagnon qui devoit bailler à tâter à elle son instrument, comme le marché le portoit; et comme le moine mit son compagnon en son lieu; et de la réponse qu'elle fit.

Au gentil pays de Brabant, près d'un monastère de blancs moines [1], est situé un autre monastère de nonnains, qui très-dévotes et charitables sont, dont l'histoire tait le nom et la marche particulière. Ces deux maisons étoient voisines, comme on dit de coutume : la grange et les batteurs; car, Dieu merci, la charité de la maison aux nonnains étoit si très-grande, que peu de gens étoient éconduis [2] de l'amoureuse distribution, voire se dignes étoient d'icelle recevoir. Pour venir au fait de cette histoire, au cloître des blancs moines avoit un jeune et beau religieux qui fut amoureux d'une des nonnains; et, de fait, eut bien le courage, après les prémisses [3], de lui demander à faire pour l'amour de Dieu; et la nonnain, qui bien connoissoit ses outils, jaçoit qu'elle fût bien courtoise, lui bailla dure et âpre réponse. Il ne fut pas pourtant enchâssé, mais tant continua sa très-humble requête, que force fut à la très-belle nonnain, ou de perdre le bruit de sa très-large courtoisie, ou d'accorder au moins ce qu'elle avoit à plusieurs, sans guère prier, accordé. Si lui va dire : « En vérité, vous poursuivez et faites grand'diligence d'obtenir ce qu'à droit ne sauriez fournir! Et pensez-vous que je ne sache bien par ouï-dire quels outils vous portez? Créez que si fais : il n'y a pas pour dire grand merci. — Je ne sais, moi, qu'on vous a dit, répond le moine; mais je ne doute pas que vous ne soyez bien contente de moi et que ne vous montre que je suis homme comme un autre. — Homme? dit-elle, cela crois-je assez bien; mais votre chose est tant petit, comme l'on dit, que, se vous l'apportez en quelque lieu, à peu s'on s'aperçoit qu'il n'est. — Il va bien autrement, dit le moine, et se j'étois en place, je ferois, et par votre jugement, menteurs tous ceux ou celles qui cette renommée me donnent. » Au fort, après ce gracieux débat, la courtoise nonnain, afin d'être quitte de l'ennuyante poursuite que le moine faisoit, afin qu'elle sache qu'il vaut et qu'il sait faire, et aussi qu'elle n'oublie le métier qui tant lui platt, elle lui baille jour, à douze heures de nuit, de vers elle venir et heurter à sa traille [1]; dont il fut hautement mercié : « Toutefois vous n'y entrerez pas, que je ne sache, dit-elle, à la vérité, quels outils vous portez; et se je m'en saurois aider ou non. — Comme vous plaira, répond le moine. » A tant s'en va et laisse sa maîtresse, et vint tout droit devers frère Conrard, l'un de ses compagnons qui étoit outillé Dieu sait comment, et pour cette cause, avoit un grand gouvernement au cloître des nonnains. Il lui conta son cas tout du long, comment il a prié une telle, la réponse et le refus qu'elle fit, doutant qu'il ne soit pas bien soulier à son pied, et la parfin comme elle est contente qu'il entre vers elle, mais qu'elle sente et sache, premier [2], de quelle lance il voudroit jouter contre son écu. « Or est ainsi, dit-il, que je suis mal fourni d'une grosse lance, telle que j'espoire et vois qu'elle désire d'être rencontrée. Si vous en prie, tant comme je puis, que anuit vous venez avec moi à l'heure que

---

[1] Les *moines blancs* étaient les Chartreux et les Dominicains.
[2] Éconduits. — [3] Préliminaires.

[1] Treillis de fenêtre, grille. — [2] Auparavant.

je me dois vers elle rendre, et vous me ferez le plus grand plaisir que jamais homme fit à autre. Je sais très-bien qu'elle voudra, là moi venu, sentir et tâter la lance dont j'attends à fournir mes armes, et en la fin, se faudra ce faire, vous serez derrière moi sans dire mot, et vous mettrez en place, et votre gros bourdon en son poing lui mettrez; elle ouvrira l'huis, je n'en doute point; et puis, cela fait, vous vous en irez et dedans j'entrerai, et puis, du surplus laissez-moi faire. » Frère Conrard est en grand souci comment il pourra faire et complaire à son compagnon, mais toutefois se met à l'aventure, et tout ainsi que lui avoit dit, s'en va et lui accorde ce marché, et à l'heure assignée se met avecques lui en chemin pardevers la nonnain. Quand ils sont à l'endroit de la fenêtre, maître moine, plus échauffé qu'un étalon, de son bâton un coup heurte, et la nonnain n'attendit pas l'autre heure, mais ouvrit la fenêtre et dit en basse voix : « Qu'est cela ? — C'est moi ! dit-il : ouvrez tôt l'huis, qu'on ne vous oye. — Ma foi ! dit-elle, vous ne serez jà en mon livre enregistré ne écrit, que premièrement ne passez à montre[1], et que je ne sache quel harnois vous portez. Approchez-vous près et me montrez que c'est ? — Très-volontiers, dit-il. » Alors tire frère Conrard, lequel s'avançoit pour faire son personnage, qui, en la main de madame la nonnain, mit son bel et très-puissant bourdon, qui gros, long et rond étoit ; et tantôt qu'elle le sentit, comme se nature lui en baillât la connoissance, elle dit : « Nenni, nenni, dit-elle, je connois bien cettui-ci. C'est le bourdon frère Conrard. Il n'y a nonnain céans qui bien ne le connoisse. Vous n'avez garde que j'en sois déçue : je le connois trop ! allez quérir votre aventure ailleurs. » Et à tant sa fenêtre referma, bien courroucée et mal contente, non pas sur frère Conrard, mais sur l'autre moine, lesquels, après cette aventure, s'en retournèrent vers leur hôtel, tout devisant de cette aventure.

[1] En revue.

NOUVELLE XVI.

LE BORGNE AVEUGLE.

La seizième nouvelle, par monseigneur le Duc[1], traite d'un chevalier de Picardie, lequel en Prusse s'en alla ; tandis madame sa femme d'un autre s'accointa ; et à l'heure que son mari retourna, elle étoit couchée avec son ami, lequel, par une gracieuse subtilité, elle bouta hors de sa chambre, sans que le chevalier son mari s'en donnât garde.

En la comté d'Artois naguère vivoit un gentil chevalier, riche et puissant, lié par mariage avec une très-belle dame de haut lieu. Ces deux ensemble, par longue espace, passèrent plusieurs jours paisiblement et doucement ; et, pource qu'alors le très-puissant duc de Bourgogne[2], comte d'Artois et leur seigneur, étoit en paix avec tous les grands princes chrétiens, ce chevalier, qui très-dévot étoit, délibéra faire à Dieu sacrifice du corps qu'il lui avoit prêté bel et puissant, assouvi[3] de taille, d'être, autant et plus que personne de sa contrée, excepté que perdu avoit un œil en un assaut. Et pour faire son obligation en lieu élu et de lui désiré, après les congés à madame sa femme pris et de plusieurs ses parents, s'en va devers les bons seigneurs de Prusse, vrais défenseurs de la très-sainte foi chrétienne[4]. Tant fit et diligenta qu'en Prusse, après plusieurs aventures que je passe, sain et sauf se trouva. Il fit largement de grandes prouesses en armes, dont le grand bruit de sa vaillance fut tantôt épandu en plusieurs marches[5], tant à la relation de ceux qui vu l'avoient, en leur pays retournés, que par lettres que les demeurés écrivoient à plusieurs qui très-grand gré leur en savoient. Or ne faut pas céler que madame, qui étoit demeurée, ne fut pas si rigoureuse, qu'à la prière d'un gentil écuyer qui d'amours la requit, elle ne fût tantôt contente qu'il fut lieutenant de monseigneur qui aux Sarrazins[6] se combattoit. Tandis que monseigneur jeûne et fait pénitence, madame fait bonne chère avec l'écuyer : le plus des fois[7] monseigneur se dîne et soupe de biscuit et de la belle fontaine, et madame,

[1] Charles-le-Téméraire, alors comte de Charolais, et depuis duc de Bourgogne.
[2] Ce doit être Philippe-le-Hardi, père de Jean-sans-Peur. — [3] Accompli.
[4] Il s'agit sans doute de la croisade de Jean-sans-Peur contre les Turcs à la fin du quatorzième siècle. Le narrateur confond ici la Prusse avec la Hongrie, où les seigneurs bourguignons allèrent combattre contre le sultan Bajazet.
[5] Pays. — [6] On confondait tous les mahométans sous le nom générique de *Sarrasins*. — [7] Le plus souvent.

de tous les biens de Dieu si très-largement que trop; monseigneur, au mieux venir, se couche en la paillade [1], et madame, en un très-beau lit avec son écuyer se repose. Pour abréger, tandis que monseigneur aux Sarrazins fait grand'-guerre, l'écuyer à madame se combat, et si très-bien s'y porte, que, se monseigneur jamais ne retournoit, elle s'en passeroit très-bien, et a peu de regret voire qu'il ne fasse autrement qu'il a commencé. Monseigneur, voyant, la Dieu merci, que l'effort des Sarrazins n'étoit point si âpre que par ci-devant a été, sentant aussi que, assez longue espace, a laissé son hôtel et sa très-bonne femme qui moult le désire et regrette comme par plusieurs de ses lettres elle lui a fait savoir, dispose son partement, et avec le peu de gens qu'il avoit, se met en chemin; et si bien exploita à l'aide du grand désir qu'il a de soi trouver en sa maison et ès bras de madame, qu'en peu de jours s'y trouva. Celui, à qui cette hâte plus touche qu'à nul de ses gens, est toujours des premiers découchés [2] et premier prêt et le devant au chemin; et, de fait, sa trop grande diligence le fait bien souvent chevaucher seul devant ses gens, aucunefois un quart de lieue ou plus. Advint, un jour, que monseigneur, étant au gîte environ à six lieues de sa maison où il doit trouver madame, se leva bien matin et monta à cheval : que bien lui semble que son cheval le rendra à sa maison, avant que madame soit découchée, qui rien de sa venue ne sait. Ainsi comme il le proposa, il advint. Et comme il étoit en ce plaisant chemin, dit à ses gens : « Venez tout à votre aise, et ne vous chaille [3] jà de moi suir [4]; je m'en irai tout mon beau train, pour trouver ma femme au lit. » Ses gens, tout hodés [5], et travaillés, et leurs chevaux aussi, ne contredirent pas à monseigneur, mais s'en viennent tout à leur aise après lui, sans eux travailler aucunement; mais pourtant si doutoient-ils [6] de mondit seigneur, lequel s'en alloit ainsi de nuit tout seul et avec si grand'-hâte. Et il s'en va et fait tant, qu'il est en bref en la basse-cour de son hôtel descendu, où il trouva un valet qui le démonta de son cheval. Tout ainsi houzé [7] et éperonné, quand il fut descendu, s'en va tout droit, sans rencontrer personne, car encore matin étoit, devers sa chambre où madame encore dormoit ou espoir faisoit, ce qui tant a fait monseigneur travailler. Créez que l'huis n'étoit pas ouvert, à cause du lieutenant, qui tout ébahi fut, et madame aussi, quand monseigneur heurta de son bâton un très-lourd coup. « Qui est cela? dit madame. — C'est moi! ce dit monseigneur, ouvrez! ouvrez! » Madame, qui tantôt a connu monseigneur à son parler, ne fut pas des plus assurées; néanmoins, fait habiller incontinent son écuyer qui met peine de s'avancer le plus qu'il peut, pensant comment il pourra échapper sans danger. Madame, qui feint d'être encore toute endormie et non reconnoître monseigneur, après le second heurt qu'il fait à l'huis, demanda encore : « Qui est cela? — C'est votre mari, dame; ouvrez bientôt, ouvrez! — Mon mari? dit-elle; hélas! il est bien loin d'ici; Dieu le remène à joie en bref! — Par ma foi! dame, je suis votre mari : et ne me connoissez-vous au parler? Sitôt que je vous ai ouï répondre, je connus bien que c'étoit vous. — Quand il viendra, je le saurai beaucoup devant, pour le recevoir ainsi comme je dois, et aussi, pour mander messeigneurs ses parents et amis, pour le festoyer et convoir [1] sa bienvenue. Allez, allez, et me laissez dormir! — Saint Jean! je vous en garderai bien, dit monseigneur; il faut que vous ouvrez l'huis : et ne voulez? et ne voulez-vous connoître votre mari? » Alors l'appelle par son nom, et elle, qui voit que son ami est jà tout prêt, le fait mettre derrière l'huis; et puis, va dire à monseigneur : « Est-ce vous? Pour Dieu! pardonnez-moi! Et êtes-vous en bon point? — Oui, Dieu merci! ce dit monseigneur. — Or loué en soit Dieu! ce dit madame. Je viens incontinent vers vous et vous mettrai dedans; mais que je sois un peu habillée et que j'aie de la chandelle. — Tout à votre aise, ce dit monseigneur. — En vérité, ce dit madame, tout ce coup que vous avez heurté, monseigneur, j'étois bien empêchée d'un songe, qui est de vous. — Et quel est-il, ma mie? — Par ma foi! monseigneur, il me sembloit, à bon escient, que vous étiez revenu, que vous parliez à moi, et si voyez tout aussi clair d'un œil comme de l'autre. — Plût ores à Dieu! ce dit monseigneur. — Notre-Dame! ce dit madame, je crois qu'ainsi faites-vous. — Par ma foi! ce dit monseigneur, vous êtes bien bête! et

---

[1] Sur la paille. — [2] Levés. — [3] Importe. — [4] Suivre. — [5] Las. — [6] Craignaient-ils pour. — [7] Botté.

[1] Il faut peut-être lire *convier* ou *convoyer*, accompagner avec honneur.

comment ce pourroit-il faire?—Je tiens, moi, dit-elle, qu'il est ainsi.—Il n'en est rien, non, dit monseigneur : êtes-vous bien si folle de le penser?—Dea! monseigneur, dit-elle, ne me créez jamais, s'il n'est ainsi, et pour la paix de mon cœur, je vous requiers que nous l'éprouvons? » Et à ce coup, elle ouvrit l'huis, tenant la chandelle ardente en sa main, et monseigneur, qui est content de cette épreuve, s'y accorde par les paroles de sa femme; et ainsi, le pauvre homme endura bien, que madame lui bouchât son bon œil d'une main, et de l'autre, elle tenoit la chandelle devant l'œil de monseigneur, qui crevé étoit, et puis, lui demanda : « Monseigneur, ne véez-vous pas bien, par votre foi?—Par mon serment! non, ce dit monseigneur. » Et entretant que ces devises se faisoient, le lieutenant de mondit seigneur sault de la chambre, sans qu'il fût aperçu de lui. « Or attendez, monseigneur, ce dit-elle : et maintenant vous me voyez bien, ne faites-pas?—Par Dieu! ma mie, nenni! répond monseigneur. Comment vous verrois-je? vous avez bouché mon dextre œil, et l'autre est crevé, passés a plus de dix ans.—Alors, dit-elle, ores vois-je bien que c'étoit songe voirement, qui ce rapport me fit; mais, quoi que soit, Dieu soit loué et gracié que vous êtes ci!—Ainsi soit-il, ce dit monseigneur. » Et à tant s'entr'accolèrent et baisèrent par plusieurs fois, et firent grand'fête, et n'oublia pas monseigneur conter comment il avoit laissé ses gens derrière, et que, pour la trouver au lit, il avoit fait telle diligence. « Et vraiment! dit madame, encore êtes-vous bon mari? » Et à tant vinrent femmes et serviteurs, qui bienveignèrent[1] monseigneur et le déhouzèrent[2] et de tous points déshabillèrent; et ce fait, se bouta au lit avec madame qui le reput du demourant[3] de l'écuyer, qui s'en va son chemin, lie et joyeux d'être ainsi échappé. Comme vous avez ouï, fut le chevalier trompé, et n'ai point su, combien que plusieurs gens depuis le surent, qu'il en fut jamais averti.

[1] Donnèrent la bienvenue. — [2] Débottèrent.
[3] Des restes.

NOUVELLE XVII.

LE CONSEILLER AU BLUTEAU.

La dix-septième nouvelle, par monseigneur le Duc, traite d'un président de parlement, qui devint amoureux de sa chambrière, laquelle, à force, en blutant la farine, cuida violer; mais, par beau parler, de lui se désarma et lui fit affubler le bluteau, de quoi elle tamisoit; puis, alla quérir sa maîtresse, qui en cet état son mari trouva, comme ci-après vous oirez ci-dessous.

En la ville de Paris présidoit en la Chambre des Comptes un grand clerc, chevalier, assez sur âge; mais très-joyeux et très-plaisant étoit, tant en sa manière d'être, comme en devises, où qu'il les adressât, fût aux hommes, fût aux femmes. Ce bon seigneur avoit femme épousée déjà ancienne et maladive, dont il avoit belle lignée, et, entre les autres damoiselles chambrières et servantes de son hôtel, celle où Nature avoit mis son entente de la faire très-belle étoit meschine[1], faisant le ménage commun, comme les lits, le pain, et autres telles affaires.

Monseigneur, qui ne jeûnoit jour de l'amoureux métier tant qu'il trouvât rencontre, ne céla guère à la belle meschine le grand bien qu'il lui veut, et lui va faire un grand prologue des amoureux assauts qu'incessamment amour pour elle lui envoie; continue aussi ce propos, lui promettant tous les biens du monde, montrant comment il est bien en lui de lui faire, tant en telle manière et tant en telle et tant en telle; et, qui oyoit[2] le chevalier, jamais tant d'heur n'advint à la meschine, que de lui accorder son amour. La belle meschine, bonne et sage, ne fut pas si bête qu'aux gracieux mots de son maître elle baillât réponse en rien à son avantage; mais s'excusa si gracieusement, que monseigneur en son courage très-bien l'en prisa et aima, combien qu'il aimât mieux qu'elle fît autre chemin. Mots rigoureux vinrent en jeu par la bouche de monseigneur, quand il aperçut que pour douceur ne feroit rien; mais la très-bonne fille, aimant plus cher mourir que perdre son honneur, ne s'en effraya guère; ainsi assurément répondit : « dit et fasse ce qu'il lui plaît, mais, jour qu'elle vive, de plus près ne lui sera. » Monseigneur, qui la voit aheurtée en cette opinion, après un gracieux adieu, laissa, ne sais quants jours[3], ce gracieux pourchas, de

[1] Servante. — [2] A ouïr. — [3] Combien de jours.

bouche seulement; mais regards et autres petits signes ne lui coûtoient guère, qui trop étoient à la fille ennuyeux, et s'elle ne doutât[1] mettre male paix[2] entre monseigneur et madame, elle ne lui cèleroit guère la déloyauté de son seigneur. Mais, au fort, elle conclut le déceler tout le plus tard qu'elle pourra. La dévotion que monseigneur avoit aux saints de la meschine, de jour en jour croissoit, et ne lui souffisoit pas de l'aimer et servir en cœur seulement, mais d'oraison, comme il a fait ci-devant, la veut arrière resservir : si vient à elle, et de plus belle recommença sa harangue en la façon que dessus, laquelle il confermoit[3] par cent mille sermens et autant de promesses. Pour abréger, rien ne lui vaut, et ne peut obtenir un seul mot et encore moins de semblants, qu'elle lui baille quelque peu d'espoir de jamais parvenir à ses atteintes; et en ce point, se partit, mais il n'oublia pas de dire que, s'il la rencontre en quelque lieu marchant[4], qu'elle l'obéira ou elle fera pis. La meschine guère ne s'en effraya, et, sans plus y penser, va besogner en la cuisine ou autre part. Ne sais quants jours après, un lundi matin, la belle meschine, pour faire des pâtés, blutoit de la farine. Or devez-vous savoir que la chambre, où se faisoit ce métier, n'étoit pas loin de la chambre de monseigneur, et qu'il oyoit très-bien le bruit et la noise[5] qui se faisoit, et encore savoit aussi très-bien que c'étoit la meschine qui des tamis jouoit. Si s'avisa qu'elle n'aura pas seule cette peine, mais lui viendra aider, voire et lui fera au surplus ce qu'il lui a bien promis, car jamais mieux ne la pourroit trouver; dit aussi en soi-même : « Quelques refus que de la bouche elle m'ait faits, si en chevirai-je bien[6], se je la puis à gré tenir ! » Il regarda que bien matin étoit, et que madame n'étoit pas éveillée, dont il fut bien joyeux; et afin qu'il ne l'éveille, il sault tout doucement hors de son lit, à-tout son couvre-chef, et prend sa robe longue et ses bottines, et descend de sa chambre si célèrement, qu'il fut dedans la chambrette où la meschine blutoit, sans qu'elle oncques en sût rien, jusques à tant qu'elle le vit tout dedans. Qui fut bien ébahie, ce fut la pauvre chambrière, qu'à peu trembloit, tant étoit effrayée, dou-

tant que monseigneur ne lui ôtât ce que jamais rendre ne lui sauroit. Monseigneur, qui la voit effrayée, sans plus parler, lui baille un fier assaut, et tant fit en peu d'heure, qu'il avoit la place emportée, s'il n'eût été content de pas lementer. Si lui va dire la fille : « Hélas ! monseigneur, je vous crie merci ! je me rends à vous ! ma vie et mon honneur sont entre vos mains ! ayez pitié de moi ! — Je ne sais quel honneur ? dit monseigneur, qui très-échauffé et épris étoit; vous passerez par là ! » Et à ce mot, recommence l'assaut plus fier que devant. La fille, voyant qu'échapper ne pouvoit, s'avisa d'un bon tour et dit : « Monseigneur, j'aime mieux vous rendre ma place, par amour que par force; donnez fin, s'il vous plaît, aux durs assauts que me livrez, et je ferai tout ce qui vous plaira. — J'en suis content, dit monseigneur, mais créez qu'autrement vous n'échapperez. — D'une chose je vous requiers, dit lors la fille : monseigneur, je doute beaucoup que madame ne vous oye, et se elle venoit d'aventure, et droit ci vous trouvât, je serois femme perdue et déshonorée, car elle me feroit du moins battre ou tuer. — Elle n'a garde de venir, non, dit monseigneur; elle dort au plus fort. — Hélas ! monseigneur, je doute tant, que je n'en sais être assurée; si vous prie et requiers, pour la paix de mon cœur et plus grande sûreté de notre besogne, que vous me laissez aller voir s'elle dort ou qu'elle fait? — Notre-Dame ! tu ne retournerois pas ? dit monseigneur. — Si ferai, dit-elle, par mon serment très-tout tantôt. — Or je le veuil ! dit-il, avance-toi. — Ha ! monseigneur, dit-elle, se vous voulez bien faire, vous prendriez ce tamis et besogneriez comme je faisois, afin, d'aventure, se madame étoit éveillée, qu'elle oye la noise que j'ai avant le jour encommencée. — Or montre, car je ferai bon devoir, et ne demeure guère. — Nenni, monseigneur. Tenez aussi ce bluteau sur votre tête : vous semblerez tout à bon escient être une femme. — Or çà, de par Dieu ! » dit-il. Il fut affublé de ce bluteau, et puis commence à tamiser, tant que c'étoit belle chose que tant bien lui seoit et entretant, la bonne chambrière monta en la chambre et éveilla madame, et lui conta comment monseigneur par ci-devant d'amour l'avoit priée, qu'il l'avoit assaillie à cette heure où elle tamisoit : « Et s'il vous plaît venir voir comment j'en suis échappée et en quel point

---

[1] Craignit. — [2] Le trouble. — [3] Confirmait. Propice. — [5] Le mouvement. — [6] Cependant en viendrai-je bien à bout.

est, venez en bas, vous le verrez. » Madame tout à coup se lève et prend sa robe de nuit, et fut tantôt devant l'huis de la chambre où monseigneur diligemment tamisoit; et quand elle le voit en cet état et affublé du bluteau, elle lui va dire : « Ça, maître, et qu'est ceci ? où sont vos lettres, vos grands honneurs, vos sciences et discrétions[1] ? » Et monseigneur, qui l'ouït et déçu se véoit, répondit tout subitement : « Au bout de mon v.., dame; là ai-je tout amassé aujourd'hui ! » Lors, très-marri et courroucé, sur la meschine se désarma de l'étamine et du bluteau, et en sa chambre remonte, et madame le suit, qui son prêchement recommence; dont monseigneur ne tient guère de compte. Quand il fut prêt, il manda sa mule, et au Palais s'en va, où il conta son aventure à plusieurs gens de bien, qui s'en rirent bien fort; et, me dit-on depuis, quelque courroux que le seigneur eût de primesaut à sa meschine, si l'aida-t-il depuis, de sa parole et de sa chevance[2], à marier.

NOUVELLE XVIII.

LA PORTEUSE DU VENTRE ET DU DOS.

La dix-huitième nouvelle, par monseigneur de la Roche, traite d'un gentilhomme de Bourgogne, lequel trouva façon, moyennant dix écus qu'il fit bailler à la chambrière, de coucher avec elle; mais avant qu'il voulsit partir de sa chambre, il eut ses dix écus et se fit porter sur les épaules de ladite chambrière par la chambre de l'hôte, et en passant par ladite chambre, il fit un sonnet tout de fait avisé, qui leur fait encusa[3], comme vous pourrez ouïr en la nouvelle ci-dessous.

Un gentilhomme de Bourgogne naguère, pour aucuns de ses affaires, s'en alla à Paris, et se logea en un très-bon hôtel; car telle étoit sa coutume de toujours quérir les meilleurs logis. Il n'eut guère été en son logis, lui qui bien connoissoit mouche en lait, qu'il n'aperçut tantôt que la chambrière de léans étoit femme qui devoit voulentiers faire pour les gens; si ne lui céla guère ce qu'il avoit sur le cœur, et sans aller de deux en trois, il demanda l'aumône amoureuse. Il fut, de prime-saut, bien rechassé des mûres[4] : « Voire, dit-elle, est-ce à moi que vous devez adresser telles paroles ? Je veux bien que vous sachiez que je ne suis pas celle qui fera tel blâme à l'hôtel où je demeure. » Et, pour abréger, qui l'oyoit, elle ne le feroit pour aussi gros d'or. Le gentilhomme tantôt connut que toutes ses excusations étoient erres[1] pour besogner; si lui va dire : « Ma mie, se j'eusse temps et lieu, je vous dirois telle chose, que vous seriez bien contente, et ne doutez point que ce ne fut grandement votre bien, ma mie, pource que, devant les gens, ne vous veuil guère arraisonner[2], afin que ne soyez de moi suspéçonnée. Croyez mon homme[3] de ce que par moi vous dira, et, se ainsi le faites, vous en vaudrez mieux. — Je n'ai, dit-elle, n'à vous n'à lui, que deviser ! » Et sur ce point, s'en va, et notre gentilhomme appela son varlet qui étoit un galant tout éveillé; puis, lui conta son cas, et le charge de poursuir[4] sa besogne, sans épargner bourdes. Le varlet, duit[5] à cela, dit qu'il fera bien son personnage : il ne l'oublia pas; car au plus tôt qu'il la trouva, pensez qu'il joua bien du bec. Et se elle n'eût été de Paris et plus subtile que foison d'autres, son gracieux langage et les promesses qu'il faisoit pour son maître l'eussent tout en hâte abattue. Mais autrement alla; car, après plusieurs paroles et devises d'entre elle et lui, elle lui dit un mot tranché : « Je sais bien que votre maître veut, mais il n'y touchera jà, se je n'ai dix écus. » Le varlet fit son rapport à son maître, qui n'étoit pas si large, voire au moins en tel cas, que donner dix écus pour jouir d'une telle damoiselle. « Quoi que soit, elle n'en fera autre chose, dit le varlet; encore y a-t-il bien manière de venir en sa chambre, car il faut passer parmi celle à l'hôte. Regardez que vous voudriez faire ? — Par la morbieu ! dit-il, mes dix écus me font bien mal d'en ce point les laisser aller; mais j'ai si grand'dévotion au saint et si en ai fait tant de poursuite, qu'il faut que je besogne. Au diable soit chicheté[6] ! elle les aura. — Pourtant, vous dis-je, dit le varlet, voulez-vous que je lui die qu'elle les aura ? — Oui, de par le diable, oui, dit-il. » Le varlet trouva la bonne fille et lui dit qu'elle aura ces dix écus, voire et encore mieux ci-après. « Trop bien, dit-elle. » Pour abréger, l'heure fut prinse que l'écuyer doit venir coucher avec elle; mais, avant qu'oncques le voulsit guider par la chambre de son maître en la sienne, il bailla tous les

---

[1] Vos vertus. On disait *sage et discrète personne*, en parlant d'un homme de robe, clerc ou laïque.
[2] Fortune. — [3] Accusa, trahit.
[4] Expression proverbiale signifiant sans doute *repoussé comme par les épines d'une haie*.

[1] Voies. — [2] Endoctriner, entretenir. — [3] Mon valet.
[4] Poursuivre. — [5] Propre, dressé. — [6] Avarice.

dix écus comptant. Qui fut bien mal content, ce fut notre homme, qui se pensa, en passant par la chambre et cheminant aux noces, qui trop cher à son gré lui coûtoient, qu'il jouera d'un tour. Ils sont venus si doucement en la chambrette, que maître et dame rien n'en savent. Si se vont dépouiller, et dit notre écuyer qu'il emploira son argent, s'il peut. Il se met à l'ouvrage et fait merveilles d'armes, et espoire plus que bon ne lui fut. Tant en devises qu'autrement se passèrent tant d'heures, que le jour étoit voisin et prochain à celui qui plus voulentiers eût dormi que nulle autre chose fait, mais la très-bonne chambrière lui va dire : « Or çà, sire, pour les très-grands bien, honneur et courtoisie que j'ai ouï et vu de vous, j'ai été contente mettre en votre obéissance et jouissance la chose en ce monde que plus dois cher tenir ; je vous prie et requiers qu'incontinent vous veuillez apprêter, habiller et de ci partir, car il est déjà haute heure, et, se d'aventure mon maître ou ma maîtresse venoient ci, comme assez est leur coutume au matin, et vous trouvassent, je serois perdue et gâtée, et vous promets que ne serez pas le mieux parti[1] du jeu. — Je ne sais, moi, dit l'écuyer, quel bien ou quel mal ; mais je me reposerai et ci dormirai tout à mon aise et à mon beau loisir, avant que je parte, et aussi je veuil employer mon argent. Pensez-vous avoir sitôt gagné mes dix écus ? Ils ne vous coûtent guère à prendre ! Mais, par la morbieu ! afin que n'aie peur, et que point je ne m'épante[2], vous me ferez compagnie, s'il vous plaît. — Ah ! monseigneur, dit-elle, il ne se peut ainsi faire, par mon serment ; il vous convient partir ; il sera jour tout en hâte[3], et, se on vous trouvoit ici, que seroit-ce de moi ? J'aimerois mieux être morte qu'ainsi en advenît, et si vous ne vous avancez, ce que trop je doute en adviendra. — Il ne me chaût[4], moi, qu'il advienne ! dit l'écuyer ; mais je vous dis bien que, se ne me rendez mes dix écus, jà ne m'en partirai. Advienne ce qu'advenir peut ! — Vos dix écus ? dit-elle : et êtes-vous tel, se vous m'avez donné aucune courtoisie ou gracieuseté, que vous me le vouliez après retoller[5] par cette façon ? Sur ma foi ! vous montrez mal que vous soyez gentilhomme. — Tel que je suis, dit-il, je suis celui qui de ci ne partirai, ne vous aussi, tant que m'ayez rendu mes dix écus : vous les auriez gagnés trop aise. — Ha ! dit-elle, si m'aid' Dieu ! quoi que vous disiez, je ne pense pas que vous soyez si mal gracieux, attendu le bien qui est en vous, et le plaisir que je vous ai fait ; que fussiez si peu courtois, que vous n'aidissiez à garder mon honneur ; et, pour ce, derechef vous supplie que ma requête passez et accordez, et que de ci vous partez. » L'écuyer dit qu'il n'en fera rien, et, pour abréger, force fut à la bonne gentille femme, à tel regret que Dieu sait, de débourser les dix écus, afin que l'écuyer s'en allât. Quand les dix écus refurent en la main dont ils étoient partis, celle, qui les rendit, cuida bien enrager, tant étoit mal-contente, et celui, qui les a, leur fait grand' chère. « Or avant ! dit la courroucée et déplaisante qui se voit ainsi gouverner ; quand vous vous êtes bien joué et farcé de moi, au moins avancez-vous, et vous souffise que vous seul connoissiez ma folie, et que, par votre tarder, elle ne soit connue de ceux qui me déshonoreront, s'ils en voient l'apparence. — A votre honneur, dit l'écuyer, point je ne touche ; gardez-le autant que vous l'aimez ; vous m'avez fait venir ici, et si vous somme que vous me rendez et remettez au lieu dont je partis, car ce n'est pas mon intention d'avoir les deux peines de venir et retourner. » La chambrière, voyant que rien n'avoit eu, sinon le courroucer, voyant aussi que le jour commençoit à apparoir, avecques tout le déplaisir et crainte que son ennuyé cœur portoit dudit écuyer, se hourde[1] de cet écuyer et à son col le charge. Comme, à-tout ce fardeau, le plus souef[2] qu'elle oncques pût, le courtois gentilhomme portoit, tenant lieu de bahut, sur le dos de celle qui sur son ventre l'avoit soutenu, laissa couler un gros pet, dont le ton et le bruit firent l'hôte éveiller ; et demanda assez effréément[3] : « Qui est là ? — C'est votre chambrière, sire, dit l'écuyer, qui me porte rendre où elle m'avoit emprunté. » A ces mots, la pauvre gentille femme n'eut plus cœur, puissance ne vouloir de soutenir son déplaisant fardeau : si va d'un côté, et l'écuyer de l'autre. Et l'hôte, qui bien connoît que c'est, et aussi, avecques ce, s'en doutoit bien, parla très-bien à l'épousée qui toute demeura déçue

---

[1] Partagé.
[2] il faut lire probablement *épouvante*.
[3] Tout à l'heure. — [4] Importe. — [5] Reprendre.

[1] Se charge. — [2] Doux. — [3] Avec frayeur.

et scandalisée. Et tôt après se partit de léans, et l'écuyer en Bourgogne s'en retourna, qui, aux galans et compagnons, de la sorte joyeusement et souvent raconta cette aventure dessusdite.

NOUVELLE XIX.

L'ENFANT DE NEIGE.

La dix-neuvième nouvelle, par Philippe Vignier, traite d'un marchand d'Angleterre, duquel la femme en son absence fit un enfant, et disoit qu'il étoit sien; et comment il s'en dépêcha gracieusement : comme elle lui avoit baillé à connoître qu'il étoit venu de neige, aussi pareillement au soleil comme la neige s'étoit fondu.

Ardent désir de voir pays, connoître et savoir plusieurs expériences, qui, par le monde universel, de jour en jour, adviennent, naguère si fort échauffa l'attrempé[1] cœur et vertueux courage d'un bon et riche marchand de Londres en Angleterre, qu'abandonna sa très-belle et bonne femme, sa belle mégnie[2] d'enfants, parents, amis, héritages, et la plupart de sa chevance, et se partit de ce royaume, assez bien fourni d'argent comptant et de très-grande abondance de marchandises, dont ledit pays de l'Angleterre peut d'autres pays servir, comme d'étain, de riz, et foison d'autres choses que, pour cause de brièveté, je passe. En ce premier voyage vaqua le bon marchand l'espace de cinq ans; pendant lequel temps sa très-bonne femme garda très-bien son corps, fit son profit de plusieurs marchandises, et tant et si très-bien le fit, que son mari, au bout desdits cinq ans, retourné, beaucoup la loua et plus que paravant aima. Le cœur audit marchand, non encore content, tant d'avoir vu et connu plusieurs choses étranges et merveilleuses, comme d'avoir gagné l'argent, le fit arrière sur la mer bouter, cinq ou six mois puis son retour, et s'en reva à l'aventure en étrange[3] terre, tant de chrétiens comme de Sarrazins, et ne demeura pas si peu que les dix ans ne fussent passés, ainsi que sa femme le revit : trop bien lui écrivoit et assez souvent, et à celle fin, qu'elle sût qu'il étoit encore en vie. Elle, qui jeune étoit et en bon point, et qui faute n'avoit de nuls biens de Dieu, fors seulement de la présence de son mari, fut contrainte, par son trop demourer[4], de prendre un lieutenant[5], qui en peu d'heure lui fit un très-beau fils. Ce fils fut nourri et conduit[1] avec les autres, ses frères d'un côté; et au retour du marchand, mari de sa mère, avoit ledit enfant environ sept ans. La fête fut grande à ce retour d'entre le mari et la femme, et comme ils furent en leurs joyeuses devises et plaisans propos, la bonne femme, à la semonce de son mari, fait venir, devant eux, tous leurs enfants, sans oublier celui qui fut gagné en l'absence de celui en qui avoit le nom. Le bon marchand, voyant la belle compagnie de ses enfants, recordant très-bien du nombre d'eux à son partement[2], le voit crû d'un : dont il est ébahi et moult émerveillé. Si va demander à sa femme : « Qui étoit ce beau fils, le dernier au rang de leurs enfants ? — Qu'il est ? dit-elle : par ma foi ! sire, il est notre fils. Et que seroit-il ? — Je ne sais, dit-il ; mais, pource que plus ne l'avois vu, ayez-vous merveille, se je le demande ? — Saint Jean ! nenni, dit-elle, mais il est notre fils. — Et comment se peut-il faire ? dit le mari ; vous n'étiez pas grosse à mon partement ? — Non, vraiment, dit-elle, que je susse ; mais je vous ose bien dire, à la vérité, que l'enfant est vôtre, et qu'autre que vous à moi n'a touché. — Je ne le dis pas aussi, dit-il. Mais toutefois il y a dix ans que je partis, et cet enfant se montre de sept : comment doncques pourroit-il être mien ? l'auriez-vous pu porter plus qu'un autre ? — Par mon serment ! dit-elle, je ne sais ; mais tout ce que je dis est vrai : se je l'ai plus porté qu'un autre, il n'est chose que j'en sache, et se vous ne me le fîtes au partir, je ne sais, moi, penser d'ond il peut être venu, sinon que, assez tôt après votre département[3], un jour, j'étois par un matin en notre grand jardin, où tout à coup me vint un soudain désir et appétit de manger une feuille d'oseille, qui pour icelle heure étoit couverte et sous la neige tapie. J'en choisis une entre les autres, belle et large, que je cuidai avaler ; mais ce n'étoit qu'un peu de neige blanche et dure, et ne l'eus pas sitôt avalée que ne me sentisse en tout tel état que je me suis trouvée, quand mes autres enfants ai portés. Ce fait, à certaine pièce depuis, je vous ai fait ce très-beau fils. » Le marchand connut tantôt qu'il en étoit nozamis[4], et n'en voulut faire aucun semblant ; ainçois[5] s'en vint adjoindre par paroles à confer-

[1] Modéré, doux. — [2] Compagnie. — [3] Étrangère. [4] Trop longue absence. — [5] Un amant qui remplace le mari.

[1] Élevé. — [2] Départ. — [3] Départ. — [4] Cocu. — [5] Mais.

mer la belle bourde que sa femme lui bailloit, et dit : « Ma mie, vous ne dites chose qui ne soit possible, et qu'à autre que vous ne soit advenu. Loué soit Dieu de ce qu'il nous a envoyé ! S'il nous a donné un enfant par miracle, ou par aucune secrète façon dont nous ignorons la manière, il ne nous a pas oublié d'envoyer chevance pour l'entretenir. » Quand la bonne femme vit que son mari vouloit condescendre à croire ce qu'elle lui dit, elle n'est pas moyennement joyeuse. Le marchand, sage et prudent, en dix ans qu'il fut depuis à l'hôtel, sans faire ses lointains voyages, ne tint oncques manières envers sa femme, en paroles ne autrement, pourquoi elle put penser qu'il entendît rien de son fait, tant étoit vertueux et patient. Il n'étoit pas encore saoul de voyager : si voulut recommencer et le dit à sa femme, qui fit semblant d'en être très-marrie et mal contente : « Apaisez-vous, dit-il. S'il plaît à Dieu et monseigneur saint Georges, je reviendrai bref. Et pource que notre fils, que fîtes en mon autre voyage, est déjà grand, habile et en bon point de voir et d'apprendre, se bon vous semble, je l'emmènerai avecques moi ? — Et par ma foi ! dit-elle, vous ferez bien, et je vous en prie. — Il sera fait, dit-il. » A tant se part, et avec lui emmène le fils, dont il n'étoit pas père, à qui il a, pieca, gardé bonne pensée. Ils eurent si bon vent, qu'ils sont venus au port d'Alexandrie, où le bon marchand très-bien se défit de la plupart de ses marchandises, et ne fut pas si bête, afin qu'il n'eût plus de charge de l'enfant de sa femme et d'un autre, et qu'après sa mort ne succédât en tous ses biens, comme un de ses autres enfants, qu'il ne le vendît à très-bons deniers comptants, pour en faire un esclave, et pource qu'il étoit jeune et puissant, il en eut près de cent ducats. Quand ce fut fait, il s'en revint à Londres, sain et sauf, Dieu merci, et n'est pas à dire la chère que sa femme lui fit, quand elle le vit en bon point; mais elle ne voit point son fils, dont ne sait que penser. Elle ne se put guère tenir qu'elle ne demandât à son mari, qu'il avoit fait de leur fils. « Ah ! madame, dit-il, il ne vous le faut jà céler. Il lui est très-mal prins. — Hélas ! comment ? dit-elle ; est-il noyé ? — Nenni, certes ; mais il est vrai que fortune de mer nous mena par force en un pays où il faisoit si chaud que nous cuidions tous mourir par la grande ardeur du soleil qui sur nous ses rais épandoit ; et comme un jour nous étions saillis de notre nave[1] pour faire un chacun une fosse à soi tapir pour le soleil, notre bon fils, qui de neige, comme vous savez, étoit, en notre présence, sur le gravier, par la grand'force du soleil, il fut tout à coup fondu et en eau résolu, et n'eussiez pas dit une sept-psaume[2] que nous ne trouvâmes rien de lui ; tout ainsi soudain en est parti, et pensez que j'en fus et suis bien déplaisant, et ne vis jamais chose, entre les merveilles que j'ai vues, dont je fusse plus ébahi. — Or avant ! dit-elle, puisqu'il plaît à Dieu le nous ôter, comme il le nous avoit donné, loué en soit-il ! « S'elle se douta que la chose allât autrement, l'histoire s'en tait et n'en fait mention, lorsque son mari lui rendit telle comme elle lui bailla, combien qu'il en demourât toujours le cousin.

NOUVELLE XX.

LE MARI MÉDECIN.

La vingtième nouvelle, racontée par Philippe de Laon, traite d'un lourdaud Champenois, lequel, quand il se maria, n'avoit encore jamais monté sur bête chrétienne, dont sa femme se tenit bien de rire ; et de l'expédient que la mère d'elle y trouva, et soudain pleur dudit lourdaud à une fête et assemblée qui se fit depuis, après qu'on lui eût montré l'amoureux métier, comme vous pourrez ouïr plus à plein ci-après.

Ce n'est pas chose nouvelle qu'en la comté de Champagne on a toujours recouvert[3] de gens lourds en la taille, combien qu'il sembloit assez étrange à plusieurs, pour tant qu'ils sont si près à ceux du pays du Mal-engin[4] ; assez et largement d'histoires, à ce propos, pourroit-on mettre, confermant la bêtise des Champenois ; mais quant à présent, celle qui s'ensuit pourroit souffire. En ladite comté, avoit un jeune homme, orphelin, qui bien riche et puissant demeura puis le trépas de ses père et mère, et, jaçoit qu'il fût lourd, très peu sachant, et encore aussi mal-plaisant, si avoit une industrie de bien garder le sien et conduire sa marchandise ; et à cette cause, assez de gens, voire de gens de bien, lui eussent bien voulu donner en mariage leur fille. Une entre les autres plut aux parents et amis de notre Champenois, tant pour la beauté, bonté, et che-

[1] Navire. — [2] Une fois les sept psaumes de la Pénitence. — [3] Recouvré.
[4] Le pays du Mauvais-esprit ou de la Méchanceté. Seroit-ce la Lorraine ou la Picardie ?

vance, etc., et lui dirent qu'il étoit temps qu'il se mariât, et que bonnement il ne pouvoit conduire son fait. « Vous avez aussi, dirent-ils, déjà vingt et quatre ans : si ne pourriez en meilleur âge prendre cet état ; et, se vous y voulez entendre, nous avons regardé et choisi pour vous une belle fille, et bonne, qui nous semble très-bien votre fait. C'est une telle : vous la connoissez bien ? » Lors, la lui nommèrent. Et notre homme, à qui n'en challoit qu'il fît [1], fût marié ou non, mais qu'il ne tirât point d'argent, répondit « qu'il feroit ce qu'ils voudroient : « Puisqu'il vous semble que c'est mon bien, conduisez la chose au mieux que vous saurez. Car je veux faire, par votre conseil et ordonnance. — Vous dites bien, dirent ces bonnes gens, nous le regarderons et y penserons comme pour nous-mêmes ou pour l'un de nos propres enfans. » Pour abréger, certaine pièce [2] après, notre Champenois fut marié : de par Dieu, ce fut ; mais, tantôt qu'il fut auprès de sa femme couché la première nuit, lui, qui oncques sur bête chrétienne n'avoit monté, tantôt lui tourna le dos. Qui étoit mal contente, c'étoit notre épousée, nonobstant qu'elle n'en fît nul semblant. Cette maudite manière dura plus de dix jours, et encore durât, se la bonne mère à l'épousée n'y eût pourvu de remède. Il ne vous faut pas céler que notre homme, neuf en façon et en mariage, du temps de ses feu père et mère, avoit été bien court tenu, et sur toutes choses lui étoit et fut défendu le métier de la bête aux deux dos, doutant que, s'il s'y ébattoit, qu'il y dépendroit [3] toute sa chevance ; et bien leur sembloit, et à bonne cause, qu'il n'étoit pas homme qu'on dût aimer pour ses beaux yeux. Lui, qui pour rien ne courrouça père et mère et qui n'étoit pas trop chaud sur potage, avoit toujours gardé son pucelage, que sa femme eût voulentiers dérobé, s'elle eût su, par quelque honnête façon. Un jour, se trouva la mère de notre épousée devers sa fille, et lui demanda de son mari, de son état, de ses conditions, de son mariage et cent mille choses que femmes savent dire : à toutes choses, bailla et rendit notre épousée à sa mère réponse, et dit que son mari étoit très-bon homme et qu'elle ne doutoit point qu'elle ne se conduisît bien avec lui. Et, pource qu'elle savoit bien par elle-même, qu'il faut autre chose en mariage que boire et manger, elle dit à sa fille : « Or, viens çà, et me dis, par ta foi : et de ces choses de nuit, comment t'eh est-il ? » Quand la pauvre fille ouït parler de ces choses de nuit, à peu que le cœur ne lui faillit, tant fut marrie et déplaisante, et ce que sa langue n'osoit répondre montrent ses yeux, dont saillirent larmes en très-grande abondance. Si entendit tantôt sa mère que ces larmes vouloient dire ; si dit : « Ma fille, ne pleurez plus ; dites-moi hardiment ; je suis votre mère, à qui ne devez rien céler et de qui ne devez être honteuse : vous a-t-il encore rien fait ? » La pauvre fille revenue de pamoison, et un peu rassurée, et de sa mère reconfortée, cessa la grande flotte de ses larmes, mais n'avoit encore force ne sens de répondre. Si l'interrogea arrière sa mère, et lui dit : « Dis-moi hardiment, et ôte tes larmes. T'a-t-il rien fait ? » A voix basse et pleurs entremêlés, répondit la fille et dit : « Par ma foi ! ma mère il ne me toucha oncques ; mais du surplus, qu'il ne soit bon homme et doux, par ma foi ! si est. — Or dis-moi, dit la mère : et sais-tu point s'il est fourni de tous ses membres ? Dis hardiment, si tu le sais. — Si est très-bien, dit-elle. J'ai plusieurs fois senti ses denrées, d'aventure, ainsi que je me retourne et retourne en notre lit, quand je ne puis dormir. — Il suffit, ce dit la mère ; laisse-moi faire du surplus. Veci que tu feras : au matin, il te convient feindre d'être malade très-fort, et montre semblant d'être oppressée, qu'il semble que l'âme s'en parte. Ton mari me viendra ou mandera quérir, je n'en doute point, et je ferai si bien mon personnage, que tu sauras tantôt comment tu fus gaignie [1], car je porterai ton urine à un tel médecin qui donnera tel conseil que je voudrai. » Comme il fut dit, il fut fait. Car lendemain, sitôt qu'on vit le jour, notre gouge se commença à plaindre et à faire la malade, qu'il sembloit qu'une fièvre continue lui rongeât corps et âme. Son mari étoit bien ébahi et déplaisant ; si ne savoit que faire ne que dire. Si manda tantôt quérir sa belle-mère, qui ne se fit guère attendre. Tantôt qu'il la vit : « Hélas ! mère, dit-il, votre fille se

---

[1] A qui peu importoit ce qu'il fît.
[2] On disoit *pièce* et *espace* pour *pièce de temps* et *espace de temps* ; mais dans cette acception le mot *espace* était féminin. — [3] Dépenserait.

[1] Ce mot, écrit ainsi dans les anciennes éditions, est sans doute altéré ; les éditions modernes mettent *gaignée*, ce qui pourrait signifier *dépucelée*.

meurt! — Ma fille? dit-elle ; et que lui faut-il? » Lors, tout en parlant, marchèrent jusques en la chambre de la patiente. Sitôt que la mère voit sa fille, elle lui demande qu'elle faisoit, et elle, comme bien apprinse, ne répondit pas la première fois, mais à petit de pièce après [1], dit : « Mère, je me meurs ! — Non, faites, fille, se Dieu plaît ; prenez courage. Mais d'ond vous vient ce mal si en hâte? — Je ne sais, je ne sais, dit la fille. Vous me peraffolez [2] à me faire parler. » Sa mère la prend par la main, lui tâte son pouls et son chef [3], et puis dit à son beau-fils : « Par ma foi! croyez qu'elle est bien malade! elle est pleine de feu ; si y faut pourvoir de remède. Y a-t-il point ici de son urine? — Celle de la mi-nuit y est, dit une des meschines. — Baillez-la moi, dit-elle. » Quand elle eut cette urine, fit tant qu'elle eut un urinal, et dedans la bouta, et dit à son beau-fils, qu'il la portât montrer à un tel medecin, pour savoir qu'on pourra faire à sa fille, et si on lui peut aider : « Pour Dieu ! n'y épargnons rien, dit-elle. J'ai encore de l'argent que je n'aime pas tant que je fais ma fille. — Epargner? dit le mari ; croyez, se on lui peut aider pour argent, que je ne lui faudrai pas. — Or vous avancez, dit-elle ; et tandis qu'elle se reposera un peu, je m'en irai jusqu'au ménage ; toujours reviendrai-je bien, si on a métier de moi. » Or, devez-vous savoir que notre bonne mère avoit, le jour de devant, au partir de sa fille, forgé [4] le médecin qui étoit très-bien averti de la réponse qu'il devoit faire. Veci notre gueux qui arrive devers le médecin, à tout l'urine de sa femme, et quand il y eut fait la révérence, il lui va conter comment sa femme étoit déhaitée [5] et merveilleusement malade. « Et voici son urine que vous apporte, afin que mieux vous informez de son cas, et que plus sûrement me puisse conseiller? » Le médecin prend l'urinal et contremont le lève, et tourne et retourne l'urine, et puis va dire : « Votre femme est fort aggravée de chaude maladie et danger de mort, se elle n'est prestement secourue ; voici son urine qui le montre. — Ah! maître, pour Dieu merci! veuillez-moi dire, et je vous paierai bien, qu'on y pourra faire pour recouvrer santé, et s'il vous semble qu'elle n'ait garde de mort? — Elle n'a garde, si vous lui faites ce que je vous dirai, dit le médecin ; mais, si vous

tardez guère, tout l'or du monde ne la garderoit de la mort. — Dites, pour Dieu ! dit l'autre, et on le fera. — Il faut, dit le médecin, qu'elle ait compagnie d'homme, ou elle est morte. — Compagnie d'homme ? dit l'autre, et qu'est-ce à dire cela? — C'est-à-dire, dit le médecin, qu'il faut que vous montez sur elle, et que vous la ronchinez très-bien trois ou quatre fois tout en hâte, et le plus, à ce premier, que vous en pourrez faire, sera le meilleur ; autrement, ne sera point éteinte la grande ardeur qui la sèche et tire à fin. — Voire, dit-il, et seroit-ce bon ? — Elle est morte, et n'y a point de répit, dit le médecin, se ainsi ne le faites, voire et bientôt encore. — Saint-Jean! dit l'autre, j'essaierai comment je pourrai faire. » Il se part de là, et vient à l'hôtel, et trouve sa femme qui se plaignoit et douloûsoit très fort. « Comment va-t-il, dit-il, ma mie? — Je me meurs, mon ami, dit-elle. — Vous n'avez garde, se Dieu plaît, dit-il. J'ai parlé à médecin qui m'a enseigné une médecine dont vous serez guarie. » Et durant ces devises, il se dépouille, et au plus près de sa femme se boute. Et comme il approchoit pour exécuter le conseil du médecin tout en lourdois [2] « Que faites-vous? dit-elle ; me voulez-vous tuer? — Mais je vous guarirai, dit-il : le médecin l'a dit. » Et si dit, ainsi que nature lui montra, à l'aide de la patiente, il besogna très-bien deux ou trois fois ; et comme il se reposoit, tout ébahi de ce qu'advenu lui étoit, il demanda à sa femme comment elle se porte : « Je suis un peu mieux, dit-elle, que par ci-devant n'ai été. — Loué soit Dieu! dit-il. J'espoire que vous n'avez garde, et que le médecin aura dit vrai. » Alors recommence de plus belle, et pour abréger, tant et si bien le fit, que sa femme revint en santé dedans peu de jours : dont il fut très joyeux ; si fut la mère, quand elle le sut. Notre Champenois, après ces armes dessusdites, devint un peu plus gentil compagnon qu'il n'étoit auparavant, et lui vint en courage, puisque sa femme restoit en santé, qu'il semondroit un jour au dîner ses parents et amis, et les père et mère d'elle, ce qu'il fit ; et les servoit grandement en son patois [4]. A ce dîner, faisoit très bonne et joyeuse chère. On buvoit à lui ; buvoit aux autres ; c'était merveille qu'il étoit gentil compagnon. Or écoutez qu'il lui advint

---

[1] Peu de temps après. — [2] Vous me rendez folle.
[3] Tête. — [4] Stylé, préparé. — [5] Affligée.

[1] S'inquiétait, s'affligeait. — [2] Tout brusquement.
[3] Inviterait. — [4] C'est-à-dire sans doute, à sa façon

au fort de la meilleure chère de ce dîner. Il commença très-fort à pleurer, et sembloit que tous ses amis, voire tout le monde, fussent morts; dont n'y eut celui de la table, qui ne s'en donnât grand'merveille, d'ond ces soudaines larmes procédoient; les uns et les autres lui demandent qu'il avoit; mais, à peu s'il pouvoit ou savoit répondre, tant le contraignoient ses folles larmes. Il parla, au fort, en la fin, et dit : « J'ai bien cause de pleurer. — Et par ma foi ! non avez, ce dit sa belle-mère : que vous faut-il ? Vous êtes riche et puissant, et bien logé, et si avez de bons amis ; et, que ne fait pas à oublier, vous avez belle et bonne femme, que Dieu vous a ramenée en santé, qui naguère fut sur le bord de sa fosse : si m'est avis que vous devez être lie et joyeux. — Hélas ! non fais, dit-il. C'est, par moi[1] ! que mon père et ma mère, qui tant m'aimoient et m'ont assemblé et laissé tant de biens, qu'ils ne sont encore en vie ! car ils ne sont morts tous deux que de chaude maladie. Si je les eusse aussi bien ronchinés, quand ils furent malades, que j'ai fait ma femme, ils fussent maintenant sur pied ! » Il n'y eut celui de la table, qui, après ces mots, à bien peu se put tenir de rire ; mais non-pourtant, il s'en garda qui put. Les tables furent ôtées, chacun s'en alla, et le bon Champenois demeura avec sa femme, laquelle, afin qu'elle demeurât en santé, fut souvent de lui raccolée.

NOUVELLE XXI.

L'ABBESSE GUÉRIE[2].

La vingt-unième nouvelle, racontée par Philippe de Laon, traite d'une abbesse qui fut malade, par faute de faire cela que vous savez, ce qu'elle ne vouloit faire, doutant de ses nonnains être reprochée, et toutes lui accordèrent de faire comme elles, et ainsi s'en firent donner toutes largement.

Sur les mètes de Normandie, y a une bonne abbaye de dames, dont l'abbesse, qui belle et jeune et en bon point lors étoit, naguère s'accoucha[3] malade. Ses bonnes sœurs, dévotes et charitables, tantôt la vindrent visiter, en la confortant et administrant, à leur léal pouvoir, de tout ce qu'elles sentoient que bon lui fût ; et quand elles aperçurent qu'elle se disposoit à guarison, elles ordonnèrent que l'une d'elles iroit à Rouen porter son urine, et conteroit son cas à un médecin de grand'renommée. Pour faire cette ambassade, à lendemain, l'une d'elles se mit en chemin, et fit tant, qu'elle se trouva devers ledit médecin, auquel, après qu'il eut visité l'urine de Mme l'abbesse, elle conta tout au long la façon et manière de sa maladie, comme de son dormir, d'aller en chambre, de boire et de manger. Le sage médecin, vraiment du cas de madame informé, tant par son urine comme par la relation de la religieuse, voulut ordonner le régime, et, jaçoit ce qu'il eût de coutume de bailler à plusieurs un récipé[1] par écrit, toutefois il se fia bien de tant en la religieuse, que de bouche lui diroit ce qu'avoit à faire, et lui dit : « Belle sœur, pour recouvrer la santé de Mme l'abbesse, il lui est métier et de nécessité qu'elle ait compagnie d'homme, et bref ; autrement, elle se trouvera, en peu d'espace, si de mal entachée et surprinse, que la mort lui sera le derrain[2] remède. » Qui fut bien ébahie d'ouïr ces très-dures nouvelles, ce fut notre religieuse, qui va dire : « Hélas ! maître Jean, ne voyez-vous autre façon pour la recouvrance de la santé de madame ? — Certes, nenni, dit-il, il n'y en a point d'autre, et si veuil bien que vous sachiez, qu'il se faut avancer de faire ce que j'ai dit ; car, se la maladie, par faute d'aide, peut prendre son cours comme elle s'efforce, jamais homme à temps n'y viendra. » La bonne religieuse, à peu s'elle osa dîner à son aise, tant avoit grand'hâte d'annoncer à madame ces nouvelles ; et à l'aide de sa bonne haquenée, et du grand désir qu'elle a d'être à l'hôtel, s'avança si très-bien que Mme l'abbesse fut très-ébahie de sitôt la revoir. « Que dit le médecin, la belle ? se dit la bonne abbesse : ai-je garde de mort ? — Vous serez tantôt en bon point, se Dieu plaît, madame, dit la religieuse messagère ; faites bonne chère et prenez cœur. — Comment ? ne m'a le médecin point ordonné de régime ? dit madame. — Si a, » dit-elle. Lors, lui va dire tout au long comment le médecin avoit vu son urine, et les demandes qu'il fit de son âge, de son manger, de son dormir, etc. « Et puis, pour conclusion, il a dit et ordonné qu'il faut que vous ayez compagnie charnelle à quelque homme, en bref ; autrement, vous êtes morte, car à votre maladie n'a point d'autre remède. — Compagnie d'homme ! dit madame, j'aimerois mieux plus cher mou-

---

[1] Exclamation. C'est le *per moi* des Italiens.
[2] Imité par La Fontaine : *l'Abbesse malade*, IV, 11. — [3] S'alita.

[1] Une ordonnance, parce que les prescriptions du médecin commençaient par ce mot : *Recipe*, prenez.
[2] Dernier.

rir mille fois, s'il m'étoit possible! » Et alors, va dire : « Puisqu'ainsi est que mon mal est incurable et mortel, se je n'y pourvois de tel remède, loué soit Dieu! je prends bien la mort en gré. Appelez bientôt tout mon couvent. » Le timbre fut sonné; si vinrent à madame toutes ses religieuses; et quand elles furent en la chambre, madame, qui avoit encore toute sa langue à commandement, quelque mal qu'elle eût, commença une grande et longue harangue devant ses sœurs, remontrant le fait et état de son église, en quel point elle la trouva et en quel état elle est aujourd'hui ; et vint descendre ses paroles à parler de sa maladie, qui étoit mortelle et incurable, comme elle bien sentoit et connoissoit, et au jugement aussi d'un tel médecin elle s'arrêtoit, qui mortelle l'avoit jugée. « Et pourtant, mes bonnes sœurs, je vous recommande notre église, et en vos plus dévotes prières ma pauvre âme! » Et à ces paroles, larmes en grand' abondance saillirent de ses yeux, qui furent compaignées d'autres sans nombre sourdant de la fontane du cœur de son bon couvent. Cette plorerie dura assez longuement, et fut là le ménage [1] longtemps sans parler. Assez longtemps après, Mme la prieure, qui sage et bonne étoit, print la parole pour tout le couvent, et dit : « Madame, de votre mal (quel il est, Dieu le sait, à qui nul ne peut rien celer), il nous déplaît beaucoup, et n'y a celle de nous qui ne se voudroit employer, autant que possible est et seroit à personne vivant, pour la recouvrance de votre santé. Si vous prions toutes ensemble, que vous ne nous épargnez en rien, ne chose qui soit des biens de votre église; car mieux nous vaudroit, et plus cher, de perdre la plupart de nos biens temporels, que le profit spirituel que votre présence nous donne. — Ma bonne sœur, dit madame; je n'ai pas desservi [2] que vous m'offrez ; mais je vous en mercie tant que je puis, en vous aviso et priant derechef que vous pensez, comme je vous ai dit, aux affaires de notre église, qui me touchent près du cœur, Dieu le sait ; en accompagnant, aux prières que ferez, ma pauvre âme, qui grand métier en a. — Hélas! madame, dit la prieure, et n'est-il possible, par bon gouvernement ou par soigneuse diligence de médecine, que vous puissiez repasser [3] ?

— Nenni, certes, ma bonne sœur, dit-elle. Il me faut mettre au rang des trépassés, car je ne vaux guère mieux, quelque langage qu'encore je prononce. » Adonc saillit avant la religieuse qui porta son urine à Rouen, et dit : « Madame, il y a bon remède, s'il vous plaisoit. — Créez qu'il ne me plaît pas, dit-elle, Veci sœur Jeanne, qui revient de Rouen, et a montré mon urine et conté mon cas à un tel médecin, qui m'a jugée morte voire, se ne me voulois abandonner à aucun homme et être en sa compagnie; et par ce point, espéroit-il, comme il trouvoit par ses livres, que je n'aurois garde de mort ; mais, se ainsi ne le faisois, il n'y a point de ressource en moi. Et quant à moi, j'en loue Dieu, qui me daigne appeler, ainçois que j'aie fait plus de péchés, à lui me rends, et à la mort je présente mon corps: vienne quand elle veut! — Comment, madame, dit l'enfermière [2], vous êtes de vous-même homicide : il est en vous de vous sauver, et ne faut que tendre la main et requerre aide, et vous la trouverez prête. Ce n'est pas bien fait, et vous ose bien dire que votre âme ne partiroit point sûrement, s'en cet état vous mouriez. — Ah! ma belle sœur, dit madame, quantes fois [3] avez-vous ouï prêcher que mieux vaudroit à une personne s'abandonner à la mort, que commettre un seul péché mortel ? et vous savez que je ne puis ma mort fuir ni éloigner, sans faire et commettre péché mortel; et, qui bien autant au cœur me touche, se, en ce faisant, ma vie élongerois [4], n'en serois-je pas déshonorée et à toujours-mais reprochée, et diroit-on : Vela la dame, etc. Même, vous toutes, quelque conseil que me donnez, m'en auriez en irrévérence et en moins d'amour, et vous sembleroit, et à bonne cause, qu'indigne serois d'entre vous présider et gouverner. — Ne dites et ne pensez jamais cela, dit madame la trésorière ; il n'est chose qu'on ne doive entreprendre pour échever [5] la mort; et ne dit pas notre bon père saint Augustin, qu'il n'est loisible [6] à personne de soi ôter la vie ne tollir un sien membre ? et ne feriez-vous pas directement encontre sa sentence, se vous laissez à escient ce qui vous peut de mal garder ? — Elle dit bien, répondit le couvent en général. Madame, pour Dieu, obéissez au médecin, et ne soyez

[1] Sortit des rangs et s'avança. — [2] Infirmière.
[3] Combien de fois. — [4] Prolongerais. — [5] Éviter, fuir.
[6] Les anciennes éditions portent ne loist.

[1] La communauté. — [2] Mérité. — [3] Revenir en santé.

en votre opinion si aheurtée, que, par faute de soutenance, vous perdez corps et âme, et laissez votre pauvre couvent, qui tant vous aime, désolé et dépourvu de pastoure[1]. — Mes bonnes sœurs, dit madame, j'aime mieux volontairement à la mort tendre les mains, soumettre mon col, et honorablement l'embrasser, que, pour la fuir, je vive déshonorée. Et ne diroit-on pas : Vela la dame, qui fit ainsi et ainsi. — Ne vous chaille qu'on die, madame ; vous ne serez jà reprochée de gens de bien. — Si serois-je, dit madame. » Le couvent s'alla émouvoir, et firent les bonnes religieuses entre elles un consistoire, dont la conclusion s'ensuit, et porta les paroles d'icelle la prieure. « Madame, veci votre désolé couvent, si très-déplaisant que jamais maison ne fut plus troublée qu'elle est ; dont vous êtes cause. Et créez[2] ce : vous êtes si mal conseillée de vous abandonner à la mort, que bien fuir vous pouvez, j'en suis bien sûre. Et afin que vous entendez que nous vous aimons d'entière et léale et parfaite amour, nous sommes contentes et avons conclu et délibéré mûrement, toutes ensemble et généralement, en sauvant vous et nous, avoir compagnie bien secrètement d'aucun homme de bien, et nous pareillement le ferons, afin que vous n'ayez pensée ne imagination qu'au temps à venir vous en sourdît reproche de nulle de nous. N'est-ce pas ainsi, mes sœurs ? — Oui, dirent-elles toutes de très-bon cœur. » Madame l'abbesse, oyant ce que dit est, et, portant au cœur un grand fardeau d'ennui, pour l'amour de ses sœurs, se laissa férir[3], et s'accorda, combien qu'à grand regret, que le conseil du médecin seroit mis en œuvre. Adonc, furent mandés moines, prêtres et clercs, qui trouvèrent bien à besogner ; et là ouvrèrent si très-bien, que madame l'abbesse fut en peu d'heure rapaisée, dont son couvent fut très-joyeux, qui par honneur faisoit ce que par honte oncques puis ne laissa.

[1] C'est le féminin de *pasteur*. — [2] On disait également, selon l'harmonie de la phrase : *croyez* et *créez*.
[3] Toucher.

NOUVELLE XXII.

L'ENFANT A DEUX PÈRES.

La vingt-deuxième nouvelle racontée traite d'un gentilhomme qui engrossa une jeune fille, et puis en une armée s'en alla ; et avant son retour, elle, d'un autre s'accointa, auquel son enfant elle donna : et le gentilhomme, de la guerre retourné, son enfant demanda, et elle lui pria qu'à son nouvel ami le laissât, promettant que le premier qu'elle feroit, sans faute lui donneroit, comme ci-dessous vous sera recordé.

Na guère qu'un gentilhomme, demeurant à Bruges, tant et si longuement se trouva en la compagnie d'une belle fille, qu'il lui fit le ventre lever[1] ; et droit au coup[2] qu'il s'en aperçut et donna garde, Monseigneur[3] fit une assemblée de gens d'armes : si fut force à notre gentilhomme de l'abandonner, et avec les autres aller au service de mondit seigneur, ce que de bon cœur et bien il fit ; mais, avant son partement, il fit garnison et pourvéance[4] de parrains et marraines et de nourrice pour son enfant à venir, logea la mère avec de bonnes gens, lui laissa de l'argent et leur recommanda. Quand, au mieux qu'il sut et le plus bref qu'il put, ces choses furent très-bien disposées, il ordonna son partement et print congé de sa dame, et, au plaisir de Dieu, promit de tantôt retourner. Pensez que s'elle n'eût jamais pleuré, ne s'en tenît-elle pas à cette heure, puisqu'elle véoit d'elle élonger celui, en ce monde, dont la présence plus lui plaît. Pour abréger, tant lui déplut ce dolent départir, qu'oncques mot ne sut dire, tant empêchoient sa douce langue les larmes sourdantes du profond de son cœur. Au fort, elle s'apaisa, quand elle vit qu'autre chose être n'en pouvoit. Et, quand vient environ un mois après le partement de son ami, désir lui échauffa le cœur, et si lui vint ramentevoir les plaisants passe-temps qu'elle souloit avoir, dont la très-dure et très-maudite absence de son ami, hélas ! l'avoit privée : le dieu d'amours, qui n'est jamais oiseux, lui mit en bouche et en termes les hauts biens, les nobles vertus et la très-grande beauté d'un marchand, son voisin, qui, plusieurs fois, avant et depuis le département de son ami, lui avoit présenté la bataille, et conclure lui fit, que, s'il retourne plus à sa requête, qu'il ne s'en ira pas écon-

[1] Qu'il la rendit grosse. — [2] Dès le premier moment.
[3] Philippe-le-Bon, duc de Bourgogne ; ou bien son fils Charles-le-Téméraire. — [4] Provision.

dit : même, si la voyoit ès rues, elle tiendra telles et si bonnes manières, qu'il entendra bien qu'elle en veut à lui. Or vint-il si bien, qu'à lendemain de cette conclusion, à la première œuvre[1], amour envoya notre marchand devers la patiente; et lui présenta, comme par autrefois, chiens et oiseaux, son corps, ses biens, et plus de cent mille choses que ces abatteurs de femme savent tout courant et par cœur. Il ne fut pas éconduit; car, s'il avoit bonne voulenté de combattre et faire armes, elle n'avoit pas moins de désir de lui fournir de tout ce qu'il voudra; et, durant que notre gentilhomme est en guerre, notre gentille femme fournit et accomplit au bon marchand tout ce dont la requiert, et, se plus eût osé demander, elle étoit prête de l'accomplir, et trouva en lui tant de bonne chevalerie, de prouesse et de vertu, qu'elle oublia de tous les points son ami par amour, qui, à cette heure, guère ne s'en doutoit. Beaucoup plut aussi au bon marchand la courtoisie de sa nouvelle dame, et tant furent conjointes les voulentés, désirs et pensers de lui et d'elle, qu'ils n'avoient pour eux deux qu'un seul cœur : si se pensèrent que, pour le bien loger et à leur aise, il souffiroit bien d'un hôtel pour leurs deux. Si troussa[2], un soir, notre gouge, et, ses bagues avec elle, en l'hôtel du marchand s'en alla, en abandonnant le premier son ami, son hôte, son hôtesse, et foison d'autres gens de bien, auxquels il l'avoit recommandée. Et elle ne fut pas si folle, quand elle se vit bien logée, qu'elle ne dît incontinent à son marchand, qu'elle se sentoit grosse, qui en fut très-joyeux, et cuida bien que c'étoit de ses œuvres. Au chef[3] de sept mois ou environ, notre gouge fit un beau fils, dont le père adoptif s'accointa[4] grandement, et de la mère aussi. Advint, certaine espace après, que le bon gentilhomme retourna de la guerre et vint à Bruges, et, au plus tôt qu'il put honnêtement, print le chemin vers le logis où il laissa sa dame; et, lui venu léans, la demanda à ceux qui en prindrent la charge de la panser[5], garder et aider en sa gésine[6]. « Comment! dirent-ils, est-ce que vous en savez, et n'avez-vous pas eu les lettres qui vous furent écrites? — Nenni, par foi! dit-il : et quelle chose y a-t-il? — Quelle chose! sainte Marie!

dirent-ils. — Notre-Dame! c'est bien raison qu'on le vous die. Vous ne fûtes pas parti d'un mois après, qu'elle ne troussât pignes et miroirs, et s'allât bouter ci-devant en l'hôtel d'un tel marchand, qui la tient à fer et clou; et, de fait, elle a porté un beau fils, et gêû[2] léans; et l'a fait le marchand chrétienner[3], et si le tient à sien. — Saint Jean! veci autre de nouveau, dit le bon gentilhomme. Mais, au fort, puisqu'elle est telle, au diable soit-elle! Je suis content que le marchand l'ait et la tienne; mais quant est de l'enfant, je suis sûr qu'il est mien : si le veu ravoir! » Et sur ce mot, part et s'en va heurter bien rudement à l'huis du marchand. De bonne aventure, sa dame, qui ce fut, vint à ce heurt, qui ouvre l'huis, comme toute de léans qu'elle étoit. Quand elle vit son ami oublié et qu'il la connut aussi, chacun fut ébahi. Non-pourtant, lui demanda d'ond elle venoit en ce lieu; elle répondit que fortune l'y avoit amenée. « Fortune? dit-il, et fortune vous y tienne! Mais je veuil avoir mon enfant; votre maître aura la vache, mais j'aurai le veau. Or me rendez bientôt, car je le veux ravoir, quoi qu'il en advienne. — Hélas! ce dit la gouge, que diroit mon homme! je serois défaite, car il cuide certainement qu'il soit sien. — Il ne m'en chaut! dit l'autre : die ce qu'il voudra, mais il n'aura pas ce qui est mien. — Ha! mon ami, je vous requiers que vous laissez et baillez cet enfant ici à mon marchand, et vous me ferez grand plaisir, et à lui aussi; et pardieu! se vous l'aviez vu, vous ne seriez jà pressé de l'avoir : c'est un laid et ord[4] garçon tout rogneux et contrefait. — Dea! dit l'autre, tel qu'il est, il est mien, et si le veuil ravoir. — Et parlez bas, pour Dieu! se dit la gouge, et vous apaisez, je vous en supplie; et vous plaise céans laisser cet enfant : et je vous promets, se ainsi le faites, de vous donner le premier enfant que jamais j'aurai. » Le gentilhomme, à ces mots, jaçoit qu'il fût courroucé, ne se peut tenir de sourire, et, sans plus dire, de sa bonne dame se partit, ne jamais ne redemanda ledit enfant. Et encore le nourrit celui qui la mère engranga[5] en l'absence de notredit gentilhomme.

[1] Enlevât peignes. — [2] Est accouchée. — [3] Baptiser.
[4] Hideux, sale.
[5] Mit en grange, recueillit.

---

[1] On pourrait lire heure. — [2] S'enfuit. — [3] Au bout.
[4] Se passionna, s'attacha.
[5] Héberger, soigner. — [6] En ses couches.

NOUVELLE XXIII.

LA PROCUREUSE PASSE-LA-RAIE.

La vingt-troisième nouvelle, par monseigneur de Commesuram, traite d'un clerc, de qui sa maîtresse fut amoureuse, laquelle à bon escient s'y accorda, pour tant qu'elle avoit passé la raie que ledit clerc lui avoit faite; la voyant, son petit fils dit à son père, quand il fut venu, qu'il ne passât point la raie, car, s'il la passoit, le clerc lui feroit comme il avoit fait à sa mère.

Na guère qu'en la ville de Mons en Hainaut, un procureur de la cour dudit Mons, assez sur âge et jà ancien, entre ses autres clercs, avoit un très-beau fils et gentil compagnon, duquel sa femme, à certaine espace de temps, s'enamoura fort bien; et lui sembloit qu'il étoit mieux taillé de faire la besogne, que n'étoit son mari : et, afin qu'elle éprouvât se son cuider[1] étoit vrai, elle conclut en soi-même qu'elle tiendra d'autres tels termes, que, s'il n'est plus bête qu'un âne, il se donra[2] tantôt garde qu'elle en veut à lui. Pour exécuter ce désir, cette vaillante femme, jeune, fraîche et en bon point, venoit souvent, et menu, coudre et filer auprès de ce clerc, et divisoit[3] avec lui de cent mille besognes, dont la plupart toujours enfin sur amours retournoient. Et durant ces devises, elle n'oublia pas de le servir d'aubades[4] assez largement ; une fois, le butoit du coude en écrivant ; une autre fois, lui jetoit des pierres, tant, qu'il brouilloit, ce qu'il faisoit et lui falloit recommencer ; un autre jour, recommençoit cette fête, et lui ôtoit papier et parchemin, tant, qu'il falloit qu'il laissât l'œuvre, dont il étoit très-malcontent, doutant le courroux de son maître. Quelque semblant que la maîtresse longtemps lui eût montré; qui tiroit fort au train de derrière, si lui avoient jeunesse et crainte les yeux si bandés, qu'en rien ne s'apercevoit du bien qu'on lui vouloit. Néanmoins, en la fin, il aperçut qu'il étoit bien en grâce ; et ne demeura guère, après cette délibération, que, le procureur étant hors de l'hôtel, sa femme vint au clerc bailler l'assaut qu'elle avoit de coutume, voire trop plus aigre et plus fort que nulle fois de devant, tant de ruer, tant de bouter, de parler même ; pour le plus dépêcher[5] et bailler destourbier[6], elle répandit, sur buffet, sur papier, sur robe, son cornet à l'encre. Et notre clerc, plus connoissant et mieux voyant que ci-dessus, saillit sur pied et assault sa maîtresse et la reboute arrière de lui, priant qu'elle le laissât écrire ; et elle, qui demandoit être assaillie et combattre, né laissa pas pourtant l'entreprinse encommencée. « Savez-vous, lui a dit le clerc, madamoiselle[1], c'est force que j'achève l'écrit que j'ai encommencé. Si vous requiers que vous me laissez paisible, ou, par la morbieu ! je vous livrerai castille[2]. — Et que me feriez-vous, beau sire? dit-elle : la moe[3] ? — Nenni, par Dieu ! — Et quoi donc ? — Quoi ? — Voire, quoi ? — Pource, dit-il, que vous avez répandu mon cornet à l'encre et brouillé mon écriture, je vous pourrai bien brouiller votre parchemin, et, afin que faute d'encre ne m'empêche d'écrire, j'en pourrai bien pêcher dans votre cornet. — Par moi ! dit-elle, vous en êtes bien l'homme, et croyez que j'en ai grand'peur ! — Je ne sais quel homme, dit le clerc, mais je suis tel que, se vous y ébattez plus, vous passerez par là. Et, de fait, veci une raie que je vous fais, et par Dieu ! se vous la passez tant peu que ce soit, si je vous faux[4], je veuil qu'on me tue ! — Et par ma foi ! dit-elle, je ne vous en crains, et si passerai la raie, et puis, verrez que vous ferez ! » Et disant ces paroles, marcha là dru[5], faisant le petit saut outre la raie bien avant, et le bon clerc la prend aux griffes[6], sans plus enquerre, et sur son banc la rue ; et créez qu'il la punit bien, car elle l'avoit brouillé, et il ne lui en fit pas moins, mais ce fut en autre façon, car elle le brouilla par dehors et à découvert, et il la brouilla à couvert et par dedans. Or est-il vrai que, là présent, y étoit un jeune enfant, d'environ quatre ou cinq ans, fils de léans. Il ne faut pas demander s'après ces premières armes de la maîtresse et du clerc, il y eut plusieurs secrets remontrés à moins de paroles que les premiers. Il ne vous faut pas céler aussi que, peu de jours après cette aventure, ledit petit enfant au comptoir étant où notre clerc écrivoit, le procureur et maître de léans survint, et marche, et marche avant, pour tirer vers son clerc pour regarder qu'il écrivoit ou pour espoir d'autre chose ; et comme il appro-

---

[1] Sa croyance. — [2] Donnera. — [3] Pour *devisait*, causait. — [4] Agaceries. — [5] Pousser à bout, exciter. — [6] Trouble, embarras.

[1] Les bourgeoises mariées ne recevaient pas la qualification de *madame*, mais seulement celle de *mademoiselle*.

[2] Bataille, assaut. — [3] Moue. — [4] Manque.

[5] Peut-être doit-on lire : *la drue*, la gaillarde. — [6] Mains, par allusion à son état de clerc de procureur.

cha la raie que son clerc avoit faite pour sa femme, qui encore n'étoit pas effacée, son fils lui crie et dit : « Mon père, gardez bien que vous ne passez cette raie, car notre clerc vous abattroit et houspilleroit ainsi que fit naguère ma mère. » Le procureur, oyant son fils et regardant la raie, si ne sut que penser, car il se souvint que fols, ivres et enfants ont de coutume de vérité dire. Non-pourtant, il ne fit pour cette heure nul semblant, et n'est encore point venu en ma connoissance, s'il différa la chose ou par ignorance ou par doute d'esclandre, etc.

NOUVELLE XXIV.

LA BOTTE A DEMI.

La vingt-quatrième nouvelle, dite et racontée par monseigneur de Fiennes, traite d'un comte qu'une très-belle jeune fille, l'une de ses sujettes, cuida recevoir par force, et comment elle s'en échappa par le moyen de ses houzeaux [1]; mais depuis l'en prisa très-fort, et l'aida à marier, comme vous sera ci-après déclaré.

Soit ainsi qu'ès nouvelles dessusdites les noms de ceux et celles, à qui elles ont touché ou touchent, ne soient mis en écrit, si me donne appétit [2] grand vouloir de nommer, en ma petite ratelée [3], le comte Valeran, en son temps comte de Saint-Pol [4] et appelé le beau comte. Entre autres seigneuries, il étoit seigneur d'un village en la châtellenie de Lille, nommé Vrelenchem, près dudit Ile environ d'une lieue. Ce gentil comte de bonne et douce nature étoit, et fut tout son temps amoureux. Outre l'enseigne, il sut, au rapport d'aucuns ses serviteurs qui en ce cas le servoient, qu'audit Vrelenchem avoit une très-belle fille, gente de corps et en bon point. Il ne fut pas si paresseux, que, assez tôt après cette nouvelle, il ne se trouvât en ce village, et firent tant lesdits serviteurs, que les yeux de leur maître confirmèrent de tous points leur rapport touchant ladite fille. « Or ça, qu'est-il de faire ? dit lors le gentil comte. C'est que je parle à elle entre nous deux seulement, et ne me chautt qu'il me coûte ! » L'un de ses serviteurs, docteur en son métier, lui dit : « Monseigneur, pour votre honneur et celui de la fille aussi, il me semble que mieux vaut que je lui découvre l'embûche de votre volonté, et selon réponse, j'aurai avis de parler et poursuivre. » Comme l'autre dit, il fut fait ; car il vint devers la belle fille et très-courtoisement la salua ; et elle, qui n'étoit pas moins sage et bonne que belle, courtoisement lui rendit son salut. Pour abréger, après plusieurs paroles d'accointance, le bon maquereau va faire un grand prémisse touchant les biens et les honneurs que son maître lui vouloit, et de fait, se à lui ne tenoit, elle seroit cause enrichir et honorer tout son lignage. La bonne fille entendit tant quelle heure [1] il étoit : si fit la réponse telle qu'elle étoit, c'est à savoir belle et bonne ; car au regard [2] de monseigneur le comte, elle étoit celle, son honneur sauf, qui lui voudroit obéir, craindre et servir en toutes choses ; mais, qui la voudroit requérir contre son honneur, qu'elle tenoit aussi cher que sa vie, elle étoit celle qui ne le connoissoit, et pour qui elle feroit non plus que le singe pour les mauvais [3]. Qui fut ébahi et courroucé, cette réponse ouïe, ce fut notre maquereau qui s'en revient devers son maître, à tout ce qu'il avoit de por son [4], car à chair avoit-il failli. Il ne faut pas demander se le comte fut mal content, quand il sut la très-fière et dure réponse de celle dont il désiroit l'accointance et jouissance, et autant et plus que nulle du monde. Tantôt après va dire : « Or avant ! laissons-la là, pour cette fois ; il m'en souviendra, quand elle cuidera qu'il soit oublié. » Il se partit de là tantôt après, et n'y retourna, que les six semaines ne fussent passées, et quand il revint, ce fut très-secrètement, que nulle nouvelle n'en fut tant simplement et en tapinage [5] s'y trouva. Il fit tant par ses espies [6], qu'il sut que notre belle fille soyoit [7] de l'herbe au coin d'un bois, asseulée de toutes gens. Il fut bien joyeux, et tout houzé [8] encore qu'il étoit, se met au chemin devers elle, en la compagnie de ses espies ; et quand il fut près de ce qu'il quéroit, il leur donna congé, et fit tant qu'il se trouva auprès de sa dame, sans ce qu'elle en sût nouvelle, si non quand elle le vit. S'elle fut bien éprise et ébahie de se voir saisie et tenue de monseigneur le comte, ce ne fut pas merveille ; même

---

[1] Bottines. — [2] Désir. — [3] Narration.
[4] Valeran de Luxembourg, IIIe du nom, comte de Saint-Pol ou Saint-Paul, connétable de France, un des plus célèbres partisans du duc Jean de Bourgogne ; il mourut en 1415.

---

[1] Les anciennes éditions portent *heure*.
[2] A l'égard. — [3] Phrase inintelligible.
[4] Locution proverbiale signifiant *désappointé*.
[5] En cachette. — [6] Espions. — [7] Coupait. — [8] Botté

elle en changea couleur, mua semblant[1], et à bien peu en perdit la parole, car elle savoit, par renommée, qu'il étoit périlleux et noyseux[2] entre femmes. « Ah! dea, mademoiselle, dit lors le gentil comte qui se trouva saisi, vous êtes à merveille fière. On ne vous peut avoir sans siége. Or pensez bien de vous défendre, car vous êtes venue à la bataille, et, avant que de moi partez, vous en ferez à mon vouloir et tout à ma devise[3] des peines et travaux que j'ai soufferts et endurés tout pour l'amour de vous. — Hélas! monseigneur, ce dit la jeune fille toute ébahie et surprinse qu'elle étoit, je vous crie merci: se j'ai dit ou fait chose qui vous déplaise, veuillez le moi pardonner, combien que je ne pense avoir dit ne fait chose dont me doyez[4] savoir mal gré. Je ne sais, moi, qu'on vous a rapporté: on m'a requise, en votre nom, de déshonneur; je n'y ai point ajouté de foi, car je vous tiens si vertueux, que pour rien ne voudriez déshonorer une votre simple sujette comme je suis, mais la voudriez bien garder. — Otez ces pensées, ce dit monseigneur, et soyez sûre que vous ne m'échapperez. Je vous ai fait montrer le bien que je vous veux et ce pourquoi j'envoyai devers vous. » Et, sans plus dire, la trousse et prend entre ses bras, et dessus un peu d'herbe mise en un tas qu'elle avoit assemblé, soudainement la coucha et fort roide l'accola, et vitement faisoit toutes ses préparatoires d'accomplir le désir qu'il avoit de pieçà. La jeune fille, qui se voit en ce danger et sur le point de perdre ce qu'en ce monde plus cher tenoit, s'avisa d'un bon tour et dit: « Ah! monseigneur, je me rends à vous, je ferai ce qu'il vous plaira sans nul refus ne contredit; soyez plus content de prendre de moi ce qu'en voudriez, par mon accord et volonté, que, par force et malgré moi, vos paroles et votre vouloir désordonné soient accomplis! — Ah! dea, dit monseigneur, que vous m'échappez? non ferez. Que voulez-vous dire? — Je vous requiers, dit-elle, puisqu'il faut que vous obéisse, que vous me faites cet honneur que je ne sois souillée de vos houzeaux qui sont gras et ords, et vous souffise du surplus. — Eh! comment on pourroit faire? ce dit monseigneur. — Je vous les ôterai, ce dit-elle, très-bien, si vous plaît, car, par ma foi!

je n'aurois cœur ne courage de vous faire bonne chère avec ces paillards houzeaux. — C'est peu de chose, des houzeaux! ce dit monseigneur. Mais non-pourtant, puisqu'il vous plaît, ils seront ôtés. » Et alors il abandonna sa prinse et s'assit dessus l'herbe, et tend sa jambe, et la belle fille lui ôta l'éperon, et puis lui tire l'un de ses houzeaux qui bien étroits étoient; et quand il fut environ à moitié, à quoi faire elle eut moult de peine, pource que tout à propos le tira de mauvais biais, elle part et s'en va, tant que pieds la peuvent porter, aider et soutenir de bon vouloir; et là laissa le gentil comte, et ne fina de courre, tant qu'elle fût en l'hôtel de son père. Le bon seigneur, qui se trouva ainsi déçu, si enrageoit et plus n'en pouvoit, et, qui à cette heure l'eût vu rire, jamais n'eût eu les fièvres. A quelque méchef que ce fût, se mit sur pieds, cuidant, par marcher sur son houzeau, l'ôter de sa jambe, mais c'est pour néant: il étoit trop étroit; si n'y trouva autre remède que de retourner vers ses gens. Il ne fut pas loin allé que tôt ne trouvât ses bons disciples, sur le bord d'un fossé, qui l'attendoient; qu'ils ne surent que penser, quand ils le virent ainsi atourné[1]. Il leur conta tout son cas et se fit rehouzer[2]. Et, qui l'oyoit, celle qui l'a trompé ne seroit pas sûrement en ce monde, tant lui cuide et veut bien faire de déplaisir. Mais quelque vouloir qu'il eût pour lors, et tant mal content qu'il fût pour un temps, toutefois, quand il fut un peu refroidi, tout son courroux fut converti en cordial amour. Et, qu'il soit vrai, depuis, à son pourchas et à ses chers coûts et dépens, il la fit marier très-richement, et bien à la[3] contemplation seulement de la franchise et loyauté qu'en elle avoit trouvées, dont il eut la vraie connoissance par le refus ci-dessus conté.

NOUVELLE XXV.

FORCÉE DE GRÉ.

La vingt-cinquième nouvelle, racontée et dite par monseigneur de Saint-Yon, traite de celle qui de force[4] se plaignit d'un compagnon, lequel elle avoit même adressé à trouver ce que quéroit, et du jugement qu'il en fut fait.

La chose est si fraîche et si nouvellement advenue, dont je vueil fournir ma nouvelle, que je ne puis ne tailler ne ôter. Il est vrai

---

[1] Changea de visage. — [2] Entreprenant, tourmentant.
[3] Volonté. — [4] Deviez.

[1] Arrangé. — [2] Rebotter.
[3] Les anciennes éditions portent *alla*. — [4] Viol.

qu'au Quesnoi vint une très-belle fille, naguère, au prévôt soi complaindre de force et violence en elle perpétrée et commise par le vouloir désordonné d'un compagnon. Cette complainte au prévôt faite, le compagnon, encusé de ce crime, fut en l'heure prins et saisi, et, au dit du commun peuple, ne valoit guère mieux que pendu au gibet ou sans tête sur une roue mis emmi[1] les champs. La fille, voyant ce, sentant celui, dont elle se douloit[2], emprisonné, poursuivoit rudement le prévôt, qu'il lui en fît justice, disant que, outre son gré et vouloir, violentement et par force, l'avoit déshonorée. Et le prévôt, homme discret et sage, et en justice très-expert, fit assembler les hommes[3], et puis manda le prisonnier ; et, ainçois qu'il le fît venir devant les hommes déjà tous prêts pour le juger, s'il confessoit par gehenne[4] ou autrement l'horrible cas dont il étoit chargé, parla à lui à part et si l'adjura de dire vérité. « Veci telle femme, dit-il, qui de vous se complaint très-fort de force : est-il ainsi ? l'avez-vous efforcée ? Gardez que vous dites vérité, car se vous faillez, vous êtes mort ; mais, se vous dites vérité, on vous fera grâce. — Par ma foi ! monseigneur le prévôt, dit le prisonnier, je ne vueil pas nier ne céler que je ne l'aie requise de son amour, et, de fait, devant hier, après plusieurs paroles, je la ruai sur un lit pour faire ce que vous savez, et lui levai robe, pourpoint et chemise ; et mon furon, qui n'avoit jamais hanté lévrier, ne savoit trouver la duyère de son connil[5], et faisoit qu'aller çà et là ; mais elle, par sa courtoisie, lui dressa le chemin, et, à ses propres mains, le bouta tout dedans. Je crois trop bien qu'il ne partit pas sans proie ; mais, qu'il y eût autre force, par mon serment ! non eut ! — Est-il ainsi ? dit le prévôt. — Oui, par mon serment ! dit le bon compagnon. — Or bien, dit-il, nous en ferons très-bien. » Après ces paroles, le prévôt se vient mettre en siège pontifical, à dextre environné de ses hommes, et le bon compagnon fut mis et assis sur le petit banc ou parquet ; ce voyant tout le peuple et celle qui l'accusoit aussi. « Or çà, ma mie, dit le prévôt, que demandez-vous à ce prisonnier ? — Monseigneur le prévôt, dit-elle, je me plains à vous de la force qu'il m'a faite, car il m'a violée outre mon gré et voulenté, et malgré moi, dont je vous demande justice. — Que répondez-vous, mon ami ? dit le prévôt au prisonnier. — Monseigneur, dit-il, vous ai jà dit comment il en va, et je ne pense pas qu'elle die au contraire. — Ma mie, dit le prévôt, regardez bien que vous dites et que vous faites : de vous plaindre de force, c'est grand'chose ! Veci qu'il dit qu'il ne vous fit oncques force ; même avez été consentante, et à peu près requérante, de ce qu'il a fait. Et qu'il soit vrai, vous-même adressâtes et mîtes son furon qui s'ébattoit à l'entour de votre terrier. Et, à vos deux mains ou à tout l'une, tout dedans votredit terrier le mîtes ; laquelle chose il n'eut pu faire sans votre aide. Et se vous y eussiez tant soit peu résisté, jamais n'en fût venu à chef. Se son furon fourragé l'hôtel, il n'en peut-mais ; car dès lors qu'il est au terrier ou duyère, il est hors de son châtois[1]. — Ha ! monseigneur le prévôt, dit la fille plaintive, comment l'entendez-vous ? Il est vrai, je ne vueil pas nier, que voirement j'adressai son furon et le boutai en mon terrier. Mais pourquoi fut-ce ? Par mon serment ! monseigneur, il avoit la tête tant roide et le museau tant dur que je sais tout vrai qu'il m'eût fait un grand pertuis ou deux ou trois au ventre, se je ne l'eusse bien en hâte bouté en celui qui y étoit d'avantage[2] : et velà pourquoi je le fis. » Pensez qu'il y eut grande risée, après la conclusion de ce procès, de ceux de la justice et de tous les assistants : et fut compagnon délivré, promettant de retourner ses journées quand sommé en seroit, et la fille s'en alla bien courroucée qu'on ne pendoit très bien, haut et en hâte, celui qu'avoit pendu ses basses fourches[3] : mais le courroux ne si rude poursuite ne dura guère ; car, à ce qu'on me dit, tantôt après, par bons moyens, la paix entre eux si fut trouvée, et fut abandonnée au bon compagnon garenne connière et terrier toutes fois que chasser y voudroit.

[1] Châtiment. — [2] Par bonheur, à propos.
[3] Jeu de mots sur les fourches patibulaires, qui sont prises ici dans l'acception figurée de cuisses.

[1] Parmi. — [2] Plaignait. — [3] Juges. — [4] Torture, gêne.
[5] Le terrier de son lapin, équivoque obscène.

NOUVELLE XXVI.

LA DAMOISELLE CAVALIÈRE.

La vingt-sixième nouvelle, racontée et mise en terme par monseigneur de Foquessoles, traite des amours d'un gentilhomme et d'une damoiselle, laquelle éprouva la loyauté du gentilhomme par une merveilleuse et gente façon, et coucha trois nuits avec lui, sans aucunement savoir que ce fût elle, mais pour homme la tenoit, ainsi comme plus à plein pourrez ouïr ci-après.

En la duché de Brabant, n'a pas longtemps que la mémoire n'en soit fraîche et présente à cette heure, advint un cas digne de réciter; et pour fournir une nouvelle, ne doit pas être rebouté, et, afin qu'il soit enregistré et en appert[1] connu et déclaré, il fut tel. A l'hôtel du grand baron[2] dudit pays, demouroit et résidoit un jeune, gent et gracieux gentilhomme, nommé Girard, qui s'enamoura très-fort d'une damoiselle de léans nommée Catherine[3]; et quand il vit son coup, il lui osa bien dire son gracieux et piteux cas. La réponse qu'il eut de primesaut, plusieurs la peuvent savoir et penser, laquelle, pour abréger, je trépasse, et viens à ce que Girard et Catherine, par succession de temps, s'entr'aimèrent tant fort et si léalement qu'ils n'avoient qu'un seul cœur et un même vouloir. Cette entière, léale et parfaite amour ne dura pas si peu, que les deux ans ne furent accomplis et passés; puis, après certaine pièce, Amour, qui bande les yeux de ses serviteurs, les boucha si très-bien, que là où ils cuidoient le plus secrètement de leurs amoureux affaires conclure et deviser, chacun s'en apercevoit, et n'y avoit homme ne femme à l'hôtel, qui très-bien ne s'en donnât garde. Même, fut la chose tant écriée, qu'on ne parloit par léans que des amours Girard et Catherine. Mais, hélas! les pauvres aveugles cuidoient bien seuls être empêchés[4] de leurs besognes, et ne se doutoient guère qu'on tenît conseil ailleurs qu'en leur présence, où le troisième, de leur gré, n'eût pas été reçu, sans leur propos changer ne transmuer. Tant au pourchas d'aucuns maudits et détestables envieux, que pour la continuelle noise de ce qui rien ou peu leur touche, vint cette manière à la connoissance du maître et de la maîtresse de ceux amants, et d'iceux s'épandit et saillit en audience[1] du père et de la mère de Catherine. Si lui en chut si très-bien, que, par une damoiselle de léans, sa très-bonne compagne et amie, elle fut avertie et informée du long et du large de la découverture[2] des amours Girard et d'elle, tant à monseigneur son père et madame sa mère qu'à monseigneur et à madame de léans. « Hélas! qu'est-il de faire, ma bonne sœur et ma mie? dit Catherine à une de ses compagnes. Je suis femme détruite, puisque mon cas est si manifeste, que tant de gens le savent et en devisent. Conseillez-moi, ou je suis femme perdue et plus qu'une autre désolée et mal fortunée! » Et à ces mots, larmes à grand tas saillirent de ses yeux et descendirent au long de sa belle et claire face jusques bien bas sur sa robe. La bonne compagne, ce voyant, fut très-marrie et déplaisante de son ennui, et pour la conforter, lui dit : « Ma sœur, c'est folie de mener tel deuil, et si grand, car on ne vous peut, Dieu merci! reprocher de chose qui touche votre honneur ne celle de vos amis. Se vous avez entretenu un gentilhomme en cas d'amour, ce n'est pas chose défendue en la cour d'honneur; même, est la sente[3] et vraie adresse d'y parvenir; et pour ce, vous n'avez cause de douloir, et n'est âme vivante qui à la vérité vous en puisse ou doive charger. Mais, toutefois, il me sembleroit bon, pour éteindre la noise de plusieurs paroles qui courent aujourd'hui à l'occasion de vosdites amours, que Girard votre serviteur, sans faire semblant de rien, print un moult gracieux congé de monseigneur et de madame, coulourant son cas, ou aussi d'aller en un lointain voyage ou en quelque guerre apparente, et sous cette ombre, s'en allât quelque part soi rendre en un bon hôtel, attendant que Dieu et Amour auront disposé sur vos besognes; et, lui arrêté, vous fasse savoir de son état, et par son même message lui ferez savoir de vos nouvelles; et par ce point, s'apaisera le bruit qui court à présent, et vous entr'aimerez et entretiendrez l'un et l'autre par liaison, attendant que mieux vous vienne. Et ne pensez point que votre amour pourtant doive cesser : même de bien en mieux se maintiendra; car, par longue espace, vous n'avez eu rapport ne nouvelle, chacun de sa partie, que par la relation de vos yeux qui ne

---

[1] Ouvertement.
[2] C'est sans doute le duc de Brabant, car il y avait dans ce pays dix-sept baronnies.
[3] Les enfans des gentilshommes étaient placés de de bonne heure, comme pages et comme filles d'honneur, dans la maison des princes et des grands seigneurs pour y faire leur éducation. — [4] Occupés.

[1] Aux oreilles. — [2] Découverte. — [3] Le sentier.

sont pas les plus heureux de faire les plus sûrs jugements, même à ceux qui sont tenus en l'amoureux servage. » Le gracieux et bon conseil de cette gentille femme fut mis en œuvre et à effet. Car, au plus tôt que Catherine sut trouver la façon de parler à Girard son serviteur, elle, en bref, lui conta comment l'embûche de leurs amours étoit découverte et venue déjà à la connoissance de monseigneur son père, de madame sa mère, et de monseigneur et de madame de léans: « Et créez, dit-elle, avant qu'il soit venu si avant, ce n'a pas été sans passer grands langages au pourchas des rapporteurs, devant tous ceux de léans et de plusieurs voisins; et pource que fortune ne nous est pas si amie de nous avoir permis longuement vivre si glorieusement en notre état encommencé, et si nous menace, avise, forge et prépare encore plus grands destourbiers, se ne pourvoyons à l'encontre, il nous est métier utile et nécessité d'avoir avis bon et hâtif; et pource que le cas beaucoup me touche et plus qu'à vous, quant au danger que sourdre en pourroit, sans vous dédire, je vous dirai mon opinion. » Lors lui va conter, de chef en bout, l'avertissement et conseil de sa bonne compagne. Girard, déjà un peu averti de cette maudite aventure, plus déplaisant que se tout le monde fût mort, mis h..rs de sa dame, répondit en telle manière :

Ma léale et bonne maîtresse, veci votre humble et obéissant serviteur, qui, après Dieu, n'aime rien en ce monde si loyaument que vous, et suis celui à qui vous pouvez ordonner et commander tout ce que bon vous semble et qui vous vient à plaisir, pour être liement[1] et de bon cœur, sans contredit, obéie; mais pensez qu'en ce monde ne me pourra pis advenir, quand il faudra que j'éloigne votre très-désirée présence. Hélas! s'il faut que je vous laisse, il m'est avis que les premières nouvelles que vous aurez de moi, ce sera ma dolente et piteuse mort adjugée et exécutée, à cause de votre élonger[2]. Mais, quoi que ce soit, vous êtes celle et seule vivante que je vueil obéir, et aime trop plus cher la mort en vous obéissant, qu'en ce monde vivre, voire et être perpétuel, non accomplissant votre noble commandement. Veci le corps de celui qui est tout vôtre. Taillez, rongez, prenez, ôtez et faites ce qu'il vous plaît. » Se Catherine étoit marrie, déplaisante,

oyant son serviteur qu'elle aimoit plus loyaument que nul autre, le voyant ainsi plus troublé que dire on ne le vous pourroit, il ne le faut que penser et non enquerre; et se ne fût pour la grand' vertu que Dieu en elle n'avoit pas oubliée de mettre largement et à comble, elle se fût offerte de lui faire compagnie en son voyage; mais espérant de quelque jour recouvrer (à ce que très-malheureusement faillit), se retira de ce propos. Et certaine pièce après, lui dit : « Mon ami, c'est force que vous en allez; si vous prie que vous n'oubliez pas celle qui vous a fait le don de son cœur, et afin que vous ayez le courage de mieux soutenir la très-horrible bataille que Raison vous livre et amène à votre douloureux partement encontre votre vouloir et désir, je vous promets et assure, sur ma foi! que, tant que je vive, autre homme n'aurai à époux de ma voulenté et bon gré que vous, voire tant que vous soyez léal et entier comme j'espoire que vous serez. Et, en approbation de ce, je vous donne cette verge qui est d'or, émaillé de larmes noires, et se d'aventure on me vouloit ailleurs marier, je me défendrai tellement et tiendrai tels termes que vous devrez être de moi content, et vous montrerai que je vous vueil tenir, sans fausseté, ma promesse. Or je vous prie que, tantôt que vous serez arrêté où que ce soit, que vous m'écrivez de vos nouvelles, et je vous en récrirai des miennes. — Ha! ma bonne maîtresse, dit Girard; or vois-je bien qu'il faut que je vous abandonne pour une espace! Je prie à Dieu qu'il vous doint[1]! plus de bien et plus de joie qu'il ne m'appert en avoir. Vous m'avez fait de votre grâce, non pas que j'en sois digne, une si haute et honorable promesse, que n'est pas en moi de vous en savoir seulement et suffisamment mercier. Et encore ai-je le pouvoir de le desservir[2]; mais pourtant ne demeure pas que je n'en aie la connoissance, et si vous ose bien faire la pareille promesse, vous suppliant très-humblement, et de tout mon cœur, que mon bon et léal vouloir me soit réputé de tel et aussi grand mérite que s'il partoit de plus homme de bien que moi. Et adieu, madame! Mes yeux demandent à leur tour audience, qui coupent à ma langue son parler! » Et à ces mots la baisa, et elle, lui, très-serrement[3], et puis s'en allèrent chacun en sa chambre plaindre

---

[1] Joyeusement. — [2] Éloignement.

[1] Donne. — [2] Mériter. — [3] Étroitement.

ses douleurs. Dieu soit s'ils pleuroient des yeux, du cœur et de la tête. Au fort, à l'heure qu'il se convint montrer, chacun s'efforça à faire autre chère de semblant[1] et de bouche, que le désolé cœur ne faisoit. Et pour abréger, Girard fit, en peu de jours, qu'il obtint congé de son maître, qui ne lui fut pas trop difficile à impétrer[2], non pas pour faute qu'il eût faite, mais à l'occasion des amours de lui et de Catherine, dont les amis d'elle étoient mal contents, pour tant que Girard n'étoit pas de si grand lieu ne de si grand' richesse comme elle étoit, et, pour ce, doutoient[3] qu'il ne la fiançât. Ainsi n'en advint pas, et si se partit Girard, et fit tant par ses journées, qu'il vint au pays du Barrois et trouva retenance[4] à l'hôtel d'un grand baron du pays, et, lui arrêté, tantôt manda et fit savoir à sa dame, de ses nouvelles, qui en fut très-joyeuse, et par son messager même lui récrivit de son état et du bon vouloir qu'elle avoit et auroit vers lui tant qu'il voudroit être loyal. Or vous faut-il savoir que, tantôt que Girard fut parti du pays de Brabant, plusieurs gentilshommes écuyers et chevaliers se vindrent accointer de Catherine, désirant sur toutes autres sa bienveillance et sa grâce; qui, durant le temps que Girard servoit et étoit présent, ne se montroient ne apparoient[5], sachant de vrai qu'il alloit devant eux à l'offrande[6]. Et, de fait, plusieurs la requirent à monseigneur son père de l'avoir en mariage, et entre autres, lui advint un qui lui fut agréable : si manda plusieurs de ses amis et sa belle fille aussi, et leur remontra comment il étoit déjà ancien, et qu'un des grands plaisirs qu'il pourroit en ce monde avoir, ce seroit de voir sa fille, en son vivant, bien alliée. Leur dit au surplus : « Un tel gentilhomme m'a fait demander ma fille, ce me semble très-bien son fait ; et se vous me le conseillez et ma fille me vueille obéir, il ne sera pas éconduit en sa très-honorable requête. » Tous ses amis et parents louèrent et accordèrent beaucoup cette alliance, tant pour les vertus et richesses qu'autres biens dudit gentilhomme. Et quand vint à savoir la voulenté de la bonne Catherine, elle se cuida excuser de non soi marier, remontrant et alléguant plusieurs choses, dont elle le cuidoit désarmer et élonger[7] ce

mariage ; mais en la parfin, elle fut à ce menée que, s'elle ne vouloit être en la male grâce de père, de mère, de parents, d'amis, de maître, de maîtresse, qu'elle ne tiendroit point la promesse qu'elle a faite à Girard, son serviteur. Si s'avisa d'un très-bon tour pour contenter tous ses parents, sans enfreindre la loyauté qu'elle veut à son serviteur, et dit : « Mon très-redouté seigneur et père, je ne suis pas celle qui vous voudroit en nulle manière du monde désobéir, voire sans la promesse que j'aurois fait à Dieu mon créateur, de qui je tiens plus que de vous. Or est-il ainsi, que je m'étois résolue en Dieu, et proposai, et promis en mon cœur avois, non pas de jamais moi me marier, mais de ce non faire encore ne encore, attendant que par sa grâce me voulsît enseigner cet état ou autre plus sûr pour sauver ma pauvre âme. Néanmoins, pource que je suis celle que pas ne vous vueil troubler où je puisse bonnement à l'encontre, je suis très-bien contente d'emprendre[1] l'état de mariage ou autre tel qu'il vous plaira ; moyennant qu'il vous plaise moi donner congé d'ainçois[2] faire un pèlerinage à Saint-Nicolas de Varengeville[3], lequel j'ai voué et promis, avant que jamais je change l'état où je suis. » Et ce dit-elle, afin qu'elle pût voir son serviteur en chemin et lui dire comment elle étoit forcée et menée contre son vœu. Le père ne fut pas moyennement joyeux d'ouïr le bon vouloir et la sage réponse de sa fille : si lui accorda sa requête et prestement voulut disposer de son partement ; et disoit déjà à madame sa femme, sa fille présente : « Nous lui baillerons un tel gentilhomme, un tel et un tel. Isabeau, Marguerite et Jeanneton, c'est assez pour son état. — Ah ! monseigneur, dit Catherine, nous ferons autrement, s'il vous plaît. Vous savez que le chemin de Saint-Nicolas n'est pas bien sûr, mêmement pour gens qui mènent état et conduisent femmes ; et, à quoi on doit bien prendre garde, je n'y pourrois aussi aller sans grosse dépense ; et aussi, c'est une grande voie, et s'il nous advenoit méchef d'être prinse ou détroussée de biens ou de notre honneur, que jà Dieu ne vueille, ce seroit un merveilleux déplaisir. Si me sembleroit bon, sauve toutefois

---

[1] Accueil de visage. — [2] Obtenir. — [3] Craignaient.
[4] Condition, hospitalité. — [5] Apparaissaient.
[6] Expression proverbiale signifiant qu'il avait pris les devans et qu'il était le bienvenu. — [7] Éloigner.

[1] Entreprendre, accepter. — [2] Auparavant.
[3] Bourg de Lorraine sur la Meurthe, à deux lieues de Nancy. La relique de saint Nicolas, évêque de Mire, y attirait de nombreux pèlerinages.

votre bon plaisir, que me fissiez faire un habillement d'homme et me baillassiez en la conduite de mon oncle le bâtard [1], chacun monté sur un petit cheval. Nous irons plus sûrement, et à moins de dépens, et, se ainsi le vous plaît, je l'entreprendrai plus hardiment que d'y aller en état [2]. » Ce bon seigneur pensa un peu sur l'avis de sa fille, en parla à madame : si leur sembla que l'ouverture qu'elle faisoit lui partoit d'un grand sens et d'un très-bon vouloir. Si furent ses choses prêtes et ordonnées tantôt pour partir, et ainsi se mirent en chemin la belle Catherine et son oncle le bâtard, sans autre compagnie, habillés à la façon d'Allemagne. Bien et gentement étoient et firent tant par leurs journées, que leur pèlerinage voire de Saint-Nicolas fut accompli. Et comme ils se mettoient au retour, louant Dieu qu'ils n'avoient encore eu que tout bien, et devisant d'autres plusieurs choses, Catherine à son oncle va dire : « Mon oncle mon ami, vous savez qu'il est en moi, la merci Dieu! qui suis seule héritière de monseigneur mon père, de vous faire beaucoup de bien ; laquelle chose je ferai voulentiers quant à moi sera, se vous me voulez servir en une menue quête que j'ai entreprinse. C'est d'aller à l'hôtel d'un seigneur de Barrois (qu'elle lui nomma) voir Girard que vous savez, et afin que, quand nous reviendrons, puisse conter quelque chose de nouveau, nous demanderons léans retenance, et se nous la pouvons obtenir, nous y serons pour aucuns jours et verrons le pays ; et ne faites nulle doute, que je n'y garde mon honneur comme une bonne fille doit faire. » L'oncle, espérant que mieux lui en sera ci-après, et qu'elle est si bonne qu'il n'y faut jà guet sur elle, fut content de la servir, et de l'accompagner en tout ce qu'elle voudra. S'il fut beaucoup mercié, n'en doutez, et dèslors conclurent qu'il appelleroit sa nièce Conrard. Ils vinrent assez tôt, comme on leur enseigna, au lieu désiré, et s'adressèrent au maître d'hôtel du seigneur, qui étoit un ancien écuyer, qui les reçut comme étrangers très-liement et honorablement. Conrard lui demanda se monseigneur son maître ne voudroit pas service d'un jeune gentilhomme qui quéroit aventure et demandoit à voir pays. Le maître d'hôtel demanda d'ond il étoit, et il dit qu'il étoit de Brabant. « Or bien, dit-il, vous viendrez dîner céans, et après dîner, j'en parlerai à monseigneur. » Il les fit tantôt conduire en une belle chambre, et envoya couvrir la table, et faire un très-beau feu, et apporter la soupe, et la pièce de mouton, et le vin blanc, attendant le dîner. Et s'en alla devers son maître et lui conta la venue d'un jeune gentilhomme de Brabant; qu'il le voudroit bien servir, se le seigneur étoit content; et si lui semble que ce soit son fait. Pour abréger, tantôt qu'il eut servi son maître, il s'en vint devers Conrard pour lui tenir compagnie au dîner, et avec lui amena, pource qu'il étoit de Brabant, le bon Girard dessus nommé, et dit à Conrard: « Veci un gentilhomme de votre pays. — Il soit le très-bien trouvé! ce dit Conrard. — Et vous le très-bienvenu! » ce dit Girard. Mais créez qu'il ne reconnut pas sa dame, mais elle lui très-bien. Durant que ces accointances se faisoient, la viande fut apportée, et assis emprez le maître d'hôtel, chacun en sa place. Ce dîner dura beaucoup à Conrard, espérant après d'avoir de bonnes devises [1] avec son serviteur, pensant aussi qu'il la reconnoîtra tantôt, tant à sa parole comme aux réponses qu'il lui fera de son pays de Brabant. Mais il alla tout autrement; car oncques, durant le dîner, le bon Girard ne demandoit après homme ne femme de Brabant; dont Conrard ne savoit que penser. Ce dîner fut passé, et après dîner, monseigneur retint Conrard en son service, et le maître d'hôtel, très-scient [2] homme, ordonna que Girard et Conrard, pource qu'ils sont tous deux d'un pays, auroient chambre ensemble. Et après cette retenue, Girard et Conrard se prindrent à bras, et s'en vont voir leurs chevaux. Mais quant au regard de Girard [3], s'il parla oncques, ne demanda rien de Brabant. Si se print fort à douter le pauvre Conrard, c'est à savoir la belle Catherine, qu'elle étoit mise avec les péchés oubliés, et que, s'il n'étoit rien à Girard, il ne se pourroit tenir qu'il n'en demandât, ou au moins du seigneur ou de la dame où elle demouroit: la pauvrette étoit, sans guère le montrer, en grand' détresse de cœur, et ne savoit lequel faire, ou de se encore céler, et de l'éprouver par subtiles paroles,

---

[1] Il y avait, dans toutes les familles nobles, des bâtards qui se qualifiaient ainsi et dont la naissance illégitime n'était alors ni un scandale ni une honte.

[2] C'est-à-dire, avec une suite, un grand train.

---

[1] Causeries. — [2] Très-bien appris; homme qui sait vivre. — [3] Quant à ce qui regarde Girard.

ou de soi prestement faire connoître. Au fort, elle s'arrêta qu'encore demourera Conrard, et ne demandera Catherine, se Girard ne tient autre manière. Ce soir se passe comme le dîner, et vinrent en leur chambre Girard et Conrard, parlant de beaucoup de choses; mais il ne venoit nuls propos en termes qui guères plussent audit Conrard. Quand il vit qu'il ne disoit rien, se on ne lui met en bouche, elle lui demanda de quels gens il étoit de Brabant, et comment il étoit là venu, et comment on se portoit audit pays de Brabant, depuis qu'elle n'y avoit été, et il en répondit tout ce que bon lui sembla. « Et connoissez-vous pas, dit-elle, un tel seigneur et un tel? — Saint Jean! oui, » dit-il. Au dernier, elle lui nomma le seigneur, et il dit qu'il le connoissoit bien, sans dire qu'il y eût demeuré, ne aussi que jamais en sa vie y eût été. « On dit, ce dit-elle, qu'il y a de belles filles léans : en connoissez-vous nulles? — Bien peu, dit-il, et aussi il ne m'en chaut! Laissez-moi dormir, je meurs de sommeil. — Comment, dit-elle, pouvez vous dormir puisqu'on parle de belles filles? ce n'est pas signe que vous soyez amoureux. » Il ne répondit mot, mais s'endormit comme un pourceau, et la pauvre Catherine se douta tantôt de ce qui étoit, mais elle conclut qu'elle l'éprouvera plus avant. Quand vint le lendemain, chacun saillit[1], parlant et devisant de ce que plus lui étoit : Girard, de chiens et d'oiseaux, et Conrard, de belles filles de léans et de Brabant. Quand vint après dîner, Conrard fit tant qu'il détourna Girard des autres, et lui va dire que le pays de Barrois déjà lui déplaisoit très-fort, et que vraiment Brabant est toute autre marche[2], et en son langage lui donna assez à connoître que le cœur lui tiroit fort devers Brabant. Auquel propos, ce dit Girard : « Que voyez-vous en Brabant, qui n'est ici? et n'avez-vous pas ici tant et si largement de belles forêts pour la chasse, les belles rivières et les plaines tant plaisantes qu'à souhaiter pour le déduit[3] des oiseaux, et tant de gibier et autres? — Encore n'est-ce rien! ce dit Conrard; les femmes de Brabant sont bien autres, qui me plaisent bien autant et plus que vos chasses et volières. — Saint Jean! c'est autre chose, ce dit Girard. Vous y seriez hardiment amoureux en votre Brabant, je l'ois bien. — Et par ma foi! ce répondit Conrard, il n'est jà métier que vous soit célé, car je suis amoureux voirement. Et à cette cause, m'y tire le cœur tant rudement et si fort, que je fais doute que force me sera d'abandonner un jour votre Barrois, car il ne me sera pas possible, à la longue, de longuement vivre sans voir ma dame. — C'est folie donc, ce dit Girard, de l'avoir laissée, se vous vous sentiez si inconstant. — Inconstant, mon ami! Et où est celui qui peut mestrier[1] loyaux amoureux? Il n'est si sage ne si avisé qui sache sûrement conduire. Amour bannit souvent de ses servants et sens et raison. » Ce propos, sans plus avant le déduire, se passa, et fut heure de souper et ne se rattelèrent point au deviser[2], tant qu'ils furent au lit couchés. Et créez que de par Girard jamais n'étoit nouvelles que de dormir, se Conrard ne l'eût assailli de procez[3], qui commença une piteuse, longue et douloureuse plainte après sa dame, que je passe pour abréger. Et si dit-il, en la fin : « Hélas! Girard, comment pouvez-vous avoir envie ne faim de dormir auprès de moi qui suis tant éveillé, qui n'ai esprit qui ne soit plein de regrets, d'ennui et de souci? c'est merveille que vous n'en êtes un peu touché, et croyez, se c'étoit maladie contagieuse, vous ne seriez pas sûrement si près sans avoir des esclabotures[4]. Hélas! si je ne vois bien bref ma dame par amour! — Je ne vis jamais si fol amoureux, dit Girard. Et pensez-vous que je n'aie point été amoureux? Certes, je sais bien que c'est, car j'ai passé par là comme vous; certes si ai, mais ne fus oncques si enragé que d'en perdre le dormir ne la contenance comme vous faites maintenant : vous êtes bête, et ne prise point votre amour un blanc[5]. Et pensez-vous qu'il en soit autant à votre dame? Nenni, nenni. — Je suis tout sûr que si, ce dit Conrard; elle est trop loyale pour m'oublier. — Ha! dea, vous dites ce que voudrez, ce dit Girard, mais je ne croirai jà que femmes soient si léales que pour tenir tels termes, et ceux qui le cuident sont parfaits cocquards. J'ai aimé comme vous, et encore en aime bien une; et, pour vous dire mon fait, je partis de Brabant à l'occasion d'amour; et à l'heure que je partis, j'étois bien en la grâce d'une très-belle, bonne et noble fille, que je laissai à très-grand regret; et me déplut beaucoup, par aucuns peu de jours, d'avoir perdu sa

---

[1] Sortit. — [2] Contrée. — [3] Plaisir, passe-temps de la chasse.

[1] Connaître. — [2] A la conversation. — [3] Questions. [4] Éclaboussures. — [5] Petite pièce de monnaie de billon.

présence, non pas que j'en laissasse le dormir ne boire ne manger comme vous. Quand je me vis ainsi d'elle élongé, je voulus user pour remède du conseil d'Ovide[1], car, je n'eus pas sitôt l'accointance et entrée céans, que je ne prinsse une des belles qui y soit, et ai tant fait, la Dieu merci, qu'elle me veut beaucoup de bien, et je l'aime beaucoup aussi, et par ce point, me suis déchargé de celle que paravant aimois; et ne m'en est, à présent, non plus que de celle qu'oncques ne vis, tant m'en a rebouté ma dame de présent. — Et comment ce, dit Conrard, est-il possible, se vous aimiez bien l'autre, que vous la puissiez sitôt oublier ne abandonner? Je ne le sais entendre, moi, ne concevoir comment il se peut faire! — Il s'est fait toutefois. Entendez-le, se vous savez! — Ce n'est pas bien gardé loyauté, ce dit Conrard. Quant à moi, j'aimerois plus cher mourir mille fois, se possible m'étoit, que d'avoir fait à ma dame si grande fausseté; et jà Dieu ne me laisse tant vivre, que j'aie, non pas le vouloir seulement, mais une seule pensée de jamais aimer ne prier autre qu'elle! — Tant êtes-vous plus bête, ce dit Girard, et se vous maintenez cette folie, jamais vous n'aurez bien et ne ferez que songer et muser, et sécherez sur terre comme la belle herbe dedans le four, et serez homicide de vous-même, et si n'en aurez jà gré; même, votre dame n'en fera que rire, se vous êtes si heureux qu'il vienne à sa connoissance. — Comment? ce dit Conrard, vous savez d'amour bien avant! je vous requiers donc que veuillez être mon moyen[2], céans ou autre part que je fasse dame par amour, à savoir-mon[3] se je pourrois guérir comme vous. — Je vous dirai, ce dit Girard: je vous ferai demain deviser à ma dame, et aussi je lui dirai que nous sommes compagnons, et qu'elle fasse votre besogne à sa compagne; et je ne doute point, se vous voulez, qu'encore n'ayons du bon temps, et que bien bref se passera la rêverie qui vous affole, voire se à vous ne tient. — Se ce n'étoit pour fausser mon serment à ma dame, je le désirerois beaucoup! ce dit Conrard. Mais au fort, j'essaierai comment il m'en prendra! » Et à ces mots, se retourna Girard et s'endormit, et Catherine étoit de mal tant oppressée, voyant et oyant la déloyauté de celui qu'elle aimoit plus que tout le monde, qu'elle se souhaitoit morte.

Non-pourtant, elle s'apaisa, et adossa la tendeur[1] féminine, et s'adouba[2] de virile vertu. Car elle eut bien la constance de lendemain longuement et largement deviser avec celle qui par amour aimoit celui au monde que plus cher tenoit; même força son cœur, et ses yeux fit être notaires[3] de plusieurs et maintes entretenances, à son très-grand et mortel préjudice. Et ainsi, comme elle étoit en paroles avec sa compagne, elle aperçut la verge[4], qu'au partir donna à son déloyal serviteur, qui lui parcrut ses douleurs; mais elle ne fut pas si folle, non pas par convoitise de la verge, qu'elle ne trouvât une gracieuse façon de la regarder et bouter en son doigt, et sur ce point, comme non y pensant, se part et s'en va. Et tant que le souper fut passé, elle vint à son oncle, et lui dit: « Nous avons assez été en Barrois, il est temps de partir. Soyez demain prêt au point du jour, et aussi serai-je. Gardez que tout notre bagage soit bien attinté[5]. — Voire si matin qu'il vous plaît; il ne vous faudra que montrer, » répondit l'oncle. Or devez-vous savoir que, tandis, puis souper, que Girard devisoit avec sa dame, celle, qui là fut, s'en vint en sa chambre et se met à écrire unes lettres qui harroient tout du long et du large les amours d'elle et Girard: comme les promesses qu'ils s'entrefirent au partir; comment on l'avoit voulu marier; le refus qu'elle en fit, et le pélerinage qu'elle entreprit pour sauver son serment et se rendre à lui; la déloyauté dont elle l'a trouvé garni, tant de bouche comme d'œuvre et de fait; et pour les causes dessusdites, elle se tient pour acquittée et désobligée[6] de la promesse qu'elle jadis lui fit, et s'en va vers son pays, et ne le quiert point jamais ne voir ne rencontrer comme le plus déléal qu'il soit qui jamais priât femme, et si emporte la verge qu'elle lui donna, qu'il avoit déjà mise en main sequestre[7]; et si se peut vanter, qu'il a couché par trois nuits au plus près d'elle; s'il y a qui bien, si le die, car elle ne le craint: *Écrit de la main de celle dont il peut bien connoître la lettre*, et au-dessous: *Catherine*, etc. *surnommée Conrard*, et sur le dos: *Au déléal Girard*, etc. Elle ne dormit guère la nuit, et, aussitôt qu'on vit du jour, elle se leva tout doucement, et s'habilla sans qu'oncques Girard s'éveillât, et prend sa lettre qu'elle avoit bien

---

[1] Dans son poëme intitulé *Remedium amoris*.
[2] Intermédiaire, entremetteur. — [3] A savoir donc.

[1] Chassa la faiblesse. — [2] Se cuirassa. — [3] Témoins.
[4] Bague. — [5] Préparé. — [6] Dégagée. — [7] Tierce.

close et fermée, et la boute en la manche du pourpoint de Girard, et à Dieu le commanda tout en basset[1], en pleurant tendrement pour le grand deuil qu'elle avoit du très-faux et mauvais tour qu'il lui avoit joué. Girard dormoit, qui rien ne répondit. Elle s'en vient devers son oncle, qui lui bailla son cheval, et elle monte, et puis tirent pays, tant qu'ils vinrent en Brabant, où ils furent reçus joyeusement, Dieu le sait. Et pensez que leur fut bien demandé des nouvelles et aventures de leurs voyages, comment ils s'y étoient gouvernés; mais, quoi qu'ils répondissent, ils ne se vantèrent pas de la principale. Pour parler comment il advint à Girard, quand vint le jour du partement de la bonne Catherine, environ dix heures, il s'éveilla et là regarda que son compagnon Conrard étoit jà levé : si se pensa qu'il étoit tard, et sault toute en hâte et cherche son pourpoint, et comme il boutoit son bras dedans l'une des manches, il s'en saillit unes lettres, dont il fut assez ébahi, car il ne lui souvenoit pas que nulles y en eût boutées. Il les releva toutefois, et voit qu'elles sont fermées, et avoit au dos écrit : *Au déléal Girard*, etc. Se parayant avoit été ébahi, encore le fut-il beaucoup plus. A certaine pièce, il les ouvrit et voit la suscription qui disoit : *Catherine, surnommée Conrard*, etc. Si ne sait que penser, il les lit néanmoins, et en lisant, le sang lui monte, et le cœur lui frémit, et devint tout altéré de manière et de couleur : à quelque méchef que ce fût, il acheva de lire sa lettre, par laquelle il connut que sa déloyauté étoit venue à la connoissance de celle qui lui vouloit tant de bien, non qu'elle le sût être tel au rapport d'autrui, mais elle-même en propre personne en a faite la vraie information; et, qui plus près du cœur lui touche, il a couché trois nuits avec elle sans l'avoir guerdonnée[2] de la peine qu'elle a prinse, que de si très-loin l'est venu éprouver : il ronge son frein, et, à petit[3] qu'il n'enrage tout vif, quand il se voit en celle pelleterie[4], et, après beaucoup d'avis, il ne sait autre remède que de la suir[5], et bien lui semble qu'il la ratteindra. Si prend congé de son maître, et se met à la voie, suivant le fraye[6] des chevaux de ceux qu'oncques ne ratteignit tant qu'ils fussent en Brabant. Il vint si à point, que c'étoit le jour des noces de celle qui l'a éprouvé, laquelle il cuida bien aller baiser, et saluer, et faire une orde[1] excusance de ses fautes; mais il ne lui fut pas souffert, car elle lui tourna l'épaule : et ne sut, tout ce jour ne oncques puis après, trouver manière ne façon de deviser avec elle; même il s'avança une fois pour la mener danser, mais elle le refusa pleinement devant le monde, dont plusieurs à ce prindrent garde. Ne demoura guère après, qu'un autre gentilhomme entra dedans qui fit corner[2] les ménétriers, et s'avança par devant elle, et elle descendit, ce voyant Girard, et s'en alla danser. Ainsi donc, comme avez ouï, perdit le déloyal sa dame. S'il en est encores d'autres tels, ils se doivent mirer en cet exemple, qui est notoire et vrai advenu, et depuis naguère.

NOUVELLE XXVII.

LE SEIGNEUR AU BAHUT.

La vingt-septième nouvelle, racontée par monseigneur de Beauvoir, traite des amours d'un grand seigneur de ce royaume et d'une gente damoiselle mariée, laquelle, afin de bailler lieu à son serviteur, fit son mari bouter en un bahut par le moyen de ses chambrières et léans le fit tenir toute la nuit, tandis qu'avec son serviteur passoit le temps : et des gageures qui furent faites entre elle et sondit mari, comme il vous sera recordé[1] ci-après.

Ce n'est pas chose peu accoutumée espécialement en ce royaume que les belles dames et damoiselles se trouvent voulentiers et souvent en la compagnie des gentils compagnons; et à l'occasion des bons et joyeux passe-temps qu'elles ont avec eux, les gracieuses et douces requêtes qu'ils leur font ne sont pas si difficiles à impétrer. A ce propos, n'a pas longtemps qu'un très-gentil seigneur, qu'on peut bien mettre au rang et du côté des princes, dont je laisse le nom en la plume, se trouva tant en grâce d'une très-belle damoiselle, qui mariée étoit, dont le bruit d'elle n'étoit pas si peu connu que le plus grand maître de ce royaume ne se tenît pour très-heureux d'en être retenu serviteur : laquelle lui vouloit montrer le bien qu'elle lui vouloit; mais ce ne fut pas à sa première voulenté; tant l'empêchoient les anciens adversaires et ennemis d'amour, et par espécial, plus lui nuisoit son bon mari, tenant le lieu, en ce cas, du très-maudit Dangier[4]; car, se ce ne fût-il, son gentil serviteur n'eut pas encore à lui tollir ce que bonnement et par

---

[1] A voix basse. — [2] Récompensée. — [3] Peu s'en faut. — [4] Mystification. On dit encore dans le même sens : *Si j'étais dans sa peau.* — [5] Suivre. — [6] Les traces.

[1] Vile, honteuse. — [2] Jouer de la flûte. — [3] Rappelé, rapporté. — [4] Voy. la note ci-dessus, p. 25.

honneur donner ne lui pouvoit, et pensez que le serviteur n'étoit pas fort content de cette longue attente; car l'achèvement de sa gente chasse lui étoit plus grand heur, et trop plus désiré, que nul autre bien quelconque qui advenir jamais lui pouvoit; et, à cette cause, tant continua son pourchas, que sa dame lui dit: « Je ne suis pas moins déplaisante que vous, par ma foi! que je ne vous puis faire autre chère; mais vous savez, tant que mon mari soit céans, force est qu'il soit entretenu. — Hélas! dit-il, et n'est-il moyen qui se puisse trouver d'abréger mon dur et cruel martyre? » Elle, qui, comme dessus est dit, n'étoit pas en moindre désir de soi trouver à part avec son serviteur, si lui dit: « Venez anuit, à telle heure, heurter à ma chambre; je vous ferai mettre dedans, et trouverai façon d'être délivrée de mon mari, se fortune ne détourne mon entreprinse. » Le serviteur n'ouït jamais chose qui mieux lui plût, et après les remercîmens gracieux et doux, en ce cas, dont il étoit bon maître et ouvrier, se part d'elle, attendant et désirant son heure assignée. Or devez-vous savoir qu'environ une bonne heure, ou plus ou moins, devant l'heure assignée dessusdite, notre gentille damoiselle avec ses femmes, et son mari qui va derrière, pour cette heure, étoit en sa chambre retraite[1], puis[2] le souper; et n'étoit pas, croyez, son engin[3] oiseux, mais labouroit à toute force pour fournir la promesse à son serviteur: maintenant pensoit d'un, puis maintenant d'un autre, mais rien ne lui venoit à son entendement, qui pût élonger ce maudit mari, et toutefois approchoit fort l'heure très-désirée. Comme elle étoit en ce parfond[4] penser, fortune lui fut si très-amie, que même son mari donna le très-doux avertissement de sa dure chance et male aventure, convertie, en la personne de son adversaire (c'est à savoir du serviteur dessusdit), en joie nompareille de déduit, soulas[5] et liesse: regardant par la chambre, tant regarda, qu'il aperçut d'aventure, aux pieds de la couchette, un bahut qui étoit à sa femme, et, afin de la faire parler et l'ôter de son penser, demanda de quoi sert ce bahut en la chambre, et à quel propos on ne le portoit à la garde-robe ou en quelque autre lieu, sans en faire léans parement[1]. « Il n'y a point de péril, monseigneur, ce dit mademoiselle; âme ne vient ici que nous; aussi, je l'y ai fait laisser tout propos, pource qu'encore sont aucunes de mes robes dedans. Mais n'en soyez jà mal content, mon ami, ces femmes l'ôteront tantôt. — Mal content? dit-il, nenni, par ma foi! l'aime autant ici qu'ailleurs, puisqu'il vous plaît; mais il me semble bien petit pour y mettre vos robes bien à l'aise sans les froisser, attendu les grandes et longues traînées[2] qu'on fait aujourd'hui. — Par ma foi! monseigneur, dit-elle, il est assez grand. — Il ne le me peut sembler, dit-il, vraiment; et le regardez bien. — Or çà, monseigneur, dit-elle, voulez-vous faire un gage à moi? — Oui, vraiment, dit-il; quel sera-t-il? — Je gagerai, s'il vous plaît, pour demi-douzaine de bien fines chemises encontre le satin d'une cotte-simple. Nous vous bouterons bien dedans, tout ainsi que vous êtes? — Par ma foi! dit-il, je gage que non. — Et je gage que si! — Or avant! ce dirent les femmes: nous verrons qui le gagnera. — A l'éprouver, le saura-t-on, » dit monseigneur. Et lors s'avance et fit tirer du bahut les robes qui étoient dedans, et quand il fut vide, mademoiselle et ses femmes, à quelque méchef que ce fût, firent tant que monseigneur fut dedans tout à son aise. Et à ce coup, fut grande la noise, et autant joyeuse, et mademoiselle alla dire: « Or, monseigneur, vous avez perdu la gageure, vous le connoissez bien? faites? — Oui, dit-il; c'est raison. » En disant ces paroles, le bahut fut fermé, et tout jouant, riant et ébattant, prindrent toute ensemble et homme et bahut, et l'emportèrent en une petite garde-robe assez loin de la chambre, et il crie et se démène, faisant grand bruit et grand'noise, mais c'est pour néant; car il fut là laissé toute la belle nuit (pense, dorme, fasse du mieux qu'il peut!); car il est ordonné par mademoiselle et son étroit conseil, qu'il n'en partiroit meshui, pource qu'il a tant empêché le lieu. Pour retourner à la matière de notre propos encommencé, nous laisserons notre homme et notre bahut, et dirons de mademoiselle, qui attendoit son serviteur avec ses femmes, qui étoient telles et si bonnes et si secrètes que rien du monde ne leur étoit célé de ses affaires; lesquelles savoient bien que le

---

[1] Retirée. — [2] Depuis. — [3] Esprit, imaginative.
[4] Profond. — [5] Consolation, récréation.

[1] Parade, ornement. — [2] Queues traînantes.

bien-aimé serviteur, se à lui ne tenoit, tiendroit la nuit le lieu de celui qui au bahut fait sa pénitence. Ne demoura guère que le bon serviteur, sans faire effroi ne bruit, vint heurter à la porte, et au heurter qu'il fit, on le connut tantôt, et là étoit celle qui le bouta dedans. Il fut reçu joyeusement et liement, et entretenu doucement de mademoiselle et de sa compagnie, et ne se donna garde qu'il se trouvât tout seul avec sa dame, qui lui conta bien au long la bonne fortune que Dieu leur a donnée, c'est à savoir comment elle fit la gageure à son mari d'entrer au bahut, comment il y entra, et comment elle et ses femmes l'ont porté en une garderobe. « Comment ? ce dit le serviteur ; je ne cuidois point qu'il fût céans, par ma foi ! Je pensois, moi, que vous eussiez trouvé aucune façon de l'envoyer ou faire aller dehors, et que j'eusse ici tenu meshui son lieu. — Vous n'en irez pas pourtant, dit-elle : il n'a garde d'issir [1] d'ond il est, et si a beau crier, il n'est âme de nuls céans [2], qui le pût ouïr, et croyez qu'il demourera meshui par moi. Se vous le voulez déprisonner, je m'en rapporte à vous. — Notre-Dame ! dit-il, s'il n'en falloit tant que je l'en fisse ôter, il auroit bel attendre. — Or faisons donc bonne chère, dit-elle, et n'y pensons plus. » Pour abréger, chacun se dépouilla, et se couchèrent les deux amants dedans le beau lit ensemble, bras à bras, et firent ce pourquoi ils étoient assemblés, qui mieux vaut être pensé des lisans qu'être noté de l'écrivant. Quand vint au point du jour, le gentil serviteur se partit de la dame le plus secrètement qu'il put, et vint à son logis dormir, comme j'espoire, ou déjeuner, car de tous deux avoit besoin. Mademoiselle, qui n'étoit pas moins subtile que sage et bonne, quand il fut heure, se leva et dit à ses femmes : « Il seroit désormais heure d'ôter notre prisonnier ; je vais voir qu'il dira et s'il se voudra mettre à finance [3]. — Mettez tout sur nous, dirent-elles ; nous l'apaiserons bien. — Croyez que si ferai, » ce dit-elle. Et à ces mots, se signe et s'en va ; et comme non pensant à ce qu'elle faisoit, tout d'aguet [4] et à propos entra dedans la garde-robe où son mari encore étoit dedans le bahut clos. Et quand il ouït, il commença faire grand' noise et crier à la volée :

« Qu'est ceci ? me laissera-t-on ci-dedans ? » Et sa bonne femme, qui l'ouït ainsi démener, répondit affréement [1], et comme craintivement, faisant l'ignorante : « Eh ! Dieu ! qui est cela que j'ai ouï crier ? — C'est moi, de par Dieu ! dit le mari, c'est moi ! — C'est vous ? dit-elle ; et d'ond venez-vous à cette heure ? — D'ond je viens ? dit-il ; et vous le savez bien, mademoiselle ; il ne faut jà qu'on le vous die. Mais se vous faites de moi, au fort, je ferai quelque jour de vous ! » Et s'il eût enduré ou osé, il se fût voulentiers courroucé et eût dit vilenie à sa bonne femme ; et elle, qui le connoissoit, lui coupa la parole et dit : « Monseigneur, pour Dieu, je vous crie merci ! Par mon serment, je vous assure que je ne vous cuidois pas ici à cette heure ! Et croyez que je ne vous y eusse pas quis [2] ? Et ne me sais assez émerveiller d'ond vous venez à y être encore ; car je chargeai hier au soir à ces femmes, qu'elles vous missent dehors, tandis que je disois mes heures, et elles me dirent que si feroient-elles, et, de fait, l'une me vint dire que vous étiez dehors et déjà allé en la ville, et que ne reviendriez meshui. Et à cette cause, je me couchai assez tôt après, sans vous attendre. — Saint Jean ! dit-il, vous voyez que c'est ! Or, vous avancez de moi tirer d'ici, car je suis tant las, que je n'en puis plus ! — Cela ferois bien, monseigneur, dit-elle ; mais ce ne sera pas devant que vous m'ayez promis de moi payer de la gageure qu'avez perdue, et pardonnez-moi toutefois, car autrement ne le puis faire. — Eh ! avancez-vous, de par Dieu ! je le paierai vraiment, et ainsi vous le promets ; oui, par ma foi ! » Et ce procès finé, mademoiselle déferma [3] le bahut, et monseigneur issit hors, lassé, froissé et travaillé, et elle le prend à bras et baise et accolle tant doucement qu'on ne pourroit plus, en lui priant, pour Dieu, qu'il ne soit point mal content. Adonc le pauvre coquard dit que non étoit-il, puisqu'elle n'en savoit rien, mais il punira trop bien ses femmes s'il y sait advenir. « Par ma foi ! monseigneur, dit-elle, elles s'en sont ores bien vengées de vous ; je ne doute point que vous ne leur ayez fait quelque chose ? — Non ai, certes, que je sache ; mais croyez que le tour qu'elles m'ont joué leur sera cher vendu. » Il n'eut pas finé ce propos, que toutes ses femmes entrèrent

[1] Sortir. — [2] Les anciennes éditions mettent ici *eens*. — [3] A rançon. — [4] C'est-à-dire, en prêtant l'oreille, en guettant.

[1] Avec effroi. — [2] Cherché. — [3] Ouvrit.

dedans; qui si très-fort rioient, et de si grand cœur, qu'elles ne surent mot dire grand' pièce après ; et monseigneur, qui devoit faire merveilles, quand il les vit rire en ce point, ne se put tenir de les contrefaire ; et mademoiselle, pour lui faire compagnie, ne s'y feignit point : là vissiez-vous une merveilleuse risée, et d'un côté et d'autre, mais celui, qui en avoit le moins cause, ne s'en pouvoit ravoir. Après certaine pièce, ce passe-temps cessa et dit monseigneur : « Mademoiselle, je vous mercie beaucoup de la courtoisie que m'avez anuit fait. — A votre commandement, monseigneur, répondit l'une ; et encore n'êtes-vous pas quitte : vous nous avez fait et faites toujours tant de peine et de méchef ; que nous vous avons gardé cette pensée, et n'avons autre regret que plus n'y avez été ; et se n'eussions su, de vrai, qu'il n'eût pas bien plu à mademoiselle, encore y fussiez-vous, et prenez-en gré. — Et est-ce là? dit-il. Or bien, bien ; vous verrez comme il vous en prendra. Et, par ma foi ! je suis bien gouverné, quand, avec tout ce mal que j'ai eu, on ne me fait que farcer, et encore, qui pis est, il me faut payer la cotte-simple de satin. Et vraiment, je ne puis, à moins que d'avoir les chemises de la gageure en récompensation de la peine qu'on m'a faite. — Il n'y a, parbieu ! que raison, dirent les damoiselles. Nous voulons, à cette heure, être pour vous, monseigneur, et vous les aurez : n'aura pas, mademoiselle ? — Et à quel propos ? dit-elle : il a perdu la gageure. — Dea ! nous savons trop bien cela ; il ne les peut avoir de droit ; aussi ne les demande-t-il pas à cette intention, mais il les a bien desservies[1] en autre manière. — A cela ne tiendra-t-il pas, dit-elle : je ferai voulentiers finance de la toile pour l'amour de vous, mesdemoiselles, qui tant bien procurez[2] pour lui, et vous prendrez bien la peine de les coudre? — Oui vraiment, mademoiselle. » Comme celui qui ne fait qu'escourre[3] la tête au matin, quand il se lève, qu'il ne soit prêt, ainsi étoit monseigneur ; car il ne lui faillit qu'une secousse de verges à nétoyer sa robe et ses chausses, qu'il ne fût prêt, et ainsi à la messe s'en va, et mademoiselle et ses femmes le suivent, qui faisoient de lui, je vous assure, grand's risées. Et croyez que la messe ne se passa pas sans ris soudain,

quand il leur souvient du gîte que monseigneur a fait au bahut ; lequel ne le sait encore que ce fut cette nuit enregistrée au livre qui n'a point de nom, et se n'est que, d'aventure, que cette histoire vienne entre ses mains, jamais n'en aura, si Dieu plaît, connoissance, ce que pour rien je ne voudrois. Si prie aux lisans qui le connoissent, que se gardent de lui montrer.

NOUVELLE XXVIII.

LE GALANT MORFONDU.

La vingt-huitième nouvelle, dite et racontée par messire Michaut de Changy, traite de la journée assignée à un grand prince de ce royaume, par une damoiselle, servante de chambre de la reine ; et du petit exploit d'armes que fit ledit prince, et des feintises que ladite damoiselle disoit à la reine, de sa levrière, laquelle étoit tout à propos enfermée dehors de la chambre de la reine, comme vous oirez ci-après.

Se, au temps du très-renommé et éloquent Boccace, l'aventure, dont je vueil fournir ma nouvelle, fût advenue, et à son audience et connoissance parvenue, je ne doute point qu'il ne l'eût ajoutée et mise au rang des Nobles hommes mal fortunés[1]. Car je ne pense pas que noble homme jamais, pour un coup, eut guère fortune plus dure à porter, que le bon seigneur, que Dieu pardoint[2], dont je vous conterai l'aventure ; et se mal fortuné n'est digne d'être audit livre de Boccace, ce j'en fais juge tous ceux qui l'orront[3] raconter. Le bon seigneur, dont je vous parle, en son temps, étoit un des beaux princes de ce royaume, garni et adressé[4] de tout ce qu'on sauroit louer et priser en noble homme ; et, entre autres ses propriétés, il étoit tel destiné qu'entre les dames jamais homme ne le passa de gracieuseté. Or lui advint qu'au temps que cette renommée et destinée florissoit et qu'il n'étoit bruit que de lui, amour, qui sème ses vertus où mieux lui plaît et bon lui semble, fit alliance d'une belle fille, jeune, gente, et gracieuse, et en bon point en sa façon, ayant bruit autant, et plus que nulle de son temps, tant par sa grand' et nompareille beauté, comme par ses très-belles mœurs et vertus ; et qui pas ne nuisoit au jeu, tant étoit en la grâce de la reine

---

[1] Méritées, gagnées. — [2] Plaidez. — [3] Secouer.

[1] Boccace a composé en latin le traité des *Nobles malheureux*, traduit pour la première fois en français par Laurent du Premier-Faict, contemporain d'Antoine de la Sale.

[2] Pardonne. — [3] L'entendront. — [4] Instruit, orné, paré.

du pays, qu'elle étoit son demi-lit[1], les nuits que ladite reine point ne couchoit avec le roi. Ces amours, que je vous dis, furent si avant conduites, qu'il ne restoit que temps et lieu pour dire et faire, chacun à sa partie, la chose au monde que plus lui pourroit plaire. Ils ne furent pas peu de jours, pour aviser lieu et place convenable à ce faire ; mais en la fin, celle qui ne désiroit pas moins le bien de son serviteur que la salvation[2] de son âme, s'avisa d'un bon tour, dont tantôt l'avertit, disant ce que s'ensuit : « Mon très-loyal ami, vous savez comment je couche avec la reine, et que nullement n'est possible, se je ne voulois tout gâter, d'abandonner cet honneur et avancement, dont la plus femme de bien de ce royaume se tiendroit pour bienheureuse et honorée ; combien que, par ma foi, je vous voudrois complaire, et faire votre plaisir d'aussi bon cœur comme à elle ; et, qu'il soit vrai, je le vous montrerai, de fait, sans abandonner toutefois celle qui me fait et peut faire tout le bien et l'honneur du monde. Je ne pense pas aussi que vous voulsissiez qu'autrement je fisse ? — Non, par ma foi ! ma mie, répondit le bon seigneur ; mais toutefois je vous prie que, servant votre maîtresse, votre léal serviteur ne soit point arrière du bien que faire lui pouvez, qui ne lui est pas moindre chose de à votre grâce et amour parvenir, que de gagner le surplus du monde. — Veci que je vous ferai, monseigneur, dit-elle : la reine a une levrière, comme vous savez, dont elle est beaucoup assotée[3], et la fait coucher en sa chambre ; je trouverai façon anuit de l'enclore hors de la chambre, sans qu'elle en sache rien, et quand chacun sera retrait, je ferai un saut jusques en la chambre de parement[4], et défermerai l'huis, et le laisserai entr'ouvert. Et quand vous penserez que la reine pourra être au lit, vous viendrez tout secrètement, et entrerez en ladite chambre et fermerez l'huis : vous y trouverez la levrière, qui vous connoît assez ; si se laissera bien approcher de vous ; vous la prendrez par les oreilles, et la ferez bien haut crier, et quand la reine l'orra[5], elle la connoîtra tantôt ; je ne doute point qu'elle ne me fasse lever incontinent pour la mettre dedans, et en ce point,

viendrai-je vers vous ; et ne faillez point, se jamais vous voulez parler à moi. — Ha ! ma très-chère et loyale amie, dit monseigneur, je vous mercie tant que je puis ; pensez que je n'y faudrai pas ! » Et à tant se part et s'en va ; et sa dame aussi, chacun pensant et désirant d'achever ce qu'est proposé. Qu'en vaudroit le long compte ? La levrière se cuida rendre ; quand il fut heure, en la chambre de sa maîtresse ; comme elle avoit accoutumé, mais celle, qui l'avoit condamnée, dehors la fit retraire en la chambre au plus près, et la reine se coucha, sans ce qu'elle s'en donnât garde ; et assez tôt après, lui vint faire compagnie la bonne damoiselle, qui n'attendoit que l'heure d'ouïr crier la levrière et la semonce de bataille. Ne demoura guère, que le gentil seigneur se mît sur les rangs, et tant fit qu'il se trouva en la chambre où la levrière se dormoit : il la quit[1], tant au pied qu'à la main, qu'il la trouva, et puis la print par les oreilles, et la fit haut crier deux ou trois fois. Et la reine, qui l'oyoit, connut tantôt que c'étoit sa levrière, et pensoit qu'elle vouloit être dedans ; si appela sa damoiselle et lui dit : « Ma mie, velà ma levrière qui se plaint là dehors ; levez-vous ; si la mettez dedans. — Voulentiers, madame, » dit la damoiselle. Et jaçoit qu'elle attendît la bataille, dont elle-même avoit l'heure et le jour assigné, si ne s'arma-t-elle que de sa chemise, et en ce point, s'en vint à l'huis et l'ouvrit. Tantôt lui vint à l'encontre celui qui l'attendoit ; il fut tant joyeux et tant surprins, quand il vit sa dame si belle et si en bon point, qu'il perdit force, sens et avis, et ne fut en sa puissance adonc tirer sa bague, pour là éprouver se elle pourroit prendre sur ses cuirasses[2] : trop bien, de baiser, d'accoler, de manier le tetin, du surplus, il faisoit assez diligence ; mais du parfait *nihil*. Si fut force à la gente damoiselle, qu'elle retournât sans lui laisser ce qu'avoir ne pouvoit, se par force d'armes ne le conquéroit ; et ainsi qu'elle se voulut partir, il la cuidoit retenir par force et par douces paroles, mais elle n'osoit demourer : si lui ferma l'huis au visage et s'en revint par devers la reine, qui lui demanda s'elle avoit mis la levrière dedans, et elle dit que non, car oncques puis ne l'avoit su trouver, et si avoit beaucoup regardé. « Or bien, dit la reine, couchez-vous

---

[1] Compagne de lit. — [2] Le salut. — [3] Dont elle raffole. [4] Salle d'honneur, de réception, qu'on appelle aujourd'hui le salon. — [5] L'entendra.

[1] Chercha. — [2] Cette image, tirée du jeu de bague, n'est pas intelligible.

toujours; l'aura-t-on bien. » Le pauvre amoureux étoit, à celle heure, bien mal content, qui se voit ainsi déshonoré et anéanti ; et si cuidoit auparavant, et bien tant en sa force se fioit, qu'en moins d'heure qu'il n'avoit été avec sa dame, il en eût bien combattu telles trois, et venu au-dessus d'elles à son honneur. Au fort, il reprint courage et dit si bien en soi-même : « S'il est jamais si heureux que de trouver sa dame en si belle, elle ne partira pas comme elle a fait l'autre fois. » Ainsi animé et aiguillonné de honte et de désir, il reprend la levrière par les oreilles, et la tira si rudement, tout courroucé qu'il étoit, qu'il la fit crier beaucoup plus haut qu'elle n'avoit devant. Si hucha arrière,[1] à ce cri, la reine, sa damoiselle, qui revint ouvrir l'huis comme devant ; mais elle s'en retourna devers sa maîtresse, sans conquêter ne plus ne moins qu'elle fit l'autre fois. Or revint la tierce fois, que ce pauvre gentilhomme faisoit tout son pouvoir de besogner comme il avoit le désir ; mais au diable de l'homme, s'il put oncques trouver manière de fournir une pauvre lance à celle qui ne demandoit autre chose, et qui attendoit tout de pied coi. Et quand elle vit qu'elle n'auroit pas son panier percé, et qu'il n'étoit pas en l'autre mettre seulement sa lance en son arrêt, quelque avantage qu'elle lui fît, tantôt connut qu'elle avoit à la joûte failli, dont elle tint beaucoup moins de compte du joûteur : elle ne voulut plus là demourer, pour conquête qu'elle y fît. Si voulut rentrer en la chambre, et son ami la retiroit à force et disoit : « Hélas ! ma mie, demourez encore un peu, et je vous en prie. — Je ne puis, dit-elle ; laissez-moi aller, dit-elle, et je n'ai que trop demouré pour chose que j'ai profité ! » Et à tant se tourne vers la chambre, et l'autre la suivoit qui la cuidoit retenir. Et quand elle vit ce, pour le bien payer et la reine contenter, alla dire tout en haut : « Passez, passez, orde caigne[2] que vous êtes ; pardieu ! vous n'y entrerez meshui, méchante bête que vous êtes ! » Et en ce disant, ferma son huis, et la reine, qui l'ouït, demanda : « A qui parlez-vous, ma mie ? — C'est à ce paillard chien, madame, qui m'a tant fait de peine de le quérir : il s'étoit bouté sous un banc là-dedans et caché tout de plat, le muscau sur la terre, et si ne le savois trouver ; et quand je l'ai eu trouvé, il ne s'est oncques daigné lever, pour quelque chose que lui ai faite. Je l'eusse très-voulentiers bouté dedans, mais il n'a oncques daigné lever la tête ; si l'ai laissé là dehors, et à son visage, tout par dépit, ai fermé l'huis. — C'est très bien fait, ma mie, dit la reine ; couchez-vous, si dormirons. » Ainsi que vous avez ouï, fut mal fortuné ce gentil seigneur, et pource qu'il ne put, quand sa dame voulut, je tiens, moi, quand il eut bien depuis la puissance à commandement, le vouloir de sa dame fut hors de la ville.

NOUVELLE XXIX.

LA VACHE ET LE VEAU.

La vingt-neuvième nouvelle, racontée par Monseigneur, traite d'un gentilhomme, qui, dès la première nuit qu'il se maria et après qu'il eut heurté un coup à sa femme, elle lui reçut un enfant, et de la manière qu'il en tint, et des paroles qu'il en dit à ses compagnons, qui lui apportoient le chaudeau, comme vous oirez ci-après.

N'a pas cent ans du jour d'hui, qu'un gentilhomme de ce royaume voulut savoir et éprouver l'aise qu'on a en mariage, et, pour abréger, fit tant, que le très-désiré jour de ses noces fut venu. Après les très-bonnes chères et autres passetemps accoutumés, l'épousée fut couchée : à une certaine pièce après, lui, vint et se coucha auprès d'elle, et sans délai incontinent bailla l'assaut à sa forteresse ; quelque méchef que ce fut, il entra dedans et la gagna. Mais vous devez entendre qu'il ne fit pas cette conquête sans faire foison d'armes qui longues seroient à raconter : par ainsi qu'il venit au donjon du château, force lui fut de gagner et emporter belèvre[1], baublières et plusieurs autres forts, dont la place étoit bien garnie, comme celle qui jamais n'avoit été prinse, au moins doncques fut encore grand nouvelle, et que nature avoit mis à défense. Quand il fut maître de la place, il rompit sa lance, et lors cessa l'assaut et ploya l'œuvre. Or ne faut pas oublier que la bonne damoiselle, qui se vit en la merci de ce gentilhomme son mari, qui déjà avoit fourragé la plupart de son manoir, voulut lui montrer un prisonnier qu'elle tenoit, en un secret lieu enclos et enfermé ; et, pour parler plein, elle se délivra, et

---

[1] Appela, envoya hors de la chambre.
[2] Vilaine chienne.

[1] Ou balèvre, la lèvre d'en bas, le tour des lèvres.
[2] Les éditions modernes mettent bambeliers, ce qui n'est pas plus intelligible. Il faut sans doute lire ban-lieues.

prins ci mis[1], après cette première course, d'un très-beau fils, dont son mari se trouva si très-honteux et tant ébahi, qu'il ne savoit sa manière, sinon de soi taire; et pour honnêteté et pitié qu'il eût de ce cas, il servit la mère et l'enfant de ce qu'il savoit faire. Mais créez que la pauvre gentille femme, à ce coup, jeta un bien haut et dur cri, qui de plusieurs fut clairement ouï et entendu, qu'ils cuidoient, à la vérité, qu'elle jetât ce cri à la dépucelée, comme c'est la coutume en ce royaume. Pendant ce temps, les gentilshommes de l'hôtel, où ce nouveau marié demouroit, vinrent heurter à l'huis de cette chambre et apportèrent le chaudeau. Ils heurtèrent beaucoup, sans ce qu'âme répondît; l'épousée en étoit bien excusée, et l'époux n'avoit pas cause de trop caqueter. « Et qu'est-ce? dirent-ils; n'ouvrirez-vous pas l'huis? Se vous ne vous hâtez, nous le romprons. Le chaudeau, que nous vous apportons, sera tantôt tout froid. » Et lors recommencèrent à heurter de plus belle, mais le nouveau marié n'eût pas dit un mot pour cent francs; dont ceux de dehors ne savoient que penser; car il n'étoit pas mut de coutume. Au fort, il se leva, et print une longue robe qu'il avoit, et laissa entrer ses compagnons dedans, qui tantôt demandèrent se le chaudeau étoit gagné, et qu'ils l'apportoient à l'aventure. Et lors, un d'entre eux couvrit la table et mit le banquet dessus, car ils étoient en lieu pour ce faire, et où rien n'étoit épargné, en tels cas et autres semblables. Ils s'assirent tous au manger, et bon mari print sa place en une chaire à dos, assis près de son lit, tant simple et tant piteux qu'on ne le vous sauroit dire; et quelque chose que les autres dirent, il ne sonnoit pas un mot, mais se tenoit comme une droite statue ou une idole entaillée. « Et qu'est ceci? dit l'un, ne prenez-vous point garde à la bonne chère que nous fait notre homme? encore a-t-il à dire un seul mot! — Ha! dea, dit l'autre, ses bourdes[2] sont rapaisées. — Par ma foi! dit le tiers, mariage est chose de grand'vertu : regardez, quand a une heure qu'il a été marié, il a jà perdu la force de sa langue? S'il est jamais longuement, je ne donnerois pas maille de tout le surplus, et, à la vérité dire, il étoit auparavant un très-gracieux farceur, et tant bien lui séoit que merveilles, et ne disoit jamais une parole, puis qu'il étoit en gogues, qu'elle n'apportât avec elle son ris. » Mais il en étoit pour l'heure bien rebouté. Ces gentilshommes et ces gentils compagnons buvoient d'autant et d'autel, et à l'épousée. Mais au diable des deux, s'ils avoient faim de boire : l'un enrageoit tout vif, et l'autre n'étoit pas moins malaisé. « Je ne me connois en cette manière, dit un gentilhomme : il nous faut festoier de nous-mêmes. Je ne vis jamais homme de si haut esternu[1], sitôt rassis pour une femme : j'ai vu qu'on n'eût pas Dieu ouï tonner en une compagnie où il fut, et il se tient plus coi qu'un feu couvert. Ah! dea, ces hautes paroles sont bien entonnées maintenant! — Je bois à vous, épousé, » disoit l'autre. Mais il n'étoit pas pleige[2]; car il jeunoit de boire, de manger, de bonne chère faire, et de parler. Non-pourtant, assez bonne pièce après, quand il eut bien été réprouvé et rigolé[3] de ses compagnons, et, comme un sanglier, mis aux abois de tous côtés, il dit : « Messeigneurs, quand je vous ai bien entendu, qui me semoncez si très-fort de parler, je vueil bien que vous sachiez que j'ai bien cause de beaucoup penser et de moi faire tout coi; et si suis sûr qu'il n'y a nul qui n'en fît autant, s'il en avoit le pourquoi comme j'ai. Et par la morbieu! si j'étois aussi riche que le roi, que monseigneur et que tous les princes chrétiens, si ne saurois-je fournir ce qui m'est apparent d'avoir à entretenir? Veci : pour un pauvre coup que j'ai accolé ma femme, elle m'a fait un enfant! Or, regardez, se, à chacune fois que je recommencerai, elle en fait autant, de quoi je pourrai nourrir le ménage! — Comment un enfant? dirent ses compagnons. — Voire vraiment, un enfant : veci de quoi, regardez! » Et alors se tourne vers son lit et lève la couverture et leur montre : « Tenez, dit-il, velà la vache et le veau! Suis-je pas bien parti? » Plusieurs de la compagnie furent bien ébahis et pardonnèrent à leur hôte sa simple chère[4], et s'en allèrent chacun à sa chacune, et le pauvre nouveau marié abandonna, cette première nuit, la nouvelle accouchée, et doutant qu'elle n'en fît une autre fois autant, oncques puis ne s'y trouva.

[1] Cette locution proverbiale équivaut à celles de cahin, caha; tant bien que mal, etc. — [2] Gaîtés, goguettes.

[1] Ce mot n'a pas de sens. Il faut peut-être lire de si haut' étrenne, ce qui signifierait de si bonne mine, apparence. — [2] Il ne leur tenait pas tête.
[3] Raillé. — [4] Sa piteuse mine.

NOUVELLE XXX.

LES TROIS CORDELIERS.

La trentième nouvelle, racontée par monseigneur de Beauvoir, François, traite de trois marchands de Savoie, allant en pèlerinage à Saint-Antoine en Viennois, qui furent trompés et déçus par trois cordeliers, lesquels couchèrent avec leurs femmes, combien qu'elles cuidoient être avec leurs maris, et comment, par le rapport qu'elles firent, les maris le surent, et de la manière qu'ils en tinrent, comme vous oirez ci-après.

Il est vrai, comme l'Évangile, que trois bons marchands de Savoie se mirent au chemin avec leurs trois femmes, pour aller en pèlerinage à Saint-Antoine de Viennois [1]; et pour y aller plus dévotement, rendre à Dieu et à monseigneur saint Antoine leur voyage plus agréable, ils conclurent avec leurs femmes, dès le partir de leurs maisons, que tout le voyage ils ne coucheroient pas avec elles, mais en continence iront et viendront. Ils arrivèrent, un jour, en la ville de Chambery, et se logèrent en un très-bon logis, et firent au souper très-bonne chère, comme ceux qui avoient très-bien de quoi, et qui très-bien le surent faire; et crois et tiens fermement, se ne fût la promesse du voyage, que chacun fut couché avec sa chacune. Toutefois ainsi n'en advint pas, car quand il fut heure de soi retirer, les femmes donnèrent la bonne nuit à leurs maris, et les laissèrent, et se boutèrent en une chambre au plus près où elles avoient fait couvrir chacune son lit. Or devez-vous savoir que, ce soir propre, arrivèrent léans trois cordeliers qui s'en alloient à Genève, qui furent ordonnés à coucher en une chambre, non pas trop lointaine de la chambre aux marchandes, lesquelles, puis qu'elles furent entre elles, commencèrent à deviser de cent mille propos, et sembloit, pour trois qu'il y en avoit, qu'on en oyoit la noise qu'il souffiroit bien d'ouïr d'un quarteron.

Ces bons cordeliers, oyant ce bruit de femmes, saillirent de leurs chambres, sans faire effroi ne bruit, et tant approchèrent de l'huis, sans être ouïs, qu'ils aperçurent trois belles damoiselles, qui étoient, chacune à part elle, en un beau lit assez grand et large pour le deuxième recevoir; d'autre côté, puis se revirèrent, quand ils entendirent les maris qui se cou-

[1] C'est l'ancienne ville de la Mothe-Saint-Didier, en Dauphiné, qui prit le nom de Saint-Antoine, à cause des reliques de ce saint qu'on y apporta au onzième siècle.

chèrent en l'autre chambre, et puis dirent q[ue] fortune et honneur, à cette heure, leur cou[rroit] sus, et qu'ils ne sont pas dignes d'avoir jama[is] nulle bonne aventure, se cette, qu'ils n'ont p[as] à pourchasser, par lâcheté leur échappoit. [Si] dit l'un : « Il ne faut autre délibération en n[o]tre fait; nous sommes trois, et elles, tro[is.] Chacun prenne sa place, quand elles sero[nt] endormies. » Si fut dit, ainsi fut-il fait; et [il] bien vint à ces bons frères cordeliers, qu[i] trouvèrent la clé de la chambre aux femm[es] dedans l'huis; si l'ouvrirent si très-souef[ment][1] qu'ils ne furent d'âmes ouïs. Ils ne furent p[as] si fous, quand ils eurent gagné ce premier f[ort,] pour plus sûrement assaillir l'autre, qu'ils n[e] tirassent la clé par devers eux et resserrère[nt] très-bien l'huis; et puis après, sans plus e[n]querre, chacun print son quartier et commenc[è]rent à besogner chacun au mieux qu'il pu[t.] Mais le bon fut, que [2] l'une, cuidant avoir s[on] mari, parla et dit : « Que voulez-vous faire[?] ne vous souvient-il de votre vœu ? » Et le b[on] cordelier ne disoit mot, mais faisoit ce pour[quoi] quoi il étoit venu, de si grand cœur, qu'elle n[e] se put tenir de lui aider à parfournir. Les a[u]tres deux, d'autre part, n'étoient pas oiseu[x] et ne savoient, ces bonnes femmes, qui men[oient] leurs maris de si tôt rompre et casser leur pr[o]messe. Néanmoins, toutefois, elles, qui doiv[ent] obéir, le prindrent bien en patience, sans d[ire] mot, chacune doutant d'être ouïe de sa co[m]pagne; car n'y avoit celle, qui à la vérité cuidât avoir seule et emporter ce bien. Qu[and] ces bons cordeliers eurent tant fait que plu[s ne] pouvoient, ils se partirent sans dire mot, [et] retournèrent en leur chambre, chacun cont[ant] son aventure : l'un avoit rompu trois lance[s,] l'autre, quatre; l'autre, six. Ils se levèrent m[a]tin pour toute sûreté, et tirèrent pays. Et c[es] bonnes femmes, qui n'avoyent pas toute la n[uit] dormi, ne se levèrent pas trop matin; car, [sur] le jour, sommeil les print, qui les fit lever ta[rd.] D'autre côté, leurs maris, qui avoient ass[ez] bien bu le soir, et qui s'attendoient à l'appe[l] de leurs femmes, dormoient au plus fort, [à] l'heure que les autres jours avoient jà chem[iné] deux lieues. Au fort, elles se levèrent aprè[s] propos du matin, et s'habillèrent le plus ro[ide] qu'elles purent, non pas sans parler; et en[tre] elles, celle qui avoit la langue plus pr[ête]

[1] Doucement. — [2] Les éditions mettent car. — [3] A[...]

alla dire : « Entre vous, mes damoiselles, comment avez-vous passé la nuit ? Vos maris vous ont-ils réveillées, comme a fait le mien ? Il ne cessa anuit de faire la besogne. — Saint Jean ! dirent-elles, se votre mari a bien besogné cette nuit, les nôtres n'ont pas été oiseux ; ils ont tantôt oublié ce qu'ils promirent au partir, et croyez qu'on ne leur oubliera pas à dire. — J'en avertis trop bien le mien, dit l'une, quand il commença, mais il n'en cessa pourtant oncques l'œuvre, et comme homme affamé, pour deux nuits qu'il a couché sans moi, il a fait rage de diligence. » Quand elles furent prêtes, elles vinrent trouver leurs maris, qui déjà étoient comme tous prêts et en pourpoint. Bon jour à ces dormeurs ! dirent-elles. — Votre merci, dirent-ils, qui nous avez si bien huchés ! — Ma foi ! dit l'une, nous avions plus de regret de vous appeler matin, que vous n'avez fait anuit de conscience de rompre et casser votre vœu. — Quel vœu ? dit l'un. — Le vœu, dit-elle, que vous fîtes au partir : c'est de non coucher avec votre femme. — Et qui y a couché ? dit-il. — Vous le savez bien, dit-elle, et aussi sais-je. — Et moi, aussi, dit sa compagne ; velà mon mari, qui ne fut pieça si roide qu'il fut la nuit passée ; et s'il n'eût si bien fait son devoir, je ne serois pas si contente de la rompure de son vœu ; mais, au fort, il se passe, car il a fait comme les jeunes enfans, qui veulent employer leur bâture, quand ils ont desservi le punir [1]. — Saint Jean ! si a fait le mien, dit la tierce ; mais, au fort, je n'en ferai jà procès ; se mal y a, il en est cause. — Je tiens, par ma foi ! dit l'un, que vous rêvez et que vous êtes ivres de dormir. Quant est de moi, j'ai couché tout seul et n'en partis anuit. — Non ai-je, moi, dit l'autre. — Ne moi, par ma foi ! dit le tiers ; je ne voudrois pour rien avoir enfreint mon vœu. Et si cuide être sûr de mon compère, qui est ci, et de mon voisin, qu'ils ne l'eussent pas promis pour si tôt l'oublier. » Ces femmes commencèrent à changer couleur et se doutèrent de tromperie ; dont l'un des maris d'elles tantôt s'en donna garde ; et lui jugea le cœur, de la vérité du fait ; si ne leur bailla pas induce [2] de répondre : ançois [3], faisant signe à ses compagnons, dit riant : « Par ma foi ! mademoiselle, le bon vin de céans et la bonne chère du soir passé nous ont fait oublier notre promesse ; si n'en soyez jà mal contentes à l'aventure. Se Dieu plaît, nous avons fait anuit, à votre aide, chacun un bel enfant, qui est chose de si haut mérite qu'elle sera souffisante d'effacer la faute du cassement de notre vœu. — Or, Dieu le vueille ! dirent-elles. Mais ce que si affermement disiez, que n'aviez pas été vers nous, nous a fait un petit [1] douter. — Nous l'avons fait tout à propos, dit l'autre, afin d'ouïr que vous diriez. — Et vous aviez fait double péché, comme de fausser votre vœu et de mentir à escient ; et nous-mêmes aussi aviez beaucoup troublées. — Ne vous chaille, non ! dit-il ; c'est peu de chose ; mais allez à la messe, et nous vous suivrons. » Et elles se mirent à chemin devers l'église. Et leurs maris demeurèrent un peu, sans les suivre trop roide, puis dirent tous ensemble, sans en mentir de mot : « Nous sommes trompés ! Ces diables de cordeliers nous ont déçus : ils se sont mis en notre place et nous ont montré notre folie ; car se nous ne voulions pas coucher avec nos femmes, il n'étoit jà métier de les faire coucher hors de notre chambre, et s'il y avoit danger de lit, la belle paillade est en saison [2]. — Dea, dit l'un d'eux, nous en sommes châtiés pour une autre fois ; et au fort, il vaut mieux que la tromperie soit seulement sue de nous que de nous et d'elles, car le danger est bien grand s'il venoit à leur connoissance. Vous oyez par leur confession, que ces ribauds moines ont fait merveille d'armes et espoir plus et mieux que nous ne saurions faire ; et s'elles le savoient, elles ne s'en passeroient pas pour cette fois seulement. C'en est mon conseil, que nous l'avalons sans mâcher. — Ainsi m'aid' Dieu ! se dit le tiers : mon compère dit très-bien. Quant à moi, je rappelle mon vœu, car ce n'est pas mon intention de plus moi mettre en ce danger. — Puisque vous le voulez, se dirent les deux autres, et nous vous en suivrons. » Ainsi couchèrent tout le voyage et femmes et maris tous ensemble, dont ils se gardèrent trop bien de dire la cause qui à ce les mouvoit, et quand les femmes virent ceci, ce ne fut pas sans demander la cause de cette reverse [3]. Et ils répondirent, par couverture [4] : puisqu'ils avoient commencé de

---

[1] C'est-à-dire, qui ne veulent pas être punis pour peu de chose, une fois qu'ils ont mérité d'être battus. — [2] Induction, détermination. — [3] Mais.

[1] Un peu. — [2] C'est-à-dire, s'il y avait péril à coucher dans un lit, c'était bien le cas de coucher sur la paille. [3] Ce retour, revirement. — [4] Pour couvrir leur jeu.

leur vœu entrcrompre, il ne restoit que du parfaire. Ainsi furent les trois bons marchands, des trois bons cordeliers, trompés, sans qu'il venît jamais à la connoissance de celles qui bien en fussent mortes de deuil, s'elles en eussent su la vérité, comme on voit tous les jours mourir femmes de moindre cas et à moins d'occasion.

NOUVELLE XXXI.
LA DAME A DEUX.

La trente et unième nouvelle, mise en avant par monseigneur de la Barde [1], traite de l'écuyer, qui trouva la mulette de son compagnon et monta dessus, laquelle le mena à l'huis de la dame de son maître, et fit tant l'écuyer, qu'il coucha léans où son compaguon le vint trouver ; et pareillement des paroles qui furent entre eux, comme plus à plein vous sera déclaré.

Un gentil écuyer de ce royaume, bien renommé et de grand bruit [2], devint amoureux à Rohan d'une très-belle damoiselle et fit toutes ses diligences de parvenir à sa grâce. Mais fortune lui fut si contraire, et sa dame si peu gracieuse, qu'enfin il abandonna sa quête, comme par désespoir. Il n'eut pas trop grand tort de ce faire, car elle étoit ailleurs pourvue, non pas qu'il en sût rien, combien qu'il s'en doutât. Toutefois, celui qui en jouissoit, qui chevalier et homme de grand' autorité étoit, n'étoit pas si peu privé [3] de lui, qu'il n'étoit guère chose au monde dont il ne se fût bien à lui découvert, sinon de ce cas ; trop bien lui disoit-il souvent : « Par ma foi ! mon ami, je vueil bien que tu saches que j'ai un amour [4] en cette ville dont je suis beaucoup assoté. Car quand je n'y suis, je suis tant parforcé de travail [5] et si rebuté, qu'on ne tireroit point de moi une lieuète de chemin, et se je me treuve vers elle, je suis homme pour en faire trois ou quatre, voire les deux tout d'une haleine. — Et n'est-il requête ne prière, disoit l'écuyer, que je vous susse faire dire tant seulement le nom de celle ? — Nenni, par ma foi ! dit l'autre, tu n'en sauras plus avant. — Or bien, dit l'écuyer, quand je serai si heureux que d'avoir rien de beau, je vous serai aussi peu privé que vous m'êtes étrange [6]. » Advint, ce temps pendant, que son bon chevalier le pria de souper au château de Rohan, où il étoit logé, et il vint, et firent très-bonne chère, et quand le souper fut passé, et aucun peu de devises après, le gentil chevalier, qui avoit heure assignée d'aller vers sa dame, donna congé à l'écuyer, et dit : « Vous savez que nous avons demain beaucoup à besogner, et qu'il nous faut lever matin pour telle manière et pour telle qu'il faut expédier ; c'est bon de nous coucher de bonne heure, et pour ce, je vous donne la bonne nuit. » L'écuyer, qui étoit subtil, en ce voyant, douta tantôt que ce bon chevalier vouloit aller coucher, et qu'il se couvroit, pour lui donner congé, des besognes du lendemain ; mais il n'en fit quelque semblant ainçois dit, en prenant congé et donnant la bonne nuit : « Monseigneur, vous dites bien ; levez-vous matin, et aussi ferai-je. » Quand ce bon écuyer fut en bas descendu, il trouva une petite mulette, au pied du château, et nen âme qui la gardât ; si pensa tantôt que le page qu'il avoit rencontré en descendant, alloit querir la housse de son maître, et aussi faisoit-il. « Ha ! dit-il en soi-même, mon hôte ne m'a pas donné congé de si haute heure, sans cause veci sa mulette qui n'attend autre chose que je sois en voie, pour aller où on ne veut pas que je sois. Ha ! mulette, dit-il, si tu savois parler, tu dirois de bonnes choses ; je te prie que tu me mènes où ton maître veut être. » Et à ce coup, il se fit tenir l'étrier par son page, monta dessus, et lui mit la rêne sur le cou et la laissa aller où bon lui sembla tout le pas ; et la bonne mulette le mena par rues par ruettes, deçà, delà, tant qu'elle vint arrêter au-devant d'un petit guichet qui étoit en une rue fort oblique, où son bon maître avoit accoutumé de venir, et étoit l'huis du jardin de la damoiselle qu'il avoit tant aimée et par désespoir abandonnée. Il mit pied à terre, et puis heurta un petit coup au guichet, et une damoiselle, qui faisoit le guet par une fausse treille [1], cuidant que ce fût le chevalier, s'en vint en bas et ouvrit l'huis, et dit : « Monseigneur, vous soyez le très-bienvenu ; velà mademoiselle en sa chambre, qui vous attend. » Elle ne le connut point, pource qu'il étoit tard, et avoit une cornette de velours devant son visage. Adonc l'écuyer répondit : « Je vais vers elle. » Et puis dit à son page tout bas en l'oreille : « Va-t'en bien en hâte, et remène la mulette où je l'ai prinse, et puis t'en va coucher. Si ferai-je, » dit-il. La damoiselle resserra

[1] La table des anciennes éditions met : par Monseigneur.
[2] De grande réputation. — [3] Familier, intime.
[4] On lit dans toutes les éditions retour, ce qui ne signifie rien. — [5] Exténué de fatigue. — [6] Etranger.

[1] Fenêtre grillée, jalousie. — [2] Referma.

le guichet, et s'en retourna en sa chambre, et notre bon écuyer, très-fort pensant à sa besogne, marcha très-fermement vers la chambre où sa dame étoit, laquelle il trouva déjà mise en sa cotte-simple, la grosse chaîne d'or au col; et comme il étoit gracieux, courtois et bien en parler, la salua bien honorablement ; et elle, qui fut tant ébahie que se cornes lui fussent venues de primesaut, ne sut que répondre, sinon à une pièce après qu'elle lui demanda qu'il quéroit léans, et d'ond il venoit à cette heure, et qui l'avoit bouté dedans? « Mademoiselle, dit-il, vous pouvez assez penser que se je n'eusse eu autre aide que moi-même, que je ne fusse pas ici ; mais, la Dieu merci, un, qui a plus grand' pitié de moi que vous n'avez encore eu, m'a fait cet avantage. — Et qui vous a amené, sire ? dit-elle. — Par ma foi ! mademoiselle, je ne vous le requiers jà celer. Un tel seigneur (c'est à savoir son hôte du souper) m'y a envoyé. — Ha ! dit-elle, le traître et déloyal chevalier qu'il est! Se trompe-t-il[1], en ce point, de moi ! Or bien, bien, j'en serai vengée quelque jour. — Ha ! mademoiselle, dit l'écuyer, ce n'est pas bien dit à vous, car ce n'est pas trahison de faire plaisir à son ami et lui faire secours et service, quand on le peut faire. Vous savez bien la grande amitié qui est de pièça entre lui et moi, et qu'il n'y a celui qui ne die à son compagnon tout ce qu'il a sur le cœur. Or est ainsi, qu'il n'y a pas longtemps que je lui contai et confessai tout le long de la grand' amour que je vous porte, et qu'à cette cause je n'avois nul bien en ce monde, et se par aucune façon je ne parvenois en votre bonne grâce, il ne m'étoit pas possible de vivre en ce douloureux martyre. Quand le bon seigneur a connu la vérité que mes paroles n'étoient pas feintes, doutant le grand inconvénient qui en pourroit sourdre, a fait bien de me dire ce qui est entre vous deux; et aime mieux vous abandonner, en moi sauvant la vie, que, en moi perdant malheureusement, vous entretenir. Et se vous eussiez été telle que vous devriez, vous n'eussiez pas tant attendu de bailler confort[2] ou guarison à moi, votre obéissant serviteur, qui savez certainement que je vous ai loyaument servie et obéie. — Je vous requiers, dit-elle, que vous ne me parlez plus de cela, et vous en allez hors d'ici.

[1] Se moque-t-il. — [2] Assistance.

Maudit soit celui qui vous y fit venir !—Savez-vous qu'il y a, mademoiselle? ce n'est, dit-il, pas mon intention de partir d'ici, qu'il ne soit demain. — Par ma foi! dit-elle, si ferez tout maintenant. — Par la morbieu ! non ferai, car je coucherai avec vous. » Quand elle vit que c'étoit à bon escient et qu'il n'étoit pas homme pour enchasser par de rudes paroles, elle lui cuida donner congé par douceur et dit : « Je vous prie tant que je puis, allez-vous-en pour meshui, et par ma foi! je ferai une autre fois ce que vous voudrez. — Dea! dit-il, n'en parlez plus, car je coucherai anuit avec vous. » Et lors, commence à soi dépouiller, et prend la damoiselle, et la mène banqueter, et fit tant, pour abréger, qu'elle se coucha, et lui emprès d'elle. Ils n'eurent guère été couchés, ne plus couru d'une lance, que veci bon chevalier qui va venir sur sa mulette et vint heurter au guichet; et le bon écuyer, qui l'ouït, le connut tantôt : si commença à glapir, contrefaisant le chien très-fièrement. Le chevalier, quand il ouït, fut bien ébahi et autant courroucé : si reheurte de plus belle très-rudement au guichet, et l'autre de recommencer à glapir plus fièrement que devant. « Qui est-ce là qui grogne ? dit celui de dehors. Par la morbieu ! je le saurai. Ouvrez l'huis, ou je le porterai en la place ! » Et la bonne gentille femme, qui enrageoit toute vive, saillit à la fenêtre en sa cotte-simple et dit : « Est-ce vous, faux et déloyal chevalier ? Vous avez beau heurter, vous n'y entrerez pas. — Pourquoi n'y entrerai-je pas? dit-il. — Pource, dit-elle, que vous êtes le plus déloyal qui jamais femme accointât, et n'êtes pas digne de vous trouver avec gens de bien. — Mademoiselle, dit-il, vous blasonnez très-bien mes armes ; je ne sais qui vous meut, car je ne vous ai pas fait déloyauté que je sache. — Si avez, dit-elle, et la plus grande que jamais homme fit à femme. — Non ai, par ma foi ! Mais dites-moi qui est là-dedans ? — Vous le savez bien, dit-elle, traître, mauvais que vous êtes ! » Et à cette fois, bon écuyer, qui étoit au lit, commença à glapir, contrefaisant le chien comme paravant. « Ha ! dea, dit celui de dehors, je n'entends point ceci. Et ne saurai-je point qui est ce grogneur ? — Saint Jean ! si ferez, dit l'écuyer. » Et il sault sus et vint à la fenêtre d'emprès sa dame et dit : « Que vous plaît-il, monseigneur? vous avez tort de nous ainsi réveiller. » Le bon chevalier, quand il connut qu'il parloit à lui, fut tant ébahi que merveilles. Et quand il parla, il dit : « Et d'ond viens-tu ci ? — Je viens de souper de votre maison pour coucher céans. — A mal faute ! » dit-il. Et puis adressa la parole à mademoiselle et lui dit : « Mademoiselle, hébergez-vous tels hôtes céans ? — Nenni, monseigneur, dit-elle ; la votre merci, que vous me l'avez envoyé ! — Moi ! dit-il, saint Jean ! non ai-je ! suis mêmement venu pour y trouver ma place, mais c'est trop tard ; et au moins, je vous prie, puisque je n'en puis avoir aucune chose, ouvrez-moi l'huis : si boirai une fois. — Vous n'entrerrez, pardieu ! jà, dit-elle. — Saint-Jean ! si fera, dit l'écuyer. » Lors descendit et ouvrit l'huis, et s'en vint recoucher, et elle aussi, Dieu sait bien, honteuse et bien mal contente. Quand le bon seigneur fut dedans, et il eut allumé de la chandelle, il regarde la belle compagnie dedans le lit, et dit : « Bon prou[1] vous fasse, mademoiselle, et à vous aussi, mon écuyer ! — Bien grand merci, monseigneur, » dit-il. Mais la damoiselle, qui plus ne pouvoit se le cœur ne lui sailloit dehors du ventre, ne peut oncques dire un seul mot, et cuidoit tout certainement que l'écuyer fût léans arrivé par l'avertissement et conduite du chevalier ; et si lui en vouloit tant de mal, qu'on ne vous le sauroit dire. « Et qui vous a enseigné la voie de céans, mon écuyer ? dit le chevalier. — Votre mulette, monseigneur, dit-il, que je trouvai en bas du château, quand j'eus soupé avec vous : elle étoit là seule égarée ; si lui demandai qu'elle attendoit, et elle me répond qu'elle n'attendoit que sa housse et vous : « Et pour où aller ? « dis-je. — Où avons de coutume, me dit-elle. « — Je sais bien, dis-je, que ton maître n'ira « meshui dehors, car il se va coucher, mais « mène-moi là où tu sais qu'il va de coutume, « et je t'en prie. » Elle fut contente ; si montai sur elle, et elle m'adressa céans, la sienne bonne merci ! — Dieu mette en mal an l'orde bête, dit le bon seigneur, qui m'a encusé ! — Ha ! que vous le valez loyaument, monseigneur ! dit la damoiselle quand elle put prendre la peine de parler. Je vois bien que vous trompez de moi, mais je vueil bien que vous sachez que vous n'y aurez guère d'honneur. Il n'étoit jà métier, se vous n'y vouliez plus venir, d'y envoyer autrui sous ombre de vous. Mal vous connoît, quiconque ne vous vit ! — Par la morbieu ! je ne l'y ai pas envoyé, dit-il, mais puisqu'il y est, je ne l'en chasserai pas ; et aussi il y en a assez pour nous deux. N'a pas, mon compagnon ? — Oui, monseigneur, dit-il, tout au butin. — Et je le vueil, si nous faut boire du marché ! » Et lors se tourna vers le dressoir, et versa du vin en une grand' tasse qui y étoit, et dit : « Je bois à vous, mon compagnon ! » Et puis, fit verser de l'autre vin, et le bailla à la damoiselle, qui ne vouloit nullement boire, mais en la fin, voulsît ou non, elle bailla sa tasse. « Or çà, dit le gentil chevalier, mon compagnon, je vous laisserai ici ; besognez bien votre tour aujourd'hui, le mien sera demain, se Dieu plaît. Si vous prie que vous me soyez aussi gracieux, quand vous m'y trouverez, que je vous suis maintenant. — Notre-Dame ! mon compagnon, aussi serai-je, ne vous doutez. » Ainsi s'en alla le bon chevalier et laissa l'écuyer, qui fit au mieux qu'il put cette première nuit, et avertit la damoiselle, de tous points, de la vérité de son aventure, dont elle fut un peu plus contente que si l'autre lui eût envoyé. Ainsi fut la belle damoiselle déçue par la mulette et contrainte d'obéir et au chevalier et à l'écuyer, chacun à son tour, dont en la fin elle s'accoutuma et très-bien le print en patience. Mais tant de bien y eut, que, se le chevalier et l'écuyer s'entr'aimoient bien paravant cette aventure, l'amour d'entre eux à cette occasion fut redoublé, qui, entre aucuns mal conseillés, eût engendré discord et mortelle haine.

NOUVELLE XXXII.

LES DAMES DÎMÉES[1].

La trente-deuxième nouvelle, racontée par monseigneur de Villiers, traite des cordeliers d'hôtellerie en Castellogne[2], qui prindrent la dîme des femmes de la ville ; et comment il fut su, et quelle punition par le seigneur et ses sujets en fut faite, comme vous oirez ci-après.

Afin que je ne sois seclus[3] du très-heureux et haut mérite dû à ceux qui travaillent et labeurent à l'augmentation des histoires de ce présent livre, je vous raconterai en bref une aventure nouvelle, par laquelle on me tiendra excusé d'avoir fourni la nouvelle dont j'ai na-

---

[1] Profit. Les anciennes éditions mettent *preu*.

[1] Imité par La Fontaine, *Les cordeliers de Catalogne*, liv. II, 2. — [2] Cette altération du nom de la Catalogne, si contraire à l'étymologie latine, *Catalaunia*, témoigne de l'ignorance du rédacteur. — [3] Exclus.

guère été sommé. Il est notoire qu'en la ville de Castellogne arrivèrent en l'hôtellerie plusieurs frères-mineurs, qu'on dit de l'Observance[1], enchassés et deboutés, par leur mauvais gouvernement et feinte dévotion, du royaume d'Espagne; et trouvèrent façon d'avoir entrée devers le seigneur de la ville, qui déjà étoit ancien, et tant firent, pour abréger, qu'il leur fonda une belle église et un beau couvent, et les maintint et entretint toute sa vie le mieux qu'il sut; et près régna son fils aîné, qui ne leur fit pas moins de bien que son bon père. Et de fait, ils prospérèrent en peu d'ans, si bien qu'ils avoient suffisamment tout ce qu'on sauroit demander en un couvent de mendians; et afin que vous sachiez qu'ils ne furent pas oiseux durant le temps qu'ils acquirent ces biens, ils se mirent à prêcher tant en la ville que par les villages voisins, et gagnèrent tout le peuple, et tant firent qu'il n'étoit pas bon chrétien qui ne s'étoit à eux confessé, tant avoient grand bruit et bon los[2] de bien remontrer aux pécheurs leurs défauts; mais, qui les louât et eut bien en grâce, les femmes étoient du tout données, tant les avoient trouvés saintes gens, de grande charité et de parfonde dévotion. Or entendez la mauvaise déception et horrible trahison que ces faux hypocrites pourchassèrent à ceux et celles qui tant de biens de jour en jour leur faisoient. Ils baillèrent entendre généralement à toutes les femmes de la ville, qu'elles étoient tenues de rendre à Dieu la dîme de tous leurs biens : « Comme au seigneur, de telle chose et de telle; à votre paroisse et curé, de telle chose et telle. Et, à nous, vous devez rendre et livrer le dîme[3] du nombre de fois que vous couchez charnellement avec votre mari : nous ne prenons sur vous autre dîme, car, comme vous savez, nous ne portons point d'argent. Car il ne nous est rien des biens temporels et transitoires de ce monde; nous quérons et demandons seulement les biens spirituels. Le dîme, que nous demandons et que vous nous devez, n'est pas des biens temporels; c'est à cause du Saint-Sacrement que vous avez reçu, qui est une chose divine et spirituelle; et celui n'appartient à nul recevoir le dîme, que nous seulement qui sommes religieux de l'Observance. » Les pauvres simples femmes, qui mieux cuidoient ces bons frères être des anges que hommes terriens[1], ne refusèrent pas ce dîme à payer : il n'y eut celle qui ne le payât à son tour, de la plus haute jusqu'à la moindre; même, la femme du seigneur n'en fut pas excusée. Ainsi furent toutes les femmes de la ville apparties[2] à ces vilains moines, et n'y avoit celui d'eux qui n'eût à sa partie quinze à seize femmes la dîme à recevoir, et à cette occasion, Dieu sait les présens qu'ils avoient d'elles tout sous ombre de dévotion. Cette manière de faire dura longuement, sans ce qu'elle vint à la connoissance de ceux qui se fussent bien passé de ce nouveau dîme. Il fut toutefois découvert en la façon qui s'ensuit. Un jeune homme, nouvellement marié, fut prié de souper à l'hôtel d'un de ses parens, lui et sa femme, et comme ils retournoient, en passant pardevant l'église des Cordeliers dessusdits, la cloche de l'*Ave Maria* sonna tout à ce coup, et le bonhomme s'inclina sur la terre pour faire ses dévotions. Sa femme lui dit : « J'entrerois volontiers dans cette église. — Et que ferez-vous là dedans, à cette heure? dit le mari; vous y reviendrez bien, quand il sera jour demain à une autre fois. — Je vous requiers, dit-elle, que j'y aille, et reviendrai tantôt. — Notre-Dame! dit-il, vous n'y entrerez jà maintenant. — Par ma foi! dit elle, c'est force : il m'y convient aller; je ne demourerai rien. Si vous avez hâte d'être à l'hôtel, allez toujours devant; je vous suivrai tout à cette heure. — Piquez, piquez devant moi, dit-il; vous n'y avez pas tant à faire. Si vous voulez dire votre *Pater noster* ou votre *Ave Maria*, il y a assez place à l'hôtel, et vous vaudra autant là le dire qu'en ce monastère, où l'on ne voit maintenant goutte. — Ha! dea, dit-elle, vous direz ce qu'il vous plaira, mais par ma foi! il faut nécessairement que j'entre un peu dedans. — Et pourquoi? dit-il, voulez-vous aller coucher avec les frères de léans? » Elle, qui cuidoit, à la vérité, que son mari sût bien qu'elle payât la dîme, lui répondit : « Nenni, je n'y vueil pas coucher; je voulois aller payer. — Quoi payer? dit-il. — Vous le savez bien, dit-elle, et si vous le demandez. — Que sais-je bien? dit-il; je ne me mêle pas de vos dettes. — Au moins, dit-elle, savez-vous bien qu'il me faut payer la dîme. — Quelle dîme? — Ha! dea,

---

[1] Observantins, cordeliers qui formaient une des principales branches de l'ordre de Saint-François.
[2] Éloge, renommée. — [3] Ce mot était à volonté féminin ou masculin.

[1] Terrestres. — [2] Livrées en partage.

dit-elle, c'est un jamais[1], et la dîme de nuit et de vous et de moi. Vous avez bon temps, il faut que je paie pour nous deux. — Et à qui le payez-vous? dit-il. — A frère Eustache, dit-elle ; allez toujours à l'hôtel. Si m'y laissez aller, que j'en sois quitte ; c'est si grand péché de ne la point payer, que je ne suis jamais aise quand je lui dois riens[2]. — Il est meshui trop tard, dit-il : il est couché, passé une heure. — Ma foi! dit-elle, j'y ai été cette année beaucoup plus tard ; puisqu'on veut payer, on y entre à toute heure. — Allons, allons, dit-il ; une nuit n'y fait rien. » Ainsi s'en retournèrent le mari et la femme, mal contens tous deux : la femme, pource qu'on ne l'a pas laissé payer son dîme ; et son mari, pource qu'il se voit ainsi déçu, tout épris d'ire et de maltalent[3] qui, encore redoubloit la peine, que ne l'osoit montrer. A certaine pièce après, toutefois, ils se couchèrent, et le mari, qui étoit assez subtil, interrogea sa femme de longue main, se les autres femmes de la ville ne paient pas aussi cette dîme qu'elle fait. « Quoi donc? dit-elle, par ma foi! si font. Quel privilége auroient-elles plus que moi? nous sommes encore seize ou vingt qui les payons à frère Eustache. Ha! il est tant dévôt. Et croyez que ce lui est une grande patience? Frère Berthelemieu[4] en a autant ou plus, et, entre les autres, Madame[5] est de son nombre. Frère Jacques aussi en a beaucoup ; frère Antoine aussi : il n'y a celui d'eux qui n'ait son nombre. — Saint Jean! dit le mari ; ils n'ont pas œuvre laissée! Or connois-je bien qu'ils sont beaucoup plus dévôts qu'il ne semble, et vraiment je les vueil avoir céans tous l'un après l'autre, pour les festoyer et ouïr leurs bonnes devises ; et pource que frère Eustache reçoit la dîme de céans, ce sera le premier. Faites que nous ayons demain bien à dîner, car je l'amènerai. — Très-voulentiers, dit-elle ; au moins ne me faudra-t-il pas aller en sa chambre pour le payer : il la recevra bien céans. — Vous dites bien, dit-il. Or dormons! » Mais créez qu'il n'en avoit garde, et, en lieu de dormir, il pensa tout à son aise ce qu'il vouloit à lendemain exécuter. Ce dîner vint, et frère Eustache, qui ne savoit pas l'intention de son hôte, fit assez bonne chère sous son chaperon, et quand il voit son point, il prêtoit ses yeux à l'hôtesse, sans épargner par-dessous la table le gracieux jeu des pieds : de quoi s'apercevoit bien l'hôte, sans en faire semblant, combien que ce fût son préjudice. Après les grâces, il appela frère Eustache, et lui dit qu'il lui vouloit montrer une image de Notre-Dame et une très-belle oraison qu'il avoit en sa chambre ; et il répondit qu'il le verroit voulentiers. Adonc ils entrèrent dedans la chambre, et puis l'hôte ferma l'huis dessus eux, qu'il ne pût sortir, et puis empoigna une grande hache, et dit à notre cordelier : « Par la morbieu! beau-père, vous ne partirez jamais d'ici, sinon les pieds devant, se vous ne confessez vérité. — Hélas! mon hôte, je vous crie merci! Que me demandez-vous? — Je vous demande, dit-il, le dîme de dîme que vous avez prins sur ma femme. » Quand le cordelier ouït parler de ce dîme, il pensoit bien que ces besognes n'étoient pas bonnes ; si ne sut que répondre sinon que crier merci et de soi excuser le plus beau qu'il pouvoit. « Or me dites, dit l'hôte, quel dîme est-ce que vous prenez sur ma femme et sur les autres? » Le pauvre cordelier étoit tant effrayé qu'il ne pouvoit parler, et ne répondit mot. « Dites-moi, dit l'hôte, la chose comment elle va, et, par ma foi! je vous lairai[1] aller, et ne vous ferai jà mal ; ou sinon, je vous tuerai tout roide! » Quand l'autre s'ouït assurer, il aima mieux confesser son péché et celui de ses compagnons et échapper, que le céler et tenir clos et être en danger de perdre sa vie ; si dit : « Mon hôte, je vous crie merci! je vous dirai vérité. Il est vrai que mes compagnons et moi avons fait accroire à toutes les femmes de cette ville qu'elles doivent le dîme des fois que vous couchez avec elles ; elles nous ont cru : si les paient les jeunes et vieilles, puis qu'elles sont mariées ; il n'y a pas une qui en soit excusée ; Madame même le paie comme les autres, ses deux nièces aussi ; généralement nulle n'en est exempte. — Ha dea, dit l'autre, puisque Monseigneur et tant de gens de bien le paient, je n'en dois pas être quitte, combien que je m'en passasse bien. Or vous en allez, beau père, par telle fin que vous me quitterez le dîme[2] que ma femme vous doit. » L'autre ne fut onques si joyeux, quand il fut sauvé dehors ; si dit que jamais n'en demanderoit rien. Aussi, ne fît-il, comme vous

---

[1] Toujours. — [2] Quelque chose. — [3] Désir de vengeance. [4] Barthélemi. — [5] La femme du seigneur.

[1] Laisserai. — [2] Tiendrez quitte de la dîme.

orrez. Quand l'hôte du cordelier fut bien informé de sa femme et de ce nouveau dîme, il s'en vint à son seigneur et lui conta tout du long ce cas du dîme, comme il est touché ci-dessus. Pensez qu'il fut bien ébahi et dit : « Oncques ne me plurent ces papelards, et me jugeoit bien le cœur qu'ils n'étoient pas tels par dedans comme ils se montroient par dehors. Ha! maudites gens qu'ils sont! maudite soit l'heure, qu'oncques monseigneur mon père, à qui Dieu pardoint, les accointa! Or sommes-nous par eux gâtés et déshonorés, et encore feront-ils pis, s'ils durent [1] longuement. Qu'est-il de faire? — Par ma foi! monseigneur, dit l'autre, s'il vous plaît et semble bon, vous assemblerez tous vos sujets de cette ville (la chose les touche comme à vous): si leur déclarez cette aventure, et puis aurez avis avec eux d'y pourvoir et remédier avant qu'il soit plus tard. » Monseigneur le voulut; si demanda tous ses sujets mariés tant seulement, et ils vinrent vers lui en la grand'salle de son hôtel : il leur déclara tout au long la cause pourquoy il les avoit assemblés. Se monseigneur fut bien ébahi de primesaut quand il sut premier ces nouvelles, aussi furent toutes bonnes gens qui là étoient. Adoncques les uns disoient: « Il les faut tuer! » Les autres : « Il les faut pendre! » Les autres : « Noyer! » Les autres disoient qu'ils ne pourroient croire que ce fut vérité, et qu'ils sont trop dévots et trop de sainte vie. Ainsi dirent les uns, d'un, et les autres, d'autre : « Je vous dirai, dit le seigneur; nous manderons ici nos femmes, et un tel (maître Jean, etc.) fera un petite collation [2], laquelle enfin cherra [3] de parler des dîmes, et leur demandera, au nom de nous tous, s'elles s'en acquittent, car nous voulons qu'elles soient payées. Nous orrons leur réponse, et après, avis sur cela. » Ils s'accordèrent tous au conseil et à l'opinion de monseigneur. Si furent toutes les femmes mariées de la ville mandées, et vinrent en la salle où tous les maris étoient. Monseigneur même fit venir Madame, qui fut toute ébahie de voir l'assemblée de ce peuple, et puis après, un sergent commanda de par monseigneur faire silence. Et ledit maître Jean se mit un peu au-dessus des autres et commença sa petite collation, comme il ensuit : « Mesdames et mesdemoiselles, j'ai la charge de, par monseigneur qui ci est et ceux de son conseil, vous dire en bref la cause pourquoy êtes ici mandées. Il est vrai que monseigneur et son conseil et son peuple, qui ci est, ont tenu à cette heure un chapitre du fait de leurs consciences : la cause, c'est qu'ils ont voulenté, Dieu devant, dedans bref temps, faire une belle procession et dévote à la louange de Notre Seigneur Jésus-Christ et de sa glorieuse mère, et à icelui jour, se mettre tous en bon état, afin qu'ils soient mieux exaucés en leurs plus dévotes prières et que les œuvres qu'ils feront soient à icelui notre Dieu plus agréables. Vous savez assez que, la merci Dieu! nous n'avons eu nulles guerres de notre temps, et nos voisins en ont été terriblement persécutés, et de pestilences et de famines. Quand les autres en ont été ainsi examinés [1], nous avons pu dire et encore faisons que Dieu nous a préservés. C'est bien raison que nous connoissons que ce vient, non pas de nos propres vertus, mais de la seule large et libérale grâce de notre benoît Créateur et rédempteur qui huche et appelle et invite au son des dévotes prières qui se font en notre Église et où nous ajoutons très-grand'foi et tenons en fermes dévotions. Aussi, le très-dévot couvent des Cordeliers de cette ville nous a beaucoup valu et vaut à la conservation des biens dessusdits. Au surplus, nous voulons savoir se vous acquittez à faire ce à quoi vous êtes tenues ; et, combien que nous tenons assez être en votre mémoire l'obligation qu'avez à l'Église, il ne vous déplaira pas, se je vous en touche aucun des plus grands points : Quatre fois l'an, c'est à savoir aux quatre nataux [2], vous vous devez bien confesser à votre curé ou à quelque religieux ayant sa puissance, et se receviez votre Créateur à chaque fois, vous feriez bien ; à tout le moins, le devez-vous faire une fois l'an ; allez à l'offrande tous les dimanches, et payez léaument les dîmes à Dieu, comme de fruits, de poulailles, agneaux, et autres tels usages accoutumés. Vous devez aussi une autre dîme aux dévots religieux du couvent de Saint-François, que nous voulons expressément qu'elle soit payée; c'est celle que plus nous touche au cœur, et dont nous désirons plus l'entretenance [3]; et pourtant, s'il y a nulle de vous qui n'en ait fait son devoir aucunement, que ce soit par sa

---

[1] Subsistent, vivent. — [2] Allocution. — [3] Aboutira, tombera au point.

[1] Il faut plutôt lire *exanimés*, signifiant *inanimés*, *affaiblis*. — [2] Noël, Pâques, la Pentecôte et la Toussaint. — [3] Entretien, observance.

négligence ou par faute de le demander ou autrement, si s'avance de le dire. Vous savez que ces bons religieux ne peuvent venir à l'hôtel quérir leurs dîmes ; ce leur seroit trop grand'peine et trop grand destourbier ; il doit bien souffire, s'ils prennent la peine de le recevoir en leur couvent. De la partie de ce que je vous ai à dire, reste à savoir celles qui ont payé et celles qui doivent? » Maître Jean n'eut pas finé son dire, que plus de vingt femmes commencèrent à crier toutes d'une voix : « J'ai payé, moi! — Et moi, je ne dois rien ! — Ne moi! — Ne moi! » D'autre côté, ce dirent un cent d'autres, et généralement, qu'elles ne devoient rien ; même saillirent avant quatre ou six très-belles jeunes femmes qui disoient qu'elles avoient si bien payé qu'on leur devoit sur le temps à venir, à l'une quatre fois, à l'autre six fois, à l'autre dix fois. Il y avoit aussi, d'autre côté, je ne sais quantes [1] vieilles qui ne disoient mot, et maître Jean leur demanda s'elles avoient bien payé leurs dîmes, et elles répondirent qu'elles avoient fait traité avec les cordeliers : « Comment, dit-il, ne payez-vous pas? vous devez semondre et contraindre les autres de ce faire, et vous-mêmes faites la faute ? — Dea! dit l'une, ce n'est pas moi. Je me suis présentée plusieurs fois de faire mon devoir, mais mon confesseur n'y veut jamais entendre; il dit toujours qu'il n'a loisir. — Saint Jean ! dirent les autres vieilles, nous composons, par traité fait avec eux, la dîme que devons, en toile, en draps, en coussins, en banquiers [2], en oreillers et en autres telles bagues [3], et ce, par leur conseil et avertissement ; car nous aimerions mieux la payer comme les autres. — Notre-Dame ! dit maître Jean, il n'y a point de mal, c'est très-bien fait. — Elles s'en peuvent donc bien aller? dit monseigneur à maître Jean. — Oui, dit-il ; mais, quoi que ce soit, que ces dîmes ne soient pas oubliées. » Quand elles furent toutes hors de la salle, l'huis fut serré : si n'y eut celui des demeurés, qui ne regardât son compagnon. « Or çà, dit monseigneur, qu'est-il de faire? nous sommes acertés [4] de la trahison que ces ribauds moines nous ont fait, par la déposition de l'un d'eux et par nos femmes ; il ne nous faut plus de témoins. » Après plusieurs et diverses opinions, la finale et dernière résolution si fut, qu'ils iront bouter le feu au couvent, et brûleront et moines et monstier [1] si descendirent en bas en la ville, et vinrent au monastère, et ôtèrent hors le *Corpus Domini* et aucun autre reliquaire qui là étoit, et l'envoyèrent en la paroisse, et puis, sans plus enquérir, boutèrent le feu en divers lieux léans, et ne s'en partirent tant que tout fût consommé, et moines et couvent et église et dortoir et le surplus des édifices dont il y avoit foison léans. Ainsi achetèrent bien chèrement les pauvres cordeliers la dîme non accoutumée qu'ils mirent sus : Dieu, qui n'en pouvoit-mais, en eut bien sa maison brûlée.

NOUVELLE XXXIII.

MADAME TONDUE.

La trente-troisième nouvelle, racontée par Monseigneur, traite d'un gentil seigneur qui fut amoureux d'une damoiselle, dont se donna garde un autre grant seigneur, qui lui dit ; et l'autre toujours plus lui céloit et en étoit tout affolé ; et de l'entretennement [2] depuis d'eux envers elle, comme vous pourrez ouïr ci-après.

Un gentil chevalier des marches de Bourgogne, sage, vaillant, et très-bien adressé, digne d'avoir bruit et los, comme il eut tout son temps, entre les plus renommés, se trouva tant et si bien en la grâce d'une si belle damoiselle, qu'il en fut retenu serviteur, et d'elle obtint, à petit de pièce [3], tout ce que par honneur elle donner lui pouvoit ; et au surplus, par force d'armes, et à ce la mena, que refuser ne lui put nullement ce que par devant et après ne put obtenir ; et de ce, se print et très-bien doit en garde un très-grand et gentil seigneur, très clairvoyant, dont je passe le nom et les vertus, lesquelles, se en moi étoit de le savoir raconter, il n'y a celui de vous qui tantôt ne connût de quoi ce conte se feroit, ce que pas ne voudroit. Ce gentil seigneur, que je vous dis, qui s'aperçut des amours du vaillant homme dessusdit, quand il vit son point, si lui demanda s'il n'étoit point en grâce d'une mademoiselle, c'est à savoir de celle dessusdite ; et il lui répondit que non, et l'autre, qui bien savoit le contraire, lui dit qu'il connoissoit très-bien que si. Néanmoins, quelque chose qu'il lui dît ou remontrât qu'il ne lui devoit pas céler un tel cas, et que, s'il lui en étoit advenu un semblable ou beaucoup plus grand, il ne lui celeroit jà ; si ne

---

[1] Combien de. — [2] Housses, tapis de banc.
[3] Nippes. — [4] Assurés.

[1] *Moutier*, monastère. — [2] Conduite.
[3] En peu de temps.

lui voulut-il oncques dire ce qu'il savoit certainement. Adonc se pensa, en lieu d'autre chose faire, et pour passer temps, s'il sait trouver voie ne façon, que, en lieu de celui qui lui est tant étrange et prend si peu de fiance en lui, il s'accointera de sa dame et se fera privé d'elle : à quoi il ne faillit pas ; car en peu d'heures il fut vers elle si très-bien venu, comme celui qui le valoit, qu'il se pouvoit vanter d'en avoir autant obtenu, sans faire guère grand'quête ne poursuite, que celui qui mainte peine et foison de travaux en avoit soutenu ; et si avoit un bon point, qu'il n'en étoit en rien feru[1], et l'autre, qui ne pensoit point avoir compagnon, en avoit tout au long du bras et autant qu'on en pourroit entasser à toute force au cœur d'un amoureux. Et ne vous faut pas penser qu'il ne fût entretenu de la bonne gouge, autant et mieux que paravant ; qui lui faisoit plus avant bouter et entretenir en sa folle amour ; et afin que vous sachiez que cette vaillante gouge n'étoit pas oiseuse, qui en avoit à entretenir deux du moins, lesquels elle eût à grand regret perdus et spécialement le dernier venu, car il étoit de plus haut'étoffe et trop mieux garni au pongnet[2] que le premier venu ; et elle leur bailloit et assignoit toujours l'heure de venir l'un après l'autre, comme l'un aujourd'hui et l'autre demain ; et de cette manière de faire, savoit bien le dernier venu, mais il n'en faisoit nul semblant, et aussi, à la vérité, il n'en chailloit[3] guère, sinon que lui déplaisoit la folie du premier venu, qui trop fort à son gré se boutoit en chose de petite valeur[4], et, de fait, se pensa qu'il l'en avertiroit tout du long, ce qu'il fit. Or savoit-il bien que les jours que la gouge lui défendoit de venir vers elle, dont il faisoit trop bien le mal content, étoient gardés pour son compagnon le premier venu : il fit le guet par plusieurs nuits et le véoit entrer vers elle par le même lieu et à celle heure, qu'ès autres ses jours faisoit. Si lui dit, un jour, entre les autres : « Vous m'avez trop célé les amours d'une telle et de vous, et n'est serment que vous ne m'ayez fait au contraire,

[1] Épris.
[2] Faut-il lire pongnet, pougnet, poignet, pougnie ? Ces mots présentent également un sens : pougnie veut dire combat, pongnet et pougnet, lance, pique de toréador ; poignet se prend dans une signification obscène.
[3] Il ne s'en souciait. — [4] Valeur.

dont je m'ébahis bien que vous prenez si peu de fiance en moi, voire quand je sais davantage et véritablement ce qui est entre vous et elle ; et afin que vous sachiez que je sais qu'il en est, je vous ai vu entrer vers elle à telle heure et à telle, et, de fait, hier (n'a pas plus loin) je tins l'œil sur vous, et d'un lieu, là où j'étois, je vous y vis arriver. Vous savez bien si je dis vrai ? » Quand le premier venu ouït si vives enseignes, il ne sut que dire ; si lui fut force de confesser ce qu'il eût voulentiers célé, et qu'il cuidoit qu'âme ne le sut que lui. Et dit à son compagnon le dernier venu, que vraiment il ne lui peut plus ne veut céler qu'il en soit bien amoureux, mais il lui prie qu'il n'en soit nouvelle. « Et que diriez-vous, dit l'autre, si vous aviez compagnon ? — Compagnon ? dit-il ; quel ? — Compagnon en amours. — Je ne le pense pas, dit-il. — Saint-Jean ! dit le dernier venu, et je le sais bien. Il ne faut jà aller de deux en trois : c'est moi, et pource que je vous vois plus feru que la chose ne vaut, vous ai pieçà voulu avertir ; mais n'y avez voulu entendre. Et se je n'avois plus grand'pitié de vous que vous-même n'avez, je vous lairois en cette folie ; mais je ne pourrois souffrir qu'une telle gouge se trompât et de vous et de moi si longuement. » Qui fut bien ébahi de ces nouvelles, ce fut le premier venu, car il cuidoit tant être en grâce que merveilles, voire et si croyoit fermement que ladite gouge n'aimoit autre que lui ; si ne savoit que dire ne penser, et fut, longue espace, sans mot dire. Au fort, quand il parla, il dit : « Par Notre Dame ! on m'a bien baillé de l'oignon, et si ne m'en doutois guère ! si en ai été plus aisé à décevoir. Le diable emporte la gouge quand elle est telle ! — Je vous dirai, dit le dernier venu : elle se cuide tromper de nous, et, de fait, elle a déjà très-bien commencé ; mais il la nous faut mêmes tromper. — Et je vous en prie, dit le premier venu. Le feu de saint Antoine l'arde quand oncques je l'accointai ! — Vous savez, dit le dernier venu, que nous allons vers elle tour à tour : il faut qu'à la première fois que vous irez ou moi, que vous dites que vous avez bien connu et aperçu que je suis tant amoureux d'elle, et que vous m'avez vu entrer vers elle, à telle heure, et ainsi habillé, et que, par la morbieu ! se vous m'y trouvez plus, que vous me tuerez tout roide, quelque chose qui vous en doive advenir. Et dirai ainsi de vous, et nous verrons, sur ce, que fera et dira, et aurons avis du surplus. — C'est très-bien dit, et je le veux, dit le premier venu. » Comme il fut dit en fut fait, car, je ne sais quants jours après, le dernier venu eut son tour d'aller besogner : il se mit au chemin et vint au lieu assigné. Quand il se trouva seul à seul avec la gouge, qui le reçut très-doucement et de grand cœur comme il sembloit, il faindit, comme bien le savoit faire, une malle chère [1], et montra semblant de courroux. Et celle, qui l'avoit accoutumé de voir tout autrement, ne sut que penser, et lui demanda qu'il avoit, et que sa manière montroit que son cœur n'étoit pas à son aise : « Vraiment! mademoiselle, dit-il, vous dites vrai qu'ai bien cause d'être mal content et déplaisant! La votre merci! toutefois, que le m'avez pourchassé? — Moi! ce dit-elle. Hélas! dit-elle, non ai, que je sache. Car vous êtes le seul homme en ce monde, à qui je voudrois faire le plus de plaisir, et de qui plus près me toucheroit l'ennui et le déplaisir. — Il n'est pas damné, qui ne le croit, dit-il. Et pensez-vous que je ne me sois bien aperçu que vous avez tenu un tel (c'est à savoir le premier venu)? Si fait, par ma foi! je l'ai trop bien vu parler à vous à part, et, qui plus est, je l'ai épié et vu entrer céans; mais, par la morbieu! se je l'y trouve jamais, son dernier jour sera venu, quelque chose qu'il en doive advenir. Que je souffre ne puisse voir qu'il me fit ce déplaisir, j'aimerois mieux à mourir mille fois, s'il m'étoit possible! Et vous êtes aussi bien déléale, qui saviez certainement, et de vrai, qu'après Dieu je n'aime rien que vous, qui à mon très-grand préjudice le voulez entretenir! — Ah! monseigneur, dit-elle, et qui vous a fait ce rapport? Par ma foi! je veux bien que Dieu et vous sachez que la chose va tout autrement, et de ce, je le prends à témoin que oncques jour de ma vie je ne tins terme [2] à celui dont vous parlez, ne à autre, quel qu'il soit. Par quoi, vous ayez tant soit peu de cause d'en être mal content de moi. Je ne vueil pas nier que je n'aie parlé et parle à lui tous les jours, et à plusieurs autres; mais qu'il y ait entretenance, rien; ainsi, tiens que soit le moindre de ses pensées, et aussi, pardieu! il s'abuseroit. Jà Dieu ne me laisse tant vivre, qu'autrui [3] que vous ait part ne demie en ce qui est entièrement à vous! — Mademoiselle, dit-il, vous le savez très-bien dire, mais je ne suis pas si bête que de le croire. » Quelque mal content qu'il y fût, il fit ce pourquoi il étoit venu, et au partir, il lui dit : « Je vous ai dit et derechef vous fais savoir que, se je m'aperçois jamais que l'autre vienne céans, le mettrai ou ferai mettre en tel point qu'il ne courroucera jamais ne moi ne autre. — Ah! monseigneur, dit-elle, pardieu! vous avez tort de prendre votre imagination sur lui, et croyez que je suis sûre qu'il n'y pense pas. » Ainsi se partit notre dernier venu. Et à lendemain son compagnon le premier venu ne faillit pas à son lever, pour savoir des nouvelles, et lui en conta largement, et bien au long tout le demené : comment il fut courroucé, et comme il le menaça de tuer, et les réponses de la gouge. « Par mon serment! c'est bien joué, dit-il. Or laissez-moi avoir mon tour : se je ne fais bien mon personnage, je ne fus oncques si ébahi. » Une certaine pièce après, son tour vint, et se trouva vers la gouge qui ne lui fit pas moins de chère qu'elle avoit de coutume, et que le dernier venu en avoit emporté naguère. Se l'autre son compagnon le dernier venu avoit bien fait du mauvais cheval [1] et en maintien et en paroles, encore en fit-il plus, et dit en telle manière : « Je dois bien maudire l'heure et le jour qu'oncques j'eus votre accointance; car il n'est pas possible au monde d'amasser plus de douleurs, regrets et d'amers plaisirs au cœur du pauvre amoureux, que j'en trouve aujourd'hui dont le mien est environné et assiégé. Hélas! je vous avois, entre autres, choisie comme la nompareille de beauté, genteté et gracieuseté, et que j'y trouverois largement et à comble de loyauté; et cette cause, m'étois de mon cœur défait, et du tout [2] mis l'avois en votre merci, cuidant, à la vérité, que plus noblement ni en meilleur lieu asseoir ne le pourrois; même m'avez à ce mené, que j'étois prêt et délibéré d'attendre la mort ou plus, se possible eût été, pour votre honneur sauver; et, quand j'ai cuidé être plus sûr de vous, que je n'ai pas su seulement par étrange rapport, mais à mes yeux aperçus un autre être venu de côté, qui me tollt [3] et rompt tout l'espoir que j'avois en votre service, d'être de vous tout le plus cher tenu. Mon ami, dit la gouge, je ne sais qui vous

---

[1] Feignit un air troublé, égaré, éperdu.
[2] Donnai rendez-vous. — [3] Autre.

[1] C'est-à-dire, s'était emporté, cabré. — [2] Tout à fait.
[3] Enlève.

troublé; mais votre manière et vos paroles portent et jugent qu'il vous faut¹ quelque chose, que je ne saurois penser que ce peut être, si vous n'en dites plus avant, sinon un peu de jalousie qui vous tourmente, ce me semble; de laquelle, se vous étiez bien sage, n'auriez cause de vous accointer, et là où je le saurois, je ne vous en voudrois pas bailler l'occasion. Toutefois, n'êtes pas si peu accointé de moi que je ne vous aie montré la chose qui plus en peut bailler la cause d'assurance : à quoi vous me feriez tantôt avoir regret, par me servir de telles paroles. — Je ne suis pas homme, dit le premier venu, que vous doyez contenter de paroles, car excusance n'y vaut rien. Vous ne pouvez nier qu'un tel (c'est à savoir le dernier venu), ne soit de vous entretenu? je le sais bien, car je m'en suis donné garde, et si ai fait le guet; car je le vis hier vers vous à telle heure, et ainsi habillé. Mais je voue à Dieu, qu'il en a pris ses carêmaux², car je viendrai sur lui, et fût-il plus grand maître cent fois, se je l'y puis rencontrer, je lui ôterai la vie du corps, ou lui, à moi : ce sera l'un des deux; car je ne pourrois vivre, voyant un autre jouir de vous, et vous êtes bien fausse et déloyale, qui m'avez en ce point déçu; et, non sans cause, maudis-je l'heure qu'oncques vous accointai, car je sais tout certainement que c'est ma mort, se l'autre sait ma voulenté, comme j'espère que oui; et, pour vous, je sais, de vrai, que je suis mort, et si me laisse vivre : il aiguise le couteau, qui sans merci à ses derniers jours le mènera; et, s'ainsi est, le monde n'est pas assez grand pour me sauver, que mourir ne me fasse. » La gouge n'avoit pas moyennement à penser, pour trouver soudaine et souffisante excusance pour contenter celui qui est si mal content. Toutefois, ne demoura pas qu'elle ne se mît en ses devoirs pour l'ôter hors de cette mélancolie, et pour assiette, en lieu de cresson³, elle lui dit : « Mon ami, j'ai bien au long entendu votre grand' ratelée, qui, à la vérité dire, me baille à connoître que je n'ai pas été si sage comme je dusse, et que j'ai trop tôt ajouté foi à vos semblans et décevantes paroles; car elles m'ont conclue et rendue en votre obéissance : vous en tenez à cette heure trop moins de biens de moi. Autre raison aussi vous meut, car vous savez assez que je suis prinse et qu'amours m'ont à ce menée, que, sans votre présence, je ne puis vivre ne durer, et, à cette cause et plusieurs autres qu'il ne faut já dire, vous me voulez tenir votre sujette et esclave, sans avoir loi de parler ne deviser à nul autre qu'à vous. Puisqu'il vous plaît, au fort, j'en suis contente, mais vous n'avez nulle cause de moi suspeçonner en rien de personne qui vive; et si ne faut aussi já que je m'en excuse : vérité, qui tous vainct enfin, m'en défendra, s'il lui plaît. — Par Dieu ! ma mie, dit le premier venu, la vérité est telle que je vous l'ai dite ; si vous en sera quelque jour prouvée et cher vendue pour autrui et pour moi, se autre provision de par vous n'y est mise ! » Après ces paroles et autres trop longues à raconter, se partit le premier venu, qui pas n'oublia lendemain tout au long raconter à son compagnon le dernier venu, et Dieu sait les risées et joyeuses devises qu'ils eurent entre eux deux. Et la gouge, en ce lieu, avoit des étoupes en sa quenouille¹, qui voyoit et savoit très-bien que ceux qu'elle entretenoit se doutoient et apercevoient aucunement chacun de son compagnon; mais non-pourtant, ne laissa pas de leur bailler toujours audience, chacun à sa fois, puisqu'ils la requéroient, sans en donner à nul congé; trop bien les avertissoit qu'ils venissent bien secrètement vers elle, afin qu'ils ne fussent de nul aperçus. Mais vous devez savoir, quand le premier venu avoit son tour, qu'il n'oublioit pas à faire sa plainte comme dessus, et n'étoit rien de la vie de son compagnon, s'il le pouvoit rencontrer. Pareillement, le dernier, jour de son audience, s'efforçoit de montrer semblant plus déplaisant que le cœur lui donnoit, et ne valoit son compagnon, qui oyoit son dire, guère mieux que mort, s'il le treuve, en belles paroles. Et la subtile et double damoiselle les cuidoit abuser de paroles qu'elle avoit tant en la main et si prêtes, que ses bourdes sembloient autant véritables que l'Évangile; si cuidoit bien que, quelque doute ne suspection qu'ils eussent eu, jamais la chose ne seroit plus avant enforcée, et qu'elle étoit femme pour les fournir tous deux, trop mieux que l'un d'eux à part n'étoit pour la seule servir à son gré. La fin fut autre,

---

¹ Manque. — ² C'est-à-dire, qu'il fera pénitence.
³ Expression proverbiale tirée de l'usage du cresson, qui sert à l'accompagnement des viandes rôties.

¹ C'est-à-dire, avoit de l'expérience, des ressources d'imaginative.

car le dernier venu, qu'elle craignoit beaucoup à perdre, quelque chose qu'il sût de l'autre, lui dit un jour trop bien la leçon, et, de fait, lui dit qu'il n'y retourneroit plus ; et aussi ne fit-il, de grand' pièce après, dont elle fut très-déplaisante et mal contente. Or, ne faut pas oublier, afin qu'elle eût encore mieux le feu, il envoya vers elle un gentilhomme de son étroit conseil, afin de lui remontrer, bien au long, le déplaisir qu'auroit d'avoir compagnon à son service, et, bref et court, s'elle ne lui donne congé, que n'y reviendra, jour qu'il vive. Comme vous avez ouï dessus, elle n'eût pas voulentiers perdu son accointance ; si n'étoit saint ne sainte qu'elle ne parjurât, en soi excusant de l'entretenance du premier ; et enfin, comme toute forcenée, dit à l'écuyer : « Eh ! je montrerai à votre maître que je l'aime, et me baillez votre couteau. » Adonc, quand elle eut le couteau, elle se détourna, et si coupa tous ses cheveux de ce couteau, non pas bien uniment. Toutefois, l'autre print ce présent, qui bien savoit la vérité du cas, et s'offrit du présent faire devoir, ainsi qu'il fit tantôt après. Le dernier venu reçut ce beau présent qu'il détroussa et leva les cheveux de sa dame qui beaux étoient et beaucoup longs ; si ne fut puis guère aise, tant qu'il trouva son compagnon, à qui il ne céla pas l'ambassade qu'on lui a mise sus et à lui envoyée, et les gros présens qu'on lui envoie, qui n'est peu de chose, et lors montra les beaux cheveux. « Je crois, dit-il, que je suis bien en grâce : vous n'avez garde qu'on vous en fasse autant. — Saint Jean ! dit l'autre, veci autre nouvelle. Or vois-je bien que je suis frit. C'est fait ; vous avez bruit tout seul. Sur ma foi ! je crois fermement qu'il n'en est pas encore une pareille. — Je vous requiers, dit-il, pensons qu'il est de faire : il lui faut montrer à bon escient, que nous la connoissons telle qu'elle est. — Et je le veuil, dit l'autre. » Tant pensèrent et contrepensèrent, qu'ils s'arrêtèrent de faire ce qui s'ensuit. Le jour ensuivant ou tôt après, les deux compagnons se trouvèrent en une chambre ensemble, où leur loyale dame avec plusieurs autres étoit ; chacun saisit la place au mieux qu'il put : le premier venu auprès de la très-bonne damoiselle, à laquelle tantôt, après plusieurs devises, il montra les cheveux qu'elle avoit envoyés à son compagnon. Quelque chose qu'elle en pensât, elle n'en montra

nul semblant ne déffrai[1] ; même disoit qu'elle ne les connoissoit, et qu'ils ne venoient point d'elle. Comment, dit-il, sont-ils sitôt changés et déconnus ? — Je ne sais qu'ils sont, dit-elle, mais je ne les connois. » Et quand il vit ce, il se pensa qu'il étoit heure de jouer son jeu, et fit manière de mettre son chaperon qui sur son épaule étoit, et en faisant le tour[2], tout à propos lui fit heurter si rudement à son atour[3], qu'il l'envoya par terre, dont elle fut bien honteuse et malcontente ; et ceux qui là étoient aperçurent bien que ses cheveux étoient coupés, et assez lourdement. Elle saillit sus en hâte, et reprint son atour, et s'en entra en une autre chambre pour se ratourner, et il la suivit ; si la trouva toute courroucée et marrie, voire bien fort pleurante de deuil qu'elle avoit d'avoir été désatournée. Si lui demanda qu'elle avoit à plourer, et à quel jeu elle avoit perdu ses cheveux ? Elle ne savoit que répondre, tant étoit à cette heure surprinse ; et lui, qui ne se peut plus tenir d'exécuter la conclusion prinse entre son compagnon et lui, dit : « Fausse et déloyale que vous êtes, il n'a pas tenu à vous qu'un tel et moi ne nous sommes entretués et déshonorés, et je tiens, moi, que vous l'eussiez bien voulu, à ce que vous avez montré, pour en raconter deux autres nouveaux ; mais, Dieu merci, nous n'en avons garde, et afin que vous sachiez son cas et le mien, veci vos cheveux que lui avez envoyés, dont il m'a fait présent, et ne pensez pas que nous soyons si bêtes, que nous avez tenus jusqu'ici. » Lors appela son compagnon, et il vint ; puis dit : « J'ai rendu à cette bonne damoiselle ses cheveux, et lui ai commencé à dire comment, de sa grâce, elle nous a bien tous deux entretenus ; et, combien qu'à sa manière elle a bien montré qu'il ne lui chailloit se nous déshonorions l'un l'autre, Dieu nous en a gardés. — Saint Jean ! çà-mon[4] ! dit-il. » Et lors même adressa parole à la gouge, et Dieu sait s'il parla bien à elle, en lui remontrant sa très-grande lâcheté

---

[1] Ce mot, pris au figuré, présente ici un sens, puisque cette femme paie réellement les *frais* de son impudence. Mais on pourrait lire *d'effroi*, ce qui seroit plus net. — [2] Le chaperon, du temps de Charles VII, était attaché sur l'épaule par une longue bande d'étoffe qui pouvait faire deux ou trois fois le tour du cou ; quand il n'était pas sur la tête, il pendait derrière le dos.
[3] Coiffure de femme, *henin*, haut bonnet.
[4] Exclamation qui s'écrivait aussi *c'est mon !* équivalant à *par mon âme !*

et déloyauté de cœur ; et ne pensez pas que guère oncques femme fut mieux capitulée [1] qu'elle fut à l'heure, puis de l'un, puis de l'autre : à quoi elle ne savoit en nulle manière que dire ne répondre, comme surprinse en méfait évident, sinon de larmes qu'elle n'épargnoit pas. Et ne pensez pas qu'elle eût guère oncques plus de plaisir, en les entretenant tous deux, qu'elle avoit à cette heure de déplaisir. La conclusion fut telle toutefois, qu'ils ne l'abandonneront point, mais par accord dorénavant chacun aura son tour, et s'ils y viennent tous deux ensemble, l'un fera place à l'autre et seront bons amis, comme paravant, sans plus jamais parler de tuer ne de battre. Ainsi en fut-il fait et maintinrent assez longuement les deux compagnons cette vie et plaisant passetemps, sans que la gouge les osât oncques dédire. Et quand l'un alloit sa journée, il le disoit à l'autre ; et quand d'aventure l'un éloignoit le marché, le lieu à l'autre demouroit. Très-bon faisoit ouïr les recommandations qu'ils faisoient au départir ; mêmement ils firent de très-bons rondeaux et de plusieurs chansonnettes qu'ils mandèrent et envoyèrent l'un à l'autre, dont il est aujourd'hui grand bruit, servant au propos de leur matière dessusdite, dont je cesserai de parler, et si donnerai fin au conte.

NOUVELLE XXXIV.

SEIGNEUR DESSUS, SEIGNEUR DESSOUS.

La trente-quatrième nouvelle, racontée par monseigneur de la Roche, traite d'une femme mariée, qui assigna journée à deux compagnons, lesquels vinrent et besognèrent ; et le mari tantôt survint après ; et des paroles qui après en furent et de la manière qu'ils tinrent, comme vous oirez ci-après.

N'a pas longtemps que j'ai connu une notable femme et digne de mémoire ; car les vertus ne doivent être célées ne éteintes, mais en commune audience publiquement blasonnées. Vous orrez, s'il vous plaît, en cette nouvelle, la chose de quoi j'entends parler : c'est d'accroître la très-heureuse renommée. Cette vaillant' prude-femme, mariée à un, tout outre bosamis [2], avoit plusieurs serviteurs en amours, pourchassant, et désirant sa grâce, qui n'étoit pas trop difficile de conquerre, tant étoit douce et pitiable [3], celle qui la pouvoit et vouloit départir largement partout où bon et mieux lui

sembloit. Advint un jour que les deux vinrent vers elle, comme ils avoient de coutume, non sachant l'un de l'autre, demandant lieu de cuire [1] et leur tour d'audience. Elle, qui pour deux ne pour trois n'eût jamais reculé ne démarché [2], leur bailla jour et heure de se rendre vers elle, comme à lendemain ; l'un, à huit heures du matin ; l'autre, à neuf ensuivant ; chargeant à chacun, par exprès et bien à-certes [3], qu'il ne faille pas à son heure assignée. Ils promirent sur leur foi et sur leur honneur, s'ils n'ont cause raisonnable, qu'ils se rendront aux lieu et terme limités. Quand vient à lendemain, environ cinq heures du matin, le mari de cette vaillante femme se lève, s'habille, et se met en point, et puis la huche et appelle pour se lever, mais il ne lui fut pas accordé, ains refusé tout pleinement. « Ma foi ! dit-elle, il m'est prins un tel mal de tête, que je ne me saurois tenir en pieds ; si ne me pourrois encore lever pour mourir, tant suis foible et travaillée ; et, que vous le sachiez, je ne dormis anuit ; si vous prie et requiers que me laissez ici un peu reposer, et j'espoire, quand je serai seule, je prendrai quelque peu de repos. » L'autre, combien qu'il se doutât, n'osa contredire ne répliquer, mais s'en alla comme il avoit de coutume besogner en la ville. Tandis sa femme ne fut pas oiseuse à l'hôtel, car huit heures ne furent pas plus tôt sonnées, que veci bon compagnon, du jour de devant ainsi assigné, qui vient heurter à l'hôtel, et elle le bouta dedans. Il eut tantôt dépouillé sa robe longue, et le surplus de ses habillemens, et puis vint faire compagnie à mademoiselle, afin qu'elle ne s'épouvantât, et furent eux deux tant et si longuement bras à bras, qu'ils ouïrent assez rudement heurter à l'huis. « Ah ! dit-elle, par ma foi ! veci mon mari ! avancez-vous, prenez votre robe ? — Votre mari ? dit-il, et le connoissez-vous à heurter ? — Oui, dit-elle, je sais bien que c'est il. Abrégez-vous [4], qu'il ne vous treuve ici. — Il faut bien, si c'est-il, qu'il me voie : je ne me saurois où sauver. — Qu'il vous voie ? dit-elle ; non fera, se Dieu plaît ; car vous seriez mort, et moi aussi ; il est trop merveilleux ! Montez en haut en ce petit grenier, et vous tenez tout coi sans mouvoir, qu'il ne vous oye [5]. » L'autre monta, comme elle lui

---

[1] Chapitrée. — [2] Trompé, cocu. — [3] Charitable.

[1] Expression empruntée à l'usage des fours banaux
[2] Fait un pas en arrière. — [3] Certainement.
[4] Hâtez-vous. — [5] Entende.

dit, en ce petit grenier qui étoit d'ancien édifice, tout déplanché, tout délatté, et pertuisé[1] et rompu en plusieurs lieux ; et mademoiselle, le sentant là-dessus, fait un saut jusqu'à l'huis, très-bien sachant que ce n'étoit pas son mari et mit dedans celui qui avoit à neuf heures promis devers elle se rendre. Ils vinrent en la chambre, où pas ne furent longuement debout, mais tout de plat s'entre-accolèrent et embrassèrent en la même ou semblable façon que celui du grenier avoit fait ; lequel, par un pertuis, voit à l'œil la compagnie dont il n'étoit pas trop content, et fit grand procès en son courage, à savoir se bon étoit qu'il parlât ou se mieux lui valoit se taire ; il conclut toutefois tenir silence et ne dire mot jusqu'à ce qu'il verra trop mieux son heure et son point. Et pensez qu'il avoit belle patience ! Tant attendit, tant regarda sa dame avec le survenu, que bon mari vint à l'hôtel, pour savoir de l'état et santé de sa très-bonne femme, ce qu'il étoit très-bien tenu de faire. Elle l'ouït tantôt ; si n'eut autre loisir que de faire lever sa compagnie, et elle ne le savoit où sauver, pource qu'au grenier ne l'eût jamais envoyé ; et elle fit bouter en la ruelle du lit, et puis le couvrit de ses robes, et lui dit : « Je ne vous saurois au mieux loger, prenez-en patience ! » Et elle n'eut pas achevé son dire, que son mari entra dedans, qui aucunement si lui sembloit avoir noise[2] entre-ouïe : si trouva le lit tout défroissé et dépouillé, la couverture mal honnie[3] et d'étrange biais, et sembloit mieux le lit d'une épousée que la couche d'une femme malade. La doute qu'il avoit auparavant, avec l'apparence de présent, lui fit sa femme appeler par son nom, et lui dit : « Paillarde et méchante que vous êtes, je n'en pensois pas moins hui matin, quand vous contrefîtes la malade. Où est votre houlier ? Je voue à Dieu, si je le trouve, qu'il aura mal finé, et vous aussi ! » Et lors mit la main à la couverture, et dit : « Veci bel appareil, il semble que les pourceaux y aient couché ! — Et qu'avez-vous ? ce dit-elle ; méchant ivrogne, faut-il que je compare[4] le trop de vin que votre gorge a entonné ? Est-ce la belle salutation que vous me faites de m'appeler paillarde ? Je veux bien que vous sachiez que je ne suis pas telle ; mais suis trop loyale et trop bonne pour un tel paillard que vous êtes, et n'ai autre regret, sinon de quoi je vous ai été si bonne et si loyale ; car vous ne le valez pas, et ne sais qui me tient que je ne me lève et vous égratigne le visage par telle façon, qu'à toujours-mais ayez mémoire de m'avoir ainsi vilenée[1]. » Et qui me demanderoit comment elle osoit en ce point répondre, et à son mari parler, j'y treuve deux raisons : la première si est, qu'elle avoit bon droit en sa querelle, et l'autre, qu'elle se sentoit la plus forte en la place, et c'est[2] assez à penser, se la chose fût venue jusques aux horions, celui du grenier et l'autre l'eussent servie et secourue. Le pauvre mari ne savoit que dire, qui oyoit le diable sa femme ainsi tonner, et pource qu'il voit que haut parler et fort tancer n'avoit pas lors son lieu, il print le procès tout en Dieu, qui est juste et droiturier. Et à chef de sa méditation, entre autres paroles, il dit : « Vous vous excusez beaucoup de ce dont je sais tout le vrai ; au fort, il ne m'en chaut pas tant qu'on pourroit bien dire ; je n'en quiers jamais faire noise : celui de là-haut paiera tout. » Et par celui d'en haut entendoit Dieu ; mais le galant, qui étoit au grenier, qui oyoit les paroles, cuidoit à bon escient que l'autre l'eût dit pour lui, et qu'il fût menacé de porter la pâte au four, pour le méfait d'autrui ; si répondit tout en haut : « Comment ! sire, il suffit bien que j'en paie la moitié ; celui, qui est en la ruelle du lit, peut bien payer l'autre moitié, car certainement je crois qu'il y est autant tenu que moi. » Qui fut bien ébahi, ce fut l'autre, car il cuidoit que Dieu parlât à lui, et celui de la ruelle ne savoit que penser ; car il ne savoit rien de l'autre ; il se leva toutefois, et l'autre se descendit, qui le connut ; si se partirent ensemble et laissèrent la compagnie bien troublée et mal contente, dont il ne leur chaloit guère, et à bonne cause.

NOUVELLE XXXV.
L'ÉCHANGE.

La trente-cinquième nouvelle, racontée par monseigneur de Villiers, traite d'un chevalier, duquel son amoureuse se maria, tandis qu'il fut en voyage ; et à son retour, d'aventure la trouva en ménage ; laquelle, pour coucher avec son amant mit en son lieu coucher avec son mari une jeune damoiselle sa chambrière ; et des paroles d'entre le mari et le chevalier voyageur, comme plus à plein vous sera recordé ci-après.

Un gentilhomme de ce royaume, très-vertueux et de grand' renommée, grand voyageur

---

[1] Percé, troué. — [2] Bruit, mouvement. — [3] *Malhonnête* serait plus rationnel que *mal honnie.* — [4] Paie.

[1] Injuriée, méprisée. — [2] Toutes les éditions écrivent *sait.*

et aux armes très-preux et vaillant, devint amoureux d'une très-belle et gente damoiselle, et, en bref temps, fut si bien en sa grâce que rien ne lui fut escondit[1] de ce qu'il voulut et osa demander. Advint, ne sais combien après cette alliance, que ce bon chevalier, pour mieux valoir et honneur acquérir, se partit de ses marches, très-bien en point et accompagné, portant entreprinse d'armes du congé de son maître, et s'en alla en Espagne et en divers lieux où il se conduisit tellement qu'à son retour il fut reçu à grand triomphe. Pendant ce temps, sa dame fut mariée à un ancien chevalier, qui gracieux et sachant[2] homme étoit, qui, tout son temps, avoit hanté la cour et étoit, au vrai dire, le registre d'honneur; et n'étoit pas un petit dommage qu'il ne fut mieux allié, combien toutefois qu'encore n'étoit pas découverte l'embûche de son infortune si avant ne si commune, comme elle fut depuis, ainsi comme vous orrez. Car ce bon chevalier aventureux dessusdit retourna d'accomplir ses armes, et comme il passoit par le pays, il arriva, d'aventure, un soir, au château où sa dame demouroit, et Dieu sait la bonne chère que monseigneur son mari et elle lui firent, car il y avoit de piéçà grand' accointance et amitié entre eux deux. Mais vous devez savoir que, tandisque le seigneur de léans pensoit et s'efforçoit de trouver manière de plusieurs choses pour festoyer son hôte, l'hôte se devisoit avec sa dame qui fût[3], et s'efforçoit de trouver manière de la festoyer, comme il avoit fait avant que monseigneur fut son mari; et elle, qui ne demandoit autre chose, ne s'excusoit en rien sinon du lieu. « Mais il n'est pas possible, dit-elle, de le pouvoir trouver? — Ah! dit le bon chevalier, ma chère dame, par ma foi! si vous le voulez bien, il n'est manière qu'on ne treuve. Eh! que saura votre mari, quand il sera couché et endormi, si vous me venez voir jusques en ma chambre? Ou, se mieux vous plaît et bon vous semble, je viendrai bien vers vous. — Il ne se peut ainsi faire, ce dit-elle, car le danger y est trop grand, car monseigneur est de léger somme, et jamais ne s'éveille qu'il ne tâte après moi, et, s'il ne me trouvoit point, pensez ce que ce seroit. — Et quand il s'est en ce point tourné, que vous fait-il? — Autre chose, dit-elle; il se vire d'un et revire d'autre[1]. — Ma foi! dit-il, c'est un très-mauvais ménager[2]; il vous est bien venu que je suis venu pour secourir et lui aider et parfaire ce que n'est pas bien en sa puissance d'achever. — Si m'aid' Dieu! dit-elle, quand il besogne une fois le mois, c'est au mieux venir; il ne faut jà que j'en fasse la petite bouche. Croyez fermement que je prendrois bien mieux. — Ce n'est pas merveille, dit-il, mais regardez comment nous ferons, car c'est force que je couche avec vous cette nuit. — Il n'est tour ne manière que je voie, dit-elle, comment il se puisse faire. — Eh! comment! dit-il; eh! n'avez-vous point céans femme en qui vous osissiez fier de lui déclarer votre cas? — J'en ai, par Dieu! une, dit-elle, en qui j'ai bien tant de fiance, que de lui dire la chose en ce monde que plus voudrois être célée, sans avoir suspicion ne doute que jamais par elle fut découverte. — Que nous faut-il donc plus? dit-il; regardez, vous et elle, du surplus. » La bonne dame, qui vous avoit la chose à cœur, appela cette damoiselle et lui dit : « Ma mie, c'est force anuit que tu me serves, et que tu m'aides à achever une des choses en ce monde qui plus au cœur me touche. — Madame, dit la damoiselle, je suis prête et contente comme je dois vous servir et obéir en tout ce qu'il me sera possible : commandez; je suis celle qui accomplirai votre commandement. — Et je te mercie, ma mie, dit la dame, et sois sûre que tu n'y perdras rien. Veci le cas : Ce chevalier, qui céans est, c'est l'homme au monde que j'aime le plus, et ne voudrois pour rien qu'il se partît de moi sans aucunement avoir parlé à lui; or ne me peut-il bonnement dire ce qu'il a sur le cœur, sinon entre nous deux et à part, et je ne m'y puis trouver, se tu ne vas tenir ma place devers monseigneur. Il a de coutume, comme tu sais, de soi virer par nuit vers moi, et me tâte un peu et puis me laisse et se rendort. — Je suis contente de faire votre plaisir, madame; il n'est rien qu'à votre commandement je ne fasse. — Or bien, ma mie, dit-elle; tu te coucheras, comme je fais, assez loin de monseigneur, et garderas bien, quelque chose qu'il fasse, que tu ne dies un seul mot, et quelque chose qu'il voudra faire, souffres tout. — A vo-

---

[1] Refusé. — [2] Qui a de l'expérience, du savoir vivre.
[3] Avec celle qui fut sa dame.

[1] Il se tourne d'un côté et se retourne de l'autre.
[2] Homme de ménage, mari.

tre plaisir, madame, et je le ferai. » L'heure du souper vint, et n'est jà métier de vous conter du service ; seulement, vous souffise qu'on y fît très-bonne chère, et il y avoit bien de quoi. Après souper, la compagnie s'en alla à l'ébat, et le chevalier étranger, tenant madame par le bras, et aucuns autres gentilshommes tenant le surplus des damoiselles de léans, et le seigneur de l'hôtel venoit derrière, et enquéroit [1] des voyages de son hôte à un ancien gentilhomme qui avoit conduit le fait de sa dépense en son voyage. Madame n'oublia pas de dire à son ami, qu'une telle de ses femmes tiendra anuit sa place et son lieu, et qu'elle viendra vers lui. Il fut très-joyeux et largement l'en mercia, désirant que l'heure fut venue. Ils se mirent au retour et vinrent jusques en la chambre de parement, où monseigneur donna la bonne nuit à son hôte, et madame aussi. Et le chevalier étranger s'en vint en sa chambre, qui étoit belle, à bon escient, bien mise à point, et étoit le beau buffet garni d'épices, de confitures et de bon vin de plusieurs façons. Il se fit tantôt déshabiller, et là but une fois, puis fit boire ses gens et les envoya coucher, et demoura tout seul, attendant sa dame, laquelle étoit avec son mari, qui tous deux se dépouilloient et se mettoient en point pour entrer au lit. La damoiselle, qui étoit en la ruelle du lit, tantôt que monseigneur fut couché, se vint mettre en la place de sa maîtresse, et elle, qui autre part avoit le cœur, ne fit qu'un saut jusques dans la chambre de celui qui l'attendoit de pied coi. Or est chacun logé, monseigneur avec sa chambrière, et son hôte avec madame, et c'est assez à penser qu'ils ne passèrent pas toute la nuit à dormir. Monseigneur, comme il avoit de coutume, environ une heure devant le jour, se réveilla, et vers sa chambrière, cuidant être sa femme, se vira, et, au tâter qu'il fit, heurta sa main à son tetin, qu'il sentit si très-dur et poignant [2], et tantôt connut que ce n'étoit point celui de sa femme, car il n'étoit point si bien troussé. « Ha ! dit-il en lui-même, je vois bien que c'est, et j'en baillerai un autre. » Il se vira vers celle belle fille, et, à quelque méchef que ce fut, il rompit une lance, mais elle laissa faire sans oncques dire un seul mot ne demi. Quand il eut fait, il appela, tant qu'il put, celui qui couchoit avec sa femme. « Hau ! monseigneur (de tel lieu), où êtes-vous ? parlez à moi ? » L'autre, qui s'ouït appeler, fut beaucoup ébahi, et la dame fut toute éperdue, et bon mari recommence à rehucher : « Hau ! monseigneur, mon hôte, parlez à moi ? » Et l'autre s'aventura de répondre et dit : « Que vous plaît-il, monseigneur ? — Je vous ferai toujours ce change, quand vous voudrez. — Quel change ? dit-il. — D'une vieille jà toute passée et déloyale à une belle et bonne et fraîche jeune fille ; ainsi m'avez-vous parti [1], la vôtre merci ! » La compagnie ne sut que répondre, même la pauvre chambrière étoit tant surprinse que s'elle fut à la mort condamnée, tant pour le déshonneur et déplaisir de sa maîtresse comme pour le sien même qu'elle avoit méchamment perdu. Le chevalier étranger se partit de sa dame, au plus tôt qu'il sut, sans mercier son hôte, et sans dire adieu, et oncques puis ne s'y trouva, car il ne sait encore comme elle se conduit depuis avec son mari. Ainsi, plus avant ne vous en puis dire.

NOUVELLE XXXVI.

A LA BESOGNE.

La trente-sixième nouvelle, racontée par monseigneur de la Roche, traite d'un écuyer, qui vit sa maîtresse, dont il étoit moult féru [2], entre deux gentilshommes, et ne se donnoit de garde qu'elle tenoit chacun d'eux en ses lacs ; et un autre chevalier, qui savoit son cas, le lui bailla à entendre, comme vous oirez ci-après.

Un très-gracieux gentilhomme, désirant employer son service et son temps en la trèsnoble cour d'amour, soi sentant de dame impourvu [3], pour bien choisir et son temps employer, donna cœur, corps et biens à une belle damoiselle, et bonne (que mieux vaut), laquelle, faite et duite [4] de façonner gens, l'entretint bel et bien, et longuement ; et trop bien lui sembloit qu'il étoit bien avant en sa grâce, et, à dire la vérité, si étoit-il comme les autres, dont elle avoit plusieurs. Advint un jour que ce bon gentilhomme trouva sa dame, d'aventure, à la fenêtre d'une chambre, au milieu d'un chevalier et d'un écuyer, auxquels elle se devisoit par devises communes ; aucunesfois, parloit à l'un à part, sans ce que l'autre en ouït rien ; d'autre côté, faisoit à l'autre la pareille, pour chacun contenter. Mais, que

---

[1] S'informait. — [2] Naissant, commençant à *poindre*.

[1] Partagé. — [2] Très-amoureux. — [3] Dépourvu. — [4] Habile à. — [5] Quoique.

fit bien à son aise, le pauvre amoureux enrageoit tout vif, qui n'osoit approcher de sa compagnie, et si n'étoit en lui d'éloigner, tant fort désiroit la présence de celle qu'il aimoit mieux que le surplus des autres : trop bien lui jugeoit le cœur que cette assemblée ne se départiroit point, sans conclure ou procurer aucune chose à son préjudice, dont il n'avoit pas tort de ce penser et dire, et s'il n'eût eu les yeux bandés et couverts, il pouvoit voir apertement ce dont un autre à qui rien ne touchoit s'aperçut à l'œil, et, de fait, lui montra ; et veci comment. Quand il connut et aperçut à la lettre que sa dame n'avoit loisir ne voulenté de l'entretenir, il se bouta sur une couchette et se coucha ; mais il n'avoit garde de dormir, tant étoient ses yeux empêchés de voir son contraire¹ ; et comme il étoit en ce point, survint un gentil chevalier, qui salua la compagnie, lequel, voyant que la damoiselle avoit sa charge, se tira devers l'écuyer, qui sur la couche n'étoit pas pour dormir ; et, entre autres devises, lui dit l'écuyer : « Par ma foi ! monseigneur, regardez à la fenêtre, velà gens bien aises. Et ne voyez-vous pas comment plaisamment ils se démènent ? — Saint Jean ! tu dis vrai, dit le chevalier. — Encore font-ils bien autre chose que de deviser ! — Et quoi ! dit l'autre. — Quoi ? dit-il. Et ne vois-tu point comment elle tient chacun d'eux par la rêne ? — Par la rêne ? dit-il. — Voire vraiment, pauvre bête, par la rêne. Où sont tes yeux ? Mais il y a bien choix des deux, voire quant à la façon, car celle, qu'elle tient de gauche, n'est pas si longue ne si grande que celle qui emple² la dextre main. — Ha ! dit l'écuyer, par la morbieu ! vous dites vrai. Saint Antoine arde la louve ! » Et pensez qu'il n'étoit pas bien aise. « Ne te chaille, dit le chevalier ; porte ton mal le plus bel que tu peux : ce n'est pas ici que tu dois dire ton courage³ ; force est que tu fasses de nécessité vertu. » Aussi fit-il. Et veci bon chevalier qui approchoit de la fenêtre, où la gallée⁴ étoit ; et aperçut d'aventure que le chevalier à la main gauche se lève en pied et regardoit que faisoient et disoient la damoiselle gracieuse et l'écuyer son compagnon. Si vint à lui, en lui donnant un petit coup sur le chapeau : « Entendez à votre besogne, de par le diable ! ne vous souciez des autres. » L'autre se retira et commença de rire, et la damoiselle, qui n'étoit point effarée de legier¹, ne se mua oncques² ; trop bien tout doucement laissa prinse, sans rougir ne changer couleur ; regret eut-elle en soi-même d'abandonner de la main ce qui autre part lui eût bien servi. Et fait assez à croire que par avant et depuis n'avoit celui des deux, qui ne lui fît très-voulentiers service ; aussi eût bien fait, qui eût voulu, le dol cet amoureux malade, qui fut contraint d'être notaire³ du plus grand déplaisir qu'au monde advenir lui pourroit, et dont la seule pensée en son pauvre cœur rongé étoit assez et trop puissante de le mettre en désespoir, se raison ne l'eût à ce besoin secouru ; qui lui fît tout abandonner sa quête en amours, car, de celle-ci, il ne pourroit un seul bon mot à son avantage conter.

NOUVELLE XXXVII.

LE BÉNÈTRIER⁴ D'ORDURE⁵.

La trente-septième nouvelle, par monseigneur de la Roche, traite d'un jaloux qui enregistroit toutes les façons qu'il pouvoit ouïr ne savoir, dont les femmes ont déçu leurs maris le temps passé ; mais à la fin il fut trompé par l'orde eau⁶ que l'amant de ladite femme jeta par une fenêtre sur elle, en venant de la messe, comme vous oirez ci-après.

Tandis que les autres penseront et à leur mémoire ramèneront aucuns cas advenus et perpétrés⁷, habiles et suffisants d'être ajoutés à l'histoire présente, je vous conterai, en brefs termes, en quelle façon fut déçu le plus jaloux de ce royaume pour son temps. Je crois assez qu'il n'a pas été seul entaché de ce mal, mais toutefois pource qu'il fut outre l'enseigne, je ne me saurois passer sans faire savoir le gracieux tour qu'on lui fit. Ce bon jaloux, que je vous conte, étoit très-grand historien, et avoit vu et beaucoup lu et relu de diverses histoires ; mais la fin principale, à quoi tendoit son exercice et toute son étude, étoit de savoir et connaître les façons et manières comment femmes peuvent décevoir leurs maris. Car, la Dieu merci, les histoires anciennes, comme Mathéolus⁸, Juvénal⁹, *les Quinze*

---

¹ Ce qui le contrariait. — ² Emplit.
³ Ce que tu as sur le cœur. — ⁴ Compagnie.

¹ Légèrement, de peu. — ² Ne se troubla point.
³ Témoin. — ⁴ Bénitier. — ⁵ Imité par Bonaventure des Periers, nouvelle 18, et par La Fontaine : *On ne s'avise jamais de tout*, liv. II, 10.
⁶ L'eau sale. — ⁷ Accomplis, faits.
⁸ Le *livre de Matheolus*, dont on ne connaît pas l'auteur, est un poëme français du quinzième siècle sur la *malice des femmes*.
⁹ Dans la satire contre les femmes.

Joies de mariage[1] et autres plusieurs, dont je ne sais le compte, font mention de diverses tromperies, cautelles[2], abusions et déceptions, en cet état advenus. Notre jaloux les avoit toujours à ses mains, et n'en étoit pas moins assoté qu'un fol, de sa marote : toujours lisoit, toujours étudioit, et d'iceux livres fit un petit extrait pour lui, auquel étoient décrites, comprinses et notées plusieurs manières de tromperies, aux pourchas et entreprinses de femmes et ès personnes de leurs maris exécutées, et ce fit-il, tendant à fin d'être mieux prémuni sur sa garde de sa femme, s'elle lui en bailloit point de telles comme celles qui en son livre étoient chroniquées et registrées. Qu'il ne gardât sa femme d'aussi près qu'un jaloux italien, si faisoit, et si n'étoit pas bien assuré, tant étoit fort féru du maudit mal de jalousie. Et en cet état et aise délectable, fut ce bon homme trois ou quatre ans avec sa femme, laquelle pour passetemps n'avoit autre loisir d'être hors de sa présence infernale, sinon allant et retournant à la messe, en la compagnie d'une vieille serpente[3] qui d'elle avoit charge. Un gentil compagnon, oyant la renommée de ce gouvernement, vint rencontrer un jour cette bonne damoiselle, qui belle, gracieuse et amoureuse à bon escient étoit, et lui dit, le plus gracieusement qu'oncques sut, le bon vouloir qu'il avoit de lui faire service, plaignant et soupirant, pour l'amour et voulenté d'elle, sa maudite fortune d'être alliée au plus jaloux que terre soutienne, et disant, au surplus, qu'elle étoit la seule en vie, pour qui plus voudroit faire. « Et pource que je ne vous puis pas ici dire combien je suis à vous, et plusieurs autres choses dont j'espoire que vous ne serez que contente, s'il vous plaît, je les mettrai par écrit, et demain je vous les baillerai, vous suppliant que mon petit service, partant de bon vouloir et entier, ne soit pas refusé. » Elle écouta voulentiers, mais, pour la présence du dangier[4] qui trop près étoit, guère ne répondit, toutefois qu'elle fut contente de voir ses lettres, quand elles viendront. L'amoureux print congé assez joyeux, et à bonne cause, et la damoiselle, comme elle étoit douce et gracieuse, le congé lui donna ; mais la vieille, qui la suivoit, ne faillit point à demander quel parlement[1] avoit été entre elle et celui qui s'en va. « Il m'a, dit-elle, apporté nouvelle de ma mère, dont je suis bien joyeuse, car elle est en bon point. » La vieille n'en quit plus avant ; si vinrent à l'hôtel. A lendemain, l'autre, garni d'une lettre, Dieu sait comment dictée, vint rencontrer sa dame, et tant subtilement et subtilement lui bailla ces lettres, qu'oncques le guet de la vieille serpente n'en eut connoissance. Ces lettres furent ouvertes par celle, qui voulentiers les vit, quand elle fut à part ; le contenu en gros étoit : Comment il étoit esprins de l'amour d'elle, et que jamais un seul jour de bien n'auroit, se temps et loisir prêtés ne lui sont, pour plus avant l'en avertir, requérant en conclusion qu'elle lui vueille, de sa grâce, jour et lieu convenable assigner pour ce faire. Elle fit unes lettres, par lesquelles très-gracieusement s'excusoit de vouloir entretenir en amours autre que celui, auquel elle doit foi et loyauté ; néanmoins, pource qu'il est tant fort éprins d'amour à cause d'elle, qu'elle ne voudroit pour rien qu'il n'en fût guerdonné[3], elle seroit très-contente d'ouïr ce qu'il veut dire, se nullement pouvoit ou savoir mais certes, nenni ; tant près la tient son mari, qui ne la laisse d'un pas, sinon à l'heure de la messe qu'elle vient à l'église, gardée et plus que gardée par la plus pute vieille, qui jamais autrui destourba[4]. Ce gentil compagnon, les autrement habillé et en point que le jour passé, vint rencontrer sa dame, qui très-bien connut, et au passer qu'il fit assez près d'elle, reçut de sa main sa lettre dessusdite. S'il avoit faim de voir le contenu, ce n'étoit pas merveilles. Il se trouva en un détour, où, tout à son aise et beau loisir, vit et connut l'état de sa besogne, qui lui sembloit être en bon train, si regarda que ne lui faut que lieu pour venir au-dessus et à chef de sa bonne entreprise, pour laquelle achever il ne finoit nuit ne jour d'aviser et penser comment il la pourra conduire. Si s'avisa d'un bon tour, qui ne fait pas à oublier ; car il s'en vint à une sienne bonne amie, qui demouroit entre l'église où sa dame alloit à la messe et l'hôtel d'elle, et lui conta, sans rien celer, ce fait de ses amours, en priant très-affectueusement qu'elle à ce besoin le voulsît aider et secourir. « Ce que je pourrai faire pour vous, ne pensez pas que

---

[1] Ouvrage satirique et facétieux attribué à Antoine de la Sale, auteur ou rédacteur de ces *Cent Nouvelles*.
[2] Ruses. — [3] Suivante. — [4] Argus.

[1] Entretien. — [2] Demanda. — [3] Récompensé.
[4] Embarrassa, gêna.

m'y emploie de très-bon cœur. — Je vous mercie, dit-il. Et seriez-vous contente qu'elle vînt céans parler à moi ? — Ma foi ! dit-elle, il me plaît bien. — Or bien, dit-il, s'il est en moi de vous faire autant de service, pensez que j'aurai connoissance de la courtoisie. » Il ne fut oncques si aise, ne jamais ne cessa, tant qu'il eut récrit et baillé ses lettres à sa dame, qui contenoient qu'il avoit tant fait à une telle, qu'elle étoit sa très-grande amie, femme de bien, loyale et secrète, « et qui vous aime et connoît bien ; qu'elle nous baillera sa maison pour deviser. Et veci que j'ai avisé : je serai demain en la chambre d'en haut qui découvre sur la rue, et si aurai auprès de moi un grand seau d'eau et de cendres entremêlé, dont je vous affublerai tout à coup que vous passerez, et si serai en habit si desconnu [1], que votre vieille ne âme du monde n'aura de moi connoissance. Quand vous serez à ce point atournée [2], vous ferez bien l'ébahie et vous sauverez en cette maison, et par votre dangier [3] manderez quérir en votre hôtel une autre robe, et tandis qu'elle sera en chemin, nous parlerons ensemble. » Pour abréger, ces lettres furent écrites et baillées, et la réponse fut rendue par elle, qu'elle étoit contente. Or fut venu ce jour, et la damoiselle, affublée par son serviteur d'un seau d'eau et de cendres, voire par telle façon que son couvre-chef, sa robe et le surplus de ses habillements furent tous gâtés et percés, et Dieu sait qu'elle fit bien de l'ébahie et de la malcontente ; et comme elle étoit ainsi atournée, elle se bouta en l'hôtel, ignorant d'en avoir connoissance. Tantôt qu'elle vit la dame, elle se plaignit de son méchef, et n'est pas à vous dire le deuil qu'elle menoit de cette aventure : maintenant plaint sa robe, maintenant son couvre-chef, et l'autre fois son tissu ; bref, qui l'oyoit, il sembloit que le monde fût finé. Et derechef, sa meschine, qui enrageoit d'engaine [4], avoit en sa main un couteau dont elle nettoyoit sa robe le mieux qu'elle savoit : « Nenni, nenni, ma mie, dit-elle ; vous perdez votre peine ; ce n'est pas chose à nettoyer si en hâte. Vous n'y sauriez faire chose maintenant qui vaulsît [5] rien. Il faut que j'aie une autre robe et un autre couvre-chef ; il n'y a point d'autre remède : allez à l'hôtel, et les m'apportez, et vous avancez de retourner, que nous ne perdons la messe avec tout notre mal. » La vieille, voyant la chose être nécessaire, n'osa dédire sa maîtresse ; si print et robe et couvre-chef sous son manteau, et à l'hôtel s'en va. Elle n'eut pas sitôt tourné les talons, que sa maîtresse fut guidée en la chambre où son serviteur étoit, qui voulentiers la vit en cotte-simple et en cheveux. Et tandis qu'ils se deviseront, nous retournerons à parler de la vieille, qui revint à l'hôtel, où elle trouva son maître, qui n'attendit pas qu'elle parlât, mais demanda incontinent : « Et qu'avez-vous fait de ma femme ? et où est-elle ? — Je l'ai laissée, dit-elle, chez une telle, et en tel lieu, — Et à quel propos ? » dit-il. Lors elle lui montra robe et couvre-chef, et lui conta l'aventure de la lynée d'eau et des cendres, disant qu'elle vient quérir d'autres habillements ; car, en ce point, sa maîtresse n'osoit partir d'ond elle étoit : « Est-ce cela ? dit-il, Notre-Dame ! ce tour n'étoit pas en mon livre ! Allez, allez, je vois bien que c'est. » Il eût voulentiers dit qu'il étoit coux [2], et croyez que si étoit-il à cette heure, et ne l'en sut oncques garder livre ne bref [3] où plusieurs fins tours étoient registrés ; et fait assez penser qu'il retint si bien ce dernier, qu'oncques puis de sa mémoire ne partit, et ne lui fut nul besoin, à cette cause, de l'écrire, tant en eut fraîche souvenance, le peu des bons jours qu'il véquit.

NOUVELLE XXXVIII.
UNE VERGE POUR L'AUTRE.

La trente-huitième nouvelle, racontée par monseigneur le sénéchal de Guyenne, traite d'un bourgeois de Tours, qui acheta une lamproye, qu'à sa femme envoya pour apointer [1], afin de festoyer son curé, et ladite femme l'envoya à un cordelier son ami ; et comment elle fit coucher sa voisine avec son mari, qui fut battue Dieu sait comment, et de ce qu'elle fit accroire à son mari, comme vous oirez ci-après.

N'a guère qu'un marchand de Tours, pour festoier son curé et autres gens de bien, acheta une grosse et belle lamproie ; si l'envoya à son hôtel, et chargea très-bien à sa femme de la mettre à point, ainsi qu'elle savoit bien faire : « Et faites, dit-il, que le dîner soit prêt à douze heures, car j'amènerai notre curé et aucuns autres (qu'il lui nomma). — Tout sera prêt, dit-elle : amenez qui vous voudrez. » Elle mit à point un grand tas de beau poisson,

---
[1] Méconnaissable. — [2] Parée, c'est-à-dire, souillée d'eau et de cendres. — [3] Argus, duègne.
[4] Tromperie. — [5] Valût.

[1] Potée. — [2] Cocu. — [3] Parchemin. — [4] Apprêter.

et quant vint à la lamproie, elle la souhaita aux Cordeliers[1] à son ami, et dit en soi-même : « Ha! frère Bernard, que n'êtes-vous ici! par ma foi! vous n'en partiriez jamais, tant qu'eussiez tâté de la lamproie, ou, se mieux vous plaisoit, vous l'emporteriez en votre chambre, et je ne faudrois pas de vous faire compagnie. » A très-grand regret mettoit cette bonne femme la main à cette lamproie, voire pour son mari, et ne faisoit que penser comment son cordelier la pourroit avoir ; tant pensa et avisa, qu'elle conclut de lui envoyer par une vieille qui savoit de son secret : ce qu'elle fit, et lui manda qu'elle viendra anuit souper et coucher avec lui. Quand maître cordelier vit cette belle lamproie et entendit la venue de sa dame, pensez qu'il fut joyeux et bien aise, et dit à la vieille, que, s'il peut finer[2] du bon vin, que la lamproie ne sera pas fraudée du droit qu'elle a, puisqu'on la mangera[3]. La vieille retourna de son message et dit sa charge. Et environ douze heures, veci notre marchand venir, le curé et plusieurs autres bons compagnons pour dévorer cette lamproie qui étoit bien hors de leur commandement. Quand ils furent en l'hôtel du marchand, il les mena trèstous en la cuisine pour voir cette belle et grosse lamproie dont il les vouloit festoier, et appela sa femme, et puis lui dit : « Montrez-nous notre lamproie ? je veuil savoir à ces gens se j'en eus bon marché. — Quelle lamproie? dit elle. — La lamproie que je vous fis bailler pour notre dîner, avec cet autre poisson. — Je n'ai point vu de lamproie, dit-elle. Je cuide, moi, que vous songiez. Veci une carpe, deux brochets, et je ne sais quel autre poisson, mais je ne vis aujourd'hui lamproie. — Comment ? dit-il, et pensez-vous que je sois ivre ? — Ma foi, oui, dirent lors le curé et les autres ; vous n'en pensiez pas aujourd'hui, mais vous êtes un peu trop chiche pour acheter lamproie maintenant. — Pardieu! dit la femme, il se farce[4] de vous, ou il a songé d'une lamproie ; car sûrement je ne vis de cet an lamproie. » Et bon mari, de soi courroucer, qui dit : « Vous avez menti, paillarde! vous l'avez mangée ou cachée quelque part. Je vous promets qu'oncques si chère lamproie ne fut pour vous ! » Puis, se vira vers le curé et les autres, et juroit la morbieu et un cent de serments, qu'il avoit baillé à sa femme une lamproie qui lui avoit coûté un franc; et eux, pour encore plus le tourmenter et faire enrager, faisoient semblant de le non croire, et tenoient termes comme s'ils fussent mal contents, et disoient : « Nous étions priés de dîner chez un tel, et si avons tout laissé pour venir ici, cuidant manger de la lamproie, mais, à ce que nous voyons, elle ne nous fera mal. » L'hôte, qui enrageoit tout vif, print un bâton et marchoit vers sa femme pour la trop bien frotter, se les autres ne l'eussent retenu, qui l'emmenèrent à force hors de son hôtel, et mirent peine de le rapaiser le mieux qu'ils surent, quand ils le virent ainsi troublé. Puis qu'ils eurent failli à la lamproie, le curé mit la table, et firent la meilleure chère qu'ils furent. La bonne demoiselle à la lamproie manda l'une de ses voisines, qui vefve étoit, mais belle femme et en bon point étoit-elle, et la fit dîner aveccques elle. Et quant elle vit son point, elle dit : « Ma bonne voisine, il seroit bien en vous de me faire un singulier plaisir, et se tant vous vouliez faire pour moi, il vous seroit tellement desservi[1], que vous en deveriez être contente. — Et que vous plaît-il que je fasse ? dit l'autre. — Je vous dirai, dit-elle : mon mari est si très-ardent de ses besognes, que c'est une grand'merveille, et, de fait, la nuit passée, il m'a tellement retournée que, je vous promets, par ma foi, je ne l'oserois bonnement anuit attendre ; si vous prie que vous vouliez tenir ma place, et se jamais puis rien faire pour vous, vous me trouverez prête de corps et biens. » La bonne voisine, pour lui faire plaisir et service, fut bien contente de tenir son lieu, dont elle fut largement et beaucoup merciée! Or devez-vous savoir que notre marchand à la lamproie, quand vint le dîner, il fit très-grosse et grande garnison de bonnes verges qu'il apporta secrètement en sa maison, et au pied de son lit, il les cacha, pensant que sa femme anuit en sera trop bien servie. Il ne sut faire si secrètement que sa femme ne s'en donnât très-bien garde, qui ne s'en pensa pas moins, connoissant assez par expérience la cruauté de son mari, lequel ne soupa pas à l'hôtel, mais tarda tant dehors qu'il pensoit bien qu'il la trouvera nue et couchée ; mais il faillit à son entreprinse, car quand

---

[1] Couvent de Cordeliers. — [2] Trouver.
[3] Toutes les éditions écrivent *mengeue*, sans doute pour *mangée* en patois picard. Mais ce sens n'est pas satisfaisant. — [4] Se raille.

[1] Témoigné de la reconnaissance.

vint sur le soir et tard, elle fit dépouiller sa voisine, et coucher en sa place, en lui chargeant expressément qu'elle ne répondît mot à son mari, quand il viendra, mais contrefasse la muette et la malade ; et si fit encore plus, car elle éteignit le feu de léans, autant en la cuisine comme en la chambre, et, ce fait, à sa voisine chargea que tantôt que son mari sera levé matin, qu'elle s'en voise [1] en sa maison : elle lui promit que si feroit-elle. La voisine, en ce point, logée et couchée, la vaillante femme s'en va aux Cordeliers pour manger la lamproie et gagner les pardons, comme assez avoit de coutume. Tandis qu'elle se festoia léans, nous dirons du marchand, qui après souper s'en vint en son hôtel, épris d'ire et de maltalent, à cause de la lamproie ; et, pour exécuter ce qu'en son par-dedans avoit conclu, il vint saisir ses verges et en sa main les tint, cherchant et quérant partout de la chandelle, dont il ne sut oncques recouvrer ; même en la cheminée faillit à feu trouver. Quand il vit ce, il se coucha sans dire mot, et dormit jusque sur le jour, qu'il se leva, et s'habilla, et print ses verges et battit la lieutenante de sa femme en telle manière qu'à peu qu'il ne l'accreventât [2] en lui ramentevant [3] la lamproie ; et la mit en tel point, qu'elle saignoit de tous côtés ; même les draps du lit étoient tant sanglants, qu'il sembloit qu'un bœuf y fût mort ; mais la pauvre martyre n'osoit pas dire un mot, ne montrer le visage. Les verges lui faillirent, et fut lassé ; si s'en alla hors de son hôtel, et la pauvre femme, qui s'attendoit d'être festoyée de l'amoureux jeu et gracieux passetemps, s'en alla tantôt après en sa maison, plaindre son mal et son martyre, non pas sans menacer et bien maudire sa voisine. Tandis que le mari étoit allé dehors, revint des Cordeliers sa bonne femme, qui trouva sa chambre, de verges toute jonchée, son lit dérompu [4] et froissé, et les draps tout ensanglantés. Si connut bien tantôt que sa voisine avoit eu affaire de son corps, comme elle pensoit bien, et sans tarder ne faire arrêt, refit son lit, et d'autres beaux draps et frais le répara, et sa chambre nettoya. Après, vers sa voisine s'en alla, qu'elle trouva en piteux point, et ne faut pas dire qu'elle treuva bien à qui parler. Au plus tôt qu'elle fut en son hôtel retournée, de tous points, elle se déshabilla, et au beau lit qu'elle avoit très-bien mis à point, se coucha et dormit très-bien jusqu'à ce que son mari retourna de la ville, comme changé de son courroux pource qu'il s'en étoit vengé, et vint à sa femme, qu'il trouva au lit, faisant la dorme-veille. « Et qu'est ceci, mademoiselle ? dit-il, n'est-il pas temps de lever ? — Hemy [1] ! dit-elle, est-il jour ? Par mon serment ! je ne vous ai pas ouï lever ; j'étois entrée en un songe qui m'a tenue ainsi longuement. — Je crois, dit-il, que vous songez de la lamproie : ne faisiez pas ? ce ne seroit pas trop grand'merveille, car je la vous ai bien ramentue [2] ce matin. — Pardieu ! dit-elle, il ne me souvenoit de vous ne de votre lamproie. — Comment ! dit-il, l'avez-vous si tôt oublié ? — Oublié ? dit-elle ; un songe ne m'arrête rien. — Et c'est ce songe, dit-il, de cette poignée de verges que j'ai usée sur vous, n'a pas deux heures. — Sur moi ? dit-elle. — Voire vraiment, sur vous, dit-il. Je sais bien qu'il y pert [3] largement et aux draps de notre lit avec. — Par ma foi ! ami, dit-elle, je ne sais que vous avez fait ou songé, mais quant à moi, il me souvient très-bien qu'aujourd'hui au matin vous me fîtes de très-bon appétit le jeu d'amour ; et autre chose ne sais-je. Aussi bien, povez-vous avoir songé de m'avoir fait autre chose, comme vous fîtes hier de m'avoir baillé la lamproie. — Ce seroit une étrange chose ! dit-il, montrez un peu que je vous voie ? » Et elle ôta et si renversa la couverture, et là toute nue se montra sans tache ne blessure quelconques : vit aussi les draps beaux et blancs sans aucune souillure ne tache, si fut plus ébahi qu'on ne vous sauroit dire, et se print à muser [4] et largement penser ; en ce point longuement se tint, mais toutefois, assez bonne pièce après, il dit : « Par mon serment ! ma mie, je vous cuidois, à ce matin, avoir très-fort battue jusqu'au sang, mais maintenant je vois bien qu'il n'en est rien ; si ne sais qu'il m'est advenu. — Dea ! dit-elle, ôtez-vous hors de cette imagination de batterie ; car vous ne me touchâtes oncques ; vous le povez bien présentement voir et apercevoir ? faites votre compte que vous l'avez songé, comme vous fîtes hier de lamproie. — Je connois, dit-il lors, que vous dites vrai ; si vous requiers qu'il me soit pardonné, car je sais bien que j'eus

---

[1] Aille. — [2] L'assommât. — [3] Rappelant. — [4] Défait.

[1] Exclamation d'une femme qui s'éveille en sursaut : hemi ! ou hem ! pour hé ! moi !

[2] Rappelée. — [3] Paraît. — [4] Baisser la tête.

hier tort de vous dire vilenie devant les étrangers que j'amenai céans. — Il vous est légèrement pardonné, dit-elle; mais toutefois avisez bien que vous ne soyez plus si léger ne si hâtif en vos affaires comme vous avez de coutume. — Non ferai-je, dit-il, ma mie. » Ainsi qu'avez ouï, fut le marchand par sa femme trompé, cuidant avoir songé d'avoir acheté la lamproie et fait le surplus, au conte dessus écrit et raconté.

NOUVELLE XXXIX.

L'UN ET L'AUTRE PAYÉ.

La trente-neuvième nouvelle, racontée par monseigneur de Saint-Paul, traite d'un chevalier, qui, en attendant sa dame, besogna trois fois avec la chambrière qu'elle avoit envoyée pour entretenir ledit chevalier, afin que trop ne lui ennuyât, et depuis besogna trois fois avec la dame; et comment le mari sut tout par ladite chambrière, comme vous oirez ci-après.

Advint qu'un gentil chevalier, des marches [1] d'Amiens, riche, puissant, vaillant, et très-beau compagnon, fut amoureux d'une très-belle jeune dame assez longuement, et aussi fut tant en sa grâce, et si privé d'elle, que, toutes fois que bon lui sembloit, il se trouvoit en un lieu de son hôtel à part et détourné, où elle lui venoit faire compagnie; et là devisoient tout à leur beau loisir, et n'étoit âme qui sût rien de leur très-plaisant passetemps, sinon une damoiselle qui servoit cette dame; laquelle bonne bouche très-longuement porta [2], et tant les servoit à gré en toutes leurs affaires, qu'elle étoit digne d'un très-grand guerdon [3] en recevoir. Elle, aussi, avoit tant de vertu, que non pas seulement sa maîtresse avoit gagnée par le service, comme dit est, et autrement, mais encore le mari de sa dame ne l'aimoit pas moins que sa femme, tant la trouvoit loyale, bonne et diligente. Advint, un jour, que cette dame, sentant son serviteur le chevalier dessusdit en son châtel, devers lequel elle ne povoit aller si tôt qu'elle eût bien voulu (à cause de son mari, qui l'en détournoit; dont elle étoit bien déplaisante), s'avisa de lui mander par la damoiselle, qu'il eût encore un peu de patience, et que, du plutôt qu'elle sauroit se désarmer de son mari, qu'elle viendroit vers lui. Cette damoiselle vint devers le chevalier, qui sa dame attendoit, et dit sa charge : et lui, qui gracieux étoit, la mercie beaucoup de ce message, et la fit seoir auprès de lui et puis la baisa deux ou trois fois très-doucement; elle l'endura voulentiers, qui bailla courage au chevalier de procéder au surplus, dont il ne fut pas refusé. Cela fait, elle revint à sa maîtresse, et lui dit que son ami n'attend qu'elle : « Hélas! dit-elle, je sais bien qu'il est vrai, mais monseigneur ne se veut coucher; ils sont ci je ne sais quels gens que je ne puis laisser; que Dieu les maudie! j'aimasse mieux être vers lui; il lui ennuie bien, ne fait pas? d'être ainsi seul! — Par ma foi! croyez que oui, dit-elle, mais l'espoir de votre venue le conforte, et attend tant plus aise. — Je vous en crois, mais toutefois il est là seul sans chandelle, et sont plus de deux heures qu'il y est : il ne peut être, qu'il ne soit beaucoup ennuyé. Si vous prie, ma mie, que vous retournez vers lui encore une fois pour m'excuser. Et lui faites compagnie une pièce, et entretant, se Dieu plaît, le diable emportera ces gens qui nous tiennent ici. — Je ferai ce qui vous plaira, madame, dit-elle. Mais il me semble qu'il est si content de vous qu'il ne vous faut jà excuser; et aussi, se j'y allois, vous demeureriez ici toute seule de femme, et pourroit adonc monseigneur demander après moi, et ne me sauroit où trouver. — Ne vous chaille de cela, dit-elle; j'en ferai bien, s'il vous demande. Il me déplaît que mon ami est seul : allez voir qu'il fait, je vous en prie. — J'y vais puisqu'il vous plaît, dit-elle. » S'elle fut bien joyeuse de cette ambassade, il ne faut jà demander; mais, pour couvrir sa voulenté, elle en fit l'excusance et le refus à sa maîtresse. Et elle fut tantôt vers le chevalier attendant, qui la reçut joyeusement, et elle lui dit : « Monseigneur, madame m'envoie encore ici s'excuser devers vous, pource que tant vous fait attendre, et croyez qu'elle en est la plus courroucée. — Vous lui direz, dit-il, qu'elle fasse tout à loisir, et qu'elle ne se hâte de rien pour moi, car vous tiendrez son lieu. » Lors derechef la baisa et accola, et ne la souffrit partir tant qu'il eut besogné deux fois qui guère ne lui coûtèrent; car alors il étoit frais et jeune homme et fort à cela. Cette damoiselle print bien en patience sa bonne aventure, et eût bien voulu avoir souvent une telle aventure, sauf le préjudice de sa maîtresse. Et quand vint au partir, elle pria au chevalier, que sa maîtresse n'en sût rien. « Vous n'avez garde, dit-il. —

---

[1] Environs. — [2] C'est-à-dire, fut longtemps discrète. [3] Récompense.

Je vous en requiers, dit-elle. » Et puis s'en vint à sa maîtresse, qui demanda tantôt : que fait son ami ? « Il est là, dit-elle, et vous attend. — Voire, dit-elle, et est-il point mal content ? — Nenni, dit-elle, puisqu'il a eu compagnie : il vous sait très-bon gré que vous m'y avez envoyée, et se cette attente étoit souvent à faire, il voudroit bien m'avoir pour deviser et passer temps ; et, par ma foi ! j'y vais voulentiers, car c'est le plus plaisant homme de jamais, et Dieu sait qu'il fait bon l'ouïr maudire ces gens qui vous retiennent, excepté monseigneur : à lui ne voudroit-il toucher. — Saint Jean ! je voudrois, dit la dame, que lui et la compagnie fussent en la rivière, et je fusse là dont vous venez. » Tant passa le temps que monseigneur, Dieu merci, se défit de ses gens, et vint en sa chambre ; si se déshabilla et se coucha, et madame se mit en cotte-simple, et print son atour de nuit, et ses heures en sa main, et commença dévotement, Dieu le sait, à dire ses Sept Psaumes et paternostres. Mais monseigneur, qui étoit plus éveillé qu'un rat, avoit grand'faim de deviser ; si vouloit que madame laissât ses oraisons jusqu'à demain, et qu'elle parlât à lui. « Ah ! monseigneur, dit-elle, pardonnez-moi, je ne puis vous entretenir maintenant : Dieu va devant, vous le savez. Je n'aurois meshui bien, ne de semaine, se je n'avois dit le tant peu de service que je lui sais faire ; et encore, de mal venir [1], je n'eus pièça autant à dire que j'ai maintenant. — Ha ! haï ! dit monseigneur, vous m'affolez bien de cette bigoterie, et est-ce à faire à vous de dire tant d'œuvres [2] que vous faites ? Otez, ôtez, laissez-les dire aux prêtres ! Ne dis-je pas bien, haut ! Jeannette ? dit-il à la damoiselle dessusdite. — Monseigneur, dit-elle, je n'en sais que dire, sinon, puisque madame a de coutume de servir Dieu, qu'elle parfasse [3] ! — Ha ! dea, dit madame, monseigneur, je vois bien que vous êtes avoyé de plaider [4], et j'ai voulenté de dire mes heures, et ainsi nous ne sommes pas bien tous deux d'accord : si vous lairai Jeannette, qui vous entretiendra, et je m'en irai en ma chambre là derrière penser à Dieu. » Monseigneur fut content. Si s'en alla madame les grands galops [5] devers le chevalier son ami, qui la reçut, Dieu sait, à grand'liesse et à grand'révérence ; car l'honneur qu'il lui fit n'étoit pas moindre qu'à genoux ployés et inclinés jusqu'à terre. Mais vous devez savoir que, tandis que madame achevoit ses heures avec son ami, monseigneur son mari, ne sait de quoi il lui souvint, pria Jeannette, qui lui faisoit compagnie, d'amour, à bon escient ; et pour abréger, tant fit, par promesses et beau langage, qu'elle fut contente d'obéir. Mais le pis fut que madame, au retour qu'elle fit de son ami, lequel l'avoit accolée deux fois à bon escient avant son partir, trouva monseigneur son mari et Jeannette sa chambrière en tout tel ouvrage qu'elle venoit de faire : dont elle fut bien ébahie, et encore plus monseigneur et Jeannette, qui se trouvèrent ainsi surpris. Quand madame vit ce, Dieu sait comment elle salua la compagnie, jaçoit ce qu'elle eût bien cause de soi taire, et si se reprint à la pauvre Jeannette par si très-grand courroux, qu'il sembloit bien qu'elle eût un diable au ventre, tant lui disoit de vilaines paroles ; et encore fit-elle pis et plus, car elle print un grand bâton et l'en chargea trop bien le dos. Voyant ce, monseigneur, qui en fut mal content et déplaisant, se leva sur pied et battit tant madame, qu'elle ne se pouvoit sourdre [1]. Et quand elle vit qu'elle avoit puissance de sa langue, Dieu sait s'elle la mit en œuvre, mais adressoit la plupart de ses mots venimeux sur la pauvre Jeannette, qui n'en peut plus souffrir : si dit à monseigneur le gouvernement de madame, et d'ond elle venoit à cette heure de dire ses oraisons et avec qui. Si fut la compagnie bien troublée, monseigneur tout le premier, qui se doutoit assez de madame qui se treuve affolée et battue et de sa chambrière accusée. Le surplus de ce ménage bien troublé demeure en la bouche de ceux qui le savent : si n'en faut jà plus avant enquérir.

NOUVELLE XL.

LA BOUCHÈRE LUTIN DANS LA CHEMINÉE.

La quarantième nouvelle, par messire Michault de Changy, traite d'un jacobin, qui abandonna sa dame par amour, une bouchère, pour une autre p'us belle et plus jeune, et comment la dessusdite bouchère cuida entrer dedans sa maison par la cheminée.

Il advint naguère, à Lille, qu'un grand clerc et prêcheur de l'ordre de Saint-Dominique convertit par sa sainteté et douce prédication la femme d'un boucher, par telle et si bonne façon, qu'elle l'aimoit plus que tout le monde,

---

[1] Par malheur. — [2] Oraisons. — [3] Achève.
[4] En train de parler. — [5] A grande hâte.

[1] Se lever.

et n'avoit jamais au cœur bien, ne en soi parfaite liesse, s'elle n'étoit enprès lui. Mais maitre moine, en la parfin, s'ennuya d'elle et tant, que plus nullement n'en vouloit; et eût très-bien voulu qu'elle se fût déportée de si souvent le visiter, dont elle étoit tant mal contente que plus ne pouvoit; même le reboutement, qu'il lui faisoit, trop plus avant en son amour l'enracinoit. Damp[1] moine, ce voyant, lui défendit sa chambre, et chargea bien expressément à son clerc, qu'il ne la souffrît plus. S'elle fut plus que paravant mal contente, ce ne fut pas de merveille, car elle étoit ainsi que forcenée. Et se vous me demandez à quel propos damp moine ce faisoit, je vous réponds que ce n'étoit pas pour dévotion ne pour voulenté qu'il eût de devenir chaste; mais la cause étoit qu'il en avoit raccointé[2] une plus belle, et plus jeune beaucoup, et plus riche, qui déjà étoit tant privée qu'elle avoit la clé de sa chambre. Tant fit, toutefois, que la bouchère ne venoit pas devers lui, comme elle avoit de coutume: si avoit trop meilleur et plus sûr loisir, sa dame nouvelle, de venir gagner les pardons en sa chambre et payer la dîme, comme les femmes d'hôtellerie, dont ci-dessus est touché[3]. Un jour fut prins, de faire bonne chère à un dîner en la chambre de maître moine, où sa dame promit de comparoir, et faire apporter sa portion tant de vin comme de viande; et pource qu'aucuns de ses frères de léans étoient assez de son métier, il en invita deux ou trois tout secrètement, et Dieu sait la grand' chere qu'on fit à ce dîner, qui ne se passa point sans boire d'autant. Or devez-vous savoir que notre bouchère, connoissant assez les gens de ces prêcheurs qu'elle voyoit passer devant sa maison, lesquels portoient, puis du vin, puis des pâtés, et puis des tartes et tant de choses que merveilles, si ne se peut tenir de demander quelle fête on fait à leur hôtel, et il lui fut répondu que ces biens sont pour un tel (à savoir son moine), qui a gens de bien à dîner. « Et que sont-ils ? dit-elle. — Ma foi! je ne sais, dit l'autre; je porte mon vin jusqu'à l'huis tant seulement, et là vient notre maître qui me décharge; je ne sais qui y est. — Voire, dit-elle, c'est la secrète compagnie. Or bien allez-vous-en et les servez bien. » Tantôt après passa un autre serviteur, qu'elle interrogea pareillement, qui lui dit comme son compagnon, et encore plus avant; car il dit: « Je pense qu'il y a une damoiselle qui ne veut pas être vue ne connue. » Elle pensa tantôt ce qu'étoit, si cuida bien enrager, tant étoit mal contente, et disoit en soi-même, qu'elle fera le guet sur celle qui lui faisoit tort de son ami, et qui lui a baillé le bond[1], et s'elle la peut rencontrer, ce ne sera pas sans lui dire et chanter sa leçon, et égratigner le visage. Si se mit au chemin, en intention d'exécuter ce qu'elle avoit conclu. Quand elle fut venue au lieu désiré, moult lui tardoit de rencontrer celle qu'elle hait plus que personne; si n'eut pas tant de constance que d'attendre qu'elle saillît de la chambre où elle avoit fait mainte bonne chose, mais s'avisa de prendre une échelle qu'un couvreur de tuiles avoit laissée près de son ouvrage, tandis qu'il étoit allé dîner, et elle dressa cette échelle à l'endroit de la cheminée de la cuisine de l'hôtel, où elle voudroit bien être pour saluer la compagnie; car bien savoit qu'autrement n'y pourroit entrer. Cette échelle, mise à point, comme elle la voulut avoir, si monta jusques à la cheminée, à l'entour de laquelle elle lia très-bien une moyenne corde qu'elle trouva d'aventure, et cela fait très-bien, comme il lui sembloit, elle se bouta dedans le bouhot[2] de la cheminée, et se commença à descendre et un peu avaller[3], mais le pis fut qu'elle demoura en chemin, sans soi pouvoir avoir, ne monter ne avaller, quelque peine qu'elle y mit, et ce, à l'occasion de son derrière, qui étoit beaucoup gros et pesant; et aussi sa corde se rompit, pourquoi elle ne se pouvoit en nulle manière monter ne resourdre amont[4]; si étoit, Dieu le sait, en merveilleux déplaisir, et ne savoit que faire ne que dire. Si s'avisa qu'elle attendroit le couvreur, et qu'elle se mettra en sa merci, et l'appellera, quand il viendra requerre son échelle et sa corde. Elle fut bien trompée, car le couvreur ne vint jusques à lendemain bien matin, pource qu'il fit trop grande pluie, dont elle eut bien sa part, car elle fut percée et baignée jusques à la peau. Quand vint sur le soir bien tard, notre bouchère, étant en la cheminée, ouït gens deviser en la cuisine: si commença

---

[1] Dom, seigneur, de *dominus*. — [2] Débauché, racolé.
[3] Voy. *Les dames dîmées*, nouv. 32e, qui traite des *Cordeliers d'hôtellerie de Catalogne*.

[1] C'est-à-dire, qui l'a supplantée. — [2] Tuyau.
[3] Couler en bas. — [4] Ressortir en haut.

à bucher, dont ils furent bien ébahis et effrayés, et ne savoient qui les huchoit ne où c'étoit ; toutefois quelque ébahissement ne paour qu'ils eussent, ils écoutèrent encore un peu, si ouïrent la voix du paravant[1] arrière hucher très-aigrement. Si cuidèrent que ce fut un esprit, et le vinrent incontinent annoncer à leur maître, qui étoit en dortoir, lequel ne fut pas si vaillant de venir voir que c'étoit, mais il mit tout à demain. Pensez la belle patience que cette bonne femme avoit, qui fut tout au long de la nuit en cette cheminée ; et, de sa bonne aventure, il ne plut, longtemps a, si fort ne si bien, qu'il fît celle nuit. Lendemain assez matin, notre couvreur de tuiles revint à l'œuvre, pour recouvrer la perte que la pluie lui avoit faite le jour de devant. Il fut ébahi de voir son échelle ailleurs qu'il ne l'avoit laissée, et la cheminée liée de la corde : se ne savoit qui ce avoit fait ne à quel propos ; puis s'avisa d'aller requérir sa corde, et monta amont son échelle, et vint jusques à la cheminée, et détacha sa corde, et, comme Dieu voulut, bouta sa tête dedans le bouhot de la cheminée, où il vit notre bouchère plus simple qu'un chat baigné ; dont il fut très-ébahi. « Et que faites-vous ici, dame ? dit-il ; voulez-vous dérober les pauvres religieux ? — Hélas ! mon ami, dit-elle, par ma foi ! nenni. Je vous requiers, aidez-moi à saillir d'ici, et je vous donnerai ce que me voudrez demander. — Dea ! je me garderai bien, dit le couvreur, si je ne sais pourquoi vous y venez. — Je le vous dirai, puisqu'il vout plaît, dit-elle, mais je vous prie qu'il n'en soit nouvelle. » Lors lui conta tout du long les amours d'elle et du moine, et la cause pourquoi elle venoit là. Le couvreur, oyant ces paroles, eut pitié d'elle ; si fit tant, à quelque peine et quelque méchef que ce fût, moyennant sa corde, qu'il la tira dehors, et la mena en bas ; et elle lui promit que s'il portoit bonne bouche[2], qu'elle lui donneroit de sa chair et de bœuf et de mouton, assez pour fournir son ménage pour toute l'année ; ce qu'elle fit, et l'autre tint si secret son cas, que chacun en fut averti.

[1] La voix d'auparavant, qu'ils avaient déjà entendue. — [2] S'il lui gardait le secret.

NOUVELLE XLI.

L'AMOUR ET LE HAUBERGEON EN ARMES.

La quarante et unième nouvelle, par monseigneur de la Roche, traite d'un chevalier, qui faisoit vêtir à sa femme un haubergeon, quand il lui vouloit faire ce que vous savez, ou compter les dents[1] ; et du clerc qui lui aprint autre manière, dont elle fut à peu près par sa bouche même encusée à son mari, se n'eût été la glose qu'il controuva subtilement.

Un gentil chevalier de Hainaut, sage, subtil et très-grand voyagier, après la mort de sa très-bonne et sage femme, pour les biens qu'il avoit vus et trouvés en mariage, ne sut passer son temps sans soi lier comme il avoit été paravant : si épousa une très-belle, jeune et gente damoiselle, non pas des plus subtiles du monde, car, à la vérité dire, elle étoit un peu lourde en la taille[2], et c'étoit ce en elle qui plaisoit plus à son mari, pource qu'il espéroit par ce point la mieux duire[3] et tourner en la façon qu'avoir la voudroit. Il mit sa cure et son étude à la façonner, et, de fait, elle lui obéissoit et complaisoit comme il le disoit, si bien, qu'il n'eût su mieux demander ; et entre autres choses, toutes fois qu'il lui vouloit faire l'amoureux jeu (qui n'étoit pas si souvent qu'elle eût bien voulu), il lui faisoit vêtir un très-beau haubergeon[4], dont elle étoit bien ébahie, et de prime-saut lui demanda bien à quel propos il la faisoit armer ; et il lui répondit qu'on ne se doit point trouver à l'assaut amoureux sans armes. Elle fut contente de vêtir ce haubergeon, et n'avoit autre regret, sinon que monseigneur n'avoit l'assaut plus à cœur, combien que ce lui étoit assez grand'peine, se aucun plaisir n'en fût ensuivi. Et se vous demandez à quel propos son seigneur ainsi la gouvernoit, je vous réponds que la cause, qui à ce faire le mouvoit, était afin que madame ne désirât pas tant l'assaut amoureux pour la peine et empêchement de ce haubergeon ; mais combien qu'il fût bien sage, il s'abusa de trop, car se le haubergeon, à chacun assaut, lui eût cassé et dos et ventre, si n'eût-elle pas refusé le vêtir, tant étoit doux et plaisant ce que s'ensuivoit. Cette manière de faire dura beaucoup, tant que monseigneur fut mandé pour servir son prince, en

[1] Figure érotique pour peindre de longs baisers d'amant.
[2] Ce mot est employé ici dans le sens d'esprit, intelligence.
[3] Dresser, en terme de fauconnerie.
[4] Cotte de mailles.

la guerre, et en autres assauts qui ne sont pas semblables à celui dessusdit. Si print congé de madame et s'en alla où il fut mandé, et elle demeura à l'hôtel en la garde et conduite d'un ancien gentilhomme et d'aucunes damoiselles qui la servoient. Or, devez-vous savoir qu'en cet hôtel avoit un gentil compagnon, qui très-bien chantoit et jouoit de la harpe, et avoit la charge de la dépense, et après le dîner s'ébattoit voulentiers de la harpe; à quoi madame prenoit très-grand plaisir, et souvent se rendoit vers lui au son de la harpe; tant y alla et tant s'y trouva, que le clerc la pria d'amour. Elle, désirant de vêtir son haubergeon, ne l'escondit pas, aincois lui dit : « Venez vers moi à telle heure et en telle chambre, et je vous ferai réponse telle que vous serez content. » Elle fut beaucoup merciée, et à l'heure assignée, notre clerc si ne faillit pas de venir heurter à la chambre où madame lui avoit dit, laquelle l'attendoit de pied coi, le beau haubergeon en son dos. Elle ouvrit la chambre et le clerc la vit armée : si cuida que ce fut aucun qui fut embûché léans pour lui faire quelque déplaisir, et à cette occasion, il fut si très-subitement féru[1] et épouvanté, que de la grand'peur qu'il en eut, il chut à la renverse par telle manière qu'il décompta ne sais quant degrés, si très-roidement, qu'à peu qu'il ne se rompît le col; mais toutefois il n'eut garde, tant bien lui aida Dieu et sa bonne querelle[2]. Madame, qui le vit en ce danger, fut très-déplaisante; si vint en bas, et lui aida à sourdre[3], et lui demanda d'ond lui venoit ce peur; et il la lui conta et dit : « Vraiment je cuidois être déçu. — Vous n'avez garde, dit-elle : je ne suis pas armée pour vous faire mal. » Et en ce disant, montèrent arrière les degrés, et entrèrent en la chambre. « Madame, dit le clerc, je vous requiers, dites-moi, s'il vous plaît, que vous meut de venir en ce haubergeon? » Et elle, comme un peu faisant la honteuse, lui répondit : « Et vous le savez bien? — Par ma foi! sauve votre grâce, madame, dit-il, se je le susse, je ne le demandisse pas. — Monseigneur, dit-elle, quand il me veut baiser et parler d'amour, il me fait en ce point habiller; et je sais bien que vous venez ici à cette cause, et, pour ce, je me suis mise en ce point. — Madame, dit-il, vous avez raison, et aussi vous me faites souvenir que c'est la manière des chevaliers d'en ce point faire habiller leurs dames; mais les clercs ont toute autre manière de faire, qui, à mon avis, est trop plus belle et plus aisée. — Et quelle est-elle? dit la dame, montrez-la-moi. — Et je la vous montrerai, dit-il. » Lors la fit dépouiller de son haubergeon, et du surplus de ses habillements jusqu'à la belle chemise, et lui pareillement se déshabilla et dépouilla, et se mirent dedans le beau lit paré qui là étoit, et puis se désarmèrent de leurs chemises, et passèrent temps deux ou trois heures bien plaisamment; et avant le départir, le gentil clerc montra bien à madame la coutume des clercs, laquelle beaucoup loua et prisa trop plus que celle des chevaliers. Assez et souvent depuis se rencontrèrent en la façon dessusdite, sans qu'il en fût nouvelle, quoique madame fût peu subtile. A certain temps après, monseigneur retourna de la guerre, dont madame n'en fut pas trop joyeuse en son pardedans[1], quelque semblant qu'elle montrât au pardehors, et vint à l'heure du dîner, et ce pource qu'on savoit sa venue, il fut servi, Dieu sait comment. Ce dîner se passa, et quand vint à dire Grâces, monseigneur se met à son rang, et madame prend son quartier. Tantôt que Grâces furent achevées et dites, monseigneur, pour faire du ménager[2] et du gentil compagnon, dit à madame : « Allez tôt en votre chambre, et vêtez votre haubergeon. » Et elle, se recordant du bon temps qu'elle avoit eu avec son clerc, répondit tout subit: « La coutume des clercs vaut mieux. — La coutume des clercs? dit-il. Et savez-vous leur coutume! » Si commença à soi fumer, et couleur changer, et se douta de ce qu'étoit vrai, combien qu'il n'en sût onques rien, car il fut tout à coup mis hors de son doute. Madame ne fut pas si bête, qu'elle n'aperçût bien que monseigneur n'étoit pas content de ce qu'elle venoit de dire ; si s'avisa de changer de vers[3], et dit : « Monseigneur, je vous ai dit : *La coutume des clercs vaut mieux*, et encore le dis-je. — Et quelle est-elle? dit-il. — Ils boivent après Grâces, dit-elle. — Voire, dea, dit-il ; saint Jean! vous dites vrai ; c'est leur coutume vraiment qui n'est pas mauvaise, et pource que vous la prisez tant, nous la tiendrons doréna-

---

[1] Frappé. — [2] Cette expression, qui se disait d'un duel, est employée ici par métaphore, puisqu'il s'agit d'une *rencontre* amoureuse. — [3] Se relever.

[1] En son for intérieur. — [2] Mari.
[3] On dit encore, dans le même sens, *changer de gamme*.

vant. » Si fit apporter du vin et burent, et puis madame alla vêtir son haubergeon, dont elle se fût bien passée; car le gentil clerc lui avoit montré autre façon de faire, qui trop mieux lui plaisoit. Comme vous avez ouï, fut monseigneur par madame en sa réponse abusé ; ainsi faut dire que le sens subit qui lui vint en mémoire à cette fois lui descendit de la vertu du clerc, et depuis lui montra la façon d'autres tours, dont monseigneur en la parfin en demeura nosamis.

NOUVELLE XLII.

LE MARI CURÉ.

La quarante-deuxième nouvelle, par Meriadech, traite d'un clerc de village, qui, étant en la cité de Rome, cuidant que sa femme fût morte, devint prêtre et impétra [1] la cure de son village; et quand il vint à sa cure, la première personne qu'il rencontra, ce fut sa femme.

L'an cinquante [2], dernier passé, le clerc d'un village du diocèse de Noyon, pour impétrer et gagner les pardons [3] qui furent à Rome (qui sont tels que chacun sait), se mit à chemin en la compagnie de plusieurs gens de bien de Noyon, de Compiègne, et des lieux voisins ; mais, avant son partement, disposa bien et sûrement de ses besognes : premièrement, de sa femme et de son ménage ; et le fait de sa coûtrerie [4] recommanda à un jeune et gentil clerc, pour la desservir jusqu'à son retour. En assez brieve espace de temps, lui et sa compagnie vinrent arriver à Rome, et firent chacun leur dévotion et pélerinage le moins mal qu'ils surent. Mais vous devez savoir que notre clerc trouva d'aventure à Rome un de ses compagnons d'école du temps passé, qui étoit au service d'un gros cardinal, et en grand'autorité ; qui fut très-joyeux de l'avoir trouvé pour l'accointance qu'il avoit à lui, et lui demanda de son état, et l'autre lui conta tout du long, tout premier, comment il étoit hélas ! marié, son nombre d'enfants, et comment aussi étoit clerc d'une paroisse. « Ah ! dit son compagnon, par mon serment ! il me déplaît bien que vous êtes marié. — Pourquoi ? dit l'autre. — Je vous dirai, dit-il : un tel cardinal m'a chargé expressément que je lui trouve un serviteur pour être son notaire qui soit de notre marche [5], et croyez que ce seroit trop bien votre fait, pour être tôt et bien largement pourvu, se ne fut votre mariage qui vous fera repatrier [1], et, comme j'espoire, plus grands biens perdre, que vous n'y aurez. — Par ma foi ! dit le clerc, mon mariage n'y fait rien, mon compagnon ; car, à vous dire la vérité, je me suis parti de notre pays sous ombre du pardon qui est à présent, mais croyez que ce n'a pas été ma principale intention, car j'ai conclu d'aller jouer [2] deux ou trois ans par pays; et se, pendant ce, Dieu vouloit prendre ma femme, jamais je ne fus si heureux. Et pourtant je vous requiers et prie que vous songiez de moi et soyez mon moyen [2] vers ce cardinal, que je le serve ; et par ma foi ! je ferai tant, que vous n'aurez jà reproche pour moi ; et se ainsi le faites, vous me ferez le plus grand service que jamais compagnon fit à autre. — Puisque vous avez cette voulenté, dit son compagnon, je vous servirai à cette heure, et vous logerai pour avoir bon temps, se à vous ne tient. — Eh ! mon ami, je vous mercie, dit l'autre. » Pour abréger, notre clerc fut logé avec ce cardinal, laquelle chose il manda à sa femme, et son intention, qui n'est pas de retourner par delà si tôt qu'il lui avoit dit au partir. Elle se conforta, et lui récrivit qu'elle fera du mieux qu'elle pourra. Au service de ce cardinal se conduisit et maintint gentement notre bon clerc, et fit tant, qu'en peu de temps il gagna de l'argent avec son maître, lequel n'avoit pas peu de regret qu'il n'étoit habile à tenir bénéfices ; car largement l'en eût pourvu. Pendant le temps que notredit clerc étoit ainsi en grâces, comme dit est, le curé de son village alla de vie à trépas, et ainsi vaqua son bénéfice qui étoit au mois [4] du pape ; dont le coûtre [5], tenant le lieu de son compagnon étant à Rome, se pensa qu'au plus tôt qu'il pourroit, qu'il courroit à Rome et feroit tant, à l'aide de son compagnon, qu'il auroit cette cure. Il ne dormit pas ; car, en peu de jours, après maintes peines et travaux [6], tant fit qu'il se trouva à Rome, et n'eut oncques bien, tant qu'il eût trouvé son compagnon, lequel servoit un cardinal. Après grosses reconnoissances d'un côté et d'autre, le clerc demande de sa femme, et l'autre, lui cuidant faire un singulier plaisir, et

---

[1] Obtint. — [2] 1450. — [3] Les indulgences du jubilé.
[4] Custodie, office d'un sacristain dans une église. On a dit depuis *couterie*. — [5] Pays.

[1] Rentrer dans votre patrie. — [2] Dans le sens de *promener*. — [3] Protecteur, intermédiaire.
[4] On appeloit *mois du pape* les huit mois de l'année pendant lesquels le pape avoit le droit de conférer des bénéfices en pays d'obédience. — [5] Serviteur d'église, sacristain, custode. — [6] Fatigues.

afin aussi que la besogne, dont il veut le requérir, aucunement en vaille mieux, lui répondit qu'elle étoit morte; dont il mentoit; car je tiens qu'à cette heure elle sauroit bien tancer son mari. « Dites-vous donc que ma femme est morte? dit le clerc, et je prie à Dieu qu'il lui pardonne ses péchés! — Oui, vraiment, dit l'autre: la pestilence [1] de l'année passée, avec plusieurs autres, l'emporta. » Or feignit-il cette bourde, qui depuis lui fut cher vendue [2], pource qu'il savoit que le clerc n'étoit parti de son pays qu'à l'intention de sa femme qui étoit trop peu paisible, et que plus plaisantes nouvelles d'elle ne lui pourroit-on apporter, que sa mort; et, à la vérité ainsi en étoit-il, mais le rapport fut faux. « Eh! qui vous amène en ce pays? dit le clerc, après plusieurs et diverses paroles. — Je le vous dirai, mon compagnon et mon ami. Il est vrai que le curé de notre ville est trépassé; si viens vers vous, afin que, par votre moyen, je puisse parvenir à son bénéfice; si vous prie tant que plus ne puis, que me veuilliez aider à ce besoin. Je sais bien qu'il est en vous de le me faire avoir à l'aide de monseigneur votre maître. » Le clerc, pensant sa femme être morte et la cure de sa ville vaquer, conclut en soi-même qu'il happera ce bénéfice pour lui, et d'autres encore, s'il y peut parvenir. Mais toutefois il ne le dit pas à son compagnon; ainçois lui dit qu'il ne tiendra pas en lui, qu'il ne soit le curé de leur ville, dont il fut très-grandement mercié. Tout autrement en alla, car à lendemain notre saint-père, à la requête du cardinal maître de notre clerc, lui donna cette cure. Si vint le clerc à son compagnon, quand il sut ces nouvelles et lui dit: « Ah! mon compagnon, votre fait est rompu, dont me déplaît bien. — Et comment? dit l'autre. — La cure de notre ville est donnée, dit-il, mais je ne sais à qui. Monseigneur mon maître vous a cuidé aider, mais il n'a pas été en sa puissance de faire votre fait. » Qui fut bien mal content, ce fut celui qui étoit venu de si loin perdre sa peine et dépendre [3] son argent, dont ce ne fut pas dommage: si print congé piteusement de son compagnon et s'en retourna en son pays, sans soi vanter de la bourde qu'il a semée. Or retournons à notre clerc qui étoit plus gai qu'une mitaine, de la mort de sa femme, et de la cure de leur ville, que notre saint-père pape, à la requête de son maître, lui avoit donnée pour récompense. Et disons comment il devint prêtre à Rome, et y chanta sa bien dévote première messe, et print congé de son maître pour une espace de temps, à venir par deçà à leur ville prendre la possession de sa cure. A cette entrée qu'il fit à leur ville, de si bon heur, la première personne qu'il rencontra, ce fut sa femme, dont il fut bien ébahi, je vous en assure, et encore beaucoup plus courroucé. « Et qu'est-ce? dit-il; ma mie, on m'a voit dit que vous étiez trépassée. — Je m'en suis bien gardée, dit-elle; vous le dites, ce crois-je, pource que l'eussiez bien voulu, et vous l'avez bien montré, qui m'avez laissée l'espace de cinq ans à tout un grand tas de petits enfans. — Ma mie, dit-il, je suis bien joyeux de vous voir en bon point, et en loue Dieu de tout mon cœur. Maudit soit celui qui m'en rapporta autres nouvelles! — Ainsi soit-il! dit-elle. — Or je vous dirai, ma mie, je ne puis arrêter pour maintenant; force est que je m'en aille hâtivement devers monseigneur de Noyon pour une besogne qui lui touche; mais, au plus bref que je pourrai, je retournerai. » Il se partit de sa femme et prend son chemin devers Noyon, mais Dieu sait s'il pensa en chemin à son pauvre fait. « Hélas! dit-il; or suis-je homme défait et déshonoré; prêtre clerc, et marié tout ensemble, je crois que je suis le premier malheureux de cet état. » Il vint devers monseigneur de Noyon qui fut bien ébahi d'ouïr son cas et ne le sut conseiller et l'envoya à Rome. Quand il fut venu, il conta à son maître, tout du long et du lé, la vérité de son aventure, qui en fut très-amèrement déplaisant. A lendemain il conta à notre saint-père, en la présence du collège des cardinaux, et de tout le conseil, l'aventure de son homme qu'il avoit fait curé: si fut ordonné qu'il demourera prêtre et marié, et curé aussi; et demoura avec sa femme en la façon qu'un homme marié honorablement et sans reproche demeure, et seront ses enfants légitimes et non bâtards, jaçoit ce que le père soit prêtre; mais, au surplus, s'il est su ne trouvé qu'il aille autre part qu'à sa femme, il perdra son bénéfice. Ainsi qu'avez ouï, ce pauvre clerc fut puni par la façon que dit est et par le faux donner-à-entendre de son compagnon; et fut content de venir demourer

---

[1] Peste, épidémie. — On dirait aujourd'hui, qu'il paya cher. La métaphore est la même, car ce qu'on paie cher est *cher vendu*. — [3] Dépenser.

bénéfice, et, qui plus est et pis, demourer avec sa femme, dont il se fût bien passé, se
l'Église ne l'eût ordonné.

NOUVELLE XLIII.
LES CORNES MARCHANDES.

La quarante-troisième nouvelle, par monseigneur de Fiennes, traite d'un laboureur, qui trouva un homme dessus sa femme et laissa[1] à le tuer pour une somme de blé; et fut sa femme cause du traité, et afin que l'autre parfît ce qu'il avoit commencé.

N'a guère qu'un bon homme laboureur et marchand, et tenant sa résidence en un bon village de la châtellenie de Lille, trouva façon et manière, au pourchas de lui et de ses bons amis, d'avoir à femme une très-belle jeune fille qui n'étoit pas des plus riches; et aussi étoit son mari, mais étoit homme de grand' diligence, et qui fort tiroit d'acquérir et ga- gner; et elle, d'autre part, mettoit peine d'accroître le ménage, selon le désir de son mari, qui à cette cause l'avoit beaucoup en grâce, lequel à moins de regret alloit souvent çà et là ès affaires de ses marchandises, sans avoir doute ne suspicion qu'elle fît autre chose que bien. Mais le pauvre homme, sus cette fiance, l'abandonna et tant la laissa seule, qu'un gentil compagnon s'approcha d'elle; qui, pour abréger, fit tant, à peu de jours, qu'il fut son lieutenant, dont guère ne se doub- toit celui qui cuidoit avoir du monde la meil- leure femme, et qui plus pensoit à l'accrois- sement de son honneur et de sa chevance. Ainsi n'étoit pas, car elle abandonna tôt l'a- mour qu'elle lui devoit, et ne lui chailloit du profit ne du dommage; ce seulement lui suf- fisoit qu'elle se trouvât avec son ami, dont il advint un jour ce qui s'ensuit. Notre bon mar- chand dessusdit étant dehors, comme il avoit de coutume, sa femme le fit tantôt savoir à son ami, qui n'eût pas voulentiers failli à son mandement, mais y vint tout incontinent, et qu'il ne perdit temps, au plus tôt qu'il pût, s'approcha de sa dame, et lui mit en termes plusieurs et divers propos; et pour con- clusion, le désiré plaisir ne lui fut pas escon- dit, non plus qu'ès autres dont le nombre n'étoit pas petit: de mal venir[2] et pour une partie et pour l'autre, tout à cette belle heure que ces armes se faisoient, veci bon mari arriver, qui trouva la compagnie embeso- gnée, dont il fut bien ébahi, car il n'eût pas

pensé que sa femme fût telle. « Qu'est ceci? dit-il; par la morbieu! je vous tuerai tout roide! » Et l'autre, qui se trouve surprins et en méfait présent achoppé[1], ne savoit sa con- tenance, mais pource qu'il le sentoit disetteux[2] et fort convoiteux, il lui dit tout subit: « Ha! Jean, mon ami, je vous crie merci! pardon- nez-moi se j'ai rien[3] méfait, et, par ma foi! je vous donnerai six rasiers[4] de blé. — Pardieu! dit-il, je n'en ferai rien, vous pas- serez par mes mains, et aurai la vie de votre corps, se je n'en ai douze rasiers. » Et la bonne femme, qui oyoit le débat, pour y mettre le bien comme elle y étoit tenue, s'avança de parler et dit à son mari: « Eh! Jean beau sire, je vous requiers, laissez-le achever ce qu'il a commencé, et vous en aurez huit ra- siers. N'aura pas? dit-elle en se virant devers son ami. — J'en suis content, dit-il; mais, par ma foi! à ce que le blé est cher, c'est trop. — Est-ce trop? dit le vaillant homme, et par la morbieu! je me repens bien que je n'ai dit plus haut[5], car vous avez forfait une amende; s'elle venoit à la connoissance de la justice, elle vous seroit beaucoup plus haut taxée. Pourtant faites votre compte que j'en aurai douze rasiers, où vous passerez par là. — Et vraiment, dit sa femme, Jean, vous avez tort de me dédire? il me semble que vous de- vez être content à ces huit rasiers, et pensez que c'est un grand tas de blé. — Ne m'en par- lez plus, dit-il; j'en aurai douze rasiers, ou je le tuerai, et vous aussi. — Ha! dea, dit le compagnon, vous êtes un fort marchand, et au moins, puisqu'il faut que vous ayez tout à votre dit, j'aurai terme pour payer. — Cela veux-je bien, dit-il, mais j'aurai mes douze rasiers. » La noise s'appaisa: si fut prins jour de payer à deux termes, les huit rasiers à len- demain, et le surplus à la Saint-Remi pro- chainement venant; par telle convenance qu'il leur laissa achever ce qu'ils avoient encom- mencé. Ainsi se partit ce vaillant homme, de sa maison, joyeux en son courage, pour douze rasiers de blé qu'il doit avoir, et sa femme et son ami recommencèrent de plus belle. Du payer, c'est à l'aventure, combien toutefois qu'il me fut dit depuis que le blé fut payé au jour et terme dessusdits.

[1] Arrêté. — [2] Nécessiteux. — [3] *Rien* signifiait sou- vent *quelque chose*. — [4] *Rasière*, mesure de blé encore usitée en Flandre. — [5] Que je n'aie demandé davantage.

NOUVELLE XLIV.

LE CURÉ COURSIER.

La quarante-quatrième nouvelle, racontée par monseigneur de la Roche, traite d'un curé de village, qui trouva façon de marier une fille, dont il étoit amoureux, laquelle lui avoit promis, quand elle seroit mariée, de faire ce qu'il voudroit; laquelle chose, le jour de ses noces, il lui ramentut, ce que le mari d'elle ouït bien tout à plein, à quoi il mit provision, comme vous oirez ci-après.

Comme il soit certain qu'il est largement aujourd'hui de prêtres et curés qui sont si gentils compagnons que nulles des folies que font les gens laïcs ne leur sont impossiblement difficiles, avoit naguère, en un bon village de Picardie, un maître curé qui faisoit rage d'aimer par amour; et entre les autres femmes et belles filles, il choisit et chercha une très-belle, jeune et gente fille à marier, et ne fut pas si peu hardi, qu'il ne lui contât tout du long son cas. De fait, son bel et assuré langage et cent mille promesses et autant de bourdes l'amenèrent à ce qu'elle étoit comme contente d'obéir à ce curé; qui n'eût pas été pour lui un petit dommage, tant étoit belle, gente et de plaisante manière; et n'avoit en elle qu'une faute, c'étoit qu'elle n'étoit pas des plus subtiles du monde. Toutefois, je ne sais d'ond lui vint cet avis ne manière de répondre; elle dit un jour à son curé, qui chaudement poursuivoit la besogne, qu'elle n'étoit pas conseillée de faire ce qu'il requéroit, tant qu'elle fût mariée; car se, d'aventure, comme il advient chacun jour, elle faisoit un enfant, elle seroit à toujours-mais déshonorée et reprochée de son père, de sa mère, de ses frères, et de tout son lignage, laquelle chose elle ne pourroit, pour rien, souffrir, et n'a pas cœur de soutenir le déplaisir que porter lui faudroit à cette occasion. « Et pourtant, de ce propos, se je suis quelque jour mariée, parlez à moi : je ferai ce que je pourrai pour vous, et non autrement, je le vous dis une fois pour toutes. » Monseigneur le curé ne fut pas trop joyeux de cette réponse absolue, et ne sait penser de quel courage ne à quel propos elle dit ces paroles : toutefois, lui, qui étoit prins au lacs d'amour et féru bien à bon escient, ne veut pourtant sa quête abandonner; si dit à sa dame : « Or çà, ma mie, êtes-vous en ce fermée et conclue de rien faire pour moi, se vous n'êtes mariée? — Certes oui, dit-elle. — Et se vous étiez mariée, dit-il, et j'en étois le moyen et la cause, en auriez-vous après connoissance, en maintenant loyaument et sans fausser ce qu'avez promis ? — Par ma foi ! dit-elle, oui, et derechef ce vous promets. — Or bien grand merci, dit il; faites bonne chère, car je vous promets sûrement qu'il ne demourera pas, à mon pourchas ne à ma chevance, que vous ne le soyez et de bref, car je suis sûr que vous ne le désirez pas tant comme je fais; et afin que vous voyiez à l'œil que je suis celui qui voudroit employer corps et biens à votre service, vous verrez comment je me conduirai en cette besogne. — Or bien, dit-elle, monseigneur le curé, on verra comment vous ferez. » Sur ce fut la départie, et bon curé, qui avoit le feu d'amour, ne fut depuis guère aise tant qu'il eût trouvé le père de sa dame, et se mit en langage avec lui de plusieurs et diverses matières. Et en la fin, il vint à parler de sa fille et lui va dire bon curé : « Mon voisin, je me donne grand' merveille, aussi font plusieurs de vos voisins et amis, que vous ne mariez votre fille; et à quel propos la tenez-vous tant d'emprès vous, et si savez toutefois que la garde est périlleuse. Non pas, Dieu m'en veuille garder ! que je die ou vueille dire qu'elle ne soit toute bonne; mais vous en voyez tous les jours mesvenir[1] puis qu'on les tient outre le terme dû. Pardonnez-moi toutefois que si féablement vous œuvre[2] et décovre mon courage[3]; car l'amour que je vous porte, la foi aussi que je vous dois, en tant que je suis votre pasteur indigne, me semonnent[4] et obligent de ce faire. — Pardieu ! monseigneur le curé, dit le bonhomme, vous me dites chose que je ne connoisse être vraie, et, tant que je puis, vous en mercie; et ne pensez pas ce, que je la tiens si longuement avec moi; c'est à regret, car quand son bien viendra, je me travaillerai pour elle ainsi comme je dois. Vous ne voulez pas aussi (ce n'est pas la coutume) que je lui pourchasse un mari, mais s'il en vient un qui soit homme de bien, je ferai comme un bon père doit faire. — Vous dites très-bien, dit le curé, et par ma foi! vous ne pouvez mieux que de vous dépêcher, car c'est grand' chose de voir ses enfants alliés, en la pleine vie. Et que diriez vous d'un tel, fils d'un tel votre voisin? par ma foi! il me semble bon homme, bon ménager, »

[1] Mallourner. — [2] Il faudrait mieux lire *ouvre*. [3] Cœur, affection. — [4] M'invitent, du verbe *semonir*.

grand laboureur[1]? — Saint Jean! dit le bonhomme, je n'en dis que tout bien; quant à moi, je le connois pour un bon jeune homme, bon laboureur; son père et sa mère et tous les parens sont gens de bien, et quand ils feroient cet honneur à ma fille de la requérir en mariage pour lui, je leur répondrois tellement, qu'ils devroient être contens pour raison. — Ainsi, m'aid' Dieu! dit le curé, on ne peut jamais mieux, et plût à Dieu que la chose en fût ores bien faite, ainsi que je le désire, et pource que, je le sais à la vérité, que cette alliance seroit le bien des parties, je m'y veuil employer, et sur ce, adieu vous dis. » Si ce maître curé avoit bien fait son personnage au père de sa dame, il ne le fit pas plus[2] mal au père du jeune homme, et lui va faire une grand' premisse[3], que son fils étoit en âge de marier, et qu'il le dût pieça être, et cent mille raisons lui amène, par lesquelles il veut conclure que le monde est perdu, si son fils n'est hâtivement marié. « Monseigneur le curé, dit le second bonhomme, je sais que vous dites au plus près de mon courage et en ma conscience; se je fusse aussi bien à l'avant[4], comme j'ai été, puis ne sais quants ans, il ne fût pas à marier; car c'est une des choses en ce monde, que plus je désire, mais par faute d'argent l'en a retardé, et c'est force qu'il ait patience jusques à ce que Notre-Seigneur nous envoie plus de bien que encore n'avons. — Ha! dea, dit le curé, je vous entends bien: il ne vous faut que de l'argent. — Par ma foi non! dit-il, se j'en eusse comme autrefois j'ai eu, je lui querrois tôt femme. — J'ai regardé en moi, dit le curé, pource que je voudrois le bien et avancement de votre fils, que la fille d'un tel seroit bien sa charge: elle est bonne fille, et a son père très-bien de quoi; et tant en sais-je qu'il la veut très-bien aider, et, qui n'est pas peu de chose, c'est un sage homme et de bon conseil, et bon ami, et à qui vous et votre fils aurez grand recours et très-bon secours. — Certainement, dit le bonhomme, plût à Dieu que mon fils fût si heureux que d'avoir alliance à si bon hôtel, et croyez que, se je savois en aucune façon qu'il y pût parvenir, se je fusse fourni d'argent, aussi bien que je

ne suis mie, pour l'heure, j'y emploieroi tous mes amis; car je sais, tout de vrai, qu'il ne pourroit en cette marche mieux trouver. — Je n'ai pas donc, dit le curé, mal choisi. Et que diriez-vous se je parlois au père de cette besogne, et je la conduisois tellement qu'elle sortît à effet, ainsi que la chose le requiert, et vous faisois encore avec ce, le plaisir de vous prêter vingt francs jusques à un terme que nous aviserons? — Par ma foi! monseigneur le curé, vous m'offrez mieux que je ne vaux ne que en moi n'ai deservi. Mais se ainsi le faites, vous m'obligerez à toujoursmais en votre service. — Et vraiment, dit le curé, je ne vous ai dit chose que je ne fasse, et faites bonne chère, car j'espoire, comme je crois bien, cette besogne mener à fin. » Pour abréger, maître curé, espérant de jouir de sa dame, quand elle seroit mariée, conduisoit les besognes en tel état que, par le moyen des vingt francs qu'il prêta, ce mariage fut fait et passé, et vint le jour des noces. Or est-il de coutume que l'époux et l'épousée se confessent à tel jour. Si vint l'époux premier, et se confessa à ce curé; et quand il eut fait, il se tira un peu arrière de lui, disant ses oraisons et patenôtres. Et veci l'épousée qui se met à genoux devant le curé et se confesse; quand elle eut tout dit, il parla voire si haut que l'époux, lequel n'étoit pas loin, l'entendit tout du long; et dit: « Ma mie, je vous prie qu'il vous souvienne maintenant de la promesse que me fîtes naguères, car il est heure: vous me promîtes que, quand vous seriez mariée, que je vous chevaucherois; or l'êtes-vous, Dieu merci, par mon moyen et pourchas, et moyennant mon argent que j'ai prêté. — Monseigneur le curé, dit-elle, je vous tiendrai ce que je vous ai promis, se Dieu plaît; n'en faites nul doute. — Je vous en mercie, dit le curé. » Puis, lui bailla l'absolution, après cette dévote confession, et la laissa aller; mais l'époux, qui avoit ouï ces paroles, n'étoit pas bien à son aise; toutefois, il n'étoit pas heure de faire le courroucé. Après que toutes les solennités de l'Église furent passées, et que tout fut retourné à l'hôtel, et que l'heure du coucher approchoit, l'époux vint à un sien compagnon qu'il avoit et lui pria très-bien qu'il fît garnison d'une grosse poignée de verges, et qu'il la mît secrètement sous le chevet de son lit. Quand il fut heure, l'épousée fut couchée,

[1] Travailleur. — [2] Les éditions mettent *moins*, ce qui est une faute. — [3] Proposition. — [4] C'est-à-dire, avant de mes affaires.

comme il est de coutume, et tint le coin du lit sans mot dire; l'épousée vint assez tôt après et se met à l'autre bout du lit, sans approcher ne mot dire, et le lendemain se lève sans autre chose faire, et cache ses verges dessous son lit. Quand il fut hors de la chambre, veci bonnes matrones qui viennent, et ne fut pas sans demander comment s'est portée la nuit, et qu'il lui semble de son mari. « Ma foi! dit-elle, velà sa place la loin (montrant le bord du lit), et veci la mienne : il ne m'approcha anuit de plus près. » Furent ébahies et y pensèrent plus les unes que les autres; toutefois elles s'accordèrent à ce qu'il l'a laissée par dévotion, et n'en fut plus parlé pour cette fois. La seconde nuitée vint, et se coucha l'épousée en sa place du jour de devant, et le mari arrière, fourni de ses verges; et ne lui fit autre chose, dont elle n'étoit pas contente, et ne faillit pas à lendemain à le dire à ces matrones, lesquelles ne savoient que penser; les autres dient : « J'espoire qu'il n'est pas homme; il le faut éprouver. Car se jusqu'à la quatrième nuit il a continué cette manière, si faut dire qu'il y a à dire en son fait. Pourtant se la nuit que vient, il ne vous fait autre chose, dirent-elles à l'épousée, tirez-vous vers lui : si l'accolez et baisez, et lui demandez se on ne fait autre chose en mariage; et si vous demande quelle chose vous voulez qu'il vous fasse, dites-lui que vous voulez qu'il vous chevauche, et vous orrez qu'il vous dira. — Je le ferai, dit-elle. » Elle ne faillit pas, car quand elle fut couchée en sa place de toujours, le mari reprint son quartier et ne s'avançoit autrement qu'il avoit fait les nuits passées; si se tourna tôt devers lui et le print à bons bras de corps, et lui commença à dire : « Venez çà, mon mari, est-ce là la bonne chère que vous me faites? veci la cinquième nuit que je suis avecques vous, et si ne m'avez daigné approcher; et par ma foi! se j'eusse cuidé qu'on ne fît autre chose en mariage, je ne m'y fusse jà boutée! — Et quelle chose, dit-il, lors vous a-t-on dit qu'on fait en mariage? — On m'a dit, dit-elle, qu'on y chevauche l'un l'autre; si vous prie que me chevauchez. — Chevaucher? dit-il; cela ne voudrois pas faire encore; je ne suis pas si malgrâcieux. — Hélas! dit-elle, si vous prie, que le faisiez; car on le fait en mariage. — Le voulez-vous? dit-il. — Je vous en requiers, dit-elle. » Et en disant, le baisa très-doucement. « Par ma foi! dit-il, je le fais à grand regret; mais puisque vous voulez, vous ne vous en louerez jà. » Lors prin[t] sans plus dire, les verges de garnison[1], et d[e] couvre mademoiselle, et l'en battit et des [...] ventre tant, que le sang en saillit de tous côté[s] elle crie, elle pleure, elle se démène; c[e] grand' pitié que de la voir; elle maudit [...] oncques lui fit requerre d'être chevauchée. [...] le vous disois bien, dit lors son mari. » Ap[rès] la prend entre ses bras, et la roncine très-bi[en] et lui fit oublier la douleur des verges. « [...] comment appelle-t-on, dit-elle, cela que v[ous] m'avez maintenant fait? — On l'appelle, dit-[il] *souffle en cul*. — Souffle en cul! dit-elle; [le] nom n'est pas si beau que chevaucher; ma[is] la manière de le faire vaut trop mieux q[ue] chevaucher; c'est assez, puisque je le sai[s je] saurai bien dorénavant duquel je vous doi[s] quérir. » Or devez-vous savoir que mons[ei] gneur le curé tendoit toujours l'oreille, qu[and] sa nouvelle mariée viendroit à l'église, pou[r] ramentevoir ses besognes, et lui faire souv[enir] sa promesse. Le jour qu'elle y vint, mons[ei] gneur le curé se pourmenoit et se tenoi[t près] du benoîtier[2], et quand elle fut près, i[l] bailla de l'eau benoître[3] et lui dit assez b[as] « Ma mie, vous m'aviez promis que je v[ous] chevaucherois, quand vous seriez mariée[;] vous l'êtes, Dieu merci, voire et par [...] moyen; si seroit heure de penser quan[d cela] pourroit être. — Chevaucher? dit-elle; [par] dieu! j'aimerois plus cher que vous fus[siez] noyé, voire pendu; ne me parlez plus de [che] vaucher, je vous prie, mais je suis cont[ente] que vous souffliez au cul, se vous voulez. [—Je] je ferai, dit le curé; votre fièvre quart[aine] paillarde que vous êtes, qui tant êtes in[...] et malhonnête, ai-je tant fait pour vous, [pour] être guerdonné de vous souffler au cul?» A[insi] mal-content partit monseigneur le curé, [et la] nouvelle mariée, laquelle se va mettre en [son] siége, pour ouïr la dévote messe que l[e] curé vouloit dire en la façon qu'avez [...] ouï. Perdit monseigneur le curé son av[antage] de jouir de sa dame, dont il fut cause et [nul] autre, pource qu'il parloit trop haut à el[le le] jour qu'il la confessa; car son mari, qu[i] oyoit, l'empêcha en la façon qu'est dit des[sus] par faire accroire à sa femme que ronc[iner] s'appelle *souffle en cul*.

[1] C'est à-dire, les verges qu'il avait destinées à [la dé]fense du lit conjugal. — [2] Bénitier. — [3] Bénite.

NOUVELLE XLV.

L'ÉCOSSOIS LAVANDIÈRE.

La quarante-cinquième nouvelle, par monseigneur de la Roche, traite d'un jeune Écossois, qui se tint en habillement de femme l'espace de quatorze ans, et par ce moyen couchoit avec filles et femmes mariées, dont il fut puni en la fin, comme vous oirez.

Combien que nulles des nouvelles histoires précédentes n'aient touché ou raconté aucun cas advenus ès marches d'Italie, mais seulement font mention des advenus en France, Allemagne, Angleterre, Flandre, Brebant, etc., si s'étendront-elles toutefois, à cause de la fraîche advenue à un cas, à Rome advenu qui fut tel. A Rome avoit un Écossois, de l'âge d'environ de vingt à vingt-deux ans, lequel, par l'espace de quatorze ans, se maintint et conduisit en état et habillement de femme, sans ce que, au dedans ledit temps, il fût venu à la connoissance des hommes; et se faisoit appeler donc Marguerite, et n'y avoit guère bon hôtel à la ville de Rome où il n'eût son recours et connoissance : espécialement il étoit bien-venu des femmes comme entre les chambrières, meschines et autres femmes de bas état, et aussi des aucunes des plus grandes de Rome. Et afin de vous découvrir l'industrie de bon Écossois, il trouva façon d'apprendre à blanchir les draps, linges, et s'appeloit la lavandière, et sous cette ombre, hantoit, comme dessus est dit, ès bonnes maisons de Rome, car il n'y avoit femme qui sût l'art de blanchir draps comme il faisoit. Mais vous devez savoir qu'encore savoit-il bien plus ; car puis qu'il[1] se trouvoit quelque part à découvert avec quelque belle fille, il lui montroit qu'il étoit homme ; il demouroit bien souvent coucher, à cause de faire la buyée[2] un jour, deux jours, ès maisons dessusdites, et le faisoit-on coucher avec la chambrière, et aucunes fois avec la fille ; et bien souvent et le plus, la maîtresse, se son mari n'y étoit, vouloit bien avoir sa compagnie, et Dieu sait s'il avoit bien temps, et moyennant le labeur de son corps, il étoit bien-venu partout, et n'y avoit bien souvent meschine ne chambrière qui ne se combatît[3] pour lui bailler la moitié de son. Les bourgeois mêmes de Rome, à la relation de leurs femmes, les véoient très-voulentiers en leurs maisons, et s'ils alloient quelque

part dehors, très-bien leur plaisoit que donc Marguerite aidât à garder le ménage avec leurs femmes, et, qui plus est, la faisoient même coucher avec elles, tant la sentoient bonne et honnête, comme dessus est dit. Par l'espace de huit ans, continua donc Marguerite sa manière de faire. Mais fortune bailla la connoissance de l'embûche de son état, par une jeune fille qui dit à son père, qu'elle avoit couché avec elle, et l'avoit assaillie, et lui dit véritablement qu'elle étoit homme. Cet homme fit prendre donc Marguerite à la relation de sa fille : elle fut regardée par ceux de la justice, qui trouvèrent qu'elle avoit tous tels membres et outils que les hommes portent, et que vraiment elle étoit homme et non pas femme. Si ordonnèrent qu'on le mettroit sur un chariot, et qu'on le mèneroit par la ville de Rome, de carrefour en carrefour, et là montreroit-on, voyant tout chacun, ses génitoires. Ainsi en fut fait, et Dieu sait que la pauvre donc Marguerite étoit honteuse et surprinse ; mais vous devez savoir que comme le chariot vint en un carrefour et qu'on faisoit ostension des denrées de donc Marguerite, un Romain, qui vint, dit tout haut : « Regardez quel galioffe[1] ! il a couché plus de vingt nuits avec ma femme ! » Si le dirent aussi plusieurs autres comme lui ; plusieurs ne le dirent point qui bien le savoient ; mais pour leur honneur, ils s'en turent en la façon que vous oyez. Ainsi fut puni notre pauvre Ecossois qui la femme contrefit. Après cette punition, il fut banni de Rome, dont les femmes furent bien déplaisantes ; car oncques si bonne lavandière ne fut, et avoient bien grand deuil que si méchammant perdu l'avoient.

NOUVELLE XLVI.

LES POIRES PAYÉES.

La quarante-sixième nouvelle, racontée par monseigneur de Thianges, traite d'un jacobin et de la nonnain qui s'étoient boutés en un préau pour faire armes à plaisance, dessous un poirier où s'étoit caché un qui savoit leur fait tout à propos, qui leur rompit leur fait pour cette heure, comme plus à plein vous oirez ci-après déclarer.

Ce n'est pas chose étrange ne peu accoutumée que moines hantent et fréquentent voulentiers les nonnains. A ce propos il advint

---

[1] Dès qu'il. — [2] Lessive. — [3] Se disputât.

[1] On dit encore familièrement *gouliafre*, qui doit avoir le même sens, à moins qu'on ne rapproche *galioffe* de *galiot*, qui signifiait *pirate*.

naguère qu'un maître jacobin tant hanta et fréquenta une bonne maison de dames de religion de ce royaume, qu'il parvint à son intention, laquelle étoit de coucher avec une des dames de léans; et puis qu'il eut ce bien, si étoit diligent et soigneux de soi trouver vers celle qu'il aimoit plus que tout le demourant du monde, et tant y continua et hanta, que l'abbesse de léans et plusieurs des religieuses s'en aperçurent de ce qu'étoit, dont elles furent bien mal-contentes; mais toutefois, afin d'éviter esclandre, elles n'en dirent mot, voire au religieux, mais trop bien chantèrent la leçon à la nonnain, laquelle se sut bien excuser. Mais l'abbesse, qui véoit clair et étoit bien apercevante, connut tantôt à ses réponses et excusances, aux manières qu'elle tenoit et aux apparences qu'elles avoit vues, qu'elle étoit coupable du fait; si voulut pourvoir de remède, car elle fit tenir bien court, à cause de cette religieuse, toutes les autres, fermer les huis des cloîtres et des autres lieux de léans, et tellement fit que le pauvre jacobin ne pouvoit plus venir voir sa dame. Se lui en déplaisoit, et à elle aussi, il ne le faut demander, et vous dis bien qu'ils pensoient et nuit et jour par quelle façon et moyen ils se pourroient rencontrer, mais ils n'y savoient engin [1] trouver, tant faisoit faire sur eux le guet Mme l'abbesse. Or advint un jour qu'une des nièces de Mme l'abbesse se marioit et faisoit sa fête en l'abbaye, et y avoit grosse assemblée des gens du pays, et étoit Mme l'abbesse fort empêchée de festoyer les gens de bien qui étoient venus à la fête faire honneur à sa nièce. Si s'avisa bon jacobin de venir voir sa dame, et qu'à l'aventure il pourroit être si heureux que de la trouver en belle[2], et il y vint comme il proposa; et, de fait, trouva ce qu'il quéroit, et à cause de la grosse assemblée et de l'empêchement que l'abbesse et ses guettes avoient, il eut bien loisir de dire ses doléances et regretter le bon temps passé, et celle qui beaucoup l'aimoit, le vit très-voulentiers; et se en elle eût été, autre chère lui eût fait; et entre autres paroles, il lui dit: « Hélas! ma mie, vous savez qu'il y a jà longtemps que point ne sûmes deviser ainsi que nous soulions[3]? Je vous prie, s'il est possible, tandis que l'hôtel de céans est fort donné à autre chose que nous guetter, que vous me diez[1] où je pourrai parler à vous à part. — Ainsi m'aid' Dieu! dit-elle, mon ami, je ne le désire pas moins que vous, mais je ne sais penser lieu ne place où je le puisse faire, car tout le monde est tant par céans, qu'il ne seroit pas en moi d'entrer en ma chambre, tant y a d'étrangers qui sont venus à cette fête; mais je vous dirai que vous ferez. Vous savez bien où est le grand jardin de céans, ne faites pas? — Saint Jean! oui, dit-il, je sais bien où il est. — Vous savez qu'au coin de ce jardin, dit-elle, y a un très-beau préau, bien enclos de belles haies fortes et épaisses, et au milieu un grand poirier, qui rendent le lieu ombrageux et couvert? vous vous en irez là et me attendez; et tantôt que je pourrai échapper, je ferai diligence d'y moi trouver vers vous. » Elle fut beaucoup merciée, et dit maître jacobin qu'il s'y en alloit tout droit. Or devez-vous savoir qu'un jeune galant venu à la fête n'étoit guère loin de ces deux amans, si ouït et entendit toute leur conclusion, et pource qu'il savoit bien le lieu où étoit le préau, il s'avisa et proposa en soi de s'en aller embûcher pour voir le déduit[2] et les armes qu'ils avoient entrepris de faire. Il se mit hors de la presse, et tant que pieds le purent porter il s'en court vers ce préau, et fit tant qu'il trouva avant le jacobin; et lui là venu, monte sus le beau poirier, qui étoit large et ramu, et très-bien vêtu de feuilles et de poires, et s'y embûcha si bien qu'il n'étoit pas aisé à voir. Il n'y eut guère été, que veci le jacobin qui attrotte[3], en regardant derrière soi se âme le suivoit, et Dieu! qu'il fut bien joyeux de soi trouver en ce beau lieu! Il ne garda bien de lever les yeux contremont[4], car jamais il ne se fût douté qu'il y eût eu quelqu'un; mais toujours avoit l'œil vers le chemin qu'il étoit venu. Tant regarda, qu'il vit sa dame venir le grand pas, laquelle fut tôt et près lui; si firent grand' fête, et bon jacobin d'ôter son manteau et son capulaire[5], et commença à baiser et accoler bien secrètement la belle; si voulurent faire ce pourquoi ils étoient venus, et se met chacun en point; et ce faisant, commença à dire la nonnain: « Par dieu! mon ami frère Aubery, je veuil bien que vous sachez que vous avez aujourd'hui dame et en votre beau commandement la

---

[1] Moyen, invention. — [2] C'est-à-dire, en lieu propice. — [3] Avions coutume.

[1] Disiez. — [2] Plaisir, jeu des amans. — [3] Accourt en trottant. — [4] Au ciel, en haut. — [5] Capuchon.

des beaux corps de notre religion ; je vous en fais juge, vous le voyez : regardez quel tetin ! quel ventre ! quelles cuisses ! et du surplus, il n'y a que dire. — Par ma foi ! dit frère Aubery, sœur Jeanne, ma mie, je connois ce que vous dites ; mais aussi vous pouvez dire que vous avez pour serviteur un des beaux religieux de notre ordre, aussi bien fourni de ce qu'un homme doit avoir, que nul autre. » Et, à ces mots, mit la main au bâton dont il vouloit faire ses armes, et le brandissoit, voyant sa dame, en lui disant : « Qu'en dites-vous ? que vous en semble ? n'est-il pas beau ? ne vaut-il pas bien une belle fille ? — Certes, oui, dit-elle. — Et aussi l'aurez-vous, dit le jacobin. — Et vous aurez, dit lors celui qui étoit dans le poirier dessus eux, des meilleures poires du poirier. » Lors prend à [1] ses deux mains les branches du poirier, et fait tomber en bas sus eux des poires très-largement, dont frère Aubery fut tant effrayé qu'à peu qu'il n'eut le sens de reprendre son manteau ; si s'en pique [2] tant qu'il peut, sans s'arrêter, et ne fut assuré, tant qu'il fut hors de léans. Et la nonnain, qui fut autant effrayée que lui, ne se sut si tôt mettre en chemin, que le galant du poirier ne fût descendu, lequel la print par la main et lui défendit le partir, et lui dit : « Ma mie, il vous faut payer le fruitier. » Elle, qui étoit prinse et surprinse, voit bien que refus n'étoit pas de saison ; si fut contente que le fruitier fît ce que frère Aubery avoit laissé en train.

NOUVELLE XLVII.
LES DEUX MULES NOYÉES.

La quarante-septième nouvelle, racontée par monseigneur de la Roche, traite d'un président, sachant la déshonnête vie de sa femme, la fit noyer par sa mule, laquelle il fit tenir de boire par l'espace de huit jours ; pendant ce temps, lui faisoit bailler du sel à manger, comme il vous sera recordé plus à plein.

En Provence, avoit naguères un président, de haute et bien heureuse renommée, qui très-grand clerc et prudent étoit, vaillant aux armes, et discret en conseil, et, au bref dire, en lui étoient tous les biens dequoi on pourroit jamais louer homme. D'une chose tant seulement étoit noté, dont il n'étoit pas cause, mais étoit celui à qui plus en déplaisoit : aussi la raison y étoit ; et pour dire la note que de lui étoit, c'étoit qu'il étoit coux par faute d'avoir femme autre que bonne. Le bon seigneur véoit et connoissoit la déloyauté de sa femme, et la trouvoit encline (c'étoit de tous points) à sa puterie ; et quelque sens que Dieu lui eût donné, il ne savoit remède à son cas, fors de soi taire et faire du mort, car il n'avoit pas si peu lu en son temps, qu'il ne sût vraiment que correction n'a point de lieu [1] à femme de tel état. Toutefois vous pouvez penser qu'un homme de courage vertueux, comme cettui étoit, ne vivoit pas bien à son aise ; mais faut dire et conclure que son dolent cœur portoit la pâte au four de cette maudite infortune [2], et par dehors avoit semblant et manière de rien savoir et apercevoir le gouvernement de sa femme. Un de ses serviteurs le vint trouver un jour en sa chambre, à part, et lui va dire par grand sens : « Monseigneur, je suis celui qui vous voudroit avertir comme je dois de tout ce qui vous peut toucher de votre honneur ; je me suis prins et donné garde du gouvernement de votre femme, mais je vous assure qu'elle vous garde très-mal loyauté qu'elle vous a promise, car assurément un tel (qu'il lui nomma) tient votre lieu bien souvent. » Le bon président, sachant bien l'état de sa femme, lui répondit très-fièrement : « Ha ! ribaud, je sais bien que vous mentez de tout ce que vous me dites. Je connois trop ma femme : elle n'est pas telle, non ; et vous ai-je nourri si longuement pour me rapporter une telle bourde, voire de celle qui tant est honnête, bonne et loyale ? et vraiment vous ne m'en ferez plus ! Dites ce que je vous dois, et vous en allez bientôt, et ne vous trouvez jamais devant moi, si cher que vous aimez votre vie. » Le pauvre serviteur, qui cuidoit faire grand plaisir à son maître de son avertance [3], dit ce qu'il lui devoit : le président lui bailla et il le reçut et s'en alla. Notre bon président, voyant encore de plus en plus refraîchir la déloyauté de sa femme, étoit tant mal content et très-fort troublé, qu'on ne pourroit plus. Si ne savoit que penser ni imaginer par quelle façon il s'en pourroit honnêtement décharger ; si avisa que sa femme devoit aller à une noce. Il vint à un varlet, qui la garde de ses chevaux avoit et aussi d'une belle mule qu'il avoit, et lui dit : « Garde bien que tu ne bailles à boire à ma mule, de nuit ne de jour, tant que je le dirai, et à chacune fois que tu lui donneras son avoine, si lui mets parmi une bonne poignée [4]

---

[1] Avec, de. — [2] S'enfuit comme un cheval qui sent l'éperon. — [3] Empêcher.

[1] Ne sert de rien. — [2] C'est-à-dire, la tenait secrète, la supportait en silence. — [3] Avis. — [4] Poignée.

de sel, et garde que tu n'en sonnes mot. — Non ferai-je, » dit le varlet. Quand le jour des nôces de la cousine de Mme la présidente approcha, elle dit au bon président : « Monseigneur, si c'étoit votre plaisir, je me trouverois voulentiers aux noces de ma cousine, qui se feront dimanche prochain en un tel lieu. — Vraiment, ma mie, dit-il, j'en suis très-bien content. Allez, Dieu vous conduie ! — Je vous mercie, monseigneur, dit-elle, mais je ne sais bonnement comment y aller : je n'y menasse point voulentiers mon chariot pour le tant peu que j'y ai à être; votre haquenée aussi est tant desroyée[1], que, par ma foi! je n'oserois pas bien entreprendre le chemin sur elle. — Eh bien, prenez ma mule. » Le jour de partir vint, et s'apprêtèrent les serviteurs de Mme la présidente et ses femmes, qui la devoient servir et accompagner; pareillement vont venir à cheval deux ou trois gorgias[2], qui la devoient accompagner, qui demandent se madame est prête, et elle leur fait savoir qu'elle viendroit : maintenant elle fut prête et vint en bas en la compagnie de ces gentils gorgias. Avecques ses femmes et ses serviteurs passa Mme la présidente par la ville, et se vint trouver aux champs, et tant alla qu'elle vint arriver en un très-mauvais détroit[3], auprès duquel passe la grosse rivière du Rhône, et comme cette mule, qui n'avoit bu de huit jours, aperçut la rivière, courant sans demander pont ne passage, elle, de plein vol, saillit dedans, atout sa charge qui étoit du précieux corps de madame. Ceux qui le virent la regardent très-bien, mais autre secours ne lui firent, car aussi il n'étoit pas en eux; si fut madame noyée; dont ce fut grand dommage. Et la mule, quand elle eut bu son saoûl, nagea tant par le Rhône qu'elle trouva l'issue et saillit dehors. La compagnie fut beaucoup troublée; si s'en retourna à la ville, et vint l'un des serviteurs de monseigneur le président le trouver en sa chambre, qui n'attendoit autre chose que les nouvelles que lui va dire, tout pleurant la piteuse aventure de madame sa maîtresse. Le bon président, plus joyeux en cœur que oncques ne fut, se montra très-déplaisant; et, de fait, se laissa cheoir du haut de lui, menant très-piteux deul, en regrettant sa bonne femme. Il maudissoit sa mule, les belles noces, qui firent sa femme partir. « Eh! Dieu, dit-il, ce vous est grand reproche, qu'êtes tant de gens et n'avez su secourir[1] la pauvre femme qui tant vous aimoit : vous êtes lâches et méchans, et l'avez bien montré. » Le serviteur et les autres aussi s'excusèrent le moins mal qu'ils surent et laissèrent monseigneur le président, qui loua Dieu à jointes mains de ce qu'il est honnêtement quitte de sa femme. Quand il fut à point, lui fit faire ses funérailles comme appartenoit; mais, croyez, combien qu'il fut encore en âge, il n'eut garde de soi rebouter en mariage, craignant le danger où tant avoit été.

NOUVELLE XLVIII.

LA BOUCHE HONNÊTE.

La quarante-huitième nouvelle, racontée par monseigneur de la Roche, traite de celle qui ne vouloit souffrir qu'on la baisât, mais bien vouloit qu'on lui rembourrât son bas, et abandonnoit tous ses membres, fors la bouche; et de la raison qu'elle y mettoit.

Un gentil compagnon devint amoureux d'une jeune damoiselle, qui naguères étoit mariée, et le moins mal qu'il sut, après qu'il eut trouvé façon d'avoir vers elle accointance, il lui conta son cas : au rapport qu'il fit, il étoit fort malade, et, à la vérité dire, aussi étoit-il bien piqué. Elle fut si douce et gracieuse, qu'elle lui bailla bonne audience, et pour la première fois il se partit très-content de la réponse qu'il eut. S'il étoit bien feru auparavant, encore fut-il touché plus au vif, quand il eut dit son fait; si ne dormit ne nuit ne jour, de force de penser à sa dame et de trouver la façon et manière de parvenir à sa grâce. Il retourna sa quête, quand il vit son point, et Dieu sait s'il avoit bien parlé la première fois, quoncques fit-il mieux son personnage à la deuxième, et si trouva, de son heur, sa dame assez encline à passer sa requête, dont il ne fut pas moyennement joyeux, et pource qu'il n'avoit pas toujours le temps ne le loisir de soi tirer vers elle, il dit, à cette fois, la bonne volenté qu'il avoit de lui faire service et en quelque façon. Il fut mercié de celle qui étoit tant gracieuse, qu'on ne pourroit plus. Bref, il trouva en elle tant de courtoisie en maintien et parler, qu'il n'en sut plus demander; si se cuida avancer de la baiser, mais il en fut refusé de tous points; même, quand vint au partir, il ne

---

[1] Désordonnée, fantasque. — [2] Galans, muguets. [3] Passage, défilé.

[1] Secourir. — [2] Jeu de mots sur *bas* et *bât*.

peut oncques finer[1], dont il étoit très-ébahi. Et quand il fut dehors d'elle, il se douta beaucoup de non point parvenir à son intention, vu qu'il ne pouvoit obtenir d'elle un seul baiser. Il se conforte, d'autre côté, des gracieuses paroles qu'il avoit eu au dire-adieu, et de l'espoir qu'elle lui avoit baillé. Il revint, comme les autres fois, derechef à sa quête, et, pour abréger, tant y alla et tant y vint, qu'il eut heure assignée de dire le surplus, à sa dame, à part, de ce que ne voudroit déclarer entre eux deux, et pource que temps étoit, il print congé d'elle ; si l'embrassa bien doucement et la voulut baiser, et elle s'en défendit très-bien et lui dit assez rudement : « Otez ! ôtez ! laissez-moi ; je n'ai cure d'être baisée. » Il s'excusa, et le plus gracieusement qu'oncques, et sur ce, partit. « Et qu'est-ce ? dit-il en soi-même ; jamais je ne vis cette manière en femme : elle me fait la meilleure chère du monde, et si m'a déjà accordé tout ce que je lui ai osé requerre ; mais encore n'ai pu finer d'un pauvre baiser. » Quand il fut heure, il vint où sa dame lui avoit dit, et fit ce pourquoi il y vint, tout à son beau loisir, car il coucha entre ses bras toute la belle nuit, et fit tout ce qu'il voulut, excepté seulement le baiser, pour laquelle cause il s'émerveilloit moult en soi-même. « Eh ! je n'entends point cette manie de faire, disoit-il en son pardedans ; cette femme veut bien que je couche avecques elle et faire tout ce qu'il me plaît, mais du baiser je n'en fineroisˌ non plus que de la vraie croix. Par la morbieu ! je ne sais entendre ceci : il faut qu'il y ait aucun mystère ; il est force que je le sache. » Un jour, entre les autres, qu'il étoit avec sa dame à goguettes et qu'ils étoient beaucoup dehaits[2] tous deux, il lui dit : « Ma mie, je vous requiers, dites-moi qui vous meut de me tenir si grand'rigueur, quand je vous veuil baiser ? Vous m'avez baillé la jouissance de votre gracieux et beau corps tout entièrement, et d'un petit baiser vous me faites refus. — Mon ami, dit-elle, vous dites vrai, le baiser vous ai-je voirement refusé et ne vous y attendez point ; vous n'en finerez jamais, et la raison y est bonne, se la vous dirai : il est vrai, quand j'épousai mon mari, que je lui promis, de la bouche tant seulement, beaucoup de moult belles choses, et pource que ma bouche lui a promis de lui être loyale, je suis celle qui lui veuille bonne entretenir, et ne souffririois, pour mourir, qu'autre que lui y touchât ; elle est sienne et à nul autre, et ne vous attendez de rien y avoir ; mais mon derrière ne lui a rien promis ne juré : faites de lui, du surplus, ma bouche hors, ce qu'il vous plaira ; je le vous abandonne. » L'autre commença à rire très-fort, et dit : « Ma mie, je vous mercie, vous dites très-bien, et si vous sais grand gré que vous avez la franchise de bien garder votre promesse. — A Dieu ne vueille, dit-elle, que je lui fasse faute ! » En la façon qu'avez ouï, fut cette femme obstinée. Le mari avoit la bouche seulement, et son ami, le surplus ; et se d'aventure le mari se servoit aucune fois des autres membres, ce n'étoit que par manière d'emprunt, car ils étoient à son ami par le bon d'elle ; mais il véoit cet avantage, que sa femme étoit contente qu'il en prensît[1] sur ce qu'elle avoit donné, mais pour rien n'eût souffert que l'ami eût joui de ce qu'à son mari avoit donné.

NOUVELLE XLIX.
LE CUL D'ÉCARLATE.

La quarante-neuvième nouvelle, racontée par Pierre David, traite de celui qui vit sa femme avec un homme, auquel elle donnoit tout son corps entièrement, excepté son derrière, qu'elle laissoit à son mari, lequel la fit habiller, présents ses amis, d'une robe de bureau[2], et fit mettre sur son derrière une belle pièce d'écarlate, et ainsi la laissa devant tous ses amis.

N'a guère qu'en la ville d'Arras avoit un bon marchand, auquel il méchut[3] d'avoir femme épousée, qui n'étoit pas des meilleures du monde, car elle ne tenoit serré qu'elle pût voir son coup et qu'elle trouvât à qui, non plus qu'une vieille arbalètre[4]. Ce bon marchand se donna garde du gouvernement de sa femme ; il en fut aussi averti par aucuns, ses plus privés amis et voisins ; si se bouta en une grand'-frénésie et bien parfonde mélancolie, dont il ne vaut pas mieux ; puis, s'avisa qu'il éprouveroit, s'il savoit par aucune bonne façon, se nullement il pourroit voir ce qu'il sait, qui bien peu lui plaira : c'étoit de voir venir en son hôtel et en son domicile devers sa femme un ou plusieurs de ceux qu'on dit qui sont lieutenans. Notre marchand feignit un jour d'aller

---

[1] Venir à bout. — [2] Joyeux, gais.

[1] Prit. — [2] Bure, grosse étoffe de laine.
[3] Mésadvint. — [4] C'est-à-dire, que, toujours prête à saisir une bonne occasion, elle menait une vie aussi relâchée que la corde d'une vieille arbalète.

dehors, et s'embûcha en une chambre de son hôtel, dont lui seul avoit la clef, et véoit ladite chambre sus la cour. Et par aucuns secrets pertuis et plusieurs treilles[1], regardoit en plusieurs autres lieux et chambres de léans. Tantôt que la bonne femme pensa que son mari étoit dehors, elle fit prestement savoir à un de ses amis, qu'il venst[2] vers elle, et il obéit comme il devoit; car il suivit pied à pied la méchine[3] qui l'étoit allé quérir. Le mari, qui, comme dit est, étoit caché en sa chambre, vit très-bien entrer celui qui venoit tenir son lieu; mais il ne dit mot, car il veut voir plus avant, s'il peut. Quand l'amoureux fut léans, la dame le mena par la main, tout devisant, en sa chambre et serra l'huis, et se commencèrent à baiser et accoler, et faire la plus grand'-chère de jamais; et la bonne damoiselle, de dépouiller sa robe et soi mettre en cotte-simple, et bon compagnon, de la prendre à bons bras de corps et faire ce pourquoi il étoit venu; et tout ce véoit à l'œil le pauvre mari par une petite treille, pensez s'il étoit à son aise! Même il étoit si près d'eux, qu'il entendoit pleinement tout ce qu'ils disoient.

Quand les armes d'entre la bonne femme et son serviteur furent achevées, ils se mirent sus une couche qui étoit en la chambre, et se commencèrent à deviser de plusieurs choses; et comme le serviteur regardoit sa dame qui tant belle étoit que merveilles, il la commence à rebaiser et dit, en cela faisant: « Ma mie, à qui est cette belle bouche? — C'est à vous, mon ami, dit elle. — Et je vous en mercie, dit-il. Et ces beaux yeux? — A vous aussi, dit-elle. — Et ce beau tetin, qui est si bien troussé, n'est-il pas de mon compte? dit-il. — Oui, par ma foi! mon ami, dit-elle, et non autre. » Il met après la main au ventre, à son devant, où il n'y avoit que redire; si lui demanda: « A qui est ceci, ma mie? — Il ne le faut jà demander, dit-elle; on sait bien que tout est vôtre. » Il vint après jeter la main sur le gros derrière d'elle, et lui demanda en souriant: « A qui est ceci? — Il est à mon mari, dit-elle, c'est sa part; mais tout le demourant est vôtre. — Et vraiment, dit-il, je vous en remercie beaucoup. Je ne me dois pas plaindre, vous m'avez très-bien parti[4], et aussi, d'autre côté, par ma foi, pensez que je suis tout entier vôtre. — Je le sais bien, » dit-elle. Et après

ces beaux dons et offres qu'ils firent l'un à l'autre, ils recommencèrent leurs armes de plus belle; et ce fait, le gentil serviteur partit de léans, et le pauvre mari, qui tout avoit vu et ouï, tant courroucé qu'il n'en pouvoit plus, enrageoit tout vif. Toutefois, pour mieux faire, il avala cette première, et à lendemain fit très-bien son personnage, faisant semblant qu'il venoit de dehors; et quand vint sur le point du dîner, il dit à sa femme qu'il vouloit avoir dimanche prochain son père, sa mère, tels et tels de ses parens et cousins, et qu'elle fasse garnison de vivres, et qu'ils soient bien aises à ce jour. Elle se chargea de ce faire, et lui, de les inviter. Ce dimanche vint, et le dîner fut prêt; et tous ceux, qui mandés y furent, comparurent, et print chacun place comme leur hôte l'ordonnoit, qui étoit debout et sa femme aussi, lesquels servirent le premier mets. Quand le premier mets fut assis, l'hôte, qui avoit secrètement fait faire une robe, pour sa femme, de gros bureau de gris, et à l'endroit du derrière avoit fait mettre une bonne pièce d'écarlate en manière d'un tasseau[1]; si dit à sa femme: « Venez jusqu'en la chambre. » Il se met devant[2], et elle le suit; quand ils y furent, il lui fit dépouiller sa robe et va prendre celle du bureau dessusdit, et lui dit: « Or vêtez cette robe. » Elle la regarde et voit qu'elle est de gros bureau; si en est toute ébahie, et ne sait penser qu'il faut à son mari, ne pourquoi il la veut ainsi habiller. « Et à quel propos me voulez-vous ainsi housser[3]? dit-elle. — Ne vous chaille, dit-il, je vueil que la vêtez. — Ma foi, dit-elle, je n'en tiens compte, je ne la vêtirai jamais. Faites-vous du fol? Vous voulez bien faire farce les gens de vous et de moi; encore devant tout le monde! — Il n'y a ne fol ne sage, dit-il, vous la vêtirez. — Au moins, dit-elle, que je sache pourquoi vous le faites. — Vous le saurez ci-après. » Pour abréger, force fut qu'elle endossât cette robe, qui étoit bien étrange à regarder; et en ce point[4] fut amené à la table où la plupart de ses parens et amis étoient; mais pensez qu'ils furent bien ébahis de la voir ainsi habillée, et croyez qu'elle étoit bien honteuse, et se la force eût été sienne, elle ne fût pas venue. Droit là avoit assez qui demandoient que signifioit cet habillement;

[1] Treillis, grillages de fer ou de bois, jalousies.
[2] Vint. — [3] Servante, messagère d'amour. — [4] Partagé.

[1] Enclume portative ou forme d'un luth.
[2] Marche en avant. — [3] Vêtir, habiller.
[4] En cet équipage, état.

et le mari répondit qu'ils pensassent tous de faire bonne chère, et qu'après dîner ils le sauroient. Mais vous devez savoir que la pauvre femme, houssée du bureau, ne mangea chose qui bien lui fît, et le jugeoit le cœur que le mystère de sa houssure lui seroit ennui. Et encore eût-elle été trop plus troublée, s'elle eût su du tasseau d'écarlate, mais nenni. Le dîner se passa, et fut la table ôtée, les Grâces dites, et tout chacun debout. Lors le mari se met avant, et commence à dire : « Vous, tels et tels, qui ci êtes, s'il vous plaît, je vous dirai en bref la cause pourquoi je vous ai ici assemblés et pourquoi j'ai vêtu ma femme de cet habillement. Il est vrai que jà pieçà j'ai été averti que votre parente, qui ci est, me gardoit très-mal la loyauté qu'elle me promit en la main du prêtre; toutefois, quelque chose que l'on m'ait dit, je ne l'ai pas cru de léger, mais moi-même l'ai voulu éprouver; et qu'il soit vrai, il n'y a que six jours que je feignis d'aller dehors et m'embûchai en ma chambre là haut. Je n'y eus guère été que veci venir un tel, que ma femme mena tantôt en sa chambre, où ils firent ce que mieux leur plut, et entre les autres devises, l'homme lui demanda de sa bouche, de ses yeux, de ses mains, de son tetin, de son ventre, de son devant, de ses cuisses, à qui tout ce bagage étoit, et elle répondit : « A vous, mon ami. » Et quand vint à son derrière, il lui dit : « Et à qui est ceci, ma mie? — A mon mari, » dit-elle. Lors, pource que je l'ai trouvée telle, je l'ai ainsi habillée ; elle a dit que d'elle il n'y a rien que le derrière ; si l'ai houssée comme il appartient à mon état. Le demourant ai-je houssé de vêture qui est due à femme déloyale et déshonorée, car elle est telle; pource, je la vous rends. » La compagnie fut bien ébahie d'ouïr ce propos, et la pauvre femme bien honteuse; mais toutefois, quoi que fût, oncques puis, avec son mari, ne se trouva; ainsi déshonorée et reprochée entre ses amis depuis demoura.

NOUVELLE L.

CHANGE POUR CHANGE.

La cinquantième nouvelle, racontée et dite par Antoine de la Salle, traite d'un père, qui voulut tuer son fils, pource qu'il a voulu monter sur sa mère-grand, et de la réponse dudit fils.

Comme jeunes gens se mettent voulentiers à voyager, et prennent plaisir à voir et chercher les aventures du monde, il y eut naguère au pays de Laonnois un fils de laboureur, qui fut, depuis l'âge de dix ans jusqu'à l'âge de vingt et six ans, toujours hors du pays ; et depuis son partement jusqu'à son retour, oncques son père ne sa mère n'en eurent oncques une seule nouvelle ; si pensèrent plusieurs fois qu'il fût mort. Il revint toutefois, et Dieu sait la joie qui fut en l'hôtel, et comment il fut festoyé, à son retour, de tant de peu de biens que Dieu leur avoit donné. Mais qui le vit voulentiers, et en fit grand'fête, ce fut sa grand'mère, la mère de son père, qui lui faisoit plus grand'-chère et étoit la plus joyeuse de son retour que nulle des autres ; elle le baisa plus de cinquante fois, et ne cessoit de louer Dieu, qui leur avoit rendu leur beau fils, et retourné en si beau point. Après cette grand'chère, l'heure vint de dormir, mais il n'y avoit à l'hôtel que deux lits : l'un étoit pour le père et la mère, et l'autre pour la grand'mère. Si fut ordonné que leur dit fils coucheroit avec sa grand'mère: dont elle fut bien joyeuse ; mais il s'en fût bien passé, combien que, pour obéir, il fût content de prendre patience pour cette nuit. Comme il étoit couché avec elle, ne sais de quoi il lui souvint, car il monta dessus : « Et que veux-tu faire? dit-elle. — Ne vous chaille, dit-il ; ne dites mot. » Quand elle vit qu'il vouloit besogner à bon escient, elle commence de crier, tant qu'elle peut, après son fils, qui dormoit en la chambre au plus près ; si se leva de son lit, et s'en alla plaindre à lui de son fils en pleurant tendrement. Quand l'autre ouït la plainte de sa mère et l'inhumanité de son fils, il se leva sur pieds, très-courroucé et mal mû, et dit qu'il l'occira : le fils ouït cette menace, et sault sus et s'enfuit par derrière. Son père le suit, mais c'est pour néant, il n'étoit pas si léger du pied : il vit qu'il perdoit sa peine ; si revint à l'hôtel, et trouva sa mère lamentant à cause de l'offense que son fils lui avoit faite. « Ne vous chaille, ma mère, dit-il : je vous en vengerai bien. » Ne sais quants jours après, ce père vint trouver son fils, qui jouoit à la paume, et tantôt qu'il le vit, il tira bonne dague, et marche vers lui, et le cuida férir. Le fils se détourna, et son père fut tenu. Aucuns qui là étoient, surent bien que c'étoit le père et le fils ; si dit l'un au fils : « Et viens çà ! qu'as-tu méfait à ton père, qui te veut tuer? — Ma foi! dit-il, rien. Il a le plus grand tort de jamais ; il me veut tout le mal du monde pour une pauvre fois que j'ai voulu ronciner sa mère, et il a bien ronciné la mienne plus de cinq cents fois, et je n'en parlai oncques un seul mot. » Tous ceux qui ouïrent cette réponse commencèrent à rire de grand cœur; si s'employèrent à cette occasion d'y mettre paix, et fut tout pardonné d'un côté et d'autre.

NOUVELLE LI.

LES VRAIS PÈRES.

La cinquante et unième nouvelle, dite et racontée par l'acteur[1], traite de la femme qui départoit[2] ses enfans au lit de la mort, en l'absence de son mari, qui siens les tenoit; et comme un des plus petits en avertit son père.

A Paris naguère vivoit une femme qui fut mariée à un bon simple homme, qui tout son temps fut de nos amis, si très-bien qu'on ne pouvoit plus. Cette femme, qui belle et gente et gracieuse étoit, au temps qu'elle fut neuve, pource qu'elle avoit l'œil au vent, fut requise d'amour de plusieurs gens, et pour la grand' courtoisie que Nature n'avoit pas oubliée en elle, elle passa légèrement les requêtes de ceux qui mieux lui plurent, et eut en son temps, tant d'eux comme de son mari, sept ou huit enfants. Advint qu'elle fut malade et au lit de la mort accouchée[3]; si eut tant de grâce, qu'elle eut temps et loisir de soi confesser, penser de ses péchés, disposer de sa conscience; et elle véoit, durant sa maladie, ses enfans trotter devant elle, qui lui bailloient au cœur très-grand regret de les laisser; si se pensa qu'elle feroit mal de laisser son mari chargé de la plupart, car il n'en étoit pas le père, bien qu'il le cuidât et la tenoit aussi bonne femme que nulle de Paris. Elle fit tant, par le moyen d'une femme qui la gardoit, que vers elle vinrent deux hommes qui au temps passé l'avoient en amours très-bien servie, et vinrent de si bonne heure, que son mari étoit allé devers les médecins apothicaires pour avoir aucun bon remède pour elle et pour sa santé. Quand elle vit ces deux hommes, elle fit tantôt venir devant elle tous ses enfants; si commença à dire : « Vous êtes un tel; vous savez ce qui a été entre vous et moi au temps passé, dont il me déplaît à cette heure amèrement. Et se ce n'est la miséricorde de Notre-Seigneur, à qui je me recommande, il me sera en l'autre monde bien chèrement vendu. Toutefois, se j'ai fait une folie, je la connois; mais de faire la seconde, ce seroit trop mal fait. Veci tels et tels de mes enfants, ils sont vôtres, et mon mari cuide, à la vérité, qu'ils sont siens; si ferai-je conscience de les laisser en sa charge : pourquoi je vous prie, tant que je puis, qu'après ma mort, qui sera brève, que vous les prenez avec vous et les entretenez, nourrissez et élevez; et en faites comme bon père doit faire, car ils sont vôtres. » Pareillement dit à l'autre, et lui montroit ses autres enfants : « Tels et tels sont à vous, je vous assure; si les vous recommande, en vous priant que vous en acquittez, et se ainsi me le voulez promettre, je mourrai plus aise. » Et comme elle faisoit ce partage, son mari va venir à l'hôtel et fut aperçu par un petit de ses fils qui n'avoit environ que cinq ou six ans, qui vitement descendit en bas encontre lui effraiement, se hâta tant de dévaler la montée[1], qu'il étoit près hors d'haleine comme il vit son père; à quelque méchef que ce fût, il dit : « Hélas! mon père, avancez-vous tôt, pour Dieu! — Quelle chose y a-t-il de nouveau? dit le père; ta mère est-elle morte? — Nenni, dit l'enfant, mais avancez-vous d'aller en haut, ou il ne vous demourera un seul enfant : ils sont venus vers ma mère deux hommes, mais elle leur donne tous mes frères; se vous n'y allez bientôt, elle donnera tout. » Le bon homme ne sait que son fils veut dire; si monta en haut et trouva sa femme, sa garde et deux de ses voisins et ses enfants; si demanda que signifie ce qu'un tel de ses fils lui a dit. « Vous saurez ci-après, » dit-elle. Il n'en enquit plus pour l'heure, car il ne se douta de rien. Ses voisins s'en allèrent et commandèrent la malade à Dieu et lui promirent de faire ce qu'elle leur avoit requis; dont elle les mercia. Comme aprouchoit le pas de la mort, cria merci à son mari, et lui dit la faute qu'elle lui a faite durant qu'elle a été alliée avec lui; et comment tels et tels de ses enfants étoient à tel et à tel, et tel à un tel, c'est à savoir ceux dont dessus est touché, et qu'après sa mort ils les prendront, et n'en aura jamais charge. Il fut bien ébahi d'ouïr cette nouvelle, néanmoins il lui pardonna tout, et puis elle mourut; et il envoya ses enfants à ceux qu'elle avoit ordonné,

---

[1] Rédacteur, auteur. C'est Antoine de la Sale.
[2] Partageait, donnait. — [3] Pour *couchée*.

[1] Descendre l'escalier.

qui les retinrent ; et par tel point, il fut quitte de sa femme et de ses enfants; et si eut beaucoup moins de regret de la perte de sa femme que de celle de ses enfants.

NOUVELLE LII.
LES TROIS MONIMENTS [1].

La cinquante-deuxième nouvelle, racontée par monseigneur de la Roche, traite de trois enseignemens qu'un père bailla à son fils, lui étant au lit de la mort, lesquels ledit fils mit en avant et en effet tout au contraire de ce qu'il lui avoit enseigné; et comment il se délia d'une jeune fille qu'il avoit épousée, pource qu'il la vit coucher avec le prêtre de la maison, la première nuit de ses noces.

Advint, naguère, qu'un grand gentilhomme, sage, prudent et beaucoup vertueux, comme il étoit au lit de la mort, et eut fait ses ordonnances et disposé de sa conscience au mieux qu'il put, il appela un seul fils qu'il avoit, auquel il laissoit foison de biens temporels ; et après qu'il lui eût recommandé son âme, celle de sa mère qui naguère avoit terminé vie par mort, et généralement tout le collége[2] de purgatoire, il avisa trois choses pour la dernière doctrine que jamais lui vouloit bailler, en disant : « Mon très-cher fils, je vous avertis que jamais vous ne hantez tant en l'hôtel de votre voisin que l'on vous y serve de pain bis. Secondement, je vous enjoins que vous gardez de jamais courir[3] votre cheval en la vallée. Tiercement, que vous ne prenez jamais femme d'étrange nation. Or vous souvienne de ces trois points ; je ne doute point que bien ne vous en vienne. Mais se vous faites le contraire, soyez sûr que vous trouverez que la doctrine de votre père vous vausist[4] mieux avoir tenue. » Le bon fils mercia son père de son bon avertissement, et lui promit écrire ses enseignemens au plus parfond de son cœur, et le mettre si très-bien en son entendement et en sa mémoire, que jamais n'ira au contraire. Tantôt après son père mourut, et furent faites ses funérailles, comme, à son état et à homme de tel lieu qu'il étoit, appartenoit. Car son fils s'en voulut bien acquitter comme celui qui bien avoit de quoi. Un certain temps après, comme on prend accointance plus en un lieu qu'en un autre, ce bon gentilhomme, qui étoit orphelin de père et de mère, et à marier, et ne savoit que c'étoit du ménage, s'accointa d'un voisin qu'il avoit ; et de fait, la plupart de ses jours, buvoit et mangeoit léans. Son voisin, qui marié étoit, et avoit une très-belle femme, se bouta en la douce rage de jalousie, et lui vinrent faire rapport ses yeux, que notre gentilhomme ne venoit en son hôtel fors à l'occasion de sa femme, et que vraiment il étoit amoureux, et qu'à la longue il la pourroit emporter d'assaut. Si n'étoit pas bien à son aise, et ne savoit penser comment il se pourroit honnêtement de lui désarmer[1], car lui dire la chose comme il la pense, ne vaudroit rien ; si conclut de lui tenir tels termes petit à petit, qu'il se pourra assez apercevoir, s'il n'est trop bête, que sa hantise[2] continuelle ne lui plaît pas. Et pour exécuter sa conclusion, en lieu qu'on le souloit servir de pain blanc, il fit mettre le bis. Et après je ne sais quants repas notre gentilhomme s'en donna garde et lui souvint de la doctrine de son père ; si connut qu'il avoit erré ; si battit sa coulpe[3] et bouta en sa manche tout secrètement un pain bis, et l'apporta en son hôtel, et en remembrance le pendit à une corde en sa grand'salle, et ne retourna plus en la maison de son voisin comme il avoit fait paravant. Pareillement, un jour entre les autres, lui qui étoit homme de déduit, comme il étoit aux champs, et que ses lévriers eussent mis un lièvre à chasse, il pique son cheval, tant qu'il put, après, et vint rattaindre le lièvre et lévriers en une grand'vallée, où son cheval, qui venoit de toute sa force, saillit des quatre pieds et tomba, et ledit cheval se rompit le col ; dont il fut bien ébahi. Ne fut bien heureux ledit gentilhomme, quand il se vit ainsi gardé de mort et d'affolure[4]? Il eut, toutefois, pour récompense le lièvre, et comme il le tint, il regarda son cheval que tant il aimoit ; si lui souvenoit du second enseignement que son père lui avoit baillé, et que, s'il en eût eu bien mémoire, il n'eût pas cette perte, ne passé le danger qu'il a eu bien grand. Quand il fut en sa maison, il mit auprès du pain bis, à une corde, en la salle, la peau du cheval, afin qu'il eût mémoire et remembrance du second avisement[5] que son père jadis lui bailla. Un certain temps après, il lui print voulenté d'aller voyager et voir pays ; si disposa ses besognes à ce, et print de la finance, dont il avoit largement, et chercha maintes contrées, et se trouva en diverses régions et places ; dont en la fin il fit résidence en l'hôtel d'un grand sei-

---

[1] Conseils. — [2] Réunion, assemblée.
[3] Pour *faire courir* ; latinisme. — [4] Valût.

---

[1] Débarrasser. — [2] Commerce fréquent.
[3] Reconnut sa faute, dit son *mea culpa*.
[4] Blessure. — [5] Avertissement.

gneur, d'une lointaine et bien étrange[1] marche, et se gouverna si hautement et si bien léans, que le seigneur fut bien content de lui bailler sa fille en mariage, jaçoit qu'il n'eût seulement connoissance de lui, fors ses louables mœurs et vertus. Pour abréger, il fiança la fille de ce seigneur ; et vint le jour des noces ; et quand il cuida la nuit coucher avecques elle, on lui dit que la coutume du pays étoit de ne point coucher la première nuit avec sa femme, et qu'il eût patience jusqu'à lendemain. « Puisque c'est la coutume, dit-il, je ne quiers jà qu'on la rompe pour moi. » Son épousée fut menée coucher en une chambre, et lui, en une autre après les danses. Et, de bien venir[2], il n'y avoit qu'une paroi entre ces deux chambres, qui n'étoit que de terre. Si s'avisa, pour voir la contenance[3], de faire un pertuis, de son épée, par dedans la paroi, et vit très-bien à son aise son épousée se bouter au lit, et vit aussi (ne demoura guère après) le chapelain de léans qui se vint bouter auprès d'elle pour lui faire compagnie, afin qu'elle n'eût peur, ou, comme j'espoire, pour faire l'essai ou prendre la dîme des cordeliers, comme dessus est touché[4]. Notre bon gentilhomme, quand il vit venir cet appareil, pensez qu'il eut bien des étoupes en sa quenouille[5]; lui vint tantôt en mémoire le troisième avisement que son père lui donna avant le trépas, lequel il avoit mal retenu. Toutefois, il se reconforta et print courage, et dit en soi-même que la chose n'est pas si avant, qu'il n'en saille bien. À lendemain, le bon chapelain, son lieutenant pour la nuit et son prédécesseur, se leva de bon matin, et d'aventure, il oublia ses braies[7] sous le chevet du lit à l'épousée, et notre bon gentilhomme, sans faire semblant de rien, vint au lit d'elle et la salua gracieusement comme il savoit bien faire et trouva façon de prendre les braies du prêtre, sans qu'il fût aperçu d'âme. On fit grand'chère tout ce jour. Et quand vint au soir, le lit de l'épousée fut paré et ordonné tant richement qu'à merveilles, et elle y fut couchée. Si dit-on au sire des noces, que meshui, quand il lui plaira, il pourra bien coucher avec sa femme. Il étoit fourni de réponse et dit au père et à la mère et aux parents, qu'ils le voulussent ouïr. « Vous ne savez, dit-il, qui je suis, ne à qui vous avez donné votre fille; et en ce, m'avez fait le plus grand honneur que jamais fut fait à un jeune homme étranger, dont je ne vous saurois assez mercier. Néanmoins toutefois, j'ai conclu en moi-même, et suis à ce résolu de jamais coucher avecques elle tant que je ne lui aurai montré et à vous aussi qui je suis, quelle chose j'ai et comment je suis logé. » Le père print tantôt la parole et dit : « Nous savons très-bien que vous êtes noble homme et de haut lieu, et n'a pas mis Dieu en vous tant de belles vertus, sans les accompagner d'amis et de richesses. Nous sommes contents de vous, ne laissez jà à parfaire et accomplir votre mariage ; toût à temps saurons-nous plus avant de votre état, quand il vous plaira. » Pour abréger, il vint et jura de non jamais coucher avecques elle, si n'étoit en son hôtel, et lui ameneroit son père et sa mère et plusieurs de ses parents et amis. Il fit mettre son hôtel à point pour les recevoir, et y vint un jour devant eux, et tantôt qu'il fut descendu, il print les braies du prêtre qu'il avoit et les pendit en la salle auprès du pain bis et de la peau du cheval. Très-grandement furent reçus et festoyés les parents et amis de notre bonne épousée, et furent bien ébahis de voir l'hôtel du jeune gentilhomme si bien fourni de vaisselle, de tapisserie et de tous autres meubles, et se réputoient bien heureux d'avoir si bien allié leur belle fille. Comme ils regardoient par léans, ils vinrent en la grand'salle qui étoit tendue de belle tapisserie, et aperçurent, au milieu, le pain bis, la peau de cheval et une braie, qui pendoient, dont ils furent moult ébahis, et en demandèrent la signification à leur hôte. Le sire des noces leur dit que volentiers il leur dira la cause et tout ce qui en est, quand ils auront mangé. Le dîner fut prêt, et Dieu sait qu'ils furent bien servis. Ils n'eurent pas sitôt dîné, qu'ils ne demandèrent l'interprétation et la signifiance et le mystère du pain bis et de la peau de cheval, etc., et le bon gentilhomme leur conta bien au long, et dit que son père étant au lit de la mort, comme dessus est narré, lui avoit baillé trois enseignements. « Le premier fut que je ne me trouvasse jà mais tant en lieu, qu'on me servît du pain bis. Je ne retins pas bien cette doctrine ne cet enseignement ; car, puis sa mort, je hantai tant un mien voisin qu'il se bouta en jalousie pour

---

[1] Étrangère. — [2] Par bonheur. — [3] L'intérieur de la chambre voisine. — [4] Le conte des *Dames dîmées*.
[5] Expression proverbiale signifiant : être dans une position difficile et compliquée. — [6] Sorte, résulte.
[7] Chausses, culottes.

femme, et en lieu de pain blanc, de quoi je fus servi longtemps, on me servit de pain bis ; et en mémoire et approbation de la vérité de cet enseignement, j'ai là fait mettre ce pain bis. Le deuxième enseignement que mon père me bailla fut que jamais je ne courusse mon cheval en la vallée. Je ne le retins pas bien, un jour qui passa ; si m'en print mal, car en courant en une vallée après le lièvre et mes chiens, mon cheval chut et se rompit le col ; et à peu que je ne fusse très-bien blessé ; si échappai de belle mort ; et en mémoire de ce, est là pendue la peau du cheval qu'alors je perdis. Le troisième enseignement et avisement que mon père dont (Dieu ait l'âme !) me bailla, fut que jamais je n'épousasse femme d'étrange nation. Or ai-je failli, et vous dirai comment il m'en est prins. Il est bien vrai que, la première nuit que vous me refusâtes le coucher avecques votre fille qui ci est, je fus logé en une chambre au plus près de la sienne, et pource que la paroi qui étoit entre elle et moi n'étoit pas trop forte, je la pertuisai de mon épée et vis venir coucher avecques elle le chapelain de votre hôtel, qui sous le chevet du lit oublia ses braies, le matin quand il se leva ; lesquelles je recouvrai, et sont celles que véez là pendues, qui témoignent et approuvent la chronique[1] vérité du troisième enseignement que mon feu père jadis me bailla ; lequel je n'ai pas bien retenu ne mis en ma mémoire. Mais afin que plus en la faute des trois avis précédents ne rencheoie[2], ces trois bagues[3] que vous voyez me seront dorénavant sage ; et pource que, la Dieu merci, je ne suis pas tant obligé à votre fille qu'elle ne me puisse bien quitter, je vous prie que la ramenez et retournez en votre marche[4], car, jour que je vive, ne me sera plus près ; mais pource que je vous ai fait venir de loin et vous ai bien voulu montrer que je ne suis pas un homme pour avoir le remenant[5] d'un prêtre, je suis content de payer vos dépens. » Les autres ne surent que dire ne que penser, qui se voient conclus en leur tort : voyant aussi qu'ils sont moult loin de leur marche et de leur pays, et que la force n'est pas leur en ce lieu, ils furent très-bien contents de prendre de l'argent pour leurs dépens et eux en retourner d'ond ils vinrent ; et qui plus y a mis, plus y a perdu. Par ce conte, avez ouï et entendu que les trois avis que le bon père bailla à son fils, ne sont pas d'oublier ; si les retienne chacun, pour autant qu'il sent qu'ils lui peuvent toucher.

NOUVELLE LIII.
LE QUIPROQUO DES ÉPOUSAILLES.

La cinquante-troisième nouvelle, racontée par monseigneur Lamant de Bruxelles, traite de deux hommes et deux femmes, qui attendoient pour épouser, à la première messe bien matin, et pource que le curé ne véoit pas trop clair, il print l'une pour l'autre, et changea à chacun homme la femme qu'il devoit avoir, comme vous oirez ci-après.

N'a guère qu'en l'église de Sainte-Goule[1] à Bruxelles étoient en un matin plusieurs hommes et femmes, qui devoient épouser à la première messe qui se dit entre quatre et cinq heures ; et entre les autres choses, ils devoient entreprendre ce doux et bon état de mariage, et promettre en la main du prêtre ce que pour rien ne voudroient trépasser[2]. Il y avoit un jeune homme et une jeune fille qui n'étoient pas des plus riches, mais la bonne voulenté avoient, qui étoient auprès l'un de l'autre, et n'attendoient fors que le curé les appelât pour épouser. Auprès d'eux aussi avoit un homme ancien et une femme vieille, qui grand'chevance et foison de richesses avoient, et par convoitise et grand désir de plus avoir, avoient promis foi et loyauté l'un vers l'autre, et pareillement attendoient à épouser à cette première messe. Le curé vint et chanta cette messe très-désirée, et en la fin, comme il est de coutume, devant lui se mirent ceux que épouser devoient, dont il y avoit plusieurs autres, sans les quatre dont je vous ai conté. Or devez-vous savoir que ce bon curé, qui tout prêt étoit devant l'autel, pour faire et accomplir le mystère des épousailles, étoit borgne, et avoit, ne sais, par quel méchef, puis peu de temps en çà, perdu un œil, et n'y avoit aussi guère grand luminaire en la chapelle ne sur l'autel : c'étoit en hiver et faisoit brun et noir ; si faillit à choisir. Car quand vint à besogner et à épouser[3], il print le vieil homme riche et la jeune fille pauvre, et les joignit par l'anneau du monstier[4] ensemble. D'autre côté, il print aussi le jeune homme pauvre et l'épousa à la vieille femme, et ne s'en donnèrent oncques garde en l'église ne les hommes ne les femmes, dont ce fut grand'merveilles, par espécial des hommes, car ils osent mieux lever l'œil et la

[1] Durable. — [2] Retombe. — [3] Choses, objets. — [4] Pays. — [5] Les restes.

[1] Sainte-Gudule. — [2] Outrepasser. — [3] A faire les cérémonies du mariage. — [4] Ce passage semble indiquer que l'anneau des épousailles était fourni par les moines.

tête, quand ils sont devant le curé à genoux, que les femmes, qui sont à ce coup simples et coies et n'ont le regard fiché qu'en terre. Il est de coutume qu'au saillir [1] des épousailles, les amis de l'épousé prennent l'épousée et l'emmènent. Si fut là pauvre jeune fille à l'hôtel du riche homme menée, et pareillement la vieille riche fut amenée en la pauvre maisonnette du jeune gentil compagnon. Quand la jeune épousée se trouva en la cour et en la grand'salle de l'homme qu'elle avoit par méprise épousé, elle fut bien ébahie et connut bien tantôt qu'elle n'étoit pas partie de léans ce jour. Quand elle fut arrière en la chambre à parer, qui étoit bien tendue de belle tapisserie, elle vit le beau grand feu, la table couverte où le beau déjeuner étoit tout prêt; elle vit le beau buffet bien fourni et garni de vaisselle: si fut plus ébahie que paravant, et de ce se donne plus grand'merveille qu'elle ne connoît âme de ceux qu'elle oyoit parler. Si fut tantôt désarmée [2] de ses ornements où elle étoit bien enfermée et bien embrunchée [3]. Et comme son époux la vit au découvert, et les autres qui là étoient, croyez qu'ils furent et autant surpris que se cornes leurs fussent venues. « Comment, dit l'épousé, est-ce ci ma femme! Notre-Dame! je suis bien heureux: elle est bien changée depuis hier! je crois qu'elle a été à la fontaine de Jouvence. — Nous ne savons, dirent ceux qui l'avoient amenée, d'ond elle vient, mais nous savons certainement que c'est celle que vous avez hui épousée, et que nous prîmes à l'autel, car oncques puis ne nous partit des bras. » La compagnie fut bien ébahie et longuement sans mot dire; mais qui fut simple et ébahie, la pauvre épousée étoit toute déconfortée, et pleuroit des yeux moult tendrement, et ne savoit sa contenance: elle aimât trop mieux se trouver avec son ami, qu'elle cuidoit bien avoir épousé à ce jour. L'épousé, la voyant se déconforter, en eut grand'pitié et lui dit: « Ma mie, ne vous déconfortez jà, vous êtes arrivée en bon hôtel, se Dieu plaît! et n'ayez doute, on ne vous y fera jà mal ne déplaisir. Mais dites-moi, s'il vous plaît, qui vous êtes, et, à votre avis, d'ond vous venez ici? » Quand elle l'ouït et entendit si courtoisement et si doucement parler, elle s'assura un peu, et lui nomma son père et sa mère, et lui dit qu'elle étoit de Bruxelles, et

[1] Au sortir. — [2] Dégarnie, dépouillée. — [3] Enchevêtrée.

avoit fiancé un tel (qu'elle lui nommoit), et cuidoit bien avoir épousé. L'épousé et tous ceux qui là étoient commencèrent bien fort à rire, et dirent que le curé leur a fait ce tour. « Or loué soit Dieu le créateur, dit l'épousé, de ce change: je ne voulsisse pas tenir bien grand'chose. Dieu vous a envoyée à moi, et je vous promets, par ma foi, de vous tenir bonne et loyale compagnie. — Nenni ce, dit-elle en pleurant moult tendrement, vous n'êtes pas mon mari. Je vueille retourner devers celui à qui mon père m'avoit donnée. — Et ainsi ne sera pas, dit-il: je vous ai épousée en sainte église, vous n'y pouvez contredire ne aller à l'encontre, vous êtes et demourerez ma femme; et soyez contente; vous êtes bien heureuse, j'ai, le Dieu merci! de biens et de richesses assez, dont vous serez dame et maîtresse, et si vous ferai bien jolie. » Il la prêcha tant, et ceux qui là étoient, qu'elle fut contente d'obéir à son commandement. Si déjeunèrent légèrement et puis se couchèrent, et fit le vieil homme du mieux qu'il sut. Or, retournons à ma vieille femme et au jeune compagnon. Pour abréger, elle fut menée en l'hôtel du père à la fille, qui à cette heure est couchée avecques le vieil homme. Quant elle se trouva léans, elle cuida bien enrager de deuil, et dit tout haut: « Et que fais-je céans? que ne me mène l'en à ma maison ou à l'hôtel de mon mari?» L'épousé qui vit cette vieille et l'ouït parler, fut bien ébahi, ne doutez; si furent son père et mère et tous ceux de l'assemblée. Si saillit avant le père à la fille de léans, qui connut bien la vieille et savoit très-bien parler de son mariage, et dit: « Mon fils, on vous a baillé la femme d'un tel, et croyez qu'il a la vôtre, et cette faute vient par notre curé qui voit si mal, et ainsi m'aid'Dieu, jaçoit ce que je fusse lez de vous quand vous épousâtes, si me cuidai-je apercevoir de ce change. — Et qu'en dois-je faire? dit l'épousé. — Par ma foi! dit son père, je ne m'y connois pas bien; mais je fais grand doute que vous ne puissiez avoir autre femme. — Saint-Jean! dit la vieille, je n'ai cure d'un tel chétif! Je serois bien heureuse d'avoir un tel jeune galant, qui n'auroit cure de moi, qui me dépendroit [1] tout le mien [2], et se j'en sonnois mot, encore aurois-je la torche [3]. Ôtez

[1] Dépenserait. — [2] Tout mon bien. — [3] Allusion à l'amende honorable où le condamné portait une grosse torche allumée.

olez; ôtez, et mandez votre femme et me laissez aller là où je dois être. — Notre-Dame! dit l'épousé, se je peux la recouvrer, je l'aime trop mieux que vous, quelque pauvre qu'elle soit, mais vous ne vous en irez pas, se je ne la puis trouver. » Son père et aucuns de ses parens et amis vinrent à l'hôtel où la vieille voulsit bien être, et vinrent trouver la compagnie qui déjeunoit au plus fort et faisoit le chaudeau pour porter à l'époux et à l'épousée. Ils contèrent tous leurs cas, et on leur répondit : « Vous venez trop tard! Chacun se tienne à ce qu'il a : le seigneur de céans est content de la femme que Dieu lui a donnée; il l'a épousée et n'en veut point avoir d'autre; et ne vous en doutez ja, vous ne fûtes jamais si heureux que d'avoir fille alliée en si haut lieu ni en si haut endroit : vous en serez une fois tous riches. » Ce bon père retourna à son hôtel, et vient faire son rapport. La vieille femme cuida bien enrager de deuil et dit : « Pardieu! la chose ne demourra pas ainsi, ou la justice me faudra[1]! » Se la vieille étoit mal contente, encore l'étoit bien autant ou plus le jeune épousé, qui se véoit frustré de ses amours, et encore l'eût-il légèrement passé, s'il eût pu finer de la vieille à-tout son argent, mais il convient la laisser aller en sa maison. Si fut conseillé de la faire citer devant monseigneur de Cambrai[2], et elle pareillement fit citer le vieil homme qui la jeune femme avoit; et ont commencé un très-gros procès, dont le jugement n'est pas encore rendu; si ne vous en sais que dire plus avant.

NOUVELLE LIV.

L'HEURE DU BERGER.

La cinquante-quatrième nouvelle, dite et racontée par Mahiot d'Auquesnes, traite d'une damoiselle de Maubeuge, qui s'abandonna à un charreton et refusa plusieurs gens de bien; et de la réponse qu'elle fit à un noble chevalier, pource qu'il lui reprochoit plusieurs choses, comme vous oirez ci-après.

Un gentil chevalier de la comté de Flandres, jeune, bruyant, jouteur, danseur et bien chantant, se trouva au pays de Haynaut en la compagnie d'un autre chevalier de sa sorte, demourant audit pays, qu'il hantoit trop plus que la marche de Flandres, où il avoit sa résidence belle et bonne; mais comme souvent il advient, amour étoit cause de sa retenance, car il étoit féru très-bien, et au vif, d'une très-belle damoiselle de Maubeuge; et à cette occasion, Dieu sait qu'il faisoit trop souvent joutes, momeries[1] et banquets, et généralement tout ce qu'il savoit qui peut plaire à sa dame, à lui possible, il le faisoit; et il fut assez en grâce pour un temps, mais non pas si avant qu'il eût bien voulu. Son compagnon, le chevalier de Haynaut, qui savoit tout son cas, le servoit au mieux qu'il pouvoit; et ne tenoit pas à sa diligence, que ses besognes ne fussent bien bonnes et meilleures qu'elles ne furent. Qu'en vaudroit le long conte? Le bon chevalier de Flandres ne sut oncques tant faire, ne son compagnon aussi, qu'il pût obtenir de sa dame le gracieux don de merci; ainçois, la trouva, en tout temps, rigoureuse, puisqu'il lui tenoit langage sus ces termes, et force lui fut toutefois, ses besognes étantes comme vous savez, de retourner en Flandres. Si print un gracieux congé de sa dame et lui laissa son compagnon; lui promit aussi, s'il ne retournoit de bref, de lui souvent écrire, et mander de son état, et elle lui promit de sa part lui faire savoir de ses nouvelles. Advint, certain jour après que notre chevalier fut retourné en Flandres, que sa dame eut voulenté d'aller en pèlerinage, et disposa ses besognes à ce; et comme le chariot étoit devant son hôtel et le charreton dedans, qui étoit un beau compagnon et fort, et qui vite l'adouboit[2], elle lui jeta un coussin sur la tête, et le fit choir à pattes[3], et puis commença à rire très-fort et bien haut. Le charreton se sourdit[4] et la regarda rire, et puis dit : « Pardieu! madamoiselle, vous m'avez fait choir, mais croyez que je me vengerai bien; car, avant qu'il soit nuit, je vous ferai tomber. — Vous n'êtes pas si mal gracieux, » dit-elle. Et en disant, elle prend un autre coussin, que le charreton ne s'en donnoit garde, et le fait arrière choir comme par-devant; et s'elle rioit fort paravant, elle ne s'en feignoit pas[5] à cette heure. « Et qu'est ceci? dit le charreton; madamoiselle, vous en voulez à moi? Faites, et, par ma foi, se je fusse emprès vous, je n'attendrois pas de moi venger aux champs. — Et que feriez-vous? dit-elle. — Si je serois en haut, je vous le dirois, dit-il. —

---

[1] Fera défaut.
[2] L'évêque de Cambrai. Les procès relatifs aux mariages ressortissaient en cour ecclésiastique.

[1] Mascarades. — [2] Qui lui plaisait vite.
[3] On dit aujourd'hui, à quatre pattes.
[5] Elle ne s'en faisait pas faute.

Vous feriez merveille, dit-elle, à vous ouïr parler; mais vous ne vous y oseriez trouver. — Non, dit-il, et vous le verrez. » Adonc il saillit jus[1] du chariot et entra dedans l'hôtel et monta en haut, où madamoiselle étoit en cotte-simple, tant joyeuse qu'on ne pourroit plus ; il la commença d'assaillir, et, pour abréger le conte, elle fut contente qu'il lui tollît[2] ce que par honneur donner ne lui pouvoit. Cela se passa, et au terme accoutumé, elle fit un très-beau petit charreton, ou, pour mieux dire, un très-beau petit fils. La chose ne fut pas si secrète que le chevalier du Hainaut ne le sût tantôt; dont il fut bien ébahi, et écrivit bien en hâte, par un propre messager à son compagnon en Flandres, comment sa dame avoit fait un enfant à l'aide d'un charreton. Pensez que l'autre fut bien ébahi d'ouïr ces nouvelles. Si ne demoura guères, qu'il vint en Hainaut devers son compagnon, et lui priât qu'ils allassent voir sa dame, et qu'il la veut trop bien tancer et lui dire la lâcheté et néanteté[3] de son cœur, combien que, pour son méchef advenu, elle ne se montrât encore guères, à ce temps. Si trouvèrent façon ces deux gentils chevaliers, par moyens subtils, qu'ils vindrent au lieu et en la place où elle étoit. Elle fut bien honteuse et déplaisante de leur venue, comme celle qui bien sait qu'elle n'aura d'eux chose qui lui plaise. Au fort, elle s'assura et les reçut, comme sa contenance et sa manière lui apporta. Ils commencèrent à deviser d'une et d'autre matières, et notre bon chevalier de Flandres va commencer son service, et lui dit tant de vilenies, qu'on ne pourroit plus. « Or, êtes-vous bien, dit-il, la femme du monde la plus reprouchée et moins honorée, et avez montré la grand'lâcheté de votre cœur, que vous êtes abandonnée à un grand vilain charreton. Tant de gens de bien vous ont offert leur service, et vous les avez tous reboutés. Et pour ma part, vous savez que j'ai fait pour acquérir votre grâce, et n'étois-je pas homme pour avoir ce butin aussi bien et mieux qu'un paillard charreton, qui ne fît oncques rien pour vous. — Je vous requiers et prie, dit-elle, monseigneur, ne m'en parlez plus : ce qui est fait ne peut autrement être, mais je vous dis bien que se vous fussiez venu à l'heure du charreton, qu'autant eussé-je fait pour vous que je fis pour lui. — Est-ce cela? dit-il; saint Jean ! il vint à bonne heure; le diable ait part, quand je ne fus si heureux que de savoir votre heure. — Vraiment, dit-elle, quand il vint à l'heure qu'il falloit venir. — Au diable, dit-il, de l'heure et de vous aussi et du charreton ! » Et à tant se part, et son compagnon le suit, et oncques puis n'en tint compte, et à bonne cause.

NOUVELLE LV.
L'ANTIDOTE DE LA PESTE.

La cinquante-cinquième nouvelle, racontée par monseigneur de Villiers, traite d'une jeune fille, qui avoit l'épidémie, et fit mourir trois hommes pour avoir compagnie d'elle, et comment le quatrième fut sauvé, et elle aussi.

En l'année du pardon[1] de Rome dernier passé, étoit au Dauphiné la pestilence si grande et si horrible et si épouvantable que la plupart des gens de bien abandonnèrent et laissèrent le pays. Durant cette persécution, une belle, gente et jeune fille se sentit ferue de la maladie, et incontinent se vint rendre à une sienne voisine, femme de bien et de grand'façon et déjà sur l'âge, et lui conta sa piteux cas. La voisine, qui étoit femme sage et assurée, ne s'effraya de rien que l'autre lui conta ; même eut tant de courage et d'assurance et de hardiesse, qu'elle la conforta de paroles et de tant peu de médecine qu'elle avoit. « Hélas ! ce dit la jeune fille malade, ma belle voisine, j'ai grand regret que force m'est aujourd'hui d'abandonner et laisser ce monde et les beaux et bons passe-temps que j'ai eu assez longuement ; mais encore, par mon serment, à dire entre vous et moi, mon plus grand regret est qu'il faut que je meure, tout à coup frapper, et sans savoir et sentir des biens de ce monde. Tels et tels m'ont mainte fois priée, et si les ai refusés tout pleinement, de quoi trop il me déplaît, et croyez, si je pusse finer d'un à cette heure, il ne m'échaperoit jamais, devant qu'il m'eût montré comment je fus gagnée[4]. L'on me fait entendre que la façon du faire est tant plaisante et tant bonne, que je plains et complains mon gent et jeune corps qu'il faut pourrir sans avoir ce désir et plaisir ; et à la vérité dire, ma bonne voisine, il me semble, se je le pusse quelque peu sentir avant ma mort, ma fin me seroit plus aisée et plus légère à passer, et

---
[1] Sauta à bas. — [2] Ravit. — [3] Bassesse.

[1] Jubilé. — [2] Dernier. — [3] Peste, épidémie.
[4] Ce mot semble avoir le même sens que déflourée, déflorée.

moins de regret, ce que plus est, je crois, que me pourroit être médecine, à cause de guarison. — Plût à Dieu! dit la vieille, qu'il se tenît à autre chose, vous seriez tôt guarie, ce me semble, car, Dieu merci, notre ville n'est pas encore si dégarnie de gens, qu'on n'y trouvât un gentil compagnon pour vous servir à ce besoin. — Ma bonne voisine, dit la jeune fille, et je vous requiers et prie que vous allez devers un tel (qu'elle lui nomma, qui étoit un très-beau gentilhomme, et qui autrefois avoit été amoureux d'elle), et faites tant qu'il vienne ici parler à moi. » La vieille se mit au chemin, et fit tant qu'elle trouva ce gentilhomme, et l'envoya en sa maison. Tantôt qu'il fut léans, la jeune fille malade, à cause de la maladie plus et mieux colorée, lui saillit au cou et le baisa plus de vingt fois. Le jeune fils, plus joyeux que oncques-mais[1] de voir celle que tant avoit aimée, ainsi vers lui abandonnée, la saisit sans demeure, et lui montra ce que tant désiroit. A savoir s'elle fut honteuse de lui requerre et prier de continuer ce qu'il avoit commencé; et pour abréger, tant lui fit-elle recommencer, qu'il n'en peut plus. Quand elle vit ce, comme celle qui pas n'en avoit son saoul, elle lui osa bien dire : « Mon ami, vous m'avez maintes fois priée de ce dont je vous requiers aujourd'hui; vous avez fait ce qu'en vous est, je le sais bien; toutefois je ne sais que j'ai, ne qu'il me faut, mais je connois que je ne puis vivre, se quelqu'un ne me fait compagnie en la façon que m'avez fait; et pourtant, je vous prie que vueilliez aller vers un tel et l'amenez ici, si cher que vous avez la vie. — Il est bien vrai, ma mie, je le sais bien, qu'il fera ce que vous voudrez. » Ce gentilhomme fut bien ébahi de cette requête; toutefois, pource qu'il avoit tant labouré que plus ne pouvoit, il fut content d'aller quérir son compagnon et l'amena devers elle, qui tantôt le mit en besogne, et le lassa ainsi que l'autre. Quand elle l'eut maté comme son compagnon, elle ne fut pas moins privée de lui dire son courage, mais lui pria, comme elle avoit fait l'autre, d'amener vers elle un autre gentilhomme; il le fit. Or sont-ils jà trois qu'elle a lassés et déconfits par la force d'armes. Mais vous devez savoir que le premier gentilhomme se sentit malade et féru de l'épidémie, tantôt qu'il eut mis son compagnon en son lieu, et

[1] Jamais.

s'en alla hâtivement vers le curé, et tout le mieux qu'il sut, se confessa, et puis mourut entre les bras du curé. Son compagnon, le deuxième venu, tantôt qu'au tiers il eut baillé sa place, il se sentit très-malade et demanda partout après celui qui étoit jà mort, et vint rencontrer le curé pleurant et demenant grand deuil, qui lui conta la mort de son bon compagnon. « Ah! monseigneur le curé, dit-il, je suis féru tout comme lui : confessez-moi! » Le curé, en grand'crainte, se dépêcha de le confesser. Et quand ce fut fait, ce gentilhomme malade, à deux heures près de sa fin, se vint à celle qui lui avoit baillé le coup de la mort, et à son compagnon aussi, et là trouva celui qu'il y avoit mené, et lui dit : « Maudite femme, vous m'avez baillé la mort, et aussi pareillement à mon compagnon! Vous êtes digne d'être brûlée et arse et mise en cendres. Toutefois, je vous le pardonne, priant Dieu qu'il le vous vueille pardonner. Vous avez l'épidémie et l'avez baillée à mon compagnon, qui en est mort entre les bras du prêtre, et je n'en ai pas moins. » Il se partit à tant et s'en alla mourir une heure après en sa maison. Le troisième gentilhomme, qui se véoit en l'épreuve où ses deux compagnons étoient morts, n'étoit pas des plus assurés. Toutefois, il print courage en soi-même et mit peur et crainte arrière, et s'assura, comme celui qui en beaucoup de périls et d'assauts s'étoit trouvé; et vint au père et à la mère de celle qui avoit déçu ses deux compagnons, et leur conta la maladie de leur fille, et qu'on y prînt garde. Cela fait, il se conduisit tellement qu'il échappa du grand péril où ses deux compagnons étoient morts. Or, devez-vous savoir que quand cette ouvrière de tuer gens fut ramenée en l'hôtel de son père, tandis qu'on lui faisoit un lit pour reposer et la faire suer, elle manda secrètement le fils d'un cordonnier son voisin et le fit venir en l'étable des chevaux de son père et le mit en œuvre comme les autres; mais il ne véquit pas quatre heures après. Elle fut couchée en un lit et la fit-on beaucoup suer, et tantôt lui vinrent quatre bosses[1], dont elle fut très-bien guarie; et tiens, qui en auroit affaire, qu'on la trouveroit aujourd'hui au rang de nos cousines[2] en Avignon, à Beaucaire ou

[1] Bubons de peste. — [2] Cette expression, employée ici, nous montre dans quel sens il faut entendre le surnom de la *Dame des belles cousines*, dans le roman

autre part, et dient les maîtres [1] qu'elle échappa de mort à cause d'avoir sentu [2] des biens de ce monde, qui est notable et véritable exemple à plusieurs jeunes filles de point refuser un bien quand il leur vient.

NOUVELLE LVI.

LA FEMME, LE CURÉ, LA SERVANTE, LE LOUP.

La cinquante-sixième nouvelle, racontée par monseigneur de Villiers, traite d'un gentilhomme qui attrapa en un piége qu'il fit, le curé, sa femme, et sa chambrière et un loup avec eux, et brûla tout là dedans, pource que le curé maintenoit [3] sa femme.

N'a guère qu'en un bourg de ce royaume, en la duché d'Auvergne, demouroit un gentilhomme; et, de son malheur, avoit une très-belle jeune femme, et de sa bonté devisera mon conte. Cette bonne damoiselle s'accointa d'un curé, qui étoit son voisin de demi-lieue, et furent tant voisins et tant privés l'un de l'autre que le bon curé tenoit le lieu du gentilhomme toutes les fois qu'il étoit dehors. Et avoit cette damoiselle une chambrière, qui étoit secrétaire [4] de leur fait, laquelle portoit souvent nouvelles au curé et l'avisoit du lieu et de l'heure pour comparoir sûrement devers sa maîtresse. La chose ne fut pas, en la parfin, si bien celée que métier eût été à la compagnie; car un gentilhomme, parent de celui à qui ce déshonneur se faisoit, fut averti du cas, et en avertit celui à qui plus il touchoit, en la meilleure façon et manière qu'il sût et pût. Pensez que ce bon gentilhomme, quand il entendit que sa femme s'aidoit, en son absence, de ce curé, qu'il n'en fut pas content, et se n'eût été son cousin, il en eût pris vengeance criminelle et de main-mise [5], sitôt qu'il en fut averti. Toutefois, il fut content de différer sa voulenté jusqu'à tant qu'il eût prins au fait l'un et l'autre. Si conclurent lui et son cousin d'aller en pèlerinage à quatre ou six lieues de son hôtel, et d'y mener ce curé, pour soi mieux donner garde des manières qu'ils tiendroient l'un vers l'autre. Au retourner qu'ils firent de ce voyage, où monseigneur le curé servit d'amours de ce qu'il put, c'est à savoir d'œillades et d'autres telles menues entretenances [6], le mari se fit mander quérir par un messager affaité [1] pour aller vers un seigneur du pays; il fit semblant d'en être mal content et de soi partir à regret; néanmoins, puisque le bon seigneur le mande, il n'oseroit désobéir. Si part et s'en va, et son cousin l'autre gentilhomme dit qu'il lui fera compagnie, car c'est assez son chemin pour retourner en son hôtel. Monseigneur le curé et madamoiselle ne furent jamais plus joyeux que d'ouïr cette nouvelle; si prindrent conseil et conclusion ensemble, que le curé se partira de léans et prendra son congé, afin que nul de léans n'ait suspicion sur lui, et environ la minuit, il retournera et entrera vers sa dame par le lieu accoutumé. Et ne demoura guère, puis cette conclusion prinse, que notre curé se prit lit de léans, et dit adieu. Or devez-vous savoir que le mari et le gentilhomme étoient en embûche, en un lieu détroit [2] par où notre bon curé devoit passer; et ne pouvoit aller ne venir par autre lieu, sans soi trop détourner de son droit chemin. Ils virent passer notre curé, et leur jugeoit le cœur qu'il retourneroit, la nuit, d'ond il étoit parti; et aussi c'étoit son intention. Ils le laissèrent passer sans arrêter ne dire mot, et s'advisèrent de faire en ce détroit un très-beau piége, à l'aide d'aucuns paysans qui les servirent à ce besoin. Ce piége fut en bref bel et bien fait, et ne demoura guère que loup passant pays ne s'attrapât léans. Tantôt après, veci maître curé, qui vient, la robe courte vêtue, et portant le bel épieu [3] à son col. Et quand vint à l'endroit du piége, il tomba là dedans avec le loup: dont il fut bien ébahi; et le loup, qui avoit fait l'essai, n'avoit pas moins de peur du curé que le curé avoit de lui. Quand nos deux gentilshommes virent que maître curé étoit avec le loup logé, ils eurent joie merveilleuse, et dit bien celui à qui le fait plus touchoit, que jamais ne partira en vie et que l'occira léans. L'autre le blâme de cette voulenté, et ne se veut accorder qu'il meure, mais trop bien est-il content qu'on lui tranche ses génitoires. Le mari toutefois le veut avoir mort, et en cet estrif [4] demourèrent longuement, attendant le jour et qu'il fît clair. Tandis que cet estrif se faisoit, madamoiselle, qui attendoit son curé, ne savoit que penser

---

du *Petit Jehan de Saintré*, par Antoine de la Sale; *cousine* était quelquefois synonyme de *femme*, *damoiselle*, etc.

[1] Médecins. Peut-être doit-on lire: *mires*.
[2] Pour senti. — [3] Possédait, était l'amant de.
[4] Confidente. — [5] Voies de fait. — [6] Intelligences.

[1] Endoctriné, dressé. — [2] Passage étroit.
[3] Espèce de petite hallebarde, à courte hampe, que les chasseurs suspendaient à leur cou en partant pour la chasse du sanglier. — [4] Embarras, alternative.

quoi il tardoit tant ; si se pensa d'y envoyer sa chambrière, afin de le faire avancer. La chambrière, tirant son chemin vers l'hôtel du curé, trouva le piége et tomba dedans avec le loup et le curé. « Ha ! dit le curé, je suis perdu ; mon fait est découvert ; quelqu'un nous a pourchassé ce passage [1]. » Le mari et le gentilhomme son cousin, qui tout entendoient et véoient, étoient tant aises qu'on ne pourroit plus, et se pensèrent, comme se le Saint-Esprit leur eût révélé, que la maîtresse pourroit bien suir [2] la chambrière, à ce qu'ils entendirent d'elle, que sa maîtresse l'envoyoit devers le curé pour savoir qui le tardoit tant de venir outre l'heure prinse entre eux deux. La maîtresse, voyant que le curé et la chambrière ne retournoient point, et de peur que la chambrière et le curé ne fissent quelque chose à son préjudice, et qu'ils se pourroient rencontrer au petit bois qui étoit à l'endroit où le piége étoit, si conclut qu'elle ira voir s'elle en aura nulles nouvelles ; et tira pays vers l'hôtel du curé, et elle venue à l'endroit du piége, tomba dedans la fosse avec les autres. Il ne faut jà demander, quand cette compagnie se vit ensemble, qui fut le plus ébahi, et se chaîn faisoit sa puissance de soi tirer de la fosse ; mais c'est pour néant. Chacun d'eux se répute mort et déshonoré ; et les deux ouvriers, c'est à savoir le mari de la damoiselle et le gentilhomme son cousin, vinrent au-dessus de la fosse saluer la compagnie, en leur disant qu'ils fissent bonne chère et qu'ils apprêtent leur déjeuner. Le mari, qui mouroit et enrageoit de faire un coup de sa main, trouva façon, par un subtil moyen, d'envoyer son couvoir que faisoient leurs chevaux qui étoient en hôtel assez près, et tandis qu'il se trouva encombré [3] de lui, il fit tant, à quelque méchef ce fut, qu'il eut de l'estrain [4] largement, avala [5] dedans la fosse et y bouta le feu, et dedans, brûla la compagnie, c'est à savoir sa femme, le curé, la chambrière et le loup. Après ce, il se partit du pays et manda vers le roi quérir sa rémission, laquelle il obtint de léger [6] ; et disoient aucuns que le roi dut dire qu'il n'avoit dommage que du pauvre loup, qui fut brûlé, qui ne pouvoit mais du méfait des autres.

[1] Préparé, tendu ce piége. — [2] Suivre. — [3] Débarrassé. — [4] C'est ainsi que ce mot, qui signifie *paille*, s'écrit dans les anciennes éditions ; les modernes mettent *l'effrain*. — [5] Descendit. — [6] Facilement.

NOUVELLE LVII.

LE FRÈRE TRAITABLE.

La cinquante-septième nouvelle, par monseigneur de Villiers, traite d'une damoiselle qui épousa un berger, de la manière du traité du mariage, et des paroles qu'en disoit un gentilhomme, frère de ladite damoiselle.

Tandis que l'on me prête audience et qu'âme ne s'avance, quant à présent, de parfournir cette glorieuse et édifiante œuvre de Cent Nouvelles, je vous conterai un cas qui, puis naguères, est advenu au Dauphiné, pour être mis au cent et au nombre desdites Cent Nouvelles. Il est vrai qu'un gentilhomme dudit Dauphiné avoit en son hôtel une sienne sœur environ de l'âge de dix-huit à vingt ans, et faisoit compagnie à sa femme, qui beaucoup l'aimoit et tenoit chère, et comme deux sœurs se doivent contenir et maintenir ensemble, elles se conduisoient. Advint que ce gentilhomme fut semons [1] d'un sien voisin, lequel demouroit à deux petites lieues de lui, de le venir voir, lui et sa femme et sa sœur. Ils y allèrent, et Dieu sait la chère qu'ils firent. Et comme la femme de celui qui festoyoit la compagnie, menoit à l'ébat [2] la sœur et la femme de notre gentilhomme, après souper, devisant de plusieurs choses, elles se vinrent rendre à la maisonnette d'un berger de léans, qui étoit auprès d'un large et grand parc à mettre les brebis ; et trouvèrent là le maître berger qui besognoit entour de ce parc, et comme femmes savent enquérir de maintes et diverses choses, lui demandèrent s'il n'avoit point froid léans. Il dit que non et qu'il étoit plus aise que ceux qui ont leurs belles chambres verrées, nattées [3] et pavées, et tant vinrent d'une parole à autre par mots couverts, que leurs devises vinrent toucher du train de derrière. Et le bon berger, qui n'étoit ne fol ne éperdu, leur dit que, par la morbieu, il oseroit bien entreprendre de faire la besongne huit ou neuf fois par nuit. Et la sœur de notre gentilhomme, qui ouït ce propos, jetoit l'œil souvent sur ce berger, et, de fait, jamais ne cessa, tant qu'elle vit son coup de lui dire qu'il ne laissât pour rien qu'il ne la vînt voir à l'hôtel de son frère et qu'elle lui feroit bonne chère. Le berger,

[1] Prié, invité. — [2] C'est-à-dire, à la promenade.
[3] On se servoit de nattes de paille en guise de tapis. Les *verrières* aux fenêtres n'étaient pas encore communes dans les maisons des pauvres gens.

qui la vit belle fille, ne fut pas moyennement joyeux de ces nouvelles et promit de la venir voir; et bref, il fit ce qu'il avoit promis, et à l'heure prinse entre sa dame et lui, se vint rendre à l'endroit d'une fenêtre haute et dangereuse à monter. Toutefois, à l'aide d'une corde qu'elle lui devala [1], et d'une vigne qui là estoit, il fit tant, qu'il fut en la chambre, et ne faut pas dire s'il y fut voulentiers vu. Il montra, de fait, ce dont il s'étoit vanté de bouche, car avant que le jour vînt, il fit tant que le cerf eut huit cornes accomplies, laquelle chose sa dame print bien en gré. Mais vous devez bien savoir et entendre que le berger, avant qu'il pût parvenir à sa dame, lui falloit cheminer deux lieues de terre et puis passoit à nager la grosse rivière du Rhône, qui battoit à l'hôtel où sa dame demouroit, et quand le jour venoit, lui falloit arrière repasser le Rhône. Et ainsi s'en retourna à sa bergerie et continua cette manière et cette façon de faire, une grande espace de temps, sans qu'il fût découvert. Pendant ce temps, plusieurs gentilshommes du pays demandoient cette damoiselle, qui étoit devenue bergère, en mariage; mais nul ne venoit à son gré, dont son frère n'étoit pas trop content, et lui dit plusieurs fois, mais elle étoit toujours garnie d'excusations et de réponses largement, dont elle avertissoit son ami le berger, auquel un soir elle promit que, s'il vouloit, elle n'auroit jamais d'autre mari que lui; et il dit qu'il ne demandoit autre bien : « Mais la chose ne se pourroit, dit-il, conduire, pour votre frère et autres vos amis. — Ne vous chaille [2], dit-elle; laissez m'en faire, j'en chevirai [3] bien. » Ainsi promirent l'un à l'autre. Néanmoins toutefois, il vint un gentilhomme qui fit arrière requérir notre damoiselle bergère et la vouloit avoir, seulement vêtue et habillée comme à son état appartenoit, sans autre chose; à laquelle le frère d'elle eut voulentiers entendu et besogné, et cuida mener sa sœur à ce qu'elle y consentît, lui remontrant ce qu'on sait faire en tel cas, mais il n'en put venir à chef, dont il fut mal content. Quand elle vit son frère indigné sur elle, le tire d'une part et lui dit : « Mon frère, vous m'avez beaucoup parlé de moi marier à tels et à tels, et je ne m'y suis voulu consentir; dont je vous requiers que vous ne me sachiez nul mal-gré [1], et me vueillez pardonner le maultalent qu'avez sur moi. Je vous dirai autrement la raison qui à ce me meut et contraint en ce cas, mais que me vueillez assurer que ne me fere ne voudrez pis. » Son frère lui promit voulentiers. Quand elle se vit assurée, elle lui dit qu'elle étoit mariée, autant vaut; jour de sa vie, autre homme n'auroit à mari que celui qu'elle lui montrera anuit, s'il veut. « Je le vueil bien voir, dit-il, mais qui est? — Vous le verrez par temps, » dit-elle. Quand vint l'heure accoutumée, veci bon berger qui se vint rendre en la chambre de sa dame, Dieu sait comment mouillé d'avoir passé la rivière; et le frère d'elle le regarde et véoit que c'est le berger de son voisin; si ne fut pas peu ébahi, et le berger encore plus, qui s'en cuida fuir quand il le vit. « Demeure! dit-il, tu n'as garde. Est ce, dit-il à sa sœur, celui-là dont vous m'avez parlé? — Oui, vraiment, mon frère, dit-elle. — Or, lui faites, dit-il, bon feu pour soi sécher, car il en a bon métier; et en pensez comme de vôtre [3]. Et vraiment vous n'avez pas tort, si vous lui voulez du bien, car il se met en grand danger pour l'amour de vous; et puisque vos besognes sont en tels termes et que votre courage est à cela que d'en faire votre mari, à moi ne tiendra-t-il pas, et maudit soit-il qui s'en dépêchera. — Amen, dit-elle : à demain qui voudra. — Et je le vueil, dit-il. Et vous, berger, dit-il, qu'en dites-vous? — Tout ce qu'il veut. — Il n'y a remède, dit-il, vous êtes soyez mon frère; aussi suis-je pièçà de la bollette; si dois-je bien avoir un berger à frère. Pour abréger le conte du berger, le gentilhomme consentit le mariage de sa sœur et berger, et fut fait, et les tint tous deux en son hôtel, combien qu'on en parlât assez par le pays; et quand il étoit en lieu qu'on lui disoit que c'étoit merveilles qu'il n'avoit fait battre ou tuer le berger, il répondoit que jamais il ne pourroit vouloir mal à rien que sa sœur aimât, et que trop mieux vouloit avoir le berger beau-frère au gré de sa sœur, qu'un autre bien grand maître au déplaisir d'elle; et ne le ce disoit par farce et ébattement, car il étoit est toujours très-gracieux et nouveau et bien plaisant gentilhomme, et le faisoit bon ouïr deviser de sa sœur, voire entre ses amis et privés compagnons.

---

[1] Descendit, jeta. — [2] Ne vous inquiétez pas. — [3] Viendrai à bout.

[1] Mauvais gré. — [2] Ressentiment. — [3] Ce qui équivaut sans doute à : Vous le regardez comme votre mari.

NOUVELLE LVIII.

FIER CONTRE FIER.

La cinquante-huitième nouvelle, par Monseigneur le duc, traite de deux compagnons qui cuidoient trouver leurs dames plus courtoises vers eux, et jouèrent tant du bas métier, que plus n'en pouvoient, et puis dirent, pource qu'elles ne pouvoient tenir compte d'eux, qu'elles avoient comme eux joué du cimier[1], comme vous oirez.

Je connus, au temps de ma verde et plus vertueuse jeunesse, deux petits gentilshommes, beaux compagnons, bien assouvis et adressés de tout ce qu'on doit louer en gentilhomme vertueux. Ces deux étoient tant amis, alliés et donnés l'un à l'autre, que d'habillemens, tant pour leur corps que leurs gens et chevaux, toujours étoient pareils. Advint qu'ils devinrent amoureux de deux belles jeunes filles gentes et gracieuses, et le moins mal qu'ils surent, firent tant qu'elles furent averties de leurs nouvelles entreprinses, du bien du service, de cent mille choses que pour elles faire voudroient. Ils furent écoutés, mais autre chose ne s'en ensuivit; j'espoire, pource qu'elles étoient de serviteurs pourvues ou que d'amours nullement n'avoient cure; mais, à la vérité dire, ils étoient beaux compagnons tous deux et valoient bien d'être retenus serviteurs d'aussi femmes de bien qu'elles étoient. Quoi qu'il fût, toutefois il ne surent oncques tant faire qu'ils fussent en grâce; dont ils passèrent maintes nuits, Dieu sait à quelle peine, maudissant puis Fortune, maintenant Amour et très-souvent leurs dames, qu'ils trouvoient tant rigoureuses. Eux étant en cette rage et démesurée langueur, l'un dit à son compagnon : « Nous voyons à l'œil que nos dames ne tiennent compte de nous, toutefois nous enrageons après; et tant plus nous montrent de fierté et de rigueur, tant plus les désirons complaire et servir et obéir, laquelle chose est une haute folie. Je vous requiers et prie que nous ne tenons compte d'elles en plus qu'elles font de nous, et vous verrez, si elles peuvent connoître que nous soyons à cela, qu'elles enrageront après nous, comme nous faisons maintenant après elles. — Hélas! dit l'autre, c'est bon conseil, qui en pourroit venir à chef. — J'ai trouvé la manière, dit le premier : j'ai toujours ouï dire, et Ovide le met en son livre du *Remède d'amours*, que beaucoup souvent faire la chose que savez, fait oublier et peut tenir compte de celle qu'on aime, et dont on est fort feru. Si vous dirai que nous ferons ainsi venir à notre logis deux jeunes filles de nos cousines, et couchons avecques elles, et leur faisons tant la folie que nous ne puissions les reins traîner; et puis venons devant nos dames : au diable l'homme qui en tiendra compte! » L'autre s'y accorda, et comme il fut proposé et délibéré, il fut fait et accompli, car ils eurent chacun une belle fille. Après ce, ils s'en vinrent trouver devant leurs dames en une fête où elles étoient, et faisoient bons compagnons la roë[1] et du fier, et se pourmenoient pardevant elles, et devisoient d'un côté et d'autre, et faisoient cent mille manières pour dire : « Nous ne tenons compte de vous; » cuidans, comme ils avoient proposé, que leurs dames en dussent être mal contentes, et qu'elles les dussent rappeler maintenant ou autre fois; mais autrement en alla; car, s'ils montroient semblant de tenir peu compte d'elles, elles montroient tout apertement de rien y encompter[2]; dont ils s'aperçurent très-bien, et ne s'en savoient assez ébahir. Si dit l'un à son compagnon : « Sais-tu comment il est? Par la morbieu! nos dames ont fait la folie comme nous. Et ne vois-tu comment elles sont fières? elles tiennent toutes telles manières que nous faisons. Si ne me crois jamais, s'elles n'ont fait comme nous : elles ont prins chacune un compagnon et ont fait jusqu'à outrance la folie. Au diable les crapaudailles! laissons-les là. — Par ma foi! dit l'autre, je le crois comme vous; je n'ai pas aprins de les voir telles. » Ainsi pensèrent les compagnons que leurs dames eussent fait comme eux, pource qu'il leur sembla à l'heure, qu'elles n'en tenissent compte, ils ne tenoient compte d'elles; mais il n'en fut rien et est assez léger à croire.

NOUVELLE LIX.

LE MALADE AMOUREUX.

La cinquante-neuvième nouvelle, par Poncelet, traite d'un seigneur qui contrefit le malade pour coucher avec la chambrière, avec laquelle sa femme le trouva.

En la ville de Saint-Omer avoit naguères un gentil compagnon, sergent de roi, lequel étoit marié à une bonne et loyale femme, qui autrefois avoit été mariée, et lui étoit demouré un fils

---

[1] On appelle *cimier*, en terme de chasse, une partie du dos et des reins de la bête; en terme de boucherie, c'est le haut des cuisses. Ce mot est pris ici dans un sens obscène.

[1] On dit encore : faire la roue, comme un paon; se pavaner. — [2] Tenir compte, prendre garde.

qu'elle avoit adressé en mariage [1]. Ce bon compagnon, jaçoit ce qu'il eut bonne et prudente femme, néanmoins il s'employoit [2] très-bien de jour et de nuit à servir Amour partout où il pouvoit, et tant qu'à lui étoit possible ; et pource qu'en temps d'hiver sourdent plusieurs fois les inconvéniens, plus de léger qu'en autre temps, à poursuir la quête, il s'avisa et délibéra qu'il ne partiroit point de son hôtel pour servir Amour ; car il avoit une très-belle, gente et jeune fille, chambrière de sa femme, avecques laquelle il trouveroit manière d'être son serviteur. Pour abréger, tant fit par dons et par promesses, qu'il eut octroi de faire tout ce que lui plairoit, jaçoit qu'à grand'peine, pource que sa femme étoit toujours sus eux, qui connoissoit la condition de son mari. Ce nonobstant, Amour, qui veut toujours secourir ses vrais serviteurs, inspira tellement l'entendement du bon et loyal servant [3] qu'il trouva moyen d'accomplir son vœu. Car il feignit être très-fort malade de refroidement [4] et dit à sa femme : « Très-douce compagne, venez ; je suis si très-malade que plus je ne puis ; il me faut aller coucher, et vous prie que vous fassiez tous nos gens coucher, afin que nul ne fasse noise ne bruit, et puis, venez en notre chambre. » La bonne damoiselle, qui étoit très-déplaisante du mal de son mari, fit ce qu'il commanda et print beaux draps et les chauffa, et mit sus son mari après qu'il fut couché. Et quand il fut bien échauffé par longue espace, il dit : « Ma mie, il suffit, je suis assez bien, Dieu merci et la vôtre [5], qui en avez prins tant de peine. Si vous prie que vous enveniez coucher emprès moi. » Elle, qui désiroit la santé de son mari, fit ce qu'il commandoit et s'endormit le plus tôt qu'elle put. Et assez tôt après que notre bon mari aperçut qu'elle dormoit, se coula tout doucement jus [6] de son lit, et s'en alla combattre au lit de sa dame la chambrière, tout prêt pour son vœu accomplir, où il fut bien reçu et rencontré, et tant rompirent de lances, qu'ils furent si las et si récréans [7], qu'il convint qu'en beaux bras demeurassent endormis. Et comme aucunefois advient que quand on s'endort en aucun déplaisir ou mélancolie, au réveiller c'est ce que vient premier à la personne, et est aucunefois même cause du réveil, comme à la damoiselle advint ; et jaçoit ce que grand son eut de son mari, toutefois elle ne le garda pas bien, car elle trouva qu'il étoit de son lit parti, et au tâter qu'elle fit sus son oreiller et en sa place, trouva qu'il y avoit longtemps qu'il n'y avoit été. Adonc, comme toute désespérée, saillit jus, et en vêtant sa chemise et sa cotte simple, disoit à part elle : « Las! méchante, ores es-tu une femme perdue et gâtée et qui fait bien à reprocher, quand par ta négligence as laissé cet homme perdre ! Hélas ! pourquoi me suis-je anûit couchée pour ainsi m'abandonner au dormir ? Or, Vierge Marie, veuillez mon cœur réjouir, et que, par ma cause, il n'ait nul mal ; car je me tiendrois coupable de sa mort ! » Et après tous ces regrets et lamentations, elle se partit hâtivement, et alla quérir de la lumière ; et afin que sa chambrière lui tînt compagnie à quérir son mari, elle s'en alla en sa chambre pour la faire lever ; et là endroit trouva la douce paire en dormant bras à bras, et lui sembla bien qu'ils avoient cette nuit travaillé, car ils dormoient si fort, qu'ils ne s'éveillèrent point pour personne qui y entrât, ne pour lumière qu'on y portât ; et de fait, pour la joie qu'elle eut de ce que son mari n'étoit point si mal ne si dévoyé qu'elle espéroit, que son cœur lui avoit jugé, elle s'en alla quérir ses enfans et les varlets de l'hôtel, et les mena voir la belle compagnie, et leur enjoignit expressément qu'ils n'en fissent quelque semblant, et puis leur demanda en basset [2], qui c'étoit au lit de sa chambrière, qui là dormoit avec elle ? et ses enfans répondirent que c'étoit leur père, et les varlets dirent que c'étoit leur maître. Adonc elle les ramena dehors et les fit aller coucher, car il étoit trop matin pour eux lever, et aussi elle s'en alla en son lit ; mais depuis ne dormit guère, tant qu'il fut heure de lever. Toutefois, assez tôt après, la compagnie des vrais amans s'éveilla et se départirent l'un de l'autre amoureusement. Si s'en retourna notre maître à son lit emprès sa femme sans dire mot, et aussi ne fit-elle et feignit de dormir, dont il fut moult joyeux et lié [3], pensant qu'elle ne sut rien de sa bonne for-

---

[1] C'est-à-dire sans doute : *qu'elle avait marié, mis en ménage*. Les anciennes éditions portent *adroicié* ; les modernes, *adrecié*. — [2] Dans les anciennes éditions on lit : *s'emplioit* ; dans les modernes, *s'emploit*.

[3] Serviteur. — [4] Refroidissement. — [5] Grâce à vous. — [6] A bas. — [7] Rendus, fatigués.

[1] Ni si égaré qu'elle craignait. — [2] A voix basse. — [3] Gai.

tune; car il la craignoit et redoutoit à merveilles, tant pour sa paix que pour l'honneur et le bien de la fille; et, de fait, se reprint notre maître à dormir bien fort. Et la bonne et gente damoiselle, qui point ne dormoit, sitôt qu'il fut heure de découcher[1], se leva pour festoyer son mari, et lui donna aucune chose confortative, après la médecine laxative qu'il avoit prinse cette nuitée. Puis après, la bonne damoiselle fit lever ses gens et appela sa chambrière, et lui dit qu'elle print les deux plus gras chapons de la chaponnerie, et que les appointât[2] très-bien, et puis qu'elle allât à la boucherie quérir la meilleure pièce de bœuf qu'elle pourroit trouver, et si cuit tout à une bonne eau pour humer[3], ainsi qu'elle le sauroit bien faire; car elle étoit maîtresse et ouvrière de faire bon broüet; et la bonne fille, qui de tout son cœur désiroit complaire à la damoiselle et encore plus à son maître, à l'un par amour et à l'autre par crainte, dit que très-voulentiers le feroit. Cependant la damoiselle alla ouïr la messe, et au retour, passa par l'hôtel de son fils, dont ci-dessus a été parlé, et lui dit que venit dîner avec son mari, et si amenât avec lui trois ou quatre compagnons qu'elle lui nomma, et que son mari et elle les prioient qu'ils venissent dîner avec eux. Quand elle eut ce dit, elle se retourna à l'hôtel pour entendre à la cuisine, de peur que le humeau[4] ne fût épandu, comme, par malegarde, il avoit été la nuitée précédente; mais nenni; car notre bon mari s'en étoit allé à l'église ouïr la messe. Et tandis que le dîner s'apprêtoit, le fils à la damoiselle alla prier ceux qu'elle lui avoit nommés, qui étoient les plus grands farceurs de toute la ville de Saint-Omer. Or revint notre maître de la messe et fit une grande brassie[5] à sa femme, et lui donna le bonjour; et aussi fit-elle à lui, mais toutefois elle n'en pensoit pas moins, et lui commença à dire qu'elle étoit bien joyeuse de sa santé; dont il la remercia, et lui dit: « Vraiment, je suis assez en bon point, Dieu merci, ma mie, vu que j'étois hier, à la vêpre[6], si mal disposé; et me semble que j'ai très-bon appétit; si voudrois bien aller dîner, se vous voulez. » Lors elle lui dit: « J'en suis bien contente, mais il faut un peu attendre que le dîner soit prêt, et que tels et tels, qui sont priés de dîner avec nous, soient venus. — Priés? dit-il, et à quel propos? je n'en ai cure, et aimasse mieux qu'ils demourassent, car ils sont si grands farceurs, que, s'ils savent que j'ai été malade, ils ne me feront que farcer. Au moins, belle dame, je vous prie qu'on ne leur en die rien. Et encore autre chose y a: que mangeront-ils? » Et elle dit qu'il ne s'en souciât point et qu'ils auroient assez à manger, car elle avoit fait appointer et habiller les deux meilleurs chapons de léans, et une très-bonne pièce de bœuf, pour l'amour de lui; de laquelle chose il fut bien joyeux, et dit que c'étoit bien fait. Et tantôt après vinrent ceux que l'en avoit priés avec le fils de la damoiselle, et quand tout fut prêt, ils s'en allèrent seoir à table, et firent très-bonne chère, et par espécial l'hôte; et buvoient souvent, et d'autant l'un à l'autre, et lors l'hôte commença à dire à son beau-fils: « Jean, mon ami, je vueil que vous buviez à votre mère, et faites bonne chère. » Adonc le fils répondit que très-voulentiers le feroit; et ainsi qu'il eut bu à sa mère, la chambrière, qui servoit, survint à la table pour servir les assistans, ainsi qu'il appartenoit, comme bien et honnêtement elle savoit faire. Et quand la damoiselle la vit, elle l'appela et lui dit: « Venez çà, ma douce compagne, buvez à moi, et je vous plegerai[1]. — Compagne? dea, dit notre amoureux; et d'ond vient maintenant celle grand amour, que male paix y puît mettre Dieu? vcci grande nouvelleté. — Voire vraiment, c'est ma compagne certaine et loyale; en avez-vous si grand'merveille? — Ha! dea, dit l'hôte. Jeanne, gardez que vous dites? on pourroit jà penser quelque chose entre elle et moi. — Et pourquoi ne feroit-on? dit-elle; ne vous ai-je point anuit trouvé couché avec elle en son lit, et dormant bras à bras? — Couché? dit-il. — Voire vraiment, couché! dit-elle. — Et, par ma foi! beaux seigneurs, dit-il, n'en est rien, et ne le fait que pour me faire dépit, et aussi pour donner à la pauvre fille blâme, car je vous promets qu'oncques ne m'y trouvai. — Non, dea, dit-elle, vous l'orrez[2] tantôt, et le vous ferai, tout à cette heure, dire devant vous par tous ceux de céans. » Adonc appela ses enfans et les varlets, qui étoient devant la table, et leur demanda se

---

[1] Sortir du lit. — [2] Accommodât.
[3] C'est-à-dire, pour en faire du bouillon.
[4] Bouillon. — [5] Embrassade. — [6] Sur le soir.

[1] Ferai raison. — [2] On disait *oirez* ou *orrez*, du verbe *ouïr*.

ils avoient point vu leur père couché avec la chambrière, et ils dirent que oui. Adonc leur père répondit : « Vous mentez, mauvais garçons ! votre mère le vous fait dire. — Sauve votre grâce ! père, nous vous y vîmes couché, aussi firent nos varlets. — Qu'en dites-vous ? dit la damoiselle. — Vraiment ! il est vrai ! » dirent-ils. Et lors y eut grande risée de ceux qui là étoient, et le mari fut terriblement ébahi, car la damoiselle leur conta comment il s'étoit fait malade et toute la manière de faire, ainsi qu'elle avoit été, et comment pour les festoyer elle avoit fait appareiller le dîner et prier ses amis ; lesquels de plus en plus renforçoient la chose, dont il étoit si honteux qu'à peine savoit-il tenir manière[1], et ne se sut autrement sauver que de dire : « Or avant ! puisque chacun est contre moi, il faut bien que je me taise, et que j'accorde tout ce qu'on veut ; car je ne puis tout seul contre vous tous. » Après commanda que la table fût ôtée, et incontinent Grâces rendues, appela son beau-fils et lui dit : « Jean, mon ami, je vous prie que, se les autres m'accusent de ceci, que m'excusez en gardant mon honneur, et allez savoir à cette pauvre fille qu'on lui doit, et la payez si largement qu'elle n'ait cause de soi plaindre ; puis la faites partir, car je sais bien que votre mère ne la souffriroit plus céans. » Le beau-fils alla incontinent faire ce qui lui étoit commandé, et puis retourna aux compagnons qu'il avoit amenés ; lesquels il trouva parlant à sa mère, et la remercioient moult grandement de ses biens et de la bonne chère qu'elle leur avoit faite ; puis prindrent congé et s'en allèrent.

NOUVELLE LX.
LES NOUVEAUX FRÈRES MINEURS.

La soixantième nouvelle, racontée par Poncelet, traite de trois damoiselles de Malines, qui accointées s'étoient de trois cordeliers qui leur firent faire couronnes[2] et vêtir l'habit de religion, afin qu'elles ne fussent aperçues, et comme il fut su.

Advint naguère qu'en la ville de Troyes avoit trois damoiselles, lesquelles estoient femmes à trois bourgeois de la ville, riches et puissants et bien aises[3] ; lesquelles furent amoureuses de trois frères mineurs ; et pour plus sûrement leur fait couvrir, sous ombre de dévotion, chacun jour se levoient une heure ou deux devant le jour ; et quand il leur sembloit heure d'aller vers leurs amoureux, elles disoient à leurs maris, qu'elles alloient à matines, à la première messe. Et pour le grand plaisir qu'elles y prenoient, et les religieux aussi, souvent advenoit que le jour les surprenoit largement ; si qu'elles ne savoient comment saillir de l'hôtel, que les autres religieux ne s'en aperçussent. Pourquoi, doutant les grands périls et inconvéniens qui en pouvoient sourdre, fut prinse conclusion par eux, toutes ensemble, que chacune d'elles auroit habit de religieux et feroient faire grande couronne sur leur tête, comme s'elles étoient du couvent de léans, jusques finalement un autre certain jour[1] qu'elles y retourneroient après. Tandis que leurs maris guère n'y pensoient, elles venues ès chambres de leurs amis, un barbier secret fut mandé, c'est à savoir des frères de léans, qui fit aux damoiselles chacune la couronne sur la tête, et quand vint au départir, elles vêtirent leurs habits qu'on leur avoit appareillés[2], et en cet état, s'en retournèrent devers leur hôtel et s'en allèrent dévêtir et mettre jus[3] leurs habits de dévotion chez une certaine matrone affaitée[4], et puis retournèrent emprès leurs maris ; et en ce point, continuèrent grand temps, sans que personne s'en aperçût. Et pource que dommage eût été que telle dévotion et travail n'eût été connu, fortune voulut que, à certain jour que l'une de ces bourgeoises s'étoit mise au chemin pour aller au lieu accoutumé, l'embûche fut découverte ; et, de fait, fut prinse à-tout l'habit dissimulé, par son mari, qui l'avoit poursuivie ; si lui dit : « Beau frère, vous soyez le très-bien trouvé ! je vous prie que retournez à l'hôtel, car j'ai à parler à vous de conseil. » Et en cet état la ramena, dont elle ne fit jà fête. Or advint que, quand ils furent à l'hôtel, le mari commença à dire en manière de farce : « Dites-vous, par votre foi, que la vraie dévotion, dont, ce temps d'hiver, avez été éprinse, vous fait endosser l'habit de saint François, et porter couronne semblable aux bons frères ? Dites-moi, je vous requiers, qui a été votre recteur, ou, par saint François ! vous l'amenderez[5] ! » Et fit semblant de tirer sa dague. Adoncques la pauvrette se jeta à genoux et s'écria à haute voix : « Ha ! mon mari, je vous crie merci ; ayez pitié de moi, car j'ai été séduite par mauvaise compagnie ; je sais bien

---

[1] Contenance. — [2] Tonsures.
[3] Peut-être faut-il lire *aisés*.

[1] C'est-à-dire, dans l'intervalle de temps qui s'écoulerait jusqu'au jour... — [2] Préparés. — [3] Mettre bas, déposer. — [4] Bien apprise, habile. — [5] Vous le paierez.

que je suis morte, si vous voulez, et que je n'ai pas fait comme je dusse, mais je ne suis pas seule déçue en telle manière, et si vous me voulez promettre que ne me ferez rien, je vous dirai tout. » Adonc son mari s'y accorda ; lors, elle lui dit comment plusieurs fois elle avoit été audit monastère avec deux de ses compagnes, desquelles deux des religieux s'étoient enamourés. « Et en les accompagnant aucunefois à faire colation en leurs chambres, le tiers fut épris d'amours de moi, en me faisant tant de humbles et douces requêtes, que nullement ne m'en suis pu excuser, et mêmement par l'instigation et enhort [1] de mesdites compagnes, je l'ai fait, disant que nous aurions bon temps ensemble, et si n'en sauroit-on rien. » Lors demanda le mari, qui étoient ses compagnes, et elle les lui nomma. Adoncques sut-il qui étoient leurs maris (et dit le conte, qu'ils buvoient souvent ensemble); puis demanda qui étoit leur barbier, et les noms de trois religieux. Le bon mari, considérant toutes ces choses avec les douloureuses admirations [2] et piteux regrets de sa femmelette, dit : « Or, garde bien que tu ne dies à personne que je sache parler de cette matière, et je te promets que je ne te ferai jà mal. » La bonne damoiselle lui promit que tout à son plaisir elle feroit. Adonc incontinent part, et alla prier au dîner les deux maris et les deux damoiselles, les trois cordeliers et le barbier : et promirent de venir ; lesquels, venus le lendemain et eux assis à table, firent bonne chère sans penser à leur malaventure ; et après que la table fut ôtée, pour conclure de l'écot, firent plusieurs manières de faire mises avant joyeusement sus quoi l'écot seroit prins et soutenu, ce toutefois qu'ils ne surent trouver ne être d'accord, tant que l'hôte dit : « Puisque nous ne savons trouver moyen de gagner notre écot par ce qui est mis en termes, je vous dirai que nous ferons : il faut que nous le fassions payer à ceux de la compagnie qui la plus grand'couronne portent, réservé ces bons religieux, car ils ne paieront rien quant à présent. » A quoi ils s'accordèrent tous et furent contents qu'ainsi en fût, et le barbier en fut fait le juge. Et quand tous ces hommes eurent montré leurs couronnes, l'hôte dit qu'il falloit voir se les femmes en avoient nulles. Si ne faut pas demander s'il en y eut en la compagnie qui eurent leurs cœurs étreints ! Et sans plus attendre, l'hôte prit sa femme par la tête et la découvrit. Et quand il vit cette couronne, il fit une grande admiration, feignant que rien n'en sût, et dit-il : « Faut voir les autres, s'elles sont couronnées aussi. » Adonc leurs maris les firent défubler, et pareillement furent trouvées comme la première ; de laquelle chose ils ne firent pas trop grand'fête, nonobstant qu'ils en fissent grandes risées, et tous, en manière de joyeuseté, dirent que vraiment l'écot était gagné, et que leurs femmes les devoient. Mais il falloit savoir à quel propos ces couronnes avoient été enchargées [1], et l'hôte, qui étoit assez joyeux, leur conta tout le démené de la chose, sous telle protestation qu'ils le pardonneroient à leurs femmes pour cette fois, parmi la pénitence que les bons religieux porteroient en leur présence : laquelle chose les deux maris accordèrent. Et incontinent, l'hôte fit saillir quatre ou six roides bons galans hors d'une chambre, tous avertis de leur fait, et prinrent bons moines, et leur donnèrent tant de biens de léans qu'ils en purent entasser sur leurs dos, puis les boutèrent hors, et eurent leurs maris plusieurs devises [2] qui seroient longues à raconter.

NOUVELLE LXI.

LE COCU DUPÉ.

La soixante et unième nouvelle, racontée par Poncelet, traite d'un marchand qui enferma en sa huche l'amoureux de sa femme, et elle y mit un âne secrètement, dont le mari eut depuis bien à souffrir et se trouva confus.

Advint un jour que, en une bonne ville de Hainaut, avoit un bon marchand, marié à une vaillante femme, lequel très-souvent alloit en marchandise ; qui étoit par aventure occasion à sa femme d'aimer autre que lui ; en laquelle chose continua et persévéra moult longuement. Néanmoins, en la parfin, l'embûche fut découverte par un sien voisin, qui parent étoit audit marchand, et demouroit à l'opposite de l'hôtel dudit marchand ; et de sa maison il vit et aperçut souventefois un gentil galant heurter et entrer de nuit, et saillir hors de l'hôtel dudit marchand. Laquelle chose venue à la connoissance de celui à qui le dommage se faisoit par l'avertissement du voisin, fut moult déplaisant, en remerciant son parent et voi-

[1] Exhortation. — [2] Exclamations.

[1] Prises, portées. — [2] Paroles. On disait indifféremment *devis* et *devises*.

sin, et dit brièvement qu'il y pourvoiroit et qu'il se bouteroit du soir en sa maison, afin qu'il vît mieux qui iroit et viendroit en son hôtel; et semblablement feignit d'aller dehors et dit à sa femme et à ses gens qu'il ne savoit quand il retourneroit. Et lui parti au plus matin, ne demoura que jusqu'à la vêprée [1], qu'il bouta son cheval quelque part et vint couvertement chez son cousin, et là regarda par une petite treille, attendant s'il verroit ce que guère ne lui plairoit, et tant attendit que, environ neuf heures en la nuit, le galant, à qui la damoiselle avoit fait savoir que son mari étoit allé dehors, passa un tour ou deux par devant l'hôtel de la belle et regarda à l'huis pour voir s'il y pourroit entrer, mais encore le trouva-t-il fermé. Si pensa bien qu'il n'étoit pas heure pour les doutes [2], et ainsi qu'il varioit là entour [3], ce bon marchand, qui pensa bien que c'étoit son homme, descendit et vint à lui et lui dit : « Mon ami, notre damoiselle vous a bien aperçu, et pource qu'il est encore temps assez et qu'elle a doute que notre maître ne retourne, elle m'a requis et prié que je vous mette dedans, s'il vous plaît. » Le compagnon, cuidant que ce fut le varlet, s'aventura d'entrer léans avec lui; et tout doucement l'huis fut ouvert, et le mena tout derrière en une chambre, en laquelle avoit une moult grande huche [4], laquelle il déferma et fit entrer dedans, afin que, se le marchant revenoit, qu'il ne le trouvât pas, et que sa maîtresse reviendroit assez tôt mettre dehors et parler à lui; et tout ce souffrit le gentil galant pour le mieux, et aussi pource qu'il pensoit que l'autre dît vérité. Et incontinent se partit le marchand le plus célément qu'il put, et s'en alla à son cousin et à sa femme, et leur dit : « Je vous promets que le rat est prins, mais il nous faut aviser qu'il en est de faire. » Et lors son cousin, et par espécial la femme qui n'aimoit point l'autre, furent bien joyeux de l'advenue [5], et dirent qu'il seroit bon que l'on le montrât aux parents et amis de la femme, afin qu'ils vissent son gouvernement. Et à cette conclusion prinse, le marchand alla à l'hôtel du père et de la mère de sa femme, et leur dit qu'ils s'en vinssent moult hâtivement à son logis. Tantôt saillirent sus, et tandis qu'ils s'appointoient et appareilloient pour leur en aller chez leur fille, il alla pareillement quérir deux des frères et deux des sœurs d'elle, et leur dit comme il avoit fait au père et à la mère; et puis quand il les eut tous assemblés, il les mena en la maison de son cousin et il leur conta tout au long la chose ainsi qu'elle étoit, et leur conta pareillement la prinse du rat. Or convient-il savoir comment ce gentil galant, pendant ce temps, se gouverna en celle huche, de laquelle il fut gaillardement délivré, attendu l'aventure; car la gente damoiselle, qui se donnoit garde souvent se son ami viendroit point, alloit devant et derrière pour voir s'elle en auroit point quelque nouvelle, et ne tarda mie grand'pièce, que le gentil compagnon, qui oyoit bien que l'on passoit assez près du lieu où il étoit, et si le laissoit-on là, il print à heurter du poing à cette huche, tant que la dame l'ouït, qui en fut moult épantée. Et néanmoins elle demanda qui c'étoit, et le compagnon répondit : « Hélas! très-douce amie, ce suis-je, que me meurs de chaud et de doute de ce que m'y avez fait bouter, et si n'y allez ne venez! » Qui fut alors bien émerveillée, ce fut elle : « Ah! Vierge Marie! et pensez-vous, mon ami, que je vous y ai fait mettre? — Par ma foi! dit-il, je ne sais; au moins est venu votre varlet à moi, et m'a dit que lui aviez requis qu'il me mît en l'hôtel, et que j'entrasse en cette huche, afin que votre mari ne m'y trouvât, se d'aventure il retournoit pour cette nuit. — Ha! dit-elle, sur ma vie! que ç'a été mon mari! A ce coup, suis-je une femme perdue, et est tout notre fait découvert. — Savez-donc, dit-il, comment il va? il convient que me mettez dehors ou je romprai tout, car je ne puis plus durer. — Par ma foi! dit la damoiselle, je n'en ai point la clef, et se vous le rompez, je serai défaite, et dira mon mari que je l'aurai fait pour vous sauver. » Finalement, la damoiselle chercha tant, qu'elle trouva de vieilles clefs entre lesquelles il y en eut une qui délivra le pauvre prisonnier. Et quand il fut hors, il troussa sa dame et lui montra le courroux qu'il avoit sus elle, laquelle le print patiemment; et à tant s'en voulut partir le gentil amoureux; mais la damoiselle le print et accola, et lui dit que se s'en alloit ainsi, elle étoit aussi bien déshonorée que s'il eût rompu la huche. « Et qu'est-il donc de faire? dit le galant. — Si nous ne mettons,

---

[1] Soirée. — [2] A cause des craintes. — [3] Allait et venait aux environs. — [4] Grand coffre, armoire, bahut. — [5] Aventure.

dit-elle, quelque chose dedans et que mon mari le treuve, je ne me pourrois excuser que je ne vous aie mis dehors. — Et quelle chose y mettrons-nous, dit le galant, afin que je me parte, car il est heure? — Nous avons, dit-elle, en cette étable un âne que nous y mettrons, si vous me voulez aider. — Oui, par ma foi! » dit-il. Adonc fut cet âne jeté dedans la huche, et puis la refermèrent. Lors le galant print congé d'un doux baiser et se partit, en ce point, par une issue de derrière, et la damoiselle s'en alla prestement coucher. Et après ne demoura pas longuement que le mari, qui, tandis que ces choses se faisoient, assembla ses gens et les amena chez son cousin, comme dit est, où il leur conta tout entièrement l'état de ce qu'on lui avoit dit, et aussi comment il avoit prins le galant à ses barres [1]: « Et adonc, à celle fin, dit-il, que vous ne disiez point que je vueil à votre fille imposer blâme sans cause, je vous montrerai à l'œil et au doigt le ribaud, qui ce déshonneur nous a fait; et prie que, avant qu'il saille hors, qu'il soit tué! » Adonc chacun dit qu'ainsi seroit-il. « Et aussi, dit le marchand, je vous rendrai votre fille, pour telle qu'elle est! » Et de là se partirent les autres, avec lui, qui étoient moult dolents des nouvelles et avoient torches et flambeaux pour mieux chercher partout, et que rien ne leur pût échapper. Ils heurtèrent à l'huis si rudement, que la damoiselle y vint première que nuls de léans, et leur ouvrit l'huis. Et quand ils furent entrés, elle salua son mari, son père et sa mère, et les autres, montrant qu'elle étoit bien émerveillée; quelle chose les amenoit et à telle heure? Et à ces mots, son mari hausse le poing et lui donne un très-grand buffe [2] et dit : « Tu le sauras tantôt, fausse telle et quelle tu es! — Ha! regardez que vous dites! amenez-vous, pour ce, mon père et ma mère ici? — Oui, dit la mère, fausse garse que tu es; on te montrera ton loudier [3] prestement. » Et lors ses sœurs vont dire : « Et pardieu! vous n'êtes pas venue du lieu, pour vous gouverner ainsi. — Mes sœurs, dit-elle, par tous les saints de Rome, je n'ai rien fait qu'une femme de bien ne doive et puisse faire; je ne doute point qu'on doive le contraire montrer sur moi. — Tu as menti! dit son mari,

[1] C'est-à-dire, par une métaphore tirée du jeu de barres, dans son camp, son logis. — [2] Coup.
[3] Amant, qu'on appelait taboureur.

je le te montrerai incontinent, et sera le ribaud tué en ta présence. Sus, tôt ouvre cette huche! — Moi? dit-elle, et en vérité, je crois que vous rêvez ou que vous êtes hors du sens, car vous savez bien que je n'en porte oncques la clef, mais pend avec les vôtres, dès le temps que vous y mettiez vos besognes [1], et pourtant, se vous la voulez ouvrir, ouvrez-la. Mais je prie à Dieu que, aussi vraiment qu'oncques je n'eus compagnie avec celui qui est là dedans enclos, qu'il m'en délivre à joie et à honneur, et que la mauvaise envie que l'on a sur moi puisse ici être avérée et démontrée; et aussi sera-t-elle comme bien ai bon espoir. — Je crois, dit le mari qui la voit à genoux pleurant et gémissant, qu'elle sait bien faire la chatte mouillée [2], et qui la voudroit croire, elle sauroit bien abuser les gens; et ne doutez, je me suis pieça aperçu de la traînée [3]. Or, sus, je vais ouvrir la huche; si vous prie, messeigneurs, que chacun mette la main à ce ribaud, qu'il ne nous échappe, car il est fort et roide. — N'ayez peur, dirent-ils tous, nous saurons bien faire. » Adoncques tirèrent leurs épées et prindrent leurs maillets pour assommer le pauvre amoureux, et lui dirent : « Ores te confesses! car jamais n'auras prêtre de plus près. » La mère et les sœurs, qui ne vouloient point voir cette occision, se tirèrent d'une part, et aussitôt qu'il eût ouvert la huche, et que cet âne vit la lumière si très-grande, il commença à hennir si hideusement, qu'il n'y eut si hardi léans qui ne perdît et sens et manière; et quand ils virent que c'étoit un âne, et qu'il les avoit ainsi abusés, ils se voulurent prendre au marchand et lui dirent autant de honte comme saint Pierre eut oncques d'honneur, et même les femmes si lui vouloient courir sus; et, de fait, s'il ne s'en fût fui, les frères de la damoiselle l'eussent là tué pour le grand blâme et déshonneur qu'il leur avoit fait et vouloit faire. Et finalement, en eut tant à faire, qu'il convint que la paix et traités en furent refaits par les notables de la ville, et en furent les accuseurs toujours en indignation du marchand. Et dit le conte, qu'à la paix faite il y eut grande difficulté, et plusieurs protestations des amis à la damoiselle; et d'autre part, de bien étroites promesses du marchand, qui, depuis, bien et gracieusement se gouverna et ne fut oncques

[1] Hardes, effets. — [2] La peur que l'eau cause aux chats est proverbiale. — [3] Du train, de la vie qu'elle mène.

homme meilleur à sa femme, que fut toute sa vie. Et ainsi usèrent leur vie ensemble.

NOUVELLE LXII.
L'ANNEAU PERDU.

La soixante-deuxième nouvelle, racontée par monseigneur de Commessuram, traite de deux compagnons, dont d'eux l'un laissa un diamant au lit de son hôtesse et l'autre le trouva: dont il sourdit entre eux un moult grand débat que le mari de ladite hôtesse apaisa par très-bonnes façons.

Environ le mois de juillet[1], alors que certaine convention et assemblée se tenoit, entre la ville de Calais et Gravelinghes[2], assez près du châtel d'Oye, à laquelle assemblée étoient plusieurs princes et grands seigneurs, tant de la partie de la France comme d'Angleterre, pour aviser et traiter de la rançon de monseigneur d'Orléans[3] étant alors prisonnier du roi d'Angleterre; entre lesquels de ladite partie d'Angleterre étoit le cardinal de Viscestre[4], qui à ladite convention étoit venu en grand et noble état, tant de chevaliers, écuyers, que d'autres gens d'église; et entre les autres nobles hommes, avoit un, qui se nommoit Jean Stotton, écuyer-tranchant, et Thomas Brampton, échanson dudit cardinal : lesquels Jean et Thomas Brampton s'entr'aimoient autant ou plus que pourroient faire deux frères germains ensemble; car de vêture, habillemens et harnois[5], étoient toujours d'une façon au plus près qu'ils pouvoient, et la plupart du temps ne faisoient qu'un lit et une chambre, et oncques n'avoit-on vu que entre eux deux aucunement y eut quelque courroux, noise ou maltalent. Et quand ledit cardinal fut arrivé audit lieu de Calais, on bailla, pour le logis desdits nobles hommes, l'hôtel de Richard Fery, qui est le plus grand hôtel de ladite ville de Calais, et ont de coutume les grands seigneurs, quand ils arrivent audit lieu, passant et revenant, d'y loger. Ledit Richard étoit marié; et étoit sa femme de la nation du pays de Hollande, qui étoit belle, gracieuse; et bien lui advenoit à recevoir gens, et durant ladite convention, à laquelle on fut bien l'espace de deux mois, iceux Jean Stotton et Thomas Brampton, qui étoient si comme[6] en l'âge de vingt-sept à vingt-huit ans, ayant leur couleur de cramoisi vive, et en point de faire armes par nuit et par jour. Durant lequel temps, nonobstant les privautés et amitiés qui étoient entre ces deux seconds[1] et compagnons d'armes, ledit Jean Stotton, au déçu[2] dudit Thomas, trouva manière d'avoir entrée, et faire le gracieux envers leurdite hôtesse; et y continuoit souvent en devises et semblables gracieusetés qu'on a coutume de faire en la quête d'amours; et en la fin, s'enhardit de demander à sadite hôtesse la courtoisie, c'est à savoir, qu'il pût être son ami, et elle, sa dame par amours; à quoi, comme feignant d'être ébahie de telle requête, lui répondit tout froidement que lui ni autre elle ne hayoit[3], ne voudroit haïr et qu'elle aimoit chacun par bien et par honneur; mais il pouvoit sembler, à la manière de sadite requête, qu'elle ne pourroit icelle accomplir que ce ne fut grandement à son déshonneur et scandale, et mi... mement de sa vie, et que, pour chose du monde, à ce ne voudroit consentir.

Adonc ledit Jean répliqua, disant qu'elle lui pouvoit très-bien accorder : car il étoit celui qui lui vouloit garder son honneur jusqu'à la mort, et aimeroit mieux être péri, et en l'autre siècle[4] tourmenté, que par sa coulpe elle eût déshonneur; et qu'elle ne doutât en rien que de sa part son honneur ne fut gardé, lui suppliant derechef que sa requête lui voulsît accorder, et à toujours-mais se réputeroit son serviteur et loyal ami. Et à ce, elle répondit, faisant manière de trembler, disant que, de bonne foi, il lui faisoit mouvoir le sang du corps, de crainte et de peur qu'elle avoit de lui accorder sa requête. Lors il s'approcha d'elle, et lui requit un baiser, dont les dames et damoiselles dudit pays d'Angleterre sont assez libérales de l'accorder; et en la baisant, lui pria doucement qu'elle ne fût peureuse, et que de ce qui seroit entre eux deux, jamais nouvelle n'en seroit à personne vivante. Lors elle lui dit : « Je vois bien que je ne puis de vous échapper, que ne fasse ce que vous voulez; et puisqu'il faut que je fasse quelque chose pour vous, sauf toutefois toujours mon bon honneur, vous savez l'ordonnance qui est faite de par les seigneurs étant en cette ville de Calais, comment il convient que chacun chef d'hôtel fasse une fois la semaine en personne le guet par nuit sur la muraille de ladite ville; et pource que les seigneurs et nobles hommes de l'hôtel de monseigneur le cardinal votre maître sont céans lo-

---

[1] En 1439. — [2] Gravelines.
[3] Charles d'Orléans fait prisonnier à la bataille d'Azincourt, en 1415.
[4] Winchester. — [5] Armes. — [6] Environ.

[1] Dans un duel, les frères d'armes s'appelaient seconds. — [2] A l'insu. — [3] Haïssait. — [4] En l'autre vie.

gés, mon mari a tant fait par le moyen d'aucuns ses amis envers mondit seigneur le cardinal, qu'il ne fera que demi-guet; et entends qu'il le doit faire jeudi prochain, depuis la cloche du guet sonnant au soir jusqu'à minuit; et pour ce, tandis que mon mari sera au guet, se vous me voulez dire aucunes choses, je les orrai très-voulentiers, et me trouverez en ma chambre avec ma chambrière (laquelle étoit en grand vouloir de conduire et accomplir les voulentés et plaisirs de sa maîtresse).» Ledit Jean Stolton fut de cela moult joyeux, et en remerciant sadite hôtesse, lui dit que point n'y auroit de faute que audit jour il ne venît comme elle lui avoit dit. Or se faisoient ces devises le lundi précédent après dîner; mais il ne faut pas oublier de dire comment ledit Thomas Brampton avoit, au déçu de sondit compagnon Jean Stolton, fait pareille diligence et requête à leur hôtesse, laquelle ne lui avoit oncques voulu quelque chose accorder, fors lui bailler une fois espoir, et l'autre doute, en lui disant et remontrant qu'il pensoit trop peu pour l'honneur d'elle, car se elle faisoit ce qu'il requéroit, elle savoit de vrai que son mari Richard Fery et ses parents et amis lui ôteroient la vie du corps. Et à ce répondit ledit Thomas : « Ma très-douce damoiselle, amie et hôtesse, pensez que je suis noble homme, ne, pour chose qui me pût advenir, ne voudrois faire chose qui tournât à vôtre déshonneur ne blâme, car ce ne seroit point user de noblesse. Mais croyez fermement que là votre honneur voudrois sauver et garder comme le mien, et si aimerois mieux à mourir, qu'il en fût nouvelle, et n'ai ami ni personne en ce monde, tant soit mon privé, à qui je voulsisse en nulle manière découvrir notre fait. » La bonne dame, voyant la singulière affection et désir dudit Thomas, lui dit, le mercredi ensuivant, que ledit Jean avoit eu la gracieuse réponse ci-dessus de leurdite hôtesse, que puisqu'elle le véoit en si grande voulenté de lui faire service en tout bien et tout honneur, qu'elle n'étoit point si ingrate qu'elle ne se voulsît bien reconnoître ; et lors, lui alla dire comment il convenoit que son mari lendemain au soir allât au guet comme les autres chefs d'hôtel de la ville en entretenant l'ordonnance qui sur ce étoit faite de par la seigneurie[1] étant en la ville ; mais, la Dieu merci, son mari avoit eu de bons amis autour de monseigneur le cardinal, car ils avoient tant fait envers lui qu'il ne feroit que demi-guet, c'est à savoir depuis minuit jusqu'au matin seulement, et que, ce pendant, s'il vouloit venir parler à elle, elle orroit voulentiers ses douces devises; mais, pour Dieu, qu'il y vinst si secrètement qu'elle n'en pût avoir blâme. Et ledit Thomas lui sut bien répondre, qu'ainsi désiroit-il de faire, et à tant se partit en prenant congé. Et le lendemain, qui fut ledit jour de jeudi, au vêpre, après ce que la cloche du guet fut sonnée, le devantdit Jean Stolton n'oublia pas aller à l'heure que sadite hôtesse lui avoit mise, et ainsi il vint vers la chambre d'icelle, et y entra, et la trouva toute seule, laquelle le reçut et lui fit très-bonne chère, car la table y étoit mise. Adonc, ledit Jean requit qu'avec elle il put coucher, pour eux ensemble mieux deviser, ce qu'elle ne lui vouloit de prime-face[1] accorder, disant qu'elle pourroit avoir charge si on le trouvoit avec elle, mais il requit tant, et par si bonne manière, qu'elle s'y accorda; et, le souper fait qu'il sembla être audit Jean moult long, se coucha avec sadite hôtesse. Et, après, s'ébattirent ensemble nu à nu ; et avant qu'il entrât en ladite chambre, il avoit bouté en l'un de ses doigts un anneau d'or garni d'un bon gros diamant qui bien pouvoit valoir la somme de trente nobles[2]; et comme ils se délectoient ensemble, ledit anneau lui chut de son doigt dedans le lit, sans ce qu'il s'en aperçût. Et quand ils eurent ainsi illec été ensemble jusqu'après la onzième heure de la nuit, ladite damoiselle lui pria moult doucement qu'en gré voulsît prendre le plaisir qu'elle lui avoit pu faire, et que à tant il fut content de soi habiller et partir de ladite chambre, afin qu'il n'y fût trouvé de son mari, qu'elle attendoit sitôt que la minuit seroit venue, et qu'il lui voulsît garder son honneur comme il lui avoit promis. Lors ledit Stotton, ayant douté[3] que ledit mari retournât, incontinent se leva et se habilla, et partit de cette chambre, ainsi que douze heures étoient sonnées, sans avoir souvenance de son diamant, qu'il avoit laissé audit lit. Et en issant hors de ladite chambre, au plus près d'icelle, ledit Jean Stolton encontra[4] son

---

[1] C'est-à-dire, l'assemblée des seigneurs anglais et français.

---

[1] D'abord. — [2] Le noble-à-la-rose d'Angleterre, ainsi nommé parce qu'il portait une rose, armes de la maison d'York, était de l'or le plus pur et valait cinq livres tournois. — [3] Craint. — [4] Pour rencontra.

compagnon Thomas Brampton, cuidant que ce fût son hôte Richard, et pareillement ledit Thomas, qui venoit à l'heure que sadite hôtesse lui avoit mise, cuidant semblablement que ledit Jehan Stotton fût ledit Richard, et attendit un peu pour voir quel chemin il tiendroit; et puis il s'en alla entrer en la chambre de ladite hôtesse, qu'il trouva comme entr'ouverte : laquelle tint manière comme toute éperdue et effrayée, en demandant audit Thomas en manière de grand doute et peur, se il avoit point encontré son mari qui se partoit d'illec pour aller au guet. Adoncques ledit Thomas lui dit que trop bien avoit-il rencontré un homme, mais il ne savoit qu'il étoit, ou son mari ou autre, et qu'il avoit un peu attendu pour voir quel chemin il tiendroit. Et quand elle eut ce ouï, elle prit hardiesse de le baiser, en lui disant qu'il fût le bienvenu ; et assez après, sans demander qui l'a perdu ni gagné[1], ledit Thomas trousse la damoiselle sur le lit, en faisant cela. Et puis après, quand elle vit que c'étoit à-certes, se dépouillèrent et entrèrent tous deux au lit, car ils firent armes en sacrifiant au dieu d'amour, et rompirent plusieurs lances. Mais en faisant lesdites armes, il advint audit Thomas une aventure ; car il sentit dessous sa cuisse le diamant que ledit Jean avoit laissé, et comme non fou et non ébahi, le prit et le mit en l'un de ses doigts. Et quand ils eurent été ensemble jusqu'à lendemain du matin que la cloche du guet étoit prête de sonner, à la requête de ladite damoiselle, il se leva, et en parlant, s'entr'accolèrent ensemble d'un baiser amoureux. Ne demoura guère après que ledit Richard retourna, du guet où il avoit été toute la nuit, en son hôtel, fort refroidi, et chargé du fardeau de sommeil ; qui trouva sa femme qui se levoit, laquelle lui fit faire du feu ; et quand il se fut chauffé, il s'en alla coucher et reposer, car il étoit travaillé de la nuit, et sa femme lui fait accroire que aussi l'est-elle ; car, pour la doute qu'elle avoit eue du travail de son mari, elle avoit bien peu dormi toute la nuit. Et environ deux jours après toutes ces choses faites, comme les Anglois ont de coutume, après ce qu'ils ont ouï la messe, d'aller déjeuner en la taverne au meilleur vin, ledit Jean et Thomas se trouvèrent en une compagnie d'autres gentilshommes et marchands : si allèrent déjeuner ensemble, et se assirent ledit Jean Stotton et Thomas Brampton l'un devant l'autre ; et en mangeant, ledit Jean regarda sur les mains dudit Thomas, qui avoit en l'un de ses doigts ledit diamant, et quand il l'eut longuement avisé et regardé ledit diamant, il lui sembloit vraiment que c'étoit celui qu'il avoit perdu, ne savoit en quel endroit ne quand ; et adonc ledit Jehan Stotton pria audit Thomas qu'il lui voulsît montrer ledit diamant, lequel lui bailla voulentiers, et quand il l'eut en sa main, il reconnut bien que c'étoit le sien et demanda audit Thomas d'ond lui venoit, et que vraiment il étoit sien. A quoi ledit Thomas répondit, au contraire, que non étoit, mais qu'il lui appartenoit. Et ledit Stotton maintenoit que depuis peu de temps l'avoit perdu et que, il l'avoit trouvé en leur chambre où ils couchoient, qu'il ne faisoit point bien de le retenir, attendu l'amour et fraternité qui toujours avoit été entre eux deux, tellement que plusieurs autres paroles s'en émurent, et fort se courroucèrent ensemble, l'un contre l'autre. Toutefois, ledit Thomas Brampton vouloit toujours avoir ledit diamant, mais il ne put oncques finer. Et quand les autres gentilshommes et marchands virent ladite noise, chacun s'employa à l'apaisement d'icelle, pour trouver quelque manière de les accorder, mais rien n'y vaut, car celui qui perdu avoit ledit diamant ne le voulut laisser partir de ses mains, et celui qui l'avoit trouvé, le vouloit ravoir, et tenoit à belle aventure de l'avoir trouvé et avoir joui de l'amour de sa dame ; et ainsi étoit la chose difficile à appointer. Finablement l'un desdits marchands, voyant que, au demené de la matière, on n'y profitoit en rien, si difficile qu'il lui sembloit qu'il avoit avisé un autre expédient appointement, dont lesdits Jean et Thomas devroient être contents, mais il n'en diroit mot, se lesdites parties ne se soumettoient, à peine de dix nobles, de tenir ce qu'il en diroit ; dont chacun de ceux qui étoient en ladite compagnie répondirent que très-bien avoit dit ledit marchand, et incitèrent ledit Jean et Thomas de faire ladite soumission ; et tant en furent requis et par telle manière, qu'ils s'y accordèrent. Adonc ledit marchand ordonna que ledit diamant seroit mis en ses mains ; puis tous ceux, qui de ladite différence[1] avoient parlé et requis de l'apaiser, n'en avoient pu

---

[1] Expression proverbiale signifiant : sans aucune explication, sans autre préliminaire.

[1] Différend.

us, il ordonna que, après qu'ils seroient partis de l'hôtel où ils étoient, au premier homme de quelque état ou condition qu'il fût, qu'ils trouveroient à l'issue dudit hôtel, conteroient toute la manière de ladite différence et noise tant entre ledit Jean Stotton et Thomas Brampton, et tout ce qu'il en diroit, ou ordonneroit, en seroit tenu ferme et stable par lesdites deux parties. Ne demoura guère que dudit hôtel se partit toute la belle compagnie, et le premier homme qu'ils encontrèrent au dehors dudit hôtel, ce fut ledit Richard, hôte desdites deux parties, auquel par ledit marchand fut narré et raconté toute la manière de ladite différence. Adonc ledit Richard, après ce qu'il eut tout ouï, et qu'il eut demandé à ceux qui là étoient présents, se ainsi en étoit allé et que lesdites parties ne s'étoient en nulle manière voulu laisser appointer ne apaiser par tant de notables personnages, dit par la sentence définitive que ledit diamant lui demourroit comme sien et que l'une ni l'autre partie ne l'auroit. Et quand ledit Thomas Brampton vit qu'il avoit perdu l'aventure[1] dudit diamant, fut bien déplaisant ; et fait à croire qu'autant étoit ledit Jean Stotton qui l'avoit perdu ; et lors dit ledit Thomas à tous ceux qui étoient en sa compagnie, réservé leurdit hôte, qu'ils voulussent retourner en l'hôtel où ils avoient dîné, et qu'il leur donneroit à dîner, afin qu'ils fussent avertis de la manière et comment ledit diamant étoit venu en ses mains, lesquels d'un accord lui accordoient voulentiers ; et en attendant le dîner qui s'appareilloit, il leur conta l'entrée et la manière des devises qu'il avoit eu avec son hôtesse, femme dudit Richard Fery, comment et à quelle heure elle lui avoit mis heure pour soi trouver avec elle, tandis que son mari seroit au guet, et le lieu où ce diamant avoit été trouvé. Lors ledit Jean Stotton, oyant ce, fut moult ébahi, soi donnant, de ce, grand merveille, et en soi feignant[2], dit que tout le semblant[3] lui étoit advenu en celle propre nuit, ainsi que ci-devant est déclaré, et qu'il tenoit et croit fermement avoir laissé choir son diamant où ledit Thomas l'avoit trouvé, et qu'il n'en devroit faire plus de mal de l'avoir perdu, qu'il ne faisoit audit Thomas, lequel n'y perdoit aucune chose, car il lui avoit cher coûté. Ledit Thomas répondit en cette manière, et que vraiment il ne devoit point plaindre se

[1] Trouvaille. — [2] Dissimulant. — [3] La même chose.

leurdit hôte l'avoit jugé être sien, attendu que leurdite hôtesse avoit eu beaucoup à souffrir, et aussi pource qu'il avoit eu le pucelage de la nuitée, et ledit Thomas avoit été son page, en allant après lui. Et ces choses contentèrent assez bien ledit Jean Stotton de la perte de sondit diamant, pource qu'autre chose n'en pouvoit avoir, et le porta plus patiemment et légèrement que s'il n'eût point su la vérité de la matière ; et de cette aventure, tous ceux qui étoient présents commencèrent à rire et à mener grand joie. Adoncques se mirent à table et dînèrent ; mais vous pouvez penser, que ce ne fut pas sans boire d'autant. Et après qu'ils eurent dîné, ils se départirent, et chacun s'en alla où bon lui sembla, et ainsi fut tout le maltalent[1] pardonné, et la paix faite entre les parties, c'est à savoir entre ledit Jean Stotton et ledit Thomas Brampton ; et furent bons amis ensemble.

NOUVELLE LXIII.

MONTBLERU, OU LE LARRON.

La soixante-troisième nouvelle traite d'un nommé Montbleru, lequel, à une foire d'Anvers, déroba à ses compagnons leurs chemises et leurs couvre-chefs, qu'il avoit baillé à blanchir à la chambrière de leur hôtesse ; et comment depuis ils pardonnèrent au larron ; et puis Montbleru leur conta le cas tout au long.

Montbleru se trouva, un jour que passa à la foire d'Anvers, en la compagnie de monseigneur d'Estampes[2], lequel le défrayoit et payoit ses dépens, qui est une chose qu'il print assez bien en gré. Un jour entre autres, d'aventure, il rencontra maître Himbert de la Plaine, maître Roulant Pipe, et Jean Le Tourneur, qui lui firent grand chère ; et pource qu'il est plaisant et gracieux, comme chacun sait, ils désirèrent sa compagnie et lui prièrent de venir loger avec eux, et qu'ils feroient la meilleure chère de jamais. Montbleru, de prime-face, s'excusa sur monseigneur d'Estampes, qui l'avoit là amené, et dit qu'il ne l'oseroit abandonner : « Et la raison y est bonne, dit-il ; car il me défraie de tous points. » Néanmoins toutefois fut content d'abandonner monseigneur d'Estampes, en cas qu'entre eux le voulsissent défrayer ; et eux, qui ne désiroient que

[1] Rancune, grief. — [2] Est-ce Richard de Bretagne, fils puîné du duc Jean V, à qui Charles VII avait donné le comté d'Étampes, ou bien Robert d'Estampes, conseiller et chambellan de Charles VII, maréchal et sénéchal de Bourbonnois ? Ces deux personnages étaient morts avant l'année 1445, pendant laquelle on suppose que les Cent Nouvelles nouvelles furent contées.

sa compagnie, accordèrent légèrement ce marché. Or écoutez comment il les paya. Ces trois bons seigneurs demeurèrent à Anvers plus qu'ils ne pensoient ; quand ils partirent de la cour et sous espérance de bref retourner, n'avoient apporté que chacun une chemise ; si devindrent les leurs sales, ensemble leurs couvre-chefs et petits draps ; et à grand regret leur venoit de eux trouver en cette malaise, car il faisoit bien chaud, comme en la saison de Pentecôte. Si les baillèrent à blanchir à la chambrière de leur logis un samedi au soir, quand il se couchèrent, et les devoient avoir blanches le lendemain à leur lever, mais Montbleru les garda bien ; et pour venir au point, la chambrière, quand vint au matin qu'elle eut blanchi ces chemises et couvrechefs et les eut séchés et bien et gentement ployés, elle fut de sa maîtresse appelée pour aller à la boucherie quérir la provision pour le dîner : elle fit ce que sa maîtresse commanda, et laissa en la cuisine sur une escabelle tout ce bagage, espérant à son retour tout retrouver ; à quoi elle faillit bien ; car Montbleru, quand il put voir du jour, il se leva de son lit et print une longue robe sur sa chemise, et descendit en bas pour faire cesser les chevaux qui se combattoient ou pour aller au retrait [1], et lui là venu, il vint voir, en la cuisine, qu'on disoit, où il ne trouva âme, fors seulement ces chemises et ces couvre-chefs qui ne demandoient que marchands. Montbleru connut tantôt que c'étoit sa charge : si y mit la main, et fut en grand émoi où il les pourroit sauver ; une fois pensoit de les bouter dedans les chaudières et grands pots de cuivre qui étoient en la cuisine ; autre fois, de les bouter dedans sa manche ; brèvement, il les bouta en l'étable des chevaux, bien enfardelées [2] dedans du foin, en un gros monceau de fiens [3], et cela fait, il s'en vint coucher emprès Jean Le Tourneur, d'ond il étoit parti. Or veci la chambrière retournée de la boucherie ; laquelle ne trouve pas ses chemises, qui ne fut pas bien contente de ce, et commence à demander partout qui en sait nouvelles. Chacun à qui elle demandoit, disoit qu'il n'en savoit rien, et Dieu sait la vie qu'elle menoit ! Et veci les serviteurs de ces bons seigneurs qui attendoient après leurs chemises, qui n'osoient monter vers leurs maîtres, et craignoient moult ; aussi faisoit l'hôte et

[1] Privé. — [2] Entortillées. — [3] Paille.

l'hôtesse et la chambrière. Quand vint environ neuf heures, ces bons seigneurs appellent leur gens, mais nul ne vient, tant craignant à dire les nouvelles de cette perte à leurs maîtres. Toutefois, en la fin, qu'il étoit entre onze et douze, l'hôte vint et les serviteurs, et fut dit à ces seigneurs comment leurs chemises étoient dérobées, dont les aucuns perdirent patience, comme maître Himbert et maître Rolland ; mais Jean Le Tourneur tint assez bonne manière et n'en faisoit que rire, et appela Montbleru qui faisoit la dorme-veille, qui savoit et oyoit tout, et lui dit : « Montbleru, voici gens bien en point ! on nous a dérobé nos chemises. — Sainte Marie ! que dites-vous ? dit Montbleru contrefaisant l'endormi ; voici bien mal venu. » Quand on eut grand'pièce tenu parlement [1] de ces chemises qui étoient perdues, dont Montbleru connoissoit bien le larron, ces bons seigneurs commencèrent à dire : « Il est jà bien tard, et nous n'avons point encore ouï la messe, et si est dimanche, et toutefois nous ne pouvons bonnement aller dehors de céans sans chemises. [Qu'est-il de faire ? — Par ma foi, dit l'hôte, je ne saurois point trouver d'autre remède, sinon que je vous prête à chacun une chemise des miennes, telles qu'elles sont, combien qu'elles ne sont pas pareilles aux vôtres, mais elles sont blanches, et si ne pouvez mieux faire, ce me semble. » Ils furent contents de ces chemises de l'hôte, qui étoient courtes, étroites, et de bien dure et âpre toile, et Dieu sait qui les faisoit bon voir. Ils furent prêts, Dieu merci ; mais il étoit si tard qu'ils ne savoient où ils pourroient ouïr la messe. Alors dit Montbleru qui tenoit trop bien manière : « Quant est pour ouïr messe, je sais bien une église en cette ville où nous ne faudrons point à tout le moins, de voir Dieu. — Encore il vaut mieux de le voir que rien, dirent ces bons seigneurs ; allons, allons, et nous avançons vitement ; c'est trop tardé, car perdre nos chemises et ne ouïr point aujourd'hui la messe, ce seroit mal sur mal, et pourtant il est temps d'aller à l'église se meshui nous voulons ouïr la messe. » Montbleru incontinent les mena en la grand'église d'Anvers où il y a Dieu sur un âne [2], et quand ils eurent chacun dit leurs patenôtres et leurs dévotions, ils dirent à Montbleru : « Où est-ce que nous ver-

[1] Quand on eut parlé longtemps. — [2] Jésus-Christ entrant à Jérusalem dix jours avant sa passion.

ons Dieu? — Je vous le montrerai, dit-il, tout maintenant. » Alors il leur montra ce Dieu sur l'âne, et puis il leur dit : « Voilà Dieu ; vous ne faudrez jamais de voir Dieu céans à quelque heure que ce soit. » Adoncques, ils commencèrent à rire, jaçoit ce que la douleur de leurs chemises ne fût point encore apaisée, et sur ce point, s'en vinrent dîner et furent depuis ne sais quants jours à Anvers et après s'en partirent sans ravoir leurs chemises ; car Montbleru les mit en lieu sûr, et les vendit depuis cinq écus d'or. Or advint, comme Dieu le voulut, qu'en la bonne semaine du carême ensuivant le mercredi [1], Montbleru se trouva au dîner avec ces trois bons seigneurs dessus nommés, et entre autres paroles, il leur ramentut [2] les chemises qu'ils avoient perdues à Anvers, et dit : « Hélas ! le pauvre larron qui vous déroba, il sera bien damné, se son méfait ne lui est pardonné de par vous ; et pardieu! vous ne le voudriez pas. — Ha ! dit maître Himbert, pardieu ! beau sire, il ne m'en souvenoit plus, je l'ai pieçà oublié. — Et au moins, dit Montbleru, vous lui pardonnez? ne dites pas ? — Saint Jean ! oui, dit-il, je ne voudrois pas qu'il fût damné pour moi. — C'est bien dit, dit Montbleru, et vous, maître Rolland, ne lui pardonnez-vous point aussi ? » À grand'peine disoit-il le mot ; toutefois, en la fin, il dit qu'il lui pardonnoit, mais pource qu'il perdoit à regret, le mot plus lui coûtoit à prononcer. « Et vraiment, dit Montbleru, vous lui pardonnez aussi, maître Rolland ? Qu'auriez-vous gagné de damner un pauvre larron pour une méchante chemise et un couvre-chef? — Et je lui pardonne vraiment, dit-il lors, et l'en clame [3] quitte, puisque autre chose n'en puis avoir! — Et par ma foi, vous êtes bon homme! » Or vint Le Tourneur ; si lui dit le dit Montbleru : « Or çà, Jean, vous ne ferez pis que les autres ; tout est pardonné à ce pauvre larron des chemises, se à vous ne tient. — À moi ne tiendra pas, dit-il ; je lui ai pieçà pardonné, et lui en baille derechef tout maintenant devant vous l'absolution. — On ne pourroit mieux dire, dit Montbleru, et par ma foi! vous sais bon gré de la quittance que vous avez faite au larron de vos chemises, et en tant qu'il me touche, je vous en mercie tous, car je suis le larron même qui vous déroba à Anvers. Je prends cette quittance et à mon profit, et

[1] Le mercredi des Cendres. — [2] Rappela. — [3] Déclare.

derechef vous en remercie toutefois, car je le dois faire. » Quant Montbleru eut confessé ce larcin, et qu'il eut trouvé sa quittance par le parti qu'avez ouï, il ne faut pas demander si maître Rolland et Jean Le Tourneur furent bien ébahis, car ils ne se fussent jamais doutés qu'il eût fait cette courtoisie [1], et lui fut bien reproché ce pauvre larcin, voire en ébatant. Mais lui, qui sait son entregent, se désarmoit gracieusement de tout ce dont charger le vouloient, et leur disoit bien que c'étoit sa coutume que de gagner et de prendre ce qu'il trouvoit sans garde et spécialement à tels gens comme ils étoient. Ces trois bons seigneurs n'en firent que rire, mais trop bien ils lui demandèrent comment il les avoit prinses et aussi en quelle façon et manière il les déroba, car il leur déclara tout au long et dit aussi qu'il avoit eu de tout ce butin cinq écus d'or, dont ils n'eurent ne demandèrent oncques autre chose.

NOUVELLE LXIV.

LE CURÉ RASÉ.

La soixante-quatrième nouvelle, racontée par messire Michaut de Changy, traite d'un curé qui se vouloit railler d'un chatreux nommé Tranchec......, mais il eut ses génitoires coupées par le consentement de l'hôte.

Il est vrai que naguères, en un lieu de ce pays que je ne puis nommer et pour cause (au fort, qui le sait, si s'en taise comme je fais), et en ce lieu-là avoit un maître curé qui faisoit rage de bien confesser ses paroissiennes, et de fait, il n'en échappoit nulles qu'elles ne passassent par là, voire des jeunes dames ; au regard des vieilles il n'en tenoit compte. Quand il eut longuement maintenu cette sainte vie et ce vertueux exercice, et que la renommée en fut épandue par toute la marche et ès terres voisines, il fut puni, ainsi que vous orrez, par l'industrie d'un sien prochain [2], à qui toutefois il n'avoit point encore rien méfait touchant sa femme. Il étoit un jour au dîner et faisoit bonne chère à l'hôtel d'un sien paroissien que je vous ai dit ; et comme ils étoient au meilleur endroit de leur dîner et qu'ils faisoient plus grande chère, veci venir léans un homme qui s'appelle *Tranchec......*, lequel se mêle de tailler gens, d'arracher dents, et d'un grand tas de brouilleries [3], et avoit ne sais quoi à besogner à l'hôtel de léans. L'hôte le recueillit, et le fit seoir ; et sans

[1] Ce mot se prenait souvent en mauvaise part.
[2] Un de ses voisins. — [3] Une foule de choses dissemblables et confuses.

se faire trop prier, il se foure avec notre curé et les autres, et s'il étoit venu tard, il mettoit peine d'aconsuir¹ les autres qui le mieux avoient viandé². Ce maître curé, qui étoit un grand farceur et un fin homme, commença à prendre la parole à ce tranchec....., et le tranchec..... lui répondit à propos de ce qu'il savoit. Certaine pièce après, maître curé se vire vers l'hôte, et en l'oreille lui dit : « Voulons-nous bien tromper ce tranchec.....? — Oui, je vous en prie, dit l'hôte, mais en quelle manière le pourrons-nous faire?—Par ma foi! dit le curé, nous le tromperons trop bien, se me voulez aucunement aider. — Eh! par ma foi! je ne demande autre chose, dit l'hôte. — Je vous dirai que nous ferons, dit le maître curé : je feindrai avoir grand mal en un c....., et puis je marchanderai à lui de le m'ôter, et me mettrai sur la table, et tout en point, comme pour le trancher, et quand il viendra après, il voudra voir que c'est et ouvrer de son métier, je lui montrerai le derrière.—Et que c'est bien dit! répondit l'hôte, lequel à coup se pensa ce qu'il vouloit faire. Vous ne fîtes jamais mieux! Laissez-nous faire entre nous autres, nous vous aiderons bien à parfaire la farce.— Je le vueil, » dit le curé. Après ces paroles, monseigneur le curé, de plus belle, rassaillit notre taillec..... d'unes et d'autres, et en la parfin, lui commença à dire, pardieu! qu'il avoit bien métier d'un tel homme qu'il étoit, et que véritablement il avoit un c.....pourri et gâté, et voudroit qu'il lui eût coûté bonne chose, et qu'il eût trouvé homme qui bien lui sût ôter. Et vous devez savoir qu'il le disoit si froidement, que le tranchec..... cuidoit véritablement qu'il dit tout vrai. Adoncques il lui répondit : « Monseigneur le curé, je vueil bien que vous sachiez, sans nul dépriser ne moi vanter de rien, qu'il n'y a homme en ce pays, qui mieux que moi vous sût aider, et pour l'amour de l'hôte de céans, je vous ferai telle courtoisie de ma peine, se vous voulez mettre entre mes mains, que par droit vous en serez et devrez être content.—Et vraiment, dit maître curé, c'est très-bien dit à vous. » Conclusion : pour abréger, ils furent d'accord, et incontinent après fut la table ôtée, et commença notre maître tranchec..... à faire ses préparatoires³ pour besogner; d'autre part, le bon curé se mettoit à point pour faire la far[ce] qui ne lui tourna pas à jeu, et devisoit [à l'hôte] et aux autres qui étoient présents, comm[ent il] devoit faire. Et ce pendant que ces apprê[ts se] faisoient, d'un côté et d'autre, l'hôte de l[éans] vint au tranchec....., et lui dit : « Garde b[ien] quelque chose que ce prêtre te dise, quan[d tu] le tiendras en tes mains, pour ouvrer e[n son] c....., que tu lui tranches tous deux ra[s..] et garde bien que tu n'y failles, pour ch[ose] que tu aimes ton corps.—Et par saint Mart[in,] si ferai-je, dit le tranchec....., puisqu'il v[ous] plaît. J'ai un instrument qui est si pr[êt et] bien tranchant, que je vous ferai présen[t de] ses génitoires avant qu'il ait loisir de rien dire. — Et on verra que tu feras, dit l'hô[te,] mais si tu faux, par ma foi! je ne te fa[udrai] pas. » Tout fut prêt et la table appointé[e,] monseigneur le curé en pourpoint, qui b[ien] contrefaisoit l'idole¹ et promettoit bon vin a[u] tranchec.....; l'hôte aussi et pareillement [les] serviteurs de léans devoient tenir damp c[uré] qui n'avoient garde de le laisser échapper [à] remuer en quelque manière que ce fût, et [afin] d'être plus sûr, le lièrent trop bien et étro[it,] et lui disoient que c'étoit pour mieux et pl[us] couvertement faire la farce, et quand il v[ien]droit, le laisseroient aller : il les crut com[me] fol. Or vint ce vaillant tranchec....., garn[i de] sa cornette² de son petit rasoir, et incontin[ent] commença à vouloir mettre les mains aux c[.....] de monseigneur le curé. « Ha! dit mon[sei]gneur le curé, faites adret³, et tout beau, [et] le plus doucement que vous pourrez, e[t] après je vous dirai lequel je vueil avoir[.] — Et bien! » dit le tranchec..... Et lors[tout] soüef⁴ lève la chemise du curé, et pren[d ses] maîtresses c..... grosses et carrées, e[t sans] plus enquérir, subitement comme l'éclips[e,] lui trancha toutes deux d'un seul coup, e[t le] curé de crier, et de faire la plus male vi[e que] jamais fît homme. « Holà! holà! dit [l'hôte,] patience! ce qui est fait est fait, laissez[-vous] adober⁶, se vous voulez. » Alors le tran[chec.....] c..... se mit à point du surplus qui en i[ci] appartient, et puis part et s'en va, atten[dant] de l'hôte il savoit bien quoi. Or ne faut-il [pas] demander se monseigneur le curé fut bien[.....]

¹ C'est-à-dire, qui ne faisait aucun mouvement.
² Chaperon, coiffe. — ³ Adroitement. Les ancie[nnes] éditions mettent *à trait*. — ⁴ Doucement.
⁵ Comme l'éclair. — ⁶ Panser.

---

¹ Imiter. — ² Mangé. — ³ Préparatifs.

mus de se voir ainsi dégarni de ses instruments, et mettoit sus[1] à l'hôte qu'il étoit cause de son méchef et de son mal ; mais Dieu sait s'il s'en excusoit bien et lui disoit que se le tranchec..... ne se fût si tôt départi et sauvé, qu'il l'eût mis en tel point que jamais n'eût fait bien après. « Pensez, dit-il, qu'il me déplaît de votre ennui, et plus beaucoup encore de ce qu'il est advenu en mon hôtel. » Ces nouvelles furent tôt volées et semées par toute la ville, et ne faut pas dire que aucunes damoiselles n'en fussent bien marries d'avoir perdu les instruments de monseigneur le curé ; mais aussi, d'autre part, les dolents maris en furent tant joyeux, qu'on ne vous sauroit dire ne décrire la dixième partie de leur liesse. Ainsi que vous avez ouï, fut puni maître curé, qui tant en avoit d'autres trompées et déçues, et oncques depuis ne se osa voir ne trouver entre gens, mais comme reclus, et plein de mélancolie, fina, bientôt après, ses dolents jours.

NOUVELLE LXV.

D'INDISCRÉTION MORTIFIÉE ET NON PUNIE.

La soixante-cinquième nouvelle, racontée par monseigneur le prévôt de Wastenes, traite de la femme qui ouït conter à son mari qu'un hôtelier du Mont-Saint-Michel faisoit rage de ronciner : si alla, cuidant l'éprouver ; mais son mari s'en garda trop bien, dont elle fut trop mal contente, comme vous oirez ci-après.

Et comme souvent l'on met en termes plusieurs choses dont en la fin on se repent, advint naguère qu'un gentil compagnon demourant en un village assez près du Mont-Saint-Michel se devisoit, à un souper, présents sa femme, aucuns étrangers et plusieurs de ses voisins, d'un hôtelier dudit Mont-Saint-Michel, et disoit, affermoit, et juroit sur son honneur, qu'il portoit le plus beau membre, le plus gros et le plus carré qui fût en toute la marche d'environ, et avec ce, et qui n'empiroit pas le jeu, il s'en aidoit tellement et si bien, que les quatre, les cinq, les six fois ne lui coûtoient pas plus que s'on les prenoit en la cornette de son chaperon. Tous ceux de la table ouïrent voulentiers ce bon bruit qu'on donnoit à cet hôtelier du Mont-Saint-Michel, et en parlèrent chacun comme ils l'entendoient ; mais qui y print garde, ce fut la femme du raconteur de l'histoire ; laquelle y prêta très-bien l'oreille, et lui sembla bien que la femme étoit heureuse et bien fortunée, qui de tel mari étoit douée,

[1] Reprochait, accusait.

et pensa dès lors en son cœur que s'elle peut trouver honnête voie subtile, elle se trouvera quelque jour audit lieu de Saint-Michel, à l'hôtel de l'homme à ce gros membre se logera, et ne tiendra qu'à lui qu'elle n'éprouve se le bruit qu'on lui donne est vrai. Pour exécuter ce qu'elle avoit proposé et mettre à fin ce qui en son courage est délibéré, environ cinq ou six ou huit jours, elle print congé de son mari pour aller en pèlerinage au Mont-Saint-Michel, et pour mieux coulourer l'occasion de son voyage, elle, comme femmes savent bien faire, trouva une bourde toute affectée. Et son mari ne lui refusa pas le congé, combien qu'il se doutât tantôt de ce qui étoit. Avant qu'elle partît, son mari lui dit qu'elle fît son offrande à Saint-Michel, et qu'elle se logeât à l'hôtel dudit hôtelier, et qu'elle le recommandât à lui beaucoup de fois. Elle promit de tout accomplir et de faire son message, ainsi qu'il lui avoit commandé, et sur ce présent congé, s'en va, et Dieu sait, beaucoup désirant soi trouver au lieu de Saint-Michel. Tantôt qu'elle fut partie, son mari, de monter à cheval, et par autre chemin que celui que sa femme tenoit, pique tant qu'il peut au Mont-Saint-Michel, et vint descendre tout secrètement, avant que sa femme, à l'hôtel de l'hôtelier dessusdit, lequel très-liément[1] le reçut, et lui fit grand'chère. Quant il fut en sa chambre, il dit à l'hôtelier : « Or çà, mon hôte, je sais bien que vous êtes mon ami de pieça ; je suis le vôtre, s'il vous plaît, et pour ce, je vous vueil bien dire qui me mène maintenant en cette ville. Il est vrai que, environ à six ou huit jours, nous étions au souper, en mon hôtel, un grand tas de bons compagnons et vrais gaudisseurs[2] et frères de l'Ordre[3], et comme vous savez qu'on parle de plusieurs choses, en devisant les uns aux autres ; je commençai à parler et à conter comment on disoit en ce pays qu'il n'y avoit homme mieux outillé que vous. » Et au surplus, lui dit au plus ce qu'il sut. Bref, toutes paroles qui touchoient ce propos furent menées en jeu, ainsi comme dessus est touché. « Or est-il ainsi, dit-il, que ma femme, entre les autres, reçut très-bien mes paroles et n'a jamais arrêté tant qu'elle

[1] Joyeusement. — [2] Amis de la joie.
[3] Sans doute l'Ordre de la bouteille ou quelque autre confrérie joyeuse.

ait trouvé manière d'impétrer[1] son congé pour venir en cette ville. Et par ma foi! je me doute fort et crois véritablement que sa principale intention est d'éprouver, s'elle peut, se mes paroles sont vraies que j'ai dites touchant votre gros membre. Elle sera tantôt céans, je n'en doute point, car il lui tarde de soi y trouver; si vous prie, quand elle viendra, que la receviez liément et lui faites bonne chère, et lui demandez la courtoisie et faites tant qu'elle le vous accorde; mais toutefois ne me trompez point, gardez bien que vous n'y touchez : prenez terme d'aller vers elle, quand elle sera couchée; je me mettrai en votre lieu, et vous orrez après bonne chose. — Laissez-moi faire, dit l'hôtelier, et je vous promets que je ferai bien mon personnage. — Ha! dea, toutefois, dit l'autre, ne me faites point de déloyauté; je sais bien qu'il ne tiendra point à elle que vous ne le fassiez. — Par moi! dit l'hôtelier, je vous assure que je n'y toucherai jà. » Et non fit-il. Il ne demoura guère, que voici venir notre gouge et sa chambrière, bien lassée, Dieu le sait; et bon hôte, de saillir avant, et de recevoir la compagnie comme il lui étoit enjoint, et qu'il l'avoit promis. Il fit mener madamoiselle en un très-beau lieu, et lui fit de bon feu, et fit apporter du meilleur vin de léans, et alla quérir de belles cerises toutes fraîches, et vint banqueter avecques elle en attendant le souper. Il commença de faire ses approches quand il vit son point[2], mais Dieu sait comment on le jeta loin de prime-face; en la parfin toutefois, pour abréger, marché fut fait qu'il viendroit coucher avecques elle environ la minuit tout secrètement. Il s'en vint devers le mari de la gouge et lui conta le cas, lequel, à l'heure prinse entre elle et l'hôtelier, il s'en vint bouter en son lieu et besogna la nuit le mieux qu'il put, et se leva sans mot dire avant le jour, et se vint remettre en son lit. Quand le jour fut venu, notre gouge toute mélancolieuse, pensive et dépiteuse, pource que point n'avoit trouvé ce qu'elle cuidoit, appela sa chambrière, et se levèrent et au plus hâtivement qu'elles purent s'habillèrent, et voulurent payer leur écot; mais l'hôte dit que vraiment pour l'amour de son mari, qu'il n'en prendroit rien d'elle. Et sur ce, elle dit adieu et print congé de lui, et s'en va madamoiselle

[1] Obtenir — [2] C'est-à-dire, faire des avances, des propositions quand il vit le moment propice.

toute courroucée, sans ouïr messe, ne v.. Saint-Michel, ne déjeûner aussi, et sans u. seul mot dire, se mit à chemin, et s'en vin. sa maison. Mais il faut dire que son mar. étoit arrivé, qui lui demanda qu'on disoit .. bon à Saint-Michel. Elle, tant marrie qu'on .. pourroit plus, à peu s'elle daignoit répondre « Et quelle chère, dit le mari, vous a fait v.. hôte? Par Dieu! il est bon compagnon. — B.. compagnon! dit-elle, il n'y a rien d'outrag. je ne m'en saurois louer que tout à point. — Non! dame, dit-il, et par saint Jean! je p.. sois que, pour l'amour de moi, il vous dût f.. toyer et faire bonne chère? — Il ne me chat.. dit-elle, de sa chère! je ne vais pas en pèl.. nage pour l'amour de lui ni d'autre, je n.. pense qu'à ma dévotion. — Dea! dit-il, p.. Notre-Dame! vous y avez failli; je sais trop b.. pourquoi vous êtes tant refraigniée[1], et pou.. quoi vous avez le cœur tant enflé? vous n'av.. pas trouvé ce que vous cuidiez, il y a bie.. dire une once[2]. Dea, dea, madame, j'ai bi.. su la cause de votre pèlerinage : vous cuidi.. tâter et éprouver le grand brichouard de no.. hôte de Saint-Michel? mais, par saint Jean! .. vous en ai très-bien gardée, et garderai, s.. puis; et afin que vous ne pensiez pas que je v.. mentisse, quand je vous disois qu'il l'avoit grand, pardieu! je n'ai dit chose qui ne s.. vraie : il n'est jà métier que vous en sach.. plus avant que par ouï-dire, combien que .. vous eût voulu croire et je n'y eusse contred.. vous aviez bonne dévotion d'essayer sa pu.. sance. Regardez comment je sais les choses.. pour vous ôter hors de suspicion, sachez .. vrai que je vins à minuit, à l'heure qu'à lui ét.. assignée, et ai tenu son lieu; si prenez en g.. ce que j'ai pu faire, et vous passez[3] dorénav.. à ce que vous avez. Pour cette fois, il vous .. pardonné, mais de recheoir, gardez-vous-e.. pour tant qu'il vous touche. » La dam... fut toute confuse et ébahie, voyant son .. évident; quand elle put parler, cria merc.. promit de plus n'en faire, et je tiens que n.. fit-elle.

[1] Renfrognée. — [2] C'est-à-dire, il s'en est bien fa.. d'une once. — [3] Contentez-vous de.

NOUVELLE LXVI.
LA FEMME AU BAIN.

La soixante-sixième nouvelle, racontée par Philippe de Laon, traite d'un tavernier de Saint-Omer, qui fit une question à son petit fils, dont il se repentit après qu'il eut ouï la réponse, de laquelle sa femme en fut très-honteuse, comme vous orrez plus à plein ci-après.

N'a guère que j'étois à Saint-Omer avec un grand tas de gentils compagnons, tant de céans comme de Boulogne et d'ailleurs. Et après le jeu de paume, nous allâmes souper en l'hôtel d'un tavernier qui est homme de bien et beaucoup joyeux, et a une très-belle femme et en bon point, dont il a eu un très-beau fils, de l'âge d'environ six ans. Comme nous étions tous assis au souper, le tavernier, sa femme et leur fils d'emprès elle avec nous, les aucuns commencèrent à deviser, les autres à chanter et faisoient la plus grand'chère de jamais, et notre hôte, pour l'amour de nous, ne s'y feignoit pas[1]. Or avoit été sa femme, ce jour, aux étuves, et son petit fils avec elle. Si s'avisa notre hôte, pour faire rire la compagnie, de demander à son fils de l'état et gouvernement de celles qui étoient aux étuves avec sa mère[2]; si dire : « Viens ça, notre fils, dis-moi, par ta foi, laquelle de toutes celles qui étoient aux étuves, avoit le plus beau c.. et le plus gros ? » L'enfant, qui se oyoit questionner devant sa mère, qu'il craignoit, comme enfants ont de coutume, regardoit vers elle et ne disoit mot; et le père, qui ne l'avoit pas appris de voir[3] si muet, lui dit derechef : « Or me dis, mon fils, qui avoit le plus gros c.. ? Dis hardiment. — Je ne sais, mon père ! dit l'enfant, toujours virant regard vers sa mère. — Et pardieu ! tu as menti, dit son père ; or le me dis, je le vueil savoir. — Je n'oserois, dit l'enfant, pour ma mère ; car elle me battroit. — Non fera, non, dit le père ; tu n'as garde, je t'assure. » Et notre hôtesse, sa mère, non pensant que son fils dût tout dire ce qu'il fit, lui dit : « Dis hardiment ce que ton père te demande. — Vous me battrez, dit-il. — Non ferai, » dit-elle. Et le père, qui vit son fils avoir congé de soudre[4] sa question, lui demanda derechef : « Or çà, mon fils, par la foi, as-tu regardé les c... des femmes qui étoient aux étuves ? — Saint Jean ! oui, mon père. — Et y en avoit-il largement ? Dis, ne mens point. — Je n'en vis oncques tant : ce sembloit une droite garenne de c.... — Or çà, dis-nous maintenant qui avoit le plus gros. — Vraiment, ce dit l'enfant, ma mère avoit le plus beau et le plus gros, mais il avoit si grand nez. — Si grand nez ? dit le père ; va, va, tu es bon enfant. » Et nous commençâmes tous à rire et à boire d'autant, et à parler de cet enfant qui caquetoit si bien ; mais la mère ne savoit pas sa contenance, tant étoit honteuse, pource que son fils avoit parlé du nez, et crois bien qu'il en fut depuis trop bien torché[1], car il avoit encusé le secret de l'école. Notre hôte fit du bon compagnon, mais il se repentit assez depuis d'avoir fait la question, dont l'absolution[2] le fit rougir ; et puis c'est tout.

NOUVELLE LXVII.
LA DAME A TROIS MARIS.

La soixante-septième nouvelle, dite et racontée par Philippe de Laon, traite d'un chaperon fourré[3] de Paris, qui une cordouannière[4] cuida tromper, mais il se trompa lui-même bien lourdement, car il la maria à un barbier, et cuidant d'elle être dépêché[5], se voulut marier ailleurs, mais elle l'en garda mieux, comme vous pourrez voir ci-dessous plus à plein.

Maintenant a trois ans ou environ, qu'une assez bonne aventure advint à un chaperon fourré du Parlement de Paris, et afin qu'il en soit mémoire, j'en fournirai cettedite nouvelle, non pas toutefois que je vueil dire que tous les chaperons fourrés ne soient bons et véritables, mais pource qu'il y eut, non pas un peu de déloyauté au fait de cestui-ci, mais largement, qui est chose bien étrange et non accoutumée, comme chacun sait. Or pour venir au fait, ce chaperon fourré, en lieu de dire ce seigneur de Parlement, devint amoureux à Paris de la femme d'un cordouannier, qui étoit belle et bien enlangagée à l'avenant et selon le terroir ; ce maître chaperon fourré fit tant par moyen d'argent et autrement, qu'il parla à la belle cordouannière dessous sa robe à part, et s'il en avoit été bien amoureux avant la jouissance, encore l'en fut-il trop plus depuis ; dont elle s'apercevoit et donnoit trop bien garde, dont elle s'en tenoit plus fière, et si se faisoit acheter. Lui, étant en cette rage, pour mande-

---

[1] Ne s'y gênait pas. — [2] Dans les étuves publiques, qui étaient alors très-fréquentées, même par le bas peuple, les femmes ou les hommes prenaient ensemble des bains de vapeur. — [3] Pour : qui n'avait pas appris à le voir... — [4] Résoudre.

[1] Réprimandé, grondé. — [2] La solution. — [3] Conseiller au parlement qui portait un chaperon fourré d'hermine. — [4] Le nom de *cordouannier* dérivait du *cordouan*, maroquin d'Espagne (principalement, de Cordoue) employé pour les chaussures de femme. — [5] Débarrassé.

ment, prière, promesse, don ne requête qu'il sût faire, elle se pensa de ne plus comparoir, afin de lui encore rengreger et plus accroître sa maladie. Et veci notre chaperon fourré qui envoie ses ambassades devers sa dame la cordouannière, mais c'est pour néant : elle n'y viendroit pour mourir. Finablement, pour abréger, afin qu'elle voulsît venir vers lui comme autrefois, lui promit, en la présence de trois ou de quatre qui étoient de son conseil quant à telles besognes, qu'il la prendroit à femme, si son mari le cordouannier terminoit vie par mort. Quand elle eut ouï cette promesse, elle se laissa ferrer, et vint comme elle souloit au coucher, au lever et aux autres heures qu'elle pouvoit échapper devers le chaperon fourré, qui n'étoit pas moins feru, que l'autre jadis [1], d'amours ; et elle, sentant son mari déjà vieil et ancien, et ayant la promesse dessusdite, se réputoit déjà comme sa femme. Peu de temps après, la mort de ce cordouannier très-désirée fut sue et publiée, et bonne cordouannière se vint bouter de plein-saut [2] en la maison du chaperon fourré, qui joyeusement la reçut, promit aussi derechef qu'il la prendroit à femme. Or sont maintenant ensemble, sans contredit, ces deux bonnes gens, le chaperon fourré et madame la cordouannière. Mais, comme souvent advint, chose eue à danger est plus chère tenue que celle dont on a l'abandon [3]; ainsi advint-il ici. Car notre chaperon fourré commença à soi ennuyer, et laisser la cordouannière, et de l'amour d'elle refroidir ; et elle le pressoit toujours de paraccomplir le mariage dont il avoit fait la promesse, mais il lui dit : « Ma mie, par ma foi, je ne me puis jamais marier, car je suis homme d'Église et tiens bénéfices comme vous savez ; la promesse que je vous fis jadis est nulle, et ce que j'en fis lors étoit pour le grand amour que je vous portois ; espérant aussi, par ce moyen, plus légèrement vous retraire [4]. » Elle, cuidant qu'il fût lié à l'Église, et soi voyant aussi bien maîtresse de léans, que s'elle fût sa femme épousée, ne parla plus de ce mariage et alla son chemin accoutumé. Mais notre chaperon fourré fit tant par belles paroles et plusieurs remontrances, qu'elle fut contente de soi partir de lui, et épouser un barbier, auquel il donna trois cents écus d'or comptant. Et Dieu sait s'elle partit bien baguée [1] ! Or devez-vous savoir que notre chaperon fourré ne fit pas légèrement cette départie ni ce mariage, et n'en fût point venu à bout, se n'eût été qu'il disoit à sa dame, qu'il vouloit dorénavant servir Dieu et vivre de ses bénéfices et soi du tout rendre à l'Église. Or fit-il tout le contraire. Quand il se vit désarmé d'elle et elle alliée au barbier, il se secrètement traiter, environ un an après, pour l'avoir en mariage, la fille d'un notable bourgeois de Paris ; et fut la chose faite et passée, et jour assigné pour les noces ; disposa aussi de ses bénéfices qui n'étoient qu'à simple tonsure. Ces choses sues parmi Paris, et venues à la connoissance de la cordouannière, créez qu'elle fut bien ébahie : « Voire, dit-elle, le vrai traître m'a-t-il ainsi déçue ! il m'a laissée, sous ombre d'aller servir Dieu, et m'a baillée à un autre ! Et, par Notre-Dame ! la chose ne demeurera pas ainsi. » Non fit-elle, car elle fit comparoir notre chaperon fourré devant l'évêque, et illec son procureur remontra bien gentement sa cause, disant comment le chaperon fourré avoit promis à la cordouannière, en la présence de plusieurs, que se son mari mouroit, qu'il la prendroit à femme : « Son mari mort, il l'a toujours tenue jusques environ a un an, que l'a baillée à un barbier. » Et pour abréger, les témoins et la chose bien débattue, l'évêque anichila [2] le mariage de la cordouannière au barbier, et enjoignit au chaperon fourré qu'il la prînt comme sa femme, car elle étoit sienne à cause de la compagnie charnelle qu'il avoit eue à elle. Et s'il étoit mal content de ravoir la cordouannière, le barbier étoit bien autant joyeux d'en être dépêché. En la façon que vous avez ouï, s'est, puis naguère, gouverné l'un des chaperons fourrés du Parlement de Paris.

NOUVELLE LXVIII.
LA GARCE DÉPOUILLÉE.

La soixante-huitième nouvelle, racontée par Chrétien de goinne, traite d'un homme marié, qui sa femme trouva avec un autre, et puis trouva moyen d'avoir d'elle son argent, ses bagues, ses joyaux à tout jusqu'à la chemise, et puis l'envoya paître en ce point, comme ci-après vous sera raconté.

Ce n'est pas chose peu accoutumée ne de nouveau mise sus [3], que femmes ont fait leurs maris jaloux, voire, pardieu ! coux. Si advint naguère, à ce propos, en la ville d'Anvers,

---

[1] Autrefois. — [2] Ou *prime saut*. — [3] Les anciennes éditions mettent *le bandon*, qui signifie le drapeau, la conduite. — [4] Vous attirer plus facilement.

[1] Ou dit aujourd'ui en style familier : bien nippée.
[2] On *annihila*, annula, cassa. — [3] Mise en avant.

qu'une femme mariée, qui n'étoit pas des plus sûres du monde, fut requise d'un gentil compagnon de faire la chose que savez; et elle courtoise, et telle qu'elle étoit, ne refusa pas le service qu'on lui présentoit, mais débonnairement se laissa ferrer, et maintint cette vie assez longuement; et en la parfin, comme Fortune, qui ennemie et déplaisante étoit de leur bonne chevance[1], fit tant, que le mari trouva la brigade en présent méfait[2]; dont en y eut de bien ébahis; ne sais toutefois lequel l'étoit le plus de l'amant, de l'amie ou du mari. Néanmoins, l'amant, à l'aide d'une bonne épée, se sauva sans nul mal avoir; si demourèrent le mari et la femme. De quoi leurs propos furent, il se peut assez penser. Après toutefois aucunes paroles dites d'un côté et d'autre, le mari, pensant en soi-même, puisqu'elle avoit commencé à faire la folie, que fort[3] seroit de l'en retirer, et quand plus elle n'en feroit, se étoit tel cas, il étoit jà venu à connoissance du monde, de quoi il en étoit noté et quasi déshonoré; considérant aussi, de la battre ou injurier de paroles, que c'étoit peine perdue, s'y s'avisa après à chef[4], qu'il la chasseroit paître hors d'avec lui, et ne sera jamais d'elle ordoyée[5] sa maison. Si dit à sa femme: « Or çà, je vois bien que vous ne m'êtes pas telle que vous dussiez être; par raison toutefois, espérant que jamais ne vous adviendra, de ce qui est fait, n'en soit plus parlé, mais devisons d'un autre. J'ai une affaire qui me touche beaucoup, à vous aussi; si nous faut engager tous nos joyaux, et si vous avez quelque minot[6] d'argent à part, il le faut mettre avant, car le cas le requiert.—Par ma foi! dit la gouge, je le ferai de bon cœur, mais que me pardonnez votre maltalent[7]!—N'en parlez, dit-il, non plus que moi. » Elle, cuidant être absolvée[8] et avoir rémission de ses péchés, pour complaire à son mari, après la noise dessusdite, bailla ce qu'elle avoit d'argent, ses verges[9], ses tissus, certaines bourses étoffées bien richement, un grand tas de couvre-chefs bien fins, plusieurs pennes[10] entières et de bonne valeur; bref, tout ce qu'elle avoit, et que son mari voulut demander, elle le bailla pour en faire son bon plaisir. « Endea! dit-il, encore n'en ai-je pas assez. » Quand il eut tout, jusqu'à la robe et la cotte-simple qu'elle avoit sur elle, « Il me faut avoir cette robe, dit-il. — Voire, dit-elle, et je n'ai autre chose à vêtir. Voulez-vous que je voisse[1] toute nue? — Force est, dit-il, que me la bailliez, et la cotte-simple aussi, et vous avancez; car, soit par amour ou par force, il me la faut avoir. » Elle, voyant que la force n'étoit pas sienne, dépouilla sa robe et sa cotte, et n'avoit que sa chemise; « Tenez, dit-elle, fais-je bien ce qu'il vous plaît? — Vous ne l'avez pas toujours fait, dit-il. Se à cette heure vous m'obéissez, Dieu sait se c'est de bon cœur! Mais laissons cela et parlons d'un autre. Quand je vous prins à mariage à la male heure, vous n'apportâtes guère avec vous, et encore le tant peu que ce fut, si l'avez-vous forfait et confisqué. Il n'est jà métier que l'on vous die votre gouvernement[2]; vous savez mieux quelle vous êtes, que nulle autre, et pour telle que vous êtes à cette heure, je vous baille le grand congé, et vous dis le grand adieu; vela[3] l'huis, prenez ce chemin, et se vous faites que sage, ne vous trouvez jamais devant moi. » La pauvre gouge, plus ébahie que jamais, n'osa plus demourer, après cette horrible leçon; ainsi se partit et s'en vint rendre, ce crois-je, à l'hôtel de son ami par amours, pour cette première nuit, et fit mettre sus beaucoup d'ambassadeurs pour avoir ses bagues et ses habillements de corps; mais ce fut pour néant; car son mari, obstiné et endurci en son propos, n'en voulut oncques ouïr parler, et encore moins de la reprendre: si en fut beaucoup pressé, tant des amis de son côté comme de ceux de la femme. Toutefois elle fut contrainte de gagner des autres habillements, et en lieu de mari, user des amis, attendant le rapaisement de sondit mari, qui, à l'heure de ce conte, étoit encore mal content, et ne la vouloit voir pour rien que fût.

NOUVELLE LXIX.
L'HONNÊTE FEMME A DEUX MARIS.

La soixante-neuvième nouvelle, dite et racontée par Monseigneur, traite d'un gentilhomme, chevalier du comté de Flandre, marié à une moult belle gente damoiselle, lequel fut prisonnier en Turquie par très-longue espace, durant laquelle sa bonne et loyale femme, par l'admonestement de ses amis, se remaria à un autre chevalier; et tantôt après qu'elle fut remariée, elle ouït nouvelles certaines que son premier mari revenoit de Turquie; dont par déplaisance se laissa mourir, pource qu'elle avoit fait nouvelle alliance.

Il n'est pas seulement connu de ceux de la

---

[1] Pour *chance*. — [2] En flagrant délit. — [3] *Fort* est pris dans le sens de *difficile*. — [4] A la fin, en dernier lieu. — [5] Salie, déshonorée. — [6] On dit aujourd'hui *magot*. — [7] Outrage. — [8] Pour *absoute*. — [9] Bagues. — [10] Fourrures.

[1] Aille. — [2] Il n'est pas besoin qu'on vous dise votre conduite. — [3] Voilà.

ville de Gand, où ce cas, que je vous ai à décrire, est, n'a pas longtemps, advenu ; mais de la plupart de ceux du pays de Flandre et de plusieurs autres, qu'à la bataille [1] qui fut entre le roi d'Hongrie et le duc Jean, lesquels Dieu absolve, d'une part, et le grand Turc en son pays de Turquie, d'autre ; où plusieurs notables chevaliers et écuyers françois, flamands, allemands et picards furent prisonniers ès main du Turc ; les aucuns furent morts et persécutés, présent ledit Turc, les autres furent enchartrés [2] à perpétuité ; les autres, condamnés à faire office de clerc d'esclave. Du nombre desquels fut un gentil chevalier dudit pays de Flandre, nommé messire Clays Utenchone ; et par plusieurs fois exerça ledit office d'esclave qui ne lui étoit pas petit labeur, mais martyre intolérable, attendu les délices où il avoit été nourri et le lieu dont il étoit parti. Or, devez-vous savoir qu'il étoit marié par deçà, à Gand, et avoit épousé une très-belle et bonne dame, qui de tout son cœur l'aimoit et le tenoit cher : laquelle prioit Dieu journellement que bref le pût revoir par deçà, se encore il étoit vif ; que s'il étoit mort, que par sa grâce lui voulsît ses péchés pardonner et le mettre au nombre des glorieux martyrs, qui, pour le reboutement [3] des Infidèles et l'exaltation de la sainte foi catholique, se sont volontairement offerts et abandonnés à mort corporelle. Cette bonne dame, qui riche, belle et bien jeune étoit et bonne, étoit de grands amis continuellement pressée, et assaillie de ses amis, qu'elle se voulsît remarier ; lesquels disoient et affermoient que son mari étoit mort, et que s'il fût vif, qu'il fût retourné comme les autres ; s'il fût aussi prisonnier, on eût eu nouvelle de faire sa finance [4] et rançon. Quelque chose qu'on dît à cette bonne dame, ne raison qu'on lui sût amener ne dire d'apparence en celui fait, elle ne vouloit condescendre en cestui mariage, et au mieux qu'elle savoit, s'en excusoit. Mais que lui valut cette excusance ? Certes, peu ou rien, car elle fut tant menée de ses parents et amis, qu'elle fut contente d'obéir, mais Dieu sait que ce ne fut pas à peu de regret. Et étoient environ neuf ans passés, qu'elle étoit privée de la présence de son bon et léal seigneur, lequel elle réputoit pieçà mort, et aussi faisoient la plupart, et presque tous ceux qui le connoissoient. Mais Dieu, qui ses serviteurs et champions préserve et garde, l'avoit autrement disposé, car encore vivoit et faisoit son ennuyeux office d'esclave. Pour rentrer en matière, cette bonne dame fut mariée à un autre chevalier, et fut environ demi-an en sa compagnie, sans ouïr autres nouvelles de son bon mari, que les précédentes, c'est à savoir qu'il étoit mort. D'aventure, comme Dieu le voulut, ce bon et loyal chevalier messire Clays étant encore en Turquie, à l'heure que madame sa femme s'est ailleurs alliée ; en faisant le beau métier d'esclave, fit tant, par le moyen d'aucuns chrétiens gentilshommes et autres qui arrivèrent au pays, qu'il fut délivré, et se mit en leur galée [1], et retourna par deçà. Et comme il étoit sur son retour, il rencontra et trouva, en passant pays, plusieurs de sa connoissance, qui très-joyeux furent de sa délivrance, car, à la vérité, il étoit très-vaillant homme, bien renommé et très-vertueux ; et tant s'épandit ce très-joyeux bruit de sa désirée délivrance, qu'il parvint en France au pays d'Artois en Picardie, où ses vertus n'étoient pas moins connues qu'en Flandre, d'où il étoit natif ; et après ce, ne tarda guère que ces nouvelles vinrent en Flandre jusques aux oreilles de sa très-belle et bonne dame, qui fut bien ébahie, et de tous ses sens tant altérée et surprinse, qu'elle ne savoit sa contenance [2]. « Ah ! dit-elle, après certaine pièce, quand elle put parler ; mon cœur ne fut oncques d'accord de faire ce que mes parents et amis m'ont à force contrainte de faire ! Hélas ! que dira mon très-loyal seigneur et mari, auquel je n'ai pas gardé loyauté comme je dusse, mais comme femme légère, frêle et muable de courage, ai baillé part et portion à autrui, de ce dont il étoit et devoit être seigneur et maître ! Je ne suis pas celle qui doive ne ose attendre sa présence ; je ne suis pas aussi digne qu'il me vueille ou doive regarder, ne jamais voir en sa compagnie. » Et ces paroles dites, accompagnées de grosses larmes, son très-honnête, très-vertueux cœur

---

[1] Bataille de Nicopolis, en 1395, où le roi de Hongrie Sigismond et Jean-sans-Peur, fils du duc de Bourgogne, furent complétement défaits par Bajazet Ier, contre lequel ils avaient formé une croisade avec l'aide de la chevalerie de toute la chrétienté.
[2] Mis en *chartre*, en prison.
[3] Repoussement, répulsion.
[4] Argent de la rançon.

[1] Galère. — [2] Il faut sous-entendre *tenir*.

s'évanouit, et chut à terre pâmée. Elle fut prinse et portée sur un lit, et lui revint le cœur; mais depuis ne fut en puissance d'homme ne de femme de la faire manger ne dormir; en quoi fut, trois jours continuels, toujours pleurant en la plus grand'tristesse de cœur de jamais. Pendant lequel temps, elle se confessa et ordonna, comme bonne chrétienne, criant merci à tout le monde, espécialement à monseigneur son mari. Et après, elle mourut; dont ce fut grand dommage; et n'est point à dire le grand déplaisir qu'en print mondit seigneur son mari quand il sut la nouvelle, et à cause de son deul, fut en grand danger de suivre par semblable accident sa très-loyale épouse; mais Dieu, qui l'avoit sauvé d'autres grands périls, le préserva de ce danger.

NOUVELLE LXX.

LA CORNE DU DIABLE.

La soixante-dixième nouvelle, racontée par Monseigneur, traite d'un gentil chevalier d'Allemagne, moult grand voyageur en son temps, lequel, après un certain voyage par lui fait, fit vœu de ne jamais faire le signe de la croix, par très-ferme crédence[1] qu'il avoit au saint sacrement de baptême; en laquelle crédence il combattit le diable, comme vous oirez ci-après.

Un gentil chevalier d'Allemagne, grand voyageur et aux armes preux et courtois, et de toutes bonnes vertus largement doué, au retourner d'un lointain voyage, étant en un sien château, fut requis d'un bourgeois son sujet[2] demourant en sa ville même, d'être parrain et tenir sur fonts son enfant, dequoi la mère étoit délivrée droit à la venue du retour dudit chevalier; laquelle requête fut audit bourgeois libéralement accordée, et jaçoit ce que ledit chevalier eût en sa vie tenu plusieurs enfants sur fonts, si n'avoit-il jamais donné son entente[3] aux saintes paroles que le prêtre profère au mystère de ce saint et digne sacrement, comme il fit à cette heure, et lui sembloit, comme elles sont à la vérité, pleines de hauts et divins mystères. Ce baptême achevé, comme il étoit libéral et courtois, afin d'être vu de ses hommes[4], il demoura au dîner à la ville, sans monter au château; et lui tindrent compagnie le curé son compère et aucuns autres des plus gens de bien. Devises montèrent en jeu, d'une et d'autre matière, tant que monseigneur commença à louer beaucoup le digne sacrement de baptême, et dit haut et clair, oyans tous : « Se je savois véritablement qu'à mon baptême eussent été prononcées les dignes et saintes paroles que j'ai ouïes à cette heure au baptême de mon nouveau filleul, je ne craindrois en rien le diable, qu'il eût sur moi puissance ne autorité, sinon seulement de moi tenter, et me passerois de faire le signe de la croix, non pas, afin que bien vous m'entendez, que je ne sache très-bien que ce signe est suffisant à rebouter le diable, mais ma foi est telle que les paroles dites au baptême d'un chacun chrétien, se elles sont telles comme aujourd'hui j'ai ouïes, sont valables à rebouter tous les diables d'enfer, s'il y avoit encore autant. — Et en vérité, répondit lors le curé, monseigneur, je vous assure *in verbo sacerdotis*, que les mêmes paroles qui ont été aujourd'hui dites et célébrées au baptême de votre filleul, furent dites et célébrées à votre baptisement; je le sais bien, car moi-même vous ai baptisé et en ai aussi fraîche mémoire comme se eût été hier. Dieu fasse merci à monseigneur votre père! Il me demanda, le lendemain de votre baptême, qu'il me sembloit de son nouveau fils; tels et tels furent vos parrains, et tels et tels y étoient. » Il raconta toute la manière du baptême, et le fit bien certain que mot avant ne mot arrière n'y eût plus en son baptisement qu'à celui de son filleul. « Et puisque ainsi est, dit alors le chevalier, je promets à Dieu, mon créateur, tant honorer de ferme foi le sacrement de baptême, que jamais, pour quelque péril ou ennui que le diable me fasse, je ne ferai le signe de la croix; mais par la seule mémoire du mystère du sacrement de baptême, je l'en chasserai arrière de moi, tant ai ferme espérance en ce divin mystère, et ne me semblera jamais que le diable puisse nuire à homme armé de tel écu, car il est tel et si ferme, que seul y vaut sans autre aide, voire accompagné de vraie foi. » Ce dîner passa, et, ne sais quants ans après, ce bon chevalier se trouva en une ville en Allemagne pour aucuns affaires qui l'y tirèrent, et fut logé en l'hôtellerie. Comme il étoit un soir avec ses gens, après souper, devisant et ébattant avec eux, faim[1] le print d'aller au retrait[2], et pource que ses gens s'ébattoient, il n'en voulut nuls ôter de l'ébat. Si print une chandelle et tout

---

[1] Croyance. — [2] Vassal. — [3] Attention. — [4] Vassaux, sujets.

[1] Besoin. — [2] Privé, garde-robe.

seul s'en va au retrait. Comme il entra dedans, il vit devant lui un grand monstre horrible et terrible, ayant grandes et longues cornes, les yeux plus allumés que flambes de fournaise, les bras gros et longs, les griffes aiguës et tranchantes ; bref, c'étoit un épouvantable monstre et un diable, comme je crois ; et pour tel le tenoit le bon chevalier, lequel de prime-face fut assez ébahi d'avoir ce rencontre ; néanmoins toutefois print cœur hardiment et vouloir de soi défendre, s'il étoit assailli, et lui souvint du vœu qu'il avoit fait, et du saint et divin mystère du sacrement de baptême. Et en cette foi, marche vers ce monstre que j'appelle le diable et lui demanda qu'il étoit et qu'il demandoit. Ce diable le commença à accoupler[1], et le bon chevalier de soi défendre, qui n'avoit toutefois pour toute armure que ses mains, car il étoit en pourpoint comme pour aller coucher, et son écu de ferme foi au mystère de baptême. La lutte dura longuement, et fut ce bon chevalier tant las que merveilles, de soutenir ce dur assaut ; mais il étoit tant fort armé de son écu de foi que peu lui nuisoient les faits de son ennemi. En la parfin, après que cette bataille eut bien duré une heure, le bon chevalier se print aux cornes de ce diable, et lui en arracha une, dont il le bacula[2] trop bien, et malgré lui, comme victorieux se départit du lieu, et le laissa comme recru[3], et vint trouver ses gens qui s'ébattoient, comme ils faisoient avant son partement, qui furent bien effréés de voir leur maître en ce point échauffé, qui avoit tout le visage égratigné, le pourpoint, chemise et chausses tout dérompus et déchirés, et comme tout hors d'haleine. « Ha ! monseigneur, dirent-ils, d'ond venez-vous, et qui vous a ainsi habillé ? — Qui ? dit-il : ç'a été le diable, à qui je me suis tant combattu que j'en suis tout hors d'haleine, et en tel point que me véez ; et vous assure, par ma foi, que je tiens véritablement qu'il m'eût étranglé et dévoré se à cette heure ne me fus souvenu du baptême et du grand mystère de ce vertueux sacrement, et de mon vœu que je fis adoncques, et créez que je ne l'ai pas faussé, car quelque danger que j'aie eu, oncques n'y fis le signe de la croix, mais comme souvent, du saint sacrement dessusdit, me suis hardiment défendu, et franchement échappé, dont je loue et mercie Notre-Seigneur Jésus-Christ, qui, par ce bon écu de sainte foi, m'a si hautement préservé. Viennent tous les autres qui en enfer sont, tant que cette enseigne demeure, je ne les crains. Vive, vive notre benoît Dieu, qui ses chevaliers de telles armes fait adouber[1] ! » Les gens de ce bon seigneur, oyant leur maître ce cas raconter, furent bien joyeux de le voir en bon point ; mais ébahis de la corne qu'il leur montroit, qu'il avoit arrachée de la tête du diable, et ne savoient juger (non fit oncques personne qui depuis la vit) de quoi elle étoit, se c'étoit os ou corne, comme autres cornes sont ou que c'étoit. Alors un des gens de ce chevalier dit qu'il vouloit aller voir se ce diable étoit encore où son maître l'avoit laissé, et s'il le trouvoit, il se combattroit à lui et lui arracheroit de la tête l'autre corne. Son maître lui dit qu'il n'y allât point ; il dit que si feroit. « N'en fais rien, dit son maître, car le péril est trop grand. — Ne m'en chaut ! dit l'autre, j'y vueil aller. — Se tu me crois, dit son maître, tu n'iras pas. » Quoi qu'il fût, il y voulut aller et désobéir à son seigneur. Il print en sa main une torche et une grande hache, et vint au lieu où son maître s'étoit combattu : quelle chose il y fit, on n'en sait rien ; mais son maître, qui de lui se doutoit[2], ne le sut sitôt suyr, qu'il ne le trouva pas, ne pareillement le diable aussi, et n'ouït oncques plus nouvelles de son homme. En la façon qu'avez ouï, se combattoit ce bon chevalier au diable, et le surmonta par la vertu du saint sacrement du baptême.

NOUVELLE LXXI.

LE CORNARD DÉBONNAIRE.

La soixante et onzième nouvelle, racontée par Monseigneur, traite d'un chevalier de Picardie, qui en la ville de Saint-Omer se logea en une hôtellerie, où il fut amoureux de l'hôtesse de léans, avec laquelle il fut très-amoureusement ; mais en faisant ce que vous savez, le mari de ladite hôtesse les trouva, lequel tint manière telle que ci-après pourrez ouïr.

A Saint-Omer, n'a pas longtemps, advint une assez bonne histoire qui n'est pas moins vraie que l'Évangile, comme il a été et est connu de plusieurs notables gens dignes de foi et de le croire, et fut le cas tel, pour le bref faire. Un gentil chevalier des marches de Picardie, pour lors bruyant et frisque[3], de grande

---

[1] Saisir au corps. — [2] Bâtonna. — [3] Vaincu.

[1] Munir. — [2] Qui craignait pour lui.
[3] Renommé et galant.

autorité et de grand lieu, se vint loger en une hôtellerie, qui, par le fourrier de monseigneur le duc Philippe de Bourgogne, son maître, lui avoit été délivrée[1]. Tantôt qu'il eut mis le pied à terre et qu'il fut descendu de son cheval, ainsi comme il est de coutume auxdites marches, son hôtesse lui vint au-devant, et très-gracieusement comme elle étoit accoutumée et bien apprinse de ce faire, aussi le reçut moult honorablement ; et lui, qui étoit des courtois le plus honorable et le plus gracieux, l'accola et la baisa doucement, car elle étoit belle et gente et en bon point, et mise sur le bon bout[2], appelant, sans mot dire, trop bien son marchand[3] à ce baiser et accolement ; et de prime-saut n'y eut celui des deux qui ne plût bien à son compagnon. Si pensa le chevalier par quel train et moyen il parviendroit à la jouissance de son hôtesse ; et s'en découvrit à un sien serviteur, lequel en peu d'heures bâtit tellement les besognes, qu'ils se trouvèrent ensemble. Quand ce gentil chevalier vit son hôtesse prête d'ouïr et d'entendre ce qu'il voudroit dire, pensez qu'il fut joyeux outre mesure, et de grand'hâte et ardent désir qu'il eut d'entamer la matière qu'il vouloit ouvrir, il oublia de serrer l'huis de la chambre, et son serviteur, au partir qu'il fit de leur assemblement, laissa l'huis entr'ouvert. Alors ledit chevalier commença sa harangue bonne allure[4] sans regarder à autre chose ; et l'hôtesse, qui ne l'écoutoit pas à regret, si lui répondit au propos, tant qu'ils étoient si bien d'accord que oncques musique ne fut pour eux plus douce ne instruments ne pourroient mieux être accordés, qu'eux deux, la merci Dieu, étoient. Or advint, ne sais par quelle aventure, ou se l'hôte de léans, mari de l'hôtesse, quéroit sa femme pour aucune chose lui dire, en passant d'aventure par-devant la chambre où sa femme avec le chevalier jouoient ensemble des cimbales, il en ouït le son ; si se tira vers le lieu où ce beau déduit se faisoit, et au heurter à l'huis qu'il fit, trouva l'attelée[5] du chevalier et de sa femme ; dont il fut d'eux trois le plus ébahi de trop, et en reculant subitement, doutant les empêcher et destourber[1] de ladite œuvre qu'ils faisoient, leur dit pour toutes menaces et tançons[2] : « Et par la morbleu ! vous êtes bien méchantes gens, et à votre fait mal regardants, qui n'avez eu en vous tant de sens, quand vous voulez faire telles choses, que de serrer et tirer l'huis après vous ! Or, pensez que c'eût été, se un autre que moi vous y eût trouvés ? et pardieu ! vous étiez gâtés et perdus, et eût été votre fait décelé et tantôt su par toute la ville. Faites autrement une autre fois, de par le diable ! » Et sans plus dire, tire l'huis et s'en va, et bonnes gens de raccorder leurs musettes et parfaire la note encommencée, et quand ce fut fait, chacun s'en alla à sa chacune[3], sans faire semblant de rien, et n'eût été, comme j'espoire, leur cas jamais découvert, ou au moins si public de venir à vos oreilles ne tant d'autres gens, ce n'eût été le mari, qui ne se douloit[4] pas tant de ce que l'on l'avoit fait coux, que de l'huis qu'il trouva desserré.

NOUVELLE LXXII.

LA NÉCESSITÉ EST INGÉNIEUSE.

La soixante-douzième nouvelle, par monseigneur de Commesuram, traite d'un gentilhomme de Picardie qui fut amoureux de la femme d'un chevalier son voisin ; lequel gentilhomme trouva façon, par bons moyens, d'avoir la grâce de sa dame, avec laquelle il fut assigné ; dont à grand'peine trouva manière d'en jouir, comme vous oirez ci-après.

A propos de la nouvelle précédente, ès marches de Picardie, avoit naguère un gentilhomme, lequel étoit tant amoureux de la femme d'un chevalier son prochain voisin, qu'il n'avoit ne jour ne heure de repos, se il n'étoit auprès d'elle ; et elle pareillement l'aimoit tant, qu'on ne pourroit dire ne penser (qui n'étoit pas peu de chose) ; mais la douleur étoit qu'ils ne savoient trouver façon ne manière d'être à part et en lieu secret, pour à loisir dire et déclarer ce qu'ils avoient sur le cœur. Au fort, après tant de males nuits et jours douloureux, Amour, qui à ses loyaux serviteurs aide et secoure quand bien lui plaît, leur apprêta un jour très-désiré auquel le douloureux mari, plus jaloux que nul homme vivant, fut contraint d'abandonner le ménage, et aller

---

[1] Le fourrier était chargé de marquer les logemens dans les endroits où s'arrêtait la suite d'un roi ou d'un prince. — [2] C'est-à-dire, parée avec beaucoup de recherche ; on dirait maintenant dans le langage familier : mise sur un bon pied. — [3] Un galant, un amoureux. — [4] De grand train. — [5] Ou *attelage*, tête-à-tête amoureux.

[1] Détourner.
[2] Réprimandes. — [3] En sa chambre, de son côté.
— [4] Ne s'affligeait.

aux affaires, qui tant lui touchoient, que sans y être en personne il perdoit une grosse somme de deniers, et par sa présence il la pouvoit conquérir : ce qu'il fit; en laquelle gagnant, il conquit bien meilleur butin, comme d'être nommé coux, avec le nom de jaloux qu'il avoit auparavant. Car il ne fut pas plutôt sailli de l'hôtel, que le gentilhomme, qui ne glatissoit[1] après autre bête, et sans faire long séjour, incontinent exécuta ce pourquoi il venoit et print de sa dame tout ce qu'un serviteur en ose ou peut demander, si plaisamment et à si bon loisir qu'on ne pouvoit mieux souhaiter ; et ne se donnèrent de garde que la nuit les surprint, dont ne se donnèrent du mal temps, espérant la nuit parachever ce que le jour très-joyeux et pour eux trop court avoit encommencé ; pensant, à la vérité, que ce diable de mari ne dût point retourner en sa maison jusqu'à lendemain au dîner, voire au plus tard. Mais autrement en alla ; car les diables le rapportèrent à l'hôtel, ne sais en quelle manière, et aussi ne chaut de savoir comment il sut tant abréger de ses besognes ; assez suffit de dire qu'il revint le soir, dont la belle compagnie, c'est à savoir de nos deux amoureux, fut bien ébahie, pource qu'ils furent si hâtivement surpris, car en nulle manière ne se doutoient de ce dolent retourner[2]. Aussi, jamais n'eussent cuidé que si soudainement et si légèrement il eût fait et accompli son voyage. Toutefois, notre pauvre gentilhomme ne sut autre chose que faire ne où se musser, sinon que de soi bouter dans le retrait de la chambre, espérant de saillir par quelque voie que sa dame trouveroit, avant que le chevalier y eût mis le pied ; dont il vint tout autrement. Car notre chevalier, qui ce jour avoit chevauché seize ou dix-huit grosses lieues, étoit tant las que ne pouvoit ses reins tourner, et voulut souper en sa chambre, où il s'étoit déhousé[3], et s'y voulut tenir, sans aller en la salle[4]. Pensez que le pauvre gentilhomme rendoit bien gage[5] du bon temps qu'il avoit eu ce jour, car il mouroit de faim, de froid et de peur. Encore pour plus engréger[6] son mal, une toux le va prendre si grande et si horrible que merveille,

et ne se falloit guère que chacun coup qu'il toussoit, qu'il ne fût ouï de la chambre où étoit l'assemblée du chevalier, de la dame et des autres chevaliers de léans. La dame, qui avoit l'œil et l'oreille toujours à son ami, l'entrouït d'aventure, dont elle eut grand frayeur au cœur, doutant que son mari ne l'ouït aussi. Si trouva manière, tantôt après souper, de soi bouter seulette en ce retrait, et dit à son ami, pour Dieu, qu'il se gardât ainsi de tousser. « Hélas ! dit-il, madame, je ne puis pas, mais Dieu sait comment je suis puni, et pour Dieu, pensez-moi tirer d'ici ! — Si ferai-je, » dit-elle. Et à tant se part, et le bon écuyer de recommencer sa chanson, voire si très-haut, qu'on put bien ouïr de la chambre, se n'eût été les devises que la dame faisoit mettre en termes. Quand ce bon écuyer se vit en ce point assailli de la toux, il ne sut autre remède, afin de non être ouï, que de bouter sa tête au trou du retrait où il fut bien encensé, Dieu le sait, de la confiture de léans ; mais encore aimoit-il ce mieux qu'être ouï. Pour abréger, il fut longtemps la tête à ce retrait, crachant, toussant et mouchant, tant il sembloit que jamais ne dût faire autre chose ; néanmoins, après ce bon coup, sa toux le laissa, et se cuidoit tirer hors ; mais n'étoit pas en sa puissance de se retirer, tant étoit avant et fort bouté léans. Pensez qu'il étoit bien à son aise ! Bref, il ne savoit trouver façon de saillir, quelque peine qu'il y mit, avoit tout le col écorché et les oreilles arrachées ; en la parfin, comme Dieu le voulut, il se força tant, qu'il arracha l'ais percé[1] du retrait et le rapporta à son col ; mais en sa puissance n'eût été de l'en ôter, et quoiqu'il lui fût ennuyeux, si aimoit-il mieux être ainsi, que comme il étoit pardevant[2]. Sa dame le vint trouver en ce point, dont elle fut bien ébahie, et ne lui sut secourir, mais lui dit, pour tout potage, qu'elle ne sauroit trouver façon du monde le traire[3] de léans. « Est-ce cela ? dit-il, par la morbieu ! je suis assez armé pour combattre un autre ; mais que j'aie une épée en ma main. » Dont il fut tantôt saisi d'une bonne. Sa dame, le voyant en tel point, quoiqu'elle eût grand doute, ne se savoit tenir de rire ne l'écuyer aussi. « Or çà, à Dieu me commande ! dit-il alors ; je m'en vais essayer comment je passerai par céans ; mais premier brouille-moi le visage bien noir,

---

[1] Expression empruntée de la chasse à la pipée ; chassait. — [2] Ce fâcheux retour. — [3] Débotté, déshabillé. — [4] On appelait alors *la salle* celle qui servait aux réceptions et que nous nommons *le salon*. — [5] Payait cher. — [6] Augmenter.

[1] La lunette. — [2] Auparavant. — [3] Tirer.

si fit-elle, et le commanda à Dieu, et bon compagnon, à tout l'ais du retrait à son col, l'épée nue en sa main, sa face plus noire que charbon, commença à saillir de la chambre, et de bonne encontre[1] le premier qu'il trouva, ce fut le dolent mari, qui eut de le voir si grand peur, cuidant que ce fût le diable, qu'il se laissa tomber du haut de lui à terre, à peu qu'il ne se rompît le col, et fut longuement pâmé. Sa femme, le voyant en ce point, saillit avant, montrant plus de semblant d'effroi qu'elle ne sentoit beaucoup, et le print au bras en lui demandant qu'il avoit ; puis, après qu'il fut revenu, dit à voix cassée et bien piteuse: « N'avez-vous point vu ce diable que j'ai rencontré ? — Certes, si ai ! dit-elle, à peu que je n'en suis morte de la frayeur que j'ai eue de le voir. — Et d'ond peut-il venir céans ? dit-il, et qui le nous a envoyé ? je ne serai, de cet an ne de l'autre, rassuré, tant ai été épouvanté. — Ne moi, pardieu ! dit la dévote dame, créez que c'est signifiance d'aucune chose. Dieu nous veuille garder et défendre de toute malaventure ! Le cœur ne me gît pas bien de cette fçon. » Alors tous ceux de l'hôtel dirent chacun sa ratelée de ce diable à l'épée, cuidant que la chose fût vraie ; mais la bonne dame savoit bien la traînée, qui fut bien joyeuse de les voir tous en cette opinion. Et depuis continua le diable dessusdit le métier que chacun fait voluntiers, au déçu du mari et de tous autres, fors une chambrière secrète.

NOUVELLE LXXIII.
L'OISEAU EN LA CAGE.

La soixante-treizième nouvelle, par maître Jean Lambin, traite d'un curé qui fut amoureux d'une sienne paroissienne, avec laquelle ledit curé fut trouvé par l'avertissement de ses voisins ; et de la manière comment ledit curé échappa, comme vous oirez ci-après.

En la comté de Saint-Pol, en un village assez prochain de ladite ville de Saint-Pol, avoit un homme laboureur, marié avec une femme belle et en bon point, de laquelle le curé du village étoit amoureux ; et pource qu'il se sentit si épris du feu d'amours et que difficile lui étoit servir sa dame sans être suspecionné, il pensa qu'il ne pouvoit bonnement venir à la jouissance d'elle sans premier avoir celle du mari. Cet avis découvrit à sa dame, pour en voir son opinion ; laquelle lui dit que très-

[1] Rencontre.

bonne et propre étoit pour mettre à fin leurs amoureuses intentions. Notre curé donc, par gracieux et subtils moyens, s'accointa de celui dont il vouloit être le compagnon, et tant bien se conduisoit avec le bon homme, qu'il ne mangeoit sans lui, et quelque besogne qu'il fît, toujours parloit de son curé, mêmement chacun jour le vouloit avoir au dîner et au souper ; bref, rien n'étoit bien fait à l'hôtel du bonhomme, se le curé n'étoit présent. Quand les voisins de ce pauvre simple laboureur virent ce qu'il ne pouvoit voir, lui dirent qu'il ne lui étoit honnête avoir ainsi continuellement le repaire[1] du curé, et qu'il ne se pouvoit ainsi continuer sans grand déshonneur de sa femme, mêmement, que les autres voisins et amis l'en avisoient, et parloient en son absence. Quand le bonhomme se sentit ainsi aigrement repris de ses voisins, et qu'ils lui blâmoient le repaire du curé en sa maison, force lui fut de dire au curé que se déportât[2] de hanter en sa maison ; et de fait, lui défendit, par mots exprès et menace, que jamais ne s'y trouvât, s'il ne le lui mandoit, affermant par grand serment que, s'il l'y trouvoit, il compteroit avec lui et le feroit retourner outre son plaisir, et sans savoir gré. La défense déplut au curé plus que je ne vous saurois dire ; mais nonobstant qu'elle fût aigre, pourtant ne furent les amourettes rompues, car elles étoient si parfond enracinées ès cœurs des deux parties, que impossible étoit de les rompre ne déjoindre. Or oyez comme notre curé se gouverna, après que la défense lui fut faite. Par l'ordonnance de sa dame, il print règle et coutume de la venir visiter toutes les fois qu'il sentoit le mari absent ; mais lourdement s'y conduisoit, car il n'eut su faire sa visitation sans le su des voisins qui avoient été cause de la défense, auxquels le fait déplaisoit autant que s'il leur eût touché. Le bonhomme fut derechef averti que le curé alloit éteindre le feu, comme auparavant de la défense. Notre simple mari, oyant ce, fut bien ébahi, et encore plus courroucé la moitié ; lequel, pour y remédier, pensa tel moyen que je vous dirai. Il dit à sa femme qu'il vouloit aller un jour, tel qu'il nomma, mener à Saint-Omer une charrette de blé, et que, pour mieux besogner, il y vouloit lui-même aller. Quand

[1] Séjour. Ce mot est peut être employé ici dans le sens qu'on lui donne en langage de chasseur : fiente d'animal, trace de la bête. — [2] S'abstînt.

le jour nommé, qu'il devoit partir, fut venu, il fit ainsi qu'on a de coutume en Picardie, espécialement ès marches d'autour Saint-Omer, chargea son chariot de blé à minuit, et à celle même heure voulut partir, et print congé de sa femme, et vuida[1] avec son chariot; et sitôt qu'il fut hors, sa femme ferma tous les huis de sa maison. Or vous devez entendre que notre marchand fit son Saint-Omer chez l'un de ses amis, qui demouroit au bout de la ville où il alla arriver et mit son chariot en la cour dudit ami, qui savoit toute la traînée; lequel il envoya pour faire le guet et écouter tout entour de sa maison, pour voir se quelque larron y viendroit. Quand il fut là arrivé, il se tapit au coin d'une forte haie, duquel il véoit toutes les entrées de la maison dudit marchand, dont il étoit serviteur et grand ami. En cette partie guère n'eut écouté que veci maître curé qui vint pour allumer sa chandelle, ou pour mieux dire l'éteindre, et tout coiement et doucement heurter à l'huis de la cour; lequel fut tantôt ouï de celle qui n'avoit talent de dormir à celle heure, laquelle sortit habilement en chemise, et vint mettre dedans son confesseur, et puis ferme l'huis, le menant au lieu où son mari dût avoir été. Or revenons à notre guet[2], lequel, quand il aperçut tout ce qui se fut fait, se leva de son guet, et s'en alla sonner sa trompette et déclara tout au bon mari; sur quoi incontinent conseil fut prins et ordonné en cette manière. Le marchand de blé feignit retourner de son voyage avec son chariot de blé, pour certaine aventure qu'il doutoit lui advenir. Si vint heurter à sa porte et hucher sa femme, qui se trouva bien ébahie, quand elle ouït sa voix, mais tant ne le fut, qu'elle ne print bien le loisir de musser[3] son amoureux le curé en un casier qui étoit en la chambre; et pour vous donner entendre quelle chose est un casier, c'est un garde-manger en la façon d'une huche, long et étroit pour raison et assez profond. Et après que le curé se fut mussé où l'on musse les œufs et le beurre, le fromage et autres telles vitailles[4], la vaillante ménagère, comme moitié dormant, moitié veillant, se présenta devant son mari à l'huis, et lui dit : « Hélas ! mon bon mari, quelle aventure pouvez-vous avoir, que si hâtivement retournez ? Certainement il y a aucun qui ne vous laisse faire votre voyage ? Hélas ! pour Dieu, dites-le moi ! » Le bonhomme voulut aller en sa chambre et illec dire les causes de son hâtif retour. Quand il fut où il cuidoit trouver son curé, c'est à savoir en sa chambre, commença à conter les raisons du retour de son voyage; premier, dit : pour la suspecion qu'il avoit de la déloyauté d'elle, craignoit très-fort être du rang des bleus-vêtus[1] qu'on appelle communément nozamis, et que, au moyen de cette suspecion, étoit-il ainsi tôt retourné; item, que, quand il s'étoit trouvé hors de sa maison, autre chose ne lui étoit venu au-devant, sinon que le curé étoit son lieutenant, tandis qu'il alloit marchander; item, pour expérimenter sa imagination[2], dit qu'il étoit ainsi retourné; et celle heure, voulut avoir la chandelle et regarder se sa femme osoit bien coucher sans compagnie en son absence. Quand il eut achevé les causes de son retour, la bonne dame s'écria disant : « Ha ! mon bon mari, d'ond vous vient maintenant cette vaine jalousie ? avez-vous aperçu en moi autre chose qu'on ne doie juger d'une bonne, loyale et prudente femme ? Hélas ! que maudite soit l'heure qu'oncques vous connus pour être soupçonnée de ce que mon cœur ne sut penser ! Vous me connoissez mal, et ne savez-vous combien net et entier mon cœur veut être, et demourer. » Le bon marchand eût pu être contraint de ces bourdes s'il n'eût rompu la parole; si dit qu'il vouloit guérir son imagination, et incontinent va chercher et visiter les cornets[3] de la chambre au mieux qu'il fut possible, mais il ne trouva point ce qu'il quéroit. Adonc se donna garde du casier, et jugea que son compagnon y étoit, et sans en montrer semblant, hucha sa femme et lui dit : « Ma mie, à grand tort je vous ai soupçonnée de m'être déloyale; et que telle me soyez que ma fausse imagination m'apporte, toutefois, je suis si aheurté et enclin à croire m'arrêter à mon opinion, qu'impossible m'est de jamais être plaisamment avec vous; et pour ce, je vous prie que soyez contente que la séparation soit faite de nous deux, et qu'amoureusement partissions[4] nos biens communs

[1] S'éloigna. — [2] Guetteur. — [3] Cacher.
[4] Victuailles, provisions de bouche.

[1] Il paraîtrait, d'après ce passage, que la couleur bleue était alors ce qu'est aujourd'hui la couleur jaune, l'emblème et la livrée des maris trompés; peut-être par rapport à la couleur du *maquereau*, qui a donné son nom aux maris pourvoyeurs des débauches de leurs femmes. — [2] Soupçon, pressentiment. — [3] Coins. — [4] Partagions.

par égale portion. » La gouge, qui désiroit assez le marché, afin que plus aisément se trouvât avec son curé, accorda sans guère faire difficulté à la requête de son mari, par telle condition toutefois qu'elle, faisant la partition des meubles, elle commenceroit et feroit le premier choix : « Et pour quelle raison, dit le mari, voulez-vous choisir la première? c'est tout contre tout droit et justice. » Ils furent longtemps en différence pour choisir, mais à la fin le mari vainquit, car il print le casier, où il n'y avoit que flans, tartes et fromages, et autres menues vitailles, entre lesquels notre curé étoit enseveli, lequel oyoit les bons devis qui à cette cause se faisoient. Quand le mari eut choisi le casier, la dame choisit la chaudière, puis le mari un autre meuble; puis elle conséquemment, jusqu'à ce que tout fût parti et portionné. Après laquelle portion faite, le bon mari dit : « Je suis content que vous demourez en ma maison jusqu'à ce que vous ayez trouvé logis pour vous, mais de cette heure je vueil emporter ma part, et la mettre à l'hôtel d'un de mes voisins. — Faites-en, dit-elle, vôtre bon plaisir. » Il print une bonne corde et en lia et adouba son casier, et fit venir son charreton, à qui il fit atteler son casier d'un cheval, et lui chargea qu'il menât à la maison de tel son sien voisin. La bonne dame, tout oyant cette délibération, laissoit tout faire, et de donner conseil au contraire ne s'osoit avancer, doutant que le casier ne fût ouvert; et abandonna tout à telle aventure que survenir pouvoit. Le casier fut, ainsi que dit est, attelé au cheval et mené par la rue pour aller à l'hôtel où le bonhomme l'avoit ordonné, mais guère n'alla que maître curé, à qui les œufs et le beurre crevoient les yeux, criât : « Pour Dieu, merci! » Le charreton, oyant cette piteuse voix sonnante du casier, descendit tout ébahi et appella les gens et son maître, qui ouvrirent le casier, où ils trouvèrent ce pauvre prisonnier, tiré et empapiné d'œufs, de fromage et de beurre et autres choses plus de cent. Ce pauvre amoureux étoit tant piteusement appointé qu'on ne savoit duquel il avoit le plus. Et quand son mari le vit en ce point, il ne se put contenir de rire, combien que courroucé dût être; le laissa courir, et vint à sa femme montrer comment il avoit eu tort d'être soupçonneux de sa fausse déloyauté. Elle, qui se vit par exemple vaincue, cria merci et il lui

fut pardonné par telle condition que, se jamais le cas lui advenoit, qu'elle fût mieux avisée de mettre son homme autre part qu'au casier; car le curé en avoit été en péril d'être à toujours gâté. Et après ce, ils demourèrent ensemble longtemps, et rapporta l'homme son casier, et ne sais point que le curé s'y trouvât depuis, lequel, par le moyen de cette aventure, fut comme encore est appelé sire *Vadin-Casier*[1].

NOUVELLE LXXIV.

LE CURÉ TROP RESPECTUEUX.

La soixante-quatorzième nouvelle, racontée par Philippe de Laon, traite d'un prêtre boulennois qui leva le corps de Notre-Seigneur Jésus-Christ, en chantant une messe, pource qu'il cuidoit que monseigneur le sénéchal de Boulogne fût venu tard à la messe; et aussi comment il refusa de prendre la paix devant monseigneur le sénéchal, comme vous pourrez ouïr ci-après.

Ainsi que naguère monseigneur le sénéchal de Boulennois chevauchoit parmi le pays, d'une ville à l'autre; en passant par un hamelet[2] où l'on sonnoit au sacrement, et pource qu'il avoit douté de ne pouvoir venir à la ville où il contendoit[3], en temps pour ouïr messe, car l'heure étoit près de midi, il s'avisa qu'il descendroit audit hamelet pour voir Dieu en passant. Il descendit à l'huis de l'église, et puis s'en alla rendre assez près de l'autel, où l'on chantoit la grand'messe, et si prochain se mit du prêtre, qu'il le pouvoit, en célébrant, de côtière[4] apercevoir. Quand il eut levé Dieu et calice, et fut ainsi qu'il appartenoit, pensant à part lui, après qu'il eut perçu[5] monseigneur le sénéchal être derrière lui, et non sachant se à bonne heure étoit venu pour voir Dieu lever, ayant toutefois opinion qu'il étoit venu tard, appela son clerc et lui fit allumer arrière la torche; puis, en gardant les cérémonies qu'il faut garder, leva encore une fois Dieu, disant que c'étoit pour monseigneur le sénéchal, et puis ce fait, procéda outre jusqu'à ce qu'il fût parvenu à son *Agnus Dei*; lequel quand il eut dit trois fois, et que son clerc lui bailla la paix pour baiser, il la refusa, et en rabrouant très-bien son clerc, il dit qu'il ne savoit ne bien ne honneur, et la fit bailler à monseigneur le sé-

---

[1] Il faut plutôt lire *badin-casier*, à moins que *Vadin* soit le nom du curé.
[2] Hameau. — [3] Vers laquelle il se dirigeait.
[4] De côté, de profil. — [5] Pour *aperçu*.

néchal, qui la refusa de tout point deux ou trois fois ; et quand le prêtre vit que monseigneur le sénéchal ne vouloit prendre la paix devant lui, il laissa Dieu qu'il tenoit en ses mains, et print la paix qu'il apportoit à mondit seigneur le sénéchal, et il lui dit que s'il ne la prenoit devant lui, il ne la prendroit jà lui même : « Et ce n'est pas, dit le prêtre, raison que j'aie la paix devant vous. » Adonc monseigneur le sénéchal, voyant que sagesse n'avoit illec lieu, si accorda au curé et print la paix premier, puis le curé après, et ce fait, s'en retourna parfaire sa messe de ce qui restoit ; et puis c'est tout ce que on m'en a raconté.

NOUVELLE LXXV.

LA MUSETTE.

La soixante-quinzième nouvelle, racontée par monseigneur de Thalemas, traite d'un gentil galant, demi-follet, non guère sage, qui en grande aventure se mit de mourir et être pendu au gibet, pour nuire et faire déplaisir au bailli et à la justice et autres plusieurs de la ville de Troyes en Champagne, desquels il étoit haï mortellement, comme plus à plein pourrez ouïr ci-après.

Par aucun temps de la guerre des deux partis, les uns nommés Bourgongnons, les autres Armignas [2], il advint en la ville de Troyes une assez gracieuse aventure, qui très-bien vaut le réciter et mettre en conte, qui fut telle. Ceux de Troyes, pour lors qu'oncques paravant ils eussent été Bourgongnons, s'étoient tournés Armignas [3] et entre eux, avoit conversé [3] un compagnon, à demi fol, non pas qu'il eût perdu l'entière connoissance de raison, mais, à la vérité, il tenoit plus du côté de dame Folie qu'il ne tenoit de raison, combien qu'aucune fois il exécutât, et de la main et de la bouche, plusieurs besognes que plus sage que lui n'eût su achever. Pour venir donc au propos encommencé, le galant dessusdit étoit en garnison avec les Bourgongnons à Sainte-Meneho [4], mit une journée en terme à ses compagnons, et leur commença à dire, que, s'ils le vouloient croire, qu'il leur bailleroit bonne doctrine pour attraper un hôte des loudiers de Troyes, lesquels, à la vérité, il hayoit mortellement ; et ils ne l'aimoient guères, mais le menaçoient toujours de pendre s'ils le pouvoient tenir. Veci qu'il : « Je m'en irai devers Troyes, et m'approcherai des faubourgs, et ferai semblant de la ville, et de tâter de ma lance les fossés ; si près de la ville me tirerai, que je serai pris. Je suis sûr, sitôt que le bon bailli me tient, qu'il me condamnera à pendre, et nul de la ville ne s'y opposera pour moi ; car ils me hayent trèstous : ainsi serai-je bien mené au gibet, et vous, soyez embûchés au bois qui est au plus près dudit gibet, et tantôt que vous orrez venir moi et ma compaignie, vous saudrez [1] sur l'assemblée, et en prendre tiendrez à votre voulenté, et me délivrerez de leurs mains. » Tous les compagnons de garnison s'y accordèrent très-voulentiers, et lui commencèrent à dire que, puisqu'il osoit bien entreprendre cette aventure, qu'ils le devoient à la fournir au mieux qu'ils sauroient. Et pour abréger, le gentil folâtre s'approcha de Troyes, comme il avoit devant dit, et, ainsi comme désiroit, fut prins ; dont le bruit se épandit tôt parmi la ville, et n'y eut celui qui ne le condamnât à pendre ; mêmement le bailli, sitôt qu'il le vit, dit et jura par ses bons dieux qu'il sera pendu par la gorge. « Hélas ! monseigneur, disoit-il ; je vous quiers merci ; je ne vous ai rien méfait. Vous mentez, ribaud, dit le bailli ; vous avez guidé les Bourgongnons en cette marche, avez accusé les bourgeois et bons marchands de cette ville : vous en aurez votre paiement, car vous en serez au gibet pendu. — Ah ! par Dieu ! monseigneur, dit notre bon compagnon, puisqu'il faut que je meure, au moins qu'il vous plaise que ce soit bien matin, et en une ville où j'ai tant eu de connoissance et d'accointance, je ne reçoive trop publique punition. — Bien ! dit le bailli, on y pensera. » Le lendemain, dès le point du jour, le bourreau avec la charrette fut devant la prison, où il n'eut guères été que veci venir le bailli à cheval et ses sergents et grand nombre de gens pour l'accompagner ; et fut notre homme mis, troussé et lié sur la charrette, et tenoit sa musette dont il jouoit coutumièrement ; le mène devers la justice [2], où il fut plus accompagné que beaucoup d'autres n'eussent été, tant étoit haï en la ville. Or devez-vous savoir que les compagnons de la garnison

[1] En grand péril.
[2] Le règne de Charles VI en démence fut rempli par les querelles des Bourguignons et des Armagnacs, factions rivales qui livrèrent la France aux Anglais.
[3] S'était trouvé. — [4] Sainte-Menehould.

[1] Vous ferez irruption. — [2] Les fourches patibulaires.

[...]nte-Mencho n'oublièrent point eux em[pê]cher au bois auprès de la justice, dès la [n]uit, tant pour sauver l'homme, quoiqu'il [fû]t pas des plus sages, comme pour gagner [pri]sonniers et autre chose s'ils pouvoient. Eux [d]oncques arrivés disposèrent de leurs be[sog]nes comme de guerre et ordonnèrent un [guet] sur un arbre qui leur devoit dire quand [ceux] de Troyes seroient à la justice. Cette [guet]te, ainsi mise et logée, dit qu'elle feroit [son] devoir. Or sont descendus ceux de la jus[tice] devant le gibet, et le plus abrégément [que] faire se peut, le bailli commanda qu'on [dépêc]hât notre pauvre coquart¹, qui étoit bien [lo]in où ses compagnons étoient, qui ne ve[noi]ent férir dedans ces ribauds armignas. Il [n'é]toit pas bien à son aise, mais regardoit de[vant] et derrière, et le plus vers le bois, mais [il ne] voyoit rien : il se confessa le plus longue[men]t qu'il put ; toutefois il fut ôté du prêtre, [et p]our abréger, monta sur l'échelle, et lui là [haut], bien ébahi, Dieu le sait, regarde tou[jour]s vers ce bois ; mais c'étoit pour néant, [car] la guette ordonnée pour faire saillir ceux [qui] secourre le devoient, étoit endormie sur cet [arb]re. Si ne savoit que dire ne que faire ce [pauv]re homme, sinon qu'il pensoit être à son [derni]er jour. Le bourreau, à certaine pièce [près] fit ses préparatoires pour lui bouter la [hart] au col pour le dépêcher. Et quand il vit [cela] s'avisa d'un tour qui lui fut bien profi[table], et dit : « Monseigneur le bailli, je vous [prie] pour Dieu, que, avant qu'on mette plus [la m]ain à moi, que je puisse jouer une chan[son de] ma musette, et je ne vous demande [autre] chose ; je suis, après, content de [mour]ir, et vous pardonne ma mort et à tout [le] monde. » Cette requête lui fut passée ², et [la] musette lui fut en haut portée, et quand il [fut], le plus à loisir qu'il put, il la com[menç]a à sonner et jouer une chanson que ceux [de la] garnison dessusdite connoissoient très-[bien] y avoit : *Tu demeures trop, Robin, [Tu de]meures trop*³ ! Et au son de la musette [la guet]te s'éveilla, et de peur qu'elle eut, se [laissa c]hoir du haut en bas de l'arbre où elle [étoit], et dit : « On pend notre homme, avant ! [Sus] ! hâtez-vous tôt ! » Et les compagnons [furent] tous prêts ; et au son d'une trompette,

saillirent tous hors du bois, se vinrent fourrer sur le bailli, et sur tous ceux qui devant le gibet étoient. Et à cet effroi, le bourreau fut tant éperdu qu'il ne savoit ne eut oncques d'avis de lui bouter la hart au col ne le bouter jus¹, mais lui pria qu'il lui sauvât la vie, ce qu'il eût fait très-voulentiers, mais il ne fut en sa puissance ; trop bien y fit autre chose et meilleure, car lui, qui étoit sur l'échelle, crioit à ses compagnons : « Prenez cettui-là ? prenez cettui-là ? un tel est riche ! un tel est mauvais ! » Bref, les Bourgongnons en tuèrent un grand tas en la venue de ceux de Troyes et prindrent des prisonniers un grand nombre, et sauvèrent leur homme en la façon que vous oyez ; qui leur dit que, jour de sa vie, n'eut si belles affres² qu'il avoit à cette heure eues.

NOUVELLE LXXVI.

LES LACS D'AMOUR.

La soixante-seizième nouvelle, racontée par Philippe de Laon, traite d'un prêtre, chapelain à un chevalier de Bourgogne, lequel fut amoureux de la gouge dudit chevalier ; et de l'aventure qui lui advint à cause desdites amours, comme ci-dessous vous oirez.

L'on m'a plusieurs fois dit et raconté, par gens dignes de foi, un bien gracieux cas, dont je fournirai une petite nouvelle, sans y décroître³ ne ajouter chose que ce qui sert au propos. Entre les autres chevaliers de Bourgogne, en y avoit un naguère, lequel, contre la coutume et usage du pays, tenoit à pain et à pot⁴ une damoiselle belle et gente, en son château, que point ne veux nommer. Son chapelain, qui étoit jeune et frais, voyant cette belle fille, n'étoit pas si content que souvent ne fût par elle tenté, et en devint amoureux ; et quand il vit mieux son point, conta sa ratelée à la damoiselle, qui étoit plus fine que moutarde, car, la merci Dieu, elle avoit rôdé et couru le pays tant, que du monde ne savoit que trop ; elle pensa bien en soi-même que, s'elle accordoit au prêtre sa requête, que son maître qui voyoit clair, quelque moyen qu'elle sauroit trouver, il s'en donneroit bien garde, et ainsi perdroit le plus, pour le moins ; si délibéra de découvrir l'embûche à son maître, lequel, quand il le sut, n'en fit que rire, car assez s'en doutoit, attendu le regard, devis et ébattement qu'il avoit vu entre eux deux ; ordonna néan-

---

[...], niais. — ² Accordée. — ³ C'est peut-être là [l'origi]ne du proverbe : Il s'en souvient toujours à Robin [des fl]ûtes.

¹ Le jeter à bas ; c'est-à-dire, le pendre.
² Frayeurs. — ³ Oter. — ⁴ C'est-à-dire, entretenait.

moins à sa gouge[1] qu'elle entretînt le prêtre sans faire la courtoisie[2]; et si fit-elle si bien, que notre sire en avoit tout au long du bras, et notre bon chevalier souvent lui disoit : « Pardieu ! notre sire, vous êtes trop privé de ma chambrière ; je ne sais qu'il y a entre vous deux, mais si je savois que vous y pourchassiez à mon désavantage, par Notre-Dame ! je vous punirois bien. — Et en vérité, monseigneur, répondit maître *Domine*[3], je n'y chalange[4] ni demande rien ; je me devise à elle, et passe temps comme font les autres de céans, mais oncques jour de ma vie ne la requis d'amours ni d'autres choses. — Pourtant, le vous dis-je, ce dit le seigneur, se autrement en étoit, je n'en serois pas content. » Se notre *Domine* en avoit bien poursui[5] auparavant ses paroles, plus aigre et à toute force continua la poursuite, car où qu'il rencontrât la gouge, de tant près la tenoit que contrainte étoit, voulsît ou non, donner l'oreille en sa douce requête; et elle, duite et faite à l'éperon et à la lance, endormoit notre prêtre, et en son amour tant fort le boutoit, qu'il eût pour elle un Ogier combattu. Sitôt que de lui s'étoit saluée, tout le plaidoyer d'entre eux deux étoit au maître par elle raconté pour plus grand plaisir en avoir ; et pour faire la farce au vif, et bien tromper son chapelain, il commanda à sa gouge, qu'elle lui assignât journée d'être en la ruelle du lit où ils couchoient et lui dit : *Sitôt que monseigneur sera couché, je ferai ce que vous voudrez ; rendez-vous donc en la ruelle du lit tout doucement.* « Et faut, dit-il, que tu lui laisses faire, et moi aussi ; je suis sûre que, quand il cuidera que je dorme, qu'il ne demourera guère qu'il ne t'enferre, et j'aurai apprêté à l'environ de ton devant le lacs joli où il sera attrapé. » La gouge en fut joyeuse et bien contente, et fit son rapport à notre *Domine*, qui jour de sa vie ne fut plus joyeux, et sans penser ne imaginer péril ne danger où il se boutoit, comme en la chambre de son maître, au lit et à gouge de son maître ; toute la raison étoit de lui à ce

[1] Femme galante. — [2] Cette expression, dans le sens de *faire l'amour*, est employée souvent par Tallemant des Réaux, qui dit aussi *demander la courtoisie*.
[3] Les gens d'Église prenaient le titre de *dom*, du latin *dominus*.
[4] Prétends, réclame, conteste. Les anciennes éditions portent *calenge*.
[5] Poursuivi.

arrière mise ; seulement lui chailloit d'accomplir sa folle voulenté ; combien que nature est de plusieurs accoutumée. Pour faire long procès, maître prêtre vint à l'heure assignée bien doucement en la ruelle, Dieu le set et sa maîtresse lui dit tout bas : « Ne sonnez mot ; quand monseigneur dormira bien fort, vous toucherai de la main, et viendrez près moi. — En la bonne heure, » se dit. Le bon chevalier, qui à cette heure ne dormie, se tenoit à grand' peine de rire ; toutefois pour parfaire la farce, il s'en garda, et comme il avoit proposé et dit, il tendit son fil ou lacs (lequel qu'on veut), tout à l'endroit de la partie où maître prêtre avoit plus grand désir de se heurter. Or est tout prêt, et notre *Domine* appelé, et au plus doucement qu'il peut entra dedans le lit, et sans plus barguigner monte sur le tas pour voir plus loin. Sitôt qu'il fut logé, le bon chevalier tire son lacs bien fort, et dit bien haut : « Ah ! ribaud prêtre, êtes-vous tel ! » Et bon prêtre à soi retirer ; mais il n'alla guère loin, car l'instrument, qu'il vouloit accorder au bedon de la gouge, étoit si bien enveloppé du lacs, qu'il n'avoit garde d'éloigner : donc, si très-ébahi se trouva, qu'il ne savoit sa contenance ne que lui étoit à advenir de plus fort tiroit son maître le lacs, qui grand douleur lui eût été, se peur et ébahissement ne lui eussent tollu tout sentiment. À peu de pièce[1], il revint à lui, et sentit très-bien les douleurs, et bien piteusement cria merci à son maître, qui tant grand'faim avoit de rire, à peine savoit-il parler ; si lui dit-il néanmoins après qu'il l'eut avant en la chambre rebondi[2] : « Allez-vous-en, notre sire, et ne vous adviènne plus ! Cette fois vous sera pardonnée, mais la seconde serait irrémissible. Hélas ! monseigneur, ce répond-il, jamais m'adviendra ; elle est cause de ce que j'ai fait. » À ce coup, il s'en alla, et monseigneur recoucha qui acheva ce que l'autre avoit commencé. Mais sachez que oncques puis ne se trouva le bon prêtre au su du maître. Il peut bien être que, en récompense de ses maux, la gouge en eut depuis pitié, et pour sa conscience acquitter, lui prêta son bedon, et tellement s'accordèrent que le maître en valut pis, tant en biens comme en honneurs. Au surplus, je me tais et à tant je fais fin.

[1] En peu de temps.
[2] Repoussé, fait reculer d'un bond, fait rebondir

NOUVELLE LXXVII.

LA ROBE SANS MANCHES.

La soixante-dix-septième nouvelle, racontée par Allardin, traite d'un gentilhomme des marches de Flandres, lequel faisoit sa résidence en France, mais durant le temps qu'en France résidoit, sa femme fut malade ès dites marches de Flandres: lequel la venoit très-souvent visiter, cuidant qu'elle mourût; et des paroles qu'il disoit, et de la manière qu'il tenoit, comme vous oirez ci-dessous.

Un gentilhomme des marches de Flandres avoit sa mère bien ancienne; et très-fort débilitée de maladie, plus languissant et vivant à malaise que nulle autre femme de son âge. Espérant d'elle mieux valoir et amender, et combien que ès marches de Flandre il fît sa résidence, si la visitoit-il souvent, et à chaque fois que vers elle venoit toujours, étoit de mal oppressée, tant, qu'elle en cuidoit que l'âme en dût partir; et une fois entre les autres, comme il étoit venu voir elle, au partir, lui dit: « Adieu, mon fils, je suis sûre que jamais ne me verrez, car je m'en vais mourir. — Ah! dea, madamoiselle ma mère, vous m'avez tant de fois cette leçon recordée, que j'en suis saoul, et a trois ans passés que toujours ainsi m'avez dit, mais vous n'en avez rien fait. Prenez bon jour, je vous en prie; si ne failliez point. » La bonne damoiselle, oyant de son fils la réponse, quoique malade et vieille fût, en souriant lui dit adieu. Or se passèrent puis un an, puis deux ans, toujours en languissant. Cette femme fut arrière[1] de sondit fils visitée, et un soir, comme en son lit en l'hôtel d'elle étoit couchée, tant oppressée de mal qu'on cuida bien qu'elle alât à Mortaigne[2], si fut ce bon fils appelé de ceux qui sa mère gardoient et lui dirent que en hâte à sa mère venît, car sûrement elle s'en alloit. « Dites-vous donc, dit-il, qu'elle s'en va? Par ma foi! je ne l'ose croire; toujours dit-elle ainsi, mais rien n'en fait. — Nenni, nenni, dirent ses gardes, c'est à bon escient; venez-vous-en, car on voit bien qu'elle s'en va. — Je vous di, dit-il, allez-vous-en devant, et je vous suivrai, dites bien à ma mère, puisqu'elle s'en veut aller, que par Douai point ne s'en aille, que le chemin est trop mauvais, à peu que, devant hier, moi et mes chevaux n'y demourâmes. » Il se leva néanmoins, et houssé de sa robe longue, se mit en train pour aller voir se sa mère feroit la dernière et finable grimace. Lui là venu, la trouva fort malade et mal disposée, et que passé avoit subite faute[1] qui la cuidoit bien emporter, mais, Dieu merci, elle étoit un petit mieux. « N'est-ce pas ce que je vous dis? commence à dire ce bon fils; l'en dit toujours céans, et si fait elle-même, qu'elle se meurt, et rien n'en fait. Prenez bon terme, de par Dieu! comme tant fois lui ai dit, et si ne faille point; je m'en retourne d'ond' je viens, et si vous avise que plus ne m'appelez: s'elle devoit s'en aller toute seule, si ne lui ferai-je pas à cette heure compagnie. » Or, convient-il que je vous conte la fin de mon entreprinse. Cette damoiselle, ainsi malade que dit est, revint de cette extrême maladie, et comme auparavant, depuis vécut, en languissant, l'espace de trois ans, pendant lesquels le bon fils la vint voir d'aventure une fois, et au point qu'elle rendit l'esperit[2]. Mais le bon fut, quand on le vint quérir pour être au trépas d'elle: il vêtoit une robe neuve, et n'y voulut aller; messages sur autres venoient vers lui, car sa bonne mère, qui tiroit à sa fin, le vouloit voir et recommander aussi son âme. Mais toujours aux messagers répondoit: « Je sais bien qu'elle n'a point de hâte qu'elle n'attende bien que ma robe soit mise à point. » En la parfin, tant lui fut remontré, qu'il s'en alla tantôt devers sa mère, sa robe vêtue sans les manches; lequel, quand en ce point fut d'elle regardé, lui demanda où étoient les manches de sa robe, et il dit: « Elles sont là dedans qui n'attendent à être parfaites, sinon que vous décombrez[3] la place. — Elles seront donc tantôt achevées, ce dit la damoiselle. Je m'en vais à Dieu, auquel humblement mon âme recommande et à toi aussi, mon fils. » Lors rendit l'âme à Dieu, sans plus mot dire, la croix entre ses bras: laquelle chose voyant son bon fils, commença tant fort à pleurer que jamais ne fut vu la pareille, et ne le pouvoit nul reconforter, et tant en fit, qu'au bout des quinze jours il mourut de deuil.

NOUVELLE LXXVIII.

LE MARI CONFESSEUR[4].

La soixante-dix-huitième nouvelle, par Jean Martin, traite d'un gentilhomme marié, lequel sa voulenté fut de faire plusieurs et lointains voyages, durant lesquels sa bonne et loyale prude-femme de trois gentils compagnons s'accointa, comme ci-après pourrez ouïr; et comment elle confessa son cas à son mari, quand desdits voyages fut retourné, cuidant le confesser à son curé, et de la manière comment elle se sauva, comme vous oirez ci-après.

Au bon pays de Brabant, qui est bonne mar-

---

[1] Ce mot doit s'entendre ici d'un évanouissement.
[2] Esprit. — [3] Videz.
[4] Imité par La Fontaine, sous le même titre, I, 4.

---

[1] Loin de là, longtemps après. — [2] Jeu de mots proverbial sur *mort* et sur le nom de la ville de *Mortagne*.

che et plaisante, fournie à droit et bien garnie de belles filles, et bien sages coutumièrement, et le plus et des hommes on veut dire[1] et se trouve assez véritable, que tant plus vivent, que tant plus sont sots, naguère advint qu'un gentilhomme, en ce point né et destiné, il lui print voulenté d'aller outre-mer voyager en divers lieux, comme en Chypre, en Rhodes et ès marches d'environ; et au dernier, fut en Jérusalem, où il reçut l'ordre de chevalerie. Pendant lequel temps de son voyage, sa bonne femme ne fut pas si oiseuse qu'elle ne prêtât son *quoniam* à trois compagnons, lesquels, comme à tout servant, par temps et termes eurent audience, et tout premier un gentil écuyer, frais et frisque et en bon point, qui tant rembourra son bas[2], à son cher coût et substance tant de son corps comme en dépense de pécune; car, à la vérité, elle tant bien le pluma qu'il n'y falloit point renvoyer, qu'il s'ennuya et retira, et de tous points l'abandonna. L'autre après vint, qui chevalier étoit et homme de grand bruit, qui bien joyeux fut d'avoir gagné la place et besogna de son mieux qu'il put comme dessus, moyennant de *quibus*[3], que la gouge tant bien savoit avoir, que nul autre ne la passoit; et bref, se l'écuyer, qui auparavant avoit la place, avoit été rongé, damp chevalier n'en eut pas moins: si tourna bride et print congé, et aux autres abandonna la quête. Pour faire bonne bouche, la bonne damoiselle d'un maître prêtre s'accointa, et quoiqu'il fût subtil de son argent bien garder, si fut-il rançonné de robes, de vaisselle et des autres bagues[4] largement. Or advint, Dieu merci, que le vaillant mari de cette gouge fit savoir sa venue, et comme en Jérusalem avoit été fait chevalier, si fit sa bonne femme l'autel apprêter, tendre, parer et nettoyer au mieux qu'il fut possible. Bref, tout étoit bien net et plaisant, hors elle seulement, car le plus de butin qu'elle avoit à force de reins gagné, avoit acquis vaisselle, tapisserie et d'autres meubles assez. A l'arrivée qu'il fit, le doux mari, Dieu sait la joie et la fête qu'on lui fit, celle en espécial qui le moins en tenoit compte, c'est à savoir sa vaillante femme. Je passe tous ses biens vaillans, et viens à ce que monseigneur son mari, quoi coquart qu'il fût, si se donna garde de foison de meubles, qui avant son partement n'étoient pas léans. Vint aux coffres, aux buffets, et en assez d'autres lieux, et trouve tout multiplié, dont le hutin[1] lui monta en la tête, et de prime-saut son cœur en voulut décharger; si s'en vint échauffé et mal-mû[2], devers sa bonne femme, et lui demanda tantôt d'où sourdoient tant de biens comme ceux que j'ai dessus nommés. « Saint Jean! monseigneur, ce dit ma dame, ce n'est pas mal demandé; vous avez bien cause de tenir telle manière, et de vous échauffer ainsi. Il semble que vous soyez courroucé, à vous voir? — Je ne suis pas bien à mon aise, dit-il, car je ne vous ai laissé pas tant d'argent à mon partir, et si ne pouvez pas tant avoir épargné que pour avoir tant de vaisselle, de tapisserie, et le surplus de bagues que j'ai trouvé par céans. Il faut, et je n'en doute point, car j'ai cause, que quelqu'un se soit de vous accointé, qui notre ménage a ainsi renforcé. — Et pardieu! monseigneur, répond la simple femme, vous avez tort que, pour bien faire, me mettre sus telle vilenie. Je veux bien que vous sachiez que je ne suis pas telle, mais meilleure en tous endroits qu'à vous n'appartient, et n'est-ce pas raison, avec tout le mal que j'ai eu d'amasser et épargner pour accroître et embellir votre hôtel et le mien, que j'en sois reprochée et tentée. C'est bien loin de connoître ma peine, comme bon mari doit faire à sa bonne prude femme; telle l'avez-vous, méchant malheureux; dont c'est grand dommage, par mon âme! se n'étoit pour mon honneur et pour mon âme. » Ce procès, quoiqu'il fût plus long, pour un temps, cessa; et s'avisa maître mari, pour être acertainé de l'état de sa femme, qu'il feroit tant avec son curé, qui son très-grand ami étoit, que d'elle auroit la dévote confession; ce qu'il fit au moyen du curé qui tout conduit. Car un bien matin, en la bonne semaine[3], que de son curé, pour confesser, approcha en une chapelle, devant il l'envoya, et à son mari vint, lequel il adouba[4] de son habit et l'envoya devers sa femme. Se notre mari fut joyeux, il ne le faut jà demander, quand en ce point il

---

[1] Cette phrase est altérée, à moins que *le plus et des hommes* ait pu se dire dans le sens de : *quant à la plupart des hommes*.
[2] Jeu de mots sur *bât* et *bas*. — [3] Argent.
[4] Meubles.

[1] Dépit.
[2] Mal disposé.
[3] La semaine de Pâques.
[4] Affubla.

se trouva : il vint en la chapelle, et au siége du prêtre[1], sans mot dire, entra, et sa femme d'approcher, qui à genoux se mit devant ses pieds, cuidant pour vrai être son curé, et sans tarder commença à dire *Benedicite*; et notre sire, son mari, répondit *Dominus*, au mieux qu'il sut, comme le curé l'avoit apprins, acheva de dire ce qui affiert[2]. Après que la bonne femme eut dit la générale confession, elle descendit au particulier et vint parler comment, durant le temps que son mari avoit été dehors, un écuyer avoit été son lieutenant, dont elle avoit tant en or et en argent qu'en bagues beaucoup amendé[3]. Et Dieu sait qu'en oyant cette confession, le mari n'étoit bien à son aise! s'il eût osé, volentiers l'eût tuée, et à cette heure toutefois, afin d'ouïr le surplus, il eut patience. Quand elle eut dit tout au long de ce bon écuyer, du chevalier s'est accusée, qui comme l'autre l'avoit bien baguée, et bon mari, qui de deuil se crève, ne sait que faire de soi découvrir, et bailler l'absolution sans plus attendre; si n'en fit-il rien néanmoins, print loisir d'écouter ce qu'il orra. Après le tour du chevalier, le prêtre vint en jeu; mais, à ce coup, bon mari perdit patience et ne put plus ouïr : si jeta jus chaperon et surplis, et, soi montrant, lui dit : « Fausse et déloyale, or vois-je et connois votre grand trahison! Et ne vous souffisoit-il de l'écuyer, et puis du chevalier, sans à un prêtre vous donner, qui plus me déplaît que tout ce que fait avez? » Vous devez savoir que de prime-saut cette vaillante femme fut ébahie, mais le loisir qu'elle eut de répondre, très-bien l'assura, et sa contenance si bien ordonna de manière qu'à l'ouïr à sa réponse, plus assurée étoit que la plus juste de ce monde, disant à Dieu son oraison; si répondit, tantôt après, comme le Saint-Esprit l'inspira, et dit bien froidement : « Pource, coquard, qu'ainsi vous tourmentez, savez-vous bien pourquoi? Or, oyez-moi, s'il vous plaît. Et pensez-vous que je ne susse bien que c'étiez vous à qui me confessois? Si vous ai servi, comme le cas le requéroit, et sans mentir de mot, vous ai tout confessé mon cas. Veci comment : de l'écuyer me suis accusée, et c'êtes vous; quand vous m'eûtes en mariage, vous étiez écuyer, et lors fîtes de moi ce qu'il vous plut; le chevalier, aussi, dont j'ai touché, c'êtes vous, car à votre

[1] C'est-à-dire, au confessional. — [2] Convient, importe. — [3] Acquis.

retour vous m'avez faite dame; et vous êtes le prêtre aussi, car nul, se prêtre n'est, ne peut ouïr confession. — Par ma foi! ma mie, or m'avez-vous vaincu et bien montré que sage vous êtes, et à tort vous ai chargée; dont je me repens et vous en crie merci, promettant de l'amender. — A votre dit, légèrement il vous est pardonné[1], ce dit sa femme, puisque le cas vous connoissez. » Ainsi qu'avez ouï, fut le bon chevalier déçu par le subtil engin[2] de sa femme.

NOUVELLE LXXIX.
L'ANE RETROUVÉ.

La soixante-dix-neuvième nouvelle, par messire Michaut de Changy, traite d'un bonhomme de Bourbonnois, lequel alla au conseil à un sage homme, dudit lieu, pour son âne qu'il avoit perdu, et comment il croyoit que miraculeusement il retrouva sondit âne, comme ci-après vous pourrez ouïr.

Au bon pays de Bourbonnois, où de coutume les bonnes besognes se font, avoit l'autre-hier un médecin, Dieu sait quel; oncques Hippocrate ne Galien ne pratiquèrent ainsi la science comme il faisoit; car, en lieu de sirops et de breuvages et d'électuaires et de cent mille autres besognes que médecins savoient ordonner, tant à conserver la santé de l'homme que pour la recouvrer se elle est perdue, ce bon médecin, de quoi je vous parle, n'usoit seulement que d'une manière de faire, c'est à savoir de bailler clystères : quelque manière[3] qu'on lui apportât, il faisoit toujours bailler clystères; toutefois, si bien lui venoit en besognes et affaires, que chacun étoit très-bien content de lui, et guarisoit chacun; dont son bruit[4] crût et augmenta tant et en telle manière, qu'on l'appeloit *maître Jean*[5] partout, tant ès maisons des princes et seigneurs comme ès grosses abbayes et bonnes villes; et ne fut oncques Aristote ne Galien ainsi autorisé, par espécial du commun peuple, que ce bon maître dessusdit, et tant monta sa bonne renommée, que pour toutes choses on lui demandoit conseil, et étoit tant embesogné incessamment, qu'il ne savoit auquel entendre. Se une femme avoit mauvais mari, rude et divers[6], elle venoit au remède vers ce bon maître. Bref, de tout ce dont on

[1] D'après ce que vous dites là, je vous pardonne facilement. — [2] Esprit. — [3] Cas, affaire, état de choses. — [4] Renom. — [5] On donnait d'abord le titre honorifique de *maître* aux docteurs en quelque Faculté. Ce titre devint plus tard une qualification presque banale. — [6] Fantasque.

peut demander bon conseil d'homme, notre bon médecin en avoit la huée[1], et venoit-on à lui de toutes parts pour enseigner les choses perdues. Advint un jour qu'un bon simple homme champêtre avoit perdu son âne, et après la longue quête d'icelui, si s'avisa un jour de tirer vers celui maître, qui très-sage étoit, et à l'heure de sa venue, étoit tant environné de peuple qu'il ne savoit auquel entendre. Ce bon homme néanmoins rompit la presse, et, en la présence de plusieurs, lui conta son cas, c'est à savoir de son âne qu'il avoit perdu, priant pour Dieu qu'il lui voulsît radresser[2]. Ce maître, qui plus aux autres entendoit, voyant le bruit et son de son langage, se vira devers lui, cuidant qu'il eût aucune enfermeté[3], et afin d'en être dépêché, dit à ses gens : « Baillez-lui un clystère. » Et le bon simple homme, qui l'âne avoit perdu, non sachant que le maître avoit dit, fut prins des gens du maître, qui tantôt, comme il leur étoit chargé, lui baillèrent un clystère, dont il fut bien ébahi, car il ne savoit que c'étoit. Quand il eut ce clystère tel qu'il fut dedans son ventre, il pique et s'en va sans plus demander son âne; cuidant certainement, par ce, le trouver; il n'eut guère allé, avant que le ventre lui brouillât tellement qu'il fut contraint de soi bouter en une vieille masure inhabitée pour faire ouverture au clystère qui demandoit la clef des champs; et au partir qu'il fit, il mena si grand bruit, que l'âne du pauvre homme, qui passoit assez près comme égaré, commença à réclamer et crier ; et bon homme de s'avancer de lever sus, et chanter *Te Deum laudamus*, et venir à son âne qu'il cuidoit avoir retrouvé par le clystère que lui avoit fait bailler le maître, qui eut encore plus de renommée sans comparaison qu'auparavant, car des choses perdues on le tenoit vrai enseigneur et de toute science aussi le parfait docteur, combien que d'un seul clystère toute cette renommée vînt.

[1] Le cri, l'invocation. On pourroit lire *buée*, dans le sens figuré de vapeur et de lessive.
[2] Renvoyer. — [3] Constipation.

NOUVELLE LXXX.
LA BONNE MESURE.

La quatre-vingtième nouvelle, par messire Michault de Changy, traite d'une fille d'Allemagne, qui, de l'âge de quinze à seize ans ou environ, se maria à un gentil galant, laquelle se complaignit de ce que son mari avoit trop petit instrument à son gré, pource qu'elle véoit un petit âne qui n'avoit que demi an, et avoit plus grand outil que son mari, qui avoit trente-quatre ans ou trente-six ans.

N'a guères qu'ès marches d'Allemagne, comme pour vrai ouïs naguère raconter à deux gentils et nobles seigneurs dignes de croire[1], qu'une jeune fille, de l'âge d'environ quinze à seize ans, fut donnée en mariage à un loyal gentil compagnon, bien gracieux, qui tout devoir faisoit de payer le devoir que voulentiers demandent les femmes sans mot dire, quand en cet âge et état sont; mais quoique le pauvre homme fît bien la besogne et s'efforçât, j'espoire, plus souvent qu'il ne dût, toutefois n'étoit l'œuvre qu'il faisoit en aucune manière agréable à sa femme, car incessamment ne faisoit que rechigner, et souvent pleuroit tant tendrement comme se tous ses amis fussent tous morts. Son bon mari, la voyant ainsi lamenter, ne se savoit assez ébahir quelle chose lui pouvoit faillir, et lui demandoit doucement : « Hélas ! ma mie, et qu'avez-vous ? et n'êtes-vous pas bien vêtue, et bien logée, et bien servie, et, de tout ce que gens de notre état peuvent par raison désirer, bien convenablement partie[2] ? — Ce n'est pas là qui me tient, dit-elle. — Et qu'est-ce donc, dites-le moi ? dit-il, et se j'y puis porter remède, pensez que je le ferai, pour y mettre corps et bien. » Le plus des fois, elle ne répondit mot, mais toujours rechignoit, et de plus en plus triste chère[4], matte[5] et morne elle faisoit, laquelle chose le mari ne portoit pas bien patiemment, quand savoir il ne pouvoit la cause de cette doléance. Il enquit tant, qu'il en sut une partie, car elle lui dit qu'elle étoit déplaisante de ce qu'il étoit si petitement fourni de cela que vous savez, c'est à savoir du bâton de quoi on plante les hommes, comme dit Boccace : « Voire, dit-il, est-ce cela dont tant vous doulez ? Et par saint Martin ! vous avez bien cause ; toutefois, il ne peut être autre, et faut que vous en passez, tel qu'il est, voire se vous ne voulez aller au change. » Cette vie se continua un grand temps, tant que

[1] Pour : dignes d'être crus. — [2] Partagée.
[3] *Pour* est employé ici dans le sens de *jusqu'à*.
[4] Mine, figure. — [5] Folle, abattue.

le mari, voyant cette obstination d'elle, assembla un jour à un dîner un grand tas des amis d'elle, et leur remontra le cas comme il est ci-dessus touché, et disoit qu'il lui sembloit qu'elle n'avoit cause de soi douloir de lui en ce cas, car il cuidoit aussi être bien parti[1] d'instrument naturel que voisin qu'il eût. « Et afin, dit-il, que j'en sois mieux cru, et que vous voyiez son tort évident, je vous montrerai tout. » Adoncques il mit sa denrée avant sur la table devant tous et toutes, et dit : « Veci de quoi ! » Et sa femme, de pleurer de plus belle. « Et par saint Jean ! dirent sa mère, sa sœur, sa tante, sa cousine, sa voisine; ma mie, vous avez tort. Et que demandez-vous ? voulez-vous plus demander? Qui est-ce qui ne devroit être contente d'un mari ainsi outillé ? Ainsi, m'aid' Dieu ! je me tiendrois bien heureuse d'en avoir autant, voire beaucoup moins. Apaisez-vous et faites bonne chère dorénavant. Pardieu ! vous êtes la mieux partie de nous toutes, ce crois-je. » Et la jeune épousée, oyant le collége[2] des femmes ainsi parler, leur dit, bien fort en pleurant : « Veci le petit ânon de céans, qui n'a guères avecques demi an d'âge; et si a l'instrument grand et gros, de la longueur d'un bras (et en ce disant, tenoit son bras par le coude et le branloit trop bien), et mon mari, qui a bien trente-trois ans, n'en a que ce tant petit qu'il a montré ; et vous semble-t-il que j'en dois être contente ? » Chacun commença à rire, et elle, de plus pleurer, tant, que l'assemblée fut longuement sans mot dire. Alors la mère print la parole et à part dit à sa fille tant d'unes et d'autres, que aucunement se contenta, mais ce fut à grand'peine. Et veci la guise[3] des filles d'Allemagne; se Dieu plaît, seront tôt ainsi en France.

NOUVELLE LXXXI.
LE MALHEUREUX.

La quatre-vingt-unième nouvelle, racontée par monseigneur de Waulrain, traite d'un gentil chevalier qui fut amoureux d'une très-belle jeune dame mariée, lequel cuida bien parvenir à la grâce d'icelle et aussi d'une autre sienne voisine, mais il faillit à toutes deux, comme ci-après vous oirez.

Puisque les contes et histoires des ânes sont achevés, je vous ferai en bref et à la vérité un gracieux conte d'un chevalier, que la plupart de vous, mes bons seigneurs, connoissez de pieçà. Il fut bien vrai que ledit chevalier s'enamoura très-fort, comme il est assez bien de coutume aux jeunes gens, d'une très-belle, gente et jeune dame, et du quartier du pays où elle se tenoit, la plus bruyante[1], la plus mignonne et plus renommée; mais toutefois, quelque semblant, quelque devoir qu'il sût faire pour obtenir la grâce de celle dame, jamais ne put parvenir d'être serviteur retenu; dont il étoit très-déplaisant et bien marri, attendu que, tant ardemment, tant loyalement et tant entièrement l'aimoit, que jamais femme ne le fut mieux; et n'est point à oublier que ce bon chevalier faisoit autant pour elle, qu'oncques fît serviteur pour sa dame, comme de joutes, d'habillements et plusieurs ébattements[2], et néanmoins, comme dit est, toujours trouvoit sa dame rude et mal traitable, et lui montroit moins de semblant d'amour que par raison ne dût, car elle savoit bien, et de vrai, que loyalement et chèrement étoit de lui aimée; et, à dire la vérité, elle lui étoit trop dure, et est assez à penser qu'il[3] procédoit de fierté, dont elle étoit plus chargée que bon ne lui fût, comme on pourroit dire remplie. Les choses étant comme dit est, une autre dame voisine et amie de la dessusdite, voyant la quête dudit chevalier, fut tant éprinse de son amour que plus on ne pourroit, et, par trop bonne façon et moyen qui trop long seroit à décrire, fit tant par subtils moyens qu'en petit de temps le bon chevalier s'en aperçut; dont il ne se mut que bien à point, tant s'étoit fort donné auparavant à sa rebelle et rigoureuse maîtresse. Trop bien, comme gracieux qu'il étoit et bien sachant, tant sagement entretenoit celle de lui éprinse, que, se à la connoissance de l'autre fût parvenu, cause n'eût eu de blâmer son serviteur. Or écoutez quelle chose advint de ses amours et quelle en fut la conclusion. Ce chevalier amoureux, pour la distance du lieu, n'étoit si souvent auprès de sa dame, que son loyal cœur et trop amoureux désiroit; si s'avisa un jour de prier aucuns chevaliers et écuyers ses bons amis, qui toutefois de son cas rien ne savoient, d'aller ébattre, voler[4], et quérir les lièvres en la marche du pays où sa dame se tenoit, sachant de vrai, par ses espies, que le mari d'elle n'y étoit point, mais étoit venu à la cour, où souvent se tenoit. Adoncques ce gentil chevalier amoureux et ses compagnons partirent le lendemain bien matin de la bonne ville où la cour

---

[1] Muni. — [2] L'assemblée. — [3] Façon.

[1] Réputée. — [2] Parties de plaisir. — [3] Que cela. [4] Chasser au *vol*.

se tenoit, et, tout quérant les lièvres, passèrent le temps joyeusement jusqu'à basses-nones[1] sans boire et sans manger. Et en grande hâte vinrent repaître en un petit village, et après le dîner, lequel fut court et sec, montèrent à cheval et de plus belle s'en vont quérant les lièvres ; et le bon chevalier, qui ne tiroit qu'à une[2], menoit toujours sa brigade le plus qu'il pouvoit arrière de la bonne ville, où ses compagnons avoient grand envie de retirer, et souvent lui disoient : « Monseigneur, le vêpres approche ; il est heure de retirer à la ville. Se nous n'y avisons, nous serons enfermés dehors, et nous faudra gésir[3] en un méchant village, et tous mourir de faim. — Vous n'avez garde, se disoit notre amoureux, il est encore assez haute heure ; et au fort, je sais bien un lieu en ce quartier, où l'on nous fera très-bonne chère, et pour vous dire, se à vous ne tient, les dames nous festoieront le plus honnêtement du monde. » Et comme gens de cour se trouvent voulentiers entre les dames, ils furent contents d'eux gouverner à l'appétit[4] de celui qui les avoit mis en train, et passèrent le temps, quérant les lièvres et volant les perdrix, tant que le jour si leur dura. Or vint l'heure de tirer au logis ; si dit le chevalier à ses compagnons : « Tirons, tirons pays, je vous mènerai bien. » Environ une heure ou deux de nuit[5], ce bon chevalier et sa brigade arrivèrent à la place, où se tenoit la dame dessusdite, de qui tant étoit féru la guide de la compagnie, qui mainte nuit en avoit laissé le dormir. On heurta à la porte du château, et les valets assez tôt vinrent avant, lesquels leur demandèrent qu'ils vouloient, et celui, à qui le fait touchoit le plus, print la parole et leur commença à dire : « Messeigneurs, monseigneur et madame sont-ils céans ? — En vérité, répondit l'un pour tous, monseigneur n'y est pas, mais madame y est. — Or, vous lui direz, s'il vous plaît, que tels et tels chevaliers et écuyers de la cour, et moi un tel, venons d'ébattre et quérir les lièvres en cette marche, et nous sommes égarés jusqu'à cette heure, qui est trop tard de retourner à la ville. Si lui prions qu'il lui plaise nous recevoir pour ses hôtes pour meshui. — Voulentiers, dit l'autre, je lui dirai. » Il vint faire ce message à sa maîtresse, laquelle fit faire la réponse, sans venir devers eux ; qui fut telle : « Monseigneur, dit le valet, madame vous fait savoir que monseigneur son mari n'est pas ici, dont il lui déplaît ; car, s'il y fût, il vous fît bonne chère, et en son absence, elle n'oseroit recevoir personne ; si vous prie que lui pardonnez. » Le chevalier meneur de l'assemblée, pensez qu'il fut bien ébahi et très-honteux d'ouïr cette réponse, car il cuidoit bien voir, et à loisir, sa maîtresse, et deviser tout à son cœur soûl ; dont il se treuve arrière et bien loin ; et encore beaucoup lui grevoit d'avoir amené ses compagnons en lieu où il s'étoit vanté de les faire festoyer. Comme sachant[1] et gentil chevalier, il ne montra pas ce que son pauvre cœur portoit ; si dit, de plein visage, à ses compagnons : « Messeigneurs, pardonnez-moi, que je vous ai fait payer la baie[2] ; je ne cuidois pas que les dames de ce pays fussent si peu courtoises que de refuser un gîte aux gentils et nobles chevaliers errants ; prenez en patience. Je vous promets, par ma foi, de vous mener ailleurs, un peu au-dessus de céans, où l'on nous fera tout autre chère. — Or avant donc ! dirent-ils les autres, piquez avant ! bonne aventure nous doint Dieu ! » Et ils se mettent au chemin, et étoit l'intention de leur guide de les mener à l'hôtel de la dame, dont il étoit le cher tenu, et dont moins de compte il tenoit, que par raison il dût ; et conclut, à cette heure, de soi ôter de tous points de l'amour de celle qui si lourdement avoit refusé la compagnie, et dont si peu de bien lui en étoit advenu en étant en son service, et se délibéra d'aimer, servir et obéir, tant que possible lui seroit, à celle qui tant de bien lui vouloit, où, se Dieu plaît, se trouvera tantôt. Pour abréger, après la grosse pluie que la compagnie eut plus d'une grosse heure et demie sur le dos, on arriva à l'hôtel de la dame, dont naguères parloit, et heurta l'en, de bon hait[3], à la porte. Car il étoit bien tard, et entre neuf et dix heures de nuit, et doutoient fort qu'on ne fût couché. Valets et méchines saillirent avant, qui s'en vouloient aller coucher, et demandèrent : « Qu'est-ce cela ? » Et on leur dit. Ils vinrent à leur maîtresse, qui étoit jà en cotte-simple et avoit mis son couvrechef de

---

[1] Environ trois heures et demie de l'après-midi.
[2] C'est-à-dire, qui n'avait qu'un seul but.
[3] Coucher. — [4] Au désir. — [5] Sept ou huit heures du soir.

[1] Bien appris. — [2] Mystification, déconvenue. Les anciennes éditions mettent *la bayée*. Il faut peut-être lire *l'abbaye*, ce qui serait une locution proverbiale.
[3] De bonne humeur, gaîment.

nuit, et lui dirent : « Madame, monseigneur (de tel lieu) est à la porte, qui veut entrer, et avecques lui aucuns autres chevaliers de la cour jusqu'au nombre de trois. — Ils soient les très-bien venus, dit-elle. Avant! avant, vous tels et tels! à coup, allez tuer chapons et poulailles, et ce que nous avons de bon, en hâte! » Bref, elle disposa, comme femme de grand'façon comme elle étoit et encore est, tout subit, ses besognes, comme vous oirez tantôt. Elle print bien en hâte sa robe de nuit, et ainsi atournée qu'elle étoit, le plus gentement qu'elle put, vint au-devant des seigneurs dessusdits, deux torches devant elle et une seule femme, avec sa très-belle fille ; et les autres mettoient les chambres à point. Elle vint rencontrer ses hôtes sur le pont du château, et le gentil chevalier, qui tant étoit en sa grâce, comme des autres la guide et meneur, se mit en front devant, et en faisant les reconnoissances, il la baisa, et puis après, tous les autres pareillement la baisèrent. Alors, comme femme bien enseignée, dit aux seigneurs dessusdits : « Messeigneurs, vous soyez les très-bien venus. Monseigneur tel (c'est leur guide), je le connois de pieçà; il est, de sa grâce, tout de céans, s'il lui plaît; il fera mes accointances vers vous. » Pour abréger, accointances furent faites, le souper, assez tôt après, bien apprêté, et chacun d'eux logé en belle et bonne chambre bien appointée et bien fournie de tapisseries et de toutes choses nécessaires. Si vous faut dire que tandis que le souper s'apprêtoit, la dame et le bon chevalier se devisèrent tant et si longuement, et se porta conclusion entre eux, que pour la nuit ils ne feroient qu'un lit, car, de bonne aventure, le mari n'étoit point léans, mais à plus de quarante lieues loin de là. Or est heure, tandis que le souper est prêt et que ces devises se font, que l'on soupe le plus joyeusement qu'on pourra, après les aventures du jour. Que je vous die de la dame, qui son hôtel refusa à la brigade dessusdite, même à celui que moult bien savoit que plus l'aimoit que tout le monde, et fut si mal courtoise qu'oncques vers eux se montra : elle demanda à ses gens, quand ils furent vers elle retournés de faire son ménage[1], quelle chose avoit répondu le chevalier; l'un lui dit : « Madame, il le fit bien court; trop bien, dit-il, qu'il menoit ses gens en un lieu plus en sus[2] d'ici, où l'on leur

[1] Le sens demanderait plutôt *message*. — [2] Au delà.

feroit bon recueil[1] et meilleure chère. » Elle pensa tantôt ce qu'étoit, et dit : « Ha ! il s'en est allé à l'hôtel d'une telle qui, comme bien sait, ne le voit pas envis[2]. Léans se traitera, je ne doute point, quelque chose à mon préjudice. » Et elle étant en cette imagination et pensée, tantôt tout subitement le courage, que tant avoit rigoureux envers son serviteur porté, tout change et altère et en très-cordial et bon vouloir transmue: dont envie fut, pour cette heure, cause, motif, conclusion. Oncques ne fut tant rigoureuse, que à cette heure trop plus ne soit douce et désireuse d'accorder à son serviteur tout ce qu'il voudroit requérir et demander; et doutant que la dame, où la brigade étoit, ne jouît de celui que tant avoit traité durement, écrivit une lettre de sa main à son serviteur, dont la plupart des lignes étoient de son précieux sang, qui contenoient, en effet, que, tantôt ces lettres vues, toute autre chose mise arrière, il venît vers elle tout seul avec le porteur, et il seroit si agréablement reçu qu'oncques serviteur ne fut plus content de sa dame, qu'il seroit ; et en signe de plus grande vérité, mit dedans la lettre un diamant que bien connoissoit. Le porteur, qui sûr étoit, print ladite lettre et vint au lieu dessusdit, et trouva le chevalier auprès de son hôtesse au souper, et toute l'assemblée. Tantôt, après Grâces, le tira d'un côté, et en lui baillant la lettre, dit qu'il ne fît semblant de rien, mais accomplît le contenu de ce. Ces lettres vues, le bon chevalier fut bien ébahi et encore plus joyeux; car combien qu'eût conclu et délibéré de soi retirer de l'amour de celle qui ainsi lui écrivoit, si n'étoit-il pas si converti, que la chose que plus désiroit ne lui fût par cette lettre promise. Il tira son hôtesse à part et lui dit comment son maître le mandoit hâtivement et que force lui étoit de partir tout à cette heure, et montroit bien semblant que fort lui en déplaisoit. Elle, qui auparavant étoit la plus joyeuse, attendant ce que tant avoit désiré, devint triste et ennuyeuse; et sans faire montre[3], ledit chevalier monte à cheval et laisse ses compagnons léans, et avec le porteur de ces lettres, vient tantôt arriver après minuit à l'hôtel de sa dame, de laquelle le mari étoit naguère retourné de cour, et s'apprêtoit pour s'aller coucher; dont Dieu sait en quel point

[1] Accueil. — [2] A contre-cœur.
[3] Sans faire de bruit, d'éclat.

en étoit celle qui son serviteur avait mandé quérir par ses lettres. Ce bon chevalier, qui tout le jour avoit culleté sa selle, tant en la quête des lièvres comme pour quérir logis, sut à la porte que le mari de sa dame étoit venu; dont fut aussi joyeux que vous pouvez penser. Si demanda à sa guide qu'il étoit de faire. Ils avisèrent ensemble qu'il feroit semblant d'être égaré de ses compagnons, et que, de bonne aventure, il avoit trouvé cette guide qui léans l'avoit adressé. Comme il fut dit, il fut fait, en la male heure, et vint trouver monseigneur et madame, et fit son personnage ainsi qu'il sut. Après boire une fois qui peu de bien lui fit, on le mena en sa chambre où guère ne dormit la nuit, et lendemain, avec son hôte, à la cour retourna, sans rien accomplir du contenu de la lettre dessusdite. Et vous dit bien, que là ne autre[1] depuis il ne retourna, car tôt après, la cour se départit du pays, et il suivit le train, et tout fut mis à nonchaloir et oubli, et ne se donna plus de mauvais temps.

NOUVELLE LXXXII.
LA MARQUE.

La quatre-vingt-deuxième nouvelle, par monseigneur de Launoy, traite d'un berger, qui fit marché avec une bergère, qu'il monteroit sur elle, afin qu'il vît plus loin, par tel si qu'il[2] ne l'embrocheroit non plus avant que le signe qu'elle même fît de sa main sur l'instrument du susdit berger, comme ci-après plus à plein pourrez ouïr.

Or écoutez, s'il vous plaît, qu'il advint en la châtellenie de Lille, d'un berger des champs et d'une jeune pastourelle qui ensemble gardoient leurs brebis. Marché se porta entre eux deux, une fois entre les autres, à la semonce de Nature qui les avoit jà élevés en âge de connoître que c'est de ce monde, que le berger monteroit sur la bergère pour voir de plus loin, pourvu toutefois qu'il ne l'embrocheroit non plus avant qu'elle-même fît le signe de sa main sur l'instrument naturel du berger: qui fut environ deux doigts, la tête franche; et étoit le signe fait d'une mûre noire, qui croît sur les haies. Cela fait, ils se mettent à l'ouvrage, de par Dieu, et bon berger fourre dedans, comme s'il ne coûtât rien, sans regarder marché ne promesse qu'il eût faite à sa bergère; car tout ce qu'il avoit ensevelit jusques au manche, et se plus en eût eu, il trouvât lieu assez pour le loger. Et la belle bergère, qui jamais n'avoit été à telles noces, tant aise se trouvoit que jamais ne voulsît faire autre chose. Les armes furent achevées, et se tira chacun tantôt vers ses brebis, qui déjà étoient d'eux éloignées à cause de leur absence. Tout fut rassemblé et mis en bon train, et bon berger, qu'on appeloit Hacquin, pour passer temps comme il avoit de coutume, se mit en contrepoids entre deux haies sur une balinchère[1], et là s'ébattoit et étoit plus aise qu'un roi. La bergère se mit à faire un chapelet de florettes sur la rive d'un fossé et regardoit toujours, disant la chansonnette jolie, se le berger reviendroit point à la mûre[2]; mais c'étoit la moindre de ses pensées; et quand elle vit qu'il ne venoit point, elle le commence à hucher. « Eh! Hacquin! Hacquin! » Et il répond: « Que veux-tu? — Viens çà, viens çà, dit-elle: si feras cela. » Et Hacquin, qui en étoit soûl, lui répondit: « Ha! mon Dieu! j'ai aussi cher de n'en faire rien, je m'ébats bien ainsi. » Et la bergère lui dit: « Viens çà, Hacquin; je te laisserai bouter plus avant, sans faire marché. — Saint Jean! dit Hacquin, j'ai passé le signe de la mûre; aussi, n'en aurez vous plus maintenant. » Il laissa la bergère, à qui bien déplaisoit de demourer ainsi oiseuse.

NOUVELLE LXXXIII.
LE CARME GLOUTON.

La quatre-vingt-troisième nouvelle, par monseigneur de Wadrain, traite d'un carme, qui en un village prêcha; et comment, après son prêchement, il fut prié de dîner avec une damoiselle, et comment en dînant il mit grand'peine de fournir et emplir son pourpoint[3], comme vous oirez, s'il vous plaît.

Et comme il est de coutume que, par tous pays, ès villages souvent s'épandent les bons religieux mendians, tant de l'ordre des jacobins, cordeliers, carmes et augustins, pour prêcher au peuple la foi catholique, blâmer et reprocher les vices, les biens et vertus exhausser et louer; advint qu'en une bonne petite ville en la comté d'Artois, arriva un carme du couvent d'Arras, par un dimanche matin, ayant intention d'y prêcher; comme il fit, bien dévotement et hautement, car il étoit bon clerc et

---

[1] Pour *ailleurs*.
[2] De sorte qu'il. Nous avions d'abord entendu *par tel si* dans le sens de *par telle condition, par telle manière;* mais, à cette époque, la conjonction *si* se prenait-elle substantivement?

[1] Balançoire faite de branchages entrelacés.
[2] C'est-à-dire, au jeu d'amours, par allusion au *signe de la mûre,* qu'il ne devait pas outrepasser.
[3] On disait plutôt *emplir le moule de son pourpoint,* c'est-à-dire, son estomac.

bon langager¹. Tandis que le curé disoit la grand'messe, ce maître carme se pourmenoit, attendant que quelqu'un le fît chanter pour gagner deux patars, mais nul ne s'en avançoit². Et, ce voyant, une vieille damoiselle vefve, à qui il print pitié du pauvre religieux, le fit dire messe, et, par son valet, bailler deux patars, et encore le fit prier de dîner. Et maître moine happa cet argent, promettant de venir au dîner, comme il fit après le prêchement, et que la grand'messe de la paroisse fut finie. La bonne damoiselle, qui l'avoit fait chanter et semondre au dîner, se partit de l'église, elle et sa chambrière, et vinrent à l'hôtel faire tout prêt pour recevoir le prêcheur, qui, en la conduite d'un serviteur de ladite damoiselle, vint arriver à l'hôtel, où il fut reçu. Après les mains lavées, la damoiselle lui assigna sa place, et elle se mit auprès de lui, et le valet et la chambrière se mirent à servir, et de prime saut apportèrent la belle porée¹ avec le beau lard et belles ' 'nes de porc et une langue de bœuf rôtie, Dieu sait comment. Tantôt que damp moine vit la viande, il tire un beau, long et large couteau bien tranchant, qu'il avoit à sa ceinture, tout en disant *Benedicite*, et puis se met en besogne à la porée; tout premier⁴ qu'il l'eut dépêchée, et le lard aussi, ci prins, ci mis, de là, il se tire à ces tripes belles et grasses, et fiert dedans comme le loup fait dans les brebis. Et avant que la bonne damoiselle son hôtesse eut à moitié mangé sa porée, il n'y avoit tripes ne tripettes dedans le plat. Si se prend à cette langue de bœuf, et, de son couteau bien tranchant, en fit tant de pièces qu'il n'en demoura oncques lopin. La damoiselle, qui tout ce, sans mot dire, regardoit, jetoit souvent l'œil sur son valet et sa chambrière, et eux, tout doucement souriant, pareillement le regardoient. Elle fit apporter une pièce de bon bœuf salé et une belle pièce de mouton, et de bon endroit, et mettre sur la table, et ce bon moine, qui n'avoit d'appétit non plus qu'un chien venant de la chasse, se print à la pièce de bœuf, et s'il avoit eu peu de pitié des tripes et de la langue de bœuf, encore en eut-il moins de ce beau bœuf entrelardé. Son hôtesse, qui grand plaisir prenoit à le voir manger, trop plus que le valet et la méchine qui entre leurs dents le maudissoient,

¹ Orateur. — ² Ne se pressait de le faire.
³ Soupe aux poireaux. — ⁴ Tout aussitôt.

lui faisoit toujours emplir sa tasse, si tôt qu'elle étoit vide; et pensez qu'il découvroit bien viande¹, et n'épargnoit point le boire. Il avoit si très-grand' hâte de bien fournir son pourpoint, qu'il ne disoit mot; au moins, si peu que rien. Quand la pièce de bœuf fut comme toute dépêchée, et la plupart de celle du mouton, de laquelle l'hôtesse avoit un tantinet mangé, et elle, voyant que son hôte n'étoit point encore soûl², fit signe à sa chambrière qu'elle apportât un gros jambon cuit du jour de devant. La chambrière, tout maudissant le prêtre, qui tant gourmandoit³, fit le commandement de sa maîtresse, et mit le jambon à la table, et bon moine, sans demander qui vive, frappa sus, et le navra⁴, car de prime saut il lui trancha le jarret, et de tous points le démembra, et n'y laissa que les os. Qui a doncques eût vu le valet et la méchine, il n'eût eu jamais les fièvres, car il⁵ avoit dégarni tout l'hôtel, et avoient grand'peur qu'il ne les mangeât aussi. Pour abréger, la dame fit mettre à table un très-bon fromage, et un plat bien fourni de tartes et pommes et de fromage, avec la belle pièce de beurre frais, dont on n'en rapporta si petit que rien. Le dîner fut fait ainsi qu'avez ouï, et vint à dire Grâces que maître moine abrégea, plus rond qu'un tiquet⁶, se leva sus et dit à son hôtesse; « Damoiselle, je vous remercie de vos biens, vous m'avez tenu bien aise, à la votre merci ! Je pense à Celui⁷ qui reput cinq mille hommes de trois pains et de douze poissons, dont demoura de reliefs⁸ douze corbeilles : qu'il le vous veuille rendre ! — Saint Jean! dit la chambrière qui s'avança de parler ; sire, vous en pouvez bien tant dire : je crois, se vous eussiez été l'un de ceux qui furent repus, qu'on n'en eût point tant rapporté de reliefs, car vous eussiez bien tout mangé, et moi aussi, se j'y eusse été. — Vraiment, ma mie, dit le moine, je ne vous eusse pas mangée, mais je vous eusse bien embrochée et mise en rôt ainsi que vous pouvez penser qu'on fait. » Là dame commença à rire ; aussi firent le valet et la chambrière, malgré qu'ils en eussent⁹, et notre moine s'en alla.

¹ C'est-à-dire, qu'il la mangeait jusqu'à l'os.
² Rassasié. — ³ Mangeait goulûment. — ⁴ Blessa.
⁵ C'est-à-dire, le moine. — ⁶ Insecte de forme ronde qui s'attache à la peau des chiens et des chevaux, pour vivre à leurs dépens. — ⁷ Jésus-Christ dans l'Évangile.
⁸ Restes.
⁹ C'est-à-dire, quoiqu'ils fussent mécontents au fond.

NOUVELLE LXXXIV.
LA PART AU DIABLE.

La quatre-vingt-quatrième nouvelle, par monseigneur le marquis de Rothelin, traite d'un sien maréchal, qui se maria à la plus douce et amoureuse femme qui fût en tout le pays d'Allemagne ; s'il est vrai ce que je dis, sans en faire grand serment, afin que, par mon écrit, menteur ne sois réputé, vous le pourrez voir ci-dessous plus à plein.

Tandis que quelqu'un s'avancera de dire quelque bon conte, j'en ferai un petit qui ne vous tiendra guère, mais il est véritable et de nouvel advenu. J'avois un maréchal, qui bien et longuement m'avoit servi de son métier ; il lui print voulenté de soi marier : aussi, le fut-il à la plus merveilleuse[1] femme qui fût en tout le pays ; et quand il vit que par beau ne par laid[2] il ne la pouvoit ôter de sa mauvaistié[3], il l'abandonna et ne se tint plus avec elle, mais la fuyoit comme la tempête. Quand elle vit qu'il la fuyoit ainsi, et qu'il n'avoit à qui toucher ne montrer sa dernière manière, elle se mit en la quête de lui; partout le suivoit, Dieu sait disant quels mots ; et l'autre se taisoit et piquoit son chemin, et elle le suivoit toujours et disoit plus de mots qu'un diable ne sauroit faire à une âme damnée. Un jour entre les autres, voyant que son mari ne répondoit mot à chose qu'elle lui proposât, en le suivant par la rue, crioit tant qu'elle pouvoit : « Viens çà, traître ! parle à moi ; je suis à toi ! » Et mon maréchal, qui étoit devant, disoit à chacun mot qu'elle disoit : « J'en donne ma part au diable ! » Et ainsi la mena tout du long de la ville, toujours criant : « Je suis à toi ! » Et l'autre disoit : « J'en donne ma part au diable ! » Tantôt après, comme Dieu le permit, cette bonne femme mourut, et chacun demandoit à mon maréchal s'il étoit courroucé de la mort de sa femme, et il leur disoit que jamais si grand heur ne lui advint et que, se Dieu lui eût donné un souhait à son désir, il eût demandé la mort de sa femme, laquelle il disoit être si très-mauvaise que : « Si je la savois en paradis, je n'y voudrois jamais aller, tant qu'elle y fût, car impossible seroit que paix fût en nulle assemblée où elle fût. Mais je suis sûr qu'elle est en enfer, car oncques chose créée n'approcha plus à faire la manière des diables, qu'elle faisoit ! » Et puis on lui disoit : « Vraiment, il vous faut remarier et en

[1] Pour *malicieuse*. — [2] C'est-à-dire, par prières ni par menaces. — [3] Méchanceté.

querre[1] une bonne et paisible. — Me marier ! disoit-il, j'aimerois mieux m'aller pendre au gibet, que jamais me rebouter au danger de trouver l'enfer que j'ai, la Dieu merci, à cette heure passé. » Ainsi demoura et est encore ne sais qu'il fera, le temps à venir.

NOUVELLE LXXXV.
LE CURÉ CLOUÉ.

La quatre-vingt-cinquième nouvelle traite d'un orfévre marié, une très-belle, douce et gracieuse femme; avec ce amoureuse, par espécial, de son curé, leur prochain voisin, avec lequel son mari la trouva couchée par l'avertissement d'un sien serviteur, et ce, par jalousie, comme vous pourrez ouïr.

Depuis cent ans en çà ou environ, en ce pays de France, est advenu, en une bonne et grosse cité, une joyeuse aventure que je mettrai ici pour accroître mon nombre, et aussi pource qu'elle est digne d'être au rang des autres. En ladite bonne ville, avoit un orfévre marié, de qui la femme étoit belle et gracieuse, et avec tout ce, très-amoureuse d'un seigneur d'Eglise, son propre curé, qui ne l'aimoit rien moins qu'elle lui ; mais de trouver la manière comment ils se pourroient joindre amoureusement ensemble, fut très-difficile, combien qu'en la fin fût trouvée, et par l'engin de la dame, en la façon que je vous dirai. Le bon mari orfévre étoit tant allumé et ardent en convoitise d'argent, qu'il ne dormoit une seule heure de bon somme. Pour labourer[2], chacun jour, se levoit une heure ou deux devant le jour, et laissoit sa femme prendre sa longue crastine[3] jusqu'à huit ou neuf heures, ou si longuement qu'il lui plaisoit. Cette bonne amoureuse, voyant son mari continuer chacun jour la diligence et entente de soi lever pour ouvrer et marteler, s'avisa qu'elle emploieroit son temps avec son curé, où elle étoit abandonnée de son mari, et qu'à telle heure sondit amoureux la pourroit visiter, sans le su de son mari ; car la maison du curé tenoit à la sienne sans moyen[4]. La bonne manière fut découverte et mise en termes à notre curé, qui la prisa très-bien, et lui sembla bien, qu'aisément la feroit. Ainsi doncques que la façon fut trouvée et mise en termes, ainsi fut-elle exécutée, et le plus tôt que les amants purent, et la continuèrent aucun temps qui dura assez longuement ; mais comme Fortune envieuse put

[1] En chercher. — [2] Travailler. — [3] Matinée et même sommeil du matin. — [4] Sans intermédiaire ; c'est-à-dire que ces maisons étaient contiguës.

être de leur bien et de leur doux passetemps, leur cas voulut découvrir en la manière que vous orrez. Ce bon orfévre avoit un serviteur qui étoit amoureux et jaloux très-amèrement de sa dame, et pource que très-souvent avoit aperçu notre maître curé parler à sa dame, il se doutoit très-fort de ce qu'il étoit. Mais la manière comment se pouvoit faire, il ne le savoit imaginer, se n'étoit que notre curé venît à l'heure qu'il forgeoit au plus fort avec son maître. Cette imagination lui hourta tant la tête, qu'il fit le guet et se mit aux écoutes pour savoir la vérité de ce qu'il quéroit. Il fit si bon guet, qu'il aperçut et fut vraie expérience du fait ; car une matinée, il vit le curé venir, tantôt après que l'orfévre fut vidé de sa chambre, et y entrer, puis fermer l'huis. Quand il fut bien assuré que sa suspicion étoit vraie, il se découvrit à son maître et lui dit en cette manière : « Mon maître, je vous sers de votre grâce, non pas seulement pour gagner votre argent, manger votre pain, et faire bien et loyalement votre besogne, mais aussi pour garder votre honneur ; et se autrement faisois, digne ne serois d'être votre serviteur. J'ai eu, dès pièçà, suspicion que notre curé ne vous fît déplaisir, et si le vous ai celé jusques à cette heure ; et afin que ne cuidiez que je vous vueil troubler en vain, je vous prie que nous allions en votre chambre, et je sais, de vrai, que nous l'y trouverons. » Quand le bon homme ouït ces nouvelles, il se tint très-bien de rire, et fut bien content de visiter sa chambre en la compagnie de son varlet, qui lui fit promettre qu'il ne tueroit point le curé ; car autrement il n'y vouloit aller. Ils montèrent en sa chambre qui tantôt fut ouverte, et le mari entre le premier, et vit que monseigneur le curé tenoit sa femme entre ses bras, et vit qu'il forgeoit ainsi qu'il pouvoit ; si s'écria, disant : « A mort, ribaud ! qui vous a ici bouté ? » Le pauvre curé fut bien ébahi et demanda merci : « Ne sonnez mot, ribaud prêtre, ou je vous tuerai à cette heure ! dit l'orfévre. — Faites de moi ce qu'il vous plaira, dit le pauvre curé. — Par l'âme de mon père ! avant que m'échappez, je vous mettrai en tel état, que jamais n'aurez voulenté de marteler sur enclume féminine. » Le pauvre malheureux fut lié par ses deux ennemis, si bien qu'il ne pouvoit rien mouvoir que la tête, puis il fut porté en une petite maisonnette derrière la maison de l'orfévre, et étoit la place où il fondoit son argent. Quand il fut au lieu, l'orfévre envoya quérir deux grands clous à large tête, desquels il attacha au long du banc les deux marteaux qui avoient forgé en son absence sur l'enclume de sa femme, et puis le délia de tous points ; ci print après une poignée d'estrain[1] et bouta le feu en sa maisonnette ; puis, il s'enfuit en la rue crier au feu. Quand le prêtre se vit environné de feu, et que remède il n'y avoit qu'il ne lui faillît perdre ses génitoires ou être brûlé, si s'en courut et laissa sa bourse clouée. L'effroi du feu tantôt élevé par toute la rue, si venoient les voisins pour l'éteindre, mais le curé les faisoit retourner, disant qu'il en venoit, et que tout le dommage qu'il en pouvoit advenir étoit já advenu ; mais il ne disoit pas que le dommage lui compétoit[2]. Ainsi fut le pauvre amoureux curé salarié du service qu'il fit à Amour, par le moyen de la fausse et traître jalousie, comme vous avez ouï.

NOUVELLE LXXXVI.

LA TERREUR PANIQUE OU L'OFFICIAL JUGE.

La quatre-vingt-sixième nouvelle racontée, parle d'un jeune homme de Rouen, qui print en mariage une gente et jeune fille de l'âge de quinze ans ou environ, lesquels la mère de ladite fille cuida bien faire démarier par monseigneur l'official de Rouen ; et de la sentence que ledit official en donna, après les parties par lui ouïes, comme vous pourrez voir ci-après.

N'a guères, en la ville de Rouen, puis peu de temps en çà, un jeune homme print en mariage une tendre jeune fille âgée de quinze ans ou environ. Le jour de leur grand'-fête, c'est à savoir des noces, la mère de cette fille, pour garder et entretenir les cérémonies accoutumées en tel jour, écola[3] et introduit la dame des noces, et lui apprint comment elle se devoit gouverner pour la première nuit avec son mari. La belle fille, à qui tardoit l'attente de la nuit, dont elle recevoit la doctrine, mit grosse peine et grande diligence de retenir la leçon de sa bonne mère ; lui sembloit bien que quand l'heure seroit venue où elle devroit mettre à exécution celle leçon, qu'elle en feroit si bon devoir que son mari se loueroit d'elle, et en seroit très-content. Les noces furent honorablement faites en grande solennité, et vint la dé-

---

[1] Paille. — [2] Le concernait.

[3] Fit la leçon. Il faudrait lire *instruisit* au lieu de *introduit*, qui n'a pas un sens très-net.

sirée nuit; et tantôt après, la fête faillie[1], que les jeunes gens furent retraits et qu'ils eurent prins le congé du sire des noces et de la dame, la bonne mère, les cousines, voisines et autres privées femmes prindrent notre dame des noces, et la menèrent en la chambre, où elle devoit coucher pour la nuit avec son épousé; où elles la désarmèrent de ses atours joyeux, et la firent coucher, ainsi qu'il est de raison, puis lui donnèrent bonne nuit; l'une disant: « Ma mie, Dieu vous doint joie et plaisir de votre mari, et tellement vous gouverner avec lui, que ce soit au salut de vos deux âmes. » L'autre disant: « Ma mie, Dieu vous doint telle paix et concorde avec votre mari, que pussiez faire œuvre dont les saints cieux soient remplis. » Et ainsi chacune, faisant sa prière, se partit. La mère, qui demoura la dernière, réduit à mémoire son écolière sur la doctrine et leçon qu'apprinse lui avoit, lui priant que penser y voulsît; et la bonne fille, qui n'avoit pas son cœur, ainsi que l'on dit communément, en sa chausse, répondit que très-bonne souvenance avoit de tout, et que bien retenu l'avoit, Dieu merci. « C'est bien fait, dit la mère. Or, je vous laisse et recommande à la garde de Dieu, belle fille. — Adieu, ma bonne sage mère. » Sitôt que la maîtresse d'école fut vidée, notre mari, qui n'attendoit à l'huis autre chose, entra dedans, et la mère l'enferma et tira, et lui dit qu'il se gouvernât doucement avec sa fille; il promit qu'ainsi feroit-il, et sitôt que l'huis fut fermé, lui, qui n'avoit plus que son pourpoint en son dos, le rue jus et monte sur le lit et se joint au plus près de sa dame des noces, la lance au poing et lui présente la bataille. A l'approcher de la barrière où l'escarmouche se devoit faire, la dame print et empoigna cette lance, droite et roide comme un cornet de vacher, et tantôt qu'elle la sentit ainsi dure et de grosseur très-bonne, elle fut bien ébahie, et commença à s'écrier très-fort, en disant que son écu n'étoit pas assez puissant pour recevoir et soutenir les horions de si gros fût. Quelque devoir que notre mari pût faire, ne put trouver la manière d'être reçu à cette joute; et en cet estrif, la nuit se passa, sans rien besogner: qui déplut moult à notre sire des noces. Mais au fort, il print en patience, espérant tout recouvrer la nuit prochaine, où il fut autant ouï qu'à la première, et ainsi à la troisième, et jusqu'à la quinzième, où les armes furent accomplies comme je vous dirai. Quand les quinze jours furent passés que nos deux jeunes gens furent mariés, combien qu'ils n'eussent tenu encore ensemble ménage, la mère vint visiter son écolière, et après entre mille devises qu'elles eurent ensemble parlé, elle parla de son mari et lui demanda quel homme il étoit, et s'il faisoit bien son devoir, et la fille disoit qu'il étoit très-bon homme, doux et paisible. « Voire mais, disoit la mère, fait-il bien ce que l'en doit faire? — Oui, disoit la fille. Mais... — Quels mais? il y a à dire en son fait, dit la mère, je l'entends bien; dites-le-moi et ne me le celez point, car je veux tout savoir à cette heure. Est-il homme pour accomplir le dû où il est obligé par mariage, et dont je vous ai baillé la leçon? » La bonne fille fut tant pressée qu'il lui convint dire que l'en avoit encore rien besogné, mais elle taisoit qu'elle fût cause de la dilation[1], et que toujours eût refusé la jouterie. Quand la mère entendit ces douloureuses nouvelles, Dieu sait quelle vie elle mena, disant que par ses bons dieux elle y mettroit remède et bref; aussi que tant avoit-elle bonne accointance à monseigneur l'official de Rouen, qu'il lui seroit ami et favorisant à son bon droit. « Or çà, ma fille, dit-elle, il vous convint démarier? Je n'en fais nul doubte que je n'en treuve bien la façon, et soyez sûre que, avant qu'il soit deux jours, vous le laisserez; et de cette heure, vous ferai avoir un autre homme qui si paisiblement vous laissera pas; laissez-moi faire. » Cette bonne femme, à demi hors du sens, vint conter ce grand méchef à son mari, père de la fille, dont je fais mon conte, et lui dit bien comment ils avoient bien perdu leur belle et bonne fille, amenant les raisons pourquoi et comment, et concluant aux fins de la démarier. Tant bien conta sa cause, que son mari se [tint] de son côté, et fut content que l'en fît citer notre nouveau marié; qui ne savoit rien de ce qu'ainsi l'on se plaignoit de lui, sans cause toutefois. Il fut cité personnellement à comparoir à l'encontre de monseigneur le promoteur, à la requête de sa femme, et par devant monseigneur l'official, pour quitter sa femme et lui donner licence d'autre part se marier, et alléguer les causes pourquoi, en tant de jours qu'il avoit été avec elle, n'avoit montré qu'il étoit homme comme les autres, et fait ce qu'

[1] Finie, achevée.

[1] Retard, ajournement.

appartient aux mariés. Quand le jour fut venu, les parties se présentèrent en temps et en lieu : ils furent huchés[1] à dire leurs causes. La mère de la nouvelle mariée commença à conter la cause de sa fille, et Dieu sait comment elle allègue les lois que l'on doit maintenir en mariage, lesquelles son gendre n'avoit accomplies ne d'elles usé; par quoi requéroit qu'il fût déjoint de sa fille, et dès cette heure même, sans faire long procès. Le bon jeune homme fut bien ébahi, quand ainsi ouït blasonner[2] ses armes; mais guère n'attendit à répondre aux allégations de son adversaire, et froidement, de manière rassise, conter son cas, et comment sa femme lui avoit fait refus, quand il avoit voulu faire le devoir de mariage. La mère, oyant ses réponses, plus marrie que devant, combien qu'à peine le vouloit croire, demanda à sa fille s'il étoit vrai ce que son mari avoit répondu, et elle dit : « Vraiment, ma mère, oui ! — Ha ! malheureuse, dit la mère, comment l'avez-vous refusé ? Ne vous avois-je pas dit par plusieurs fois votre leçon ? » La pauvre fille ne savoit que dire, tant étoit honteuse. « Toutefois, dit la mère, je vueil savoir la cause pourquoi vous avez fait refus, ou se ne me le dites, vous me ferez courroucer mortellement. » La fille dit ouvertement, en jugement, que, pource qu'elle avoit trouvé la lance de son champion si grosse, ne lui avoit osé bailler l'écu, doutant qu'il ne la tuât comme encore elle en doutoit, et ne se vouloit demouvoir de cette doute[3], combien que sa mère lui disoit que douter n'en devoit. Et après ce, adressa sa parole aux juges, en disant : « Monseigneur l'official, vous avez ouï la confession de ma fille et les défenses de mon gendre, je vous requiers, rendez-en votre sentence définitive. » Monseigneur l'official, pour appointement, fit faire un lit en sa maison, et ordonna par arrêt que les deux mariés iroient coucher ensemble, enjoignant à la mariée qu'elle empoignât chaudement le bourdon, ou outil, et qu'elle le mît au lieu où il étoit ordonné. Et quand celle sentence fut rendue, la mère dit : « Grand merci, monseigneur l'official ; vous avez très-bien jugé. Or avant ! dit la mère, ma fille, faites ce que vous devez faire, et gardez de venir à l'encontre de l'appointement de monseigneur l'official : mettez la lance au lieu où elle doit être. — Et je suis, au fort, contente, dit la fille, de la mettre où il faut, mais s'elle y devoit pourrir, je ne l'en retirerai ne sacquerai[1] jà. » Ainsi se partirent de jugement, et allèrent mettre à exécution la sentence, sans sergent, car eux-mêmes firent l'exécution. Par ce moyen, notre gendre vint à chef de cette jouterie, dont il fut plutôt soûl que celle qui n'y vouloit entendre.

NOUVELLE LXXXVII.
LA CURE DES YEUX.

La quatre-vingt-septième nouvelle racontée, parle d'un gentil chevalier, lequel s'enamoura d'une très-belle, jeune et gente fille ; et aussi comment il lui print une très-grande maladie en un œil ; pour laquelle cause lui convint avoir un médecin, lequel pareillement devint amoureux de ladite fille, comme vous oirez, et des paroles qui en furent entre le chevalier et le médecin, pour l'emplâtre qu'il lui mit sur son œil.

En une bonne ville du pays de Hollande, avoit, n'a pas cent ans, un chevalier logé en une belle et bonne hôtellerie, où il y avoit une très-belle jeune fille, chambrière servante, de laquelle il étoit très-amoureux ; et pour l'amour d'elle, il avoit tant fait au fourrier du duc de Bourgogne, que cet hôtel lui avoit délivré, afin de mieux pourchasser sa quête, et venir aux fins où il contendoit et où amour le faisoient encliner. Quand il eut été environ cinq ou six jours en cette hôtellerie, lui survint par accident une malheureuse aventure ; car une maladie le print en l'œil si grieve, qu'il ne le pouvoit tenir ouvert, ne en user, tant étoit âpre la douleur ; et pource que très-fort doutoit le perdre, mêmement que c'étoit le membre où il devoit plus de guet, manda le chirurgien de monseigneur le duc de Bourgogne, qui pour ce temps étoit à la ville. Et devez savoir que ledit chirurgien étoit un gentil compagnon, écuyer, tout fait et bien duit[2] de son métier; car sitôt que le maître chirurgien vit cet œil, il le jugea comme perdu, ainsi que par aventure ils sont coutumiers de juger des maladies, afin que, quand ils les ont sanées[3] et guaries, ils en rapportent plus de profit tout premier, et secondement plus de louange. Le bon chevalier, à qui déplaisoit d'ouïr telles nouvelles, demanda s'il n'y avoit point de remède à le guarir, et l'autre répondit que très-difficile seroit ; néanmoins il oseroit bien entreprendre à le guarir avec l'aide de Dieu ; mais

---
[1] Appelés, invités. — [2] Décrier, critiquer, blâmer.
[3] Dissuader de cette crainte.

[1] Secouerai-je. — [2] Tout façonné et bien dressé.
[3] Traitées.

qu'on le voulsît croire. « Se vous me voulez délivrer de ce mal, sans perte de mon œil, je vous donnerai bon vin, » dit le chevalier. Le marché fut fait, et entreprint le chirurgien à guarir cet œil, Dieu devant, et ordonna les heures qu'il viendroit chacun jour pour le mettre à point. A chacune fois que notre chirurgien visitoit notre malade, la belle chambrière le complaignoit, et aidoit à remuer le pauvre patient. Se ce bon chevalier étoit feru avant de cette chambrière, si fut le chirurgien, qui, toutes les fois qu'il venoit faire la visitation, fichoit ses doux regards sur le beau et poli visage de cette chambrière, et tant fort si aheurta qu'il lui déclara son cas, et en eut très-bonne audience, et de prime saut on lui accorda sa requête ; mais la manière comment l'on pouvoit mettre à exécution ses ardens désirs, on ne le sauroit trouver. Or toutefois, à quelque peine que ce fût, façon fut trouvée par la prudence du chirurgien, qui fut telle. « Je donnerai, dit-il, à entendre à monseigneur le patient, que son œil ne se peut guarir, se n'est que son autre œil soit caché, car l'usage qu'il a de regarder empêche la guarison de l'autre malade. S'il est content, dit-il, qu'il soit caché comme l'autre, ce nous sera la plus convenable voie du monde pour prendre nos délits[1] et plaisances, et mêmement en sa chambre, afin que l'on y prenne moins de suspicion. » La fille, qui avoit aussi grand désir que le chirurgien, prisa très-bien ce conseil au cas qu'ainsi ce pourroit faire. « Nous l'essaierons, » dit le chirurgien. Il vint, à l'heure accoutumée, voir cet œil malade, et quand il l'eut découvert, il fit bien de l'ébahi : « Comment, dit-il, je ne vis oncques tel mal ; cet œil-ci est plus laid qu'il n'étoit, il y a quinze jours. Certainement, monseigneur, il sera bon métier que vous ayez patience. — Comment ! dit le chevalier. — Il faut que votre bon œil soit couvert et caché tellement qu'il n'ait point de lumière, une heure ou environ, incontinent que j'aurai assis l'emplâtre et ordonné l'autre ; car, en vérité, il l'empêche à guarir sans doute. Demandez à cette belle fille qui l'a vu chacun jour que je l'ai remué, comment il amende[2] ? » Et la fille disoit qu'il étoit plus laid que paravant. « Or çà, dit le chevalier, je vous abandonne tout : faites de moi ce qu'il vous plaît ; je suis content de cligner l'œil tant que l'on voudra, mais que guarison s'ensuive. » Les deux amans furent adoncques bien joyeux, quand ils virent que le chevalier étoit content d'avoir l'œil caché. Quand il fut appointé et qu'il eut les yeux bandés, maître chirurgien feint se partir, et dit adieu comme il avoit de coutume, promettant tantôt de revenir pour découvrir cet œil. Il n'alla guère loin ; car, assez près de son patient, sur une couche joignant de sa dame, et d'autre planète qu'il n'avoit regard sur l'œil du chevalier[1], visita les cloîtres secrets de la chambrière, trois ou quatre fois, maintint cette manière de faire envers cette belle fille, sans que le chevalier s'en donnât garde, combien qu'il en ouït la tempête. Mais il ne sait ce que ce pouvoit être jusqu'à la sixième fois, qu'il se doutât pour la continuation ; à laquelle fois, quand il ouït le labourement[2] et noise des combattans, il arracha bande et emplâtre, et vit les deux amoureux, qui se démenoient tellement l'un contre l'autre, qu'il sembloit proprement qu'ils dussent manger l'un l'autre, tant joignoient leurs jambes ensemble. « Et qu'est-ce là, maître chirurgien ? dit le chevalier ; m'avez-vous fait jouer à cligne-musette pour me faire ce déplaisir, mon œil doit-il être guari par ce moyen que dites-vous ? » Et maître chirurgien part et s'en va, et oncques puis, le chevalier le manda aussi il ne retourna point quérir son payement de ce qu'il avoit fait à l'œil de notre patient, car bien salarié se tenoit par sa dame, qui fort gracieuse et abandonnée étoit. Et à tant, fin de ce premier conte.

NOUVELLE LXXXVIII.
LE COCU SAUVÉ.

La quatre-vingt-huitième nouvelle parle d'un bon simple homme paysan, marié à une plaisante et gente femme, quelle laissoit bien le boire et le manger pour aimer par amour ; et, de fait, pour être assurément avec son amoureux, enferma son mari au colombier, par la manière que vous oirez.

En une petite ville ci entour, que je ne veux pas nommer, est naguère advenue l'aventure dont je vous fournirai cette nouvelle. Il y avoit un simple et rude paysan, marié à une plaisante et gente femme, laquelle laissoit le boire

---

[1] Ou *déduits*. Il y a sans doute une équivoque sur *lit*, dans l'emploi du mot *délit*. — [2] Empire.

[1] Le médecin est représenté ici comme une espèce de fatalité céleste qui régnait sur les maladies par l'influence des planètes heureuses ou malheureuses.
[2] Tambourinage.

et le manger pour aimer par amour. Le bon mari avoit d'usage de demourer très-souvent aux champs en une maison qu'il y avoit, aucunes fois trois jours, aucunes fois quatre, aucunes fois plus, ainsi que lui venoit à plaisir, et laissoit sa femme prendre du bon temps à la bonne ville. Car, afin qu'elle ne s'épouvantât, elle avoit toujours un homme qui gardoit la place du bonhomme, et entretenoit son devant, de peur que le rouil[1] n'y vînt. La règle de cette bonne bourgeoise étoit d'attendre son mari jusques à que l'on ne voyoit guère; et jusques à ce qu'elle se tenoit sûre de son mari, qu'il ne retournoit point, ne laissoit venir le lieutenant, de peur que trompée ne fût. Elle ne sut mettre si bonne ordonnance en sa règle accoutumée, que trompée ne fût; car une fois, ainsi que son mari avoit demouré deux jours ou trois jours, et pour le quatrième avoit attendu aussi tard qu'il étoit possible avant la porte[2] close, cuidant que pour ce jour il ne dût point retourner, si ferma l'huis et les fenêtres comme les autres jours, et mit son amoureux au logis. Ils commencèrent à boire d'autant, et faire chère tout outre. Guère assis n'avoient été à table, que notre mari vint hucher à l'huis, tout ébahi qu'il le trouvoit fermé. Quand la bonne dame l'ouït, fit sauver son amoureux sus le lit, pour le plus abréger, puis vint demander à l'huis qui avoit heurté. « Ouvrez! dit le mari. — Ha! mon mari, dit-elle, êtes-vous là? Je vous devois demain envoyer un messager, comment ne retournissiez point. — Quelle chose y a-t-il? dit-il. — Quelle chose? dit-elle. Hélas! les sergents ont été céans plus de deux heures et demie, vous attendant pour vous mener en prison. — En prison? dit-il, et comment en prison? quelle chose ai-je méfait? à qui dois-je? qui se plaint de moi? — Certes, je n'en sais rien, dit la rusée, mais ils avoient grand vouloir et désir de mal faire; il sembloit qu'ils voulsissent tuer un Carême[3], si fiers étoient-ils. — Voire! se disoit-il, nos amis ne vous ont-ils point dit quelque chose qu'ils me vouloient? — Nenni, dit-elle, fors que, s'ils vous tenoient, vous n'échapperiez de la prison avant longtemps. — Ils ne me tiennent en-

core pas, Dieu merci! Adieu, je m'en retourne. — Où irez-vous? dit-elle, qui ne demandoit autre chose. — D'ond je viens, dit-il. — J'irai donc avec vous? dit-elle. — Non ferez; gardez bien et gracieusement la maison, et ne dites point que j'ai ici été. — Puisque vous voulez retourner aux champs, dit-elle, hâtez-vous avant que l'on ferme la porte; il est jà bien tard. — Quand elle seroit fermée, si fera tant le portier, dit-il, pour moi, qu'il la m'ouvrira très-voulentiers. » A ces mots, il se partit, et quand il vint à la porte, il la trouva fermée, et pour prière qu'il sût faire, le portier ne la voulut ouvrir, si fut bien mal content de ce qu'il convenoit qu'il retournât à sa maison, doutant les sergents; toutefois, falloit-il qu'il y retournât, s'il ne vouloit coucher sur les rues. Il vint arrière heurter à son huis, et la dame, qui faisoit la ratelée avec son amoureux, fut plus ébahie que devant; elle saute sus et vint à l'huis, tout éperdue, disant: « Mon mari n'est point revenu; vous perdez temps. — Ouvrez, ouvrez! dit-il, ma mie: ce suis-je. — Hélas! hélas! vous n'avez point trouvé la porte ouverte? si m'en doutois-je bien! dit-elle. Véritablement je ne vois remède en votre fait, que ne soyez prins, car les sergents me dirent, il m'en souvient maintenant, qu'ils retourneroient sur la nuit. — Or çà, dit-il, n'est métier de long sermon: advisons ce qu'il est raison de faire. — Il vous faut musser quelque part céans, dit-elle, et si ne sais lieu ne retraite où vous puissiez être bien assuré. — Serois-je point bien, dit l'autre, en notre colombier? Qui me chercheroit là? » Et elle, qui fut moult joyeuse de cette invention et expédient, feignant toutefois, dit: « Le lieu n'est grain[1] honnête, il y fait trop puant. — Il ne me chaut! dit-il. J'aime mieux me bouter là pour une heure ou deux, et être sauvé, qu'en autre honnête lieu où je serois par aventure trouvé. — Or çà, dit-elle, puisque vous avez ce ferme courage, je suis de votre opinion. » Ce vaillant homme monta en ce colombier qui se fermoit par dehors à clef et se fit illec enfermer, et pria sa femme que, se les sergents ne venoient tantôt, elle le mît dehors. Notre bonne bourgeoise abandonna son mari, et le laissa toute la nuit roucouler avec les coulons[2]; qui ne plaisoit guère, et toujours doutoit les sergents. Au point du jour qu'il étoit heure que l'amoureux se dé-

---

[1] La rouille. — [2] La porte de la ville, qu'on fermait à huit heures, après le couvre-feu sonné. — [3] Est-ce, au propre, un carême-prenant, un masque; ou bien, au figuré, l'abstinence, le jeûne du carême? Ce mot a été peut-être corrompu par les imprimeurs.

[1] Pas du tout. — [2] Pigeons.

partit, cette bonne prude femme vint hucher son mari et lui ouvrit l'huis ; qui demanda comment on l'avoit laissé si longuement tenir compagnie aux coulons, et elle, qui étoit faite et pourvue de bourdes, lui dit que les sergents avoient toute la nuit veillé autour de leur maison, et que plusieurs fois avoit à eux devisé, et qu'ils ne faisoient que partir ; mais ils avoient dit qu'ils viendroient à telle heure, qu'ils le trouveroient. Le bon homme, bien ébahi quelle chose sergents lui pouvoient vouloir, si partit incontinent et retourna aux champs, promettant que de longtemps ne reviendroit. Et Dieu sait que la gouge le print bien en gré, combien que s'en montroit douloureuse ; et par tel moyen elle se donna meilleur temps que devant, car elle n'avoit quelque soin[1] sur le retour de son mari.

NOUVELLE LXXXIX.
LES PERDRIX CHANGÉES EN POISSONS.

La quatre-vingt-neuvième nouvelle traite d'un curé, qui oublia, par négligence ou faute de sens, à annoncer le Carême à ses paroissiens jusqu'à la Vigile de Pâques fleuries[2], comme ci-après pourrez ouïr, et de la manière comment il s'excusa envers ses paroissiens.

En un certain petit hamelet ou village de ce monde, assez loin de la bonne ville, est advenue une petite histoire qui est digne de venir en l'audience de vous, mes bons seigneurs. Ce village ou hamelet étoit habité d'un moncelet[3] de rudes et simples paysans qui ne savoient comment ils devoient vivre ; et se bien rudes et non sachants étoient, leur curé ne l'étoit pas une once moins. Car lui-même failloit à connoître ce qui étoit de nécessaire à tous généralement, comme je vous en donnerai l'expérience par un cas qui lui advint. Vous devez savoir que ce prêtre curé, comme j'ai dit, avoit sa tête affublée de simplesse si parfaite, qu'il ne savoit point annoncer les fêtes des saints, qui viennent, chacun an, en un jour déterminé, comme chacun sait. Et quand ses paroissiens demandoient quand la fête seroit, il failloit bien, coup à coup, à ce dire vraiment ; et entre autres telles fautes qui souvent advenoient, en fit une qui ne fut pas petite ; car il laissa passer cinq semaines du Carême sans l'annoncer à ses paroissiens. Mais entendez comment il s'aperçut qu'il avoit failli. Le samedi qui

étoit la nuit de la blanche Pâque que l'on dit Pâques fleuries, lui vint voulenté d'aller à la bonne ville pour aucune chose qui lui besognoit. Quand il entre en la ville, en chevauchant parmi les rues, il aperçut que les prêtres faisoient provision de palmes et autres verdures, et qu'au marché on les vendoit pour servir à la procession pour lendemain. Qui fut bien ébahi, ce fut le curé, combien que semblant ne fît. Il vint aux femmes qui vendoient ces palmes ou bois, en acheta, faisant semblant que pour autre chose ne fût-il venu à la bonne ville, et puis monta hâtivement à cheval chargé de sa marchandise, et pique à son village, et le plus tôt que possible lui fut, il s'y trouva. Avant qu'il fût descendu de dessus son cheval, il rencontra aucuns de ses paroissiens, auxquels commanda que l'on allât sonner les cloches, et que chacun vînt à l'église, de cette heure, car il leur vouloit dire aucunes choses nécessaires pour le salut de leurs âmes. L'assemblée fut tantôt faite, et se trouva chacun en l'église. Monseigneur le curé, tout housé et éperonné, vint, bien embesogné[2], Dieu le sait : il monta en son prône, et dit les mots qui s'ensuivent : « Mes bons seigneurs, je vous signifie et vous fais asavoir qu'aujourd'hui a été la veille de solennité de la fête de Pâques fleuries, et de ce jour en huit prochain, vous aurez la veille de la grand' Pâque que l'on dit la résurrection Notre-Seigneur. » Quand ces bonnes gens ouïrent ces nouvelles, commencèrent à murmurer, et eux ébahir très-fort comment ce pouvoit faire. « Moi, dit le curé, je vous apaiserai bien tantôt, et vous dirai vraies raisons pourquoi vous n'avez que huit jours de Carême à faire vos pénitences pour cette année, et vous émayez[3] jà de ce que je vous dirai, que le Carême est ainsi venu tard. Je tiens qu'il n'y a celui de vous qui ne sache bien et lui records[4] comment les froidures ont été longues et âpres, cette année merveilleusement plus qu'oncques-mais ; et longtemps a qu'il n'a été aussi périlleux et dangereux chevaucher comme il a fait tout l'hiver pour les verglas et neiges qui ont longuement duré. Chacun de vous sait ceci être vrai comme l'Évangile. Pourquoi ne vous donnez merveilles de la longue mourée[5] de Carême, mais émerveillez-vous ainçois comment il a pu venir, mêmement que

---

[1] Inquiétude, souci.
[2] Le dimanche des Rameaux. — [3] Ramas.

[1] Qui lui était nécessaire. — [2] Affairé. — [3] Émouvez.
[4] Se souvienne. — [5] Retardement. — [6] D'autant plus

le chemin est très-long, jusqu'à sa maison. Si vous prie que le vueillez tenir pour excusé, et même il vous emprie, car aujourd'hui j'ai dîné avec lui (et leur nomma le lieu, c'est à savoir la ville où il avoit été). Et pourtant, dit-il, disposez-vous cette semaine de venir à confesse, de comparoir demain à la procession, comme est de coutume, et ayez patience cette fois: année qui viendra, se Dieu plaît, sera plus douce; parquoi il viendra plus tôt, ainsi qu'il d'usage chacun an. » Ainsi monseigneur le curé trouva le moyen d'excuser sa simplesse et ignorance, et leur donna la bénédiction, disant : « Priez Dieu pour moi et je prierai Dieu pour vous! » Ainsi descendit de son trône, et s'en alla à sa maison appointer son bois et ses palmes pour les faire lendemain servir à la procession, et puis ce fut tout.

NOUVELLE XC.

LA BONNE MALADE.

La quatre-vingt-dixième nouvelle est d'un bon marchand de Brabant qui avoit sa femme très-fort malade : doutant qu'elle ne mourût, après plusieurs remontrances et exhortations qu'il lui fit pour le salut de son âme, lui cria merci; laquelle lui pardonne tout ce qu'il pouvoit lui avoir méfait, excepté tant seulement ce qu'il avoit si peu besogné en son ouvroir, comme en ladite nouvelle pourrez ouïr plus à plein.

Pour accroître et employer mon nombre des nouvelles que j'ai promises conter et décrire, j'en mettrai ici une, dont la venue est fraîche. Au pays de Brabant, qui est celui du monde où les bonnes aventures adviennent le plus souvent, avoit un bon et loyal marchand, de qui la femme étoit très-fort malade et gisante, pour la griéveté de son mal, continuellement sans abandonner le lit. Ce bon homme, voyant sa bonne femme ainsi atteinte et languissante, menoit la plus douloureuse vie du monde, tant marri et déplaisant étoit qu'il ne pouvoit plus, et avoit grand doute que la mort ne l'en fît quitte. En cette doléance persévérant, et doutant la perdre, se vint rendre près d'elle et lui donnoit espérance de guarison, et la reconfortoit au mieux qu'il savoit, l'admonestant de penser au sauvement de son âme. Et après qu'il eut, aucun petit de temps, devisé avec elle et finé ses admonestements et exhortations, lui cria merci en lui requérant que, s'aucune chose lui avoit méfait, qu'il lui fût par elle pardonné : entre les cas où il sentoit l'avoir courroucée, lui déclara comment il étoit bien records qu'il l'avoit troublée plusieurs fois, et très-souvent, de ce qu'il n'avoit besogné sur son harnois, que l'on peut bien appeler cuir à chair, toutes les fois qu'elle eût bien voulu, et même que bien le savoit, dont très-humblement requéroit pardon et merci. Et la pauvre malade, ainsi qu'elle pouvoit parler, lui pardonnoit les petits cas et légers, mais ce derrain[1] ne pardonnoit-elle point voulentiers, sans savoir les raisons qui avoient mû et induit son mari à non lui fourbir son harnois, quand même il savoit bien que c'étoit le plaisir d'elle, et qu'elle ne appeloit[2] autre chose ne demandoit. « Comment? dit-il, voulez-vous mourir sans pardonner à ceux qui vous ont méfait?— Je suis bien contente de le pardonner, mais je vueil savoir qui vous a mû; autrement, je ne le pardonnerai point. » Le bon mari, pour trouver moyen d'avoir pardon, cuidant bien faire la besogne, lui commença à dire : « Ma mie, vous savez bien que par plusieurs fois avez été malade, et dehaitée[3], combien que non pas tant que maintenant je vous vois, et durant la maladie, je n'ai jamais tant osé présumer que de vous requerre de bataille; je doutois qu'il ne vous en fût du pire, et soyez toute sûre que ce que j'en ai fait, amour le m'a fait faire. — Taisez-vous, menteur! dit cette pauvre patiente; oncques ne fus si malade ne si dehaitée pourquoi j'eusse fait refus de combattre à vous. Quérez autre moyen, se vous voulez avoir pardon, car celui-ci ne vous aidera jà ; et puisqu'il vous convient tout dire, méchant et lâche homme que vous êtes et autre ne fûtes oncques, pensez-vous que en ce monde soit médecine qui puisse plus aider ne susciter[4] la maladie d'entre nous femmes, que la douce et amoureuse compagnie des hommes? Me voyez-vous bien défaite et sèche par griéveté de mal? Autre chose ne m'est nécessaire, sinon compagnie de vous. — Ho! dit l'autre, je vous guarirai prestement. » Il saute sur ce lit et besogna le mieux qu'il put, et tantôt qu'il eut rompu deux lances, elle se lève, et se mit sur ses pieds. Puis, demi-heure après, alla par les rues, et ses voisines, qui la cuidoient comme morte, furent très-émerveillées jusqu'à ce qu'elle leur dit par quelle voie et comment elle étoit ravivée, qu'ils[5] dirent tantôt qu'il n'y avoit que ce seul remède. Ainsi notre bon

---

[1] Dernier. — [2] Désirait. — [3] Souffreteuse.

[4] Oter, chasser.— [5] Nous croyons qu'il faudrait lire : *Si qu'elles.*

marchand apprint à guarir sa femme, qui lui tourna à grand préjudice, car souvent feignoit être malade pour recevoir la médecine.

NOUVELLE XCI.
LA FEMME OBÉISSANTE.

La quatre-vingt-onzième nouvelle parle d'un homme qui fut marié à une jeune femme, laquelle étoit tant luxurieuse et tant chaude sur potage, que je cuide qu'elle fut née en étuves ou à demi-lieue près du soleil de midi, car il n'étoit nul, tant bon ouvrier fût-il, qui la pût refroidir; et comment il la cuida châtier, et de la réponse que lui bailla.

Ainsi que j'étois naguère en la comté de Flandres, en l'une des plus grosses villes du pays, un gentil compagnon me fit un joyeux conte d'un homme marié, de qui sa femme étoit tant luxurieuse et chaude sur le potage et tant publique, qu'à peine étoit-elle contente qu'on la cognât en pleines rues, avant qu'elle ne le fût[1]. Son mari savoit bien que de celle condition étoit, mais de subtilité pour quérir remède à lui donner empêchement, il ne savoit trouver, tant étoit à ce joli métier rusée. Il la menaçoit de la battre, et de la laisser seule, ou de la tuer. Mais quérez qui le fasse? autant eût-il profité à menacer un chien enragé ou quelque autre bête. Elle se pourchassoit à tous lez[2] et ne demandoit que hutin. Il y avoit bien peu d'hommes, en toute la contrée où elle repairoit[3], pour éteindre une seule étincelle de son grand feu; et quiconque la barguignoit[4], il avoit aussi bien à créance qu'à argent sec[5], fût homme bossu ou vieux, contrefait ou autre quelque défigurance; bref, nul ne s'en alloit sans denrées reporter. Le pauvre mari, voyant cette vie continuer, et que toutes ses menaces n'y profitoient rien, il s'avisa qu'il l'épouvanteroit par une manière qu'il trouva. Quand il la put avoir seule en sa maison, il lui dit : « Or çà, Jeanne ou Béatrix, (ainsi qu'il l'appeloit), je vois bien que vous êtes obstinée en votre méchance[6], et que, quelque menace que je vous fasse ou punition, vous n'en tenez non plus de compte que se je m'en taisois. — Hélas! mon mari, dit-elle, en bonne foi, j'en suis la plus marrie, et trop me déplaît; mais je n'y puis mettre remède, je suis née en telle planète pour être prête à servante aux hommes. — Voire dea, dit le mari, y êtes-vous ainsi destinée? Sur ma foi je ai bon remède et hâtif. — Vous me tuerez donc? dit-elle : autre remède n'y a. — Laissez moi faire, dit-il, je sais bien mieux. — De quoi? dit-elle, que je sache? — Par la mère bieu! dit-il, je vous hocherai un jour tant que je vous bouterai un quarteron d'enfants dedans le ventre, et puis je vous abandonnerai et les vous laisserai toute seule nourrir. — Vous dit-elle; voire-mais, au prix[1], vous n'avez pas pour commencer. Telles menaces m'épouvantent bien peu, je ne vous crains de cela pas un niquet[2]; si j'en démarche[3], je veux que l'on me tonde en croix[4], et s'il vous semble qu'ayez puissance de ce faire, avancez-vous, et commencez de cette heure : je suis prête pour livrer le moule. — Au diable de telle femme, dit le mari, qu'on ne peut par quelque voie corriger! » Il fut contraint de la laisser passer destinée, et il se fût plutôt écervelé et fendu tête pour la reprendre, que lui faire tenir le derrière. Parquoi la laissa courre comme lice entre deux douzaines de chiens et accomplir tous ses vouloirs et désordonnés désirs.

NOUVELLE XCII.
LE CHARIVARI.

La quatre-vingt-douzième nouvelle, racontée par monsieur de Launoy, parle d'une bourgeoise mariée qui étoit amoureuse d'un chanoine, laquelle pour plus couvertement aller devers ledit chanoine, s'accointa d'une sienne voisine, par la noise et débat qui entre elles sourdit pour l'amour du métier dont elles étoient, comme vous oirez ci-après.

En la cité de Metz en Lorraine, avoit, puis certain temps en çà, une bonne bourgeoise mariée, qui étoit tout outre de la confrérie de la houlette[5], rien ne faisoit plus voulentiers que ce joli ébattement que chacun sait, et où elle pouvoit déployer ses armes, elle se mon-

---

[1] La fin de cette phrase est très-obscure; faut-il entendre : *Avant qu'elle ne fût contente*; ou bien faut-il lire : *Avant qu'elle ne le sût?*

[2] De tous côtés, en long et en large. — [3] Habitait.

[4] La *guignait* de l'œil. — [5] C'est-à-dire, il avait à crédit les faveurs de cette femme, aussi bien que s'il les eût payées en argent comptant.

[6] Méchanceté, mauvaise conduite.

---

[1] C'est-à-dire, en comparaison de vos paroles. Les anciennes éditions mettent *ou prins*, ce qui est une faute de copiste.

[2] Monnaie de billon valant deux deniers tournois. Elle avait cours sous le règne de Charles VI.

[3] On dirait maintenant : *Si j'en démords*.

[4] C'est-à-dire, je veux être rasée. C'était autrefois un déshonneur et une peine égale à la fustigation d'être tondu, lorsque les longs cheveux caractérisaient en France la race noble et libre.

[5] Dans ce temps-là, où tous les métiers formaient des confréries, on avait imaginé la *confrérie de la houlette* pour les femmes galantes et débauchées.

vaillante et peu redoutant les horions. Or entendez quelle chose lui advint, en exerçant son métier. Elle étoit amoureuse d'un gros chanoine qui avoit plus d'argent qu'un chien n'a de puces. Mais pource qu'il demouroit en lieu où les gens étoient à toute heure, comme on diroit à une gueule-bée[1] ou place publique, elle ne savoit comment se trouver avec son chanoine. Tant pensa et subtila[2] à sa besogne, qu'elle s'avisa que se découvriroit à une sienne voisine qui étoit sa sœur d'armes, touchant le métier et usance de la houlette, et lui sembla qu'elle pourroit aller voir son chanoine, accompagnée de sa voisine, sans que l'on y pensât mal ou suspicion. Ainsi qu'elle avisa fut fait; et comme se pour une grosse matière fût allée vers monseigneur le chanoine, ainsi honorablement y alla-t-elle accompagnée, comme dit est. Pour le faire bref, incontinent que nos bourgeoises furent arrivées, après toutes les salutations, ce fut la principale mémoire que enclore avec son amoureux chanoine, et fit tant, que le chanoine lui bailla une monture ainsi comme il savoit. La voisine, voyant l'autre avoir l'audience et le gouvernement du maître de léans, n'en eut pas peu d'envie; et lui déplaisoit moult qu'on ne lui faisoit ainsi comme à l'autre. Au vider de la chambre, celle qui avoit sa pitance, dit à sa voisine : « Nous en irons-nous ? — Voire! dit l'autre, en va t'en ainsi ? Se l'on ne me fait la courtoisie comme à vous, pardieu ! j'accuserai le ménage. Je ne suis pas ici venue pour échauffer la cire[3]. » Quand l'on aperçut sa bonne volenté, on lui offrit le clerc de ce chanoine, qui étoit un fort et roide galant, et homme pour la très-bien fourbir; de quoi elle ne tint compte, mais le refusa de tous points, disant qu'aussi bien vouloit avoir le maître, que l'autre; autrement, ne seroit-elle point contente. Le chanoine fut contraint, pour sauver son honneur, de s'accorder, et quand ce fut fait, elle voulut bien adoncques dire adieu et se partir; mais l'autre ne le vouloit pas; ains dit toute courroucée, qu'elle, qui l'avoit amenée et étoit celle pour qui l'assemblée[4] étoit faite, devoit être mieux partie[5] que l'autre, et qu'elle ne se

[1] Au propre, futaille défoncée par un bout; au figuré, impasse, cul-de-sac. — [2] Pour subtiliser. — [3] Expression proverbiale, par allusion à la charge du chauffe-cire en chancellerie. On dit aujourd'hui tenir la chandelle. — [4] Le tête-à-tête, réunion galante. — [5] Partagée.

départiroit[1] point s'elle n'avoit encore un picotin d'avoine. Le chanoine fut bien ébahi quand il entendit ces nouvelles, et combien qu'il priât celle qui vouloit avoir le surcroît, toutefois ne se vouloit-elle rendre contente. « Or çà, dit-il, de pardieu ! je suis content, puis qu'il faut qu'ainsi soit, mais n'y revenez plus pour tel prix : je serois hors de la ville. » Quand les armes furent accomplies, cette damoiselle au surcroît, au dire adieu, dit à son chanoine, qu'il falloit donner aucune gracieuse chose pour souvenance. Sans se faire trop importuner ne travailler de requêtes, et aussi pour être délivré, ce bon chanoine avoit une pièce d'un demourant de couvrechef que leur donna, et la principale reçut le don; ainsi dirent adieu. « C'est, dit-il, ce que je vous puis maintenant donner; prenez chacune en gré. » Elles ne furent guère loin allées, qu'en pleine rue, la voisine, qui n'avoit eu sans plus qu'un picotin, dit à sa compagne, qu'elle vouloit avoir sa portion de leur don : « Eh bien ! dit l'autre, je suis contente, combien en voulez-vous avoir ? — Faut-il demander cela ? dit-elle, j'en dois avoir la moitié et vous autant. — Comment osez-vous demander, dit l'autre, plus que vous n'avez desservi[2] ? avez-vous point de honte ? vous savez bien que vous n'avez été qu'une fois au chanoine, et moi, deux fois; et pardieu! ce n'est pas raison que vous soyez partie aussi avant que moi. — Pardieu ! j'en aurai autant que vous, dit l'autre. Ai-je pas fait mon devoir aussi avant que vous ? Comment l'entendez-vous ? N'est-ce pas autant d'une fois, comme de dix ? Et afin que vous connoissiez ma voulenté, sans tenir ici halle de néant[3], je vous conseille que me bailliez ma part, justement la moitié, ou vous aurez incontinent hutin !— Me voulez-vous ainsi gouverner ? — Voire ! dea, dit sa compagne, y voulez-vous procéder d'armure ? — De fait, et par la puissance Dieu ! vous n'en aurez, fors ce qu'il sera de raison, c'est à savoir, des trois parts l'une, et j'aurai tout le demourant. N'ai-je pas eu deux fois plus de peine que vous ? » Adonc l'autre hausse[4] et de bon poing charge sur le visage de sa compagne, pour qui l'assemblée avoit été faite, qui ne le tient pas longuement sans rendre. Bref, elles se battirent tant et de si bonne manière,

[1] Pour partirait. — [2] Mérité, gagné. — [3] C'est-à-dire, sans marchander pour si peu de chose. — [4] Lève le bras.

qu'à bien petit¹ qu'elles ne s'entretuèrent, et l'une appeloit l'autre *ribaude*. Quand les gens de la rue virent la bataille de deux compagnes, qui, peu de temps devant, avoient passé par la rue ensemble amoureusement, furent tous ébahis, et les vinrent tenir et défaire² l'une de l'autre. Puis après, les gens qui là étoient, huchèrent leurs maris qui vinrent tantôt, et chacun d'eux demandoit à sa femme la matière de leur différence³. Chacune contoit à son plus beau, et tant, par leur faux donner-à-entendre, sans toucher de ce pourquoi la question étoit mue, les émurent tellement l'un contre l'autre, qu'ils se vouloient entretuer, mais les sergents les menèrent refroidir en prison. La justice voulut savoir dont étoit procédé le fondement de la question entre les deux femmes; elles furent mandées, et contraintes de confesser que ce avoit été pour une pièce de couvre-chef, etc. Les gens de conseil⁴, voyant que la connoissance de cette cause n'appartenoit à eux, la renvoyèrent devant le roi de Bordelois⁵, tant pour les mérites de la cause comme pource que les femmes étoient de ses sujettes; et pendant le procès, les bons maris demourèrent en la prison, attendant la sentence définitive, qui, pour le nombre infini d'eux, en est taillée⁶ de demourer pendue au clou.

NOUVELLE XCIII.

LA POSTILLONE SUR LE DOS.

La quatre-vingt-treizième nouvelle raconte d'une gente femme mariée, qui feignoit à son mari d'aller en pèlerinage pour soi trouver avec le clerc de la ville ses amoureux, avec lequel son mari la trouva, et de la manière qu'il tint quand ensemble les vit faire le métier que vous savez, comme vous oirez.

Tandis que j'ai bonne audience, je veuil conter un gracieux conte advenu au pays de Haynaut, en un village du pays que j'ai nommé, avec une gente femme mariée qui aimoit plus cher le clerc de la paroisse dont elle étoit paroissienne, que son mari; et pour trouver quelque moyen d'être avec son clerc, feignit à son mari qu'elle devoit un pèlerinage à un saint qui n'étoit guère loin de là, et que promis lui avoit, quand elle étoit en travail⁷, lui priant qu'il fût content qu'elle y allât un

¹ Que peu s'en fallut. — ² Séparer. — ³ Différend.
⁴ Officialité, conseil ou tribunal de l'évêque.
⁵ C'est le roi des ribauds, qui avait la direction des filles publiques ou des *bordeaux*. — ⁶ Semble destinée à.
⁷ En mal d'enfant.

jour qu'elle nomma. Le bon simple mari, ne se doutoit de rien, accorda ce pèlerinage, pource que le mari demouroit seul, il lui qu'elle apprêtât son dîner et souper tout semble avant qu'elle se partît; autrement, iroit manger à la taverne. Elle fit son commandement et apprêta un bon poussin¹ et une pièce de mouton, et quand tous ces préparatifs furent faits, elle dit à son mari que tout étoit prêt, et qu'elle alloit querre de l'eau benoîte, pour soi partir après. Elle entra en l'église, et le premier homme qu'elle trouva, fut celui qu'elle quéroit, c'est à savoir son clerc à qui elle conta les nouvelles, comment elle avoit congé d'aller en pèlerinage, etc., pour toute la journée. « Mais il y a un cas, dit-elle, je suis sûre que sitôt qu'il me sentira hors de l'hôtel, qu'il s'en ira à la taverne, et n'en retournera jusqu'aux vêpres bien tard, je le connois tel; et pour tant, j'aime mieux demourer à l'hôtel, tandis qu'il n'y sera point, qu'aller hors; adoncques vous vous rendrez dedans une demi-heure, autour de notre hôtel, afin que je vous mette dedans par derrière s'il advient que mon mari n'y soit point; et s'il y est, nous irons faire notre pèlerinage. » Elle vint à l'hôtel où elle trouva encore son mari dont elle ne fut point contente; qui lui dit: « Comment êtes-vous encore ici? — Je m'en vais, dit-elle, chausser mes souliers, et puis ne songerai plus guère que je ne parte. » Elle alla au cordouannier, et tandis qu'elle faisoit chausser ses souliers, son mari passa par devant l'hôtel du cordouannier avec un autre voisin, qui alloit de coutume voulentiers à la taverne. Et combien qu'elle supposât que, pour ce qu'il étoit accompagné dudit voisin, qu'il s'en allât à la taverne, toutefois n'en avoit nulle voulenté, mais il s'en alloit sur le marché pour trouver encore un bon compagnon ou deux, et les amener dîner avec lui au commencement qu'il avoit d'avantage², c'est à savoir le poulet et la pièce de mouton. Or, nous laisserons notre mari chercher compagnie, et retournerons à celle qui chaussoit ses souliers; qui, tôt qu'ils furent chaussés, revint à l'hôtel plus hâtivement qu'elle put, où elle trouva le gentil écolier qui faisoit la procession³ tout autour de la maison, à qui elle dit: « Mon

¹ Poulet. — ² C'est-à-dire, par la raison qu'il un dîner plus copieux.
³ C'est-à-dire, qui se promenait.

nous sommes les plus heureux du monde, car j'ai vu mon mari aller à la taverne, j'en suis sûre, car il y a un sien voisin[1] qui le mène par le bras, lequel ne le laissera pas retourner quand il voudra ; et pour tant, donnons nous joie. Le jour est nôtre jusqu'à la nuit. J'ai appointé un poussin et une belle pièce de mouton, dont nous ferons goguettes. » Et sans plus rien dire, le mit dedans, et laissa l'huis entr'ouvert, afin que les voisins ne s'en doutassent. Or, retournons maintenant à notre mari, qui a trouvé deux bons compagnons, avec le premier dont j'ai parlé, lesquels il amène tous pour découdre et dévorer ce poussin, en la compagnie de beau vin de Beaune ou de meilleur, s'il est possible de finer. A l'arrivée à sa maison, il entre le premier dedans, et incontinent qu'il fut entré, il aperçut nos deux amants, qui s'étoient mis à faire un tronçon de bon ouvrage, et quand il vit sa femme qui avoit les jambes levées, il lui dit qu'elle n'avoit garde d'user ses souliers, et que sans raison avoit travaillé le cordouannier, puis qu'elle vouloit faire son pèlerinage par telle manière. Il hucha ses compagnons et dit : « Messeigneurs, regardez que ma femme aime mon proufit ; de peur qu'elle use ses beaux souliers neufs, elle chemine sur son dos. Il ne l'a pas telle qui veut ! » Il prend un petit demourant de ce poussin, et lui dit qu'elle parfît son pèlerinage ; puis, ferma l'huis et la laissa avec son clerc, sans lui autre chose dire, et s'en alla à la taverne : de quoi ne fut pas tancé au retourner, ne les autres fois aussi quand il y alloit, pource qu'il n'avoit rien ou peu parlé de ce pèlerinage que sa femme avoit fait à l'hôtel avec son amoureux clerc de sa paroisse.

NOUVELLE XCIV.

LE CURÉ DOUBLE.

Quatre-vingt-quatorzième nouvelle raconte d'un curé qui portoit courte robe, comme ces galans à marier ; pour laquelle cause, il fut cité devant son juge ordinaire, et de la sentence qui en fut donnée ; aussi, la défense qui lui fut faite, et des autres tromperies qu'il fît après, comme vous oirez plus à plein.

Ès marches de Picardie, au diocèse de Therouenne[2], avoit, puis an et demi en çà ou environ, un gentil curé demourant en la bonne ville, qui faisoit du gorgias[1] tout outre : il portoit robe courte, chausses tirées à la façon de cour ; tant gaillard étoit, que l'on ne pourroit plus : qui n'étoit pas peu d'esclandre aux gens d'Église. Le promoteur de Therouenne, qui telles manières de gens appeloit *le grand diable*, soi informé du gouvernement de notre gentil curé, et le fit citer pour le corriger et lui faire muer[2] ses mœurs. Il comparut en habits courts, comme s'il ne tenît compte du promoteur ; cuidant, par aventure, que pour ses beaux yeux on le délivrât ; mais ainsi n'advint pas ; car, quand il fut devant monseigneur l'official et sa partie, le promoteur lui conta sa légende au long, et demanda par sa conclusion que ses habillements et autres menues manières de faire lui fussent défendus, et avec ce, qu'il fût condamné à payer certaines amendes. Monseigneur l'official, voyant à ses yeux que tel étoit notre curé qu'on lui baptisoit[3], lui fit les défenses, sur les peines du canon, que plus ne se déguisât en telle manière qu'il avoit fait, et qu'il portât longues robes et cheveux longs, et avec ce, le condamna à payer une bonne somme d'argent. Il promit qu'ainsi en feroit-il, et que plus ne seroit cité pour telle chose. Il print congé au promoteur, et retourna à sa cure, et sitôt qu'il y fut venu, il fit hucher le drapier et le couturier : si fit tailler une robe qui lui traînoit plus de trois quartiers, disant au couturier les nouvelles de Therouenne, comment c'est à savoir qu'il avoit été reprins de porter courte robe, et qu'on lui avoit chargé de la porter longue. Il vêtit cette robe longue et laissa croître ses cheveux de la tête et de la barbe, et en cet état servoit la paroisse, chantoit messe et faisoit les autres choses appartenantes à curé. Le promoteur fut arrière averti comment son curé se gouvernoit outre la règle et bonne et honnête conversation[4] des prêtres ; lequel le fit citer comme devant, et il se comparut en longs habits. « Qu'est-ce ceci ? dit monseigneur l'official, quand il fut devant lui : il semble que vous trompez des statuts et ordonnances de l'Église ; voyez-vous point comme les autres prêtres s'habillent ? Se ce ne fût pour l'amour de vos bons amis, je vous ferois affubler la prison de céans. — Comment ! monseigneur, dit

---

Nous avons cru pouvoir changer ainsi le mot *sortes* qui se trouve dans toutes les éditions, et qui n'a pas de sens. — [2] L'évêché de Therouenne, ou plutôt *Terouane*, après la destruction de cette ville par Charles-Quint, en 1553, a formé les trois évêchés de Boulogne, de Saint-Omer et d'Ypres.

[1] Qui prenait des airs de galant, de muguet.
[2] Changer. — [3] Représentait, accusait. — [4] Conduite.

notre curé, ne m'avez-vous pas chargé de porter longue robe et longs cheveux? Fais-je point ainsi que vous m'avez commandé? n'est pas cette robe assez longue? mes cheveux sont-ils pas longs? que voulez-vous que je fasse? — Je vueil, dit monseigneur l'official, et si vous commande que vous portez robe et cheveux à demi longs, ne trop ne peu, et pour cette grande faute, je vous commande à payer dix livres d'amende au promoteur, vingt livres à la fabrique de céans, et autant à monseigneur de Therouenne à convertir à son aumône. » Notre curé fut bien ébahi, mais toutefois il fallut qu'il passât par là : il print congé et s'en revint en sa maison, bien pensant comment il pourroit subtiler [1] pour garder la sentence de monseigneur l'official. Il manda le couturier, à qui il fit tailler une robe longue d'un côté, comme celle dont nous avons parlé, et courte comme la première, de l'autre côté; puis il se fit barber [2] du côté où la robe étoit courte; en ce point [3], alloit par les rues et faisoit son divin office, et combien qu'on lui dit que c'étoit mal fait, toutefois n'en tenoit-il compte. Le promoteur en fut encore averti, et le fit citer comme devant. Quand il comparut, Dieu sait comment monseigneur l'official fut mal content : à peine s'il ne sailloit de son siége hors du sens, quand il regardoit son curé être habillé en guise de momeur [4]. Si les autres deux fois il avoit été bien rachassé [5], il fut encore mieux celle-ci, et condamné à belles grosses amendes. Lors, notre curé, se voyant ainsi déplumé d'amendes et de condamnations, dit à monseigneur l'official : « Il me semble, sauve votre révérence, que j'ai fait votre commandement. Et entendez-moi, je vous en dirai la raison. » Adonc il couvrit sa barbe longue de sa main qu'il étendit sus, et puis dit : « Se vous voulez, je n'ai point de barbe. » Puis, mit sa main de l'autre les couvrant la partie tondue ou [6] rasoir, en disant : « Se vous voulez, j'ai longue barbe. Est-ce pas ce que vous m'avez commandé, monseigneur? » L'official, voyant que c'étoit un vrai trompeur, et qu'il se trompoit [7] de lui, fit venir le barbier et le parmentier [8], et devant tous les assistants lui fit faire sa barbe et puis couper sa robe, de longueur qui étoit de métier et de raison ; puis, le renvoya à sa cure, où il se conduit hautement, en maintenant cette dernière manière qu'il avoit apprise à la sueur de sa bourse.

NOUVELLE XCV.
LE DOIGT DU MOINE GUÉRI.

La quatre-vingt-quinzième nouvelle, racontée par monseigneur de Villiers, traite d'un moine qui feignit être très fort malade et en danger de mort, pour parvenir à l'amour d'une femme sienne voisine, par la manière qui s'ensuit.

Comme il est assez de coutume, Dieu merci, qu'en plusieurs communautés il y a de bons compagnons, au moins quant au jeu des bas instruments ; au propos [1], naguère, avoit en un couvent de Paris un très-bon frère prêcheur qui avoit de coutume de visiter ses voisines. Un jour entre les autres, il choisit une très-belle femme, qui étoit sa prochaine voisine, jeune et en bon point, et s'entr'aimoient de bon courage, et la jeune femme étoit mariée nouvellement à un bon compagnon ; et devint maître moine très-bien amoureux d'elle, et ne cessoit de penser et subtiler [2] voies et moyens pour parvenir à ses atteintes, qui, à dire en gros et en bref, étoient pour faire cela que vous savez. Ores, disoit : « Je ferai ainsi ! » ores, conclut autrement ; tant de propos lui venoient en la tête, qu'il ne savoit sur quoi s'arrêter : trop bien, disoit-il, que de langage n'étoit point d'abattre [3] : « Car elle est trop bonne et trop sûre ; force m'est, que, se je vueil parvenir à mes fins, que par cautelle et déception je la gagne. » Or, écoutez de quoi le larron s'avisa, et comment frauduleusement la pauvre bête il attrapa, et son désir très-déshonnête, comme il proposa, accomplit. Il feignit, un jour, avoir mal en un doigt d'emprès le pouce, qui est le premier des quatre en la main dextre ; et, de fait, l'enveloppa de drapeaux, linges, et le dora d'aucuns oingnemens [4] très-fort sentans. Et en ce point, se tint, un jour ou deux, se montrant aval [5] son église devant la dessusdite, et Dieu sait s'il faisoit bien la douleur. La simplette le regardoit en pitié et voyant à sa contenance, qu'il avoit grand douleur, et pour la grand'pitié qu'elle en eut, lui demanda son cas, et le subtil renard lui

---

[1] User de ruse, de finesse. — [2] Raser.
[3] En cet état, équipage. — [4] Masque.
[5] Terme de chasse, rabattu, traqué.
[6] Pour au. — [7] Moquait.
[8] Qui fait des paremens, habits; couturier, tailleur.

[1] C'est-à-dire, à ce propos. — [2] Imaginer, chercher.
[3] C'est-à-dire, que les paroles ne pourroient la séduire. — [4] Onguens. — [5] En bas de.

conta si très-piteusement qu'il sembloit mieux hors du sens qu'autrement. Ce jour se passa, et à lendemain, environ l'heure de vêpres, que la bonne femme étoit à l'hôtel seulette, ce patient la vient trouver, ouvrant de soie [1], et auprès d'elle se met, faisant si très-bien le malade, que nul ne l'eût vu à cette heure, qui ne l'eût jugé en très-grand danger. Ores se viroit vers la fenêtre ; maintenant vers la femme ; tant d'étranges manières il faisoit, que vous fussiez ébahi et abusé à le voir, et la simplette, qui toute pitié en avoit, à peine que larmes ne lui sailloient des yeux, le confortoit au mieux qu'elle pouvoit. « Hélas ! frère Henri, avez-vous parlé aux médecins tels et tels ? — Oui, certes, ma mie, disoit-il ; il n'y a ne médecin ne chirurgien en Paris qui n'ait vu mon cas. — Et qu'en disent-ils ? Souffrirez-vous longuement cette douleur ? — Hélas ! oui, voire encore plus la mort, se Dieu ne m'aide ; car, en mon fait, n'a qu'un seul remède, et j'aimerois autant à peine mourir, que le déceler, car il est moins que bien honnête et tout étrange de ma profession. — Comment ? dea, dit la pauvrette, puisqu'il y a remède, n'est-ce pas mal fait et péché à vous de vous laisser ainsi passionner [2] ? Si est' en vérité, ce me semble, vous vous mettez en danger de perdre sens et entendement, à ce que je vois votre douleur si âpre et si terrible ? — Pardieu ! bien âpre et terrible est-elle ! dit frère Henri. Mais quoi ! Dieu la m'a envoyée, que soit ! Je prends bien la maladie en gré et aurai en patience, et suis tout assuré d'attendre la mort. Car c'est le vrai remède de ce, voire excepté un dont je vous ai parlé, qui me guériroit tantôt. — Mais quoi ? — Comme je vous dit, je n'oserois dire quel il est : quand ainsi soit qu'il me seroit force à déceler ce que c'est, je n'aurois point le vouloir de l'accomplir. — Et par saint Martin ! dit la bonne femme, frère Henri, il me semble que vous avez tort de tenir tels termes, et, pour Dieu, dites-moi qu'il faut pour votre guarison, et je vous jure que je mettrai peine et diligence à trouver ce qui y servira. Pour Dieu ! ne soyez cause de votre perdition, laissez-vous aider et secourir ! Or, dites-moi que c'est, et vous verrez se je ne vous aiderai. Si ferai par Dieu ; me dût-il coûter plus que vous ne pensez ! » Damp moine, voyant la bonne voulenté de sa voisine, après un grand tas d'excusances et de refus, que pour être bref je trépasse, dit à basse voix : « Puisqu'il vous plaît que je le die, je vous obéirai ; les médecins m'ont tous dit d'un accord, qu'en mon fait n'a qu'un seul remède, c'est de bouter mon doigt malade dedans le lieu secret d'une femme nette et honnête, et là le tenir assez bonne pièce ; après, l'oindre d'un oingnement dont ils m'ont baillé la recette. Vous oyez que c'est, et pour tant que je suis de ma nature et de propre coutume honteux, j'ai mieux aimé endurer et souffrir jusqu'ici les maux que j'ai portés, qu'en rien dire à personne vivant. Vous seule savez mon cas et malgré moi. — Hélas ! hélas ! dit la bonne femme, je ne vous ai dit chose que je ne fasse ; je vous vueil aider et guarir ; je suis contente et me plaît bien, pour votre guarison et vous ôter de la terrible angoisse qui vous tourmente, que vous prête lieu pour bouter votre doigt malade. — Et Dieu le vous rende, damoiselle ! dit damp moine. Je ne vous eusse osé requérir ne autre, mais puisqu'il vous plaît de me secourir, je ne serai jà cause de ma mort. Or, nous mettons doncques, s'il vous plaît, en quelque lieu secret, que nul ne nous voie. — Il me plaît bien, dit-elle. » Si le mena en une belle garderobe et serra l'huis, et sur le lit la mit, et maître moine lui lève ses drapeaux [1], et en lieu du doigt de la main, lui bouta son perchant dur et roide dedans, et à l'entrée qu'il fit, elle, qui le sentit si très-dur ; dit : « Et comment votre doigt est-il si gros ? je n'ouïs jamais parler du pareil. — Et, en vérité, dit-il, ce fait la maladie qui en ce point le m'a mis. — Vous me contez merveille, dit-elle. » Et durant ces langages, maître moine accomplit ce pourquoi avoit si bien fait le malade. Et elle, qui sentit *et cetera*, demanda que c'étoit, et il répondit que : « C'est le clou de mon doigt qui est effondré ; je suis demi-guari, ce me semble, Dieu merci et la vôtre. — Et, par ma foi, ce me plaît moult, ce dit la dame, qui lors se leva ; se vous n'êtes bien guari, si retournez toutes fois qu'il vous plaira ; car, pour vous ôter de douleur, il n'est rien que je ne fasse, et ne soyez plus si honteux que vous avez été, pour votre guarison et santé recouvrer.

[1] Travaillant la soie. Peut-être faut-il lire *de soi*, c'est-à-dire, ouvrant lui-même la porte.
[2] Tourmenter, souffrir mort et passion.

[1] Linges, chemise, jupon.

NOUVELLE XCVI.

LE TESTAMENT CYNIQUE[1].

La quatre-vingt-seizième nouvelle traite d'un simple et riche curé de village, qui par sa simplesse avoit enterré son chien au cimetière; pour laquelle chose, il fut cité par devant son évêque, et comme il bailla la somme de cinquante écus d'or audit évêque, et de ce que l'évêque lui en dit, comme pourrez ouïr ci-dessous.

Raconter je vous vueil ce qu'advint l'autre hiver à un simple curé de village. Ce bon curé avoit un chien qu'il avoit nourri et gardé, qui tous les autres chiens du pays passoit sur le fait d'aller en l'eau quérir le vireton[2], et à l'occasion de ce, son maître l'aimoit tant, qu'il ne seroit pas léger à conter combien il en étoit assoté. Advint toutefois, je ne sais par quel cas, ou s'il eut trop grand chaud, ou trop grand froid, toutefois il fut malade et mourut. Que fit ce bon curé? Lui, qui son presbytère avoit tout contre le cimetière, quand il vit son chien trépassé, il pensa que grand dommage seroit qu'une si sage et bonne bête demourât sans sépulture; et, pour tant, il fit une fosse assez près de l'huis de sa maison et là l'enfouit. Je ne sais pas s'il en fit une de marbre et pardessus graver une épitaphe; si m'en tais. Ne demoura guère longtemps, que la mort du bon chien du curé fût par le village annoncée et tant répandue, qu'aux oreilles de l'évêque du lieu parvint, et de sa sépulture faite que son maître lui bailla. Si le manda vers lui venir, par une belle citation par un chicaneur[3]. « Hélas! dit le curé, et qu'ai-je fait, qui suis cité d'office? — Quant à moi, dit le chicaneur, je ne sais qu'il y a, se ce n'est pourtant que vous avez enfoui votre chien en terre sainte, où l'en met les corps des chrétiens. — Ha! se pense le curé, c'est cela. » Or, lui vint en tête qu'il avoit mal fait, et que s'il se laisse emprisonner, qu'il sera écorché, car monseigneur l'évêque est le plus convoiteux de ce royaume, et si a gens autour de lui qui savent faire venir l'eau au moulin, Dieu sait comment. Il vint à sa journée[4], et, de plein bond, s'en alla vers monseigneur l'évêque, qui lui fit un grand prologue pour la sépulture du bon chien. Et sembloit à l'ouïr que le curé eût pis fait, que d'avoir renié Dieu. Et après tout son dire, il commanda qu'il fût mené en sa prison. Quand monseigneur le curé vit qu'on le vouloit bouter en la boîte aux cailloux[1], il fut plus ébahi qu'un canet, et requit à monseigneur l'évêque, qu'il fût ouï, lequel lui accorda. Et devez savoir qu'à cette calenge[3] étoient grand' foison de gens de bien et de grand' façon, comme l'official, les promoteurs, le scribe, notaires, avocats, procureurs, et plusieurs autres, lesquels tous ensemble grand' joie menoient du cas du bon curé qui à son chien avoit donné la terre sainte. Le curé, en sa défense et excuse, parla en bref et dit en vérité : « Monseigneur, se vous eussiez autant connu mon bon chien (à qui Dieu pardoint!) comme j'ai fait, vous ne seriez tant ébahi de la sépulture que je lui ai ordonnée, comme vous êtes; car son pareil, comme j'espoire, ne fut jamais trouvé, ne sera. » Et lors commença à dire baume de son chien. « Aussi pareillement, s'il fut bien sage en sa vivant, encore le fut plus à sa mort; car il fit un très-beau testament, et pource qu'il sait votre nécessité et indigence, il vous ordonna cinquante écus d'or que je vous apporte, » et les tira de son sein, et les bailla à l'évêque, lequel les reçut voulentiers, et lors loua et approuva les sens du vaillant[4] chien, ensemble son testament, et la sépulture qu'il lui bailla.

NOUVELLE XCVII.

LE HAUSSEUR[5].

La quatre-vingt-dix-septième nouvelle traite d'une assemblée de bons compagnons faisant bonne chère à la taverne, vant d'autant et d'autel, dont l'un d'iceux se combat à femme, quand à son hôtel il fut retourné, comme vous ci-dessous.

Advint, naguère, qu'étoit une assemblée de compagnons faisant bonne chère en la taverne et buvant d'autant; et quand ils eurent bien mangé, et fait si bonne chère jusques à louer Dieu et aussi *usque ad Hebræos*[6] la plupart, qu'ils eurent compté et payé leur écot, aucuns commencèrent à dire : « Comment serons festoyés de nos femmes, quand nous retournerons à l'hôtel? — Dieu sait que nous serons pas excommuniés! — On parlera bien à nos barbes[7]. — Notre-Dame! dit l'un, je crains bien à m'y trouver. — Ainsi m'aid' Dieu! dit l'autre; aussi fais-je moi, je suis logé

---

[1] De chien. — [2] Flèche. — [3] Huissier ou procureur.
[4] À son ajournement.

[1] C'est-à-dire, en prison. — [2] Petit canard.
[3] Débat judiciaire. — [4] Qui vaut beaucoup, méritant.
[5] L'enchérisseur.
[6] Jeu de mots sur ce texte des Psaumes, où le *Hebræos* fait équivoque avec *ebrios*, ivres.
[7] C'est-à-dire, on nous arrachera les poils de la barbe.

d'ouïr la Passion¹. Plut à Dieu que ma femme fut muette²! je beuverois trop plus hardiment que je ne fais. » Ainsi disoient tréstous, fors l'un d'eux qui étoit bon compagnon, qui leur alla dire : « Eh! comment, beaux seigneurs, vous êtes tous bien malheureux, qui avez tous chacun femme, qui si fort vous reprend d'aller à la taverne, et est tant mal contente, que vous buvez! Par ma foi! Dieu merci, la mienne n'est pas telle. Car si je buvois dix, voire cent fois le jour, si n'est-ce pas assez à son gré; bref, je ne vis oncques qu'elle n'eût voulu que j'eusse plus bu la moitié. Car quand je reviens de la taverne, elle me souhaite toujours le demourant du tonneau dedans le ventre, et le tonneau avec : si n'est-ce pas signe que je boive assez à son gré. » Quand ses compagnons ouïrent cette conclusion, ils se prindrent à rire et louèrent beaucoup son conte, et sur ce, s'en allèrent tous, chacun en sa chacune. Notre bon compagnon, qui le conte avoit fait, s'en vint à l'hôtel, où il trouva peu paisible sa femme, toute prête à tancer, qui, de si loin qu'elle vit venir, commença la souffrance accoutumée, et, de fait, comme elle souloit, lui souhaita le demourant du vin du tonneau dedans le ventre. « La vôtre merci, ma mie! dit-il, encore avez meilleure coutume que les autres femmes de cette ville; elles enragent de ce que leurs maris boivent, ne tant ne quant, et vous, Dieu vous rende! voudriez bien que je busse toujours ou une bonne fois, qui toujours durât. — Je ne sais, dit-elle, que je voudrois, non que je prie à Dieu que tant buvez un jour que crever en puissiez. » Comme ils se devisoient ainsi doucement que vous oyez, le pot de la porée, qui sur le feu étoit, commence à s'enfuir par dessus, pource que trop âpre feu avoit, et le bon homme, qui voyoit que sa femme n'y mettoit point la main, lui dit : « Et ne voyez-vous, dame, ce pot qui s'enfuit? » Et elle, qui encore rapaisée n'étoit, répondit : « Si fait, sire, je le vois bien.— Or, le haussez; Dieu vous mette en mal an! — Si ferai-je, dit-elle; je le hausserai³, je le mets à sept deniers. — Voire, dit-il, dame, est-ce là réponse? haussez ce pot, de par Dieu! — Eh bien! dit-elle, je le mets à sept sols; est-ce assez haut? — Hen! hen! dit-il, et par saint Jean! ce ne sera pas sans trois coups de

¹ L'évangile de la Passion est d'une interminable longueur. — ² Muette. — ³ Enchérirai.

bâton. » Et il choisit un gros bâton, et en décharge de toute sa force sur le dos de madamoiselle, en disant : « Ce marché vous demeure! » Et elle commença à crier alarme, tant que les voisines s'y assemblèrent, qui demandèrent que c'étoit, et le bon homme raconta l'histoire comme elle alloit, dont ils rirent tréstous, fors elle à qui le marché demoura.

NOUVELLE XCVIII.
LES AMANTS INFORTUNÉS.

La quatre-vingt-dix-huitième nouvelle, racontée par Lebreton, traite d'un chevalier de ce royaume, lequel avoit de sa femme une belle fille et gente damoiselle, âgée de quinze à seize ans ou environ; mais, pource que son père la vouloit marier à un riche chevalier ancien, lequel étoit son voisin, elle s'en alla avec un autre jeune chevalier, son serviteur en amour, en tout bien et tout honneur; et comment, par merveilleuse fortune, ils finirent leurs jours tous deux piteusement, sans jamais en nulle manière avoir habitation l'un avec l'autre, comme vous oirez ci-après.

Advint naguère, ès marches et mettes de France, entre les autres nobles, avoit un chevalier, riche et noble, tant par l'ancienne noblesse de ses prédécesseurs, comme par ses propres nobles et vertueux faits; lequel chevalier, de sa femme épousée, avait eu seulement une fille, qui étoit très-belle et très-adressée¹ pucelle, comme à son état appartenoit, âgée de quinze à seize ans ou environ. Ce bon et noble chevalier, voyant sa fille être assez âgée, habile et idoine² pour être alliée et accointée par le sacrement de mariage, il eut très-grand' voulenté de la joindre et donner à un chevalier son voisin, non toutefois tant noble de parentage³ comme de grosses puissances et richesses temporelles; avec ce, aussi, âgé de soixante à quatre-vingts ans ou environ. Ce vouloir rongea tant environ la tête du père dont j'ai parlé, que jamais ne cessa jusques à ce que les alliances et promesses furent faites entre lui et sa femme, mère de la fille, et ledit ancien chevalier, touchant le mariage de lui avec ladite fille, qui, des assemblées, promesses et traités, ne savoit rien ne n'y pensoit aucunement. Assez prochain de l'hôtel de celui chevalier, père de la pucelle, avoit un autre chevalier vaillant et preux, riche moyennement, non pas tant de beaucoup que l'autre ancien dont j'ai parlé, qui étoit très-ardemment et fort embrasé de l'amour d'icelle pucelle; et pareillement elle,

¹ Bien élevée, bien dressée.
² Propre, convenable. — ³ Parenté.

par la vertueuse et noble renommée de lui, en étoit très-fort entachée [1], combien qu'en danger parlassent l'un à l'autre, car le père s'en doutoit, et leur rompoit les moyens et voies qu'il pouvoit : toutefois, il ne les pouvoit forclore [2] de l'entière et très-léale amour, dont leurs deux cœurs étoient entreliés et enlacés. Et quand la fortune leur favorisoit tant, qu'ensemble les faisoit deviser, d'autres choses ne tenoient leurs devises, comme de pourpenser le moyen, par lequel leur seul et souverain désir pourroit être accompli par légitime mariage. Or, s'approcha le temps qu'icelle pucelle dut être donnée à ce seigneur ancien, et le marché lui fut par son père découvert, et assigné le jour qu'elle le devoit épouser, dont ne fut pas peu courroucée ; mais elle pensa qu'elle y donneroit remède : elle envoya vers son très-cher ami le jeune chevalier, et lui manda qu'il venît celéement le plus tôt qu'il pourroit ; et quand il fut venu, elle lui conta les alliances faites d'elle et de l'autre ancien chevalier ; demandant, sur ce, conseil, afin de tout rompre ; car, d'autre que de lui, ne vouloit point être épousée. Le chevalier lui répondit : « Ma mie très-chère, puisque votre bonté se veut tant humilier, que de moi offrir ce que je n'oserois requérir sans très-grande vergogne, je vous remercie, et se vous voulez persévérer en cette bonne voulenté, je sais que nous devons faire. Nous prendrons et assignerons un jour auquel je viendrai en cette ville, bien accompagné de mes amis, et à certaine heure, vous rendrez en quelque lieu que vous me direz maintenant, où je vous trouverai seule ; vous monterez sur mon cheval et vous mènerai en mon château, et puis, se nous pouvons apaiser monseigneur votre père et madame votre mère, nous procéderons à la consommation de nos promesses. » Laquelle dit que c'étoit bien avisé, et qu'elle savoit comment on s'y pourroit convenablement conduire ; si lui dit que, tel jour et telle heure, venît en tel lieu où il la trouveroit, et puis feroit tout bien, ainsi qu'il avoit avisé. Le jour de l'assignation vint, et se comparut le jeune chevalier au lieu où l'on lui avoit dit, et où il trouva sa dame, qui monta sur son cheval et piqua fort, tant qu'ils eurent élongé la place [3]. Le bon chevalier, craignant qu'il ne travaillât [4] sa très-chère et parfaite amie, rompit son léger pas et fit épandre ses gens par divers chemins pour voir se quelqu'un ne les suivroit point ; et chevauchoit à travers champs, sans tenir voies ne sentiers, le plus doucement qu'il pouvoit ; et chargea ses gens qu'ils se trouvassent ensemble tous à un très-gros village, qu'il leur nomma, où il avoit bonne intention de repaître [1]. Ce village étoit assez étranger et hors de la commune voie des chemins, et tant chevauchèrent, qu'ils vinrent arriver au village, où la dédicace et la générale fête du lieu se faisoit ; à laquelle fête y avoit gens de toutes sortes et de moult grande façon. Ils entrèrent à la meilleure taverne de tout le lieu, et incontinent demandèrent à boire et à manger, car il étoit tard après dîner, et la pucelle si étoit fort travaillée [2]. Ils firent faire bon feu, et très-bien appointer à manger pour les gens dudit chevalier, qui n'étoient pas encore venus. Guère n'eurent été en leur hôtellerie, que voici venir tout présent quatre gros lourdiers [3] charretiers ou bouviers, par aventure encore plus vaillants, et entrèrent en cette dite hôtellerie baudement [4], demandant moult rigoureusement où étoit la ribaude [5] qu'un ruffien naguère avoit amenée derrière lui sur son cheval, et qu'il falloit qu'ils bussent avec elle et à leur tour la gouverner. L'hôte, qui étoit homme bien connoissant le chevalier, sachant qu'ainsi n'étoit pas que les ribauds disoient, il leur dit moult gracieusement que telle n'étoit-elle pas qu'ils cuidoient. « Par la morbieu ! dirent-ils, se vous ne nous la livrez incontinent, nous abattrons les huis, et l'emmènerons par force, malgré vos dents. » Quand le bon hôte entendit leur rigueur, et que sa douce réponse ne profitoit point, leur nomma le nom du chevalier, lequel étoit très-renommé ès marches, mais peu connu de gens, à l'occasion qu'il toujours avoit été hors du pays, acquérant honneur et renommée glorieuse ès guerres et voyages lointains. Leur dit aussi que la femme étoit une jeune pucelle, parente audit chevalier, laquelle étoit née et issue de grand' maison, de très-noble parentage. « Hélas ! messeigneurs, vous pouvez, dit-il, sans danger de vous ne d'autrui, éteindre et passer vos chaleurs désordonnées avecques plusieurs autres qui, à l'occasion de la fête de ce village, sont

---

[1] Éprise, amoureuse. — [2] Exclure, mettre hors.
[3] Jusqu'à ce qu'ils furent loin de. — [4] Lassât.

[1] Prendre un repas. — [2] Fatiguée. — [3] Rustres, lourdauds. — [4] Joyeusement. — [5] Fille de joie.

venues, et non pour autre chose, que pour vous et vos semblables. Pour Dieu ! laissez en paix cette noble fille, et mettez devant vos yeux les grands dangers où vous vous boutez. Pensez à vos vouloirs, et le grand mal que vous voulez commettre à petite occasion. — Cessez votre sermon, dirent les lourdiers tout allumés du feu de concupiscence charnelle, et donnez-nous voie que la puissions sans violence avoir ; autrement, vous ferons honte, car en public ici nous l'amènerons, et chacun de nous quatre en fera son plaisir. » Ces paroles finées, le bon hôte monta en la chambre où le chevalier et la bonne pucelle étoient, puis hucha le chevalier à part, à qui les nouvelles conta ; lequel, quand il eut tout bien et constamment entendu, sans être guère troublé, il descendit garni de son épée, parle aux quatre ribauds, leur demandant très-doucement quelle chose il leur plaisoit ; et ainsi rudes et maussades qu'ils étoient, répondirent qu'ils vouloient avoir cette ribaude qu'il tenoit fermée[1] en sa chambre, et que, se doucement ne leur bailloit, ils lui tolleroient[2] et raviroient, à son dommage. « Beaux seigneurs, dit le chevalier, se vous me connoissiez bien, vous ne me tiendriez pour tel qui mène par les champs les femmes telles que vous appelez celle ; oncques je ne fis telle folie, la merci Dieu, et quand la voulenté me seroit telle (que Dieu ne vueille !) jamais ne le ferois ès marches dont je suis, et tous les miens, ma noblesse et netteté de mon courage ne le pourroient souffrir, qu'ainsi me gouvernasse. Cette femme est une jeune pucelle, ma cousine prochaine, issue de noble maison, et je vais pour ébattre et passer temps doucement, la menant avecques moi accompagné de mes gens, lesquels, jaçoit qu'ils ne soient ci présens, toutefois viendront tantôt, et je les attends. Et ne soyez pas jà abusés en vos courages, que je me répute si lâche que je la laisse villener[3] ne souffrir lui faire injure tant ne quant[4], mais la garderai et défendrai aussi avant et longuement que la rigueur de mon corps pourra durer, et jusques à la mort. » Avant que le chevalier eût finé sa parole, les vilains plâtriers lui entrerompirent, en niant tout le premier qu'il fût celui qu'il avoit nommé, pource qu'il étoit seul, et ledit chevalier jamais ne chevauchoit qu'en grand'compagnie de gens ; pourquoi lui conseilloient qu'il baillât ladite femme, s'il étoit sage, ou autrement, lui roberoient par force, quelque chose qu'il en pût ensuivir. Hélas ! quand le vaillant et courageux chevalier aperçut que douceur n'avoit lieu, en ses réponses, et que rigueur et hauteur occupoient la place, il se ferma[1] en son courage, résolut que les vilains n'auroient point la jouissance de la pucelle, ou il mourût en la défendant. Pour faire fin, l'un de ces quatre s'avança de férir son bâton à l'huis de la chambre, et les autres l'ensuivent qui furent reboutés vaillamment de celui chemin ; et ainsi se commença la bataille qui dura assez longuement : combien que les deux parties fussent dépareillées, ce bon chevalier vainquit et rebouta ces quatre ribauds ; et ainsi qu'il les poursuivoit et chassoit pour en être tout au-dessus[2], l'un, de ceux qui avoient un glaive, se vira subit, et le darda en l'estomac du chevalier et le perça de part en part ; et du coup incontinent chut mort : dont ils furent très-joyeux. Cela fait, l'hôte fut contraint par eux de l'enfouir au jardin de l'hôtel, sans esclandre ne noise. Quand le bon chevalier fut mort, ils vinrent heurter à la chambre où étoit la pucelle, à qui déplaisoit que son amoureux tant demouroit, et boutèrent l'huis outre[3] ; et sitôt qu'elle vit les brigands entrer, elle jugea que le chevalier étoit mort, disant : « Hélas ! où est ma garde ? où est mon seul refuge ? qu'est-il devenu ? d'ond vient qu'ainsi me blesse le cœur, et qu'il me laisse ainsi seulette ? » Les ribauds, voyant qu'elle étoit moult troublée, la cuidèrent faussement décevoir par douces paroles, en disant que le chevalier si étoit en une autre maison, et qu'il lui mandoit qu'elle y allât avec eux, et que plus sûrement, pour cela, s'y pourroit garder ; mais rien n'en voulut croire, car le cœur toujours lui jugeoit qu'ils l'avoient tué : si commença à soi demeter[4] et de crier plus amèrement que devant. « Qu'est ceci ? dirent-ils, que tu nous fais étrange manière ? cuides-tu que nous ne te connoissons ? Se tu as suspection sur ton ruffien qu'il ne soit mort, tu n'es pas abusée : nous en avons délivré le pays. Pourquoi[5] soyez assurée que nous quatre aurons tous chacun l'un après l'autre ta

---

[1] Pour *enfermée*. — [2] Ou plutôt *tolliroient*, du verbe *tollir*, ôter. — [3] Diffamer, insulter.
[4] C'est-à-dire, de manière ou d'autre.

[1] S'affermit. — [2] C'est-à-dire, pour en triompher tout à fait. — [3] Jetèrent la porte en dedans.
[4] Ou *guementer*, lamenter. — [5] Parquoi, c'est pourquoi.

compagnie. » Et à ces mots, l'un d'eux s'avance qui la prend le plus rudement du monde, disant qu'il aura sa compagnie avant qu'elle lui échappe. Quand la pauvre pucelle se vit ainsi efforcée[1], et que la douceur de son langage ne lui portoit point de proufit, si leur dit : « Hélas ! messeigneurs, puisque votre mauvaise voulenté est ainsi tournée, et qu'humble prière ne la peut adoucir, au moins ayez en vous cette honnêteté de courage, que, puisqu'il faut qu'à vous je sois abandonnée, ce soit privément, c'est à savoir à l'un, sans la présence de l'autre. » Ils lui accordèrent, jaçoit que très-envis[2], et puis lui firent choisir ; et pour élire, celui d'eux quatre, lequel cuidoit être le plus bénin et doux, elle élut, mais de tous étoit-il le pire. La chambre fut fermée, et tantôt après, la bonne pucelle se jeta aux pieds du ribaud, auquel elle fit plusieurs piteuses remontrances, en lui priant qu'il eût pitié d'elle ; mais toujours persévérant en malignité, dit qu'il feroit sa voulenté. Quand elle le vit si dur, que sa prière très-humble ne vouloit exaucer, lui dit : « Or çà, puisqu'il convient qu'il soit, je suis contente ; mais je vous supplie que cloyez[3] les fenêtres, afin que nous soyons plus secrètement. » Il accorda bien envis ; et tandis qu'il les cloyoit, la pucelle print un petit couteau qu'elle avoit pendu à sa ceinture, et en faisant un très-piteux cri, se trancha la gorge et rendit l'âme. Et quand le ribaud la vit couchée à terre, il s'enfuit avecques ses compagnons. Et est à supposer que depuis ils ont été punis selon l'exigence du piteux cas. Ainsi finèrent leurs jours les deux beaux amoureux, tantôt l'un après l'autre, sans apercevoir rien des joyeux plaisirs où ils cuidoient ensemble vivre et durer tout leur temps.

NOUVELLE XCIX.

LA MÉTAMORPHOSE.

La quatre-vingt-dix-neuvième nouvelle raconte d'un évêque d'Espagne, qui, par défaut de poisson, mangea deux perdrix à un vendredi, et comment il dit à ses gens qu'il les avoit converties, par paroles, de chair en poisson, comme ci en après plus à plein vous sera recordé.

S'il vous plaît, avant qu'il soit plus tard, d'écouter tout à cette heure ma petite ratelée et conte abrégé d'un vaillant évêque de Castille

ou d'Espagne, qui, pour aucune affaire du roi de Castille son maître, au temps de cette histoire, s'en alloit en cour de Rome. Ce vaillant prélat, dont j'entends fournir cette nouvelle, vint un soir en une petite villette de Lombardie, et lui, étant arrivé par un vendredi, assez de bonne heure, vers le soir, ordonna à son maître-d'hôtel le faire souper assez de bonne heure, et le tenir le plus aise que faire se pourroit, de ce dont on pourroit recouvrer en la ville ; car, la Dieu merci, quoiqu'il fût gros, gras et en bon point, et ne se donnât de mauvais temps que bien à point et sobrement, si n'en jeûnoit-il journée. Son maître-d'hôtel, pour lui obéir, s'en alla au marché, et par toutes les poissonneries de la ville chercha pour trouver du poisson. Mais pour faire le conte bref, il n'en put oncques trouver un seul lopin, quelque diligence que lui et son hôte en sussent faire. D'aventure, eux retournant à l'hôtel sans poisson, trouvèrent un bon homme des champs qui avoit deux bonnes perdrix, et ne demandoit que marchand ; si se pensa le maître-d'hôtel que s'il en pouvoit avoir bon compte, qu'elles ne lui échapperoient pas, et que ce seroit bon pour le dimanche, et que son maître en feroit grand'fête. Il les acheta et en eut bon prix. Il vint vers son maître, les perdrix en la main, toutes vives, grasses et bien refaites[1], et lui conta l'éclipse de poisson qui étoit en la ville, dont il n'étoit pas très-joyeux, et lui dit : « Et que pourrons-nous souper ? — Monseigneur, répondit-il, je vous ferai des œufs en plus de cent mille manières ; vous aurez aussi des pommes et des poires ; notre hôte a aussi de bon fromage et bien gras, nous vous tiendrons bien aise, ayez patience pour meshui : un souper est tantôt passé, vous serez demain plus aise, se Dieu plaît ; nous irons en la ville qui est trop mieux empoisonnée que celle-ci, et dimanche vous ne pouvez faillir d'être bien dîné, car veci deux perdrix que je vous ai pourvues[2] qui sont, à bon escient, bonnes et bien nourries. » Ce maître évêque se fit bailler ces perdrix, et les trouva telles qu'elles étoient, bonnes à bon escient ; si se pensa qu'elles tiendroient à souper la place du poisson qu'il cuidoit avoir, dont il n'avoit point, car il n'en put oncques trouver ; si les fit tuer et bien en hâte plumer, larder et mettre en broche. Lors

---

[1] Violentée, violée. — [2] Malgré eux, à contre-cœur.
[3] Fermiez.

[1] Dodues, appétissantes.
[2] Dont j'ai fait provision pour vous.

le maître-d'hôtel, voyant qu'il les vouloit rôtir, fut ébahi et dit à son maître : « Monseigneur, elles sont bonnes tuées, mais les rôtir maintenant pour le dimanche, il ne me semble pas bon. » Ledit maître-d'hôtel perdoit son temps, car quelque chose qu'il sût remontrer, si ne le voulut-il croire, car elles furent mises en broche et rôties. Le bon prêtre étoit, la plupart du temps qu'elles mirent à cuire, toujours présent ; dont son maître-d'hôtel ne se savoit assez ébahir, et ne savoit pas bien l'appétit désordonné de son maître, qu'il eut à cette heure, de dévorer ces perdrix ; ainçois cuidoit qu'il le fît pour dimanche les avoir plus prêtes au dîner. Lors les fit ainsi habiller, et quand elles furent prêtes et rôties, la table couverte et le vin apporté, œufs en diverses façons habillés et mis à point, si s'assit le prélat, et le *Benedicite* dit', demanda lesdites perdrix avec la moutarde. Son maître-d'hôtel, désirant savoir que son maître vouloit faire de ces perdrix, si les lui mit devant lui toutes venantes[1] de la broche ardente, une fumée aromatique assez pour faire venir l'eau à la bouche d'un friand ; et bon évêque d'assaillir ces perdrix, et démembrer, d'entrée, la meilleure qui y fût, et commença à trancher et manger, car tant avoit hâte, que oncques ne donna loisir à son écuyer, qui devant lui tranchoit, qu'il eût mis son pain ne ses couteaux à point. Quand ce maître-d'hôtel vit son maître s'attraper[2] à ces perdrix, il fut bien ébahi, et ne se put taire ne tenir de lui dire : « Ha ! monseigneur, que faites-vous ? êtes-vous juif ou sarrasin, que ne gardez-vous autrement le vendredi ? Par ma foi ! je me donne grand'merveille de votre fait. — Tais-toi, tais-toi ! dit le bon prêtre qui avoit toutes les mains grasses et la barbe aussi de ces perdrix ; tu es bête, et ne sais que tu dis ; je ne fais point de mal. Tu sais et connois bien que, par paroles, moi et tous autres prêtres, faisons d'une hostie, qui n'est que de blé et d'eau, le précieux corps de Jésus-Christ ; et ne puis-je donc pas, par plus forte raison, moi qui ai tant vu de choses en cour de Rome, et en tant de divers lieux, savoir par paroles faire convertir ces perdrix, qui est chair de poisson devenir, jaçoit qu'elles retiennent la forme de perdrix ? Si fait, dea ! Maintes journées sont passées, que j'en sais bien la pratique : elles ne furent pas sitôt mises à la broche que, par paroles que je sais, je les charmai tellement qu'en substance de poisson se convertirent, et en pourriez, trèstous qui êtes ici, manger comme moi sans péché ; mais pour l'imagination que vous en pourriez prendre, elles ne vous feroient jà bien ; si en ferai tout seul le méchef[1]. » Le maître-d'hôtel et tous les autres de ses serviteurs commencèrent à rire, et firent semblant d'ajouter foi à la bourde de leur maître trop subtilement fardée et colorée, et en tinrent depuis manière du bien de lui[2], et aussi maintes fois en divers lieux joyeusement racontèrent.

NOUVELLE C.

LE SAGE NICAISE OU L'AMANT VERTUEUX.

La centième et dernière nouvelle parle d'un riche marchand de la cité de Gênes, qui se maria à une belle et gente fille ; laquelle, par longue absence de son mari, et par son même avertissement, manda quérir un sage clerc, jeune et roide, pour la bien servir et secourir de ce dont elle avoit métier ; et de la jeûne qu'il lui fit faire, comme vous oirez ci-après plus à plein.

En la puissante cité de Gênes, puis certain temps en çà, y demeuroit un marchand tout comblé de biens et de richesses, duquel l'industrie et manière de vivre étoit de mener et conduire grosses marchandises par les mers et étranges pays et spécialement en Alexandrie. Tant vaqua et entendit au gouvernement des navires, et à entasser et amasser trésors, et amonceler grandes richesses, que durant tout le temps qu'il s'y adonna, qui fut depuis sa tendre jeunesse jusqu'à l'âge de cinquante ans, ne lui vint voulenté ne souvenance d'autre chose faire. Et comme il fut parvenu en l'âge dessusdit, ainsi comme une fois pensoit sur son état, voyant qu'il avoit dépendu[3] et employé tous ses jours et ans à rien autre chose faire, que cuider accroître ses richesses, sans jamais avoir un seul moment ou minute de temps, auquel sa nature lui eût donné inclination pour le faire penser ou induire de soi marier, afin d'avoir très-belle et bonne génération, qui, aux grands biens qu'il avoit, à diligence, veille et grand labeur, amassés et acquis, lui succédât, et, après lui, les possédât ;

---

[1] Il faudrait aujourd'hui *venant*. — [2] Pour *s'attaquer*.

[1] Péché.
[2] Le sens de cette phrase est obscur : veut-elle dire qu'ils imitèrent leur maître ; ou bien, qu'ils surent depuis à quoi s'en tenir sur son compte ?
[3] Dépensé.

conçut en son courage[1] une aigre et très-poignante douleur, et déplaisant étoit à merveille qu'ainsi avoit exposé et dépendu ses jeunes jours. En cette aigre doléance et à regret demoura aucuns jours, lesquels jours pendant, advint qu'en la cité dessus nommée les jeunes et petits enfants, après qu'ils avoient solennisé aucune fête accoutumée entre eux pour chacun an, habillés et déguisés diversement, et assez étrangement, les uns d'une manière, et les autres d'autres, se vinrent rendre en grand nombre en un lieu, où les publics et accoutumés ébattements de la cité se faisoient communément, pour jouer en la présence de leurs père et mère, et aussi afin de remporter gloire et renommée et louange. A cette assemblée se comparut et se trouva ce bon marchand, rempli de fantaisies et de souci; et voyant les pères et les mères prendre grand plaisir à voir leurs enfants jouer et faire souplesses et appertises[2], aggrava sa douleur, que paravant avoit de soi-même conçue. En ce point, sans le pouvoir plus aviser ne regarder, triste et marri, retourna en sa maison, et seulet se rendit en sa chambre, où il fut aucune espace de temps, faisant complaintes en cette manière. « Ha! pauvre malheureux vieillard, tel que je suis et toujours ai été, de qui la fortune et destinée sont dures, amères et mal goûtables! ô chétif homme, plus que tous recréant[3]! Hélas! par les veilles, peines et labeurs et ententes[4] que tu as prinses et portées tant par mer que par terre, ta grande richesse et les combles[5] trésors sont bien vains, lesquels, sous périlleuse aventure, en peines dures et sueurs, tu as amassés et amoncelés, et pour lesquels tout ton temps as dépendu, sans avoir onques une petite espace ne souvenance de penser à qui, toi mort et parti de ce siècle, les possédera, et à qui, par loi humaine, les devra laisser en mémoire de toi et de ton nom! Ha! méchant courage, comment as-tu mis en nonchaloir[6] cela, à quoi tu devois donner entente singulière? Jamais ne t'a plu mariage et toujours l'as craint et refusé, mêmement haï, et méprisé les bons et justes conseils de ceux qui t'y ont voulu induire, afin que tu eusses lignée qui perpétuât ton nom, ta louange, aussi ta re-

nommée. Et bienheureux sont les pères et les mères qui laissent, à leurs successeurs, bons et sages enfants! Combien ai-je aujourd'hui regardé et aperçu des pères étant aux jeux de leurs enfants, qui se disoient très-heureux, et jugeoient très-bien avoir employé leurs ans, se après leurs décès leur pouvoient laisser une petite partie des grands biens que je possède maintenant! Mais quel plaisir et soulas puis-je jamais avoir? quel nom et quelle renommée aurai-je après la mort? où est maintenant le fils qui maintiendra et fera mémoire de moi après mon trépas? Benoît soit ce saint mariage, par lequel la mémoire et souvenance des pères et des mères est entretenue, et dont tenons possessions, et qui[1] héritages ont pour leurs doux enfants à éternelle permanence et durée! » Et quand ce bon marchand eut à soi-même, longue espace de temps, argué[2], sut donne remède et solution à ses argumens, disant ces paroles: « Or çà, il ne m'est désormais métier[3], nonobstant le nombre de mes ans, tourmenter ne troubler de douleurs, d'angoisse ne de pensement. Au fort, ce que j'ai par ci-devant fait, prend ressemblance aux oiseaux qui font leurs nids et les préparent avant qu'ils pondent leurs œufs. J'ai, la merci Dieu, richesses souffisantes pour moi et pour une femme et pour plusieurs enfants, s'il advient que j'en aie, et ne suis si ancien ne tant défourni de puissance naturelle, que je me dois soucier de perdre espérance de n'en pouvoir jamais avoir génération. Si me convient arrêter et donner toute entente, veiller et travailler, avisant où je trouverai femme propice et convenable à moi. » Ainsi, finant son procès[4], vida de sa chambre, et fit venir vers lui deux de ses compagnons, mariniers[5] comme lui, auxquels il découvrit son cas tout au plein, les priant très-affectueusement qu'ils voulsissent aider à trouver et quérir femme pour lui; qui étoit la chose de ce monde que plus il désiroit. Les deux marchands, ayant entendu le bon propos de leur compagnon, les prisèrent et louèrent beaucoup et prindrent la charge de faire toute la diligence et inquisition possible pour lui trouver femme. Et ce temps pendant que la diligence et enquête se faisoient

---

[1] Pour *cœur*. — [2] Exercices d'adresse et d'agilité de corps. — [3] Méprisable. — [4] Attentions. — [5] Les éditions modernes écrivent *comblés*. — [6] Négligence, insouciance.

[1] Nous avons ajouté ce *qui*, pour donner une espèce de forme à cette phrase évidemment altérée.
[2] Réfléchi, argumenté. — [3] Besoin. — [4] Cessant de se faire à lui-même son procès. — [5] Hommes de mer.

notre marchand, tant échauffé de marier que plus il ne pouvoit, faisoit de l'amoureux, cherchant par toute la cité, entre les plus belles, la plus jeune, et d'autres ne tenoit compte. Tant chercha qu'à la parfin il en trouva une à son plaisir, et celle, telle qu'il la demandoit ; car d'honnêtes parents née, belle à merveille, jeune de quinze ans ou environ, gente, douce et très-bien adressée étoit. Après qu'il eut connu les vertus et conditions douces d'elle, il eut telle affection et désir qu'elle fut dame de ses biens par juste mariage, qu'il la demanda à ses parents et amis, lesquels, après aucunes difficultés et légères, qui guères ne durèrent, lui donnèrent voulentiers en la même heure et lui firent fiancer et donner caution et sûreté du douaire dont il la vouloit douer. Le bon marchand avoit prins grand plaisir en sa marchandise, pendant le temps qu'il la menoit ; encore l'eût-il plus grand, quand il se vit assuré d'être marié, et mêmement avec femme telle qu'il en pouvoit avoir de beaux enfants. La fête et solennité des noces fut honorablement et en grande somptuosité faite et célébrée ; laquelle fête faillie [1], il mit en oubli et nonchaloir sa première manière de vivre, c'est à savoir sur la mer ; il faisoit très-bonne chère et prenoit grande plaisance avec sa belle et douce femme. Mais le temps ne lui dura guères que saoûl et ennuyé en fût, car la première année, avant qu'elle fût expirée, print déplaisance de demourer à l'hôtel en oisance [2], et d'y tenir ménage en la manière que convient à ceux qui y sont liés, se hoda [3] et ennuya ; ayant très-grand regret à son autre métier de marinier qui lui sembloit plus aisé et léger à maintenir, que n'étoit celui qu'il avoit si voulentiers entreprins à gouverner. Par nuit et par jour, autre chose ne faisoit que subtiler et penser comment il se pourroit trouver en Alexandrie, en la manière qu'il avoit accoutumée ; et lui sembloit que n'étoit pas seulement difficile de soi abstenir de mariner et non hanter la mer et l'abandonner de tous points, mais aussi chose la plus impossible de ce monde ; et combien que sa voulenté fût pleinement délibérée et résolue de soi retraire et remettre à son premier métier, toutefois le celoit-il à sa femme, doutant que ne le print à déplaisance ; et aussi avoit une crainte et doute qui le détournoit, et donnoit un moult grand empêchement à exécuter son désir, car il connoissoit la jeunesse du courage de sa femme, et lui étoit bien avis que, s'il s'absentoit, elle ne se pourroit contenir ; consideroit aussi la muable et variabilité de courage féminin, et mêmement que les jeunes galans, lui présent, étoient coutumiers de passer souvent devant son huis pour la voir : dont il supposoit qu'en son absence ils la pourroient de plus près visiter, et aussi, par aventure, tenir son lieu. Et comme il eut été, par longue espace, poinct [1] et aiguillonné de ces difficultés et diverses imaginations, sans en dire mot, et qu'il connut qu'il avoit jà achevé et passé la plupart de ses ans ; il mit à nonchaloir femme et tout le demourant qui affiert au ménage, et aux argumens et disputations qui lui avoient troublé la tête, donna briève solution, disant en cette manière : « Il m'est trop plus convenable vivre que mourir, et se je ne laisse et abandonne mon ménage en brefs jours, il est certain que je ne puis longuement vivre ne durer. Laisserai-je donc cette belle et douce femme ? Oui, je la lairrai ; elle ait dorénavant le soin d'elle-même, s'il lui plaît ! Je n'en vueil plus avoir la charge... Hélas ! que ferai-je ? quel déshonneur, quel déplaisir sera-ce pour moi s'elle ne se contient et garde chasteté ! Ho ! il vaut mieux vivre que mourir, pour prendre soin, pour la garder. Jà Dieu ne vueille que, pour le ventre d'une femme, je prenne si étroite cure ne soin, sans avoir loyer [2] ne salaire, et ne en recevoir que tourment de corps et d'âme ! Otez-moi ces rigueurs et angoisses que plusieurs souffrent pour demourer avec leurs femmes ? n'est chose en ce monde plus cruelle ne plus grevant les personnes. Jà Dieu ne me laisse tant vivre, que, pour quelque aventure qui en mariage puisse sourdre, je m'en courrouce ne montre triste. Je vueil avoir maintenant liberté et franchise [3] de faire tout ce qu'il me vient à plaisir. » Quand ce bon marchand eut donné fin à ses très-bonnes devises, il se trouva avec ses compagnons mariniers et leur dit qu'il vouloit encore un fois visiter Alexandrie et charger marchandises, comme autrefois et souvent avoit fait en leur compagnie ; mais il ne leur déclara pas les troubles qu'il prenoit à l'occasion de son mariage. Ils furent tantôt

---

[1] Finie. — [2] Oisiveté. — [3] Se lassa.

[1] Piqué, tourmenté. — [2] Prix *alloué*, récompense.
[3] Liberté franche.

d'accord, et lui dirent qu'il se fît prêt pour partir au premier bon vent qui surviendroit. Les mariniers[1] et bateaux furent chargés et préparés pour partir et mis ès lieux où il falloit attendre vent propice et opportun pour nager[2]. Ce bon marchand donc, ferme et tout arrêté en son propos comme le jour précédent, celui donc qu'il se devoit partir, se trouva seul, après souper, avec sa femme en sa chambre, et lui découvrit son intention et manière de son prochain voyage, et afin que très-joyeuse fût, lui dit ces paroles : « Ma très-chère épouse, que j'aime mieux que ma vie, faites, je vous requiers, bonne chère, et vous montrez joyeuse, et ne prenez de déplaisance ne tristesse en ce que je vous déclarerai. J'ai proposé de visiter, se c'est le plaisir de Dieu, une fois encore Alexandrie, en la façon que j'ai de longtemps accoutumée ; et me semble que n'en devez être marrie, attendu que vous connoissez que c'est ma manière de vivre, mon art et mon métier ; auxquels moyens j'ai acquis richesses, maisons, nom, renommée et trouvé grand nombre d'amis et de familiarité ; les beaux et riches ornemens, anneaux, vêtemens et toutes les autres précieuses bagues dont vous êtes parée et ornée plus que nulle autre de cette cité, comme bien savez, je les ai achetées du gain et avantage que j'ai fait en mes marchandises. Ce voyage donc ne vous doit guère ennuyer, car le retour sera bref. Et je vous promets que, à cette fois, comme j'espoire, se la fortune ne me donne heur, que jamais n'y veux plus retourner ; j'y vueil prendre congé à cette fois. Il convient donc que preniez maintenant courage bon et ferme, car je vous laisse la disposition, administration et gouvernement de tous les biens que je possède. Mais, avant que je me parte, je vous vueil faire aucune requête. Pour la première, je vous prie que vous soyez joyeuse, tandis que je ferai mon voyage, et vivez plaisamment, et se j'ai quelque peu d'imagination qu'ainsi le fassiez, j'en cheminerai plus liement. Pour la deuxième, vous savez qu'entre nous deux rien ne doit être tenu couvert ne celé, car honneur, proufit et renommée doivent être, comme je tiens qu'ils sont, communs à tous deux, et la louange et l'honneur de l'un ne peut être sans la gloire de l'autre, non plus que le déshonneur de l'un ne peut être sans la honte de tous deux. Or, je vueil bien que vous entendez que je ne suis pas si très-dépourvu de sens, que je ne pense bien comment je vous laisse jeune, belle fille, douce, fraîche et tendre, sans soulas[1] d'homme, et que de plusieurs en mon absence vous serez désirée. Combien que je cuide fermement que vous avez maintenant nette pensée, courage ferme ; toutefois, quand je connois quel est votre âge et l'inclination de la secrète chaleur en quoi vous abondez, il ne me semble pas possible qu'il ne vous faille, par pure nécessité et contrainte, au temps de mon absence, avoir compagnie d'homme ; dont c'est bien mon plaisir que vous vous accordez où votre nature vous forcera et contraindra. Veci donques le point où je vous vueil prier, c'est que garder notre mariage le plus longuement que vous pourrez en son entière intention ; ne ai voulenté aucune de vous mettre en garde d'autrui pour vous contenir ; mais vueil que de vous-même ayez la cure et le soin, et en soyez gardienne. Véritablement, il n'est si étroite garde au monde qui puisse destourber[2] la femme, outre sa voulenté, à faire son plaisir. Quand donques votre chaleur vous aiguillonnera et poindra, je vous prie, chère épouse, que, et l'exécution de votre désir, vous vous avisez prudemment et tellement qu'il n'en puisse être publiquement renommée ; que se autrement le faites-vous, et moi et tous nos amis sommes diffamés et déshonorés ; et de fait donques, d par effet, se vous ne pouvez garder chasteté, au moins mettez peine de la garder, tant qu'il touche fame[3] et commune renommée. Mais je vous vueil apprendre et enseigner la manière que vous devez tenir en cette manière, se elle survient. Vous savez qu'en cette bonne cité a très-grand nombre et foison de beaux jeunes hommes : d'entre eux tous, vous en choisirez un seul, et vous en tenez contente, pour faire ce où votre nature vous inclinera. Toutefois je vueil que vous ayez, en faisant l'élection singulier regard[4] qu'il ne soit homme vague, déshonnête et peu vertueux, car de tel ne vous devez accointer pour le grand péril qui vous en pourroit sourdre. Car, sans doute, il découvriroit et publiqueroit[5] à la volée votre secret. Doncques, vous élirez celui que vous connoîtrez fermement être sage et prudent, afin que, se

[1] Ce mot semble pris ici dans l'acception de navires.
[2] Naviguer.

[1] Consolation — [2] Empêcher. — [3] Réputation.
[4] Particulièrement égard. — [5] Publierait.

méchef vous advient, il mette aussi grand'peine à le celer comme vous. De cet article vous requiers-je, et que me promettez en bonne ferme loyauté que vous garderez cette leçon. Si vous avise que ne me répondez sur cette matière en la forme et façon qu'ont de coutume les autres femmes, quand on leur parle de tels propos, comme je vous dis maintenant ; je sais bien leurs réponses, et de quels mots savent user qui sont tels : — « Hé ! mon doux et parfait « mari, qui vous a mû à dire ce ? où avez-vous « chargé cette opinion, cruelle, pleine de tem- « pête ? par quelle manière ne quand me pour- « roit advenir un si abominable délit ? Nenni, « nenni ; jà Dieu ne vueil que je vous fasse « telles promesses, à qui je prie qu'il permette « la terre ouvrir qui m'engloutive¹ et dévore « toute vive, au jour et heure que, ne dis pas « commettrai, mais aurai une seule pensée à « le commettre ! » — Ma chère épouse, je vous ai ouvert les manières de répondre, afin que vers moi en usez aucunement en bonne foi, je crois et tiens fermement que vous avez, pour cette heure, moult bon et entier propos, auquel je vous prie que demourez autant que votre nature en pourra souffrir. Et n'entendez point que je vueil que me promettez faire ce, entretenir ce que je vous ai montré, fors seulement au cas que ne pourrez donner résistance ne batailler contre l'appétit de votre frêle et douce jeunesse. » Quand cedit bon marchand eut fini sa parole, la belle et douce et débonnaire sa femme, la face toute rosée, se print à trembler, quand dut donner réponse aux requêtes que son mari lui avoit faites. Ne demoura guère toutefois que la rougeur s'évanouit et print assurance, en fermant² son courage de constance, et en cette manière causa sa gracieuse réponse : « Mon doux et très-aimé mari, je vous assure qu'oncques je ne fus si épouvantée ne troublée de mon entendement, que j'ai été présentement par vos paroles, quand elles m'ont donné la connoissance de ce que oncques ouïs ne appris ne pensai. Vous connoissez ma simplesse, jeunesse et innocence : certainement il n'est point possible à mon âge de faire ou pourpenser un tel méchef ou défaut, comme vous m'avez dit que vous êtes sûr et savez vraiment que, vous absent, je ne pourrois contenir ne garder l'entièreté³ de notre mariage.

Cette parole me tourmente fort le courage et me fait trembler toute, et ne sais quelle chose je dois maintenant dire, répondre, ne proposer à vos raisons. Ainsi m'avez privé et tollu¹ l'usage de parler. Je vous dirai toutefois un mot qui viendra de la profondesse² de mon cœur ; et en telle manière qu'il y gît, en telle vuidera-t-il³ de ma bouche : je requiers très-humblement à Dieu, et à jointes mains lui prie, qu'il fasse et commande un abîme ouvrir où je sois jetée, les membres tous arrachés et tourmentée de mort cruelle, se jamais le jour vient où je dois non-seulement commettre déléauté⁴ en notre mariage, mais, sans plus, en avoir une brève pensée de le commettre. Et comment ne par quelle manière un tel délit me pourroit advenir, je ne saurois entendre ; et pource que vous m'avez forclos et reclus de telles manières de répondre, disant que les femmes sont coutumières d'en user pour trouver les échappatoires et alibis forains⁵ ; afin de vous faire plaisir et donner repos à votre imagination et que vous voyiez qu'à vos commandemens je suis prête d'obéir, garder et maintenir, je vous promets, de cette heure, de courage ferme arrêté et stable opinion, d'attendre le jour de votre revenue⁶, en vraie, pure et entière chasteté de mon corps ; et que Dieu ne vueille pas qu'il advienne le contraire ! tenez-vous-en tout assuré, et je vous le promets, je tiendrai la règle et doctrine que m'avez donnée, en tout ce que je ferai, sans la trépasser aucunement. S'il y a autre chose dont votre courage soit chargé, je vous prie, découvrez tout et me commandez faire et accomplir votre bon désir (autre rien⁷ ne désire), non pas le mien. » Notre marchand, ouïe la réponse de sa femme, fut tant joyeux qu'il ne se put contenir de pleurer, disant : « Ma très-chère épouse, puisque votre très-douce bonté m'a voulu faire la promesse que j'ai requise, je vous prie que l'entretenez. » Le lendemain matin, bon marchand fut mandé de ses compagnons, pour entrer en la mer. Si print congé de sa femme, et elle le commanda à la garde de Dieu ; puis monta en la mer, et se mirent à cheminer et nager vers Alexandrie, où ils parvinrent en brefs jours, tant leur fut le vent agréable et propice ; auquel lieu s'arrêtèrent,

---

¹ Engloutisse. — ² Affermissant. — ³ L'intégrité.

¹ Ôté. — ² Profondeur. — ³ Sortira-t-il. — ⁴ Déloyauté.
⁵ Manières de détourner la question.
⁶ Retour. — ⁷ Chose.

longue espace de temps, tant pour délivrer leurs marchandises comme pour en charger des nouvelles. Pendant et durant lequel temps, la très-gente et gracieuse damoiselle, dont j'ai parlé, demoura garde de l'hôtel, et, pour toute compagnie, n'avoit qu'une jeune petite fillette qui la servoit, et, comme j'ai dit, cette belle damoiselle n'avoit que quinze ans ; pourquoi, se aucune faute fît, on ne le doit pas tant imputer à malice comme à la fragilité de son jeune âge. Comme donc le marchand eut été plusieurs fois absent des yeux d'elle, peu à peu il fut mis en oubli. Sitôt que les jeunes gens surent ce partement, ils la vinrent visiter, laquelle, au premier[1] ne vouloit vider de sa maison ne soi montrer ; mais toutefois, par force de continuation et fréquentation quotidienne, pour le très-grand plaisir qu'elle print aux doux et mélodieux chants et harmonie des instruments dont on jouoit à son huis, elle s'avança de venir beyer[2] et regarder par les crevances[3] des fenêtres et secrets treillis d'icelle, par lesquels très-bien pouvoit voir ceux qui l'eussent plus voulentiers vue. En écoutant les chansons et danses, prenoit à la fois si grand plaisir, qu'amour émouvoit son courage tellement que chaleur naturelle souvent l'induisoit à briser sa continence. Tant souvent fut visitée en la manière dessusdite, qu'en la parfin sa concupiscence et désirs charnels la vainquirent, et fut touchée du dard amoureux bien avant; et comme elle pensa souvent comment elle avoit, si à elle ne tenoit, très-bonne habitude et opportunité de temps et de lieu, car nul ne la gardoit, nul ne lui donnoit empêchement, pour mettre à exécution son désir; conclut et dit que son mari étoit très-sage quand si bien lui avoit acertainé[4] que garder ne pourroit sa continence et chasteté; de qui toutefois elle vouloit garder la doctrine, et, avec ce, la promesse que faite lui avoit. « Or, me convient-il, dit-elle, user du conseil de mon mari ; en quoi faisant, je ne puis encourir déshonneur, puisqu'il m'en a baillé la licence ; mais que je n'isse[5] les termes de la promesse que j'ai faite. Il m'est avis, et il est vrai, qu'il m'enchargea, que, quand le cas adviendroit que rompre me conviendroit ma chasteté, que j'élusse homme qui fût sage, bien renommé

[1] D'abord. — [2] Épier, guetter. — [3] Crevasses, fentes.
[4] Assuré.— [5] Que je n'outrepasse pas, n'enfreigne pas.

et de grande vertu, et non autre ; en bonne foi, ainsi ferai-je, mais que je puisse, en non trépassant le bon conseil de mon mari, il me souffit largement ; et je tiens qu'il n'entendoit point que l'homme dût être ancien, ains, comme il me semble, qu'il fût jeune, ayant autant de renommée en clergie[1] et science comme un autre vieil ; telle fut la leçon comme il m'est d'avis. » Ès mêmes jours, que ces argumens se faisoient pour la partie de nostre damoiselle et qu'elle quéroit un sage jeune homme, pour lui refroidir les entrailles, un très-sage clerc arriva, de son heur[2], qui venoit fraîchement de l'université de Boulogne-la-Grasse, là où il avoit été plusieurs ans, sans retourner. Tant avoit vaqué et donné son attente à l'étude, qu'en tout le pays n'y avoit clerc de plus grande renommée par les magistraux[3] de la cité ; et avec eux, assistoit continuellement. Il avoit coutume d'aller par chacun jour, sur le marché, à l'hôtel de la ville, et jamais ne pouvoit passer que pardevant la maison de ladite damoiselle, à laquelle plut très-bien sa douce manière ; et combien qu'elle ne l'eût jamais vu exercer l'office de clergie, toutefois elle jugea, tantôt qu'il est très-grand clerc ; auxquels moyens, elle ficha tout son amour en lui, disant qu'il garderoit la leçon de son mari. Mais par quelle manière elle lui pourroit montrer son grand et ardent amour et ouvrir le secret désir de son courage, elle ne savoit, dont elle étoit très-déplaisante. Elle s'avisa néanmoins, pource que chacun jour ne faillit point de passer devant son huis allant au marché, elle se mettroit au perron, parée le plus gentement que pourroit, afin qu'au passer, quand il jeteroit son regard sur sa beauté, il la convoitât et requît de ce dont on ne lui feroit refus. Plusieurs fois, la damoiselle se montra, combien que ce ne fût auparavant sa coutume, et jaçoit ce que très-plaisante fût et telle pour qu'un jeune courage devoit tantôt être épris et allumé d'amours ; toutefois le sage clerc jeune mais ne l'aperçut, car il marchoit si gracieusement qu'en marchant ne jetoit sa vue ne çà ne là ; et, par ce moyen, la bonne damoiselle ne proufita rien en la façon qu'elle avoit pourpensée et advisée. S'elle fut dolente, il n'en est ja métier de faire enquête, et plus pensoit à son clerc et plus allumoit et éprenoit son feu. À

[1] Doctrine. — [2] Par bonheur.
[3] Maîtres, gouverneurs.

fin de pièce, après un tas d'imaginations (que, pour abréger, je passe les réciter), conclut et se détermina d'envoyer sa petite méchinette[1] devers lui ; si la hucha et commanda qu'elle s'en allât demander un tel, c'est à savoir de ce grand clerc, et quand elle l'auroit trouvé où qu'il fût, lui dit que, le plus en hâte qu'il pourroit, venît à l'hôtel d'une telle damoiselle, femme et épouse d'un tel, et que, s'il demandoit quelle chose il plaisoit à la damoiselle, elle lui répondît que rien n'en savoit, mais tant seulement lui avoit dit qu'il étoit grande nécessité qu'il venît. La fillette mit en sa mémoire les mots de sa charge et se partit pour quérir celui qu'elle trouva, et ne demoura guère, car l'on lui enseigna la maison, où il mangeoit au dîner, en une grande compagnie de ses amis et autres gens de grand'façon. Cette fillette entra dedans, et en saluant toute la compagnie, se vint adresser au clerc, lequel elle demandoit ; et, oyant tous ceux de la table, lui fit son message bien sagement, ainsi que sa charge le portoit. Ce bon seigneur, qui connoissoit, de sa jeunesse, le marchand dont la fille lui parloit, et sa maison aussi bien comme la sienne, mais ignorant qu'il fût marié ne qui fût sa femme, pensa tantôt, que, pour l'absence dudit marchand, sadite femme le demandoit, pour être conseillée en aucune grosse cause comme elle vouloit ; car ledit clerc savoit bien que le bon mari étoit dehors, et n'entendoit point à cautelle, ainsi comme elle. Toutefois, il dit à la fillette : « Ma mie, allez dire à votre maîtresse qu'incontinent que notre dîner sera passé, j'irai vers elle. » La messagère fit la réponse telle qu'il falloit et qu'on lui avoit enchargé, et Dieu sait comme elle fut reçue de sa maîtresse, quand elle entendit les nouvelles que le clerc, son ami par amours, devoit venir ; elle étoit la plus joyeuse qu'oncques fut femme, et pour la grande joie qu'elle avoit de tenir son clerc en sa maison, trembloit et ne savoit tenir manière. Elle fit balais courre partout, épandre la belle verdure en sa chambre[2], couvrir le lit et la couchette, déployer riches couvertures, tapis et courtines, et se para et atourna des meilleurs atours et plus précieux qu'elle eût. En ce point, l'attendit, aucun petit de temps, qui lui sembla long à merveilles, pour le grand désir qu'elle avoit. Tant fut désiré et attendu, qu'il vint, et ainsi qu'elle l'aperçut venir de loin, elle montoit et descendoit de sa chambre, alloit et venoit, maintenant ci, maintenant là, tant émue qu'il sembloit qu'elle fût ravie de son sens, et en la fin monta en sa chambre et illec prépara et ordonna les bagues et joyaux qu'elle avoit atteints et mis dehors pour festoyer et recevoir son amoureux. Si fit demourer en bas la fillette chambrière pour l'introduire et mener où étoit sadite maîtresse. Et quand il fut arrivé, la fillette le reçut très-gracieusement et le mit dedans et ferma l'huis, laissant tous ses serviteurs dehors, auxquels il fut dit qu'ils attendissent illec leur maître. La damoiselle, oyant son amoureux être arrivé, ne se peut tenir de venir en bas à l'encontre de lui, qu'elle le saluât doucement ; quand elle le vit, le print par la main et le mena en la chambre qui lui étoit appareillée, et où il fut bien ébahi quand il se trouva, tant pour la diversité des parements, belles et précieuses ordonnances qui y étoient, comme aussi pour la très-grande beauté de celle qui le menoit. Sitôt qu'il fut en la chambre entré, elle s'assit sur une escabelle auprès de la couchette, puis le fit seoir sur une autre joignant[1] d'elle, où ils furent, aucune espace, tous deux sans mot dire, car chacun attendoit toujours la parole de son compagnon, l'un en une manière, l'autre en l'autre ; car le clerc, cuidant que la damoiselle lui dût ouvrir aucune grosse et difficile matière, la vouloit laisser commencer ; et elle, d'autre côté, pensant qu'il fût si sage et si prudent, que, sans rien lui dire ne remontrer plus avant, il dût entendre pourquoi elle l'avoit mandé. Quand elle vit que semblant[2] ne faisoit pour parler, elle commença et dit : « Mon très-cher parfait ami et très-sage homme, je vous vueil dire présentement la raison pourquoi et la cause qui m'a mue à vous mander. Je cuide que vous avez bonne connoissance et familiarité avec mon mari. En l'état que vous me voyez ici, m'a-t-il laissée et abandonnée pour aller sur la mer, et mener ses marchandises en Alexandrie, comme il a de longtemps accoutumé. Avant son partement, me dit que, quand il seroit absent, il se tenoit tout sûr que ma nature et fragilité me contraindroient à rompre et briser ma continence,

---

[1] Servante, soubrette.
[2] On couvrait de feuillages verts et d'herbe fraîche le plancher ou le carreau des salles.

---

[1] À côté, auprès. — [2] Visage, air.

et que par nécessité me conviendroit converser[1] avec homme, afin d'éteindre la chaleur qui en moi devoit venir après son partement. En bonne foi, je le répute un très-sage homme; car de ce qu'il me sembloit adoncques impossible advenir, je vois l'expérience véritable; car mon jeune âge, ma beauté et mes tendres ans ne peuvent souffrir ne endurer que le temps dépende[2] et consume ainsi mes jours en vain; ma nature aussi ne se pourroit contenter, et afin que vous m'entendez bien à plein, mon sage et avisé mari, qui avoit regard[3] à mon cas, quand il se partit, en plus grande diligence que moi-même; voyant que comme les jeunes et tendres fleurettes se sèchent et amatissent[4], quand aucun accident leur advient, en contre l'ordonnance et inclination de leur nature, par telle manière considéroit-il ce qui m'étoit à advenir; et voyant clairement que, se ma complexion et condition n'étoient gouvernées selon l'exigence de leurs naturels principes, guère ne lui pourrois durer; si me fit jurer et promettre que, quand il adviendroit ainsi que ma nature me forceroit à rompre et briser mon entièreté, j'élusse un homme sage et de haute autorité, qui couvert et subtil fût à garder notre secret. Si est-il qu'en toute la cité je n'ai su penser pour homme qui soit plus idoine que vous; car vous êtes jeune et très-sage homme. Or, m'est-il avis que ne me refuserez pas ne rebouterez. Vous voyez quelle je suis, et si pouvez l'absence de mon mari suppléer et son lieu tenir, voire maintenant, se c'est votre bon plaisir; car nul homme n'en saura parler, le lieu, le temps, toute opportunité nous favorisant. » Le bon seigneur, prévenu et anticipé[5], fut tout ébahi en son courage de ce que la bonne dame dit, combien que nul semblant n'en fît. Il print la main dextre à la damoiselle, et, de joyeux viaire[6] et plaisante chère, lui commença à dire ces paroles : « Je dois bien rendre et donner grâces infinies à madame Fortune, qui aujourd'hui me donne tant d'heur et me fait percevoir le fruit de plus grand désir que je pouvois au monde avoir jamais; ne me réputerai ne clamerai infortuné, quand en elle trouve si large bonté. Je puis sûrement dire que je suis aujourd'hui le plus heureux de tous les autres; car quand je conçois en moi, ma très-belle et douce amie, comment ensemble passerons joyeusement nos jeunes jours, sans ce que personne s'en puisse apercevoir ne donner garde, je senglatis[1] de joie. Où est maintenant homme qui est plus aimé de Fortune que moi? se ne fût une seule chose qui me donne un petit et léger empêchement à mettre à exécution ce dont la dilation aigre me poise et déplaît, je serois le plus et mieux fortuné de tout le monde; et me déplaît souverainement que je ne le pus amender ! ». Quand la bonne damoiselle, qui à nul mal n'y pensoit, ouï qu'il y avoit aucun empêchement qui ne lui laissoit déployer ses armes, elle, très-dolente et bien marrie, lui pria qu'il le déclarât, pour remédier, s'elle pouvoit. L'empêchement, dit-il, n'est point si grand qu'en petit de temps n'en sois délivré; et puisqu'il plaît à votre douceur le savoir, je vous le dirai. Du temps que j'étois à l'étude à l'université de Boulogne-la-Grasse, le peuple de la cité fut séduit et mû tellement que par mutemate[2] s'éleva contre le seigneur; si fus accusé avec les autres mes compagnons d'avoir été cause et moyen de la séduction mutematerie[3]; pourquoi, je fus mis en prison étroite : auquel lieu, quand je m'y trouvai, craignant perdre la vie, pource que je me sentois innocent du cas, je me donnai et vouai à Dieu, lui promettant que s'il me délivroit des prisons et rendoit ici entre mes parents et amis, je jeûnerois pour l'amour de lui un an entier chacun jour au pain et à l'eau, et durant cette abstinence, ne ferois péché de mon corps. Or, ai-je, par son aide, fait la plupart de l'année et ne m'en reste guère; je vous prie et requiers toutefois, puisque votre plaisir a été moi élire pour vôtre, que vous ne me changiez pour nul autre qui vive, et ne vous vueille ennuyer le petit délai que je vous donnerai pour accomplir mon abstinence, qui sera bref faite, et qui pieçà eût été parfaite, se je m'eusse osé confier en autrui qui m'eût pu aider et donner secours, car je suis quitte de chacun jeûne[5] qu'un autre feroit pour moi, comme si

---

[1] Avoir un commerce. — [2] Dépense. — [3] Égard.
[4] Flétrissent. — [5] Devancé. — [6] Visage. Ce mot était déjà vieux et inusité du temps de Louis XI.

[1] Ou plutôt *singlutis*, sanglote; de *singultire*.
[2] Révolte, mutinerie. Ce mot est tiré de l'italien *mutamattia* ou *mutamateria*.
[3] L'auteur a voulu ici tirer un adjectif du mot *mate*, et il a assez mal réussi. Les italianismes étaient encore très-rares dans la langue française à cette époque. — [4] Bientôt.
[5] L'origine de ce mot (*jejunium*) s'opposait pour

je la faisois; et pource que j'aperçois votre grand amour et confiance que vous avez fiché en moi, je mettrai, s'il vous plaît, la fiance en vous; que jamais n'ai osé mettre sur frères, amis ne parents que j'aie, doutant que faute ne me fissent touchant la jeûne; et vous prierai que m'aidiez à jeûner une partie des jours qui restent à l'accomplissement de mon an, afin que plus bref je vous puisse secourir en la gracieuse requête que vous m'avez faite. Ma douce et entière amie, je n'ai mais[1] que soixante jours, lesquels, se c'est votre plaisir et voulenté, je partirai[2] en deux parties, de quoi vous en aurez l'une, et moi l'autre, par telle condition que, sans fraude, me promettrez m'en acquitter justement; et quand ils seront accomplis, nous passerons plaisamment nos jours. Doncques, se vous avez la voulenté de moi aider en la manière que j'ai ci-dessus dite, dites-le-moi maintenant. » Il est à supposer que la grande et longue espace de temps ne lui plut guère, mais pource qu'elle étoit si doucement requise de son ami, et aussi qu'elle désiroit moult la jeûne être parfaite et accomplie, afin qu'elle pût accomplir ses vouloirs et désirs avec son amoureux; pensant aussi que trente jours n'arrêteroient guère, elle promit de les faire et accomplir sans fraude ne sans déception ou mal-engin[3]. Le bon et notable seigneur dessusdit, voyant qu'il avoit gagné sa cause, et que ses besognes se portoient très-bien, si print congé à la bonne damoiselle, qui n'y pensoit nul mal, en lui disant que, puisque sa voie et son chemin si étoit, en venant de sa maison au marché, de passer devant son huis, que sans faute il la viendroit bien souvent visiter; et à tant se départit. Et la belle dame commença le lendemain à faire son abstinence, en prenant ordonnance que, durant le temps de sa jeûne, elle ne mangeroit son pain et son eau jusqu'après soleil réconfié[4]. Quand elle eut jeûné trois jours, le sage clerc, ainsi qu'il s'en alloit au marché à l'heure qu'il avoit accoutumé, vint voir sa dame, à qui il se devisa longuement; puis, au dire adieu, il lui demanda si la jeûne étoit ainsi encommencée, et elle répondit que oui. « Entretenez-vous ainsi, dit-il, et gardez votre promesse ainsi que l'avez faite. — Tout entièrement, dit-elle, ne vous en doutez. » Il print congé et se partit; et elle, persévérant de jour en jour en la jeûne, gardoit l'observance en la façon qu'elle avoit promis, tant étoit de bonne nature. Elle n'avoit pas jeûné huit jours, que sa chaleur naturelle commença fort à refroidir, tellement que force lui fut de changer habillements, car les mieux fourrés et empennés[1], qui ne servoient qu'en hiver, vinrent servir au lieu des sangles et tendres[2] qu'elle portoit avant l'abstinence entreprinse. Au quinzième jour, fut arrière visitée de son amoureux le clerc, qui la trouva si foible, que à grand'peine pouvoit-elle aller par la maison; et la bonne simplette ne se savoit donner garde de la tromperie, tant s'étoit abandonnée à amour, et parfaitement mis son attente à persévérer à celle jeûne, et pour les joyeux et plaisants délits[3] qu'elle attendoit sûrement à avoir avec son grand clerc; lequel, quand, à l'entrée en la maison, la voit aussi foible, lui dit : « Quelle viaire est-ce là et comment marchez-vous maintenant? J'aperçois que faites l'abstinence à regret, et comment, ma très-douce amie? ayez ferme et constant courage, nous avons aujourd'hui achevé la moitié de notre jeûne; se votre nature est foible, vainquez-la par roideur et constance de cœur, et ne rompez votre loyale promesse. » Il l'admonesta si doucement, qu'il lui fit prendre courage par telle façon, qu'il lui sembloit bien que les autres quinze jours qui restoient ne lui dureroient guère. Le vingtième vint, auquel la simplette avoit perdu toute couleur, et sembloit à demi morte, et ne lui étoit plus le désir si grand comme il avoit été. Il lui convint prendre le lit et y continuellement demourer, où elle se donna aucunement garde que son clerc lui faisoit faire abstinence pour châtier son désir charnel; si jugea que la façon et manière étoient sagement avisées, et ne pouvoient venir que d'homme bien sage; toutefois ce ne la démut[4] point, ne découvrit, qu'elle ne fût délibérée et arrêtée d'entretenir sa promesse. Au pénultième jour, elle envoya quérir son clerc, qui, quand il la vit cou-

---

tant à ce qu'il devint du genre féminin. Peut-être lui a-t-on donné ce genre pour le distinguer de l'adjectif *jeune (juvenis)*. — [1] Plus. — [2] Partagerai.
[3] Dol, tromperie. — [4] Caché, couché.

[1] Rembourrés de plumes, de duvet.
[2] De toile et minces. Peut-être faut-il lire *sanglés*.
[3] Les épithètes données ici à ce mot prouvent qu'il signifiait *plaisir, acte*, plutôt que *crime, péché*; ce qui changerait un peu le sens que nous attribuons à l'ancienne locution *flagrant délit*. — [4] Ébranla.

chée au lit, demanda se pour un seul jour qui restoit avoit perdu courage, et elle, interrompant sa parole, lui répondit : « Ah! mon bon ami, vous m'avez parfaitement et de loyal amour aimée, non pas déshonnêtement comme j'avois présumé vous aimer, pourquoi je vous tiens et tiendrai, tant que Dieu me donnera vie, et à vous aussi pareillement, mon très-cher et très-singulier[1] ami, qui avez gardé et moi apprins[2] mon entière chasteté, et l'honneur et la bonne renommée de moi, mon mari, mes parents et amis. Benoit soit mon cher époux, de qui j'ai gardé et entretenu la leçon qui donne grand apaisement à mon cœur! Or çà, mon ami, je vous rends telles grâces et remercie, comme je puis, du grand honneur et biens que m'avez faits, pour lesquels je ne vous saurois ne pourrois jamais rendre ne donner suffisantes grâces; non feroient tous mes amis.» Le bon et sage seigneur, voyant son entreprise être bien achevée, print congé de la bonne damoiselle, et doucement l'admonesta qu'il lui souvint de châtier désormais sa nature par abstinence, et toutes les fois qu'elle s'en sentiroit aiguillonnée; par lequel moyen, elle demoura entière jusqu'au retour de son mari, qui ne sut rien de l'aventure, car elle lui cela; si fit le clerc pareillement.

[1] Très-intime, particulier.
[2] Nous ne nous rendons pas compte de ce que peut signifier *et moi apprins*, à moins que ce ne soit une ellipse très-forte pour dire : *qui avez gardé et qui m'avez apprins, enseigné*.

Ci finissent les cent nouveaux contes des Cent Nouvelles, composées et récitées par nouvelles gens, depuis naguère.

    Nargue des amours,
    Sans les beaux tours.

FIN DES CENT NOUVELLES NOUVELLES.

LES CONTES

OU

LES NOUVELLES RÉCRÉATIONS

ET JOYEUX DEVIS

DE

BONAVENTURE DES PERIERS,

VALET DE CHAMBRE DE LA REINE DE NAVARRE.

LES
CONTES ET JOYEUX DEVIS

DE

BONAVENTURE DES PERIERS[1].

SONNET.

Hommes pensifs, je ne vous donne à lire
Ces miens devis, si vous ne contraignez
Le fier maintien de vos fronts rechignez :
Ici n'y a seulement que pour rire.

Laissez à part votre chagrin, votre ire,
Et vos discours de trop loin desseignés[2] :
Une autre fois vous serez enseignés.
Je me suis bien contraint pour les écrire.

J'ai oublié mes tristes passions;
J'ai intermis[3] mes occupations.
Donnons, donnons quelque lieu à Folie :

Que maugré nous ne nous vienne saisir,
Et en un jour plein de mélancolie,
Mêlons au moins une heure de plaisir.

AU LECTEUR[4].

Le Temps, glouton dévorateur de l'humaine excellence, se rend souventefois coutumier (tant nous est-il ennemi) de suffoquer la gloire naissante de plusieurs gentils esprits, ou ensevelir d'une ingrate oubliance les œuvres exquises d'iceux : desquelles si la connoissance nous étoit permise, ô Dieu tout bon, quel avancement aux bonnes lettres! De cette injure, les siècles anciens, et nos jours mêmes, nous rendent épreuve plus que suffisante. Et vous ose bien persuader, ami lecteur, que le semblable fût advenu de ce présent volume, duquel demourions privés sans la diligence de quelque vertueux personnage, qui n'a voulu souffrir ce tort être fait, et la mémoire de feu BONAVENTURE DES PERIERS, excellent orateur et poëte, rester frustrée du los[1] qu'elle mérite. Or, l'ayant arraché de l'avare main de ce faucheur importun, je vous le présente avec telle éloquence, que chacun connoît ses autres labeurs être doués. D'une chose je m'assure, que l'ennuyeux pourra abbayer[2] à l'encontre tant qu'il voudra, mais y mordre, non. Davantage[3], le front tétrique[4] ici trouvera de quoi dérider sa sérénité, et rire une bonne fois : tant est gentille la grâce de notre auteur à traiter ses facéties. Les personnes tristes et angoissées, s'y pourront aussi heureusement récréer et tuer aisément leurs ennuis. Quant à ceux qui sont exempts de regrets et s'y voudront ébattre, ils sentiront croître leur plaisir en telle force, que le rude chagrin n'osera entreprendre sur leur félicité; se servant de ce discours comme d'un rempart contre toute sinistre fâcherie. De faire à notre âge offre de chose tant gentille, je l'ai estimé convenable, mêmement en ces jours tant calomnieux[5] et troublés. Votre office sera, débonnaire lecteur, de le recevoir d'une main affable, et nous savoir gré de notre travail : lequel sentant bien reçu, serons excités à continuer en si louable exercice, pour vous faire jouir de choses plus ardues et sérieuses. Adieu.

De Lyon, ce 25 de janvier 1558.

---

[1] Tous ces contes ne sont pas de Bonaventure des Periers, quoique publiés sous son nom, après sa mort; les éditeurs, Jacques Pelletier et Nicolas Denisot, en ont ajouté plusieurs à la première édition, donnée par Antoine Dumoulin en 1548. Voyez la Notice préliminaire.
[2] Dessinés. — [3] Interrompu.
[4] Cet avertissement doit être d'Antoine Dumoulin, éditeur des œuvres poétiques du même Bon. des Periers.

[1] Éloge, renommée. — [2] Pour *abboyer*.
[3] De plus, en outre. — [4] Triste, chagrin, morose.
[5] Diaboliques. Peut-être faut-il lire *calamiteux*.

NOUVELLE I.

EN FORME DE PRÉAMBULE.

Je vous gardois ces joyeux Propos à quand la paix seroit faite[1], afin que vous eussiez de quoi vous réjouir publiquement et privément, et en toutes manières. Mais quand j'ai vu qu'il s'en falloit le manche, et qu'on ne savoit par où la prendre, j'ai mieux aimé m'avancer pour vous donner moyen de tromper le temps, mêlant des réjouissances parmi vos fâcheries, en attendant qu'elle se fasse de par Dieu. Et puis, je me suis avisé que c'étoit ici le vrai temps de les vous donner ; car c'est aux malades qu'il faut médecine. Et vous assurez que je ne fais pas peu de chose pour vous, en vous donnant de quoi vous réjouir, qui est la meilleure chose que puisse faire l'homme. Le plus gentil enseignement pour la vie, c'est *bene vivere et lœtari*. L'un vous baillera pour un grand notable[2], qu'il faut réprimer son courroux ; l'autre, peu parler ; l'autre, croire conseil ; l'autre, être sobre ; l'autre, faire des amis. Et bien, tout cela est bon ; mais vous avez beau étudier, vous n'en trouverez point de tel, qu'est : Bien vivre et se réjouir. Une trop grande patience vous consume ; un taire[3] vous tient gehenné[4] ; un conseil vous trompe ; une diète vous dessèche ; un ami vous abandonne. Et pour cela, vous faut-il désespérer ? Ne vaut-il pas mieux se réjouir, en attendant mieux, que se fâcher d'une chose qui n'est pas en votre puissance ? Voire-mais, comment me réjouirai-je, si les occasions n'y sont, direz-vous ? Mon ami, accoutumez-vous-y. Prenez le temps comme il vient ; laissez passer les plus chargés ; ne vous chagrinez point d'une chose irrémédiable. Cela ne fait que donner mal sur mal, croyez-moi, et vous vous en trouverez bien ; car j'ai bien éprouvé que, pour cent francs de mélancolie, n'acquitterons pas pour cent sols de dette. Mais laissons là ces beaux enseignemens, ventre d'un petit poisson ! Rions. Et de quoi ? de la bouche, du nez, du menton, de la gorge, et de tous nos cinq sens de nature. Mais ce n'est rien, qui ne rit du cœur. Et pour vous aider, je vous donne ces plaisants Contes. Et puis, nous vous en songerons bien d'assez sérieux quand il sera temps. Mais savez-vous quels je vous les baille? Je vous promets que je n'y songe ne mal ne malice. Il n'y a point de sens allégorique, mystique, fantastique. Vous n'aurez point de peine de demander : « Comment s'entend ceci ? comment s'entend cela ? » Il n'y faut ne vocabulaire ne commentaire. Tels les voyez, tels les prenez. Ouvrez le livre : se un conte ne vous plaît, haye[1] à l'autre. Il y en a de tous bois, de toutes tailles, de tous estocs, à tous prix et à toutes mesures, fors que pour pleurer. Et ne me venez point demander quelle ordonnance j'ai tenue ; car quel ordre faut-il garder, quand il est question de rire ? Qu'on ne me vienne non plus faire des difficultés. « Oh ! ce ne fut pas cettui-ci, qui fit cela. — Oh ! ceci ne fut pas fait en ce quartier-là. — Je l'avois déjà ouï conter. — Cela fut fait en notre pays. » Riez seulement, et ne vous chaille, si ce fut Gautier ou si ce fut Garguille[2]. Ne vous souciez point si ce fut à Tours en Berry ou à Bourges en Touraine[3] : vous vous tourmenteriez, pour néant ; car comme les ans ne sont que pour payer les rentes, aussi les noms ne sont que pour faire débattre les hommes. Je les laisse aux faiseurs de contrats et aux intenteurs de procès. S'ils y prennent l'un pour l'autre, à leur dam ! Quant à moi, je ne suis point si scrupuleux. Et puis, j'ai voulu feindre quelques noms tout exprès, pour vous montrer qu'il ne faut point pleurer de tout ceci que je vous conte ; car peut-être qu'il n'est pas vrai. Que me chaut-il, pourvu qu'il soit vrai que vous y prenez plaisir? Et puis, je ne suis point allé chercher mes contes à Constantinople, à Florence, ne à Venise, ne

---

[1] Ce prologue paraît avoir été écrit en 1538, peu de temps après l'entrevue de Charles-Quint et de François 1er à Nice, où ils devaient traiter de la paix sous les auspices du pape Paul III, et où ils conclurent seulement une trêve.

[2] Axiome. — [3] Le silence. — [4] Gêné, tourmenté.

[1] Allons, vite. C'est l'onomatopée dont se servent les charretiers pour faire avancer leurs chevaux.

[2] On voit que ces deux noms étaient déjà populaires et passés en proverbe, avant que le comédien Hugues Guéru les eût adoptés au théâtre dans les premières années du dix-septième siècle.

[3] Imitation bouffonne de Rabelais, qui, dans la harangue de son Janotus de Bragmardo (*Gargantua*, ch. 19), place Londres en Cahors et Bordeaux en Brie.

[4] Allusion à la naïveté de ce curé qui, voyant ses paroissiens fondre en larmes à son sermon de la Passion, s'avisa, pour les consoler, de leur dire : « Ne pleurez pas, mes amis, peut-être que ce que je vous ai dit n'est pas vrai. »

si loin que cela ; car s'ils sont tels que je les vous veux donner, c'est-à-dire pour vous récréer, n'ai-je pas mieux fait d'en prendre les instruments[1] que nous avons à notre porte, que non pas les aller emprunter si loin ? Et comme disoit le bon compagnon, quand la chambrière, qui étoit belle et galante, lui venoit faire les messages de sa maîtresse : « A quoi faire irai-je à Rome? les pardons sont par deçà[2]. » Les nouvelles, qui viennent de si lointain pays, avant qu'elles soient rendues sur le lieu, ou elles soupirent[3] comme le safran, ou s'enchérissent comme les draps de soie, ou il s'en perd la moitié, comme des épiceries, ou se buffettent[4] comme les vins, ou sont falsifiées comme les pierreries, ou sont adultérées comme tout ; bref, elles sont sujettes à mille inconvénients, sinon que vous me vueilliez dire que les nouvelles ne sont pas comme les marchandises, et qu'on les donne pour le prix qu'elles coûtent. Et vraiment, je le veux bien. Et pour cela, j'aime mieux les prendre près, puisqu'il n'y a rien à gagner[5]. Ha! ha! c'est trop argué[6]. Riez, si vous voulez ; autrement, vous me faites un mauvais tour. Lisez hardiment, dames et damoiselles ; il n'y a rien qui ne soit honnête ; mais se, d'aventure, il y en a quelques-unes d'entre vous qui soient trop tendrettes, et qui aient peur de tomber en quelques passages trop gaillards, je leur conseille qu'elles se les fassent échansonner[7] par leurs frères, ou par leurs cousins, afin qu'elles mangent peu de ce qui est trop appétissant. « Mon frère, marquez-moi ceux qui ne sont pas bons, et y faites une croix. — Mon cousin, cettui-ci est-il bon? — Oui. — Et cettui-ci? — Oui. » Ah! mes fillettes, ne vous y fiez pas, ils vous tromperont, ils vous feront lire un quid pro quod[8]. Voulez-vous me croire? Lisez tout, lisez, lisez. Vous faites bien les étroites ! Ne les lisez donc pas. A cette heure, verra-t-on si vous faites bien ce qu'on vous défend. O quantes dames auront bien l'eau à la bouche, quand elles orront[1] les bons tours que leurs compagnes auront faits! et qu'elles diront bien qu'il n'y en a pas à demi ! Mais je suis content que, devant les gens, elles fassent semblant de coudre ou de filer, pourvu qu'en détournant les yeux, elles ouvrent les oreilles, et qu'elles se réservent à rire, quand elles seront à part elles. Eh! mon Dieu! que vous en comptez de bonnes, quand il n'y a qu'entre vous autres, femmes, ou qu'entre vous, fillettes ! Grand dommage ! Ne faut-il pas rire ? Je vous dis que je ne crois point ce qu'on dit de Socrate, qu'il fut ainsi sans passions. Il n'y a ne Platon ne Xénophon, qui le me fît accroire. Et quand bien il seroit vrai, pensez-vous que je loue cette grande sévérité, rusticité, tétricité[2], gravité ? Je louerois beaucoup plus celui, de notre temps, qui a été si plaisant en sa vie, que, par une antonomasie[3], on l'a appelé le Plaisantin[4] ; chose qui lui étoit si naturelle et si propre, qu'à l'heure même de sa mort, combien que tous ceux qui y étoient le regrettassent, si ne purent-ils jamais se fâcher... tant il mourut plaisamment ! On lui avoit mis son lit au long du feu, sus le plâtre du foyer, pour être plus chaudement ; et quand on lui demandoit : « Or çà, mon ami, où vous tient-il ? » il répondoit tout foiblement, n'ayant plus que le cœur et la langue : « Il me tient, dit-il, entre le banc et le feu, » qui étoit à dire, qu'il se portoit mal de toute la personne. Quant ce fut à lui bailler l'extrême-onction, il avoit retiré ses pieds à quartier, tout en un monceau ; et le prêtre disoit : « Je ne sais où sont ses pieds. — Eh! regardez, dit-il, au bout de mes jambes, vous les trouverez. — Eh! mon ami, ne vous amusez point à railler, lui disoit-on ; recommandez-vous à Dieu. — Et qui y va? dit-il. — Mon ami, vous irez aujourd'hui, si Dieu plaît. — Je voudrois bien être assuré, disoit-il, d'y pouvoir être demain pour tout le jour. — Recommandez-vous à lui,

---

[1] Terme de pratique, actes, mémoires.
[2] Le dernier huitain d'un vieux poëme : *l'Amant rendu cordelier à l'observance d'amour*, commence ainsi :
   Plusieurs gens envoient à Rome,
   Qui à leurs huis ont le pardon.
[3] S'éventent. — [4] S'altèrent, s'affaiblissent, se gâtent.
[5] Il faut sous-entendre *à les prendre loin*.
[6] Argumenté, discuté. — [7] Essayer, parce que les échansons faisoient l'essai du vin à la table des princes.
[8] Quiproquo, qu'on écrivait alors *quid pro quo*.

[1] Entendront. — [2] Morosité, mauvaise humeur.
[3] Antonomase, emploi de l'épithète pour le nom.
[4] Le Plaisant. Ce personnage se rapporte assez à ce que la tradition nous apprend des facéties de Rabelais à son lit de mort. Mais Rabelais vivait encore à l'époque de la publication de ces Contes. Pour reconnaître Rabelais dans ce passage, il faudrait supposer que ce prologue, qui rappelle beaucoup son style et sa manière, nous le représente comme mort sous le nom du *Plaisantin*, afin de pouvoir citer quelques-unes des boutades hardies que les biographes ont depuis attribuées à ses derniers momens.

et vous y serez en hui[1].— Et bien, disoit-il, mais que j'y sois, je ferai mes recommandations moi-même. » Que voulez-vous de plus naïf que cela? Quelle plus grande félicité? certes, d'autant plus grande, qu'elle est octroyée à si peu d'hommes!

NOUVELLE II.
Des trois fols, Caillette, Triboulet et Polite [2].

Les pages avoient attaché l'oreille à Caillette avec un clou contre un poteau, et le pauvre Caillette demouroit et ne disoit mot; car il n'avoit point d'autre appréhension[3], sinon qu'il pensoit être confiné là pour toute sa vie. Il passe un des seigneurs de la cour, qui le voit ainsi en conseil avec ce pilier; qui le fait incontinent dégager de là, s'enquérant bien expressément qui avoit fait cela, et qui l'a mis là. « Que voulez-vous? un sot l'a mis là, un sot là l'a mis[4]. » Quand on disoit : « C'ont été été les pages? » Caillette répondoit bien en son idiotisme : « Oui, oui, ç'ont été les pages. — Saurois-tu connoître lequel ç'a été? — Oui, oui, disoit Caillette, je sais bien qui ç'a été. » L'écuyer, par commandement du seigneur, fait venir tous ces gens de bien de pages, en la présence de ce sage homme Caillette; leur demandant à tous l'un après l'autre : « Venez çà! a-ce été vous? » Et mon page de nier, hardi comme un saint Pierre[5]. « Nenni, monsieur; ce n'a pas été moi. — Et vous ? — Ne moi. — Et vous ? — Ne moi aussi. » Mais allez faire dire oui à un page, quand il y va du fouet! Caillette étoit là devant, qui disoit en cailletois[6] : « Ce n'a pas été moi aussi. » Et voyant qu'ils disoient tous nenni, quand on lui demandoit : « A-ce point été cettui-ci? — Nenni, disoit Caillette. — Et cettui-ci? — Nenni. » Et à mesure qu'ils répondoient nenni, l'écuyer les faisoit passer à côté, tant qu'il n'en resta plus qu'un; lequel n'avoit garde de dire oui, après tant d'honnêtes jeunes gens, qui avoient tous dit nenni; mais il dit comme les autres : « Nenni, monsieur, je n'y étois pas. » Caillette étoit toujours là, pensant qu'on le dût aussi interroger, se ç'avoit été lui; car il ne lui souvenoit plus qu'on parlât de son oreille : de sorte que, quand il vit qu'il n'y avoit plus que lui, il va dire : « Je n'y étois pas aussi. » Et s'en va remettre avec les pages, pour se faire coudre l'autre oreille au premier pilier qui se trouveroit. A l'entrée de Rouen (je ne dis pas que Rouen entrât, mais l'entrée se faisoit à Rouen), Triboulet fut envoyé devant pour dire : « Vois-les ci venir[1], » qui étoit le plus fier du monde, d'être monté sur un beau cheval caparaçonné de ses couleurs, tenant sa marotte des bonnes fêtes. Il piquoit, il couroit, il n'alloit que trop. Il avoit un maître avec lui pour le gouverner. Eh! pauvre maître, tu n'avois pas besogne faite! Il y avoit belle matière pour le faire devenir Triboulet lui-même. Ce maître lui disoit : « Vous n'arrêterez pas, vilain? Si je vous prends!... Arrêterez-vous? » Triboulet, qui craignoit les coups (car quelquefois son maître lui en donnoit), vouloit arrêter son cheval; mais le cheval se sentoit de ce qu'il portoit; car Triboulet le piquoit à grands coups d'éperon : il lui haussoit la bride, il la lui secouoit; et cheval d'aller. « Méchant, vous n'arrêterez pas! disoit son maître. — Par le sang-Dieu! disoit Triboulet (car il juroit comme un homme), ce méchant cheval, je le pique tant que je puis, encore ne veut-il pas demourer! » Que diriez-vous là? sinon que Nature a envie de s'ébattre, quand elle se met à faire ces belles pièces d'hommes, lesquels seroient heureux, mais ils sont trop ignoramment plaisants, et ne savent pas connoître qu'ils sont heureux, qui est le plus grand malheur du monde. Il y avoit un autre fol, nommé Polite[2], qui étoit à un abbé de Bourgueil. Un jour, un matin, un soir, je ne saurois dire l'heure[3], M. l'abbé avoit une belle garse toute vive couchée auprès de lui, et Polite le vint trouver au lit, et mit le bras entre les linceuls par les pieds du lit; là il trouve

---

[1] Aujourd'hui.
[2] Caillette était un fou en titre d'office sous François Ier; Triboulet avait eu le même emploi à la cour de Louis XII; mais Polite fut seulement au service d'un seigneur, abbé de Bourgueil. En ce temps-là, pour se donner des airs de prince, on avait un bouffon domestique. Voyez la dissertation sur les fous des rois de France, en tête des *Deux fous*, dans le volume des Romans historiques du bibliophile Jacob, faisant partie du *Panthéon littéraire*. — [3] Idée.
[4] Allusion aux notes de musique *sol, la, mi, la. La, la, mi, sol*. C'est la réponse de Caillette.
[5] Lorsque saint Pierre renia Jésus-Christ.
[6] En son langage de Caillette. Guillaume Bouchet, dans sa 14me *Sérée*, attribue à Triboulet cette naïveté.

[1] Pour : Les voici venir.
[2] Ce conte est le 277e des *Facéties* du Pogge, qui fait figurer un autre fou et un archevêque de Cologne.
[3] Cette plaisanterie est imitée dans le chapitre 36 du *Moyen de parvenir*.

premièrement un pied de créature humaine : il va demander à l'abbé : « Moine, à qui est ce pied? — Il est à moi, dit l'abbé. — Et cettui-ci? — Il est encore à moi. » Et ainsi qu'il prenoit ces pieds, il les mettoit à part, et les tenoit d'une main ; et de l'autre main, il en print encore un, en demandant : « Cettui-ci, à qui est-il? — A moi, ce dit l'abbé. — Ouais, dit Polite ; et cettui-ci ? — Va, va, tu n'es qu'un fol, dit l'abbé, il est aussi à moi. — A tous les diables soit le moine ! dit Polite, il a quatre pieds comme un cheval. » Et bien pour cela, encore n'est-il fol que de bonne sorte. Mais Triboulet et Caillette étoient fols à vingt et cinq karats, dont les vingt et quatre font le tout¹. Or çà, les fols ont fait l'entrée. Mais quels fols? Moi, tout le premier, à vous en conter, et vous, le second, à m'écouter ; et cettui-là, le troisième ; et l'autre, le quatrième. Oh ! qu'il y en a ! jamais ce ne seroit fait. Laissons-les ici et allons chercher les sages ; éclairez près, je n'y vois goutte².

NOUVELLE III.

D'un chantre, basse-contre de Saint-Hilaire de Poitiers, qui accompara les chanoines à leurs potages.

En l'église Saint-Hilaire de Poitiers, y eut jadis un chantre qui servoit de basse-contre, lequel, parce qu'il étoit bon compagnon¹, et qu'il buvoit bien (ainsi que voulentiers font telles gens), étoit bien venu entre les chanoines, qui l'appeloient bien souvent à dîner et à souper. Et, pour la familiarité qu'ils lui faisoient, lui sembloit qu'il n'y avoit celui d'eux, qui ne désirât son avancement ; qui étoit cause que souvent il disoit à l'un et puis à l'autre : « Monsieur, vous savez combien de temps il y a que je sers en l'église de céans ; il seroit désormais temps que je fusse pourvu : je vous prie le vouloir remontrer en Chapitre. Je ne demande pas grand'chose : vous autres, messieurs, avez tant de moyens³ ; je me contenterai de l'un des moindres. » Sa requête étoit bien prinse et écoutée, et chacun d'eux en particulier lui faisoit bonne réponse ; disant que c'étoit chose raisonnable. « Et quand Chapitre n'auroit la commodité de te récompenser, lui disoient-ils, je t'en baillerai plutôt du mien. » Somme, à toutes les entrées et issues de Chapitre, où il se trouvoit toujours pour se ramentevoir à messieurs, ils lui disoient à une voix¹ : « Attends encore un petit ; Chapitre ne t'oubliera pas ; tu auras le premier qui vaquera. » Mais quand ce venoit au fait, il y avoit toujours quelque excuse : ou que le bénéfice étoit trop gros, et pour tant l'un de messieurs l'avoit eu ; ou qu'il étoit trop petit, et qu'on ne lui voudroit faire présent d'un si peu de chose ; ou qu'ils avoient été contraints de le bailler à un des neveux² de leur frère ; mais qu'il n'y auroit faute qu'il n'eût le premier vaquant. Et de ces belles paroles ils entretenoient ce basse-contre, tant que le temps se passoit ; et servoit toujours sans rien avoir. Et ce pendant, il faisoit toujours quelque présent, selon sa petite faculté, à messieurs tel et tel, de ceux qu'il connoissoit avoir la plus grande voix en Chapitre : comme fruits nouveaux, poulets, pigeonneaux, perdriaux, selon la saison, que le pauvre chantre achetoit au marché vieux ou à la regraterie³, leur faisant accroire qu'ils ne lui coûtoient rien. Et toujours ils prenoient. A la fin, le basse-contre, voyant qu'ils n'en étoient jamais meilleurs, ains qu'il y perdoit son temps, son argent et sa peine, se délibéra de ne s'y attendre plus ; mais il se proposa de leur montrer quelle opinion il avoit d'eux ; et, pour ce faire, il trouva façon de mettre cinq ou six écus ensemble ; et tandis qu'il les amassoit (car il y falloit du temps), il commença à tenir plus grand compte de messieurs qu'il n'avoit de coutume, et à user de plus grand'discrétion. Quand il vit son jour⁴ à point, il s'en vint aux principaux d'entre eux, et les pria l'un après l'autre, qu'ils lui voulussent faire cet honneur de dîner le dimanche prochain en sa maison ; leur disant qu'en neuf ou dix ans qu'il y avoit, qu'il étoit à leur ser-

---

¹ Cette définition de la folie de Triboulet est de Rabelais, qui l'introduit dans le IIIᵉ livre de *Pantagruel*.
² Imitation de Rabelais, qui commence ainsi le prologue de son IVᵉ livre : « Gens de bien, Dieu vous sauve et garde : où êtes-vous? Je ne vous peux voir. »
³ Bénéfices.

---

¹ Tout d'une voix.
² C'est-à-dire, à leurs enfans propres. Un évêque faisant sa visite s'arrêta chez un prêtre de son diocèse, dans la maison duquel il vit deux petits enfans, et lui demanda à qui ils appartenaient, lui ordonnant de dire la vérité. « Monseigneur, lui répondit-il, ce sont les neveux de mon frère. » Le bon évêque se contenta de cette réponse, et ce ne fut que quelques jours après, qu'un prêtre de sa suite lui en apprit le véritable sens.
³ *Regraterie*, chez les revendeurs.
⁴ Il vaudrait mieux lire *tour*.

vice, il ne pouvoit faire moins que leur donner une fois à dîner ; et qu'il les traiteroit, non pas comme il leur appartenoit, mais au moins mal qu'il lui seroit possible ; toujours usant de telles paroles de respect. Ils lui promirent, mais ils ne furent pas si mal soigneux que, quand ce vint le jour assigné, ils ne fissent faire leur cuisine ordinaire, chacun chez soi, de peur d'être mal dînés chez ce basse-contre; se fiant plus en sa voix qu'en sa cuisine. A l'heure du dîner, chacun envoie son ordinaire chez le chantre, lequel disoit aux varlets qui l'apportoient : « Comment? mon ami, monsieur votre maître me fait-il tort? a-t-il si grand'peur d'être mal traité ! il ne devoit rien envoyer. » Et cependant il prenoit tout. Et à mesure qu'ils venoient, il mettoit tous les potages ensemble, en une grande marmite, qu'il avoit expressément apprêtée en un coin de cuisine. Voici messieurs venus pour dîner, qui s'assirent tous selon leurs indignités[1]. Le chantre leur présente, de belle entrée de table, les potages de cette marmite. Et Dieu sait de quelle grâce ils étoient ; car l'un avoit envoyé un chapon aux poireaux ; l'autre, au safran ; l'autre avoit la pièce de bœuf poudrée[2] aux naveaux[3] ; l'autre, un poulet aux herbes ; l'autre, bouilli ; l'autre, rôti. Quand ils virent ce beau service, ils n'eurent pas le courage d'en manger ; mais ils attendoient chacun, que leur potage vînt, sans prendre garde qu'ils les eussent devant eux. Mon chantre, qui alloit et venoit, faisant bien l'empêché à les servir, regardoit toujours leur contenance de table. Étant le service un peu long, ils ne se purent tenir de lui dire : « Ote-nous ces potages, basse-contre, et nous apporte les nôtres. — Ce sont bien les vôtres, dit-il. — Les nôtres ? non, sont pas. — Si sont bien, » dit-il. A l'un : « Voilà vos naveaux ! » à l'autre : « Voilà vos choux ! » à l'autre : « Voilà vos poireaux ! » Lors ils commencèrent à reconnoître leurs soupes et à s'entre-regarder. « Vraiment ! dirent-ils, nous en avons d'une. Est-ce ainsi que tu traites tes chanoines, basse-contre ! Le diable y ait part ! — Je disois bien que ce fol nous tromperoit, disoit l'un ; j'avois le meilleur potage que je mangeai de cet an. — Et moi, disoit l'autre, j'avois tant bien fait accoutrer[4] à dîner ! je me doutois bien qu'il le valoit mieux manger chez moi. » Quand le basse-contre les eut bien écoutés : « Messieurs, dit-il, se vos potages étoient tous si bons, comment seroient ils empirés en si peu de temps ? Je les ai fait tenir auprès du feu, bien couverts ; il me semble que je ne pouvois mieux faire. — Voire mais, dirent-ils, qui t'a appris à les mettre ainsi tous ensemble ? Savois-tu pas qu'ils ne vaudroient rien en la sorte ? — Et donc, dit-il, ce qui est bon à part n'est pas bon assemblé ! Vraiment ! je vous en crois, et ne fût-ce que vous autres, messieurs ; car quand vous êtes chacun à part soi, il n'est rien meilleur que vous êtes : vous promettez monts et vaux ; vous faites tout le monde riche de vos belles paroles ; mais quand vous êtes ensemble en votre Chapitre, vous ressemblez à vos potages. » Alors ils entendirent bien ce qu'il vouloit dire. « Ah ! ah ! dirent-ils, c'étoit donc là que tu nous attendois ! Vraiment, tu as raison, va. Mais cependant, ne dînerons-nous point ? — Si ferez, si ferez, dit-il, mieux qu'il ne vous appartient. » Et leur apporta ce qu'il leur avoit fait accoutrer, dont ils mangèrent très bien, et s'en allèrent contents. Et conclurent ensemble dès l'heure, qu'il seroit pourvu ; ce qu'ils firent. Ainsi, son invention de soupes lui valut plus que toutes ses requêtes et importunités du temps passé.

NOUVELLE IV.

Du basse-contre de Rheims, chantre, Picard, et maître-ès-arts.

Un chantre de Notre-Dame de Rheims, en Champagne, avoit singulièrement bonne voix de basse-contre ; mais c'étoit l'homme du monde le plus fort[1] à tenir, car il ne passoit jour qu'il ne fît quelque folie : il frappoit l'un, il battoit l'autre ; il jouoit aux cartes et aux dés. Il étoit toujours en la taverne, et après les garses, dont les plaintes se faisoient toutes heures à messieurs de Chapitre ; lesquels le remontroient souvent à ce basse-contre, le menaçant à part et en public ; et lui faisoient assez de fois promettre qu'il seroit homme de bien. Mais incontinent qu'il étoit hors de devant eux, messire Jean ce vin[2] lui remettoit

---

[1] Jeu de mots sur *dignités*.
[2] Saupoudrée. — [3] Navets. — [4] Préparer.

[1] Le plus difficile à retenir, maintenir.
[2] Jeu de mots et allusion à un personnage du nom de Sevin. Il y avait une ancienne famille d'Orléans de laquelle étaient Adrien Sevin, traducteur du *Philocope* de Boccace ; et Charles Sevin, chanoine de Saint-Étienne d'Agen, ami intime de Jules Scaliger.

sa haute gamme en la tête, qui le faisoit toujours retourner à ses bonnes coutumes. Or, étoient-ils contraints d'en endurer, pour deux raisons : l'une, qu'il chantoit fort bien ; l'autre, qu'ils l'avoient pris de la main d'un archidiacre de l'église, auxquels ils portoient honneur ; et ne lui vouloient pas reprocher les folies de l'homme, pensant qu'il le sût aussi bien comme eux, et qu'il l'en dût reprendre, comme, à la vérité, il faisoit, quand il en étoit averti ; mais il n'en savoit pas la moitié. Advint un jour que ce chantre fit une faute si scandaleuse, que les chanoines furent contraints de le dire pour une bonne fois à M. l'archidiacre, lui remontrant comme, pour le respect de lui, ils avoient longuement supporté les insolences de cet homme ; mais maintenant qu'ils le voyoient incorrigible, et qu'il alloit toujours en empirant, ils ne s'en pouvoient plus taire. « Il a, dirent-ils, cette nuit passée, battu un prêtre, tant qu'il ne dira messe de plus de deux mois. Se n'eût été pour l'amour de vous, longtemps a que nous l'eussions chassé. Mais n'y voyant plus autre remède, nous vous prions de ne trouver point mauvais, se nous vous en disons ce qui en est. » L'archidiacre leur fit réponse, qu'ils avoient raison, et qu'il y donneroit ordre. Et, de fait, envoie incontinent quérir ce basse-contre ; lequel se douta bien que ce n'étoit pas pour lui donner un bénéfice. Toutefois il y va. Il ne fut pas sitôt entré, que M. l'archidiacre ne lui commençât à chanter une autre leçon que de matines. « Viens çà! dit-il ; tu sais combien de temps il y a que ceux de l'église de céans endurent de toi, et combien j'ai eu de reproches pour ta vie. Sais-tu qu'il y a ? va-t'en, et ne te trouve plus devant moi. Je ne veux plus endurer de reproches pour un homme tel que toi. Tu n'es qu'un fol ! Se je faisois mon devoir, je te ferois mettre au pain et eau d'ici à un an. » Il ne faut pas demander si mon chantre fut peneux [1]. Toutefois, il ne fut pas si étonné, qu'il ne se mît en réponse : « Monsieur, dit-il, vous qui vous connoissez si bien en gens, vous ébahissez-vous si je suis fol ? Je suis chantre, je suis Picard et maître-ès-arts [2]. » L'archidiacre, à cette réponse, ne savoit que faire, de s'en fâcher ou de s'en rire ; mais il se tourna du bon côté ; car il apaisa un peu sa colère ; et lui fut force de faire comme l'évêque du *Courtisan* [1], lequel pardonna au prêtre qui avoit engrossé cinq nonnains, ses filles spirituelles, pour la soudaine réponse qu'il lui fit : *Domine, quinque talenta tradidisti mihi, ecce alia quinque superlucratus sum.* (Matth., ch. XXV, v. 20). Un Picard a la tête près du bonnet ; un chantre a toujours quelques minimes [2] en son cerveau ; un maître-aux-arts est si plein d'ergots [3], qu'on ne sauroit durer auprès de lui. Et vraiment, quand ces trois bonnes qualités sont en un personnage, on ne se doit pas émerveiller s'il est un petit coquelineux [4] ; mais se faudroit bien plus émerveiller s'il ne l'étoit point.

NOUVELLE V.

Des trois sœurs, nouvelles épousées, qui répondirent chacune un bon mot à leurs maris la première nuit de leurs noces.

Au pays d'Anjou, y eut jadis un gentilhomme qui étoit riche et de bonne maison ; mais il étoit un peu sujet à ses plaisirs. Il avoit trois filles, belles et de bonne grâce, et de tel âge que la plus petite eût bien attendu le combat corps à corps. Elles étoient demourées sans mère, jà long temps avoit. Et parce que le père étoit encore en bon âge, il entretenoit toujours ses bonnes coutumes, qui étoient de recevoir en sa maison toutes joyeuses compagnies ; là où l'ordinaire étoit de baller [5], jouer et toutes sortes de bonnes chères. Et d'autant qu'il étoit de sa nature indulgent, facile et sans grand soin du fait de sa maison, ses filles avoient assez de liberté de deviser avec les jeunes gentilshommes, lesquels communément ne parlent pas de renchérir le pain, ne encore du gouvernement de la république. Davantage, le père faisoit l'amour de son côté comme les autres ; qui donnoit une hardiesse plus grande aux jeunes damoiselles de se laisser aimer et par conséquent d'aimer aussi. Car elles, ayant le cœur en bon lieu, et sentant leur bonne maison, estimoient être chose de reproche et d'ingratitude, d'être aimées et n'aimer point. Pour toutes ces raisons ensemble,

---

[1] Ouvrage italien de Baltazar Castiglione. Le conte dont il s'agit est tiré originairement des fables d'Abstemius, fab. IV de la 2e partie. Bandello (Nouv. LVI de la 3e partie) rapporte le fait plus au long et nomme Gerardo Landriano, évêque de Côme et cardinal. Le même conte est aussi dans le *Moyen de parvenir*, ch. 69.

[2] *Blanches*, notes de musique. — [3] Pour *ergo*, formule de l'argumentation scolastique.

[4] Étourdi, peu sensé. — [5] Danser.

étant chacune d'elles prisée, caressée et poursuivie tous les jours et à toutes heures, elles se laissèrent gagner à l'amour, eurent pitié de leur semblable, et commencèrent à jouer au passe-temps de deux à deux, chacune en leur endroit. Auquel jeu elles exploitèrent si bien, que les enseignes [1] en sortirent. Car la plus âgée, qui étoit mûre et drue, ne se print garde que le ventre lui leva; dont elle fut un peu étonnée, car il n'y avoit moyen de se tenir couverte, comme en un lieu où il n'y a point de mère, lesquelles se prennent garde que leurs filles ne soient trop tôt abusées, ou bien elles savent remédier aux inconvéniens quand il leur est advenu quelque surprise. Et la fille, n'ayant avis ni moyen aucun de se dérober sans le congé de son père, ce fut force qu'il le sût. Quand il eut entendu cette nouvelle, il en fut fâché de prime-face; mais il ne s'en désespéra point autrement; d'autant qu'il étoit de cette bonne pâte de gens, qui ne prennent point trop les matières à cœur. Et à dire vrai, de quoi sert se tourmenter d'une chose, quand elle est faite, sinon de l'empirer ? Il envoie soudain sa fille aînée à deux ou trois lieues de là, chez une de leurs tantes, sous couleur de maladie, parce que l'avis des médecins étoit que le changement d'air lui étoit nécessaire; et ce, en attendant que les petits pieds sortissent [2]. Mais comme une fortune ne vient jamais seule, ce pendant qu'elle sortoit d'affaires, sa sœur la seconde y entroit; peut-être par permission divine, pour s'être en son cœur moquée de sa sœur aînée; dont Dieu la voulut punir. Pour faire court, elle s'aperçut qu'elle en avoit dedans le dos, dis-je dedans le ventre, et le père le sut aussi. « Eh bien, dit-il, Dieu soit loué: c'est le monde qui croît: nous fûmes ainsi faits. » Et se doutant de tout, il s'en vint à la plus jeune, laquelle n'étoit pas encore grosse, mais elle en faisoit son devoir tant qu'elle pouvoit. « Et toi, ma fille, comme te portes-tu ? N'as-tu pas bien suivi le train de tes sœurs aînées ? » La fille, qui étoit jeunette, ne se put tenir de rougir, ce que le père print pour une confession. « Or bien, dit-il, Dieu vous doint bonne aventure, et nous garde de plus grande fortune! » Si se pensa pourtant qu'il étoit temps de pourvoir à ses affaires; ce qu'il connoissoit fort bien ne pouvoir mieux faire qu'en mariant ses trois filles; mais il le trouvoit un petit malaisé; car il savoit bien que de les bailler à ses voisins, il n'y avoit ordre; d'autant que le fait de sa maison étoit connu, ou pour le moins bien suspect. D'autre part, de les faire prendre à ceux qui étoient les faiseurs, ce n'étoit chose qui se pût bonnement faire; car possible qu'il y en avoit plus d'un, et que l'un avoit fait les pieds, et l'autre, les oreilles, et quelque autre encore, le nez. Que sait-on comment les choses de ce monde vont ? Et puis, encore qu'il n'y en eût eu qu'un à chacune, un homme ne se fie pas voulentiers à une fille qui lui a prêté un pain sur la fournée. Le père trouva le plus expédient d'aller chercher des gendres un peu à l'écart. Et comme les hommes de joyeuse nature et de bonne chère, à grand'peine finissent-ils mal, il ne faillit pas à rencontrer ce qu'il lui faisoit besoin; qui fut au pays de Bretagne, où il étoit bien connu, tant pour le nom de sa maison que pour le bien qu'il avoit audit pays, non guère loin de la ville de Nantes. Au moyen de quoi, lui fut facile de causer [1] son voyage là-dessus. Bref, quand il fut audit pays, tant par personnes interposées, que par lui-même, il mit en avant le mariage de ses filles; à quoi les Bretons ouvrirent assez tôt les oreilles; de sorte qu'il en trouva à choisir. Mais, entre tous, il trouva une riche maison de gentilhomme de Bretagne où il y avoit trois fils de bon âge et de belle taille, beaux danseurs de passe-pieds et de trihoris [2], beaux lutteurs, n'en eussent craint homme collet à collet; quoi mon gentilhomme fut fort aise. Et que le plus tôt étoit le meilleur, il conclut affaire promptement avec le père et les trois enfans, qu'ils prendroient ses trois filles en mariage; et même qu'ils feroient de trois noces une, savoir est, qu'ils épouseroient les trois en un jour. Et, pour ce faire, les trois frères s'apprêtèrent en peu de temps, et partirent de leur maison pour venir en Anjou avec le père des trois filles. Or, n'y avoit celui des trois qui ne fût assez accort. Car, combien qu'ils fussent Bretons, toutefois ils n'étoient pas tonnans [3], et s'étoient mêlés de faire de bons tours avec ces brettes, qui sont d'assez bonne voulenté, comme l'on dit; toutefois, bien

---

[1] Signes. — [2] C'est-à-dire, qu'elle accouchât.

[1] Motiver. — [2] C'étaient des branles de Bretagne.
[3] C'est-à-dire, qu'ils n'étaient pas Bretons bretonnans, ou de la basse Bretagne.

de combat[1]. Quand ils furent en la maison du gentilhomme, ils se prindrent à regarder la contenance chacun de sa chacune, et les trouvèrent toutes trois belles, disposes et éveillées; parmi cela, elles faisoient bien les sages. Les mariages furent conclus, les apprêts se firent : ils achetèrent leurs bans et leurs selles[2] de l'évêque. Quand la veille des noces fut venue, le père appela ses trois filles en une chambre à part, et leur va dire ainsi : « Venez çà! vous savez quelle faute vous avez faite toutes trois, et en quelle peine vous m'avez mis. Si j'eusse été de la nature de ces pères rigoureux, je vous eusse désavouées pour filles, et jamais n'eussiez amendé[3] de mon bien. Mais ai mieux aimé prendre peine une bonne fois pour raccoutrer les choses, que non pas vous mettre toutes trois au désespoir, et moi en perpétuel regret pour votre folie. Je vous ai ici amené à chacune un mari : délibérez-vous de leur faire bonne chère. Ayez bon courage, vous n'en mourrez pas. S'ils s'aperçoivent de quelque chose, à leur dam! pourquoi y sont-ils venus? Il les falloit aller quérir. Quand vous teniez vos états, vous ne songiez pas en eux, n'est-il pas vrai? » Et elles répondirent toutes trois, en souriant, que non. « Eh bien! donc, dit le père, vous ne leur avez point encore fait de faute. Mais pour l'avenir, ne me mettez plus en cel ennui, par faute de bien vous gouverner; gardez-vous-en bien. Et je vous assure que je suis délibéré de mettre en oubli toutes les fautes du temps passé. Et si y a bien plus (pour vous donner meilleur courage), je vous promets que celle de vous, qui dira le meilleur savouret[4], la première nuit qu'elle sera avec son mari, je lui donnerai deux cents écus davantage qu'aux deux autres. Or allez, pensez bien à votre cas. » Après ce bon admonestement, il se va coucher, et les filles aussi, lesquelles pensèrent bien, chacune à part quel bon mot elles pourroient dire, la nuit des combats, pour avoir ces deux cents écus; puis elles se délibérèrent à la fin d'attendre l'assaut, espérant que le bon Dieu leur donneroit sus l'heure ce qu'elles auroient à dire. Le jour des noces fut l'endemain[1] : ils épousèrent; ils font grande chère; ils ballent; que voulez-vous plus? Les lits se font : les trois pucelles de Marolles[2] se couchent, et les maris après. Celui de la plus grande, en la mignardant, lui met la main sus le ventre et partout; qui trouva incontinent qu'il étoit un peu ridé par le bas : qui lui fit souvenir qu'on la lui avoit belle baillée. « O ho! dit-il, les oiseaux s'en sont allés. » La damoiselle lui répond tout comptant : « Tenez-vous au nid. » Et une. Le mari de la seconde, en la maniant, trouva que le ventre étoit un peu rond : « Comment, dit-il, la grange est pleine! — Battez à la porte, » lui répondit-elle. Et deux. Le mari de la tierce, en jouant les jeux, connut incontinent qu'il n'étoit pas le fol[3]. « Le chemin est battu, » dit-il. La jeune lui dit : « Vous ne vous en égarerez pas sitôt. » Et trois. La nuit se passe, le lendemain elles se trouvèrent devant leur père, et chacune lui rapporta ce qui lui étoit advenu et ce qu'elle avoit répondu. *Quæritur*[4] à laquelle des trois le père devoit donner les deux cents écus. Vous y songerez, et ne sais si vous serez point des miens, qui suis d'avis qu'elles devoient toutes trois départir[5] les deux cents écus; ou bien, en avoir chacune deux cents, *propter mille rationes, quarum ego dicam tantum unam, brevitatis causa;* c'est-à-dire, pour mille raisons, dont je vous en dirai une pour brièveté : c'étoit que toutes trois étoient de bonne voulenté. Toute bonne voulenté est réputée pour le fait. *Ergo in tantum consequentia est, in barbara*[6], ou ailleurs. Mais cependant, s'il ne vous déplaît, je vous ferai une question à propos de celle-ci : Lequel vous aimeriez mieux, être cocu en herbe ou en gerbe? Et ne répondez pas trop tôt,

---

[1] Il en a été de ce mot comme de *lendit*, *lierre*, *landier*, *luette*, etc., où l'article s'est incorporé.

[2] Autrefois *Maroilles*, en latin *Maricolæ*, *Mareoliæ* et *Mariliæ*, village de Hainaut, dépendait d'une abbaye de l'ordre de saint Benoît, diocèse de Cambrai. Comme les moines y étaient les maîtres, leur familiarité avec les filles du village fit qu'elles eurent mauvaise réputation; en sorte que, par une contre-vérité qui a passé en proverbe, on a nommé *pucelles de Marolles* celles qui ne le sont pas.

[3] Les fous en toute occasion s'avancent et marchent les premiers. « C'est le fol qui a commencé la danse, » dit Beroalde de Verville, ch. 45 du *Moyen de parvenir*.

[4] Formule de philosophie scolastique : On demande.

[5] Partager.

[6] Terme de logique qu'il fait semblant de prendre pour un titre d'ouvrage ou pour un nom d'auteur.

---

[1] Jeu de mots par allusion à *brettes*, signifiant des épées et des femmes galantes ou bonnes lames.
[2] Jeu de mots imité de Rabelais, l. III, chap 26, où frère Jean dit à Panurge, en lui conseillant de se marier : « Deshui au soir fais en crier les bancs et le châlit. » — [3] Profité, hérité. — [4] Bon mot.

qu'il vaut mieux l'avoir été en herbe et ne l'être point en gerbe ; car vous savez combien c'est chose rare et de grand contentement, que d'épouser une pucelle. Eh bien ! s'elle vous fait cocu après, le plaisir vous demeure toujours (je ne dis pas d'être cocu, je dis de l'avoir dépucelée). Et puis, vous avez mille faveurs, mille avantages à cause d'elle. *Pantagruel*[1] le dit bien. Mais je ne veux pas débattre les raisons d'une part et d'autre. Je vous en laisse le pensement à votre loisir ; puis vous m'en saurez à dire.

NOUVELLE VI.

Du mari de Picardie, qui retira sa femme de l'amour, par une remontrance qu'il lui fit en la présence des parens d'elle.

Il y eut jadis un roi de France[2], duquel le nom ne se sait point au vrai, quant à cette affaire dont nous voulons parler. Tant y a qu'il étoit bon roi et digne de sa couronne. Il se rendoit fort communicatif à toutes personnes, et s'en trouvoit bien ; car il apprenoit les nouvelles auprès de la vérité ; ce qu'on ne fait pas, quand on n'écoute. Pour venir à notre conte, ce bon roi se promenoit par les contrées de son royaume, et quelquefois alloit par villes en habit dissimulé, pour mieux entendre la vérité de toutes sortes d'affaires. Un jour, il voulut visiter son pays de Picardie en personne royale, portant toutefois sa privauté accoutumée. Étant à Soissons, il fit venir les plus apparens de la ville, et les fit seoir à sa table par signe de grande familarité, les invitant et enhardissant à lui conter toutes nouvelles, les unes joyeuses, les autres sérieuses, ainsi qu'il venoit à propos. Entre autres, il y en eut un qui se mit à conter devant le roi la nouvelle qui s'ensuit : « Sire, il est advenu, dit-il, naguère, en une de vos villes de Picardie, qu'un personnage de robe longue et de justice, lequel vit encore, ayant perdu sa femme après avoir été assez longuement avec elle, et s'étant assez bien trouvé d'elle, print envie de se marier en secondes noces à une fille qui étoit belle, jeune, et de bon lieu : non toutefois qu'elle fût sa pareille en biens, et moins encore en autres choses ; car il étoit déjà plus de demi passé, et elle en la fleur de ses ans et gaillarde à l'avenant, tellement qu'il n'avoit pas le fouet pour mener cette trompe[1]. Quand elle eut commencé à goûter un peu que c'étoit des joies de ce monde, elle sentit que son mari ne la faisoit que mettre en appétit. Et combien qu'il la traitât bien d'habillemens, de la bouche, de bonne chère, de visage et de paroles, toutefois cela n'étoit que mettre le feu auprès des étoupes ; si bien, qu'il lui print fantaisie d'emprunter d'ailleurs ce qu'elle n'avoit pas à son gré à la maison. Elle fait un ami, auquel elle se tint pour quelque temps ; puis, ne se contentant de lui seul, en fit un autre, et puis un autre ; de manière qu'en peu de temps ils se trouvèrent si bon nombre, qu'ils nuisoient les uns aux autres, entrant à heures dues et indues en la maison pour l'amour de la jeune femme, qui avoit déjà mis à part la souvenance de son honneur, pour entendre du tout[2] à ses plaisirs, ce pendant que son mari ne s'en avisoit pas, ou, par aventure, si bien ; mais il s'armoit de patience, songeant en soi-même qu'il falloit porter la pénitence de la folie qu'il avoit faite d'avoir sus le haut de son âge, prins une fille si jeune d'ans. Ce train dura et continua tant, que ceux de la ville en tenoient leurs comptes ; dont les parens de lui se fâchèrent fort ; l'un desquels ne se put plus tenir qu'il ne lui vînt dire, lui remontrant la rumeur qui en étoit ; et que, s'il n'y obvioit, il donneroit à penser qu'il seroit de vil courage, et enfin qu'il seroit laissé de tous ses parents et des gens de sorte[3]. Quand il eut entendu ce propos, il fit semblant, devant ce lui qui lui tenoit, tel que le cas le requéroit, c'est-à-dire, d'un grand déplaisir et fâcherie, et lui promit qu'il y mettroit ordre par tous les moyens à lui possibles. Mais quand il fut à part soi, il songea bien ce qui en étoit ; qui étoit hors de sa puissance de nettoyer si bien un tel affaire, que les taches n'en demourassent toujours ou longtemps. Il pensoit que sa femme se dût garder par un respect de la vertu et par crainte de son déshonneur ; autrement, toutes les murailles de ce monde ne sauroient tenir, qu'elle ne fît une fois des siennes. Davantage, lui qui étoit homme de bons discours, raisonnoit en soi-même que l'honneur d'un homme tiendroit à bien peu de

---

[1] L III, chap. 28, frère Jean dit à Panurge : « Si tu es cocu, *ergo* ta femme sera belle ; *ergo* tu seras bien traité d'elle ; *ergo* tu auras des amis beaucoup ; *ergo* tu seras sauvé. »

[2] C'est sans doute Louis XI. Cependant le serment de *foi de gentilhomme* que l'auteur lui met à la bouche sembleroit personnifier François Ier.

---

[1] Toupie. — [2] Tout à fait, exclusivement.
[3] De condition, qualité.

chose, s'il dépendoit du fait d'une femme¹. Ce qui le gardoit d'appréhender les matières trop avant. Toutefois, pour ne sembler être nonchalant de son inconvénient domestique, lequel étoit estimé si déshonnête du commun des hommes, il s'avisa d'un moyen, lequel seul il pensoit être expédient en tel cas : ce fut qu'il acheta une maison qui étoit joignante au derrière de la sienne, et des deux en fit une; disant qu'il vouloit s'accommoder d'une entrée et d'une issue par deux côtés. Ce qui fut exécuté diligemment; et fut posé un huis de derrière le plus proprement qu'il se put aviser; duquel il fit faire demi-douzaine de clefs, et n'oublia pas à faire faire une galerie bien propice pour les allants et venants. Cela ainsi apprêté, il choisit un jour de commodité pour inviter à dîner les principaux parens de sa femme : sans toutefois appeler ceux du côté de lui pour celle fois. Il les traita bien et à bonne chère. Quand ils eurent dîné, avant que personne se levât de table, il se print à leur dire ainsi en la présence de sa femme : « Messieurs et mesdames, vous savez combien de temps il y a que j'ai épousé votre parente que voici; j'ai eu le loisir de connoître que ce n'étoit pas à moi à qui elle se devoit marier, d'autant que nous n'étions pas pareils, elle et moi. Toutefois, quand ce qui est fait ne se peut défaire, il faut aller jusques au bout. » Puis en se tournant vers sa femme, lui dit : « Ma mie, j'ai eu depuis peu de temps en çà des reproches de votre gouvernement, lesquels m'ont grandement déplu. Il m'a été dit que vous avez des jeunes gens, qui viennent céans à toutes heures du jour, pour vous entretenir: chose qui est à votre grand déshonneur et au mien. Si je m'en fusse aperçu d'heure², j'y eusse pourvu plus tôt. Si est-ce qu'il vaut mieux tard que jamais. Vous direz à ceux qui vous hantent, que d'ici en avant ils entrent plus discrètement pour vous venir voir. Ce qu'ils pourront faire par le moyen d'une porte de derrière que je leur ai fait faire, de laquelle voici demi-douzaine de clefs que je vous baille, pour leur en donner à chacun la sienne; et s'il n'y en a assez, nous en ferons faire d'autres; le serrurier est à notre commandement. Et leur

¹ Molière et Montaigne ont répété plus d'une fois la même chose.
² Pour *de bonne heure*. Peut-être faut-il lire *d'heur*, par bonheur.

dites qu'ils trouveront moyen de départir leur temps le plus commodément pour vous et pour eux, qu'il sera possible. Car si vous ne vous voulez garder de mal faire, au moins ne pouvez-vous que le faire secrètement, pour empêcher le monde de parler contre vous et contre moi. » Quand la jeune femme eut ouï ces propos venant de son mari, et en la présence de ses parents, elle commença à prendre vergogne de son fait, et lui vint au-devant le tort et déshonneur qu'elle faisoit à son mari, à ses parens, et à soi-même : dont elle eut tel remords, que, dès lors en là¹, elle ferma la porte à tous ses amoureux et à ses plaisirs désordonnés; et depuis véquit avec son mari en femme de bien et d'honneur. Le roi, ayant ouï ce conte, voulut savoir qui étoit le personnage : « Foi de gentilhomme! dit-il, voilà l'un des plus froids et des plus patiens hommes de mon royaume : il feroit bien quelque chose de bon, puisqu'il sait bien faire la patience. » Et dès l'heure lui donna l'état de procureur-général au pays de Picardie. Quant est de moi, si je savois le nom de cet homme de bien, je le voudrois honorer d'une immortalité. Mais le temps lui a fait le tort de supprimer son nom, qui méritoit bien d'être mis ès chroniques, voire d'être canonisé; car il a été vrai martyr en ce monde, et crois qu'il est maintenant bienheureux en l'autre. Qu'ainsi vous en prenne : *Amen*. Car un prêtre ne vaut rien sans clerc².

NOUVELLE VII.

Du Normand allant à Rome, qui fit provision de latin pour porter au Saint-Père; et comme il s'en aida.

Un Normand, voyant que les prêtres avoient le meilleur temps du monde, après que sa femme fut morte, eut envie de se faire d'Église; mais il ne savoit lire ni écrire que bien peu. Et toutefois, ayant ouï dire que pour argent on fait tout, et s'estimant aussi habile homme que beaucoup de prêtres de sa paroisse, s'adressa à l'un de ses familiers, lui demandant comment il se devoit gouverner en cet affaire. Lequel, après plusieurs propos débattus d'une part et d'autre, l'en réconforta, et lui dit que, s'il vouloit bien faire son cas, il falloit qu'il allât à Rome; et qu'à grand'peine en auroit-il la rai-

¹ Dorénavant, depuis lors. — ² Proverbe qui signifie qu'un exemple ne vaut rien, s'il n'est imité.

son[1] de son évêque, qui étoit difficile en cas de faire prêtres et de bailler les *a quocumque*[2] ; mais que le pape, qui étoit empêché à tant d'autres choses, ne prendroit garde à lui de si près et le dépêcheroit incontinent. Davantage, qu'en ce faisant, il verroit le pays, et que, quand il seroit retourné ayant été créé prêtre de la main du pape, il n'y auroit celui qui ne lui fît honneur, et qu'en moins de rien il seroit bénéficié[3], et deviendroit un grand monsieur. Mon homme trouve ces propos fort à son gré ; mais il avoit toujours ce scrupule sur sa conscience, touchant le fait du latin ; lequel il déclara à son conseiller, lui disant : « Voire-mais, quand je serai devant le pape, quel langage parlerai-je ? il n'entend pas le normand, ni moi, le latin ; que ferai-je ? — Pour cela, dit l'autre, ne te faut pas demeurer ; car, pour être prêtre, il suffit de savoir bien sa messe de *Requiem*[4], de *Beata*[5], et du *Saint-Esprit*, lesquelles tu auras assez tôt apprinses, quand tu seras de retour. Mais, pour parler au pape, je t'apprendrai trois mots de latin bien assis, que quand tu les auras dits devant lui, il croira que tu sois le plus grand clerc du monde. » Mon homme fut très-aise, et voulut savoir tout à l'heure ces trois mots. « Mon ami, lui dit l'autre, incontinent que tu seras devant le pape, tu te jetteras à genoux en lui disant : *Salve, Sancte Pater*. Puis il te demandera en latin : *Unde es tu?* c'est-à-dire, *d'où êtes-vous ?* Tu répondras : *De Normania*. Puis il te demandera : *Ubi sunt litteræ tuæ ?* Tu lui diras : *In manica mea*. Et promptement, sans autre délai, il commandera que tu sois expédié[6]. Puis, tu t'en reviendras. » Mon Normand ne fut oncques si joyeux, et demeura quinze ou vingt jours avec son homme, pour lui mettre ces trois mots de latin en la tête. Quand il pensa les bien savoir, il s'apprêta pour prendre le chemin de Rome ; et en allant, ne disoit chose que son latin : *Salve, Sancte Pater. De Normania. In manica mea*. Mais je crois bien qu'il les dit et redit si souvent et de si grande affection, qu'il oublia le beau premier mot, *Salve, Sancte Pater* ; et, de malheur, il étoit déjà bien avant de son chemin. Si mon Normand fut fâché, il ne le faut pas demander ; car il ne savoit à quel saint se vouer, pour retrouver son mot, et pensoit bien que de se présenter au pape sans cela, c'étoit aller aux mûres sans crochet[1] ; et si ne cuidoit point qu'il fût possible de trouver homme, si fidèle enseigneur, et qui lui sût si bien montrer comme celui de sa paroisse, qui lui avoit appris. Jamais homme ne fut si marri, jusques à tant qu'un samedi matin il entra en une église de la ville où il étoit attendant la grâce de Dieu ; là où il entendit que l'on commençoit la messe de Notre-Dame, en note : *Salve, sancta Parens*. Et mon Normand, d'ouvrir l'oreille : « Dieu soit loué et Notre-Dame » ! dit-il. Il fut si réjoui, qu'il lui sembloit être revenu de mort à vie. Et incontinent s'étant fait redire ces mots par un clerc qui étoit là, jamais depuis n'oublia *Salve, sancta Parens*, et poursuivit son voyage avec son latin : croyez qu'il étoit bien aise d'être né. Et fit tant par ses journées qu'il arriva à Rome. Et faut noter que, de ce temps-là, il n'étoit pas si malaisé de parler aux papes comme il est de présent. On le fit entrer devers le pape, auquel il ne failloit faire la révérence, en lui disant bien dévotement : *Salve, sancta Parens*. Le pape lui va dire : *Ego non sum mater Christi*. Le Normand lui répond : *De Normania*. Le pape le regarde et lui dit : *Dæmonium habes ?* — *In manica mea*, répondit le Normand. Et en disant cela, il mit la main en sa manche pour tirer ses lettres. Le pape fut un petit surpris, pensant qu'il allât tirer le gobelin[2] de sa manche. Mais quand il vit que c'étoient lettres, il s'assura et lui demanda encore en latin : *Quid petis ?* Mais mon Normand étoit au bout de sa leçon, qui ne répondit meshui rien à chose qu'on lui demandât. A la fin, quand quelques-uns de sa nation l'eurent ouï parler son cauchois[3], ils se prinrent à l'arraisonner[4] ; auxquels il donna bientôt à connoître qu'il avoit appris du latin en son village pour sa provision, et qu'il savoit beaucoup de bien, mais qu'il n'entendoit pas la manière d'en user.

NOUVELLE VIII.

De l'assignation donnée par messire Ilace[5], curé de Bagnolet, à une belle vendeuse de naveaux, et de ce qui en advint.

Messire Ilace, curé de Bagnolet, combien qu'il fût grand homme de bien, docteur et

---

[1] Permission, licence. — [2] Terme de la formule de l'ordination. — [3] Pourvu de bénéfices. — [4] Des morts. [5] De la Vierge. — [6] C'est-à-dire, ordonné prêtre.

[1] Crochet pour pendre aux branches du mûrier panier où l'on met les mûres, qu'on ne pourroit cueillir autrement sans se tacher.
[2] Esprit familier, démon. — [3] Langage du pays de Caux. — [4] Interroger. — [5] Pour Eustache.

théologie, *ergo* il étoit homme, *ergo* naturel par arguments pertinents, *ergo* aimoit les femmes naturelles comme un autre ; si bien que, voyant un jour une belle vendeuse de naveaux, simple et facile à toutes bonnes choses faire, il l'arraisonna un peu en passant, lui demandant comment se portoit marchandise [1], et si ses naveaux étoient bons et sains, parce qu'il en aimoit fort le potage ; à cette occasion, lui montra son *Joannes* [2], auquel commanda lui enseigner son logis, pour lui en apporter dorénavant, dont elle seroit bien payée, *et reliqua*, car il étoit charitable, et davantage respectif d'adresser ses charités et aumônes en lieu qui le méritoit. Elle lui promit d'y aller ; et *Joannes*, par provision, en emporte sa fourniture, la payant au double par le commandement de son maître. La marchande de naveaux ne fait faute au premier jour de passer par devant le logis, et demander si on vouloit des naveaux : il lui fut dit qu'elle vînt le soir parler secrètement à monsieur, afin de recevoir une libéralité honnête, laquelle fournie de la main dextre, il ne vouloit pas, selon que dit l'Évangile, que la main senestre en sentît rien ; à l'occasion de quoi il assignoit la nuit prochaine. La jeune femme s'y accorde ; le curé demeure en bonne dévotion, sur le soir, l'attendant, et commandant à *Joannes*, son *famulus*, de soi coucher de bonne heure en la garde-robe ; et s'il oyoit, d'aventure, quelque bruit, de ne s'en réveiller, ni relever, ni formaliser aucunement. Cependant le bon Itace se pourmène, descend, remonte, regarde par la fenêtre se cette marchande vient point : bref, il est réduit en semblable agonie que Roger, en l'attente d'Alcine, au roman de *Roland furieux* [3]. Finalement, étant lassé de tant descendre et monter par son escalier, s'assit en une chaire en sa chambre, ayant toutefois laissé la porte de son logis entr'ouverte pour recevoir la marchande, sans en faire ouïr aucun bruit aux voyageurs, de peur de scandale, qui seroit plus grand, procédant de sa qualité, que des autres, à cause de la vie qui doit être exemplaire. Voici arriver la chalande [4], qui monte droit en haut :

« Bonsoir, monsieur, dit-elle. — Vous soyez la très-bien venue, m'amie, répondit-il. Vraiment ! vous êtes femme de promesse et de tenue. » Et s'approchant pour la tenir et accoler amoureusement, survint un quidam, qui les surprend et s'écrie à la femme : « O méchante ! je me doutois bien que tu allois en quelque mauvais lieu, quand tu te robois [1] ainsi sur la brune ! » Et ce disant, avec un gros bâton et à tour de bras commença à ruer sur sa draperie [2], quand le bon Itace s'y oppose et se met entre deux, disant : « Holà ! tout beau ! (Et tout ce qui lui pouvoit venir en la tête et en la bouche comme à personne bien étonnée du bateau [3].) — Comment, monsieur, réplique l'homme, subornez-vous ainsi les femmes mariées que vous faites venir de nuit en votre logis ? Et vous prêchez que : Qui veut mal faire suit les ténèbres et fuit la lumière ! » La femme alors lui dit : « Mon mari, mon ami, vous n'entendez pas notre cas : le bon seigneur que voici, averti de notre pauvreté honteuse, m'a fait dire par ses gens qu'il nous vouloit faire une libéralité, mais qu'il n'en prétendoit aucune vaine gloire et ne vouloit qu'elle fût vue ni sue. Et pource que nous couchons mal, en faveur de lignée et génération, il s'est résolu de nous donner son lit, que vous voyez bel et bon, à la charge seulement de prier Dieu pour lui ; chose qu'il ne pouvoit bonnement exécuter qu'à telle heure, pour les raisons que dessus. Pour ce, mon mari, passez votre colère, et, au lieu de faire ainsi l'olibrius [4], remerciez messire Itace. » Adonc se print le mari à s'excuser grandement du péché d'ire envers son bon curé et confesseur, lui en demandant pardon et merci. Cette bonne et subtile invention de femme réjouit aucunement messire Itace, lequel étoit en voie d'être testonné [5] par ledit mari irrité, et en danger d'être scandalisé des voisins ; chose qui eût été grandement énorme pour un homme de son état. Le mari, avec fort gracieuses paroles de remercîment, tire le lit de plume en la place, sans oublier les draps mêmes qui y étoient tout blancs attendant l'escarmouche. Il monte après, défait le beau pavillon de sar-

---

[1] Comment allait le commerce. — [2] Valet niais. — [3] Chant VII. — [4] On appelait *chaland* un bateau plat qui amenait les marchandises à Paris. De là le surnom de *chaland* et *chalande*, appliqué aux personnes qui apportaient du plaisir dans les lieux où elles se rendaient.

[1] Dérobais. — [2] Frapper sur son drap, sur ses épaules. [3] Jeu de mots sur *bâton* et *bateau*.
[4] Le nom du consul Olibrius, qui fut empereur d'Occident en 472, devint synonyme de *bizarre*, *original*, *glorieux*, etc. — [5] *Peigné*, frotté.

ges¹ de diverses couleurs qui y étoit, print sa charge du plus lourd fardeau, et sa femme, du reste, avec très-humbles actions de grâces. Eux ainsi départis, messire Itace, non trop content, tant de la proie qui lui étoit si facilement échappée, que du butin qu'on lui avoit enlevé, appelle *Joannes*, qui avoit assez ouï le bruit et entendu la plupart du jeu, auquel dit de mine fort fâchée : « *Aga, famule !* le vilain, comme il a emboué ma paillasse de ses pieds ! au moins, s'il eût ôté ses souliers avant que monter sur mon lit. » Le *Joannes*, voulant d'une part consoler son maître, et d'autre part étant fâché qu'il n'avoit eu sa part au butin, lui dit : « *Domine*, vous savez le bon vieil latin : *Rustica progenies nescit habere modum*, c'est-à-dire, *oignez vilain, il vous poindra*. Si vous m'eussiez appelé, quand les souillons sont venus céans, je les eusse chassés à coups de bâton, et ne seriez maintenant fâché de voir votre chambre dégarnie, sans l'aide de sergents. »

NOUVELLE IX.

Des moyens qu'un plaisantin donna à son roi, afin de recouvrer argent promptement.

Puisque Triboulet a eu crédit ès meilleures compagnies, et que ses facéties tiennent lieu en ce présent livre, il nous a semblé bon de lui donner pour compagnon un certain plaisant, des mieux nourris en la cour de son roi : et pource qu'il le voyoit en perplexité de recouvrer argent pour subvenir à ses guerres, lui ouvrit deux moyens, dont peu d'autres que lui se fussent avisés². « L'un, dit-il, sire, est de faire votre office alternatif, comme vous en avez fait beaucoup en votre royaume : ce faisant, je vous en ferai toucher deux millions d'or, et plus. » Je vous laisse à penser si le roi et les seigneurs, qui y assistoient, rirent de ce premier moyen, desquels, pensant mettre ce fol en sa haute game³, lui demandèrent : « Eh bien ! maître fol, est-ce tout ce que tu sais de moyens propres à recouvrer finances ? — Non, non, répond le fol se présentant au roi ; j'en sais bien un autre aussi bon et meilleur : c'est de commander par un édit, que tous les lits des moines soient vendus par tous les pays de votre obéissance, et les deniers apportés ès coffres de votre épargne. » Sur quoi le roi lui demanda en riant : « Où coucheroient les pauvres moines, quand on leur auroit ôté tous leurs lits ? — Avec nonnains. — Voire mais, réplique le roi, il y a beaucoup plus de moines que de nonnains. » Adonc le compagnon eut sa réponse toute prête ; et fut qu'une nonnain en logeroit bien demi-douzaine, pour le moins : « Et croyez, disoit ce fol, qu'à cette fin les rois vos prédécesseurs, et autres princes, ont fait bâtir en beaucoup de villes les couvents des religieux vis-à-vis de ceux des religieuses. »

NOUVELLE X.

Du procureur, qui fit venir une jeune garse du village, pour s'en servir, et de son clerc qui la lui essaya.

Un procureur en parlement étoit demeuré veuf, n'ayant pas encore passé quarante ans, et avoit toujours été assez bon compagnon ; dont il lui tenoit toujours, tellement qu'il ne se pouvoit passer de féminin genre, et lui fâchoit d'avoir perdu sa femme sitôt, laquelle étoit encore de bonne emploite¹. Toutefois, et nonobstant, il prenoit patience, et trouvoit façon de se pourvoir le mieux qu'il pouvoit, faisant œuvre de charité, c'est à savoir : aimant la femme de son voisin comme la sienne ; tantôt revisitant les procès de quelques femmes veuves et autres qui venoient chez lui pour le solliciter. Bref, il en prenoit là où il en trouvoit, et frappoit sous lui comme un casseur d'acier. Mais quand il eut fait ce train par une espace de temps, il le trouva un petit fâcheux ; car il ne pouvoit bonnement prendre la peine d'aguetter² ses commodités, comme font les jeunes gens : il ne pouvoit pas entrer chez ses voisins sans suspicion, vu qu'il ne l'avoit pas accoutumé. Davantage, il lui coûtoit à fournir à l'appointement. Parquoi il se délibéra d'en trouver une pour son ordinaire. Et lui souvint qu'à Arcueil, où il avoit quelques vignes, il avoit vu une jeune garse, de l'âge de seize à dix-sept ans, nommée Gillette, qui étoit fille d'une pauvre femme gagnant sa vie à filer de la laine. Mais cette garse étoit encore toute simple et niaise, combien qu'elle fût assez belle de visage. Si se pensa le procureur, que ce seroit bien son cas, ayant ouï autrefois un proverbe qui dit : *Sage ami, et sotte amie*. Car d'une amie trop fine, vous n'en avez jamais bon

---

¹ Serges. — ² Ce passage se retrouve presque mot à mot dans Henri Étienne, ch. 21 de son *Apologie pour Hérodote*. — ³ C'est-à-dire, en veine de folie.

¹ Usage, acquisition, *emplette*. — ² Attendre, épier.

compte : elle vous joue toujours quelque tour de son métier ; elle vous tire à tous les coups quelque argent de sous l'aile[1] : ou elle veut être trop brave, ou elle vous fait porter les cornes, ou tout ensemble. Pour faire court, mon procureur, un beau temps de vendanges, alla à Arcueil et demanda cette jeune garse à à sa mère pour chambrière, lui disant qu'il n'en avoit point, et qu'il ne s'en sauroit passer ; qu'il la traiteroit bien, et qu'il la marieroit quand il viendroit à temps. La vieille, qui entendit bien que vouloient dire ces paroles, n'en fit pas pourtant grand semblant, et lui accorda aisément de lui bailler sa fille, contrainte par pauvreté, lui promettant de la lui envoyer le dimanche prochain ; ce qu'elle fit. Quand la jeune garse fut à la ville, elle fut toute ébahie de voir tant de gens, parce qu'elle n'avoit encore vu que des vaches. Et pour ce, le procureur ne lui parloit encore de rien ; mais alloit toujours chercher ses aventures, en la laissant un peu assurer. Et puis, il lui vouloit faire faire des accoutrements, afin qu'elle eût meilleur courage de bien faire. Or, il avoit un clerc en sa maison qui n'avoit point toutes ces considérations-là, car, au bout de deux ou de trois jours, étant le procureur allé dîner en la ville, quand il eut avisé cette garse ainsi neuve, il commence à se faire avec elle, lui demandant d'où elle étoit, et lequel il faisoit meilleur aux champs ou à la ville : « M'amie, dit-il, ne vous souciez de rien ; vous ne pouviez pas mieux arriver que céans, car vous n'aurez pas grand'-peine : le maître est bon homme, il fait bon avec lui. Or çà, m'amie, disoit-il, ne vous a-t-il point encore dit pourquoi il vous a prinse ? — Nenni, dit-elle ; mais ma mère m'a bien dit, que je le servisse bien, et que je retinsse bien ce qu'on me diroit, et que je n'y perdrois rien. — M'amie, dit le clerc, votre mère vous a bien dit vrai ; et pource qu'elle savoit bien que le clerc vous diroit tout ce que vous auriez à faire, ne vous en a point parlé plus avant. M'amie, quand une jeune fille vient à la ville chez un procureur, elle se doit laisser faire au clerc tout ce qu'il voudra ; mais aussi le clerc est tenu de lui enseigner les coutumes de la ville, et les complexions de son maître, afin qu'elle sache la manière de le servir. Autrement, les pauvres filles n'apprendroient jamais rien, ni leur maître ne leur feroit jamais bonne chère, et les renvoieroit au village. » Et le clerc le disoit de tel escient, que la pauvre garse n'eût osé faillir à le croire, quand elle oyoit parler d'apprendre à bien servir son maître. Et répondit au clerc d'une parole demi-rompue, et d'une contenance toute niaise : « J'en serois bien tenue à vous ! » disoit-elle. Le clerc, voyant à la mine de cette garse, que son cas ne se portoit pas mal, vous commença à jouer avec elle ; il la manie, il la baise. Elle disoit bien : « Oh ! ma mère ne me l'a pas dit ! » Mais cependant mon clerc la vous embrasse ; et elle se laissoit faire, tant elle étoit folle, pensant que ce fût la coutume et usance de la ville. Il la vous renverse toute vive sur un bahut : le diable y ait part : qu'il étoit aise ! et depuis continuèrent leurs affaires ensemble à toutes les heures que le clerc trouvoit sa commodité. Cependant que le procureur attendoit que la garse fût déniaisée, son clerc prenoit cette charge sans procuration. Au bout de quelques jours, le procureur ayant fait accoutrer la jeune fille, laquelle se faisoit tous les jours en meilleur point[1], tant à cause du bon traitement, que parce que les belles plumes font les beaux oiseaux (aussi à raison qu'elle faisoit fourbir son bas), eut envie d'essayer s'elle se voudroit ranger au montoir[2] ; et envoya par un matin son clerc en ville porter quelque sac ; lequel, d'aventure, venoit d'avec Gillette de dérober un coup en passant. Quand le clerc fut dehors, le procureur se met à folâtrer avec elle, lui mettre la main au tetin ; puis, sous la cotte. Elle lui rioit bien, car elle avoit déjà apprins qu'il n'y avoit pas de quoi pleurer ; mais pourtant elle craignoit toujours avec une honte villageoise, qui lui tenoit encore, principalement devant son maître. Le procureur la serre contre le lit ; et parce qu'il s'apprêtoit de faire en la propre sorte que le clerc, quand il l'embrassoit, la pressant de fort près ; la garse (hé ! qu'elle étoit sotte !) lui va dire : « Oh ! monsieur, je vous remercie, nous en venons tout maintenant, le clerc et moi. » Le procureur, qui avoit la brayette bandée, ne laissa pas à donner dedans le

---

[1] On mettait autrefois l'argent sous l'aisselle dans une poche secrète qu'on appelait gousset.

[1] C'est-à-dire, qui s'embellissait tous les jours.
[2] Métaphore obscène tirée de la docilité routinière des mules de procureurs, lesquelles venaient d'elles-mêmes se ranger le long des *montoirs* de pierre et présenter l'étrier à leurs maîtres.

noir[1]; mais il fut bien peneux, sachant que son clerc avoit commencé de si bonne heure à la lui déniaiser. Pensez que le clerc eut son congé pour le moins.

NOUVELLE XI.
De celui qui acheva l'oreille de l'enfant, à la femme de son voisin [2].

Il ne se faut pas ébahir si celles des champs ne sont guère fines, vu que celles de la ville se laissent quelquefois abuser bien simplement. Vrai est qu'il ne leur advient pas souvent; car c'est ès villes que les femmes font les bons tours de par Dieu, c'est là. Car je veux dire qu'il y avoit en la ville de Lyon une jeune femme, honnêtement belle, laquelle fut mariée à un marchand d'assez bon trafique [3]; mais il n'eut pas été avec elle trois ou quatre mois, qu'il ne lui fallut aller dehors pour ses affaires, la laissant pourtant enceinte seulement de trois semaines : ce qu'elle connoissoit, à ce qu'il lui prenoit quelquefois défaillement de cœur, avec tels autres accidens qui prennent aux femmes enceintes. Si tôt qu'il fut parti, un sien voisin, nommé le sire André, s'en vint voir la jeune femme sa voisine, comme il avoit de coutume de hanter privément en la maison par droit de voisiné [4] : qui se print à railler avec elle, lui demandant comme elle se portoit en ménage. Elle lui répond qu'assez bien ; mais qu'elle se sentoit être grosse. « Est-il possible ! dit-il, votre mari n'auroit pas eu le loisir de faire un enfant depuis le temps que vous êtes ensemble. — Si est-ce que je le suis, dit-elle ; car la dena [5] Toiny m'a dit qu'elle se trouva ainsi, comme je me trouve, de son premier enfant. — Or, ce lui dit le sire André (sans toutefois penser grandement en mal, ni qu'il lui en dût advenir ce qu'il en advint), croyez-moi, que je me connois bien en cela; et, à vous voir, je me doute que votre mari n'a pas fait l'enfant tout entier, et qu'il y a encore quelque oreille à faire : sur mon honneur ! prenez-y bien garde. J'ai vu beaucoup de femmes qui s'en sont mal trouvées, et d'autres, qui ont été plus sages, qui se sont fait achever leur enfant en l'absence de leur mari, de peur des inconvéniens. Mais incontinent que mon compère sera venu, faites-le-lui achever. — Comment ? dit la jeune femme, il est allé en Bourgogne, il ne sauroit pas être ici d'un mois, pour le plus tôt. — M'amie, dit-il, vous n'êtes donc pas bien : votre enfant n'aura qu'une oreille ; et si êtes en danger que les autres d'après n'en auront qu'une non plus; car voulentiers, quand il advint quelque faute aux femmes grosses de leur premier enfant, les derniers en ont autant. » La jeune femme, à ces nouvelles, fut la plus fâchée du monde. « Eh mon Dieu ! dit-elle, je suis bien pauvre femme ! je m'ébahis qu'il ne s'en est avisé de le faire tout, devant que de partir. — Je vous dirai, dit le sire André ; il y a remède par tout, fors qu'à la mort. Pour l'amour de vous vraiment, je suis content de le vous achever, chose que je ne ferois pas, si c'étoit une autre; car j'ai assez d'affaires environ les miens; mais je ne voudrois pas que, par faute de secours, il vous fût advenu un tel inconvénient que celui-là. » Elle, qui étoit à la bonne foi, pensa que ce qu'il lui disoit étoit vrai; car il parloit brusquement et comme s'il lui eût voulu faire entendre qu'il faisoit beaucoup pour elle, et que ce fût une corvée pour lui. Conclusion, elle se fit achever cet enfant; dont le sire André s'acquitta gentiment, non pas seulement pour cette fois-là, mais y retourna assez souvent depuis. Et à une des fois, la jeune femme lui disoit : « Voire-mais ! si vous lui faites quatre ou cinq oreilles arrière [1], ce sera une mauvaise besogne. — Non, non, ce dit le sire André, je n'en ferai qu'une ; mais pensez-vous qu'elle soit si tôt faite ? Votre mari a demeuré si longtemps à faire ce qu'il y a de fait. Et puis, on peut bien faire moins, mais on ne sauroit en faire plus ; car quand une chose est achevée, il n'y faut plus rien. » En cet état fut achevée cette oreille. Quand le mari fut venu de dehors, sa femme lui dit en folâtrant : « Ma figue [2] ! vous êtes un beau faiseur d'enfant ! vous m'en aviez fait un qui n'eût eu qu'une oreille, et vous en étiez allé, sans l'achever. — Allez, allez, dit-il, que vous êtes folle ! les enfans se font-ils sans oreilles? Oui-dà, ils se font, dit-elle : demandez-le au sire

---

[1] Image licencieuse, tirée du jeu de l'arbalète.

[2] Imité par La Fontaine (le *Faiseur d'oreilles et le Raccommodeur de moules*), qui a complété ce conte en s'inspirant de Boccace et des *Cent Nouvelles nouvelles*. III, *la Pêche de l'anneau*.

[3] C'est-à-dire, qui faisait un assez bon *trafic*.

[4] Voisinage. — [5] Dame, en patois lyonnais.

[1] De plus. — [2] Pour : ma foi!

André, qui m'a dit qu'il en a vu plus de vingt qui n'en avoient qu'une, par faute de les avoir achevés, et que c'est la chose la plus mal aisée à faire que l'oreille d'un enfant ; et s'il ne la m'eût achevée, pensez que j'eusse fait un bel enfant ! » Le mari ne fut pas trop content de ces nouvelles. « Quel achèvement est-ce ci ? dit-il : qu'est-ce qu'il vous a fait pour l'achever ? — Le demandez-vous ! dit-elle : il m'a fait comme vous me faites. — Ah ! ah ! dit le mari, est-il vrai ! m'en avez-vous fait d'une telle ? » Et Dieu sait de quel sommeil il dormit là-dessus ! Et lui, qui étoit homme colère, en pensant à l'achèvement de cette oreille, donna par fantaisie [1] plus de cent coups de dague à l'acheveur. Et lui dura la nuit plus de mille ans, qu'il n'étoit déjà après ses vengeances. Et de fait, la première chose qu'il fit quand il fut levé, ce fut d'aller à ce sire André, auquel il dit mille outrages, le menaçant qu'il le feroit repentir du méchant tour qu'il lui avoit fait. Toutefois, de grand menaceur, peu de fait ; car, quand il eut bien fait du mauvais, il fut contraint de s'apaiser pour une couverte [2] de Catalogne que lui donna le sire André : à la charge toutefois, qu'il ne se mêleroit plus de faire les oreilles de ses enfans, et qu'il les feroit bien sans lui.

NOUVELLE XII.

De Fouquet, qui fit accroire au procureur son maître, que le bon homme étoit sourd ; et au bon homme, que le procureur l'étoit ; et comment le procureur se vengea de Fouquet.

Un procureur en Châtelet tenoit deux ou trois clercs sous lui, entre lesquels y avoit un apprenti, fils d'un homme assez riche de la ville même de Paris, lequel l'avoit baillé à ce procureur pour apprendre le style [3]. Le jeune fils s'appeloit Fouquet, de l'âge de seize à dix-sept ans, qui étoit bien affeté [4] et faisoit toujours quelque chatonnie [5]. Or, selon la coutume des maisons des procureurs, Fouquet faisoit toutes les corvées ; entre lesquelles, l'une étoit qu'il ouvroit quasi toujours la porte, quand on tabutoit [6] pour connoître les parties que servoit son maître, et pour savoir qu'elles demandoient, pour le lui rapporter. Il y avoit un homme de Bagneux, qui plaidoit en Châtelet, et avoit prins le maître de Fouquet pour son procureur, lequel il venoit souvent voir ; et, pour mieux être servi, lui apportoit par les fois chapons, bécasses, levrauts ; et venoit voulentiers un peu après midi, sus l'heure que les clercs dînoient ou achevoient de dîner ; auquel Fouquet alloit souvent ouvrir ; mais il n'y prenoit point de plaisir à une telle heure ; car il y alloit du temps pour lui, parce que le bon homme se mettoit en raison avec lui, tellement qu'il falloit bien souvent que Fouquet allât parler à son maître, et puis en rendre réponse ; qui faisoit qu'il dînoit quelquefois bien légèrement. Et son maître, d'une autre part, n'avoit pas grand respect à lui, car il l'envoyoit à la ville à toutes heures du jour, vingt fois et cent fois, ne sais combien, dont il étoit fort fâché. A l'une des fois, voici ce bon homme de Bagneux qui frappe à la porte, et à heure accoutumée ; lequel Fouquet entendoit assez au frapper. Quand il eut tabuté deux ou trois coups, Fouquet lui va ouvrir, et en allant s'avisa de jouer un tour de chatterie à son homme, qui vient, disoit-il, toujours quand on dîne ; et se pensa comment son maître en auroit sa part. Ayant ouvert l'huis : « Et puis, bon homme, que dites-vous ? — Je voulois parler à monsieur, dit-il, pour mon procès. — Eh bien, dit Fouquet, dites-moi que c'est, je le lui irai dire. — Oh ! dit le bon homme, il faut que je parle à lui, vous n'y ferez rien sans moi. — Bien donc, dit Fouquet, je m'en vais lui dire que vous êtes ici. » Fouquet s'en va à son maître et lui dit : « C'est cet homme de Bagneux qui veut parler à vous. — Fais-le venir, dit le procureur. — Monsieur, dit Fouquet, il est devenu tout sourd ; au moins il ouït bien dur : il faudroit parler haut, si vous vouliez qu'il vous entendît. — Eh bien, dit le procureur, je parlerai prou haut. » Fouquet retourne au bon homme, et lui dit : « Mon ami, allez parler à monsieur ; mais savez-vous que c'est ? Il a eu un catarrhe qui lui est tombé sus l'oreille et est quasi devenu sourd : quand vous parlerez à lui, criez bien haut ; autrement, il ne vous entendroit pas. » Cela fait, Fouquet s'en va voir s'il achèveroit de dîner ; et allant, il dit en soi-même : « Nos gens ne parleront pas tantôt en conseil. » Ce bon homme entre en la chambre où étoit le procureur, le salue en lui disant : « Bonjour, monsieur ! » si haut qu'on l'oyoit de toute la maison. Le procureur lui dit encore plus haut :

---

[1] En pensée. — [2] Couverture. — [3] La procédure, le style de Palais. — [4] Sournois, trompeur. — [5] Malice, niche, tour ; de chatterie. — [6] Heurtait.

« Dieu vous garde, mon ami ! Que dites-vous ? » Lors, ils entrèrent en propos de procès, et se mirent à crier tous deux comme s'ils eussent été en un bois. Quand ils eurent bien crié, le bon homme prend congé de son procureur et s'en va. De là à quelques jours, voici retourner ce bon homme ; mais ce fut à une heure que par fortune Fouquet étoit allé par ville, là où son maître l'avoit envoyé. Ce bon homme entre ; et après avoir salué son procureur, lui demande comment il se porte. Il répond qu'il se portoit bien : « Eh ! monsieur, dit le bon homme, Dieu soit loué ! vous n'êtes plus sourd au moins. Dernièrement que vins ici, il falloit parler bien haut ; mais maintenant vous entendez bien, Dieu merci ! » Le procureur fut tout ébahi : « Mais vous, dit-il, mon ami, êtes-vous bien guéri de vos oreilles ? C'étoit vous qui étiez sourd. » Le bon homme lui répond qu'il n'en avoit point été malade, et qu'il avoit toujours bien ouï, la grâce à Dieu. Le procureur se souvint bien incontinent, que c'étoient des fredaines de Fouquet ; mais il trouva bien de quoi le lui rendre. Car un jour qu'il l'avoit envoyé à la ville, Fouquet ne faillit point à se jeter dedans un jeu de paume, qui n'étoit pas guère loin de la maison, ainsi qu'il faisoit le plus des fois, quand on l'envoyoit quelque part. De quoi son maître étoit assez bien averti ; et même l'y avoit trouvé quelquefois en passant. Sachant bien qu'il y étoit, il envoya dire à un barbier son compère, qui demeuroit là auprès, qu'il lui fit tenir un beau balai neuf tout prêt ; et lui fit dire à quoi il en avoit affaire. Quand il sut que Fouquet pouvoit être bien échauffé à testonner la bourre[1], il vint entrer au jeu de paume, et appelle Fouquet, qui avoit déjà bandé sa part de deux douzaines d'éteufs, et jouoit à l'acquit. Quand il le vit ainsi rouge : « Eh ! mon ami, vous vous gâtez, dit-il, vous en serez malade ; et puis, votre père s'en prendra à moi. » Et là-dessus, au sortir du jeu de paume, le fait entrer chez le barbier, auquel il dit : « Mon compère, je vous prie, prêtez-moi quelque chemise pour ce jeune fils qui est tout en eau, et le faites un petit frotter. — Dieu ! dit le barbier, il en a bon métier ; autrement, il seroit en danger d'une pleurésie. » Ils font entrer Fouquet en une arrière-boutique, et le font dépouiller au long du feu qu'ils firent allumer pour faire bonne mine. Et cependant, les verges s'apprêtoient pour le pauvre Fouquet, qui se fût bien volontiers passé de chemise blanche. Quand il fut dépouillé, on apporte ces maudites verges, dont il fut étrillé sous le ventre et partout. Et en fouettant, son maître lui disoit : « Dea ! Fouquet, j'étois l'autre jour sourd ; et vous, êtes-vous point puni à cette heure ? Sentez-vous bien le balai ? » Et Dieu sait comment il plut sur sa mercerie ! Ainsi le gentil Fouquet eut loisir de retenir qu'il ne fait pas bon se jouer à son maître.

NOUVELLE XIII.

D'un docteur en décret[2] qu'un bœuf blessa si fort, qu'il ne savoit en quelle jambe c'étoit.

Un docteur en la Faculté de Décret, passant pour aller lire aux Écoles[3], rencontra une troupe de bœufs (ou la troupe de bœufs le rencontra), qu'un varlet de boucher menoit devant soi. L'un desquels quidam bœuf, comme M. le docteur passoit sur sa mule, vint frayer un petit contre sa robe, dont il se print incontinent à crier : « A l'aide ! ô le méchant bœuf, il m'a tué ! je suis mort ! » A ce cri s'amassèrent force gens, car il étoit bien connu, parce qu'il y avoit trente ou quarante ans qu'il ne bougeoit de Paris ; lesquels, à l'ouïr crier, pensoient qu'il fût énormément blessé. L'un le soutenoit d'un côté, l'autre d'un autre, de peur qu'il ne tombât de dessus sa mule. Et entre ses hauts cris, il dit à son *famulus*, qui avoit nom Corneille : « Viens çà. Eh ! mon Dieu ! va-t'en aux Écoles, et leur dis que je suis mort, et qu'un bœuf m'a tué, et que je ne saurois aller faire ma lecture, et que ce sera pour une autre fois ! » Les Écoles furent toutes troublées de ces nouvelles, et aussi messieurs de la Faculté. Et incontinent l'allèrent voir quelques-uns d'entre eux, qui furent députés, qui le trouvèrent étendu sur un lit, et le barbier environ, qui avoit des bandeaux d'huiles, d'onguents, d'aubins d'œufs[4], et tous les ferrements, en tel cas requis. M. le docteur plaignoit la jambe droite si fort, qu'il ne pouvoit endurer qu'on le déchaussât ; mais fallut incontinent

---

[1] C'est-à-dire, à pousser l'éteuf, balle de bourre.

[1] Expression proverbiale pour exprimer les coups qui avaient plu sur son dos. — [2] Droit canon.
[3] Les Écoles des Quatre-Nations étaient situées dans la rue du Fouare, dite alors *du Feurre*.
[4] De blancs d'œufs.

découdre la chausse. Quand le barbier eut vu la jambe à nu[1], il ne trouva point de lieu entamé, ni meurdri[2], ni aucune apparence de blessure, combien que toujours M. le docteur criât : « Je suis mort, mon ami, je suis mort! » Et quand le barbier y vouloit toucher de la main, il crioit encore plus haut : « Oh! vous me tuez, je suis mort! — Et où est ce qu'il vous fait de plus de mal, monsieur? disoit le barbier. — Eh! ne le voyez-vous pas bien? disoit-il. Un bœuf m'a tué, et il me demande où c'est qu'il m'a blessé! Eh! je suis mort! » Le barbier lui demandoit : « Est-ce là, monsieur? — Nenni. — Et là? — Nenni. » Bref, il ne s'y trouvoit rien. « Eh! mon Dieu! qu'est ceci? Ces gens-ci ne sauroient trouver là où j'ai mal : n'est-il point enflé? dit-il au barbier. — Nenni. — Il faut donc, dit M. le docteur, que ce soit en l'autre jambe; car je sais bien que le bœuf m'a heurté. » Il fallut déchausser cette autre jambe. Mais elle se trouva blessée comme l'autre. « Bah! ce barbier-ci n'y entend rien : allez m'en quérir un autre. » On y va : il vint, il n'y trouve rien. « Eh! mon Dieu! dit M. le docteur, voici grand'chose; un bœuf m'auroit-il ainsi frappé sans me faire mal? Viens çà, Corneille; quand le bœuf m'a blessé, de quel côté venoit-il? N'étoit-ce pas devers la muraille? — Oui, *domine*, ce disoit le *famulus*. — C'est donc en cette jambe ici. Je leur ai bien dit dès le commencement; mais leur est avis que c'est se moquer. » Le barbier, voyant bien que le bon homme n'étoit malade que d'appréhension, pour le contenter mit un appareil léger, et lui banda la jambe en lui disant que cela suffiroit pour le premier appareil : « Et puis, dit-il, monsieur notre maître, quand vous aurez avisé en quelle malle est votre mal, nous y ferons quelque autre chose. »

NOUVELLE XIV.

Comparaison des alquemistes[1], à la bonne femme qui portoit une potée de lait au marché[4].

Chacun sait que le commun langage des alquemistes, c'est qu'ils se promettent un monde

[1] La profession de barbier n'étant point séparée en ce temps-là de celle de chirurgien.
[2] Pour *meurtri*. — [3] Alchimistes.
[4] Le sujet de ce conte était populaire avant Bonaventure des Periers; car dans le *Gargantua* de Rabelais, ch. 33, un vieux *routier* dit à Picrochole, qui

de richesses, et qu'ils savent des secrets de nature, que tous les hommes ensemble ne savent pas; mais à la fin, tout leur cas s'en va en fumée, tellement que leur alquemie[1] se pourroit plus proprement dire *art qui mine*, ou *art qui n'est mie*[2]. Et ne les sauroit-on mieux comparer qu'à une bonne femme qui portoit une potée de lait au marché, faisant son compte ainsi : qu'elle la vendroit deux liards; de ces deux liards, elle en achèteroit une douzaine d'œufs, lesquels elle mettroit couver et en auroit une douzaine de poussins; ces poussins deviendroient grands, et les feroit chaponner; ces chapons vaudraient cinq sols la pièce, ce seroit un écu et plus, dont elle achèteroit deux cochons, mâle et femelle, qui deviendroient grands et en feroient une douzaine d'autres, qu'elle vendroit vingt sols la pièce, après les avoir nourris quelque temps : ce seroient douze francs, dont elle achèteroit une jument, qui porteroit un beau poulain, lequel croîtroit et deviendroit tant gentil; il sauteroit et feroit *hin*. Et en disant *hin*, la bonne femme, de l'aise qu'elle avoit en son compte, se print à faire la ruade que feroit son poulain; et en ce faisant, sa potée de lait va tomber et se répandit toute. Et voilà ses œufs, ses poussins, ses chapons, ses cochons, sa jument et son poulain tous par terre. Ainsi les alquemistes, après qu'ils ont bien fournayé[3], charbonné, luté[4], soufflé, distillé, calciné, congelé, fixé, liquefié, vitrefié, putrefié, il ne faut que casser un alambic pour les mettre au compte de la bonne femme.

NOUVELLE XV.

Du roi Salomon, qui fit la pierre philosophale; et la cause pourquoi les alquemistes ne viennent au-dessus de leurs intentions.

La cause pour laquelle les alquemistes ne peuvent parvenir au bout de leurs entreprises, tout le monde ne la sait pas; mais Marie[5] la prophétesse la met bien à propos et fort bien

projetait la conquête du monde : « Toute cette entreprise sera semblable à la farce du *Pot au lait*, duquel un cordouannier se faisait riche par rêverie; puis, le pot cassé, n'eut de quoi dîner. » La Fontaine a tiré de là *la Laitière et le pot au lait*, fable 9 du liv. III.
[1] Alchimie. — [2] Pas. — [3] Allumé leurs fourneaux.
[4] Bouché des vases avec du *lut*, enduit chimique.
[5] Sœur d'Aaron et de Moïse. Le livre publié sous son nom est supposé, comme une infinité d'autres que les alchimistes ont attribués à divers anciens philosophes, rois, etc. Le *bain-marie* tire son nom de cette Marie.

au long dans un livre qu'elle a fait de la grande excellence de l'art, exhortant les philosophes, et leur donnant bon courage, qu'ils ne se désespèrent point; et disant ainsi que la Pierre[1] des philosophes est si digne et si précieuse, qu'entre ses admirables vertus et excellences, elle a puissance de contraindre les Esprits ; et que quiconque l'a, il les peut conjurer, anathématiser, lier, garrotter, bafouer, tourmenter, emprisonner, gehenner, martyrer. Bref, il en joue de l'épée à deux mains ; et peut bien faire tout ce qu'il veut, s'il sait bien user de sa fortune. Or est-ce, dit-elle, que Salomon eut la perfection de cette Pierre; et si connut, par inspiration divine, la grande et merveilleuse propriété d'icelle, qui étoit de contraindre les gobelins[2], comme nous avons dit. Parquoi, aussitôt qu'il l'eut faite, il conclut de les faire venir. Mais il fit premièrement faire une cuve de cuivre, de merveilleuse grandeur; car elle n'étoit pas moindre que tout le circuit du bois de Vincennes ; sauf que s'il s'en falloit quelque demi-pied ou environ, c'est tout un; il ne faut point s'arrêter à peu de chose. Vrai est, qu'elle étoit plus ronde, et la falloit ainsi grande pour faire ce qu'il en vouloit faire ; et, par même moyen, fit faire un couvercle le plus juste qu'il étoit possible; et quand et quand[3], et pareillement, fit faire une fosse en terre assez large pour enterrer cette cuve, et la fit caver[4] le plus bas qu'il put. Quand il vit son cas bien appareillé, il fit venir, en vertu de cette sainte Pierre, tous les Esprits de ce bas monde, grands et petits, commençant aux empereurs des quatre coins de la terre ; puis fit venir les rois, les ducs, les comtes, les barons, les colonels, capitaines, caporaux, lancespessades[5], soldats à pied et à cheval, et tous, tant qu'il y en avoit ; et, à ce compte, il n'en demeura pas un pour faire la cuisine. Quand ils furent venus, Salomon leur commanda en la vertu susdite, qu'ils eussent tous à se mettre dedans cette cuve, laquelle étoit enfoncée dedans ce creux de terre. Les Esprits ne surent contredire qu'ils n'y entrassent. Et croyez que c'étoit à grand regret, et qu'il y en avoit qui faisoient une terrible grimace. Incontinent qu'ils furent là-dedans, Salomon fit mettre le couvercle dessus, et le fit très-bien luter *cum luto sapientiæ*; et vous laisse, messieurs les diables, là-dedans; lesquels il fit encore couvrir de terre, jusqu'à ce que la fosse fût comble. En quoi, toute son intention étoit, que le monde ne fût pas infecté de ces méchants et maudits vermeniers[1], et que les hommes, de là en avant[2], véquissent en paix et amour ; et que toutes vertus, et réjouissances régnassent sur terre. Et, de fait, soudainement après furent les hommes joyeux, contents, sains, gais, drus, hubis[3], vioges[4], allègres, ébaudis, galants, gallois, gaillards, gents, frisques, mignons, poupins[5], brusques. Oh! qu'ils se portoient bien ! Oh! que tout alloit bien ! La terre apportoit toutes sortes de fruits sans main mettre[7] ; les loups ne mangeoient point le bestial[8] ; les lions, les ours, les tigres, les sangliers, étoient privés comme moutons ; bref, toute la terre sembloit être un paradis, ce pendant que ces truands[9] de diables étoient en basse fosse. Mais qu'advint-il ? Au bout d'un long espace de temps, ainsi que les règnes se changent, et que les villes se détruisent, et qu'il s'en réédifie d'autres, il y eut un roi auquel il print envie de bâtir une ville. La fortune voulut qu'il entreprint de la bâtir au propre lieu où étoient ces diables enterrés. Il faut bien que Salomon faillît à y faire entrer quelque petit diable qui s'étoit caché sous quelque motte de terre, quand ses compagnons y entrèrent. Lequel quidam diablotin mit en l'entendement de ce roi de faire sa ville en ce lieu, afin que ses compagnons fussent délivrés. Ce roi mit gens en œuvre pour faire cette ville, laquelle il vouloit magnifique, forte et imprenable. Et, pour ce, il y falloit de terribles fondements pour faire les murailles ; tellement que les pionniers cavèrent si bas, que l'un d'entre eux vint tout premier à découvrir cette cuve où étoient ces diables ; lequel l'ayant ainsi heurtée, et ne s'étant souvenu que ses compagnons s'en fussent aperçus, il pensa bien être incontinent riche, et qu'il y eût un trésor inestimable là-dedans. Hélas ! quel trésor c'étoit! Eh Dieu! que ce fut bien en la mal'heure ! Oh! que le ciel étoit bien lors envieux contre

---

[1] Ceci est rapporté également par Jacques *de Voragine*, auteur de *la Légende dorée*, et par Pierre *de Natalibus*, dans la *Vie de sainte Marguerite*, le vingtième jour de juillet.

[2] Esprits, farfadets.— [3] Avec, en outre.

[4] Creuser.— [5] Anspessades, enseignes.

---

[1] Maudite vermine.— [2] Dorénavant.— [3] Bien nourri.
[4] Vivaces, selon La Monnoye.— [5] Proprets, coquets.
[6] Vifs.— [7] Sans y mettre la main.
[8] Pour *bétail*.— [9] Gueux, coquins.

diarre! Oh! que les dieux étoient bien courroucés contre le pauvre genre humain! Où est la plume qui sût écrire? où est la langue qui sût dire assez de malédictions contre cette horrible et malheureuse découverte? Voilà que fait l'avarice, voilà que fait l'ambition, qui creuse la terre jusques aux enfers pour trouver son malheur, ne pouvant endurer son aise. Mais retournons à notre cuve et à nos diables. Le conte dit qu'il ne fut pas en la puissance de ces bêcheurs de la pouvoir ouvrir sitôt; car, avec la grandeur, elle étoit épaisse à l'avenant. Pour ce, il fut force que le roi en eût la connoissance; lequel, l'ayant vue, ne pensa pas faire chose que ce qu'en avoient pensé les pionniers. Car qui eût jamais imaginé qu'il y eût des diables dedans, quand même on ne pensoit plus qu'il y en eût au monde, vu le long temps qu'il y avoit qu'on n'en avoit ouï parler? Ce roi se souvenoit bien que ses prédécesseurs rois avoient été infiniment riches; et ne pouvoit estimer autre chose, sinon qu'ils eussent là enfermé une finance incroyable; et que les destins l'avoient réservé à être possesseur d'un tel bien, pour être le plus grand roi de la terre. Conclusion, il employa tant de gens qu'il en avoit, environ cette cuve. Et ce pendant qu'ils chamailloient[1], ces diables étoient aux écoutes; et ne savoient bonnement que croire, si on les tiroit point de là pour les mener pendre, et que leur procès eût été fait depuis qu'ils étoient là. Or, les gastadours[2] donnèrent tant de coups à cette cuve, qu'ils la cassèrent, et quand et quand enlevèrent une grande pièce du couvercle, et firent ouverture. Ne demandez pas si messieurs les diables se hâtoient à sortir à la foule; et quels cris ils faisoient en sortant, lesquels épouvantèrent si fort le roi et tous ses gens, qu'ils tombèrent là comme morts. Et mes diables devant et au pied. Ils s'en revont par le monde chacun en sa chaudière; fors que, par aventure, il y en eut quelques-uns qui furent tout étonnés de voir les régions et les pays changés depuis leur emprisonnement. Au moyen de quoi, ils furent vagabonds tout un temps, ne sachant de quel pays ils étoient, ne voyant plus le clocher de leur paroisse. Mais partout où ils passoient, ils faisoient tant de maux, que ce seroit une horreur de les raconter. En lieu d'une méchanceté qu'ils faisoient le temps jadis pour tourmenter le monde, ils en inventèrent de toutes nouvelles. Ils tuoient, ils ruoient, ils tempêtoient, ils renversoient tout sens dessus dessous. Tout alloit par écueles; mais aussi les diables y étoient. De ce temps-là y avoit force philosophes (car les alquemistes s'appellent *philosophes* par excellence), d'autant que Salomon leur avoit laissé par écrit la manière de faire la sainte Pierre, laquelle il avoit réduite en art, et s'en tenoit école comme de grammaire; tellement que plusieurs arrivoient à l'intelligence; attendu même que les vermeniers[1] ne leur troubloient point le cerveau, étant enclos; mais sitôt qu'ils furent en liberté, se ressentant du mauvais tour que leur avoit joué Salomon en vertu de cette Pierre, la première chose qu'ils firent, ce fut d'aller aux fourneaux des philosophes, et les mettre en pièces. Et même trouvèrent façon d'effacer, d'égraffigner[2], de rompre, de falsifier tous les livres qu'ils purent trouver de ladite science; tellement qu'ils la rendirent si obscure et si difficile, que les hommes ne savent qu'ils y cherchent; et l'eussent voulentiers abolie du tout; mais Dieu ne leur en donna pas la puissance. Bien eurent-ils cette permission d'aller et de venir pour empêcher les plus savants de faire leurs besognes; tellement que quand il y en a quelqu'un qui prend le bon chemin pour y parvenir, et que telle fois il ne lui faut quasi plus rien qu'il n'y touche, voici un diablon qui vient rompre un alambic, lequel est plein de cette matière précieuse; et fait perdre en une heure toute la peine que le pauvre philosophe a prise en dix ou douze ans, de sorte que c'est à refaire; non pas que les pourceaux y aient été[3], mais les diables qui valent pis. Voilà la cause pourquoi on voit aujourd'hui si peu d'alquemistes qui parviennent à leurs entreprises; non que la science ne fut aussi vraie qu'elle fut oncques; mais les diables sont ainsi ennemis de ce don de Dieu. Et parce qu'il n'est pas qu'un jour quelqu'un n'ait cette grâce de la faire aussi bien que Salomon la fit oncques; de bonne aventure, s'il advenoit de notre temps, je le prie par ces présentes, qu'il n'oublie pas à conjurer, adjurer,

---

[1] Travailloient. — [2] Pionniers.

[1] Les diables. On croyait autrefois que la folie ou l'*estre* des poëtes et des savans résultait de la présence d'un ver dans le cerveau. — [2] Égratigner.

[3] Les pourceaux, dans nos champs ensemencés, font beaucoup de dégâts.

excommunier, anathématiser, exorciser, cabaliser, ruiner, exterminer, confondre, abîmer ces méchans gobelins, vermeniers, ennemis de nature et de toutes bonnes choses, qui nuisent ainsi aux pauvres alquemistes, mais encore à tous les hommes, et aux femmes aussi, cela s'entend. Car ils leur mettent mille rigueurs, mille refus et mille fantaisies en la tête ; voire et eux-mêmes se mettent en la tête de ces vieilles sempiterneuses [1], et les rendent diablesses parfaites. De là est venu que l'on dit d'une mauvaise femme, qu'elle a la tête au diable.

NOUVELLE XVI.

De l'avocat qui parloit latin à sa chambrière ; et du clerc qui étoit le truchement.

Il y a environ vingt-cinq ou quarante ans, qu'en la ville du Mans y avoit un avocat qui s'appeloit La Roche Thomas, l'un des plus renommés de la ville, combien que de ce temps-là y en eût un bon nombre de savans, tellement qu'on venoit bien à conseil, jusques au Mans, de l'université d'Angers. Cettui sieur de La Roche étoit homme joyeux, et accordoit bien les récréations avec les choses sérieuses. Il faisoit bonne chère en sa maison ; et quand il étoit en ses bonnes (qui étoit bien souvent), il latinisoit le françois, et francisoit le latin ; et s'y plaisoit tant, qu'il parloit demi-latin à son valet, et à sa chambrière aussi, laquelle il appeloit *pedissèque* [2]. Et quand elle n'entendoit pas ce qu'il lui disoit, si n'osoit-elle pas lui faire interpréter ses mots ; car La Roche Thomas lui disoit : « Grosse pécore arcadique, n'entends-tu point mon idiome ? » De ces mots, la pauvre chambrière étoit étonnée des quatre pieds [3], car elle pensoit que ce fût la plus grande malédiction du monde. Et, à la vérité, il usoit quelquefois de si rudes termes, que les poules s'en fussent levées du juc [4]. Mais elle trouva façon d'y remédier ; car elle s'accointa de l'un des clercs, lequel lui mettoit par aventure l'intelligence de ces mots en la tête par le bas ; et la secouoit, dis-je, la secouroit au besoin ; car quand son maître lui avoit dit quelque mot, elle ne faisoit que s'en aller à son truchement qui l'en faisoit savante. Un jour de par le monde, il fut donné un pâté de venaison à La Roche Thomas ; duquel ayant mangé deux ou trois lèches [1] à l'épargne [2] avec ceux qui dînèrent quand [3] lui, il dit à sa chambrière desservant : « *Pedissèque*, serve [4] moi ce *farcime de ferine* [5] qu'il ne soit point *famulé*. » La chambrière entendit assez bien qu'il lui parloit d'un pâté ; car elle lui avoit autrefois ouï dire le mot de *farcime* ; et puis, il le lui montroit. Mais ce mot de *famulé*, qu'elle retint en se hâtant d'écouter, elle ne savoit encore qu'il vouloit dire ; elle print ce pâté, et ayant fait semblant d'avoir bien entendu, dit : « Bien, monsieur ! » Et vint à ce clerc, quand ils furent à part (lequel, d'aventure, avoit à présent au commandement du maître), pour lui demander l'exposition de ce mot *famulé* ; mais le mal fut, que pour cette fois il ne lui fut pas fidèle ; car il lui dit : « M'amie, il a dit que tu donnes de ce pâté aux clercs, puis, que tu serres le demeurant. » La chambrière le crut, car jamais elle ne s'étoit trouvée de rapport qu'il lui eût fait. Elle mit ce pâté devant les clercs, qui ne l'épargnèrent pas comme on avoit fait à la première table ; car ils mirent la main en si bon lieu, qu'il y parut. Le lendemain La Roche Thomas, cuidant que son pâté fût bien en nature, appela à dîner des plus apparens du Palais du Mans (qui ne s'appeloit pour lors que la *Salle*) et leur fit grande fête de ce pâté. Ils viennent, ils se mettent à table. Quand ce fut à présenter le pâté, il étoit aisé à voir qu'il avoit passé par bonnes mains. On ne sauroit dire si la *pedissèque* fut plus mal menée de son maître, de voir laissé *famuler* ce *farcime*, ou si le maître fut mieux gaudi [7] de ceux qu'il avoit conviés, pour avoir parlé latin à sa chambrière, en lui recommandant un friand pâté ; ou si la chambrière fut plus marrie contre le clerc qui l'avoit trompée ; mais, pour le moins, les deux ne durèrent pas tant comme le tiers ; car elle fongna [8] au clerc plus d'un jour et d'une nuit, et le menaça fort et ferme, qu'elle ne lui prêteroit jamais chose qu'elle eût. Mais, quand elle se fut bien ravisée qu'elle ne se pouvoit passer de lui, elle fut contrainte d'appointer [9]

---

[1] Sempiternelles. — [2] *Pedisequa*, suivante.

[3] C'est-à-dire, jusqu'à être en danger de tomber à la renverse, quand même elle auroit eu quatre pieds.

[4] Perchoir.

[1] Léchées, petits morceaux. — [2] Parcimonieusement.
[3] Avec. — [4] Garde. — [5] Pâté de venaison.
[6] Livré aux valets. — [7] Raillé, complimenté.
[8] Fit la mine. On dit encore *renfrogner*.
[9] Faire la paix.

dimanche matin, que tout le monde étoit à la grand'messe, fors qu'eux deux, et mangèrent ensemble ce qui étoit demeuré du jeudi, et raccordèrent leurs vielles comme bons amis. Advint un autre jour que La Roche Thomas soit allé dîner à la ville chez un de ses voisins, comme la coutume a toujours été en ces quartiers-là de manger les uns avec les autres, et de porter son dîner et son souper ; tellement que l'hôte n'est point foulé [1], sinon qu'il met la nappe. La Roche Thomas, qui pour lors étoit sans femme, avoit fait mettre pour son dîner seulement un poulet rôti, que sa chambrière lui apporta entre deux plats. Il lui dit tout joyeusement : « Qu'est-ce que tu m'*afferes* là, *pedissèque?* » Elle lui répondit : « Monsieur, c'est un poulet. » Lui, qui vouloit être vu magnifique, ne trouve pas cette réponse bonne, et la note jusques à tant qu'il fût retourné en maison, qu'il appela sa chambrière tout fâcheusement : « *Pedissèque!* » laquelle entendit bien à l'accent de son maître, qu'elle auroit quelque leçon. Elle va incontinent quérir son vêtement, pour assister à la lecture, et lui rapporter ce que son maître lui diroit ; car il parloit bien souvent en latin et tout. Quand elle fut comparue, La Roche Thomas lui va dire : « Viens çà, gros animal brutal, *idiote*, inepte [3], *insulse* [4], *nugigerule* [5], *imperite* [6] (et tous les mots du Donat [7]). Quand je dîne à la ville, et que je te demande que c'est que tu m'*afferes*, qui t'a montré à répondre un poulet? Parle, parle une autre fois en plurier nombre : grosse *quadrupède*, parle en plurier nombre. Un poulet ! Voilà un beau dîner d'un tel homme que La Roche Thomas ! » La *pedissèque* n'avoit jamais été déjeunée [8] de ce mot de *plurier nombre* ; par quoi elle se le fit expliquer par son clerc, qui lui dit : « Sais-tu que c'est? Il est marri qu'aujourd'hui en lui portant son dîner, quand il t'a demandé que c'étoit que tu lui apportois, que tu lui aies répondu *un poulet* ; et il veut que tu dises *des poulets* et non pas un poulet. Voilà ce qu'il veut dire par *plurier nombre*, entends-tu? »

La *pedissèque* retint bien cela. De-là à quelques jours, La Roche Thomas étant encore allé dîner chez un sien voisin (ne sais si c'étoit chez le même de l'autre jour), sa chambrière lui porte son dîner. La Roche Thomas lui demande, selon sa coutume, que c'est qu'elle *afferoit*. Elle, se souvenant bien de sa leçon, répondit incontinent : « Monsieur, ce sont des bœufs et des moutons. » Par cette réponse, elle apprêta à rire à toute la présence [1] : principalement, quand ils eurent entendu qu'il apprenoit à sa chambrière à parler en plurier nombre.

NOUVELLE XVII.

Du cardinal de Luxembourg, et de la bonne femme qui vouloit faire son fils prêtre, qui n'avoit point de témoins [2] ; et comment ledit cardinal se nomma Phelippot.

Du temps du roi Louis douzième, y avoit un cardinal de la maison de Luxembourg, lequel fut évêque du Mans [3] ; et se tenoit ordinairement sus son évêché : homme vivant magnifiquement ; aimé et honoré de ses diocésains, comme prince qu'il étoit. Avec sa magnificence, il avoit une certaine privauté, qui le faisoit encore mieux vouloir de tout le monde, et même étoit facétieux en temps et lieu ; et s'il aimoit bien à gaudir, il ne prenoit point en mal d'être gaudi. Un jour, se présenta à lui une bonne femme des champs, comme il étoit facile à écouter toutes personnes. Cette femme, après s'être agenouillée devant lui, et ayant eu sa bénédiction, comme ils faisoient bien religieusement de ce temps-là, lui va dire : « Monsieur, ne vous despièse, sa voute gresse [4] ; contre vous ne sei pas dit : J'ai un fils qui a déjà vingt ans passés, ô révérence, et qui est assez grand ; quer [5] il a déjà tenu un an les écoles de notre paroisse : j'en voudras ben faire un prêtre, si c'étoit le piésir de Dieu. — Par foi [6], dit le cardinal, ce seroit bien fait, m'amie ; il le faut faire. — Vére-mès, monsieur, dit la bonne femme, il y a quelque chouse qui l'engarde ; més en m'a dit que vous l'en pourriez bien récompenser (la bonne femme vouloit dire *dispenser*). » Le cardinal

---

[1] Rançonné. — [2] Apportes.
[3] Ce passage nous apprend que ces deux mots n'étaient pas encore admis dans la langue.
[4] Fat. — [5] Badin. — [6] Ignorant.
[7] Livre contenant les élémens de la langue latine ; appelé du nom de son auteur. On s'en servait dans les collèges. — [8] Nourrie, servie.

[1] L'assistance, l'assemblée. — [2] Testicules.
[3] Il avait d'abord été évêque d'Arras, ensuite de Boulogne-sur-Mer et enfin du Mans. Il mourut âgé de soixante-quatorze ans, en 1519, et fut béatifié. On a de lui quelques traités de dévotion mystique.
[4] En patois manceau : Ne vous déplaise, sauf votre grâce. — [5] Car. — [6] Par ma foi ! comme en italien *a fè*.

prenant plaisir en la simplicité de la bonne femme, lui dit : « Et qu'est-ce, m'amie ? — Monsieur, voez-vous ben, il n'a point..... — Qu'est-ce qu'il n'a point ? dit-il. — Eh ! monsieur, dit-elle, il n'a point..... Je n'ouseras dire, dont vous m'entendez ben..... ce que les hommes portent. » Le cardinal, qui l'entendoit bien, lui dit : « Et qu'est-ce que les hommes portent ? N'a-t-il point de chausses longues ? — Bo, bo, ce n'est pas ce que je vieux dire, monsieur, il n'a point de chouses... » Le cardinal fut longtemps à marchander avec elle, pour voir s'il lui pourroit faire parler bon françois, mais il ne fut possible ; car elle lui disoit : « Eh ! monsieur, vous l'entendez ben ; à qué faire me faites-vous ainsi muser ? » Toutefois, à la fin, elle lui va dire : « Agardez-mon[1], monsieur ; quand il étoit petit, il étoit petit ; il chut du haut d'une échelle, et se rompit[2] ; tant qu'il a falli le sener (*sener*, en ce pays-là, est châtrer). Et sans cela je l'eussion marié ; quer c'est le plus grand de tous mes enfans. » Le cardinal lui dit : « Par foi ! m'amie, il ne laissera pas d'être prêtre pour cela, avec dispense, cela s'entend. Que plût à Dieu que tous les prêtres de mon diocèse n'en eussent non plus que lui ! — Eh ! monsieur, dit-elle, je vous remercie ; il sera ben tenu de prier Dieu pour vous et pour vos amis trépassés. Més, monsieur, il y a encore un autre cas que je voudras ben dire, més qui ne vous despiésit. — Et qu'est-ce, m'amie ? — Oh ! regardez-mon, monsieur, je vous voudras ben prier ; en m'a dit que les évêques pouvont ben changer le nom aux gens : j'ai un autre *hardeau* (ainsi appellent-ils aux champs un garçon ; et une garce, une *hardelle*) ; ils ne font que se moquer de li. Il a nom Phelipe (sa voute gresse), il m'est avis, quand il aira un autre nom, que j'en serai pus à mon ése ; quer ils crient après li *Phélipot*, *Phelipot*. Vous savez ben, monsieur, qu'il fâche ben aux gens, quand les autres se moquent d'eux. Je voudras ben, si c'étoit voute piésir, qu'il eût un autre nom. » Or est-il que le révérendissime s'appeloit en son nom *Philippe*. « Par foi ! m'amie, dit-il, c'est mal fait à eux d'appeler ainsi votre fils Phelipot, il y faut remédier. Mais savez-vous bien, m'amie ? Je ne lui ôterai point le nom de Philippe ; car je veux qu'il le garde pour l'amour de moi ; je m'appelle Philippe, m'amie, entendez-vous. Mais je lui donnerai mon nom, et je prendrai le sien ; il aura nom Philippe, et j'aurai nom Phelipot ; et qui l'appellera autrement que Philippe, venez-le-moi dire, et je vous donnerai congé d'en faire tirer une quérimonie[1]. Est-ce pas bien dit, m'amie ? Vous ne serez pas fâchée que votre fils porte mon nom ? En bonne foi, monsieur, dit-elle, vous nous faites pus d'honneur qu'à nous n'appartient ; je prie à Dieu, par sa gresse, qu'il vous doint bonne vie et longue, et paradis à la fin. » La bonne femme s'en alla bien contente d'avoir ainsi bonne réponse de son évêque, et fit entendre à tous ceux de son village ce que l'évêque lui avoit dit. Et depuis, ledit seigneur, qui récitoit voulentiers telles manières de contes, se nommoit Phelipot par manière de passe-temps, et disoit qu'il n'avoit plus nom Philippe ; et y fut depuis souvent appelé ; dont il ne se faisoit que rire, à la mode d'Auguste César, lequel gaudissoit voulentiers, et prenoit les gaudisseries en jeu. Témoin l'apophthegme tout commun de lui[2] et d'un jeune fils qui vint à Rome, lequel sembloit si bien à Auguste, qu'on n'y trouvoit quasi rien à dire quant aux traits du visage ; et le regardoit-on par toute la ville, en grande singularité, pour la grande ressemblance d'entre l'empereur et lui ; de quoi Auguste étant averti, lui dit une fois : « Dites-moi, mon ami, votre mère a-t-elle été autrefois en cette ville ? » Le jeune fils qui entendit ce qu'Auguste vouloit dire : « Si, dit-il, non pas ma mère, elle n'y fut jamais, que je sache, mais mon père assez de fois. » Et là rendit à Auguste ce qu'Auguste avoit voulu mettre sur lui ; car il n'étoit pas impossible que le père du jeune fils n'eût connu la mère d'Auguste ; non plus qu'Auguste, celle du jeune fils. Le même empereur print encore sans plaisir, que Virgile[3] l'appelât *fils d'un boulanger* ; parce qu'au commencement qu'il le connut, il ne lui faisoit donner que des pains ; tous présens, mais depuis il lui fit assez d'autres grands biens.

[1] Plainte en justice.
[2] Voy. Macrob, *Saturn.*, II, 4.
[3] Dans *la Vie de Virgile*, par Tib. Claud. Don[...]

[1] Regardez, voyez ça. — [2] Se fit une hernie.

NOUVELLE XVIII.

De l'enfant de Paris nouvellement marié, et de Beaufort qui trouva moyen de jouir de sa femme, nonobstant la soigneuse garde de dame Pernette [1].

Un jeune homme natif de Paris, après avoir hanté les universités de çà et de là les monts, se retira en sa ville, où il fut un temps sans se marier, se trouvant bien à son gré ainsi qu'il étoit, n'ayant point faute de telle sorte de plaisirs qu'il souhaitoit, et même de femmes (encore qu'il ne s'en treuve point à Paris de malheur ! [2]) desquelles ayant connu les ruses et finesses en tant de pays, et les ayant lui-même employées à son profit et usage, il ne se soucioit pas trop d'épouser femme, craignant ce maudit mal de cocuage ; et n'eût été l'envie qu'il avoit de se voir père et d'avoir un héritier descendant de lui, il fût voulentiers demeuré garçon perpétuel. Mais lui, qui étoit homme de discours [3], pensa bien qu'il falloit passer par là (je dis par le mariage) et qu'autant valoit y entrer de bonne heure comme attendre plus tard, se proposant qu'il ne faut pas se garder tant qu'on soit usé pour prendre femme ; car il n'est rien qui ouvre la porte plus grande à cocuage, que l'impuissance du mari. Et puis, il avoit réduit en mémoire, et par écrit, les ruses plus singulières que les femmes inventent pour avoir leur plaisir. Il savoit les allées et les venues que font les vieilles par les maisons, sous ombre de crier du fil, de la toile, des ouvrages, des petits chiens. Il savoit comme les femmes font les malades, comme elles vont en vendanges, comme elles parlent à leurs amis qui viennent en masque, comme elles s'entrefont faveur sous ombre de parentage. Et avec cela, il avoit lu Boccace [4] et Célestine [5]. Et de tout cela délibéroit de se faire sage ; faisant les desseins en soi-même : « Je ferai le meilleur devoir que je pourrai, pour ne porter point les cornes. Au demeurant, ce qui doit advenir viendra ! » Et de cette empreinte [1], se signa de la main droite, en se recommandant à Dieu. Adonc, entre les filles de Paris, dont il étoit à même, il en choisit une à son gré, la mieux conditionnée, du meilleur esprit et la plus accomplie : et n'y faillit de guère ; car il la print jeune, belle, riche et bien apparentée. Il l'épouse et la mène en sa maison paternelle. Or, il tenoit une femme avec soi assez âgée, qui avoit été sa nourrice, et qui de tout temps demeuroit en la maison, appelée dame Pernette, avisée et accorte femme. Il la présente à sa jeune épouse, d'entrée de ménage, lui disant : « M'amie, je suis bien tenu à cette femme-ci : c'est ma mère nourrice. Elle a fait de grands services à mes père et mère et à moi après eux : je la vous baille pour vous faire compagnie, elle sait du bien et de l'honneur : vous vous en trouverez bien. » Puis, en particulier, il enchargea à dame Pernette de se tenir près de sa femme et de ne l'abandonner, sus les peines qu'il lui dit, et en quelque lieu qu'elle allât. La vieille lui promit sûrement qu'elle le feroit. Et ci dirai en passant, qu'il y a un méchant proverbe, je ne sais qui l'a inventé ; mais il est bien commun : *casta quam nemo rogavit* [2]. Je ne dis pas qu'il soit vrai ; je m'en rapporte à ce qu'il en est. Mais je dis bien qu'il n'est point de belle femme qui n'ait été priée, ou qui ne le soit tôt ou tard. « Ah ! je ne suis donc pas belle ? » dira celle-ci. — « Ni moi donc aussi ? » dira celle-là. Eh bien, j'en suis content, je ne veux point de noise. Tant y a qu'une femme bien apprinse se garde bien de dire qu'elle ait été priée, principalement à son mari ; car, s'il est fin, il pensera de sa femme, que si elle n'eût donné occasion et audience, elle n'eût pas été requise. Pour venir à mon conte, il advint qu'entre ceux qui hantoient en la maison de monsieur le marié (n'attendez pas que je le vous nomme), y avoit un jeune avocat, appelé le sieur de Beaufort ; lequel étoit du

---

[1] Imité des *Cent Nouvelles*, nouvelle XXXVII, *le chétrier d'ordures*.

[2] C'est une ironie. Voy. *Pantagruel* (liv. II, ch. 15), *une manière bien nouvelle de bâtir les murailles de Paris*.

[3] Cette expression doit signifier un homme *volage*, *coureur d'amourettes*, dans le véritable sens du mot *coursus*.

[4] *Le Décameron* de Boccace, où l'on voit de bons tours joués par les femmes à leurs maris, livre qu'Agrippa, dans son traité *de Vanit. Scient.*, au chap. *de Lenonia*, appelle un excellent *maquereau*.

[5] Fameuse tragi-comédie espagnole, ainsi nommée du nom d'une entremetteuse qui en est un des principaux personnages. Cette pièce, en prose, commencée, dit-on, par Jean de Mena, le plus ancien poëte espagnol, au quinzième siècle, ou, selon d'autres, par Rodrigue Cota, au commencement du seizième, a été achevée peu de temps après par le bachelier Fernande Rojas.

[1] Sous cette impression.

[2] « Celle-là est chaste que personne n'a tentée. » On ne sait pas l'auteur de cet hémistiche, qu'on attribue à Ovide.

pays de Berry, hantant le barreau pour usiter et pratiquer ce qu'il avoit vu aux études ; auquel monsieur faisoit grande familiarité et bonne chère, parce qu'ils s'entre-étoient vus aux universités ; et même avoient été compagnons d'armes en plusieurs factions [1]. Ce Beaufort n'étoit pas mal surnommé, car il étoit beau, adroit, et de bonne grâce. Et, pour ce, la dame lui faisoit bon œil, et lui, à elle, tant qu'en moins de rien, par fervens messages des yeux, ils s'entre-donnèrent signe de leurs mutuelles volontés. Or, le mari, sachant que c'étoit de vivre, ne se montroit point avoir de froid aux pieds [2] ; mêmement, à la nouveauté, ne se défiant pas grandement d'une si grande jeunesse qui étoit en sa femme, ni de l'honnêteté de son ami, et se contentant de la garde que faisoit dame Pernette. Beaufort, qui de son côté entendoit le tour du bâton [3], voyant la grande privauté que lui faisoit le mari, et le gracieux accueil que lui faisoit la jeune femme, avec une affection (ce lui sembloit) bien plus ouverte qu'à nul autre, comme il étoit vrai, trouve l'occasion, en devisant avec elle, de la conduire au propos d'aimer ; d'autant qu'elle avoit été nourrie en maison d'apport [4] et qu'elle savoit suivre et entretenir toutes sortes de bons propos. A laquelle Beaufort, de fil en aiguille, se print à dire telles paroles : « Madame, il est assez aisé aux dames d'esprit et de vertu, à connoître le bon vouloir d'un serviteur ; car elles ont toujours le cœur des hommes, encore qu'elles ne vueillent. Pour ce, n'est besoin de vous faire entendre plus expressément l'affection et l'honneur que je porte à l'infinité de vos grâces ; lesquelles sont accompagnées d'une telle gentillesse d'esprit, qu'homme n'y sauroit aspirer qui ne soit bien né et qui n'ait le cœur en bon lieu. Car les choses précieuses ne se désirent que des gentils courages ; qui m'est grande occasion de louer la fortune, laquelle m'a été si favorable de me présenter un si digne et si vertueux sujet, pour avoir le moyen de mettre en évidence l'inclination que j'ai aux choses de prix et de valeur. Et, combien que je sois l'un des moindres de ceux desquels vous méritez le service, je me tiens pourtant assuré que vos grandes perfections, lesquelles j'admire seront cause d'augmenter en moi les choses qui sont requises à bien servir. Car quant au cœur, je l'ai si bon et si affectionné envers vous, qu'il est impossible de plus ; lequel j'espère vous faire connoître si évidemment, que vous ne serez jamais mal contente de m'avoir donné l'occasion de vous demeurer perpétuellement serviteur. » La jeune dame, qui étoit honnête et bien apprinse, oyant ce propos d'affection, a bien voulu son intention aussi facile à exécuter comme à penser. Laquelle, d'une voix féminine, assez assurée pourtant, selon l'usage d'elle (auquel communément les femmes ont une crainte accompagnée d'une honte honnête) lui va répondre ainsi : « Monsieur, quand bien j'aurois voulenté d'aimer, si n'aurois-je encore eu le loisir de songer à faire un autre ami que celui que j'ai épousé ; lequel m'aime tant et me traite si bien, qu'il me garde de penser en autre qu'en lui. Davantage, quand la fortune devroit venir sur moi, pour mettre mon cœur en deux parts, j'estime tant de votre bon cœur, que vous ne voudriez être la première cause de me faire faire chose qui fût à mon desavantage. Quant aux grâces que vous m'attribuez, je laisse cela à part, ne les connoissant point en moi ; et les rends au lieu dont elles viennent, qui est à vous. Mais pour les autres défenses, voudriez-vous bien faire tort à celui qui se fie tant en vous, qui vous fait si bonne chère ? Il me semble qu'un cœur noble que le vôtre ne sauroit donner lieu à une telle intention que celle-là. Et puis, vous voyez les incommodités assez grandes, pour vous divertir d'une telle entreprise, quand vous voudriez. Je suis toujours accompagnée d'une garde laquelle quand je voudrois faire mal, tient sus moi si continuel, que je ne lui sauroi dérober. » Beaufort se tint bien aise quand ouït cette réponse, et principalement, que il sentit que la dame se fondoit en raisons, dont les premières étoient un peu fortes ; mais les dernières, la jeune dame les rabattoit de même ; auxquelles Beaufort répondit sobrement : « Les trois points que vous m'alléguez, madame, je les avois bien prévus et pensés ; mais vous savez que les deux dépendent de votre bonne volonté, et le tiers de diligence et bon avis. Car, quant au pr...

---

[1] Ce mot me semble pris dans l'acception de *joutes*, *tournois*, *jeux*, etc.

[2] La jalousie refroidit, et le froid commence par les pieds, comme la partie la plus éloignée du cœur.

[3] C'est-à-dire, qui était adroit. Proverbe tiré du petit bâton avec lequel les joueurs de gobelets font des tours de passe-passe. — [4] De commerce.

puisque l'amour est une vertu, laquelle cherche les esprits de gentille nature, il vous faut penser que quelque jour vous aimerez tôt ou tard : laquelle chose devant être, mieux vaut que de bonne heure vous receviez le service de celui qui vous aime comme sa propre vie, que d'attendre plus longuement à obéir au Seigneur, qui a puissance de vous faire payer l'usure du passé, et vous rendre entre les mains de quelque homme dissimulé, qui ne prenne pas votre honneur en si bonne garde comme il mérite. Quant au second, c'est un point qui a été vidé, longtemps a, en l'endroit de ceux qui savent que c'est que d'aimer. Car, pour l'affection que je vous porte, tant s'en faut que je fasse tort à celui qui vous a épousée, que plutôt je lui fais honneur, quand j'aime de si bon cœur ce qu'il aime. Il n'y a point de plus grand signe que deux cœurs soient bien d'accord, sinon quand ils aiment une même chose. Vous entendez bien, si nous étions ennemis, lui et moi, ou si n'avions point de familiarité l'un à l'autre, je n'aurois pas l'opportunité de vous voir, ne de vous parler si souvent. Ainsi le bon vouloir que j'ai vers lui, étant cause de la grand' amour que je vous porte, ne doit pas être cause que vous me laissiez mourir en vous aimant. Quant au tiers, vous savez, madame, qu'à cœur vaillant rien n'est impossible. Avisez donc que c'est qui pourroit échapper à deux cœurs soumis à l'Amour, lequel est un seigneur qui fait bien valoir ses sujets. » Pour abréger, Beaufort lui conta si honnêtement son cas, qu'honnêtement elle ne l'eût su refuser. Et demeurèrent les affaires en tel point, que la jeune dame fut vaincue d'une force volontaire ; si qu'il ne restoit plus qu'à trouver quelque bonne opportunité de mettre leur entreprise à exécution. Ils avisèrent les moyens uns et autres ; mais quand ce venoit à les faire bons, dame Pernette gâtoit tout ; car elle avoit deux yeux, qui valoient bien tous ceux du gardien de la fille d'Inache[1]. Et puis, d'user de finesses que Beaufort avoit autrefois faites, il n'y avoit ordre ; car le mari les savoit toutes par cœur. Toutefois il s'ingénia tant, qu'il en avisa une qui lui sembla assez bonne. Ce fut, que sachant bien qu'en toutes bonnes entreprises d'amours il y faut un tiers, il se découvre à un sien ami, jeune homme marchand de draps de soie et encore non marié, demeurant en une maison que son père lui avoit naguère laissée au bout du pont Notre-Dame ; et même étoit bien connu du mari. Un jour de Toussaint, comme il avoit été avisé entre les parties, la jeune femme, que le dieu d'amour conduisoit, partit de sa maison sur l'heure du sermon, pour aller ouïr un docteur[1] qui prêchoit à Saint-Jean en Grève, et qui avoit grand'presse ; et le mari demeura en sa maison pour quelque sien affaire. Ainsi que la dame passoit par devant la maison du sire Henri (ainsi s'appeloit le marchand), voici qu'il lui fut jeté (selon que le mystère avoit été dressé) un plein seau d'eau, qui lui couvroit toute la personne ; et fut jeté si à point, que tous ceux qui le virent, cuidèrent bien que ce fut par inconvénient. « O lasse[2], dit-elle, dame Pernette ! je suis diffamée[3] ! eh ! que ferai-je ? » Le plus vite fut qu'elle se jetât dedans la maison du sire Henri, et dit à dame Pernette : « M'amie, courez vitement me quérir ma robe fourrée d'agneau crêpée[4], je vous attendrai ici chez le sire Henri. » La vieille y va ; et la dame monte en haut, où elle trouva un fort beau feu, que son ami lui avoit fait apprêter ; lequel ne lui donna pas le loisir de se dévêtir, qu'il la jette sur un lit qui étoit là auprès du feu : là où pensez qu'ils ne perdirent point temps, et si eurent assez bon loisir de bien faire, avant que la vieille fût allée et venue, et prins robe et tous autres accoutrements. Le mari étant à la maison, entendit que dame Pernette étoit en la chambre de devant ; laquelle faisoit son affaire sans lui en dire rien, de peur qu'il se fâchât d'aventure. Il vient, et trouve la bonne Pernette, et commence à lui dire : « Que faites-vous ici ? où est ma femme ? » Dame Pernette lui conte ce qui lui étoit advenu, et qu'elle étoit venue quérir des habillements pour elle : « O de par le diable ! dit-il, en fongnant[5] ; voilà un tour de finesse, qui n'étoit point encore en mon papier : je les savois tous, fors celui-là. Je suis bien accoutré ! il ne faut qu'une méchante

---

[1] Argus, qui gardait Io métamorphosée en vache.

[1] C'était le fameux Olivier Maillard, qui mêlait le burlesque aux plus sublimes mystères de la religion. Il prêcha sous Louis XI, Charles VIII et Louis XII. On ne sait pas positivement si ses sermons ont été prononcés tels qu'ils furent imprimés, en latin mêlé de phrases françaises.

[2] A l'italienne, *ohime lassa !* — [3] Salie, souillée.

[4] C'est-à-dire, de peaux d'agneau à poil frisé.

[5] En se renfrognant.

heure pour faire un homme cocu. Allez-vous-en à elle, et je lui enverrai le reste par un garçon. » Dame Pernette y va ; mais il n'étoit plus temps ; car Beaufort avoit fait une partie de ses affaires, et se sauva par un huis de derrière, selon l'avertissement qu'il eut par celui qui faisoit le guet, pour voir venir dame Pernette ; laquelle, quand elle fut venue, n'y connut rien ; car combien que la jeune dame fût un petit en couleur, elle pensa que ce fût de la chaleur du feu : aussi étoit-ce, mais c'étoit du feu qui ne s'éteint pas pour l'eau de la rivière.

NOUVELLE XIX.

De l'avocat en parlement, qui fit abattre sa barbe pour la pareille ; et du dîner qu'il donna à ses amis.

Un avocat en parlement, qui étoit bien au compte de la douzaine [1], plaidoit une cause devant M. le président Lizet [2], naguère décédé [3], abbé de Saint-Victor *prope muros* [4]. Et parce que c'étoit une cause d'importance, il plaidoit d'affection ; esquelles causes est toujours avis aux avocats, qu'ils ne sauraient trop expressément parler pour le profit des parties et pour leur honneur ; et, pour ce, il redisoit d'aventure quelque point déjà allégué, craignant (possible) qu'il n'eût pas été prins de la Cour (ce qu'il ne faut pas craindre à Paris), de sorte que le président se levoit pour aller au conseil. L'avocat, ayant la matière à cœur, disoit : « Monsieur le président, encore un mot. » Le président n'oyoit point : mais étoit aux opinions de Messieurs. L'avocat, étant affectionné, va dire : « Monsieur le président, un mot : eh ! un mot pour la pareille [5]. »

Quand le président entendit parler de pareille (pour laquelle honnêtement ne se doit rien refuser), il demeure à écouter l'avocat tout à son gré, pour lui faire entendre qu'il vouloit bien faire quelque chose pour lui à la *pareille*. De quoi il fut bien ris. Et Dieu sait s'il eût voulu retenir sa *pareille* ! Toutefois il dit ce qu'il vouloit dire. Et s'il gagna ou perdit *pour la pareille*, le conte n'en dit rien ; mais bien dit que l'avocat dont est question portoit longue barbe, chose, encore qu'elle ne fût plus nouvelle, car assez d'autres en portoient, et de l'état même d'avocat, toutefois ne plaisoit pas à M. Lizet ; parce que de son règne avoit été fait l'édit des Barbes [1] ; lequel pourtant n'avoit pas tenu longuement ; car on suivoit la mode de cour, là où chacun portoit barbe indifféremment. Suivant propos, il advint que, de là à quelques jours, l'avocat même plaidoit une autre cause (ledit seigneur président étant lors en ses bonnes) ; lequel, quand ce vint à prononcer l'arrêt, y ajouta une queue, en disant : « Et quand et quand, et pareillement, Jaquelot [2], vous ferez cette barbe ? » Et, avec une petite pausette, dit : « *Pour la pareille.* » De quoi, il fut encore mieux ris, qu'il n'avoit été la première fois ; car cette *pareille* étoit encore de fraîche mémoire. Il fut contraint d'abattre sa barbe ; autrement, il n'eût jamais eu patience à M. le président, auquel il devoit cette *pareille*. Environ ce même temps, Jaquelot se trouva en compagnie de gens de bonne chère, faisant le sixième en la maison de l'abbé Chatelus, là où ils déjeûnèrent, mais assez sommairement ; parce que possible ne se trouvèrent pas viandes prêtes

---

[1] C'est-à-dire, du commun. Les Italiens disent de même *da dozzina*, et *dozzinale* par mépris.

[2] Pierre Lizet, né à Saint-Flour, en 1482, devint premier président du parlement de Paris en 1529. Victime du ressentiment de la duchesse de Valentinois et du cardinal de Lorraine, il fut accusé d'avoir parlé insolemment au roi, et après s'être démis de sa charge, il se retira dans l'abbaye de Saint-Victor, où il composa des livres de piété, que Théodore de Bèze tourna en ridicule dans son *Passavant*.

[3] Le 7 de juin 1554, plus de dix ans après Des Periers, mort avant l'an 1544 ; ce qui ne sert pas peu à confirmer ce qu'a dit La Croix du Maine, que Des Periers n'est pas l'auteur de tous ces contes.

[4] Allusion au titre de l'épître macaronique de Bèze, sous le nom de *Passavant : Responsio ad commissionem sibi datam à venerabili domino Petro Lizeto, nuper curiæ Parisiensis præsidente, nunc abbate Sancti-Victoris prope muros.*

[5] Bèze, dans son *Passavant*, semble avoir affecté,

en parlant du livre du président Lizet, *Contra Pseudo Evangelicos*, de dire *pour la pareille : O Domine* dit-il, *pro pari dicatis mihi si vidistis librum domini nuper præsidentis*. Et Guillaume Bouchet, *Serée* 14, fait le conte d'un criminel qui, étant sur l'échelle, pria les assistants de dire pour lui un *Pater noster* la pareille.

[1] En 1521, François Iᵉʳ étant, le jour des Rois, à Romorantin, comme il se divertissait à combattre à boules de neige contre le comte de Saint-Pol et sa bande, un tison jeté par une fenêtre blessa le roi à la tête : il fallut lui couper les cheveux. Les Suisses et les Italiens portaient alors les cheveux courts et la barbe longue ; François Iᵉʳ suivit cette mode qui devint bientôt celle de toute la France.

[2] C'était un avocat distingué, qui devint conseiller du parlement en 1553, après avoir plaidé dans la cause des massacres de la Cabrière et de Mérindol.

sus l'heure, et qu'ils étoient tous familiers : desquels Chatelus se dispensa privément. Jaquelot, au départir, les convia à dîner, et appela encore quelques-uns de ses amis, qui dînèrent tous ensemble familièrement. Et y étoit entre autres un personnage [1], dont le nom est bien connu en la France, tant pour son titre d'honneur, que de son savoir, lequel avoit été au déjeûner de Chatelus. Et, de sa part, je crois bien qu'il se contentoit bien de chacun des traitements ; car les hommes de respect prennent garde à la bonne chère [2] des personnes plus qu'à l'exquisition des viandes. Toutefois, par manière de passe-temps, il en fit une épigramme.

> Chatelus donne à déjeuner
> A six, pour moins d'un carolus,
> Et Jaquelot donne à dîner
> A plus, pour moins que Chatelus.
> Après ce repas dissolu,
> Chacun s'en va gai et fallot :
> Qui me perdra chez Chatelus
> Ne me cherche chez Jaquelot.

NOUVELLE XX.

De Gillet le menuisier ; comment il se vengea du levrier qui lui venoit manger son dîner.

Un menuisier de Poitiers, nommé Gillet, qui travailloit pour gagner sa vie le mieux qu'il pouvoit, ayant perdu sa femme, qui lui avoit laissé une fille de l'âge de neuf à dix ans, se passoit du service d'elle, et n'avoit autre valet ni chambrière. Il faisoit sa provision le samedi de ce qu'il lui falloit pour la semaine ; et mettoit, de bon matin, sa petite potée au feu, que sa fille faisoit cuire ; et se trouvoit aussi bien de son ordinaire, comme un plus riche, du sien. Or, il se dit en commun langage, qu'il ne fait pas bon avoir voisin trop pauvre ni trop riche ; car s'il est pauvre, il sera toujours à vous demander, sans vous pouvoir secourir de rien ; s'il est trop riche, il vous tiendra en subjétion, vous faudra endurer de lui, et ne l'oserez emprunter de rien. Ce menuisier avoit pour voisin un gentilhomme de ville ; lequel étoit un petit trop grand seigneur pour lui, et tenoit grand train d'allants et venants [3] et de valets ;

et, d'autant qu'il aimoit la chasse, il tenoit des chiens en sa maison, pource qu'il ne lui falloit pas sortir loin de la ville pour avoir son passe-temps du lièvre. Entre ces chiens, y avoit un levrier fort méfaisant [1], qui entroit partout ; et ne trouvoit rien trop chaud ne trop pesant ; pain, chair, fourmage, tout lui étoit fourrage. Et le pauvre menuisier en étoit le plus foulé, car il n'y avoit que la muraille entre le gentilhomme et lui : au moyen de quoi, ce levrier se fourroit à toute heure chez lui, et emportoit tout ce qu'il trouvoit. Et même, ce levrier avoit cette astuce, que de la patte il renversoit le pot qui bouilloit au feu, et en prenoit la chair, et s'en alloit à-tout ; dont bien souvent le pauvre Gillet étoit mal dîné : chose qui lui fâchoit fort, qu'après avoir travaillé toute la matinée, il fût desservi, avant se mettre à table. Et le pis étoit qu'il ne s'en osoit plaindre. Mais il proposa de s'en venger, quoi qu'il en dût advenir. Un jour qu'il vit entrer ce levrier, qui alloit à sa prise, il s'en va après, sans faire grand bruit, avec une grosse limande [2] carrée en sa main ; et le trouve qu'il étoit environ son pot, à tirer la chair qui étoit dedans. Il ferme la porte bien à point, et vous attrape ce levrier ; auquel, en moins de rien, donna cinq ou six coups de cette limande sur les reins, et ne s'y feignit point [3]. Et tout incontinent il laisse sa limande et print une houssine en la main, qui n'étoit pas plus grosse que le doigt, longue d'une aune ou environ, et ouvre l'huis au levrier, qui crioit à gueule ouverte, comme éreiné [4] qu'il étoit. Ce menuisier couroit après, avec sa houssine, dont il le frappoit toujours, et le poursuivit jusques en la rue en disant : « Vous n'irez pas, monsieur le levrier. Si vous y retournez ! Vous venez manger ici mon dîner ! » faisant semblant qu'il ne l'avoit frappé que de la verge. Mais ç'avoit été d'une verge souple comme un pied de selle [5], dont il avoit accoutré le levrier ; si que le gentilhomme ne mangea depuis lièvre de sa prise.

venants ne sont ici que des gens de service fort affairés autour de leur maître.
[1] Malfaisant.
[2] Pièce de bois de sciage, carrée en long et plate.
[3] C'est-à-dire, ne le ménagea pas.
[4] Éreinté. — [5] Chaise.

NOUVELLE XXI.

Du savetier Blondeau, qui ne fut oncques en sa vie mélancolique, que deux fois; et comment il y pourvut; et son épitaphe.

A Paris sus Seine trois bateaux y a[1], mais il y avoit aussi un savetier que l'on appeloit Blondeau, lequel avoit sa loge près la Croix du Tiroir[2]; là où il refaisoit les souliers, gagnant sa vie joyeusement, et aimant le bon vin surtout; et l'enseignoit voulentiers à ceux qui y alloient. Car, s'il y en avoit en tout le quartier, il falloit qu'il en tâtât; et étoit content d'en avoir davantage et qu'il fût bon. Tout le long du jour, il chantoit et réjouissoit tout le voisiné[3]. Il ne fut oncques vu en sa vie marri, que deux fois, l'une, quand il eut trouvé en une vieille muraille un pot de fer, auquel il y avoit grande quantité de pièces antiques de monnoie, les unes d'argent, les autres d'aloi[4], desquelles il ne savoit la valeur. Lors il commença de devenir pensif. Il ne chantoit plus; il ne songeoit plus qu'en ce pot de quincaille[5]. Il fantasioit[6] en soi-même : « La monnoie n'est pas de mise. Je n'en saurois avoir ni pain ni vin. Si je la montre aux orfèvres, ils me décèleront, ou ils en voudront avoir leur part, et ne m'en bailleront pas la moitié de ce qu'elle vaut. » Tantôt il craignoit de n'avoir pas bien caché ce pot et qu'on le lui dérobât. A toutes heures il partoit de sa tente[7], pour l'aller remuer. Il étoit en la plus grand' peine du monde, mais à la fin il se vint à reconnoître, disant en soi-même : « Comment! je ne fais que penser en mon pot! Les gens connoissent bien, à ma façon, qu'il y a quelque chose de nouveau en mon cas. Bah! le diable y ait part au pot! il me porte malheur. » En effet, il le va prendre gentiment, et le jette en la rivière; et noya toute sa mélancolie avec ce pot. Une autre fois, il se trouva fâché contre un monsieur, qui demouroit tout vis-à-vis de sa logette; au moins il avoit sa logette tout vis-à-vis de monsieur, lequel quidam monsieur avoit un singe qui faisoit mille maux au pauvre Blondeau, car il l'épioit d'une fenêtre haute, quand il tailloit son cuir, et regardoit comme il faisoit. Et aussitôt que Blondeau étoit allé dîner, ou en quelque part à son affaire, ce singe descendoit et venoit en la loge de Blondeau, et prenoit son tranchet, et découpoit le cuir de Blondeau comme il l'avoit vu faire. Et de cela faisoit coutume à tous les coups[1] que Blondeau s'écartoit : de sorte que le pauvre homme fut tout un temps, qu'il n'osoit aller boire ni manger hors de sa boutique, sans enfermer son cuir. Et si quelquefois il oublioit à le serrer, le singe n'oublioit pas à le lui tailler en lopins : chose qui lui fâchoit fort; et si n'osoit pas faire mal à ce singe, par crainte de son maître. Quand il en fut bien ennuyé, il délibéra de s'en venger, s'étant bien aperçu de la manière qu'avoit ce singe, qui étoit de faire en la propre sorte qu'il voyoit faire : car si Blondeau avoit aiguisé son tranchet, ce singe l'aiguisoit après lui; s'il avoit poissé du ligneul[2], aussi faisoit ce singe; et s'il avoit cousu quelque carrelure, ce singe s'en venoit jouer des coudes, comme il lui avoit vu faire. A l'une des fois, Blondeau aiguisa un tranchet, et le fit couper comme un rasoir. Et puis, l'heure qu'il vit ce singe en aguet[3], il commença à se mettre ce tranchet contre la gorge, et le mener et ramener, comme s'il se fût voulu égosiller[3]. Et quand il eut fait cela assez longuement pour le faire aviser à ce singe, il s'en part de sa boutique, et s'en va dîner. Ce singe ne faillit pas incontinent à descendre, car il vouloit s'ébattre à ce nouveau passe-temps qu'il n'avoit point encore vu faire. Il vint prendre ce tranchet, et tout incontinent se le mit contre la gorge, en le menant et ramenant comme il avoit vu faire à Blondeau. Mais il l'approcha trop près; et ne se print garde qu'en le frayant contre sa gorge, il se coupe le gosier de ce tranchet, qui étoit si bien effilé : dont mourut, avant qu'il fût une heure de là. Ainsi Blondeau fut vengé de son singe sans danger, et se remit à sa coutume première, chanter et faire bonne chère, laquelle lui dura jusqu'à la mort. Et en la souvenance de joyeuse vie qu'il avoit menée, fut fait un épitaphe de lui, tel que s'en suit.

Ci-dessous gît en ce tombeau
Un savetier nommé Blondeau,

---

[1] Ces mots ont tout l'air du commencement d'une vieille chanson.

[2] La Croix du Tiroir ou Trahoir ou Trioir, ainsi nommé d'un supplice ou d'un marché, était le carrefour de la rue de l'Arbre-Sec. — [3] Voisinage.

[4] Alliage dont beaucoup de monnaies blanches étaient composées. — [5] Vieux deniers. — [6] Rêvait.

[7] Échoppe couverte d'une toile.

---

[1] Toutes les fois. — [2] Gros fil.

[3] Aux aguets, attentif. — [4] Couper la gorge.

Qui en son temps rien n'amassa,
Et puis après il trépassa.
Marris en furent les voisins,
Car il enseignoit les bons vins.

NOUVELLE XXII.

De trois frères, qui cuidèrent être pendus pour leur latin.

Trois frères de maison avoient longuement demeuré à Paris, mais ils avoient perdu tout leur temps à courir, à jouer et à folâtrer. Advint que leur père les manda tous trois, pour s'en venir; dont ils furent fort surpris; car ils ne savoient un seul mot de latin. Mais ils prindrent complot d'en apprendre chacun un mot pour leur provision. Savoir est, le plus grand apprint à dire : *Nos tres clerici*[1]. Le second print son thême sur l'argent, et apprint: *Pro bursa et pecunia*[2]. Le tiers, en passant par l'église, retint le mot de la grand'messe : *Dignum et justum est*[3]. Et là-dessus partirent de Paris, ainsi bien pourvus, pour aller voir leur père; et conclurent ensemble, que partout où ils se trouveroient, et à toutes sortes de gens, ils ne parleroient autre chose que leur latin; se voulant faire estimer par là les plus grands clercs de tous le pays. Or, comme ils passoient par un bois, il se trouva que les brigands avoient coupé la gorge à un homme et l'avoient laissé là après l'avoir détroussé. Le prévôt des maréchaux étoit après avec ses gens, qui trouva ces trois compagnons près de là où le meurdre[4] s'étoit fait, et où gisoit le corps mort. « Venez çà, dit-il : Qui a tué cet homme? » Incontinent le plus grand, à qui l'honneur appartenoit de parler le premier, va dire : « *Nos tres clerici*. — O ho! dit le prévôt : et pourquoi l'avez-vous fait? — *Pro bursa et pecunia*, dit le second. — Eh bien, dit le prévôt, vous en serez pendus. — *Dignum et justum est*, dit le tiers. » Ainsi les pauvres gens eussent été pendus à crédit, n'eût été que, quand ils virent que c'étoit à bon escient, ils commencèrent à parler le latin de leur mère[5], et à dire qui ils étoient. Le prévôt, qui les vit jeunes et peu fins, connut bien que ce n'avoit pas été eux, et les laissa aller, et fit la poursuite des voleurs qui avoient fait le meurdre. Mais les trouva-t-il? Et qu'en sais-je? mon ami, je n'y étois pas.

[1] Nous trois clercs. — [2] Pour la bourse et pour l'argent.
[3] Il est digne et juste. — [4] Meurtre.
[5] C'est-à-dire, à parler français.

NOUVELLE XXIII.

Du jeune fils qui fit valoir le beau latin que son curé lui avoit montré[1].

Un laboureur riche, après avoir tenu son fils quelques années à Paris, le manda quérir par le conseil de son curé. Quand il fut venu, le père, qui étoit jà vieux, fut joyeux de le voir, et ne faillit à envoyer incontinent quérir monsieur le curé à dîner, pour lui faire fête de son fils. Le curé vint, qui vit le jeune enfant, et lui dit : « Vous soyez le bienvenu, mon ami. Je suis bien aise de vous voir. Or çà, dînons, et puis nous parlerons à vous. » Ils dinèrent très-bien. Après dîner, le père dit au curé : « Monsieur le curé, vous voyez ce garçon, je l'ai fait venir de Paris : comme vous m'aviez conseillé, il y aura trois ans à cette Chandeleur qu'il y alla; je voudrois bien savoir s'il a profité; mais j'ai grand'peur qu'il ne veuille rien valoir, j'en voulois faire un prêtre; je vous prie, monsieur le curé, de l'interroger un petit pour savoir comment il a employé son temps. — Oui dà, mon compère, dit le curé, je le ferai pour l'amour de vous. » Et sur-le-champ, et en la présence du bonhomme, fit approcher le jeune fils : « Or çà, dit-il, vos régens de Paris sont grands latins. Que je voie comme ils vous ont apprins? Puisque votre père veut vous faire prêtre, j'en suis bien aise, mais dites-moi un peu en latin un *prêtre*; vous le devez bien savoir? » Le jeune fils lui répondit *sacerdos*. « Eh bien, dit le curé, ce n'est pas trop mal dit, car il est écrit : *Ecce sacerdos magnus*; mais *prestolus* est bien plus élégant et plus propre, car vous savez bien qu'un prêtre porte l'étole. Or çà, dites-moi en latin un *chat*. » (Le curé voyoit le chat au long du feu.) L'enfant répond *catus, felis, murilegus*. Le curé, pour donner à entendre au père qu'il savoit bien plus qu'ils ne savoient pas à Paris, dit au jeune fils : « Mon ami, je pense bien que vos régens vous ont ainsi montré, mais il y a bien un meilleur mot; c'est *mitis*[2]. Car vous savez bien qu'il n'est rien tant privé qu'un chat, et même la queue, qui est souève[3] quand on la manie, s'appelle *suavis*. Or çà, comment est-ce en latin, du *feu*? » L'enfant répond *ignis*. « Non,

[1] Il y a un conte à peu près semblable dans les *Nuits* de Straparole, fable 4 de la IXe nuit.
[2] De là *chatemite*. — [3] Douce, molle.

non, dit le curé, c'est *gaudium*, car le feu réjouit. Ne voyez-vous pas comme nous sommes ici à notre aise auprès du feu ? Or çà, de l'*eau*, comme s'appelle-t-elle en latin ? » L'enfant lui dit *aqua*. « C'est mieux dit *abundantia*, dit le curé. Car vous savez qu'il n'y a chose plus abondante que l'eau. Or çà, un *lit*? » L'enfant dit *lectus*. « *Lectus !* dit le curé, vous ne parlez que le latin tout vulgaire, il n'y a enfant qui n'en dît bien autant. N'en savez-vous point d'autre ? » L'enfant répond *torus*. « Encore n'y êtes-vous pas, dit le curé. N'en savez-vous point d'autre ? » L'enfant dit *cubile*. « Encore n'y êtes-vous pas. » A la fin, quand il n'eut plus rien à lui dire pour le latin d'un *lit :* « Jean, je vous le vois[1] dire, dit le curé; c'est *requies*, mon ami ; pource qu'on y dort et qu'on y prend son repos. » Ce pendant que le curé l'interrogeoit ainsi avec ses *or çà*, le bonhomme de père ne faisoit pas guère bonne chère[2], et eût voulentiers battu son fils, et pensoit qu'il avoit perdu son argent. Mais le curé, le voyant fâché, lui dit : « Non, non, compère, il n'a pas mal proufité; je sais bien qu'on lui a ainsi montré comme il dit ; il ne répond pas trop mal ; mais il y a latin et latin, dea! Je sais des mots de latin, dont ils n'ouïrent jamais parler à Paris. Envoyez-le moi souvent, je lui apprendrai des choses qu'il ne sait pas encore ; et vous verrez que, devant qu'il soit trois mois, je l'aurai rendu bien autre qu'il n'est. » Le jeune enfant cependant n'osoit pas répliquer, pource qu'il étoit craintif et honteux ; mais il n'en pensoit pas moins pourtant. De là à quelques jours, le curé fit tuer un pourceau gras, et envoya quérir à dîner le bonhomme de père pour lui donner des charbonnées[3] et des boudins, et lui manda qu'il ne faillît pas à mener son fils. Ils vinrent et dînèrent. Le jeune fils, qui avoit bien retenu le latin que lui avoit enseigné le curé, et qui avoit déjà songé la manière de le mettre en exécution pratique, s'étant levé de table de bonne heure, va gentiment prendre le chat, et lui ayant attaché un bouchon de paille à la queue, met le feu dedans la paille avec une allumette, et vous laisse aller ce chat, qui se print à fuir comme s'il eût eu le feu au cul. Le premier lieu où il se fourre, ce fut sous le lit du curé, là où le feu fut bientôt prins. Quand le jeune fils connut qu'il étoit temps d'adopérer[1] son latin, il s'en vint vitement au curé, et lui dit: « *Prestole, mitis habet gaudium in suavi; quod si abundantia non est, tu amittis tuum requiem.* » Ce fut au curé à courir, voyant le feu déjà grand ; et, par ce moyen, le jeune fils proufita le latin que lui avoit appris M. le curé, pour lui apprendre à ne le faire plus infâme[2] devant son père.

NOUVELLE XXIV.

D'un prêtre qui ne disoit autre mot que Jésus en son Évangile.

En une paroisse du diocèse du Mans, laquelle se demande[3] Saint-Georges, y avoit un prêtre, qui autrefois avoit été marié ; et depuis que sa femme fut morte, pour mieux faire son devoir de prier Dieu pour elle, et aussi pour gagner une messe qu'elle avoit ordonné par son testament être dite en l'église paroichiale[4], se voulut faire d'Église. Et combien qu'il ne sût du latin que pour sa provision, encore pas ; toutefois il faisoit comme les autres et venoit à bout de ses messes au moins mal qu'il lui étoit possible. Un jour de bonne fête, vint à Saint-Georges un gentilhomme, pour quelque affaire qu'il y avoit, et arriva entre les deux messes ; et pource qu'il n'avoit bonnement loisir d'attendre la grand'messe, voulut en faire dire une basse, et commanda à son homme de lui trouver un prêtre pour la lui dire : lequel s'adressa à cettui-ci duquel nous parlons, qui étoit prêt comme un chandelier[5]. Et combien qu'il ne sût que ses messes de *Requiem*, de *Notre-Dame* et du *Saint-Esprit*; toutefois il n'en faisoit jamais semblant de rien, de peur de perdre ses six blancs[6]. Il se vêt, il commence sa messe, il se dépêche de l'Introït, combien qu'il lui coûta assez, l'Épître encore plus. Mais le gentilhomme n'y prenoit bonnement garde, étant empêché à dire ses Heures ; jusqu'à ce que vint l'Évangile, lequel n'étoit pas bien à l'usage du prêtre ; car il ne l'avoit jamais dit que trois ou quatre fois ; au moyen de quoi il étoit fort empêché, sachant bien qu'on l'écoutoit ; qui étoit cause que la crainte lui faisoit encore plus fourcher sa lan-

---

[1] Vais. — [2] Bon visage. — [3] Carbonnades.

[1] Employer. — [2] Indigne, ignorant.
[3] Italianisme (*si domanda*); pour *se nomme*.
[4] Paroissiale. — [5] Ce proverbe vient de ce qu'un chandelier se porte aisément où l'on veut.
[6] C'était alors le prix d'une messe.

gue. Il disoit cet évangile si pesamment, et trouvoit tant de mots nouveaux et longs à épeler, qu'il étoit contraint d'en laisser la moitié ; et vous disoit à tous coups *Jesus*, encore qu'il n'y fût point. A la fin il s'en tira à bien grand'-peine, et acheva sa messe comme il put. Le gentilhomme, ayant noté la souffisance [1] de ce bon capelan [2] le fit payer de sa messe, et dit à son homme, qu'il le fit venir chez le curé pour dîner avec lui, quand la grand'messe seroit dite. Ce qu'il fit voulentiers ; car qui baille six blancs à un homme, et lui donne bien à dîner, il lui donne la valeur de cinq bons sols à proufit de ménage. En dînant, le gentilhomme vint en propos de la messe et du service du jour, et se print à dire : « Messire Jean, l'évangile du jour d'hui étoit fort dévotieux : il y avoit beaucoup de Jésus ! » Lors, messire Jean, qui étoit un peu regaillardi, tant pour la familiarité du gentilhomme, que pour la bonne chère qu'il avoit faite, lui dit : « J'entends déjà bien là où vous voulez venir, monsieur ; mais je vous dirai, monsieur, il n'y a encore que trois ans que je suis prêtre, monsieur ; je ne suis pas encore si bien stylé, monsieur, comme ceux qui l'ont été vingt ou trente ans, monsieur. L'évangile du jour d'hui, monsieur, pour dire vérité, je ne l'avois point encore vu, monsieur, que trois ou quatre fois, comme il y en a beaucoup d'autres au messel [3], monsieur, qui sont un peu mal aisés, monsieur ; mais quand je dis la messe, monsieur, devant les gens, monsieur, de bien, et qu'en l'évangile il y a de ces mots difficiles à lire, monsieur, je les saute, monsieur, de peur de faire la messe trop longue, monsieur ; mais je dis *Jesus* au lieu, qui vaut mieux, monsieur. — Vraiment, dit le gentilhomme ; messire Jean, vous avez bien cause d'avoir raison. Quand je viendrai ici, je veux toujours ouïr votre messe : j'en vais boire à vous. — Grand merci, dit messire Jean : *et ego cum vos*. Prou [4] vous fasse, monsieur, quand vous aurez affaire de moi, monsieur ! je vous servirai aussi bien que prêtre, monsieur, de cette paroisse. » Et ainsi print congé, gai comme Pérot [5].

[1] Valeur, capacité. — [2] Chapelain, prêtre.
[3] Missel. — [4] Profit, grand bien.
[5] « Ce mot, dit La Monnoye, fait allusion à *pet*, *rot*, deux choses du monde les plus gaies : un *pet* et un *rot* chantant l'un et l'autre, du moment de leur naissance jusqu'à celui de leur mort. »

NOUVELLE XXV.

De maître Pierre Fai-Feu [1], qui eut des bottes qui ne lui coûtèrent rien ; et des Copieux de la Flèche en Anjou.

N'a pas encore long temps que régnoit en la ville d'Angers un bon affieux de chiendent [2], nommé maître Pierre Fai-feu, homme plein de bons mots et de bonnes inventions, et qui ne faisoit pas grand mal, fors que quelques fois il usoit des tours villoniques [3] ; car *pour mettre comme un homme habile le bien d'autrui avec le sien, et vous laisser sans croix ni pile, maître Pierre le faisoit bien* [4], et trouvoit fort bon le proverbe qui dit que *tous biens sont communs, et qu'il n'y a que manière de les avoir*. Il est vrai qu'il le faisoit si dextrement, et d'une si gentille façon, qu'on ne lui en pouvoit savoir mauvais gré, et ne s'en faisoit-on que rire, en s'en donnant garde pourtant, qui pouvoit. Il seroit long à raconter les bons tours qu'il a faits en sa vie. Mais j'en dirai un qui n'est pas des pires, afin que vous puissiez juger que les autres devoient valoir quelque chose. Il se trouva, une fois entre toutes, si pressé de partir de la ville d'Angers, qu'il n'eut pas loisir de prendre des bottes. Comment, des bottes ! il n'eut pas le loisir de faire seller son cheval ; car on le suivoit un peu de près ; mais il étoit si accort et si inventif, qu'incontinent qu'il fut à deux jets d'arc de la ville, trouva façon d'avoir une jument d'un pauvre homme, qui s'en retournoit dessus en son village, lui disant qu'il s'en alloit par là, et qu'il la laisseroit à sa femme en passant, et pource qu'il faisoit un peu mau-

[1] Charles de Bourdigné, prêtre angevin, a écrit *la Légende dorée, ou Vie plaisante de maître Pierre Fai-feu*, imprimée à Angers l'an 1532. Ce conte fait le vingt et unième chapitre de cette Légende, en soixante-deux vers, dont les moins mauvais sont les deux derniers :

Car d'eux il eut, sans faire grand'bataille,
Houseaux de cuir pour ses bottes de paille.

[2] *Affieux* signifiant *graine*, *plant*, et le chiendent étant une mauvaise herbe qui étouffe les bonnes, cette expression figurée est plus facile à expliquer qu'à traduire. La Monnoye dit que c'est *un matois qui donne de l'exercice à ceux qui se frottent à lui*.

[3] Tours de matois, friponneries plaisantes telles qu'en faisait le poëte François Corbueil, surnommé *Villon*, parce que de son temps *ville* signifiait tromperie. Voy. dans Rabelais une terrible facétie de Villon contre le sacristain de Saint-Maxent. *Pantag.*, liv. IV, ch. 13.

[4] Imitation de quatre vers de la fameuse ballade sur *frère Lubin*, par Clément Marot.

vais temps, il entra en une grange, et en grande diligence fit de belles bottes de foin, toutes neuves, et monte sur sa jument, et pique; au moins talonne tant, qu'il arriva à la Flèche, tout mouillé et tout mal en point, qui n'étoit pas ce qu'il aimoit; dont il se trouvoit tout peneux. Encore pour amender son marché[1], en passant tout le long de la ville, où il étoit connu comme un loup gris et ailleurs avec; les copieux (ainsi ont-ils été nommés pour leurs gaudisseries[2]) commencèrent à le vous railler de bonne sorte: « Maître Pierre, disoient-ils, il seroit bon à cette heure parler à vous; vous êtes bien attrempé.[3] » L'autre lui disoit: « Maître Pierre, ton épée vous chet. » L'autre: « Vous êtes monté comme un saint Georges, à cheval sur une jument. » Mais, par-dessus tous, les cordouanniers se moquoient de ses bottes. « Ah! vraiment, disoient-ils, il fera bon temps pour nous: les chevaux mangeront les bottes de leurs maîtres. » Mon M. Pierre étoit mené, qu'il ne touchoit de pied en terre[4], et d'autant plus voulentiers se prenoient à lui, qu'il étoit celui qui gaudissoit les autres. Il print patience, et se sauve en l'hôtellerie pour se faire traiter. Quand il fut un petit revenu auprès du feu, il commence à songer comment il auroit sa revanche de ces copieux, qui lui avoient ainsi fait la bienvenue. Si lui souvint d'un bon moyen que le temps et la nécessité lui présentoient, pour se venger des cordouanniers, en attendant que Dieu lui donnât son recours contre les autres. Ce fut qu'ayant faute de bottes de cuir, il imagina une invention de se faire botter par les cordouanniers à leurs dépens. Il demanda à l'hôte (comme s'il n'eût guère bien connu la ville) s'il n'y avoit cordouanniers là auprès, faisant s'emblant d'être parti d'Angers en diligence, pour quelque affaire qu'il lui dit, et qu'il n'avoit eu le loisir de se houser, ni éperonner. L'hôte lui répondit, qu'il y avoit des cordouanniers à choisir. « Pour Dieu! ce dit maître Pierre, envoyez m'en quérir un, mon hôte, » ce qu'il fit. Il en vient un, lequel, de bonne aventure, étoit l'un de ceux qui l'avoient ainsi bien lardé à sa venue. « Mon ami, dit maître Pierre, ne me feras-tu pas bien une paire de bottes pour demain le matin? — Oui dà, monsieur, dit le cordouannier. — Mais je les voudrois avoir une heure devant jour. — Monsieur, vous les aurez à telle heure et à bon matin que vous voudrez. — Eh, mon ami, je t'en prie, dépêche-les-moi, je te paierai à tes mots[1]. » Le cordouannier lui prend sa mesure et s'en va. Incontinent qu'il fut départi, maître Pierre envoie par un autre valet quérir un autre cordouannier, faisant semblant qu'il n'avoit pas pu accorder avec celui qui étoit venu. Le cordouannier vint, auquel il dit tout ainsi qu'à l'autre, qu'il lui fît venir une paire de bottes pour le lendemain une heure devant le jour, et qu'il ne lui challoit qu'elles coûtassent, pourvu qu'il ne lui faillît point, et qu'elles fussent de bonne vache de cuir[2], et lui dit la même façon dont il les vouloit, qu'il avoit dit à l'autre. Après lui avoir prins la mesure, le cordouannier s'en va, et mes deux cordouanniers travaillèrent toute la nuit, environ[3] ces bottes, ne sachant rien l'un de l'autre. Le lendemain matin, à l'heure dite, il envoya quérir le premier cordouannier, qui apporta ses bottes. Maître Pierre se fait chausser celle de la jambe droite, qui lui étoit faite comme un gant ou comme de cire, ou comme vous voudrez; car les bottes ne seroient pas bonnes de cire. Contentez-vous qu'elle lui étoit moult bien faite. Mais quand ce vint à chausser celle de la jambe gauche, il fait semblant d'avoir mal à la jambe: « Oh! mon ami, tu me blesses! j'ai cette jambe un petit enflée d'une humeur qui m'est descendue dessus; j'avois oublié à te le dire, la botte est trop étroite; mais il y a bon remède. Mon ami, va la remettre à l'embouchoir, je t'ai-

---

[1] C'est-à-dire, pour augmenter la mauvaise chance.

[2] Ainsi nommés du verbe *copier*, dans le sens d'*imiter malignement les manières de quelqu'un pour le rendre ridicule*. Ménage, dans ses *Origines de la langue française*, écrit: *les copieurs de la Flèche*. C'était un proverbe dans ce temps-là, où les habitans de chaque ville se trouvaient qualifiés par un sobriquet proverbial. Voyez les *Proverbes et dictons populaires* publiés par M. Crapelet.

[3] Quolibet consistant dans une allusion du mot *attrempé*, qui signifie *posé, rassis, modéré*, au mot *trempé*, qui signifie *mouillé*.

[4] Parce qu'on le ballottait, selon La Monnoye; mais il vaut mieux entendre que la foule le pressait de toutes parts et le soulevait de terre.

[1] C'est-à-dire, tout ce que tu demanderas.

[2] Transposition de mots burlesque, pour *de bon cuir de vache*.

[3] Après. On dit encore dans le peuple: *travailler après quelque chose*.

tendrai plutôt une heure. » Quand le cordouannier fut sorti, maître Pierre se déchausse vitement la botte droite, et mande quérir l'autre cordouannier, et, ce pendant, fit tenir sa monture toute prête, et compta et paya. Voici venir le second cordouannier avec ses bottes. Maître Pierre se fait chausser celle de la jambe gauche, laquelle se trouva merveilleusement bien faite ; mais, à celle de la jambe droite, il fit telle fourbe, comme il avoit fait à l'autre, et renvoie cette botte droite pour être élargie. Incontinent que le cordouannier s'en fut allé, maître Pierre reprend sa botte de la jambe droite, et monte à cheval sur sa jument, et va vie[1] avec ses bottes, et des éperons, lesquels il avait achetés, car il n'avoit pas loisir de tromper tant de gens à un coup ; et de piquer. Il étoit déjà à une lieue, quand mes deux cordouanniers se trouvèrent à l'hôtellerie, avec chacun une botte en la main, qui s'entredemandèrent pour qui étoit la botte : « C'est, ce dit l'un, pour maître Pierre Faifeu, qui me l'a fait élargir parce qu'elle le blessoit. — Comment ! dit l'autre, je lui ai élargi celle-ci. — Tu te trompes ; ce n'est pas pour lui que tu as besogné. — Si est, si est, dit-il. N'ai-je pas parlé à lui ? Ne le connois-je pas bien ! » Tandis qu'ils étoient à ce débat, l'hôte vint, qui leur demande que c'étoit qu'ils attendoient. « C'est une botte pour maître Pierre Fai-feu, que je lui rapporte, » dit l'un. Et l'autre en disoit autant. « Vous attendrez donc qu'il repasse par ici, dit l'hôte ; car il est bien loin, s'il va toujours. » Dieu sait si les deux cordouanniers se trouvèrent camus[2]. « Et que ferons-nous de nos bottes ? » se disoient-ils l'un à l'autre. Ils s'avisèrent de les jouer à belle condemnade[3], parce qu'elles étoient toutes deux d'une même façon. Et maître Pierre échappe de hait[4], qui étoit un petit mieux en équipage que le jour de devant.

NOUVELLE XXVI.

De maître Arnaud, qui emmena la haquenée d'un Italien en Lorraine, et la rendit au bout de neuf mois.

Il y avoit en Avignon un tel averlan[5]. Je ne sais s'ils avoient été ensemble à même école, maître Pierre Fai-feu et lui ; mais tant il y a

[1] Italianisme : *Va via*, va son chemin. — [2] Confus.
[3] Jeu de cartes à trois personnes, espèce de lansquenet. — [4] De grand cœur, à souhait.
[5] Maquignon, matois.

qu'ils faisoient d'aussi bons tours l'un comme l'autre ; et si n'étoient pas loin d'un même temps. Cellui-ci s'appeloit maître Arnaud, lequel même usa en Avignon de la propre pratique d'avoir des bottes, que nous avons dit ; et si n'étoit point si pressé de partir comme maître Pierre ; mais un jour, voulant faire un voyage en Lorraine, le disoit à tout le monde. Et, pource qu'il ne se tenoit jamais garni de rien, s'assurant en ses inventions, on pensoit qu'il se moquât. Quand il avoit un manteau, on lui demandoit où il prendroit des bottes ; s'il avoit des bottes, on lui demandoit où il prendroit un chapeau ; et puis de l'argent, qui étoit la clef du métier. Mais cependant il trouvoit de tout ; tellement que, pour son voyage de Lorraine, il se trouva prêt petit à petit de tout ce qu'il lui falloit ; fors qu'il n'avoit point de cheval. Mais, se fiant bien que Dieu ne l'oublieroit au besoin, il se tenoit toujours botté comme un messager, se pourmenant par ci, par là, faisant semblant de dire adieu à ses amis. Mais il épioit sa proie, qui étoit à avoir un cheval par quelque bonne fortune. Ceux qui le connoissoient lui disoient en riant : « Or çà, maître Arnaud, vous irez en Lorraine, quand vous aurez un cheval ; vous êtes botté pour coucher en cette ville. — Eh bien, bien, disoit-il, laissez faire ; je partirai quand il sera temps. » Mon homme pensoit tout au contraire des gens ; car ce qu'on cuidoit qui lui fût le plus mal aisé à recouvrer, il l'estimoit le plus facile : ce qu'il montra bien ; car, quand il vit son appoint[1], il s'en vint, environ les neuf heures du matin, devant le Palais, là où quelques missères[2] étoient entrés le matin pour les affaires de la légation[3], lesquels sont quasi tous Italiens, qui sur une haquenée, et qui sur une mule ; principalement les vieilles personnes, car les jeunes s'en peuvent bien passer. Or, il y en a toujours quelqu'une de mal gardée ; car les laquais les attachent à quelque boucle contre la muraille, et s'en vont jouer ou ivrogner, en attendant qu'il soit heure de venir quérir leur maître. A l'heure susdite, maître Arnaud vit là quelques montures, parmi lesquelles y avoit une haquenée bien jolie, qui lui plut sur toutes les autres ; laquelle étoit à un Italien qu'il connoissoit être bonne per-

[1] Le moment opportun. — [2] Messires ; italianisme.
[3] Le comtat d'Avignon était gouverné par un cardinal, depuis que les papes étaient rentrés à Rome.

sonne. Et voyant que le valet n'y étoit pas, il s'approche de cette haquenée, et, en la détachant, lui demanda si elle vouloit venir en Lorraine. Cette haquenée ne dit mot et se laisse détacher. Et mon homme, qui étoit légiste, prit à son proufit le brocard de droit[1] : *Qui tacet, consentire videtur ;* et commença à mener cette haquenée par la bride, hors de la place du Palais, en tirant sur le pont[2], *où j'ouïs chanter la belle.* Quand il se vit hors des yeux de ceux qui la lui avoient vu prendre, il monte habilement dessus, et devant[3], à Villeneuve, qui est hors de la juridiction du pape ; et de là pique le plus droit qu'il peut le chemin de Lorraine, là où il arriva, par ses journées, à joie et santé ; et y demeura huit ou neuf mois sans envoyer de ses nouvelles à *misser Juliano,* qui fut bien ébahi, à l'issue du Palais, quand il ne trouva point sa haquenée, et encore plus, quand il n'en oyoit point de nouvelles, un jour, deux jours, un mois, deux mois, trois mois ; tellement qu'à la fin il fut contraint d'accepter une mule, car il étoit vieux et mal aisé de sa personne. Et ce pendant, maître Arnaud lui entretenoit sa haquenée, et lui faisoit gagner son avoine. Au bout du terme des femmes grosses[4], maître Arnaud, ayant dépêché ses affaires en Lorraine, s'en retourna en Avignon sus ladite haquenée ; et pour faire son entrée en la ville, il épia justement l'heure qu'il étoit quand il la print, en séjournant quelque peu à Villeneuve pour boire un doigt. Sus le point de neuf heures, il se trouva devant le Palais, et vint attacher gentiment sa haquenée à la propre boucle, là où il l'avoit prinse, et s'en va par ville. Et, de fortune[5], *il magnifico misser*[6] étoit cette matinée au Palais, qui descendit tantôt après ; et quand ce fut à monter dessus sa mule, il jeta l'œil sus cette haquenée, qui étoit assez bonne à reconnoître ; si se pensa en lui-même qu'elle ressembloit fort à celle qu'il avoit perdue l'année passée, de poil, de taille et encore de harnois ; lequel quidam harnois maître Arnaud n'avoit point changé : vrai est, qu'il n'étoit pas si neuf comme il l'avoit prins ; car il l'avoit fait servir ses trois quartiers. Mais l'Italien ne s'en osoit assurer du premier coup, vu le long temps qu'il l'avoit adiré[1]. Il appelle son garçon, qui avoit nom *Torneto* : « *Ven qua; vedi che questo mi par esser il cavallo, ch'io perdi l'an passato.* » Le varlet regarde cette haquenée, qui la trouvoit toute telle, excepté qu'elle n'étoit en si bon point ; mais il ne savoit bonnement que répondre ; car ils songèrent tous deux qu'elle dût appartenir à quelque autre monsieur. Toutefois, tant plus ils la regardoient, et plus ils trouvoient que c'étoit elle. Et demeurèrent là tous deux, jusqu'à onze heures et plus ; là où en raisonnant toujours ensemble sus cette haquenée, et voyant que personne ne la prenoit, ils s'assurèrent pour vrai que c'étoit elle. *Misser Juliano* commanda à *Torneto* de la prendre et de la mener chez lui en l'étable ; là où elle se rangea aussi proprement comme si elle n'en eût jamais bougé. Il la fit ramener le lendemain en la même place, pour voir si quelqu'un la revendiqueroit ; mais il ne venoit personne ; dont il fut fort ébahi, et pensoit que ce fût quelque esprit qu'il l'eût ramenée. De là à quelque temps, maître Arnaud s'adresse à *misser Juliano,* lequel il trouva monté sus sa haquenée, et lui dit : « Monsieur, je suis fort aise de savoir que cette haquenée soit à vous ; car assurez-vous qu'elle est bonne, je l'ai essayée. Il y a environ un an, que je la trouvai près du pont du Rhône, qu'elle s'en alloit toute seule, et qu'un garçon la vouloit prendre. Mais, connoissant à sa façon qu'elle n'étoit pas sienne, je la lui ôtai, et la gardai un jour ou deux, sans pouvoir savoir à qui elle étoit. Le troisième jour, je la menai jusqu'à Villeneuve, où j'ouïs dire qu'un gentilhomme françois la cherchoit, et qu'il lui avoit été dit qu'on l'avoit vu emmener par un garçon sur le chemin de Paris. Le gentilhomme alloit après ; et moi, sachant cela, je piquai après lui, pour la lui rendre ; mais je ne le pus jamais atteindre, car il alloit grand train pour atteindre son larron ; et allai tant, en cherchant, que je me trouvai en Lorraine : là où voyant que je n'oyois point de nouvelles de ce gentil-

---

[1] Il y avait un vieux manuel de droit intitulé *Brocardia juris.*

[2] C'est le pont d'Avignon, désigné ici par une vieille chanson dont le commencement est :

Sur le pont d'Avignon j'ouïs chanter la belle,
Qui en son chant disoit une chanson nouvelle.

[3] Pour *en avant!*

[4] C'est-à-dire, neuf mois. — [5] Par hasard.

[6] Ce titre, qui a été autrefois donné en Italie aux seigneurs les plus qualifiés, y dégénéra dans la suite et fut enfin entièrement aboli.

[1] Perdu de vue, terme de Palais.

homme, je la gardai longtemps. Et, à la fin, je m'en suis revenu en cette ville, où je l'avois prinse, et y ai trouvé par quelqu'un de mes amis, qu'il se souvenoit l'avoir vue en cette ville, mais ne savoit à qui, sinon que ce fut à quelqu'un de messieurs de la légation. Sachant cela, je l'ai fait mener en place du Palais, afin que celui à qui elle étoit la pût apercevoir. Et cependant, je m'en étois allé d'ici à Nîmes, d'où je suis retourné depuis deux jours. Mais Dieu soit loué qu'elle a retourné son maître[1]; car j'en étois en grand'peine. » L'Italien écouta toute la belle harangue de maître Arnaud; et enfin le remercia, en lui disant : « *O valente huomo, io vi ringratio; io faceva conto de l'acar persa, ma Iddio hà voluto che sia casca in buona mano. Se voi havete bisogno di cosa che sia ne la possanza mia, io son tutto vostro.* » Messire Arnaud le remercie de son côté, et depuis alla souvent voir l'Italien. Et pensez que ce ne fut pas sans lui jouer toujours quelques tours de son métier, lesquels je vous raconterois voulentiers si je les savois, pour vous faire plaisir; mais je vous en dirai d'autres en recompense.

NOUVELLE XXVII.

Du conseiller et de son palefrenier, qui lui rendit sa mule vieille, en guise d'une jeune.

Un conseiller du Palais avoit gardé une mule vingt-cinq ans ou environ ; et avoit eu, entre autres, un palefrenier, nommé Didier, qui avoit pansé cette mule dix ou douze ans ; et l'ayant assez longuement servi, lui demanda congé, et avec sa bonne grâce, se fit maquignon de chevaux, hantant néanmoins ordinairement en la maison de son maître, en se présentant à lui faire service, tout ainsi que s'il eût toujours été son domestique. Au bout de quelque temps, le conseiller, voyant que sa mule devenoit vieille, dit à Didier : « Viens çà ; tu connois bien ma mule, elle m'a merveilleusement bien porté : il me fâche bien qu'elle devienne si vieille, car à grand'peine en trouverai-je une telle ; mais regarde, je te prie, à m'en trouver quelqu'une. Il ne te faut rien dire, tu sais bien quelle il la me faut. » Didier lui dit : « Monsieur, j'en ai une en l'étable, qui me semble bien bonne, je vous la baillerai pour quelque temps : si vous la trouvez à votre gré, nous accorderons bien vous et moi ; sinon, je la reprendrai. — C'est bien parlé à toi, » dit le conseiller. Et suivant cette offre, il se fait amener cette mule, et ce pendant il baille la sienne vieille à Didier pour en trouver la défaite, lequel lui lime incontinent les dents, il la vous bouchonne, il la vous étrille, il la traite si bien, qu'il sembloit qu'elle fût encore bonne bête. Tandis[1], son maître se servoit de celle qu'il lui avoit baillée ; mais il ne la trouva pas à son plaisir, et dit à Didier : « La mule que tu m'as baillée ne m'est pas bonne; elle est par trop fantastique[2]. Ne veux-tu point m'en trouver d'autre ? — Monsieur, dit le maquignon, il vient bien à point; car, depuis deux ou trois jours en çà, j'en ai trouvé une que je connois de longue main : ce sera bien votre cas. Et quand vous aurez monté dessus, s'elle ne vous est bonne, reprochez-le-moi. » Le maquignon lui amène cette belle mule au frein doré, qu'il faisoit bon voir. Ce conseiller la prend, il monte dessus, il la trouve traitable au possible ; il s'en louoit grandement, s'ébahissant comme elle étoit si bien faite à sa main, elle venoit au montoir le mieux du monde. Somme, il y trouvoit toutes les complexions de la sienne première ; et attendu même qu'elle étoit de la taille, il appelle ce maquignon: « Viens çà, Didier; où as-tu prins cette mule? Elle semble toute faite[3] à celle que je t'ai baillée, et en a toute la propre façon. — Je vous promets, dit-il, monsieur, quand je la vis du poil de la vôtre, et de la taille, il me sembla qu'elle en avoit les conditions, ou que bien aisément on les lui pourroit apprendre. Et pour cette cause, je l'ai achetée, espérant que vous vous en trouveriez bien. — Vraiment, dit le conseiller, je t'en sais bon gré. Mais combien me la vendras-tu ? — Monsieur, dit-il, vous savez que je suis vôtre, et tout ce que j'ai. Si c'étoit un autre, il ne l'auroit pas pour quarante écus. Je la vous laisserai pour trente. » Le conseiller s'y accorde, et donne trente écus de ce qui étoit sien, et qui n'en valoit pas dix.

[1] Pendant ce temps. — [2] Fantasque.
[3] Toute semblable.

---

[1] C'est un de ces italianismes qui étaient entrés en France avec les Médicis, et qui devenaient chaque jour plus à la mode.

NOUVELLE XXVIII.

Des copieux de la Flèche en Anjou; comme ils furent trompés par Picquet au moyen d'une lamproie.

Nous avons ci-dessus[1] parlé des copieux de la Flèche; lesquels on dit avoir été si grands gaudisseurs, que jamais homme n'y passoit qui n'eût son lardon. Je ne sais pas si cela leur dure encore ; mais je dis bien qu'une fois un grand seigneur entreprint d'y passer sans être copié, et pensa d'y arriver si tard, et en partir de si bon matin, qu'il n'y auroit personne qui se pût gaudir de lui. Et, à la vérité, pour son entrée, il mesura tellement son chemin, qu'il étoit tout nuit quand il y arriva. Par quoi, étant le monde retiré, il ne trouva homme ne femme qui lui dît pis que son nom[2]. Et quand il fut descendu à l'hôtellerie, il fit semblant d'être un peu mal disposé, et se retira en sa chambre, où il se fit servir par ses gens, si bien que la nuit se passa sans inconvénient. Mais il commanda, au soir, au maître d'hôtel, que tout le monde fût prêt à partir le lendemain deux heures devant le soleil levant. Ce qui fut fait, et lui-même le premier levé; car il n'avoit aucune envie de dormir, de grand désir qu'il avoit de passer sans être copié. Il monte à cheval sus l'heure que l'aube commençoit à paroître, et qu'il n'y avoit encore personne debout par la ville. Il marche jusqu'aux dernières maisons de la Flèche, et pensoit bien avoir quitté tous les dangers, dont il étoit déjà bien fier ; mais voici qu'il y avoit une vieille accroupie au coin d'une muraille, qui lui vint donner sa copie, en lui disant en son vieillois[3] : « Matin, matin, de peur des mouches. » Jamais homme ne fut plus marri d'être ainsi copié au dépourvu, et encore d'une vieille. Et si c'eût été un roi, comme on dit que c'étoit, je crois qu'il eût fait mauvais parti à la vieille damnée. Mais la plus saine partie croit qu'il n'étoit pas roi, encore que ceux de la Flèche se vantent que si. Or quel qu'il fût, il eut son lardon comme les autres. Mais, comme on dit en commun proverbe, que *les moqueurs sont souvent moqués*, ceux de la Flèche en recevoient quelquefois de bonnes, comme celle que nous avons dite de maître Pierre Fai-feu; et encore leur en fut donnée une autre bonne, par un qui s'appeloit Picquet. Ce fut qu'il acheta une lamproie à Duretal[1], et la mit dans un bissac de toile, qu'il portoit derrière soi à l'arçon de sa selle : laquelle lamproie il attacha fort bien par l'un des trous[2] d'auprès de la tête, avec une ficelle, tellement qu'elle ne pouvoit échapper de dedans le bissac ; mais il lui fit seulement paroître la queue par dehors. Quand il fut auprès de la Flèche, cette lamproie, qui étoit bien vive, démenoit toujours la queue, tant qu'en passant par la ville, les copieux avisèrent qu'en se démenant, elle paroissoit toujours un peu davantage hors du bissac, et ces gens de se tenir près, attendant qu'elle dût choir. Et Picquet passoit tout à son aise par la ville, comme s'il n'eût pas eu grand'hâte, pour toujours amasser des copieux davantage, lesquels sortoient des maisons et le suivoient, pour avoir cette lamproie quand elle tomberoit. D'entre ceux qui sortirent, il y en eut quatre ou cinq des plus friands, qui s'y attendoient comme à leurs œufs de Pâques[3], disant l'un à l'autre : « J'en dîneron, j'en dîneron. » Et Picquet ne faisoit pas semblant de les aviser, fors quelquefois, comme si son cheval ne fût pas bien sanglé, il regardoit de côté ses laquais qui le suivoient. Quand il fut hors de la ville, il commença à piquer un peu plus fort; et mes copieux après, cuidant qu'elle ne dût plus demeurer[5] à tomber; car elle paroissoit toute dehors. Il les vous mène un petit quart de lieue toujours après cette lamproie. Mais il y en eut deux qui se lassèrent de trotter, pource qu'ils étoient un petit peu chargés de cuisine[6]. Les deux autres tinrent bon, et furent bien aise que les deux s'en allassent ; et dirent l'un à l'autre : « Tez tai, j'en airon meilleure part. » Quand Picquet eut connu qu'il n'avoit plus que deux laquais, lesquels étoient assez dispos de leurs personnes, il commence à piquer un peu plus fort, et encore un peu plus fort, et mes

---

[1] Voyez la Nouvelle XXV.

[2] Bèze, dans son Passavant : *Et postquam veni, et me debotavi audacter, quia nemo unquam mihi dixit pejus quam meum nomen.* Furetière donne à ce proverbe deux explications opposées, l'une au mot *Nom*, où il dit qu'*on ne sauroit dire pis que son nom à un homme, quand il est connu pour un scélérat*; l'autre au mot *Pis*, où il dit tout au contraire que ce mot s'entend d'un homme à qui on ne peut rien reprocher.

[3] Langage de vieille.

---

[1] Petite ville à trois lieues de la Flèche. — [2] Les ocles.
[3] On nommait ainsi des présens qu'on faisait aux enfans ou aux valets à la fête de Pâques, parce qu'autrefois c'étaient des œufs durs peints de diverses couleurs. — [4] Voir. — [5] Tarder. — [6] D'embonpoint.

deux copieux après, tellement qu'ils le suivirent plus d'une grande demi-lieue, toujours courant après, qui pensoient bien se venger sur la lamproie; et Picquet toujours piquoit ; mais cette lamproie ne tomboit point : dont ils commencèrent à se fâcher, joint que Picquet, qui en avoit son passe-temps, se prenoit à rire, par les fois, si fort, qu'ils s'en aperçurent et virent bien qu'ils en avoient d'une. Toutefois, l'un d'eux pour faire bonne mine, dit de loin à Picquet : « Hau, monsieur, votre lamproie vous cherra. » Picquet se retourne vers eux en leur disant : « Ah ! ah ! il la vous faut, la lamproie? Venez, venez, vous l'aurez, elle cherra tantôt. » Ces gens furent tout camus et dirent : « A tous les diesbes la lamproie ! » Puis, quand ils furent de retour, Dieu sait comment ils furent copiés de ceux de la ville, qui entendirent la fourbe, en leur demandant à quelle sauce ils la vouloient. Ainsi les gaudisseries retournent quelquefois sur les gaudisseurs.

NOUVELLE XXIX.

De l'âne ombrageux, qui avoit peur quand on ôtoit le bonnet ; et de Saint-Chelaut et Croisé, qui chaussèrent les chausses l'un de l'autre.

Plusieurs ont ouï le nom de messire René du Bellay, dernièrement décédé[1], évêque du Mans : lequel se tenoit sus son évêché, studieux des choses de la nature, et singulièrement de l'agriculture, des herbes, et du jardinage. Il avoit en sa maison de Tonnoye un haras de juments, et prenoit plaisir à avoir des poulains de belle race. Il avoit un maître d'hôtel, qui mettoit peine de lui entretenir ce qu'il avoit ; et à celui même fut donné par quelqu'un de ses amis un âne, par grande singularité, qui étoit si beau et si grand, qu'on l'eût pris à tous coups pour un mulet ; et même en avoit le poil. Avec cela, il alloit l'amble aussi bien qu'un mulet. Pour ce, le maître d'hôtel voyant la bonté de cet âne, bien souvent le bailloit à l'un des officiers, sus lequel il suivoit aussi bien le train, encore que ledit seigneur piquât aussi bien, comme pas un des autres. Et à la fin, ledit âne demeura pour l'un des aumôniers, lequel on appeloit[1] Saint-Chelaut ; ne sais si c'étoit son nom, ou si on lui avoit donné ce soubriquet[2], ou si c'étoit quelque bénéfice qu'il eût eu de son maître. Or, pource qu'il n'y a chose si excellente qui n'ait quelque imperfection, cet âne étoit un petit ombrageux. Que dis-je, un petit ? J'entends un petit beaucoup ; car, au moindre remuement qu'il eût senti faire, il gambadoit, il sautoit : et qui failloit à se tenir bien, il vous terrassoit son homme. Au moyen de quoi, Saint-Chelaut, qui n'étoit pas des plus habiles écuyers du monde, à tous les coups étoit passé chevalier dessus cet âne. Quand à quelque détour, il voyoit une souche couchée le long du chemin, ou quand quelque homme se présentoit à la rencontre et au dépourvu[3], ou quand il tomboit à Saint-Chelaut le bréviaire de sa manche : le bruit seul faisoit tressaillir cet âne, qui ne cessoit de tempêter, qu'il n'eût porté mon aumônier par terre. Mais surtout, cet âne se fâchoit quand il voyoit qu'on ôtoit un bonnet ; car quand on saluoit Monsieur du Mans par les chemins, comme telles personnes sont saluées de tout chacun, cet âne, au maniement des bonnets, faisoit rage : il couroit à travers pays, comme si le diantre[4] l'eût emporté : et ne failloit point à vous planter le pauvre Saint-Chelaut en un fossé, ou en quelque tarte bourbonnoise[5], de sorte qu'il étoit contraint de demeurer derrière, et n'aller point en troupe, pour éviter les inconvénients des salutations. Et, d'aventure, s'il rencontroit quelqu'un de connoissance par les chemins venant au-devant de lui, il lui crioit tout de loin : « Monsieur, je vous prie, ne me saluez point, ne me saluez point. » Mais bien souvent pour avoir passe-temps, on lui attitroit[6] des salueurs, qui lui faisoient de grandes révérences et barretades[7] ;

[1] En 1556, plus de douze ans après la mort de Des Periers, qui par conséquent n'a pas écrit ce conte. René du Bellay avait succédé, comme évêque du Mans, à son oncle, le célèbre Jean du Bellay, poëte, ambassadeur de François Ier, et protecteur de Rabelais.

[1] Par corruption, pour *sainte Sesaut*, vierge du Maine au septième siècle, en latin, *sancta Sicildis*. On ne dit aujourd'hui ni sainte Sesaut ni saint Chelaut, mais sainte Serote, qui est le nom d'une commune du Mans. — [2] Pour *sobriquet*. — [3] A l'improviste.

[4] Dans la première édition et dans quelques autres qui l'ont suivie, on lisait : *Comme si le diammour l'eût porté*; en quelques-unes: *Comme si le dieu Amour*.

[5] C'est un bourbier, tel qu'il s'en trouve en divers endroits des chemins du Bourbonnais. Le dehors, qui paraît sec et uni, ressemblant à une grande tarte, invite ceux qui ne connaissent pas le terrain à passer par dessus, et ils enfoncent dans une boue liquide et infecte. — [6] Dépêchait, adressait.

[7] Coups de barrette ou chapeau.

pour voir un peu cet âne en son avertin [1] faire ses gambades. Quelquefois Saint-Chelaut partoit devant, dont il avoit bien meilleur marché : premièrement, pour éviter le danger susdit ; secondement, pour aller prendre un avantage de buvettes ; spécialement les après-dîners, qu'il ne lui falloit point attendre Monsieur pour dire la messe devant lui. Une fois donc de par Dieu, qu'il étoit en plein été, faisant grand'chaleur sus l'après-dîner et que Monsieur attendoit le chaud à passer [2] ; Saint-Chelaut partit devant, avec un qui étoit solliciteur [3] dudit seigneur, nommé Croisé. Et pource que la traite n'étoit pas trop longue, ils arrivèrent de bonne heure au logis, là où ils se rafraîchirent en buvant, et burent en se rafraîchissant ; et en attendant le train à venir, donnèrent ordre au souper. Mais, quand ils virent que Monsieur ne venoit point si tôt, ils se mirent gentiment à souper de ce que bon leur sembla ; et même, voyant que rien ne venoit, ils recommandèrent tout à l'hôte, et au cuisinier, qui étoit venu quant et eux, et eux aussi quant et le cuisinier : et se firent bailler une [4] petite chambre jacopine, où ils couchèrent très-bien et très-beau, et commencèrent à jouer à la ronfle [5]. Tantôt voici Monsieur venir. Et quand ses gens surent que mes deux compagnons étoient couchés, ils les laissèrent jusques après souper, que deux ou trois d'entre eux trouvèrent façon d'entrer en la chambre où ils dormoient, sans faire bruit ; et les trouvèrent en leur premier somme. Or, il faut noter que Saint-Chelaut étoit si maigre, que les os lui perçoient la peau ; mais Croisé faisoit bien autant d'honneur à celui qui le nourrissoit, comme Saint-Chelaut lui faisoit de déshonneur ; car il étoit si gras et si fafelu [6] qu'on l'eût fendu d'une arête. Que firent mes gens ? Ils prindrent les chausses des deux dormants, les décousirent par moitié, et les méparlirent [1] l'une d'avec l'autre, rattachant la droite de l'une avec la gauche de l'autre, et la gauche avec la droite, le plus proprement qu'ils purent, et les remirent en leur place, et voui laissèrent dormir mes deux pèlerins jusques au lendemain qu'il fut jour, et que Monsieur fut prêt de monter à cheval ; car il vouloit aller à la fraîcheur [2]. Et, sur ce point, l'un des pages qui savoit toute la trafique, car telles gens ne se trouvent jamais loin de toutes bonnes entreprises, vint frapper en grand'hâte la porte de la chambre où ils étoient couchés, disant « : Monsieur Croisé, monsieur de Saint-Chelaut, voilà Monsieur à cheval, voulez-vous pas vous lever ? » Mes deux gens s'éveillent en sursaut ; et de prendre leurs vêtements bien à la hâte. Saint-Chelaut en eut bien meilleur compte que non pas M. Croisé ; car lui qui étoit maigre, entra dedans les chaussées de Croisé, comme les mariés de l'année passée. Il se chausse, il s'habille, et fut aussitôt prêt qu'un chien auroit sauté un échalier [3]. Il monte à cheval sus son âne, et devant [4]. Mais Croisé, qui d'aventure avoit chaussé la bonne chausse la première, quand ce vint à celle de Saint-Chelaut, le diable y fut ; car elle étoit si étroite, qu'à grand'peine y eût-il mis le bras. Il tiroit, il tiroit ; mais il y fût encore, et s'il ne songeoit point que la chausse ne fût à lui ; car il n'eût jamais pensé en tels affaires ; et puis il n'étoit pas encore bien éveillé, comme sont gens replets, et qui ont repu au soir. À la fin de force de tirer, il éclata tout : qui fut cause de le réveiller, et de le faire entrer en colère. « Que diable est ceci ? » disoit-il. Il regarde son cas de plus près, et connut que ce n'étoit pas sa chausse ; et n'y put jamais entrer, sinon qu'il passa toute la jambe et la cuisse par la fendasse qu'il avoit faite ; afin, au moins, que le fessier lui demeurât couvert, en attendant qu'il eût moyen de remédier à son cas, et chaussa sa botte de ce côté-là tout à nu sus sa jambe, et monte à cheval, galopant après Monsieur qui étoit déjà à une lieue de là. Et Dieu sait comment il fut ri de leurs jeux. Car quand ils furent à la dînée, là où, de fortune, il n'y avoit

---

[1] Fantaisie, vertigo.
[2] Pour *attendait que le chaud fût passé*.
[3] Mandataire, agent comptable. — [4] C'est-à-dire, une petite chambre nattée. On prononçait autrefois *jacopin*, à la manière des Toscans, qui disent encore *jacopo* ou *giacopo*. Les jacobins ont donné lieu à diverses expressions, telles que *soupe à la jacobine* et *tartes jacobines*.
[5] La ronfle, en Italie et en France, était une sorte de jeu aux cartes. Peut-être avait-on donné le nom de *ronfle* à ce jeu parce que le joueur qui avait le plus haut point l'entonnait avec une espèce de ronflement pompeux. Ici, *jouer à la ronfle* n'est autre chose, par allusion à cet ancien jeu, que dormir en ronflant.
[6] Ou *farfelu*, épais, dodu.

[1] Intervertirent.
[2] On dirait maintenant *à la fraîche*.
[3] La clôture d'un champ, dite *échalier* parce qu'elle est faite d'échalas. — [4] En avant.

point de ravaudeurs, ne de couturiers, car c'était en une maison de gentilhomme un petit à l'écart, on vit tout à clair le fait comme il étoit passé. Ils s'entreprendirent chacun sa chausse, et se mirent à les rabillecoutrer, tandis qu'on dînoit, qui fut en déduction de ce qu'ils avoient le soir soupé si bien à leur aise. Ce ne fut pas mauvais pour M. Croisé; car la diète ne lui étoit que bonne. Mais le pauvre Saint-Chelaut en eut mauvais parti; car il n'avoit pas affaire de cela; et puis Croisé lui avoit rompu toute sa chausse. Ainsi la mauvaise fortune jamais ne vient, qu'elle n'en apporte une ou deux, ou trois avec elle, sire. Oui, oui, *cela est dedans Marot* [1]. Les uns me conseilloient que je disse que ceci étoit advenu en hiver, pour mieux faire valoir le conte; mais, étant bien informé que ce fut en été, je n'ai point voulu mentir; car, avec ce, qu'un conte froid n'est pas trouvé si bon, je me damnerois, ou pour le moins il m'en faudroit faire pénitence. Toutefois il sera permis à ceux qui le feront après moi, de dire que ce fut en hiver, pour enrichir la matière. Je m'en rapporte à vous. Quant à moi, je passe outre.

NOUVELLE XXX.

D'un Coquillaire, malade des yeux, auquel les médecins faisoient accroire qu'il voyoit.

Au même pays du Maine, y avoit naguère un lieutenant du prévôt des maréchaux [2], qu'on appeloit Coquillaire; homme qui faisoit bien un procès, et qui savoit bien la ruse du lieutenant Maillard [3], lequel, un jour, ayant

[1] Ce sont trois vers de Cl. Marot, dans sa fameuse épître au roi *pour avoir été dérobé*. Scarron, qui apparemment n'avait pas manqué de lire ces contes, semble avoir eu cet endroit en vue dans une scène de son *Jodelet maître-valet*, où Lucrèce, qui parle à Fernand, ayant fait entrer dans son discours quelques vers de Mairet, D. Fernand lui dit tout aussitôt : « Ces vers sont de Mairet, je les sais bien par cœur ; Ils sont très à propos et d'un fort bon auteur. »

[2] Les prévôts des maréchaux étaient des juges d'épée qui jugeaient souverainement les voleurs, les vagabonds et les gens de guerre. Il y avait en France cent quatre-vingts maréchaussées ressortissant de la connétablie, qui avait son siége à la table de marbre du palais de Paris.

[3] Gilles Maillard, lieutenant criminel, contre qui Marot a fait la sanglante épigramme intitulée *Du lieutenant criminel et de Semblançay*. Il avait procédé tant de rigueur contre les nouveaux hérétiques luthériens, que son nom fut voué à l'exécration et au mépris. Clément Marot faillit être une de ses victimes.

entre ses mains un homme qui avoit fait des maux assez (mais il alléguoit qu'il avoit tonsure), le vous laissa refroidir quelque temps en prison ; puis, à heure choisie, le fait venir devant soi, et commença à faire le familier avec lui : « Vraiment, dit-il (tel, l'appelant par son nom), c'est bien raison que soyez renvoyé par-devant votre évêque, je ne vous veux pas faire tort de votre privilége ; ains vous en voudrois avertir, quand vous n'y penseriez pas ; mais je vous conseille que, d'ici en avant, vous vous retiriez ès lieux où se font les actes d'honneur. Vous êtes beau personnage et vaillant : vous devriez aller servir le roi, vous vous feriez incontinent connoître et seriez pour avoir charge et pour vous faire grand ; non pas vous amuser ès villes et par les chemins, et vous mettre en danger de votre vie et vous déshonorer à jamais. » Incontinent le galant, qui se sentoit loué : « Monsieur, dit-il, je ne suis pas maintenant à connoître que c'est du service du roi ; j'étois bien devant Pavie quand il fut prins [1], dessous la charge du capitaine Lorge [2], et depuis me trouvai à la suite de M. de Lautrec [3] à Milan [4] et au royaume de Naples. » Alors Maillard vous lui achevoit son procès, et le vous faisoit pendre haut et court avec sa tonsure et lui apprenoit que c'étoit de servir le roi. Coquillaire savoit bien faire cela et semblables choses, et voyoit assez clair dans un sac, des yeux de l'esprit ; mais des yeux de la tête, il n'y voyoit pas la longueur de quatre doigts. Et ne lui falloit point demander lequel il eût mieux aimé avoir le nez aussi long que la vue [5], ou la vue aussi longue que le nez ; car il n'y avoit pas beaucoup à dire de l'un à l'autre. Advint qu'un jour l'évêque du Mans, allant visiter par son diocèse, le voulut voir en passant, pource qu'il le connoissoit bon justicier, et que son chemin s'adonnoit par là : il le trouva au lit, malade d'une humeur qui lui étoit tombée sur ses

[1] Le 24 février 1525.

[2] Jacques de Lorge, capitaine de la garde écossaise de François Ier et père de Gabriel de Lorge, comte de Montgomery, qui eut le malheur de causer la mort de Henri II dans un tournoi.

[3] Odet de Foix, seigneur de Lautrec, un des plus grands capitaines de son siècle, commanda dans toutes les guerres d'Italie jusqu'à sa mort, arrivée devant Naples le 16 août 1528.

[4] Il fallait dire *dans le Milanais*, que Lautrec avait presque tout reconquis, à Milan près, en 1528.

[5] C'est la seconde des *Questions tabariniques*, part. I.

pauvres yeux. « Et bien ! monsieur le prévôt, dit l'évêque, comment vous trouvez-vous ? — Monsieur, dit-il, il y a un mois ou davantage que je suis ici. — Vous avez toujours mauvais yeux, dit l'évêque : comment en êtes-vous ? — Monsieur, dit Coquillaire, j'espère que je m'en porterai mieux, le médecin m'a dit que je vois [1]. » Pensez que c'étoit un fin homme de se rapporter au médecin s'il voyoit ou non. Mais il ne se rapportoit pas si voulentiers au dire des prisonniers pour leur fait propre, comme il faisoit au médecin pour le sien.

NOUVELLE XXXI.
Des finesses et des actes mémorables d'un renard qui étoit au bailli de Maine-la-Juhés.

En la ville de Maine-la-Juhés [2], au bas pays du Maine, c'est ès limites de ce bon pays de Cydnus [3], y avoit un bailli, homme de bonne chère selon le pays, et qui se délectoit de beaucoup de gentillesse, et avoit en sa maison quelques animaux apprivoisés. Entre lesquels étoit un renard, qu'il avoit fait nourrir petit ; et lui avoit-on fait couper la queue ; et pour ce, on l'appeloit le Here [4]. Ce renard étoit fin, de père et de mère, mais il avoit encore passé la nature, en conversant avec les hommes ; et avoit si bon esprit de renard, que s'il eût pu parler, il eût montré à beaucoup de gens, qu'ils n'étoient que bêtes. Et certainement il sembloit à sa mine, que quelquefois il s'efforçât de parler en son plaisant renardois [1] qu'il jargonnoit. Et quand il étoit avec le valet de la maison, ou avec la chambrière, pour ce qu'ils le traitoient bien à la cuisine, vous eussiez dit qu'il les vouloit appeler par leur nom. Il savoit aussi bien quand M. le bailli devoit faire un banquet, à voir les gens de là dedans tous empêchés [2], et principalement le cuisinier. Il s'en alloit chez les poulaillers, et ne failloit point à apporter connils, chapons, pigeons, perdrix, levraux, selon les maisons ; et les prenoit si finement, que jamais il n'étoit surpris sur le fait ; et vous fournissoit la cuisine de son maître merveilleusement bien. Toutefois il alla et retourna si souvent en méfait, qu'il commença à se faire connoître des poulaillers, et des autres à qui il déroboit les gibiers ; mais pour cela, il ne s'en soucioit guère ; car il trouvoit toujours nouvelles finesses, les dérobant toujours de plus en plus, tant qu'ils conspirèrent de le tuer. Ce qu'ils n'osoient pas faire apertement, pour la crainte de son maître, qui étoit le grand monsieur de la ville ; mais se délibérèrent, chacun de leur part, de le surprendre de nuit. Or, mon Here, quand il vouloit aller quêter, entroit, tantôt par le soupirail de la cave, tantôt par une fenêtre basse, tantôt par une lucarne ; tantôt il attendoit que l'on vînt ouvrir la porte sans chandelle, et entroit secrètement comme un rat. Et s'il avoit des inventions d'entrer, il en avoit bien autant de sortir avec sa proie. O quantesfois le poulailler parloit de lui pour le tuer, qu'il étoit tout auprès à écouter la conspiration, pensant en soi-même : « Tu ne me tiens pas ! » On lui tendoit quelque gibier en belle prinse ; et là dessus, le poulailler veilloit avec une arbalète bandée, et le garrot [3] dessus, pour le tuer. Mais mon renard sentoit bien cela, comme si c'eût été la fumée du rôti ; et ne s'approchoit jamais tandis qu'on veilloit. Mais l'homme n'eût si tôt avoir les yeux clos pour sommeiller, mon Here ne croquât le gibier ; et devant on lui tendoit quelques trébuchets ou reposoirs [4], il s'en savoit garder, comme s'il eût

---

[1] On lit un fait analogue dans les *Mémoires du comte de Bussi-Rabutin*. Son oncle, Hugues de Bussi, grand-prieur de France, malade à la mort, venait de se confesser à un augustin, qui se retirait avec son compagnon au moment où le comte de Bussi entra. Celui-ci demanda à son oncle comment il se trouvait de ces bons pères. « Fort bien, mon neveu, lui répondit-il ; ils disent que j'ai l'atrition. »

[2] Cette ville a été ainsi appelée de *Juhel*, premier du nom, qui, vers le milieu du douzième siècle, fit bâtir le château de Mayenne.

[3] Presque toutes les éditions, au lieu de *Cydnus*, mettent *Nus* ; quelques autres, *de Nus*. L'auteur avait probablement écrit *Cydnus*, car la tradition fabuleuse introduite par Annius de Viterbe veut qu'un certain Cydnus, fils de Ligur, ait donné le nom aux anciens peuples du Maine, appelés premièrement par cette raison *Cydnomans*, et depuis *Cénomans*. Sans recourir à Cydnus, ne pourroit-on pas dire que l'auteur, par *ce bon pays Nus*, aurait entendu le pays du Maine, où il y avait plusieurs fiefs tenus *en nuesse*, *à nu*, *nuement*, *de nu à nu*, *à pur* ; c'est-à-dire, immédiatement du prince ? La Croix du Maine, dans sa *Biblioth.*, parle d'un Samson Bedouin, moine bénédictin de l'abbaye de la Couture, auteur de plusieurs chansons, et, entre autres, de la *Réplique aux chansons des Nuciens* ou *Nutois*, autrement appelés *ceux de Nuz* au bas pays du Maine.

[4] Animal sans queue.

---

[1] Langage de renard. — [2] Occupés, affairés.
[3] Trait, dard. — [4] Machines qui repoussent rudement pour peu qu'on les touche.

même les y eût mis ; tellement qu'ils ne savoient jamais être si vigilants de le pouvoir attraper ; et ne trouvèrent autre expédient, sinon tenir leur gibier serré en lieu, où le Hère ne pût atteindre. Encore, pour cela, il ne laissoit pas d'en trouver toujours quelqu'un en voie ; mais c'étoit peu souvent. Dont il commença à se fâcher ; partie pour n'avoir plus si grands moyens de faire service au cuisinier ; partie aussi qu'il n'en étoit point si bien de sa personne, comme il souloit. Et pour ce, tendant déjà sur l'âge, il devint soupçonneux, et lui fut avis qu'on ne tenoit plus de compte de lui. Et peut-être aussi qu'on ne lui faisoit pas tant de caresses que de coutume ; car c'est grand'pitié que de vieillesse. Et pour ces causes, il commença à devenir méchantement fin ; et se print à manger les poulailles de la maison de son maître. Et quand tout étoit couché, il s'en alloit au juc[1], et vous prenoit tantôt un chapon, tantôt une poule : tant qu'on ne se doutoit point de lui. On pensoit que ce fût la belette, ou la fouine ; mais à la fin, comme toutes méchancetés se découvrent, il y alla tant de fois, qu'une petite garse qui couchoit au bûcher, pour l'honneur de Dieu, s'en aperçut, qui déclara tout. Et dès lors le grand malheur tomba dessus le Hère ; car il fut rapporté à monsieur le bailli, que le Hère mangeoit les poulailles. Or, mon renard se trouvoit partout, pour écouter ce qu'on disoit de lui : et avoit de coutume de ne perdre guère le dîner et le souper de son maître ; pource qu'il lui faisoit bonne chère, et l'aimoit, et lui donnoit toujours quelque morceau de rôti. Mais depuis qu'il eut entendu qu'il mangeoit les poules de la maison, il lui changea de visage ; tant, qu'une fois en dînant, que le Hère étoit là derrière les gens en tapinois, monsieur le bailli va dire : « Que dites-vous de mon Hère, qui mange mes poules ? J'en ferai bien la justice, avant qu'il soit trois jours. » Le Hère, ayant ouï cela, connut qu'il ne faisoit plus bon à la ville pour lui ; et n'attendit pas les trois jours à passer, qu'il ne se bannît de lui-même ; et s'enfuit aux champs avec les autres renards. Pensez que ce ne fut pas sans faire la meilleure dernière main qu'il put ; mais le pauvre Hère eut bien affaire à s'appointer avec eux. Car, du temps qu'il étoit à la ville, il avoit appris à parler bon cagnesque[1], et les façons des chiens aussi ; et alloit à la chasse avec eux, et sous ombre de compérage, trompoit les pauvres renards sauvages, et les mettoit en la gueule des chiens. Dont les renards se souvenant, ne le vouloient point recevoir avec eux ; et ne s'y fioient point. Mais il usa de rhétorique, et s'excusa en partie, et en partie aussi leur demanda pardon ; et puis, il leur fit entendre qu'il avoit le moyen de les faire vivre aises comme rois, d'autant qu'il savoit les meilleurs poulaillers du pays, et les heures qu'il y falloit aller ; tant, qu'à la fin ils crurent en ses belles paroles et le firent leur capitaine. Dont ils se trouvèrent bien pour un temps ; car il les mettoit ès bons lieux, où ils trouvoient de butin assez. Mais le mal fut, qu'il les voulut trop accoutumer à la vie civile et compagnable[2], leur faisant tenir les champs, et vivre à discrétion ; de sorte que les gens du pays, les voyant ainsi par bandes, menoient les chiens après ; et y demouroit toujours quelqu'un de mes compères les renards. Mais cependant le Hère se sauvoit toujours ; car il se tenoit à l'arrière-garde, afin que, tandis que les chiens étoient après les premiers, il eût loisir de se sauver ; et même il n'entroit jamais dedans le terrier, sinon en compagnie d'autres renards. Et quand les chiens étoient dedans, il mordoit ses compagnons, et les contraignoit de sortir, afin que les chiens courussent après, et qu'il se sauvât. Mais le pauvre Hère ne sut si bien faire, qu'il ne fût attrapé à la fin ; car d'autant que les paysans savoient bien qu'il étoit cause de tous les maux qui se faisoient là autour, ils ne cherchoient que lui et n'en vouloient qu'à lui ; tant, qu'ils jurèrent tous une bonne fois qu'ils l'auroient. Et, pour ce faire, s'assemblèrent toutes les paroisses d'alentour, qui députèrent chacune un marguillier pour aller demander secours aux gentilshommes du pays ; les priant que, pour la communauté, ils voulussent prêter quelques chiens, pour dépêcher[3] le pays de ce méchant garniment[4] de renard. A quoi voulentiers s'accordèrent lesdits gentilshommes ; et firent bonne réponse aux ambassadeurs. Et même la plupart d'entre eux, longtemps avoit qu'ils en cherchoient leurs passe-temps sans y avoir pu rien faire. En somme, on mit tant de chiens après, qu'il y

---

[1] Juchoir, poulailler.

[1] Langage des chiens. — [2] Sociable.
[3] Délivrer. — [4] Pour *garnement*.

en eut pour lui et pour ses compagnons, lesquels il eut beau mordre et harasser; car, quand ils furent prins, encore fallut-il qu'il y demourât, quelque bon corps qu'il eût. Il fut empoigné tout en vie, et fut traîné, acculé en un coin de terrier, à force de creuser et de bêcher: car les chiens ne le purent jamais faire sortir hors du terrier, ou fût qu'il leur jouât toujours quelque finesse, ou, qui est mieux à croire, qu'il leur parloit en bon cagnesque, et appointoit à eux; tellement, qu'il y fallut aller par autres moyens. Or, le pauvre Hère fut prins et amené ou apporté tout vif en la ville du Maine, où fut fait son procès. Et fut sacrifié publiquement pour les voleries, larcins, pilleries, concussions, trahisons, déceptions, assassinemens, et autres cas énormes et tortionnaires par lui commis et perpétrés; et fut exécuté en grande assemblée; car tout le monde y accouroit comme au feu, parce qu'il étoit connu à dix lieues à la ronde pour le plus mauvais garçon de renard que la terre porta jamais. Si dit-on pourtant que plusieurs gens de bon esprit le plaignoient, parce qu'il avoit tant fait de belles gentillesses et si dextrement; et disoient que c'étoit dommage qu'il mourût un renard de si bon entendement; mais, à la fin, ils ne furent pas les maîtres, quoiqu'ils missent la main aux armes pour lui sauver la vie; car il fut pendu et étranglé au château de Maine. Voilà comment n'y a finesse ne méchanceté, qui ne soit punie en fin de compte.

NOUVELLE XXXII.

De maître Jean du Pontalais; comment il la bailla bonne au barbier d'étuves, qui faisoit le brave.

Il y a bien peu de gens de notre temps, qui n'aient ouï parler de maître Jean du Pontalais [1], duquel la mémoire n'est pas encore vieille, ne des rencontres, brocards, et sornettes qu'il faisoit et disoit; ne des beaux jeux qu'il jouoit; ne comment il mit sa bosse contre celle d'un cardinal, en lui montrant que deux montagnes s'entre-rencontroient bien, en dépit du commun dire. Mais pourquoi dis-je cette-là, quand il en faisoit un million de meilleures? Mais j'en puis bien dire encore une ou deux. Il y avoit un barbier d'étuves, qui étoit fort brave; et ne lui sembloit point qu'il y eût homme dans Paris qui le surpassât en esprit et habileté. Même étant tout nu en ses étuves, pauvre comme frère Croiset qui disoit la messe en pourpoint [2], n'ayant que le rasoir en la main, disoit à ceux qu'il étuvoit: « Voyez-vous, monsieur, que c'est que d'esprit. Que penserez-vous que ce soit de moi? Tel que vous me voyez, je me suis avancé moi-même. Jamais parent ne ami que j'eusse ne m'aida de rien. Se j'eusse été un sot, je ne fusse pas où je suis. » Et s'il étoit bien content de sa personne, il vouloit que l'on tînt encore plus grand compte de lui. Ce que connoissant maître Jean du Pontalais, en faisoit bien son profit, l'employant à toutes heures à ses farces et jeux, et fournissoit de lui quand il vouloit; car il lui disoit qu'il n'y avoit homme dedans Paris qui sût mieux jouer son personnage que lui: « Et n'ai jamais honneur, disait Pontalais, sinon quand vous êtes en jeu. Et puis, on me demande qui étoit cettui-là qui jouoit un tel personnage: oh! qu'il jouoit bien! Lors je dis votre nom à tout le monde, pour vous faire connoître. Mon ami, vous serez tout ébahi que le roi vous voudra voir: il ne faut qu'une bonne heure. » Ne demandez pas si mon barbier étoit glorieux. Et, de fait, il devint si fier, qu'homme n'en pouvoit plus jouir. Et même il dit un jour à maître Jean du Pontalais: « Savez-vous qu'il y a, Pontalais? Je n'entends pas que, d'ici en avant, vous me mettiez à tous les jours. Et ne veux plus jouer, se ce n'est en quelque belle moralité, où il y ait quelques grands personnages, comme rois, princes, seigneurs. Et si veux avoir toujours le plus apparent lieu qui soit. — Vraiment, dit maître Jean du Pontalais, vous avez raison, et le méritez. Mais que ne m'en avisiez-vous plus tôt? J'ai bien faute d'avis, que je n'y ai pensé de moi-même; mais j'ai bien de quoi vous en contenter, d'ici en avant; car j'ai des plus belles matières du monde, où je vous ferai tenir la plus belle place de l'échafaud [3]. Et pour commencement, je vous prie ne me faillir dimanche prochain, que je dois jouer un fort beau mystère; auquel je fais parler un roi d'Inde

---

[1] Ce personnage s'est rendu célèbre à Paris, du temps de François 1er, par la représentation des moralités, mystères et farces, qu'il faisait jouer, aux Halles, non loin d'un égout, appelé *le Pont-Alais*, dont il prit le nom. Il était à la fois auteur et acteur, comme son contemporain Pierre Gringoire.

[1] Fat, orgueilleux.
[2] C'est-à-dire, sans habit.
[3] Le théâtre était un échafaud à plusieurs étages.

la Majeur¹. Vous le jouerez, n'est-ce pas bien dit? — Oui, oui, dit le barbier. Eh! qui le joueroit si je ne le jouois! Baillez-moi seulement mon rôle. » Pontalais le lui bailla dès le lendemain. Quand ce vint le jour des jeux², mon barbier se représenta en son trône avec son sceptre, tenant la meilleure majesté royale que fit oncques barbier. Maître Jean du Pontalais cependant avoit fait ses apprêts pour la donner bonne à monsieur le barbier. Et pource que lui-même faisoit voulentiers l'entrée³ des jeux qu'il jouoit, quand le monde fut amassé, il vint tout le dernier sur l'échafaud, et commença à parler tout le premier, et va dire :

Je suis des moindres le mineur,
Et si n'ai targe ni écu ;
Mais le roi d'Inde la Majeur,
M'a souvent ratissé le cu.

Et disoit cela de telle grâce, qu'il falloit, pour faire entendre la braveté dudit ratisseur. Et si avoit fait son jeu de telle sorte, que le roi d'Inde ne devoit quasi point parler, seulement tenir bonne mine ; afin que, si le barbier se fût dépité, le jeu n'en eût pas moins valu ; et Dieu sait s'il n'apprint pas bien à monsieur l'étuvier⁴ jouer le roi, et s'il n'eût pas bien voulu être à chauffer ses étuves. On dit du même Pontalais un conte que d'autres attribuent à un autre ; mais quiconque en soit l'auteur, il est assez joli. C'étoit un monsieur le curé⁵, lequel, un jour de bonne fête, étoit monté en chaire pour sermonner, là où il étoit fort empêché à ne dire guère bien ; car, quand il se trouvoit hors propos (qui étoit assez souvent), il faisoit des plus belles digressions du monde. « Et que pensez-vous disoit-il, que ce soit de moi? On en trouve peu qui soient dignes de monter en chaire ; car, encore qu'ils soient savants, si n'ont-ils pas la manière de prêcher. Mais à moi, Dieu m'a fait la grâce d'avoir tous les deux ; et si sais de toutes sciences, ce qu'il en est. » Et en portant le doigt au front, il disoit : « Mon ami, si tu veux de la grammaire, il y en a ici dedans ; si tu veux de la rhétorique, il y en a ici dedans ; si tu veux de la philosophie, je n'en crains docteur qui soit en la Sorbonne ; et si n'y a que trois ans que je n'y savois rien ; et toutefois vous voyez comment je prêche ? Mais Dieu fait ses grâces à qui il lui plaît. » Or est-il, que maître Jean du Pontalais, qui avoit à jouer cette après-dînée-là quelque chose de bon, et qui connoissoit assez ce prêcheur pour tel qu'il étoit, faisoit ses montres¹ par la ville. Et, de fortune, lui falloit passer par devant l'église où étoit ce prêcheur. Maître Jean du Pontalais, selon sa coutume, fit sonner le tabourin au carrefour, qui étoit tout vis-à-vis de l'église ; et le faisoit sonner bien fort et longuement tout exprès pour faire taire ce prêcheur ; afin que le monde vînt à ses jeux. Mais c'étoit bien au rebours, car tant plus il faisoit de bruit, et plus le prêcheur crioit haut. Et se battoient Pontalais et lui, ou lui et Pontalais (pour ne faillir pas), à qui auroit le dernier. Le prêcheur se mit en colère, et va dire tout haut par une autorité de prédicant : « Qu'on aille faire taire ce tabourin. » Mais, pour cela, personne n'y alloit ; sinon que, s'il sortoit du monde, c'étoit pour aller voir maître Jean du Pontalais, qui faisoit toujours battre plus fort son tabourin. Quand le prêcheur vit qu'il ne se taisoit point, et que personne ne lui en venoit rendre réponse : « Vraiment, dit-il, j'irai moi-même ; que personne ne se bouge ; je reviendrai à cette heure. » Quand il fut au carrefour tout échauffé, il va dire à Pontalais : « Hé ! qui vous fait si hardi de jouer du tabourin, tandis que je prêche ? » Pontalais le regarde, et lui dit : « Hé ! qui vous fait si hardi de prêcher, tandis que je joue du tabourin ? » Alors le prêcheur, plus fâché que devant, print le couteau de son famulus qui étoit auprès de lui, et fit une grand'balafre à ce tabourin, avec ce couteau, et s'en retournoit à l'église pour achever son sermon. Pontalais print son tabourin et courut après ce prêcheur, et s'en va le coiffer comme d'un chapeau d'Albanois², le lui affu-

---

¹ Au septième livre de la comédie des *Actes des Apôtres*, jouée à Paris l'an 1541, composée par Louis Choquet, et imprimée cette même année à Paris par les Angeliers, il y a un personnage de *Migdeus, roi d'Inde la Majour*.
² La représentation. Pendant les *jeux*, tous les acteurs, en costume, étaient rangés sur des gradins, en attendant le moment de descendre sur la scène.
³ Le prologue, compliment aux spectateurs.
⁴ Pour *étuviste*.
⁵ Henri Étienne, chapitre 36 de son *Apologie pour Hérodote*, fait connaître que c'était le curé de Saint-Eustache ; ce qui est confirmé par d'Aubigné, chap. 13 du livre II de son *Baron de Fœneste*.

¹ Promenade des acteurs en costume, pour annoncer le spectacle du jour. — ² Chapeau en forme de pain de sucre, que portaient les soldats albanais.

blant du côté qu'il étoit rompu. Et lors, le prêcheur, tout en l'état que il étoit, vouloit remonter en chaire, pour remontrer l'injure qui lui avoit été faite, et comment la parole de Dieu étoit vilipendée. Mais le monde rioit si fort, lui voyant ce tabourin sur la tête, qu'il ne sut meshui avoir audience; et fut contraint de se retirer, et de s'en taire. Car il lui fut remontré que ce n'étoit pas le fait d'un sage homme de se prendre à un fol.

NOUVELLE XXXIII.

De Mme la Fourrière, qui logea le gentilhomme au large.

Il n'y a pas longtemps qu'il y avoit une dame de bonne voulenté, qu'on appeloit la Fourrière[1], laquelle suyvoit quelquefois la cour: qui étoit quand son mari étoit en quartier. Mais le plus du temps elle étoit à Paris; car elle s'y trouvoit bien, d'autant que c'est le paradis des femmes, l'enfer des mules et le purgatoire des solliciteurs. Un jour, elle étant audit lieu, à la porte du logis où elle se retiroit, va passer un gentilhomme par là devant, accompagné d'un sien ami, auquel il dit tout haut, en passant auprès de ladite dame, afin qu'elle l'entendît: « Par Dieu, dit-il, si j'avois une telle monture pour cette nuit, je ferois un grand pays d'ici à demain matin. » La dame Fourrière ayant entendu cette parole du gentilhomme, qu'elle trouvoit à son gré, car il étoit dispos, dit à un petit poisson d'avril[2] qu'elle avoit auprès de soi: « Va-t'en suivre ce gentilhomme que tu vois ainsi habillé, et ne le perds point que tu ne saches où il entrera; et fais tant que tu parles à lui, et lui dis que la dame qu'il a tantôt vue à la porte d'un tel logis, se recommande à sa bonne grâce, et que, s'il la veut venir voir à ce soir, elle lui donnera la collation entre huit et neuf heures. » Le gentilhomme accepta le message; et renvoyant ses recommandations, manda à la dame qu'il s'y trouveroit à l'heure. Et faut entendre que les deux logis n'étoient pas loin l'un de l'autre. Le gentilhomme ne faillit pas à l'assignation et trouva Mme la Fourrière qui l'attendoit. Elle le reçut gracieusement et le festoya de confitures. Ils devisent ensemble, un temps: il se fait tard,

et ce pendant la chambrière apprêtoit le lit proprement comme elle savoit faire. Là, le gentilhomme s'alla coucher, selon l'accord fait entre les parties, et Mme la Fourrière auprès de lui. Le gentilhomme monta à cheval et commença à piquer, et puis repiquer. Mais il ne sut oncques, en tout, faire que trois courses, depuis le soir jusques au matin, qu'il se leva d'assez bonne heure pour s'en aller; et laissa sa monture en l'étable. Le lendemain, ou quelque peu de jours après, la Fourrière, qui avoit toujours quelque commission par la ville, vint rencontrer le gentilhomme, et le salua en lui disant: « Bonjour, monsieur de Deux et As[1]. » Le gentilhomme s'arrêta en la regardant, et lui va dire: « Par le corps-bieu! madame, si le tablier eût été bon, j'eusse bien fait ternes[2]. » Et ayant su le nom d'elle, le jour de devant (car elle étoit femme bien connue), lui dit: « Madame la Fourrière, vous me logeâtes l'autre nuit bien au large? — Il est vrai, dit-elle, monsieur, mais je pensois pas que vous eussiez si petit train[3]. » Bien assailli, bien défendu.

NOUVELLE XXXIV.

Du gentilhomme qui avoit couru la poste, et du coq qui ne pouvoit caucher[4].

Un gentilhomme, grand seigneur, ayant été absent de sa maison pour quelque temps, print le loisir de venir voir sa femme, laquelle étoit jeune, belle et en bon point; et pour y être plus tôt, il print la poste environ de deux journées de sa maison; là où il arriva sur le tard, et que sa femme étoit déjà couchée. Il se met auprès d'elle; laquelle fut incontinent éveillée, bien joyeuse d'avoir compagnie, s'attendant qu'elle auroit son petit picotin[5] pour le fin moins; mais sa joie fut courte, car monsieur se trouva si las, et si rompu de la

---

[1] Son nom et son surnom étoient, comme on l'a appris d'une vieille épigramme, Marguerite Noiron.

[2] C'est-à-dire, un maquereau, parce que c'est au mois d'avril que l'on pêche le poisson de ce nom-là.

---

[1] Terme de trictrac, pour dire *trois*.

[2] Autre terme de trictrac, pour dire *six*, lorsque les dés amènent deux trois.

[3] On a fait là-dessus un huitain, dont le titre est *De la réponse de Margot Noiron à un gentilhomme qui avoit couché avec elle.*

[4] C'est-à-dire, monter sur la poule. Quelques éditions ont *chaucher*; d'autres, *chevaucher*.

[5] Allusion à une petite chanson de Clément Marot:

En entrant dans un jardin,
Je trouvai Guillot Martin
Avec s'amie Hélène,
Qui vouloit pour son butin
Son beau petit picotin...
Non pas d'aveine.

course, que, quelque caresse qu'elle lui fît, il ne se put mettre en devoir, et s'endormit sans lui rien faire ; dont il s'excusa vers elle, lui disant : « Ma mie, dit-il, le grand amour que je vous porte, m'a fait hâter de vous venir voir ; et suis venu en poste tout le long du chemin. Vous m'excuserez pour cette fois. » La dame ne trouva pas cela à son gré ; car on dit « qu'il n'est rien qu'une femme trouve plus mauvais (et non sans cause), que quand l'homme la met en appétit sans la contenter. » Et a été souvent vu par expérience, qu'un amoureux, après avoir longtemps poursuivi une dame, s'il advient qu'elle prenne quelque soudaine disposition de l'accepter, et que lui se trouve surprins de telle sorte, qu'il soit impuissant, ou par trop grande affectation, ou par crainte, ou par quelque autre inconvénient, jamais depuis il n'y recourra, si ce n'est par grande adventure. Toutefois la dame print patience, moitié par force et moitié par ciseaux [1] ; et n'en eut autre chose pour celle nuit. Elle se leva le matin d'auprès monsieur, et le laissa reposer. Au bout d'une heure ou deux qu'il se voulut lever, en s'habillant, il se met à une fenêtre qui regardoit sus la basse-cour ; et madame à côté de lui. Il avisa un coq qui muguettoit une poule ; puis la laissoit ; puis refaisoit ses caresses assez de fois, mais il ne faisoit autre chose. Monsieur, qui le regardoit faire, s'en fâcha, et va dire : « Voyez ce méchant coq, qu'il est lâche ! il y a une heure qu'il est à muguetter cette poule, et ne lui peut rien faire ; il ne vaut rien : qu'on me l'ôte et qu'on en ait un autre. » La dame lui répond : « Eh ! monsieur, pardonnez-lui : peut-être qu'il a couru la poste toute la nuit. » Monsieur se tut à cela et n'en parla plus, sachant bien que c'étoit à lui à qui ces lettres s'adressoient.

NOUVELLE XXXV.

Du curé de Brou [2], et des bons tours qu'il faisoit en son vivant.

Le curé de Brou, lequel en d'autres endroits a été nommé curé de Briosne [3], a fait tant d'actes mémorables en sa vie, que qui les voudroit mettre par écrit, il en feroit une légende plus grande que d'un Lancelot ou d'un Tristan [1]. Et a été si grand bruit de lui, que quand un curé a fait quelque chose digne de mémoire, on l'attribue au curé de Brou. Les Limousins ont voulu usurper cet honneur pour leur curé de Pierre-Buffière [2], mais le curé de Brou l'a emporté à plus de voix, et duquel je réciterai ici quelques faits héroïques, laissant le reste [3] pour ceux qui voudront un jour exercer leur style à les décrire tout du long. Il faut savoir que ledit curé faisoit unes choses et autres, d'un jugement particulier qu'il avoit, et ne trouvoit pas bon tout ce qui avoit été introduit par ses prédécesseurs : comme les *Antiennes*, les *Respons*, les *Kyrie*, les *Sanctus* et les *Agnus Dei*. Il les chantoit souvent à sa mode ; mais surtout ne lui plaisoit point la façon de dire la Passion à la mode qu'on la dit ordinairement par les églises, et la chantoit tout au contraire. Car quand Notre-Seigneur disoit quelque chose aux Juifs ou à Pilate, il le faisoit parler haut et clair afin qu'on l'entendît. Et quand c'étoient les Juifs ou quelque autre, il parloit si bas, qu'à grand'peine le pouvoit-on ouïr.

Advint qu'une dame de nom et autorité, tenant son chemin à Châteaudun pour y aller faire ses fêtes de Pâques, passa par Brou le jour du Vendredi-Saint, environ les dix heures du matin ; et voulant ouïr le service, s'en alla à l'église, là où étoit le curé qui le faisoit. Quand se vint à la Passion, il la dit à sa mode, et vous faisoit retentir l'église quand il disoit : *Quem quæritis?* Mais quand c'étoit à dire : JESUM NAZARENUM, il parloit le plus bas qu'il pouvoit. Et en cette façon continua la Passion. Cette dame, qui étoit dévotieuse, et pour une femme étoit bien entendue en la sainte Écriture et notoit bien les cérémonies ecclésiastiques, se trouva scandalisée de cette manière de chanter ; et eût voulu ne s'y être point trouvée. Elle en voulut parler au curé

---

[1] Équivoque sur *force*, violence, et *forces*, grands ciseaux.

[2] Petite ville du Perche-Gouet, dans le diocèse de Chartres, sur la rivière d'Ozane, à quatre lieues de Châteaudun et à vingt-cinq de Paris.

[3] En Normandie, sur la Rille, à neuf lieues de Rouen, entre Évreux et Pont-Audemer.

---

[1] Lancelot du Lac et Tristan de Leonnois sont les deux plus fameux chevaliers de la Table Ronde. Le roman de Lancelot fut imprimé pour la première fois à Paris chez Antoine Verard, l'an 1494, en trois vol. in-folio. Le roman de Tristan contient deux parties, qui font un assez gros volume in-folio gothique.

[2] Touchant ce curé, voyez Henri Étienne, chap. 36 de son *Apologie pour Hérodote*.

[3] La plus ancienne édition écrit *la reste*.

et lui en dire ce qu'il lui en sembloit. Elle l'envoya quérir après le service fait, pour venir parler à elle. Quand il fut venu, elle lui dit : « Monsieur le curé, je ne sais pas où vous avez apprins à officier à un tel jour qu'il est aujourd'hui, que le peuple doit être tout en humilité. Mais, à vous ouïr faire le service, il n'y a dévotion qui ne se perdît. — Comment cela, madame? dit le curé. — Comment! dit-elle : vous avez dit une Passion tout au contraire de bien. Quand Notre-Seigneur parle, vous criez comme si vous étiez en une halle ; et quand c'est un Caïphe ou un Pilate, ou les Juifs, vous parlez doux comme une épousée. Est-ce bien dit à vous? est-ce à vous à être curé? Qui vous feroit droit, on vous priveroit de votre bénéfice, et vous feroit-on connoître votre faute. » Quand le curé l'eut bien écoutée : « Est-ce cela que me vouliez dire, madame? ce lui dit-il. Par mon âme! il est bien vrai, ce que l'on dit ; c'est qu'il y a beaucoup de gens qui parlent des choses qu'ils n'entendent pas. Madame, je pense aussi bien savoir mon office comme un autre, et veux que tout le monde sache que Dieu est aussi bien servi en cette paroisse selon son état, qu'en lieu qui soit d'ici à cent lieues. Je sais bien que les autres curés chantent la Passion tout autrement ; je la chanterois bien comme eux si je voulois ; mais ils n'y entendent rien. Car appartient-il à ces coquins de Juifs de parler aussi haut que Notre-Seigneur! Non, non, madame, assurez-vous qu'en ma paroisse je veux que Dieu soit le maître, et le sera tant que je vivrai ; et fassent les autres en leur paroisse comme ils entendront. » Quand cette bonne dame eut connu l'humeur de l'homme, elle le laissa avec ses opinions bigearres[1] et lui dit seulement : « Vraiment, monsieur le curé, vous êtes homme d'esprit, on le m'avoit bien dit, mais je ne l'eusse pas cru, si je ne l'eusse vu. »

NOUVELLE XXXVI.

Du même curé et de sa chambrière ; et de sa lexive qu'il lavoit ; et comment il traita son évêque et ses chevaux, et tout son train.

Ledit curé avoit une chambrière, de l'âge de vingt et cinq ans, laquelle le servoit jour et nuit, la pauvre garse! dont il étoit souvent mis à l'office[2], et en payoit l'amende. Mais, pour cela, son évêque n'en pouvoit venir à bout. Il lui défendit une fois d'avoir chambrières, qu'elles n'eussent cinquante ans pour le moins ; le curé en print une de vingt ans et l'autre de trente. L'évêque, voyant bien que c'étoit *error pejor priore*, lui défendit qu'il n'en eût point du tout ; à quoi le curé fut contraint obéir, au moins il en fit semblant ; et pource qu'il étoit bon compagnon et de bonne chère, il trouvoit toujours des moyens assez pour apaiser son évêque ; lequel même passoit par chez lui ; car il lui donnoit de bon vin, et le fournissoit quelquefois de compagnie françoise[1]. Un jour, l'évêque lui manda qu'il vouloit aller souper le lendemain avec lui ; mais qu'il ne vouloit que viandes légères, pource qu'il s'étoit trouvé mal les jours passés, et que les médecins les lui avoient ordonnées pour lui refaire son estomac. Le curé lui manda qu'il seroit le bienvenu ; et incontinent s'en va acheter force corées[2] de veau et de mouton, et les mit toutes cuire dans une grande oulle[3], délibéré d'en festoyer son évêque. Or, il n'avoit point lors de chambrière, pour la défense qui lui en avoit été faite. Que fit-il? Tandis que le souper de son évêque s'apprêtoit, et environ l'heure qu'il savoit que ledit seigneur devoit venir, il ôte ses chausses et ses souliers, et s'en va porter un faix de drapeaux[4] à un douet[5] qui étoit sur le chemin, par où devoit passer l'évêque ; et se mit en l'eau jusqu'aux genoux, avec une selle, tenant un battoir en la main, et lave ses drapeaux bien et beau ; et si faisoit de cul et de pointe[6] comme une corneille qui abat noix. Voici l'évêque venir : ceux de son train qui alloient devant, vinrent à découvrir de loin mon curé de Brou, qui lavoit sa buée, et, haussant le cul, montroit parfois tout ce qu'il portoit. Ils le montrèrent à l'évêque : « Monsieur, voulez-vous voir le curé de Brou qui lave des drapeaux? » L'évêque, quand il le vit, fut le plus ébahi du monde, et ne savoit s'il en devoit rire ou s'il s'en devoit fâcher. Il s'approcha de ce curé, qui battoit toujours à tour de

---

[1] Bourrues, fantastiques. La plupart des éditions ont *bigarrées*. — [2] A la justice de l'official.

[1] Ou *galloise*, gaie, joyeuse.
[2] Pour *corées* ; comme les Parisiens prononcent alors : c'est le cœur, le foie, la rate, le poumon, soit de mouton, soit du veau. Le tout s'appelle aussi *fressure*.
[3] Proprement pot de terre, de fer ou de fonte. C'est un mot gascon. — [4] Draps, linges.
[5] Quelques éditions ont *douit*, qui signifie de même ruisseau, canal, courant d'eau.
[6] On dit plutôt *de cu et de tête*.

bras, faisant semblant de ne voir rien : « Et viens çà, gentil curé, que fais-tu ici ? » Le curé, comme s'il fût surprins, lui dit : « Monsieur, vous voyez, je lave ma lexive. — Tu laves ta lexive ! dit l'évêque ; es-tu devenu buandier ? est-ce l'état d'un prêtre ? Ah ! je te ferai boire une pipe d'eau en mes prisons, et t'ôterai ton bénéfice. — Et pourquoi, monsieur ? dit le curé : vous m'avez défendu que je n'eusse point de chambrière ; il faut bien que je me serve moi-même, car je n'ai plus de linge blanc. — O le méchant curé ! dit l'évêque ; va, va, tu en auras une. Mais que souperons-nous ? — Monsieur, vous souperez bien, si Dieu plaît : ne vous souciez point, vous aurez des viandes légères. » Quand ce fut à souper, le curé servit l'évêque, et ne lui présenta d'entrée que ces courées bouillies. Auquel l'évêque dit : « Qu'est-ce que tu me bailles ici ? Tu te moques de moi. — Monsieur, dit-il, vous me mandâtes hier que je ne vous apprêtasse que viandes légères : j'ai essayé de toutes sortes de viandes ; mais quand ce a été à les apprêter, elles alloient toutes au fond du pot, fors qu'à la fin j'ai trouvé ces courées, qui sont demourées sus l'eau, ce sont les plus légères de toutes. — Tu ne valus de ta vie rien, dit l'évêque, ne ne vaudras. Tu sais bien les tours que tu m'as faits. Eh bien, bien, je t'apprendrai à qui tu te dois adresser. » Le curé pourtant avoit fort bien fait apprêter le souper, et de viandes d'autre digestion, lesquels il fit apporter ; et traita bien son évêque, qui s'en trouva bien. Après souper, fut question de jouer une heure au flux[1] ; puis l'évêque se voulut retirer. Le curé, qui connoissoit sa complexion, avoit apprêté un petit tendron, pour son vin de coucher[2] ; et d'autre côté, aussi à tous ses gens chacun une commère, car c'étoit leur ordinaire quand ils venoient chez lui. L'évêque, en se couchant, lui dit : « Va, retire-toi, curé, je me contente assez bien de toi pour cette fois. Mais sais-tu qu'il y a ? J'ai un palefrenier qui n'est qu'un ivrogne : je veux que mes chevaux soient traités comme moi-même, prends-y bien garde. » Le curé n'oublie pas ce mot ; il prend congé de son évêque jusqu'au lendemain, et incontinent envoie par toute sa paroisse emprunter force juments, et en peu de temps il en trouva autant qu'il lui en falloit ; lesquelles il va mettre à l'étable auprès des chevaux de l'évêque. Et chevaux de hennir, de ruer, de tempêter environ ces juments ; c'étoit un triomphe de les ouïr. Le palefrenier, qui s'en étoit allé étriller sa monture à deux jambes, se fiant au curé de ses chevaux, entend ce beau tintamarre, qui se faisoit à l'étable, et s'y en va le plus soudainement qu'il peut, pour y donner ordre ; mais ce ne put jamais être sitôt, que l'évêque n'en eût ouï le bruit. Le lendemain matin, l'évêque voulut savoir qu'avoient eu ses chevaux toute la nuit à se tourmenter ainsi. Le palefrenier le vouloit faire passer pour rien, mais il fallut que l'évêque le sût : « Monsieur, dit le palefrenier, c'étoient des juments qui étoient avec les chevaux. » L'évêque, songeant bien que c'étoient des tours du curé, le fit venir et lui dit mille injures : « Malheureux que tu es, te joueras-tu toujours de moi ? tu m'as gâté mes chevaux ; ne te chaille, je te... » Mon curé lui répond : « Monsieur, ne me dites-vous pas au soir, que vos chevaux fussent traités comme vous-même ? Je leur ai fait du mieux que j'ai pu. Ils ont eu foin et avoine ; ils ont été en la paille jusqu'au ventre : il ne leur falloit plus qu'à chacun leur femelle ; je la leur ai envoyé quérir : vous et vos gens n'en aviez-vous pas chacun la vôtre ? — Au diable le méchant curé, dit l'évêque, tu m'en donnes de bonnes. Taistoi, nous compterons, et je te paierai des bons traitements que tu me fais. » Mais, à la fin, il n'y sut autre remède, sinon que de s'en aller jusqu'à une autre fois. Je ne sais si c'étoit point l'évêque Milo[2], lequel avoit des procès un million, et disoit que c'étoit son exercice ; et prenoit plaisir à les voir multiplier, tout ainsi que les marchands sont aises de voir croître leurs denrées ; et dit-on qu'un jour le roi les lui voulut appointer, mais l'évêque ne prenoit point cela en gré, et n'y voulut point entendre ; disant au roi que, s'il lui ôtoit ses procès, il lui ôtoit la vie. Toutefois, à force de remontrances et de belles paroles, il y falloit aller, de sorte qu'il consentit à ces appointements ; de mode qu'en moins de rien lui en furent, que vuidés, que accordés, que amortis, deux ou trois cents. Quand l'évêque vit que ses procès s'en alloient

---

[1] C'est un jeu de cartes à quatre. On donne quatre cartes à chacun. Celui des quatre qui a le plus de cartes d'une même couleur a le flux et gagne l'enjeu.
[2] On appelait vin de coucher celui qu'on buvait avant de s'endormir.

[1] Autour, auprès de. — [2] Milon, Miles d'Illiers, évêque de Chartres, mort à Paris l'an 1493.

ainsi à néant, il s'en vint au roi, le suppliant à jointes mains qu'il ne les lui ôtât pas tous, et qu'il lui plût au moins lui en laisser une douzaine des plus beaux et des meilleurs, pour s'ébattre.

NOUVELLE XXXVII.

Du même curé, et de la carpe qu'il acheta pour son dîner.

Pour revenir à notre curé de Brou, un dimanche matin qu'il étoit fête, se pourmenant autour de ses courtils [1], il vit venir un homme qui portoit une belle carpe. Si se pensa que le lendemain étoit jour de poisson [2] (c'étoient possible les Rogations) : il marchanda cette carpe, et la paya. Et pource qu'il étoit seul, il print cette carpe, et l'attache à l'aiguillette de son sayon [3], et la couvre de sa robe. En ce point, s'en va à l'église, où ses paroissiens l'attendoient pour dire la messe. Quand ce fut à l'offerte [4], ledit curé se tourne devers le peuple avec sa plataine [5], pour recevoir les offrandes. La carpe, qui étoit toute vive, démenoit la queue fois à fois, et faisoit lever l'amict de M. le curé, de quoi il ne s'apercevoit point; mais si faisoient bien les femmes, qui s'entre-regardoient et se cachoient les yeux, à doigts entr'ouverts. Elles rioient, elles faisoient mille contenances nouvelles. Et cependant le curé étoit là à les attendre, mais n'y avoit celle qui osât venir la première; car elles pensoient de cette carpe que ce fût la très-douce chose que Dieu fit croître. Le curé et son assistant avoient beau crier : « A l'offrande, femmes ! qui aura dévotion ? » elles ne venoient point. Quand il vit qu'elles rioient ainsi, et qu'elles faisoient tant de mines, il connut bien qu'il y avoit quelque chose : tant qu'à la fin il se vint aviser de cette carpe qui remuoit ainsi la queue : « Ha ha, dit-il, mes paroissiennes, j'étois bien ébahi que c'étoit qui vous faisoit ainsi rire : non, non, ce n'est pas ce que vous pensez, c'est une carpe que j'ai au matin achetée pour demain à dîner [6]. » Et en disant cela,

il rçcoursa [1] sa chasuble, et son amict, et sa robe, pour leur montrer cette carpe; autrement, elles ne fussent jamais venues à l'offrande. Il se soucioit du lendemain, le bon homme de curé, nonobstant le mot de l'Évangile : *Nolite solliciti esse de crastino ;* lequel pourtant il interprétoit gentiment à son avantage, car quand quelqu'un lui dit : « Comment, monsieur le curé! Dieu vous a défendu de vous soucier du lendemain, et toutefois vous achetez une carpe pour votre provision. — C'est, dit-il, pour accomplir le précepte de l'Évangile ; car quand je suis bien pourvu, je ne me soucie pas du lendemain. » Les uns veulent dire que ce fut un moine [2], qui avoit caché un pâté en sa manche, étant à dîner à certain banquet; mais tout revient à un. On dit encore tout plein d'autres choses de ce curé de Brou, qui ne sont point de mauvaise grâce ; comme entre autres, celle qui s'ensuit.

NOUVELLE XXXVIII.

Du même curé, qui excommunia tous ceux qui étoient dedans un trou.

Un jour de fête solennelle, et à l'heure du prône, le curé de Brou monte en une chaire pour prêcher ses paroissiens : laquelle étoit auprès d'un pilier, comme elles sont voulentiers. Tandis qu'il prêchoit, vint à lui le clerc du presbytère, qui lui présenta quelques mémoires de quérimonies [4], selon la coutume, qui est de les publier les dimanches. Le curé prend ses mesures, et les met dedans un trou qui étoit au pilier tout exprès pour semblable cas ; c'est-à-dire, pour y mettre tous les brevets qu'on lui apportoit durant le prône. Quand ce fut à la fin de son prêche, il voulut ravoir ces mémoires, et met le doigt dedans le

---

[1] Jardins : de là le nom de *la Courtille.*
[2] C'est-à-dire, jour maigre.
[3] Pourpoint à basques, attaché aux chausses avec des éguillettes. « Il n'y a guère qu'un siècle, disoit La Monnoye en 1735, que les bonnes gens aiguilletoient ainsi leur haut-de-chausses. »
[4] Pour *offertoire.* — [5] Patène.
[6] Bouchet, dans sa sixième *serée,* a rapporté ce conte, qu'il applique à un cordelier, en y changeant diverses circonstances. Il dit que le moine s'étant

[1] Retroussa. Terme provincial fort usité à Dijon par les femmes du menu peuple, qui disent qu'elles *récorsent,* quand, après avoir troussé leur robe, elles la rattachent par derrière.
[2] Bouchet, *serée* 15, fait le même conte ; mais l'original est dans le livre intitulé *Mensa philosophica,* par Thibaud Auguilbert, Irlandais ; traité 4.
[3] Ecclésiastique servant le curé pour les affaires de la cure.
[4] Termes de cour d'Église ; requêtes ou plaintes présentées au juge d'Église pour obtenir la permission de publier monitoire.

trou ; mais ils étoient un peu bien avant, pource qu'en les y mettant il étoit possible ravi à exposer quelque point difficile de l'Évangile. Il tire, il tourne le doigt ; il y fait tout ce qu'il peut : il n'en sut jamais venir à bout ; car, au lieu de les tirer, il les poussoit. Quand il eut bien ahanné [1], et qu'il vit qu'il n'y avoit ordre : « Mes paroissiens, dit-il, j'avois mis des papiers là-dedans, que je ne saurois ravoir ; mais j'excommunie tous ceux qui sont en ce trou-là. »

Les uns attribuent cela à un autre curé, et disent que c'étoit un curé [2] de ville. Et, de fait, ils ont grande apparence ; car ès villages n'y a pas communément de chaires pour faire le prône. Mais je m'en rapporte à ce qui en est. Si celui qui c'est prétend que je lui ai fait tort en donnant cet honneur au curé de Brou pour le lui ôter, m'en avertissant, je suis content d'y mettre son nom. Au pis aller, il doit penser qu'on a bien fait autant des Jupiters et des Hercules [3] ; car ce que plusieurs ont fait, on le réfère tout à un pour avoir plus tôt fait : d'autant que tous ceux du nom ont été excellens et vaillans. Aussi il n'y avoit point d'inconvénient de nommer par antonomasie [4] *Curés de Brou*, tous prêtres, vicaires, chanoines, moines, et capellans [5], qui feront des actes si vertueux comme il a fait.

NOUVELLE XXXIX.

De Teiran, qui, étant sur la mule, ne paroissoit point par-dessus l'arçon de la selle.

En la ville de Montpellier, y avoit naguère un jeune homme qu'on appeloit le prieur de Teiran, lequel étoit homme de bon lieu et d'assez bonnes lettres ; mais il étoit mal aisé [6] de sa personne ; car il avoit une bosse sur le dos, et l'autre sur l'estomac, qui lui faisoient mal porter son bois [1], et qui l'avoient si bien gardé de croître, qu'il n'étoit pas plus haut que d'une coudée. Attendez, attendez, j'entends de la ceinture en sus. Un jour, en s'en allant de Montpellier à Toulouse, accompagné de quelques siens amis de Montpellier même, ils se trouvèrent à Saint-Tubery [2], à l'une de leurs dînées, et pource que c'étoit en été, et que les jours étoient longs, ses compagnons après dîner ne se hâtoient pas beaucoup de partir, et attendoient la chaleur à s'abaisser [3] ; et même quelques-uns d'entre eux se vouloient mettre à dormir : ce que Teiran ne trouva pas bon, et fit brider une mule qu'il avoit, tout en colère (n'entendez pas que la mule fût en colère ; c'étoit lui), et monte dessus, en disant : « Or, dormez tout votre saoul, je m'en vais », et pique devant, tout seul, tant qu'il peut. Quand ses compagnons le virent délogé, ne le voulant point laisser, se dépêchent d'aller après. Mais Teiran étoit déjà bien loin. Or, il portoit un de ces grands feutres d'Espagne pour se défendre du soleil, qui le couvroit quasi lui et toute sa mule ; sauf toutefois à en rabattre ce qui sera de raison. Ceux qui alloient après, virent un paysan en un champ assez près du chemin, auquel ils demandèrent : « Mon ami, as-tu rien vu un homme à cheval ici devant, qui s'en va droit à Narbonne ? » Le paysan leur répond : « Nenni, dit-il, je n'ai point vu d'homme ; mais j'ai bien vu une mule grise qui avoit un grand chapeau de feutre sur la selle, et couroit à bride abattue. » Mes gens se prindrent à rire, et connurent bien que c'étoit leur homme qui piquoit d'une telle colère, qu'ils ne le purent oncques atteindre, qu'ils ne fussent à Narbonne. Aucuns ont voulu dire que la mule n'étoit pas grise, et qu'elle étoit noire. Mais il y a des gens qui ont un esprit de contradiction dedans le corps : et qui voudroit contester avec eux, ce ne seroit jamais fait.

---

[1] Soufflé, fait des efforts ; comme un bûcheron qui fend du bois et fait *han* à chaque coup de cognée.

[2] Ce curé de Saint-Eustache de Paris, dont il a été question dans la Nouvelle XXXII. On ajoute même qu'après avoir dit qu'il excommunioit tous ceux qui étoient dans le trou, il fit réflexion que, parmi les personnes nommées dans les *quérimoines*, se trouvaient l'évêque de Paris et son official : il déclara donc qu'il exceptoit ces deux-là. H. Étienne, chap. 6 de l'*Apologie pour Hérodote*.

[3] Cicéron, au livre III *De la nature des Dieux*, compte trois Jupiters et six Hercules.

[4] C'est une figure de rhétorique qui consiste à désigner quelqu'un par un autre nom que son nom propre. *Antonomase* est le mot d'usage.

[5] Chapelains. — [6] Infirme.

---

[1] C'est-à-dire, avoir mauvais air. Façon de parler venue des anciens romans, qui appellent souvent *bois* les lances des chevaliers.

[2] Petite ville sur l'Hérault, diocèse d'Agde, ainsi nommée de saint Tibère, martyr, appelé ailleurs *saint Tiberge*.

[3] C'est-à-dire, que la chaleur diminuât.

NOUVELLE XL.

Du docteur qui blâmoit les danses, et de la dame qui les soutenoit, et des raisons alléguées d'une part et d'autre.

En la ville du Mans, y avoit naguère un docteur en théologie, appelé notre maître d'Argentré, qui tenoit la prébende doctorale[1], homme de grand savoir et de bonne vie, et n'étoit point si docteur, qu'il n'entendît bien la civilité et l'entregent, qui le faisoit être bienvenu en toutes compagnies honnêtes. Un jour, en une assemblée des principaux de la ville, qui avoient soupé ensemble, lui étant du nombre, il y eut, d'aventure, des danses après souper, lesquelles il regarda pour un peu de temps, pendant lequel il se print à parler avec une dame de bien bonne grâce, appelée la Baillive de Sillé[2], femme, pour sa vertu, bonne grâce et bon esprit, très-bien venue entre les gens d'honneur, avenante en tout ce qu'elle faisoit, et entre autres à baller : là où elle prenoit un grandissime plaisir. Or, en devisant de propos et autres, ils commencèrent à parler des danses. Sur quoi le docteur dit que, de tous les actes de récréation, il n'y en avoit point un qui sentît moins son homme[3], que la danse. La Baillive lui va dire, tout au contraire, qu'elle ne pensoit qu'il y eût chose qui réveillât mieux l'esprit que les danses, et que la mesure ne la cadence n'entreroient jamais en la tête d'un lourdaud : lesquelles sont témoignage que la personne est adroite et mesurée en ses faits et desseins. « Il y en a même, disoit-elle, de jeunes gens qui sont si pesans, qu'on auroit plus tôt appris à un bœuf à aller à la haquenée[4], qu'à eux à danser ; mais aussi, vous voyez quel esprit ils ont. Des danses, il en vient plaisir à ceux qui dansent, et à ceux qui voient danser ; et si ai opinion, si vous osiez dire la vérité, que vous-même y prenez grand plaisir à les regarder, car il n'y a gens, tant mélancoliques soient-ils, qui ne se réjouissent à voir si bien manier le corps, et si allègrement. » Le docteur, l'ayant ouïe, laissa un peu reposer les termes de la danse, entretenant néanmoins toujours cette dame d'autres propos, qui étoient divers, mais non pas tant éloignés, qu'il n'y pût bien retomber quand il voudroit. Au bout de quelque espace, qu'il lui sembla être bien à point, il va demander à la dame Baillive : « Si vous étiez, dit-il, à une fenêtre, ou sur une galerie, et vous vissiez de loin en quelque grande place une douzaine ou deux de personnes qui s'entre-tinssent par la main, et qui sautassent, qui virassent, d'aller et de retour, en avant et en arrière ; ne vous sembleroient-ils pas fous ? — Oui bien, dit-elle, s'il n'y avoit quelque mesure. — Je dis encore qu'il y eût mesure, dit-il, pourvu qu'il n'y eût point de tabourin ne de flûte. — Je vous confesse, dit-elle, que cela pourroit avoir mauvaise grâce. — Et donc, dit le docteur, un morceau de bois percé, et une feuille[1] étoupée de part chemin par les deux bouts, ont-ils tant de puissance, que de vous faire trouver bonne une chose qui de soi sent sa folie ? — Et pourquoi non ! dit-elle. Ne savez-vous pas quelle puissance est la musique ? Le son des instruments entre dedans l'esprit de la personne, et puis l'esprit commande au corps, lequel n'est pour autre chose, que pour montrer par signes et mouvements la disposition de l'âme à joie ou à tristesse. Vous savez que les hommes marris font une autre contenance que les hommes gais et contens. Davantage[2], en tous endroits faut considérer les circonstances, comme vous-même prêchez tous les jours. Un tabourineur qui flûteroit tout seul, seroit estimé comme un prêcheur qui se mettroit en chaire sans assistans. Les danses sans instrumens ou sans chansons, seroient comme les gens en un lieu d'audience sans sermonneur. Parquoi, vous avez beau blâmer nos danses, il faudroit nous ôter les pieds et les oreilles, et vous assure, dit-elle, que si j'étois morte et j'ouïsse un violon, je me lèverois pour baller. Ceux qui jouent à la paume se tourmentent bien encore davantage pour courir après une petite pelote de cuir et de bourre, et y vont de telle affection, que quelquefois semble qu'ils se doivent tuer, et si n'ont point

---

[1] Cette prébende, appelée plutôt *théologale*, était établie dans chaque église cathédrale ou collégiale, depuis le quatrième concile de Latran, sous Innocent III, et affectée à un docteur en théologie, qui prêchait tous les dimanches.

[2] Sillé-le-Guillaume, petite ville du Maine entre Mayenne et le Mans.

[3] C'est-à-dire, qui fît moins valoir son homme, qui fût moins digne d'un homme raisonnable.

[4] Aller l'amble, comme les haquenées que montaient les dames.

---

[1] D'autres éditions portent *seille*, seau, ce qui exprime mieux un tambourin. — [2] En outre, de plus.

d'instrument de musique, comme les danseurs, et ne laissent pas d'y prendre une merveilleuse récréation. Pensez-vous ôter les plaisirs du monde? Ce que vous prêchez contre les voluptés, si vous vouliez dire vrai, n'est pas pour les abolir, sinon les déshonnêtes; car vous savez bien qu'il est impossible que ce monde dure sans plaisir; mais c'est pour empêcher qu'on n'en prenne trop. » Le docteur vouloit répliquer; mais il fut environné de femmes, qui le mirent à se taire, craignant qu'à un besoin elles ne l'eussent prins pour le mener danser. Et Dieu sait, si c'eût bien été son cas.

NOUVELLE XLI.

De l'Écossois et sa femme qui étoit un peu trop habile au maniement.

Un Écossois, ayant suivi la cour quelque temps, aspiroit à une place d'archer[1] de la garde, qui est le plus haut qu'ils désirent être quand ils se mettent à servir en France; car ils se disent tous cousins du roi d'Écosse. L'Écossois, pour parvenir à ce haut état, avoit fait tout plein de services, pour lesquels, entre autres, il eut cette faveur d'épouser une fille, qui étoit damoiselle d'une bien grand' dame; laquelle fille étoit d'assez bon âge. Elle n'eut guère été en mariage, qu'elle ne se souvînt des commandements qu'on donne aux riches épousées; premièrement : que la nuit elles tiennent leur couvre-chef à deux mains, de peur que leur mari les décoiffe; qu'elles serrent les jambes comme un homme qui descend en un puits sans corde; qu'elles soient un peu rebelles, et que, pour un coup qu'on leur baille, elles en rendent deux. Cette jeune damoiselle commença à observer de bonne heure ces beaux et saints enseignements, l'un après l'autre, jusqu'à ce qu'elle en fît une leçon, et les pratiqua tous à la fois, dont l'Écossois ne fut pas trop content, spécialement du dernier point. Et voyant qu'elle s'en savoit aider de si bonne heure, il sembla à ce pauvre homme qu'elle avoit appris ces tordions[2] d'un autre

maître que de lui; de mode qu'il lui fongna bien gros, en lui disant : « Ah! vous culi[2]! » Et oncques puis, ne dormit de bonne somme. Et même, à toutes heures qu'il étoit avec elle, il lui disoit : « Ah! vous culi! ah! vous culi! c'est un putain qui culi! » Et s'y fonda bien si fort, qu'il ne pouvoit regarder sa femme de bon œil, ne la nuit même ne la baisoit point de bon cœur. Elle, de son côté, se retira petit à petit, et se garda, de là en avant, d'être trop frétillante. Et voyant que cet Écossois avoit toujours froid aux pieds et mal à la tête, et qu'il fongnoit toujours, elle devint toute mélancolique et pensive : dont Madame, sa maîtresse[3], s'aperçut, et lui demandoit souvent : « Qu'avez-vous, m'amie? Vous êtes enceinte? — Sa' votre grâce[4], madame, disoit-elle. — Qu'avez-vous donc? Il y a quelque chose. » Elle la pressa tant, qu'il fallut qu'elle sût ce qu'il y avoit, ainsi que les femmes veulent tout savoir. Je peux bien dire cela ici, car je sais bien qu'elles ne liront pas ce passage. Elle lui conta le cas. Quand madame l'eut entendue : « Hé! n'y a-il que cela? dit-elle. Taisez-vous; vraiment, je parlerai bien à lui. » Ce qu'elle fit de bonne heure; et appela cet Écossois à part; et lui commença à demander comment il se trouvoit avec sa femme. « Madame, dit-il, je trouvi bien, grand merci vous. — Voire-mais votre femme est toute fâchée: que lui avez-vous fait? — J'aurai pas rien fait, madame. Je savois pas pourquoi fait-il mauvais chère. — Je le sais bien, moi, dit-elle, car elle m'a tout dit. Savez-vous qu'il y a, mon ami? Je veux que vous la traitiez bien, et ne faites pas le fantastique[5]; êtes-vous bien si neuf de penser que les femmes ne doivent avoir leur plaisir comme les hommes? pensez-vous qu'il faille aller à l'école pour l'apprendre? Nature l'enseigne assez. Et que pensez-vous? que votre femme ne se doive remuer non plus qu'une souche de bois? Or çà, dit-elle, que je n'en oie plus parler; et lui faites bonne chère. » Mon Écossois

---

[1] On les appelait *archers*, quoiqu'ils portassent la hallebarde, parce qu'auparavant c'était un arc qu'ils portaient. La garde écossaise a été en honneur auprès des rois de France depuis les services que les Écossais rendirent à Charles VII contre les Anglais.
Un tourdion, diminutif de *tour*, petit mouvement. On appelait ainsi les basses danses.

[1] *Fongner* ou *foigner*, selon La Monnoye, signifiait gronder, se dépiter, et vient de *foin*, interjection d'impatience et de dépit, dont alors on se servait en guise de juron.

[2] Il voulait dire : « *Ah! vous culetez.* »

[3] Ce doit être quelque princesse ou la reine elle-même, au service de qui la femme de l'Écossois était attachée sans doute.

[4] Contraction de *sauf votre grâce*.

[5] Pour *fantasque*.

se contenta, moitié par force, moitié par amour. Et incontinent, Madame fit savoir à la damoiselle ce qu'elle avoit dit à l'Écossois. Et peut bien être que la damoiselle étoit en la garderobe à l'écouter, sans que l'Écossois en sût rien. Mais elle ne fit pas semblant à son mari d'en rien savoir; et faisoit toujours de la fâchée le jour et la nuit, et ne se revengeoit plus des coups qu'elle recevoit, jusqu'à ce qu'une des nuits, il lui dit, la réconfortant : « Culi, culi! Madame le vouli bien. » De quoi elle se fit un peu prier; mais, à la fin, elle se rapprivoisa; et l'Écossois ne fut plus si fâcheux.

NOUVELLE XLII.

Du prêtre, et du maçon qui se confessoit à lui.

Il y avoit un prêtre d'un village, qui étoit tout fier d'avoir vu un petit plus que son Caton[1]; car il avoit lu *De Syntaxi*[2], et son *Fauste precor gelida*[3]. Et, pour cela, il s'en faisoit croire, et parloit, d'une braveté grande, usant des mots qui remplissoient la bouche, afin de se faire estimer un grand docteur. Et même, en confessant, il avoit des termes qui étonnoient les pauvres gens. Un jour, il confessoit un pauvre homme manouvrier, auquel il demandoit : « Or çà, mon ami, es-tu point ambitieux ? » Le pauvre homme disoit que non, pensant bien que ce mot-là appartenoit aux grands seigneurs, et quasi se repentoit d'être venu à confesse à ce prêtre; lequel il avoit ouï dire qu'il étoit si grand clerc, et qu'il parloit si hautement, qu'on n'y entendoit rien, ce qu'il connut à ce mot *ambitieux*; car, encore qu'il l'eût possible ouï dire autrefois, si est-ce qu'il ne savoit pas que c'étoit. Le prêtre, en après, lui va demander : « Es-tu point fornicateur ? — Nenni. — Es-tu point glouton ? — Nenni. — Es-tu point superbe? » Il lui disoit toujours nenni. « Es-tu point iraconde[4] ? — Encore

---

[1] Il entend ce que l'on nomme vulgairement les *Distiques de Caton*, soit par allusion au livre que Caton le censeur intitula *Carmen de Moribus*, quoiqu'il l'eût écrit en prose; soit parce la doctrine morale contenue dans ces distiques a été jugée digne de Caton lui-même.

[2] La Syntaxe de Despautère, publiée en 1513.

[3] C'est ainsi que commence la première églogue de Baptiste Mantuan. Au seizième siècle, on lisoit publiquement dans les Écoles de Paris les poésies latines de ce moine, aussi célèbres alors que celles de Virgile et d'Horace.

[4] Colérique. On voit dans un passage de Rabelais que

---

moins. » Ce prêtre, voyant qu'il lui répondoit toujours *nenni*, étoit tout admirabonde. « Es-tu point concupiscent? — Nenni. — Et qu'es-tu donc? dit le prêtre. — Je suis, dit-il, maçon, voici ma truelle. » Il y en eût un autre qui répondit de même à son confesseur, mais il sembloit être un peu plus affaité. C'étoit un berger, auquel le prêtre demandoit : « Or çà, mon ami, avez-vous bien gardé les commandements de Dieu ? — Nenni, disoit le berger. — C'est mal fait, disoit le prêtre. — Et les commandements de l'Église ? — Nenni. » Lors dit le prêtre : « Qu'avez-vous donc gardé? — Je n'ai gardé que mes brebis[2], » dit le berger.

Il y en a un autre qui est vieil comme un pot à plume[3]; mais il ne peut être qu'il ne soit nouveau à quelqu'un. C'étoit un, lequel après qu'il eût bien conté toute son affaire, le prêtre lui demanda : « Eh bien! mon ami qu'avez-vous encore sur votre conscience ? » Il répond qu'il n'y avoit plus rien, fors qu'il lui souvenoit d'avoir dérobé un licol. « Eh bien mon ami, dit le prêtre, d'avoir dérobé un licol n'est pas grand'chose, vous en pourrez aisément faire satisfaction. — Voire mais, dit l'autre, il y avoit une jument au bout. — Ha, dit le prêtre, c'est autre chose. Il y a bien différence d'une jument à un licol. Il vous faut rendre la jument, et puis la première fois que vous reviendrez à confesse à moi, je vous absoudrai du licol. »

NOUVELLE XLIII.

Du gentilhomme qui crioit la nuit après ses oiseaux, et du charretier qui fouettoit ses chevaux.

Il y a une manière de gens qui ont des humeurs colériques ou mélancoliques, ou flegmatiques. Il faut bien que ce soit l'une des trois; car l'humeur sanguine est toujours bonne, ce dit-on, dont la fumée monte au cerveau qui les rend fantastiques, lunatiques.

---

les pédans seuls se servaient alors de ces mots nouvellement forgés du latin, *iraconds*, *admirabonds*.

[1] Expérimenté, dressé, façonné.

[2] Cette réponse naïve a été imitée dans le *Moyen de parvenir*. Sire George était malade : « Çà, mon ami, lui disait une dame; courage; il faut prendre quelque chose. N'avez-vous rien pris aujourd'hui ? — Sauf vot' grâce, madame, répondit-il, j'ai pris une puce à mon cu. »

[3] Parce que les pots dont on se sert pour mettre plume sont toujours vieux et ébréchés.

eratiques, fanatiques, schismatiques et tous les attiques qu'on sauroit dire, auxquels on ne trouve remède, pour purgation qu'on leur puisse donner. Pource, ayant désir de secourir ces pauvres gens, et de faire plaisir à leurs femmes, parents, amis, bienfaiteurs et tous ceux et celles qu'il appartient, j'enseignerai ici, par un bref exemple advenu, comme ils feront quand ils auront quelqu'un aussi mal traité principalement de rêveries nocturnes; car c'est un grand inconvénient de ne reposer ne jour ne nuit. Il y avoit un gentilhomme au pays de Provence, homme de bon âge, et assez riche de récréation. Entre autres, il aimoit fort la chasse et y prenoit si grand plaisir le jour, que la nuit se levoit en dormant : il se prenoit à crier ne plus ne moins que le jour, dont il étoit fort déplaisant et ses amis aussi; car il ne laissoit reposer personne qui fût en la maison où il couchoit, et réveilloit souvent ses voisins, tant il crioit haut et longtemps après ses oiseaux. Autrement, il étoit de bonne sorte et fort connu, tant à cause de sa gentillesse que pour cette imperfection fâcheuse, pour laquelle l'appeloit-on l'*Oiseleur*. Un jour, en suivant ses oiseaux, il se trouva en un lieu écarté, où la nuit le surprint, qu'il ne savoit se retirer, fors qu'il tourna et vira tant par bois et montagnes, qu'il vint arriver tout droit en une maison, étant sur le grand chemin toute seule, là où l'hôte logeoit quelquefois les gens de pied qui étoient en la nuit, pource qu'il n'y avoit point d'autre logis qui près. Et quand il arriva, l'hôte étoit couché, lequel il fit lever, lui priant de lui donner le couvert pour cette nuit, pource qu'il faisoit froid et mauvais temps. L'hôte le laisse entrer, et met son cheval à l'étable des vaches, lui montrant un lit au sau[1]; car il n'y avoit point de chambre haute. Or, y avoit là dans un charretier voiturier, qui venoit de foire de Pézenas, lequel étoit couché en un lit tout auprès; lequel s'éveilla à la venue du gentilhomme, dont il lui fâcha fort; il étoit las et n'y avoit guère qu'il commençoit à dormir. Et puis, telles gens de leur sorte ne sont gracieux que bien à point. Au moins ainsi soudain, il dit à ce gentilhomme : « Quel diable vous amène si tard ? » Ce gentilhomme, étant seul et en lieu inconnu, parloit le plus doucement qu'il pouvoit : « Mon ami, dit-il, je me suis ici traîné en suivant un de mes oiseaux; endurez que je demeure ici à couvert, attendant qu'il soit jour. » Ce charretier s'éveilla un peu mieux, et regardant ce gentilhomme, vint à le reconnoître; car il l'avoit assez vu de fois à Aix en Provence et avoit assez souvent ouï dire quel coucheur c'étoit. Le gentilhomme ne le connoissoit point; mais en se déshabillant, lui dit : « Mon ami, je vous prie, ne vous fâchez point de moi pour une nuit; j'ai une coutume de crier la nuit après mes oiseaux; car j'aime la chasse, et m'est avis toute la nuit que je suis après. — Ho, ho ! dit le charretier en jurant. Par le corps bieu ! il m'en prend ainsi comme à vous, car toute la nuit il me semble que je suis à toucher mes chevaux et ne m'en puis garder. — Bien, dit le gentilhomme; une nuit est bientôt passée; nous supporterons l'un l'autre. » Il se couche; mais il ne fut guère avant en son premier somme, qu'il ne se levât de plein saut et commença à crier par la place : *Volà, volà, volà*[1]. Et, à ce cri, mon charretier s'éveille, qui vous prend son fouet, qu'il avoit auprès de lui, et le vous mène à tort et à travers, à la part[2] où il sentoit mon gentilhomme, en disant: *Dia, dia, houois, hau, dia*[3]. Il vous sangle le pauvre gentilhomme, il ne faut pas demander comment : lequel se réveilla de belle heure aux coups de fouet et changea bien de langage; car, en lieu de crier *volà*, il commença à crier *à l'aide* et *au meurtre*; mais le charretier fouettoit toujours, jusqu'à tant que le pauvre gentilhomme fut contraint se jeter sous la table sans plus dire mot, en attendant que le charretier eût passé sa fureur; lequel, quand il vit que le gentilhomme s'étoit sauvé, se remit au lit, et fit semblant de ronfler. L'hôte se lève, qui allume du feu et trouve ce gentilhomme mussé sous le banc, et étoit si petit, qu'on l'eût bien mis dans une bourse d'un double[4], et avoit les jambes toutes frangées[5] et toute sa personne blessée de coups de fouet, lesquels certainement firent grand miracle;

---

[1] Pour *au sol*, au rez-de-chaussée.

[1] Cri des fauconniers provençaux en lâchant l'oiseau.
[2] A l'endroit. — [3] *Dia*, pour faire avancer les chevaux ; *hau*, pour les arrêter.
[4] C'est-à-dire, dans le plus petit espace ; le *double* était une monnaie de cuivre valant deux deniers.
[5] Les coups de fouet lui faisaient aux jambes des espèces de franges.

car oncques puis ne lui advint de crier en dormant, dont s'ébahirent depuis ceux qui le connoissoient, mais il leur conta ce qu'il lui étoit advenu. Jamais homme ne fut plus tenu à autre, que le gentilhomme au charretier, de l'avoir ainsi guari d'un tel mal comme celui-là; comme on dit qu'autrefois ont été guaris les malades de saint Jean [1]; et aux chevaux rétifs, on dit qu'il ne faut que leur pendre un chat à la queue, qui les égratignera tant par derrière, qu'il faudra qu'ils aillent de par Dieu, ou de par l'autre [2]; et perdront la rétiveté, en le continuant trois cent soixante et dix-sept fois et demi et la moitié d'un tiers. Car dix-sept sols et un onzain, et vingt-cinq sols moins un treizain, combien valent-ils?

NOUVELLE XLIV.

De la veuve, qui avoit une requête à présenter, et la bailla au conseiller-lai pour la rapporter.

Une bonne femme veuve avoit un procès à Paris, là où elle étoit allée pour le solliciter: en quoi elle faisoit grande diligence, combien qu'elle n'entendît guère bien ses affaires; mais elle se fioit que Messieurs de parlement auroient égard à sa vieillesse, à son veuvage et à son bon droit. Un matin, de bonne heure avant le jour [3], plus tôt que de coutume, elle n'entra pas en son jardin pour cueillir la violette; mais elle print sa requête en sa main, en laquelle étoit question de certains excès faits à la personne de son feu mari. Elle va au Palais, à l'entrée de Messieurs, et s'adressa au premier conseiller qu'elle vit venir, et lui présenta sa requête pour la rapporter. Le conseiller la print; et, la lui baillant, la femme lui fait ses plaintes pour lui donner bien à entendre son cas. Quand le conseiller, qui d'aventure étoit des ecclésiastiques, ouït parler de crimes, il dit à la bonne: « Ma mie, ce n'est pas à moi à rapporter votre requête; il faut que ce soit un conseiller-lai qui la rapporte. » La bonne femme, ne sachant que vouloit dire un conseiller-lai, entendit que ce dût être un conseiller laid; pource qu'elle vit que celui, d'aventure, étoit beau personnage et de belle taille. Elle vous commence à vous regarder de près ces conseillers qui entroient, pour voir s'ils seroient beaux ou laids : en quoi elle étoit fort empêchée. A la fin, en voici venir un qui n'étoit pas des plus beaux hommes du monde, au moins au gré de la bonne femme, pour ce (peut-être) qu'il portoit une longue barbe et étoit tondu. La bonne femme pensa bien avoir trouvé son homme, et lui dit : « Monsieur, on m'a dit qu'il faut que ce soit un conseiller bien laid qui rapporte ma requête; j'ai bien regardé tous ceux qui sont entrés, mais je n'en ai point trouvé de plus laid que vous; s'il vous plaît, vous la rapporterez. » Le conseiller qui entendit bien ce qu'elle vouloit dire, trouva bonne la simplicité d'elle, et print sa requête, et la rapportant, ne faillit pas à en faire le conte à ceux de sa Chambre, lesquels expédièrent la bonne femme.

NOUVELLE XLV.

De la jeune fille qui ne vouloit point d'un mari, parce qu'il avoit mangé le dos de sa première femme.

A propos de l'ambiguïté des mots qui sont en la prolation [1], les François ont une façon de prononcer assez douce; tellement que la plupart de leurs paroles, on n'entend pas la dernière lettre : dont bien souvent les mots se prendroient les uns pour les autres, s'il n'étoit qu'ils s'entendent par la signification des autres qui sont parmi. Il y avoit en la ville de Lyon une jeune fille, qu'on vouloit marier à un homme qui avoit eu une autre femme, laquelle lui étoit morte, à l'aide de Dieu, depuis un an ou deux. Cet homme avoit le bruit de n'être guère bon ménager; car il avoit vendu et dépendu [2] le bien de sa première femme. Quand il fut question de parler de ce mariage, la jeune fille s'y trouva en cachette derrière quelque porte pour ouïr ce qu'on en diroit. Ils parlèrent de cet homme en diverses sortes; mais il en eut un, entre autres, qui vint dire : « Je ne serois pas d'avis qu'on la lui baillât, c'est un homme de mauvais gouvernement : il a mangé le dot [3] de sa première femme. » Cette fille ouït cette parole, qu'elle n'entendoit telle que l'autre l'entendoit; car elle étoit jeune, et n'avoit point encore ouï dire ce mot-là

---

[1] L'épilepsie est appelée le *mal de saint Jean*, parce que saint Jean guérit ce mal; mais on ne dit pas si c'est le précurseur ou l'évangéliste.
[2] C'est-à-dire, le diable.
[3] Ce doit être le commencement de quelque chanson de ce temps-là.

[1] Prononciation, débit. — [2] Dépensé.
[3] Ce mot a été masculin jusqu'au milieu du dix-tième siècle.

lequel ils disent en certains endroits de ce royaume, et principalement en Lyonnois, pour *douaire*; et pensoit qu'on eût dit que cet homme eût mangé le dos ou l'échine de sa femme. Et la fille, bien marrie, qui va faire une mauvaise chère [1] devant sa mère, lui dit franchement qu'elle ne vouloit point du mari qu'on lui vouloit donner. Sa mère lui demande : « Eh! pourquoi ne le voulez-vous, ma mie? » Elle répond : « Ma mère, c'est le plus mauvais homme : il avoit une femme qu'il a fait mourir; il lui a mangé le dos. » Dont il fut bien ri, quand on sut là où elle le prenoit. Mais elle n'avoit pas du tout tort de n'en vouloir ; car combien qu'un homme ne soit pas si affamé de manger le dot d'une femme, comme s'il lui mangeoit le dos, qu'est-ce qu'ils ne valent guères ne l'un ne l'autre pour elles.

NOUVELLE XLVI [2].

Bâtard d'un grand seigneur, qui se laissoit pendre à crédit, et qui se fâchoit qu'on le sauvât.

Le bâtard d'un grand seigneur, ou, pour le moins, fils putatif, qui n'étoit sage que de une sorte, encore pas ; car il lui sembloit que tout chacun lui devoit faire autant d'honneur qu'à un prince, pource qu'il étoit bâtard d'une si grande maison ; et lui étoit avis encore que tout le monde étoit tenu de savoir sa qualité, son lieu [3], et son nom : de quoi il ne donnoit pas grande occasion aux gens ; car le plus souvent il s'en alloit vaguant par le pays, avec un équipage de peu de valeur ; et se mettoit en toutes compagnies, bonnes ou mauvaises ; tout lui étoit un. Il jouoit ses chevaux quand il étoit remonté, et ses accoutrements quand il étoit ès hôtelleries ; et maintes fois alloit à beau pied, sans lance. Un jour qu'il étoit demeuré en fort mauvais ordre [4], il passoit par le pays de Rouergue, s'en revenant de la France pour se remonter ; et se trouve jusler par un bois où quelques voleurs tout récemment avoient tué un homme. Le prévôt poursuivoit les brigands vint rencontrer ce bâtard, habillé en soudard, auquel il demande d'où il venoit. Le bâtard ne lui répond autre

[1] mine, figure.
[2] Soixante-quinzième des *Cent Nouvelles nouvelles*, à quelque analogie, quant aux détails, avec celle-ci. — [3] Origine, naissance.
[4] piteux équipage.

chose, sinon : « Qu'en avez-vous affaire d'où je viens ?—Si ai, dea! j'en ai affaire, dit le prévôt. Êtes-vous point de ceux qui ont tué cet homme? dit-il.—Quel homme? dit-il. —Il ne faut point demander quel homme, dit le prévôt : je vous prendrois bien pour en savoir quelques nouvelles. » Il répond : « Qu'en voulez-vous dire ? » Le prévôt le print au mot, et au collet, qui étoit bien pis, et le fait mener. En allant toujours, ce bâtard disoit : « Ah! vous vous prenez donc à moi, monsieur le prévôt? je vous ai laissé faire. » Le prévôt, pensant qu'il le menaçât de ses compagnons, se tint sus sa garde, et le mène droit au premier village, là où il lui fait sommairement son procès; mais, en lui demandant qui il étoit, et comment il s'appeloit, il ne répondoit autre chose : « On le vous apprendra qui je suis ; ah! vous pendez les gens! » Sus ces menaces, le prévôt le condamne par sa confession même ; et le fait très-bien monter à l'échelle. Ce bâtard se laissoit faire, et ne disoit jamais autre chose, sinon : « Par le corps bieu! monsieur le prévôt, vous ne pendîtes jamais homme qui vous coûtât si cher ; ah! vous êtes un pendeur de gens ! » Quand il fut au haut de l'échelle, il y eut, par fortune (ainsi que tant de gens se trouvent à telles exécutions), un Rouerguois, qui avoit autrefois été à la cour, lequel connoissoit bien ce bâtard, pour l'avoir vu assez de fois à la cour et en autres lieux. Il le reconnut incontinent, et encore s'approche plus près de l'échelle, pour ne faillir point, et tant plus connut-il que c'étoit lui. « Monsieur le prévôt, dit-il tout haut, que voulez-vous faire ? c'est un tel. Regardez bien que c'est que vous ferez. » Le bâtard, entendant ce Rouerguois, dit : « Mot, mot, de par le diable! laissez-lui faire pour lui apprendre à pendre les gens.» Le prévôt, quand il l'eut ouï nommer, le fit promptement descendre, auquel le bâtard dit encore : « Ah! vous me vouliez pendre? on vous en eût fait souvenir, par Dieu, monsieur le prévôt! Mais que ne laissois-tu faire ?» dit-il au Rouergois en se fâchant. Pensez le grand sens dont il étoit plein, de se laisser pendre; et qu'il en eût été bien vengé? Mais qui croira que cela fût fils d'un grand seigneur ? même d'un gentilhomme ? Le pauvre homme ne sembloit [1] pas à celui que le roi vouloit envoyer par devers le roi d'Angleterre,

[1] Pour *ressembloit*.

qui étoit pour lors bien mauvais François; lequel gentilhomme répondit au roi: « Sire, dit-il, je vous dois et ma vie et mes biens, et ne ferai jamais difficulté de les exposer pour votre service et obéissance; mais si vous m'envoyez en Angleterre en ce temps ici, je n'en retournerai jamais : c'est aller à la boucherie, et pour un affaire qui n'est point si fort contraint qu'il ne se puisse bien différer à un autre temps, que le roi d'Angleterre aura passé sa colère; car maintenant qu'il est animé, il me fera trancher la tête. — Foi de gentilhomme! dit le roi, s'il l'avoit fait, il m'en coûteroit trente mille pour la vôtre, avant que je n'en eusse la vengeance. — Voire mais, dit le gentilhomme; de toutes ces têtes, y en auroit-il une qui me fût bonne? » C'est un pauvre reconfort à un homme, que sa mort sera bien vengée. Vrai est que, aux exécutions vertueuses, l'homme de bien y va la tête baissée, sans autre circonstance, que pour le respect de son honneur, et pour le service de la république.

NOUVELLE XLVII.

Du sieur de Raschaut, qui alloit tirer du vin, et comment le fausset lui échappa dedans la pinte.

En la ville de Poitiers, y avoit un gentilhomme, de bien riche maison, et de bon cœur : mais il avoit un grandissime défaut naturel, qui étoit de la langue; car il n'eût su dire trois mots sans bégayer, et encore demeuroit-il une heure à les dire, et à la fin il ne se pouvoit faire entendre. Mais il troussoit bien gentiment la parole première qu'il disoit, comme un *sang Dieu*, et une *mort Dieu*, quand il étoit en sa colère : qui est signe qu'un tel vice ne provient que d'une humeur colérique, abondante extrêmement en l'homme, laquelle l'empêche de modérer sa parole. (Je devrois payer l'amende pour m'apprendre à philosopher.) Dont son père, le voyant ainsi vicié[1], le recommanda, dès sa petitesse[2], au vicaire de Saint-Didier, qui le faisoit psalmodier à l'église, chanter des leçons de matines et de vigiles, et des *Benedicamus*, pour lui façonner sa langue : là où pourtant il ne profita d'autre chose, sinon que quand il chantoit, il prononçoit assez distinctement; car, quant à son langage quotidien, en parlant il retint toujours cette imperfection. Il fut marié à une damoiselle de bonne maison, vertueuse et sage, qui le savoit bien gouverner. Un jour qu'il étoit l'une des quatre bonnes fêtes[1], ainsi que tout le monde étoit empêché aux dévotions, ce bon gentilhomme, ayant fait les siennes, s'en vint à la maison avec un sien valet, pour déjeuner de quelque pâté de venaison que mademoiselle avoit fait. Mais quand ce fut à bien faire, il se trouva qu'elle emportoit la clef : qui lui fâcha fort; car il n'y avoit ordre d'empêcher les dévotions de la damoiselle, et de la faire venir de l'église pour un pâté. Mais, ayant appétit, il envoya son homme deçà, delà, quérir quelque chose pour déjeuner. Toutefois, quand il avoit de l'un, il lui failloit[3] de l'autre : beurre pour fricasser; un œuf pour faire la sauce, ognons, vinaigre, moutarde. Ils étoient tous deux bien empêchés en l'absence des femmes qui entendent cela, principalement ès maisons ménagères : lesquelles (non pas les maisons, mais les femmes) n'étoient pas pour venir de l'église, que la grand'messe ne fût achevée. Mon gentilhomme étant impatient de faire un métier qu'il n'entendoit pas, et voyant que son valet ne faisoit pas bien à son appétit[4], le voue chasse de la maison, et l'envoie au diable. Quand il se vit ainsi destitué d'aide, il se trouva bien ébahi; toutefois si ne vouloit perdre son déjeuner, lequel étoit prêt, que de bond, que de volée[5]; excepté que le mot de l'Évangile étoit en pays : *Vinum non habent*. Que fit-il? Il n'avoit pas la clef de la cave, mais il se prend à belle serrure de Dieu[7], la rompt très-bien à grands coups de marteau de ce qu'il trouva; et prend un pot, et s'en va tirer du vin; mais il s'y entendoit moins qu'à fricasser; car premièrement il oublia à porter de la chandelle; secondement il ne savoit à quel tonneau il devoit tirer. Toutefois il tâtonna, tant par cette cave, environ ces tonneaux,

---

[1] Atteint de ce vice. — [2] Enfance.

[1] Pâques, Pentecôte, Toussaint et Noël.
[2] C'est-à-dire, à déjeuner. — [3] Manquait.
[4] C'est-à-dire, à propos, à son désir.
[5] C'est-à-dire, tant bien que mal.
[6] Aux noces de Cana, Jésus, entendant dire de lui : « *Vinum non habent*, » changea l'eau en vin.
[7] Expression du petit peuple, qui rapporte également tout à Dieu. Rien n'est plus commun dans la bouche des bonnes vieilles que ces espèces de blasphèmes : *Il m'en coûte un bel écu de Dieu; il ne me reste que ce pauvre enfant de Dieu; donnez-moi une belle aumône de Dieu.* Quelquefois aussi dans un sens ironique on dira : *Je n'ai gagné à son service qu'une belle sciatique de Dieu.*

qu'il en trouva un qui avoit un fausset. Et mon homme environ¹ ; mais il ne se print garde qu'en tirant le vin, le fausset lui échappa dedans le pot : le voilà puni à toutes rigueurs ; car le vaisseau étoit si étroit, qu'il ne pouvoit mettre la main dedans, et peut-être encore que le fausset étoit tombé en terre. O pauvre homme, que feras-tu ? Il n'eut rien plus prêt que de mettre le doigt au devant du pertuis du tonneau ; car il ne vouloit pas laisser gâter² son vin ; et demeura là tout un temps. Mais, cependant, o tapet bien do pé³, il grinçoit les dents, il ronfloit, il pétilloit, il juroit à toutes rates : il maugréoit Colin Brenot⁴ et ses quittances. A la fin, tandis qu'il prenoit si bonne patience en enrageant, voici venir madamoiselle, de l'église, qui trouva les huis ouverts, entre autres, celui de la cave, et la serrure et les crampons par terre : elle se douta bien, incontinent, que M. de Raschaut avoit fait ce terrible ménage. Tantôt elle l'entendit par le soupirail de la cave qui disoit ses kirielles ; auquel elle se print à dire : « Eh mon Dieu ! que faites-vous là-bas, monsieur de Raschaut ? » Il lui répondit en un langage trois, tantôt en béguois⁵, tantôt en tous deux ; et s'il étoit en peine, si étoit-elle aussi ; car elle n'osoit pas descendre en la cave, à cause qu'elle étoit en ses beaux drapeaux⁶ ; et puis, n'entendant point ce qu'il disoit, ne songeoit jamais qu'il fût ainsi engagé. A la parfin, voyant qu'il ne venoit point, elle pensa qu'il y avoit avoir quelque chose ; et s'avisa pour le faire parler, de lui dire : « Chantez, monsieur de Raschaut, chantez ? » Mon homme, encore qu'il n'eût pas envie, aima mieux pourtant le faire, que de demeurer toujours là. Si se print

à chanter le grand *Maledicamus*¹ en haute note. « Et çà, de par le diable ! çà, dit-il, le douzil² est en la pinte. » Quand madamoiselle l'eut entendu, elle l'envoya dégager par sa chambrière. Mais pensez qu'en chaude cole³ monsieur de Raschaut lui donna des ados⁴ pour son déjeuner, encore qu'il ne fût pas jour de poisson, et qu'elle n'en pût mais⁵.

NOUVELLE XLVIII.
Du tailleur qui se déroboit soi-même, et du drap gris qu'il rendit à son compère le chaussetier.

Un tailleur de la même ville de Poitiers, nommé Lyon, étoit bon ouvrier de son métier, et accoutroit fort proprement un homme et une femme et tout ; excepté que quelquefois il tailloit trois quartiers de derrière, en lieu de deux ; ou trois manches en un manteau, mais il n'en cousoit que deux ; car aussi bien, les hommes n'ont que deux bras. Et avoit si bien accoutumé à faire la bannière⁶, qu'il ne se pouvoit garder d'en faire de toutes sortes de drap, et de toutes couleurs. Voire même quand il tailloit un habillement pour soi, il lui étoit avis que son drap n'eût pas été bien employé, s'il n'en eût échantillonné quelque lopin, et caché en la liette⁷, ou au coffre des bannières ; comme l'autre, qui étoit si grand larron, que, quand il ne trouvoit que prendre, il se levoit la nuit⁸, et se déroboit l'argent de sa bourse. Non pas que je vueille dire que les tailleurs soient larrons ; car ils ne prennent que ce qu'on leur baille, non plus que les meuniers. Et comme la bonne chambrière, qui disoit à celle qui la

---

¹ Le sens demande ici un verbe, car l'ellipse seroit trop forte autrement, pour dire que cet homme tâtonne *environ*, autour de ce fosset.
² Perdre.
³ C'est-à-dire, en patois poitevin, il frappait bien du pied.
⁴ Homme riche, mais de mauvaise foi. Il avoit le secret d'une encre chimique qui en moins de quinze jours s'effaçait d'elle-même et tomboit en poudre. On dit qu'ayant donné, pendant le cours d'une année, des quittances écrites avec cette encre pour des sommes considérables, il se fit payer une seconde fois par ses débiteurs, qui, ne pouvant justifier du premier paiement, eurent tout loisir de donner au diable Colin Brenot et ses quittances.
⁵ C'est-à-dire, tantôt en jurant, tantôt en bégayant.
⁶ Habillemens.

---

¹ Le contraire de *Benedicamus*, commencement d'un psaume ; c'est-à-dire, sa piteuse aventure.
² Synonyme de *fausset*. — ³ En colère.
⁴ Équivoque sur *à dos*, coups dans le dos. *Ados* ou *adots* est un mot poitevin.
⁵ C'est-à-dire, qu'elle n'y pût rien.
⁶ On appelle *bannière* la pièce d'étoffe qu'on accuse les tailleurs de dérober en coupant un habit, parce qu'il y a dans cette pièce de quoi faire une banderole. On dit aussi par manière de proverbe que *les tailleurs marchent les premiers à la procession*, parce qu'ils portent la bannière. On lit dans le *Piovano Arlotto* le conte plaisant d'un tailleur qui vit en songe une vaste bannière que le diable produisit contre lui au jour du Jugement, bannière composée de tous les morceaux d'étoffe qu'il avait volés autrefois.
⁷ Pour *layette*, boîte, coiffe.
⁸ Jovien Pontan et d'autres ont écrit que le cardinal Angelo avait coutume d'aller la nuit par une porte secrète dans son écurie, pour y dérober l'avoine de ses chevaux.

16

louoit : « Voyez, madame, je vous servirai bien ; mais..... — Quel mais ? disoit la dame. — Agardez-mon[1], disoit la garce : j'ai les talons un petit courts, je me laisse choir à l'envers, je ne m'en saurois tenir. Mais je n'ai que cela en moi, car en toutes les autres choses, vous me trouverez aussi diligente qu'il sera possible. » Aussi, notre tailleur faisoit fort bien son métier, mais il avoit[2] cette petite fautette[3]. D'ond, de par Dieu, il avoit une fois fait un manteau, d'un fin gris de Rouen, à un sien compère chaussetier, qui s'en vouloit aller bientôt dehors pour quelque sien affaire ; duquel gris il avoit retenu un bon quartier. Ce compère s'en aperçut bien, mais il ne voulut point autrement s'en plaindre ; car il savoit bien, par son fait même, qu'il falloit que tout le monde véquît de son métier. Un matin que le chaussetier passoit par devant la boutique du tailleur, avec son manteau vêtu, il s'arrête à caqueter avec lui. Le tailleur lui demande s'il vouloit déjeuner d'un hareng, car c'étoit en carême. Il le voulut bien : ils montent en haut pour faire cuire ce hareng ; le tailleur crie d'en haut à l'apprenti : « Apporte-moi ce gril qui est là-bas ? » L'apprenti pensoit qu'il demandoit ce drap gris, qui étoit resté du manteau, et qu'il le voulût rendre à son compère le chaussetier. Il print ce drap, et le porte en haut à son maître. Quand le compère vit ce grand lopin de drap : « Comment ! dit-il, voilà de mon drap : et n'en prends-tu que cela ? Ah ! par le corbieu, ce n'est pas assez. » Le tailleur, se voyant découvert, lui va dire : « Et penses-tu que je te le voulisses retenir, toi qui es mon compère ? Ne vois-tu pas bien que je l'ai fait apporter pour le te rendre ? On lui épargne son drap, encore dit-il qu'on le lui dérobe ! » Le compère chaussetier fut bien content de cette réponse ; il déjeune, et emporte son gris. Mais le tailleur fit bien la leçon à l'apprenti, qu'il fût une autre fois plus sage. La faute vint, que l'apprenti avoit toujours ouï dire *grille*[4], féminin ; et non pas *gril* : qui fut ce qui découvrit le pâté[5].

[1] Italianisme qui signifie : Voyez comment.
[2] Plusieurs éditions portent *allouoit*.
[3] Ou *fautelette*, comme on lit dans d'autres éditions.
[4] On parlait ainsi en Saintonge, en Bourgogne et dans quelques autres provinces.
[5] Ortensio Lando raconte l'origine de ce proverbe dans son *Commentario d'Italia*. Une femme qui vouloit régaler sa commère fit un pâté à l'insu de son mari ; une pie babillarde, nourrie en cage dans la chambre où le pâté venait d'être fait, ne manqua pas, lorsque le maître rentra, de répéter plusieurs fois : « Madame a fait un pâté. — Oh ! oh ! dit-il, et où donc ce pâté ? n'y a-t-il pas moyen de le voir ? — Prenez-vous garde, répondit la femme, à ce que dit ce bête ! Il n'y a point ici de pâté, vous devez m'en croire plutôt qu'une pie. » Le mari, prenant cela pour argent comptant, sortit ; mais il ne fut pas plutôt sorti que la femme court à la cage, prend la pie et, par vengeance, lui pelle la tête. Le lendemain, un frère quêteur étant venu à la porte demander l'aumône, capuchon bas, la pauvre pie, qui lui vit la tête rase, crut qu'on la lui avait ainsi pelée pour avoir parlé de pâté : « ah ! lui cria-t-elle, tu as donc parlé de pâté ! »

NOUVELLE XLIX.

De l'abbé de Saint-Ambroise, et de ses moines ; et d'autres rencontres[1] dudit abbé.

Maître Jacques Colin[2], naguère mort abbé de Saint-Ambroise[3], étoit homme de bon savoir, comme il l'a assez fait connoître tandis qu'il a vécu, et avoit une grande assurance de parler de quelque propos que ce fût, et rencontroit singulièrement bien ; tellement, que ces parties toutes ensemble le firent fort bien venir vers la personne du feu roi François, devant lequel il a lu longuement. On dit de lui tout plein de bons contes, lesquels seroient longs à réciter ; mais, parmi tous, j'en conterai un ou deux, qui sont de bonne grâce, qu'il dit devant ledit seigneur. Il étoit en pique contre ses moines, lesquels lui faisoient tout du sanglant pis qu'ils pouvoient, et lui faisoient bien souvenir du proverbe commun[4]

[1] Bons mots, boutades, reparties.
[2] Jacques Colin, d'Auxerre, a passé pour l'homme de son temps qui savait le mieux sa langue. L'honneur qu'il eut d'être secrétaire de François Ier lui donna beaucoup de crédit auprès de ce prince et le mit en état, comme il affectionnait les lettres, de favoriser ceux qui en faisaient profession. Cependant, il se vit disgracié en 1527, et sa mort arriva peu de temps après. Il fut le protecteur d'Amyot, de Melin de Saint-Gelais, de Clément Marot, etc.
[3] Couvent de Bourges desservi par des chanoines réguliers de saint Augustin.
[4] Tabourot, dans ses *Bigarrures*, au chapitre de *Entend-trois*, dit qu'un avocat ayant allégué ce précepte, qu'il attribuait à saint Ambroise : « Il faut se garder du devant d'une femme, du derrière d'une mule et d'un moine de tous côtés, » à l'issue de l'audience, la partie adverse, qui était un abbé, lui soutint que saint Ambroise n'avait rapporté ce passage nulle part. L'avocat maintint vraie sa citation ; l'abbé gagea qu'elle était fausse et perdit, l'avocat lui ayant fait voir dans les Contes de Des Periers le proverbe, qui n'est pas, il est vrai, de saint Ambroise, docteur de l'Église, mais bien de l'abbé de Saint-Ambroise, Jacques

qui dit : « *Qu'il se faut garder du devant d'un bœuf, du derrière d'une mule, et de tous côtés d'un moine.* » Vrai est qu'il se revanchoit [1] bien, et en toutes les sortes, dont il se pouvoit aviser : dont la plus fâcheuse pour les pauvres moines étoit qu'il les faisoit jeûner. Ce qu'ils ne prenoient point en gré toutefois ; et s'en plaignirent à tant de gens, et en tant de lieux, que, par le moyen des uns, et puis des autres, il fut rapporté jusques aux oreilles du roi ; lequel, voulant savoir la vérité du fait, dit un jour à maître Jacques Colin : « Saint-Ambroise, vos moines se plaignent de vous, et disent que vous ne les traitez pas ainsi que porte leur Règle, et que vous les faites mourir de faim. — Qu'en est-il, sire ? répondit Saint-Ambroise, il vous a plu me faire leur abbé, ils sont mes moines, et puisque je représente la personne du fondateur de leur Règle, raison veut que je leur fasse maintenir selon l'intention de lui, qui étoit qu'ils véquissent en humilité, pauvreté, chasteté et obédience. J'ai avisé et consulté tous les moyens qu'il a été possible ; mais je n'en ai point trouvé de plus expédient, que par la sobriété. Car elle est cause de tous biens ; comme la gourmandise, de tous maux. Je crois que David entendoit d'eux, quand il disoit : « *Si non fuerint saturati, murmurabunt* [2]. » Et interprétoit ce mot au roi, selon son office de lecteur ; « Et depuis, dit-il, *le Nouveau Testament* a parlé d'eux tout apertement, là où il est écrit en saint Matthieu, au chap. 17, v. 20 : *Hoc genus dæmoniorum non ejicitur, nisi oratione et jejunio. Hoc genus dæmoniorum*, dit-il, c'est-à-dire, ce genre de moines. » Une autre fois, il avoit perdu un procès à la Cour ; et peut-être que ce fut contre ses moines susdits ; qui fut du temps que les arrêts se dévoient en latin. En l'arrêt contre lui donné, il avoit selon le style : *Dicta curia debotavit et debotat dictum Colinum de suâ demandâ.* Et ce Saint-Ambroise, ayant reçu le double de ses arrêts, par un solliciteur, se trouva devant le roi, et lui dit à une heure qu'il sut choisir : « Sire, je ne reçus jamais si grand honneur, que j'ai fait depuis trois jours en çà. — Et comment ? dit le roi. — Sire, dit-il, votre cour de Parlement m'a *débotté*. » Le roi, ayant entendu où il le prenoit, le trouva bien bon, après avoir connu leur élégance de ce beau latin ferré à glace. Mais depuis on a mis les arrêts en bon françois [1]. De quoi on dit par raillerie, que maître Jacques Colin en avoit été cause : afin qu'on ne dît plus que la Cour se mêlât de *débotter* les gens ; mais *débouter*, tant qu'on voudroit, et plus que beaucoup ne voudroient bien. On dit encore tout plein de bons mots venant de lui. Étant à table, un maître d'hôtel, en asseyant les plats, lui répandit un potage sus un saye [2] de velours qu'il portoit. Il trouva occasion de mettre en propos un personnage qui étoit à table auprès de lui, nommé *Fundulus* [3], homme de bonnes lettres, mais tout exténué, partie, de sa naturelle complexion, et partie, de l'étude. Auquel l'abbé Saint-Ambroise dit : « Monsieur *Fundulus*, vous êtes tout maigre, il semble que vous vous portez mal. — Je me porte, dit *Fundulus*, toujours ainsi ; je ne puis engraisser pour temps qui vienne. — Je vous enseignerai, dit Saint-Ambroise, un bon remède. Il ne faut que parler à monsieur le maître que voilà, il ne vous engraissera que trop. » Il y en a de lui assez de tels ; mais tout cela appartient aux apophthegmes.

NOUVELLE L.

De celui qui renvoya ledit abbé, avec une réponse de nez.

Ce même personnage, dont nous parlions, étoit de ceux qu'on dit qui ont été allaités d'une nourrice ayant les tetins durs [4] ; contre lesquels le nez rebouche [5] et devient mousse [6] ; mais cela ne lui advenoit point mal, car il étoit homme trape [7], bien amassé, et même qui savoit bien jouer des couteaux [8] ; au moyen de quoi, se connoissoit en lui, ce que disoit une excellente dame, en comparant les hommes contre les femmes : « Nous autres femmes, disoit-elle, ne nous faisons pas beaucoup estimer, sinon par l'aide de la beauté ; et

---

Colin, que François Ier appelait familièrement *Saint-Ambroise.*

[1] *Se revengeait*, prenait revanche. — [2] Ps. 58.

---

[1] Depuis le mois d'octobre 1539, date de l'ordonnance de François Ier. — [2] Pourpoint.
[3] Jérôme Fondulo, ou Fonduli, était de Crémone. Il a demeuré longtemps en France, tantôt à Paris, tantôt à Lyon, où il vivait en 1537. Sa maigreur était proverbiale.
[4] Cette plaisanterie est prise de Rabelais, livre I, chapitre 40. — [5] Rebrousse, retrousse.
[6] Pour *émoussé*, écrasé. — [7] Ou *trapu*, carré.
[8] C'est-à-dire, savait bien se servir de son épée. Cette locution est employée ici dans un sens obscène.

pour ce, il nous la faut soigneusement entretenir et nous faire valoir, ce pendant que nous en avons la commodité, car quand notre beauté est passée, on ne tient plus de compte de nous. Quant est des hommes, je n'en vois point de laids, je les trouve tous beaux. » Suivant propos, Saint-Ambroise, un jour, étant accoudé sur une galerie à Fontainebleau, devisant avec quelques siens familiers, avisa en la cour basse un homme qu'il pensa bien connoître, lequel étoit seul de compagnie[1] et avoit la contenance d'un nouveau venu. Saint-Ambroise ne se trompoit point, car il l'avoit assez vu de fois et même fréquenté, du temps qu'il faisoit la rustrerie[2]. « Par Dieu! dit-il à ceux qui étoient avec lui, c'est un tel, c'est mon homme, je le vais un peu accoûtrer. » Il descend et s'en vint faire connoissance à son homme, toutefois d'une autre façon qu'il n'avoit fait jadis ; car il y alloit à la réputation[3], laquelle les courtisans ne peuvent pas bonnement déguiser, quand bien ils le voudroient. Cet homme, voyant la mine de Saint-Ambroise, lui tint assez bonne[4] de son côté, car, encore qu'il ne hantât guère la cour, si en savoit-il assez bien les façons. Après quelques salutations, Saint-Ambroise lui va dire : « Or çà, que faites-vous en cette cour? vous n'y êtes pas sans cause. — Par ma foi! dit l'autre, je n'y fais pas grand'chose pour cette heure, je regarde qui a le plus beau nez. » Maître Jacques Colin lui va montrer le roi, lequel, d'aventure, étoit à une fenêtre à deviser. « Voici donc, ce dit-il, celui-là que vous cherchez. » Car, de fait, le roi François, avec ce qu'il étoit royal de toute façon[5], avoit le nez beau et long[6], autant que maître Jacques l'avoit court et retroussé. Par ce, il entendit bien que ces lettres ne s'adressoient point à autre qu'à lui-même ; et lui tarda qu'il ne fût hors de là pour en aller faire le conte à ceux qu'il avoit laissés, auxquels il dit : « Par le corpsbieu! mon homme m'a payé tout comptant. Je lui demandois qu'il faisoit ici ; il m'a répondu qu'il regardoit qui avoit le plus beau nez. » On dit que le même personnage (qu'on dit avoir été le receveur Éloin, de Lyon) en donna d'une semblable à un cardinal qui lui demandoit : « Or çà, dit-il, que faites-vous maintenant de bon? vous n'êtes pas sans avoir quelque bonne entreprise? — Ma foi, monsieur, répondit-il, sauve votre grâce, je ne fais rien, non plus qu'un prêtre. »

NOUVELLE LI.

De Chichouan, tabourineur, qui fit ajourner son beau-père pour se laisser mourir, et de la sentence qu'en donna le juge.

N'a pas longtemps qu'en la ville d'Amboise, y avoit un tabourineur, qui s'appeloit Chichouan, homme récréatif et plein de bons mots, pour lesquels il étoit aussi bien venu par toutes les maisons comme son tabourin. Il print en mariage la fille d'un homme vieux, lequel étoit logé chez soi, en la ville même d'Amboise; homme de bonne foi, sentant la prud'homie du vieux temps ; et se passoit aisément n'avoir autre enfant[1], que cette fille. Et pource que Chichouan n'avoit pas d'autres moyens que son tabourin, il demandoit à ce bon homme quelque argent comptant en mariage faisant, pour soutenir les frais du nouveau ménage. Mais ce bon homme n'en vouloit point bailler, disant pour ses défenses à Chichouan : « Mon ami, ne me demandez point d'argent ; je ne vous en puis bailler pour cette heure ; mais vous voyez bien que je suis sur le bord de ma fosse ; je n'ai autre héritier ni héritière que ma fille; vous aurez ma maison et tous mes meubles; je ne saurois plus vivre qu'un an ou deux, au plus. » Ce bon homme lui dit tant de raisons, qu'il se contenta de prendre sa fille sans argent. Mais il lui dit : « Écoutez, beau sire, je fais, sous votre parole, ce que je ne voudrois pas faire pour un autre ; mais m'assurez-vous bien de ce que vous me dites ? — Ehem ! dit le bon homme, je ne trompai jamais personne. — à Dieu ne plaise que vous soyez le premier. — Eh bien, dit donc Chichouan, je ne veux point d'autre contrat que votre promesse. » Le jour des épou-

---

[1] Façon de parler ridicule, employée peut-être ici pour se moquer de ceux qui en usaient.
[2] C'est-à-dire, du temps qu'il faisait la vie, courait e guilledou. — [3] La Monnoye pense qu'on doit lire représentation. — [4] Pour : la lui tint.
[5] Allusion à de façon suis royal, anagramme de François de Valois, faite par Marot.
[6] Le nez de François Ier laissa de tels souvenirs dans e peuple qu'on disait encore au dix-septième siècle ; roi François grand nez ou le roi grand nez.

[1] Suivant La Monnoye, se passait aisément signifierait se suffisait aisément, de l'italien passarsi ; quant à n'avoir autre enfant, il faudrait sous-entendre pour, c'est-à-dire parce qu'il n'avait point d'autre enfant. Mais il est plus naturel d'interpréter cette phrase : « il se consolait aisément de n'avoir pas d'autre enfant. »

sailles vint : Chichouan part de sa maison, et va quérir sa femme chez le père ; et lui-même la mène à l'église avec son tabourin. Quand elle fut là : « Encore n'est-ce pas tout, dit-il : Chichouan est allé quérir sa femme ; à cette heure, il se va quérir et s'en retourne à son logis. » Et tout incontinent voi le-ci [1] qui se ramène lui-même à tout son tabourin, à l'église, là où il épouse sa femme, et puis la ramène : et étoit le marié et le ménétrier ; il gagnoit son argent lui-même. Il fit bon ménage avec elle, vivant toujours joyeusement. Au bout de deux ans, voyant que son beau-père ne mouroit point, il attend encore un mois, deux mois ; mais il vivoit toujours. Il s'avise, pour son plaisir, de faire ajourner son beau-père, et, de fait, lui envoya un sergent. Ce bon homme, qui n'avoit jamais eu affaire en jugement, et qui ne savoit que c'étoit que d'ajournements, fut le plus étonné du monde, de se voir ajourné ; et encore, à la requête de son gendre, lequel il avoit vu le jour devant, et ne lui en avoit rien dit. Il s'en va incontinent à Chichouan, et lui fait sa plainte ; lui remontrant qu'il avoit grand tort de l'avoir fait ajourner, et qu'il ne savoit pourquoi c'étoit. « Non ! non ! dit Chichouan : je le vous dirai en jugement. » Et n'en eut autre chose, tellement qu'il fallut aller à la Cour. Quand ils furent devant le juge, voici Chichouan qui proposa sa demande lui-même : « Monsieur, dit-il, j'ai épousé la fille de cet homme ici, comme chacun sait ; je n'en ai point eu d'argent, il ne dira pas le contraire, mais il me promit, en me baillant sa fille, que j'aurois sa maison, et tout son bien, et qu'il ne vivroit qu'un an ou deux, pour le plus. J'ai attendu deux ans, et plus de trois mois davantage : je n'ai eu ne maison ne autre chose. Je requiers qu'il ait à se mourir, ou qu'il me baille sa maison, ainsi qu'il m'a promis. » Le bon homme se fit défendre par son avocat, qui répondit en peu de plaid ce qu'il devoit sensément répondre. Le juge, ayant ouï les parties, et les raisons d'une part et d'autre, connoissant la gaudisserie [2] intentée par Chichouan, le débouta de sa demande. Pour le fol ajournement, le condamna ès dépens, dommages et intérêts du bon homme, et, outre cela, en vingt livres tournois envers le roi. Incontinent Chichouan va dire : « Ah ! monsieur, Chichouan en appelle. »

[1] Pour : le voici. — [2] Plaisanterie.

— Attendez, dit le juge, en se tournant vers Chichouan : je modère, dit-il, à un chapon et sa suite [1], que le bon homme paiera demain en sa maison ; et en irez tous manger votre part ensemblément, comme bons amis : et une aubade que lui donnerez tous les ans, le premier jour du mois de mai [2], tant qu'il vivra. Et puis, après sa mort, vous aurez sa maison, se elle n'est vendue, aliénée, ou tombée en fortune [3] de feu. » Ainsi l'appointement du juge fut de même [4] la demande de Chichouan, auquel il fit une peur du commencement. Mais il modéra sa sentence, ainsi que peut faire un juge, pourvu que ce soit sur-le-champ, comme il est noté, *In l. Nescio*, ff *Ubi et quando; per Bartholum, Baldum, Paulum, Salicetum, Jasonem, Felinum, et omnes* [5] *tormentatores juris*.

NOUVELLE LII.

<small>Du Gascon, qui donna à son père à choisir des œufs.</small>

Le Gascon, après avoir été à la guerre, s'étoit retiré chez son père, qui étoit un homme des champs déjà vieux et qui étoit assez paisible ; mais son fils étoit escarbillat [6], et faisoit du soudard en la maison, comme s'il eût été le maître. Un vendredi, à dîner, il disoit à son père : « Père, dit-il, nous avons assez de pinte de vin pour vous et pour moi ; encore que n'en buviez point. » Son père et lui avoient mis cuire trois œufs au feu, dont le Gascon en prend un pour l'entamer, et tire l'autre à soi, et n'en laisse qu'un dedans le plat. Puis, il dit à son père : « Choisissez, mon père. » Le père lui répondit : « Hé ! que veux-tu que je choisisse ? il n'y en a qu'un. » Lors, le Gascon lui dit : « Cap de bieu, encore avez-vous à choisir, à prendre ou à laisser. » C'étoit faire un bon parti à son père. Quand son père éternuoit, il lui disoit : « Dieu vous aide, mon père ! » Et après, il ajoutoit : « S'il veut, car il ne fait rien par force. » Il étoit honteux comme une

[1] C'est-à-dire, les abattis de la bête.
[2] En ce temps-là, on avait coutume de donner des aubades ou sérénades aux personnes de l'un ou l'autre sexe pour lesquelles on vouloit manifester de la considération. — [3] Accident.
[4] Le sens voudrait que ce *même* fût remplacé par tout autre mot ; il faut lire sans doute : *mettre à néant*.
[5] Équivoque sur *commentatores juris*.
[6] Terme populaire, par lequel on entendait un homme non-seulement alègre et dispos, mais étourdi, trop vif, remuant jusqu'à en être incommode.

truie qui emporte un levain; car il n'osoit pas maudire son père, mais il disoit : « Vienne le cancre [1] à la moitié du monde. » Et quand et quand [2] il disoit à un sien compagnon : « Donne, dit-il, le cancre à l'autre moitié, afin que mon père en ait sa part. »

NOUVELLE LIII.

Du clerc des finances, qui laissa choir deux dés de son écritoire devant le roi.

Le roi Louis onzième étoit un prince de grande délibération et d'une exécution de même; lequel, entre autres siennes complexions, aimoit ceux qui étoient accorts et qui répondoient promptement; et si ne faisoit, comme on dit, jamais plus grand présent que de cent écus à une fois. Un jour, entre autres, qu'il falloit signer quelques lettres, et n'y avoit point de secrétaire des commandements présent, le roi commanda à un jeune homme de finances, qui étoit là (car il n'étoit point autrement difficile), lequel ouvrant son écritoire pour signer, laissa tomber deux dés sur la table, qui étoient dans le calemard [3]. « Comment! dit le roi, quelle drogue est-ce là? à quoi est-elle bonne? — *Contra pestem*, sire, dit le clerc. — *Contra pestem!* dit le roi : tu es de mes gens. » Et commanda qu'on lui donnât cent écus. Un jour, les Genevois [4] (desquels il est écrit *Vane Ligur* [5]), voyant que le roi s'en alloit au-dessus de ses affaires et qu'il rangeoit ses ennemis à la raison, pensant préoccuper [6] sa bonne grâce, lui envoyèrent un ambassadeur, lequel avec sa belle harangue s'efforçoit de faire trouver bon au roi, que ses ennemis étoient si prêts et appareillés de lui obéir, et que de leur bon gré et franche voulenté ils se donnoient à lui plutôt qu'à autre prince de la terre, pour la grandeur de son nom et de ses prouesses. « Oui, dit le roi; les Genevois se donnent-ils à moi? — Oui, sire. — Ils sont donc à moi sans repentir? — Oui, sire. — Et je les donne, dit le roi, à tous les diables. » Il faisoit un aussi bon présent, comme il avoit reçu; et si ne donnoit rien qui ne fût à lui. Car on dit communément qu'il n'est point de plus bel acquêt que de don.

NOUVELLE LIV.

De deux points, pour faire taire une femme.

Un jeune homme, devisant avec une femme de Paris, laquelle se vantoit d'être la maîtresse, lui disoit : « Si j'étois votre mari, je vous ferois bien de faire tout à votre tête. — Vous disoit-elle; il vous faudroit passer par là aussi bien comme les autres. — Oui! dit-il, asserez-vous que je sais deux points [1] pour avoir la raison d'une femme. — Dites-vous? fit-elle, et qui sont ces deux points-là? » Le jeune homme, en fermant la main, lui dit : « En voilà un! » dit-il. Puis, tout soudain, en fermant l'autre main : « Et voilà l'autre. » De quoi il fut bien ri. Car la femme attendoit qu'il lui allât découvrir deux raisons nouvelles pour mettre les femmes à la raison, prenant *point* de *point*; mais l'autre entendoit *poings*, de *poing*. Eh! par mon âme! je crois qu'il n'y a poing ni point qui sût assagir [2] la femme quand elle l'a mis en sa tête.

NOUVELLE LV.

La manière de devenir riche.

D'un petit commencement de marchandise, qui étoit de contreporter [3] des aiguillettes, ceintures et épingles, un homme étoit devenu fort riche; de sorte qu'il achetoit les terres de ses voisins, et ne se parloit que de lui autour du pays. De quoi s'ébahissant, un gentilhomme qui alloit avec lui de compagnie par chemin, lui va dire : « Mais venez çà, tel (le nommant par son nom) : qu'avez-vous fait pour devenir aussi riche comme vous êtes? — Monsieur, dit-il, je le vous dirai en deux mots : c'est que j'ai fait grand'diligence et petite dépense. Voilà deux bons mots, dit le gentilhomme; mais il faudroit encore du pain et du vin. Car il y en a qui se pourroient rompre le col, qu'ils n'en seroient pas plus riches. » Pour le moins si font-ils mieux à propos, que de celui qui dit, soit que, pour devenir riche, il ne falloit que tourner le dos à Dieu, cinq ou six bons ans.

---

[1] A la gasconne, pour : le chancre.
[2] Ensuite. — [3] Ou galimard, étui d'écritoire.
[4] Génois. On disait anciennement *Genevois*, par une composition bizarre du français *Gênes* et de l'italien *Genovesi*.
[5] Ces mots, adressés par la reine des Volsques au Ligurien Aunus, et depuis à tous les Liguriens, font le commencement du vers 715 du onzième liv. de l'Énéide.
[6] Accaparer, se ménager.

[1] Tabourot, chap. 7 de ses *Bigarrures*; Bouchet, *Serée* 3, et plusieurs autres ont fait mention de cette équivoque, mais postérieurement à Des Periers.
[2] Rendre sage. — [3] Pour *colporter*.

NOUVELLE LVI.

D'une dame d'Orléans, qui aimoit un écolier qui faisoit le petit chien à sa porte ; et du grand chien qui chassa le petit.

Une dame d'Orléans, gentille et honnête, encore qu'elle fût guêpine [1] et femme d'un marchand de draps, après avoir été assez longuement poursuivie d'un écolier, beau jeune homme, et qui dansoit de bonne grâce ; car il y avoit, de ce temps-là [2] : danseurs d'Orléans, flûteurs de Poitiers, braves d'Avignon, étudians de Toulouse. L'écolier étoit nommé Clairet, auquel la femme se laissa gagner, comme pitoyable et humaine qu'elle étoit, et le mit en possession du bien amoureux, duquel il jouissoit assez paisiblement au moyen des avertissements, propos et messages qu'ils s'entrefaisoient. Ils avoient de petites intelligences ensemble, qui étoient jolies ; desquelles ils usoient, par ordre, des unes et puis des autres : entre lesquelles, l'une étoit, que Clairet venoit sur les dix heures de nuit à la porte d'elle, et appoit comme un petit chien ; à quoi la chambrière étoit faite, qui lui ouvroit incontinent la porte sans chandelle et sans lanterne ; et se faisoit le mystère sans parler. Il y avoit un autre écolier, logé tout auprès de la jeune dame, qui en étoit fort amoureux et eût bien voulu être en part avec Clairet, mais il n'en pouvoit venir à bout, ou fût qu'il n'étoit pas au gré d'elle, ou qu'il ne savoit pas s'y gouverner, ou (qui est mieux à croire) que les dames, qui sont un peu fines, ne se donnent pas volontiers à leurs voisins, de peur d'être découvertes. Toutefois, étant bien averti que Clairet avoit entrée, et l'ayant vu aller et venir ses tours, et, entre autres, l'ayant ouï japper et vu comme on lui ouvroit la porte, que fît-il l'une des fois que le mari étoit dehors ? Après s'être bien acertainé [3] de l'heure que Clairet y entroit, il se pensa qu'il avoit bonne voix pour faire le petit chien comme Clairet, et qu'il tiendroit à abbayer [4], que la proie ne se

prînt. Adonc il s'en vint un peu avant les dix heures et fit le petit chien, à la porte de la dame, *hap, hap*. La portière, qui l'entendit, lui vint incontinent ouvrir, dont il fut fort joyeux, et sachant bien les adresses [1] de la maison, ne faillit point à s'aller mettre tout droit au lit, auprès de la dame, qui cuidoit que ce fût Clairet, et pensez qu'il ne perdoit pas temps auprès d'elle. Tandis qu'il jouoit ses jeux, voici Clairet venir selon sa coutume et se mit à faire à la porte *hap, hap*. Mais on ne lui ouvroit pas, combien que la dame en eût bien entendu quelque chose, mais elle ne pensoit jamais que ce fût lui. Il jappe encore une fois, dont la dame commença à soupçonner je ne sais quoi, et mêmement, pource que celui qui étoit avec elle lui sembloit avoir une autre guise et autre maniement que non pas Clairet. Et, pour ce, elle se voulut lever pour appeler sa chambrière et savoir que c'étoit. Quoi voyant, l'écolier, voulant avoir cette nuit franche, où il se trouvoit si bien, se lève incontinent du lit, et, se mettant à la fenêtre, ainsi que Clairet faisoit encore *hap, hap*, il va répondre en un abbai de ces clabauds [2] de village, *hop, hop, hop*. Quand Clairet entendit cette voix. « Ha, ha ! dit-il, par le corps-bieu ! c'est la raison que le grand chien chasse le petit. Adieu, adieu, bon soir et bonne nuit » ; et s'en va. L'autre écolier se retourne coucher, apaisant la dame le mieux qu'il peut, à laquelle il fut force de prendre patience ; et depuis il trouva façon de s'accorder avec le petit chien, qu'ils iroient chasser aux connils [3], chacun en leur tour, comme bons amis et compagnons.

NOUVELLE LVII.

Du Vaudrey [4], et des tours qu'il faisoit.

Il n'y a pas longtemps qu'étoit vivant le seigneur de Vaudrey, lequel s'est bien fait connoître aux princes, et quasi à tout le monde, par les actes qu'il a faits, en son vivant, d'une

---

[1] *Médisante. Guépin* était le sobriquet ordinaire des habitans d'Orléans.
[2] Chassenée, dans son *Catalogus gloriæ mundi*, partie 10, considér. 32, dit que, de son temps (c'est-à-dire au commencement du seizième siècle), on donnait aux Universités de France et d'Italie les épithètes suivantes : les *flateux et joueux de paume de Poitiers*, les *danseurs d'Orléans*, les *braguars d'Angiers*, les *rufus de Paris*, les *brigueurs de Pavie*, les *amoureux de Turin*, les *bons étudians de Toulouse*.
[3] Assuré. — [4] Pour *aboyer*.

[1] Les êtres. — [2] Chiens de chasse criards.
[3] Lapins. Il y a ici une équivoque obscène.
[4] Les Vaudrey, d'une ancienne et illustre famille de la Franche-Comté, ont passé pour intrépides. Gilbert Cousin (*Gilbertus Cognatus*) les traite de héros ; et leur histoire effectivement, de même que celle des héros, a été mêlée de beaucoup de fables ; témoin le seigneur de Vaudrey dont il est parlé dans cette nouvelle ; témoins encore les amours romanesques de Charles de Vaudrey et de la dame de Vergy, dans le quatrième volume des *Nouvelles* du Bandel.

terrible bigearre [1]; accompagnés d'une telle fortune, que nul, fors lui, ne les eût osé entreprendre; et comme l'on dit, un sage homme en fût mort plus de cent fois : comme quand il print une pie, en la Beauce, à course de cheval, laquelle il lassa tant, qu'enfin elle se rendit ; et quand il étrangla un chat à belles dents, ayant les deux mains liées derrière ; et quand une fois, voulant éprouver un collet de buffle qu'il avoit vêtu, ou un jaque de maille [2], ne sais lequel, il fit planter une épée toute nue contre la muraille, la pointe devers lui ; et se print à courir contre l'épée, de telle roideur, qu'il se perça d'outre en outre, et toutefois il n'en mourut point. Il faut bien dire qu'il avoit bien l'âme de travers [3]. En outre toutes ses folies, il y en eut encore une qui mérite bien d'être racontée. Il passoit à cheval sur les ponts de Sey [4] près d'Angers, lesquels sont bien hauts de l'eau pour ponts de bois [5]; il portoit en croupe un gentilhomme, qui lui dit en riant : « Viens çà, Vaudrey, toi qui as tant de belles inventions, et qui sais faire de si bons tours; si tu voyois maintenant les ennemis aux deux bouts de ce pont, qui t'attendissent à passer, que ferois-tu? — Lors, dit Vaudrey, que je ferois! Mort-bieu! voilà, dit-il, que je ferois. » Et ce disant, il donna de l'éperon à son cheval, et le fit sauter par-dessus les accoudières [6] dedans Loire; et se tint si bien, qu'il échappa avec le cheval. Si son compagnon échappa comme lui, il fut aussi heureux que sage pour le moins ; car c'étoit grand'folie à lui, de se mettre en croupe derrière un fol; vu que, quand on en est à une lieue, encore n'en est-on pas assez loin.

NOUVELLE LVIII.
Du gentilhomme, qui coupa l'oreille à un coupeur de bourses.

En l'église de Notre-Dame de Paris, un gentilhomme étant en la presse, sentit un larron qui lui coupoit des boutons d'or, qu'il avoit aux manches de sa robe; et sans faire semblant de rien, tira sa dague et print l'oreille du larron, et la lui coupa toute nette; et en la lui montrant : « Aga [1], dit-il, ton oreille n'est pas perdue, la vois-tu là ? Rends-moi mes boutons, et je te la rendrai. » Il ne lui faisoit pas mauvais parti, s'il eût pu recoudre son oreille, comme le gentilhomme ses boutons.

NOUVELLE LIX.
De la damoiselle de Toulouse, qui ne soupoit plus ; et de celui qui faisoit la diète.

Une damoiselle de Toulouse, au temps de vendanges, étoit à une borde [2] sienne, et avoit pour voisine une autre damoiselle de la ville même : lesquelles entendoient à faire leur vin, et s'entrevoyoient souvent, et quelquefois mangeoient ensemble. Mais il y en avoit une qui avoit prins coutume de ne souper point, et disoit à sa voisine : « Madamoiselle, j'ai vu le temps que je me trouvois quasi toujours malade, jusques à tant que j'ai prins coutume de ne souper plus, et de faire seulement un petit de collation au soir. — Et de quoi collationnez-vous, madamoiselle ? disoit l'autre. — Savez-vous, dit-elle, comment j'en use ? Je fais rôtir deux cailles entre belles feuilles de vigne (comme ils les accoûtrent en ce pays-là pour les faire cuire avec leur graisse ; car elles sont fort grasses) et fais mettre une poire de râteau entre deux braises. (Ces poires sont grosses comme le poing, et mieux). Je fais collation de cela, dit-elle : et quand j'ai mangé cela, et bu une jatte de vin (qui vaut loyalement la pinte de Paris) avec un pain d'un hardi [5], je me trouve aussi bien de cela, comme si j'avois mangé toutes les viandes du monde. — Se..., se dit l'autre : le diable vous en feroit bien mal trouver. » Et quand le temps des cailles étoit passé, à belles peringues [7], à belles palombes, à belles pellixes [9] ; pensez que la pauvre damoiselle étoit bien à plaindre. J'aimerois autant celui qui disoit à son varlet : « Recommande-moi bien à monsieur le maître [10], et

---

[1] Pour : bizarrerie.
[2] Corcelet fait de mailles ou boucles de fer entrelacées. Le diminutif *jaquette* signifie en général une robe, un habillement.
[3] C'est-à-dire, l'esprit à l'envers.
[4] On ne dit plus que le pont de Sé, au singulier.
[5] Ces ponts de bois ont été remplacés par un seul pont de pierre, long de mille pas. — [6] Parapets.

[1] Interjection populaire : regarde, vois, tiens.
[2] Borderie, petite métairie trop peu importante pour une paire de bœufs, et qui est desservie par des ânes.
[3] Un peu.
[4] Espèce de grosses poires d'hiver, à chair ferme et parfumée. Il y avait aussi des *pommes de râteau*.
[5] Ou *ardi*, liard, en langage toulousain.
[6] Ancienne exclamation, qui peut venir du *latin sic*. Rabelais dit : *Sec, au nom des diables!*
[7] Pigeons sauvages, bizets. — [8] Ramiers.
[9] Mot toulousain qui parait corrompu. Ce sont peut-être des perdrix.
[10] Pour *maître d'hôtel*, majordome.

dis, que je le prie qu'il m'envoie seulement un potage, un morceau de veau, une aile de chapon, et de perdrix, et quelqu'autre petite chose; car je ne veux guère manger, à cause de ma diète. » Et l'autre, cuidant être estimé sobre en demandant à boire; après qu'il eût été interrogé, duquel [1] il vouloit : « Donnez-moi, dit-il, du blanc, cinq ou six coups; et puis, du clairet, tant qu'il vous plaira. » Mais il ne sembloit pas à celle, qui plaignoit l'estomac : « J'ai, dit-elle, mangé la cuisse d'une alouette, qui m'a tant chargé l'estomac, que je n'en puis durer. » Il n'y eût pas entré la pointe d'un jonc.

NOUVELLE LX.

Du moine qui répondoit à tout par monosyllabes rimés [2].

Quelque moine, passant pays, arriva en une hôtellerie sur l'heure du souper. L'hôte le fit asseoir avec les autres qui avoient déjà bien commencé; et mon moine, pour les atteindre, se mettre à bauffrer d'un tel appétit, comme s'il n'eût vu de trois jours pain. Le galant s'étoit mis en pourpoint [3], pour mieux s'en acquitter : ce que voyant un de ceux qui étoient à table, lui demandoit force choses, qui ne lui faisoit pas plaisir; car il étoit empêché à remplir sa poche [4]. Mais, afin de ne perdre guère de temps, il répondoit tout par monosyllabes rimés : et crois bien qu'il avoit appris ce langage, de plus longue main; car il y étoit fort habile. Les demandes et les réponses étoient. On lui demande : « Quel habit portez-vous ? — Froc. — Combien êtes-vous de moines ? — Trop. — Quel pain mangez-vous ? — Bis. — Quel vin buvez-vous ? — Gris. — Quelle chair mangez-vous ? — Bœuf. — Combien avez-vous de novices ? — Neuf. — Que vous semble de ce vin ? — Bon. — Vous n'en buvez pas de tel ? — Non. — Et que mangez-vous les vendredis ? — OEcufs. — Combien en avez-vous chacun ? — Deux. » Ainsi, ce pendant, il ne perdoit pas un coup de dent; et si satisfaisoit aux demandes laconiquement. S'il disoit ses matines aussi courtes, c'étoit un bon pilier d'église.

NOUVELLE LXI.

De l'écolier légiste, et de l'apothicaire qui lui apprint la médecine.

Un écolier, après avoir demouré à Toulouse quelque temps, passa par une petite ville près de Cahors en Querci, nommée Saint-Antonin, pour là repasser ses textes de loi; non pas qu'il y eût grandement profité, car il s'étoit toujours tenu aux lettres humaines, ès quelles il étoit bien entendu; mais il se songea [1], puisqu'il s'étoit mis en la profession du droit, de ne s'en devoir point retourner égarant [2], et qu'il n'en sût répondre comme les autres. Soudain qu'il fut à Saint-Antonin (comme en ces petites villes on est incontinent vu et remarqué), un apothicaire le vint aborder, en lui disant : « Monsieur, vous soyez le bienvenu! » et se met à deviser avec lui : auquel, en suivant propos, il échappa quelques mots qui appartenoient à la médecine, ainsi qu'un homme d'étude et de jugement a toujours quelque chose à dire en toutes professions. Quand l'apothicaire l'eut ainsi ouï parler, il lui dit : « Monsieur, vous êtes donc médecin, à ce que je puis connoître ? — Non suis point autrement, dit-il, mais j'en ai bien vu quelque chose. — Je pense bien, dit l'apothicaire, que vous ne le voulez pas dire, pource que vous n'avez pas proposé de vous arrêter en cette ville; mais je vous assure bien, que vous n'y feriez pas mal votre proufit. Nous n'avons point de médecin pour le présent : celui que nous avions naguère est mort riche de quarante mille francs. Se vous y voulez demourer, il y fait bon vivre : je vous logerai, et vivrons bien, vous et moi; mais que [3] nous nous entendions bien, venez-vous-en dîner avec moi ? » L'écolier, oyant parler cet apothicaire, qui n'étoit pas bête (car il avoit été par les bonnes villes de France pour apprendre son état), se laisse emmener à dîner, et se pensa en soi-même : « Il faut essayer la fortune, et si cet homme ici fera ce qu'il dit; aussi bien, en ai-je bon métier. Voici un pays

---

[1] C'est-à-dire, de quel vin.
[2] Clément Marot, dans son *Dialogue des deux amoureux*, avait le premier donné un exemple de ces réponses par monosyllabes. Rabelais a imité cette nouvelle de Bon. Des Periers, dans le cinquième livre du *Pantagruel*, où frère Fredon épuise, pour ainsi dire, tous les monosyllabes de la langue. Ce cinquième livre ne fut publié qu'en 1562, après la mort de Rabelais; le recueil de Bon. Des Periers avait paru en 1549.
[3] C'est-à-dire, avait ôté sa robe de moine.
[4] Pour *estomac*.

[1] On disait aussi : il se pensa.
[2] La Monnoye croit devoir lire *égarement*, c'est-à-dire, à la volée, inconsidérément. — [3] Pour *afin que*.

égaré[1], il n'y a homme qui me connoisse : voyons ce que pourra être. » L'apothicaire le mène dîner en son logis. Après dîner, ayant toujours continué ses premiers propos, ils furent incontinent cousins. Pour abréger, l'apothicaire lui fit accroire qu'il étoit médecin ; et lors, l'écolier lui va dire premièrement ce qui s'en suit : « Savez-vous qu'il y a : je ne pratiquai encore jamais en notre art, comme vous pouvez penser ; mais mon intention étoit de me retirer à Paris, pour y étudier encore quelques années, et pour me jeter en la pratique, en la ville d'où je suis ; mais, puisque je vous ai trouvé bon compagnon, et que je connois que vous êtes homme pour me faire plaisir, et moi à vous, regardons à faire nos besognes ; je suis content de demourer ici. — Monsieur, dit l'apothicaire, ne vous souciez, je vous apprendrai toute la pratique de médecine, en moins de quinze jours. Il y a longtemps que j'ai été sous les médecins, et en France, et ailleurs ; je sais leurs façons et leurs recettes toutes par cœur : davantage, en ce pays ici, il ne faut que faire bonne mine, et savoir deviner : vous voilà le plus grand médecin du monde. » Et dès lors l'apothicaire commence à lui montrer comment s'écrivoit une once, une drachme, un scrupule, une pongnée, un manipule[2] ; et un autre demain[3], il lui apprint le nom des drogues les plus vulgaires ; et puis, à doser, à mixtionner, à brouiller, et toutes telles besognes. Cela dura bien dix ou douze jours, pendant lesquels il gardoit la chambre, faisant dire par l'apothicaire qu'il étoit un peu mal disposé. Toutefois, l'apothicaire n'oublia pas à dire par toute la ville, que cet homme étoit le meilleur médecin et le plus savant que jamais fût entré à Saint-Antonin. De quoi ceux de la ville étoient fort aises, et commencèrent à le caresser, incontinent qu'il fut sorti de la maison, et se battoient à qui le convieroit : et si, eussiez dit qu'ils avoient déjà envie d'être malades, pour le mettre en besogne, afin qu'il eût courage de demourer. Mais l'écolier (que dis-je, écolier! docteur passé par les mains d'un apothicaire) se faisoit prier, ne fréquentoit que peu de gens, tenoit bonne mine, et, sur toutes choses, ne partoit guère d'auprès de l'apothicaire, qui lui rendoit ses oracles en moins de rien. Voici venir urines de tous côtés. Or, en ce pays-là, il falloit deviner par urines, si le patient étoit homme ou femme, et en quelle part il sentoit son mal, et quel âge il avoit. Mais ce médecin faisoit bien plus ; il devinoit qui étoit son père et sa mère, s'il étoit marié ou non, et depuis quel temps, et combien il avoit d'enfants. Somme, il disoit tout ce que en étoit, depuis les vieux jusqu'aux nouveaux ; et, tout par l'aide de son maître l'apothicaire. Car, quand il voyoit quelqu'un qui apportoit une urine, l'apothicaire alloit le questionner, ce pendant que le médecin étoit en haut ; et lui demandoit de bout en bout toutes les choses susdites ; et puis, le faisoit un peu attendre, tandis qu'il alloit avertir secrètement son médecin, de tout ce qu'il avoit appris de ce porteur d'urine. Le médecin, en les prenant, les regardoit incontinent haut et bas, mettoit la main entre l'urinal et le jour ; et le baissoit, et le viroit, avec les mines en tel cas requises, puis il disoit : « C'est une femme. — *O par ma fé, segni, ben disez vertat*[1] *!* — Elle a une grande douleur au côté gauche ; au dessous de la mamelle ; ou de ventre ou de tête ; » selon que lui avoit dit l'apothicaire. « Il n'y a que trois mois qu'elle fait une fille. » Ce porteur devenoit le plus ébahi du monde, et s'en alloit incontinent conter partout ce qu'il avoit ouï de ce médecin ; tant, que de bouche en bouche le bruit couroit qu'il étoit venu le premier homme du monde. Et si d'aventure quelquefois son maître l'apothicaire n'y étoit pas, il tiroit le ver du nez[2] à ces Rouerguois, en disant par une admiration : « Bien malade! » A quoi le porteur répondoit incontinent : il ou elle. Au moyen de quoi, il disoit (après avoir un peu considéré cette urine) : « N'est-ce pas un homme ? — *O, certes be es un homme*[3], disoit le Rouerguois. — Ha ! je l'ai bien vu incontinent, » disoit le médecin. Mais quand ce venoit à ordonner devant les gens, il se tenoit toujours près de son magister, lequel lui parloit le latin médicinal, qui étoit en ce temps-là fin comme bureau teint[4]. Et sous cette cou-

---

[1] On dit aujourd'hui : pays perdu.
[2] Une poignée, une pincée.
[3] Le surlendemain.

[1] C'est-à-dire : Oh ! par ma foi, seigneur, vous dites bien la vérité.
[2] On dit aujourd'hui : tirer les vers du nez. Ce proverbe vient des charlatans, qui, en voyant quelqu'un atteint de folie, disaient qu'il avait un ver dans la tête, et offraient de l'en tirer. C'est là ce qu'anciennement on appelait le *vercoquin*.
[3] C'est-à-dire : oui, certes bien, c'est un homme.
[4] C'est-à-dire, très-grossier ; le bureau, ou bure, étant

leur-là, l'apothicaire lui nommoit le recipé[1] tout entier, faisant semblant de parler d'autre chose: en quoi je vous laisse à penser, s'il ne faisoit pas bon voir un médecin écrire sous un apothicaire ! En effet, ou fût pour l'opinion qu'il fit concevoir de soi, ou par quelque autre aventure, les malades se trouvoient bien de ses ordonnances; et n'étoit pas fils de bonne mère, qui ne venoit à ce médecin; et se faisoient accroire qu'il faisoit bon être malade, ce pendant qu'il étoit là; et que, s'il s'en alloit, ils n'en recouvreroient jamais un tel. Ils lui envoyoient mille présents, comme gibiers, ou flacons de vins; et ces femmes lui faisoient des *moucadous et des camises*[2]. Il étoit traité comme un petit coq au panier[3]; tellement qu'en moins de six ou sept mois, il gagna force écus, et son apothicaire aussi, par le moyen l'un de l'autre : de quoi il se mit en équipage pour s'en aller de Saint-Antonin, faisant semblant d'avoir reçu lettres de son pays, par lesquelles on lui mandoit nouvelles; et qu'il falloit qu'il s'en allât, mais qu'il ne failliroit à retourner bientôt. Ce fut à Paris qu'il s'en vint: là où depuis étudia en la médecine, et peut-être que oncques puis il ne fut si bon médecin, comme il avoit été en son apprentissage (j'entends qu'il ne fit point si bien ses besognes[4]). Car quelquefois la Fortune aide plus aux aventureux, que non pas aux trop discrets; car l'homme savant est de trop grand discours : il pense aux circonstances; il s'engendre une crainte et un doute, par lequel on donne aux hommes une défiance de soi, qui les décourage de s'adresser à vous; et, de fait, on dit qu'il vaut mieux tomber ès mains d'un médecin heureux, que d'un médecin savant. Le médecin italien entendoit bien cela; lequel, quand il n'avoit que faire, écrivoit deux ou trois cents recettes, pour diverses maladies; desquelles il prenoit un nombre, qu'il mettoit en la facque de son saye[5]; puis, quand quelqu'un venoit à lui pour urines, il tiroit une de ces recettes à l'aventure, comme on met à la blanque[6], et la bailloit au porteur, en lui disant seulement : « *Dio te la daga buona.* » Et s'il s'en trouvoit bien : « *In buona hora.* » S'il s'en trouvoit mal : « *Suo danno*[1]. » Ainsi va le monde.

NOUVELLE LXII.

De messire Jean, qui monta sur le maréchal pensant monter sur sa femme[2].

Un maréchal, demourant en un village qui étoit un lieu de passage, avoit une femme passablement belle, au moins au gré d'un prêtre qui demouroit tout auprès de lui, appelé messire Jean : lequel fit tant, qu'il accorda ses flûtes[3] avec cette jeune femme; et s'entendoit tellement avec elle, que, quand le maréchal s'étoit levé pour forger ses fers (que le prêtre connoissoit bien, quand il entendoit battre à deux, car c'étoit signe que le maréchal y étoit avec le varlet), lors messire Jean ne failloit point à entrer par un huis de derrière, dont elle lui avoit baillé la clef, et se venoit mettre au lit en la place du maréchal, qu'il trouvoit toute chaude; là où il forgeoit de son côté sus une autre enclume, mais on ne l'oyoit pas de si loin faire sa besogne; et quand il avoit fait, il se retiroit gentiment par l'huis où il étoit entré. Mais ils ne surent faire leur cas si secrètement, que le maréchal ne s'en aperçût, au moins qu'il n'en eût une véhémente présomption, ayant ouï ouvrir et fermer cet huis; tant qu'il s'en print un jour à sa femme, et la menaça, et la pressa tant et avec une colère telle qu'ont voulentiers ces gens de feu, qu'elle lui demanda pardon, et lui confessa le cas, et lui dit comme messire Jean se venoit coucher auprès d'elle, quand il oyoit battre à deux. Le maréchal ayant ouï ces nouvelles, après que sa femme lui eut bien crié merci, ce lui fut force de demourer là. Mais pensez que ce ne fut pas sans lui donner dronos et chaperon de même[4]. De là à quelques jours après, le maréchal trouva le prêtre, auquel il dit : « Messire Jean, vous venez voir ma femme, quand vous avez le loisir ? » Le prêtre le nia fort et ferme, lui

---

une étoffe de grosse laine qui paraît moins fine encore lorsqu'elle est teinte.

[1] L'ordonnance commençait par *Recipe*, c'est-à-dire, *Prenez*.

[2] C'est-à-dire, des mouchoirs et des chemises.

[3] On dit maintenant : *coq en pâte*. Cette expression vient de ce qu'on met sous un panier à claire-voie la volaille qu'on veut empâter, engraisser. — [4] Affaires.

[5] La poche du justaucorps. — [6] A la loterie.

---

[1] C'est le Pogge qui fait le conte de ce médecin.

[2] Le même conte se trouve dans le premier livre des *Faceti e motti* de Louis Domenichi.

[3] C'est-à-dire, qu'il se mit d'accord, d'intelligence.

[4] C'est-à-dire, sans l'avoir battue de la bonne manière. *Donner dronos et le chaperon de même* signifiait, selon La Monnoye, *fouetter et mitrer* un coupable. Cette expression est prise ici au figuré.

disant qu'il ne lui voudroit pas faire ce tour-là, et qu'il aimeroit mieux être mort. « Vous êtes mon compère, disoit le prêtre. — Et bien, bien, dit le maréchal, je m'en rapporte à vous : chevauchez-la à votre aise, quand vous y serez ; mais gardez-vous bien de me chevaucher : car s'il vous advient, le diable vous aura bien chanté matines [1]. » Le prêtre, connoissant que ce maréchal étoit un mauvais fol, se tint dès lors sur ses gardes, et ne voulut plus venir à la forge ; mais le maréchal dit à sa femme : « Savez-vous qu'il faut que vous fassiez ; mais gardez-vous bien de faire la borgne, ni la boiteuse ; car vous savez bien que votre marché n'en seroit pas meilleur : refaites connoissance à messire Jean, et l'entretenez de paroles ; et puis, un matin, je vous dirai ce que vous aurez à faire. » Elle fut fort contente de lui promettre tout ce qu'il voulut, de peur de la male aventure. Et faut entendre qu'elle savoit bien battre [2], et de bonne mesure : car elle avoit apprins à battre avec le varlet, pour faire la besogne quand le maréchal n'y étoit pas. Adonc elle se mit à faire bon semblant à messire Jean, ainsi que son mari l'avoit instruite ; lui donnant à entendre que le maréchal n'y pensoit point, et que ce n'étoit qu'une opinion, qui lui avoit passé par l'entendement ; et le vous assura par belles paroles, lui disant : « Venez, venez demain au matin, à l'heure accoutumée, quand vous orrez qu'ils battront à deux. » Messire Jean la crut, le pauvre homme ! Quand le matin fut venu, le maréchal dit à sa femme, en la présence du varlet : « Levez-vous, et allez battre en ma place ; car je me trouve un peu mal. » Ce qu'elle fit, et se mit à la forge, et bat avec ce varlet. Incontinent que messire Jean entendit battre à deux à la forge, il ne fut pas endormi. Il se leva avec sa grosse robe de nuit, entré par l'huis accoutumé, et se vient coucher auprès de ce maréchal, pensant être auprès de sa femme. Et, pource qu'il y avoit longtemps qu'il n'avoit donné ès gauffriers [3], il étoit lors tout prêt à le bien faire ; et ne fut pas sitôt au lit, que, de plein saut, il ne se rua dessus ce maréchal : lequel le vous commença à serrer à deux belles mains, en lui disant : « Eh, vertu-

bieu (pensez que c'étoit par un D. [1]), messire Jean, qui vous a ici fait venir ? Je vous avois tant dit que vous ne me chevauchissiez point, et que j'étois mauvaise bête, et vous n'en avez rien voulu croire ! » Le prêtre se vouloit défaire [2], mais le maréchal le vous tenoit à deux bons bras, et se print à crier à son varlet, qui étoit en bas, lequel monta incontinent, et apporta du feu : et Dieu sait comment monsieur le prêtre fut étrillé à beaux nerfs de bœuf, que le maréchal tenoit tout prêts, et expressément pour battre à deux sur le dos de messire Jean, à la recrue [3] du maître et du varlet. Et cependant il n'osoit pas crier au secours ; car le maréchal le menaçoit de le mettre en la fournaise ; pour ce, il aimoit mieux endurer les coups que le feu. Encore en eut-il bon marché au prix de celui, qui eut les deux témoins [4] enfermés au coffre, et le feu allumé derrière, tellement qu'il fut contraint de les couper lui-même avec le rasoir, qui lui avoit été baillé en la main [5].

NOUVELLE LXIII.

De la sentence que donna le prévôt de Bretagne ; lequel fit pendre Jean Trubert et son fils.

Au pays de Bretagne, y eut un homme, entre autres, qui ne valoit guères, nommé Jean Trubert ; lequel avoit fait plusieurs larcins, pour lesquels il avoit été reprins assez de fois, et en avoit été, à l'une fois, frotté, et l'autre, étrillé : qui étoit assez pour s'en souvenir. Toutefois il y étoit si affriandé, qu'il ne s'en pouvoit châtier ; et même il commençoit à en prendre le train à un fils qu'il avoit, de l'âge de quinze à seize ans, et le menoit avec lui en ses factions [6]. Advint, un jour, que lui et son fils dérobèrent une jument à un riche paysan, lequel se douta incontinent, que ce avoit été Jean Trubert : dont il ne faillit à faire telle poursuite, qu'il se trouva, par bons témoins, que Jean Trubert avoit mené vendre cette jument à un marché, qui avoit été le mercredi devant, à cinq ou six lieues de là. Jean Trubert et son fils furent mis entre les mains du prévôt des maréchaux [7] : lequel Jean Trubert ne tarda

---

[1] C'est-à-dire, le diable vous aura rendu un maumais service. — [2] Forger sur l'enclume.
[3] C'est-à-dire en termes couverts, pris le déduit ; par allusion à la pâte que l'on jette dans le moule à faire les gauffres.

[1] C'est-à-dire, qu'il jurait le nom de Dieu.
[2] Débarrasser, délivrer. — [3] Fatigue. — [4] Testicules.
[5] C'est le sujet de la 85e des *Cent Nouvelles nouvelles*, intitulée *Le Curé cloué*. — [6] Expéditions.
[7] Ces prévôts étaient établis dans toutes les maréchaussées de France ressortissant au tribunal des ma-

guères que son procès ne lui fût fait, et son
dicton¹ signifié : qui portoit, entre autres, ces
mots : *Jean Trubert, pour avoir prins et robbé*²
un grand jument, seroit pendu et étranglé, le
petit avec lui : et là-dessus, fait livrer Jean Trubert et son fils à l'exécuteur de la haute justice; auquel il bailla son greffier, qui n'étoit pas des plus scientifiques du monde. Quand ce fut à faire l'exécution, le bourreau pendit le père haut et court : et puis, il demanda au greffier que c'est qu'il falloit faire de ce jeune gars. Le greffier va lire la sentence, et après avoir bien examiné ces mots : *le petit avec*, il dit au bourreau qu'il fît son office : ce qu'il fit, et pendit ce pauvre petit tout pendu, et l'étrangla, qui étoit bien pis. L'exécution ainsi faite, le greffier s'en retourna au prévôt, lequel lui va dire: «Et puis, Jean Trubert?— Jean Trubert, dit le greffier, seroit pendu.— Et le petit ? dit le prévôt. — Par Dieu ! et le petit, dit le greffier. — Comment, par tous les diables ! dit le prévôt, seroit pendu le petit !— Par Dieu ! oui, le petit, disoit le greffier.— Comment ! dit le prévôt, j'avois pas dit cela. » Et là-dessus, débattirent longtemps, le prévôt et le greffier, disant le greffier que la sentence portoit que le petit seroit pendu; et le prévôt, au contraire ; lequel après longs débats va dire: « Lisez la sentence. Par Dieu ! j'avois pas entendu que le petit seroit pendu. » Le greffier lui va lire cette sentence, et ces mots substantiels : *Jean Trubert, pour avoir prins et robbé un grand jument, seroit pendu et étranglé, le petit avec lui*. Par lesquels mots *avec lui*, le prévôt vouloit dire que Jean Trubert seroit pendu, et que son fils seroit présent pour voir faire l'exécution, afin de se châtier de faire mal, par l'exemple de son père. Ce prévôt vouloit expliquer ces mots, mais il étoit bien tard pour le pauvre petit : et le greffier, d'un autre côté, se défendoit, disant que ces mots *avec lui*, signifioient que le petit devoit être pendu avec Trubert son père. A la fin, le prévôt ne sut que dire, sinon que son greffier avoit raison ou cause de l'avoir, et dit seulement : « Pien³, le petit, bien, seroit pendu; par Dieu ! dit-il, ce seroit une belle défaite, que d'un jeune loup. » Voilà toute la récompense qu'eut le pauvre petit, excepté que le prévôt le fit dépendre, de peur qu'il en fût nouvelles.

Bechaux, qui avait son siége à la table de marbre du Palais de Paris.—¹ Arrêt.—² Pour *dérobé*.—³ Pour *bien*, suivant la prononciation de ce prévôt des maréchaux.

NOUVELLE LXIV.

Du garçon qui se nomma Toinette, pour être reçu en une religion de nonnains; et comment il fit sauter les lunettes de l'abbesse qui le visitoit¹.

Il y avoit un jeune garçon, de l'âge de dix-sept à dix-huit ans ; lequel, étant, à un jour de fête, entré en un couvent de religieuses, en vit quatre ou cinq qui lui semblèrent fort belles, et dont n'y avoit celle² pour laquelle il n'eût voulentiers rompu son jeûne ; et les mit si bien en sa fantasie³, qu'il y pensoit à toutes heures. Un jour, comme il en parloit à quelque bon compagnon de sa connoissance, ce compagnon lui dit : « Sais-tu que tu feras ? Tu es beau garçon: habille-toi en fille, et l'en va rendre à l'abbesse ; elle te recevra aisément : tu n'es point connu en ce pays ici. » (Car il étoit garçon de métier, et alloit et venoit par pays.) Il crut assez facilement ce conseil, se pensant qu'en cela n'avoit aucun danger qu'il n'évitât bien quand il voudroit. Il s'habille en fille assez pauvrement, et s'avisa de se nommer Toinette. Donc, de par Dieu, s'en va au couvent de ces religieuses, où elle trouva façon de se faire voir à l'abbesse, qui étoit fort vieille, et, de bonne aventure, n'avoit point de chambrière. Toinette parle à l'abbesse, et lui conte assez bien son cas, disant qu'elle étoit une pauvre orpheline d'un village de là auprès, qu'elle lui nomma. Et, en effet, parla si humblement, que l'abbesse la trouva à son gré, et par manière d'aumône la voulut retirer, lui disant, que pour quelques jours elle étoit contente de la prendre, et que s'elle vouloit être bonne fille, qu'elle demoureroit là-dedans. Toinette fit bien la sage, et suivit la bonne femme d'abbesse : à laquelle elle sut fort bien complaire, et quant et quant⁴ se faire aimer à toutes les religieuses, et même, en moins de rien, elle se print à ouvrer⁵ de l'aiguille (car peut-être qu'elle en savoit déjà quelque chose), dont l'abbesse fut si contente, qu'elle la voulut incontinent faire nonne de là-dedans. Quand elle eut l'habit, ce fut bien ce qu'elle demandoit, et commença à s'approcher fort près de celles qu'elle voyoit les plus belles, et, de privauté en privauté, elle fut mise à coucher avec l'une. Elle n'attendit pas la deuxième nuit, que, par honnêtes et aimables

---

¹ Imité par La Fontaine : *Les lunettes*, IV, 12.
² C'est-à-dire, dont n'y avait pas une...
³ Imagination.— ⁴ En même temps.— ⁵ Travailler.

jeux, elle fit connoître à sa compagne qu'elle avoit le ventre cornu, lui faisant entendre que c'étoit par miracle et vouloir de Dieu. Pour abréger le conte, elle mit sa cheville au pertuis de sa compagne, et s'en trouvèrent bien et l'une et l'autre; laquelle chose, en la bonne heure, il (dis-je, *elle*) continua assez longuement, et non-seulement avec celle-là, mais encore avec trois ou quatre des autres, desquelles elle s'accointa. Et quand une chose est venue à la connoissance de trois ou quatre personnes, il est aisé que la cinquième le sache, et puis la sixième; de mode, qu'entre ces nonnes (y en ayant quelques-unes de belles, et les autres laides, auxquelles Toinette ne faisoit pas si grande familiarité qu'aux autres), avec maintes autres conjectures, il leur fut facile de penser je ne sais quoi; et firent tel guet, qu'elles les connurent assez certainement; et commencèrent à en murmurer si avant, que l'abbesse en fut avertie, non pas qu'on lui dît que nommément ce fût sœur Toinette; car elle l'avoit mise là-dedans, et puis, elle l'aimoit fort, et ne l'eût pas bonnement cru : mais on lui disoit, par paroles couvertes, qu'elle ne se fiât pas en l'habit, et que toutes celles de léans n'étoient pas si bonnes qu'elle pensoit bien; et qu'il y en avoit quelqu'une d'entre elles, qui faisoit déshonneur à la religion, et qui gâtoit les religieuses. Mais quand elle demandoit qui c'étoit et que c'étoit, elles répondoient que, s'elle les vouloit faire dépouiller, elle le connoîtroit. L'abbesse, ébahie de cette nouvelle, en voulut savoir la vérité au premier jour; et, pour ce faire, fit venir toutes les religieuses en Chapitre. Sœur Toinette, étant avertie par ses mieux aimées, de l'intention de l'abbesse, qui étoit de les visiter toutes nues, attache sa cheville par le bout avec un filet[1] qu'elle tira par derrière; et accoutre si bien son petit cas, qu'il sembloit avoir le ventre fendu comme les autres, à qui n'y eût regardé de bien près : se pensant que l'abbesse, qui ne voyoit pas la longueur de son nez, ne le sauroit jamais connoître. Les nonnes comparurent toutes. L'abbesse leur fit sa remontrance, et leur dit pourquoi elle les avoit assemblées; et leur commanda qu'elles eussent à se dépouiller toutes nues. Elle prend ses lunettes pour faire sa revue, et en les visitant les unes après les autres, il vint[2] au rang de sœur Toinette; laquelle voyant ces nonnes toutes nues, fraîches, blanches, refaites[1], rebondies, elle ne put être maîtresse de cette cheville, qu'il ne se fît mauvais jeu; car, sur le point que l'abbesse avoit les yeux le plus près, la corde vint rompre; et en débandant tout à un coup, la cheville vint repousser contre les lunettes de l'abbesse, et les fit sauter à deux grands pas loin. Dont la pauvre abbesse fut si surprise, qu'elle s'écria : « Jésus! Maria! Ah! sans faute, dit-elle, et est-ce vous? Mais qu'il eût jamais cuidé être ainsi! Que vous m'avez abusée! » Toutefois, qu'y eût-elle fait? Sinon, qu'il fallut y remédier par patience; car elle n'eût pas voulu scandaliser la religion. Sœur Toinette eut congé de s'en aller avec promesse de sauver l'honneur des filles religieuses.

NOUVELLE LXV.

Du régent qui combattit une harangère du Petit-Pont, à telles injures.

Un martinet[3] s'en alla, un jour de carême, sus le Petit-Pont, et s'adressa à une harangère pour marchander de la moulue[4]; mais de ce qu'elle lui fit deux liards, il n'en offrit qu'un; dont cette harangère se fâcha, et l'appela injure[5], en lui disant : « Va, va, Joannes[6], porte ton liard aux tripes! » Ce martinet, se voyant ainsi outragé en sa présence, la menace de le dire à son régent. « Et va, marmiton, dit-elle, va le lui dire, et que je te revoie ici, toi et lui. » Ce martinet ne faillit pas à s'en aller tout droit à son régent qui étoit bon fripon[7], et lui dit : « *Per diem, domine*[8], il y a la plus fausse

---

[1] Pour *fil*. — [2] Il faut lire certainement *elle*.

[1] C'est-à-dire, *en bon point*, en bon état.

[2] Le Petit-Pont à Paris n'a pas changé de nom depuis la démolition du petit Châtelet, qui le séparoit de la rue Saint-Jacques.

[3] On appelait ainsi autrefois dans l'université de Paris les écoliers qui changeaient souvent de collége à cause de leur ressemblance avec ces oiseaux nommés *martinets*, qui changent tous les ans de demeure, venant au mois de mars et s'en retournant à la Saint-Martin. — [4] Pour morue.

[5] C'est-à-dire, lui chanta pouille, lui dit des injures.

[6] C'est le nom qu'on donnait aux valets des régents de collége. Le nom de *Jean* était ridicule ou méprisable, à force de devenir commun.

[7] Dans le sens de *badin, facétieux*.

[8] Au lieu de *per Deum*, jurement déguisé. On dit encore *pardienne*, qui vient de *per diem*. Un bon curé disait que c'était le jurement de David, et le prouvait par le verset 6 du psaume 120 : *Per diem sol non uret te*. On avait inventé dans notre langue une infinité de correctifs à ce jurement, tous plus ridicules les uns que les autres : *Pardi, pardienne, parguié, parguienne, parguieu, parbieu, parbleu, pardigué, pardille, pardine, pargoi*. — [9] Méchante.

vieille sur le Petit-Pont : je vouloirs acheter de la moulue, elle m'a appelé *Joannes*. — Et qui est-elle? dit le régent. La me montreras-tu bien? — *Ita, domine*, dit l'écolier. Et encore m'a-t-elle dit, que si y alliez, qu'elle vous renvoiroit bien. — Laisse faire, dit le régent. *Per dies*[1]! elle en aura. » Ce régent se pensa bien, que pour aller vers une telle dame, qu'il ne falloit pas être dépourvu ; et que la meilleure provision qu'il pouvoit faire, c'étoit de belles et gentilles injures ; mais qu'il lui en diroit tant, qu'il la mettroit *ad metam non loqui*[2]. Et, en peu de temps, il donna ordre d'amasser toutes les injures dont il se put aviser, y employant encore ses compagnons, lesquels en composèrent tant, en chopinant, qu'il leur sembla qu'il en avoit assez. Ce régent en fit deux grands rôlets[3], et en étudia un par cœur : l'autre, il le mit en sa manche, pour le secourir au besoin, si le premier lui failloit. Quand il eut bien étudié ses injures, il appela ce martinet, pour le venir conduire jusques au Petit-Pont, et lui montrer cette harangère ; et print encore quelques autres galochers[4] avec lui ; lesquels, *in primis et ante omnia*, il mena boire à la Mule[5] ; et quand ils eurent bien chopiné, ils s'en vont. Ils ne furent pas si tôt sur le Petit-Pont, que la harangère ne reconnût bien le martinet ; et quand elle les vit ainsi en troupe, elle connut à qui ils en vouloient. « Ah ! vois-les là, dit-elle, vois-les là, les gourmands : l'école est effondrée. » Le régent s'approche d'elle, et lui vient heurter le baquet où elle tenoit ses harengs, en disant : « Hé ! que faut-il à cette vieille damnée ? — Oh ! le *clerice*, dit la vieille ; es-tu venu assez tôt pour te prendre à moi ? — Qui m'a baillé cette vieille maquerelle ? dit le régent. Par la lumière ! c'est à toi voirement, à qui j'en veux. » En disant cela, il se plante devant elle, comme voulant escri-

mer à beaux coups de langue. La harangère, se voyant défiée : « Merci Dieu ! dit-elle, tu en veux donc avoir, magister crotté ? Allons, allons par ordre, gros baudet, et tu verras comment je t'accoutrerai. Parle, c'est à toi. — Allez, vieille sempiterneuse, dit le régent. — Va, ruffien. — Allez, vilaine. — Va, maraud. » Incontinent qu'ils furent en train, je m'en vins, car j'avois affaire ailleurs. Mais j'ai ouï dire à ceux qui en savent quelque chose, que les deux personnages combattirent vaillamment, et s'entredirent chacun une centaine de bonnes et fortes injures d'arrache-pied ; mais il advint au régent d'en dire une deux fois, car on dit qu'il l'appela *vilaine* pour la seconde fois. Mais la harangère lui en fit bien souvenir. « Merci Dieu ! dit-elle, tu l'as déjà dit, fils de putain que tu es ! — Eh bien, bien, dit le régent : n'es-tu pas bien vilaine deux fois, voire trois ? — Tu as menti, crapaud infect ! » Il faut croire que le champion et la championne furent tout un temps à se battre si vertueusement, que ceux qui les regardoient ne savoient qui devoit avoir du meilleur. Mais, à la fin, le régent étant au bout de son premier rôlet, va tirer l'autre, de sa manche, lequel il ne savoit pas par cœur, comme l'autre ; et, pour ce, il se troubla un petit, voyant que la harangère ne faisoit que se mettre en train ; et se va mettre à lire ce qui étoit dedans, qui étoient injures collégiales, et le vouloit dépêcher tout d'une traite, pour penser étonner la vieille, en lui disant : « Alecto, Megera, Tisiphone, détestable, exécrable, infande[1], abominable. » Mais la harangère le va interrompre, disant : « Ha ! merci, Dieu ! tu ne sais plus où tu en es. Parle bon françois, je te répondrai bien, grand niais, parle bon françois. Ah ! tu apportes un rôlet ! Va étudier, maître Jean, va, tu ne sais pas ta leçon. » Et la déesse[2], comme à un chien, abboie, et toutes ces harangères se mettent à crier sur lui, et le pressent tellement, qu'il n'eut rien meilleur, que se sauver de vitesse ; car il eût été accablé, le pauvre homme. Et, pour certain, il a été trouvé, que quand il eût eu un Calepin[3], un vocabu-

---

[1] L'écolier n'avait juré que *per diem* ; le régent, sayant, comme La Roche-Thomas, que le pluriel avait plus de force, jure *per dies*.

[2] C'est une phrase des prédicateurs burlesques Olivier Maillard ou Michel Menot : *Ponere aliquem ad metam non loqui*, mettre quelqu'un en termes de ne pouvoir parler.

[3] Pour *rôles*, rouleaux de papier, catalogues.

[4] Écoliers externes, ou qui ne demeuraient pas dans le collège, nommés alors *galochers* et depuis *galoches*, parce qu'ils portaient des galoches pour se tenir les pieds secs en allant au collège.

[5] C'était sans doute l'enseigne d'un cabaret renommé dans le quartier de l'Université.

---

[1] C'est le latin *infanda*, dont on ne peut parler sans horreur. Il paraît que les mots *détestable*, *exécrable* et *abominable* n'étaient pas encore admis dans la langue usuelle. — [2] La Monnoye croit devoir mettre ici *là-dessus*, au lieu de *la déesse*.

[3] Le grand dictionnaire polyglotte de Calepin avait fait donner le nom de *calepin* à toute espèce de vocabulaires.

laire, un dictionnaire, un promptuaire, un trésor d'injures, il n'eût pas eu la dernière, de cette diablesse. Par ainsi, il s'en alla mettre en franchise[1] au collége de Montaigu[2], courant tout d'une halenée, sans regarder derrière soi.

NOUVELLE LXVI.

De l'enfant de Paris, qui fit le fol pour jouir de la jeune vefve ; et comment elle, se voulant railler de lui, reçut une plus grande honte.

Un enfant de Paris, d'assez bonne maison, jeune, dispos et qui se tenoit propre de sa personne, étoit amoureux d'une femme vefve, bien jolie et qui étoit fort contente de se voir aimée, donnant toujours quelques nouveaux attraits[3] à ceux qui la regardoient, et prenant plaisir à faire l'anatomie des cœurs des jeunes gens; mais elle ne faisoit compte, sinon de ceux que bon lui sembloit, et encore des moins dignes, et, par sus tous, elle vous savoit mener ce jeune homme, dont nous parlons, de telle ruse, qu'elle sembloit tout vouloir faire pour lui. Il parloit à elle seul à seule; il manioit le tetin et baisoit, voire et touchoit bien souvent à la chair, mais il n'en tâtoit point; tellement qu'il mouroit tout en vie auprès d'elle. Il la prioit, il la conjuroit, il lui présentoit[4]; mais il ne pouvoit rien avoir, fors qu'une fois, ainsi comme ils devisoient ensemble en privé[5] et qu'il lui contoit bien expressément son cas, elle lui va dire : « Non, je n'en ferai rien, si vous ne me baisez le derrière; » disant le mot tout outre, mais pensant en elle qu'il ne le feroit jamais. Le jeune homme fut fort honteux de ce mot; toutefois, lui, qui avoit essayé tant de moyens, se pensa qu'il feroit encore cela, et qu'aussi bien personne n'en sauroit rien ; et lui répondit, s'il ne tenoit qu'à cela pour lui complaire, qu'il n'en feroit point de difficulté. La dame étant prise au mot, l'y print aussi, et se fait baiser le derrière sans feuille. Mais quand ce fut à donner sus le devant, point de nouvelles : elle ne fit que se rire de lui et lui dire les plus grandes moqueries du monde ; dont il cuida désespérer et s'en départit le plus

[1] C'est-à-dire, en sûreté, comme un criminel poursuivi se retirant dans certains lieux d'asile.

[2] Ancien collége de Paris, fameux par la pédanterie de ses régens et par sa malpropreté. Il fut supprimé à la révolution, et ses bâtimens servent aujourd'hui de prison militaire, au coin de la rue des Sept-Voies.

[3] Amorces. — [4] Ce verbe doit être employé ici dans le sens de *faisoit des présens*. — [5] En particulier.

fâché que fut jamais homme, sans toutefois se pouvoir départir d'alentour d'elle, fors qu'il s'absenta pour quelque temps, de honte qu'il avoit de se trouver non-seulement devant elle, mais devant les gens, comme si tout le monde eût dû connoître ce qui lui étoit advenu. Une fois, il s'adressa à une vieille qui connoissoit bien la jeune dame et lui dit sus le propos de son affaire : « Viens çà ! N'est-il possible que j'aie cette femme-là ? Ne saurois-tu inventer quelque bon moyen pour me tirer de la peine où je suis ? Assure-toi, si tu la me veux mettre en main, que je te donnerai la meilleure robe que tu vêtis de ta vie. » La vieille l'en reconforta[1] et lui promit d'y faire tout ce qu'elle pourroit, lui disant que s'il y avoit femme en Paris qui en vînt à bout, qu'elle en étoit une. Et, de fait, elle y fit ses efforts, qui étoient bons et grands. Mais la vefve, qui étoit fine, sentant que c'étoit pour ce jeune homme, n'y voulut entendre en sorte quelconque, peut-être l'espérant avoir en mariage, ou pour quelque autre respect[2] qu'elle se réservoit, car les rusées ont cette façon de tenir toujours quelqu'un des poursuivans en langueur, pour faire couverture à la jouissance qu'elles donnent aux autres. Tant y a que la vieille n'y sut rien faire et s'en retourna à ce jeune homme, lui disant qu'elle y avoit mis toutes les herbes de la Saint-Jean[3] ; mais dit qu'il n'y avoit ordre, sinon qu'à son avis, s'il vouloit se déguiser, comme s'habiller en pauvre et aller demander l'aumône à la porte de sa dame, qu'il en pourroit jouir. Il trouva cela faisable : « Mais quel moyen me faudra-t-il tenir? disoit-il. — Savez qu'il vous faut vous faire ? dit la vieille. Il faut que vous vous barbouilliez le visage, de peur qu'elle vous connoisse, et puis, que vous fassiez le fol, car elle est merveilleusement fine. — Et comment ferai-je le fol ? dit le jeune homme. — Que sais-je, moi ? dit-elle. Il faut toujours rire et dire le premier mot que vous aviserez, et ne dire que cela, quelque chose qu'on vous demande. — Je ferai bien ainsi, dit-il. Et avisèrent, la vieille et lui, qu'il riroit toujours et ne parleroit que de formage[4]. »

[1] Lui donna courage et espérance.

[2] Considération, égard.

[3] Cette expression proverbiale vient de ce que les bonnes gens attribuent des vertus merveilleuses aux herbes cueillies la veille de la Saint-Jean.

[4] Pour *fromage*.

s'habille en gueux et s'en va à la porte de sa dame, à une heure de soir, que tout le monde commençoit à se retirer ; et faisoit assez froid, combien que ce fût après Pâques. Quant il fut à la porte, il commença à crier assez haut en riant : « *Ha, ha, formage!* » jusques à deux ou trois fois; et puis, il se pausoit un petit¹, recommençoit son « *Ha, ha, formage!* » tant que la vefve, qui avoit sa chambre sur la rue, l'entendit et y envoya sa chambrière pour savoir qui il étoit et qu'il vouloit. Mais il ne répondit jamais, sinon : « *Ha, ha, formage!* » La chambrière s'en retourne à la dame et lui dit : « Mon Dieu, ma maîtresse, c'est un pauvre garçon qui est fol : il ne fait que rire et ne parle que de formage. » La dame voulut savoir que c'étoit, et descend, et parle à lui : « Qui êtes-vous, mon ami ? » Et ne lui dit autre chose que : « *Ha, ha, formage!* — Voulez-vous du formage? dit-elle. — Ha, ha, formage! — Voulez-vous du pain? — Ha, ha, formage! — Allez-vous-en, mon ami, retirez-vous. — Ha, ha, formage!* » La dame, le voyant ainsi idiot : « Perrette, dit-elle, il mourra de froid cette nuit; il le faut faire entrer, il se chauffera. — Mananda²! dit-elle, c'est bien dit, madame. — Entrez, mon ami, entrez; vous vous chaufferez. — *Ha, ha, formage!* » disoit-il. Et entra cependant, en riant et de bouche et de cœur, car il pensa que son cas commençoit à se porter bien. Il s'approcha du feu, là où il montroit ses cuisses à découvert, charnues et refaites, que la dame et la chambrière regardoient d'aguignettes³. Elles l'interrogeoient s'il vouloit boire ou manger; mais il ne disoit que : « *Ha, ha, formage!* » L'heure vint de se coucher. La dame, en se déshabillant, disoit à sa chambrière : « Perrette, il est beau garçon; c'est dommage de quoi il est ainsi fol. — Mananda! disoit la garse; c'est mon⁴, madame; il est net comme une perle. — Mais si nous le mettions coucher en notre lit, dit la dame; à ton avis? » La chambrière se print à rire : « Et pourquoi non? Il n'a garde de nous déceler, s'il ne sait dire autre chose. » Somme, elles le font déshabiller, et n'eut point besoin de chemise blanche, car la sienne n'étoit point sale, sinon par aventure déchirée, et le firent coucher gentiment entre elles deux. Et mon homme dessus sa dame; et à ce cul, et vous en aurez. La chambrière en eut bien quelques coups; mais il montra bien que c'étoit à la dame à qui il en vouloit. Et, ce pendant, n'oublioit jamais son *Ha, ha, formage!* Le lendemain, elles le mirent dehors, de bon matin, et s'en va-vie¹. Et depuis, il continua assez de fois à y retourner pour le prix, dont il se trouva fort bien et ne se fit oncques connoître, par le conseil de la vieille. De jour, il reprenoit ses habits ordinaires, et se trouvoit auprès de sa dame, devisant avec elle à la mode accoutumée, la poursuivant comme devant, sans faire autre semblant nouveau. Le mois de mai vint, pour lequel ce jeune homme se voulut habiller d'un pourpoint vert, de chausses vertes et bonnet vert; disant à sa dame, que c'étoit pour l'amour d'elle : ce qu'elle trouva fort bon, et lui dit que, en faveur de cela, elle le mettroit en bonne compagnie de dames, le premier jour qu'il viendroit à propos. Étant en cet état, se trouva en une compagnie de dames, entre lesquelles étoit la sienne; et aussi y étoient d'autres jeunes gens, lesquels étoient en un jardin, assis en rond, hommes et femmes entremêlés un pour une; et ce jeune homme étoit auprès de sa dame. Il fut question de faire des jeux de récréation, par l'avis même de la jeune vefve, laquelle étoit femme inventive et de bon esprit, et avoit d'assez longue main pensé en soi-même par quel moyen elle se gaudiroit² de son jeune homme, qu'elle cuidoit bien avoir trompé à cette fois-là. Car elle ordonna un jeu, que chacun eût à dire quelque bref mot d'amour, ou d'autre chose gentille, selon ce qu'il lui conviendroit le mieux et que lui viendroit en fantaisie. Ce qu'ils firent tous et toutes en leur rang. Quand il toucha à la vefve à parler³, elle vint dire, d'une grâce affaitée, ce qu'elle avoit prémédité dès le paravant :

---

¹ Il faisait une petite pause.

² Exclamation, serment de femme, qui semble une ellipse de : *Par mon âme, dea!*

³ C'est-à-dire, en les *guignant* de l'œil. La vieille tour d'Étampes se nomme *tour de Guignette*, parce que, placée sur un monticule, elle *guignait*, pour ainsi dire, les environs.

⁴ La Monnoye met ici une note que les éditeurs ont sans doute mal lue : « *Sit modo*, comme si l'on écrivait *soit mon*, prononçant *soit* par *sait*. » Dans le vieux langage, *mon* se prenait quelquefois pour *donc*; ainsi, à savoir *mon*, signifie : à savoir donc. *C'est mon*, équivaut à *or donc, oui-dà, vraiment*, etc.

---

¹ Voyez, sur cet italianisme, une note de la Nouvelle XXV.

² Se moquerait. — ³ Quand ce fut au tour de la veuve de parler.

> Que diriez-vous d'un vert vêtu,
> Qui a baisé sa dame au cul,
> En lui faisant hommage ?

Chacun jeta les yeux sur ce jeune homme, car il fut aisé de connoître que cela s'adressoit à lui. Mais il ne fut pas pourtant fort égaré ; ainçois, tout rempli d'une fureur poétique, vint répondre promptement à la dame :

> Que diriez-vous d'un fol tout nu,
> Qui a dansé sur votre cul,
> Disant : Ha! ha! formage !

Si la dame fut bien peneuse, il ne le faut point demander ; car, quelque rusée qu'elle fût, ce lui fut force de changer de couleur et de contenance ; laquelle se rendit assez coupable devant toute l'assistance : dont le jeune homme se trouva vengé d'elle, à un bon coup, de toutes les cautelles du temps passé. Cet exemple est notable pour les femmes moqueuses, et qui font trop les difficiles et les assurées, lesquelles le plus souvent se trouvent attrapées, à leur grand'honte. Car les dieux envoient leur aide et faveur aux amoureux qui ont bon cœur ; comme il se peut voir de ce jeune homme, auquel Phébus donna l'esprit poétique pour répondre promptement en se défendant contre le blason[1] que sa dame avoit si finement et délibérément songé contre lui.

NOUVELLE LXVII.

De l'écolier d'Avignon, et de la vieille qui le print à partie.

Il y avoit en Avignon une bande d'écoliers, qui s'ébattoient à la longue boule, hors les murailles de la ville : l'un desquels, en faisant son coup, faillit à bouler droit, et envoya sa boule dedans un jardin. Il trouva façon de sauter par-dessus le mur, pour l'aller chercher. Quand il fut sauté, il trouva au jardin une vieille qui plantoit des choux, laquelle se print incontinent à crier sus lui : « Eh ! que, diable, venez-vous faire ici ? Vous me venez dérober mes melons ? » Mais l'écolier ne s'en soucioit pas, cherchant toujours sa boule, en lui disant seulement : « Paix, vieille damnée ! » La vieille commença à lui dire mille maux[2]. Quand l'écolier la vit ainsi entrer en injures, pour en avoir son passe-temps, il lui va parler le premier langage dont il s'avisa, en lui disant : *Cum animadverterem quam plurimos homines*, en lui faisant signes de menaces, pour la faire encore mieux batailler. Et la vieille, de crier, mais c'étoit en son avignonnois[2] : « Oh ! ce méchant, ce voleur, qui saute par-dessus les murailles ! » L'écolier continuoit à lui dire ces beaux préceptes de Caton : *Parentes ama*[3]. « Allez de par le diable, disoit la vieille à l'écolier, que le lansi[4] vous éclate ! » Et l'écolier : *Cognatos cole*[5]. « Oui, oui, à l'école, de par le diable ! » Et l'écolier : *Cum bonis ambula*[6]. « Je n'ai que faire de ta boule, disoit-elle. Que maugré n'aie bieu de toi[7] ! tu parles itel bien ; je t'entends bien. — Et voire, voire, dit l'écolier : *Foro te para*[8]. » Mais s'il l'eût voulu entretenir, il eût fallu dire tout son Caton, tout son *Quos decet*[9]. Encore n'en eût-il pas eu le bout ; mais il s'en vint achever sa partie.

NOUVELLE LXVIII.

D'un juge d'Aigues-Mortes, d'un pasquin[10], et du copiste de Latran.

En la ville d'Aigues-Mortes, y avoit un juge, nommé *De alta domo*[11] ; lequel avoit un cerveau fait comme de cire[12] ; et donnoit, en son siège, des appointements[13] tout cornus ; hors

---

[1] « Le blason, dit Thomas Sibilet, chapitre X de son *Art poétique*, est une perpétuelle louange du continu vitupère de ce qu'on s'est proposé blasonner. » Épigramme, portrait satirique.

[2] Pour *maudissons*, malédictions.

[1] Ce sont les premiers mots de l'épître qui sert de préface aux *Distiques* de Caton.

[2] Patois d'Avignon. — [3] « Aimez vos parens. » C'est le deuxième précepte de Caton.

[4] L'esquinancie. — [5] « Portez honneur à vos proches. » C'est le troisième précepte de Caton.

[6] « Fréquentez les gens de bien. » Septième précepte de Caton. — [7] Imprécation mitigée par la négation *n'aie*. C'est comme si elle eût dit : *Maugré bieu de toi*.

[8] Sixième précepte de Caton : « Accommodez-vous au temps. »

[9] Des Periers entend par là un mauvais petit poème, *De moribus in mensâ servandis*, qui étoit alors à l'usage des basses classes, commençant ainsi :

> Quos decet in mensâ mores servare docemus
> Virtuti ut studeas litterulisque simul.

Jean Sulpice de Veroli, qui en est l'auteur, vivoit sur la fin du quinzième siècle.

[10] Ou *pasquil*, épigramme ou satire qu'on attachoit à la vieille statue de Pasquin, à Rome, et qui bravait alors la puissance des papes.

[11] En français, *de Haut-Manoir*. C'est celui dont fait le conte suivant. Un jour, vantant sa noblesse : « Il suffit qu'on sache, disoit-il, que je suis sorti de Haut-Manoir. — Vous ! lui répondit un rieur, vous sorti de Haut-Manoir ! et comment cela pourroit-il être ? votre mère étoit une Anglaise, de la maison de Bacon. » — [12] Faible, sans consistance, malléable.

[13] Arrêts.

son siège, faisoit des discours de même. Advint, un jour, qu'il entra en dispute d'un passage de la Bible avec un bon apôtre, qui étoit bien aise de faire bateler[1] monsieur le juge. Le différend étoit, à savoir-mon si de toutes les bêtes qui sont aujourd'hui au monde, y en avoit deux de chacune en l'arche de Noé. L'un disoit qu'il n'y avoit point de souris, et qu'elles s'engendrent de pourriture, ainsi que depuis a bien confermé maître Jean Buteo[2], de l'ordre Saint-Antoine en Dauphiné, en son traité *De Arca Noe*. L'autre disoit, qu'il n'y avoit qu'un lièvre, et que la femelle échappa à Noé, et se perdit en l'eau, et, pour cela, que le mâle porte comme la femelle. L'un disoit, de l'un; l'autre, de l'autre[3]. Mais, à la fin, monsieur le juge, qui vouloit toujours avoir du bon, se fâchoit que ce bon marchand tînt ainsi fort contre lui, auquel il va dire : « Vous ne savez de quoi vous parlez : où l'avez-vous vu ? — Où je l'ai vu ! dit l'autre; il est écrit en Genèse. — Genèse ! dit le juge; vous me la baillez belle. C'est un griffon griffant[4]; il demeure à Nîmes; je le connois bien. Il n'y entend rien, ne vous avec. » Et, de fait, y avoit un greffier à Nîmes, qui s'appeloit Genèse; et le pauvre juge pensoit que ce fût celui dont l'autre entendoit. Il faut dire qu'il savoit toute la Bible par cœur, fors le commencement, le milieu et la fin. Il sembloit[5] quasi à celui que l'on dit, qui[6], devant le roi François, ainsi qu'on parloit d'un pasquin qui avoit été nouvellement fait à Rome, voulant aussi en dire sa ratelée[7], dit au roi : « Sire, je l'ai bien vu, Pasquin; c'est un des plus galans hommes du monde. » Adonc le roi, qui s'apercut bien de l'humeur de l'homme, lui va dire : « Vous l'avez vu ! Où l'avez-vous vu ? — Sire, dit-il, je le vis dernièrement à Rome, qu'il étoit bien en ordre. Il portoit une cape à l'espagnole, bandée de velours, et une chaîne au col, d'un[1] quatre-vingts ou cent écus; et avoit deux varlets après lui. Mais, c'étoit l'homme du monde qui rencontroit le mieux, et étoit toujours avec ses cardinaux. — Allez, allez, dit le roi; allez quérir les plats, vous avez envie de m'entretenir. » C'étoit encore un bon homme, qui étoit produit pour témoin en une matière bénéficiale, où il étoit question d'une certaine décision du concile de Latran. Le juge disoit à ce bon homme : « Venez çà, mon ami, savez-vous bien de quoi nous parlons ? — Oui, monsieur, vous parlez du Concile de Latran[2]; je l'ai assez vu de fois : il avoit un grand chapeau rouge, et étoit toujours ceint, et portoit volentiers une grande gibecière de velours cramoisi. Et si ai bien encore connu sa femme, madame la Pragmatique[3]. » Voilà ce qu'il en sembloit au bon homme. Je ne sais pas si vous m'en croyez, mais il n'est pas damné, qui ne le croit.

NOUVELLE LXIX.

Des gendarmes qui étoient chez la bonne femme de village.

Au temps que les soudards vivoient sus le bonhomme[4], ils vivoient aussi sus la bonne femme; car il en passa une bande par un village, là où ils ne faisoient pas mieux que ceux du proverbe, qui dit : *Un avocat en une ligne; un noyer en une vigne; un pourceau en un blé; une taupe en un pré; et un sergent en un bourg; c'est pour achever de gâter tout.* Car ils pilloient, ils ruinoient, ils détruisoient tout. Il y en avoit deux, ou trois, ou quatre, je ne sais combien,

---

[1] Dire des sottises, comme font les bateleurs.
[2] C'est le nom latin qu'avait pris Jean de Bolton, religieux de Saint-Antoine de Vienne. Son traité *de Arca Noe* a été imprimé pour la première fois, à Lyon, in-4°, en 1554, plus de dix ans après la mort de Des Periers, qui, par conséquent, n'a pu le citer ni avoir écrit ce conte. Voici les paroles de Joannes Buteo, page 19 : *Quamquam sunt qui putent mures in Arca non fuisse, et id genus similia, propterea quod ex corruptione nascantur.*
[3] C'est-à-dire, l'un disoit d'une manière, et l'autre, de l'autre.
[4] Griffon. C'était alors le synonyme vulgaire de greffier. *Griffant* est mis pour *griffonnant*.
[5] Pour ressembloit.
[6] Toutes les éditions portent *que*; nous nous sommes permis ce changement pour la clarté de la phrase.
[7] On dit aujourd'hui dans le même sens : Défiler son chapelet. *Ratelée* s'entend de ce que l'on a sur le cœur.

[1] Ce n'est pas une façon de parler extraordinaire, comme le dit La Monnoye; mais sans doute une faute de copiste. Nous proposons de la corriger ainsi : *du prix* ou *du poids de 80 ou 100 écus*.
[2] Il entend le cinquième concile de Latran, commencé en 1512 sous Jules II, et fini en 1517 sous Léon X, dans le onzième session duquel on approuva le concordat fait entre Léon X et François Ier, en 1516, et la bulle du 19 décembre suivant, par laquelle, du consentement de François Ier, le pape révoquait et abrogeait la pragmatique ou les libertés de l'Église gallicane.
[3] Cette naïveté est empruntée à Rabelais, livre III, chap. 39; lequel troisième livre de Rabelais n'a été imprimé pour la première fois qu'en 1546, deux ans après la mort de Des Periers.
[4] On nommait ainsi le peuple, depuis la révolte des *Jacques-Bonhomme* sous Charles V.

chez une bonne femme ; lesquels lui mettoient tout par écuelles : et comme ils mangeoient ses poules, qu'ils lui avoient tuées, elle faisoit une chère pitrasse [1], disant la patenôtre du singe [2]. Mais ces gendarmes faisoient les galants, en disant à la vieille : « Ah ! ah ! bonne femme de Meudon, vous vous en allez mourir, avez-vous regret en vos poules ? Sus, sus, faites bonne chère, dites après moi : *Au diable soit chicheté !* Direz-vous ? » La bonne femme, toute maudolente [3], lui dit : « Au diable soit le déchiqueté [4] ! » Elle avoit bien raison, car

> Depuis que décrets eurent alés [5]
> Et gens d'armes portèrent malles,
> Moines allèrent à cheval :
> Toutes choses allèrent mal [6].

NOUVELLE LXX.

De maître Berthaud, à qui on fit accroire qu'il étoit mort.

Jadis, en la ville de Rouen (je ne sais donc où c'étoit), y eut un homme qui servoit de passe-temps à tous allants et venants, quand on le savoit gouverner, cela s'entend. Il s'en alloit par les rues, tantôt habillé en marinier, tantôt en magister, tantôt en cueilleur de prunes [7], et toujours enfol : et l'appeloit-on *maître Berthaud.* C'étoit possible, celui qui comptoit vingt et onze, et étoit fier de ce nom de *maître,* comme un âne, d'un bât neuf ; et qui eût failli à l'appeler, on n'en eût point tiré de plaisir ; mais en lui disant, *maître Berthaud,* vous l'eussiez fait passer par le trou au chat [8]. Et ce qui le faisoit ainsi niais fol, c'étoit que quelques bons maîtres de métier [9] l'avoient veillé onze nuits tout de suite, lui fichant de grosses épingles dedans les fesses, pour le garder de dormir : qui est la vraie recette de faire devenir un homme parfait en la science de folie, par B. carre et par B. mol [1]. Vrai est qu'il faut qu'il y ait de la nature, comme pensez qu'il y avoit en maître Berthaud. Or, est-il, qu'il tomba un jour entre les mains de quelques gens de bien qui le menèrent aux champs ; lesquels, par les chemins, après en avoir pris le plus de passe-temps qu'ils purent, lui commencèrent à faire accroire qu'il étoit malade, et le firent confesser par un qui fit le prêtre ; lui firent faire son testament, et enfin lui donnèrent à entendre qu'il étoit mort, et le crut ; parce, principalement, qu'en l'ensevelissant, ils disoient : « Hé ! le pauvre maître Berthaud, il est mort ; jamais nous ne le verrons. Hélas ! non. » Et le mirent en une charrette qui revenoit de la ville, chantant toujours : *Libera me, domine,* sus le corps de maître Berthaud, qui faisoit le mort au meilleur escient qu'il eût. Mais il y en avoit quelques-uns d'entre eux qui lui faisoient bien sentir qu'il étoit vif, car ils lui piquoient les fesses avec des épingles, comme nous disions tantôt ; dont il n'osoit pourtant faire semblant, de peur de n'être pas mort ; et même lui fâchoit bien quelquefois de retirer un peu la cuisse, quand il sentoit les coups de pointe. Mais, à la fin, il y en eut un qui le piqua bien si fort, qu'il n'en put plus endurer, et fut contraint de lever la tête, en disant tout en colère au premier qu'il regarda : « Par Dieu ! méchant, si j'étois vif aussi bien comme je suis mort, je te tuerois tout à cette heure. » Et tout soudain se remit à faire le mort, et ne se réveilla plus, pour chose qu'on lui fît, jusqu'à tant que quelqu'un vint dire : « Ha ! le pauvre Berthaud qui est mort. » Alors mon homme se leva : « Vous avez menti, dit-il, il y a bien du maître pour vous. Or sus, je ne suis pas mort. » Par dépit, voilà comment maître Berthaud ressuscita, pour ce qu'on ne l'appeloit pas *maître.*

Il se fait un autre conte d'un maître Jourdain, mais qui s'estimoit un peu plus habile que celui-ci, combien qu'il n'y eût guère à dire. Il y eut quelque crocheteur, en portant ses faix par la ville, qui le heurta assez indis-

---

[1] *Piêtre* ou mauvais visage.

[2] C'est-à-dire, grommelant, en remuant les babines, comme les singes. — [3] Mécontente.

[4] Les gens de guerre, et surtout les lansquenets, portaient des habits avec des crevés et des chausses *déchiquetées.*

[5] Pour *ailes ;* c'est-à-dire, *décrétales.*

[6] *Homenas,* dans Rabelais, livre IV, chap. 52, où sont reproduits ces quatre vers, dit que *ce sont petits quolibets des hérétiques nouveaux.* Nul auteur plus ancien que Pierre Grosnet, qui écrivait vers l'an 1536 ou 1537, n'a rapporté ce dicton.

[7] *Cueilleur de prunes,* ou plus communément *cueilleur de pommes ;* se dit d'un homme sans habit, qui a un tablier sale retroussé autour de lui.

[8] Il vaut mieux lire *rat.*

[9] Marchands, maîtres dans les corps de métier.

---

[1] Quand on dit qu'un homme est *fou par bémol par bécarre,* on entend qu'il l'est par nature, parce que, dans les termes de l'ancienne gamme, *chanter par nature,* c'est passer de *B mol* en *B carre* par nature.

crètement, c'est-à-dire assez lourdement ; et puis, il lui dit *gare*[1] (il étoit temps ou jamais). Lors, maître Jourdain va dire : « Viens çà ! pourquoi fais-tu cela, ange de Grève[2]? Par Dieu! si je n'étois philosophe, je te romprois la tête, gros sot que tu es ! » Tous deux en tenoient : vrai est, que l'un étoit fol, et l'autre philosophe[3].

NOUVELLE LXXI.
Du Poitevin qui enseigne le chemin aux passants[4].

Il y a beaucoup de manières de s'exercer à la patience ; comme sont les femmes qui tentent, un varlet qui caquette ou qui gronde ou qui n'oit goutte, et qui vous apporte des pantoufles quand vous demandez votre épée, ou votre bonnet en lieu de votre ceinture, et met un bois vert dedans un feu quand vous mourez de froid, là où il faut brûler toute la paille du lit avant qu'il s'allume ; ou d'un cheval encloué ou déferré par les chemins, ou qui se fait piquer à tous les pas, et cent mille autres malheurs qui arrivent. Mais ceux-là sont trop fâcheux ; ils sont pour souhaiter à quelques ennemis[5]. Il y en a d'autres, qui ne sont pas si fort à endurer, parce qu'ils ne durent pas tant et même sont de telle sorte qu'on est plus aise par après de les avoir pratiqués et d'en faire ses comptes. Telles aventures sont bonnes à ces jeunes gens pour leur faire rasseoir un peu leur trop chaude colère ; entre lesquels est la rencontre d'un Poitevin, quand on va par pays comme : Prenez le cas que vous ayez à faire une diligence et qu'il fasse froid ou quelque mauvais temps ; en somme, que vous soyez fâché de quelque autre chose, et par fortune vous ne sachiez votre chemin ; vous avisez un Poitevin assez loin de vous, qui laboure en un champ ; vous vous prenez à lui demander : « Eh hau ! mon ami, où est le chemin de Parthenai ? » Le pique-bœuf[1], encore qu'il vous entende, ne se hâte pas trop de répondre ; il parle à ses bœufs : « Garea, fremcntin, brichet[2], chatain, ven après moay, tu ves ben crelincoutant[3] » ce dit-il à son bœuf, et vous laisse crier deux ou trois fois bonnes et hautes. Puis, quand il vous voit en colère et que voulez piquer droit à lui, il sible[4] ses bœufs pour les arrêter, et vous dit : « Qu'est-ce que vous dites ? » Mais il a bien meilleure grâce au langage du pays : « Quet o que vo disez ? » Pensez que ce vous est un grand plaisir, quand vous avez si longuement demeuré à vous estuver[5] et crié à gorge rompue, que ce bouvier vous demande : « Que c'est que vous dites ? » et bien, si faut-il que vous parliez. « Où est le chemin de Parthenai? Dis ? — De Parthenai, monsieur ? ce vous dira-t-il. — Oui, de Parthenai. Que te vienne le chancre ! — Et d'ond venez-vous, monsieur ? » dira-il. Il faut ressuer ou de cœur ou de bouche : « D'ond je viens ? Où est le chemin de Parthenai ? — Y voulez-vous aller, monsieur ? Or, sus, prenez patience. — Oui, mon ami, je m'y en vais ; où est le chemin ? » A donc il appellera un autre pique-bœuf qui sera là auprès, et lui dira : « Micha, icoul homme demande le chemin de Parthenai ; n'et o pas per qui aval[6] ? » L'autre répondra (s'il plaît à Dieu) : « O m'est avis qu'ol est par deçay[7] » Pendant qu'ils sont là tous deux à débattre de votre chemin, c'est à vous à deviner si vous deviendrez fol ou sage. A la fin, quand ces deux Poitevins ont bien disputé ensemble, l'un d'eux vous va dire : « Quand

---

[1] On sait la réponse de Caton en pareille rencontre. Un homme qui portait un coffre le heurta, et tout en le heurtant lui dit : *Gare.* « Est-ce, lui demanda Caton, que tu portes autre chose que ce coffre ? » Cicér., livre 2, *de Oratore.*

[2] Crocheteur de la place de Grève, à qui ses crochets tiennent lieu d'ailes.

[3] Quelques éditions écrivent *philofole.*

[4] D'Ouville, ou plutôt Bois-Robert, sous le nom de son frère d'Ouville, page 54 de la IIIe partie de ses *Contes*, dit que c'étaient deux jésuites qui demandaient le chemin de Pamperoux à un laboureur poitevin, lequel feignait de ne les pas entendre et ne parlait qu'à ses bœufs. Enfin, après avoir longtemps exercé la patience de ces pères, quand il sut qu'ils étaient jésuites, il leur dit qu'ils le prenaient pour un autre, et qu'il n'était pas si sot que de se mêler d'apprendre la moindre chose à des gens qui savaient tout.

[5] Rien n'était plus commun parmi les Grecs et les Latins que ces sortes de souhaits.

---

[1] Le laboureur. Cette expression vient de ce que, dans certaines provinces, on aiguillonnait les bœufs au labour avec une espèce de longue pique.

[2] Ce sont des noms que les paysans du Poitou donnent à leurs bœufs, par rapport à la couleur du poil de ces animaux : *garea*, de *varius*, bigarré ; *fremcntin*, pour *fromentin*, de couleur de froment ; *brichet* pour *bourrichet*, d'un gris tirant sur le roux.

[3] Viens après moi ; tu vas bien clopin clopant.

[4] Pour *siffle*, en patois. — [5] A vous échauffer jusqu'à en suer comme dans une étuve.

[6] C'est-à-dire : Michel, cet homme demande le chemin de Parthenay ; n'est-ce pas de côté-ci, en descendant ? — [7] Il m'est avis que c'est par deçà.

vous serez à iceste grand cray, tournai à la bonne main, et peu, allez dret; vous ne sariez faillir¹. » En avez-vous, à cette heure? Allez hardiment, meshui vous ne ferez mauvaise fin, étant si bien adressé. Puis, quand vous êtes en la ville, s'il est, d'aventure, jour de marché et que vous alliez acheter quelque chose, vous aurez affaire à bons et fins marchands : « Mon ami, combien ce chevreau? — Iquou chevreau ², monsieur? — Oui. — Le voulez-vous avec la mère? dé, ol est bon, iquou chevreau. — C'est mon! il est bien bon. Combien le vendez-vous? — Sopesez, monsieur, col est gras. — Voire! Mais combien? — Monsieur, la mère n'en a encore porti que dou. — Je l'entends bien; mais combien me coûtera-t-il? — Ne voulez-vous qu'une parole? I sçai bien qu'il ne vous faut pas surfaire. — Non; mais combien en donnerai-je? — Ma foay! o ne vous coustera pas may de cinq sou e dimé. » Voilà votre marché : prenez ou laissez.

NOUVELLE LXXII.
Du Poitevin, et du sergent, qui mit sa charrette et ses bœufs en la main du roi.

Je ne m'amuserai ici à vous faire les autres contes des Poitevins, lesquels, sans point de faute, sont fort plaisants; mais il faudroit savoir le courtisan ³ du pays, pour les faire trouver tels; et puis, la grâce de prononcer vaut mieux que tout; mais je vous en puis dire encore un, tandis que j'y suis. Il y avoit un Poitevin, qui, par faute de payer la taille, avoit été exécuté par un sergent, lequel, faisant son exploit, par vertu de son mandement, mit la charrette et les bœufs de ce pauvre homme en la main du roi, dont il fut assez marri; mais si fallut-il qu'il passât par là. Advint, au bout de quelque temps, que le roi vint à Châtelleraut. Quoi sachant ce paysan, qui étoit de la Tircherie ⁴, voulut aller pour voir l'ébat ¹, et fit tant qu'il vit le roi comme il alloit à la chasse. Mon paysan, incontinent qu'il l'eut vu, n'ayant plus rien à faire à la cour, s'en retourna au village; et, en soupant avec ses compères pique-bœufs, il leur dit : « La merdé! j'ay veu le roay d'aussi prés qu'i quou chein; ol a le visage comme in homme; mais i parlerai ben à iqueo bea sergent, qui mist avant-hier ma charrette et mon bœuf en la main du roay. La merdé! o n'a pas la main pu gran que moay ². » Il étoit avis à ce Poitevin que le roi devoit être grand comme le clocher Saint-Hilaire ³, et qu'il avoit la main grande comme un chêne, et qu'il y devoit trouver sa charrette et ses bœufs. Mais pourquoi ne vous en conterai-je bien encore un?

NOUVELLE LXXIII.
D'un autre Poitevin, et de son fils Micha.

C'étoit un homme de labeur, assez aisé, qui avoit mené deux siens fils à Poitiers, pour étudier en grimauderie ⁴, lesquels se mirent avec d'autres patrias ⁵ caméristes près du *Bœuf couronné* : l'aîné avoit nom Michel, et l'autre Guillaume. Leur père, les ayant logés, retint l'endroit où ils demeuroient et les laisse là, où ils furent assez longtemps sans lui écrire, et même il se contentoit d'en savoir des nouvelles par les paysans qui alloient quelquefois à Poitiers; par lesquels il envoyoit quelquefois à ses enfants des formages, des jambons et des souliers bien bobelinés ⁶. Advint que tous deux tombèrent malades, dont le petit mourut, et l'aîné, qui n'étoit encore guéri, n'avoit la commodité d'écrire à son père la mort de son frère. Au bout de quelque temps, ce père fut averti qu'il étoit mort un de ses enfants, mais on ne lui sut pas dire lequel c'étoit. Dequoi étant bien fâché, fit faire une lettre au vicaire de sa paroisse, laquelle portoit en suscription : *A mon fils Micha, demeurant au*

---

¹ C'est-à-dire : quand vous serez à cette grande croix, tournez à droite, et puis allez tout droit, vous ne pouvez manquer.
² Voici la traduction du patois poitevin : Ce chevreau, monsieur?... Le voulez-vous avec la mère? Da, il est bon, ce chevreau!.... Pesez, monsieur, comme il est gras..... La mère n'en a encore porté que deux... Ne voulez-vous qu'une parole? Je vois bien qu'il ne faut pas vous surfaire..... Ma foi! il ne vous coûtera pas moins de cinq sous et demi.
³ Patois, idiome. — ⁴ Village à trois lieues de Châtelleraut, et autant de Poitiers.

¹ Chasse au courre et au vol.
² La merdé! j'ai vu le roi d'aussi prés qu'aucun; il a le visage comme un homme; mais je parlerai à ce beau sergent qui mit avant-hier ma charrette et mon bœuf en la main du roi. La merdé! il n'a pas la main plus grande que moi.
³ C'est une des principales églises de Poitiers, qui compte saint Hilaire au nombre de ses premiers évêques. — ⁴ A l'Université, mais où comme les grimauds.
⁵ Compatriotes, en patois poitevin. Caméristes, c'est-à-dire, en chambre, à l'enseigne du *Bœuf couronné*. — ⁶ Rapetassés.

Roay do beu, ou iqui près[1]. Et au dedans de cette lettre y avoit, entre autres bons propos : « Micha, mande moay lo quau ol est qui est mort, de ton frère Glaume ou de toay ; car j'en seu en un gran emoay. Au par su, i te veu ben adverti quo disant que noustre avesque est à Dissay [2]. Va t'y-en per prendre couronne, et la pren bonne et grande, afin qu'o n'y faille point torné à deu foay. » Maître Micha fut si aise d'avoir reçu cette lettre de son père, qu'il en guérit incontinent tout sain, et se lève pour faire la réponse, qui étoit pleine de rhétorique qu'il avoit apprise à Poyté [3], laquelle je ne dirai ici à cause de briéveté ; mais, entre autres, y avoit « : Mon père, i vous averti quo n'est pas moay qui suis mort, mais ol est mon frère Glaume : ol est bien vrai qu'i estai pu malade que li ; car la peau me tomboit comme à in gorret [4]. » N'étoit-ce pas vertueusement écrit, et vertueusement répondu ? Vraiment ! qui voudroit dire le contraire, il auroit grande envie de tancer [5].

NOUVELLE LXXIV.

Du gentilhomme de Beauce, et de son dîner.

Un des gentilshommes de Beauce, que l'on dit qui sont deux à un cheval quand ils vont per pays [6], avoit dîné d'assez bonne heure, et fort légèrement, d'une certaine viande qu'ils font, en ce pays-là, de farine et de quelques moyeux d'œufs ; mais à la vérité, je ne saurois pas dire de quoi elle se fait par le menu : tant y a, que c'est une façon de bouillie, et l'ai ouï nommer de la caudelée [7]. Ce gentilhomme en fit son dîner ; mais il mangea si diligemment qu'il n'eut loisir de se torcher les babines, là où il demeura de petits gobeaux [1] de cette caudelée : et, en ce point, s'en alla voir un sien voisin, selon la coutume qu'ils avoient de voisiner en leurs maisons, comme de baudouiner [2] par les chemins. Il entre privément chez ce voisin, lequel il trouve qu'il se vouloit mettre à table ; et commença à parler galamment : « Comment ! dit-il, n'avez-vous pas encore dîné ? — Mais vous, dit l'autre, avez-vous déjà dîné ? — Si j'ai dîné ! dit-il, oui, et fort bien, car j'ai fait une gorge chaude d'une couple de perdrix, et n'étions que madamoiselle ma femme et moi. Je suis marri que n'êtes venu en manger votre part. » L'autre, qui savoit bien de quoi il vivoit le plus du temps, lui répondit : « Vous dites vrai ; vous avez mangé de bons perdreaux : voi l'en là [3] encore de la plume ? » en lui montrant ce morceau de caudelée, qui lui étoit demeuré en la barbe. Le gentilhomme fut bien penaud, quand il vit que sa caudelée lui avoit découvert ses perdreaux.

NOUVELLE LXXV.

Du prêtre, qui mangea à déjeuner toute la pitance des religieux de Beaulieu.

En la ville du Mans, y avoit un prêtre, qu'on appeloit messire Jean Melaine [4], lequel étoit un mangeur excessif ; car il dévoroit la vie de neuf ou dix personnes pour le moins, à un repas. Et lui fut sa jeunesse assez heureuse ; car, jusqu'à l'âge de trente ou trente-cinq ans, il trouva toujours gens qui prenoient plaisir à le nourrir ; principalement ces chanoines qui se battoient à qui auroit messire Jean Melaine, pour avoir le passe-temps de le soûler [5]. De sorte qu'il étoit aucunesfois retenu pour une semaine à dîner et à souper, par ordre, chez les uns, et puis chez les autres. Mais depuis que le temps commença à s'empirer, ils commencèrent aussi à se retirer, et laissèrent jeûner le pauvre messire Jean Melaine ; lequel devint sec comme une bûche, et son ventre creux comme une lanterne. Et véquit trop longuement, le pauvre homme ; car ses six blancs n'étoient pas pour lui donner le pain qu'il mangeoit. Or, du temps qu'il faisoit en-

---

[1] C'est-à-dire : A mon fils Michel...au Roi des bœufs ou auprès..... Michel, mande-moi lequel c'est qui est mort, de mon frère Guillaume ou de toi, car j'en suis en une grande peine. Du reste, je veux bien t'avertir qu'on dit que notre évêque est à Dissai : vas-y pour prendre couronne (tonsure de prêtre) ; et la prends bonne et grande, afin qu'il n'y faille pas retourner à deux fois. — [2] Château en Poitou, sur le Clain.
[3] En poitevin, c'est Poitiers.
[4] Mon père, je vous avertis que ce n'est pas moi qui suis mort ; mais c'est mon frère Guillaume : il est bien vrai que j'étais plus malade que lui, car la peau me tombait comme à un cochon.
[5] Contredire, disputer.
[6] Les proverbes n'étaient pas favorables aux gentilshommes de cette province. On disait : Gentilhomme de la Beauce, qui garde le lit quand on refait ses chausses, et qui vend ses chiens pour avoir du pain.
[7] En patois beauceron, chaudeau.

[1] Ou gobets, morceaux. — [2] Péter. — [3] Pour en voilà.
[4] Messire Jean Melaine ressemble assez au carme de la 83e des Cent Nouvelles nouvelles.
[5] Gorger, rassasier.

core bon pour lui, il y avoit un abbé de Beaulieu, qui le traitoit assez souvent ; et une fois entre autres, il entreprint de le faire mettre si bien à son aise, qu'il en eût assez. Il se faisoit un anniversaire en l'abbaye, là où se trouvèrent force prêtres, desquels messire Jean Melaine étoit l'un. L'abbé dit à son pitancier¹ : « Savez-vous que c'est ? qu'on donne à déjeuner à messire Jean, et qu'on le fasse tant manger, qu'il en demeure devant lui. » Et, là-dessus, il dit lui-même au prêtre : « Messire Jean, incontinent que vous aurez chanté messe, allez-vous-en à la dépense² demander à déjeuner, et faites bonne chère, entendez-vous ? J'ai dit qu'on vous traitât à votre plaisir. — Grand merci, monsieur, » dit le prêtre. Il dépêcha sa messe, laquelle il dit en chasseur³, ayant le cœur à la mangerie. Il s'en va à la dépense, là où il lui fut atteint⁴ d'entrée une grande pièce de bœuf, de celles des religieux, et un gros pain de lévriers⁵, et une bonne quarte⁶ de vin mesure de ce pays-là. Il eut dépêché cela en moins qu'une horloge auroit sonné dix heures⁷ ; car il ne faisoit qu'étourdir ses morceaux. On lui en apporte encore autant, qu'il dépêche aussitôt. Le pitancier, voyant le bon appétit de l'homme, et se souvenant du commandement de l'abbé, lui fait apporter deux autres pièces de bœuf tout à la fois : lesquelles il eut incontinent mises en un même sac avec les autres. Somme, il mangea tout ce qui avoit été mis pour le dîner des religieux ; car il fut tiré, comme le fit le roi devant Arras⁸, jusqu'à la dernière pièce¹ ; tant, qu'il fut forcé d'en mettre cuire d'autres, à grand' hâte. L'abbé, cependant, se pourmenoit par les jardins, en attendant que messire Jean eût déjeuné, lequel, ayant bien repu, sortit pour s'en aller. L'abbé qui le vit en s'en allant, lui demanda : « Eh puis, messire Jean, avez-vous déjeuné ? — Oui, monsieur, Dieu merci et vous, dit le prêtre ; j'ai mangé un morceau, et bu une fois, en attendant le dîner. » A votre avis, ne pouvoit-il pas bien attendre un bon dîner, pourvu qu'il ne demeurât guère ?

Une autre fois, qu'il étoit vendredi, on lui donna à déjeuner d'une saugrenée de pois, pleine une grande jatte, avec de la soupe assez pour six ou sept vignerons. Mais celui qui lui apporta, connoissant le patient, mit parmi ces pois de si grandes poignées de ces osselets ronds de moule² qu'on appelle patenôtres, avec force beurre et verjus, et la présente à messire Jean, qui la vous dépêcha en forme commune⁴ et mangea patenôtres et tout. Je crois bien qu'il eût mangé l'Ave Maria et le Credo⁵, s'il y eût été. Vrai est que ces os croquoient parfois sous les dents ; mais ils passoient nonobstant. Quand il eut fait, on lui demanda : « Eh bien, messire Jean, ces pois étoient-ils bons ? — Oui, monsieur, Dieu merci et vous ! mais ils n'étoient pas encore bien cuits. » N'étoit-ce pas bien vécu pour un prêtre ? Dieu fit beaucoup pour ce bas monde, de le faire d'Église ; car s'il eût été marchand, il eût affamé tout le chemin de Paris, de Lyon, de Flandres, d'Allemagne et d'Italie ; s'il eût été boucher, il eût mangé tous ses bœufs et moutons, cornes et tout ; s'il eût été avocat, il eût mangé papiers et parchemins : dont ce n'eût pas été grand dommage ; mais il eût mangé ses cliens, combien que les autres les mangent aussi bien. S'il eût été soudard, il eût

---

¹ Aujourd'hui cellerier. — ² A l'office.
³ C'est-à-dire, avec l'impatience d'un chasseur qui entend le son du cor et les cris des chiens.
⁴ Atteindre se prend ici pour aveindre.
⁵ Un pain, non pas de la qualité, mais de la grosseur de ceux qu'on coupe par morceaux pour la soupe des lévriers.
⁶ Mesure à vin, ainsi appelée parce qu'elle tient quatre chopines.
⁷ La Guiche, valet de pied du prince de Condé, Henri de Bourbon, deuxième du nom, gagea de manger une éclanche pendant que midi sonneroit, pourvu qu'auparavant elle fût coupée en morceaux, et gagna la gageure. Il est fait mention de ce La Guiche dans une gazette bouffonne imprimée à Dijon en 1633 : L'art admirable de La Guiche pour manger méthodiquement un membre de mouton pendant que douze heures sonnent.
⁸ On a dit depuis : Comme fit le roi François Ier devant Pavie. Ce proverbe, comme fit le roi devant Arras, vient de ce qu'en 1477 Louis XI, indigné contre les habitans d'Arras, fit tirer jusqu'à la dernière pièce de son artillerie sur leur ville, pour se venger de leurs insolences.

¹ Il vaut peut-être mieux lire pierre, comme portent plusieurs éditions. On appelait pierre toute espèce de boulet, parce que les premiers boulets de canon furent en effet des pierres de grès arrondies.
² C'étaient des pois cuits seulement avec de l'eau, du sel et de l'huile. — ³ Pour morue.
⁴ C'est-à-dire, qu'il ne lui fit point de grâce ; parce que, en termes de chancellerie romaine, quand on dit qu'une provision est expédiée en forme commune, on entend qu'elle est expédiée sans grâce, sans privilége. — ⁵ Allusion à patenôtre, Pater noster.

mangé brigandines [1], morions [2], hacquebutes [3] et toutes les caques [4] de poudre. Et s'il eût été marié avec tout cela, pensez que sa pauvre femme n'eût pas eu meilleur marché de lui, qu'eut celle de Cambles [5], roi des Lydes, qui mangea la sienne une nuit toute mangée. Dieu nous aide, quel roi ! il en devoit bien manger d'autres.

NOUVELLE LXXVI.

De Jean Doingé, qui tourna son nom par le commandement de son père.

A Paris la grand'ville [6], y avoit un personnage de nom et de qualité, homme de grand savoir et de jugement, qu'on appeloit monsieur Doingé [7] ; mais comme il advient que les hommes savants ne font pas voulentiers des enfants des plus spirituels du monde (je crois que c'est parce qu'ils laissent leur esprit en leur étude quand ils vont coucher avec leurs femmes), celui dont nous parlons avoit un fils, déjà grand d'âge, nommé Jean Doingé : lequel en la chose qu'il ressembloit le moins à son père, étoit l'esprit. Un jour que son père étoit empêché à écrire, ou à étudier, ce vertueux fils étoit planté devant lui, comme une image, à regarder son père sans rien faire ; sinon une contenance d'un homme qui a sa journée payée. De quoi, à la fin, son père, ennuyé, lui dire : « Eh ! mon ami, de quoi sers-tu ici le feu ? que ne vas-tu faire quelque chose ? — Monsieur, dit-il à son père, que voudriez-vous que je fisse ? je n'ai pas rien à faire. » Le père, voyant cet homme de si bon cœur, lui dit : « Tu ne sais que faire, pauvre homme ? Or va tourner ton nom. » Maître Jean print cette parole à son avantage, et bon escient ; laquelle son père lui avoit dite, comme on a de coutume dire à un homme qui aime besogne faite. Et, de cette empeinte [1], s'en va enfermer en son étude, pour mettre son nom à l'envers : tantôt il trouvoit Doingé Jean, tantôt Jean Gédoin, tantôt Gédoin Jean. Et puis, il va montrer toutes ces pièces de nom à quelque jeune homme de ses familiers, lui demandant s'il étoit bien tourné ainsi ; mais l'autre dit que, pour tourner son nom, ce n'étoit pas assez de le mettre par les syllabes sens devant derrière, mais qu'il falloit mêler les lettres les unes parmi les autres, et en faire quelque bonne devise. Mon homme se retourne incontinent enfermer, et vous recommence à découper son nom tout de plus belle : là où il fut bien deux ou trois jours, qu'il en perdoit le boire et le manger ; ne s'osant trouver devant son père, que ce nom ne fût tourné. A la fin, il tourna et vira tant, qu'il en trouva de deux sortes, les plus propres du monde. Dont il fut si aise, qu'il en rioit tout seul en allant et venant, et lui duroit mille ans qu'il ne trouvoit l'heure de le dire à son père : laquelle ayant bien épiée, lui vint dire tout à hâte, comme s'il l'eût voulu prendre sans vert [2] : « Monsieur, dit-il à son père, je l'ai tourné. » Son père, qui pensoit en tout, fors qu'en ce tournement de nom, fut tout ébahi, tant pource qu'il ne l'avoit vu de tous ces deux jours, qu'aussi pour l'ouïr ainsi parler sans propos. « Tu l'as tourné ! dit-il. Et qui est-ce que tu as tourné ? — Monsieur, vous me dites lundi que j'allasse tourner mon nom. Je n'ai cessé d'y travailler depuis ; mais, à la fin, j'en suis venu à bout. — Vraiment, je t'en sais bon gré, dit le père. Tu l'as donc tourné ? et qu'as-tu trouvé, pauvre homme ? — Monsieur, dit-il, je l'ai tourné en beaucoup de sortes, mais je n'en ai trouvé que deux qui soient bonnes : j'ai trouvé Janin Godé [3], et

---

[1] Cuirasse de brigand. — [2] Casques. On les appelait *morions*, à cause de leur couleur noire. — [3] Arquebuses.
[4] La caque était un quart de muid.
[5] La Monnoye aurait dû nous apprendre quel est ce *Cambles* ou *Cambletes*. Je crois plutôt que ce nom est altéré, ainsi que la phrase qui termine cette Nouvelle : il s'agit peut-être de Candaule, roi de Lydie, de la famille des Héraclides, qui, une nuit, fit cacher son favori Gigès dans la chambre de la reine et la lui montra nue ; ce qui amena sa perte, par vengeance de la princesse outragée et non *mangée*.
[6] Commencement d'une ancienne chanson.
[7] Le vrai nom de cette famille était Gédoin. Voyez *Bigarrures*, du seigneur des Accords (Tabourot), chapitre des *Anagrammes*. Jean Gédoin était fils de Robert Gédoin, seigneur du fief nommé *le Tour*, et secrétaire de Louis XI, Charles VIII, Louis XII et François Ier.

[1] Ce mot, qui nous est inconnu et qui ne figure dans aucun dictionnaire, équivaut peut-être à la locution usitée aujourd'hui : *de ce pas*. On pourrait lire aussi *empêche*, empêchement ; *emprise*, entreprise, et *empenne*, plumes qui garnissent une flèche.
[2] C'est-à-dire, prendre au dépourvu. Allusion à un vieil usage, selon lequel il ne fallait pas se montrer sans un rameau ou une feuille verte le premier jour de mai, sous peine de payer l'amende aux plaisans et de recevoir des avanies. Il y a une comédie de La Fontaine, intitulée : *Je vous prends sans vert*. — [3] *Godé*, en patois de Dijon, pour *guedé*, rouge de vin ; ou *godet*.

Angin d'oie. — Vraiment, dit son père, je t'en crois ; tu n'as pas perdu ton temps. » N'étoit-ce pas là un gentil fils ! Bohémiennes lui pourroient bien dire : « Vous êtes d'un bon père et d'une bonne mère, mais l'enfant ne vaut guères. » Quelqu'un me dira : « Voire—mais nous n'écrivons pas *engin* par *a*; » non, mais que voulez-vous ? qu'un homme perde une si belle devise comme celle-là, pour le changement d'une seule lettre !

NOUVELLE LXXVII.

De Janin, nouvellement marié.

Janin s'étoit marié la sienne fois [1], et avoit pris une femme qui jouoit des mannequins [2], laquelle ne s'en cachoit point pour lui, ne voulant point faire de tort au beau nom de son mari. Quelque jour, un des voisins de Janin lui disoit des demandes, et lui faisoit les réponses en forme d'une assez plaisance farce [3]. « Or çà, Janin, vous êtes marié ? » Et Janin répondit : « O voire ! — Cela est bon, disoit l'autre. — Pas trop bon : elle a trop mauvaise tête. — Cela est mauvais. — Pas trop mauvais pourtant. — Et pourquoi ? — C'est une des belles de notre paroisse. — Cela est bon. — Pas trop bon aussi. — Et pourquoi ? — Il y a un monsieur qui la vient voir à toute heure. — Cela est mauvais. — Pas trop mauvais pourtant. — Et pourquoi ? — Il me donne toujours quelque chose. — Cela est bon. — Pas trop bon aussi. — Et pourquoi ? — Il m'envoie toujours de çà, de là. — Cela est mauvais. — Pas trop mauvais pourtant. — Et pourquoi? — Il me baille de l'argent, de quoi je fais grand'chère par les chemins. — Cela est bon. — Pas trop bon aussi. — Et pourquoi. — Je suis à la pluie et au vent. — Cela est mauvais. — Pas trop mauvais pourtant. — Et pourquoi ? — J'y suis tout accoutumé. » Achevez le demeurant si vous voulez, celle-ci est à l'usage d'étrivières [4].

[1] Ou *à sa manière*, ou bien, une fois dans sa vie.
[2] Expression figurée, obscène, empruntée à Rabelais.
[3] Doit-on lire *face*, comme dans d'autres éditions ?
[4] C'est-à-dire, qu'on l'allonge ou raccourcit tant qu'on veut.

NOUVELLE LXXVIII.

Du légiste, qui se voulut exercer à lire ; et de la harangue qu'il fit à sa première lecture.

Un légiste, étudiant à Poitiers, avoit bien profité en sa vacation de droit, et en voit non pas trop aussi ; et si n'avoit pas grand hardiesse, ni moyen d'expliquer son savoir. Et parce qu'il étoit fils d'un avocat, son père qui avoit passé par là, lui manda qu'il se mît à lire, afin qu'il se fît la mémoire plus prompte en s'exerçant. Pour obéir au commandement de son père, il se délibère de lire à la Ministrerie [1] ; et, afin de mieux s'assurer, il s'en alloit tous les jours en un jardin, qui étoit assez secret [2], pour être loin des maisons ; auquel avoit des choux beaux et grands. Il fut long temps qu'à mesure qu'il avoit étudié, il alloit faire sa lecture devant ces choux ; les appelant *domini* ; et leur alléguant ses paragraphes, tout ainsi que si c'eussent été écoliers auditeurs. S'étant ainsi bien apprêté par l'espace de quinze jours ou trois semaines, il lui sembla bien qu'il étoit temps de monter en chaire, pensant qu'il diroit aussi bien devant les écoliers, comme il faisoit devant ces choux. Il se présente, et commence à faire sa harangue ; mais avant qu'il eût dit une douzaine de mots, il demeura tout court, qu'il ne savoit où il en étoit, tellement qu'il ne sut dire autre chose sinon : *Domini, ego bene video quod non estis caules*. C'est-à-dire (car il y en a qui en veulent avoir leur part en françois) : « Messieurs, je vois bien que vous n'êtes pas des choux. » Étant au jardin, il prenoit bien le cas que choux fussent écoliers ; mais, étant en chaire, il ne pouvoit prendre le cas que les écoliers fussent des choux.

NOUVELLE LXXIX.

Du bon ivrogne Janicot, et de Janette, sa femme.

Dedans Paris, où il y a tant de sortes gens, y avoit un couturier, nommé Janicot

[1] La salle de l'École de droit à Poitiers, où lisoient les Institutes, s'appelait *la Ministrerie*. Florimond Rémond, livre VII, chap. 11 de son *Histoire de l'hérésie de ce siècle*, en parlant d'Albert Babinot, premiers disciples de Calvin, dit qu'il avoit été lecteur des Institutes en cette Ministrerie de Poitiers, et Calvin et d'autres le nommèrent *M. le ministre* ; d'où enfin le même Calvin prit occasion de donner le nom *ministres* aux pasteurs de son Église. — [2] Retiré.

[...]el ne fut jamais avaricieux; car tout l'ar[gent] qu'il gagnoit, c'étoit pour boire. Lequel [mé]tier il trouva si bon, et s'y accoutuma de [telle] sorte, qu'il lui fallut quitter celui de cou[tu]rier; car, quand il revenoit de la taverne, et [qu']il se vouloit mettre sur la besogne, en enfi[lant] son aiguille, il faisoit comme les nouveaux [ma]riés, il mettoit auprès; et puis, lui étoit avis [d'un] filet, que c'en étoient deux, et cousoit [aus]sitôt une manche par derrière comme par [de]vant; tout lui étoit un ; de sorte qu'il renonça [tout] à ce fâcheux couturage, pour se retirer [au] plaisant métier de boire ; lequel il entretint [fer]mement. Car, depuis qu'il étoit au fond [de la] taverne, il n'en bougeoit jusqu'au soir, [et] quand quelquefois sa femme le venoit [quér]ir, qui lui disoit mille injures; mais il les [rece]voit toutes avec un verre de vin. Bien sou[vent] il la flattoit tant, qu'il la faisoit asseoir [au]près de soi, en lui disant : « Tâte un peu [de ce] vin-là, ma mie; c'est du meilleur que tu [bus] jamais. — Je n'ai que faire de boire, di[soit-]elle; cet ivrogne, ici venras-tu[1]? — Eh, [be]lle, tu ne bevras[2] que tant petit que tu [voud]ras[3]. » A la fin, elle se laissoit aller, car la [bon]ne dame disoit en soi-même : « Aussi bien, [c'est] moi qui paie tout; il faut bien que j'en [aye] ma part. » Vrai est qu'elle avoit un peu [plus] de discrétion que Janicot; car elle ne se [sou]loit pas tant[4], qu'elle ne le remenât à la [mai]son; mais croyez que c'étoit une dure dé[part]e, que du pot et de Janicot. Une autre [fois], quand elle faisoit la fâcheuse, il lui disoit : [Janne]tte, tu sais bien que c'est que je vis [avec] ce monsieur? tu m'entends bien. Je n'en [dis] mot, Janette; mais laisse-moi boire : va, [ma] mie! je serai aussitôt que toi au logis. » [Et] de reboire; puis, en s'en retournant, qui [vit ja]mais qu'il n'en eût sa charge hardi[ment], qu'il étoit plus aisé à savoir d'où il ve[noit], que non pas où il alloit; car la rue ne [lui é]toit pas assez large. Il alloit chancelant, [che]minant, trébuchant; il heurtoit toujours à [quel]que ouvroir[5]; ou, quand il étoit nuit, à [quel]que charrette : et se faisoit à tous coups [quel]que bigne[6] au front; mais elle étoit guarie [avant] qu'il s'en aperçût. Il se laissoit maintes [fois] tomber du haut d'un degré, ou en la trappe [de la] cave; mais il ne se faisoit point de mal.

[1] Pour *viendras-tu*. — [2] Pour *boiras*.
[3] Pour *voudras*. — [4] Ne buvait pas tant.
[5] Boutique, étal. — [6] Bosse.

Dieu lui aidoit toujours. Et si vous me demandez où il prenoit de quoi payer, je vous réponds qu'il n'y avoit plat ni écuelle qui ne s'y en allât. Les nappes, les couvertures du lit, il vendoit tout cela : quand sa femme étoit quelque part en commission, son demi-ceint[1], s'il le pouvoit avoir, ses chaperons, sa robe, à un besoin ; mais pourquoi n'eût-il engagé tout cela, quand il eût engagé sa femme même à qui lui eût voulu donner de quoi boire ? Et puis, il y avoit toujours quelque payeur; car ce que le pertuis d'en haut[2] dépensoit, celui d'en bas en répondoit. A propos, Janicot avoit toujours sa bouteille de trois chopines, laquelle il tenoit toute la nuit auprès de soi ; et l'égouttoit toutes fois qu'il s'éveilloit : et en dormant même, il ne songeoit qu'en sa bouteille, et y avoit une telle adresse, que tout endormi il y portoit la main; et la prenoit pour boire, tout ainsi que s'il eût veillé. Quoi connoissant sa femme, bien souvent le prévenoit, et lui buvoit le vin de sa bouteille, laquelle elle remplissoit d'eau, que le pauvre Janicot buvoit en dormant : et bien souvent se réveilloit à ce goût aquatique, qui lui affadissoit toute la bouche. Mais il se rendormoit sur cette querelle, sans faire grand bruit; et le plus souvent même y avoit un tiers couché en même lit, qui dansoit la danse trevisaine[3] avec sa femme; mais tout cela ne lui faisoit point de mal. Quelquefois il s'avisoit de mettre de l'eau en son vin; mais c'étoit avec la pointe d'un couteau, lequel il mouilloit dedans l'aiguière, et en laissoit tomber une goutte en son voirre[4], et non plus. Vous ne l'eussiez jamais trouvé sans un osselet de jambon en sa gibecière. Il aimoit uniquement les saucisses, le formage de Milan, les sardines, les harengs-saurs, et tous semblables aiguillons à vin. Il haïssoit les femmes et les salades comme poison; les flannets[5], les tartelettes. Quand il les entendoit crier par les rues, il bouchoit ses oreilles. Il avoit les yeux bordés de fine écarlate : et un jour qu'il y avoit mal, sa femme lui

[1] Ceinture de métal, d'argent ordinairement.
[2] C'est-à-dire, la bouche.
[3] Ce proverbe érotique est ancien dans la langue italienne, d'où il est tiré. Il se trouve dans Boccace, Journ. VIII de son *Décameron*, Nouv. 8, où Antoine Le Maçon a rendu *la dansa trivigiana* par *la danse de l'ours*, proverbe français équivalant, au lieu duquel on a dit depuis plus communément, et peut-être par corruption, *la danse du loup*.
[4] Pour *verre*. — [5] Petits flans.

fit défendre par un médecin d'eau douce, qu'il ne bût point de vin; mais on eût fait avec lui tous les marchés, plutôt que celui-là; car il aimoit mieux perdre les fenêtres que toute la maison. Et quand on lui disoit, qu'il se pouvoit bien laver les yeux de vin blanc: « Eh! disoit-il, que sert-il s'en laver par dehors? c'est autant de gâté. Ne vaut-il pas mieux en boire tant, qu'il en sorte par les yeux, et s'en laver dedans et dehors? » Quand il grêloit, il se jetoit à genoux, et ne plaignoit que les vignes à haute voix. Et quand on lui disoit: « Eh! Janicot, les blés!—Quoi! les blés? disoit-il: avec un morceau de pain gros comme une noix, je bevrai une quarte de vin: je ne me soucie pas des blés; il y en aura bien peu, s'il n'y en a assez pour moi. » Et ceci étoit quand il étoit en son meilleur sens; car, les uns disent, quand il eût prins son pli, que depuis il ne désenivra; et même tiennent que tout son sang se convertit en vin: et s'il eût été prêtre, il n'eût chanté que de vin, tant il avoit sa personne bien avinée. Il est bien vrai qu'il fallut qu'il mourût en son rang: pour ce, deux ou trois jours avant sa mort, on lui ôta le vin, ce qu'il accorda, au plus grand regret du monde; en disant qu'on le tuoit, et qu'il ne mouroit que par faute de boire. Et quand ce fut à se confesser, il ne se souvenoit point d'avoir fait aucun mal, sinon qu'il avoit bu, et ne savoit parler d'autre chose à son confesseur, que de vin. Il se confessoit combien de fois il en avoit bu qui n'étoit pas bon: dont il se repentoit, et en demandoit à Dieu pardon. Puis, quand il vit qu'il falloit aller boire ailleurs, il ordonna par son testament, qu'il fût enterré en une cave, sous un tonneau de vin; et qu'on lui mît la tête sous le dégouttoir, afin que le vin lui tombât dedans la bouche[1], pour le désaltérer; car il avoit bien vu au cimetière des Innocents, que les trépassés ont la bouche bien sèche. Avisez s'il n'étoit pas bon philosophe, de penser que les hommes avoient encore après la mort le ressentiment de ce qu'ils avoient aimé en leur vie. C'est le vin qui fait ainsi l'homme, qu'il ne lui est rien impossible. Les autres disent qu'il voulut être enterré au pied d'un cep de vigne, lequel cep ne cessa oncques-puis de porter de plus en plus, tellement qu'on a vu toute la vigne grêlée, que le cep s'est défend[u] et a porté autant ou plus que jamais. Je v[ous] laisse à penser s'il est vrai, et comment il e[n]

NOUVELLE LXXX.

D'un gentilhomme, qui mit sa langue dans la bouche d'u[ne] damoiselle, en la baisant.

En la ville de Montpellier, y eut un gen[til]homme, lequel nouvellement venu audit [lieu] se trouva en une compagnie où on dansoit[. En]tre les dames qui étoient en cette tant hon[orable] assemblée, étoit une damoiselle, de bien b[onne] grâce, laquelle étoit veuve et encore jeun[e. Je] crois qu'ils dansèrent la piémontoise[1]; [et fut] question de s'entrebaiser. Il advint que ce [gen]tilhomme se print à cette jeune veuve. Q[uand] ce vint à baiser, il en voulut user à la m[ode] d'Italie, où il avoit été; car, en la baisant, [il] mit sa langue en la bouche. Laquelle [façon] étoit pour lors bien nouvelle en France; [et] encore de présent, mais non pas tant qu'[alors;] car les François commencent fort à ne tr[ouver] rien mauvais, principalement en telle m[atière.] La damoiselle se trouva un peu surprise d[e] telle pigeonnerie[2]; et, combien qu'elle ne [voulut] pas prendre les choses en mal, si est-ce qu[e] regarda ce gentilhomme de fort mauvais [œil;] et si ne s'en put taire; car, bien peu ap[rès] elle en fit le conte en une compagnie où [elle se] trouva; à laquelle un personnage qui ét[oit là] et qui peut-être lui appartenoit en qu[elque] chose, lui dit ainsi: « Comment avez-vou[s souf]fert cela, madamoiselle? C'est une cho[se qui] se fait à Rome et à Venise, en baisant les [cour]tisanes. » La damoiselle fut fort fâchée, e[nten]dant, par cela, que le gentilhomme la pr[enoit] pour autre qu'elle n'étoit; tant, qu'avec [l'ins]tance que lui en faisoit ledit personnage, [elle] se mit en opinion que, s'elle laissoit cela [ainsi,] elle feroit grand tort à son honneur. Sur q[uoi,] après avoir songé des moyens uns et autre[s de] rechercher[3] le gentilhomme, il ne fut point [trou]vé de meilleur expédient que de le trait[er par] voie de justice, pour mieux en avoir la r[aison] et à son honneur. Pour abréger, elle obti[nt au] continent un ajournement personnel contr[e ce gentil]homme, pour les moyens[4] qu'elle avoit e[n...]

---

[1] Ce sont les idées mêmes de l'ancienne chanson bachique qui commence ainsi: *Aussitôt que la lumière*.

[1] Danse où les danseurs s'embrassaient.
[2] Caresse, baiser à la manière des pigeons.
[3] Poursuivre, actionner, demander raison à.
[4] Intermédiaires, entremetteurs.

...; lequel ne s'en doutoit point autrement,
...que à tant que le jour lui fut donné. Et parce
... n'étoit pas de la ville, combien qu'il ne fût
...in de là, ses amis lui conseillèrent de s'ab-
...ter pour quelque temps, lui remontrant
... n'auroit pas du meilleur, et qu'elle, qui
... apparentée des juges et des avocats, lui
...roit faire telle poursuite qu'il en seroit fâ-
... car de nier le fait, il n'y avoit point d'or-
... d'autant que lui-même l'auroit confessé
... quelques compagnies, où il s'étoit depuis
...vé. Mais lui, qui étoit assez assuré, n'en fit
... grand cas ; et répondit qu'il ne s'enfuiroit
... pour cela, et qu'il savoit bien ce qu'il
... à faire. Le jour de l'assignation venu, il
...présenta en jugement, où y avoit assez
...ne assemblée pour ouïr débattre ce diffé-
..., qui étoit tout divulgué par la ville. Il lui
...demandé d'unes choses et autres : « Si un
...r il n'étoit pas en une telle danse ? » Il
...dit que oui. « S'il ne connoissoit pas bien
...me complaignante ? » Il répondit qu'il ne
...nnoissoit que de vue, et qu'il voudroit bien
...nnoître mieux. « S'il vouloit dire, ou
...tenir qu'elle fût autre que femme de
...? » Répondit que non. « S'il étoit pas vrai
...n tel soir il l'eût baisée ? » Répondit que
... Voire-mais, vous lui avez fait un déshon-
... grand, ainsi qu'elle se plaint ? » Et lui, de
...er. « Vous lui avez mis votre langue en sa
...he. —Eh bien, quand ainsi seroit ? dit-il. —
...ne se fait, dit le juge, qu'aux femmes mal
...es : ce n'étoit pas là où vous deviez adres-
... Quand il se vit ainsi pressé, alors il ré-
...t : « Elle dit que je lui ai mis la langue en
...ouche ; quant à moi, il ne m'en souvient
.... Mais pourquoi ouvroit-elle le bec, la
... qu'elle est ? » Comme à dire : S'elle ne
...ouvert, je ne lui eusse rien mis dedans.
...à ceux qui entendent le langage du pays,
... un peu de meilleure grâce : *Et per che
...ca, la bestia ?* C'est-à-dire : Pourquoi bail-
...elle, la bête ? Voire-mais, qu'en fut-il dit ?
... fut ri, et les parties hors de Cour et de
...s ; à la charge pourtant qu'une autre fois
...erreroit le bec, quand elle se laisseroit
...er.

NOUVELLE LXXXI.

Du coupeur de bourses, et du curé qui avoit vendu son blé.

Il n'y a pas métier au monde qui ait besoin de plus grande habileté, que celui des coupeurs de bourses ; car ces gens de bien ont affaire à hommes, à femmes, à gentilshommes, à avocats, à marchands, et à prêtres, que je devois dire les premiers ; bref, à toutes sortes de personnes, fors, par aventure, aux cordeliers : encore y en a-t-il qui ne laissent pas de porter argent, nonobstant la prohibition francisquine[1] ; mais ils la tiennent si cachée, que les pauvres coupe-bourses n'y peuvent aveindre. Lesquels, avec ce qu'ils ont affaire à tous les susnommés, le pis est, et le plus fort, qu'ils vous dérobent en votre présence, et ce que vous tenez le plus cher. Et puis, ils savent bien de quoi il y va pour eux. Et pour ce, vous laisserai à penser comment il faut qu'ils entendent leur état, et en quantes manières. Je vous raconterai seulement deux ou trois de leurs tours, lesquels j'ai ouï dire pour assez subtils, ne voulant nier toutefois qu'ils n'en fassent bien d'aussi bons, voire de meilleurs, quand il y affiert[2]. Je dis donc qu'en la ville de Toulouse fut prins l'un de ces bons marchands, dont nous parlons : je ne sais pas s'il étoit des plus fins d'entre eux ; mais je penserois bien que non, puisqu'il se laissa prendre, et puis pendre, qui fut bien le pire ; mais la cruche va si souvent à la fontaine, qu'à la fin elle se rompt le col. Tant y a, qu'étant en la prison, il encusa[3] ses compagnons, sous ombre qu'on lui promit impunité ; et se met à déclarer tout plein de belles pratiques du métier, desquelles celle-ci étoit l'une : Qu'un jour les coupeurs de pendans[4], lesquels étoient bien dix ou douze de bande, se trouvèrent en la ville susdite à la Peyre[5], à un jour de marché ; où ils virent comme un curé avoit reçu quarante ou cinquante francs en beau paiement, pour certain blé qu'il avoit vendu : lesquels deniers il mit en une gibecière qu'il portoit à son côté (vous pouvez bien penser qu'il ne la portoit pas sur sa tête). Dequoi

---

[1] La règle de saint François défendait aux cordeliers de porter de l'argent sur eux.
[2] C'est-à-dire : quand il y a matière, quand il le faut.
[3] Pour *accusa*. — [4] Bourses, escarcelles qu'on portait pendues à la ceinture.
[5] A Toulouse, la place où se tient le marché s'appelle *la Pierre*, et en langage du pays, *la Peyre*.

ces galans furent fort réjouis; car ils n'en eussent pas voulu tenir un denier moins. Et parce que le butin étoit bon, ils commencèrent à se tenir près les uns des autres (car c'étoit là qu'ils se devoient attendre; ailleurs, non), et se mirent à presser ce curé de plus près qu'ils purent; lequel étoit jaloux de sa gibecière, comme un coquin, de sa poche [1]; car, étant en la presse, il avoit toujours la main dessus, se doutant bien des inconvéniens; et lui étoit avis que tous ceux qu'il voyoit étoient coupeurs de bourses et de gibecières. Ces compagnons cependant le serroient, le tournoient, le viroient en la foule, faisant semblant d'avoir hâte de passer, pour trouver moyen de croquer cette gibecière; mais, pour tourment [2] qu'ils sussent faire, ce curé ne partoit point la main de dessus sa prise; dont ils se trouvèrent fort fâchés et ébahis de ce qu'un curé leur donnoit tant de peine. Et, de fait, celui qui le racontoit, dit au juge qui l'interrogeoit, qu'il s'étoit trouvé en une centaine de factions; mais qu'il n'avoit point vu d'homme plus obstiné à se donner garde, que ce curé, ni qui eût moins d'envie de perdre sa bourse. Or, avoient-ils juré qu'ils l'auroient. Que firent-ils en le pourmenant ainsi parmi la foule? Ils firent tant, qu'ils le firent approcher d'un grand monceau de souliers de buche, *alias* des sabots, qu'ils disent en ce pays-là des *esclops* [3] (si bien m'en souvient), lesquels esclops ils sont pointus par le bout, pour la braveté [4]. Voyez, encore se fait-il de braves sabots. Quoi voyant l'un d'entre eux, comme ils sont tous accorts de faire leur profit de tout, vint pousser avec le pied l'un de ces esclops, et en donner un grand coup contre la grève de ce curé; lequel, sentant une extrême douleur, ne se put tenir, qu'il ne portât la main à sa jambe, car un tel mal que celui-là fait oublier toutes autres choses; mais il n'eut pas plutôt lâché la gibecière, que cet habile hillot [5] ne la lui eût enlevée. Le curé, avec tout son mal, voulut reporter la main à ce qu'il te-noit si cher; mais il n'y trouva plus rien pendant; dont il se print à crier, plus fort de sa jambe; mais la gibecière étoit déjà main tierce, voire quarte, si besoin étoit en telles exécutions, ils s'entre-secourent veilleusement bien. Ainsi le pauvre curé alla mauvais marchand de son blé, étant blessé en la jambe, et ayant perdu sa gibecière et argent. Il y en a qui sont si scrupuleux, qui roient que c'étoit de péché, de vendre biens de l'Église; mais je ne dis rien de j'aime mieux vous faire un autre conte.

NOUVELLE LXXXII.

Des mêmes coupeurs de bourses, et du prévôt La Voulte.

Il faut entendre que le meilleur avis qu'ont prins les coupeurs de bourses, a été de se bien en ordre [2]; car quand ils étoient habillés chétivement, ils n'eussent pas osé se trouver parmi les gens d'apparence, qui sont les où ils ont le plus grand affaire; où, s'ils trouvoient, on se donnoit garde d'eux, car hommes mal vêtus, quand ils seroient pleins de corporaux [3], si sont-ils à tous coups pour espies. A propos, un jour, étant François à Blois, se trouvèrent de ces marchands [4], dont est question, qui étoient habillés comme gentilshommes: desquels eut un qui se laissa surprendre en la cour de Blois, faisant son état; il fut incontinent représenté devant M. de La Voulte [1], me qui a fait passer les flèvres en son temps maintes personnes. Je faux; il donnoit la flèvre [5], mais il avoit le médecin [6] quant qui en guérissoit. Étant ce coupe-bourse vant le prévôt, s'amassèrent force gens à l'entour de lui; ainsi qu'en tel cas chacun

[1] François Dupataült, sieur de La Voulte, prévôt de l'hôtel du roi en 1545. Il est parlé de lui dans les *nales d'Aquitaine* de J. Bouchet et dans l'*Apologie pour Hérodote*, ch. 17.

[2] Ou *bien en point*, habillés comme il faut.

[3] C'est-à-dire, gens dévots, qui servent volontiers les messes, plient les chasubles, les corporaux, parent les autels, etc.

[4] Cette expression s'entend de ces gens qui ont une mine trompeuse et qui cherchent à tromper le monde comme de vrais marchands.

[5] C'est-à-dire, la peur. On disait proverbialement la flèvre de *Saint-Vallier*, en mémoire de celle qui fit blanchir en une seule nuit les cheveux du seigneur Saint-Vallier, un des complices du connétable de Bourbon sous François Ier. — [6] Le bourreau.

---

[1] Gueux, mendiant, chargé d'une poche ou besace.

[2] Il faut lire *tournement* ou *tournoiement*, quoique toutes les éditions aient *tourment*.

[3] Les Toulousains prononcent ainsi et appellent *escloupet*, petit sabot. On pourrait croire que le bruit qu'on fait en marchant avec ces esclops ou éclots leur a formé ce nom par onomatopée.

[4] Élégance, recherche de parure.

[5] Selon La Monnoye, ce mot est écrit à la gasconne, pour *fillot*, garçon, d'où l'on a fait *filou*.

[...]mme au feu; et ce, tant pour connoître cet [...]mme de métier, que pour voir la façon du [...]vôt, qui étoit un mauvais et dangereux [...], avec son cou tors. Or, les autres coupeurs [...]bourses se tinrent assis là auprès, faisant [...]ne de gens de bien, pour ouïr les interro[...]toires que faisoit ce prévôt à leur compa[...]on, et aussi pour pratiquer quelque bonne [...]une, s'elle se présentoit; comme en tel lieu [...] hommes ne se donnent pas bien garde; [...]ils ne pensent point qu'il y ait plus d'un [...]n dedans le bois; et il y en a peut-être plus [...] dix. Et puis, qui penseroit qu'il y en eût [...]si hardis de dérober au propre lieu où se [...]t le procès d'un larron? Mais il y en eut bien [...]trompés. Or, devinez qui ce fut? vous ne [...]vinerez pas du premier coup! Jean¹! ce fut [...]le prévôt. Car, ce pendant qu'il examinoit [...] qu'il avoit entre ses mains, touchant la [...]rse qui avoit été coupée, il y en eût un [...]la foule, qui lui coupa la sienne dedans [...]manche², et la bailla habilement à un sien [...]pagnon et ami. Le prévôt, quelque enten[...] qu'il fût environ ce prisonnier, si sentit-il [...] qu'on lui fouilloit en sa manche. Il tâte, [...]rouve sa bourse tirée; dont il fut le plus [...]é du monde; et ne voyant autour de soi [...] des gens de bien, au moins bien habillés, [...]e savoit à qui s'en prendre. Mais, à la [...]de⁴, vint saisir un gentilhomme le plus [...]chain de lui, en lui disant: « Est-ce vous qui [...]prins ma bourse? —Tout beau, monsieur [...] Voulte, lui dit le gentilhomme; retournez [...] cacher⁵, vous n'avez pas bien deviné: [...]ez-vous-en à un autre qu'à moi. » Le pré[...] cuida désespérer. Et le bon fut, que, pen[...]t qu'il étoit empêché à questionner de sa [...]rse, celui qu'il tenoit lui échappe et se [...]e parmi le monde. Dont M. de La Voulte, [...]n beau dépit, en fit pendre une douzaine [...]res qu'il tenoit prisonniers, et puis, leur [...]ire leur procès.

---

¹ [...]est un jurement affirmatif. On a dit: *Par saint* [...] saint Jean! Jean! ah Jean! et à Jean!
² [...] ce temps-là, on portait la bourse pendue à un [...] en forme de baudrier sous l'aisselle gauche, [...]on la tiroit quand on en avait besoin. « On la [...]t, dit-il dans le conte suivant, par une fente [...]it en la manche du sayon ou du pourpoint. »
³ [...]our *attentif*. — ⁴ Tout à coup, à l'improviste.
⁵ [...]lusion au jeu du *métier deviné*, où, quand on [...]s deviné juste, on retourne se cacher, en atten[...] qu'on prépare la représentation d'un autre métier.

NOUVELLE LXXXIII.

D'eux-mêmes encore; et du coutelier à qui fut coupée la bourse.

A Moulins en Bourbonnois, y en avoit un, qui avoit le renom de faire les meilleurs couteaux du pays. Duquel bruit ému, un de ces vénérables coupeurs de cuir¹, s'en alla jusqu'à Moulins trouver ce coutelier, pour faire faire un couteau; se pensant qu'en voyant ce pays, il pourroit gagner son voyage, tant par les chemins que sur les lieux. Étant arrivé à Moulins (car je ne dis rien de ce qu'il fit en allant), il va trouver ce coutelier et lui dit: « Mon ami, me ferez-vous bien un couteau de la façon que je vous deviserai? » Le coutelier lui répond qu'il le feroit, si homme de Moulins le faisoit. « Mon ami, dit cet homme de bien, la façon n'en est point autrement difficile. Le plus fort est qu'il coupe bien: car je le voudrois fin comme un rasoir. — Eh bien! dit le coutelier, l'appelant *monsieur* (car il le voyoit bien en ordre), ne vous souciez point du tranchant: dites-moi seulement de quelle sorte vous le voulez. — Mon ami, dit-il, je le veux d'une telle grandeur et d'une telle façon. » Et n'oublia pas à le lui desseigner² tout tel qu'il le lui falloit, en lui disant: « Mon ami (car il le falloit amieller³), faites-le-moi seulement, et ne vous souciez du prix; car je le vous payerai à votre mot. » Il s'en va; le coutelier se met après ce couteau, qui fut prêt à heure nommée. L'autre le vint quérir, et le trouva bien fait à son gré et à son besoin. Il tire un teston de sa faque et le baille au coutelier. Et comme telles gens ont toujours l'œil au guet, pour épier si fortune leur envoiera point quelque butin, il vit que ce coutelier tira sa bourse de sa manche pour mettre ce teston: ainsi qu'on la portoit de ce temps-là; et la mettoit-on par une fente qui étoit en la manche du sayon ou du pourpoint. Incontinent que le galant vit cette bourse à découvert, il commence à presser ce coutelier de quelque propos aposté⁴; et l'embesogna tellement, qu'il lui fit oublier de remettre sa bourse en sa manche, et la laissa pendre sans y prendre garde. Étant cette bourse en si beau gibier, le

---

¹ Coupeurs de bourses, parce que la plupart des bourses étaient de cuir et attachées à des courroies.
² Pour *dessiner* ou *désigner*. — ³ On dit maintenant *emmieller*. — ⁴ Préparé, mis en avant, prétexté.

galant se tenoit toujours près de sa proie, entretenant fort familièrement et de près le coutelier, duquel il étoit déjà cousin. De propos en propos, ce coutelier s'aventure de lui dire : « Mais, monsieur, vous déplaira-t-il point, si je vous demande à quoi c'est faire ce couteau ? j'en ai fait, en ma vie, de beaucoup de façons, mais je n'en fis jamais de semblable. — Mon ami, dit-il, si tu pensois à quoi il est bon, tu en serois ébahi. — Et à quoi ? dites-le-moi, je vous en prie. — Ne le diras-tu point ? dit le coupe-bourses. — Non, dit le coutelier, je le vous promets. » Le coupe-bourses s'approche, comme pour lui parler en l'oreille, et lui dit tout bas : « C'est pour couper des bourses ; » et en disant cela, fit le premier chef-d'œuvre de son couteau ; car il ne faillit à lui couper cette bourse ainsi pendante. Puis, après lui avoir coupé la bourse, il lui coupe la queue [1] ; et s'en va chercher sa pratique, deçà, delà, par la ville ; là où il fit plusieurs belles exécutions de son métier, avec ce couteau. Mais je crois bien qu'il s'affrianda tant en ce lieu, qu'il fut surprins en un sermon, coupant la bourse à un jeune homme de la ville (ainsi que sont ceux du métier toujours attrapés tôt ou tard ; car les renards se trouvent tous à la fin chez le pelletier). Quand il eut été quelques jours en prison, on lui promit, selon la coutume, qu'il n'auroit point de mal, s'il vouloit parler rondement et dire les vérités en tel cas requises. Sus laquelle promesse, il commença à se déclarer et à dire tout ce qu'il savoit. En ces interrogatoires, étoit comprins le cas de ce coutelier ; d'autant qu'il avoit ouï dire que ce coupeur de bourses étoit prins, et s'étoit venu rendre partie et se plaindre à la justice. Surquoi le prévôt (car telles personnes ne sont pas voulentiers renvoyées devant l'évêque [2]), le prévôt lui dit en riant, mais c'étoit un rire d'hôtelier [3] : « Viens çà ! tu étois bien mauvais de couper la bourse à ce coutelier qui t'avoit fait l'instrument pour t'aider à gagner ta vie ? — Eh ! monsieur, dit-il, qui ne la lui eût coupée ! elle lui pendoit jusques aux genoux. » Mais le prévôt, après tous jeux, l'envoya pendre jusques au gibet.

NOUVELLE LXXXIV.

Du bandoulier [1] Cambaire, et de la réponse qu'il fit à la Cour de Parlement.

Dedans le ressort de Toulouse, y avoit un fameux bandoulier, lequel se faisoit appeler Cambaire ; et avoit autrefois été au service du roi avec charge de gens de pied, là où il avoit acquis le nom de vaillant et hardi capitaine ; mais il avoit été cassé avec d'autres, quand les guerres furent finies : dont, par dépit et par nécessité, s'étoit rendu bandoulier des montagnes et des environs. Lequel train il fit si à l'avantage, qu'il se fit incontinent connoître pour le plus renommé de ses compagnons : contre lequel la Cour de Parlement fit faire telle poursuite, qu'à la fin il fut prins et amené en la conciergerie, où il ne demeura guères, que son procès ne fut fait et parfait ; par lequel il fut sommairement conclu à la mort, pour les cas énormes par lui commis et perpétrés. Et combien que, par les informations, il fût chargé de plusieurs crimes et délits, dont le moindre étoit assez grand pour perdre la vie, toutefois la Cour n'usa pas de sa sévérité accoutumée ; on dit : « Rigueur de Toulouse, humanité de Bordeaux, miséricorde de Rouen, justice de Paris, bœuf sanglant, mouton bêlant, et porc pourri, et tout n'en vaut rien, s'il n'est bien cuit. » Mais elle eut certain respect à ce Cambaire, qu'elle lui voulut bien faire entendre devant qu'il mourût. Et après l'avoir fait venir, le président va dire ainsi : « Cambaire, vous devez bien remercier la Cour, pour la grâce qu'elle vous fait, qui avez mérité une bien rigoureuse punition pour les cas dont vous êtes atteint et convaincu [2]. Mais parce qu'autres fois vous vous êtes trouvé ès bons lieux, où vous avez fait service au roi, la Cour s'est contentée de vous condamner seulement à perdre la tête. » Cambaire ayant ouï ce dicton, répondit incontinent en son gascon : « Cap de Diou ! be vous dé lou resto per un viet-daze [3]. » Et, à la vérité,

---

[1] C'est-à-dire, il tranche court, il finit la conversation. *Couper la queue* se disoit autrefois du joueur qui ne vouloit point donner de revanche, après avoir gagné la partie.

[2] Devant l'officialité, tribunal de l'évêque.

[3] Parce que le prévôt riait aux dépens du criminel, de même que l'hôtelier rit aux dépens de son hôte.

---

[1] C'est le nom qu'on a originairement donné aux voleurs qui habitaient les monts Pyrénées ; vraisemblablement parce qu'ils allaient par bandes. On a depuis entendu par ce nom toute sorte de voleurs.

[2] Guillaume Bouchet, qui rapporte le même conte, *Serée* 14, l'a tiré de ce conte.

[3] Au propre, visage d'âne ; mais le peuple d...

reste ne valoit pas guères, après la tête ôtée; attendu même, que le tout n'en valoit rien. Mais si est-ce que, pour cette réponse, il lui en print fort mal, car la Cour, irritée de cette arrogance, le condamna à être mis en quatre quartiers.

NOUVELLE LXXXV.
De l'honnêteté de M. de Salzard.

Je vous veux faire un beau conte d'un honnête monsieur qui s'appeloit Salzard. Savez-vous quel homme c'étoit? Premièrement il avoit la tête comme un pot à beurre; le visage foncé comme un parchemin brûlé; les yeux gros comme les yeux d'un bœuf; le nez qui lui gouttoit, principalement en hiver, comme la poche d'un pêcheur; et alloit toujours levant le museau, comme un vendeur de cinquailles [1]; la gueule torte comme je ne sais quoi; un bonnet gras, pour lui faire une potée de choux; la robe avallée [2], que vous eussiez dit qu'il étoit épaulé [3]; une jaquette ballant jusqu'au gras de la jambe; des chausses déchiquetées au talon, tirant par le bas comme aux amoureux de Bretagne (je faux, ce n'étoient pas des chausses, c'étoit de la crotte bordée de drap); sa chemise de trois semaines, encore étoit-elle déjà sale; ses ongles assez grands pour faire des lanternes, ou pour bien s'égraffigner [4] contre celui qui est sous les pieds de saint Michel [5]. A qui le marierons-nous, mesdamoiselles? Y a-t-il point quelqu'une d'entre vous, qui soit frappée des perfections de lui?... Vous en riez? Or, n'en riez plus. Lui donne femme, qui en saura quelqu'une qui lui soit bonne! Quant à moi, je n'en connois pour lui, et n'y pensois. Non, non, ne différez point à nommer: car il est gracieux, en récompense. Et quand on lui demandoit: « Monsieur, comme vous portez-vous? » il répondoit en villenois [6]: « Ne me porte jà.—Qu'avez-vous, monsieur? —J'ai la tête plus grosse que le poing.—Monsieur, le dîner est prêt. — Mangez-le. — Monsieur, ils sont onze heures [7]. — Ils en seront

plutôt douze. — Voulez-vous le poisson frit ou bouilli, ou rôti? ou quoi? — Je le veux coi. » Et qui étoit cet honnête homme-là? Voire, allez le lui dire pour engendrer noise; ne vous enquérez point de lui, si vous ne le voulez épouser.

NOUVELLE LXXXVI.
De deux écoliers, qui emportèrent les ciseaux du tailleur.

En l'Université de Paris, y avoit deux jeunes écoliers qui étoient bons fripons, et faisoient toujours quelque chatonnie [1], principalement en cas de remuement de besognes [2]. Ils prenoient livres, ceintures, gants: tout leur étoit bon. Ils n'attendoient point que les choses fussent perdues pour les trouver; et falloit qu'ils prinssent, et n'eussent-ils dû emporter que des souliers. Même, étant dedans votre chambre, tout devant vous, s'ils eussent vu une paire de pantoufles sous un coin de lit, l'un d'eux les chaussoit gentiment sur ses escarpins, et s'en alloit à-tout. Et se conte, pour se donner garde d'eux, qu'il leur falloit regarder aux pieds et aux mains; combien que le proverbe ne nous avertisse que des mains. Somme, ils avoient fait serment, qu'en quelque lieu qu'ils entreroient, ils en sortiroient toujours plus chargés, ou ils ne pourroient; et s'entendoient bien ensemble, car tandis que l'un faisoit le guet, l'autre faisoit la prise. Un jour, ils se trouvèrent tous deux chez un tailleur (car ils n'étoient quasi jamais l'un sans l'autre), là où l'un d'eux se faisoit prendre la mesure de quelque pourpoint. Et comme ils jetoient les yeux, de çà, de là, pour voir ce qu'ils emporteroient, ils ne virent rien qui fût bonnement de leur gibier; sinon que l'un d'eux avisa une paire des ciseaux en assez belle prise, dont son compagnon étoit le plus près: auquel il dit en latin, en le guignant de la tête: *Accipe*. Son compagnon, qui entendoit bien ce mot, et le savoit bien mettre en usage, prend tout doucement ces ciseaux, et les met sous son manteau, tandis que le tailleur étoit amusé ailleurs: lequel ouït bien ce mot: *Accipe;* mais il ne savoit qu'il vouloit dire, n'ayant jamais été à l'école; jusques à tant que, les deux écoliers étant départis, il eut affaire de ses ciseaux; lesquels ne trouvant point, il fut fort ébahi, et vint à penser en soi-même, qui étoit venu en sa bouti-

[1] Voyez une note sur ce mot dans la Nouvelle XII.
[2] Enlèvement de meubles, d'objets nécessaires.

que, dont ne se peut douter, que de ces deux jeunes gens; et même, se réduisant en mémoire la contenance qu'il leur avoit vu faire, se souvint aussi de ce mot *Accipe;* dont il commença à croître en lui suspicion. Il vint tantôt un homme en sa boutique, auquel, en parlant de ses ciseaux (car il souvient toujours à Robin de ses flûtes[1]), il demanda : « Monsieur, dit-il, que signifie *Accipe?* » L'autre lui répond : « Mon ami, c'est un mot que les femmes entendent : *Accipe* signifie *prends*. — Oh! de par Dieu (je crois qu'il dit bien : le diable) ! si *Accipe* signifie prends, mes ciseaux sont perdus ! » Aussi étoient-ils sans point de faute; pour le moins, étoient-ils bien égarés.

NOUVELLE LXXXVII.
Du cordelier qui tenoit l'eau auprès de soi à table, et n'en buvoit point.

Un gentilhomme appeloit ordinairement à dîner et à souper un cordelier qui prêchoit le carême en la paroisse : lequel cordelier étoit bon frère, et aimoit le bon vin. Quand il étoit à table, il demandoit toujours l'aiguière auprès de soi, le compagnon; et toutefois, il ne s'en servoit point; car il trouvoit le vin assez fort sans eau, buvant *sicut terra sine aqua :* à quoi le gentilhomme ayant prins garde, lui dit une fois : « Beau père, d'où vient cela, que vous demandez toujours de l'eau, et que vous n'en mettez point en votre vin? — Monsieur, dit-il, pourquoi est-ce que vous avez toujours votre épée à votre côté, et si n'en faites rien ? — Voire mais, dit le gentilhomme, c'est pour me défendre si quelqu'un m'assailloit. — Monsieur, dit le cordelier, l'eau me sert aussi pour me défendre du vin s'il m'assailloit; et pour cela, je la tiens toujours auprès de moi ; mais voyant qu'il ne me fait point de mal, je ne lui en fais point aussi.

Un cordelier, qui est ceint[2] homme,
Boit du vin comme un autre homme.

[1] Beroalde de Verville, au chap. 31 de son *Moyen de parvenir*, prétend qu'il faut dire : *Il souvient toujours à Martin de sa flûte*, et fait là-dessus un conte. D'autres rapportent l'origine du proverbe à un biberon nommé Robin, accoutumé à ces verres appelés *flûtes*, qui tiennent chopine. « Le compagnon, disent-ils, étant devenu goutteux, n'osoit plus, de peur d'augmenter ses douleurs, boire son vin que trempé ; ce qui étoit cause que toutes les fois qu'il buvoit, *il se souvenoit de ses flûtes* et les regrettoit. » Mais l'origine la plus vraisemblable de ce proverbe se trouve dans la 76ᵉ des *Cent Nouvelles nouvelles*, intitulée *la Musette*.

[2] Équivoque sur le mot *saint*.

NOUVELLE LXXXVIII.
D'une dame qui faisoit garder les coqs sans connoissance de poules.

Une grande dame de Bourbonnois avoit apprins, par l'enseignement d'un personnage qui savoit que c'étoit de vivre friandement, que les jeunes cochets[1], sans être châtrés, pourvu qu'ils n'eussent point connaissance de poules, avoient la chair aussi tendre et plus naturelle que les chapons; et que ce qui faisoit les coqs devenir ainsi durs, c'étoit l'amour des gelines[2] : comme font tous les mâles avec les femelles. Car, sans point de faute, celui parloit bien en homme expérimenté, qui disoit que « Qui le moins en fait, trompe son compagnon, que les apprentis en sont maîtres; que les plus grands ouvriers en vont aux potences; que les hommes en meurent, et que les femmes en vivent, » et autres bons mots appartenant à la matière. Toutefois, je m'en rapporte à ce qui en est; ce que j'en dis n'est pas pour apaiser noise. A propos de nos cochets, cette dame dont nous parlons, les faisoit garder à part des poules, pour servir à table en lieu de chapons dont elle se trouvoit bien. Un jour, la vint voir (comme sa maison étoit grande et principale) un grand seigneur, auquel elle fit tel et si honorable racueil[3], qu'elle savoit faire; lui voulut faire voir les singularités de sa maison, une pour[4] une : entre lesquelles, elle n'oublia point ses cochets, lui en faisant grand'fête, et lui promettant de lui en faire voir l'expérience au souper. Ce seigneur print cela pour une grande nouveauté; mais il eut pitié de ces pauvres cochets, lesquels il vit ainsi punis à la rigueur d'être privés du plus grand plaisir que Nature eût mis en ce monde ; et se pensa en soi-même, qu'il feroit œuvre de miséricorde, leur donner quelque secours : qui fut, que tant mis à part d'avec madame, il fit appeler l'un de ses gens, auquel il commanda secrètement que tout à l'heure il lui recouvrât trois ou quatre poules en vie; et qu'il ne faillît à aller mettre dedans le poulailler où étoient ces cochets, sans faire bruit : ce qui fut incontinent fait. Aussitôt que ces poules furent là-dedans, et mes cochets environ, et de se battre. Jamais ne fut telle guerre : comme l'un mort,

[1] Petits coqs. — [2] Poules. — [3] Pour *accueil*.
[4] Il faut lire sans doute *par*.

toit, l'autre descendoit; ces pauvres poules furent affolées[1]; car on dit que,

> Gallus gallinis ter quinque sufficit unus;
> At ter quinque viri non sufficiunt mulieri.

Mais je crois que ce dernier est faux; car j'ai ouï dire à une dame, qu'elle se contentoit bien de trois fois la nuit, l'une à l'entrée du lit, l'autre entre deux sommes, et la tierce au point du jour; mais, s'il y en avoit quelqu'une extraordinaire, qu'elle la prenoit en patience. De moi, je dirois cette dame assez raisonnable, et qu'une fois n'est rien; deux, font grand bien; trois, c'est assez; quatre, c'est trop; cinq, c'est la mort d'un gentilhomme, sinon qu'il fût affamé: au-dessus, c'est à faire à charretiers[2]. Vrai est qu'il y avoit un gentilhomme qui se vantoit de la dix-septième fois pour une nuit: dont chacun qui l'oyoit, s'en émerveilloit. Mais, à la fin, quand il eut bien fait valoir son compte, il se déclara, en disant qu'il y avoit une faute qui valoit quinze: c'étoit bien rabattu. Mais qu'est-ce que je vous conte? Pardonnez-moi, mesdames: c'ont été les cochets, qui m'ont fait choir en ces termes. Par mon âme! c'est une si douce chose, qu'on ne se peut tenir d'en parler à tous propos. Aussi n'ai-je pas entrepris au commencement de mon livre, de vous parler de renchérir le pain.

NOUVELLE LXXXIX.
De la pie et de ses piaux.

C'est trop parlé de ces hommes et de ces femmes; je vous veux faire un conte d'oiseaux. C'étoit une pie, qui conduisoit ses petit piaux par les champs, pour leur apprendre à vivre; mais ils faisoient les besiats[3], et vouloient toujours retourner au nid, pensant que la mère les dût toujours nourrir à la béchée: toutefois, elle, les voyant tous drus pour aller par toutes terres, commença à les laisser manger tout seuls petit à petit, en les instruisant ainsi: « Mes enfants, dit-elle, allez-vous-en par les champs; vous êtes grands pour chercher votre vie: ma mère me laissa, que je n'étois pas si grande de beaucoup que vous êtes. — Voire-mais, disoient-ils, que ferons-nous? Les arbalestriers nous tueront. — Non feront, non, disoit la mère. Il faut du temps pour prendre la visée: quand vous verrez qu'ils lèveront l'arbalète et qu'ils la mettront contre la joue pour tirer, fuyez-vous-en. — Et bien, nous ferons bien cela, disoient-ils; mais si quelqu'un prend une pierre pour nous frapper, il ne faudra point qu'il prenne de visée. Que ferons-nous alors? — Et vous verrez bien toujours, disoit la mère, quand il se baissera pour amasser la pierre. — Voire-mais, disoient les piaux, s'il portoit d'aventure la pierre toujours prête en la main pour ruer[1]?— Ah! dit la mère, en savez-vous bien tant! Or, pourvoyez-vous, si vous voulez. » Et ce disant, elle les laisse et s'en va. Si vous n'en riez, si n'en plourerai-je pas.

NOUVELLE XC.
D'un singe qu'avait un abbé, qu'un Italien entreprint de faire parler.

Un M. l'abbé avoit un singe, lequel étoit merveilleusement bien né; car, outre les gambades et plaisantes mines qu'il faisoit, il connoissoit les personnes à la physionomie; il connoissoit les sages et honnêtes personnes, à la barbe, à l'habit, à la contenance, et les caressoit; mais un page, quand bien il eût été habillé en damoiselle, si l'eût-il discerné entre cent autres; car il le sentoit à son pageois[2], incontinent qu'il entroit en la salle, encore que jamais plus il ne l'eût vu. Quand on parloit de quelque propos, il écoutoit d'une discrétion, comme s'il eût entendu les parlants; et faisoit signes assez certains, pour montrer qu'il entendoit: et s'il ne disoit mot, assurez-vous qu'il n'en pensoit pas moins. Bref, je crois qu'il étoit encore de la race du singe de Portugal[3], qui jouoit fort bien aux échecs.

---

[1] La Monnoye croit que ce mot est pris pour *affoulées*, *foulées*, c'est-à-dire, éreintées, estropiées.

[2] Cette nomenclature érotique est imitée presque mot à mot d'une épigramme de Clément Marot.

[3] *Besiat* ou *beziat*, est un mot languedocien qui signifie *douillet*, *mignard*.

[1] Pour la lancer. — [2] Air, façon de page.

[3] C'est un conte qui se trouve au livre 2 du *Cortegiano* de Balthazar de Castiglione. Un gentilhomme, à qui ce singe appartenait, jouant un jour contre lui aux échecs, en présence du roi de Portugal, perdit la partie; ce qui le mit si fort en colère qu'ayant pris une pièce des échecs, il en donna un grand coup sur la tête du singe. L'animal, se sentant frappé, fit un cri; et se retirant dans un coin, sembloit, en remuant les babines, demander au roi justice de l'injure qui lui avait été faite. A quelque temps de là, son maître, pour faire la paix, lui demanda revanche: le singe se fit beaucoup prier pour y consentir; enfin il se remit au jeu; où il ne

M. l'abbé étoit tout fier de ce singe et en parloit souvent, en dînant et en soupant. Un jour, ayant bonne compagnie en sa maison, et étant pour lors la cour en ce pays-là, il se print à magnifier [1] son singe : « Mais n'est-ce pas là, dit-il, une merveilleuse espèce d'animal ? Je crois que Nature vouloit faire un homme, quand elle le faisoit ; et qu'elle avoit oublié que l'homme fût fait, étant empêchée à tant d'autres choses ; car, voyez-vous ? elle lui fit le visage semblable à celui d'un homme ; les doigts, les mains et même les lignes écartées dedans les paumes, comme à un homme. Que vous en semble ? il ne lui faut que la parole, que ce ne soit un homme. Mais ne seroit-il possible de le faire parler ? On apprend bien à parler à un oiseau, qui n'a pas tel entendement, ni usage de raison comme cette bête-là. Je voudrois qu'il m'eût coûté une année de mon revenu et qu'il parlât aussi bien que mon perroquet, et ne crois point qu'il ne soit possible ; car même, quand il se plaint, ou quand il rit, vous diriez que c'est une personne, et qu'il ne demande qu'à dire ses raisons : et crois, qui voudroit aider à cette dextérité de nature, qu'on y parviendroit. » A ces propos, par cas de fortune, étoit présent un Italien, lequel, voyant que l'abbé parloit d'une telle affection et qu'il étoit si bien acheminé à croire que ce singe dût apprendre à parler, se présente d'une telle assurance (qui est naturelle à sa nation) et va dire à l'abbé, sans oublier les *révérences, excellences et magnificences* : « Seigneur, dit-il, vous le prenez là où il le faut prendre ; et croyez, puisque Nature a fait cet animal si approchant de la figure humaine, qu'elle n'a voulu être impossible que le demeurant ne s'achevât par artifice ; et qu'elle l'a privé de langage pour mettre l'homme en besogne et pour montrer qu'il n'est rien qui ne se puisse faire par continuation de labeur. Ne lit-on pas des éléphans [2] qui ont parlé ? et d'un âne [1] semblablement (mais plus de cent, eussé-je dit voulentiers) ? et suis émerveillé, qu'il ne se soit encore trouvé roi, ni prince, ni seigneur, qui l'ait voulu essayer de cette bête : et dis, que celui-là acquerra une immortelle louange, qui premier en fera l'expérience. » L'abbé ouvrit l'oreille à ces raisons philosophales ; et principalement d'autant qu'elles étoient italiques [2] ; car les François ont toujours eu cela de bon (entre autres mauvaises grâces) de prêter plus voulentiers audience et faveur aux étrangers, qu'aux leurs propres. Il regarde cet Italien, de plus près, avec ses gros yeux, et lui dit : « Vraiment, je suis bien aise d'avoir trouvé un homme de mon opinion, et y a longtemps que j'étois en cette fantaisie. » Pour abréger, après quelques autres argumens allégués et déduits, l'abbé, voyant que cet Italien faisoit profession d'homme entendu, avec une mine [3] qui valoit mieux que le boisseau, lui va dire : « Venez çà ! voudriez-vous entreprendre cette charge de le faire parler ? — Oui, monseigneur, dit l'Italien, je le voudrois entreprendre : j'ai autrefois entrepris d'aussi grandes choses, dont je suis venu à bout. — Mais en combien de temps ? dit l'abbé. — Monsieur, répondit l'Italien, vous pouvez entendre, que cela ne se peut pas faire en peu

des éléphans du Malabar. Il cite même l'exemple d'un de ces animaux, qui fut requis par le gouverneur de la ville de Cochin de prêter son concours à la mise à flot d'une galiote du roi de Portugal, et qui répondit très-à-propos et très-intelligiblement : *Hoo, hoo*; ce qui, dans la langue du pays, signifiait qu'il le voulait bien.

[1] Hygin, dans son poëme astronomique, livre II, chap. 23, raconte que l'âne sur lequel Bacchus passa certain marais de Thesprotie reçut en récompense de ce service le don de la parole.

[2] Il semble que cela regarde Guilio Camillo Delminio, inventeur d'une mnémonique à l'aide de laquelle il se faisait fort, dans l'espace de trois mois, de rendre un homme capable de traiter en latin quelque matière que ce fût, avec toute l'éloquence de Cicéron. François Ier, auprès de qui, en 1533, il trouva moyen d'avoir accès, lui fit donner six cents écus et le chargea de rédiger son invention par écrit ; ce que Jules, mort en 1544, n'a exécuté que fort imparfaitement dans deux petits traités assez confus qu'il a laissés, l'un intitulé *Idea del theatro*, l'autre, *Discorso in materia di esso theatro*. Étienne Dolet, dans ses lettres et dans ses poésies, a parlé de cet Italien comme d'un escroc qui avait pris le roi pour dupe.

[3] Jeu de mots sur *mine*, figure, air d'une personne, et *mine*, mesure de grains contenant six boisseaux de Paris.

manqua pas, de même que la première fois, d'avoir bientôt l'avantage. Mais jugeant à propos de prendre ses sûretés, il saisit de la main droite un coussin et s'en couvrit la tête pour parer le coup qu'il appréhendait de recevoir, tandis que de la main gauche il donnait *échec et mat* au gentilhomme ; après quoi, il alla gaillardement faire un saut devant le roi en signe de victoire. — [1] Exalter.

[2] Oppien, livre II de la *Chasse*, attribue aux éléphans un langage articulé semblable à la voix humaine ; et Christophe Acosta dit à peu près la même chose

de temps : je voudrois avoir bon terme pour une telle entreprise, que celle-là, et si inconnue; car, pour ce faire, il le faudra nourrir à certaines heures, et de viandes choisies, rares et précieuses, et être environ[1] nuit et jour. — Eh bien! dit l'abbé, ne parlez point de la dépense, car quelle qu'elle soit, je n'y épargnerai rien; parlez seulement du temps. » Conclusion, il demanda six ans de terme; à quoi l'abbé se condescendit et lui fait bailler ce singe en pension, dont l'Italien se fait avancer une bonne somme d'écus, et prend ce singe en gouvernement. Et pensez que tous ces propos ne furent point demenés, sans apprêter à rire à ceux qui étoient présens; lesquels toutefois se réservoient à rire, pour une autre fois, tout à loisir; n'en voulant pas faire si grand semblant devant l'abbé. Mais les Italiens, qui étoient de la connoissance de cet entrepreneur, s'en portèrent bien fâchés; car c'étoit du temps qu'ils commençoient à avoir vogue en France[2], et, pour cette singéopédie[3], ils avoient peur de perdre leur réputation. A cette cause, quelques-uns d'entre eux blâmèrent fort ce magister, lui remontrant qu'il déshonoroit toute la nation par cette folle entreprise, et qu'il ne devoit point s'adresser à M. l'abbé pour l'abuser; et que, quand il seroit venu à la connoissance du roi, on lui feroit un mauvais parti. Quand cet Italien les eut bien écoutés, il leur répondit ainsi : « Voulez-vous que je vous dise? vous n'y entendez rien, tous tant que vous êtes. J'ai entrepris de faire parler un singe en six ans; le terme vaut l'argent, et l'argent, le terme. Ils viennent beaucoup de choses en six ans. Avant qu'ils soient passés, ou l'abbé mourra, ou le singe, ou moi-même par adventure; ainsi, j'en demeurerai quitte[4]. » Voyez que c'est, que d'être hardi entrepreneur : on dit qu'il advint le mieux du monde pour cet Italien. Ce fut, que l'abbé, ayant perdu ce singe de vue, se commença à fâcher; de manière qu'il ne prenoit plus plaisir en rien; car il faut entendre que l'Italien le print avec condition de lui faire changer d'air; avec ce, qu'il se disoit vouloir user de certains secrets, que personne n'en eût la vue, ni la connoissance. Pour ce, l'abbé, voyant que c'étoit l'Italien qui avoit le plaisir de son singe, et non pas lui, se repentit de son marché et voulut ravoir ce singe. Ainsi, l'Italien demeura quitte de sa promesse, et cependant il fit grand chère des écus abbatiaux.

NOUVELLE XCI.
Du singe qui but la médecine.

Je ne sais si ce fut point ce même singe, dont nous parlions tout maintenant; mais c'est tout un : si ce ne fut lui, ce fut un autre. Tant y a que le maître de ce singe devint malade d'une grosse fièvre; lequel fit appeler les médecins; qui lui ordonnèrent tout premièrement le clystère et la saignée, à la grand'mode accoutumée; puis, des sirops par quatre matins; et tandis[1], une médecine : laquelle l'apothicaire lui apporte, de bon matin au jour nommé; mais, ayant trouvé son patient endormi, ne le voulut pas réveiller, d'autant même qu'il n'avoit reposé, long temps avoit. Mais il laisse la médecine dedans le gobelet dessus la table, couvert d'un linge, et s'en alla, en attendant que le patient se réveillât, comme il fit au bout de quelque temps, et vit sa médecine sus la table, mais il n'y avoit personne pour la lui bailler, car tout le monde étoit sorti, pour le laisser reposer. Et, par fortune, avoient laissé l'huis de la chambre ouvert, qui fut cause que le singe y entra pour venir voir son maître. La première chose qu'il fit, fut de monter sur la table, où il trouve ce gobelet d'argent, auquel étoit la médecine. Il le découvre, et commence à porter ce breuvage au nez, lequel il trouva d'un goût un petit fâcheux, qui lui faisoit faire des mines toutes nouvelles. A la fin, il s'aventure d'y tâter; car jamais ne s'en fût passé. Mais, pour cette amertume sucrée, il retiroit le museau, il démenoit les babines, il faisoit des grimaces les plus étranges du monde. Toutefois, parce qu'elle étoit douçâtre, il y retourna en-

---

[1] Occupé autour du singe.
[2] Ce fut vers la fin du règne de François Ier et après le mariage de Catherine de Médicis avec le dauphin, depuis roi de France sous le nom de Henri II.
[3] Instruction de singe. Mot fait à l'imitation de *cyropédie*, instruction de Cyrus. La Monnoye fait observer que le mot de *cyropédie* ayant été créé par Jacques des Comtes de Vintimille, traducteur de l'*Institution de Cyrus* par Xénophon, et cette traduction n'ayant été imprimée pour la première fois qu'en 1547, on peut juger que Bonav. Des Periers, mort avant 1544, n'a pu prendre *cyropédie* pour le modèle de *singéopédie*.
[4] C'est la morale de la fable de La Fontaine.

---

[1] *Tandis* pour *cependant* se disait encore du temps de Malherbe.

core une fois, et puis, une autre. Somme, il fit tant, en tâtant et retâtant, qu'il vint à bout de cette médecine, et la but toute : encore s'en léchoit-il ses barbes[1]. Cependant le malade, qui le regardoit, print si grand plaisir aux mines qu'il lui vit faire, qu'il en oublia son mal, et se print à rire si fort et de si bon courage, qu'il guérit tout sain. Car, au moyen de la soudaine et inopinée joie, les esprits se revigorèrent, le sang se rectifia, les humeurs se remirent en leur place, tant que la fièvre se perdit. Tantôt le médecin arrive, qui demanda au gisant comment il se trouvoit, et si la médecine avoit fait opération. Mais le gisant rioit si fort, qu'à grand'peine pouvoit-il parler ; dont le médecin print fort mauvaise opinion, pensant qu'il fût en rêverie, et que ce fût fait de lui. Toutefois, à la fin, il répondit au médecin : « Demandez, dit-il, au singe, quelle opération elle a faite ? » Le médecin n'entendoit point ce langage ; jusques à tant que, lui ayant demouré quelque espace de temps, voici ce singe qui commença à aller du derrière tout le long de la chambre, et sus les tapisseries : il sautoit, il couroit, il faisoit un terrible ménage. À quoi le médecin connut bien qu'il avoit été lieutenant du malade[2] ; lequel à peine leur conta le cas comme il étoit advenu, tant il rioit fort ; dont ils furent tous réjouis ; mais, le malade, encore plus, car il se leva gentiment du lit, et fit bonne chère, Dieu merci et le singe !

[1] Joubert, dans son traité *du Ris*, fait un conte à peu près semblable d'un médecin qui avait un singe. Il dit que ce médecin étant dangereusement malade, ses domestiques crurent qu'il n'en reviendrait pas. Dans cette pensée, craignant peut-être qu'ils ne fussent mal payés de leurs gages, ils délibérèrent de se payer eux-mêmes par leurs mains. L'un s'empara d'une courte-pointe, l'autre, d'un tapis, l'autre, d'un paquet de linge ; chacun se munit de quelque pièce. Le singe, attentif à leurs mouvemens, prit de son côté la robe rouge et le bonnet de son maître ; et celui-ci, le voyant se carrer dans cet équipage, trouva la chose si plaisante qu'il ne put s'empêcher d'en rire aux éclats. Par l'effet de ce rire, une chaleur bienfaisante venant à se répandre dans tout son corps, la nature reprit des forces, et peu de temps après il guérit entièrement.

[2] On trouve très-souvent l'expression de *lieutenant du mari* dans les *Cent Nouvelles nouvelles*.

NOUVELLE XCII.

De l'invention d'un mari, pour se venger de sa femme[1].

Plusieurs ont été d'opinion que, quand une femme fait faute à son mari, il s'en doit plutôt prendre à elle, que non pas à celui qui y a entrée : disant que qui veut avoir la fin d'un mal, il en faut ôter la cause ; selon le proverbe italien : *Morta la bestia, morto il veneno* ; et que les hommes ne font que cela à quoi les femmes les invitent, et qu'il ne se jettent voulentiers en un lieu, auquel ils n'aient quelque attente, causée par l'attrait des yeux ou du parler, ou par quelque autre semonce[2]. De moi[3], si je pensois faire plaisir aux femmes en les défendant par la fragilité, je le ferois voulentiers, qui ne cherche que leur faire service ; mais j'aurois peur d'être désavoué de la plupart d'entre elles, et des plus aimables de toutes ; desquelles chacune dira : « Ce n'est point légèreté qui le me fait faire ; ce sont les grandes perfections d'un homme, qui mérite plus que tous les plaisirs qu'il pourroit recevoir de moi ; je me rends grandement honorée, et m'estime très-heureuse, me voyant aimée d'un si vertueux personnage comme celui-là. » Et certes, cette raison-là est grande, et quasi invincible ; à laquelle il n'y a mari qui ne fût bien empêché de répondre. Vrai est, que si, d'aventure, il se pense honnête et vertueux, il a occasion de retenir la femme toute pour soi ; mais, si sa conscience le juge qu'il n'est pas tel, il semble qu'il n'ait pas grand'raison de tancer, ni de défendre à sa femme d'aimer un homme plus aimable qu'il n'est ; sinon qu'on me répondra qu'il ne la doit voirement, ni ne peut empêcher d'aimer la vertu et les hommes vertueux. Mais il s'entend de la vertu spirituelle, et non pas de cette vertu substantifique et humorale ; et qu'il suffit de joindre les esprits ensemble, sans approcher les corps si près l'un de l'autre, car

> Le berger et la bergère
> Sont en l'ombre d'un buisson,
> Et sont si près l'un de l'autre
> Qu'à grand'peine les voit-on[4].

D'excuser les femmes par la force des présents qu'on leur fait, ce seroit soutenir une chose vile, sordide et abjecte. Plutôt les fem-

[1] Imité des *Cent Nouvelles nouvelles*, XLVII.
[2] Invitation, avance. — [3] Quant à moi.
[4] Couplet de quelque chanson de ce temps-là.

mes méritent grièvc punition, qui souffrent que l'avarice triomphe de leur corps et de leur cœur; combien que ce soit la plus forte pièce de toute la batterie, et qui fait la plus grande brèche. Mais sur quoi les excuserons-nous donc? Si faut-il trouver quelques raisons, sinon suffisantes, à tout le moins recevables, par faute de meilleur paiement. Certes, mon avis est, qu'il n'y a point de plus valable défense, que de dire, qu'il n'est place si forte, que la continuelle et furieuse batterie ne mette par terre. Aussi, n'est-il cœur de dame si ferme, ne si préparé à résistance, qui à la fin ne soit contraint de se rendre à l'obstinée importunité d'un amant. L'homme même, qui s'attribue la constance pour une chose naturelle et propriétaire [1], se laisse gagner plus souvent que tous les jours; et s'oublie ès choses qu'il doit tenir pour les plus défensables, exposant en vente ce qui est sous la clef de la foi. Donc, la femme, qui est de nature douce, de cœur pitoyable, de parole affable, de complexion délicate, de puissance foible; comment pourra-t-elle tenir contre un homme importun en demandes, obstiné en poursuites, inventif en moyens, subtil en propos, et excessif en promesses? Vraiment, c'est chose presque difficile jusques à l'impossible; mais je n'en résoudrai rien pourtant en ce lieu-ci, qui n'est pas celui où se doit terminer ce différend. Je dirai seulement, que la femme est heureuse, plus ou moins, selon le mari auquel elle a affaire; car il y en a de toutes sortes : les uns le savent et n'en font semblant, et ceux-là aiment mieux porter les cornes au cœur, que non pas au front; les autres le savent, et s'en vengent, et ceux-là sont mauvais, fols et dangereux; les autres le savent et le souffrent, qui pensent que patience passe science; et ceux-là sont pauvres gens. Les autres n'en savent rien, mais ils s'en enquièrent; et ceux-là cherchent ce qu'ils ne voudroient pas trouver. Les autres ne le savent ni n'entendent à le savoir; et ceux-ci, de tous les cocus, sont les moins malheureux, et même plus heureux que ceux qui ne le sont point et le pensent être. Tous ces cas ainsi prémis [2], nous vous conterons d'un monsieur qui en étoit; mais certainement, ce n'étoit pas à sa requête; car il s'en fâchoit fort : mais il étoit de ceux du premier rang, dissimulant, tant qu'il pouvoit, son inconvénient, en attendant

que l'opportunité se présentât d'y remédier, fût en se vengeant de sa femme, ou de l'ami d'elle, ou de tous deux s'il lui venoit à point. Et parce qu'il étoit mieux à main de se prendre à sa femme, le premier sort tomba sur elle, au moyen d'une invention qu'il imagina. Ce fut qu'au temps de vacations de Cour [1], il s'en alla ébattre à une terre qu'il avoit à deux lieues de la ville, ou environ; et y mena sa femme, avec un semblant de bonne chère, la traitant toujours à la manière accoutumée, tout le temps qu'ils furent là. Quand vint qu'il s'en fallut retourner à la ville, un jour ou deux avant qu'ils dussent partir, il commanda à un sien valet (lequel il avoit trouvé fidèle et secret), que, quand ce viendroit à abreuver la mule sus laquelle montoit sa femme, qu'il ne la menât pas à l'abreuvoir; mais qu'il la gardât de boire tous les deux jours : avec cela, qu'il mît du sel parmi son avoine, ne lui disant point pourtant à quelle fin il faisoit faire cela; mais il se connut par l'événement qui depuis s'en ensuivit. Ce valet fit tout ainsi que son maître lui commanda; tellement que, quand il fut question de partir, la mule n'avoit bu de tous les deux jours. La damoiselle monte sus cette mule; et tire droit le chemin de Toulouse, lequel s'adonnoit ainsi, qu'il falloit aller trouver la Garonne, et cheminer au long de la rive quelque temps; qui étoit la première eau qu'on trouvoit par le chemin. Quand ce fut à l'approche de la rivière, la mule commence de tout loin à sentir l'air de l'eau, et y tira tout droit, pour l'ardeur qu'elle avoit de boire. Or, les endroits étaient creux, et non guéables; et falloit que la mule, pour boire, se jetât en l'eau, tout de secousse; dont la damoiselle ne la put jamais garder; car la mule mouroit d'altération, tellement que ladite damoiselle, étant surprise de peur, empêchée d'accoutrements, et le lieu difficile, tomba du premier coup en l'eau; dont le mari s'étoit tenu loin tout expressément avec son valet, pour laisser venir la chose au point qu'il avoit prémédité : si bien, qu'avant que la pauvre damoiselle pût avoir secours, elle fut noyée suffoquée en l'eau [2]. Voilà une manière de se venger d'une femme,

---

[1] Qui lui est propre. — [2] Mis en avant.

[1] Les vacances des Cours souveraines. Ce mari était donc un magistrat, ou un avocat.
[2] Naudé, dans ses *Considérations sur les coups d'État*, trouve, par rapport à la matière de son livre, l'invention de ce médecin parfaitement bien imaginée.

qui est un peu cruelle et inhumaine. Mais que voulez-vous? il fâche à un mari d'être cocu en propre personne, et si se songe que, s'il ne se prenoit qu'à l'ami, son mal ne sortiroit pas hors de sa souvenance, voyant toujours auprès de soi la bête qui auroit fait le dommage : et puis, elle seroit toute prête et appareillée à faire un autre ami ; car une personne qui a mal fait une fois (si c'est mal fait, que cela toutefois), est toujours présumée mauvaise en ce genre-là de mal faire. Quant est de moi, je ne saurois pas qu'en dire. Il n'y a celui qui ne se trouve bien empêché, quand il y est. Par quoi, j'en laisse à penser et à faire à ceux à qui le cas touche[1].

NOUVELLE XCIII.

D'un larron, qui eut envie de dérober la vache de son voisin[2].

Un certain accoutumé larron, ayant envie de dérober la vache de son voisin, se leva de grand matin devant jour ; et, étant entré en l'étable de la vache, l'emmène, faisant semblant de courir après elle. Auquel bruit le voisin s'étant éveillé, et ayant mis la tête à la fenêtre : « Voisin, dit ce larron, venez-moi aider à prendre ma vache qui est entrée en votre cour, pour avoir mal fermé votre huis. » Après que ce voisin lui eut aidé à ce faire, il lui persuada d'aller au marché avec lui (car, demeurant en la maison, il se fût aperçu du larcin). En chemin, comme le jour s'éclaircissoit, ce pauvre homme, reconnoissant sa vache, lui dit : « Mon voisin, voilà une vache qui ressemble fort à la mienne. — Il est vrai, dit-il : et voilà pourquoi je la mène vendre ; pource que tous les jours votre femme et la mienne s'en débattent, ne sachant laquelle choisir. » Sur ce propos, ils arrivèrent au marché ; alors le larron, de peur d'être découvert, fait semblant d'avoir affaire parmi la ville, et prie sondit voisin de vendre, ce pendant, cette vache le plus qu'il pourroit, lui promettant le vin. Le voisin donc la vend, et puis lui apporte l'argent. Sur cela, s'en vont droit à la taverne, selon la promesse qui avoit été faite. Mais, après y avoir bien repu, le larron trouve moyen d'évader, laissant l'autre pour les gages. De là s'en vint à Paris, et là se trouvant, une fois entre autres, en une place du marché ; où il y avoit force ânes attachés (selon la coutume) à quelques fers tenant aux murailles ; voyant que toutes les places étoient remplies ; ayant choisi le plus beau, monte dessus ; et se promenant par le marché le vendit très-bien à un inconnu, lequel acheteur, ne trouvant place vide que celle dont il avoit été ôté, le rattache au lieu même. Qui fut cause que celui qui étoit le vrai maître de l'âne, et auquel on l'avoit dérobé, le voulant, puis après, détacher pour l'emmener, grosse querelle survint entre lui et l'acheteur, tellement qu'il en fallut venir aux mains. Or, le larron qui l'avoit vendu, étant parmi la foule et voyant ce passe-temps, mêmement que l'acheteur étoit par terre chargé de coups de poing, ne se put tenir de dire : « Plaudez[1], plaudez-moi hardiment ce larron d'ânes ! » Ce qu'oyant ce pauvre homme qui étoit en tel état, et ne demandoit pas mieux que de rencontrer son vendeur, l'ayant reconnu à la parole : « Voilà, dit-il, celui qui me l'a vendu ! » sur lequel propos il fut empoigné, et toutes les susdites choses avérées par sa confession, fut exécuté par justice, comme il méritoit.

NOUVELLE XCIV.

D'un pauvre homme de village, qui trouva son âne, qu'il avoit égaré, par le moyen d'un clystère qu'un médecin lui avoit baillé[2].

És pays de Bourbonnois (où croissent mes belles oreilles[3]), fut jadis un médecin très-fameux, lequel, pour toutes médecines, avoit accoutumé bailler à ses patients des clystères, dont, de bonheur, il faisoit plusieurs belles cures ; et pour ce, en étoit-il plus estimé ; en manière qu'il n'y avoit enfant de bonne mère qui ne s'adressât à lui en sa maladie. Advint qu'au même temps, un pauvre homme de village avoit égaré son âne par les champs, dont il étoit fort troublé. Et ainsi qu'il alloit par les

---

[1] C'est ici que finissent les Contes attribués à Bonaventure Des Periers. Les suivans sont de ses éditeurs, qui les ont empruntés la plupart, presque textuellement, à d'autres conteurs, tels que Henri Étienne, Noël du Fail, etc.

[2] Imité de l'*Apologie pour Hérodote*, par Henri Étienne, chap. 15.

[1] Pour *pelaudez*, battez, écorchez, prenez au poil et à la peau.

[2] Imité des *Cent Nouvelles nouvelles*, LXXIX, *l'Âne retrouvé*, et reproduit dans les *Serées* de J. Bouchet, serée 10, et dans le recueil des *Plaisantes Nouvelles*, Nouvelle 58.

[3] Rabelais dit dans son *Pantagruel*, liv. II, chap. I: « Autres croissent par les oreilles, lesquelles tant grandes avoient, que de l'une faisoient pourpoint, » etc.

détroits[1], quérant cet âne, il rencontra en son chemin une bonne vieille femme, qui lui demanda qu'il avoit à se tourmenter ainsi ; à laquelle il fit réponse qu'il avoit perdu son âne ; et qu'il en étoit si fort courroucé, qu'il en perdoit le boire et le manger. Alors la vieille lui enseigna la maison de ce médecin, auquel elle l'envoya sûrement, l'avertissant que de toutes choses perdues il en disoit certaines nouvelles, sans faute ; dont le bon homme fut très-aise ; et, pour ce, print son chemin vers ledit médecin. Et quand il fut en son logis, et il vit tant de gens à l'entour de lui, qui l'empêchoient d'approcher, il fut fort ennuyé ; et, pour ce, il commença à crier : « Hélas ! monsieur, pour Dieu, rendez-moi mon âne : c'est toute ma vie ! Je vous prie, ne le cachez point (on m'a dit que vous l'avez) ou me l'enseignez. » Et réitéra telles paroles par plusieurs fois, criant toujours plus haut : dont le médecin fut ennuyé ; et, pour ce, le regarda en face ; et cuidant qu'il fût hors de son entendement, il commanda à ses serviteurs qu'ils lui baillassent un clystère, ce qui fut tôt fait. Puis, le pauvre homme sortit de léans, espérant trouver son âne en sa maison. Et quand il fut à mi-chemin, il fut pressé de vider son clystère ; et, pour ce, incontinent se retira dedans une petite masure, où il opéra très-bien : et ainsi qu'il étoit en telles affaires, il entendit la voix de son âne, qui hennissoit[2] parmi les champs ; dont le pauvre homme fut très-joyeux, et n'eut pas le loisir de lever ses chausses pour courir après son âne : lequel recouvert[3], il fit grand'fête, et puis monta dessus, et s'en retourna à la ville bien vîtement, pour remercier le médecin. Et ce pendant, par les chemins publioit le grand savoir et prudence de sondit médecin ; et comment par son moyen il avoit retrouvé son âne ; dont le médecin fut encore prisé davantage, et plus estimé que jamais n'avoit été.

NOUVELLE XCV.

D'un superstitieux médecin, qui ne vouloit rire avec sa femme, sinon quand il pleuvoit ; et de la bonne fortune de ladite femme après son trépas[4].

En la ville de Paris est recentement advenu, qu'un médecin se fonda tellement en raisons superstitieuses, jouxte la quintessence[1], qu'il estimoit, par astrologie, que rire et prendre le déduit avec femme en temps sec, lui fût très-contraire, et, pour ce, il s'en abstenoit totalement ; et encore, quand il véoit le temps humide, observoit-il le cours de la lune : ce qui ne plaisoit guère à sa femme, laquelle souvent le requéroit du déduit, et, par nécessité qu'elle avoit, s'efforçoit à le faire joindre. Mais elle ne gagnoit guère ; et, pour toute résolution, il lui donnoit à entendre que le temps n'étoit disposé, et que telle chose lui seroit plus nuisible qu'à son proufit : ainsi rapaisoit sa pauvre femme, à rien ne faire. Advint que familièrement la médecine[2] conta son affaire à une sienne voisine ; laquelle lui conseilla qu'incontinent qu'elle seroit couchée, elle fît porter trois ou quatre seaux d'eau en son grenier, et les fît verser en un bassin de plomb qui étoit jouxte[3] la fenêtre dudit grenier, et servoit à recevoir les eaux des égouts de la pluie, pour la faire distiller par un tuyau, ou canal de plomb, jusqu'au bas de la cour, ainsi que l'on a accoutumé faire aux bonnes maisons. Et dit la voisine, qu'incontinent elle oiroit le bruit de ladite eau, qu'elle en avertît son mari : ce que la bonne dame médecine fit très-voulentiers ; et combien que la journée eût été chaude et sèche, néanmoins elle exécuta son entreprise. Et quand tous deux furent couchés en leur lit, la chambrière, instruite, laisse peu à peu découler l'eau par ledit canal, ce qui rendoit bruit : auquel la dame éveilla son médecin, le conviant à faire le déduit. Ce que le médecin exécuta, à son pouvoir ; non toutefois qu'il ne fût ébahi comment le temps étoit si fort changé. La dame continua par aucuns jours à telle subtilité, dont elle se trouva bien aise. Depuis, advint que le médecin mourut ; et pource que ladite dame étoit une très-belle femme, jeune et riche, plusieurs la demandoient en mariage, mais oncques ne voulut accorder à aucun, tant riche fût-il, qu'elle n'eût parlé à lui. De médecins, elle n'eut plus cure ; et demandoit aux autres s'ils se connoissoient aux étoiles et à la lune : et plusieurs d'iceux, ignorants du fait, lui répondoient qu'ils en avoient fort bien appris tout ce qu'il en falloit savoir, lesquels, pour cela, elle éconduisoit. Advint qu'un bon compagnon, assez lourdaud, lui demanda s'elle

---

[1] Défilés, vallons. — [2] Jeu de mots sur *âne* et *hennir*, qu'on écrivait *hannir*. — [3] Recouvré, retrouvé.
[4] Ce conte se trouve aussi dans les *Plaisantes Nouvelles*, nouv. 14.

[1] Jusqu'à la philosophie occulte.
[2] Femme de médecin. — [3] Près de.

le vouloit pour mari ; et ainsi qu'ils devisoient joyeusement, elle l'interrogea s'il se connoissoit aux étoiles ; lequel fit réponse, qu'il ne se connoissoit au soleil, ni aux étoiles, n'à la lune ; et ne savoit quand il se falloit aller coucher, sinon quand il ne véoit plus goutte. Cette parole plut à la dame ; et, pour ce, elle le print à mari, dont elle fut très-bien labourée et à proufit, et se vanta depuis qu'elle avoit trop de ce qu'elle avoit eu trop peu auparavant.

NOUVELLE XCVI.
D'un bon compagnon hollandois, qui fit courir après lui un cordonnier qui lui avoit chaussé des bottines [1].

Ce ne sera chose hors de propos de réciter ici l'habileté d'un bon compagnon, se promenant parmi une assez bonne ville de Hollande ; lequel entré en la boutique d'un cordonnier, le maître lui demande s'il y a quelque chose qui lui plaise ; et l'ayant aperçu jeter la vue sur des bottines qui étoient là pendues, lui demande s'il avoit envie d'en avoir une paire. Quand il eut répondu qu'oui, il lui choisit celles qui lui sembloient le mieux venir à ses jambes, et les lui chaussa. Quand il les eut, il se fit aussi essayer des souliers, lesquels lui semblèrent venir bien à ses pieds, comme les bottines à ses jambes. Après ceci, au lieu de faire marché, et de payer, il vint à demander au cordonnier par manière de jaserie : « Dites-moi par votre foi, ne vous advint-il jamais que quelqu'un que vous auriez ainsi bien équipé pour courir, s'en soit fui sans payer ? — Jamais, dit-il. — Et si d'aventure il advenoit, que feriez-vous ? — Je courrois après, dit le cordonnier. — Dites-vous ceci en bon escient ? — Je le dis en bon escient, et ne ferois point autrement, répondit le cordonnier. — Il en faut voir l'expérience, dit l'autre. Or sus, je mettrai à courir le premier, courez après moi. » Et sur ceci commença à fuir tant qu'il put. Alors le cordonnier de courir après, et de crier : « Arrêtez le larron ! arrêtez le larron ! » Mais l'autre, voyant qu'on sortoit des maisons, et de peur qu'il avoit qu'on ne mît la main sur lui, faisant bonne mine comme celui qui ne faisoit ceci que pour son passe-temps : « Que personne, dit-il, ne m'arrête, car il y a une grosse gageure. » Ainsi s'en revint en la maison le pauvre cordonnier, bien fâché d'avoir perdu et son argent et encore sa peine ; car l'autre avoit gagné le prix quant à courir. Or, combien qu'en ce joyeux devis il soit usé de ce mot *bottines* ; toutefois il ne faut pas entendre des bottines faites à la façon des nôtres, puisqu'elles se mettent en des souliers [1].

NOUVELLE XCVII.
De l'écolier qui feuilleta tous ses livres, pour savoir que signifioient *ramon, ramonner, hart, sur peine de la hart*, etc. [1]

Un méchant mot, *hart*, fort renommé et prêché en France en temps de paix, avoit autrefois fâché un jeune écolier, de ce qu'il n'en pouvoit rendre l'interprétation à ceux qui lui demandoient, encore qu'il l'eût demandé mille fois aux clercs de son village ; mais c'étoit un mot plus que hébreu pour eux. De quoi plus qu'auparavant irrité, l'écolier n'épargna frère *Calepinus auctus et recognitus*, *Cornucopia*, *Catholicon magnum et parvum* [4], où il ne cherchât, mais pour néant ; car il n'y étoit pas. Toutefois, après qu'il eut bien ruminé à part lui, il se souvint que, environ dix ans auparavant, une chambrière, qui se disoit Picarde (combien qu'elle fût de Normandie), lui apprint sans y penser, que c'étoit, un soir qu'il étoit à Paris ; faisant collation d'une bourrée devant qu'aller au lit ; et de laquelle il avoit prins un peu auparavant, que *ramon* étoit un balai, et *ramonner*, balier [3], en la chansonnette *Ramonnez-moi ma cheminée*. « *Hart*, donc, disoit-il en discourant à part lui, est le lien d'un fagot, ou d'une bourrée à Paris ; qu'on appelle une *riorte* en mon benoît pays ; parquoi j'entends que, quand on crie, DE PAR LE ROI, SUR PEINE DE LA HART (*hart* est *feminini generis*), vaut autant à dire que, sur peine de la corde ; jadis qu'on s'aidoit des branches des arbres pour épargner la chanvre. » Ainsi s'acquitta de sa promesse le gentil écolier, ayant lu ce qui est écrit en une épître de Clément Marot au roi : que sentir le

---

[1] Imité d'Érasme *in Convivio fabuloso*, et répété par Henri Étienne dans l'*Apologie pour Hérodote*, ch. 15.

[1] Ce passage nous apprend qu'au seizième siècle on donnait d'abord le nom de *bottines* à des espèces de guêtres en cuir, et que, par extension, ce nom a été appliqué à des demi-bottes.
[2] On lit un conte à peu près semblable dans le *Recueil de divers Discours*, imprimé à Poitiers, in-4°, en 1556. — [3] Il vaut mieux lire : *guères*.
[4] Ce sont les titres des dictionnaires latins en usage à cette époque dans les classes.
[5] Pour *balayer*.

hart, vault autant à dire que *chatouilleux de la gorge*.

Ainsi s'en va chatouilleux de la gorge,
Ledit valet, monté comme un saint George [1].

NOUVELLE XCVIII.

Le Triboulet, fol du roi François Ier, et de ses facétieux actes [2].

Le défunt roi François, premier du nom, (que Dieu absolve!) fut très-vertueux prince et magnanime, lequel nourrissoit un pauvre idiot, pour aucunefois en avoir quelque ébattement, après son travail ès affaires du royaume de France; et le faisoit voulentiers marcher devant lui, quand il chevauchoit par les chemins. Advint quelque jour, ainsi que Triboulet marchoit devant le roi, devisant toujours de quelque sornette emmanchée au bout d'un bâton [3]; son cheval fit six ou huit pets, dont Triboulet fut fort courroucé. Et, pour ce, il descendit incontinent de la selle de son cheval, et prend la selle sur son dos, et dit au roi : « Cousin, vous m'avez, ce jour d'hui, baillé le plus méchant cheval qui fut onques; c'est un ivrogne : après qu'il a bien bu, il ne fait que péter. Par Dieu! il ira à pied. Ha, ha, il a pété devant le roi.» Et de sa massue [4] frappoit son cheval, qui, étoit toujours chargé de la selle : ainsi fit environ demi-lieue à pied. Une autre fois, advint que le roi entra en sa Sainte-Chapelle à Paris pour ouïr vêpres; et Triboulet le suivoit: à l'entrée il vit la plus grande silence léans, qu'il étoit possible. Peu de temps après, l'évêque commença *Deus in adjutorium*, assez bellement; et incontinent après, tous les chantres respondirent en musique, en sorte que l'on n'eût pas ouï tonner léans. Alors, Triboulet se leva de son siége, et s'en alla droit à l'évêque qui avoit commencé l'office, et à grands coups de poing il lorgnoit dessus lui. Quand le roi l'eut aperçu, il l'appela, et lui demanda pourquoi il frappoit cet homme de bien; et il dit : « Da, da, mon cousin, quand nous sommes entrés céans, il n'y avoit point de bruit, et cetui-ci a commencé la noise; c'est donc lui qu'il faut punir [5]. » Une autre fois, Triboulet vendit son cheval pour avoir du foin; autre fois vendoit son foin pour avoir une massue : et ainsi vécut toujours folliant jusques à la mort [1], qui fut bien regrettée; car on dit qu'il étoit plus heureux que sage.

NOUVELLE XCIX.

Des deux plaidants qui furent plumés à propos par leurs avocats [2].

Un paysan assez résolu en ses affaires, s'étant avisé, en mangeant ses choux, du tort et dommage que lui faisoit un sien voisin, le mit en procès en la Cour; et, par l'avis d'aucuns siens amis, choisit un avocat, lequel il pria vouloir prendre sa cause en main; ce qu'il accepta. Au bout de deux heures après, vint la partie adverse, qui étoit un homme riche; et le prie semblablement d'être son avocat en cette même cause, ce qu'il accepta aussi. Le jour approchant que la cause se devoit plaider, le paysan s'en vint à son avocat (duquel il se pensoit assuré, qu'il ne faudroit à ce qu'il lui avoit promis), et ce, pour l'avertir de se tenir prêt à plaider le lendemain : dont il fut aucunement honteux, attendu la charge qu'il avoit prise pour sa partie adverse. Toutefois, pour contenter le paysan, il lui remontra et fit accroire qu'il ne lui avoit promis s'employer pour lui. Et, pour mieux se décharger, lui disoit : « Mon ami, l'autre fois que vous vîntes, je ne vous dis rien, pour raison des empêchemens que j'avois; maintenant je vous avertis que je ne puis être votre avocat, étant celui de votre partie adverse : mais je vous baillerai lettres adressantes à un homme de bien qui défendra votre cause. » Alors, mettant la main à la plume, écrivit à l'autre avocat, ce qui s'ensuit : « *Deux chapons gras sont venus entre mes mains : desquels ayant choisi le meilleur et le plus gras, je vous envoie l'autre.* » Puis, sous secret, étoit écrit : « *Plumez de votre côté, et je plumerai du mien.* » Cette lettre, ainsi expédiée, fut baillée par le susdit avocat à ce paysan : lequel, ne s'assurant mieux de celui à qui il devoit porter les recommandations, qu'à l'a-

---

[1] Dans la fameuse *Épître au roi pour avoir été dérobé*.
[2] Recueilli aussi dans les *Plaisantes Nouvelles*, 68. Bonaventure Des Periers sur Triboulet la 3e Nouvelle de Bonav. Des Periers.
[3] C'est-à-dire sans doute, quelque folie dont il assommoit les auditeurs. — [4] Marotte, sceptre de fou.
[5] Le Domenichi, dans son recueil imprimé à Florence

---

l'an 1548, rapporte un fait analogue sans nommer Triboulet.
[1] Elle eut lieu vers l'année 1537, puisque son épitaphe se trouve dans les poésies latines de Jean Voulté, publiées en 1538.
[2] Ce conte, tiré du vingtième sermon de l'Avent par Olivier Maillard, a été traduit textuellement par Henri Étienne, au ch. 6 de l'*Apologie pour Hérodote*.

vocat qui les envoyoit, s'enhardit de les ouvrir: et, icelles lues, après avoir longtemps plaidé sans avoir rien avancé; et se voyant déçu par les trop grandes faveurs et autorités de sa partie, délibéra d'appointer avec lui, ayant été plusieurs fois sollicité de ce faire, par ses amis propres.

NOUVELLE C.
Des joyeux propos que tenoit celui qu'on menoit pendre au gibet de Monfaucon [1].

Un bon vaurien, ayant pour ses mérites été monté de reculons jusques au bout d'une échelle, pour descendre par une corde (disent les bons compagnons), faisoit là merveilles de prêcher. Durant lequel sermon, le maître des hautes œuvres, affûtant son cas [2], passoit souvent la main sous et autour la gorge dudit prêcheur; tant qu'à la fin il le vous regarde. « Hé! maître mon ami, dit-il, ne me passe plus là la main: je suis plus chatouilleux de la gorge que tu ne penses. Tu me feras rire, et puis, que diront les gens? que je suis mauvais chrétien, et que je me moque de justice. » Puis, sentant l'heure approcher qu'il devoit faire le guet à Montfaucon, et que, pour ce, il passoit par la porte de la ville, il se print à hucher à pleine tête le portier par plusieurs fois, lequel l'entendit bien dès la première. Mais, à cause qu'il se sentoit autant ou plus chatouilleux de la gorge, que celui qu'on menoit pendre, se remue bel et beau de là, en lieu de venir parler à cet homme; de peur qu'il ne l'accusât à la justice, comme telles gens disent plus aucunefois qu'on ne leur demande. Ainsi s'adresse, à la parfin, ce pauvre altéré à son confesseur, et lui dit: « Mon père, je vous prie dire au portier, qu'il ne laisse hardiment de fermer la porte de bonne heure; car je n'ai pas délibéré de retourner aujourd'hui coucher à Paris. » Et comme son confesseur, entre autres consolations, lui disoit: « Mon ami, en ce monde, n'y a rien que peines et ennuis : tu es heureux de sortir aujourd'hui hors de tant de misères. — Ha, ha, frère, dit-il; plût à Dieu que fussiez en ma place, pour jouir tôt de l'heur que me prêchez. » Le pater ne faisoit semblant d'entendre cela, et passant outre, lui disoit: « Prends courage, mon ami; quelques maux que tu aies faits, demande pardon à Dieu de bon cœur; tout te sera pardonné, et iras aujourd'hui souper là haut en paradis avec les anges, etc. — Souper aujourd'hui en paradis, beau père! Ce seroit beaucoup si j'y pouvois être demain à dîner. Et pource qu'un homme se fâche fort par les chemins quand il est seul, je vous prie, venez-moi tenir compagnie jusque-là : faites-moi cet œuvre de charité, et mêmement si savez le chemin. » Plusieurs autres petits devis faisoit le gentil falot, lesquels seroient trop longs à réciter.

NOUVELLE CI.
Du souhait que fit un certain conseiller du roi François, premier du nom [1].

Un conseiller du roi François, premier de ce nom, homme qui avoit l'esprit naturellement fertile de facéties, s'étant trouvé, un jour qu'on tenoit propos au roi des moyens qu'il devoit choisir pour faire tête à l'empereur qu'on disoit venir avec grandes forces; et ayant ouï l'un souhaiter au roi tant de nombre de bons Gascons; l'autre, tel nombre de lansquenets; les autres faisant quelque autre bon souhait: « Sire, dit-il, puisque il est question souhaiter, je ferai aussi, s'il vous plaît, mon souhait; mais je souhaiterois une chose, à laquelle ne vous faudroit faire aucune dépense, au lieu que ce qu'ils ont ici souhaité vous coûteroit beaucoup. » Le roi lui ayant demandé quelle étoit cette chose, (répondant d'une promptitude d'esprit): « Sire, dit-il, je souhaiterois seulement devenir diable, pour l'espace d'un quart d'heure. — Et que feriez-vous? dit le roi. — Je m'en irois droit rompre le col à l'empereur. — Vraiment, dit le roi, vous êtes un grand fol de dire cela, comme s'il n'y avoit pas de l'eau bénite au pays de l'empereur, comme au mien, pour faire fuir les diables. » Alors, comme bien délibéré de faire rire le roi, il réplique: « Sire, vous me pardonnerez, s'il vous plaît; je crois bien que si c'étoit quelque jeune diable qui n'entendît pas bien son métier, il s'enfuiroit; mais un diable tel que je m'estime ne s'enfuiroit pas. » Il disoit cela de telle grâce, qu'il provoquoit un chacun de la compagnie à rire, tant il étoit copieux [2] en dits et faits.

---

[1] Imité du *Recueil de divers Discours*, imprimés à Poitiers, in-4°, en 1556. — [2] C'est-à-dire, préparant sa pendaison.

[1] Ce conte se trouve aussi dans l'*Apologie pour Hérodote*, ch. 39; Henri Étienne nomme ce conseiller Godon.

[2] Qui copie, imite, contrefait plaisamment, comme

NOUVELLE CII.

De l'écolier qui devint amoureux de son hôtesse; et comment ils finirent leurs amours[1].

Du temps qu'on portoit souliers à poulaine[2], qu'on mettoit pots sus table, et que pour prêter argent on se cachoit, la foi des femmes vers les hommes, et des hommes vers leurs femmes, étoit inviolable; fors, de jour ou de nuit, aucunefois celui des hommes vers leurs prudes femmes l'enfreindre[3]. Ainsi étoit une coutume réciproquement observée, dont n'étoient moins à louer, qu'en merveilleuse admiration; au moyen de quoi jalousie n'étoit en vigueur, fors celle qui provient de mal aimer, et de laquelle les janins[4] meurent. A l'occasion de cette merveilleuse confidence, couchoient indifféremment tous les mariés, ou à marier, en un grand lit fait tout à propos, sans peur ou crainte de quelque démesuré pensement; et n'aimoient les hommes et femmes l'un l'autre, que pour couler leurs pensées. Toutefois le monde étant venu mauvais garçon, chacun a voulu avoir son lit à part pour cause, et ce, pour obvier à tous et un chacun des dangers qui en eussent pu sourdre. Pour exemple de ceci, sera mis en lieu ce jeune écolier, lequel, n'ayant atteint le dix-huitième an de son âge, commença à pratiquer les bonnes grâces de son hôtesse, et, passant plus outre, à hanter les compagnies joyeuses; non sans pratiquer quelque cas avec les garces. De quoi aucunement échaudé, se rangea du tout à son hôtesse, et se fourra si avant en son amour, qu'il jeta au loin toutes dialectiques, logiques, physiques, et toutes autres telles rêveries à tous les diables; après, partie de son argent, pour mieux obtempérer à ses passions et entretenir ses fantaisies. Si bien, que, de sophiste et fol logicien, il devint un des plus forts amants du monde: comme il se fit connoître à l'endroit de son hôtesse; car, voulant lui manifester ses passions, disoit : « Hélas! principale et seule régente de mes entrailles, que n'ai-je le moyen de vous en faire anatomie sans mort! vous verriez comme mon cœur s'échauffe, le foie fenit[1], mon poulmon rôtit; et l'épine me brûle si ardemment, que j'en ai la vie gâtée : dont je suis perdu, s'il ne vous plaît me consoler. » Puis, se souvenant de la sentence du poëte; soupirant, disoit : « Hélas! mon Dieu! que de peines a celui qui commence à aimer : il n'en peut manger sa soupe sans en graisser sa jaquette. Ah! ah! amour, quand je pense en votre assiette, je conclus qu'il y faut entrer de nature, en B dur : car le mol n'y vaut rien. » Puis, se recordant du moyen que feu son oncle lui avoit délaissé pour tromper ses ennuis, se mit à contrepointer une chanson : dont avertie son amie, doutant qu'il ne publiât ses angoisses douloureuses, et passions nocturnes, où il étoit par elle détenu, lui pria de chanter, disant : « Ami, refermez votre bouche; j'ai avisé le coin du mémorial, où vous l'avez enfermée en votre cerveau pour la garder sûrement, » pensant par ces allusions le divertir de son propos. Toutefois, par trop longuement passionné, commença :

CHANSON.

Ce refus tout outre me passe,
Et peu s'en faut que n'en trépasse :
Las! il faut endurer beaucoup,
Pour aimer un seul petit coup.

Ah! vous avez grand tort, voisine;
Je vous pensois douce et bénigne :
Mais j'ai bien connu, en effet,
Que vous vous moquez de mon fait.

Je vous ai déclaré ma peine,
Et que c'est qui vers vous m'amène;
J'en souffre trop de la moitié,
Et n'en avez point de pitié.

Or, faut-il bien faire autre chose :
Car l'amour qui est dans moi close
Ne me lairroit point en repos,
Si vous n'avez autre propos.

Toutes les fois que vous vois rire,
Je vous voudrois voulentiers dire :
« Dites-moi, belle, si m'aimez? »
Je vous aime, ne m'en blâmez.

Visage avez de bonne grâce;
Comme moi, êtes grosse et grasse.
Aimez-moi donc, dame, aimez-moi;
Et mon cœur jetez hors d'émoi.

Si mon malaise vous peut plaire,
Mon heur vous pourra-t-il déplaire?
Qui du mal d'autrui s'éjouit,
Le sien fait qu'on s'en réjouit.

---

copieux de la Flèche, qui font plus haut le sujet de deux Nouvelles.

[1] Ce conte est tiré presque mot à mot du sixième et quatorzième chapitre des *Propos rustiques* de Noël du Fail.

[2] Cette mode date du règne de Charles VI, vers 1390.
[3] Il faut rétablir ce passage d'après le texte même des *Propos rustiques* : « La foi des femmes vers les hommes étoit inviolable; et n'étoit aussi loisible aux hommes, fors de jour ou de nuit, vers leurs prudes femmes l'enfreindre. Ainsi, etc. » — [4] Oies mâles.

[1] Se sèche comme du foin.

Tous les jours en la patenôtre,
Pardonnons à l'ennemi nôtre :
Point ne suis-je votre ennemi,
Mais votre langoureux ami.

Si de m'aimer n'avez envie,
Pardonnez au moins à ma vie,
Et en ayez quelque remord,
Ou serez cause de ma mort.

Je ne saurois me plaire au vivre,
Languissant toujours à poursuivre :
Il me vaut trop mieux n'aimer point,
Qu'attendre, sans venir au point.

Aimez donc, puisque êtes aimée ;
Vous en serez mieux estimée :
Votre grâce, votre maintien,
Me gluent en votre entretien.

Mon las cœur commença dimanche :
N'est-il pas temps que vous emmanche ?
J'ai déjà trois jours attendu,
C'est trop pour un homme entendu.

Je ne puis bonnement comprendre
Quel plaisir c'est de tant attendre :
Du temps perdu je suis marri,
N'en deplaise à votre mari.

NOUVELLE CIII.

Du curé qui se coléroit en sa chaire, de ce que ses semblables ne faisoient le devoir, comme lui, de prêcher leurs paroissiens [1].

Un curé [2], de par le monde assez remarqué par ses facéties et insuffisance de la charge à lui commise, se mit, un jour qu'il prêchoit à ses paroissiens, à jurer de par Dieu, en dépit [3] des luthériens de son temps ; et voulant prouver qu'ils étoient pires que les diables : « Le diable, disoit-il, s'enfuiroit incontinent que je lui aurois fait le signe de la croix ; mais si je faisois le signe de la croix à un luthérien, par Dieu, il me sauteroit au cou et m'étrangleroit. Parquoi je vous conseille, mes paroissiens, que vous fuyiez, du tout, en tout, leur compagnie. » Puis, se colérant en lui-même, de ce que plusieurs autres curés ne faisoient le devoir de prêcher comme lui, commença à s'exclamer en sa chaire : « Et ils disent qu'ils ne sont assez savans ! Qu'ils étudient, de par Dieu ou de par tous les diables ! et s'ils ne le sont, ils le deviendront comme moi. » Et observant diligemment les contenances de ses paroissiens, leur disoit : « Eh ! vous savez bien, messieurs et dames, qu'il n'y a qu'un an que je ne savois rien ; et maintenant vous voyez comment je prêche. » Mille et mille autres petits contes faisoit ce copieux curé à ses paroissiens, afin de les engarder de dormir à ses sermons.

NOUVELLE CIV.

D'un tour de Villon [2] joué dextrement par un Italien à un François étant à Venise [1].

Il advint à Venise, en l'hôtellerie de l'Esturgeon, qu'un François nouvellement arrivé fut averti par un Italien, lequel y étoit aussi logé, qu'en leur pays il n'étoit sûr, à ceux qui avoient de l'argent, de montrer qu'ils en avoient. Et pourtant l'avisa que, quand il auroit des écus à peser, ou quelque somme à compter, il ne fît comme il avoit accoutumé, mais qu'il fermât la chambre sur soi. Le François, prenant cet avertissement comme étant procédé d'un cœur débonnaire, le remercia bien fort ; et dès lors fit connoissance avec lui. L'Italien, incontinent qu'il eut senti qu'il y faisoit bon, lui vint dire que, s'il lui plaisoit de changer des écus au-soleil contre des écus-pistolets [4], il feroit cet échange avec lui ; et : « Au lieu, disoit-il, que vos écus-au-soleil ne vous vaudroient non plus que des pistolets, je vous les ferai valoir quelque chose davantage. » Le François lui ayant fait réponse que c'étoit le moindre plaisir qu'il lui voudroit faire, il lui pria de se souvenir de ce qu'il lui avoit dit, deux des jours auparavant, quant à tenir secret l'argent qu'on a : « Pourtant, dit-il, je serois d'opinion que nous nous missions en une gondole, portant avec nous un trébuchet, et, en nous promenant par le grand canal, nous pesissions nos écus, et fissions notre échange. » Le François répond d'être prêt à faire tout ce que bon lui sembleroit. Le lendemain donc ils entrent en une gondole ; et là le François déploie ses écus : lesquels l'Italien serra, les ayant toutefois préalablement pesés pour faire meilleure mine. Après les avoir serrés, ce pendant qu'il fait semblant de chercher sa bourse, où étoient ceux qu'il devoit bailler en échange, se fait mettre à bord par le barquerole [5], auquel il avoit donné le mot du guet ; et d'autant qu'il aborda en un lieu de la ville où il y a

---

[1] Raconté aussi par Henri Étienne, dans son *Apologie pour Hérodote*, ch. 36.

[2] Il se nommait *Le Coq* et était curé de Saint-Eustache et chanoine de Notre-Dame. Il passait pour un savant théologien. — [3] C'est-à-dire, en haine.

[1] Plaisant. — [2] Fripon. Le nom du poëte *Villon* était un sobriquet que François Corbeuil devait à ses rois.
[3] Recueilli dans l'*Apologie pour Hérodote*, ch. 15.
[4] Des demi-pistoles. — [5] Batelier, gondolier.

plusieurs petites ruelles d'une part et d'autre, il fut si bien perdu pour ledit François, qu'il est encore pour le jourd'hui (comme il est à présupposer) à ouïr des nouvelles de lui et de ses cent écus. Et crois fermement que le proverbe des Italiens, pratiqué en plusieurs nations, lui devoit servir d'avertissement à l'avenir : de ne s'adjoindre à tels changeurs ayant (pour autoriser leur renommée, signant leur front) cette sentence en usage : « *Zara a chi tocca,* » donnant facilement à entendre, que malheureux est celui qui s'y fie.

NOUVELLE CV.
Des facétieuses rencontres¹ et façons de faire d'un Hibernois², pour avoir sa vie en tous pays.

Un Hibernois, homme d'assez bon esprit, se proposa de connoître les manières de faire des nations étrangères et leur usage de parler; dont, qu'il voyagea en plusieurs contrées, où, encore que son argent fût égaré dedans les semelles de ses souliers, pour cela il ne perdit à dîner, tant il se savoit bien entregenter³ en toutes compagnies; et, comme peu convoiteux des honneurs de ce monde, ne se soucioit d'injures qu'on lui fît, aimant trop mieux pratiquer la manière de faire des Miconiens⁴ (gens pauvres et famélies⁵), qui, pour leur indigence, s'ingéroient eux-mêmes aux banquets et conviés⁶), que perdre son temps en procès. Un jour, ce gentil frérot, étant entré en la maison du roi à l'heure du dîner, ne voulant point perdre l'occasion de se soûler⁷, ayant vu la table préparée pour le dîner des officiers du roi, attendit qu'on s'assît; puis, s'assied avec eux, et dîne très-bien sans sonner aucun mot. De quoi émerveillés, aucuns de la compagnie, qui n'avoient point accoutumé de voir cette dîte étrangère dîner avec eux, lui demandèrent de quel pays il étoit, et à qui il appartenoit; il leur rendit réponse tout de même, sans qu'il perdît un seul coup de dent. Puis, lui demandèrent s'il avoit quelque charge en la cour : « Non, dit-il, mais j'y en voudrois bien avoir. » Lors, lui firent commandement de se lever de table et gagner au trot, sur peine de recevoir bientôt le paiement de sa trop

grande témérité et hardiesse. « Oui-dà, dit-il, messieurs, je le ferai, mais que j'aie dîné. » Et cassoit¹ toujours. Ce qu'ayant longuement observé ceux qui lui avoient fait cette peur, se sentant offensés, furent contraints de quitter leur colère, et rire comme les autres. Et, pour en tirer davantage de passe-temps et plaisir, lui demandèrent comment il avoit été si hardi, étant étranger du pays, et sans aveu, d'entrer en la maison et sommellerie du roi. « Pour ce, dit-il, que je savois bien que le roi étoit assez riche pour me donner à dîner. » Par cette gaillardise et promptitude d'esprit, il captivoit le plus souvent la bonne grâce de ceux qui, en le regardant seulement, l'eussent du tout rejeté.

NOUVELLE CVI.
Des moyens dont usa un médecin, afin d'être payé d'un abbé malade, lequel il avoit pansé².

Un médecin, assez recommandé envers plusieurs, pour sa bonne réputation et doctrine, fut mandé par un abbé, afin de le secourir en sa maladie : ce qu'il accepta volontiers; et en fit si bien son devoir, qu'en peu de jours il l'avoit remis debout. Or, aperçut-il qu'au lieu que l'abbé, étant au fort de sa maladie, lui promettoit chiens et oiseaux³; et quand il recommençoit à revenir en convalescence, il ne le regardoit pas de bon œil, et ne faisoit aucune mention de le contenter de ses peines; et doutoit fort qu'enfin il ne toucheroit aucuns deniers. Il s'avisa d'user d'un moyen pour se faire payer; c'est qu'il fit entendre à son abbé, qu'il craignoit fort une rechute, pire que la maladie; et qu'il en avoit de grandes conjectures; et pourtant, qu'il lui falloit encore prendre une médecine : laquelle il lui fit faire telle, que deux heures après l'avoir prise, il trouva qu'il avoit compté sans son hôte; qu'il avoit plus grand besoin de son médecin, que jamais. Se trouvant donc en tel état, envoie messagers l'un sur l'autre vers son médecin; mais comme auparavant il avoit fait de l'oublieux à le contenter, aussi faisoit alors le médecin, de l'empêché. Enfin, l'abbé lui envoya un sien serviteur, qui lui garnit très-bien la main, et lui dit, que son maître le prioit pour

---
¹ Boutades, bons mots. — ² Irlandais.
³ Avoir de l'entregent.
⁴ Habitans de l'île de Micone. C'est Érasme qui fait le portrait de ces parasites.
⁵ Faméliques. — ⁶ Assemblées, festins. — ⁷ Se rassasier.

¹ Mangeait. On dit encore familièrement : casser des croûtes.
² Voyez ce conte dans l'*Apologie pour Hérodote*, ch. 16. — ³ C'est-à-dire, monts et merveilles.

l'honneur de Dieu qu'il l'allât visiter; et qu'il ne pensoit pas réchapper de sa maladie. Ce serviteur donc ayant usé du vrai moyen pour faire cesser tous les empêchements du médecin, fit tant, qu'il alla visiter l'abbé, lequel il rendit gai comme Perot[1] au bout de trois jours; au bout desquels il eut derechef la main garnie. Par ce moyen, ce gentil médecin fut payé de son abbé, lequel il avoit en peu de temps délibéré faire vivre et mourir, ou mourir et vivre, en vrai médecin.

NOUVELLE CVII.

De l'apprenti larron, qui fut pendu pour avoir trop parlé[2].

Un apprenti larron, étant entré par le toit en une maison, pour voir s'il ne trouveroit point quelque bonne aventure, fut découvert par ceux qui étoient dedans, à raison du bruit qu'il avoit mené y entrant : qui fut occasion que les voisins d'entour s'assemblèrent pour voir que c'étoit. Mais le larron, voyant que chacun entroit à foule pour le chercher, descendit par quelques adresses qu'il avoit remarquées, et se vint rendre parmi la foule du peuple qui entroit pour le chercher; et, par ce moyen, se garda d'être découvert. Un peu après qu'il eut vu le bruit apaisé, et qu'on ne cherchoit plus le larron, d'autant qu'on pensoit qu'il fût échappé, se délibéra de sortir par la porte; feignant être demeuré seul pour le chercher, ne craignant aucunement d'être connu. Mais, par faute d'être maître de sa langue, il se donna lui-même à connoître, et se mit la corde au col ; car, ainsi qu'il pensoit sortir, ayant rencontré plusieurs à la porte qui devisoient du larron, en le maudissant, vint à le maudire aussi, disant qu'il lui avoit fait perdre son bonnet. Or, faut-il noter que, pendant que ce rustre tâchoit à se sauver, fuyant tantôt çà, et tantôt là, son bonnet lui étoit tombé : lequel on avoit gardé en espérance qu'il donneroit des enseignes du larron. Quand on lui eut ouï dire cela, on entra incontinent en soupçon, tellement qu'il fut prins, et incontinent pendu, pour avoir trop parlé.

[1] Il semble que l'on a dû dire *perot* pour *perroquet*, qui se nommait autrefois *papegai*; mais *perot* doit plutôt s'entendre d'un de ces moines gaillards qu'on appelait *pères* ou *beaux pères*.

[2] Recueilli aussi par Henri Étienne, ch. 15 de l'*Apol. pour Hérodote.*

NOUVELLE CVIII.

De celui qui se laissa pendre sous ombre de dévotion[1].

Un certain prévôt de par le monde, voulant sauver la vie à un larron qui étoit tombé entre ses mains, à l'intention qu'il participeroit au butin, comme aussi ils en étoient d'accord ; en considérant, d'autre part, qu'il en seroit repris, et que le murmure seroit grand s'il n'en faisoit justice ; et même qu'il se mettoit en grand danger, usa de ce moyen. C'est qu'il fit prendre un pauvre homme, auquel il dit qu'il y avoit longtemps qu'il le cherchoit; et que c'étoit lui qui avoit fait un tel acte, et un tel. Cet homme ne faillit à lui nier fort et ferme, comme celui qui avoit la conscience nette de tout ce qu'on lui mettoit à sus[2]. Mais ce prévôt, étant résolu de passer outre, lui fit remontrer qu'il gagneroit bien mieux de confesser (puisque, aussi bien, ainsi qu'en çà, il lui falloit perdre la vie) et que, s'il le confessoit, le prévôt s'obligeroit par son serment de lui faire tant chanter de messes, qu'il pourroit être assuré d'aller en paradis; au lieu qu'en ne confessant point, il ne laisseroit d'être pendu, et si iroit à tous les diables ; d'autant qu'il n'y auroit personne qui fît chanter pour lui une seule messe. Ce pauvre homme, oyant parler d'être pendu, et puis aller à tous les diables, se trouva fort étonné, et aima mieux être pendu et aller en paradis; tellement qu'en la fin il vint à dire, qu'il ne se souvenoit point d'avoir fait ce de quoi on le chargeoit; toutefois, que si on s'en souvenoit mieux que lui, et on en étoit bien assuré, il prendroit la mort en gré; mais qu'il prist qu'on lui tînt promesse touchant les messes. Et n'eut plutôt dit le mot, qu'on le mena tenir la place de l'autre, qui avoit mérité la mort. Mais quand il fut à l'échelle, et que la fièvre commença à le saisir, il entra en des propos, par lesquels il donnoit à entendre qu'il se repentoit, nonobstant ce qu'on lui avoit promis. Pour à quoi remédier, le prévôt, qui craignoit qu'il ne le décelât au peuple, fit signe au bourreau qu'il ne lui laissât achever : ce qui fut fait. Et ainsi fut pendu sous ombre de dévotion ce pauvre homme.

[1] Rapporté par Henri Étienne, ch. 17 de l'*Apologie pour Hérodote.*

[2] On disait plutôt *mettre sus.*

NOUVELLE CIX.

D'un curé, qui n'employa que l'autorité de son cheval, pour confondre ceux qui nient le purgatoire[1].

Un curé, voulant donner à connoître combien il avoit l'esprit aigu et gaillard, encore qu'il n'eût longtemps versé[2] en bonnes lettres, n'employa que l'autorité de son cheval, pour confondre ceux qui nient le purgatoire; au lieu que les autres, pour ce faire, ont employé et emploient ordinairement les autorités de tant de bons et savants docteurs. Parlant donc, ce bon personnage, des luthériens, qui ne vouloient croire qu'il y eût un purgatoire : « Je vais, dit-il, vous faire un conte, par lequel vous connoîtrez combien ils sont méchants de nier le purgatoire. Je suis fils de feu M. d'E... (comme vous le savez), et nous avons un assez beau lieu, en un village d'ici entour[3]. Y allant un jour, ainsi que la nuit nous avoit surprins, mon mallier[4] (notez, disoit-il, que je veux que vous sachiez que j'ai un fort beau et bon mallier, au commandement et service de toute la compagnie), s'arrêta contre sa coutume; et commença à faire *pouf, pouf*. Je dis à mon varlet : « Pique, pique. — Je pique, dit-il, monsieur. Mais votre mallier voit quelque chose pour certain. » Alors, il me souvint de ce que j'avois ouï dire, un jour, à madame ma mère, qu'il y avoit eu autrefois quelque apparition en ce lieu-là : parquoi, je me mis à dire mon *Pater* et *Ave Maria*, qu'elle m'avoit apprins, la bonne dame; et commande derechef à mon varlet de piquer; ce qu'il fit, mais le cheval, ayant marché deux ou trois pas en avant, s'arrêta de plus beau, et fit encore *pouf, pouf* (étant, par aventure, trop sanglé), et m'ayant encore assuré, mon varlet, que ce cheval voyoit quelque chose, j'ajoutai mon *De profundis*, que feu mon père m'avoit apprins : et incontinent, ne faillit mon cheval à passer outre. Mais, s'étant arrêté pour la troisième fois, je n'eus pas plus tôt dit : *Avete omnes*, etc., et *Requiem*, etc., qu'il passa franchement, et depuis n'en fit difficulté. » (Peut-être qu'il ne lui remena point depuis.) Or, maintenant, il disoit à ses paroissiens : « Que ces méchants dient qu'il n'y a point de purgatoire; et qu'il ne faut point prier pour les trépassés, je les renverrai à mon mallier; voire à mon mallier, pour apprendre leur leçon ! »

NOUVELLE CX.

Du bateleur, qui gagea contre un duc de Ferrare, qu'il y avoit plus grand nombre de médecins en sa ville, que d'autres gens; et comment il fut payé de sa gageure[1].

Un plaisant bateleur, assez bien reçu en plusieurs des bonnes maisons d'Italie, se présenta, un jour, au marquis de Ferrare, Nicolas[2], prince vertueux et fort récréatif, qui, pour expérimenter ce plaisant, lui demanda en riant : « Quel plus grand nombre il estimoit qu'il y eût de personnes, exerçant un même état et vacation, en la ville de Ferrare? » Le bateleur, connoissant l'humeur du marquis, se proposa d'attirer à soi[3] de son argent, sous couleur de gageure; et lui rendant réponse à ce qu'il lui avoit demandé, lui dit : « Eh ! qui est celui qui doute que le nombre des médecins ne soit plus grand en cette ville, que de tous autres états ? — O pauvre sot ! dit le marquis : il appert bien que tu n'as pas beaucoup fréquenté en cette ville, vu qu'à grand'peine y pourroit-on trouver deux médecins, soit naturels ou étrangers. » Le bateleur répliqua et lui dit : « Oh ! qu'un prince est empêché en grands et urgents affaires, qui n'a visité ses villes, et ne sait quels sujets et vassaux il a ! » Alors le marquis dit au bateleur : « Que veux-tu payer, si ce que tu m'as assuré n'est trouvé véritable ? — Mais, dit le bateleur, que me donnerez-vous, s'il vous en apparoît, et qu'il soit véritable ? » Dès lors, accordèrent le marquis et le bateleur, de ce que le perdant donneroit au gagnant. Parquoi, le lendemain au matin, le bateleur vint à la porte de la maîtresse église de la ville, vêtu de peaux, ouvrant la bouche et toussant le plus fort qu'il pouvoit, faisoit accroire qu'il étoit bien malade. Et comme chacun qui entroit en l'église, l'avoit aperçu, plusieurs lui demandoient quelle maladie le tourmentoit; et leur disoit que c'étoit le mal des dents, pour lequel guarir, plusieurs

---

[1] Voyez encore l'*Apologie pour Hérodote*, ch. 36.
[2] Étudié, médité, travaillé.
[3] Henri Étienne ajoute : *au pont d'Antoni*.
[4] Gros cheval pour porter une malle ou valise.

[1] Imité de Jean-Jovien Pontan, et de Chassaneus, part. XI° du *Catalogus gloriæ mundi*, consider. 48.
[2] C'est Nicolas III, marquis d'Est et de Ferrare, qui vivait au quinzième siècle, et qui fut un des princes les plus estimés de son temps.
[3] Nous avons, pour le sens, changé ainsi le texte original, qui porte *à fois*.

lui donnoient des remèdes ; desquels il prenoit leurs noms et remèdes, et les écrivoit en une petite tablette; et, afin de mieux assurer sa gageure, il se traînoit par la ville, et prioit les personnes qu'il rencontroit en son chemin, de lui enseigner quelque remède à son mal; et, par ce moyen, remarqua plus de trois cents personnes qui lui avoient enseigné des remèdes : desquels il écrivit les noms et surnoms en ses tablettes. Ce qu'ayant fait, entra en la maison du marquis, lequel vit à table comme il dînoit ; et se présenta à lui, ainsi embéguiné qu'il étoit, faisant semblant d'être bien tourmenté de maladie. Et comme le marquis l'eut aperçu, ne pensant aucunement que ce fût son bateleur; et qu'il lui dit, qu'il commençoit un peu à se bien porter de ses dents : « Prends, dit le marquis, la médecine que je t'ordonne, et prie M. saint Nicolas, et tu seras incontinent guari. » Le bateleur, ayant entendu cette recette, s'en retourna en sa maison, print une feuille de papier, et écrivit tous et un chacun les remèdes et les noms des personnes qui les lui avoient donnés, et mit en premier lieu le marquis ; et conséquemment les uns les autres en leurs rangs. Trois jours après, faisant semblant d'être quasi guari, s'étant noué la gorge, et embéguiné comme auparavant, s'en vint trouver le marquis, lui montrant sa feuille de papier où il avoit écrit tous les remèdes qu'on lui avoit donnés, et requiert qu'il lui fasse délivrer sa gageure. Le marquis, ayant lu ce qui étoit écrit en cette feuille de papier, et aperçu qu'il tenoit le premier lieu entre les médecins, il se print à rire avec toute sa compagnie, qui étoit informée de ce fait; et, se confessant vaincu par le bateleur, commanda qu'on lui délivrât ce qu'il lui avoit promis.

NOUVELLE CXI.

Des tourdions[1] joués par deux compagnons larrons, qui depuis furent pendus et étranglés[2].

Un bon fripon, natif de la ville d'Issoudun en Berri, ayant commis un infini nombre de larcins, et ayant été souvent menacé, en la fin fut condamné à être pendu et étranglé. Mais, ainsi qu'on le menoit pendre, advint qu'un seigneur[1] passa par là, par le moyen duquel il obtint sa grâce du roi, pour avoir craché quelques mots de latin rôti[2] : lesquels, encore qu'ils ne fussent entendus, firent penser que c'étoit quelque homme de service. Et, de fait, comme tel, après avoir eu sa grâce, fut envoyé par le roi aux Terres-Neuves, avec Roberval[3], lequel voyage servit de ce qui est allégué d'Horace :

Cœlum, non animum mutant, qui trans mare currunt.

C'est-à-dire :

Ceux qui vont delà la mer,
Changent le ciel, non leur amer[4].

Car, étant de retour, il poursuivit plus fort que paravant son métier de dérober ; tellement, qu'étant surpris pour la seconde fois, il passa le pas qu'il avoit autrefois failli. Et, à dire la vérité, je crois que cettui-ci n'en fut pas échappé à meilleur marché ; d'autant qu'il est vraisemblable qu'il avoit été maintes autres fois surpris ; n'étant possible qu'en faisant les larcins par douzaines, il y procédât par art en un chacun d'iceux ; car, si on vit jamais homme auquel on peut considérer que c'est que d'une nature incline à dérober, cettui-ci en étoit un très-beau miroir : lequel, pour récompense de la peine qu'auroit prins un sien ami, de lui sauver la vie par plusieurs fois, il lui emporta une robe-longue toute neuve, et plusieurs autres hardes ; avec laquelle il fut surpris, l'ayant vêtue; et encore une autre par-dessus, qu'il avoit pareillement dérobée ailleurs. Aussi, lui furent trouvées trois chemises vêtues l'une sur l'autre ; et, bien peu auparavant, il en avoit fait autant d'un saye de velours de quelqu'un qui lui avoit fait ce bien de le loger. Mais le plus insigne larcin de lui, en matière d'habillements, ce fut quand il déroba tous ceux qui avoient été faits pour un certain époux et épouse, lesquels lui semblèrent bien valoir les prendre, pource que la plupart étoient de soie. Et ce qui faisoit s'ébahir davantage de ce larcin,

---

[1] Tours de passe-passe. On appelait ainsi les danses vives et pétulantes, accompagnées de beaucoup de *passes*, ou figures.

[2] Rapporté aussi par Henri Étienne, chapitre 15 de *l'Apologie pour Hérodote*.

[1] Henri Étienne nous apprend que ce fut *M. de Nevers* ; sans doute François de Clèves, premier du nom, duc de Nevers, né en 1516, mort en 1566.

[2] Henri Étienne a supprimé ce mot, qu'il n'entendait peut-être pas, et qui doit signifier *fatigué, usé, défiguré*, dans le sens de l'expression populaire : *Il a rôti le balai*.

[3] L'île de Terre-Neuve fut découverte en 1504 par des pêcheurs normands, et François Ier y envoya, en 1524, Jean Vérazzan pour en prendre possession.

[4] Fiel, cœur.

étoit que, pour tout emporter (comme il avoit fait), il lui avoit convenu faire six ou sept voyages. Or, les avoit-ils emportés en un logis qu'on lui prêtoit au monastère des dames de Sainte-Croix de Poitiers : auquel logis il étoit, pour lors qu'on vint pour lui faire rendre compte desdits habillements ; d'autant qu'on n'avoit soupçon que sur lui. Mais, ayant vu par la fenêtre ceux qui le venoient trouver, ne les attendit pas, ains s'enfuit, ayant très-bien fermé la porte. Néanmoins, on trouva moyen d'entrer en ce logis ; auquel, outre ces habillements qu'on cherchoit, on trouva ce qu'on ne cherchoit pas, à savoir environ quarante paires de souliers de toutes sortes et façons et plusieurs paires de chausses ; aussi, plusieurs pièces de drap taillé, avec plusieurs livres qu'il avoit emportés aux écoliers. Mais ce galant accoûtra bien mieux sesdites hôtesses, qu'il n'avoit fait ses hôtes ; car, au lieu qu'il ne leur avoit emporté que quelques habits, il emporta à ces dames leurs plus belles reliques, pour reconnoissance du plaisir. Toutefois, le plus notable tour que joua ce subtil larron fut celui qu'il commit en la prison où il étoit détenu pour ses forfaits : en laquelle étant logé par fourrier [1], ne put toutefois attendre qu'il en fût sorti pour retourner à son métier ; mais léans même empoigna très-bien le manteau du geôlier ; et là même le vendit, l'ayant passé à travers des treillis de ladite prison, qui étoient sur la rue. Toutefois, quelque subtilité qu'il exerçât, il ne put éviter qu'il ne fût mors [2] d'une mule [3], et puis pendu et étranglé.

NOUVELLE CXII.

D'un gentilhomme, qui fouetta deux cordeliers pour son plaisir [4].

Un gentilhomme de Savoie, exerçant ses brigandages dedans ou auprès de sa maison, avoit [5] quelque humeur particulier [6] ; et, ores qu'il fût brigand de meilleure grâce, qu'aucuns qui s'en mêlent, toutefois il se contentoit le plus souvent de partir [7] avec ceux qu'il détroussoit,

[1] Il faut lire sans doute *par fourrière*, remise préventive sous la garde de la justice. — [2] Mordu.
[3] Locution proverbiale, signifiant qu'il lui arriva malheur. — [4] Recueilli aussi dans l'*Apologie pour Hédote*, ch. 18, où ce gentilhomme est nommé d'Avenchi.
[5] L'édition de La Monnoye porte *ayant*, ce qui fait une phrase mal agencée.
[6] Henri Étienne écrit *particulière*. — [7] Partager.

quand ils se rendoient de bonne heure, et sans attendre qu'il se fût mis en colère. Mais ce dont, au contraire, on lui vouloit plus de mal pour lors, c'étoit qu'il en vouloit fort aux moines et moinesses ; et prenoit son passe-temps à leur jouer plusieurs tours, qui étoient (comme on dit en proverbe) jeux de pommes, c'est-à-dire jeux qui plaisent à ceux qui les font. Entre lesquels sera ici parlé d'un sien acte, ou plutôt d'un divisé en deux parties, par lesquelles il rendit deux cordeliers, premièrement (ce lui sembloit) bien joyeux, et puis, bien fâchés. C'est qu'ayant reçu ces deux cordeliers en son château, et leur ayant fait bonne chère, leur dit, que, pour parachever le bon traitement, il leur vouloit donner des garses, à chacun la sienne. De quoi eux ayant fait refus, il leur pria de se montrer privés en son endroit ; d'autant qu'il considéroit bien qu'ils étoient hommes comme les autres ; et enfin les enferma de fait et de force en une chambre avec les garses : où les retournans trouver au bout d'une heure ou environ, leur demanda comment ils s'étoient portés en leurs nouveaux ménages. Et leur voulant faire accroire qu'ils avoient fait l'exécution, les contraignoit de le confesser malgré eux ; et, les intimidant, leur disoit : « Comment, méchants hypocrites, est-ce ainsi que vous surmontez la tentation ! » Et là-dessus, furent les deux pauvres cordeliers dépouillés nus, comme quand ils vinrent du ventre de leurs mères ; et, après avoir été tant fouettés, que les bras de monsieur et de ses valets pouvoient porter, furent renvoyés ainsi nus. Or, si cela étoit bien fait, ou non, j'en laisse la décision à leurs savants juges.

NOUVELLE CXIII.

Du curé d'Onzain près d'Amboise, qui se fit châtrer, à la persuasion de son hôtesse [1].

Un curé d'Onzain près d'Amboise, persuadé par une sienne hôtesse (laquelle il entretenoit) de faire semblant d'ôter, disoit-elle, tout soupçon à son mari, se fit châtrer (qu'on dit plus honnêtement *tailler*) ; et se mit en la miséricorde d'un nommé monsieur maître Pierre des Serpents, natif de Vilantrois en Berri ; et envoya ce prince-curé quérir tous ses parents et amis ; et, après qu'il leur eut dit qu'il n'avoit

[1] Imité des *Cent Nouvelles nouvelles*, LXIV, le *Curé rasé*, et rapporté aussi par Henri Étienne, ch. 15.

jamais osé leur déclarer son mal; mais qu'enfin il se trouvoit réduit en tels termes, qu'il lui étoit force d'en passer par là, fit son testament. Et, pour faire encore meilleure mine, après avoir dit à ce maître Pierre (auquel toutefois il avoit baillé le mot du guet[1], de ne faire que semblant, et, pour ce, lui avoit baillé quatre écus), qu'il lui pardonneroit sa mort de bon cœur, si d'aventure il advenoit qu'il en mourût; se mit entre ses mains, se laissa lier, et du tout accoûtrer comme celui qu'on vouloit tailler vraiment. Or, faut-il noter que, comme ce curé avoit donné audit maître Pierre le mot du guet de ne faire que semblant, aussi le mari de l'hôtesse, de son côté (après avoir entendu cette farce), avoit donné le mot du guet de faire à bon escient; avec promesse de lui donner le don de ce qu'il avoit reçu dudit prêtre pour faire la mine[2]; tellement que maître Pierre, persuadé par le mari, et tenant le pauvre curé en sa puissance, après l'avoir bien attaché, lié et garrotté, exécuta son office réalement et de fait; et puis, le paya de cette raison, qu'il n'avoit point accoutumé se moquer de son métier; et que, s'il s'en étoit une seule fois moqué, son métier se moqueroit de lui. Voilà comment le pauvre curé se trouva de l'invention de cette femme; et, comment, au lieu que, suivant cette finesse, il se préparoit à tromper le mari mieux que jamais, il fut trompé lui-même, d'une tromperie beaucoup plus préjudiciable à sa personne.

NOUVELLE CXIV.

D'une finesse, dont usa une jeune femme d'Orléans, pour attirer à sa cordelle[3] un jeune écolier qui lui plaisoit[4].

Une jeune femme d'Orléans, ne voyant aucun moyen par lequel elle pût avertir un jeune écolier qui lui plaisoit sur tous, usa, pour parvenir à son intention, qui étoit de l'attirer à sa cordelle, de la débonnaireté de son beau père confesseur, qu'elle vint trouver dedans l'église, où le jeune écolier se promenoit; et, faisant la désolée, conta, sous prétexte de confession, à ce beau père, qu'il y avoit un jeune écolier qui la pourchassoit incessamment de

[1] C'est-à-dire, il était convenu en secret avec lui.
[2] Semblant. — [3] C'est-à-dire, dans ses lacs.
[4] Imité du *Decamerone* de Boccace, Nov. 5, Giorn. III; des *Cent Nouvelles nouvelles*, et recueilli aussi par Henri Étienne, ch. 15. Le conte du *Magnifique*, parmi ceux de La Fontaine, a quelque analogie avec celui-ci.

son déshonneur, en se mettant lui et elle aussi en très-grand danger : lequel elle lui montra, par cas fortuit, au même lieu, ne pensant aucunement à elle; le pria affectueusement de lui faire telles remontrances, qu'il savoit être requises en tel cas. Et, sur cela, comme celle qui feignoit tout ceci, afin de faire venir à soi celui qu'elle accusoit faussement d'y venir, elle disoit quant et quant à ce père confesseur, par le menu, tous les moyens desquels l'écolier usoit : racontant qu'il avoit accoutumé de passer au soir par-dessus une telle muraille, à telle heure, pource qu'il savoit que son mari n'y étoit pas alors; et qu'il montoit sur un arbre, pour puis après entrer par la fenêtre; bref, qu'il faisoit ainsi et ainsi, et usoit de tels moyens, qu'elle avoit grande peine à se défendre. Le beau père parle à l'écolier, et lui fait les remontrances qu'il pensoit être les plus propres. L'écolier, qui savoit en sa conscience qu'il n'étoit rien de tout ce que cette femme disoit, et qu'il n'y avoit jamais pensé, fit toutefois semblant de recevoir ses remontrances, comme celui qui en avoit besoin, et en remercia le beau père. Mais, comme le cœur de l'homme est prompt au mal, il eut bien de l'espoir jusque-là, pour connoître que cette femme l'avoit accusé de ce qu'elle désiroit qu'il fît, vu même qu'elle lui donnoit toutes les adresses et tous les moyens dont il devoit user. Sur laquelle occasion, le jeune homme, allant de mal en pis, ne faillit à tenir le chemin qu'on lui enseignoit; de sorte qu'au bout de quelque temps, le pauvre beau père, qui y avoit été à la bonne foi, se voyant avoir été trompé par la ruse de cette femme, ne se put tenir de crier en pleine chaire : « Je là vois, celle qui a fait son maquereau de moi! » Et, ayant été décelée, n'osa depuis retourner à confesse à lui.

NOUVELLE CXV.

La manière de faire taire et danser les femmes, lorsque leur avertin[1] les prend[2].

Un quidam assez paisible, et rassis d'entendement, épousa une femme qui avoit une si mauvaise tête, qu'encore qu'il prînt toute la peine de la maison et de faire la cuisine, où

[1] Maladie d'esprit, vertigo, ver-coquin.
[2] Voyez une nouvelle à peu près semblable dans Bebelius, *Facet.* II, 136; et dans Le Domenichi, *Facetie e Motti*, l. 3.

qu'il fût, à table, en compagnie, il ne pouvoit éviter qu'il ne fût d'elle tourmenté et maudit à tous coups; et que, pour belles remontrances et gracieux accueil qu'il lui sut faire, elle ne s'en voulsît garder; encore que le plus souvent Martin-bâton l'accolât. De quoi le bon homme, fort étonné, se délibéra d'user d'un autre moyen, qui fut tel, qu'à chacune fois qu'elle pensoit le fâcher et maudire, il se prenoit à jouer d'une flûte qu'il avoit; de laquelle il ne savoit non plus l'usage, que de bien aimer. Toutefois, pour cela, sa femme ne laissa de continuer ses maudissons, jusqu'à ce que, s'étant aperçue et s'étant indignée de ce qu'il ne s'en soucioit si fort qu'auparavant, elle se print à danser de colère; et étant aucunement lassée au son d'icelle, lui arracha d'entre les mains. Mais le bon homme, ne voulant perdre les moyens par lesquels il trompoit ses ennuis, se pendit d'une main à son col pour recouvrir sa flûte; et dès lors recommença plus beau que devant à siffler et en jouer; tellement, que cette mauvaise femme, se sentant offensée par l'importunité que lui faisoit cette flûte, sortit de la maison, se promettant de n'endurer à l'avenir de telles complexions; et, dès le lendemain qu'elle fut retournée, elle reprint ses maudissons mieux qu'auparavant. Toutefois, le mari ne délaissa à jouer de sa flûte, comme il souloit; et se voyant sa femme vaincue par lui, lui promit qu'à l'avenir elle lui seroit plus qu'obéissante en toutes choses honnêtes, pourvu qu'il mît sa flûte reposer, et n'en jouât plus, pource, disoit-elle, qu'elle se sentoit étourdie du son. Par ce moyen, le bon homme adoucit sa femme; et connut que le proverbe ne fut jamais mal fait, qui dit : « Qu'il y a plusieurs moyens pour abaisser l'orgueil des femmes, et les faire taire, sans coup frapper. »

NOUVELLE CXVI.

De celui qui s'ingéra de servir de truchement aux ambassadeurs du roi d'Angleterre, et comment s'en acquitta, avec grande honte qu'il y reçut [1].

Un personnage, assez remarqué pour les grands honneurs, esquels il étoit entretenu en France, montra bien qu'il avoit du savoir en sa tête, mais non pas plus qu'il lui en falloit pour sa pourvision [2]; car quand il eut lu la lettre que le roi d'Angleterre, Henri huitième, écrivoit au roi François, premier de ce nom, où il y avoit entre autres choses : *Mitto tibi duodecim molossos*, c'est-à-dire : *Je vous envoie une douzaine de dogues*; il interpréta : *Je vous envoie une douzaine de mulets*; et, se fiant à cette interprétation, s'en alla avec un autre seigneur trouver le roi, pour le prier de leur donner le présent que le roi d'Angleterre lui envoyoit. Le roi, qui n'avoit encore ouï parler de ceci, fut ébahi comment d'Angleterre on lui envoyoit des mulets; disant que c'étoit grande nouveauté; et, pour ce, il les vouloit voir. Or, ayant voulu voir pareillement la lettre, et la faire voir aussi aux autres, on trouva *duodecim molossos*, c'est-à-dire : *douze dogues*. De quoi ledit seigneur se voyant être moqué (et faut penser de quelle sorte) trouva une échappatoire qui le fit être encore davantage; car il dit qu'il avoit failli lire, et qu'il avoit pris *molossos* pour *muletos*. Toutefois, pour cela, ceux qui étoient autour du roi ne laissèrent à bien rire; ne se voulant aucunement formaliser de son latin.

NOUVELLE CXVII.

Des menus propos que tint un curé au feu roi de France Henri, deuxième de ce nom [1].

Un certain curé, faisant sermon à ses paroissiens, ouït plusieurs petits enfants crier qui lui empêchoient à dire et expliquer ce qu'il avoit en l'entendement : dont il fut courroucé. Et se souvenant que quelques autres enfants alloient par la ville chantant vilaines chansons : « Un tas de petits fils de putains, disoit-il, s'en vont chantant une telle chanson : *Vous aurez sur l'oreille*, etc. Je voudrois être leur père : Dieu sait comment je les accoûtrerois [2] ! » Aussi bien rencontra-t-il une autre fois en parlant au roi Henri, deuxième de ce nom, qui l'avoit fait appeler pour en tirer du plaisir; car, le roi lui ayant demandé des nouvelles de ses paroissiens, il lui dit qu'il ne tenoit pas à les bien prêcher, qu'ils ne fussent gens de bien. Et le roi l'ayant interrogé s'ils se gouvernoient pas bien : « En ma présence, dit-il, ils font bonne mine et mauvais jeu, et sont prêts de faire tout ce que je leur commande; mais sitôt que j'ai

---

[1] Voyez la même anecdote dans l'*Apologie pour Hérodote*, ch. 16, où le chancelier cardinal Duprat est désigné comme l'auteur de ce *coq-à-l'âne*, ainsi qu'on disait alors. — [2] Pour *provision*.

[1] Rapporté aussi par Henri Étienne, dans l'*Apologie pour Hérodote*, ch. 36. Ce curé est celui de Brou, que Bonaventure Des Periers nous a déjà fait connaître dans plusieurs contes. — [2] Arrangerais.

le cul tourné, soufflez, sire !» Ce qui fut pris en bonne part de lui, comme n'y allant point à la malice, non plus qu'ès rencontres qui lui étoient coutumières en ses prêches ; car, si on eût aperçu qu'il eût équivoqué de propos délibéré sur ce mot de *soufflez* ; qui, outre sa première signification, se prend en langage du commun peuple, pour cela aussi qui dit autrement : *de belles*, c'est-à-dire : *il n'en n'est rien* ; on lui eût appris à souffler d'une autre sorte. Et puis, sonnez, tabourin [1] !

NOUVELLE CXVIII.

De celui qui prêta argent sur un gage qui étoit à lui ; et comment il en fut moqué [2].

Un bon fripon, ayant convié à dîner deux siens compagnons, lesquels il avoit rencontrés par la ville, et voyant au retour qu'en sa maison il n'y avoit rien plus froid que l'âtre, et que tous les prisonniers [3] s'en étoient fuis de sa bourse ; s'avise incontinent de cet expédient, pour tenir promesse à ceux qu'il avoit conviés. Il s'en va en la maison d'un quidam, avec lequel il avoit quelque familiarité ; en l'absence de la chambrière, prend un pot de cuivre, dedans lequel cuisoit la chair ; et, l'ayant mis sous son manteau, l'emporte chez soi. Étant arrivé, commande à sa chambrière de verser le potage avec la chair en un autre pot de terre. Et, après que ce pot de cuivre fut vidé, l'ayant très-bien fait écurer, envoya un garçon à celui auquel il appartenoit, pour le prier de lui prêter quelque somme d'argent, en retenant ce pot pour gage. Le garçon rapporte bonne réponse à son maître, à savoir une pièce d'argent, qui vint fort bien à point pour fournir à table du reste qu'il y falloit ; et un petit mot de cédule, par laquelle ce créditeur [4] confessoit avoir reçu le pot de cuivre en gage sur la somme. Lequel, se voulant mettre à table, trouva faute d'un des pots qui avoient été mis au feu ; et alors, ce fut à crier. La cuisinière assure que, depuis qu'elle l'avoit perdu de vue, n'étoit entré que ce bon fripon. Mais on faisoit conscience de le soupçonner d'un tel acte. Toutefois, enfin, on va voir si on l'apercevra point chez lui ; et, pource qu'on n'en oyoit point de nouvelles, on le mande à lui-même ; il répond qu'il ne sait que c'est. Et quand il se sentit pressé (d'autant qu'on lui maintenoit qu'autre que lui n'étoit entré vers le temps qu'il avoit été prins) : « Il est bien vrai, dit-il, que j'ai emprunté un pot, mais je l'ai renvoyé à celui duquel je l'avois emprunté. » Ce qu'ayant été nié par le créditeur : « Voyez, messieurs, dit ce fripon, comme il se fait bon fier aux gens de maintenant sans bonne cédule. Il me voudroit incontinent accuser de larcin, si je n'avois cédule écrite et signée de sa main. » Alors, il montra la cédule que lui avoit apportée le garçon ; tellement que, pour paiement, le créditeur reçut de la moquerie par toute la ville ; le bruit étant couru incontinent, qu'un tel (en le nommant) avoit prêté argent sur un gage qui étoit à lui.

NOUVELLE CXIX.

De la cautelle dont usa un jeune garçon, pour étranger [1] plusieurs moines qui logeoient en une hôtellerie [2].

Au diocèse d'Anjou, fut une bonne femme vefve, hôtesse, laquelle, par bonne dévotion, avoit accoutumé loger les cordeliers, et les bien traiter selon son pouvoir ; dont un sien fils en fut marri, voyant qu'ils dépendoient [3] beaucoup du bien de sa mère, sans espoir de récompense ; et, pour ce, délibéra les étranger. Advint que, trois ou quatre jours après, deux cordeliers arrivèrent léans, pour y héberger : auxquels le fils ne voulut faire semblant de malveillance, de peur d'offenser sa mère. Mais quand un chacun se fut retiré en sa chambre, sur la minuit, ledit fils apporta un jeune veau de trois semaines ou un mois, en la chambre des frères, secrètement, sans qu'il fût aperçu aucunement. Et quand ce maître veau sentit qu'il n'avoit sa nourrice près de lui, il se traînoit par toute la chambre, cherchant à repaître ; et, de fortune, se mit sous le lit où les cordeliers étoient fort endormis. Et ainsi comme ce pauvre veau furetoit, il rencontra la tête du plus jeune qui pendoit du côté de la ruelle du lit ; et ce veau commença à lécher le pauvre moine, qui suoit comme un pourceau ; de sorte qu'il s'éveilla en sursaut, et appela en aide son compagnon cordelier, auquel il dit qu'il y avoit des esprits

---

[1] Cette dernière phrase est imitée des bateleurs et des charlatans, qui, après avoir annoncé leur marchandise ou leurs tours, disent à leurs musiciens de sonner une fanfare. — [2] Recueilli par Henri Étienne, ch. 15 de l'*Apologie pour Hérodote*.
[3] C'est-à-dire, les écus. — [4] Créancier, prêteur.

[1] Éloigner, écarter.
[2] Cette nouvelle se trouve aussi dans le *Recueil de plaisantes Nouvelles*, page 249. — [3] Pour *dépensoient*.

léans, qui l'avoient attouché par le visage, le suppliant de le vouloir consoler. Et, en disant telles paroles, il trembloit si fort, qu'il étonna son compagnon, lequel lui commanda, sur peine d'inobédience, de se lever et aller allumer du feu : ce que le pauvre frère refusoit faire, craignant l'esprit. Toutefois, nonobstant les requêtes qu'il fit, il se leva du lit, et se retira vers le foyer pour allumer de la chandelle. Quand le veau entendit marcher, cuidant que ce fût sa mère, s'approcha, et mit le museau entre les jambes dudit cordelier, et empoigna ses dandrilles ; car les cordeliers sont court vêtus par-dessous leur grand'robe. Adonc le pauvre cordelier commença à crier hautement miséricorde ; incontinent s'en retourna coucher, implorant la grâce de Dieu, disant ses Sept-Psaumes et autres oraisons. Ce veau, ennuyé de perdre la tette de sa nourrice, couroit par la chambre ; et enfin cria un haut cri, de voix argentine, comme pouvez savoir : dont les moines furent encore plus étonnés. Le lendemain, devant les quatre heures, le fils retourna aussi secrètement qu'il avoit fait auparavant, et emmena son veau. Quand les pauvres cordeliers furent levés, ils annoncèrent à l'hôtesse de léans, ce qu'ils avoient ouï la nuit, et lui donnoient à entendre que c'étoit un trépassé qui faisoit léans sa pénitence : et ainsi décrièrent tant cette hôtellerie, en le racontant à tous les frères qu'ils rencontroient, qu'oncques-puis n'y logea cordelier, ni autre moine.

NOUVELLE CXX.

Du larron, qui fut aperçu fouillant en la gibecière de feu le cardinal de Lorraine [1] ; et comment il échappa [2].

Il advint, au temps du roi François, premier du nom, qu'un larron habillé en gentilhomme, fouillant en la gibecière de feu le cardinal de Lorraine, fut aperçu par le roi, étant à la messe, vis-à-vis du cardinal. Le larron, se voyant aperçu, commença à faire signe du doigt au roi, qu'il ne sonnât mot, et qu'il verroit bien rire. Le roi, bien aise de ce qu'on lui apprêtoit à rire, le laissa faire ; et, peu de temps après, vint tenir quelque propos audit cardinal, par lequel il lui donna occasion de

[1] Charles de Lorraine, archevêque et duc de Reims, cardinal, fils de Claude de Lorraine, premier duc de Guise. Il naquit en 1524 et mourut en 1574.
[2] Recueilli également par Henri Étienne, ch. 15 de l'*Apologie pour Hérodote*.

fouiller en sa gibecière. Lui, n'y trouvant plus ce qu'il y avoit mis, commença à s'étonner et à donner du passe-temps au roi, qui avoit vu jouer cette farce. Toutefois, ledit seigneur, après avoir bien ri, voulut qu'on lui rendît ce qu'on lui avoit prins ; comme aussi il pensoit que l'intention du preneur avoit été telle. Mais, au lieu que le roi pensoit que ce fût quelque honnête gentilhomme, et d'apparence, à le voir si résolu, et tenir si bonne morgue [1] ; l'expérience montra que c'étoit un très-expert larron déguisé en gentilhomme, qui ne s'étoit point voulu jouer, mais, en faisant semblant de se jouer, fit à bon escient. Et alors ledit cardinal tourna toute la risée contre le roi, lequel, usant de son serment accoutumé, jura, foi de gentilhomme ! que c'étoit la première fois qu'un larron l'avoit voulu faire son compagnon [2].

NOUVELLE CXXI.

Du moyen dont usa un gentilhomme italien, afin de n'entrer au combat qui lui avoit été assigné ; et de la comparaison que fit un Picard, des François aux Italiens [3].

Un gentilhomme italien, voyant qu'il ne pouvoit éviter honnêtement un combat qu'il avoit entrepris contre un de sa qualité, sans qu'il alléguât quelque raison péremptoire, l'avoit accepté. Mais, s'étant depuis repenti, n'allégua autre raison, quand l'heure du combat fut venue, sinon qu'il dit à son ennemi, qu'il étoit prêt à combattre, et l'attendoit à grande dévotion, disant : « Tu es désespéré, toi ? Moi, je ne le suis pas ; et pourtant je me garderai bien de combattre contre toi. » Il est bien vrai quelqu'un pourra répondre, que, pour un, il ne faut pas faire jugement de tous ; et que, si cela avoit lieu, on pourroit tourner à blâme à tous les François ce qui fut dit par un Picard rendant témoignage de sa prouesse ; car, se vantant d'avoir été quelques années à la guerre, sans dégaîner son épée, et étant interrogé pourquoi : « Pource, dit-il, que je n'entrois mie en colère. Mais toutes et quantes fois, disoit-il (en continuant son propos), on voudra confesser vérité, on dira haut et clair, que les Italiens ont plus souvent porté les marques des François colérés, que les François n'ont porté les marques des Italiens désespérés ; et

[1] Contenance, maintien, mine. — [2] Complice.
[3] Cette anecdote est aussi racontée par H. Étienne, ch. 18 de l'*Apologie pour Hérodote*.

que quand il n'y auroit un seul Picard qui sût entrer en colère, pour le moins les Gascons y entrent assez (voire y sont quelquefois assez entrés) pour faire trembler les Italiens dix pieds dedans le ventre, s'ils l'avoient si large; combien que sept ou huit ineptes et sots termes de guerre, que nous avons empruntés d'eux, mettent en danger et les Gascons et toutes les autres contrées de France, d'être réputés autres qu'ils n'étoient auparavant. »

NOUVELLE CXXII.
De celui qui paya son hôte en chansons [1].

Un voyageant par pays, sentant la faim qui le pressoit, se mit en un cabaret, où il se rassasia si bien pour un dîner, qu'il eût bien attendu le souper, pourvu qu'il eût été bientôt prêt. Or, comme le tavernier son hôte, visitant ses tables, l'eut prié de payer ce qu'il avoit dépendu [2], et faire place à d'autres; il lui fit entendre qu'il n'avoit point d'argent; mais que, s'il lui plaisoit, il le paieroit si bien en chansons, qu'il se tiendroit content de lui. Le tavernier, bien étonné de cette réponse, lui dit qu'il n'avoit besoin d'aucunes chansons; mais qu'il vouloit être payé en argent comptant, et qu'il avisât à le contenter et s'en aller. « Quoi! dit le passant au tavernier, si je vous chante une chanson qui vous plaise, ne serez-vous pas content? — Oui, vraiment, » dit le tavernier. À l'instant, le passant se print à chanter toutes sortes de chansons, excepté une, qu'il gardoit pour faire bonne bouche; et, reprenant son haleine, demanda à son hôte s'il étoit content: « Non, dit-il, car le chant d'aucune de celles que vous avez chantées ne me peut contenter. — Or bien, dit le passant, je vous en vais dire une autre, que je m'assure qui vous plaira. » Et, pour mieux le rendre ententif au son d'icelle, il tira de son aisselle un sac plein d'argent, et se print à chanter une chanson assez bonne et plus qu'usitée à l'endroit de ceux qui vont par pays: « *Metti la man a la borsa, et paga l'hoste,* » qui est à dire: « Mets la main à la bourse, et paie l'hôte. » Et, ayant icelle finie, demanda à son hôte si elle lui plaisoit, et s'il étoit content: « Oui, dit-il, celle-là me plaît bien. — Or, donc, dit le passant, puisque vous êtes content et que je me suis acquitté de ma promesse, je m'en vais. » Et, à l'instant, se départit sans payer et sans que son hôte l'en requît.

NOUVELLE CXXIII.
D'un procès mû entre une belle-mère et son gendre, pour n'avoir dépucelé sa fille la première nuit [1].

Au pays de Limousin fut faite une noce, entre une jeune fille âgée de dix-huit ans, ou environ, et un bon garçon de village très-bien emmanché. Or, advint que le compagnon, dès la première nuit, se mit en devoir d'accomplir l'œuvre de son mariage; et, pour gratifier [2] à sa tendre épouse, lui bailla auparavant son manche à tenir, pour lui donner envie de secourir à son affaire. Mais, quand la pauvre fille l'eut tenu et aperçu qu'il étoit si gros, elle ne voulut oncques que le marié lui mît en son étui, de peur qu'il ne la blessât; dont le marié fut fort ennuyé; et, quoi qu'il pût faire, jamais ne put persuader à la mariée de lui faire beau jeu; au moyen de quoi il fut contraint pour la nuit s'en passer. Et quand le jour fut venu, la mère s'en alla par devers la fille, pour savoir comment elle s'étoit portée avecques son mari, et comment il lui avoit fait. Elle lui fit réponse, qu'ils n'avoient rien fait: « Comment, dit la mère, votre mari est doncques châtré!» Alors, comme furieuse, s'en alla au conseil de l'Église [3], afin de faire démarier sa fille; donnant à entendre que son gendre n'étoit habile à engendrer. Sur cette colère, elle le fit citer, afin qu'il lui fût permis de marier sa fille à un autre; dont le pauvre marié fut très-mal content; considérant qu'il n'avoit offensé ni donné occasion pour être ainsi déshonoré. Et quand ils furent tous devant M. l'official, et que la demanderesse eut requis séparation de sa fille et de son gendre; et, par [4] ses raisons, dit que, la nuit de ses noces, il ne voulut et ne sut oncques faire l'œuvre de mariage à sa fille, et qu'il étoit châtré; adonc le gendre, au contraire, se défend très-bien, et dit qu'il étoit aussi bien fourni de lance, que sa femme étoit de cul; et ne demandoit autre chose que lutter. Mais sa femme n'y voulut oncques entendre, et fit la cane [5], au moyen de quoi il n'avoit pu rien faire. Adonc l'official demanda à la jeune

---

[1] Imité du Poge, conte 259. — [2] Pour *dépensé*.

[1] Imité des *Cent Nouvelles nouvelles*, LXXXVI, la *Terreur panique, ou l'official juge*, et raconté aussi dans les *Nouvelles plaisantes*, p. 198. — [2] Dans le sens de : *être agréable*. — [3] Le tribunal de l'officialité. [4] Il vaut mieux lire *pour*. — [5] C'est-à-dire, eut peur.

femme épousée, si elle l'avoit refusé ; et elle lui dit que oui, au moyen de ce que son mari l'avoit si gros, qu'elle craignoit (comme encore faisoit) qu'il ne la blessât ; car elle espéroit, en après, beaucoup plutôt la mort que la vie. Quand la mère eut entendu cette confession, et que par tels moyens elle devoit être condamnée, elle supplia au juge d'asseoir les dépens sur sa fille, attendu qu'elle avoit été cause de ce procès. Toutefois, par sentence, M. l'official condamna la pauvre jeune fille à prêter son beau et joli instrument à son mari, pour y besogner et faire ce qu'il devoit avoir fait la nuit précédente, et sans dépens, attendu la qualité des parties.

NOUVELLE CXXIV.

Comment un Écossois fut guari du mal de ventre, au moyen que lui donna son hôtesse.

Il n'y a pas longtemps qu'un Écossois de la garde du roi de France, lequel avoit dès sa jeunesse goûté quelque peu des bonnes lettres, voyant que le roi[1] s'y adonnoit ; et, d'autre part, considérant le moyen qu'il avoit d'y vaquer pendant le temps qu'il étoit hors de quartier et de service ; pour ce faire, il choisit le logis d'une bonne femme vefve, où il se logea par quelque temps. Un jour, se sentant mal de sa personne, et n'ayant la langue si à délivre[2], pour faire entendre à autrui (comme il faisoit à son hôtesse, à laquelle il demandoit conseil sur son mal), il lui dit : « Madame, moi a grand mal à mon boudin. » Son hôtesse, qui entendoit assez bien qu'il disoit le ventre lui faire mal, et que, pour recouvrer prompt allégement, il lui demandoit son avis ; elle lui dit, qu'il falloit qu'il fît ses prières et oraisons à M. saint Eutrope, lequel on dit guarir de tel mal[3]. L'Écossois, ayant entendu cela, et sentant son ventre aller de pis en pis, ne voulut mettre en mépris le conseil de son hôtesse ; ainsi, suivant icelui, s'en alla à l'église plus prochaine qu'il rencontra, et se mit en prières et oraisons telles, qu'il sembloit à ceux qui entendoient, que le saint dût promptement

[1] François Ier, qui aimait les lettres et surtout la poésie, parce qu'il y réussissait aussi bien que ses poëtes pensionnaires.
[2] Si délibérée, dégagée.
[3] La plupart des maladies étaient placées chacune sous la protection spéciale d'un saint. Saint Eutrope passait pour guérir l'hydropisie.

venir à lui. D'aventure, pendant qu'il étoit en telle méditation, il se trouva un bon fripon ; lequel étoit pendu au derrière de saint Eutrope, et contemploit les allants et venants, avec leurs contenances ; et, ayant remarqué les mines que faisoit cet Écossois, il commença à crier : « Tru, tru, tru, pour Jean d'Écosse et son bagage ! » L'Écossois, qui entendit cette parole jetée assez rudement, pensoit que ce fût quelqu'un qui le voulsît empêcher en ses dévotions ; et, ayant remarqué le lieu d'où pouvoit être partie cette voix, il prend son arc et sa flèche, et vous décoche rasibus l'image du saint. Le fripon, qui étoit derrière, craignant que l'Écossois ne redoublât son coup, se print à descendre l'escalier de bois où il étoit monté ; mais il ne peut s'enfuir si secrètement, qu'il ne fît un bruit qui effraya tellement l'Écossois (lequel pensoit que ce fût le saint qui fût mis à le poursuivre, afin de le punir de l'offense qu'il avoit faite), qu'il entra en telle frayeur, que depuis il ne se sentit saisi du mal de ventre.

NOUVELLE CXXV.

Des épitaphes de l'Arétin[1], surnommé Divin ; et de son amie Madelaine.

L'Arétin, non l'Unique[2], mais celui qui a usurpé le surnom de Divin[3], s'est aussi donné arrogamment le titre de *fléau des princes*, étant du tout enclin à médisance ; en quoi il n'épargnoit (comme on dit en commun proverbe) ni roi ni roc[4] ; car il écrit en une préface d'une sienne comédie italienne[5], que le roi très-chré-

[1] Pierre Arétin, natif d'Arezzo, fameux satirique, qui força tous les princes de son temps à acheter son silence, composa dans sa jeunesse les ouvrages les plus licencieux et les plus impies, et dans sa vieillesse, les plus dévots et les plus mystiques.
[2] Bernard Accolti, d'Arezzo, fils de l'historien Benoît Accolti, fut surnommé l'*Unico Aretino*, à cause de son merveilleux talent pour improviser en vers ; et pourtant on ignore l'époque de sa naissance et de sa mort. Il était en grand honneur à la cour du pape Léon X ; mais ses poésies imprimées ne justifient guère sa réputation.
[3] Il avait fait graver une médaille à son effigie avec cette légende : *Il divino Aretino*. Il se vantait d'ailleurs d'être aussi puissant que Dieu, auquel il ne croyait pas.
[4] Cette expression proverbiale est empruntée au jeu des échecs, où la *tour* se nommait autrefois *roc*.
[5] Ce n'est point dans la préface d'une comédie que l'Arétin parle de cette chaîne, mais dans la scène 7 du troisième acte de sa *Cortigiana*. En outre, il ne dit point ni comment cette chaine était faite ni pour quel

tien François, premier du nom, lui avoit enchaîné la langue d'une chaîne d'or, faite en façon de langues; qu'il lui avoit envoyée, afin qu'il n'écrivît de lui comme il avoit fait de plusieurs autres seigneurs. Mêmement, en l'un des dialogues qu'il a faits, il introduit deux courtisanes, racontant l'une à l'autre les moyens par lesquels elles étoient parvenues aux richesses; et comme, par leur sage conduite et maintien gracieux, elles s'étoient entretenues en honnêtes compagnies. A raison dequoi, étant l'une d'elles décédée de son temps, il lui fit l'épitaphe tel qu'il s'ensuit :

> De Madelaine ici gisent les os :
> Qui fut des v… si friande en sa vie,
> Qu'après sa mort, tous bons faiseurs supplie,
> Pour l'asperger, lui pisser sur le dos.

Or, est mort n'a pas longtemps[1] ce prud'homme avertin[2], à qui les Florentins ses compatriaux ont fait cet épitaphe, digne de lui et de son athéisme :

> Qui giace l'Aretino, amaro tosco
> Del seme human : la cui lingua traffisse
> E vivi e' morti : di Dio mal non disse :
> Et si scusò con dir' No lo conosco.

C'est-à-dire :

> Ici gît l'Aretin, qui fut l'amer poison
> De tout le genre humain ; dont la langue fichoit
> Et les vifs et les morts : contre Dieu son blason
> N'adressa ; s'excusant, qu'il ne le connoissoit.

NOUVELLE CXXVI.

De la harangue qu'entreprint de faire un jeune homme, en sa réception en l'état de conseiller; et comment il fut rembarré.

Ce jeune homme, ayant été envoyé aux universités, pour y apprendre la loi civile, et s'en servir en temps et lieu, au gré et contentement de son père, fut là entretenu assez soüefvement[3] et délicatement. Advint que, se baignant en ses aises et délices, il rejeta au loin ses Digestes; et, ayant empreint en son cerveau l'idée d'une amie, s'adonna à la lecture de Pétrarque et autres tels prodiges d'honneur. Pendant ce temps, son père alla de vie à trépas.

De quoi avertis, les parents et amis du jeune homme, pensant qu'il fût un savant docteur, et qu'il eût profité passablement en loi, lui mandèrent la mort de son père, et l'avertirent qu'il étoit temps qu'il choisît moyen de se pourvoir d'état ou office : à quoi faire, ils se montreroient amis. Le jeune homme, se rangeant sur leur conseil et avis (encore qu'il n'eût aucunement étudié en la loi), prit son chemin vers la maison de feu son père. Après qu'il les eut visités, et qu'il fut assuré des biens que son père lui avoit délaissés, il lui vint en l'entendement d'acheter un état de conseiller en la Cour de Parlement[1]. A quoi s'accordèrent ses amis; et pour l'amitié qu'ils avoient eue avec son père, lui promirent d'en faire demande au roi François Ier, desquels ils étoient très-fidèles serviteurs, et de lui réciproquement chéris. Un jour qu'ils étoient avec le roi, ils lui firent demande de cet état de conseiller : ce qu'il leur octroya, et leur en furent délivrées lettres. De cela bien joyeux, en avertirent le jeune homme, auquel ils donnèrent à entendre comme il se devoit gouverner, pour se faire recevoir en la Cour. Le jeune homme, suivant en tout et partout leur conseil, fit ses supplications et après. Il présente ses lettres d'état : elles sont montrées et lues en pleine Chambre. Après qu'elles eurent été lues, et que la Cour eut été informée du personnage qui les présentoit, demandant à être reçu, il fut refusé ; et pour cause. Le jeune homme, bien étonné, s'en retourne vers ses amis, et les supplie de faire entendre au roi le refus qu'on lui avoit fait en la Cour de Parlement, ce que fut fait. Le roi étant averti de cela, il mande Messieurs de la Cour, à ce qu'ils eussent à venir parler à lui. La Cour de Parlement délègue deux conseillers d'icelle, lesquels avoient charge de faire telles remontrances que de raison. Après qu'ils se furent présentés devant le roi, afin d'entendre sa volonté, il leur demanda pourquoi ils faisoient refus de recevoir ce jeune homme en leur compagnie, vu qu'il lui avoit fait don de cet office de conseiller. Les délégués lui firent entendre leur charge, et dirent que la Cour étoit assez informée de son insuffisance; et, pour tant, ne le pouvoit honnêtement admettre. Le roi, ayant reçu cette remontrance pour sainte et raisonnable, en sut bon gré à Messieurs de la Cour,

---

motif elle lui avait été donnée; mais seulement que, si le roi ne l'eût arrêté avec cette chaîne, il allait prendre le parti de se retirer à Constantinople auprès de Louis Gritti. Cette comédie, d'ailleurs, ayant été imprimée dès 1530, la chaîne dont il s'agit, quoique promise, n'avait pas encore été envoyée, et ne le fut que trois ans après.

[1] En 1556. — [2] Maniaque, bizarre, poète enfin.
[3] Doucement.

[1] Les charges étaient vénales en France.

et ne s'en soucioit plus. Quelque temps après, le jeune homme reprend ses erres de supplication ; et importune tellement ses amis, qu'ils furent contraints supplier derechef le roi de mander à la Cour de recevoir, se soumettant à l'examen requis en tel cas ; lui remontrant, au surplus, qu'il étoit homme pour lui faire service à l'avenir ; joint aussi que le père du jeune homme avoit été son officier par un long temps, et avoit acquis un bon bruit [1] pendant sa vie. Le roi, entendant ces remontrances aussi, et se souvenant de celles que lui avoient faites Messieurs de la Cour sur ce fait, il recommanda derechef qu'il fût reçu. La Cour de Parlement s'y opposa et fit seconde remontrance. Ce nonobstant, le roi voulut que le jeune homme fût reçu. Et comme Messieurs de la Cour lui remontroient que le jeune homme étoit léger d'entendement, et fol, il leur dit : « Et puisqu'ils sont si grand nombre de doctes et savants personnages, ne sauroient-ils endurer un fol entre eux ? » A cette parole, les délégués se départent, et rendent la Cour certaine de la volonté du roi. Le jeune homme, se confiant en lui-même d'être parvenu au-dessus de son attente, se présente derechef à la Cour, et demande à être examiné selon l'ordonnance. La Cour commande à un des huissiers de le faire entrer et conduire en une chaire, que, pour ce faire, on lui avoit préparée. Après qu'il fut monté en cette chaire, et qu'il eut bien ruminé sa harangue, commença par un verset du psaume 118, et dit ainsi qu'il s'ensuit : *Lapidem, quem reprobaverunt œdificantes, hic factus est in caput anguli.* C'est-à-dire :

La pierre par ceux rejetée,
Qui du bâtiment ont le soin,
A été assise et plantée
Au principal endroit du coin [2].

Voulant par-là donner à entendre à la Cour, qu'elle n'avoit dû le mépriser ainsi qu'elle avoit fait. Ce qu'ayant entendu un des anciens de la Cour, auquel ne plaisoit guère la témérité de ce jeune homme, il se leva, et faisant réponse condigne à telle harangue, répondit ce qui s'ensuit : *A Domino factum est illud, et est mirabile in oculis nostris.* C'est-à-dire :

Cela est une œuvre céleste
Faite, pour vrai, du Dieu des dieux,

[1] Bonne renommée. — [2] Ces vers sont extraits de la version de Théodore de Bèze.

Et un miracle manifeste
Lequel se présente à nos yeux.

Par cette réponse, il réprima tellement l'audace du jeune homme, que depuis il ne lui advint de haranguer de telle sorte, en une si honnête compagnie.

NOUVELLE CXXVII.

Du chevalier âgé, qui fit sortir les grillons [1] de la tête de sa femme par saignée ; laquelle, avant, il ne pouvoit tenir sous bride, qu'elle ne lui fit souvent des traits trop gaillards et brusques [2].

C'est un grand bien en mariage de connoître les imperfections les uns des autres, et d'y trouver le remède pour éviter les inconvénients de tant de riotes et débats qui adviennent ordinairement en la plupart des ménages ; comme en celui d'un fort gentil chevalier du pays de Toscane ; lequel, après avoir employé la fleur de sa jeunesse au fait des armes, de la chasse et des lettres pareillement, s'avisa un peu tard à soi ranger ès liens de mariage, qui fut enfin, avec une belle et jeune damoiselle ; laquelle il traita fort gracieusement en toutes choses, fors au déduit d'amour, auquel il se portoit assez lâchement, à cause de son âge. Mais la nouvelle mariée n'eut connoissance, par quelque temps, de ce défaut, sinon par communication d'autres bonnes commères qu'elle fréquentoit, et lesquelles elle ouït deviser du passe-temps dru et menu qu'elles recevoient de leurs jeunes maris : qui l'émut à en vouloir sentir pareille fourniture que les autres. Mais, pour y parvenir avecques couverture de son honneur, en adressa la plainte à sa propre mère ; laquelle, après quelques remontrances (au contraire de la conscience blâmée du moyen), ne la pouvant à plein détourner de cette intention ainsi par elle dictée, pour rompre ce coup, lui dit : « Ma fille, puisque je ne vois autre onguent qui puisse adoucir votre mal, je vous dirai : Il y a des hommes de diverses humeurs et complexions : les uns qui se taillent et font choir les cornes par fer ou par poison ; aucuns qui les portent patiemment, et, comme étant de meilleur estomac, digèrent les pilules de cocuage facilement, sans mot sonner. Pour ce, faut-il que vous essayez la patience du vôtre, par quelques

[1] Au figuré, les fantaisies, désirs d'amour, convoitises. — [2] Ce conte est tiré du roman italien d'Erasto intitulé en latin *Historia septem sapientum Romæ.*

traits légers et de peu d'importance. » A quoi répond la fille, qu'elle ne veut point user de tant de finesses, que d'attraire à sa cordelle un personnage de disposition gaillarde et de bonne réputation, sous le manteau duquel soit couverte la réputation, telle qu'étoit celle de son capelan [1]. La mère lui chargeant de tenter ainsi la douceur du chevalier, et, selon icelle, donner bon ordre au demeurant ; la fille lui promet de n'y tarder guère, pour cela exploiter en diligence. Ce pendant qu'il étoit à la chasse, elle va, avec une cognée au jardin, abattre un beau laurier, planté de la main de son mari, qu'il aimoit fort, et y passoit volontiers le temps sous l'ombrage à banqueter, jouer et faire bonne chère avec ses amis. Pour le vous faire court, voilà l'arbre par terre, voici venir le mari : elle lui en fait mettre du branchage au feu ; lequel, ayant aperçu cela, se doute de son laurier : toutefois, avant que d'en mener bruit, rejette son manteau sur ses épaules, et va sur le lieu pour s'en assurer. Il ne faut point demander, après qu'il eut vu la fosse fraîche, s'il fut bien troublé. Il s'en alla plein de menaces à sa femme, demandant qui lui avoit joué ce bon tour ; laquelle lui fit entendre qu'elle l'avoit fait pour le réchauffer à son retour de la chasse, à raison de la vertu de cet arbre, qu'elle avait entendu porter une chaleur fort naturelle à conforter vieillesse ; tellement, qu'elle l'apaisa par son babil, et cuida lui avoir fait avaler sa colère aussi douce que sucre. De ce fait, le lendemain, elle avertit sa bonne mère, qui lui dit que c'étoit bon commencement ; mais qu'il falloit encore essayer davantage, comme à lui tuer la petite chienne qu'il aimoit tant. Ce qu'elle entreprint de faire, et le fit, à l'occasion que cette petite chienne revenant de la ville d'avecques son maître, toute boueuse, elle se jeta sur le lit, où la dame avoit exprès mis une fort riche couverture ; et après, étant chassée de là, s'en vint sauteler contre sa robe de satin cramoisi. Parquoi, saisit un couteau en la présence de son mari, et lui en coupa la gorge. Le chevalier étant de ce passionné [2], ce ne fut pas encore fait assez, au jugement de la mère, si, après l'arbre inanimé, et la chienne vive tuée, elle n'offensoit d'abondant [3] son mari, en quelques personnes des plus chères qu'il eût. Ce qu'elle fit semblablement, et renversa la table qui étoit chargée de viandes, en un banquet qu'il faisoit à la fleur de ses amis, trouvant excuse d'avoir fait ce par mégarde et en se levant pour quelque service faire. Sur quoi la nuit ayant donné conseil au bon gentilhomme, ainsi que [4] le matin la dame se vouloit lever du lit, l'empêcha bon gré mal gré, et lui remontra qu'il falloit qu'elle s'y tînt encore pour quelques remèdes qu'il lui avoit apprêtés pour la guarir. Elle, en se défendant, disoit qu'elle se trouvoit en bonne disposition et gaillarde en son esprit. « Je le crois ainsi, dit-il, et trop de quelques grains ; à quoi convient remédier d'heure. » Lors, lui ramentevant les trois honnêtes tours qu'elle lui avoit joués consécutivement, nonobstant les remontrances et menaces qu'il lui avoit faites à chacune fois ; par lesquelles il avoit juste crainte de quelque quatrième, pire que tous les autres précédents, envoie quérir un barbier, auquel il fit entendre ce qu'il vouloit qu'il exécutât ; c'est à savoir que, pour certaines considérations, qu'il lui taisoit, son plaisir et intention étoit qu'aussitôt qu'il lui auroit présenté sa femme, il ne fît faute d'exécuter sa charge, s'il vouloit lui complaire. Le barbier, après avoir entendu tels propos, s'enhardit de demander au gentilhomme quelle étoit sa volonté ; de laquelle il fut incontinent assuré. Le gentilhomme, après avoir fait allumer un grand feu en une chambre de son logis, où l'attendoit le barbier, s'en va en la chambre de sa femme, qu'il trouva tout habillée, feignant d'aller voir sa mère ; à laquelle peu de jours auparavant, elle avoit décelé l'impuissance de son mari, lui requérant au surplus la vouloir adresser au combat amoureux qu'elle avoit entrepris contre un champion de son âge. De ce averti, le gentilhomme, redoublant le fiel et courroux, qu'il déguisa au mieux qu'il put, lui va dire : « M'amie, certainement vous avez le sang trop chaud qui vous cause, par son ébullition, toutes ces caprices, et inconsidérés tours que faites tous les jours. Les médecins, à qui j'en ai parlé et consulté, sont d'avis qu'il convient vous saigner un peu, et disent cela pour votre santé. » La damoiselle, entendant ainsi parler son mari, et ne s'étant encore aperçue de son entreprise, se laissa conduire où il voulut. Il la mena en la chambre où le barbier

---

[1] Chapelain, prêtre. — [2] Affligé, tourmenté, crucifié.
[3] En outre, de plus.
[4] Alors que.

attendoit, et lui commanda s'asseoir, le visage devant le feu, et fit signe au barbier qu'il prînt son bras dextre, et lui ouvrît la veine ; ce qu'il fit. Tandis que le sang découloit du bras de cette damoiselle, son mari, qui sentoit oculairement les grillons s'affoiblir, commanda fermer cette veine, et ouvrir celle du bras senestre, ce qui fut pareillement fait ; tellement que la pauvre damoiselle resta demi-morte. Le gentilhomme, bien joyeux d'être parvenu à fin de son entreprise, la fait porter sur un lit, où elle eut tout loisir d'apprendre à ne plus fâcher son mari. Sitôt qu'elle fut revenue de pâmoison, elle envoie un de ses gens vers sa mère : laquelle, ayant appris du messager toutes les traverses et algarades qu'elle avoit jouées à son mari, et se doutant, la bonne dame, qu'au moyen de ce, sa fille la voulût semondre de la promesse, que outre son gré elle lui avoit faite, s'en va la trouver au lit, et commença à dire : Eh bien ! ma fille, comment vous va ? Ne vous fâchez point, votre désir sera bientôt accompli, touchant ce que m'avez recommandé. — Ha, ma mère ! répondit-elle, hélas ! je suis morte : telles passions ne trouvent plus logement en moi, si bien y a opéré mon mari : auquel je me sens aujourd'hui plus tenue du bon chemin où il m'a remise par sa prudence, que de l'honneur qu'il m'avoit premièrement fait de m'épouser ; et si Dieu me rend ma santé, j'espère que vivrons en bon et heureux ménage. » L'histoire raconte qu'ils furent depuis en mutuel amour et loyauté, au grand contentement l'un de l'autre.

NOUVELLE CXXVIII.

Deux jouvenceaux siennois, amoureux de deux damoiselles espagnoles : l'un desquels se présenta au danger, pour faire couchette[1] à la jouissance de son ami ; ce qui lui tourna à grand contentement et plaisir[2].

A Sienne y avoit deux jeunes hommes, de bonne maison, voisins, et nourris ensemble et de même marchandise : ce qui engendra une très-grande et intrinsèque amitié entre eux. Ils se délibérèrent un jour, de faire un voyage en Espagne, pour le trafique de leurs marchandises. Après qu'ils eurent quelque temps séjourné à Valence en Espagne, ils devinrent extrêmement amoureux de deux gentifemmes espagnoles, mariées à deux nobles chevaliers du pays. Les deux Siennois se nommoient, l'un Lucio, et l'autre Alessio. Lucio étoit plus avisé en l'amour de sa dame Isabeau, que son compagnon n'étoit en la poursuite de sa choisie : et lesquelles ne cédoient en mutuelle amitié, à la fraternité des deux Italiens. Or, dura ce pourchas d'amour entre eux l'espace de deux ans, qu'ils furent à négocier en Valence, sans qu'ils pussent parvenir plus avant qu'aux simples caresses de la vue et œillades, plus pour le respect qu'ils avoient aux chevaliers, qu'au danger où ils se fussent mis en pays étrange, s'ils eussent attenté de plus près par ambassades, missives, réveils[1], et aubades. Il advint, un jour, que la damoiselle Isabeau entra en une église, où le passionné Lucio s'étoit mis à couvert de la pluie. De bon heur, en se pourmenant par l'entour de l'église, il aperçut sa dame assise en un coin, et accompagnée d'une seule servante ; qui fut aussi à propos comme s'il y eût été mandé. Cette rencontre lui donna hardiesse de s'approcher d'elle, et la salua gracieusement. Elle lui rendit salut, avec une modestie assaisonnée d'une sourde gaîté. La servante, qui, par aventure, étoit du conseil secret, et bien apprise, se leva d'auprès sa maîtresse, comme pour aller regarder quelque image. Lucio, bien joyeux de cette commodité, de pouvoir manifester ses passions à sa dame, commença sa harangue ainsi que s'ensuit : « Madame, je crois que ne soyez ignorante de l'amour démesuré, qui depuis deux ans entiers me tient prisonnier de votre beauté, à laquelle il ne s'est pu découvrir, pour la révérence de votre honneur. Aussi, suis-je assuré qu'avez assez ouï dire combien ce feu d'amour, si longuement clos et couvert en ma poitrine, l'a embrasée, ne trouvant en moi issue pour s'évaporer. Je ne fais doute que le dieu Cupido ne soit apaisé et contenté à la fin, par le sacrifice continuel de mes longs soupirs, larmes et travaux ; et que, pour en recouvrer allégeance, il ne m'ait préparé cette opportunité, en laquelle je vous requiers, madame, en brièves paroles que le lieu et le temps peuvent souffrir, pitié, merci et miséricorde. » La dame Isabeau, non moins

---

[1] C'est-à-dire, pour seconder, favoriser.
[2] Ce conte est tiré du *Parabosco*, Journée 1, nouv. 2. C'est un des plus plaisants épisodes de la nouvelle de Scarron intitulée *la Précaution inutile*. La Fontaine l'a mis en vers sous ce titre : *le Gascon puni*, II, 13.

---

[1] Sérénades.

passionnée d'ardeur amoureuse que Lucio, lui répondit : « Mon ami, puisque votre courtoisie, honnêteté, et constance, ont mérité ce nom, je vous prie de vous assurer d'amour réciproque en mon endroit, et que la commodité seule en a jusques aujourd'hui retardé le mutuel contentement. Toutefois, je suis délibérée d'employer tous mes sens à nous moyenner bientôt une heureuse rencontre, qui puisse assouvir nos longs désirs : de laquelle je ne faillirai à vous donner bon et sûr avertissement. » Lucio, l'en remerciant, un genou en terre, n'oublia de lui ramentevoir son compagnon Alessio : pour lequel elle lui promit pareillement, qu'elle feroit office de bonne amie envers sa compagne, pour le mérite de son amour constante. La survenue du peuple, à l'heure du service, les fit départir fort envis [1]. Bref, Lucio vole, pour porter ces nouvelles à son ami Alessio : et ne passèrent deux jours, qu'ils reçurent un message de eux trouver environ les deux heures de nuit au logis de madame Isabeau; à quoi ils ne faillirent d'une seule minute d'horloge. Là, les attendoit madame Isabeau : laquelle, après la porte ouverte aux poursuivants, s'arrêta à deviser avec Lucio, et lui dit que son mari, ayant depuis quelque temps renoncé à la suite de la cour et au plaisir de la chasse, l'avoit par si longtemps frustrée de l'occasion de leur entrevue, non moins désirée de son côté, que du sien; mais qu'à la fin, vaincue d'extrême affection, elle avoit voulu hasarder ce larcin de Vénus, si lui et son compagnon avoient en eux la hardiesse d'en accomplir le dessein ; c'est à savoir, que Alessio se dépouilleroit à nu et iroit en son lit, près de son mari, tenir sa place; tandis que Lucio demeureroit pour deviser avec elle. Alessio, quelque grande amitié quasi fraternelle qu'il portât à Lucio, trouva cela de dure et difficile entreprise; si la damoiselle Isabeau ne l'eût renforcé par promesse du guerdon [2] qu'elle lui avoit moyenné envers sa compagne; outre le profond sommeil de son mari, qui ne se fût réveillé jusques au jour. Or, tout ce qu'elle persuadoit à Alessio, étoit afin que, se remuant dedans le lit, son mari sentît sa jambe, ou quelque autre partie humaine, qu'il penseroit être elle. Quoi ! je vous ferai-je long? Alessio, persuadé par l'un et par l'autre, se

[1] A contre-cœur, malgré eux.
[2] Récompense, prix.

dépouille, non sans grande frayeur, et s'en va tenant Isabeau par la robe, et se couche doucement en sa place, se gardant de tousser et cracher si près de son hôte. Cependant, Lucio et Isabeau jouent leurs jeux paisiblement, en une autre chambre du logis. Le pauvre Alessio, se voyant près la personne du chevalier, sans qu'il osât se remuer, trembloit, tombant en diverses pensées : maintenant il disoit que la damoiselle les trahissoit tous deux, le livrant le premier à la gueule du loup; maintenant estimoit, si elle les traitoit de bonne volonté, qu'elle s'oublioit entre les bras de son ami, laissant en ce grand et éminent danger, jusques à la pointe du jour : à laquelle heure il est tout ébahi, qu'il les vit entrer en la chambre, après qu'ils eurent fait un grand tintamarre d'huis; et, approchant de la courtine, lui demandèrent, comme il avoit reposé cette nuit. A l'instant, la damoiselle Isabeau leva la couverture du lit, qui fit apparoir à Alessio s'amie couchée auprès de lui, en lieu de l'ennemi; et n'avoit, la tendrette, non plus remué ni cligné l'œil que lui. De cela furent fort joyeux les deux amants, c'est à savoir, Alessio, pour le danger où il se mit afin d'avancer l'entreprise de son ami; et son amie, à raison de ce qu'elle s'étoit si honnêtement contenue, étant couchée auprès de lui; qui fut occasion de se laisser prendre quelque demi-once de plomb au combat amoureux. On dit que cette couple d'amants entretint son crédit, pendant le temps que les maris servoient leur roi pour un mois quartier.

NOUVELLE CXXIX.

D'une jeune fille surnommée Peau-d'Ane, et comment elle mariée, par le moyen que lui donnèrent les petites fourmis

En une ville d'Italie, y avoit un marchand, lequel, après qu'il se vit passablement riche, délibéra de se reposer, et achever joyeusement le demourant de sa vie avec sa femme et enfants ; et, pour cette considération, se retira en une métairie qu'il avoit aux champs. Or, pource qu'il étoit homme d'assez bonne chère et qu'il aimoit la gentillesse d'esprit, plusieurs bons personnages le visitoient, et, entre autres un gentilhomme d'ancienne maison, et son voisin; lequel, pour le désir qu'il avoit de joindre quelques pièces de terre du marchand

[1] Cette nouvelle est tout à fait différente du conte de Perrault, qui a lui-même une source très-ancienne

avec les siennes, lui fit accroire qu'il désiroit grandement que le mariage se fît de son fils avec la puînée de ses filles, nommée Pernette, pourvu qu'il l'avançât en quelque chose. Le marchand, entendant assez bien où tendoit le gentilhomme, qui le moquoit, l'en remercia gracieusement, comme celui qui n'eût jamais pensé tel bien lui devoir advenir. Toutefois, les propos parvenus aux oreilles du fils du gentilhomme, et de la fille du marchand, ils firent bien, chacun endroit soi[1], sonder les cœurs et les affections l'un de l'autre. Ce qui se conduit si dextrement, que, de propos familier, ils se promirent mariage, et se résolurent d'en avertir leurs parents. Quelque temps après, le fils du gentilhomme s'adressa au père de Pernette, lequel il combattit, avec telles raisons emmiellées de promesses de l'avantager en son propre, qu'il le rangea à sa volonté, et qu'elle lui demoureroit à femme, pourvu que sa mère y consentît. Or, il faut entendre que les sœurs de Pernette étoient jalouses de son bien, et de ce qu'elle marchoit la première ; tellement que, pour divertir leur père de sa promesse, elles lui mirent à sus[2] choses et autres. D'autre part, la mère, qui se repentoit de l'avoir jamais portée en son ventre, ne voulut consentir à ce mariage, si, avant toutes choses, Pernette ne levoit de terre, et avec sa langue, grain à grain, un boisseau plein d'orge, qu'à cette fin elle lui feroit épandre. Outre plus, le marchand, voyant que ce mariage ne plaisoit à sa femme, et prenant pied[3] à ce que les autres filles lui avoient dit, il voulut que, dès lors en avant, Pernette ne vêtît autre habit, qu'une peau d'âne qu'il lui acheta, pensant par ce moyen la mettre en désespoir, et en dégoûter son ami. Pernette, au contraire, redoubloit son amour par la rigueur qu'on lui tenoit, et se promenoit souvent, vêtue de cette peau. Ce qu'entendant son ami, il s'en va vers le marchand ; lequel, faisant bonne mine et plus mauvais jeu, lui dit qu'il lui vouloit tenir promesse ; mais que sa femme vouloit telle chose (qu'il lui conta) être faite. Pernette, oyant ces propos, se présente à son père, et lui demande quand il vouloit qu'elle se mît en besogne. Son père, ne pouvant honnêtement rompre sa promesse, lui assigna jour. Elle n'y faillit pas ; et, comme elle étoit environ[1] ces grains d'orge, ses père et mère faisoient soigneuse garde, si elle en prendroit deux en une fois, afin de demourer quittes de leurs promesses. Mais comme la constance rend les personnes assurées, voici arriver un nombre de fourmis, qui se traînèrent où étoit cette orge, et firent telle diligence avec Pernette (et sans qu'on les aperçût), que la place fut vue vide. Par ce moyen, Pernette fut mariée à son ami, duquel elle fut caressée et aimée, comme elle l'avoit bien mérité. Vrai est que, tant qu'elle véquit, le sobriquet *Peau d'Ane* lui demeura.

SONNET
DE L'AUTEUR AUX LECTEURS.

Or çà, c'est fait : en avez-vous assez ?
Mais, dites-moi, êtes-vous saouls de rire ?
Si ne tient-il pour le moins à écrire,
Ces gais devis j'ai pour vous amassés.

J'ai jeune et vieux pêle-mêle entassés :
Haye[2] au meilleur, et me laissez le pire ;
Mais rejetez chagrin, qui vous empire,
Tant plus, songeards, en rêvant ravassez.

Assez, assez les siècles malheureux
Apporteront de tristesse entour d'eux :
Donc, au beau temps, prenez éjouissance ;

Puis, quand viendra malheur vous faire effort,
Prenez un cœur. Mais quel ? Hardi et fort,
Armé, sans plus, d'invincible constance.

[1] Vis-à-vis de soi. — [2] Pour *mirent en avant*. [3] S'arrêtant.

[1] Auprès de. — [2] Cri des charretiers pour faire avancer leurs chevaux ; c'est-à-dire, *va*.

FIN DES CONTES ET JOYEUX DEVIS.

L'HEPTAMÉRON

OU

HISTOIRE DES AMANTS FORTUNÉS

DES NOUVELLES

DE TRÈS-ILLUSTRE ET TRÈS-EXCELLENTE PRINCESSE

MARGUERITE DE VALOIS,

REINE DE NAVARRE.

L'HEPTAMÉRON

OU

LES NOUVELLES DE MARGUERITE DE VALOIS,

REINE DE NAVARRE.

A TRÈS-ILLUSTRE ET TRÈS-VERTUEUSE PRINCESSE
MADAME JEANNE DE FOIX,
REINE DE NAVARRE[1];

CLAUDE GRUGET[2],

Son très-humble serviteur, désire salut et félicité.

Je ne me fusse ingéré, Madame, vous présenter ce livre des Nouvelles de la feue reine, votre mère, si la première édition[3] n'eût omis ou celé son nom, et quasi changé toute sa forme, tellement que plusieurs le méconnoissoient; cause que, pour le rendre digne de son auteur, aussitôt qu'il fut divulgué[4], je recueillis de toutes parts les exemplaires que j'en pus recouvrer, écrits à la main, les vérifiant sur ma copie; et fis en sorte que je le réduisis au vrai ordre qu'elle l'avoit dressé. Puis, sous la permission du roi et votre consentement, il a été mis sur la presse, pour le publier tel qu'il doit être. En quoi me revient en mémoire ce que le comte Baltazar[1] dit de Boccace, en la préface de son *Courtisan*[2], que ce qu'il fit en se jouant, savoir est son *Décameron*, lui a porté plus d'honneur que toutes ses autres œuvres latines ou toscanes, qu'il estimoit les plus sérieuses. Aussi la reine, vrai ornement de notre siècle (de laquelle vous ne forlignez, en l'amour et connoissance des bonnes lettres), en se jouant sur les actes de la vie humaine, a laissé si belles instructions qu'il n'y a celui qui n'y trouve matière d'érudition, et si a (selon tout bon jugement) passé Boccace ès beaux discours qu'elle a faits sur chacun de ses contes. De quoi elle mérite louange, non-seulement par-dessus les plus excellentes dames, mais aussi entre les plus doctes hommes; car, de trois styles d'oraison décrits par Cicéron, elle a choisi le simple, semblable à celui de Térence en latin, qui semble à chacun fort aisé à imiter, mais à qui l'expérimente, rien moins. Vrai est que tel présent ne vous sera point nouveau, et ne ferez que le reconnoître par hérédité maternelle; toutefois, je m'assure que le recevrez de bon œil, pour le voir par cette seconde impression remis en son premier état; car (à ce que j'ai pu entendre) la première vous déplaisoit; non que celui qui y avoit mis la main ne fût homme docte[3], qu'il

---

[1] On la nommait plutôt Jeanne d'Albret : elle avait été mariée, en 1548, à Antoine de Bourbon, duc de Vendôme, et elle en eut plusieurs enfans, dont l'un fut Henri IV. Elle était fille de Marguerite de Valois, sœur de François Ier, et de Henri d'Albret, deuxième du nom, roi de Navarre. Comme sa mère, elle aimait les lettres, protégeait les savans et favorisait la Réforme. Elle mourut en 1572, peu de jours avant la Saint-Barthélemi.

[2] Claude Gruget, né à Paris, était secrétaire de Louis de Bourbon, prince de Condé. Il passait pour un des bons écrivains de son temps, à cause de la grâce naïve de son style; il excellait surtout dans les traductions, et celles qu'il a publiées témoignent d'une connaissance approfondie des langues grecque, latine, italienne et espagnole. Il mourut vers 1560.

[3] Cette première édition, qui diffère beaucoup des suivantes, parut, en effet, sans nom d'auteur, avec le titre suivant : *Histoire des amans fortunez, dédiée à l'illustre princesse madame Marguerite de Bourbon, duchesse de Nivernois*; Paris, Gilles Gilles, 1558, in-4°. Dans cette édition, qui est fort rare, les nouvelles, au nombre de soixante-sept seulement, ne sont pas divisées par Journées ; de plus, le texte offre un grand nombre de variantes. — [4] Publié.

---

[1] Balthazar Castiglione, un des plus élégans écrivains de l'Italie au commencement du seizième siècle, où il joua un rôle important dans la diplomatie italienne. Il mourut au service de Charles-Quint, qui l'avait comblé d'honneurs, en 1529.

[2] Le fameux traité de l'*Art du Courtisan* (*Libro del Cortegiano*) fut imprimé souvent depuis la première édition de 1528. Il fut traduit en français par Jean Chaperon, et publié dans cette langue en 1537.

[3] L'éditeur de l'édition in-4° de 1558 fut Pierre Boaistuau, dit Launay, que son contemporain la Croix-du-Maine appelle un *homme très-docte et des plus élo-*

n'y eût prins peine ; et si est aisé à croire qu'il ne l'a voulu déguiser ainsi sans quelque occasion ; néanmoins son travail s'est trouvé peu agréable. Je le vous présente donc, Madame, non pour part que j'y prétende, ains seulement comme l'ayant démasqué, pour le vous rendre en son naturel. C'est à votre royale grandeur à le favoriser, puisqu'il est sorti de votre maison illustre : aussi en a-t-il la marque sur le front, qui lui servira de sauf-conduit par tout le monde et le rendra bienvenu ès bonnes compagnies. Quant à moi, reconnoissant l'honneur que me ferez, en recevant de ma main ce labeur, de l'avoir remis à son point, je me sentirai perpétuellement obligé à vous faire très-humble service.

Claude GRUGET.

PRÉFACE.

Le premier jour de septembre, que les bains des monts Pyrénées commencent d'entrer en vertu, se trouvèrent à ceux de Caulderets[1] plusieurs personnes tant de France, Espagne que d'autres lieux : les uns, pour boire de l'eau ; les autres, pour s'y baigner, et les autres, pour prendre de la fange, qui sont choses si merveilleuses que les malades abandonnés des médecins s'en retournent tous guéris. Mon intention n'est pas de vous déclarer la situation ni la vertu des bains, mais seulement de raconter ce qui sert à la matière que je veux écrire. En ces bains-là demeurèrent plus de trois semaines tous les malades jusqu'à ce que par leur amendement[2] ils connurent qu'ils s'en pouvoient retourner. Mais, sur le temps de ce retour, vinrent les pluies si merveilleuses et si grandes, qu'il sembloit que Dieu eût oublié la promesse qu'il avoit faite à Noé, de ne détruire plus le monde par eau ; car toutes les cabanes et logis dudit Caulderets furent si remplis d'eau, qu'il fut impossible d'y demeurer.

Ceux qui étoient venus du côté de l'Espagne s'en retournèrent par les montagnes le mieux qu'il leur fut possible ; ceux qui connoissoient les adresses[1] des chemins furent ceux qui échappèrent. Mais les seigneurs françois et dames (pensant retourner aussi facilement à Therbes[2] comme ils étoient venus) trouvèrent les petits ruisseaux si crûs qu'à peine les purent-ils gayer[3]. Mais quand ce vint à passer le Gave béarnois, qui en allant n'avoit point deux pieds de profondeur, le trouvèrent tant grand et impétueux, qu'ils se détournèrent pour chercher les ponts, lesquels, pour n'être que de bois, furent emportés par la véhémence de l'eau ; et quelques-uns, cuidant rompre la roideur du cours pour s'assembler plusieurs ensemble, furent emportés si promptement, que ceux qui les vouloient suivre perdirent le pouvoir et le désir d'aller après. Par quoi, tant pour chercher chemin nouveau que pour être de diverses opinions, se séparèrent. Les uns traversèrent la hauteur des montagnes, et, passant par Aragon, vinrent en la comté de Roussillon, et de là à Narbonne ; les autres s'en allèrent droit à Barcelone, où, par la mer, les uns s'en allèrent à Marseille et les autres à Aigues-Mortes. Mais une femme veuve, de longue expérience (nommée Oisille), se délibéra d'oublier toute crainte pour les mauvais chemins, jusqu'à ce qu'elle fût venue à Notre-Dame de Serrance[4] : étant sûre que s'il y avoit moyen d'échapper d'un danger, que les moines le doivent bien trouver, et fit tant, qu'elle y arriva, passant si étranges lieux et si difficiles à monter et descendre, que son âge et pesanteur ne la gardèrent point d'aller à pied la plupart du chemin. Mais la pitié fut que la plupart de ses gens et chevaux demeurèrent morts par les chemins, et arriva à Serrance, avec un homme et une femme seulement, où elle fut charitablement reçue des religieux. Il y avoit aussi parmi les François deux gentilshommes qui étoient allés aux bains, plus pour accompagner les dames, dont ils étoient serviteurs, que pour faute qu'ils eussent de santé. Ces gentilshommes, ici voyant la compagnie se départir et que les maris de leurs dames les emmenoient à part, pensèrent de les suivre de loin, sans soi déclarer à personne. Mais, un soir, étant les deux gentilshom-

---

quens orateurs de son siècle. Il a composé plusieurs ouvrages et fait quelques traductions, de concert avec le fécond Belleforêt.

[1] C'est l'ancien nom des eaux de *Cauterets*, et cet ancien nom, plus étymologique que le nouveau, annonce que les eaux minérales sont chaudes, ou *cauldes, calidæ*.

[2] Amélioration de leur santé, rétablissement.

[1] Les directions. — [2] Depuis longtemps on ne dit plus que *Tarbes*. — [3] Passer à gué.

[4] C'est *Notre-Dame d'Arrens*. Le village d'Arrens, qui n'a plus de monastère, se trouve compris dans le département des Hautes-Pyrénées.

mes mariés et leurs femmes arrivés en la maison d'un homme plus bandolier [1] que paysan, et les deux jeunes gentilshommes logés en une borde tout joignant de là, environ la minuit ouïrent un très-grand bruit, au son duquel ils se levèrent avec leurs valets et demandèrent à l'hôte quel tumulte c'étoit. Le pauvre homme, qui avoit sa part de la peur, dit que c'étoient mauvais garçons qui venoient prendre leur part de la proie qui étoit chez leur compagnon bandolier. Par quoi les gentilshommes incontinent prindrent leurs armes, et avecques leurs valets, s'en allèrent secourir les dames, pour lesquelles ils estimoient la mort plus heureuse que la vie après elles. Et ainsi qu'ils arrivèrent au logis, trouvèrent la première porte rompue, et les deux gentilshommes avec leurs serviteurs se défendant vertueusement [2]. Mais, pource que le nombre des bandoliers étoit le plus grand, et, aussi, qu'ils étoient fort blessés, commencèrent [3] à se retirer, ayant perdu déjà grand'partie de leurs serviteurs. Les deux gentilshommes, regardant aux fenêtres, virent les deux dames pleurant et criant si fort, que la pitié et l'amour leur crût le cœur, de sorte que, comme deux ours enragés descendant des montagnes, frappèrent sur ces bandoliers tant furieusement, qu'il y en eut si grand nombre de morts, que le demeurant ne voulut plus attendre leurs coups, mais s'enfuirent où ils savoient bien leur retraite. Les gentilshommes ayant défait ces méchants (dont l'hôte étoit l'un des morts), et ayant entendu que l'hôtesse étoit pire que son mari, l'envoyèrent après lui par un coup d'épée; et entrant en une chambre basse, trouvèrent un des gentilshommes mariés qui rendoit l'esprit; l'autre n'avoit eu nul mal, sinon qu'il avoit tout son habillement percé de coups de traits et son épée rompue. Le gentilhomme, voyant le secours que ces deux lui avoient fait, après les avoir embrassés et merciés, les pria de ne l'abandonner point; qui leur étoit requête fort aisée à faire. Par quoi, après avoir fait enterrer le gentilhomme mort et réconforté sa femme au mieux qu'ils purent, prindrent leur chemin où Dieu les conseilloit, sans savoir lequel ils devoient tenir. S'il vous plaît de savoir le nom des trois gentilshommes, le marié avoit nom Hircan et sa femme Parlamente, et l'autre demoiselle veuve, Longarine; et le nom des deux jeunes gentilshommes, l'un étoit Dagoucin, l'autre Saffredant. Et après qu'ils eurent été tout le jour à cheval, avisèrent sur le soir un clocher, où, le mieux qu'il leur fut possible, non sans travail et peine, arrivèrent, et furent de l'abbé et des moines humainement reçus. L'abbaye se nommoit Saint-Savin. L'abbé, qui étoit de fort bonne maison, les logea honorablement, et en les menant à son logis, leur demanda de leurs fortunes. Et après qu'il eut entendu la vérité du fait, leur dit qu'ils n'étoient pas tous seuls qui avoient part à ce gâteau, car il y avoit en une autre chambre deux damoiselles qui avoient échappé pareil danger, ou plus grand, d'autant qu'aux hommes y a quelque miséricorde, et aux bêtes, non; car les pauvres dames, à demi-lieue deçà Peyrchite [1], avoient trouvé un ours descendant de la montagne, devant lequel avoient prins la course à si grand'hâte, que leurs chevaux à l'entrée du logis tombèrent morts sous elles, et deux de leurs femmes, qui étoient venues longtemps après, leur avoient conté que l'ours avoit tué tous leurs serviteurs. Lors, les dames et les trois gentilshommes entrèrent en la chambre où elles étoient, et les trouvèrent pleurant, et connurent que c'étoit Nomerfide et Émarsuitte; lesquelles s'embrassant et racontant ce qui leur étoit advenu, commencèrent à se réconforter avec les bonnes exhortations du bon abbé, de s'être ainsi retrouvées; et, le matin, ouïrent la messe bien dévotement, louant Dieu des périls qu'ils avoient échappés. Ainsi qu'ils étoient tous à la messe, va entrer en l'église un homme tout en chemise, fuyant comme si quelqu'un le chassoit, criant à l'aide. Incontinent Hircan et les autres gentilshommes allèrent au-devant de lui, pour voir que c'étoit, et virent deux hommes après lui, leurs épées tirées, lesquels, voyant si grande compagnie, voulurent prendre la fuite. Mais Hircan et ses compagnons les suivirent de si près, qu'ils y laissèrent la vie. Et quand ledit Hircan fut retourné, trouva que celui qui étoit en chemise étoit un de leurs compagnons, nommé Guebron, lequel leur conta comme, étant en une borde [2], auprès de Peyrchite, arrivèrent trois hommes, lui étant au lit; mais tout en chemise,

---

[1] Pour *bandoulier*, bandit, voleur faisant partie d'une bande. — [2] Vaillamment.

[3] Il vaudrait mieux lire *commençoient*, ce qui se rapporte aux deux gentilshommes blessés.

[1] Aujourd'hui *Pierrefite*. — [2] Cabane, métairie.

avec son épée seulement, en blessa si bien un qu'il demeura sur la place, et tandis que les deux autres s'amusèrent à recueillir leur compagnon (voyant qu'il étoit nu et eux armés), pensa qu'il ne les pourroit gagner, sinon à fuir, comme le moins chargé d'habillement; dont il loua Dieu et ceux qui avoient fait la vengeance. Après qu'ils eurent ouï la messe et dîné, envoyèrent voir s'il étoit possible de passer la rivière de Gave, et, connoissant l'impossiblité du passage, furent en une merveilleuse crainte ; combien que l'abbé plusieurs fois leur offrît la demeure du lieu jusqu'à ce que les eaux fussent abaissées, ce qu'ils accordèrent pour ce jour. Et, au soir, en s'en allant coucher, arriva un vieil moine qui toutes les années ne failloit point, à la Notre-Dame de septembre, d'aller à Serrance ; et, en lui demandant des nouvelles de son voyage, dit qu'à cause des grandes eaux étoit venu par les montagnes et par les plus mauvais chemins qu'il avoit jamais faits ; mais qu'il avoit vu une grande pitié. C'est qu'il avoit vu un gentilhomme, nommé Simontault, lequel, ennuyé de la longue demeure que faisoit la rivière à s'abaisser, s'étoit délibéré de la forcer, se confiant en la bonté de son cheval, et avoit mis ses serviteurs à l'entour de lui pour rompre l'eau. Mais quand ce fut au grand cours, ceux qui étoient les plus mal montés furent tous emportés à val l'eau sans jamais en retourner. Le gentilhomme, se voyant seul, retourna son cheval de là où il venoit, qui ne sut être si prompt qu'il ne faillît sous lui. Mais Dieu voulut qu'il fût si près de la rive, que, non sans boire beaucoup d'eau, en se traînant à quatre pieds saillit dehors sur les deux cailloux[1] tant las et foible qu'il ne se pouvoit soutenir ; et lui advint qu'un berger, ramenant au soir les brebis, le trouva assis parmi les pierres tout mouillé et non moins triste des gens qu'il avoit vu perdre devant soi. Le berger, qui entendoit mieux sa nécessité, tant en le voyant qu'en l'écoutant, le prit par la main et le mena en sa pauvre maison, où avec petites bûchettes le sécha le mieux qu'il put. Et, ce soir-là, Dieu y amena ce vieil religieux, lequel lui enseigna le chemin de Notre-Dame de Serrance, en l'assurant que là il seroit mieux logé qu'en autre lieu et y trouveroit une ancienne veuve nommée Oisille, laquelle étoit compagne de ses aventures. Quand toute la compagnie l'ouït parler de la bonne dame Oisille et du gentil chevalier Simontault, firent une joie inestimable, louant le Créateur, qui, se contentant des serviteurs, avoit sauvé les maîtres et maîtresses ; et, sur toutes, en loua Dieu de bon cœur Parlamente ; car, un temps avoit qu'elle le tenoit pour très-affectionné serviteur. Et, après s'être enquis diligemment du chemin de Serrance, combien que le bon vieillard le leur fît fort difficile, pour cela ne laissèrent d'entreprendre d'y aller ; et dès ce jour-là se mirent en chemin, si bien en ordre, qu'il ne leur failloit rien ; car l'abbé les fournit des meilleurs chevaux qui fussent en Lavedan[1], de bonnes capes de Béarn[2], de force vivres et de gentils compagnons pour les mener sûrement par les montagnes ; lesquelles passées plus à pied qu'à cheval, en grande sueur et travail, arrivèrent à Notre-Dame de Serrance, où l'abbé (combien qu'il fût assez mauvais homme) ne leur osa refuser le logis, pour la crainte du seigneur de Béarn[3], duquel il savoit qu'ils étoient bien aimés, et leur fit le meilleur visage qu'il lui fut possible, et les mena voir la bonne Oisille et le gentilhomme Simontault. La joie fut si grande en toute cette compagnie, miraculeusement assemblée, que la nuit leur sembla courte à louer Dieu de la grâce qu'il leur avoit faite. Et après avoir prins sur le matin un peu de repos, allèrent ouïr la messe et recevoir le saint sacrement d'union, auquel tous chrétiens sont mis en un, suppliant Celui qui les avoit assemblés, par sa bonté parfaire leur voyage à sa gloire. Après dîner, envoyèrent savoir si les eaux étoient point écoulées, et trouvant que plutôt étoient crues et que de

---

[1] Le sens indique ici que *cailloux* doit être remplacé par *genoux*, l'éditeur ayant mal lu ou les manuscrits étant corrompus en cet endroit.

[1] Les chevaux de la vallée de *Lavedan*, qu'on appeloit des *lavedans*, étaient estimés pour leur vitesse et leur ardeur.

[2] Les éditions de Cl. Gruget portent *Bear*, comme on prononçait alors *Béarn*. Les *capes de Béarn*, dont la réputation était alors proverbiale, devaient leur nom à une espèce de cagoule ou capuchon qui les accompagnait.

[3] Les rois de Navarre étaient seigneurs de Béarn depuis plus de deux siècles ; mais cette seigneurie, tout à fait distincte de la Navarre, conservait ses vieilles coutumes et avait son gouvernement spécial. Le *seigneur de Béarn*, à l'époque où ces Nouvelles furent composées, devait donc être le roi Henri d'Albret, second mari de Marguerite de Valois.

longtemps ne pourroient sûrement passer, se délibérèrent de faire un pont sur le bout de deux roches qui sont fort près l'une de l'autre, où encore y a des planches pour les gens de pied qui, venant d'Oleron [1], ne veulent passer le Gave. L'abbé, qui fut bien aise qu'ils faisoient cette dépense, afin que le nombre des pèlerins et paysans augmentât, les fournit d'ouvriers; mais il n'y mit pas un denier du sien, car son avarice ne le permettoit. Et pource que les ouvriers dirent qu'ils ne sauroient avoir fait le pont, de dix ou douze jours, la compagnie, tant d'hommes que de femmes, commença à s'ennuyer. Mais Parlamente, qui étoit la femme d'Hircan, laquelle n'étoit jamais oisive ou mélancolique, ayant demandé congé à son mari de parler, dit à l'ancienne dame Oisille : « Madame, je m'ébahis que vous, qui avez tant d'expérience et qui maintenant aux femmes tenez lieu de mère, ne regardez quelque passetemps pour adoucir l'ennui que nous porterons durant notre longue demeure [2], car si nous n'avons quelque occupation plaisante et vertueuse, nous sommes en danger de demeurer malades. » La jeune veuve Longarine ajouta à ce propos : « Mais qui pis est, nous deviendrons fâcheuses, qui est une maladie incurable; car il n'y a personne de nous, s'il regarde sa perte, qui n'ait occasion d'extrême tristesse. » Emarsuitte, tout en riant, lui répondit : « Chacun n'a pas perdu son mari comme vous; et, pour perte de serviteurs, ne se faut désespérer, car l'on en recouvre assez. Toutefois, je suis bien d'opinion que nous ayons quelque plaisant exercice pour passer le temps le plus joyeusement que nous pourrons. » Sa compagne Nomerfide dit que c'étoit bien avisé et que, si elle étoit un jour sans passe-temps, elle seroit morte le lendemain. Tous les gentilshommes s'accordèrent à leur avis, et prièrent la dame Oisille qu'elle voulût ordonner ce qu'ils auroient à faire; laquelle leur répondit : « Mes enfans, vous me demandez une chose que je trouve fort difficile : de vous enseigner un passe-temps, qui vous puisse délivrer de vos ennuis; car ayant cherché ce remède toute ma vie, n'en ai jamais trouvé qu'un, qui est la lecture des saintes lettres [3], en laquelle se trouve la vraie et parfaite joie de l'esprit, dont procèdent le repos et la santé du corps. Et si vous me demandez quelle recette me tient si joyeuse et si saine sur ma vieillesse, c'est qu'incontinent que je suis levée, je prends la sainte Écriture et la lis, et en voyant et contemplant la volonté de Dieu, qui pour nous a envoyé son Fils en terre annoncer cette sainte parole et bonne nouvelle, par laquelle il promet rémission des péchés, satisfaction de toutes dettes par le don qu'il nous fait de son amour, Passion et martyres. Cette considération me donne tant de joie, que je prends mon Psautier, et, le plus humblement qu'il m'est possible, chante de cœur et prononce de bouche les beaux psaumes et cantiques que le Saint-Esprit a composés au cœur de David et des autres auteurs. Et ce contentement que j'en ai, me fait tant de bien, que tous les maux qui les jours me peuvent advenir me semblent être bénédictions, vu que j'ai en mon cœur, par foi, Celui qui les a apportés pour moi. Pareillement, avant souper, je me retire pour donner pâture à mon âme de quelque leçon; et puis, au soir, fais une recollection de ce que j'ai fait la journée passée, pour demander pardon de mes fautes et le remercier de ses grâces, et en son amour, crainte et paix, prends mon repos, assurée contre tous maux. Par quoi, mes enfans, voilà le passe-temps auquel me suis arrêtée longtemps, après avoir cherché toutes choses, où n'ai trouvé contentement de mon esprit. Il semble que, si tous les matins vous voulez donner une heure à la lecture, et puis, pendant la messe, faire vos dévotes oraisons; que vous trouverez en ce désert la beauté qui peut être en toutes les villes. Car qui connoît Dieu voit toutes choses belles en lui; et sans lui, tout est laid. Parquoi, je vous prie recevoir mon conseil si vous voulez vivre joyeusement. » Hircan print la parole et dit : « Madame, ceux qui ont [1] la sainte Écriture (comme je crois que nous tous avons fait) confesseront votre dire être véritable; mais si faut-il que vous regardiez que nous ne sommes encore si mortifiés, qu'il ne nous faille quelque passe-temps et exercice corporel; car, si nous sommes en nos mai-

---

[1] Il y a des éditions qui portent : de Cléron.
[2] Séjour, attente.
[3] Les livres saints. Tout ce passage, relatif à la lecture de la Bible, témoigne assez que la dame Oisille était de la religion réformée, et l'on peut croire que la reine de Navarre s'est peinte elle-même sous ce nom.

[1] Il faut suppléer ici le mot *lu*, qui est nécessaire pour compléter le sens.

sons, nous avons la chasse et la volerie, qui nous fait passer et oublier mille folles pensées; et les dames ont leur ménage et ouvrages, et quelquefois les danses, où elles prennent honnête exercice : qui me fait dire (parlant pour la part des hommes) que vous qui êtes la plus ancienne, vous lisiez au matin la vie que menoit Notre-Seigneur Jésus-Christ, et les grandes et admirables œuvres qu'il a faites pour nous. Puis, après dîner jusqu'à vêpre, faut choisir quelque passe-temps qui ne soit pas dommageable à l'âme et soit plaisant au corps; et ainsi passerons la journée joyeusement. » La dame Oisille dit qu'elle avoit tant de peine d'oublier toutes les vanités, qu'elle auroit peur de faire mauvaise élection à tel passe-temps; mais qu'il falloit remettre cet affaire à la pluralité des opinions, priant Hircan d'être le premier opinant. « Quant à moi, dit-il, si je pensois que le passe-temps que je voudrois choisir fût aussi agréable à quelqu'une de la compagnie comme à moi, mon opinion seroit bientôt dite; dont pour cette fois me tairai et en croirai ce que les autres diront. » Sa femme Parlamente commença à rougir, pensant qu'il parlât pour elle; et un peu en colère et demi en riant, lui dit : « Hircan, peut-être que celle que vous pensez en devoir être la plus marrie auroit bien de quoi se récompenser, s'il lui plaisoit; mais laissons là le passe-temps où deux seulement peuvent avoir part, et parlons de celui qui doit être commun à tous. » Hircan dit à toutes les dames : « Puisque ma femme a si bien entendu la glose de mon propos et qu'un passe-temps particulier ne lui plaît pas, je crois qu'elle saura mieux que nul autre dire celui où chacun prendra plaisir; et, de cette heure, je me tiens à son opinion, comme celui qui n'en a nulle autre que la sienne. » A quoi toute la compagnie s'accorda. Parlamente, voyant que le sort du jeu étoit tombé sur elle, leur dit ainsi : « Si je me sentois aussi suffisante que les anciens qui ont trouvé les arts, j'inventerois quelque jeu ou passe-temps pour satisfaire à la charge que me donnez; mais connoissant mon savoir et ma puissance, qui à peine peut remémorer les choses bien faites, je me tiendrois heureuse d'ensuivre de près ceux qui ont déjà satisfait à votre demande. Entre autres, je crois qu'il n'y a nulle de vous qui n'ait lu les *Cent Nouvelles* de Jean Boccace, nouvellement traduites d'italien en françois[1]; desquelles le roi très-chrétien François, premier de ce nom, Monseigneur le dauphin[2], Madame la dauphine[3], Madame Marguerite ont fait tant de cas, que, si Boccace, du lieu où il étoit, les eût pu ouïr, il eût dû ressusciter à la louange de telles personnes. A l'heure, j'ouïs les deux dames dessus-nommées avec plusieurs autres de la cour qui se délibéroient d'en faire autant, sinon en une chose différente de Boccace, c'est de n'écrire Nouvelle qui ne fût véritable histoire. Et premièrement lesdites dames, et Monseigneur le dauphin avecques elles, conclurent d'en faire chacun dix, et d'assembler jusqu'à dix personnes qu'ils penseroient plus dignes de raconter quelque chose, sauf ceux qui auroient étudié et seroient gens de lettres; car Monseigneur le dauphin ne vouloit que leur art y fût mêlé, et aussi, de peur que la beauté de rhétorique fît tort en quelque partie à la vérité de l'histoire. Mais les grandes affaires depuis survenues au roi[4], aussi la paix entre lui et le roi d'Angleterre[5], et l'accouchement de Madame la dauphine[6] et plusieurs autres choses dignes d'empêcher[7] toute la cour, ont fait mettre en oubli du tout cette entreprise, qui, pour notre long loisir, pourra être mise à fin, attendant que notre pont soit parfait. Et s'il vous plaît que, depuis midi jus-

---

[1] Marguerite de Valois veut parler de l'admirable traduction du *Decamerone*, faite par son ordre, et sous ses yeux par son valet de chambre Antoine Le Maçon, et publiée pour la première fois en 1543, pour remplacer l'ancienne version française du *Cameron* de Laurent du Premier-Fait.

[2] La date de la première édition des *Cent Nouvelles* de Boccace *nouvellement traduites* prouve que le dauphin dont il est question ici ne peut être que Henri, duc d'Orléans, dauphin par la mort de son frère François, en 1536, et depuis roi de France.

[3] Catherine de Médicis, mariée en 1536 à Henri, duc d'Orléans, qui n'était pas encore dauphin.

[4] Ce fut en 1542 que la guerre recommença entre François Ier et Charles-Quint, à l'occasion du meurtre de deux ambassadeurs du roi, par ordre du seigneur du Guast, gouverneur de Milan pour l'empereur. Le *Décameron* de la traduction d'Antoine Le Maçon n'était pas encore publié à cette époque, mais on le lisait à la cour sur des copies manuscrites. Ainsi l'époque de la composition des Nouvelles de la reine de Navarre se trouve nettement fixée. Ce fut avant l'année 1542.

[5] En 1543, Henri VIII, s'étant brouillé avec François Ier, entra dans la ligue de Charles-Quint contre son ancien allié, qui soutint vigoureusement la guerre.

[6] Le 3 janvier 1543, Catherine de Médicis, qui était restée stérile pendant près de douze ans, accoucha d'un fils qui fut François II. — [7] Occuper.

qu'à quatre heures, nous allions dedans ce beau pré, le long de la rivière du Gave, où les arbres sont si feuillus que le soleil ne sauroit percer l'ombre ni échauffer la fraîcheur ; là, assis à nos aises, chacun dira quelque histoire qu'il aura vue ou bien ouï dire à quelque homme digne de foi. Au bout des dix jours, aurons parachevé la centaine. Et si Dieu fait que notre labeur soit trouvé digne des yeux des seigneurs et dames dessus-nommés, nous leur en ferons présent au retour de ce voyage, vous assurant qu'ils auront ce présent ici pour agréable. Toutefois (quoique je die), si quelqu'un d'entre nous trouve chose plus plaisante, je m'accorderai à son opinion. » Mais toute la compagnie répondit qu'il n'étoit possible d'avoir mieux avisé, et qu'il leur tardoit que le lendemain ne fût venu pour commencer. Ainsi passèrent cette journée joyeusement, ramentevant les uns aux autres ce qu'ils avoient vu de leur temps. Sitôt que le matin fut venu s'en allèrent en la chambre de Mme Oisille, laquelle trouvèrent déjà en ses oraisons, et quand ils eurent ouï une bonne heure sa leçon et puis dévotement la messe, s'en allèrent dîner, à dix heures ; et après, se retira chacun en sa chambre pour faire ce qu'il avoit à faire, et ne faillirent pas à midi de se trouver au pré, selon leur délibération : qui étoit si beau et plaisant, qu'il avoit besoin d'un Boccace pour le dépeindre à la vérité ; mais vous vous contenterez que jamais n'en fut vu un pareil. Quand l'assemblée fut toute assise sur l'herbe verte, si molle et délicate, qu'il ne leur falloit ni carreaux ni tapis, Simontault commença à dire : « Qui sera celui de nous, qui aura commandement sur les autres ? » Hircan lui répondit : « Puisque vous avez commencé la parole, c'est raison que vous commandiez, car au jeu nous sommes tous égaux. — Plût à Dieu, dit Simontault, que je n'eusse bien en ce monde, que de pouvoir commander à toute cette compagnie. » Cette parole, Parlamente l'entendit très-bien, se print à tousser ; parquoi, Hircan ne s'aperçut de la couleur qui lui montoit aux joues, mais dit à Simontault : « Commencez à dire quelque bonne chose, et l'on vous écoutera. » Lequel, convié de toute la compagnie, se print à dire : « Mesdames, j'ai été si mal récompensé de mes longs services, que, pour me venger d'amour et de celle qui m'est si cruelle, je mettrai peine de faire un recueil de tous les mauvais tours que les femmes ont faits aux pauvres hommes, et si ne dirai rien que pure vérité. »

DES DEUX MARGUERITES[1].

SONNET.

Ce phénix tout fameux que l'Orient honore,
Unique en son espèce, et en rare beauté,
De Phébus renaissant la très-belle clarté ;
Car autre que Phébus, ce bel oiseau n'adore.

Du lit de son Titon sitôt ne sort l'Aurore,
Que son chant recommence, ouï de tout côté ;
Mais quand l'âge envieux lui a la force ôté,
Lui-même se brûlant se fait revivre encore.

France, dorénavant tu te peux bien vanter
D'avoir vu un phénix qui sut si bien chanter
Qu'on ne trouve aujourd'hui personne qui l'imite,

Sinon l'autre phénix héritier du renom,
Et gloire du premier, ainsi comme du nom
Qu'il laissa en mourant, l'unique Marguerite.

J. PASSERAT TROYEN.

SONNET.

Timon athénien, grand ennemi de l'homme,
Trop sévère censeur de notre infirmité,
Déteste en grand'horreur l'humaine vanité,
Pour laquelle Héraclite en larmes se console.

Le raillard Démocrite en se moquant de l'homme,
Un farceur qui se rit de la débilité
Des humains, savourant en vain de volupté
La poison, qui les corps et les esprits assomme.

Le ris de l'un, les pleurs que sans cesse distille
De ses yeux le second, du tiers la haine hostile,
A faire nous semond d'honnêteté l'élite ;

Mais la reine sans pair, au discours de ce livre,
En haine de tout mal, en pleurs et ris nous livre
Timon et Héraclite, avec un Démocrite.

Par J. VESOU.

---

[1] Ces deux Marguerite sont sans doute la reine de Navarre, auteur de ces Nouvelles, et Marguerite de France, fille de Henri II et de Catherine de Médicis, née en 1552. Ces deux Marguerite ont porté également le nom de *Valois*. La seconde pourrait être aussi Marguerite de Bourbon, duchesse de Nivernais, fille de Charles de Bourbon, duc de Vendôme, et de Françoise d'Alençon ; à laquelle est dédiée la première édition de l'*Histoire des amans fortunés*.

PREMIÈRE JOURNÉE.

NOUVELLE I.

Une femme d'Alençon avoit deux amis, l'un pour le plaisir, l'autre pour le profit; elle fait tuer celui des deux qui premier s'en aperçut, dont elle impétra rémission pour elle et son mari fugitif, lequel depuis, pour sauver quelque argent, s'adressa à un négromancien[1], et fut leur entreprise découverte et punie.

En la ville d'Alençon, du vivant du duc Charles, dernier duc, y avoit un procureur, nommé Saint-Aignan, qui avoit épousé une gentille femme du pays, plus belle que vertueuse; laquelle, pour sa beauté et légèreté, fut fort poursuivie d'un prélat d'Église, duquel je tairai le nom pour la révérence de l'état. Qui, pour parvenir à ses fins, entretint si bien le mari, que non-seulement il ne s'aperçut du vice de la femme et du prélat; mais, qui plus est, lui fit oublier l'affection qu'il avoit toujours eue au service de ses maîtres et maîtresses; en sorte que, d'un loyal serviteur, devint si contraire à eux, qu'il chercha à la fin les invocations pour faire mourir la duchesse[2]. Or véquit longuement ce prélat avec cette malheureuse femme, laquelle lui obéissoit plus par avarice que par amour, et aussi, que son mari la sollicitoit de l'entretenir. Mais il y avoit un jeune homme en ladite ville d'Alençon, fils du lieutenant général[3], qu'elle aimoit si fort qu'elle en étoit demi-enragée. Et souvent s'aidoit de ce prélat pour faire donner commission à son mari, afin de pouvoir voir à son aise le fils du lieutenant de la ville. Cette façon de faire dura si longtemps, qu'elle avoit pour son profit le prélat, et pour son plaisir le fils du lieutenant, auquel elle juroit que toute la bonne chère qu'elle faisoit au prélat n'étoit que pour continuer la leur plus librement; et que, quelque chose qu'il y eût, cedit prélat n'en avoit eu que la parole, et qu'il pouvoit s'assurer que jamais homme que lui n'en auroit autre chose. Un jour que son mari s'en étoit allé devers ce prélat, elle lui demanda congé d'aller aux champs, disant que l'air de la ville lui étoit trop contraire. Et quand elle fut en sa métairie, écrivit incontinent au fils du lieutenant qu'il ne faillît à la venir trouver environ dix heures du soir. Ce que fit le pauvre jeune homme; mais, à l'entrée de la porte, trouva la chambrière, qui avoit accoutumé de le faire entrer, laquelle lui dit : « Mon ami, allez ailleurs, car votre place est prise. » Et lui, pensant que le mari fût venu, lui demanda comment tout alloit. La pauvre femme ayant pitié de lui, le voyant tant beau, jeune et honnête homme d'aimer si fort et être si peu aimé, lui déclara la folie de sa maîtresse, pensant que quand il entendroit cela, il se châtieroit de l'aimer tant. Et lui conta comme le prélat ne faisoit que d'arriver et étoit couché avec elle, chose à quoi elle ne s'attendoit pas, car il ne devoit venir que le lendemain; mais, ayant retenu chez lui son mari, s'étoit dérobé de nuit pour la venir voir secrètement. Qui fut bien désespéré, ce fut le fils du lieutenant, qui encore ne la pouvoit du tout croire. Et se cacha en une maison auprès et veilla jusqu'à trois heures après minuit, tant qu'il vit saillir le prélat dehors, non si bien déguisé qu'il ne le connût plus qu'il ne vouloit. Et, en ce désespoir, s'en retourna à Alençon, où bientôt après, sa méchante amie alla, qui, le cuidant abuser comme elle avoit accoutumé, vint parler à lui. Mais il lui dit qu'elle étoit trop sainte, ayant touché aux choses sacrées, pour parler à un pécheur comme lui, duquel la repentance étoit si grande, qu'il espéroit bientôt que le péché lui seroit pardonné. Quand elle entendit que son cas étoit découvert, et que excuse, jurement, promesse de plus n'y retourner, n'y servoient de rien, elle en fit la plainte à son prélat; et, après avoir bien consulté la matière, vint dire à son mari, qu'elle ne pouvoit plus demeurer en la ville d'Alençon, pource que le fils du lieutenant, qu'elle avoit tant estimé de ses amis, la pourchassoit incessamment de déshonneur, et le pria de se tenir à Argentan pour ôter toute suspicion. Le mari, qui se laissoit gouverner à elle, s'y accorda. Mais ils ne furent pas longuement audit Argentan, que cette malheureuse manda au fils du lieutenant

---

[1] Pour *négromancien*.

[2] La duchesse d'Alençon n'est autre que Marguerite de Valois, depuis reine de Navarre. Elle avait épousé, en 1509, Charles, dernier duc d'Alençon, qui mourut en 1525, et se remaria en 1527 à Henri d'Albret.

[3] Ce lieutenant général du présidial, bailliage et sénéchaussée d'Alençon, est nommé plus loin Gilles du Mesnil.

il étoit le plus méchant homme du monde qu'elle avoit bien su que publiquement il avoit dit mal d'elle et du prélat : dont elle mettoit peine de l'en faire repentir. Ce jeune homme, qui n'en avoit jamais parlé qu'à elle-même et qui craignoit d'être mis en la male grâce du prélat, s'en alla à Argentan avec deux de ses serviteurs ; et trouva sa damoiselle à vêpres aux Jacobins, où il s'en vint agenouiller près d'elle et lui dit : « Madame, je viens pour vous jurer devant Dieu que je ne parlai jamais de votre honneur à personne du monde qu'à vous-même. Vous m'avez fait un méchant tour, que je ne vous ai pas dit la moitié des injures que vous méritez. Car, s'il y a homme ou femme qui veuille dire que jamais j'en aie parlé, je suis ici venu pour le démentir devant vous. » Elle, voyant que beaucoup de monde étoit en l'église et qu'il étoit accompagné de deux bons serviteurs, se contraignit de parler le plus gracieusement qu'il lui fut possible, lui disant qu'elle ne faisoit nul doute qu'il ne dît vérité et qu'elle l'estimoit trop homme de bien pour dire mal de personne du monde, et encore moins d'elle, qui lui portoit tant d'amitié ; mais que son mari en avoit entendu quelque propos ; par quoi, elle le prioit qu'il voulût dire devant lui, qu'il n'en avoit aucunement parlé et qu'il n'en croiroit[1] rien. Ce qu'il lui accorda très-volontiers, et, la pensant accompagner à son logis, la prit par-dessous les bras ; mais elle lui dit qu'il ne seroit pas bon qu'il vînt avec elle, et que son mari penseroit qu'elle lui fît porter ses paroles. Et en prenant un de ses serviteurs par la manche de sa robe, lui dit : « Laissez-moi cettui-ci, et incontinent qu'il sera temps, je vous envoierai quérir par lui ; mais, en attendant, allez vous reposer en votre logis. » Lui, qui ne se doutoit point de la conspiration, y alla. Elle donna à souper au serviteur qu'elle avoit retenu ; qui lui demandoit souvent quand il seroit temps d'aller quérir son maître. Elle lui répondit qu'il viendroit toujours assez tôt. Et quand il fut minuit, envoya secrètement de ses serviteurs quérir le jeune homme, qui, ne se doutant du mal qu'on lui préparoit, s'en alla hardiment en la maison de Saint-Aignan, auquel lieu la damoiselle tenoit son serviteur, de sorte qu'il n'entrât qu'un avec lui. Et quand il fut à l'entrée de la maison, le serviteur qui le menoit lui dit

[1] Il faut plutôt lire *croyoit*.

que la damoiselle vouloit bien parler à lui avant son mari, et qu'elle l'attendoit en une chambre où il n'y avoit que l'un de ses serviteurs avec elle, et qu'il feroit fort bien de renvoyer l'autre par la porte de devant. Ce qu'il fit. Et en montant un petit degré fort obscur, le procureur de Saint-Aignan, qui avoit mis des gens en embûche dedans une garde-robe, commença à ouïr le bruit, et en demandant : Qu'est-ce ? lui fut dit que c'étoit un homme qui vouloit secrètement entrer en sa maison. Alors même, un nommé Thomas Guérin, lequel faisoit métier d'être meurtrier, et qui pour cette exécution étoit bien loué du procureur, vint à l'instant donner tant de coups d'épée à ce jeune homme, que, quelque défense qu'il pût faire, ne se put garder qu'il tombât mort entre leurs mains. Le serviteur, qui parloit à la damoiselle, lui dit : « J'ai ouï mon maître qui parle en ce degré ; je m'en vais à lui. » La damoiselle le retint et lui dit : « Ne vous souciez, il viendra assez tôt. » Et peu après, oyant que son maître disoit : « Je me meurs, je recommande à Dieu mon esprit ! » il le voulut aller secourir ; mais elle le retint, lui disant : « Ne vous souciez ! mon mari l'a châtié de ses jeunesses. Allons voir que c'est. » Et, en s'appuyant sur le bout du degré, demanda à son mari : « Eh bien ! est-ce fait ? » Lequel lui dit : « Venez y voir. À cette heure, je vous ai vengée de celui qui vous a tant fait de honte. » Et, en disant cela, donna d'un poignard qu'il avoit dix ou douze coups dans le ventre de celui que, vivant, il n'eût osé assaillir. Après que l'homicide fut fait et que les deux serviteurs s'en furent fuis pour en dire les nouvelles au pauvre père, pensant ledit Saint-Aignan que la chose ne pouvoit être tenue secrète, regarda que les serviteurs du mort ne devoient point être crus en témoignage et que personne en la maison n'avoit vu le fait, sinon les meurtriers, une vieille chambrière et une jeune fille de quinze ans. Par quoi, voulut secrètement prendre la vieille ; mais elle trouva façon d'échapper de ses mains et s'en alla en franchise[1] aux Jacobins ; qui fut le plus sûr témoin que l'on ait eu de ce meurtre. La jeune

[1] Le droit d'asile dans les églises, les couvents et les demeures royales existait encore au seizième siècle ; mais on le rendait illusoire en cernant la retraite du fugitif, qui était bientôt obligé de sortir pour ne pas mourir de faim, et qui tombait alors dans les mains de la justice.

chambrière demeura quelques jours en sa maison ; mais il trouva moyen de la faire suborner par un des meurtriers et la mena à Paris au lieu public[1], afin qu'elle ne fût plus crue en témoignage. Et, pour celer son meurtre, fit brûler le corps du pauvre trépassé, et les os qui ne furent consommés par le feu, les fit mettre dedans du mortier, là où il faisoit bâtir en sa maison. Et envoya à la cour en diligence demander sa grâce, donnant à entendre qu'il avoit plusieurs fois défendu sa maison à un personnage, dont il avoit suspicion qu'il pourchassoit le déshonneur de sa femme ; lequel, nonobstant sa défense, étoit venu de nuit en lieu suspect pour parler à elle : parquoi, le trouvant à l'entrée de sa chambre, plus rempli de colère que de raison, l'avoit tué. Mais il ne put sitôt faire dépêcher sa lettre à la chancellerie que le duc et la duchesse[2] ne fussent par le pauvre père avertis du cas ; lesquels, pour empêcher cette grâce, envoyèrent au chancelier[3]. Ce malheureux, voyant qu'il ne la pouvoit obtenir, s'enfuit en Angleterre, et sa femme avec lui, et plusieurs de ses parens. Mais, avant que partir, dit au meurtrier qui à sa requête avoit fait le coup, qu'il avoit eu lettres expresses du roi pour le prendre et faire mourir ; mais, à cause des services qu'il lui avoit faits, il lui vouloit sauver la vie ; et lui donna dix écus pour s'en aller hors du royaume ; ce qu'il fit, et oncques puis ne fut trouvé. Ce meurtre ici fut si bien vérifié, tant par les serviteurs du trépassé que par la chambrière qui s'étoit retirée aux Jacobins, et par les os qui furent trouvés dans le mortier, que le procès fut fait et parfait en l'absence dudit Saint-Aignan et de sa femme, et furent jugés par contumace, condamnés tous deux à la mort, leurs biens confisqués au prince, et quinze cents écus au père pour les frais du procès. Ledit Saint-Aignan étant en Angleterre, voyant que par la justice il ét[oit] mort en France, fit tant par son service en[vers] plusieurs grands seigneurs et par la faveur d[es] parens de sa femme, que le roi d'Angleter[re] requête au roi de lui donner sa grâce et le [re]mettre en ses biens et honneurs. Mais le r[oi] ayant entendu le vilain et énorme cas, env[oya] le procès au roi d'Angleterre, le priant de [re]garder si c'étoit cas qui méritoit grâce, et [lui] disant que le duc d'Alençon avoit seul ce p[ri]vilège en son royaume de donner grâce en [son] duché. Mais, pour toutes ces excuses, n'ap[aisa] point le roi d'Angleterre, lequel le pourch[assa] si très-instamment, qu'à la fin le procure[ur] l'eut à sa requête et retourna en sa maison. [Et] pour achever sa méchanceté, s'accointa d'[un] invocateur[1], nommé Gallery ; espérant que p[ar] son art il seroit exempt de payer lesdits qu[inze] cents écus qu'il devoit au père du trépassé. [Et] pour ce faire, s'en allèrent à Paris déguisé[s], femme et lui. Et voyant sadite femme q[ue] étoit si longuement enfermé en une cham[bre] avecques ledit Gallery et qu'il ne lui di[soit] point la raison pourquoi, un matin elle l'é[pia] et vit que ledit Gallery lui montroit cinq im[a]ges de bois, dont les trois avoient les ma[ins] pendantes, et les deux, levées contremon[t. Et] parlant au procureur lui disoit : « Il nous [faut] faire de telles images de cire que ceux-ci [ou] celles qui auront les bras pendants seront ce[ux] que nous ferons mourir ; et ceux qui les é[lè]vent seront ceux de qui voudrons avoir la bo[nne] grâce et amour. » Et le procureur diso[it :] « Celle-ci sera pour le roi, de qui je veux [être] aimé, et celle-ci pour M. le chancelier [d'A]lençon, Brinon. » Gallery lui dit : « Il faut [met]tre les images sous l'autel, où ils orron[t la] messe avecques des paroles que je vous [dois] dire à l'heure. » Et en parlant de celle[s qui] avoient les bras baissés, dit le procureur [que] l'une étoit pour maître Gilles du Mesnil, [père] du trépassé. Car il savoit bien que, tant qu'il [vi]vroit, il ne cesseroit de le poursuivre. Et une [des] femmes qui avoient les mains pendantes é[toit]

---

[1] Ce passage indique sans doute que les femmes de mauvaise vie, une fois reçues dans une maison de débauche, ne pouvaient plus porter témoignage en justice. Nous ne nous rappelons pas avoir vu ce fait curieux mentionné ailleurs.

[2] Comme le duc d'Alençon vivait encore à l'époque de cet événement, on peut inférer qu'il a eu lieu entre les années 1509 et 1527.

[3] Le chancelier d'Alençon, qui est nommé plus loin Brinon, doit être Jean Brinon, qui a composé un poëme intitulé les Amours de Sydire, selon la Bibl. franç. de la Croix-du-Maine, et qui fut père de Pierre Brinon, conseiller au parlement de Normandie et auteur de pièces de théâtre en vers.

[1] Sorcier, invocateur des démons, faiseur d'[évoca]tions.

[2] En haut. Cette manière occulte de jeter des [sorts] funestes sur les personnes dont on vouloit abr[éger la] vie était encore fréquente sous François Ier, et la [loi] la punissait de mort, comme du temps de Charl[es...]. Les pratiques superstitieuses qui l'accom[pagnaient,] telles que les images de cire, la messe noc[turne,] composaient ce qu'on nommait un *envoûtement*.

Madame, la duchesse d'Alençon, sœur du parce qu'elle aimoit tant ce vieil serviteur Mesnil, et avoit, en tant d'autres choses, la méchanceté du procureur, que, si elle mouroit, il ne pourroit vivre. La seconde me ayant les bras pendants étoit pour sa me, laquelle étoit cause de tout son mal, et tenoit sûr que jamais n'amenderoit sa méchante vie. Quand sa femme, qui voyoit tout le pertuis de la porte, entendit qu'il la mettoit au rang des trépassés, se pensa qu'elle l'y envoieroit le premier ; et feignant d'aller emprunter de l'argent à un sien oncle, maître des quêtes du duc d'Alençon, lui va conter ce qu'elle avoit vu et ouï de son mari. Ledit oncle, comme bon vieillard serviteur, s'en alla au chancelier d'Alençon et lui conta toute l'histoire. Et pource que le duc et la duchesse d'Alençon n'étoient point ce jour-là à la cour, dit chancelier alla conter ce cas étrange à madame la régente, mère du roi[1], et à la duchesse, qui soudainement envoya quérir le prévôt de Paris nommé La Barre[2], lequel fit si une diligence qu'il prit le procureur et Gallery, son invocateur, lesquels sans gehenne[3] ni contrainte confessèrent librement la dette[4] ; et leur procès fait et rapporté au roi. Quelques-uns, voulant sauver leur vie, lui dirent qu'ils ne cherchoient que sa bonne grâce en ses enchantements. Mais le roi, ayant la vie de sa sœur aussi chère que la sienne, commanda que l'on donnât la sentence telle que s'ils eussent attenté à sa personne propre. Toutefois, sa sœur, la duchesse d'Alençon, le supplia que la vie fût sauvée audit procureur, et de muer sa mort en quelque autre griève peine corporelle. Ce qui lui fut octroyé, et furent lui et Gallery envoyés à Marseille aux galères de Saint-Blanquart, où ils finirent leurs jours en grande captivité, et eurent loisir de reconnoître la gravité de leurs péchés. Et la mauvaise femme, en l'absence de son mari, continua son

[1] Louise de Savoie, qui fut régente de France après le départ de François Ier pour son armée d'Italie, en 1524, et pendant sa prison en Espagne. Elle conserva jusqu'à sa mort, arrivée en 1531, le titre honorifique de madame la régente.
[2] Ce doit être le prévôt des marchands de Paris, qu'on appeloit le prévôt de l'île, parce qu'il avait son siége à la Table de marbre, au Palais, dans la Cité. Il était chargé de la recherche des malfaiteurs.
[3] Gêne, torture, question. — [4] Ce mot est ici synonyme d'action coupable qui doit être punie.

péché plus que jamais, et mourut misérablement.

« Je vous supplie, mesdames, regardez quel mal il vient pour une méchante femme ; combien de maux se firent par le péché de cette-ci. Vous trouverez que depuis qu'Ève fit pécher Adam, toutes les femmes ont prins possession de tourmenter, tuer et damner les hommes. Quant est de moi, j'en ai tant expérimenté la cruauté, que je ne pense jamais mourir que par le désespoir en quoi une m'a mis ; et suis encore si fou qu'il faut que je confesse que cet enfer-là m'est plus plaisant venant de sa main, que le paradis donné par celle d'une autre. » Parlamente, feignant de n'entendre point que ce fût pour elle qu'il tenoit ce propos, lui dit : « Puisque l'enfer est aussi plaisant que vous dites, vous ne devez point craindre le diable qui vous y a mis ? » Mais il lui répondit en colère : « Si mon diable devenoit aussi noir qu'il m'a été mauvais, il feroit autant de peur à la compagnie que je prends plaisir à la regarder. Mais le feu de l'amour me fait oublier celui de cet enfer. Et pour n'en parler plus avant, je donne ma voix à Mme Oisille, étant sûr que si elle vouloit dire des femmes ce qu'elle en sait, elle favoriseroit mon opinion. » À l'heure, toute la compagnie se tourna vers elle, la priant vouloir commencer. Ce qu'elle accepta, et en riant commença à dire : « Il me semble, mesdames, que celui qui m'a donné sa voix a tant dit de mal des femmes par une histoire véritable d'une malheureuse, que je dois remémorer tous mes vieux ans pour en trouver une dont la vertu puisse démentir sa mauvaise opinion. Et pource qu'il m'en est venue une au devant, digne de n'être mise en oubli, je la vous vais conter. »

NOUVELLE II.

Piteuse et chaste mort de la femme d'un des muletiers de la reine de Navarre.

En la ville d'Amboise, y avoit un muletier qui servoit la reine de Navarre, sœur du roi François, premier de ce nom, laquelle étoit à Blois accouchée d'un fils[1] ; auquel étoit allé ledit muletier pour être payé de son quartier, et sa

[1] Marguerite de Valois eut de son second mariage un fils, nommé Jean, qui mourut en 1530, à l'âge de deux ans.

femme demeura audit Amboise, logée de là les ponts. Or, y avoit-il longtemps qu'un valet de son mari l'aimoit si désespérément, qu'un jour il ne se put tenir de lui en parler ; mais elle, qui étoit vraie femme de bien, le reprint si aigrement, le menaçant de le faire battre et chasser par son mari, que depuis il ne lui en osa tenir propos ne faire semblant ; et garda ce feu couvert en son cœur, jusqu'au jour que son maître fût allé dehors, et sa maîtresse à vêpres à Saint-Florentin, église du château fort loin de la maison. Étant demeuré seul, lui vint en fantaisie de pouvoir avoir par force ce que par nulle prière et service n'avoit pu acquérir ; et rompit un ais qui étoit entre la chambre de sa maîtresse et celle où il couchoit. Mais, à cause que le rideau, tant du lit de sa maîtresse et de son maître que des serviteurs, de l'autre côté couvroit les murailles, si bien que l'on ne pouvoit voir l'ouverture qu'il avoit faite, ne fut point sa malice aperçue jusqu'à ce que sa maîtresse fût couchée avec une petite fille de douze ans. Ainsi que la pauvre femme étoit à son premier sommeil, entra ce valet par ledit ais qu'il avoit rompu dedans son lit, tout en chemise, l'épée nue en sa main. Mais aussitôt qu'elle le sentit près d'elle, saillit hors du lit, en lui faisant toutes les remontrances qu'il fut possible à femme de bien de lui faire. Et lui, qui n'avoit amour que bestial, qui eût mieux entendu le langage des mulets que ses honnêtes raisons, se montra plus bestial que les bêtes avec lesquelles il avoit été longtemps ; car, en voyant qu'elle couroit sitôt à l'entour d'une table qu'il ne la pouvoit prendre, et aussi, qu'elle étoit si forte, que par deux fois elle s'étoit défaite[1] de lui, désespéré[2] de jamais la pouvoir avoir vive, lui donna un grand coup d'épée par les reins, que, si la peur et la force ne l'avoient pu faire rendre, la douleur le feroit. Mais ce fut au contraire ; car, tout ainsi qu'un bon gendarme voyant son sang est plus échauffé à se venger de ses ennemis et à acquérir honneur, ainsi son chaste cœur se renforça doublement à courir et fuir des mains de ce malheureux, en lui tenant les meilleurs propos qu'elle pouvoit, pour cuider par quelque moyen le réduire à reconnoître ses fautes. Mais il étoit si embrasé de fureur, qu'il n'y avoit en lui lieu pour recevoir nul bon conseil ; et lui donna encore plusieurs coups, pour lesquels éviter, tant que les jambes la pure(nt) porter, couroit toujours. Et quand à force de perdre son sang, elle sentit qu'elle approch(oit) de la mort, levant les yeux au ciel et joign(ant) les mains, rendit grâces à son Dieu, lo(nt) elle nommoit sa force, sa vertu, sa pati(ence) et chasteté, le suppliant prendre en gré le s(ang) qui pour son commandement étoit répand(u à) la révérence de celui de son Fils, auquel (elle) croyoit fermement tous péchés être lav(és et) effacés de la mémoire de son ire. Et en dis(ant :) « Seigneur, recevez l'âme qui par votre bo(nté) a été rachetée ! » tomba en terre sur le vis(age) où ce méchant lui donna plusieurs coup(s ;) après qu'elle eut perdu la parole et la forc(e du) corps, ce malheureux print par force ce (qu'elle) n'avoit plus de défense en elle ; et quand (il eut) satisfait à sa méchante concupiscence, s'e(nfuit) si hâtivement que jamais depuis, qu(elque) poursuite que l'on en ait faite, n'a pu ê(tre) trouvé. La jeune fille, qui étoit couchée av(ec la) mulétière, pour la peur qu'elle avoit (eue,) s'étoit cachée sous le lit. Mais, voyant (que) l'homme étoit dehors, vint à sa maîtresse (et) la trouva sans parole ne mouvement, (cria) par la fenêtre aux voisins pour la venir s(ecou)rir. Et ceux qui l'aimoient et estimoient a(utant) que femme de la ville, vinrent inc(ontin)ent à elle et amenèrent avec eux des chir(ur)giens, lesquels trouvèrent qu'elle avoit vi(ngt-) cinq plaies mortelles sur son corps et fi(rent) ce qu'ils purent pour lui aider, mais il (leur) fut impossible. Toutefois, elle languit en(core) une heure sans parler, faisant signe des y(eux) et des mains, en quoi elle montroit n'(avoir) perdu l'entendement. Étant interrogée par (un) homme d'Église de la foi en quoi elle m(ouroit) et de son salut, répondit par signes si évi(dents) que la parole n'eût su mieux montrer q(ue sa) confiance étoit en la mort de Jésus-Chri(st, du)quel elle espéroit voir en sa cité céles(te ; et) ainsi, avec un visage joyeux, les yeux é(levés) au ciel, rendit ce chaste corps à la ter(re et) l'âme à son Créateur. Et sitôt qu'elle fut l(evée) et ensevelie, son corps mis à la porte, at(ten)dant la compagnie pour son enterrem(ent,) arriva son pauvre mari, qui vit premier (le) corps de sa femme morte devant sa mai(son) qu'il n'en avoit su les nouvelles[1] ; et en(...)

---

[1] Débarrassée, délivrée.
[2] Pour désespérant.

[1] Cette phrase doit se lire ainsi : « Qui v(it le corps) de sa femme morte devant sa maison ; premier (qu'il)

l'occasion, eut double raison de faire ¹. Ce qu'il fit de telle sorte qu'il cuida laisser la vie. Ainsi fut enterrée cette martyre de chasteté en l'église Saint-Florentin, où toutes les femmes de bien de la ville ne faillirent de faire leur devoir de l'accompagner et honorer autant qu'il étoit possible, se tenant malheureuses d'être de la ville où une femme vertueuse avoit été trouvée. Les folles et légères, voyant l'honneur que l'on faisoit à ce corps, se délibérèrent de changer leur vie en mieux.

Voilà, mesdames, une histoire véritable qui doit bien augmenter le cœur à garder cette belle vertu de chasteté. Et nous, qui sommes de bonne maison, devrions-nous point mourir de honte de sentir en notre cœur la mondanité, pour laquelle éviter, une pauvre muletière n'a point craint une si cruelle mort. Las ! elle s'estime femme de bien, qui n'a pas encore comme celle-ci a résisté jusqu'au sang. Parquoi, se faut humilier; car les grâces de Dieu ne se donnent point aux hommes pour leur noblesse ou richesses; mais selon qu'il plaît à sa bonté : qui n'est point accepteur de personne, lequel élit ce qu'il veut, car ce qu'il élit l'honore de ses vertus et le couronne de gloire. Et souvent élit choses basses, pour confondre celles que le monde estime hautes et honorables; comme lui-même dit : « Ne nous réjouissons point en nos vertus; mais en ce que nous sommes écrits au livre de Vie. »

Il n'y eut dame en la compagnie, qui n'eût la larme à l'œil pour la compassion de la piteuse et glorieuse mort de cette muletière. Chacune pensoit en elle-même que si la fortune leur advenoit pareille, elle mettroit peine de l'ensuivre en son martyre. Et voyant M⁽ᵐᵉ⁾ Oisille que le temps se perdoit parmi les louanges de cette trépassée, dit à Saffredant : « Si vous ne dites quelque chose pour faire rire la compagnie, je suis nulle d'entre nous qui puisse oublier la faute que j'ai faite de la faire pleurer. Parquoi je vous donne ma voix. » Saffredant, qui bien désiré dire quelque chose de bon et qui eût été agréable à la société et, sur toutes, à elle, dit que l'on lui faisoit tort, vu qu'il y en avoit de plus anciens et expérimentés que lui,

qui devoient parler les premiers; mais puisque son sort étoit tel, il aimoit mieux s'en dépêcher, car plus y en auroit de bien parlant, et plus son conte seroit trouvé mauvais.

NOUVELLE III.

Le roi de Naples abusant de la femme d'un gentilhomme, porte enfin lui-même les cornes.

Pource, mesdames (dit Saffredant), que je me suis souhaité compagnon de la fortune de celui dont je vous veux faire le conte, je vous dirai que, en la ville de Naples, du temps du roi Alphonse [1], duquel la lasciveté étoit le sceptre de son royaume, y avoit un gentilhomme, tant honnête, beau et agréable, que pour ses perfections un vieil gentilhomme lui donna sa fille, laquelle en beauté et bonne grâce ne devoit rien à son mari. L'amitié fut grande entre eux deux jusqu'à un carnaval que le roi alla en masque parmi les maisons, où chacun s'efforçoit de lui faire meilleur recueil [2] qu'il pouvoit. Et quand il vint en celle de ce gentilhomme, fut traité trop mieux qu'en nul autre lieu, tant de confitures que de chantres de musique, et de la plus belle femme que le roi eût vue à son gré. Et, à la fin du festin, dit une chanson avec son mari, d'une si bonne grâce, que sa beauté en augmentoit. Le roi, voyant deux perfections en un corps, ne print pas tant de plaisir aux doux [3] accords de son mari ne d'elle, qu'il fit à penser comme il les pourroit rompre. Et la difficulté qu'il en faisoit étoit la grande amitié qu'il voyoit entre eux deux. Parquoi, il porta en son cœur cette passion la plus couverte qu'il lui fut possible. Mais, pour la soulager en partie, faisoit faire festins à tous les seigneurs et dames de Naples, où le gentilhomme et sa femme n'étoient oubliés. Et pource que l'homme croit volontiers ce qu'il voit, il lui sembloit que les yeux de cette dame lui promettoient quelque bien à venir, si la présence du mari n'y donnoit empêchement. Et, pour essayer si sa pensée étoit véritable, donna une commission au mari, de

[1] C'est Alphonse V, roi d'Aragon, surnommé *le Sage* et *le Magnanime*, malgré sa passion immodérée pour les femmes. Il disputa le royaume de Naples à René d'Anjou, après la mort de la reine Jeanne, et finit par s'en rendre maître l'an 1442. Il aimait les lettres, il était poëte; mais il était surtout amoureux aux dépens de ses sujets.

[2] Pour *accueil*. — [3] Il y a des éditions qui portent *deux*.

faire voyage à Rome pour quinze jours ou trois semaines. Et, sitôt qu'il fut dehors, sa femme, qui ne l'avoit encore loin perdu de vue, en fit un fort grand deuil, dont elle fut réconfortée par le roi le plus souvent qu'il lui fut possible, par ses douces persuasions, par présents et par dons; de sorte qu'elle fut non-seulement consolée, mais contente de l'absence de son mari; et, avant les trois semaines qu'il devoit être de retour, fut si amoureuse du roi, qu'elle étoit aussi ennuyée du retour de son mari qu'elle avoit été de son allée. Et, pour ne perdre la présence du roi, accordèrent ensemble que quand le mari iroit en ses maisons aux champs, elle le feroit savoir au roi, lequel la pourroit sûrement aller voir et si secrètement que l'homme (qu'elle craignoit plus que sa conscience) n'en seroit point blessé. En cette espérance-là se tint fort joyeuse cette dame; et quand son mari arriva, lui fit si bon recueil, que, combien qu'il eût entendu qu'en son absence le roi la chérissoit, si n'en put-il rien croire. Mais, par longueur de temps, ce feu tant difficile à couvrir, commença peu à peu à se montrer, en sorte que le mari se douta bien fort de la vérité et fit si bon guet qu'il en fut presque assuré. Mais, pour la crainte qu'il avoit que celui qui lui faisoit injure ne lui fît pis, s'il en faisoit semblant, se délibéra de le dissimuler, car il estimoit mieux vivre avec quelque fâcherie, que de hasarder sa vie pour une femme qui n'avoit point d'amour. Toutefois, en ce dépit, pensa de rendre la pareille au roi, s'il étoit possible; et, sachant que l'amour principalement assaille celles qui ont le cœur grand et honorable, print la hardiesse, un jour, en parlant à la reine, de lui dire qu'il avoit grand'pitié de ce qu'elle n'étoit autrement aimée du roi son mari. La reine, qui avoit ouï parler de l'amitié du roi et de sa femme : « Je ne puis pas, dit-elle, avoir l'honneur et le plaisir ensemble; je sais bien que j'ai l'honneur dont une reçoit le plaisir; aussi, celle qui a le plaisir n'a pas l'honneur que j'ai. » Lui, qui entendoit bien pour qui ces paroles étoient dites, lui répondit : « Madame, l'honneur est né avec vous, car vous êtes de si bonne maison, que, pour être reine ou emperière[1], ne sauriez augmenter votre noblesse; mais votre beauté, grâce et honnêteté a tant mérité de plaisir, que

[1] Impératrice.

celle qui vous en ôte ce qui vous en appartient se fait plus de tort qu'à vous : car, pour une gloire qui lui tourne à honte, elle perd autant de plaisir que vous ou dame de ce royaume sauriez avoir; et vous puis dire, madame, que si le roi avoit mis sa couronne hors de dessus sa tête, je pense qu'il n'auroit nul avantage sur moi de contenter une femme; étant sûr que pour satisfaire à une si honorable personne que vous, il devroit vouloir avoir changé sa complexion à la mienne. » La reine, en riant, lui répondit : « Combien que le roi soit de plus délicate complexion que vous, si est-ce que l'amour qu'il me porte me contente tant, que je le préfère à toute autre chose. » Le gentilhomme lui dit : « Madame, s'il étoit ainsi, vous ne me feriez point de pitié, car je sais bien que l'honnête amour de votre cœur vous rendroit tel contentement, s'il trouvoit en celui du roi pareil amour; mais Dieu vous en a bien gardée, afin que, ne trouvant en lui ce que vous demandez, vous n'en fissiez votre Dieu en terre. — Je vous confesse, dit la reine, que l'amour que je lui porte est si grand, que nul autre cœur qu'au mien ne se peut trouver semblable. — Pardonnez-moi, madame, dit le gentilhomme, vous n'avez pas bien sondé l'amour de tous les cœurs, car je vous ose bien dire que tel vous aime, de qui l'amour est si grande et importable[1] que la vôtre auprès de la sienne ne se montreroit rien; et d'autant qu'il voit l'amour du roi saillie[2] en vous, la sienne croît et augmente de telle sorte que, si vous l'avez pour agréable, vous serez récompensée de toutes vos pertes. » La reine commença tant par ses paroles que par sa contenance à reconnoître que ce qu'il disoit procédoit du fond du cœur; et va remémorer que longtemps y avoit qu'il cherchoit de lui faire service par telle affection qu'il en étoit devenu mélancolique : ce qu'elle avoit auparavant pensé venir à l'occasion de sa femme, mais maintenant croit-elle fermement que c'étoit pour l'amour d'elle. Et aussi, la vertu d'amour, qui se fait sentir quand elle n'est feinte, la rendit certaine de ce qui étoit caché à tout le monde. Et, en regardant le gentilhomme, qui étoit très plus aimable que son mari, voyant qu'il

[1] Insupportable, intolérable.
[2] Il faudrait lire *saillie hors de vous*, ou *saillie à vous*, pour faire un sens en harmonie avec la fin de la phrase.

délaissé de sa femme, comme elle du roi, pressée de dépit et jalousie de son mari et incitée de l'amour du gentilhomme, commença à dire, la larme à l'œil et soupirant : « O mon Dieu ! faut-il que la vengeance gagne sur moi ce que nul amour n'a pu faire ! » Le gentilhomme, bien entendant ce propos, répondit : « Madame, la vengeance est douce de celui qui, au lieu de tuer l'ennemi, donne vie au parfait ami. Il me semble qu'il est temps que la vérité vous ôte la sotte amour que vous portez à celui qui ne vous aime point, et l'amour juste et raisonnable chasse hors de vous la crainte, qui jamais ne peut donner[1] en un cœur grand et vertueux. Or, sus, madame, mettons à part la grandeur de votre état et regardons que nous sommes l'homme et la femme de ce monde les plus moqués, et trahis de ceux que nous avons les plus parfaitement aimés. Revenchons-nous, madame, non tant pour leur rendre ce qu'ils méritent, que pour satisfaire à l'amour, qui de mon côté ne se peut plus porter sans mourir. Et je pense que, si vous n'avez le cœur plus dur que nul caillou ou diamant, il est impossible que vous ne sentiez quelque étincelle du feu qui croît tant plus, que je le veux dissimuler. Et si la pitié de moi, qui meurs pour l'amour de vous, ne vous incite à m'aimer, au moins celle de vous-même vous doit contraindre, qui, étant[2] si parfaite, méritez avoir le cœur de tous les honnêtes hommes du monde, et êtes déprisée et délaissée de celui pour qui vous avez dédaigné tous les autres. » La reine, oyant ces paroles, fut si transportée que, de peur de montrer par sa contenance le trouble de son esprit, et s'appuyant sur le bras du gentilhomme, s'en alla en un jardin près sa chambre, où longuement se pourmena, sans lui pouvoir dire mot. Mais le gentilhomme, la voyant demi-vaincue, quand il fut au bout de l'allée, où nul ne les pouvoit voir, lui déclara par effet l'amour que si longtemps il lui avoit celée ; et, se trouvant tous deux d'un consentement, jouèrent la vengeance, dont la passion avoit été importable. Et là, délibérèrent que, toutes les fois que son mari seroit en son village, et le roi, de son château à la ville, il retourneroit au château vers la reine : ainsi, trompant les trompeurs, seroient quatre participant au plaisir, que deux cuidoient tous seuls avoir. L'accord fait, s'en retournèrent, la dame en sa chambre, le gentilhomme en sa maison, avec tel contentement qu'ils avoient oublié tous leurs ennuis passés. Et la crainte que chacun d'eux avoit de l'assemblée[1] du roi et de la damoiselle, étoit tournée en désir, qui faisoit aller le gentilhomme, plus souvent qu'il n'avoit accoutumé, en son village, qui n'étoit qu'à demi-lieue. Et sitôt que le roi le savoit, ne failloit d'aller voir la damoiselle, et le gentilhomme, la nuit venue, alloit au château devers la reine faire l'office de lieutenant de roi, si secrètement que jamais personne ne s'en aperçut. Cette vie dura bien longuement ; mais le roi, pour être personne publique, ne pouvoit si bien dissimuler son amour, que tout le monde ne s'en aperçût. Et avoient tous les gens de bien grand pitié du gentilhomme, car plusieurs garçons lui faisoient des cornes par derrière, en signe de moquerie, dont il s'en apercevoit bien. Mais cette moquerie lui plaisoit tant, qu'il estimoit autant les cornes que la couronne du roi, lequel, avec la femme du gentilhomme, ne se put un jour tenir (voyant une tête de cerf qui étoit élevée en la maison du gentilhomme[2]) de prendre à rire devant lui-même, en disant que cette tête étoit bien séante en cette maison. Le gentilhomme, qui n'avoit le cœur moins bon que lui, va écrire sur cette tête : « *Io porto le corna, ci ascun lo vede ; ma talle porta chi no le crede.* » Le roi, retournant en sa maison, qui trouva cet écriteau nouvellement écrit, en demanda au gentilhomme la signification, lequel lui dit : « Si le secret du roi est caché au cerf, ce n'est pas une raison, que celui du cerf soit déclaré au roi. Mais contentez-vous que tous ceux qui portent cornes n'ont pas le bonnet hors la tête, car elles sont si douces qu'elles

---

[1] Rendez-vous, tête-à-tête.

[2] Autrefois il y avait dans tous les châteaux une galerie ornée de bois de cerfs et d'autres trophées de la chasse. Mais, à Naples, il est d'usage de placer à l'entrée des maisons un bois de cerf ou bien une corne d'élan, pour crever le *mauvais œil* ou détourner la fâcheuse influence du regard de certaines personnes qu'on regarde comme messagères de malheur. Les préservatifs du *mauvais œil* sont l'index et le petit doigt de la main étendus, les cornes, les poignards, les pointes de toutes sortes, etc.

---

[1] L'éditeur aura mal lu *donner* pour *dominer*.

[2] L'édition de Gruget porte *qu'étant*, et la phrase est beaucoup plus obscure par l'emploi de *que* à la place de *qui*, comme on le trouve fréquemment dans les écrivains du quinzième siècle.

ne décoiffent personne, et celui les porte plus légèrement, qui ne les cuide pas avoir. » Le roi connut bien par ces paroles qu'il savoit bien quelque chose de son affaire; mais jamais n'eût soupçonné l'amitié de la reine et de lui; car tant plus la reine étoit contente de la vie de son mari, et plus feignoit d'en être marrie. Parquoi véquirent longuement d'un côté et d'autre en cette amitié, jusqu'à ce que la vieillesse y mît ordre.

« Voilà, mesdames, une histoire que volontiers je vous montre ici par exemple, afin que, quand vos maris vous donneront les cornes de chevreuil, vous leur en donniez de cerf. » Emarsuitte commença à dire, en riant : « Saffredant, je suis toute assurée que si vous aimiez autant qu'autrefois avez fait, vous endureriez cornes aussi grandes qu'un chêne pour en rendre une à votre fantaisie; mais maintenant que les cheveux vous blanchissent, il est temps de donner trève à vos désirs. — Mademoiselle, dit Saffredant, combien que l'espérance m'en soit ôtée par celle que j'aime, et la fureur, par l'âge, si n'en sauroit diminuer la volonté. Mais puisque vous m'avez reprins d'un si honnête désir, je vous donne ma voix à dire la quatrième Nouvelle, afin que nous voyions si par quelque exemple, vous m'en pourrez démentir. » Il est vrai que, durant ce propos, une de la compagnie se print bien fort à rire, sachant que celle qui prenoit les paroles de Saffredant à son avantage n'étoit pas tant aimée de lui, qu'il en eût voulu souffrir cornes, honte ou dommage. Et quand Saffredant vit que celle qui rioit l'entendoit, il s'en tint très-content et se tut, pour laisser dire Emarsuitte, laquelle commença ainsi : « Mesdames, afin que Saffredant et toute la compagnie connoissent que toutes dames ne sont pas semblables à la reine, de laquelle il a parlé, et que tous fols et hasardeux ne viennent pas à leur fin, et aussi pour celer l'opinion d'une dame, qui jugea le dépit d'avoir failli en son entreprise pire à porter que la mort, je vous raconterai une histoire, en laquelle je ne nommerai les personnes, pource que c'est de si fraîche mémoire, que j'aurois peur de déplaire à quelques-uns des parents bien proches. »

NOUVELLE IV.

Téméraire entreprise d'un gentilhomme à l'encontre d'une princesse de Flandre; et le dommage et la honte qu'il en reçut [1].

Il y avoit au pays de Flandre une dame de si bonne maison, qu'il n'en étoit point de meilleure, veuve du premier et second mari, desquels n'avoit eu nuls enfans vivants. Durant sa viduité, se retira avec un sien frère, dont elle étoit fort aimée, lequel étoit bien grand seigneur, et mari d'une fille du roi. Ce jeune prince étoit fort sujet à son plaisir, aimant la chasse, passe-temps et danses, comme la jeunesse le requiert; et avoit une femme fort fâcheuse, à laquelle les passe-temps du mari ne plaisoient point. Parquoi le seigneur menoit toujours avec sa femme sa sœur, qui étoit de joyeuse vie, qui étoit la meilleure compagnie qu'il étoit possible, toutefois sage et femme de bien [2]. Il y avoit, en la maison de ce grand seigneur, un gentilhomme, dont la grandeur, beauté et bonne grâce, passoient celle de tous ses compagnons. Ce gentilhomme, voyant la sœur de son maître femme joyeuse et qui rioit volontiers, pensa qu'il essaieroit si les propos d'un honnête ami lui déplairoient : ce qu'il fit. Mais il trouva en elle réponse contraire à sa contenance. Et combien que sa réponse fût telle

[1] La tradition nous apprend que le sujet de cette nouvelle est véritable, et que Marguerite de Valois en fut l'héroïne lorsqu'elle était veuve du duc d'Alençon, mort en 1527. L'amiral Bonnivet, favori de François I*er* et un des plus séduisans seigneurs de la cour, s'introduisit, au milieu de la nuit, dans la chambre de cette princesse, et voulut devoir à la violence ce qu'il n'avait pu obtenir de l'amour; mais il trouva une résistance à laquelle il ne s'attendait pas, et fut forcé de se retirer honteusement. Cette aventure se serait passée au château de Bonnivet, en Poitou, dans lequel l'amiral recevait souvent le roi et la cour. Bayle, dans son *Dictionnaire historique*, ne révoque pas en doute un événement qui n'a rien de romanesque et qui se trouve appuyé par une constante tradition.

[2] Marguerite de Valois était entourée d'une cour de savans, de poëtes et d'artistes qu'elle pensionnait, et qui se montraient peu sévères dans leurs mœurs ainsi que dans leurs ouvrages. Bonaventure Des Periers, Antoine Le Maçon, Gabriel Chappuis, Clément Marot, n'étaient pas des ennemis de la *joyeuseté*; ce dernier même, qui a composé des épigrammes fort érotiques, passait pour l'amant de *sa bonne maîtresse*, comme il la nomme dans ses vers. Cependant la plupart des biographes de Marguerite l'ont défendue contre ces imputations, qu'on peut attribuer en effet à la haine des catholiques contre cette grande princesse, protectrice de la Réforme et des réformateurs de son temps.

comme il appartenoit à une princesse et vraie femme de bien, si est-ce que, le voyant tant beau et bonnête comme il étoit, elle lui pardonna aisément si grande audace, et montroit bien qu'elle ne prenoit point à déplaisir quand il parloit à elle, lui disant néanmoins qu'il ne tînt plus de tels propos ; ce qu'il lui promit, pour ne point perdre l'aise et honneur qu'il avoit de l'entretenir. Toutefois, à la longue, augmenta si fort son affection, qu'il oublia la promesse qu'il lui avoit faite, non qu'il entreprînt de hasarder par paroles, car il avoit trop contre son gré expérimenté les sages réponses qu'elle savoit faire ; mais il se pensa que, s'il la pouvoit trouver en lieu à son avantage, qu'elle (qui étoit vefve, jeune et en bon point et de fort bonne complexion) prendroit possible pitié de lui et d'elle ensemble. Pour venir à ces fins, dit à son maître qu'il avoit auprès de sa maison fort belle chasse, et que, s'il lui plaisoit d'y aller prendre trois ou quatre cerfs au mois de mai, il n'avoit point vu plus beau passe-temps. Le seigneur, tant pour l'amour qu'il portoit à ce gentilhomme, que pour le plaisir de la chasse, lui octroya sa requê... ... en sa maison, qui étoit belle et bien en ordre, comme du plus riche gentilhomme qui fût au pays. Et logea le seigneur et la dame en un corps de maison, et, en l'autre vis-à-vis, celle qu'il aimoit mieux que lui-même. La chambre étoit si bien tapissée, accoutrée par le haut et si bien nattée, qu'il étoit impossible de s'apercevoir d'une trappe qui étoit en la ruelle de son lit, laquelle descendoit en celle où logeoit sa mère, qui étoit une vieille dame un peu catarrheuse. Et, pource qu'elle avoit la toux, craignant faire bruit à la princesse, qui logeoit sur elle, changea de chambre à celle de son fils ; et, tous les soirs, cette vieille portoit des confitures à la princesse pour sa collation[1] ; à quoi assistoit le gentilhomme, qui, pour être fort aimé et privé de son frère, n'étoit refusé d'être à son habiller et déshabiller, où toujours il voyoit occasion d'augmenter son affection. En sorte qu'un soir, après qu'il eut fait veiller cette princesse si tard, que le sommeil qu'elle avoit le chassa de sa chambre, s'en alla à la sienne. Et quand il eut pris la plus gorgiase et parfumée chemise qu'il eut et un bonnet de nuit tant bien accoutré qu'il n'y failloit rien, lui sembla bien, en se mirant, qu'il n'y eût femme en ce monde qui sût refuser sa beauté et bonne grâce. Parquoi, se promettant en lui-même heureuse issue de son entreprise, s'en alla mettre en son lit, où il n'espéroit long séjour, pour le désir et sur l'espoir qu'il en avoit d'en acquérir un plus honorable et plaisant ; et, sitôt qu'il eut envoyé tous ses gens dehors, se leva pour fermer la porte après eux, et longuement écouta si, en la chambre de la princesse, qui étoit au-dessus, y avoit aucun bruit. Et quand il se put assurer que tout étoit en repos, il voulut commencer son doux travail, et peu à peu abattit la trappe, qui étoit si bien faite et accoutrée de drap, qu'il ne fit un seul bruit, et par là monta en la chambre et ruelle du lit de la dame, qui commençoit à dormir. A l'heure, sans avoir égard à l'obligation qu'il avoit à sa maîtresse, ni à la maison dont étoit la dame, sans lui demander congé ne faire la révérence, se coucha auprès d'elle, qui le sentit plus tôt entre ses bras, qu'elle n'aperçut sa venue. Mais elle, qui étoit forte, se défit de ses mains, et, en lui demand... ...per, mordre et égratigner ; de sorte qu'il fut contraint, pour la peur qu'il eut qu'elle appelât, lui fermer la bouche de la couverture ; ce qu'il lui fut impossible de faire ; car quand elle vit qu'il n'épargnoit rien de toutes ses forces pour lui faire honte, elle n'épargna rien des siennes pour l'engarder, et appela tant qu'elle put sa dame d'honneur, qui couchoit en sa chambre, ancienne et sage femme autant qu'il en étoit point ; laquelle, tout en chemise, courut à sa maîtresse. Et quand le gentilhomme vit qu'il étoit découvert, eut si grand peur d'être connu de la dame, que le plus tôt qu'il put descendit par sa trappe, et, autant qu'il avoit désir et assurance d'être bien venu, autant il étoit désespéré de s'en retourner en si mauvais état. Il trouva son miroir et la chandelle sur la table, et, regardant son visage tout sanglant d'égratignures et morsures qu'elle lui avoit faites, dont le sang sailloit sur la belle chemise, qui étoit plus sanglante que dorée, commença à dire : « O beauté, tu as maintenant loyer de ton mérite ; car, par ta vaine promesse, j'ai entrepris une chose impossible et qui peut, au lieu d'augmenter mon contentement, être doublement[1] de mon malheur ; étant assuré

[1] La collation, ou souper, avait lieu à sept heures, avant le couvre-feu.

[1] Il y a ici un mot oublié, sans doute *cause*.

que si elle sait que, contre la promesse que je lui ai faite, j'ai entrepris cette folie, je perdrai l'honnêteté et commune fréquentation que j'ai plus que nul autre avec elle. Ce que ma gloire, beauté et bonne grâce ont bien desservi, je ne le devois pas cacher en ténèbres. Pour gagner l'amour de son cœur, je ne devois pas essayer à prendre par force son chaste corps, mais devois par un service et humble patience attendre qu'amour fût victorieux ; pource que sans lui n'ont pouvoir toute la vertu et puissance de l'homme. » Ainsi passa la nuit en tels pleurs, regrets et douleurs, qui ne se peuvent raconter. Et, au matin, voyant son visage tout déchiré, fit semblant d'être fort malade et de ne pouvoir voir la lumière, jusqu'à ce que la compagnie fût hors de sa maison. La dame, qui étoit demeurée victorieuse, sachant qu'il n'y avoit homme à la cour de son frère qui eût osé faire une si méchante entreprise, que celui qui avoit eu la hardiesse de lui déclarer son amour, s'assura que c'étoit son hôte. Et quand elle eut cherché avec sa dame d'honneur les endroits de la chambre pour trouver qui ce pouvoit être, et qu'il ne lui fut possible, elle lui dit par grand colère : « Assurez-vous que ce ne peut être autre que le seigneur de céans, et que le matin je ferai en sorte que sa tête sera témoin[1] de ma chasteté. » Et la dame d'honneur, la voyant ainsi, lui dit : « Madame, je suis très-aise de l'amour que vous avez à votre honneur, pour lequel augmenter voulez épargner la vie d'un qui l'a trop hasardée par la force de l'amour qu'il vous porte ; mais bien souvent tel la cuide croître, qui la diminue ; pourquoi, je vous supplie, madame, me vouloir dire la vérité du fait. » Et quand la dame lui eut conté tout au long, la dame d'honneur lui dit : « Vous m'assurez qu'il n'a eu autre chose de vous ? que les égratignures et coups de poings ? — Je vous assure, dit la dame, que non ; et s'il n'a trouvé un bon chirurgien, je pense que demain les marques y paraîtront. — Et puisque ainsi est, dit la dame d'honneur, il me semble que vous avez plus d'occasion de louer Dieu, que de penser à vous venger de lui ; car vous pouvez croire que, puisqu'il a eu le cœur si grand d'entreprendre une telle chose, et le dépit qu'il a d'y avoir failli, que vous ne ne lui sauriez donner mort qui ne fût plus aisée à porter. Si vous désirez d'être vengée de lui, laissez faire à l'amour et à la honte, qui le sauront mieux tourmenter que vous, et le faites pour votre honneur. Gardez-vous, madame, de tomber en tel inconvénient que le sien ; car, en lieu d'acquérir le plus grand plaisir qu'il eût su avoir, il a reçu le plus extrême ennui que gentilhomme sauroit porter. Aussi, vous, madame, cuidant augmenter votre honneur, le pourriez bien diminuer, et, si vous en faites la plainte, vous ferez savoir ce que nul ne sait ; car, de son côté, vous êtes assurée qu'il n'en sera jamais rien révélé. Et quand monsieur votre frère en feroit la justice que vous demandez, et que le pauvre gentilhomme en viendra à mourir, il contera le bruit partout, qu'il aura fait de vous à sa volonté. Et la plupart diront qu'il a été difficile à un gentilhomme de faire une telle entreprise, si la dame ne lui a donné occasion grande. Vous êtes jeune et belle, vivant en toute compagnie joyeusement ; il n'y a nulle en cette cour, qui ne voie la bonne chère que vous faites au gentilhomme dont vous avez soupçon : qui fera juger chacun que s'il a fait telle entreprise, ce n'a été sans quelque faute de votre côté. Et votre honneur, qui jusqu'ici vous a fait aller la tête levée, sera mis en dispute en tous les lieux où cette histoire sera racontée. » La princesse, entendant les bonnes raisons de sa dame d'honneur, connut qu'elle disoit vérité et qu'à très-juste cause elle seroit blâmée, vu la privée et bonne chère qu'elle avoit toujours faite au gentilhomme, et demanda à sa femme d'honneur ce qu'elle avoit à faire ; laquelle lui dit : « Madame, puisqu'il vous plaît recevoir mon conseil, voyant l'affection dont il procède, me semble que vous devez, en votre cœur, avoir joie d'avoir vu que le plus beau et plus honnête gentilhomme que j'aie vu, n'a su ni par amour ni par force vous mettre hors de toute honnêteté. Et, en cela, madame, vous vous devez humilier devant Dieu, reconnoissant que ce n'a pas été par votre vertu ; car maintes femmes, ayant mené vie plus austère que vous, ont été humiliées par hommes moins dignes d'être aimés que lui. Et devez plus craindre que jamais de recevoir nul propos d'amitié, pource qu'il y en a assez qui sont tombées la seconde fois aux dangers qu'elles ont évités la première. Ayez mémoire, madame, qu'amour est aveugle, lequel aveuglit de sorte que, où

[1] Ce mot est pris ici dans l'acception de *gage*, *garantie*.

l'on pense le chemin plus sûr, est à l'heure qu'il est le plus glissant.

« Et me semble, madame, que vous ne devez à lui ni à autre faire semblant du cas qui vous est advenu, et encore qu'il en voulût dire quelque chose, feignez du tout de ne l'entendre, pour éviter deux dangers : l'un, de vaine gloire de la victoire que vous en avez eue ; l'autre, de prendre plaisir en ramentevant[1] choses qui sont si plaisantes à la chair, que les plus chastes ont affaire à se garder d'en sentir quelques étincelles, encore qu'ils la fuient le plus qu'ils peuvent. Mais aussi, madame, afin qu'il ne pense par tel hasard avoir fait chose qui vous ait été agréable, je suis bien d'avis que peu à peu vous vous éloigniez de la bonne chère que vous lui avez accoutumé de faire, afin qu'il connoisse de combien vous déprisez sa folie, et combien votre bonté est grande, qui s'est contentée de la victoire que Dieu vous a donnée, sans demander autre vengeance de lui. Et Dieu vous doint, madame, grâce de continuer l'honnêteté qu'il a mise en votre cœur ; et, connoissant que tout bien vient de lui, vous l'aimiez et serviez mieux que vous n'avez accoutumé. » La princesse délibéra de croire le conseil de sa dame d'honneur, et s'endormit aussi joyeusement que le gentilhomme veilla de tristesse. Le lendemain, le seigneur s'en voulut aller et demanda son hôte, auquel on dit qu'il étoit si malade, qu'il ne pouvoit voir la clarté ne ouïr parler personne, dont le prince fut fort ébahi et le voulut aller voir. Mais, sachant qu'il reposoit, ne le voulut éveiller, et sans lui dire adieu, s'en alla ainsi de la maison, emmenant avec lui sa femme et sa sœur ; laquelle, entendant les excuses du gentilhomme, qui n'avoit voulu voir le prince ne la compagnie au partir, se tint assurée que c'étoit lui qui lui avoit fait tant de tourment ; lequel n'osoit montrer les marques qu'elle lui avoit faites au visage. Et combien que son maître l'envoyât souvent requérir, si ne retourna-t-il point à la cour, qu'il ne fût bien guari de toutes ses plaies, hormis celle que l'amour et le dépit lui avoient faite au cœur. Quand il fut retourné vers lui et qu'il se trouva devant sa victorieuse ennemie, ce ne fut sans rougir ; et lui, qui étoit le plus audacieux de toute la compagnie, fut si étonné que souvent devant elle perdoit toute contenance, pourquoi fut toute assurée que son soupçon étoit vrai, et peu à peu s'étrangea de lui, non pas si finement qu'il ne s'en aperçût très-bien, mais il n'en osa faire semblant, de peur d'avoir encore pis, et garda cet amour en son cœur avec la patience de l'élongnement[1] qu'il avoit mérité.

« Voilà, mesdames, qui devroit donner grande crainte à ceux qui présument ce qui ne leur appartient ; et doit bien augmenter le cœur aux dames, voyant la vertu de cette jeune princesse et le bon sens de sa dame d'honneur. Si en quelqu'un de vous advenoit pareil cas, le remède y est déjà donné. — Il me semble, dit Hircan, que le gentilhomme dont avez parlé étoit si dépourvu de cœur, qu'il n'étoit digne d'être ramentu[2] ; car, ayant telle occasion, ne devoit, ne pour vieille ne pour jeune, laisser son entreprise ; et faut bien dire que son cœur n'étoit pas tout plein d'amour, vu que la crainte de mort et de honte y trouva encore place. » Nomerfide répondit à Hircan. « Et qu'eût fait le pauvre gentilhomme, vu qu'il avoit deux femmes contre lui ? — Il devoit tuer la vieille, dit Hircan ; et quand la jeune se fût vue seule, elle eût été à demi vaincue. — Tuer ? dit Nomerfide, vous voudriez donc faire d'un amoureux un meurtrier ? Puisque vous avez cette opinion, on doit bien craindre de tomber entre vos mains. — Si j'étois jusque-là, dit Hircan, je me tiendrois pour déshonoré, si je ne venois à la fin de mon intention. » A l'heure, Guebron dit : « Trouvez-vous étrange qu'une princesse, nourrie en tout honneur, soit difficile éprendre[3] d'un seul homme ? Vous vous devriez donc beaucoup plus émerveiller d'une pure[4] femme qui échappe la main de deux. — Guebron, dit Emarsuitte, je vous donne ma voix à dire la cinquième nouvelle ; car je pense qu'en savez quelqu'une de cette pauvre femme, qui ne seroit point fâcheuse. — Puisque vous m'avez élu à la partie, dit Guebron, je vous dirai une histoire, que je sais pour en avoir fait inquisition véritable sur le lieu, et par là, vous verrez que tout le sens et la vertu des femmes

---

[1] Rappelant, remettant en mémoire.

[1] Pour *éloignement*.
[2] Rappelé, remis en mémoire.
[3] Cette phrase est altérée ; il faut lire probablement : *Soit difficile à prendre par un seul homme*, ou bien, *à s'éprendre d'un seul homme.* — [4] Simple, commune.

n'est pas au cœur et têtes des princesses, ni tout l'amour et finesse en ceux où le plus souvent on estime qu'ils soient. »

NOUVELLE V.

Une batelière s'échappa de deux cordeliers, qui la vouloient forcer, et fit si bien, que leur péché fut découvert à tout le monde.

Au port à Coulon, près de Niort, y avoit une batelière qui jour et nuit ne faisoit que passer un chacun. Advint que deux cordeliers dudit Niort passèrent la rivière tous seuls avec elle; et, pource que le passage est un des plus longs qu'il y ait en France, pour la garder d'ennuyer, vinrent à la prier d'amour : à quoi elle fit telle réponse qu'ils devoit. Mais eux, qui pour le travail[1] du chemin n'étoient lassés, ne pour froideur de l'eau refroidis, là n'aussi pour le refus de la femme honteux[2], se délibérèrent la prendre tous deux par force, ou, si elle se plaignoit, la jeter dedans la rivière. Et elle, aussi sage et fine qu'ils étoient fols malicieux, leur dit : « Je ne suis pas si mal gracieuse que j'en fais le semblant, mais je vous veux prier de m'octroyer deux choses, et puis vous connoîtrez que j'ai meilleure envie de vous obéir que vous n'avez de me prier. » Les cordeliers lui jurèrent par leur bon saint François, qu'elle ne leur sauroit demander chose qu'ils ne lui octroyassent, pour avoir ce qu'ils désiroient d'elle. « Je vous requiers premièrement, dit-elle, que vous me juriez et promettiez que jamais à homme vivant nul de vous ne déclarera notre affaire. » Ce qu'ils lui promirent très-volontiers. Ainsi leur dit : « Que l'un après l'autre veuille prendre son plaisir de moi ; car j'aurais trop de honte que tous deux me vissiez ensemble. Regardez lequel me veut avoir le premier. » Ils trouvèrent très-juste sa requête, et accorda le plus jeune que le plus vieux commenceroit ; et, en approchant d'une petite île, elle dit au beau père le plus jeune : « Dites là vos oraisons, jusqu'à ce que j'aie mené votre compagnon ici devant en une autre île ; et si à son retour, il se loue de moi, nous le lairrons ici, et nous en irons ensemble. » Le jeune sauta dedans l'île, attendant le retour de son compagnon, lequel la batelière mena en une autre ; et quand ils furent au bout, faisant semblant d'attacher son bateau, lui dit : « Mon ami, regardez en quel lieu nous nous mettrons. » Le beau père entre en l'île pour chercher l'endroit qui lui seroit plus à propos; mais, sitôt qu'elle le vit à terre, donna un coup de pied contre un arbre, et se retira avec son bateau dedans la rivière, laissant ces deux beaux pères aux déserts, auxquels elle cria tant qu'elle put : « Attendez, messieurs, que l'ange de Dieu vous vienne consoler, car de moi n'aurez aujourd'hui chose qui vous puisse plaire. » Ces deux pauvres cordeliers, connoissant la tromperie, se mirent à genoux sur le bord de l'eau, la priant ne leur faire cette honte, et que si elle les vouloit doucement mener au port, ils lui promettoient de ne lui demander rien. Et, s'en allant toujours, leur disoit : « Je serois folle si, après avoir échappé de vos mains, je m'y remettois. » Et, en retournant au village, appela son mari et ceux de la justice, pour venir prendre ces deux loups enragés, dont par la grâce de Dieu elle avoit échappé de leurs mains. Eux et la justice s'y en allèrent si bien accompagnés, qu'il ne demeura grand ne petit qui ne voulût avoir part au plaisir de cette chasse. Ces pauvres fratres[1], voyant venir si grande compagnie, se cachèrent chacun en son île, comme Adam quand il se vit devant la face de Dieu. La honte mit leur péché devant leurs yeux, et la crainte d'être punis les faisoit trembler si fort, qu'ils étoient demi-morts. Mais cela ne les garda d'être prins et menés prisonniers : qui ne fut sans être moqués et hués d'hommes et de femmes. Le mari disoit : « Ils n'osent toucher l'argent la main nue, et veulent bien manier les cuisses des femmes, qui sont plus dangereuses. » Les autres disoient : « Sont sépulcres par dehors blanchis, et dedans pleins de morts et de pourriture. » Et un autre crioit : « A leurs fruits connoissez-vous quels arbres sont. »

Croyez que tous les passages que l'Écriture dit contre les hypocrites furent là allégués contre les pauvres prisonniers ; lesquels, par le moyen du gardien[2], furent recours[3] et délivrés : qui en grande diligence les vint demander, assurant ceux de la justice qu'ils en feroient plus grande punition que les séculiers n'en sauroient faire ; et, pour satisfaire à partie, protesta qu'ils diroient tant de suffrages et prières qu'on

---

[1] Fatigue. — [2] Le texte de Gruget porte *honteuse*.

[1] Frères', *fratres*. — [2] Le supérieur d'un couvent de cordeliers se nomme *le gardien*.

[3] On disait plutôt *recous*, secourus.

les voudroit charger. Parquoi le juge accorda sa requête, et lui donna les prisonniers, qui furent si bien chapitrés du gardien, qui étoit homme de bien, que oncques plus ne passèrent la rivière sans faire le signe de la croix et se recommander à Dieu.

« Je vous prie, mesdames, pensez que si cette batelière eut l'esprit de tromper deux si malicieux hommes, que doivent faire ceux qui ont tant vu et lu de beaux exemples ! Si celles qui ne savent rien, qui n'oyent quasi en tout l'an deux bons sermons, qui n'ont le loisir que de penser à gagner la pauvre vie, et, si fort pressées, gardent si soigneusement leur chasteté, que doivent faire celles qui, ayant leur vie acquise, n'ont autre occupation que verser ès saintes lettres et à ouïr sermons et prédications, et à s'appliquer et exercer à tout acte de vertu ? C'est là où l'on connoît la vertu, qui est naïvement dedans le cœur ; car où le sens et la force de l'homme est estimée moindre, c'est où l'esprit de Dieu fait de plus grandes œuvres. Et bien malheureuse est la dame qui ne garde soigneusement le trésor qui lui apporte tant d'honneur étant bien gardé, et tant de déshonneur au contraire. » Longarine lui dit : « Il me semble, Guebron, que ce n'est pas grande vertu de refuser un cordelier, mais que plutôt ce seroit chose impossible de les aimer. — Longarine, répondit Guebron, celles qui n'ont point accoutumé d'avoir de tels serviteurs que vous, ne tiennent point fâcheux les cordeliers, car ils sont hommes aussi beaux, aussi forts et plus reposés que nous autres, qui sommes tout cassés de harnois, et si parlent comme anges, et sont aucuns importuns comme diables. Par quoi telles qui n'ont vu robes que de bureau sont bien vertueuses, quand elles échappent de leurs mains ! » Nomerfide dit tout haut : « Ha ! par ma foi, vous en direz ce que vous voudrez, mais j'eusse mieux aimé être jetée en la rivière que de coucher avec un cordelier. » Oisille dit en riant : « Vous savez donc bien nager ? » Ce que Nomerfide trouva mauvais, pensant que Oisille n'eût telle estime d'elle, qu'elle désiroit. Parquoi lui dit par colère : « Il y en a qui ont refusé des personnes plus agréables qu'un cordelier, et n'en ont fait sonner la trompette. » Oisille, se prenant à rire de la voir courroucée, lui dit : « Encore moins ont fait sonner le tabourin de ce qu'ils ont fait et accordé. » Parlamente dit : « Je vois bien que Simontault a désir de parler ; parquoi je lui donne ma voix, car, après deux tristes Nouvelles, il ne faudra à nous en dire une qui ne nous fera point pleurer. — Je vous remercie, dit Simontault ; car, en me donnant votre voix, il ne s'en faut guère que ne me nommiez plaisant, qui est un nom que je trouve trop fâcheux ; et pour m'en venger, je vous montrerai qu'il y a des femmes qui font bien semblant d'être chastes envers quelques-uns, et pour quelque temps ; mais la fin les montre telles qu'elles sont, comme vous verrez par une histoire très-véritable que je vous dirai. »

NOUVELLE VI.

Subtilité d'une femme, qui fit évader son ami, lorsque son mari, qui étoit borgne, les pensoit surprendre [1].

Il y avoit un vieux valet de chambre de Charles dernier, duc d'Alençon [2], lequel avoit perdu un œil et étoit marié avec une femme beaucoup plus jeune que lui, et que ses maître et maîtresse aimoient autant qu'homme de son état qui fût en leur maison ; et ne pouvoit si souvent aller voir sa femme comme il eût bien voulu : qui fut occasion qu'elle oublia tellement son honneur et conscience, qu'elle se mit à aimer un jeune gentilhomme, dont à la longue le bruit fut si grand et mauvais, que le mari en fut averti ; lequel ne le pouvoit croire, pour les grands signes d'amitié que lui montroit sa femme. Toutefois, un jour, il pensa en faire l'expérience et se venger, s'il pouvoit, de celui qui lui faisoit cette honte ; et, pour ce faire, feignit de s'en aller en quelque lieu près de là, pour deux ou trois jours. Incontinent qu'il fut parti, sa femme envoya quérir son homme, lequel ne fut pas demi-heure avec elle, que voici venir son mari, qui frappa bien fort à la porte ; elle, qui le connut, le dit à son ami, qui fut bien si étonné, qu'il eût voulu être au ventre de sa mère, et maudissant elle et l'amour, qui l'avoient mis en tel danger : elle lui dit qu'il ne se souciât point et qu'elle trouveroit bien le moyen de l'en faire saillir sans mal ni honte, et qu'il s'habillât le plus tôt qu'il pourroit. Cependant frappoit le mari à la porte, qui appeloit sa

[1] Imité de la 16e des Cent Nouvelles nouvelles : Le Borgne aveugle.
[2] Le premier mari de Marguerite de Valois, mort en 1527. Le sujet de cette nouvelle est donc antérieur à cette date.

femme le plus haut qu'il pouvoit. Mais elle feignoit de ne le connoître point, et disoit tout haut au valet de léans : « Que ne vous levez-vous et allez faire taire ceux qui font ce bruit à la porte? Est-ce maintenant l'heure de venir en la maison des gens de bien? Si mon mari étoit ici, il vous en garderoit. » Le mari, oyant la voix de sa femme, l'appela le plus haut qu'il put : « Ma femme, ouvrez-moi, me ferez-vous demeurer ici jusqu'au jour? » Et quand elle vit que son ami étoit tout près de saillir en ouvrant la porte, commença à dire à son mari : « O mon mari, que je suis bien aise de votre venue, car je faisois un merveilleux songe et étois tant aise, que jamais je n'ai reçu un tel contentement, pource qu'il me sembloit que vous aviez recouvert[1] la vue de votre œil. » Et, en l'embrassant et le baisant, le prit par la tête et lui bouchoit d'une main son bon œil, et lui demandoit : « Voyez-vous point mieux que vous n'aviez accoutumé? » Et ce pendant qu'il ne voyoit goutte, fit sortir son ami dehors, dont le mari se douta incontinent et lui dit : « Ma femme, par Dieu, je ne ferai jamais le guet sur vous, car, en vous cuidant tromper, j'ai reçu la plus fine tromperie qui fut jamais inventée. Dieu vous veuille amender, car il n'est en la puissance d'homme qui vive de donner ordre à la malice d'une femme, qui ne la fera mourir. Mais, puisque le bon traitement que je vous ai fait n'a pu servir à votre amendement, peut-être que le dépris que dorénavant j'en ferai vous châtiera. » Et, en ce disant, s'en alla et laissa sa femme bien désolée, qui, par le moyen de ses parents, amis, excuses et larmes, retourna encore avec lui.

« Par ceci voyez-vous, mesdames, combien est prompte et subtile une femme à échapper d'un danger. Et si, pour couvrir un mal, son esprit a promptement trouvé remède, je pense que, pour éviter un mal[2] ou pour faire quelque bien, son esprit seroit encore plus subtil; car, le bon esprit, comme j'ai toujours ouï dire, est le plus fort. » Hircan lui dit : « Vous parlerez tant de finesses que vous voudrez; mais si ai-je telle opinion de vous, que, si le cas vous étoit advenu, vous ne le sauriez celer. — J'aimerois autant, ce lui dit-elle, que vous m'estimassiez la plus sotte du monde. — Je ne le dis pas, ce dit Hircan; mais je vous estime bien celle qui plutôt s'étonneroit d'un bruit, que finement ne le feroit taire. — Il vous semble, dit Nomerfide, que chacun est comme vous, qui par un bruit en veut couvrir un autre. Mais il y a danger qu'à la fin une couverture ruine la compagnie, et que le fondement soit tant chargé pour soutenir les couvertures, qu'il ruine l'édifice. Mais si vous pensez que les finesses des hommes (dont chacun vous estime bien rempli) soient plus grandes que celles des femmes, je vous laisse bien mon rang, pour nous en conter quelque autre. Et si vous voulez vous proposer pour exemple, je crois que vous nous en apprendrez bien de la malice. — Je ne suis pas ici, dit Hircan, pour me faire pire que je suis ; car encore y en a-t-il qui plus que je n'en veux en dient. » Et en ce disant, regarda sa femme, qui lui dit soudain : « Ne craignez point pour moi à dire vérité, car il me sera plus facile à ouïr conter vos finesses, que de vous les voir faire devant moi, combien qu'il n'y en ait nulle qui sût diminuer l'amour que je vous porte. » Hircan répondit : « Aussi ne me plains-je pas de toutes les fausses opinions que vous avez eues de moi. Parquoi, puisque nous connoissons l'un l'autre, c'est occasion de plus grande sûreté pour l'avenir. Mais si ne suis-je pas si sot de raconter une histoire de moi, dont la vérité vous puisse porter ennui; toutefois j'en dirai une d'un personnage qui étoit bien de mes amis. »

NOUVELLE VII.
Un marchand de Paris trompe la mère de son amie, pour couvrir leur faute.

En la ville de Paris, y avoit un marchand, amoureux d'une fille sa voisine, ou pour mieux dire plus ami d'elle qu'elle n'étoit de lui; car le semblant qu'il faisoit de l'aimer et chérir n'étoit que pour couvrir un amour plus haut et honorable. Mais elle, qui se consentoit d'être trompée, l'aimoit tant, qu'elle avoit oublié la façon dont les femmes ont accoutumé de refuser les hommes. Ce marchand ici, après avoir été longtemps à prendre la peine d'aller où il la pourroit trouver, la faisoit venir où il lui plaisoit : dont sa mère s'aperçut, qui étoit une très-honnête femme, et lui défendit que jamais elle ne parlât à ce marchand, ou qu'elle la mettroit en religion[1]. Mais cette fille, qui plus

---

[1] Pour *recouvré*. — [2] L'édition de Gruget porte *jour* au lieu de *mal*, ce qui n'a pas de sens.

[1] C'est-à-dire, dans un couvent.

aimoit le marchand qu'elle ne craignoit sa mère, le chérissoit plus qu'auparavant. Et, un jour, advint qu'étant toute seule en une garderobe, ce marchand y entra; lequel, se trouvant en lieu commode, se print à parler à elle le plus privément qu'il lui fut possible. Mais quelque chambrière qui le vit entrer dedans, le courut dire à la mère; laquelle, avec une trèsgrande colère, s'y en alla. Et quand sa fille l'ouït venir, dit en pleurant : « Hélas, mon ami, à cette heure me sera bien cher vendu l'amour que je vous porte. Voici ma mère, qui connoîtra ce qu'elle a toujours craint et douté[1]. » Le marchand, qui d'un tel cas ne fut point étonné, la laisse incontinent et s'en alla audevant de la mère; et, en étendant les bras, l'embrassa le plus fort qu'il lui fut possible; et, avec cette fureur dont il commençoit à entretenir sa fille, jeta la pauvre femme vieille sur une couchette. Laquelle trouva si étrange cette façon de faire, qu'elle ne savoit que lui dire, sinon : « Que voulez-vous ? rêvez-vous ? » Mais, pour cela, ne cessoit de la poursuivre d'aussi près que si c'eût été la plus belle fille du monde. Et, n'eût été qu'elle cria si fort que les valets et chambrières vinrent au secours, elle eût passé le chemin qu'elle craignoit que sa fille ne marchât. Parquoi, à force de bras, ôtèrent cette pauvre vieille d'entre les mains du marchand, sans que jamais elle sût ni ne pût savoir l'occasion pourquoi il l'avoit ainsi tourmentée. Durant cela, se sauva sa fille en une maison auprès, où il y avoit des noces; dont le marchand et elle ont maintefois ri ensemble depuis aux dépens de la vieille, qui jamais ne s'en aperçut.

« Par ceci voyez-vous, mesdames, que la finesse d'un homme a trompé une vieille et sauvé l'honneur d'une jeune femme. Mais qui vous nommeroit les personnes ou qui eût vu la contenance du marchand et l'étonnement de cette vieille, eût eu grand'peur de sa conscience, s'il se fût gardé de rire. Il me suffit que je vous prouve par cette histoire, que la finesse des hommes est aussi prompte et secourable au besoin que celle des femmes, afin, mesdames, que vous ne craigniez point de tomber entre leurs mains; car, quand votre esprit vous faudra, le leur sera prêt à couvrir votre honneur. » Longarine lui dit : « Vraiment, Hircan, je confesse que le conte est fort plaisant et la finesse grande; mais si n'est-ce pas un exemple que les filles doivent ensuivre. Je crois bien qu'il y en a à qui vous le voudriez faire trouver bon; mais si n'êtes-vous pas si sot de vouloir que votre femme ni celle dont vous aimez mieux l'honneur que le plaisir, voulût jouer à tel jeu. Je crois qu'il n'y en auroit point qui de plus près les regardât ne qui mieux y mît ordre que vous. — Par ma foi ! dit Hircan, si celle que vous dites avoit fait pareil cas, et que je n'en eusse rien su, je ne l'estimerois pas moins. Et si ne sais si quelqu'un en a point fait d'aussi bons, dont le clair me met hors de peine. » Parlamente ne se put tenir de dire : « Il est impossible que l'homme malfaisant ne soit soupçonneux, mais bien heureux est celui sur lequel on ne peut avoir soupçon par occasion donnée. » Longarine dit : « Je n'ai guère vu grand feu, de quoi ne vînt quelque fumée; mais j'ai bien vu la fumée où il n'y avoit point de feu; car aussi souvent est soupçonné par les mauvais le mal où il n'est point, comme là où il est. » A l'heure Hircan lui dit : « Vraiment, Longarine, vous en avez si bien parlé, en soutenant l'honneur des dames à tort soupçonnées, que je vous donne ma voix pour dire la vôtre, par ainsi que vous ne nous fassiez point pleurer, comme a fait Mme Oisille, par trop louer les femmes de bien. » Longarine, en se prenant bien fort à rire, commença ainsi : « Puisque vous avez envie que je vous fasse rire selon ma coutume, ce ne sera pas aux dépens des femmes, et si dirai chose pour montrer combien elles sont aisées à tromper, quand elles mettent leur fantaisie à la jalousie, avec une estime de leur bon sens de vouloir tromper leurs maris. »

NOUVELLE VIII.

Un quidam ayant couché avec sa femme, au lieu de sa chambrière, y envoya son voisin, qui le fit cocu, sans que sa femme en sût rien[1].

En la comté d'Allez[2], y avoit un homme nommé Bornet, qui avoit épousé une honnête et

---

[1] Pour redouté.

[1] Imité de la 9e des Cent Nouvelles nouvelles, intitulée Le Mari maquereau de sa femme. Ce sujet, reproduit plus tard par La Fontaine sous le titre du Quiproquo, se trouve aussi dans les anciens fabliaux : Le Meunier d'Aleus. Il est encore dans plusieurs conteurs italiens et latins.

[2] Il faut sans doute lire Aleth, en Gascogne.

femme de bien, de laquelle il aimoit l'honneur et la réputation, comme je crois que tous les maris qui sont ici font de leurs femmes. Et combien qu'il voulût que la sienne lui gardât loyauté, si ne vouloit-il pas que la loi fût égale à tous deux ; car il devint amoureux de sa chambrière, au change de quoi il ne craignoit, sinon que la diversité des viandes n'agréat[1]. Il avoit un voisin, de pareille condition que lui, nommé Sandras, tabourineur et couturier. Et y avoit entre eux telle amitié, que, hormis la femme, ils n'avoient rien parti[2] ensemble. Parquoi, il déclara à son ami l'entreprise qu'il avoit sur la chambrière ; lequel non-seulement le trouva bon, mais aida de tout son pouvoir à la parachever, espérant avoir part au gâteau. La chambrière, qui ne s'y vouloit consentir, se voyant pressée de tous côtés, l'alla dire à sa maîtresse, la priant de lui donner congé de s'en aller sur[3] ses parents; car elle ne pouvoit plus vivre en ce tourment. La maîtresse, qui aimoit bien fort son mari, et duquel elle avoit soupçon, fut bien aise d'avoir gagné ce point sur lui et de lui pouvoir montrer justement qu'elle en avoit doute. Parquoi, dit à la chambrière : « Tenez bon, ma mie ; tenez peu à peu bon propos à mon mari, et puis après, lui donnez assignation de coucher avec vous en ma garde-robe, et ne faillez à me dire la nuit qu'il devra venir, mais gardez que nul n'en sache rien. » La chambrière fit tout ainsi que sa maîtresse lui avoit commandé ; dont le maître fut si aise, qu'il en alla faire la fête à son compagnon, lequel le pria, vu qu'il avoit été du marché, d'en avoir le demeurant[4]. La promesse faite et l'heure venue, s'en alla coucher le maître, comme il cuidoit, avec sa chambrière. Mais sa femme, qui avoit renoncé à l'autorité de commander pour le plaisir de servir, s'étoit mise en la place de la chambrière, et reçut son mari, non comme femme, mais comme fille étonnée, si bien que son mari ne s'en aperçut point. Je ne vous saurois dire lequel étoit le plus aise des deux, ou lui de tromper sa femme ou elle de tromper son mari. Et quand il eut demeuré avec elle, non selon son vouloir, mais selon sa puissance, qui sentoit son vieil marié, s'en alla hors de la maison, où il trouva son compagnon, beaucoup plus fort et jeune que lui, et lui fit la fête d'avoir trouvé la meilleure robe[1] qu'il avoit point vue : « Vous savez, lui dit son compagnon, ce que m'avez promis ? Allez donc vitement, dit le maître, de peur qu'elle se lève ou que ma femme ait à faire d'elle. » Le compagnon s'y en alla et trouva encore la même chambrière que le mari avoit méconnue[2], laquelle, cuidant que ce fût son mari, ne le refusa de chose qu'il demandât ; j'entends *prendre* pour *demander*, car il n'osoit parler. Il demeura bien plus longuement que le mari, dont la femme s'émerveilloit fort ; car elle n'avoit point accoutumé d'avoir telles nuitées. Toutefois, elle eut patience, se reconfortant aux propos qu'elle avoit délibéré de lui tenir le lendemain, et à la moquerie qu'elle lui feroit recevoir. Sur le point de l'aube du jour, cet homme se leva d'auprès d'elle, et, en se partant du lit, se loua à elle, et en jouant, lui arracha un anneau qu'elle avoit au doigt, duquel son mari l'avoit épousée ; chose que les femmes de ce pays gardent en grande superstition, et honorent fort une femme qui garde cet anneau jusqu'à la mort ; et, au contraire, si par fortune se perd, elle est désestimée comme ayant donné sa foi à un autre qu'à son mari. Elle fut très-contente qu'il lui ôtât, pensant que ce seroit sûr témoignage de la tromperie qu'elle lui avoit faite. Quand le compagnon fut retourné devers le maître, il lui demanda : « Eh bien ? » Il lui répondit qu'il étoit de son opinion, et que s'il n'eût craint le jour, encore y fût-il demeuré ; et ainsi se vont tous deux reposer le plus coiement qu'ils purent. Et le lendemain, en s'habillant, aperçut le mari l'anneau que son compagnon avoit au doigt, tout pareil de celui qu'il avoit donné en mariage à sa femme ; et demanda à son compagnon qui le lui avoit baillé. Mais quand il entendit qu'il l'avoit arraché du doigt de sa chambrière, il fut fort étonné et commença à donner de la tête contre la muraille et à dire : « Ha ! vertu Dieu ! me serois-je bien fait cocu moi-même, sans que ma femme en sût rien ? » Son compagnon, pour le réconforter, lui dit : « Peut-

---

[1] Phrase entortillée qui signifie : « Dans son infidélité, il ne craignait rien, si ce n'est que la chambrière refusât de le contenter. »

[2] Cette phrase est sans doute altérée, et il faut lire : « Hormis la femme, ils n'avaient rien qu'ils n'eussent parti (*partagé*) ensemble. »

[3] Pour *chez*. — [4] Les restes, le superflu.

---

[1] Fille de plaisir, femme galante.

[2] N'avait pas reconnue.

être que votre femme bailla son anneau, au soir, en garde à la chambrière. » Le mari s'en va à la maison, où il trouva sa femme plus belle, plus gorgiase et plus joyeuse qu'elle n'avoit accoutumé, comme celle qui se réjouissoit d'avoir sauvé la conscience de sa chambrière, et d'avoir expérimenté jusqu'au bout son mari, sans y rien perdre que le veiller d'une nuit. Le mari, la voyant avec si bon visage, dit en soi-même : « Si elle savoit ma bonne fortune, elle ne me feroit pas si bonne chère. » Et en parlant à elle de plusieurs propos, la print par la main et avisa qu'elle n'avoit pas l'anneau qui jamais ne lui partoit du doigt ; dont il devint tout transi, et lui demanda en voix tremblante : « Qu'avez-vous fait de votre anneau ? » Mais elle, qui fut bien aise qu'il la tenoit au propos qu'elle avoit envie de lui tenir, lui dit : « O le plus méchant de tous les hommes, à qui le cuidez-vous avoir ôté ? Vous pensez bien que ce fût à ma chambrière, pour l'amour de laquelle avez dépensé deux fois de plus de vos biens que jamais vous ne fîtes pour moi. Car, à la première fois qu'y êtes venu coucher, je vous ai jugé tant amoureux d'elle, qu'il n'étoit possible de plus ; mais, après que vous fûtes sailli dehors et puis encore retourné, il sembloit que fussiez un diable sans ordre ne mesure. O malheureux, pensez quel aveuglement vous a prins de louer tant mon corps et mon embonpoint, dont par si longtemps vous avez été jouissant, sans en faire grande estime. Ce n'est doncques pas la beauté et embonpoint de votre chambrière, qui vous a fait trouver ce plaisir si agréable ; mais c'est le péché infâme et la vilaine concupiscence qui brûle votre cœur et vous rend les sens si hébétés, que, par la fureur en quoi vous mettoit l'amour de cette chambrière, je crois que vous eussiez pris une chèvre coiffée pour une belle fille. Or, il est temps, mon mari, de vous corriger, et de vous contenter de moi, me connoissant vôtre et femme de bien, cuidant que fusse une pauvre méchante. Ce que j'ai fait a été que pour vous retirer de votre malheur[1], afin que sur votre vieillesse nous vivions en bonne amitié et repos de conscience. Car, si vous voulez continuer la vie passée, j'aime mieux me séparer de vous, que de voir de jour en jour la ruine de votre âme, de votre corps

et de vos biens devant mes yeux. Mais, s'il vous plaît connoître votre fausse opinion et vous délibérer de vivre selon Dieu, gardant ses commandements, j'oublierai toutes les fautes passées, comme je veux que Dieu oublie mon ingratitude à ne l'aimer comme je dois. » Qui fut bien ébahi et désespéré, ce fut ce pauvre mari, voyant sa femme tant belle, chaste et honnête, avoir été délaissée de lui pour une qui ne l'aimoit pas, et, qui pis est, d'avoir été si malheureux que de la faire méchante sans son su, et faire participant un autre au plaisir qui n'étoit que pour lui seul. Parquoi se forgea en lui-même les cornes de moquerie perpétuelle. Mais, voyant sa femme assez courroucée de l'amour qu'il avoit porté à sa chambrière, se garda bien de lui dire le méchant tour qu'il lui avoit fait, et, en lui demandant pardon avec sa promesse de changer entièrement sa mauvaise vie, lui rendit son anneau, qu'il avoit reprins de son compagnon, lequel il pria de ne révéler sa honte. Mais, comme toutes choses dites à l'oreille sont prêchées sur le toit, quelque temps après, la vérité fut connue, et l'appeloit-on cocu sans la honte de sa femme.

« Il me semble, mesdames, que si tous ceux qui ont fait pareilles offenses à leurs femmes étoient punis de pareilles punitions, Hircan et Saffredant devroient avoir belle peur. — Eh! Longarine, dit Saffredant, n'y en a-t-il point d'autres en la compagnie mariés, que Hircan et moi? — Si a bien, dit-elle; mais non pas qui voulussent jouer un tel tour. — Où avez-vous vu, dit Saffredant, que nous ayons pourchassé les chambrières de nos femmes? — Si celles à qui il touche, dit Longarine, vouloient dire la vérité, l'on trouveroit bien chambrière à qui l'on a donné congé avant son quartier. — Vraiment, ce dit Guebron, vous êtes une bonne dame, qui, en lieu de faire rire la compagnie, comme vous avez promis, mettez ces deux pauvres gens en colère. — C'est tout un, dit Longarine, mais qu'ils ne viennent point aux épées, leur colère ne fera que redoubler notre rire. — Mais il est bon, dit Hircan, car si nos femmes vouloient croire cette dame, elle brouilleroit le meilleur ménage qui soit en la compagnie. — Je sais bien devant qui je parle, dit Longarine; car vos femmes sont si sages et vous aiment tant, que, quand vous leur feriez cornes aussi puissantes que celles d'un daim,

---

[1] mauvais pas, malencontre.

encore se voudroient-elles persuader, et au monde aussi, que ce sont chapeaux de roses. » La compagnie et même ceux à qui il touchoit se prindrent tant à rire, qu'ils mirent fin à leur propos. Mais Dagoucin, qui encore n'avoit sonné mot, ne se put tenir de dire : « L'homme est bien déraisonnable quand il a de quoi se contenter et veut chercher autre chose. Car j'ai vu souvent (pour cuider mieux avoir et ne se contenter de suffisance) que l'on tombe au pis, et si l'on n'est point plaint ; car l'inconstance est toujours blâmée. » Simontault lui dit : « Mais que feriez-vous à ceux qui n'ont pas trouvé leur moitié ? Appelez-vous inconstance, de la chercher en tous ses lieux où l'on la peut trouver ? — Pource que l'homme ne peut savoir, dit Dagoucin, où est cette moitié, dont l'union est égale, que l'un ne diffère de l'autre, il faut qu'il s'arrête où l'amour le contraint et, pour quelque occasion qui puisse advenir, ne changer le cœur ni la volonté. Car si celle que vous aimez est tellement semblable à vous et d'une même volonté, ce sera vous que vous aimerez, et non pas elle. — Dagoucin, dit Hircan, je veux dire que si notre amour est fondée sur la beauté, bonne grâce, amour et faveur d'une femme, et notre fin soit fondée sur plaisir, honneur ou profit, l'amour ne peut longuement durer. Car, si la chose sur quoi nous la fondons défaut, notre amour s'envole hors de nous. Mais je suis ferme en mon opinion, que celui qui aime n'a autre fin ne désir que de bien aimer et laissera plus tôt son âme par la mort, que cette ferme amour faille en son cœur. — Par ma foi ! dit Simontault, je ne crois pas, Dagoucin, que jamais vous ayez été amoureux ; car si vous aviez senti le feu comme les autres, vous ne nous peindrez ici la république de Platon, qui écrit et n'expérimente point. — Si, j'ai aimé, dit Dagoucin, j'aime encore et aimerai, tant que je vivrai. Mais j'ai si grand'peur que la démontrance fasse tort à la perfection de mon amour, que je crains que celle de qui je devrois désirer amitié semblable, l'entende. Et même je n'ose penser ma pensée, de peur que mes yeux en révèlent quelque chose ; car tant plus je tiens ce feu celé et couvert, plus en moi croît le plaisir de savoir que j'aime parfaitement. — Ha ! par ma foi ! dit Guebron, si ne crois-je pas que vous ne fussiez bien aise d'être aimé. — Je ne dis pas le contraire, dit Dagoucin ; mais quand je serois tant aimé comme j'aime, si n'en sauroit croître mon amour, comme elle ne sauroit diminuer pour être si peu aimé comme j'aime fort. » Alors Parlamente, qui soupçonnoit cette fantaisie, lui dit : « Donnez-vous garde, Dagoucin ; car j'en ai vu d'autres que vous, qui ont mieux aimé mourir que parler. — Ceux-là doncques, dit Dagoucin, s'estiment bien heureux. — Voire, dit Saffredant, et dignes d'être mis au nombre des Innocents [1] desquels l'Église chante : *non loquendo sed moriendo confessi sunt.* J'en ai tant ouï parler de ces transis d'amour, mais encore jamais n'en vis-je mourir un. Et puisque je suis échappé, vu les ennuis que j'en ai portés, je ne pense jamais qu'autre en puisse mourir. — Ha ! Saffredant, dit Dagoucin, voulez-vous doncques être aimé, puisque ceux de votre opinion n'en meurent point ? Mais j'en sais assez bon nombre qui ne sont morts d'autre maladie que d'aimer trop parfaitement. — Or, puisqu'en savez des histoires, dit Longarine, je vous donne ma voix pour nous en raconter quelque belle, qui sera la neuvième de cette Journée. — Afin que ma véritable parole suivie de signes et miracles, vous y fasse ajouter foi, je vous réciterai une histoire advenue depuis trois ans [2]. »

NOUVELLE IX.

Piteuse mort d'un gentilhomme amoureux, pour avoir trop tard reçu consolation de celle qu'il aimoit [3].

Entre Dauphiné et Provence, y avoit un gentilhomme, beaucoup plus riche de vertu, beauté et honnêteté que d'autres biens, lequel aima fort une damoiselle dont je ne dirai le nom pour l'amour de ses parents, qui sont venus de bonnes et grandes maisons ; mais assurez vous que la chose est véritable. Et à cause qu'il n'étoit de maison de même qu'elle, il n'osoit découvrir son affection ; car l'extrême amour qu'il lui portoit étoit si grand et parfait qu'il eût mieux aimé mourir que désirer une seule chose qui eût été à son déshonneur ; et, se voyant de si bas lieu au prix d'elle, n'avoit

---

[1] La fête des saints Innocents se célébrait autrefois avec beaucoup de pompe et de gaîté dans l'Église catholique, le 28 décembre. Cette fête était analogue à celle des Fous, qui fut interdite à cause de ses excès.

[2] *L'Heptaméron* ayant été composé vers 1544, cette histoire doit se rapporter à l'année 1541.

[3] Le sujet de cette Nouvelle a quelque analogie avec le récit élégiaque du *Jeune malade*, dans les poésies d'André Chénier.

nul espoir de l'épouser. Parquoi son amour n'étoit fondé sur nulle fin, sinon de l'aimer de tout son pouvoir, le plus parfaitement qu'il lui étoit possible, comme il fit si longuement qu'à la fin elle en eut quelque connoissance ; et, voyant l'honnête amitié qu'il lui portoit, tout plein de vertu et bon propos, se sentoit bienheureuse d'être aimée d'un si vertueux personnage et lui faisoit tant de bonnes chères, que lui, qui ne l'avoit prétendue meilleure, se contentoit très-fort. Mais la malice, ennemie de tout repos, ne put souffrir cette vie honnête et heureuse ; car quelques-uns allèrent dire à la mère de la fille, qu'ils s'ébahissoient que ce gentilhomme pouvoit tant faire en sa maison, et que l'on soutenoit que la beauté de sa fille y étoit plus qu'autre chose ; avec laquelle on le voyoit souvent parler. La mère, qui ne doutoit en nulle façon de l'honnêteté du gentilhomme, dont elle se tenoit aussi assurée que de nul de ses enfants, fut fort marrie d'entendre qu'on le prenoit à mauvaise part, tant, qu'à la fin, craignant le scandale par la malice des hommes, le pria pour quelque temps de ne hanter sa maison comme il avoit accoutumé ; chose qu'il trouva de dure digestion, sachant que les propos honnêtes qu'il tenoit à sa fille ne méritoient point tel éloignement. Toutefois, pour faire taire les mauvaises langues, se retira tant de temps, que le bruit cessa, et y retourna comme il avoit accoutumé. L'absence duquel n'avoit moindri sa bonne volonté ; mais, étant en sa maison, entendit que l'on parloit de marier cette fille avec un gentilhomme qui lui sembla n'être tant si riche, qu'il lui dût tenir fort d'avoir sa amie[1] non plus que lui. Et commence à prendre cœur, emploie de ses amis pour parler de sa part ; pensant que, si le choix étoit baillé à la demoiselle, qu'elle le préféreroit à l'autre. Toutefois, la mère de la fille et ses parents, pource que l'autre étoit beaucoup plus riche, l'assurent[2], dont le gentilhomme print tant de déplaisir, sachant que sa amie perdoit autant de contentement que lui, peu à peu, sans autre maladie, commença à diminuer, et en peu de temps changea de telle sorte, qu'il sembla qu'il couvrît la beauté de son visage d'un masque de la mort, où d'heure à heure il alloit joyeusement. Si est-ce qu'il ne se put garder quelquefois, qu'il n'allât parler à celle qu'il aimoit tant ; mais, à la fin, que la force lui défailloit, il fût contraint de garder le lit, dont il ne voulut avertir celle qu'il aimoit, pour ne lui donner part de son ennui. Et se laissant ainsi aller au désespoir, perdit le boire et le manger, le dormir et le repos, en sorte qu'il n'étoit plus possible de le reconnoître, pour la maigreur et l'étrange visage qu'il avoit. Quelqu'un en avertit la mère de sa amie, qui étoit fort charitable et d'autre part aimoit tant le gentilhomme, que, si tous leurs parents eussent été de son opinion et de la fille[1], ils eussent préféré l'honnêteté de lui à tous les biens de l'autre ; mais les parents du père n'y voulurent entendre. Toutefois, avec sa fille, alla visiter le pauvre gentilhomme, qu'elle trouva plus mort que vif. Et, connoissant la fin de sa vie approcher, s'étoit confessé et reçu le saint sacrement, pensant mourir, sans plus voir personne ; mais lui, à deux doigts de la mort, voyant encore celle qui étoit sa vie et résurrection, se sentit si fortifié, qu'il se jeta en sursaut sur son lit, disant à la dame : « Quelle occasion vous amène, madame, de venir visiter celui qui a déjà le pied en la fosse et de la mort duquel vous êtes la cause ? — Comment ! se dit la dame, seroit-il bien possible que celui que nous aimons tant pût recevoir la mort par notre faute ? Je vous prie, dites-moi pour quelle raison vous tenez ce propos ? — Madame, dit-il, combien que tant qu'il m'a été possible j'aie dissimulé l'amour que je porte à madamoiselle votre fille, si est-ce que mes parents (parlant du mariage d'elle et de moi) ont plus parlé que je ne voulois, vu le malheur qui m'est advenu d'en perdre l'espérance, non pour mon plaisir particulier, mais pource que je sais qu'avec nul autre ne sera si bien traitée, ne tant aimée, qu'elle eût été avec moi. Le bien que je vois qu'elle perd du meilleur et du plus affectionné serviteur et ami qu'elle ait en ce monde, me fait plus de mal que la perte de ma vie, que pour elle seule je voulois conserver ; toutefois, puisqu'elle ne lui peut de rien servir, ce m'est grand gain de la perdre. » La mère et la fille, oyant ces propos, mirent peine de le réconforter. Et lui dit la

---

[1] Cette locution *sa amie*, pour *son amie* ou *sa mie* d'amie, est singulière.
[2] Ce mot, qui est écrit *l'esseurent* dans les éditions Gruget, ne se trouve pas dans les dictionnaires. Il faut peut-être lire *l'assurent*, lui donnent parole, ou l'itèrent, l'encouragent.

[1] Pour *et de celle de la fille.*

mère : « Prenez courage, mon ami, et je vous promets ma foi que si Dieu vous donne santé, jamais ma fille n'aura autre mari que vous. La voici présente, à laquelle je commande de vous en faire promesse. » La fille, en pleurant, mit peine de lui donner sûreté de ce que sa mère lui promettoit ; mais lui, connoissant que quand il auroit santé, il n'auroit pas sa *mamie*[1], et que les bons propos qu'elle tenoit n'étoient que pour essayer à le faire un peu revenir, leur dit que si ce langage lui eût été tenu il y a trois mois, qu'il eût été le plus sain et le plus heureux gentilhomme de France ; mais que le secours lui venoit si tard, qu'il ne pouvoit plus être cru ni espéré. Et quand il vit qu'elles s'efforçoient de lui faire croire, il leur dit : « Or, puisque je vois que vous me promettez le bien qui jamais ne me peut advenir, encore que le voulsissiez, pour la foiblesse où je suis, je vous en demande un beaucoup moindre que jamais je n'eus la hardiesse de requérir. » A l'heure toutes deux lui jurèrent et[2] qu'il le demandât hardiment. « Je vous supplie, dit-il, que me donniez entre mes bras celle que vous me promettez pour femme, et lui commandez qu'elle m'embrasse et baise. » La fille, qui n'avoit accoutumé telles privautés, en cuida faire difficulté ; mais la mère lui commanda expressément, voyant qu'il n'y avoit plus en lui sentiment ne force d'homme vif. La fille donc, par ce commandement, s'avança sur le lit du pauvre malade, lui disant : « Mon ami, je vous prie, réjouissez-vous. » Le pauvre languissant, le plus fort qu'il put en son extrême faiblesse, étendit ses bras, tout dénués de chair et de sang, et avec toute la force de son corps, embrassa la cause de sa mort ; et en la baisant de sa froide et pâle bouche, la tint le plus longuement qu'il lui fut possible, et puis dit à la fille : « L'amour que je vous ai portée a été si grande et honnête, que jamais (hormis mariage) n'ai souhaité de vous autre bien que j'en ai maintenant ; par faute duquel et avec lequel je rendrai joyeusement mon esprit à Dieu, qui est parfaite amour et charité, qui connoît la grandeur de mon amour et l'honnêteté de mon désir ; lui suppliant, ayant mon désir entre mes bras, recevoir entre les siens mon esprit. » Et en ce disant, la reprint entre ses bras par une telle véhémence, que le cœur, affoibli, ne pouvant supporter cet effort, fut abandonné de toutes ses vertus et esprits ; car la joie le fit tellement dilater que le siège de l'âme lui faillit et s'envola à son Créateur. Et, combien que le pauvre corps demeurât sans vie longuement, et par cette occasion ne pouvoit plus tenir sa prise, toutefois l'amour que la damoiselle avoit toujours celée se déclara à l'heure si fort, que la mère et les serviteurs du mort eurent bien affaire à séparer cette union ; mais à force ôtèrent la vive presque morte d'avec le mort, lequel ils firent honorablement enterrer. Mais le plus grand triomphe des obsèques furent les larmes, les pleurs et les cris de cette pauvre damoiselle, qui d'autant plus se déclara après sa mort, qu'elle s'étoit dissimulée durant sa vie, quasi comme satisfaisant au tort qu'elle lui avoit tenu. Et depuis (comme j'ai ouï dire), quelque mari qu'on lui donnât pour l'apaiser, n'a jamais eu joie en son cœur.

« Vous semble-t-il, messieurs, qui n'avez voulu croire à ma parole, que cet exemple ne soit pas suffisant pour faire confesser que parfaite amour mène les gens à la mort, pour trop être celée et méconnue ? Il n'y a nul de vous qui ne connoisse les parents, d'un côté et d'autre ; parquoi n'en pouvez plus douter ; et nul qui ne l'a expérimenté, ne le peut croire. » Les dames, oyant cela, eurent toutes les larmes aux yeux ; mais Hircan leur dit : « Voilà le plus grand fol dont j'aie jamais ouï parler. Est-il raisonnable, par votre foi, que nous mourions pour femmes, qui ne sont faites que pour nous, et que nous craignions leur demander ce que Dieu leur enjoint nous donner ? Je ne parle pour moi ne pour tous les mariés, car j'ai autant ou plus de femme qu'il ne m'en faut ; mais je dis ceci pour ceux qui en ont nécessité, lesquels il me semble être sots de craindre celles à qui ils doivent faire peur. Voyez-vous pas bien le regret que cette femme avoit de sa sottise ; car puisqu'elle embrassoit le corps mort (chose répugnante à nature), elle n'eût point refusé le corps vivant, s'il eût usé d'aussi grande audace qu'il fit de pitié en mourant. — Toutefois, dit Oisille, montra bien le gentilhomme l'honnêteté et amitié qu'il lui portoit, dont il sera à jamais louable devant tout le monde ; car trouver chasteté en un cœur amoureux est chose plus

---

[1] Cette expression familière, qui ne manque pas de grâce, résulte peut-être d'une faute typographique.

[2] Il faut sous-entendre : *lui dirent*.

divine qu'humaine. — Madame, dit Saffredant, pour confirmer le dire d'Hircan (auquel je me tiens), je vous prie me croire, que fortune aide aux audacieux, et qu'il n'y a homme, s'il est aimé d'une dame (mais¹ qu'il sache poursuivre sagement et affectionnément), qu'en la fin n'en ait du tout ce qu'il demande ou en partie ; mais l'ignorance et la foible crainte font perdre aux hommes beaucoup de bonnes aventures et fondent leur perte sur la vertu de leur amie, laquelle n'ont jamais expérimentée du bout du doigt seulement ; car oncques place ne fut bien assaillie sans être prise. — Je m'ébahis, dit Parlamente, de vous deux, comme vous osez tenir tels propos ; celles que vous avez aimées ne vous sont guère tenues², ou votre adresse a été en si méchant lieu, que vous estimez les femmes toutes pareilles. — Madame, dit Saffredant, quant est de moi, je suis si malheureux que je n'ai de quoi me vanter ; mais si ne puis-je tant attribuer mon malheur à la vertu des dames, qu'à la faute de n'avoir assez sagement entrepris ou bien prudemment conduit mon affaire, et n'allèguerai pour tous docteurs, que la vieille du *Roman de la Rose*, laquelle dit :

Nous sommes faits, beaux fils, sans doute
Toutes pour tous, et tous pour toutes.

Parquoi je ne crois pas que si l'amour est une fois au cœur d'une femme, que l'homme n'en ait bonne issue, s'il ne tient à sa bêtise. » Parlamente dit : « Et si je vous en nommois une bien amante, bien requise, pressée et importunée, et toutefois femme de bien, victorieuse de son corps et de son ami, avoueriez-vous que la chose véritable seroit impossible ? — Vraiment, dit-il, oui. — Lors, dit Parlamente vous serez tous de dure foi, si vous ne croyez cet exemple. » Dagoucin lui dit : « Madame, puisque je prouve par exemple l'amour vertueux d'un gentilhomme jusqu'à la mort, je vous supplie, si en savez quelque autre à l'honneur de quelque dame, que la vueillez réciter pour la fin de cette Journée, et ne feignez point à parler longuement en paroles ; car il y a encore assez longtemps pour dire beaucoup de bonnes choses. — Puisque le dernier reste m'est donné, dit Parlamente, je ne vous tiendrai longuement en paroles ; car mon histoire est si

¹ *Mais* est employé ici dans le sens de : *pourvu, à condition* — ² Attachées.

bonne et si belle et si véritable, qu'il me tarde que vous ne la sachiez comme moi. Et combien que je ne l'aie vue, si m'a été racontée par un de mes plus grands et entiers amis, à la louange et honneur de celui du monde qu'il avoit le plus aimé, et me conjura que, si jamais je venois à la raconter, je voulsisse changer les noms des personnes. Parquoi tout cela est véritable, hormis les noms, les lieux et le pays. »

NOUVELLE X.

Amour d'Amadour et Florinde, où sont contenues maintes ruses et dissimulations, avec la très-louable chasteté de Florinde.

En la comté d'Arande¹, en Aragon, y avoit une dame, qui en grande jeunesse demeura vefve du comte d'Arande, avec un fils et une fille, laquelle se nommoit Florinde. Ladite dame mit peine de nourrir ses enfants en toutes vertus et honnêtetés qu'il appartient à seigneurs et gentilshommes, en sorte que sa maison eut le bruit d'être l'une des plus honorables qui fût en toutes les Espagnes. Elle alloit souvent à Tolette², où se tenoit le roi d'Espagne, et quand elle venoit à Sarragosse (qui étoit près de sa maison), demeuroit longuement avec la reine et en la cour, où elle étoit autant estimée que dame qui pourroit être. Une fois, allant vers le roi, selon sa coutume, lequel étoit en Sarragosse en son château de la Jaffière, cette dame passa par un village qui étoit au vice-roi de Catalogne³, lequel ne bougeoit de dessus les frontières de Parpignan⁴, à cause des grandes guerres qui étoient entre le roi de France et lui ; mais lors y avoit paix, en sorte que le vice-roi avec tous les capitaines étoient venus pour faire la révérence au roi. Sachant le vice-roi que la comtesse d'Arande passoit par sa terre, alla au-devant d'elle, tant pour l'amitié ancienne qu'il lui portoit, que pour l'honorer comme parente du roi. Or, avoit le vice-roi en sa compagnie plusieurs honnêtes gentilshommes, qui, par la fréquentation des longues guerres, avoient acquis tant d'honneur et bon bruit, que chaque qui les pouvoit voir et hanter se tenoit heureux. Mais, entre les autres, y en avoit un nommé Amadour, lequel, combien qu'il n'eût que dix-huit ou dix-neuf ans, avoit la grâce tant assurée et le sens si

¹ Le comté d'Aranda était alors dans la maison d'Urrea. — ² Pour *Tolède*, à l'italienne.
³ Gruget écrit *Cathelongne*, ce qui répond mal à l'étymologie : *Catalaunia*. — ⁴ Pour *Perpignan*.

bon que l'on l'eût jugé, entre mille, digne de gouverner une république. Il est vrai que ce bon sens-là étoit accompagné d'une si grande et naïve beauté, qu'il n'y avoit œil qui ne se tînt content de le regarder, et cette beauté tant exquise suivoit la parole de si près, qu'on ne savoit à qui donner l'honneur, à la grâce, à la beauté ou à la parole. Mais ce qui le faisoit plus estimer étoit sa hardiesse très-grande, dont le bruit n'étoit empêché pour sa jeunesse; car, en tant de lieux, avoit jà montré ce qu'il savoit faire, que non-seulement les Espagnes, mais la France et l'Italie estimoient grandement ses vertus, pource qu'en toutes les guerres où il avoit été ne s'étoit point épargné; et quand son pays étoit en repos, il alloit chercher la guerre aux lieux étranges[1], se faisant aimer et estimer des amis et ennemis. Ce gentilhomme, pour l'amour de son capitaine, se trouva en cette terre, où étoit arrivée la comtesse d'Arande; et en regardant la beauté et bonne grâce de sa fille, qui pour lors n'avoit douze ans, pensa en lui-même que c'étoit bien la plus belle et honnête personne que jamais il avoit vue, et que, s'il pouvoit avoir sa bonne grâce, il en seroit plus satisfait que de tous les biens et plaisirs qu'il sauroit avoir d'une autre. Et après avoir longuement regardée, se délibéra de l'aimer, quelque impossibilité que la raison mît au-devant, tant pour la maison dont elle étoit que pour l'âge, qui ne pouvoit encore entendre tels propos. Mais, contre cette crainte, il se fortifioit d'une bonne espérance, se promettant en lui-même que le temps et la patience apporteroient heureuse fin à ses labeurs. Et, de ce temps, l'amour gentil, qui, sans autre occasion que par la force de lui-même, étoit entré au cœur d'Amadour, lui promit donner faveur et tout moyen pour y parvenir. Et, pour pourvoir à la plus grande difficulté, qui étoit en la lointaineté du pays où il demeuroit et le peu d'occasions qu'il avoit de revoir Florinde, il pensa de se marier, contre la délibération qu'il avoit faite avec les dames de Barcelonne et de Parpignan, parmi lesquelles il avoit tellement hanté cette frontière à cause des guerres, qu'il sembloit mieux Catalan[2] que Castillan, combien qu'il fût natif d'auprès Tolette, d'une maison riche et honorable; mais, à cause qu'il étoit puîné, n'avoit pas grand bien de patrimoine. Si est-ce qu'Amour et Fortune, le voyant délaissé de ses parens, délibérèrent d'y faire un chef-d'œuvre, et lui donnèrent, par le moyen de la vertu, ce que les lois du pays lui refusoient. Il étoit fort bien expérimenté en l'état de la guerre, et tant aimé de tous seigneurs et princes, qu'il refusoit plus souvent leurs biens qu'il n'avoit souci de leur en demander. La comtesse, dont je vous parle, arriva ainsi en Sarragosse et fut très-bien reçue du roi et de toute sa cour. Le gouverneur de Catalogne la venoit voir souvent; et n'avoit garde de faillir Amadour à l'accompagner, pour avoir le plaisir seulement de parler à Florinde. Et, pour se donner à connoître à telle compagnie, s'adressa à la fille d'un vieil chevalier, voisin de sa maison, nommée Avanturade; laquelle avoit été nourrie d'enfance avec Florinde, tellement qu'elle savoit tout ce qui étoit caché en son cœur. Amadour, tant pour l'honnêteté qu'il trouva, que pour ce qu'elle avoit bien trois mille ducats de rente en mariage, délibéra de l'entretenir comme celui qui la vouloit épouser. A quoi volontiers elle prêta l'oreille; mais pource qu'il étoit pauvre, le père de la damoiselle riche pensa que jamais ne s'accorderoit au mariage, sinon par le moyen de la comtesse d'Arande. Dont s'adressa à Mme Florinde et lui dit: « Madame, vous voyez ce gentilhomme castillan qui ici souvent parle à moi? Je crois que ce qu'il prétend n'est que de m'avoir en mariage; vous savez quel père j'ai, lequel jamais ne s'y consentiroit, si par Mme la comtesse et vous il n'en étoit fort prié. » Florinde, qui aimoit la damoiselle comme elle-même, l'assura de prendre cet affaire à cœur comme son bien propre. Et fit tant Avanturade, qu'elle lui présenta Amadour, lequel, en lui baisant la main, cuida évanouir d'aise, et lui où il étoit estimé le mieux parlant qui fût en Espagne, devint muet devant Florinde; dont elle fut fort étonnée; car, combien qu'elle n'eût que douze ans, si avoit-elle déjà bien entendu qu'il n'y avoit homme en Espagne mieux disant ce qu'il vouloit et de meilleure grâce. Et, voyant qu'il ne lui disoit rien, commença à lui dire: « La renommée que vous avez, seigneur Amadour, par toutes les Espagnes, est telle qu'elle vous rend connu en cette compagnie et donne désir et occasion à ceux qui vous connoissent de s'employer à vous faire plaisir; parquoi, si en quelque endroit je vous en puis

---

[1] Étrangers, lointains. — [2] Gruget écrit *Catelan*.

faire, vous m'y pouvez employer. » Amadour, qui regardoit la beauté de la dame, fut si transi et ravi qu'à peine lui put-il dire grand merci. Et combien que Florinde s'étonnât de le voir sans réponse, si est-ce qu'elle l'attribua plutôt à quelque sottise qu'à force d'amour, et passa outre sans parler davantage. Amadour, connoissant la vertu qui en sa grande jeunesse, commençoit à se montrer en Florinde, dit à celle qu'il vouloit épouser : « Ne vous émerveillez point, si j'ai perdu la parole devant Mme Florinde, car les vertus et si sage parler cachés sous cette grande jeunesse m'ont tellement étonné, que je ne lui ai su que dire. Mais je vous prie, Avanturade (comme celle qui savez ses secrets), me dire s'il est possible que de cette cour elle n'ait tous les cœurs des princes et des gentilshommes, car ceux qui la connoissent et ne l'aiment point sont pierres ou brutes. » Avanturade, qui déjà aimoit Amadour plus que tous les hommes du monde, ne lui voulut rien celer et lui dit que Mme Florinde étoit aimée de tout le monde, mais qu'à cause de la coutume du pays, peu de gens parloient à elle, et n'en avoit encore vu aucun qui en fît grand semblant, sinon deux jeunes princes d'Espagne, qui désiroient l'épouser, dont l'un étoit de la maison [1] et fils de l'*Enfant fortuné*[2]; et l'autre étoit le jeune duc de Cardonne [3]. « Je vous prie, dit Amadour, dites-moi lequel vous pensez qu'elle aime le mieux ? — Elle est si sage, dit Avanturade, que pour rien elle ne confesseroit avoir autre volonté que celle de sa mère; mais, à ce que nous pouvons juger, elle aime trop mieux celui de l'*Enfant fortuné*, que le jeune duc de Cardonne. Et je vous estime homme de si bon jugement, que, si vous voulez, dès aujourd'hui vous en pourrez juger à la vérité; car celui de l'*Enfant fortuné* est nourri en cette cour, qui est l'un des plus beaux et parfaits jeunes princes qui soient en la chrétienté. Et, si ce mariage se faisoit, par l'opinion d'entre nous filles, il seroit assuré d'avoir Mme Florinde, pour voir ensemble le plus beau couple de la chrétienté. Et faut que vous entendiez que, combien qu'ils soient tous deux bien jeunes, elle de douze ans et lui de quinze, si a-t-il déjà trois ans que l'amour est conjointe et commencée ; et, si voulez surtout avoir la bonne grâce d'elle, je vous conseille de vous faire ami et serviteur de lui. » Amadour fut fort aise de voir que sa dame aimoit quelque chose, espérant qu'à la longue il gagneroit le lieu, non de mari, mais de serviteur, car il ne craignoit rien en sa vertu, sinon qu'elle ne voulût rien aimer. Et, après ces mots, s'en alla Amadour hanter le fils de l'*Enfant fortuné*, duquel il eut aisément la bonne grâce ; car tous les passe-temps que le jeune prince aimoit, Amadour les savoit faire, et surtout étoit fort adroit à manier les chevaux et à s'aider de toutes sortes d'armes, et tous autres passe-temps et jeux qu'un jeune homme doit savoir. La guerre commença en Languedoc [1], et fallut qu'Amadour retournât avec le gouverneur, ce qui ne fut sans grands regrets, car il n'y avoit moyen par lequel il pût retourner en lieu où il sût voir Florinde; et, pour cette occasion, parla à un sien frère qui étoit majordome de la reine d'Espagne, et lui dit le bon parti qu'il avoit trouvé en la maison de la comtesse d'Arande, de la damoiselle Avanturade, le priant qu'en son absence il fît tout son possible que le mariage vînt à exécution et qu'il y employât le crédit du roi et de la reine et de tous ses amis. Le gentilhomme, qui aimoit son frère, tant pour le lignage que pour ses grandes vertus, lui promit faire tout son pouvoir; ce qu'il fit, en sorte que le père, vieil et avaricieux, oublia son naturel pour regarder les vertus d'Amadour, lesquelles la comtesse d'Arande et sur toutes la belle Florinde lui peignoient devant les yeux, et pareillement le jeune comte d'Arande, qui commença à croître et en croissant à aimer les gens

---

[1] C'est-à-dire, de la maison royale d'Espagne.

[2] C'est Henri d'Aragon, duc de Ségorbe, surnommé *l'Infant de la Fortune*, parce qu'il naquit en 1445 après la mort de son père, Henri d'Aragon, troisième fils de Ferdinand IV, roi d'Aragon. Mais le jeune prince, que Marguerite de Navarre lui donne pour fils, doit être un bâtard, car il ne laissa pas d'enfant de sa femme Guyomare de Castro et de Norogna, fille du roi de Portugal.

[3] Les éditions de Gruget portent *Cadouce*, ce qui est une faute évidente. Ce duc de Cardonne doit être le fils de Remon Folch V, en faveur de qui le comté de Cardonne fut érigé en duché, par les rois catholiques Ferdinand et Isabelle.

[1] Ce fut en 1541 que la guerre commença en Languedoc, par le siège de Perpignan, que le duc d'Albe défendit vigoureusement contre le dauphin de France. Mais Marguerite veut peut-être parler de l'irruption de Charles-Quint en *Provence*, laquelle eut lieu dans l'été de 1536 et ne réussit pas. L'année suivante il y eut trois mois de trêve entre le roi et l'empereur ; en 1538, cette trêve fut étendue à dix années par le traité de Nice.

vertueux. Et quand le mariage fut accordé entre les parents, ledit majordome envoya quérir son frère, tandis que les trèves durèrent entre les deux rois [1]. Durant ce temps, le roi d'Espagne se retira à Madrid, pour éviter le mauvais air, qui étoit en plusieurs lieux ; et, par l'avis de plusieurs de son Conseil, à la requête aussi de la comtesse d'Arande, fit le mariage de l'héritière, duchesse de Medina-Celi [2], avec le petit comte d'Arande, tant pour le bien et union de leur maison, que pour l'amour qu'il portoit à la comtesse d'Arande, et voulut faire ces noces au château de Madrid. A ces noces se trouva Amadour, qui pourchassa si bien les siennes, qu'il épousa celle dont il étoit plus aimé qu'il n'aimoit, sinon que le mariage lui étoit couverture et moyen de hanter le lieu où son esprit demeuroit incessamment. Après qu'il fut marié, print telle hardiesse et privauté en la maison de la comtesse d'Arande, que l'on ne se gardoit de lui non plus que d'une femme ; et, combien qu'alors n'eût que vingt-deux ans, si étoit-il si sage que la comtesse lui communiquoit toutes ses affaires, et commandoit à son fils et à sa fille de l'entretenir et croire ce qu'il leur conseilleroit. Ayant gagné le point de si grande estime, se conduisoit si sagement et finement, que même celle qu'il aimoit ne connoissoit point son affection ; mais, pour l'amour de la femme dudit Amadour, qu'elle aimoit plus que nulle autre, elle étoit si privée de lui qu'elle ne lui dissimuloit chose qu'elle pensât, et gagna ce point qu'elle lui déclara tout l'amour qu'elle portoit au fils de l'*Enfant fortuné*, et lui, qui ne tâchoit qu'à la gagner entièrement, lui en parloit incessamment ; car il ne lui chaloit de quel propos il lui parlât, mais qu'il eût moyen de l'entretenir longuement. Il ne demeura pas un mois à la compagnie, après ses noces, qu'il ne fût contraint de retourner à la guerre, où il demeura plus de deux ans sans revenir voir sa femme, laquelle se tenoit toujours où elle avoit été nourrie. Durant ce temps, écrivoit souvent Amadour à sa femme ; mais le plus fort de sa lettre étoit des recommandations à Florinde, qui de son côté ne failloit à les lui rendre et mettoit souvent quelque bon mot de sa main en la lettre qu'Avanturade écrivoit, qui étoit occasion de rendre son mari très-soigneux à lui écrire souvent ; mais, en tout ceci, ne connoissoit rien Florinde, sinon qu'elle l'aimoit comme s'il eût été son frère. Plusieurs fois alla et vint Amadour, en sorte qu'en deux ans ne vit Florinde deux mois durant ; et toutefois l'amour, en dépit de l'éloignement et de la longue absence, ne laissoit pas de croître. Or, advint qu'il fit un voyage pour venir voir sa femme et trouva la comtesse bien loin de la cour, car le roi d'Espagne s'en étoit allé en Andalousie [1] et avoit mené avec lui le jeune comte d'Arande, qui déjà commençoit à porter armes. La comtesse s'étoit retirée en une maison de plaisance qu'elle avoit sur la frontière d'Aragon et Navarre, et fut fort aise quand elle vit venir Amadour, lequel près de trois ans avoit été absent. Il fut bien reçu d'un chacun, et commanda la comtesse qu'il fût traité comme son propre fils. Tandis qu'il fut avec elle, elle lui communiqua toutes les affaires de sa maison et en remettoit la plupart à son opinion ; et gagna un si grand crédit en cette maison, qu'en tous lieux où il vouloit, on lui ouvroit la porte, estimant sa prud'homie si grande, qu'on se fioit en lui de toutes choses comme à un saint ou à un ange. Florinde, pour l'amitié qu'elle portoit à sa femme et à lui, le chérissoit en tous lieux où elle le voyoit, sans rien connoître de son intention ; parquoi elle ne se gardoit d'aucune contenance, pource que son cœur ne souffroit point de passion, qu'elle sentoit un grand contentement quand elle étoit auprès d'Amadour, mais autre chose n'y pensoit. Amadour, pour éviter le jugement de ceux qui ont expérimenté la différence des regards des amants au prix des autres, fut en grand'peine ; car, quand Florinde venoit parler à lui privément (comme celle qui ne pensoit nul mal), le feu caché en son cœur le brûloit si fort, qu'il ne pouvoit empêcher que la couleur n'en demeurât au visage et que les étincelles ne saillissent par les yeux. Et afin que, par longue fréquentation, nul ne s'en pût apercevoir, se mit à entretenir une fort belle dame nommée Pauline, femme qui en son temps fut estimée si belle que peu d'hommes qui la voyoient échappoient de ses

---

[1] La trêve de trois mois, en 1537, ou la *trêve de Nice*, en 1538, ou la *paix de Crespi*, en 1544.

[2] La famille de Medina-Celi, du nom de la Cerda, était alliée à la maison de Castille. Après la mort de Louis-François de la Cerda IX, duc de Medina-Celi, sa sœur aînée, Félix-Marie, veuve du marquis de Priego, duc de Feria, fut héritière des biens et des titres du dernier duc de Medina-Celi.

[1] Plusieurs éditions portent *à Vendentorte*.

liens. Cette Pauline, ayant entendu comme Amadour avoit mené l'amour à Barcelonne et Parpignan, en sorte qu'il étoit aimé des plus belles et honnêtes dames du pays et sur toutes d'une comtesse de Pallamons[1], qu'on estimoit en beauté la première de toutes les Espagnes, et de plusieurs autres, lui dit qu'elle avoit grand'pitié de lui, vu qu'après tant de bonnes fortunes il avoit épousé une femme si laide que la sienne. Amadour, entendant bien par ces paroles qu'elle avoit envie de remédier à sa nécessité, lui tint les meilleurs propos qu'il lui fut possible, pensant qu'en lui faisant croire un mensonge, il lui couvriroit une vérité. Mais elle, fine et expérimentée en amour, ne se contenta point de parler ; mais, sentant très-bien que son cœur n'étoit point satisfait de son amour, se douta qu'il ne la voulût faire servir de couverture, et, pour cette occasion, le regardant de si près qu'elle avoit toujours le regard à ses yeux, qu'il savoit si bien feindre qu'elle n'en pouvoit rien juger, sinon par obscur soupçon, mais ce n'étoit sans grande peine au gentilhomme. Auquel Florinde, ignorant toutes ces malices, s'adressoit souvent devant Pauline si privément qu'il avoit une merveilleuse peine à contraindre son regard contre son cœur ; et, pour éviter qu'il n'en vînt inconvénient, un jour, parlant à Florinde, appuyés tous deux sur une fenêtre, lui tint tels propos : « Madame, je vous prie me vouloir conseiller lequel vaut le mieux ou parler ou mourir. » Florinde lui répondit promptement : « Je conseillerai toujours à mes amis de parler et non de mourir ; car il y a peu de paroles qui ne se puissent amender, mais la vie perdue ne se peut recouvrer. — Vous me promettez donc, ques, dit Amadour, que non-seulement vous ne serez marrie des propos que je vous veux dire, mais ni étonnée, jusqu'à ce qu'en entendiez la fin ? » Elle lui répondit : « Dites ce qu'il vous plaira, car, si vous m'étonnez, nul autre m'assurera. » Lors lui commença à dire : « Madame, je ne vous ai voulu encore dire la très-grande affection que je vous porte, pour deux raisons : l'une, parce que j'entendois par long service vous en donner l'expérience ; l'autre, parce que je doutois que penseriez une grande outre-cuidance en moi, qui suis un simple gentilhomme, de m'adresser en lieu qui ne m'appartient de garder ; et encore que je fusse prince comme vous, la loyauté de votre cœur ne permettoit pas qu'autre que celui qui en a pris possession, fils de l'*Enfant fortuné*, vous tienne propos d'amitié. Mais, madame, tout ainsi que la nécessité en une forte guerre contraint faire dégât du propre bien et ruiner le blé en herbe, afin que l'ennemi n'en puisse faire son profit, ainsi prends-je le hasard d'avancer le fruit qu'avec le temps j'espérois cueillir, afin que les ennemis de vous et de moi ne puissent faire leur profit de notre dommage. Entendez, madame, que dès l'heure de votre grande jeunesse, suis tellement dédié à votre service, que je ne cesse de chercher les moyens d'acquérir votre bonne grâce, et, pour cette occasion, m'estimois marié à celle que je pensois que vous aimiez le mieux. Et, sachant l'amour que vous portez au fils de l'*Enfant fortuné*, ai mis peine de le servir et hanter, comme vous avez vu ; et tout ce que j'ai pensé vous plaire, je l'ai cherché de tout mon pouvoir. Vous voyez que j'ai acquis la grâce de la comtesse votre mère, du comte votre frère, de tous ceux que vous aimez, tellement que je suis tenu en cette maison, non comme un serviteur, mais comme enfant, et tout le travail que j'ai fait il y a cinq ans n'a été que pour vivre toute ma vie avec vous. Et entendez que je ne suis point de ceux qui prétendent par ce moyen avoir de vous ne bien ne plaisir autre que vertueux. Je sais que je ne vous puis jamais épouser, et, quand je le pourrois, je ne voudrois contre l'amour que vous portez à celui que je désire vous voir pour mari. Aussi, de vous aimer d'un amour vicieux, comme ceux qui espèrent de leur long service récompense au déshonneur des dames, je suis si loin de cette affection, que j'aimerois mieux vous voir morte, que de vous savoir moins digne d'être aimée et que la vertu fût amoindrie en vous, pour quelque plaisir qui m'en sût advenir. Je ne prétends, pour la fin et récompense de mon service, qu'une chose, c'est que me vouliez être maîtresse si loyale, que jamais vous ne m'éloigniez de votre bonne grâce, que vous me conteniez au degré où je suis, vous fiant en moi plus qu'en nul autre, prenant cette sûreté de moi que, si pour votre honneur ou chose qui vous touchât, vous aviez besoin de la vie d'un gentilhomme, la mienne y sera de très-bon

[1] Il faut lire certainement *Palamos*, quoique ce comté ne se trouve pas cité parmi ceux qui appartenaient à la grandesse d'Espagne au seizième siècle.

cœur employée, et en pouvez faire état. Pareillement, que toutes les choses honnêtes et vertueuses que jamais je ferai, seront faites seulement pour l'amour de vous. Et, si j'ai fait, pour dames moindres que vous, chose dont on ait fait estime, soyez sûre que pour une telle maîtresse mes entreprises croîtront, de sorte que les choses que je croyois difficiles et impossibles me seront faciles. Mais si ne m'acceptez pour du tout vôtre, je délibère de laisser les armes et renoncer à la vertu, qui ne m'aura secouru au besoin. Parquoi, madame, je vous supplie que ma juste requête me soit octroyée, puisque votre honneur et conscience ne me la peuvent refuser. » La jeune dame, oyant un propos non accoutumé, commença à changer de couleur et baisser les yeux comme femme étonnée; toutefois, elle, qui étoit sage, lui dit : « Puisque ainsi est, Amadour, que vous ne demandez de moi que ce qu'avez, pourquoi est-ce que vous me faites une si longue harangue? J'ai si grand'peur que sous vos honnêtes propos il y ait quelque malice cachée, pour décevoir l'ignorance jointe avec ma jeunesse, que je suis en grande perplexité de vous répondre. Car de refuser l'honnête amitié que vous m'offrez, je ferois le contraire de ce que j'ai fait jusqu'ici, qui me suis plus fiée en vous qu'en tous les hommes du monde. Ma conscience ne mon honneur ne contreviennent point à votre demande ni à l'amour que je porte au fils de l'*Enfant fortuné*; car il est fondé sur mariage, où vous ne prétendez rien. Je ne sache chose qui me doive empêcher de vous faire réponse selon votre dire, sinon une crainte que j'ai en mon cœur, fondée sur le peu d'occasion que vous avez de tenir tels propos; car, si vous avez ce que vous demandez, qui vous contraint d'en parler si affectueusement[1]? » Amadour, qui n'étoit sans réponse, lui dit : « Madame, vous parlez très-prudemment et me faites tant d'honneur de la fiance que dites avoir en moi, que, si je ne me contente d'un tel bien, je suis indigne de tous les autres. Mais entendez, madame, que celui qui veut bâtir un édifice perpétuel, doit regarder un seul et ferme fondement; parquoi, moi, qui désire perpétuellement demeurer en votre service, je regarde non-seulement les moyens de me tenir près de vous, mais aussi d'empêcher que l'on ne puisse connoître la grande affection que je vous porte; car, combien qu'elle soit tant honnête qu'elle ne puisse pécher partout, si est-ce que ceux qui ignorent le cœur des amants souvent jugent contre vérité. Et de là vient autant de mauvais bruit que si les effets étoient méchants. Ce qui m'a fait avancer de vous le dire, c'est Pauline, laquelle a prins un tel soupçon sur moi, sentant bien en son cœur que je ne la puis aimer, qu'elle ne fait en tous lieux qu'épier ma contenance. Et quand venez parler à moi devant elle aussi privément, j'ai si grand'-peur de faire quelque signe où elle fonde jugement, que je tombe en l'inconvénient dont je me veux garder, en sorte que j'ai pensé vous supplier que devant elle et telles que vous connaissez aussi malicieuses, vous ne veniez parler à moi aussi soudainement, car j'aimerois mieux être mort que créature vivante en eût la connoissance. Et n'eût été l'amour que j'ai à votre honneur, je n'avois point encore délibéré de vous tenir tels propos, car je me tiens assez heureux de l'amour et fiance que me portez, où je ne demande rien davantage que la persévérance. » Florinde, tant contente qu'elle n'en pouvoit plus porter, commença sentir en son cœur quelque chose plus qu'elle n'avoit accoutumé, et, voyant les honnêtes raisons qu'il lui alléguoit, lui dit que la vertu et honnêteté répondoient pour elle et lui accordoient ce qu'il demandoit : dont, si Amadour fut joyeux, nul qui aime n'en peut douter. Mais Florinde crut trop plus son conseil qu'il ne vouloit; car elle, qui étoit craintive, non-seulement devant Pauline, mais en tous autres lieux, commença à ne le chercher plus, comme avoit coutume; et, en cet éloignement, trouva mauvaise la fréquentation qu'Amadour avoit avec Pauline, laquelle elle trouva tant belle qu'elle ne pouvoit croire qu'il ne l'aimât. Et, pour passer sa tristesse, entretenoit toujours Avanturade, laquelle commença fort à être jalouse de son mari et de Pauline, et s'en complaignoit souvent à Florinde, qui la consoloit le mieux qu'il lui étoit possible, comme celle qui étoit frappée d'une même peste. Amadour s'aperçut bientôt de la contenance de Florinde; non-seulement pensa qu'elle s'éloignoit de lui par son conseil, mais qu'il y avoit quelque fâcheuse opinion mêlée. Et, un jour, en venant de vêpres d'un monastère, il lui dit : « Madame, quelle contenance me faites-vous? — Telle que

---

[1] Il est clair que ce mot a été mal lu par l'éditeur. On peut le remplacer par *longuement*.

je pense que vous voulez, » répond Florinde. A l'heure, soupçonnant la vérité, pour savoir s'il étoit vrai, va dire : « Madame, j'ai tant fait par mes journées, que Pauline n'a plus d'opinion[1] de vous. » Elle lui répond : « Vous ne sauriez mieux faire pour vous et pour moi ; car, en faisant plaisir à vous-même, vous faites honneur. » Amadour jugea par cette parole, qu'elle estimoit qu'il prenoit plaisir à parler à Pauline, dont il fut si désespéré qu'il ne se put tenir de lui dire en colère : « Madame, c'est bientôt commencé de tourmenter un serviteur et le lapider ; car je ne pense point avoir porté peine qui m'ait été plus ennuyeuse que la contrainte de parler à celle que je n'aime point. Et, puisque ce que je fais pour votre service est prins de vous en autre part, je ne parlerai jamais à elle, et en advienne ce qu'il pourra advenir. Et, afin de dissimuler autant mon courroux que j'ai fait mon contentement, je m'en vais en quelque lieu ci-auprès, attendant que votre fantaisie soit passée. Mais j'espère que j'aurai quelques nouvelles de mon capitaine de retourner à la guerre, où je demeurerai si longtemps que vous connoîtrez qu'autre chose que vous ne me tient en ce lieu. » Et en ce disant, sans attendre réponse d'elle, s'en partit incontinent ; et elle demeura tant ennuyée et triste, qu'il n'étoit possible de plus. Et commença l'amour, poussé de son contraire, à montrer sa très-grande force, tellement qu'elle, connoissant son tort, incessamment écrivit à Amadour, le priant de vouloir retourner ; ce qu'il fit après quelques jours que sa grande colère lui fut diminuée. Et ne saurois bien entreprendre de vous conter par le menu les propos qu'ils eurent pour rompre cette jalousie ; mais il gagna la bataille, tant qu'elle lui promit qu'elle ne croiroit jamais, non-seulement qu'il aimât Pauline, mais qu'elle seroit toute assurée que ce lui seroit un martyre trop insupportable de parler à elle ou à autre, sinon pour lui faire service. Après que l'amour eut vaincu ce présent soupçon et que les deux amants commencèrent à prendre plus de plaisir que jamais à parler ensemble, les nouvelles vinrent que le roi d'Espagne envoyoit toute son armée à Saulce[2]. Parquoi, celui qui avoit accoutumé d'y être le premier, n'avoit garde de faillir à pourchasser son honneur. Mais il est vrai que c'étoit avec autre regret qu'il n'avoit accoutumé, tant de perdre le plaisir, que de peur qu'il avoit de trouver mutation à son retour, pource qu'il voyoit Florinde pourchassée de grands princes et seigneurs et déjà parvenue à l'âge de quinze ans : qu'il pensa que, si en son absence elle étoit mariée, n'auroit plus occasion de la voir, sinon que la comtesse d'Arande lui donnât sa femme pour compagnie ; et mena si bien son affaire envers tous ses amis, que la comtesse et Florinde lui promirent qu'en quelque lieu qu'elle fût mariée, sa femme Avanturade iroit. Et combien qu'il fût question de marier Florinde en Portugal, si étoit-il délibéré que sa femme ne l'abandonneroit jamais. Et, sur cette assurance (non sans regret indicible), s'en partit Amadour et laissa sa femme avec la comtesse. Quand Florinde se trouva seule après le département[1] de son serviteur, elle se mit à faire toutes les choses si bonnes et vertueuses, qu'elle espéroit par cela atteindre le bruit des plus parfaites dames et d'être réputée digne d'avoir un tel serviteur. Amadour, étant arrivé à Barcelonne, fut festoyé des dames, comme il avoit accoutumé ; mais le trouvèrent tant changé qu'ils n'eussent jamais pensé que mariage eût eu telle puissance sur un homme, comme il avoit sur lui, car il sembloit qu'il se fâchât de voir les choses qu'autrefois avoit désirées ; et même la comtesse de Palamons, qu'il avoit tant aimée, ne sut trouver moyen de le faire seulement aller jusqu'à son logis. Amadour arrêta à Barcelonne le moins qu'il lui fut possible, comme celui à qui l'heure tardoit d'être au lieu où l'honneur se peut acquérir. Et lui, arrivé à Saulce, commença la guerre grande et cruelle entre les deux rois, laquelle ne suis délibéré de raconter, n'aussi les beaux faits qu'y fit Amadour ; car, au lieu de conter, faudroit faire un bien grand livre. Et sachez qu'il emportoit le bruit[2] par-dessus ses compagnons. Le duc de Nagières[3] arriva à Parpignan, ayant charge de

[1] Ce mot est pris dans le sens de soupçon, jalousie.
[2] Cette ville du Roussillon, à six lieues de Perpignan, se nomme aujourd'hui Salces. Elle a été assiégée plusieurs fois par les Français et par les Espagnols. Le siége le plus mémorable eut lieu sous le règne de Louis XII.
[1] Départ. — [2] Renommée, réputation, gloire.
[3] Le duché de Nagera fut créé par les rois Ferdinand et Isabelle en faveur de Pierre-Maurique de Lara, comte de Trevigno. Son petit-fils, Maurique-Maurique de Lara, qui vivait en 1543, a été le troisième duc de Nagera.

deux mille hommes, et pria Amadour d'être son lieutenant, lequel avec cette bande fit tant bien son devoir que l'on n'oyoit en toutes les escarmouches crier autres que *Nagières*[1]. Or, advint que le roi de Tunis, qui dès longtemps faisoit la guerre aux Espagnols, entendant comme les rois d'Espagne et de France faisoient guerre l'un contre l'autre sur les frontières de Parpignan et Narbonne, pensa qu'en meilleure saison ne pouvoit faire déplaisir au roi d'Espagne, et envoya un grand nombre de fustes[2] et autres vaisseaux, pour piller et détruire ce qu'ils pourroient trouver mal gardé sur les frontières d'Espagne. Ceux de Barcelonne, voyant passer devant eux une quantité de voiles, en avertirent le roi, qui étoit à Saulce; lequel incontinent envoya le duc de Nagières à Palamons. Et quand les navires connurent que le lieu étoit si bien gardé, feignirent de passer outre; mais, sur l'heure de minuit, retournèrent et mirent tant de gens à terre, que le duc de Nagières, surpris de ses ennemis, fut emmené prisonnier. Amadour, qui étoit fort vigilant, entendit le bruit et assembla incontinent le plus grand nombre de ses gens qu'il put et se défendit si bien, que la force de ses ennemis fut longtemps sans lui pouvoir nuire. Mais, à la fin, sachant que le duc de Nagières étoit prins et que les Turcs étoient délibérés de mettre le feu à Palamons et le brûler en la maison où il tenoit fort contre eux, aima mieux se rendre, que d'être cause de la perdition des gens de bien qui étoient en sa compagnie et aussi que se mettant à rançon, il espéroit encore voir Florinde. Alors, se rendit à un Turc nommé Derlin, gouverneur du roi de Tunis, lequel le mena à son maître, où il fut très-bien reçu et honoré et encore mieux gardé; ils pensoient bien, l'ayant entre les mains, avoir l'Achille de toutes les Espagnes. Ainsi demeura Amadour près de deux ans au service du roi de Tunis. Les nouvelles vinrent en Espagne de cette prise, dont les parents du duc de Nagières firent un grand deuil; mais ceux qui aimoient l'honneur du pays estimèrent plus grande la perte d'Amadour. Le bruit en vint en la maison de la comtesse d'Arande, où pour lors étoit la pauvre Avanturade grièvement malade. La comtesse, qui se doutoit bien fort de l'affection qu'Amadour portoit à sa fille (ce qu'elle souffroit et dissimuloit pour les vertus qu'elle connoissoit en lui), appela sa fille à part et lui dit ces piteuses nouvelles. Florinde, qui savoit bien dissimuler, lui dit que c'étoit grande perte pour toute leur maison et que surtout elle avoit pitié de sa pauvre femme, vu mêmement la maladie où elle étoit. Mais, voyant sa mère pleurer si fort, laissa aller quelques larmes pour lui tenir compagnie, afin que, par trop feindre, la feintise ne fût découverte. Depuis cette heure, la comtesse lui en parloit souvent, mais jamais ne sut tirer de sa contenance chose où elle pût rasseoir jugement. Je laisserai à dire les voyages, prières, oraisons et jeûnes que faisoit ordinairement Florinde pour le salut d'Amadour. Lequel, incontinent qu'il fut à Tunis, ne faillit d'envoyer des nouvelles à ses amis et par homme sûr avertir Mme Florinde, qu'il étoit en bonne santé et espoir de la revoir, qui fut à la pauvre dame le seul moyen de soutenir son ennui. Et ne doutez pas que le moyen d'écrire ne lui fût permis, dont elle s'en acquitta si diligemment, qu'Amadour n'eut point faute de la consolation de ses lettres épîtres[1]. Or, fut mandée la comtesse d'Arande pour aller à Sarragosse, où le roi étoit arrivé; et là, se trouva le jeune duc de Cardonne, qui fit si grande poursuite envers le roi et la reine, qu'ils prièrent la comtesse de faire le mariage de lui et de sa fille. La comtesse, comme celle qui ne vouloit en rien lui désobéir, l'accorda, estimant que sa fille, fort jeune, n'avoit volonté que la sienne. Quand tout l'accord fut fait, elle dit à sa fille comme elle lui avoit choisi le parti qui lui sembloit le plus nécessaire. La fille, voyant qu'en une chose faite ne falloit plus de conseil, lui dit que Dieu fût loué de tout, et voyant sa mère si étrange envers elle, aima mieux lui obéir que d'avoir pitié de soi-même. Et, pour la réjouir de tant de malheurs, entendit que l'*Enfant fortuné* étoit malade à la mort, mais jamais devant sa mère ne nul autre en fit un

---

[1] Les *cris d'armes* étaient souvent les noms mêmes des seigneurs nobles, qui combattaient sous la bannière ou le pennon de leur maison. Cet usage militaire devait être commun à tous les pays où la chevalerie fut établie, et la chevalerie a subsisté en Espagne plus longtemps qu'en France.

[2] *Flûtes*, bâtimens légers qui étaient alors en usage dans la Méditerranée.

[1] Il est probable que le manuscrit portait seulement *épîtres*, et que, l'éditeur ayant voulu mettre à la place *lettres*, l'imprimeur a conservé les deux mots, qui se trouvaient ensemble dans la copie.

seul semblant, et se contraignit si bien, que les larmes, par force retirées en son cœur, firent saillir le sang par le nez en telle abondance que la vie fut en danger de s'en aller quant et quant. Et, pour se restaurer, épousa celui qu'elle eût bien voulu changer à la mort. Après ces noces faites, s'en alla Florinde avec son mari en la duché de Cardonne et mena avec elle Avanturade, à laquelle elle faisoit privément ses complaintes, tant de la rigueur que sa mère lui avoit tenue que du regret d'avoir perdu le fils de l'*Enfant fortuné*, mais du regret d'Amadour ne lui parloit que par manière de la consoler. Cette jeune dame doncques se délibéra de mettre Dieu et l'honneur devant ses yeux et de dissimuler si bien ses ennuis, que jamais nul des siens ne s'aperçût que son mari lui déplût. Ainsi passa un long temps Florinde, vivant d'une vie non moins belle que la mort. Ce qu'elle ne faillit à mander à son bon serviteur Amadour, lequel, connoissant son grand et honnête cœur et l'amour qu'elle portoit à l'*Enfant fortuné*, pensa qu'il étoit impossible qu'elle sût vivre longuement, et la regretta comme celle qu'il tenoit pis que morte. Et cette peine augmenta celle qu'il avoit, et eût voulu demeurer toute sa vie esclave comme il étoit, et que Florinde eût eu un mari selon son désir; oubliant son mal pour celui qu'il sentoit que portoit son amie. Et pource qu'il entendit, par un ami qu'il avoit acquis en la cour du roi de Tunis, que le roi étoit délibéré de lui faire présenter le pal ou qu'il eût à renoncer sa foi, pour envie qu'il avoit, s'il le pouvoit rendre bon Turc, de le tenir avec lui; il fit tant avec le maître qui l'avoit prins, qu'il le laissa aller sur sa foi, le mettant à si grand rançon qu'il ne pensoit point qu'un homme de si peu de biens la pût trouver. Ainsi, sans en parler au roi, le laissa aller le maître, sur sa foi. Lui venu à la cour devers le roi d'Espagne, s'en partit bientôt pour aller chercher sa rançon à tout ses amis, et s'en alla droit à Barcelonne, où le jeune duc de Cardonne, sa mère et Florinde étoient allés pour quelque affaire. Avanturade, sitôt qu'elle ouït des nouvelles de la venue de son mari, le dit à Florinde, laquelle s'en réjouit comme pour l'amour d'elle. Mais, craignant que la joie qu'elle avoit de le voir, lui fît changer de visage et que ceux qui ne le connaissoient en prinssent mauvaise opinion, se tint à une fenêtre pour le voir venir de loin, et, sitôt qu'elle l'avisa, descendit un escalier tant obscur qu'on ne pouvoit connoître si elle changeoit de couleur. Ainsi, embrassant Amadour, le mena en sa chambre et de là à sa belle-mère, qui ne l'avoit jamais vu. Mais il n'y demeura pas deux jours, qu'il se fit autant aimer dans leur maison qu'il étoit en celle de la comtesse d'Arande. Je vous laisserai les propos que Florinde et Amadour eurent ensemble et les complaintes qu'il lui fit des maux qu'il avoit reçus en son absence. Après plusieurs larmes jetées du regret qu'elle avoit, tant d'être mariée contre son cœur que d'avoir perdu celui qu'elle aimoit tant, lequel jamais n'espéroit de revoir, se délibéra de prendre sa consolation en l'amour et sûreté qu'elle portoit à Amadour. Ce que toutefois elle ne lui osa déclarer; mais lui, qui s'en doutoit bien, ne perdoit occasion ne temps pour lui faire connoître le grand amour qu'il lui portoit. Sur le point qu'elle étoit presque gagnée à le recevoir, non à serviteur mais à meilleur et parfait ami, arriva une merveilleuse fortune. Car le roi, pour quelque affaire d'importance, manda incontinent Amadour, dont sa femme eut si grand regret qu'en oyant ces nouvelles, elle s'évanouit et tomba d'un degré où elle étoit, dont elle se blessa si fort qu'oncques depuis n'en releva. Florinde, qui par cette mort perdoit toute sa consolation, fit tel deuil que peut faire celle qui se sent destituée de bons parents et amis; mais encore le print plus mal en gré Amadour: car, d'un côté, il perdoit l'une des plus belles femmes de bien qui oncques fut, et, de l'autre, le moyen de jamais pouvoir revoir Florinde; dont il tomba en telle maladie, qu'il cuida soudainement mourir. La vieille duchesse de Cardonne incessamment le visitoit et lui alléguoit des raisons de philosophie pour lui faire porter patiemment cette mort; mais rien n'y servoit, car si la mort, d'un côté, le tourmentoit, l'amour, de l'autre côté, augmentoit son martyre. Voyant Amadour que sa femme étoit enterrée et que son maître le mandoit (pourquoi il n'avoit nulle occasion de demeurer), eut tel désespoir en son cœur, qu'il cuida perdre l'entendement. Florinde, qui en le consolant étoit en désolation, fut toute une après-dînée à lui tenir les plus honnêtes propos qu'il lui fut possible, pour lui cuider diminuer la grandeur de son deuil, l'assurant qu'elle trouveroit moyen de le pouvoir revoir plus souvent qu'il ne cuidoit.

Et pource qu'il devoit partir au matin et qu'il étoit si foible qu'il ne pouvoit bouger de dessus son lit, la supplia de le venir voir au soir après que chacun y auroit été ; ce qu'elle lui promit, ignorant que l'extrémité d'amour ne connoît nulle raison. Et lui, qui ne voyoit aucune espérance de jamais pouvoir revoir celle que si longuement avoit servie et de qui jamais n'avoit eu autre traitement que celui qu'avez ouï, fut tant combattu de l'amour longuement dissimulé et du désespoir qu'elle lui montroit (tous moyens de le hanter perdus) se délibéra de jouer à quitte et à double, ou du tout la perdre ou du tout la gagner, et se payer en une heure du bien qu'il pensoit avoir mérité. Il fit bien encourtiner son lit, de sorte que ceux qui venoient en la chambre ne l'eussent su voir, et se plaignoit beaucoup plus que de coutume, tant que tous ceux de la maison ne pensoient pas qu'il dût vivre vingt-quatre heures. Après que chacun l'eut visité au soir, Florinde, à la requête même de son mari, y alla, espérant, pour le consoler, lui déclarer son affection et que du tout elle le vouloit aimer, autant que l'honneur le peut permettre. Et elle, assise en une chaire[1] qui étoit au chevet du lit dudit Amadour, là commença son réconfort par plorer avec lui. Amadour, la voyant remplie de tels deuils et regrets, pensa qu'en ce grand tourment pourroit plus facilement venir à la fin de son intention, se leva dessus son lit, ce que voyant Florinde, pensant qu'il fût trop foible, le voulut engarder. Et, se mettant à genoux, lui dit : « Faut-il que pour jamais je vous perde de vue ? » Et, en ce disant, se laissa tomber entre ses bras, comme un homme à qui force défaut. La pauvre Florinde l'embrassa et le soutint bien longuement, faisant tout ce qui lui étoit possible pour le consoler ; mais la médecine qu'elle lui bailloit pour amender sa douleur la lui rendoit beaucoup plus forte ; car, en faisant le demi-mort et sans parler, s'essaya à chercher ce que l'honneur des femmes défend. Quand Florinde s'aperçut de sa mauvaise volonté, ne la pouvant croire, vu les honnêtes propos que toujours lui avoit tenus, lui demanda que c'étoit qu'il vouloit ; mais Amadour, craignant d'ouïr sa réponse, qu'il savoit bien ne pouvoir être autre que chaste et honnête, sans rien dire, poursuit avec toute la force qu'il lui fut possible ce qu'il cherchoit. Dont Florinde, bien étonnée, soupçonna qu'il fût hors du sens, plutôt que de croire qu'il prétendît à son déshonneur. Parquoi, elle appela tout haut un gentilhomme, qu'elle savoit bien être en la chambre avec elle, dont Amadour, désespéré jusqu'au bout, se rejeta sur son lit si soudainement que le gentilhomme pensoit qu'il fût trépassé. Florinde, qui s'étoit levée de sa chaire, dit : « Allez, et apportez vitement quelque bon vinaigre. » Ce que le gentilhomme fit à l'heure. Florinde commença à dire : « Amadour, quelle folie vous est montée en l'entendement ? et qu'est-ce qu'avez pensé et voulu faire ? » Amadour, qui avoit perdu toute raison par la force d'amour, lui dit : « Un si long service que le mien mérite-t-il récompense de telle cruauté ? — Et où est l'honneur, dit Florinde, que tant de fois vous m'avez prêché ? — Ah ! madame, dit Amadour, il me semble qu'il n'est possible de plus parfaitement aimer votre honneur que je fais ; car, quand vous avez été à marier, j'ai si bien su vaincre mon cœur, que vous n'avez jamais su connoître ma volonté ; maintenant que vous êtes mariée et que votre honneur peut être couvert, quel tort vous fais-je de demander ce qui est mien ? car, par la force d'amour, je vous ai gagnée. Celui qui premier a eu votre cœur, a si mal poursuivi le corps, qu'il a mérité perdre le tout ensemble. Celui qui possède votre corps, n'est digne d'avoir votre cœur : parquoi même le le corps n'est sien ni ne lui appartient. Mais, moi, madame, durant cinq ou six ans, j'ai porté tant de peines et de travaux pour vous, que vous ne pouvez ignorer qu'à moi seul n'appartiennent le corps et le cœur, pour lequel j'ai oublié le mien. Et, si vous vous en cuidez défendre par la conscience, ne doutez point que ceux qui ont éprouvé les forces d'amour ne rejettent le blâme sur vous, qui m'avez tellement ravi ma liberté et ébloui mes sens par vos divines grâces, que, ne sachant désormais que faire, je suis contraint de m'en aller, sans espoir de jamais vous revoir ; assuré toutefois, que, quelque part où je sois, vous aurez toujours part du cœur, qui demeurera vôtre à jamais, soit sur terre, soit sur eau ou entre les mains de mes plus cruels ennemis.

---

[1] Il y avait toujours une *chaire à dorseret* au chevet du lit d'honneur. Voyez les *Honneurs de la cour*, publiés par Lacurne de Sainte-Palaye, à la suite des *Mémoires sur l'ancienne chevalerie*.

Mais, si j'avois avant mon partement la sûreté de vous, que mon grand amour mérite, je serois assez fort pour soutenir les ennuis de cette longue absence. Et, s'il ne vous plaît m'octroyer ma requête, vous orrez bientôt dire que votre rigueur m'aura donné une malheureuse et cruelle mort. » Florinde, non moins étonnée que marrie d'ouïr tenir tels propos à celui duquel elle n'eut jamais soupçon de chose semblable, lui dit en pleurant : « Hélas ! Amadour, sont-ce les vertueux propos que durant ma jeunesse vous m'avez tenus ? Est-ce ceci l'honneur de la conscience, que vous m'avez maintes fois conseillé plutôt mourir que perdre ? Avez-vous oublié ces bons exemples que vous m'avez donnés des vertueuses dames qui ont résisté à la folle amour et le dépris que vous avez toujours fait des folles dames[1] ? Je ne puis croire, Amadour, que soyez si loin de vous-même, que Dieu, votre conscience et mon honneur soient du tout morts en vous. Mais si ainsi est que vous le dites, je loue la bonté divine, qui a prévenu au malheur où maintenant je m'en allois précipiter, en me montrant par votre parole le cœur que j'ai tant ignoré. Car, ayant perdu le fils de l'*Enfant fortuné*, non-seulement pour être mariée ailleurs, mais pource que je sais bien qu'il aime une autre, et me voyant mariée à celui que je ne puis aimer (quelque peine que j'y mette) n'avoir[2] pour agréable, j'avois pensé et délibéré entièrement et de tout mon cœur et affection vous aimer, fondant cette amitié sur la vertu que j'ai tant connue en vous, et laquelle par votre moyen je pense avoir atteinte : c'est d'aimer plus mon honneur et ma conscience, que ma propre vie. Sur cette pierre d'honnêteté, j'étois venue ici, délibérée de prendre un très-sûr fondement; mais, Amadour, en un moment m'avez montré qu'en lieu d'une pierre belle et pure, le fondement de cet édifice est assis sur du sablon léger et mouvant ou sur la fange molle et infâme ; et, combien que j'eusse déjà commencé grande partie du logis, où j'espérois faire perpétuelle demeure, soudain du tout l'avez ruiné. Parquoi, vous faut quant et tant rompre l'espérance que vous avez jamais eue en moi, et vous délibérer qu'en quelque lieu que je sois ne me cherchez ne par paroles ne par contenance ; et n'espérez que je puisse ou vueille jamais changer mon opinion. Je vous le dis avec tel regret qu'il ne peut être plus grand ; mais, si je fusse venue jusqu'à avoir juré parfaite amitié avec vous, je sens bien mon cœur, tel qu'il fût mort en telle rompure[1], combien que l'étonnement que j'ai d'être déçue est si grand, que je suis sûre qu'il rendra ma vie ou brève ou douloureuse. Et, sur ce mot, je vous dis adieu, et c'est pour jamais ! » Et n'entreprends point de vous dire la douleur que sentoit Amadour écoutant ces paroles ; car non-seulement eût été impossible de l'écrire, mais de la penser, sinon à ceux qui ont expérimenté la pareille. Et, voyant que sur cette cruelle conclusion elle s'en alloit, l'arrêta par le bras, sachant très-bien que s'il ne lui ôtoit la mauvaise opinion qu'il lui avoit donnée, qu'à jamais il la perdroit. Parquoi il lui dit avec le plus feint visage qu'il put prendre : « Madame, j'ai toute ma vie désiré d'aimer une femme de bien, et pource que j'en ai trouvé si peu, j'ai bien voulu expérimenter pour voir si vous étiez par votre vertu digne d'être autant estimée qu'aimée. Ce que maintenant je sais pour certain, dont je loue Dieu, qui adressa mon cœur à aimer tant de perfections, vous suppliant me pardonner cette folle et audacieuse entreprise, puisque vous voyez que la fin en tourne à votre honneur et à mon grand contentement. » Florinde, qui commençoit à connoître la malice des hommes par lui, tout ainsi qu'elle avoit été difficile à croire le mal où il étoit, aussi fut-elle encore plus à croire le bien où il n'étoit pas, et lui dit : « Plût à Dieu que vous disiez la vérité ! mais je ne puis être si ignorante, que l'état de mariage où je suis, ne me fasse bien connoître clairement que forte passion et aveuglement vous ont fait faire ce que vous avez fait. Car, si Dieu m'eût lâché la main, je suis bien sûre que vous n'eussiez pas retiré la bride. Ceux qui tentent pour chercher la vertu, ne sauroient prendre le chemin que vous avez fait. Mais c'est assez ; si j'ai cru légèrement quelque bien en vous, il est temps que je connoisse maintenant la vérité, laquelle me délivre de vous. » En ce disant, se partit Florinde de la chambre, et, tant que la nuit

---

[1] *Folles*, dans le sens de *galantes*, *libertines*, etc. On appeloit les femmes de mauvaise vie *folles de leur corps*.

[2] Pour *ni avoir*.

[1] Pour *rompture*, déconfiture, banqueroute. Ce mot est pris au figuré. *Rompure* pouvoit se prendre aussi dans le sens de *faute*, *déloyauté*, *parjure*.

dura, ne fit que pleurer, sentant si grande douleur en cette mutation, que son cœur avoit bien affaire à soutenir les assauts du regret qu'amour lui donnoit. Car, combien que, selon raison, elle délibérât de jamais plus l'aimer, si est-ce que le cœur, qui n'est point sujet à nous, ne s'y vouloit accorder; parquoi ne le pouvoit moins aimer qu'elle avoit accoutumé; et sachant qu'amour étoit cause de cette faute, se délibéra, satisfaisant l'amour, de l'aimer de tout son cœur, et, obéissant à l'honneur, n'en faire jamais autre semblant. Le matin, s'en partit Amadour, ainsi fâché, que vous avez ouï; toutefois, son cœur, qui étoit si grand qu'il n'avoit au monde son pareil, ne le souffrit désespérer, mais lui bailla nouvelle intention de pouvoir encore revoir Florinde et avoir sa bonne grâce. Doncques, en s'allant devers le roi d'Espagne (lequel étoit à Tolette), print son chemin par la comté d'Arande, où un soir, bien tard, il arriva, et trouva la comtesse fort malade d'une tristesse qu'elle avoit de l'absence de sa fille Florinde. Quand elle vit Amadour, elle le baisa et embrassa comme si c'eût été son propre enfant, tant pour l'amour qu'elle lui portoit, que pour celui qu'il avoit à Florinde, de laquelle elle lui demanda bien soigneusement des nouvelles: qui lui en dit le mieux qu'il lui fut possible, mais non toute la vérité, et lui confessa l'amitié de Florinde et de lui (ce que Florinde avoit toujours celé), la priant lui vouloir aider à avoir souvent de ses nouvelles et de la retirer bientôt avec elle. Et, le matin, s'en partit; et, après avoir fait ses affaires avec la reine, s'en alla à la guerre, si triste, et changea de toutes conditions, que dames, capitaines et tous ceux qui avoient accoutumé de le hanter, ne le connoissoient plus; et ne s'habilloit plus que de noir, encore étoit-ce d'une frise [1] beaucoup plus grosse qu'il ne falloit à porter le deuil de sa femme, duquel il couvroit celui qu'il avoit au cœur. Ainsi passa Amadour trois ou quatre années sans revenir à la cour. Et la comtesse d'Arande, ayant ouï dire que Florinde étoit si fort changée que c'étoit pitié, l'envoya quérir, espérant qu'elle reviendroit auprès d'elle; mais ce fut le contraire; car, quand Florinde entendit qu'Amadour avoit déclaré à sa mère leur amitié, et que sa mère, tant sage et vertueuse, se confiant qu'Amadour l'avoit trouvée bonne, fut en une merveilleuse perplexité, pource que, d'un côté, elle voyoit sa mère l'estimer tant, que, si elle lui disoit la vérité, Amadour en pourroit recevoir quelque déplaisir (ce que pour mourir n'eût voulu; car elle se tenoit assez forte pour le punir de sa folie, sans s'aider de ses parents); d'un autre côté, elle voyoit qu'en dissimulant le mal qu'elle savoit, qu'elle seroit contrainte, de sa mère et de ses amis, de parler à lui et de lui faire bonne chère, par laquelle elle craignoit fortifier sa mauvaise opinion. Mais, voyant qu'il étoit loin, n'en fit grand semblant et lui écrivoit quand la comtesse le lui commandoit, mais c'étoient lettres qu'il pouvoit bien connoître venir plus d'obéissance que de bonne volonté: dont il étoit ennuyé en les lisant, au lieu qu'il avoit accoutumé de se réjouir des premières. Au bout de deux ou trois ans, après avoir fait de tant belles choses que tout le papier d'Espagne ne les sauroit contenir, s'imagina une invention très grande, non pour gagner le cœur de Florinde (car il le tenoit pour perdu), mais pour avoir la victoire de son ennemie, puisque telle se faisoit contre lui. Il mit arrière tout le conseil de raison et même la peur de la mort, au hasard de laquelle il se mettoit. Sa pensée conclue et délibérée, fit tant envers le grand gouverneur [2] qu'il fut par lui député pour aller parler au roi de quelques entreprises qui se faisoient sur Locate [3], et se hasarda de communiquer son entreprise à la comtesse d'Arande, avant que de la déclarer au roi, pour en prendre son bon conseil, et vint en poste tout droit en la comté d'Arande, où il savoit bien que Florinde étoit, et envoya secrètement à la comtesse un sien ami lui déclarer sa venue, la priant la tenir secrète et qu'il pût parler à elle la nuit, sans que personne en sût rien. La comtesse, fort joyeuse de sa venue, le dit à Florinde et l'envoya déshabiller en la chambre de son mari, afin qu'elle fût prête, quand elle la manderoit et que chacun fût retiré. Florinde, qui n'étoit pas encore assurée de sa première peur, n'en fit semblant à sa mère, mais s'en va en un oratoire se recommander à Dieu, le priant vouloir conserver son cœur de toute méchante affection; et pensa que

[1] Espèce de grosse étoffe de laine.
[1] Bon visage.
[2] Le gouverneur ou vice-roi de Catalogne.
[3] Leucate ou Léobate, à six lieues de Narbonne.

souvent Amadour l'avoit louée de sa beauté, laquelle n'étoit point diminuée, nonobstant qu'elle eût été longuement malade. Parquoi, aimant mieux faire tort à sa beauté en la diminuant, que de souffrir par elle le cœur d'un si méchant feu, print une pierre qui étoit dedans la chapelle et s'en donna par le visage si grand coup, que la bouche, les yeux et le nez en étoient tout difformes. Et, ainsi que[1] l'on ne soupçonnât pas qu'elle l'eût fait, quand la comtesse l'envoya quérir, se laissa tomber en sortant de la chapelle, le visage sur une grosse pierre, et en criant bien haut; arriva la comtesse, qui la trouva en ce piteux état. Incontinent fut pansée et son visage bandé. Ce fait, la comtesse la mena en la chambre et la pria d'aller en son cabinet entretenir Amadour jusqu'à ce qu'elle se fût défaite de sa compagnie. Ce qu'elle fit, pensant qu'il y eût gens avec lui; mais, se trouvant toute seule, la porte fermée sur elle, fut autant marrie qu'Amadour content, pensant que par amour ou par force il auroit ce que tant avoit désiré. Et, après avoir un peu parlé à elle, et l'avoir trouvée au même propos auquel il l'avoit laissée et que pour mourir elle ne changeroit son opinion, lui dit, tout outré de désespoir : « Pardieu ! madame, le fruit de mon labeur ne me sera point ôté pour scrupule ; et puisque amour, patience et humbles prières n'y servent de rien, je n'épargnerai point ma force pour acquérir le bien qui sans l'avoir me la feroit perdre. » Quand Florinde vit son visage et ses yeux tant altérés, que le plus beau teint du monde étoit rouge comme feu, et le plus doux et plaisant regard, si horrible et furieux, qu'il sembloit feu très-ardent étincelant dedans son cœur et visage, et qu'en cette fureur, d'une de ses fortes mains, print ses deux foibles et délicates ; et, d'autre part, voyant que toutes défenses lui failloient et que ses pieds et mains étoient tenus en telle captivité qu'elle ne pouvoit fuir ne se défendre, ne sut quel remède trouver, sinon chercher s'il n'y avoit point en lui encore quelque racine de la première amour, pour l'honneur de laquelle il oubliât sa cruauté ; parquoi, elle lui dit : « Amadour, si maintenant vous m'êtes comme ennemi, je vous supplie, pour l'honnêteté d'amour que j'ai autrefois pensé en votre cœur, me vouloir écouter, avant que me tourmenter. » Et quand elle vit qu'il lui prêtoit l'oreille, poursuivant son propos, lui dit : « Hélas ! Amadour, quelle occasion vous mène de chercher une chose dont vous ne sauriez avoir contentement, et me donner un ennui le plus grand que je saurois avoir ? Vous avez tant expérimenté ma volonté, du temps de ma jeunesse et de ma plus grande beauté (sur quoi votre passion pouvoit prendre excuse), que je m'ébahis comme, en l'âge et grande laideur où je suis, vous avez le cœur de me vouloir tourmenter ; je suis sûre que vous ne doutez point que ma volonté ne soit telle qu'elle a accoutumé ; parquoi ne pouvez avoir que par force ce que demandez. Et, si vous regardez comme mon visage est accoûtré, en oubliant la mémoire du bien que vous avez vu en moi, n'aurez point d'envie d'approcher de plus près. Et, s'il y a en vous encore quelques reliques de l'amour, il est impossible que la pitié ne vainque votre fureur ! Et, à cette pitié et honnêteté que j'ai tant expérimentées en vous, je fais ma complainte et demande grâce ; afin que, selon votre conseil[1], vous me laissiez vivre en paix et honnêteté, ce que j'ai délibéré de faire. Et si l'amour que vous m'avez porté est converti du tout en haine, et que plus par vengeance que par affection vous me vueillez faire la plus malheureuse femme du monde, je vous assure qu'il n'en sera pas ainsi et me contraindrez, contre ma délibération, de déclarer votre méchanceté et appétit désordonné à celle qui croit tant de bien de vous ; et en cette connoissance, pensez que votre vie ne seroit pas en sûreté. » Amadour, rompant son propos, lui dit : « S'il me faut mourir, je serai quitte de mon tourment incontinent ; mais la difformité de votre visage (que je pense être faite de votre volonté) ne m'empêchera de faire la mienne ; car, quand je ne pourrois avoir de vous que les os, si les voudrois-je tenir auprès de moi. » Et quand Florinde vit que les prières, raison ne larmes ne lui servoient de rien et que telle cruauté poursuivoit son méchant désir, qu'elle avoit toujours évité par force d'y résister, s'aida du secours qu'elle craignoit autant que perdre sa vie, et, d'une voix triste et piteuse, appela sa mère plus haut qu'il lui fut possible. Laquelle, oyant sa fille l'appeler d'une telle voix, eut merveilleuse-

---

[1] Dans le sens de *afin que*.

[1] C'est-à-dire, votre meilleur avis, résolution, réflexion.

ment grand'peur de ce qui étoit véritable et courut le plus tôt qu'il lui fut possible en la garde-robe. Amadour, qui n'étoit pas si prêt à mourir qu'il disoit, laissa sa prise, de si bonne heure, que la dame, ouvrant son cabinet, le trouva à la porte et Florinde assez loin de lui. La comtesse lui demanda : « Amadour, qu'y a-t-il? dites-m'en la vérité ? » Comme celui qui jamais n'étoit dépourvu d'invention, avec un visage pâle et transi, lui dit : « Hélas ! madame, de quelle condition est devenue madame Florinde ? je ne fus jamais si étonné que je suis ; car (comme je vous ai dit) je pensois avoir part à sa bonne grâce, mais je connois bien que je n'y ai plus rien. Il me semble, madame, que, du temps qu'elle étoit nourrie avec vous, elle n'étoit moins sage ne vertueuse qu'elle est, mais elle ne faisoit point conscience de parler et regarder chacun; et maintenant je l'ai voulu regarder, mais elle ne l'a voulu souffrir ; et, quand j'ai vu cette contenance, pensant que ce fût un songe ou une rêverie, lui ai demandé la main, pour la lui baiser à la façon du pays, ce qu'elle m'a du tout refusé. Il est vrai, madame, que j'ai tort, dont je vous demande pardon : c'est que je lui ai prins la main quasi de force et lui ai baisée, ne lui demandant autre contentement, mais elle (comme je crois), qui a délibéré ma mort, vous a appelée, ainsi que vous avez ouï. Je ne saurois dire pourquoi, sinon qu'elle eût peur que j'eusse autre volonté que je n'ai. Toutefois, madame, en quelque sorte que ce soit, j'avoue le tort être mien ; car, combien qu'elle dût aimer tous vos bons serviteurs, la fortune veut que, moi seul et le plus affectionné, sois mis hors de sa bonne grâce. Si est-ce que je demeurerai toujours tel envers vous et elle, comme je suis venu, vous suppliant me vouloir tenir en votre bonne grâce, puisque sans mon démérite j'ai perdu la sienne. » La comtesse, qui en partie le croyoit et en partie en doutoit, s'en alla à sa fille et lui demanda : « Pourquoi m'avez-vous appelée si haut ? » Florinde répondit qu'elle avoit eu peur ; et, combien que la comtesse l'interrogeât de plusieurs choses par le menu, si est-ce que jamais ne lui fit autre réponse ; car, voyant qu'elle étoit échappée des mains de son ennemi, le tenoit assez puni de lui avoir rompu son entreprise. Après que la comtesse eut longtemps parlé à Amadour, le laissa encore devant elle parler à Florinde, pour voir quelle contenance il tiendroit, à laquelle il ne tint pas grand propos, sinon qu'il la remercia de ce qu'elle n'avoit confessé la vérité à sa mère, et la pria qu'au moins puisqu'il étoit hors de son cœur, qu'un autre ne tînt point sa place. Et elle lui répondit : « Quant au premier propos, si j'eusse eu autre moyen de me défendre de vous que par la voix, elle ne l'eût point ouïe, ni par moi jamais n'aurez pis, si vous ne m'y contraignez, comme vous avez fait ; et n'ayez pas peur que j'en susse clamer d'autre ! Car, puisque je n'ai trouvé au cœur que j'estimois le plus vertueux du monde le bien que je désirois, je ne croirai jamais qu'il soit en nul homme. Et ce malheur sera cause que je serai pour jamais en liberté des passions que l'amour peut donner. » Et ce disant, print congé de lui. La mère, qui regardoit sa contenance, n'y sut rien juger, et depuis ce temps-là connut très-bien que sa fille n'avoit plus d'affection à Amadour et pensa pour certain qu'elle fût déraisonnable et qu'elle haït toutes les choses qu'elle aimoit ; et, de cette heure-là, lui mena la guerre si étrange, qu'elle fut sept ans sans parler d'elle, si elle ne s'y courrouçoit, et tout à la requête d'Amadour. Durant ce temps-là, Florinde tourna la crainte qu'elle avoit d'être avec son mari en volonté de n'en bouger pour fuir les rigueurs que lui tenoit sa mère ; mais, voyant que rien ne lui servoit, délibéra de tromper Amadour, et, laissant par un jour ou deux son visage étrange, lui conseilla de tenir propos d'amitié à une femme qu'elle disoit avoir parlé de leur amour. Cette dame demeuroit avec la reine d'Espagne et avoit nom Lorette, bien aise d'avoir gagné un tel serviteur, et fit tant de mines que le bruit en courut partout. Et même la comtesse d'Arande étant à la cour s'en aperçut ; parquoi depuis ne tourmentoit tant Florinde, qu'elle avoit accoutumé. Florinde ouït un jour dire que le capitaine, mari de Lorette, étoit entré en telle jalousie, qu'il avoit délibéré, en quelque sorte que ce fût, de tuer Amadour. Florinde, qui, nonobstant son dissimulé visage, ne pouvoit vouloir mal à Amadour, l'en avertit incontinent. Mais, lui, qui facilement fût retourné à ses brisées premières, lui répondit que s'il lui plaisoit l'entretenir trois heures tous les jours que jamais ne parleroit à Lorette ; ce qu'elle ne voulut accorder. « Doncques, lui dit Amadour, puisque ne me voulez faire vivre, pourquoi me voulez-vous garder de mourir, sinon que vous espérez plus me tourmenter en vivant, que mille morts ne sauroient faire ? Mais combien que la mort me fuit, si la chercherai-je tant que je la trouverai, car en ce jour-là seulement j'aurai repos. » Durant qu'ils étoient en ces termes, vinrent nouvelles que le roi de Grenade commençoit une très-grande guerre contre le roi d'Espagne [1], tellement que le roi y envoya le prince son fils [2] et avec lui le connétable de Castille et le duc d'Albe [3], deux vieux et sages seigneurs. Le duc de Cardonne et le comte d'Arande ne voulurent pas demeurer et supplièrent au roi de leur donner quelque charge, ce qu'il fit selon leurs maisons et leur bailla pour les conduire Amadour, lequel, durant la guerre, fit des actes si étranges, qu'ils sembloient autant pleins de désespoir que de hardiesse. Et, pour venir à l'intention de mon conte, vous dirai que sa trop grande hardiesse fut éprouvée à sa mort ; car, ayant les Maures fait démontrance de donner la bataille, voyant l'armée des chrétiens, firent semblant de fuir, à la chasse desquels se mirent les Espagnols ; mais le vieux connétable et le duc d'Albe, se doutant de leur finesse, retinrent, contre la volonté, le prince d'Espagne qu'il ne passât la rivière. Ce que firent (nonobstant les défenses)

[1] Il y a évidemment confusion dans les faits. Le dernier roi de Grenade fut Mahomet-Boabdil, chassé de ses États par Ferdinand et Isabelle, qui mirent fin à la domination des Maures en Espagne, l'an 1493. Il est vrai aussi que les Maures se maintinrent avec leurs mœurs et leur religion, dans les provinces qu'ils occupaient, jusqu'en 1610, où ils furent définitivement expulsés de la Péninsule. Ils s'étaient révoltés plus d'une fois contre les rois d'Espagne, et c'est sans doute à une de ces révoltes que le récit de la reine de Navarre fait allusion. Quant à ce *roi de Grenade*, que nous trouvons ici en *très-grande* guerre contre Charles-Quint, c'était assurément quelque chef, prétendant à la succession des rois maures. On voit que la reine de Navarre, racontant de mémoire, confondait sans cesse les faits et les personnages. Peut-être faut-il rapporter cette Nouvelle au règne de Louis XII, puisque certains détails historiques appartiennent évidemment à l'époque de François Ier.

[2] Philippe, premier fils de Charles-Quint, était né en 1527. Il n'avait donc que quinze ou seize ans lors de cette expédition contre les Maures.

[3] En 1538 ou même 1544, il n'y avait pas de *vieux duc d'Albe*. Alvarès de Tolède, né en 1508, avait hérité du titre de duc d'Albe depuis la mort de son grand-père, en 1527. Ce fut le célèbre duc d'Albe, un des plus grands capitaines de son temps. Grujet a pu ajouter l'épithète de *vieux*, dans une édition postérieure à la mort de Marguerite.

le comte d'Arande et le duc de Cardonne. Et quand les Maures virent qu'ils n'étoient suivis que de peu de gens, se retournèrent, et d'un coup de cimeterre abattirent tout mort le duc de Cardonne, et fut le comte d'Arande si fort blessé, qu'on le laissa pour mort en la place. Amadour arriva sur cette défaite tant enragé et furieux, qu'il rompit toute la presse et fit prendre les deux corps desdits duc et comte et les fit porter au camp du prince, lequel en eut autant de regret que de ses propres frères. Mais, en visitant leurs plaies, se trouva le comte d'Arande encore vivant, lequel fut envoyé en une litière en sa maison, où il fut longtemps malade. De l'autre côté, arriva à Cardonne le corps du jeune duc. Amadour, ayant fait son effet [1] de retirer ces deux corps, pensa si peu de lui, qu'il se trouva environné d'un grand nombre de Maures ; et lui, qui ne vouloit non plus être prins qu'il avoit pu prendre son amie, ne fausser sa foi envers Dieu qu'il avoit envers elle, sachant que, s'il étoit mené au roi de Grenade, ou il mourroit cruellement ou renonceroit la chrétienté, délibéra ne donner la gloire de sa mort ni sa prise à ses ennemis, et en baisant la croix de son épée (rendant corps et âme à Dieu), s'en donna un tel coup, qu'il ne fut besoin y retourner pour le second. Ainsi mourut le pauvre Amadour, autant regretté que ses vertus le méritoient. Les nouvelles en coururent par toutes les Espagnes, tant que Florinde, qui étoit à Barcelonne, où son mari avoit autrefois ordonné être enterré, après qu'elle eut fait ses obsèques honorablement, sans en parler à mère ni à belle-mère, s'en alla rendre religieuse au monastère de Jésus, prenant pour mari et ami Celui qui l'avoit délivrée d'un amour si véhément que celui d'Amadour, et de l'ennui si grand que de la compagnie d'un tel mari. Ainsi tourna toutes ses affections à aimer Dieu si parfaitement qu'après avoir vécu longuement religieuse, lui rendit son âme en telle joie que l'épouse a d'aller voir son époux.

« Je sais bien, mesdames, que cette longue histoire pourra être à aucuns fâcheuse, mais si j'eusse voulu satisfaire à celui qui me l'a contée, elle eût été trop plus que longue. Vous suppliant, mesdames, en prenant l'exemple de la vertu de Florinde, diminuer un peu de sa

[1] On dirait aujourd'hui : *son affaire*.

cruauté et ne croire point tant de bien aux hommes, qu'il ne faille par la connoissance du contraire leur donner cruelle mort et à vous une triste vie. » Et après que Parlamente eut eu bonne et longue audience, elle dit à Hircan : « Vous semble-t-il pas que cette femme ait été pressée jusqu'au bout et qu'elle ait vertueusement résisté ? — Non, dit Hircan, car une femme ne peut faire moindre résistance que de crier ; et si elle eût été en lieu où l'on ne l'eût pu ouïr, je ne sais qu'elle eût fait ; et, si Amadour eût été plus amoureux que craintif, il n'eût pas laissé pour si peu son entreprise. Et, pour cet exemple, je ne me départirai pas de la forte opinion que j'ai, que oncques homme qui aimât parfaitement ou qui fût aimé d'une dame ne faillit d'en avoir bonne issue, s'il a fait la poursuite comme il appartient. Mais encore faut-il que je loue Amadour de ce qu'il fit une partie de son devoir. — Quel devoir, dit Oisille, dites-vous ? Appelez-vous faire son devoir à un serviteur qui veut avoir par force sa maîtresse, à laquelle il doit toute révérence et obéissance ? » Saffredant print la parole et dit : « Quand nos maîtresses tiennent leur rang, en chambres ou en salles, assises à leur aise comme nos juges, nous sommes à genoux devant elles ; et quand nous les menons danser en crainte et servons si diligemment que nous prévenons leur demande, nous semblons être tant craintifs de les offenser et tant désirant de les servir, que ceux qui nous voient ont pitié de nous, et bien souvent nous estiment plus sots que bêtes, transportés d'entendement, ou transis, et donnent la gloire à nos dames, desquelles les contenances sont tant audacieuses et les paroles tant honnêtes, qu'elles se font craindre, aimer et estimer de ceux qui ne voient que le dehors. Mais quand nous sommes à part, où l'amour seul est juge de nos contenances, nous savons très-bien qu'elles sont femmes et nous hommes, et à l'heure, le nom de *maîtresse* est converti en *amie*, et le nom de *serviteur* en *ami*. C'est de là où le proverbe est dit :

A bien servir et loyal être,
De serviteur, on devient maître.

Elles ont l'honneur autant que les hommes en peuvent donner et ôter ; et voyant ce que nous endurons patiemment, c'est raison que notre souffrance soit récompensée, quand l'honneur n'est point blessé. — Vous ne parlez pas du vrai bonheur, dit Longarine, qui est le contentement de ce monde ; car quand tout le monde me diroit femme de bien et je saurois seule le contraire, leur louange augmenteroit ma honte et me rendroit en moi-même plus confuse. Et aussi, quand ils me blâmeroient et je sentisse mon innocence, le blâme tourneroit en contentement, car nul n'est content que de soi-même. — Or, quoique vous ayez tout dit, dit Guebron, il me semble qu'Amadour est aussi autant honnête et vertueux chevalier qu'il soit point, et vu que les noms sont supposés, je pense le connoître ; mais puisque Parlamente ne l'a voulu nommer, aussi ferai-je. Et contentez-vous que, si c'est celui que je pense, son cœur ne sentit jamais nulle peur, ni ne fut jamais vide d'amour ni de hardiesse. » Oisille leur dit : « Il me semble que cette journée s'est passée joyeusement ; que, si nous continuons ainsi les autres, nous accourcirons le temps à force d'honnêtes propos. Voyez où est le soleil et oyez la cloche de l'abbaye, qui, longtemps a, nous appelle à vêpres, dont je ne vous ai point avertis ; car la dévotion d'ouïr fin de ce conte étoit plus grande que celle d'ouïr vêpres. » Et, en ce disant, se levèrent tous ; et arrivant à l'abbaye, trouvèrent les religieux, qui les avoient attendus plus d'une grosse heure. Vêpres ouïes, allèrent souper, qui ne fut tout le soir sans parler des contes qu'ils avoient ouïs et sans chercher par tous les endroits de leur mémoire pour voir s'ils pourroient faire la journée ensuivante aussi plaisante que la première. Et après avoir joué de mille jeux dedans le pré, s'en allèrent coucher, donnant fin très-joyeuse et contente à leur première Journée.

DEUXIÈME JOURNÉE.

Le lendemain, se levèrent en grand désir de retourner au lieu où le jour précédent avoient tant de plaisir; car chacun avoit son conte prêt, qu'il leur tardoit qu'il ne fût mis en lumière. Après qu'ils eurent ouï la leçon de madame Oisille et la messe, où chacun recommanda son esprit à Dieu, afin qu'il leur donnât parole et grâce de continuer l'assemblée, s'en allèrent dîner, ramentevant les uns aux autres plusieurs histoires passées.

Et, après dîner, qu'ils se furent reposés en leurs chambres, s'en retournèrent à l'heure ordonnée dedans le pré, où il sembloit que le temps et le jour favorisassent leur entreprise. Étant tous assis sur le siége naturel de l'herbe verte, Parlamente dit : « Puisque je donnai loisir fin à la dixième, c'est à moi à élire celle qui doit continuer celles du jourd'hui. Et pource que Mᵐᵉ Oisille fut la première des femmes qui hier parla, comme la plus sage et ancienne, je donne ma voix à la plus jeune (je ne dis pas : à la plus folle), étant assurée que si nous la suivons toutes, ne ferons pas attendre vêpres si longuement que nous fîmes hier. Parquoi, Nomerfide, vous tiendrez aujourd'hui les rangs de bien dire; mais, je vous prie, ne nous faites point commencer notre journée par larmes. — Il ne m'en falloit point prier, dit Nomerfide, car je m'y étois déjà toute résolue, me souvenant d'un conte qui me fut dit l'année passée par une bourgeoise de Tours, native d'Amboise, qui m'affirma avoir été présente aux prédications du cordelier, dont je vous veux parler. »

NOUVELLE XI.

Propos facétieux d'un cordelier en ses sermons.

Près de la ville de Bleré en Touraine, y a un village nommé Saint-Martin-le-Beau[3], où fut appelé un cordelier du convent de Tours, pour prêcher les Avents et le carême ensuivant. Ce cordelier, plus enlangagé[2] que docte; n'ayant quelquefois de quoi payer, pour achever son heure s'amusoit à faire des contes, qui satisfaisoient aucunement[1] à ses bonnes gens de village. Un jour de jeudi absolu[2], prêchant de l'agneau pascal, quand ce vint à parler de le manger de nuit et qu'il vit, à sa prédication, de belles jeunes dames d'Amboise, qui étoient là fraîchement arrivées pour y faire leurs pâques et y séjourner quelques jours après, il se voulut mettre sur le beau bout et demanda à toute l'assistance des femmes si elles ne savoient que c'étoit de manger de chair crue de nuit. « Je vous le veux apprendre, mesdames, » ce dit-il. Les jeunes gens d'Amboise là présents, qui ne faisoient que d'arriver avec leurs femmes, sœurs et nièces, et qui ne connaissoient l'humeur du pèlerin, commencèrent à s'en scandaliser. Mais, après qu'ils l'eurent écouté davantage, ils convertirent le scandale en risée, mêmement quand il dit que pour manger l'agneau, il falloit avoir les reins ceints, *des pieds en ses souliers et une main en son bâton.* Le cordelier, les voyant rire et se doutant pourquoi, se reprit incontinent : « Eh bien ! eh bien ! dit-il, des souliers en ses pieds, et un bâton en sa main. Blanc chapeau et chapeau blanc, est-ce pas tout un ? » Si ce fut lors à rire, je crois que vous n'en doutez point. Les dames même ne s'en purent garder, auxquelles il s'attacha d'autres propos récréatifs. Et se sentant près de son heure, ne voulant pas que ces dames s'en allassent malcontentes de lui, il leur dit : « Or çà, mes belles dames, mais que vous soyez tantôt à caqueter parmi les commères, vous demanderez : « Mais qui est ce maî-
» tre frère qui parle si hardiment ? c'est quel-
» que bon compagnon ? » Je vous dirai : Ne vous en étonnez pas, non, si je parle si hardiment, car je suis d'Anjou, à votre commandement. » Et, en disant ces mots, mit fin à sa prédication, par laquelle il laissa ses auditeurs plus prompts à rire de ses sots propos, qu'à pleurer à la mémoire de la Passion de Notre-Seigneur, dont la commémoration se faisoit en ces jours-là. Ses autres sermons durant les fêtes furent quasi de pareille efficace. Et comme vous savez que tels frères n'oublient pas à se faire quêter, pour avoir leurs œufs de Pâques (en

---

[1] Saint-Martin-le-Bel, à deux lieues d'Amboise.
[2] Parleur, orateur.

[1] Tout à fait, entièrement.
[2] Jeudi-Saint.

quoi faisant on leur donne non-seulement des œufs, mais plusieurs autres choses, comme du linge, de la filasse, des andouilles, des jambons, des échinées [1] et autres menues chosettes ; quand ce vint le mardi d'après Pâques, en faisant ses recommandations, dont telles gens ne sont point chiches), il dit : « Mesdames, je suis tenu à vous rendre grâces de la libéralité dont vous avez usé envers notre pauvre convent; mais si faut-il que je vous dise que vous n'avez pas considéré les nécessités que nous avons, car la plupart de ce que nous avez donné, ce sont andouilles, et nous n'en avons point de faute, Dieu merci ! notre convent en est tout farci. Qu'en ferons-nous doncques de tant ? savez-vous quoi, mesdames ? Je suis d'avis que vous mêliez vos jambons parmi nos andouilles, vous ferez belle aumône. » Puis, en continuant son sermon, il fit venir le scandale à propos, et en discourant assez brusquement par-dessus avec quelques exemples, il se mit en grande admiration, disant : « Et dea ! messieurs et mesdames de Saint-Martin, je m'étonne fort de vous, qui vous scandalisez pour moins que rien et sans propos, et tenez vos contes de moi partout, disant : « C'est un » grand cas; mais qui eût cuidé que le beau » père eût engrossé la fille de son hôtesse ? » Vraiment, dit-il, voilà bien de quoi s'ébahir qu'un moine ait engrossé une fille ! Mais venez çà, belles dames : ne devriez-vous pas bien vous étonner davantage si la fille avoit engrossé le moine ? »

« Voilà, mesdames, les belles viandes de quoi ce gentil pasteur nourrissoit le troupeau de Dieu. Encore étoit-il si effronté qu'après son péché, il en tenoit conte en pleine chaire, où ne se doit tenir propos qui ne soit totalement à l'érudition [2] de son prochain et l'honneur de Dieu premièrement. — Vraiment, dit Saffredant, voilà un maître moine ! j'aimerois quasi autant frère Anjibaut, sur le dos duquel on mettoit tous les propos facétieux qui se pouvoient raconter en bonne compagnie. — Si ne trouvai-je point de risées en telles dérisions, dit Oisille, principalement en tel endroit. — Vous ne dites pas, madame, dit Nomerfide,

[1] On estimait beaucoup en cuisine les *échinées* aux pois. C'étaient des languettes de chair découpées sur le dos d'un porc frais.
[2] Instruction, enseignement.

qu'en ce temps-là, encore qu'il n'y ait pas fort longtemps, les bonnes gens de village, voire la plupart de ceux des bonnes villes, qui se pensent bien plus habiles que les autres, avoient tels prédicateurs en plus grande révérence que ceux qui leur prêchoient purement et simplement le saint Évangile [1]. — En quelque sorte que ce fût, dit lors Hircan, si n'avoit il pas tort de demander des jambons pour des andouilles, car il y a plus à manger. Voire, si quelque dévotieuse créature l'eût entendu par amphibologique [2] (comme je crois que lui-même l'entendit), lui ni ses compagnons ne s'en fussent point mal trouvés, non plus que la jeune garse qui en eut plein son sac. — Mais voyez-vous quel effronté c'étoit, dit Oisille, qui renversoit le sens du texte à son plaisir, pensant avoir affaire à bêtes comme lui, et, en ce faisant, chercher impudemment à suborner les pauvres femmelettes, afin de leur apprendre à manger de la chair crue de nuit. — Voire mais, vous ne dites pas, dit Simontault, qu'il voyoit devant lui ces jeunes tripières d'Amboise, dans le baquet desquelles il eût volontiers lavé son..... nommerai-je ?... non, mais vous m'entendez bien, et leur en faire goûter, non pas rôti, ains tout grouillant et frétillant, pour leur donner plus de plaisir. — Tout beau, tout beau ! seigneur Simontault, dit Parlamente, vous oubliez !... Avez-vous mis en réserve votre accoutumée modestie, pour ne vous en plus servir qu'au besoin ? — Non, madame, nous dit-il; mais le moine peu honnête m'a ainsi fait égarer. Parquoi, afin que nous rentrions en nos premières erres, je prie Nomerfide, qui est cause de mon égarement, donner sa voix à quelqu'un qui fasse oublier à la compagnie notre commune faute. — Puisque me faites participer à votre coulpe, dit Nomerfide, je m'adresserai à qui réparera notre imperfection présente. Ce sera Dagoucin, qui est si sage que pour mourir, ne voudroit dire une folie. » Dagoucin la remercia de la bonne estime qu'elle avoit de son bon sens, et commença à dire

[1] C'est ici une critique évidente des prédicateurs catholiques de ce temps-là, qui, comme Menot et Maillard, ne craignaient pas de mêler des plaisanteries et même des obscénités aux plus saints mystères de la religion, dans le seul but de retenir leur auditoire, composé surtout de gens grossiers et ignorans. La reine de Navarre oppose à ces débauches de la chaire romaine la parole simple et sévère des ministres de Genève. — [2] Pour *amphibologie*.

« L'histoire que j'ai délibérée vous raconter est pour vous faire voir comment amour aveugle les plus grands et honnêtes cœurs, et comme une méchanceté est difficile à vaincre par quelque bénéfice [1] que ce soit. »

NOUVELLE XII.

L'inconvénient d'un duc, et son impudence pour parvenir à son intention, avec la juste punition de son mauvais vouloir.

Depuis quelque temps en çà, en la ville de Florence, y avoit un duc [2], lequel avoit épousé Mme Marguerite [3], fille bâtarde de l'empereur Charles-le-Quint; et pource qu'elle étoit encore si jeune qu'il ne lui étoit licite de coucher avec elle, attendant son âge plus mûr, la traita fort doucement; car, pour l'épargner, fut amoureux de quelques autres dames de la ville, que la nuit il alloit voir, tandis que sa femme dormoit. Entre autres, il le fut d'une fort belle et sage dame, laquelle étoit sœur d'un gentilhomme que le duc aimoit comme lui-même [4] et auquel il donnoit tant d'autorité en sa maison, que sa parole étoit obéie et crainte comme celle du duc, et n'y avoit secret en son cœur qu'il ne lui déclarât, en sorte qu'on le pouvoit nommer le second lui-même. Et, voyant le duc sa sœur être tant femme de bien qu'il n'avoit moyen de lui déclarer l'amour qu'il lui portoit, après avoir cherché toutes occasions à lui possibles, vint à ce gentilhomme qu'il aimoit tant et lui dit : « S'il y avoit chose en ce monde, mon ami, que je ne voulusse faire pour vous, je craindrois vous déclarer ma fantaisie et, encore plus, vous prier m'y être aidant. Mais je vous porte tant d'amour, que si j'avois femme,

[1] Pour *bienfait*.
[2] Alexandre de Médicis, fils de Laurent, duc d'Urbin, fut créé premier duc de Toscane par Charles-Quint, qui lui fit épouser sa fille naturelle Marguerite d'Autriche. Il se rendit odieux par son gouvernement, surtout à sa famille, qu'il voulut opprimer, et son cousin Laurent de Médicis le tua le 6 janvier 1537, dans le palais Médicis, où il l'avait attiré pendant la nuit sous prétexte d'un rendez-vous d'amour. Il ne laissa pas de postérité.
[3] Charles-Quint l'avait eue, avant son mariage, de Marguerite Vangest, et il lui fit épouser, en 1535, Alexandre de Médicis, qu'elle perdit deux ans après. Elle se remaria l'année suivante avec Octave Farnèse, duc de Parme, et vécut jusqu'en 1586.
[4] Laudamnie ou bien Madeleine de Médicis, une des deux sœurs de Laurent de Médicis, fils de Pierre-François de Médicis, gonfalonnier de Florence, et de Marie Soderini.

mère ou fille qui pût servir à sauver votre vie, je les y emploierois plutôt que de vous laisser mourir en tourment; et j'estime que l'amour que me portez est réciproque à la mienne, et que si moi, qui suis votre maître, vous porte telle affection, que pour le moins ne me la sauriez porter moindre. Parquoi je vous déclarerai un secret, dont le taire me met en tel état que vous voyez, duquel je n'espère amendement que par la mort ou par le service qu'en cet endroit me pouvez faire. » Le gentilhomme, oyant les raisons de son maître et voyant son visage non feint, tout baigné de larmes, en eut si grande compassion qu'il lui dit : « Monsieur, je suis votre créature; tout le bien et l'honneur que j'ai viennent de vous; vous pouvez parler à moi comme à votre ami, étant sûr que ce qui sera en ma puissance est en vos mains. » A l'heure le duc commença à lui déclarer l'amour qu'il portoit à sa sœur; qui étoit si grande et si forte que si par son moyen n'en avoit la jouissance, il ne voyoit pas qu'il pût vivre longuement; car il savoit bien qu'envers elle prières ne présents ne servoient de rien. Parquoi la pria que, s'il aimoit sa vie autant que lui la sienne, il trouvât moyen de recevoir le bien, que sans lui il n'espéroit jamais avoir. Le frère, qui aimoit sa sœur et l'honneur de sa maison plus que le plaisir du duc, lui voulut faire quelque remontrance, le suppliant en tous autres endroits l'employer, hormis en une chose si cruelle à lui que de pourchasser le déshonneur de son sang, et que son cœur et son honneur ne se pouvoient accommoder à lui faire ce service. Le duc, enflammé d'un courroux insupportable, mit le doigt entre ses dents, se mordant l'ongle, et lui répondit par une grande fureur : « Or bien, puisque je ne trouve en vous nulle amitié, je sais que j'ai à faire. » Le gentilhomme, connoissant la cruauté de son maître, eut crainte et lui dit : « Monsieur, puisqu'il vous plaît, je parlerai à elle et vous dirai la réponse. » Le duc lui répondit, en se départant de lui : « Si vous aimez ma vie, aussi ferai-je la vôtre. » Le gentilhomme entendit bien que cette parole vouloit dire, et fut un jour ou deux sans voir le duc, pensant à ce qu'il avoit à faire : d'un côté, lui venoit au-devant l'obligation qu'il devoit à son maître, les biens et honneurs qu'il avoit reçus de lui; de l'autre côté, l'honneur de sa maison, l'honnêteté et chasteté de sa sœur, qu'il savoit bien que jamais ne consentiroit à telle méchanceté, si par tromperie elle n'étoit prise ou par force; chose qu'il trouvoit fort étrange, vu que lui et les siens en seroient diffamés. Parquoi print conclusion sur ce différend, qu'il aimoit mieux mourir, que de faire un si méchant tour à sa sœur, l'une des plus femmes de bien qui fût en toute l'Italie; mais que plutôt devoit délivrer sa patrie d'un tel tyran, qui par force vouloit mettre une telle tache en sa maison; car il se tenoit assuré que, sans faire mourir le duc, la vie de lui et des siens n'étoit pas assurée. Parquoi, sans en parler à sa sœur, délibéra de sauver sa vie et venger sa honte par un même moyen; et, au bout de deux jours, s'en vint au duc et lui dit comme il avoit tant bien pratiqué sa sœur, non sans grande peine, qu'à la fin elle s'étoit consentie à sa volonté, pourvu qu'il lui plût tenir la chose si secrète que nul que son frère n'en eût connoissance. Le duc, qui désiroit cette nouvelle, le crut facilement, et, en embrassant le messager, lui promit tout ce qu'il sauroit demander, le priant de bientôt exécuter son entreprise, et prindrent le jour ensemble. Si le duc fut aise, il ne le faut point demander. Et quand il vit approcher la nuit tant désirée où il espéroit avoir la victoire de celle qu'il avoit estimée invincible, se retira de bonne heure avec ce gentilhomme tout seul, et n'oublia pas de s'accoûtrer de coiffe et de chemise parfumée le mieux qu'il lui fut possible. Et quand chacun fut retiré, s'en alla avec le gentilhomme au logis de sa dame, où il arriva en une chambre fort bien en ordre. Le gentilhomme le dépouilla de sa robe de nuit et le mit dedans le lit, lui disant : « Monsieur, je vous vois quérir celle qui n'entrera pas en cette chambre sans rougir; mais j'espère qu'avant la nuit, elle sera assurée de vous. » Il laissa le duc et s'en alla en sa chambre, où il ne trouva qu'un seul homme de ses gens, auquel il dit : « Aurois-tu bien le cœur de me suivre en un lieu où je me veux venger du plus grand ennemi que j'aie en ce monde? » L'autre, ignorant qu'il vouloit faire, lui dit : « Oui, monsieur, et fût-ce contre le duc même. » A l'heure le gentilhomme le mena si soudain qu'il n'eut loisir de prendre autres armes qu'un poignard qu'il avoit. Et quand le duc l'ouït revenir, pensant qu'il lui amenât celle qu'il aimoit tant, ouvrit un rideau et ses yeux pour regarder et recevoir le bien qu'il avoit tant attendu; mais, au lieu de voir celle dont il attendoit la conservation de sa vie, va voir la précipitation de sa mort, qui étoit une épée toute nue, que le gentilhomme avoit tirée, de laquelle il frappa le duc, qui étoit tout en chemise. Lequel, dénué d'armes et non de cœur, se mit en son séant dedans le lit et prit le gentilhomme à travers le corps, en lui disant : « Est-ce ci la promesse que vous me tenez? » Et, voyant qu'il n'avoit autres armes que les dents et les ongles, mordit le gentilhomme au pouce, et à force de bras se défendit tant, que tous deux tombèrent en la ruelle du lit. Le gentilhomme, qui n'étoit trop assuré, appela son serviteur, lequel, trouvant le duc et son maître si liés ensemble qu'il ne savoit lequel choisir, les tira tous deux par les pieds au milieu de la place, et avec son poignard s'essaya à couper la gorge du duc, lequel se défendit jusqu'à ce que la perte de son sang le rendît si faible qu'il n'en pouvoit plus. Alors le gentilhomme et son serviteur le mirent dedans son lit, où à coups de poignards le parachevèrent de tuer; puis, tirant le rideau s'en allèrent et enfermèrent le corps mort en la chambre. Et quand il se vit victorieux de son ennemi, par la mort duquel il pensoit mettre en liberté la chose publique, se pensa que son œuvre seroit imparfaite s'il n'en faisoit autant à cinq ou six de ceux qui étoient des plus prochains du duc; et, pour en venir à chef, dit à son serviteur qu'il les allât quérir l'un après l'autre pour en faire comme il avoit fait du duc. Mais le serviteur, qui n'étoit hardi ni fort, dit : « Il me semble, monsieur, que vous feriez mieux à penser de sauver votre vie, que de la vouloir ôter à autres; car, si nous demeurions autant à défaire chacun d'eux que nous avons fait à défaire le duc, le jour découvriroit plus tôt notre entreprise, que ne l'aurions mise à fin, encore que nous trouvissions nos ennemis sans défense. Le gentilhomme (la mauvaise conscience duquel le rendoit craintif) crut son serviteur, et, le menant seul avec lui, s'en alla à un évêque qui avoit charge de faire ouvrir les portes de la ville et commander aux postes. Ce gentilhomme lui dit : « J'ai eu ce soir des nouvelles qu'un mien frère est à l'article de la mort; je viens de demander congé au duc, lequel me l'a donné; parquoi je vous prie commander aux postes me bailler deux bons chevaux et au portier de la ville d'ouvrir les portes. » L'évêque, qui estimoit moins sa prière que le commandement du duc son maître, lui bailla incontinent un bulletin, par la vertu duquel la porte lui fut ouverte et les chevaux baillés ainsi qu'il demanda. Et, en lieu d'aller voir son frère, s'en alla à Venise, où il se fit guérir des morsures que le duc lui avoit faites; puis, s'en alla en Turquie. Le matin, les serviteurs du duc, qui le voyoient si tard demeurer à revenir, soupçonnèrent bien qu'il étoit allé voir quelque dame; mais, voyant qu'il demeuroit tant, commencèrent à le chercher par tous côtés. La pauvre duchesse, qui commençoit fort à l'aimer, sachant que l'on ne le trouvoit point, fut en grande peine. Mais quand le gentilhomme, qu'il aimoit tant, ne fut vu non plus que lui, on alla à sa maison le chercher. Et, trouvant du sang à la porte de sa chambre, entrèrent dedans; mais il n'y eut homme qui en sût dire nouvelles. Et, suivant les traces du sang, vinrent les pauvres serviteurs du duc à la porte de la chambre où il étoit, qu'ils trouvèrent fermée; mais bientôt eurent rompu l'huis; et, voyant la place toute pleine de sang, tirèrent le rideau du lit et trouvèrent le pauvre corps endormi, en ce lit, du dormir sans fin. Vous pouvez penser quel deuil menèrent ses pauvres serviteurs, qui portèrent le corps en son palais, où arriva l'évêque, qui leur conta comme le gentilhomme étoit parti la nuit en diligence, sous couleur d'aller voir son frère. Parquoi fut connu clairement que c'étoit lui qui avoit fait le meurtre; et fut ainsi prouvé que jamais sa pauvre sœur n'en avoit ouï parler. Laquelle, combien qu'elle fût étonnée du cas advenu, si est-ce qu'elle en aima davantage son frère, lequel l'avoit délivrée d'un si cruel prince, ennemi de sa chasteté et n'ayant point craint de hasarder sa propre vie. Et continua de plus en plus sa vie honnête en ses vertus, telle que, combien qu'elle fût pauvre, pource que leur maison fut confisquée, si trouvèrent sa sœur et elle des maris aussi honnêtes hommes et riches qu'il y en eût en Italie, et ont depuis vécu en bonne et grand'réputation.

« Voilà, mesdames, qui vous doit bien faire craindre ce petit dieu qui prend son plaisir à tourmenter les princes et les pauvres, et les forts plutôt que les faibles, et qui les rend aveugles jusque-là d'oublier Dieu et leur conscience et, à la fin, leur propre vie. Et doivent bien craindre, les princes et ceux qui sont en autorité, de faire déplaisir à moindre qu'eux; car il n'y a nul qui ne puisse nuire, quand Dieu se veut venger du pécheur, ne si grand qui sût mal faire à celui qui est en sa garde. » Cette histoire fut bien écoutée de toute la compagnie, mais elle y engendra diverses opinions. Car les uns soutenoient que le gentilhomme avoit fait son devoir de sauver sa vie et l'honneur de sa sœur, ensemble d'avoir délivré sa patrie d'un tel tyran; les autres disoient que non, mais que c'étoit une trop grande ingratitude de mettre à mort celui qui lui avoit fait tant de bien et d'honneur. Les dames disoient qu'il étoit bon frère et vertueux citoyen; les hommes, au contraire, qu'il étoit traître et mauvais serviteur; et faisoit fort bon ouïr alléguer les raisons de deux côtés. Mais les dames (selon leur coutume) parloient autant par passion que par raison, disant que le duc étoit digne de mort et que bien heureux étoit celui qui avoit fait le coup. Parquoi, voyant Dagoucin le grand débat qu'il avoit ému, dit: « Pour Dieu! mesdames, ne prenez point de querelle d'une chose déjà passée; mais gardez que vos beautés ne fassent point faire de plus cruels meurtres que celui que j'ai conté. » Parlamente dit: « La *Belle dame sans merci*[1] nous a appris à dire que si gracieuse maladie ne met guère de gens à mort. — Plût à Dieu, dit Dagoucin, madame, que toutes celles qui sont en cette compagnie sussent combien cette opinion est fausse! Je crois qu'elles ne voudroient point avoir le nom d'être sans merci, ne ressembler à cette incrédule qui laissa mourir un bon serviteur par faute d'une gracieuse réponse. — Vous voudriez donc, dit Parlamente, pour sauver la vie d'un qui dit nous aimer, que nous missions notre honneur et conscience en danger? — Ce n'est pas ce que je vous dis, dit Dagoucin, car celui qui aime parfaitement, craindroit plus blesser l'honneur de la dame, qu'elle-même. Parquoi, il me semble bien qu'une réponse honnête et gracieuse, telle que parfaite et honnête amitié requiert, n'y pourroit qu'accroître l'honneur et amender sa conscience; car il n'est pas vrai serviteur, qui cherche le contraire. — Toutefois, dit Emarsuitte, c'est toujours la fin de vos raisons, qui

---

[1] C'est le titre d'un poëme par Alain Chartier. Il en existe plusieurs éditions gothiques sans date.

commencent par honneur se [...] sent par le contraire. Et si tous ceux qui so[...] veulent dire la vérité, je les en cr[...] leur serment. » Hircan jura quant à lui qu'il n'avoit jamais aimé femme, hormis la sienne, à qui il ne désirât faire offenser Dieu bien lourdement. Et autant en dit Simontault, et ajouta qu'il avoit souvent souhaité toutes les femmes méchantes, hormis la sienne. Guebron lui dit : «Vraiment, vous méritez que la vôtre soit telle que vous désirez les autres ; mais quant à moi, je puis bien juger que j'ai tant aimé une femme, que j'eusse mieux aimé mourir, que pour moi elle eût fait chose dont je l'eusse moins estimée. Car mon amour étoit tant fondé en ses vertus, que, pour quelque bien que j'en eusse su avoir, je n'y eusse voulu voir une tache. » Saffredant se prit à rire, en lui disant : « Je pensois, Guebron, que l'amour de votre femme et le bon sens que vous avez, vous eussent mis hors d'être amoureux ; mais je vois que non ; car vous usez encore des termes dont nous avons accoutumé de tromper les plus fines et d'être écoutés des plus sages. Car qui est celle qui nous fermera ses oreilles, quand nous commencerons à l'honneur et à la vertu? Mais si nous leur montrions notre cœur tel qu'il est, il y en a beaucoup de bienvenus entre les dames, de qui elles ne tiendroient compte. Nous couvrons notre diable du plus bel ange que nous pouvons trouver ; et, sous cette couverture, avant que d'être connus, recevons beaucoup de bonnes chères. Et peut-être tirons les cœurs des dames si avant, que, pensant aller droit à la vertu quand elles connoissent le vice, elles n'ont le moyen ni le loisir de retirer leurs pieds. — Vraiment, dit Guebron, je vous pensois autre que vous ne dites, et que la vertu vous fût plus plaisante que le plaisir. — Comment, Saffredant, est-il plus grande vertu que d'aimer comme Dieu l'a commandé? Il me semble que c'est beaucoup mieux fait d'aimer une femme comme femme, que d'en idolâtrer comme plusieurs autres. Et quant à moi, je tiens cette opinion ferme, qu'il vaut mieux en user que d'en abuser. » Les dames furent toutes du côté de Guebron et contraignirent Saffredant de se taire ; lequel dit : « Il m'est bien aisé de n'en plus parler ; car j'en ai été si mal traité, que je n'y veux plus retourner. — Votre malice, ce lui dit Longarine, est cause de notre mauvais traitement ; car qui est l'honnête femme qui vous prendroit pour serviteur après le propos que vous avez tenu ? — Celles qui ne m'ont point trouvé fâcheux, dit Saffredant, ne changeroient pas leur honnêteté à la vôtre ; mais n'en parlons plus, afin que ma colère ne fasse déplaisir ni à moi ni à autres. Regardons à qui Dagoucin donnera sa voix. » Lequel [...] la donne à Parlamente ; car je pense qu'elle doit savoir, plus que nul autre, que c'est que d'honnête et parfaite amitié. — Puisque je suis choisie, dit Parlamente, pour dire une histoire, je vous en dirai une advenue à une dame qui a toujours été bien fort de mes amies et de laquelle la pensée ne me fut jamais celée. »

NOUVELLE XIII.

<small>Un capitaine de galères, sous ombre de dévotion, devint amoureux d'une damoiselle, et ce qui en advint.</small>

Du temps de madame la régente mère du roi François [1], il y avoit en sa maison une dame fort dévote, mariée à un gentilhomme de pareille volonté. Et, combien que son mari fût vieux et elle belle et jeune, si est-ce qu'elle le servoit et aimoit comme le plus beau jeune homme du monde ; et, pour lui ôter occasion d'ennui, se mit à vivre comme une femme de l'âge dont il étoit, fuyant toutes compagnies, accoûtrements, danses et jeux, que les jeunes femmes ont accoutumé d'aimer, mettant tout son plaisir et récréation au service de Dieu. Parquoi le mari mit en elle une si grande amour et sûreté, qu'elle gouvernoit sa maison et lui comme elle vouloit. Et advint, un jour, que le gentilhomme lui dit que dès sa jeunesse il avoit eu désir de faire le voyage de Jérusalem, lui demandant ce qu'il lui en sembloit. Elle, qui ne demandoit qu'à lui complaire, lui dit : « Mon ami, puisque Dieu nous a privés d'enfants et donné assez de biens, je voudrois que nous en missions une partie à faire ce saint voyage ; car, là ni ailleurs que vous alliez, je ne suis pas délibérée de vous laisser, n'abandonner jamais. » Le bon homme en fut si aise, qu'il sembloit déjà être sur le mont de Calvaire. Et, en cette délibération, vint à la cour un gentilhomme [2] qui souvent avoit été à la

---

[1] Ce doit être en 1524, ou 1525 ou 1526 ; Louise de Savoie ayant été régente pendant ces trois années-là.
[2] La suite de cette Nouvelle nous a fait supposer, avec quelque fondement, qu'il s'agit du baron de Mal-

guerre sur les Turcs et pourchassoit envers le roi de France une entreprise sur une de leurs filles, dont il pouvoit venir grand profit à la chrétienté. Ce vieux gentilhomme lui demanda de son voyage; et, après qu'il eut entendu ce qu'il étoit délibéré de faire, lui demanda si après ce voyage il en voudroit faire un autre à Jérusalem, où sa femme et lui avoient grand désir d'aller. Ce capitaine fut fort aise d'ouïr ce bon désir et lui promit de lui mener et de tenir cet affaire secret. Il lui tarda bien qu'il ne trouvât sa bonne femme pour lui conter ce qu'il avoit fait; laquelle n'avoit guère moins d'envie que le voyage se parachevât, que son mari. Et, pour cette occasion, parloit souvent au capitaine, lequel, regardant plus à elle qu'à sa parole, en fut si amoureux que souvent, en lui parlant des voyages qu'il avoit faits sur la mer, mettoit[1] l'embarquement de Marseille avec l'Archipel, et, en voulant parler d'un navire, parloit d'un cheval, comme celui qui étoit ravi et hors de son sens; mais il la trouvoit telle, qu'il ne lui osoit parler ni faire semblant. Et la dissimulation lui engendra un tel feu dedans le cœur, que souvent il tomboit malade, dont ladite damoiselle étoit aussi soigneuse comme de la croix et guide de son chemin; et l'envoyoit si souvent visiter, que, connoissant qu'elle avoit soin de lui, le guérissoit sans nulle autre médecine. Mais plusieurs personnes, voyant ce capitaine, qui avoit eu le bruit d'être plutôt hardi et gentil compagnon que bon chrétien, s'émerveillèrent que cette dame l'accostoit si fort; et, voyant qu'il avoit changé de toute condition et qu'il fréquentoit les églises, les sermons et confessions, se doutèrent que c'étoit pour avoir la bonne grâce de la dame, et ne se purent tenir de lui en dire quelques paroles. Ce capitaine, craignant que si la dame en entendoit quelque chose, cela la séparât de sa présence, dit à son mari et à elle, comme il étoit près d'être dépêché du roi et de s'en aller et qu'il avoit plusieurs choses à lui dire; mais, afin que son affaire fût tenue plus secrète, il ne vouloit plus parler à lui ne à sa femme devant les gens; mais le pria de l'envoyer quérir quand ils seroient retirés tous deux. Le gentilhomme trouva son opinion bonne, et ne failloit tous les soirs de se coucher de bonne heure et faire déshabiller sa femme; et, quand tous les gens étoient retirés, envoyoient quérir le capitaine et devisoient du voyage de Jérusalem, où souvent le bon homme en grande dévotion s'endormoit. Le capitaine, voyant ce gentilhomme vieil et endormi dedans un lit et lui dedans une chaire, auprès de celle qu'il trouvoit la plus belle et la plus honnête du monde, avoit le cœur si serré entre crainte et désir de parler, que souvent il perdoit la parole. Mais, afin qu'elle ne s'en aperçût, se mettoit à parler des saints lieux de Jérusalem, où étoient les signes de la grande amour que Jésus-Christ nous a portée. Et, en parlant de cette amour, couvroit la sienne, regardant cette dame avec larmes et soupirs, dont elle ne s'aperçut jamais, mais, voyant sa dévote contenance, l'estimoit si saint homme, qu'elle le pria de lui dire quelle vie il y avoit menée et comme il étoit venu à cet amour de Dieu. Il lui déclara qu'il étoit un pauvre gentilhomme qui, pour parvenir à richesse et honneur, avoit oublié sa conscience et épousé une femme trop proche son alliée, pource qu'elle étoit riche, combien qu'elle fût laide et vieille et qu'il ne l'aimât point; et, après avoir tiré tout son argent, s'en étoit allé sur la mer chercher ses aventures, et avoit tant fait par labeur, qu'il étoit venu en état honorable. Mais, depuis qu'ils avoient eu connoissance ensemble, elle étoit cause par ses saintes paroles et bons exemples de lui avoir fait changer sa vie, et que tout il se délibéroit, s'il pouvoit retourner de son entreprise, de mener son mari et elle en Jérusalem, pour satisfaire en partie à ses grands péchés, où il avoit mis fin, sinon qu'encore n'avoit satisfait à sa femme, à laquelle il espéroit bientôt se réconcilier. Tous ces propos plurent à cette dame, et surtout se réjouit d'avoir tiré un tel homme à l'amour et crainte de Dieu. Et, jusqu'à ce qu'ils partirent de la cour, continuèrent tous les soirs ces longs parlements, sans que jamais il lui osât déclarer son intention, et lui fit présent de quelque crucifix de Notre-Dame de Pitié[1], la priant qu'en le voyant elle eût toujours mémoire de lui. L'heure de son partement venue, et qu'il eut prins congé de son

---

leville, chevalier de Malte, qui périt à Beyrouth dans une expédition contre les Turcs, et dont Clément Marot a composé en vers l'éloge funèbre dans ses *Complaintes*.

[1] Il vaudrait mieux lire *mêlait*.

[1] Pour *Notre-Dame de la Merci*, nom d'un ordre religieux institué pour la rédemption des captifs chrétiens chez les *infidèles*.

mari, lequel s'endormoit, il vint dire adieu à la dame, à laquelle il vit les larmes aux yeux pour l'honnête amitié qu'elle lui portoit, qui lui rendoit sa passion si insupportable que, pour ne l'oser déclarer, tomba quasi évanoui, lui disant adieu en une sueur si grande, que non les yeux seulement, mais tout son corps jetoit larmes. Et ainsi, sans parler, se partirent, dont la dame demeura fort étonnée; car elle n'avoit jamais vu un tel signe de regret. Toutefois, point ne changea son bon propos envers lui et l'accompagna de prières et oraisons. Au bout d'un mois, que la dame retournoit en son logis, trouva un gentilhomme qui lui présenta une lettre de par ce capitaine, la priant qu'elle la voulût voir à part, et lui dit comme il l'avoit vu embarquer, bien délibéré de faire chose agréable au roi et à l'augmentation de la foi; et que de lui il s'en retournoit à Marseille, pour donner ordre aux affaires dudit capitaine. La dame se retira à une fenêtre à part et ouvrit sa lettre de deux feuilles de papier écrites de tous côtés, en laquelle y avoit l'épître qui s'ensuit :

> Mon long celer, ma taciturnité
> Apporté m'a telle nécessité,
> Que je ne puis trouver tel réconfort,
> Fors de parler ou de souffrir la mort.
> Ce parler-là, auquel j'ai défendu
> De se montrer à toi, a attendu
> De me voir seul et de mon secours loin;
> Et lors m'a dit qu'il étoit de besoin
> De le laisser aller s'évertuer,
> De se montrer, ou bien de me tuer.
> Et a plus fait, car il s'est venu mettre
> Au beau milieu de cette mienne lettre,
> Et dit que puisqu'à l'heure il ne peut voir
> Celle qui tient ma vie en son pouvoir,
> Dont le regard sans pleur me contentoit
> Quand son parler mon oreille écoutoit,
> Que maintenant par force il saillira
> Devant tes yeux, où point ne faillira
> De te montrer mes plaintes et douleurs,
> Dont le celer est cause que je meurs.
> Je l'ai voulu de ce papier ôter,
> Graignant que point ne voulusse écouter
> Ce sot parler qui se montre en absence,
> Qui trop craintif étoit en ta présence.
> Disant : « Mieux vaut en me taisant mourir,
> Que de vouloir ma vie secourir
> Pour envier celle que j'aime tant;
> Car, de mourir pour son bien, suis content. »
> D'autre côté, ma mort pourroit porter
> Occasion de trop déconforter
> Celle pour qui seulement j'ai envie
> De conserver ma santé et ma vie.
> Ne t'ai-je pas, ô ma dame, promis
> Que mon voyage à fin heureuse mis,
> Tu me verrois devers toi retourner,
> Pour ton mari avec toi emmener
> Au lieu où as tant de dévotion,
> Pour prier Dieu sur le mont de Sion ?
> Si me meurs, nul ne t'y mènera,
> Trop de regret ma mort te donnera,
> Voyant à rien tourner notre entreprise
> Qu'avecques tant d'affection as prise.
> Je viendrai donc, et lors t'y mènerai,
> Et en bref temps à toi retournerai.
> La mort pour moi est bonne, à mon avis,
> Mais seulement pour toi seule je vis.
> Pour vivre donc il me faut alléger
> Mon pauvre cœur, et du fait soulager,
> Qui est à lui et à moi importable :
> De te montrer mon amour véritable,
> Qui est si grande, et si bonne et si forte
> Qu'il n'y en eut oncques de telle sorte.
> Que diras-tu ? Ô parler trop hardi !
> Que diras-tu ? Je te laisse aller, dis.
> Pourras-tu bien lui donner connoissance
> De mon amour ? Las, tu n'as la puissance
> D'en remontrer la millième part !
> Diras-tu point, au moins, que son regard
> A retiré mon cœur de telle sorte,
> Que mon corps n'est plus qu'une morte écorce
> Si par le sien je n'ai vie et vigueur ?
> Las ! mon parler, foible et plein de langueur,
> Tu n'as pouvoir de bien au vrai lui peindre
> Comment son œil peut un bon cœur contraindre,
> Encore moins, à louer sa parole.
> Ta puissance est pauvre, débile, molle !
> Si tu pouvois, au moins, lui dire un mot,
> Qui bien souvent (comme muet et sot)
> Sa bonne grâce et vertu me rendoit,
> Et, à mon œil qui tant la regardoit,
> Faisoit jeter par grand amour les larmes,
> Et à ma bouche aussi changer ses termes :
> Voire et en lieu de dire que l'aimois,
> Je lui parlois des signes et des mois,
> Et de l'étoile arctique et antarctique...!
> Ô mon parler, tu n'as pas la pratique
> De lui conter en quel étonnement
> Me mettoit lors mon amoureux tourment;
> De dire aussi mes maux et mes douleurs.
> Il n'y a pas, pour vrai, tant de valeurs
> De déclarer ma grande et forte amour :
> Tu ne saurois me faire un si bon tour;
> A tout le moins, si tu ne peux le tout
> Lui raconter, prends-toi à quelque bout.
> Et dis ainsi : « Crainte de te déplaire
> M'a fait longtemps, malgré mon vouloir, taire
> Ma grande amour, qui, devant ton mérite,
> Et devant Dieu et ciel, doit être dite;
> Car la vertu en est le fondement
> Qui me rend doux mon trop cruel tourment,
> Vu que l'on doit un tel trésor ouvrir
> Devant chacun et son cœur découvrir.
> Car qui pourroit un tel amant reprendre
> D'avoir osé ou voulu entreprendre
> D'acquérir dame, en qui la vertu toute,
> Voire et l'honneur fait son séjour sans doute ?

Mais, au contraire, on doit bien fort blâmer
Celui qui voit un tel bien sans l'aimer.
Or, l'ai-je vu et l'aime d'un tel cœur,
Qu'amour sans plus en a été vainqueur.
Las ! ce n'est point amour léger ou feint
Sur fondement de beauté, fol et peint ;
Encore moins, cet amour qui me lie
Regarde en rien la vilaine folie.
Point n'est fondé en vilaine espérance
D'avoir de toi aucune jouissance ;
Car rien n'y a au fond de mon désir
Qui contre toi souhaite aucun plaisir.
J'aimerois mieux mourir en ce voyage,
Que te savoir moins vertueuse ou sage,
Ne que pour moi fût moindre la vertu
Dont ton corps est et ton cœur revêtu.
Aimer te veux comme la plus parfaite
Qui oncques fut ! Parquoi, rien ne souhaite
Qui puisse ôter cette perfection,
La cause et fin de mon affection ;
Et plus de moi tu es sage estimée,
Et plus encor parfaitement aimée.
Je ne suis pas celui qui se console
En son amour et en sa dame folle ;
Mon amour est très-sage et raisonnable,
Car je l'ai mis en dame tant aimable,
Qu'il n'y a Dieu ni ange en paradis
Qui, le voyant, ne dit ce que je dis.
Et si de toi je ne puis être aimé,
Il me suffit au moins d'être estimé
Le serviteur plus parfait qui fut oncques.
Ce que croiras, j'en suis très-sûr, adoncques [1]
Que la longueur du temps te fera voir
Que de t'aimer j'ai fait loyal devoir ;
Et si de toi je n'en reçois autant,
A tout le moins, de t'aimer suis content,
En t'assurant que rien ne te demande,
Fors seulement que je te recommande
Le cœur et corps, brûlant pour ton service
Dessus l'autel d'Amour pour sacrifice.
Crois hardiment que, si je reviens vif,
Tu reverras un serviteur naïf ;
Et si je meurs, ton serviteur mourra
Que jamais dame un tel ne trouvera.
Ainsi, de toi t'en va emporter l'onde
Le plus parfait serviteur de ce monde :
La mer peut bien ce mien corps emporter,
Mais non le cœur, que nul ne peut ôter
D'avecques toi, où il fait sa demeure
Sans plus vouloir à moi tenir une heure.
Si je pouvois avoir, par juste échange,
Un peu du tien, clair et pur comme un ange,
Je ne craindrois d'emporter la victoire,
Dont ton seul cœur en gagneroit la gloire.
Or, vienne donc ce qu'il en adviendra !
J'en ai jeté le dé. Là se tiendra
Ma volonté sans aucun changement ;
Et, pour mieux peindre au tien entendement
Ma loyauté, ma ferme sûreté,
Ce diamant, pierre de fermeté,
En ton doigt blanc je te supplie prendre ;

[1] *Adoncques*, suivi de la conjonction *que*, est employé ici dans le sens de *alors que*.

Par qui pourras trop plus qu'heureux me rendre.
Ce diamant suis [1] celui qui m'envoie
Entreprenant cette douteuse voie
Pour mériter par ses œuvres et faits
D'être du rang des vertueux parfaits,
Afin qu'un jour il puisse avoir sa place
Au désiré lieu de ta bonne grâce.

La dame lut l'épître tout du long, et de tant plus s'émerveilloit de l'affection du capitaine, et moins en avoit de soupçon. Et, en regardant la table de diamant grande et belle, dont l'anneau étoit émaillé de noir, fut en grande peine de ce qu'elle avoit à faire. Et après avoir jeté toute la nuit sur ces propos, fut très-aise de n'avoir occasion de lui récrire et faire réponse par faute de messager ; pensant en elle-même qu'avec les peines qu'il portoit pour le service de son maître, il n'avoit besoin d'être fâché de la mauvaise réponse qu'elle avoit à lui faire, laquelle elle remit à son retour. Mais elle se trouva fort empêchée [2] du diamant ; car elle n'avoit point accoutumé de se parer aux dépens d'autres que de son mari. Parquoi elle, qui étoit de bon entendement, pensa de faire profiter ce diamant à la conscience de ce capitaine ; elle dépêcha incontinent un sien serviteur, qu'elle envoya à la désolée femme de ce capitaine, en feignant que ce fût une religieuse de Tarascon, et lui écrivit une telle lettre : « Madame, monsieur votre mari est passé par ci un peu avant son embarquement ; et après s'être confessé et avoir reçu son Créateur comme bon chrétien, m'a déclaré un fait qu'il a sur sa conscience, c'est le regret de ne vous avoir tant aimée comme il devoit. Et me pria et conjura, à son partement [3], de vous envoyer cette lettre avec ce diamant, lequel il vous prie garder pour l'amour de lui, vous assurant que, si Dieu le fait retourner en santé, jamais femme ne fut mieux traitée d'homme, que vous le serez de lui, et cette pierre de fermeté vous en fera foi pour lui. Je vous prie l'avoir pour recommandé en vos bonnes prières ; car aux miennes il aura part toute ma vie. » Cette lettre, parfaite et signée au nom d'une religieuse, fut envoyée par la dame à la femme du capitaine.

[1] Il vaudrait mieux lire *fuit*, ou tout autre mot ; car on n'est pas satisfait de l'unique sens que présente cette phrase : « Moi, ce diamant, je suis celui... »
[2] Embarrassée.
[3] Départ. La vieille langue avait quatre mots pour exprimer la même chose : *Partement, département, départie* et *départ*.

Et quand la bonne vieille vit la lettre et l'anneau, il ne faut demander combien elle pleura de joie et de regret d'être aimée de son mari, de la vue duquel elle ꝫ voyoit être privée ; et en baisant l'anneau plus de mille fois, l'arrosoit de ses larmes, bénissant Dieu, qui, sur la fin de ses jours, lui avoit redonné l'amitié de son mari, laquelle elle avoit tenue pour perdue par long temps, en remerciant aussi la religieuse qui étoit cause de tant de bien. A laquelle fit la meilleure réponse qu'elle put, que le messager en bonne diligence reporta à sa maîtresse, qui ne lut ni n'entendit ce que lui dit son serviteur sans rire bien fort ; et se contenta d'être défaite de son diamant par un si profitable moyen, que tenir le mari et la femme en si bonne amitié, et lui sembla par cela avoir gagné un royaume. Un peu après, vinrent nouvelles de la défaite et mort du pauvre capitaine et comme il avoit été abandonné de ceux qui le devoient secourir, et son entreprise révélée par les Rhodiens, qui plus la devoient tenir secrète, en telle sorte que lui et tous ceux qui descendirent en terre [1], qui étoient au nombre de quatre-vingts, entre lesquels étoit un gentilhomme nommé Jean et un Turc, tenu sur les fonts par ladite dame, lesquels deux elle avait donnés au capitaine pour faire le voyage avec lui, dont l'un mourut : le Turc, avec quinze coups de flèches qu'il reçut, se sauva à nager jusque dans les vaisseaux françois, et par lui seul fut connue la vérité de tout son affaire. Car un gentilhomme, que le pauvre capitaine avoit prins pour ami et compagnon et l'avoit avancé envers le roi et les plus grands de France, sitôt qu'il vit mettre pied à terre audit capitaine, retira bien avant en la mer ses vaisseaux ; et le capitaine, voyant son entreprise découverte et plus de quatre mille Turcs, s'y voulut retirer comme il devoit. Mais le gentilhomme, en qui il avoit eu si grande fiance, voyant que par sa mort la charge lui demeuroit toute de cette grande armée et le proufit, mit en avant à tous les gentilshommes, qu'il ne falloit pas hasarder les vaisseaux du roi ne tant de gens de bien qui étoient dedans, pour sauver cent personnes seulement, de sorte que ceux qui n'avoient pas trop de hardiesse furent de son opinion. Et voyant le capitaine que plus il les appeloit, et plus ils s'éloignoient de son secours, se tourna devers les Turcs, étant au sablon [1] jusqu'aux genoux, où il fit tant de faits d'armes et de vaillance, qu'il sembloit que lui seul dût défaire tous ses ennemis, dont son traître compagnon avoit plus de peur que désir de sa victoire. A la fin, quelques armes qu'il sût faire, reçut tant de coups de flèches de ceux qui ne pouvoient approcher de lui, de la portée de leurs arcs, qu'il commença à perdre son sang. Et lors les Turcs, voyant la foiblesse de ces vrais chrétiens, les vinrent charger à grands coups de cimeterre, lesquels, tant que Dieu leur donna la force et la vie, se défendirent jusqu'au bout. Le capitaine, appela ce gentilhomme nommé Jean, et que sa femme lui avoit donné, et le Turc aussi, et, mettant la pointe de son épée en terre, tombant à genoux, baisa et embrassa la croix, disant : « Seigneur, prends l'âme en tes mains de celui qui n'a épargné sa vie pour exalter ton nom ! » Le gentilhomme nommé Jean, voyant qu'avec ses paroles la vie lui défailloit, embrassa lui la croix de l'épée qu'il tenoit, pour le cuider secourir ; mais un Turc par derrière lui coupa les deux cuisses ; et, en criant bien haut : « Allons, capitaine, allons en paradis voir Celui pour qui nous mourons, » fut compagnon à la mort, comme il avoit été à la vie du pauvre capitaine. Le Turc, voyant qu'il ne pouvoit servir à l'un ni à l'autre étant frappé de quinze flèches, se retira vers les navires, et, en demandant y être reçu, combien qu'il fût seul échappé de quatre-vingts, fut refusé par le traître compagnon. Mais lui, qui savoit fort bien nager, se jeta dedans la mer, et fit tant, qu'il fut reçu dedans un petit vaisseau et au bout de quelque temps guéri de ses plaies. Et, par ce pauvre étranger, fut la vérité connue entièrement, à l'honneur du capitaine et à la honte de son compagnon, duquel le roi et tous les gens de bien qui en ouïrent parler, jugèrent la méchanceté si grande envers Dieu et les hommes, qu'il n'y avoit mort dont il ne fût digne. Mais, à sa venue, donna tant de choses fausses à entendre avec force présents, que non-seulement se sauva de punition, mais eut la charge de celui qu'il n'étoit digne de servir de valet. Quand cette piteuse nouvelle

---

[1] Ce fut sans doute sur la côte de Syrie, près de Beyrouth, qu'on appelait *Baruth* en français. Voyez la complainte du baron de Malleville dans les œuvres de Clément Marot.

[1] C'est-à-dire, enfonçant dans le sable.

vint à la cour, madame la régente, qui l'estimoit fort, le regretta merveilleusement; aussi fit le roi et tous les gens de bien qui le connoissoient. Et celle, que plus il aimoit, oyant une si piteuse et chrétienne mort, changea la dureté du propos qu'elle avoit délibéré de lui tenir, en larmes et lamentations : à quoi son mari lui tint compagnie, se voyant frustrés de l'espoir de leur voyage. Je ne veux oublier qu'une damoiselle qui étoit à cette dame, laquelle aimoit ce gentilhomme nommé Jean plus que soi-même, le propre jour que les deux gentilshommes furent tués, vint dire à sa maîtresse, qu'elle avoit vu en songe celui qu'elle aimoit, tout vêtu de blanc, lequel lui étoit venu dire adieu et qu'il s'en alloit en paradis avec son capitaine. Mais quand elle sut que son songe étoit véritable, elle fit un tel deuil que sa maîtresse avoit assez à faire à la consoler. Au bout de quelque temps, la cour alla en Normandie, d'où étoit le gentilhomme; la femme duquel ne faillit à venir faire la révérence à madame la régente; et, pour y être présentée, s'adressa à la dame que son mari avoit tant aimée. Et, en attendant l'heure propre en une église, commença à regretter et pleurer son mari, et, entre autres choses, lui dit : « Hélas! madame; mon malheur est le plus grand qui advint oncques à une femme, car, à l'heure qu'il m'aimoit plus qu'il n'avoit jamais fait, Dieu me l'a ôté. » Et, en ce disant, montra l'anneau qu'elle avoit au doigt comme l'enseigne de la parfaite amitié : qui ne fut sans grandes larmes, dont la dame, quelque regret qu'elle en eût, avoit tant envie de rire, vu que de sa tromperie étoit sorti un tel bien, qu'elle ne la put présenter à madame la régente, mais bailla à une autre et se retira en une chapelle, où elle passa l'envie qu'elle avoit de rire.

« Il me semble, mesdames, que celles à qui se présente de telles choses, devroient désirer en faire œuvres qui vinssent à si bonne fin qu'il fit à cette bonne dame; car elles trouveront que les bienfaits sont les joies des bienfaisants. Et ne faut point accuser cette dame de tromperie, mais l'estimer de son bon sens, qui convertit en bien ce qui de soi ne valoit rien. — Voulez-vous dire, ce dit Nomerfide, qu'un beau diamant de deux cents écus ne vaut rien? Je vous assure que, s'il fût tombé

entre mes mains, sa femme ni ses parents n'en eussent jamais rien vu. Il n'est rien mieux à soi que ce qui est donné. Le gentilhomme étoit mort, personne n'en savoit rien; elle se fût bien passée de faire tant pleurer cette pauvre vieille. — Et en bonne foi, dit Hircan, vous avez raison; car il y a des femmes qui, pour se montrer plus excellentes que les autres, font des œuvres apparentes contre leur naturel; car nous savons bien tous, qu'il n'est rien si avaricieux que la femme. Toutefois, leur gloire [1] passe souvent leur avarice, qui force leur cœur à faire ce qu'elles ne veulent. Et crois que celle qui laissa ainsi le diamant n'étoit pas digne de le porter. — Holà, holà! dit Oisille, je me doute bien qui elle est; parquoi ne la condamnez point sans savoir. — Madame, dit Hircan, je ne la connois point; mais si le gentilhomme étoit autant vertueux que vous dites, elle étoit honorée d'avoir un tel serviteur et de porter son anneau; mais peut-être qu'un moins digne d'être aimé la tenoit si bien par le doigt, que l'anneau n'y pouvoit entrer. — Vraiment, ce dit Émarsuitte, elle le pouvoit bien garder, puisque personne n'en savoit rien. — Comment? ce dit Guebron, toutes ces choses, à ceux qui aiment, sont-elles licites, mais qu'on n'en sache rien? — Par ma foi! dit Saffredant, je ne vis oncques méfait puni, sinon la sottise; car il n'y a meurtrier ni larron ni adultère, mais qu'il soit aussi fin que mauvais, qui soit jamais reprins par justice ne blâmé entre les hommes; mais souvent la malice est si grande, qu'elle les aveugle, de sorte qu'ils deviennent fous, et, comme j'ai dit, seulement les sots sont punis et non les vicieux. — Vous en direz ce qu'il vous plaira, ce dit Oisille : Dieu peut juger le cœur de cette dame; mais quant à moi, je trouve le fait très-honorable et vertueux. Parquoi, pour n'en débattre plus, je vous prie, Parlamente, donner votre voix à quelqu'un. — Je la donne très-volontiers, ce dit-elle, à Simontault; car, après ces deux tristes nouvelles, il ne nous faudra à nous en dire une qui ne nous fera point pleurer. — Je vous remercie, dit Simontault; car, en me donnant votre voix, il ne s'en faut guère que ne me nommiez plaisant, qui est un nom que je trouve trop fâcheux; et, pour m'en venger, je vous montrerai qu'il y a des femmes qui

[1] Orgueil, vanité.

font semblant d'être chastes envers quelques-uns ou pour quelque temps ; mais la fin les montre telles qu'elles sont, comme les trouverez par une histoire très-véritable. »

NOUVELLE XIV.

Subtilité d'un amoureux, qui, sous la faveur du vrai ami, cueilla d'une dame milanoise le fruit de ses labeurs passés.

En la duché de Milan, du temps que le grand-maître de Chaumont[1] en étoit gouverneur, y avoit un gentilhomme nommé le seigneur de Bonnivet, qui depuis par ses mérites fut amiral de France : étant à Milan fort aimé du grand-maître et de tout le monde pour les vertus qui étoient en lui, se trouvoit voulentiers aux festins où toutes les dames s'assembloient, desquelles il étoit mieux voulu que ne fut oncques François, tant par sa beauté, bonne grâce et parole, que pour le bruit que chacun lui donnoit d'être l'un des plus adroits et hardis aux armes qui fût de son temps. Un jour, allant en masque à un carnaval, mena danser l'une des plus braves et belles dames qui fût en la ville, et quand les hautbois faisoient pause, ne failloit à lui tenir des propos d'amour, ce qu'il savoit mieux dire que nul autre. Mais elle, qui ne lui devoit rien, en lieu de lui répondre, lui voulut soudain mettre la paille au-devant et l'arrêter[2], en l'assurant qu'elle n'aimoit et n'aimeroit jamais autre que son mari et qu'il ne s'y attendît en nulle manière. Pour cette réponse, ne se sentit le gentilhomme refusé, et la pourchassa vivement jusqu'à la mi-carême. Pour toute résolution, il la trouva ferme en propos de n'aimer ne lui ne autre, ce qu'il ne put croire, vu la mauvaise grâce que son mari avoit et la grande beauté d'elle. Il se délibéra, puisqu'elle usoit de dissimulation, d'user aussi de tromperie, et dès l'heure laissa la poursuite qu'il lui faisoit, et s'enquit si bien de sa vie, qu'il trouva qu'elle aimoit un gentilhomme bien sage et honnête. Ledit seigneur de Bonnivet accointa peu à peu ce gentilhomme par telle douceur et finesse qu'il ne s'aperçut de l'occasion[1] ; mais l'aima parfaitement qu'après sa dame, c'étoit la personne du monde qu'il aimoit le plus. Le seigneur de Bonnivet, pour lui arracher son secret du cœur, feignit lui dire le sien, et qu'il aimoit une dame, où jamais n'avoit pensé, le priant le tenir secret et qu'ils n'eussent tous deux qu'un cœur et une pensée. Le pauvre gentilhomme, pour lui montrer l'amour réciproque, lui va déclarer tout du long celle qui portoit à la dame, dont Bonnivet se vouloit venger ; et, une fois le jour, s'assembloient en quelque lieu pour rendre compte des bonnes fortunes advenues le long de la journée, où que l'un faisoit en mensonge et l'autre en vérité. Et confessa le gentilhomme avoir aimé trois ans cette dame sans en avoir rien eu, non bonnes paroles et assurance d'être aimé. Ledit Bonnivet lui conseilla tous les moyens qu'il lui fut possible pour parvenir à son intention, dont il se trouva si bien qu'en peu de jours elle lui accorda ce qu'il demandoit, et ne restoit que de trouver le moyen, ce que bientôt, par le conseil du seigneur Bonnivet, fut trouvé. Et, un jour, avant souper, lui dit le gentilhomme : « Monsieur, je suis plus tenu à vous qu'à tous les hommes du monde, car, par votre bon conseil, j'espère avoir cette nuit ce que par tant d'années j'ai désiré. — Je te prie, dit Bonnivet, dis-moi la sorte de ton entreprise pour voir s'il y a tromperie ou hasard, pour t'y secourir et servir de mon ami. » Le gentilhomme lui va raconter comme elle avoit moyen de faire laisser la grande porte de la maison ouverte, sous couleur de quelque maladie qu'avoit un de ses frères, pour laquelle à toute heure falloit envoyer à la ville quérir ses nécessités, et qu'il pourroit entrer sûrement dedans la cour, mais qu'il se gardât de monter par l'escalier et qu'il passât par un petit degré qui étoit à main dextre, et entrât en la première galerie qu'il trouveroit, où toutes les portes des chambres de son beau-père et de son beau-frère se rendoient, et qu'il choisît bien la troisième plus près dudit degré : et, si en la poussant il la trouvoit fermée, qu'il s'en allât, étant assuré que son mari étoit revenu, lequel toutefois ne devoit revenir de deux jours ; et que s'il la trouvoit ouverte, qu'il entrât doucement

---

[1] Charles d'Amboise, seigneur de Chaumont, frère du cardinal d'Amboise, fut gouverneur de Milan en 1506, et grand-maître de France, peu de temps avant sa mort, arrivée en 1511, et attribuée au poison. Il eut une grande part aux guerres d'Italie sous le règne de Louis XII.

[2] Cette expression proverbiale vient de ce qu'on arrête un cheval en lui présentant un râtelier bien garni de fourrages.

[1] Dans le sens de *motif, intention.*

qu'il la refermât hardiment au correil[1], sachant qu'il n'y avoit qu'elle seule en la chambre, et que surtout il n'oubliât à faire faire des souliers de feutre, de peur de faire bruit, et qu'il se gardât bien de venir plus tôt que deux heures après minuit ne fussent passées, pource que ses beaux-frères, qui aimoient fort le jeu, ne s'alloient jamais coucher, qu'il ne fût plus tarde heure. Ledit Bonnivet lui répondit : « Va mon ami, Dieu te conduise ; je te prie qu'il te vienne d'inconvénient ; si ma compagnie y sert de quelque chose, je n'épargnerai rien qui soit en ma puissance. » Le gentilhomme le remercia bien fort et lui dit qu'en cette affaire il ne pouvoit être trop sûr, et s'en alla pour y donner ordre. Le seigneur de Bonnivet ne dormoit pas de son côté ; et, voyant qu'il étoit heure de se venger de sa cruelle dame, se retira de bonne heure en son logis et se fit couper la robe de la longueur et largeur qu'avoit le gentilhomme ; aussi se fit couper ses cheveux, si bien qu'à toucher on ne pût connaître leur différence. Il n'oublia pas des souliers de feutre et le demeurant des habillements semblables du gentilhomme. Et, pource qu'il étoit fort aimé du beau-père de cette femme, n'eut peur d'y aller de bonne heure, pensant que s'il étoit aperçu, il iroit tout droit en la chambre du bonhomme, avec lequel il avoit quelques affaires. Et, sur l'heure de minuit, entra en la maison de cette dame, où il trouva assez d'allants et venants ; mais parmi eux passa sans être connu et arriva en la galerie ; et, touchant aux premières portes, les trouva fermées, et à la troisième, non : laquelle doucement il poussa. Et quand il fut entré dedans, la ferma au correil ; et vit toute cette chambre tendue de linge blanc, le pavement et le dessus[2], de même, et un toile fort déliée, tant bien ouvré de blanc qu'il n'étoit possible de plus ; et la dame seule dans, avec son scofion[3] et sa chemise toute couverte de perles et de pierreries ; ce qu'il vit d'un coin du rideau sans être aperçu d'elle ; et il y avoit un grand flambeau de cire blanche qui rendoit la chambre claire comme le jour ; et, de peur d'être connu d'elle, éteignit

premièrement le flambeau qui ardoit en sa chambre, puis se dépouilla en chemise et s'alla coucher auprès d'elle. Elle, qui cuidoit que ce fût celui qui si longuement l'avoit aimée, le reçut en la meilleure chère qui fut à elle possible. Mais lui, qui savoit bien que c'étoit au nom de l'autre, se garda de lui dire un seul mot et ne pensa que mettre sa vengeance à exécution ; c'étoit de lui ôter son honneur et sa chasteté sans lui en savoir gré ne grâce. Mais, contre son gré et délibération, la dame se tenoit si contente de cette vengeance, qu'elle pensoit l'avoir récompensé de ses labeurs jusqu'à une heure après minuit sonnée qu'il étoit temps de dire adieu. Et à l'heure, le plus bas qu'il put, lui demanda si elle étoit aussi contente de lui, que lui, d'elle. Elle, cuidant que ce fût son ami, lui dit que non-seulement elle étoit contente, mais émerveillée de la grandeur de son amour, qui l'avoit gardé une heure sans parler à elle. A l'heure, il se print à rire bien fort, lui disant : « Or sus, madame, me refuserez-vous une autre fois, comme vous aviez accoutumé de faire jusqu'ici ? » Elle, qui le connut à la parole et au ris, fut désespérée de honte qu'elle avoit, l'appela plus de mille fois *méchant, traître* et *trompeur*, se voulant jeter du lit en bas, pour chercher un couteau pour se tuer, vu qu'elle étoit si malheureuse d'avoir perdu son honneur, pour un homme qu'elle n'aimoit point et qui, pour se venger d'elle, pourroit divulguer cette affaire par tout le monde. Mais il la retint entre ses bras, et, par bonnes et douces paroles, l'assura de l'aimer plus que celui qui l'aimoit et de celer ce qui touchoit son honneur, si bien qu'elle n'en auroit jamais blâme. Ce que la pauvre sotte crut : entendant de lui l'invention qu'il avoit trouvée et la peine qu'il avoit prise pour la gagner, l'assura qu'il l'aimeroit mieux que l'autre, qui n'avoit su celer son secret ; et dit qu'elle connoissoit le contraire du faux bruit que l'on donnoit aux François ; car ils étoient plus sages, persévérants et discrets que les Italiens. Parquoi, dorénavant, elle se départoit de l'opinion de ceux de sa nation, pour s'arrêter à lui. Mais elle le pria bien fort que pour quelque temps il ne se trouvât en lieu ou festin où elle fût, sinon en masque ; car elle savoit bien qu'elle auroit si grande honte que sa contenance la déclareroit à tout le monde. Il lui en fit promesse et aussi la pria que, quand son

---

[1] Ce mot, qui manque dans les dictionnaires anciens et nouveaux, doit équivaloir à *verrou*, qu'on dit *verrouil*.
[2] C'est-à-dire, le plancher et le plafond.
[3] Coiffure, bonnet de femme. On dit encore *escofion* dans les campagnes.

ami viendroit à deux heures, qu'elle lui fît bonne chère, et puis peu à peu elle s'en pourroit défaire : dont elle fit si grande difficulté, que, sans l'amour qu'elle lui portoit, pour rien elle ne l'eût accordé. Toutefois, en lui disant adieu, la rendit si satisfaite qu'elle eût bien voulu qu'il fût demeuré plus longuement. Après qu'il fut levé et qu'il eut reprins ses habillements, saillit hors de la chambre et laissa la porte entr'ouverte, comme il l'avoit trouvée. Et, pource qu'il étoit près de deux heures après minuit et qu'il avoit peur de trouver le gentilhomme en son chemin, se retira au haut du degré, où bientôt après il le vit passer et entrer en la chambre de la dame. Et, lui, s'en alla en son logis pour reposer son travail, ce qu'il fit, de sorte que neuf heures du matin le trouvèrent au lit, où à son lever arriva le gentilhomme, qui ne faillit à lui conter sa bonne fortune, non si bonne comme il avoit espéré; car il dit que, quand il entra en la chambre de sa dame, il la trouva levée en son manteau de nuit, avec bien grosse fièvre, le pouls fort ému, le visage en feu et en la sueur qui commençoit fort à lui prendre, de sorte qu'elle le pria s'en retourner incontinent; car, de peur d'inconvénient, n'avoit osé appeler ses femmes : dont elle étoit si mal, qu'elle avoit plus de besoin de penser à la mort qu'à l'amour, et d'ouïr parler de Dieu que de Cupidon, étant bien marrie du hasard où il s'étoit mis pour elle, vu qu'elle n'avoit puissance en ce monde de lui rendre ce qu'elle espéroit bientôt en l'autre. Dont il fut si étonné et marri, que son feu et sa joie étoient convertis en glace et tristesse, et s'en étoit incontinent départi; et, au matin au point du jour, avoit envoyé savoir de ses nouvelles et que pour vrai elle étoit très-mal. Et, en racontant ses douleurs, pleuroit si très-fort, qu'il sembloit que l'âme s'en dût aller par ses larmes. Bonnivet, qui avoit autant envie de rire que l'autre de plorer, le consola le mieux qu'il lui fut possible, lui disant que les choses de longue durée ont toujours un commencement difficile et qu'amour lui faisoit un retardement pour lui faire trouver la jouissance meilleure; et, en ces propos, se départirent. La dame garda quelques jours le lit; et, en recouvrant sa santé, donna congé à son premier serviteur, le fondant sur la crainte qu'elle avoit eue de la mort et le remords de conscience, et s'arrêta au seigneur de Bonnivet, dont l'amitié dura, selon la coutume, comme la beauté [des] fleurs des champs.

« Il me semble, mesdames, que les finesses [de ce] gentilhomme valent bien l'hypocrisie de ce[tte] dame qui, après avoir tant contrefait la fem[me] de bien, se déclara si folle. — Vous dire[z] qu'il vous plaira des femmes, dit Émarsui[tte] mais ce gentilhomme fit un tour méch[ant] est-il dit que si une dame en aimoit un, l'autre la doive avoir par finesse? — Cro[yez] ce dit Guebron, que telles marchandises [ne] peuvent mettre en vente, qu'elles ne soient [em]portées par les plus offrant et derniers en[ché]risseurs? Ne pensez pas que ceux qui pour[sui]vent les dames prennent tant de peine p[our] l'amour d'elles; non, non, car c'est seule[ment] pour l'amour d'eux et de leur plaisir. — [Par] ma foi! dit Longarine, je vous en crois; [car] pour vous en dire la vérité, tous les servi[teurs] que j'ai eus, m'ont toujours commencé [leurs] propos par moi, montrant désirer ma vie, [mon] bien, mon honneur; mais la fin en a été [pour] eux, désirant leur plaisir et leur gloire; [à] quoi le meilleur est de leur donner congé [à] la première partie de leur sermon; car q[uand] on vient à la seconde, on n'a pas tant d'h[on]neur à les refuser, vu que le vice de soi q[uand] il est connu est refusable. — Il faudroit d[onc] dit Émarsuitte, que, dès qu'un homme o[uvre] la bouche, qu'on le refusât sans savoir [ce qu'il] veut dire? » Parlamente lui répondit : « [mon] avis que dès le commencement une fem[me] ne doit jamais faire semblant d'entendre l'homme veut venir, ne encore, quand il l'[a dé]claré, de le pouvoir croire; mais, quand il [vient] à en jurer bien fort, il me semble qu'il est [peu] honnête aux dames de le laisser en ce [beau] chemin, que d'aller jusqu'à la vallée. — V[oire,] mais, Nomerfide, devons-nous croire p[as] qu'ils nous aiment par mal? Est-ce pas p[éché] que de juger son prochain? — Vous en cr[oirez] ce qu'il vous plaira, dit Oisille; mais il [est à] tant craindre qu'il soit vrai, que, dès que [vous] en apercevez quelque étincelle, vous deve[z fuir] ce feu, qui a plus tôt brûlé un cœur, qu['on] s'en est aperçu. — Vraiment, dit Hircan, [les] lois sont trop dures, et si les femmes voul[oient] selon votre avis, être rigoureuses, auxq[uelles] la douceur est tant séante, nous change[rions] aussi nos douces supplications en finess[es et] force. — Le meilleur que j'y voie, dit Sim[ontault]

...l, c'est que chacun suive son naturel ; qu'il ...ou qu'il n'aime point, le montre sans dis...ulation. — Plût à Dieu, dit Saffredant, que ... loi apportât autant d'honneur qu'elle fe... de plaisir ! » Mais Dagoucin ne se put te... de dire : « Ceux qui voudroient mourir ...ôt que leur volonté fût connue, ne se pour...nt accorder à votre ordonnance. — Mourir ? ...Hircan ; encore est-il à naître le chevalier ...pour telle chose publique voudroit mourir. ... laissons ce propos d'impossibilité et re...dons à qui Simontault donnera sa voix. — ... donne, dit Simontault, à Longarine ; car je ...gardois tantôt, qu'elle parloit toute seule ; ...ense qu'elle recorde quelque bon rôle ; et ...'a point accoutumé de celer la vérité soit ...tre homme ou contre femme. — Puisque ...timez si véritable, dit Longarine, je vous ...nterai une histoire, que, nonobstant qu'elle ...oit tant à la louange des femmes que je ...rois, si verrez-vous qu'il y en a ayant ... bon cœur, aussi bon esprit, et aussi plei...de finesses, comme les hommes. Si mon ...e est un peu long, vous aurez patience. »

NOUVELLE XV.

...me de la cour du roi, se voyant dédaignée de son mari, ...faisoit l'amour ailleurs, s'en vengea par peine pareille.

...a la cour du roi François Ier, y avoit un ...homme, duquel je connois si bien le nom ...ne le veux point nommer. Il étoit pauvre, ...t point cinq cents livres de rente, mais ...timé du roi pour les vertus dont il étoit ..., qu'il vint à épouser une femme si riche, ... grand seigneur s'en fût bien contenté. ...ource qu'elle étoit encore bien jeune, pria ...es plus grandes dames de la cour de la ...r tenir avec elle, ce qu'elle fit très-vo...ers. Or, étoit ce gentilhomme tant honnête ...in de bonne grâce, que toutes les dames ...cour en faisoient bien grand cas ; entre ... une, que le roi aimoit, qui n'étoit si belle ...jeune que la sienne. Et, pour le grand ...r qu'il lui portoit, tenoit si peu de compte ...femme, qu'à grand'peine en un an cou...il une nuit avec elle. Et qui plus lui étoit ...table, est que jamais ne parloit à elle ni ... signe d'amitié. Et, combien qu'il jouît ...bien, il lui en faisoit tant petite part, ...e n'étoit pas habillée comme il lui appar...t, ni comme elle désiroit ; dont la dame avec qui elle étoit [1] reprenoit souvent le gentilhomme, en lui disant : « Votre femme est belle, riche et de bonne maison, et vous n'en tenez compte, ce que son enfance et jeunesse a supporté jusqu'ici ; mais j'ai grand'peur, quand elle se verra belle et grande, et que son miroir et quelqu'un, qui ne vous aimera pas, lui remontrera sa beauté si peu de vous prisée, que par dépit elle ne fasse ce que, étant de vous bien traitée, n'oseroit avoir pensé. Le gentilhomme, qui avoit son cœur ailleurs, se moqua très-bien d'elle et ne laissa, pour ces enseignements, à continuer la vie qu'il menoit. Mais deux ou trois ans passés, sa femme commença à devenir l'une des plus belles femmes qui fût en France, et, tant qu'elle eut le bruit à la cour de n'avoir sa pareille. Et plus elle se sentit digne d'être aimée et plus s'ennuya de voir son mari qui n'en tenoit compte ; tellement, qu'elle print un si grand déplaisir, que, sans la consolation de sa maîtresse, elle étoit quasi en désespoir. Et après avoir cherché tous les moyens de complaire à son mari qu'elle pouvoit, pensa en elle-même qu'il étoit impossible qu'il ne l'aimât, vu le grand amour qu'elle lui portoit, sinon qu'il eût quelque autre fantaisie en son entendement : ce qu'elle chercha si subtilement, qu'elle trouva la vérité et qu'il étoit toutes les nuits si empêché ailleurs qu'il oublioit sa conscience et sa femme. Et après qu'elle fut certaine de la vie qu'il menoit, print une mélancolie qu'elle ne se vouloit point habiller que de noir ni se trouver en lieu où l'on fît bonne chère : dont sa maîtresse s'aperçut et fit tout ce qu'elle put pour la retirer de cette opinion ; mais il ne lui fut possible. Et, combien que son mari en fût bien averti, il fut plus prêt à s'en moquer, qu'à y donner remède. Vous savez, mesdames, qu'ennui occupe joie, et aussi qu'ennui par joie prend fin. Parquoi, un jour, advint qu'un grand seigneur, parent prochain de la maîtresse de cette dame et qui souvent la fréquentoit, entendant l'étrange façon de vivre de cette dame, en eut tant de pitié, qu'il se voulut essayer à la consoler ; et, en parlant avec elle, la trouva si belle et vertueuse qu'il désira beaucoup plus d'être en sa bonne grâce, que de lui parler de son mari, sinon pour lui montrer le peu d'occasion qu'elle avoit de l'aimer. Cette

---

[1] Il s'agit de quelque princesse, peut-être de Marguerite de Valois elle-même, à la maison de qui était attachée la femme de ce gentilhomme.

dame, se voyant délaissée de celui qui la devoit aimer et d'autre côté aimée et requise d'un si grand et beau prince, s'estima bien heureuse d'être en sa bonne grâce. Et, combien qu'elle eût toujours désir de conserver son honneur, si prenoit-elle grand plaisir de parler à lui et [de se voir aimée ; chose dont elle étoit quasi affamée. Cette amitié dura quelque temps jusqu'à ce que le roi s'en aperçût, qui avoit tant d'amitié au gentilhomme, qu'il ne vouloit souffrir que nul ne lui fît honte et déplaisir. Parquoi il pria fort ce prince d'en vouloir ôter sa fantaisie et que, s'il continuoit, il seroit très-mal content de lui. Ce prince, qui aimoit trop plus la bonne grâce du roi que toutes les dames du monde, lui promit que, pour l'amour de lui, abandonneroit son entreprise et que dès le soir il iroit prendre congé d'elle. Ce qu'il fit sitôt qu'il sut qu'elle étoit retirée en son logis, auquel étoit logé le gentilhomme en une chambre sur la sienne. Et, étant au soir à la fenêtre, vit entrer le prince en la chambre de sa femme, qui étoit sous la sienne ; mais le prince, qui bien l'avisa, ne laissa d'y entrer. Et, en disant adieu à celle dont l'amour ne faisoit que commencer, lui allégua pour toutes raisons le commandement du roi. Après plusieurs larmes et regrets qui durèrent jusqu'à une heure après minuit, la dame lui dit pour conclusion : « Je loue Dieu, monsieur, dont il lui plaît que vous perdiez cette opinion, puisqu'elle est si petite et foible que vous la pouvez prendre et laisser par le commandement des hommes. Car quant à moi, je n'ai point demandé conseil à maîtresse, ni à mari, ni à moi-même pour vous aimer ; car amour, s'aidant de votre beauté et honnêteté, a eu telle puissance sur moi, que je n'ai connu autre Dieu ne roi que de lui. Mais, puisque votre cœur n'est pas rempli de si vrai amour que crainte n'y trouve encore quelque place, vous ne pouvez être ami parfait, et d'un imparfait je ne veux faire un ami ; car j'aime parfaitement comme j'avois délibéré de vous aimer, dont suis contrainte vous dire adieu, monsieur, duquel[1] la crainte ne mérite la franchise de mon amitié. » Ainsi s'en alla pleurant ce seigneur, et, en se retournant, avisa encore le mari étant à la fenêtre, qui l'avoit vu entrer à la salle et saillir. Parquoi lui conta le lendemain l'occasion pourquoi il étoit allé voir sa femme, et le commandement que le roi avoit fait, dont le gentilhomme fut fort content et en remercia le roi. Mais, voyant de j en jour que sa femme embellissoit, et lui venoit vieil et amoindrissoit sa beauté, commença à changer de rôle, prenant celui longtemps il avoit fait jouer à la femme ; la chérissoit plus que de coutume et pre plus près garde sur elle. Mais, tant plus qu se voyoit cherchée de lui, et plus le fuyoit, sirant lui rendre partie des ennuis qu'elle eus pour être de lui peu aimée. Et, pou prendre sitôt le plaisir que l'amour lui c mençoit à donner, s'en va adresser à un tilhomme si très-beau, si bien parlant et bonne grâce, qu'il étoit aimé de toutes le mes de la cour. Et, en lui faisant ses complaints de la façon dont elle avoit été traitée, l' d'avoir pitié d'elle, en sorte que ce g homme n'oublia rien pour essayer à la re forter. Et, elle, pour se récompenser de la d'un prince qui l'avoit laissée, se mit si aimer ce gentilhomme, qu'elle oublia son nul passé et ne pensoit sinon à finement duire son amitié. Ce qu'elle sut si bien que jamais sa maîtresse ne s'en aperçut, en sa présence, se gardoit bien de parler mais, quand elle lui vouloit dire quelque s'en alloit voir quelques dames qui de roient à la cour, entre lesquelles y en une, dont son mari feignoit d'être amour Or, une fois, après souper, qu'il faisoit obscur, se déroba ladite dame sans a compagnie, et entra en la chambre des da où elle trouva celui qu'elle aimoit mieux soi-même, et, en se séant auprès de lui puyée sur une table, parloient ensemble gnant de lire en un livre. Quelqu'un mari avait mis au guet, lui vint rapport sa femme étoit allée ; et lui, qui étoit en alla le plus tôt qu'il put ; et, entran chambre, vit sa femme lisant le livre, qui gnit ne voir point ; mais alla tout droit aux dames, d'un autre côté. Cette pauvre voyant que son mari l'avoit trouvée ave auquel devant lui jamais n'avoit parlé, transportée, qu'elle perdit sa raison, et vant passer au long d'un banc, s'écoula d'une table et s'enfuit, comme si son ma l'épée nue l'eût poursuivie, et alla trou

---

[1] C'est-à-dire : « Adieu, monsieur, vous dont le caractère craintif... »

[1] Pour *se coula*.

[...]tresse, qui se retiroit en son logis ; et quand [elle] fut déshabillée, se retira ladite dame, à la[quelle] une de ses femmes vint dire que son [ma]ri la demandoit. Elle lui répondit franche[me]nt qu'elle n'iroit point ; qu'il étoit si étrange [et] austère, qu'elle avoit peur qu'il ne lui fît un [mau]vais tour. A la fin, de peur de pis, s'y en [va ;] son mari ne lui dit un seul mot, sinon [quand] ils furent dedans le lit. Elle, qui ne sa[voit] pas comme lui dissimuler, se print ten[dre]ment à pleurer. Et, quand il lui demanda [pour]quoi elle pleuroit, elle lui dit qu'elle avoit [peur] qu'il fût courroucé contre elle, pource [qu'i]l l'avoit trouvée lisant avec un gentil[hom]me. A l'heure, lui répondit que jamais ne [lui] avoit défendu de parler à homme et qu'il [n'a]voit point trouvé mauvais qu'elle y parlât, [mais] bien d'être fuie[1] devant lui, comme si elle [eût f]ait chose digne d'être reprise, et que [sa] fuite seulement lui faisoit penser qu'elle [aim]oit le gentilhomme. Parquoi il lui défendit [que j]amais il ne lui advînt de parler à homme [en p]ublic ni en privé, lui assurant que la pre[miè]re fois qu'elle y parleroit, qu'il la tueroit [sans] pitié ni compassion. Ce qu'elle accepta [volon]tiers, faisant bien son compte de n'être [une] autre fois si sotte. Mais, parce que les [chos]es où l'on a volonté, plus elles sont défen[dues], plus elles sont désirées, cette pauvre [dame] eut bientôt oublié ces menaces de son [sei]gor, le soir même, elle, étant retournée [couch]er en une autre chambre avec d'autres [dem]oiselles et ses gardes, envoya quérir [le] gentilhomme de la voir la nuit. Mais [le ma]ri, qui étoit si tourmenté de jalousie qu'il [ne] pouvoit dormir de nuit, va prendre une [épée] et un valet de chambre avec lui, pource [qu'il] avoit ouï dire que l'autre y alloit de nuit, [s'e]n va frapper à la porte du logis de sa [femme.] Elle, qui n'entendoit rien moins que [cela se] leva toute seule et print des brodequins [et un] manteau, qui étoit auprès d'elle, et, [sans] que trois ou quatre femmes qu'elle avoit [là fût]ent endormies, saillit de sa chambre et s'en [alla] à la porte, où elle ouït frapper. Et en [dema]ndant qui est-ce ? fut répondu le nom de [celui] qu'elle aimoit ; mais, pour en être plus [sûr]e, ouvre un petit guichet, en disant : « Si [vous ê]tes celui que vous me dites, baillez-moi [la m]ain, je la connaîtrai bien. » Et quand elle eut touché à la main de son mari, elle le connut bien et en fermant vitement le guichet, se print à crier : « Ah! monsieur, c'est votre main ! » Le mari lui répondit par grand courroux : « Oui, c'est la main qui vous tiendra promesse ; parquoi ne faillez à venir quand je vous manderai. » Et, disant cette parole, s'en alla à son logis, et elle retourna en sa chambre, plus morte que vive, et dit tout haut à ses femmes : « Levez-vous, mes amies ; vous avez trop dormi pour moi ; car, en vous cuidant tromper, je me suis trompée la première. » En ce disant, se laissa tomber au milieu de la chambre évanouie. Les pauvres femmes se levèrent à cri[1], tant étonnées de voir leur maîtresse comme morte et couchée en terre, et d'avoir ouï les propos qu'elle avoit tenus, qu'elles ne surent que faire, sinon que de courir aux remèdes pour la faire revenir. Et quand elle put parler, elle leur dit : « Aujourd'hui, voyez-vous, mes amies, que je suis la plus malheureuse créature qui soit sur terre. » Et leur va conter toute sa fortune, les priant la vouloir secourir, car elle tenoit sa vie pour perdue. Et la cuidant réconforter[2], arriva un valet de son mari, par lequel il lui mandoit qu'elle allât incontinent vers lui. Elle, en embrassant deux de ses femmes, commença à crier et à plorer, les priant ne la laisser point aller, car elle étoit sûre de mourir. Mais le valet de chambre l'assura que non et qu'il prenoit sur sa vie, qu'elle n'auroit nul mal. Elle, voyant qu'il n'y avoit point de résistance, se jeta entre les bras de ce serviteur, lui disant : « Mon ami, puisqu'il le faut, portez ce malheureux corps à la mort. » Et à l'heure, demi-évanouie de tristesse, fut emportée du valet au logis du maître, aux pieds duquel tomba cette pauvre dame, lui disant : « Monsieur, je vous supplie avoir pitié de moi, et je vous jure la foi que je dois à Dieu, que je vous dirai la vérité du tout. » A l'heure, lui dit comme un homme désespéré : « Par Dieu, vous me la direz ! » Et chassa dehors tous ses gens. Et, pource qu'il avoit trouvé sa femme fort dévote, pensa qu'elle ne se parjureroit point si elle juroit sur la croix ; parquoi en demanda une fort belle qu'il avoit empruntée ; et quand ils furent eux deux seuls, la fit jurer dessus, qu'elle

---

[1] Pour à cor et à cri.

[2] Ce sont ses femmes qui croyaient la réconforter, lorsqu'arriva un valet.

[1] [Pour] de s'être enfuie.

lui diroit vérité de ce qu'il lui demanderoit. Mais elle, qui avoit déjà passé les premières appréhensions de la crainte de mourir, print cœur, se délibérant, avant que mourir, de ne lui rien celer, et aussi de ne lui dire chose dont le gentilhomme qu'elle aimoit pût avoir à souffrir. Et, après avoir ouï les questions qu'il lui faisoit, lui répondit : « Je ne me veux point justifier, monsieur, ne faire moindre envers vous l'amour que j'ai porté au gentilhomme dont vous avez soupçon ; car vous ne le pouvez ni ne devez croire, vu l'expérience qu'aujourd'hui vous avez eue ; mais je désire bien vous dire l'occasion de cette amitié. Entendez, monsieur, que jamais femme n'aima tant son mari que je vous aime ; car, depuis que je vous ai épousé jusques à cet âge-ci, il ne fut jamais entré en mon cœur autre amour que le vôtre. Vous savez que, moi étant enfant, mes parents me vouloient marier à personnage de plus grande maison que vous, mais jamais ne m'y surent faire accorder, dès l'heure que j'eus parlé à vous ; car, contre leur opinion, je tins ferme pour vous avoir, sans regarder ni à votre pauvreté ni aux remontrances que me faisoient mes parents. Et vous ne pouvez ignorer le traitement que j'ai eu de vous jusqu'ici, et comme m'avez aimée et estimée, dont j'ai porté tant d'ennui et déplaisir, que sans l'aide de Madame avec laquelle vous m'avez mise, je fusse presque désespérée. Mais, à la fin, me voyant grande et estimée belle d'un chacun, fors de vous seul, je commençai si vivement à sentir le tort que vous me faisiez, que l'amour que je vous portois s'est tourné en haine et le désir de vous complaire en celui de vengeance. Et, sur ce désespoir, me trouva un prince, lequel, pour obéir au roi plus qu'à l'amour, me laissa à l'heure que je commençois à sentir la consolation de mes tourments par un amour honnête. Et, au partir de lui, trouvai cettui qui n'eut point la peine de me prier ; car sa beauté, son honnêteté et vertu méritent bien d'être cherchées et requises de toute femme de bon entendement. A ma requête et non à la sienne, il m'a aimée avec tant d'honnêteté, que oncques en sa vie ne me requit chose contre l'honneur. Et, combien que le peu d'amour que j'ai cause de vous porter donnât occasion de ne vous garder foi ni loyauté, l'amour que j'ai à Dieu seul et mon honneur m'ont jusqu'ici gardée d'avoir fait chose, pour laquelle j'aie besoin de confession ou crainte de honte. Je ne vous veux point nier que, le plus souvent qu'il m'étoit po[s]sible, je n'allasse parler à lui dedans une gard[e]-robe, feignant d'aller dire mes oraisons ; [...] jamais en femme ni en homme je ne me fi[ai de] conduire cette affaire. Je ne veux point au[ssi] nier qu'étant en lieu si privé et hors de [...] soupçon, je ne l'aie baisé du meilleur cœur [...] je ne fis jamais vous. Mais je ne demande [...] mais merci à Dieu, si entre nous deux il [...] jamais eu autre privauté, ne si jamais il m'e[...] pressée plus avant, ne si mon cœur en a eu [...] désir, car j'étois si aise de le voir, qu'il ne [...] sembloit point qu'il y eût au monde un a[utre] plus grand plaisir. Et, vous, monsieur, qui ê[tes] seul la cause de mon malheur, voudriez-v[ous] prendre vengeance d'une œuvre dont si lo[ng]temps vous m'avez donné exemple, sinon [que] la vôtre étoit sans honneur ni conscience? [...] vous le savez, et je le sais bien, que celle [que] vous aimez ne se contente point de ce que [...] et la raison commandent. Et, combien que la [...] des hommes donne de si grand déshonneur [aux] femmes qui aiment autres que leurs ma[ris,] si est-ce que la loi de Dieu n'excepte poin[t les] maris qui aiment autre que leurs femmes, [...] s'il faut mettre en la balance l'offense de v[ous] et de moi, vous êtes homme sage et exp[éri]menté et d'âge pour connoître et savoir é[...] le mal, moi jeune et sans expérience null[e de] la force et puissance d'amour. Vous ave[z une] femme qui vous chérit, estime et aime plus [que] sa vie propre, et j'ai un mari qui me fu[it,] me hait et me dépite plus qu'une chambr[ière;] vous aimez une femme déjà d'âge et en m[...] vais point et moins belle que moi, et j'a[ime] un gentilhomme plus jeune que vous, plus b[eau] et plus amiable. Vous aimez la femme [d']un des plus grands amis que vous ayez [au] monde, offensant d'un côté l'amitié et de [l'au]tre la révérence que vous portez à tous de[...] et j'aime un gentilhomme qui n'est à rien [...] sinon à l'amour qu'il me porte. Or, ju[gez,] monsieur, sans faveur, lequel de nous deu[x est] le plus punissable ou excusable, ou vo[us ou] moi. Je n'estime homme sage ni expéri[menté] qui ne vous donne le tort, vu que je suis j[eune] et ignorante, déprisée et contemnée [1] de [vous] et aimée du plus beau et honnête gentilhom[me] de France, lequel j'aime par le désespoir d[...]

[1] Dédaignée.

pouvoir jamais être de vous aimée. » Le gentilhomme, oyant ces propos pleins de vérité, dits et prononcés d'un visage beau avec une grâce tant assurée et audacieuse qu'elle montroit ne craindre mériter nulle punition, se trouva tant surpris d'étonnement, qu'il ne sut que lui répondre, sinon que l'honneur d'un homme et d'une femme n'est pas tout un ne semblable. Mais toutefois, puisqu'elle juroit qu'il n'y avoit point eu de péché entre celui qu'elle aimoit et elle, il n'est point délibéré de lui en faire pire chère ; par ainsi, qu'elle n'y retournât plus et que l'un ne l'autre n'eussent plus de recordation des choses passées : ce qu'elle lui promit, et s'en allèrent coucher ensemble par un bon accord. Or, le matin, une vieille damoiselle, qui avoit grand'peur de la vie de sa maîtresse, vint à son lever et lui demanda : « Eh bien ! madame, comment vous va ? » Elle lui répondit en riant : « Quoi, m'amie ? il n'est point un meilleur mari que le mien, car il m'a crue en mon serment. » Ainsi passèrent cinq ou six jours. Le gentilhomme prenoit de si près garde à sa femme, que nuit et jour avoit guet après elle ; mais il ne sut si bien guetter, qu'elle ne parlât encore à celui qu'elle aimoit en un lieu fort obscur et suspect. Toutefois, elle conduisoit son affaire si secrètement, qu'homme ne femme n'en put savoir la vérité. Et ne fut qu'un bruit que quelque valet fit, d'avoir trouvé un gentilhomme et une damoiselle en une étable sous la chambre de la maîtresse de cette dame, dont le gentilhomme mari eut si grand soupçon, qu'il se délibéra de faire mourir ce gentilhomme, et assembla un grand nombre de ses parents et amis pour le faire tuer, s'ils le pouvoient trouver en quelque lieu. Mais le principal de ses parents étoit tant ami du gentilhomme qu'il faisoit chercher, qu'au lieu de le surprendre, l'avertissoit de tout ce qui se faisoit contre lui, lequel, d'autre côté, étoit tant aimé à la cour et si bien accompagné qu'il ne craignoit point la puissance de son ennemi : pourquoi il ne fut point trouvé ; mais s'en vint en une église trouver la maîtresse de celle qu'il aimoit, laquelle n'avoit jamais rien entendu de tous ces propos passés ; car, devant elle, n'avoit jamais parlé à elle.

Le gentilhomme lui conta la suspicion et mauvaise volonté qu'avoit contre lui le mari, et que, nonobstant qu'il en fût innocent, il étoit délibéré de s'en aller en quelque voyage lointain pour ôter le bruit qui commençoit à croître. Cette princesse, maîtresse de son amie, fut fort étonnée d'ouïr ces propos, et jura que le mari avoit grand tort, qui avoit soupçon d'une si femme de bien, où elle n'avoit jamais vu ni connu que toute vertu et honnêteté. Toutefois, pour l'autorité où le mari étoit et pour éteindre ce fâcheux bruit, lui conseilla, la princesse, de s'éloigner pour quelque temps, l'assurant qu'elle ne croiroit rien de toutes ces folies et soupçons. Le gentilhomme et la dame, qui étoit avec elle, furent fort contents de demeurer en la bonne grâce et opinion de cette princesse ; laquelle conseilla au gentilhomme, qu'ayant son partement il devoit parler au mari, ce qu'il fit selon son conseil, et le trouva en une galerie près la chambre du roi, où avec un très-assuré visage (lui faisant l'honneur qui appartenoit à son état) lui dit : « Monsieur, j'ai toute ma vie eu désir de vous faire service, et pour toute récompense j'ai entendu qu'au soir vous me faisiez chercher pour me tuer. Je vous prie, monsieur, pensez que vous avez plus d'autorité et puissance que moi ; mais, toutefois, je suis gentilhomme comme vous : il me fâcheroit bien de donner ma vie pour rien. Je vous prie aussi, pensez que vous avez une femme de bien ; que s'il y a qui veuille dire du contraire, je lui dirai qu'il a méchamment menti. Et quant à moi, je ne pense avoir fait chose dont vous ayez occasion de me vouloir mal. Et, si vous voulez, je demeurerai votre serviteur, ou sinon je le suis du roi, dont j'ai occasion de me contenter. » Le gentilhomme, à qui le propos s'adressoit, lui dit que véritablement il avoit eu quelque soupçon de lui, mais qu'il le tenoit si homme de bien, qu'il désiroit plus son amitié que son inimitié, et, en lui disant adieu le bonnet au poing, l'embrassa comme son grand ami. Vous pouvez penser que disoient ceux qui le soir de devant avoient eu commission de le tuer, de voir tant de signes d'honneur et d'amitié ; chacun en parloit diversement. A tant s'en partit le gentilhomme ; mais, pource qu'il n'étoit si bien garni d'argent que de beauté, sa dame lui donna une bague de la valeur de trois mille écus, laquelle il engagea pour quinze cents. Et, quelque temps après qu'il fut parti, le gentilhomme mari vint à la princesse maîtresse de sa femme, et la supplia donner congé à sa femme pour aller demeurer quelque temps avec une de ses sœurs. Ce que ladite dame trouva fort étrange, et le pria tant de lui en dire l'occasion, qu'il lui en dit une partie, mais non tout. Après que la jeune dame mariée eût prins congé de sa maîtresse et de toute la cour sans pleurer ne faire signe d'ennui, s'en alla où son mari vouloit qu'elle fût, en la conduite d'un gentilhomme, auquel fut donnée charge expresse de la garder soigneusement et surtout que sur les chemins elle ne parlât à celui duquel elle étoit soupçonnée. Elle, qui savoit ce commandement, leur donnoit tous les jours des alarmes et se moquoit d'eux et de leur mauvais soin. Et, un jour entre les autres, au partir du logis, trouva un cordelier à cheval, et elle, étant sur sa haquenée, l'entretint depuis la dînée jusqu'à la soupée, et quand elle fut à une grande lieue du logis, elle dit : « Mon père, pour les consolations que vous m'avez données cette après-dînée (voilà deux écus que je vous donne, lesquels sont dedans un papier, car je sais bien que vous n'y oseriez toucher[1], vous priant qu'incontinent que vous serez parti d'avec moi, vous en alliez à travers les champs le beau galop. » Et, quand il fut assez loin, la dame dit tout haut à ses gens : « Pensez-vous que vous êtes bons serviteurs et bien soigneux de me garder, vu que celui qu'on vous a tant recommandé a parlé à moi tout ce jourd'hui et vous l'avez laissé faire ; vous méritez bien que votre bon maître, qui se fie tant à vous, vous donnât des coups de bâton, au lieu de vos gages. » Quand le gentilhomme qui avoit la charge d'elle ouït ces propos, il eut si grand dépit, qu'il ne pouvoit répondre, pique son cheval, appelant deux autres avec lui, et fit tant, qu'il atteignit le cordelier, lequel, les voyant venir droit à lui, fuyoit le mieux qu'il pouvoit ; mais, pource qu'ils étoient mieux montés que lui, le pauvre homme fut prins. Et lui, qui ne savoit pourquoi, leur cria merci ; et en détournant son chaperon pour les plus humblement supplier la tête nue, connurent bien que ce n'étoit ce qu'ils cherchoient et que leur maîtresse s'étoit bien moquée d'eux, ce qu'elle fit encore mieux à leur retour, disant : « C'est à telles gens à qui l'on doit bailler telles femmes à garder ; ils les laissent parler sans savoir à qui, et puis, ajoutant foi à leurs paroles, ils vont faire honte aux serviteurs de Dieu. » Et après toutes ces moqueries, s'en alla du lieu où son mari l'avoit ordonné, où ses deux belles-sœurs et un mari de l'une la tenoient fort sujette, durant ce temps, entendit son mari comme sa bague étoit en gage pour quinze cents écus, dont il fut fort marri. Mais, pour sauver l'honneur de sa femme et pour le recouvrer, lui fit dire qu'elle la retirât et qu'il paieroit les quinze cents écus. Elle, qui n'avoit soin de la bague, puisque l'argent demeuroit à son ami, lui écrit comme son mari la contraignoit retirer sa bague ; et, afin qu'il ne pensât qu'elle fît pour diminution de bonne volonté, elle lui envoya un diamant que sa maîtresse lui avoit donné, qu'elle aimoit plus que bague qu'elle eût. Le gentilhomme lui envoya très-volontiers l'obligation du marchand et se tint pour content d'avoir eu quinze cents écus et un diamant, et de demeurer assuré de la bonne grâce de s'amie, combien que tant, que le mari véquit, il n'eut moyen de parler à elle, que par écriture. Et après la mort du mari, pource qu'il la pensoit telle qu'elle lui avoit promis, fit toute diligence de la pourchasser en mariage, mais il trouva que la longue absence lui avoit acquis un compagnon mieux aimé que lui, dont il eut si grand regret, qu'en fuyant les dames, chercha les lieux hasardeux, où il eut autant d'estime que jeune homme pourroit avoir ; ainsi finit ses jours.

« Voilà, mesdames, que, sans épargner notre sexe, j'ai bien voulu montrer aux maris, pour leur faire entendre que les femmes de grand cœur sont plutôt vaincues d'ire et vengeance, que de la douceur et amour, à quoi celle-ci sut longtemps résister ; mais, à la fin, fut vaincue du désespoir ; ce que ne doit être femme de bien ; pource qu'en quelque sorte que ce soit, ne sauroit trouver excuse à mal faire ; car, de tant plus les occasions en sont données grandes, et de tant plus se doivent montrer vertueuses à résister et vaincre le mal en bien, et non pas rendre le mal pour le mal, d'autant que souvent le mal que l'on cuide rendre à autrui retombe sur soi. Bienheureuses sont celles en qui la vertu de Dieu se montre en chasteté, douceur, patience et longanimité. » Hircan lui dit : « Il me semble, Longarine, que cette dame, dont vous avez parlé, a été plus menée de dépit que d'amour ; car si elle eût autant aimé le gentilhomme, qu'elle en faisoit semblant, elle ne l'eût abandonné pour un autre ; et, par ce

---

[1] Les religieux mendians faisaient vœu de ne toucher jamais d'argent.

discours, on la peut nommer dépite, vindicative, opiniâtre et muable[1]. — Vous en parlez bien à votre aise, dit Émarsuitte à Hircan ; mais vous ne savez pas quel crève-cœur c'est, quand on aime sans être aimé ? — Il est vrai, dit Hircan, je ne l'ai guère expérimenté, car on ne me sauroit faire si peu de mauvaise chère, que je ne laisse l'amour et la dame ensemble incontinent. — Oui bien, vous, dit Parlamente, qui n'aimez que votre plaisir ; mais une femme de bien ne doit laisser ainsi son mari. — Toutefois, répondit Simontault, celle dont le conte est fait, a oublié, pour un temps, qu'elle étoit femme ; car un homme n'en eût su faire plus belle vengeance. — Pour une qui n'est pas sage, dit Oisille, il ne faut pas que les autres soient tenues telles. — Si êtes-vous toutes femmes, dit Saffredant, et, quelques beaux et honnêtes accoûtrements que vous portiez, qui vous chercheroit bien avant sous la robe, on vous trouveroit femmes. » Nomerfide lui dit : « Qui vous voudroit écouter, la journée se passeroit en querelles. Mais il me tarde tant d'ouïr encore une histoire, que je prie Longarine de donner sa voix à quelqu'un. » Longarine regarda Guebron et lui dit : « Si vous savez rien de quelque honnête femme, je vous prie, maintenant le mettre en avant. » Guebron dit : « Puisque j'en dois dire ce qu'il me semble, je vous ferai un conte advenu en la ville de Milan. »

NOUVELLE XVI.

Une dame milanoise approuva la hardiesse et grand cœur de son ami, dont elle l'aima depuis de grand cœur.

Au temps du grand-maître de Chaumont[2] y avoit une dame, estimée l'une des plus honnêtes femmes de ce temps-là en la ville de Milan. Elle avoit épousé un comte italien, duquel étoit demeurée veuve, vivant en la maison de ses beaux-frères, sans jamais vouloir ouïr parler de se remarier, et se conduisoit si sagement et saintement, qu'il n'y avoit en la duché François ni Italien qui n'en fît grande estime. Un jour que ses beaux-frères et ses belles-mères faisoient un grand festin au maître de Chaumont, fut contrainte cette dame vefve s'y trouver, ce qu'elle n'avoit accoutumé en autres lieux. Et quand les François la virent, ils firent grande estime de sa beauté et bonne grâce, et sur tous, un duquel je tairai le nom ; mais il suffira qu'il n'y avoit en Italie François plus digne d'être aimé que celui-là ; car il étoit accompli en toutes les beautés et grâces que gentilhomme pourroit avoir.

Et combien qu'il vît cette dame vefve, avec son crêpe noir, séparée de la jeunesse, en un coin avec plusieurs vieilles, comme celui à qui jamais homme ne femme ne fit peur, se mit à l'entretenir, ôtant son masque et abandonnant les danses pour demeurer en sa compagnie. Et, tout le soir, ne bougea de parler à elle et aux vieilles ensemble, où il trouva plus de plaisir qu'avec toutes les plus jeunes et les plus braves de la cour ; en sorte que, quand il se fallut retirer, il ne pensoit avoir eu le loisir de s'asseoir. Et, combien qu'il ne parlât à cette dame que de propos communs, qui se peuvent dire en telle compagnie, si est-ce qu'elle connut bien qu'il avoit envie de l'accointer, dont elle se délibéra de se garder le mieux qu'il lui seroit possible, en sorte que jamais plus en festin ni en grande compagnie ne la put voir. Il s'enquit de sa façon de faire et trouva qu'elle alloit souvent aux églises et religions[1], où il mit si bon guet, qu'elle ne pouvoit aller si secrètement, qu'il n'y fût premier qu'elle et qu'il ne demeurât à l'église autant qu'il pouvoit avoir loisir de la voir ; et, tant qu'elle y étoit, la contemploit de si bonne affection, qu'elle ne pouvoit ignorer l'amour qu'il lui portoit. Pour laquelle éviter, se délibéra, pour un temps, de feindre se trouver mal et ouïr la messe en sa maison : dont le gentilhomme fut tant marri, qu'il n'est possible de plus, car il n'y avoit autre moyen de la voir que celui-là. Elle, pensant avoir rompu cette coutume, retourna aux églises comme auparavant, ce qu'amour déclara incontinent au gentilhomme, qui reprint ses premières dévotions ; et, de peur qu'elle ne lui donnât encore empêchement et qu'il n'eût le loisir de lui faire savoir sa volonté, un matin qu'elle pensoit être bien cachée en une petite chapelle, où elle oyoit la messe, s'alla mettre au bout de l'autel, et, voyant qu'elle étoit peu accompagnée, ainsi que le prêtre montroit le *corpus Domini*, se tourna devers elle, et avec une voix douce et pleine d'affection, lui

---

[1] Changeante, inconstante.
[2] Chaumont d'Amboise fut gouverneur de Milan depuis 1500 jusqu'à sa mort, en 1511.

[1] Couvens.

dit : « Madame, je prends [1] Celui que le prêtre tient à ma damnation, si vous seule n'êtes cause de ma mort; car, encore que vous m'ôtiez le moyen de la parole, si ne pouvez-vous ignorer ma volonté, vu que la vérité vous l'a déclarée assez par mes yeux languissants et par ma contenance morte. » La dame, feignant n'y entendre rien, lui répondit : « Dieu ne doit point ainsi être prié en vain; mais les poëtes disent que les Dieux se rient des jurements et mensonges des amants ; parquoi, les femmes qui aiment leur honneur ne doivent être crédules ni piteuses [2]. » En disant cela, elle se leva et s'en retourne en son logis. Si le gentilhomme fut courroucé de cette parole, ceux qui ont expérimenté choses semblables diront bien que oui. Mais, lui, qui n'avoit faute de cœur, aima mieux avoir cette mauvaise réponse, que d'avoir failli à déclarer sa volonté, laquelle il tint ferme par trois ans durant, et aussi, par lettres et moyens, la pourchassa sans perdre heure ne temps. Mais, durant trois ans, ne put avoir autre réponse, sinon qu'elle le fuyoit, comme le loup, le lévrier duquel il doit être prins, non par haine qu'elle lui portât, mais pour la crainte de son honneur et réputation : dont il s'aperçut si bien, que plus vivement qu'il n'avoit fait, pourchassa son affaire. Et après plusieurs peines, refus, tourments et désespoirs, voyant la présence de son amour, cette dame eut pitié de lui et lui accorda ce qu'il avoit désiré et si longuement attendu ; et, quand ils furent d'accord des moyens, ne faillit le gentilhomme françois à se hasarder d'aller en sa maison, combien que sa vie y pouvoit être en grand hasard, vu que les parents d'elle logeoient tous ensemble. Lui, qui n'avoit pas moins de finesse que de beauté, se conduisit si sagement, qu'il entra en sa chambre, à l'heure qu'elle lui avoit assignée, où il la trouva toute seule couchée en un beau lit ; et, ainsi qu'il se hâtoit en se déshabillant pour coucher avec elle, entendit à la porte un grand bruit de voix parlant bas et des épées que l'on frottoit contre les murailles. La dame lui dit avec visage de femme demi-morte : « Or, à cette heure est votre vie et mon honneur au plus grand danger qu'ils pouvoient être, car j'entends bien que voilà mes frères qui vous cherchent pour vous tuer ; parquoi, je vous prie, cachez-vous sous ce lit, car, quand ils ne vous trouveront point, j'aurai occasion de me courroucer à eux de l'alarme que sans cause ils m'auroient faite. » Le gentilhomme, qui n'avoit encore jamais regardé la peur, lui dit : « Et qui sont vos frères pour faire peur à un homme de bien ? Quand toute leur race seroit ensemble, je suis sûr qu'ils n'attendroient point le quatrième coup de mon épée : parquoi, reposez-vous en votre lit et laissez-moi garder cette porte. » A l'heure, il mit sa cape à l'entour de son bras et l'épée au poing, et alla ouvrir la porte pour voir de plus près les épées dont il oyoit le bruit ; et quand elle fut ouverte, il vit deux chambrières qui, avec deux épées en chacune main, lui faisoient cette alarme; lesquelles lui dirent : « Monsieur, pardonnez-nous, car nous avons commandement de notre maîtresse de faire ainsi ; mais vous n'aurez plus de nous autre empêchement. » Le gentilhomme, voyant que c'étoient femmes, ne put pis faire, que de les commander à tous les diables, leur fermant la porte au visage, et s'en aller plus tôt qu'il lui fut possible coucher avec sa dame, de laquelle la peur n'avoit en rien diminué l'amour ; et, oubliant lui demander la raison de ces escarmouches, ne pensa qu'à satisfaire à son désir. Mais, voyant que le jour approchoit, la pria lui dire pourquoi elle avoit fait si mauvais tour, tant de la longueur du temps que de cette dernière entreprise. Elle, en riant, lui répondit : « Ma délibération étoit de jamais n'aimer, ce que depuis ma viduité j'avois bien su garder ; votre honnêteté, dès l'heure que vous parlâtes à moi au festin, me fit changer propos, et commençai dès lors à vous aimer autant que vous faisiez moi. Il est vrai que l'honneur, qui m'avoit toujours conduite, ne vouloit permettre qu'amour me fît faire chose, dont ma réputation fût empirée. Mais, comme la biche navrée à mort cuide, en changeant de lieu, changer le mal qu'elle porte avec soi, ainsi m'en allois-je d'église en église, cuidant fuir celui que je portois en mon cœur, duquel a été la preuve de l'amitié si parfaite, qu'elle a fait accorder l'honneur avec l'amour. Mais, afin d'être plus assurée de mettre mon cœur et mon amour en un parfait homme de bien, j'ai bien voulu faire cette dernière preuve de mes chambrières, vous assurant que, si pour peur de vie ou de nul autre égard, je

---

[1] Il faut suppléer ici à témoin, qui manque dans les éditions que nous avons sous les yeux.
[2] Pitoyables, charitables, sensibles.

vous eusse trouvé craintif jusqu'à vous cacher sous mon lit, j'avois délibéré de me lever et aller en une autre chambre, sans jamais de plus près vous voir. Mais, pource que je vous ai trouvé beau, de bonne grâce et plein de vertu et hardiesse plus que l'on ne m'avoit dit, et, que la peur n'a pu toucher votre cœur, ni tant soit peu refroidir l'amour que vous me portez, je suis délibérée de m'arrêter à vous pour la fin de mes jours ; me tenant sûre que je ne saurois en meilleure main mettre ma vie et mon honneur, qu'en celui que je ne pense avoir vu son pareil en toutes vertus. » Et, comme si la volonté des hommes étoit immuable, se promirent et jurèrent ce qui n'étoit en leur puissance, c'est une amitié perpétuelle, qui ne peut naître ne demeurer au cœur des hommes ; et celles le savent qui l'ont expérimentée et combien telles opinions durent.

« Et pour ce, mesdames, vous vous garderez de nous, comme le cerf, s'il avoit entendement, feroit de son chasseur ; car notre félicité et notre gloire et entendement est de vous voir prises et ôter ce qui vous est plus cher que la vie. — Comment ! dit Hircan à Guebron, depuis quel temps êtes-vous devenu prêcheur ? J'ai bien vu que vous ne teniez pas ces propos. — Il est vrai, dit Guebron, que j'ai parlé maintenant contre tout ce que j'ai dit, toute ma vie ; mais, pource que j'ai les dents si foibles, que je ne puis plus mâcher la venaison, j'avertis les pauvres biches de se garder des veneurs, pour satisfaire en ma vieillesse aux maux que j'ai desservis [1] en ma jeunesse. — Nous vous remercions, Guebron, dit Nomerfide, de quoi vous avertissez de notre profit, mais si ne nous en sentons-nous pas trop tenues à vous ; car vous n'avez tenu pareil propos à celle que vous avez bien aimée ; c'est donc signe que vous ne nous aimez guère ? Ne voulez-vous encore souffrir que nous soyons aimées ? Si pensons-nous être aussi sages et vertueuses, que celles que vous avez si longuement chassées en votre jeunesse. Mais c'est la gloire des vieilles gens, qui cuident toujours avoir été plus sages, que ceux qui vivent après eux. — Eh bien ! Nomerfide, dit Guebron, quand la tromperie de quelqu'un de vos serviteurs vous aura fait connoître la malice des hommes, à cette heure-là croirez-vous que je vous aurai dit vérité ? » Oisille dit à Guebron : « Il me semble que le gentilhomme que vous louez tant de hardiesse, devroit plutôt être loué de fureur d'amour, qui est une puissance si forte, qu'elle fait entreprendre aux plus couards du monde ce à quoi les plus hardis penseroient à deux fois. » Saffredant lui dit : « Madame, si ce n'étoit qu'il estimât les Italiens gens de meilleur discours que de grand effet, il me semble qu'il devoit avoir grande occasion d'avoir peur. — Oui, ce dit Oisille, s'il n'eût point eu en son cœur le feu qui brûle crainte. — Il me semble, dit Hircan, puisque vous ne trouvez la hardiesse de celui-ci assez louable, qu'il faut que vous en sachiez un autre qui est plus digne de louange ? — Il est vrai, dit Oisille, que celui-ci est louable ; mais j'en sais un plus admirable. — Je vous prie, dit Guebron, s'il en est ainsi, que vous preniez ma place, de nous dire quelque chose honnête et digne d'homme hardi, comme nous promettez. — S'il est ainsi, dit Oisille, qu'un homme pour sa vie et l'honneur de sa dame s'est tant montré assuré contre les Milanois et est estimé tant hardi, que doit être un qui, sans nécessité, mais par vraie et naïve hardiesse, a fait le tour que je vous dirai ? »

NOUVELLE XVII.

Le roi François montra sa générosité au comte Guillaume, qui le vouloit faire mourir.

Dans la ville de Dijon, au duché de Bourgogne, vint au service du roi François un comte d'Allemagne, nommé Guillaume, de la maison de Saxonne[1], dont celle de Savoie est tant alliée, qu'anciennement n'étoit qu'une. Le comte, autant estimé beau et hardi gentilhomme qui fût point en Allemagne, eut si bon recueil [2] du roi, que non-seulement le print en son service, mais le tint près de lui et de sa chambre. Un

---

[1] Mérités.

[1] C'était sans doute un bâtard de la maison de Saxe-Lawembourg, qui descendait de Witikind, auquel la maison de Savoie fait aussi remonter son origine. La branche de Saxe-Lawembourg, qui avait le duché de la Basse-Saxe, fut mise en possession de l'électorat de Saxe par Charles-Quint, qui dépouilla, en 1547, l'électeur Jean-Frédéric *le Magnanime*, chef de la Ligue de Smalcade et défenseur de la religion protestante en Allemagne. Les généalogies de la maison de Saxe ne nous donnent pas la filiation de ce comte Guillaume.

[2] Pour *accueil*.

jour, le gouverneur de Bourgogne, seigneur de La Trimouille[1], ancien chevalier et loyal serviteur du roi, comme celui qui étoit soupçonneur et craintif du mal et dommage de son maître, avoit toujours des espions à l'entour de son ennemi, pour savoir qu'il faisoit; et s'y gouvernoit si sagement, que peu de choses lui étoient celées. Entre autres avertissemens, il lui fut écrit par un de ses amis, que le comte Guillaume avoit prins quelque somme de deniers avec promesse d'en avoir davantage, pour faire mourir le roi en quelque sorte que ce pût être. Le seigneur de La Trimouille ne faillit point d'en venir avertir le roi, et ne le cela à madame Louise de Savoie, sa mère, laquelle oublia l'alliance qu'elle avoit avec cet Allemand, et supplia le roi de le chasser bientôt; lequel le requit de n'en parler point et qu'il étoit impossible qu'un si honnête gentilhomme et tant homme de bien entreprînt une si grande méchanceté. Au bout de quelque temps, vint encore un autre avertissement confirmant le premier; dont le gouverneur, brûlant de l'amour de son maître, lui demanda congé de le chasser ou d'y donner ordre; mais le roi lui demanda expressément de n'en faire nul semblant, et pensa bien que par un autre moyen il en sauroit la vérité. Un jour qu'il alloit à la chasse, print la meilleure épée qu'il étoit possible de voir pour toutes armes, et mena avec lui le comte Guillaume, auquel il commanda de le suivre le premier et de près; mais, après avoir quelque temps couru le cerf, voyant le roi que ses gens étoient loin de lui, fors le comte seulement, se détourna de tous chemins. Et quand il se vit avec le comte au plus profond de la forêt seul, en tirant son épée, dit au comte : « Vous semble-t-il que cette épée soit belle et bonne ? » Le comte, en la maniant, lui dit qu'il n'en avoit vu nulle qu'il pensât meilleure : « Vous avez raison, dit le roi, et me semble que si un gentilhomme avoit délibéré de me tuer et qu'il eût connu la force de mon bras et la bonté de mon cœur accompagné de cette épée, il penseroit deux fois à m'assaillir. Toutefois, je le tiendrois pour bien méchant, si nous étions seul à seul sans témoins, s'il n'osoit exécuter ce qu'il auroit entrepris. » Le comte Guillaume lui répondit avec visage étonné : « Sire, la méchanceté de l'entreprise seroit bien grande, mais la folie de la vouloir exécuter ne seroit pas moindre. » Le roi, en se prenant à rire, remit l'épée au fourreau, et, écoutant que la chasse étoit près de lui, piqua après le plus tôt qu'il put. Quand il fut arrivé, il ne parla à nul de cette affaire et s'assura que le comte Guillaume, combien qu'il fût un aussi fort et dispos gentilhomme qui se trouvât lors, n'étoit homme pour faire si haute entreprise. Mais le comte Guillaume, craignant d'être décelé ou soupçonné du fait, vint le lendemain matin dire à Robertet, secrétaire des finances du roi[1], qu'il avoit regardé aux bienfaits et gages que le roi lui vouloit donner pour demeurer avec lui, toutefois qu'ils n'étoient pas suffisants pour l'entretenir la moitié de l'année; et que, s'il ne plaisoit au roi lui en bailler la moitié au double, il seroit contraint de se retirer, priant ledit Robertet d'en savoir le plus tôt qu'il pourroit la volonté du roi. Qui lui dit qu'il ne sauroit plus s'y avancer, que d'y aller incontinent sur l'heure, et print cette commission volontiers; car il avoit vu les avertissements du gouverneur. Et ainsi que le roi fut éveillé, ne faillit à faire sa harangue, présents M. de La Trimouille et l'amiral Bonnivet, lesquels ignoroient le tour que le roi avoit fait. Ledit seigneur leur dit : « Vous avez envie de chasser le comte Guillaume, et vous voyez qu'il se chasse de lui-même. Parquoi, lui direz que, s'il ne se contente de l'état qu'il a accepté en entrant à mon service, dont plusieurs gens de bonne maison se sont tenus bien heureux, c'est raison qu'il cherche ailleurs meilleure fortune; et quant à moi, je ne l'empêcherai point, mais

---

[1] Louis II de La Tremoille, vicomte de Thouars, prince de Talmont, etc., gouverneur et lieutenant général de Bourgogne, surnommé *le chevalier sans reproches*, un des plus braves capitaines de son temps, né en 1460 et mort à la bataille de Pavie, âgé de soixante-cinq ans. Sa vie militaire a été écrite par Jean Bouchet, son contemporain. Ce fut sans doute peu de temps après le siège de Dijon, soutenu vaillamment contre les Suisses par Louis de La Tremoille, en 1513, que le comte Guillaume se fit admettre au service de François Ier.

[1] Florimond Robertet, natif de Montbrison, fut trésorier de France et secrétaire des finances sous les règnes de Charles VIII, Louis XII et François Ier. « C'étoit l'homme le plus approché de son maître (dit Robert de La Mark, comte de Fleuranges, dans ses Mémoires) et qui savoit et avoit beaucoup vu, tant du temps du roi Charles, que du roi Louis, et, sans point de faute, c'étoit l'homme le mieux entendu que je pense guère avoir vu, et de meilleur esprit, mêlé des affaires de France, et qui en a eu la principale charge. »

je serai très-content qu'il trouve parti tel qu'il puisse vivre comme il mérite. » Robertet fut aussi diligent de porter cette réponse au comte, qu'il avoit été de présenter sa requête au roi. Le comte dit qu'avec son congé, il délibéroit donc de s'en aller; et, comme celui que la peur contraignoit de partir, ne le sut porter vingt-quatre heures; mais, comme le roi se mettoit à table, print congé de lui, feignant avoir grand regret, dont sa nécessité lui faisoit perdre sa présence. Il alla aussi prendre congé de la mère du roi, laquelle lui donna aussi joyeusement qu'elle l'avoit reçu comme parent et ami. Ainsi s'en alla en son pays. Et le roi, voyant sa mère et ses serviteurs étonnés de ce soudain partement, leur conta l'alarme qu'il lui avoit donnée, disant qu'encore qu'il fût innocent de ce qu'on lui mettoit sus, si avoit été sa peur assez grande pour l'éloigner d'un maître dont il ne connoissoit pas encore les complexions.

« Quant à moi, mesdames, je ne vois point qu'autre chose pût émouvoir le cœur du roi à se hasarder ainsi seul contre un homme tant estimé, sinon qu'en laissant la compagnie et les lieux où les rois ne trouvent nul inférieur qui leur demande le combat, se voulut faire pareil à celui qu'il doutoit son ennemi, pour se contenter lui-même d'expérimenter la bonté et hardiesse de son cœur. — Sans point de faute, dit Parlamente, il avoit raison; car la louange de tous les hommes ne peut tant satisfaire un bon cœur, que le savoir et expérience qu'il a seul des vertus que Dieu a mises en lui. — Il y a longtemps, dit Guebron, que les poëtes et autres nous ont peint, pour venir au temple de Renommée, qu'il falloit passer par celui de Vertu. Et moi, qui connois les deux personnages dont vous avez fait le conte, je sais bien véritablement que le roi est un des plus hardis hommes qui soient en son royaume. — Par ma foi! dit Hircan, à l'heure que le comte Guillaume vint en France, j'eusse plus craint son épée que celle des plus gentils compagnons italiens qui fussent en la cour. — Vous savez bien, dit Emarsuitte, qu'il est tant estimé, que nos louanges ne sauroient atteindre à son mérite, et que notre Journée seroit plus tôt passée, que chacun en eût dit ce qu'il lui en semble. Parquoi, madame, donnez votre voix à quelqu'un qui dise encore du bien des hommes, s'il y en a. » Or, Oisille dit à Hircan : « Il me semble que vous ayez tant accoutumé de dire du mal des femmes, qu'il vous sera aisé de nous faire quelque bon conte à la louange d'un homme; parquoi, je vous donne ma voix. — Ce me sera chose aisée à faire, dit Hircan, car il y a si peu que l'on m'a fait un conte à la louange d'un gentilhomme, dont l'amour et la fermeté et la patience est si louable, que je n'en dois laisser perdre la mémoire. »

NOUVELLE XVIII.

Une belle jeune dame expérimente la foi d'un jeune écolier son ami, avant que lui permettre avantage sur son honneur.

En une des bonnes villes du royaume de France, y avoit un seigneur de bonne maison qui étoit aux écoles, désirant parvenir au savoir par qui la vertu et l'honneur se doivent acquérir entre les vertueux hommes. Et, combien qu'il fût si savant, qu'étant en l'âge de dix-sept à dix-huit ans, il sembloit être la doctrine et exemple des autres, Amour toutefois, après ses leçons, ne laissa pas de lui chanter la sienne, et, pour être mieux ouï et reçu, se cacha sous le visage et les yeux de la plus belle dame qui fût en le pays, laquelle pour quelque procès étoit venue à la ville. Mais, avant qu'Amour s'essayât à vaincre ce gentilhomme par la beauté de cette dame, il avoit gagné le cœur d'elle, en voyant les perfections qui étoient en ce seigneur; car, en beauté, grâce, bon sens, beau parler, n'y avoit nul, de quelque état qu'il fût, qui le passât. Vous, qui savez le prompt chemin que fait ce feu quand il se prend à l'un des bouts du cœur et de la fantaisie, vous jugerez bien qu'en deux si parfaits sujets n'arrêta guère Amour, qu'il ne les eût à son commandement et qu'il ne les rendît tous deux si pleins de claire lumière, que leur pensée, vouloir et parler n'étoit que flamme de cet amour, laquelle avec la jeunesse, qui en lui engendroit crainte, lui faisoit pourchasser son affaire le plus doucement qu'il lui étoit possible. Mais celle qui étoit vaincue d'amour n'avoit besoin de force; toutefois, par la honte qui accompagne les dames, le plus qu'elle put se garda de montrer sa volonté. Si est-ce qu'à la fin la forteresse du cœur, où l'honneur demeure, fut ruinée de telle sorte, que la pauvre dame s'accorda en ce dont elle n'avoit été discordante. Mais, pour expérimenter la patience, fermeté et amour de son serviteur, lui octroya ce qu'il demandoit, avec trop difficile condition, l'assurant que, s'il la gardoit, à jamais elle l'aimeroit parfaitement, et que, s'il failloit, il étoit sûr de ne l'avoir de sa vie : c'est qu'elle étoit contente de parler à lui dedans un lit, tous deux couchés en leur chemise, par ainsi qu'il[1] ne lui demandât rien davantage, sinon la parole et le baiser. Lui, qui estimoit qu'il n'y eût joie digne d'être accomparée à celle qu'elle lui promettoit, lui accorda ; et, le soir venu, la promesse fut accomplie, de sorte que, pour quelque bonne chère qu'elle lui fît, ne pour quelque contension qu'il eût, ne voulut fausser son serment. Et, combien qu'il n'estimât sa peine moindre que celle du purgatoire, si fut son amour si grand et son espérance si forte, étant sûr de la continuation perpétuelle de l'amitié qu'avec si grande peine il avoit acquise, qu'il garda sa patience et se leva d'auprès d'elle, sans jamais lui vouloir faire aucun déplaisir. La dame, comme je crois, plus émerveillée que contente de ce bien, soupçonne incontinent que son amour n'étoit si grande qu'elle pensoit, ou qu'il n'avoit trouvé en elle tant de bien comme il estimoit, et ne regarda pas à la grande honnêteté, patience et fidélité à garder son serment. Parquoi, se délibéra de faire encore une autre preuve de l'amour qu'il lui portoit, avant que tenir sa promesse. Et, pour y parvenir, le pria de parler à une fille qui étoit en sa compagnie, plus jeune qu'elle et bien fort belle, et qu'il lui tînt propos d'amitié, afin que ceux qui le voyoient venir en sa maison si souvent, pensassent que ce fût pour sa damoiselle et non pour elle. Ce jeune seigneur, qui se tenoit sûr d'être aimé autant qu'il aimoit, obéit entièrement à tout ce qu'elle lui commanda, et se contraignit, pour l'amour d'elle, de faire l'amour à cette fille ; laquelle, le voyant si beau et bien enparlé[2], crut son mensonge plus qu'une autre, vérité, et l'aima autant, que si elle eût été bien fort aimée de lui. Et quand la maîtresse vit que les choses étoient si avant et que toutefois ce seigneur ne cessoit de la sommer de sa promesse, lui accorda qu'il la vînt voir à une heure après minuit ; et qu'elle avoit tant expérimenté l'amour et obéissance qu'il lui portoit, que c'étoit raison qu'il fût récompensé de sa bonne patience. Il ne faut point douter de la joie que reçut cet affectionné serviteur, qu'il ne faillit à venir à l'heure assignée. Mais la dame, pour tenter la force de son amour, dit à sa belle damoiselle : « Je sais bien l'amour qu'un tel seigneur vous porte, dont je crois que vous n'ayez moindre passion que lui ; et j'ai telle compassion de vous deux, que je suis délibérée de vous donner lieu et loisir de parler longuement ensemble à vos aises. » La damoiselle fut si transportée, qu'elle ne lui sut feindre son affection ; mais lui dit qu'elle n'y vouloit faillir, et, obéissant à son conseil et par son commandement, se dépouilla et se mit en un beau lit toute seule en une chambre, dont la dame laissa la porte ouverte et alluma de la clarté là dedans, parquoi la beauté de cette fille pouvoit être vue plus clairement. Et, en feignant de s'en aller, se cacha si bien auprès du lit, qu'on ne pouvoit la voir. Son pauvre serviteur, la cuidant trouver comme elle lui avoit promis, ne faillit, à l'heure ordonnée, d'entrer en la chambre le plus doucement qu'il lui fut possible ; et, après qu'il eut fermé la porte et ôté sa robe et ses brodequins fourrés, s'en alla mettre au lit, où il pensoit trouver ce qu'il désiroit, et ne sut sitôt avancer ses bras pour embrasser celle qu'il cuidoit être sa dame, que la pauvre fille, qui le cuidoit être du tout à elle, n'eut les siens à l'entour de son cou, en lui disant tant de paroles affectionnées et d'un si beau visage, qu'il n'est si saint ermite qui n'eût perdu ses patenôtres. Mais, quand il l'eut reconnue tant à la vue qu'à l'ouïr, l'amour, qui avec si grand'hâte l'avoit fait coucher, le fit encore plus tôt lever, quand il reconnut que ce n'étoit celle pour qui il avoit tant souffert ; et, avec un dépit tant contre la maîtresse que contre la chambrière, alla à la damoiselle et lui dit : « Votre folie, tant de vous que de la damoiselle qui vous a mise là par malice, ne me sauroit faire autre que je suis ; mais mettez peine d'être femme de bien, car, par mon occasion, ne perdrez ce bon nom. » Et, en ce disant, tant courroucé qu'il n'est possible de plus, saillit hors de la chambre et fut longtemps sans retourner où étoit sa dame. Toutefois, Amour, qui n'est jamais sans espérance, l'assura que plus la fermeté de son amour étoit grande et connue par tant d'expérience, plus la jouissance en seroit longue et heureuse. La dame, qui avoit entendu tous ces propos, fut tant contente et ébahie de voir la grandeur et fermeté de son amour, qu'il lui tarda bien qu'elle ne le pouvoit revoir pour lui demander

---

[1] De telle sorte qu'il.
[2] Ou *enlangagé*, éloquent.

pardon des maux qu'elle lui avoit faits à l'éprouver. Et, sitôt qu'elle le put trouver, ne faillit à lui dire tant d'honnêtes et bons propos, que non-seulement il oublia toutes ses peines, mais les estima très-heureuses, vu qu'elles étoient tournées à la gloire et à l'assurance parfaite de son amitié, de laquelle, depuis cette heure-là en avant, sans empêchement ne fâcherie, il eut la fruition [1] telle qu'il la pouvoit désirer.

« Je vous prie, mesdames, trouvez-moi une femme qui ait été si ferme, si patiente et si loyale en amour que cet homme-ci a été? Ceux qui ont expérimenté telles intentions [2] trouvent celles que l'on peint à saint Antoine bien petites au prix. Car qui peut être chaste et patient avec la beauté, l'amour, le temps et le loisir des femmes, sera assez vertueux pour vaincre tous les diables. — C'est dommage, dit Oisille, qu'il ne s'adressa à une femme aussi vertueuse que lui, car c'eût été la plus parfaite et la plus honnête amour dont on ouït jamais parler. — Mais, je vous prie, dit Guebron, dites-moi lequel tour trouvez-vous le plus difficile des deux? — Il me semble, dit Parlamente, que c'est le dernier, car le dépit est la plus forte tentation de toutes les autres. » Longarine dit qu'elle pensoit que ce fût le premier, car il falloit qu'il vainquît l'amour et soi-même pour tenir sa promesse. « Vous en parlez bien à votre aise, dit Simontault; mais nous, qui savons bien que la chose vaut, en devons dire notre opinion. Quant à moi, à la première fois, je l'estime fol, et à la seconde, sot; car je crois qu'en tenant sa promesse à sa dame, elle avoit autant et plus de peine que lui. Elle ne lui faisoit faire ce serment, sinon pour se feindre plus femme de bien qu'elle n'étoit, se tenant sûre qu'une forte amour ne se peut lier ne par commandement, ne par serment, ne par chose qui soit au monde; mais elle vouloit feindre son vice si vertueux, qu'il ne pouvoit être gagné que par vertus héroïques. Et, la seconde fois, il se montra sot de laisser celle qu'il aimoit et valoit mieux que celle où il avoit serment contraire, et si avoit bonne excuse sur le dépit de quoi il étoit plein. » Dagoucin le reprit, disant qu'il étoit de contraire opinion et qu'à la première fois il se montra ferme, patient et véritable, et à la seconde loyal et parfait en amitié. « Et que savons-nous, dit Saffredant, s'il étoit de ceux qu'un chapitre nomme *De frigidis et maleficiatis* [1]? Mais si Hircan eût voulu parfaire sa louange, il nous devoit conter comme il fut gentil compagnon quand il eut ce qu'il demandoit; et à l'heure, pourrions-nous juger si c'étoit vertu ou impuissance qui le fit être sage. — Vous pouvez bien penser, dit Hircan, que si l'on ne m'eût dit, que je ne l'eusse non plus célé que le demeurant. Mais, à voir sa personne et connoître sa complexion, je l'estimerai plutôt avoir été conduit par la force d'amour que de nulle impuissance ou froideur. — Or, s'il étoit tel que vous dites, dit Simontault, il devoit rompre son serment; car, si elle se fût courroucée pour si peu, elle eût été légèrement [2] apaisée. — Mais, dit Emarsuitte, peut-être qu'à l'heure elle ne l'eût pas voulu? — Et puis, dit Saffredant, n'étoit-il pas assez fort pour la forcer, puis qu'elle lui avoit donné camp? — Sainte Marie! dit Nomerfide, comme vous y allez? Est-ce là la façon d'acquérir la grâce d'une qu'on estime honnête et sage? — Il me semble, dit Saffredant, que l'on ne sauroit plus faire d'honneur à une femme de qui l'on désire telles choses, que de la prendre par force, car il n'y a si petite damoiselle qui ne vueille être bien longtemps priée, et d'autres encore à qui il faut donner beaucoup de présents avant que de les gagner; d'autres qui sont si sottes, que par moyens ne finesses on ne les peut avoir ne gagner, et envers celles-là ne faut penser que chercher les moyens. Mais quand on a affaire à une si sage que l'on ne la peut tromper, et si bonne qu'on ne la peut gagner par paroles ne présents, est-ce pas raison de chercher tous les moyens que l'on peut, pour en avoir la victoire? Et quand vous oyez dire qu'un homme a prins une femme par force, croyez que cette femme-là lui a ôté l'espérance de tous les autres moyens, et n'estimez moins l'homme qui a mis sa vie en danger pour donner lieu à son amour. » Guebron se print à rire et dit : « J'ai vu autrefois assiéger des places et prendre par force, pource

---

[1] Jouissance.
[2] Il faut plutôt lire *tentations*.

[1] Rabelais parle aussi de ce fameux chapitre, qui doit se trouver dans les canons de quelque concile ou dans le *Formulaire du droit canonique*, puisque les demandes de divorce pour impuissance, nœud d'aiguillettes et maléfices, étaient soumises au jugement de l'officialité. — [2] Facilement.

qu'il n'étoit possible de faire parler [1] par argent ne par menaces ceux qui la gardoient, car on dit qu'une place qui parlemente est à demi gagnée. — Il semble, dit Émarsuitte, que tous les amours du monde soient fondés sur ces folies ; mais il y en a qui ont aimé et bénignement persévéré, de qui l'intention n'a point été telle. — Si vous en savez une à dire, dit Hircan, je vous donne ma voix et place pour la dire. — Or, bien je le sais, dit Émarsuitte, et adonc la dirai très-volontiers. »

NOUVELLE XIX.

De deux amants qui, par désespoir d'être mariés ensemble, se rendirent en religion ; l'homme, à Saint-François, et la fille, à Sainte-Claire.[2]

Au temps du marquis de Mantoue[3], qui avoit épousé la sœur du duc de Ferrare, y avoit en la maison de la duchesse[4], une damoiselle nommée Pauline, laquelle étoit tant aimée d'un gentilhomme serviteur du marquis, que la grandeur de son amour faisoit émerveiller tout le monde, vu qu'il étoit pauvre et tant gentil compagnon, qu'il devoit chercher (pour l'amour que lui portoit son maître) quelque femme riche. Mais il lui sembloit que tout le trésor du monde étoit en Pauline, lequel, en l'épousant, il pensoit posséder. La marquise, désirant que par sa faveur Pauline fût mariée plus richement, l'en dégoûtoit le plus qu'il lui étoit possible et les empêchoit souvent de parler ensemble, leur remontrant que, si le mariage se faisoit, ils seroient les plus pauvres et misérables de toute l'Italie ; mais cette raison ne pouvoit entrer en l'entendement du gentilhomme. Pauline, de son côté, dissimuloit le mieux qu'elle pouvoit son amitié ; toutefois, elle n'en pensoit pas moins. Cette amitié dura longuement, avec une espérance que le temps leur apporteroit quelque meilleure fortune. Durant lequel, vint une guerre[1], où ce gentilhomme fut prins prisonnier avec un François, qui n'étoit moins amoureux en France que lui en Italie. Et, quand ils se trouvèrent compagnons de leurs fortunes, ils commencèrent à découvrir leurs secrets l'un à l'autre. Et confessa le François, que son cœur étoit ainsi prisonnier que le sien, sans lui vouloir nommer le lieu ; mais, pour être tous deux au service du marquis de Mantoue, savoit bien, ce gentilhomme françois, que son compagnon aimoit Pauline, et, pour l'amitié qu'il avoit en son bien et proufit, lui conseilloit d'en ôter sa fantaisie : ce que le gentilhomme italien juroit n'être en sa puissance, et que, si le marquis de Mantoue, pour récompense de sa prison et des bons services qu'il avoit faits, ne lui donnoit s'amie, il s'en iroit rendre cordelier et ne serviroit jamais maître que Dieu. Ce que son compagnon ne pouvoit croire, ne voyant en lui un seul signe de religion, fors la dévotion qu'il avoit en Pauline. Au bout de neuf mois, fut délivré le gentilhomme françois, et, par sa bonne diligence, fit tant, qu'il mit son compagnon en liberté et pourchassa le plus qu'il lui fut possible, envers le marquis et la marquise, le mariage de Pauline. Mais il n'y put advenir ni rien gagner, en lui mettant la pauvreté devant les yeux, où il leur faudroit tous deux vivre, et aussi que de tous côtés les parents n'en étoient pas contents ne d'opinion, et lui défendoient qu'il n'eût plus à parler à elle, afin que cette fantaisie s'en allât par l'absence et impossibilité. Et, quand il vit qu'il étoit contraint d'obéir, demanda congé à la marquise de dire adieu à Pauline, puisque jamais ne parleroit à elle, ce qui fut accordé ; et à l'heure, commença lui dire : « Puisque ainsi est, Pauline, que ciel et la terre sont contre nous, non-seulement pour nous empêcher de marier ensemble, mais, qui plus est, pour nous ôter la vue et parole, dont maître et maîtresse nous ont fait rigoureux commandement, ils se peuvent bien vanter qu'en une parole ils ont blessé deux cœurs, dont les corps ne sauroient plus faire que languir, montrant bien par cet effet qu'oncques amour ne pitié n'entrèrent en

---

[1] Pour *parlementer*.

[2] Ce sont les noms de deux couvents d'hommes et de femmes, de l'ordre de saint François, à Ferrare.

[3] François de Gonzague, deuxième du nom, marquis de Mantoue, né en 1466 et mort en 1519. Il eut beaucoup de part aux guerres d'Italie ; il y commanda l'armée française en 1503, et se retira devant la défiance de ses soldats, qui l'accusoient d'intelligence avec les Espagnols. Depuis, il tourna ses armes contre la France et fut général des troupes de l'empereur Maximilien. Il avait épousé, en 1490, Élisabeth d'Est, fille d'Hercule, premier du nom, duc de Ferrare.

[4] La duchesse de Ferrare, femme d'Hercule d'Est, premier du nom, était Éléonore d'Aragon, fille de Ferdinand, roi de Naples.

[1] Sans doute l'expédition que Louis XII envoya pour conquérir le royaume de Naples, en 1503, et qui fut arrêtée et mise en déroute au passage du Garigliano.

leur estomac. Je sais bien que leur fin est de nous marier bien et richement chacun; car ils ignorent que la vraie richesse gît au contentement; mais si m'ont-ils fait tant de mal et de déplaisir, qu'il est impossible que jamais leur puisse faire service. Je crois bien que, si jamais je n'eusse parlé de ce mariage, ils ne fussent pas si scrupuleux, qu'ils ne nous eussent assez souffert parler ensemble, vous assurant que j'aimerois mieux mourir que changer mon opinion en pire, après vous avoir aimée d'un amour si honnête et vertueuse, et pourchassé envers vous ce que je devrois défendre envers vous. Et, pource qu'en vous voyant, je ne saurois porter cette dure patience, et qu'en ne vous voyant, mon cœur, qui ne peut demeurer vide, se rempliroit de quelque désespoir dont la fin seroit malheureuse, je me sens délibéré, et de longtemps, de me mettre en religion : non que je sache très-bien qu'en tous états l'homme se peut sauver; mais pour avoir plus grand loisir de contempler la bonté divine, laquelle, comme j'espère, aura pitié des fautes de ma jeunesse et changera mon cœur, autant pour aimer les choses spirituelles, qu'il a fait les temporelles. Et si Dieu me fait la grâce de gagner la science [1], mon labeur sera incessamment employé à prier Dieu pour vous; vous suppliant, par cette amour tant ferme et loyale, qui a été entre nous deux, avoir mémoire de moi en vos oraisons et prier Notre-Seigneur qu'il me donne autant de constance en ne vous voyant point, qu'il m'a donné de contentement en vous voyant. Et, pource que j'ai espéré toute ma vie avoir de vous en mariage ce que l'honneur et conscience permettent, je me suis contenté d'espérance; mais, maintenant que je la perds et que je ne puis jamais avoir de vous le traitement qui appartient à un mari, au moins, pour dire adieu, je vous prie me traiter en frère, et que je vous puisse baiser. » La pauvre Pauline, qui, toujours lui avoit été assez rigoureuse, connoissant l'extrémité de sa douleur et l'honnêteté de sa requête, et qu'en tel désespoir se contentoit d'une chose si raisonnable, sans lui répondre autre chose, lui va jeter les bras au cou, pleurant avec une si grande amertume et saisissement de cœur, que la parole, sentiment et force défaillirent, et se laissa tomber entre ses bras évanouie; dont la pitié qu'il en eut, avec

l'amour et la tristesse, lui en firent faire autant; tellement que l'une de ses compagnes, les voyant tomber l'un d'un côté et l'autre de l'autre, appela du secours, qui, à force de remèdes, les fît revenir. Alors, Pauline, qui avoit désiré de dissimuler son affection, fut honteuse, quand elle s'aperçut qu'elle l'avoit montrée si véhémente; toutefois, la pitié du pauvre gentilhomme servit à elle de juste excuse. Et ne pouvant plus porter cette parole de dire adieu pour jamais, s'en alla [1] vitement le cœur et les dents si serrés, qu'entrant dedans sa chambre, comme un corps sans esprit, se laissa tomber sur son lit et passa la nuit en si piteuses lamentations, que ses serviteurs pensoient qu'il eût perdu tous ses parents et amis, et tout ce qu'il pouvoit avoir de bien sur la terre. Le matin se recommanda à Notre-Seigneur et, après qu'il eut départi à ses serviteurs le peu de bien qu'il avoit, et prins avec lui quelque somme d'argent, défendit à ses gens de le suivre et s'en alla tout seul à la religion de l'Observance [2] demander l'habit, délibéré de jamais n'en porter d'autre. Le gardien, qui autrefois l'avoit vu, pensa, au commencement, que ce fût moquerie ou songe; car il n'y avoit en tout le pays gentilhomme qui moins que lui eût grâce de cordelier, pource qu'il avoit en lui toutes les bonnes grâces et vertus que l'on sauroit désirer en un gentilhomme. Mais, après avoir entendu ses paroles et vu ses larmes coulant sur son visage comme ruisseaux, ignorant dont en venoit la source, le reçut humainement; et, bientôt après, voyant sa persévérance, lui bailla l'habit, qu'il reçut bien dévotement : dont furent avertis le marquis et la marquise, qui le trouvèrent si étrange, qu'à peine le pouvoient-ils croire. Pauline, pour ne se montrer sujette à nulle amour, dissimula le mieux qu'il lui fut possible le regret qu'elle avoit de lui, en sorte que chacun disoit qu'elle avoit bientôt oublié la grande affection de son loyal serviteur, et ainsi passa cinq ou six mois sans en faire autre démonstrance. Durant lequel temps, lui fut par quelque religieux montrée une chanson que son serviteur avoit composée, un peu après qu'il eut prins l'habit, de laquelle le chant est italien et assez commun; j'en ai voulu traduire les mots en françois le plus près de

---

[1] On feroit un sens plus explicite en lisant *sienne*.

[1] C'est le gentilhomme.
[2] Le couvent de Saint-François, dit de l'Observance, fondé par Hercule Ier, duc de Ferrare.

l'italien qu'il m'a été possible; qui sont tels :

> Que dira-t-elle,
> Que fera-t-elle,
> Quand me verra de ses yeux
> Religieux?
> Las ! la pauvrette,
> Toute seulette,
> Sans parler longtemps sera
> Échevelée,
> Déconsolée ;
> L'étrange cas pensera :
> Son penser, par aventure,
> En monastère et clôture
> A la fin la conduira.
>
> Que dira-t-elle,
> Que fera-t-elle,
> Quand me verra de ses yeux
> Religieux?
>
> Que diront ceux
> Qui, de nous deux,
> Ont l'amour et bien privé;
> Voyant qu'amour,
> Par un tel tour,
> Plus parfait ont approuvé !
> Regardant ma conscience,
> Ils en auront repentance,
> Et chacun d'eux pleurera.
>
> Que dira-t-elle, etc.
>
> Et s'ils venoient,
> Et nous tenoient
> Propos pour nous divertir,
> Nous leur dirons
> Que nous mourrons
> Ici, sans jamais partir ;
> Puisque leur rigueur rebelle
> Nous fait prendre robe telle,
> Nul de nous ne la lairra.
>
> Que dira-t-elle, etc.
>
> Et, si prier
> De marier
> Nous viennent pour nous tenter,
> En nous disant
> L'état plaisant
> Qui nous pourroit contenter ;
> Nous répondrons que notre âme
> Est de Dieu aimée et formée,
> Qui point ne la changera.
>
> Que dira-t-elle, etc.
>
> O amour forte,
> Qui cette porte
> Par regret m'a fait passer ;
> Fais qu'en ce lieu,
> De prier Dieu,
> Je ne me puisse lasser ;
> Car notre amour mutuelle
> Sera tant spirituelle,
> Que Dieu s'en contentera.
>
> Que dira-t-elle, etc.
>
> Laissons les biens,
> Qui sont liens
> Plus durs à rompre que fer ;
> Quittons la gloire,
> Qui l'âme noire
> Par orgueil mène en enfer ;
> Fuyons la concupiscence,
> Prenons la chaste innocence
> Que Jésus nous donnera.
>
> Que dira-t-elle, etc.
>
> Viens donc, amie,
> Ne tarde mie
> Après ton parfait ami ?
> Ne crains à prendre
> L'habit de cendre,
> Fuyant ce monde ennemi ;
> Car, d'amitié vive et forte,
> De sa cendre faut que sorte
> Le phénix qui durera !
>
> Que dira-t-elle, etc.
>
> Ainsi qu'au monde
> Fut pure et munde [1]
> Notre parfaite amitié;
> Dedans le cloître
> Pourra paroître
> Plus grande de la moitié;
> Car amour loyale et ferme
> Qui n'a jamais fin ne terme,
> Droit au ciel nous conduira.
>
> Que dira-t-elle, etc.

Quand elle eut bien au long lu cette chanson, étant à part à une chapelle, se mit si fort à pleurer, qu'elle arrosa tout le papier de larmes. Et, n'eût été la crainte de se montrer plus affectionnée qu'il n'appartient, n'eût failli de s'en aller incontinent mettre en quelque ermitage, sans jamais voir créature du monde ; mais la prudence qui étoit en elle, la contraignoit, pour quelque temps, dissimuler. Et, combien qu'elle eût pris résolution de laisser entièrement le monde, si feignit-elle le contraire; et changeoit si fort son visage, qu'étant en compagnie ne ressembloit, de rien qui soit, à elle-même. Elle porta en son cœur cette délibération couverte cinq ou six mois, se montrant plus joyeuse qu'elle n'avoit de coutume. Mais un jour, alla avec sa maîtresse à l'Observance ouïr la grand'messe ; et, ainsi que le prêtre, diacre et sous-diacre sortoient du réfectoire pour venir au grand autel, son pauvre serviteur, qui n'avoit encore parfait l'an de sa probation, servoit d'acolyte, et, portant les deux canettes [3] en ses deux mains, couvertes d'une toile

---

[1] Pure. — [2] Épreuve. — [3] Burettes.

[...]olé, venoit le premier, ayant les yeux contre [t]erre. Quand Pauline le vit en tel habillement, [o]ù sa beauté et grâce étoient plutôt augmentées [que] diminuées, fut si fort étonnée et troublée, [que], pour couvrir la cause de la couleur qui [lui] venoit au visage, se prit à tousser. Et son [p]auvre serviteur, qui entendoit mieux ce [s]on-là que celui des cloches de son monastère, [n']osa tourner la tête ; mais, en passant par devant elle, ne put garder ses yeux, qu'ils ne [pr]issent le chemin que si longtemps avoient [ten]u. Et, en regardant piteusement Pauline, [fut] si saisi du feu qu'il croyoit quasi éteint, que, [ne] voulant plus celer qu'il ne pouvoit, tomba [t]out de son haut devant elle. Et la crainte [qu']il eut que la cause en fût connue, lui fit dire [qu]e c'étoit le pavé de l'église qui étoit rompu [en] cet endroit. Quand Pauline connut que [le] changement de l'habit n'avoit changé le [c]œur, et qu'il y avoit si longtemps qu'il s'étoit [ren]du, que chacun pensoit qu'elle l'eût oublié, [elle] délibéra de mettre à exécution le désir [qu']elle avoit de rendre la fin de leur amitié [sem]blable en habit, forme et état de vivre, [co]mme ils avoient été vivants en une maison [sous] pareil maître et maîtresse. Et, pource que [p]lus de quatorze mois auparavant avoit donné [ord]re à tout ce qui étoit nécessaire pour entrer [en] religion, un matin, demanda congé à la [ma]rquise d'aller ouïr la messe à Sainte-Claire, [ce] qu'elle lui octroya, ignorant pourquoi elle [la] demandoit. Et, en passant par les Cordeliers, pria le gardien de lui faire venir son [se]rviteur, qu'elle appeloit son parent ; et, [qu]and elle le vit en une chapelle à part, elle [lui] dit : « Si mon honneur eût permis qu'aussitôt que vous je me fusse osé mettre en religion, je n'eusse tant attendu ; mais, ayant [ro]mpu par ma patience les opinions de ceux [qui] plutôt jugent mal que bien, je suis délibérée de prendre l'état, la robe et la vie telle [que] je vois la vôtre, sans enquérir qu'il y fait¹. [C]ar, si vous avez du bien, j'en aurai ma part ; [si] vous avez du mal, je n'en veux pas être [exem]pte ; car, par tel chemin que vous irez en [para]dis, je vous veux suivre, étant assurée [que] Celui qui est le vrai, parfait et digne d'être [nom]mé *amour*, nous a tirés à son service par [une] amitié honnête et raisonnable, laquelle il [con]vertira, par son Saint-Esprit, du tout en lui ;

vous priant que vous et moi oublions ce corps qui périt et tient du vieil Adam, pour recevoir et revêtir celui de notre époux Jésus-Christ. » Ce serviteur religieux fut tant aise et tant content d'ouïr sa sainte volonté, qu'en pleurant de joie lui fortifia son opinion le plus qu'il lui fut possible, en lui disant, puisqu'il ne pouvoit avoir d'elle au monde autre chose que la parole, qu'il se tenoit bienheureux d'être au lieu où il avoit toujours moyen de la revoir, et qu'elle seroit telle que l'un et l'autre n'en pourroient que mieux valoir, vivant en un état d'un amour, d'un cœur et d'un esprit, tirés et conduits de la bonté de Dieu, lequel il supplioit les tenir en sa main, où nul ne peut périr. Et, en ce disant et pleurant d'amour et de joie, lui baisa les mains ; mais elle abaissa son visage jusqu'à la main et se donnèrent par vraie charité le saint baiser de dilection. Et, se contentant, s'en partit Pauline et entra en la religion de Sainte-Claire, où elle fut reçue et voilée. Ce qu'après elle fit entendre à Mme la marquise, qui en fut tant ébahie, qu'elle ne le pouvoit croire ; mais s'en alla le lendemain au monastère pour la voir et aussi s'efforcer la divertir de son propos. A quoi Pauline lui fit réponse, que si elle avoit eu puissance de lui ôter un mari de chair (l'homme du monde qu'elle avoit le plus aimé), elle s'en devoit contenter, sans chercher de la vouloir séparer de Celui qui étoit immortel et invisible ; car il n'étoit pas en sa puissance ni de toutes les créatures du monde. Adonc la marquise, voyant son bon vouloir, la baisa, la laissant à fort grand regret. Et, depuis, véquirent Pauline et son serviteur si saintement et dévotement en leur observance¹, que l'on ne doit douter que Celui, duquel la fin de la loi est charité, ne leur dit à la fin de leur vie, comme à la Madeleine, que leurs péchés leur étoient pardonnés, vu qu'ils l'avoient beaucoup aimé, qu'il ne les retirât en paix au lieu où la récompense passe tous les mérites des hommes et donne loyer² de leurs bienfaits.

« Vous ne pouvez ici ignorer, mesdames, que l'amour de l'homme ne se soit montrée jà plus grande ; mais elle lui fut si bien rendue, que

---

¹ Communauté. On appelait *observance* la règle de saint François, réformée par les papes à la fin du quinzième siècle.
² Le prix de leurs bonnes œuvres.

¹ C'est-à-dire, ce qu'elle est.

je voudrois que tous ceux qui s'en mêlent, en fussent autant récompensés. — Il y auroit donc, dit Hircan, plus de fous et de folles qu'il n'y en eut oncques. — Appelez-vous folie, dit Oisille, d'aimer honnêtement en la jeunesse et puis convertir tout cet amour en Dieu? » Hircan, en riant, lui répondit : « Si mélancolie et désespoir sont louables, je dirai que Pauline et son serviteur sont bien dignes d'être loués. — Si est-ce que Dieu, dit Guebron, a plusieurs moyens pour nous tirer à lui, dont les commencements semblent être mauvais ; mais la fin en est très-bonne. — Et encore ai-je une opinion, dit Parlamente, que jamais homme n'aimera parfaitement Dieu, qu'il n'ait parfaitement aimé quelque créature en ce monde. — Qu'appelez-vous parfaitement aimer? dit Saffredant ; estimez-vous parfaits aimants, ceux qui sont transis et qui adorent les dames de loin, sans oser montrer leur volonté ? — J'appelle parfaits amants, lui répondit Parlamente, ceux qui cherchent, en ce qu'ils aiment, quelque perfection, soit bonté, beauté ou bonne grâce, toujours tendant à la vertu, et qui ont le cœur si haut et si honnête, qu'ils ne veulent, pour mourir, mettre fin aux choses basses que l'honneur et la conscience reprouvent. Car l'âme, qui n'est créée que pour retourner à son souverain bien, ne fait, tant qu'elle est dedans le corps, que désirer d'y parvenir. Mais, à cause que les sens, par lesquels elle en peut avoir nouvelle (sont obscurs et charnels par le péché du premier père), ne lui peuvent montrer que les choses visibles plus rapprochantes de la perfection, après quoi l'âme court, cuidant trouver, en une grâce visible et aux vertus morales, la souveraine beauté, grâce et vertu. Mais quand elle les a cherchés et expérimentés et n'y trouve point Celui qu'elle aime, elle passe outre comme l'enfant, qui, selon sa petitesse, aime les pommes, les poires, les poupées et autres petites choses les plus belles que son œil peut voir, et estime richesse d'assembler de petites pierres ; mais, en croissant, aime les poupines[1] vives, et par ainsi amasse les biens nécessaires pour la vie humaine ; mais quand il connoît, par plus grande expérience, qu'ès choses territoires[2] n'y a nulle perfection ne félicité, il désire chercher la vraie félicité, et le facteur[1] et source d'icelle. Toutefois, si Dieu ne lui ouvre l'œil de foi, seroit en danger de venir d'un ignorant un infidèle philosophe. Car foi seulement peut montrer et faire recevoir le bien, que l'homme charnel ne peut entendre. — Ne voyez-vous pas bien, dit Longarine, que la terre non cultivée porte beaucoup d'arbres et herbes, combien qu'ils soient inutiles ? si est-ce qu'elle est bien déchirée pour l'espoir qu'on a qu'elle portera bon grain quand elle sera semée et bien cultivée. Ainsi cœur de l'homme, qui n'a autre sentiment qu'aux choses visibles, ne viendra jamais à l'amour de Dieu par la semence de sa parole, si la terre de son cœur est stérile, froide et damnée. — Or, voilà pourquoi, dit Saffredant, la plupart des hommes sont déçus, lesquels s'amusent qu'aux choses extérieures et contenant le plus précieux qui est dedans. — Si je savois, dit Simontault, si bien parler latin, vous allégueriez que saint Jean dit : « Qui qui n'aime son frère, qu'il voit, comment aimera-t-il Dieu, qu'il ne voit point? » Car, par les choses visibles, on est attiré à l'amour des choses invisibles. — Qui est-il ? dit Émarsuitte, et laudabimus eum, ainsi parfait que vous dites ? — Il y en a, répondit Dagoucin, qui aiment si fort et si parfaitement, qu'ils aimeroient mieux mourir, que de sentir un désir contre l'honneur et la conscience de leurs maîtresses et si ne veulent qu'elles ne autres s'en aperçoivent. — Ceux-là, dit Saffredant, sont de la nature du caméléon[3], qui vit de l'air ; car il n'y a homme au monde, qui ne désire déclarer son amour et de savoir être aimé ; et ne crois qu'il n'est si forte fièvre d'amitié, qui soudain ne se passe, quand on connoît le contraire. Quant à moi, j'en ai vu des miracles évidents. — Je vous prie, dit Émarsuitte, prenez ma place et nous racontez de quelqu'un qui soit ressuscité de mort à vie, pour connoître le contraire en sa dame, de ce qu'il désiroit. — Je crains tant, dit Saffredant, déplaire aux dames,

---

[1] Poupées, femmes galantes.
[2] Terrestres. Il faut peut-être lire *transitoires*.

---

[1] Auteur, créateur.
[2] Les anciennes éditions portent *désirée*, mais il faut lire sans doute *déchirée*, que l'on écrivait autrefois *dessirée*, comme on le voit dans Rabelais.
[3] Le caméléon, ainsi que la salamandre, était l'objet des erreurs populaires les plus absurdes. Les voyageurs, tels que Belon et Thevet, avaient encore renchéri sur les contes de Pline. Il est prouvé que le caméléon, qui n'est qu'un petit lézard, vit de mouches et d'insectes imperceptibles.

qui j'ai été et serai à jamais serviteur, que, sans exprès commandement, je n'eusse osé raconter leurs imperfections ; mais, pour obéir, je ne cèlerai la vérité. »

NOUVELLE XX.

Un gentilhomme est inopinément guari du mal d'amour, trouvant sa damoiselle rigoureuse entre les bras de son palefrenier.

Au pays du Dauphiné, y avoit un gentilhomme, nommé le seigneur du Ryant, qui étoit de la maison du roi François, premier de ce nom; autant beau et honnête qu'il étoit possible. Or, il fut longuement serviteur d'une dame vefve, laquelle il aimoit et révéroit tant, que, de peur qu'il avoit de perdre sa bonne grâce, il n'osoit importuner de ce qu'il devroit le plus. Et lui, qui se sentoit beau et digne d'être aimé, croyoit fermement ce qu'elle lui juroit souvent, c'est qu'elle l'aimoit plus que tous les gentilshommes du monde, et que, si elle étoit contrainte de faire quelque chose pour un gentilhomme, ce seroit pour lui seulement, comme le plus parfait qu'elle avoit jamais connu; et lui print de se contenter seulement, sans trepasser, de cette honnête amitié ; assurant que, si elle connoissoit qu'il prétendît davantage, sans se contenter de la raison, que du tout il la perdroit. Le pauvre gentilhomme non-seulement se contentoit de cela, mais aussi se tenoit très-heureux d'avoir gagné le cœur de celle qu'il pensoit tant honnête. Il seroit long de vous raconter le discours de son amitié et longue fréquentation qu'il eut avec elle, les voyages qu'il faisoit pour la venir voir. Mais, pour conclusion, ce pauvre martyr d'un feu si plaisant, que plus on en brûle, plus on veut brûler, cherchoit toujours le moyen d'augmenter son martyre. Et, un jour, lui print envie d'aller voir en poste celle qu'il aimoit plus que lui-même et qu'il estimoit par-dessus toutes les femmes du monde. Lui arrivé, alla en sa maison et demanda où elle étoit. On lui dit qu'elle ne faisoit que venir de vêpres et qu'elle étoit entrée en la garenne pour finir son service. Il descendit de cheval, et s'en va tout droit en la garenne où elle étoit, et trouva ses femmes, qui lui dirent qu'elle s'en alloit toute seule promener en une grande allée qui est en ladite garenne. Il commença plus que jamais à espérer quelque bonne fortune pour lui, et, le plus doucement qu'il put, sans faire bruit, la chercha le mieux qu'il lui fut possible, désirant sur toutes choses de la pouvoir trouver seule. Mais quand il fut auprès d'un pavillon d'arbres ployés, qui étoit un lieu tant beau et plaisant, qu'il n'étoit possible de plus, entra fort soudainement dedans comme celui à qui tardoit de voir ce qu'il aimoit. Mais il trouva, à son entrée, la damoiselle couchée sur l'herbe entre les bras d'un palefrenier de la maison, aussi laid, ord[1] et infâme que le gentilhomme étoit beau, honnête et aimable. Je n'entreprends pas de vous dépeindre le dépit qu'il eut ; mais fut si grand, qu'il eut puissance d'éteindre en un moment le feu si embrasé de longtemps. Et, autant rempli de dépit qu'il avoit été d'amour, lui dit : « Madame, prou vous fasse[2]! Aujourd'hui, par votre méchanceté connue, suis guari et délivré de ma continuelle douleur, dont l'honnêteté que j'estimois en vous étoit occasion.» Et, sans autre adieu, s'en retourna plus vite qu'il n'étoit venu. La pauvre femme ne lui fit autre réponse, sinon de mettre la main devant son visage, car puisqu'elle ne pouvoit couvrir sa honte, elle couvroit ses yeux pour ne voir celui qui la voyoit clairement, nonobstant sa longue dissimulation.

« Parquoi, mesdames, je vous supplie, si n'avez vouloir d'aimer parfaitement, ne pensez pas dissimuler à homme de bien et lui faire déplaisir pour votre gloire, car les hypocrites sont payés de leur loyer, et Dieu favorise ceux qui aiment parfaitement. — Vraiment, dit Oisille, vous nous l'avez gardé bonne à la fin de la Journée. Et, si n'étoit que nous avons juré de dire la vérité, je ne saurois croire qu'une femme de l'état dont elle étoit, sût être si méchante de laisser un si honnête gentilhomme pour un si vilain muletier. — Hélas ! madame, si vous saviez, dit Hircan, la différence d'un gentilhomme, qui à toute sa vie porté le harnois et suivi la guerre, au prix d'un valet, sans bouger d'un lieu, bien nourri ; vous excuseriez cette pauvre vefve. — Je ne crois pas, Hircan, dit Oisille, quelque chose que vous en dites, que vous puissiez recevoir nulle excuse d'elle. — J'ai bien ouï dire, dit Simontault, qu'il y a des femmes qui veulent avoir des évangélistes pour prêcher leur vertu et leur

---
[1] Sale, sordide.
[2] Grand bien vous fasse !

chasteté, et leur font la meilleure chère qu'il leur est possible et la plus privée, les assurant que, si la conscience et l'honneur ne les retenoient[1], elles leur accorderoient leurs désirs. Et les pauvres sots, quand, en compagnie, ils parlent d'elles, jurent qu'ils mettroient leur doigt au feu sans brûler, pour soutenir qu'elles sont femmes de bien, car ils ont expérimenté leur amour jusques au bout. Aussi, se font louer par tels honnêtes hommes, celles qui à leurs semblables se montrent telles qu'elles sont, choisissant ceux qui ne savent avoir hardiesse de parler, et, s'ils en parlent, pour leur vile et orde condition, ne sont pas crus. — Voilà, dit Longarine, une opinion que j'ai autrefois ouï dire aux plus jaloux et soupçonneux hommes; mais c'est peindre une chimère; car, combien qu'il soit advenu à quelque pauvre malheureuse, si est-ce chose qui ne se doit soupçonner en autre. — Or, tant plus avant nous entrons en ce propos, dit Parlamente, et plus ces bons seigneurs ici draperont sur la tissure, et tous, à nos dépens. Parquoi mieux vaut aller ouïr les vêpres, afin que nous ne soyons tant attendues comme nous fûmes hier. » La compagnie fut de son opinion, et, en allant, Oisille leur dit : « Si quelqu'un de nous rend grâces à Dieu d'avoir à cette Journée dit la vérité des histoires que nous avons racontées, Saffredant lui doit demander pardon d'avoir remémoré une si grande vilenie contre les dames. — Par mon serment! dit Saffredant, combien que mon conte soit véritable, si est-ce que je l'ai ouï dire; mais quand je voudrois faire le rapport du cerf à vue d'œil[2], je vous ferois faire plus de signes de la croix de ce que je sais des femmes, que l'on n'en fait à sacrer une église. C'est bien loin de se repentir, quand la confession aggrave le péché. — Puisque avez telle opinion des femmes, dit Parlamente, elles vous doivent priver de leur honnêteté, entretènement[1] et privauté.» Mais il lui répondit : « Aucuns ont tant usé, en mon endroit, du conseil que vous leur donnez en m'éloignant et séparant des choses justes et honnêtes, que, si je pouvois dire pis et pis faire à toutes, je ne m'épargnerois pas pour les inciter à me venger de celle qui me tient un si grand tort. » En disant ces paroles, Parlamente mit son loup de nez[2], et, avec les autres, entra en l'église où ils trouvèrent vêpres très-bien sonnées, mais ils n'y trouvèrent pas un des religieux pour les dire, pource qu'ils avoient entendu que dedans le pré s'assembloit cette compagnie pour dire les plus plaisantes choses qu'il étoit possible ; et, comme ceux qui aimoient mieux ce plaisir que leurs oraisons, s'étoient allés cacher dedans une fosse, le ventre contre terre, derrière une haie fort épaisse, et là avoient bien écouté les beaux contes, qu'ils n'avoient point ouï sonner la cloche de leur monastère. Ce qui parut bien, car ils arrivèrent en telle hâte, que quasi l'haleine leur failloit à commencer vêpres. Et, quand elles furent dites, confessèrent à ceux qui leur demandoient l'occasion de leur chant tardif et mal entonné, que ce avoit été pour les écouter. Parquoi, voyant leur bonne volonté, leur fut permis que tous les jours ils assisteroient, derrière la haie, à leur aise. Le souper se passa joyeusement, révélant les propos qu'il n'avoient pas mis à dedans le pré ; qui durèrent tout le long de la soirée, jusques à ce qu'Oisille les pria de se retirer, afin que leur esprit fût plus prompt le lendemain. Et, après un bon et long propos dont elle disoit qu'une heure avant minuit valoit mieux que trois après, se partit cette compagnie, mettant fin au second discours récit d'histoires.

---

[1] Il y a *retournoient* dans les éditions que nous suivons.
[2] Expression proverbiale, empruntée au langage des chasseurs, signifiant : Raconter en détail tout ce qu'on a fait et qu'on a vu.

[1] Entretien, commerce.
[2] Demi-masque qui ne couvrait que le front et les joues, pour les préserver du hâle.

TROISIÈME JOURNÉE.

Le matin, la compagnie ne put sitôt venir en la salle, qu'ils ne trouvassent Mme Oisille, qui avoit plus de demi-heure auparavant étudié la leçon qu'elle devoit dire. Et, si aux précédents propos ils s'étoient contentés, aux seconds ne le furent pas moins : n'eût été que l'un des religieux les vint quérir pour aller à la messe, leur contemplation les empêchoit d'ouïr la cloche. La messe ouïe bien dévotement et le dîner passé bien sobrement, pour n'empêcher par les viandes leur mémoire à s'acquitter, chacun en son rang le mieux qu'il leur seroit possible, se retirèrent à leurs chambres à visiter leurs registres, attendant l'heure accoutumée d'aller au pré ; laquelle venue, ne faillirent à ce voyage. Et ceux qui avoient délibéré de dire quelque folie, avoient déjà le visage si joyeux, que l'on espéroit d'eux occasion de bien rire. Quand ils furent assis, demandèrent à Saffredant à qui il donneroit sa voix. « Puis, dit-il, que la faute que je fis hier est si grande que vous dites, ne sachant histoire digne pour la réparer, je donne ma voix à Parlamente, laquelle, pour son bon sens, saura si bien louer les dames, qu'elle fera mettre en oubli la vérité que je vous ai dite. — Je n'entreprends, dit Parlamente, de réparer vos fautes, mais bien de me garder de les ensuivre. Parquoi, je me délibère, usant de la vérité promise et jurée, de vous montrer qu'il y a des dames qui en leur amitié n'ont cherché nulle fin que l'honnêteté. Et, pource que celle dont je vous veux parler étoit de bonne maison, je ne changerai rien en l'histoire que le nom, vous priant, mesdames, de penser qu'amour n'a puissance de changer un cœur chaste et honnête, comme vous verrez par l'histoire que je vais conter. »

NOUVELLE XXI.

L'honnête et merveilleuse amitié d'une fille de grande maison, et d'un bâtard, et l'empêchement qu'une reine donna à leur mariage, avec la réponse de la fille à la reine.

Il y avoit en France une reine[1] qui en sa compagnie nourrissoit plusieurs filles de bonnes et grandes maisons. Entre autres, y en avoit une, nommée Rolandine, qui étoit bien proche sa parente ; mais la reine, pour quelque inimitié qu'elle portoit à son père, ne lui faisoit pas trop bonne chère. Combien que cette fille ne fût pas des plus belles ni des plus laides, si étoit-elle tant sage et gracieuse, que plusieurs grands seigneurs et personnages la demandèrent en mariage, dont ils avoient roide réponse, car le père aimoit tant son argent, qu'il en oublioit l'avancement de sa fille. Et sa maîtresse, comme dit est, lui portoit si peu de faveur, qu'elle n'étoit point demandée de ceux qui se[1] vouloient avancer en la bonne grâce de la reine. Ainsi, par la négligence du père et par le dédain de sa maîtresse, cette pauvre fille demeura longtemps sans être mariée. Et, comme celle qui se fâcha à la longue, non tant pour l'envie qu'elle eut d'être mariée, que pour la honte qu'elle avoit de ne l'être point, tant s'en fâcha, que du tout elle se retira à Dieu ; et, laissant les mondanités et gorgiacités[2] de la cour, tout son passe-temps fut de prier Dieu ou faire quelques ouvrages. Et, en cette vie ainsi retirée, passa sa jeunesse, en vivant tant honnêtement et saintement, qu'il n'étoit possible de plus. Quand elle fut approchée de trente ans, il y eut un gentilhomme, bâtard d'une grande et bonne maison, autant gentil compagnon et homme de bien qu'il en fût point de son temps ; mais la richesse l'avoit du tout délaissé, et avoit si peu de beauté, qu'une dame, quelle qu'elle fût, pour son plaisir ne l'eût choisi. Ce pauvre gentilhomme étoit demeuré sans parti, et, comme un malheureux souvent cherche l'autre, vint aborder cette pauvre damoiselle Rolandine ; car leurs fortunes, complexions et conditions étoient fort pareilles, et, se plaignant l'un à l'autre de leurs infortunes, prindrent une très-grande amitié ; et, se trouvant tous deux compagnons de malheur, se cherchèrent en tous lieux pour se consoler l'un l'autre : et en cette fréquentation s'engendra une très-grande amitié. Ceux qui

---

[1] Sans doute la reine Anne de Bretagne, femme de Charles VIII et ensuite de Louis XII. Ce fut elle qui, selon Brantôme, *forma la cour des dames*.

[1] Les éditions mettent *la* au lieu de *se* ; pour avoir un sens convenable, il faudrait écrire *là*.

[2] On disait plutôt *gorgiasetés*, vanités, luxes, parures.

avoient vu damoiselle Rolandine si fort retirée qu'elle ne parloit à personne, la voyant lors incessamment entretenir le bâtard de bonne maison, en furent incontinent scandalisés et dirent à sa gouvernante qu'elle ne devoit pas endurer ses longs propos : ce qu'elle remontra à Rolandine, lui disant que chacun en seroit scandalisé de ce qu'elle parloit tant à un homme qui n'étoit assez riche pour l'épouser n'assez[1] beau pour être aimé. Rolandine, qui avoit été toujours plus reprise de ses austérités que de ses mondanités, dit à sa gouvernante : « Hélas ! ma mère, vous voyez que je ne puis avoir un mari selon la maison dont je suis, et que j'ai toujours suivi ceux qui sont beaux et jeunes, et de peur de tomber aux inconvénients où j'en ai vu d'autres. Et j'ai trouvé ce gentilhomme si sage et vertueux, comme vous savez, lequel ne me prêche que choses bonnes et vertueuses. Quel tort puis-je tenir, à vous et à ceux qui en parlent, de me consoler de mes ennuis ? » La pauvre vieille, qui aimoit sa maîtresse plus qu'elle-même, lui dit : « Mademoiselle, je vois bien que vous dites vérité et que vous êtes traitée de père et de maîtresse autrement que ne le méritez. Si est-ce, puisque l'on parle de votre honneur en telle sorte (et fût-il votre propre frère!), vous vous devez retirer de parler à lui. » Rolandine lui dit en pleurant : « Ma mère, puisque vous me le conseillez, je le ferai ; mais c'est une chose étrange de n'avoir en ce monde nulle consolation. » Le bâtard, comme il avoit accoutumé, la voulut venir entretenir ; mais elle lui dit tout au long ce que sa gouvernante lui avoit dit ; et le pria, en pleurant, qu'il se contentât pour un temps de parler à elle, jusqu'à ce que le bruit fût un peu passé : ce qu'il fit à sa requête. Mais, durant cet éloignement, ayant perdu l'un et l'autre leur consolation, commencèrent à sentir un tourment, qui jamais du côté d'elle n'avoit été expérimenté. Elle ne cessoit de prier Dieu et d'aller en voyages et faire abstinences ; car cet amour, encore inconnu, lui donnoit une telle inquiétude, qu'elle ne la laissoit une seule heure reposer. Du côté du bâtard de bonne maison, n'étoit l'amour moins fort ; mais lui, qui avoit déjà conclu en son cœur de l'aimer et de tâcher de l'épouser, et regardant avec l'amour l'honneur que ce lui seroit de la pouvoir avoir, pensa qu'il lui falloit chercher moyen pour lui déclarer sa volonté et surtout gagner sa gouvernante. Ce qu'il fit, en lui remontrant la grande misère en quoi étoit retenue sa pauvre maîtresse, à laquelle on vouloit ôter toute consolation, dont la pauvre vieille, en pleurant, le remercia de l'honnête affection qu'il portoit à sa maîtresse. Et avisèrent ensemble le moyen comme ils pourroient parler l'un à l'autre : Rolandine feroit semblant d'être malade d'une migraine, où l'on craint fort le bruit, et, quand ses compagnes iroient en la chambre, ils demeureroient tous deux seuls, et là il la pourroit entretenir. Le bâtard en fut fort joyeux et se gouverna entièrement par le conseil de cette gouvernante, en sorte que, quand il vouloit, il parloit à son amie ; mais ce contentement ne lui dura guère. Car la reine, qui ne l'aimoit guère, s'enquit que faisoit tant Rolandine en la chambre, et quelqu'un dit que c'étoit pour sa maladie. Toutefois, un autre, qui avoit trop de mémoire de l'absente[1], lui dit que, assez que Rolandine avoit d'entretenir le bâtard de bonne maison, lui devoit faire passer sa migraine. La reine, qui trouvoit les péchés véniels des autres mortels en elle, l'envoya quérir et lui défendit de ne parler jamais au bâtard, si ce n'étoit en sa chambre ou en sa salle. La damoiselle n'en fit nul semblant, mais lui répondit que, si elle eût pensé que lui ou un autre lui eût déplu, elle n'eût jamais parlé à lui. Toutefois, pensa en elle-même qu'elle chercheroit un autre moyen dont la reine ne sauroit rien ; ce qu'elle fit : et, les mercredis, vendredis et samedis qu'elle jeûnoit, demeureroit en sa chambre avec sa gouvernante, où elle auroit loisir de parler, tandis que les autres soupoient, à celui qu'elle commençoit à aimer si fort. Et tant plus le temps de leur propos étoit abrégé par contrainte, et plus leurs paroles étoient dites de grande affection ; car ils déroboient le temps de leurs propos, comme fait le larron une chose précieuse. L'affaire ne sut être menée si secrètement, que quelque valet ne le vît entrer là-dedans au jour du jeûne, et le rendit[2]

---

[1] Pour *ni assez*.

[1] Les éditions portent *absence*, ce qui est une faute évidente.

[2] C'est-à-dire, le rapporta. Il y a, dans les œuvres de Clément Marot, une élégie où il se plaint d'avoir été surpris causant à l'église avec sa maîtresse. Lenglet-Dufresnoy a pensé que cette maîtresse étoit la reine de Navarre. Dans tous les cas, on remarque quelque ana-

en lieu où il ne fut celé à personne, mêmement à la reine, qui s'en courrouça si fort qu'oncques-puis le bâtard n'osa aller à la chambre des damoiselles. Et, pour ne perdre le bien de parler à celle que tant il aimoit, faisoit souvent semblant d'aller en quelque voyage, et revenoit, au soir, à l'église et chapelle du château, habillé en cordelier ou jacobin, si bien déguisé et dissimulé, que nul ne le connoissoit; et là s'en alloit la damoiselle Rolandine, avec sa gouvernante, l'entretenir. Lui, voyant le grand amour qu'elle lui portoit, n'eut crainte de lui dire : « Madamoiselle, vous voyez le hasard où je me mets pour votre service, et les défenses que la reine vous a faites de parler à moi. Vous voyez, d'autre part, quel père vous avez, qui ne pense, en quelque façon que ce soit, de vous marier. Il a tant refusé de bons partis, que je ne sache plus, ni près ni loin de lui, qui soit pour vous avoir. Je sais bien que je suis pauvre et que vous ne sauriez épouser gentilhomme qui ne soit plus riche que moi; mais, si amour et bonne volonté étoient estimés un trésor, je penserois être estimé le plus riche homme du monde. Dieu vous a donné de grands biens, et êtes en voie d'en avoir encore plus; si j'étois si heureux, que vous me voulsissiez élire pour mari, je vous serois mari, ami et serviteur toute ma vie; et si vous en prenez un égal à vous (chose difficile à trouver), il voudra être maître, et regardera plus à vos biens qu'à votre personne, et à la beauté qu'à la vertu ; et, en jouissant de l'usufruit de votre bien, traitera votre personne autrement qu'elle ne l'a mérité. Le désir d'avoir ce contentement, la peur que j'ai que n'en ayez point avec un autre, me fait vous supplier que par un même moyen vous me rendiez heureux, et vous, la plus satisfaite et la mieux traitée femmes qu'oncques fut. » Rolandine, écoutant le même propos qu'elle avoit délibéré de lui tenir, lui répondit d'un visage constant : « Je suis très-aise que vous avez commencé le propos que j'avois longtemps délibéré de vous tenir et auquel, depuis deux ans que vous connois, je ne cesse de penser ; et repense en moi-même toutes les raisons pour vous et contre vous, que j'ai pu inventer. Mais, à la fin, sachant que je veux prendre l'état de mariage, il est temps que je

logie entre ce passage de la Nouvelle et l'élégie de Clément Marot.

commence et que je choisisse celui avec lequel je penserai mieux vivre, en repos de ma conscience. Je n'en ai su trouver un, tant soit-il beau, riche ou grand seigneur, avec lequel mon cœur et mon esprit se peut accorder, sinon vous seul. Je sais qu'en vous épousant je n'offense point Dieu, mais fais ce qu'il commande. Et quant à monsieur mon père, il a si peu pourchassé mon bien et tant refusé, que la loi veut que je me marie sans lui, bien qu'il me puisse déshériter. Quand je n'aurois que ce qui m'appartient, en épousant un mari tel envers moi que vous êtes, je me tiendrois la plus riche femme du monde. Quant à la reine, ma maîtresse, je ne dois faire conscience de lui déplaire pour obéir à Dieu, car elle n'a point feint de m'empêcher le bien qu'en ma jeunesse j'eusse pu avoir.

Mais, afin que vous connoissiez que l'amitié que je vous porte est fondée sur la vertu et sur l'honneur, vous me promettez que, si j'accorde ce mariage, n'en pourchasserez jamais la consommation, que mon père ne soit mort ou que j'aie trouvé moyen de l'y faire consentir? » Ce que lui promit volontiers le bâtard ; et, sur ces promesses, se donnèrent chacun un anneau en nom de mariage et se baisèrent en l'église devant Dieu, qu'ils prindrent en témoin de leur promesse, et jamais depuis n'y eut entre eux plus grande privauté que de baiser. Ce peu de contentement donna grande satisfaction au cœur de ces deux parfaits amants, et furent longtemps sans se voir, vivant de cette sûreté. Il n'y avoit guère lieu où l'honneur se peut acquérir, que ledit bâtard n'y allât, avec un grand contentement qu'il ne pouvoit devenir pauvre, vu la riche femme que Dieu lui avoit donnée; laquelle, en son absence, conserva si longuement cette parfaite amitié, qu'elle ne tint compte d'homme du monde. Et, combien que quelques-uns la demandassent en mariage, ils n'avoient néanmoins autre réponse d'elle, sinon que, puisqu'elle avoit tant demeuré sans être mariée, elle ne vouloit jamais l'être. Cette réponse fut entendue de tant de gens, que la reine en ouït parler, et lui demanda pour quelle occasion elle tenoit ce langage. Rolandine lui dit que c'étoit pour lui obéir, car elle savoit bien que jamais n'avoit eu envie de la marier en temps et lieu, où elle eût été honorablement pourvue et à son aise, et que l'âge et la patience lui avoient appris à se contenter de l'état où elle étoit. Et, toutes les fois qu'on lui parloit de mariage, elle faisoit pareille réponse. Quand les guerres furent passées et que le bâtard fut retourné en la cour, elle ne parloit point à lui devant les gens, ains alloit toujours en quelque église l'entretenir sous couleur de confession; car la reine avoit défendu à lui et à elle, qu'ils n'eussent à parler ensemble sans être en grande compagnie, sur peine de leurs vies. Mais l'amour honnête, qui ne craint nulle défense, étoit plus prêt à trouver des moyens pour les faire parler ensemble, que leurs ennemis n'étoient prompts à les guetter; et, sous l'habit de toutes les religions [1] qu'ils se purent penser, continuèrent leur honnête amitié, jusques à ce que le roi s'en alla en une maison de plaisance, non tant près que les dames eussent pu aller à pied à autre église qu'à celle du château, qui étoit bâtie tant mal à propos, qu'il n'y avoit lieu à se cacher à confesser, où le confesseur n'eût été clairement connu. Toutefois, si d'un côté l'occasion leur failloit, amour leur en trouvoit une autre plus aisée; car il arriva à la cour une dame, de laquelle le bâtard étoit proche parent. Cette dame avec son fils furent logés dans la maison du roi, et étoit la chambre de ce jeune prince avancée tout entière outre le corps de la maison où le roi étoit, tellement que de sa fenêtre pouvoit voir et parler à Rolandine; car leurs fenêtres étoient proprement à l'angle des deux corps de maison. En cette chambre-là, qui étoit sur la salle du roi, étoient logées toutes les damoiselles de bonne maison, compagnes de Rolandine, laquelle, avisant par plusieurs fois ce jeune prince à cette fenêtre, en fit avertir le bâtard par sa gouvernante: lequel, après avoir bien regardé le lieu, fit semblant de prendre fort grand plaisir de lire un livre des Chevaliers de la Table-Ronde[2], qui étoit en la chambre du prince. Et, quand chacun s'en alloit dîner, prioit un valet de chambre le vouloir laisser parachever de lire et l'enfermer dedans la chambre, et qu'il la garderoit bien. L'autre, qui le connoissoit parent de son maître et homme sûr, le laissoit lire tant qu'il lui plaisoit. D'autre côté, venoit à sa fenêtre Rolandine, qui, pour autre occasion d'y demeurer plus longuement, feignoit avoir mal en une jambe, et dînoit et soupoit de si bonne heure, qu'elle n'alloit plus à l'ordinaire des dames. Elle se mit à faire un lit de soie cramoisie [1], et l'attachoit à sa fenêtre où elle vouloit demeurer seule; quand elle voyoit qu'il n'y avoit personne, elle entretenoit son mari, auquel elle pouvoit parler en telle sorte que nul ne les eût su ensemble, et quand il s'approchoit quelqu'un, elle toussoit et faisoit signe, par lequel le bâtard se pouvoit retirer. Ceux qui faisoient le guet sur eux tenoient tout certain que l'amitié étoit passée; car elle ne bougeoit d'une chambre où sûrement il ne la pouvoit voir, parce que l'entrée lui étoit défendue. Un jour, la mère de ce jeune prince étant en la chambre de son fils se mit à la fenêtre où étoit ce grand livre, et n'y demeura guère qu'une des compagnes de Rolandine, qui étoit à celle de leur chambre, salua cette dame et parla à elle; la dame lui demanda comme se portoit Rolandine; elle lui dit qu'elle la verroit bien, s'il lui plaisoit, et la fit venir en la fenêtre en son couvre-chef de nuit; et, après avoir parlé de la maladie, se retirèrent chacun de son côté. La dame, regardant ce gros livre de la Table-Ronde, dit au valet de chambre qui en avoit la garde: « Je m'ébahis comme les jeunes gens donnent leur temps à lire tant de folies. » Le valet de chambre lui répondit qu'il s'émerveilloit encore plus que les gens estimés bien sages et âgés étoient plus affectionnés que les jeunes, et, pour une merveille, lui conta comme le bâtard son cousin y demeuroit quatre ou cinq heures tous les jours à lire ce beau livre. Incontinent frappa au cœur de cette dame l'occasion pourquoi c'étoit, et donna charge au valet de chambre de se cacher en quelque lieu et de regarder ce qu'il feroit: ce qu'il fit, et trouva que le livre où il lisoit étoit la fenêtre, où Rolandine venoit parler à lui, et entendoit plusieurs propos de l'amitié qu'ils cuidoient tenir bien se-

---

[1] Ordres religieux.

[2] Dans les recueils manuscrits, on réunissoit sous le titre de *Romans des chevaliers de la Table-Ronde* les romans suivans, qui ont été imprimés séparément au commencement du seizième siècle: *l'Histoire de saint Gréal, la Vie et les Prophéties de Merlin*, et les *Merveilleux faits et gestes du noble et puissant chevalier Lancelot du Lac*. Ces romans se trouvoient dans toutes les bibliothèques de châteaux. Marguerite ne parle certainement que d'un manuscrit, comme celui qui se trouvait dans la collection du duc de La Vallière, en trois volumes in-fol. Voyez le catalogue, par G. de Bure, page 604 du tome second.

[1] Les femmes faisaient alors d'immenses travaux de tapisserie et de broderie. Ce que Marguerite entend par un *lit* doit être une courte-pointe.

cète. Le lendemain, le raconta à sa maîtresse, qui envoya quérir son cousin le bâtard, et, après plusieurs remontrances, lui défendit de ne s'y trouver plus; et le soir, elle parla à Rolandine, la menaçant, si elle continuoit cette folle amitié, de dire à la reine toutes les menées. Rolandine, qui ne s'étonnoit, jura que, depuis la défense de sa maîtresse, elle n'y avoit point parlé, quelque chose que l'on dît, et[1] qu'elle en sût la vérité, tant de ses compagnes que de ses serviteurs; et quant à la fenêtre dont elle parloit, elle n'y avoit point parlé au bâtard; lequel, craignant que son affaire fût révélée, s'éloigna du danger et fut longtemps sans revenir à la cour, mais non sans écrire à Rolandine, par si subtils moyens que, quelque guet que la reine y mît, il n'étoit semaine qu'elle n'eût deux fois de ses nouvelles. Et quand le moyen du religieux dont il s'aidoit fut failli, il envoyoit un petit page habillé de couleur, puis de l'une, puis de l'autre, qui s'arrêtoit aux portes où toutes les dames passoient, et là, bailloit les lettres secrètement parmi la presse. Or, un jour que la reine alloit aux champs, quelqu'un qui reconnut le page et qui avoit la charge de prendre garde à cette affaire, courut après; mais ledit page, qui étoit fin, se doutant que l'on le cherchoit, entra en la maison d'une pauvre femme qui faisoit bouillir son pot auprès du feu, où il brûla incontinent ses lettres. Le gentilhomme, qui le suivoit, le dépouilla tout nu et en chercha partout son habillement, mais il ne trouva rien; parquoi le laissa aller. Et quand il fut parti, la vieille lui demanda pourquoi il avoit ainsi cherché ce pauvre jeune enfant. Il lui dit que c'étoit pour trouver quelques lettres qu'il pensoit qu'il portât. « Vous n'aviez garde, dit la vieille, de les trouver, car il les avoit bien cachées. — Je vous prie, dit ce gentilhomme, dites-moi en quel endroit c'est? » espérant bientôt les recouvrer. Mais, quand il entendit que c'étoit dedans le feu, connut bien que le page avoit été plus fin que lui, ce qu'incontinent alla conter à la reine. Toutefois, depuis cette heure-là, ne s'aida plus du page le bâtard; ains y envoya un vieil serviteur qu'il avoit, lequel, oubliant la crainte de la mort, dont il savoit bien que l'on faisoit menacer de par la reine ceux qui se mêloient de cette affaire, entreprint de porter les lettres à Rolandine. Et quand il fut entré au château où elle étoit, s'en alla guetter en une porte, au pied d'un grand degré, où toutes les dames passoient. Mais un valet, qui autrefois l'avoit vu, le reconnut incontinent et l'alla dire au maître d'hôtel de la reine, qui bien soudainement le vint chercher pour le prendre. Le valet, sage et avisé, voyant qu'on le regardoit de loin, se retourna vers la muraille comme pour faire de l'eau, et là, rompit ses lettres le plus menu qu'il lui fût possible, et les jeta derrière une porte. Sur l'heure, il fut prins et cherché[2] de tous côtés, et quand on ne lui trouva rien, on l'interrogea par serment s'il n'avoit porté nulles lettres; lui gardant toutes les rigueurs et persuasions qu'il fut possible, pour lui faire confesser la vérité; mais, pour promesses et menaces qu'on lui fît, jamais ne surent tirer autre chose. Le rapport en fut fait à la reine; mais quelqu'un de la compagnie s'avisa qu'il étoit bon de regarder derrière la porte, près de laquelle on l'avoit prins, ce qui fut fait; et trouva-t-on ce que l'on cherchoit: c'étoient les pièces des lettres. On envoya quérir le confesseur du roi, lequel, après les avoir assemblées sur une table, lut la lettre tout du long, où la vérité du mariage tant dissimulé se trouva clairement: car le bâtard ne l'appeloit que *sa femme*. La reine, qui n'avoit délibéré de couvrir la faute de son prochain, comme elle le devoit, en fit un très-grand bruit, et commanda que, par tous moyens, on fît confesser au pauvre homme la vérité de cette lettre, et qu'en lui montrant, il ne la pourroit renier; mais, quelque chose qu'on lui dît ou qu'on lui montrât, il ne changea son propos premier. Ceux qui en avoient la charge le menèrent au bord de la rivière et le mirent dans un sac, disant qu'il mentoit à Dieu et à la reine contre la vérité prouvée. Lui, qui aimoit mieux perdre la vie que d'accuser son maître, leur demanda un confesseur, et, après avoir fait de sa conscience le mieux qu'il lui fut possible, leur dit: « Messieurs, dites à monsieur mon maître, le bâtard, que je lui recommande la vie de ma femme et de mes enfants; car, de bon cœur, je mets la mienne pour son service; et faites de moi ce qu'il vous plaira, car vous n'en tirerez jamais parole qui soit à l'encontre de mon maître. »

---

[1] Il faut sous-entendre: *demanda, consentit.*

[2] Fouillé.

A l'heure, pour lui faire plus grand'peur, le jetèrent dedans le sac en l'eau, lui criant : « Si tu veux dire la vérité, tu seras sauvé. » Mais, voyant qu'il ne leur répondit rien, le retirèrent de là et en firent le rapport à la reine, de sa constance, qui dit à l'heure, que le roi son mari ni elle n'étoient point si heureux en serviteurs, qu'un qui n'avoit de quoi les récompenser, et fit ce qu'elle put pour le retirer à son service; mais jamais ne voulut abandonner son maître. Toutefois, par le congé de sondit maître, fut mis au service de la reine, où il vécut heureux et content. La reine, après avoir connu la vérité du mariage par la lettre du bâtard, envoya quérir Rolandine, et, avec un visage fort courroucé, l'appela plusieurs fois *malheureuse*, au lieu de *cousine*, lui remontrant la honte qu'elle avoit faite à la maison de son père et de tous ses parents, de s'être mariée, et à elle, qui étoit sa maîtresse, sans son commandement ni congé. Rolandine, qui de longtemps connoissoit le peu d'affection que lui portoit sa maîtresse, lui rendit la pareille, et, pour ce que l'amour lui défailloit, la crainte n'avoit plus de lieu; pensant aussi que cette correction devant plusieurs personnes ne procédoit pas d'amour qu'elle lui portât, mais pour lui faire une honte, comme celle qu'elle estimoit prendre plus de plaisir à la châtier, que de déplaisir à la voir faillir, lui répondit d'un visage aussi joyeux et assuré, que la reine montroit le sien troublé et courroucé : « Madame, si vous ne connoissiez votre cœur tel qu'il est, je vous mettrois au-devant la mauvaise volonté que de longtemps avez portée à monsieur mon père et à moi; mais vous le savez si bien, que vous ne trouverez point étrange si tout le monde s'en doute, et quant est de moi, madame, je m'en suis aperçue à mon plus grand dommage. Car, quand il vous eût plu me favoriser comme celles qui ne vous sont si proches que moi, je fusse maintenant mariée autant à votre honneur qu'au mien; mais vous m'avez laissée comme une personne oubliée du tout en votre bonne grâce, en sorte que tous les bons partis que j'eusse pu avoir me sont passés devant les yeux par la négligence de monsieur mon père et le peu d'estime qu'avez fait de moi; dont j'étois tombée en tel desespoir, que, si ma santé eût pu porter l'état de religion [1], je l'eusse volontiers prins, pour ne voir les ennuis continuels que votre rigueur me donnoit. En ce désespoir, m'est venue trouver celui qui seroit d'aussi bonne maison que moi; si l'amour de deux personnes étoit autant estimée que l'anneau; car vous savez que son père passeroit devant le mien. Il m'a longuement aimée et entretenue; mais, vous, madame, qui jamais ne me pardonnâtes une seule petite faute, ni me louâtes de nul bon œuvre, combien que connoissiez par expérience que je n'ai point accoutumé de parler de propos d'amour, ni mondanité, et que du tout j'étois retirée [1] à mener une vie plus religieuse qu'autre, avez incontinent trouvé étrange que je parlasse à un gentilhomme aussi malheureux que moi, en l'amitié duquel je ne pensois ni ne cherchois autre chose que la consolation de mon esprit. Et quand du tout je m'en vis frustrée, j'entrai en un tel désespoir, que je délibérai de chercher autant mon repos, que vous aviez envie de me l'ôter. Et, à l'heure même, eûmes paroles de mariage, lesquelles ont été consommées par promesses et anneau. Parquoi il me semble, madame, que vous me tenez et faites bien grand tort de me nommer méchante, vu qu'en une si grande et parfaite amitié, je pouvois trouver les occasions, si j'eusse voulu, de mal faire; mais il n'y a jamais eu entre lui et moi plus grande privauté que de baiser, espérant que Dieu me feroit la grâce, qu'avant la consommation du mariage je gagnerois le cœur de monsieur mon père à y consentir. Je n'ai point offensé Dieu ne ma conscience; car j'ai attendu jusques à l'âge de trente ans, pour voir ce que vous et monsieur mon père feriez pour moi, ayant gardé ma jeunesse en telle chasteté et honnêteté, qu'homme vivant ne m'en sauroit rien reprocher. Et, par le conseil de la raison que Dieu m'a donnée, me voyant vieille et aussi hors d'espoir de trouver mari selon ma maison, me suis délibérée d'en épouser un à ma volonté, non point pour satisfaire à ma concupiscence des yeux (car vous savez qu'il n'est pas beau), ni à celle de la chair (car il n'y a point eu de consommation charnelle), ni à l'orgueil, ni à l'ambition de cette vie (car il est pauvre et peu avancé); mais j'ai regardé purement et simplement à la vertu, honnêteté et bonne grâce qui est en lui; dont le monde est contraint lui donner louange, et la grande amour aussi qu'il m'a portée,

[1] Pour *religieuse*.

[1] Habituée, décidée.

qui me faisoit espérer de trouver avec lui le repos et bon traitement. Et, après avoir bien pensé tout le bien et le mal qui m'en peut advenir, je me suis arrêtée à la portion qui m'a semblé la meilleure et que j'ai débattue en mon cœur deux ans durant: c'est d'user ma vie en sa compagnie. Et suis délibérée de tenir ce propos si ferme, que tous les tourments que je saurois endurer, fût-ce la mort même, ne me feront départir de cette forte opinion. Parquoi, madame, il vous plaira excuser en moi ce qui est très-excusable, comme vous-même l'entendez bien, et me laissez vivre en paix que j'espère trouver avec lui. » La reine, voyant son visage si constant et la parole tant véritable, ne lui put répondre par raison, et, en continuant de la reprendre et injurier par colère, se print à pleurer, en disant : « Malheureuse que vous êtes! au lieu de vous humilier devant moi et vous repentir d'une faute si grande, vous parlez audacieusement, sans en avoir la larme à l'œil ; par cela montrez bien l'obstination et la dureté de votre cœur. Mais, si le roi et votre père me veulent croire, ils vous mettront en lieu où serez contrainte de parler autre langage. — Madame, répondit Rolandine, pource que vous m'accusez de parler trop audacieusement, je suis délibérée me taire, s'il vous plaît me donner congé de parler et de vous répondre. » Et, quand elle eut commandement de parler, lui dit : « Ce n'étoit point à moi, madame, de parler à vous, qui êtes ma maîtresse et la plus grande princesse de la chrétienté, audacieusement et sans la révérence que je vous dois, ce que je n'ai voulu ne pensé faire; mais, puisque n'ai eu aucun avocat qui parlât pour moi, sinon la vérité, laquelle moi seule je sais, je suis tenue de la déclarer sans crainte, espérant que, si elle est bien connue de vous, ne m'estimerez telle qu'il vous a plu me nommer. Je ne crains que créature mortelle, entendant comme je me suis conduite en l'affaire dont on me charge, me donne blâme, puisque je sais que Dieu et mon honneur n'y sont en rien offensés. Et voilà qui me fait parler sans crainte, étant assurée que Celui qui voit mon cœur est avec moi, et, si un tel juge est avec moi, j'aurois tort de craindre ceux qui sont sujets à son jugement. Et pourquoi donc, madame, dois-je pleurer, vu que ma conscience et mon honneur ne me reprennent point en cette affaire, et aussi, que je suis si loin de me repentir que, s'il étoit à recommencer, je n'en ferois que ce que j'en ai fait? Mais, vous, madame, avez grande occasion de pleurer, tant pour le grand tort qu'en toute ma jeunesse m'avez tenu, que pour celui que maintenant vous me faites de me reprendre devant tout le monde d'une faute qui doit être imputée plus à vous qu'à moi. Que si j'avois offensé Dieu, le roi, vous, mes parents et ma conscience, je serois bien obstinée, si de grande repentance je ne pleurois ; mais, d'une chose bonne, juste et sainte, dont jamais n'eût été bruit que bien honorable, sinon que vous l'avez trop éventée et fait sortir un scandale qui montre assez l'envie, que vous avez de mon déshonneur, être plus grande que le vouloir de conserver l'honneur de votre maison et de vos parents, je ne dois pleurer. Mais, puisque ainsi vous plaît, madame, je ne suis pour vous contredire ; car, quand vous m'ordonnerez telle peine qu'il vous plaira, je ne prendrai moins de plaisir de la souffrir sans raison, que vous ferez à la me donner. Parquoi, madame, commandez, et monsieur mon père, quel tourment qu'il vous plaît que je porte, par ne sais qu'il n'y faudra pas : au moins, serai-je bien aise, que seulement pour mon malheur il suive entièrement votre volonté, et qu'ainsi qu'il a été négligent en mon bien, suivant votre vouloir, il sera prompt en mon mal pour vous obéir. Mais j'ai un père au ciel, lequel, je suis sûre, me donnera autant de patience que je me vois de grands maux par vous préparés, et en lui seul j'ai ma parfaite confiance. » La reine, si courroucée qu'elle n'en pouvoit plus, commande qu'elle fût emmenée de devant ses yeux et mise en une chambre à part, où elle ne sût parler à personne ; mais on ne lui ôta point sa gouvernante, par le moyen de laquelle elle fit savoir au bâtard toute sa fortune[1] et ce qu'il lui sembloit qu'elle devoit faire. Lequel, estimant que les services qu'il avoit faits au roi lui pourroient valoir de quelque chose, s'en vint à lui en diligence à la cour, et le trouva au champ, auquel il compta la vérité du fait, le suppliant qu'à lui, qui étoit pauvre gentilhomme, voulût faire tant de bien d'apaiser la reine, en sorte que le mariage pût être consommé. Le roi ne lui répondit autre chose, sinon : « M'assurez-vous que vous l'avez épou-

[1] Destinée, sort.

sée? — Oui, sire, dit le bâtard, par paroles et présents seulement, et, s'il vous plaît, la fin y sera mise. » Le roi baissa la tête, et, sans lui dire autre chose, s'en retourna droit au château ; et, quand il fut auprès de là, il appela le capitaine de ses gardes et lui donna la charge de prendre le bâtard prisonnier. Toutefois, un sien ami, qui connoissoit le visage du roi, l'avertit de s'absenter et se retirer en une sienne maison près de là : et, si le roi le faisoit chercher, comme il le soupçonnoit, il lui feroit incontinent savoir, pour s'enfuir hors du royaume; si aussi les choses étoient adoucies, il le manderoit pour revenir. Le bâtard le crut et fit si bonne diligence, que le capitaine des gardes ne le trouva point. Le roi et la reine regardèrent ensemble qu'ils feroient de cette pauvre damoiselle, qui avoit l'honneur d'être leur parente ; et, par le conseil de la reine, fut conclu qu'elle seroit renvoyée à son père, auquel l'on manda toute la vérité du fait. Mais, avant que l'envoyer, furent parler à elle plusieurs gens d'Église et de conseil, lui remontrant que, puisqu'il n'y avoit en son mariage que la parole, qu'il se pouvoit facilement défaire, moyennant que l'un et l'autre se quittassent : ce que le roi vouloit qu'elle fit pour garder l'honneur de la maison dont elle étoit. Mais elle leur fit réponse qu'en toutes choses elle étoit prête d'obéir au roi, sinon à contrevenir à sa conscience, disant que ce que Dieu avoit assemblé ne pouvoit être séparé par les hommes ; les priant de ne la tenter de chose si déraisonnable ; car, si amour et bonne volonté, fondée sur la crainte de Dieu, est le vrai et sûr lien de mariage, elle étoit si bien liée, que fer, ne feu, ne eau, ne pouvoient rompre son lien, sinon la mort, à laquelle seule, et non à autre, étoit délibérée rendre son anneau et son serment, les priant de ne lui parler plus du contraire ; car elle étoit si ferme en son propos, qu'elle aimoit mieux mourir en gardant la foi, que vivre après l'avoir niée. Les députés de par le roi emportèrent cette constante réponse ; et, quand ils virent qu'il n'y avoit remède de lui faire renoncer son mari, la menèrent devers son père en si piteuse façon, que, par où elle passoit, chacun ploroit. Et, combien qu'elle eût failli, la punition fut si grande et sa constance telle, qu'elle fit estimer sa faute être vertu. Le père, sachant cette piteuse nouvelle, ne la voulut point voir, mais l'envoya en un château dedans une forêt, lequel il avoit autrefois édifié pour une occasion digne d'être racontée après cette Nouvelle, et la tint là longuement en prison, lui faisant dire que, si elle vouloit quitter son mari, il la tiendroit pour sa fille et la mettroit en liberté. Et, toutefois, elle tint ferme et aima mieux le lien de sa prison, en conservant celui de son mariage, que toute la liberté du monde sans son mari ; et sembloit avis à son visage que toutes ses peines lui étoient passé temps très-plaisants, puisqu'elle les souffroit pour celui qu'elle aimoit. Que dirai-je des hommes? Ce bâtard, tout obligé à elle, comme vous avez ouï, s'enfuit en Allemagne, où il avoit beaucoup d'amis, et montra bien par légèreté, que vraie et parfaite amour ne lui avoit pas tant fait pourchasser Rolandine, que son avarice et ambition ; en sorte qu'il devint tant amoureux d'une dame d'Allemagne, qu'il oublia à visiter par lettres celle qui pour lui soutenoit tant de tribulations. Car jamais la fortune, quelque rigueur qu'elle leur tint, ne leur put ôter le moyen de s'écrire l'un à l'autre; mais la folle et méchante amour où il se laissa tromper : dont le cœur de Rolandine eut premier un sentiment tel, qu'elle ne pouvoit plus reposer ; puis, voyant ses écritures tant changées et refroidies du langage accoutumé, qu'elles ne ressembloient en rien aux passées, soupçonna que nouvelle amitié la séparoit de son mari et le rendoit ainsi étrange d'elle ; ce que toutes les peines et tourments qu'on lui avoit pu donner n'avoient su faire. Et, parce que sa parfaite amour ne vouloit qu'elle assît jugement sur un soupçon, trouva moyen d'envoyer secrètement un serviteur en qui elle se fioit, non pour lui écrire et parler à lui, mais pour l'épier et voir la vérité. Lequel, retourné du voyage, lui dit que, pour le sûr, il avoit trouvé le bâtard bien fort amoureux d'une dame d'Allemagne, et que le bruit étoit qu'il pourchassoit à l'épouser, car elle étoit fort riche. Cette nouvelle apporta si extrême douleur au cœur de cette pauvre Rolandine, que, ne la pouvant porter, tomba grièvement malade. Ceux qui entendoient l'occasion, lui dirent de la part de son père, que, puisqu'elle voyoit la grande méchanceté du bâtard, justement elle le pouvoit abandonner, et la persuadèrent de tout leur possible. Mais, nonobstant qu'elle fût tourmentée jusqu'au bout, si n'y eut-il jamais remède de lui faire changer son propos, et montra en cette dernière tentation l'amour qu'elle avoit à sa très-grande vertu. Car, ainsi que l'amour se diminuoit du côté de lui, ainsi augmentoit du sien, et demeura, malgré qu'il en eût, l'amour entier et parfait; car l'amour, qui défailloit du côté de lui, tourna en elle, et quand elle connut qu'en elle étoit l'amour entière, qui autrefois avoit été départie en deux, elle délibéra de la conserver jusques à la mort de l'un ou de l'autre. Parquoi la bonté divine, qui est parfaite charité et vrai amour, eut pitié de sa douleur et regarda sa patience, en sorte qu'après peu de jours, le bâtard mourut à la poursuite d'une autre femme : dont elle, bien avertie par ceux qui l'avoient vu mettre en terre, envoya supplier son père, qu'il lui plût qu'elle parlât à lui. Le père s'y en alla incontinent, qui jamais depuis sa prison n'avoit parlé à elle, et, après avoir bien au long entendu ses justes raisons, en lieu de la reprendre et tuer, comme souvent il la menaçoit par paroles, la print entre ses bras, et, en pleurant très-fort, lui dit : « Ma fille, vous êtes plus juste que moi ; car, s'il y a eu faute en votre affaire, j'en suis la principale cause; mais, puisque Dieu l'a ainsi ordonné, je veux satisfaire au passé. » Et, après l'avoir emmenée en sa maison, il la traitoit comme sa fille aînée. Elle fut, à la fin, demandée en mariage par un gentilhomme du nom et armes de ladite maison, qui étoit fort sage et vertueux et qui estimoit tant Rolandine, laquelle il fréquentoit souvent, qu'il lui donna louange de ce dont les autres la blâmoient, connoissant que sa fin n'avoit été que pour sa vertu. Le mariage fut agréable au père et à Rolandine, et fut incontinent conclu. Il est vrai qu'un frère, qu'elle avoit, seul héritier de la maison, ne vouloit s'accorder qu'elle eût nul partage, lui mettant au devant qu'elle avoit désobéi à son père; et, après la mort du bon homme, lui tint si grand rigueur, que son mari, qui étoit un puîné, et elle, avoient assez affaire à vivre. En quoi Dieu pourvut; car le frère, qui vouloit tout tenir, laissa en un jour par une mort subite tous les biens qu'il tenoit de sa sœur et les siens ensemble. Ainsi, elle fut héritière d'une bonne et grosse maison, où elle véquit honorablement et saintement en l'amour de son mari; et, après avoir élevé deux fils que Dieu leur donna, rendit joyeusement son âme à Celui où de longtemps elle avoit sa parfaite conscience.

« Or, mesdames, je vous prie que les hommes, qui nous veulent peindre tant inconstantes, viennent maintenant ici et me montrent un aussi bon mari comme celle-ci fut bonne femme, et d'une telle foi et persévérance. Je suis sûre qu'il leur seroit si difficile, que j'aime mieux les en quitter[1], que de me mettre en cette peine (mais non vous, mesdames) de vous prier, pour continuer votre gloire, ou du tout n'aimer point, ou que ce soit aussi parfaitement que cette damoiselle; et gardez-vous bien, que nul die qu'elle ait offensé son honneur, vu que par sa fermeté, elle est occasion d'augmenter la nôtre. — En bonne foi, dit Parlamente, Oisille, vous nous avez raconté l'histoire d'une femme d'un très-grand et honnête cœur, mais qui donne autant de lustre à sa fermeté, qu'à la déloyauté de son mari, qui la voulut laisser pour une autre. — Je crois, dit Longarine, que cet ennui-là lui fut plus importable, car il n'y a faix si pesant que l'amour de deux personnes bien unies ne puisse doucement supporter; mais, quand l'un faut à son devoir et laisse toute la charge sur l'autre, la pesanteur est importable. — Vous devez donc, dit Guebron, avoir pitié de nous, qui portons toute l'amour sans que vous daigniez mettre le bout du doigt pour la soulager. — Ah! Guebron, dit Parlamente, souvent sont différents les fardeaux de l'homme et de la femme. Car l'amour de la femme, bien fondée et appuyée sur Dieu et son honneur, est si juste et raisonnable que celui qui se départ de telle amitié, doit être estimé lâche et méchant envers Dieu et les hommes de bien. Mais l'amour de la plupart des hommes est tout fondée sur le plaisir que les femmes ignorantes, pour servir à leur mauvaise volonté, s'y mettent aucunes fois bien avant; et quand Dieu leur fait connoître la malice du cœur de celui qu'elles estimoient bon, elles s'en peuvent départir avec leur honneur et bonne réputation; car les plus courtes folies sont toujours les meilleures. — Voilà donc une raison, dit Hircan, forgée sur une fantaisie de vouloir soutenir que les femmes honnêtes peuvent laisser honnêtement l'amour des hommes, et non les hommes, celles des femmes, comme si leur cœur étoit différent! Mais, combien que les visages et habits le soient, si crois-je que les volontés sont toutes

[1] Tenir quittes.

pareilles, sinon d'autant que la malice plus couverte est pire. » Parlamente, avec un peu de colère, lui dit : « J'entends bien que vous estimez celles les moins mauvaises, de qui la malice est découverte. — Or, laissons ce propos-là, dit Simontault; car, pour faire conclusion du cœur de l'homme et de la femme, le meilleur des deux n'en vaut rien. Mais venons à savoir à qui Parlamente donnera sa voix pour ouïr quelque bon conte ? — Je la donne, dit-elle, à Guebron. — Or, puisque j'ai commencé, dit-il, à parler des cordeliers, je ne veux oublier ceux de Saint-Benoît, et ce qui est advenu à deux, de mon temps ; combien que je n'entends, en racontant l'histoire d'un méchant religieux, empêcher la bonne opinion que vous devez avoir des gens de bien. Mais, vu que le Psalmiste dit que tout homme est menteur, et en un autre endroit : « Et n'est celui qui fasse bien aucun, non jusques à un[1], » il me semble qu'on ne peut faillir d'estimer l'homme tel qu'il est; car, s'il y a du bien, on le doit attribuer à Celui qui est la source, et non à la créature, à laquelle, par trop donner de gloire et de louange, ou estimer de soi quelque chose de bon, la plupart des personnes sont trompées. Et, afin que vous ne trouviez impossible que sous extrême austérité ne se trouve extrême concupiscence, entendez ce qui advint du temps du roi François, premier de ce nom.

NOUVELLE XXII.

Un prieur réformateur, sous ombre de son hypocrisie, tente tous moyens pour séduire une sainte religieuse ; d'ond enfin sa malice est découverte.

En la ville de Paris, il y avoit un prieur de Saint-Martin-des-Champs[2], duquel je tairai le nom pour l'amitié que je lui ai portée. Sa vie, jusques à l'âge de cinquante ans, fut si austère, que le bruit de sa sainteté crût par tout le royaume de France, tellement qu'il n'y avoit prince ni princesse qui ne lui fît grand honneur et révérence, quand il les venoit voir ; et ne se faisoit réformation de religion[1] qui ne fût faite par sa main, car on le nommoit *le père de vraie religion*. Il fut être élu visiteur de la grande religion des dames de Fontevrault[2], desquelles il étoit tant craint, que, quand il venoit en quelqu'un de leurs monastères, toutes les religieuses trembloient de peur, et, pour l'apaiser des grandes rigueurs qu'il leur tenoit, le traitoient comme elles eussent fait la personne du roi : ce qu'au commencement il refusoit ; mais, à la fin, venant sur les cinquante ans, commença à trouver fort bon le traitement qu'il avoit au commencement refusé, et s'estimant lui-même le bien public de toute religion, désira de conserver sa santé mieux qu'il n'avoit accoutumé. Et, combien que sa Règle portât de jamais ne manger chair, il se dispensa lui-même (ce qu'il ne faisoit à nul autre), disant que sur lui étoit tout le faix de la religion. Parquoi, si bien se festoya, que d'un moine maigre il en fit un bien gras ; et, à cette mutation de vivre, se fit une mutation de cœur, telle qu'il commença à regarder les visages, dont auparavant il avoit fait conscience ; et, en regardant les beautés que les voiles rendent plus désirables, commença à les convoiter ; dont, pour satisfaire à cette convoitise, chercha tant de moyens subtils, qu'en lieu de faire office de pasteur, il devint loup, tellement qu'en plusieurs bonnes religions, s'il en trouvoit quelqu'une un peu sotte, il ne failloit à la décevoir. Mais, après avoir longuement continué cette méchante vie, la bonté divine, qui print pitié des pauvres brebis égarées, ne voulut plus endurer la gloire de ce malheureux règne, ainsi que vous verrez. Un jour, allant visiter un convent près de Paris, qui se nomme Gif[3], advint qu'en confessant toutes les religieuses en trouva une, nommée sœur Marie Héroët[4], dont la parole étoit si douce et agréable, qu'elle

---

[1] Marguerite, qui était alors dans les idées de la Réforme, qu'elle professait même publiquement, cite ici deux vers de la traduction des Psaumes de David, faite à son instigation par son poëte valet de chambre, Clément Marot, pour les Églises réformées.

[2] Cette ancienne et riche abbaye, située dans la rue Saint-Martin, est aujourd'hui remplacée par le Conservatoire des arts et métiers.

[1] A la fin du quinzième siècle et au commencement du seizième, la plupart des abbayes et des couvents, qui étaient tombés dans le désordre ou le relâchement, furent réformés. *Réformation de religion* signifie donc *réforme de couvent*.

[2] Célèbre abbaye, de l'ordre de saint Benoît, fondée en 1100 par Robert d'Arbrisselles, à trois lieues de Saumur.

[3] Abbaye de bénédictines, à deux lieues de Chevreuse et sept de Paris.

[4] Elle était sans doute parente du poëte Antoine Héroet ou Hérouet, auteur de la *Parfaite amie*, valet de chambre de la reine de Navarre.

promettoit le visage et le cœur être de même. Parquoi, seulement pour l'ouïr, fut ému d'une passion d'amour, qui passoit toutes celles qu'il avoit eues aux autres religieuses ; et, en parlant à elle, se baissa fort pour la regarder, et en aperçut la bouche si rouge et plaisante, qu'il ne se put tenir de lui hausser le voile, pour voir si les yeux accompagnoient le demeurant ; ce qu'il trouva ; dont son cœur fut rempli d'une ardeur si véhémente, qu'il perdit le boire et le manger et toute contenance, combien qu'il la dissimuloit. Et, quand il fut retourné en son prieuré, il ne pouvoit trouver repos ; parquoi, en grande inquiétude, passoit les jours et les nuits, en cherchant les moyens comme il pourroit parvenir à son désir et faire d'elle comme il avoit fait de plusieurs autres : ce qu'il connoissoit être fort difficile, parce qu'il la trouvoit sage en paroles et d'un esprit subtil ; et, d'autre part, se voyoit si laid et vieil, qu'il délibéra de ne lui en parler point, mais de chercher à la gagner par la crainte. Parquoi, bientôt après, s'en retourna audit monastère de Gif, auquel lieu se montra plus austère que jamais il n'avoit fait, se courrouçant à toutes les religieuses, reprenant l'une que son voile n'étoit pas assez bas, l'autre, qu'elle haussoit trop la tête, et l'autre, qu'elle ne faisoit pas bien la révérence en religieuse. Et, en tous ces petits cas-là, se montroit si austère, qu'on le craignoit comme un Dieu peint au jugement. Et lui, qui avoit les gouttes[1], se travailla tant de visiter les lieux réguliers qu'environ l'heure de vêpres, heure par lui apostée[2], se trouva au dortoir. L'abbesse lui dit : « Père révérend, il est temps de dire vêpres. » A quoi il répondit : « Allez, mère, allez, faites-les dire ; car je suis si las, que je demeurerai ici, non pour reposer, mais pour parler à sœur Marie, de laquelle j'ai ouï très-mauvais rapport ; car l'on m'a dit qu'elle caquette comme si c'étoit une mondaine. » La prieure, qui étoit tante de sa mère, la pria de la bien chapitrer et la lui laissa toute seule, sinon un jeune religieux qui étoit avec lui. Quand il se trouva tout seul avec sœur Marie, commença à lui lever le voile et commander qu'elle le regardât. Elle lui répondit que la Règle lui défendoit de regarder les hommes. « C'est bien dit, ma fille, lui dit-il ; mais il ne faut pas que vous estimiez qu'entre nous religieux, soyons hommes. » Parquoi sœur Marie, craignant faillir par désobéissance, le regarda au visage ; elle le trouva si laid, qu'elle pensa faire plus de pénitence que de péché à le regarder. Le beau père, après lui avoir tenu plusieurs propos de la grande amitié qu'il portoit, lui voulut mettre la main au tétin ; qui fut par elle bien repoussé, comme elle devoit ; et fut si courroucé, qu'il lui dit : « Faut-il qu'une religieuse sache qu'elle ait des tétins ? » Elle lui répondit : « Je sais que j'en ai, et certainement que vous ni autre n'y toucherez point ; car je ne suis si jeune n'ignorante, que je n'entende bien ce qui est péché et ce qui ne l'est pas. » Et, quand il vit que ses propos ne la pouvoient gagner, lui en va bailler d'une autre, disant : « Hélas ! ma fille, il faut que je vous déclare mon extrême nécessité, c'est que j'ai une maladie que tous les médecins trouvent incurable, sinon que je me réjouisse et joue avec quelque femme que j'aime bien fort. De moi je ne voudrois pour mourir faire péché mortel ; mais, quand l'on viendroit jusques-là, je sais que simple fornication n'est nullement à comparer au péché d'homicide. Parquoi, si vous aimez ma vie, en sauvant votre conscience de crudélité[1], vous me la sauverez. » Elle lui demanda quelle façon de jeu il entendoit de faire. Il lui dit qu'elle pouvoit bien reposer sa conscience sur la sienne, et qu'il ne feroit chose dont l'un ne l'autre fût chargé. Et, pour lui montrer le commencement du passe-temps qu'il demandoit, la vint embrasser et essaya de la jeter sur le lit. Elle, connoissant sa méchante intention, se défendit si bien de paroles et de bras, qu'il n'eut pouvoir de toucher qu'à ses habillements. A l'heure, quand il vit toutes ses inventions et efforts être tournés en rien, comme un homme furieux, et non-seulement hors de conscience, mais de raison naturelle, lui mit la main sous la robe, et tout ce qu'il put toucher des ongles égratigna de telle fureur, que la pauvre fille, en criant bien fort, de tout son haut tomba à terre tout évanouie. Et, à ce cri, entra l'abbesse dans le dortoir où elle étoit ; laquelle, étant à vêpres, se souvint avoir laissé cette religieuse seule avec le beau père ; qui étoit fille de sa nièce ; dont elle eut un scrupule en sa conscience qui lui fit laisser vêpres, et alla à la porte du dortoir

---

[1] Comme on disoit alors, au lieu de *la goutte*.
[2] Préméditée, prévue.

[1] Cruauté.

écouter ce que l'on faisoit. Mais, oyant la voix de sa nièce, poussa la porte que le jeune moine tenoit. Et, quand le prieur vit venir l'abbesse, en lui montrant sa nièce évanouie en terre, lui dit : « Sans faute, notre mère, vous avez grand tort que vous ne m'avez dit les conditions de sœur Marie ; car, ignorant sa débilité, je l'ai fait tenir debout devant moi ; et, en la chapitrant, s'est évanouie, comme vous voyez. » Ils la firent revenir avec vinaigre et autres choses propices, et trouvèrent que de sa chute elle étoit blessée à la tête. Et, quand elle fut revenue, le prieur, craignant qu'elle contât à sa tante l'occasion de son mal, lui dit à part : « Ma fille, je commande, sur peine d'inobédience et d'être damnée éternellement, que vous n'ayez jamais à parler de ce que je vous ai fait ici. Car entendez que l'extrémité d'amour m'y a contraint, et, puisque je vois que vous ne le voulez, je ne vous en parlerai jamais que cette fois, vous assurant que, si me voulez aimer, je vous ferai élire abbesse d'une des meilleures abbayes de ce royaume. » Elle lui répondit qu'elle aimoit mieux mourir en chartre perpétuelle, que d'avoir jamais autre ami que Celui qui étoit mort pour elle en la croix ; avec lequel elle aimoit mieux souffrir tous les maux, que le monde pourroit donner, que, sans lui, avoir tous les biens ; et qu'il n'eût plus à lui parler de ce propos, ou elle le diroit à sa mère abbesse ; mais qu'en ce faisant, elle se tairoit. Ainsi, s'en alla ce mauvais pasteur, lequel, pour se montrer tout autre qu'il n'étoit et pour encore avoir le plaisir de regarder celle qu'il aimoit, se retourna vers l'abbesse, lui disant : « Ma mère, je vous prie, faites chanter à toutes vos filles un *Salve Regina*, en l'honneur de cette vierge où j'ai mon espérance. » Ce qui fut fait ; durant lequel ce renard ne fit que plorer, non d'autre dévotion, que de regret qu'il avoit de n'être venu au déçu de la sienne. Et toutes les religieuses, pensant que ce fût d'amour à la vierge Marie, l'estimoient un saint homme. Sœur Marie, qui connoissoit sa malice, prioit en son cœur de confondre celui qui déprisoit la virginité. Ainsi, s'en alla cet hypocrite à Saint-Martin ; auquel lieu, ce méchant feu qu'il avoit en son cœur ne cessa de brûler jour et nuit, et de chercher toutes les inventions possibles pour venir à ses fins. Et, pource que sur toutes choses il craignoit l'abbesse, qui étoit femme vertueuse, il pensa le moyen de l'ôter de ce monastère. Ainsi, s'en alla vers Mme de Vendôme [1], pour l'heure demeurant à La Fère, où elle avoit édifié et fondé un couvent de Saint-Benoît, nommé le Mont-d'Olivet. Et, comme celui qui étoit le souverain réformateur, lui donna à entendre que l'abbesse dudit Mont-d'Olivet n'étoit pas assez suffisante pour gouverner une telle communauté. La bonne dame le pria de lui en donner une autre qui fût digne de cet office. Et, lui, qui ne demandoit autre chose, lui conseilla de prendre l'abbesse de Gif, pour la plus suffisante qui fût en France. Mme de Vendôme incontinent l'envoya quérir et lui donna la charge de son monastère du Mont d'Olivet. Le prieur de Saint-Martin, qui avoit en sa main la voix de toute la religion, fit élire à Gif une abbesse à sa dévotion. Et, après cette élection, s'en alla audit lieu de Gif essayer encore une fois si par prière ou par douceur il pourroit gagner sœur Marie Hérouet. Et, voyant qu'il n'y avoit nul ordre, retourna en son prieuré de Saint-Martin ; auquel lieu, tant pour venir à sa fin que pour se venger de celle qui lui étoit trop cruelle, de peur aussi que son affaire fût éventée, fit dérober secrètement les reliques dudit Gif, de nuit, et mit à sus au confesseur de léans, fort vieil et homme de bien, que c'étoit lui qui les avoit dérobées, et, pour cette cause, mit en prison à Saint-Martin ; et, durant qu'il le tenoit prisonnier, suscita deux témoins, lesquels ignoramment signèrent ce que M. de Saint-Martin leur commanda : c'étoit qu'ils avoient vu dedans un jardin ledit confesseur avec sœur Marie en acte vilain et déshonnête ; ce qu'il voulut faire avouer au vieil religieux. Mais, lui, qui savoit toutes les fautes de son prieur, le supplia le vouloir mener en chapitre, et, que, là, devant tous ses religieux, diroit la vérité de tout ce qu'il en savoit. Le prieur, craignant que la justification du confesseur fût sa condamnation, ne voulut point entendre à cette requête ; mais, le trouvant ferme à son propos, le traita si mal en prison,

[1] Renée de Bourbon, cinquième fille de Jean de Bourbon, comte de Vendôme, née en 1466, était abbesse de Fontevrault depuis l'année 1491 ; mais elle n'y résidait pas, et s'occupait de réformer les couvents de filles qui relevaient de cette abbaye chef-d'ordre. Elle en réforma trente-trois, et vécut dans une piété exemplaire. Elle mourut en 1534.

[2] Moyen, espoir de réussir.

que les uns disent qu'il y mourut; les autres, qu'il le contraignit de laisser son habit et s'en aller hors du royaume de France. Quoi qu'il en soit, jamais depuis on ne le vit. Quand le prieur estima avoir une telle prise sur sœur Marie, s'en alla à la religion où l'abbesse, étant faite à sa poste, ne le contredisoit en rien. Et, là, commença vouloir user de son autorité de visiteur, et fit venir toutes les religieuses l'une après l'autre, pour les ouïr en une chambre, en forme de confession et visitation; et, quand ce fut au rang de sœur Marie, qui avoit perdu sa bonne tante, il recommença à lui dire : « Sœur Marie, vous savez de quel crime vous êtes accusée et que la dissimulation que vous faites d'être tant chaste, ne vous a de rien servi; car on connoît bien que vous êtes le contraire. » Sœur Marie lui répondit d'un visage assuré : « Faites-moi venir celui qui m'a accusée, et vous verrez si devant moi il demeurera en sa mauvaise opinion. » Il lui dit : « Il ne vous faut autre preuve, puisque le confesseur même à été convaincu. » Sœur Marie lui dit : « Je le pense si homme de bien, qu'il n'aura pas confessé telle méchanceté et mensonge; mais, quand ainsi seroit, faites-le venir devant moi, et je prouverai le contraire de son dire. » Le prieur, voyant qu'en nulle sorte il ne la pouvoit étonner, lui dit : « Je suis votre père, qui, pour cette cause, désire sauver votre honneur; partant, je remets cette vérité à votre conscience, à laquelle j'ajouterai foi. Je vous demande et vous conjure, sur peine de péché mortel de me dire vérité, à savoir si vous étiez vierge quand vous fûtes mise céans. » Elle lui répondit : « Mon père, l'âge de cinq ans que j'avois, doit être témoin de ma virginité. — Or, bien, ma fille. Depuis ce temps-là, avez-vous point perdu cette belle fleur ? » Elle lui jura que non et que jamais n'avoit trouvé empêchement que de lui. A quoi il dit qu'il ne la pouvoit croire et que la chose gisoit en preuve. « Quelle preuve, dit-elle, vous en plaît-il faire ? — Comme j'en fais aux autres, dit le prieur ; car, tout ainsi que je suis visiteur des âmes, aussi je le suis des corps. Vos abbesses et prieures ont passé par mes mains; vous ne devez craindre que je désire votre virginité. Parquoi jetez-vous sur le lit et mettez le devant de votre habillement sur votre visage. » Sœur Marie lui répondit par colère : « Vous m'avez tant tenu de propos de la folle amour que vous me portez, que j'estime plutôt que vous me voulez ôter ma virginité, que de la vouloir visiter. Parquoi, comptez[1] que jamais je n'y consentirai. » Alors, il lui dit qu'elle étoit excommuniée de refuser l'obéissance de cette religion, et, si elle ne consentoit, qu'il la déshonoreroit en plein Chapitre, et diroit le mal qu'il savoit entre elle et le confesseur. Mais, elle, d'un visage sans peur, lui répondit : « Celui qui connoît le cœur de ses serviteurs me rendra autant d'honneurs devant lui, que vous me ferez de honte devant les hommes. Parquoi, puisque votre malice en est jusques-là, j'aime mieux qu'elle parachève sa cruauté envers moi, que le désir de son mauvais vouloir, car je sais que Dieu est juste juge. » A l'heure, il s'en alla amasser tout le Chapitre et fit venir devant lui à genoux sœur Marie, à laquelle il dit par un merveilleux dépit : « Sœur Marie, il me déplaît grandement que les bonnes admonitions que je vous ai données ont été inutiles, en un tel inconvénient, que je suis contraint de vous enjoindre une pénitence contre ma coutume. C'est qu'ayant examiné votre confesseur sur aucuns crimes à lui imposés, il m'a confessé avoir abusé de votre personne, au lieu où les témoins disent l'avoir vu. Parquoi, ainsi que je vous avois élevée en état honorable et maîtresse des novices, j'ordonne que vous soyez mise non-seulement la dernière de toutes, mais mangeant, à terre, devant toutes les sœurs, pain et eau, jusqu'à ce qu'on connoisse votre contrition suffisante d'avoir grâce. » Sœur Marie, étant avertie par une de ses compagnes, qui entendoit tout son affaire, que, si elle répondoit chose qui déplût au prieur, il la mettroit *in pace*, c'est-à-dire en chartre perpétuelle, endura cette sentence, levant les yeux au ciel et priant Celui qui avoit été sa résistance contre le péché, vouloir être sa patience contre sa tribulation. Encore défendit ce vénérable prieur, que, quand sa mère ou ses parents viendroient, qu'on ne la souffrît de trois ans parler à eux, n'écrire lettres, sinon faites en communauté. Ainsi s'en alla ce malheureux homme, sans plus y revenir ; et fut cette pauvre fille longtemps en la tribulation que vous avez ouïe ; mais sa mère, qui sur tous ses enfants l'aimoit, voyant qu'elle n'avoit

[1] Il y a *défendez* dans les éditions qui sont sous nos yeux ; ce qui n'a pas de sens.

plus de nouvelles d'elle, s'en émerveilla fort et dit à un sien fils, sage et honnête gentilhomme, qu'elle pensoit que sa fille étoit morte, et que les religieuses, pour en avoir la pension annuelle, lui dissimuloient; lui priant en quelque façon que ce fût de voir sadite sœur. Lequel incontinent alla à la religion, en laquelle on lui fit les excuses accoutumées : c'est qu'il y avoit trois ans que sa sœur ne bougeoit du lit. Dont il ne se tint pas content et leur jura que, s'il ne la voyoit, il passeroit par-dessus les murailles et forceroit le monastère. De quoi elles eurent si grande peur, qu'elles lui amenèrent sa sœur à la grille; laquelle l'abbesse tenoit de si près qu'elle ne pouvoit dire à son frère chose qu'elle n'entendît; mais elle, qui étoit sage, avoit mis par écrit tout ce qui est ci-dessus, avec mille autres inventions que ledit prieur avoit trouvées pour la décevoir, que je laisse à conter pour la longueur; si ne veux-je oublier à dire que, durant que sa tante étoit abbesse, pensant qu'il fût refusé pour sa laideur, fit tenter sœur Marie par un beau et jeune religieux, aspirant que, si par amour elle obéissoit à ce religieux, qu'après il la pourroit avoir par crainte. Mais, d'un jardin où ledit religieux lui tint propos, avec gestes si déshonnêtes, que j'aurois honte de les référer, la pauvre fille courut à l'abbesse, qui parloit au prieur, criant : « Ma mère, ce sont diables en lieu de religieux, ceux qui nous viennent visiter ! » Et, à l'heure, le prieur, ayant peur d'être découvert, commença à dire en riant : « Sans faute, ma nièce, sœur Marie a bonne raison. » Et, en la prenant par la main, lui dit devant l'abbesse : « J'avois entendu que sœur Marie parloit fort bien et avoit le langage si à main qu'on l'estimoit mondaine, et, pour cette occasion, je me suis contraint contre mon naturel tenir tous les propos que les hommes mondains tiennent aux femmes, ainsi que je trouve par écrit ; car, d'expérience, j'en suis aussi ignorant comme le jour que je suis né ; et, en pensant que ma vieillesse et laideur lui faisoient tenir propos si vertueux, je commandai à mon jeune religieux de lui en tenir de semblables, à quoi vous voyez qu'elle a bien vertueusement résisté. Dont je l'estime si sage et vertueuse, que je veux qu'elle soit dorénavant la première après vous et maîtresse des novices, afin que son bon vouloir croisse toujours de plus en plus vertu. » Cet acte ici et plusieurs autres fit ce bon religieux, durant trois ans qu'il fut amoureux de la religieuse. Laquelle, comme j'ai dit, bailla par la grille à son frère tout le discours de sa piteuse histoire; ce que le frère porta à sa mère, qui, toute désespérée, vint à Paris, où elle trouva la reine de Navarre, sœur unique du roi, à qui elle montra ce fort piteux discours, en lui disant: « Madame, or donc, ne vous fiez pas une autre fois en tel hypocrite. Je pensois avoir mis ma fille aux faubourgs et chemin de paradis, mais je l'ai mise en enfer, entre les mains des pires diables qui puissent être; car les diables ne nous tentent, s'il ne nous plaît, et ceux-ci nous veulent avoir par force où l'amour nous défaut. » La reine de Navarre fut en grande peine, car entièrement elle se confioit en ce prieur de Saint-Martin, à qui elle avoit baillé la charge des abbesses de Montivilliers et de Caen[1], ses belles-sœurs. D'autre côté, le crime si grand lui donna telle horreur et envie de venger l'innocence de cette pauvre fille, qu'elle communiqua au chancelier du roi, pour lors légat en France, de l'affaire, et fit envoyer quérir le prieur, lequel ne trouva nulle excuse sinon qu'il avoit soixante-dix ans, et pria la reine de Navarre, lui priant, sur tous les plaisirs qu'elle lui voudroit jamais faire et pour récompense de tous ses services, qu'il lui plût de faire cesser ce procès et qu'il confesseroit que sœur Marie Hérouët étoit une perle d'honneur et de virginité. La reine, oyant cela, fut tant émerveillée, qu'elle ne sut que lui répondre : ains le laissa là ; et le pauvre homme, tout confus, se retira en son monastère, où il ne voulut plus être vu de personne et ne véquit qu'un an après. Et sœur Marie Hérouët, estimée comme elle méritoit pour les vertus que Dieu avoit mises en elle, fut ôtée de ladite abbaye de Gif, où elle avoit eu tant de mal, et faite abbesse, par le don du roi, de l'abbaye nommée Gien, près de Montargis, qu'elle réforma ; et véquit comme pleine de l'esprit de Dieu, le louant toute sa vie de ce qu'il lui avoit plu lui donner honneur et repos.

« Voilà, mesdames, une histoire qui est bien

[1] Catherine d'Albret, abbesse de la Trinité, de Caen, morte en 1532, et Madeleine d'Albret, abbesse de Montivilliers, près du Havre, étaient sœurs de Henri d'Albret, roi de Navarre, second mari de Marguerite de Valois.

pour montrer ce que dit l'Évangile et saint Paul aux Corinthiens; que Dieu par les choses foibles confond les fortes, et par les inutiles aux yeux des hommes, la gloire de ceux qui cuident être quelque chose et ne sont rien. Et pensez, mesdames, que sans la grâce de Dieu il n'y a homme où l'on doive croire nul bien, si si fortes sensations[1] dont avec lui l'on n'emporte victoire, comme vous pouvez voir par la confession de celui que l'on estimoit juste, et par l'exaltation de celle qu'il vouloit faire trouver pécheresse et méchante. Et, en cela, est vérifié le dire de Notre-Seigneur : *Qui s'exaltera sera humilié et qui s'humiliera sera exalté.* — Hélas! dit Oisille, que ce prieur-là a trompé de gens de bien! car j'ai vu qu'on se fioit plus en lui qu'en Dieu. — Ce n'est pas moi, dit Nomerfide, car je ne m'arrête point à telles gens. — Il y en a de bons, dit Oisille, il ne faut que, pour les mauvais, ils soient tous jugés; mais les meilleurs sont ceux qui hantent moins les maisons séculières et les femmes. — Vous dites bien, dit Émarsuitte; car moins on les voit, moins on les connoît, et plus on les estime, parce que la fréquentation les montre tels qu'ils sont. — Or, laissons donc le moutier où il est, dit Nomerfide, et voyons à qui Guebron donnera sa voix. — Ce sera, dit-il, madame Oisille, afin qu'elle die quelque chose à l'honneur des frères religieux. — Nous avons tant juré, dit Oisille, de dire vérité, que je ne saurois soutenir autre parti. Et aussi, en faisant votre conte, vous m'avez remis en mémoire une piteuse histoire que serai contrainte de dire, pource que je suis voisine du pays où de mon temps elle est advenue, et afin, mesdames, que l'hypocrisie de ceux qui s'estiment plus religieux que les autres ne vous enchante l'entendement, de sorte que votre foi, divertie de ce droit chemin, s'estime trouver salut en quelque autre créature qu'en Celui seul qui ne veut avoir compagnon à notre création et rédemption, lequel est tout-puissant pour nous sauver en la vie éternelle, et en celle temporaire nous consoler et délivrer de toutes nos tribulations. Connoissant que souvent l'ange Satan se transforme en ange de lumière, afin que l'œil extérieur, aveuglé par l'apparence de sainteté et de dévotion, ne s'arrête à ce qu'il doit faire, il me semble bon vous en raconter une advenue de notre temps. »

[1] Pour *passions.*

NOUVELLE XXIII.

Trois meurtres advenus en une maison, à savoir en la personne du seigneur, de sa femme et de leur enfant, par la méchanceté d'un cordelier.

Au pays de Périgord, il y avoit un gentilhomme qui avoit telle dévotion à saint François, qu'il lui sembloit que tous ceux qui portoient cet habit devoient être semblables au bon saint. En l'honneur de quoi, avoit fait faire en sa maison chambre et garde-robe propre pour les loger; par le conseil desquels il conduisoit toutes ses affaires, voire jusqu'aux moindres choses de son ménage, s'estimant cheminer sûrement, en suivant leur bon conseil. Or, advint, un jour, que la femme de ce gentilhomme, qui étoit belle et non moins sage que vertueuse, avoit fait un beau fils; dont l'amitié que lui portoit son mari, augmenta doublement. Et, pour festoyer sa commère, envoya quérir un sien beau-frère. Ainsi que l'heure du souper fut venue, arriva un cordelier, duquel je celerai le nom pour l'honneur de la religion. Le gentilhomme fut fort aise, voyant son père spirituel, devant lequel il ne cachoit nul secret. Et, après plusieurs propos tenus entre sa femme, son beau-frère et lui, se mirent à table pour souper; durant lequel, le gentilhomme regardant sa femme, qui avoit assez de beauté et de bonne grâce pour être désirée, commença à demander tout haut une question au beau père : « Mon père, est-il vrai qu'un homme pèche mortellement de coucher avec sa femme, ce pendant qu'elle est en couche ? » Or, le beau père, qui avoit la contenance et la parole contrainte à son cœur, lui répondit : « Sans faute, monsieur, je pense que ce soit un des grands péchés qui se fassent en mariage; et ne fût-ce que l'exemple de la benoîte vierge Marie, qui ne voulut entrer au Temple jusques après le jour de la purification, combien qu'elle n'en eût besoin. Ainsi, ne devriez-vous jamais faillir de vous abstenir d'un petit plaisir, vu que la bonne vierge Marie s'abstenoit, pour obéir à la loi, d'aller au Temple, où étoit toute sa consolation; et, outre ce, les docteurs en médecine dient qu'il y a grand danger pour la lignée qui en peut venir. » Quand le gentilhomme entendit ces paroles, il en fut bien fâché, car il espéroit bien que son beau père lui donneroit congé; mais il n'en parla plus avant. Le beau père, durant ces propos, après avoir bu quelque peu davantage qu'il n'étoit besoin, regarda la damoiselle, regarda aussi et pensa bien en soi-même que, s'il étoit le mari d'elle, ne demanderoit conseil à personne quelconque de coucher avec sa femme. Et, ainsi que le feu peu à peu s'allume tellement qu'il vient à embraser toute la maison, ainsi ce pauvre frater commença à brûler par telle concupiscence, que soudainement délibéra de venir à fin du désir, que plus de trois ans durant avoit porté couvert en son cœur. Et, après que les tables furent levées, print le gentilhomme par la main, et le menant auprès du lit de sa femme, lui dit devant elle : « Monsieur, pource que je connois l'amitié qui est entre vous et madamoiselle, laquelle, avec la grande jeunesse qui est en vous, vous tourmente si fort; sans faute, j'en ai grande compassion. Et, pour ce, vous dirai un secret de notre sainte théologie : c'est que la loi, qui pour les abus des maris indiscrets est si rigoureuse, ne veut permettre que ceux qui sont de bonne conscience comme vous soient frustrés de l'intelligence. Parquoi, monsieur, je vous ai dit devant les gens l'ordonnance de la sévérité de la loi; mais, à vous, qui êtes homme sage, ne dois celer la douceur : sachez, mon fils, qu'il y a femmes et femmes, aussi hommes et hommes. Premièrement vous faut savoir de mademoiselle que voici, vu qu'il y a trois semaines qu'elle est accouchée, si elle est hors du flux de sang. » A quoi répondit la damoiselle que certainement elle étoit toute nette. « Et adonc, dit le cordelier, je vous donne congé d'y coucher sans aucun scrupule; mais que vous promettiez deux choses. » Ce que le gentilhomme fit volontiers. « La première, dit le beau père, est que ne parlez à personne, mais y viendrez secrètement; l'autre, que vous n'y viendrez qu'il ne soit deux heures après minuit, afin que la digestion de la bonne dame ne soit empêchée par vos folies. » Ce que le gentilhomme lui promit et jura par tel serment, que celui qui le connoissoit plus sot que menteur s'en tint tout assuré. Et, après plusieurs propos, se retira le beau père en sa chambre, leur donna la bonne nuit avec grandes bénédictions. Mais, en se retirant, print le gentilhomme par la main, lui disant : « Sans faute, monsieur, vous vous en viendrez et ne ferez plus veiller la pauvre damoiselle. » Le gentilhomme, en la baisant, lui dit : « Ma mie, laissez-moi la chambre ouverte. » Ce qu'entendit très-bien le beau père, et ainsi se retira chacun dans sa chambre. Mais, sitôt que le beau père fut retiré, ne pensa pas à dormir ne reposer; car, incontinent qu'il n'ouït plus de bruit en la maison, environ l'heure qu'il avoit accoutumé aller à matines, s'en alla doucement droit en la chambre où le seigneur étoit attendu; et, là, trouva la porte ouverte; va finement éteindre la chandelle, et, le plus tôt qu'il put, se coucha auprès d'elle sans dire mot. La damoiselle, cuidant que ce fût son mari, lui dit : « Comment, mon mari, vous avez très-mal tenu la promesse que fîtes hier au soir à notre confesseur, de ne venir ici jusques à deux heures. » Le cordelier, plus attentif à la vie active qu'à la contemplative, avec la crainte qu'il avoit d'être connu, pensa plus à satisfaire au méchant désir, duquel de longtemps avoit le cœur empoisonné, qu'à lui faire nulle réponse. Dont la damoiselle fut fort étonnée. Et quand le cordelier vit approcher l'heure que le mari devoit venir, se leva d'auprès la damoiselle et retourna soudainement en sa chambre. Et tout ainsi la fureur de la concupiscence lui avoit ôté dormir, aussi la crainte, qui toujours suit méchanceté, ne lui permit de trouver aucun repos; mais s'en alla au portier de la maison et lui dit : « Mon ami, monsieur m'a commandé m'en aller incontinent en notre couvent faire quelques prières où il a dévotion, parquoi, je vous prie, baillez-moi ma monture et m'ouvrez la porte sans que personne en oit rien, car l'affaire est nécessaire et secrète. » Le portier, sachant bien qu'obéir au cordelier étoit service à son seigneur fort agréable, ouvrit secrètement la porte, et le mit dehors. En cet instant, s'éveilla le gentilhomme, lequel voyant approcher l'heure qui lui étoit donnée du beau père pour aller voir sa femme, se leva en sa robe de nuit et s'en alla vitement coucher où, par l'ordonnance de Dieu, sans connoître d'homme, il pouvoit aller. Et, quand sa femme l'ouït parler auprès d'elle, s'émerveilla si fort qu'elle lui dit, ignorant ce qui étoit passé : « Comment, monsieur, est-ce la promesse que vous avez faite au beau père de si bien garder votre santé et la mienne, de ce que non-seulement êtes venu ci avant l'heure, mais encore y retourner? Je vous supplie, monsieur, pensez-y ! » Le gentilhomme fut si troublé d'ouïr cette nouvelle, qu'il ne put dissimuler son ennui et lui dit : « Quel propos me tenez-vous ? Je sais, pour vérité, qu'il y a trois semaines que je n'ai couché avec vous, et me reprenez d'y venir trop souvent. Si ces propos continuent, vous me ferez penser que ma compagnie vous fâche, et me contraindrez, contre ma coutume et volonté, de chercher ailleurs le plaisir que, selon Dieu, je puis prendre avec vous. » La damoiselle, qui pensoit qu'il se moquât, lui répondit : « Je vous supplie, monsieur, en me cuidant tromper, ne vous trompez vous-même ; car, nonobstant que vous n'ayez parlé à moi quand vous y êtes venu, si ai-je bien connu que vous y étiez. » A l'heure, le gentilhomme connut qu'ils étoient tous deux trompés et fit grand serment qu'il n'y étoit point venu : dont la dame print telle tristesse, qu'avec pleurs et larmes le pria faire diligence de savoir qui ce pouvoit être ; car en leur maison ne couchoit que le frère d'elle et le cordelier. Incontinent, le gentilhomme, poussé de soupçon du cordelier, alla hâtivement en la chambre où il avoit logé, laquelle il trouva vide. Et, pour être mieux assuré s'il s'en étoit fui, envoya quérir le portier, auquel il demanda s'il savoit point qu'étoit devenu le cordelier ; lequel lui conta toute la vérité. Or, le gentilhomme étant certain de cette méchanceté, il s'en retourna à l'instant en la chambre de sa femme, et adonc lui dit : « Assurément, ma mie, celui qui a couché avec vous et fait tant de beaux œuvres est notre père confesseur. » La damoiselle, qui toute sa vie avoit aimé son honneur, entra en tel désespoir, qu'oubliant toute humanité et nature de femme, le supplia à genoux le venger de cette grande injure. Parquoi soudain, sans autre délai, le gentilhomme monta à cheval et poursuivit le cordelier. La damoiselle, demeurant seule en son lit et sans conseil ne consolation que de son petit enfant nouveau-né, considérant le cas horrible et merveilleux qui lui étoit advenu, sans excuser son ignorance, se réputa comme coupable et la plus malheureuse du monde ; et alors se trouva si troublée en l'assaut de ce désespoir fondé sur l'énormité et gravité du péché, sur l'amour du mari et l'honneur du lignage, qu'elle estima sa mort trop plus heureuse que sa vie ; et, vaincue de cette tristesse, tomba en tel désespoir, qu'elle fut non-seulement divertie de l'espoir que tout chrétien doit avoir en Dieu, mais fut du tout aliénée du sens commun, oubliant sa propre nature ; tellement, qu'étant hors de la connoissance de Dieu et de soi-même, comme femme enragée et furieuse, print une corde de son lit, et de ses propres mains s'étrangla. Et, qui pis est, étant en l'agonie de cette cruelle mort, le corps, qui combattoit contre icelle, se remua de telle sorte, qu'elle donna du pied sur le visage de son petit enfant, duquel l'innocence ne le put garantir qu'il ne suivît par sa mort sa douloureuse et dolente mère ; mais, en mourant, fit un tel cri, qu'une femme qui couchoit en la chambre, se leva à grande hâte pour allumer la chandelle. Et, à l'heure, voyant sa maîtresse pendue et étranglée à la corde du lit, l'enfant étouffé et mort dessous ses pieds, s'en courut tout effrayée en la chambre du frère de sa maîtresse, lequel elle amena pour voir ce piteux spectacle. Le frère, criant et menant tel deuil que peut et doit mener un qui aime sa sœur de tout son cœur, demanda à la chambrière qui avoit commis un tel crime ; qui lui dit qu'elle ne savoit et qu'autre que son maître n'étoit entré en la chambre, lequel puis naguère en étoit parti. Le frère, allant en la chambre du gentilhomme et ne le trouvant point, crut assurément qu'il avoit commis le cas, et, prenant son cheval, sans autrement s'enquérir, courut après lui et l'attendit en un chemin où il retournoit de poursuivre son cordelier, dolent de ne l'avoir point attrapé. Incontinent que le frère de la damoiselle vit son beau-frère, commença à lui crier : « Méchant et lâche, défendez-vous ; car, aujourd'hui j'espère que Dieu me vengera de vous par cette épée ! » Le gentilhomme, qui se vouloit excuser, vit l'épée de son beau-frère si près de lui, qu'il avoit plus de besoin de se défendre, que de s'enquérir de la cause de leur débat. Et lors se donnèrent tant de coups et l'un et l'autre, que le sang perdu et la lasseté[1] les contraignissent se seoir à terre, l'un d'un côté, l'autre de l'autre. Et, en prenant leur haleine, le gentilhomme lui demanda : « Quelle occasion, mon frère, a converti la grande amitié que nous nous sommes toujours portée, en si cruelle bataille ? » Le beau-frère lui répondit : « Mais quelle occasion vous a mû de faire mourir ma sœur, la plus femme de bien qu'oncques fut, et encore si méchamment que, sous couleur de vouloir coucher avec elle, l'avez pendue et

[1] Lassitude.

étranglée à la corde de votre lit ? » Le gentilhomme, entendant cette parole, plus mort que vif, dit à son frère : « Est-il bien possible que vous ayez trouvé votre sœur en l'état que vous dites ? » Et quand l'autre frère l'en assura : « Je vous prie, mon frère, dit le gentilhomme, que vous oyiez la cause pour laquelle je me suis parti de la maison. » Et, à l'heure, lui fit le conte du méchant cordelier, dont le frère fut étonné et encore plus marri de ce que, contre raison, il l'avoit assailli; et, en lui demandant pardon, lui dit : « Je vous ai fait tort, pardonnez-moi. » Le gentilhomme lui répondit : « Si je vous ai fait tort, j'en ai fait la punition ; car je suis si blessé, que je n'espère jamais en échapper. » Le beau-frère essaya de le remonter à cheval le mieux qu'il put et le ramena en sa maison, où le lendemain il trépassa, confessant devant tous ses parents et amis, que lui-même étoit cause de sa mort. D'ond, pour satisfaire à la justice, fut le beau-frère conseillé d'aller demander sa grâce au roi François, premier de ce nom. Parquoi, après avoir fait honorablement enterrer mari, femme et enfant, s'en alla, le jour du saint-vendredi, pourchasser sa rémission à la cour, et la rapporta maître François Olivier[1], lequel l'obtint pour le beau-frère, étant pour lors icelui Olivier chancelier d'Alençon et depuis, par ses grandes vertus, élu, du roi, chancelier de France.

« Je crois, mesdames, qu'après avoir entendu cette histoire très-véritable, il n'y aura aucune de vous qui ne pense deux fois à loger de telles gens en sa maison; et saurez qu'il n'y a plus dangereux venin que celui qui est le plus dissimulé. — Pensez, dit Hircan, que ce mari étoit un bon sot d'amener un tel galant souper auprès d'une si belle et honnête femme. — J'ai vu le temps, dit Guebron, qu'en notre pays il n'y avoit maison où il n'y eût chambre dédiée[2] pour les beaux-pères. Mais maintenant ils sont tant connus, qu'on les craint plus qu'aventuriers. — Il me semble, dit Parlamente, qu'une femme étant dedans le lit, si ce n'est pour lui administrer les sacrements de l'Église, ne doit jamais faire entrer beau père ni prêtre en sa chambre, et, quand je l'appellerai, on me pourra bien juger en danger de mort. — Si tout le monde étoit autant austère que vous, dit Émarsuite, les pauvres prêtres seroient pis qu'excommuniés, d'être séparés de la vue des femmes. — N'en ayez point de peur, dit Saffredant, car ils n'en auront jamais de faute. — Comment, dit Simontault, ce sont ceux qui par mariage nous lient aux femmes, et qui essaient par leur méchanceté à nous en délier et faire rompre le serment qu'ils nous ont fait faire ! — C'est grand pitié, dit Oisille, que ceux qui ont l'administration des sacrements en jouent ainsi à la pelote. On les devroit brûler tout vifs. — Vous feriez bien mieux de les honorer que de les blâmer, dit Saffredant, et les flatter qu'injurier. Mais passons outre, et sachons qui aura la voix d'Oisille. — Je la donne, dit-elle, à Dagoucin, car je le vois entrer en contemplation telle, qu'il me semble préparé à dire quelque bonne chose. — Puisque je ne puis ni ose, dit Dagoucin, dire ce que je pense, à tout le moins parlerai-je d'un à qui cruauté porta nuisance et puis profit. Combien qu'Amour s'estime tant fort et puissant, qu'il veut aller tout nu, et lui est chose ennuyeuse et à la fois importable d'être couvert, si est-ce que bien souvent ceux qui, pour obéir à son conseil, s'avancent trop de découvrir, s'en trouvent mauvais marchands, comme il advint à un gentilhomme de Castille, duquel vous orrez l'histoire.

NOUVELLE XXIV.

Gentille invention d'un gentilhomme pour manifester ses amours à une reine, et ce qui en advint.

Dans la cour du roi et reine de Castille, desquels les noms dits ne seront, y avoit un gentilhomme si parfait en beauté et bonne condition, qu'il ne trouvoit son pareil en toutes les Espagnes. Chacun avoit ses vertus en admiration, mais encore plus son étrange façon; car jamais on ne connut qu'il aimât ou servît quelque dame ; et si en avoit en la cour en très-grand nombre qui étoient dignes de

---

[1] François Olivier, fils de Jacques, qui fut premier président au parlement de Paris, et ensuite évêque d'Angers, remplit avec distinction diverses charges dans la haute magistrature et dans la diplomatie. Par la protection de la reine de Navarre, il obtint la garde des sceaux de France, puis il fut nommé chancelier par lettres du roi du 18 avril 1545. Ce passage de l'*Heptaméron* est donc postérieur à cette époque. Le chancelier Olivier, dont les talents et le caractère ne furent pas moins estimés sous les règnes de Henri II et de François II, mourut en 1560.

[2] Destinée, consacrée.

faire brûler la glace, mais il n'y en eut point qui eût puissance de prendre ce gentilhomme, lequel avoit nom Élisor. La reine, qui étoit femme de grande vertu, mais non du tout exempte de la flamme qui moins est connue et plus brûle, en regardant ce gentilhomme, qui ne servoit nulle de ses femmes, s'en émerveilla, et, un jour, lui demanda s'il étoit impossible qu'il aimât aussi peu qu'il en faisoit le semblant. Il lui répondit que, si elle voyoit son cœur comme sa contenance, elle ne lui feroit point cette question. Elle, désirant savoir ce qu'il vouloit dire, le pressa si fort, qu'il lui confessa qu'il aimoit une dame qu'il pensoit être la plus vertueuse de toute la chrétienté. Elle fit tous ses efforts par prières et commandements de savoir qui elle étoit ; mais il ne lui fut possible ; dont faisant semblant d'être fort courroucée contre lui, jura qu'elle ne parleroit jamais à lui, s'il ne lui nommoit ; tellement qu'il fut contraint de lui dire qu'il aimoit autant mourir, s'il falloit qu'il lui confessât. Mais, voyant qu'il perdroit sa vue et bonne grâce par faute de dire une vérité tant honnête qu'elle ne devoit être mal prise de personne, lui dit avec grande crainte : «Madame, je n'ai la force ne hardiesse de la vous déclarer ; mais, la première fois que vous irez à la chasse, je la vous ferai voir, et suis sûr que vous jugerez que c'est la plus belle et parfaite femme du monde.» Cette réponse faite, adonc la reine alla plus tôt à la chasse qu'elle n'eût fait. Élisor en fut averti et s'apprêta pour aller servir comme il avoit accoutumé ; et si avoit fait faire un grand miroir d'acier en façon de hallecret[1], et, l'ayant mis devant son estomac, le couvroit très-bien d'un manteau de frise[2] noire, qui étoit tout bordé de cannetille et d'or-frisé[3] bien richement. Il étoit monté sur un cheval moreau fort bien enharnaché de tout ce qui étoit nécessaire à cheval. Le harnois étoit tout doré et émaillé de noir en ouvrage moresque ; son chapeau, de soie noire, sur lequel étoit un riche enseigne, où il y avoit pour devise un Amour couvert par force, tout enrichi de pierreries. L'épée et le poignard n'étoient moins beaux ne bien faits, ne de moins bonnes devises. Bref, il étoit bien en ordre, et encore plus adroit à cheval, et le savoit si bien manier, que tous ceux qui le voyoient laissoient le passe-temps de la chasse, pour regarder les courses et sauts que faisoit faire Élisor à son cheval. Après avoir conduit la reine jusqu'au lieu où étoient les toiles[1], en telles courses et sauts que je vous ai dits, mit pied à terre et vint pour aider à la reine à descendre. Ainsi qu'elle lui tendoit les bras, il ouvrit son manteau de devant son estomac ; et, la prenant entre les siens, lui montrant son hallecret de miroir, lui dit : «Madame, je vous supplie de regarder ici.» Et, sans attendre réponse, la mit doucement à terre. La chasse finie, la reine retourna au château sans parler à Élisor ; mais, après le souper, elle l'appela, lui disant qu'il étoit le plus grand menteur qu'elle avoit jamais vu ; car il lui avoit promis de lui montrer à la chasse celle qu'il aimoit le plus, ce qu'il n'avoit fait : parquoi, elle avoit délibéré de ne faire jamais estime ne cas de lui. Élisor, ayant peur que la reine n'eût entendu ce qu'il lui avoit dit, lui répondit qu'il n'y avoit point failli, car il lui avoit montré non la femme seulement, mais la chose qu'il aimoit le mieux. Elle, faisant la méconnue, lui dit qu'elle n'avoit point entendu qu'il lui eût montré une seule de ses femmes. «Il est vrai, dit Élisor ; mais que vous ai-je montré vous descendant de cheval ? — Rien, dit la reine, sinon un miroir devant votre estomac. — En ce miroir, qu'est-ce que vous avez vu ? dit Élisor. — Je n'ai vu que moi seule,» répondit la reine. Élisor lui dit : «Doncques, madame, pour obéir à votre commandement, vous ai tenu promesse, car il n'y aura jamais d'autre image en mon cœur que celle que vous avez vue au devant de mon estomac, et celle-là seule je veux aimer, révérer, adorer, non comme une femme, mais comme Dieu en terre, entre les mains de laquelle je mets ma mort et ma vie ; vous suppliant que ma parfaite et grande affection, qui a été ma vie tant que je l'ai portée couverte, ne soit ma mort en la découvrant, et si je ne suis digne d'être de vous regardé ni accepté pour serviteur. Mais souffrez que je vive, comme j'ai accoutumé, du contentement que j'aurai ; dont mon cœur a osé choisir pour le fondement de son amour un si parfait et digne lieu : duquel je ne puis avoir autre satisfaction, que de savoir que mon amour est si grande et si parfaite, que je me dois contenter d'aimer seulement, combien que je ne puisse être aimé. Et s'il ne vous plaît, par la

---

[1] Cuirasse. — [2] Drap velu.
[3] Galon d'or, drap d'or.

[1] Filets de chasse.

connoissance de cette grande amour, m'avoir plus agréable qu'auparavant, au moins ne m'ôtez la vie, qui consiste au bien de vous voir comme j'ai accoutumé. Car je n'ai de vous nul bien, sinon autant qu'il m'en faut pour mon extrême nécessité; et si j'en ai moins, vous en aurez moins de serviteurs, en perdant le meilleur et le plus affectionné que vous eûtes oncques ni ne pourriez jamais avoir. » La reine, ou pour se montrer autre qu'elle n'étoit, ou pour expérimenter à la longue l'amour qu'il lui portoit, ou pour en aimer quelque autre qu'elle ne vouloit laisser pour lui, ou bien le réservant quand celui qu'elle aimoit feroit quelque faute pour bailler sa place, dit d'un visage non courroucé ne content : « Élisor, je ne vous demanderai, comme ignorant l'autorité d'amour, quelle folie vous émeut à prendre une si grande, si haute et difficile opinion que de m'aimer. Car je sais que le cœur de l'homme est si peu à son commandement, qu'il ne le fait pas aimer et haïr où il veut. Mais pource que vous avez si bien ouvert votre opinion, je désire savoir combien il y a que vous l'avez prise. » Élisor, regardant son visage tant beau, et voyant qu'elle s'enquéroit de sa maladie, espéra qu'elle vouloit donner quelque remède ; mais, voyant sa contenance si grave et si sage, pendant qu'elle l'interrogeoit, d'autre part tomboit en une crainte, pensant être devant un juge, dont il doutoit la sentence être contre lui donnée : si est-ce qu'il lui jura que cette amour avoit prins racine en son cœur dès le temps de sa grande jeunesse, et qu'il n'en avoit senti nulle peine, sinon depuis sept ans, non peine, à dire vrai, mais une maladie donnant tel contentement, que la guérison étoit la mort. « Puisque ainsi est, dit la reine, que vous avez déjà expérimenté une si grande fermeté, je ne dois être plus légère à vous croire, que vous avez été à me dire votre affection. Parquoi, s'il est ainsi que vous le dites, je veux faire telle preuve de la vérité, que je n'en puisse jamais douter, et après la preuve faite, je vous estimerai tel envers moi, que vous-même jurez être ; et vous connoissant tel que vous dites, me trouverez telle que vous désirez. » Élisor la supplia faire de lui telle épreuve qu'il lui plairoit, car il n'y avoit chose si difficile qui ne lui fût très-aisée pour avoir cet heur, qu'elle pût connoître l'affection qu'il lui portoit ; la suppliant de lui commander ce qu'il lui plairoit qu'il fît. Elle lui dit : « Élisor, si vous m'aimez autant que vous dites, je suis sûre que, pour avoir ma bonne grâce, rien ne vous sera fort à faire. Parquoi, je vous commande, sur tout le désir que vous avez de l'avoir et crainte de la perdre, que dès demain, sans plus me voir, vous partiez de cette compagnie et vous en alliez en lieu où vous n'ayez de moi, ne moi de vous, une seule nouvelle d'ici à sept ans. Vous qui en avez passé sept en cet amour, savez bien que vous m'aimez ; puis, quand j'aurai fait pareille expérience sept autres, je saurai à l'heure et croirai ce que votre parole ne me peut faire croire ne entendre. » Élisor, oyant le cruel commandement, d'un côté, douta qu'elle le vouloit éloigner de sa présence, et, de l'autre, espérant que la preuve parleroit mieux pour lui que ses paroles, accepta son commandement et lui dit : « Si j'ai vécu sept ans sans nulle espérance, portant ce feu couvert, à cette heure qu'il est connu de vous, porterai et passerai les sept autres ans en meilleure patience et espérance. Mais, madame, obéissant à votre commandement, par lequel je suis privé de tout le bien que j'eus jamais en ce monde, quelle espérance me donnerez-vous, au bout des sept ans, de me reconnoître pour fidèle et loyal serviteur ? » La reine lui dit, tirant un anneau de son doigt : « Voilà un anneau que je vous donne ; coupons-le tous deux par la moitié, j'en garderai une, et vous, l'autre, afin que, si long temps avoit puissance de m'ôter la mémoire de votre visage, je vous puisse reconnoître par cette autre moitié d'anneau semblable à la mienne.[1] » Élisor print l'anneau et le rompit en deux, et en bailla une à la reine et retint l'autre ; et, en prenant congé d'elle, plus mort que ceux qui ont rendu l'âme, s'en alla à son logis donner ordre à son parte-

[1] Les anneaux coupés par moitié et divisés entre deux personnes, comme signe d'intelligence ou de reconnaissance, se retrouvent fréquemment dans les histoires romanesques et galantes de cette époque. C'est à un pareil moyen que le comte de Châteaubriand avait eu recours, selon la célèbre anecdote racontée par Varillas, pour avertir sa femme, la belle Françoise de Foix, de se rendre à la cour de François Ier. Celui-ci, apprenant que la comtesse ne viendrait pas avant d'avoir reçu la moitié d'anneau conservée par son mari, lui en fait envoyer une semblable, et la comtesse arrive de Bretagne pour devenir la maîtresse du roi. Si cette anecdote est vraie, Marguerite l'avait peut-être présente à la mémoire en écrivant sa Nouvelle.

ment : ce qu'il fit en telle sorte, qu'il envoya tout son train à sa maison, et lui seul s'en alla avec un serviteur en un lieu si solitaire, que nul de ses parents et amis durant les sept ans n'en put avoir de nouvelles. De la vie qu'il mena durant ce temps et de l'ennui qu'il porta pour cette absence, ne s'en peut rien savoir, mais ceux qui aiment ne le peuvent ignorer. Au bout des sept ans justement, ainsi que la reine alloit à la messe, vint à elle un ermite portant une grande barbe; qui, en lui baisant la main, lui présenta une requête qu'elle ne print la peine de regarder soudainement, combien qu'elle avoit accoutumé de prendre de sa main toutes les requêtes qu'on lui présentoit, quelques pauvres que ce fussent. Ainsi qu'elle étoit à la moitié de la messe, ouvrit la requête, dedans laquelle trouva la moitié de l'anneau qu'elle avoit baillée à Élisor: dont elle fut fort ébahie et non moins joyeuse; et, avant lire ce qui étoit dedans, commanda soudain à son aumônier, qu'il lui fît venir ce grand ermite qui lui avoit présenté la requête. L'aumônier le chercha par tous côtés, mais il ne lui fut possible d'en savoir nouvelles, sinon qu'aucun lui dit l'avoir vu monter à cheval. Toutefois, il ne savoit quel chemin il tenoit. En attendant la réponse de l'aumônier, la reine lut la requête, qu'elle trouva en une épître aussi bien faite qu'il étoit possible; et si n'étoit le désir que j'ai de vous la faire entendre, je ne l'eusse jamais osé traduire, vous priant penser, mesdames, que la grâce et le langage castillan est sans comparaison mieux déclarant cette passion d'amour, que n'est le françois. Si est-ce que la substance en est telle :

> Le temps m'a fait, par sa force et puissance,
> Avoir d'amour parfaite connoissance;
> Le temps après m'a été ordonné
> En tel travail durant ce temps donné,
> Que l'incrédule a, par le temps, pu voir
> Ce que l'amour ne lui a fait savoir.
> Le temps, lequel avoit fait l'amour naître,
> Dedans mon cœur l'a montré enfin être
> Tout tel qu'il est; parquoi, en le voyant,
> Ne l'ai connu tel comme en le croyant.
> Le temps m'a fait voir sur quel fondement
> Mon cœur vouloit aimer si fermement :
> Ce fondement étoit votre beauté,
> Sous qui étoit couverte cruauté.
> Le temps m'a fait voir beauté être rien,
> Et cruauté cause de tout mon bien,
> Par qui je fus de la beauté chassé,

> Dont le regard j'avois tant pourchassé.
> Ne voyant plus votre beauté tant belle,
> J'ai mieux senti votre rigueur rebelle.
> Je n'ai laissé vous obéir pourtant,
> Dont je me tiens très-heureux et content,
> Vu que le temps, cause de l'amitié,
> A eu de moi, par la longueur, pitié,
> En me faisant un si honnête tour,
> Que je n'ai eu désir de ce retour,
> Fors seulement pour vous dire en ce lieu,
> Non un bonjour, mais un parfait adieu.
> Le temps m'a fait voir amour, et nu
> Tout tel qu'il est, et d'ond il est venu;
> Et, par le temps, j'ai ce temps regretté
> Autant ou plus que l'avois souhaité,
> Conduit d'amour, qui aveugloit mes sens,
> Dont rien de lui, fors regrets, je ne sens;
> Mais, en voyant cet amour décevable,
> Le temps m'a fait voir l'amour véritable,
> Que j'ai connu en ce lieu solitaire,
> Où par sept ans m'a fallu plaindre et taire.
> J'ai, par le temps, connu l'amour d'en haut,
> Lequel connu, soudain l'autre défaut.
> Par le temps, suis du tout à lui rendu,
> Et, par le temps, de l'autre défendu :
> Mon cœur et corps lui donne en sacrifice,
> Pour faire à lui, et non à vous, service.
> En vous servant, rien m'avez estimé,
> Et j'ai le rien, en offensant, aimé.
> Mort me donnez pour vous avoir servie,
> Et, le fuyant, il me donne la vie.
> Or, par ce temps, amour plein de bonté,
> A l'autre amour si vaincu et dompté,
> Que, mis à rien, est retourné en vent,
> Qui fut par moi trop doux et décevant.
> Je le vous quitte et rends du tout entier,
> N'ayant de lui ne de vous nul métier[1],
> Car l'autre amour parfait et perdurable
> Me joint en lui d'un lien immuable :
> A lui m'en vais, là me veux asservir
> Sans plus ne vous ne votre dieu servir.
> Je prends congé de cruauté, de peine,
> Et du tourment du dédain, de la haine,
> Du feu brûlant dont vous êtes remplie,
> Comme en beauté très-parfaite accomplie.
> Je ne puis mieux dire adieu à tous maux,
> A tous malheurs et douloureux travaux,
> Et à l'enfer de l'amoureuse femme,
> Qu'en un seul mot vous dire : « Adieu, madame; »
> Sans nul espoir, où que sois où soyez,
> Que je vous voie, ou que plus me voyez.

Cette épître ne fut pas lue sans grandes larmes et étonnement, accompagné d'un regret incroyable, car la perte qu'elle avoit faite d'un serviteur rempli d'une amour si parfaite devoit être estimée si grande, que son trésor ni même son royaume ne lui pouvoient ôter le titre d'être la plus pauvre et misérable dame

---

[1] Besoin.

du monde, pource qu'elle avoit perdu ce que tous les biens ne peuvent recouvrer. Et, après avoir ouï la messe et retourné en sa chambre, fit un tel dueil que sa cruauté méritoit. Et n'y eut montagne, rocher ne forêt où elle n'envoyât chercher cet ermite; mais Celui qui l'avoit tiré de ses mains le garda d'y tomber et le mena plus tôt en paradis, qu'elle n'en sut avoir nouvelle en ce monde.

« Par cet exemple, ne doit nul serviteur confesser ce qui lui peut nuire et en rien aider. Et encore moins, mesdames, par incrédulité, devez-vous demander preuve si difficile qu'en l'ayant vous perdiez votre serviteur. — Vraiment, Dagoucin, dit Guebron, j'avois toute ma vie ouï estimer la dame, à qui le cas est advenu, la plus vertueuse du monde, mais maintenant, je la tiens la plus folle et cruelle qu'onoques fut. — Toutefois, dit Parlamente, il me semble qu'elle ne lui faisoit point de tort de vouloir éprouver sept ans s'il aimoit autant qu'il disoit, car les hommes ont tant accoutumé de mentir en pareil cas, qu'avant que s'y fier (si fier s'y faut), on ne peut faire trop longue preuve. — Les dames, dit Hircan, sont bien plus sages qu'elles ne souloient, car, en sept jours de preuve, elles ont autant de sûreté d'un serviteur, que les autres avoient par sept ans. — Si en y a-t-il, dit Longarine, en cette compagnie, que l'on a aimé plus de sept ans à toutes preuves d'arquebuses; encore n'a-t-on su gagner leur amitié. — Par Dieu! dit Simontault, vous dites vrai; mais aussi les doit-on mettre au rang du vieux temps, car au nouveau ne sont-elles pas reçues. — Encore, dit Oisille, fut bien tenu le gentilhomme à la dame, par le moyen de laquelle il retourna entièrement son cœur à Dieu. — Ce lui fut fort grand heur, dit Saffredant, de trouver Dieu par les chemins, car, vu l'ennui où il étoit, je m'ébahis qu'il ne se donnât au diable. » Émarsuitte lui dit: « Et quand vous avez été maltraité de votre dame, vous êtes-vous donné à tous les diables? — Mille et mille fois je m'y suis donné, dit Saffredant; mais le diable, voyant que tous les tourments d'enfer ne pouvoient faire pis que ceux qu'elle me donnoit, ne me daigna jamais prendre, sachant qu'il n'est point diable plus importable qu'une dame bien aimée et qui ne veut point aimer. — Si j'étois vous, dit Parlamente à Saffredant, avec telle opinion que vous avez, jamais je ne serois femme. — Mon affection a toujours été telle, dit Saffredant, et mon erreur si grande, que, là où je ne puis commander, encore me tiens-je très-heureux de servir; car la malice des femmes ne peut vaincre l'amour que je leur porte. Mais, je vous prie, dites-moi en votre conscience, louez-vous cette dame d'une si grande rigueur? — Oui, dit Oisille, car je crois qu'elle ne vouloit être aimée ni aimer. — Si elle n'avoit cette volonté, dit Simontault, pourquoi donc lui donnoit-elle quelque espérance après les sept ans passés? — Je suis de votre opinion, dit Longarine, car celles qui ne veulent aimer ne donnent nulle occasion de continuer l'amour qu'on leur porte. — Peut-être, dit Nomerfide, qu'elle en aimoit un autre qui ne valoit pas cet honnête homme, et que pour un pire elle laissa le meilleur. — Par ma foi! dit Saffredant, je pense qu'elle faisoit provision de lui pour le prendre à l'heure qu'elle laisseroit celui que pour lors elle aimoit le mieux. — Je vois bien, dit Oisille, que tant plus nous mettrons ces propos en avant, et plus ceux qui ne veulent être maltraités diront de nous le pis qui leur sera possible. Parquoi, je vous prie, Dagoucin, donnez votre voix à quelqu'un. — Je la donne, dit-il, à Longarine, étant assuré qu'elle nous dira quelque chose de nouveau, et, si n'épargnera homme ne femme pour dire la vérité. — Puisque vous m'estimez si véritable, dit Longarine, je prendrai la hardiesse de raconter un cas advenu à un bien grand prince et lequel passa en vertu les autres de son temps. Sachez aussi que la chose dont on doit moins user sans extrême nécessité est mensonge et dissimulation, car c'est un vice bien laid et infâme principalement aux princes et grands seigneurs, en la bouche et contenance desquels la vérité est mieux séante qu'en autre lieu. Mais il n'y a si grand prince en ce monde, combien qu'il ait tous les grands honneurs et richesses qu'on sauroit désirer, qui ne soit sujet à l'empire et tyrannie d'Amour; ensemble que [1] plus le prince est noble et de grand cœur, plus Amour fait son effort de l'asservir sous sa forte main, car ce glorieux dieu ne tient compte des choses communes, et ne prend plaisir, Sa Majesté, qu'à faire tous les jours

[1] En outre que, en même temps que.

miracles, comme d'affoiblir les forts, fortifier les foibles, donner intelligence aux ignorants, ôter le sens aux plus sages, favoriser aux passions, détruire la raison, etc. Bref l'amoureuse divinité prend plaisir en telles mutations; et pource que les princes n'en sont exempts, aussi ne le sont-ils de la nécessité en laquelle les met le désir de la servitude d'Amour. Et, par force, leur est non-seulement permis user de mensonge, hypocrisie et fiction, qui sont les moyens de vaincre les ennemis, selon la doctrine de maître Jean de Meung [1]. Or, puisqu'en tel acte d'un prince est la condition qui en tous autres est à désestimer, je vous raconterai les inventions d'un jeune prince, par lesquelles il trompa ceux qui ont accoutumé de tromper tout le monde. »

NOUVELLE XXV.

Subtil moyen, dont usoit un grand prince pour jouir de la femme d'un avocat de Paris [2].

En la ville de Paris, y avoit un avocat plus estimé que neuf hommes de son état; et, pour être cherché d'un chacun, à cause de sa suffisance, étoit devenu le plus riche de tous ceux de sa robe. Mais, voyant qu'il n'avoit eu nuls enfants de sa première femme, espéra d'en avoir d'une seconde; et, combien que son corps fût vieil, son cœur ne son espérance n'étoient point morts: qui lui fit choisir une fille dans la ville, de l'âge de dix-huit à dix-neuf ans, fort belle de visage et de teint, et encore plus, de taille et de bon point. Laquelle il aima et traita le mieux qu'il lui fut possible, et n'eut d'elle non plus d'enfants, que de la première; dont, à la longue, elle se fâcha. Parquoi, la jeunesse, qui ne peut porter long ennui, lui fit chercher récréation ailleurs qu'en sa maison, en allant aux danses et banquets, toutefois si honnêtement, que son mari n'en pouvoit prendre mauvaise opinion; car elle étoit toujours en la compagnie de celles en qui il avoit fiance. Un jour, qu'elle

[1] Auteur du célèbre *Roman de la Rose*, commencé par Guillaume de Lorris, dit Clopinel, au commencement du treizième siècle. Ce roman était regardé au moyen âge comme le code de l'amour.
[2] Ce *grand prince* doit être François Ier, qui fut, en effet, amoureux de la femme d'un avocat nommé *Le Féron*. Cette femme, dite *la belle Féronière*, serait, selon la tradition, la cause involontaire de la mort de son royal amant, par suite d'une horrible vengeance de son mari jaloux.

étoit en une noce, s'y trouva un bien grand prince, qui, en me faisant le conte, me défendit le nommer. Si vous puis-je bien dire que c'étoit le plus beau et de la meilleure grâce qui ait été devant ne qui, je crois, sera après en ce royaume. Ce prince, voyant cette jeune dame, de laquelle les yeux et la contenance l'invitèrent à l'aimer, vint parler à elle d'un tel langage et de telle grâce, qu'elle eût volontiers commencé cette harangue, et ne lui dissimula point que de longtemps elle avoit en son cœur l'amour dont il la prioit et qu'il ne se donnât point de peine pour la persuader à une chose, où, par la seule vue, amour l'avoit fait consentir. Ayant ce jeune prince, par la naïveté d'amour, ce qui méritoit bien être acquis par le temps, remercia le dieu qui le favorisoit; et, depuis cette heure-là, pourchassa si bien son affaire, qu'ils accordèrent ensemble le moyen comme ils se pourroient voir hors de la vue des autres. Le lieu et le temps accordés, ce jeune prince ne faillit de s'y trouver, et, pour garder l'honneur de la dame, il y alla en habit dissimulé. Mais, à cause des mauvais garçons [1] qui couroient la nuit par la ville, auxquels ne se vouloit faire connoître, print en sa compagnie quelques gentilshommes à qui il se fioit; et, au commencement de la rue où elle demeuroit, les laissa, disant: « Si vous n'oyez point de bruit dans un quart d'heure, retirez-vous en vos logis, et, sur les trois ou quatre heures, revenez ici me quérir. » Ce qu'ils firent, et, n'oyant nul bruit, se retirèrent. Le jeune prince s'en alla tout droit chez son avocat et trouva la porte ouverte, comme on lui avoit promis; mais, en montant le degré, rencontra le mari, qui avoit en sa main une bougie, duquel il fut plus tôt vu qu'il ne le put aviser. Toutefois amour, qui donne entendement et hardiesse où il baille les nécessités, fit que le jeune prince s'en vint droit à lui et lui dit: « Monsieur l'avocat, vous savez la fiance que moi et tous ceux

[1] On appela *mauvais garçons* une bande considérable de voleurs qui s'étaient rassemblés dans les bois autour de Paris, durant la captivité de François Ier en Espagne, et qui venaient, la nuit, porter le pillage et l'incendie au milieu de la ville. Ils eurent plusieurs engagemens avec les troupes régulières que la régente envoya contre eux; on prit et l'on exécuta leur chef, nommé *le roi Guillot*, et l'on parvint à les disperser. Mais les débris de cette bande redoutable continuèrent longtemps à infester les rues et les environs de la capitale.

de ma maison avons eue à vous et que je vous tiens de mes meilleurs et plus fidèles serviteurs. J'ai bien voulu venir ici vous visiter privément, tant pour vous recommander mes affaires que pour vous prier que me donniez à boire, car j'en ai grand besoin, et ne dire à personne du monde que j'y sois venu; car, de ce lieu, m'en faut aller à un autre où je ne veux être connu. » Le bonhomme avocat fut tant aise de l'honneur que ce prince lui faisoit de venir ainsi privément en sa maison, qu'il le mena en sa chambre et dit à sa femme qu'elle apprêtât la collation des meilleurs fruits et confitures qu'elle pourroit finer : ce qu'elle fit très-volontiers, et l'apprêta la plus honnête qu'il lui fut possible. Et, nonobstant que l'habillement qu'elle portoit d'un couvre-chef et manteau la montrât plus belle qu'elle n'avoit accoutumé, si ne fit pas le jeune prince semblant de la regarder, mais toujours parloit à son mari de ses affaires comme à celui qui les avoit toujours maniées. Et ainsi que la dame tenoit à genoux les confitures devant le prince et que le mari alla au buffet pour lui donner à boire, elle lui dit qu'au partir de la chambre, il ne faillît d'entrer en une garde-robe à main droite, où bientôt après elle l'iroit voir. Incontinent qu'il eût bu, remercia l'avocat, lequel le vouloit à toute force accompagner; mais il l'assura que là où il alloit n'avoit besoin de compagnie. Et, en se tournant devers la femme, lui dit : « Aussi, je ne vous veux pas faire tort de vous ôter ce bon mari, lequel est de mes anciens serviteurs. Vous êtes si heureuse de l'avoir, qu'avez bien occasion d'en louer Dieu et le bien servir et obéir. Et si vous faisiez autrement, vous seriez bien malheureuse. » En disant ces honnêtes propos, s'en alla le jeune prince, et, fermant la porte après soi pour n'être suivi au degré, entra dedans la garde-robe, où, après que le mari fut endormi, se trouva la belle dame, qui le mena dedans un cabinet le mieux en ordre qu'il étoit possible; combien que les plus beaux [1] images qui y fussent étoient lui et elle, en quelques habillements qu'ils se voulsissent mettre. Et là, je ne fais doute qu'elle ne lui tînt toutes ses promesses. De là se retira, à l'heure qu'il avoit dit à ses gentilshommes, et les trouva au lieu où il leur avoit commandé de l'attendre. Et, pource que cette vie dura assez longuement, choisit le jeune prince un plus court chemin pour y aller: c'est qu'il passoit par un monastère de religieux, et avoit si bien fait envers le prieur, que toujours environ minuit le portier lui ouvroit la porte et pareillement quand il s'en retournoit; et pource que la maison où il alloit étoit près là, ne menoit personne avecques lui. Et, néanmoins qu'il [1] menât la vie que je vous dis, si étoit-il prince craignant et aimant Dieu; et ne failloit jamais, combien qu'à l'aller il ne s'arrêtât point, de demeurer au retour longtemps en oraison en l'église : qui donna grande occasion aux religieux, qui en entrant et sortant de matines le voyoient à genoux, d'estimer que ce fût le plus saint homme du monde. Ce prince avoit une sœur qui fréquentoit fort cette religion [2]; et, comme celle qui aimoit son frère plus que toutes les créatures du monde, le recommandoit aux prières de toutes les bonnes personnes qu'elle pouvoit connoître. Et, un jour qu'elle le recommandoit affectueusement au prieur de ce monastère, il lui dit : « Hélas! madame, qui est-ce que vous me recommandez? Vous me parlez de l'homme du monde aux prières duquel j'ai plus d'envie d'être recommandé; car si celui-là n'est saint et juste (alléguant le passage : *Que bienheureux est qui peut faire mal et ne le fait!*), je n'espère pas être trouvé tel. » La sœur, qui eut envie de savoir quelle connoissance ce beau père avoit de la bonté de son frère, l'interrogea si fort, qu'en lui baillant ce secret sous le voile de confession, lui dit : « N'est-ce pas une chose admirable de voir un prince jeune et beau laisser les plaisirs et son repos pour bien souvent venir ouïr nos matines, non comme prince cherchant l'honneur du monde, mais comme un simple religieux vient tout seul se cacher en l'une de nos chapelles? Sans faute, cette bonté rend mes frères et moi si confus, qu'auprès de lui nous ne sommes dignes d'être appelés religieux. » La sœur, qui entendit ces paroles, ne sut que croire, car, nonobstant que son frère fût bien mondain, si savoit-elle qu'il avoit la conscience bonne, la foi et l'amour en Dieu bien grande; mais, d'aller à l'église à telle heure, elle n'eût jamais soupçonné. Parquoi, elle s'en vint à lui, lui conta la bonne opinion que les religieux

---

[1] Le genre de ce mot était encore indécis au seizième siècle; cependant la plupart des bons écrivains le faisaient alors féminin.

[1] Bien que, malgré que.
[2] Communauté, couvent.

avoient de lui, dont il ne se put garder de rire avec un visage tel, qu'elle, qui le connoissoit comme son propre cœur, connut qu'il y avoit quelque chose cachée sous la dévotion, et ne cessa jamais qu'il ne lui en eût dit la vérité, et telle que je l'ai mise ici par écrit et qu'elle me fit l'honneur de me le conter.

« C'est afin que vous connoissiez, mesdames, qu'il n'y a malice d'avocat ni finesse de moine, qu'Amour, en cas de nécessité, ne fasse tromper les trompeurs. Nous, pauvres simples ignorantes, le devons bien craindre. — Encore, dit Guebron, que je me doute bien que c'est, si faut-il que je dise qu'il est louable en cette chose; car on voit peu de grands seigneurs qui se soucient de l'honneur des femmes ni du scandale du public, mais qu'ils aient leur plaisir; et souvent sont auteurs que l'on pense pis qu'il n'y a. — Vraiment, dit Oisille, je voudrois que tous les jeunes seigneurs y prinssent exemple, car souvent le scandale est pire que le péché. — Pensez, dit Nomerfide, que les prières qu'il faisoit au monastère où il passoit, étoient bien fondées! — Si n'en devez-vous point juger, dit Parlamente; car peut-être qu'au retour la repentance en étoit telle, que le péché lui étoit pardonné. — Il est bien difficile, dit Hircan, de se repentir d'une chose si plaisante. Quant est de moi, je m'en suis souventes fois confessé, mais non guère repenti. — Il vaudroit mieux, dit Oisille, ne se confesser point, si l'on n'a bonne repentance.— Or, madame, dit Hircan, le péché me déplaît bien et suis marri d'offenser Dieu, mais le plaisir me plaît. — Toujours, vous et vos semblables, dit Parlamente, voudriez bien qu'il n'y eût ne Dieu ne loi, sinon celle que votre affection ordonneroit. — Je vous confesse, dit Hircan, que je voudrois que Dieu prînt aussi grand plaisir à nos plaisirs, comme je fais; car je lui donnerois souvent manière de se réjouir. — Si ne ferez-vous pas un Dieu nouveau, dit Guebron; parquoi, faut obéir à celui que nous avons. Mais laissons ces disputes aux théologiens, afin que Longarine donne sa voix à quelqu'un. — Je la donne, dit-elle, à Saffredant; mais je le prie qu'il nous fasse le plus beau conte dont il se pourra aviser, et qu'il ne regarde point tant à dire mal des femmes, que, là où y aura du bien, il n'en vueille montrer la vérité.—Vraiment, dit Saffredant, je l'accorde, car j'ai en main l'histoire d'une folle et d'une sage; vous prendrez l'exemple qui vous plaira le plus, et connoîtrez qu'autant qu'amour fait faire aux méchants de méchancetés, en un cœur honnête fait faire choses dignes de louanges; car amour de soi est bon, mais la malice du sujet lui fait souvent prendre un nouveau surnom, de foi léger, cruel et vilain. Toutefois, par l'histoire que je vous veux à présent raconter, pourrez voir qu'amour ne change point le cœur, mais le montre tel qu'il est, fol aux fols, sage aux sages. »

NOUVELLE XXVI.

Plaisant discours d'un grand seigneur, pour avoir la jouissance d'une dame de Pampelune.

Il y avoit au temps du roi Louis douzième, un jeune seigneur, nommé M. d'Avannes, fils du sire d'Albret et frère du roi Jean de Navarre[1], avec lequel ledit seigneur d'Avannes demeuroit ordinairement. Or, étoit ce jeune seigneur de l'âge de quinze ans, tant beau et plein de toutes bonnes grâces, qu'il sembloit n'être fait que pour être aimé et regardé : ce qui étoit de tous ceux qui le voyoient, et, plus que de nulle autre, d'une femme demeurant en la ville de Pampelune, en Navarre. Laquelle étoit mariée à un fort riche homme, avec lequel elle vivoit fort honnêtement; et combien qu'elle ne fût âgée que de vingt-trois ans, si est-ce que, parce que son mari approchoit du cinquantième, s'habilloit si modestement qu'elle sembloit plus vefve que mariée; et jamais à noces ni à festins homme ne la vit aller sans son mari, duquel elle estimoit tant la vertu et la bonté, qu'elle le préféroit à la beauté de tous les autres. Le mari, l'ayant expérimentée si sage, y prit telle sûreté, qu'il lui commettoit toutes les affaires de sa maison. Un jour, fut convié ce riche homme avecques sa femme aux noces de l'une de ses parentes. Auquel lieu, pour les honorer, se trouva le jeune seigneur d'Avannes, qui naturellement aimoit la danse, comme celui qui en son temps n'y trouvoit son pareil. Après dîner, que le bal commença, fut prié, ledit seigneur d'Avannes,

[1] Gabriel, seigneur d'Avannes, vice-roi de Navarre, fils d'Alain, sire d'Albret, et frère de Jean d'Albret, roi de Navarre et comte de Foix. Il se distingua dans les guerres d'Italie en 1500 et 1503, ainsi que dans l'invasion de la Catalogne par l'armée de Louis XII contre Ferdinand le Catholique et Isabelle d'Aragon.

par le riche homme, de vouloir danser. Ledit seigneur lui demanda qui il vouloit qu'il menât ; il lui répondit : « Monsieur, s'il y en avoit une plus belle et plus à mon accommodement que ma femme, je vous la présenterois, vous suppliant me faire cet honneur de la mener. » Ce que fit le jeune prince, duquel la jeunesse étoit si grande, qu'il prenoit plus de plaisir à sauter et danser, qu'à regarder la beauté des dames. Et celle qu'il menoit, au contraire, regardoit plus la grâce et beauté dudit seigneur, que la danse où elle étoit, combien que, par sa grande prudence, elle n'en fît un seul semblant. L'heure du souper venue, M. d'Avannes dit adieu à la compagnie et se retira au château, où le riche homme l'accompagnoit sur sa mule, et, en allant, lui dit : « Monsieur, vous avez aujourd'hui tant fait d'honneur à mes parents et à moi, que ce me seroit ingratitude si je ne m'offrois avec toutes mes facultés à vous faire service. Je sais, monsieur, que tels seigneurs que vous, qui avez pères rudes et avaricieux, avez souvent plus faute d'argent que nous, qui par petit train et bon ménage ne pensons que d'en amasser. Or, est-il ainsi que Dieu, m'ayant donné femme selon mon désir, ne m'a voulu totalement en ce monde bailler mon paradis, étant frustré de la joie que les pères ont des enfants. Je sais, monsieur, qu'il ne m'appartient de vous adopter pour tel, mais, s'il vous plaît me recevoir pour serviteur et me déclarer vos petites affaires, tant que cent mille écus de mon bien se pourront étendre, je ne faudrai de vous secourir en vos nécessités. » M. d'Avannes fut fort joyeux de cette offre, car il avoit un père tel que l'autre lui avoit déchiffré, et, après l'avoir remercié, le nomma son *père par alliance*[1]. De cette heure-là, ledit riche homme prit tel amour audit seigneur d'Avannes, que matin et soir ne cessoit de s'enquérir s'il lui falloit quelque chose, et ne cela à sa femme la dévotion qu'il avoit audit seigneur d'Avannes, dont elle l'aima doublement. Et, depuis cette heure-là, ledit seigneur d'Avannes n'avoit faute de choses qu'il désirât : il alloit souvent vers ce riche homme boire et manger avec lui ; et, quand il ne le trouvoit point, sa femme lui bailloit tout ce qu'il demandoit, et davantage parloit à lui si sagement, l'admonestant d'être vertueux, qu'il la craignoit et l'aimoit plus que toutes les femmes du monde. Elle, qui avoit Dieu et l'honneur devant les yeux, se contentoit de sa vue et parole, où gît la satisfaction de l'honnêteté et bon amour, en sorte que jamais elle ne lui fit signe parquoi il dût penser et juger qu'elle eût autre affection à lui que fraternelle et chrétienne. Durant cette amitié couverte, M. d'Avannes, par l'aide susdite, étoit fort gorgias et bien en ordre[1] ; et, approchant l'âge de dix-sept ans, commença de chercher plus les dames, qu'il n'avoit de coutume. Et, combien qu'il eût plus volontiers aimé la sage dame que nulles autres, si est-ce que la peur qu'il avoit de perdre son amitié, si elle entendoit tels propos, le fit taire et s'amuser ailleurs. Et s'alla adresser à une gentille femme près de Pampelune, qui avoit maison en la ville : laquelle avoit épousé un jeune homme qui surtout aimoit les chiens, chevaux et oiseaux ; et commença, pour l'amour d'elle, à lever mille passe-temps, tournois, jeux de courses, luttes, masques, festins et autres jeux, à tous lesquels se trouvoit cette jeune dame. Mais, à cause que son mari étoit fort fantastique[2], ses père et mère, la connoissant belle et légère, jaloux de son honneur, la tenoient de si près, que ledit seigneur d'Avannes ne pouvoit avoir d'elle chose que la parole bien courte en quelque bal, combien qu'en peu de temps et de propos, aperçût ledit seigneur d'Avannes, qu'autre chose ne défailloit en leur amitié, que le temps et le lieu. Parquoi, il vint à son bon père le riche homme et lui dit qu'il avoit grand' dévotion d'aller visiter Notre-Dame de Montferrat, le priant retenir en sa maison tout son train, et qu'il y vouloit aller seul ; ce qu'il lui accorda. Mais sa femme, qui avoit en son cœur le grand prophète Amour, soupçonna incontinent la vérité du voyage et ne se put tenir de dire à M. d'Avannes : « Monsieur, monsieur, la Notre-Dame que vous adorez n'est pas hors des murailles de cette ville. Parquoi, je vous supplie sur toutes choses, regardez à votre santé ! » Lui, qui la craignoit et aimoit, rougit

---

[1] C'était certainement un souvenir des mœurs de l'ancienne chevalerie, que ces pactes d'amitié et de dévouement entre des personnes de différens sexes et de différens âges, sous les noms de *père par alliance*, *sœur* et *frère par alliance*, etc. Cette *alliance*, formée par serment et souvent sanctionnée par une messe et une communion, devenait une véritable parenté. On prétend que Clément Marot donnait à la reine de Navarre le titre de *sœur par alliance*. Voyez ses œuvres.

[1] Fort magnifique et bien paré.
[2] Pour *fantasque*.

si fort à cette parole, que, sans parler, il lui confessa la vérité. Et, sur cela, s'en alla; et quand il eut acheté une couple de beaux chevaux d'Espagne, s'habilla en palefrenier et déguisa tellement son visage, que nul ne le connoissoit. Le gentilhomme, mari de la folle dame qui sur toutes choses aimoit les chevaux, vit ces deux que M. d'Avannes menoit, et incontinent les vint acheter; et, après les avoir achetés, regardant le palefrenier qui les menoit si bien, il demanda s'il le voudroit servir. Le seigneur d'Avannes lui dit que oui et qu'il étoit un pauvre palefrenier qui ne savoit autre métier que de panser les chevaux, en quoi il s'acquitteroit si bien, qu'il en seroit content. Le gentilhomme, fort aise, lui donna la charge de tous ses chevaux, et, entrant dans sa maison, il dit à sa femme qu'il lui recommandoit ses chevaux et son palefrenier, qu'il s'en alloit au château. La dame, tant pour complaire à son mari que pour n'avoir meilleur passe-temps, alla visiter les chevaux et regarda le palefrenier nouveau, qui lui sembla homme de bonne grâce; toutefois, elle ne le connoissoit point. Lui, qui vit qu'il n'étoit point connu d'elle, lui vint faire la révérence en la façon d'Espagne, lui print et baisa la main, et, en la baisant, la serra si fort, qu'elle le reconnut; car, en la danse, il lui avoit maintesfois fait le tour. Et, dès l'heure, ne cessa la dame de chercher le lieu où elle pût parler à lui à part: ce qu'elle fit le soir même; car, étant conviée en un festin, où son mari la vouloit mener, elle feignit d'être malade et n'y pouvoir aller. Et le mari, qui ne vouloit faillir à ses amis, lui dit: « Ma mie, puisqu'il ne vous plaît venir, je vous prie avoir égard à mes chiens et sur mes chevaux, afin qu'il ne leur faille¹ rien. » La dame trouva celle commission fort agréable, mais, sans en faire autre semblant, lui répondit, puisqu'en meilleure chose ne la vouloit employer, qu'elle lui donneroit à connoître par les moindres combien elle désiroit lui complaire. Et n'étoit pas encore le mari hors de la porte, qu'elle descendit en l'étable, où elle trouva que quelque chose défailloit; et, pour y donner ordre, donna tant de commissions aux valets d'un côté et d'autre, qu'elle demeura toute seule avec le maître palefrenier. Et, de peur que quelqu'un survînt, elle lui dit: « Allez-vous-en dedans mon jardin et m'attendez en un cabinet qui est

¹ Manque.

au bout de l'allée. » Ce qu'il fît si diligemment, qu'il n'eut loisir de la remercier. Et, après qu'elle eut donné ordre à toute l'écurie, s'en alla voir ses chiens, faisant semblable diligence de les faire bien traiter, tant qu'il sembloit que de maîtresse elle fût devenue chambrière. Et après retourna en sa chambre, où elle se trouva si lasse, qu'elle se mit dedans le lit, disant qu'elle vouloit reposer. Toutes ses femmes la laissèrent seule, fors une en qui elle se fioit, à laquelle elle dit: « Allez-vous-en au jardin et me faites venir celui que vous trouverez au bout de l'allée. » La chambrière y alla et trouva le maître palefrenier, qu'elle amena incontinent à sa dame, qui la fît saillir dehors pour guetter quand son mari viendroit. M. d'Avannes, se voyant seul avec la dame, se dépouilla des habillements de palefrenier, ôta son faux nez et sa fausse barbe, et, non comme palefrenier craintif, mais comme tel seigneur qu'il étoit, sans demander congé à la dame, audacieusement se coucha près d'elle, où il fut reçu, ainsi que le plus beau fils qui fût en son temps, de la plus folle dame du pays; et demeura là jusqu'à ce que le seigneur retourna. A la venue duquel, reprenant son masque, laissa le plaisir que par finesse et malice il usurpoit. Enfin le gentilhomme, entrant en sa cour, entendit la diligence qu'avoit faite sa femme de bien lui obéir et la remercia très-fort. « Mon ami, ce dit la dame, je ne fais que mon devoir. Il est vrai que qui ne prendroit garde sur les méchants garçons, vous n'auriez chien qui ne fût galeux ne cheval qui ne fût maigre. Mais, puisque je connois leur paresse et votre vouloir, vous serez mieux servi que vous ne fûtes oncques. » Le gentilhomme, qui pensoit bien avoir choisi le meilleur palefrenier du monde, lui demande que lui en sembloit. « Je vous assure, monsieur, dit-elle, qu'il sait aussi bien son métier, que serviteur que vous eussiez pu choisir; mais si a-t-il besoin d'être sollicité, car c'est le plus endormi valet que je vis jamais. » Ainsi demeurèrent longuement le mari et la dame en meilleur amitié qu'auparavant, et perdit tout le soupçon et la jalousie qu'il avoit d'elle; pource qu'autant qu'elle avoit aimé les festins, danses et compagnies, telle étoit attentive à son ménage et se contentoit bien souvent de ne porter sur sa chemise qu'un chamarre¹, en lieu qu'elle avoit accoutumé

¹ Houppelande, robe de chambre, simarre.

d'être quatre heures à s'accoûtrer : dont elle étoit louée de son mari et d'un chacun qui n'entendoit pas que le pire diable chassoit le moindre. Ainsi véquit cette jeune dame sous l'hypocrisie et habit de femme de bien, en telle volupté, que raison, conscience, ordre ne mesure n'avoit plus de lieu en elle. Ce que ne put porter guère longuement la jeune et délicate complexion du seigneur d'Avannes; mais commença à devenir tant pâle et maigre, que, sans porter masque, on le pouvoit bien méconnoître. Toutefois, la folle amour qu'il avoit à cette femme, lui rendit tellement les sens hébétés, qu'il présumoit de sa force ce qui eût défailli en celle d'Hercule : dont, à la fin, contraint de maladie et conseillé par la dame, qui ne l'aimoit tant malade que sain, demanda congé à son maître de se retirer chez ses parents, qui le lui donna à grand regret et lui fit promettre que, quand il seroit sain, il retourneroit en son service. Ainsi s'en alla le seigneur d'Avannes à beau pied, car il n'avoit à traverser que la longueur d'une rue; et, arrivé qu'il fut en la maison de son père, n'y trouva que sa femme [1], de laquelle l'amour vertueux qu'elle lui portoit n'étoit point diminuée pour voyage. Mais, quand elle le vit si maigre et décoloré, ne s'y put tenir de lui dire : « Monsieur, je ne sais comme il va de votre conscience, mais votre corps n'a point amendé de ce pèlerinage; et me doute fort que le chemin que vous avez fait par la nuit vous ait plus travaillé que celui du jour; car, si vous fussiez allé en Jérusalem à pied, vous en fussiez bien venu plus hâlé, mais non pas si maigre et faible. Or, comptez celle-ci pour une et ne servez plus tels images, qui, en lieu de ressusciter les morts, font mourir les vivants. Je vous en dirai davantage, mais, si votre corps a péché, je vois bien qu'il en a telle punition, que j'ai pitié d'y ajouter fâcherie nouvelle. » Quand le seigneur d'Avannes eut entendu tous ces propos, il ne fut pas moins marri que honteux, et lui dit : « Madame, j'ai autrefois ouï dire que la repentance suit de bien près le péché; et maintenant, je l'épreuve à mes dépens, vous priant excuser ma jeunesse, qui ne se peut châtier qu'en expérimentant le mal qu'elle ne veut croire. » La dame, changeant de propos, le fit coucher en un beau lit, où il fut quinze jours,

[1] Son *père par alliance*, le riche homme, dont il ne trouva que la femme.

ne vivant que de restaurants. Et le mari et la dame lui tinrent si bonne compagnie, qu'il avoit toujours l'un d'eux auprès de lui. Et, combien qu'il eût fait les folies que vous avez ouïes, contre la volonté et conseil de la sage dame, si ne diminua-t-elle jamais l'amour vertueuse qu'elle lui portoit; car elle espéroit toujours qu'après avoir passé ses premiers jours en folie, il se retireroit et contraindroit d'aimer honnêtement, et, par ce moyen, seroit du tout à elle. Et, durant ces quinze jours qu'il fut en sa maison, elle lui tint tant de bons propos tendant à l'amour de vertu, qu'il commença à avoir horreur de la folie qu'il avait faite. Et, regardant la dame, qui en beauté passoit la folle, connoissant de plus en plus les grâces et vertus qui étoient en elle, il ne se put garder, un jour qu'il faisoit assez obscur, chassant toute crainte hors, de lui dire : « Madame, je ne vois meilleur moyen pour être tel et si vertueux que vous me prêchez et désirez, que de mettre mon cœur à être entièrement amoureux de la vertu. Je vous supplie, madame, de me dire s'il ne vous plaît m'y donner toute aide et faveur à vous possible ? » La dame, fort joyeuse de lui voir tenir ce langage, lui dit : « Et je vous promets, monsieur, que si vous êtes amoureux de la vertu, comme il appartient à tel seigneur que vous, je vous servirai, pour y parvenir, de toutes les puissances que Dieu a mises en moi. — Or, madame, dit M. d'Avannes, souvenez-vous de votre promesse et entendez que Dieu, inconnu du chrétien, sinon par foi, a daigné prendre la chair semblable à celle du pécheur, afin qu'en attirant notre chair en l'amour de son humanité, tirât aussi notre esprit à l'amour de sa divinité, et s'est voulu servir des moyens visibles pour nous faire aimer par foi les choses invisibles. Aussi, cette vertu que je désire aimer toute ma vie, est chose invisible, sinon par les effets du dehors. Parquoi, est besoin qu'elle prenne quelque corps pour se faire connoître entre les hommes : ce qu'elle a fait, se revêtant du vôtre pour le plus parfait qu'elle a pu trouver; doncques je vous reconnois et confesse non-seulement vertueuse, mais la seule vertu. Et moi, qui la vois reluire sous le voile du plus parfait corps qui oncques fût, qui est le vôtre, la veux servir et honorer toute ma vie, laissant pour elle toute autre amour vaine et vicieuse. » La dame, non moins contente qu'émerveillée d'ouïr ces propos, dissimula si bien son contentement, qu'elle lui dit : « Monsieur, je n'entreprends pas de répondre à votre théologie; mais, comme celle qui est plus craignant le mal que croyant le bien, vous voudrois supplier de cesser en mon endroit les propos, dont vous estimez si peu celles qui les ont crus. Je sais très-bien que je suis femme, non-seulement comme une autre, mais tant imparfaite, que la vertu feroit plus grand acte de me transformer en elle, que de prendre ma forme, sinon quand elle voudroit être inconnue en ce monde ; car, sous tel habit que le mien, ne pourroit la vertu être reconnue telle qu'elle est. Si est-ce, monsieur, que, pour mon imperfection, je ne laisse à vous porter telle affection que doit et peut faire femme craignant Dieu et son honneur. Mais cette affection ne sera déclarée, jusqu'à ce que votre cœur soit susceptible de la patience que l'amour vertueuse commande. Et, à l'heure, monsieur, je sais quel langage il faut tenir. Mais pensez que vous n'aimez pas tant votre bien, personne ne honneur, que je l'aime. » Le seigneur d'Avannes, craintif, ayant la larme à l'œil, la supplia très-fort que, pour sûreté de ses paroles, elle le voulût baiser : ce qu'elle lui refusa, disant que pour lui elle ne romproit point la coutume du pays. Et, en ce débat, survint le mari, auquel dit M. d'Avannes : « Mon père, je me sens tant tenu à vous et à votre femme, que je vous supplie pour jamais me réputer votre fils. » Ce que le bonhomme fit très-volontiers : « Et pour sûreté de cette amitié, je vous baise.» Ce qu'il fit, et après lui dit : « Si ce n'étoit de peur d'offenser la loi, j'en ferois autant à ma mère votre femme.» Le mari, voyant cela, commanda à sa femme de le baiser; ce qu'elle fit, sans faire semblant de vouloir ou non vouloir ce que son mari lui commandoit. A l'heure, le feu que la parole avoit commencé d'allumer au cœur du pauvre seigneur, commença à s'augmenter par le baiser tant désiré, si fort requis et si cruellement refusé. Ce fait, s'en alla ledit seigneur d'Avannes devers le roi son frère au château, où il fit force beaux contes de son voyage de Montferrat ; et là entendit que le roi son frère s'en vouloit aller à Olly et Taffares[1]. Et, pensant que le voyage seroit long, entra en une grande tristesse, qui le mit jusqu'à délibérer d'essayer, avant que partir, si la sage dame lui portoit point meilleure volonté qu'elle lui en faisoit le semblant, et s'en alla loger en une maison de la ville, en la rue où elle étoit ; et print un logis vieil et mauvais et fait de bois. Auquel, environ minuit, mit le feu; dont le cri fut fort grand par toute la ville, qu'il vint à la maison du riche homme, lequel demanda par sa fenêtre, où c'étoit qu'étoit le feu : entendit que c'étoit chez M. d'Avannes ; où il alla incontinent avec tous les gens de sa maison, et trouva le jeune seigneur tout en chemise en la rue, dont il eut si grand pitié, qu'il le print entre ses bras ; et, le couvrant de sa robe, le mena en sa maison le plus tôt qu'il lui fut possible, et dit à sa femme, qui étoit dedans le lit : « Ma mie, je vous donne en garde ce prisonnier, traitez-le comme moi-même. » Et, sitôt qu'il fut parti, ledit seigneur d'Avannes, qui eût bien voulu être traité en mari, sauta légèrement dedans le lit, espérant que l'occasion et le lieu feroient changer propos à cette sage dame ; mais il trouva le contraire ; car, ainsi qu'il saillit d'un côté dedans le lit, elle sortoit de l'autre et print sa chamarre; de laquelle vêtue, s'en vint à lui au chevet du lit, et lui dit : « Comment, monsieur, avez-vous pensé que les occasions puissent miner un chaste cœur? Croyez que tout ainsi que l'or s'éprouve en la fournaise, aussi fait un cœur chaste au milieu des tentations, où souvent se trouve plus fort et vertueux qu'ailleurs et se refroidit, tant plus il est assailli de son contraire. Parquoi, soyez sûr que, si j'avois autre volonté que celle que je vous ai dite, je n'eusse failli à trouver des moyens ; desquels, n'en voulant user, je n'en tiens compte, vous priant que, si vous voulez que je continue l'affection, que vous ôtiez non-seulement la volonté, mais la pensée, de jamais, pour chose que vous sussiez faire, me trouver autre que je suis. » Durant ces paroles, arrivèrent ses femmes, auxquelles elle commanda que l'on apportât la collation de toutes sortes de confitures. Mais il n'avoit pour l'heure ne faim ne soif, tant étoit désespéré d'avoir failli à son entreprinse, craignant que la démonstration qu'il avoit faite de son désir lui fît perdre la privauté qu'il avoit avec elle. Le mari, ayant donné ordre au feu, retourna et pria tant M. d'Avannes qu'il demeurât pour cette nuit en sa maison : qu'il lui accorda ; mais fut cette nuit passée en telle sorte que ses yeux furent

---

[1] Il faut lire *Olite* et *Tuffale*, noms de deux petites villes de la Navarre en Espagne.

plus exercés à pleurer qu'à dormir. Et, bien matin, leur alla dire adieu dans le lit, où, en baisant la dame, connut bien qu'elle avoit plus de pitié de son offense que de mauvaise volonté envers lui ; qui fut un charbon davantage ajouté au feu de son amour. Après dîner, s'en alla avec le roi à Taffares ; mais, avant que partir, encore alla dire adieu à son bon père et à sa dame, qui, depuis le premier commandement de son mari, ne fit plus de difficulté de le traiter comme son fils. Mais soyez sûr que plus la vertu empêchoit son œil et contenance, plus devenoit insupportable ; en sorte que, ne pouvant porter la guerre que l'honneur et l'amour lui faisoient en son cœur (laquelle toutefois avoit délibéré de jamais ne montrer, ayant perdu consolation de la vue et parole d'icelui pour qui elle vivoit), print une fièvre continue, causée d'une humeur mélancolique et couverte, tellement, que les extrémités du corps lui vinrent toutes froides, et au dedans brûloit incessamment. Les médecins, en la main desquels ne dépend pas la santé des hommes, commencèrent à douter fort de sa maladie, à cause d'une opilation qui la rendoit mélancolique, et conseillèrent au mari d'avertir sa femme de penser à sa conscience et qu'elle étoit en la main de Dieu, comme si ceux qui sont en santé n'y étoient point. Le mari, qui aimoit sa femme parfaitement, fut si triste de leurs paroles, que, pour sa consolation, il écrivit à M. d'Avannes, le suppliant prendre la peine de les venir visiter, espérant que sa vue profiteroit à cette maladie. A quoi ne tarda le seigneur d'Avannes, incontinent les lettres reçues, et s'en vint en poste en la maison de son bon père ; et, à l'entrée, trouva les serviteurs et femmes de léans, menant tel duel que méritoit leur maîtresse : dont ledit seigneur fut si étonné, qu'il demeura à la porte comme une personne transie, jusqu'à ce qu'il vît son bon père, lequel, en l'embrassant, se print à pleurer si fort, qu'il ne lui put dire mot. Et mena ledit seigneur d'Avannes en la chambre de la pauvre malade ; laquelle, tournant ses yeux languissants vers lui, le regarda et lui bailla la main, en le tirant de toute sa foible puissance ; et, en l'embrassant et baisant, fit un merveilleux placet[1] et lui dit : « O monsieur, l'heure est venue qu'il faut que toute dissimulation cesse et que je vous confesse la vérité que j'ai tant de peine à celer : c'est que si vous m'avez porté grande affection, croyez que la mienne n'a été moindre. Mais ma douleur a passé la vôtre, d'autant que j'ai eu la peine de la celer contre mon cœur et volonté. Car entendez, monsieur, que Dieu et mon honneur ne m'ont jamais permis de la vous déclarer, craignant d'ajouter en vous ce que je désirois diminuer. Mais sachez, monsieur, que le mot que si souvent vous ai dit m'a tant fait de mal au prononcer, qu'il est cause de ma mort, de laquelle je me contente, puisque Dieu m'a fait la grâce de n'avoir permis que la violence de mon amour ait mis tache à ma conscience et renommée, car, de moindre feu que le mien, ont été ruinés plus grands et plus forts édifices. Or, m'en vais-je contente, puisqu'avant mourir, je vous ai pu déclarer mon affection égale à la vôtre, hormis que l'honneur des hommes et des femmes n'est pas semblable. Vous suppliant, monsieur, que dorénavant vous ne contraigniez à vous adresser aux plus grandes et vertueuses dames que vous pourrez, car en tels cœurs habitent les plus fortes passions et plus sagement conduites. Et la grâce, beauté et honnêteté, qui est en vous, ne permettront que votre amour travaille sans fruit. Je vous prie donc vous recorder de ma constance, et n'attribuez point à cruauté ce qui doit être imputé à l'honneur, à la conscience et à la vertu, lesquelles nous doivent être plus chères mille fois que notre propre vie. Or, adieu, monsieur, vous recommandant votre bon père mon mari, auquel je vous prie conter à la vérité ce que vous savez de moi, afin qu'il connoisse combien j'aime Dieu et lui ; et gardez-vous de vous trouver plus devant mes yeux, car dorénavant je ne veux penser qu'à aller recevoir les promesses que Dieu m'a faites avant la constitution du monde. » En ce disant, le baisa et embrassa, de toute la force, de ses foibles bras. Ledit seigneur, qui avoit le cœur aussi mort par compassion qu'elle par douleur, sans avoir puissance de lui dire un seul mot, se retira hors de devant elle et se mit sur un lit qui étoit dans la chambre, où il évanouit plusieurs fois. A l'heure, la dame appela son mari, et, après lui avoir fait beaucoup de remontrances honnêtes, lui recommanda M. d'Avannes, l'assurant qu'après lui, c'étoit la personne du monde qu'elle avoit le plus aimé ; et, en baisant son

---

[1] Étrange requête, déclaration, aveu.

mari, lui dit adieu. Et, à l'heure, fit apporter le saint sacrement de l'autel et puis après l'onction, lesquels elle reçut avecques joie, comme celle qui étoit sûre de son salut. Et, voyant que la vue lui diminuoit et les forces lui défailloient, commença à dire bien haut son *In manus*. A ce cri, se leva le seigneur d'Avannes de dessus le lit, et, en la regardant piteusement, lui vit rendre avec un soupir sa glorieuse âme à Celui dont elle étoit venue. Et quand il s'aperçut qu'elle étoit morte, il courut au corps mort, duquel étant vivant il n'approchoit qu'en crainte, et alors le vint embrasser et baiser de telle sorte, qu'à grand'peine le lui put-on ôter d'entre les bras : dont le mari en fut fort étonné; car jamais n'avoit estimé qu'il lui portât telle affection. Et, en lui disant : « Monsieur, c'est trop! » ils se retirèrent tous deux de là. Et, après avoir pleuré longuement, l'un, de sa femme, et l'autre, sa dame, M. d'Avannes conta tout le discours de son amitié, comment jusqu'à sa mort elle ne lui avoit jamais fait un seul signe où il trouvât autre chose que rigueur : dont le mari, plus content que jamais, augmenta le regret et la douleur qu'il avoit de l'avoir perdue; et, toute sa vie, fit service à M. d'Avannes, qui à l'heure n'avoit que dix-huit ans. Lequel s'en alla à la cour, où il demeura beaucoup d'années, sans vouloir ni voir ni parler à femme du monde, et porta plus de deux ans le noir.

« Voilà, mesdames, la différence d'une sage à une folle dame, desquelles se montrent les différents effets d'amour; dont l'une en reçut mort glorieuse et louable, et l'autre, renommée honteuse et infâme qui fit sa vie trop longue, car autant que la mort du saint est précieuse devant Dieu, la mort du pécheur est très-mauvaise. — Vraiment, Saffredant, dit Oisille, vous nous avez raconté une histoire autant belle qu'il en soit point. Et qui auroit connu les personnes comme moi, la trouveroit encore plus belle; car je n'ai point vu un plus beau gentilhomme et de meilleure grâce, que ledit seigneur d'Avannes. — Pensez, dit Saffredant, que voilà une bonne et sage femme qui, pour se montrer plus vertueuse par dehors qu'elle n'étoit au cœur, et pour dissimuler un amour que la raison de nature vouloit qu'elle portât à un si honnête seigneur, se laissa mourir par faute de se donner le plaisir qu'elle désiroit couvertement et ouvertement. — Si elle eût eu ce désir, dit Parlamente, elle avoit assez de lieu et d'occasion pour lui montrer, mais sa vertu fut si grande, que jamais son désir ne passa la raison. — Vous me la peindrez, dit Hircan, comme il vous plaira ; mais je sais bien que toujours un pire diable met l'autre dehors; et que l'orgueil cherche plus la volupté entre les dames, que la crainte et l'amour de Dieu; aussi, que leurs robes sont si longues et si bien tissues de dissimulation, que l'on ne peut connoître ce qui est dessous ; car si leur honneur n'étoit non plus caché que le nôtre, vous trouveriez que Nature n'a rien oublié en elles non plus qu'en nous. Et, pour la crainte qu'elles se font de n'oser prendre le plaisir qu'elles désirent, ont changé ce vice en un plus grand qu'elles trouvent plus honnête : c'est une gloire et cruauté, par laquelle elles espèrent d'acquérir nom d'immortalité et aussi glorifier de résister au vice de loi de Nature, si Nature est vicieuse ; elles se font non-seulement semblables aux bêtes inhumaines et cruelles, mais aux diables, desquels elles prennent l'orgueil et la malice. — C'est dommage, dit Nomerfide, que vous ayez une femme de bien, vu que non-seulement vous méprisez la vertu des autres, mais les voulez montrer toutes être vicieuses. — Je suis bien aise, dit Hircan, d'avoir une femme qui n'est point scandaleuse[1], comme aussi ne le veut être ; mais quant à la chasteté de cœur, je crois qu'elle et moi sommes enfants d'Adam et Ève. Parquoi, en bien nous mirant, n'avons que faire de couvrir notre nudité de feuilles ; mais plutôt confesser notre fragilité. — Je sais bien, dit Parlamente, que nous avons tous besoin de la grâce de Dieu, pource que nous sommes tous enclins à pécher; si est-ce que nos tentations ne sont pareilles aux vôtres, et, si nous péchons par orgueil, nul tiers n'en a dommage, ni notre corps et nos mains n'en demeurent souillés. Mais votre plaisir gît à déshonorer les femmes, et votre honneur, à tuer les hommes en guerre : qui sont deux points formellement contraires à la loi de Dieu. — Je vous confesserai, dit Guebron, ce que vous dites; mais Dieu, qui a dit que *Quiconque regarde par concupiscence est déjà adultère en son cœur, et quiconque hait son prochain est homicide* ; à votre avis,

---

[1] Cause, sujet de scandale.

les femmes en sont-elles exemptes, non plus que nous? — Dieu, qui juge le cœur, dit Longarine, en donnera sa sentence; mais c'est beaucoup que les hommes ne nous puissent accuser, car la bonté de Dieu est si grande, que, sans accusateur, il ne nous jugera point; et connoît si bien la fragilité de nos cœurs, qu'encore nous aimera-t-il de ne l'avoir point mise à exécution. — Or, je vous prie, dit Saffredant, laissons là cette dispute, car elle sent plus sa prédication que son conte. Et je donne ma voix à Émarsuitte, la priant qu'elle n'oublie point à nous faire rire. — Vraiment, dit-elle, je n'ai garde d'y faillir, en venant ici délibérée de vous conter une histoire, pour cette Journée. L'on m'a fait un conte de deux serviteurs d'une princesse, si plaisant, que, de force de rire, il m'a fait oublier la mélancolie de la piteuse histoire que je remettrai à demain, car mon visage seroit trop joyeux, pour vous la faire trouver bonne. »

NOUVELLE XXVII.

Témérités d'un sot secrétaire, qui sollicita d'amour la femme de son compagnon; dont il reçut grand'honte.

Dans la ville d'Amboise, demeuroit le serviteur d'une princesse[1], qui la servoit de valet de chambre, homme honnête, et qui volontiers festoyoit les gens qui venoient en sa maison et principalement ses compagnons. Il n'y a pas longtemps que l'un des secrétaires de sa maîtresse vint loger chez lui, où il demeura dix ou douze jours. Ce secrétaire étoit si laid, qu'il sembloit mieux un roi de cannibales qu'un chrétien. Et, combien que son hôte et compagnon le traitât en frère et ami et tout le plus honorablement qu'il lui étoit possible, si fit-il un tour d'homme qui non-seulement oublie toute honnêteté, mais qui ne l'eut jamais dedans son cœur : c'est de pourchasser par amour déshonnête et illicite la femme de son compagnon, qui n'avoit en soi chose aimable, que le contraire de la volupté, car elle étoit autant femme de bien et vertueuse, qu'il y en eut dans la ville où elle demeuroit. Elle, connoissant la méchante volonté du secrétaire, aimant mieux par dissimulation déclarer son vice que par un soudain refus le couvrir, fit semblant de trouver bons ses propos. Parquoi, lui, qui cuidoit

[1] Sans doute la reine de Navarre elle-même, qui avait beaucoup de secrétaires et de valets de chambre.

l'avoir gagnée, sans regarder à l'âge qu'elle avoit (de cinquante ans) et qu'elle n'étoit des belles, et, sans considérer le bon bruit qu'elle avoit d'être femme de bien et aimer son mari, la pressoit incessamment. Un jour entre autres, son mari étant en la maison et eux en une salle, elle feignit qu'il ne tenoit qu'à trouver lieu sûr pour parler à lui seul ainsi qu'il désiroit; et tout incontinent il lui dit qu'elle montât au galetas. Soudain elle se leva et le pria d'aller devant et qu'elle iroit après. Lui, en riant, avec une douceur de visage, semblant à un grand magot quand il festoye quelqu'un, s'en alla légèrement par les degrés. Et, sur le point qu'il attendoit ce qu'il avoit tant désiré, brûlant d'un feu, non clair comme celui de genièvre, mais comme un gros charbon de forge, écoutoit si elle viendroit après lui; mais, au lieu d'ouïr ses pieds, il ouït sa voix disant : « Monsieur le secrétaire, attendez un peu, je m'en vais savoir à mon mari s'il lui plaît bien que j'aille après vous. » Pensez quelle mine put faire en pleurant celui qui en riant étoit si laid. Lequel incontinent descendit, les larmes aux yeux, la priant pour l'amour de Dieu, qu'elle ne voulût rompre par sa parole l'amitié de lui et de son compagnon. Elle lui répondit : « Je suis sûre que vous l'aimez tant, que ne me voudriez dire chose qu'il ne le pût entendre; parquoi je lui vais dire. » Ce qu'elle fit, quelque prière ou contrainte qu'il voulût mettre au devant; dont il fut aussi honteux en s'enfuyant, que le mari fut content d'entendre l'honnête tromperie de laquelle sa femme avoit usé; et lui plut tant la vertu de sa femme, qu'il ne tint compte du vice de son compagnon, lequel étoit assez bien puni d'avoir emporté sur lui la honte qu'il vouloit faire en sa maison.

« Il semble, mesdames, que, par ce conte, les gens de bien doivent apprendre à ne retenir ceux desquels la conscience, le cœur et l'entendement ignorent Dieu, l'honneur et la vraie amour. — Encore que votre conte soit court, dit Oisille, si est-il aussi plaisant que j'en aie point ouï et à l'honneur d'une honnête femme. — Par Dieu! dit Simontault, ce n'est pas grand honneur à une honnête femme de refuser un si laid homme que vous peignez ce secrétaire; mais, s'il eût été beau et honnête, en cela se fût montrée la vertu. Et pource que je me doute qu'il est, si j'étois en mon rang, je vous en ferois un conte qui est aussi plaisant que celui-ci. — A cela ne tienne, dit Émarsuitte, car je vous donne ma voix. » Et, à l'heure, commença ainsi : « Ceux qui ont accoutumé de demeurer à la cour ou en quelques bonnes villes estiment tant de leur savoir, qu'il leur semble que tous les autres hommes ne sont rien au prix d'eux; mais si ne reste-t-il pourtant, qu'en tous pays, et de toutes conditions de gens, n'y en ait toujours assez de fins et malicieux. Toutefois, à cause de l'orgueil de ceux qui pensent être les plus fins, la moquerie (quand ils font quelque faute) en est beaucoup plus grande, comme je désire le vous montrer par un conte naguère advenu. »

NOUVELLE XXVIII.

Un secrétaire pensoit affiner quelqu'un qui l'affina, et ce qui en advint.

Étant le roi François, premier de ce nom, en la ville de Paris, et sa sœur la reine de Navarre en sa compagnie, elle avoit un secrétaire qui n'étoit pas de ceux qui laissoient tomber le bien en terre sans le recueillir, en sorte qu'il n'y avoit président ne conseiller qu'il ne connût, marchand ne riche homme qu'il ne fréquentât et auquel il n'eût intelligence. A l'heure, vint aussi en ladite ville de Paris un marchand de Bayonne, nommé Bernard du Ha, lequel tant pour ses affaires, qu'à cause que le lieutenant-civil étoit de son pays, s'adressoit à lui pour avoir conseil et secours en iceux affaires. Ce secrétaire de la reine de Navarre alloit aussi souvent visiter le lieutenant, comme bon serviteur de son maître et maîtresse. Un jour de fête, allant ledit secrétaire chez le lieutenant, ne trouva ne lui ne sa femme, mais ouït bien Bernard du Ha qui, avec une vielle ou un autre instrument, apprenoit à danser aux chambrières de léans les branles de Gascogne. Quand le secrétaire le vit, lui voulut faire accroire qu'il faisoit mal, et que si la lieutenante et son mari le savoient, ils seroient très-mal contents de lui. Et, après lui avoir bien peint la crainte devant les yeux, jusqu'à se faire prier de n'en parler point, lui demanda : « Que me donnerez-vous, et je n'en dirai mot ? » Bernard du Ha, qui n'avoit pas si grand'peur qu'il en faisoit le semblant, voyant que le secrétaire le vouloit tromper, lui promit de lui donner un pâté du meilleur jambon de Basque qu'il mangea jamais. Le secrétaire, qui en fut très-content, le pria qu'il pût avoir son pâté le dimanche après dîner : ce qu'il lui promit. Et, assuré de cette promesse, s'en alla voir une dame de Paris, qu'il désiroit sur toutes choses épouser, et lui dit : « Madame, je viendrai dimanche souper avec vous, s'il vous plaît; mais il ne vous faut soucier que d'avoir bon pain et bon vin, car j'ai si bien trompé un sot Bayonnois, que le demeurant sera à ses dépens, et, par ma tromperie, vous ferai manger le meilleur jambon de Basque qui fut jamais mangé dans Paris. » La dame, qui le crut, assembla deux ou trois des plus honnêtes de ses voisines et les assura de leur donner d'une viande nouvelle et dont jamais elles n'avoient tâté. Quand le dimanche fut venu, le secrétaire, cherchant son marchand, le trouva sur le pont au Change, et, en le saluant gracieusement, lui dit : « A tous les diables soyez-vous donné, vu la peine que m'avez fait prendre à vous chercher ! » Bernard du Ha lui répondit qu'assez de gens avoient prins plus grand'peine que lui, qui n'avoient pas à la fin été récompensés de tels morceaux. Et, en disant cela, lui montra le pâté qu'il avoit sous son manteau, assez grand pour nourrir un camp : dont le secrétaire fut si joyeux, qu'encore qu'il eût la bouche parfaitement laide et grande, en faisant de deux[1], la rendit si petite, que l'on n'eût pas cuidé qu'il eût su mordre dedans le jambon, lequel il print hâtivement, et laissa là le marchand sans le convier, et s'en alla porter son présent à la damoiselle, qui avoit grande envie de savoir si les vivres de Guyenne étoient aussi bons que ceux de Paris. Et quand l'heure du souper fut venue, ainsi qu'ils mangeoient leur potage, le secrétaire leur dit : « Laissez là ces viandes fades; tâtons de cet aiguillon de vin. » Et, disant cela, ouvre ce pâté, et, cuidant entamer le jambon, le trouva si dur, qu'il n'y pouvoit mettre le couteau. En après s'être efforcé plusieurs fois, s'avisa qu'il étoit trompé et que c'étoit un sabot de bois, qui sont souliers de Gascogne, qui étoit emmanché d'un bout de tison et poudré par-dessus de suie et de poudre de fer avec de l'épice qui sentoit fort bon. Qui fut bien peneux[2], ce fut le secrétaire, tant pour avoir été

---

[1] Ceci n'a aucun sens, et la phrase est altérée dans les éditions que nous suivons. Il faut entendre : *en faisant la babou, la grimace.*

[2] Pour *penaud.*

trompé de celui qu'il pensoit tromper, que pour avoir trompé celle à qui il vouloit et pensoit dire vérité; et, d'autre part, lui fâchoit fort de se contenter à un potage pour son souper. Les dames, qui en étoient aussi marries que lui, l'eussent accusé d'avoir fait la tromperie, sinon qu'elles connurent bien à son visage, qu'il en étoit plus marri qu'elles. Et, après ce léger souper, s'en alla ce secrétaire bien coléré; et, voyant que Bernard du Ha lui avoit failli de promesse, lui voulut aussi rompre la sienne, et s'en alla chez le lieutenant-civil, délibéré de lui dire le pis qu'il pourroit dudit Bernard. Mais il ne put venir sitôt que ledit Bernard n'eût déjà conté tout le mystère au lieutenant, qui donna la sentence au secrétaire, disant qu'il avoit appris à ses dépens à tromper les Gascons; et n'en rapporta autre consolation que sa honte.

« Ceci advient à plusieurs, lesquels, cuidant être trop fins, s'oublient en leurs finesses. Parquoi, il n'est rien tel que de ne faire à autrui chose qu'on ne voulût être faite à soi-même. — Je vous assure, dit Guebron, que j'ai vu souvent advenir pareilles choses, et ceux que l'on estime sots de village trompent de bien fines gens; car il n'est rien plus sot que celui qui pense être fin, ne rien plus sage que celui qui connoît son rien[1]. — Encore, dit Parlamente, celui sait quelque chose qui connoît ne le connoître point. — Or, dit Simontault, de peur que l'heure ne satisfasse[2] à nos propos, je donne ma voix à Nomerfide, car je suis sûr que par sa rhétorique elle ne nous tiendra pas longuement. — Or bien, dit-elle, je vous en vais bailler un tout tel que vous l'espérez de moi. Je ne m'ébahis point, mesdames, si Amour donne aux princes et aux gens nourris en lieu d'honneur les moyens de se savoir retirer du danger; car ils sont nourris avecques tant de gens savants, que je m'émerveillerois beaucoup plus s'ils étoient ignorants de quelques choses. Mais l'invention d'Amour se montre plus clairement quand il y a moins d'esprit en ses sujets; et, pour cela, vous veux raconter un tour que fit un prêtre épris seulement d'amour, car il étoit si ignorant de toutes autres choses, qu'à peine pouvoit-il dire sa messe. »

[1] C'est-à-dire, son néant.
[2] Coupe court.

NOUVELLE XXIX.

Un bon jannin[1] de village, de qui la femme faisoit l'amour avec son curé, se laissa aisément tromper.

En la comté du Maine, en un village nommé Arcelles, y avoit un riche homme laboureur, qui en sa vieillesse épousa une belle jeune femme qui n'eut de lui nuls enfants; mais, de sa perte[2], se réconforta avec plusieurs amis. Et quand les gentilshommes et gens d'apparence lui faillirent, elle retourna à son dernier recours, qui étoit l'Église, et print compagnon de son péché celui qui l'en pouvoit absoudre : ce fut son curé, qui souvent venoit voir sa brebis. Le mari, vieil et pesant, n'en avoit nul doute, mais, à cause qu'il étoit rude et robuste, sa femme jouoit son mystère le plus secrètement qu'elle put, craignant, si son mari l'apercevoit, qu'il ne la tuât. Un jour qu'il étoit dehors, sa femme, ne pensant qu'il revînt si tôt, envoya quérir M. le curé pour la confesser. Et, ainsi qu'ils faisoient bonne chère ensemble, son mari arriva si soudainement, qu'il n'eut loisir de se retirer en sa maison; mais, regardant le moyen de se cacher, monta, par le conseil de la femme, dedans un grenier et couvrit la trappe, par où il monta, d'un van à vanner. Le mari entra en la maison, et elle, de peur qu'il eût quelque soupçon, le festoya si bien à son dîner, qu'elle n'épargna point le boire, dont il en print si bonne quantité, avec la lassité qu'il avoit eue au labeur des champs, qu'il lui prit envie de dormir, étant assis en une chaire devant son feu. Le curé, qui s'ennuyoit d'être si longuement en son grenier, n'oyant point de bruit en la chambre, s'avança sur la trappe, et, en allongeant le cou le plus qu'il lui fut possible, avisa que le bonhomme dormoit; et, en regardant, s'appuya par mégarde sur le van si lourdement, que van et homme trébuchèrent à bas auprès du bonhomme qui dormoit, lequel se réveilla à ce bruit. Et le curé, qui fut plus tôt levé que l'autre n'eût ouvert les yeux, lui dit : « Mon compère, voilà votre van, et grand merci! » Et, ce dit, s'enfuit. Et le pauvre laboureur, tout étonné, demanda à sa femme : « Qu'est-ce cela? » Elle lui répondit : « Mon ami, c'est votre van que le curé avoit emprunté; il vous l'est venu rendre. » Lequel

[1] *Jean*, Jeannot, niais, cocu.
[2] C'est-à-dire, du chagrin de n'avoir pas d'enfant.

tout grondant, lui dit : « C'est bien lourdement rendre ce que l'on a emprunté, car je pensois que la maison tomboit par terre. » Par ce moyen, se sauva le curé aux dépens du bonhomme, qui ne trouva rien mauvais que la rudesse dont il avoit usé en rendant son van.

« Mesdames, le Maître¹ qu'il servoit le sauva pour lors, afin de plus longuement le posséder et le tourmenter. — N'estimez pas, dit Guebron, que les simples gens soient exempts de malice, non plus que nous, mais en ont beaucoup davantage. Car regardez-moi les larrons, meurtriers, sorciers, faux-monnoyeurs, et toutes ces manières de gens, desquels l'esprit n'a jamais de repos : ce sont tous pauvres gens et mécaniques². — Je ne trouve point étrange, dit Parlamente, que la malice y soit plus qu'aux autres, mais, oui bien, qu'amour les tourmente parmi le travail qu'ils ont d'autres choses, ne qu'en un cœur vilain une passion si gentille se puisse mettre. — Madame, dit Saffredant, vous savez que Jean de Meun a dit que

Aussi bien sont les amourettes
Sous le bureau que sous brunettes ³.

Et aussi amour de qui le conte parle, n'est pas de celle qui fait porter le harnois. Car, tout ainsi que les pauvres gens n'ont les biens ne les honneurs comme nous, aussi ont-ils les commodités de nature plus à leur aise que nous n'avons. Leurs viandes ne sont friandes, mais ils ont meilleur appétit et se nourrissent mieux de gros pain, que nous, de restaurants. Ils n'ont pas les lits si beaux et si bien faits que les nôtres, mais ils ont le sommeil meilleur que nous et le repos plus grand. Ils n'ont point de dames peintes et parées, que nous idolâtrons, mais ils ont la jouissance de leurs plaisirs plus souvent que nous et sans craindre les paroles, sinon des bêtes et des oiseaux qui les voient. Bref, en ce que nous avons, ils défaillent, et, en ce que nous n'avons, ils abondent. — Je vous prie, dit Nomerfide, laissons là ce paysan avec sa puissance, et, avant vêpres, achevons notre Journée, à laquelle Hircan mettra fin. — Vraiment, dit-il, une aussi piteuse et étrange qu'autre qui soit. Et, combien qu'il me fâche fort de dire mal de quelque dame, sachant que les hommes, tant pleins de malice, font toujours conséquence de la faute d'une seule, pour blâmer toutes les autres, si est-ce que l'étrange cas me fera oublier la crainte; et peut-être que l'ignorance découverte fera autres plus sages. »

NOUVELLE XXX.

<small>Merveilleux exemple de la fragilité humaine, qui, pour couvrir son horreur, en court de mal en pis.</small>

Au temps du roi Louis douzième, étant lors légat en Avignon, un de la maison d'Amboise, neveu du légat de France, nommé Georges¹, y avoit au pays du Languedoc une dame (de laquelle je tairai le nom, pour l'amour de sa race), qui avoit plus de quatre mille écus de rente. Elle demeura fort jeune vefve et mère d'un seul fils ; et, tant pour le regret qu'elle avoit de son mari que pour l'amour de son enfant, délibéra de jamais ne se remarier ; et, pour en fuir l'occasion, ne voulut plus fréquenter sinon gens de dévotion, pensant bien que le péché forge l'occasion. La jeune dame vefve s'adonna du tout au service divin, fuyant entièrement toute compagnie de mondaineté, tellement, qu'elle faisoit conscience d'assister à une noce ou d'ouïr sonner d'orgues à une église. Quand son fils vint en l'âge de sept ans, elle prit un homme de sainte vie pour le servir de maître d'école, par lequel son fils pût être endoctriné en toute sainteté et dévotion. Lorsque le fils commença à venir en l'âge de quatorze à quinze ans, Nature, qui est un maître d'école bien secret, le trouvant trop nourri et plein d'oisiveté, lui apprint une autre leçon que son docteur ne faisoit ; car il commença à regarder et désirer les choses qu'il trouvoit belles, et, entre autres, une damoiselle qui couchoit en la chambre de sa mère : dont nul ne se doutoit, car l'on ne se gardoit non plus de lui que d'un enfant, de sorte que, en toute la maison, on n'y oyoit parler que de Dieu. Ce jeune homme commença à pourchasser secrètement cette fille, laquelle le vint dire à sa maîtresse, qui aimoit et estimoit tant son fils, qu'elle lui fit ce

<small>¹ Dieu. — ² Artisans.
³ La *brunette* était une étoffe de soie que les grands seigneurs portaient du temps de saint Louis, tandis que le *bureau*, grosse étoffe de laine, ne servait qu'aux habits des gens pauvres.</small>

<small>¹ C'est Georges d'Amboise, qui fut cardinal et archevêque de Rouen après son oncle, l'illustre cardinal d'Amboise, premier ministre de Louis XII. Il était fils de Jean d'Amboise, frère du cardinal. Il mourut en 1550.</small>

rapport pour le lui faire haïr. Mais elle en pressa tant sa maîtresse, qu'elle lui dit : « Je saurai s'il est vrai, et je le châtierai si je le reconnois ainsi que vous me dites. Mais, aussi, si vous lui mettez un tel cas à sus et il ne soit pas vrai, vous en porterez la peine. » Et, pour en faire l'expérience, lui commanda bailler à son fils assignation de venir à minuit coucher avec elle en sa chambre, en un lit auprès de la porte où cette fille couchoit toute seule. La damoiselle obéit à sa maîtresse, et, quand ce vint au soir, la dame se mit en la place de la damoiselle ; délibérée, s'il étoit vrai ce qu'elle disoit, de châtier si bien son fils, qu'il ne coucheroit jamais avec femme, qu'il ne lui en souvînt. En cette pensée et colère, son fils vint coucher. Ne pouvoit croire qu'il voulût faire chose déshonnête ; or, attendit à parler à lui qu'elle connût quelque signe de sa mauvaise volonté, ne pouvant croire, pour chose petite, que son désir pût aller jusqu'au criminel. Mais sa patience fut si longue et nature si fragile, qu'elle convertit sa colère en un plaisir trop abominable, oubliant le nom de mère. Et tout ainsi que l'eau, par force retenue, a plus d'impétuosité quand on la laisse aller, que celle qui ordinairement court ; ainsi cette pauvre dame tourna sa gloire à la contrainte qu'elle donnoit à son corps. Quand elle vint à descendre le premier degré de son honnêteté, se trouva soudainement portée jusqu'au dernier ; et, en cette nuit-là, engrossa de celui qu'elle vouloit engarder de faire enfants aux autres. Le péché ne fut pas plus tôt fait, que le remords de conscience lui amena un si grand tourment, que la repentance ne la laissa toute sa vie ; qui fut si âpre, au commencement, qu'elle se leva d'auprès de son fils, lequel avoit toujours pensé que ce fût la damoiselle, et entra en un cabinet, où, remémorant sa bonne délibération et sa méchante exécution, passa toute la nuit à pleurer et à crier toute seule. Mais, au lieu de s'humilier et connoître l'impossibilité de notre chair, qui sans l'aide de Dieu ne peut faire que péché, voulant par elle-même et par ses larmes satisfaire au passé, et par sa prudence éviter le mal de l'avenir, donnant toujours l'excuse de son péché à l'occasion et non à sa malice, à laquelle il n'y a remède que la grâce de Dieu, pensa de faire chose parquoi à l'avenir ne pourroit plus tomber en pareil inconvénient ; et, comme s'il n'y avoit qu'une espèce de péché à damner les personnes, mit toutes ses forces à éviter celui-là seul. Mais la racine d'orgueil, que le péché extrême doit guérir, croissoit toujours en son cœur, en sorte, qu'évitant un mal, elle en fit plusieurs autres. Car, le lendemain au matin, sitôt qu'il fit jour, elle envoya quérir le gouverneur de son fils et lui dit : « Mon fils commence à croître, il est temps de le mettre hors de la maison. J'ai un mien parent qui est delà les monts, avec M. le grand-maître de Chaumont, qui sera très-aise de le prendre en sa compagnie. Et, pour ce, dès cette heure ici, emmenez-le ; et, afin que je n'aie nul regret de lui, gardez qu'il ne me vienne point dire adieu. » Et, en ce disant, lui bailla l'argent qui étoit nécessaire pour faire son voyage ; et, dès le matin, fit partir ce jeune homme, qui en fut fort aise ; car il ne désiroit autre chose, qu'après la jouissance de son amie, s'en aller à la guerre. La dame demeura longuement en grande tristesse et mélancolie, et, n'eût été la crainte de Dieu, eût maintenant désiré la fin du malheureux fruit dont elle étoit pleine. Elle feignit d'être malade, afin que ce manteau couvrît son imperfection. Et, quand elle fut prête d'accoucher, regardant qu'il n'y avoit homme au monde, en qui elle mît tant confiance qu'en un frère bâtard qu'elle avoit, auquel elle fit de grands biens, l'envoya quérir et lui conta sa fortune (mais elle ne lui confessa pas que ce fût son fils), le priant vouloir donner secours à son honneur : ce qu'il fit ; et, quelques jours avant qu'elle dût accoucher, lui conseilla vouloir changer d'air et aller en sa maison, où elle recouvreroit plus tôt la santé qu'en la sienne. Elle s'y en alla avec bien petite compagnie et trouva là une sage-femme venue pour la femme de son frère, qui, en une nuit, sans la connoître, reçut son enfant ; et se trouva une belle fille. Le gentilhomme la bailla à une nourrice et la fit nourrir sous le nom d'être sienne. La dame, ayant là demeuré un mois, s'en retourna toute seule en sa maison, où elle vécut plus austèrement que jamais en jeûnes et disciplines. Mais, quand son fils vint à être grand, voyant que pour l'heure, il n'y avoit nulle guerre en Italie, envoya supplier sa mère qu'il retournât en sa maison. Elle, craignant de tomber au mal dont elle venoit, ne le voulut point permettre, sinon en la fin qu'il l'en pressa si fort, qu'elle n'avoit plus raison de le refuser. Toutefois, elle lui manda qu'il n'eût jamais à se trouver devant elle, s'il n'étoit marié à quelque femme qu'il aimât bien fort, et qu'il ne regardât point aux biens, mais qu'elle fût gentille-femme [1], c'étoit assez. Durant ce temps, son frère bâtard, voyant la fille qu'il avoit en charge être devenue grande et belle en perfection, se pensa de la mettre en quelque maison bien loin, où elle seroit inconnue, et, par le conseil de la mère, la donna à la reine de Navarre. Cette fille, nommée Catherine, vint à croître jusqu'à l'âge de douze ou treize ans, et se fit tant belle et honnête, que la reine de Navarre y print grande amitié et désiroit fort de la marier bien et grandement; mais, à cause qu'elle étoit pauvre, se trouvoient prou de serviteurs, mais point de mari. Un jour, advint que le gentilhomme, qui étoit son père inconnu, retournant delà les monts, vint en la maison de la reine de Navarre, où, aussitôt qu'il eut avisé sa fille, il en fut amoureux; et, pource qu'il avoit congé de sa mère d'épouser telle femme qu'il lui plairoit, ne s'enquit sinon si elle étoit gentille-femme, et, sachant qu'oui, la demanda pour femme à ladite reine, qui très-volontiers lui bailla; car elle savoit bien que le gentilhomme étoit riche, et, avec la richesse, beau et honnête. Le mariage consommé, le gentilhomme l'écrivit à sa mère, lui disant que dorénavant ne lui pouvoit nier [2] la porte de sa maison, vu qu'il lui menoit une belle-fille aussi parfaite que l'on sût désirer. La damoiselle, qui s'enquit quelle alliance il avoit prise, trouva que c'étoit la propre fille d'eux deux: dont elle en eut deuil si désespéré, qu'elle cuida soudainement mourir, voyant que tant plus elle donnoit d'empêchement à son malheur, et plus elle étoit le moyen dont il augmentoit. Elle, qui ne sut autre chose faire, s'en alla au légat d'Avignon, auquel elle confessa l'énormité de son péché, demandant conseil comme elle s'y devoit conduire. Le légat, pour satisfaire à sa conscience, envoya quérir plusieurs docteurs en théologie, auxquels il communiqua l'affaire sans nommer les personnages; et trouva par leur conseil que la dame ne devoit jamais rien dire de cette affaire à ses enfants; car, quant à eux, vu l'ignorance, ils n'avoient point péché; mais qu'elle en devoit toute sa vie faire pénitence, sans leur en faire semblant. Ainsi s'en retourna la pauvre dame en sa maison, où bientôt après arrivèrent son fils et sa belle-fille, lesquels s'entr'aimoient si fort que jamais mari ne femme n'eurent plus d'amitié ensemble; car elle étoit sa fille, sa sœur et sa femme, et lui à elle père, frère et mari. Ils continuèrent toujours en cette grande amitié; et la pauvre dame, en son extrême pénitence, ne les voyoit jamais faire bonne chère [3], qu'elle ne se retirât pour pleurer.

«Voilà, mesdames, comme il en prend à celles qui cuident par leurs forces et vertus vaincre Amour et Nature, avec toutes les puissances que Dieu y a mises. Mais le meilleur seroit, connoissant sa foiblesse, n'intenter point contre tel ennemi, et retirer un vrai ami et lui dire avec le Psalmiste: «Seigneur, je te satisferai; réponds pour moi!» — Il n'est pas possible, dit Oisille, d'ouïr raconter un plus étrange cas que celui-ci; et me semble que tout homme et femme doit ici baisser la tête sous la crainte de Dieu, voyant que, pour cuider bien faire, tant de maux sont advenus. — Sachez, dit Parlamente, qu'au premier pas que l'homme marche en la confiance de soi-même, il s'éloigne d'autant de la confiance de Dieu.—Celui est sage, dit Guebron, qui ne connoît ennemi que soi-même et qui tient sa volonté et son propre conseil pour suspects, quelque apparence de bonté et de sainteté qu'il y ait. — Il n'y a, dit Longarine, apparence de bien si grande, qui doive faire hasarder une femme à coucher avec un homme, quelque parent qu'il lui soit, car le feu auprès des étoupes n'est guère sûr. —Sans point de faute, dit Émarsuitte, ce devoit être quelque glorieuse folle qui pensoit être si sainte qu'elle fût impeccable comme quelques-uns veulent persuader et faire croire aux simples, à savoir que par nous-mêmes nous pouvons être: qui est une erreur trop grande. — Est-il possible, dit Oisille, qu'il y en eût d'assez fols pour croire cette opinion! — Ils font bien mieux, dit Longarine, car ils disent qu'il se faut habituer à la vertu de chasteté; et, pour éprouver leurs forces, parlent avec les plus belles qui se peuvent trouver et qu'ils aiment le mieux; et, avec baisers et attouchements de mains, expérimentent si leur chair est

---

[1] Noble. — [2] Refuser.

[3] Se caresser.

du tout morte ; et, quand par tel plaisir se sentent émouvoir, ils se séparent, jeûnent et prennent de très-grandes disciplines ; et, quand ils ont maté leur chair jusque-là que pour parler ne pour baiser ils n'ont point d'émotions, ils viennent à essayer la sotte tentation, qui est de coucher ensemble et s'embrasser sans aucune concupiscence[1]. Mais, pour un qui en est échappé, sont venus tant d'inconvénients que l'archevêque de Milan, où cette religion s'exerçoit, fut d'avis de les séparer et mettre les femmes au convent des hommes et les hommes en celui des femmes. — Vraiment, dit Guebron, cela est bien l'extrémité et comble de la folie, de se vouloir rendre de soi-même impeccable et chercher si fort les occasions du péché. — Il y en a, dit Saffredant, qui font tout au contraire, que, bien qu'ils fuient tant qu'ils peuvent les occasions, encore la concupiscence les suit. Et le bon saint Hiérôme, après s'être bien fouetté et caché dans les déserts, confessa ne pouvoir éviter le feu qui brûloit dedans ses moelles. Parquoi, se faut recommander à Dieu ; car, si par sa puissance, vertu et bonté, il ne nous retient, nous prenons grand plaisir à trébucher. — Mais vous ne regardez pas ce que je vois, dit Hircan ; c'est que, tant que nous avons récité nos histoires, les moines, étant derrière cette haie, n'ont point ouï la cloche de leurs vêpres. Maintenant, quand nous avons commencé à parler de Dieu, ils s'en sont allés et sonnent à cette heure le second coup. — Nous ferons bien de les suivre, dit Oisille, et louer Dieu de ce que nous avons passé cette journée aussi joyeusement qu'il est possible. » Et, en ce disant, se levèrent et s'en allèrent à l'église, où ils ouïrent les vêpres dévotement. Puis, s'en allèrent souper, devisant des propos passés et remémorant plusieurs cas advenus de leur temps, pour voir lesquels seroient dignes d'être retenus. Et, après avoir passé joyeusement tout le soir, allèrent prendre leur doux repos, espérant ne faillir le lendemain à continuer l'entreprise qui leur étoit si agréable. Ainsi fut mis fin à la tierce Journée.

QUATRIÈME JOURNÉE.

Mme Oisille, selon sa bonne coutume, se leva beaucoup plus matin que tous les autres, et, en méditant son livre de la sainte Écriture, attendit la compagnie, qui peu à peu se rassembla ; parquoi, les paresseux s'excusèrent sur la parole de Dieu, disant : « J'ai une femme, et n'y puis aller si tôt. » Parquoi, Hircan et Parlamente, sa femme, trouvèrent la leçon fort bien commencée ; mais Oisille sut très-bien chercher les passages où l'Écriture reprend ceux qui sont négligents d'ouïr cette sainte parole. Et non-seulement lisoit le texte, mais aussi leur faisoit tant de bonnes et saintes exhortations, qu'il n'étoit possible de s'ennuyer à l'ouïr. Or, la leçon finie, Parlamente lui dit : « J'étois marrie d'avoir été paresseuse quand je suis arrivée ici ; mais, puisque ma faute est occasion de vous avoir fait si bien parler à moi, ma paresse a doublement profité ; car j'ai eu repos de corps à dormir davantage, et d'esprit, à vous ouïr si bien dire. — Or, pour pénitence, lui dit Oisille, allons donc à la messe prier Notre-Seigneur de nous donner la volonté et le moyen d'exécuter ses commandements ; et puis, qu'il commande ce qu'il lui plaira ! » Or, en disant ces paroles, se trouvèrent à l'église, où ils ouïrent la messe fort dévotement, et après se mirent à table, où alors Hircan n'oublia point à se moquer de la paresse de sa femme. Or, après dîner, ils s'en allèrent reposer, pour étudier leur rôle, et, quand l'heure fut venue, se trouvèrent au lieu accoutumé, et lors Oisille demanda à Hircan à qui il donnoit sa voix pour commencer la Journée. « Si ma femme, dit-il, n'eût commencé celle d'hier, je lui eusse donné ma voix ; car, combien que j'aie toujours bien pensé qu'elle m'ait plus aimé que tous les hommes du monde, si est-ce que ce matin elle m'a bien montré m'aimer beaucoup mieux que Dieu et sa parole, laissant votre

---

[1] On raconte que Robert d'Arbrisselles, fondateur du célèbre monastère de Fontevrault, couchait entre deux religieuses pour mortifier sa chair. Cet exemple dut exciter le zèle des imitateurs.

bonne leçon, pour me tenir compagnie. Ainsi donc, je lui eusse fort volontiers baillé cet honneur; mais, puisque je ne la puis bailler à la plus sage femme de la compagnie, je la baillerai au plus sage d'entre nous, qui est Guebron; mais je lui prie qu'il n'épargne pas les moines. » Et alors Guebron lui dit : « Il ne m'en falloit point prier, je les avois pour recommandés; car il n'y a pas fort longtemps, que j'en ouïs faire un conte à M. de Saint-Vincent, pour lors ambassadeur de l'empereur, lequel est digne de n'être mis en oubli. »

NOUVELLE XXXI.

Exécrable cruauté d'un cordelier, pour parvenir à sa détestable paillardise, et la punition qui en fut faite.

Aux terres sujettes à l'empereur Maximilien d'Autriche, il y avoit un convent de cordeliers fort estimé, près duquel un gentilhomme avoit sa maison, et portoit telle amitié aux religieux de léans, qu'il n'avoit bien, qu'il ne leur donnât, pour avoir part en leurs bienfaits, jeûnes et disciplines. Et, entre autres, y avoit léans un grand et beau cordelier, que le gentilhomme avoit pris pour son confesseur; lequel avoit telle puissance de commander en la maison du gentilhomme, que lui-même. Ce cordelier, voyant la femme de ce gentilhomme tant belle et sage, qu'il n'étoit possible de plus, en devint si amoureux, qu'il en perdit le boire et manger, et toute raison naturelle. Et, un jour, délibérant exécuter son entreprise, s'en alla tout seul en la maison du gentilhomme, et, ne le trouvant point, demanda à la damoiselle où il étoit allé. Elle lui dit qu'il étoit allé à une sienne terre, où il devoit demeurer deux ou trois jours; mais, s'il avoit affaire à lui, elle y envoieroit un homme exprès. Il dit que non, et commença à aller et venir par la maison, comme celui qui avoit quelque affaire d'importance en son entendement. Et, quand il fut sorti hors de la chambre, elle dit à une de ses femmes (desquelles n'avoit que deux) : « Allez près le beau père, et sachez ce qu'il veut; car je lui trouve le visage d'un homme qui n'est pas content. » La chambrière s'en alla, à la cour, lui demander s'il vouloit rien. Il lui répondit qu'oui; et, la tirant en un coin, print un poignard qu'il avoit en sa manche, et lui mit dedans la gorge. Ainsi qu'il eut achevé, arrive en la même cour un serviteur du gentilhomme, étant à cheval; lequel apportoit la rente d'une ferme. Incontinent qu'il fut à pied, salua le cordelier, qui, en l'embrassant, lui mit par derrière le poignard en la gorge, et ferma la porte du château sur lui. La damoiselle, voyant que sa chambrière ne revenoit point, s'ébahit pourquoi elle demeuroit tant avec le cordelier, et dit à son autre chambrière : « Allez voir à quoi tient que votre compagne ne revient. » La chambrière s'y en va, et, si tôt qu'elle fut descendue, et que le beau-père la vit, il la tira à part en un coin, et en fit comme de l'autre; et quand il se vit seul en la maison, s'en vint à la damoiselle et lui dit qu'il y avoit longtemps qu'il étoit amoureux d'elle, et que l'heure étoit venue : qu'il falloit qu'elle lui obéît. Elle, qui ne s'en fût jamais doutée, lui dit : « Mon père, je crois que, si j'avois une volonté si malheureuse, que me voudriez lapider le premier. » Le religieux lui dit : « Sortez en cette cour, et vous verrez ce que j'ai fait. » Quand elle vit ses deux chambrières et son valet morts, elle fut si très-effrayée de peur, qu'elle demeura comme une statue sans sonner mot. A l'heure, le méchant, qui ne vouloit point jouir d'elle pour une heure seule, ne la voulut prendre par force; mais lui dit : « Mademoiselle, n'ayez peur ! vous êtes entre les mains de l'homme du monde qui plus vous aime. » Disant cela, il dépouilla son grand habit, dessous lequel en avoit un plus petit qu'il présenta à la damoiselle, en lui disant que, si elle ne le prenoit, il la mettroit au rang des trépassés, qu'elle voyoit devant ses yeux. La damoiselle, plus morte que vive, délibéra de feindre lui vouloir obéir, tant pour sauver sa vie, que pour gagner le temps qu'elle espéroit que son mari reviendroit. Et, par le commandement dudit cordelier, commença à se décoiffer le plus longuement qu'elle put. Et, quand elle fut en cheveux, le cordelier ne regarda à la beauté qu'ils avoient, mais les coupa hâtivement, et, ce fait, la fit dépouiller tout en chemise et lui vêtit le petit habit, qu'il portoit; reprenant le sien accoutumé, et, le plus tôt qu'il put partir de léans, menant avec soi son petit cordelier, que si longtemps il avoit désiré; mais Dieu, qui a pitié de l'innocent en tribulation, regarda les larmes de cette pauvre damoiselle, en sorte que le mari, ayant fait ses affaires plus tôt qu'il ne cuidoit, retourna en sa maison par un même chemin que sa femme s'en alloit. Mais, quand le cordelier l'aperçut de loin, il dit à la damoiselle : « Voici votre mari que je vois venir. Je sais que si vous le regardez, il vous voudra tirer hors de mes mains; parquoi, marchez devant moi et ne tournez nullement la tête du côté là où il ira ; car, si vous faites un seul signe, j'aurai plus tôt mon poignard en votre gorge, qu'il ne vous aura délivrée de ma main.» Et, en ce disant, le gentilhomme approcha et lui demanda d'où il venoit. Il lui dit : « De votre maison, où j'ai laissé madamoiselle votre femme, qui se porte très-bien et vous attend. » Le gentilhomme passa outre, sans apercevoir sa femme ; mais le serviteur qui étoit avec lui, lequel avoit toujours accoutumé d'entretenir le compagnon du cordelier, nommé frère Jean, commença à appeler sa maîtresse, pensant que ce fût frère Jean. La pauvre femme, qui n'osoit tourner la tête du côté de son mari, ne lui répondit mot; mais son valet, pour la voir au visage, traversa le chemin ; et, sans répondre rien, la damoiselle lui fit signe de l'œil, qu'elle avoit tout plein de larmes. Le valet s'en alla après son maître, et lui dit : « Monsieur, en traversant le chemin, j'ai avisé le compagnon du cordelier, qui n'est point frère Jean, mais ressemble à madamoiselle votre femme, qui, avec l'œil plein de larmes, m'a jeté un piteux regard. » Le gentilhomme lui dit qu'il rêvoit, et n'en tint compte. Mais le valet, persistant, le supplia lui donner congé d'aller après, et qu'il attendît au chemin pour voir si c'étoit ce qu'il pensoit. Le gentilhomme lui accorda, et demeura pour voir que son valet lui rapporteroit. Mais quand le cordelier vit derrière lui le valet qui appeloit frère Jean, se doutant que la damoiselle eût été connue, vint avec un grand bâton ferré qu'il tenoit, et en donna un si grand coup par le côté au valet, qu'il l'abattit du cheval à terre ; incontinent, sauta sur son corps et lui coupa la gorge. Le gentilhomme, qui de loin vit trébucher son valet, pensant qu'il fût tombé par quelque fortune, courut tôt après pour le relever, et, si tôt que le cordelier le vit, il lui donna de son bâton ferré, comme il avoit fait à son valet, et, le portant par terre, se jeta sur lui ; mais le gentilhomme, qui étoit fort et puissant, embrassa le cordelier de telle sorte, qu'il ne lui donna pouvoir de lui faire mal, et lui fit saillir le poignard des poings, lequel sa femme incontinent alla prendre, et le bailla à son mari, et, de toute sa force, tint le cordelier par le chaperon, et le mari lui donna plusieurs coups de poignard, en sorte qu'il lui requit pardon, et lui confessa toute la vérité de sa méchanceté. Le gentilhomme ne le voulut point tuer; mais pria sa femme d'aller en sa maison quérir ses gens et quelque charrette pour le mener : ce qu'elle fit ; et, après avoir dépouillé son habit, courut tout en chemise, la tête rase, jusques en sa maison. Incontinent accoururent tous ses gens, pour aller à leur maître, lui aider à mener le loup qu'il avoit prins, et le trouvèrent dedans le chemin, où il fut prins et mené en la maison du gentilhomme. Lequel après le fit conduire à la justice de l'empereur, en Flandres, où il confessa sa méchante volonté ; et fut trouvé, par sa confession et preuve faite par commissaires sur le lieu, qu'en ce monastère y avoit été mené un grand nombre de gentilles-femmes et autres belles filles, par le moyen que ce cordelier y vouloit mener cette damoiselle ; ce qu'il eût fait sans la grâce de Notre-Seigneur, qui aide toujours à ceux qui ont espérance en lui. Et fut ledit monastère spolié de ses larcins et belles filles qui étoient dedans, et les moines enfermés et brûlés avec ledit monastère, pour perpétuelle mémoire de ce crime : par lequel se peut connoître, qu'il n'y a rien plus cruel qu'amour, quand il est fondé sur vice, comme il n'est rien plus humain ni louable, quand il habite en un cœur vertueux.

« Je suis bien marri, mesdames, de quoi la vérité ne nous amène des contes autant à l'avantage des cordeliers, comme elle fait à leur désavantage ; car ce me seroit grand plaisir, pour l'amour que je porte à leur ordre, d'en savoir quelqu'un où j'eusse moyen de les louer ; mais nous avons tant juré de dire vérité, que je suis contraint, après le rapport de gens si dignes de foi, de ne la celer; vous assurant que, quand les religieux de ce jourd'hui feroient acte digne de mémoire à leur gloire, je mettrois grand'peine à les faire trouver beaucoup meilleurs, que je n'ai fait à dire la vérité de celui-ci. — En bonne foi, Guebron, dit Oisille, voilà un amour qui se devroit nommer cruauté. — Je m'ébahis, dit Simontault, comment il eut la patience, la voyant en chemise, et, au lieu où il en pouvoit être maître, qu'il ne la prînt en force. — Il n'étoit pas friand, dit Saffredant, mais il étoit gourmand; car, pour l'envie qu'il avoit de s'en soûler tous les jours, il ne se vouloit point amuser d'en tâter. — Ce n'est point cela, dit Parlamente; mais entendez que tout homme furieux est toujours peureux, et la crainte qu'il avoit d'être surprins et qu'on lui ôtât sa proie, lui faisoit emporter son agneau, comme un loup sa brebis, pour la manger à son aise. — Toutefois, dit Dagoucin, je ne saurois croire qu'il lui portât amour, et, aussi, qu'en un cœur si vilain que le sien, amour eût su habiter. — Quoi que ce soit, dit Oisille, il en fut bien puni. Je prie à Dieu que de pareilles entreprises puissent sortir telles punitions. Mais à qui donnez-vous votre voix? — A vous, madame, dit Guebron : vous ne faudrez à nous en dire quelque bonne. — Puisque je suis en mon rang, dit Oisille, je vous en raconterai une bonne, pource qu'elle est advenue de mon temps, et que celui même qui me l'a contée, l'a vue. Je suis sûre que vous n'ignorez pas que la fin de tous nos malheurs est la mort; mais, mettant fin à notre malheur, elle se peut nommer notre félicité et sûr repos. Parquoi, le malheur de l'homme est désirer la mort, et ne la pouvoir avoir. Le plus grand mal que l'on puisse donner à un malfaiteur n'est pas la mort; mais est de donner un tourment continuel si grand, qu'il la fait désirer, et si petit, qu'il ne la peut avancer; ainsi qu'un mari la bailla à sa femme, comme vous oirez. »

NOUVELLE XXXII.

Punition, plus rigoureuse que la mort, d'un mari envers sa femme adultère.

Le roi Charles, huitième de ce nom, envoya en Allemagne un gentilhomme, nommé Bernage, seigneur de Civrai[1], près d'Amboise, lequel, pour faire bonne diligence et avancer son chemin, n'épargnoit jour ne nuit, en sorte qu'un soir, bien tard, arriva au château d'un gentilhomme, où il demanda logis; ce qu'à grand'peine il put avoir. Toutefois, quand le gentilhomme entendit qu'il étoit serviteur d'un tel roi, s'en alla au-devant de lui, et le pria de ne se mal contenter de la rudesse de ses gens; car, à cause de quelques parents de sa femme qui lui vouloient mal, il étoit contraint tenir sa maison ainsi fermée. Au soir, ledit Bernage lui dit l'occasion de sa légation, en quoi le gentilhomme s'offroit de faire tout service à lui possible au roi son maître, et le mena dedans sa maison, où il le logea et le festoya honorablement. Et, étant heure de souper, le gentilhomme le mena en une salle tendue de belle tapisserie; et, ainsi que la viande fut apportée sur la table, vit sortir de derrière la tapisserie une femme la plus belle qu'il étoit possible de voir; mais elle avoit la tête toute tondue, le demeurant du corps habillé de noir à l'allemande. Après que le gentilhomme eut lavé avec ledit Bernage, l'on apporta l'eau à cette dame, qui se lava, et s'en alla seoir au bout de la table, sans parler à nul, ni nul à elle. Le seigneur de Bernage la regardoit souvent, et lui sembla l'une des plus belles dames qu'il eût jamais vues, sinon qu'elle avoit le visage bien pâle et la contenance fort triste. Après qu'elle eut un peu mangé, demanda à boire, ce que lui apporta un serviteur de léans, dedans un émerveillable vaisseau, car c'étoit la tête d'un mort; de laquelle les pertuis étoient bouchés d'argent; et ainsi but deux ou trois fois la damoiselle. Après qu'elle eut soupé et lavé ses mains, fit une révérence au seigneur de la maison, et s'en retourna derrière la tapisserie sans parler à personne. Bernage fut tant ébahi de voir chose si tant étrange, qu'il en devint tout triste et pensif. Le gentilhomme, qui s'en aperçut, lui dit : « Je vois bien que vous vous étonnez de ce qu'avez vu en cette table; mais, vu l'honnêteté que j'ai trouvée en vous, je ne vous veux celer que c'est, afin que vous ne pensiez qu'il y ait en moi telle cruauté, sans grande occasion. Cette dame que vous voyez est ma femme; laquelle j'ai plus aimée que jamais homme ne pourroit aimer la sienne; tant que, pour l'épouser, j'ai oublié toute crainte, en sorte que je l'amenai ici malgré ses parents. Elle aussi me montroit tant de signes d'amour, que j'eusse hasardé dix mille vies pour la mettre céans à son aise et au mien; où nous avons vécu longtemps en tel repos et contentement, que je me tenois le plus heureux gentilhomme de la chrétienté; mais, en un voyage que je fis, où mon honneur me contraignoit d'aller, elle oublia tant le sien, sa conscience et l'amour qu'elle avoit en moi, qu'elle fut amoureuse d'un jeune gentilhomme que j'avois nourri céans : dont à mon retour je m'en cuidois apercevoir. Si est-ce que l'amour que lui portois étoit si grande, que je ne me pouvois défier

---

[1] Les anciennes éditions écrivent *Civré*. Je crois qu'il faut lire *Bernard* au lieu de *Bernage*.

d'elle, jusques à ce que l'expérience m'ouvrit les yeux, et vis ce que je craignois plus que la mort. Parquoi, l'amour que je lui portois fut converti en fureur et désespoir; de sorte que je la guettai de si près, qu'un jour, feignant aller dehors, me cachai en sa chambre, où maintenant elle demeure, en laquelle, bientôt mon partement, se retira, et y fit venir ce jeune gentilhomme, lequel je vis entrer, avec la privauté qui n'appartenoit qu'à moi avoir à elle. Mais quand je vis qu'il vouloit monter sur le lit auprès d'elle, je sortis dehors, et le prins entre ses bras, où je le tuai. Et, pource que le crime de ma femme me sembla si grand, que telle mort n'étoit suffisante pour la punir, je lui ordonnai une peine que je pense qu'elle a plus désagréable que la mort : c'est de l'enfermer en sa chambre, où elle se retiroit pour prendre ses plus grandes délices, et en la compagnie de celui qu'elle aimoit trop mieux que moi ; auquel lieu je lui ai mis dans un armoire tous les os de son ami, pendus, comme une chose précieuse en un cabinet, et, afin qu'elle n'en oublie la mémoire, en buvant et mangeant, lui fais servir à table, tout devant moi, en lieu de coupe, la tête de ce méchant, à ce qu'elle[1] voie vivant, celui qu'elle a fait son mortel ennemi par sa faute, et mort pour l'amour d'elle, celui duquel elle avoit préféré l'amitié à la mienne. Et ainsi elle voit à dîner et souper les deux choses qui plus lui doivent déplaire, l'ennemi vivant et l'ami mort; et tout, par son péché. Au demeurant, je la traite comme moi, sinon qu'elle va tondue, car l'ornement des cheveux n'appartient à l'adultère, ne le voile à l'impudique : parquoi s'en va rasée, montrant qu'elle a perdu l'honneur, la chasteté et pudicité. S'il vous plaît prendre la peine de la voir, je vous y mènerai. » Ce que fit volontiers Bernage. Et descendirent en bas, et trouvèrent qu'elle étoit en une très-belle chambre, assise toute seule devant un feu. Le gentilhomme tira un rideau qui étoit devant une grand'armoire, où il vit pendus tous les os d'un homme mort. Bernage avoit grande envie de parler à la dame; mais, de peur du mari, il n'osa. Ce gentilhomme, qui s'en aperçut, lui dit : « S'il vous plaît lui dire quelque chose, vous verrez quelle phrase et parole elle a. » Bernage lui dit à l'heure : « Madame, si votre patience est égale au tourment, je vous estime la plus heureuse femme du monde. » La dame, ayant la larme à l'œil, avec une grâce tant humble qu'il n'étoit possible de plus, lui dit : « Monsieur, je confesse ma faute être si grande, que tous les maux que le seigneur de céans (lequel je ne suis digne de nommer mon mari) me sauroit faire, ne me seront rien, au prix du regret que j'ai de l'avoir offensé. » Et, en disant cela, se prit fort à pleurer. Le gentilhomme tira Bernage par le bras et l'emmena. Le lendemain, au matin, s'en partit pour aller faire la charge que le roi lui avoit donnée. Toutefois, disant adieu au gentilhomme, ne se put tenir de lui dire : « Monsieur, l'amour que je vous porte, et l'honneur et privauté que vous m'avez faite en votre maison, me contraignent vous dire, qu'il me semble (vu la grande repentance de votre pauvre femme) que vous lui devez user de miséricorde, et, aussi, que vous êtes jeune et n'avez nuls enfants. Seroit grand dommage de perdre une telle maison que la vôtre, et que ceux qui ne vous aiment peut-être point en fussent héritiers. » Le gentilhomme, qui avoit délibéré de ne parler à sa femme, pensa longuement au propos que lui tint le seigneur Bernage, et enfin connut qu'il lui disoit vérité, et lui promit que si elle persévéroit en cette humilité, il en auroit quelquefois pitié. Ainsi donc, s'en alla Bernage faire sa charge, et quand il fut retourné devers le roi son maître, lui fit tout au long le conte, que le prince trouva tel comme il disoit, et, entre autres choses, ayant parlé de la beauté de la dame, envoya son peintre, nommé Jean de Paris[1], pour lui rapporter au vif cette dame : ce qu'il fit, après le consentement de son mari, lequel, après longue pénitence, pour le désir qu'il avoit d'avoir enfants, et par la pitié qu'il eut de sa femme, qui en si grande humilité recevoit cette pénitence, la reprint avec soi, et en eut depuis beaucoup de beaux enfants.

« Mesdames, si toutes celles à qui pareil cas,

---

[1] Afin qu'elle.

[1] Ce peintre de François Ier ne nous est connu que par quelques poésies contemporaines et par quelques extraits d'anciens comptes, cités par Monteil dans l'*Histoire des Français de divers états*. Sa réputation était si populaire, que son nom a passé en proverbe pour désigner un homme galant et magnifique; mais ce nom manque dans toutes les Biographies, et si nos galeries possèdent des tableaux de ce maître, les catalogues se taisent sur l'auteur.

comme à elle, est advenu, buvoient en tels vaisseaux, j'aurois grand'peur que beaucoup de coupes dorées seroient converties en têtes de morts. Dieu nous en veuille garder; car si sa bonté ne nous retient, il n'y a aucun d'entre vous qui ne puisse faire pis; mais, ayant confiance en lui, il gardera celles qui confessent ne se pouvoir par elles-mêmes garder; et celles qui se confient en leurs forces et vertus, sont en grand danger d'être tentées jusques à confesser leur infirmité. Et vous assure qu'il s'en est vu plusieurs, que l'orgueil a fait trébucher en tel cas, dont l'humilité sauvoit celles que l'on estimoit le moins vertueuses. Et dit le vieil proverbe, que ce que Dieu garde est bien gardé. — Je trouve, dit Parlamente, cette punition autant raisonnable qu'il est possible; car tout ainsi que l'offense est pire que la mort, aussi est la punition pire que la mort. — Je ne suis pas de votre opinion, dit Émarsuitte; car j'aimerois mieux voir toute ma vie les os de tous mes serviteurs en mon cabinet, que de mourir pour eux, vu qu'il n'y a méfait ne crime qui ne se puisse amender; mais après la mort, n'y a point d'amendement. — Comment! sauriez-vous amender la honte? dit Longarine; car vous savez que, quelque chose que puisse faire une femme, après un méfait, ne sauroit réparer son honneur. — Je vous prie, dit Émarsuitte, dites-moi si la Madeleine[1] n'a pas plus d'honneur maintenant entre les hommes que sa sœur, qui étoit vierge? — Je vous confesse, dit Longarine, qu'elle est louée entre nous de la grande amour qu'elle a portée à Jésus-Christ et de sa grande pénitence; mais si lui demeure-t-il le nom de pécheresse. — Je ne me soucie, dit Émarsuitte, quel nom les hommes me donnent; mais que Dieu me pardonne et à mon mari aussi, il n'y a rien pourquoi je voulsisse mourir. — Si cette damoiselle aimoit son mari, comme elle devoit, dit Dagoucin, je m'ébahis qu'elle ne mouroit de deuil, en regardant les os de celui, à qui, par son péché, elle avoit donné la mort. — Comment! Dagoucin, dit Simontault, êtes-vous encore à savoir que les femmes n'ont amour ni regret? — Oui, dit-il, car jamais je n'ai osé tenter leur amour, de peur d'en trouver moins que je désire. — Vous vivez doncques de foi et d'espérance, dit Nomerfide, comme le pluvier, du vent[1]? Vous êtes bien aisé à nourrir.—Je me contente, dit-il, de l'amour que je sens en moi et de l'espoir qu'il y a au cœur des dames; mais si je savois d'être aimé, comme j'espère, j'aurois un si extrême contentement, que je ne le pourrois porter sans mourir. — Gardez-vous bien, dit Guebron, de la peste; car, de cette maladie-là, je vous assure. Mais je voudrois savoir à qui mademoiselle Oisille donnera sa voix. — Je la donne, dit-elle, à Simontault, lequel, je sais bien, n'épargnera personne. — Autant vaut, dit-il, que me mettiez à sus que je suis un peu médisant. Si ne lairrai-je à vous montrer que ceux que l'on disoit médisants ont dit la vérité. Je crois, mesdames, que vous n'êtes si sottes de croire en toutes les Nouvelles que l'on vous vient conter, quelque apparence qu'elles puissent avoir de sainteté, si la preuve n'y est si grande qu'elle ne puisse être remise en doute. Aussi, sous espèce de miracle, y a bien souvent des abus; et, pour ce, j'ai envie vous en raconter un, qui ne sera moins à la louange du prince fidèle qu'au déshonneur d'un méchant ministre d'Église. »

NOUVELLE XXXIII.

Abomination d'un prêtre incestueux, qui engrossa sa sœur, sous prétexte de sainte vie, et la punition qui en fut faite.

Le comte Charles d'Angoulême[2], père du roi François, premier de ce nom, prince fidèle et craignant Dieu, étant à Cognac, quelqu'un lui raconta qu'en un village près de là, nommé Cherves, y avoit une fille vierge, vivant si austèrement, que c'étoit chose admirable; laquelle toutefois étoit trouvée grosse, ce qu'elle ne dissimuloit point, assurant à tout le peuple, que jamais n'avoit connu homme et qu'elle ne savoit comme le cas lui étoit advenu, sinon que ce fût œuvre du Saint-Esprit; ce que le

---

[1] Marie-Madeleine, sœur de Marthe et du Lazare. Les plus savans commentateurs de l'Évangile ne la confondent pas avec l'autre Madeleine, dite la femme pécheresse.

[1] Cette croyance erronée était encore assez répandue au dernier siècle, pour que Buffon ait jugé nécessaire de la réfuter dans l'histoire naturelle de cet oiseau.
[2] Ce prince, fils de Jean, comte d'Angoulême, et de Marguerite de Rohan, naquit en 1458 et mourut en 1495. Charles VIII, son cousin, le pleura et dit de lui *qu'il avoit perdu l'un des plus hommes de bien qui fût entre les princes de son sang.* Cependant Charles d'Angoulême avait pris les armes contre le roi dans la révolte du duc d'Orléans. Il fut le père de François Ier et de Marguerite de Valois.

peuple croyoit facilement, et là tenoit et réputoit comme une seconde vierge Marie ; car chacun connoissoit que, dès son enfance, elle étoit si sage, que jamais n'eut en elle un seul signe de mondanité. Elle jeûnoit non-seulement les jeûnes commandés de l'Église, mais plusieurs fois la semaine à sa dévotion, et, tant que l'on disoit quelque service en l'église, elle n'en bougeoit. Parquoi, sa vie étoit tant estimée de tout le commun[1], que chacun par miracle la venoit voir ; et étoit bien heureux, qui lui pouvoit toucher la robe. Le curé de la paroisse étoit son frère, homme d'âge et de bien austère vie, et estimé de ses paroissiens, et tenu pour un saint homme, lequel lui tenoit de si rigoureux propos, qu'il la fit enfermer en une maison : dont le peuple étoit mal content ; et en fut le bruit si grand, que (comme je vous ai dit) les nouvelles en vinrent jusques aux oreilles du comte, lequel, voyant l'abus où tout le monde étoit, désira l'en ôter. Parquoi, envoya un maître des requêtes et un aumônier (deux fort gens de bien) pour savoir la vérité. Lesquels allèrent sur les lieux et s'informèrent du cas le plus galamment qu'ils purent ; s'adressant au curé, qui étoit tant ennuyé de cet affaire, qu'il les pria d'assister à la vérification, laquelle il espéroit faire le lendemain. Ledit curé, dès le matin, chanta la messe, où sa sœur assista toujours à genoux, bien fort grosse ; et, à la fin de la messe, le curé prit le *corpus Domini*, et, en la présence de toute l'assistance, dit à sa sœur : « Malheureuse que tu es ! voici qui a souffert mort et passion pour toi, devant lequel je te demande si tu es vierge, comme tu m'as toujours assuré ? » Laquelle, hardiment et sans crainte, lui répondit que oui. « Et comment donc est-il possible que tu sois grosse et demeurée vierge ? » Elle répondit : « Je n'en puis rendre autre raison, sinon que ce soit la grâce du Saint-Esprit qui fait en moi ce qu'il lui plaît ; mais si ne puis nier le bien que Dieu m'a fait de me conserver vierge, car jamais je n'eus volonté d'être mariée. » Alors son frère lui dit : « Je te baille ici le corps précieux de Jésus-Christ, lequel tu prendras à ta damnation, s'il est autrement que tu ne le dis, dont messieurs, qui sont ici présents de par M. le comte, seront témoins. » La fille, âgée de près de treize ans, jura par tel serment : « Je prends le corps de Notre-Seigneur ici présent, à ma damnation, devant vous, messieurs, et vous, mon frère, si jamais homme m'attoucha non plus que vous. » Et, en ce disant, reçut le corps de Notre-Seigneur. Les maître des requêtes et aumônier du comte, voyant cela, s'en allèrent tout confus, croyant qu'avec tels serments, mensonge ne sauroit avoir lieu, et firent le rapport au comte, le voulant persuader à croire ce qu'ils croyoient. Mais lui, qui étoit sage, après y avoir bien pensé, leur fit derechef dire les paroles du jurement, lesquelles ayant bien pesées, leur dit : « Elle vous a dit que jamais homme ne lui toucha non plus que son frère, et je pense, pour vérité, que son frère lui a fait cet enfant, et veut couvrir sa méchanceté sous une si grande dissimulation ; et nous, qui croyons un Jésus-Christ venu, n'en devons plus attendre d'autre. Parquoi, allez-vous-en, et mettez le curé en prison ; je suis sûr qu'il confessera la vérité. » Ce qui fut fait selon son commandement, non sans grandes remontrances pour le scandale qu'ils faisoient à cet homme de bien ; et, sitôt que le curé fut prins, il confessa sa méchanceté, et comme il avoit conseillé à sa sœur de tenir le propos qu'elle tenoit pour couvrir la vie qu'ils avoient menée ensemble, non-seulement d'une excuse légère, mais d'un faux donner-à-entendre, par lequel ils demeuroient honorés de tout le monde ; et dit, quand on lui mit au devant comment il avoit été si méchant de prendre le corps de Notre-Seigneur pour la faire jurer dessus, qu'il n'étoit pas si hardi, et qu'il avoit pris un pain non sacré ne bénit. Le rapport en fut fait au comte d'Angoulême, lequel commanda à la justice d'en faire ce qu'il appartenoit. L'on attendit que sa sœur fût accouchée, et, après avoir fait un beau fils, furent brûlés le frère et la sœur : dont tout le peuple en eut un merveilleux ébahissement, ayant vu, sous un saint manteau, un monstre si horrible ; et, sous une vie tant louable et sainte, régner un si détestable vice.

« Voilà, mesdames, comme la foi du bon comte ne fut vaincue par signes ne par miracle extérieur, sachant très-bien que nous n'avons qu'un Sauveur, lequel, en disant *Consummatum est*[1], a montré qu'il ne laissoit point le lieu à un

---

[1] Le bas peuple.

[1] Ce sont les dernières paroles de Jésus expirant sur la croix.

autre successeur pour faire notre salut. — Je vous promets, dit Oisille, que voilà une grande hardiesse sous une extrême hypocrisie : couvrir du manteau de Dieu et de bon chrétien un péché si énorme ! — J'ai ouï dire, dit Hircan, que ceux qui, sous couleur d'une commission de roi, font cruautés et tyrannies, sont punis doublement, pource qu'ils couvrent leur injustice, de la justice royale ; aussi, voyez-vous que les hypocrites, combien qu'ils prospèrent quelque temps sous le manteau de Dieu et de sainteté, si est-ce que, quand le Seigneur Dieu lève son manteau, il les découvre et met tout nus ; et, à l'heure, leur nudité, ordure et vilenie est d'autant trouvée plus laide, que la couverture étoit honorable. — Il n'est rien plus plaisant, dit Nomerfide, que de parler naïvement, ainsi que le cœur le pense. — C'est pour en gausser[1], répondit Longarine, et je crois que vous donnez votre opinion selon votre condition. — Je vous dirai, dit Nomerfide : je vois que les fols (si on ne les tue) vivent plus longuement que les sages ; et n'y entends qu'une raison, c'est qu'ils ne dissimulent point leurs passions : s'ils sont courroucés, ils frappent ; s'ils sont joyeux, ils rient ; et ceux qui cuident être sages, dissimulent tant leurs imperfections, qu'ils en ont tout le cœur empoisonné. — Je pense, dit Guebron, que vous dites vérité, et que l'hypocrisie, soit envers les hommes ou envers la nature, est cause de tous les maux que nous avons. — Ce seroit belle chose, dit Parlamente, que notre cœur fût si rempli par foi de Celui qui est toute vertu et toute joie, que nous le pussions librement montrer à chacun. — Ce sera à l'heure, dit Hircan, qu'il n'y aura plus de chair sur nos os. — Si est-ce, dit Oisille, que l'esprit de Dieu, qui est plus fort que la mort, peut mortifier notre cœur sans mutation de corps. — Madame, dit Saffredant, vous parlez du don de Dieu... — Qui n'est guère commun aux hommes, dit Oisille, hors mis ceux qui ont la foi. Mais, pource que cette matière ne se laisse entendre à ceux qui sont charnels, sachons à qui Simontault donne sa voix. — Je la donne, dit-il, à Nomerfide ; car, puisqu'elle a le cœur joyeux, sa parole ne sera point triste. — Et vraiment, dit Nomerfide, puisque vous avez envie de rire, je vous en vais apprêter l'occasion ; et, pour vous montrer combien la peur et l'ignorance nuit,

et que, faute de bien entendre, un propos est souvent cause de beaucoup de mal, je vous dirai ce qui advint à deux pauvres cordeliers de Niort, lesquels, pour mal entendre le langage d'un boucher, cuidèrent mourir de peur. »

NOUVELLE XXXIV.

Deux cordeliers, trop curieux d'écouter, eurent si belles affres, qu'ils en cuidèrent mourir.

Il y a un village, entre Niort et Fors[1], nommé Grip, lequel est au seigneur de Fors. Un jour, advint que deux cordeliers, venant de Niort, arrivèrent bien tard en ce lieu de Grip, et logèrent en la maison d'un boucher ; et, pource qu'entre leur chambre et celle de l'hôte n'y avoit que des ais bien mal joints, leur print envie d'écouter ce que le mari disoit à sa femme étant dans le lit ; et vinrent mettre leurs oreilles tout droit au chevet du lit du mari, lequel, ne se doutant de ses hôtes, parloit privément, à sa femme, de son ménage, en lui disant : « Ma mie, il me faut lever demain de bon matin, pour aller voir nos cordeliers ; car il y en a un bien gras, lequel il nous faut tuer, nous le salerons incontinent et en ferons notre proufit. » Et, combien qu'il entendît de ses pourceaux, qu'il appeloit *cordeliers*, si est-ce que les deux pauvres frères, qui croyoient cette délibération, se tinrent tout assurés que c'étoit pour eux, et, en grande peur et crainte, attendoient l'aube du jour. Il y en avoit un d'eux fort gras et l'autre assez maigre ; le gras se vouloit confesser à son compagnon, disant qu'un boucher, ayant perdu l'amour et crainte de Dieu, ne feroit non plus de cas de l'assommer qu'un bœuf ou autre bête ; et, vu qu'ils étoient enfermés en leur chambre, de laquelle ils ne pouvoient sortir sans passer par celle de l'hôte, ils se pouvoient tenir bien sûrs de leur mort, et recommander leurs âmes à Dieu. Mais le jeune, qui n'étoit pas si vaincu de peur que son compagnon, lui dit que, puisque la porte leur étoit fermée, il falloit essayer à passer par la fenêtre ; aussi bien, ne sauroient-ils avoir pis que la mort. A quoi le gras s'accorda. Le jeune ouvrit la fenêtre, et, voyant qu'elle n'étoit trop haute de terre, sauta légèrement en bas et s'enfuit le plus tôt et le plus loin qu'il put, sans

---

[1] Les éditions que nous avons sous les yeux portent toutes *engraisser*, ce qui est un non-sens ridicule.

[1] Il est probable que *Fors* est mis là pour *Rochefort*.

attendre son compagnon ; lequel essaya le danger ; mais la pesanteur le contraignit de demeurer en bas : car, au lieu de sauter, il tomba si lourdement, qu'il se blessa fort une jambe, et, quand il se vit abandonné de son compagnon et qu'il ne le pouvoit suivre, regarda autour de lui, où il se pourroit cacher, et ne vit rien qu'un tect à pourceaux, où il se traîna le mieux qu'il put. Et, ouvrant la porte pour entrer dedans, échappèrent deux grands pourceaux, en la place desquels se mit le cordelier, et ferma le petit huis sur lui, espérant, quand il oirroit le bruit des gens passant, qu'il appelleroit et trouveroit secours. Mais, si tôt que le matin fut venu, le boucher apprêta ses grands couteaux, et dit à sa femme qu'elle lui tînt compagnie pour aller tuer ses deux pourceaux gras. Et quand il arriva au tect où le cordelier s'étoit caché, commença à crier bien haut, en ouvrant la petite porte : « Saillez dehors, mes cordeliers, c'est aujourd'hui que j'aurai de vos boudins. » Le cordelier, ne se pouvant soutenir sur sa jambe, saillit à quatre pieds hors du tect, criant tant qu'il pouvoit miséricorde. Et, si ce pauvre cordelier eut grand'peur, le boucher et sa femme n'en eurent pas moins, car ils pensoient que saint François fût courroucé contre eux, de ce qu'ils nommoient une bête un *cordelier*. Et se mirent à genoux devant le pauvre frère, demandant pardon à saint François et à sa religion, en sorte que le cordelier crioit d'un côté miséricorde au boucher, et le boucher, à lui, de l'autre ; tant, que les uns et les autres furent un quart d'heure sans se pouvoir assurer. A la fin, le beau père, connoissant que le boucher ne lui vouloit point de mal, lui conta la cause pour laquelle il s'étoit caché en ce tect, dont leur peur fut incontinent convertie en matière de ris, sinon que le pauvre cordelier avoit mal en sa jambe, ne se pouvoit réjouir ; mais le boucher le mena en sa maison, où il le fit très-bien panser. Son compagnon, qui l'avoit laissé au besoin, courut toute la nuit, tant, qu'au matin, il vint en la maison du seigneur de Fors, où il se plaignit du boucher, qu'il soupçonnoit avoir tué son compagnon, vu qu'il n'étoit point venu après lui. Le seigneur de Fors envoya incontinent audit lieu de Grip, pour en savoir la vérité ; laquelle sue, ne trouva point matière de pleurer, et ne faillit à le raconter à sa maîtresse, Madame la duchesse d'Angoulême[1], mère du roi François, premier de ce nom.

« Voilà, mesdames, comme il ne fait pas bon écouter le secret où l'on n'est pas appelé, et entendre mal les paroles d'autrui. — Ne savois-je pas bien, dit Simontault, que Nomerfide ne nous feroit point pleurer, mais fort rire ; en quoi il me semble que chacun de nous s'est fort bien acquitté. — Et qu'est-ce à dire, dit Oisille, que nous sommes plus enclins à rire d'une folie, que d'une chose sagement faite ? — Pource, dit Hircan, qu'elle nous est plus agréable, d'autant qu'elle est plus semblable à notre nature, qui de soi n'est jamais sage ; et chacun prend plaisir à son semblable, les fols aux folies et les sages à la prudence. Toutefois, je crois qu'il n'y a ni sage ni fol, qui se sussent garder de rire de cette histoire. — Il y en a, dit Guebron, qui ont le cœur tant adonné à l'amour de la science, que, pour choses qu'ils sussent ouïr, on ne sauroit les faire rire ; car ils ont une joie en leur cœur, et un contentement si modéré, que nul accident ne les peut muer. — Où sont ceux-là ? dit Hircan. — Les philosophes du temps passé, répondit Guebron, desquels la tristesse et la joie n'étoient quasi point senties ; au moins n'en montroient-ils nul semblant, tant ils estimoient grande vertu, se vaincre eux-mêmes et leurs passions. — Et je trouve aussi bon, comme ils font, dit Saffredant, de vaincre une passion vicieuse ; mais d'une passion naturelle qui ne tend à nul mal, cette victoire me semble inutile. — Si est-ce, dit Guebron, que les autres estimoient cette vertu grande. — Il n'est pas dit aussi, répondit Saffredant, qu'ils fussent tous sages ; mais il y avoit plus d'apparence de sens et de vertu, qu'il n'y avoit de fait. Toutefois, vous voyez qu'ils reprennent toutes choses mauvaises, Guebron ! et même Diogènes foula aux pieds le lit de Platon, pource qu'il étoit trop curieux[2] à son gré, pour montrer qu'il méprisoit et vouloit mettre sous les pieds la vaine gloire et convoitise de Platon ; en disant : « Je foule l'orgueil de Platon. » — Mais, vous ne dites pas tout, dit Saffredant ; car Platon répondit soudainement, que vraiment il le

---

[1] Louise de Savoie, fille de Philippe, alors comte de Bresse et depuis duc de Savoie, épousa Charles d'Angoulême en 1488. Elle mourut en 1531.

[2] Recherché, luxueux.

fouloit, mais avec plus grande présomption; car certes, Diogènes usoit tel mépris de netteté, par une certaine gloire et arrogance. — A dire vrai, dit Parlamente, il est impossible que la victoire de nous-mêmes se fasse par nous-mêmes, sans un merveilleux orgueil, qui est le vice que chacun doit le plus craindre; car il s'engendre de la mort et ruine de tous les autres. — Ne vous ai-je pas lu ce matin, dit Oisille, que ceux qui ont cuidé être plus sages que les autres hommes, et qui, par une lumière de raison, sont venus à connoître un Dieu créateur de toutes choses, toutefois pour s'attribuer cette gloire, et non à Celui dont elle venoit, estimant par leur labeur avoir gagné ce savoir, ont été faits non-seulement plus ignorants et déraisonnables que les autres hommes, mais que les bêtes brutes; car, ayant erré en leur esprit, se sont attribués ce qu'à Dieu seul appartient, et ont montré leurs erreurs, par le désordre de leur corps, oubliant et pervertissant l'ordre de leur sexe, comme saint Paul nous montre en l'épître qu'il écrivit aux Romains. — Il n'y a nul de nous, dit Parlamente, qui, par cette épître, ne confesse que tous les péchés extérieurs ne soient que les fruits de l'infidélité extérieure, laquelle, plus est couverte de vertus et miracles, plus est dangereuse à arracher. — Entre nous hommes, dit Hircan, nous sommes donc plus près de notre salut, que vous autres; car, ne dissimulant point nos fruits, connoissons facilement notre racine; mais, vous, qui n'osez les mettre dehors, et qui faites tant de belles œuvres apparentes, à grand'peine connoissez-vous cette racine d'orgueil, qui croît sous si belle couverture. — Je vous confesse, dit Longarine, que, si la parole de Dieu ne nous montre par la foi la lèpre d'infidélité cachée en notre cœur, Dieu nous fait grand'grâce, quand nous trébuchons en quelque offense visible, par laquelle notre pensée couverte se puisse voir; et bien heureux sont ceux que la foi à tant humiliés, qu'ils n'ont point besoin d'exprimer leur nature pécheresse par les effets du dehors. — Mais regardons, dit Simontault, de là où nous sommes venus? En partant d'une très-grande folie, nous sommes tombés en la philosophie et théologie. Laissons ces disputes à ceux qui les savent mieux déchiffrer que nous; et sachons de Nomerfide à qui elle donne sa voix. — Je la donne, dit-elle, à Hircan; mais je lui recommande l'honneur des dames. — Vous ne me le pouvez dire en meilleur endroit, dit Hircan; car l'histoire que j'ai apprêtée, est toute telle qu'il la faut, pour vous obéir. Si est-ce, que je vous apprendrai par cela à confesser, que la nature des hommes et des femmes, est, de soi, inclinée à tout vice, si elle n'est préservée par la bonté de Celui, à qui l'honneur de toute victoire doit être rendue. Et, pour vous abattre l'audace que vous prenez, quand on médit à votre honneur, je vous en vais montrer un exemple, qui est très-véritable. »

NOUVELLE XXXV.

Industrie d'un sage mari, pour divertir[1] l'amour que sa femme portoit à un cordelier.

En la ville de Pampelune, y avoit une dame, estimée belle et vertueuse, et la plus chaste et dévote qui fût au pays. Elle aimoit fort son mari, et lui obéissoit si bien, qu'entièrement il se fioit en elle. Cette dame fréquentoit incessamment le service divin et les sermons. Elle persuadoit à son mari et ses enfants d'y demeurer autant qu'elle, qui étoit en l'âge de trente ans, où les femmes ont accoutumé de quitter le nom de belles, pour être nouvelles sages. Or, cette dame alla, le premier jour de carême, à l'église, prendre la mémoire de la mort, où elle trouva le sermon que commençoit un cordelier, tenu de tout le monde un saint homme, pour sa très-grande austérité et bonté de vie qui le rendoit maigre et pâle, mais non tant qu'il ne fût un des beaux hommes du monde. La dame dévotement écouta son sermon, ayant ses yeux fermes à contempler cette vénérable personne, et l'oreille et l'esprit prompts à l'écouter : parquoi, la douceur de ces paroles pénétra les oreilles de ladite dame jusqu'au cœur, et la beauté et grâce de son visage passa par ses yeux, et blessa si fort son esprit, qu'elle fut comme une personne ravie. Après le sermon, regarda soigneusement où le prêcheur diroit sa messe, où elle assista; et print les cendres de sa main, qui étoit aussi belle et blanche, que dame la sauroit avoir : ce que regarda plus la dévote, que la cendre qu'il lui bailloit; croyant assurément, qu'une telle amour spirituelle, quel-

[1] Détourner, distraire.

que plaisir qu'elle en sentit, ne sauroit blesser sa conscience. Elle ne failloit point tous les jours d'aller au sermon et d'y mener son mari; et l'un et l'autre donnèrent tant de louanges au prêcheur, qu'en table et ailleurs ils ne tenoient autres propos. Ainsi, ce feu, sous titre spirituel, fut si charnel, que le cœur, en qui il fut embrasé, brûloit tout le corps de cette pauvre dame ; et tout ainsi, qu'elle avoit été tardive à sentir celte flamme, aussi elle fut prompte à enflammer ; et sentit plus tôt le contentement de sa passion, qu'elle ne connut être passionnée ; et, comme toute surprise de son ennemi Amour, ne résista plus à nul de ses commandements. Mais le plus fort étoit que le médecin de ses douleurs étoit ignorant de son mal. Parquoi, ayant mis dehors toute crainte qu'elle devoit avoir de montrer sa folie devant un si sage homme, son vice et sa méchanceté à un si vertueux et homme de bien, se mit à lui écrire l'amour qu'elle lui portoit, le plus doucement qu'elle put, pour le commencement ; et bailla ses lettres à un petit page, lui disant ce qu'il avoit à faire, et que surtout il se gardât que son mari ne le vît aller aux Cordeliers. Le page, cherchant son plus droit chemin, passa de fortune par la rue où son maître étoit assis en une boutique. Le gentilhomme, le voyant passer, s'avança pour regarder où il alloit ; et quand le page l'aperçut, tout étonné, se cacha dans une maison. Le maître, voyant cette contenance, le suivit, et, le prenant par le bras, lui demanda où il alloit, et, voyant ses excuses sans propos et son visage effrayé, le menaça de le battre, s'il ne lui disoit où il alloit. Le pauvre page lui dit : « Hélas ! monsieur, si je vous le dis, madame me tuera. » Le gentilhomme, doutant que sa femme fît un marché sans lui, assura le page qu'il n'auroit nul mal, s'il lui disoit la vérité, et qu'il lui feroit tout plein de bien ; aussi, que s'il mentoit, il le mettroit en prison pour jamais. Le petit page, pour avoir du bien, et pour éviter le mal, lui conta tout le fait, et lui montra les lettres que sa maîtresse écrivoit au prêcheur : dont le mari fut autant émerveillé et marri, comme il avoit été assuré toute sa vie de la loyauté de sa femme, où n'avoit jamais connu faute. Mais lui, qui étoit sage, dissimula sa colère ; et, pour connoître l'intention de sa femme, va faire une réponse comme si le prêcheur la remercioit de sa bonne volonté, lui déclarant qu'il n'en avoit pas moins de son côté. Le page, ayant juré à son maître de mener sagement cet affaire, alla porter à sa maîtresse la lettre contrefaite, dont elle eut telle joie, que son mari s'aperçut bien qu'elle en avoit changé de visage ; car, en lieu d'amaigrir pour le jeûne de carême, elle étoit plus belle et plus fraîche qu'à carême-prenant [1]. Déjà étoit la mi-carême, que la dame, ne pour Passion, ne pour Semaine-Sainte, ne changea sa manière accoutumée de continuer à mander par lettres au prêcheur sa fantaisie furieuse ; et lui sembloit, quand il tournoit les yeux du côté où elle étoit, ou qu'il parloit de l'amour de Dieu, que c'étoit pour l'amour d'elle ; et tant que ses yeux pouvoient montrer ce qu'elle pensoit, elle ne les épargnoit pas. Le mari ne failloit à lui rendre pareilles réponses. Après Pâques, il lui écrivit au nom du prêcheur, qu'il la prioit lui enseigner le moyen comme il la pourroit voir secrètement. Elle, à qui l'heure tardoit, conseilla son mari d'aller visiter quelques terres, qu'ils avoient dehors : ce qu'il lui promit, et demeura caché en la maison d'un sien ami. La dame ne faillit d'écrire au prêcheur, qu'il étoit heure de le venir voir, car son mari étoit allé dehors. Le gentilhomme, voulant expérimenter le cœur de sa femme jusques au bout, s'en alla au prêcheur le prier, pour l'honneur de Dieu, lui vouloir prêter son habit. Le prêcheur, qui étoit homme de bien, lui dit que leur Règle le défendoit, et que pour rien il ne le prêteroit pour aller en masque. Le gentilhomme lui assura qu'il ne le vouloit pour en user à son plaisir, et que c'étoit pour chose nécessaire à son bien et salut. Le cordelier, le connoissant homme de bien et dévot, le lui prêta ; et, avec cet habit, qui lui couvroit la plupart du visage, de sorte qu'on ne lui pouvoit voir les yeux, print une fausse barbe et un faux nez, approchant à la ressemblance du prêcheur, et avecques du liège en ses souliers, se fit de la propre grandeur du prêcheur. Ainsi habillé, s'en vint, au soir, en la chambre de sa femme, qui l'attendoit en grande dévotion. La pauvre sotte n'attendit pas qu'il vînt à elle, mais, comme femme hors du sens, le courut embrasser. Lui, qui tenoit le visage baissé, de peur d'être connu, commença à faire le signe de la croix, faisant semblant de la fuir, en disant toujours : « Ten-

[1] En carnaval, pendant les jours gras.

tations, tentations! » La dame lui dit : « Hélas! mon père, vous avez raison! car il n'en est point de plus forte que celle qui vient d'amour, à laquelle vous m'avez promis donner remède; vous priant que, maintenant que nous avons le temps et loisir, ayez pitié de moi. » Et, en ce disant, s'efforçoit de l'embrasser, lequel, fuyant par tous les côtés de la chambre avec grands signes de la croix, crioit toujours : « Tentations, tentations! » Mais, quand il vit qu'elle cherchoit de trop près, print un gros bâton qu'il avoit sous son manteau, la battant si bien, qu'il lui fit passer sa tentation. Et, sans être connu d'elle, s'en alla incontinent rendre ses habits au prêcheur, l'assurant qu'ils lui avoient porté bonheur. Le lendemain, faisant semblant de revenir de loin, retourna en sa maison, où il trouva sa femme au lit, et, comme ignorant sa maladie, lui demanda la cause de son mal. Elle lui répondit que c'étoit un catarrhe, et qu'elle ne se pouvoit aider des bras ne jambes. Le mari, qui avoit belle envie de rire, fit semblant d'en être marri ; et, pour la réjouir, lui dit que, sur le soir, il avoit convié à souper le saint homme prédicateur. Mais elle lui dit soudain : « Jamais ne vous advienne, mon ami, de convier telles gens, car ils portent malheur en toutes les maisons où ils vont. — Comment, ma mie? dit son mari, vous m'avez tant loué cettui, et je pense, quant à moi, s'il y a un saint homme au monde, que c'est lui. » La dame lui répondit : « Ils sont bons en l'église et aux prédications ; mais, aux maisons, sont antechrist! Je vous prie, mon ami, que je ne le voie point ; car, ce seroit assez, avec le mal que j'ai, pour me faire mourir. » Le mari lui dit : « Puisque vous ne le voulez voir, vous ne le verrez point ; mais si lui donnerai-je à souper céans. — Faites, dit-elle, ce qu'il vous plaira ; mais que je ne le voie point ; car, je hais telles gens comme diables. » Le mari, après avoir donné à souper au beau père, lui dit : « Mon père, je vous estime tant aimé de Dieu, qu'il ne vous refusera aucune requête ; parquoi, je vous supplie avoir pitié de ma pauvre femme, laquelle, depuis huit jours en çà, est possédée d'un malin esprit, de sorte qu'elle veut mordre et égratigner tout le monde. Il n'y a croix, ni eau bénite, dont elle fasse cas. J'ai cette foi, que si vous mettez la main sur elle, que le diable s'en ira : dont je vous prie, autant que je puis. » Le beau père lui dit : « Mon fils, toute chose est possible au croyant. Croyez-vous pas fermement, que la bonté de Dieu ne refuse nul, qui, en foi, lui demande grâce ? — Je le crois, mon père, dit le gentilhomme. — Assurez-vous aussi, mon fils, dit le cordelier, qu'il peut et qu'il veut, et qu'il n'est moins puissant que bon. Allons, forts en foi, pour résister à ce lion rugissant, et lui arracher sa proie, qui est acquise à Dieu, par le sang de son fils Jésus-Christ. » Ainsi, le gentilhomme mena cet homme de bien, là où étoit sa femme, couchée sur un petit lit ; qui fut si étonnée de le voir, pensant que ce fût cettui qui l'avoit battue, qu'elle entra en une merveilleuse colère ; mais, pour la présence de son mari, baissa les yeux et devint muette. Le mari dit au saint homme : « Tant que je suis devant elle, le diable ne la tourmente guère ; mais, sitôt que je m'en serai allé, vous lui jetterez de l'eau bénite, et verrez à l'heure le malin esprit faire son office. » Le mari le laissa tout seul avec sa femme, et demeura à la porte, pour voir leur contenance. Quand elle ne vit plus personne que le beau père, commença à crier comme femme enragée et hors du sens, en l'appelant *méchant, vilain, meurtrier, trompeur!* Le cordelier, pensant, pour vrai, qu'elle fût possédée d'un malin esprit, lui voulut prendre la tête, pour dire dessus ses oraisons ; mais elle l'égratigna et mordit de telle sorte, qu'il fut contraint de parler de plus loin ; et, en jetant force eau bénite, disoit beaucoup de bonnes oraisons. Quand le mari vit qu'il avoit assez fait son devoir, entra en la chambre, et le remercia de la peine qu'il avoit prise. Et, à son arrivée, la femme laissa ses injures et malédictions, et baisa la croix bien doucement, pour la crainte qu'elle avoit de son mari ; mais, le saint homme, qui l'avoit vue tant enragée, croyoit fermement, qu'à sa prière Notre-Seigneur eût jeté le diable dehors ; et s'en alla, louant Dieu de ce grand miracle. Le mari, voyant sa femme bien châtiée de sa folle fantaisie, ne lui voulut point déclarer ce qu'il avoit fait ; car il se contenta d'avoir vaincu son opinion par sa prudence, et l'avoir mise en tel état, qu'elle haïoit mortellement ce qu'elle avoit aimé indiscrètement, et détestoit sa folie ; et ayant, de là en après, délaissé toute superstition, se donna du tout à son mari et au ménage, mieux qu'elle n'avoit fait auparavant.

28

« Par ceci, mesdames, pouvez-vous connoître le bon sens du mari et la fragilité d'une estimée femme de bien; et, je pense, quand vous aurez bien regardé en ce miroir, en lieu de vous fier en vos propres forces, apprendrez à vous retourner à Celui en la main duquel gît votre honneur. — Je suis bien aise, dit Parlamente, de quoi vous êtes devenu prêcheur des dames, et le feriez encore plus, si vous vouliez continuer ces beaux sermons à toutes à qui vous parlez. — Toutes les fois, dit Hircan, que vous me voudrez écouter, je suis assuré que je n'en dirai pas moins. — C'est-à-dire, dit Simontault, que, quand vous n'y serez pas, il dira autrement. — Il en fera ce qu'il lui plaira, dit Parlamente; mais je veux croire, pour mon contentement, qu'il dira toujours ainsi. A tout le moins, l'exemple qu'il a allégué, servira à celles qui cuident que l'amour spirituelle ne soit point dangereuse. Mais il me semble qu'elle l'est plus que toutes les autres. — Si est-ce, dit Oisille, qu'aimer un homme de bien, vertueux et craignant Dieu, n'est point chose à dépriser, et que l'on n'en peut que mieux valoir. — Madame, répondit Parlamente, je vous prie croire qu'il n'est rien plus sot ne plus aisé à tromper qu'une femme qui n'a jamais aimé; car amour de soi est une passion qui a plutôt saisi le cœur, que l'on ne s'en est avisé, et est cette passion si plaisante, que, si elle se peut aider de la vertu pour lui servir de manteau, à grande peine sera-t-elle connue, qu'il n'en vienne quelque inconvénient. — Quel inconvénient sauroit-il venir, dit Oisille, d'aimer un homme de bien? — Madame, répondit Parlamente, il y a assez d'hommes estimés hommes de bien envers les dames; mais d'être tant homme de bien envers Dieu, qu'on puisse garder son honneur et conscience, je crois que, de ce temps, ne s'en trouveroit point jusqu'à un seul; et celles qui s'y fient et qui croient autrement, s'en trouvent enfin trompées, et entrent en cette amitié de par Dieu, dont bien souvent elles en sortent de par le diable. Car j'en ai assez vu qui, sous couleur de parler de Dieu, commençoient une amitié dont à la fin s'en vouloient retirer et ne pouvoient, parce que l'honnête couverture les tenoit en sujétion. Car un amour vicieux, de soi-même se défait et ne peut durer en un bon cœur; mais la vertueuse est celle qui a ses liens de soie si déliés, qu'on est plus tôt prins que l'on ne les peut voir. — A ce que vous dites, dit Émarsuitte, jamais femme ne voudroit aimer homme. Mais votre foi est si âpre, qu'elle ne durera pas. — Je sais bien, dit Parlamente, mais je ne laisserai pas, pour cela, de désirer que chacun se contentât de son mari, comme je fais du mien. » Émarsuitte, qui, par ce mot, se sentit touchée, en changeant de couleur, lui dit : « Vous devez juger que chacun a le cœur comme vous, ou vous pensez être plus parfaite que toutes les autres. — Or, ce dit Parlamente, de peur d'entrer en dispute, sachons à qui Hircan donnera sa voix. — Je la donne, dit-il, à Émarsuitte, pour la rapaiser contre ma femme. — Or, puisque je suis en mon rang, dit Émarsuitte, je n'épargnerai homme ne femme, afin de faire tout égal. Et vois-je bien que vous ne pouvez vaincre votre cœur à confesser la bonté et vertu des hommes : qui me fait reprendre le propos dernier par une semblable histoire. »

NOUVELLE XXXVI.

<small>Un président de Grenoble, averti du mauvais gouvernement de sa femme, y mit si bon ordre, que son honneur n'en fut intéressé, et si s'en vengea.</small>

En la ville de Grenoble, y avoit un président dont je ne dirai le nom, mais il n'étoit point François. Il avoit une belle femme, et vivoient ensemble en grande paix. Cette femme, voyant que son mari étoit vieil, print en amour un jeune clerc, beau et avenant. Quand son mari alloit, au matin, au Palais, ce clerc entroit en sa chambre et tenoit sa place ; de quoi s'aperçut un serviteur du président, qui l'avoit bien servi trente ans, et, comme loyal à son maître, ne se put garder de lui dire. Le président, qui étoit sage, ne le voulut croire légèrement, mais dit qu'il avoit envie de mettre division entre lui et sa femme, et que, si la chose étoit vraie comme il disoit, il la lui pourroit bien montrer ; et, s'il ne la lui montroit, il estimeroit qu'il auroit controuvé cette [1] mensonge pour séparer l'amitié de lui et de sa femme. Le valet l'assura qu'il lui feroit voir ce qu'il lui disoit ; et un matin, sitôt que le président fut allé à la Cour, et le clerc entré en sa chambre, le serviteur envoya un de ses compagnons dire à son maître qu'il pouvoit bien venir, et se tint toujours à

<small>[1] Ce mot a été féminin jusqu'à la fin du seizième siècle.</small>

la porte pour guetter que le clerc n'en saillit. Le président, sitôt qu'il vit le signe que lui fit l'un de ses serviteurs, feignant de se trouver mal, laissa l'audience, et s'en alla hâtivement en sa maison, où il trouva son vieil serviteur à la porte de sa chambre, l'assurant pour vrai que le clerc étoit dedans, qui ne faisoit guère que d'entrer. Le seigneur lui dit : « Ne bouge de cette porte, car tu sais bien qu'il n'y a autre issue ne entrée que celle-ci, sinon un petit cabinet duquel moi seul porte la clef. » Le président entra en sa chambre, et trouva sa femme et le clerc couchés ensemble, lequel, en chemise, se jeta à ses pieds et lui demanda pardon. Sa femme, de l'autre côté, se print à plorer. Lors, dit le président : « Combien que le cas que vous avez fait soit tel que pouvez estimer, si est-ce que je ne veux pour vous que ma maison soit déshonorée, et les filles que j'ai eues de vous, désavancées[1]. Parquoi, dit-il, je vous défends de plorer ; mais voyez ce que je ferai. Et, vous, Nicolas (ainsi se nommoit son clerc), cachez-vous en mon cabinet, et ne faites un seul bruit. » Quand il eut ainsi fait, va ouvrir la porte, et appela son vieux serviteur et lui dit : « Ne m'as-tu pas assuré que tu me montrerois mon clerc couché avecques ma femme? Et, sur ta parole, suis venu ici en danger de tuer ma femme. Je n'ai rien trouvé de ce que tu m'as dit : j'ai cherché par tout cette chambre, comme je te veux montrer. » Et, ce disant, fit regarder son valet sous les lits et par tous côtés. Et quand le valet ne trouva rien, étonné, dit à son maître : « Il faut que le diable l'ait emporté, car je l'ai vu entrer ici, et si n'est point sorti par la porte ; mais je vois bien qu'il n'y est pas. » A l'heure, le maître lui dit : « Tu es bien malheureux de vouloir mettre entre ma femme et moi une telle division. Parquoi, je te donne congé de t'en aller ; et, pour les services que tu m'as faits, je te veux payer ce que je te dois et davantage. Mais va-t'en bientôt, et garde d'être en cette ville vingt-quatre heures passées. » Le président lui donna cinq ou six paiements des années à advenir, et, sachant qu'il lui étoit loyal, espéroit lui faire autre bien. Quand le serviteur s'en fut allé pleurant, le président fit sortir le clerc de son cabinet, et après avoir dit à sa femme et à lui ce qu'il lui sembloit de leur méchanceté, leur défendit d'en faire semblant à personne, et commanda sa femme de s'habiller plus gorgiasement qu'elle n'avoit accoutumé, et se trouver en toutes compagnies et festins ; et au clerc, qu'il eût à faire meilleure chère qu'il n'avoit fait auparavant ; mais que sitôt qu'il lui diroit à l'oreille : « Va-t'en ! » qu'il se gardât bien de demeurer en la ville trois heures après son commandement. Et, ce fait, s'en retourna au Palais sans faire semblant de rien. Et, durant quinze jours (contre sa coutume), se mit à festoyer ses amis et voisins, et, après le banquet, avoit des tabourins pour faire danser les dames. Un jour, voyant que sa femme ne dansoit point, commanda au clerc de la mener danser, lequel, cuidant qu'il eût oublié ses fautes passées, la mena danser joyeusement ; mais quand la danse fut achevée, le président, feignant lui commander quelque chose en sa maison, lui dit à l'oreille : « Va-t'en et ne retourne jamais. » Or, fut bien marri ce clerc de laisser sa dame, mais non moins joyeux d'avoir sa vie sauve. Après que le président eut mis, en l'opinion de tous ses parents et amis et de tout le pays, le grand amour qu'il portoit à sa femme, un beau jour du mois de mai, alla cueillir en son jardin une salade de telles herbes, que sitôt que sa femme en eut mangé ne véquit pas vingt-quatre heures après : dont il fit si grand deuil par semblant, que nul ne pouvoit soupçonner qu'il fût occasion de cette mort. Et, par ce moyen, se vengea de son ennemi et sauva l'honneur de sa maison.

« Je ne veux pas, mesdames, par cela louer la conscience du président, mais oui bien montrer la légèreté d'une femme et la grande patience et prudence d'un homme. Vous suppliant, mesdames, ne vous courroucer de la vérité, qui parle quelquefois contre vous aussi bien que contre les hommes, car les femmes sont communes aux vices et vertus. — Si toutes celles, dit Parlamente, qui ont aimé leurs valets étoient contraintes de manger de telles salades, j'en connois qui n'aimeroient tant leurs jardins comme elles font, mais en arracheroient toutes les herbes, pour éviter celle qui rendit l'honneur à la lignée par la mort d'une folle mère. » Hircan, qui devina bien pourquoi elle le disoit, lui répondit tout en colère : « Une femme de bien ne doit jamais juger une autre de ce qu'elle ne voudroit faire. »

---

[1] Déchues de leur position dans le monde.

Parlamente répondit : « Savoir n'est pas jugement et sottise ; si est-ce que cette pauvre femme porta la peine que plusieurs méritent. Et crois que le mari, puisqu'il s'en vouloit venger, se gouverna avec merveilleuse prudence et sapience. — Et aussi avec une grande malice, dit Longarine, longue et cruelle vengeance, qui montroit bien n'avoir Dieu ni conscience devant les yeux. — Et qu'eussiez-vous donc voulu qu'il eût fait, dit Hircan, pour se venger de la plus grande injure que la femme peut faire à l'homme ? — J'eusse voulu, dit-elle, qu'il l'eût tuée en sa colère, car les docteurs disent que tel péché est plus rémissible, pource que les premiers mouvements ne sont pas en la puissance de l'homme : pourquoi il en eût pu avoir grâce. — Oui, dit Guebron ; mais ses filles et sa race eussent à jamais porté cette note[1]. — Il ne la devoit point tuer, dit Longarine ; car, puisque la grand'colère étoit passée, elle eût vécu avec lui en femme de bien, et n'en eût jamais été mémoire. — Pensez-vous, dit Saffredant, qu'il fût apaisé pour tant qu'il dissimula sa colère ? Je pense, quant à moi, que, le dernier jour qu'il fit la salade, il étoit encore aussi courroucé que le premier. Car il y en a aucuns, desquels les premiers mouvements n'ont jamais d'intervalle, jusques à ce qu'ils aient mis en effet leur passion. Et me faites grand plaisir de dire que les théologiens estiment ces péchés-là faciles à pardonner, car je suis de leur opinion. — Il fait bon regarder à ses paroles, dit Parlamente, devant gens si dangereux que vous ; mais ce que j'ai dit se doit entendre quand la passion est si forte, que soudainement elle occupe tant les sens que la raison ne peut avoir lieu. — Aussi, dit Saffredant, je m'arrête à votre parole, et veux par là conclure qu'un homme bien fort amoureux mérite plus aisément son pardon qu'un autre qui pèche ne l'étant point ; car si l'amour le tient parfaitement lié, la raison ne lui commande pas facilement. Et, si nous voulons dire la vérité, il n'y a aucun de nous qui n'ait quelquefois expérimenté cette furieuse folie, et qui ne s'attende avoir pardon, vu que l'amour vrai est un degré pour monter à l'amour parfaite de Dieu, où nul ne peut monter facilement qu'il n'ait passé par l'échelle des tribulations, angoisses et calamités de ce monde visible, et qui n'aime son prochain et ne lui veut souhaiter autant de bien comme à soi-même : qui est le lien de perfection. Car saint Jean dit : « Comment aimerez-vous Dieu (que vous ne voyez point), si vous n'aimez ce que vous voyez ? » — Il n'y a si beau passage en l'Écriture, dit Oisille, que vous ne tiriez votre propos ; mais gardez-vous de faire comme l'araigne, qui convertit toutes bonnes viandes en venin. Et si, vous avise qu'il est dangereux d'alléguer l'Écriture sainte sans propos et nécessité. — Qu'appelez-vous dire vérité sans propos et nécessité ? dit Saffredant. Vous voudriez donc dire qu'en parlant à vous autres incrédules et appelant Dieu à notre aide, nous prenons son nom en vain ? Mais, s'il y a péché, vous seules en devez porter la peine ; car vos incrédulités nous contraignent à chercher tous les serments dont nous nous pouvons aviser, et encore ne pouvons-nous allumer le feu dedans vos cœurs de glace. — C'est signe, dit Longarine, que vous mentez tous ; car si la vérité étoit en votre parole, elle est si forte qu'elle nous feroit croire. Mais il y a danger que les filles d'Ève croient trop tôt ce serpent. — J'entends bien que c'est, dit Saffredant : les femmes sont invincibles aux hommes ; parquoi, je m'en tairai, afin de savoir à qui Émarsuitte donnera sa voix. — Je la donne, dit-elle, à Dagoucin ; car je pense qu'il ne voudroit point parler contre les dames. — Plût à Dieu, dit-il, qu'elles répondissent autant à ma faveur que je voudrois parler pour la leur ! Et, pour vous montrer que me suis étudié d'honorer les vertueuses en recherchant leurs bonnes œuvres, je vous en vois raconter une. Je ne veux pas dire, mesdames, que la patience du gentilhomme de Pampelune et du président de Grenoble n'ait été grande ; mais la vengeance n'en a été moindre. Et quand il faut louer un homme vertueux, il ne faut point tant donner gloire à une seule vertu, qu'il la faille faire servir de manteau à couvrir un si grand vice. Aussi, celui est louable, qui, pour l'amour de la vertu seule, fit œuvre vertueuse, comme j'espère vous faire voir par la patience et vertu d'une jeune dame, qui ne cherchoit en sa bonne œuvre, que l'honneur de Dieu et le salut de son mari. »

---

[1] Tache.

NOUVELLE XXXVII.

Prudence d'une femme pour retirer son mari de folle amour, qui le tourmentoit.

Il y avoit une dame en une grande maison du royaume de France, dont je tairai le nom, tant sage et vertueuse, qu'elle étoit aimée et estimée de ses voisins. Son mari, comme il devoit, se fioit à elle de toutes ses affaires, qu'elle conduisoit si sagement, que sa maison, par son moyen, devint une des plus riches et des mieux meublées, qui fut au pays d'Anjou ne de Touraine. Ayant vécu ainsi longuement avec son mari, duquel elle portoit plusieurs beaux enfants, la félicité (après laquelle survient toujours son contraire) commença à se diminuer, pource que son mari, trouvant l'honnête repos insupportable, l'abandonna pour chercher son travail[1]; et print une coutume, qu'aussitôt que sa femme étoit endormie, se levoit d'auprès d'elle, et ne retournoit qu'il ne fût près du matin. La dame trouva cette façon de faire si mauvaise, qu'entrant en une grande jalousie, de laquelle ne voulut faire semblant, oublia les affaires de sa maison, sa personne, et sa famille ; comme celle qui estimoit avoir perdu le fruit de ses labeurs, qui est la grande amour de son mari, pour laquelle continuer n'y avoit peine qu'elle ne portât volontiers. Mais, l'ayant perdue, comme elle voyoit, fut si négligente du reste de sa maison, que bientôt on connut le dommage que sa négligence y faisoit; car son mari, d'un côté, descendoit sans ordre, et elle ne tenoit plus la main au ménage ; en sorte que la maison fut bientôt rendue si brouillée, que l'on commençoit à couper les bois de haute futaie et engager les terres. Quelqu'un de ses parents, qui connoissoit la maladie, lui remontra la faute qu'elle faisoit, et que si l'amour de son mari ne lui faisoit aimer le proufit de sa maison, au moins qu'elle eût égard à ses pauvres enfants ; la pitié desquels lui fit reprendre ses esprits, et essayer, par tous moyens, de regagner l'amour de son mari. Et le lendemain, fit le guet quand il se lèveroit d'auprès d'elle, et se leva pareillement avec son manteau de nuit, faisant faire son lit, et, en disant ses Heures, attendoit le retour de son mari ; et, quand il entroit en sa chambre, alloit au devant de lui le baiser, et lui portoit un bassin et de l'eau pour laver ses mains. Lui, étonné de cette nouvelle façon de faire, lui dit qu'il ne venoit que du retrait, et que, pour cela, n'étoit métier qu'il se lavât. A quoi elle répondit, que, combien que ce n'étoit pas grand'chose, si étoit-il honnête de laver ses mains, quand on venoit d'un lieu ord et sale; désirant par là lui faire connoître et haïr sa méchante vie. Mais, pour cela, il ne se corrigeoit point ; et continua ladite dame cette façon de faire, bien un an ; et, quand elle vit que ce moyen ne lui servoit de rien, un jour, attendant son mari, qui demeura plus qu'il n'avoit de coutume, lui print envie de l'aller chercher, et tant alla de chambre en chambre, qu'elle le trouva couché en une arrière garde-robe, endormi, avec la plus laide, orde et sale chambrière qui fût léans ; et lors, se pensa qu'elle lui apprendroit à laisser une si honnête femme, pour une si sale et vilaine. Elle print de la paille, et l'alluma au milieu de la chambre ; mais, quand elle vit que la fumée eût aussitôt tué son mari qu'éveillé, le tira par le bras, en criant «Au feu! au feu ! » Si le mari fut honteux et marri, étant trouvé par une si honnête femme avec une telle ordouse, ce n'étoit pas sans grande occasion. Lors, sa femme lui dit : « Monsieur, j'ai essayé, un an durant, à vous retirer de cette méchanceté par douceur et patience, et vous montrer qu'en lavant le dehors, vous deviez nettoyer le dedans ; mais, quand j'ai vu que tout ce que je faisois étoit de nulle valeur, je me suis essayée de m'aider de l'élément qui doit mettre fin à toutes choses ; vous assurant, monsieur, que si cettui-ci ne vous corrige, je ne sais si une seconde fois je vous pourrai retirer du danger comme j'ai fait. Je vous prie de penser qu'il n'est nul plus grand désespoir que l'amour, et que, si je n'eusse eu Dieu devant les yeux, je n'eusse usé de telle patience que j'ai fait. » Le mari, bien aise d'en être échappé à si bon compte, promit jamais ne lui donner occasion de se tourmenter pour lui ; ce que très-volontiers la dame crut, et, du consentement du mari, chassa dehors ce qui lui déplaisoit. Et, depuis cette heure-là, véquirent ensemble en si grande amitié, que même les fautes passées, par le bien qui en étoit venu, leur en étoit augmentation de contentement.

« Je vous supplie, mesdames, si Dieu vous

---
[1] De la fatigue.

donne de tels maris, que vous ne vous désespériez point, jusqu'à ce que vous ayez longuement essayé tous les moyens pour les réduire; car il y a vingt-quatre heures au jour, esquelles l'homme peut changer d'opinion, et une femme se doit tenir plus heureuse d'avoir gagné son mari par patience et longue attente, que si la fortune et les parents lui en donnoient un plus parfait. — Voilà, dit Oisille, un exemple qui doit servir à toutes les femmes mariées. — Il prendra cet exemple, qui voudra, dit Parlamente; mais, quant à moi, il ne me seroit possible avoir si longue patience; car, combien qu'en tous états patience soit une belle vertu, j'ai opinion qu'en mariage, elle amène à la fin inimitié; pource qu'en souffrant injure de son semblable, on est contraint de s'en séparer le plus loin que l'on peut, et, de celle séparation-là, survient un dépris de la faute du déloyal, et, en ce dépris, peu à peu l'amour diminue; car autant aime-t-on la chose, l'on en estime la valeur. — Mais il y a danger, dit Émarsuitte, que la femme impatiente trouve un mari furieux, qui lui donneroit douleur au lieu de patience. — Et que sauroit faire un mari, dit Parlamente, que ce qui a été raconté en cette histoire? — Quoi? dit Émarsuitte; battre très-bien sa femme et la faire coucher en la couchette, et celle qu'il aimoit, au grand lit[1]. — Je crois, dit Parlamente, qu'une femme de bien ne seroit point tant marrie d'être battue par colère, que déprisée par un qui ne la veut pas; et, après avoir porté la peine de la séparation d'une telle amitié, ne sauroit faire le mari chose dont elle se sût plus soucier. Et aussi dit le conte, que la peine qu'elle print pour le retirer, fut pour l'amour qu'elle avoit à ses enfants, ce que je crois. — Et trouvez-vous grande patience à elle, dit Nomerfide, d'aller mettre le feu sous le lit, où son mari dormoit? — Oui, dit Longarine, car, quand elle vit la fumée, elle l'éveilla, et, par aventure, ce fut où elle fit plus de faute; car de tels maris que ceux-là, les cendres en seroient bonnes à la lessive. — Vous êtes cruelle, Longarine, dit Oisille; mais si n'avez-vous pas ainsi vécu avec le vôtre? — Non, dit Longarine, car, Dieu merci, il ne m'en a point donné occasion; mais de le regretter toute ma vie, au lieu de m'en plaindre. — Et s'il vous eût été tel, dit Nomerfide, qu'eussiez-vous fait? — Je l'aimois tant, dit Longarine, que je crois que l'eusse tué, et me fusse tuée après, car mourir après telle vengeance, m'eût été chose plus agréable, que vivre loyale avec un déloyal. — A ce que je vois, dit Hircan, vous n'aimez vos maris que pour vous : s'ils sont bons selon votre désir, vous les aimez bien; s'ils font la moindre faute du monde, ils ont perdu le labeur de leur semaine par un samedi. Par ainsi, voulez-vous être maîtresses : dont, quant à moi, j'en suis d'avis, si tous les maris s'y accordent. — C'est raison, dit Parlamente, que l'homme nous gouverne comme notre chef; mais non pas qu'il nous abandonne ou traite mal. — Dieu a mis, dit Oisille, si bon ordre, tant à l'homme qu'à la femme, que, si l'on n'en abuse, je tiens le mariage l'un des plus beaux et des plus sûrs états qui soient en ce monde, et suis sûre que tous ceux qui sont ici, quelque mine qu'ils fassent, en pensent autant ou davantage; et d'autant que l'homme se dit plus sage que la femme, il sera plus grièvement puni, si la faute vient de son côté. Mais, ayant assez discouru sur ce sujet, sachons à qui Dagoucin donnera sa voix. — Je la donne, dit-il, à Longarine. — Vous me faites grand plaisir, dit-elle, car j'ai un conte qui est digne de suivre le vôtre. Or, puisque nous sommes à louer la vertueuse patience des dames, je vous en montrerai une plus louable que celle, dont a été maintenant parlé; et de tant plus est-elle estimée, qu'elle étoit femme de ville, qui, de coutume, ne sont nourries si vertueusement que les autres. »

NOUVELLE XXXVIII.

Mémorable charité d'une femme de Tours envers son mari putier.

En la ville de Tours, y avoit une bourgeoise belle et honnête, laquelle pour ses vertus étoit non-seulement aimée, mais crainte et estimée de son mari. Si est-ce que, suivant la fragilité des hommes qui s'ennuient de toujours manger de bon pain, il fut amoureux d'une métayère qu'il avoit, et souvent partoit de Tours pour aller visiter sa métairie, où il demeuroit toujours deux ou trois jours. Et quand

---

[1] Ce passage prouve que dans les chambres à coucher il y avait toujours un grand lit d'honneur et un petit lit destiné à la servante. Voyez aussi sur cet usage, qui n'a pas été remarqué encore, le chapitre XL du *Moyen de parvenir*.

il retournoit, il étoit si morfondu, que sa pauvre femme avoit assez à faire à le guérir. Et aussitôt qu'il étoit sain, ne failloit à retourner au lieu, où pour le plaisir oublioit tous ses maux. Sa femme, qui surtout aimoit sa vie et sa santé, le voyant revenir ordinairement en si mauvais état, s'en alla en la métairie, où elle trouva la jeune femme que son mari aimoit, à laquelle, sans colère, mais d'un très-gracieux visage, dit qu'elle savoit bien que son mari la venoit voir bien souvent, mais qu'elle le traitoit si mal, qu'il s'en retournoit toujours bien morfondu en la maison. La pauvre femme, tant pour la révérence de sa dame que pour force de la vérité, ne lui put dénier le fait, duquel lui requit pardon. La dame voulut voir le lit et la chambre où son mari couchoit, qu'elle trouva si froide, sale et mal en point, qu'elle en eut fort grand'pitié. Parquoi, incontinent envoya quérir un bon lit garni de linceux, mante et contre-pointe[1]; selon que son mari l'aimoit, fit accoûtrer et tapisser la chambre; lui donna de la vaisselle honnête pour le servir à boire et à manger, une pipe de bon vin, des dragées et des confitures; pria la métayère qu'elle ne lui renvoyât plus son mari si morfondu. Le mari ne tarda guères, qu'il ne retournât, comme il avoit accoutumé, voir sa métayère, et s'émerveilla fort de trouver ce pauvre logis si bien en ordre, et encore plus, quand elle lui donna à boire dans une coupe d'argent. Et lui demanda d'où étoient venus tous ces biens. La pauvre femme lui dit en pleurant, et que c'étoit sa femme, qui avoit tant pitié de son mauvais traitement, qu'elle avoit ainsi meublé sa maison et lui avoit recommandé sa santé. Lui, voyant la grande bonté de sa femme, et que, pour tant de mauvais tours qu'il lui avoit faits, lui rendoit tant de biens, estimant sa faute aussi grande que l'honnête tour que sa femme lui avoit fait, après avoir donné argent à sa métayère, la priant pour l'avenir vouloir vivre en femme de bien, s'en retourna à sa femme, à laquelle il confessa la dette[2]; et que, sans le moyen de cette grande douceur et bonté, il étoit impossible qu'il eût jamais laissé la vie qu'il menoit. Et depuis véquirent en bonne paix, laissant entièrement la vie passée.

« Croyez, mesdames, qu'il y a bien peu de maris, que patience et amour de la femme ne puissent gagner à la longue, ou ils seront plus durs que pierres, que l'eau foible et molle par longueur de temps vient à caver[1]. » Ce dit Parlamente : « Voilà une femme sans cœur, sans fiel et sans foie. — Que voulez-vous ! dit Longarine, elle expérimentoit ce que Dieu commande, de faire bien à ceux qui font mal. — Je pense, dit Hircan, qu'elle étoit amoureuse de quelque cordelier qui lui avoit donné en pénitence de faire si bien traiter son mari aux champs, afin que, ce pendant qu'il iroit, elle eût loisir de le bien traiter à la ville. — Or çà, dit Oisille, vous montrez bien la malice de votre cœur, qui en bons actes faites un mauvais jugement. Je crois plutôt qu'elle étoit si mortifiée en l'amour de Dieu, qu'elle ne se soucioit plus que du salut de son mari. — Il me semble, dit Simontault, qu'il avoit plus d'occasion de retourner à sa femme quand il avoit froid en sa métairie, que quand il étoit si bien traité. — A ce que je vois, dit Saffredant, vous n'êtes pas de l'opinion d'un riche homme de Paris, qui n'eût su laisser son accoûtrement quand il étoit couché avec sa femme, qu'il n'eût été morfondu; mais, quand il alloit voir sa chambrière à la cave, sans bonnet et sans souliers, au cœur de l'hiver, il ne s'en trouvoit jamais mal ; et si étoit fort belle, et sa chambrière bien laide. — N'avez-vous pas ouï dire, dit Guebron, que Dieu aide toujours aux fols, aux amoureux et aux ivrognes ? peut-être que celui-là tout seul étoit les trois ensemble. — Par cela voulez-vous conclure, dit Parlamente, que Dieu nuit aux chastes, aux sages et aux sobres ? — Ceux qui par eux-mêmes, dit Guebron, se peuvent aider, n'ont point besoin d'aide. Car Celui qui a dit qu'il est venu pour les malades, non point pour les sains, est venu par la loi de sa miséricorde secourir à nos infirmités, rompant les arrêts de la rigueur de sa justice ; et qui se cuide sage, est fol devant Dieu. Mais, pour finir notre sermon, à qui donnera sa voix Longarine ? — Je la donne, dit-elle, à Saffredant. — J'espère donc, dit Saffredant, vous montrer, par exemple, que Dieu ne favorise pas aux amoureux, car nonobstant, mesdames, qu'il ait été dit par ci-devant que le vice est commun aux femmes

---

[1] Grande couverture de laine.
[2] C'est-à-dire, reconnut qu'il lui devoit beaucoup.

[1] Creuser.

et aux bons hommes, si est-ce que l'invention d'une finesse sera trouvée plus promptement et subtilement d'une femme, que d'un homme; et vous en dirai un exemple. »

NOUVELLE XXXIX.
Bonne invention pour chasser le lutin.

Un seigneur de Grignaux [1], qui étoit chevalier d'honneur de la reine de France, Anne, duchesse de Bretagne, retournant en sa maison, dont il avoit été absent plus de deux ans, trouva sa femme en une autre terre là auprès, et, s'enquérant de l'occasion, lui dit qu'il revenoit un esprit en sa maison, qui les tourmentoit tant, que nul n'y pouvoit demeurer. Monseigneur de Grignaux, qui ne croyoit point en bourdes, lui dit que, quand ce seroit le diable même, il ne le craindroit, et emmena sa femme en sa maison. La nuit, fit allumer force chandelles pour voir plus clairement cet esprit, et, après avoir veillé longuement sans rien ouïr, s'endormit; mais incontinent fut réveillé par un grand soufflet qu'on lui donna sur la joue, et ouït une voix criant : *Revigne! Revigne!* laquelle avoit été sa grand'mère. Alors, appela la femme qui couchoit auprès d'eux, pour allumer de la chandelle, pource qu'elles étoient toutes éteintes, mais elle ne s'osa lever. Or, incontinent sentit, le seigneur de Grignaux, qu'on lui ôtoit la couverture de dessus lui, et ouït un fort grand bruit de tables et tréteaux et escabelles, qui tomboient en la chambre : qui dura jusques au jour, et fut plus fâché ledit seigneur de perdre son repos, que de peur de l'esprit, car jamais ne crut que ce fût un esprit. La nuit ensuivant, se délibéra de prendre cet esprit, et, un peu après qu'il fut couché, fit semblant de ronfler très-fort, et mit la main toute ouverte près son visage. Ainsi qu'il attendoit cet esprit, sentit quelque chose approcher de lui. Parquoi ronfla plus fort qu'il n'avoit accoutumé, dont l'esprit s'apprivoisa si fort, qu'il lui bailla un grand soufflet. Et tout à l'instant, print, ledit seigneur de Grignaux, la main dessus son visage, criant à la femme : *Je tiens l'esprit!* laquelle incontinent se leva et alluma de la chandelle,

et trouvèrent que c'étoit la chambrière, qui couchoit en leur chambre, laquelle, se mettant à genoux, leur demanda pardon, et leur promit confesser vérité, qui étoit que l'amour qu'elle avoit longuement portée à un serviteur de léans, lui avoit fait entreprendre ce beau mystère, pour chasser hors la maison maître et maîtresse, afin qu'eux deux, qui en avoient toute la garde, eussent moyen de faire grande chère, ce qu'ils faisoient quand ils étoient tout seuls. Monsieur de Grignaux, qui étoit homme assez rude, commanda qu'ils fussent battus, en sorte qu'il leur souvînt à jamais de l'esprit. Ce qui fut fait, puis chassés dehors, et, par ce moyen, fut délivrée la maison du tourment des esprits qui, deux ans durant, avoient joué leur rôle.

« C'est chose émerveillable, mesdames, de penser aux effets de ce puissant dieu d'amour, qui, ôtant toute crainte aux femmes, leur apprend à faire toute peine aux hommes pour parvenir à leur intention. Mais, d'autant qu'est vitupérable l'intention de la chambrière, le bon sens du maître est louable, qui savoit très-bien que l'esprit s'en va et ne retourne plus. — Vraiment, dit Guébron, Amour ne favorisa pas à cette heure-là le varlet et la chambrière, et confesse que le bon sens du maître lui servit beaucoup. — Toutefois, dit Émarsuitte, la chambrière vécut longtemps, par sa finesse, fort à son aise. — C'est un aise bien malheureux, dit Oisille, quand il est fondé sur le péché, et prend fin par honte et punition. — Il est vrai, madame, dit Émarsuitte; mais beaucoup de gens ont de la douleur et de la peine pour vivre bien justement, qui n'ont pas le sens d'avoir en leur vie tant de plaisir que ceux-ci. — Si suis-je de cette opinion, dit Oisille, qu'il n'y a nul parfait plaisir, si la conscience n'est en repos. — Comment, dit Simontault, l'Italien veut maintenir, que tant plus le péché est grand, de tant plus il est plaisant? — Vraiment, dit Oisille, celui qui a inventé ce propos est lui-même vrai diable. Parquoi, laissons-le là, et sachons à qui Saffredant donnera sa voix. — A qui? dit-il, il n'y a plus que Parlamente à tenir son rang; mais, quand il y en auroit un cent d'autres, si lui donnerois-je toujours, pour être celle de qui nous devons apprendre. — Or, puisque je suis pour mettre fin à la Journée, dit Parlamente, et que je vous

---

[1] Jean Talleran, seigneur de Grignaux en Gascogne, passe pour avoir été le dernier *roi des ribauds* à la cour de France. Voyez le roman historique de ce nom dans le volume du bibliophile Jacob qui fait partie du *Panthéon littéraire*.

promis hier de vous dire l'occasion pourquoi le père de Rolandine fit faire le château où il la tint si longtemps prisonnière, je la vous vais raconter. »

NOUVELLE XL.

Un seigneur fit mourir son beau-frère, ignorant l'alliance.

Ce seigneur, père de Rolandine, eut plusieurs sœurs, dont les unes furent mariées bien richement, les autres religieuses, et une, qui demeura en sa maison sans être mariée, plus belle que toutes les autres, sans comparaison ; laquelle son frère aimoit tant, qu'il n'avoit ni femme ni enfant qu'il préférât à elle. Aussi, fut demandée en mariage de beaucoup de bons lieux ; mais, de peur de l'étranger, et par trop aimer son argent, n'y voulut jamais entendre : qui fut la cause qu'elle passa grande partie de son âge sans être mariée, vivant très-honnêtement en la maison de son frère, où il y avoit un beau jeune gentilhomme, nourri dès son enfance en ladite maison, lequel, avec l'âge, crût en si grande beauté et vertu, qu'il gouvernoit son maître tout paisiblement ; de sorte que quand il mandoit quelque chose à sa sœur, c'étoit toujours par cettui-là. Et lui donna tant d'autorité et privauté, l'envoyant soir et matin vers elle, que, par longue fréquentation, s'engendra une grande amitié entre eux. Mais le gentilhomme, craignant sa vie[1] s'il offensoit son maître, et la damoiselle, son honneur, ne prirent en leur amitié autre contentement, que de parole, jusqu'à ce que le seigneur, frère d'elle, lui dit souvent qu'il voudroit qu'il lui eût beaucoup coûté, et que le gentilhomme eût été de même maison qu'elle ; car il n'avoit jamais vu homme qu'il aimât tant pour son beau-frère que lui. Il lui récita tant de fois ces propos, que, les ayant débattus avec ce gentilhomme, estimèrent que, s'ils se marioient ensemble, on leur pardonneroit aisément. Et Amour, qui croit volontiers ce qu'il veut, leur fit entendre qu'il ne leur en pouvoit que bien venir ; et, sur cette espérance, conclurent et parfirent le mariage, sans que personne en sût rien, qu'un prêtre et quelques femmes. Et, après avoir vécu quelques années au plaisir qu'homme et femmes mariés peuvent prendre ensemble, comme l'une des plus belles couples qui fût en la chrétienté, et de la plus grande et parfaite amitié, Fortune, envieuse de voir deux personnes si à leur aise, ne les y voulut souffrir, mais leur suscita un ennemi, qui, épiant cette damoiselle, aperçut sa grande félicité, ignorant toutefois ce mariage ; et vint dire à son frère que ce gentilhomme, auquel il se fioit tant, alloit trop souvent en la chambre de sa sœur, et aux heures que les hommes n'y doivent entrer. Ce qui ne fut cru pour la première fois, de la fiance qu'il avoit à sa sœur et au gentilhomme ; mais l'autre rechercha tant de fois, comme celui qui aimoit l'honneur de la maison, qu'on y mit un guet tel, que les pauvres gens, qui ne pensoient en nul mal, furent surpris. Car, un soir que le frère d'elle fut averti que le gentilhomme étoit chez sa sœur, s'y en alla incontinent, et trouva les deux pauvres aveuglés d'amour couchés ensemble, dont le dépit lui ôta la parole, et, en tirant son épée, courut après le gentilhomme pour le tuer ; mais lui, qui étoit fort dispos de sa personne, s'enfuit tout en chemise, et, ne pouvant échapper par la porte, se jeta par une fenêtre dedans un jardin. La pauvre damoiselle, tout en chemise, se jeta à deux genoux devant son frère, et lui dit : « Monsieur, sauvez la vie de mon mari, car je l'ai épousé, et, s'il y a offense, n'en punissez que moi seule, parce que ce qu'il en a fait, a été à ma requête. » Le frère, outré de courroux, ne lui répondit rien, sinon : « Quand il seroit votre mari cent mille fois, si le punirai-je comme un méchant serviteur qui m'a trompé. » En disant cela, se mit à la fenêtre et cria tout haut qu'on le tuât. Ce qui fut fait promptement, par son commandement ; devant les yeux de lui et de sa sœur ; laquelle, voyant ce piteux spectacle, auquel nulle prière n'avoit su remédier, parla à son frère, comme une femme hors du sens : « Mon frère, je n'ai père ne mère, et suis en tel âge, que je me puis marier à ma volonté. J'ai choisi celui que maintes fois vous m'avez dit que voudriez que j'eusse épousé ; et, pour avoir fait votre conseil, ce que je puis, selon la loi, faire sans vous, vous avez fait mourir l'homme du monde que vous avez le mieux aimé. Or, puisque ainsi est, que ma prière ne l'a pu garantir de la mort, je vous supplie, pour toute l'amitié que vous m'avez jamais portée, me faire, en cette même heure, compagne de sa mort, comme j'ai été de toutes ses fortunes. Par ce moyen, satisfaisant à votre cruelle et injuste

---

[1] Latinisme, au lieu de *craignant pour sa vie*.

colère, vous mettrez en repos le corps et l'âme de celle, qui ne veut et ne peut vivre sans lui. » Le frère, nonobstant qu'il fût ému jusques à perdre la raison, si eut-il tant pitié de sa sœur, que, sans lui accorder ne dénier sa requête, la laissa. Si est-ce qu'après qu'il eut bien considéré ce qu'il avoit fait, et entendu qu'il avoit épousé sa sœur, eût bien voulu n'avoir jamais commis un tel crime. Si est-ce que la crainte qu'il eut, que sa sœur en demandât justice ou vengeance, lui fit faire un château au milieu d'une forêt, auquel il la mit, et défendit qu'aucun ne parlât à elle. Après quelque temps, pour satisfaire à sa conscience, essaya de la gagner et lui fit parler de mariage ; mais elle lui manda qu'il lui avoit donné un si mauvais dîner, qu'elle ne vouloit plus souper de telles viandes, et qu'elle espéroit vivre en sorte qu'il ne seroit point homicide d'un second mari, car à grand'peine penseroit-elle qu'il pardonnât à un autre, après avoir fait un si méchant tour à l'homme du monde qu'il aimoit le mieux ; et, nonobstant qu'elle fût foible et impuissante pour s'en venger, si espéroit-elle en Celui qui étoit vrai juge, et qui ne laisse aucun mal impuni, avec le seul amour duquel elle vouloit user le demeurant de sa vie en son ermitage ; ce qu'elle fit. Car, jusqu'à la mort, elle n'en bougea jamais, vivant en telle patience et austérité, qu'après sa mort chacun y couroit comme à une sainte. Et, depuis qu'elle fut trépassée, la maison de son frère alla tellement en ruine, que, de six fils qu'il avoit, n'en demeura un seul, et moururent tous fort misérablement ; et, à la fin, l'héritage demeura (comme vous avez ouï en l'autre conte [1]) à la fille Rolandine, laquelle avoit succédé à la prison faite pour sa tante.

« Je prie à Dieu, mesdames, que cet exemple vous soit si profitable, que nulle de vous ait envie de se marier pour son plaisir, sans le consentement de ceux à qui on doit porter obéissance ; car mariage est un état de si longue durée, qu'il ne doit être commencé légèrement, ne sans l'opinion de nos meilleurs amis et parents. Encore ne le peut-on si bien faire, qu'il n'y ait pour le moins autant de peine que de plaisir. — En bonne foi, dit Oisille, quand il n'y auroit point de Dieu, ne de

[1] Voyez la Nouvelle XXIᵉ.

loi, pour apprendre les folles à être sages, cet exemple est suffisant pour leur faire porter plus de révérence à leurs parents, que de s'adresser à se marier à leur volonté. — Si est-ce, madame, dit Nomerfide, que celle qui a un bon jour en l'an n'est pas toute sa vie malheureuse. Elle eut le plaisir de voir et parler longuement à celui qu'elle aimoit plus que soi-même ; et puis, en eut la jouissance par mariage, sans scrupule de conscience. J'estime ce contentement si grand, qu'il me semble avoir passé l'ennui qu'elle porta. — Vous voulez donc dire, dit Saffredant, que les femmes ont plus de plaisir de coucher avec un mari, que de déplaisir de le voir tuer devant leurs yeux ? — Ce n'est pas mon intention, dit Nomerfide, car je parlerois contre l'expérience que j'ai des femmes ; mais j'entends qu'un plaisir non accoutumé, comme d'épouser l'homme du monde que l'on aime le mieux, doit être plus grand que de le perdre par mort, qui est chose commune. — Oui, dit Guebron, par mort naturelle ; mais celle-ci étoit trop cruelle ; car je trouve bien étrange (vu que ce seigneur n'étoit son père ne son mari, mais seulement son frère, et qu'elle étoit en âge que les lois permettent aux filles de se marier à leur volonté) comme il osa exercer telle cruauté. — Je ne le trouve point étrange, dit Hircan, car il ne tua pas sa sœur, qu'il aimoit tant, et sur laquelle il n'avoit point de justice ; mais se prit au gentilhomme, lequel il avoit nourri comme fils et aimé comme frère ; et, après l'avoir honoré et enrichi en son service, pourchassa le mariage de sa sœur, chose qui en rien ne lui appartenoit. — Aussi, dit Nomerfide, le plaisir n'est pas commun ni accoutumé, qu'une femme de si grande maison épousât un gentilhomme serviteur. Si la mort est étrange, le plaisir aussi est nouveau, et d'autant plus grand, qu'il a pour son contraire l'opinion de tous les sages hommes, et pour son aide le contentement du cœur plein d'amour et le repos de l'âme, vu que Dieu n'y est point offensé. Et, quant à la mort, que vous dites cruelle, il me semble, puisqu'elle est nécessaire, que la plus briève est la meilleure ; car l'on sait bien que ce passage-là est inévitable. Mais je tiens heureux ceux qui ne demeurent point longuement aux faubourgs, et qui, de félicité (qui se peut la seule nommer en ce monde *félicité*), volent soudain à celle qui est éternelle. — Qu'appelez-vous les faubourgs de la mort? dit Simontault. — Ceux qui ont beaucoup de tribulations en l'esprit ; ceux aussi qui ont été longuement malades, et qui, par cette extrémité et douleur corporelle ou spirituelle, sont venus à dépriser la mort et trouver son heure trop tardive, je dis que ceux-là ont passé par les faubourgs ; et vous diront comme se nomment les hôtelleries, où ils ont plus crié que reposé, et que cette dame ne pouvoit faillir de perdre son mari par mort ; mais elle a été exempte, par la colère de son frère, de voir son mari si longuement malade ou fâché, et elle, convertissant l'aise qu'elle avoit avec lui, au service de Notre-Seigneur, se pouvoit dire bien heureuse. — Ne faites-vous point cas, dit Longarine, de la honte qu'elle en reçut, et de sa prison ? — J'estime, dit Nomerfide, que la personne qui aime parfaitement, d'un amour joint au commandement de son Dieu, ne connoît honte ne déshonneur, sinon quand elle défaut ou diminue de la perfection de son amour ; car la gloire de bien aimer ne connoît nulle honte. Et, quant à la prison de son corps, je crois que, pour la liberté de son cœur, qui étoit joint à Dieu et à son mari, elle ne la sentoit point ; mais estimoit la solitude, très-grande liberté ; car qui ne peut voir ce qu'il aime, n'a plus grand bien, que d'y penser incessamment ; et la prison n'est jamais étroite, où la pensée se peut promener à son aise. — Il n'est rien plus vrai que ce que dit Nomerfide, dit Simontault ; mais celui qui fit cette séparation par fureur se devoit dire bien malheureux, car il offensoit Dieu, l'amour et l'honneur. — En bonne foi, dit Guebron, je m'ébahis des différentes amours des femmes, et vois bien que celles qui ont plus d'amour, ont plus de vertu ; mais celles qui en ont moins, se veulent feindre vertueuses, se dissimulant. — Il est vrai, dit Parlamente, que le cœur honnête envers Dieu et les hommes, aime plus fort que celui qui est vicieux, et ne craint point que l'on voie le fond de son intention. — J'ai toujours ouï dire, dit Simontault, que les hommes ne doivent point être repris de pourchasser les femmes ; car Dieu a mis au cœur de l'homme l'amour et la hardiesse, pour demander, et en celui de la femme la crainte et la chasteté, pour refuser. — Si l'homme, ayant usé des puissances qui lui sont données, a été puni, on lui fait tort ; mais c'est grand cas, dit Longarine, de l'avoir si longuement loué à sa sœur, et me semble que ce soit grand'folie ou cruauté à celui qui garde une fontaine, de louer la beauté de son eau à quelqu'un qui languit de soif en la regardant, et puis, le tuer, quand il en veut prendre. — Pour vrai, dit Parlamente, le feu fut occasion d'allumer le feu, par ces douces paroles, qu'il ne devoit point éteindre à coups d'épée. — Je m'ébahis, dit Saffredant, pourquoi l'on trouve mauvais qu'un si simple gentilhomme, n'usant d'autre force que de service et non de supposition, vienne à épouser une femme de si grande maison ; vu que les philosophes tiennent que le moindre homme du monde vaut mieux que la plus grande et vertueuse femme qui soit. — Pource, dit Dagoucin, que, pour entretenir la chose publique en paix, l'on ne regarde que les degrés des maisons, les âges des personnes et les ordonnances des lois, sans priser l'amour et les vertus des hommes, afin de ne confondre point la monarchie. Et, de là vient que les mariages, qui sont faits entre pareils, et selon le jugement des hommes et des parents, sont bien souvent si différents de cœur, de complexions et conditions, qu'en lieu de prendre état pour mener à salut, ils entrent aux faubourgs d'enfer. — Aussi, en a-t-on bien vu, dit Guebron, qui se sont pris par amour, ayant les cœurs, les conditions et complexions semblables, sans regarder à la différence des maisons et du lignage, qui n'ont pas laissé de s'en repentir ; car cette grande amitié indiscrète se tourne souvent en jalousie et en grand'fureur. — Il me semble, dit Parlamente, que l'un ni l'autre n'est louable, et que les personnes qui se soumettent à la volonté de Dieu, ne regardent ni à la gloire, ni à l'avarice, ni à la volupté ; mais, pour une amour vertueuse, et du consentement des parties, désirent de vivre en l'état de mariage, comme Dieu et Nature l'ordonnent. Et, combien qu'il ne soit aucun état sans tribulations, si ai-je vu ceux-là vivre sans repentance ; et nous ne sommes pas si malheureux en cette compagnie, que nul de tous les mariés ne soient de ce nombre-là. » Alors Hircan, Guebron, Simontault et Saffredant jurèrent tous qu'ils s'étoient mariés en pareilles intentions, et que jamais ne s'en étoient repentis ; mais aussi, quoi qu'il en fût de la vérité, celles à qui la chose touchoit en furent si contentes, que, ne pouvant ouïr un meilleur propos à leur gré, se levèrent pour en rendre grâces et louanges à Dieu, où les religieux étoient prêts à dire vêpres. Le service fini, s'en allèrent souper, non sans plusieurs propos de leur mariage, qui durèrent tout le long du soir, racontant les fortunes qu'ils avoient eues durant le pourchas de leur mariage. Mais, pource que l'un rompoit la parole de l'autre, l'on n'a pu retenir les contes tout du long, qui n'eussent été moins plaisants à écrire, que ceux qu'ils disoient dans le pré.

Si est-ce qu'ils y prirent grand plaisir, et s'y amusèrent tant, que l'heure du coucher fut plus tôt venue, qu'ils ne s'en aperçurent. Au moyen de quoi, la dame Oisille, sentant l'heure de se retirer, donna occasion à la compagnie d'en faire autant, chacun fort joyeux de sa part, même les mariés, qui ne dormirent pas et employèrent une partie de la nuit à raconter leurs amitiés passées, avec démonstration de la présente. Ainsi la nuit se passa doucement jusques au matin.

CINQUIÈME JOURNÉE.

Quand le matin fut venu, M#me# Oisille leur prépara le déjeuner spirituel, d'un si très-bon goût, qu'il étoit suffisant de fortifier le corps et l'esprit; où toute la compagnie fut fort attentive, en sorte qu'il sembloit bien n'avoir jamais ouï sermon qui leur profitât tant. Et, quand ils ouïrent sonner le dernier coup de la messe, s'en allèrent exercer à la contemplation des saints propos qu'ils avoient entendus. La messe ouïe, et s'étant un peu pourmenés, se mirent à table, se promettant la journée présente devoir être aussi belle que les passées. Lors, Saffredant leur dit, qu'il voudroit que le pont demeurât encore un mois à faire, pour le plaisir qu'il prenoit à la bonne chère qu'ils faisoient. Mais l'abbé de léans y faisoit faire toute diligence à lui possible, pource que ce n'étoit pas sa consolation de vivre entre tant de gens de bien, pour la présence desquels ses pèlerines accoutumées n'alloient si privément visiter les saints lieux. Et, quand ils se furent reposés quelque temps après dîner, ils retournèrent à leur passe-temps accoutumé, et, ayant pris chacun son siége, demandèrent à Parlamente, à qui elle donneroit sa voix. « Il me semble, dit-elle, que Saffredant commenceroit bien cette journée; car je ne vois point qu'il ait le visage propre à nous faire pleurer. — Vous serez donc bien cruelles, mesdames, dit Saffredant, si n'avez pitié d'un cordelier, duquel je vous conterai l'histoire. Et, encore que par celles qu'aucune d'entre nous ont récitées ci-devant, vous pourriez penser que ce sont cas advenus aux pauvres damoiselles, dont la félicité de l'exécution a fait sans crainte commencer l'entreprise; si est-ce que, pour vous faire connoître que l'aveuglement de leur concupiscence leur ôte toute crainte et prudente considération; à cette fin, je vous dirai ce qui advint en Flandres. »

NOUVELLE XLI.

Étrange et nouvelle pénitence, donnée par un cordelier confesseur à une jeune damoiselle.

L'année que M#me# Marguerite d'Autriche vint à Cambrai, de la part de son neveu l'empereur, pour traiter la paix entre lui et le roi très-chrétien, de la part duquel s'y trouva sa mère M#me# Louise de Savoie[1]; étoit en la compagnie de ladite dame Marguerite, la comtesse d'Aiguemont[2], qui emporta en cette assemblée, le bruit d'être la plus belle de toutes les Flamandes. Au retour de cette grande assemblée, s'en retourna la comtesse d'Aiguemont en sa maison, et, le temps des Avents venu, envoya en un convent de cordeliers demander un prêcheur suffisant et homme de bien, tant pour

[1] Le traité de Cambrai fut conclu en 1529 par Marguerite d'Autriche et Louise de Savoie. Il confirma la plupart des offres que François Ier avait faites à Charles-Quint, et cette paix, de peu de durée, s'appela la *paix des dames*, à cause des intermédiaires que le roi et l'empereur avaient choisis.

[2] C'est Françoise de Luxembourg, comtesse de Gavre, dame de Fiennes, etc., qui avait épousé le comte d'Egmont, Jean, quatrième du nom, chambellan de Charles-Quint. Cette dame, morte en 1557, fut mère du célèbre comte d'Egmont, à qui le duc d'Albe fit trancher la tête en 1568.

prêcher, que pour confesser elle et toute sa compagnie. Le gardien chercha le plus digne qu'il eut de faire telle office, pour les grands biens qu'ils recevoient de la maison d'Aiguemont et de celle de Piennes[1], dont elle étoit. Eux, qui, sur tous autres religieux, désiroient gagner la bonne estime et amitié des grandes maisons, envoyèrent un prédicateur le plus apparent de leur convent, lequel, tout le long de l'Avent, fit très-bien son devoir ; et avoit la comtesse grand contentement de lui. La nuit de Noël, que la comtesse vouloit recevoir son Créateur, fit venir son confesseur ; et, après s'être confessée en une chapelle bien fermée, afin que la confession fût plus secrète, laissa le lieu à sa dame d'honneur, laquelle, après s'être confessée, envoya sa fille passer par les mains de son bon confesseur. Et, après qu'elle eut dit tout ce qu'elle savoit, connut le beau père quelque chose de son secret, qui lui donna envie et hardiesse de lui bailler une pénitence non accoutumée, et lui dit : « Ma fille, vos péchés sont si grands, que, pour y satisfaire, je vous baille en pénitence de porter ma corde sur votre chair toute nue. » La fille, qui ne lui vouloit désobéir, lui dit : « Baillez-la-moi, mon père, et je ne faudrai de la porter. — Non, ma fille, dit le beau père, il ne seroit pas bon de votre main. Il faut que les miennes propres, desquelles vous devez avoir l'absolution, la vous aient premièrement ceinte ; puis après vous serez absoute de tous vos péchés. » La fille, se prenant à pleurer, répondit qu'elle n'en feroit rien. « Comment ! dit le prêcheur, êtes-vous une hérétique, qui refusez les pénitences selon que Dieu et notre mère sainte Église l'ont ordonné ? — J'use de la confession, dit la fille, comme l'Église l'a commandé, et veux bien recevoir l'absolution et faire la pénitence ; mais je ne veux point que vous y mettiez les mains, car en cette sorte je refuse votre pénitence. — Par ainsi, dit le confesseur, ne vous puis-je aussi donner l'absolution. » La damoiselle se leva de devant lui, ayant la conscience bien troublée, car elle étoit si jeune, qu'elle avoit peur de faillir par le refus qu'elle avoit fait au beau père. Quand ce vint après la messe, que la comtesse d'Aiguemont eut reçu le *corpus Domini*, sa dame, voulant aller après, demanda à sa fille, si elle étoit prête. La fille en pleurant lui dit, qu'elle n'étoit point confessée. « Et qu'avez-vous tant fait avec ce prêcheur ? dit la mère. — Rien, répondit la fille, car, lui refusant la pénitence qu'il m'a baillée, m'a aussi refusé l'absolution. » La mère s'en enquit si sagement, qu'elle connut l'étrange façon de pénitence, que le beau-père vouloit bailler à sa fille. Et, après l'avoir fait confesser à un autre, reçurent tous ensemble[1]. Et, si tôt que la comtesse fut retournée de l'église, la dame d'honneur lui fit la plainte du prêcheur, dont elle fut bien marrie et étonnée, vu la bonne opinion qu'elle avoit de lui. Mais son courroux ne la put engarder, qu'elle n'eût bien envie de rire, vu la nouvelle de la pénitence. Si est-ce que le rire n'empêcha point aussi qu'elle ne le fît prendre et battre en sa cuisine, où, à force de verges, confessa la vérité ; et après, l'envoya pieds et mains liés, à son gardien, le priant qu'une autre fois il baillât commission à plus gens de bien de prêcher la parole de Dieu.

« Regardez, mesdames, si en une maison si honorable que celle-là, ils n'ont point eu de peur de déclarer leur folie, ce qu'ils peuvent faire aux pauvres lieux, où ordinairement ils vont faire leur requête, où les occasions leur sont présentées si faciles, que c'est miracle, quand ils en échappent sans scandale : qui me fait vous prier, mesdames, de tourner votre mauvaise estime en compassion ; et pensez que celui[2] qui peut aveugler les cordeliers n'épargne pas les dames, quand il les tient à propos. — Vraiment, dit Oisille, voilà un bien méchant cordelier ! être religieux, prêtre et prédicateur, et user de telle vilenie au jour de Noël, et en l'église sous le manteau de confession, qui sont toutes circonstances qui aggravent le péché. — Comment, dit Hircan, pensez-vous que les cordeliers ne soient pas hommes comme nous et excusables, et principalement celui-là, se sentant seul de nuit avec une belle fille ? — Vraiment, dit Parlamente, s'il eût pensé à la nativité de Jésus-Christ, qui étoit représentée en ce jour-là, il n'eût pas eu la volonté si méchante. — Voire-mais, dit Saffredant, vous ne dites pas qu'il tendoit à l'incarnation, avant que de venir à la nativité[3]. Toutefois, c'étoit un homme plein

---

[1] L'éditeur Gruget a mal lu le nom de *Fiennes*. Il est probable que la reine de Navarre avait elle-même écrit *d'Aiguemont*, au lieu *d'Egmont*.

[1] Il faut suppléer : *le corps de Notre-Seigneur*.
[2] C'est-à-dire, le démon.
[3] Voilà une plaisanterie un peu vive sur deux mys-

de mauvais vouloir, vu que, pour si peu d'occasion [1], il faisoit une si méchante entreprise. — Il me semble, dit Oisille, que la comtesse en fit si bonne punition, que ses compagnons y pouvoient prendre exemple. — Mais à savoir, dit Nomerfide, si elle fit bien de scandaliser ainsi son prochain, et s'il eût pas mieux valu qu'elle lui eût remontré les fautes doucement, que de les divulguer? — Je crois, dit Guebron, que c'eût été bien fait, car il est commandé de corriger notre prochain, entre nous et lui, avant que de le dire à personne, n'a l'Église. Aussi, depuis qu'un homme est déhonté, à grande peine se peut-il jamais amender, parce que la honte retire autant de gens du péché que la conscience. — Je crois, dit Parlamente, qu'envers un chacun, se doit user le conseil de l'Évangile, sinon envers ceux qui le prêchent et font le contraire. Car il ne faut point craindre à scandaliser ceux qui scandalisent les autres. Et me semble que c'est grand mérite de les faire connoître tels qu'ils sont, afin que nous nous donnions garde de leurs séductions à l'endroit des filles, qui ne sont pas toujours bien avisées. Mais à qui Hircan donnera sa voix? — Puisque vous me le demandez, ce sera à vous-même, dit Hircan, à qui nul homme d'entendement ne la doit refuser. — Or, puisque vous me la donnez, dit Parlamente, je vous en vais compter une, dont je puis servir de témoins. Et ai toujours ouï dire, que tant plus la vertu est en un sujet débile et foible, assaillie de son très-fort et puissant contraire, c'est à l'heure qu'elle est plus louable, et se montre mieux telle qu'elle est. Car si le fort se défend du fort, ce n'est pas cas émerveillable; mais si le foible en a victoire, il en a gloire de tout le monde. Pour connoître les personnes dont je veux parler, il me semble que je ferois tort à la vérité, que j'ai vu cachée sous un si pauvre vêtement, que nul n'en tenoit compte, si je ne parlois de celle, par laquelle ont été faites actes si honnêtes, qu'ils me contraignent les vous raconter. »

tères de la religion catholique. La reine de Navarre semble ici aller au delà des opinions de la Réforme.
[1] Chance, espoir de réussir.

NOUVELLE XLII.

Continence d'une jeune fille, contre l'opiniâtre poursuite amoureuse d'un des grands seigneurs de France; et l'heureux succès qu'en eut la damoiselle.

En l'une des meilleures villes de Touraine, demeuroit un seigneur de grande et bonne maison, lequel y avoit été nourri dès sa grande jeunesse [1]. Des perfections, grâce et beauté, et grandes vertus de ce jeune prince, ne vous en dirai autre chose, sinon qu'en son temps ne se trouva jamais son pareil. Étant en l'âge de quinze ans, il prenoit plus grand plaisir à courir et chasser, que non pas à regarder les belles dames. Un jour, étant en une église, regarda une jeune fille, laquelle, autrefois, avoit été nourrie, en son enfance, au château, où il demeuroit; et, après la mort de sa mère, son père se retira; parquoi, elle se retira en Poitou avec son frère. Cette fille, qui avoit nom Françoise, avoit une sœur bâtarde, que son père aimoit très-fort, et la maria à un sommelier d'échansonnerie de ce jeune prince, dont elle tint aussi grand état, que de nul de la maison. Le père vint à mourir, et laissa, pour le partage de Françoise, ce qu'il tenoit auprès de cette bonne ville. Parquoi, après qu'il fut mort, elle se retira où étoit son bien; et, à cause qu'elle étoit à marier, et jeune de seize ans, ne se voulut tenir seule en sa maison, mais se mit en pension chez sa sœur la sommelière. Le jeune prince, voyant cette fille assez belle, pour une claire brune, et d'une grâce qui passoit celle de son état (car elle sembloit mieux gentille femme et princesse, que bourgeoise), il la regarda longuement; lui, qui jamais encore n'avoit aimé, sentit en son cœur un plaisir non accoutumé; et, quand il fut retourné en sa chambre, s'enquit de celle qu'il avoit vue en l'église, et reconnut qu'autrefois, en sa jeunesse, elle étoit allée jouer au château aux poupines [2] avec sa sœur [3], à laquelle il la fit reconnoître: sa sœur l'envoya quérir, et lui fit fort bonne chère, la priant de la venir

[1] On peut assurer que ce *jeune prince* n'est autre que François d'Angoulême, qui fut élevé en Touraine dans les châteaux de Loches et de Romorantin, par sa mère, Louise de Savoie, lorsqu'il ne paraissait pas encore destiné à monter sur le trône. Le sujet de cette Nouvelle doit donc être rapporté au règne de Louis XII, avant le mariage de François, créé duc de Valois, avec Claude de France, en 1514. — [2] Poupées.
[3] Marguerite, sœur de François d'Angoulême.

voir souvent. Ce qu'elle faisoit, quand il y avoit quelques noces ou assemblée, où le jeune prince la voyoit tant volontiers, qu'il pensa à l'aimer bien fort, et, pource qu'il la connoissoit de bas et pauvre lieu, espéra recouvrer facilement ce qu'il en demandoit ; mais, n'ayant moyen de parler à elle, lui envoya un gentilhomme de sa chambre, pour faire sa pratique ; auquel elle, qui étoit sage et craignant Dieu, dit qu'elle ne croyoit pas que son maître, qui étoit si beau et honnête prince, s'amusât à regarder une chose si rude[1] qu'elle, vu qu'au château où il demeuroit, il y en avoit de si belles, qu'il n'en falloit point chercher d'autres par la ville, et qu'elle pensoit qu'il le disoit de lui-même, sans le commandement de son maître. Quand le jeune prince entendit cette réponse, amour, qui plus fort s'attache où plus il trouve de résistance, lui fit plus chaudement, qu'il n'avoit fait, poursuivre son entreprise ; et lui écrivit une lettre, la priant vouloir entièrement croire ce que le gentilhomme lui diroit. Elle, qui savoit très-bien lire et écrire, lut sa lettre tout du long ; à laquelle, quelque prière que lui en fît le gentilhomme, ne voulut jamais répondre, disant qu'il n'appartenoit pas à personne de si basse condition, d'écrire à un tel prince ; mais qu'elle le supplioit ne la penser si sotte, qu'elle estimât qu'il eût telle opinion d'elle, que de lui porter tant d'amitié, et que, s'il pensoit aussi, à cause de son pauvre état, la cuider avoir à son plaisir, il se trompoit, car elle n'avoit pas le cœur moins honnête que la plus grande princesse de la chrétienté, et n'estimoit trésor au monde, auprès de l'honneur et la conscience ; le suppliant ne la vouloir empêcher de garder ce trésor toute sa vie, car, pour mourir, ne changeroit d'opinion. Le jeune prince ne trouva pas cette réponse à son gré ; toutefois, l'en aima très-fort, et ne failloit de faire mettre son siége où elle alloit à la messe ; et, durant le service, adressoit toujours ses yeux à cette image. Mais, quand elle l'aperçut, changea de lieu, et alla en une autre chapelle, non pour fuir de le voir (car elle n'eût pas été créature raisonnable, si elle n'eût prins plaisir à le regarder), mais elle craignoit d'être vue de lui, ne s'estimant digne d'en être aimée par honneur ou par mariage, ne voulant aussi d'autre part, que ce fût par folie et plaisir. Et, quand elle vit, quelque lieu de l'église où elle se pût mettre, que le prince se faisoit dire la messe tout auprès, ne voulut plus aller en cette église, mais alloit tous les jours à la plus éloignée qu'elle pouvoit. Et, quand quelques noces se faisoient au château, elle ne s'y vouloit plus trouver (combien, que la sœur du prince l'envoyât quérir souvent), s'excusant sur quelque maladie. Or, le prince, voyant qu'il ne pouvoit parler à elle, il s'aida de son sommelier, et lui promit de grands biens, s'il lui aidoit en cet affaire. A quoi le sommelier s'offrit volontiers, tant pour plaire à son maître, que pour le fruit qu'il en espéroit ; et tous les jours contoit au prince ce qu'elle disoit et faisoit ; mais que surtout, tant qu'il lui étoit possible, fuyoit les occasions de le voir. Si est-ce que le grand désir qu'il avoit de parler à elle à son aise, lui fit chercher un moyen expédient : c'est qu'un jour, il alla mener ses grands chevaux (dont il commençoit bien à savoir le métier) en une grande place de la ville, devant la maison du sommelier, où Françoise demeuroit ; et, après avoir fait maintes courses et sauts qu'elle pouvoit bien voir, il se laissa tomber de son cheval dedans une grande fange, si mollement, qu'il ne se fit point de mal, combien, qu'il se plaignît assez, et demanda s'il y avoit point de logis, où il pût aller changer ses habillements. Or, chacun présentoit sa maison ; mais quelqu'un dit que celle du sommelier étoit la plus prochaine et la plus honnête. Aussi, fut-elle choisie sur toutes. Il trouva la chambre bien accoûtrée, et se dépouilla en chemise, car tous ses habillements étoient souillés de la fange, et se mit dedans un lit. Et, quand il vit que chacun s'étoit retiré pour aller quérir ses habillements, excepté le gentilhomme, appela son hôte et son hôtesse, et leur demanda où étoit Françoise. Ils eurent bien de la peine à la trouver ; car, sitôt qu'elle avoit vu ce jeune prince entrer en sa maison, s'en étoit allée cacher au plus secret lieu de la maison ; toutefois, sa sœur la trouva, qui la pria de ne craindre point de venir parler à un si honnête et vertueux prince. « Comment, ma sœur, dit Françoise, vous, que je tiens comme ma mère, me voudriez-vous conseiller d'aller parler à un jeune seigneur, duquel vous savez que je ne puis ignorer la volonté ? » « Mais la sœur lui

---

[1] Grossière, commune, indigne, roturière.

fit tant de remontrances et promesses de ne la laisser toute seule, qu'elle alla avec elle, portant un visage si pâle et défait, qu'elle étoit plus pour engendrer pitié, que concupiscence. Et quand le jeune prince la vit près de son lit, la print par la main, qu'elle avoit froide et tremblante, et lui dit : « Françoise, m'estimez-vous si mauvais homme, si étrange et si cruel, que je mange les femmes en les regardant? Pourquoi avez-vous prins une si grande crainte de celui qui ne cherche que votre honneur et avantage? Vous savez qu'en tous lieux, qu'il m'a été possible, j'ai cherché de vous voir et parler à vous, ce que je n'ai su, et, pour me faire plus de dépit, avez fui les lieux où j'avois accoutumé vous voir à la messe, afin que du tout je n'eusse non plus de contentement de la vue, que j'avois de la parole ; mais tout cela ne vous a de rien servi; car je n'ai cessé que je ne sois ici venu par les moyens que vous avez pu voir, et me suis mis au hasard de me rompre le cou, me laissant tomber volontairement, pour avoir le contentement de parler à vous à mon aise. Parquoi, je vous prie, Françoise, puisque j'ai acquis ce loisir ici, avec un si grand labeur, qu'il ne me soit point inutile, et que je puisse, par ma grande amour, gagner la vôtre. « Et, quand il eut longtemps attendu sa réponse et vit qu'elle avoit les larmes aux yeux et le regard contre terre, la tirant à lui, le plus près qu'il lui fut possible, la cuida embrasser et baiser; mais elle lui dit : « Non, Monsieur, non ! ce que vous cherchez ne se peut faire ; car, combien que je sois un ver de terre, auprès de vous, j'ai mon honneur si cher, que j'aimerois mieux mourir, que l'avoir diminué, pour quelque plaisir que ce soit en ce monde; et la crainte que j'ai, que ceux qui vous ont vu venir céans, se doutent de cette vérité, me donne la peur et le tremblement que j'ai ; et puisqu'il vous plaît me faire cet honneur de parler à moi, vous me pardonnerez aussi, si je vous réponds selon que mon honneur me le commande. Je ne suis point si sotte, monseigneur, ne si aveuglée, que je ne voie et connoisse bien la beauté et la grâce que Dieu a mise en vous, et que je crois la plus heureuse du monde, celle qui possèdera le corps et l'amour d'un tel prince. Mais de quoi me sert cela, vu que ce n'est pour moi, ni pour femme de ma sorte, et que seulement le désir seroit à moi parfaite folie? Quelle raison puis-je estimer, qui vous fasse adresser à moi, sinon que les dames de votre maison (lesquelles vous aimez, si la beauté et la grâce est aimée de vous) sont si vertueuses, que vous n'osez leur demander, n'espérer avoir d'elles ce que la petitesse de mon état vous fait espérer avoir de moi? Et suis sûre, que, quand de telles personnes que moi auriez ce que demandez, ce seroit un moyen pour entretenir votre maîtresse, deux heures davantage, en lui comptant de vos victoires, au dommage des plus foibles. Mais il vous plaira, Monsieur, penser que je ne suis de cette condition : j'ai été nourrie en une maison, où j'ai apprins que c'est d'aimer; mon père et ma mère ont été de vos bons serviteurs. Parquoi, il vous plaira, puisque Dieu ne m'a faite princesse, pour vous épouser, ne d'état, pour être tenue à maîtresse et amie, ne me vouloir mettre du rang des pauvres malheureuses, vu que je vous estime et désire être l'un des plus heureux princes de la chrétienté. Et, si pour votre passe-temps, vous voulez des femmes de mon état, vous en trouverez assez en cette ville, de plus belles que moi, sans comparaison, qui ne vous donneront la peine de les prier tant. Arrêtez-vous donc à celles à qui vous ferez plaisir, en achetant leur honneur ; et ne travaillez plus celle qui vous aime plus que soi-même; car, s'il falloit aujourd'hui que votre vie ou la mienne fût demandée de Dieu, je me tiendrois bien heureuse d'offrir la mienne, pour sauver la vôtre. Ce n'est faute d'amour, qui me fait fuir votre personne ; mais c'est plutôt pour en avoir trop en votre conscience, et en la mienne ; car j'ai mon honneur plus cher que ma vie. Je demeurerai, s'il vous plaît, Monsieur, en votre bonne grâce, et prierai toute ma vie Dieu, pour votre prospérité et santé. Il est bien vrai que cet honneur, que vous me faites, me fera, entre les gens de ma sorte, mieux estimer ; car, qui est l'homme de mon état (après vous avoir vu), que je daignasse regarder? Par ainsi, demeurera mon cœur en liberté, sinon que de l'obligation, où je veux à jamais être, de prier Dieu pour vous; car autre service ne vous puis-je jamais faire. » Le jeune prince, voyant cette honnête réponse, combien qu'elle ne fût selon son désir, si, ne la pouvoit-il moins estimer, qu'elle étoit.

Il fit ce qu'il lui étoit possible, pour lui faire croire qu'il n'aimeroit jamais femme qu'elle; mais elle étoit si sage, qu'une chose si déraisonnable ne pouvoit entrer en son entendement. Et, durant ces propos, combien que souvent l'on dît que ses habillements étoient venus du château, avoit tant de plaisir et d'aise, qu'il fit dire qu'il dormoit, jusques à ce que l'heure de souper fût venue, où il n'osoit faillir à sa mère, qui étoit une des plus sages dames du monde. Ainsi, s'en alla le jeune prince, de la maison de son sommelier, estimant, plus que jamais, l'honnêteté de cette fille. Il en parloit souvent au gentilhomme qui couchoit en sa chambre; lequel, pensant qu'argent feroit plus qu'amour, lui conseilla de faire offrir à cette fille quelque honnête somme, pour se condescendre à son vouloir. Or, le jeune prince, duquel la mère étoit la trésorière, n'avoit que ce peu d'argent pour tous ces menus plaisirs, qu'il print avec tout ce qu'il put emprunter. Et se trouva la somme de cinq cents écus, qu'il envoya à cette fille, par le gentilhomme, la priant vouloir changer d'opinion. Mais, quand elle vit le présent, dit au gentilhomme : « Je vous prie, dites à Monsieur, que j'ai le cœur si bon et honnête, que, s'il falloit obéir à ce qu'il me commande, la beauté et les grâces qui sont en lui m'auroient déjà vaincue; mais, là où ils n'ont eu puissance contre mon honneur, tout l'argent du monde n'y en sauroit avoir; lequel vous lui reporterez; car j'aime mieux l'honnête pauvreté, que tous les biens qu'on sauroit désirer. » Or, le gentilhomme, voyant cette rudesse, pensa qu'il la falloit avoir par cruauté, et vint à la menacer de l'autorité et puissance de son maître. Mais elle, en riant, lui dit : « Faites peur de lui à celles qui ne le connoissent point; car je sais bien qu'il est si sage et si vertueux, que tels propos ne viennent de lui, et suis sûre qu'il vous désavouera, quand vous les lui conterez. Mais, quand il seroit ainsi que vous le dites, il n'y a tourment ni mort qui me sût faire changer d'opinion; car, comme je vous ai dit, puisque amour n'a tourné mon cœur, tous les maux, ne les biens, que l'on sauroit donner à personne, ne me pourroient détourner d'un pas, des propos où je suis. » Ce gentilhomme, qui avoit promis à son maître de la lui gagner, lui porta cette réponse avec un merveilleux dépit; et le persuada à la poursuivre par tous moyens possibles, lui disant que ce n'étoit pas son honneur, de n'avoir su gagner une telle femme. Alors, le jeune prince, qui ne vouloit point user d'autres moyens, que ceux que l'honnêteté commande, craignant aussi que, s'il en étoit quelque bruit, et que sa mère le sût, elle auroit occasion de s'en courroucer bien fort, n'osa rien entreprendre, jusques à ce que son gentilhomme lui bailla un moyen si aisé, qu'il pensoit déjà la tenir; et, pour l'exécuter, parleroit au sommelier. Lequel, délibéré de servir son maître, en quelque façon que ce fût, pria un jour sa femme et sa belle-sœur, d'aller visiter leurs vendanges, en une maison qu'il avoit près de la forêt; ce qu'elles lui promirent. Quand le jour fut venu, le fit savoir au jeune prince, lequel se délibéra d'y aller tout seul, avec le gentilhomme, et fit tenir sa mule secrètement pour partir, quand il en seroit heure. Mais Dieu voulut que, ce jour-là, sa mère accoûtroit un cabinet[1], le plus beau du monde; et, pour lui aider, avoit avec elle tous ses enfants; et là, s'amusa ce jeune prince, jusqu'à ce que l'heure promise fût passée. Si ne tint-il à son sommelier, lequel avoit mené sa sœur en sa maison, en croupe derrière lui, et fit faire la malade à sa femme; en sorte, qu'ainsi qu'il étoit à cheval, lui vint dire qu'elle n'y sauroit aller; et, quand il vit que l'heure tardoit, que le prince devoit venir, dit à sa belle-sœur : « Je crois que nous en pouvons bien retourner en la ville. — Qui nous en garde? répondit Françoise. — J'attendois Monsieur, dit le sommelier, qui m'avoit promis de venir ici. » Quand la sœur entendit cette méchanceté, lui dit : « Ne l'attendez plus, mon frère; car je sais bien que pour aujourd'hui il ne viendra point. » Le frère la crut et la ramena. Et, quand fut en la maison, montra sa colère extrême, disant à son beau-frère qu'il étoit le varlet du diable, et qu'il faisoit plus qu'on ne lui commandoit; car elle étoit assurée que c'étoit de son invention, et du gentilhomme, et non du jeune prince, duquel il aimoit mieux gagner de l'argent, en le confortant en ses folies, que

---

[1] On appeloit ainsi le meuble que nous nommons *secrétaire*, et qui était composé d'un bien plus grand nombre de compartimens, les uns apparens, les autres secrets. Ces sortes de meubles étaient souvent d'une richesse remarquable, avec des sculptures en bois, en cuivre et en argent, des incrustations de métal, de marbre, de pierres précieuses, etc.

de faire office d'un bon serviteur ; mais, puisqu'elle le connoissoit tel, elle ne demeureroit plus en sa maison. » Et, sur ce, envoya quérir son frère pour l'emmener en son pays ; et se délogea incontinent d'avecques sa sœur. Le sommelier, ayant failli à son entreprise, s'en alla au château pour savoir à quoi il tenoit que le jeune prince n'étoit venu; et ne fut guère là, qu'il ne le trouvât sur sa mule, tout seul avec un gentilhomme, en qui il se fioit, et lui demanda : « Est-elle encore là ? » Il lui conta tout ainsi qu'il en avoit fait. Le jeune prince fut bien marri d'avoir failli à sa délibération, qu'il estimoit être le moyen dernier et extrême qu'il pouvoit prendre. Et puis, voyant qu'il n'y avoit plus de remède, la chercha tant, qu'il la trouva en une compagnie, d'où elle ne pouvoit fuir ; et se courrouça fort à elle des rigueurs qu'elle lui tenoit, et de ce qu'elle vouloit laisser la compagnie de son frère. Laquelle lui dit qu'elle n'en avoit jamais trouvé une plus dangereuse pour elle, et qu'il étoit bien tenu à son sommelier, vu qu'il ne le servoit du corps, des biens seulement, mais aussi de l'âme et de la conscience. Quand le prince connut qu'il n'y avoit autre remède, délibéra de ne l'en presser plus, et l'eut toute sa vie en bonne estime. Un serviteur dudit prince, voyant l'honnêteté de cette fille, la voulut épouser ; à quoi ne se voulut jamais accorder, sans le commandement et congé du jeune prince, auquel elle avoit mis toute son affection. Ce qu'elle lui fit entendre, et par son bon vouloir, fut fait le mariage, où elle a vécu toute sa vie en bonne réputation. Et lui fit le jeune prince beaucoup de biens.

« Que dirons-nous ici, mesdames ? avons-nous le cœur si bas, que nous fassions nos serviteurs nos maîtres, vu que celle-ci n'a su être vaincue d'amour ne de tourment ? Je vous prie qu'à son exemple, nous demeurions victorieuses de nous-mêmes ; car c'est la plus louable victoire que nous puissions avoir. — Je ne vois qu'un mal, dit Oisille : que les actes vertueux n'ont été du temps des historiographes ; car ceux qui ont tant loué leur Lucrèce, l'eussent laissée du bout de sa plume, pour écrire bien au long les vertus de celle-ci, pource que je les trouve si grandes, que je ne les pourrois croire, sans le grand serment que nous avons fait de dire vérité. — Je ne trouve pas sa vertu telle comme vous la peignez, dit Hircan, car vous avez vu assez de malades dégoûtés délaisser les bonnes viandes et salutaires, pour manger les mauvaises et dommageables. Ainsi peut-être que cette fille aimoit quelque autre, qui lui faisoit mépriser toute noblesse. » Mais Parlamente répondit à ce mot, que la vie et la fin de cette fille montroient que jamais n'avoit eu opinion [1] à homme vivant, qu'à celui qu'elle aimoit plus que sa vie, mais non pas plus que son honneur. « Otez cette opinion de votre fantaisie, dit Saffredant, et entendez d'ond est venu ce terme d'*honneur*; quant aux femmes. Car peut-être que celles qui en parlent tant, ne savent pas l'intention de ce nom. Sachez qu'au commencement que la malice n'étoit pas trop grande entre les hommes, l'amour y étoit si naïve et si forte, que dissimulation n'y avoit point de lieu, et étoit plus loué, celui qui plus parfaitement aimoit. Mais, quand la malice, l'avarice et le péché vinrent saisir le cœur des hommes, ils en chassèrent dehors Dieu et l'amour ; et en leur lieu prindrent l'amour d'eux-mêmes, hypocrisie et fiction. Et, voyant, les dames, n'avoir en leur cœur celle vertu de vrai amour, et que ce nom d'hypocrisie étoit tant odieux entre les hommes, lui donnèrent le surnom d'honneur ; tellement, que celles qui ne pouvoient avoir en elles cet honorable amour, disoient que l'honneur leur défendoit ; et en ont fait une si cruelle loi, que même celles qui aiment parfaitement, dissimulent, estimant vertu être vice. Mais celles qui sont de bon entendement et de sain jugement, ne tombent jamais en telles erreurs ; car elles connoissent la différence des ténèbres et de la lumière ; et que leur vrai amour gît à montrer la pudicité du cœur, qui ne doit vivre que d'amour, et non point s'honorer du vice de dissimulation. — Toutefois, dit Dagoucin, l'on dit qu'amour la plus secrète est la plus louable. — Oui, secrète, dit Simontault, aux yeux de ceux qui en pourroient mal juger ; mais claire et connue pour le moins aux deux personnages à qui elle touche. — Je l'entends ainsi, dit Dagoucin: si est-ce qu'elle vaudroit mieux être ignorée d'un côté, et entendue d'un tiers ; et crois que cette femme l'aimoit plus fort, d'autant qu'elle ne

---

[1] Pensée.

se déclaroit point. — Quoi qu'il y ait, dit Longarine, il faut estimer la vertu, dont la plus grande est à vaincre son cœur ; et, voyant les occasions et moyens qu'elle avoit, je dis qu'elle se pouvoit nommer la forte femme. — Puisque vous estimez, dit Saffredant, la grandeur de la vertu par la mortification de soi-même, ce seigneur étoit plus louable qu'elle, vu l'amour qu'il lui portoit, et la puissante occasion et moyen qu'il en avoit. Et, toutefois, ne voulut point offenser sa règle de vraie amitié, qui égale le prince et le pauvre ; mais usa des moyens que l'humanité permet. — Il y en a beaucoup, dit Hircan, qui n'eussent pas fait ainsi. — D'autant plus est-il à estimer, dit Longarine, qu'il a vaincu la commune malice des hommes ; car qui peut faire mal, et ne le fait point, celui-là est bienheureux. — A ce propos, dit Guebron, vous me faites souvenir d'une, qui avoit plus de crainte d'offenser les yeux des hommes, que Dieu, son honneur et l'amour. — Or, je vous prie, dit Parlamente, que vous nous la contiez, et, pour ce faire, je vous donne ma voix. — Il y a, dit Guebron, des personnes qui n'ont point de Dieu ; ou, s'ils en croient quelqu'un, l'estiment quelque chose si loin d'eux, qu'il ne peut voir ni entendre les mauvaises œuvres qu'ils font, et, encore qu'il les voie, pensent qu'il soit nonchalant, et qu'il ne les punisse point, comme ne se souciant des choses de çà-bas. Et de cette opinion même étoit une damoiselle, de laquelle, pour l'honneur de la race, je changerai le nom, et la nommerai Camille ; elle disoit souvent que la personne qui n'avoit affaire que de Dieu, étoit bien heureuse, si au demeurant elle pouvoit bien conserver son honneur devant les hommes ; mais vous verrez, mesdames, que sa prudence ni son hypocrisie ne l'ont pas garantie que son secret n'ait été révélé : comme vous verrez par son histoire, où la vérité sera dite tout au long, horsmis les noms des personnes et des lieux qui seront changés. »

NOUVELLE XLIII.

L'hypocrisie d'une dame de cour fut découverte, par le démenement de ses amours, qu'elle pensoit bien celer.

En un très-beau château demeuroit une grande princesse, et de grande autorité, qui avoit en sa compagnie une damoiselle nommée Camille, fort audacieuse, de laquelle la maîtresse en étoit si fort abusée, qu'elle ne faisoit rien que par son conseil, l'estimant la plus sage et vertueuse qui fût de son temps. Cette Camille reprenoit tant la folle amour, que quand elle voyoit quelque gentilhomme amoureux de l'une de ses compagnes, elle les en tançoit fort aigrement, et en faisoit un si mauvais rapport à sa maîtresse, que souvent elle les blâmoit, dont elle étoit beaucoup plus crainte qu'aimée de toute la compagnie ; et, quant à elle, jamais ne parloit à homme, sinon que tout haut et avec une grande audace ; tellement, qu'elle avoit le bruit d'être ennemie mortelle de toute amour, combien qu'elle étoit contraire à son cœur ; car il y avoit un gentilhomme au service de sa maîtresse, duquel elle étoit si fort prise, qu'elle n'en pouvoit plus. Si est-ce que l'amour qu'elle avoit à sa gloire et réputation, lui faisoit du tout dissimuler son affection. Mais, après avoir porté cette passion bien un an, ne se voulant soulager, comme les autres, par le regard et la parole, brûloit si fort en son cœur, qu'elle vint chercher le dernier remède, et, pour conclusion, avisa qu'il valoit mieux satisfaire à son désir, et qu'il n'y eût que Dieu seul qui connût son cœur, que le dire à un homme, qui le peut révéler quelquefois. Après cette conclusion prise, un jour qu'elle étoit en la chambre de sa maîtresse, regardant sur une terrasse, vit promener celui qu'elle aimoit tant ; et, après l'avoir regardé si longuement, que le jour qui se couchoit en emportoit la vue avecques soi, elle appela un petit page qu'elle avoit, et, en lui montrant le gentilhomme, lui dit : « Voyez-vous bien celui-là qui a ce pourpoint de satin cramoisi ; et sa robe fourrée de loups cerviers ? Allez lui dire qu'il y a quelqu'un de ses amis qui veut parler à lui, en la galerie du jardin céans. » Et, ainsi que le page y alla, elle passa par la garde-robe de la chambre de sa maîtresse ; et s'en alla en cette galerie, ayant mis sa cornette basse et son touret de nez. Quand le gentilhomme fut arrivé où elle étoit, elle va incontinent fermer les deux portes par lesquelles l'on pouvoit venir sur eux, et, sans ôter son touret de nez, en l'embrassant bien fort, lui va dire le plus bas qu'il lui fut possible : « Il y a longtemps, mon ami, que l'amour que je vous porte m'a fait désirer de trouver le lieu et l'occasion de vous pouvoir voir, mais la crainte de mon honneur a été pour un temps si forte, qu'elle m'a contrainte, malgré ma volonté, dissimuler cette passion ; mais, à la fin, la force d'amour a vaincu la crainte, et, pour la connoissance que j'ai de votre honnêteté, si me voulez promettre de m'aimer et de jamais n'en parler à personne, et ne vous enquérir qui je suis, de moi je vous assure bien, que je vous serai loyale et bonne amie, que jamais n'aimerai autre que vous ; mais j'aimerois mieux mourir que vous sussiez qui je suis. » Le gentilhomme lui promit ce qu'elle demandoit, qui la rendit facile à lui rendre la pareille : c'est de ne lui refuser chose qu'il voulût prendre. L'heure étoit de cinq ou six heures en hiver, qui entièrement lui ôtoit la vue d'elle ; et, en touchant ses habillements, trouva qu'ils étoient de velours, qui, en ce temps-là, ne se portoient à tous les jours, sinon par les femmes de bonnes maisons et d'autorité, et, touchant ce qui étoit dessous, autant qu'il en pouvoit prendre jugement par la main, ne trouva rien qui ne fût en très-bon état, net et en bon point. S'il mit peine de lui faire la meilleure chère qu'il lui fut possible de son côté, elle n'en fit moins du sien, et connut bien le gentilhomme qu'elle étoit mariée. Elle s'en voulut retourner, incontinent, de là où elle étoit venue ; mais le gentilhomme lui dit : « J'estime beaucoup le bien, que, sans mon mérite, vous m'avez donné ; mais encore estimerai-je plus celui que j'aurois de vous à ma requête. Je me tiens si satisfait d'une telle grâce, que je vous supplie me dire, si je ne dois plus espérer de recouvrer encore un bien semblable, et en quelle sorte il vous plaira que j'en use ; car, vu que je ne puis vous connoître, je ne sais comment le pourchasser. — Ne vous souciez, dit la damoiselle, mais assurez-vous que tous les soirs, avant le souper de ma maîtresse, je ne faudrai de vous envoyer quérir ; mais qu'à l'heure vous soyez sur la terrasse où vous étiez tantôt. Je vous manderai seul, et qu'il vous souvienne de ce qu'avez promis. Par cela, entendez-vous que je vous attends en cette galerie ; mais si vous oyez parler d'aller à la viande [1], vous pourrez bien pour le jour vous retirer, ou venir en la chambre de ma maîtresse ; et surtout, je vous prie, ne cherchez jamais de me connoître, si vous ne voulez la séparation de notre amitié. » La damoiselle et le gentilhomme s'en retournèrent chacun en leur lieu, et continuèrent longuement cette vie, sans qu'il s'aperçût jamais qui elle étoit, dont il entra en grande fantaisie, pensant en lui-même, qui ce pouvoit être ; car il ne pensoit point qu'il y eût femme au monde qui ne voulût être vue et aimée, et se douta que ce fût quelque malin esprit : ayant ouï dire à quelque sot prêcheur, que qui auroit vu le diable au visage, l'on aimeroit jamais. En cette doute, se délibéra savoir qui étoit celle qui faisoit si bon visage ; et, l'autre fois qu'elle le manda, porta avec lui de la craie, et, en l'embrassant, lui fit une marque sur l'épaule par derrière, sans qu'elle s'en aperçût ; et, incontinent qu'elle fut partie, s'en alla hâtivement le gentilhomme en la chambre de sa maîtresse, et se tint auprès de la porte pour regarder le derrière des épaules de celles qui entroient, et, entre autres, vit entrer mademoiselle Camille, avec une telle audace, qu'il craignoit la regarder, comme les autres, se tenant très-assuré que ce ne pouvoit être elle ; mais, ainsi qu'elle se tournoit, avisa la croix blanche, dont il fut si étonné, qu'à peine pouvoit-il croire ce qu'il voyoit, et toutefois, ayant bien regardé sa taille, qui étoit semblable à celle qu'il touchoit, les façons de son visage, qui, au toucher, se pouvoient connoître, connut certainement que c'étoit elle ; dont il fut très-aise de voir qu'une femme qui jamais n'avoit eu le bruit d'avoir serviteur, mais d'avoir refusé tant d'honnêtes gentilshommes, s'étoit arrêtée à lui seul. Amour, qui n'est jamais en un état, ne put endurer qu'il vécût longuement en ce repos, et le mit en telle gloire et espérance, qu'il se délibéra de lui faire connoître son amour, pensant, quand elle seroit connue, qu'elle auroit occasion d'augmenter ; et, un jour que cette grande dame alloit au jardin, la damoiselle Camille s'en alla pourmener en une autre allée. Le gentilhomme, la voyant seule, s'avança pour l'entretenir, et, feignant ne l'avoir point vue ailleurs, lui dit : « Mademoiselle, il y a longtemps que je porte une affection sur mon cœur, laquelle, de peur de vous déplaire, ne vous ai osé révéler ; dont je suis si mal que je ne puis plus porter cette peine sans mourir, car je ne crois pas que jamais homme vous sût tant aimer que je fais. » La damoiselle Camille ne lui laissa pas achever son

---

[1] C'est-à-dire : sans doute si vous entendez parler de se mettre à table pour manger.

propos, mais lui dit avec une très-grande colère : « Avez-vous jamais ouï dire que j'aie eu ami ne serviteur ? Je suis sûre que non ; et m'ébahis d'ond vous vient cette hardiesse, de tenir tels propos à une si femme de bien que moi; car vous m'avez assez hantée céans, pour connoître que jamais je n'ai aimé autre que mon mari ; et, pour ce, gardez-vous de continuer ces propos. » Le gentilhomme, voyant une si grande fiction, ne se put tenir de rire, et lui dire : « Madamoiselle, vous ne m'êtes pas toujours si rigoureuse que maintenant. De quoi vous sert-il d'user envers moi de telle dissimulation ? Ne vaut-il pas mieux avoir une amitié parfaite qu'imparfaite ? » Camille lui répondit : « Je n'ai en vous amitié parfaite n'imparfaite, sinon comme aux autres serviteurs de ma maîtresse ; mais, si vous continuez les propos que me tenez, je pourrai bien avoir telle haine, qu'elle vous cuira. » Le gentilhomme poursuivit encore son propos, et lui dit : « Et où est la bonne chère que vous me faites, quand je ne vous puis voir ? Pourquoi m'en privez-vous, maintenant que le jour me montre votre beauté, accompagnée d'une si parfaite et bonne grâce ? » Camille, faisant un grand signe de sa croix, lui dit : « Vous avez perdu votre entendement, ou vous êtes le plus grand menteur du monde, car jamais, en ma vie, ne pense vous avoir fait meilleure chère ne pire que je vous fais, et vous prie me dire comment vous l'entendez. » Alors le pauvre gentilhomme, pensant la gagner davantage, lui alla conter le lieu où il l'avait vue, et la marque de la croix qu'il avoit faite pour la connoître, dont elle fut si outrée de colère, qu'elle lui dit qu'il étoit le plus méchant homme du monde, et qu'il avoit controuvé contre elle une mensonge si vilaine, qu'elle mettroit peine de l'en faire repentir. Lui, qui savoit le crédit qu'elle avoit envers sa maîtresse, la voulut apaiser ; mais il ne lui fut possible ; car, en le laissant là furieusement, s'en alla où étoit sa maîtresse, laquelle laissa toute la compagnie pour venir entretenir Camille, qu'elle aimoit comme soi-même, et, la trouvant en si grande colère, lui demanda ce qu'elle avoit : ce que Camille ne lui voulut celer, et lui conta tous les propos que le gentilhomme lui avoit tenus, si mal à l'avantage du pauvre gentilhomme, que, dès le soir, sa maîtresse lui demanda qu'il eût à se retirer tout incontinent en sa maison, sans parler à personne, et qu'il y demeurât jusqu'à ce qu'il fût mandé, ce qu'il fit hâtivement, pour la crainte qu'il avoit d'avoir pis ; et, tant que Camille demeura avec sa maîtresse, ne retourna le gentilhomme en cette maison, n'y oncques puis n'ouït nouvelle de celle qui lui avoit bien promis qu'elle la perdroit dès l'heure qu'il la chercheroit.

« Par cela, mesdames, pouvez-vous voir comme celle qui avoit préféré la gloire du monde à sa conscience, a perdu l'une et l'autre, car aujourd'hui est vu aux yeux d'un chacun ce qu'elle vouloit cacher à ceux de son mari et serviteur, et, fuyant la moquerie d'un, est tombée en celle de tous ; et si ne peut être excusée par simplicité d'une amour naïf, de laquelle chacun doit avoir pitié ; mais accusée doublement d'avoir couvert sa malice du manteau d'honneur et de gloire, et se faire, devant Dieu et les hommes, autre qu'elle n'étoit. Mais Celui qui ne donne point sa gloire à autrui en découvrant ce manteau, lui en donne double infamie. — Voilà, dit Oisille, une vilaine inexcusable ; car, qui peut parler pour elle, quand Dieu, l'honneur et même l'amour l'accusent ? — Qui ? dit Hircan, le plaisir et la folie, qui sont deux grands avocats pour les dames. — Si nous n'avions d'autres avocats, dit Parlamente, qu'eux avec vous, notre cause seroit mal soutenue ; mais celles qui sont vaincues de plaisir, ne se doivent plus nommer femmes, mais hommes, desquels la fureur et concupiscence augmente leur honneur ; car un homme qui se venge de son ennemi, et le tue pour un démentir, en est estimé plus gentil compagnon : aussi est-il, quand il en aime une douzaine avec sa femme. Mais l'honneur des femmes a autre fondement : c'est douceur, patience et chasteté. — Vous parlez des sages, dit Hircan. — Pource, dit Parlamente, que je n'en veux point connoître d'autres. — S'il n'y en avoit point de folles, dit Nomerfide, ceux qui veulent être crus de tout ce qu'ils disent et font, pour suborner la simplicité féminine, se trouveroient bien loin de leur espoir. — Je vous prie, Nomerfide, dit Guebron, que je vous donne ma voix, afin que vous donniez quelque conte à ce propos. — Je vous en dirai un, dit Nomerfide, autant à la louange d'un amant, que le vôtre a été au mépris des folles femmes. »

NOUVELLE XLIV.

De deux amants, qui ont subtilement joui de leurs amours, et de l'heureuse issue d'icelles.

En la ville de Paris, y avoit deux citoyens de médiocre état, l'un politique[1] et l'autre marchand de drap de soie, lesquels, de toute ancienneté, se portoient fort bonne affection, et se hantoient familièrement. Au moyen de quoi, le fils du politique, nommé Jacques, jeune homme assez mettable en bonne compagnie, fréquentoit souvent, sous la faveur de son père, au logis du marchand; mais c'étoit à cause d'une belle fille qu'il avoit, nommée Françoise. Et fit Jacques si bien ses menées envers Françoise, qu'il connut qu'elle n'étoit pas moins aimante qu'aimée. Mais, sur ces entrefaites, se dressa le camp de Provence contre la descente de Charles d'Autriche[2], et fut forcé à Jacques de suivre le camp, pour l'état auquel il étoit appelé. Durant lequel camp et dès le commencement, son père alla de vie à trépas, dont la nouvelle lui apporta double ennui, l'un pour la perte de son père, l'autre pour l'incommodité de ne voir si souvent sa bien-aimée comme il espéroit à son retour. Toutefois, avec le temps, l'un fut oublié, l'autre s'augmenta; car, comme la mort est chose naturelle, principalement au père plutôt qu'aux enfants, aussi la tristesse s'en écoule peu à peu. Mais l'amour, au lieu de nous apporter mort, nous rapporte vie, en nous communiquant la propagation des enfants, qui nous rendent immortels; et cela est une des principales causes d'augmenter nos désirs. Jacques, donques, étant de retour à Paris, n'avoit autre soin ni pensement, que de se remettre au train de la fréquentation vulgaire du marchand, pour, sous ombre de pure amitié, faire trafic de sa plus chère marchandise. D'autre part, Françoise, pendant son absence, avoit été fort sollicitée d'ailleurs, tant à cause de sa beauté que de son bon esprit, et aussi, qu'elle étoit, longtemps y avoit, mariable; combien que le père ne s'en mit pas fort en son devoir, fût ou pour son avarice, ou pour trop désir de la bien colloquer[1] comme fille unique. Ce qui n'apportoit rien à l'honneur de la fille, pource que les personnes de maintenant se scandalisent beaucoup plus tôt que l'occasion ne leur est donnée, et principalement, quand c'est en quelque point qui touche la pudicité de la belle fille ou femme. Cela fut cause que le père ne fit point le sourd ni l'aveugle au vulgaire caquet, et ne voulut ressembler à beaucoup d'autres, qui, au lieu de censurer les vices, semblent y provoquer leurs femmes et enfants; car il la tenoit de si court, que ceux mêmes qui n'y tendoient que sous voile de mariage, n'avoient point ce moyen de la voir, que bien peu, encore étoit-ce toujours avec sa mère. Il ne faut pas demander si cela fut fort aigre à supporter à Jacques, ne pouvant résoudre en son entendement, que telle austérité se gardât sans quelque autre occasion, tellement qu'il vacilloit fort entre amour et jalousie. Si est-ce qu'il se résolut d'en avoir la raison à péril que ce fût; mais premièrement, pour connoître si elle étoit encore de même affection qu'auparavant, il alla tant et vint, qu'un matin à l'église, oyant la messe assez près d'elle, il aperçut, à sa contenance, qu'elle n'étoit moins aise de le voir, que lui, elle; aussi, lui, connoissant la mère n'être si sûre que le père, print quelquefois, comme inopinément, la hardiesse, en les voyant aller de leur logis jusques à l'église, de les accoster avec une familière et vulgaire révérence, et sans se trop avantager, le tout expressément, et afin de mieux parvenir à ses attentes. Bref, en approchant le bout de l'an de son père, il se délibéra, au changement du deuil, de se mettre sur le bon bout, et faire honneur à ses ancêtres, et en tint propos à sa mère, qui le trouva bon, désirant fort de le voir bien marié, pource qu'elle n'avoit pour tous enfants, que lui, et une fille jà mariée bien et honnêtement. Et, de fait, comme damoiselle d'honneur qu'elle étoit, lui poussoit encore le cœur à la vertu par infinité d'exemples d'autres jeunes gens de son âge, qui s'avançoient d'eux-mêmes, au moins qui se montroient dignes du lieu d'où ils étoient descendus. Ne restoit plus que d'aviser où ils se fourniroient. Mais la mère dit: « Je suis d'avis, Jacques, d'aller

---

[1] Attaché au service du roi, employé par le gouvernement.

[2] Ce fut dans l'été de 1536 que Charles-Quint entra en Provence par le Piémont et alla faire le siège de Marseille; mais, vaincu par la disette et les maladies qui décimaient son armée, il fut forcé de se retirer honteusement.

[1] Marier, établir.

chez le compère sire Pierre (c'étoit le père de Françoise); il est de nos amis, il ne nous voudroit pas tromper. » Sa mère le chatouilloit bien où il se démangeoit. Néanmoins il tint bon, disant : « Nous en prendrons là où nous trouverons notre meilleur et à meilleur marché. Toutefois, dit-il, à cause de la connoissance de feu mon père, je suis bien content que nous y allions premier qu'ailleurs. » Ainsi fut prins le complot pour un matin, que la mère et le fils allèrent voir le sire Pierre, qui les recueillit fort bien. Comme vous savez que les marchands ne manquent point de telles drogues, si firent déployer grande quantité de draps de soie de toutes sortes, et choisirent ce qui leur en falloit; mais ils ne purent tomber d'accord. Ce que Jacques faisoit à propos, pource qu'il ne voyoit point la mère de s'amie; et fallut, à la fin, qu'ils s'en allassent, sans rien faire, voir ailleurs quel il y faisoit [1]. Mais Jacques n'y trouvoit rien si beau, que chez s'amie, où ils retournèrent quelque temps après. Lors s'y trouva la dame, qui leur fit le meilleur recueil du monde; et, après les menées qui se font en telles boutiques, la femme du sire Pierre, tenant encore plus roide que son mari, Jacques lui dit : « Et dea, madame, vous êtes bien rigoureuse! Voilà que c'est, nous avons perdu notre père, on ne nous connoît plus. » Et fit semblant de pleurer et de s'essuyer les yeux pour la souvenance paternelle, mais c'étoit afin de faire sa menée. La bonne femme vefve mère de Jacques, y alla à la bonne foi, dit aussi : « Depuis sa mort, nous ne nous sommes non plus fréquentés, que si jamais ne nous fussions vus; voilà le compte que l'on tient des pauvres femmes vefves. » Alors se racontèrent-elles des nouvelles caresses, se promettant de se visiter plus souvent que jamais. Et comme ils étoient en ces termes, vinrent d'autres marchands, que le maître mena lui-même en son arrière-boutique. Et le jeune homme, voyant son apoint [2], dit à sa mère : « Mais, mademoiselle, j'ai vu que madame venoit bien souvent, les fêtes, visiter les saints lieux qui sont en nos quartiers; et principalement la religion [3]; si quelquefois elle daignoit en passant prendre son vin, elle nous feroit plaisir et honneur. » La marchande, qui n'y pensoit en nul mal, lui répondit qu'il y avoit plus de quinze jours qu'elle avoit délibéré d'y faire un voyage, et que, si le prochain dimanche ensuivant il faisoit beau, elle pourroit bien y aller : qui ne seroit pas sans passer par le logis de la damoiselle et la visiter. Cette conclusion prise, aussi fut celle du marché des draps de soie; car il ne falloit pas, pour quelque peu d'argent, laisser fuir si belle occasion. Le complot prins, et la marchandise emportée, Jacques, connoissant ne pouvoir bien lui seul faire une telle entreprise, fut contraint se déclarer à un sien fidèle ami : si se conseillèrent si bien ensemble, qu'il ne restoit que l'exécution. Parquoi, le dimanche venu, la marchande et sa fille ne faillirent, au retour de leurs dévotions, de passer par le logis de la damoiselle vefve, où elles la trouvèrent avec une sienne voisine, devisant en une galerie du jardin, et la fille de la vefve, qui alors se promenoit par les allées du jardin avec Jacques et Olivier. Lui, aussitôt qu'il vit s'amie, se forma [1] en sorte qu'il ne changea nullement de contenance. Si alla donc en ce bon visage recevoir la mère et la fille, et aussi, comme c'est l'ordinaire que les vieux cherchent les vieux, ces trois dames s'assirent sur un banc qui leur faisoit tourner le dos vers le jardin, dans lequel peu à peu les deux amants entrèrent, se promenant jusques au lieu où étoient les deux autres; et, ainsi de compagnie, ils s'entre-caressèrent quelque peu, et puis se réunirent au promenoir, où le jeune homme conta si bien son piteux cas à Françoise, qu'elle ne pouvoit accorder et si n'osoit refuser ce que son ami demandoit, tellement qu'il connut qu'elle étoit bien forte aux altères [2]. Mais il faut entendre que, pendant qu'ils tenoient ces propos, ils passoient et repassoient souvent au long de l'abri où étoient assises les bonnes femmes, afin de leur ôter tout soupçon; parlant toutefois de propos vulgaires et familiers, et quelquefois un peu rageant [3] folâtrement parmi le jardin. Et y furent ces bonnes femmes si accoutumées par l'espace d'une demi-heure, qu'à la fin Jacques fit le signe à Olivier, qui joua fort bien son personnage envers l'autre fille qu'il tenoit, en sorte qu'elle ne s'aperçut point que les amants entrèrent

---

[1] C'est-à-dire : voir ailleurs si la marchandise étoit meilleure et moins chère.
[2] Le moment favorable. — [3] Les couvents.

[1] Se prépara, se composa le visage, dissimula.
[2] Inquiétudes d'esprit, émotions de cœur.
[3] Faisant rage, courant çà et là comme des fous.

dans un préau couvert de cerisiers et bien clos de haies de rosiers et de groseillers fort hauts, là où ils firent semblant d'aller abattre des amandes à un coin du préau ; mais ce fut pour abattre prunes. Aussi, Jacques, au lieu de baisser la cotte verte à s'amie, lui baissa la cotte rouge[1], en sorte que la couleur lui en vint au visage, pour s'être trouvée surprise plus tôt qu'elle ne pensoit. Si eurent-ils si habilement cueilli leurs prunes, pource qu'elles étoient mûres, qu'Olivier même ne le pouvoit croire, n'eût été qu'il vit la fille tirant la vue contrebas et montrant visage honteux ; qui lui donna marque de la vérité, pource qu'auparavant elle alloit la tête levée sans craindre qu'on vît en l'œil la veine qui doit être rouge avoir prins couleur azurée[2] ; de quoi Jacques s'apercevant, la remit en son naturel par remontrances à ce nécessaires. Toutefois, en faisant encore deux ou trois tours de jardin, ce ne fut point sans larmes et soupirs, et sans dire maintes fois : « Hélas ! étoit-ce pour cela que vous m'aimiez ? Si je l'eusse pensé, mon Dieu ! Que ferai-je ? me voilà perdue pour toute ma vie. En quelle estime m'aurez-vous dorénavant ? Je me tiens assurée que vous ne tiendrez plus compte de moi, au moins si vous êtes du nombre de ceux qui n'aiment que pour leur plaisir. Hélas ! que ne suis-je plutôt morte, que de tomber en cette faute ! » Ce n'étoit pas sans verser force larmes qu'elle tenoit ces propos ; mais Jacques la réconforta si bien avec tant de promesses et serments, qu'avant qu'ils eussent parachevé trois autres tours de jardin et qu'il eût fait le signe à son compagnon, ils rentrèrent encore au préau par un autre chemin, où elle ne sut si bien faire, qu'elle ne reçût plus de plaisir à la seconde cotte-verte[3] qu'à la première ; voire, et s'en trouva si bien dès l'heure, qu'ils prirent délibération pour aviser comment ils se pourroient revoir plus souvent et plus à leur aise, en attendant le bon loisir du père. A quoi leur aida grandement une jeune femme, voisine du sire Pierre, qui étoit aucunement parente du jeune homme et bien amie de Françoise. En quoi ils ont continué sans scandale (à ce que je puis entendre) jusques à la consommation du mariage, qui s'est trouvé bien riche pour une fille de marchand, car elle étoit seule. Vrai est que Jacques a attendu le meilleur du temporel jusques au décès du père, qui étoit si serrant, qu'il lui sembloit que ce qu'il tenoit en une main, l'autre lui déroboit.

« Voilà, mesdames, une amitié bien commencée, bien continuée et mieux finie ; car encore que ce soit le commun d'entre vous, hommes, de dédaigner une fille ou femme depuis qu'elle vous a été libérale de ce que vous cherchez le plus en elle, si est-ce que ce jeune homme étant poussé de bonne et sincère amour, et ayant connu en son amie ce que tout mari désire en la fille qu'il épouse, et aussi la connoissant de bonne lignée et sage, au reste de[1] la faute que lui-même avoit commise, ne voulut point adultérer[2] ni être cause ailleurs d'un mauvais mariage ; en quoi je le trouve grandement louable. — Si est-ce, dit Oisille, qu'ils sont tous deux dignes de blâme, voire le tiers aussi, qui se faisoit ministre ou du moins adhérent à tel violement. — Appelez-vous cela *violement*, dit Saffredant, quand les deux parties en sont bien d'accord ? Est-il meilleur mariage, que celui-là qui se fait ainsi d'amourettes ? C'est pourquoi on dit en proverbe, que les mariages se font au ciel, mais cela ne s'entend pas de mariages forcés ni qui se font à prix d'argent, et qui sont tenus pour bien approuvés depuis que le père et la mère y ont donné consentement. — Vous en direz ce que vous voudrez, répliqua Oisille ; si faut-il que nous reconnoissions l'obéissance paternelle, et, par défaut d'icelle, avoir recours aux autres parents. Autrement, s'il étoit permis à tous et toutes de se marier à volonté, quants mariages cornus trouveroit-on ! Est-il à présupposer qu'un jeune homme et une fille de douze à quinze ans, sachent ce qui leur est propre ? Qui regarderoit bien le contenement[3] de tous les ma-

---

[1] C'est-à-dire : au lieu d'abaisser les branches de l'arbre vers son amie, lui mit à bas sa cotte rouge. Cette expression figurée auroit un tout autre sens avec le verbe *donner* à la place de *baisser*, comme on l'a mis dans l'édition *en beau langage* de 1690 ; car *donner une cotte verte*, c'est jeter une fille sur l'herbe, et *donner une cotte rouge*, c'est lui ôter sa virginité.
[2] On croyait alors reconnaître la virginité des femmes à certains signes extérieurs ; ainsi, on prétendait que la petite veine qui traverse l'œil devait être rouge chez les filles vierges, et azurée chez celles qui ne l'étaient plus.
[3] C'est-à-dire, quand il l'eut jetée une seconde fois sur l'herbe.

[1] Pour *en suite de*, après. — [2] Faire une espèce d'adultère. — [3] Manière d'être, état, situation.

riages, on trouveroit qu'il y en a pour le moins autant de ceux qui se sont faits par amourettes, dont les issues en sont mauvaises, que de ceux qui ont été faits forcément ; pource que ces jeunes gens, qui ne savent ce qui leur est propre, se prennent au premier qu'ils trouvent, sans considération ; puis, peu à peu ils découvrent leurs erreurs, qui les fait entrer en de plus grandes ; là où, au contraire, la plupart de ceux qui se font forcément, procèdent du discours de ceux qui ont plus vu et ont plus de jugement que ceux à qui plus il touche ; en sorte que, quand ils viennent à sentir le bien qu'ils ne connoissoient, ils le savourent et embrassent beaucoup plus avidement et de plus grande affection. — Voire mais, vous ne dites pas, madame, dit Hircan, que la fille étoit en haut âge, nubile, connoissant l'iniquité du père, qui laissoit moisir son pucelage, de peur de démoisir ses écus. Et ne savez-vous pas que la nature est coquine ? Elle aimoit, elle étoit estimée, elle trouvoit son bien prêt et se pouvoit souvenir du proverbe, que tel refuse qui après muse. Toutes ces choses, avec la prompte exécution du poursuivant, ne lui donnèrent pas loisir de se rebeller ; aussi avez ouï, qu'incontinent après on connut bien à sa face, qu'il y avoit en elle quelque mutation notable. C'étoit peut-être l'ennui du peu de loisir qu'elle eut pour enjuger si telle chose étoit bonne ou mauvaise ; car elle ne se fit pas grandement tirer l'oreille pour en faire le second essai. — Or, de ma part, dit Longarine, je n'y trouverois point d'excuse, si ce n'étoit l'approbation de la foi du jeune homme, qui, se gouvernant en homme de bien, ne l'a point abandonnée, ains l'a bien voulue telle qu'il l'avoit faite ; en quoi il me semble grandemement louable, vu la corruption dépravée de la jeunesse du temps présent ; non pas, pour cela, que je veuille excuser la première faute, qui l'accuse tacitement d'un rapt, pour le regard de la fille, et de subornation à l'endroit de la mère. — Et point, point, dit Dagoucin : il n'y a rapt ni subornation ; tout s'est fait de pur consentement, tant du côté des deux mères, pour ne l'avoir empêché, bien qu'elles aient été déçues, que du côté de la fille, qui s'en est bien trouvée ; aussi, ne s'en est-elle jamais plainte. — Tout cela ne procède, dit Parlamente, que de la grande bonté et simplicité de la marchande, qui, sous titre de bonne foi, mena, sans y penser, sa fille à la boucherie. — Mais [1] aux noces, dit Simontault ; tellement, que cette simplicité ne fut moins proufitable à la fille, que dommageable à celle qui se laissoit trop aisément tromper par son mari. — Or, puisque vous en savez le conte, dit Nomerfide, je vous donne ma voix pour nous le réciter. — Et aussi je n'y ferai faute, dit Simontault, mais que vous promettiez de ne pleurer point. Ceux qui disent, mesdames, que votre malice passe celle des hommes, auroient bien affaire de mettre un tel exemple en avant, que celui que maintenant je vous vais raconter, où je prétends non-seulement vous déclarer la grande malice d'un mari, mais aussi la très-grande simplicité et bonté de sa femme. »

NOUVELLE XLV.

Un mari, baillant les innocents [2] à sa chambrière, trompoit la simplicité de sa femme.

En la ville de Tours, y avoit un homme fort subtil et de bon esprit, lequel étoit tapissier de feu M. le duc d'Orléans [3], fils du roi François Ier. Et, combien que ce tapissier, par fortune de maladie, fût devenu sourd, si n'avoit-il diminué son bon entendement ; car il n'y en avoit point de plus subtil de son métier ; et d'autres choses, vous verrez comment il s'en savoit aider. Il avoit épousé une honnête et femme de bien, avec laquelle il vivoit en grand'paix et repos. Il craignoit fort de lui déplaire ; elle aussi, ne cherchoit qu'à lui obéir en toutes choses ; mais, avec la bonne amitié qu'il lui portoit, étoit si charitable, que souvent il donnoit à ses voisines ce qui appartenoit à sa femme, combien que ce fût le plus secrètement qu'il pouvoit. Ils avoient en leur maison une chambrière fort en bon point, de laquelle le tapissier fut amou-

---

[1] *Mais* est employé ici dans le sens de *plutôt*.

[2] Selon un très-ancien et très-naïf usage, répandu non-seulement en France, mais dans toute l'Europe, les jeunes gens cherchaient, le matin de la fête des saints Innocens, à surprendre les femmes au lit, et, quand ils y réussissaient, ils pouvaient corriger la paresse des dormeuses en leur donnant le fouet avec la main. On conçoit que souvent le jeu ne s'arrêtait pas là. Voyez sur cette singulière coutume une Nouvelle intitulée, *le Jour des Innocens*, dans les *Soirées de Walter Scott*.

[3] Charles de France, duc d'Orléans, troisième fils de François Ier et de Claude de France, né en 1521, conduisit plusieurs fois les armées du roi son père. Ce prince promettait de faire un grand capitaine, lorsqu'il mourut d'une pleurésie en 1545.

reux; toutefois, craignant que sa femme le sût, faisoit souvent semblant de la tancer et reprendre, disant que c'étoit la plus paresseuse garse que jamais il avoit vue, et qu'il ne s'en ébahissoit pas, vu que sa maîtresse jamais ne la battoit. Et, un jour qu'ils parloient de donner les innocents, le tapissier dit à sa femme : « Ce seroit belle aumône de les donner à cette paresseuse garse que vous avez; mais il ne faudroit pas que ce fût de votre main, car elle est trop foible, et votre cœur trop piteux[1]. Si est-ce que je voulois employer la mienne? Nous serions mieux servis d'elle que nous ne sommes. » La pauvre femme, qui ne pensoit en nul mal, le pria d'en vouloir faire l'exécution, confessant qu'elle n'avoit le cœur ne la force pour la battre. Le mari, qui accepta volontiers cette commission, faisant le rigoureux bourreau, fit acheter des verges, des plus fines qu'il put trouver. Et, pour montrer le grand désir qu'il avoit de ne l'épargner point, les fit tremper dedans de la saumure, en sorte que la pauvre femme eut plus de pitié de sa chambrière, que de doute de son mari. Le jour des Innocents venu, le tapissier se leva de bon matin, et s'en alla en la chambre haute, où la chambrière étoit toute seule, et là lui bailla les innocents, d'autre façon qu'il n'avoit dit à sa femme. La chambrière se print fort à pleurer, mais rien ne lui valut. Toutefois, de peur que sa femme y survînt, commença à frapper des verges sur le bois du lit, tant qu'il les écorcha et rompit, et ainsi rompues, les apporta à sa femme, lui disant : « M'amie, je crois qu'il souviendra des innocents à votre chambrière. » Après que le tapissier s'en fut allé hors de la maison, la chambrière se vint jeter à deux genoux devant sa maîtresse, lui disant que son mari lui avoit fait plus grand tort que jamais on fit à chambrière. Mais la maîtresse, cuidant que ce fût à cause des verges qu'elle pensoit lui avoir été données, ne la laissa pas achever son propos, mais lui dit : « Mon mari a bien fait, car il y a plus d'un mois que je suis après lui pour l'en prier; et, si vous avez du mal, j'en suis bien aise, et ne vous en prenez qu'à moi; et encore n'en a-t-il pas tant fait qu'il devoit. » La chambrière, voyant que sa maîtresse approuvoit un tel cas, pensa que ce n'étoit pas un si grand péché qu'elle cuidoit, vu que celle, que l'on estimoit tant femme de bien, en étoit occasion;

[1] Enclin à la pitié.

et n'en osa plus parler depuis. Et le maître, voyant que sa femme étoit aussi contente d'être trompée, que lui, de la tromper, délibéra de la contenter souvent, et gagna si bien cette chambrière, qu'elle ne pleuroit plus pour avoir les innocents. Il continua cette vie longuement, sans que sa femme s'en aperçût, tant que les grandes neiges vinrent. Et tout ainsi que le tapissier avoit donné les innocents à sa chambrière sur l'herbe en son jardin, il lui en voulut donner sur la neige. Et, un matin, avant que personne fût éveillé en sa maison, la mena tout en chemise faire le crucifix sur la neige, et en se jouant tous deux à se bailler de la neige l'un à l'autre, n'oublièrent le jeu des innocents. Ce qu'avisa une de leurs voisines, qui s'étoit mise à la fenêtre, qui regardoit tout droit sur le jardin, pour voir quel temps il faisoit, et, voyant cette vilenie, fut si courroucée, qu'elle se délibéra de le dire à sa bonne commère, afin qu'elle ne se laissât plus tromper d'un si mauvais mari, ni servir d'une si méchante garse. Le tapissier, après avoir fait tous ses beaux jeux, regarda à l'entour de lui si personne ne l'avoit vu, et avisa sa voisine à la fenêtre, dont il fut fort marri; mais, lui, qui savoit donner couleur à toute tapisserie, pensa si bien colorer ce fait, que sa commère seroit aussi bien trompée que sa femme, et, sitôt qu'il fut recouché, fit lever du lit sa femme en chemise et la mena au jardin, où il avoit mené sa chambrière, et se joua longtemps avec elle avec de la neige, comme il avoit fait avec l'autre, et puis, lui bailla les innocents ainsi qu'à sa chambrière, et après s'en allèrent tous deux coucher. Quand cette bonne femme alla à la messe, sa voisine et bonne amie ne faillit de s'y trouver, et du grand zèle qu'elle avoit, lui pria, sans lui en vouloir dire davantage, qu'elle voulût chasser sa chambrière, et que c'étoit une très-mauvaise et dangereuse garse. Ce qu'elle ne voulut faire, sans savoir pourquoi la voisine l'avoit en si mauvaise estime : qui enfin lui compta comme elle l'avoit vue au matin en son jardin avec son mari. La bonne femme se print bien fort à rire, en lui disant : « Hélas, ma commère, m'amie, c'étoit moi. — Comment, ma commère! dit l'autre, elle étoit tout en chemise, au matin environ les cinq heures. » La bonne femme lui répondit : « Par ma foi! ma commère, c'étoit

[1] La fin de cette Nouvelle a été imitée par La Fontaine dans le conte de *la Servante justifiée*, II, 6.

moi. » L'autre, continuant son propos : « Ils se bailloient, dit-elle, de la neige l'un à l'autre, puis aux tétins, puis en autre lieu, aussi privément qu'il étoit possible. » La bonne femme lui dit : « Hé, hé, ma commère, c'étoit moi. — Voire, ma commère, ce dit l'autre, mais je les ai vus sur la neige faire telle chose, et telle qui me semble n'être belle ni honnête. — Ma commère, dit l'autre, je le vous ai dit, et je le dis encore, que c'étoit moi, et non autre qui ai fait tout ce que vous me dites ; mais mon mari et moi jouons ainsi privément. Je vous prie ne vous en scandalisez point : vous savez que nous devons complaire à nos maris. » Ainsi s'en retourna la commère plus désireuse d'avoir un tel mari, qu'elle n'étoit à venir demander celui de sa bonne commère. Et, quand le tapissier fut retourné, sa femme lui fit le conte tout au long de sa commère. « Or, regardez m'amie, répondit le tapissier, si vous n'étiez femme de bien et de bon entendement, longtemps y a que nous fussions séparés l'un de l'autre ; mais j'espère que Dieu nous conservera en notre bonne amitié à sa gloire et à notre contentement. — Amen, mon ami ! dit la bonne femme, j'espère, que de mon côté, vous n'y trouverez jamais faute. »

« Celui seroit bien incrédule, mesdames, qui, après avoir vu une telle et si véritable histoire, jugeroit qu'il y eût en vous telle malice qu'aux hommes, combien que, sans faire tort à nul, pour bien louer à la vérité l'homme et la femme, l'on ne peut faillir de dire que l'un et l'autre ne vaut rien. — Cet homme-là, dit Parlamente, étoit merveilleusement mauvais ; car, d'un côté, il trompoit sa chambrière, et, de l'autre, sa femme. — Vous n'avez pas donc bien entendu le conte, dit Hircan, pource qu'il est dit qu'il les contenta toutes deux en une matinée ; que je trouve un grand acte de vertu, tant au corps qu'à l'esprit, de savoir dire et faire deux contraires contents. — En cela, répondit Parlamente, il est doublement mauvais, de satisfaire à la simplesse de l'une par mensonge, et à la malice de l'autre par son vice. Mais j'entends bien que ces péchés-là, mis devant tel juge que vous, seront toujours pardonnés. — Si, vous assurai-je, dit Hircan, que je ne ferai jamais si grande ni si difficile entreprise. Car, mais que¹ je vous rende compte,

¹ Pourvu que.

je n'aurai pas mal employé ma journée. — Si l'amour réciproque, dit Parlamente, ne contente le cœur, toute autre chose ne le peut contenter. — De vrai, dit Simontault, je crois qu'il n'y a au monde plus grande peine, que d'aimer et n'être point aimé. — Je vous crois, dit Oisille, et si, me souvient à ce propos d'un conte que je n'avois déliberé de mettre au rang des bons : toutefois, puisqu'il vient à propos, je suis contente de m'en acquitter. »

NOUVELLE XLVI.

D'un cordelier, qui fait grand crime envers les maris de battre leurs femmes.

Dans la ville d'Angoulême, où se tenoit souvent le comte Charles¹, père du roi François, y avoit un cordelier nommé de Valles², homme savant et fort grand prêcheur, en sorte que, les Avents, il prêcha en la ville devant le comte ; dont sa réputation augmenta encore davantage. Si advint que, durant les Avents, un jeune étourdi de la ville, ayant épousé une assez belle jeune femme, ne laissoit pour cela de courir partout, autant et plus dissolument que les bien mariés. De quoi la jeune femme, avertie, ne se pouvoit taire, tellement que, bien souvent en passant, elle en recevoit ses gages³ plus tôt ; et d'autre façon qu'elle n'eût voulu, et toutefois, elle ne laissoit, pour cela, de continuer en ses lamentations, et quelquefois jusqu'à injures : parquoi le jeune homme s'irrita en sorte qu'il la battit à sang et marque, dont elle se print à crier plus que devant ; et pareillement ses voisines, qui savoient l'occasion, ne se pouvoient taire, ains crioient publiquement par les rues, disant : « Et fi, fi, de tels maris ! au diable, au diable ! » De bonne encontre⁴ le cordelier de Valles passoit lors par là, qui entendit le bruit et l'occasion : si se délibéra d'en toucher un mot le lendemain à sa prédication, comme il n'y faillit pas ; car, faisant venir à propos le mariage et l'amitié que nous y devons garder, il le collauda⁵ grandement, blâmant les infracteurs

¹ Le comte Charles d'Angoulême étant mort en 1596, le fait raconté dans la Nouvelle est antérieur à cette année-là.
² C'est sans doute le même qu'un Robert de Valle qui a publié *Explanatio in Plinium*. Paris, Geslier, 1500, in-4°.
³ Expression proverbiale signifiant qu'elle en étoit payée. — ⁴ Cette expression équivaut à *par bonheur*.
⁵ Vanta.

d'icelui, et faisant comparaison de l'amour conjugale à l'amour paternelle. Et si dit, entre autres choses, qu'il y avoit plus de danger et plus grièvre punition à un mari de battre sa femme, que de battre son père ou sa mère: « Car, dit-il, si vous battez votre père ou votre mère, on vous envoiera pour pénitence à Rome; mais, si vous battez votre femme, elle et toutes ses voisines vous envoieront à tous les diables, c'est-à-dire en enfer. Or, regardez quelle différence il y a entre ces deux pénitences, car, de Rome, on en revient ordinairement, mais d'enfer, ah! on n'en revient point, *nulla est redemptio.* » Depuis cette prédication, il fut averti que les femmes faisoient leurs Achilles[1] de ce qu'il avoit dit, et que les maris ne pouvoient plus chevir[2] d'elles; à quoi il s'advisa de mettre ordre, comme à l'inconvénient de femme. Et, pour ce faire, en l'un de ses sermons, il accompara les femmes au diable, disant que ce sont les deux plus grands ennemis de l'homme, et qui le tentent sans cesse, et desquels il ne se peut dépêtrer, et par spécial, de la femme: « Car, dit-il, quant aux diables, en leur montrant la croix, ils s'enfuient, et les femmes, tout au rebours; c'est cela qui les apprivoise, qui les fait aller et courir, et qui fait qu'elles donnent à leurs maris infinité de passions[3]. Mais savez-vous que vous y ferez, bonnes gens, quand vous verrez que vos femmes vous tourmenteront ainsi sans cesse, comme elles ont accoutumé? démanchez la croix, et du manche chassez-les au loin; vous n'aurez point fait trois ou quatre fois cette expérience vivement, que vous ne vous en trouviez bien, et verrez que, tout ainsi que l'on chasse le diable en vertu de la croix, aussi chasserez-vous et ferez taire vos femmes en la vertu du manche de ladite croix, pourvu qu'elle n'y soit plus attachée. »

« Voilà une partie des prédications de ce vénérable de Valles, de la vie duquel je ne vous ferai autre récit, et pour cause, mais bien vous dirai-je quelque bonne mine qu'il fit (car je l'ai connu), qu'il tenoit beaucoup plus le parti des femmes que celui des hommes. — Si est-ce, madame, dit Parlamente, qu'il ne la montra pas à ce dernier sermon, donnant instruction aux hommes de les maltraiter. — Or, vous n'entendez pas sa ruse, dit Hircan; aussi n'êtes-vous pas exercitée[1] à la guerre, pour user des stratagèmes y requis, entre lesquels celui-ci est un des plus grands: savoir et mettre sédition civile dans le camp de son ennemi, pource que lors il est trop plus aisé à vaincre. Aussi, ce maître moine connoissoit bien, que la haine et courroux d'entre le mari et la femme, sont plus souvent cause de faire lâcher la bride à l'honnêteté des femmes, laquelle honnêteté s'émancipant de la garde de la vertu, se trouve plutôt entre les mains des loups, qu'elle ne pense être égarée. — Quelque chose qu'il en soit, dit Parlamente, je ne pourrois aimer celui qui auroit mis diverse[2] entre mon mari et moi, mêmement jusques à venir aux coups; car, au battre, faut l'amour. Et toutefois (à ce que j'en ai ouï dire), ils font si bien les chattemites, quand ils veulent avoir quelque avantage sur quelqu'une, et sont de si attrayante manière en leur propos, que je croirois bien qu'il y auroit plus de danger de les écouter en secret, que de recevoir publiquement des coups d'un mari, qui, au reste de cela, seroit bon. — A la vérité, dit Dagoucin, ils ont tellement découvert leurs menées, de toutes parts, que ce n'est point sans cause, que l'on les doit craindre; combien qu'à mon opinion la personne qui n'est point soupçonneuse, est digne de louange. — Toutefois, dit Oisille, l'on doit soupçonner le mal qui est à éviter; car il vaut mieux soupçonner le mal qui n'est point, que de tomber par sottement croire, en celui qui est. De ma part, je n'ai jamais vu femme trompée, pour être tardive à croire la parole des hommes, mais ouï bien plusieurs pour trop promptement ajouter foi à leur mensonge; parquoi, je dis, que le mal qui peut advenir ne se peut jamais trop soupçonner de ceux qui ont charge d'hommes, femmes, villes et États. Car, encore quelque bon guet que l'on fasse, la méchanceté et les trahisons règnent assez, et le pasteur, qui n'est vigilant, sera toujours trompé par les finesses du loup. — Si est-ce, dit Dagoucin, que la personne soupçonneuse ne peut entretenir un parfait ami, et assez sont séparés pour un soupçon seulement. — Si vous en savez quelque exemple, dit Oisille, je vous donne ma

---

[1] C'est-à-dire, se faisaient fortes.
[2] Venir à bout. Dans le langage familier on dit encore aujourd'hui *ne pouvoir jouir de quelqu'un*. On a fait ainsi *jouir* de *chérir*, par corruption.
[3] Tourmens, peines.

---

[1] Exercée. — [2] Querelle, division.

voix pour le dire. — J'en sais un si véritable, dit Dagoucin, que vous prendrez plaisir à l'ouïr. Je vous dirai, mesdames, ce qui plus facilement rompt une bonne amitié : c'est quand la sûreté de l'amitié commence à donner lieu au soupçon. Car, ainsi que croire l'ami est le plus grand honneur qu'on lui puisse faire, aussi se douter[1] de lui est le plus grand déshonneur; pource que, par cela, on l'estime autre que l'on ne veut qu'il soit : qui est cause de rompre beaucoup de bonnes amitiés et rendre les amis ennemis, comme vous verrez par le conte que je vous vais faire. »

NOUVELLE XLVII.

Un gentilhomme du Perche, soupçonnant à tort l'amitié de son ami, le provoque à exécuter contre lui la cause de son soupçon[2].

Auprès du pays du Perche, y avoit deux gentilshommes, qui, dès le temps de leur enfance, avoient vécu en si grande et parfaite amitié, que ce n'étoit qu'un cœur, une maison, un lit, une table, et une bourse d'eux deux. Ils vécurent longtemps, continuant cette parfaite amitié, sans que jamais il y eût entre eux deux une seule volonté ou parole, où l'on pût voir la différence des personnes, tant que non-seulement ils vivoient comme deux frères, mais comme un homme tout seul. L'un des deux se maria ; toutefois, ne laissa-t-il à continuer sa bonne amitié, et de toujours vivre avec son bon compagnon, comme il avoit accoutumé. Quand ils étoient en quelque logis étroit, ne laissoit à le faire coucher avec sa femme et lui : il est bien vrai qu'il étoit au milieu[3]. Leurs biens étoient tout en commun, de sorte que, pour le mariage, en cas qui pût advenir, ne sut être empêchée cette parfaite amitié. Mais, au bout de quelque temps, la félicité de ce monde, qui avec soi porte une mutabilité, ne put durer en la maison, qui étoit trop heureuse ; car le mari, oubliant la sûreté qu'il avoit en son ami, sans nulle occasion, print un très-grand soupçon de lui et de sa femme, à laquelle il ne put dissimuler, et lui en tint quelques fâcheux propos, dont elle fut fort étonnée, car il lui avoit commandé de faire en toutes choses, horsmis une, aussi bonne chère à son compagnon comme à soi ; et néanmoins, lui défendoit de parler à lui, si elle n'étoit en grande compagnie. Ce qu'elle fit entendre au compagnon de son mari, lequel ne la crut pas, sachant très-bien qu'il n'avoit pensé ni fait chose dont son compagnon dût être marri ; et, ainsi qu'il avoit accoutumé de ne lui celer rien, lui dit ce qu'il avoit entendu, lui priant de ne lui en celer la vérité ; car il ne vouloit en cela, ni en autre chose, lui donner occasion de rompre l'amitié qu'ils avoient entretenue.

Le gentilhomme marri l'assura qu'il n'y avoit jamais pensé, et que ceux qui avoient semé ce bruit avoient méchamment menti. Son compagnon lui dit : « Je sais bien que la jalousie est une passion aussi importable, comme l'amour ; et quand vous auriez cette opinion, et fût-ce de moi-même, je ne vous en donne point de tort, car vous ne vous en sauriez garder ; mais d'une chose qui est en votre puissance, aurois-je occasion de me plaindre, c'est que me voulsissiez celer votre maladie, vu que jamais passion ou opinion, que vous ayez eue, ne m'a été cachée ; pareillement de moi. Si j'étois amoureux de votre femme, vous ne me le devriez point imputer à méchanceté ; car c'est un feu que je ne tiens pas en ma main, pour en faire à mon plaisir ; mais, si je vous le celois, et cherchois de faire connoître à votre femme par démontrance de mon amitié, je serois le plus méchant compagnon qui oncques fût. De ma part, je vous assure bien que, combien qu'elle soit honnête et femme de bien, c'est la personne que je vis oncques (encore qu'elle ne fût votre femme) où ma fantaisie s'adonneroit aussi peu ; mais, jaçoit qu'il n'y ait point d'occasion, je vous requiers que si en avez le moindre sentiment de soupçon qui puisse être, que vous me le disiez, à cette fin que j'y donne tel ordre que notre amitié, qui a tant duré, ne se rompe pour une femme ; car, quand je l'aimerois plus que toutes les choses du monde, si ne parlerois-je jamais à elle, pource que je préfère votre amour à toute autre. » Son compagnon lui jura, par les plus grands serments qui lui furent possibles, que jamais n'y avoit pensé, et le pria de faire en sa maison comme il avoit

---

[1] Être en doute. On emploie à présent *se douter* dans un autre sens, et l'on dit *douter de quelqu'un*.

[2] Cette Nouvelle a quelque analogie avec celle du *Curieux impertinent* dans *Don Quichotte*.

[3] Autrefois les lits étaient d'une telle largeur, que quatre et même cinq personnes pouvaient y coucher ensemble. C'était un honneur à faire à son hôte que de l'inviter à coucher avec soi et sa femme. Voyez dans les *Cent Nouvelles nouvelles*, la VIIe, intitulée : *Le Charreton à l'arrière-garde*.

accoutumé. L'autre lui répondit : « Puisque vous le voulez, je le ferai ; mais je vous prie que, si après cela vous avez opinion de moi, et que le me dissimuliez, ou que le trouviez mauvais, je ne demeure jamais en votre compagnie. » Au bout de quelque temps qu'ils vivoient tous deux comme ils avoient accoutumé, le gentilhomme marié entra en soupçon plus que jamais, et commanda à sa femme qu'elle ne lui fît plus le visage qu'elle avoit accoutumé ; ce qu'elle dit au compagnon de son mari, le priant de lui-même se vouloir abstenir de parler plus à elle, car elle avoit commandement d'en faire autant de lui. Le gentilhomme entendit, par la parole d'elle, et par quelques contenances qu'il voyoit faire à son compagnon, qu'il ne lui avoit pas tenu promesse ; parquoi, lui dit, en grande colère : « Si vous êtes jaloux, mon compagnon, c'est chose naturelle ; mais, après les serments que vous en avez faits, je ne me puis contenter de ce que me l'avez tant celé ; car j'ai toujours pensé qu'il n'y eut, entre votre cœur et le mien, un seul moyen ni obstacle ; mais, à mon très-grand regret, et sans qu'il y ait de ma faute, je vois le contraire, parce que non-seulement vous êtes bien sot jaloux de votre femme et de moi, mais le voulez couvrir, afin que votre maladie dure si longuement qu'elle tourne du tout en haine ; et, ainsi que l'amour a été la plus grande que l'on ait vue de notre temps, l'inimitié soit la plus mortelle. J'ai fait ce que j'ai pu pour éviter cet inconvénient, mais puisque vous me soupçonnez si méchant et le contraire de ce que je vous ai toujours été, je vous jure et promets ma foi que je suis tel que vous m'estimez, et ne cesserai jamais jusques à ce que j'aie eu de votre femme ce que cuidez que j'en pourchasse ; et dorénavant, gardez-vous de moi ; car, puisque le soupçon vous a séparé de mon amitié, le dépit me séparera de la vôtre. » Et, combien que son compagnon lui voulût faire croire le contraire, si est-ce qu'il n'en crut rien, et retira sa part des meubles et biens qui étoient en commun, et furent, avec leurs cœurs, aussi séparés, qu'ils avoient été unis ; en sorte que le gentilhomme, qui n'étoit point marié, ne cessa jamais qu'il n'eût fait son compagnon cocu, comme il lui avoit promis.

« Ainsi en puisse-t-il prendre, mesdames, à ceux qui, à tort, soupçonnent mal de leurs femmes ; car plusieurs sont cause de les faire telles qu'ils les soupçonnent ; pource qu'une femme de bien est plus tôt vaincue par un désespoir, que par tous les plaisirs du monde. Et qui dit que le soupçon est amour, je lui nie ; car, combien qu'il en sorte, comme la cendre du feu, ainsi le tue-t-il. — Je ne pense point, dit Hircan, qu'il soit un plus grand déplaisir à homme ou à femme, que d'être soupçonné du contraire de la vérité ; et, quant à moi, il n'y a chose qui tant me fît rompre la compagnie de mes amis, que ce soupçon-là. — Si n'est-ce pas excuse raisonnable, dit Oisille, à une femme, de se venger du soupçon de son mari, à la honte de soi-même. C'est faire comme celui qui, ne pouvant tuer son ennemi, se donne un coup d'épée au travers du corps, ou, ne le pouvant égratigner, se mord les doigts. Mais elle eût fait plus sagement de ne parler jamais à lui, pour montrer le tort à son mari, qu'il avoit de la soupçonner ; car le temps les eût tous deux rapaisés. — Si étoit-ce fait en femme de cœur, dit Émarsuitte, et si beaucoup de femmes faisoient ainsi, leurs maris ne seroient pas si outrageux qu'ils sont. — Quoi qu'il y ait, dit Longarine, la patience rend enfin la femme victorieuse, la chasteté louable, et faut que là nous nous arrêtions. — Toutefois, dit Émarsuitte, une femme peut bien être non chaste sans péché. — Comment l'entendez-vous ? dit Oisille. — Quand elle en prend un autre pour son mari, répondit Émarsuitte. — Et qui est plus sotte, dit Parlamente, qui ne connoît bien la différence de son mari ou d'un autre, en quelque habilement qu'il se puisse déguiser ? — Il y en a eu, et encore y en a, dit Émarsuitte, qui ont été trompées, demeurant incontentes et incoupables de péché. — Si vous en savez quelqu'une, dit Dagoucin, je vous donne ma voix pour la dire ; car je trouve bien étrange qu'innocence et péché puissent être ensemble. — Or, écoutez doncques, dit Émarsuitte, si, par les contes précédents, mesdames, vous n'êtes assez averties, qu'il fait dangereux loger chez soi ceux qui nous appellent mondains, et qui s'estiment être chose sainte, et plus digne que nous, j'en ai bien voulu encore ici mettre un exemple, pour vous montrer qu'ils sont hommes comme les autres, et autant malicieux qu'eux ; comme vous verrez par cette histoire. »

NOUVELLE XLVIII.

Deux cordeliers, une première nuit de noces, prindrent, l'un après l'autre, la place de l'époux, dont ils furent bien châtiés.

Dans un village au pays de Périgord, en une hôtellerie, furent faites les noces d'une fille de léans, où tous les parents et amis s'efforcèrent faire la meilleure chère qu'il leur étoit possible. Durant le jour des noces, arrivèrent léans deux cordeliers, auxquels on donna à souper en leur chambre; vu que ce n'étoit point leur état d'assister aux noces; mais le principal d'eux, qui avoit plus d'autorité et de malice, pensa que, puisqu'on le séparoit de la table, qu'il auroit part au lit, et qu'il leur joueroit un tour de son métier. Quand le soir fut venu et que les danses commencèrent, le cordelier, par une fenêtre, regarda longtemps la mariée, qu'il trouva fort belle et à son gré, et s'enquérent soigneusement aux chambrières de la chambre où elle devoit coucher, trouva que c'étoit près de la sienne : dont il fut fort aise, faisant si bien le guet pour parvenir à son intention, qu'il vit dérober[1] la mariée, que les vieilles emmenèrent, comme elles ont de coutume; et, pource que c'étoit de fort bonne heure, le marié ne voulut laisser la danse, mais y étoit si affectionné, qu'il sembloit qu'il eût oublié sa femme; ce que n'avoit pas fait le cordelier; car, incontinent qu'il entendit que la mariée étoit couchée, se dépouilla de son habit gris, et s'en alla tenir la place de son mari; mais, de peur d'y être trouvé, n'y arrêta que bien peu, et s'en alla jusques au bout d'une allée, où étoit son compagnon, qui faisoit le guet pour lui, lequel fit signe que le marié dansoit encore. Le cordelier qui n'avoit pas satisfait à sa méchante concupiscence, s'en retourna derechef coucher avec la mariée, jusques à ce que son compagnon lui fit signe qu'il étoit temps de s'en aller. Le marié se vint coucher, et sa femme, qui avoit été tant tourmentée du cordelier, qu'elle ne demandoit que le repos, ne se put tenir de lui dire : « Avez-vous délibéré de ne dormir jamais, et ne faire que me tourmenter? » Le pauvre mari, qui ne faisoit que de venir, fut bien étonné, et lui demanda quel tourment il lui avoit fait, vu qu'il n'avoit parti de la danse ? « C'est bien dansé, dit la pauvre fille ; voici la troisième fois que vous vous êtes venu coucher : il me semble que vous feriez mieux de dormir. » Le mari, oyant ce propos, fut fort étonné, et oublia toutes choses pour entendre la vérité de ce fait ; mais, quand elle lui eut conté, soupçonna que c'étoient les cordeliers, qui étoient logés léans, et se leva incontinent, et alla en leur chambre, qui étoit tout auprès de la sienne, et quand il ne les trouva point, se print à crier à l'aide, si fort, qu'il assembla tous ses amis, lesquels, après avoir entendu le fait, lui aidèrent avec chandelles, lanternes, et tous les chiens du village, à chercher les cordeliers ; et, quand ils ne les trouvèrent point dans les maisons, firent si bonne diligence, qu'ils les attrapèrent dans les vignes, et là furent traités comme il leur appartenoit ; car, après les avoir bien battus, ils leur coupèrent les bras et les jambes, et les laissèrent dedans la vigne, en la garde du dieu Bacchus, et de Vénus, dont ils étoient meilleurs disciples que de saint François.

« Ne vous ébahissez point, mesdames, si telles gens, séparés de notre commune façon de vivre, font des choses que des aventuriers auroient honte de faire. Vous émerveillez-vous qu'ils ne font pis, quand Dieu retire sa main d'eux ; car l'habit ne fait pas toujours le moine, mais souvent, par orgueil, il le défait. — Mon Dieu, dit Oisille, ne serons-nous jamais hors des contes de ces moines ? » Émarsuite dit : « Si les dames, princes et gentilshommes, ne sont point épargnés, il me semble qu'ils ne doivent tourner à déplaisir de ce qu'on daigne parler d'eux ; car la plupart d'eux sont si inutiles, que, s'ils ne faisoient quelque mal digne de mémoire, on n'en parleroit jamais[1]. On dit vulgairement qu'il vaut mieux mal faire que ne rien faire ; et notre bouquet sera plus beau, tant plus il sera rempli de différentes choses. — Si vous me voulez promettre, dit Hircan, de ne vous courroucer point à moi, je vous en raconterai un, de deux personnes, si confites en amour, que vous excuserez le pauvre cordelier d'avoir prins sa nécessité où il a pu trouver, vu que celle qui avoit assez à manger, cherchoit sa friandise

---
[1] Enlever, disparaître.

[1] Cette haine contre les moines, qu'on retrouve dans tous les écrits en vers et en prose des premiers prosélytes de la Réforme, témoigne assez des opinions de la reine de Navarre.

trop indiscrètement. — Puisque nous avons juré de dire la vérité, dit Oisille, aussi avons-nous [1] de l'écouter. Parquoi, vous pouvez parler en liberté ; car les maux que nous disons des hommes et des femmes, ne sont point pour la honte particulière de ceux desquels est fait le conte, mais pour ôter l'estime et la confiance des créatures, en montrant la misère où elles sont sujettes, afin que notre espoir s'arrête et s'appuie à Celui seul qui est parfait, et sans lequel tout homme n'est qu'imperfection. — Or doncques, dit Hircan, sans crainte je raconterai mon histoire. »

NOUVELLE XLIX.

Subtilité d'une comtesse, pour tirer secrètement son plaisir des hommes, et comme elle fut découverte.

En la cour d'un roi de France, nommé Charles, je ne dirai point le quantième, pour l'honneur de celle dont je veux parler, laquelle aussi, je ne nommerai par son nom propre ; il y avoit une comtesse de fort bonne maison ; mais étoit étrangère. Et, pource que toutes choses nouvelles plaisent, cette dame, à sa venue, tant pour la nouveauté de son habillement, que pour la richesse dont il étoit plein, étoit regardée d'un chacun. Et, combien qu'elle ne fût des plus belles, si avoit-elle une grâce avec une audace tant bonne, qu'il n'étoit possible de plus, la parole et la gravité de même ; de sorte qu'il n'y avoit personne qui n'eût crainte de l'aborder, sinon le roi, qui l'aima très-fort, et, pour parler à elle plus privément, donna quelque commission au comte son mari ; en laquelle il demeura fort longuement ; et, durant ce temps, le roi fit grand'-chère avec sa femme. Plusieurs gentilshommes du roi, qui connurent que leur maître en étoit bien traité, prindrent la hardiesse de parler à elle ; et, entre autres, un nommé Astillon, qui étoit fort audacieux et homme de bonne grâce. Au commencement, elle lui tint une si grande gravité, le menaçant de le dire au roi son maître, qu'il en cuida avoir peur ; mais lui, qui n'avoit accoutumé de craindre les menaces d'un bien hardi capitaine, s'assura des siennes, et la poursuivit de si près, qu'elle lui accorda de parler à lui seul ; lui enseignant la manière comme il devoit venir en sa chambre :

[1] Il faut sous-entendre *juré*.

à quoi il ne faillit ; et, afin que le roi n'en eût nul soupçon, lui demanda congé d'aller en quelque voyage ; et s'en partit de la cour. Mais, dès la première journée, laissa tout son train, et s'en vint de nuit recevoir les promesses que la comtesse lui avoit faites : ce qu'elle lui tint. Dont il demeura si satisfait, qu'il fut contraint de demeurer sept ou huit jours enfermé en une garde-robe, sans sortir dehors ; et, là, ne vivoit que de restaurants. Durant les huit jours qu'il étoit caché, vint un de ses compagnons faire l'amour à la comtesse ; lequel avoit nom Duracier. Elle tint les termes à ce second, qu'elle avoit fait au premier, au commencement, en rudes et audacieux, qui tous les jours s'adoucissoient. Et, quand c'étoit le jour qu'elle donnoit congé au premier prisonnier, elle en mettoit un second en sa place. Et, durant qu'il y étoit, un autre sien compagnon, nommé Valnebon, fit pareille office que les deux premiers ; et, après eux, en vint deux ou trois autres, qui tous eurent part à la douce prison. Cette vie dura assez longuement, et fut conduite si finement, que les uns ne savoient rien des autres. Et, combien qu'ils entendissent assez l'amour que chacun lui portoit, si n'y avoit-il nul qui ne pensât en avoir eu seul ce qu'il en demandoit, et se moquoit chacun de son compagnon, qu'il pensoit avoir failli à un si grand bien. Un jour que les gentilshommes dessus nommés étoient en un banquet, où ils faisoient bonne chère, ils commencèrent à parler de leurs fortunes et prisons qu'ils avoient eues durant la guerre. Mais Valnebon, à qui il faisoit mal de celer longuement une si bonne fortune que celle qu'ils avoient eue, va dire à ses compagnons : « Je sais quelles prisons vous avez eues ; mais, quant à moi, pour l'amour d'une où j'ai été, je dirai toute ma vie louange et bien des autres ; car je pense qu'il n'y a plaisir en ce monde qui approche de celui que l'on a d'être prisonnier. » Astillon, qui avoit été le premier prisonnier, se douta de la prison qu'il vouloit dire, et lui répondit : « Valnebon, sous quel geôlier ou geôlière avez-vous été si bien traité, que vous aimez tant votre prison ? » Valnebon lui dit : « Quel que soit le geôlier, la prison m'a été si agréable, que j'eusse bien voulu qu'elle eût duré plus longuement ; car je ne fus jamais mieux ne plus content. » Duracier, qui étoit homme parlant, connoissant très-bien que l'on se débattoit de la prison où il avoit part comme les autres, dit à Valnebon : « De quelles viandes étiez-vous nourri en cette prison, dont vous vous louez si fort ? — Le roi n'en a point de meilleures, dit-il, ne plus nourrissantes. — Mais encore, faut-il que je sache, dit Duracier, si celui qui vous tenoit prisonnier, vous faisoit bien gagner votre pain ? » Valnebon, qui se douta d'être entendu, ne se put tenir de jurer : « Hà, vertu bleu ! j'avois bien des compagnons, où je pensois être tout seul. » Astillon, voyant ce différend où il avoit part comme les autres, dit en riant : « Nous sommes tous à un maître, compagnons et amis de notre jeunesse ; parquoi, si nous sommes compagnons d'une mauvaise fortune, nous aurons occasion d'en rire ; mais, pour savoir si ce que je pense est vrai, je vous prie, que je vous interroge, et que vous tous me confessiez la vérité ; car, s'il est advenu ainsi de nous comme je pense, ce seroit une aventure aussi plaisante, que l'on n'en sauroit trouver en nul lieu. » Ils jurèrent tous de dire la vérité : si étoit ainsi qu'ils ne la pussent dénier. Il leur dit : « Je vous dirai ma fortune, et vous me répondrez oui ou nenni, si la vôtre est pareille. » Ils s'y accordèrent tous, et à l'heure il dit : « Premièrement, je demandai congé au roi d'aller en quelque voyage. » Et ils répondirent : « Et nous aussi. — Quand je fus à deux lieues de la cour, je laissai mon train, et m'en allai rendre prisonnier. » Ils répondirent : « Nous en fîmes autant. — Je demeurai, dit Astillon, sept ou huit jours caché en une garde-robe, où l'on ne m'a fait manger que restaurants et les meilleures viandes, que je mangeai jamais ; et, au bout des huit jours, ceux qui me tenoient me laissèrent aller beaucoup plus foible que je n'étois arrivé. » Ils jurèrent, qu'ainsi leur étoit advenu. « Ma prison, dit Astillon, commença à finir tel jour. — La mienne, dit Duracier, commença le propre jour que la vôtre finit, et dura jusqu'au tel jour. » Valnebon, qui perdoit patience, commença à jurer et dire : « Par le sang-bieu ! à ce que je vois, je suis le tiers, qui pensois être le premier et le seul ; car, j'entrai et en sortis tel jour. » Les autres trois, qui étoient à table, jurèrent qu'ils avoient bien gardé ce rang. « Or, puisque ainsi est, dit Astillon, je dirai l'état de notre geôlière : elle est mariée, et son mari est bien loin. — C'est celle-là propre, répondirent-ils tous. — Or, pour nous mettre hors de peine, dit Astillon, moi, qui suis le premier enrôlé, la nommerai-je premier : c'est Mme la comtesse, qui étoit si audacieuse, qu'en gagnant son amitié, je pensois avoir vaincu César. Qu'à tous les diables soit la vilaine, qui nous a fait tant travailler, et nous réputer si heureux de l'avoir acquise ! Il ne fut oncques une telle méchante ; car, quand elle en tenoit un en cage, elle pratiquoit l'autre, pour n'être jamais sans passe-temps ; si aimerois-je mieux être mort, qu'elle demeurât sans punition. » Ils demandèrent à Duracier qu'il lui en sembloit, quelle punition elle devoit avoir et qu'ils étoient tous prêts à la lui donner. « Il me semble, dit-il, que nous le devons dire au roi notre maître, lequel en fait un cas comme d'une déesse. — Nous ne ferons point ainsi, dit Astillon ; nous avons assez de moyens pour nous venger d'elle, sans appeler notre maîtresse. Trouvons-nous demain quand elle ira à la messe, et que chacun de nous porte une chaîne de fer au cou ; et, quand elle entrera, nous la saluerons comme il appartient. » Ce conseil fut trouvé fort bon de toute la compagnie, et firent provision chacun d'une chaîne de fer. Le matin venu, tous habillés de noir, leurs chaînes de fer tournées à l'entour de leur cou, en façon de collier, vinrent trouver la comtesse, qui alloit à l'église ; et, sitôt qu'elle les vit ainsi habillés, se prit à rire, et leur dit : « Où vont ces gens si douloureux ? — Madame, dit Astillon, nous, vos esclaves prisonniers, sommes venus pour vous faire service. » La comtesse, faisant semblant de n'y entendre rien, leur dit : « Vous n'êtes point mes prisonniers, et n'entends point que vous ayez occasion de me faire service plus que les autres. » Valnebon s'avança, et lui dit : « Si nous avons mangé votre pain si longuement, nous serions bien ingrats, si nous ne vous faisions service. » Elle fit si bonne mine, feignant de n'y rien entendre, qu'elle cuidoit par cette feinte les étonner ; mais ils poursuivirent si bien leur procès, qu'elle entendit que la chose étoit découverte. Parquoi, trouva incontinent moyen de les tromper ; car elle, qui avoit perdu l'honneur et la conscience, ne voulut point recevoir la honte qu'ils lui cuidoient faire ; mais, comme celle qui préféroit son plaisir à tout l'honneur du monde, ne leur en fit pire chère, ni n'en changea de contenance, dont ils furent tant étonnés, qu'ils rapportèrent en leur fin la honte qu'ils lui avoient voulu faire.

« Si vous ne trouvez, mesdames, cette histoire digne de faire connoître les femmes aussi mauvaises que les hommes ; j'en chercherai d'autres, pour vous raconter. Toutefois, il me semble que celle-ci suffit pour vous montrer qu'une femme qui a perdu la honte, est cent fois plus hardie à faire mal, que n'est un homme. » Il n'y eut femme en la compagnie, oyant raconter cette histoire, qui ne fît tant de signes de croix, qu'il sembloit qu'elles voyoient tous les ennemis d'enfer devant leurs yeux. Mais Oisille leur dit : « Mesdames, humilions-nous, quand nous oyons cet horrible cas, d'autant que la personne délaissée de Dieu se rend pareille à celui avecques lequel elle est jointe; car, puisque ceux qui adhèrent à Dieu ont son esprit avecques eux, aussi sont ceux qui adhèrent à son contraire, et n'est rien si bestial, que la personne destituée de l'esprit de Dieu. — Quoi qu'ait fait cette pauvre dame, dit Émarsuitte, si ne saurois-je louer ceux qui se vantent de leur prison. — J'ai opinion, dit Longarine, que la peine n'est moindre à un homme de celer sa bonne fortune, que de la pourchasser ; car, il n'y a veneur qui ne prend plaisir à corner sa prise, ni amoureux d'avoir la gloire de sa victoire. — Voilà une opinion, dit Simontault, que, devant tous les inquisiteurs de la foi, je soutiendrois hérétique, car il y a plus d'hommes secrets, que de femmes; et sais bien, que l'on en trouveroit, qui aimeroient mieux n'en avoir bonne chère, s'il falloit que créature vivante l'entendît. Partant, l'Église, comme bonne mère, a ordonné les prêtres confesseurs, et non pas les femmes, parce qu'elles ne peuvent rien celer. — Ce n'est pas pour cette occasion, dit Oisille, mais c'est pource que les femmes sont tant ennemies du vice, qu'elles ne donneroient pas si facilement absolution que les hommes, et seroient trop austères en leurs pénitences. — Si elles étoient autant [1], dit Dagoucin, qu'elles sont en leurs réponses, elles feroient plus désespérer de pécheurs, qu'elles n'en attireroient à salut; parquoi, l'Église, en toutes sortes, y a bien pourvu. Mais, si ne veux-je pas pour cela excuser les gentilshommes, qui se vantèrent

[1] C'est-à-dire, si elles étaient en réalité aussi austères qu'elles le sont dans leurs réponses.

ainsi de leur prison ; car, jamais homme n'eut honneur de dire mal des femmes. — Puisque le fait étoit commun, dit Hircan, il me semble qu'ils faisoient bien de se consoler les uns les autres. — Mais, dit Guebron, ils ne le doivent jamais confesser pour leur honneur même; car les livres de la Table-Ronde nous apprennent que ce n'est point honneur à un chevalier d'en abattre un qui ne vaut rien. Je m'ébahis que cette pauvre femme ne mouroit de honte devant ses prisonniers ? — Celles qui l'ont perdue, dit Oisille, à grand'peine la peuvent-elles jamais recouvrer, sinon celles que forte amour a fait oublier, et de telles en ai vu beaucoup revenir. — Je crois, dit Hircan, que vous en avez vu revenir celles qui y sont allées ; car, forte amour en une femme est fort mal aisée à trouver. — Je ne suis pas de votre opinion, dit Longarine ; car je sais qu'il y en a qui ont aimé jusques à la mort. — J'ai tel désir d'ouïr cette Nouvelle, dit Hircan, que je vous donne ma voix, pour connoître aux femmes l'amour, que je n'ai jamais estimé y être. — Mais que vous l'oyez, dit Longarine, vous le croirez, et qu'il n'est plus forte passion, que celle d'amour ; mais tout ainsi qu'elle fait entreprendre choses quasi impossibles, pour acquérir quelque contentement en cette vie, aussi mine-t-elle, plus que toute autre passion, celui ou celle qui perd l'espérance de son désir, comme vous verrez par cette histoire. »

NOUVELLE L.

Un amoureux, après la saignée, reçoit le don de merci, dont il meurt, et sa dame, pour l'amour de lui.

En la ville de Crémone, il n'y a pas encore un an, qu'il y avoit un gentilhomme, nommé messire Jean-Pierre, lequel avoit aimé longuement une dame, qui demeuroit près de sa maison. Mais, pour pourchas qu'il sût faire, n'en pouvoit avoir la réponse qu'il désiroit, combien qu'elle l'aimât de tout son cœur ; dont le pauvre gentilhomme fut si ennuyé et fâché, qu'il se retira en son logis, délibéré de ne poursuivre plus en vain le bien dont la poursuite consommoit sa vie ; et, pour en cuider divertir sa fantaisie, fut quelques jours sans la voir : dont il tomba en telle tristesse, que l'on méconnoissoit. Ses parents firent venir les médecins ; et, voyant que le visage lui devenoit jaune, estimèrent que c'étoit une opilation de foie, et lui ordonnèrent la saignée. Cette dame, qui avoit tant fait la rigoureuse, sachant très-bien, que la maladie ne lui venoit que de son refus, lui envoya une vieille, en qui elle se fioit, et lui manda, que, puisqu'elle connoissoit que son amour étoit véritable et non feinte, elle étoit délibérée lui accorder du tout ce que si longtemps lui avoit refusé : elle avoit trouvé moyen de sortir de son logis, en un lieu où privément il la pouvoit voir. Le gentilhomme, qui, au matin, avoit été saigné au bras, se trouvant, par cette parole, mieux guéri, qu'il n'avoit su être par médecine ne saignée qu'il eût prendre, lui manda, qu'il n'y auroit point de faute, qu'il ne se trouvât à l'heure qu'elle lui mandoit, et qu'elle avoit fait un miracle évident ; car, par une seule parole, elle avoit guéri un homme d'une maladie où tous les médecins ne pouvoient trouver nul remède. Le soir venu, qu'il avoit tant désiré, s'en alla le gentilhomme au lieu qui lui avoit été ordonné, avec un si extrême contentement, qu'il falloit que bientôt prît fin, ne se pouvant augmenter. Et ne dura guère, après qu'il fut arrivé, que celle qu'il aimoit plus que son âme le vint trouver. Il ne s'amusa pas à lui faire grande harangue ; car, le feu qui le brûloit lui faisoit hâtivement pourchasser ce qu'à peine pouvoit-il croire avoir en sa puissance ; et, plus ivre d'amour et de plaisir, qu'il ne lui étoit besoin, cuidant chercher par un côté le remède de sa vie, se donnoit par autre l'avancement de sa mort. Car, ayant, pour sa mie, mis en oubli soi-même, ne s'aperçut de son bras, qui se débanda ; et la plaie nouvelle, qui se print à s'ouvrir, rendit tant de sang, que le pauvre gentilhomme en étoit tout baigné ; mais, estimant que sa lasseté venoit à cause de ses excès, cuida retourner en son logis. Lors, Amour, qui les avoit trop unis ensemble, fit en sorte, qu'en départant d'avec sa mie, son âme départit d'avec lui ; et, par la grande effusion de sang qu'il avoit perdu, tomba mort aux pieds de sa mie, qui demeura hors de soi-même par étonnement, en considérant la perte qu'elle avoit faite d'un si parfait ami, de la mort duquel elle étoit la seule cause. Regardant, d'autre côté, avec le regret, la honte en laquelle elle demeuroit, si on trouvoit ce corps mort en sa maison ; afin d'ignorer la chose, elle et une de ses chambrières, en qui elle se fioit, portèrent le corps mort dedans la rue, où elle ne le voulut laisser seul ; mais, en prenant l'épée du trépassé, se voulut joindre à sa fortune, et, en punissant son cœur, cause de tout le mal, se la passa tout au travers, et tomba son corps mort sur celui de son ami. Le père et la mère de cette fille, en sortant au matin de leur maison, trouvèrent ce piteux spectacle ; et, après en avoir fait tel deuil, que le cas le méritoit, les enterrèrent tous deux ensemble.

« Ainsi, voit-on, mesdames, qu'une extrémité d'amour amène un autre malheur. — Voilà qui me plaît bien, dit Simontault, quand l'amour est si égale, que, l'un mourant, l'autre ne veut plus vivre. Et, si Dieu m'eût fait la grâce d'en trouver une telle, je crois que jamais homme n'eût aimé plus parfaitement que moi. — Si, ai-je cette opinion, dit Parlamente, qu'Amour ne vous eût pas tant aveuglé, que n'eussiez mieux lié votre bras, qu'il ne fit ; car le temps est passé, que les hommes oublient leur vie pour les dames. — Mais il n'est pas passé, dit Simontault, que les dames oublient la vie de leurs serviteurs pour leurs plaisirs. — Je crois, dit Émarsuitte, qu'il n'y a femme au monde, qui prenne plaisir à la mort d'un homme, encore qu'il fût son ennemi. Toutefois, si les hommes se veulent tuer d'eux-mêmes, les dames ne les peuvent garder. — Si est-ce, dit Saffredant, que celle qui refuse le pain au pauvre mourant de faim, en est estimée la meurtrière. — Si vos requêtes, dit Oisille, étoient aussi raisonnables que celles du pauvre demandant sa nécessité, les dames seroient trop cruelles de vous refuser ; mais, Dieu merci, cette maladie ne tue que ceux qui doivent mourir dans l'année. — Je ne trouve point, madame, dit Saffredant, qu'il soit une plus grande nécessité, que celle qui fait oublier toutes les autres. Car, quand l'amour est forte, on ne reconnoît autre pain, ne autre viande, que le regard et la parole de celle que l'on aime. — Qui vous laisseroit jeûner, dit Oisille, sans vous bailler autre viande, on vous feroit bien changer de propos. — Je vous confesse, dit-il, que le corps pourroit défaillir ; mais le cœur et la volonté, non. — Doncques, dit Parlamente, Dieu vous a fait grand'grâce de vous adresser en lieu, où vous avez eu si peu de contentement, qu'il vous faut réconforter à boire et manger, et dont il me semble que vous vous acquittez si bien, que devez louer Dieu de cette cruauté. — Je suis tant nourri au tourment, dit-il, que je commence à me louer des maux, dont les autres se plaignent. — Peut-être que c'est, dit Longarine, que votre plainte vous recule de la compagnie, où votre contentement vous fait être bienvenu ; car, il n'y a rien si fâcheux qu'un amoureux importun. — Mettez, dit Simontault : qu'une dame cruelle. — J'entends bien, dit Oisille, si nous voulions attendre la fin des raisons de Simontault, vu que le cas lui touche, nous pourrions trouver complies, au lieu de vêpres. Parquoi, allons louer Dieu de ce que cette journée est passée sans grand débat. » Elle commença la première à se lever, et tous les autres la suivirent ; mais Simontault et Longarine ne cessèrent de débattre leur querelle, si doucement que, sans tirer épée, Simontault gagna, montrant que, de la passion plus forte, étoit la plus grande nécessité. Et, sur ce mot, entrèrent en l'église, où les moines les attendoient. Vêpres ouïes, s'en allèrent souper ; car, leurs questions durèrent tant qu'ils furent à table ; et encore le soir, jusques à ce que Oisille leur dit qu'ils pouvoient bien aller reposer leur esprit, et que les cinq Journées étoient accomplies de si belles histoires, qu'elle avoit grand'peur que la sixième ne fût pareille ; car, il n'étoit possible, encore qu'on les voulût inventer, de dire de meilleurs contes, que véritablement ils en avoient raconté en leur compagnie. Mais Guebron leur dit que, tant que le monde dureroit, se feroit tous les jours cas dignes de mémoire ; car « la malice des hommes mauvais est toujours telle qu'elle a été, comme la bonté des bons ; et, tant que la malice et la bonté règneront sur la terre, ils la rempliront toujours de nouveaux actes, combien qu'il soit écrit qu'il ne se fait rien de nouveau sous le soleil. Mais, nous, qui avons été appelés au conseil privé de Dieu, ignorons les premières causes, trouvons toutes choses nouvelles, et tant plus admirables, que moins nous les voudrions ou pourrions faire. Parquoi, n'ayez peur que les Journées, qui viendront, ne suivent bien celles qui sont passées, et pensez, de votre part, à bien faire votre devoir. » Oisille dit qu'elle s'en recommandoit à Dieu, au nom duquel elle leur donnoit le bonsoir. Ainsi, se retira toute la compagnie, mettant fin à la cinquième Journée.

SIXIÈME JOURNÉE.

Le matin, plus tôt que de coutume, madame Oisille alla préparer la leçon en la salle ; mais tous ceux de la compagnie, aussitôt qu'ils en furent avertis, pour le désir d'ouïr sa bonne instruction, se diligentèrent tant de s'habiller, qu'ils ne la firent guères attendre. Elle, connoissant leur cœur, lut l'épître Saint-Jean l'évangéliste, qui n'est pleine que d'amour. La compagnie trouva cette viande si douce, que, combien qu'ils demeurèrent plus de demi-heure qu'ils n'y avoient demeuré les autres jours, si leur sembloit-il n'y avoir pas demeuré un quart. Au partir de là, s'en allèrent à la contemplation de la messe, où chacun se recommanda au Saint-Esprit, pour satisfaire, ce jour, à leur plaisante audience. Et, après qu'ils eurent dîné et prins repos, s'en allèrent continuer le passe-temps accoutumé. Madame Oisille demanda qui commenceroit cette Journée ; et alors Longarine répondit : « Madame, je vous donne ma voix ; car vous nous avez aujourd'hui fait une si très-belle leçon, qu'il seroit impossible que ne disiez quelque histoire digne de parachever la gloire qu'avez méritée ce matin. — Il me déplaît, dit Oisille, que je ne vous puis dire, cette après-dînée, chose aussi profitable que celle du matin ; mais à tout le moins l'invention de mon histoire ne sortira point hors de la doctrine de la sainte Écriture, où il est dit : « Ne vous confiez point aux princes ni aux fils des hommes, auxquels n'est votre salut. » Et, afin que, par faute d'exemple, ne mettiez en oubli cette vérité, je vous en dirai une très-véritable, et dont la mémoire est si récente, qu'à peine en sont essuyés les yeux de ceux qui ont vu ce piteux spectacle. »

NOUVELLE LI.

Perfidie et cruauté d'un Italien.

Un duc d'Italie, duquel je tairai le nom, avoit un fils de l'âge de dix-huit à vingt ans, qui fut fort amoureux d'une fille de bonne et honnête maison ; et, pource qu'il n'avoit pas la liberté de parler à elle comme il vouloit, selon la coutume du pays, s'aida du moyen d'un gentilhomme qui étoit à son service, lequel étoit amoureux d'une jeune damoiselle fort belle et honnête, servant sa mère ; par laquelle faisoit déclarer à s'amie la grande affection qu'il lui portoit, sans que la pauvre fille pensât en nul mal, mais prenoit plaisir à lui faire service, estimant sa volonté si bonne et honnête, qu'il n'avoit intention dont elle ne pût, avec honneur, en faire le message. Mais le duc, qui avoit plus de regard [1] au proufit de sa maison qu'à toute honnête amitié, eut si grand'peur que ces propos menassent son fils jusques au mariage, qu'il y fit mettre un grand guet. Et lui fut rapporté que cette pauvre damoiselle s'étoit mêlée de bailler quelques lettres, de la part de son fils, à celle que plus il aimoit : dont il fut tant courroucé, qu'il se délibéra d'y donner ordre ; mais il ne sut si bien dissimuler son courroux, que la damoiselle n'en fût avertie ; laquelle, connoissant la malice de ce prince, qu'elle estimoit aussi grande que sa conscience petite, eut une merveilleuse crainte, et s'en vint à la duchesse, la suppliant lui donner congé de se retirer en quelque lieu hors de la vue de lui, jusques à ce que sa fureur fût passée. Mais sa maîtresse lui dit qu'elle essaieroit d'entendre la volonté de son mari, avant que lui donner congé. Toutefois, elle entendit bientôt le mauvais propos que le duc en tenoit, et, connoissant sa complexion, non-seulement donna congé, mais conseilla cette damoiselle de s'en aller à un monastère jusqu'à ce que cette tempête fût cessée. Ce qu'elle fit le plus secrètement qu'il lui fut possible, mais non tant que le duc n'en fût averti, qui, d'un visage feint et joyeux, demanda à sa femme où étoit cette damoiselle ; laquelle, pensant qu'il en savoit bien la vérité, la lui confessa, dont il feignit être marri, lui disant qu'il n'étoit point besoin qu'elle fît ces contenances-là, et que de sa part il ne lui vouloit point de mal, et qu'elle la fît retourner, car le bruit de telle chose n'étoit point bon. La duchesse lui dit que, si cette pauvre fille étoit si malheureuse d'être hors de sa bonne grâce, il valoit mieux que, pour quelque temps, elle ne se trouvât en sa présence. Mais il ne voulut point recevoir toutes ces raisons, et lui commanda qu'elle la fît revenir. La duchesse ne faillit à déclarer à la pauvre damoiselle la volonté du duc : dont elle ne se put assurer, la suppliant qu'elle ne tentât point cette fortune, et qu'elle savoit bien que le duc n'étoit pas si aisé à pardonner comme il en faisoit la mine. Toutefois, la duchesse l'assura qu'elle n'auroit nul mal, et le prit sur sa vie et honneur. La fille, qui savoit bien que sa maîtresse l'aimoit, et ne la voudroit tromper pour rien, prit confiance en sa promesse, estimant que le duc ne voudroit jamais aller contre telle sûreté où l'honneur de sa femme étoit engagé, et ainsi s'en retourna avec la duchesse. Mais sitôt que le duc le sut, ne faillit de venir en la chambre de sa femme, où, sitôt qu'il eut aperçu cette fille, disant à sa femme : « Voilà une telle qui est revenue, » se retourna vers ses gentilshommes, leur commandant la prendre et mener en prison. Dont la pauvre duchesse, qui sur sa parole l'avoit tirée hors de sa franchise [1], fut si désespérée, qu'elle se mit à genoux devant lui, le suppliant que, pour l'honneur de lui et de sa maison, il lui plût ne faire un tel acte, vu que, pour lui obéir, l'avoit tirée du lieu où elle étoit en sûreté. Si est-ce que, quelque prière qu'elle sût faire, ni raison sût alléguer, ne put amollir son dur cœur ni vaincre la forte opinion qu'il avoit prise de se venger d'elle ; car, sans répondre à sa femme un seul mot, se retira incontinent le plus tôt qu'il put ; et, sans forme de justice, oubliant Dieu et l'honneur de sa maison, fit cruellement pendre cette pauvre damoiselle. Je ne puis entreprendre de vous raconter l'ennui de la duchesse, car il étoit tel, que doit avoir une dame d'honneur et de cœur, qui sur la foi [2] voyoit mourir celle qu'elle désiroit sauver ; mais encore moins se peut dire deuil du pauvre gentilhomme qui étoit son serviteur, qui ne faillit de se mettre en tout le devoir qui lui fut possible, de sauver la vie de s'amie, offrant mettre la sienne au

---

[1] Pour *égard*.

[1] Asile, retraite, lieu de sûreté.
[2] C'est-à-dire, malgré ou contre la foi qu'elle avait promise. Cette phrase est sans doute altérée.

lieu; mais nulle pitié ne sut toucher au cœur de ce duc, qui ne connoissoit autre félicité que de se venger de ceux qu'il hayoit. Ainsi fut cette damoiselle innocente mise à mort par le cruel duc, contre la loi d'honnêteté, au très-grand regret de tous ceux qui la connoissoient.

« Regardez, mesdames, quels sont les effets de la malice, quand elle est jointe à la puissance! — J'avois ouï dire, dit Longarine, que la plupart des Italiens (je dis la plupart, car il y en a d'autant gens de bien, qu'en toutes les nations) étoient sujets à trois vices par excellence; mais je n'eusse pas pensé que la vengeance et cruauté fût allée si avant, que, pour si petite occasion, de donner une si cruelle mort. » Saffredant lui dit en riant : « Longarine, vous nous avez bien dit l'un des trois vices; mais il faut savoir qui sont les deux autres. — Si vous ne les saviez, répondit-elle, je vous les apprendrois, mais je suis sûre que vous les savez tous. — Par ces paroles, dit Saffredant, vous m'estimez bien vicieux ? — Non fais, dit Longarine; mais[1] si bien connoissant la laideur du vice, que vous le pouvez mieux qu'un autre éviter.—Ne vous ébahissez, dit Simontault, de cette cruauté; car ceux qui ont passé l'Italie, en disent de si incroyables, que celle-ci n'est auprès qu'une petite peccadille.—Vraiment, dit Guebron, quand Rivole[2] fut prise des François, il y avoit un capitaine italien, que l'on estimoit gentil compagnon; lequel, voyant mort un qui ne lui étoit ennemi, que de tenir sa part contraire de Guelfe à Gibelin, lui arracha le cœur du ventre, et, le rôtissant sur les charbons à grand'hâte, le mangea, et répondit à quelques-uns qui demandoient quel goût il y pouvoit trouver, que jamais il n'avoit mangé si amoureux et si plaisant morceau que celui. Et, non content de ce bel acte, tua la femme, et, en arrachant de son ventre le fruit dont elle étoit grosse, le froissa contre les murailles, et emplit d'avoine les deux corps du mari et de la femme, dedans lesquels il fit manger ses chevaux. Pensez si celui-là n'eût bien fait mourir une fille, qu'il eût soupçonnée lui faire quelque déplaisir? — Il faut bien, dit Emarsuitte, que ce duc avoit plus de peur que son fils fût marié pauvrement, qu'il ne désiroit lui bailler femme à son gré. — Je crois que vous ne devez point, répondit Simontault, douter que le naturel d'entre eux est d'aimer, plus que nature, ce qui est créé seulement pour le service d'icelle. — Et voilà, dit Longarine, les péchés que je voulois dire, car on sait bien qu'aimer l'argent sinon pour s'aider, est servir les idoles. Parlamente dit que saint Paul n'avoit point oublié leurs vices, et[1] de tous ceux qui cuident passer et surmonter les autres hommes en prudence et raison humaine, en laquelle ils se fondent si fort, qu'ils ne rendent point à Dieu la gloire qui lui appartient : « parquoi, le Tout-Puissant, jaloux de son honneur, rend plus insensés que les bêtes enragées, ceux qui ont cuidé avoir plus de sens que tous les autres hommes, leur faisant montrer par œuvre contre nature, qu'ils sont en sens réprouvé. » Longarine lui rompit la parole, pour dire que c'est le troisième péché, à quoi la plupart d'eux sont sujets. — Par ma foi! dit Nomerfide, je prends plaisir à ces propos; car, puisque les esprits que l'on estime les plus subtils et grands discoureurs ont telle punition de demeurer plus sots que les bêtes, il faut donc conclure que ceux qui sont humbles et bas, de petite portée, comme le mien, sont remplis de la sapience des anges. — Je vous assure, lui répondit Oisille, que je ne suis pas loin de votre opinion; car nul n'est plus ignorant, que celui qui cuide savoir. — Je n'ai jamais vu, dit Guebron, moqueur qui ne fût moqué, trompeur qui ne fût trompé, ni glorieux qui ne fût humilié. — Vous me faites souvenir, dit Simontault, d'une tromperie que, si elle eût honnête, je l'eusse bien volontiers contée. Or, puisque nous sommes ici pour dire vérité, ce dit Oisille; soit de telle qualité que vous voudrez, je vous donne ma voix pour la dire. — Puisque la place m'est donnée, dit Simontault, je vous la dirai. »

[1] Il faut sous-entendre ici : j'estime.
[2] Pour *Rivoli*. Mais je crois qu'il s'agit plutôt de la prise de Rivolta sur les Vénitiens par Louis XII, en 1509. La relation de cette *dolente prinse* se trouve dans le *Livre nouvellement translaté de l'italienne rime en rime françoyse, contenant l'advenement du roy de France Louis XII à Millan et la triumphante entrée audict Millan*, etc. Lyon, 1509, in-4°.

[1] Il faut sous-entendre ici : *les vices*.

NOUVELLE LII.

Du sale déjeuner, préparé par un valet d'apothicaire, à un avocat et un gentilhomme.

En la ville d'Alençon, au temps du duc Charles dernier [1], y avoit un avocat nommé Antoine Bacheré, bon compagnon, et aimant bien à déjeuner au matin. Un jour, étant assis à sa porte, vit passer un gentilhomme devant lui qui se nommoit M. de la Tirelière, lequel, à cause du trop grand froid qu'il faisoit, étoit venu à pied de sa maison en la ville, pour quelque affaire, et n'avoit pas oublié au logis sa grosse robe fourrée de renards. Et quand il vit l'avocat, qui étoit de sa complexion, lui dit comme il avoit fait ses affaires, et qu'il ne restoit sinon de trouver quelque bon déjeuner. L'avocat lui répondit, que ce déjeuner il trouveroit assez, mais qu'il eût un défrayeur; et, en le prenant par dessous les bras, lui dit : « Allons, mon compère, nous trouverons possible quelque sot, qui paiera l'écot pour nous deux. Il y avoit, de fortune, derrière eux le valet d'un apothicaire, fin et inventif, auquel cet avocat menoit toujours la guerre; mais le valet pensa, à l'heure, qu'il s'en vengeroit bien sans aller plus loin de dix pas : trouva derrière une maison un bel étron tout gelé, lequel il mit dans un papier, et l'enveloppa si bien, qu'il sembloit un petit pain de sucre. Il regarda où étoient les deux compères, et, en passant devant eux fort hâtivement, entra dans une maison, et laissa tomber de sa manche le pain de sucre, comme par mégarde. Ce que l'avocat leva de terre à grande joie, et dit au seigneur de la Tirelière : « Ce fin valet paiera aujourd'hui notre écot; mais allons vivement, afin qu'il ne nous trouve sur notre larcin. » Et, en entrant en une taverne, dit à la chambrière : « Faites-nous beau feu; et nous donnez bon pain et bon vin, et quelque morceau bien friand, nous avons bien de quoi payer. » Ma chambrière les servit à leur volonté; mais, en s'échauffant à boire et à manger, le pain de sucre, que l'avocat avoit en son sein, commença à dégeler, dont la puanteur étoit si grande, que, ne pensant jamais qu'elle dût saillir d'un tel lieu, dit à la chambrière : « Vous avez le plus puant et le plus ord ménage que je vis jamais. Je crois que vous laissez chier les enfants par la place. » Le seigneur de la Tirelière, qui avoit sa part à ce bon parfum, ne lui en dit pas moins; mais la chambrière, courroucée de ce qu'ils l'appeloient ainsi vilaine, leur dit en colère : « Par saint Pierre! mon maître, la maison est si honnête, qu'il n'y a merde, si vous ne l'avez apportée. » Les deux compagnons se levèrent de la table, en crachant, et se vont mettre devant le feu pour se chauffer; et, en se chauffant, l'avocat tira son mouchoir de son sein, qui étoit tout plein de sirop de pain de sucre fondu, lequel à la fin mit en lumière. Vous pouvez penser quelle moquerie leur fit la chambrière, à laquelle ils avoient dit tant d'injures, et quelle honte avoit l'avocat de se voir surmonté, par un valet d'apothicaire, au métier de tromperie, dont toute sa vie il s'étoit mêlé. Mais, si n'en eut point la chambrière tant de pitié, qu'elle ne les fît aussi bien payer leur écot, comme ils s'étoient bien fait servir, en leur disant qu'ils devoient être bien ivres; car ils avoient bu par la bouche et par le nez. Les pauvres gens s'en allèrent avec leur honte et leur dépense; mais ils ne furent pas plutôt en la rue, qu'ils virent le valet de l'apothicaire, qui demandoit à tout le monde, s'ils avoient point vu un pain de sucre, enveloppé dedans du papier; et ne surent si bien se détourner de lui, qu'il ne criât à l'avocat : « Monsieur, si vous avez mon pain de sucre, je vous prie, rendez-le-moi; car les larcins ne sont pas bien profitables à un pauvre serviteur. » A ce cri, sortirent tout plein de gens de la ville pour ouïr leur débat, et fut la chose si bien vérifiée, que le valet de l'apothicaire fût aussi content d'avoir été dérobé, que les autres furent marris d'avoir fait un si vilain larcin; mais, espérant de lui rendre une autrefois, s'apaisèrent.

« Nous voyons bien communément, mesdames, cela advenir à ceux qui prennent plaisir d'user de telles finesses. Si le gentilhomme n'eût voulu manger aux dépens d'autrui, il n'eût pas bu au sien un si vilain breuvage. Il est vrai que mon conte n'est pas trop net; mais vous m'avez baillé congé de dire la vérité, laquelle j'ai dite, pour montrer, que, quand un trompeur est trompé, il n'y a nul qui en soit marri. — L'on dit volontiers, dit Hircan, que les paroles ne sont jamais puantes; mais ceux, par qui elles sont dites, n'en sont quittes à si bon marché, qu'ils ne le sentent bien. — Il

---

[1] Premier mari de la reine de Navarre, mort en 1525.

est vrai, dit Oisille, que telles paroles ne puent point; mais il y en a d'autres qu'on appelle vilaines, qui sont de si mauvaise odeur, que l'âme en est plus fâchée, que le corps n'est de sentir un tel pain de sucre qu'avez dit. — Je vous prie, dit Hircan, dites-moi quelles paroles vous savez, qui sont si ordes, qu'elles font mal au cœur et à l'âme d'une honnête femme? — Or, il seroit bon, dit Oisille, que je vous dise ce que je n'ai conseillé à nulle femme de dire. — Par ce mot-là, dit Saffredant, j'entends bien quels termes ce sont, dont les femmes se veulent faire réputer sages, et n'en usent point communément. Mais je demanderois volontiers à toutes celles qui sont ici, pourquoi c'est, puisqu'elles n'en osent parler, qu'elles rient si volontiers quand on en parle devant elles; car je ne puis entendre qu'une chose qui déplaît tant, fasse rire. — Nous ne rions pas, dit Parlamente, pour ouïr dire ces beaux mots; mais il est vrai que toute personne est inclinée à rire, ou quand elle voit quelqu'un trébucher, ou quand on dit quelque mot sans propos, comme souvent advient que la langue fourche en parlant et fait dire un mot pour l'autre, ce qui advient aux plus sages et mieux parlants. Mais quand, entre vous hommes, vous parlez vilainement par votre malice, sans nulle ignorance, je ne sache femme de bien, qui n'ait telle horreur de telles gens, que non-seulement ne les veulent écouter, mais en fuient la compagnie. — Il est vrai, dit Guebron, que j'ai vu des femmes faire le signe de la croix, ayant ouï dire telles paroles, qui ne croissoient[1] après que l'on les eût encore redites. — Mais, dit Simontault, combien de fois ont-elles mis leur touret de nez pour rire en liberté, autant qu'elles n'étoient courroucées en feinte? — Encore valoit-il bien mieux faire ainsi, dit Parlamente, que donner à connoître que l'on trouvât le propos plaisant. — Vous louez donc, dit Dagoucin, l'hypocrisie des dames autant que la vertu? — La vertu seroit mieux, dit Longarine; mais où elle défaut, se faut aider de l'hypocrisie, comme nous faisons de pantoufles[2], pour faire oublier notre petitesse. Encore est-ce beaucoup que nous puissions couvrir nos imperfections. — Par ma foi! dit Hircan, il vaudroit mieux quelquefois montrer quelque imperfection, que la couvrir si fort du manteau de vertu. — Il est vrai, dit Émarsuitte, qu'un accoûtrement emprunté déshonore autant celui qui est contraint de le rendre, comme il lui a fait d'honneur en le portant. Et il y a aussi telle dame sur la terre, qui, pour trop dissimuler une petite faute, est tombée en une plus grande. — Je me doute, dit Hircan, de qui vous voulez parler, mais au moins ne la nommez point. — Or, dit Guebron, je vous donne ma voix, par tel si qu'après avoir fait le conte, vous nous direz les noms, et nous jurons de n'en parler jamais. — Or, je le vous promets, dit Émarsuitte, car il n'y a rien qui ne se puisse dire avec honneur. »

NOUVELLE LIII.

Diligence personnelle d'un prince, pour étranger un important amour.

Le roi François, premier du nom, étant en un château fort plaisant, où il étoit allé, avec petite compagnie, tant pour la chasse que pour y prendre quelque repos, avoit en sa compagnie un seigneur, autant honnête vertueux, sage et beau prince, qu'il y eût point en sa cour : et avoit épousé une femme, qui n'étoit pas de grande beauté, mais si l'aimoit, la traitoit autant bien, que mari peut faire sa femme; et se fioit tant en elle, que, quand il en aimoit quelqu'une, il ne lui celoit point, sachant qu'elle n'avoit volonté autre que la sienne. Ce seigneur prit fort grande amitié à une dame vefve, qui avoit réputation d'être la plus belle que l'on eût su regarder, et, si ce prince l'aimoit bien, sa femme ne l'aimoit pas moins, et l'envoyoit souvent quérir pour boire et manger avec elle, la trouvant si sage et honnête, qu'au lieu d'être marrie que son mari l'aimât, se réjouissoit de le voir adresser en si honnête lieu, rempli d'honneur et de vertu. Cette amitié dura longuement, en sorte qu'en toutes les affaires de ladite dame, ce prince s'employoit, comme pour les siennes propres, et la princesse, sa femme, n'en faisoit moins. Mais, à cause de sa beauté, plusieurs grands seigneurs et gentilshommes cherchoient fort sa bonne grâce; les uns pour l'amour seulement, les autres pour l'anneau[2]; car, outre sa beauté, elle étoit fort riche. Entre autres, y avoit un jeune gentil-

---

[1] C'est-à-dire, qui n'étaient pas pires.

[2] Ce passage prouve que les pantoufles ou mules des femmes avaient le talon fort élevé à cette époque.

[1] De telle manière. Nous avions déjà remarqué cette locution dans la 82e des *Cent Nouvelles nouvelles*.

[2] C'est-à-dire, par le mariage.

homme qui la poursuivoit de si près, qu'il ne failloit d'être à son habiller et déshabiller, et tout du long du jour, tant qu'il pouvoit être près d'elle. Ce qui ne plut pas audit prince, pource qu'il lui sembloit qu'un homme de si pauvre lieu et de si mauvaise grâce, ne méritoit point avoir si honnête et gracieux recueil ; dont souvent il faisoit des remontrances à cette dame. Mais elle, qui étoit fille de duc, s'excusoit, disant qu'elle parloit à tout le monde généralement, et que pour cela leur amitié en étoit mieux couverte, voyant qu'elle ne parloit point plus aux uns qu'aux autres. Mais, au bout de quelque temps, ce gentilhomme, qui la poursuivoit en mariage, fit telle diligence, plus par importunité que par amour, qu'elle lui promit de l'épouser, le priant ne la presser point de déclarer le mariage, jusques à ce que ses filles fussent mariées. A l'heure, sans crainte de conscience, alloit le gentilhomme en sa chambre à toute heure qu'il vouloit, et n'y avoit qu'une femme de chambre et un homme, qui sussent leur affaire. Le prince, voyant que de plus en plus le gentilhomme s'apprivoisoit en la maison de celle qu'il aimoit tant, le trouva si mauvais, qu'il ne se put tenir de le dire à la dame : « J'ai toujours aimé votre honneur, comme celui de ma propre sœur, et savez les propos honnêtes que je vous ai tenus, et le contentement que j'ai d'aimer une dame tant sage et vertueuse que vous êtes ; mais, si je pensois qu'un autre, qui ne le mérite pas, gagnât par importunité ce que je ne veux demander contre votre vouloir, ce me seroit chose importable, et non moins déshonorable pour vous. Je vous le dis, pource que vous êtes belle et jeune, et que jusques ici avez été en si bonne réputation, et vous commencez d'acquérir un très-mauvais bruit. Car, ce nonobstant qu'il ne seroit pareil de maison, de biens, et moins d'autorité, savoir et bonne grâce, si est-ce qu'il vaudroit mieux, que vous l'eussiez épousé, que d'en mettre tout le monde en soupçon. Parquoi, je vous prie, dites-moi, si êtes délibérée de le vouloir aimer ; car je ne le veux point avoir pour compagnon, et ainsi le vous laisserai tout entier, et me retirerai de la bonne volonté que je vous ai apportée. » La pauvre dame se print à pleurer, craignant de perdre son amitié, et lui jura qu'elle aimeroit mieux mourir que d'épouser le gentilhomme dont il lui parloit ; mais il étoit tant importun, qu'elle ne le pouvoit garder d'entrer en sa chambre, à l'heure que tous les autres y entroient. « De cette heure-là je ne parle point ; car j'y puis aussi bien entrer que lui, et chacun voir ce que vous faites. Mais aussi l'on m'a dit qu'il y va, après que vous êtes couchée, chose que je trouve si fort étrange, que, si vous continuez cette vie, et vous ne le déclarez pour mari, vous êtes la plus déshonorée femme qui oncques fut. » Elle lui fit tous les serments qu'elle put, qu'elle ne le tenoit pour mari, ne pour ami, mais pour un aussi importun gentilhomme qu'il en fut. « Or, puisque ainsi est, dit le prince, qu'il vous fâche, je vous assure que je vous en déferai. — Comment ? dit-elle, le voudriez-vous bien faire mourir ? — Non, non, dit le prince ; mais je lui donnerai à connoître, que ce n'est point en tel lieu, ni en telle maison comme celle du roi, où il faut faire honte aux dames : et vous jure (foi de tel ami, que je vous suis), que si, après avoir parlé à lui, il ne se châtie, je le châtierai si bien, que les autres y prendront exemple. » Or, sur ces paroles, s'en alla, et ne faillit pas, au partir de la chambre, de trouver le seigneur, dont étoit question, qui y venoit ; auquel il tint tous les propos que vous avez ouïs, l'assurant que la première fois qu'il le trouveroit hors l'heure que les gentilshommes doivent aller voir les dames, il lui feroit une telle peur, que jamais[1] il lui en souviendroit, et qu'elle étoit trop bien apparentée, pour se jouer ainsi à elle. Alors le gentilhomme l'assura qu'il n'y avoit jamais été, sinon comme les autres, et qu'il lui donnoit congé, s'il l'y trouvoit, de lui faire du pis qu'il pourroit. Or, quelques jours après que le gentilhomme cuidoit les paroles du prince être mises en oubli, il s'en alla voir, au soir, sa dame, et y demeura assez tard. Le prince dit à sa femme, comme la dame qu'il aimoit, avoit un grand rhume ; parquoi, sa bonne femme le pria de l'aller visiter pour tous deux, et aussi de lui faire ses excuses de ce qu'elle n'y pouvoit aller ; car elle avoit quelque affaire nécessaire en sa chambre. Alors le prince attendit que le roi fût couché, et après s'en alla pour donner le bon soir à sa dame. Mais, en cuidant monter au degré, trouva un valet de chambre qui descendoit, auquel il demanda que faisoit sa maîtresse : qui lui jura qu'elle être couchée et endormie. Le prince

---

[1] Pour *toujours*.

descendit le degré, et soupçonna qu'il mentoit; parquoi, il regarda derrière lui, et vit le valet qui retournoit en grande diligence ; il se pourmena en la cour devant cette porte, pour voir si le valet retourneroit point ; mais, un quart d'heure après, le vit encore descendre et regarder de tous côtés pour voir qui étoit en la cour. A l'heure, pensa le prince, que le gentilhomme étoit en la chambre de la dame, et que, pour crainte de lui, n'osoit descendre : qui le fit encore pourmener longtemps, et, s'avisant qu'en la chambre de la dame y avoit une fenêtre qui n'étoit guère haute et regardoit dedans un petit jardin, il lui souvint du proverbe qui dit : « Qui ne peut passer par la porte, saute par la fenêtre. » Donc, soudain appela un sien valet de chambre, et lui dit : « Allez-vous-en en ce jardin là derrière, et si vous voyez un gentilhomme descendre par la fenêtre, sitôt qu'il sera à terre, tirez votre épée, et, en la frottant contre la muraille, criez : *Tue, tue!* mais gardez-vous de lui toucher. » Alors le valet de chambre s'en alla où son maître lui avoit commandé, et le prince se pourmena jusques environ trois heures après minuit. Quand le gentilhomme entendit que le prince étoit toujours en la cour, délibéra de descendre par la fenêtre, et, après avoir jeté sa cape la première, avec l'aide de ses bons amis, sauta dans le jardin; et sitôt que le valet de chambre l'avisa, ne faillit de faire grand bruit de son épée, et cria : « Tue, tue! » Alors le pauvre gentilhomme, cuidant que ce fût son maître, eut si grand'peur, que, sans aviser à prendre sa cape, s'enfuit en la plus grande hâte qu'il lui fut possible, et trouva les archers qui faisoient le guet, qui furent fort étonnés de le voir ainsi courir ; mais ne leur osa rien dire, sinon de les prier bien fort de lui vouloir ouvrir la porte, ou de loger avec eux jusques au matin ; ce qu'ils firent, car ils n'avoient pas les clefs. A cette heure-là, vint le prince pour se coucher, et, trouvant sa femme dormant, la réveilla en lui disant : « Dormez-vous, ma femme ? Quelle heure est-il ? » Elle lui dit : « Depuis au soir que je me couchai, je n'ai point ouï sonner l'horloge. » Il lui dit : « Ils sont trois heures après minuit passées. — Jésus, monsieur, dit sa femme, où avez-vous tant été? J'ai grand'peur que votre santé en vaudra pis. — Madame, dit le prince, je ne serai jamais malade de veiller, quand je garde de dormir ceux qui me cuident tromper. » Et, en disant ces paroles, se print tant fort à rire, qu'elle le pria bien fort de lui vouloir conter ce que c'étoit. Ce qu'il fit tout du long, en lui montrant la peau de loup que son valet de chambre avoit apportée ; et, après qu'ils eurent passé leur temps aux dépens des pauvres gens, s'en allèrent dormir d'aussi gracieux repos, que les deux autres travaillèrent en peur et crainte, que leur affaire fût révélée. Toutefois le gentilhomme, sachant bien qu'il ne pouvoit dissimuler devant le prince, vint au matin à son lever, et le supplia qu'il ne le voulût point déceler, et qu'il lui fît rendre sa cape. Le prince fit semblant d'ignorer tout le fait, et tint si très-bonne contenance, que le pauvre gentilhomme ne savoit où il en étoit. Si est-ce qu'à la fin il ouït autre leçon qu'il ne pensoit ; car le prince l'assura que, si jamais il retournoit, il le diroit au roi, et le feroit bannir de la cour.

« Je vous prie, mesdames, jugez s'il n'eût pas mieux valu à cette pauvre dame d'avoir parlé franchement à celui qui lui faisoit tant d'honneur de l'aimer et estimer, que de le mettre par dissimulation jusques à en faire une preuve qui lui fut si honteuse ? — Elle savoit bien, dit Guebron, que, si elle lui confessoit la vérité, elle perdroit entièrement sa bonne grâce, qu'elle ne vouloit perdre pour rien. — Il me semble, dit Longarine, puisqu'elle avoit choisi un mari à sa fantaisie, qu'elle ne devoit craindre de perdre l'amitié de tous les autres. — Je crois bien, dit Parlamente, que, si elle eût osé déceler son mariage, elle se fût contentée de son mari ; mais, puisqu'elle le vouloit dissimuler jusques à ce que ses filles fussent mariées, elle ne vouloit point laisser une si honnête couverture. — Ce n'est pas cela, dit Saffredant ; mais c'est que l'ambition des femmes est si grande, qu'elle ne se peut jamais contenter d'en avoir un seul, mais j'ai ouï dire que celles qui sont les plus sages, en ont volontiers trois, un pour l'honneur, un pour le proufit, et l'autre pour le plaisir ; et chacun des trois pense être le mieux aimé, mais les deux premiers servent au dernier. — Vous parlez, ce dit Oisille, de celles qui n'ont amour ni honneur. — Madame, dit Saffredant, il y en a telle de la condition que je peins ici, que vous estimez bien des plus honnêtes femmes du pays. — Croyez, dit Hircan, qu'une femme fine saura bien vivre où toutes les autres mourront de faim. — Aussi, leur dit Longarine, quand leur finesse est connue, c'est bien la mort. — Mais la vie, dit Simontault, car elles n'estiment à petite gloire, être réputées plus fines que leurs compagnes; et ce nom-là de fines, qu'elles ont appris à leurs dépens, fait plus hardiment venir les serviteurs à leur obéissance, que la beauté; car un des plus grands plaisirs qui soit entre ceux qui aiment, c'est de conduire leur amitié finement. — Vous parlez, donc, dit Émarsuitte, d'une amour méchante; car la bonne amour n'a besoin d'être couverte. — Ha! dit Dagoucin, je vous supplie d'ôter cette opinion de votre tête, pource que tant plus la drogue est précieuse, et moins se doit éventer, pour la malice de ceux qui ne se prennent qu'aux signes extérieurs, lesquels, en bonne ou mauvaise amitié, sont tous pareils; parquoi les faut aussi bien cacher quand l'amour est vertueuse; que si elle étoit au contraire, pour ne tomber au mauvais jugement de ceux qui ne peuvent croire qu'un homme puisse aimer une dame par honneur, et leur semble que, s'ils sont sujets à leur plaisir, que chacun est semblable à eux. — Mais, si nous étions tous de bonne foi, le regard et la parole ne seroient point dissimulés, au moins à ceux qui aimeroient mieux mourir, que d'y penser quelque mal. — Je vous assure Dagoucin, dit Hircan, que vous avez une si haute philosophie, qu'il n'y a homme ici qui l'entende, ne la croie; car vous voudriez faire croire que les hommes sont anges, ou pierres, ou diables. — Je sais bien, dit Dagoucin, que les hommes sont hommes, et sujets à toutes passions; mais si est-ce qu'il y en a qui aimeroient mieux mourir, que, pour leur plaisir, leur dame fît chose contre leur conscience. — C'est beaucoup de mourir, dit Guebron; je ne croirai cette parole, quand elle seroit dite de la bouche du plus austère religieux qui soit. — Mais je crois, dit Hircan, qu'il n'y en a point qui ne désirent le contraire; toutefois, ils font semblant de n'aimer point les raisins, quand ils sont si haut qu'ils ne les peuvent cueillir[1]. — Mais, dit Nomerfide, je crois que la femme de ce prince fut fort joyeuse que son mari apprenoit à connoître les femmes. — Je vous assure que non, dit Émarsuite, mais en fut très-marrie, pour l'amour qu'elle lui portoit. — J'aimerois autant, dit Saffredant, celle qui rioit quand son mari baisoit sa chambrière. — Vraiment, dit Émarsuitte, vous nous en ferez le conte: je vous donne ma place. — Combien que le conte soit court, dit Saffredant, si vous le dirai-je; car j'aime mieux vous faire rire, que parler longuement. »

NOUVELLE LIV.

D'une damoiselle de si bonne nature, que, voyant son mari qui baisoit sa chambrière, ne s'en fit que rire, et, pour n'en dire autre chose, dit qu'elle rioit à son ombre.

Entre les monts Pyrénées et les Alpes, y avoit un gentilhomme nommé Thogas, lequel avoit femme, enfants, une fort belle maison, et tant de biens et de plaisir, qu'il avoit occasion de vivre content, sinon qu'il étoit sujet à une grande douleur au-dessous de la racine des cheveux; tellement que les médecins lui conseillèrent de découcher d'avec sa femme. A quoi elle se consentit très-volontiers, n'ayant égard qu'à la vie et à la santé de son mari. Elle fit mettre son lit en l'autre coin de sa chambre vis-à-vis de celui de son mari, en ligne si droite que l'un ni l'autre n'eût su mettre la tête dehors sans se voir tous deux. Cette damoiselle tenoit avec elle deux chambrières, et souvent, que le seigneur et la damoiselle étoient couchés, prenoit chacun d'eux quelque livre de passe-temps, pour lire chacun en son lit, et leurs chambrières tenoient la chandelle; c'est à savoir, la jeune au seigneur, et l'autre à la damoiselle. Ce gentilhomme, voyant sa chambrière plus jeune et plus belle que sa femme, prenoit si grand plaisir à la regarder, qu'il interrompoit sa lecture pour l'entretenir. Ce que très-bien oyoit la femme, et trouvoit bien que ses serviteurs et servantes fissent passer le temps à son mari, pensant qu'il n'eût amitié à autre qu'à elle; mais, un soir, qu'ils eurent lu plus longuement que de coutume, la damoiselle, regardant du long du côté du lit de son mari, où étoit la jeune chambrière qui tenoit la chandelle, laquelle elle ne voyoit que par derrière, et ne pouvoit voir son mari; sinon du côté de la cheminée qui retournoit devant son lit: elle le vit contre une muraille blanche, où réverbéroit la clarté de la chandelle, et reconnut très-bien le portrait du visage de son mari, et celui de la chambrière, s'ils s'éloi-

---

[1] Allusion à la fable du Renard et des raisins.

gnoient, s'ils s'approchoient, ou s'ils rioient : dont elle en avoit aussi bonne connoissance, comme si elle les eût vus. Le gentilhomme, qui ne s'en donnoit de garde, se tenant sûr que sa femme ne les pouvoit voir, baisa sa chambrière : ce que, pour une fois sa femme endura sans dire mot ; mais quand elle vit que les ombres retournoient souvent à cette union, elle eut peur que la vérité fût couverte dessous. Parquoi, elle se print tout haut à rire, en sorte que les ombres eurent peur de son ris, et se séparèrent. Et le gentilhomme lui demanda pourquoi elle rioit si fort, et qu'elle lui donnât part de sa joie. Elle lui répondit : « Mon ami, je suis si sotte, que je ris à mon ombre. » Et jamais, quelque enquête qu'il pût faire, ne lui en confessa autre chose. Si est-ce qu'il baisa cette face ombrageuse.

« Et voilà de quoi il m'est souvenu quand vous m'avez parlé de la dame, qui aimoit l'amie de son mari. — Par ma foi! dit Émarsuitte, si ma chambrière m'en eût fait autant, je me fusse levée, et lui eusse tué la chandelle sur le nez. — Vous êtes bien terrible, dit Hircan, mais c'eût été bien employé, si votre mari et sa chambrière se fussent mis contre vous, et vous eussent très-bien battue ; car, pour un baiser, ne faut pas faire si grand cas. Encore eût mieux fait sa femme de n'en sonner mot, et de lui laisser prendre sa récréation, qui l'eût pu guérir de sa maladie. — Mais, dit Parlamente, elle avoit peur que la fin du passe-temps le fît plus malade. — Elle n'est pas, dit Oisille, de ceux contre qui parle Notre-Seigneur : *Nous vous avons lamenté, et vous n'avez point pleuré ; nous vous avons chanté, et vous n'avez point dansé* ; car, quand son mari étoit malade, elle pleuroit, et, quand il étoit joyeux, elle rioit. Ainsi toutes femmes de bien dussent avoir la moitié du bien, du mal, de la joie et de la tristesse de leurs maris, et les aimer, obéir et servir, comme l'Église à Jésus-Christ. — Il faudroit donc, madame, dit Parlamente, que nos maris fussent envers nous comme Jésus-Christ envers son Église? — Aussi faisons-nous, dit Saffredant, et, si possible étoit, nous le passerions. Car Jésus-Christ ne mourut qu'une fois pour son Église, et nous mourons tous les jours pour nos femmes. — Mourir? dit Longarine : il me semble que vous et les autres qui sont ici, valez mieux écus, que ne faisiez grands-blancs[1], avant que fussiez mariés. — Je sais bien pourquoi, dit Saffredant : c'est pource que souvent notre valeur est approuvée, mais se sentent bien nos épaules d'avoir longuement porté la cuirasse. — Si vous aviez été contraints, dit Émarsuitte, de porter un mois durant le harnois, et coucher sur la dure, vous auriez grand désir de recouvrer le lit de votre bonne femme, et porter la cuirasse, dont maintenant vous vous plaignez. Mais on dit que toutes choses se peuvent endurer, sinon l'aise, et ne peut-on connoître le repos, sinon quand on l'a perdu. — Cette bonne femme, dit Oisille, qui rioit quand son mari étoit joyeux, avoit bien à faire à trouver son repos partout. — Je crois, dit Longarine, qu'elle aimoit mieux son repos que son mari, vu qu'elle ne prenoit à cœur chose qu'il fît. — Elle prenoit de bon cœur, dit Parlamente, ce qui pouvoit nuire à sa conscience, à sa santé ; mais aussi ne se vouloit point arrêter à petite chose. — Quand vous me parlez de la conscience, vous me faites rire, dit Simontault ; c'est chose dont je ne voudrois jamais, fors à bon droit, que la femme eût souci. — Il seroit bien employé, dit Nomerfide, que vous eussiez une telle femme que celle qui montra bien, après la mort de son mari, d'aimer mieux son argent que sa conscience. — Je vous prie, dit Saffredant, dites-nous cette Nouvelle, et, pour ce faire, je vous donne ma voix. — Je n'avois pas délibéré, dit Nomerfide, de raconter une si courte histoire ; mais, puisqu'elle vient à propos, je la dirai. »

NOUVELLE LV.

Finesse d'une Espagnole, pour frauder les cordeliers du legs testamentaire de son mari.

En la ville de Sarragosse, y avoit un marchand, lequel, voyant sa mort approcher, et qu'il ne pouvoit plus tenir les biens qu'il avoit peut-être acquis avec mauvaise foi, pensa de satisfaire à son péché, s'il donnoit tout aux mendiants, sans avoir égard que sa femme et ses enfants mourroient de faim après son décès. Et, quand il eut ordonné du fait de sa maison, dit qu'il vouloit qu'un bon cheval d'Espagne,

---

[1] Les grands-blancs, ou gros deniers blancs, valant dix deniers tournois, furent en usage depuis le règne de Philippe de Valois jusqu'à celui de Louis XII. Le peuple dit encore aujourd'hui *six blancs* pour *deux sous et demi*.

qui étoit presque tout ce qu'il avoit de bien, fût vendu le plus que l'on pourroit, et que l'argent en fût distribué aux pauvres mendiants, priant sa femme qu'elle ne voulût faillir, incontinent qu'il seroit trépassé, de vendre son cheval, et distribuer cet argent selon son ordonnance. Quand l'enterrement fut fait, et les premières larmes jetées, la femme, qui n'étoit non plus sotte que les Espagnoles ont accoutumé d'être, s'en vint au serviteur qui avoit, comme elle, entendu la volonté de son mari, et lui dit : « Il me semble que j'ai assez fait de perte de la personne de mon mari que j'ai tant aimé, sans maintenant perdre le reste de mes biens. Si est-ce que je ne voudrois désobéir à sa parole, mais, oui bien, faire meilleure son intention. Car le pauvre homme pense faire sacrifice à Dieu, de donner après sa mort une somme, dont en sa vie n'eût pas voulu donner un écu en extrême nécessité, comme vous savez. Parquoi, j'ai avisé que nous ferons ce qu'il a ordonné par sa mort, encore mieux qu'il n'eût fait, s'il eût vécu quinze jours davantage; car je surviendrai à la nécessité de mes enfants. Mais, il faut que personne du monde n'en sache rien. » Et quand elle eut promesse du serviteur, de le tenir secret, elle lui dit : « Vous irez vendre son cheval; et à ceux qui vous diront : Combien? vous leur direz : Un ducat. Mais j'ai un fort bon chat que je veux mettre en vente, que vous vendrez quant et quant pour quatre-vingt-dix-neuf ducats; et ainsi le chat et le cheval feront tous deux les cent ducats, que mon mari vouloit vendre son cheval seul. » Le serviteur accomplit promptement le commandement de sa maîtresse, car, ainsi qu'il promenoit le cheval par la place, tenant son chat entre ses bras, un gentilhomme, qui autrefois avoit vu et désiré le cheval, lui demanda combien il le faisoit en un mot. Il lui répondit : « Un ducat. — Je te prie, ne te moque point de moi. — Je vous assure, monsieur, dit le serviteur, qu'il ne vous coûtera qu'un ducat. Il est bien vrai qu'il faut acheter le chat quant et quant, duquel il faut que j'aie quatre-vingt-dix-neuf ducats. » A l'heure, le gentilhomme, qui estimoit avoir raisonnable marché, lui paya promptement un ducat pour le cheval, et le demeurant comme il lui avoit demandé, et emmena sa marchandise; et le serviteur, d'autre côté, emporta son argent, dont sa maîtresse fut fort joyeuse, et ne faillit pas de donner le ducat que le cheval avoit été vendu, aux pauvres mendiants, comme son mari l'avoit ordonné, et retint le demeurant pour survenir à elle et à ses enfants.

« A votre avis, si celle-là n'étoit pas bien plus sage que son mari, et si elle se soucioit tant de sa conscience, que du proufit de son ménage ? — Je pense, dit Parlamente, qu'elle aimoit bien son mari; mais, voyant qu'à la mort il avoit mal considéré ses affaires, elle, qui connoissoit son intention, l'avoit voulu interpréter au proufit de ses enfants; dont je l'estime très-sage. — Comment? dit Guebron, n'estimez-vous pas une grande faute de faillir à accomplir les testaments des amis trépassés ? — Si fait, dit Parlamente, pourvu que le testateur soit en bon sens. — Appelez-vous, dit Guebron, s'égarer, de donner son bien à l'Église et aux pauvres mendiants ? — Je n'appelle point erreur, dit Parlamente, quand l'homme distribue aux pauvres ce que Dieu a mis en sa puissance; mais de donner tout ce qu'on a à sa mort, et de faire languir de faim sa famille puis après, je n'approuve pas cela : il me semble que Dieu auroit aussi acceptable [1], qu'on eût sollicitude des pauvres orphelins qu'on a laissés sur terre, lesquels, n'ayant moyen de se nourrir, et accablés de pauvreté, quelquefois au lieu de bénir leurs pères, les maudissent quand ils se sentent pressés par la faim; car Celui, qui connoît les cœurs, ne peut être trompé, et ne jugera pas seulement selon les œuvres, mais selon la foi et charité qu'on a eue à lui. — Pourquoi est-ce doncques, dit Guebron, que l'avarice est aujourd'hui si enracinée en tous les états du monde, que la plupart des hommes attendent à faire des biens [2], lorsqu'ils se sentent assaillis de la mort, et qu'il leur faut rendre compte à Dieu? Je crois qu'ils mettent si bien leurs affections en leurs richesses, que, s'ils les pouvoient emporter avec eux, ils le feroient volontiers; mais c'est l'heure où le Seigneur leur fait sentir plus grièvement son jugement, qu'à l'heure de la mort; car tout ce qu'ils ont fait, tout le temps de leur vie, bien ou mal, en un instant se représente devant eux. C'est l'heure où les livres de nos consciences sont ouverts, et où chacun peut y voir le bien et le mal qu'il a fait; car les Esprits-

[1] Pour *agréable*.
[2] Dans le sens d'*aumônes*.

malins ne laissent rien, qu'ils ne proposent au pêcheur, ou pour l'induire à une présomption d'avoir bien vécu, ou à une défiance de la miséricorde de Dieu, afin de les faire trébucher du droit chemin. — Il me semble, Hircan, dit Nomerfide, que vous savez quelque histoire à ce propos? Je vous prie, si la pensée est digne de cette compagnie, qu'il vous plaise nous la dire. — Je le veux bien, dit Hircan, et combien qu'il me fâche de conter quelque chose à leur désavantage, si est-ce que, vu que nous n'avons épargné ni rois, ni ducs, ni comtes, ni barons, ceux-ci ne se doivent tenir offensés si nous les mettons au rang de tant de gens de bien; même que nous ne parlons que des vicieux, car nous savons qu'il y a des gens de bien en tous états, et que les bons ne doivent être intéressés pour les mauvais. Laissons donc ces propos, et donnons commencement à notre histoire. »

NOUVELLE LVI.

Un cordelier marie frauduleusement un autre cordelier, son compagnon, à une belle jeune damoiselle, dont ils sont, puis après, tous deux punis.

Dans la ville de Padoue, passa une dame françoise, à laquelle fut rapporté, que, dedans les prisons de l'évêché, y avoit un cordelier; et, s'enquérant de l'occasion, pource qu'elle voyoit que chacun en parloit par moquerie, lui fut dit que ce cordelier, homme ancien, étoit confesseur d'une fort honnête dame, et dévote, demeurée veuve, qui n'avoit qu'une seule fille, qu'elle aimoit tant, qu'il n'y avoit peine qu'elle ne prît pour lui amasser du bien et lui trouver un bon parti. Or, voyant sa fille devenir grande, étoit continuellement en souci de lui trouver mari, qui pût vivre avec elles deux, en paix et en repos, c'est-à-dire qui fût homme de conscience, comme elle s'estimoit être. Et, pource qu'elle avoit ouï dire à quelque sot prêcheur, qu'il valoit mieux faire mal par conseil des docteurs, que faire bien contre l'inspiration du Saint-Esprit, s'adressa à son père confesseur, homme déjà ancien, docteur en théologie, estimé bien vivant de toute la ville; s'assurant, par son conseil et bonnes prières, ne pouvoir faillir de trouver le repos d'elle et de sa fille. Et quand elle l'eut bien fort prié de choisir un mari pour sa fille, tel qu'il connoissoit qu'une femme aimant Dieu et son honneur devoit souhaiter, il lui répondit que premièrement il falloit implorer la grâce du Saint-Esprit par oraisons et jeûnes; et puis, ainsi que Dieu conduiroit son entendement, il espéroit de trouver ce qu'elle demandoit. Et ainsi alla le cordelier d'un côté penser à son affaire; et, pource qu'il entendit de la dame, qu'elle avoit amassé cinq cents ducats tout prêts pour donner au mari de sa fille, et qu'elle prenoit sur elle la charge et nourriture des deux, les fournissant de maison, meubles et accoûtrements, il s'avisa qu'il avoit un jeune compagnon, de belle taille, agréable visage, auquel il donneroit la belle fille, la maison, les meubles, sa vie et nourriture assurée, et que les cinq cents ducats lui demeureroient, pour un peu soulager son compagnon. Et se trouvèrent tous deux d'accord. Il retourna vers la dame, et lui dit: « Je crois, sans faute, que Dieu m'a envoyé son ange Raphaël, comme il fit à Tobie, pour trouver un parfait époux à votre fille, car je vous assure que j'ai en main le plus honnête gentilhomme qui soit en Italie, lequel a quelquefois vu votre fille, et en est si bien pris, qu'aujourd'hui, ainsi que j'étois en oraison, Dieu le m'a envoyé, et m'a déclaré l'affection qu'il avoit à ce mariage. Et, moi, qui connois la maison et ses parents, et qu'il est de vie notable, lui ai promis de vous en parler. Vrai est qu'il y a un inconvénient, que seul je connois en lui: c'est qu'en voulant secourir un de ses amis, qu'un autre vouloit tuer, tira son épée, pensant les départir[1]; mais la fortune advint que son ami tua l'autre; parquoi, lui, combien qu'il n'ait point frappé nul coup, est fugitif de sa ville, pource qu'il assista au meurtre; et, par conseil de ses parents, s'est retiré en cette ville en habit d'écolier, où il demeure inconnu jusques à ce que ses parents aient mis ordre à son affaire, ce qu'il espère être de bref. Par ce moyen, faudroit le mariage être fait secrètement, et que vous fussiez contente, que le jour il allât aux lectures publiques, et tous les soirs vînt souper et coucher céans. » A l'heure, la bonne femme lui dit: « Monsieur, je trouve en ce que vous me dites grand avantage, car au moins j'aurai près de moi ce que je désire le plus au monde. » Ce que le cordelier fit, et le lui amena bien en ordre, avec un beau pourpoint de satin cra-

[1] Séparer.

moisi, dont elle fut bien aise ; et, après qu'il fut venu, firent les fiançailles, et, incontinent que minuit fut passé, firent dire une messe et épousèrent, et puis allèrent coucher ensemble, jusques au point du jour, que le marié dit à sa femme que, pour n'être connu, il étoit contraint s'en aller au collège. Ayant pris son pourpoint de satin cramoisi et sa robe longue, sans oublier sa coiffe noire, vint dire adieu à sa femme, qui encore étoit au lit, et l'assura que tous les soirs il viendroit souper avec elle, mais que pour le dîner il ne le falloit attendre ; et ainsi s'en partit et laissa sa femme, qui s'estimoit la plus heureuse du monde d'avoir trouvé un si bon parti. Et ainsi s'en retourna le jeune cordelier marié, à son vieux père, auquel il porta les cinq cents ducats, dont ils avoient convenu ensemble par l'accord du mariage; et, au soir, ne faillit de retourner souper avec celle qui le cuidoit être son mari, et s'entretint si bien en l'amour d'elle et de sa belle-mère, qu'elles ne l'eussent pas voulu changer avec le plus grand prince du monde. Cette vie continua quelque temps ; mais, ainsi que la bonté de Dieu a pitié de ceux qui sont trompés de bonne foi, par sa grâce et bonté, advint qu'un matin il print grande dévotion à cette dame et à sa fille, d'aller ouïr la messe à Saint-François et visiter leur bon confesseur, par le moyen duquel elles pensoient être si bien pourvues, l'une de beau-fils et l'autre de mari. Et, de fortune, ne trouvant leur confesseur, n'autre de leur connoissance, furent contentes d'ouïr la grand'messe qui se commençoit, attendant s'il viendroit point. Et, ainsi que la jeune dame regardoit attentivement au service divin et au mystère d'icelui, quand le prêtre se retourna pour dire *Dominus vobiscum*, cette jeune mariée fut toute surprise d'étonnement ; car il sembloit que c'étoit son mari ou un pareil à lui ; mais, pour cela, ne voulut sonner mot, et attendit jusques à ce qu'il se retournât encore une fois, où elle l'avisa beaucoup mieux, et ne douta point que ce ne fût lui. Parquoi, elle tira sa mère, qui étoit en une grande contemplation, en lui disant : « Hélas ! madame, qui est-ce que je vois ? » La mère lui demanda : « Quoi ? — C'est, dit-elle, mon mari qui dit la messe, ou la personne du monde qui mieux lui ressemble. » Sa mère, qui ne l'avoit point bien regardé, lui dit : « Je vous prie, ma fille, ne mettez point cette opinion dedans votre tête ; car c'est une chose totalement impossible, que ceux qui sont si saintes gens fissent une telle tromperie ; vous pécheriez grandement contre Dieu, d'ajouter foi à une telle opinion. » Toutefois, ne laissa pas la mère d'y regarder, et quand ce vint à dire : *Ite, missa est*, connut véritablement que jamais deux frères d'une ventrée [1] ne furent si semblables. Toutefois, elle étoit si simple, qu'elle eût dit volontiers : « Mon Dieu, garde-moi de croire ce que je vois ! » Mais, pour ce qu'il touchoit tant à sa fille, ne voulut pas laisser la chose ainsi inconnue, et se délibéra d'en savoir la vérité. Et, quand ce vint au soir, que le mari devoit retourner, lequel ne les avoit aucunement aperçues, la mère vint dire à sa fille : « Nous saurons, si vous voulez, maintenant la vérité de votre mari ; car, ainsi qu'il sera dedans le lit, je l'irai trouver, et, sans qu'il y pense, par derrière, vous lui arracherez sa coiffe, et nous verrons s'il aura telle couronne que celui qui a dit la messe. » Ainsi qu'il fut délibéré, il fut fait; car sitôt que le méchant mari fut couché, arriva la vieille dame, et, en lui prenant les deux mains comme par jeu, sa fille lui ôta sa coiffe ; et demeura avec sa belle couronne : dont la mère et la fille furent tant étonnées, qu'il n'étoit possible de plus, et à l'heure appelèrent les serviteurs de léans pour le faire prendre et lier jusques au matin, et ne lui servit nulle excuse, ne beau parler. Le jour venu, la dame envoya quérir son confesseur, feignant avoir quelque grand secret à lui dire, lequel y vint hâtivement, et elle le fit prendre comme le jeune, lui reprochant la tromperie qu'il lui avoit faite ; et, sur cela, envoya quérir la justice, entre les mains de laquelle elle les mit tous deux. Il est à juger que, s'il y avoit des gens de bien pour juger, ils ne laissèrent la chose impunie.

« Voilà, mesdames, pour vous montrer que tous ceux qui vouent pauvreté ne sont pas exempts d'être tentés d'avarice, qui est l'occasion de faire tant de maux. — Mais tant de biens, dit Saffredant; car, de cinq cents ducats, dont la vieille vouloit faire trésor, en furent faites beaucoup de chères. Et la pauvre fille, qui avoit tant attendu un mari, par ce moyen en pouvoit avoir deux, et savoit mieux parler,

---

[1] Frères jumeaux.

à la vérité, de toutes hiérarchies. — Vous avez toujours les plus fausses opinions, dit Oisille, que je vis jamais ; car il vous semble que toutes les femmes sont de votre complexion. — Madame, sauf votre grâce, dit Saffredant ; car je voudrois qu'il m'eût coûté beaucoup, et elles fussent aussi aisées à contenter que nous. — Voilà une mauvaise parole, dit Oisille ; car il n'y a nul ici qui ne sache tout le contraire de votre dire. Et, qu'il ne soit vrai, le conte qui est fait maintenant montre bien l'ignorance des pauvres femmes, et la malice de ceux que nous tenons meilleurs que vous autres, hommes ; car elle, ni la fille, ne vouloient rien faire à leur fantaisie, mais soumettoient leur désir à bon conseil. — Il y a des femmes si difficiles, dit Longarine, qu'il leur semble qu'elles doivent avoir des anges. — Et voilà pourquoi, dit Simontault, elles trouvent souvent des diables ; principalement celles qui, ne se confiant en la grâce de Dieu, cuident, par leur bon sens ou celui d'autrui, pouvoir trouver en ce monde quelque félicité, qu'il n'est donnée, ni ne peut venir que de Dieu. — Comment, Simontault, dit Oisille, je ne pensois pas que vous sussiez tant de bien ? — Madame, dit Simontault, c'est grand dommage que je ne suis bien expérimenté, car, par faute de me connoître, je vois que vous avez mauvais jugement de moi ; mais si puis-je bien faire le métier d'un cordelier, puisque le cordelier s'est mêlé du mien. — Vous appelez donc être métier, dit Parlamente, de tromper les femmes ? et ainsi, de votre bouche même, vous vous jugez ! — Quand j'en aurois trompé cent mille, dit Simontault, je ne serois pas encore vengé des peines que j'ai eues pour une seule. — Je sais, dit Parlamente, combien de fois vous vous plaignez des dames ; et, toutefois, nous vous voyons si joyeux et en bon point, qu'il n'est pas à croire que vous ayez eu tous les maux que vous dites ; mais *la Belle Dame sans merci*[2] répond que

> Il sied bien que l'on se dédie,
> Pour en tirer quelque confort.

— Vous alléguez un notable docteur, dit Simontault, qui seulement n'est fâcheux, mais le fait être toutes celles qui ont lu ou suivi sa doctrine. — Si est-ce que sa doctrine, dit Parlamente, est aussi proufitable aux jeunes dames, que nulle que je sache. — S'il est ainsi, dit Simontault, que les dames fussent sans merci, nous pourrions bien faire reposer nos chevaux, et laisser rouiller nos harnois jusques à la première guerre, et ne faire que penser du ménage. Je vous prie, dites-moi si c'est honnête à une dame d'avoir le nom d'être sans pitié, sans charité, sans amour et sans merci ? — Sans charité et amour, dit Parlamente, ne faut-il pas qu'elle soit ; mais ce mot de *merci* sonne si mal contre les femmes, qu'elles n'en peuvent user sans offenser leur honneur ; car, proprement *merci* est accorder la grâce qu'on demande. On sait bien celle que les hommes désirent. — Ne vous déplaise, madame, dit Simontault, il y en a de si raisonnables, qui ne demandent que la parole. — Vous me faites souvenir, dit Parlamente, de celui qui se contentoit d'un gant. — Il faut que nous sachions qui est ce gracieux serviteur, dit Hircan, et, pour cette cause, vous donne ma voix. — Ce me sera plaisir de le dire, dit Parlamente, car elle est pleine d'honnêteté. »

NOUVELLE LVII.

Conte ridicule d'un milord d'Angleterre, qui portoit un gant de femme, par parade, sur son habillement.

Le roi Louis XI envoya en Angleterre le seigneur de Montmorenci[1], pour son ambassadeur ; lequel y fut tant bienvenu, que le roi et tous les autres princes l'aimèrent et l'estimèrent fort, et même lui communiquèrent plusieurs de leurs affaires, pour avoir son conseil. Un jour, étant en un banquet que le roi lui fit, fut assis auprès de lui un milord, de grande maison, lequel avoit sur son saye attaché un petit gant, comme pour femme, à crochets d'or, et dessus les jointures des doigts, y avoit force diamants, rubis, émeraudes et perles, tant que ce gant étoit estimé à grand

---

[1] Cette locution équivaut à une autre plus usitée dans ces *Nouvelles* : *et qu'ainsi ne soit.*

[2] Poëme d'Alain Chartier, déjà cité plus haut, p. 355.

[1] Guillaume, seigneur de Montmorenci et d'Écouen, etc., fils de Jean, deuxième du nom ; chambellan de France sous Charles VII, et de Marguerite d'Orgemont sa seconde femme ; hérita des titres et des biens de sa maison, quoique né d'un second lit, ses deux frères ayant été déshérités par leur père pour avoir embrassé le parti du duc de Bourgogne contre Louis XI. Ce roi lui conserva toujours une affection particulière. Guillaume, qui commença la branche des ducs de Montmorenci, fut aussi en faveur sous les règnes de Charles VIII, Louis XII et François Ier, qu'il servit dans les négociations et dans les armées. Il mourut en 1531.

argent. Le seigneur de Montmorenci le regarda si souvent, que le milord s'aperçut qu'il avoit envie de lui demander la raison pourquoi il étoit si bien en ordre ; et, pource qu'il en estimoit le conte être fort à sa louange, il commença à dire : « Je vois bien que vous trouvez étrange de ce que si gorgiasement j'ai accoûtré un pauvre gant; de quoi j'ai encore plus d'envie de vous dire le sujet, car je vous tiens tant homme de bien, et connoissant quelle passion c'est qu'amour, que, si j'ai bien fait, vous me louerez, ou sinon, vous excuserez l'amour qui commande à tous honnêtes cœurs. Il faut que vous entendiez que j'ai aimé toute ma vie une dame, aime et aimerai encore après ma mort ; et, parce que mon cœur eut plus de hardiesse de s'adresser en un bon lieu, que ma bouche n'eut de parler, je demeurai sept ans sans lui en oser faire semblant, craignant que, si elle s'en apercevoit, je perdrois le moyen que j'avois de souvent la fréquenter ; dont j'avois plus de peur que de ma mort. Mais, un jour, étant dans un pré, et la regardant, me print un si grand battement de cœur, que je perdis toute couleur et toute contenance, dont elle s'aperçut très-bien ; et, en me demandant que j'avois, je lui dis que c'étoit une douleur de cœur insupportable ; et, elle, qui pensoit que ce fût maladie d'autre sorte que d'amour, me montra avoir pitié de moi ; qui me fit la supplier mettre la main sur mon cœur, pour voir comme il se débattoit : ce qu'elle fit, plus par charité que par autre amitié ; et, lui tenant la main dessus mon cœur, laquelle étoit gantée, il se print à débattre et tourmenter si fort, qu'elle sentit que je disois vérité, et, à l'heure, lui serrai la main contre mon estomac, en lui disant : « Hélas ! madame, recevez le cœur qui veut rompre mon estomac, pour saillir en la main de celle dont j'espère grâce, vie et miséricorde, lequel me contraint maintenant vous déclarer l'amour que tant longtemps vous ai celée ; car, lui ne moi, ne sommes maîtres de ce puissant dieu. » Quand elle entendit le propos que je lui tenois, le trouva fort étrange, et voulut retirer sa main ; mais je la lui tins si ferme, que le gant demeura en la place de sa cruelle main ; et, pource que jamais je n'avois eu, ne ai eu depuis plus grande privauté d'elle, j'attachai donc ce gant, comme l'emplâtre le plus propre que je puis donner à mon cœur, et l'ai orné de toutes les plus belles bagues que j'avois, combien que les richesses viennent du gant, que je ne donnerois pour le royaume d'Angleterre ; car je n'ai bien en ce monde, que j'estime tant, que de le sentir sur mon estomac. » Le seigneur de Montmorenci, qui eût mieux aimé la main que le gant d'une dame, lui loua fort cette grande honnêteté, en lui disant qu'il étoit le plus vrai amoureux qu'il eût jamais vu, et, puisque de si peu il faisoit tant de cas, combien que, vu sa grande amour, s'il eût eu mieux que le gant, peut-être qu'il fût mort de joie. Ce qu'il accorda au seigneur de Montmorenci, ne soupçonnant point qu'il le dît par moquerie.

« Si tous les hommes du monde étoient de cette honnêteté, les dames s'y pourroient bien fier, quand il ne leur en coûteroit que le gant. — J'ai si bien connu le seigneur de Montmorenci dont vous parlez, dit Guebron, que je suis sûr qu'il n'eût point voulu vivre en telle angoisse ; et, s'il se fût contenté de si peu, il n'eût pas eu les bonnes fortunes qu'il a eues en amour ; car, la vieille chanson dit :

> Jamais d'amoureux couard
> N'oïez bien dire.

— Pensez, dit Saffredant, que cette pauvre dame retira sa main bien hâtivement, quand elle sentit que le cœur lui débattoit ainsi ; car elle cuidoit qu'il dût trépasser. L'on dit qu'il n'y a rien que les femmes haïssent plus que de toucher les morts. — Si vous aviez autant hanté les hôpitaux que les tavernes, dit Émarsuitte, vous ne tiendriez pas ce langage ; car vous verriez celles qui ensevelissent les trépassés, que souvent les hommes, quelque hardis qu'ils soient, craignent approcher. — Il est vrai, dit Simontault, qu'il n'y a nul à qui on donne pénitence, qui n'ait fait le rebours de ce à quoi il a prins plaisir ; comme une damoiselle que je vois en bonne maison, qui, pour satisfaire au plaisir qu'elle avoit eu à baiser quelqu'un qu'elle aimoit, fut trouvée au matin, à quatre heures, baisant le corps mort d'un gentilhomme qui avoit été tué le jour de devant, lequel elle n'avoit pas moins aimé que l'autre ; et, à l'heure, chacun connut que c'étoit pénitence des plaisirs passés. — Voilà, dit Oisille, comme toutes bonnes œuvres que les femmes font, sont estimées mal entre les hommes. Je ne suis d'opinion que morts ne vifs on doive baiser, si ce n'est ainsi que Dieu le commande. — Quant à moi, dit Hircan, je me soucie si peu de baiser les femmes, hormis la mienne, que je m'accorde à toutes les lois que l'on voudra ; mais j'ai pitié des jeunes gens, à qui vous voulez ôter un si petit contentement, et faites nul le commandement de saint Paul, qui veut que l'on baise *in osculo sancto.* — Si saint Paul eût été tel homme que vous, dit Nomerfide, nous eussions demandé l'expérience de l'esprit de Dieu, qui parloit en lui. — A la fin, dit Guebron, vous aimerez mieux douter de la sainte Écriture, que de faillir à l'une de vos petites cérémonies. — A Dieu ne plaise, dit Oisille, que nous doutions de la sainte Écriture, vu que peu nous croyons en vos mensonges ; car il n'y a nulle qui ne sache bien ce qu'elle doit croire, c'est de jamais ne mettre en doute la parole de Dieu, et moins ajouter foi à celle des hommes, se détournant de la vérité. — Si crois-je, dit Simontault, qu'il y a eu plus d'hommes trompés par les femmes, que de femmes par les hommes ; car la petite amour qu'elles ont pour nous les garde de croire la vérité, et la très-grande amour que nous leur portons, nous fait tellement fier en leurs mensonges, que plus tôt nous sommes trompés, que soupçonnés de le pouvoir être. — Il me semble, dit Parlamente, que vous avez ouï la plainte de quelque sot, déçu par une folle ; car votre propos est de si petite autorité, qu'il a besoin d'être fortifié d'exemples : parquoi, si vous en savez quelqu'un, je vous donne ma place pour le raconter ; et n'entends pas que, pour un mot, soyons sujets de vous croire ; mais, pour vous écouter dire mal de nous, nos Nouvelles n'en sentiront point de douleur, car nous savons ce qui en est. — Or, puisque j'ai lieu, dit Simontault, je vous dirai. »

NOUVELLE LVIII.

<small>Une dame de cour se venge plaisamment d'un sien serviteur d'amourettes.</small>

En la cour du roi François Ier, y avoit une dame, de fort bon esprit, laquelle, par sa bonne grâce, honnêteté, et parole agréable, avoit gagné le cœur de plusieurs serviteurs, dont elle savoit fort bien passer son temps, l'honneur sauve [1], les entretenant si plaisamment, qu'ils ne savoient à quoi se tenir d'elle, car les plus assurés étoient désespérés et les plus désespérés en prenoient assurance. Toutefois, en se moquant de la plus grande partie, ne se put tenir d'en aimer fort un, qu'elle nommoit son cousin, lequel nom donnoit couleur à plus long entretenement. Mais comme nulle chose n'est stable, souvent leur amitié tournoit en courroux, et puis se renouveloit plus que jamais, en sorte que toute la cour ne le pouvoit ignorer. Un jour, la dame, tant pour donner à connoître qu'elle n'avoit affection en rien, que pour donner un peu de peine à celui pour l'amour duquel elle en avoit beaucoup porté, lui va faire meilleur semblant qu'elle n'avoit jamais fait. Parquoi, lui, qui n'avoit ni en armes ni en amours nulle faute de hardiesse, commença à pourchasser vivement celle que maintefois avoit priée : laquelle, feignant ne pouvoir plus soutenir tant de pitié, lui accorda sa demande, et lui dit que, pour cette occasion, elle s'en alloit en sa chambre, qui étoit un galetas, où elle savoit bien qu'il n'y avoit personne ; et sitôt qu'il la verroit partir, qu'il ne faillît point d'aller après, car il la trouveroit seule, de la bonne volonté qu'elle lui portoit. Le gentilhomme, qui crut à sa parole, fut si content, qu'il se mit à jouer avecques les autres dames, attendant qu'il la vît sortir, pour bientôt aller après ; et, elle, qui n'avoit faute de nulle finesse de femme, s'en alla à deux grandes princesses, desquelles elle étoit familière, et leur dit : « Si vous voulez, je vous montrerai le plus beau passe-temps que vous vîtes oncques. » Elles, qui ne cherchoient point de mélancolie, la prièrent de leur dire que c'étoit. « C'est, ce dit-elle, un tel que vous connoissez autant homme de bien qu'il en soit point, et non moins audacieux. Vous savez combien de mauvais tours il m'a faits, et qu'à l'heure que je l'aimois plus fort, il en a aimé d'autres, dont j'en ai porté plus d'ennui, que je n'en ai montré de semblant. Or, maintenant, Dieu m'a donné le moyen de m'en venger : c'est que je m'en vais en ma chambre, qui est sur cette-ci, et incontinent, s'il vous plaît faire le guet, vous le verrez venir après moi, et quand il aura passé les galeries, et qu'il voudra monter le degré, je vous prie vous mettre toutes deux à la fenêtre pour m'aider à crier au larron, et vous verrez sa colère ; à quoi je crois qu'il

[1] On doit sous-entendre *à cause*, ou bien *de* est pris ici dans le sens de *par*.

[1] Il faudrait aujourd'hui écrire *sauf*.

n'aura point mauvaise grâce, et s'il ne me dit des injures tout haut, je m'attends bien qu'il n'en pensera pas moins en son cœur. » Cette conclusion ne se fit pas sans rire ; car, il n'y avoit gentilhomme à la cour, qui menât plus la guerre aux dames, que celui-là, et étoit tant aimé et estimé d'un chacun, que l'on eût voulu pour rien se trouver au danger de sa moquerie. Et sembla bien aux dames qu'elles avoient bonne part à la gloire, qu'une seule espéroit d'emporter sur le gentilhomme. Parquoi, sitôt qu'elles virent partir celle qui avoit fait l'entreprise, commencèrent à regarder la contenance du gentilhomme, qui ne demeura guère sans changer de place, et quand il eut passé la porte, les dames sortirent à la galerie pour ne le perdre de vue ; et, lui, qui ne s'en doutoit pas, va mettre sa cape à l'entour de son col, pour se cacher le visage, et descendit le degré jusques à la cour, puis remonta ; mais, trouvant quelqu'un qu'il ne vouloit pour témoins, redescendit encore en la cour, et retourna par un autre côté, ce que tout entièrement les dames voyoient, dont ne s'aperçut oncques ; et quand il parvint au degré, par où il pouvoit sûrement aller en la chambre de sa dame, les deux dames se vont mettre à la fenêtre, et incontinent elles aperçurent la dame qui étoit en haut, qui commença à crier au larron, tant que sa tête le pouvoit porter ; et les deux dames lui répondirent si fort que leurs voix furent ouïes de tout le château. Je vous laisse à penser en quel dépit le gentilhomme s'enfuit en son logis, non si bien couvert qu'il ne fût connu de celles qui savoient le mystère ; lesquelles depuis lui ont souvent reproché, même celle qui lui avoit fait ce mauvais tour, lui disant qu'elle s'étoit bien vengée de lui. Mais il avoit ses réponses et défenses si propres, qu'il leur fit accroire qu'il se doutoit bien de leur entreprise, et qu'il avoit accordé à sa dame de l'aller voir pour lui donner quelque passe-temps ; car, pour l'amour d'elle, n'eût-il prins cette peine, pource qu'il y avoit trop long-temps que l'amour étoit dehors ; mais les dames ne vouloient recevoir cette vérité, dont encore en est la matière en doute.

« Mais, si ainsi étoit qu'il eût cru cette dame (comme il n'est vraisemblable, vu qu'il étoit tant sage et hardi, que, de son âge et son temps, a eu peu de pareils, ou point qui le passât, comme le nous a fait voir sa très-hardie et très-valeureuse mort), il me semble qu'il faut que vous confessiez que l'amour des hommes vertueux est telle, que, par trop croire de vérité aux dames, sont souvent trompés.—En bonne foi, dit Émarsuitte, j'avoue cette dame du tour qu'elle a fait ; car, puisqu'un [1] homme est aimé d'une dame et la laisse pour une autre, elle ne s'en peut trop venger. — Voire, dit Parlamente, si elle n'est aimée. Mais il y en a qui aiment des hommes sans être assurées de leur amitié, et quand elles connoissent qu'ils aiment ailleurs, elles disent qu'ils sont muables. Parquoi, celles qui sont sages, ne sont jamais trompées de ces propos ; car, elles ne s'arrêtent ni ne croient jamais, qu'à ceux qui sont véritables, afin de ne tomber au danger des menteurs, pource que le vrai et le faux n'ont qu'un même langage. — Si toutes étoient de votre opinion, dit Simontault, les gentils-hommes pourroient bien mettre leurs oraisons dedans leurs coffres. Mais, quoi que vous ne vos semblables en sussiez dire, nous ne croirons jamais que les femmes ne soient aussi incrédules comme elles sont belles. Et cette opinion nous fera vivre aussi contents, que vous voudriez par vos oraisons nous mettre en peine. — Vraiment, dit Longarine, sachant très-bien qui est la dame qui a fait ce bon tour au gentilhomme, je ne trouve impossible nulle finesse à croire d'elle ; car, puisqu'elle n'a pas épargné son mari, elle ne devoit pas épargner son serviteur. — Vous en savez donc-ques plus que moi, dit Simontault ; parquoi, je vous donne ma place, pour en dire votre opinion.—Puisque le voulez, et moi aussi, » dit Longarine.

NOUVELLE LIX.

Un gentilhomme, pensant accoller en secret une des damoi-selles de sa femme, est par elle surpris.

La dame, de qui vous avez fait le conte, avoit épousé un mari de bonne et ancienne maison, et riche gentilhomme ; et, par grande amitié de l'un et de l'autre, se fit ce mariage. Elle, qui étoit l'une des femmes du monde parlant aussi plaisamment, ne dissimuloit point à son mari, qu'elle n'eût des serviteurs, desquels elle se moquoit et passoit son temps : dont son

[1] Pour *lorsqu'un*.

mari avoit sa part du plaisir; mais, à la longue, cette vie lui fâcha; car, d'un côté, il trouvoit mauvais qu'elle entretenoit longuement ceux qu'il ne tenoit pour ses parents et amis; d'autre côté, lui fâchoit fort la dépense qu'il étoit contraint de faire pour entretenir sa gorgiaseté, et suivre la cour. Parquoi, le plus souvent qu'il pouvoit, se retiroit en sa maison, où tant de compagnie l'alloit voir, que sa dépense n'amoindrissoit guère en son ménage; car, sa femme, en quelque lieu qu'elle fût, trouvoit toujours moyen de passer son temps à quelques jeux, danses, et à toutes choses auxquelles honnêtement les jeunes dames se peuvent exercer. Quelquefois que son mari lui disoit, en riant, que leur dépense étoit trop grande, elle faisoit réponse qu'il s'assurât qu'elle ne le feroit jamais cocu; mais, oui bien, coquin[1]; car, elle aimoit si très-fort les accoûtrements, qu'il falloit qu'elle en eût des plus beaux et riches qui fussent en sa cour, où son mari la menoit le moins qu'il pouvoit, et où elle faisoit tout son possible d'aller. Et, pour cette occasion, se rendit toute complaisante à son mari, qui de choses plus difficiles ne la vouloit pas refuser. Or, un jour, voyant que toutes inventions ne le pouvoient gagner à faire ce voyage de la cour, s'aperçut qu'il faisoit fort bonne chère à une femme de chambre à chaperon, qu'elle avoit, dont elle espéroit bien faire son proufit. Et, un soir, elle retira à part cette fille de chambre, et l'interrogea si finement, tant par promesses que par menaces, que la fille lui confessa que depuis qu'elle étoit en sa maison, il n'étoit jour que son maître ne sollicitât de l'aimer; mais qu'elle aimeroit mieux mourir, que faire rien contre Dieu et son honneur; et encore, vu l'honneur qu'elle lui avoit fait de la retirer à son service; qui seroit double méchanceté. Cette dame, entendant la déloyauté de son mari, fut soudain émue de dépit et de joie, voyant que son mari, qui faisoit tant semblant de l'aimer, lui pourchassoit secrètement telle honte en sa compagnie, combien qu'elle s'estimoit plus belle et de meilleure grâce que celle pour laquelle il la vouloit changer. Mais sa joie étoit qu'elle espéroit prendre son mari en telle et si grande faute, qu'il ne lui reprocheroit plus les serviteurs, ne la demeure de la cour. Et, pour y parvenir, pria cette fille d'accorder petit à petit à son mari ce qu'il demandoit, avec les conditions qu'elle lui dit. La fille en cuida faire difficulté; mais, assurée par sa maîtresse de sa vie et de son honneur, s'accorda de faire tout ce qu'il lui plairoit. Le gentilhomme, continuant sa poursuite, trouva cette fille, d'œil et de contenance toute changée: parquoi, la pressa plus vivement qu'il n'avoit accoutumé. Mais, elle, qui savoit son rôle par cœur, lui remontra sa pauvreté, et qu'en lui obéissant, perdroit le service de sa maîtresse, auquel elle s'attendoit bien gagner un bon mari. A quoi lui fut répondu par le gentilhomme, qu'elle n'eût souci de toutes ces choses; car il la marieroit mieux et plus richement que sa maîtresse ne sauroit faire, et qu'il conduiroit son affaire si secrètement, que nul n'en pourroit mal parler. Sur les propos, firent leur accord, et, en regardant le lieu plus propre pour accomplir cette belle œuvre, elle va dire, qu'elle n'en savoit point de meilleur, ne plus loin de tout soupçon, qu'une petite maisonnette qui étoit dedans le parc, où il y avoit chambre et lit tout à propos. Le gentilhomme, qui n'eût trouvé nul lieu mauvais, se contenta fort de celui-là, et lui tarda bien que le jour et l'heure n'étoient venus. Cette fille ne faillit pas de promesse à sa maîtresse; et lui conta tout le discours de son entreprise, bien au long, comme ce devoit être le lendemain après dîner, et qu'elle n'y faudroit point, à l'heure qu'il y falloit aller, de lui faire signe. A quoi elle supplioit bien fort de prendre garde, et ne faillir point de s'y trouver à l'heure, pour la garder du danger où elle se mettoit en lui obéissant: ce que la maîtresse lui jura, la priant n'avoir nulle crainte, et que jamais ne l'abandonneroit, et si la défendroit de la fureur de son mari. Le lendemain venu, après que l'on eût dîné, le gentilhomme faisoit meilleure chère à sa femme qu'il n'avoit encore fait: ce qu'elle n'avoit pas trop agréable; mais elle feignoit si bien, qu'il ne s'en aperçut point. Après le dîner, elle lui demanda à quoi il passeroit le temps. Il lui dit, qu'il n'en savoit point de meilleur que de jouer aux cents[1]. A l'heure, firent dresser le jeu; mais elle dit qu'elle ne

[1] Gueux, mendiant.

[1] C'est-à-dire, au piquet, dont les parties sont de *cent points*. On dit encore un *cent* de piquet. Le *cent* est nommé dans la liste des jeux de Gargantua (liv. I, ch. 22).

vouloit point jouer, et qu'elle auroit assez de plaisir à les regarder. Et ainsi qu'il se vouloit mettre au jeu, ne faillit pas de dire à cette fille qu'elle n'oubliât pas sa promesse. Et quand il fut au jeu, elle passa par la salle, faisant signe à sa maîtresse du pèlerinage qu'elle avoit à faire, qui l'avisa très-bien ; mais le gentilhomme n'y connut rien. Toutefois, au bout d'une heure, qu'un de ses varlets lui fit signe de loin, dit à sa femme que la tête lui faisoit un peu de mal, et qu'il étoit contraint de s'aller reposer et prendre l'air. Elle, qui savoit aussi bien sa maladie que lui, demanda s'il vouloit qu'elle jouât son jeu ; il lui dit qu'oui, et qu'il reviendroit bientôt. Toutefois, elle l'assura que, pour deux heures, elle ne s'ennuieroit point de tenir sa place. Ainsi s'en alla le gentilhomme en sa chambre, et de là, par une allée, en son parc. La damoiselle, qui savoit un autre chemin plus court, attendit un petit, puis soudain fit semblant d'avoir une tranchée, et bailla son jeu à un autre ; et sitôt qu'elle fut sortie de la salle, laissa ses hauts patins, et s'en courut le plus tôt qu'elle put au lieu où elle ne vouloit que le marché se fît sans elle, et arriva à la bonne heure ; car elle entra par une porte en la chambre où son mari ne faisoit que d'arriver, et se cacha derrière lui, écoutant les beaux et honnêtes propos que son mari tenoit à sa chambrière. Mais, quand elle vit qu'il s'approchoit du criminel[1], le print par derrière, en lui disant : « Je suis trop près de vous pour en prendre une autre. » Si le gentilhomme fut lors courroucé jusques à l'extrémité, il ne le faut demander, tant pour être frustré de la joie qu'il espéroit recevoir, que pour voir sa femme le connoître plus qu'il ne vouloit, de laquelle il avoit grand'peur de perdre pour jamais l'amitié. Mais, pensant que cette menée vint de la fille, sans parler à sa femme, courut après elle de telle fureur, que, si sa femme ne lui eût ôtée des mains, il l'eût tuée, disant que c'étoit la plus méchante garse qu'il eût jamais vue, et que, si sa femme eût attendu la fin, elle eût bien connu que ce n'étoit que moquerie ; car, en lieu de lui faire ce qu'elle pensoit, il lui eût baillé des verges pour la châtier ; mais elle, qui se connoissoit en tel métal, ne le print pas pour bon, et lui fit là de si bonnes remontrances,

[1] C'est-à-dire, qu'il allait être en flagrant délit.

qu'il eut grand'peur qu'elle ne le voulût abandonner. Parquoi, il lui fit toutes les promesses qu'elle voulut, et confessa, voyant les bonnes remontrances de sa femme, qu'il avoit tort de trouver mauvais qu'elle eût des serviteurs ; car une femme belle et honnête n'est pas moins vertueuse pour être aimée, pourvu qu'elle ne fasse ni ne die chose qui soit contre son honneur ; mais un homme mérite bien grande punition, qui prend peine de pourchasser une qui ne l'aime point, pour faire tort à sa femme et à sa conscience. Parquoi lui promit qu'il ne l'empêcheroit jamais d'aller à la cour, ne trouveroit jamais mauvais qu'elle eût des serviteurs ; car, il savoit bien qu'elle parloit plus à eux par moquerie, que par affection. Ces propos-là ne déplurent pas à la dame ; car il lui sembloit bien avoir gagné un grand point. Si est-ce qu'elle estimoit plus son amitié, que toute autre chose, sans laquelle toutes compagnies lui fâchoient, disant qu'une femme bien aimée de son mari, et l'aimant de son côté, comme elle faisoit, portoit avec elle un sauf-conduit de parler à tout le monde, et n'être moquée de nul. Le pauvre gentilhomme mit si grande peine de l'assurer de l'amitié qu'il lui portoit, qu'en la fin ils partirent de ce lieu-là bons amis. Mais, pour ne retourner plus à tel inconvénient, il la pria de chasser cette fille, à l'occasion de laquelle il avoit eu tant d'ennui. Ce qu'elle fit, mais ce fut en la mariant bien et honorablement aux dépens de son mari ; et, pour faire entièrement oublier à la damoiselle cette folie, la mena bientôt à la cour, en tel ordre et si gorgiase qu'elle avoit occasion de se contenter.

« Voilà, mesdames, qui me fait dire, que je ne trouve point étrange le tour qu'elle avoit fait à l'un de ses serviteurs, vu celui que nous savons de son mari. — Vous nous avez peint, dit Hircan, une femme bien fine, et un mari bien sot ; car, pource qu'il en étoit venu jusques-là, il ne devoit pas arrêter en si beau chemin. — Et qu'eût-il fait ? dit Longarine. — Ce qu'il avoit entrepris, dit Hircan ; car autant étoit courroucée sa femme contre lui pour savoir qu'il vouloit mal faire, comme s'il eût mis le mal à exécution ; et peut-être sa femme l'eût mieux estimé, si elle l'eût connu plus hardi et gentil compagnon. — C'est bien dit, dit Émarsuitte, mais où trouverez-vous des hommes qui forcent deux femmes à la fois? car la femme eût défendu son droit, et la fille, sa virginité. — Il est vrai, dit Hircan; mais un homme fort et hardi, ne craint point d'en assaillir deux foibles, et ne faut point d'en venir à bout. — J'entends bien, dit Émarsuille, que, s'il eût tiré son épée, il les eût bien tuées toutes deux; mais autrement, ne vois-je pas qu'il en eût pu échapper. Parquoi, je vous prie nous dire que vous en eussiez fait. — J'eusse embrassé ma femme, dit Hircan, et l'eusse emportée dehors, et puis, eusse fait de la chambrière ce qu'il m'eût plu; par amour ou par force. — Hircan, dit Parlamente, il suffit assez que vous sachiez faire mal. — Je suis sûre, Parlamente, dit Hircan, que je ne scandalise point l'innocent devant qui je parle; et si ne veux par cela soutenir un mauvais fait; mais je ne loue l'entreprise, qui de soi ne vaut rien, et l'entrepreneur, qui ne l'a mise à fin, plus par crainte de sa femme, que par amour: je loue qu'un homme aime sa femme, comme Dieu le commande; mais, quand il ne l'aime point, je ne l'estime guères de la craindre. — A la vérité, lui répondit Parlamente, si l'amour ne vous rendoit bon mari, j'estimerois bien peu ce que vous feriez par crainte. — Vous n'auriez garde, Parlamente, dit Hircan; car l'amour que je vous porte me rend plus obéissant à vous, que la crainte de la mort ni d'enfer. — Vous en direz ce qu'il vous plaira, dit Parlamente, mais j'ai occasion de me contenter de ce que j'ai vu et connu de vous; et de ce que je n'ai point su, n'en ai point voulu douter, et encore moins m'en enquérir. — Je trouve une grande folie, dit Nomerfide, à celles qui s'enquièrent de si près de leurs maris, et les maris, aussi de leurs femmes; car il suffit au jour de sa malice, sans avoir tant de souci du lendemain. — Si est-il aucunefois nécessaire, dit Oisille, de s'enquérir des choses qui peuvent toucher l'honneur d'une maison, pour y donner ordre, mais non pour faire mauvais jugement; car il n'y a nul qui ne faille aucunefois. — Il est advenu, dit Guebron, des inconvénients à plusieurs, par faute de bien et soigneusement s'enquérir de la faute de leurs femmes. — Je vous prie, dit Longarine, si vous en savez quelque exemple, ne la nous vouloir celer. — J'en sais bien, un dit Guebron, et, puisque vous le voulez, je le vous dirai. »

NOUVELLE LX.

Une Parisienne abandonne son mari, pour suivre un chantre; puis, contrefaisant la morte, se fit enterrer.

En la ville de Paris, y avoit un homme de si bonne nature, qu'il eût fait conscience de croire un homme être couché avec sa femme, quand il l'eût vu. Ce pauvre homme épousa une femme de si mauvais gouvernement, qu'il n'étoit possible de plus, dont jamais ne s'aperçut, ains la traitoit comme la plus femme de bien du monde. Un jour que le roi Louis douzième alla à Paris, cette femme s'alla abandonner à un des chantres dudit seigneur. Et, quand elle vit que le roi s'en alloit de la ville de Paris, et qu'elle ne pouvoit plus voir le chantre, se délibéra d'abandonner son mari, et de le suivre; à quoi le chantre s'accorda, et la mena en une maison qu'il avoit près de Blois, où ils vécurent ensemble longtemps. Le pauvre mari, ne trouvant sa femme, la chercha de tous côtés; mais enfin lui fut dit qu'elle s'en étoit allée avec le chantre. Lui, qui vouloit recouvrer sa brebis perdue, dont il avoit fait mauvaise garde, lui écrivit force lettres, la priant de retourner à lui, et qu'il la reprendroit, si elle vouloit être femme de bien; mais elle, qui prenoit si grand plaisir à ouïr le chant du chantre avec qui elle étoit, qu'elle avoit oublié la voix de son mari, ne tint compte de toutes ses bonnes paroles, et s'en moqua. Dont le mari, courroucé, lui fit savoir qu'il la demanderoit par justice à l'église, puisqu'elle ne vouloit autrement retourner avecques lui. Cette femme, craignant que si la justice y mettoit la main, son chantre et elle en pourroient avoir affaire, pensa une cautelle digne d'une telle main, et, feignant d'être malade, envoya quérir quelques femmes de bien de la ville pour la venir visiter. Ce que volontiers elles firent, espérant par cette maladie-là retirer de cette mauvaise vie; et, à cette fin, chacun lui faisoit les plus belles remontrances que l'on pouvoit. Lors, elle, qui feignoit d'être grièvement malade, fit semblant de pleurer, et de reconnoître son péché, en sorte qu'elle faisoit pitié à toute la compagnie, qui cuidoit fermement qu'elle parlât du fond de son cœur. Et, la voyant ainsi réduite et repentante, se mirent à la consoler, en lui disant, que Dieu n'étoit pas si terrible que beaucoup de pécheurs indiscrets le peignoient, et que jamais il ne lui refuseroit sa miséricorde ; et, sur ce bon propos, envoyèrent quérir un homme de bien pour la confesser. Et, le lendemain, vint le curé du lieu, pour lui administrer le saint sacrement, qu'elle reçut avec tant de bonnes mines, que toutes les femmes de bien de la ville, qui étoient présentes, pleuroient de voir sa dévotion, louant Dieu qui, par sa bonté, avoit eu pitié de cette pauvre créature. Et après, feignant ne pouvoir plus manger, l'extrême-onction lui fut apportée par le curé, et par elle reçue, avec plusieurs bons signes ; car, à peine pouvoit-elle avoir sa parole, comme l'on estimoit : demeura ainsi bien longtemps, et sembloit que peu à peu elle perdoit la vue, l'ouïe et tous les autres sens, dont chacun se print à crier *Jésus*. Et, à cause que la nuit étoit prochaine et que les dames étoient de loin, se retirèrent ; et ainsi qu'elles sortoient de la maison, on leur dit qu'elle étoit trépassée, et, en disant leur *De profundis* pour elle, s'en retournèrent en leurs maisons. Le curé demanda au chantre où il vouloit qu'elle fût enterrée ; lequel lui dit qu'elle avoit ordonné d'être enterrée au cimetière, et qu'il seroit bien de l'y porter de nuit. Ainsi fut ensevelie cette pauvre malheureuse par une chambrière, qui se gardoit bien de lui faire mal, et puis, avecques belles torches, fut portée jusques à la fosse, que le chantre avoit fait faire. Et quand le corps passa par devant celles qui avoient assisté à la voir mettre à l'onction, elles saillirent toutes de leurs maisons, et l'accompagnèrent jusques à la terre, où bientôt la laissèrent femmes et prêtres, mais le chantre ne s'en alla pas ; car, incontinent qu'il vit la compagnie assez loin, lui et son autre chambrière défirent la fosse, d'où il retira s'amie plus vive que jamais, et l'emmena secrètement en sa maison, où il la tint longuement cachée. Le mari, qui la poursuivoit, vint jusques à Blois demander justice, et trouva qu'elle étoit morte et enterrée, par l'attestation de toutes les dames de Blois, qui lui contèrent la belle fin qu'elle avoit faite : dont le bonhomme fût bien joyeux, croyant que l'âme de sa femme étoit en paradis, et lui, dépêtré d'un si méchant corps ; et, avec ce contentement, retourna à Paris, où il se maria avec une belle et honnête, jeune et femme de bien, et bonne ménagère, de laquelle il eut plusieurs enfants, et demeurèrent ensemble

quatorze ou quinze ans. Mais, à la fin, la renommée, qui ne peut rien celer, le vint avertir que sa femme n'étoit point morte, ains demeuroit avec ce méchant prêtre : chose que le pauvre homme dissimula tant qu'il put, feignant de n'en rien savoir, et désirant que ce fût un mensonge ; mais sa femme, qui étoit sage, en fut avertie, dont elle portoit une si grande angoisse, qu'elle en cuida mourir d'ennui ; et, s'il eût été possible, sa conscience sauve, eût volontiers dissimulé sa fortune ; mais il lui fut impossible ; car, incontinent l'Église y voulut mettre la main ; et, pour le premier, les sépara tous deux, jusqu'à ce que l'on sût bien la vérité du fait. Alors fut contraint ce pauvre homme de laisser la bonne pour chercher la mauvaise, et vint à Blois, un peu après que le roi François Ier fut roi [1]. Auquel lieu trouva la reine Claude [2], et Madame la régente, devant lesquelles vint faire sa plainte, demandant celle qu'il eût bien voulu ne trouver point, mais force lui étoit : dont il faisoit pitié à toute la compagnie. Et quand sa femme lui fut présentée, elle voulut longuement soutenir qu'il n'étoit point son mari, mais que c'étoit chose apostée, ce qu'il eût volontiers cru, s'il eût pu. Elle, plus marrie que honteuse, lui dit qu'elle aimoit mieux mourir, que retourner avecques lui, dont il étoit très-content ; mais les dames, devant lesquelles elle parloit si déshonnêtement, la condamnèrent qu'elle y retourneroit, et prêchèrent si bien ce chantre, avec forces répréhensions et menaces, qu'il fut contraint de dire à sa laide amie, qu'elle s'en allât avec son mari, et qu'il ne la vouloit plus voir. Ainsi chassée de tous côtés, se retira la pauvre malheureuse, où elle fut mieux traitée de son mari, qu'elle n'avoit mérité.

« Voilà, mesdames, pourquoi je dis que, si le pauvre mari eût été bien vigilant après sa femme, ne l'eût pas ainsi perdue ; car, la chose bien gardée est difficilement perdue, et l'abondance fait le larron. — C'est chose étrange, dit Hircan, comme l'Amour est si fort, où il semble moins raisonnable. — J'ai ouï dire,

[1] François Ier monta sur le trône le 1er janvier 1515, à la mort de Louis XII.
[2] Claude de France, fille de Louis XII et d'Anne de Bretagne, mariée en 1514 à François d'Angoulême, duc de Valois, morte en 1524.

dit Simontault, que l'on aura plus tôt fait rompre cent mariages, que séparer l'amour d'un prêtre et de sa chambrière. — Je crois bien, dit Émarsuitte; car, ceux qui lient les autres par mariages savent si bien faire le nœud, que la mort seule y peut mettre fin; et tiennent les docteurs, que le langage spirituel est plus grand que nul autre: par conséquent aussi, l'amour spirituel passe les autres. — C'est chose, dit Dagoucin, que je ne saurois pardonner aux dames, d'abandonner un mari honnête, ou un ami pour un prêtre, quelque beau et honnête qu'il sût être. — Or, je vous prie, dit Hircan, ne vous mêlez point de parler de notre mère sainte Église; mais croyez que c'est un grand plaisir aux pauvres femmes craintives et secrètes de pécher aveoques ceux qui les peuvent absoudre; car il y en a qui ont bien plus de honte de confesser une chose, que de la faire. — Vous parlez donc, dit Oisille, de celles qui n'ont point de connoissance de Dieu, et aussi qui cuident que les choses secrètes ne soient pas une fois révélées devant la compagnie céleste? Mais je crois que ce n'est pas pour chercher la confession, qu'elles cherchent les confesseurs; car, l'Ennemi [1] les a si bien aveuglées, qu'elles regardent bien plus à s'arrêter au lieu qui leur semble le plus couvert, et le plus sûr, que de soi soucier d'avoir absolution du mal, dont elles ne se repentent point. — Comment donc repentir? dit Saffredant; mais s'estiment beaucoup plus saintes que les autres femmes; et suis bien sûr qu'il y en a qui se tiennent fort honorées, de persévérer en telles amitiés. — Or, vous en parlez de sorte, dit Oisille à Saffredant, et semble que vous en sachiez quelque chose? Parquoi, je vous prie, que demain, pour commencer la Journée, vous nous en veuillez dire ce que vous en savez; car, voilà déjà le dernier coup de vêpres qui sonne; pource que nos religieux sont partis incontinent, alors qu'ils ont ouï la dixième Nouvelle, et nous ont laissés parachever tous nos débats. » Et, en ce disant, se leva la compagnie, qui s'en alla à l'église, où elle trouva que l'on l'avoit attendue; et, après avoir ouï leurs vêpres, soupa la compagnie toute ensemble, en parlant de plusieurs beaux contes. Après souper, chacun, selon la coutume, s'en alla un peu ébattre au pré, et puis reposer, pour avoir le lendemain une meilleure mémoire.

SEPTIÈME JOURNÉE.

Mme Oisille ne faillit au matin de leur administrer la salutaire pâture, qu'elle print en la lecture des Actes et vertueux faits des glorieux chevaliers et apôtres de Jésus-Christ, selon saint Luc, leur disant: « Que ces contes-là devoient être suffisants, pour désirer avoir un tel temps, et pleurer la fortune de cettui-ci. » Et, quand elle eut suffisamment lu et exposé le commencement de ce digne livre, les pria d'aller à l'église en l'union que les apôtres faisoient leur oraison, et demander à Dieu sa grâce, laquelle n'est jamais refusée à ceux qui en foi la requièrent. Cette opinion fut trouvée de chacun très-bonne, et arrivèrent à l'église, ainsi que l'on commençoit la messe du Saint-Esprit, qui leur sembloit chose venir à leur propos, qui leur fit ouïr le service en grande dévotion; et, après, à leur dîner, ramenturent [1] cette heureuse vie apostolique; à quoi ils prindrent tel plaisir, que quasi leur entreprise étoit oubliée. De quoi s'advisa Nomerfide, comme la plus jeune, et leur dit: « Mme Oisille nous a tant roulées en dévotion, que nous passons l'heure accoutumée de nous retirer, pour nous préparer à raconter nos Nouvelles. » Sa parole fut occasion de faire lever toute la compagnie; et, après avoir bien peu demeuré en leurs chambres, ils ne faillirent à se trouver, comme ils avoient fait le jour de devant. Et quand ils furent donc bien à leurs aises, Mme Oisille dit à Saffredant: « Encore que je sois assurée que vous ne direz rien à l'avantage des femmes, si est-ce qu'il faut que je vous advise de dire la Nouvelle que dès hier

---

[1] Le démon.

[1] Rappelèrent en mémoire.

au soir vous nous avez promise. — Je proteste, madame, dit Saffredant, que je n'acquerrai point déshonneur des médisants, pour dire vérité, ni ne perdrai la grâce des dames vertueuses, pour raconter ce que les folles font. Car j'ai bien expérimenté que c'est d'être sûrement éloigné de leur vue; et, si je l'eusse été autant de leur bonne grâce, je ne fusse pas à cette heure en vie. » En ce disant, tourna les yeux au contraire de celle qui étoit cause de son bien et de son mal; mais, en regardant Émarsuitte, la fit aussi bien rougir, comme si c'eût été elle à qui le propos s'adressoit; si est-ce qu'il n'en fut moins entendu de celle dont il désiroit être ouï. Et, alors, Mme Oisille l'assura, qu'il pouvoit donc dire vérité librement, aux dépens de ceux à qui il appartiendroit. Parquoi, Saffredant commença, et dit :

NOUVELLE LXI.

Merveilleuse pertinacité d'amour effrontée d'une Bourguignonne envers un chanoine d'Autun.

Auprès de la ville d'Autun, y avoit une fort belle femme, grande, blanche, et d'autant belle façon de visage, que j'en aie point vu. Elle avoit épousé un honnête homme, qui sembloit être plus jeune qu'elle : dont avoit cause de s'en contenter. Peu de temps après qu'ils furent mariés, la mena en la ville d'Autun, pour quelques affaires. Et, durant que le mari pourchassoit la justice, sa femme alloit à l'église prier Dieu pour lui ; et tant fréquenta le lieu saint, qu'un chanoine, fort riche, devint amoureux d'elle, et la poursuivit si fort, qu'enfin la pauvre malheureuse lui accorda : dont le mari n'avoit nul soupçon, et pensoit plus à garder son bien, que sa femme. Et, quand ce vint au départir, et qu'il falloit retourner en la maison, qui étoit loin de la ville de sept grandes lieues, ce ne fut pas sans un grand regret; mais le chanoine lui promit de l'aller souvent visiter; ce qu'il fit, feignant aller en quelque voyage, où son chemin s'adressoit toujours par la maison de cet homme, lequel ne fut pas si sot, qu'il ne s'en aperçût bien ; et y donna si bon ordre, que, quand le chanoine y venoit, il n'y trouvoit plus sa femme, mais la faisoit si bien cacher, qu'il ne pouvoit parler à elle. La femme, connoissant, à la jalousie de son mari, qu'il lui déplut ; toutefois, si pensa-t-elle,

qu'elle y donneroit bon ordre; car elle estimoit un enfer, de perdre la vision de son dieu. Un jour, que son mari étoit hors de sa maison, empêcha si bien ses chambrières et valets, qu'elle y demeura seule; incontinent, print ce qui lui étoit nécessaire, et, sans nulle compagnie, que de sa folle amour, s'en alla, de son pied, à Autun, où elle n'arriva pas si tard, qu'elle ne fût reconnue de son chanoine, qui la tint enfermée et cachée plus d'un an, quelques monitions et excommunications qu'en fît jeter son mari. Lequel, ne trouvant meilleur remède, en fit sa plainte à l'évêque, qui avoit un archidiacre autant homme de bien, qu'il y en eut en France, et lui-même chercha si diligemment toutes les maisons des chanoines, qu'il trouva celle que l'on tenoit perdue; laquelle il mit en prison, et condamna le chanoine à grosse pénitence. Le mari, sachant que sa femme étoit retrouvée par l'admonition du bon archidiacre, et de plusieurs gens de bien, fut content de la reprendre, avec les serments qu'elle lui fit de vivre le temps advenir en femme de bien. Ce que le bonhomme crut volontiers pour la grande amour qu'il lui portoit, et la mena en sa maison, la traitant aussi honnêtement qu'auparavant, sinon qu'il lui bailla deux vieilles chambrières, qui jamais ne la laissoient seule que l'une des deux ne fût avec elle. Mais, quelque bonne chère que lui fît son mari, la méchante amour qu'elle portoit au chanoine, lui faisoit estimer tout son repos tourment. Et, combien qu'elle fût très-belle femme, et lui, homme de bonne complexion, fort et puissant; si est-ce que jamais elle n'eut enfants de lui ; car son cœur étoit toujours à sept lieues de son corps. Ce qu'elle dissimuloit si bien, qu'il sembloit à son mari qu'elle eût oublié tout le passé, comme il avoit fait de son côté. Mais la malice d'elle n'avoit pas cette opinion ; car, à l'heure qu'elle vit son mari mieux l'aimant, et moins la soupçonnant, va feindre d'être malade; et continua si bien cette feinte, que son pauvre mari étoit en merveilleuse peine, n'y épargnant bien, ni chose qu'il eût pour la secourir. Toutefois, elle joua si bien son rôle, que lui et tous ceux de la maison la pensèrent malade jusques à l'extrémité, et que peu à peu elle s'affoiblissoit ; et, voyant que son mari en étoit autant marri qu'il en devoit être joyeux, lui pria qu'il lui plût l'autoriser de faire son testament : ce qu'il fit volontiers en pleurant. Et elle, ayant puissance de tester, combien qu'elle n'eût d'enfants, donna à son mari ce qu'elle lui pouvoit donner, lui requérant pardon des fautes qu'elle lui avoit faites. Après, envoya quérir le curé, se confessa, reçut le saint sacrement de l'autel tant dévotement, que chacun pleuroit de voir une si glorieuse fin. Et, quand ce vint le soir, pria son mari de lui faire porter l'extrême-onction, et qu'elle s'affoiblissoit tant, qu'elle avoit peur de ne la pouvoir recevoir vive. Son mari lui fit apporter en grande diligence, et elle, qui la recevoit en grande humilité, incitoit chacun à la louer. Quand elle eut fait tous ces beaux mystères, elle dit à son mari que, puisque Dieu lui avoit tant fait la grâce d'avoir pris tout ce que l'Église commande, elle sentoit sa conscience en grande paix, qu'il lui prenoit envie de se reposer un petit, priant son mari de faire le semblable, et qu'il en avoit bien besoin pour en avoir tant pleuré et veillé avec elle. Quand son mari fut endormi, et tous les valets avecques lui, les deux vieilles, qui, en santé, l'avoient si longuement gardée, ne se doutant plus de la perdre, sinon par mort, se vont très-bien coucher à leur aise. Et, quand elle les ouït dormir et ronfler bien haut, se leva en sa chemise, et sortit hors de sa chambre, écoutant si personne de léans faisoit point de bruit. Mais quand elle fut assurée de son bâton[1], sut très-bien sortir par un petit huis du jardin, qui ne fermoit point; et, tant que la nuit dura, toute en chemise et nu-pieds, fit son voyage à Autun, devers le saint qui l'avoit gardée de mourir. Mais, pource que le chemin étoit long, n'y put aller tout d'une traite, que le jour ne la surprît. A l'heure, regarda par tout le chemin, et avisa deux chevaucheurs qui couroient bien fort; et, se doutant que ce fût son mari qui la cherchoit, se cacha tout le corps dans un marais, et la tête entre les joncs, et son mari, passant par auprès d'elle, disoit à un sien serviteur, comme tout désespéré : « O la méchante! qui eût pensé que, sous le manteau des saints sacrements de l'Église, on eût pu couvrir un si abominable cas? » Le serviteur lui répondit : « Puisque Judas, prenant un tel morceau, ne craignit à trahir son maître, ne trouvez point étrange la trahison d'une femme. » Et, en ce disant, passa outre le mari, et la femme demeura plus joyeuse entre les joncs, de l'avoir trompé, qu'elle n'étoit en la maison dans un bon lit en servitude. Le pauvre mari chercha par toute la ville d'Autun, mais il sut certainement qu'elle n'y étoit point entrée. Parquoi, s'en retourna sur ses brisées, et ne faisoit que se plaindre d'elle sur le chemin, et de sa grande perte; ne la menaçant point moins, quant au reste, que de la mort, s'il la trouvoit; dont elle n'avoit peur en son esprit, non plus qu'elle sentoit de froid en son corps, combien que la saison et le lieu méritoient de la faire repentir de son damnable voyage. Et qui ne sauroit comme le feu d'enfer échauffe ceux qui en sont remplis, l'on devroit estimer à merveilles, comme cette pauvre femme, sortant d'un lit bien chaud, put demeurer tout un jour en si extrême froidure. Si ne perdit-elle point le cœur ni l'aller[1]; car, incontinent que la nuit venue, reprint son chemin; et, ainsi que l'on vouloit fermer la porte d'Autun, arriva cette pauvre pèlerine, et ne faillit d'aller tout droit où demeuroit son corps saint, qui fut tant émerveillé de sa venue, qu'à peine pouvoit-il croire que ce fût elle; mais, quand il l'eut bien regardée et visitée de tous côtés, trouva qu'elle avoit os et chair, ce qu'un esprit n'a point. Et ainsi l'assura que ce n'étoit fantôme; et dès lors furent si bien d'accord, qu'elle demeura quatorze ou quinze ans avec lui. Et si quelque temps elle fut cachée, à la fin perdit toute crainte, et, qui pis est, prînt une telle gloire d'avoir un tel ami, qu'elle se mettoit à l'église devant la plupart des plus femmes de bien de la ville, tant femmes d'officiers qu'autres, et eut des enfants du chanoine, et entre autres eut une fille, qui fut mariée à un riche marchand, et si gorgiase à ses noces, que toutes les femmes de la ville en murmuroient très-fort, mais elles n'avoient pas la puissance d'y mettre ordre. Or, advint qu'en ce temps-là la reine Claude, femme du feu roi François, passa par la ville d'Autun, ayant en sa compagnie Madame la régente, mère du roi, et de la duchesse d'Alençon, sa fille. Vint alors une femme de chambre, nommée Perrette, qui trouva ladite duchesse, lui dit : « Madame, je vous supplie, écoutez-moi, et vous ferez œuvre aussi ou plus grande, que d'aller ouïr tout le service du

---

[1] Expression proverbiale empruntée aux préparatifs du pèlerinage et signifiant : « Quand elle eut pris toutes ses dispositions. »

[1] C'est-à-dire, la force d'aller en avant.

jour. » La duchesse s'arrêta volontiers, sachant que d'elle ne pouvoit venir que bon conseil. Perrette lui alla conter incontinent comme elle avoit prins une petite fille pour lui aider à savonner le linge de la reine ; et, en lui demandant des nouvelles de la ville, lui conta la peine qu'avoient les femmes de bien de voir ainsi aller devant elles la femme de ce chanoine, laquelle lui conta une partie de sa vie. Tout soudain s'en alla ladite duchesse à la reine et à Madame la régente, et leur conta cette histoire ; qui, sans autre forme de procès, envoyèrent quérir cette pauvre malheureuse, laquelle, ne se cachant point (car elle avoit changé sa honte en gloire d'être dame de la maison d'un si riche homme), sans être étonnée et honteuse, se vint présenter devant lesdites dames, qui avoient si grande honte de sa hardiesse, que soudain elles ne lui surent que dire. Mais, après, Madame la régente lui fit de telles remontrances ; qu'elles dussent avoir fait pleurer une femme de bon entendement : ce que ne fit cette pauvre femme ; mais, d'une audace très-grande, leur dit : « Je vous supplie, mesdames, que vous vouliez garder que l'on ne touche point à mon honneur : car, Dieu merci, j'ai vécu avec M. le chanoine si bien et vertueusement, qu'il n'y a personne vivant qui m'en sût reprendre. Et si ne faut point que l'on pense que je vive contre la volonté de Dieu, car il y a trois ans qu'il ne me fait rien, et vivons aussi chastement, et en aussi grande amour, que deux beaux petits anges, sans que jamais entre nous il y ait eu parole ne volonté au contraire, et qui nous séparera fera un grand péché, car le bonhomme, qui a bien près de quatre-vingts ans, ne vivra plus guère sans moi, qui en ai quarante-cinq. » Vous pouvez penser comme ces dames se purent tenir, et les remontrances que chacun lui fit. Voyant l'obstination, qui, à l'heure, n'étoit amollie par parole que l'on lui dit, pour âge qu'elle eût, ne pour l'honorable compagnie, et, pour l'humilier plus fort, envoyèrent quérir le bon archidiacre d'Autun, qui la condamna d'être en prison un an, au pain et à l'eau. Et les dames envoyèrent quérir son mari, lequel, pour leur bon exhortement, fut content de la reprendre, après qu'elle auroit fait sa pénitence. Mais, la voyant prisonnière, et le chanoine, délibéré de jamais plus la reprendre, remercia les dames de ce qu'elles lui avoient jeté un diable hors de dessus les épaules, et eut une si grande et parfaite contrition, que son mari, au lieu d'attendre le bout de l'année à la reprendre, il n'attendit pas quinze jours, qu'il ne vînt la demander à l'archidiacre, et depuis ont vécu en bonne paix et amitié.

« Voilà, mesdames, comme les chaînes de saint Pierre sont converties par les mauvais ministres, en celles de Satan, et si fortes à corrompre, que les sacrements qui chassent les diables du corps, font à ceux-ci les moyens de les faire plus longuement demeurer en leurs consciences. Car les meilleures choses sont celles, quand on en abuse, dont l'on fait plus de maux. — Vraiment, dit Oisille, cette femme étoit bien malheureuse ; mais aussi fut-elle bien punie de venir devant tels juges, comme les dames que vous avez nommées : car le regard seul de Madame la régente étoit de telle vertu, qu'il n'y avoit si femme de bien qui ne craignît de se trouver devant ses yeux, et qui ne s'estimât indigne de sa vue. Car, la regardant doucement, s'estimoit mériter grand honneur, sachant que femmes, autres que vertueuses, ne pouvoient cette dame regarder de bon cœur. — Si est-il meilleur, dit Hircan, que l'on ait plus de crainte du saint sacrement, lequel, n'étant reçu en foi et charité, est une damnation éternelle, que des yeux d'une femme. — Je vous promets, dit Parlamente, que ceux qui ne sont point inspirés, craignent plus les puissances temporelles que les spirituelles. Encore, je crois que cette pauvre créature se châtia plus par la prison, et pour l'opinion de ne plus voir son chanoine, qu'elle ne fit pour remontrance que l'on lui eût su faire. — Mais, dit Simontault, vous avez oublié la principale chose, qui la fit retourner à son mari : c'est que le chanoine avoit quatre-vingts ans, et son mari étoit plus jeune qu'elle. Ainsi gagna cette bonne dame en tous ses marchés. Mais, si le chanoine eût été jeune, elle ne l'eût point voulu abandonner. Les enseignements des dames n'eussent pas eu plus de valeur, que les sacrements qu'elle avoit pris. — Encore, me semble-t-il, dit Nomerfide, qu'elle faisoit bien, de ne confesser point son péché si aisément ; car cette offense-là se doit dire à Dieu seulement, et la nier fort et ferme devant les hommes. Car, encore qu'il fût vrai, à force de mentir et jurer, on engendre quelque doute à la vérité.— Si est-ce, dit Longarine, qu'un péché à grand'peine peut-il être si secret, qu'il ne soit révélé, sinon quand Dieu le couvre en ceux qui, pour l'amour de lui, en ont vraie repentance. — Et que diriez-vous, dit Hircan, de celles qui n'ont pas plus tôt fait une folie, qu'elles ne la racontent à quelques-uns? — Je le trouve bien étrange, dit Longarine, et est signe que le péché ne leur déplaît pas. Et, comme je vous ai dit, celui qui n'est couvert par la grâce de Dieu, ne se sauroit nier devant les hommes; et y en a maintes, qui prennent plaisir de parler de tels propos, et font gloire de publier leurs vices; et autres, qui, en se coupant, s'accusent. — Si est-ce se couper bien lourdement, dit Saffredant; mais, je vous prie, si vous en savez quelqu'une, que je vous donne ma place, et que vous la nous disiez? — Or, écoutez donc, » dit Longarine.

NOUVELLE LXII.

Une damoiselle, faisant un conte de l'amour d'elle-même, parlant en tierce personne, se déclara par mégarde.

Du temps du roi François Ier, y avoit une dame du sang royal, accompagnée d'honneur, de vertu et de beauté, et qui savoit bien dire un conte, et de bonne grâce, et en rire aussi quand on lui en disoit quelqu'un. Cette dame, étant en une de ses maisons, tous ses sujets et voisins la vinrent voir, pource qu'elle étoit autant aimée que femme pouvoit être. Entre autres, la vint voir une damoiselle, qui écoutoit que chacun lui disoit tous les contes qu'ils pensoient, pour lui faire passer le temps. Elle s'avisa qu'elle ne feroit moins que les autres, et lui dit : « Madame, j'ai à faire un beau conte, mais vous me promettez de n'en parler point? » A l'heure, lui dit : « Madame, le conte que je vous ferai est très-véritable, je le prends sur ma conscience. C'est qu'il y avoit une damoiselle mariée, qui vivoit avec son mari très-honnêtement, combien qu'il fût vieil, et elle jeune. Un gentilhomme, son voisin, voyant qu'elle avoit épousé ce vieillard, fut amoureux d'elle, et la pressa par plusieurs années; mais jamais il n'eut réponse d'elle, sinon telle qu'une femme de bien doit faire. Un jour, pensa le gentilhomme, que, s'il la pouvoit trouver à son avantage[1], que, par aventure, elle ne lui seroit si rigoureuse. Et, après avoir longtemps débattu avec la crainte du danger où il se mettoit, l'amour qu'il avoit à la damoiselle lui ôta tellement la crainte, qu'il se délibéra chercher le lieu et l'occasion; et fit si bon guet, qu'un matin, ainsi que le gentilhomme, mari de cette damoiselle, s'en alloit en quelque autre de ses maisons, et partoit dès le point du jour, pour la chaleur, lors le jeune folâtre vint en la maison de cette jeune damoiselle; laquelle y trouva dormant en son lit, et avisa que ses chambrières s'en étoient allées hors de la chambre; et, sans avoir le sens de fermer la porte, se vint coucher tout houzé et éperonné dedans le lit de la damoiselle. Et, quand elle s'éveilla, fut autant marrie, qu'il étoit possible; mais, quelques remontrances qu'elle lui sût faire, il la print par force, lui disant que, si elle révéloit cette affaire, il le diroit à tout le monde, et qu'elle l'avoit envoyé quérir : dont la damoiselle eut si grande peur, qu'elle n'osa crier. Après, arriva une des chambrières dedans la chambre; parquoi, le gentilhomme se leva bien hâtivement, et ne s'en fût personne aperçu, sinon que l'éperon, qui s'étoit attaché au linceul de dessus, l'emporta tout entier, en sorte que la damoiselle demeura toute nue sur son lit. Et, combien qu'elle fît le conte d'une autre, si ne se put-elle garder de dire à la fin : « Jamais femme ne fut plus étonnée que moi, quand je me trouvai toute nue. » A l'heure, la dame, qui avoit écouté tout le conte sans rire, ne s'en put tenir à ce dernier mot, lui disant: « A ce que je vois, vous en pouvez bien raconter l'histoire. » La pauvre damoiselle chercha ce qu'elle put, pour cuider réparer son honneur, mais il étoit déjà volé si loin, qu'elle ne le pouvoit rappeler.

« Je vous assure, mesdames, que, si elle eût eu grand déplaisir à faire un tel acte, elle en eût voulu avoir perdu la mémoire. Mais, comme je vous ai dit, le péché seroit plus tôt découvert par soi-même, qu'il ne pourroit être su quand il n'étoit point couvert de la couverture que David dit rendre l'homme bienheureux. — En bonne foi, dit Émarsuitte, voilà la plus grande sotte dont j'ouïs jamais parler, qui faisoit rire les autres à ses dépens. — Je ne trouve point étrange, dit Parlamente, dequoi la parole ensuit le fait; car il est plus aisé à dire qu'à faire. — Dea, dit Guebron, quel péché avoit-elle

---

[1] C'est-à-dire, dans des conditions de temps et de lieu favorables.

fait? Elle étoit endormie en son lit, et il la menaçoit de mort et de honte. Or, Lucrèce qui est tant louée, en fit bien autant. — Il est vrai, dit Parlamente, je confesse qu'il n'y a si juste, à qui il ne puisse méchoir[1]. Mais, quand on a prins grand déplaisir à l'heure, l'on en prend aussi en la mémoire, pour laquelle effacer, Lucrèce se tua. Et celle sotte en vouloit faire rire les autres! — Si semble-il, dit Nomerfide, qu'elle fût femme de bien, vu que par plusieurs fois elle avoit été priée, sans jamais y avoir voulu consentir; de sorte que le gentilhomme fut contraint de s'aider de tromperie et de force, pour la décevoir. — Comment? dit Parlamente, tenez-vous une femme quitte de son honneur, quand elle se laisse aller, après avoir usé de deux ou trois refus? Il y auroit donc beaucoup de femmes de bien, qui sont bien estimées le contraire; car l'on en a assez vu, qui ont longuement refusé celui où leur cœur s'étoit déjà accordé : les unes, pour crainte de leur honneur, les autres, pour plus ardemment se faire aimer et estimer. Parquoi, l'on ne doit point faire de cas d'une femme, si elle ne tient ferme jusqu'au bout. — Et, si un jeune homme refusoit une fois une belle fille, dit Dagoucin, estimeriez-vous pas cela grand'vertu? — Vraiment, dit Oisille, si un jeune homme et sain usoit de ce refus, je le trouverois fort louable, mais non difficile à croire. — Si en connois-je, dit Dagoucin, qui ont refusé des aventures, que tous leurs compagnons cherchoient. — Je vous prie, dit Longarine, que vous preniez ma place, pour nous en dire des nouvelles; mais souvenez-vous que nous sommes ici tenus de dire vérité. — Je vous promets, dit Dagoucin, que je la vous dirai si purement, qu'il n'y aura nulle couleur pour la déguiser. »

NOUVELLE LXIII.

Notable chasteté d'un seigneur françois.

En la ville de Paris, se trouvèrent quatre filles, dont les deux étoient sœurs, et de si grande beauté, jeunesse et fraîcheur, qu'elles avoient la presse de tous les amoureux. Mais un gentilhomme, que le roi, qui lors régnoit, avoit fait prévôt de Paris, voyant son maître jeune et de l'âge pour désirer telle compagnie, pratiqua si bien toutes les quatre, que, pensant chacune d'elles être pour le roi, s'accordèrent à ce que ledit prévôt voulut, qui étoit de se trouver ensemble en un festin, où il convia son maître, auquel il raconta l'entreprise, qui fut trouvée bonne dudit seigneur, et de deux autres grands personnages de la cour, qui s'accordèrent d'avoir part au marché. Et, en cherchant un quatrième compagnon, arriva un jeune seigneur, beau et honnête, plus jeune de dix ans que les trois autres, lequel fut convié à ce banquet, qu'il accepta de bon visage, combien qu'en son cœur il n'en eût aucune volonté; car, d'un côté, il avoit une femme qui lui portoit de beaux enfants, dont il se contentoit très-fort, et vivoient en telle paix, que pour rien il n'eût voulu qu'elle eût prins mauvais soupçon de lui; d'autre part, il étoit serviteur de l'une des plus belles dames qui fût de son temps en France, laquelle il aimoit et estimoit tant, que toutes les autres lui sembloient laides, auprès d'elle, en sorte qu'au commencement de sa jeunesse, et avant qu'il fût marié, il n'étoit possible de lui faire voir et hanter autre femme, quelque beauté qu'elle eût, et prenoit plus de plaisir à voir sa mie et à l'aimer parfaitement, que de tout ce qu'il eût su avoir d'une autre. Ce seigneur s'en vint à sa femme, et lui dit l'entreprise que le roi avoit faite, et que de lui il aimoit autant mourir, que d'accomplir ce qu'il avoit promis; car, tout ainsi que par colère n'y a homme vivant qu'il n'osât bien assaillir; aussi, sans occasion, par un guet-apens aimeroit mieux mourir que de faire un meurtre, si l'honneur ne lui contraignoit; et, pareillement, sans une extrême force d'amour, qui est l'aveuglement des hommes vertueux, il aimeroit mieux mourir, que rompre son mariage, à l'appétit d'autrui : dont sa femme, l'aima et estima plus que jamais; voyant en si grande jeunesse habiter tant d'honnêteté, en lui demandant comme il se pourroit excuser, vu que les princes trouvent souvent mauvais ceux qui ne louent ce qu'ils aiment; mais il lui répondit : « J'ai ouï dire que le sage a toujours une maladie, ou un voyage en sa manche, pour s'en aider à sa nécessité. Parquoi, j'ai délibéré de feindre, quatre ou cinq jours devant, être bien fort malade; à quoi votre contenance me pourra bien fort servir. — Voilà, dit sa femme, une bonne et sainte hypocrisie, et ne faudrai vous y ser-

---

[1] Mésadvenir, arriver malheur.

vir de mine, la plus triste dont je me pourrai aviser; car, qui peut éviter l'offense de Dieu et l'ire du prince, est bien heureux. » Ainsi qu'ils délibérèrent, ils firent; et fut le roi bien marri d'entendre par la femme la maladie de son mari; laquelle ne dura guères; car pour quelques affaires qui survinrent, le roi oublia son plaisir, pour penser de son devoir, et partit de Paris; et, un jour, ayant mémoire de son entreprise, qui n'avoit été mise à fin, dit à ce jeune prince : « Nous sommes bien sots d'être ainsi partis soudain, sans avoir vu les quatre filles que l'on nous avoit promises être les plus belles de mon royaume. » Le jeune prince lui répondit : « Je suis bien aise que vous y avez failli; car j'avois grand peur, durant ma maladie, de perdre moi seul une si bonne aventure. » A ces paroles, ne s'aperçut jamais le roi de la dissimulation de ce jeune seigneur, lequel depuis fut plus aimé de sa femme qu'il n'avoit jamais été.

Parlamente, à l'heure, se print à rire, et ne se put tenir de dire : « Encore, l'eût-elle mieux aimé, si ç'eût été pour l'amour d'elle; mais, en quelque sorte que ce soit, il est très-louable. — Il me semble, dit Hircan, que ce n'est pas grande louange à un homme, de garder chasteté, pour l'amour de sa femme; car il y a tant de raisons, que quasi il y est contraint. Premièrement Dieu lui commande, son serment l'y oblige; et puis, la Nature qui est saoulée, n'est point sujette à tentation ou désir, comme est la nécessité. Mais l'amour libre que l'on porte à s'amie, de laquelle l'on n'a point la jouissance, ni autre contentement, que le voir et parler, et bien souvent mauvaise réponse, quand elle est si louable et ferme, que pour nulle aventure qui puisse advenir, on ne le veut changer, je dis que c'est une chasteté non-seulement louable, mais miraculeuse. — Ce n'est point miracle, dit Oisille; car, où le cœur s'adonne, il n'est rien impossible au corps. — Non, aux corps, dit Hircan, qui sont déjà angélisés [1]. — Je n'entends point, dit Oisille, seulement parler de ceux qui, par la grâce de Dieu, sont tous transmués en lui; mais des plus grossiers esprits, que l'on voie çà-bas entre les hommes; et, si vous y prenez garde, vous trouverez ceux qui ont mis leur cœur et affec-

[1] Qui ont pris la nature des anges.

tion à chercher la perfection des sciences, non-seulement avoir oublié la volupté de la chair, mais les choses qui lui sont les plus nécessaires, comme le boire et le manger; car, tant que l'âme est par affection dedans son corps, la chair demeure comme insensible. Et de là vient que ceux qui aiment femmes belles, honnêtes et vertueuses, ont tel contentement d'esprit à les voir, ou à les ouïr parler, que la chair est apaisée de tous ses désirs; et ceux, qui ne peuvent expérimenter ces contentements, sont les charnels, qui, trop enveloppés de leur graisse, ne peuvent connoître s'ils ont âme ou non. Mais quand le corps est sujet à l'esprit, il est quasi insensible aux imperfections de la chair; tellement que leur forte opinion les peut rendre insensibles, et j'ai connu un gentilhomme, qui, pour montrer avoir plus fort aimé sa dame que nul autre, avoit fait preuve à tenir [1] une chandelle les doigts tous nus, contre tous ses compagnons, et, regardant sadite dame, tint si ferme qu'il se brûla jusqu'à l'os; encore, disoit-il n'auroit point senti de mal. — Il me semble, dit Guebron, que le diable, dont il étoit martyré [2], en devoit faire un saint Laurent; car il y en a peu, de qui le feu d'amour soit si grand, qu'il ne craigne celui de la moindre bougie. Et, si une damoiselle m'avoit laissé tant endurer pour elle, j'en demanderois grande récompense, ou j'en retirerois ma fantaisie. — Vous voudriez donc, dit Parlamente, avoir votre heure, après votre dame auroit eu la sienne, comme fit un gentilhomme d'auprès de Valence en Espagne, duquel un commandeur, fort homme de bien, m'a fait le conte? — Je vous prie, madame, dit Dagoucin, que preniez ma place, et le nous dites; car je crois qu'il doit être bon. — Par ce conte, mesdames, dit Parlamente, vous regarderez deux fois ce que vous voudrez refuser, et ne vous fierez que le temps présent soit toujours un [3]; parquoi, connoissant sa mutation, donnerez ordre à l'avenir. »

[1] Avait parié de tenir. — [2] Pour *martyrisé*.
[3] Semblable, uniforme.

NOUVELLE LXIV.

Un gentilhomme, dédaigné pour mari, se rend cordelier : de quoi sa mie porte pareille pénitence.

En la ville de Valence, y avoit un gentilhomme, qui, par l'espace de cinq ou six ans, avoit aimé une dame si parfaitement, que l'honneur et la conscience de l'un et de l'autre n'y étoit point blessée ; car son intention étoit de l'avoir pour femme, qui étoit chose fort raisonnable ; car il étoit beau, riche et de bonne maison, et si ne s'étoit point mis en son service, sans premièrement avoir su son intention, qui étoit de s'accorder à mariage par la volonté de ses amis ; lesquels, étant assemblés pour cet effet, trouvèrent le mariage fort raisonnable, pourvu que la fille y eût bonne volonté. Mais elle, ou cuidant trouver mieux, ou voulant dissimuler l'amour qu'elle lui avoit porté, y trouva quelque difficulté ; tellement, que la compagnie assemblée se départit, non sans regret qu'elle n'y avoit pu mettre quelque bonne conclusion, connoissant le parti d'un côté et de l'autre fort raisonnable. Mais surtout fut courroucé le pauvre gentilhomme, qui eût porté son mal patiemment, s'il eût pensé que la faute fût venue des parents, et non d'elle ; et, connoissant la vérité, dont la créance lui causoit plus de mal que la mort, sans parler à sa mie n'a autre, se retira en sa maison, et, après avoir donné quelque ordre à ses affaires, s'en alla en un lieu solitaire ; où il mit peine d'oublier cette amitié, et convertir entièrement en celle de Notre-Seigneur Jésus-Christ, à laquelle, sans comparaison, étoit plus obligé. Et, durant ce temps-là, n'eut aucune nouvelle de sa dame, ni de ses parents. Parquoi, print la résolution, puisqu'il avoit failli à la vie la plus heureuse qu'il eût pu espérer, de prendre et choisir la plus austère et désagréable, qu'il pourroit imaginer, et, avec cette triste pensée, qui se pouvoit nommer désespoir, s'en alla rendre religieux en un monastère de saint François, non loin de plusieurs de ses parents ; lesquels, entendant son désespoir, firent tout leur effort d'empêcher sa délibération ; mais elle étoit si fermement fondée en son cœur, qu'il n'y eut ordre de l'en divertir. Toutefois, connoissant d'où le mal étoit venu, pensèrent de chercher la médecine, et allèrent vers celle qui étoit cause de cette soudaine dévotion ; laquelle, fort étonnée et marrie de cet inconvénient, pensant que son refus, pour quelque temps, lui serviroit seulement d'expérimenter sa bonne volonté, et non de la perdre pour jamais, dont elle voyoit le danger évident, lui envoya une épître, laquelle, mal traduite, dit ainsi :

> Pource qu'amour, s'il n'est bien éprouvé
> Ferme et loyal, ne peut être approuvé,
> J'ai bien voulu par le temps éprouver
> Ce que j'ai tant désiré de trouver :
> C'est un mari rempli d'amour parfait,
> Qui, par le temps, ne peut être défait.
> Cela me fait requérir mes parents
> De retarder, pour un ou pour deux ans,
> Ce grand jeu, qui jusques à la mort dure,
> Qui, à plusieurs, engendre peine dure.
> De vous avoir je ne fais pas refus ;
> Certes, jamais de tel vouloir ne fus ;
> Car, oncques, nul que vous ne sus aimer,
> Ni pour mari et seigneur estimer.
> O quel malheur, ami, ai-je entendu,
> Que, sans parler à nulle, t'es rendu,
> En un convent et vie trop austère ?
> Dont le regret fait que ne m'en puis taire,
> Et me contraint de changer mon office,
> Faisant celui dont as usé sans vice :
> C'est requérir celui dont fus requise,
> Et d'acquérir celui dont fus acquise.
> Or donc, ami, la vie de ma vie,
> Lequel perdant, n'ai plus de vivre envie,
> Las ! plaise toi vers moi tes yeux tourner,
> Et, du chemin, où tu es retourner.
> Laisse le gris et son austérité,
> Viens recevoir cette félicité,
> Qui, tant de fois, fut par toi désirée ;
> Le temps ne l'a défaite ou empirée ;
> C'est pour toi seul que gardée me suis,
> Et sans lequel plus vivre je ne puis :
> Retourne donc, veuille ta mie croire,
> Rafraîchissant la plaisante mémoire
> Du temps passé par un saint mariage ;
> Crois-moi, ami, et non point ton courage,
> Et sois certain qu'oncques je n'ai pensé
> De faire rien où tu fusses offensé ;
> Mais espérois te rendre contenté
> Après l'avoir bien expérimenté.
> Or, ai-je fait, de toi, expérience :
> Ta fermeté, ta foi, ta patience,
> Et ton amour sont connus clairement,
> Qui m'ont acquise à toi entièrement.
> Viens donc, ami, prendre ce qui est tien,
> Je suis à toi : sois doncques du tout mien.

Cette épître, portée par un sien ami, avec toutes les remontrances qu'il fut possible de faire, fut reçue du gentilhomme cordelier, avec une contenance tant triste, accompagnée de soupirs et de larmes, qu'il sembloit qu'il voulsît noyer et brûler cette pauvre épître ; à laquelle ne fit autre réponse, sinon dire au messager, que la mortification de sa passion extrême lui avoit coûté si cher, qu'elle lui avoit ôté la volonté de vivre et la crainte de mourir : pourquoi donc, requéroit celle qui en étoit l'occasion, puisqu'elle ne l'avoit voulu contenter en la passion de ses grands désirs, ne le vouloir tourmenter à l'heure qu'il en étoit hors ; mais se contenter du mal passé, auquel il ne peut trouver autre remède, que de choisir vie si âpre, que la continuelle pénitence, qui faisoit oublier sa douleur et à force de jeûnes et disciplines affoiblit tant son corps, que la mémoire de la mort lui étoit pour souveraine consolation, et que surtout il la prioit, qu'il n'eût jamais nouvelle d'elle ; car, la mémoire de son nom seulement, lui étoit un insupportable purgatoire. Le gentilhomme s'en retourna avec cette triste réponse, et en fit le rapport à celle qui ne la put entendre sans incroyable regret. Mais, Amour, qui ne veut permettre l'esprit faillir jusques à l'extrémité, lui mit en fantaisie, si elle le pouvoit voir, que la vue et la parole auroient plus de force, que n'avoit eu l'écriture. Parquoi, avec son père et ses plus proches parents, s'en alla au monastère, où il demeuroit, n'ayant rien laissé en sa boîte qui pût servir à sa beauté[1] ; se confiant que, s'il la pouvoit une fois regarder et l'ouïr parler, impossible étoit que le feu si longuement continué en leurs cœurs, ne se rallumât plus fort que devant. Ainsi, entrant au monastère sur la fin de vêpres, le fit appeler en une chapelle du cloître. Lui, qui ne savoit qui le demandoit, s'en alla à la plus forte bataille où il eût jamais été. Et, à l'heure qu'elle le vit tant pâle et défait, qu'à peine le put-elle reconnoître, néanmoins rempli d'une grâce, non moins amiable qu'auparavant, Amour la contraignit à avancer ses bras, pour la cuider embrasser ; mais la pitié de le voir en tel état, lui fit tellement affoiblir le cœur, qu'elle tomba évanouie. Lors, le pauvre religieux, qui n'étoit destitué[2] de charité fraternelle, la releva et assit dedans un siége de la chapelle. Et lui, qui n'avoit moins besoin de secours, feignit ignorer sa passion, fortifiant son cœur en l'amour de son Dieu contre les occasions qu'il voyoit se présenter ; tellement, qu'il sembloit, à sa contenance, ignorer ce qu'il voyoit. Elle, revenant de sa foiblesse,

[1] C'est-à-dire, ayant mis ses plus beaux atours.
[2] Privé.

tournant vers lui ses yeux, tant beaux et piteux, qu'ils étoient suffisants de faire amollir un rocher, commença à lui dire tous les propos qu'elle pensoit dignes de le retirer du lieu où il étoit. A quoi il répondit le plus vertueusement qu'il lui fut possible ; mais, à la fin, sentant le pauvre religieux, que son cœur s'amollissoit, par l'abondance des larmes de s'amie ; comme celui qui voyoit Amour, ce dur archer, dont si longuement il avoit porté la douleur, ayant sa flèche dorée prête à lui faire nouvelle et mortelle plaie, s'enfuit de devant l'Amour et l'amie, comme n'ayant autre pouvoir que par fuir. Et quand il fut enfermé en sa chambre, ne la voulant laisser aller sans quelque résolution, lui va écrire trois mots en espagnol, que j'ai trouvés de si bonne substance, que je ne les ai voulu traduire, pour ne diminuer leur grâce ; lesquels lui envoya par un petit novice, qui la trouva encore en la chapelle, si désespérée, que, s'il lui eût été licite de se rendre cordelière, elle y fût demeurée. Mais, en voyant l'écriture qui disoit : *Volvete don venesti, anima mi, que en las tristas vidas es la mia* ; elle, pensant bien, par cela, que toute espérance lui étoit faillie, se délibéra croire le conseil de lui et de ses amis, et s'en retourna en sa maison mener une vie aussi mélancolique, que son ami la mena austère en la religion.

« Vous voyez, mesdames, quelle vengeance print le gentilhomme, de sa rude[1] amie, qui, en le pensant expérimenter[2], le désespéra, de sorte que, quand elle voulut, elle ne le put recouvrer. — J'ai regret, dit Nomerfide, qu'il ne laissa son habit pour l'aller épouser : je crois que c'eût été un parfait mariage. — En bonne foi, dit Simontault, je l'estime bien sage ; car qui a bien pensé le fait de mariage, il ne l'estimera moins fâcheux qu'une austère religion. Et lui, qui étoit tant affoibli de jeûnes et d'abstinences, craignoit de prendre une telle charge, qui durât toute sa vie. — Il me semble, dit Hircan, qu'elle faisoit tort à un homme si foible, de le tenter de mariage, car c'est trop pour le plus fort homme du monde. Mais, si elle lui eût tenu propos d'amitié, sans autre obligation que de volonté, il n'y a corde qui n'eût été rompue ;

[1] Cruelle.
[2] Éprouver.

ni nœud qui n'eût été dénoué; et, vu que pour l'ôter de purgatoire, elle lui offroit un enfer, je dis qu'il eut grand'raison de la refuser. — Par ma foi! dit Émarsuitte, il y en a beaucoup, qui, pour cuider mieux faire que les autres, font pis, ou bien le rebours de ce qu'ils veulent. — Vraiment, dit Guebron, vous me faites souvenir, encore que ne soit à propos, d'une qui faisoit le contraire de ce qu'elle vouloit; dont il vint grand tumulte en l'église Saint-Jean de Lyon. — Je vous prie, dit Parlamente, prenez ma place, et nous la contez? — Mon conte, dit Guebron, ne sera pas long, ne si piteux que celui de Parlamente. »

NOUVELLE LXV.

Simplicité d'une vieille, qui présenta une chandelle ardente à Saint-Jean de Lyon, et l'attacha contre le front d'un soldat qui dormoit sur un sépulcre, et de ce qui en advint.

En l'église Saint-Jean de Lyon, il y avoit une chapelle fort obscure, et devant un sépulcre fait de pierre à grands personnages élevés comme le vif[1], et sont à l'entour du sépulcre plusieurs hommes d'armes couchés. Un soldat, se promenant un jour dans l'église, au temps d'été qu'il fait grand chaud, print envie de dormir; et, regardant cette chapelle obscure et fraîche, pensa d'aller au sépulcre dormir comme les autres, auprès desquels il se coucha. Or, advint qu'une bonne vieille fort dévote arriva au plus fort de son sommeil. Et, après qu'elle eut dit ses dévotions, tenant une chandelle en sa main, la voulut attacher au sépulcre, et là, trouvant le plus près d'icelle, cet homme endormi, la voulut mettre au front, pensant qu'il fût de pierre; mais la cire ne put tenir contre cette pierre. La bonne dame, qui pensoit que ce fût à cause de la froideur de l'image, lui va mettre le feu contre le front pour y faire tenir sa bougie, mais l'image, qui n'étoit insensible, commença à s'écrier : dont la femme eut peur, et, comme toute hors de sens, se print à crier : *Miracle! miracle!* tant, que tous ceux qui étoient dans l'église coururent, les uns à sonner les cloches, les autres à venir voir le miracle. Et la bonne femme les mena voir l'image, qui s'étoit remuée : qui donna occasion à plusieurs de rire; mais quelques prêtres ne s'en pouvoient contenter, car ils avoient bien délibéré de faire valoir ce sépulcre et en tirer argent.

« Regardez doncques, mesdames, à quels saints vous donnerez vos chandelles. — C'est grande chose, dit Hircan, qu'en quelque sorte que ce soit, il faut toujours que les femmes fassent mal. — Est-ce mal fait, dit Nomerfide, de porter des chandelles aux sépulcres? — Oui, dit Hircan, quand on met le feu au front des hommes; car nul bien ne se doit dire bien, s'il est fait avec mal. Pensez que la pauvre femme cuidoit avoir fait un beau présent à Dieu d'une petite chandelle! — Dieu ne regarde point, dit Oisille, la valeur du présent, mais le cœur qui le présente; peut-être que cette bonne femme avoit plus d'amour à Dieu, que ceux qui donnent leurs grandes torches; car, comme dit l'Évangile, elle donnoit de sa nécessité. — Si ne crois-je pas, dit Saffredant, que Dieu, qui est souveraine sapience, sût avoir agréable la sottise des femmes; car, combien que la simplicité lui plaise, je vois par l'Écriture qu'il déprise l'ignorant; et, s'il commande d'être simple comme colombe, il ne commande moins d'être prudents comme serpents. — Quant est de moi, dit Oisille, je n'estime point être ignorante celle qui porte devant Dieu sa chandelle, ou cierge ardent, comme faisant amende honorable, les genoux en terre, et la torche au poing, devant son souverain Seigneur, auquel, confessant sa damnation, demande, en ferme espérance, miséricorde et salut. — Plût à Dieu, dit Dagoucin, que chacun l'entendît aussi bien que vous! mais je crois que les pauvres sottes ne le font pas à cette intention. » Oisille lui répondit : « Celles qui moins en savent parler, sont celles qui souvent ont le plus de sentiment de l'amour et volonté de Dieu; parquoi, ne faut juger que de soi-même. » Émarsuitte, en riant, lui dit : « Ce n'est pas une chose étrange, d'avoir fait peur à un valet qui dormoit; car aussi basses femmes qu'elle, ont bien fait peur à de bien grands princes, sans leur mettre le feu au front. — Je suis sûr, dit Dagoucin, que vous en savez quelque histoire, que vous voulez raconter; parquoi, vous tiendrez mon lieu, s'il vous plaît. — Le conte ne sera pas long, dit Émarsuitte : mais si je le pouvois représenter tel qu'il advint, vous n'auriez point envie de pleurer. »

[1] Comme la nature vivante.

NOUVELLE LXVI.

Conte récréatif advenu au roi et à la reine de Navarre.

L'année que M. de Vendôme épousa la princesse de Navarre[1], après avoir festoyé, à Vendôme, le roi et la reine leur père et mère, s'en allèrent en Guyenne avecques eux; et, passant par la maison d'un gentilhomme, où il y avoit beaucoup de belles et jeunes dames, il fut dansé si longuement, que les deux nouveaux mariés se trouvèrent lassés : qui les fit retirer en leur chambre; et, tout vêtus, se mirent sur le lit, où ils s'endormirent, les portes et fenêtres fermées, sans que nul demeurât avec eux. Mais, au plus fort de leur sommeil, ouïrent ouvrir leur porte par dehors. Et, en tirant le rideau, regarda, ledit seigneur, qui ce pouvoit être; doutant que ce fût quelqu'un de ses amis qui le voulût surprendre. Et lors, il vit entrer une grande vieille chambrière, qui alla tout droit à leur lit; mais, pour l'obscurité de la chambre, ne les pouvoit connoître; parquoi, les entrevoyant bien près l'un de l'autre, se print à crier : « O méchante, vilaine, infâme que tu es! il y a longtemps que je t'ai soupçonnée telle ; mais, ne le pouvant prouver, je ne l'ai osé dire à madame. A cette heure, ta vilenie est si connue, que je ne suis délibérée de la dissimuler. Et, toi, vilain apostat, qui as pourchassé en cette maison une telle honte, de mettre à mal cette pauvre garse! si n'étoit pour la crainte de Dieu, je t'assommerois de coups, là où tu es. Sus, debout! de par tous les diables sus, debout! Encore, semble-t-il que tu n'en aies point de honte ! » M. de Vendôme, et Mme la princesse, pour faire durer le propos plus longuement, se cachoient le visage l'un contre l'autre, riant si fort, qu'ils ne pouvoient parler. Parquoi, la chambrière, voyant que pour ses menaces ils ne faisoient semblant de s'en mouvoir, ni se lever du lit, s'en approcha de plus près, pour les tirer de là, par les bras ou par les jambes. Mais alors, elle connut tant aux visages qu'aux habillements, que ce n'étoit point ce qu'elle pensoit ; et, en les reconnoissant, se jeta à genoux devant eux, les suppliant de lui vouloir pardonner la faute qu'elle avoit faite de les ôter de leur repos. Mais M. de Vendôme, non content d'en savoir si peu, se leva incontinent, et pria la bonne vieille de lui dire pour qui elle les avoit pris, ce qu'elle refusoit de dire. Mais enfin, après avoir pris son serment de jamais ne le révéler, lui déclara que c'étoit une damoiselle de léans, dont un protonotaire étoit amoureux ; et, que, de longtemps, elle lui avoit fait le guet, pource qu'il lui déplaisoit que sa maîtresse se confiât en un homme qui lui pourchassoit ce déshonneur. Et ainsi, laissa le prince et la princesse enfermés comme elle les avoit trouvés; où ils furent longtemps à rire de leur aventure. Et, combien qu'ils en aient raconté l'histoire, si est-ce que jamais n'ont voulu nommer personne à qui elle touchât.

« Voilà, mesdames, comme la bonne vieille, cuidant faire une belle justice, déclara aux princes étrangers ce que les domestiques mêmes n'avoient oncques entendu. — Je me doute bien, dit Parlamente, en quelle maison c'est, et qui est le protonotaire; car il a gouverné déjà des maisons de dames, où, quand il ne peut avoir la grâce de la maîtresse, il ne faut point de l'avoir de l'une des damoiselles; mais, au demeurant, il est honnête et homme de bien. — Pourquoi dites-vous *au demeurant?* dit Hircan, vu que c'est l'acte, duquel[1] il s'estime autant homme de bien. » Parlamente lui répondit : « Je vois bien que vous connoissez la maladie et le patient ; et, que, s'il avoit besoin d'excuses, ne lui faudriez d'avocat. Mais si est-ce que je ne me voudrois point fier en la menée[2] d'homme, qui n'a su conduire la sienne même, sans que les chambrières en eussent connoissance.— Et pensez, dit Nomerfide, que les hommes se soucient qui le sache, mais qu'ils viennent à leur fin? Croyez, que, quand nul n'en parleroit, encore faudroit-il qu'il fût su par eux-mêmes. » Hircan leur dit en colère : « Il n'est pas besoin que les hommes dient tout ce qu'ils savent. » Mais elle, rougissant, lui répondit : « Peut-être qu'ils ne diroient choses à leur

---

[1] Antoine de Bourbon, duc de Vendôme, épousa Jeanne, fille du roi Henri d'Albret et de la reine Marguerite de Navarre, le 20 octobre 1548, à Moulins. Cette date précise prouve que la fin de *l'Heptaméron* a été composée postérieurement à l'année 1548.

[1] *Duquel* est ici dans le sens de *par lequel*.
[2] Intrigue amoureuse. Il semble qu'il faudrait lire plutôt : « Je ne voudrois point fier ma menée à un homme qui... »

avantage, — Il semble, à nous ouïr parler, dit Simontault, que les hommes prennent plaisir à ouïr mal dire des femmes, et suis sûr que vous me tenez de ce nombre-là? Parquoi, j'ai grande envie de fort bien dire, afin de n'être tenu de tous les autres pour médisant. — Je vous donne ma place, dit Émarsuitte, vous priant de contraindre votre naturel, pour faire votre devoir en notre honneur. » A l'heure, Simontault commença : « Ce n'est chose nouvelle, mesdames, d'ouïr de vous quelque acte vertueux : que s'il s'en offre quelqu'un, il me semble ne devoir être celé, mais plutôt écrit en lettres d'or, afin de servir aux femmes d'exemple et aux hommes d'admiration, voyant en sexe fragile ce que fragilité refuse. C'est l'occasion qui me fera raconter ce que j'ai ouï dire au capitaine Roberval et à plusieurs de sa compagnie. »

NOUVELLE LXVII.

Extrême amour et austérité de femme en terre étrange [1].

Roberval [2], faisant un voyage sur la mer (duquel il étoit le chef, par le commandement du roi son maître), en l'île de Canada, auquel lieu avoit délibéré, si l'air du pays eût été commode, de demeurer, et y faire villes et châteaux; en quoi il fit tel commencement, que chacun peut savoir. Et, pour habituer le pays des chrétiens [3], y mena avec lui de toutes sortes d'artisans; entre lesquels, y avoit un homme qui fut si malheureux, qu'il trahit son maître, et le mit en danger d'être prins des gens du pays. Mais Dieu voulut que son entreprise fût connue, et qu'elle ne pût nuire au capitaine Roberval; lequel fit prendre ce méchant traître, le voulant punir comme il avoit mérité : ce qui eût été fait, sans sa femme; laquelle, ayant suivi son mari par les périls de la mer, ne le vouloit abandonner à la mort; mais, avec force larmes, fit tant envers le capitaine et toute la compagnie, que, tant par la pitié d'icelle, que pour les services qu'elle leur avoit faits, lui accorda sa requête, qui fut telle, que le mari et la femme seroient laissés en une petite île sur la mer, où n'habitoient que bêtes sauvages [1]; et leur permit de porter avec eux ce dont ils avoient nécessité. Les pauvres gens, se trouvant tout seuls en la compagnie des bêtes sauvages et cruelles, n'eurent recours qu'à Dieu seul, qui avoit toujours été le ferme espoir de cette pauvre femme; laquelle, comme celle qui avoit toute sa consolation en lui, porta, pour sa sauvegarde, nourriture et consolation, le *Nouveau-Testament*, qu'elle lisoit incessamment; et, au demeurant, avec son mari, mettoit peine d'accoûtrer un petit logis. Les lions et autres bêtes en approchant pour les dévorer, le mari, avec sa arquebuse, et elle, avec des pierres, se défendoient si bien, que non-seulement les bêtes, ni les oiseaux ne les osoient approcher, mais bien souvent en tuèrent de bonnes à manger. Ainsi, avec telles chairs et les herbes du pays, y véquirent quelque temps, quand le pain leur faillit. Toutefois, à la longue, le mari ne put porter telle nourriture, et, à cause des eaux qu'ils buvoient, devint si enflé, qu'en peu de temps il mourut; n'ayant service ne consolation que de sa femme, laquelle lui servoit de médecin et confesseur; en sorte, qu'il passa joyeusement de ce désert en la céleste patrie. Et la pauvre femme, demeurée seule, l'enterra le plus profond en terre qu'il lui fut possible. Si est-ce que les bêtes en eurent incontinent le sentiment, qui vinrent manger la charogne. Mais la pauvre femme, de sa petite maisonnette, défendoit, à coups d'arquebuse, que la chair de son mari n'eût tel sépulcre. Ainsi vivant, quant au corps, de vie bestiale, et quant à l'esprit, de vie angélique, passoit son temps en lectures, contemplations, prières et oraisons; ayant un esprit joyeux et content, dedans un corps amaigri et demi-mort. Mais Celui qui n'abandonne jamais les siens au besoin, et qui, au désespoir des autres, montre sa puissance, ne permit que la vertu qu'il avoit mise en cette femme fût ignorée des hommes; mais voulut qu'elle fût connue à sa gloire, et fit qu'au

---

[1] Étrangère, lointaine.
[2] Ce navigateur, que François Ier chargea aussi de faire une expédition aux îles de Terres-Neuves, découvertes en 1524, est nommé dans la IIIe Nouvelle ajoutée aux *Contes et joyeux devis* de Bonaventure Des Periers.
[3] C'est-à-dire, pour répandre le christianisme dans le pays.

[1] L'abandon de ces deux malheureux dans une île déserte rappelle surtout celui d'Alexandre Selkirk, qui passa quatre ans dans l'île de Juan-Fernandez, au commencement du dernier siècle, et qui servit de prototype au *Robinson Crusoë* de Daniel Foë. L'anecdote rapportée par la reine de Navarre se trouve avec d'autres détails dans les recueils d'épisodes maritimes.

bout de quelque temps, un des navires de cette armée passant devant cette île, les gens qui étoient dedans avisèrent quelque femme qui leur fit souvenir de ceux qu'ils avoient laissés, et délibérèrent d'aller voir ce que Dieu en avoit fait. La pauvre femme, voyant approcher le navire, se retira au bord de la mer; auquel lieu, la trouvèrent à leur arrivée, et, après en avoir rendu louange à Dieu, les mena en sa pauvre maisonnette, et leur montra de quoi elle vivoit durant sa misérable demeure; ce qui leur eût été incroyable, sans la connoissance qu'ils avoient, que Dieu est autant puissant de nourrir en un désert ses serviteurs, comme aux plus grands festins du monde. Et, quand ils eurent fait entendre aux habitants la fidélité et persévérance de cette femme, elle fut reçue à grand honneur de toutes les dames, qui volontiers lui baillèrent leurs filles pour apprendre à lire et à écrire. Et, à cet honnête métier-là, gagna le surplus de sa vie, n'ayant autre désir, que d'exhorter un chacun à l'amour et confiance de Notre-Seigneur; le proposant pour exemple, pour la grande miséricorde dont il avoit usé envers elle.

« A cette heure, mesdames, ne pouvez-vous pas dire, que je ne loue bien les vertus que Dieu a mises en vous, lesquelles se montrent d'autant plus grandes, que le sujet est [1]plus infime. — Nous ne sommes pas marries, dit Oisille, de ce que vous louez les grâces de Notre-Seigneur en nous; car, à dire vrai, toute vertu vient de lui, mais il faut passer condamnation, que aussi peu favorise l'homme à l'ouvrage de Dieu, que la femme (car l'un et l'autre, par son courir ni par son vouloir [1], ne fait rien que planter), et que Dieu donne l'accroissement. — Si vous avez bien lu l'Écriture, dit Saffredant, saint Paul dit : « Qu'Apollon[2] a planté, et qu'il a arrosé; » mais il ne parle point que les femmes aient mis les mains à l'ouvrage de Dieu. — Vous voudriez suivre, dit Parlamente, l'opinion des mauvais hommes, qui prennent un passage de l'Écriture pour eux, et laissent celui qui leur est contraire. Si vous avez lu saint Paul jusques au bout, vous trouverez qu'il se recommande aux dames, qui ont beaucoup labouré avecques lui en l'Évangile. — Quoi qu'il y ait [1], dit Longarine, cette femme est digne de bien grande louange, tant pour l'amour qu'elle a portée à son mari, pour lequel elle a hasardé sa vie, que pour la foi qu'elle a eue en Dieu, lequel (comme nous voyons) ne l'a pas abandonnée. — Je crois, dit Émarsuitte, quant au premier, qu'il n'y a femme ici, qui n'en voulût faire autant pour son mari. — Je crois, dit Parlamente, qu'il y a des maris qui sont si bêtes, que celles qui vivent avec eux, ne doivent point trouver étrange de vivre avec leurs semblables. » Émarsuitte ne se put tenir de dire, comme prenant le propos pour elle : « Mais que [2] les bêtes ne mordent point, leur compagnie est plus plaisante que celle des hommes, qui sont colères et insupportables. Mais je suivrai mon propos et dirai que, si mon mari étoit en tel danger, je ne l'abandonnerois pour mourir. — Gardez-vous, dit Nomerfide, de l'aimer tant, que trop d'amour ne trompe et lui et vous; car il y a par tout moyen, et, par faute d'être bien entendu, souvent s'engendre haine pour amour. — Il me semble, dit Simontault, que vous n'avez point mené ce propos si avant, sans envie de le confirmer par quelque exemple. Parquoi, si vous en savez, je vous donne ma place pour le dire. — Or donc, dit Nomerfide, selon ma coutume, je le vous ferai court et joyeux. »

NOUVELLE LXVIII.

Une femme fait manger des cantharides à son mari, pour avoir un trait de l'amour, et il en cuida mourir.

En la ville de Pau en Béarn, y eut un apothicaire, que l'on nommoit maître Étienne, lequel avoit épousé une femme de bien, bonne ménagère, et assez belle pour le contenter. Mais, ainsi qu'il goûtoit de différentes drogues, aussi faisoit-il souvent de différentes femmes, pour savoir mieux parler de toutes complexions : dont sa femme étoit si fort tourmentée, qu'elle perdoit toute patience; car il ne tenoit compte d'elle, sinon la Semaine-Sainte par pénitence. Étant un jour l'apothicaire en sa boutique, et sa femme, cachée derrière l'huis, écoutant ce qu'il disoit, vint une femme de la

---

[1] C'est-à-dire, l'un et l'autre ont beau courir et vouloir, ils ne font que planter.

[2] Disciple de saint Paul, qui le nomme plusieurs fois dans ses épîtres.

[1] Pour *quoi qu'il en soit*.

[2] Dans le sens de *pourvu que*.

ville, commère dudit apothicaire, frappée de même maladie que l'autre, et, en soupirant, dit à l'apothicaire : « Hélas ! mon compère, mon ami, je suis la plus malheureuse femme du monde ; car j'aime mon mari comme moi-même, et ne fais que penser à le servir et obéir ; mais tout mon labeur est perdu, parce qu'il aime mieux la plus méchante, plus orde et sale de la ville que moi. Et je vous prie, mon compère, si vous savez point quelque drogue, qui lui puisse servir à changer sa complexion, m'en vouloir bailler ; car, si je suis bien traitée de lui, je vous assure de le vous rendre de tout mon pouvoir. » L'apothicaire, pour la consoler, lui dit qu'il savoit une poudre, laquelle si elle donnoit avec un bouillon ou une rôtie, comme de poudre de Dun, à son mari, il lui feroit la plus grande chère du monde. La pauvre femme, désirant voir ce miracle, lui demanda que c'étoit, et si elle en pouvoit recouvrer. Il lui déclara, qu'il n'y avoit rien, sinon que prendre la poudre de cantharides, dont il avoit bonne provision, et, avant que partir d'ensemble, la contraignit d'accoûtrer cette poudre ; et en print ce qu'il lui faisoit de métier[1], dont depuis elle le remercia plusieurs fois ; car son mari, qui étoit fort et puissant, et qu'il n'en print pas trop, ne s'en trouva point pis, et elle mieux. La femme de cet apothicaire, qui entendit tout ce discours, pensa en elle-même, qu'elle avoit nécessité de cette recette, aussi bien que sa commère ; et, regardant au lieu où son mari mettoit le demeurant de la poudre, pensa qu'elle en useroit quand elle verroit l'occasion : ce qu'elle fit avant trois ou quatre jours, que son mari sentit une froideur d'estomac, la priant lui faire quelque bon potage. Mais elle lui dit qu'une rôtie à la poudre de Dun lui seroit plus profitable : lui, commanda de lui en aller tôt faire une, et prendre de la cinnamome et du sucre, en la boutique ; ce qu'elle fit, et n'oublia le demeurant de la poudre qu'il avoit baillé à sa commère, sans y regarder dose, poids, ne mesure. Le mari mangea la rôtie, et la trouva très-bonne ; mais bientôt il s'aperçut de l'effet, qu'il cuida apaiser avec sa femme, ce qui ne fut possible ; car le feu le brûloit si fort, qu'il ne savoit de quel côté se tourner, et dit à sa femme, qu'elle l'avoit empoisonné, et vouloit savoir qu'elle avoit mis en sa rôtie. Elle lui confessa la vérité, qu'elle avoit aussi bon besoin de cette recette que sa commère. Le pauvre apothicaire ne la sut battre que d'injures, pour le mal en quoi il étoit ; mais la chassa de devant lui, et envoya prier l'apothicaire de la reine de Navarre pour le venir visiter, lequel lui bailla tous remèdes propres pour le guérir : ce qu'il fit en peu de temps, le reprenant très-âprement de ce qu'il étoit si fol de conseiller à autrui d'user des drogues, qu'il ne vouloit prendre pour lui ; et que sa femme avoit fait ce qu'elle devoit faire, vu le désir qu'elle avoit de se faire aimer à lui. Ainsi, fallut que le pauvre homme prînt patience de sa folie, et qu'il reconnût que Dieu l'avoit justement puni, de faire tomber sur lui la moquerie qu'il préparoit à autrui.

« Il me semble, mesdames, que l'amour de cette femme n'étoit moins indiscrète, que grande. — Appelez-vous aimer son mari, dit Hircan, de lui faire sentir du mal, pour le plaisir qu'elle en espéroit avoir ? — Je crois, dit Longarine, qu'elle n'avoit intention, que de recouvrer l'amour de son mari, qu'elle pensoit bien égarée : pour un tel bien, il n'y a rien que les femmes ne fassent. — Si est-ce, dit Guebron, qu'une femme ne doit donner à boire ni à manger à son mari, pour occasion que ce soit, qu'elle ne sache tant par expérience, que par gens savants, qu'il ne lui puisse nuire ; mais il faut excuser l'ignorance. Celle-là est excusable ; car la passion plus aveuglante, c'est l'amour, et la personne plus aveuglée, c'est la femme qui n'a pas la force de conduire sagement un grand faix. — Guebron, dit Oisille, vous sortez hors de votre bonne coutume, pour vous rendre à l'opinion de vos compagnons. Mais si y a-t-il des femmes qui ont porté l'amour et la jalousie patiemment. — Oui, dit Hircan, et plaisamment ; car les plus sages sont celles qui prennent autant de passe-temps à se moquer et rire des œuvres de leurs maris, comme les maris de les tromper secrètement. Et, si vous me voulez donner le rang, avant que Mme Oisille ferme le pas à tous ces discours, je vous en dirai une, dont la compagnie a connu la femme et le mari. — Or, commencez donc, dit Nomerfide. » Hircan, en riant, leur dit :

---

[1] C'est-à-dire, ce dont elle avait besoin.

NOUVELLE LXIX.

Un Italien se laisse affiner par sa chambrière, qui fait que la femme trouve son mari blutant au lieu de sa servante [1].

Au château de Doz en Bigorre, demeuroit un écuyer d'écurie du roi, nommé Charles, Italien, lequel avoit épousé une damoiselle fort femme de bien et honnête; mais étoit devenue vieille, après lui avoir porté plusieurs enfants. Lui aussi n'étoit pas jeune, et vivoit avec elle en bonne paix et amitié. Il est vrai qu'il parloit quelquefois à ses chambrières, dont sa bonne femme ne faisoit nul semblant, mais doucement leur donnoit congé, quand elle les connoissoit trop privées en sa maison. Elle en prit un jour une, qui étoit sage et bonne fille, à laquelle elle dit les complexions de son mari, et les siennes, qu'ils les chassoient[2] aussitôt qu'ils les connoissoient sales. Cette chambrière, pour demeurer au service de sa maîtresse en bonne estime, se délibéra d'être femme de bien; et, combien que son maître lui tînt souvent quelques propos au contraire, n'en voulut tenir compte, et racontoit tout à sa maîtresse, et toutes deux passoient le temps[3] de la folie de lui. Un jour que la chambrière blutoit en la chambre de derrière, ayant son surcot sur sa tête (à la mode du pays, qui est fait comme un chrémeau[4], mais il couvre tout le corps et les épaules, par derrière); son maître, la trouvant en cet habit, la vint bien fort presser. Elle, qui pour mourir n'eût fait un tel tour, fit semblant de s'accorder à lui, toutefois, lui demanda congé d'aller voir premier, si sa maîtresse étoit bien amusée à quelque chose, afin de n'être tous deux surpris, ce qu'il accorda. Alors, elle le pria de mettre son surcot en sa tête, et de bluter en son absence, afin que sa maîtresse ouït toujours le bruit du bluteau : ce qu'il fit joyeusement, ayant espérance d'avoir ce qu'il demandoit. La chambrière, qui n'étoit point mélancolique, s'en courut à sa maîtresse, lui disant : « Venez voir votre bon mari auquel j'ai appris de bluter, pour me défaire de lui. » La femme fit bonne diligence, pour trouver cette nouvelle chambrière, et en voyant son mari le surcot en la tête et le bluteau entre les mains, se print si fort à rire, en frappant des mains, qu'à peine lui put-elle dire : « Gouyette[1], combien veux-tu par mois de ton labeur? » Le mari, oyant cette voix et connoissant qu'il étoit trompé, jeta par terre ce qu'il portoit et tenoit, pour courir sus à sa chambrière, l'appelant mille fois méchante, et, si sa femme ne se fût mise entre deux, il l'eût payée de son quartier. Toutefois, le tout s'apaisa au contentement des parties, et puis véquirent ensemble sans querelle.

« Que dites-vous, mesdames, de cette femme? N'est-elle pas bien sage de passer tout son temps[2] du passe-temps de son mari? — Ce n'est pas passe-temps, dit Saffredant, pour le mari, d'avoir failli à son entreprise. — Je crois, dit Émarsuitte, qu'il eut plus de plaisir de rire avec sa femme, que de s'aller tuer, en l'âge où il étoit, avec sa chambrière. — Si me fâcheroit-il bien fort, dit Simontault, que l'on me trouvât avec ce beau chrémeau. — J'ai ouï dire, dit Parlamente, qu'il n'a pas tenu à votre femme, qu'elle ne vous ait trouvé bien près de cet habillement, quelque finesse que vous ayez, dont oncques puis elle n'eut repos. — Contentez-vous des fortunes de votre maison, dit Simontault, sans venir chercher les miennes. Combien que ma femme n'a cause de se plaindre de moi, encore que je fusse tel que vous dites, elle ne s'en apercevroit, pour nécessité de choses dont elle ait besoin. — Les femmes de bien, dit Longarine, n'ont besoin d'autre chose, que de l'amour de leurs maris, qui seul les peuvent contenter. Mais celles qui cherchent un contentement bestial, ne le trouveront jamais où honnêteté le commande. — Appelez-vous contentement bestial, si une femme vouloit avoir de son mari ce qui lui appartient? » Longarine lui répondit : « Je dis que la femme chaste, qui a le cœur rempli de la vraie amour, est plus satisfaite d'être aimée parfaitement, que de tous les plaisirs que le corps peut désirer. — Je suis de votre opinion, dit Dagoucin, mais ces seigneurs ici ne le veulent entendre ni confesser. Je pense que, si l'amour réciproque ne contente une femme, un mari

---

[1] Imité de la 17e des *Cent Nouvelles nouvelles*, intitulée : *le Conseiller au bluteau*.
[2] C'est-à-dire, qu'ils chassaient les chambrières.
[3] Se faisaient un passe-temps, un divertissement.
[4] Petit bonnet qu'on mettait sur la tête de l'enfant qui venait d'être baptisé ou oint du saint *chrême*.

[1] Pour *gouge*, gouine, fille malpropre.
[2] C'est-à-dire, de se faire un passe-temps.

seul ne la contentera pas ; car, ne vivant selon l'honnête amour des femmes, faut qu'elle soit outrée d'insatiable cupidité des bêtes. — Vraiment, dit Oisille, vous me faites souvenir d'une dame belle et bien mariée, qui, par faute de vivre de cette honnête amitié, devint plus charnelle que les pourceaux, et plus cruelle que les lions. — Je vous requiers, madame, lui dit Simontault, pour mettre fin à cette journée, la nous vouloir conter. — Je ne puis, dit Oisille, pour deux raisons : l'une, pour sa grande longueur ; l'autre, pource que ce n'est pas de notre temps, et si a été écrit par un auteur bien croyable. Et nous avons juré de ne rien mettre ici qui ait été écrit. — Il est vrai, dit Parlamente, mais, me doutant du conte que c'est, a été écrit en si vieux langage, que je crois que, hors mis nous deux, il n'y a ici homme ni femme qui en ait ouï parler. Parquoi, il sera tenu pour nouveau. » A cette parole, toute la compagnie la pria de le vouloir dire, sans craindre la longueur, pource qu'encore pouvoient-ils demeurer une bonne heure en ce lieu avant vêpres. Oisille donc, à leur requête, commença ainsi :

NOUVELLE LXX.

L'incontinence furieuse d'une duchesse fut cause de sa mort et de celle de deux parfaits amants.

En la duché de Bourgogne, y avoit un duc très-honnête et beau prince, ayant épousé une femme, dont la beauté le contentoit si bien, qu'elle lui faisoit passer et ignorer ses conditions, tant qu'il ne regardoit qu'à lui complaire, ce qu'elle feignit très-bien lui rendre. Or, avoit le duc en sa maison un jeune gentilhomme, tant accompli de toutes les perfections, que l'on peut demander à l'homme ; qui étoit de tous aimé, principalement du duc, qui dès son enfance l'avoit nourri près de sa personne, et, le voyant si bien conditionné, l'aimoit parfaitement, et se confioit en lui de toutes les affaires, que selon son âge il pouvoit entendre. La duchesse, qui n'avoit pas cœur de femme et de princesse vertueuse, ne se contentant de l'amour que son mari lui portoit, et du bon traitement qu'elle avoit de lui, regardoit souvent ce gentilhomme, qu'elle trouva tant à son gré, qu'elle l'aimoit contre raison : ce qu'à toute heure mettoit peine de lui faire entendre, tant par regards piteux et doux, que par soupirs et contenances passionnées ; mais le gentilhomme, qui n'avoit jamais étudié qu'à la vertu, ne pouvoit connoître le vice en une dame, qui en avoit si peu d'occasion ; tellement que les œillades et mines de cette pauvre folle n'apportoient autre fruit qu'un furieux désespoir ; lequel un jour la pressa tant, qu'oubliant qu'elle étoit femme qui devoit être priée et refuser[1] ; princesse qui devoit être adorée et dédaigner tels serviteurs, print le cœur d'un homme transporté, pour décharger ce qui étoit en elle insupportable. Ainsi que son mari s'en alloit au Conseil, où le gentilhomme, pour sa jeunesse, n'entroit point, lui fit signe qu'il vînt vers elle : ce qu'il fit, pensant qu'elle eût quelque chose à lui commander ; mais, en s'appuyant sur son bras, comme femme lasse de trop de repos, le mena promener en une galerie, où elle lui dit : « Je m'ébahis de vous, qui êtes tant beau, jeune, et plein de toutes bonnes grâces, comme vous avez vécu en cette compagnie, où il y a si grand nombre de belles dames, sans que jamais vous ayez été amoureux ou serviteur d'aucune. » Et, en le regardant du meilleur œil qu'elle pouvoit, se tut, pour lui donner lieu de dire. « Madame, dit-il, si j'étois digne que Votre Hautesse se pût abaisser en moi, ce vous seroit plus d'occasion d'ébahissement, de voir un homme si indigne que moi, présenter son service, pour en rapporter refus ou moquerie. » La duchesse, oyant cette sage réponse, l'aima plus fort qu'auparavant, et lui jura qu'il n'y avoit dame en sa cour, qui ne fût trop heureuse d'avoir un tel serviteur, et qu'il se pouvoit bien essayer à telle aventure ; car, sans péril, il sortiroit à son honneur. Le gentilhomme tenoit toujours les yeux baissés, n'osant regarder ses contenances, qui étoient assez ardentes pour faire brûler une glace. Et, ainsi qu'il vouloit s'excuser, le duc manda la duchesse au Conseil, pour quelque affaire qui lui touchoit, où avec un grand regret elle alla ; mais le gentilhomme ne fit jamais semblant d'avoir entendu un seul mot qu'elle lui eût dit. Dont elle se sentoit si troublée et fâchée, qu'elle ne savoit à qui donner le tort de son ennui, sinon à la sotte crainte dont elle estimoit le gentilhomme trop plein. Peu de jours après, voyant qu'il n'entendoit

---

[1] C'est une ellipse peu grammaticale, pour : *et qui devait refuser*.

son langage, se délibéra de ne regarder crainte ni honte, mais lui déclara sa fantaisie, se tenant sûre, qu'une beauté telle que la sienne ne pouvoit être que bien reçue; mais eût bien désiré d'avoir l'honneur d'être priée ; toutefois, laissa l'honneur à part, pour le plaisir. Et, après avoir tenté, par plusieurs fois, de lui tenir semblables propos que le premier, et ne trouvant nulle réponse à son gré, le tira, un jour, par la manche, et lui dit qu'elle avoit à parler à lui d'affaires d'importance. Le gentilhomme, avec la révérence et humilité qu'il lui devoit, s'en alla devers elle en une fenêtre profonde où elle s'étoit retirée : et, quand elle vit que nul de sa chambre ne la pouvoit voir, avec une voix tremblante entre le désir et la crainte, lui va continuer les premiers propos, le reprenant de ce qu'il n'avoit encore choisi quelque dame en sa compagnie, l'assurant qu'en quelque lieu que ce fût, lui aideroit d'avoir bon traitement. Le gentilhomme, non moins étonné que fâché de ses paroles, lui répondit : « Madame, j'ai le cœur si bon, que, si j'étois une fois refusé, jamais je n'aurois joie en ce monde, et je suis tel qu'il n'y a dame en cette cour, qui daignât accepter mon service. » La duchesse rougissant, pensant qu'il ne tenoit plus à rien qu'il ne fût vaincu, lui jura que, s'il vouloit, elle savoit la plus belle dame de la compagnie, qui le recevroit à grande joie, et dont il auroit parfait contentement. « Hélas ! madame, lui répondit-il, je ne crois pas qu'il y ait si malheureuse et aveuglée femme en cette honnête compagnie, qui m'ait trouvé à son gré. » La duchesse, voyant qu'il ne vouloit point entendre, lui va entr'ouvrir le voile de sa passion, et, pour la crainte que lui donnoit la vertu du gentilhomme, parla par manière d'interrogation, lui disant : « Si fortune vous avoit tant favorisé, que ce fût moi, qui vous portât cette bonne volonté, que diriez-vous ? » Le gentilhomme, qui pensoit songer, d'ouïr une telle parole, lui dit, le genou à terre : « Madame, quand Dieu me fera la grâce d'avoir celle du duc, mon maître, et de vous, je me rendrai le plus heureux du monde ; car c'est la récompense que je demande de mon loyal service, comme celui qui est obligé, plus que nul autre, de mettre sa vie pour le service de vous deux, étant sûr, madame, que l'amour que vous portez à mondit seigneur, est accompagné de telle chasteté et grandeur, que non pas moi, qui ne suis qu'un ver de terre, mais le plus grand prince et parfait homme, que l'on sauroit trouver, ne pourroit empêcher l'union de vous et de mondit seigneur. Et, quant à moi, il m'a nourri dès mon enfance, m'a fait tel que je suis : parquoi, il ne sauroit donc avoir femme, fille, sœur ou mère, desquelles, pour mourir, je voulusse avoir autre pensée, que doit à son maître un loyal et fidèle serviteur. » La duchesse ne le laissa pas passer outre, et, voyant qu'elle étoit en danger d'un refus déshonorable, lui rompit soudain son propos, en lui disant : « O méchant glorieux fou, qui est-ce qui vous en prie ? Vous cuidez par votre beauté être aimé des mouches qui volent ; mais si vous étiez si outrecuidé, de vous adresser à moi, je vous montrerois que je n'aime et ne veux aimer autre que mon mari ; et les propos que je vous ai tenus n'ont été que pour passer mon temps, et savoir de vos nouvelles et m'en moquer, comme je fais des sots amoureux. — Madame, dit le gentilhomme, je l'ai cru et crois, comme vous dites. » Lors, sans écouter plus avant, s'en alla hâtivement en sa chambre, et, voyant qu'elle étoit suivie des dames, entra en son cabinet, où elle fit deuil qui ne se peut raconter ; car, d'un côté, l'amour où elle avoit failli, lui donna une tristesse mortelle ; d'autre côté, le dépit, tant contre elle, d'avoir commencé un si sot propos, que contre lui, d'avoir répondu si sagement, la mettoit en telle furie, qu'en une heure se vouloit défaire[1] ; l'autre, elle vouloit vivre pour se venger de celui qu'elle tenoit pour son mortel ennemi. Or, après donc-ques qu'elle eut longuement pleuré, elle feignit être malade pour n'aller point au souper du duc, auquel ordinairement le gentilhomme servoit. Le duc, qui plus aimoit sa femme que lui-même, la vint visiter. Mais, pour mieux venir à la fin qu'elle prétendoit, lui dit qu'elle pensoit être grosse, et que sa grossesse lui avoit fait tomber un rhume sur les yeux, dont elle étoit en grande peine. Ainsi passèrent deux ou trois jours, que la duchesse garda le lit, tant triste et mélancolique, que le duc pensa bien qu'il y avoit autre chose que la grossesse : qui le fit venir la nuit coucher avec elle ; et, lui faisant toutes les bonnes chères qu'il lui étoit possible ; connoissant qu'il n'empêchoit en rien ses continuels soupirs, lui dit : « M'amie, vous savez que je vous porte autant d'amour, comme

[1] Détruire, suicider.

à ma propre vie, et que, défaillant la vôtre, la mienne ne peut durer. Parquoi donc, si vous voulez conserver ma santé, je vous prie, dites moi la cause qui vous fait ainsi soupirer; car je ne puis croire que tel mal vous vienne seulement de grossesse.» Alors la duchesse, voyant son mari tel envers elle, qu'elle l'eût su demander, pensant qu'il étoit temps de se venger de son dépit, et, embrassant son bon mari, se print à pleurer, et lui disant : « Hélas! monsieur, le plus grand mal que j'aie, c'est de vous voir tromper de ceux qui sont tant obligés à garder votre bien et honneur. » Or, le duc, entendant cette parole, eut grand désir de savoir pourquoi elle disoit ces propos, et la pria bien fort de lui en déclarer, sans crainte, toute la vérité; et, après en avoir fait plusieurs refus, lui dit : « Je ne m'ébahirai jamais si les étrangers font guerre aux princes, quand ceux qui leur sont les plus obligés, l'osent entreprendre si cruelle, que la perte des biens n'est rien au prix. Je le dis, monsieur, pour un tel gentilhomme (nommant celui qu'elle hayoit), lequel, étant nourri de votre main, élevé et traité plus en fils qu'en serviteur, a osé entreprendre chose si cruelle et misérable, que de pourchasser à faire perdre l'honneur de votre maison et de vos enfants. Et, combien que longuement m'ait fait des mines tendantes à méchante intention, si est-ce que mon cœur, qui n'a regardé qu'à vous, n'y pouvoit rien entendre, dont à la fin s'est déclaré par parole. Je lui ai fait telle réponse, que mon état et chasteté doit. Ce néanmoins, je lui porte telle haine, que je ne le puis regarder : qui est la cause de m'avoir fait demeurer en ma chambre, et perdre le bien de votre compagnie; vous suppliant, monsieur, de ne tenir une telle peste auprès de votre personne; car, après un tel crime, craignant que je le vous dise, pourroit bien entreprendre pis. Voilà, monsieur, la cause de ma douleur, qui me semble être très-juste et digne : que promptement vous plaise y donner ordre. » Le duc, qui d'un côté aimoit sa femme, et se sentoit fort injurié, d'autre côté aimant son serviteur, duquel il avoit tant expérimenté la fidélité, qu'à peine pouvoit-il croire cette mensonge être une vérité, fut en grande peine; et, rempli de colère, s'en alla en sa chambre, et manda au gentilhomme, qu'il n'eût plus à se trouver devant lui, mais qu'il se retirât à son logis pour quelque temps. Le gentilhomme, ignorant cette occasion, fut tant ennuyé qu'il n'étoit possible de plus, sachant avoir mérité tout le contraire d'un si mauvais traitement; et, comme celui qui étoit bien assuré de son cœur et de ses œuvres, envoya un sien compagnon parler au duc, et porter une lettre, le suppliant très humblement que si, par un mauvais rapport, il étoit éloigné de sa présence, il lui plût suspendre son jugement, jusques après avoir entendu de lui la vérité du fait, et qu'il trouveroit qu'en nulle sorte il ne l'avoit offensé. Voyant cette lettre, le duc rapaisa un peu sa colère, et secrètement l'envoya quérir en sa chambre, auquel dit d'un visage furieux : « Je n'eusse jamais pensé, que la peine que j'ai prise de vous nourrir, comme enfant, se dût convertir en repentance de vous avoir tant avancé; vu que vous m'avez pourchassé ce qui m'eût été plus dommageable, que la perte de ma vie et des biens, d'avoir voulu toucher à l'honneur de celle qui est la moitié de moi, pour rendre ma maison et ma lignée infâmes jusques à jamais. Vous pouvez bien penser que telle injure me touche si avant au cœur, que, si ce n'étoit le doute que je fais, s'il est vrai ou non, vous fussiez déjà au fond de l'eau, pour vous rendre en secret la punition du mal, qu'en secret m'avez pourchassé. » Le gentilhomme ne fut point étonné de ses propos, car son innocence le faisoit constamment[1] parler, et le supplia lui vouloir dire, qui étoit son accusateur, car telles paroles se doivent plus justifier avec la lance qu'avec la langue. «Votre accusateur, dit le duc, ne porte autres armes que sa chasteté, vous assurant que nul, que ma femme même, ne me l'a dit, me suppliant de lui faire vengeance de vous. » Le pauvre gentilhomme, voyant la grande malice de sa dame, ne la voulant pas toutefois accuser, lui dit : « Monsieur, madame peut dire ce qu'il lui plaît, vous la connoissez mieux que moi, et savez si je l'ai vue hors de votre compagnie, sinon une fois qu'elle parla bien peu à moi. Vous avez aussi bon jugement que prince qui soit en la chrétienté. Parquoi, je vous supplie, monsieur, si vous avez jamais vu en moi contenance qui vous ait pu engendrer quelque soupçon, si est-ce un feu qui ne se peut tant longuement couvrir, que quelquefois ne soit

---

[1] Avec constance, fermeté.

connu de ceux qui ont pareille maladie. Vous suppliant, monsieur, croire deux choses de moi : l'une, que je vous suis si loyal, que quand madame votre femme seroit la plus belle créature du monde, si n'auroit Amour la puissance de mettre tache en mon honneur et fidélité ; l'autre est que, quand elle ne seroit point votre femme, c'est celle que je vois oncques, dont je serois aussi peu amoureux, et y en a assez d'autres où je mettrois plutôt ma fantaisie. » Le duc commença à s'adoucir, oyant ce véritable propos, et lui dit : « Aussi, ne l'ai-je pas cru ; parquoi, faites comme vous avez accoutumé, vous assurant que, si je connois la vérité de votre côté, vous aimerai mieux que je ne fis oncques : aussi, par le contraire, votre vie est en ma main. » Dont le gentilhomme le remercia, se soumettant à toute peine et punition, s'il étoit trouvé coupable. La duchesse, voyant le gentilhomme servir, comme il avoit accoutumé, ne le put porter en patience ; mais dit à son mari : « Ce seroit bien employé, monsieur, si vous étiez empoisonné, vu qu'avez plus de fiance en vos ennemis mortels, qu'en vos amis. — Je vous prie, ma mie, ne vous tourmentez point de cet affaire ; car, si je connois que ce que m'avez dit soit vrai, je vous assure qu'il ne demeurera en vie vingt-quatre heures ; mais il m'a tant juré le contraire (vu aussi que jamais ne m'en suis aperçu) que je ne le puis croire sans grande preuve. — En bonne foi, monsieur, lui dit-elle, votre bonté rend sa méchanceté plus grande. Voulez-vous plus grande preuve que de voir un homme tel que lui, sans avoir bruit d'être amoureux ? Croyez, monsieur, que, sans la haute entreprise qu'il avoit mise en sa tête de me servir, il n'eût tant demeuré à trouver maîtresse ; car oncques jeune homme ne véquit, en si bonne compagnie, ainsi solitaire qu'il fait, sinon qu'il ait le cœur en si haut lieu, qu'il se contente de sa vaine espérance ; et, puisque vous pensez qu'il ne vous cèle nulle vérité, je vous supplie, mettez-le à serment de son amour ; car s'il en aime une autre, je suis contente que vous le croyez : sinon, pensez que je dis vérité. » Le duc trouva les raisons de sa femme très-bonnes, et mena le gentilhomme aux champs, auquel il dit : « Ma femme continue toujours en son opinion et m'allègue une raison qui me cause un grand soupçon contre vous : c'est que l'on s'ébahit que vous, étant si honnête et jeune, n'avez jamais aimé, que l'on ait su ; qui me fait penser que vous avez l'opinion qu'elle dit, l'espérance de laquelle vous rend si content, que ne pouvez penser en autre femme. Parquoi, je vous prie, comme ami, et commande comme maître, que vous ayez à me dire si vous êtes serviteur de nulle dame de ce monde. » Alors le pauvre gentilhomme, combien qu'il eût bien voulu différer et dissimuler son affection, autant qu'il tenoit chère sa vie, il fut contraint, voyant la grande jalousie de son maître, lui jurer que véritablement il en aimoit une, de laquelle la beauté étoit telle, que celle de la duchesse, et de toute sa compagnie, n'étoit que laideur et difformité au prix ; le suppliant de ne le contraindre jamais de la lui nommer, car l'accord de lui et de s'amie étoit de telle sorte, qu'il ne se pouvoit rompre, sinon par celui qui premier le déclareroit. Le duc lui promit de ne l'en presser point, et fut tant content de lui, qu'il lui fit meilleure chère qu'il n'avoit encore fait. Dont la duchesse s'aperçut très-bien, et, usant de finesse non accoutumée, mit peine d'entendre l'occasion ; ce que le duc ne lui cela : dont, avecques sa vengeance, s'engendra une forte jalousie, qui la fit supplier le duc de commander à ce gentilhomme de lui nommer cette amie, l'assurant que c'étoit mensonge, et le meilleur moyen que l'on pourroit trouver pour l'assurer de son dire ; mais, s'il ne lui nommoit celle qu'il estimoit tant belle, il étoit le plus sot prince du monde, s'il ajoutoit foi à sa parole. Alors le pauvre seigneur, duquel la femme tournoit l'opinion comme il lui plaisoit, s'en alla promener tout seul avec ce gentilhomme, lui disant qu'il étoit encore en plus grande peine qu'il n'avoit été ; car il doutoit fort qu'il lui avoit baillé une excuse, pour garder de soupçonner la vérité ; qui le tourmentoit plus que jamais ; parquoi, lui pria, tant qu'il étoit possible, de lui déclarer celle qu'il aimoit si fort. Le pauvre gentilhomme le supplia de ne le contraindre à faire une telle faute envers celle qu'il aimoit si fort, que de lui rompre une promesse qu'il avoit tenue si longtemps, et de lui perdre en un jour ce qu'il avoit conservé plus de sept ans, et qu'il aimeroit mieux endurer la mort, que de faire un tel tort à celle qui lui étoit si loyale. Le duc, voyant qu'il ne lui vouloit dire, entra en une si forte jalousie, qu'avec un visage si furieux, lui dit : « Or, choisissez de deux choses l'une, de me dire celle que vous aimez plus que toutes, ou de vous en aller banni des terres où j'ai autorité; à la charge que, si je vous y trouve huit jours passés, je vous ferai mourir de cruelle mort. » Si jamais douleur saisit le cœur d'un loyal serviteur, elle prit celui de ce pauvre gentilhomme, lequel pouvoit bien dire : *Angustiæ sunt mihi undique*[1] ; car, d'un côté, voyant qu'en disant vérité, il perdroit s'amie, si elle savoit que par sa faute lui failloit de promesse; aussi, qu'en ne la confessant, il étoit banni du pays où elle demeuroit, et n'auroit plus moyen de la voir; ainsi pressé de deux côtés, lui vint une sueur froide, comme à celui qui, par tristesse, approchoit de la mort. Le duc, voyant sa contenance, jugea qu'il n'avoit nulle dame, fors que la sienne, et que, pour n'en pouvoir nommer une autre, il enduroit telle passion; parquoi, lui dit assez rudement : « Si votre dire étoit véritable, vous n'auriez tant de peine à me le déclarer ; mais je crois que votre offense vous tourmente. » Le gentilhomme, piqué de cette parole et poussé de l'amour qu'il lui portoit, se délibéra de lui dire vérité, se confiant que son maître étoit tant homme de bien, que pour rien il ne le voudroit révéler. Et, se mettant à genoux devant lui, les mains jointes, lui dit : « Monsieur, l'obligation que j'ai à vous et la grande amour que je vous porte, me forcent plus que la peur de nulle mort; car je vous vois en telle fantaisie et fausse opinion de moi, que, pour vous ôter d'une si grande peine, je suis délibéré de faire ce que pour nul tourment je n'eusse fait. Vous suppliant, monsieur, en l'honneur de Dieu, me jurer foi de prince et de chrétien, que jamais vous ne révélerez le secret, que, puisqu'il vous plaît, je suis contraint de dire. » A l'heure, le duc lui jura tous les serments dont il se put aviser, de jamais, à créature du monde, n'en révéler rien, ne par parole, ne par effet, ne par contenance. Le gentilhomme, ne se tenant assuré d'un si vertueux prince, comme il le connoissoit, alla bâtir le commencement de son malheur, en lui disant : « Il y a sept ans passés, monseigneur, qu'ayant connu votre nièce[2] être vefve et sans parti, j'ai mis peine d'acquérir sa grâce; et, pource que je n'étois de maison pour l'épouser, je me contentois d'être envers elle reçu pour serviteur, ce que j'ai été. Et Dieu a voulu que notre affaire jusqu'ici a été conduite si sagement, que jamais homme ou femme, qu'elle et moi, n'en a rien entendu, sinon vous, monseigneur, entre les mains duquel je mets ma vie et mon honneur, vous suppliant le tenir secret, et n'en avoir en moindre estime madame votre nièce, car je ne pense sous le ciel une plus parfaite et chaste créature. » Qui fut bien aise, ce fut le duc; car, connoissant la très-grande beauté de sa nièce, ne douta point qu'elle ne fût plus agréable que sa femme. Mais, ne pouvant entendre qu'un tel mystère se peut conduire sans moyen, le pria de lui dire comment il la pouvoit voir. Le gentilhomme lui conte comme la chambre de sa dame sailloit dedans un jardin, et que, le jour qu'il y devoit aller, on laissoit une petite porte ouverte, par où il entroit à pied, jusques à ce qu'il oyoit japper un petit chien, que la dame laissoit aller par le jardin, quand toutes ses femmes étoient retirées; et, à l'heure, il s'en alloit parler à elle toute la nuit; et, au partir, lui assignoit jour qu'il y devoit retourner, où, sans trop grandes excuses, n'avoit encore failli. Le duc, qui étoit le plus curieux homme de ce monde et qui, en son temps, avoit fort bien mené l'amour, tant pour satisfaire à son soupçon que pour entendre une si étrange histoire, le pria de le mener avecques lui la première fois, non comme maître, mais comme compagnon. Le gentilhomme, pour en être si avant, lui accorda. Dont le duc fut plus aise que s'il eût gagné un royaume; et, feignant s'en aller reposer en sa garde-robe, fit venir deux chevaux pour lui et le gentilhomme, et toute la nuit se mirent en chemin pour aller où sa nièce se tenoit, laissant leurs chevaux hors de clôture. Le gentilhomme fit entrer le duc au jardin par le petit huis, le priant de demeurer derrière un gros noyer, duquel lieu il pouvoit voir s'il disoit vrai ou non. Ils n'eurent guère demeuré au jardin, que le petit chien commença à japper ; et le gentilhomme marcha devers la tour, où sa dame ne faillit à venir au-devant de lui, et, le saluant et l'embrassant, lui dit qu'il lui sembloit avoir été mille ans sans le voir. » Et, à l'heure, entrèrent dedans la chambre, qu'ils laissèrent ouverte, où le duc entra secrètement après eux, car il n'y avoit aucune

---

[1] Paroles du Psalmiste.
[2] On apprend, du dialogue qui termine cette Nouvelle, que la nièce du duc se nommait madame du Verger.

lumière : lequel, entendant tout le discours de leur chaste amitié, se tint plus que satisfait et attendit là, non trop longuement, car le gentilhomme dit à sa dame qu'il étoit contraint de retourner plus tôt qu'il n'avoit accoutumé, pource que le duc devoit, dès quatre heures, aller à la chasse, où il n'osoit faillir. La dame, qui aimoit mieux son honneur que son plaisir, ne le voulut retarder de faire son devoir ; car, la chose que plus elle estimoit en leur honnête amitié, c'étoit qu'elle étoit secrète devant tous les hommes. Ainsi se partit le gentilhomme à une heure après minuit ; et le duc sortit devant, et montèrent à cheval, et s'en retournèrent d'où ils étoient venus, et par les chemins le duc juroit incessamment au gentilhomme qu'il aimeroit mieux mourir que de jamais révéler son secret ; et print telle fiance et amour en lui, qu'il n'y avoit nul en sa cour, qui fût plus en sa grâce ; dont la duchesse vint toute enragée. Mais le duc lui défendit de jamais plus lui en parler, et qu'il en savoit la vérité, dont il se tenoit pour content, car la dame qu'il aimoit étoit plus aimable qu'elle. Cette parole navra si avant le cœur de la duchesse, qu'elle en print une maladie pire que la sienne. Le duc l'alla voir pour la consoler, mais il n'y avoit ordre s'il ne lui disoit qui étoit cette belle dame tant aimée ; dont elle lui faisoit une vie si importune et le pressa tant, que le duc s'en alla hors de la chambre, lui disant : « Si vous me tenez plus tel propos, nous nous séparerons d'ensemble. » Ces paroles augmentèrent la maladie de la duchesse, qui feignoit bouger son enfant[1] : dont le duc fut si joyeux, qu'il s'en alla coucher avec elle. Mais, à l'heure qu'elle le vit plus amoureux d'elle, se tournoit de l'autre côté, lui disant : « Monsieur, puisque vous n'avez amour à femme ne enfants, nous laissez mourir tous deux. » Et, avec ces paroles, jeta tant de larmes et de cris, que le duc eut grand'peur qu'elle perdît son fruit. Parquoi, la prenant entre ses bras, la pria de lui dire que c'étoit qu'elle vouloit, et qu'il n'avoit rien qui ne fût pour elle. « Ha! monsieur, ce lui répondit-elle en pleurant, quelle espérance puis-je avoir, que vous fissiez pour moi une chose difficile, quand la plus facile et raisonnable du monde, vous ne la voulez pas faire, qui est de me dire l'amie du plus méchant serviteur que vous eûtes oncques ? Je pensois que vous et moi ne fussions qu'un cœur ; maintenant je connois bien que vous me tenez pour une étrangère, vu que vos secrets, qui ne me doivent être celés, vous cachez comme à une personne ennemie. Hélas ! monsieur, vous m'avez dit tant de choses grandes et secrètes, desquelles n'avez jamais entendu que j'aie parlé ; vous avez tant expérimenté ma volonté égale à la vôtre, que ne devez douter que je ne sois plus vous-même que moi. Et, si vous avez juré de jamais ne dire à autrui le secret du gentilhomme, en le me disant, ne faillez à votre honneur; car je ne suis, ni ne peux être autre que vous. Je vous tiens entre mes bras ; j'ai un enfant en mon ventre, auquel vous vivez, et ne puis avoir votre amour comme vous avez le mien ! Mais tant plus je vous suis loyale et fidèle, tant plus vous m'êtes cruel et austère : qui me fait mille fois désirer le jour, par une soudaine mort délivrer votre enfant d'un tel père, et moi, d'un tel mari ; ce que j'espère faire bientôt, puisque préférez un serviteur infidèle à votre femme, telle que je vous suis, et à la vie de la mère et d'un fruit qui est vôtre, lequel s'en va périr, ne pouvant obtenir de vous ce que plus je désire savoir. » Ce disant, embrassa et baisa son mari, arrosant tout son visage de ses larmes, avec tels cris et soupirs, que le bon prince, qui craignoit perdre sa femme et enfant tout ensemble, se délibéra de lui dire vrai ; mais lui jura que, si elle le révéloit à créature du monde, elle ne mourroit d'autre main que de la sienne ; à quoi elle se condamna et accepta la punition. A l'heure, le pauvre mari déçu lui raconta tout ce qu'il avoit vu, depuis un bout jusques à l'autre : dont elle fit semblant d'être fort contente, mais en son cœur pensoit bien le contraire ; toutefois, pour la crainte du duc, dissimula le mieux qu'elle put sa passion. Et, le jour d'une grande fête que le duc tenoit sa cour, où il avoit mandé toutes les dames du pays, et entre autres sa nièce ; après le festin, les danses commencèrent, où chacun fit son devoir. Mais la duchesse, qui étoit tourmentée, voyant la beauté et bonne grâce de sa nièce, ne se pouvoit réjouir, et moins garder son dépit de paroître ; car, ayant appelé toutes les dames, qu'elle fit asseoir auprès d'elle, commença à révéler

---

[1] C'est-à-dire, qui feignait de sentir remuer son enfant.

propos d'amour; et, voyant que sa nièce ne parloit point, lui dit, avec un cœur crevé de jalousie : « Et vous, belle nièce, est-il possible que votre beauté soit sans ami ou serviteur ? — Madame, lui répondit-elle, ma beauté ne m'a point fait de tel acquêt; car, depuis la mort de mon mari, n'ai voulu avoir d'autres amis que ses enfants, dont je me tiens pour contente. — Belle nièce, lui répondit la duchesse par un extrême dépit, il n'y a amour si secrète, qui ne soit sue, ni petit chien si affété ni fait à la main, duquel on n'entende le japper[1]. »

Je vous laisse à penser, mesdames, quelle douleur sentit au cœur cette pauvre dame, voyant une chose tant couverte, être à son déshonneur déclarée. L'honneur, si soigneusement gardé et si malheusement perdu, la tourmentoit; mais encore plus le soupçon qu'elle avoit que son ami lui eût failli de promesse : ce qu'elle ne pensoit jamais qu'il pût faire, sinon pour aimer quelque dame plus belle qu'elle, à laquelle force d'amour auroit fait déclarer tout son fait. Toutefois, sa vertu fut si grande, qu'elle n'en fit un seul semblant, et répondit en riant, qu'elle ne s'entendoit point au langage des bêtes. Et, sous cette sage dissimulation, son cœur fut si pressé de tristesse, qu'elle se leva; et, passant par la chambre de la duchesse, entra dedans une garde-robe où le duc, qui se promenoit, la vit entrer. Et, quand la bonne dame se trouva en lieu où elle pensoit être seule, se laissa tomber dessus un lit, avec une si grande foiblesse, qu'une damoiselle, qui s'étoit assise en la ruelle pour dormir, se leva, regardant au travers du rideau qui ce pouvoit être. Mais, voyant que c'étoit la nièce du duc, laquelle pensoit être seule, n'osa lui dire rien, et l'écouta le plus paisiblement qu'elle put. Et la pauvre dame, avec voix demi-morte, commença à se plaindre et dire : « O malheureuse! quelle parole est-ce que j'ai ouïe? Quel arrêt de ma mort ai-je entendu? quelle sentence de ma fin ai-je reçue? O le plus aimé, qui oncques fut, est-ce la récompense de ma chasteté honnête, et vertueuse amour? O mon cœur! avez-vous fait une si périlleuse élection, de choisir pour le plus loyal, le plus infidèle; pour le plus véritable, le plus fin; pour le plus secret, le plus médisant? Hélas! est-il possible, qu'une chose cachée aux yeux de tous les humains, ait été révélée à Mᵐᵉ la duchesse? Hélas! mon petit chien tant bien appris, le seul moyen[1] de ma longue et vertueuse amitié, ce n'a pas été vous qui m'avez décelée; mais celui qui a la voix plus criante que le chien, et le cœur plus ingrat que nulle bête. C'est lui qui, contre son serment et sa promesse, a découvert l'heureuse vie que, sans faire tort à personne, nous avons longuement menée. O mon ami! l'amour duquel seul est entré dedans mon cœur, avec lequel ma vie a été conservée, faut-il maintenant qu'en vous déclarant mon mortel ennui, mon honneur soit mis au vent, mon corps en la terre, mon âme où éternellement elle demeurera? La beauté de la duchesse est-elle si extrême, qu'elle vous ai transmué[2], comme faisoit celle de Circé? Vous a-t-elle fait venir de vertueux, vicieux; et de bon, mauvais; et d'homme, bête cruelle? O mon ami! combien que vous failliez de promesse, si vous tiendrai-je la mienne : c'est de jamais plus ne nous voir, après la divulgation de notre amitié; et aussi, ne pouvant vivre sans votre vue, je m'accorde volontiers à l'extrême douleur que je sens, à laquelle ne veux chercher remède, ni par raison ni par médecine, car la mort seule y mettra la fin, qui me sera trop plus plaisante, que de demeurer au monde sans ami, sans honneur et sans contentement. La guerre ou la mort ne m'ont point ôté mon ami; mon péché, ne ma coulpe, ne m'ont point ôté mon honneur; ma faute, ne mon démérite, ne m'ont fait perdre mon contentement; mais c'est l'infortune cruelle, qui rend ingrat le plus obligé de tous les hommes, qui m'a fait recevoir le contraire de ce que j'avois desservi[3]. Hélas! madame la duchesse! quel plaisir vous a été, quand par moquerie m'avez allégué mon petit chien? Or, jouissez-vous du bien qu'à moi seul appartient. Vous vous moquez de celle, qui pensoit, par bien celer et vertueusement aimer, être exempte de toute moquerie. O que ce mot m'a serré le cœur, qu'il ma fait rougir de honte, et passer de jalousie! Hélas! mon cœur, je sens bien que n'en pouvez plus : l'amour mal reconnu vous brûle; la jalousie et le tort que l'on vous fait, vous glace et amortit par dépit et regret, ne permettant de vous donner consolation. Hélas! mon âme, par trop avoir

---

[1] Jappement.

[1] Confident, intermédiaire, auxiliaire.
[2] Métamorphosé. — [3] Mérité.

adoré la créature, avez oublié le Créateur? Il vous faut retourner entre les mains de Celui, duquel l'amour vaine vous avoit ravie[1] : prenez confiance, mon âme, de le trouver meilleur père, que n'avez trouvé ami celui pour lequel l'avez souvent oublié. O mon Dieu, mon créateur, qui êtes le vrai et parfait ami, par la grâce duquel l'amour que j'ai portée à mon ami, n'a été tachée de nul vice, sinon de trop aimer ; je supplie votre miséricorde de recevoir l'âme et l'esprit de celle qui se repent avoir failli à votre premier et juste commandement ; et, par le mérite de Celui duquel l'amour est incompréhensible, excuser la faute, que trop d'amour m'a fait faire ; car, en vous seul, j'ai ma parfaite confiance. Et adieu, mon ami, duquel le nom sans effets me crève le cœur. » A cette parole, se laissa tomber tout à l'envers, et lui devint la couleur blême, et les lèvres bleues, et les extrémités froides. En cet instant, arriva en la salle le gentilhomme qui l'aimoit ; et, voyant la duchesse qui dansoit avec les dames, regarda partout où étoit s'amie, mais, ne la voyant point, entra en la chambre de la duchesse, et trouva le duc qui se promenoit, lequel, devinant sa pensée, lui dit à l'oreille : « Elle est allée en cette garde-robe, et sembloit qu'elle se trouvoit mal. » Le gentilhomme lui demanda s'il lui plaisoit bien qu'il y allât. Le duc l'en pria. Ainsi qu'il entra dedans la garde-robe, la trouva qui étoit au dernier pas de sa mortelle vie, laquelle il embrassa, lui disant : « Qu'est-ce ci, m'amie? me voulez-vous laisser? » La pauvre dame, oyant la voix que tant bien elle connoissoit, print un petit[2] de vigueur et ouvrit l'œil, regardant celui qui étoit cause de sa mort. Mais, en ce regard, l'amour et le dépit accrurent si fort, qu'avec un piteux soupir rendit son âme à Dieu. Le gentilhomme, plus mort que la mort, demanda à la damoiselle comment cette maladie l'avoit prise, laquelle lui conta tout du long, et les paroles qu'elle lui avoit ouï dire. A l'heure, il connut que le duc avoit révélé son secret à sa femme, dont il sentit une telle fureur, qu'embrassant le corps de s'amie, l'arrosa longuement de ses larmes, en disant : « O moi, traître, méchant et malheureux ami! Pourquoi est-ce que la punition de ma trahison n'est tombée sur moi, et non sur elle, qui est innocente? Pourquoi le ciel ne me foudroya-t-il, le jour que ma langue révéla la secrète et vertueuse amitié de nous deux pour jamais? Pourquoi la terre ne s'ouvrit-elle, pour engloutir ce fausseur de foi? Ma langue, punie sois-tu, comme celle du Mauvais Riche en enfer[1]! O mon cœur, trop craintif de mort et bannissement, déchiré sois-tu des aigles perpétuellement, comme celui d'Ixion! Hélas! m'amie, le malheur des malheurs, le plus malheureux qui oncques fut, m'est advenu : vous cuidant regarder, je vous ai perdue ; vous cuidant voir longuement vivre, avec honnêteté et plaisant contentement, je vous embrasse morte mal contente de moi, de mon cœur, et de ma langue jusqu'à l'extrémité! O la plus loyale et fidèle femme qui fut oncques! Je passe condamnation d'être le plus muable[2], déloyal, et infidèle de tous les hommes. Je me voudrois volontiers plaindre du duc, sous la promesse duquel je me suis confié, espérant par là faire durer notre heureuse vie. Hélas! je devois savoir que nul ne pouvoit garder mon secret mieux que moi-même. Le duc a plus de raison de dire le sien à sa femme, que moi, le mien à lui. Je n'accuse que moi seul de la plus grande méchanceté, qui oncques fut commise entre amis. Je devois endurer d'être jeté en la rivière, comme il me menaçoit ; au moins, m'amie, tu fusses demeurée vive, et moi, glorieusement mort, observant la loi que vraie amitié commande ; mais, l'ayant rompue, je demeure vif, et vous, pour aimer parfaitement, êtes morte, car votre cœur, tant pur et net, n'a su porter, sans mort, de savoir le vice qui étoit en votre ami. O mon Dieu! pourquoi me créâtes-vous homme ayant l'amour si léger, et cœur tant ignorant? Pourquoi ne me créâtes-vous le petit chien qui a fidèlement servi sa maîtresse? Hélas! mon petit ami, la joie que me donnoit votre japper, est tournée en mortelle tristesse, puisque, par moi, autre que nous deux a ouï votre voix. Si est-ce, m'amie, que l'amour de la duchesse, ni de femme vivante, ne m'a fait varier, combien que plusieurs fois la méchante m'en ait requis et prié ; mais ignorance m'a vaincu, pensant à jamais assurer votre amitié ;

---

[1] C'est-à-dire, entre les mains de Dieu, à qui un vain amour avait ravi cette âme.
[2] Pour *un peu*.

[1] Jésus-Christ, dans l'Évangile, dit que le Mauvais Riche en enfer demande une goutte d'eau pour étancher sa soif ardente, au Lazare qu'il aperçoit dans le ciel. — [2] Changeant, inconstant.

toutefois, pour cette ignorance, je ne laisse d'être coupable, car j'ai révélé le secret de m'amie; j'ai faussé ma promesse, qui est la seule cause, dont je la vois morte devant les yeux. Hélas! m'amie, me sera la mort moins cruelle qu'à vous, qui, par amour, a mis fin à votre innocente vie ; je crois qu'elle ne daigneroit toucher à mon infidèle et misérable cœur, car la vie déshonorée et la mémoire de ma perte par ma faute, est plus insupportable que dix mille morts. Hélas! m'amie, si quelqu'un, par malheur ou malice, vous eût osé tuer proprement[1], j'eusse mis la main à l'épée pour vous venger. Ce n'est donc raison que je pardonne à ce meurtrier qui est cause de votre mort, par un acte qui est plus méchant que de vous donner un coup d'épée. Si je savois un plus méchant bourreau que moi-même, je le prierois d'exécuter votre traître ami. O Amour, par ignoramment aimer, je vous ai offensé ; aussi, ne me voulez secourir, comme vous avez fait celle qui a gardé toutes vos lois. Et n'est pas raison, que, par un si honnête moyen, je finisse ; mais il est raisonnable que ce soit par ma propre main, et, puisqu'avec mes larmes j'ai lavé votre visage, et avec ma langue vous ai requis pardon, il ne me reste plus qu'avec ma main je rende mon corps semblable au vôtre, et laisse aller mon âme où la vôtre ira; sachant qu'un amour vertueux et honnête n'a jamais fin en ce monde n'en l'autre. » Et, à l'heure, se levant de dessus le corps, comme un homme forcené et hors du sens, tira son poignard ; et, par grande violence, s'en donna au travers du cœur, et, derechef, print s'amie entre ses bras, la baisant par telle affection, qu'il sembloit plus être atteint d'amour que de la mort. La damoiselle, voyant le coup, s'en courut à la porte crier à l'aide. Le duc, oyant le cri, et doutant le mal de ceux qu'il aimoit, entra le premier dedans la garde-robe; et, voyant ce piteux couple, s'essaya de les séparer, pour sauver, s'il lui eût été possible, le gentilhomme. Mais il tenoit s'amie si fermement, qu'il ne fut possible de lui ôter, jusques à ce qu'il fût trépassé. Toutefois, entendant le duc qui parloit à lui : « Hélas! et qui est cause de ceci? » avec un regard furieux, lui répondit : « Ma langue et la vôtre, monsieur. » Et en ce disant, trépassa, le visage joint à celui de s'amie. Le duc, désirant en entendre plus avant, contraignit la demoiselle de dire ce qu'elle en avoit vu et entendu, ce qu'elle fit tout au long sans en épargner rien. Connoissant, à l'heure, le duc, qu'il étoit cause de tout le mal, se jeta dessus les deux amants morts, et, avec grands cris et pleurs, leur demanda pardon de sa faute, en les baisant tous deux par plusieurs fois; et puis, tout furieux, se leva, tirant le poignard du corps du gentilhomme. Et, tout ainsi qu'un sanglier, étant navré d'un épieu, court d'impétuosité contre celui qui a fait le coup ; ainsi s'en alla le duc chercher celle, qui l'avoit navré jusques au fond de son âme : laquelle il trouva dansant en la salle, plus joyeuse qu'elle n'avoit accoutumé, comme celle qui pensoit être bien vengée de la nièce du duc. Le duc la print au milieu de la danse et lui dit : « Vous avez prins le secret sur votre vie, et sur votre vie tombera la punition. » En ce disant, la print par sa coiffure, et lui donna du poignard dedans la gorge ; dont la compagnie fût si étonnée, que l'on pensoit que le duc fût hors de sens. Mais, après avoir parachevé ce qu'il vouloit, assembla tous ses serviteurs dedans la salle, et leur raconta l'honnêteté et piteuse histoire de sa nièce, et le méchant tour que lui avoit fait sa femme ; qui ne fut sans faire pleurer les assistants. Après, le duc ordonna que sa femme fût enterrée en une abbaye qu'il fonda, et fit faire une belle sépulture, où le corps de sa nièce et du gentilhomme furent mis ensemble, avec une épitaphe de la tragédie de leur histoire. Et le duc entreprint voyage contre les Turcs, où Dieu le favorisa tant, qu'il en rapporta honneur et proufit ; et, trouvant à son retour son fils aîné suffisant pour gouverner son bien, s'en alla rendre religieux en l'abbaye, où sa femme étoit enterrée et les deux amants, où il passa sa vieillesse heureuse avec Dieu.

« Voilà, mesdames, l'histoire que vous m'avez prié vous raconter, que je connois bien, à vos yeux, n'avoir été entendue sans compassion. Il me semble que devez tirer exemple de ceci, pour vous garder de mettre votre affection aux honneurs ; car, quelque honnête et vertueuse qu'elle soit, elle a toujours à la fin quelque mauvais déboire. Et vous voyez encore que saint Paul ne veut que les gens mariés aient cette grande amour ensemble ; car d'au-

---

[1] C'est-à-dire, tout simplement, comme on tue d'ordinaire, réellement.

tant que notre cœur est affectionné à quelque chose terrienne, d'autant s'éloigne-il de l'affection céleste; et plus l'amour est honnête et vertueux, et plus difficile en est à rompre le lien : qui me fait vous prier, mesdames, de demander, à toute heure, à Dieu son Saint-Esprit, par lequel votre cœur soit tant enflammé en l'amour de Dieu, que vous n'ayez point de peine, à la mort, de laisser ce que vous aimez trop en ce monde. — Puisque l'amour étoit si honnête, dit Hircan, comme vous nous la peignez, pourquoi la falloit-il tenir secrète? — Pource, dit Parlamente, que la malice des hommes est telle, que jamais ne pensent que grand amour soit joint à honnêteté; car, ils jugent les hommes et les femmes vertueux, selon leurs passions; et pour cette occasion, est besoin que, si une femme a quelque bon ami outre ses plus grands et prochains parents, qu'elle parle à lui secrètement, si elle y veut parler longuement; car l'honneur d'une femme est aussi bien mis en dispute, pour aimer par vertu, comme par vice, vu que l'on ne se prend qu'à ce que l'on voit. — Mais, dit Guebron, quand ce secret est décelé, on y pense beaucoup pis. — Je le vous confesse, dit Longarine; parquoi, le meilleur est, n'aimer point. — Nous appelons de cette sentence, dit Dagoucin, car si nous pensions les dames être sans amour, nous voudrions être sans vie. J'entends qu'elles ne vivent que pour l'acquérir; et, encore que ce n'advienne point, l'espérance les soutient, et leur fait faire cent mille choses honorables, jusques à ce que vieillesse change ces honnêtes passions en autres peines. Mais, qui penseroit que les femmes n'aimassent point, il faudroit au lieu d'hommes d'armes, faire des marchands, et en lieu d'acquérir honneur, ne penser qu'à amasser du bien. — Doncques, dit Hircan, s'il n'y avoit point de femmes, vous voudriez dire que nous serions tous méchants, comme si nous n'avions cœur, que celui qu'elles nous donnent. Mais je suis bien de contraire opinion, et pense qu'il n'est rien qui abatte plus le cœur d'un homme, que de hanter ou trop aimer les femmes; et, pour cette occasion, défendoient les Hébreux, que, l'année que l'homme seroit marié, n'allât point à la guerre, de peur que l'amour de sa femme le retirât des hasards que l'on y doit chercher. — Je trouve, dit Saffredant, cette loi sans grande raison; car, il n'y a rien qui fasse plus tôt sortir l'homme de la maison, que d'être marié, pource que la guerre de dehors n'est pas plus insupportable que celle de dedans; et crois que pour donner désir aux hommes d'aller en pays étrange, et ne s'amuser en leurs foyers, il les faudroit marier. — Il est vrai, dit Émarsuitte, que le mariage leur ôte le soin de leur maison; car, ils s'en fient à leurs femmes, et ne pensent qu'à acquérir honneur, étant sûrs que les femmes auront assez de soin du profit. » Saffredant lui répondit : « En quelque sorte que ce soit, je suis bien aise que vous êtes de mon opinion. — Mais, dit Parlamente, vous ne débattez de ce qui est plus à considérer : c'est pourquoi le gentilhomme, qui étoit cause de tout le mal, ne mouroit aussitôt de déplaisir, comme celle qui étoit innocente. » Nomerfide lui dit : « C'est pource que les femmes aiment mieux que les hommes. — Mais c'est, dit Simontault, pource que la jalousie des femmes et le désir les fait crever sans savoir pourquoi, et la prudence des hommes les fait enquérir de la vérité, laquelle connue par bon sens, montre leur grand cœur, comme fit le gentilhomme, qui après avoir entendu qu'il étoit l'occasion du mal de s'amie, montra combien il l'aimoit sans épargner sa propre vie. — Toutefois, dit Émarsuitte, elle mourut par vraie amour, car son ferme et loyal cœur ne pouvoit endurer d'être si vilainement trompé. — Ce fut la jalousie, dit Simontault, qui ne donna lieu à la raison; et, parce qu'elle crut le mal qui n'étoit point, en son ami, tel comme elle pensoit, sa mort fut contrainte, car elle n'y pouvoit remédier; mais celle de son ami fut volontaire, après avoir connu son sort. — Si faut-il, dit Nomerfide, que l'amour soit grand, qui cause une telle douleur. — N'en ayez point peur, dit Hircan, car vous ne mourrez d'une telle fièvre. — Non plus, dit Nomerfide, non plus que vous ne vous tuerez, après avoir connu votre offense. » Parlamente, qui doutoit le débat être à ses dépens, leur dit en riant : « C'est assez que deux soient morts d'amour sans que l'amour en fasse battre deux autres; car voilà le dernier coup de vêpres qui nous départira[1], veuillez ou non. » Par son conseil, la compagnie se leva, et s'en allèrent ouïr vêpres,

[1] Séparera.

n'oubliant en leurs bonnes prières les âmes des vrais amants, pour lesquels les religieux, de leur bonne volonté, dirent un *De profundis*. Et, tant que le souper dura, n'eurent autre propos, que de Mme du Verger [1] ; et, après avoir un peu passé leur temps ensemble, chacun se retira en sa chambre. Et ainsi mirent fin à la septième Journée.

HUITIÈME JOURNÉE.

Le matin venu, s'enquirent si leur pont s'avançoit fort ; et, trouvèrent que, dedans deux ou trois jours, il pourroit être parachevé, ce qui déplut à quelques-uns de la compagnie ; car ils eussent bien désiré que l'ouvrage eût duré plus longuement, pour faire durer le contentement qu'ils avoient de leur heureuse vie. Mais, voyant qu'ils n'avoient plus que deux ou trois jours de bon temps, se délibérèrent de ne le perdre pas, et prièrent Mme Oisille de leur donner la pâture spirituelle, comme elle avoit accoutumé ; ce qu'elle fit, mais elle la tint plus longtemps qu'auparavant ; car elle vouloit, avant que partir, avoir mis fin à la chronique de saint Jean [1] ; à quoi elle s'acquitta si très-bien, qu'il sembloit que le Saint-Esprit, plein d'amour et de douceur, parlât par sa bouche ; et, tous enflammés de ce feu, s'en allèrent ouïr la grand'messe. Et, après dîner, ensemble parlant encore de la Journée passée, se défioient d'en pouvoir faire une aussi belle ; et, pour y donner ordre, se retirèrent chacun en son logis, jusques à l'heure qu'ils allèrent à leur Chambre des Comptes [2], sur le bureau de l'herbe verte, où déjà trouvèrent les moines arrivés, qui avoient prins leurs places. Quand chacun fut assis, l'on demanda qui commenceroit. Saffredant dit : « Vous m'avez fait l'honneur de commencer deux Journées, il me semble que nous ferions tort aux dames, si une seule n'en commençoit deux. — Il faudroit doncques, dit Mme Oisille, que nous demeurassions ici longuement, ou que l'un de vous ou de nous soit sans avoir sa Journée. — Quant à moi, dit Dagoucin, si j'avois été élu, j'eusse donné ma place à Saffredant. — Et, moi, dit Nomerfide, j'eusse donné la mienne à Parlamente, car j'ai tant accoutumé de servir, que je ne saurois commander. » A quoi la compagnie s'accorda, et Parlamente commença ainsi : « Mesdames, nos Journées passées ont été pleines de tant de sages contes, que je vous voudrois prier que celle-ci le fût de toutes les plus grandes folies, et les plus véritables, dont nous pourrions aviser ; parquoi, je vais commencer. »

NOUVELLE LXXI.

Une femme, étant aux abois de la mort, se courrouça, en sorte, voyant que son mari accoloit sa chambrière, qu'elle revint en santé.

En la ville d'Amboise, y avoit un sellier, nommé Borrihaudier, lequel étoit sellier de la reine de Navarre ; homme duquel on pouvoit juger la nature, à voir la couleur du visage, être plutôt serviteur de Bacchus que des prêtres de Diane. Il avoit épousé une femme de bien, qui gouvernoit son ménage et ses enfants très-sagement ; dont il se contentoit. Un jour, on lui dit que sa bonne femme étoit fort malade et en grand danger, dont il montra être autant courroucé, qu'il étoit possible, et s'en alla en grande diligence pour la secourir ; et trouva sa pauvre femme si bas, qu'elle avoit plus besoin de confession, que de médecin : dont il fit un deuil le plus piteux du monde. Mais, pour bien le représenter, il faudroit parler gras, comme lui ; et encore seroit-ce plus, qui pourroit peindre son visage et sa contenance. Après qu'il eut fait tous les services qu'il lui étoit possible, elle demanda la croix, que l'on lui fit apporter ; quoi voyant le bon homme, s'en alla jeter sur un lit, tout désespéré, criant et disant

---

[1] L'Apocalypse.
[2] Jeu de mots sur *contes*.

[1] C'est sans doute l'amie du gentilhomme, morte de honte et de regret.

avec sa langue grasse : « Hélas ! mon Dieu ! je perds ma pauvre femme ! que ferai-je, moi, pauvre malheureux ? » et plusieurs autres complaintes. A la fin, qu'il n'y avoit personne en la chambre qu'une jeune chambrière assez en bon point, l'appela tout bas, en lui disant : « M'amie, je meurs, et suis pire que trépassé, de voir ainsi mourir ta maîtresse. Je ne sais que faire, ne que dire ; sinon, que je me recommande à toi, et te prie de prendre soin de ma maison, et de mes enfants. Tiens les clefs que j'ai à mon côté, et donne bon ordre au ménage, car je n'y saurois plus entendre. » La pauvre fille, qui en eut pitié, le réconforta, le priant ne se vouloir désespérer, et que, si elle perdoit sa maîtresse, elle ne perdît son bon maître. Il lui répondit : « M'amie, il n'est possible, car je me meurs ; regarde comme j'ai le visage froid, approche tes joues des miennes ? » Et, en ce disant, mit la main au tétin, dont elle cuida faire quelque difficulté ; mais il la pria n'avoir point de crainte ; car il faudroit bien qu'ils se vissent de plus près. Et, sur ces mots, la print entre ses bras, et la jeta sur un lit. Or, sa femme qui n'avoit aucune compagnie que de la croix et de l'eau bénite, et n'avoit parlé depuis deux jours, alors commença avec sa foible voix à crier le plus haut qu'elle put : « Ha, ha, ha, je ne suis pas encore morte ! » Et, en les menaçant de la main, leur disoit : « Méchants, je ne suis pas morte. » Adonc le mari et la chambrière, oyant sa voix tout à l'instant, se levèrent, mais elle étoit si dépitée contre eux, que la colère consuma toute l'humidité du catarrhe, qui la gardoit de parler ; en sorte qu'elle leur dit toutes les injures dont elle se put aviser. Et toujours depuis cette heure-là, elle commença à se guérir, qui ne fut sans bien souvent reprocher à son mari le peu d'amour qu'il lui portoit.

« Vous voyez, mesdames, l'hypocrisie des hommes, comme pour peu de consolation ils oublient le regret de leurs femmes. — Que savez-vous, dit Hircan, s'il avoit ouï dire que ce fût le meilleur remède que sa femme pouvoit avoir ? car, puisque par son bon traitement il ne la pouvoit guérir, il vouloit essayer si le contraire lui seroit meilleur : ce que très-bien il expérimenta. Et m'ébahis comme vous, qui êtes femme, avez déclaré la condition de votre sexe qui plus amende[1] par dépit, que par douceur. — Sans point de faute, dit Longarine, un dépit me feroit bien, non-seulement sortir du lit, mais du sépulcre, encore tel que celui-là. — Et quel tort lui faisoit-il, dit Saffredant, puisqu'il la pensoit morte, de se consoler ? car l'on sait bien que le lien du mariage ne peut durer, sinon autant que la vie, et puis après on est délié. — Oui, délié, dit Oisille, du serment de l'obligation ; mais un bon cœur n'est jamais délié d'amour. Et c'étoit bientôt oublier son deuil, de ne pouvoir attendre que sa femme eût passé le dernier soupir. — Mais ce que je trouve le plus étrange, dit Nomerfide, c'est que, voyant la mort et la croix devant ses yeux, il ne perdit la volonté d'offenser Dieu. — Voilà une belle raison, dit Simontault. Vous ne vous ébahiriez donc pas de voir faire une folie, mais que ce fût loin de l'église et du cimetière ? — Moquez-vous tant de moi que vous voudrez, répondit Nomerfide, si est-ce que la méditation de la mort refroidit bien fort un cœur, quelque jeune qu'il soit. — Je serois bien de votre opinion, dit Dagoucin, si je n'avois ouï dire le contraire à une princesse. — C'est donc à dire, dit Parlamente, qu'elle raconta quelque histoire. Parquoi, s'il est ainsi, je vous donne ma place pour la dire. » Or, Dagoucin commença ainsi :

NOUVELLE LXXII.

Continuelle repentance d'une religieuse, pour avoir perdu sa virginité, sans force ni par amour.

En une des meilleures villes du royaume de France après Paris, y avoit un hôpital richement fondé ; c'est à savoir : d'un prieuré de quinze ou seize religieuses ; et, en un autre corps de maison devant icelui, y avoit un prieur, et sept ou huit religieux, qui tous les jours disoient le service ; et les religieuses, seulement leurs patenôtres et heures de Notre-Dame, pource qu'elles étoient occupées au service des malades. Un jour, vint à mourir un pauvre homme, où toutes les religieuses s'assemblèrent ; et, après lui avoir fait tous les remèdes pour sa santé, envoyèrent quérir un de leurs religieux pour le confesser ; puis, voyant qu'il s'affoiblissoit, lui baillèrent l'onction ; et, peu après, il perdit la parole. Mais, pource

[1] Se trouve mieux, guérit.

qu'il demeura longuement à passer et faisoit semblant d'ouïr, chacune se mit à lui dire les meilleures paroles qu'elles purent, dont à la longue elles se fâchèrent; car, voyant la nuit venue, et qu'il étoit tard, s'en allèrent coucher l'une après l'autre, et ne demeura là, pour ensevelir le corps, qu'une des plus jeunes avec un religieux, qu'elle craignoit plus que le prieur ni autre, pour la grande austérité dont il usoit tant en vie qu'en paroles. Et, quand ils eurent bien crié *Jésus* à l'oreille du pauvre homme, connurent qu'il étoit trépassé. Parquoi, tous deux l'ensevelirent; et, en exerçant le dernier œuvre de miséricorde, commença le religieux à parler de la miséricorde de la vie, et de la bienheureté[1] de la mort; et, en ces propos-là, passèrent la mi-nuit. La pauvre fille écoutoit attentivement ces dévots propos, et le regardoit les larmes aux yeux, où il print si grand plaisir, que, parlant de la vie à venir, commença à l'embrasser, comme s'il eût envie de la porter entre ses bras droit en paradis. La pauvre fille, écoutant ces propos, et l'estimant le plus dévot de la compagnie, ne l'osa refuser. Quoi voyant ce méchant moine, en parlant toujours de Dieu, paracheva avec elle l'œuvre, que soudain le diable leur avoit mis au cœur (auparavant n'en avoit jamais été question); l'assurant qu'un péché secret étoit impuni devant Dieu, et que deux personnes non liées ne peuvent offenser en tel cas, quand il n'en vient point de scandale, et que, pour l'éviter, elle se gardât bien de se confesser à autre qu'à lui. Ainsi se départirent d'ensemble, elle la première, qui, en passant par une chapelle de Notre-Dame, voulut faire son oraison, comme elle avoit accoutumé; mais, quand elle commença à dire: «Vierge Marie,» lui souvint qu'elle avoit perdu ce titre de virginité, sans force ni amour, ains par une sotte crainte; dont elle se print si fort à pleurer, qu'il sembloit que le cœur lui dût fendre. Le religieux, qui de loin ouït ses soupirs, se douta de sa conversion, par laquelle il pouvoit perdre son plaisir; dont, pour l'empêcher, la vint trouver prosternée devant cette image; la reprint aigrement, lui disant que, si elle en faisoit conscience, qu'elle s'en confessât à lui, et puis, qu'elle n'y retournât plus, si elle vouloit; car, l'un et l'autre étoit sans péché

en sa liberté. La sotte religieuse, cuidant satisfaire envers Dieu, s'alla confesser à lui, qui, pour toute pénitence, lui jura qu'elle ne péchoit point de l'aimer, et que l'eau bénite pouvoit effacer un tel peccatile. Elle, croyant plus en lui qu'en Dieu, retourna au bout de quelque temps à lui obéir, en sorte qu'elle devint grosse; dont elle en print si grand regret, qu'elle supplia la prieure de faire chasser hors du monastère ce religieux, sachant qu'il étoit si fin et cauteleux, qu'il ne faudroit point à la séduire. La prieure et le prieur, qui s'accordoient tous deux ensemble, se moquèrent d'elle, disant qu'elle étoit assez grande pour se défendre d'un homme; et que celui, dont elle parloit, étoit trop homme de bien. A la fin, par une impétuosité, pressée du remords de sa conscience, leur demanda d'aller à Rome; car elle pensoit, en confessant son péché aux pieds du pape, recouvrer sa virginité. Ce que très-volontiers, le prieur et la prieure lui accordèrent; car ils aimoient mieux, qu'elle fût pèlerine contre sa Règle, que renfermée et devenir si scrupuleuse comme elle étoit; craignant que son désespoir lui fît révéler la vie que l'on menoit là-dedans; lui baillant de l'argent pour faire son voyage. Mais Dieu voulut qu'étant à Lyon, un soir après vêpres, sur le pupitre[1] de l'église Saint-Jean, où Mᵐᵉ la duchesse d'Alençon, qui depuis fut reine de Navarre, alloit secrètement faire quelque neuvaine avecques trois ou quatre de ses femmes; étant à genoux devant le crucifix, ouït monter en haut quelque personne, et, à la lueur de la lampe, connut que c'étoit une religieuse. Et, afin d'entendre ses dévotions, se retira la duchesse au coin de l'autel; et la religieuse, qui pensoit être seule, s'agenouilla; puis, en frappant sa coulpe[2], se print tant à pleurer, que c'étoit pitié; ne criant, sinon: «Hélas! mon Dieu, ayez pitié de cette pauvre pécheresse!» La duchesse, pour entendre ce que c'étoit, s'approcha d'elle, en lui disant: «Ma mie, qu'avez-vous? d'où êtes-vous? et qui vous amène en ce lieu?» La pauvre religieuse, qui ne la connoissoit point, lui dit: «Hélas! ma mie, mon malheur est tel, que je n'ai recours qu'à Dieu, lequel je prie me donner le moyen de parler à Mᵐᵉ la duchesse d'Alençon; car à

---

[1] Félicité.

[1] La tribune, le jubé où on lisait autrefois l'Évangile dans les messes solennelles.

[2] C'est-à-dire, sa poitrine, en disant *mea culpa*.

elle seule je conterai mon affaire, m'assurant que, s'il y a ordre, elle le trouvera.— Ma mie, ce lui dit la duchesse, vous pouvez parler à moi comme à elle ; car je suis de ses amies.— Pardonnez-moi, dit la religieuse, jamais autre qu'elle, ne saura mon secret. » A l'heure, la duchesse lui dit qu'elle pouvoit parler franchement, et qu'elle avoit trouvé ce qu'elle demandoit. La pauvre femme se jeta alors à ses pieds ; et, après avoir longuement pleuré et crié, lui raconta tout ce que avez ouï de sa pauvreté. Adonc, la duchesse la réconforta si bien, que, sans lui ôter la repentance continuelle de son péché, lui mit hors de l'entendement le voyage de Rome, et la renvoya à son prieuré, avecques des lettres à l'évêque du lieu, pour donner ordre à faire chasser ce religieux scandaleux.

« Je tiens ce conte de ladite duchesse même ; par lequel vous pouvez voir, mesdames, que la recette de Nomerfide ne sert pas à toutes sortes de personnes, car ceux-ci, touchant et ensevelissant le mort, ne furent moins touchés de lubricité.— Voilà une invention, dit Hircan, de laquelle je crois que jamais homme n'usa, de parler de la mort, et faire les œuvres de la vie.— Ce n'est point œuvre de vie, dit Oisille, de pécher ; car on sait bien, que pécher engendre la mort.— Croyez, dit Saffredant, que ces pauvres gens ne pensoient point à toute cette théologie. Mais, comme les filles de Loth enivrèrent leur père, pensant conserver nature humaine ; aussi, ces pauvres gens vouloient réparer ce que la mort avoit gâté en ce corps, et en refaire un tout nouveau. Parquoi, je ne vois mal que les larmes de la pauvre religieuse, qui toujours pleuroit, et toujours retournoit à la cause de son pleur.— J'en ai assez vu de telles, dit Hircan, qui pleurent leur péché, et tiennent leur plaisir tout ensemble.— Je me doute bien, dit Parlamente, pour qui vous le dites ; dont il me semble que le rire a assez duré, et seroit temps que les larmes commençassent.— Taisez-vous, dit Hircan, encore n'est pas finie la tragédie, qui a commencé par rire.— Or, pour changer mon propos, dit Parlamente, il me semble, que Dagoucin est sorti hors de notre délibération, qui étoit de ne tenir conte que pour rire ; et le sien est trop piteux.— Vous avez dit, répondit Dagoucin, que nous ne raconterions que des folies ; et il me semble que je n'y ai pas failli. Mais, pour en ouïr un plus plaisant, je donne donc ma voix à Nomerfide, ayant espérance qu'elle rhabillera ma faute. — Aussi, ai-je un conte tout prêt, répondit-elle, qui est digne de suivre le vôtre, car il parle de religieux et de mort. Or, écoutez-le bien, s'il vous plaît. »

Ci finent les Contes et Nouvelles de la feue reine de Navarre : qui est ce que l'on en a pu recouvrer.

FIN DES NOUVELLES DE LA REINE DE NAVARRE.

LE PRINTEMPS D'YVER

CONTENANT

CINQ HISTOIRES DISCOURUES PAR CINQ JOURNÉES,

EN UNE NOBLE COMPAGNIE,

AU CHATEAU DU PRINTEMPS,

PAR JACQUES YVER.

LE PRINTEMPS D'YVER,

PAR JACQUES YVER.

AUX BELLES ET VERTUEUSES DAMOISELLES DE FRANCE,

SALUT.

Mesdamoiselles, comme en un banquet somptueux il advient souvent que les uns se plairont à manger d'une viande, les autres prendront goût à une autre, selon leurs divers appétits: ainsi, entre les écrivains, les uns s'étudieront à couronner d'un immortel laurier les gestes courageux des princes illustres, qui, avec le couteau [1], ont engravé leurs noms victorieux sur les nations rebelles, décorant leurs harnois du sang ennemi ; les autres, ayant, par un importun labeur, entré au plus secret cabinet de Nature, y dérobant de quoi faire admirer et sa sagesse et sa richesse ; les autres éterniseront la mémoire des choses plus notables, qui ont accompagné leur âge, selon le mouvement particulier qui, les maîtrisant, leur fait en tout cet univers choisir le sujet plus agréable. Et, combien que tous marchent par divers chemins, si est-ce qu'ils n'ont tous qu'une même fin proposée pour but de leurs intentions, qui est de louer le bien et blâmer le mal, pour l'adresse des humains, auxquels chacun, par la parfaite loi de Nature, est obligé de servir: en quoi ceux qui s'acquittent le mieux, approchent plus de cette excellence divine. Or, combien qu'un si favorable devoir soit digne de grande louange, si est-ce qu'il manque [2] en ceux qui, laissant le corps et embrassant l'ombre, se sont contentés de glorifier le seul nom de vertu, à laquelle ils bâtissent de beaux châteaux en l'air, semblables aux nues d'Ixion, laissant la spéciale louange des vertueux, qui, frustrés de leur mérite, dégoûtent de bien faire ceux qui ne sont avares que d'honneur. Ce que considérant, pour le zèle que je porte aux vertus, aux grâces et aux muses, j'ai estimé que les vertueuses, gracieuses, et bien apprises damoiselles (desquelles notre France se voit si heureusement embellie) étoient bien le plus digne sujet que je pusse élire entre les plus exquises choses de ce monde, espérant que (encore qu'ayant la main trop débile pour bien tenir la docte plume de cygne, j'aie pris la plumette d'un passereau, oiseau de la mère d'Amour, et que vos souveraines perfections, mesdamoiselles, méritent d'être chantées d'une plus haute voix que la mienne) néanmoins, elles ne dédaigneront les petits fredons de ma chanterelle, touchée d'un pouce tant affectionné à votre bénin service, auquel j'ai bien voulu dédier les premiers ans de ma vie, faisant un bouquet des fleurettes de ce mien *Printemps*, pour le présenter et offrir à votre excellence ; en attendant, après ces fleurs, le fruit qui ne démentira point sa saison par une oisive stérilité, ou par une lâche tardiveté. Recevez donc, gentilles damoiselles, selon votre naturelle douceur et humanité, ces arrhes de mon affectionné devoir, témoigné par ce petit livret; lequel (si vos yeux bénins lui font tant d'honneur, que de le lire par ébat), lorsque le trop de loisir vous ennuiera, s'efforcera de tromper cet ennui, en vous contant la tyrannie qu'Amour (quand il lui plaît) exerce sur ses plus fidèles sujets : lequel je désire, amiables damoiselles, vous être autant favorable, que je suis et serai toute ma vie,

Le très-affectionné serviteur de vos bonnes grâces,

Jacques YVER.

---

[1] Ce mot s'employait alors dans le style élevé, comme synonyme de *glaive*.

[2] La seule édition du *Printemps* porte *qu'il est manque*. Peut-être faudrait-il lire *manique* ou *maniaque*. Nous n'avons pas su éclaircir cette faute d'impression.

SONNET DE JOSEPH YVER,

SUR *LE PRINTEMPS* DE JACQUES YVER, SON FRÈRE.

Si le printemps, qui, prodigue, desserre
Tous les trésors de ses gaies douceurs,
Au cerf blessé donne remèdes sûrs [1],
Et au cheval l'herbe qui le déferre [2] ;

S'il donne bien de quoi santé acquerre
Aux animaux aggravés de douleurs ;
Même, s'il donne herbe, dont les vigueurs
Revivre font ceux que morts on enterre ;

Que n'a-t-il fait, de quoi être pansés
Du trait d'Amour nos esprits élancés ?
Las ! est-il moins aux hommes salutaire ?

Ou bien plutôt, dis-moi, frère bénin,
S'il tient au mal, si hors du médecin,
Qu'Apollon même onc ne s'en put défaire ?

RÉPONSE EN PAREILLE RIME,

PAR MARIE YVER, LA SŒUR UNIQUE.

Si le printemps, qui embellit la terre
Par le tapis de cent mille couleurs,
Guérit en nous les soucis et langueurs,
Que l'hiver froid avarement asserre [3] ;

Ce Printemps-ci, qui doucement enserre
En un bouquet cent mille et mille fleurs,
Doit soulager et les yeux et les cœurs
De ceux auxquels l'Amour fait dure guerre.

Vrai est que ceux qui ont les yeux blessés
De ce soleil, se diront offensés,
Car toujours est le bien au mal contraire :

Ainsi l'on voit, d'un même romarin,
L'enflé crapaud façonner son venin ;
Dont le bon miel une abeille peut faire.

AU FAVORABLE ET BIENVEILLANT LECTEUR,

SALUT.

Considérant quelquefois à part moi, bénin lecteur, combien grandes et illustres louanges les *Histoires tragiques* [4] de Bandel ont acquises parmi notre France, jusques à gagner tant de grâce, qu'aujourd'hui c'est une honte, entre les filles bien nourries et entre ces mieux appris courtisans, de les ignorer ; même que ceux qui n'en peuvent orner leur langue, en ornent à tout le moins leurs mains par contenance : je ne me suis pu tenir (et ma confession volontaire mérite un demi-pardon) de porter envie à l'Italien, qui, comme le pêcher [1], reçoit plus d'honneur en un pays étranger qu'au sien propre, par la faveur de deux truchements [2] ; qu'on peut bien nombrer les deux riches thésauriers [3] de la langue françoise ; et, d'autre part, j'ai regret du bon marché qu'iceux ont prodigalement fait de leur labeur, cultivant les terres, dont autrui reçoit le fruit et revenu ; étant témoin de l'ingrate récompense qu'ils en ont, pour m'être d'aventure trouvé en familier devis sur ce fait, où je soutenois leur mérite contre un, qui, méprisant les esprits des François, disoit qu'ils ne vivoient que d'emprunts, couvant les œufs pondus par les autres, et se contentant bien d'aller mendier la mercerie d'autrui, pour la rapetasser et en faire après quelque montre à leur nation ; comme si, affamés, nous amassions les miettes qui tombent sous la somptueuse table de ces magnifiques, pour nous faire bonne bouche ! En quoi ai senti mon âme si offensée, que longtemps depuis j'ai su un peu mauvais gré à Nature de ce qu'elle n'a fait ce bien à l'ouïe, comme elle a fait aux yeux, de recevoir les paroles agréables et clore la porte aux fâcheuses ; et afin de venger l'outrage que lors elles firent à mon cœur, le sincère zèle que j'ai à l'honneur de ma patrie (lequel je vois aucunement violé) m'a donné envie et hardiesse d'essayer à montrer que nous ne sommes point plus stériles en belles inventions, que les étrangers, et qu'avons bien de quoi récréer et soulager l'ennui qu'apporte l'oisiveté par les discours nés en France et habillés à la françoise. Lesquels, s'ils te viennent à gré, ami lecteur, serviront d'avant-coureur et préparatif à chose plus digne de ta lecture, que j'espère te faire voir bientôt, aidant Dieu, auquel je te recommande.

---

[1] On écrivait et prononçait *seurs*.
[2] On attribuait à plusieurs herbes la vertu de déferrer les chevaux qui marchaient dessus.
[3] Attire à soi, accapare.
[4] Les trois premières parties des Nouvelles italiennes de Matthieu Bandello avaient paru avec un grand succès, en 1554. La traduction française, arrangée et paraphrasée selon le caprice des traducteurs, fut publiée successivement par volumes depuis l'année 1570 jusqu'en 1580. Cette collection forme sept volumes in-16, qui ont été plusieurs fois réimprimés.

---

[1] Le pêcher, originaire de Perse, fut une des conquêtes des Romains.
[2] Pierre Boaistuau, surnommé Launay, a traduit les six premières Nouvelles de Bandel, et François de Belleforest, toutes les autres. — [3] Pour *trésoriers*.

PREMIÈRE JOURNÉE.

Comme une pierre précieuse, encore qu'elle porte son prix et valeur avec soi, que sa prodigue mère Nature lui a donné en la produisant et formant, toutefois se rend plus estimable et riche, quand elle est mise en œuvre par l'orfèvre industrieux : ainsi, à mon jugement, encore que les paroles sagement dites, et les choses vertueusement faites, soient d'elles-mêmes dignes de grande louange, si est-ce qu'elles acquièrent un lustre et ornement beaucoup plus exquis, quand le gracieux labeur des écrivains les daigne recueillir pour les consacrer à l'immortalité, et, les enchâssant au temple de l'heureuse Mémoire, les faire servir de notables reliques à la postérité. Or, cette considération a eu tant de pouvoir sur moi, que, sans me donner repos, m'a sollicité, voire même contraint de déclarer au public les beaux propos pleins de discours étranges, qu'avec grande merveille j'ai ouï traiter en une fort honorable compagnie ; de peur que l'oubli, qui envieusement s'efforce de supprimer et ensevelir les choses plus mémorables, ne les frustrât de l'honneur et gloire méritée, et ne dérobât à ceux qui ont l'esprit désireux de gentillesse, le plaisir qu'ils pourront prendre de la connoissance d'iceux : aussi qu'il me semble que sommes tous obligés à tâcher d'amaigrir ce chien infernal, qui veut engloutir, avec nos corps, la souvenance de notre vie. Et, toutefois, je veux bien franchement confesser que, quelque bon vouloir qui me poussât, la défiance de mes forces (que m'a apportée la connoissance de moi-même sans me flatter) m'a, de première abordée, gelé de crainte l'encre dans la plume, sachant les esprits de notre siècle être si dégoûtés d'un fade dédain, qu'il n'y a sauce si exquise qui les puisse mettre en bon appétit, ou au moins leur faire connoître que le blâme qu'ils donnent à la viande est en eux-mêmes[1] ; aussi, que l'envie coutumière de mettre la dent médisante sur les plus favorables labeurs, pour loyer de leurs bonnes intentions, n'épargneroit mon style, trop foible pour se défendre d'un tel monstre, qu'Hercule même ne put jamais surmonter. Toutefois, considérant que les plus équitables juges ne requièrent point que la déposition d'un témoin soit diserte et affectée, ainsi se contentent, pourvu qu'elle soit vraie et certaine, je me suis remparé de nouvelle hardiesse, sachant que mon but proposé en ce petit récit n'est pas de contrefaire un éloquent orateur ; mais bien un fidèle secrétaire qui rapporte les gracieux discours et mémorables histoires, déduites pour décevoir l'ennui de quelques oisives après-dînées, en une illustre compagnie de gentilshommes et damoiselles, qui, à une fête de Pentecôte, s'étoient visités, afin de soulager par amiable fréquentation les ennuis reçus durant cette misérable guerre civile, et détremper le sel amer qu'en pourroit apporter la souvenance. Car, comme après un tempétueux orage les nautoniers se réjouissent, voyant le calme seréner les vagues impétueuses, qui se mutinoient contre eux ; et comme, après un long hiver, les oisillons s'égaient parmi les jeunes feuillages qui reverdissent au retour du printemps : ainsi, à bon droit, après un calamiteux travail, nous avons accoutumé de trouver le repos plus plaisant et agréable, non-seulement pource que toute mutation recrée nature ; mais d'autant que le changement de mal en bien est désirable et avantageux. C'est pourquoi, après la guérison de cette douloureuse maladie de France (que l'on peut bien nommer fièvre frénétique), sujette à tant de rechutes, qu'à peine la troisième saignée[1] y a apporté remède suffisant (épuisant les forces de ce pauvre corps atténué), chacun ayant moyen de retourner en ses biens, par la faveur d'une heureuse paix, conçue au cœur de notre roi très-bénin par inspiration divine ; il ne faut demander avec quelle aise et contentement ont retourné reprendre possession des commodités si longtemps trouvées à dire[2], et dont l'on avoit été banni par la rigueur des armes ; ains se faut représenter la joie que reçoit un riche vieillard, voyant retourner son fils unique

---

[1] Il faut sous-entendre *sachant*.

[1] C'est-à-dire, la troisième guerre civile, qui commença en 1568 et continua jusqu'à la paix de Saint-Germain, conclue au mois d'août 1570, et aussi peu durable que les précédentes.

[2] Ceci n'a pas de sens. Il faut sans doute lire *adirées*, égarées, perdues.

que longtemps il avoit pleuré pour mort, ou celle d'un prisonnier à qui l'on apporte la grâce non espérée. Parquoi, s'il en est ainsi, que qui plus a enduré de mal, et plus trouve le bien agréable (témoin le roi, qui trouva, en fuyant, l'eau trouble plus savoureuse, qu'il n'avoit jamais fait les vins délicieux, pource qu'il les avoit bus sans avoir soif); je peux bien assurer que, entre tous les François, les habitants du pays de Poitou retournèrent avec extrême joie en leurs désolées maisons[1], pensant entrer en nouveaux ménages, où ils réputoient pour gagné ce qu'ils trouvoient de reste et qui étoit échappé aux insolents soldats; si qu'après s'être accommodés tellement quellement selon que la nécessité pouvoit permettre, n'eurent rien en plus singulière recommandation, que de s'entrevoir les uns les autres, conter et communiquer entre eux leurs pertes et se consoler par la pratique d'un devoir d'amitié en leur commune misère. Or, cette charité fut principalement pratiquée par la noblesse du pays, qui a bien cette bonne coutume de se rallier par étroites connoissances et cousinages, qui les font entretenir heureusement en leur grandeur et lustre ancien. Entre lesquels, trois jeunes gentilshommes, parents et voisins, firent (un jour qu'ils se rencontrèrent à propos) entreprinse d'aller voir, à une fête de Pentecôte, une dame, qui se tenoit en un château prochain, pour lui aider à passer le temps, sachant le plaisir que son honorable maison recevroit de leur compagnie; aussi, que, de fait, ils méritoient d'être partout les bienvenus pour leur honnêteté et gentille nourriture. Mais, pource que je ne sais pas si, en les nommant par leurs propres noms pour leur faire honneur, je leur ferois point déplaisir, qui me seroit fort déplaisant, j'ai délibéré de faire comme ceux qui jouent sur le théâtre : lesquels sous des masques empruntés représentent les vrais personnages qu'ils ont entreprins d'introduire: et moi, sous ces noms feints, je représenterai la vérité, et ferai combattre Patrocle avec les armes d'Achille. Parquoi, nommerons nos trois gentilshommes, qu'avons entreprins de faire jouer en ce théâtre d'amour, les sieurs de *Bel-Accueil*, de *Fleur-d'Amour* et de *Ferme-Foi*, et le château auquel ils s'alloient ébattre, le *Printemps*, bâti jadis, comme on tient pour certain, par la tant renommée fée Mélusine[1], pour montrer l'excellence de ses arts cachés, y laissant plusieurs marques de ses miracles, interprétés par prophéties, que je ne déduirai. Ains, pour ce qui attouche la description du lieu, outre la situation, dont les commodités montrent combien elle a été sagement choisie, le bâtiment, qui se fait admirer au passant (lequel, pour le regarder, est contraint de prendre haleine plus longue qu'il ne vouloit, sans toutefois s'en repentir), contraint chacun de lui donner, par un jugement irrévocable, l'avantageuse prééminence sur tous les édifices plus excellents; si est-ce que toutes ces merveilles, qui se découvrent par dehors, sont peu, au prix de ce qui est caché au dedans; qui, bien considéré, ne doit rien au palais tant renommé de la soudane d'Ultibie[2], dont la superbe structure annihiloit la gloire des pyramides du Caire. Car il étoit aisé à se perdre par le nombre infini des spacieuses salles carrées, arcs triomphants, galeries, soubassements, pavillons, cabinets, portiques et autres choses d'exquise architecture, somptueusement lambrissées, dorées, gravées et émaillées, avec les rencontres de force colonnes, statues, médailles, colosses, gravures et incrustations industrieusement entaillées et enrichies d'une singulière peinture et enluminure, dont le vernis à la damasquine faisoit sembler les parois être de verre, représentant au vif les plus mémorables histoires du temps passé, avec mille subtiles énigmes, emblèmes, ou armoiries et devises suffisantes, pour ravir les esprits plus rudes et plombés; tenant les corps pendus par leurs yeux, sans aucune souvenance de boire ne manger, comme tout rassasiés de merveille. Et, combien que ces choses soient fort estimables, si est-ce que la curiosité affamée, passant plus outre, trouvoit

---

[1] Le Poitou fut le principal théâtre des guerres de religion.

[1] C'est sans doute le célèbre château de Lusignan ou Luzignem, qu'on disait avoir été bâti par la fée Mélusine. Ce château soutint plusieurs siéges dans la guerre des huguenots et fut démantelé après le dernier, où Louis de Bourbon, duc de Montpensier, l'emporta d'assaut en 1574. « Quand l'empereur Charles-Quint vint en France (en 1540), raconte Brantôme, on le passa par Lusignan, pour la délectation de la chasse des daims, qui étoient là dedans, un des beaux et anciens parcs de France, à très-grand foison, qu'il ne se put soûler d'admirer et de louer la beauté, la grandeur et le chef-d'œuvre de cette maison, et faite, qui plus est, par une telle dame (Mélusine). »

[2] Ce nom est tout à fait altéré. On pourrait y reconnaître *Zénobie*, reine de Palmyre.

bien nouvelle matière de s'ébahir; car il sembloit que Nature avoit eu débat et contention avec l'excellence de l'artifice, et, envieuse sur icelui, pour acquérir victoire, s'être du tout empêchée et évertuée à déployer tous ses plus précieux trésors, afin de faire admirer sa puissance; tellement que, soit en gaieté de paysage, embelli de mille fontaines, bocages, prairies et autres déduits champêtres, soit en vergers, quinconcés à la ligne, des plus singuliers fruitiers [1], autres bien arrondis, grottes naïves, jardins bien cultivés et façonnés en parterres, labyrinthes et topiaires [2], étangs bien limités, parcs bien renclos : bref, de tout ce où la main industrieuse montre le plus son beau ménagement, on trouve là plus qu'on ne sauroit désirer pour la perfection d'un délicieux paradis terrestre. Or, toutes ces choses, bien qu'elles soient considérables, pour leur excellence et singularité, si est-ce qu'elles sont mortes et peu à priser, si deux souveraines beautés qui habitent en ce corps, comme deux célestes âmes, ne les vivifioient. Car, comme l'orfévre, pour l'honneur de son métier, met en de l'or bien élaboré quelque pierre de grande valeur, et comme en une belle cage volontiers on se plaît de loger un gentil oiseau; ainsi il plut à la sagesse du Tout-Puissant, de donner à ce beau bâtiment deux hôtesses, qui, par leur perfection divine, surmontassent de bien loin l'excellence de l'art humain : ayant enrichi la dame de ce château (qui étoit vefve) d'une fille et une nièce, si accomplies en toutes les parties de beauté et bonne grâce qu'on eût pu désirer, qu'elles sembloient bien non-seulement avoir été choisies par tout le monde, comme seules dignes de telles habitations, indignes d'elles, mais avoir plutôt été formées de Dieu, qu'être nées humainement. La fille s'appeloit Marie, et la nièce Marguerite, lesquelles surent si doucement recueillir nos trois gentilshommes venus familièrement à l'impourvu et par surprise, qu'ils avoient bien occasion de se contenter de l'honneur que leur fit la dame du lieu, et de l'honnête courtoisie des damoiselles, si qu'après les bienviennements [3] plus affectionnés, cette gaillarde troupe se délibéra de bannir tout souci, fors que celui qui les prendroit de choisir en quelle récréation ils passeroient le temps plus joyeusement, et inventer nouveaux ébats. L'aube du matin n'étoit plutôt levée, que c'étoit à qui le premier se jetteroit en place pour aller donner une camisade [1] aux plus paresseux; puis, habillés à demi (après avoir présenté à Dieu leur première œuvre concernant le devoir de piété et de dévotion requise, non-seulement requise pour le bon règlement d'une famille bien instituée, mais selon le tribut que doivent tous chrétiens), jouoient en la chambre à dix mille petits jeux, jusques à ce que les premiers rayons du soleil eussent essuyé l'aigail [2] de la fraîche rosée. Et lors, courant folâtrement par les vergers, faisoient un avare butin des fleurs, qui, dépliant leurs tendres feuillettes à la venue du matin, sembloient ouvrir les yeux riants, qui avoient été endormis toute la nuit, pour regarder le nouveau jour; puis, ayant les chapeaux, les mouchoirs, les pochettes, et (quant aux filles) les pans de la robe pleins de cette moisson amoureuse, se combattoient à toute outrance de poignées de roses, dont se faisoit une épaisse et prodigue jonchée. Ce pendant le dîner s'apprêtoit fort somptueux, où l'on repaissoit le corps, de viandes délicieuses, et l'esprit, de paroles joyeuses. Puis, les tables étant levées avec action de grâces [3], la musique se réveilloit, aidée et remplie de l'harmonie de divers instruments, jusques à ce que l'affection volage les prînt de sortir à l'air. Adonc, se remplissant le sein de diverses fleurettes, ravies impétueusement à leur douce mère, s'alloient écarter parmi l'épaisseur d'un bois, où en plein midi l'on pensoit être au crépuscule du soleil couché; et, sous la fraîcheur de cette feuillade, mille oisillons babilloient de leurs amourettes, accordant leurs mignardes plaintes au gazouillis enroué des ruisselets voisins : où cette belle jeunesse étant arrivée sous la conduite de la sage dame, après plusieurs plaisirs qui se rencontroient en passant, comme de voir sauter les aignelets sur la verdure, et jouer par les fleurs, pendant que leurs pères s'entrecossoient [4] à coups de cornes, se jetoient pêle-mêle sur

[1] Arbres à fruits.
[2] Buis et ifs taillés en figures de vases, de boules, de fers de lance, etc.
[3] Accueils, complimens de bienvenue.

[1] Alerte, surprise, attaque.
[2] On nommait ainsi les perles ou gouttes de la rosée du matin.
[3] C'est-à-dire, après les Grâces.
[4] S'entre-heurtaient, se combattaient.

l'herbette menue, ouvrageoient bouquets, guirlandes et chapelets de toutes façons, dont ils s'ombrageoient la tête, le col et les bras, devisant des choses les plus plaisantes qui vinssent à gré et à propos; puis, selon que la fantaisie les prenoit, se faisoient apporter sous les tournelles[1] tissues de laurier, de lierre, de jasmin ou de houblon (dont les branchettes, lentement repliées et tortillées, n'osoient passer leurs bornes défendues), la collation de cerises, laitages, fraises, caillé, salades, noisettes, framboises, crème, groseilles, jonchées[2], et autres choses de la saison. Même, se faisoient servir, pour le souper, sur les tables de pierre entournées d'un gazon qui servoit de siége; après lequel[3], se levant et prenant dessous les bras deux à deux, s'acheminoient au petit pas vers les étangs et viviers, où, se faisant promener en petits bateaux, troussés jusqu'au coude, s'amusoient à lever les rets pleins de poisson, que les pêcheurs avaient tendus, jusques à ce que l'obscurité de la nuit les forçât de se retirer au château : ce qui ne se faisoit sans mouvoir plusieurs gentilles questions par le chemin, ou sans jouer à honnêtes jeux, comme *aux merveilles, aux états, aux ventes, aux vertus, aux rencontres*[4] et autres, jusqu'à ce qu'ils fussent arrivés. Lorsque, après maintes danses compassées, ores au son du luth, ores du flageolet, ou de la chevrie[5], dont les villageois de ce pays savent tous jouer de père en fils, par une cabale[6] rustique qu'ils font, et ores à belles chansons, dites par chacun à son tour et ordre, ils prenoient la collation de confitures et dragées; puis, se donnant le bonsoir, alloient dormir jusques au lendemain, lequel, venant, amenoit avec soi d'autres ébats tout nouveaux ; démenant cette délicieuse vie l'espace de huit jours, durant lesquels, une après-dînée, comme ils cherchoient remède à la chaleur, arrivèrent en un autre bien touffu, où y avoit une fontaine, sur le canal et source de laquelle s'élevoit la figure d'un vieil ermite bien entaillé en marbre, pour l'honneur et décoration de ce lieu solitaire ; lequel pierron[1] ayant entintivement considéré, disoit l'un que c'étoit un saint Jérôme mortifié, l'autre un saint Antoine qui gardoit le gland[2], faisant diverses conjectures; et sur ce différend lurent un rouleau qui lui pendoit de la main, contenant ces mots:

Si le Seigneur nous bat de mille et mille fléaux,
Redoublant coup sur coup l'horreur de sa vengeance,
N'est-ce pas, à bon droit, pour la persévérance
Qui nous rend obstinés à tout genre de maux?
Les oisillons chantant parmi les arbrisseaux
Témoignent du Seigneur la bonté et puissance;
Les animaux paissant en ont bien connoissance,
Et les poissons muets qui glissent par les eaux.
Les arbres forestiers, chevelus de feuillage,
Et ceux qui sont courbés sous le faix du fruitage,
Enfantent tous les ans par célestes bienfaits ;
Et l'herbe qui verdit, de rosée amoureuse ;
Reconnoissent, Seigneur, ta grâce plantureuse[3];
Mais l'homme méconnoît les biens que tu lui fais.

Suivant la devise et contenu de ce cartel, la dame print occasion de discourir fort profondément de la nature de l'homme, et de son ingratitude, mère de sa misère, commençant depuis Adam, jusques à progrès spécial de ces derniers temps, si pervers et corrompus, qu'il semble que tout doive retourner en l'ancienne confusion. « Et, sur ce propos, dit-elle, il me souvient d'une Ode de ma façon, lorsque le juste dépit des misères endurées me maîtrisoit; de telle sorte, que pour avoir un compagnon pour me soulager, m'aidant à plaindre si grande douleur, je l'ai fait apprendre à mon luth, que je vous prie d'ouïr. » Lors, prenant l'instrument, commença à le toucher fort doucement, alliant la voix avec la corde ainsi.

COMPLAINTE
SUR LES MISÈRES DE LA GUERRE CIVILE.

Quelle soupçonneuse peur
Éblouit ma fantaisie?
Quelle abayante[4] douleur
A ma poitrine saisie?
Las ! quel épouvantement
Me gêne l'entendement,
Qui, glissant par mes entrailles,
Avec un marteau ferré,
Me bat le cœur, enserré
Entre ses rouges tenailles ?

Comme Etna brûle d'un feu
Qui les voyageurs étonne,
Je brûle ainsi peu à peu

---

[1] Pour *tonnelles*.
[2] Petits fromages frais dans des paniers de *joncs*.
[3] C'est-à-dire, après le souper.
[4] L'explication de tous ces jeux, qui ne sont pas tout à fait oubliés, et dont les noms seuls ont été changés, se trouve dans *la Maison des Jeux*, par Charles Sorel, 2 vol. in-8°, 1657.
[5] Petite cornemuse, sorte de musette.
[6] Science.

[1] Ouvrage de pierre.
[2] On représente toujours saint Antoine avec un cochon. — [3] Abondante. — [4] Pour *aboyante*.

LE PRINTEMPS D'YVER.

D'ire, et de rage félonne,
Quand je vois de toutes parts
Reluire tant de soudards,
Qui, forcenés de colère,
De leur sang baignent les champs,
Et de leurs glaives tranchants
Dépècent France, leur mère !

Je fonds d'impatient deuil,
Comme neige primeraine [1] ;
Jamais de mon piteux œil
Ne se tarit la fontaine.
Couper désormais je veux
Le lustre de mes cheveux,
Et ternir mon front de cendre ;
Je veux me tiédir en pleurs,
Et envoyer mes douleurs
Parmi le monde s'épandre.

Sus donc, ma triste chanson,
Courez tout échevelée,
Criant d'étrange façon,
D'un long crêpe noir voilée.
Troussez-vous dessus vos reins,
Et vers les monts Apennins
Soit votre course assignée ;
Que d'Arne et du Pô les flots,
Sous l'accent de vos sanglots,
Plaignent notre destinée !

Dites-leur que les François,
Qui, par leurs armes suprêmes,
Les ont domptés tant de fois,
Ores se domptent eux-mêmes ;
Qu'ils ne cherchent doncques plus
Revanche des maux reçus.
Las ! dites à l'Italie
Que Milan peut désormais
Avec Naples vivre en paix,
Puisque France est démolie.

Puis, de là, d'un roide vol,
Franchissant les Pyrénées,
Reprochez à l'Espagnol
Que par ses fines menées,
Sous une feinte amitié,
Il a sans nulle pitié
Attisé le feu de France,
Nuisant plus étant ami,
Qu'il n'a, étant ennemi,
Fait par sa foible bombance [2].

Après, dites aux Anglois,
Qu'ils ne portent plus envie
Aux victoires des François,
Puisqu'or' la France est sans vie.
Hélas ! dites à leur roi
Qu'il ne soit plus en émoi
De se dire roi de France,
Car le nom autant lui sert
Que feroit d'un lieu désert
La sanglante jouissance.

Puis, dites aux Pays-Bas,
A ceux que Meuse vient ceindre,

Ceux à qui nos vieux combats
Ont premier appris à craindre ;
Et aux nourrices du Rhin,
Du François frère germain :
« Tous, d'une pareille envie,
Vous pourchassez notre bien,
Tant que vous ne laissez rien
Pour soutenir notre vie.

» Vous tous, princes européis [1],
Qui, jadis, la Ligue fîtes
Pour empêcher les François
D'étendre au loin leurs limites ;
Vous ne les pûtes ranger
Voire en pays étranger ;
Mais or' qu'ils sont en oppresse [2],
Comme corbeaux acharnés,
Sur ce corps mort vous venez
Et nul de vous ne le laisse.

Las ! ainsi le lion fort,
Qui tout effrayoit naguères,
Ores qu'il est tombé mort
Est assailli par les lièvres.
Ah ! France, dont la grandeur
Annihiloit la splendeur
Des louanges étrangères,
Quel malheur de ton destin
Borne de si triste fin
L'effort de tes armes fières ?

Faut-il que ton glaive, hélas !
N'ayant haineux pour occire,
Et d'occire n'étant las,
Encontre toi se revire ?
Ainsi les braves Romains,
Jadis vainqueurs des humains
Par mille et mille batailles,
Enfin, vaincus de rancœur [3],
Ont armé leur bras vainqueur
Contre leurs propres entrailles.

Comme un qu'un dipsade [4] mord,
Tombant en hydropisie,
Se plaît à boire sa mort
Sans qu'onc il se rassasie ;
Et un fiévreux n'a désir
Que se morfondre à plaisir,
Pour et vie et mal éteindre :
Tout ainsi, pour se tuer,
France on voit s'évertuer,
Et ses mains de son sang teindre.

Jamais lions rugissants,
Ou léopards pleins de rage,
Ne se ruèrent aux champs
De plus furieux courage,
Soit pour la proie chercher,
Ou soit afin d'empêcher
Qu'un ours leur prise n'emporte ;
Et jamais tigres félons
Ne suivirent les larrons
De leurs faons, en telle sorte,

[1] La première neige. — [2] Fanfaronnade.

[1] Européens. — [2] Oppression, dissension, calamité.
[3] Haine, rancune.— [4] Espèce de vipère dont la morsure cause une soif que rien ne peut éteindre.

Qu'on voit les François épars,
Armés de fer et de rage,
D'eux-mêmes, en toutes parts,
Faire un horrible carnage.
Si que, tous ivrés, les champs,
Du sang de leurs chers enfants,
Ne sont plus que cimetières,
Et cet infâme malheur
Rougit la blanche couleur
Des écumeuses rivières ;

Tellement que, tous conflits
En aveuglée vengeance,
Du devoir envers son fils
Le père n'a connoissance,
Et l'enfant, pour son confort,
Donne le coup de la mort
A son misérable père ;
Las ! pour n'avoir fait que bien,
Le frère ores ne craint rien
Que les aguets [1] de son frère.

Les canons de toutes parts,
Et gens à mal faire habiles,
Foudroient les forts remparts
Des plus courageuses villes,
Dont les beaux murs anciens,
Du sang de leurs citoyens
Forgent un triste village ;
Or, par les fiers ennemis,
Les biens des occis sont mis
Ou à sac, ou au pillage.

Lors, les vieillards sont gênés
Par une insolente audace
De ces diables déchaînés,
Qui n'ont d'hommes que la face :
Alors (dis-je) on leur enjoint
De donner ce qu'ils n'ont point ;
Et les vieilles désolées
Se tordent leurs cheveux gris,
Voyant leurs filles en cris
Par ces bourreaux violées.

O inouïe fureur !
O cruauté trop barbare !
Le poil m'hérisse d'horreur,
Frayeur de mon cœur s'empare.
O peuples voisins de nous,
Mais loin de peur et des coups
(Comme des bords du rivage),
Voyez notre pauvre nef,
Qui, soufflée d'un méchef [2],
Est prête à faire naufrage !

Tremblez, pour ce dur hasard,
Qu'un pareil ne vous advienne !
Quand la maison voisine ard,
On doit bien craindre la sienne.
Et vous, nos petits neveux,
Si Dieu vous donne un peu mieux,
Vous souvienne, en vos grand'chères,
Que les chiens et les corbeaux,
De leur ventre ont fait tombeaux
A vos infortunés pères !

Ha ! qu'à jamais, jamais,
De cette piteuse histoire,
Les soupirs soient pourtraits
Sur l'autel de la Mémoire !
Que de tant de seigneurs morts,
L'on y grave les discords ;
Que le deuil des vefves pâles,
Et des orphelins les pleurs,
Et des bannis les douleurs,
Crient en plaintes égales.

Qu'on y marque avec effroi
Combien un conseil muable
Peut dommager un bon roi
En son âge plus traitable :
La mer pourroit à loisir
Dedans son grand lit gésir,
Si les vents ne l'éveilloient,
Et le roi seroit royal
Si les artisans de mal
Sans fin ne le travailloient [1].

O siècle bien fortuné,
Si tu avois connoissance,
Prince, à toute vertu né,
Combien est grande l'offense
D'ardemment s'accourager
Sur un croire de léger [2],
Faisant montrer ta puissance
Par l'épée et le canon,
Qui ensevelit ton nom
Aux ruines de la France !

A ces mots, laissant choir le luth en son giron, la dame croisa ses bras, et reprint haleine, rompant le silence à toute la compagnie, qui de merveille étoit toujours demeurée immobile, comme par quelque enchantement. Et, voyant que chacun commençoit à retourner à soi, se regardant l'un l'autre ; elle, pour ne les laisser en cette triste trempe, changea la tristesse de sa face, comme un soleil qui s'égaie après avoir surmonté une épaisse nuée, et pinçetant, sur les chanterelles de son luth obéissant, une mesure plus brusque, poursuivit en cette sorte.

HYMNE
POUR LE BIENVIENNEMENT [3] DE LA PAIX.

Io, qu'est-ce que j'entends
Retentir parmi la nue ?
Qui rend mes esprits contents
Par une joie inconnue ?
Je sens mon œil écarté
Dans une vive clarté,
Qui de cent couleurs rayonne ;

[1] L'auteur du *Printemps*, qui écrivait son livre peu de temps avant la Saint-Barthélemi, semble prévoir ici l'influence funeste des Guise sur l'esprit faible de Charles IX.

[2] Croyance établie à la légère. — [3] La bienvenue.

---

[1] L'espionnage. — [2] Malheur, orage.

LE PRINTEMPS D'YVER.

Et de mille luths joyeux
Le discord [1] mélodieux
Dans mes oreilles résonne.

J'entrevois par l'air serein
Une pucelle divine,
Qui couvre d'un blanc satin
L'albâtre de son échine ;
De laurier un cercle rond
Lui verdoie sur le front,
Étoile de gloire vive ;
Cent fleurs lui musquent le sein,
Et dedans son poing bénin
Pâlit un rameau d'olive.

Io, à mon jugement,
Je connois cette princesse,
Qui, du voûté firmament,
Sur notre terre s'abaisse :
C'est cette amiable Paix,
Que, par nos ardents souhaits,
Du ciel avons arrachée,
Où, poursuivie jadis,
Par nos outrages maudits,
La belle s'étoit cachée.

Là-haut, elle regardoit
La Fureur ensanglantée,
Qui la France toute ardoit,
Par la Discorde enfantée ;
Et, découvrant nos douleurs,
Fondoit en amères pleurs [2]
Sa tristesse coutumière,
Soit que le soleil levât,
Ou bien soit qu'il abreuvât
Les chevaux de sa litière [3].

Enfin, après tant d'ennuis,
Foi, qui est du ciel portière,
Déverrouilla le saint huis
A une blême prière,
Qui de France avoit volé
Jusqu'à l'empire étoilé,
Au nom du Fils de la Vierge
Requérir à Dieu la paix,
Et qu'il lui plût désormais
Rattacher sa dure verge.

Alors Celui qui tout voit,
Ayant la prière ouïe,
Que son Fils lui présentoit,
Auquel rien il ne dénie,
A grâce tout incité,
Appela Nécessité ;
Nécessité, ce rude ange,
Qui, courant franc de lien,
Ne trouve en ce monde rien
Que sous sa force il ne range.

« Ange, dit-il, sus, avant !
Élance-toi contre terre
Dessus les ailes du vent,

Et m'empoigne cette Guerre,
Pour la traîner aux enfers ;
Frappant à tort et travers,
Romps-lui de coups la cervelle,
Et l'enchaîne étroitement
Contre un roc de diamant,
Dessous l'une et l'autre aisselle. »

Puis, tournant à droit [4] ses yeux :
« Paix, fille que j'ai laissée
A mes onze bienheureux ;
Fille, des miens caressée,
Qu'on descende hâtivement
Vers ce peuple, durement
Travaillé pour ton absence ;
De l'aiguille de pitié,
Va recoudre l'amitié
Des petits dieux de la France. »

Sitôt ne vole le trait
Qu'un arc bien courbé décoche,
Et sitôt bise ne fait
Sa course de roche en roche,
Que du Père, de bonté,
Fut faite la volonté
Par l'ange et par la pucelle.
Fuyez doncques, garnisons,
Meurdres, larcins, trahisons,
Et toute chose cruelle !

Puisque le jour gracieux
Vient, où Paix, qui tout égaie,
De son onguent précieux
Veut adoucir notre plaie,
Nous amenant avec soi
Charité, Concorde et Foi,
Coiffées de fleurs nouvelles,
Et, d'elles tout à l'entour,
Voltige le bel Amour,
Avec les Grâces jumelles.

Sus, sus, doncques ; hâtons-nous !
Peuples, venez, et qu'on rie ;
Chacun se mette à genoux,
Et que Dieu on loue et prie ;
Car, peuple, c'est le devoir
Pour dignement recevoir
Ces sœurs de céleste race,
Que le souverain décret,
De nos maux ayant regret,
Nous envoie de sa grâce.

O mignonne de Dieu, Paix ;
Paix, des méchants inconnue,
Tu sois, tu sois à jamais,
En France la bienvenue ;
Nous t'apprêtons un autel
D'un beau pardon immortel,
Où te ferons sacrifice
De haine, et quatre hérauts,
En accoutrements royaux,
Célébreront ton service.

Car tout bien nous vient de toi,
Et par ta douce puissance

---

[1] Pour *accord*.
[2] Quelques écrivains ont employé ce mot au féminin jusqu'au commencement du dix-septième siècle.
[3] Image poétique pour représenter le coucher du soleil.
[4] Pour *à droite*.

France reconnoît son roi,
Et le roi connoît sa France ;
Et, par toi, les trois Henris [1],
Changeant leur menace en ris,
Reprendront leur parentage,
Et changeront leurs combats
En avant-coureurs ébats
D'un illustre mariage.

La superbe garnison
Par toi sortira des villes,
Qui détenoit en prison
Les citoyens trop serviles ;
Et par toi seront les champs
Tous vides de ces méchants,
Qui, sous faveur délivrée,
Détruisant les laboureurs,
Couvroient leurs faits de voleurs
Du manteau de picorée.

Par toi, le vieillard lassé
Verra sa femme fidèle,
Qui, le tenant embrassé,
D'une plaintive querelle
Lui contera les ennuis
Qu'elle a soufferts jour et nuits,
Pour son ennuieuse absence ;
Et en ces petits discours
Rajeuniront leurs amours
D'usuraire jouissance.

Par toi, les vierges iront
Par les jardins délectables,
Qui sans soupçon conduiront
Les jouvenceaux amiables ;
Et, jouant par les bosquets,
Ouvrageront des bouquets,
Les donnant pour un sûr gage
D'un amour vrai et secret,
Qui prépare le doux ret
D'un désiré mariage.

Par toi, Justice, aux clos yeux,
Redressera sa balance,
Donnant peine aux vicieux
Et aux simples assurance ;
Par toi, l'Église fera
Que Dieu seul prêché sera ;
Et, par toi, les mécaniques
Feront si bien leur métier,
Que jamais le tavernier
N'appauvrira leurs boutiques.

Par toi, le pauvre paysan
Encor reprendra courage,
Et fera, mieux que devant,
Son pénible labourage ;
Se servant des corcelets
Pour chasser les oiselets
Qui vont manger la semaille,
Pendant que sa Marion

Fera dans un morrion
Pondre sa grasse poulaille.

O Paix, mère de tous biens,
Je ne peux dire ne taire
Combien sont grands les moyens
Que tu as de nous bien faire ;
Tu ressembles un soleil,
Qui, par son retour vermeil,
Réjouit la créature ;
Chassant la triste moiteur,
Et la tristesse, et la peur,
Filles de la nuit obscure.

Tu fais les herbes fleurir
Par ton œillade gentille ;
Tu fais les herbes mûrir,
Et rends la vigne fertile ;
Tu apaises dans les cieux
L'orage malicieux
Pendant l'horrible tempête ;
Tu accordes les saisons,
Et fais l'air où nous vivons
Sereiner sur notre tête.

Tu fais nicher aux oiseaux
Le fruit de leurs amourettes ;
Tu accoises [1] les ruisseaux,
Et les bois, hôtes des bêtes ;
Tu fais les vaisseaux ramer
Parmi l'azur de la mer,
Sans que son grand front se ride ;
Bref, par toi, tout bien du ciel
Comme rosée de miel,
Distille par l'air liquide.

Oh ! qu'à jamais entre nous
Ce nouveau bonheur converse,
Chassant discord et courroux
Contre le Turc et le Perse,
Pour leur débat envieilli
De Omar et de Ali ;
Où le Zagatas horrible,
Qui, se disant Cacebas,
Garde au sophi Enselbas [2]
Une inimitié terrible.

Que notre discord malin
Fasse une longue saillie
Sur le Guelfe et Gibelin
De la mutine Italie ;
Et que cil, qui le premier
Nous voudra désallier
Pour, par notre mal, s'accroître,
Ait de son ambition,
Comme Aman, punition
Qui se fit bien haut paroître.

---

[1] Rends *cois*, tranquilles, paisibles.
[2] Sans doute le sophi *Hassan-Bey*, chef de la dynastie d'Ali, en Perse. Il s'empara de la souveraineté, après avoir défait, en 1468, le dernier descendant de Tamerlan. Quant au *zagatas*, c'est le Tartare mogol du Zagathai, appartenant à la secte d'Omar, et se souvenant toujours de la conquête de la Perse, au treizième siècle, par Gengis-Khan.

---

[1] Henri de Lorraine, premier du nom, duc de Guise, chef des catholiques ; Henri de Bourbon, deuxième du nom, prince de Condé, et Henri de Bourbon, roi de Navarre, chefs des Huguenots.

Que cil qui, osant s'armer
Encontre la Paix si bonne,
Viendra par débats limer
Cette françoise couronne :
Que l'ire du Dieu vivant
L'aille toujours poursuivant;
Qu'une crainte misérable
Le bourelle jours et nuits,
Et qu'en ses plus grands ennuis,
Nul ne lui soit secourable !

Après que la sage dame eut mis fin à son chant, chacun demeura en extatique merveille, jusques à ce que le seigneur de Bel-Accueil, rompant le silence, qui lui sembloit faire trop long séjour en si bonne compagnie, commença à dire : « Vraiment, madame, vous avez bien montré quelle puissance la douceur de votre docte voix a sur les cœurs humains, les maniant de telle sorte, qu'ils sont contraints de se douloir et réjouir tout en un coup : dont nos yeux, témoins véritables, ores se baignent en larmes de compassion, et ores tout à coup sont essuyés de consolation ; si que, nous dérobant l'âme par l'oreille, pour l'attacher à l'harmonie de votre luth, l'agitez en autant de façons qu'il plaît à vos doigts subtils de mouvoir les cordes. Qui fait que je ne m'étonnerai plus si Orphée et Amphion, par leur chanson, animoient les corps insensibles, puisque vous avez bien eu le pouvoir de rendre insensibles les corps animés, hormis l'usage de l'ouïr. — Quant à moi, répliqua le sieur de Fleur-d'Amour, le plus grand miracle que j'aie ici remarqué, n'est la puissance qu'a eue la douce chanson de madame sur nos esprits, mais d'avoir si étroitement bridé nos langues, principalement de ces damoiselles, qui avoient si beau moyen de nous courir sus et nous accuser comme coupables de tant de maux ; car les hommes ont fait la guerre, et les femmes ont apporté la paix par le très-illustre mariage de notre roi[1], de sorte que notre très-vertueuse reine nous fait dire que d'Allemagne est venue, la guerre, ou à tout le moins les guerriers, et la paix. » A quoi Mlle Marie, répondit : « Vous avez beaucoup gagné en répondant, premier[2] qu'on vous demandât, car vous étiez en danger de recevoir de moi le coup qu'avez mieux aimé vous donner vous-même. — Or sus, sus, répliqua le sieur de Ferme-Foi, encore que le souvenir du mal enduré réjouisse ceux qui en sont délivrés, si suis-je d'avis que, comme nous avons posé les armes ; nous laissons aussi dormir avec icelles les paroles de guerre, vu mêmement que non-seulement la raison de cette loi d'oubliance d'injure, mais aussi et le temps et le lieu nous invitent à rire et prendre revenge[1] des maux passés sur les arrérages du plaisir si longtemps perdu. — Je puisse bien mourir ! dit lors Mlle Marguerite : votre conseil est fort bon, et de ma part j'y souscris volontiers, attendu que vous n'êtes ici entre vos ennemis pour vous souvenir de cruauté ; mais entre des filles que la Nature a faites si douces, que le nom seulement de guerre leur fait peur et horreur. — Ha ! mademoiselle, répond le sieur de Ferme-Foi, que votre parole est éloignée (pardon, si je le dis) de raison, en ce que nous dites être en franchise, lorsque sommes en plus éminent danger, et avons plus grande occasion de nous tenir sur nos gardes; non-seulement pource que, comme disoit le sage, défiance est la racine de la sagesse ; mais d'autant que par ci-devant le Temps, qui portoit gravé sur son front l'effroi de la guerre, ne sonnant autre chose que cruauté, et le nom d'ennemi volant en la bouche d'un chacun, nous admonestoit de pourvoir à notre sûreté. A quoi faire les sentinelles et batteurs d'estrade nous aidoient, veillant, pour ne nous laisser surprendre ; joint que l'avertissement des trompettes nous appeloit aux armes par un fidèle signal. Mais, mon Dieu ! maintenant le temps qui ne chante que paix ; le nom des filles qui ne promet qu'amour et faveur ; puis, la faute qu'avons de bons espions pour nous avertir, et de sûr rempart pour nous défendre, fait que tous désarmés nous tombions en la puissance superbe de ces cruelles amies, qui, se mettant en embuscade, nous surprennent à l'improuvu contre les trêves qu'elles nous promettent par un gracieux semblant, qui nous séduit, comme fait la clarté de la chandelle un trop crédule papillon ; puis, exerçant la rigueur d'une insolente victoire, font à leurs amis pis qu'à leurs plus grands ennemis ; n'en voulant prendre autre rançon que la vie. — Et dea, répondit mademoiselle Marguerite, monsieur, qui vous fait si affectionné à assurer chose dont vous avez si peu d'assurance, qu'il est aisé à voir que ce n'est qu'une opinion mal fondée qui vous domine, et que n'en parlez que par ouï-dire, ou

---

[1] Charles IX épousa, en 1570, Élisabeth d'Autriche, fille de l'empereur Maximilien II. — [2] Avant.

[1] Pour *revanche*.

pour quelque malveillance qui vous fait ainsi médire à plaisir? car votre visage, frais et en bon point, ne confesse pas qu'ayez été tant affolé, comme à grand tort votre langue se plaint, s'efforçant de montrer combien elle a de pouvoir à combattre la vérité expérimentée. En quoi, je vous prie de vous souvenir que le péché contre la conscience est irrémissible : vrai est que, par une grâce spéciale, vous serez encore reçu à l'absolution, pourvu qu'en fassiez de bon cœur pénitence soudaine. — Hélas! mademoiselle, répliqua le sieur de Ferme-Foi, si la foudre rompt bien une épée sans gâter le fourreau, et brise les os d'un corps sans endommager la chair qui les couvre, ce n'est pas chose étrange, que vos souveraines beautés, pour montrer leur puissance n'être moindre, se plaisent à meurdrir les âmes sans blesser aucunement les corps, qu'elles estiment trop peu pour y daigner laisser les marques de leur pouvoir. Et, pour cette raison, ne devez trouver nouveau, si je loge un esprit triste en une joyeuse face; comme vous voyez mon escarpin beau et neuf, mais vous ne savez pas où il me serre trop; ainsi vous pouvez voir ma contenance allègre, mais, las! vous ne savez pas (à mon grand dommage) là où il me deult. — Vous abusez de la similitude, dit soudain mademoiselle Marie, cuidant par là couvrir votre erreur; car, essayant chez un cordonnier quelque soulier, s'il ne vous est bon et propre, vous le pouvez laisser ou changer à votre commodité : ce qui ne vous est permis, si l'avez un coup acheté et fait vôtre, ains tout le mal qui en adviendra vous sera imputé; ainsi les amoureux n'ont pas cause de se plaindre, d'autant que s'ils se sentent d'aventure maltraités d'amour, ils sont sur leurs pieds pour s'en aller ailleurs, ayant liberté d'y remédier et se soulager en changeant. Mais il faut qu'ils renoncent à ce privilège, quand ils sont liés par les lois étroites du mariage. Parquoi, que cela ne vous empêche point de confesser franchement votre faute, vous souvenant que faillir est chose humaine; se repentir, divine; et persévérer est diabolique. » A quoi répond le sieur de Bel-Accueil, en souriant : « Il semble, à vous ouïr parler, mademoiselle, qu'amours soient jeux de petits enfants, ou quelques marchés à plaisir, qui se fassent et défassent à l'appétit des volages affections; mais, si vous saviez de quelles fortes et diamantines chaînes sont pressés et étreints, plus serrés que d'un nœud gordien, ceux qui aiment (ainsi que témoigne même le rets vulcanic[1]); vous n'en parleriez si à votre aise, ains plaindriez par pitié leur condition, pire que des forçares[2], au lieu d'en faire si bon marché, mesurant les affections trop affectionnées de nous à votre aune, comme si Nature nous avoit élargi cet avantage et crédit, qu'elle a, par une indulgence et prérogative particulière, fait aux filles (en faveur du sexe féminin duquel elle est) qu'elles a dispensées de toutes passions, sinon peut-être, du plaisir qu'elles reçoivent à nous tourmenter, exerçant, comme dit le sage, une douce tyrannie. — Si est-ce, monsieur, répliqua la damoiselle, qu'encore que ce que j'ai dit soit à mon grand regret, si ne m'en saurois-je toutefois dédire, étant appuyée sur des raisons qui me forcent de tenir bon en cette opinion. Car, pourquoi est-ce, je vous prie, que les poëtes et les peintres, voulant exprimer l'amour des hommes, représentent un enfant emplumé; et, pour montrer l'amour des femmes, dépeignent une tortue sous le pied de Vénus? sinon, pour témoigner que l'amour des hommes est volage et inconstant comme un oiseau; mais celui des dames est ferme et arrêté comme une tortue tardive. Et ce, avec grande raison, car vous n'oyez point dire aux historiens aucun traité de la déloyauté des femmes; mais oui bien, que leur honte et simplesse a toujours été surmontée par la malice de leurs parjures et volages amis. Dequoi, quasi tous les plus renommés d'entre les anciens preux portent témoignage; si que, par tous les siècles, de fausse-foi, Jason; Thésée, Démophon, Énée et Hercule donneront exemple pour preuve certaine que l'amour des hommes est vagabond. Et, combien que leurs gestes illustres soient entachées de cette infamie, si ne laissent-ils, toutefois, de s'asseoir entre les dieux; même, leurs étoiles honorées n'en reluisent que plus claires; tant l'ancienneté[3] a licencié ce vice aux hommes et interdit aux femmes si étroitement, pource que les hommes ont fait les lois. Mais, ce qui me fâche plus, est que ce mal a tant gagné de pays, que ce qui n'étoit jadis permis qu'aux rois, aujourd'hui se communique à chacun; tellement

---

[1] Allusion aux filets d'acier dans lesquels Vulcain enferma Vénus et Mars endormis.
[2] Pour *forçats*. — [3] L'antiquité.

qu'il n'y a aujourd'hui si chétif, qui, comme de glorieuse conquête, ne fasse un vantueux triomphe de sa déloyauté, aux dépens de l'honneur de celles qui, par leur faute même, les obligent à le garder et défendre plus chèrement que leur propre vie. Mais hélas! comme celui [1] qui, pour faire parler de lui, mit le feu au temple de Diane, chacun aujourd'hui se veut rendre fameux, en diffamant beaucoup de femmes. Or, non-seulement cette méchanceté a lieu en quelques indiscrètes amours, mais au mariage même, duquel la foi devroit être autant sacrée et inviolable, que le lien en est étroit. Hé! quelle conjonction et compagnie se pourroit trouver plus étroite que de deux? Et me souvient que ce sage aveugle [2] disoit : « Vénus n'avoit là puissance de lier trois cœurs ensemble, » voulant montrer que cette amour conjugale ne reçoit point un tiers ; à quoi, toutefois, le malheur de notre temps la veut contraindre. Encore ai-je grande peur que, si plus nous vivons, pis nous voyons; non-seulement pource que le monde est réduit à cette condition, qu'il va plutôt à l'empire qu'au royaume, et les âges s'avieillissent tellement, que de l'or on est venu au fer; mais pource qu'au temps passé, premier que faire ce marché qui ne se défait plus, on étoit si soigneux et si diligent s'enquérir des mœurs et conditions de la partie qu'on vouloit prendre, de quelle race et de quelle nourriture, qu'avant rien accorder, il falloit non-seulement manger un boisseau de sel ensemble [3], mais même quasi assembler les trois états [4]. Encore, après tous ces scrupuleux mystères et l'observation de toutes cérémonies, le plus souvent y étoit-on bien trompé, et n'alloit-on guères loin sans se repentir du voyage entrepris. Et, pour montrer qu'il falloit bien penser, premier que dire oui, et n'aller pas sitôt en telles matières, on peignoit une tortue sous le pied de Vénus, et faisoit-on son mari Vulcain boiteux. Mais aujourd'hui, on ne s'est pas sitôt regardé en passant, qu'il faut soudain parler de mariage, sans s'enquérir d'autre chose, que s'il y a de l'argent : qui me fait dire que la fréquentation qui s'ensuivra, apportera connoissance l'un de l'autre, et cette connoissance un mépris ; puis, enfin ce mépris, un divorce et mauvais ménage ; de façon que telles amours sitôt nées, seront incontinent mortes, et ne dureront non plus que le feu de paille qui est si âpre, comme nous voyons que les plantes, qui sont plus tôt advenues, durent naturellement moins, et ce que l'on grave si facilement sur la cire, s'efface aussi facilement. » A quoi le seigneur de Fleur-d'Amour répondit : « Mademoiselle, je vous confesse que votre dire est fondé sur la même vérité ; mais, voulez-vous attribuer ces soudains mariages à la légèreté de l'homme, comme s'il se marioit tout seul? Plutôt, pour excuser en ce point l'homme et la femme, auxquels je départis le blâme par égale moitié, pensons, je vous prie, que n'est pas d'aujourd'hui que Nature, par une secrète inclination, pousse ses créatures à l'entretenement de leur genre ; tellement, que les animaux, voyant qu'ils n'ont pu être immortels en essence, et désirant (selon la loi générale écrite en leurs cœurs en naissant) de résister à leur corruption, n'ont autre moyen, pour remédier à ce défaut, que se conserver par subrogation des espèces singulières, qui après notre mort nous fait vivre en nos enfants. Et ayons si grand soin de nous perpétuer en cette façon, que plus nous sommes défaits, et plus nous sommes désireux de nous refaire et restaurer ; comme la tête d'Hydra, qui, coupée, en rejetoit sept : ainsi, voyons-nous que, pour une branche d'arbre taillée, Nature en fait rejeter sept, et si on donne le coup de coignée à un tronc, soudain il naît des surgeons par la partie entamée, comme par dépit, en vengeance du fer qui a voulu outrager Nature. Or, le même en est aux hommes : qui fut cause qu'après la désolation du déluge, après la famine et captivité pharaonique, les peuples crûrent et multiplièrent à si grande foison. A quoi je pourrois ajouter les notables pertes des Romains, et tant d'autres exemples, que le papier n'en sauroit porter le nombre. En quoi Nature s'est montrée bien sage, et ne sais si de là les lois n'ont point prins occasion d'affranchir ceux lesquels se marioient et faisoient des enfants pour la république : qui fut le dernier souci du capitaine Léonide [1], quand allant com-

---

[1] Érostrate.
[2] Nous ignorons quel est cet ancien philosophe.
[3] C'est-à-dire, avoir passé ensemble plusieurs mois.
[4] Expression proverbiale tirée des états généraux, que les rois de France convoquaient dans de graves circonstances politiques. Cette expression équivaut à celle-ci, que nous ayons conservée : *Il faut employer la croix et la bannière.*

[1] Léonidas.

battre les Perses à la désespérade, ne voulut mander à sa femme, sinon que de bonne heure elle se cherchât un mari qui pût recouvrer[1] sa perte. C'est donc à bonne raison, qu'après cette guerre, qui a défait tant de mariages, ceux qui restent, poussés par cette secrète loi de Nature, sont si hâtifs et précipités à refaire et restaurer la perte du monde. Parquoi, au lieu que vous les blâmez, je les loue, suivant l'avis du sage Lycurgue, qui, par ses lois, condamnoit ceux qui ne se marioient point, et faisoit mettre aux premiers rangs ceux qui étoient plus anciens mariés, comme les premiers maîtres passés. Voilà quant au premier point; et, touchant ce que dites, madamoiselle, qu'à l'avenir ces mariages si brusquement bâtis ne se trouveront fermes et stables; voyez, je vous prie, si nous voulons tâcher d'y donner ordre, d'où en viendra la faute. En premier lieu, vous me confesserez aisément que les choses bonnes sont les plus rares, comme nous voyons plus de cailloux que de diamants; ainsi, les hommes aujourd'hui, desquels le nombre a été rendu petit et rare comme perles, doivent être bons, la guerre ayant emporté les mauvais. Or, est-il que le bon ne gâte jamais; autrement il ne seroit plus bon. Et, partant, je conclus que le petit nombre d'hommes d'aujourd'hui, étant bon, ne gâtera jamais les mariages, et faut nécessairement que ce soient les femmes, desquelles le plus grand nombre est le pire. — Que dites-vous? répliqua la dame. Grâce de mon Dieu! vous qui avez affaire de femme (car les hommes ne s'en peuvent passer non plus qu'un aveugle de son bâton), devriez parler plus sobrement, jusques à ce qu'en eussiez prins votre provision, vous souvenant de ce qui advint à Orphée pour punition du même péché, qui peut-être n'en avoit pas tant dit que vous; mais, je vois bien, vous voulez faire comme les fins marchands qui déprisent ce qu'ils ont plus grande envie d'acheter, afin de l'avoir à vil prix. — Sauf votre grâce, madame, répondit le sieur Fleur-d'Amour, je veux bien que les choses me coûtent ce qu'elles valent, et si, j'estime une beauté de si grande valeur, que quand je l'aurois achetée d'une honorable mort, je penserois en avoir bon marché. Et, afin que ne pensiez que j'en parle par affection, je vous supplie, madame, et aussi cette gracieuse compagnie, me faire tant de faveur, que par votre congé il me soit permis de prouver non-seulement les amours des femmes être plus légères et inconsidérées, que celles des hommes (ce que je crois n'avoir affaire de preuve, si nous ne voulons demander de la chandelle en plein midi); mais être la seule cause de toutes les infortunes dont les amants se plaignent tant, que, des larmes qu'ils en ont versées, se devroit faire une rivière pour y noyer la rigueur des dames. Ce que j'espère vous faire connoître par le bref discours d'une piteuse et mémorable histoire, qui est telle. » A ces mots toute l'assistance s'approcha, se séant en rond autour de ce beau prêcheur, qui, ayant prins haleine, commença ainsi:

PREMIÈRE HISTOIRE.

Ceux qui ont aucunement lu, ou seulement ouï parler des histoires anciennes, peuvent aisément remarquer que la Grèce a toujours été fertile, non-seulement de personnages preux, vaillants et sages; mais, si nous daignons faire en nous-mêmes un petit discours, nous trouverons qu'elle n'a été moins heureuse en la production des femmes, d'autant que la plus grande partie de celles qui ont mérité, par quelque avantage de beauté, rang en la louange des histoires, ont été enfantées par la Grèce, laquelle, entre ses plus glorieuses portées, s'est fait célébrer par la tant renommée Hélène, qu'encore les trompettes des poëtes en retentissent. Mais j'ose bien dire que celle dont je veux parler lui doit apporter beaucoup plus d'honneur, pour avoir égalé Hélène en beauté, mais de bien loin surmontée en bonté, montrant, par témoignage de sa souveraine vertu, que les grâces et perfections que Nature avoit richement thésaurisées en elle, étoient dignement employées. Cette damoiselle, dont je vous parle, étoit native de l'île de Rhodes, extraite de la plus illustre maison qui fût en tout le pays, et autant bien apprise qu'il seroit possible de désirer. Laquelle, aussitôt qu'elle eut connoissance de bien et de mal, fut éprise de la bonne grâce et gentillesse d'un jeune enfant de la ville, qui étoit tant bien accompli en toutes perfections de nature, que, non sans cause, il étoit chéri de cette belle, ayant fait la première brèche en son tendre cœur, ains méritoit

---

[1] Réparer.

de gagner l'amour des plus durs et farouches, par le doux effort de ses beaux yeux. Or, mesdamoiselles, la fille s'appeloit Perside, et son jeune ami Éraste : auquel le père et la mère, nouvellement décédés, avoient laissé de grands biens, et l'avoient, par leur dernière volonté, soumis au gouvernement et tutelle d'un sien oncle, voisin (par bonne aventure) de la belle Perside : qui fut cause de leur ordinaire fréquentation. D'ond advint qu'ils entrèrent en si étroite familiarité l'un avec l'autre, que dès leur tendrette enfance ne prenoient plaisir qu'à jouer ensemble, s'embrasser et baisotter continuellement, comme s'ils se fussent voulu déjà communiquer les beaux dons, desquels le ciel les avoit doués à l'envi. L'âge peu à peu croissant, un chacun d'eux croissoit en grâce et beauté, comme les boutons encore verts et imparfaits, qui peu à peu s'enflent et épanissent à la primevère [1]. Avec le corps croissoit aussi et se fortifioit ce nouvel amour, comme l'on voit une jeune vigne, embrassant un tendre ormeau, se conjoindre si étroitement en ce commun accroissement, qu'enfin ils s'entent et incorporent ensemble ; si qu'en cette mignarde jeunesse les parents et amis reconnoissoient une secrète bonté d'en haut, qui destinoit à une heureuse conjonction [2], un pair [3] si égal en tout, qu'il sembloit avoir été choisi exprès, et bénissoient la perfection d'un si beau couple, qui donnoit de si grande occasion d'en espérer et attendre quelque chose louable. De fait, je pense que si les souhaits d'un chacun eussent prins accomplissement, de deux telles personnes fussent nés de petits anges ; mais le ciel ne voulut permettre qu'il se fît ici-bas un paradis. Ces deux amants avoient jà atteint, l'un, l'âge de quinze ans, et la damoiselle, de dix ; mais, à les voir, on leur en eût bien donné à chacun trois davantage, et attendoient (en plus grand désir, que le mineur qui a un rude curateur, n'attend le vingt et cinquième an) que le temps, mûrissant leur jeune fleur, amenât la douce occasion de la convertir en fruit par un heureux mariage. Et, pour arrhes de ce bien tant espéré, Éraste avoit baillé et fait prendre de bouche en bouche à sa Perside un diamant et une émeraude, entaillés de si grand artifice, et accouplés si uniment, que l'excellence de l'ouvrage surpassoit le prix de la précieuse matière ; priant sa belle se souvenir, en voyant ce gage, de ressembler en amour à l'émeraude, qui se brise plutôt que de consentir à une déloyauté, et que de sa part il seroit toujours comme le diamant, qui, par une constance et fermeté obstinée, se rompt plutôt sous le ciseau, que souffrir une nouvelle forme, tant il hait le changement. La pucelle reçut avec extrême plaisir ce symbole et témoignage de cette affection si ardente et si sincère, priant la divine bonté prêter tant de faveur à ce beau commencement, qu'il s'en ensuivit aussi étroite alliance des deux plus parfaits amants du monde, comme en cette bague étoient étroitement alliées les deux plus riches et exquises pierres de l'Orient. Et, pour ne céder non plus en courtoisie qu'en extrême amour, lui fit présent d'une chaîne, de laquelle les petits chaînons d'or étoient distingués de perles et pierres de toutes couleurs bien rencontrées et rapportées. Adonc, lui présentant avec un baiser tout confit en amoureuse affection, lui dit : « Je prie Dieu, ami, que la chaîne de mariage nous puisse étreindre autant d'années qu'il y a de pièces en cette chaîne, avec autant de loyauté qu'il y a en cet or, et autant d'honneur qu'il y a en ces perles, que je vous prie garder, pour l'amour de celle qui vous gardera pour jamais au meilleur endroit de son cœur. » Par ces gracieuses traces, nos amants s'acheminoient à leur contentement. Mais hélas ! Fortune, ennemie de tout bien, s'opposoit à si heureux dessein : qui nous donne bien de quoi plaindre la misère humaine, qui, par ses iniques lois, les assujettit à changements si soudains, leur taillant si court le bonheur, qu'ils se promettoient si longuement ; et, qui pis est, dans une tasse emmiellée, les fit enivrer d'un amer breuvage de mort, comme le malicieux pêcheur cache l'hameçon dedans l'appât, afin que le simple poisson y soit pendu par sa crédulité. Hé ! quelle félicité pourroit-on trouver au monde, puisque Fortune brassoit à ces innocents amants autant de mal qu'ils méritoient de bien ? Ha ! belle chaîne, douces prémices d'amour, falloit-il que vous fussiez cause d'un si grand dé-

---

[1] Printemps. De *primevère* on a fait *primeur*, qui s'écrivait d'abord *primeure*. — [2] Alliance.

[3] Nous ne nous rappelons pas avoir vu *pair* masculin au lieu de *paire* féminin. *Un pair* pourrait s'entendre d'un homme de même naissance, de même âge et de même condition ; mais le sens de la phrase repousse cette acception du mot *pair*, qui serait convenablement remplacé par celui de *couple*, qu'on trouve dans la même phrase.

sastre, qu'à bon droit vous méritez d'être comparée au présent malencontreux que fit Ajax au bon Hector [1]. Éraste, mesdamoiselles, ayant reçu cette chaîne tant recommandable, principalement pour le lieu d'où elle venoit, ne savoit bonnement quelle contenance tenir, tant étoit ravi d'aise ; et jamais ses yeux ne tomboient dessus, qu'il ne la baisât et rebaisât d'une joie transportée. Il l'avoit jà gardée dix mois aussi chèrement que son propre cœur ; au bout desquels advint qu'un grand seigneur de la ville maria sa fille unique avec un prince de Chypre ; et, pour la solennité de si illustres noces, furent préparés force jeux, feux de joie, festins, mascarades, tournois, luttes, et autres passe-temps, où le peuple accouroit de toutes les contrées voisines, convié par le bruit de si grande magnificence. Et, entre autres, se trouva fort bon nombre de chevaliers de Latran [2], que nous appelons aujourd'hui chevaliers de Malte ; lesquels, tout par une honnête envie, se mettoient en devoir de se faire paroître, par quelque notable marque de leur prouesse, en la mémoire de si bonne compagnie. Or, advint, un jour que les lices et barrières étant pleines de la foule du peuple, et les échafauds étant chargés de dames, ainsi que les joutes se commençoient, voici venir un chevalier armé de pied en tête, d'un harnois vert, monté sur un grand coursier syrien, de semblable parure, qui d'agiles bonds et courbettes faisoit voler autour de soi une épaisse poussière ; et étoit suivi au grand galop par un écuyer masqué. Tout fut troublé de la fière abordée de ce chevalier, qui, d'une contenance brave, branlant sur son armet un grand panache blanc, franchit la barrière, et sauta dans la lice, donnant si grande estime de sa valeur, qu'il n'y avoit damoiselle qui ne fût attentive à le reconnoître, ne chevalier qui ne brûlât du désir de l'expérimenter : ce que quelques-uns des plus hâtifs firent, mais à leur dam, car ce guerrier avoit telle adresse à manier son cheval, et à atteindre de droit fil ses adversaires, qu'il les portoit l'un après l'autre par terre à chacune rencontre, sans que jamais sa lance fût couchée en vain. Et, après avoir abattu des plus estimés au métier des armes, il intimida tant ceux qui se défioient aucunement d'eux-mêmes, que, ne se présentant plus personne qui osât combattre, au grand regret des assistants (qui tous avoient les yeux collés sur ce nouveau miracle, cuidant que ce fût quelque fantôme de Maugis, ou quelqu'un de la race des Amadis, ou Roland avec sa lance d'or de Bradamant, ou le dieu Mars même), les trompettes vouloient par chamades [1] donner signal de retraite ; quand le vertueux Philippe de Villiers [2], pour lors grand commandeur de Rhodes, indigné de voir si lâchement désarçonner ses chevaliers, où il avoit assigné l'opinion d'une singulière vaillance, choisit une grosse et forte lance, et, baissant la visière, en peu de mots défia le vainqueur. Puis, de telle fureur qu'un flot écumant donne contre un rocher voûté sur la marine [3], ou deux nuées ennemies qui s'entre-choquent pour s'éclater en un bruyant tonnerre, coururent à toute outrance l'un sur l'autre si furieusement, que de ce coup eût été terminé le combat, et la vie de deux si parfaits guerriers, si leurs lances eussent été aussi fortes que leurs corps ; mais, au joindre [4] se brisèrent en tronçons menus, jusques à la poignée, et volèrent en éclats. Alors le chevalier inconnu, haussant les yeux, avisant au théâtre celle pour qui son âme soutenoit bien un plus rude combat, se sentit tellement allumé par la faveur qu'il ressent de son regard piteux, qu'ayant repris de son écuyer une nouvelle lance, brocha fièrement des éperons, et, grinçant les dents d'un courageux dépit, coucha le bois [5] si heureusement, que le commandeur, ayant failli d'atteindre et étant

---

[1] Après un combat singulier entre Ajax et Hector, les deux adversaires se séparèrent avec une estime réciproque : Hector donna son épée à Ajax et reçut en échange le baudrier de son ennemi. Mais ce baudrier fut un présent funeste et servit à traîner son corps autour des murailles de Troie, quand Achille l'eut vaincu et tué pour venger la mort de Patrocle.

[2] Il y a erreur. Les chevaliers de *Latran* n'ont jamais existé, mais bien ceux de *Saint-Jean-de-Jérusalem*, qui furent appelés *chevaliers de Rhodes*, puis *de Malte*, après la prise de cette île en 1522.

[1] On appelle *chamade* certain roulement de tambour qui annonce dans les siéges l'envoi d'un parlementaire.

[2] Philippe de Villiers, sire de l'Ile-Adam, élu quarante-troisième grand-maître de l'ordre de Saint-Jean-de-Jérusalem en 1521, défendit Rhodes contre les Turcs pendant plusieurs mois de siége, et ne consentit à capituler qu'après des efforts inouïs de courage et de dévouement. Il transporta le siége de l'ordre à Viterbe et ensuite à Malte, que Charles-Quint donna aux Hospitaliers en 1530. Il mourut en 1534, âgé de soixante-dix ans. — [3] Mer. — [4] En se rencontrant.

[5] On appelait *bois* les grosses lances de joutes.

lui-même bien atteint, vida les arçons. De quoi le bon vieillard, un peu honteux, s'écria tout haut : « Seigneur chevalier, je vois bien que votre valeur ne trouvera ici-bas résistance, puisqu'elle n'en a pu trouver en cette assemblée, où est la fleur de chevalerie. Mais, je vous prie, s'il y a en vous autant de courtoisie que de vaillance, nous ayons au moins ce bien (pour récompense des maux qu'avons reçus de vous) que sachions qui vous êtes, afin que ne soyez frustré de la gloire qu'avez ce jourd'hui acquise, et nous, du contentement que nous apportera la connoissance de vous. » Auquel le chevalier, s'approchant de son oreille, répondit tout bas qu'il le supplioit de l'excuser, pource qu'il ne vouloit pas être connu. La nuit commençoit à étendre son voile brun parmi le ciel, et tout le peuple, sorti d'une profonde merveille, signifioit par son croulement[1] une départie, quand chacun des seigneurs, époinçonnés d'un extrême désir de connoître ce guerrier, qui se préparoit pour s'en aller, le vinrent aborder, sautant autour de lui : qui fut cause qu'il mit pied à terre pour leur faire la révérence. Adonc l'époux, pour l'honneur duquel ces jeux se célébroient, lui dit en l'accolant : « Dea, dom chevalier, pourquoi vous enviez-vous la louange que vous veut donner la découverture de votre face ? » Ce disant, passa la main derrière, et, d'une audace brûlante, lui tira l'armet si rudement, ou plutôt si heureusement, que les courroies cassées découvrirent à nu le beau chef du Rhodien Éraste. Lequel, outre sa naïve beauté, peint ses joues d'une petite vergogne, comme un à qui le masque est tombé sans y penser, en une momerie ; et, de la sueur excitée par le combat, son beau poil s'écarmouchoit, tout crêpelu ; d'une si bonne grâce, que, si par sa vaillance il avoit acquis estime et réputation entre les chevaliers, il n'acquéroit ores moins de faveur entre les dames. Lesquelles reconnurent incontinent ce visage gracieux, et spécialement la belle Perside, qui d'aise se fût pâmée, si l'appréhension du danger où s'étoit mis son gaillard ami ne l'eût attrempée[2], mettant la balance de joie et de crainte en égal contre-poids. Tous les chevaliers, étonnés, le regardoient sans mot dire, jusques à ce que messire Philippe, en riant, s'écria : « Foi que je dois aux armes ! nous devions bien pour notre honneur requérir tant, que cette face fût découverte, pour nous aller vanter qu'une jeune damoiselle nous a tous de rang donné le saut ! » Ce disant, embrassa le chevalier, bénissant le jour de sa naissance et la main qui avoit si bien employé l'ordre de chevalier. A quoi, d'un doux souris, Éraste répondit : « Messieurs, j'ai bien occasion d'estimer ce jour bien fortuné pour moi, qui m'a apporté ce crédit que de m'éprouver contre ceux qui ont laissé les glorieuses enseignes de leurs faits d'armes en tant de périlleuses contrées ; faisant en mon endroit ce que le maître d'escrime à un sien apprentif ; et espérois bien que mon déguisement servît de couverture à ma rude expérience ; mais puisqu'il a plu à si honorable compagnie de m'en priver, au moins je vous prie qu'il me soit permis de m'excuser sur ma jeunesse, qui me sera au lieu du masque que vous m'avez ôté. Quoi faisant, me donnerez occasion de reconnoître, par tout le service qui me sera possible, l'honneur et courtoisie, par laquelle vous m'avez rendu vôtre. » Ce dit, ainsi que chacun se désarmoit pour se rafraîchir, Éraste se jette allègrement sur l'échafaud qui étoit sur les lisières, où, après avoir été recueilli de toutes les dames par mille caresses diverses, parvint enfin à sa Perside, à laquelle, serrant la blanche main, il dit tout bas : « Mademoiselle, si aujourd'hui j'ai mérité quelque los entre ceux qui font profession de la foi, je l'avoue tenir à foi et hommage de votre beauté, qui, par un favorable aspect, m'a fait heureusement parvenir à une fin inespérée de cette entreprise. C'est donc bien raison que j'en rende grâce à vos beaux yeux, qui, par leur rigoureuse faveur, m'ont rendu tout d'un coup et vainqueur et vaincu. » Ainsi que Perside vouloit avoir sa revenge, voici tous les seigneurs et gentilshommes, en belle ordonnance, qui viennent prendre leur victorieux pour le mener en triomphe au palais du seigneur Philochryse, père de la mariée ; et celui s'estimoit bien honoré, qui lui portoit ou la lance, ou l'écu, ou l'armet, tellement que pour ce coup elle ne put répondre que des yeux. Étant toute la compagnie arrivée au banquet, commencèrent à faire telle chère que requéroit un tel festin digne des rois de Perse, durant lequel ne fut parlé que de la prouesse, courtoisie et bonne façon du chevalier vert ; qui, quand ce

---

[1] Ébranlement. — [2] Modérée.

vint aux danses et autres allégresses, ne diminua en rien la bonne réputation qu'il avoit acquise, faisant passer à la compagnie, sans y penser, bonne partie de la nuit. Qui n'eût estimé notre chevalier vert le plus verdoyant heur et félicité qu'il seroit possible de souhaiter? Et qui ne diroit ce jour le mieux fortuné pour lui, que tous ceux de sa vie ensemble, dût-il plus vivre que Diton[1] ou la Sybille? Mais las! ce fut bien tout au rebours; car la marâtre Fortune, qui fait toujours des siennes, voulut jouer le principal personnage de cette tragédie; et pour montrer sa puissance, donna si rudement du ciel superbe contre ce beau bâtiment d'amour, qu'elle renversa ce qui étoit le plus élevé, faisant cette journée la plus infortunée pour le pauvre gentilhomme qu'il lui eût pu advenir, tant il y a de tromperie en cette roue mondaine. L'aube du jour avoit jà commencé à chasser les ténèbres de dessus la terre, et le peuple couroit prendre place au rivage de la mer, pour voir les jeux qui s'y devoient faire ce jour-là. Quand parmi la foule chacun cherchoit et des pieds et des yeux le gentil Éraste; et, après soigneuse enquête, on sut pour certain qu'au point du jour il étoit parti malade pour aller aux champs. Lors, combien qu'une telle éclipse fût fort déplaisante à un chacun, on l'excusa facilement, mettant tout le mal sur l'excessif travail d'hier. Mais notre Perside, impatiente d'amour, ne se pouvoit contenter, ne prendre excuse en payement pour son particulier intérêt, et eût volontiers été voir elle-même que c'étoit, si sa fidèle chambrière, nommée Agathe, ne l'eût retenue, lui montrant le tort qu'elle se feroit, laissant la compagnie si indiscrètement pour découvrir son amour, que les autres filles travaillent tant à cacher; l'assurant qu'il se portoit bien, et s'étoit exempté de bien faire, afin de montrer par son absence combien valoit sa présence. A quoi l'amante répondit: « Je te croirai, mais si tu me trompes, puisses-tu aimer sans être aimée! » Ainsi elle se laissa persuader, aussi que le mal ne paroissoit pas fort grand, puisqu'il lui avoit bien permis d'aller aux champs. Mais hélas! à qui eût-il semblé grand, puisqu'il n'étoit connu de personne? n'ayant aucun témoin que ce patient, qui, de peur qu'il fût vu, l'emportoit aux champs, loin du monde, caché bien avant en son sein. Et, pour vous en dire la cause, il faut entendre que notre chevalier ayant mis à son col sa chaîne tant aimée (sans laquelle jamais il n'alloit, ne mangeoit, ne dormoit, d'autant qu'il la réputoit cause de tout son bonheur, pour la perpétuelle souvenance qu'elle lui représentoit de celle qui étoit l'unique maîtresse de ses affections), advint par grand malheur, que, lorsque l'époux lui tira l'armet (comme nous l'avons dit), il fit couper, avec le hausse-col, la chaîne, de sorte qu'après être découvert contre son intention, se voulant désarmer, fut si ravi d'aise pour la gloire qu'il recevoit entre tant de seigneurs, qu'il ne sentit couler sa chaîne, étant tant pressé de la foule qui accourut pour le reconnoître avec un joyeux bruit, qu'elle ne fut ouïe sonner en tombant; et, de là, étant tellement hors de soi, qu'il ne s'aperçut de sa perte, fut conduit en triomphe. Mais hélas! son malheur triomphoit de lui-même, comme il montra bien au soir, quand, en se déshabillant, il trouva à dire[1] sa chaîne, qui lui fit passer la nuit en la plainte de son infortune; car, se souvenant de toutes les paroles que sa mie lui avoit dites en lui donnant, le cœur lui mouroit de regret. D'autre côté, regardant à soi-même, il étoit contraint de s'excuser, et ainsi ne pouvoit, sinon mettre la faute sur la traître Fortune, qui contre tout droit rançonnoit une aise si brève par un regret éternel. « Regret, disoit-il, qui m'accompagnera à une piteuse mort, laquelle ne peut être longue à mon compte. Car de quel front oserois-je comparoître devant ma douce Perside, ayant si mal gardé chose que je devois avoir plus chère et recommandée que la vie? Oh! si j'eusse été si favorisé des cieux, que d'être mort autant de fois que j'ai couché ce jourd'hui la lance, j'estimerois ma condition heureuse, étant mort en possession, et du beau présent, et de la bonne grâce de ma mie, qui au moins par mort eût eu certain témoignage de mon amoureux devoir, là où maintenant ma déloyauté ne sauroit trouver excuse, et encore moins d'amende et réputation! car qui

---

[1] Ce nom étant altéré, nous n'avons pu le rétablir, car nous ne pensons pas qu'il faille lire *Didon*, bien que cette réine de Carthage, selon quelques historiens, ait vécu plus de deux siècles. Quant à la *Sybille*, on lui donne une longévité extraordinaire, en attribuant à une seule prophétesse de Delphes les écrits et les faits que la tradition avait répartis entre sept ou huit sibylles vivant à des époques différentes.

[1] Il faut lire *adirée*, perdue.

sera si fol qui, ayant trouvé chose de si grand prix, la veuille rendre ? Mais quoi ! faudra-t-il aussi que, sans ma faute, je perde tout mon bien ? Hé ! qu'ai-je donc plus besoin de vivre, si je ne veux vivre en perpétuelle douleur ? » En ces altères, le pauvre amant, d'un sens troublé, saute du lit en place, et, délaissé de sa raison, cherche son épée pour se venger, en sa belle personne, de son désastre, et couper de bonne heure queue au cruel jeu de Fortune. Mais, n'étant guidé que de son aveugle fureur, quand il fut debout, il ne sut où aller, et la tête, lui tournant d'étourdissement, le faisoit chanceler (comme on voit un qui est tenu d'ardente fièvre, ou celui qui est troublé de l'agitation et branlement d'un bateau sur les flots voûtés de la mer courroucée), si qu'il cherchoit la porte où étoit la fenêtre de la chambre, et, pensant être au pied de son lit, se trouvoit au chevet. Et, ayant été quelque temps en vain tâtonnant, pour trouver ce qu'il cherchoit, se jeta tout forcené sur un banc, où, croisant ses bras languissants sur sa poitrine, s'écria : « Hélas ! dure mort, quel plaisir prends-tu à mon malaise ? Seras-tu plus grasse quand tu m'auras mangé après être amaigri et asséché de tristesse ? Et à quelle autre misère me réserves-tu encore ? Tout le monde te fuit, et tu poursuis le monde ; mais, comme un chasseur qui n'a point de plaisir à prendre sa proie qui se vient rendre, tu me fuis, ores que je te cherche à grand besoin, et fais la sourde pour n'ouïr ceux qui t'appellent à leur secours. Ah ! aveugle, tu ne vois ce qui est bon de faire, non plus que Fortune, qui s'accorde fort bien avec toi pour me ruiner ; et je connois bien que vous avez conjuré ensemble ; mais, baste ! l'une de vous deux trompera l'autre, et bientôt le malheur perdra le droit qu'il pense bien avoir sur moi. » Ce disant, sentit peu à peu une sueur froide lui découler en mortelle rosée pour le pesant fardeau de son tourment, sous lequel il haleloit à peine. Toutefois, par la faveur de son bon ange, son esprit revenant en soi, comme un cheval échappé qu'on ramène à l'étable, il commença à rasseoir ces tempétueux mouvements. « Mais, dit-il, insensé, pourquoi me veux-je paisiblement confesser coupable par une mort non méritée, comme s'il n'y avoit plus aucun remède ? Pourquoi, fol, me rends-je malheureux, lorsque chacun m'estime heureux ? Qui me fait tant ennemi de moi-même ?

J'ai perdu une chose bien chère : ne la pourrai-je pas recouvrer, vu la faveur que j'ai acquise envers chacun ? Et quand ores je ne le pourrois faire, faut-il pour cela présumer si grande félonie en celle où je ne connus jamais que toute douceur et pitié ? Faut-il que je craigne d'être sans merci, banni de ses bonnes grâces, pour une infortune qu'il n'étoit pas en moi d'éviter ? » Ainsi, le misérable Éraste, reprenant et courage et conseil, dépêcha un serviteur (qui étoit d'une fidélité si entière et si éprouvée, qu'il se fût reposé sur lui de sa vie), lequel s'appeloit Pistan, pour aller secrètement s'enquérir et sentir qui auroit trouvé sa chaîne. Mais las ! sa diligence étoit vaine, car la chaîne tomba de fortune entre les mains d'un gentilhomme de la ville (compagnon de notre martyr) qui pourchassoit les bonnes grâces d'une damoiselle champêtre, voisine de la métairie d'Éraste, à laquelle cet amoureux en fit soudain un don. Or, un jour que se faisoit quelque festin à la ville, cette damoiselle champêtre, nommée Lucine, selon sa bonne coutume, ne faillit à s'y trouver, sans avoir rien oublié en la boîte de ce qu'elle pensoit pouvoir apporter quelque grâce et ornement à sa beauté naturelle, et Dieu sait si la belle chaîne fut cachée en la poche ! Tant y a au moins que, quelque part qu'elle fût, soudain Perside l'aperçut ; qui, voyant d'un œil de travers un oiseau étranger paré de ses plumes, se sentit le cœur saisi de si grand déplaisir, qu'elle perdoit toute contenance ; et, craignant que son mal croissant contraignît sa face de trahir son cœur, fut contrainte de se retirer de la compagnie, feignant pour son excuse et couverture avoir sa robe trop serrée. De fait, se fait décrocheter par son Agathe[1] ; mais las ! elle étoit agrafée d'un autre crochet bien difficile à relâcher ! Elle se jeta sur un lit, et renvoya sa servante, feignant de vouloir reposer ; mais jamais ne pût impétrer[2] d'être laissée seule : qui lui fut bien dangereux ; car, comme le feu caché sous la cendre se fait beaucoup plus violent que celui dont la chaleur est découverte et dissipée en l'air, ayant quasi plus de menace que de force ; ainsi, la désolée Perside, couvant et dissimulant un fort dépit en son faible cœur, reçut une si chaude alarme et fut combattue

---

[1] Ce nom paraît ici employé génériquement pour désigner une suivante, une fille de service.
[2] Obtenir.

de tant d'angoisses, que, si les larmes n'eussent soudain détrempé et les soupirs éventé cette ardente fournaise, en bref eût été réduite en cendre, comme un qui, assailli de plusieurs en un détroit, ne trouve autre issue que de se rendre à la merci de ses ennemis. Envie, haine et jalousie tenoient sa pauvre âme entre leurs mordantes tenailles, et de leurs marteaux aigus la battoient sur l'enclume d'amour. Hélas! que Nature a fait les choses mauvaises prochaines des bonnes! de quoi les vertus se doivent bien plaindre que l'on a mis entre deux vices. Las! le mal est si près du bien, que souvent l'un est prins l'un pour l'autre, tant le voisinage en est contagieux. Jalousie conjointe à l'amour, comme est l'épine à la rose, jouoit si bien son personnage, qu'elle obtint la première place et donnoit (ayant gagné cet avantage) entrée à tout faux soupçon, trahissant et livrant amour à ses ennemis, duquel elle se dit si fidèle compagne. Comme l'on ne peut dérober à un avaricieux le trésor sur lequel il a toujours les yeux de sa pensée, que soudain il ne s'en aperçoive; ainsi l'absence de sa désolée Perside ne put guère être cachée à l'amoureux Éraste; qui, la trouvant trop longtemps à diré, fantastiquoit[1] diverses choses, lesquelles s'approchoient de la vérité: ce qui lui renouvela sa mortelle plaie, qui, puis n'a guère, avec une fomentation d'huile de temps s'étoit adoucie, et prenoit croûte par l'espérance de recouvrer le joyau tant aimé. Or, pour résoudre son souci, il alla à la chambre (s'étant dérobé finement de la compagnie) où déjà des yeux et du cœur il avoit conduit la pucelle, qu'il trouva si fort plongée en ses rêveries, que, comme captivée de tous ses sens et transportée de passions[2], ne l'aperçut qu'après qu'il lui eût prins la main. Et lors se sentit le cœur tant serré de nouvelles angoisses, que, sans pouvoir dire un seul mot, après un regard plein de menace, dont son cœur grossissoit, tourna la face indignée de l'autre côté; qui fut cause qu'Éraste, vainquant soupçon par la vérité découverte, lui dit d'une bouche forcée: « Eh quoi! madamoiselle, voulez-vous être malade pendant que les autres font si bonne chère? N'y a-t-il point moyen de vous dérober votre mal, ou vous départir de notre aise? *notre* je dis, encore que le deuil que j'ai de vous voir ici m'en prive à bon droit. » A quoi l'infâme répondit, le perçant jusqu'au vif d'un regard tranchant: « Ah! cœur plus feint et traître que la même feintise, est-il bien possible que votre langue trompeuse désire bien à celle à qui votre cœur veut tant de mal? est-il possible que par le dehors votre face puisse couvrir la déloyauté, que par le dedans vous me machiniez si lâchement? Las! un même pourroit-il être mon médecin et mon bourreau? Est-il bien possible qu'en un si grand corps il n'y ait pas une goutte de bon sang pour convaincre un visage si dissimulé? Ah! trompeuse bouche, jusques à quand m'enchanterez-vous par le beau semblant, pipeur de vos fausses paroles? Et pourquoi, menteur; pourquoi, parjure; pourquoi, déloyal, avez-vous prétendu faire gloire de décevoir par votre fard une fille facile à croire, et, plus est, une qui aimoit? Hélas! ma jeune simplicité méritoit plutôt quelque grâce et faveur! Mais, infortunée que je suis moi-même, puisque mon dur destin m'avoit obligée à aimer une fois en ma vie, pourquoi m'a-t-il donné un cœur si ferme et loyal? que ne me le faisoit-il du tout ferré et acéré, pour faire reboucher[1] contre les flèches de toute amoureuse pitié? ou, si le ciel avoit envie de loger en moi un cœur si franc et constant, pourquoi me l'a-t-il adressé au plus ingrat, déloyal et volage qui naquit oncques? Las! pourquoi me l'a-t-il rangé et voué à un qui, sans aucun égard de mes mérites (si pour bien aimer on mérite quelque chose), m'en donne si piteuse récompense? Vous ai-je donc bien tant fréquenté dès ma première jeunesse, dit-elle tenant les yeux moites baissés en son sein, sans vous pouvoir connoître, me laissant à la bonne foi décevoir par votre masque, et le venin de votre cœur a-t-il bien pu être si longtemps caché sous l'écorce de votre front, dissimulé? Las! Amour aveugle m'aveugloit; mais ores la vérité me crève les yeux. Ah! Nature, pourquoi as-tu baillé à l'homme un cœur si contraire à sa langue, qu'il faille que l'un démente l'autre? Pourquoi les dents prochaines ne vengent-elles la mensonge de la langue, ou, si c'est le cœur double qui fait outrage à la langue, que n'avons-nous en la poitrine une fenêtre qui, par son ouverture, puisse découvrir les fraudes de cet hôte félon, jusques

---

[1] Imaginait. — [2] Souffrances.

[1] Rebrousser, émousser contre lui.

en son plus secret cabinet ? Las! si avec la foi se rompoit le fil de la vie, je ne serois ores en peine de me plaindre de celui qui, en dépit de loyauté, triomphe de mes loyales affections. Mais, encore qu'ainsi fût, si est-ce que, pour cela, ne seroit suffisamment vengé et satisfait, l'amour trop entier et parfait que vous ai porté, faux et déloyal Éraste ; lequel avez si mal retenu, que, tournant contre moi la pointe de mes propres armes, avez gagné une seconde amie par le gage de la première, me faisant être la seule cause de mon malheur. Eh bien ! bien qu'elle aille la tête levée, bravant [1] de ma chaîne ; qu'elle se pare et attife [2] de mes dépouilles, puisqu'elle est héritière et jouissante de l'amour qui m'étoit dû, duquel je faisois tant d'estimé, que je n'estimois rien toute autre chose ; qu'elle se glorifie de ma honte et réjouisse de ma douleur ; pendant que je ferai deuil et pénitence d'avoir mal logé mes bonnes affections ! Ah ! Éraste, Éraste, ce n'étoit à moi que deviez adresser vos ruses si bien affilées ; mais bien me soit, que de bonne heure je les ai connues. Parquoi, dès à présent je renonce et désavoue toutes les faveurs qu'avez jamais reçues de ma sottise ; vous permettant toute liberté d'aller chercher récompense vers celle qui vous est si redevable, jusques à ce qu'en soyez las pour voler à une autre nouvelle, et me laissez désormais bannie de vos yeux, de votre bouche et de votre mémoire, comme de ma part je pratiquerai bien. Et, de peur que rien ne m'y donne empêchement, tenez votre bague que je vous rends, et qu'il ne vous souvienne jamais comme je l'ai gardée chèrement. » Adonc, la parole, étouffée de sanglots et soupirs, lui mourut en la bouche, laissant Éraste si vivement combattu, qu'encore qu'il eût bien fait sa provision de constance, se munissant et préparant à un rude assaut, force lui fut de livrer la forteresse. Or, voyant cette dure alarme finie, et que c'étoit à son rang à se défendre, s'il ne vouloit confesser par son silence la faute, reprint force au cœur et en la langue, si qu'après une petite pausade, tirant un profond soupir ; répondit : « Mais, mon Dieu, pourquoi suis-je d'une condition si mauvaise, ou pourquoi ai-je, en mon favorable droit, trouvé juge si inique, qu'il me faille passer condamnation sans connoissance de cause ?

[1] Se parant.
[2] On dit aujourd'hui *attife* dans le langage familier.

Eh ! pourquoi, madamoiselle, m'avez-vous fait si grand tort, que de croire de moi ce que n'eûtes jamais occasion de penser seulement ? Las ! pourquoi la mensonge a-t-elle si grand avantage sur la vérité, et quel malheur m'a assujetti à si dure calomnie, m'ôtant tout pouvoir de m'en défendre ? Pourquoi la mensonge me fait-elle en un coup perdre ce qui m'étoit si bien acquis par un long service ? Ah ! pour Dieu, je vous prie, madamoiselle, faites-moi cette grâce, par dessus tant d'autres que j'ai reçues de vous, qu'avant que prononcer ainsi la sentence de ma mort, il vous plaise entendre le malheur qui m'a privé de la chaîne, cause de votre juste mécontentement. » Lors, il discourut bien au long comme étant démesurément affectionné au service de sa dame ; il avoit, par les menées de Fortune, fait avec ce beau joyau perte de toute sa joie ; ajoutant enfin que le malheur avoit fait son dernier coup, d'autant qu'il délibéroit bientôt l'affranchir de sa puissance par le bon secours que lui donneroit sa main vengeresse : « Si vous, madamoiselle, dit-il lui présentant son épée nue, ne m'ôtez, par votre grâce, de cette peine, punissant celui qui ne vous méfit oncques. Ce que je vous supplie faire, si vous estimez ce pauvre cœur digne de si gracieuse mort, que celle que m'apportera votre main, pour ne me laisser languir sous la tyrannie de mon cruel malheur ; vous suppliant toutefois d'estimer que l'amour que je vous ai toujours porté, aura été plutôt violé par mort que par déloyauté. » L'infante, à qui rigueur et pitié durant ces propos avoient dressé une contre-batterie, se sentit menée si diversement, qu'elle donnoit et ôtoit à toutes deux la victoire en même temps ; si que la langue, captive de ses ennemis, laissoit faire son office aux yeux qui, tout embrasés d'ardentes passions, dardoient des regards si tranchants, qu'il n'y a harnois si bien trempé et acéré qui eût pu préserver un cœur de leur pointe ; dont le triste amant, tout navré, comme s'il eût par là reçu sa condamnation muette, se délibérant d'exécuter promptement, tourna la pointe de son épée, misérable remède d'amour, contre sa magnanime poitrine, et, prodigue de son âme, d'une courageuse impuissance, se donnoit le branle pour balancer son corps dessus, et apaiser, par ce piteux sacrifice, la rigueur de sa fière amie, si la fille de chambre ne fût soudain accourue, qui, de bonne fortune, en se hâtant, donna du pied contre le pommeau de l'épée, qu'elle fit fuir : dont advint qu'Éraste chut tout plat à terre sans s'offenser, faisant toutefois tel bruit, que quelques-uns y accoururent. De quoi les amants, un peu honteux, feignirent que la maladie étoit tombée en pâmoison. Ainsi le jeu s'acheva dans la tragédie, comme un canon qui a fait faux feu, et Perside se repentit en soi-même de sa dureté, qui avoit quasi été cause d'un grand mal, avec désir de l'amender à loisir. Cependant Éraste, n'osant paroître jamais devant sa mie sans la chaîne, se conseilloit à soi-même comment il la pourroit avoir de la damoiselle, à qui il l'avoit vue, sans savoir qui lui en pouvoit avoir fait présent. « Las ! disoit-il, que n'ai-je affaire à un homme, pour la racheter par force d'armes ? Mais, puisque mon débat est contre une femme, il la faut avoir par amour et grâce. » Parquoi, résolut dès lors de gagner la bienveillance de la damoiselle par pratiques amoureuses ; ce qu'il sut si bien faire, qu'en peu de temps il mérita le nom d'ami. En quoi, il empira grandement sa condition, qu'il tâchoit d'amender ; car il se rendit d'autant plus suspect à sa jalouse Perside, qui faisoit bien son compte, qu'ores son Éraste étoit si bien convaincu, qu'il n'y avoit plus lieu d'aucune excuse pour couvrir sa déloyauté ; toutefois, afin que rien ne lui fût inconnu, elle avoit force espies [1] qui veilloient sur ce pauvre amant. Lequel, allant un jour voir sa nouvelle maîtresse en masque, lui présenta un beau carcan, contre la chaîne, que par signes il requit être jouée, laquelle il gagna. Parquoi, plus joyeux qu'on ne sauroit penser, se retira sans se découvrir. Vrai est, que Lucine, à laquelle il laissa son carcan au lieu de la chaîne, le connut fort bien ; autrement, n'eût abandonné ce qui lui étoit si cher pour chose du monde. Or, voilà la chaîne recouverte par un gain qui sera cause d'une grande perte, comme nous verrons, tant toutes choses viennent à rebours à ceux qui sont poursuivis de leur importun malheur. Le jour ne fut plutôt levé, que notre Éraste, ayant ce qu'il avoit tant désiré, s'en para et accoûtra, comme jadis il avoit de coutume, pour s'aller vitement présenter à sa maîtresse avec un visage tout renouvelé, et faire sa paix avec elle. Mais, au sortir de sa maison, il rencontra l'amoureux de Lucine ; lequel, outre qu'il lui vouloit un mal de jalousie, l'ayant vu son corival apperl [1], redoubla cette haine et maltalent par la vue de cette chaîne, que soudain il reconnut pour l'avoir autrefois donnée à s'amie ; dont advint, que, selon que la colère subite le pressa, il s'écrie : « Où as-tu dérobé cette chaîne, méchant paillard, dont tu fais ici du brave ? » Et à l'instant dégaîne l'épée, venant assaillir celui qui n'étoit apprentif à rabattre l'audace de tels orgueilleux ; car, du troisième coup, Éraste lui perça la gorge par où avoit passé cette injure, et, avec un ruisseau de sang, l'étendit mort sur le pavé. Ce gentilhomme occis, pour être de fort bonne part et avoir beaucoup de bonnes parties en lui qui le faisoient bienvenu en toute compagnie, fut si plaint et regretté de chacun, et sa mort si bien poursuivie, que si Éraste, quelque faveur et crédit qu'il eût, ne se fût promptement évadé et sauvé, il étoit en danger de s'en repentir à dures enseignes. Hélas ! après tant d'honneurs reçus pour éviter le péril de sa vie, le voilà qui s'enfuit, banni de son pays, de ses amis, et de tous les plaisirs et commodités du monde ; tellement, que Fortune a bien maintenant de quoi se contenter, ayant, pour son passe-temps, réduit ce pauvre amant, de tant heureux, tant misérable ! Mais ce grief désastre ne lui pesoit rien au prix de l'absence de sa Perside, le souvenir et appréhension de laquelle lui étoient plus pénibles que mille morts. Toutefois, l'espérance, qui est toujours compagne du malheur, lui tint écorce [2], l'assurant que s'amie portoit bien sa part de cet ennui causé pour l'amour d'elle ; et qu'il n'auroit point faute d'amis pour moyenner sa grâce, rappel et rétablissement. Cependant, prenant avec soi son bon serviteur Pistan, tira vers Constantinople, où il n'arriva plutôt, qu'il fut reconnu de plusieurs seigneurs, qui, pour avoir été témoins de sa vertu le jour des tournois solennisés à Rhodes, lui firent accueil digne de son mérite ; faisant tous si grande estime de sa valeur, que la renommée qui s'épandoit parvint aux oreilles du Grand-Seigneur, nommé Soliman [3], auquel il fut présenté par le despote

---

[1] Espions.

[1] Rival évident, apparent. — [2] Expression proverbiale signifiant : *le trompe, l'abuse*.

[3] Soliman II, successeur de Sélim Ier, fut un des plus illustres sultans de Constantinople : il porta ses armes victorieuses en Europe, en Asie et en Afrique ; ses

de service, qui le recommanda pour le plus hardi et adroit chevalier de toute la contrée. Soliman, après l'avoir mis en besogne, l'éprouvant en petites choses (comme on fait un vaisseau neuf), l'estima à part soi plus qu'on ne lui avoit prisé ; tellement, que, tant pour l'assurance de sa fidélité, que pour sa souveraine vaillance jà expérimentée, il le constitua colonel de ses janissaires (qui est comme capitaine des gardes), et, avec un puissant régiment, l'envoya combattre Gaselle[1], qui s'étoit révoltée contre la seigneurie, ayant rassemblé tout ce qu'il avoit pu trouver du reste des mameluks : où la Fortune, qui pour être muable, est contrainte de relever ceux qu'elle a abattus, fut si favorable à sa vertu, qu'il rapporta une heureuse de cette entreprise. Et, poursuivant le fil de son bonheur, par le commandement du Turc, mit le siége devant Belgrade[2], qu'il print avec la mort du roi Louis de Hongrie ; puis, après plusieurs hautaines expéditions, retourna en glorieux triomphe, qui le rendit si cher à son seigneur, qu'il le fit un de ses pachas, l'admettant aux plus privées affaires de son conseil ; auquel fut un jour délibéré, que, pendant la peine que prenoient les chrétiens à se défaire par mutuelles guerres, allumées entre le roi François et l'empereur Charles[3], l'occasion se présentoit fort propice d'envahir et surprendre la tant noble et puissante île de Rhodes, qui leur servoit comme un boulevard inexpugnable. Ce qu'étant résolu et conclu, Éraste, après une grande révérence, supplia le Grand-Seigneur, qu'encore

qu'il eût bien occasion de vouloir mal à son ingrate patrie, toutefois il plût à Sa Majesté de le dispenser d'assister à si indigne expédition ; non pour désobéissance qui fût en lui (car il ne cherchoit que l'occasion pour témoigner et faire paroître son fidèle service), mais pource que son devoir consentiroit plutôt à une cruelle mort. Ce que Soliman, bien considéré, loua grandement, comme si, en son Éraste, il eût vu un Thémistocle ressuscité ; qui, poussé jadis d'une singulière bonté, aima mieux mourir courageusement que aller détruire sa ville qui l'avoit si injustement banni, de peur d'être estimé race de vipère, né pour la mort et ruine de sa terre, sa mère naturelle. Parquoi, Soliman lui-même en personne se transporta avec toutes ses galères à Rhodes, où sa présence servit tant, que, moyennant quelques pratiques secrètes, l'île fut mise en son obéissance, un mois de juin 1521, si j'ai bonne mémoire ; et, combien qu'ils se fussent montrés fort opiniâtres, si est-ce que l'empereur victorieux s'y porta (en faveur de son gentil chevalier, duquel il se souvint) le plus modestement que la rigueur de la guerre peut porter. Ainsi, le grand Alexandre pardonna à Thèbes, pour l'amour de Pindare, et à Stagyrie, pour l'amour d'Aristote[1] ; et ainsi, l'heureux Auguste traita doucement Alexandrie rebelle, pour l'amour d'Arius[2]. Or, les Turcs ont accoutumé, à la prise de quelque ville sur l'ennemi, choisir la plus accomplie en beauté qui soit entre toutes les filles, pour en faire un présent au principal capitaine, estimant ne lui pouvoir donner plus honorable part du butin et pillage : qui fut cause que notre belle Perside, laquelle avoit perdu, avec son Éraste, tout plaisir et joie, fut incontinent choisie et ravie du monastère des religieuses où elle s'étoit rendue, et présentée au Grand Seigneur. Lequel, la voyant déplorée[3] outre mesure, l'envoya en grande pompe à Constantinople, fai-

---

[1] principales victoires furent contre les chrétiens, auxquels il rendit son nom redoutable, surtout par la prise de Rhodes et la conquête d'une partie de la Hongrie. Il mourut en 1566, à l'âge de soixante-seize ans. Gazelli, ou Zambud-Meliemor, prince de Syrie, étoit gouverneur de cette province conquise par les Turcs ; mais, à la mort de Sélim Ier, il se souleva contre Soliman et appela l'Égypte à la révolte. Sa rébellion fut comprimée presque aussitôt, et le bassa Ferhat, lieutenant de Soliman, le défit dans une bataille où il périt. L'Éraste de la Nouvelle de Jacques Yver doit être le même personnage que le bassa Ferhat.

[2] Jacques Yver confond ici les dates : la ville de Belgrade, qui avait été assiégée inutilement par les Turcs, en 1442 et 1456, fut emportée, en 1521, par Soliman II ; Louis II, roi de Hongrie, ne mourut qu'en 1526, à la bataille de Mohacs, après laquelle il se noya, en fuyant, dans un marais.

[3] L'auteur continue à confondre les faits et les époques. Ce ne fut qu'en 1521 que la guerre commença entre François Ier et Charles-Quint.

---

[1] Alexandre renversa de fond en comble cette ville et n'épargna que la maison où Pindare était né. Il rétablit, en mémoire d'Aristote, la ville natale de ce philosophe, Stagyre, que Philippe, roi de Macédoine, avait détruite.

[2] Auguste, premier empereur de Rome, ayant vécu trois siècles avant l'hérésiarque Arius, né à Alexandrie, on doit penser que l'auteur désigne sous le nom d'*Auguste* l'empereur Valens, qui s'était mis à la tête de l'Église arienne d'Occident, au quatrième siècle.

[3] Pour *éplorée*.

sant, pour l'adoucir et gagner, toutes grâces et immunités à ceux qui se disoient tant ne quant¹ de ses parents. Notre captive, étant arrivée à Constantinople, fut mise entre les filles que le roi fait nourrir et garder pour son déduit par des vieillards et eunuques (doctes à chanter, jouer de la harpe, danser, et parler l'arabic), comme un trésor fort singulier. Et estimoit qu'en cette cage, sa farouche tourterelle se pourroit apprivoiser ; si qu'en l'allant voir, après avoir admiré les dons, desquels Nature l'avoit rendue admirable (combien que la tristesse lui eût envié beaucoup de sa beauté, la flétrissant comme une pluie impétueuse flétrit les fleurs d'un jardin), sentit en soi renforcer l'amour, lequel autrefois triompha du superbe cœur d'Achille, lorsque Briséide, sa prisonnière, étant en accoûtrement de deuil, le vainquit après sa victoire. Mais, après maintes caresses et présents que fit cet amoureux empereur à notre désolée, comme celui qui avoit le cœur si bon, qu'il estimoit plus un baiser de gré qu'une jouissance forcée, la pucelle, résolue de mourir chaste plutôt que vivre après la perte de son honneur, ne jetoit que larmes et soupirs pour réponse, comme celle dont le haut courage, et non vaincu par ses propres misères, machinoit de grandes entreprises : qui fut cause que le Grand-Seigneur temporisa un peu, et, l'ayant laissée en sa chambre, sortit dehors et se tint à la porte, qui ne fut plutôt fermée, que la belle ouvrit sa bouche pleine de tristes doléances, et, avec des soupirs, dont son tendre estomac cuida fendre, regrettoit ores ses chers parents, ores sa douce terre, ores ses compagnes tant aimées, le tout si piteusement, que l'empereur, qui écoutoit attentivement, souffrit malgré lui ; une compassion, qui n'auroit jamais logé en sa dure et turquesque poitrine, le contraignant de se ressentir d'une si juste douleur. Mais surtout son cœur fondoit en pitié, lorsque l'infortunée, jetant ses bras languissants au col de sa chère Agathe, après avoir tout regretté, s'écria : « Ha, ma mie ! n'ai-je pas donc en un coup perdu pour jamais tout mon bien, afin de traîner une vie accablée de misères ? vie que ma fortune ennemie m'a voulu réserver. Mais hélas ! entre tant de maux qui m'accablent sans me tuer, encore serois-je bien soulagée, et même étant morte, mes os reposeroient plus mollement, si j'avois vu mon Éraste, ou si j'en avois ouï quelque nouvelle. Ha! Éraste, mon cher Éraste, quel malheur nous empêche de vivre ensemble, heureux en notre misère ? Las ! votre seule présence rendoit ma vie si contente, que je n'aurois envie sur la félicité des plus grandes reines du monde. Mais hélas ! puisque, par le vouloir des cieux, nous avions voué l'un à l'autre nos premières et plus sincères affections, quelle contraire destinée donne à notre heureux commencement une si piteuse fin ? Ah! ami, que je plains le tourment que recevra votre loyal cœur, si quelque bon vent lui porte nouvelles de la mort de celle qui, pour ne pouvoir vivre vôtre, a voulu mourir sienne ! Et en quelque part que vous soyez, ayez au moins et mémoire et pitié d'une Perside, qui, ayant consacré ses chastes amours à vos mérites, ne les a jamais pu ranger en autre lieu ; ains les a emportées en son sépulcre, pour là vous les garder entières et inviolables ; ce que je témoignerai au prix de mon sang, qui seul est digne de ratifier ma constante amitié, afin que, par ce sacrifice volontaire, j'apaise la malice de cette déesse des choses humaines, Fortune, et exempte ma pudicité de la puissance d'un empereur. En quoi je pratiquerai ce que tant étroitement me recommandâtes en me donnant votre belle bague, que pour l'amour de vous je baiserai pour la dernière fois. » Alors les pleurs et sanglots lui interrompirent la parole, et, d'un courage mortel, elle tira un glaive de dessous sa robe, qu'elle avoit gardé ce besoin, de peur d'être prévenue par la force (comme jadis fut Lucrèce), duquel, toute frissonnante et d'une main mal assurée, elle appuya la pointe sur sa blanche poitrine, poitrine, dis-je, qui étoit la vraie forteresse de chasteté, quand le roi, tout éperdu de cette furieuse entreprise, enfonça la porte, et, tout d'un saut, saisit sa cruelle amie, s'écriant : « Ah! mignonne, pourquoi voulez-vous si inhumainement offenser ce qui mérite d'être si bien défendu ? et pourquoi, avec le fer, osez-vous forcer ce qui par sa douce force forceroit les plus forcenés du monde² ? » La pauvrette, étonnée comme un larron qu'on prend sur le fait

¹ Cette expression équivaut à *plus ou moins*.

² Ces *concetti* dans le goût italien plaisaient beaucoup à la cour de Charles IX. Les pointes de ce genre furent en vogue jusqu'au commencement du siècle de Louis XIV.

et déplaisante d'avoir été trouvée en cet état, mais encore plus d'avoir failli à son exécution, laissa choir le couteau des mains et ficha ses yeux en terre sans mot dire. Lors le roi, se souvenant de lui avoir entendu réclamer si affectueusement le nom d'Éraste, dépêcha soudain un courrier pour lui aller faire commandement de par Sa Majesté de venir en toute diligence. Or, il étoit à demi-journée de là, et plaignant la misère de sa patrie, et spécialement de sa pauvre maîtresse, qu'il croyoit perdue à jamais; et, pour regret digne de sa perte, il avoit ordonné de passer le petit reste de sa vie, si Dieu vouloit qu'il en eût de reste, en un bois solitaire. Mais, étant mandé à son grand regret, ne voulut faillir à venir tout incontinent, préparé à recevoir toutes tristes nouvelles. Étant arrivé, il se présenta soudain à l'empereur, qui, l'ayant levé de terre, le mena voir cette désolée beauté, à laquelle il avait fait ôter le couteau et mise en sûre garde, pour la voir endurcie et boucher l'oreille à toute consolation. Et lui demandant s'il connoissoit cette damoiselle, Éraste, étonné comme s'il fût ressuscité, ne savoit honnement s'il veilloit ou songeoit; toutefois, pour jouir du bien vrai ou faux, courut les bras ouverts se jeter au cou de sa Perside recouverte[1], se serrant si étroitement bouche à bouche, que ce doux lien, par une trop extrême joie, cuida délier l'âme du corps de ces deux amants, qui, perclus de tout sentiment, demeurèrent pâmés de merveille, jusqu'à ce que la fontaine d'amour, ruisselante par les yeux, fît place à la parole. Et lors Éraste, embrassant les genoux du sultan, dit : « Je vous supplie très-humblement, sire, pardonner à votre serviteur si, vaincu de trop excessif amour, il n'a eu le pouvoir de préférer l'observation des commandements de son seigneur à ses impatients désirs, car je confesse, monseigneur, que mon devoir méritoit que fusse plus attentif à répondre à votre demande; mais je me suis senti tellement forcé par le renouvellement d'un ancien feu, qui dès ma première jeunesse s'alluma en moi par les perfections de cette damoiselle, que, me faisant oublier moi-même, ce n'est chose étrange qu'il m'ait aussi fait oublier mon devoir. Toutefois, je pense, monseigneur, que si votre généreux cœur a fait preuve et expérience quelquefois d'un vrai amour, ma faute trouvera excuse envers Votre Majesté. »

L'infante, d'autre côté, ayant changé son visage de funérailles en visage de noces, et regardant d'un œil où l'amour, les grâces et la révérence[1] se baignoient, l'empereur dénoua peu à peu sa langue pour lui découvrir brièvement l'état des amours d'Éraste et elle, qui, pour les diverses injures de l'ennemie Fortune, n'avoient jamais changé, ains s'étoient toujours gardés entiers au plus secret de leur cœur, comme se garde le blé en terre durant la forte gelée; ajoutant enfin qu'elle estimoit son malheur heureux, que par la vue de son tant désiré Éraste lui payoit et lui récompensoit si bien ses travaux, qu'à jamais elle s'en tiendroit pour bien contente et satisfaite, ce qui lui serviroit comme d'un favorable bateau pour aborder au dernier port de ses misères, rendant grâce à l'empereur du bien qu'il lui faisoit lors, pour récompense d'avoir détruit son pays. Soliman, voyant l'effet d'un si étroit amour, accola les deux amants, fort étonné d'entendre si étrange aventure, et eût volontiers requis de faire le tiers, comme fit jadis ce tyran. Puis, se tournant vers les princes qui l'accompagnoient, dit : « Par Mahom[2], mes amis, j'ai trouvé un grand repos en mon âme, car, excogitant[3] le moyen de récompenser dûment les services que ce pauvre gentilhomme m'a faits et les travaux périlleux qu'il a soufferts sans jamais s'épargner en rien, je trouve à cette heure occasion de l'en salarier[4] et reconnoître, en lui faisant présent de ma prisonnière. Parquoi, dit-il à Éraste, puisque votre amour est si sincère vers cette damoiselle, comme montrez, je vous la donne à femme et épouse, bien que je sois contraint de confesser que la beauté, dont elle est recommandable entre les plus excellentes de l'Asie, m'a jusqu'ici assujetti le courage. Mais je veux en cet endroit vaincre mes propres affections pour vous faire triompher de ma victoire, vous donnant à connoître votre bien et avantage avoir plus de puissance en moi que le mien propre. » Auquel Éraste répondit : « Monsieur, je remercie les cieux d'avoir mis en la poitrine de mon souverain roi un cœur si magnanime, que de se pouvoir subjuguer soi-même, qui vous est un trophée plus glorieux que si vous aviez gagné l'empire

---

[1] Recouvrée, retrouvée.

[1] Le respect. — [2] Par Mahomet. — [3] Recherchant, réfléchissant. — [4] Pour *salarier*.

d'Occident; en quoi avez fait suffisante preuve qu'étiez de la tant illustre race des Ottomans et digne de commander à tant de royaumes. Je rends aussi grâces immortelles à Votre Majesté du bien qu'aujourd'hui elle me fait recevoir, lequel j'espère reconnoître par tous les services qu'il me sera possible de faire à votre grandeur, me sentant tellement obligé par cette admirable faveur, que désormais j'estimerai peu la perte de mille vies pour récompense. » Soudain furent les noces célébrées avec grandes solennité et magnificence, que l'empereur honora tant, qu'il s'y voulut trouver avec toute sa cour (mais maudit soit honneur qui fut cause d'un si grand mal!) et fit à Éraste de grands riches présents, puis le constitua son lieutenant au gouvernement de l'île de Rhodes, où, ayant eu congé de la seigneurie, nos fortunés amants, peu de jours après les noces, se transportèrent. Oh! qui pourroit dire l'heur et la joie qu'ils recevoient jouissant à leur gré du bien tant désiré, et menant Fortune en triomphe, qui se rioit de leur trompeur contentement! Car tant de plaisirs s'écoulèrent comme une anguille en la main, et ne vécurent guère en ce déduit amoureux, tant il y a d'inconstance aux choses de ce monde, où nous cherchons fermeté. Et ce qui doit être trouvé plus étrange, est que le jour des noces, qui sembloit le mieux fortuné, leur fut le plus malheureux, couvant sous la douceur le poison qui fut cause de la piteuse mort de l'un et de l'autre. Car la belle Perside, pour dignement solenniser ce jour dédié à la faveur, tout éperdue d'aise, s'étoit parée de force riches pierreries, qui couvroient d'un tel lustre ses naturelles perfections, qu'elle sembloit plutôt une déesse tombée des cieux pour faire émerveiller les humains, qu'une créature mortelle; et sut lors si bien déployer les trésors de ses plus rares grâces (qu'elle fit à tous gestes d'allégresse, où la gentillesse du corps se montre, fût à chanter ou deviser), qu'il n'y avoit celui, qui, tout ravi, n'admirât sa bienséance et n'estimât avoir fait grande conquête et butin, quant à l'emblée il avoit eu d'elle quelque fuyarde œillade. Tant s'en faut qu'ils eussent souhaité de tenir la place du marié! Mais, sur tous, l'empereur Soliman, étant atteint au vif d'un trait de ses yeux, dont elle avoit détrempé la pointe langoureuse en ses plus délicates mignardises, laissa vaincre sa liberté à l'effort de cette beauté. Et Amour, auquel il avoit voulu résister, lui mit le pied superbe sur la tête, si que, ou pour être trop favorisé d'elle, pour l'honneur qu'elle tâchoit de lui faire, qu'il tournoit à amour (comme amants prennent tout à leur avantage), ou pour être trop près de ce doux feux, se sentit tellement embrasé et altéré, que toute son attente n'étoit qu'à complaire à sa chère captive, qui, par une cruelle revenge, le captivoit ores si étroitement, que combien qu'il eût (recueillant son ancienne vertu) résolu de s'en délivrer, toutefois force lui fut de requérir grâce les mains liées; tellement que ce mal, petit à petit, se fit si grand pour lui avoir donné racine, que puis après, ni l'espace du temps, qui dompte tout, ni l'éloignement de sa mie, ni la mémoire des services reçus d'Éraste, qui l'obligeoient à n'être ingrat, ains retrancher ses passions, ne le pouvoient empêcher, qu'il ne se repentît amèrement de son offre et libéralité trop inconsidérée, qui lui avoit fait donner chose qu'il devoit avoir plus recommandée et précieuse que la moitié de son État; tellement que, ne pouvant trouver remède en sa naturelle constance, résolut enfin de lâcher la bride de ses rebelles et indomptables affections, n'estimant rien lui être impossible, et espérant que Perside, vaincue de ses bienfaits, lui en rendroit enfin gracieuse récompense. Parquoi, délibéra lui faire savoir combien il enduroit pour un amour, et, prenant encre et papier, écrivit ce qui s'ensuit:

« Si les dieux, ayant fait l'homme, lui eussent fait aussi cette libérale faveur, que de lui donner la seigneurie sur soi-même, pour maîtriser de pleine puissance ses passions rebelles, je ne serois en peine, belle Perside, d'implorer un nouveau secours pour résister aux assauts que me livrent mes ennemis domestiques, comme celui qui, après avoir longtemps combattu pour la défense de ma liberté, me sens tellement oppressé de la multitude des assaillants, qu'il me force de me soumettre à la merci de leur superbe victoire, vu que si gracieuse composition m'est promise. Et ne faut, maîtresse, que demandiez quel est ce puissant adversaire, sachant que toutes les puissances de ce monde me sont assujetties, fors votre rigoureuse beauté, laquelle a fait si large brèche en mon cœur, que, quelque bon rempart que j'aie voulu faire et opposer, il m'est impossible de repousser les furieuses alarmes que jour et nuit me donne la perpétuelle souvenance de vos rares perfections. Et, combien qu'il me soit fort grief d'être devenu esclave de ma propre captive par la vengeance du cruel Amour, pour avoir méprisé ses forces invincibles ; si est-ce que, considérant le mérite de vos divines grâces, j'ai de quoi me glorifier d'être asservi à cette souveraine beauté, qui, seule, est digne de commander à un Soliman, auquel tout obéit ; espérant que, si elle n'est démentie par une secrète dureté, vous récompenserez bientôt les pénibles travaux de celui qui attend tout son bien de votre faveur.

« Sultan SOLIMAN. »

Ces lettres bien closes, et cachetées de l'anneau royal, furent délivrées à un page dont la fidélité étoit bien connue ; lequel, instruit de tout son devoir, arriva en toute diligence à Rhodes, où il trouva celle, pour laquelle il étoit venu, seule avec ses damoiselles : car pour lors Éraste étoit allé à la chasse. Parquoi, le page, ayant fait très-humble révérence à la dame, lui présenta les lettres de son seigneur, avec ses très-affectionnées recommandations ; lesquelles elle reçut et baisa avec mille grand-mercis[1] de la bonne souvenance que le roi avoit de son humble lieutenant Éraste. Puis, se retira à part, et lut, non sans grand trouble d'esprit, tout le contenu. Toutefois, dissimulant prudemment ce qu'elle en pensoit, avec une face riante et bien déguisée, s'enquit des affaires de toute la cour, et si le porteur avoit point autre charge, encore que les lettres ne portassent créance. Lequel répondit qu'il n'avoit autre chose à faire que de s'en retourner en diligence, avec réponse des lettres qu'il avoit apportées : qui fut cause que la dame, se retirant en son cabinet, print plusieurs fois la plume, qui de honte lui tomboit des doigts ; toutefois, sollicitée et pressée par son devoir, écrivit telle réponse :

AU GRAND-SEIGNEUR, MON SOUVERAIN.

Monseigneur, j'ai reçu les lettres qu'il a plu à Votre Hautesse m'écrire ; desquelles le dehors, pour l'honneur qu'en prenant cette peine avez daigné faire à votre très-humble servante, m'a apporté autant de joie, comme le dedans d'icelles m'a causé de merveille ; si que, quand j'y pense, je ne sais si je dors ou veille, étant contrainte de me défier de mes propres yeux, pour ne pouvoir me persuader ni imaginer comment Votre Excellence, vrai miroir et exemplaire de souveraine vertu, ait pu rendre sa main tant ennemie de son cœur, que de lui faire écrire chose du tout contraire et aliène[1] de votre réputation tant sincère. Mais, pource que je ne doute point, monseigneur, que votre grandeur, en se jouant et pour son passe-temps, ne veuille faire essai si j'ai bien fait mon profit des bons exemples qu'à toute heure on peut remarquer en Votre Majesté, je la supplie en toute humilité, pour réponse, qu'il lui plaise s'assurer que les bienfaits de sa magnificence m'ont tellement astreinte à son service, que je chercherai toute ma vie, et m'estimerai très-heureuse, si je peux trouver le moyen de lui complaire, tant que les bornes d'une sainte pudicité pourront souffrir et permettre ; pour laquelle je tiendrai bon jusques au dernier soupir de ma vie, sachant qu'encore que celui qui m'a faite me puisse défaire ; toutefois, celle ne peut jamais être forcée, qui peut et sait mourir, ce qui m'est plus agréable qu'une vie pleine de toutes délices et grandeurs mondaines. Et, sur ce témoignage, que je scellerai de mon sang, je baiserai, monseigneur, en tout devoir d'humilité, les mains de votre très-victorieuse seigneurie, avec dévotion de demeurer pour jamais

La très-humble et très-obéissante servante du magnanime empereur des Turcs.

PERSIDE.

Le page, ayant sa dépêche, sans faire plus long séjour, apporta en toute diligence ces lettres à son maître, qui l'attendoit en grande espérance ; mais, après les avoir lues, trouva bien peu d'amendement[2] en leur sage réponse. Parquoi, ne sachant plus en quoi se résoudre, délibéra, pour son soulagement, de se déclarer à un sien parent, beillerbec[3] de Servie, nommé Brusor, qui, comme tous les autres princes et sangiacs[4], portoit extrême envie à

---

[1] L'ancienne édition porte *grammercis*, selon une orthographe singulière, qui de deux mots distincts en avait fait un seul.

[1] Étranger, éloigné. — [2] Soulagement.
[3] Pour *beglierbey* ou *beglierbeg*, gouverneur général d'une province.
[4] Pour *beys*, ou *beysangiac*, ou *sangiacbeghi*, officiers turcs, gouverneurs particuliers des villes sous le *beglierbey*.

Éraste, pource qu'il avoit été plus avancé par l'empereur, que ne vouloit leur ambition. Or, après longues délibérations et conseils sur cet affaire, fut avisé entre eux deux, qu'il étoit impossible de jamais avoir cette rebelle et farouche Perside, si, premier, Éraste ne lui étoit ôté; ce qui seroit aisé à faire, quelque amour que la gendarmerie, tant de janissaires qu'estradiots[1], lui portassent, si on l'envoyoit quérir à Rhodes par le commandement de la seigneurie; lequel ne faudroit de venir soudain avec toute sa famille; puis, étant mis en prison, seroit accusé de révolte et rébellion, dont s'ensuivroit jugement et exécution à mort. L'empereur, ayant étroitement embrassé cet inique conseiller, et loué son invention, le dépêche pour aller à Rhodes, et mettre lui-même ce cruel dessein à fin. Or, après les accolements[2] et honneurs dignes de sa grandeur (qui dévoient bien divertir et rompre l'envie d'exécuter cet inhumain projet, s'ils eussent trouvé un cœur d'homme, et qui se fût pu gagner par courtoisie et innocence), il amena le pauvre Éraste à Constantinople, sous prétexte de quelque bonne intention. Là il ne fut pas plutôt arrivé, que le prévôt de l'hôtel le saisit, et mit en prison étroite. Lors, pensoit bien le roi se venir saisir de s'amie, comme un oiseau rapineux qui fond à plomb sur la proie, ne sachant rien de la maladie de Perside, qui l'avoit retenue. Ainsi advint qu'il se trouva fort déçu, et, déplaisant de s'être tant hâté, pensoit comment il rhabilleroit sa faute; résolu, toutefois, de battre le fer pendant qu'il étoit chaud, fit brèvement faire le procès au pauvre gentilhomme. Parquoi, par faux témoins, dont il avoit fait provision, le convainquit de rébellion et trahison, à savoir, d'avoir voulu remettre Rhodes entre les mains des chrétiens, et, pour cette cause, lui fit trancher la tête. D'ond tous ceux auxquels la vertu étoit en recommandation, furent si mal contents, qu'ils ne se purent tenir de murmurer et faire sédition; tellement, que Perside, qui ne pouvoit être longtemps sans jeune mari, et s'étoit hâtée de guérir pour le venir trouver, fut soudain avertie de la trahison qu'on lui avoit si lâchement brassée, et de la piteuse mort qui s'en étoit ensuivie. Parquoi, à ces tristes nouvelles, fut assaillie d'une si forcenée douleur, qu'elle retourna pâmée au lit, dont elle étoit relevée; et, par l'effort de cette mortelle passion, eût là fini le petit reste de sa vie; même, craignant qu'il ne fût trop long, le vouloit avancer par une main vengeresse de son malheur, si que, battant sa blanche poitrine et déchirant ses blonds cheveux, délibéroit en soi quelle subite mort lui seroit plus favorable, puisqu'il n'y avoit plus de faveur pour elle en cette vie; quand le bon serviteur Pistan, qui s'en étoit retourné après la mort de son maître, ne la pouvant consoler, ne détourner du mal qu'elle se machinoit, lui dit: « Au moins, madame, dilayez[1] jusques à ce qu'ayez vengé la mort du meilleur chevalier qui jamais porta lance, et qu'ayez témoigné combien son innocence a eu en vous de pouvoir, voire après sa mort. Puis, nous lui en irons porter joyeuses nouvelles, au paradis des bienheureuses âmes, où il nous attend. » Ce qui la réprima aucunement. Parquoi, reprenant un courage viril, fit provision de gens de guerre et munitions nécessaires pour résister au barbare Soliman, qui ne tarda guère à venir avec grand appareil, pour envahir cette invincible chasteté, comme un lion rugissant engloutit une peureuse biche. Mais le château fut, contre son attente, si bien défendu, qu'il ne savoit où il en étoit, maugréant ores sa tyrannie, ores sa lubricité, cause de si grands maux; toutefois, se délibéra, quoi qu'il en advînt, de passer outre, et en voir la fin à quelque prix que ce fût. En quoi il eût été trompé, si la dolente Perside, se lassant de vivre si longtemps après la perte de son cher mari (dont le regret ne lui donnoit aucunes trêves de repos), ne lui eût aidé, lui tardant bien qu'elle ne témoignât aux cendres de son Éraste, dont la vive mémoire la tuoit, que sa mort n'avoit éteint leur éternel amour. Parquoi, vêtant les armes (armes qui furent autrefois à son ami; je dis ces armes vertes, dont la parfaite trempe fut si redoutable) après maints regrets, qui émouvoient à pitié les tours sourdes de la forteresse, monta au plus haut d'un donjon, où, tendant les yeux et les mains join-

---

[1] Ou Albanais, chevau-légers destinés à courir l'*estrade*, battre le pays et faire des escarmouches. Les *estradiots* se mettaient à la solde des princes allemands catholiques, au seizième siècle. Ils figurèrent aussi dans les armées de Louis XII et de François Ier en Italie. — [2] Accolades.

[1] Attendez, retardez.

lés vers le ciel, pria son Créateur de recevoir son âme pure et nette entre ses bras, auprès de celle[1] et de celui qui, en son corps et ores dehors, étoit l'unique seigneur de ses chastes et sincères désirs. Puis, baissant ses yeux plorants vers la mer, avisa les Turcs se préparant à donner l'assaut pour entrer, entre lesquels reconnoissant Soliman, s'écria : « Ah ! malheureux barbare, ah ! cruel, ah ! ingrat des bienfaits de mon Éraste, que tu as si mal récompensé, rassasie, rassasie-toi ores du sang de ton fidèle serviteur, car tu ne l'as pas tout tué : en voici encore une moitié ; mais achève la méchanceté, si elle peut au moins trouver achèvement. » Ce dit, passa toute la tête et le sein par un créneau, faisant semblant de vouloir tirer contre les Turcs par cette canonnade[2] ; lesquels, cuidant que ce fût un soldat, lui mirent à coups de mire deux balles dans l'estomac. Adonc la vertueuse dame, sentant les approches de sa mort, s'assit, croisant ses bras, et reposant sa tête contre une pierre, comme un épi plein de blé dont un vent a rompu le tuyau. O constance digne des cieux ! ô mort digne d'éternelle vie ! les anges blanchissants puissent porter ton âme entre les bienheureux ! Et toi, malheureux canon, es-tu pas bien en dépit de Nature, puisque le fer et le feu de ton tonnerre a osé offenser le chef-d'œuvre d'icelle ? Ah ! belle et vertueuse damoiselle, que le ciel prodigue de ses dons envers vous, fut chiche de vous envers le monde, lequel, pource que n'étiez point abjecte comme ses créatures communes, ains sous une écorce humaine gardiez une précieuse scintille de divinité, ne vous a pu endurer, comme nous voyons un fou faire grand compte et embrasser sa marotte, foulant aux pieds un trésor ! Hélas ! belle, aurois-tu mérité si cruel traitement, sinon que tu ne voulois avoir meilleur marché que celui à qui ta destinée t'avoit vouée, afin que le couple des plus parfaits d'entre les humains, ayant été compagnons d'une brève et triste vie, s'accompagnassent à une douloureuse mort ? La nouvelle du merveilleux accident de cette dame ne fut guère celée à ceux du château, qui, étonnés d'une si grande constance, ne s'amusèrent à plaindre telle perte ; mais, comme jouant à quitte ou à double, délibérèrent d'imiter cette notable vertu, pour ne sembler en rien moindres que femmes. Parquoi, tant les hommes que les femmes, prindrent leurs armes aussi allégrement qu'une épousée fait ses accoutrements de nôces ; et, s'étant mis en belle ordonnance sous la conduite du bon Pistan, firent une furieuse saillie[1], où, après s'être lassés du grand massacre des ennemis, combattirent si désespérément, qu'ils ne se rendirent jamais qu'à la mort, qui, les prenant à merci, les affranchit glorieusement des misères de ce monde pour les faire triompher entre les citoyens des joies célestes, qui foulent la tête de l'inique Fortune. Alors le cruel tyran se fit maître du château, où, entrant en toute crainte, ne trouva créature quelconque, que le corps pâle de la courageuse Perside, ressemblant à une rose qui, de vieillesse, a perdu son teint vermeil, et eût-on dit qu'elle dormoit, si les yeux ternis et le sang perdu par les plaies n'eussent donné avertissement d'une certaine mort. Oh ! qui pourroit dire le deuil de Soliman, voyant, après tant de travaux, morte la beauté pour laquelle il vivoit ? Las ! après avoir mille fois baisé sa froide bouche, il tira son cimeterre, et, tout hors de soi, ne faisoit que blesser et tuer, menant le fer impiteux à tors et à travers, jusques à ce qu'étant laissé seul par ses gens, qui tous s'enfuyoient de son chemin, après être revenu à soi, s'avisa d'amender en quelque sorte sa faute, et en faire notable réparation aux âmes des deux amants si cruellement offensés. Parquoi manda tous les princes et seigneurs de ses pays ; puis, ayant mis tous les meilleurs statuaires, graveurs, peintres et enlumineurs en œuvre, fit faire un beau lit de marbre poli à l'ongle, où il fit coucher les corps d'Éraste et de Perside, embaumés et lavés d'huile de cèdre, sur des oreillers brodés et brochés d'or et de soie, les ayant fait premier vêtir des plus riches habits qu'il fut possible de trouver (où il n'épargna les perles et pierreries plus précieuses) ; puis les fit enclore d'une cellule de fin cristal de Venise, auprès de laquelle fit dresser un autel diversifié d'un lambris d'ébène, jaspe, jayet et porphyre, tout semé d'agates et marguerites, sur lequel étoit élevé[2] une image de Foi embrassant une Vénus, qui tenoit en sa main une roue ; et au sommet d'icelle étoit la

---

[1] C'est-à-dire, l'âme d'Éraste.
[2] Il semble que ce mot se prenait autrefois dans le sens d'*embrasure de canon*.

[1] Sortie. — [2] Pour *élevé*.

figure de Constance, tenant en une main l'anneau, et en l'autre la chaîne dont nous avons parlé ; et les Vertus tout autour, baissant leurs têtes en leur giron, tenoient une contenance désolée : le tout si bien entaillé, que je ne sais si non-seulement les sépulcres des rois Louis XII et François Ier [1], qui sont à Saint-Denis, en France [2], mais celui même tant renommé de Mausole [3] s'y pourroit comparer, vu que cet ouvrage surpassoit le Colosse [4]. Autour du lit où reposoient ces deux amants, étoient Pistan avec Agathe et les autres damoiselles qui furent trouvées mortes en la bataille, et toutes étoient arrangées en des chaires de corail et d'ivoire. Or, tout ceci se voit encore en une chapelle de marbre noir, au sommet de laquelle le triste Soliman, qui, tous les jours, visitant les ouvriers, baignoit leur ouvrage de tièdes larmes, fit ériger une pyramide de bronze, au sommet de laquelle fit pendre et étrangler le traître Brusor, pour loyer de son conseil, tel qu'avez entendu. Et plût à Dieu qu'ainsi en prînt à tous faux et séducteurs conseillers de princes ! Puis, avec tous les seigneurs et dames de la cour, alla faire, en habit de deuil, les obsèques et pompes funèbres, jetant les fleurs et parfums avec si grand deuil, qu'on les eût pensés eux-mêmes descendre au tombeau et jugés à mort. Voilà comment ce pauvre barbare, par un dernier honneur digne d'une somptuosité persique, voulut réparer la faute commise, de laquelle s'accusant soi-même, protesta d'en faire deuil toute sa vie, et dès lors institua une fête solennelle, encore aujourd'hui appelée des Tristes-Amours, où on va renouveler la piteuse mémoire des défunts, en faveur desquels l'empereur donna de grandes immunités et indulgences à toute l'île. Mais j'avois oublié, en prenant haleine, qu'en ce temple étoit une lame de fin or battu, où il fit écrire en lettres azurées toute l'histoire, avec l'épitaphe qui s'ensuit :

<blockquote>
Ami passant, qui, d'un œil
  Plein de deuil,
Regardes cet édifice,
Note d'un roi le forfait
  Qui a fait
Un si piteux sacrifice.

Dans ce superbe renclos [1]
  Sont enclos
Deux corps, auxquels la Nature
Voulut plus de bien loger,
  Que ranger
N'en pouvoit en créature.

Mais les cieux, jaloux du bien
  Terrien,
Ont voulu au monde indigne
Tollir son trésor meilleur,
  Par la fleur
De cette jeunesse insigne.

Envie, Fortune et Mort,
  Sous l'effort
D'une cruelle aventure,
Mirent, par divers tourments,
  Deux Amants
Dedans cette sépulture.

Répands donc ici tes pleurs,
  Jonche fleurs,
Et ta face désolée,
D'une parfaite amitié,
  Ait pitié,
Par Soliman violée.
</blockquote>

« Par cette piteuse histoire tragique, vous avez pu remarquer, gracieuse compagnie, mon dire être véritable, que toutes les plaintes, mécontentements et infortunes qui se trouvent en amour, viennent de la part des femmes, qui ont ce malheur en soi (voire même les plus parfaites), qu'il faille qu'elles soient toujours cause de quelque malheur, encore que ce soit malgré elles : comme l'exemple de notre Perside peut faire foi ; en laquelle, il semble que, par erreur de Nature, fut logé un cœur viril ; car pourroit-on trouver ou désirer plus ferme et constant amour que le sien, qui a duré obstinément jusques après sa mort. Et, toutefois, son malheur fut si grand, qu'elle fut cause et de la perte de son ami et de soi-même par deux fois : l'une, quand son pauvre amant, pour avoir au service de sa dame perdu sa chaîne, fut banni à perpétuité de sa gracieuse présence, sans que la mémoire de sa valeur

---

[1] Le magnifique tombeau de Louis XII est l'ouvrage de l'Italien Paul Ponce et de Jean Juste, de Tours ; celui de François Ier fut exécuté par Germain Pilon, d'après les plans de Philibert de Lorme. Voyez, sur ces deux chefs-d'œuvre de la sculpture le *Musée des monumens français* de M. Alexandre Lenoir.

[2] C'est-à-dire, dans l'Ile-de-France.

[3] Le tombeau de Mausole, roi de la Carie, était une des sept merveilles du monde. Pline nous en a laissé une description.

[4] C'est la statue du soleil, en bronze, haute de soixante-dix coudées, qui s'élevait autrefois à l'entrée du port de Rhodes, et qui était regardée comme une des sept merveilles du monde.

[1] Endroit clos, monument fermé.

nouvellement expérimentée, ni le mérite de son ancien amour, duquel la fidélité avoit tant de fois été témoignée, pût jamais trouver place au rigoureux cœur de cette injuste maîtresse (tant ce genre féminin se précipite à la merci d'une frivole opinion, qui lui fait clore la porte à toute vérité, par une amour de sa fantaisie opiniâtre : ce que jadis, considérant les sages législateurs d'Athènes, et, après eux, les Romains, leur ont interdit l'état de judicature, sachant qu'il n'y a si bon droit qui ne fût par elles perverti. La seconde fois fut que ces deux amants étant, par la faveur céleste, miraculeusement ralliés, et jouissant, contre toute espérance, du bien le plus désiré ; lorsqu'ils étoient plus accablés de leur malheur, ils furent désalliés par la faute de la trop belle épousée, qui, pour avoir trop plu au roi, et approché le feu trop près des allumettes, fut cause de la perte de son Éraste et de la sienne propre ; puis après, quand tenant bon en son château, pour amender sa faute, elle préféra courageusement l'honneur à la vie. En quoi, je confesse bien qu'elle satisfit aucunement à son ami mort ; mais, si l'on en vouloit accuser Soliman, ceux qui sont juges légitimes en la Cour d'Amour[1] l'excuseront facilement, quand ils se souviendront que la force d'amour nous contraint à faire choses impossibles de nature et de droit, et qu'il n'y a si constant, qui se peut garder de boire, étant brûlé de soif et trouvant une fontaine propice. De fait, le pauvre prince témoigna bien que ses passions, comme chevaux échappés, avoient surmonté le frein de sa raison, par l'amende et réparation qu'il en fit aux ombres des amants morts. Et telle fut la satisfaction, que fit jadis ce roi de France, par l'avis de son conseil, pour avoir injustement tué Yvetot[2], duquel il affranchit les terres en toute souveraineté ; faisant jouir ses hoirs du droit de roi en Normandie, qui fut peut-être cause que l'âme de l'occis porta sa mort plus patiemment ; car les histoires sont toutes pleines de vertueux courages, qui ont volontairement perdu leur vie pour gagner par leur mort quelque profit et avantage à leur patrie, parents ou amis ; comme firent nos amants, qui par leur mort apportèrent des priviléges à leur île, réduite en la servitude de ses ennemis. » A quoi, Mlle Marie répondit : « Vous vous émancipez un peu, monsieur ; mais, de peur de sortir trop loin de nos limites, je vous prie, tournons bride vers votre conclusion, par laquelle vous remettez toute la cause de la misère de ces infortunées amours sur Perside, que (après avoir, par contrainte, louangée) vous accusez d'avoir bouché l'oreille à la justice de la cause de son Éraste, qui méritoit bien excuse et absolution ;[1] secondement, de s'être trop étudiée à complaire, le jour de ses noces, à l'empereur, lequel vous voulez excuser de ce qu'il s'est laissé vaincre par ses vicieuses affections, combattu par l'effort d'une beauté à laquelle on ne sauroit résister, tant il y a d'impuissance aux hommes. Mais, je vous prie, pourquoi votre Soliman n'imitoit-il la vertu d'Agésilas[2], qui refusa le baiser de Mégabatte, disant : « Belle, gardez votre liberté sans m'ôter la mienne ; » ou la sagesse du jeune Alexandre, qui saluoit les filles du roi Darius, sans les oser regarder, de peur que leurs beaux yeux fissent mal aux siens ; ou la continence de ce brave empereur romain, qui pour son butin ne voulut recevoir la belle Carthaginoise, ce qu'il eût, disoit-il, volontiers fait, s'il n'eût été que simple soldat ; mais il estimoit, qu'un qui se mêle de commander, se doit montrer plus excellent que ceux auxquels il commande, en se commandant soi-même, et refusant d'être commandé d'aucun. Toutefois, votre Turc ne garda cette belle leçon, ains reçut bien le don qu'on lui fit de la belle Rhodienne, et ne put contenir ni ses yeux, ni ses mains, ni son cœur. Et, pour défendre en un mot Perside, les théologiens tiennent qu'il ne faut pas juger les actes bons ou mauvais par ce qui s'en ensuit, mais par l'intention qui a été motive de

---

[1] Les Cours d'Amour, si célèbres au moyen âge (voy. sur ce sujet l'ouvrage du président Rolland), n'existaient plus depuis longtemps ; mais leur souvenir s'était conservé partout, et le commentaire du jurisconsulte Benoît Court sur les *arrêts d'amour* se lisait encore.

[2] Selon Chassanée et Chopin, qui ont renchéri sur les fables racontées par Robert Gaguin, Nicole Gilles et Du Haillan relativement à l'origine du *royaume d'Yvetot*, Clotaire Ier, roi de France, ayant tué dans l'église de Soissons Gautier, seigneur d'Yvetot, qu'il soupçonnait de trahison, érigea en royaume la petite seigneurie d'Yvetot. Ces fables ridicules ont été réfutées dans l'ouvrage suivant, publié en 1615 : *De falsâ regni Yvetoti narratione, ex majoribus commentariis fragmenta*.

[1] Il faut sous-entendre : *que vous accusez*.

[2] C'est Agésilas II, roi de Sparte, dont la vie se trouve parmi celles des *Hommes illustres* de Plutarque.

cet acte; qui fait que les parures et allèchements d'une Cléopâtre ou d'une Hérodie[1] sont condamnés; car l'une vouloit complaire à l'empereur Antoine, par une envie de mal employer sa beauté trop lubrique; et l'autre, pour gagner envers Hérode, qu'il accordât la mort de saint Jean-le-Baptisateur, par une promesse inconsidérée. Mais la beauté exposée à nu d'une Suzanne, Bethsabée, Judith ou Esther, n'est point reprouvée, quelque mal qu'il en soit advenu de la part d'une, pource que leur intention étoit sincère. Et n'y a excuse qui garantisse les hommes; lesquels, sachant leurs imperfections, devroient clore les yeux, de peur de voir trop; mais, au lieu de regarder les filles à verre[2] dormant (comme on dit), c'est à qui les contemplera plus à clair. Et puis, par leur excuse, ils font comme l'ivrogne, lequel blâme le vin : qui n'est autre chose que se cacher en l'eau, de peur de la pluie. Parquoi, à meilleur droit, nous excuserons la beauté de Perside, pour blâmer les désordonnés désirs du barbare, lequel, étant fils du plus méchant et cruel empereur qui jamais porta couronne[3] (quand même Néron s'y voudroit opposer), voulut surmonter son père, pour faire vrai le proverbe, qu'un aigle n'engendre point un pigeon. Et, quant à ce que la blâmez de n'avoir reçu en payement les belles excuses de son ami, je vous prie, que pouvoit-elle moins faire, voyant et reconnoissant sa chaîne au cou d'une belle fille (entre lesquelles coutumièrement se nourrit jalousie), sinon penser que son Éraste lui avoit donnée, et, lui ayant donnée, que ce n'étoit pas pour mal qu'il lui vouloit? Mais quoi! direz-vous, quand on lui juroit la vraie vérité, si la devoit-elle croire? Ce que je fais grande conscience de vous accorder, car, si cela avoit lieu, il y auroit gain à faillir, quand on seroit quitte par un serment; ce qui, toutefois a toujours trompé les pauvres filles, croyant que tout ce qu'on leur dit soit vrai, comme ce qu'elles disent, ainsi que la nymphe OEnone nous apprend à son dommage, déçue par un pasteur simple, qui, outre

[1] Hérodiade.
[2] L'ancienne édition porte voirre, comme on écrivait alors ce mot. On appelle verre dormant un verre très-épais qui n'intercepte pas la lumière, mais à travers lequel les yeux ne peuvent distinguer les objets.
[3] Sélim Ier fit empoisonner son père Bajazet II, assassiner ses deux frères, mettre à mort huit de ses neveux et les plus fidèles de ses bassas, etc.

qu'il lui étoit fort redevable, lui faisoit tant de belles promesses, que les arbres du mont Ida en étoient témoins, portant gravé en leur écorce :

> Plutôt Xante, qui sablonne,
> Verra ses ruisseaux taris,
> Que jamais le bon Pâris
> Puisse oublier son OEnone.

« Et, toutefois, il l'oublia bien et changea son affection, sans que l'eau du fleuve changeât. Mais, pour n'aller pêcher si profond, je ne demande, pour vous y vaincre que l'oracle de vos poëtes, desquels vous apprenez à aimer, car ils vous donnent licence de tromper les pucelles, non-seulement par simples paroles, mais même par juremens; desquels, Vénus, par sa bulle et indulgence plénière, vous donne absolution; si bien que votre Jupiter, roi des amoureux, quand il voit que quelqu'un en jurant a trompé une fille, il saute de joie d'avoir un si bon disciple : comme si les tromperies étoient les sauces qui font trouver l'amour plus savoureux. — Pardonnez-moi, madamoiselle, répliqua le gentilhomme, vous le prenez un peu trop haut pour frapper au blanc[1]; car, quelque chose que j'aie dite, je ne désire autre chose, que les femmes crussent aussi bien les hommes, comme elles sont crues d'eux; et lors, tout se porteroit si bien, qu'il n'y auroit jamais en amour rien que réduire. Et, quant à l'excuse que cherchez théologiquement pour couvrir la faute que fit Perside, entretenant si curieusement par les appâts de ses bonnes grâces l'amour du roi, je ne m'enquiers point quelle étoit son intention; mais, puisqu'elle sayoit bien l'affection que le roi lui avoit portée, et que le feu qu'on pense bien être éteint, souvent par un petit souffle se reprend plus fort que devant; elle devoit par une sévère contenance retrancher tout ce qui pouvoit être resté. Et, si vous dites qu'il falloit bien faire honneur au roi, et qu'elle ne pouvoit moins selon son devoir; je vous demande quel souci devoit-elle avoir que le roi la trouvât belle ou non, pourvu qu'elle fût agréable à son mari? « puisque la plus grande vertu, disoit Euboïde[2], qui soit en une femme, est de n'être connue que de son mari; » car la louange d'i-

[1] Au but. Expression tirée du jeu de l'arc.
[2] C'est plutôt Eubulide, un des deux philosophes grecs de ce nom, qui vivaient dans le quatrième siècle avant Jésus-Christ.

celle (selon l'opinion d'Argée[1]) en une bouche étrangère, n'est autre chose qu'un blâme secret. Et même, c'est une chose dangereuse de vouloir trop plaire aux banquets, où on apporte, non-seulement la bouche prête à excès, mais aussi les yeux : qui fut cause qu'anciennement les femmes n'alloient aux banquets, ou, si elles y alloient, il falloit qu'elles fussent telles, qu'on demandât plutôt de qui elles étoient mères, que de qui elles étoient femmes; et ne leur suffisoit qu'elles fussent bien cachées et voilées, comme nous lisons, que ce grand Sulpice[2] répudia sa femme pour avoir été sans son voile.—C'est volontiers, dit le sieur de Ferme-Foi, pourquoi nos damoiselles se masquent aujourd'hui si soigneusement, et principalement les laides ; dont je fis un jour ces vers :

Pourquoi t'ébahis-tu, comme tombé des nues,
Si chacun est trompé des femmes de notre âge,
Puisque d'un masque faux nous couvrent leur visage;
Masque qu'elles ont bien, voire étant toutes nues
Pour déguiser leurs ris, leurs yeux et leur langage ?

—Mais, pour revenir à notre propos, reprint le sieur de Fleur-d'Amour, je ne requiers si grande observance à se cacher, comme gardent les Vénitiennes, qui veulent contrefaire les Lacédémoniennes ; car la chasteté, et non pas le masque, doit garder la beauté. Et n'eusse pas requis si austères mœurs en notre Perside, que d'être toute cachée au jour de ses noces, encore que l'on mette, comme il a été déjà couché aux armoiries anciennes, la tortue sous les pieds de la femme chaste, pource que la tortue vint aux noces de Dapsille toute couverte et cachée ; mais j'eusse désiré qu'elle se fût montrée un peu plus modeste. Car, comme disoit César, il ne faut pas que les femmes évitent le mal seulement, mais le soupçon du mal aussi ; qui fut cause que jadis Macrine fut onze ans, durant l'absence de son mari Torquate[1], sans sortir de sa maison, et mourut plutôt que de regarder par la fenêtre. Quant au second point, Perside, en ne voulant croire à son Éraste, montre que l'incrédulité de la femme est cause de grands maux.—Et en quoi, répond mademoiselle Marguerite, trouvez-vous les femmes plus incrédules que les hommes? Car saint Thomas[2] ne s'y accordera jamais, ne même ce grand empereur que venez nommer, qui aussi, pour n'avoir voulu croire sa Calphurne, fut si misérablement tué[3]. — Je ne cherche, dit le sieur de Fleur-d'Amour, autre preuve que ce qu'on en apprend en l'école d'amourettes, que nous appelons Paris, où, si une femme, pour ne voir toujours son mari en un même train, a pris quelque soupçon de lui, il aura beau jurer tous les saints de sa paroisse, si n'en croira-t-elle que sa fantaisie. Mais si le mari voit de ses propres yeux sa femme folâtrant, si lui sera-t-elle accroire qu'il la prend pour une autre, et lui fera requérir pardon du tort qu'il lui fait. » A ces mots, toute la compagnie se print à rire, et le maître d'hôtel, qui pieça attendoit, les pressa par prières d'aller souper. Parquoi, nous leur donnerons congé jusques à demain, s'il vous plaît.

---

[1] Roi de Macédoine, fils de Perdiccas et père de Philippe, 687 avant Jésus-Christ.

[2] Servius Sulpicius Rufus, célèbre jurisconsulte romain, ami de Cicéron et auteur de beaucoup d'ouvrages qui malheureusement sont perdus. Il fut consul l'an 702 de la fondation de Rome et rendit tant de services à sa patrie qu'à sa mort on lui décerna les funérailles publiques et qu'on lui érigea une statue dans le Forum.

[1] Cette Macrine était-elle femme du consul Manlius *Torquatus*, qui vivait dans le quatrième siècle de la fondation de Rome? Nous ne trouvons pas la source de ce fait.

[2] Saint Thomas, qui douta de la résurrection de Jésus-Christ et voulut voir et toucher avant de croire, a personnifié l'incrédulité chez les hommes.

[3] César refusa de se rendre aux prières de sa femme, Calphurnie, qui pressentait qu'il serait assassiné.

DEUXIÈME JOURNÉE.

Comme quand deux camps ennemis, s'étant donné journée pour expérimenter combien est grand, ou l'appétit de vengeance, ou l'amour d'un honneur qui s'achète au prix de beaucoup de sang, par égale force d'armes, et jusques à ce que la nuit, mère de confusion, les sépare de leurs prises acharnées par une nécessaire retraite, attendant d'un côté et d'autre, avec un désir impatient, la pointe du jour pour recommencer à toute outrance le combat intermis[1] : ainsi nos courageux champions, ayant remis à toute outrance l'âpre combat de la langue encommencé, épioient le retour du jour pour s'entre-donner revenge ; et principalement les filles, qui s'estimoient intéressées par l'avantage que les hommes avoient eu pour supprimer leur bon droit ; sinon que la liberté leur restoit égale de défendre leur cause la journée suivante. Laquelle venue, incontinent réveilla premier les filles, qui avoient un peu prins la matière plus à cœur ; lesquelles, levées les premières, avec des pleins coffins d'eau de senteur, où trempoit la poignée de fenouil, allèrent, pour aubade, donner la rosée des innocents à leurs adversaires[2] ; et, après s'être donné mille algarades, sans aucune rémission, et du pis qu'il fut possible, vinrent enfin à une paix et composition, qui leur donna le moyen de s'habiller. Ce qu'ils n'eurent plutôt fait, qu'il leur fallut descendre au jardin, où les tables étoient couvertes pour le dîner sous une belle treille triangulaire, aux pieds de laquelle étoit un beau rang de rosiers, enlacés fort épais, qui faisoient comme un banc tout fleuri, et à chacun coin étoit la statue d'un satyre, tenant en une main la coupe de jaspe, si bien marquetée de vermillon qu'on l'eût pensée pleine vin, et tous trois sembloient semondre[3] à boire trois nymphes, entaillées proprement autour d'une prochaine fontaine, ayant leur tête cornue appuyée sur l'autre main, et sous le coude de chacun avoit son tableau ; en l'un, étoit écrit :

> A l'ombre des pampres verts
> De cette tortue vigne,
> Je veux, couché à l'envers,
> Hausser la tasse bénigne :
> Qu'Amour donc, se troussant,
> Me vienne du vin versant !
> Car, comme une roue agile,
> L'âge fuit, qui ne revient,
> Et tôt en cendre devient
> Notre corps jeune et habile.

Puis, au rouleau[1] de l'autre satyre, on lisoit :

> Pourquoi perdez-vous les lis
> Et les odeurs sur ma cendre ?
> Plutôt, d'œillets frais cueillis,
> Couronnez-moi le poil tendre,
> Et menez m'amie ici
> Pour détremper mon souci,
> Afin qu'avant la journée
> Qu'il me faudra devaller[2],
> Pour, avec les morts, baller,
> Tristesse soit détournée.

Et au pierron[3] du troisième sylvain :

> Marions avec Cythérée
> Bacchus, qui rit blanc et vermeil,
> Buvant la liqueur du sommeil ;
> De belles roses ceinturée,
> Rose, douce reine des fleurs ;
> Rose, du printemps les faveurs ;
> Rose, des cieux le cher déduit ;
> Rose, dont Amour se couronne,
> Quand aux Grâces la main il donne,
> Et leur gaie danse conduit.
> Donc, de roses ferai ma crête,
> Et de vin remplirai ma tête,
> Puis, la plus belle choisirai,
> Et la danse je conduirai.

La table, d'une pierre ronde, étoit au milieu de ces trois biberons, et, autour d'icelle, y avoit force de petites images de diverses formes et figures, qui servoient de scabeaux ; mais, pour le buffet étoit un jeune pasteur qui tiroit une bergère par son devantier[4], sur lequel on pouvoit fort proprement mettre les verres. Le pastoureau faisoit un beau lieu, pour mettre la bouteille, du bout de sa houlette, où étoit écrit :

> Un qui plus est vieil, plus est fort ;
> Un qui plus est fort, moins ennuie ;

---

[1] Interrompu.
[2] Voyez, sur l'usage de *donner les Innocens* aux filles surprises dans leur lit, la note 2 de la page 457. Mais ce passage prouve que les femmes prenaient quelquefois leur revanche en *innocentant* les hommes. — [3] Inviter.

[1] L'ancienne édition porte *rondeau*, ce qui n'a pas de sens. — [2] Descendre.
[3] C'est-à-dire, sur le tableau ou rouleau de pierre.
[4] Tablier.

Un qui plus assailli, plus mord ;
C'est le grand ami de la vie [1].

Et, sur la quenouille de la bergère, étoit la propre place de l'aiguière, où on pouvoit lire ces mots :

Une, qui sans pieds peut courir,
Une, qui sans langue caquette,
Qui en terre et en l'air s'apprête,
Se perd pour le monde nourrir.

Là étant toute la troupe rendue, trouvèrent la dame du lieu s'empêchant [2] fort à leur faire bonne chère, à laquelle le sieur de Ferme-Foi, et ses compagnons, faisant la révérence, dit : « Eh quoi ! madame, nous avons bien à nous plaindre de vous, qui à vos amis même étant chez vous, où ils devroient trouver assurance, ne gardez point équité et justice. — Comment cela, mon ami ? répond la bonne dame. — Pource, répliqua le gentilhomme, que ces damoiselles, se sentant aucunement intéressées de nos propos d'hier, au lieu d'en avoir réparation par justice, ont usé de main mise, et, par voie de fait, défendue par les lois, nous ont, ce matin, couru sus si outrageusement, que, si vous nous accusez de vous avoir fait attendre à dîner, nous avons bonne occasion de les appeler à garant, comme cause de notre dilayement [3]. — Non, non, dit la dame en riant, si vous avez été un peu longuets à venir dîner, vous en avez gagné absolution par le jeûne qu'en avez fait. Et quant à la force et violence qui vous auroit été faite contre le droit d'hôtelage [4], tant saint et inviolable, il n'est pas à croire que deux filles aient osé assaillir trois hommes ; mais je vois que c'est à qui se plaindra le plus. — Il vaudra donc mieux, madame, dit alors le sieur Fleur-d'Amour, que nous mettiez hors de cour, avec défenses étroites de procéder plus outre sur peine d'être punis comme perturbateurs du repos public. — J'en appelle, dit Mlle Marie, car je ne consentirai jamais que emportiez ainsi l'argent du jeu ; ains requiers qu'il me soit permis de défendre la cause des dames, qui par vous furent hier tant blâmées. — C'est grand cas, répliqua le sieur de Bel-Accueil, que ces filles demandent toujours noise et querelle ; aussi, les poëtes disent que Mars, dieu de la guerre, naquit de Junon sans aucune compagnie d'homme [1], pour montrer que les femmes, seules, par leur propre mouvement, sans être provoquées d'aucun homme, forgent les débats : qui est, à mon avis, la cause pourquoi les Turcs ne veulent point de femmes en leur paradis. — Est-il possible ? répondit la dame, je vous prie, contez-nous-en des nouvelles. » Lors chacun print sa place à table, et le gentilhomme commença de leur déduire brièvement que deux anges, étant envoyés de Dieu pour venir voir ici-bas comment tout se portoit, allèrent battre l'estrade vers Égypte, où ils virent une femme, d'excellente beauté, qui seulette alloit à sa métairie ; la beauté de laquelle les ravit tellement, qu'ils estimoient les cieux malheureux au regard [2] de la terre. Et, se communiquant l'un à l'autre leur affection nouvellement conçue (car les esprits savent tout, et rien ne peut leur être celé ne dissimulé), se firent compagnons en amour. Parquoi, sentant leur désir s'allumer tant plus ils approchoient de cet ardent objet, ne se purent si bien maîtriser, qu'ayant accosté la dame, ne la priassent d'amour, lui remontrant qu'elle ne feroit ce plaisir à des personnes viles, car ils étoient anges de nature céleste (comme ils lui donnèrent témoignage certain), et qu'ils ne seroient ingrats à reconnoître cette courtoisie ; qu'ainsi ne fût, ils lui accorderoient tout ce qu'il lui plairoit demander. A quoi la dame, qui n'estimoit ces divinités dignes de sa faveur (car les femmes sont de cette nature, qu'elles ne font compte d'un honnête poursuyvant, prisant plus quelque gros maraud, comme nous voyons les louves choisir le loup plus vilain, maigre et défait), fit réponse qu'elle se sentoit bien honorée de si avantageux parti, et étoit prête d'acquiescer en tout et partout à leur vouloir, pourvu qu'aussi de leur côté ils tinssent leur promesse : de quoi elle vouloit être assurée premier que passer outre, pource qu'elle n'avoit la puissance de les contraindre, comme ils avoient sur elle. Or, la requête qu'elle leur fit, pour loyer de son amour, fut

---

[1] Le mot de cette énigme est *vin*, celui de la suivante est *eau*.
[2] S'occupant, s'employant.
[3] Délai, retardement. — [4] Hospitalité.

[1] Selon quelques mythologistes seulement, Junon aurait conçu Mars sous l'influence d'une fleur génératrice que Flore lui avait enseignée ; mais selon les autres, Mars serait fils de Jupiter et de Junon. Il vaut mieux adopter la fable allégorique de la mythologie : Jupiter avait fait sortir de son cerveau Minerve, déesse de la paix ; Junon tira de ses entrailles Mars, dieu de la guerre.
[2] En comparaison.

qu'ils lui apprissent l'oraison qu'ils disoient pour monter au ciel. Ce que les anges, s'échauffant en leur harnois, lui accordèrent volontiers ; et lui dirent mot à mot, si bien que la femme, la prononçant, soudain se sentit élevée de terre par une force inconnue. De quoi les anges étonnés, et connoissant leur faute, coururent après pour l'arrêter, lui disant que Cupidon n'habitoit plus au ciel. Mais, comme quand des oiseaux ennemis se poursuivent, celui qui bat plus roide à tire-d'aile outrepasse les autres, ainsi cette femme, ravie et d'esprit et de corps par ce nouveau miracle, voyant ces deux oiseaux célestes courir après elle, n'eut autre recours qu'à son oraison, qu'elle si dru dit, que les anges (pour n'avoir la langue si légère qu'ont les femmes) ne la purent attraper, et force leur fut de demeurer loin derrière. D'ond advint que les petits démons et farfadets, qui ont la charge de faire la sentinelle[1] au ciel, desquels il y en a qui, là regardant par le pertuis de chacune étoile, attachée avec une chaîne d'argent, comme qui attacheroit une lanterne à une fenêtre, s'écria qu'il découvroit de loin je ne sais quoi qu'il n'avoit accoutumé de voir, et se demandoient l'un à l'autre leur avis. « Car, disoient-ils, ce n'est pas un ange, ni un des titanes[2] et géants, qui voulurent prendre jadis le ciel par escalade, ni un diable ; toutefois, il ne s'en faut que les cornes ! » Et, sur ces disputes, craignant d'être surpris, s'écrièrent d'effroi : « Arme, arme, arme ! » Lors, un grand balafré, qui étoit caporal, sort du corps de garde, demandant : Qui va là ? Auquel fut montré le terrible animal voulant fausser les sentinelles, qui soudain fut arrêté (pource qu'il ne savoit pas le mot), jusqu'à ce que le conseil en eût ordonné. Lequel, assemblé, tomba en grand doute : « Car, disoient les uns, c'est une femme ; de la renvoyer en terre, il n'y a point de propos, si nous ne voulons qu'elle décèle tout ce qu'elle a vu ici ; car elle aimeroit mieux mourir, qu'elle n'en babillât (au moins si on lui défend de ce faire) ; » les autres disoient qu'il falloit faire comme les moines, qui mettent ceux qui les ont vus trop privément gouverner, *in pace*. A quoi le Destin répondit, que l'heure n'étoit point encore venue. « Voire-mais, répondit l'autre, si ne faut-il pas qu'elle vienne ici entre nous, car elle ne cesseroit de nous mettre en débat par ses curiosités. Possible aussi que nous nous entrebattrions à qui l'auroit. » Enfin, après maintes raisons alléguées d'un côté et d'autre, il fut avisé qu'on assigneroit quelque lieu à cette importune femme, le plus convenable qu'on pourroit trouver ; qui fut la lune. Laquelle fut tant tourmentée de cette volage hôtesse, que, depuis, elle n'a eu repos, ne sachant en quelle façon se mettre et parer, regardant ores d'un visage plein, ores demi, ores tout caché, et faisant plus de chemin en un mois, que tous les autres corps célestes en un an entier. Même quelquefois cette femme curieusement aller épier que font les dieux au conseil : d'où étant chassée par les archers de la garde, ne cesse de bruire à belles injures ; et c'est ce tonnerre que nous entendons ainsi gronder d'une ardente colère ; et pource que les Corps supérieurs ont obtenu, en un concile général, permission de départir à leurs amis d'ici-bas quelque influence de leur naturel, bon ou mauvais ; de là s'est ensuivi que cette femme, étant comme l'intelligence motrice[1] de son planète, départit aux inférieures créatures (qui sont de son espèce et sexe, à savoir, les femmes de ce monde) tout son naturel, qui, pour ce, sont dites curieuses, volages, noiseuses, muables et, pour dire en un mot, lunatiques ; dont, à bonne raison, il n'y en doit avoir au manoir des bienheureux ; voire que plutôt tout autre genre d'animaux entreroit en ce paradis, qu'une femme, comme nous lisons que l'entrée du ciel, refusée à la femme, ne fut point refusée à la bête qui porta Mahomet en paradis[2], tant les dieux craignent ce malheur. Ainsi, par ce qui a été dit, sans poursuivre la punition qui fut faite des anges, qui avoient décelé l'école, et déduire plus au long ce que les femmes font aux enfers de l'Alcoran (où elles n'ont autre plaisir que d'accuser les ombres des pauvres hommes), nous conclurons que les femmes sont mises en terre seulement pour servir de malheur et tourment aux hommes, auxquels Dieu, en récompense de la félicité qu'il leur a départie, a donné ce mal comme pour un fort contre-poids à tant de bien,

---

[1] L'ancienne édition porte *sentille*, ce qui est une faute évidente.
[2] Pour *titans*.

[1] Pour *motrice*. On pourroit aussi lire *notoire*.
[2] Mahomet, dans son Coran, raconte son ascension nocturne aux sept paradis, sur le dos de la jument *Boruck*.

car il mêle toujours l'un avec l'autre. De là vient que ce sage Romain disoit : « Si le monde étoit sans femme, ce ne seroit plus le monde des hommes, ains des dieux; mais le ciel a voulu qu'avec femme on ne pût vivre du tout, tant ce mal est nécessaire. » A quoi Mlle Marguerite répondit : « Vous deviez, monsieur, chercher des oreilles fableuses, si vous aviez désir de faire valoir vos fables; car, si elles ne trouvent autre logis qu'en cette compagnie, elles sont en danger de coucher dehors. Mais, pour démolir et détruire tout ce que vous cuidez si bien avoir bâti, je vous prie, si la femme étoit un si grand mal, comme vous dites, pourquoi est-ce que les anciens, qui ont vécu plus heureusement, ont eu plus de femmes que ceux d'à présent ? Car, si votre dire avoit lieu, il s'ensuivroit que, ayant eu plus de femmes, ils devoient avoir plus de mal, et que ceux étoient plus fols entre eux qui vouloient avoir plus de femmes : dont il faudroit inférer que Salomon, appelé le Sage, étoit bien fol d'en prendre jusques à mille, puisqu'il n'en avoit que trop d'une. Mais tant s'en faut qu'il nous faille faire force, et nous arrêter à cette fausse proposition, qu'il seroit aisé à montrer, si nous voulons rechercher les choses un peu de loin, que tout le mal est entré au monde par la porte que lui a ouverte l'homme, laquelle, toutefois, a été fermée par le remède que la femme y a apporté, d'un bonheur que Dieu lui a départi. Car il est dit que le Restaurateur[1], ennemi du serpent malin, naîtroit de la semence de la femme, et non pas de l'homme. — Ho! ho! quelle interprète vous êtes, mademoiselle, répliqua le sieur de Bel-Accueil; je crois que vous avez l'âme de quelque massoret[2] traversée au corps, voire et du plus subtil; mais j'espère que votre glose se trouvera légère d'un grain; car, quant à ce qu'alléguez la pluralité des femmes, qui étoit entre les hommes du temps passé, il est tout notoire que c'étoit pour le peu de compte qu'ils en faisoient. Aussi les Turcs, pour même raison, en ont autant qu'ils en peuvent nourrir, et en font une écurie. Mais, afin que vous ne cuidiez que je sois seulement fondé sur des raisons et exemples de païens, je vous prie, dites-moi, lisons-nous en l'Écriture-Sainte, que jamais femme ait été honorée du saint baptême, ou que Notre-Seigneur les ait voulu admettre au sacré mystère de la Cène ? Et, suivant cet exemple, le plus excellent des apôtres[1] ne leur a-t-il pas expressément défendu tout acte divin, comme prêcher et enseigner, pour montrer qu'elles en sont indignes ? Aussi, suivant ce, les sages brahmanes les chassoient de leur école. Mais, pour passer plus outre, avons-nous ès Saintes-Lettres aucun témoignage qu'il y ait des femmes en paradis ? Et avez-vous ouï jamais parler d'angesses, de chérubines ou séraphines ? Ce que je reconnois, toutefois, être une erreur des Saducéens, auxquels la sagesse divine a satisfait. Mais il est notoire qu'elles reçoivent en l'autre monde punition du mal quelles nous ont fait, et, si vous me demandez quelle, c'est qu'on leur ôte la langue. — Vraiment, dit la dame, votre langue n'a que faire de blâmer les autres, pour s'acquérir en blâmant louange de bien dire, car on ne sauroit bien dire en médisant. — Madame, répond le gentilhomme, si j'ai trop parlé, je vous prie m'excuser, considérant que je suis fils d'une femme, qui m'a laissé ce bel héritage. — Encore, répliqua la dame, et quoique je pense que vous ne voulez jamais bouger d'après ces pauvres femmes, vraiment, nous vous ferons bien taire[2]. — Non, non, dirent les damoiselles, il est assez puni du péché qu'il a fait; car il a dîné par cœur, pour l'affection qu'il avoit de médire des femmes. — Ainsi vous voyez, répondit le gentilhomme, que je ne vis pas d'amours, comme les autres. » Lors chacun se print à rire, et, se levant de table, firent deux ou trois promenades par les allées du jardin; puis, s'allèrent cacher à l'ombre d'un bosquet de romarins; où étant tous, la dame, tenant une branche de laurier, autour de laquelle étoient liées toutes sortes de fleurs en forme de la corne d'abondance, dit à sa fille : « M'amie, il nous souvient qu'avez promis de défendre aussi bien la cause des femmes, comme elle fut hier combattue par ces

---

[1] Pour *Régénérateur*.
[2] Rabbin juif, et docteur, en général.

[1] Saint Paul. Abélard, dans sa lettre à Héloïse sur l'origine des religieuses, présente la contre-partie de ces objections en faisant l'éloge des femmes d'après l'Évangile et les écrits des Saints-Pères.

[2] Cette phrase pourrait se ponctuer et s'entendre autrement : « Encore ! répliqua la dame. Eh quoi ! je pense que vous ne voulez jamais bouger d'après ces pauvres femmes ? Vraiment, nous vous ferons bien taire. »

mauvais, qui nous viennent faire la guerre. Et voici l'heure qu'il vous faut prendre votre revenge, m'assurant que toute cette compagnie ne vous déniera sa bénigne audience. » A quoi la damoiselle répondit : « Ma mère (ne l'appelant *madame*, comme ces tant bien apprises, qu'on diroit, à les ouïr, qu'elles sont bâtardes), je vous remercie humblement de m'avoir, par votre grâce, donné ce que je vous voulois demander. Et puisque, par le don de ce sceptre, m'octroyez et permettez de tâcher à secourir l'honneur des dames, en défaut de tant de bons chevaliers, qui les souloient défendre (desquels la race est morte, et en leur lieu sont venus des expugnateurs[1] et ennemis jurés de leur bon droit), je supplierai cette compagnie de suppléer à mon défaut ; car je confesse que le pesant fardeau de telle charge et la puissance de mon adversaire sont plus que suffisants pour m'accabler, si je n'étois secourue et aidée de l'équité de ma cause, qui d'elle-même se défend : laquelle, si elle trouve quelque lieu en votre bon jugement, comme j'espère, je me fais bien forte que, comme une Ariane avec son fil, ou une sibylle avec son rameau[2], je vous conduirai avec ce sceptre flori au logis où habite la Vérité tant cachée, que le sage Démocrite l'a cherchée au fond d'un puits. Donnez donc, je vous prie, plus de lieu à mes raisons (qui n'ont autre appui que de la simple Vérité), qu'au mille[3] des paroles fardées de mon adversaire, qui, comme un cauteleux oiseleur, adoucit sa voix pour décevoir ; et ne faites comme Midas, qui prisa plus la douceur d'une flûte, que la gravité d'un luth. Aussi, pource qu'êtes ici, vous autres hommes, juges en votre cause, ne vous laissez surmonter par une affection particulière, comme fit Tirésias, aveuglé d'esprit et de corps. Et vous souvienne de la peine que fit endurer le fils de Cyrus à l'inique juge[4]. Je vous prie, ma mère (de qui la prudence choisie doit vider notre différend), imiter cet excellent monarque, qui, tandis que le demandeur plaidoit, fermoit une oreille, disant qu'il la gardoit pour le défendeur, départissant également sa faveur. Et lors, il me sera facile de montrer que les malheurs qui abattent l'amour, ne viennent que par la faute des hommes, comme vous pourrez voir clairement par le bref discours d'une histoire fort merveilleuse, advenue depuis peu de temps. » Adonc, ayant fait une petite pause, elle commença ainsi :

SECONDE HISTOIRE.

Ce n'est pas chose étrange qu'un total bien conjoint et assemblé se maintienne par son union, voire s'accroisse en force et puissance, comme le bon père mourant apprenoit à ses enfants par le symbole d'un trousseau de flèches bien rassemblées[1] ; mais c'est chose digne de grande admiration, de voir une partie, séparée et démembrée de son total, se montrer aussi puissante que si elle y étoit une, attendu que, selon l'opinion du sage Empédocle, Nature ne se sert d'autre moyen pour détruire et ruiner toutes ses créatures, que de discorde et disjonction. C'est pourquoi, il ne faut trouver merveilleux si Rome, étant jadis chef de la meilleure partie du monde, a été non-seulement invaincue, ains victorieuse de tout ; mais chacun, avec moi, se doit bien étonner que cette monarchie romaine, s'étant vaincue soi-même par divisions et partialités, et, comme la tête d'une hydre, démembrée en tant de pièces, chacune d'icelles néanmoins se maintient si heureusement, que l'Allemagne, où reluit la principale pièce de cet empire d'Occident, non-seulement en général est effroyable à ses voisins, mais toutes les parties d'icelles, qui sont comme petits royaumes, osent résister aux efforts des plus puissants seigneurs, s'étant réservé, par une souveraine prudence, droit d'élire tels que bon leur semblera pour commander : en quoi ces petits rois se portent si bien, qu'ils ferment la porte à toute ambition, sachant que c'est la mort des États et seigneuries. De là vient la gloire de tant de victoires, dont cette nation est anoblie ; et de là viennent les grandes richesses dont une chacune seigneurie abonde, et les belles cités dont elle est de toutes parts remplie. Or, entre les plus

---

[1] Agresseurs, insulteurs.
[2] Allusion à la sibylle de Cumes, qui donne le rameau d'or à Énée dans l'*Énéide*.
[3] L'ancienne édition porte *mil*, qui pourrait se prendre dans le sens de *millet*, appât présenté par l'oiseleur.
[4] Cambyse II, fils de Cyrus, roi de Perse, condamna un juge prévaricateur à être écorché vif.

[1] C'est la fable d'Ésope, imitée par La Fontaine sous le titre du *Vieillard et ses enfants*, IV, 18.

nobles et illustres villes dont l'Allemagne se fasse renommer, Magence, à mon avis, doit bien obtenir un des premiers rangs, tant pour la beauté des édifices, que pour le voisinage de la rivière du Rhin, qui fait que le commerce et trafic l'enrichit merveilleusement et lui fait part des commodités étrangères. Là, n'a pas longtemps, étoient deux familles de marchands remarquables entre toutes les autres, tant pour leurs grands biens, qu'ancienne réputation. Desquelles l'une avoit un fils unique, gentil et autant accompli qu'on eût su désirer, nommé Herman; l'autre, une fille seule, belle et bien apprise, nommée Fleurie. Iceux (comme on voit ordinairement que pareils s'assemblent avec pareils, si l'envie n'y contredit) avoient destiné d'unir leurs maisons par l'alliance de leurs enfants; à quoi il sembloit que le vouloir céleste prêtât un laisible[1] consentement, ayant rendu les deux parties totalement égales en âge, en bien et bonté de mœurs, même de pareil et conforme amour, tant que le bas âge pouvoit souffrir; lequel, ayant, dès la tendre jeunesse, heureusement jeté ses profondes racines, et étant soigneusement cultivé par les privautés d'une mutuelle conversation, n'aspiroit à autre fin, pour sa perfection, qu'à produire de cette fleur un fruit désiré, et avancer sa saison selon l'ardent vœu et dévotion de leurs parents. Mais hélas! lorsqu'ils étoient sur le point de changer cette douce espérance en jouissance, Fortune s'opposa à si grand bien. Car vous devez entendre, gracieuse compagnie, qu'en la maison de la fille demeuroit un facteur, jeune et gaillard, nommé Ponifre; lequel, étant ordinaire gardien de la boutique, n'avoit guère autre occupation qu'à regarder les passants, et remarquer d'entre les femmes quelle beauté gagneroit le premier lieu dans son jugement particulier, et, à part soi, élire de quelle mort il aimoit mieux mourir; mais, après longues et attentives observations, confessa à soi-même, que ce qu'à si grande peine il cherchoit au loin, étoit auprès, car sa jeune maîtresse, sans doute, surpassoit d'autant le reste des filles de sa ville, que la lune surpasse les plus claires étoiles. Et lui revint si bien à son gré, ou soit qu'il l'eût premier regardée de trop bon œil (qu'on dit servir de préjugé[2] avantageux en amour), ou soit que la chose, en soi étant telle,

le contraignoit d'y prêter consentement, ou soit que le trop de loisir qu'il avoit l'induisît de chercher à se travailler et se mettre en besogne soi-même, il ne sut faire autre chose, que dès lors, sans contredit, s'abandonner à la miséricorde d'Amour: lequel, après l'avoir, pour quelque temps, tenu aux abois, et repu de ses ordinaires entrées de table, qui sont regards muets, soupirs incertains, solitude mélancolique, avec un silence qui transporte l'esprit une lieue par delà le bout du monde, lui fit venir l'appétit de plus solide pâture et de viande plus nourrissante; de sorte que le beau feu de Fleurie, pour lui être trop prochain, l'embrasa si vivement, qu'il le contraignit de prendre résolution trop hautaine pour ses débiles forces: savoir est, de la requérir des gages qu'attendent pour leur solde ceux qui combattent sous les enseignes d'Amour. Et tant plus la défiance de soi-même reculoit ses intentions par une sotte crainte, d'autant plus ce superbe dompteur des esprits lui serroit l'éperon dans les flancs, si bien que force lui fut de franchir toute difficulté qui se pouvoit présenter. O! que très-volontiers il l'appeloit sa maîtresse, pour ce que tel langage est coutumier aux amants! mais plus volontiers, il se fût essayé d'effectuer ses paroles par quelque serviable devoir. Toutefois, la pucelle simple, qui ne savoit que c'étoit qu'amour, ne prend garde à ses courtoisies, et n'a encore l'adresse de remarquer je ne sais quoi d'affection particulière. Ce que considérant, le facteur fit incontinent son compte qu'il falloit parler clairement, et non pas entre les dents, s'il vouloit sûrement pratiquer, et faire heureuse conquête des bonnes grâces d'icelle. Parquoi, prenant avec nouveaux habits nouveaux conseils, il se fait brave[1] et mignon; il se peigne, se fraise, se mire, et s'agence le plus soigneusement qu'Amour lui pouvoit enseigner; puis, s'étant disposé à toute hardiesse, l'alla trouver seulette; où, d'une langue tremblante, lui discourut, au mieux qu'il lui fut possible, ce qu'il avoit ouï dire des forces d'Amour, qui n'épargnoit personne, même (qui pis est) sans discrétion aucune, cet aveugle se plaisoit d'allier les petites choses aux grandes, faisant les rois courir après une beauté populaire, et contraignant, pour son passe-temps, les déesses d'abandon-

---

[1] Pour *tacite*. — [2] L'ancienne édition porte *préjuge*.   [1] Paré.

ner les cieux pour embrasser un gentil pasteur en sa casette champêtre. « Partant, madame, disoit-il, je vous supplie ne trouver étrange si les perfections que Nature vous a départies, pour se faire admirer en vous, ont tellement assujetti et forcé mes jeunes désirs, que, pour dernier remède, je suis contraint d'implorer votre pitoyable grâce. Las! je sais bien, madame, que vous m'estimerez trop téméraire et inconsidéré d'avoir assis mes affections en si haut lieu; mais si vous peux-je aussi bien avertir, que, si vous n'acceptez rien qui ne soit digne de votre beauté, il vous faut monter au ciel, car vous ne le trouverez jamais ici-bas. » De tels ou semblables propos ce jeune homme vouloit arraisonner[1] sa nouvelle maîtresse, quand, d'un œil cruel, avec un visage tout embrasé de honte, de colère et dédain, lui ferma la bouche, et, après une rude menace, lui donna à ronger un repentir de sa trop précipitée hardiesse; si bien, qu'étant demeuré seul, ayant par un silence soutenu ce pénible courroux, ressembloit un des damnés du temps passé, que Jupiter, de sa foudre vengeresse, auroit abîmé; voyant déjà ce chemin lui être clos, par lequel les autres amants trouvent le plus sûr accès à leur fin désirée. Car, puisque fille qui écoute et château qui parle[2] (selon le proverbe) sont de facile composition, il s'ensuit bien que la femme sourde est mal aisée à gagner. Las! combien que cet aveugle amant vît et confessât ces choses être vraies, toutefois, résolu en son opiniâtre désir, il avoit en lui cela de bon, pour donner aucunement sel[3] à ses vains travaux, qu'il ne perdoit jamais courage, ains faisoit bien son compte, que le temps obstiné, qui surmonte tout, pourroit enfin surmonter les plus rebelles chastetés; attendu que les dames attribuent volontiers la persévérance d'un bon poursuivant à fermeté et loyauté d'amour: parquoi, à bonne fuite, meilleure poursuite. « Eh quoi! disoit-il se réconfortant soi-même, on a bien été dix ans devant Troie; et toutefois enfin, si a-t-elle été prise, voire lors qu'elle sembloit moins prenable, et que les ennemis avoient levé le siège. Ainsi, si la prise de cette forteresse est difficile, ce n'est pas à dire qu'elle soit impossible. Bon cœur, bon cœur! la victoire est d'autant plus glorieuse, que le combat a été pénible et hasardeux; il ne faut qu'une bonne heure, qui viendra sans y penser. Hé! voit-on pas souvent le lièvre, qui n'a pu être prins à la chasse de force chiens, se venir de lui-même mettre dans le lacet qui lui est tendu? » Sous cette persuasion, l'amant épioit toutes commodités d'effectuer son dessein; mais (Dieu garde la lune des loups[1]!) il profitoit autant que s'il eût lavé un corbeau pour le blanchir. Car, comme les sages Grecs étoupèrent leurs oreilles au chant enchanteur des Syrènes pipeuses, semblablement cette vertueuse jouvencelle, dont la sage jeunesse devroit bien servir de miroir à plusieurs vieilles, assourdissoit son ouïe à ces emmiellés propos, imitant le prudent aspic, qui, comme dit le prophète royal[2], se louche l'oreille avec la queue, pour n'ouïr le son trompeur de son ennemi. Ce qui donna bien à penser à notre poursuivant, qui avoit[3] toutefois ouï dire que, quelque mine que fassent les filles, elles sont bien aises d'être aimées, s'estimant aimables, et néanmoins la vergogne, fondée sur je ne sais quelle opinion d'honneur, ne leur permet d'accorder ce que plus elles désirent; qui fait que volontiers elles voudroient qu'on les forçât, pour de là prendre couverture à leur consentement: de quoi l'exemple d'une Médée, d'une Hélène, d'une Ariane, et mille millions d'autres, qui se sont fait ravir, portent témoignage. Pour cette cause, il s'avisa que c'étoit une grande folie à lui de se consumer ainsi à crédit en une langueur perpétuelle et en dépenses excessives, dont sa fine amie, peut-être, se moquoit à part soi; pour, mettant sous ses pieds toute couardise, se saisir par une douce force du bien prétendu. Mais ce mal-avisé[4] lui cuida tourner à grand dommage, même lui coûter la vie; d'autant qu'au cri de la pucelle, sa mère accourant, il lui print de prime-face envie d'accuser cette violence, et vendre cher la folle entreprise de cet importun. Toutefois, considérant tout soudain la conséquence et importance du fait, pensa qu'il valoit mieux, pour

---

[1] On ne dit plus que *raisonner*, dans le même sens.
[2] Pour *parlemente*.
[3] Ce mot est pris au figuré pour *émulation*, *encouragement*.

[1] Expression proverbiale, venue du latin (*luna luta à lupis*), signifiant qu'il y a impossibilité qu'une chose arrive. — [2] Salomon.
[3] L'ancienne édition porte *ayant*, ce qui donne une phrase incomplète.
[4] Cette mauvaise idée, ce mauvais dessein.

ce coup, y procéder plus doucement ; car, si elle eût pourchassé si grand mal à celui qui ne péchoit que pour trop aimer, qu'eût-elle dû faire à un ennemi ? Parquoi, feignant avoir eu peur (car c'étoit en lieu obscur), par une sage dissimulation, changea le tout en risée. Ha! invincible chasteté, falloit-il que fussiez accompagnée de si grande douceur, qu'au lieu de vous plaindre, comme votre droit requéroit, vous prinssiez sur vous la moquerie, qui méritoit bien une cruelle vengeance ? Hélas ! que votre trop grande bonté vous coûtera cher ! car, en épargnant votre fol ami, vous lui avez laissé de reste je ne sais quoi d'espérance, que vous lui deviez arracher du tout, ne sachant qu'il ne faut qu'un petit reste de feu, pour renouveler l'embrasement qu'on pensoit bien avoir éteint. Or, voilà, ce semble, notre bel amoureux abattu sans ressource, où il est trop aliéné de sentiment ; puisque déjà il voit ses soupirs évanouis en l'air, ses peines ingratement perdues, et son attentat avoir si mal succédé [1]. Et toutefois, espérant en dépit de toute espérance, encore qu'il ne pût rien prendre ni au bond ni à la volée, et que cette dure chasteté, plus habile à réparer que son assaillant à faire brèche, lui tailloit de jour en jour besogne nouvelle, délibéra de s'aider de quelque dariolette d'amour [2], qu'ils appellent, sauf la révérence de la compagnie, une *maquerelle*. Ce que je ne dirois, si la perfection de mon histoire ne m'y obligeoit, pour vous montrer que cet apprentif en amour fut si grand maître du premier coup, qu'il n'oublia rien à pratiquer ; et s'étoit servi de ce moyen, l'estimant le plus expédient ; car, outre qu'il avoit ouï dire que ces rusées étoient duites [3] à faire trafic de telle misérable marchandise, conduisant, comme jadis la Sibylle, les humains aux enfers [4], elles lui semblèrent très-nécessaires pour ôter ce voile de honte, qui seul empêchoit sa Fleurie de dire oui. En cette dévotion, s'achemina, un dimanche, à sa paroisse, où il s'adressa à une venderesse de chandelles, d'entendement, afin qu'elle lui éclairât en un affaire où il voyoit fort trouble. Ce que volontiers elle lui accorda, (comme elles ne sont chiches de promesses) ; et, pour cet effet, lui donna assignation en certain lieu, à l'issue de la grand'messe ; durant laquelle ses yeux, avarement fichés sur sa belle maîtresse, lui vendoient, comme on dit, la peau, premier qu'avoir pris la bête [1], l'assurant d'une chose bien mal assurée. L'heure venue, il va diligemment trouver sa vieille, à laquelle il conta, par forme de confession auriculaire, de point en point tout son affaire, et consulta du moyen plus expédient pour mettre à fin son obstinée conclusion, qui étoit de mourir ou jouir : à quoi la journalière conversation [2], pour être logé sous le même toit, ne lui prêtoit aucune faveur ni avantage, comme il advient que ceux qui se connoissent trop, volontiers s'aiment peu, joint qu'il avoit affaire à une partie, dont les rigoureuses mœurs et austères complexions, avec la soigneuse garde d'une mère, qui veilloit toujours dessus lui comme le dragon sur les pommes d'or des Hespérides, interdisoit tout espoir. Adonc la vieille répond : « Bien, bien ! c'est tout un, laissez-moi faire ! Si elle ne se peut avoir par nature, ce sera par B carré ou B mol ; il ne vous faut pour cela déconforter, car il n'y a rien qu'on ne fasse en faisant ; elle n'est pas plus terrible que les lions et les tigres, lesquels, avec le temps, on apprivoise bien. Et puis, tenez comme un article de foi, que jamais il ne faut rien dire d'une femme qu'après sa mort. » Comme une salutaire médecine, prise par le patient désireux de guérir, chasse la fièvre ardente qui le cuisoit, ainsi cette consolation modéra les impatients désirs, qui, comme un cheval débridé, transportoient leur maître ; et, sur cette assurance, Ponifre délivre quelque argent à sa vieille ; laquelle, ayant pris du temps, employa tous les artifices malicieux qu'elle avoit par long usage recueillis. Mais, pour dire en un mot, tout lui fut si contraire et discordant, que, se trouvant, en fin de compte, autant reculée, qu'elle se pensoit avancer, fut contrainte de faire une piteuse réponse à son homme, lui apportant autant de joie, que fait la sentence de mort prononcée à un criminel : dont il fut touché si au vif, que dès lors il eût

---

[1] Pour *réussi*.
[2] Ce mot est souvent employé dans les romans de chevalerie avec la signification de confidente, entremetteuse d'intrigues. *Dariolette* est un diminutif de *dariole*, ancienne pâtisserie où la crème était enfermée dans la pâte. — [3] Dressées.
[4] Allusion à la sibylle de Cumes, qui fournit à Énée le rameau d'or pour descendre aux enfers.

---

[1] Ce proverbe, tiré de la fable d'Ésope, *l'Ours et le Chasseur*, imitée par La Fontaine, se dit encore : *Vendre la peau de l'ours avant de l'avoir mis par terre*.
[2] Fréquentation.

consenti à sa propre ruine, voyant tous ses efforts succéder si à rebours, qu'il sembloit être né à la quatrième lune[1], sinon que soudain il lui vint en fantaisie, comme à celui qui avoit envie d'essayer tout et mettre toute pierre en œuvre, qu'il lui falloit encore recourir à l'aide d'un magicien, auquel rien n'étoit impossible. Icelui, moyennant grande somme de deniers, qu'il voulut toucher, premier que passer outre, assigna temps et lieu au misérable amant, où sa fière amie, malgré qu'elle en eût, par la force de certains caractères, devoit l'aller trouver. Adonc, sortant hideux de sa caverne, après quelques tours faits par un cimetière, la tête et les pieds nus, remâchant comme un vieux singe quelques mots épouvantables, et disposant certains points en la poudre avec une verge, fit tant à force de conjurations, prestiges, exorcismes et invocations, qu'il charma la fantaisie imaginative de son homme, si bien, qu'il le fit coucher avec un fantôme, auquel, par sa nécromance, il avoit entièrement fait prendre la forme de Fleurie. Durant ce faux déduit[2], l'amant enchanté furetoit d'un œil ententif la belle semblance de s'amie, admirant ores les beaux replis de son poil crépelu, ores sa face angélique, ores sa gorge d'albâtre, ores la rondeur de ses jumeaux tétins, ores ses bras ivoirins, et tout ce dont une parfaite beauté se rend émerveillable, si que, après avoir fait une anatomie superficielle de ce petit miracle, tout éperdu d'aise, voulut jeter ses bras lascifs au col de cette feinte beauté; mais l'enchantement, étant jà venu au terme que le sorcier lui avoit assigné, print soudainement fin, tellement que ce beau corps s'évanouit entre les embrassements de son amoureux, ne plus ne moins qu'une bouffie[3] d'eau, qui se crève au souffle du vent, et tout ce plaisir passa comme une ombre, ou le songe d'une nuit, laissant ce pauvre insensé tant étonné, que, si, de bonne fortune, il n'eût été couché, il fût tombé tout pâmé à la renverse. Et crois que ce charme, dont j'ai récité un fort étrange effet, ne vous semblera éloigné de vérité, honorable compagnie, si vous avez tant soit peu égard de la puissance que Dieu donne aux diables pour tenter, même ceux que plus il aime, comme nous en avons l'exemple aux livres saints, et s'il vous souvient que les histoires plus anciennes font foi qu'un Merlin, Anglois, fut engendré d'un diable et d'une femme[1]; et, devant lui, ce divin Platon fut conçu d'un démon et d'une vierge. A quoi s'accorde ce qu'on a écrit des femmes des Goths, qui, aux déserts de Scythie, furent engrossies par des fantômes et diables forestiers; et pourrons ajouter le conte que fait Cardan[2], d'une Écossaise avec laquelle un esprit familier venoit coucher en forme d'un gentilhomme, dont elle enfanta un monstre, comme aussi advint depuis peu de temps à une fille de Constance, nommée Madelaine[3]. Toutefois, mon histoire ne passe si avant, car je ne voudrois soutenir qu'ils puissent engendrer, tant à cause que notre religion nous défend de croire qu'autre qu'un seul, Jésus-Christ, soit né sans semence humaine, qu'aussi pource que la Nature n'a donné aux esprits distinction de sexe; mais je peux bien affirmer[4], tant par l'exemple de cette véritable histoire que par l'autorité des bons auteurs, singulièrement[5] de Lactance[6], qu'ils peuvent avoir communication charnelle pour polluer et contaminer les humains, desquels ils sont ennemis jurés. Ne trouvons donc impossible qu'un malin démon, qui, selon saint Paul, se transforme en ange de lumière pour nous décevoir, se soit soumis à jouer le personnage d'une putain, pour amorcer, par un appât de lubricité, celui qu'il avoit déjà gagné, et lui faire exécuter le mal, que premier il lui avoit mis en la volonté. Or, pour retourner à notre Ponifre, après qu'il eut longtemps demeuré en une extatique rêverie, se méconnoissant soi-même, ouvrit peu à peu les yeux de son entendement, et reconnut que puisqu'il s'étoit adressé à un imposteur, ce n'étoit de merveille s'il l'avoit payé de sa monnoie, qui est illusion

---

[1] C'est-à-dire, dans le quatrième quartier de la lune, qui avait, selon les astrologues, une fâcheuse influence sur les naissances.
[2] Plaisir mensonger. — [3] Bulle.

[1] Selon la *Vie de Merlin*, écrite en latin par Geoffroy de Montmont, ce célèbre enchanteur était le fruit du commerce mystérieux d'un *incube* avec une religieuse fille du roi d'Écosse. Gabriel Naudé prend la peine de réfuter cette fable dans l'*Apologie pour les grands hommes accusés de magie*.
[2] Dans son célèbre traité *De Subtilitate*.
[3] Cette fable est racontée dans les *Histoires prodigieuses* de Boaistuau et Belleforêt; on la trouve aussi dans la *Cosmographie de Munster*, augmentée par Belleforêt.
[4] Pour *affirmer*. — [5] Particulièrement.
[6] Dans son ouvrage *Divinarum institutionum libri VII*.

et faux semblant. Parquoi, en partie honteux et en partie dépité de sa grossière erreur, se lève, et, au lieu de se désister de sa poursuite mal fortunée, prend un forcené vouloir d'insister plus fort qu'auparavant, voyant que pis ne pouvoit ne lui en advenir. Ainsi, s'endurcissant contre son propre malheur, ouvre tous ses sens intérieurs pour machiner nouveaux moyens; il lui print un coup envie d'essayer la force de l'herbe de Paris ou de quatre-feuilles, ou de la composition de quelque philtre, pour induire à aimer, estimant que ce fût le vrai ceste[1] tant célèbre dont Vénus conjoint les amants, ou la vraie colombe qu'elle donna à Jason, pour gagner les bonnes grâces de Médée (bien que Pindare semble l'entendre autrement), ou les vraies pommes par lesquelles la fuyarde Atalante fut arrêtée et prise. Toutefois, pensant aux inconvénients qui s'en étoient ensuivis, de sorte que plusieurs, par un zèle indiscret, avoient donné la mort pour l'amour, comme Dejanire et le poëte Lucrèce[2] portent témoignage par diverses aventures, il ne voulut hasarder à la merci d'un poison celle pour laquelle il eût enduré mille morts. Mais, comme il n'y a rien si malicieux et dénaturé qui ne trouve lieu au cœur de l'homme, principalement de celui qui s'abandonne à son appétit déréglé, il s'avisa, pour le sixième moyen, de s'aider d'une méchanceté si monstrueuse et horrible, que les diables mêmes ne l'eussent osé penser : qui fut de trouver façon, ou par argent, ou par promesses, ou par autres subtils moyens, de gagner les servantes de la maison, qui, sans grande peine, se rendirent si inclines à sa dévotion, qu'elles lui promirent toute faveur et assistance, tant que leur pouvoir s'étendroit. Et, sur ce fondement, firent un malheureux bâtiment; car ils complotèrent ensemble de faire enivrer cette pauvre fille, un jour que sa mère n'y seroit pas. Ce qui leur fut facile, tant pource qu'elle se fioit en ces traîtresses chambrières (qui lui renforcèrent son breuvage par quelque mixtion secrète), qu'aussi pource que les mœurs et coutumes du pays permettent, voire font vertu de bien boire, ce qui la pouvoit aucunement excuser. Ah! que les anciens étoient sages de défendre le vin à leurs enfants si étroitement, et encore plus à leurs femmes, si que, pour en avoir bu, elles méritoient d'être répudiées! et, pour les y prendre, on inventa de baiser en la bouche, au lieu qu'auparavant on baisoit les yeux, comme voulant faire parler ensemble les âmes par leurs fenêtres! Aussi, par la loi de Moïse, un père alléguoit au peuple raison assez suffisante pour faire lapider son fils, disant qu'il étoit ivrogne. Car, de fait, si nous voulons rechercher les maux qu'a apportés le vin, nous conclurons que, puisque Noé s'étoit mal trouvé d'avoir planté la vigne, Lycurgue, à bon droit, l'a fait arrracher, comme ne trouvant plus grand ennemi de la raison humaine que le vin, puisqu'il rend l'homme semblable aux bêtes, les uns aux lions, comme un Alexandre, lequel, par ce seul vice d'ivrognerie (amendé, toutefois, d'un soudain repentir), a obscurci toutes les belles vertus qui le faisoient reluire; les autres aux pourceaux, comme un Marc-Antoine. Ne trouvons donc point étrange si la simple jeunesse de notre Allemande, ayant trop prins de vin, se laissa prendre à l'impudique luxure de son poursuivant; lequel, trouvant ce pauvre corps abandonné de sa volonté et discrétion, eut belle commodité de rassasier son effréné et débordé désir, avec l'aide des chambrières, ministres de cette infâme volupté. Et ne faut point s'étonner si ce malheureux print plaisir à souiller cette chair aliénée[1] de sentiment, puisque la sensualité en a bien rendu quelquefois de si enragés, qu'ils ont bien osé assouvir leur affamée lubricité sur un corps mort, qui vif avoit si vivement résisté à leur lâcheté. Parquoi la soif forcenée de ce brutal amant fut cause qu'il trouva l'eau trouble si bonne, que de cette conjonction s'ensuivit un engrossement d'enfant; duquel l'inconnu fardeau étonna tant notre simplette Fleurie (ne sachant où elle le pouvoit avoir dérobé), qu'elle pensoit Nature courroucée vouloir faire en elle quelque prodige monstrueux, la faisant mère premier qu'être femme. Et quand le terme qui mûrit les fruits eut tellement enflé son ventrelet, qu'il ne se pouvoit plus cacher, toute confite en pleurs, déclara à sa mère, qu'elle pensoit être enceinte, sans toutefois avoir ja-

---

[1] Ceinture.

[2] Selon une tradition fort incertaine, Lucrèce aurait composé son poëme *de Natura rerum* dans les intervalles lucides d'une folie causée par un philtre amoureux que lui avait donné sa maîtresse, et qui le porta enfin à se détruire.

[1] Privée.

mais eu connaissance d'homme. De quoi la mère grièvement indignée, usa du droit et pouvoir que Nature lui avoit donné; mais, voyant qu'à une chose jà faite n'y avoit plus de remède, ains que, selon le dire du sage, il falloit prudemment empêcher la venue du mal, et, s'il étoit un coup venu, le supporter patiemment, s'essaya par menaces, maltraitements, et autres divers moyens, de faire déclarer à sa fille l'auteur de telle infamie, afin d'y pourvoir et en avoir quelque réparation d'honneur. Mais la pauvrette, pour avoir été captivée lors de toute souvenance, persistoit en son ignorance, disant ne savoir comment cela s'étoit ainsi fait, et qu'elle n'en avoit jamais rien senti. Toutefois, elle sentit bien les douleurs de l'accouchement, qu'elle supporta fort courageusement, comme celle qui, mal expérimentée à si grande passion, s'attendoit bien que la désirée mort mettroit une fin violente à sa vie et à son déshonneur non mérité. Car notez, honnête compagnie, qu'encore que tout fût conduit secrètement au possible, si est-ce que chacun en fut soudain abreuvé; car les oiseaux (comme ceux qui déclarèrent la mort de Pallamèdes) ou les chiens (comme celui qui décela et vengea devant le roi de Perse le meurtre de son maître[1]) parleroient plutôt que telles besognes ne fussent découvertes : qui fut cause que, par toute la ville, on ne parloit que de l'engrossement de Fleurie, et si l'on eût vu deux personnes parler ensemble, il étoit aisé à deviner qu'ils disoient. Ce qui déplut tant au jeune seigneur Herman, lequel aimoit extrêmement Fleurie, et prétendoit l'épouser, comme j'ai dit au commencement de notre Histoire, que, de regret et dépit d'en ouïr parler si sinistrement, se retira aux champs, où, se confinant en triste solitude, commença à se repentir amèrement de l'amour qu'il avoit porté à une si déloyale, qui, par un beau semblant, faisoit parade d'une chasteté nompareille, mais (comme celles qui, venant au banquet après avoir bien dîné, font la petite bouche devant le monde) se donnoit du bon temps à cachette. Puis, se souvenant des grâces et bonnes parties autrefois remarquées en sa Fleurie, Amour le contraignoit de s'accuser soi-même, pour excuser celle qu'un chacun blâmoit, et, comme il est aveugle,

[1] Cette histoire a pu donner naissance à l'aventure du chien de Montargis. Dans tous les cas, il y a entre elles une grande analogie.

tâchoit de bander les yeux à cet amant, pour n'apercevoir ce qui lui devoit crever les yeux: si que son âme, ainsi agitée par un jugement incertain, donnoit au mauvais droit gain de cause. « Las! disoit-il se mordant la langue, faut-il pas bien dire que toutes les femmes sont trompeuses, puisqu'en celle-ci j'ai été trompé? et que, quelque faux masque qu'elles montrent, leur esprit volage ne garde l'amour, sinon autant de temps qu'elles voient la chose aimée? tellement, qu'avec la présence, elles perdent la souvenance ; s'accommodant, puis après, tout à loisir, à un chacun, comme un miroir qui représente indifféremment toutes figures et impressions, autant de temps que les corps lui sont opposés et objectés, lesquels iceux miroirs sont prêts de laisser soudain, pour se disposer à représenter les autres corps qui leur seront présentés. Et nous doit en ceci suffire le témoignage du sage roi de Judée[1], qui les appeloit *gouffre insatiable*; de sorte, que c'est une trop grande outre-cuidance à un homme, de se promettre une femme pudique, vu que c'est chose plus rare que l'unique phénix, que les plus grands empereurs, qui jamais portèrent couronne, n'ont pu rencontrer si grand bien. Vrai est que, selon l'opinion de ceux qui leur veulent plus de bien, celle-là pourra quasi être chaste, qui n'a jamais eu de quoi être priée, et n'a jamais eu la hardiesse de prier ; si bien que (par ce sage empereur romain[2]) la bonne laideron ressemble à la poule de qui la plume est méprisée, et la chair estimée ; mais la belle femme ressemble à l'hermine, de qui on estime tant la peau, et le corps n'en vaut rien ; tellement qu'il y a si grand'inimitié entre beauté et bonté, que jamais l'une ne demeure avec l'autre en une maison. Et tout ce qu'on dit d'une Lucrèce, Cassandre et autres sont fines menteries ; dont il faut conclure que Nature a fait des vers pour ronger les corps morts, et des femmes pour ronger des corps vifs la substance et la renommée, les faisant vivre entre les hommes, comme frelons inutiles entre les abeilles. » Ainsi ce désolé amant déchargeoit son deuil, et vomissoit tout son venin contre le sexe féminin. Or, cette vie champêtre le rendit en peu de temps si pâle et si défait, qu'il faisoit pitié à ceux qui le voyoient ; dont la cause étant bien con-

[1] Salomon. — [2] Sans doute Marc-Aurèle.

nue du père, le fit délibérer des moyens de pourvoir à la santé de son fils. Adonc, l'ayant appelé en privé[1], lui remontra combien Fleurie s'étoit oubliée, par une faute assez suffisante pour rompre l'alliance qu'ils avoient autrefois entreprise ; parquoi lui dit qu'il choisît en toute la ville celle qui lui viendroit mieux à gré, pour récompense[2] de sa Fleurie. Dequoi Herman, comme bien appris, se remit au bon vouloir de son père, duquel il vouloit du tout dépendre, renonçant au sien propre : qui fut cause qu'en peu de temps le bonhomme lui en eut trouvé une belle, riche, et de lieu honorable, nommée Carite. D'ond s'ensuivit un soudain mariage, avec entrée de ménage si heureuse, que toute leur avarice n'étoit qu'à se mignarder des plus tendres caresses et délicates courtoisies qu'amour eût en réserve, employant diligemment le bon temps, de peur d'en avoir regret à l'avenir, et moissonnant les douces fleurs de leur jeune printemps; si que, à l'exemple de l'ancien capitaine Péricle[3], jamais ne sortoient ou rentroient au logis sans se baisotter comme folâtres colombelles, jusques à ce que (comme on se lasse même d'être à son aise, et souvent les choses douces grèvent l'estomac) le jeune mari délibéra de prendre trêve d'amour, et de laisser sa Carite, afin de commencer à s'employer au train de marchandise. Adonc il dressa une partie avec quelques-uns de ses amis pour aller à la foire d'Anvers, et là chercher quelque commodité de profiter[4] ; mais, quand il étoit question de communiquer son entreprise à sa Carite, la parole lui failloit en la bouche. Toutefois, voyant que c'étoit un faire le faut[5], et que tous ses compagnons étoient prêts, une nuit, la tenant entre ses bras (et possible que de jour il n'eût eu la hardiesse), lui dit : « M'amie, quand je me souviens, à part moi, de l'état auquel Dieu m'a appelé, je ne me peux contenter de moi-même, me voyant ici oisif, accagnardé[6] à un foyer, mêmement en l'âge auquel je suis, où les sages ont coutume de faire provision, pour avoir de quoi se reposer en vieillesse, à l'exemple de la fourmi qui travaille l'été, prévoyant que l'hiver viendra. Et, encore qu'ayons quelque peu de bien acquis (qui toutefois n'est si grand, qu'en prenant toujours, et ne mettant jamais rien, ne tarisse aisément), si est-ce que, comme on a pensé pour nous, aussi faut penser pour ceux qui viendront de nous, et n'est temps de bâtir les greniers, quand le grain est prêt à serrer. Parquoi, il est désormais besoin, mignonne, que, pour l'entretien de mon devoir (lassé d'être inutile), je commence à lever quelque trafic, et entreprenne quelque voyage vers l'Angleterre à l'issue de cette foire d'Anvers, d'où je puisse rapporter quelque gain, et par même moyen je pourrai voir et apprendre, par la fréquentation des étrangers, ce que la folle amour de mes parents ne m'a permis, pour ne me pouvoir jamais perdre de vue. » A quoi la belle Carite, qui durant ces propos avoit eu l'esprit agité de plusieurs passions, répondit : « Et dea ! ami, trouvez-vous déjà en mariage de quoi vous ennuyer tant, que, selon l'ancienne coutume, ne puissiez attendre le bout de l'an, lequel donne bien aux autres privilège et dispense de l'exercice de leur vacation ? ou êtes-vous tant ennemi de vous-même que, comme un frénétique, cherchiez repos en travail, contentement en douleur, réconfort en affliction, et sûreté en péril ? Car, si vous savez bien de quel bois se chauffent les voyageurs, et à quels hasards ils exposent leur pénible vie, je ne peux penser sinon que vous me hayez, en vous voulant perdre. Las ! que l'état des pauvres humains est misérable et incertain, leur faisant trouver l'ennui, où ils cherchoient tant de joie ! Hélas ! quand j'étois fille, je n'avois souci que celui que je me donnois, comme une génisse, qui n'a encore senti la contrainte du joug, bondit partout où il plaît à sa libre fantaisie conduire ses pas ; mais ores que j'ai renoncé à ma naturelle franchise, pour avoir jeté l'ancre des plaisirs de la vie sur un mariage, je me suis assujettie à recevoir le tourment qui m'est donné par autrui. Que s'il étoit ainsi que l'homme, et la femme n'étant qu'un corps, j'eusse la moitié en vous, comme vous avez une moitié en moi de votre droit et l'autre moitié de mon consentement, je requerrois que me laississiez au moins jouir de la moitié qui m'est due et acquise sur vous. Hé ! voulez-vous faire une société de lion, disposant du total à mon préjudice et désaveu ? » Adonc

---

[1] En particulier.
[2] Dédommagement, compensation.
[3] Périclès, qui fut tellement épris d'Aspasie, qu'il épousa après avoir répudié sa femme.
[4] Occasion de faire du gain, du profit.
[5] Une nécessité impérieuse.
[6] On a dit depuis, dans le même sens, *acoquiné*.

elle finit sa parole par étroit baiser ; puis, la reprenant avec nouveaux esprits : « Et bien ! dit-elle, vous êtes déjà soûl d'une viande, vous voulez chercher vos appétits au changement ; tellement que votre amour, allant avec vous en voyage, pratiquera quelque nouvelle amie, qui, par son nouveau feu, amortira le mien, qui vous est déjà trop vieil ; cependant je vous attendrai ici, en crainte que quelque mal-advenue retarde votre désiré retour, maudissant l'avarice cause de mon ennui. Et si vous avez si grande envie de voir le pays, qui m'empêchera d'aller avec vous, en habit de garçon, puisque la femme du roi Mithridate le faisoit bien ? Autrement, si vous me laissez ici, j'estime la condition des casanières [1] de village meilleure que la mienne ; car elles revoient pour le moins, au soir, leurs maris revenant du travail journel [2]. » Ainsi, par l'appréhension de cette départie, s'échauffoit le tendre cœur de cette amante, ne plus ne moins que le fourneau, quand les soufflets le provoquent ; et, de la véhémence de cette ardeur, fondoit en larmes, comme une nuée de printemps aux rayons du soleil. Et le jeune mari buvoit à bouche close cette tiède rosée ; qui lui dit : « Vraiment, mignonne, je dirai que tu ne m'aimes pas comme les autres aiment leurs maris, ne te voulant fier en moi de la garde de notre amour, sans que j'aie donné occasion pour fonder tel soupçon, étant chose si éloignée de mon intention, que je désire que le feu du ciel m'arde plus tôt qu'un autre amour que le vôtre s'allume dans mon cœur, pour me donner envie de faire faux bond et manquer de foi en notre mariage ; vous assurant que votre amour, au lieu de vieillir en moi, comme dites, sera toujours jeune, selon que veulent les peintres, qui le font comme un enfant ; et, si vous me dites qu'ils lui font des ailes, pour montrer qu'il est léger et volage, je vous confesse bien que le mien de sa nature étoit tel ; mais, aussitôt que l'eûtes ravi par le vouloir de mon bon destin, vous lui coupâtes les ailes si près, qu'il n'a pu depuis voler qu'alentour de vous, comme une pucelette fait à un papillon, ne voulant plus qu'il s'enfuie. Parquoi, ne craignez, je vous prie, qu'en changeant d'air et de pays, je change d'affection envers vous ; ains pensez que, comme le feu renforce sa chaleur sous la cendre, ainsi mon amour s'embrasera sous la secrète souvenance de vous ; et, à mon retour, le trouverez si augmenté, que vous direz vous-même, que je viens de trafiquer au pays des amitiés. » Ainsi le bon Herman consoloit sa gentille Carite, qui commença à piller patience, et, en lui serrant le cou de ses bras languissants, dit : « Mon cher ami, vous avez tout pouvoir de disposer et de vous et de moi à votre discrétion, car votre plaisir est mon seul contentement ; mais si vous veux-je bien avertir, que, puisque vous refusez d'emmener ce corps avec vous, vous emmenerez (voire et malgré vous) mon cœur, mon âme et mes sincères affections, lesquelles, bien qu'elles soient en grand nombre, si ne vous chargeront-elles point : car si vous naviguez, elles se mettront en proue ; si vous chevauchez, elles se siéront en croupe, et si vous allez à pied, elles vous côtoieront comme un fidèle laquais. » Sur ces propos, prindrent résolution confirmée de mille embrassements, ou plutôt embrasements. A donc, le seigneur Herman, ayant apprêté tout ce qui étoit nécessaire pour son voyage, prinl [4] avec grande peine, congé de sa nouvelle femme pour six mois. Mais, hélas ! s'il eût été bien averti de sa piteuse aventure, il eût dit adieu pour jamais, comme celui qui ne la reverra plus ; laquelle il laissa en la garde d'un sien frère, pour la mener à Spire voir un sien oncle, et là, passer l'ennui que lui apportoit l'absence de son ami. Or, laissons l'heureux succès d'Herman prendre son cours tant qu'il plaira à Mme Fortune, et retournons un peu voir Fleurie, qui, honteuse de son enfantement et déplaisante de vivre après la mort de son honneur, s'étoit constituée en une prison volontaire, passant sa vie en si grande angoisse que c'étoit chose trop piteuse de la voir tant souffrir, principalement quand l'ancien amour de son Herman lui venoit en mémoire. « Las ! disoit-elle, pourquoi m'avoit le ciel destiné un si grand bien, pour souffrir qu'ores je m'en sois rendue si indigne ? que ne me foudroyoit-il plutôt ? du moins, je serois morte en mon honneur ! Hélas ! Herman, mon cher Herman, deviez-vous bien loger vos jeunes affections en si mauvais lieu, qu'il vous ait fallu (et je sais que ç'a été votre grand regret) chercher mieux ? Si est-ce, cher ami, que vous n'avez

---

[1] Ménagères. — [2] De la journée.

[4] Pour *prendre*.

point trouvé meilleure amie, mais bien une plus heureuse. Et, toutefois, c'est bien raison ; puisque mon étrange malheur l'a ainsi conjuré, que je mette le tort de mon côté et consente à mon injuste punition. Vivez donc, ami, vivez pour jamais heureux avec votre Carite ; et, pour récompense du bien que je vous désire, priez que Dieu mette une brève fin au mal que vous me faites endurer ! » Ainsi plaignoit perpétuellement la désolée amante, ne donnant fin ne terme à ses larmes et soupirs. De quoi sa mère extrêmement adeuillée [1], au lieu qu'auparavant la foudroyoit de menaces, s'essaie par tous moyens de la consoler : desquels le plus grand, à son avis, fut de lui chercher parti, en quoi elle s'employa de tout son pouvoir. Mais comme un beau vaisseau, qui naguère reluisoit sur le buffet pour l'honneur d'un banquet, soudain qu'il est cassé, est ôté de son rang et jeté en quelque contemptible [2] lieu, ainsi cette beauté, qui, paravant, étoit requise d'un chacun, maintenant gît méprisée d'un chacun. Quoi voyant la pauvre mère, s'avisa de prendre son facteur Ponifre (qu'elle connoissoit bon garçon) pour gendre ; lequel fit du commencement bonne mine et se fit fort tirer l'oreille ; toutefois, enfin, à quelque peine, consentit. Mais le plus grand effort fut employé pour gagner Fleurie, qui, opiniâtre en son cruel dessein, proposoit d'amender sa faute par perpétuelle pénitence, jusques à ce que, vaincue enfin par les instantes requêtes de tous ses parents et conjurée par la révérence qu'elle devoit à sa mère, condescendit au mariage, qui fut brassé chaudement par la bonne femme mère ; laquelle, après avoir fait une belle leçon à Ponifre de l'honneur auquel elle l'élevoit (qui lui devoit bien ôter la volonté de jamais reprocher la faute à sa fille, ou lui en vouloir mal, autrement il feroit comme celui qui crache contre le ciel, et son crachat lui retourne sur le visage), et, après avoir aussi abaissé sa fille par la représentation et remémoration de son mauvais gouvernement, si contraire à la bonne nourriture qu'elle avoit reçue, lui commandant d'être fidèle et obéissante à son mari, fit solenniser les noces en toute magnificence ; où le mari, étant parvenu à sa fin désirée, étoit si ravi d'aise et contentement, qu'il invitoit toute la compagnie de faire bonne chère. Or, si ce mariage fut commencé en grand plaisir, la continuation fut encore plus heureuse, car il sembloit que les jours, se fuyant l'un l'autre, étoient obligés à apporter quant et eux nouvelles délices, desquelles les secondes dussent surmonter les premières ; jusques à ce que, de malheur, un jour, le marié, faisant un banquet, s'oublia tant, que (selon la coutume du pays), voulant semondre un chacun à boire d'autant, et voulant quasi répondre à chacun, il but si joyeusement, qu'il ne lui falloit point parler de danser après dîner ; ains commença à causer et deviser à toute tête, s'échauffant si bien, qu'il discourut en bavant toutes les peines qu'il avoit endurées pour l'amour de Fleurie ; puis comment enfin, avec l'aide des chambrières, il l'avoit fait enivrer pour en jouir, n'omettant rien de tout ce qu'avons entendu. De quoi toute la compagnie demeura fort ébahie, hormis Fleurie, qui seule s'estima bien contente et satisfaite de ce que la vérité (qui sauva jadis Suzanne) s'étoit découverte, après avoir demeuré cachée l'espace de plus d'un an qu'il y avoit déjà qu'elle étoit en ménage. Et suivant cette franche confession faite en présence de témoins irrécusables, requit la main de justice pour avoir réparation du tort et déshonneur qu'elle avoit endurés, si qu'à son instante requête, notre ivrogne et les servantes par lui nommées furent mis en prison étroite : vous assurant que Ponifre, étant désenivré et se voyant ainsi logé, fut aussi étonné qu'avoit été Fleurie se sentant grosse. Le lendemain il fut ouï sur ce qu'on lui avoit ouï dire, pour voir s'il reconnoîtroit la vérité ; mais il fit du méconnu et nioit le fait à pur et à plat [1], excusant sa confession sur l'aliénation de son esprit, causée par le vin, à laquelle ne falloit avoir non plus d'égard qu'aux paroles d'un fou, auquel un ivrogne, selon les sages, ne diffère en autre chose, sinon qu'il a intervalles certains que n'a pas un fou. Que si ce magnanime Pyrrhus pardonna à ceux qui avoient médit de lui, quand ils lui dirent : « Sire, nous vous eussions bien autrement accoûtré, si le vin ne nous eût défailli ; » et si cette femme, étant condamnée par Philippe, roi de Macédoine, après dîner, et en appelant par devant

---

[1] Attristée, pleine de deuil. — [2] Méprisable.

[1] Cette expression proverbiale s'était à peu près conservée dans le dernier siècle, puisque le dictionnaire de Trevoux cite cette phrase : *Il a été absous à pur et à plein.*

Philippe lorsqu'il seroit à jeun, gagna sa cause ; ce seroit une injustice à lui faite, de lui imputer ce qu'il pourroit avoir dit ou fait, étant ivre. Ce qu'étant considéré par les juges, qui d'un côté ne vouloient condamner la bouteille à être pendue, et d'autre côté voyoient une malice notoire, présentèrent la torture aux chambrières accusées : lesquelles, épouvantées par l'appréhension et horreur du tourment, selon la fragilité du sexe, confessèrent soudain la vérité ; et, suivant leur déposition, furent confrontées au délinquant, qui, se voyant pleinement convaincu, requit grâce à justice et pardon à sa femme ; mais elle fut outrée d'une si vive douleur, qu'à son instante supplication, les chambrières furent condamnées à être brûlées vives, pour leur livrée des malheureuses noces, dont elles avoient été cause. (Car si les lois punissent si rigoureusement un larron domestique, voire pour petit larcin, quel tourment pouvoit suffire à une si grande trahison machinée par celles qui lui devoient être si fidèles !) Et, par même jugement, Ponifre, après avoir assisté à cette exécution une torche en la main, fut rompu sur la roue et jeté mi-mort au même feu. Ainsi, nous voyons que le vin, qui avoit été cause de son lascif plaisir, lui occasionna une cruelle et ignominieuse mort, lui faisant librement confesser son forfait, comme il advint jadis à l'empereur Claude, qui, étant ivre, déclara à sa femme Agrippine, sa malveillance tant dissimulée. Aussi telle étoit la gehenne volontaire que les fins tyrans anciennement donnoient à ceux auxquels ils vouloient faire découvrir les conjurations faites contre eux. D'où est venu le proverbe : « En vin vérité. » Et dirai, en passant, que de là, je crois être venue la coutume entre les Allemands, de contraindre à boire d'autant ceux avec lesquels ils banquettent, de peur que les sobres décèlent ce qu'ils auront vu faire ou dire aux ivres. A quoi s'accorde bien le proverbe grec : « Bois ou t'en vas, » et ce qu'on disoit jadis : « Je hais fort la mémoire d'un compagnon à boire. » Or, honorable compagnie, la nouvelle de cette étrange aventure courut soudain par toute l'Allemagne. Et étant venue aux oreilles de Carite (qui savoit fort bien l'amour que son mari Herman et Fleurie s'étoient porté en leurs premiers ans), ores qu'icelle étoit démariée avec le recouvrement de sa renommée, désira d'essayer quelle contenance tiendroit son Herman. Parquoi fit courir le bruit à Magence qu'elle étoit morte chez son oncle ; de sorte que ce faux rapport et la notable punition de Ponifre vinrent quasi en un même temps à la connoissance du seigneur Herman. Lequel fut tout à un coup combattu de plusieurs ennemis ; car, d'un côté, le regret de sa gracieuse Carite lui noyoit le cœur en amertume ; d'autre part, l'ignominie, indignement reçue par sa Fleurie, le mollissoit d'une tendre pitié, voyant qu'encore qu'elle fût plus qu'assez justifiée par la coulpe de son malheureux Ponifre, et même sa faute (si aucune y en avoit) pleinement couverte et amendée par le légitime mariage qui s'étoit ensuivi ; ce nonobstant sa sévère chasteté ne s'étoit contentée de si ample satisfaction ; ains, prenant pour l'amour de l'honneur vengeance de soi-même, en partie par la mort de son mari, avoit poursuivi la ruine de celui qui avoit ruiné son bon nom, sans avoir pu être émue par la mémoire des blandices [1], compagnes d'un nouveau mariage ; tant une pudicité violée et outragée est recommandable, qu'elle n'a pu être rachetée qu'au prix d'un triste veuvage. Puis, la juste punition de l'audacieux et inouï forfait d'un facteur et serviteur, pour sacrifice à sa maîtresse tant offensée, le réjouissoit si fort, qu'entre tant d'assaillants, il ne savoit auquel incliner et donner l'avantage ; sinon qu'Amour soudain lui ôta la liberté de choisir, usant du droit de seigneur envers un sien vassal, ressuscitant et attisant en son foie (siège naturel des passionnés désirs) les anciennes flammes que le temps avoit bien pu couvrir, mais non pas amortir ; tellement qu'il lui persuada que sa fortune, pour amender le tort qu'elle lui avoit fait jadis, lui apprêtoit ores une favorable occasion de se récompenser et revenger, rendant lui et Fleurie veufs tout en un même temps. Et, en cette trempe [2], tout comblé de bon espoir, partit d'Anvers en toute diligence pour retourner à Magence, afin de regagner la place qu'autrefois il avoit tenue au cœur de sa dame ; et, craignant d'être prévenu par un autre, montroit bien par son impatiente activité qu'Amour (selon l'opinion du plus sage d'entre les Grecs) n'est pourtrait avec ses ailes, sinon pour autant qu'il donne (ce semble) des ailes à ses désireux sujets. Mais laissons-le courir, pour

[1] Caresses. — [2] Disposition, intention.

retourner à notre vertueuse Fleurie, que chacun ores estimoit heureuse, tant les choses de ce monde sont inconstantes, qu'il nous faille louanger demain ce que nous blâmons aujourd'hui. Or, la voilà notablement vengée; mais son grand courage n'étoit pas encore satisfait à son gré, ains vouloit laisser à la postérité des marques éternelles de son incroyable intégrité. Car, se trouvant seule en la maison de sa mère (par l'ordre qu'elle y avoit donné), alluma du feu, sur lequel elle pendit un grand vaisseau plein de vin, et pendant qu'il échauffoit, après avoir regardé d'un œil tout baigné en larmes son petit enfant, commença à remplir la chambre de piteuses complaintes et doléances. Puis, prenant encre et papier, fit son testament et dernière volonté, par laquelle, après avoir rendu grâce à Dieu de tant de biens reçus, elle résignoit son âme entre ses bras, et sacrifioit son corps pour la rançon de sa renommée, recommandant son fils (témoignage de sa faute) à sa mère. De là, tournant la face vers son feu, avisa le vin qui bouilloit à grosses ondes; parquoi, en hâte, ferme son papier, duquel l'écriture achevoit par son nom, et d'une main mourante le cache au sein de son petit popelin [1], qu'elle, par une infinité de baisers, arrosa de tièdes larmes; puis, se levant, dit : « Voici, voici l'heure, mon âme, que vous aurez vengeance de ce méchant corps, donnant certain témoignage qu'avec lui mon chaste esprit n'a point été violé, ains s'est gardé pur et net jusques au bout. Mais toi, méchant corps, pour avoir été si traître à ton Seigneur, tu mourras, et mourras par la chose même dont tu as forfait. » Adonc, d'une constance forcenée et quasi furieuse, print le vaisseau où le vin bouillonnoit, lequel elle avala tout plein jusques à la dernière goutte, sans s'émouvoir de rien pour l'extrême douleur, jusques à ce que les intestins rôtis par cette démesurée ardeur se rétroissirent [2] et dérompirent de telle violence, qu'il fallut que la mort vînt en hâte mettre paix en eux, chassant la belle âme de son pénible corps, pour la mettre en gloire et félicité éternelle. O étrange et inouï supplice, et aussi rare que est la vertu de cette dame! où trouveras-tu ton semblable? car celui du prince anglois qui, pour payement de ton ambition, fut noyé en un muid de malvoisie [1], en est bien loin; si qu'ici nous voyons deux morts assemblées en une, la mort d'Audebunt, roi d'Angleterre, qui fut pour avoir trop bu, et l'autre de M. Ophile Bateleur, qui fut pour avoir bu trop chaud. Cette étrange mort ne fut guère celée, et, par sa renommée, engendra grande compassion au cœur d'un chacun, qui accoururent de partout, tant pour la rareté du fait, que pour faire le dernier honneur à cette invaincue chasteté : en faveur de laquelle, toutes les dames de la ville, accoûtrées de deuil et le corps et le cœur, conduisirent en grande pompe ce corps, naguère vaisseau de toutes perfections, au cercueil; sur lequel, pour mémoire perpétuelle d'un si courageux fait, fut élevé aux dépens de la ville un superbe et somptueux sépulcre. O bienheureux tombeau! la manne, comme rosée tombante de l'air serein, puisse amollir ta pierre, où en tout temps les roses et les œillets viennent ramper pour couronnement de la beauté, qui en toi est logée; que les abeilles et les gais papillons, par une perpétuelle demeure, puissent tenir compagnie aux Grâces qui là habitent; mais que les épines et orties y flétrissent plus tôt qu'elles n'y seront germées, et que les serpents se gardent bien d'approcher de ce saint temple de chasteté; puisque cette belle dame a tant haï le vice!

Le bruit de cette piteuse mort, bénigne compagnie, volant partout, n'arrêta guère qu'il ne parvînt jusqu'au seigneur Herman, qui n'étoit plus qu'à demi-journée de Magence, faisant bien son compte de trouver, à son retour, digne récompense de ses travaux, quand il fut assuré, par un qui venoit de l'enterrement, de la mort insigne de celle pour laquelle seule désormais il vivoit. A ces tristes nouvelles, le misérable amant tomba tout transi, avec grand étonnement d'un chacun, qui, après lui avoir frotté les tempes de vinaigre et arrosé la face d'eau froide, et crié dans les oreilles, et branlé et frappé de toutes parts, et appliqué tous les remèdes qu'ils savoient, virent enfin que c'en étoit fait. Ce qui advint par la subite mutation

---

[1] Poupon. — [2] Pour *rétrécirent*.

[1] En 1478, George, duc de Clarence, frère d'Édouard VI, roi d'Angleterre, accusé d'avoir voulu secourir la duchesse de Bourgogne au préjudice du roi son frère, fut jugé et condamné au supplice des parricides; mais, à la prière de sa mère, le duc de Clarence obtint une commutation de peine et fut étouffé dans un tonneau de bière ou de malvoisie.

d'une grande joie en une grande tristesse, qui, selon l'opinion et rapport des médecins y appelés, engendra une convulsion mortelle, causée d'une étreinte et suppression de ce ventricule du cerveau, dont fut bouchée la voie aux esprits vitaux, s'efforçant de sortir. Ah! infortuné amant, devois-tu bien te hâter tant de venir, pour te hâter encore davantage de mourir? « Ah! que celui est bien heureux, disoit Denis l'Ancien [1], qui a apprins dès sa jeunesse à être malheureux, et que le taureau porte bien plus aisément le joug auquel il a été assujetti de bonne heure! » Las! le dire de ce sage grec est bien notable, que la plus grande misère qui soit, est ne pouvoir porter la misère. Hélas! qu'un grand amour apporte un grand regret de la chose aimée, puisque l'âpre douleur n'a pu donner loisir à ce cœur passionné de se consoler en quelque sorte; ou si se consoler est chose trop difficile (comme estimoit Thalès [2]), voire plus qu'à un médecin se guarir soi-même, ne lui a même permis de recevoir, au moins, soulagement de quelque ami : qui est bien le plus souverain remède que Phalarée [3] confessoit avoir expérimenté, après avoir rencontré Cratès [4], lorsqu'il étoit misérablement banni de son royaume. Les larmes de la mort de Fleurie étoient encore aux joues du peuple de Magence, quand le serviteur de Herman vint apporter nouvelles de la fin piteuse de son maître; duquel il déclara tous les desseins, pour avoir été son fidèle secrétaire d'amour. Parquoi, chacun émerveillé ne pouvoit penser autre chose, sinon que la Mort s'étoit rendue partie adverse d'Amour, et qu'en dépit et inimitié de lui, elle avoit envie de détruire ses plus affectionnés sujets, si que, pour ce faire, avoit déjà commencé en la personne de Fleurie et Herman, se délibérant de poursuivre et couronner son œuvre en Carite, qui restoit; cette Carite, dis-je, laquelle, comme je vous ai jà dit, par une curiosité, ou plutôt jalousie, s'étoit faite morte pour voir si les vieilles amours de son mari avoient encore quelques forces de se ressusciter. Et maintenaut (hélas!) la voix ressuscitée après la mort de son Herman, duquel elle ne témoigna le deuil par une mort précipitée, l'estimant trop grand pour prendre si brève fin; ains, pour le faire durer tant qu'il lui seroit possible (comme il méritoit), se confina à perpétuité en une religion de nonnains. Et, combien qu'il y eût de la faute évidente du côté de son mari (qui, comme s'il eût été touché de la verge de Circé, ou s'il eût mangé de l'herbe enchantée, avoit été si tôt changé de loyal mari en un volage amoureux), néanmoins mit sur elle toute la faute, comme ayant ouvert la porte à ce malheur, duquel elle fit pénitence perpétuelle, sans jamais vouloir entendre à se remarier, estimant, avec le prudent Chilon [1], celui bien fol, qui, étant avec une pénible nage sauvé du périlleux naufrage, veut encore retourner à la mer, comme si la tempête n'avoit pas puissance sur toutes les barques. Or, de l'amour de son Herman, elle ne laissa autre gage qu'une belle fille, qui, par le vouloir des bénignes Destinées, fut, après beaucoup de travaux, mariée avec le fils qu'avoit laissé Fleurie, dont l'histoire n'appartient à notre propos, sinon pour montrer qu'à la fin, malgré l'envie des fortunes et la déloyauté perverse des hommes, par la permission céleste, s'assemblèrent et unirent les deux illustres maisons de Herman et Fleurie.

Ainsi, par cette véritable histoire, vous avez pu clairement voir, aimable compagnie, que tout le malheur qui survient en amour procède toujours de la faute de l'homme. Car, je vous prie, quelle amour plus sincère et loyale sauriez-vous demander que celle de ces deux dames, témoignée à si bonnes enseignes, qu'il semble qu'elles aient joué à l'envi à qui méritéroit la première place entre celles qui ont mieux aimé? Lors, Fleurie n'a point voulu vivre après la perte de sa chasteté, où étoit thésaurisé tout son bien et félicité, et a tant aimé son honneur, que, pour l'amour d'icelui, elle n'a pu pardonner à son mari, qu'elle aimoit bien et de qui elle étoit bien traitée; en quoi elle a surmonté de bien loin la gloire de celle qui, avec du poison bu par moitié entre elle et son amoureux Synorip [2], s'acquitta envers les cen-

---

[1] C'est Denis d'Héraclée, surnommé *le Déserteur*, parce qu'il passa successivement dans plusieurs écoles de philosophie. Il vivait 264 ans avant Jésus-Christ.
[2] Un des sept sages de la Grèce, dans le septième siècle avant Jésus-Christ.
[3] Pour *Phalaris*, tyran d'Agrigente, qui fut chassé par ses sujets.
[4] Philosophe cynique, disciple de Diogène, au quatrième siècle avant Jésus-Christ.

[1] Un des sept sages de la Grèce.
[2] Je n'ai pas su découvrir la source de ces deux

dres de son mari et envers sa pudicité, ou de celle qui, faisant finement trébucher en un puits le soldat malheureux, vengea son honneur violé. Bref, elle surmonte la constance de cette Romaine qui, mangeant des charbons ardents, suivit par un extrême amour son mari mort. Et Carite, par un perpétuel vefvage, a solennisé le deuil de son mari, se rendant, de son gré, vefve de tout plaisir. En quoi elle s'accorde fort bien avec le zèle vertueux [1] de cette belle Valérie [2], qui disoit que son mari étoit mort pour les autres, mais qu'il vivoit éternellement pour elle; qu'elle portoit mieux au cœur que cette reine Artémise, qui, buvant les cendres de son mari, lui bâtit en sa poitrine un si précieux tombeau. Aussi, me semble que celles qui se remarient pour la seconde fois, ne font pas grand honneur à leurs premiers maris, avec lesquels il semble qu'elles aient enterré toute leur amour. En quoi la tourterelle, qui jamais ne s'apparie qu'à un, leur doit faire grand'honte. De fait, on dit que les premières noces se font au ciel et les secondes en enfer, tellement que, si elles se trouvent bonnes et heureuses, le diable est bien trompé. Parquoi, à bon droit Rhodope, fille de ce grand roi d'Arse [3], tua sa nourrice, pource qu'elle lui persuadoit de se remarier; car la convenance des seconds mariages est plus difficile à bien rencontrer, qu'il n'est malaisé de faire convenir justement une coquille de noix avec une autre, que sa propre moitié, de laquelle elle aura été séparée. Ce que je dis, pource que cette vulgaire comparaison me semble plus familière que l'ancienne philosophie de l'Androgyne de Platon. Mais, pour passer outre, puisque la singulière vertu des femmes, s'est si bien fait paroître en ces dames, voyons, je vous supplie, à l'opposite, la malice des hommes pratiquée si dextrement par Ponifre et Herman. » A quoi le seigneur de Fleur-d'Amour, s'écriant d'une fort bonne grâce, dit : « Ne vous déplaise, mademoiselle, si je vous interromps, car il vous doit suffire que j'entende patiemment la louange des femmes, sans me mettre encore un fardeau plus pesant par le blâme des hommes, que voulez amener en jeu, sans propos; d'autant que Ponifre, selon mon avis, ne mérite aucune répréhension, n'ayant rien fait que le devoir de bon compagnon, en cherchant sa bonne fortune; même je l'estime beaucoup d'avoir si bien poursuivi, et, au contraire, ne peux excuser Fleurie, d'autant qu'elle ne gagna rien en le faisant mourir, vu qu'en l'épousant il avoit amendé et réparé la faute, sinon qu'elle déclara l'appétit extrême de vengeance, qui est commun naturellement aux femmes, témoin le poëte qui dit que le sanglier poursuivi des chiens, la lionne affamée, la tigre à qui on a dérobé les petits fants, ne la vipère étant marchée sur la queue, ne sont plus terribles qu'une femme offensée. Et quant est d'Herman, que pouvoit-il moins faire, ayant perdu sa femme (comme il cuidoit) que d'en chercher une autre de bonne heure ? non pas pleurer comme un enfant qui a perdu sa pomme, et pense qu'il n'y en a plus au monde. Quant à moi, je pense que c'est grande simplesse de demeurer longtemps veuf, si ce n'est qu'on veuille faire provision pour la seconde femme, car les morts volontiers se soucient bien et ont grand intérêt qu'on se remarie ou non ! — Vraiment, répliqua mademoiselle Marie, vous avez raison ; mais, je vous prie, ne devoit-il pas à tout le moins attendre la fin de l'année pour se remarier, que les anciens ont appelé an de deuil. Et ne faut pas dire que les lois y aient seulement voulu comprendre les femmes, afin que, si elles se remarioient si tôt et eussent soudain enfant, cet enfant n'eût un père incertain ; mais les saintes lois, trouvées pour la perfection des bonnes mœurs, ont introduit l'an de deuil pour une honnêteté publique, qui attouche tant les hommes que les femmes ; contre laquelle Herman a notoirement commis faute, donnant un second témoignage de sa légèreté et inconstance; car la première fut quand, lassé d'être trop à son aise, il voulut aller voir les foires d'Anvers, où, enfin, il tourna ses amours à l'envers [1], et eût mieux fait de croire sa femme.

---

exemples, qui paraissent empruntés à l'histoire moderne et peut-être aux *Nouvelles* de Bandello.

[1] L'ancienne édition porte *vénéneux*, ce qui nous a paru une faute.

[2] C'est la veuve du consul Servius Sulpitius Camerinus. Sa réponse est rapportée par saint Jérôme.

[3] Nous croyons qu'il faut lire *Darie* pour *Darius*, roi des Perses ; car autrement nous ne savons quel peut être ce *roi d'Arse* (peut-être *roi de Thrace*). Quant à *Rhodope*, ce n'est certainement pas la princesse de ce nom que la mythologie a changée en montagne.

[1] Ce mauvais jeu de mots, dans un discours sérieux, annonce l'invasion des *pointes* qui hérissèrent bientôt le langage de la cour comme celui des halles.

Toutefois, pour vous montrer que je parle sans affection, et selon que la vérité me mène, je donnerai une demi-once de blâme à Carite, en ce qu'elle a voulu savoir si son mari étoit amoureux. Et cette curiosité en a trompé beaucoup, qui ont trouvé enfin ce qu'ils cherchoient, et ne vouloient point trouver; de quoi les piteuses amours de Céphale et Procris donnent bon témoignage. Mais quoi? comme il n'y a saint en paradis qui n'ait sa fête, aussi n'y a-t-il vivant en ce monde qui n'ait quelque défaut. Et si est-ce qu'on ne peut, à la vérité, taxer d'imperfection les femmes, hormis la jalousie qui les suit comme leur ombre. Aussi, ce brave roi Alphonse disoit, que ce seroit une belle chose en mariage, si le mari étoit sourd, et la femme aveugle. En quoi il a, ce me semble, excusé les femmes, pour blâmer les hommes; car, pourquoi désire-t-il qu'elles soient aveugles, sinon de peur de voir les fautes de leurs maris? Et je vous laisse à juger qui est plus à blâmer, ou celui qui faut, ou celui qui regarde la faute pour la reprendre? Aussi, quand tout est dit, puisque jalousie ne vient que de trop grand amour, il est nécessaire que les femmes, pour aimer plus vraiment que les hommes, soient jalouses. Mais, quant à l'excuse par laquelle, comme d'un sac mouillé, vous tâchez de couvrir la faute de Ponifre, je lui eusse volontiers pardonné, s'il se fût adressé à sa pareille par moyens licites; mais de vouloir tirer plus loin que la portée de son arc, étoit trop grande témérité. Car, encore qu'on die que ce n'est pas vice d'aimer en bon lieu, si est-ce qu'il me semble (suivant l'avis de Déjanire en Ovide [1]) que, comme pour tirer bien une charrue, faut apparier des bœufs les plus égaux en grandeur de corps et en force, qu'on puisse trouver, afin qu'ils aillent d'un même front au labeur; ainsi en mariage doit avoir une égalité parfaite, et unanimité la plus entière qu'on puisse trouver : autrement, l'un ne sert à l'autre que d'épine au pied, pour l'empêcher de s'avancer. Et ce que vous attribuez à constance en Ponifre, je le répute une importunité trop insupportable. » A quoi, répliqua le sieur de Fleur-d'Amour : « Je vous prie, mademoiselle, que la louange que vous voulez acquérir aux femmes, provienne de leur mérite, et ne s'accroisse par le blâme des pauvres hommes; car, si nous voulions user de revenge, vous seriez en grande peine de nous rendre compte du fait de vos femmes, que vous faites si vertueuses; d'autant que, puisque l'une s'est tuée et l'autre non, il s'ensuit qu'il y a eu du défaut d'une part ou d'autre. Et combien que les historiens disent que jamais Sardanapale ne fit rien de vertueux, sinon quand il se tua, d'autant qu'un tel acte requiert un grand courage, si est-ce que même les lois païennes n'ont approuvé une telle mort; principalement lorsqu'elle vient par la conscience de son forfait, qui bourrelle, avec une infinité de furies, le malfaiteur, comme nous lisons d'Oreste; ou de peur de tomber entre les mains de son ennemi, comme fit Annibal; ou pour éviter une infamie, comme il advint au poëte Gallus; ou pour se guérir d'un mal auquel ils ne trouvoient aucun remède, comme Porcius-Latro [1] voulant se guérir de la fièvre quarte; ou par impatience d'amour, comme il advint à Thisbé et Pyramus; ou par dépit de n'être parvenu à ce qu'ils désiroient, comme Nérère [2] voyant son ami marié à une autre fille; ou pour autres fâcheries de quelque chose que ce soit. Vrai est que le paganisme a pardonné à ceux qui se tuoient pour quelque cause louable, comme pour sauver sa virginité, ainsi que fit Didon [3], Sophronie [4] et le bon Démoclès [5]; ou pour savoir qu'on faisoit en l'autre monde, comme Cléombrote [6] et les Milésiennes [7]; ou pour apporter quelque bien au public par sa mort, comme fit le chevalier Marcius [8] et l'empereur Othon; ou de peur de lui nuire, comme Thé-

[1] Dans les *Métamorphoses* d'Ovide.

[1] Célèbre déclamateur, ami de Sénèque, originaire d'Espagne, mort l'an 750 de Rome.
[2] Ce nom ne nous est pas connu.
[3] Reine de Carthage, qui se tua en apprenant le départ d'Énée.
[4] Dame romaine, que son mari livra lui-même à l'amour de l'empereur Maxime, et qui se tua pour expier son déshonneur involontaire, l'an 310 de Jésus-Christ.
[5] Selon Plutarque, ce vertueux jeune homme s'élança dans le feu pour échapper à la passion criminelle de Démétrius *Poliorcète*.
[6] Philosophe académicien qui se précipita dans la mer après avoir lu le traité de Platon sur l'immortalité de l'âme.
[7] Sapho et les femmes philosophes de Milet, qui, à son exemple, se jetaient du rocher de Leucate dans la mer.
[8] Il faut plutôt lire *Curtius*, chevalier romain qui se dévoua pour le salut de Rome en se précipitant dans un gouffre.

mistocle fut contraint de faire ; ou pour être lassé de trop vivre, comme fit Pomponnius Atticus[1]. De fait, ce grand Pline dit que le plus grand bien que Nature ait fait à l'homme, est de mourir quand il voudra : ce qui, toutefois, est fort éloigné de la bonne opinion de Platon, qui n'accorde pas qu'une si grande chose doive être en la puissance de l'homme ; ains, qui se tue est punissable, comme un soldat qui s'en va sans le congé de son capitaine, ou comme un qui rompt les prisons pour s'enfuir. Ce qui fait grandement contre votre Fleurie ; et, toutefois, nous n'avons point voulu vous contredire, encore que voyons bien que, pour l'excuser, vous ayez chargé Ponifre de l'avoir fait enivrer. Que si cela avoit lieu, je confesse bien qu'il se fût pu ensuivre de là quelque ravissement de virginité, mais non pas un engrossement ; car je ne pense pas qu'une femme ivre puisse concevoir. Aussi, quand vous avez été sur ce point, vous avez passé par dessus à pied sec, sans me satisfaire entièrement. — Je n'ai, dit madamoiselle Marie, fait, partie pour n'abuser, par la longueur de mon discours, de votre favorable audience, et aussi pour épargner le déplaisir qu'un acte si énorme pouvoit apporter à vos esprits, sans révoquer en doute une chose que je sais être fort douteusement disputée par ceux qui recherchent plus exactement les secrètes lois de Nature ; joint que ce n'est pas à moi d'entrer en si subtiles et profondes considérations. Mais, de peur que mon Histoire demeure manquée, en ce cas, j'en parlerai (puisqu'il vous plaît), comme fait un clerc d'armes, et en dirai ce qui me semble, sauf, toutefois, votre meilleur jugement, auquel il y aura appel de mon opinion. Je sais qu'à la vérité, chacun tient que le vin, prins modérément, est un grand aiguillon de volupté, suivant le proverbe ancien « Sans Bacchus et Cérès, Vénus se refroidit. » C'est pourquoi, Anacharsis, étant repris d'avoir épousé une femme laide, dit : « Versez-moi du vin, afin que je la trouve belle. » Mais aussi, étant prins outre mesure, il rend le corps lâche, stupide, hébété, languissant et inepte à l'amour, noyant l'estomac d'une humeur crue, dont s'ensuit une débilitation de cerveau, un tremblement de nerfs et une dissipation des esprits, qui sont choses toutes contraires à la génération, laquelle requiert une grande température et harmonie des humeurs. Si que nous pouvons dire, avec Pythagore, que la vigne apporte trois raisins, desquels le premier désaltère, le second trouble et le troisième hébète totalement : qui fait que grands ivrognes ne sont volontiers grands paillards, et l'ivrognerie accompagne coutumièrement la vieillesse ; mais la paillardise laisse l'homme, quand la jeunesse lui défaut. Ce que je confesse bien, mais je n'accorde pas que l'ivrognerie rende du tout inhabile à la génération ; car les raisons et les exemples me font croire le contraire. Et, toutefois, je n'admets la distinction que quelques-uns veulent faire de l'agent et du patient, disant que l'homme ivre ne peut engendrer, encore que la femme soit sobre, mais oui bien, au contraire ; d'autant que le dominant en la génération, et celui qui donne la forme essentielle, étant mal disposé, annule tout. Ce qui est contraire aux histoires, qui nous font mention qu'une fille de Syracuse, nommée Cyane[1], et une Romaine, nommée Médulline, furent engrossées par leurs pères ivres. Mais je tiendrai, comme une forteresse inexpugnable, pour la résolution de ce point, que quand il n'y a que l'un ou l'autre ivre, il se peut ensuivre une génération ; laquelle, toutefois, est imparfaite, pource que le défaut se peut bien amender aucunement, mais non pas ôter du tout : qui est cause que les enfants qui en viennent sont débiles, malsains et de sot esprit, témoin Diogène, qui, voyant un enfant fort stupide, l'appela *fils d'ivrogne*. Mais si l'homme et la femme sont ivres, je dis qu'il est du tout impossible qu'il s'en ensuive aucune génération, pour la perversité des qualités, l'intempérance des humeurs, la dissipation des esprits et l'imbécillité de l'habitude appétente qui opère par l'imaginative. Et, pour même raison, nous pouvons conclure que deux colères ou deux mélancoliques, en extrémité, sont inutiles ensemble ; omettant les arguments plus urgents qui se peuvent tirer de la génération et ses causes, pource qu'ils siéront mieux en l'oreille qu'en la bouche d'une fille ; aussi, que ce que j'ai touché me semble suffire pour montrer n'être impertinent que Fleurie ait conçu étant ivre, son mari ne l'étant point.

---

[1] Illustre romain, ami de Cicéron et auteur de beaucoup d'écrits qui ne nous sont pas parvenus.

[1] Cyanippe, prêtre et prince de Syracuse, pendant un accès d'ivresse, abusa de sa fille, qui l'immola elle-même en expiation sur l'autel de Bacchus, pour faire cesser la peste dans Syracuse.

—Quant à moi, dit le sieur de Bel-Accueil, j'estime (puisque c'est de la force d'une vive appréhension, qu'il s'ensuit une intention de semence en un réceptacle bien disposé[1]), que si la femme ne prend plaisir (comme elle ne fait, étant ivre), jamais elle ne concevra, quelque bonne température et consistance qui puisse être en la semence. Et, jamais femme grosse ne me fera accroire qu'elle a été forcée; car, si ce n'est une règle de sage-femme, elle ne laira d'être très-certaine, que toute femme qui engrossira à force, accouchera en plaisir. — Sauf votre grâce, dit madamoiselle Marguerite, si cela avoit lieu, il s'ensuivroit une grande absurdité; car, vous me confesserez aisément que le plaisir des hommes diffère de celui des bêtes, en tant que les hommes, par le bénéfice des sens extérieurs, font discrète élection de la beauté, d'où s'engendre amour, lequel seul est cause de la conjonction, d'où vient la génération. Parquoi, il faut conclure que ceux n'engendrent point, qui ne se conjoignent point; ceux ne se conjoignent point, qui n'aiment point; ceux n'aiment point, qui ne voient quelque beauté digne d'être aimée. Donc, à ce compte, les aveugles, tant hommes que femmes, n'auront jamais d'enfants, ne voyant rien qui les invite à en faire; ce qui est tout absurde : outre plus, il s'ensuivroit, qu'où il y a plus de plaisir, il y auroit plutôt génération. Et, toutefois, nous voyons plusieurs qui n'ont pu avoir d'enfants la première année de leurs noces, en avoir longtemps après, voire même en leur extrême vieillesse, comme nous lisons de Massanissa et Caton Censeur. Parquoi, vos raisons ne peuvent empêcher qu'il n'apparoisse clairement, par la vérité de cette Histoire, la bonté des femmes surmonter la malice des hommes. Or, je vous prie, qu'eût-ce été, si ces deux dames eussent trouvé des maris selon leur mérite, et de réciproque vertu (au moins s'il s'en peut trouver)? —Mais plutôt, répliqua le sieur de Ferme-Foi, dites-moi, que c'eût été, si ces deux jeunes hommes, que leurs cruelles femmes, pour les avoir trop aimées, ont fait mourir, se fussent passé de se marier? comme ont jadis fait ceux qui ont voulu faire quelque chose de bon en leur vie; et ceux qui n'ont été si sages que de ce faire, ont expérimenté, à leur propre dommage, combien la femme est un grand destourbier à toute chose vertueuse, soit pour la guerre, comme Darie et Mithridate[1] témoignent; soit pour la philosophie, comme Socrate se plaignoit; qui me fait croire, que si les hommes jamais ne se marioient, ils ne faudroient jamais de parvenir à grande félicité. Et, c'est pourquoi, vulgairement on dit, quand il est question de marier un jeune homme : *il le faut arrêter;* car, de fait, je crois que nous volerions au ciel, si cet arrêt ne nous retenoit. Je me contenterai d'appeler la femme un arrêt, combien que je sache que plusieurs ont été contraints de parler plus durement, l'appelant notre pesante croix; témoin, celui qui, ayant ouï dire à un prêcheur, qu'il falloit que chacun portât sa croix, courut soudain prendre sa femme et la chargea à son cou. Conclusion : les femmes, qui ont été cause de la perte et ruine de Ponifre et Herman, me font souvenir de ce que répondit un paysan à son compère, qui est :

> Naguère un paysan de village,
> Voulant son fils mettre en ménage,
> En parloit à un sien ami,
> Qui lui répond en beau langage,
> Que l'enfant, pour être en bas âge,
> N'étoit encor sage à demi.
> « Quoi? dit le bonhomme; voisin,
> Si tout le monde étoit bien sage,
> On attendroit bien, et enfin
> Jamais n'y auroit mariage. »

A quoi, Mlle Marie répondit en riant : « Vous nous amenez ici des témoignages fort rustiques et de gens qui ne savent que c'est de bien et honneur.—Non, non, répliqua soudain le gentilhomme, ne vous arrêtez, pour cela, de confesser vérité; car c'est bien encore pis des grands, s'ils le savoient connoître, témoin ce qui fut dit un jour à un superbe monsieur :

> Dis, pourquoi te vantes-tu tant,
> Par un titre si magnifique,
> D'être une personne publique?
> Ta femme en peut bien dire autant. »

Sur ces différends, la dame, les prenant tous par la main, remit la partie au lendemain, et, en cette colère, allèrent souper joyeusement, où nous les laisserons en leur donnant le bonsoir.

[1] Cette parenthèse ne présentait aucun sens, par l'absence d'un mot; nous nous sommes permis d'y suppléer. Il faut avouer que cette dissertation technique sur la procréation des enfans est bien étrange devant des femmes qui donnent aussi leur avis.

[1] L'amour de Darius Codoman, roi des Perses, pour

TROISIÈME JOURNÉE.

Si ce sage romain [1], qui, entre les trois péchés dont il se repentoit le plus, estimoit le plus grand, de passer un jour sans avoir appris quelque chose, à l'exemple du plus excellent de tous les peintres, qui ne laissoit écouler une journée sans tirer pour le moins quelque ligne, par laquelle, comme d'une flèche, il combattoit l'oisiveté ; et si ce tant renommé Solon, qui, par un continuel souci d'apprendre, récompensoit et quasi se vengeoit de sa vieillesse, eussent vu la gentille école de nos gentilshommes et damoiselles, je ne sais de quelle louange ils eussent exalté l'avare butin de doctrine qu'à l'envi ils s'étudioient de faire, par un passe-temps journalier, qui doit bien faire remarquer, je ne sais quelle vertueuse contention accompagnée d'une persévérance, dont l'honnête gloire leur mettoit à chacun et chacune la puce bien avant en l'oreille, pour ne les laisser dormir, ains par un vif aiguillon solliciter les pensées plus prochaines de leur réveil, à chercher soigneusement le moyen d'avoir revenge l'un de l'autre et faire de bien en mieux. Que si quelque gros sourcil refronçé appelle cet exercice frivole et indigne d'un grave esprit, ce bon chancelier d'Athènes condamnera sa folle présomption ; lequel, ayant ouï réciter en un banquet à son neveu une chansonnette saphique, pria l'enfant de lui apprendre, et interrogé d'où lui procédoit ce désir, vu son âge et son autorité, il répondit : « Afin que, l'ayant apprise, je meure, » n'estimant ce grand personnage rien plus indigne de la vie humaine que l'ignorance, l'ignorance, dis-je, qu'il blâmoit plus que l'envie de savoir choses qu'on réputoit puériles et convenables, ce semble, à ceux qui veulent si étroitement garder leur rang. Même le plus sage de tous les sages n'a point rougi de se mettre entre les enfants qui jouoient de la harpe, et apprendre d'eux, bien qu'il fût âgé, estimant une vieillesse ignorante, plus honteuse que l'apprentissage de quelque chose que ce soit. De fait, ce sage disoit que nous tenions l'ignorance des bêtes, mais l'envie de savoir ressentoit quelque divinité. Ayons donc envie d'apprendre, voire même quand bien nous aurions un pied dans le sépulcre, à l'exemple de ce prudent conseiller romain, et ne dédaignons point les choses légères ; ains allons voir que veut dire notre jeunesse gaillarde, qui, lassée des folâtreries du soir, eût volontiers demeuré bien haute heure [1] au lit, sans l'aubade que donnèrent les paysans villageois, lesquels, pour faire l'honneur accoutumé à leur dame et maîtresse, vinrent de bon matin au château, chargés de rameaux, d'oiseaux en cage, de feuillade, de miel et de laitage de toutes façons, avec une pompe et magnificence rustique, faisant retentir l'air d'une mélodie de flûtes, cornemuses et flageols, où le *derelon* [2] ne manquoit point, tellement qu'à les voir ainsi sonnant et sautant, on les eût pris à la prime [3] pour de petits anges, sortis de quelque paradis de village. A cette joyeuse alarme, nos gentilshommes se jetèrent, à clos yeux, en place, sans avoir égard aux régimes de médecine, qui disent que se lever si soudain engendre le haut mal et nuit à ceux qui veulent avoir le teint délié. Puis, habillés à demi et à demi réveillés, descendirent voir ces garçons villageois, qu'ils firent danser au son de leurs instruments, jusques à ce qu'étant las de sonner, se mirent à chanter force branles de Poitou, autant plaisants à ouïr que je crains qu'ils fussent fâcheux à lire, principalement à ceux qui ne connoissent encore *Talebot* et *Robinea* [4] : qui sera cause que je changerai la facétie du langage en termes plus intelligibles, gardant toutefois le même nombre mesuré aux cadences des neuf pas. Car les gentilshommes, ayant quelque temps branlé à la lourdesque [5] (qu'ils appellent à Tholose [6] la pageoise),

---

sa femme, et celui de Mithridate, roi de Pont, pour la sienne, cette Monime, qui l'avait suivie dans toutes ses expéditions, contribuèrent à leur défaite et à leur perte totale. — [1] Pline l'ancien.

[1] C'est-à-dire, bien tard, jusqu'à ce que le soleil fut haut à l'horizon.
[2] Onomatopée imitant le son des instrumens à vent, surtout de la flûte ; de même que *rataplan* représente le son du tambour.
[3] Tout d'abord, au premier coup d'œil.
[4] Ce sont certainement les noms de deux branles populaires du Poitou. *Robinea* n'est peut-être que le fameux air *de l'homme armé*, dans lequel figure Robin.
[5] Dansé un branle à la façon des paysans.
[6] Pour *Toulouse*.

prièrent les damoiselles de se mettre de la partie ; lesquelles, ayant agrandi la ronde carole[1], commencèrent à dire force branles autour du bouquet, desquels je dirai quelques-uns que j'ai mieux retenus.

BRANLE DE POITOU.

Ores, mon Angelette,
Que le pampre croissant,
D'une accollade étroite
Va sa treille embrassant,
Et qu'on voit enlaçant,
Tout à l'entour du chêne,
D'une amoureuse chaîne
Le lierre verdissant ;

Que les arbres en terre
Se vêtent de blancheurs,
Que le vert pré desserre
Ses plus douces odeurs,
Se bigarrant de fleurs ;
Et que l'eau qui ruisselle
Console la querelle
Des oiseaux voyageurs ;

Le rossignol sauvage,
La passe[2] et le ramier,
Sous le nouveau feuillage,
Se vont apparier ;
Que d'un amour entier
Gémit la tourterelle,
Et que jà l'hirondelle
Cherche à se marier ;

Puisque tout ce, ma belle,
Le printemps nous fait voir,
Serez-vous bien rebelle
A l'amoureux devoir ?
Pourrez-vous seule avoir
L'hiver en la poitrine
Pour étreindre, inhumaine,
D'un doux feu le pouvoir ?

Plutôt, d'amour bénigné,
Faites un cœur nouveau ;
Plutôt soyez ma vigne,
Je serai votre ormeau ;
Et dans votre sein beau
Enfermez mon courage,
Comme dans une cage
On enferme un oiseau.

Et pour un plus grand signe
D'éternelle amitié,
D'un lien androgyne
Notre corps soit lié :
Que de notre moitié
Amour ores parfasse
Un tout, qui ne s'efface
Par la mort sans pitié.

Qu'un trait qui ne rebouche[1]
Nous enferre tous deux,
Sein à sein, bouche à bouche,
Flanc à flanc, yeux à yeux ;
Que ce rets doucereux
Cent fois sur nous redoublé,
Duquel Vulcain accouple
Les déesses aux dieux.

AUTRE BRANLE.

Qu'il y a de malheur
En la jeunesse,
Qui l'Amour de son cœur
Fait serviteur,
Et n'a la puissance et vigueur,
En cette oppresse,
De se garder toujours seigneur
De son bonheur !

Faut-il qu'un poil grison
Nous fasse sages,
Découvrant l'hameçon
De trahison !
Las ! quand nous sommes en prison
Dedans ces cages,
N'espérons qu'en nous la raison
Ait sa maison.

Qui pourroit, pour certain,
Voir la feintise
Que l'esprit féminin
Couve en son sein,
Il fuiroit cet œil trop serein
Qui nous attise
Un brasier qui ard inhumain
Jusqu'à la fin.

Pour servir longuement
En espérance,
Tu n'auras que tourment
En payement ;
Car c'est tout le contentement
Et récompense
De cil qui se porte en aimant
Plus loyaument.

Voilà qu'il vient d'aimer
Femme volage :
Il vaudroit mieux semer
Dedans la mer.
Un repentir vient entamer
Notre courage,
Et par un regret trop amer
Nous consumer.

Tu vas, tes rets tenant,
Après la proie,
Dont un, ne s'en peinant,
Est jouissant.
Ce que tu chasses[2] un autre prend :
Voilà la joie

---

[1] Ce vieux mot se prenait pour *danse*; il exprime ici que la ronde était accompagnée de pas et de sauts.
[2] Passereau.

[1] Rebrousse.
[2] On avait en poésie la licence de supprimer l's finale par l'élision.

Et voilà la fin qui attend
 Un pauvre amant !

AUTRE BRANLE.

Auprès d'une fontaine,
Douce mère des fleurs,
D'une plaintive haleine
J'éventois mes chaleurs.
Mes pieds et ma pensée
S'égayoient lentement,
Où m'amour insensée
Les guidoit doucement.

Où étant, d'aventure,
Par les yeux attaché
A l'eau, à la verdure,
Et à l'oiseau caché,
J'entendis, d'un bocage,
Une douce chanson,
Qui l'amoureuse rage
Déceloit au buisson.

« Las ! disoit une belle,
Faut-il qu'un faux honneur,
Par une loi cruelle,
Nous prive de tout heur,
Qui, d'une hypocrisie,
Pour le monde abuser,
Nous fait la courtoisie
Des hommes refuser.

» Dame, je suis exemple
A tout cœur endurci,
Qui ne veut être temple
De l'amoureux souci,
Et qui de sa jeunesse
Laisse écouler la fleur,
Sans se faire maîtresse
D'un gentil serviteur.

» Pour éviter le blâme
D'un lâche médisant,
Nous gardons dans notre âme
Ce feu d'amour cuisant ;
Et telle nous dégoûte
D'un amoureux chercher [1],
Laquelle, quoi qu'il coûte,
Seule ne veut coucher.

» Las ! telle nous tance ore
D'obéir à l'amour,
Qui voudroit bien encore
Que l'on lui fit la cour ;
Mais, avec la verdure,
Il faut finir ses jeux :
Parquoi, tant qu'elle dure,
Baste [2] des envieux !

» Chaque chose ait son terme :
Fi de vieil passe-temps,
Qu'à l'amour porte-t-on fermé [3],
Perdant les jeunes ans !
Une ente est bien mal faite
Du greffe, en un bois sec.
Fi de vieille amourette
Qui n'a rien que le bec !

» Chagrin et jalousie
Aiment le poil grison ;
La douce frénésie
N'a si rude prison.
Ha ! jeunesse trop folle,
Qui attend désormais ;
Car l'âge qui s'envole
Ne retourne jamais.

» Puis, le feu devient cendre
Où se couve un regret
Qui le cœur nous fait fendre
D'un repentir aigret,
Comme à une pucelle,
Qui, par trop termoyer,
Au lieu de la fleur belle,
N'a plus que le rosier. »

BRANLE DOUBLE.

Celui qui, entre les dieux,
 A l'Amour place a mise,
Étoit par trop envieux
 Sur l'humaine franchise [1],
Donnant une place au ciel
A notre ennemi mortel.

Qui, nous ayant alléchés
 Par une traître amorce,
Nous rend enfin desséchés
 Dessous l'ardente force
Allumée par les yeux,
Qui nous sont trop gracieux.

Puis, nous portons de l'Amour
 Et la plaie et la flèche,
Qu'il refraîchit nuit et jour,
 Si bien qu'il n'y a mèche,
Onguent, n'herbe de verger
Qui nous puisse soulager.

Ni d'un pré l'oisiveté,
 Ni l'écart [2] d'un rivage,
Ne nous met à sauveté
 De l'amoureux servage ;
Ne deparmi [3] un bois désert
Notre souci ne se perd.

Si nous voulons naviger [4],
 L'Amour se met en poupe ;
Si nous voulons voyager,
 L'Amour se sied en croupe ;
Si nous voulons sommeiller
Il gît sous notre oreiller.

Il n'y a mal si divers
 Que son contraire n'ôte ;
Il n'est venin si pervers

---

[1] Recherche, poursuite.
[2] Ce mot exclamatif, formé de l'italien *basta*, équivaut à *peste ! foin ! au diable !*
[3] On écrivait *porte on*.

[1] Liberté. — [2] Solitude, endroit caché.
[3] Pour *parmi*. — [4] Pour *naviguer*.

Qui n'ait son antidote ;
Mais, las ! la mort seulement
Guérit l'amoureux tourment.

De son infâme désir,
  La reine de Candie [1]
Eut jouissance à plaisir,
Et, quoi que l'on en die,
A son amour furieux
Le destin fut gracieux.

Myrrha [2], qui son père aima
  Plus qu'on ne doit son père ;
Et la sœur, qui s'alluma
De l'amour de son frère,
A leur étrange tourment
Trouvèrent amendement.

Mais ceux qui bien aimeront,
  Et d'une amour permise,
Jamais fin ne trouveront
A leur douce entreprise,
Tant il y a de malheur
A suivre ce dieu menteur.

Fasse doncques qui voudra
  Amour un petit ange ;
Jamais il ne m'adviendra
D'en dire une louange :
Tous ceux qui feront ainsi
Vivront gaillards sans souci.

Amour est une fureur
  De l'enfer échappée,
Pour martyrer de langueur
  La pauvre âme attrapée.
Ceux-là bien sages seront
Qui d'aimer se passeront.

Puis, étant lassés de chanter en chapelet, commencèrent la *Gaillarde*, chantant :

GAILLARDE.

Las ! de quelle mort immortelle
Seroit digne le déloyal,
Puisqu'en amour le plus fidèle
Ne sent rien au monde que mal ?

J'ai cent fois désiré en cendre
Mon cœur confit en ses douleurs ;
Mais las ! comme une salamandre,
Il vit de ses vives chaleurs.

Le vent et la pluie, en mon âme,
Par une larme et un soupir,
Allument et tuent la flamme
Qui me fait et vivre et mourir.

Je ne veux montrer ma misère,
Et si ne la peux plus cacher,
Voyant cette beauté tant fière
Reverdir de me voir sécher.

---

[1] Ou Crète. Pasiphaë, amante du Minotaure.
[2] Fille de Cinyre, roi de Chypre, amoureuse de son père, profita de l'obscurité pour prendre la place de sa mère.

Au moins, si j'avois récompense,
Doux me seroit d'avoir souffert ;
Mais après longue patience
Cil qui plus a mis, plus y perd.

O ! si un dieu eut onc envie
De revenger un pauvre cœur,
Qu'elle puisse affamer sa vie
De l'amour de quelque moqueur !

Et puisqu'elle ne veut, à l'heure
Qu'elle en a si bien le pouvoir ;
Que de pénitence elle meure,
Ne pouvant faire son vouloir !

Après, les damoiselles commencèrent à chanter force vaudevilles. Mais je crains d'ennuyer le lecteur par une trop soigneuse collection des chansons, esquelles cette gaie compagnie prenoit ses ébats, en si grande affection, que la matinée s'écoula sans y penser, plus vite que le vol d'une hirondelle ; tellement que tous, étonnés, se regardoient l'un l'autre, quand on leur vint dire que le dîner les attendoit ; où ils se hâtèrent d'aller, s'essuyant le front, moite de sueur : qui fut cause que, étant tous assis à table, la dame, par manière de devis, leur proposa la question des danses, si elles devoient être, dites bonnes ou mauvaises, ou indifférentes. Et cette cause trouva des avocats d'une part et d'autre, si affectionnés à la matière, qu'il n'y eut passage, raison, autorité, exemple, ni histoire, tant aux lettres sacrées que profanes, qui ne fût amené en jeu. Mais, pource que c'est une dispute éloignée de notre intention proposée, je la passerai sous silence ; joint qu'elle est pour le jourd'hui assez débattue, et crois que, si le colloque de Poissy [1] n'eût été empêché que de cette difficulté, elle n'eût pas été remise à ce concile et synode de notre noblesse, qui, après avoir défoncé toute la plus fine théologie, aidée des utilités de la médecine, vidèrent enfin ce procès, au contentement de toutes les parties (ce que peu de juges savent faire). Or, le banquet et la dispute finis, il leur print envie de s'aller promener dedans le parc, où, parmi les bois plus épais, étoient de grandes allées, réservées exprès pour se dérober du soleil. Là y avoit un étang d'eau vive, plaisant et délectable à merveilles, qui servoit pour se baigner aux plus ardentes chaleurs, mais principalement pour

---

[1] Ce *colloque*, accordé par Catherine de Médicis aux instances des chefs huguenots, en 1561, ne produisit aucun résultat, après plusieurs conférences où la religion réformée fut défendue par Théodore de Bèze.

abreuver les bêtes sauvages ; et, de son cours, faisoit moudre un moulin pour le service du château. Étant toute la compagnie arrivée au lieu où sourdoit l'eau de cet étang, ils trouvèrent une tourelle, qui étoit le logis du pêcheur ; au sommet de laquelle étoit, en forme de médaille, le portrait d'une nonnain, tenant une lanterne ; et sembloit se précipiter du haut en bas. Au pied de cette tour étoit la statue d'un homme étendu mort sur le gravier, rendant par la bouche un grand ruisseau qui faisoit la source de cette eau. Auprès, étoit un tombeau qui servoit d'armoire ou coffre à serrer les rets, paniers, et autres instruments de pêche, même les toiles filadières[1], pans, pantières, poches, et autres choses concernant la chasse. Or, sur ce tombeau, étoit pourtraite la figure d'un satyre et d'une nymphe, assis chacun à son bout, avec une contenance triste, et tenoient, entre leurs bras croisés, des tablettes gravées à l'antique. En celle du satyre étoit écrit :

> Vénus, pour être conçue
> De l'écume de la mer,
> Vers ceux qu'elle voit ramer,
> N'est point de pitié émue.
> Léandre ainsi l'a connue,
> Quand, par trop sa dame aimer,
> Dedans l'écume chenue
> S'enivra du flot amer.

Et en celle de la dryade étoit le cénotaphe qui s'en suit :

> L'amoureuse loyauté
> Fait ici sa résidence,
> Conjointe à une beauté
> De trop parfaite alliance.
> Hélas ! pour sa récompense,
> La Mort cruelle lui fut,
> Quand son bel œil aperçut
> De l'ami mort la présence.

Après s'être quelque peu de temps amusés à considérer cette muette tragédie, « Eh bien, dit le sieur de Fleur-d'Amour, voyons-nous pas (quelque part que puissions jeter les yeux) être vrai mon premier propos, et que tout le mal d'amour, tout le succès de fortune qui y peut arriver, procède toujours du côté de la femme ? Et si ces statues de pierre pouvoient parler, elles m'ôteroient bientôt de la peine que j'ai à le vous redire. Toutefois, elles le témoi-gnent assez à ceux qui le veulent entendre, nous proposant la piteuse histoire de ces deux misérables amants, Léandre et Héro ; desquels amours étoient heureusement encommencées et conduites prudemment, si les impatients désirs de l'amie n'eussent mis le trop obéissant ami à mort, lui faisant entreprendre plus que les forces humaines ne peuvent porter, et lui donnant avec une lanterne le mortel ajournement ou ennuitement (car ce fut de nuit), où il ne faillit de comparoître tout mort, tant il y a de féauté en un amant, qu'il n'y a péril qui empêche son devoir, aimant mieux mourir obéissant, que vivre en soupçon de déloyauté. Et les ondes, qui exécutoient le cruel vouloir de leur voisine coutumière (car la tour de Héro étoit sur le bord de la mer), furent pitoyables envers le corps jà expiré, en l'amenant rendre bon compte à s'amie de sa foi durable jusques à la fin. — Ne vous déplaise, monsieur, répondit mademoiselle Marguerite, vous le prenez à votre avantage ; car, quelque chose qu'en ait voulu dire le beau maître d'amour[1], puisqu'en défaut de preuves, il nous faut avoir recours aux conjectures, je dis qu'il est aisé à présumer que le désir inconsidéré, qui domine ordinairement ces volages amants, avoit tant gagné sur ce pauvre gentilhomme, que, se bandant les yeux d'une passion violente, il se précipita témérairement à la merci des ondes, dont il eut le payement de sa folie. Car de dire que la damoiselle y ait consenti par une cruauté ou faute d'amitié, quelle raison y avoit-il, vu qu'elle a témoigné le contraire par sa mort, amendant et punissant en sa propre personne l'erreur de son ami ? En quoi elle a bien montré que son affection surmontoit de beaucoup celle de Léandre ; car Léandre mourut par sa folie, elle pour son amour ; Léandre mourut fortuitement et sans y penser, elle avec une résolution et délibération immuable. Et si la folie de Léandre mérite, pour excuse, d'être attribuée à force d'amour, encore eut-il récompense de son malheur par les plaintes et regrets de s'amie ; mais elle n'eut point d'ami qui, en lui fermant les yeux, priât que la terre fût légère à ses os, et que son âme s'égayât entre les délicieuses forêts, où vont ceux qui

---

[1] L'ancienne édition écrit *philadières*. Ce mot et le suivant sont des noms de filets et de pièges de chasse.

[1] N'est-ce pas Jean de Meung, auteur du *Roman de la Rose*, qu'on appeloit *le Bréviaire d'amour* ? Clément Marot a traduit en vers français le poëme grec de Musée sur les amours de Héro et de Léandre.

en vivant ont bien aimé. Car, encore que j'estime le regret et pitié d'une dame acheté trop cher, quand il coûte la vie, et [1] grande folie de se rompre à son escient le col, à la castillane [2]; en espérance que la dame en saura peut-être bon gré, toutefois si est-ce que les âmes de ceux qui sont morts pour l'amour d'une maîtresse, sont bien consolées, quand elles entendent le deuil qu'elle en porté. » A quoi répliqua le sieur de Bel-Accueil, en riant : « Quel enthousiasme vous a révélé cette profonde mythologie, vous décelant ce que l'on fait après la mort ? Vraiment, madamoiselle, je suis bien d'accord avec vous, et n'ai jamais cru que Héro ait été si affamée des embrassements de son ami, qu'elle l'ait sollicité de se hasarder ainsi au péril; quelque chose que disent ces poëtes, qui ont une bulle et dispense de mentir, pour donner la sauce à leurs écrits. Iceux, pour sauver la témérité de ces amoureux, disent que, lorsqu'elle naviguoit sur la croupe du mouton à la laine d'or [3] par le détroit du Bosphore, les tritons et dieux marins, épris de son amour, la vinrent guetter, et la prindrent au passage. De quoi les nymphes furent fort marries (car c'étoit autant de diminution de l'amour de leurs maris envers elles); et, pour avoir leur revenge, épièrent l'heure qu'iceux leurs maris étoient allés abreuver leurs dauphins, qui tirent le chariot du roi des eaux; lors s'en vinrent au pourchas d'amour; dont advint qu'ayant rencontré le nageur Léandre, elles l'embrassèrent si étroitement que jamais plus ne le purent laisser, ains l'emmenèrent en leur maison, où un gros sot de mari le trouvant, par jalousie, le fit mourir (comme le monstrueux Polyphème fit l'ami de sa blanche Galatée); mais les nymphes pitoyables, ne pouvant rien plus faire du corps froid, le rendirent à celle que l'âme avoit tant aimée. Et, pour résoudre la question générale si bien débattue par mon cousin Fleur-d'Amour

et madamoiselle Marie, quelques grandes raisons qui aient été jusqu'ici mises en avant, je ne peux imputer les infortunes qui se trouvent en aimant, ni à l'amie, ni à l'ami; car je crois qu'ils s'efforcent de se gagner l'un l'autre en sincérité d'affection; mais leurs bonnes intentions sont tellement ennuyées de Fortune (qui n'a autre passe-temps qu'à défaire ce qui est bien fait), qu'il est bien malaisé qu'elles ne soient surmontées en malheur, lequel vient extérieurement, sans que l'un ou l'autre, par leur faute, lui donne aucune entrée. Et n'y a point de doute que, comme les mouches courent toujours au sucre et autres choses douces, voire avec une friandise si importune et obstinée, que, encore qu'on les chasse plusieurs fois, elles retournent toujours; ainsi l'infortune épie toujours les vies auxquelles le ciel promettoit plus de bien, afin de leur vendre bon les plaisirs qu'ils se promettent, imitant les Myconiens, qui comme chiens à nôces, vont toujours où on ne les convie point [1]. Parquoi, faut attribuer le mal, que l'ami et l'amie se reprochent l'un à l'autre, tout à la malice des accidents divers, comme il seroit facile de montrer, et ainsi serions d'accord. — C'est bien dit, répond la dame; guérissez le coup fourré que ces deux escrimeurs se sont donné, par quelque exemple qui confirme votre favorable propos. » Adonc elle baisa le bouquet historial, puis lui présenta; lequel il reçut après quelques modestes excuses sur le peu de pouvoir qu'il avoit de s'en bien acquitter. « Toutefois, dit-il, puisque mon devoir m'oblige à vous obéir, madame, j'éviterai de deux fautes la plus grande, m'assurant que la révérence que je porte à vos commandements, me servira pour garantir mon impuissance, et faire trouver grâce à mon bon vouloir envers cette belle compagnie, qui (si je m'acquitte mal) rejettera [2] la faute sur vous qui m'avez mis en besogne; attribuant toutefois cettui votre commandement à plus grand honneur que mon mérite ne se fût osé attendre de recevoir; dont je vous remercie très humblement. » Lors, après que chacun eut prins place sur l'herbette fleurie, le sieur de Bel-Accueil commença ainsi :

---

[1] Il faut sous-entendre *encore que j'estime*. L'ellipse est peu grammaticale.
[2] On avait traduit de l'espagnol beaucoup de romans de chevalerie, notamment les *Amadis*, qui sont pleins de grands coups de lance et d'épée en l'honneur des dames.
[3] Il confond Héro, prêtresse de Vénus à Sestos, avec Hellé, fille d'Athamas, roi de Thèbes, laquelle voulut traverser la mer pour se rendre en Colchide, sur le dos de son bélier à toison d'or, et se noya.

[1] Voyez la Nouvelle CV de Bonaventure Des Perlers.
[2] L'ancienne édition porte *rejetez*, ce qui est une faute.

TROISIÈME HISTOIRE.

Comme il n'y a point de venin si dangereux, que celui qui, sous quelque apparente douceur, cache son amertume; aussi n'expérimentons-nous aucun mal si pernicieux, que celui qui est couvert de quelque feinte bonté ; car, pour l'apparence du bien, le soupçon du mal cesse, qui empêche qu'on ne se donne garde que trop tard. Oh! si Catilina, Sylla, Jules César et leurs semblables eussent pu dissimuler aussi bien leur ambition comme Auguste, que la tyrannie des Romains, qu'on appelle monarchie, n'eût pas été commencée si tard. Mais, quoi? leur grand courage (où trahison ne trouve jamais logis, car dans un corps de lion n'y a point un cœur de renard) ne leur permettoit faire comme le crocodile, qui pleure pour manger ceux qui ont pitié de lui et accourent à sa plainte [1]. Et c'est un malheur si commun, que ceux qui en sont mattés doivent prendre réconfort, en ce qu'ils ont beaucoup de compagnons ; car, si nous voulons recueillir les succès divers des républiques jadis plus florissantes, il sera facile à remarquer qu'elles ont toutes été trompées par cet ennemi domestique, qu'on appelle le Beau-Semblant, et la raison a été le bâton commun dont elles ont été battues et abattues. Or, afin que le royaume de France ne soit estimé exempt de cette maladie, nous voyons que ceux pour lesquels nos rois ont plus fait, ont été nos ennemis plus conjurés. Qu'ainsi ne soit, les histoires sont pleines du devoir auquel s'est toujours mise la France pour défendre les papes; desquels, Charles le Grand restitua deux, qui étoient cassés par le roi des Lombards [2]; mais, pour récompense de ces bienfaits, a-t-il tenu aux papes, que la France, leur mère, n'ait été ruinée et détruite? Lui ont-ils pas toujours fait les plus grandes plaies? A-t-elle jamais eu plus grands ennemis (et il me déplaît bien de le dire, mais encore plus qu'il soit tant notoire) que ces ingrats enfants, qui, après avoir mis le pied superbe, non-seulement sur la gorge de cet empereur [1] et fait servir de laquais, mais sur toutes les couronnes chrétiennes, se sont directement bandés contre les François leurs restaurateurs ; comme le pape Pie montra bien, donnant le royaume de Sicile à Ferrand le bâtard, et la duché de Milan à Francisque, au grand préjudice des maisons d'Orléans et d'Anjou, seigneurs légitimes [2]. Et Boniface VII, par ses malicieuses excommunications, eût pu ruiner l'état des François, selon son intention, s'il eût trouvé quelque Charles le Simple, et non pas ce magnanime Philippe le Bel. Mais il nous suffira de l'exemple du pape Jules [3], qui, ne se contentant des armes spirituelles (qui sont increpations comminatoires, excommunications et anathématismes), a voulu frapper plus grand coup, jetant les clefs de saint Pierre pour prendre l'épée de saint Paul; mettant une armée en campagne contre ce bon roi, père du peuple [4], qui lui avoit donné Boulogne, Servit, Ravenne, Imole, Favence [5], Forline et autres beaux domaines, qui ne pu-

---

[1] Cette fable, venue de l'antiquité, se trouve encore dans tous les naturalistes et les voyageurs du seizième siècle.

[2] Charlemagne prit la défense du pape Adrien Ier contre Didier, roi des Lombards, qu'il détrôna, et il se déclara ensuite le protecteur du pape Léon III et du Saint-Siége, protectorat continué par ses successeurs.

[1] Allusion à la pénitence ignominieuse de l'empereur d'Allemagne Henri IV devant le pape Grégoire VII.

[2] Ferdinand, Fernand ou Ferrand, roi de Naples et de Sicile, fils naturel d'Alphonse V, roi d'Aragon, perdit deux fois ses États et les recouvra deux fois avec le secours des papes Pie II, Paul II et Sixte IV. Il mourut en 1494, avant l'expédition de Charles VIII. Jeanne de Naples avait, par testament, choisi pour héritier René d'Anjou, qui légua les droits de la maison d'Anjou à la couronne de France. Quant au duché de Milan, sur lequel Louis XII revendiquait les droits de Valentine de Milan, femme de Louis, duc d'Orléans, frère de Charles VI, ce duché avait été usurpé par François Sforza, qui le transmit à ses descendans, au préjudice des héritiers naturels de Galéas Visconti, et ce, avec l'approbation du Saint-Siége.

[3] Jules II, ce pape belliqueux, qui fit la guerre à Louis XII, en 1510, 1511 et 1512, s'était ligué avec tous les ennemis de la France. On ne peut prévoir ce qui serait arrivé s'il ne fût mort au commencement de l'année 1513. Voyez les quatrième et cinquième volumes de l'*Histoire du seizième siècle* par le bibliophile Jacob.

[4] Louis XII fut nommé *père du peuple*, à la suite d'une maladie qui faillit l'enlever et qui mit la France en deuil. A ses obsèques, les *crieurs des corps* criaient dans les rues de Paris, en agitant leurs clochettes : *Le bon roi Louis, père du peuple, est mort!*

[5] Il faut lire *Cesène* au lieu de *Servit*, et *Faenza* au lieu de *Favence*. Ce fut à Alexandre VI et non à Jules II que Louis XII fit restituer, en 1501, ces villes, comme dépendantes de *l'héritage* de saint Pierre. Elles furent toutes emportées d'assaut par les troupes françaises que le roi avait mises sous les ordres de César Borgia.

rent gagner l'ambition de cet insatiable, qu'il ne fît baigner la terre de sang humain, allumant toute la chrétienté pour défaire les François : lesquels il assiégea dedans Milan, ayant pour exécuteurs de sa sainte rage tous les princes à sa dévotion, sans, toutefois, pouvoir rien proufiter, car il eut le Dieu du ciel contraire. Or, pendant que la Sainteté étoit en ces altères, advint un cas fort mémorable, duquel je vous ferai un conte le plus brièvement que l'étrange pitié du cas le pourra permettre. Et vous faut entendre, gracieuses damoiselles, que ce cruel pape, tendant journellement ses filets et appâts pour gagner et attirer à son parti tous les princes, qu'il savoit avoir quelque moyen de nuire aux François, trouva moyen de pratiquer un jeune prince d'Ombrie, duquel je tairai le nom, pour le peu de los qu'il acquerra par mon histoire. Icelui, ou pour la révérence qu'il portoit au pape, ou pour l'amour qu'il portoit à l'honneur des armes, se montroit si affectionné, qu'il ne laissa échapper aucune occasion de combattre, où il ne fût des premiers. D'ond advint qu'après s'être trouvé en plusieurs périlleuses rencontres (selon que l'inimitié du nom françois le poussoit et sollicitoit), force lui fut, après que le siége de Milan fut levé[1], de s'aller rafraîchir à Mantoue, comme sa qualité et le rang qu'il tenoit requéroient ; il fut fort honorablement reçu par la marquise[2], vefve de ce tant renommé Francesco Gonzaga, qui fut le dernier de ce nom ; duquel elle avoit, entre ses plus précieux trésors, une fille unique, âgée de quinze ans, d'une si exquise beauté, que l'Italie se doit bien glorifier d'avoir produit telle fleur. Icelle, tant à cause de sa grandeur, que pour être le seul souci de ses parents, fut, de sa première jeunesse, nourrie à la vertu et instruite avec si grand soin, que, si on considéroit les grâces et perfections desquelles le ciel l'avoit richement douée pour les comparer avec les gentillesses de son esprit et honnêtes disciplines que l'étude lui avoit acquises, il seroit difficile à juger si elle étoit plus redevable à l'art ou à la nature ; mais il étoit facile à accorder qu'elle n'avoit sa pareille en l'Italie. Que si le pape gagnoit et pratiquoit force gens pour son service par autorité et par argent, elle gagnoit bien autant de cœurs par un trait de ses beaux yeux ; les gageant et soudoyant si bien par la simple opinion de sa bonne grâce, qu'il s'en fût peu trouvé, lesquels, sous cette espérance, n'eussent osé vouloir, par une douce mort, transiger[1] leur violente affection : de quoi, ce prince, que nous nommerons Adilon, m'est fidèle témoin, qui naguères étoit soldat du pape, et maintenant est devenu champion d'une plus puissante déité. Hélas ! il avoit bien expérimenté que valoit un coup de lance ; mais il ne savoit encore combien plus vigoureuse étoit une œillade à l'improuvu décochée. Il étoit sorti tant honorablement des plus dangereuses entreprises, et maintenant le voilà abattu sans espoir à la seule vue de cette beauté ; tellement, que bon lui eût été d'être né aveugle, puisque ses yeux lui apportent si grand dommage. Las ! pour avoir trop vu, il se voit tellement changé sans savoir comment, qu'il se méconnoît soi-même. Toutefois, comme un lionceau (qui, se fiant en ses allègres forces, défie tout), le premier coup qu'il est assailli, ramasse son agile fureur et redouble son courage pour se rendre vainqueur ; ainsi ce nouveau soldat d'amour se résout de tenir bon contre l'assaut que lui livrent ses propres désirs, bandés les uns contre les autres, comme mutins citoyens, ne trouvant plus rude ennemi que soi-même ; et, bien délibéré de résister à ce premier effort, se donnoit d'une même main la plaie et l'emplâtre : « Il faut, il faut, disoit-il à part soi, tandis que la nouvelle maladie ne s'est encore appropriée[2] pleinement dedans, tâcher de la pousser dehors par un prompt remède ; car la plus souveraine médecine est d'obvier d'heure[3], et le feu qui ne fait que commencer à s'allumer, est plus aisé à éteindre, qu'étant jà tout

---

[1] S'il n'y a pas confusion, l'auteur veut parler du danger que courut Milan en 1511, lorsque Gaston, duc de Nemours, et le maréchal de Trivulce, s'y enfermèrent avec les troupes françaises pour résister à l'invasion des Suisses qui marchaient sur cette ville et qui ne firent que s'en approcher avant de rentrer tout à coup dans leur pays.

[2] Élisabeth d'Est, fille d'Hercule Ier, duc de Ferrare, avait épousé, en 1490, François de Gonzague, deuxième du nom, marquis de Mantoue, né en 1466, mort en 1519, un des meilleurs capitaines de son temps, qui commanda d'abord l'armée vénitienne contre les François, puis l'armée française contre les Espagnols, puis l'armée milanaise, etc. Jules II l'avait fait gonfalonier de l'Église en l'opposant aux généraux de Louis XII.

[1] Prouver, manifester.
[2] Établie, rendue maîtresse.
[3] A propos, à temps.

embrasé. » Oh! qu'il y a d'affaire entre bien dire et bien faire! qui fait que ceux qui louent ardemment la vertu, la suivent et embrassent froidement. Las! voyons ce pauvre amant qui se conseille le mieux du monde, mais il n'use point de son bon conseil, et ne rougit point, en se démentant soi-même par un repentir duquel soudain il se repent. Il livre la forteresse à l'ennemi; il se veut décoiffer de cette inconnue frénésie; mais, comme le cerf portant sa flèche au flanc, plus il fuit sa mort, d'un pied incertain et égaré, d'autant plus il se l'avance, faisant toujours entrer le fer dedans son corps par la rencontre des branches épaisses; ou comme l'oiseau enretté, plus il tâche en frétillant se défiler, et plus il s'empêtre: ainsi le pauvre prince (nouvelle prinse et conquête d'amour), plus il s'évertue de dompter son mal insolent, et plus il rend sa plaie ouverte et dangereuse; si bien, que, par ce doux accueil, il se sent tellement gagné, que d'ores en avant il ne loge plus en lui, ains le fourrier d'amour lui a marqué logis dans la face de sa belle Clarinde (car ainsi s'appelait cette belle infante de Mantoue). Las! si le simple objet de cette perfection a si fort ébloui, comme rayons trop luisants, les yeux de sa raison, qu'eût-ce été, je vous prie, s'il eût pratiqué ses bonnes grâces par quelque amiable devis? ou si, par fréquentation, il eût acquis connoissance de ses sages et douces mœurs, et eût observé par expérience de quel rare savoir son gentil esprit étoit enrichi, qu'elle faisoit distiller par le miel de sa langue, pour abreuver les plus doctes oreilles? car, comme j'ai dit, elle n'avoit sa pareille delà les monts, sinon peut-être Cassandre[1], fille du seigneur Ange Fideli, Vénitien, laquelle faisoit leçon publique ès sept arts libéraux, et étoit bien versée aux deux langues et en la théologie. Le jeune prince, n'ayant encore qu'à peine vu à demi cette princesse, se retira tout pensif en son logis, où, espérant trouver repos par l'absence et éloignement de ce qui causoit son mal, il se sentit assailli de nouvelles algarades. Car, si la présence de sa douce mort[1] lui avoit attisé beaucoup de passions, l'absence corporelle d'icelle, pour être plus vivement empreinte et représentée au plus profond de son cœur, lui étoit mille fois plus pénible (comme nous voyons une blessure faire beaucoup plus de mal étant à repos, que lorsque le coup se donnoit en la colère); si bien, qu'ayant fait semblant de souper par manière d'acquit, tout songeart et égaré en la forêt des pensées, se met au lit, où, cuidant trouver allégement et repos à ses ennuis, trouva tout à rebours de son attente; car la plume, molle aux autres, lui étoit une dure enclume, sur laquelle il forgeoit mille projets fantastiques, qui, aussitôt qu'ils étaient étoffés, s'évanouissoient et perdoient en l'air avec un orage de soupirs, qui allumoient le fourneau de ses malsaines conceptions. Et plus il tâchoit de rompre cette amoureuse trame, et plus il nouoit étroitement le filet ennemi de sa liberté; comme nous voyons un cours d'eau renforcer sa violence, quand il est empêché par une écluse opposée. « Hélas! disoit-il, à quel malheur m'a assujetti mon cruel destin, et d'où vient que je franchis si heureusement les hasards de la guerre, exempt du danger des armes, pour être si mal traité des dames, où chacun trouve assurance? Dea! pourquoi ne me puis-je aussi bien défendre des tendres filles, comme je fais des rudes chevaliers? Eh! pourquoi m'ont les cieux asservi à une si foible puissance? Au moins, s'ils leur vouloient bailler aux yeux des armes offensives, que ne m'ont-ils remparé la poitrine d'armes défensives? Ah! que bon m'eût été d'être abattu par l'ennemi, avec la fleur d'Italie; non pas échapper, pour, traînant mon lien, venir ici mourir en langueur, et finir ma jeunesse sans honneur, comme Achille entre les damoiselles de Lycomèdes[2], fondant, ainsi que neige, aux rayons de cette beauté! Las! pour mon bien et repos, je ne la devois jamais voir, où, s'il falloit que je la visse, je ne devois jamais la perdre de vue! O

---

[1] Cassandra Fideli, d'une famille originaire de Milan, naquit vers 1465. Elle savait les langues anciennes et était renommée par ses connaissances étendues en histoire, en philosophie et en théologie. Les papes et les rois lui donnèrent des témoignages de leur estime. Elle soutint publiquement des thèses philosophiques à Padoue. Elle vécut jusqu'à l'âge de cent deux ans.

[1] On sent déjà dans le Printemps d'Yver l'approche de cette école de fadeurs amoureuses qui fut en vogue pendant la première moitié du dix-septième siècle avec les romans d'Honoré d'Urfé et de Mlle de Scudéry. C'était dès lors une imitation des sonnets de Pétrarque et des poésies italiennes, traduites en vers par Ronsard, Desportes et Joachim Dubellay.

[2] Roi de Scyros, à la cour duquel Thétis envoya son fils Achille déguisé en femme, pour l'empêcher de prendre part à la guerre de Troie, où il devait périr.

valeureux chevaliers françois! qui, sous l'horreur de votre prouesse, faites trembler l'univers, n'ayez, n'ayez désormais plus d'envie sur la première vertu du prince Adilon, et si je ne vous peux plus nuire, sachez-en gré à la princesse de Mantoue, qui m'a ôté le repos pour vous le bailler, non pour m'avoir tué ou fait estropiat[1], mais pour me captiver durement en une étroite prison. Et qu'à l'avenir chacun prenne exemple d'un service si ingratement récompensé en moi; car quelle plus grande ingratitude pourroit-on trouver que si mal traiter ceux qui viennent par visitation faire honneur et révérence à une dame? Ah! que Dieu a bien fait naître en un même temps un pontife sanguinaire pour la mort des corps, et une beauté démesurée pour la mort des esprits, et tout pour la ruine de la pauvre Italie!» A tant le désolé seigneur, s'échauffant de plus en plus, passa la nuit en larmes et soupirs, tellement qu'ores se résouldoit[2] de poursuivre le fil de son nouveau dessein, puisque nul bien ne s'acquiert sans travail, aussi que la chose valoit bien la peine; ores se délibéroit de lâcher la prinse et ne se tourmenter à crédit pour une chose tant incertaine, qu'on n'y voyoit rien de quoi asseoir quelque assurance, mais bien une sotte espérance. Qui a point vu un voyageur, lorsqu'il rencontre deux chemins divers, demeurer tout court, en doute lequel des deux il doit élire? l'un et l'autre lui semblent bons, et si se défie que l'un et l'autre ne le fassent fourvoyer. Ainsi étoit de ce pauvre amant, lequel, après avoir longtemps balancé entre espoir et crainte ses douteuses pensées, sauta du lit en place et s'habille de tout point. Puis, résolu de couper broche à ces nouvelles pratiques, fuyant si loin le corps aimé, que l'amour ne le pourroit suivre, monte à cheval et tire son chemin droit à Plaisance, où lors étoit le pape, rassemblant ses forces. Il s'en va, guidé de ses gens et de son cheval; car celui qui n'étoit plus à soi pour se gouverner, à peine eût-il pu gouverner et conduire autre chose. Il s'en va donc, mais son esprit, qui ne veut plus être son hôte, est demeuré en garnison à Mantoue, laissant le corps comme une statue, qui, poussée du vent, fait semblant parfois de se mouvoir, et n'étoit animé que de son ronge-cœur souci. Étant arrivé à Plaisance, il alla faire la révérence à la Sainteté, qu'il trouva fort à propos, en sa chambre, machinant quelque malencontre aux François; et après les embrassades accoutumées: « Eh bien! dit Jules, mon enfant, où vous êtes-vous tant gardé, sans me faire savoir nouvelles de vous? Je vous assure que j'ai eu grande peur de vous avoir perdu, ne trouvant à dire[1] que vous; mais ores votre venue m'ôte d'un grand émoi. » Le prince, sachant combien il étoit cher au pape, s'excusa au mieux qu'il put, dissimulant ce qui en étoit, pour la révérence qu'il lui portoit. Mais pource que chacun lisoit facilement en son visage qu'il étoit maltraité de ses désirs et que quelque ver secret lui rongeoit sa joie coutumière, un gentilhomme qui lui étoit plus favori et familier le supplia tant, qu'il fallut à toute force et importunité découvrir tout ce qui en étoit. Parquoi, il lui dit: « Lucidan, mon ami (car tel étoit le nom du gentilhomme), je te remercie du soin que tu as de moi, qui te fait soupçonner que je couve quelque maladie causée d'excès. Je t'assure que ta douteuse conjecture n'a point été loin de vérité; car j'ai été si grièvement navré (voire en un lieu où je m'étois retiré pour mon assurance et sauveté), que je n'attends aucun remède qu'une trop tardive mort. Et le faut savoir que, le siége étant levé de devant Mantoue par l'ennemi, j'étois allé héberger à Milan, pensant me rafraîchir; mais un tel feu m'y a saisi, et soudain s'est embrasé de telle sorte, que toute l'eau de la mer ne le pourroit éteindre: ce que je vous prie tenir secret, en souvenance de la bonne estime que j'ai de vous, qui ne permet que je vous puisse rien celer. » Adonc, lui découvrant son cœur, discourut de fil en aiguille comment il fut atteint et surmonté par le doux recueil[2] de la princesse Clarinde, et du mal que depuis il en avoit enduré, qui étoit déjà si grand, qu'il ne pouvoit plus croître. « Comment! monsieur, dit Lucidan, si la fortune vous a bien adressé, quelle occasion avez-vous de vous plaindre d'elle? Mais pourquoi êtes-vous si inique en votre bonne cause, donnant contre vous-même accusation et condamnation? pourquoi soupçonnez-vous rigueur et disgrâce, où vous n'avez encore trouvé que toute douceur et courtoisie? et, puisque n'avez aucune matière de mécontentement, pourquoi vous défiez-vous

---

[1] Pour *estropié*. — [2] On dit aujourd'hui *résolvait*.

[1] Il faut lire *adiré*, égaré, absent. — [2] Pour *accueil*.

de vos forces et mérites, qui jamais ne rencontreront de refus en gentil cœur? Non, non, bon courage! je vous proteste que vous serez en bref jouissant de votre désir, puisqu'il est si bien logé, ou tout mon labeur et industrie me défaudront; et vous prie vous reposer sur la promesse d'un assuré ami et fidèle serviteur. Mais je vous prie (d'autant que l'âge m'a apporté quelque expérience et qu'il n'y a en vous si bon jugement qu'amour n'aveugle), qu'en ceci vous gouverniez par mon conseil, qui est, que sur toute chose vous ayez en singulière recommandation (si vous cherchez un chemin court et assuré) de faire la cour à la mère, et la pratiquer soigneusement et n'y épargner aucune partie de votre devoir; car, ayant un coup gagné place en la bonne opinion de la mère, les bonnes grâces de la fille vous sont acquises. Et pour vous dire ce qui en est, la fille est comme un paroi[1] blanc qui reçoit toutes impressions, et si l'on passe la main par-dessus, tout ce qui étoit charbonné s'efface: aussi, elle aime maintenant tout, et maintenant n'aime rien. Les fleurs meurent tous les ans et renaissent tous les ans, mais l'amour des filles naît et meurt tous les jours, sans qu'on y puisse rien voir de certain, fors cette règle infaillible que toujours le dernier chasse le premier, comme l'on voit une onde pousser l'autre, tant la nouveauté plaît à un esprit volage. Autrement, il faudroit dire qu'elles n'ont du tout point d'amour comme trop dures pour un si doux hôte, et que leur peu d'affection erre inconstamment çà et là, faisant accueil à chacun, d'un visage tel qu'il leur plaît prendre, en dépit de leur cœur qu'elles démentent, et n'ont aucune discrétion ou choix, jusques à ce que leurs mères les aient prises au rets ordinaire de mariage. De fait, prenez bien garde si les filles, quand on les pourchasse, ne se remettent pas du tout au vouloir de leurs parents, sans pouvoir ne même oser dire: « J'aime, » sinon lorsqu'elles sont prises au rets de mariage. Ainsi, si l'on voit les mouches voltiger sur toutes les fleurs d'un jardin indifféremment (selon que la variété les délecte et leur volage plaisir les souffle), sans s'amuser guère plus à l'une qu'à l'autre, afin de tâter de tout, errantes, çà et là, jusques à ce qu'une toile d'araignée les ait arrêtées.

Parquoi, croyez mon avis, et vous faites fort que, si la mère vous aime et estime, la fille est vôtre, comme l'on dit: *Ville gagnée, château rendu.* » Ces propos d'un ami ententivement recueillis, et notés par le jeune prince, embaumèrent et consolidèrent tellement les plaies de son âme, que je ne sais si jamais consolation de confesseur contenta davantage le désespéré pécheur. Et pendant cette salubre fomentation[1], il vint nouvelles que les François, enorgueillis d'avoir si bien repoussé et fait lever le siège de Milan, suivoient la pointe de leur bonne fortune, s'élargissant au grand dégât et dommage des terres de l'Église: qui fut cause que le pape manda en diligence César Borgia[2], qui avoit toutes les forces d'Ombrie et de la Pouille, enjoignant aux Vénitiens et Espagnols de tenir camp et se rassembler pour faire tête à l'audacieux ennemi. Dont advint que les deux armées s'étant rencontrées près d'une petite bourgade appelée Lugo, se coururent sus de telle furie, que la meilleure part des forces de Jules et des Vénitiens furent défaites à la première charge[3], avec peu de perte du côté des François, qui, ne se contentant de leur victoire et d'être maîtres du camp, faisoient leur compte d'exterminer toute la race de leurs ennemis; comme ne débattant seulement de l'honneur, mais aussi du salut et vie. Parquoi, Gaston de Foix, duc de Nemours, neveu et lieutenant-général du roi, prince d'une souveraine vaillance, époinçonné d'un honneur de gloire et d'une bouillante jeunesse, poursuivit les réchappés de la bataille si vivement, que sa fortune trop pressée et importunée lui fit faux bond, comme un cheval qui, pour être trop piqué, rue et jette son chevaucheur par terre. Ah! que ce capitaine étoit bien sage, qui disoit que trop contraindre son ennemi étoit lui bailler des armes pour se défendre;

---

[1] Ce mot est maintenant féminin, malgré son étymologie (*paries*), qui est masculine.

[1] Traitement, remède.
[2] L'auteur commet ici une erreur des plus grossières: l'infâme César Borgia, bâtard de l'infâme pape Alexandre VI, était mort depuis plusieurs années. Il avait déjà disparu de l'Italie, en 1504, lorsque Jules II le fit arrêter et que Gonzalve de Cordoue, vice-roi de Naples, l'envoya prisonnier en Espagne au château de Medina del Campo. Borgia s'étant échappé de sa prison, se réfugia auprès de son beau-frère, Jean d'Albret, roi de Navarre. Il fut tué en 1507 dans un défilé des Pyrénées.
[3] Ce récit donne une bien chétive idée de la célèbre bataille de Ravenne, donnée devant cette ville le jour de Pâques, 11 avril 1512.

ains le plus expédient étoit de lui faire un pont d'or pour fuir. Car la loi de nécessité est si dure, disoit le divin Platon, que les dieux mêmes n'y peuvent résister ; et son disciple[1] dit que nécessité est mère des fausses vertus, et fait même de faux miracles. De fait, nous voyons que le fils de Crésus, muet de sa nature, voyant, après la prise de la ville de Suze, un soldat qui vouloit tuer son père, s'écria : « Sauve la couronne ! » tant l'affection naturelle eut de puissance, qu'elle amenda un défaut naturel par un nécessaire miracle. Partant, ce grand guerrier duc de Nemours devoit user sobrement de sa glorieuse victoire, obtenue près Ravenne, sans réduire les fuyards à une extrême nécessité de défendre, se souvenant qu'un peu auparavant les François (étant pressés par la ligue qui se fit contre Charles huitième[2]) s'étoient, avec le fer victorieux, ouvert le chemin qu'à toute force on leur vouloit clore. Ainsi, à ce coup, nos Italiens font, comme on dit, de même pain même soupe ; car étant en route, et néanmoins pressés à dos et poursuivis si étroitement, après leur déconfiture, se rallièrent, et, d'un courage désespéré, tournèrent visage, choquant de telle violence les plus hardis poursuivants, que le duc de Nemours, pour être des plus âpres, y fut occis avec le seigneur de Montcaravel, d'Alègre le père, et autres notables chevaliers[3] ; mais le jeune seigneur d'Alègre en eut un peu meilleur marché,

[1] Aristote.
[2] Après l'expédition triomphale de Charles VIII en Italie, une ligue fut formée contre lui à Venise, en 1495, par l'empereur Maximilien, l'archiduc Philippe d'Autriche, Ferdinand, roi d'Aragon, Ludovic Sforza, duc de Milan, et les Vénitiens. Mais le gain de la bataille de Fornoue permit au roi de France de rentrer dans son royaume, en abandonnant successivement toutes ses conquêtes.
[3] La mort de Gaston de Foix est racontée en détail par l'historien du chevalier Bayard et par Brantôme. Ce jeune prince périt victorieux, avec tous ceux qui l'accompagnaient, dans la poursuite d'un gros de cavalerie espagnole. Yves d'Alègre était un des meilleurs capitaines de l'armée française, et il avait acquis dans les guerres d'Italie la réputation d'un homme de guerre consommé. Son fils, Jacques d'Alègre, seigneur de Viveros, ne fut pas sauvé, comme le raconte l'auteur du *Printemps d'Yver*; mais il tomba sous les yeux de son vieux père, qui le défendait. « Les corps du comte de Foix, d'Yves d'Alègre et de son fils furent diligemment recherchés et rapportés, dit la *Chronique de Humbert Vellay*, et depuis, conduits avec solennelle et funèbre pompe en la ville de Milan. »

demeurant prisonnier (après avoir reçu une plaie au bras qui l'empêchoit de plus se défendre) de messer Francesco[1] Gonsaga, lequel l'emmena soudain hors du camp ; et fit sagement, car les François, qui, de malheur, durant ce choc, s'étoient amusés derrière à fouiller les morts, comme pensant jouir du fruit d'une victoire assurée, et avoient mal suivi leur bon duc, oyant par l'escopeterie de cette recharge que l'ennemi tournoit visage, accoururent à la foule ; mais ce fut si tard, que, comme je l'ai dit, le duc étoit jà défait : qui fut cause que, n'y pouvant donner autre remède, non plus que le médecin venant après la mort, tournèrent leur regret et pitié d'icelui en cruelle vengeance des ennemis ; et, sans prendre aucun à merci, ils firent des corps humains une inhumaine boucherie. Même ayant entendu que quelques-uns s'étoient sauvés dans Ravenne, ville prochaine, d'une furie indomptée, l'assiégèrent et la prindrent, où, bannissant toute rémission et grâce, ils imprimèrent les rigoureuses marques de leur juste colère. Or, après une misérable destruction des meilleures villes d'Italie, principalement de Lombardie, le pape, pour ôter les François de ses terres, suscita les Anglois, qui firent descente à Calais pour assiéger Thérouenne[2] ; qui fut cause qu'on laissa défaillir l'Italie pour se défendre d'Angleterre. Ainsi les potentats, jouissant de quelque repos et prenant haleine, firent délibération sur les rançons et échanges des prisonniers de guerre ; si qu'il fut arrêté de rendre le jeune seigneur d'Alègre pour le marquis de Péquière. Or, le seigneur Gonzague l'ayant échappé et sauvé (comme j'ai dit), l'avoit mené en un sien château fort, distant de deux milles ou environ de Mantoue. Là, il étoit fort honorablement traité pour l'état qu'en faisoient les François et la bonne opinion que les Italiens avoient qu'il

[1] L'ancienne édition porte à tort *Ferdinando*. Le seul prince du nom de *Ferdinand* qui fut alors dans la maison de Gonzague était fils de François et avait quatre ou cinq ans.
[2] Ce fut en 1513, après la mort de Jules II, que Henri VIII, roi d'Angleterre, de concert avec l'empereur et les Suisses, attaqua la France et s'empara de Térouenne, à la suite de la bataille de Guinegate ou *journée des éperons*, dans laquelle les François furent mis en déroute presque sans combat. Avant cette défaite, la perte de la bataille de Novarre, gagnée par les Suisses, avait forcé La Trémouille d'évacuer le Milanais.

étoit grand seigneur; tellement qu'un jour entre autres qu'il faisoit beau, son détenteur s'essayant de lui montrer toute office de courtoisie, le mena chasser en un bois prochain de son château, où tous deux ils coururent un cerf déparqué, de si vive affection, qu'ils perdirent tous leurs gens sans y penser et sans avoir autre souci que à qui seroit premier à la mort de la bête. Et furent fort ébahis, quand tous égarés ils se trouvèrent près d'une belle et délicieuse fontaine, si bien couverte de feuillade, que l'entrée en étoit totalement défendue au soleil. En ce lieu délicieux étoit lors, de bonne aventure, une compagnie de damoiselles, qui, sous cet ombrage, prenoient le frais du jour. Aussitôt que nos chasseurs eurent découvert cette belle assemblée, le seigneur Gonzague, reconnoissant de loin que c'étoit sa sœur la marquise qui étoit là venue, accompagnée de sa fille, en avertit son prisonnier, et ensemble donnèrent gaillardement des éperons; puis, au bout de leur carrière, mettant pied à terre, allèrent faire la révérence à la dame; là où ils ne faillirent de trouver le prince Adilon, qui, ayant trêve d'armes et non pas d'amour, étoit venu pratiquer les bonnes leçons de son Lucidan, suivant lesquelles il s'étudioit si ententivement de faire la cour à la mère, que la fille tourna cette fine intention à sottise, l'imputant à quelque puérile ou rustique honte, et se mécontenta si fort de son devoir, qu'elle le print à mépris et dédain. Le jeune seigneur d'Alègre, ayant fait envers la marquise tout l'honneur et révérence que son mérite requéroit, tourna les yeux tout autour de soi; mais il ne lui fut guère permis d'en disposer si librement, car leurs rayons vagabonds furent soudain arrêtés par les perfections de la jeune princesse, laquelle ayant avisé, seulette et destituée de compagnie qui l'entretînt de quelques propos, commença de faire à la mode française, et, pour ne manquer à son devoir, l'accosta de si bonne façon et l'entretint de devis si gracieux, qu'elle avoit bien de quoi se contenter de son heureuse venue, qui récompensoit les défauts [1] d'Adilon; et combien que son port et maintien, et sa gentille façon, sentant bien sa grandeur et bonne nourriture, ainsi que son équipage et l'honneur que lui déféroit le seigneur Gonzague, le rendît fort honoré à toute la compagnie, qui trouvoit néanmoins un peu étrange qu'il avoit si tôt accosté l'infante, contre la coutume du pays, mais encore plus contre le gré du prince jaloux. Toutefois, les grâces dont sa belle jeunesse étoit recommandable, le rendoient tant estimé et lui conquêtoient tellement le cœur d'un chacun, qu'il falloit, bon gré mal gré, que l'envie baissât la tête. Or, après avoir passé cette partie du jour en grand plaisir, la marquise pria son frère et le seigneur d'Alègre de venir à Mantoue avec elle: ce que très-volontiers ils lui accordèrent pour diverses considérations, Gonzague, pour faire voir à son prisonnier quelque chose digne d'être racontée en France, et d'Alègre, pour continuation du bien encommencé. Adonc prindrent le chemin vers la ville, durant lequel Amour, qui jamais ne s'écartoit des yeux de la belle Clarinde, fit si grande plaie au tendre cœur de son nouveau courtisan, que la seule mort y apporta remède, comme vous entendrez. Et combien que le pauvre amant eût beaucoup de compagnons en sa misère (car mille et mille étoient navrés de l'amour de cette belle), si est-ce qu'il avoit de quoi se consoler en ce qu'aucun n'avoit part en sa gloire; d'autant qu'il fut si heureux et fortuné, que, recevant un coup, il en donna un autre. Et si le coup fut grand et dangereux en la poitrine du chevalier, il n'épargna point la jeune princesse, qui, par l'inespérée vue du chevalier, se sentit tellement atteinte à l'improuvu de sa gentillesse, que force lui fut de commencer à apprendre que c'étoit que d'aimer; tellement qu'ayant à part elle ententivement remarqué un nombre infini de grâces et vertus en son gentilhomme françois, et, en faisant secrète comparaison, ne savoit laquelle elle devoit plus admirer; mais elle savoit bien qu'on ne lui eût pu rien désirer pour l'accomplissement d'une humaine perfection; tellement que, ne pouvant par sa face (qu'elle tenoit découverte pour son avantage) dissimuler le bien qu'elle lui portoit, lui donna taisiblement [1] hardiesse de découvrir son nouveau mal, afin d'en recevoir allégement par un prompt remède. Parquoi, attiré par une espérance de faveur que lui promettoit une si douce beauté (qui, étant cause de sa douleur, s'étoit réservé toute la puissance de guérir) et

---

[1] Pour *compensoit les fautes*.

[1] Taisiblement.

quasi par un œil babillard lui en donnoit quelque petite assurance, rompit les liens desquels la crainte ennemie de tout avancement tenoit sa langue attachée, et lui dit, après un profond soupir : « Ah! ah! madame, comment me pourrois-je assez suffisamment plaindre de ma rigoureuse fortune, qui, ne se contentant de m'avoir privé de tous mes parents et amis, sans aucune nouvelle quelle issue ils ont eue à cette hasardeuse bataille, d'où (pource que les meilleurs y sont morts) à grande peine pourront-ils être échappés, et ne se contentant de m'avoir amené blessé en une terre étrangère, captif de celui qui demandoit ma vie, m'a aujourd'hui, pour du tout m'accabler, ôté ce peu qui me restoit d'espérance d'une heureuse liberté, qui me devoit restituer mes pertes? Car, hélas! depuis quelques heures en çà, elle m'a si durement asservi aux excellentes grâces qui reluisent en vous, qu'au lieu que je n'étois que jusqu'ici prisonnier que de corps, désormais je le suis de corps et d'âme, voire si étroitement, que je ne sais quel élargissement je doive attendre, n'y en ayant point d'autre, que celui-là qu'il plaira à votre douce merci m'octroyer de pleine grâce. Et si suis tellement charmé (pardonnez-moi si je ne puis mentir), que, comme un patient qu'on endort avec les mandragores pour lui couper un membre, je ne sens point mon mal, ains, au lieu de mal, trouve en ma misère si grand contentement, qu'il me semble bien n'y avoir en ce monde telle félicité, que la peine que j'endure, ni aucune liberté si douce, que la dure prison de si belle geôlière, ni vie tant délicieuse qui puisse égaler l'heur et le bien que j'attends, mourant en votre amoureux service. » Ce disant, regardoit la princesse d'un œil si langoureux, qu'il lui ôta la force de rien répondre, perdant la parole, comme ceux qui ont vu le loup sans y penser. Et ne pouvant, la passionnée infante, répondre aucune chose, lui serra tellement la main, que, par ce langage muet, elle témoignoit assez quels assauts elle soutenoit en son âme. Parquoi, l'amant, se sentant serrer l'éperon au flanc par cette première faveur, reprint son haleine tout embrasée d'affection, et poursuit son propos, disant : « Mais mon Dieu! quelle étrange aventure, autant contraire à mon attente que favorable à mes désirs, a conduit un chasseur (duquel le devoir étoit de prendre) en un lieu où lui-même a été prins par les rets gracieux qu'avoit tendus une chasseresse si puissante, qu'usant de la vertu d'une déesse, m'a rendu semblable à ce pauvre Actéon, sinon qu'Actéon fut changé en cerf pour avoir vu Diane toute nue, et moi je suis devenu serf pour vous avoir, madame, vu seulement vêtue. Et ne pense pas qu'à ce compte, qui vous verroit à nu ne devînt pierre immobile, comme ceux qui regardoient la Méduse. Dea! je n'avois jamais cru jusqu'à cette heure qu'autour des fontaines on trouvât des nymphes, des dryades, comme on disoit, et si n'eusse pas pensé que leur rencontre fût dangereuse. O seigneur Baléas [1]! ne craignez point désormais que je me dérobe pour m'enfuir aux miens; car je suis tant bien enchaîné ici par la beauté de votre nièce, qu'il ne me faut plus autre garde que sa vue. Et comme jadis les Grecs, après avoir tâté en l'île étrangère du bon lot, tous affriandés oublièrent l'envie de plus retourner en leur pays, ainsi, doucement amorcé par ses bonnes grâces [2], qui distillent de ses beaux yeux, je souffrirai plutôt la dure mort, que que l'absence d'elle. Et en ceci, las! vous me faites chèrement payer les bienfaits et bons traitements reçus de vous, aggravant ma condition contre la loi des armes, et votre promesse qui devoit être inviolable; car je pouvois sortir de vos mains en y remettant, au lieu de mon corps, quelque rançon d'argent; mais de cette prison ici, dit-il, regardant la princesse, il n'y a autre rançon que la vie, qui me puisse délivrer et affranchir. Ah! madame, quel désastre pourroit-on voir plus conjuré à détruire un misérable, que le mien? Las! ne vous émeut-il point à pitié et compassion? Et il est en vous seule de m'en venger, ce que je vous supplie faire bientôt, si vous avez envie de vous garder la vie d'un bon serviteur, lequel avez aujourd'hui conquis, me surprenant par votre embuscade, comme l'oiseleur fait l'oisillon, dont les ailes, dépourvues de prudence, trahissent le corps. » A quoi la belle infante répondit avec un ris blandissant [2]. « Eh bien! monsieur, si la fortune de guerre, qui jamais ne se joue aux couards et poltrons, a voulu qu'ayez été fait prisonnier de mon oncle, je ne vois pas qu'ayez tant d'occasion de

---

[1] Ce nom, qui ne s'applique à personne, est évidemment corrompu : il faut lire *Gonzague*.

[2] Caressant.

vous plaindre, étant tombé en si bonne main. Et me semble que votre adverse fortune ne vous peut tourner qu'à grande gloire, ayant été vaillamment prins en la compagnie des plus courageux et hardis guerriers de France, par un qui, au maniement des armes, ne trouve son pareil en toute l'Italie. Mais je trouve encore plus étrange de vous voir plaindre de moi, qui, tant s'en faut que je voulusse vous en avoir donné la moindre occasion, qu'au contraire je m'estimerois bien redevable à ma bonne fortune, si elle m'avoit adressé en lieu où je pusse montrer le bien que je vous désire, comme vous saurez lorsque la bonne occasion s'en présentera, laquelle je chercherai toute ma vie et ne l'aurai si tôt trouvée, que ce ne soit trop tard à mes souhaits. Car les grâces admirables qu'en peu de temps j'ai remarquées en vous, ont tant de puissance à forcer les volontés de ceux qui ont tant soit peu d'humanité et savent gagner si bonne place aux cœurs des plus barbares, que je ne sais de quelle pénitence ou plutôt de quel supplice je punirois (si j'en étois juge) le moindre déplaisir qu'on vous auroit osé pourchasser, si d'aventure il se trouvoit quelqu'un si dénaturé. — Ah! ah! madame, répondit le chevalier, est-ce donc ainsi que vous traitez vos hôtes, les festoyant de risées pour leur soulagement? Si est-ce, madame, que, quelque chose que (pour la puissance qu'avez sur moi, il vous plaise dire), je vous puis bien assurer que si Nature m'a été chiche des grâces et libérale des affections requises à celui qui, par céleste faveur, auroit ce bien que d'être vôtre et avoué de vous pour tel, que toutefois ce peu qui est en ce corps a été voué et sera employé à votre service : en quoi je suis tellement résolu, qu'il n'y a injure du temps ou de ma fortune qui y puisse mettre empêchement. Et quant à ce que demandez quelle cause j'ai de me plaindre de vous, hélas! madame, ce n'est pas de ce que je suis, par votre inespérée vue, tombé en une éternelle prison (qui m'étoit, dès ma naissance, préparée pour confiner[1] mes meilleures affections), car un plus grand bien ne m'eût pu advenir pour récompenser en un jour tous les maux de ma vie. Mais je me plains, madame, de ce que mon aventure m'a adressé en lieu où tout le mérite de tous les vivants n'est digne ne suffisant de rien mériter. Toutefois, s'il étoit permis à un bon vouloir de bien espérer, et si l'Amour étoit si bon maître, qu'on gagnât quelque loyer en son fidèle service, j'oserois bien promettre à moi seul l'heur dont j'estime tout le monde indigne; car, comme Nature s'est ébattue à montrer combien elle étoit bonne ouvrière en façonnant votre corps si parfait, pour l'exposer à la merveille[1] d'un chacun; aussi, vous a-t-elle bien voulu faire en ma personne un serviteur, qui n'a en loyauté son pareil, et ose bien dire (pardonnez-moi ce petit tort que je vous fais) qu'elle n'a point recueilli et assemblé plus de grâces en vous, pour vous les mettre à l'abandon[2], qu'elle a amassé en mon cœur d'affections dévotieuses à votre loyal service : qui fait que, si les justes récompenses suivent les fidèles travaux, et si, pour être bien aimé, on est obligé à bien aimer, j'ai de quoi contenter mon affamé souci, de l'aliment d'une espérance de votre faveur et grâce.» A ces mots, Clarinde fut tellement combattue par l'amour et la vergogne, que son pauvre cœur, en cette agonie, ne savoit à qui il se devoit rendre; et la langue, attendant lequel des deux auroit la victoire, se tenoit coi, ne servant que d'un fardeau inutile à la bouche, jusques à ce que les forteresses de l'âme, vivement assiégées, se rendirent à la miséricorde du victorieux Amour, qui, usant de son pouvoir, mit en liberté la parole que la honte avoit tenue prisonnière; laquelle, sortant encore toute tremblante par la bouche de la pucelle, fut telle : « Mais pourquoi, ami, vous défiez-vous du bonheur qui vous attend pour le couronnement de nos amoureux désirs? Eh! quelle plus grande assurance de mon amour voulez-vous, que celle que malgré moi je vous déclare à cette heure? Quelle plus haute gloire attendez, que de me mener en triomphe par la victoire qu'Amour vous a acquise sur moi, forçant mes rebelles désirs par l'effort de vos bonnes grâces? Mais je vous veux bien avertir de bonne heure (pource que, vous autres François, avez le bruit d'être légers et volages, vous vantant et cherchant louange aux dépens de l'honneur des dames, qui est ou doit être conjoint au vôtre propre), que, si en ce cas (et vous en souvienne, premier que passer outre), vous vous mon-

---

[1] Enfermer, concentrer.

[1] A l'émerveillement, à l'admiration.
[2] Cette phrase elliptique doit signifier : *pour les mettre à votre disposition*.

trez François, vous trouverez en moi une dissimulée Italienne, qui vous tiendra le bec en l'eau, et ne vous abreuvera que de moquerie. Parquoi, ami, je vous recommande foi et secret, qui est la seule couronne pour glorifier heureusement les vraies amours, et les faire régner sur l'ennui. Dequoi vous vous souviendrez, en portant pour l'amour de moi cette bague. » Or, cet anneau avoit pour sa pierre un Cupidon couronné fort mignonnement (étant entaillé en un camoïeu d'amatite[1]), qui avoit les mains jointes, sinon qu'il mettoit un doigt dans sa bouche ; et au dedans étoit écrit, pour devise : *Foi et secret*. Je suis bien empêché à vous persuader que le bien fortuné amant reçut ce beau présent : si est-ce (et je vous prie de le croire) qu'il ne l'eût pas refusé quand ores il eût été aussi chaud que braise. Or, après qu'il l'eut gracieusement remerciée, et des mains et des yeux et de la bouche, cette gracieuse maîtresse, ainsi qu'il vouloit parler encore, voici sortir de la ville force jeune noblesse, en si grande foule qu'on eût dit que la ville s'en alloit par ses portes. Cette compagnie, étant venue au-devant de leur marquise, se mêla brusquement parmi ses damoiselles, interrompant les secrets propos de nos amants, lesquels ils conduisirent jusques au palais de la seigneurie ; où, étant arrivée toute la troupe, trouvèrent les tables couvertes pour le souper. Mais, hélas ! tant d'exquises viandes, servies en si grande pompe et magnificence, n'étoient suffisantes pour rassasier les esprits affamés de ces deux ; lesquels, voyant l'occasion s'être soustraite de plus continuer leurs tant affectionnés propos, ne se convioient durant le banquet (pour la délicate pâture de leurs âmes), que d'œillades, qui, le plus souvent, s'entre-choquant à la rencontre, se rendoient d'une même atteinte vaincues et victorieuses. Oh ! Amour, que tu es une étrange chose et d'étrange nature ! qui, pour la viande plus délicieuse et savoureuse, ne te repais que de peine et souci, dont tant tu dévores, et moins tu te soûles ! Hélas ! une gourmande sangsue enfin tombe de la plaie faite, se tuant par sa propre nourriture ! mais toi, goulu, dévorant à grands morceaux le cœur de tes sujets, sans le consumer, tu ne te soûles non plus que l'aigle qui, perpétuellement, ronge le foie de ce misérable damné[1]. Ha ! que ces passionnés amants en donnent suffisant témoignage ; lesquels, comme deux cailloux s'entre-froissent en rendant le feu caché dans leurs entrailles, ainsi, par l'attisement de leurs ardents regards, se consumoient mutuellement : dont la violence fut telle, qu'elle ne fut sentie seulement d'eux deux, ains (comme il est impossible de cacher un feu, lequel, et par sa chaleur et par sa clarté, se trahit soi-même) fut soudain aperçue des plus curieux ; et spécialement, du prince Adilon, qui, pour être marqué d'un même cachet, ne savoit comment apaiser sa jalouse fantaisie, ne s'empêcher qu'il n'eût toujours l'œil au bois[2]. Et ne lui fallut guères soigneusement faire la sentinelle sur la contenance de sa Clarinde, qu'il ne découvrit en bref qu'elle donnoit entrée à son ennemi ; lequel, faisant doucement ses approches, lui coupoit l'herbe sous le pied, et le décochoit des bonnes grâces où il se cuidoit si bien ancré, que tous les vents ne le devoient seulement ébranler. Que fera-t-il ? Las ! ores, d'un œil piteux, il veut détourner sa maîtresse à son parti, la redarguant[3] du peu de compte que sa légèreté fait de son ancien service ; ores, d'un regard cruel, il veut, comme un basilic, tuer l'amour de son corival ; mais, et en un côté et en l'autre, ses yeux ne profitent rien, et ne servent que de lui faire trop voir, lui engendrant un ver au cœur, qui le rongeoit si au vif, qu'il lui faisoit perdre l'usage de sa dissimulation. Dequoi Lucidan s'apercevant, se moqua de son soupçon si mal fondé. « Et, combien, disoit-il, que l'Amour ne vole jamais, qu'il n'y ait crainte et jalousie sous ses ailes, toutefois, si ne faut-il pas que cette crainte soit aveugle comme il est, ains qu'elle voie où s'appuyer ; autrement, ce seroit se tourmenter à crédit, et faire comme l'autruche, qui se pique elle-même pour se faire courir[4]. Et j'estime grande simplesse de se formaliser sur un regard, vu que c'est chose coutumière entre ceux qui ne se sont

---

[1] On dirait maintenant : *camaïeu d'améthyste*.

[1] Le vautour de Prométhée.
[2] On a un peu changé cette phrase proverbiale, et l'on dit : *avoir l'œil au guet*. Il semble qu'*avoir l'œil au bois* soit une expression empruntée des joutes, où les combattans devaient suivre du regard la direction des lances ou *bois*, pour en éviter les coups.
[3] Gourmandant, réprimandant.
[4] Cette fable était une de celles qui rendaient autrefois l'histoire naturelle si peu sûre et même si ridicule.

jamais vus de se regarder, et curieusement pour se remarquer; principalement, quand ce sont étrangers qui se voient rarement : qui étoit la seule cause pourquoi la princesse avoit ainsi les yeux fichés sur ce François par une curiosité féminine. »

Ces raisons attentivement considérées, modérèrent aucunement l'esprit du prince; non, toutefois, qu'il ne fût déplaisant[1] extrêmement d'une maladie de goutte, qui, au changement du temps, avoit saisi le seigneur Gonzague, et fut cause que le sieur d'Alègre séjournoit à la maison de la marquise, où ce jeune prince Adilon étoit si bienvenu, qu'on l'eût volontiers prins pour fils de la marquise; et je crois qu'il n'y eût point contredit. Or, en fréquentant ainsi privément, advint qu'un jour, entrant tout bellement de chambre en chambre, avisa l'infante seulette, qui peignoit ses beaux cheveux épars au soleil; laquelle il n'eut plutôt vue que, poussé d'une gaillarde hardiesse et amoureuse audace, courut vers elle; et, la saisissant par derrière, lui pressa la tête de ses deux mains, à la manière de ceux qui, en jouant, veulent faire deviner qui ils sont. Or, de prime-face, la belle tressaillit toute, d'une si inespérée surprise; puis, en recueillant ses esprits éperdus, dit avec un petit ris : «Et dea, monsieur d'Alègre, est-ce la courtoisie dont, vous autres François, savez user envers les dames, que de les prendre par derrière ? Vous m'avez pourtant fait grand'peur, et ne vous eusse pensé si hardi que de venir ainsi prendre d'assaut une fille seulette en sa chambre. » Si le pauvre prince fut étonné de tels mots, et bien camus, ayant trouvé ce qu'il ne cherchoit pas par sa curiosité, je le vous laisse à juger; mais il est facile à présumer qu'il eût voulu être bien loin de là; et si ne savoit par quel chemin en sortir, sachant que la honte qu'en recevroit la princesse, le voyant, ne lui pourroit tourner qu'à dommage, comme le contraire exemple de Gigès et Candales lui donnoit témoignage[2]. Parquoi, destitué de tout bon conseil, ne savoit faire autre chose pour sauver son honneur, que tenir toujours la tête dorée de la princesse, qui, réitérant sa parole, dit : « La, la, il n'est plus temps de vous déguiser; le masque ne sert plus de rien quand le momeur est connu. Laissez-moi, ami; ce n'est à moi qu'il vous faut cacher. » A cette seconde charge, le pauvre seigneur ne put plus soutenir, voyant si assuré témoignage de la privauté que plus il craignoit. Dont il fut saisi d'un tel dépit, qu'après avoir regardé d'où il étoit venu, gagne de vitesse la porte, et, voyant que plus il demeuroit là et pis, se dérobe subitement pour épargner la honte que lui eût apportée sa découverture. Or, s'il s'en va bien troublé en sa pensée, il ne laissa la princesse moins étonnée, qui, combien qu'elle eût soudain tourné la tête pour voir le fuyard, ne le put apercevoir, pour le voile que lui donnèrent ses cheveux qui lui entournoient la face : dont plus fâchée qu'on ne sauroit dire d'avoir parlé si ouvertement et inconsidérément, d'autre côté, dépitée d'avoir failli à reconnoître ce hardi plaisanteur, commença à fantasier[1] diverses choses, s'assurant bien que ce n'étoit son Alègre; et qui plus la fâchoit, étoit le soupçon que ce fût Adilon, qu'elle haïssoit plus qu'il ne l'aimoit : ce qui fut cause que longtemps après, elle ne le pouvoit regarder qu'avec honte, ne lui elle; sans que l'un ni l'autre s'en disent jamais rien, ni à personne du monde. Même le prince délibéra de faire meilleure chère qu'auparavant au seigneur d'Alègre, dissimulant la cruelle vengeance qu'il machinoit en son félon courage. O injuste Amour! que tu as de moyens pour exercer la tyrannie sur les cœurs humains! desquels tu embrases les uns d'une passion aveugle, les autres d'une jalousie insensée, et ceux qu'il te plaît manier plus rudement, tu les martelles d'un triste désespoir, les faisant avoir recours et refuge à un sanglant appétit de vengeance, comme cet amant dépité sut fort malheureusement pratiquer, quand, se voyant prévenu en ses attentes amoureuses (bien qu'il fût premier occupant) par ce chevalier françois, qui lui sembla mettre injustement sa faux en la moisson d'autrui, se laissa emporter, comme un chariot traîné par des chevaux indomptés, à la violence de son ennui, qui, pour son repos, lui fit pourchasser la ruine de celui qui ne lui avoit jamais méfait. S'étant ainsi livré à la merci de ce cruel dessein, il employa tout

---

[1] Pour *souffrant, contrarié.*

[2] Selon Hérodote, Gygès, fils de Discalus, qui, à la sollicitation de Candaule, roi de Lydie, avait vu la reine nue dans le bain, fut contraint par cette reine irritée d'opter entre la mort de Candaule et la sienne propre. Il tua le roi et lui succéda en épousant sa veuve.

[1] Imaginer, repasser dans sa fantaisie.

son souci à trouver quelque moyen expédient pour exécuter sa rage, afin que, n'ayant plus de compagnon qui s'avantageât si fort, la conquête des bonnes grâces de s'amie lui fût plus facile; car cela coûte moins, qui est marchandé de peu. Or, la façon d'en venir à bout lui sembloit de difficile invention, et de plus fâcheuse exécution; car d'assaillir à force d'armes, sous une querelle d'Allemand et forgée à plaisir, celui qu'il savoit bien être adroit et stylé à l'escrime, ne lui sembloit pas sûr. Aussi, de l'opprimer par nombre d'hommes, feignant que ce soit en haine du nom françois, le seigneur Gonzague, qui tenoit son prisonnier en la sauvegarde et protection de la foi militaire, avoit le cœur si bon, qu'il n'eût souffert une telle lâcheté, ains en eût fait sa cause propre. Enfin, après longues délibérations, il ne trouva chemin plus court ne plus sûr, que s'aider de venin[1]; et, puisqu'il ne pouvoit vêtir la peau de lion, résolut de vêtir celle de renard : ce qu'il sut si finement faire, qu'il n'épargna aucune caresse digne d'un vrai ami, pour fêter le sieur d'Alègre; qui, pour être François, avoit le cœur franc et vide de soupçon, mal averti que défiance étoit mère de sûreté. Aussi, en paya-t-il les dépens si rigoureux, qu'il apprint autrui à son propre dommage. Ha! que c'est une chose dangereuse qu'un traître, qui d'une main présente du pain, et de l'autre tient une pierre pour frapper! « Et que celui est bien sage, disoit Bion, qui ne reçoit chacun en son amitié. » Las! je ne m'étonne plus si les sages ont comparé les faux amis à des corbeaux, à des putains[2], à des mouches, à des souris, à des tignes[3], et autres nuisibles bêtes, car toute la malice des bêtes est en un faux ami, comme témoigna bien Adilon. Mais qui n'y eût été trompé? Et qui eût jamais pensé que les fourriers de trahison eussent osé approcher du cœur d'un gentilhomme, de qui l'âge, la façon et la bonne nourriture devoient défendre l'entrée si étroitement? Et qui eût encore moins cuidé qu'Amour même les y eût introduits à son aveu? Amour, dis-je, que les peintres ont fait tout nu; et, toutefois, il est ici voilé, séduisant un esprit, et l'aiguisant à une ingénieuse félonie: qui fut telle, qu'ayant employé grands deniers pour recouvrir[4] un poison si subtil, qu'on ne l'eût connu ni au goût ni à la couleur, qui sembloit être empruntée du sucre (et, sous cette semblance, ce poison naguère fit mourir un pape[1]), il trouva moyen de le distiller dans une pomme, la plus belle qu'il put recouvrer, et ce, par la concavité où la queue joint le fruit à son arbre. Là dedans le venin pénétra de telle sorte, qu'en peu d'heures il eut épandu sa force partout. Ce malheureux fruit, étant ainsi assaisonné, fut par le prince, en grande singularité et recommandation, donné au seigneur françois; et, combien qu'il lui donnât comme compagnon, si étoit-ce avec intention que ce fût son dernier morceau. Toutefois, son dessein ne succéda pas du tout selon son compte; car ce pauvre gentilhomme, recevant de grande affection ce mortel présent, tant pour le lieu d'où il venoit, que pour la beauté du fruit, le voua soudain (en soi) à celle à qui il s'étoit jà voué lui-même, sachant combien les filles aiment telles viandes; et ne tarda guère qu'il ne l'allât trouver, ainsi qu'elle jouoit aux martes avec ses damoiselles : où étant, soudain qu'il eut tiré de sa pochette le fruit infortuné, la jeune princesse ne faut à lui ravir de la main et mettre folâtrement les dents dedans, logeant ainsi, sans y penser, en son foiblet estomac le venin qui gisoit en cette douceur. Hélas! sans épargner son hôtesse gracieuse, cet ennemi de pitié ne tarda guère à faire sentir sa détestable force, donnant des assauts si tranchants à cette innocente poitrine, que force fut à la pucelle (après avoir, par le changement de sa couleur, témoigné ses angoisses âpres et rigoureuses) de se retirer en sa chambre, où, vaincue d'impatience, se jetté sur un lit, et, en diligence, manda au médecin de sa mère (qui étoit en la chambre de son goutteux oncle) de venir. Icelui, d'entrée, ayant entendu comment le mal l'avoit saisie, cuidoit que ce fût quelque colique causée de ce fruit cru; mais ayant fait tirer la langue à sa patiente, la voyant toute cuite et altérée, même découvrant quelques pustules noirâtres, jugea que c'étoient de certaines traces d'un ardent venin; parquoi, tout sur-le-champ lui fit prendre un fort contre-poison de Mithridate[2]. Mais

---

[1] Poison. — [2] Il faut plutôt lire *punaises*. — [3] Teignes. — [4] Pour *recouvrer*.

[1] Sans doute Alexandre VI, qui s'empoisonna lui-même sans le savoir, avec le poison qu'il avait fait préparer pour des cardinaux.

[2] Comme l'histoire rapporte que Mithridate était inaccessible aux effets des poisons, on avait donné le

las! le vénin avoit déjà gagné si avant en si peu de temps, que sa mortelle opération ne put plus être empêchée, mais elle fut bien un peu retardée par un acasement [1] de cette violente douleur : qui fut cause que le médecin, laissant la princesse un peu à repos, et la tenant pour préservée, sortit de la chambre, à la porte de laquelle il rencontra le seigneur d'Alègre, qui attendoit nouvelles de la disposition de sa dame. Et, ayant entendu par le médecin qu'elle avoit été empoisonnée par une pomme (car le bon homme disoit franchement ce qui en étoit, sans savoir rien de tout le fait), le désolé amant cuida sortir hors de soi, se sentant coupable de tout ce méchef. Et ce qui plus lui crevoit le cœur, étoit la façon par laquelle il avoit été induit par son traître ami, qui s'étoit servi de lui comme d'un bourreau pour occire la chose de ce monde que plus il aimoit, et le faire puis après punir selon la grandeur d'un tel crime. Et cette appréhension lui gêna l'âme d'un dépit si forcené, que dès lors il print conclusion d'en faire lui-même la vengeance si cruelle, que sa faute en seroit aucunement amendée. Parquoi, ayant le cœur tenaillé d'angoisse et de rage, se retiroit en lieu favorable pour exécuter son injuste sentence, et armer sa main, d'une impitié cruelle, contre son propre cœur. Las! ce désespéré vouloit faire révolter tous ses membres, pour, méconnoissant leur maître, conjurer sa ruine, quand il avisa, de fortune, le prince Adilon, auteur de cette méchanceté, lequel côtoyoit et observoit de loin quelle issue prendroit son entreprinse, et que deviendroit sa pomme, ne plus ne moins que le chasseur ayant frappé sa proie la suit à la trace, jusques à ce qu'il en voie la mort. Mais ce misérable cherchoit le payement de son méfait ; car, comme le sanglier, se sentant féru, se jette furieusement sur celui qui lui a donné le coup, ainsi le seigneur d'Alègre, bien qu'il fût troublé de sa fureur et de l'arrêt de sa mort, n'eut plutôt vu son empoisonneur, qu'il lui courut sus l'épée au poing. Quoi voyant, le traître, étonné du visage ardent de juste colère qui le menaçoit, et convaincu de la conscience de son forfait, ne trouva autres meilleures armes pour se défendre et sauver du danger où il se sentoit ajourné, que ses jambes ; parquoi, jetant manteau et épée par terre, se met en fuite. Mais il fut talonné de si près par le seigneur d'Alègre, qui, criant d'une voix de lion : « Ah! traître, malheureux, m'as-tu donc donné le boucon de Lombard [1] ? » le poursuivit si roide, que, malgré ceux qui l'accompagnoient pour sa défense, il lui porta la pointe de l'épée sous l'épaule gauche, l'enferrant si avant, que le cœur (le cœur, dis-je, qui fut si méchant et dissimulé), transpercé, rendit le corps à la mort. Puis, tout furieux et insensé, notre François menoit l'épée çà et là, abattant les plus proches de lui, en fendant la presse plus épaisse : qui fut cause que ces misérables, voyant leur maître mort, commencèrent à gagner le haut [2] sans s'opiniâtrer, tellement, que ce faucheur demeura seul. Lequel, reprenant haleine, reprint un petit de son bon sens, se voyant à moitié satisfait de celui qui lui avoit pourchassé si grand dommage ; dont, croisant ses bras lassés, en se tournant vers le mort, commença à dire : « Ah! corps, où logeoit une âme tant infidèle et trompeuse, que je porte d'envie à l'aise qu'ores tu reçois, étant délivré et affranchi des travaux de la vie, tandis que je suis tourmenté de mille morts à ton occasion, et que même, après ta mort, tu me fais languir ; mais j'y donnerai bientôt fin désirée. » Ce dit, reprint son chemin vers le palais de la marquise ; et, mettant sous le pied toute révérence et respect, alla, d'une contenance troublée, trouver la déplorée Clarinde, qui, en piteux regrets (comme celui [3] qui, sur le mont Aétien, ayant vêtu la chemise envenimée, allumoit le feu dont il se devoit brûler), plaignoit, non point sa triste mort, qui s'approchoit à grands pas, mais de ce que, par une misérable aventure, celui où gisoit tout son bien, étoit cause de ce mal, sachant que, sa bonne foi ayant été en ce malheusement trompée, en feroit injuste pénitence de la coulpe qui n'en étoit point sienne ; davantage, de peur qu'il fût chargé envieusement, après sa mort,

---

nom générique de *mithridate* à tous les contre-poisons.

[1] Il faut plutôt lire *accoisement*, calmé, assoupissement.

[1] Le *boucon* (*boccone*, bouchée) lombard était le nom proverbial qu'on donnoit à tous les poisons préparés en Italie, où la science des poisons fut portée au plus haut degré.

[2] Il faut sans doute suppléer un mot omis : *le haut du pavé*.

[3] Hercule, vêtu de la tunique, fatal présent de Déjanire, se brûla sur le mont Œta.

de ce maléfice, et puni, tout le souci de la mourante princesse étoit comment elle le pourroit justifier ; quand, parmi ces discours, elle le voit tombé à ses pieds, avec une épée sanglante, et, d'un visage constant, lui dire : « Madame, voici l'épée qui a prins vengeance de la tromperie du plus méchant traître que jamais le soleil regarda ; lequel, me pensant empoisonner par une pomme, m'a, hélas! fait un beaucoup plus grand outrage, me rendant coupable de votre malaise : en quoi il m'a puni plus cruellement, qu'il n'espéroit pas. Et, puisque je lui ai fait payer le tort qu'il m'a fait, je vous supplie, madame, prenez satisfaction de celui que j'ai commis vers vous, non pas que par ma mort vous soyez satisfaite (car je confesse que mille morts n'y suffiroient pas), mais hélas! je n'ai autre chose de quoi m'acquitter et réparer mon offense. Que si vous eûtes jamais désir de soulager un misérable, je vous supplie, madame, de me décharger de mes angoisses et de ma vie : lors j'aurai la vengeance de mon infortune, qui m'a fait l'auteur de ma propre ruine, en me faisant l'auteur de votre mal. Que si vous ne m'estimez digne d'un si grand bien, que de mourir par la faveur de votre main, et si vous pensez mon péché trop grand pour un si grand honneur : au moins, madame, prononcez l'arrêt vengeur de ce mien forfait, afin que, le mettant à exécution en votre présence, votre mal en puisse être soulagé. Et, pour Dieu, si jamais pitié logea en votre cœur, ne me déniez cette dernière faveur, que je vous requiers par le service que mon cœur toute sa vie vous a désiré faire. » A quoi la désolée amante, qui avoit senti une fomentation à ses douleurs par la confession de son piteux malfaiteur[1], toute combattue de douceur et miséricorde, lui répondit en l'embrassant étroitement : « Hélas ! mon cher ami, ne vous semblé-je point assez maltraitée par la rigueur de mon mal, sans que vous me redoubliez le coup et agrandissiez la plaie par votre tourment non mérité ? Non, non, ami, je meurs ; mais je meurs bien contente et satisfaite, sans que preniez autre peine de me satisfaire, si vous n'avez, d'aventure, envie sur mon contentement ; car, si j'ai quelque cause d'accuser ma destinée, qui m'a ajournée à cette triste fin en la première fleur de ma jeunesse, j'ai bien, d'autre part, de quoi remercier le ciel, qui m'a été si bénin et favorable, que d'abréviér[1] un long martyre (auquel l'Amour me préparoit) par une brève mort ; me faisant, par celui même, recevoir le remède, duquel j'avois reçu le mal. Ainsi, ce sage Apollonius[2], interrogé comment il falloit punir un amant, répondit : « Qu'on le laisse vivre! » Las! puisque je suis sur le point de me décharger pour m'en aller plus gaîment en l'autre vie, je confesse, mon d'Alègre, que vos bonnes grâces et rares vertus avoient allumé en mon tendre cœur un amour chaste et honnête, qui peu à peu consumoit ma vie ; mais le venin, par un autre feu divers, me réduisant en cendre, a eu compassion, ce semble, de ma langueur. Hé! ne m'est-ce donc pas un grand avantage ? Parquoi, ami, je vous prie et vous conjure, par l'extrême affection que vous ai portée et porterai éternellement (si les âmes bienheureuses se ressentent en l'autre vie de ce qu'elles ont eu plus cher en celle-ci, et si l'amour ne demeure point au tombeau, enseveli avec le corps), je vous prie, dis-je, pour ma dernière prière, et, si j'ai tant de pouvoir sur vous, que m'en avez donné quelquefois, vous commande étroitement, sur peine de m'être déloyal et désobéissant, que désormais, vous viviez heureux et content ; car, pour mon intérêt, je vous pardonne de bon cœur ma mort, où vous n'avez blâme aucun, et consens que quelque mieux fortunée que moi jouisse du bien qui à moi seul étoit dû ; pourvu que vous vous souveniez que je vous vais attendre en un meilleur lieu, puisque ce monde a été si contraire à nos chastes désirs. Et ne soyez cependant si hardi, que d'attenter contre votre personne, si n'avez envie de violer notre sainte amitié, que par mon testament et dernière volonté je vous laisse en garde ; et, sur cette assurance, je m'achemine joyeusement à la mort, puisqu'elle m'a été si gracieuse, que de me permettre vous pouvoir dire un long adieu et trépasser heureusement entre vos bras. » Durant ces propos, Amour, qui, en dépit de la mort, faisoit son

---

[1] Meurtrier digne de pitié.

[1] Pour *abréger*.

[2] Nous ne savons si c'est Apollonius de Thyanes, philosophe pythagoricien qui vivait dans les premières années de l'ère chrétienne, et qui fut divinisé à cause des prodiges qu'il opérait (sa vie a été écrite d'après ses livres par Philostrate) ; ou bien Apollonius d'Eubée, philosophe stoïcien, qui eut pour disciple l'empereur Marc-Aurèle.

dernier effort, assaillit de toutes parts si vivement le cœur du chevalier, qu'après lui avoir fait soutenir un furieux combat, le fit enfin triompher glorieusement par la victoire de ses misères. Car, comme une nacelle agitée ores des vents dépités, ores de vagues mutines, après avoir impétueusement couru fortune quelque temps et balancé sur les flots écumeux avec un espoir désespéré, enfin vient à heurter contre un roc, qui la brise et fait périller; ainsi, le triste cœur de l'amant, navré jusques à la mort du déplaisir d'avoir été ministre de l'amère mort de celle où reposoit la douceur de sa vie, et encore plus violemment rompu d'angoisses, oyant les piteuses plaintes de sa désolée maîtresse, qui (comme un cygne, aux approches de sa mort, par un langoureux chant, fait gémir la rive prochaine) fondoit en l'amertume de ses regrets, combattu, dis-je, de diverses appréhensions contraires. Ainsi qu'un capitaine, rudement assailli en plusieurs endroits et destitué de tout secours, enfin quitte la forteresse longuement tenue; aussi, ce pauvre seigneur fut forcé de succomber à l'excessif pouvoir de ses ennemis, et livrer le corps à la mort victorieuse ; tellement, que la princesse, par les soupirs embrasés de ses doléances, déroba, sans y penser, l'âme à son piteux amant, si que, toute étonnée, elle le vit, froid et terni, roidir entre ses bras, comme un enfant s'endort aux chants de sa nourrice. Ainsi, quand un canon ne peut vomir le feu et le fer qui guerroient dans ses entrailles, force lui est de crever et se rompre en pièces. Or, telle fut la glorieuse fin de notre chevalier françois, pour être tant oppressé de diverses passions qu'il ne les put digérer. O bienheureux amant, qui par ce doux sacrifice as témoigné la grandeur de tes sincères affections, ton âme, volée[1] au troisième ciel, puisse reluire entre les étoiles de ceux qui ont mieux aimé ! Mais, hélas ! qui pourroit, je ne dis pas exprimer, ains seulement penser la douleur que reçut l'étonnée princesse, sentant à sa belle bouche la froidure du corps, qui jà avoit payé le tribut de nature ? Las ! elle demeura longtemps pâmée, jusques à ce que, revenue à soi, s'assit à terre, où, regardant d'un œil transi, en son giron, le beau chef qui n'est plus que la froide dépouille de ses affections, se print à tordre ses bras et rompre ses beaux cheveux, atournés[1] de perles et pierreries. Puis, après un soupir profond, s'écria : « Lasse et défortunée, pourquoi mon cruel malheur me conserve si longtemps la vie, sinon pour me réserver à toute espèce de tourment ? Ah ! mes yeux, falloit-il que vous me fussiez si ennemis, que regarder mort celui dont la vie étoit mon souverain plaisir ? las ! que ne suis-je née aveugle, plutôt que d'être tant offensée de vous ? Et vous, mon cher ami, mon cher d'Alègre, fleur de la noblesse françoise, me deviez-vous, puisque m'aimiez tant, envier et ôter ce bien que j'attendois pour mon dernier réconfort, qui étoit de mourir sur votre sein gracieux, et que votre douce main me fermât les yeux ? Hé ! pourquoi vous êtes-vous saisi de cet heur qui m'étoit dû ? Pourquoi, cruel, avez-vous choisi tout le meilleur pour vous, me laissant en cette angoisse ? Ha ! que grand fut le malheur, qui, conjurant contre votre rare vertu, vous amena en ce pays, pour recevoir d'une gent ingrate traitement indigne de vos mérites. Et ce jour fut encore plus ennemi de tout bien, qui, premier, vous donna connoissance de moi, pour vous la vendre si chère. Mais hélas ! Nature vous a récompensé aussi d'autre côté, en vous donnant, par un privilège spécial, puissance de mourir quand vous avez voulu. O Mort injuste ! Mort qui me présentes ici les marques de ta cruauté, pourquoi as-tu été si paresseuse à me secourir ? Las ! étoit-ce pour me rendre coupable de cette piteuse tragédie et diffamer mon nom envers la postérité, qui à jamais, à jamais regrettera cet incomparable fleuron fenni pour l'amour de moi, et desséché par l'ardeur de mon mal ? Oh ! trois ou quatre fois heureuse, si je pouvois par ma mort racheter si grande perte, comme cette bonne reine de Thessalie racheta son cher Admète[2], le faisant héritier de sa vie ! Mais, puisque mon destin, me déniant ce bien, consent à ma ruine totale ; baste, je ne serai pas longtemps serve[3] de cet obstiné malheur ; car je sens déjà ma fin s'approcher, pour m'ouvrir le jardin délicieux des bienheureux, où mon d'Alègre m'attend, encore tout lassé et pantelant de sa course par laquelle il m'a

---

[1] Pour *envolée*.

[1] Ornés.
[2] Alceste, qui se dévoua pour sauver les jours de son mari, atteint d'une maladie mortelle. Hercule eut pitié de la douleur d'Admète et descendit aux enfers pour en ramener son épouse. — [3] Esclave.

38

devancée. » Qui a vu un pigeon en été se plonger en un frais ruisseau, puis, se portant en l'air à la rame de ses deux ailes, sécher son plumage, étincelant aux ardents rayons du soleil, il voit les yeux de la piteuse Clarinde; qui, ores baignés en amères larmes, et ores desséchés d'ardents soupirs, témoignent bien qu'une menée de passions, comme limiers acharnés, la dévoroient jusques à tant que le venin, surmontant par sa violence la force de nature, commença à démolir ce beau bâtiment, allumant au tendre cœur de la princesse un brasier plus ardent que le fourneau perpétuel de la montagne de Sicile[1]. Parquoi, cette voix, qui, par sa douceur, savoit charmer les plus rebelles, peu à peu s'affoiblit; ces yeux, qui, comme deux flambeaux empruntés du ciel, donnoient merveille aux humains, rayant[2] dans le cœur par une douce lumière, furent obscurcis d'une mortelle nuée; la rondeur de ces joues, où les roses s'épanouissoient en tout temps; et ce front, où Amour avoit bâti son paradis; et cette bouche, où il rendoit ses gracieux oracles, est blêmie, sans différer en rien de la blancheur de sa gorge ivoirine; si que ce corps, qui naguères se pouvoit appeler le trésor des beautés et le temple des grâces, gît démoli et abattu sous la rigueur de la Mort, comme une fleur, qui, regardée d'un trop ardent soleil, baisse la tête et se flétrit sur sa branche. Quoi voyant, la damoiselle de chambre, qui, comme fidèle secrétaire, avoit toujours participé à leurs amoureux conseils, et pour néant[3] s'étoit efforcée de remédier à ce piteux accident, s'écria toute forcenée, troublant non-seulement le palais, mais toute la ville, qui déjà sembloit être en alarme par la mort du prince Adilon; ce qui fit grandement étonner la marquise, voyant, à son retour de Crémone, où elle étoit allée donner ordre à quelques affaires, ce tumulte. Mais étant arrivée en diligence en sa maison, tomba toute évanouie entre les bras des gentilshommes qui la saluoient, avisant sa tant chère fille (ce beau joyau qui la faisoit tant renommer par toute l'Italie), assise contre le pied de son lit et ayant sa bouche morte, collée à celle du chevalier mort. Puis, étant revenue à soi, après avoir, par la damoiselle et par Lucidan même, tout au long entendu le discours de la vie et de la mort des deux amants, ne put faire autre chose, que par pleurs et gémissements, dont elle remplissoit le château, solenniser cette piteuse aventure. Et, voyant qu'il n'y avoit plus aucun remède, et que ces pauvres corps ne demandoient plus que leur dernier lit pour repos perpétuel, elle les conduisit au cercueil des marquis[1], accompagnée de toute la ville, qui, et des vêtements et des yeux, témoignoient le deuil qui étoit en leur cœur. Là, ils conjoignirent les morts qui, en leur vie, avoient été si conjoints par loyal amour; où, encore aujourd'hui, on voit deux statues, de leur ressemblance, si bien entaillées en marbre parien[2], qu'il ne reste que le monument pour les remettre en vie; vrai est, qu'à voir leur triste contenance, on diroit, qu'il n'y a que la douleur et angoisse qui, leur serrant le cœur, les empêchent de parler et se plaindre. Le chevalier est appuyé sur le genou dextre, ayant son épée nue sous le bras; laquelle, pour être faite d'un jaspe marqueté de taches vermeilles, semble être sanglante; et, icelui présente à la princesse une pomme de même pierre, comme si c'étoit un Adam voulant tenter Ève; et la figure d'Adilon, duquel le corps fut porté en son pays, est par le derrière, avec son épaule percée, qui répandoit le venin sur ce fruit. Auprès des amants est un pilier noir sur lequel il y a un Cupidon mettant un pied sur la tête de la Fortune et l'autre sur la tête de la Mort, avec une couronne, où est écrit: « Victoire des vaincus. » Et tient une lame de fin or, dans laquelle on lit:

> Cor fuerat binis unum, mens una, viator;
> Quorum nunc unus contegit ossa lapis.

Qui signifie en notre langue:

> Ces deux, qui n'avoient qu'une âme,
> N'ont eu aussi qu'une lame[3].

Ceci se lit en ces lettres latines, pource que c'est le truchement des autres langues; et pour l'honneur de celle de France, est écrit au-dessous:

> La pomme, riche guerdon
> De la déesse plus belle[4],
> Allume le vif brandon

---

[1] Le mont Etna. — [2] Pour *rayonnant*.
[3] En vain, inutilement.

[1] Les marquis de Mantoue, de la maison de Gonzague. — [2] De Paros. — [3] Tombe.
[4] La pomme d'or, décernée à Vénus par le berger Pâris.

Qui brûla Troie rebelle ;
Mais las ! cette pomme a mis
Sous cette pierre polie
Les deux plus parfaits amis
De la France et d'Italie.

Mais, que vous semble de ces tristes et mal fortunées amours, honorable compagnie? Est-il possible de trouver une affection plus sincère et parfaite? Et, toutefois, de quel plus grand malheur eût-elle pu être récompensée, et ce, par un accident externe, advenu sans la faute de l'un ne de l'autre? Ce qui avère mon opinion, laquelle étoit que les mauvais succès viennent d'un hasard incertain : pource que la condition des choses humaines est telle, il faut nécessairement qu'il y ait perpétuel changement de pluie en beau temps, et de beau temps en pluie; comme pareillement de bonheur et malheur ; tellement que, puisque la roue tourne toujours, ceux qui sont au haut doivent faire leur compte de descendre au bas. Partant, quelques philosophes estimoient les malades plus heureux que les sains, d'autant que les malades attendent santé, et les sains attendent maladie : qui fut cause que ce sage roi d'Égypte[1] quitta l'alliance et confédération de Polycrate, roi samien; pource qu'il étoit si heureux que quelque chose qu'il pût faire, il ne pouvoit savoir que c'étoit de tristesse ; si bien qu'il sembloit que tout fût fait pour lui complaire, comme témoigna le poisson pris, duquel on trouva au ventre l'anneau tant précieux, que ce fortuné roi avoit jeté en la mer expressément pour en avoir deuil et regret. Et l'Égyptien, renonçant à son amitié, n'avoit autre raison, sinon qu'il étoit impossible que si grand heur ne fût talonné[2] de quelque grand malheur, comme, de fait, il advint : car ce tant heureux, tôt après, fut privé de son royaume, et pendu ignominieusement. Aussi, il me souvient que Téramène, étant en un banquet avec vingt et neuf autres rois, la maison tomba, et par sa ruine occit tous, excepté lui seul ; parquoi, se voyant si heureux, s'écria : « O Jupiter ! à quel malheur me gardes-tu ? » Suivant ce bon exemple, le roi de Macédoine ne recevoit jamais aucune bonne nouvelle, qu'il ne priât les dieux de lui en faire bon marché, adoucissant le malheur qu'il devoit avoir à contre-échange, sachant que, comme disoit ce sage poète[1], Jupiter à deux vaisseaux, l'un plein de bien, et l'autre (qui est beaucoup plus grand) plein de maux ; d'où il verse sur les humains, comme un roi qui fait largesse à son peuple ; mais il y a toujours beaucoup plus d'eau que de vin. Donc, s'il est ainsi que nous sommes tous assujettis à quelque malheur, qui ne nous peut manquer, quoiqu'il tarde (comme Solon fort bien connoissoit, ne voulant appeler aucun heureux jusques après la mort), et que Fortune ait tant de puissance sur les choses de ce monde ; qu'elle s'en fasse appeler reine et déesse, pensions-nous que sa juridiction ne s'étende pas aussi sur les amours, puisqu'il n'y a rien si saint qu'elle ne viole? Non que, pourtant, je veuille accorder qu'il soit en sa puissance d'éteindre l'amour, lequel est éternel, et, s'affranchissant de la loi mortelle, triomphe malgré elle avec la couronne d'une vie immortelle ; comme témoignent les astres tant reluisants de Persée et d'Andromède, de Bacchus et Ariane[2], et mille autres qui, de leur amour, ont allumé le ciel, sans même abandonner ceux qui descendent aux enfers ; ainsi que l'âme de l'amoureux Polixène[3] déclara ; mais cette marâtre se met en effort d'empêcher les effets des louables intentions, en les mattant et tyrannisant de misères ; comme un oiseau à qui l'on coupe les ailes pour lui ôter l'usage de sa perfection naturelle. Et ose bien dire que, comme la foudre ne s'adresse qu'aux choses plus hautes et élevées, aussi Fortune n'emploie ses forces que contre les plus sincères amours, dédaignant de lutter contre ce qui est imbécile[4], et cherchant gloire à abattre les choses plus élevées. — Voire-mais, répondit mademoiselle Marie, comment pourrez-vous excuser la faute des hommes, vu que, par votre histoire, tant de mal est venu à cause de leur jalousie ; tellement que, ou il vous faut accuser la simplicité du seigneur d'Alègre, qui se fioit tant en Adilon, qu'il méritoit d'être trompé,

[1] Amasis, qui écrivait au tyran de Samos : « Vos prospérités m'épouvantent ; je souhaite à ceux qui m'intéressent un mélange de biens et de maux. »
[2] Suivi.

[1] Homère, dans l'*Illiade*.
[2] La fable ne dit pas qu'Andromède, fille du roi d'Éthiopie, que Persée épousa après l'avoir délivrée d'un monstre marin, ait été changée en astre ; mais bien Ariane, fille de Minos, roi de Crète, qui fut aimée de Bacchus.
[3] C'est plutôt *l'amoureuse Polixène*, qui se tua de désespoir sur le tombeau d'Achille assassiné devant elle. — [4] Faible.

pourvu qu'il n'y eût que lui endommagé, ou bien la malice de ce cruel ami, qui, en se vengeant de son ennemi, fit mourir s'amie. Et me semble qu'encore qu'amour ne puisse endurer de compagnon, toutefois si ces deux gentilshommes eussent eu le zèle d'amitié en quelque recommandation, ils eussent cédé l'un à l'autre, et s'en fussent accordés entre eux, comme ces deux princes grecs qui, en leurs amours, s'aidoient à la parole, sans faire Amour ennemi d'Amitié, dont il semble qu'il soit frère. » A quoi, répliqua le sieur de Bel-Accueil : « Je vous confesse bien, mademoiselle, que cela s'est fait jadis, lorsque le monde étoit si bon, que non-seulement on quittoit son amie à qui la demandoit, mais aussi sa femme même, comme fit Caton à Hortense[1] son ami, qui ne l'en osoit requérir; et estimoient entre amis tout devoir être commun, excepté entre les Scythes l'épée et le verre. Mais la race de ces bonnes gens est morte, et n'y en a plus qui veuille imiter ce grand guerrier[2] qui, ayant juré de jamais ne combattre, pource que son roi lui avoit ôté s'amie Briséide, se fit toutefois menteur pour son ami Patrocle, montrant qu'Amitié avoit en lui plus de force qu'Amour : qui fait que, encore que je blâme fort l'acte d'Adilon, je le blâmerois davantage s'il eût lâchement quitté sa prinse. Mais je vous prie, mademoiselle, qu'il vous suffise de la grâce que je fais à la princesse, lui pardonnant d'avoir été si légère, que de quitter un ancien serviteur pour un nouveau, qui étoit étranger et inconnu. — Ce que j'en dis, répond la damoiselle en riant, n'est pour contredire à votre opinion, puisque vous désirez de venir à raison, amendant la faute de monsieur de Fleur-d'Amour, et donnant, cette heure, aux dames la louange qui leur est due par l'histoire de cette belle Clarinde, qui non-seulement est digne de pitié d'avoir été empoisonnée par son ami propre, mais de ce qu'en ses grands tourments, au lieu d'être soulagée par quelque consolation, ses yeux ont vu mourir si tristement celui dont la vie seule la contentoit. Duquel j'estime la condition heureuse, non-seulement pour la gloire qu'il a d'être mort d'amour, mais de ce qu'il a eu un si bon témoin de son affection sincère. Et, si s'exempter de mal doit être appelé bien, j'estime que cet amant reçut un grand bien, étant par sa mort exempté du mal qu'il eût enduré, voyant la mort de s'amie. Ainsi Nicoclès étant condamné à boire le venin avec son grand ami Phocion, le requit qu'il bût le premier ; ce que Phocion, qui ne lui avoit jamais rien refusé en sa vie, lui accorda, à sa mort, encore que ce lui fût chose plus amère que venin même. » Sur ces propos, le maître-d'hôtel, par le commandement de la dame, fit couvrir[1] pour le souper, où ils nous prient les laisser aller.

QUATRIÈME JOURNÉE.

Quand je pense à la peine que les anciens sages se sont donnée pour rechercher et éplucher la nature de toute chose, voire si opiniâtrément, que les uns, pour mieux en venir à bout, se sont crevé les yeux, pource qu'ils détournoient et écartoient (ce leur sembloit) leurs profondes contemplations ; les autres, par une trop hâtive curiosité (comme papillons qui se brûlent à la chandelle), s'y sont précipités trop avant ; les autres, pour faire accroire qu'ils avoient trouvé la fève au gâteau, et qu'ils étoient bien plus habiles qu'on ne les estimoit, se sont fait mourir à plaisir ; les autres, pour n'avoir pu sortir, à leur honneur, de ce qu'ils prétendoient, par un dépit enragé et désespoir dernier, se sont vengés sur eux-mêmes et se sont punis de leur trop grande entreprinse. Je m'étonne qu'entre tous ces grands secrétaires de Nature, qui non-seulement ont eu connoissance de tout ce qui se ménage ici-bas; mais, par une communication entéléchisme[2], ont su nouvelles de ce qui se fait le plus secret aux

[1] Hortensius. — [2] Achille.

[1] C'est à tort que l'ancienne édition met *courir*, ce qui n'a pas de sens.
[2] Il faudrait plutôt *entéléchiste*, des âmes. Au seizième siècle, on appeloit l'âme *entéléchie*, comme la perfection par excellence. Ronsard dit, en parlant de sa maîtresse : *O mon entéléchie*.

cieux; il ne s'en trouve aucun qui nous ait osé dire que c'est qu'amour et quelle est sa vraie nature; de sorte que, si d'aventure ils sont contraints quelquefois d'en parler, ils y passent si légèrement, qu'on diroit qu'ils marchent à pieds nus sur la braise, et ce peu qu'ils en disent, comme par acquit, est plus obscur que les lettres éphésiennes ou les paroles du Sphinx; si bien qu'ils semblent avoir parlé entre leurs dents, de peur d'être entendus. Car l'un vous dira que c'est une douce amertume, pource qu'on y reçoit, pour un plaisir, mille douleurs; l'autre, que c'est une cour sans sergents, pource que ceux qui aiment, obéissent sans contrainte; l'autre, une douce tyrannie, pource qu'un amant endure volontairement; l'autre, occupation de ceux qui n'ont rien que faire, pource que les moines quelquefois s'y appliquent, de peur d'être oisifs. Bref, chacun l'accoûtre de telle manière qu'il veut, et ne savent tous qu'ils veulent dire, tellement qu'il semble qu'ils en veulent faire un mystère si grand, que la langue, ébahie, ne le peut exprimer, comme ne se pouvant enseigner que par pratique, en une école muette, plus secrètement que les sacrifices de Cérès ou de Vesta. De fait, les plus sages d'entre ces sages, pour expérience, se sont bien montrés docteurs en l'art d'aimer, blâmant ceux qui avoient l'esprit si grossier, stupide et hébété, que de vivre sans amour, et les estimant autant imparfaits que ceux qui étoient lascifs et débordés, comme nous réputons aussi grand vice que de n'avoir goût ne sentiment aucun des viandes, que d'être trop friand : qui fut cause que, par les lois de Lacédémone, ceux qui méprisoient l'amour étoient chassés des jeux publics, et les envoyoit-on aux forêts, comme brutaux, converser entre les bêtes farouches, avec Hippolyte et Ménalion[1]; tellement, qu'un Casimir, roi de Pologne[2], qui ne voulut jamais être marié, ou un Édouard III, roi d'Angleterre[3], et Henri Ier, empereur[1], qui, ayant de belles femmes, jamais ne leur touchèrent que de l'œil, n'eussent pas été les bien-venus en cette ville. Mais Syrithe, fille de Sinalde[2], roi des Danois, qui se plaisoit (comme plusieurs font encore aujourd'hui), à martyriser les hommes par l'amour de sa beauté; ou Fare[3], princesse gauloise, qui pleura tant, quand on la voulut marier, qu'elle en devint aveugle; ou cet Amian[4], évêque d'Alexandrie, qui se creva les yeux pour avoir lascivement regardé quelques femmes; ou ce pape Léon[5], qui se coupa la main de laquelle il avoit touché une dame par trop grande charité; ou, pour faire fin, cet évêque de Tholose, Louis[6], fils de Charles, roi de Sicile, qui ne vouloit voir, ni être vu des femmes, non plus que nos chartreux d'aujourd'hui, disant, avec ce grand docteur, que : *Regarder n'est pas bon, parler est mauvais, et toucher est méchant;* si, dis-je, que si les Esséniens[7], tant ennemis des femmes, et autres superstitieux, eussent eu le bon Lycurgue pour juge, ils eussent été en danger d'avoir l'estrapade[8] pour le moins. Par-

---

[1] La fable ne parle pas de ce chasseur insensible, qui devait son nom au mont Ménale; à moins que ce ne soit le même *Ménalion* qui rendit mère Atalante.

[2] L'auteur se trompe; il veut parler de saint Casimir, grand duc de Lithuanie, fils de Casimir III, roi de Pologne, qui refusa deux fois la couronne de Hongrie et vécut dans les pratiques austères de la pénitence. Il mourut en 1483, victime, dit-on, de sa chasteté.

[3] Ce fut Édouard III, qui institua, au quatorzième siècle, l'ordre de la Jarretière, avec la devise *honni soit qui mal y pense*, parce qu'il avait ramassé la jarretière de la comtesse de Salisbury, qu'il aimait d'un amour tout platonique.

[1] C'est plutôt Henri II, dit *le Boiteux* ou *le Saint*, empereur d'Allemagne, né en 972 et canonisé après sa mort, en récompense de son zèle pour le Saint-Siége et de ses fondations religieuses. Henri Ier, dit *l'Oiseleur*, ne porta pas le titre d'empereur et se montra passionné pour le plaisir.

[2] Il faut sans doute lire *Harald*; mais nous ne trouvons pas trace de cette *Syrithe*, dont le nom est certainement altéré.

[3] Sainte Fare, vierge, fille d'Agneric, un des principaux officiers de Théodebert II, roi d'Austrasie, morte en 655.

[4] C'est *Annien*, ou *Anan*, ou *Ananie*, disciple de saint Marc et premier évêque d'Alexandrie, soixante-deux ans après Jésus-Christ.

[5] Trois papes du nom de Léon furent mis au rang des saints, Léon Ier, Léon II et Léon IX; mais nous ne voyons pas qu'aucun d'eux se soit coupé la main pour se purifier d'un attouchement féminin.

[6] Saint Louis, évêque de Toulouse, né en 1275, était second fils de Charles II, roi de Naples et de Jérusalem, et de Marie, fille du roi de Hongrie. Il prit dès l'enfance l'habit de cordelier et passa dans l'exercice de toutes les vertus chrétiennes le peu d'années qu'il vécut. Il allait à Rome pour se démettre de son épiscopat, quand il mourut en 1298.

[7] Les Esséniens formaient chez les Juifs une secte célèbre qui rejetait le mariage et les rapports des hommes avec les femmes, en prétendant que celles-ci ne pouvaient pas être fidèles à leurs maris.

[8] L'ancienne édition porte *astrapade*; ce qui donnerait une autre étymologie à ce mot. C'était un supplice

quoi, puisque l'amour, et selon les philosophes plus austères, et selon les législateurs plus justes, est si nécessaire que même, sans lui, le monde périroit, ce n'est point sans raison que nos gentilshommes et damoiselles, premier que loger un tel hôte, veulent savoir quel il est, et de quelles viandes il le faut traiter. Et, puisque les anciens en ont tant fait de compte, que les uns, comme les Samiens, lui ont bâti un collége; les autres, comme les Pariens et Lacédémoniens, un temple séparé de celui de Venus, et avec un service divers, ne dédaignons de lui dresser une école en notre château du Printemps, où, comme deux couteaux qui s'entraiguisent, cette gaillarde jeunesse, par un exercice alternatif, s'apprend. Et puisque l'Amour, étant enfant, demande des disciples jeunes, ne faisons comme Hercule, qui garda la conquête des pommes hespériennes pour son pénultième labeur, un peu devant qu'aller aux enfers lier Cerbère, ce qui signifie qu'il attendit en vieillesse, et sur la fin de ses jours, faire l'amour. Retournons donc à notre leçon d'hersoir [1], et voyons si nous apprendrons rien de nouveau avec nos maîtres, qui, aussitôt qu'ils furent levés du lit, recommencèrent à se donner venue et folâtrer comme ils avoient accoutumé. A quoi ils s'opiniâtrèrent tellement, que la dame eut toutes les peines du monde à les déprendre [2], et, quelques serviteurs et servantes qu'elle envoyât pour les amener dîner, ne pouvoit leur faire faire retraite. Toutefois, enfin, vaincus d'importunité, ils entendirent à quelques trêves et composition; puis, tout hors d'haleine, vinrent trouver leur bonne gouvernante, honteux de l'avoir fait tant attendre la fin de leur guerre. Et, pour leurs excuses, s'accusoient tous l'un l'autre. Mais la dame, leur départissant également la faute, dit en riant : « Je ne sais pas la cause de votre débat, mais il faut bien qu'elle soit grande, puisque, pour exercer vos inimitiés, elle vous a fait oublier votre propre commodité, et mieux aimer jeûner, en vous faisant la guerre, que venir dîner en paix. — Madame, répondit le sieur de Fleur-d'Amour,

l'appétit de vengeance, que Nature a mis au cœur de tous les animaux, a eu quelque peu le pouvoir sur nous, et puis, le peu de besoin qu'avons de repaître, pour la bonne chère que nous faites, n'aide point à nous mettre d'accord, si que, comme la faim fait combattre les lions et autres bêtes cruelles, au contraire le peu d'appétit qu'avons, nous fait quereller. Et, pour ne vous épargner, madame, j'ose bien dire que vous êtes cause de nos débats; car vous nous traitez si bien, que, pour recouvrer notre appétit, il nous faut faire cet exercice. — Mais plutôt, répliqua la dame, vous faites comme les sages Lydiens [1], qui, n'ayant rien que manger, pour la grande famine qui leur survint, inventèrent les jeux, pour, passant le temps, tremper [2] leur estomac, qui aboyoit la faim. — Vous dites vrai, madame, répliqua le gentilhomme; mais cela, sauf votre correction, se doit entendre des jeux de repos, et où il n'y a point de mouvement corporel, comme aux jeux d'échecs, tarots et semblables ; car les athlètes ou escrimeurs, lutteurs, chasseurs et autres qui font exercice violent, ont volontiers toujours l'appétit ouvert, comme la bourse d'un médecin. Ainsi, les jeux qui se jouent d'assis peuvent, et non les autres, servir à votre propos, ayant la propriété en eux de détourner l'esprit de la cuisine, pour l'appliquer au gain du jeu. De fait, si vous demandez à ce grand Cardan et autres philosophes qui l'ont précédé, que c'est qu'il faut faire pour longuement endurer la faim, ils vous diront qu'il se faut étreindre et serrer le corps, et ne se mouvoir que bien peu. C'est pourquoi les damoiselles, qui ont le corps si délié et ne meuvent que les yeux, appelant cela faire le sage, ne mangent que leur pleine oreille. Vrai est qu'on nous fait aussi fête d'une herbe nommé *spartanie*, qui fait jeûner, douze jours suivants, ceux qui en mangent. — Plût à Dieu, répond la dame en riant, que cette herbe crût en notre jardin; je vous assure que j'aurois bien besoin d'en avoir fait provision, puisque je suis si dépourvue de ce qui est requis pour vous bien traiter selon votre mérite et mon bon désir. Mais, quelque déplaisir que je reçoive de ne me pouvoir bien acquitter, je sais qu'il ne me

---

inventé en 1535 pour des réformés qui furent exécutés publiquement sur la place de Paris qu'on appelle encore *l'Estrapade*. Le patient, qu'on élevait en l'air au moyen d'une poulie, était rejeté violemment contre terre, et cela à plusieurs reprises, jusqu'à ce qu'il eût les membres brisés.

[1] Pour *hier soir*. — [2] Séparer.

[1] Selon Hérodote, les Lydiens, sous le règne d'Atys, fils de Manès, au milieu d'une affreuse disette, inventèrent les jeux des dés, des osselets, de la paume, etc.
[2] Pour *attremper*, tempérer, apaiser.

servira d'excuse suffisante, si vous ne prenez ma bonne affection en payement. » Or, après maintes courtoisies, chacun print place à la table, où la bouche étoit plutôt ouverte à mille petits mots facétieux, que non pas aux vivres, bien qu'ils fussent délicieux. Et, après qu'ils eurent prins leur repas et rendu Grâces, ils se levèrent; puis, sous la conduite de leur sibylle, qui étoit la dame du lieu, ils entrèrent en une grotte rustique, si bien et naïvement élaborée[1], que Nature se confessoit vaincue par l'artifice humain; car les limaces, lézards, taupes, grenouilles, sauterelles, coquilles, cailloux, avec tous animaux terrestres et aquatiques, étoient représentés si au vif[2], parmi les rochers mousselus et toutes sortes de plantes, que non-seulement on eût cuidé être en un petit désert d'Arabie, et près de quelque ruisseau d'Afrique, où toutes sortes d'animaux se trouvent pour boire, mais on se fût soi-même pensé ermite, et se fût-on volontiers mis à brouter les racines sauvages, et cueillir les fruits si bien représentés, sinon qu'on les trouvoit un peu durs et de peu de substance, comme n'étant faits que pour nourrir les yeux. Et ne faut comparer à ce figment[3], le tant renommé ouvrage des Tuileries, de Meudon, ou d'Anet[4], où le jardin tant artificiel de Liencour, en Normandie. Car, comme j'ai déjà dit, la fée Mélusine, qui bâtit ce château, avoit employé tous les démons et farfadets plus experts en l'art de poterie et sculpture. Or, entre les choses que je remarquai là dedans plus à mon gré, étoit vers le côté de l'Automne, car tout le lieu étoit carré, et chacun quartier représentoit une des saisons de l'année, un Bacchus avec ses grosses joues rouges, barbouillées de vendanges, en croupe sur l'âne de Silénus; duquel il tenoit la queue au lieu de la bride, et étoit suivi, au travers des vignes d'une bande de satyres, qui, avec leurs pieds de chèvres, faisoient force gambades; et d'iceux aucuns sembloient se laisser choir du nez à terre, pour s'être empiétrés dans le tortis[5] d'un cep, les autres sembloient se relever, ayant la barbe toute terreuse; les autres se donnoient la jambette, les autres combattoient avec des papillons; les autres, se tenant par les mains, dansoient, et leur chanson étoit écrite en feuille de pampre avec la bave des limaçons, dont aucunes contenoient par couplets.

> Laissons les prés et forêts,
> Les rivières et fontaines,
> Où les nymphes anciennes
> Tendent finement leurs rets;
> Car l'été sec a ôté
> A tout cela sa beauté :
> Du zéphir plus les haleines
> Ne soupirent leurs regrets.

> Allons, suivons l'étourneau,
> Qui, laissant son vert bocage,
> Va chercher nouvel ombrage
> Sous le porte-vigne ormeau.
> Mais, compagnons, venez voir
> Un cep de grappes tout noir.
> Allons, et qu'on fasse rage
> De fouler le vin nouveau.

> Evoë! Evoë, Bromien[1]!
> Je vois ta corne dorée,
> De beaux pampres décorée,
> Et ton thyrse mysien;
> J'ois ta flûte faite au tour,
> Bacce, j'entends ton tambour;
> Ha! j'ois la voix déplorée
> De l'âne silénien.

> Père au visage vermeil,
> Père de force et puissance,
> Toujours te suit la juvence[2];
> Car tu es frère au Soleil[3];
> Folâtre, amoureux d'ébats,
> Robuste et fier aux combats,
> Et non pas, comme l'on pense,
> Prompt au paresseux sommeil.

> Le tonnerre étincelant
> Dont fut ta mère abolie,
> Ne blessa ta chair polie :
> Ains tu sortis tout brûlant;
> Et dans ton père, à deux fois,
> Tu achevas tes neuf mois[3];
> Puis, d'un muid tout plein de lie,
> Fut fait ton berceau branlant.

---

[1] Travaillée, sculptée.
[2] Avec tant de vérité, si vivans.
[3] Ouvrage figuré, de plastique, en terre cuite.
[4] Il y avait dans les jardins de ces trois châteaux (le second avait été orné par le cardinal de Lorraine, et le troisième par Diane de Poitiers, duchesse de Valentinois) des grottes factices de la même espèce, en rocailles, avec des imitations de la nature en faïence peinte de Limoges. — [5] Racine torse, tortillée.

[1] C'est le cri des bacchantes en l'honneur de Bacchus : *Evohe, Bromius! Evohe* signifie *courage*, en grec; Bacchus s'appelait *Bromius*, à cause du bruit que font les buveurs et qui accompagnait les Bacchanales.
[2] La jeunesse. — [3] Apollon.
[4] Sémélé, que Jupiter aimait, voulut le voir dans toute sa gloire, et périt consumée par les foudres qui entouraient le maître du tonnerre. Bacchus, qu'elle portait dans son sein, fut sauvé par Jupiter, qui le mit dans sa cuisse gauche jusqu'à ce que l'enfant eût atteint le terme de sa naissance.

Jamais ne tétas le lait ;
Beguin ne drapeau n'eus oncques ;
Tu n'eus nourrices quelconques
Autre que ton gobelet,
Lequel, pour souvent lécher,
T'engardoit bien d'assécher [1] ;
Puis, ivre, dansant, adoncques
Tombois sur le pré mollet.

Penthée l'audacieux
Sentit ta fière puissance,
Et l'Indie eut connoissance
De ton bras victorieux,
Quand virent ton char, troublés,
Traînés par tigres couplés ;
Et bien sentit ta vengeance
Lycurgue le furieux [2].

Ayant au monde trotté,
Aux enfers te plut descendre,
Où les Furies se rendre
Venoient près de ton côté ;
Et Cerbère, ce chien noir,
Tout étonné de te voir,
Léchoit ores ta cuisse tendre,
Or' ton brodequin crotté.

Aux chênes fis suer miel,
De lait fis les roches pleines,
Et pisser vin aux fontaines,
Premier que monter au ciel,
Où l'amie [3] tu menas,
Et d'astres la couronnas.
Bref, les grâces souveraines
Peuvent adoucir le fiel.

Sans toi n'est rien de beauté,
De grâce et de gentillesse ;
Aussi d'amour la princesse
L'a bien expérimenté,
Quand, dedans un antre vert,
T'ayant baisé à couvert,
Enfanta, en grand' liesse,
Des jardins la déité [4].

Ami des nymphes et des eaux,
Ami des Screines [5] blondes,
Des dryades vagabondes,
Ami des petits oiseaux
Qui vont becquer le raisin
Qui te pend dessus le sein ;
Ami des bergers, des fondes [6],
Houlettes et chalumeaux ;

Tu vas le foible assurant,
Tu conseilles le plus sage,
Tu donnes au couard courage,
Tu fais le pauvre espérant ;
Tu fais rajeunir les vieux,
Tu fais les tristes joyeux ;
Tu embellis le visage
D'un vermeil enamourant [1].

Bacche, à ce coup, donne-nous
Le moût dans la pleine tonne !
Ainsi, ta verte couronne
Soit préservée des boucs ;
Que jamais le limaçon
Ne baye sur ta moisson :
Aillent, ainsi je l'ordonne,
Sur tes ennemis les choux [2] !

Cependant nous chanterons
Pour ta récompense digne,
Les louanges de ta vigne,
De toi et tes vignerons ;
Avec serpes et couteaux.
Des grappes ferons monceaux,
Et sous l'ombrage bénigne
Tous courbés, nous raperons [3].

Voilà le chant des Bacchanales que disoient ces beaux enfants, avec plusieurs autres folies, que je lairrai de raconter, pour épargner les oreilles du lecteur. Et, pour retourner à nos gentilshommes, qui étoient ravis en si grande admiration, qu'ils ne pouvoient contenter leurs yeux, tellement, que plus étoient affamés de regarder, jusques à ce que la dame, les prenant par la main, leur dit : « Eh bien ! mes amis, passerons-nous ainsi la journée sans rien faire que deviser avec des gens muets ? Il vaudra mieux, ce me semble, qu'ayant ici cherché notre aise, nous reprenions les arrhes d'hier. » Adonc, s'étant tous assis en des chaires, qui sembloient être faites naturellement de vieux troncs de bois et de rochers entrebrisés, choisirent une ombre fraîche, où étoit un petit ruisselet bien plaisant. Et, renouvelant la piteuse histoire de la princesse Clarinde et ses deux amants, louèrent la bonne opinion du sieur de Bel-Accueil, qui attribuoit les infortunes d'amour, non pas au défaut de l'amie (comme avoit fait son compagnon Fleur-d'Amour), ni à celui de l'ami (comme avoit fait Mlle Marie), mais aux injures des hasards et accidents humains ; tellement, que Mlle Marguerite, à qui son rang sembloit

---

[1] De dessécher.
[2] Ce Lycurgue, ayant poursuivi les nymphes nourrices de Bacchus, fut frappé d'une telle fureur, qu'il coupa les jambes à son fils et se mutila lui-même. Il fut ensuite mis en pièces par des chevaux sauvages.
[3] Ariane, fille de Minos, roi de Crète.
[4] La fable ne dit pas que Pomone ou Flore naquit des amours de Vénus ou de Bacchus. L'ancienne édition porte *enfant* au lieu d'*enfanta*, ce qui n'a pas de sens.
[5] Pour *syrènes*. — [6] Pour *frondes*.

[1] Qui fait aimer.
[2] Les anciens croyaient qu'on se préservait de l'ivresse en mangeant des choux avant de boire.
[3] Boirons du rapé, vin nouveau.

donner ajournement pour dire son opinion, dit : « Foi d'amour ! monsieur, puisque vous avez été si raisonnable que de modérer par votre avis la rigoureuse et injurieuse sentence de ce mauvais juge, qui a tant fait de tort aux femmes, je ne serai point ingrate ; ains, pour reconnoissance, je suis bien contente de faire un peu part aux hommes du bon droit des femmes. Et ne dirai pas comme a fait ma cousine (peut-être par vengeance), que le mal vienne du côté des hommes, ni aussi du côté des femmes (ja à Dieu ne plaise!) ; et, toutefois, ne serai de votre opinion, car de dire que ce mal vienne de quelque cas fortuit, ce seroit (me semble) priver et défrauder l'esprit humain de sagesse et prudence, en lui ôtant le pouvoir de prévoir et de remédier aux accidents, décochés par l'arc de Fortune, qui, à mon avis, n'exerce son règne que sur ceux qui ont faute de sagesse. Et, puisque nous confessons tous qu'elle est aveugle, seroit-ce pas un trop grand outrage de dire que ceux qu'il a plu à Nature parfaite (qui est Dieu) douer de raison, qui est la claire lumière de l'âme, et de prudence, qui est son œil, se laissassent mener à une aveugle et insensée ? Hé ! je vous prie, en quoi différeroient-ils des animaux brutaux, sinon qu'ils seroient beaucoup plus sots, voyant le mal, et ne s'en garantissant ? Parquoi, pour garder l'honneur, tant du genre humain en général, que spécialement de ceux qui aiment (auxquels je ne doute point que la violente affection n'obscurcisse un peu l'entendement), il me semble, sauf votre correction, que nous dirions plus sainement, si nous attribuons les misères qui surviennent en amour à la malice de l'envie, qui, par une conjuration mortelle, se bande toujours contre le bien, et hait les choses bonnes, comme le chat-huant, chauvesouris et autres vilains oiseaux haïssent la belle lumière. Quoi confessant, nous garderons, par une justice secrète, à l'amour le rang qui lui est dû, le mettant au nombre des vertus plus excellentes, lesquelles (et non pas les choses basses) sont sujettes à l'envie ; l'envie, dis-je, qui, comme dit ce grave poëte thébain, a toujours été le fléau des bons ; mais ils sont plus heureux que ceux desquels on a pitié. Disons donc, comme un arrêt, que l'Envie, qui se prend toujours et grimpe contre les choses plus glorieuses et hautes, est la mortelle ennemie d'Amour, qui, sans l'épargner, lui fait perpétuelle guerre, ce qui me seroit facile à prouver, si, par votre permission, j'étois reçue à ce faire. » Alors la dame, lui présentant le sceptre fleuri (qui se renouveloit tous les jours de bouquets frais cueillis, comme on renouveloit jadis la vieille navire de Jason [1], qu'on montroit par grande singularité, pour avoir été la première du monde), dit : « Sus donc, m'amie, pensez à vous acquitter envers cette bonne compagnie, et dites quelque chose digne de leur ouïe. » A quoi la damoiselle répond : « Je n'oserois pas promettre cela, ma tante ; sachant que, s'ils ont l'oreille aussi docte et délicate, qu'ils ont montré avoir la langue, il me seroit du tout impossible d'y répondre. Et, si je le cuidois parfaire, il m'en prendroit comme à ces chantres, Hiarbile et Hermonide, lesquels, pour trop s'efforcer, se rompirent le gosier. Et confesse bien que, appréhendant la difficulté, où je me sens réduite, il me prend envie de faire comme Hipparchion, qui, ayant ouï si bien sonner Ruffin, n'osa jamais emboucher la flûte ; et, comme ce grand avocat d'Athènes, qui, étonné de la majesté du roi Philippe, demeura muet ; craignant que ma témérité ne me tourne à blâme, puisqu'elle fut si dommageable à Marsyas, qui, avec son flageol [2], vouloit imiter la lyre d'Apollon. Toutefois, comme le coup d'éperon fait avancer le cheval qui craint le mauvais chemin, en ce mien doute, la révérence que je porte à vos commandements, ma tante, me fait franchir toute crainte, vous priant me servir d'excuse, puisque vous faites la partie si inégale, que plutôt la tortue gagneroit le lièvre à la course, que je pusse égaler la puissance que messieurs ont à bien dire. Lesquels aussi je supplie de se montrer favorables à l'équité de ma cause et se laisser mener à la raison, sans se rendre tant amoureux de leur opinion, que la vérité ne les amène à une repentance, qui emporte avec soi un demi-pardon, se souvenant que faillir est chose humaine, mais persévérer est brutale ; ou (comme disent les théologiens) repentance est divine, mais opiniâtreté est diabolique ; aussi, que changement de conseil a toujours été médecine souveraine d'erreur et comme un port de salut assuré, ce que nous avons accoutumé de connoître tou-

---

[1] Ce navire, nommé *Argo*, avait servi à la conquête de la toison d'or en Colchide.

[2] Flûte rustique, pipeaux.

jours trop tard; tellement, que non sans cause ce sage disoit : « Qu'il faut que la langue se conseille bien au cœur, premier que parler; » car, outre que de fol juge brève sentence, il nous est toujours fort difficile de nous dédire. Ce que, toutefois, j'espère gagner, si vous prêtez favorable audience à une histoire autant véritable, comme elle vous semblera étrange.» Lors chacun commença à faire silence ; parquoi, la damoiselle, voyant leurs bouches fermées et leurs oreilles ouvertes, dit :

QUATRIÈME HISTOIRE.

Je ne sais par quel secret jugement la sage mère Nature récompense les défauts qui sont en ses créatures, les douant de quelques singulières grâces, qui amendent bien leur imperfection ; ce qui se voit non-seulement aux animaux déraisonnés[1], entre lesquels elle a pourvu d'ouïe merveilleuse ceux qui sont destitués de la vue ; elle a donné vitesse à ceux qui sont les plus craintifs, finesse à ceux qui étoient les plus haïs, et ainsi conséquemment des autres. Mais cette équité naturelle est gardée principalement envers les hommes; lesquels, s'ils ont quelque défaut d'un côté, sont si bien avantagés de l'autre, que toute occasion de se plaindre leur est ôtée; tellement, que nous voyons souvent (comme disoit Ésope) de belles têtes sans cerveau; et des difformes, où est logé un bel esprit; ne plus ne moins qu'il en prend aux pommes, disoit Socrate, desquelles les plus contrefaites sont les meilleures. Nous voyons, dis-je, souvent les riches, ignorants et mal complectionnés; et les pauvres, vertueux. Mais surtout, cette libérale récompense de Nature reluit aux bâtards et enfants dérobés (comme on dit, c'est-à-dire faits à la dérobée), lesquels, désavoués du père, qui est le support et l'appui, ont coutumièrement une subtilité et galantise d'esprit si grande, qu'ils marchent sans bâton et se poussent d'eux-mêmes aux plus grands honneurs. Or, de ceci je ne m'amuserai à rechercher la cause, d'autant qu'elle a été traitée par assez de livres ; mais, si vous en faisiez doute, les histoires et fables, toutes d'une voix, portent témoignage de mon dire, étant toutes pleines des gestes illustres des bâtards, lesquels, se sont rendus si admirables, que la postérité, au lieu d'avoir les fils de putains en opprobre, les appeloit *enfants des dieux*, ne faisant guère cet honneur qu'aux rois. Or, entre les plus braves et excellents bâtards qui furent onques, nous devons, à bon droit, enrôler celui dont nous traiterons la piteuse fin, après avoir vécu si bon, vaillant et heureux, que (quelque chose qu'en disent les moines de Sainte-Geneviève, auxquels il joua un tour de mulet) il mérite bien d'être nommé au rang des princes les plus illustres. Celui dont je vous parle, honorable compagnie, s'appeloit Guillaume le Bâtard. Et, faut entendre qu'il y a environ cinq cent vingt-cinq ans, régnoit en France un prince bon, juste et vaillant, nommé Henri[1], lequel eut de grandes guerres pour maintenir son État contre quelques rebelles ; comme un Thibaud, comte de Chartres et de Tours, Étienne, comte de Champagne, et autres. Mais, en toutes ses adversités il expérimenta une fidèle amitié en Robert, duc de Normandie[2] ; lequel, aussi se fioit tellement au roi (qu'il avoit obligé par une infinité de bons services), que, s'en allant en pèlerinage à Jérusalem (où il mourut surmonté du travail du chemin, trop fort pour sa vieillesse cassée), il lui recommanda Guillaume, son fils bâtard. Et le bonhomme ne fut point déçu de sa fiance ; car Henri, contre l'opposition des parents légitimes du défunt Robert, mit ce bâtard en possession de la duché. Lequel, comme il étoit né et voué à grandes choses, eut fortune si favorable à son héroïque vertu, que, non content de sa Normandie, la mer ne le put empêcher qu'il n'étendît ses limites et conquit le royaume d'Angleterre, déchassant le roi Hiéralde[3], et épousa une belle dame[4] qui lui apporta guerre dehors et dedans son royaume, laquelle il assoupit par sa volontaire mort, laissant trois enfants mâles, Robert, Guillaume et Henri, qui tous trois furent rois, l'un après

---

[1] Privés de raison.

[1] Henri Ier, qui monta sur le trône en 1031 et mourut en 1060. Il vainquit Étienne et Thibaud, fils du comte de Champagne, ainsi que Galeran, comte de Meulan, qui s'étaient révoltés contre lui avec Eudes, dernier fils de son frère Robert.
[2] Robert *le Diable*, qui mourut en 1035, à Nicée, au retour de la Terre-Sainte.
[3] Harold. Voyez l'admirable ouvrage de M. Augustin Thierry, *Histoire de la conquête de l'Angleterre par les Normands*.
[4] Mahaud de Flandre, fille de Baudouin V, comte de Flandre, morte en 1083. Il en eut dix enfants.

autre[1]. Or, de duc étant fait roi, encore qu'il fût doué de tant de vertus, qu'il se rendoit recommandable aux plus barbares, si vouloit-il montrer à ses sujets, qu'il étoit bien digne de leur commander, s'efforçant de complaire et à leurs esprits et à leurs yeux. Parquoi, il délibéra de faire une magnificence digne de sa grandeur, pour son entrée à Londres, ville capitale de son royaume ; et partant, envoya par toutes les cours confédérées des rois chrétiens, ses ambassadeurs, avec présents et lettres, par lesquelles il les avertissoit du bon succès de ses hautes entreprises. Pour lesquelles gratuler par quelque honorable témoignage d'amitié et fraternité, la plupart d'iceux rois envoyèrent de leurs princes pour (par leur assistance) favoriser la possession de ce nouveau règne ; lesquels furent tous recueillis avec tel honneur que leur grandeur méritoit. Et le jour ordonné, qui étoit le quinzième d'avril, étant échu, le roi fit commencer les jeux destinés pour la solennité et magnificence[2] ; tellement, que toute l'île fut remplie de joie et gaillardise ; et tout étoit en si bonne dévotion de bien faire, que c'étoit à qui plus se montreroit, et les pompes si grandes, qu'il n'étoit possible d'y rien désirer plus. Les combats de toutes sortes de bêtes, tant en la terre qu'en l'eau, ne manquoient point : joutes, tournois, fausses escarmouches, luttes, mascarades, sauts, voltigements, jeux de théâtres, feux de joie, et autres gaillardises étoient ordinaires. Et, pour cet effet, le roi avoit fait bâtir un superbe amphithéâtre à l'imitation de celui de Nîmes, où, à quelque exercice que ce fût, il se montroit si adroit, qu'il n'y avoit prince étranger qui ne prisât beaucoup son admirable dextérité. Or, advint qu'un jour que l'on combattoit au tournoi, le roi étant en la lice, glorieux d'avoir rompu force lances, il se présenta à son rang un preux et hardi chevalier, marquis de Lubets[1], que le roi de Danemarck avoit envoyé pour tenir son lieu en cette célèbre compagnie ; duquel, entre tous ces princes, il avoit élu la vertu bien expérimentée, pour en présence de si bons témoins faire valoir l'honneur des Danois. Ce marquis avoit peint en son écu le pourtrait d'une dame si parfaite et accomplie en beauté, qu'il sembloit bien qu'elle fût feinte à plaisir pour l'honneur du peintre, à ce que Nature étoit trop débile pour en produire une telle. Or, le roi, voyant ce chevalier, qui à sa contenance lui sembla promettre quelque chose de bon, eut grand désir d'éprouver sa valeur ; parquoi, choisissant une lance forte et roide, après le défi accoutumé, fit sonner les trompettes : au signal desquelles, les deux combattants commencèrent à brocher[2] vivement des éperons ; et, courbés sur leurs écus, couchoient le bois, de grande furie ; quand le roi (qui, pour atteindre plus droitement, avoit laissé sa visière haussée), mesurant son homme de loin, avisa dans son écu, duquel il étoit couvert, l'effigie de cette nompareille beauté, qu'il regarda de si bon œil, que, de peur de gâter chose si précieuse, quand ce vint au joindre, haussa sa lance. Et, le chevalier, n'ayant jamais appris de combattre avec avantage et vaincre sans résistance, fit le semblable : qui fit que tous les assistants, voyant ce beau coup, commencèrent à rire ; et le roi même, qui se tournant vers son adversaire, dit : « Eh bien! seigneur chevalier, à quel jeu jouons-nous ? il me semble que nous nous craignons l'un et l'autre. — Mais plutôt, répond le marquis, sauf la révérence de Votre Majesté, sire, il semble que nous ne nous craignons pas beaucoup, ou que nous voulions trouver une nouvelle manière de combattre, savoir est : avec l'ombre de nos lances. De moi, j'aime mieux être vaincu pair à pair par celui qui est coutumier de tout vaincre, que non pas d'être ainsi épargné : en quoi il me semble, sire, que m'estimez peu. — J'ai bien, dit le roi, occasion de vous avoir en autre estime que ne dites ; mais, puisque vous le prenez-là, je veux bien vous dire ce qui en est, afin qu'en ayez le cœur net à repos. Sachez, seigneur chevalier, que votre brave

---

[1] Robert, troisième du nom, duc de Normandie, dit le Courtois, ne succéda point à son père, qui l'avait déshérité de la couronne d'Angleterre ; il perdit même son duché, que lui enleva son frère Henri, et resta vingt-huit ans prisonnier jusqu'à sa mort, en 1134. Guillaume, deuxième du nom, dit le Roux, fut roi d'Angleterre après Guillaume le Conquérant ; et Henri, premier du nom, dit Beau Clerc, également roi, après son frère, mort en 1100.

[2] L'histoire ne fait aucune mention de ces réjouissances, qui sont sans doute de l'invention du romancier. Guillaume se fit couronner dans l'abbaye de Westminster, le jour de Noël 1066, et entra dans Londres précédé du pillage et de l'incendie.

[1] Il faut sans doute lire Lubeck, ville libre d'Allemagne, à cinquante-trois lieues de Copenhague.

[2] Piquer.

façon m'a donné grande envie de vous essayer ; mais l'honneur que je porte à la beauté, fait que, vous voulant maltraiter, je me sois mis en hasard de sentir l'effort de votre prouesse, voulant à mon propre dommage garantir cette belle qui honore tant votre écu. » A quoi le chevalier répondit : « Foi que je dois aux armes ! sire, vous montrez qu'en vous y a autant de courtoisie que de vaillance, dont l'heureuse renommée vous fait tant connoître partout. Et, pour le désir que j'ai d'avoir cet honneur, que d'avoir combattu avec vous, je souhaiterois avoir eu autres armes, puisque celles où je cherchois faveur m'ont fait perdre ce bien et avantage ; et, au lieu de me faire vaincu par votre vaillance, m'ont fait le vaincu de votre grâce et faveur. Et, combien que cette vertu, comme toutes autres, vous soit naturelle et familière, si est-ce que cette courtoisie, de laquelle vous avez usé à cette heure, n'est point mal employée. Mais, mon Dieu ! qu'eussiez-vous fait au corps, puisque vous admirez si doucement l'ombre morte en un tableau ? car vous devez savoir, sire, que cette dame, dont je porte l'effigie, n'a point été plus favorisée de Nature (qui l'a douée de tant de grâces, qu'à peine se pourroit trouver sa pareille) que de Fortune, qui l'a fait naître héritière de deux royaumes. Et sachez, sire, que vous voyez ici le portrait de la princesse de Danemarck et Zélande, sous la faveur de laquelle je prétends combattre, jusques à ce qu'elle ait trouvé un serviteur digne de son mérite, qui s'en acquitte mieux que moi. » A quoi, le roi, sentant déjà allumer en soi un nouveau feu, dit : « Foi de prince ! je ne doute point que sous la faveur de si parfaite créature, on ne puisse vaincre tout ; mais, si oserois-je bien débattre qu'il n'y a prince qui eût si grande envie d'être son chevalier, que moi, ne qui mieux méritât, pour n'avoir jamais été vaincu que d'elle : qui fait (et je vous prie excuser l'amour), que je porte un peu d'envie à la glorieuse défense qu'avez entreprise pour l'amour d'elle. Vrai est, que ce qui me fait plus doucement supporter ce grief, est que ce que vous en faites, procède du service naturel que devez à sa grandeur, comme sujet, et non pas comme ami : qui me fait espérer (et ceci lui disoit le roi, en s'en retournant où le souper étoit préparé) que tant s'en faut que me voulussiez causer aucune nuisance en cet amoureux pourchas, ains plutôt j'attends de vous toute aide. » A ce langage provenant d'une affection qui ne se pouvoit celer, le marquis, tout éperdu et troublé d'aise, tant pour l'honneur qu'il recevoit en côtoyant le roi seul à seul, que pour le bon succès d'une chose inespérée, qui par ce bonheur lui donnoit entrée à de grands avantages, pour le bien qui pouvoit advenir au royaume de Danemarck, par le moyen de telle alliance, dont il auroit été motif et auteur ; embrassant la cuisse du roi, dit : « Sire, d'autant que je m'estime bien fortuné du bonheur qu'en ce cas je pourrois moyenner à deux tels royaumes, qui sont Angleterre et Danemarck ; aussi, d'autant plus serois-je déplaisant, et voudrois grand mal à ma vie, si en ce je ne pouvois de rien profiter et servir. Mais, si l'on se peut assurer des choses mal assurées de ce monde, je me fais fort d'avancer une heureuse fin à vos désirs et à mon devoir, puisque telle est votre royale intention. Car, si jamais ma princesse consent à mariage, il est plus que certain que, tant pour la claire renommée de vos vertus, que pour mon fidèle rapport, vous gagnerez l'unique place en son jeune cœur ; et, de ce, oserois mettre ma tête en otage. » Le roi, autant content qu'il seroit possible d'imaginer, après avoir embrassé le marquis, remercia fort affectueusement cette bonne offre, le priant d'en avoir souvenance. Pour laquelle mieux entretenir, il lui donna une dague à la façon du pays, d'une valeur inestimable ; car la poignée étoit d'un chrysolite [1], et le pommeau, d'un fin rubis. Puis, se tournant vers les princes et seigneurs étrangers, les recueillit fort magnifiquement, et, pour reconnoissance de l'honneur qu'en cette assemblée ils lui avoient fait, leur fit de beaux dons, et les honora de son ordre [2]. Puis, quand ils voulurent retourner, fit conduire un chacun fort honorablement. Mais surtout le marquis de Lubets reçut des témoignages, non-seulement d'une royale magnificence, mais aussi d'une singulière faveur et amitié ; lequel le roi pria de présenter les plus affectionnées recommandations aux bonnes grâces de sa maîtresse, avec un bouquet fait de pierreries, si naïvement mises en

---

[1] Espèce de topase.
[2] L'institution des ordres de chevalerie est postérieure à l'époque de Guillaume le Conquérant, qui n'en créa aucun.

œuvre, qu'on eût dit que c'étoient fleurs fraîchement cueillies, et des lettres, desquelles la teneur s'ensuit :

« Madame, quand je pense à ce qui m'est advenu par votre moyen, je ne sais si je vous dois remercier de l'honneur qu'il vous a plu me faire par le bon devoir de votre serviteur le marquis, ou plutôt vous blâmer du mal que, sans l'avoir mérité, m'avez si doucement pourchassé, me faisant (tant la vertu de votre face s'étend loin) devenir semblable à quelque statue; non par l'aspect d'une Gorgone, mais par la vue d'une beauté enchanteresse, faisant ses miracles sous une peinture seule; laquelle a tant gagné sur moi, que, de vainqueur des autres, m'a rendu son vaincu. Las! si Mars eût eu autant de puissance lors, que Vénus, j'eusse, tout armé, repoussé la violence que m'a fait cet ennemi caché, ou par force d'armes fusse parvenu à heureuse victoire ; au lieu que, par un si dommageable regard, un feu s'est attisé en moi, qui ne s'éteindra jamais; ains, croissant de plus en plus, me consumera, si je ne suis soulagé par quelque assuré témoignage de vos bonnes grâces ; desquelles l'ombre seule empreinte en ce tableau m'a apporté autant de souci, que j'espère recouvrer de repos (pour récompense) en leur propre sujet : qui sera, lors que, pour me brûler plus vivement, j'approcherai de ce feu céleste, qui reluit en vos beaux yeux! Et de ce bien, la douce attente ne flétrira non plus en mon cœur, que ces fleurs assemblées au bouquet, que (baisant les mains de votre excellence, pour gage de son amoureuse affection) vous envoie,

« Celui qui s'est ôté à soi-même, pour se faire tout vôtre,

« GUILLAUME, roi d'Angleterre. »

Avec ces lettres closes et scellées du cachet royal, le marquis fit voile, ayant assurance du roi, qu'aussitôt qu'il auroit fait tenir ses états pour la réformation de son royaume, il dépêcheroit ambassades pour traiter ce mariage ; se persuadant bien, que le roi ne seroit long, vu la trempe en laquelle il l'avoit laissé, et qu'il tarderoit bien à ce nouvel amour, qui en avoit l'eau en la bouche, comme témoignoit bien le souci auquel, de libre et gaillard, il l'avoit laissé; tellement, que tout son plaisir n'étoit qu'à se dérober en la solitude de son cabinet, pour nourrir ses affections en l'admiration des grâces et perfections, desquelles sa nouvelle maîtresse enrichissoit l'écu que lui avoit laissé le marquis ; lequel tenant un jour entre ses mains, après l'avoir attentivement regardé et baisé, commença à dire en soupirant : « Las! qu'il y a de puissance en la beauté, puisqu'une peinture insensible, nous faisant insensibles comme elle, rend les humains d'autant plus asservis, qu'ils ont le cœur brave et généreux ! Mais d'où vient cela, que mon courage indompté s'est sitôt rendu captif sans être en rien forcé? O que je fus désavisé quand, à l'appétit d'une vaine peinture, je laissai la poursuite de la gloire que j'avois acquise à la joute ! Et encore fus-je plus insensé de tant chérir et honorer celui, par le moyen duquel j'avois reçu si grand dommage, par qui j'avois été affolé, par qui j'avois été tué ! Las! on dit qu'une pauvre chèvre allaita jadis un louveteau, qui, quand il fut grand, mangea sa nourrice, et qu'un misérable laboureur mit par pitié réchauffer en son sein un serpent, qu'il avoit trouvé tout roide de froid, lequel, quand fut ressuscité, tua de sa morsure vipérine l'auteur de sa vie; mais hélas ! je suis, en mon aveuglée misère, beaucoup plus insensé; car la chèvre et le pasteur ont reçu mal après avoir fait bien, en quoi ils sont plus qu'excusables. Mais moi, j'ai bien fait, après avoir reçu le dommage : au moins, si j'eusse, comme les Bretons, été sage après avoir reçu le coup! Ha! malheureux peintre, qui, d'un pinceau ennemi de l'humaine liberté, as si avarement ramassé, comme un trésor, toutes les perfections requises pour forcer les plus rebelles, et tourmenter les plus paisibles, las ! pourquoi dans le nuage de ces naïves couleurs, as-tu caché je ne sais quoi, qui, ne se contentant d'éblouir les yeux corporels, pénètre (comme les rayons du soleil passant au travers d'une verrière) jusques au plus secret de l'âme ? Laquelle il charme de telle sorte, que force lui est de consentir à sa propre ruine. Dequoi je pourrois rendre bon compte, étant réduit en si piteux état, que le souci est ma viande coutumière, et mes yeux n'ont loisir de dormir, tant ils sont empêchés de larmes continuelles. » Puis, se tournant d'un côté sur l'autre, changeoit, avec le contraire mouvement du corps, d'une passion en l'autre, et contre-disant à soi-même.

« Mais hélas! chétif, dit-il, pourquoi blâmé-je le peintre qui a bien montré l'excellence de son art en ce chef-d'œuvre? ou pourquoi me prends-je à celui qui de si loin m'a apporté tant de tourment, auquel la rigueur de mon infaillible destin m'avoit ajourné? Ah! marquis, marquis qui, comme fourrier as en moi marqué logis à l'Amour, que bien t'a servi ton écu, par lequel, sans coup frapper, tu m'as vaincu, comme jadis Roger vouloit vaincre par le bouclier enchanté, que lui avoit fait son maître Atlas! » Ainsi plaignoit tristement ce pauvre prince sa liberté perdue par l'effort d'un nouveau vainqueur; quand après avoir par un long silence remâché tout le discours de cette affaire, et, s'étant peu à peu rendu chez soi-même. « Hé quoi! dit-il, fol et insensé, pourquoi, méconnoissant mon bonheur, me rebellé-je contre moi? Ha! ha! je connois bien, à mes dépens, que comme les choses trop sensibles gâtent les sens, aussi la fortune trop bonne corrompt les esprits, et les fait tellement mécompter, qu'ils ne peuvent endurer le bien qui se présente trop grand. Ah! je serois bien aveuglé si je ne l'apercevois ores en moi, qui, ayant reçu tant de faveur du ciel, que d'avoir, par un moyen si étrange et miraculeux, été adressé au plus grand bien qu'il seroit possible de souhaiter, néanmoins, impatient de mon bonheur, je me tourmente à crédit. O heureuse venue du chevalier qui, par le vouloir des cieux, m'a moyenné si avantageux parti! O jour bien fortuné, qui me fit capable d'un bien non attendu, et plus heureuse encore la main industrieuse qui, me donnant connoissance d'une si singulière beauté, a servi de truchement entremetteur pour agréer si souhaitable alliance! Las! quelle Vénus d'Apellès se pourroit comparer à ton ouvrage, gentil peintre, qui as eu puissance de gagner le cœur d'un roi? En quoi tu as plus fait que ce grand Praxitèle, qui contraignit un jeune enfant de venir de nuit embrasser son image de Vénus gnidienne; ou ceux, qui par une pierre taillée firent mourir d'amour Alcide et Junie au portrait d'une Thespiade, et affolèrent à Corinthe Pilate, de l'amour ardent d'une Hélène de marbre froid; voire plus que ce Pygmalion, qui devint amoureux de sa propre peinture; car, tu m'as rendu amoureux d'une personne qu'une grande mer interposée m'empêche d'aimer. Toutefois, si comme les sages nous apprennent; il ne faut témérairement croire à toute parole; combien moins à toute peinture? Vu que les peintres sont en possession immémoriale d'une liberté de faire tout à plaisir, selon leur fantaisie. Et que sais-je si ce tableau n'a point été quelque ouvrage, fort exquis, d'un qui, en son art, vouloit gagner le jeu de prix, comme nous savons qu'il y a eu toujours contention pour l'honneur? Puis, étant ainsi bien fait, quelle femme y a-t-il qui ne l'avouât facilement pour sa semblance? Et est-il pas bien aisé de le faire passer pour le portrait de telle qu'on voudra, en lieu où peu de gens y peuvent contredire? Mais encore, posons le cas que ce tableau soit fait à la vraie semblance de la princesse de Danemarck, est-ce pas la coutume des peintres (principalement quand il est question de peindre les grandes, auxquelles tous veulent complaire) de n'oublier rien de ce qu'ils ont de beau et d'amender ou farder ce qui est imparfait, tellement que souvent ils font grande honte à Nature. Baste! posons encore le cas qu'elle soit toute telle, sans que la flatteresse peinture lui ait rien prêté du sien : si n'est-ce pas tout, ains le principal y est encore à dire; car les peintres, en représentant les traits et linéaments corporels, si ne peuvent-ils imiter ni assujettir à leur pinceau les façons, les grâces, mœurs et complexions spirituelles, qui, ou louables ou vicieuses, éclaircissent ou obscurcissent la beauté; et, toutefois, ce sont les choses les plus requises, car les dons de Nature périssent soudain, comme une fleur qui n'a qu'une matinée de vie; mais les vertus de l'esprit se rendent victorieuses sur l'âge, et triomphent de la vieillesse. Mais combien en voit-on d'aussi laides d'esprit, que belles de corps? tellement que, comme les apothicaires ne mettent pas les meilleures drogues aux plus belles boîtes, aussi Dieu ne met les vertus aux plus beaux corps. Mais quoi! où sera la vertu, sinon aux princesses si bien nourries? Point, point; la vertu ne fait pas tant de compte des somptueux palais, qu'elle daigne laisser la demeurance de sa rustique montagne, et la cour ne fut jamais école de sagesse. Toutefois, quoi qu'il en soit, puisqu'il est question de mariage, qui est l'affaire le plus hasardeux de notre vie, il ne s'y faut jeter à clos yeux, comme font les Andabates[1] au combat, de peur que flan-

[1] Gladiateurs qui combattaient les yeux bandés.

cailles ne chevauchent en selle et les repentailles en croupe. Et me semblent les princes mal advisés, qui, en chose de si grande importance, où il n'y a que pour eux de bien ou de mal, s'en remettent à des ambassades et légats. De moi, je ne m'en veux fier qu'à moi-même. » Ainsi, ce pauvre prince, après avoir profondément débattu en soi-même, comme le sanglier qui, après maintes feintes, est contraint de se jeter dans les cordages, résolut d'entendre à cette nouvelle entreprise, pour laquelle mieux exécuter, délibéra de se transporter sur les lieux en habit dissimulé, donnant à entendre aux seigneurs d'Angleterre, qu'il alloit delà la mer, pour donner ordre à la police de son duché de Normandie ; si que, ayant assemblé tout le conseil, il constitua divers gouverneurs en diverses provinces, lesquels honora de plusieurs beaux états, afin de contenter un chacun, s'il eût été possible. Mais il ne faut pas s'étonner s'il y faillit bien, quelque peine qu'il y print, constituant les ducs de Glocestre et de Bedford[1], pour commander aux terres joignantes le fleuve de Tuede et Gavafords[2], et le seigneur de Lancastre, ennemi d'iceux, en île d'Irlande ; en quoi faisant, ils suscita entre ces ambitieux un tel mécontentement, que, sans le duc de Sombresset et Nortonbellant[3], ils eussent vomi leur rage aux dépens et désavantage du roi, qui leur sembloit si mauvais économe des états et honneurs. Toutefois, le pauvre roi ne perdit que l'attente, comme vous entendrez. Or, il s'en va, cuidant bien avoir assuré toutes choses, guidé d'un impatient amour, qui, aveugle, l'empêchoit de voir quelle folie c'étoit de laisser ainsi son royaume, nouvellement acquis, en proie : où il constitua pendant son absence gouverneurs en toute souveraineté, le duc d'York et le comte de Warvich, et emmena pour compagnons de son voyage le prince de Galles, le duc de Clarence, le comte d'Arundel et le comte Deerby ; lesquels, tous étant armés, en Normandie surent, et non plus tôt, l'entreprise du roi : laquelle chacun loua, s'estimant heureux d'avoir été choisi pour si agréable service, auquel tous se délibéroient bien employer. Mais le roi voulut que le prince de Galles demeurât là son lieutenant : auquel ayant donné l'anneau de son cachet, que, premier que lui mettre au doigt, il lui approcha de la bouche pour lui apprendre à tenir secret tout le fait, délogea sans trompette avec les autres seigneurs. Or, nos pèlerins mariniers, cherchant terres neuves sous l'adresse que leur donnoit l'étoile de Vénus, furent tant favorisés du bon vent, qu'en moins de deux jours découvrirent Calais, où, ayant prins terre, délibérèrent d'achever le voyage à cheval, tant pour la disposition de leur personne que pour voir le pays, laissant toutefois les capitaines Grey et Matago au navire, lesquels vinrent surgir[1] en la côte de Frise, à un petit promontoire, où le fleuve Albe entre dans la mer septentrionale. Ainsi, riant et devisant, les princes voyageurs descendirent vers les Ardennes, dont ils avoient tant ouï parler ; et là, au sommet d'une petite colline, trouvèrent les tant renommées fontaines[2], qui, bon gré malgré, convient les passants à boire, engendrant en iceux, une, amour, et l'autre, haine, voire avec telle altération qu'il n'est possible de jamais l'éteindre : dont, par une folâtre curiosité, le roi voulut boire, et le pis fut qu'il voulut tâter de l'une et de l'autre, ce qui lui tourna à grand dommage, comme vous entendrez ; car de là vint le dégoût de la princesse de Danemarck, laquelle, quelques jours auparavant, passant par là, avoit bu de la fontaine d'amour seulement. De là, nos Anglois arrivèrent à Claiburg, où pour lors étoit la cour, et allèrent faire la révérence au roi, selon leur devoir ; lequel, sachant que c'étoient gentilshommes anglois venus pour voir le pays, les reçût fort honorablement et leur fit quelques caresses particulières, en faveur des propos que lui avoit entamés le marquis, selon sa charge, comme avez entendu ; et soudain les présenta à la princesse Amire sa fille. Lors, notre roi anglois, qui sembloit bien plus être

---

[1] Ces noms et les suivans sont mis au hasard, d'autant plus que la plupart des chefs anglais, qui avaient autorité dans les comtés et les villes, sous Harold, furent expulsés par Guillaume, et leurs biens, partagés entre les conquérans, qui formèrent une nouvelle noblesse féodale sur le sol de l'Angleterre. Guillaume, avant de retourner en Normandie, après la bataille d'Hastings, laissa comme vice-rois son frère Eudes et Guillaume, fils d'Orbert, avec un conseil composé de quatre seigneurs normands. On n'a pas besoin d'ajouter que le voyage de Guillaume en Danemarck est aussi fabuleux que le reste de cette Nouvelle.

[2] La *Twède* est une rivière d'Écosse ; quant au *Gavafords*, ce doit être le Saverne.

[3] Pour *Somerset* et *Northumberland*.

[1] Aborder.

[2] Ces fontaines sont de l'invention de l'auteur.

le plus apparent de la troupe, pour sa brave contenance, qu'il ne pouvoit dissimuler, quelque mine qu'il fît, s'avança, et après lui avoir baisé les mains, dit : « Madame, quand mes compagnons et moi avons laissé notre pays et toutes nos commodités pour, avec grands travaux, visiter les terres étrangères, notre intention et désir étoit bien de voir et apprendre, à quelque peine, chose qui nous rendît plus sages et dont nous pussions rapporter contentement; mais nous n'osions pas espérer de rencontrer tant de faveur, que de voir votre excellence, qui est un bien, lequel nous récompense suffisamment des longs travaux que le chemin nous a fait endurer. Car, combien que la renommée de votre perfection ait étonné toute la terre, même votre pourtrait, ces jours, ait allumé un feu au cœur de notre roi, lequel éclaire toute l'Anglerre, si est-ce que je connois bien et suis contraint de confesser que la langue et la main de l'homme sont trop imbéciles pour si digne sujet; tellement, que, s'efforçant de faire leur devoir, vous font un grand tort, faisant d'un éléphant un moucheron. Et, puisque vous me donnez congé par votre bénigne audience de dire vérité, je puis assurer, madame, que si la sagesse féale de ce grand roi de Judée a fait laisser ses pays à la reine de Saba, certainement votre excellence devroit bien convier les rois qui sont jusques aux derniers bouts du monde, à la venir admirer. — Vraiment, seigneur chevalier ! répondit la princesse, toute rougie d'une vermeille honte, qui donnoit lustre à sa naturelle blancheur, et baissant ses pudiques yeux : il semble à vous ouïr parler que vous ne vîtes jamais que des monstres; qui fait que vous admirez celles qui sont un peu plus naturelles, et qui, pour le moins, ne font point peur à ceux qui les regardent; ou bien, vous voulez montrer combien les Anglois, entre autres choses louables qu'ils ont, sont riches en louanges et ont de grâce à faire grand cas de ce qui n'est rien. Mais, pour vous donner plus ample sujet de bien dire, je vous prie que, tout ainsi que votre voyage (à ce que dites) vous apporte quelque profit, vous fassiez tant, qu'il nous serve et profite aussi. Et, ne soyez chiche (après avoir pris votre aisé) de nous apprendre ce que nous ne savons point, touchant l'état de la tant florissante île d'Angleterre, commençant par le roi même. » Lors,

le chevalier de Meffi (car ainsi s'étoit fait appeler le roi, partant de Normandie pour venir à sa conquête amoureuse) lui commença[1] à discourir quels faveur et crédit il avoit envers la majesté de son roi, jusques à être admis aux plus secrètes et privées affaires ; même comment il avoit vu en son cabinet un écu où étoit la figure de la princesse « comme je reconnois bien en vous voyant, madame, » dit-il; et avoit participé à beaucoup de soupirs, qui témoignent bien qu'elle n'étoit moins gravée en son cœur qu'en ce tableau. Ainsi, ce bon prêcheur n'oublioit rien de ce qu'il pensoit pouvoir servir à mettre le feu aux allumettes. Et je vous laisse à penser si les oreilles faisoient mal à cette jeune princesse, qui pieçà étoit amoureuse par fantaisie[2]. Bien vous peux assurer que, feignant n'avoir bien entendu tous les propos du gentilhomme, pour la diversité de la langue et prononciation étrangère, se faisoit redire une chose maintefois; tellement, que ce pèlerin faisoit pérégriner[3] l'esprit de cette dame en Angleterre, pour chercher au loin ce qu'elle avoit si auprès d'elle; et, par ces douces paroles, allaitoit le jeune amour que le marquis avoit jà fait concevoir en son tendre cœur. Mais, pour vous dire vérité, il eût bien fait autre escare[4], si l'eau de la fontaine des Ardennes ne l'eût empêché; qui, par une secrète opération, avoit engendré une inimitié contrainte, sans qu'il y eût cause aucune de la fonder, si bien que tout ce que disoit le chevalier de Meffi, n'étoit qu'en s'acquittant des demandes de la princesse, pour commencer à exercer sa nouvelle inimitié, en la rendant passionnée de chose si éloignée de son pouvoir, qui est bien un des plus extrêmes malheurs. Las ! qu'il y a de force aux enchantements et aux venins, mais principalement quand ils se font breuvages ; qui me fait quasi croire ce que l'on dit de cette fontaine, dont l'eau fait jaunir les cheveux, ou de celle qui fait pour jamais haïr le vin, ou de celle qui enivre ceux qui en tâtent, ou de celle dans laquelle le bois qu'on y jette s'allume comme un flambeau, ou de celle qui fait changer tout en pierre (même que les entrailles d'un qui en auroit bu, durciroient en cailloux), ou bien de celle qui transforme les hommes en femmes

---

[1] L'ancienne édition porte *commanda*, ce qui est un contre-sens. — [2] Par imagination, en idée.
[3] Voyager. — [4] Dégât, ravage.

et les femmes en hommes, quand on s'y baigne. Or, si ces fontaines transforment et changent si miraculeusement les corps, pourquoi trouverons-nous étrange que celles de la forêt des Ardennes altèrent les esprits ? comme faisoit cette eau d'Éthiopie, dont ceux qui buvoient devenoient enragés. Or, ce pauvre amant expérimenta bien cette force de l'eau charmée, quand, étant venu de si loin, ayant mis son État et sa personne en si grand danger pour l'amour de la princesse Amire, et, après l'avoir tant aimée, sans l'avoir jamais vue, ores qu'il la voit, il la hait à mort, et ne sait pourquoi, tant y a que, quelque perfection qu'il remarque en elle, il ne se peut garder de la haïr : dont, se dépitant et voulant grand mal à soi-même, ne savoit à qui se prendre, ne à qui demander raison, qu'à sa propre légèreté. Et, sur ces altères, les tables furent couvertes pour le souper, où se trouva le prince de Westphalie, qui délivra le chevalier de Meffi d'une plus grande peine qu'on ne pensoit pas ; car, accostant la belle Amire, pour le rang qu'il tenoit entre les plus grands, fit céder nos Anglois, lesquels, voyant entrer en la salle le marquis de Lubets, le coururent embrasser, auquel le roi dit en l'oreille : « Frère, je vous prie, sur tous les plaisirs du monde, ne dire à personne qui je suis, ains me nommer le chevalier de Meffi. » Ce qu'il lui promit et exécuta fort bien ; mais, las ! ce fut à son dommage, comme nous entendrons si après. Néanmoins (tant que la dissimulation pouvoit souffrir), ne laissoit de lui faire toute courtoisie digne de sa grandeur ; qui fut cause que chacun fut d'autant plus induit à honorer ces étrangers. Durant le souper, le chevalier déguisé regarda d'un si bon œil une damoiselle assise vis-à-vis de lui, qu'elle sembla plutôt quelque angelette faite de Dieu miraculeusement, que non pas une fille née de femme mortelle ; laquelle reput ses langoureux esprits d'une viande qui lui fut bien malaisée à digérer. Et, après avoir sucé, avec les yeux goulus, le doux venin qui distilloit de cette beauté, laquelle, par sa présence, obscurcissoit les grâces de la princesse Amire (comme le soleil levant fait perdre de vue les étoiles, voire la lune même), il n'eut aucun repos en son âme, qu'après le souper, il n'allât savoir quelle étoit celle qui l'avoit sitôt dérobé à lui-même, pour le captiver sous le joug de ses bonnes grâces, faisant comme l'hydropique, qui n'a sitôt goûté de l'eau, qu'il meurt d'envie de se noyer. Las ! si le papillon se contentoit de voir de loin la clarté d'une chandelle, il ne sentiroit combien l'approche en est dommageable ; aussi, si ce prince se fût pu contenter de la seule vue de cette damoiselle, il n'eût été de mal en pis ; car, étant arrêtée par le chevalier, elle, qui étoit des mieux apprises, le sut si bien entretenir, qu'elle gagna, par ses bonnes grâces décorées de cette beauté qui donne bienséance à tout, la place vraie que naguères sa maîtresse avoit tenue en peinture seulement. Ha ! que la puissance d'Amour est merveilleuse et étrange ! assujettissant tellement les hommes à son volage plaisir, que la cire molle ne se manie point plus aisément, pour être convertie en telles figures qu'on veut, comme les cœurs humains sont disposés à tout changement, selon que veut cette folle puissance, qui se joue ores de ce pauvre chevalier, ayant effacé du tout cette première amour, qui sembloit si violente, et renouvelé par un philtre caché un autre feu plus chaud ; car l'amour second éteignit le premier, comme la venue du soleil consume la rosée matutinale. Partant, ce prince, destiné (quoi qu'il fût) à aimer, après s'être baigné aux merveilles d'un si bel objet, il se sentit ravi jusques au tiers ciel, où logent les Amours, et pensoit bien être au paradis de beauté, puisqu'il en avoit trouvé la déesse. Il se pâme, regardant ses cheveux, son front, sa bouche et son sein ; mais il meurt quand elle parle, quand elle rit, quand son œil glissant l'aperçoit, ou quand elle fait parler les gestes de sa blanche main (tant une rechute en cette maladie d'amour est dangereuse) ! Las ! ce pendant que le son de divers instruments dispose un chacun à toute gaillardise et allégresse, le chevalier est seul, triste et pensif, tenant sa nouvelle maîtresse par la main, qui, avec ses beaux yeux, lui attachoit la langue, jusques à ce qu'étant honteux de sa honte, après s'être assez aidé des yeux, rompit la prison muette de cette rustique vergogne ; et, sachant qu'un mal plus est celé, plus s'envieillit, et plus il est envieilli, moins est curable, lui fit ouverture de sa passion, pour y recevoir le remède désiré ; et, d'une voix basse, commença à dire : « Quand Nature fit les animaux que nous voyons sur terre, madame, elle leur

39

mit quant et quant en la voix une loi commune de se plaindre, ayant mal, et leur donna une secrète inclination à chercher de tout leur pouvoir secours et remède ; tellement, qu'il est aisé à remarquer qu'elle leur a appris une voix pour gémir autre que celle qui est pour s'éjouir ; et leur a tellement enseigné le moyen de se guérir, qu'il n'y a quasi aucun d'entre eux qui ne connoisse et ne cherche l'herbe propre à son mal. Mais, à plus forte raison, l'homme, pour être chef-d'œuvre et fils aîné d'icelle, doit, pour le mérite de sa raison, participer davantage à cette communauté naturelle. Parquoi, vous ne devez trouver étrange, madame, si, étant durement navré, et (peu s'en faut) blessé à mort par l'effort des grâces, dont le ciel, ennemi de mon bien, vous a été trop prodigue, je suis contraint, pour dernier remède, de faire comme ceux qui sont piqués du scorpion ; lesquels le recouvrent[1] et cherchent médecine en ce dont ils ont reçu le mal ; sachant que vous êtes seule qui pouvez guérir la plaie que m'avez faite. Que si Nature, courroucée contre les humains, vous avoit donné, pour les défaire, un cœur de fer dans molle poitrine, détrempant une secrète rigueur dans une apparente douceur, j'ai bien de quoi me plaindre de ma cruelle aventure qui, me privant de tout aise, m'a amené, à si grand travail, en un pays où les basilics sont convertis en damoiselles, pour tuer plus aisément de leurs yeux les pauvres étrangers ; ou bien, je dirai que ceci est l'île de Circé, où les passants sont retenus en servitude tyrannique, ayant perdu la première forme de leur bonheur. Et me semble le roi de ce pays bien conseillé d'envoyer parmi le monde le portrait de sa fille ; car si la moindre de vos perfections se pouvoit aucunement faire voir peinture, aux pays lointains, je ne sache prince qui ne vînt à force d'armes en ce royaume, non pour l'occuper, mais pour faire gain de vos bonnes grâces, par une conquête plus glorieuse que celle de la Toison d'or tant renommée : lesquelles si elles s'acquièrent par un amoureux service, et non par un camp armé, mon souci a de quoi recevoir allégement par une fidèle espérance de pouvoir mériter un si grand bien, pour vous aimer plus qu'un pauvre cœur humain pourroit souffrir : de quoi je vous ferai preuve suffisante, si le temps se montre favorable à mes désirs. Cependant je vous supplie, madame, prendre pitié de celui qui attend vie ou mort de votre oui ou nenni ; autrement, vous ne me pouvez longuement être cruelle, car le mal est trop violent pour me faire longtemps languir. » Bien que ces propos ne fussent déplaisants à cette jeune dame (car chacun se plaît bien d'être loué ; aussi que volontiers il n'est malaisé de faire croire aux filles qu'elles sont belles, principalement quand le fidèle conseil du miroir n'y contredit point, toutefois, comme Nature a appris les plus sages assez bien déguiser selon le personnage qu'il faut jouer, cette gentille infante, qui n'étoit apprentive en telles pratiques (aussi que son esprit étoit trop bon et bien pourvu pour laisser la langue dépourvue de réponse, arma ses yeux d'un si aigu et tranchant regard, qu'il perça jusques au centre du cœur du passionné amant ; puis, avec un sourcil hautain, accompagné d'un brave souris, lui dit : « Et dea, mon gentilhomme, avez-vous bien en si peu de temps trouvé en moi chose qui vous enhardit de me tenir tel langage ? Vous estimiez, je cuide, avoir ici affaire à quelque simplette qui, par sa légère créance, donnât espoir à un rusé poursuivant (peu s'en faut que ne die : affronteur), comme sont ceux qui ont tant vu de pays, de parvenir à fin de ses fols désirs, par la feintise de vos belles paroles, dont vous autres faites provision. Ha ! vous vous êtes un peu mal adressé ; mais vous ne me connoissiez pas, et partant, je vous excuse, sous condition d'en faire pénitence. Car il vous faut estimer que, encore que Dieu m'ait fort abaissée, il a toutefois mis mon honneur en si sûre garde, que la Fortune, qui peut changer les conditions, et non pas les vertueuses affections, n'a eu et n'aura jamais victoire si grande que de me faire consentir à la perte de ce qui m'est le plus recommandé. Et je ne dis pas qu'il n'y ait en vous bien de quoi séduire une innocente ; mais certes, chevalier, l'oiseau est fort malaisé à prendre qui a découvert les rets. Donc, cette fois pour toutes, je vous avise que vous battez à froid[1] ; parquoi, n'y perdez

---

[1] S'emparent de ce scorpion. C'était une croyance populaire, que l'on guérissait la morsure du scorpion en écrasant l'insecte sur la plaie.

[1] Expression tirée de l'art du forgeron, qui, pour battre le fer et le rendre malléable, attend qu'il soit rougi au feu.

désormais davantage de temps ; car quand la corde de l'arc rompt, jamais le viseur ne frappera au blanc. De moi, j'estime que celle sera bien trompée (et ne la plaindrai point), qui rangera son cœur à l'amour des étrangers errants, pource que leur affection est errante et vagabonde comme eux ; partant, ne soyez plus si inconsidéré. » Sur cette petite querelle, voici une damoiselle, qui, selon la loi du *bal continu*[1], baisant sa main, la présenta au chevalier de Meffi ; et après une grande révérence, le pria gracieusement de faire un tour de salle pour l'amour de la compagnie : à laquelle, surpris d'une petite colère, et dépit d'être interrompu si mal à propos, répondit d'une langue mal assurée : « Foi de gentilhomme ! madamoiselle, vous m'avez bien mal choisi pour bien entendu à ce métier ; toutefois, pour vous montrer qu'autant que j'ai peu de pouvoir, autant ai-je bonne volonté de complaire aux belles qui vous ressemblent, je vous obéirai. » Adonc commença à faire preuve combien il étoit expert à toute gentillesse ; car, encore qu'il eût le corps bon et gaillard, si est-ce que la présence de sa fière amie, pour laquelle il eût volontiers volé au ciel, donnoit un grand coup d'éperon à son allégresse, que je pense bien qu'il ne se fût montré si dispos, si Cupidon même ne lui eût prêté ses ailes. Or, après que, selon les lois du jeu, il eut dansé avec la damoiselle, puis après, tout seul ; lorsqu'il fut temps de choisir une compagne, il se sentit tiré par l'invisible cordelle d'amour, si étroitement, que force lui fut de retourner d'où il étoit départi. Et comme le lièvre, après avoir été poursuivi des chasseurs jusques au bout, enfin vient mourir au gîte, où premier il a reçu l'assaut ; ainsi cet amant vint retrouver celle qui lui avoit donné si vive atteinte, que les marques lui en étoient empreintes au plus profond du cœur ; de laquelle il dit : « Madame, le vulgaire dit que l'aimant attire le fer, mais vous me ferez dire que le fer de votre cœur attire l'aimant ; l'aimant, dis-je, lequel ores vous vient choisir pour mettre fin à ses travaux. » Ainsi, par gracieux devis, la mena au bal, où, suivant le mystère du jeu, après s'être de bien en mieux acquitté, il la laissa, et se rendit d'où il étoit venu, attendant le retour d'icelle en la place prochaine. Cependant il s'accosta d'une damoiselle voisine, lui demandant qui étoit cette dame qui dansoit ; auquel la damoiselle répondit : « Sur mon honneur, monsieur, vous ne pouviez mieux vous adresser pour être bien satisfait de votre demande, qu'à moi, qui ai été compagne perpétuelle de son malheur, lequel, quand vous saurez, vous fléchira de compassion. Sachez donc, seigneur chevalier, qu'à la dernière guerre qui a été entre les Polonois et les Moscovites[1], il y eut si grand avantage du côté des Moscovites aidés des armées païennes, que leurs ennemis, avec toutes les forces chrétiennes, ne purent empêcher leur descente au pays de Russie et toute la Transylvanie : qui étonna si fort les Allemands, qu'ils demandèrent secours au roi de Danemarck, lequel, pour être voisin, devoit être plus ému à résister au commun ennemi. Icelui, avec ses confédérés, leva une puissante armée, et print la cause si à cœur, qu'il s'y voulut transporter en personne, où, pour être preux et hardi, il s'engagea si avant, que tout son ost fut défait, et lui, prins blessé. Advint d'autre part, comme une infortune ne vient jamais seule, que l'armée maritime d'Occident fut agitée de telle tourmente, que les navires et galères furent toutes séparées et agitées çà et là : desquelles un petit nombre, après avoir couru fortune diverse, fut jeté en la côte de Gédrosie[2] et Caramanie. Et, pource qu'ils se virent peu, n'osèrent mouiller l'ancre ; ains, comme corsaires et pirates, écumoient la mer, et détroussoient les marchands qui venoient de trafiquer au Levant. D'où vint que, comme où il y a du gain on trouve force compagnons, ces voleurs, avec le temps, se rallièrent d'autres et se fortifièrent tellement, qu'il leur print envie de se hasarder à plus grande entreprise. Par quoi, advint qu'étant poussés en la mar-

---

[1] C'est le nom d'un de ces jeux ou danses en action, qui sont décrits dans la *Maison des jeux* de Sorel, et qui divertissaient la société polie avant la formation des bureaux d'esprit.

[1] L'imagination du romancier fait seule tous les frais de ce récit, qui n'a pas même une apparence de vérité historique.

[2] La géographie n'est pas ici plus respectée que l'histoire : la *Gédrosie* est l'ancien nom de la province de Mekhan, qui n'a de port que sur l'océan Indien ; tandis que la Caramanie, comprenant les anciens royaumes et provinces de Lycie, Pamphylie, Cappadoce, etc., fait partie de la Turquie d'Asie et offre une grande étendue de côtes sur la Méditerranée.

che [1] de Mède, d'où on découvre facilement l'opulente ville d'Ecbatanes, et tout auprès une maison de plaisance, où pour lors étoient la princesse de Mède, la princesse de Suze et moi ; là vinrent aborder ces pirates, qui, ayant butiné et ravagé les choses plus précieuses qui là étoient (et je vous assure qu'il y en avoit autant qu'en lieu de l'Asie), enlevèrent ces deux princesses âgées de quatre ans et moi. Le reste des autres femmes et serviteurs furent laissés là ; mais je ne voulois jamais abandonner ma maîtresse. Soudain les communes d'autour accoururent à la foule pour nous recouvrir [2] ; mais nous avions déjà passé le golfe et faisions voile en pleine mer, où nous n'arrêtâmes guères, que nos pirates, contraints de fuir par Nicander [3], prince de Syrie, vinrent surgir en l'île de Zélande, où lors étoit la feue reine et madame la princesse Amire sa fille, levant un tribut sur le peuple pour la rançon du roi. Icelle, ayant vu ces deux petites prisonnières, et sachant qu'elles étoient princesses dérobées, les retint pour faire compagnie à sa fille et leur fit rendre par les corsaires leurs bagues et dorures. Mais, peu de temps après, l'infante de Mède, pour avoir en cette tendre enfance enduré le tourment de la mer, tomba malade et mourut. Ainsi, ne resta que la princesse de Suze, que vous voyez là, et dont vous émayez [4], nommée Parthénie. Or, la mort de sa compagne coûta beaucoup ; car le père d'icelle paya la rançon du roi de Danemarck, que tenoient les Tartares, et par vengeance le fit mourir. Et ne doute point que l'on pense bien que nous soyons aussi toutes mortes ; car ce roi, qui ores nous tient, ne veut pas qu'on sache nouvelle de nous jusques à ce qu'il ait eu raison de la mort de son père. Mais, quelque défense qu'il m'ait faite, j'ai juré de le conter à un chacun, et possible qu'entre beaucoup il se pourra trouver quelque gentil cœur, qui nous voudra secourir en cette nécessité. — Sur mon Dieu ! répondit le chevalier, vous me contez une étrange aventure, et ne sais comment Fortune a tant osé entreprendre sur celle, qui méritoit par ses divines grâces, être exempte de sa tyrannie ; mais si la Fortune injuste lui a ôté un royaume terrien, Nature, en récompense, lui a donné domination et seigneurie sur tous les cœurs humains, la faisant, sans aucun doute, reine de toutes les belles de la terre. » Sur ces propos, le roi, après la collation, donna congé à toute la compagnie, qui se partit bien contente de la royale magnificence de cette cour ; fors le chevalier de Meffi, qui (comme le cerf, étant blessé et ne pouvant trouver le dictame pour se guérir, s'en va, languissant, expirer à quelque prochaine fontaine) se retiroit morne et pensif, ne pouvant celer combien il avoit la plaie avant en l'âme : ce que les seigneurs qui l'accompagnoient excusoient assez, et pour le soulager, lui louoient extrêmement la princesse Amire, y allant à la bonne foi. Sur ces propos, se mirent au lit ; mais las ! c'étoit un lit d'angoisse et travaux pour le chevalier de Meffi, qui, comme un feu est plus ardent quand plus il est couvert, aussi d'autant plus étoit-il maltraité de sa passion, qu'il ne l'osoit plaindre ne communiquer à ses compagnons, de peur d'être non-seulement estimé léger et volage, ayant si tôt changé d'affection, mais malavisé d'avoir tant perdu au change, faisant comme les amoureux de Pénélope, qui, ne pouvant rien gagner envers la maîtresse, se prenoient aux servantes. « Toutefois, se disoit-il en se flattant, je ne dois avoir honte de ce dont les princes grecs tant renommés ne sont de rien moins estimés ; lesquels, entre les glorieux combats de Troie, ne dédaignoient l'amour des belles chambrières, au rang desquelles jà à Dieu ne plaise que je vous mette, ma Parthénie ! car, et le sang illustre dont vous êtes extraite, et les grâces dont le ciel à l'envi vous a ennoblie, méritent bien qu'on vous préfère aux plus excellentes princesses. Que si la Fortune vous a voulu jouer un faux-bon [1], si est-ce qu'il n'a pas été en sa puissance de vous empêcher d'être un jour maîtresse d'un grand roi. O que béni soit le jour qui me donna avis de venir en ce lieu pour y recevoir si grand heur, lequel j'espère qu'il m'accroîtra ! car, quelque rigueur que son chaste front m'ait montrée, en quoi sa généreuse hautesse et bonne nourriture ne s'est pu celer, si est-ce qu'en m'abattant d'une main, elle m'a relevé de l'autre, dont j'ai un secret témoignage ; et si, selon l'opinion des sages, Dieu a baillé les oreilles et la queue mobile aux animaux, et, au lieu de

---

[1] Frontière. L'ancienne édition écrit *marque*, selon la prononciation italienne.
[2] Pour *recouvrer*, sauver.
[3] Personnage imaginaire. — [4] Émerveillez.

[1] Mauvais tour.

cela, les yeux flexibles aux humains, pour, par un langage muet, témoigner les intérieures affections, je me peux promettre bonne issue de mes désirs par l'affection que sa dernière œillade m'a trahie et décelée. Ce n'est donc à faux titre que j'aime, et ne faut demander pourquoi, car de demander pourquoi l'on aime la beauté, c'est une question d'aveugle à laquelle il faut qu'un muet réponde. Parquoi, il me faut désormais résoudre de m'en retourner avec cette heureuse conquête et laisser ici les marques d'un roi d'Angleterre dissimulé[1] par le vouloir d'Amour en un simple chevalier, sans que l'on trouve étrange qu'il m'ait fait changer de nom, puisque lui-même a bien fait changer de forme à Jupiter, pour montrer qu'il ne se faut soucier comment, pourvu qu'on parvienne à son désir. » Ainsi fantasioit[2] ce pauvre amant, quand, tournant ses yeux mal endormis vers la fenêtre, aperçut venir l'aube du jour et ouït les coqs qui, par leur chant, appeloient les hommes à leur travail ordinaire : dont il reçut tel soulagement, que soudain il se lève et habille de tout point, sans éveiller aucun de ses compagnons ; puis, tout seulet, sort et s'achemine en un petit bosquet prochain, où, se voulant écarter, alla tant, qu'il parvint à un étang fort délectable, pour le voisinage de la forêt Hercine, appelée Noirbois et Bacène la Roisinière[3] ; et pour les rochers qui s'élevoient tout autour, là il s'arrêta, regardant les cygnes qui se baignoient entre les joncs ; et, se voyant en lieu où les arbres et l'eau seulement pouvoient ouïr sa parole, se couche sur l'herbe et commença la plainte de ses douleurs ainsi :

Ha ! vous avez trahi votre rempart, mes yeux ;
Car depuis ce soir-là que je la vis si belle,
Rayonnante à l'envi d'une claire chandelle,
J'ai senti du vainqueur le joug ambitieux.

Las ! de franc et gaillard je deviens soucieux ;
Car plus lui obéis, plus elle m'est cruelle ;
Plus je la veux fuir, plus elle m'encordelle[4] ;
Et plus me va chassant, plus suivre je la veux.

Que ferai-je, chétif, puisque, comme un torrent
Plus il est empêché, et plus fort va courant,
Ainsi mon désir croît, tant plus l'espoir l'abaisse ;

Sinon plaindre, mes yeux, votre déloyauté ;
Vous plaindre, soir cruel, et vous, douce beauté,
Qui avez tous juré de perdre ma jeunesse !

[1] Déguisé. — [2] Rêvait, pensait en lui-même.
[3] Noms imaginaires, assez mal appropriés au pays.
[4] M'enchaîne.

Puis, se souvenant de quelque faux contentement que le songe lui avoit donné (comme il n'y a si misérable, qui par songe ne soit quelque fois heureux), disoit :

Nuit, mère du songer, nourrice de l'Amour,
Combien que la fraîcheur niche dans ton ombrage,
Et que tu n'aies en toi que de mort une image,
Las ! si t'aimé-je mieux que la clarté du jour !

Tu m'as fait voir clos yeux, et m'as fait ouïr sourd,
La face, et le parler qui gêne mon courage ;
Repaissant mes désirs comme, dedans la cage,
La tourtre paît ses fants d'un gracieux retour.

O glicons, ô tessons, que le sommeil oppresse ;
Que je porte d'envie à si longue liesse,
Et à l'aveugle, auquel toutes les nuits sont jours !

Qu'à jamais je me noie en ce sommeil humide,
Ainsi qu'Endymion, ou bien Épiménide ;
Ou, si dormir est mort, que je dorme à toujours.

Après, pensant à la résolution qu'il avoit prinse de poursuivre le fil de son entreprise et se rendre seigneur de son bien désiré, reprint son chant interrompu :

Comme dessus le bord de l'indique rivage
La perle gît sans los, sans prix et sans honneur,
Jusqu'à tant qu'elle soit butin d'un voyageur
Qui l'enchâsse dans l'or par un subtil ouvrage ;

Ainsi, dessous le joug d'un inique servage,
Parthénie passoit son âge le meilleur ;
Quand un roi étranger, connoissant sa valeur,
L'est venue conquérir par l'heur d'un mariage.

Ainsi l'on tire l'or du sein de sa nourrice[1],
Pour le faire reluire en dépit d'avarice,
Et de sa branche ainsi on cueille le bon fruit ;

Ainsi, de son rosier, la fleur on désallie,
Pour en faire un bouquet qui, d'une main polie,
Doit être, en flétrissant, le bienheureux déduit.

A ces mots, Écho, cachée dans les bois et rochers, répondit le dernier mot : *déduit*. De quoi le roi s'étonnant, regarda autour de soi ; mais, ne voyant personne, cuidoit que fût quelque déité, qui, en compassion de son mal, le vint consoler aussi, que ces Septentrionaux ont communication avec les esprits, entre toutes les nations du monde, jusques à ce qu'il s'avisât que c'étoit un Écho ; parquoi il l'arraisonna de telle sorte :

S'il te souvient de l'amour ancien,
Nymphe des bois, du beau Narcisse tien ;
Las ! apprends-moi où gît mon mal et bien !

Écho :   Eh bien[2] !

[1] La terre.
[2] Presque tous les poëtes de cette époque se sont

Dis-moi d'où vient que ces pensers cornus
Si vitement sont en mon cœur venus ?
Venus.

Quel bien m'attend pour mon allégement ?
Las ! dis-le-moi, car chacun à tort ment.
Torment.

Comment, torment ! la fin seroit cruelle.
Mais qui pourroit apaiser ma querelle ?
Elle.

Je pourrois donc me sentir réjoui,
Si son parler j'avois un coup ouï ?
Oui.

Que faut-il faire ? apprends-moi mon devoir ;
Comment faut-il commencer pour l'avoir ?
La voir.

Et, la voyant, faut-il me déceler,
Ou seulement jeter soupirs par l'air ?
Parler.

Mais que faut-il pour mon feu contenter ?
S'il faut mourir, je voudrois l'attenter.
La tenter.

Et par quels mots se faut-il découvrir ?
Car je suis las de tant de mal souffrir.
S'offrir.

Qui vaudroit mieux écrire, ou bien plaider,
Pour sûrement la faveur demander ?
Mander.

Comment faut-il ses faveurs m'asservir,
Si je les peux un bon coup desservir ?
Servir.

Et si faveur sur faveur j'amoncelle,
Que faut-il faire au gré de ma pucelle ?
Celle.

Mais à l'amour qu'on voudroit contenter,
Qu'est-il plus dur qu'on sauroit inventer ?
Venter.

Par quelle offrande, amie, à Cupidon,
Peut-on gagner un amoureux pardon ?
Par don.

Le don est-il aux filles si plaisant ?
Mais que faut-il que te fasse à présent ?
Présent.

Ces bons avertissements contentoient fort le curieux amant, qui lui donna envie de poursuivre. Parquoi, se souvenant de la princesse Amire, demanda :

Et que ferai-je en l'amour de la princesse ?
Cesse.

Et si quelqu'un dit que j'aime Parthénie ?
Nie.

Ainsi s'entretenoit en ce solitaire plaisir, se demandant et répondant soi-même, quand se

exercés à composer des dialogues de ce genre avec l'écho. Ovide a donné le premier exemple d'un pareil jeu poétique, dans la fable de Narcisse et de la nymphe Écho.

levant, il avisa, à son ombre petite[1], que l'heure étoit déjà haute. Parquoi, pensa qu'il étoit temps d'aller voir ses compagnons, lesquels, par sa venue, il ôta d'un grand doute et souci qu'ils avoient de lui, et les pria d'aller au lever du roi lui donner le bonjour, et l'excuser envers Sa Majesté, s'il n'y alloit, comme son devoir requéroit, pour se trouver un peu mal et être contraint de garder la chambre. De quoi le roi fut plus dolent que la belle Parthénie, d'autant qu'elle seule savoit bien que cette maladie ne tendoit à la mort, sinon à celle qui vient cent fois en une heure. Or, ce pendant que notre martyr étoit seul et que son souci l'eût fait veiller toute la nuit, si ne dormoit-il pas ; ains, pensant à ce que lui avoit dit Écho, délibéroit de faire, par quelque moyen, entendre à la vérité qu'il étoit[2] à sa belle Parthénie, qui, à ce qu'on dit, vaut autant à dire que *Viergine* en notre langue[3]. Parquoi, de peur d'emprunter rien de l'étranger, nous l'appellerons ci-après *Viergine*. Or, le moyen qu'Amour, qui recueille les esprits, fit inventer à ce prince, fut de mettre des lettres écrites de sa main au fond d'une boîte de dragées. Ainsi fut arrêté, et ainsi exécuté soudain ; car la nuit ne fut plutôt venue, que, déguisé avec ses compagnons, auxquels il avoit déclaré toutes ses conceptions, il alla en masque à la cour, où étant tous, après la révérence faite au roi, chacun s'adressa à celle des damoiselles, qui plus lui venoit à gré ; mais le chevalier de Meffi présenta sa dragée en une boîte d'argent (où étoit l'image de Foi, assise sur un roc et tenant l'Amour par les ailes), contre une des jarretières de sa Viergine. Durant ces jeux, survint une autre compagnie de masques, d'entre lesquels, un vint de prime-face aborder Viergine, repoussant le chevalier de dépit. Et, combien que fût fort grief à notre Anglois, si est-ce que, pour le respect du lieu, il se sut fort bien contenir, temporisant et dissimulant la revenge qu'il en prétendoit. Ces jeux de momeries finis, on commença les danses de bouffons avec sonnettes, mattacins[4], et divers petits jeux,

---
[1] Expression toute latine, parce que l'ombre diminue à mesure que le soleil approche du méridien.

[2] Pour *qui il était*.

[3] *Parthénie* signifie en grec *vierge*. Sébastien Rouillard a publié en 1609 une histoire de l'Église de Chartres, intitulée *Parthénie*.

[4] Rabelais écrit *matachins*. C'étaient des bouffons

comme *écorcher l'anguille, brider l'âne, prendre la grenouille*[1], et autres ; jusques à ce que, le roi leur donnant congé, chacun se retira sans se découvrir. Mais ils ne furent sitôt dehors, qu'il se commença bien d'autres jeux ; car nos deux compagnies de masques, mettant la main aux armes, se vinrent charger d'appointements si dru et vivement, que le chevalier de Meffi, tout embrasé de colère d'avoir souffert une bravade plus longtemps que son grand cœur ne pouvoit porter, marchant à grands pas, se lança tout furieux au plus épais, comme un brave taureau qui combat pour sa génisse ; et escrima si lourdement, que, du premier coup, il rue le plus près de lui par terre, lui enfonçant son courroux au corps avec la pointe de l'épée, et vouloit du sang de ce premier marquer tous les autres ; quand les archers de la garde du roi, accourant à ce tumulte, les vinrent tous happer ; et, pour avoir été si hardis, que d'avoir fait cette esclandre si près du roi, à une heure si suspecte, les menèrent rudement aux prisons plus prochaines, jusques au lendemain, que le roi en aviseroit à loisir. Cependant, le pauvre chevalier de Meffi, qui, comme les autres, étoit seul en une chambre grillée, se combloit d'un grand tourment et angoisse : « Car, disoit-il, ceux qui m'ont chargé sont pour certain quelques princes, voire des plus notables de ce pays, qui, ayant eu du pis, feront facilement croire qu'ils auront été assaillis ; même qu'il y en a un ou deux morts, ou je suis bien trompé : qui sera cause, qu'employant leur crédit, nous feront mourir honteusement, sans que j'ose plus me dire roi d'Angleterre ; car, ou je serois estimé un menteur trop impudent et appert imposteur, ou un espion couvert. En quoi je pourrois mettre en grande peine le pauvre marquis, qui, trop fidèle en son amitié, n'auroit voulu me déclarer. » Sur ces beaux projets, le désolé seigneur entend ouvrir sa porte, et vit soudain entrer le marquis de Lubets, qui, pour être connu et honoré du geôlier, avoit liberté d'aller où il vouloit. Icelui, s'étant jeté aux pieds du chevalier de Meffi, lui dit : « Las ! monseigneur, comment pourrai-je amender mon crime commis envers Votre Majesté, moi qui vous ai été si témérairement assaillir ce soir ? et plût à Dieu que pour payement de ma folie, votre généreuse main m'eût occis au lieu de mon serviteur ! — Comment ? dit le chevalier l'embrassant gracieusement : est-ce donc vous, mauvais, qui nous avez ainsi ébaudis pour nous donner la chasse ? Sur ma vie ! si je vous eusse connu, je n'eusse meshui été ici amené coucher. — Oui, je vous assure, à mon grand regret, répondit le marquis, c'étoit moi-même qui avois l'esprit plus masqué que le visage ; et ne sais pas comment vous m'eussiez connu, vu que je ne me connoissois moi-même, tant l'amour de la princesse de Suze, contre laquelle je vous trouvois jouant, m'avoit aveuglé ; me faisant vouloir et même pourchasser mal à celui, pour lequel je voudrois endurer tout. — De vrai, répliqua le chevalier, l'Amour s'est montré bien injuste, vous rendant si ennemi de celui qui vous veut tant de bien. Or, ce n'est pas tout ; car, mon grand ami, puisque l'occasion me convie de vous déclarer ce qui m'est le plus secret, il faut que je vous prie (si jamais l'amitié eut quelque pouvoir en cœur de chevalier), que vous ajoutiez bienfait sur bienfait, pour toujours plus étroitement vous obliger un prince, le plus mal mené d'amour qu'il en fut onc : auquel, puisque vous avez donné le commencement, il faut que vous y mettiez fin, si ne voulez que la mort l'y mette. — Hélas ! sire, répond le marquis, est-il en ma puissance de vous refuser d'aucune chose ? Hé, pourquoi priez-vous celui sur lequel vous avez toute puissance et commandement ? vous jurant et protestant par le devoir qui m'oblige à votre service (car, plus grande chose d'ici-bas ne saurois-je jurer), que si me daignez faire tant d'honneur que de m'employer, vous me trouverez fidèle et obéissant jusques au bout. — Me le promettez-vous, l'ami ? dit le chevalier. Or, la prière si affectueuse que j'ai à vous faire est que (puisque mon destin, soit bon, soit mauvais, m'a voulu, changeant mes premières intentions, frapper d'un même coin que vous, me faisant misérablement consumer en l'amour de votre maîtresse), vous fassiez tant pour moi (si vous aimez la vie d'un bon ami, et si jamais courtoisie logea en vous), que de me céder le droit que prétendez en notre commune

---

qui exécutaient une danse armée assez semblable à la pyrrhique. Voyez l'*Orchesographie* de Toinot Arbeau (Est. Tabourot).

[1] Ces jeux ou pantomimes comiques et galantes se sont conservées dans les *pénitences* qu'on ordonne au jeu du gage touché.

amie, lequel je sais être plus ancien, mais non si légitime et urgent. Pour récompense de quoi, demandez-moi biens, corps et âme, afin que je vous montre que n'aurez fait ce plaisir à un ingrat ; et si j'en suis refusé, mieux me vaudroit avoir été tué ce soir par votre épée, que languir par votre rigueur. Que si les amours recevoient quelque contre-échange, j'espèrerois bien vous ôter la cause de vous plaindre, vous donnant une digne récompense; car je vous ferois (si l'avez agréable) épouser ma sœur, et pour apanage dotal, vous ferai seigneur des îles Orcades, Irlande et Cornoüailles.— En bonne foi, répond le marquis, la partie est si avantageuse pour moi, et mon devoir si grand envers vous, que je serois et fou et méchant, si je n'y consentois. Parquoi, n'ayez désormais peur que nous jouions la tragédie d'Aurélio, qui tua son ami pour l'amour de sa mie Isabelle, et ne vous tourmentez sur cet affaire ; car assurez-vous que je vous ferai un tour digne de ma vraie amitié. Et dès ores, non-seulement je vous quitte celle où j'ai jusques ici prétendu si grande part ; ains vous promets, qu'il me coûtera la vie, ou je la ferai vôtre, et bientôt. » A telle réponse, le chevalier, outré d'une joie démesurée, ne put faire autre chose qu'embrasser le marquis, plus étroitement qu'Hercule n'embrassa Anthée, lui recommandant mille et mille fois sa promesse. Ha douce prison! qui apporta liberté à deux esclaves d'amour par une opération contraire à l'autre ! Or, durant telles faciendes [1], que diriez-vous, honorable compagnie, que faisoit la belle Viergine? Sinon, que, retirée en sa chambre, et se trouvant seule avec sa damoiselle, nommée Diane, elle commença à visiter sa dragée, et print sa boîte pour savoir ce qu'elle avoit au ventre, laquelle, ou par hâtiveté, ou par fortune, elle ouvrit à rebours, de sorte que, étant le couvercle en bas et le fond en haut, tout se versa sur la table. Lors les lettres qui étoient cachées au fond tombèrent quant et quant, cachetées du cachet que soudain elle se souvint avoir vu aux lettres que le roi d'Angleterre avoit envoyées à la princesse Amire ; et eût cuidé que ce fussent les mêmes, si elle n'eût lu dessus : « A ma Viergine, princesse de Suze et reine des beautés, en sa chambre. » Adonc, gelée d'une pudique honte, et toute brûlante d'un désir de curiosité de voir que c'étoit, rompt le scel et trouva une bague, où étoit le mariage d'un riche diamant et d'une précieuse émeraude, qui, par leur conjonction, faisoient la figure d'un cœur, et y avoit pour devise : *But de mon espérance;* qui fut cause que d'autant plus lui accrut l'envie fretillarde de lire le contenu au papier, qui étoit :

« Madame, ayant entendu, après enquête très-affectionnée, les faux tours que Fortune vous a joués pour montrer sa puissance, je n'ai seulement resté atteint d'un juste deuil; mais me suis fort étonné que le ciel, ayant en vous amassé un trésor de toutes grâces, ne l'a, par quelque privilège, affranchi de cette tyrannie, à laquelle tout est assujetti; et me fusse aussi fort émerveillé comment ce peuple danois a le cœur si dur, que vous tenir ici en une captivité indigne de vos mérites, sinon que leurs histoires et leurs armoiries nous témoignent qu'ils sont issus de la race d'un ours. Mais ce qui doit sembler plus digne d'admiration est que vous, étant captivée, avez le pouvoir de captiver les plus braves rois, comme j'ai bien expérimenté, quand, ayant laissé les pays et terres de mon obéissance, pour voir si le bruit des beautés de la princesse Amire étoit vrai, et n'en voulant croire que mes propres yeux pour ma méfiance, ai emprunté le nom du chevalier de Meffi. Et cette défiance a fait que, cherchant le bien en elle, et trouvant le mieux en vous, madame, force m'a été de changer d'affection, à l'avantage de mon amoureux choix, et me rendre serviteur de vos perfections : desquelles j'implore la merci et faveur, pour récompense de mon amoureux service ; désirant que, comme votre beauté vous a faite maîtresse d'un roi tel que je suis, aussi votre amour vous fasse dame d'un si grand royaume. En quoi vous serez vengée de la cruelle Fortune, et moi, du rigoureux Amour, comme celui qui, pour le comble de tout son bien, désire de pouvoir, avec votre aveu et consentement, me nommer à perpétuité,

« Le captif de vos bonnes grâces,

« GUILLAUME, roi d'Angleterre. »

Je laisse à juger à ceux qui ont fait en eux-mêmes preuve de pareille chose, si ces lettres

---

[1] Choses, faits.

mirent la puce en l'oreille à cette belle, et si elles lui aidèrent à passer la nuit en beaucoup de discours fantastiques, qui, comme d'un couteau tranchant de deux côtés, la blessoit d'espoir et de crainte, interprétant ces lettres ores à moquerie, et ores se repentant de son mauvais soupçon. A quoi la venue du jour lui apporta délivrance, ou, à tout le moins, allégeance : auquel[1] le roi envoya quérir les prisonniers, et ayant su d'eux, par quelque baie qu'ils controuvèrent pour le payer, tout le différend, leur pardonna ; tellement, que ce ne fut qu'une risée de cour. Vrai est qu'il leur dit : « Mes amis, si j'eusse pensé que vous eussiez voulu vous faire connoître à telles enseignes, je vous eusse fait démasquer dès hier soir. » Adonc, recommencèrent les passe-temps accoutumés, pendant lesquels le chevalier de Meffi entretenoit les bonnes grâces de sa Viergine, qui, le caressant de piteux regards, faisoit semblant que la douceur de la dragée avoit fait opération et avoit, par une nouvelle confiture, détrempé l'amertume de son cœur ; si qu'après divers menus propos, vinrent enfin au principal de leur dessein, après la foi donnée et reçue par les deux parties, à l'instance de la dame, qui dit à son chevalier : « Monsieur, si vous pensiez, pour être grand, et moi, pauvre princesse déshéritée, que j'eusse le cœur si mal logé que de consentir à quelque vilenie, vous seriez bien trompé ; car j'aimerois mieux passer le reste de mes ans (si Dieu veut qu'il y en ait de reste) avec mes semblables, voire être accompagnée jusques au tombeau d'une importune misère, emportant avec moi la dépouille d'une chasteté qui n'a jamais cédé aux tempêtes de Fortune ; que vivre en la pleine jouissance du malheureux bonheur qu'ont celles qui repoussent leur pauvreté avec la perte de leur renommée. Mais, s'il vous plaît m'honorer de votre sainte amitié et me lier à vous par un chaste mariage, je veux désormais vivre et mourir en votre loyal service. — Comment, mignonne ! répondit le chevalier : penseriez-vous bien que j'eusse le cœur si lâche et la face si impudente que d'attenter à polluer, par un lascif amour, cette beauté, que Dieu a mise en vous, comme en un temple inviolable ? Non, non, j'atteste le Tout-Puissant, qui connoît les cœurs plus cachés, que, si mes paroles ne sont conformes à mes pensées, le ciel vengeur puisse, avec tous les éléments, conjurer ma ruine, plutôt que je consente jamais à un amour impudique et autre que d'un vrai époux. » A quoi la pucelle répondit, lui serrant la main étroitement : « Jason promettoit bien tout cela quand il vouloit emmener s'amie, et, l'ayant, toutefois, il n'en tint rien. Mais j'espère qu'une douce Médée trouvera en vous un loyal Jason. » Pour faire court, ayant, ces deux amants, comploté de faire un pertuis en l'eau[1] et prendre la route d'Angleterre, se séparèrent, ayant, le chevalier, donné à s'amie pour gage un anneau, où étoit portrait un coq tenant un cadran, où il sembloit qu'il épiât l'heure pour chanter, et dedans étoit écrit *opportunité;* laquelle en attendant, l'infante et sa damoiselle faisoient porter au navire anglois, par le duc de Clarence, le comte d'Arundel et le comte de Derby (qui savoit le mot et étoit fort bien fait au tour du bâton), toutes les hardes plus précieuses, que la nuit elles leur délivroient par une fausse fenêtre[2]. Or, un jour, le marquis vint voir le chevalier de Meffi et l'avertit qu'il avoit trouvé un moyen fort expédient pour le faire jouir de l'accomplissement de ses désirs, qui étoit que demain il convieroit le roi à venir prendre le dîner à un sien château prochain, où il feroit tant, qu'il seroit possible d'enlever Viergine ; mais que, de lui, il seroit bon qu'il demeurât un peu après eux, afin de donner moyen au chevalier de s'échapper et adoucir tout le fait envers le courroux du roi ; puis après, il choisiroit à loisir quelque heure opportune pour s'en aller aussi. Ce qu'étant arrêté, nos Anglois avertirent le capitaine Grey (qui étoit demeuré au navire), afin que tout fût prêt au lendemain, et aussi l'infante. Et chacun joua bien son rôle, que la cour, étant au château du marquis, nommé Larcherot, après le dîner, allèrent à la chasse dans la forêt Hercine, où tant gentilshommes que damoiselles se mirent bien en devoir. Et ce pendant, nos Anglois, ayant, par

---

[1] Il faut sous-entendre *jour*.

[1] Expression proverbiale qui équivaut à celle-ci encore usitée familièrement : *faire un trou dans la lune*, c'est-à-dire, *disparaître*.

[2] Cette phrase est tout à fait corrompue dans l'ancienne édition : nous nous sommes permis de la rétablir de manière à lui donner un sens, en ne changeant que quelques mots.

un signal, fait écarter de la compagnie Viergine, jouèrent si bien leur rôle, qu'ils l'emmenèrent au déçu[1] d'un chacun. Mais il y eut bien à deviner, quand, au soir, on trouva à dire[2] Viergine et sa damoiselle et les Anglois. Parquoi, chacun soudain soupçonna qu'ils l'avoient enlevée ; qui étonna fort un chacun : mais surtout le marquis se montroit tant animé, qu'on eût dit que le feu lui sortoit des yeux, et supplia le roi lui faire tant de bien, que de permettre de venger le déshonneur et outrage fait à Sa Majesté, après laquelle il étoit le plus offensé, pour avoir l'acte été perpétré en sa maison. De quoi le roi le pria de faire diligence ; et soudain chacun monta à cheval, pour suivre le marquis et pour suivre l'Anglois ; lequel fuyoit par le chemin qu'on lui avoit dit, et le marquis le cherchoit où il savoit bien ne le trouver pas ; tellement, qu'après avoir longtemps battu la campagne, force fut de se retirer sans rien faire, aussi honteux qu'on voit des lévriers qui retournent, ayant perdu le lièvre. Ainsi fut la fête achevée, dont le roi fut si déplaisant, qu'il vouloit dépêcher ambassades pour aller faire ses plaintes au roi d'Angleterre et lui en demander vengeance, sinon qu'il entendit que c'étoit le roi même qui avoit fait le coup. A ce rapport, le roi, par l'avis du conseil, fit prendre le marquis de Lubets, qui étoit tout prêt à gagner le haut. Mais, las ! le pauvre seigneur se hâta trop lentement ; car, étant chargé d'avoir fait intelligence et collusion avec le roi d'Angleterre, qu'il pouvoit bien reconnoître sous le nom de chevalier de Meffi, et, toutefois, tant s'en faut qu'il en eût averti son prince ; que même avoit prêté aide et faveur à celle injure, et avoit été fauteur de ce rapt, au grand déplaisir de son roi et déshonneur du royaume. Parquoi, après avoir été convaincu par sa propre confession en la torture, fut, comme traître à son prince, décapité en son propre château de Larcherot, où la conspiration avoit été exécutée ; duquel tout le bâtiment fut rasé jusques au premier étage, et dessus érigé un gibet, en mémoire perpétuelle du crime. Telle fut la récompense de cet infortuné ministre d'amours ; lequel (si j'en suis crue) méritera bien d'être enrôlé entre les plus parfaits amis qui furent oncques, d'autant qu'après s'être, en faveur de son compagnon, privé librement de s'amie, qui lui étoit plus qu'être privé de son âme, il n'a eu ni la vie, ni l'honneur en recommandation, et n'a estimé rien en ce monde cher, pourvu qu'il pût couronner le mérite de sa parfaite amitié. Qui[1] me fera à jamais estimer ces princes heureux, lesquels sont si riches que d'avoir un ami ; et, non sans cause, ce grand roi de Perse, enquis qu'il désiroit le plus, répondit que c'étoit : « avoir autant d'amis qu'il y avoit de petits grains en une pomme de grenade. » Or, la cause pourquoi les grands seigneurs sont si pauvres et mal pourvus de tel bien, est qu'ils savent bien chasser les mouches de leur visage, mais ils ne savent point chasser les flatteurs de leurs oreilles ; lesquels (comme les putains font à leurs amoureux) désirent tout bien à leur seigneur, excepté la sagesse, qui seule leur ouvriroit les yeux pour s'empêcher de nourrir ce qui les consomme, comme le bois fait le feu. Or, pour laisser le pauvre marquis en perpétuel repos, tournons bride vers notre chevalier de Meffi, qui s'en va troublé d'une aise merveilleuse d'être parvenu au but de ses souhaits, et d'emporter s'amie, comme jadis Jupiter fit son Europe, à laquelle il fit tant de courtoisie que lui-même la voulut avoir en trousse, comme un avaricieux qui n'a aucun contentement, s'il ne tient toujours son trésor. Ainsi ils s'acheminèrent au navire en toute hâte, si bien que, quand d'un coup d'éperon le prince hâtoit son destrier, la pucelle peureuse lui serroit tellement le corps, qu'elle le contraignoit de désirer une mutation de ce cheval en un lit, pour achever plus doucement leur voyage, lequel, toutefois, ne dura guères ; car, étant arrivés où leur équipage de mer les attendoit, ils firent voile avec si grand heur, que le vent, propice à leurs intentions, les porta en peu d'heures où leur désir étoit pieça les attendant ; tellement qu'ils prindrent port en Angleterre au dépourvu[2] d'un chacun. Et tous, puis après, s'étonnèrent d'une si grande beauté, mais encore davantage quand ils virent le roi l'épouser si solennellement, par le ministère du cardinal de Vicestre[3], et de l'archevêque de

---

[1] A l'insu.

[2] Il faut lire *adirées*. Comme l'ancienne édition porte partout *à dire* au lieu de *adiré*, nous en induisons que ce vieux mot s'était altéré par l'usage au seizième siècle.

[1] Pour *Ce qui*. — [2] A l'improviste. — [3] Winchester.

Cantorbie [1], vu que, pour n'être accompagnée que d'une damoiselle, ne sembloit point digne de sa grandeur. Or, voilà nos amants bien satisfaits de toutes leurs peines endurées, et semble bien qu'ils dépitent et foulent aux pieds la malice de Fortune, qui, se riant d'eux, leur tailloit de la besogne, qu'ils ne purent démêler, comme vous entendrez ci-après. Ha! que mal prend à celui qui se fie en son bonheur, et y cherche assurance, vu que le ris de Fortune n'est qu'une amorce pour nous décevoir, comme celle qui n'a plaisir qu'à faire tourner sa roue! comme ce pauvre prince expérimenta bien, qui, au milieu de ses délices, pensant jouir d'un doux repos, fut agité de nouveaux travaux. Car vous devez entendre que, lorsque toute sa cour étoit plongée en jeux, plaisirs, et délices, voici arriver un héraut danois, qui, ayant demandé fièrement le chevalier de Meffi, et étant présenté au roi, lui dit, que le très-puissant roi de Danemarck lui envoyoit la tête du marquis de Lubets, avec protestation de ne vivre jamais à repos, que pour contre-échange il n'eût celle du chevalier de Meffi. Puis, lui présenta un cartel contenant grosses injures et reproches et, pour conclusion, avertissement qu'il feroit un pont de navires pour aller de ses pays en Angleterre, avec si forte armée, que jamais le ravissement d'Hélène ne coûta si cher aux Troyens, que feroit celui-ci aux Anglois. A quoi le roi d'Angleterre fit brève réponse, s'excusant sur la force d'amour; joint que ce n'étoit si grand cas d'avoir prins une damoiselle de son bon gré, qui étoit injustement détenue esclave; mais que, si pour cela on vouloit être si forcené que d'attenter rien contre son repos, il s'essayeroit de montrer, par forces d'armes, que le bon droit étoit de son côté, et qu'au demeurant les menaces n'étoient que pour faire peur aux petits enfants. Avec cette réponse, s'en retourna l'ambassadeur. Et quand le printemps fut venu, le roi d'Angleterre, averti que son ennemi faisoit semblant de le vouloir venir voir, leva une puissante armée pour l'ôter de cette peine; parquoi, frêtant tout son équipage de guerre, couvrit la mer de navires, où lui-même voulut aller en personne débattre la cause, accompagné de ses princes et barons qu'il lui plut choisir, qui tous, délibérés de bien faire, eurent le vent si à gré, qu'on eût dit qu'ils l'avoient acheté d'Éole; comme on dit qu'un prince grec en emporta de lui une balle pleine pour se conduire [1]. Or, ils n'eurent guères longuement navigé, qu'ils découvrirent une grande flotte de navires, qui (comme les matelots jugeoient par les pennonceaux) étoient estrelins [2]. Quoi sachant, le roi commanda aux capitaines d'ordonner tous les vaisseaux, comme ils verroient être à faire, pour, sur la Diane [3], aller faire une chasse à toute voile sur l'ennemi : qui fut si heureusement exécutée, que, de tout ce grand appareil danois, il n'y en eut que pour un déjeuner ; car, étant surpris, et ainsi qu'ils vouloient lever l'ancre et faire largue, ils furent pris tout à l'aise. Et non content de cette expédition, le vainqueur fit descente aux terres de Westphalie, avec si grands faits d'armes, que les villes frontières, ayant tenu fièrement, apprenoient aux autres de se rendre sans résistance. Or, ce pendant que ce valeureux roi démêloit ces fusées [4], enragé de venger la mort de son grand ami le marquis de Lubets, plusieurs séditieux princes qu'ils avoit laissés en Angleterre, pour suppléer à son absence, lui en brouillèrent d'autres, invitant chacun à révolte et rébellion contre ce nouveau tyran, qui, pour son appétit débordé, mettoit tout le royaume d'Angleterre en combustion et ruine, ayant prins une femme qui ne faisoit que déshonneur au pays, et s'étant marié à une guerre si dangereuse que chacun en pâtissoit pour le plaisir d'un. Et cette raison sembloit avoir quelque couleur pour aider les uns à venir à bout de leur dessein, qui étoit de s'emparer du royaume, si les autres, mûs de pareille ambition, ne les eussent empêchés. Mais comme la proie demeure entière, tant que deux lions se battent à qui l'aura, ainsi ces deux maisons de Lancastre et Glocestre, s'empêchoient l'une l'autre de parvenir à la domination, que l'une et l'autre demandoient [5];

---

[1] Cantorbéry.

[1] Ulysse ayant été jeté par la tempête dans l'empire d'Éole, ce dieu lui donna des outres qui renfermaient les vents contraires ; mais ses compagnons percèrent ces outres, et les vents, en s'échappant, firent périr tous les vaisseaux d'Ulysse.
[2] Ou *esterlings*, danois, de la Baltique.
[3] Au point du jour.
[4] Expression métaphorique encore en usage; la *fusée* est le fil qui entoure un fuseau.
[5] Ces deux maisons rivales n'existaient pas encore à l'époque où le romancier a placé sa Nouvelle, et leurs

tellement, que tous les princes, convoqués par un conseil secret, et comme de main en main, sans le su de la reine, qui n'assistoit jamais aux affaires concernant le royaume, ordonnèrent que, pour remettre l'état d'Angleterre en paix, il étoit besoin d'ôter la cause de la guerre, à savoir : cette nouvelle reine forgée à crédit ; mais qu'il la falloit faire mourir si couvertement, qu'il n'y eût aucune occasion de soupçon, de peur d'irriter le roi, qu'ils savoient l'aimer uniquement, et non d'une amour volage, encore qu'elle fût encommencée bien à la volée, et de peur de faire d'une guerre étrangère une civile, beaucoup plus pernicieuse et dommageable. En quoi il falloit aucunement pardonner à la jeunesse du roi, lequel étoit assez puni par les travaux qu'il enduroit, et en payoit bien la folle enchère. Or, la reine, comme l'on n'est jamais ni de tous aimé ni de tous haï, fut soudain avertie de cette cruelle délibération par quelqu'un de la partie, lequel étoit d'un gentil cœur, quiconque il fût. Parquoi, de ce matin, craignant d'être prévenue, fit un banquet à tous ses princes, feignant que c'étoit pource qu'elle les voyoit tous assemblés, auquel elle usa de si grande magnificence et déploya tant de grâces à leur faire bonne chère, que, si ces barbares eussent eu un cœur humain, ils eussent été amollis d'un repentir de leur inhumaine conspiration, et eussent fait, comme on dit, que firent jadis les rats, qui, en leur assemblée générale, jadis conclurent, pour le bien et sûreté d'eux tous, de mettre une sonnette au col du chat, qui les avoit toujours par surprise, si qu'il sembloit qu'il eût les pieds de laine ; mais ces beaux entrepreneurs, quand il fut question de mettre cette sonnette, s'excusèrent tous, et ne se trouva aucun exécuteur[1]. Après ce célèbre dîner, cette belle princesse, avec un visage de noces, fit une révérence à la compagnie, feignant avoir quelque petite affaire privée en sa chambre, où elle avoit fait apprêter ses domestiques, sans le su d'aucun ; avec lesquels soudain elle retourna en la salle du festin, où tous ces convives s'entre-parloient à l'oreille, armant leur cœur d'une impiteuse félonie, et se préparant à l'exécution de leur cruel dessein. Mais le plus hardi d'entre eux fut bien étonné et surpris, voyant entrer à l'impourvu cette divine beauté, couronnée de pierreries et parée de ses plus précieux vêtements, laquelle étoit suivie de ses damoiselles toutes accoutrées en deuil et portant en leurs mains, l'une du venin, l'autre des couteaux, l'autre du feu, l'autre des cordes et tous autres instruments mortels. Adonc s'étant la reine mise au milieu des princes, discourut fort longuement qui elle étoit, de quel lieu et parentage, les pénibles aventures souffertes, et enfin l'honneur qu'elle avoit reçu en ce royaume par la grâce de son seigneur et mari ; puis, changeant tout en un coup et ses yeux et sa voix : « Il est donc temps, dit-elle, à cette heure, que je paye tant de bien reçu, voire avec usure ; ce qui ne m'est point grief, pour être toute ma vie accoutumée aux misères, sinon que j'ai deuil du tourment et déplaisir que je sais qu'en recevra celui qui n'avoit point mérité de ses sujets si grande ingratitude. Mais bien, puisqu'il est ores question de mourir, et que mon cruel malheur m'a conduite à cette piteuse fin, venez, mes amis, et que votre dur cœur élise ici (se tournant vers les ferrements qu'elle avoit fait apporter) quelle mort il vous plaît que j'endure. Voici tout prêt de quoi me bien traiter, et me voici encore plus prête, pour franchement endurer toute sorte de tourments qu'il sera possible à ce pauvre corps. Venez donc vous soûler de mon sang innocent ; venez, et puisque ma vie vous déplaît tant, que ma mort au moins vous contente ! venez, venez, et défaites ce corps, que votre bon roi a si étroitement embrassé ! Mourons, mourons, Viergine, et bâtissons de nos cendres un tombeau qui témoigne à jamais combien une chaste vie fut cruellement guerdonnée. Or, adieu, mon cher seigneur ; quelque part que votre vaillance vous ait conduit, Dieu vous veuille chérir d'une éternelle félicité, en récompense de la mienne si brève, et que jamais la mémoire de votre chère Viergine ne puisse sortir de votre souvenance ! » Puis, se tournant vers sa fidèle damoiselle, la baisa, avec un long adieu. Et, se prosternant en terre, leva ses yeux humides et ses mains jointes vers le ciel, en l'attente d'un coup mortel. Mais, ô combien est grande la puissance

---

querelles fameuses, qu'on est tout surpris de voir paraître ici sous le règne de Guillaume le Conquérant, n'éclatèrent qu'au commencement du quinzième siècle. Le seigneur d'Yver traite l'histoire un peu trop sans façon.

[1] C'est la fable de La Fontaine imitée d'Ésope : *Conseil tenu par les rats*, II, 2.

d'une innocente, accompagnée d'une discrète parole, puisque tous ces princes, assemblés pour la ruine de cette dame, n'eurent le pouvoir de lui méfaire; ains, ayant leur dure poitrine rompue de compassion, se jetèrent aux pieds d'icelle, remplissant toute la salle de pleurs et doléances, et lui requérant pardon de leur audace : ce que sa douce amitié leur accorda facilement, les priant, avec embrassades, de n'être si ennemis de leur roi, qui leur étoit si bon. Auquel pour retourner, il nous faut entendre que tout lui succédoit si bien en ses guerrières entreprises, que, ayant rasé la côte de Frise, il conquit tout le pays qui est entre la bouche du Rhin et celle d'Albe, faisant plus que les Césars, qui jamais ne passèrent outre. Et n'eût là planté ses trophées, qui aspiroient bien à plus longues étendues, si Fortune, envieuse sur sa vertu héroïque, ne se fût opposée à cette gloire, par le plus étrange accident, qu'il seroit possible de penser. Car vous devez entendre, bénigne compagnie, que quand les princes conjurés furent au banquet, comme avez entendu, un d'iceux, sachant la tragédie qu'on avoit proposé de jouer, ne s'y voulut trouver ; ains, pour éviter l'inimitié du roi à l'avenir, s'en exempta; et, se dérobant, vint en diligence trouver le roi en son camp, afin de témoigner, par cet alibi, qu'il n'étoit assistant à ce forfait : auquel, après avoir fait très-humble révérence à Sa Majesté, d'une face triste, lui dit : « Sire, si jamais votre vertu vous a servi, c'est à ce coup qu'il la faut mettre en pratique, et vous armer de constance pour surmonter la douleur que je sais que vous causeront les tristes nouvelles que mon devoir et mon malheur m'ont contraint de vous apporter; que plût à Dieu que je fusse né sans langue! — Et qu'est-ce, mon ami? dit le roi : comment va tout? et comment se porte ma Viergine? — Ah! sire, répond le gentilhomme, je ne sais par quel bout commencer pour satisfaire à vos demandes ; mais, puisqu'il vous faut savoir tout au vrai, sachez, sire, que vos princes, se déplaisant de cette longue guerre, et estimant que la reine en fût cause, ont, par un conseil sanguinaire, résolu d'y mettre fin ; fin, dis-je, la plus malheureuse du monde ; car ils ont, par une félonie enragée, mis à mort la reine, et sont en danger de pis faire, si Votre Majesté, par un bref retour, n'y donne ordre. » Et ce disoit l'infortuné messager, ne cuidant jamais que cette dame, qui, comme il avoit bien vu, se mettoit elle-même la corde au cou, comme on dit, eût pu convertir à repentance ceux qui étoient en si ardente dévotion d'effectuer leur volonté ; et ne se souvenoit qu'ainsi firent jadis ces braves Romains Marc Crasse et C. Marius [1], qui, par la seule force, l'un, de sa langue, l'autre, de ses yeux, firent tomber et le couteau et la volonté cruelle des bourreaux. Ces paroles firent une si grieve plaie au cœur du roi, qu'il se laissa choir pâmé entre les bras du comte d'Orset, où peu s'en fallut qu'il ne roidît d'une mortelle angoisse. Et bien servit au rapporteur de s'ôter soudain de sa présence, car il eût sans doute été payé de sa peine et diligence par un coup de poignard; aussi, étoit-ce bien ce qu'il méritoit pour son fol et malheureux rapport. Or, le roi, revenu à soi, entra en telle fureur, que, si on ne l'eût retenu étroitement, il jouoit le personnage d'un Ajax ou d'un Oreste ; mais chacun s'efforça de le modérer : « Eh quoi! sire, dit le duc de Clarence, où est ores cette ancienne vertu par laquelle, comme d'un ferme aviron, vous aviez accoutumé de régir et assurer toutes vos actions parmi les flots divers de la Fortune? Où est cette constance, de laquelle, comme d'une bride, vous domptiez vos rebelles passions, vous faisant triompher par la glorieuse victoire de vous-même? Voulez-vous, à l'appétit d'un simple rapport, qui n'est qu'un vent, laisser aussi ébranler votre naturelle magnanimité? Retournez, retournez à vous, sire, et vous fortifiez d'un courage vraiment royal, pour mater ces furieux mouvements, et prenez loisir de savoir plus à plein comment tout va. Que si votre peuple vous a osé faire cet outrage, nous sommes pour vous aider à en prendre une mémorable vengeance, qui vous est plus décente, que ces gémissements féminins ; et vous assurez que nous mourrons tous pour votre vengeance. Il faut, il faut que ce méchant peuple, abusant de votre douce rosée, sente votre horrible tonnerre. » A quoi le roi répondit : « Ah! mes

---

[1] Nous ne trouvons pas en quelle circonstance Marcus Licinius Crassus arrêta d'un regard ses assassins. Le dictateur Caïus Marius, vaincu et caché dans les marais de Minturnes, frappa de respect et de terreur un Cimbre qu'on avait envoyé pour le tuer, en lui disant : « Auras-tu le courage de tuer Marius ? »

amis, qu'il est aisé de conseiller autrui, au prix qu'il est de se conseiller soi-même! Eh! où voulez-vous que je trouve désormais consolation, sinon en la seule mort, puisque j'ai perdu celle qui me faisoit aimer la vie? Ha! peuple brutal, peuple endurci, peuple de fer, as-tu bien osé si ingratement reconnoître la bonté de ton roi? Ses bienfaits ne t'ont-ils pu émouvoir? ou son ire puissante ne t'a-t-elle pu faire craindre? Hélas! un même soleil mollit la cire et endurcit la fange : aussi, le bienfait gagne les bons et irrite les méchants. Mais, hélas! gent cruelle et insensée, as-tu bien eu le cœur d'offenser celle à qui les lions et les tigres eussent baisé les pieds? Cette céleste beauté et ses parfaites grâces n'ont-elles pu fléchir ta félonie? O Viergine! Viergine! ma chère Viergine, perle vive d'Orient, vous devois-je amener entre un peuple sans merci, qui, n'ayant en eux le sentiment pour connoître votre valeur et mérite, vous ont si malheureusement sacrifiée? Las! est-il donc dit, ma Viergine, que je vous ai pour jajamais perdue, et que plus ne verrai votre face tant aimée?» Ce disant, tourna la face de l'autre côté; et, surmonté de sa furieuse passion, tâta d'une main tremblante où son las cœur panteloit; et, en ce même lieu, appuyant la pointe de sa dague, se jette d'un courage mortel, si droitement dessus, qu'il se l'enfonça jusques aux gardes; de sorte que ce grand cœur, où la hardiesse et l'amour avoient toujours fait leur demeure, étant outragé par celui qui le devoit si bien défendre, reçut paisiblement la venue d'une paisible mort, qui, déliant l'âme de tant de travaux, la fit jouir d'un repos éternel [1]. Et ainsi fut enfin dompté par la douleur celui qui ne pouvoit être dompté que par soi-même. Or, les princes, étant autour de lui, cuidoient qu'il se fût tourné, pour, se conseillant à sa raison, mûrir peu à peu cette âpre douleur; mais, le voyant débattre, s'aperçurent trop tard de ce qui en étoit, dont ils firent tel deuil, que méritoit une telle perte. Toutefois, de peur d'épouvanter le camp et donner cœur à l'ennemi, qui redoutoit plus le roi que les soldats, desquels la conduite est volontiers plus requise que la forme, feignirent que le roi étoit malade et vouloit aller passer l'hiver en Angleterre. Parquoi, ayant mis fortes garnisons aux places plus requises pour garder les pays conquis, ployèrent bagage; et, rentrant dans leurs navires, reprindrent la route d'Angleterre. Incontinent que la reine fut avertie, par ceux qui découvroient sur le havre la flotte, que le camp retournoit, elle commanda en toute diligence, que tous les états [1] se missent en ordre pour aller au-devant du roi et le recevoir en triomphe, où elle-même, avec toutes les dames de sa cour, s'y voulut acheminer. Ainsi, tous les princes marchoient avec des rameaux de fleurs et portoient en grande pompe une couronne de laurier sur un char tiré par quatre chevaux blancs, environné de chantres et joueurs d'instruments de toutes sortes. Mais, hélas! amiable troupe, où allez-vous de si grande affection? et toi, pauvre dame (qui, d'extrême joie, ne te peux contenir), las! où volez-vous si hâtivement? Comme si vous ne deviez jamais recevoir assez tôt le mal, qui vous vient trouver en grande diligence! Comme un beau soleil qui tout soudain est obscurci d'une morne nuée, ainsi cette liesse fut soudain changée en amère tristesse, incontinent que, étant au bord de la mer, ils surent la piteuse aventure. Mais, comme la reine étoit comblée de plus grand'aise, aussi fut-elle troublée de plus forte douleur, quand, hélas! au lieu de son roi, son chevalier de Meffi, qu'elle s'attendoit de recueillir si doucement, elle ne trouva, en une triste litière, que le corps froid, duquel l'ardent amour avoit ôté l'âme; dont l'objet, lui remettant la mémoire de ses violentes affections, la contraignirent de se jeter et étendre, toute pâmée, dessus, l'embrassant si étroitement, qu'on eût dit qu'elle étoit jugée par le tyran Mézence, qui lioit les corps vifs aux morts; sinon qu'elle sembloit mieux morte que le vrai mort, qu'elle vouloit vivifier et ressusciter. Et, pource qu'il est impossible, quand bien j'aurois la langue de fer, et la bouche d'acier, et que ma voix seroit d'airain, de dire les mortelles angoisses qu'endura l'âme désolée de cette princesse, j'aime mieux n'en

---

[1] C'est pousser un peu loin la liberté du roman que de faire mourir ainsi Guillaume le Conquérant, qui mourut au château d'Hermentruville, dépendant de l'abbaye de Fécamp, le 9 septembre 1087, âgé d'environ soixante ans, après en avoir régné vingt sur l'Angleterre.

[1] Les trois ordres ou *états* du royaume; clergé, noblesse, peuple.

dire rien qu'en dire peu, faisant comme ce peintre Timante, qui, ne pouvant exprimer bien au vif avec le pinceau le deuil d'Agamemnon voyant immoler sa fille unique, lui couvrit la face. Ainsi ce misérable roi Psammitie[1] ne pleuroit point, voyant traîner ses chers enfants à la mort, comme il fit quand il vit mener son ami, disant que le deuil de ses enfants étoit trop grand pour pouvoir être pleuré ; et ainsi, la rigueur de l'angoisse eut tant de pouvoir en cette princesse, qu'elle ne put jeter aucun soupir, et fallut la lever morte de ce dernier embrassement. De quoi chacun fut fort étonné, pource que les médecins assuroient que les femmes ne peuvent mourir de tristesse, quelque soudaine et terrible qu'elle puisse être, si que les livres ne font mention que d'une Laodamie ayant entendu la mort de son mari (encore, disent les bons compagnons, ne sait-on si ce fut point de joie). Vrai est qu'aussi Julie[2] mourut d'une appréhension de Pompée son mari ; mais ce qui la fit mourir, fut pour avoir accouché avant son terme. Et, ce qui étonna plus en cette soudaine mort, étoit que cette reine n'avoit point la couleur d'une étouffée ; tellement, qu'après s'être bien empêchés tous à en chercher la cause, n'en trouvèrent d'autre, sinon que l'épingle, qui attachoit son collet, étant déprise et délâchée, avoit, par cet étroit embrassement de ce corps dur, entré sous la mamelle gauche jusques à son petit bouton, offensant le cœur, lequel, ne pouvant souffrir aucun autre mal que la mort, après avoir appelé à soi tout le sang, quitta le gouvernement du corps qui lui avoit été commis. Et, ne doute pas qu'un tel accident ne vous semblât étrange, si, de notre temps, l'exemple d'une grande dame de Dauphiné n'aidoit à nous le faire croire ; laquelle, poussée en jeu par un gentilhomme, se piqua de son aiguille au pouce ; dont s'ensuivit convulsion de nerfs, qui, après une fièvre âpre, la livra soudain à la mort[3]. Et celle fut volontiers la cause que jadis ces Romains, l'un, pour s'être heurté du pied contre le seuil de la porte du palais, et l'autre, pour s'être blessé au doigt en ouvrant sa porte, tombèrent tous morts à terre. Or, si ceux-ci, pour s'être seulement blessés au pied ou à la main, ont perdu la vie, ne nous émerveillons si une plaie faite au cœur, a pu avoir autant de force. En quoi nous reconnoîtrons, qu'il a semblé raisonnable à la céleste volonté, que ceux qui avoient vécu en une même affection, mourussent pour un coup donné en même endroit. Las ! que la mort des humains est attachée à peu de cas, puisqu'une épingle est suffisante pour nous tuer ! Et ne faut nous étonner si un Anacréon, en buvant, mourut par un pepin de raisin ; ou Ap. Sauscie, en humant un œuf ; ou ces deux empereurs, pour s'être entors le pied en se chaussant au matin. Ainsi finirent, vertueuse compagnie, les amants, qui n'eurent le déplaisir de vivre l'un sans l'autre. Et, comme c'est notre méchant naturel de ne faire compte du bien, sinon après que l'avons perdu, et que le regret nous apprend sa valeur ; ceux-ci qui, en leur vie, avoient été si mal reconnus par leurs peuples, orcs étant morts, furent plaints de larmes éternelles ; et ces sujets misérables donnèrent témoignage que leur ingratitude étoit mortelle, par les funérailles somptueuses qu'ils célébrèrent, et le tombeau richement élaboré qu'ils firent à leurs princes ; où (sachant que, si leurs âmes avoient encore quelque souci de leurs corps, ils n'auroient rien plus agréable) ils les mirent, les faisant, en cette conjonction, jouir d'un pareil repos ; puis érigèrent, pour enseigne de cette glorieuse mort, une image de Loyauté, qui étoit d'androgyne figure, et tenoit en une main une palme, et, en l'autre, une table de fin or, où étoit écrit :

> L'orient et l'occident,
> Par une sainte alliance,
> Assemblèrent l'excellence
> De leur trésor le plus grand ;
> Mais de deux peuples l'envie,
> S'opposant à si grand bien,
> Rompit cet heureux lien,
> Conjurant contre la vie
> De deux, que les vrais amours
> Feront revivre à toujours.

Sous ce tableau étoit dépeint un coq et un pigeon, qui sembloient s'être entre-tués l'un l'autre, avec un écriteau tel :

---

[1] Psammenite, roi d'Égypte, 525 ans avant Jésus-Christ, fut vaincu, détrôné et mis à mort par Cambyse, roi de Perse.

[2] Elle était fille de César, et aimait si tendrement son mari, qu'en voyant la robe ensanglantée de Pompée, elle crut qu'il avait été tué et mourut des suites d'une fausse couche.

[3] Ce fut sans doute une attaque de tétanos, terrible maladie alors peu connue des médecins.

Les armes et les amours
Aient ici leur recours.

Voilà la réparation de la faute que fit ce désolé peuple, déchirant leurs vêtements, leurs cheveux et leur poitrine. Las! quelle compassion de voir rompre les trompettes, cornets, hautbois, et tous équipages préparés pour le triomphe, et, au lieu d'instruments joyeux, n'ouïr que cris et gémissements désolés, et, au lieu de rameaux verts, ne voir que torches fumantes de tristesse! Ah! impiteuse Mort, je ne sais si je te dois blâmer d'avoir, en éteignant cette royale lumière de vertu, causé si grande angoisse, ou louer de ce que, faisant regretter un bien tant méprisé, tu as fait voir les aveugles et fait connoître à un peuple insensé sa faute (combien que ce soit à son grand dommage), et l'as contraint de faire comme ce grand empereur[1], qui si amèrement pleura sur la tête de son capital ennemi Pompée. Ainsi, cet excellent Metelle fit, par ses propres enfants, porter en terre son grand ennemi Scipion, honorant tant celui qu'il avoit tant haï, montrant que son inimitié étoit mortelle. Mais, hélas! faut-il que la Vertu ait si dure inimitié avec l'Envie, que, pour s'exempter de son injure, il lui faille avoir recours à la mort? comme l'or, quand la rouille l'empêche de montrer sa riche lueur, ne demande qu'à être mis au feu, auquel seul il peut résister, et, par ce moyen, se venger et défaire de son adversaire. Or, pour conclusion, nos Anglois firent le deuil de leur perte, laquelle ils connurent soudain, et peu après l'expérimentèrent : qui fut lorsque les Danois, Saxons, et ceux d'Austrasie ou Lorraine, se ruant sur ce royaume orphelin, chassèrent cruellement, pour s'en emparer, les anciens habitants; lesquels vinrent se retirer en cette partie, que, de leur ancien nom, ils nommèrent Bretagne (car la Bretagne ancienne s'appelle aujourd'hui Angleterre); tellement que, par cette piteuse histoire, vous avez pu voir clairement, gracieuse compagnie, mon dire être très-véritable, que les misères qui surviennent en amour, ne proviennent point d'une téméraire fortune, ains sont machinées par les secrètes malices de l'envie, qui le suit comme l'ombre fait le corps. Qu'ainsi ne soit, voyons un peu les pratiques de ce monstre, et de quelles ruses il combattit le bonheur de nos si parfaits amants. En premier lieu, le roi ne pouvoit-il pas vivre très-content et fortuné avec sa Viergine conquise à force d'amour et non à force d'armes, si le roi de Danemarck, suscité par l'envie, ne se fût opposé à un bien, où il n'avoit aucun intérêt? Et puis, par la juste volonté du ciel, supprimoit-il pas cette folle arrogance du Danois, si l'envie, se voyant vaincue d'un côté, ne l'eût assailli par un autre, d'où il s'assuroit le plus (comme un bateau qui, enfonçant par un bout, se dresse de l'autre par une inégale balance) faisant son peuple ennemi de sa félicité, et le suscitant à le travailler, lorsqu'ils lui devoient prêter tout secours et assistance? »

Lors, ainsi que chacun faisoit semblant de se vouloir jeter à l'escarmouche, et débattre les matières plus profondément, la dame remit la partie au lendemain, où, s'il vous plaît, aimable lecteur, nous nous trouverons.

[1] Jules-César.

CINQUIÈME JOURNÉE.

Je ne m'étonnerai plus si celui [1], qui par sentence divine fut jugé le plus sage d'entre les humains, disoit qu'il ne savoit rien, et si, étant interrogé de quelque chose, il n'en vouloit jamais répondre avec assurance; ains, sans en vouloir être cru, disoit douteusement un « il semble, » ou « peut-être, » voulant, par cette modestie nous montrer, qu'il n'y a rien si certain qui ne soit fort incertain, et qu'il se faut assurer que tout est mal assuré et douteux; qui est cause que tant de gens sont trompés pour se trop assurer, et fonder sur cette branche fragile, qu'on appelle *cuider savoir*; de sorte que, comme Ixion (disent nos poëtes, couvrant la vérité de mensonges), pensant embrasser la déesse des cieux [2], n'embrassa qu'une fausse nuée qui la ressembloit, d'où furent engendrés des centaures; aussi, tel se fait fort et se vante de tenir la vraie vérité, lequel, s'il avoit les yeux bien ouverts, verroit que ce n'est que vanité et mensonge, d'où s'engendrent des résolutions aussi absurdes, cornues et monstrueuses, que les songes d'un malade. Pour cette cause, dis-je, ne m'étonnerai plus, si, en notre collège champêtre, une question, qui sembloit si claire, est si débattue. En quoi il me semble que nous devons savoir bon gré à notre noblesse [3], qui ne veut, à la mode des orgueilleux sophistes, répondre témérairement, pour après être contraints de se dédire ou d'être démentis par la vérité; ne à la manière de ce moqueur Thalès, qui, interrogé lequel avoit été le premier ou le jour ou la nuit, répondit que la nuit avoit été d'un jour seulement plus tôt; mais comme vrais philosophes sondent tout pour trouver la vérité, qu'ils cherchent pour guide, et, de peur d'être payés en monnoie fausse, éprouvent au poids et au son les raisons qui se proposent. Lesquels si nous allons voir si matin, nous trouverons encore au lit, lassés des folâtres ébats qu'ils se donnèrent au soir, après que nous les eûmes laissés. Sachons donc qu'iceux (comme s'ils eussent voulu prendre les arrérages du passé, et provision pour l'avenir travail) ne se réveillent que bien tard; aussi que le soleil couvert et offusqué d'un obscur nuage (causé de la chaleur précédente) sembloit comme d'une courtine favoriser au dormir du matin. Et, ce qui les avertit de se lever, fut un petit tonnerre commençant à grumeler [1] aux approches de deux contraires qualités conçues en l'air (ce qu'en Poitou on appelle *chaline*). Or, étant enfin levés à quelque peine, allèrent, les yeux chargés moitié des reliques du sommeil et moitié de honte, donner le bonjour à la dame; qui eût volontiers accusé leur paresse, sinon qu'elle avisa ses filles habillées à demi; encore eût-on dit qu'elles s'étoient levées, premier qu'être réveillées, de peur d'être les dernières au lit: qui fut cause que toutes querelles cessèrent d'une part et d'autre. Pour lesquelles divertir, la dame les menoit voir les salles et galeries du château, où l'on rencontroit diverses sortes de jeux, comme de palemaille [2], de barre, d'escrime, de bille, de balle, de paume, la jument de bois pour voltiger, et tous autres exercices, qu'elle estimoit servir de sauce pour leur donner appétit; de quoi, après ces grandes promenades, ils n'eurent point faute; ains se récompensèrent bien du déjeuner que le dormir leur avoit dérobé. Or, pource que la dame vit le temps mal disposé à s'ébattre au dehors, et qu'elle estima que ce tonnerre du matin apporteroit des vents, comme le tonnerre du midi engendre des pluies, elle commanda qu'on servît pour le dîner au couvert [3], et voulut que ce fût en la chambre de Vénus. Car, notez que tous les dieux et héros du temps passé donnoient le nom à chacune chambre du château, et les couleurs et les propriétés. Et cette magnificence fut jadis imitée (mais de bien loin), et, partant, je dis imitée, encore qu'elle ait été précédée par le Romain prodigue Lucullе. Or, étant tous en cette chambre de Vénus, où toutes gaietés de couleurs, chants de tous oisillons domestiques et nourris en des voliers [4], toutes odeurs et autres délices

---

[1] Salomon. — [2] Junon.
[3] C'est-à-dire, les dames et les gentilshommes qui composaient le *collége champêtre* du château d'Yver.

[1] Pour *grommeler*. — [2] C'est le même jeu que le *mail*. — [3] Pour *à couvert*, dans la maison.
[4] Pour *volières*.

abondoient. Là, les tables furent couvertes, où chacun print place, non sans admirer la magnificence du lieu, et encore plus du service ; car, comme en la chambre du Soleil tous les vaisseaux étoient d'or, et les meubles ustensiles dorés, comme en celle de la Lune, d'argent, et ainsi des autres : ainsi, en celle-ci de Vénus, tout étoit de cristal peint en vert, jusques aux serviteurs mêmes, qui (comme ils avoient les robes faites exprès), étoient tous accoutrés en satin vert. Bref, tout étoit si exquis, que si ce philosophe [1], qui cracha contre la face du roi, eût été là, il eût été contraint de cracher en sa main, comme au lieu le plus abject. Or, étant tous à table, la dame, pour les semondre à faire bonne chère, prenant une coupe, dit en riant qu'elle buvoit à celui qui avoit mieux dormi. Adonc tous la remercièrent et demandèrent de quoi s'acquitter en semblable payement, qu'ils étoient obligés envers ses bonnes grâces ; mais elle s'opposa, disant qu'elle n'avoit entendu boire qu'à un, et vouloit savoir qui étoit celui-là. Or, chacun l'avouoit pour tel, jusques à ce que le sieur de Fleur-d'Amour dit : « Foi de dormeur! madame, je suis d'avis, suivant votre intention, que cette question se vide, m'assurant que ce sera à mon avantage et profit ; car je fais force sur le mot de *mieux*, et dis que j'ai mieux dormi qu'aucun, non pour avoir reposé plus longtemps en sommeil, mais pour avoir en dormant fait double profit, l'un au corps, l'autre à l'âme ; d'autant que, pendant que le corps reposoit, l'esprit jouissoit de sa vraie pâture (qui est doctrine, perception et révélation des choses inconnues), songeant une chose si mystique qu'il y auroit bien de quoi empêcher tous les plus spirituels saphnatopanes [2], mages, brahmanes et massorets. Et, ce n'étoit une chose ridicule ou fanatique, comme ces chimères, qui s'impriment aux cerveaux malsains et affectés d'humeurs pesantes ; mais, quelque portente [3], important quelque chose de considérable, comme le satyre, que songea Alexandre, et mille autres, aux saintes et profanes lettres. Car vous devez entendre, dit-il, que, sur le point du jour (où ces songes gagnent le nom de vérité), il me sembloit voir un beau grand volier tout couvert de diverses fleurs croissantes là autour de bon gré, pour la pâture des oiseaux de toutes espèces qu'on oyoit là-dedans chanter à l'envi fort mélodieusement. De là sortit, par un pertuis qu'on n'apercevoit, un oisillon beau en toute perfection ; qui, se fâchant d'être là enfermé soudain, déplia ses ailes, et prend sa volée par les champs. Mais, hélas ! le misérable n'alla guère loin, car il ne fut plutôt dans un arbre prochain, voltigeant de branche en branche, que voici un grand corbeau maigre et défait, et plus laid que s'il eût été trempé en eau chaude, lequel, prenant de ses griffes ce pauvre petit oiseau, le pressoit et faisoit crier, de telle sorte que je pensois bien qu'il le dépeçât et dévorât ; mais seulement il lui arracha avec son gros bec toutes ses belles plumes, lesquelles il mangeoit, et d'autant plus se rendoit maigre et affamé. Ainsi l'oiselet, tout plumé, tomba au pied de l'amandier, gémissant piteusement, et s'en alla tout tremblant à la cage, d'où si témérairement il étoit sorti ; mais, ainsi qu'il y vouloit rentrer, les autres, comme ne le connoissant point en cet état, le chassèrent honteusement ; de sorte que force fut au misérable, pour ne pouvoir plus brancher, de se cacher en terre, où un méchant serpent survint, qui le tua, et le traîna en sa caverne. Or, si quelqu'un a l'esprit d'un Joseph ou d'un Artémidore [1] (comme Pythagore avoit l'esprit d'Euphorbe), qu'il me dénoue cette question, et je l'estimerai quelque Œdipe. Cependant, je requiers qu'étant jugé le mieux avoir dormi, on me donne pour me défendre les armes desquelles j'ai été assailli par madame. » Adonc, lui fut présentée la coupe de cristal vert. Lors, chacun commença à dire son opinion sur l'interprétation du songe : l'un prenant le volier pour le mariage ; l'oiseau qui en sortit, pour la pucelle dédaigneuse ; le corbeau qui lui mange son beau plumage, pour la vieillesse ; l'amandier, pour le repentir (témoin l'amante mal patiente, qui, s'étant pendue avec sa ceinture, fut changée en un amandier) ; par le serpent, la mort, et par la caverne, le tombeau. L'autre, par un sens plus hautain et surnaturel, prenoit la cage pour ce

---

[1] C'est Diogène, qui, visitant un palais magnifique, cracha au visage de son guide, en s'excusant de ne pas trouver un endroit plus convenable pour y cracher.

[2] Savans universels. Mais ce mot est sans doute altéré. — [3] Prodige.

[1] Dans la Bible, Joseph explique le songe de Pharaon ; Artémidore, d'Éphèse, qui vivait sous le règne d'Antonin le Pieux, est auteur d'un traité des songes en grec, intitulé *Oneirocriticon*.

monde, qui, comme un coffre, enserre les humaines sociétés; l'oiseau qui en sort de son fol mouvement, pour l'âme; le corbeau, pour le péché, qui nous souille et enlaidit; le serpent, pour le diable; la caverne, pour l'enfer. Un autre l'interprétoit moralement, et chacun, selon son divers instinct, ne plus ne moins qu'un bon cuisinier accoutre un œuf en diverses façons : où ils se profondoient et écartoient tellement, que je ne pense pas qu'ils n'y fussent encore, si celui qui leur avoit taillé cette besogne, ne les eût révoqués de ces spéculations abstraites, leur montrant qu'ils étoient plus grands rêveurs que lui-même; car lui ne rêvoit qu'en dormant, et eux rêvoient, en veillant, et même, qui pis est, étant à table. D'où s'étant levés, firent deux ou trois tours de salle, regardant attentivement les exquises peintures représentées par les parois, dont le champ étoit d'un vert si vif, qu'il eût fait honte aux plus fines émeraudes. Là étoient pourtraites, d'un art laborieux et subtil, toutes sortes de fleurs, et, parmi icelles, toutes espèces d'oiseaux, avec leurs blasons, par le moyen desquels on pouvoit faire parler des bouquets[1]. Or, cette salle étoit divisée en deux égales parties, l'une desquelles contenoit les histoires et figures de tous ceux qui avoient heureusement aimé, et en l'autre, ceux qui avoient été malheureux en amour : desquels, chacun, en un petit rouleau, portoit le discours de ses aventures. Pour la séparation de ces contraires amours, étoit, en un coin, élevé un trône de si grande magnificence et gloire, qu'il ne cédoit point à celui que Phaëton ne pouvoit regarder, sur lequel son père, le Soleil, étoit assis. Sur ce trône, étoit une Vénus en sa gloire, avec sa pomme d'or, environnée de ses Grâces et de ses Cupidons, qui la coiffoient et ceinturoient de fleurs, le tout étant soutenu par un colosse ayant la figure d'un homme moitié blanc et noir, si également parti, qu'il avoit le nez de deux couleurs (tel qu'il en fut vu à Rome, du temps que Torquate étoit chef de l'armée romaine); et tenoit de sa main blanche, tournée du côté des heureux amants, un tableau, et de la noire, tournée vers les malheureux, un autre, contenant en rimes toutes féminines :

[1] On voit par ce passage, que la langue des fleurs, qui a été inventée dans l'Inde à une époque très-reculée, était connue en France au seizième siècle.

EN LA MAIN BLANCHE.

Si elle est grande, elle sent sa déesse;
Étant petite, elle en est plus habile,
Celle me plait qui proprement s'habille,
Et la beauté mal parée m'oppresse.

Je meurs, voyant une chaste simplesse,
Et suis navré d'œillade trop gentille;
En âge mûr, l'amour est plus fertile,
Mais grand soulas loge en fleur de jeunesse.

L'embonpoint j'aime, et j'aime la grêlette;
J'aime la blanche et j'aime la brunette,
Le beau langage et le honteux silence.

Un ris, un chant, ravit mon âmelette;
Bref, en tout lieu vole mon amourette,
Et en nul lieu ne fait sa résidence.

EN LA MAIN NOIRE.

Si elle est grande, ô la grande paresse!
Mais l'avorton toujours crie et babille;
Une maussade est plus lourde et plus vile;
La brave, voir ses défauts ne nous laisse.

La sotte mine honteusement se baisse,
Et l'œil friand voudroit n'être plus fille;
En pâle fleur l'amour plus ne fretille,
Et le fruit vert, d'aigreur, les dents nous blesse.

Je hais la grasse et je hais la défaite,
La rouge, ou noire, ou pâle, ou rousse infecte,
Ou l'affectée, ou sotte contenance.

Un ris contraint, un chant feint qu'on apprête,
Que femme voir, je fais grand' conscience[1].

Ce que le seigneur de Ferme-Foi ayant premièrement découvert (car chacun étoit ententivement attaché par les yeux aux peintures qui hébétoient la vue de leur vive clarté, et faisoient plus que le peintre n'avoit voulu, représentant tous ceux qui les regardoient), éclatant de rire, s'écria : « Venez, venez ici voir celui qui résoudra la question et dispute que nous avons tous ces jours tant débattues; voici un juge qui ne se peut récuser, n'être[2] suspect : car, non-seulement il est également situé en son coin, n'inclinant ne d'un côté ne d'autre, mais est autant blanc que noir, ne favorisant non plus à une partie qu'à l'autre. Et pourquoi nous tourmenterons-nous davantage? soutenant un, que les malheurs d'Amour viennent de la malice de Fortune; l'autre, que c'est par l'envie, ennemie de tout bien; l'autre, par celle des femmes, puisque, après être

[1] L'omission d'un vers dans ce second tercet en rend le sens incomplet et inintelligible. — [2] Pour ni être.

dûment informé par tous les accidents bons et mauvais qui sont survenus à tous ces amants, ce ferme et constant procureur d'Amour, que voici, conclut qu'il ne faut chercher plus loin ce qui est en nous-mêmes, qui sommes et la cause d'amour et la cause de ce qui s'ensuit; comme étant amour une compassion indifférente qui prend sa qualité bonne ou mauvaise, selon l'habitude et disposition du sujet qu'il rencontre et par lequel il fait son opération organique, ne plus ne moins que les yeux, regardant au travers d'un verre, rouge, vert ou bleu, voient l'air rouge, vert ou bleu, sans, pour ce, changer en rien leur nature; tellement, qu'une chose peut sembler être ce qu'elle n'est point, comme montrent ces tableaux, disant que toute femme est aimable, et que nulle n'est digne d'être aimée. Ce qui est si véritable, que la preuve m'en seroit facile; si, par votre bon congé, j'étois reçu à interpréter cet arrêt prononcé jadis en robes rouges, sur le doute de Panerge[1], osant bien dire que l'amour de soi-même, qui volontiers nous domine, a empêché de juger équitablement, tant vous, mesdamoiselles, qu'aussi mes cousins. Mais, moi, qui ne veux flatter ou épargner une partie pour oppresser l'autre, je dis, sauf votre correction, que les misères d'amour viennent, partie de l'homme, partie de la femme; lesquels, au lieu de le nourrir et entretenir par une douce conjonction qui est sa propre nourriture, lui retranchent tellement la vie par discordes, jalousies, mépris et autres prisons de mariage, qu'ils le contraignent de mourir, comme on en voit journellement exemples et vous en dirois trop. — Je vous en prie, dit la dame; aussi bien, n'y avoit-il plus que vous à dire votre avis, lequel je pense qu'avez gardé à l'issue de table (comme on dit, qu'au fond gît l'épine) pour faire bonne bouche. » Adonc, étendant la main, présenta le bouquet au seigneur de Ferme-Foi, qui, après le grand merci et observation des courtoisies accoutumées, voyant chacun avoir prins place, après un petit silence, dit ainsi :

[1] On peut supposer qu'il faut lire *Panurge*, et que l'auteur fait allusion à l'arrêt rendu contre le juge Bridoye, qui jugeait les procès au sort des dés, dans le troisième livre du *Pantagruel*.

CINQUIÈME HISTOIRE.

Quand les anciens nous veulent faire grande fête de l'heur et félicité qui accompagnoit les hommes du premier siècle, qu'ils appellent l'âge d'or, entre les bonnes conditions et louables mœurs qu'ils remarquent en cette sainte simplicité, ils ne laissent jamais en arrière que les hommes de ce bon temps cultivoient et ménagoient leur petite terre, sans jamais perdre de vue leur cheminée; et ne s'aimoient point par une hardie curiosité d'aller, sur un cheval, ou dans du bois cloué et attaché pour baller au gré de l'eau, voir qu'on faisoit aux pays étranges; tellement, qu'il leur sembloit bien (puisqu'il avoit plu à Nature de séparer un peuple de l'autre, et par distance de lieux, et par diversité de langages), que c'étoit contrevenir à sa parfaite ordonnance et se rendre coupable de lèse-majesté envers elle; quand, non contents du pays à nous assigné dès notre naissance pour notre demeure, nous voulions aller ailleurs, et nous tourmentions pour tourmenter autrui. Et cette opinion a été gravée dans leur cœur si avant, qu'elle a été continuée de père en fils et donnée de main en main comme une cabale. Mais, ainsi qu'un couteau, ayant touché la pierre d'aimant, prend la vertu d'icelle et la communique à un autre couteau qu'il touchera, auquel, puis après, défaudra cette vertu de trop éloignée origine : ainsi le dernier âge (lequel, pour être de fer, avoit bien dégénéré de son aïeul) s'est dispensé de suivre cette loi naturelle, et, s'émancipant peu à peu, se sont licenciés[1] de faire quelque chose plus que leurs ancêtres; tellement que, lassés de leur labourage, ont prins souci de voir quelque chose de nouveau. Or, cette curiosité de voir le monde leur a coûté si cher, et tant fait endurer de malaises, qu'ils ont été induits d'avoir les voyageurs en singulière recommandation, les mettant au premier rang de charité, et leur donnant sauvegarde d'un Jupiter tout à part pour eux[2]. En quoi ils ont encore aucunement recueilli la mémoire des

[1] Se sont donné licence.
[2] Les anciens comptaient plus de trois cents Jupiter ou du moins donnaient à ce dieu plus de trois cents surnoms, dont chacun exprimait un de ses attributs ou un de ses bienfaits. Ne s'agit-il pas ici de Jupiter *Custos* ou de Jupiter *Hospes* ?

anciennes coutumes, reconnoissant quasi la faute faite contre Nature. Toutefois, les plus sages qui sont venus après, tant s'en faut qu'ils aient estimé le pèlerinage contrevenir à Nature ; que même ils n'ont rien jugé plus digne de l'homme, et qui le rendît plus excellent que les bêtes, lesquelles ne bougent de leurs pâturages coutumières[1], ou les plantes, qui ayant le pied attaché à leur terre maternelle, sont asservies à demeurer toujours en un même lieu ; et ont pensé n'y avoir rien plus recommandable pour l'entretien de la société humaine, que le commerce et fréquentation des étrangers, apportant, par une communication des commodités propres et péculières[2], utilité et profit. Partant, les histoires nous font foi d'un Platon, Anacharsis, Pythagore, Solon, Apollonius[3] et une infinité d'excellents philosophes, qui ont avec si grande peine tracassé[4] par le monde, pour apprendre de quoi se rendre (à leur retour) admirables à leur nation. Mais, si quelques-uns, piqués de cet éperon, ont acquis louange d'éternelle mémoire, beaucoup ont perdu leur temps et leur peine, n'ayant autre fruit de leur labeur qu'un repentir. Car, tout ainsi, que de plusieurs archers qui visent, il n'y en a qu'un ou deux qui frappent le blanc et rapportent le prix honorable ; ainsi, beaucoup vont à Corinthe, mais peu y entrent[5] ; et de tant de coureurs, peu reviennent plus habiles qu'ils n'ont été, faisant plutôt trafic du mal que du bien, et principalement aujourd'hui, que le monde est si corrompu ; non, que je veuille qu'on retournât encore à la lourderie du temps passé, où les hommes tous barbus portoient le béguin, bavant et bégayant dans le giron de leur mère, couchant entre leur sœur et la chambrière, et allant à cheval sur un bâton. Mais aussi je suis contraint de blâmer la folle opinion que la plupart ont des étrangers, et principalement de l'Italie, n'estimant point un homme bien deniaisé s'il n'a sorti du nid de France pour faire un voyage delà les monts ; comme nous en avons l'exemple en deux jeunes hommes,

[1] Nous croyons que l'emploi de ce mot au féminin est une faute d'impression.
[2] Spéciales, particulières.
[3] Apollonius de Thyane, qui passa pour un dieu et reçut un culte après sa mort.
[4] Couru, voyagé.
[5] C'est le proverbe latin : *Non omnibus licet adire Corinthum.*

dont je vous veux faire un conte, duquel les merveilleux accidents pourroient dérober la créance due à une véritable histoire, si les personnes n'étoient encore pleines de vie pour l'autoriser par leur propre témoignage : qui sera cause que, pour épargner leur honneur, je déguiserai tous les noms. Sachez donc, favorable compagnie, que naguère, en la ville de Padoue, assez renommée, tant pour son antiquité que pour la célèbre université que les Vénitiens y entretiennent, deux écoliers se rencontrèrent ; lesquels, comme font ordinairement ceux d'un même pays, se trouvant parmi les étrangers, s'allièrent d'une fort étroite amitié. L'un desquels étoit de Poitiers, et l'autre, de Xaintes. Iceux, un jour, se voyant, de bonne aventure, quelque argent reçu par la banque, s'avisèrent que c'étoit grande folie à eux d'être venus de si loin pour étudier, vu qu'ils le pouvoient aussi bien faire en leur pays, où le latin étoit tout de même qu'ailleurs ; partant, que ce seroit bien plus finement fait à eux s'ils alloient un petit voir le pays pour remarquer les singularités d'Italie, comme en quel lieu on s'accoûtre mieux et où l'on boit de meilleur vin, vu qu'autrefois, pour cette cause, une armée de Gaulois passa bien les monts, afin d'en pouvoir parler quand ils seroient de retour à leur maison. Ce qui fut délibéré et exécuté si promptement et gallement[1], qu'en moins de six mois il n'y avoit courtisane en tout le pays, qu'ils ne connussent mieux que l'argent de leur bourse : lequel, s'envolant avec le bon temps, jouoit la fausse compagnie à ces chevaliers errants, qui n'étoient point si grands usuriers, que les juifs qui sont en ce pays leur dussent porter envie. Mais, hélas ! comme toutes choses par la loi humaine sont sujettes à changement, Fortune, jalouse de ce folâtre contentement, coupa la trame de leurs plaisirs ; car lorsqu'ils s'embarquoient en des gondoles pour aller voir célébrer la magnifique fête de Saint-Marc à Venise, un homme apporta des lettres au Poitevin, que nous appellerons Claribel, par lesquelles un sien oncle lui mandoit qu'il s'en retournât en hâte pour gouverner sa maison et entrer en possession de la place qu'avoit tenue son père, lequel, depuis peu de jours, étoit passé de cette vie en l'autre et s'étoit acquitté de ce à quoi Nature a obligé tous les vivants.

[1] Joyeusement. Peut-être vaut-il mieux lire *galamment.*

Qui a vu un clair soleil tout à coup être ébloui et obscurci d'une épaisse nuée faisant son chemin incertain, il voit le triste étonnement de Claribel, et, pour l'amour d'icelui, de Floradin (qui sera le nom du Xaintongeois), quand il leur fallut rompre leur voyage entrepris, où ils avoient remis à faire leurs beaux coups; et quand le malheur voulut qu'ils se séparassent: qui fut en aussi grand regret, que l'âme se sépare du corps. Toutefois, se souvenant du voisinage de leur maison, qui leur promettoit bientôt une vue plus heureuse, se consolèrent d'espérance; parquoi, s'embrassant et disant l'adieu, le Poitevin laissa son compagnon héritier de ses amours transmontanes, et, l'avertissant de ne laisser au moins sa barbe en Italie, monte à cheval, qui, pour n'être pas fort chargé de lois, à grandes journées, apporta son maître à Poitiers, où il fut reçu de ses amis avec grande joie. Puis, après quelques propos consolatoires, pour l'allégeance du deuil paternel, chacun s'appliqua de marier ce nouveau venu, lui persuadant et remontrant que cela étoit nécessaire pour l'entretenement de sa maison. A quoi Claribel enfin s'accorda, puisque c'étoit un faire-le-faut. Parquoi, pour traiter de ce mariage, employa les plus grands menteurs qu'il put trouver, ayant ouï toujours dire qu'ils étoient les plus propres; les priant d'y faire comme pour eux, ayant pour agréable ce qui seroit fait, tant pour l'assurance qu'il avoit en la foi de ses parents, qu'aussi pour n'avoir pas peur d'être trompé, et qu'on ne lui donnât bien femme qui, pour le moins, ne le valût. Ainsi, il n'eut la peine, en tout ce pénible trafic, que de dire oui : ce qui fut sitôt fait, que notre patient fut tout étonné qu'on lui demanda la livrée[1], tellement que, après les coups de poing de fiançailles à la mode du pays[2], Claribel changea le deuil de son père pour les joies d'un nouveau ménage, où, comme c'est l'habitude, il commença soudain à changer de façon de faire, contrefaisant le suffisant et résolu, se retirant des compagnies folâtres et ne se communiquant plus qu'à ses esprits familiers. Bref, il print un nouveau conseil et délibération pour l'institution de l'état de sa vie à l'avenir; si que, se voyant force argent, tant de sa succession que de son mariage, proposa d'avoir un état de conseiller, et, pour cet effet, entreprint le voyage à la Cour[1]; faisant bien son compte que, ayant eu sa dépêche[2], il demeureroit quelque temps au barreau de la Grand'chambre, pour voir comment on se gouverne et apprendre à faire de même. Toutefois, il ne laissa de jurer à sa nouvelle femme d'être bientôt de retour. Or, laissons notre nouveau marié aller à Paris, au lieu que les autres ont accoutumé d'aller voir leur oncle, pour reprendre trèves des amoureux travaux, et retournons en Italie voir que fait le bon Floradin, où nous le trouverons avec la signora, faisant le messer à toute reste[3]; encore que sa gibecière fût fort mal en point. Mais les anciennes connoissances lui avoient donné si bon crédit, que, pour cela, il ne se sentoit avoir les ailes rognées, s'assurant que les lettres qu'il avoit données à son compagnon Claribel pour faire tenir à son père, ne seroient sans vertu, ains serviroient d'une forte rubarbe à la bourse du bonhomme son père[4]. Lequel, les ayant reçues, manda à son fils que son vouloir étoit de le retirer, estimant être bien temps de ce faire, vu l'espace de temps qu'il l'avoit entretenu en telle université, où il devoit avoir grandement profité; parquoi, lui enjoignoit de s'en retourner en France, et, afin de voir toujours quelque chose de nouveau, étoit bien d'avis qu'il passât par Valence, par Bourges et par Poitiers, où, s'il sentoit qu'il y eût moyen de faire quelque profit, consentoit bien qu'il demeurât encore quelque temps à repasser ses études sous le tant excellent Charles le Sage, soleil de son âge, de l'ouvrage duquel sont aujourd'hui parés les illustres parlements de France; espérant que, sous un tel personnage, son studieux esprit, rafraîchissant le passé, pourroit, en ces doctes discours, recevoir le plaisir qu'un voyageur prend, voyant

---

[1] On nommait ainsi les rubans de couleurs que portaient les gens d'une noce en l'honneur des époux, et qui avaient fait d'abord la jarretière de la mariée.

[2] Cet usage, que l'on nommait *souvenir de noces* et qui était en vigueur dans toutes les noces du Poitou et de la Touraine, est constaté par plusieurs chapitres de Rabelais (liv. IV, chap. 12, 14 et 15), où l'on voit ce que c'était que *bailler des noces*.

[1] C'est-à-dire, le parlement.

[2] C'est-à-dire, ses lettres de création expédiées en chancellerie.

[3] C'est-à-dire : faisant de toutes ses forces le gros monsieur

[4] C'est-à-dire : viderait la bourse de son père comme par l'effet d'une forte purgation.

en une carte la description véritable de tous les lieux où il a passé. Ce qui fut volontairement exécuté par l'obéissant fils, voire avec telle diligence, qu'il n'eut loisir de satisfaire à ses créditeurs, auxquels il fit banqueroute; je crois qu'ils sont encore après à attendre leur payement, et qu'ils quitteroient volontiers tous les intérêts. Étant notre Floradin de retour à Poitiers, il voulut bien montrer qu'il avoit vu du pays, et s'amusa à faire le casanier, disant qu'étudier étoit à faire à ceux qui ne savent rien. Parquoi, ce qu'il eut en plus grande recommandation, fut de se trouver en tous les festins et danses qui se faisoient, où il apprint aux plus grands maîtres comment il falloit bien danser la milanoise, la volte et la pavane[1]. Puis, en peu de temps, fit élite, d'entre les dames, d'une qu'il estimoit mieux mériter son service ; car de vivre sans aimer lui sembloit plus difficile que de vivre sans manger. Quant aux écoles, il les visita, seulement pour savoir dire où elles étoient et comment elles étoient faites, se contentant d'avoir le nom de chacun docteur en ses tablettes, afin d'en pouvoir parler s'il étoit ajourné pour en dire. Or, étant un jour en un banquet qui se faisoit en une des plus notables maisons de la ville, il eut le loisir de contempler à son aise les beautés, desquelles vous savez combien cette ville est bien enrichie et peuplée : où, se voyant au choix, il fut en grande peine; car si l'une lui plaisoit pour sa jeunesse encore verdelette, l'autre ne lui revenoit moins, montrant jà une fleur parfaite; puis soudain une autre se venoit recommander par je ne sais quoi, succurrant[2] tous ses gestes de telle grâce, qu'il sembloit rien n'être bien fait que ce qu'elle seule faisoit. Bref, son amour ambitieux vouloit tout embrasser, et cette trop grande richesse le rendoit pauvre, lui ôtant, en si grand choix, pouvoir de choisir. Mais enfin, comme un papillon, voletant de fleurette en fleurette, s'il est empoigné par un enfant qui par derrière le suivoit finement, a ses ailes dorées rognées de si près, qu'il demeure dans la main ouverte sans plus pouvoir fuir : ainsi, cet amant, couché au giron des damoiselles, desquelles, en peu de temps, il s'étoit rendu assez familier, pour n'être fort malaisé à apprivoiser sans toutefois outrepasser les limites de bienséance, et pour n'être mal appris,

et duit à pratiquer les bonnes grâces des plus mal gracieuses, faisoit tout à son aise revue de toutes ces beautés ; quand une damoiselle, lui décochant une œillade mignarde, sous un ris assez suffisant pour changer la pluie en beau temps, ôta à ce volage amour la liberté de courir plus outre, et le retint dès lors si étroitement attaché à la contemplation de ses bonnes grâces, qu'il n'avoit plus aucun plaisir, qu'à semondre par piteux regards cette beauté de redoubler le coup mortel et l'achever de tuer : dont advint, que par cette rencontre d'œillades, comme de deux cailloux qui s'entre-choquent, s'excita un feu, lequel, trouvant en la poitrine de ce gentilhomme un cœur de soufre, l'embrasa tout à coup. Ah ! infortuné Floradin, que tu as été prodigue de tes jeunes affections ! mais encore, accusé-je plus ton malheur de l'avoir adressé en lieu si mal propice et avantageux ; car, hélas ! le pouvoit-il pis advenir que de brûler si impatiemment de l'amour de celle, laquelle l'amitié de ton Claribel te devoit rendre si sainte, qu'ores ta pensée doit bien entre amis être appelée un sacrilège. Sache donc, infortuné, sache, que celle que tant tu aimes est à ton Claribel ; laquelle, sentant encore sa noce, n'avoit rien laissé au coffre qui pût avantager sa naturelle beauté, et avoit dans l'albâtre de ses joues le vermillon que lui avoit donné la nouvelle perte de son pucelage (remède contre les pâles couleurs), sans toutefois avoir encore, pour cela, perdu son rang coutumier entre les filles, ni laissé les folâtres contenances d'une infante. Le passionné amant, ne se pouvant contenter de voir seulement ce dont la vue lui étoit si dommageable, cherchoit tous les moyens d'accoster sa nouvelle maîtresse, pour recevoir, par la douceur de la langue, remède au mal que la rigueur des yeux lui avoient fait (sachant qu'il n'y a collyre qui puisse guérir le mal qu'un œil fait à l'autre). Or, quelque chose que ce soigneux amant essayât de faire, si n'eut-il, pour ce coup, autre commodité, que celle que lui apporta le départ de la compagnie ; car, lors il se leva, et, se tenant prêt, gagna le moyen de conduire sa dame : où il ne fut si fortuné qu'il s'attendoit, d'autant que, pour n'être seul avec seule, ains avoir pour témoin un sien parent qui la tenoit sous l'autre bras, il n'eut le moyen de lui éclaircir par paroles ce que les yeux en leur secret

---

[1] Noms de danses anciennes.
[2] Secourant, accompagnant.

langage lui avoient jà dit. Ainsi devisant de choses un peu éloignées de leur intention, arrivèrent à petits pas au logis de la damoiselle, où force fut de prendre congé. Adonc elle remercia gracieusement le gentilhomme de sa peine non méritée; à quoi il répondit, d'un œil inconstant : « Ha! mademoiselle, si j'étois si heureux que de me trouver en lieu, où par expérience je vous pusse montrer, comme je désire, quelle part vos bonnes grâces ont acquise en moi, vous diriez que ce bien et faveur ici que je reçois (lequel, comme si vous m'en deviez porter envie, vous appelez *peine*), est une des moindres parties du devoir qui m'oblige à votre service.» Puis, se voyant pressé de se retirer, sans oser passer outre, lui serra tellement la main, et elle, pour toute réponse, le regarda d'un œil si vif et dangereux, qu'à ce départ, chacun emporta des arrhes secrètes d'une affection mutuelle. Or, étant ainsi éloignés de corps par l'envie de la nuit[1] (car les esprits étoient trop étroitement conjoints pour pouvoir être séparés), Floradin, s'émayant[2], à son hôtesse, qui étoit une telle logée en tel lieu, sut que c'étoit une jeune damoiselle mariée avec un enfant de la ville, lequel, pour la mort de son père, avoit été retiré de je ne sais où, bien loin où il étudioit, comme on disoit; et aussitôt qu'il eut épousé cette fille, étoit allé quérir un office de conseiller. Soudain, par la réponse de la vieille, Floradin colligea aisément que, pour certain, ce nouveau marié étoit son Claribel, qui, ayant hérité à la seigneurie de son feu père, s'appeloit ores *monsieur de Fondargent*. Ainsi, sans faire semblant de le connoître, il se faisoit dire de point en point quel homme c'étoit, comment les noces s'étoient faites, et bref tout ce dont il se pouvoit aviser, jusques à ce que l'heure vînt de se mettre au lit, où le pensif amant eût bien désiré encore quelque vieille sibylle, pour le résoudre de mille doutes qui sourdoient en son cerveau creux; lequel assourdissoit son oreille à la raison, qui lui vouloit persuader sa faute; de sorte que (comme un navire soufflé de deux vents contraires, qui débattent furieusement lequel d'eux deux se fera maître), ores il maudissoit ses volages désirs, qui, sur leurs ailes, l'avoient porté à la pointe d'un roc inaccessible, où il n'est possible d'habiter, et, qui pis est, d'où il ne sauroit descendre; ores louoit son heureux destin, qui l'avoit adressé en si avantageux lieu et où il savoit avoir bonne place. « Las! disoit-il, à quelle extrémité suis-je réduit, qu'il faille qu'un nouvel amour tue une ancienne amitié; me contraignant de perdre celui, auquel tant de plaisirs m'ont obligé; voire me perdre moi-même sans assurance de profiter en rien ne parvenir à l'attente de ceux qui aiment : qui est jouissance! Car, disoit-il, ces Poitevines vous entretiennent de courtoisies, sans jamais passer outre, et font espérer plus qu'elles ne donnent; mais la plupart des autres, mieux façonnées à l'amour, donnent sans dire mot, plus qu'elles ne promettent. » Soudain, la même bouche qui avoit dit ces paroles, par un repentir, disoit le contraire, se moquant et ayant honte du peu de courage qu'il avoit de mettre à fin chose dont l'heureux commencement promettoit si bonne issue; chose, dis-je, qui méritoit bien d'être acquise par quelque peine. Que si la fortune égale ou plutôt la sympathie et accord des affections naturelles symbolisantes, avoient rangé son ami et lui à l'amour d'une même, il ne s'en falloit étonner; car où il y a si étroite conjonction des esprits, l'un ne sauroit être affecté de quelque passion, que l'autre ne s'en ressente par une secrète contrainte. Et ne falloit, pour cela, penser faire tort ou violence à l'amitié, puisque la première loi d'icelle est que tout soit commun entre amis : « Qui sera cause, disoit-il, que de cette communication s'ensuivra confirmation d'amitié, et de cette alliance corporelle, l'alliance des esprits sera renforcée. » Or, si notre Floradin étoit martelé d'un côté et d'autre par diverses pensées, la damoiselle n'avoit pas meilleur marché; et, pource que ce nouveau mal lui étoit inconnu (car, encore que ses parents l'eussent mariée de corps, si n'avoit-elle point été mariée d'esprit et volonté; et encore n'avoit apprins que c'étoit d'amour), il lui étoit plus grief et importun; tellement que, se tournant çà et là par son lit veuf, comme si elle eût été couchée sur des ardents charbons, ou sur des poignants chardons, se plaignoit à soi-même : « Dea! disoit-elle, qui est-ce qui, ennemi de mon repos, m'a si étrangement charmée en ce banquet, que je ne peux dormir ores, que les yeux ouverts,

---

[1] Expression toute latine. On diroit aujourd'hui en poésie : *Par l'envieuse nuit.*
[2] S'informant avec surprise, s'enquérant avec curiosité.

plongée et noyée en un abîme de souci ? Las ! je connois bien maintenant que ce mien malheur m'a été occasionné par moi-même pour avoir trop vu. Mais ce qui plus violente mon âme, est que j'endure trop de mal, pour vouloir trop de bien à celui duquel la présence me caressoit si doucement, et l'absence me maltraite ores si fièrement. Ha ! mes yeux, pourquoi m'êtes-vous si dommageables ? que meilleur m'eût été d'être née aveugle ! Et vous, mon cœur, pourquoi avez-vous été si tendre et foible ? deviez-vous vous assujettir à ces pensées ? Que ne m'a Nature aceré[1] la poitrine pour faire reboucher la pointe de ces amoureuses passions. Las ! pourquoi ces beaux cheveux, mal ordonnés et paresseusement dressés, m'ont-ils trop plu ? Et pourquoi cette face libre et ouverte a-t-elle eu tant de grâces à me gagner ? Mais (puisqu'une maladie, plus elle est envieillie, et plus est aisée à guérir par un soudain remède), il me faut, de bonne heure, retrancher la trame de cette toile amoureuse, qui, m'ayant empêtrée[2] en ces fols désirs, rendroit ma vie misérable et mon honneur diffamé. Et puis, serois-je pas trop mal avisée d'exposer chose si précieuse à un inconnu ? puisque ces muguets sont coutumiers de se vanter de ce qui le plus souvent est faux, cherchant honneur aux dépens de la renommée des dames. » Ainsi la désolée amante faisoit son compte de fermer la porte à ce nouvel amour; lequel (comme un serpent qu'on marche sur la queue[3], se revire et pique le pied qui le presse), s'irrita contre cette rebelle, et lui réduisant devant les yeux de sa fantaisie la gentillesse de son serviteur, la faisoit dédire de tout. « Il est bien vrai, disoit-elle, que, s'il y a créature pour laquelle on dût faire quelque chose, cettui-ci le mérite. Ah ! que plût à Dieu, ami, que tu fusses venu plus tôt, ou jamais ! mais hélas ! tu es venu trop tard, et un autre a moissonné ton espérance. Las ! un autre, te devançant, a prins ce qui mieux t'étoit dû ; un, dis-je, qui, lassé de nos jeunes ébats, est allé se donner du bon temps ailleurs, jouissant du privilège que les hommes, faisant les lois, se sont donné; se licenciant injustement de faire ce que tant étroitement ils nous défendent. En quoi, jaçoit que nous y soyons intéressées, toutefois, jà à Dieu ne plaise, que j'en commence la plainte ! et plus tôt la terre me dévore dans ses abîmes horribles, plutôt, ma précieuse chasteté, que je consente jamais à votre perte ! Hé ! je ne doute point que quelque belle ne s'estimât bienheureuse de recueillir ce que je rejette, et jouir du bien que je refuse ; mais je consens qu'une à qui la honte ne fait point de tort, comme à moi, embrasse ce qui m'appartient, et lui cède volontiers mon droit prétendu, pour, malgré moi et avec grand travail, apprendre à refuser ce que je désire. Las ! la difficulté (à ce que l'expérience me montre) a fait estimer vertu, de s'abstenir du bien qui plaît. Mais, que maudite soit telle vertu, qui me fait tomber en une injustice et ingratitude ! car je sais que, faisant, je punirai non-seulement moi-même, mais ferai grand tort à celui qui méritoit bien quelque bon traitement, digne de son amour si violent et sincère; lequel, il m'eût volontiers décelé, si le temps et le lieu y fussent prêté faveur. Mais, de cette dure récompense que tu reçois, ami, tu ne dois accuser ma cruauté et rigueur, car je t'aime!... Eh ! qui ne l'aimeroit?...Voire, je l'aime tant, que contre mon propre désir je désire que le bon ange[1] te détourne de ton pourchas, sans te laisser plus longuement perdre ton temps. Las ! vois donc comment, pour t'être trop amie, je me rends ennemie de moi-même, et, combattant mes propres forces, trahis mon propre bien ? Parquoi, plutôt tu dois accuser ta peu favorable fortune, qui t'a fait aborder à si mauvais port, logeant tes désirs en une qui les voudroit volontiers bien traiter et bien reconnoître, si elle n'étoit tant rude et mal apprise à ce métier, qu'il te faudroit prendre par force ce qu'elle te voudroit déjà avoir donné. » Comme après un éclatant tonnerre, qui, avec son feu étincelant, menace de mettre tout le monde en poudre, on voit enfin toute la colère du ciel se fondre et résoudre en pluie violente : ainsi, l'impiteux Amour, ayant tonné, foudroyé et fait tous les efforts pour consumer le tendre cœur de cette damoiselle, lui fit, par cette chaude alarme, fondre l'amertume de son âme et distiller par les yeux, jusques à tant que la pointe du jour, qui apporte aux humains commencement de

---

[1] Garni d'acier, couvert d'une cuirasse.
[2] L'ancienne édition porte *empiétrée*, sans doute par erreur.
[3] Italianisme singulier, au lieu de : *Sur la queue duquel on marche*.

[1] L'ange gardien.

travaux, apporta à cette seule commencement de repos. Lors, tirant ses bras, lassés, du lit, l'un après l'autre, appela par plusieurs fois sa chambrière. Mais laissons habiller cette damoiselle, de peur qu'elle nous semble trop longue à coiffer, et retournons de grâce vers notre Floradin ; lequel, après avoir bien débattu à part soi, se résolut enfin de sonder le gué et tâcher d'en avoir, comme on dit, pied ou aile ; si que le mariage, au lieu de le divertir, comme il faisoit au commencement, ores l'enhardit et lui semble une belle couverture pour cacher l'Amour que les peintres ont fait tout nu ; et pour nourrir sa bonne espérance, se souvint du proverbe italien : « Avec le temps et la paille on mûrit les mâles. » Or, le temps lui sembloit long, comme le bien fort attendu tarde toujours trop ; quant au travail, il ne lui étoit rien, s'il eût profité de quelque chose ; mais la plupart étoit en vain, tellement qu'il ne pouvoit jamais rencontrer sa dame, encore que souvent il passât exprès et repassât devant sa porte, où, pour le moins, il devoit, ce sembloit, de rente, tous les jours un voyage. Dont advint que, pour le soulagement de ses pas perdus, il trouva moyen de se loger vis-à-vis de sa maison, faisant son compte qu'il ne seroit pas possible qu'il ne la vît quelquefois, étant toujours aux épies. Là étant, il ne failloit jamais de se trouver tous les soirs à sa fenêtre, qui répondoit à celle de sa mie, où, prenant son luth, qu'il savoit toucher fort doucement, contraignoit les cordelles de plaindre piteusement les amours de leur maître, et parfois entremêloit un chant si piteux et languissant, que je ne sais qu'on devoit plus estimer, ou la voix ou la main, qui, d'un si bon accord, se répondoient à l'envi. Et ne faut douter que le tendre cœur de la damoiselle ne fût extrêmement combattu de pitié, car un rocher en devoit être amolli ; mais elle se contraignoit tant, qu'elle n'osoit montrer à son impatient ami le bien qu'elle lui vouloit, et ne sais si elle avoit plus de peine à supporter son amour, ou à le bien cacher. De quoi, lui, demi-désespéré, commença un soir à pinceter son instrument accoutumé, sur lequel il chanta un sonnet tel, donnant l'accent tuscan[1], d'une fort bonne grâce.

> Douce beauté, mère de mon tourment,
> Puisque si mal mon mal tu récompenses,

[1] Pour toscan.

> Je me repens de ma persévérance,
> Et désormais je veux faire autrement :
>
> Je veux m'armer contre cet œil luisant,
> Qui, sous un ris, décoche sa nuisance ;
> Je veux boucher l'oreille à la puissance
> Du beau parler qui me va décevant ;
>
> Je veux fuir la tresse crêpelée
> Qui, d'un rêt d'or, m'a l'âme encordelée,
> Et ce sein blanc plein d'amoureux appâs ;
>
> Je veux chasser ce désir qui m'enivre,
> Pour désormais en ma liberté vivre....
> Las ! je le veux, mais je ne le peux pas.

Puis, reprenant, après une petite pose, sa complainte, l'adressoit contre la maison où ses amours étoient emprisonnées, et disoit :

> Toujours le ciel fâché ne foudroie ici-bas,
> Et toujours les glaçons ne martellent la terre ;
> Toujours les flots mutins ne se font pas la guerre,
> Et la nuit dessus nous toujours ne vole pas.
>
> Mais las ! toujours, toujours, j'exerce mes débats
> Contre ce mur jaloux qui mon trésor enserre,
> Et semble qu'à jamais, dans cette dure pierre,
> Doive être retenu mon cœur et mes ébats.
>
> Je ne vois point d'amants languir ainsi que moi ;
> Tous, d'un heureux plaisir finissent leur émoi :
> Si aimé-je autant qu'eux, et rien n'est que je fasse.
>
> Mais las ! ma maîtresse a un cœur plus impiteux
> Que le tonnerre ardent qui gronde dans les cieux,
> Que la nuit, que la mer, et que la froide glace.

Or, comme il n'est pas possible qu'en beaucoup de jours on ne rencontre une bonne heure, advint qu'un matin il surprit sa dure amie, qui, possible, vouloit bien être surprise, quelque semblant de déplaisir qu'elle feignît, ainsi qu'à fenêtres ouvertes elle peignoit sa belle chevelure, dont l'or naturel reluisoit à l'envi des rayons du soleil. Et, après lui avoir donné le bonjour, la supplia de ne vouloir fermer sa fenêtre (comme elle feignoit), et qu'en récompense de telle faveur, il chanteroit un sonnet pour l'amour d'elle. Adonc, prînt son luth, et, mignardant les chanterelles de dix mille fredons délicats, commença à dire :

> Ne d'un château le front audacieux,
> Ne le pourpris d'un jardin délectable,
> Ne le butin de la mer navigable,
> Ne du Levant le sablon précieux,
>
> Ne des grands rois les banquets somptueux,
> Ne les ébats, compagnons de la table,
> Ne les devis de mainte belle affable,
> Ne les parfums des Arabes heureux,

Ne d'un vert pré mille et mille joyaux,
Ne le doux chant de mille et mille oiseaux,
Ne le gazouil d'une onde qui ruisselle,

Ne tous les fruits que l'automne conçoit,
Ne tous les biens que le clair soleil voit,
Ne me sont tant qu'un cheveu de ma belle.

« Voyez donc, dit-il, mademoiselle, quel outrage me faisoit votre rigueur, voulant ainsi fermer la fenêtre, et me cacher envieusement le paradis des grâces dont la vue apporte si grande merveille ? Mais, je vous prie, mademoiselle, que sert un grand trésor, s'il demeure avarement toujours enseveli en terre ? et quel gré doit-on savoir à un instrument, dont le son jamais ne s'entend ? Aussi, que vaut une beauté toujours cachée ? ne perd-elle pas la gloire et l'estime qu'elle mérite ? Hé ! ne vaudroit-il pas mieux recevoir le service d'un loyal ami ? » A quoi la damoiselle répondit : « Ha ! monsieur, je sais fort bien, par la connoissance du peu qui est en moi, que ce que dites tourne plus à votre louange qu'à la mienne ; qui montrez combien vous sauriez faire grand cas de quelque beauté digne de vos louanges, puisqu'en moi, où il n'y a rien, vous trouvez matière de bien dire, voire jusques à tant estimer un cheveu, que vous ne laissez, ce semble, rien pour le reste du corps qui vaut mieux. En quoi, vous avez surpassé la gloire de celui qui a tant estimé la mouche, ou de ce trompette des louanges des grenouilles[1]. Mais quoi ? d'une personne pleine de louange, ne peut sortir que toute louange. » Or, après maints petits devis, s'étant de loin baisé la main l'un à l'autre, prindrent congé. Dès lors Floradin eut entrée à plus grand bien, si que le soir même l'ayant en passant trouvée à sa porte, reçut d'elle un baiser ; en mémoire duquel la nuit il lui chanta un doux grand-merci par un sonnet tel :

J'ai requis à l'Amour un bien tant seulement,
Que, pour de mes travaux l'heureuse récompense,
Il lui plût d'un baiser me donner allégeance,
Tel que ma belle sait sucer si doucement.

Il me fut octroyé de le prendre en passant.
O jour infortuné, que j'en eus jouissance !

Car mon œil, n'ayant lors de voir son bien puissance,
De ma bouche envioit le doux contentement.

Amour, tu n'as rien fait pour ma triste pensée,
Ayant une autre guerre en moi recommencée,
Et me faisant, hélas ! de moi-même envieux.

Donc, puisqu'à deux goulus un bien ne peut suffire,
Je te supplie, Amour, si tu ne veux m'occire,
Ou bien ôte-moi tout, ou bien me donne mieux !

Mais pourquoi demeurons-nous si longuement sur ce difficile commencement d'amour ? Or, sachons que notre Floradin, qui n'étoit nouveau apprentif en cette école, s'avisa, pour la poursuite de ses intentions, d'excogiter[1] comment il pourroit faire savoir à sa dame combien il étoit sien ; et Amour, qui est un ingénieux maître, lui apprit un moyen fort expédient, qui fut tel. En la maison de cette damoiselle fréquentoit ordinairement, selon l'ancienne coutume des bonnes maisons, un prêtre, qui, ou pour n'avoir pas souvent bu de l'eau pannée, n'avoit quasi pas assez de vue pour se conduire : tant s'en faut qu'il pût lire en son bréviaire ; et toutefois encore voyoit-il assez clair pour Floradin, lequel print accointance familière à ce vieillard, et avoit si grande dévotion à icelui, qu'il voulut qu'il l'ouït en confession : où, après avoir déclaré à l'oreille quelques légers péchés, ajouta qu'il avoit un scrupule qui chargeoit fort sa conscience, à savoir qu'une cédule de cent écus étoit en ses mains, encore qu'il eût été fort bien payé de la somme ; qui étoit un grand tort fait à celui qui s'étoit si bien acquitté. Partant, pour la décharge de son âme, désiroit la rendre à un nommé M. de Fondargent auquel elle étoit due. « Voilà qui va bien, mon enfant, dit le prêtre (encore que ce soit une injure d'être appelé *fils de prêtre*), je connois bien celui à qui avez à faire : il n'est de présent en cette ville, mais il y a un bon lieutenant, qui est sa femme. » A quoi le consciencieux Floradin répliqua, tirant un papier de son sein : « Je vous prie donc rendre cela à sa femme, et m'excusez, s'il vous plaît, envers elle, si je ne lui ai porté moi-même[2]. » Ce que le vieillard exécuta fort bien, allant de ce pas

---

[1] Jean-Baptiste Lalli, poëte italien qui vivait au seizième siècle, est auteur de la *Moschéide*; Homère avait donné le premier exemple de ce genre de poëme facétieux dans sa *Batrachomyomachie*, ou le Combat des grenouilles contre les rats.

[1] Penser, ruminer.
[2] Le moyen imaginé par Floradin pour correspondre avec celle qu'il aime est imité de Boccace (*Decameron*, giorn. III, nov. 3). Bonaventure des Periers s'est servi aussi de ce plaisant moyen dans sa CXIV^e Nouvelle.

chez la damoiselle, qu'il trouva fort à propos, à laquelle il fit une description du jeune homme, dont étoit question, quels accoûtrements il avoit, et quelles couleurs de livrée portoit son laquais ; mais il n'étoit besoin de donner tant d'enseignes pour le connoître, à celle qui l'avoit si bien remarqué. Laquelle, se doutant soudain de ce qui étoit, ne se put garder que la honte ne mêlât des roses parmi les lis de son visage ; et, remerciant gracieusement le messager, dit : « Vraiment! voilà un signe d'une bonne conscience, qui ne se trouve guère en tel âge que me dites, ou de grande amitié envers monsieur de céans [1] ; et voudrois fort connoître celui en qui s'est si bien fié, pour le remercier en faveur de lui. Parquoi, je vous prie me faire parler à ce jeune homme sur la fin des vêpres. » Ainsi finirent leurs propos. Et le bonhomme, prenant congé, s'en alla, ne faillant de rencontrer, en son chemin, Floradin, qui l'épioit à sortir ; et, toutefois, fit semblant de n'y penser pas : auquel il dit que la damoiselle, non contente de le remercier par autrui, le vouloit remercier elle-même. Parquoi, le pria de se trouver aux vêpres de la paroisse près d'un tel pilier, où étoit le banc de la damoiselle. Ce qui déplut tant au patient, qu'au lieu que l'assignation n'étoit qu'après vêpres, il s'y trouva trois heures devant, tant il étoit devotieux. Cependant la damoiselle se retira en sa chambre, non sans souffrir, à part elle, de la ruse de son serviteur, qui avoit été si inventif. Là, fermant la porte, elle ouvre le papier, et lut ce qui s'ensuit :

« Madamoiselle, puisque c'est chose commune aux malades de se plaindre (en quoi ils reçoivent quelque allégement), le tourment que j'endure excusera à bon droit ma juste doléance ; encore que je ne sache bonnement à qui je me doive prendre, ou contre l'Amour, qui me traite si durement, ou contre moi-même, qui me suis asservi par le vouloir de ma destinée à ce malheur, que de ne pouvoir garder la maîtrise de moi-même, ou de votre excellente beauté, madamoiselle, dont les perfections ont tant de force, qu'il n'y a forteresse ou rempart de constance qui puisse tenir à l'encontre : qui fait que je me pardonne aisément de m'être rendu à la merci de celle dont la rigueur pouvoit grièvement punir mon obstination, si j'eusse fait résistance ; et ores me promet, par sa douceur, la grâce que doit attendre le vaincu du pitoyable vainqueur. Or, sous la faveur de cette bonne espérance, je défends ma vie langoureuse contre les efforts de mille morts (qui, à toute heure, m'abayent), pour le désir seulement qu'elle vous serve, comme chose que les cieux ont vouée à vous seule, et dont vous avez prins entière possession, selon votre droit, dès ce jour qui premier me donna connoissance de vous ; lequel je ne sais si je dois estimer bien fortuné, d'avoir voué mes affections, et adressé en lieu si avantageux, ou plutôt défortuné, m'ayant conduit en telle mer d'angoisse, où je ne puis longtemps nager, que je ne sois noyé, si vous, madamoiselle, ne tirez au salutaire port de vos bonnes grâces,

« Celui qui, veuillez ou non, mourra serviteur de votre beauté,
« FLORADIN. »

Qui a vu, sur la primevère, faire pluie et beau temps tout en un coup, il voit la contenance troublée de la damoiselle, après avoir lu et relu d'un œil, ores riant, et ores baigné en larmes, les lettres de son Floradin : lequel, oïant le son des cloches, elle alla trouver collé contre le pilier qu'on lui avoit dit, en l'attente de celle, qui, par sa venue, lui donna diverses traverses, si que, et lui et elle, ravis d'extrême aise, demeurèrent longtemps muets, comme si fussent [1] été les images de quelque saint et sainte de sa paroisse, jusques à ce que Floradin, voyant sa longue attente si bien récompensée, et que son devoir ores lui commandoit de commencer la querelle, s'approchant pour ne demeurer rétif en si bon chemin, dit, d'une voix basse et mal assurée : « Ha ! madamoiselle, si j'étois si heureux que vous eussiez connoissance du moindre des maux que me fait endurer votre beauté, pour trop lui vouloir de bien, je ne serois ores en peine de requérir votre faveur, forçant mes débiles forces, consumées par le feu, ennemi de ma vie, qui sort de vos beaux yeux ; ains aurois déjà reçu soulagement autant propice à guérir, que vous avez été cruelle à blesser celui qui n'avoit rien mé-

---

[1] Le maître du logis.

[1] Il faut lire *eussent*. C'est évidemment une faute d'impression.

rité de tel, si vous n'attribuez son trop aimer à fuite; laquelle ne me sera jamais pardonnée, car jamais je ne m'en saurois repentir. » A quoi la damoiselle, faussant les verrières[1] d'une rustique honte, répondit : « Je ne sais, monsieur, qui vous meut à vous plaindre de moi, sinon de peur que je commence la première à ce faire, pour en avoir beaucoup plus grande occasion, ayant été par vous circonvenue en des lettres qui portoient un faux nom d'obligation; en quoi, feignant par ruse vous acquitter, vous vous êtes obligé et chargé d'une grande témérité. On dit que ceux qui veulent prendre une ville la vont premièrement reconnoître, font leurs approches et se retranchent; puis, commencent la batterie pour faire brèche et aller à l'assaut; mais vous avez, sans aucun préparatif, osé assaillir la forteresse de mon honneur; et ne sais pas d'où vous vient cette hardiesse, sinon de quelque opinion présomptueuse qu'avez de vous, pour quelques avantages que Nature vous peut avoir départis ; par lesquels, quelque simple, voire moi-même, à la bonne foi, y pourroit être la plus tôt prinse, sinon que je sais que quelque chose que die par fantaisie, vous n'êtes si aveuglé que de trouver en moi chose digne d'amour. Mais vous m'en voudriez bien prêter à crédit et faire accroire, pour, puis après (comme vous avez le bruit), en faire vos devis et triomphes ; qui me fait dédire en moi-même l'opinion que j'avois pu concevoir de vous, laquelle, avec le temps, eût prins son accroissement. Car sachez qu'une goutte d'encre ne tache point tant un papier, que la vanterie fait un amour. — Las ! madamoiselle, répliqua Floradin; si je vous semble m'être un peu trop hâté au pourchas de vos bonnes grâces, ce n'est pas que je n'aie bien essayé si le long temps, qui vieillit tant, vieilliroit mon ardeur; car, je vous en demande pardon, j'ai bien fait tout ce que j'ai pu pour ne vous aimer point. Mais, comme un feu que, pour éteindre, on souffle trop foiblement, s'allume davantage : ainsi, de plus en plus, s'est allumé le brasier, qui me consume par la résistance que, en vain, lui ai voulu faire; si qu'il m'a fallu en toute diligence courir au médecin, et vous faire entendre mon angoisse par lettres, qui ne rougissent point, comme j'eusse pu faire : en quoi, j'ai été tellement pressé par la force de mon mal, qu'il ne faut s'étonner si je n'ai pu garder les degrés et progrès, que requérez et gardent ordinairement ceux qui aiment par art pour décevoir. Et crois qu'estimez bien, madamoiselle, que ce n'est pas haine que je vous porte, qui m'a fait tant entreprendre. Parquoi, madamoiselle, si vous êtes juge équitable, vous n'en accuserez que l'effort invincible de votre beauté qui me brûle d'un feu si couvert, que mon cœur se verroit plutôt à nu (ce qui ne sauroit advenir qu'après ma mort), que j'aie jamais autre témoin de mon fidèle amour, que vous seule. Tant s'en faut que je manque jamais de fidélité envers vous par une lâche vanterie, de laquelle m'accusez à grand tort! Toutefois, vous avez puissance sur moi davantage pour me punir; mais si est-ce, madamoiselle, que je vous jure, par vos beaux yeux, qui ont aveuglé les miens, que plutôt je consentirai d'être misérablement vagabond, banni de votre grâce (qui m'est le plus grand mal de tous les maux), que par si méchant courage je fasse ainsi sacrifice de votre honneur, pour la défense duquel j'estimerois mille vies bien employées. Et vous assure qu'à l'avenir, ma constance vengera l'injure que votre langue lui a faite, et l'en fera repentir tout à loisir. » Durant ces propos, Amour, qui s'étoit mis en embuscade, plongeoit ses ailes aux larmes de l'amant, et les desséchoit en la brûlante poitrine de la damoiselle, qui, à l'heure, se sentit tellement vaincue de compassion, que, mettant toute crainte sous le pied, et serrant étroitement la main de son Floradin, lui dit : « Ami, je ne sais où je devrai plus chercher fiance si je la perds en vous ; mais la commodité de vous dire davantage nous est ôtée par la compagnie qui est déjà grande ici. Parquoi, remettons le tout à l'issue des vêpres. » O Amour ! combien sont grandes tes ruses, desquelles tu donnes la pratique à ceux qu'il ta plu choisir pour ton service ! Et, combien grande est ta puissance pour aider ceux qu'il te plaît bienheurer[1] ! Tu t'es servi de personnes sacrées et de lieu sacré, et ores te veux servir de choses sacrées. Car vous devez entendre, gracieuse compagnie, qu'à la fin des vêpres, la damoiselle, faisant signe à son suppliant qui avoit

---

[1] On dit encore familièrement, dans le même sens figuré : *Casser les vitres*.

[1] Rendre heureux.

toujours l'œil au bois, lui dit : « Tenez mes Heures, et, feignant de les avoir trouvées ici par mon oubli et mégarde, les apporterez, après le souper, à ma maison. » Sur cette délibération, se séparèrent nos amants en aussi grand contentement que reçoivent ceux qui ont déjà la moitié du bien qu'ils espèrent. Et cependant, la damoiselle pratiqua pour la conduite de ses amours une sienne servante (que nous nommerons Radegonde, pource que c'est le plus usité nom en ce lieu), qui, ayant été nourrie et élevée avec elle, étoit, comme une de ses créatures, obligée à lui être fidèle. Pour à quoi l'émouvoir, elle ne fut chiche de belles promesses, pour récompense de son devoir : ce que la fille, de bonne volonté, lui promit très-volontiers, et exécuta si dextrement, qu'épiant l'heure que l'amant devoit venir, le recueillit à porte ouverte fort gracieusement, lui apprenant sous paroles couvertes bonne partie de son devoir; ce qu'il sut bien reconnoître, et ne fut paresseux à lui donner ses épingles[1]; puis, elle le mena en la salle voir sa maîtresse qui étoit avec une bonne vieille, sienne tante, de Saint-Jean-d'Angéli (que je supplie la compagnie de noter, d'autant qu'il nous en faudra souvenir ci-après), et icelle étoit venue aux noces de sa nièce, où une petite maladie l'avoit retenue jusques ici. Or, Floradin, après la courtoise révérence donnée et reçue d'entrée, raconta la cause de sa venue, qui étoit pour rendre un livret trouvé en tel lieu, qu'on lui avoit dit être la place de mademoiselle; laquelle, après avoir bien fait de l'ébahie, remercia mille fois le gentilhomme. Puis, l'ayant prié de prendre son aise[2], commencèrent à deviser de diverses choses : mais surtout Floradin amena en jeu la bonne et ancienne connoissance qu'il avoit avec le sieur de Fondargent : ce qui le mit fort avant aux bonnes grâces de la vieille tante, qui, pour cette cause, le requit de venir souvent en la maison de son compagnon, duquel l'absence n'empêcheroit point qu'il n'y fût le très-bienvenu; ce que Floradin promit, pourvu que sa fréquentation ne fût ennuyeuse (sachant qu'Amour prend souvent la robe d'Amitié pour mieux faire ses entrées). Ainsi ils babillèrent tant, que la nuit contraignit Floradin, après la collation, de prendre congé, de peur, que pour le premier coup il fût trop importun à vieillesse. Ainsi, après les remercîments, sortit, étant conduit (par honneur) de la jeune damoiselle; laquelle donna ce prisonnier en garde à sa fille de chambre, qui, bien instruite à jouer son personnage, le mena par une galerie dérobée dans le jardin (comme cette ville a bien cette commodité d'en être fort pourvue). En ce petit paradis terrestre, le bien fortuné amant, délaissé par sa guide, qui alla donner ordre ailleurs, attendoit sous une treille son bien prétendu; et, bénissant les arbres et les herbes de ce lieu délicieux, imploroit leur aide favorable à faire hâter leur maîtresse. « Las ! disoit-il, les sorciers, par votre vertu, douce verdure, tirent bien la lune du ciel pour la faire servir à leurs méchantes conjurations; si n'est-il pas si malaisé, herbes, d'amener par votre secrète force une belle en ce lieu coutumier, pour favoriser aux sincères intentions d'un amant; déployez donc ores toutes vos forces pour mon secours. Ainsi, pour récompense, le ciel bénin vous caresse d'une perpétuelle rosée, et jamais les limaces et chenilles ne puissent gâter votre tendre beauté. » Durant ces propos, la damoiselle, secrètement sollicitée de la souvenance de son attendant, débattoit en elle-même qu'elle devoit faire : ores, se proposant quelle folle témérité elle entreprenoit, mettant son honneur ainsi en proie à un inconnu, et lui en faisant si bon marché, étoit contrainte de se repentir de son dessein; ores, espoinçonnée d'amour, se représentant la glorieuse palme qui étoit apprêtée pour récompense, estimoit toute difficulté indigne d'empêcher un si grand bien; quand sa chambrière vint blâmer sa longuette demeure[1]. Lors, s'emparant d'une hardie crainte, habillée et coiffée d'un accoutrement de nuit si à son avantage, qu'on l'eût prise pour une des nymphes de Diane, égarée de la compagnie des autres, marche d'un pas mal assuré, toute embrasée d'amour et toute gelée de crainte, vers l'ennemi, qui l'attendoit de pied coi. O ! que la nuit est une belle couverture pour ceux à qui la honte nuit ! car de son voile noir elle cache la face, qu'autrement il faudroit que le sang couvrît. Hé ! qu'elle profita à nos amants, tant

---

[1] C'est-à-dire, les épingles d'un marché conclu.
[2] C'est-à-dire, de s'asseoir.

[1] Sa longue attente. *Demeure* et *demeurance* sont des mots qui n'ont plus d'équivalents dans la langue et qui devraient y rentrer.

attendant que attendu, qui, à cette gracieuse rencontre, transportés d'un extrême contentement, se coururent embrasser étroitement, se tenant serrés longuement bouche à bouche, comme pigeons, qui bec à bec gémissent leur amour, si qu'ils ne pouvoient parler que par soupirs, et leurs cœurs pantelants battoient la vive alarme du combat qui s'ensuivit ; car le courageux amant, par une douce force, étendit le corps de sa belle sur le gazon fleuri, et, pour usuraire récompense des peines endurées, ravit d'un impatient désir la fleur, dont Amour couronne ceux qui ont bien servi. Lors, ô combien de douces querelles, combien de soupirs interrompus, combien de languissantes complaintes, combien de bégayements, parmi un nombre infini de baisers incertains, pendant que ces beaux yeux, allumés d'un si doux feu, rayonnoient douteusement, comme on voit tremblotter les rayons du soleil dans une eau bien claire ; jusques à tant qu'Amour, après maintes reprises, sonna la retraite, sans savoir qui avoit du meilleur, et donnant à chacun sa moitié du triomphe !... »

Lors, la dame du château fit signe de vouloir réprimer la gaillardise de ce beau conteur qui parloit un peu trop librement, quand, au-devant[1], par derrière il dit : « Madame, je vous prie me laisser passer cela ; il falloit bien que je déchargeasse ma colère en quelque sorte. » Puis poursuivant, dit :

« Adonc la gentille damoiselle, voyant que la nuit étoit déjà prête de faire place à l'aube du jour, de peur d'être découverte et surprise, comme fut Vénus par le Soleil envieux du bonheur de son frère Mars, dit à Floradin : « Mon cher ami, si je me suis tant oubliée, que de vous avoir fait part de ce qui n'appartenoit qu'à un seul, vous devez bien vous souvenir combien votre amour a eu de pouvoir sur moi. De quoi je ne me repentirai jamais, si, suivant votre inviolable promesse, vous gardez précieusement l'honneur, duquel vous seul avez la dépouille ; et partant, ami, pensez que désormais mon honneur est si conjoint au vôtre, que l'un ne peut souffrir sans l'autre. » Ainsi, après plusieurs menus propos, Floradin tira de son doigt un anneau, où étoit un cœur brûlant, couronné de lierre, et pour devise étoit : « *Mémoire de mon bien ;* » qu'il donna à sa maîtresse ; laquelle, pour échange, lui fit présent d'une bague où étoit entaillé dans une marguerite (et tel étoit le nom de la damoiselle) un Cupidon tenant un cœur et une langue transpercés de sa flèche, et étoit écrit par dedans : « *Plutôt mourir!* » Puis, après un long baiser, il print congé d'elle et sortit par une petite porte dans une ruelle écartée, où, de là en avant, lui étoit donné le rendez-vous. Et sachez qu'il ne faisoit jamais défaut, et ne falloit point de sergent pour le faire trouver à chacune assignation, guidé, parmi les ténèbres, du flambeau d'Amour. Or, ce plaisir, prenant de jour en jour nouvel accroissement, et étant si heureusement pratiqué, sans autre témoin que Radegonde, fille de chambre, et le laquais nommé Pierre, fut interrompu (comme tout ne peut pas toujours durer) par un commandement fait à Floradin de s'en aller à Xaintes voir son père ; lequel, ayant entendu que quelques folies s'étoient faites par les écoliers, (qui, selon leur coutume débauchée, avoient accoutumé de planter les mais de leur nation[1]) craignoit que son fils fût de la partie ; mais le bonhomme ne savoit pas qu'il plantoit bien un autre mai à part, pour lequel empêcher il s'étoit hâté trop tard. Ces lettres si mal agréables furent par l'amant communiquées à sa maîtresse ; laquelle il réconforta et entretint de sa promesse d'un bref retour ; lui laissant, ce temps pendant, son cœur en gage, et lui en commandant la garde, avec prières de le bien traiter. Ainsi, avec extrême regret, prindrent par un affamé baiser l'adieu qu'ils ne se purent donner l'un à l'autre. Puis, le lendemain, notre amoureux partit de Poitiers avec les marchands, qui alloient à la foire royale de Niort, et en peu de journées arriva à Xaintes, où il fut reçu de son vieil père, et de tous ses amis avec un festoyement digne d'un bien longuement attendu. Or, laissons notre Floradin à Xaintes, et retournons à Paris voir notre Claribel, qui, s'étant mis au barreau des avocats, premier qu'arrêter son état, trouva

---

[1] C'est-à-dire : avant qu'elle parlât.

[1] Dans les universités, divisées autrefois en *nations*, dont chacune réunissait les écoliers venus du même pays ou parlant la même langue, on plantait le 1er mai un arbre garni de son feuillage et orné de banderoles. Cet usage, qui s'est conservé dans quelques provinces jusqu'à la Révolution, avait perdu depuis longtemps son sens allégorique et servait seulement de prétexte à des réjouissances et à des orgies.

bien, en peu de temps, en quoi dépenser l'argent qu'il avoit apporté, comme celui qui écailloit bien sa jeunesse; parquoi, se voyant fort léger, pensa de faire un voyage à Poitiers; où, étant arrivé, il ne print point tant sa jeune femme au dépourvu, qu'elle n'eût bonne provision de caresses et mignardises à revendre pour le savoir bien festoyer; de sorte qu'on eût dit que c'étoient de secondes noces; mais, hélas! cette bonne chère ne dura guères. O belles, qui combattez sous l'enseigne d'Amour et à ses gages, je vous appelle à cette école; car celui est bienheureux et sage, qui s'apprend aux dépens d'autrui. Hélas! c'est une chose dangereuse que de parler, d'autant que petite parole attise grand courroux; mais il est plus dommageable d'écrire : car une parole dite se peut amender, étant déguisée, palliée, ou niée tout à plat, mais l'écriture demeure à toujours, servant de témoin irréprochable et de juge en dernier ressort. Ha! si tu l'eusses bien su, pauvre damoiselle, tu n'eusses donné aliment à tes tristes malheurs, en gardant pour l'amour de ton Floradin les lettres que le prêtre t'avoit apportées : qui n'étoit autre chose que couver l'œuf en ton sein, duquel éclorera l'aspic mortel qui te fera piteuse récompense de la simplette affection. Las! comme on voit une même herbe profiter au foie et nuire à l'estomac, ces lettres, qui tant avoient profité à l'ami, apportèrent grand et nuisible courroux au mari; d'autant que, de ce papier tacheté d'une encre si pernicieuse, arguoit la chasteté maculée de sa Marguerite. Las! quand notre malheur nous ajourne, il nous bande les yeux pour ne le voir, et nous attache les mains pour n'y remédier, même se sert de nous contre nous-mêmes, pour l'exécution de sa félonie. Ah! que nous en avons un exemple bien clair en cette pauvre damoiselle; en absence de laquelle, Claribel, visitant et furetant ses coffres, boîtes, et cabinets [1], trouva ce qu'il ne cherchoit pas; savoir est : les lettres par lesquelles Floradin pratiqua la faveur de sa dame; lettres qui furent cause du malheur total. Lesquelles il lut de point en point jusques au bout, non sans changer plusieurs fois de couleur, car il se sentit assailli de si forte angoisse, que ses yeux ardents, sa

face blême, et sa bouche transie rongeant les ongles innocents, donnoient témoignage d'une juste impatience, semblable à celle du misérable passant qui, d'un pied mal averti, a marché sur le serpent dormant sous l'herbe; lequel, se revirant, fait par une morsure envenimée son oppresseur boîteux. Et bien servit à cet infortuné mari d'avoir quelquefois été en Italie; car il sut si bien dissimuler, que sa femme n'y connut rien en le voyant, mais seulement lorsqu'elle ne le vit plus. Et devez penser, gracieuse compagnie, qu'après avoir bien songé quelle vengeance il prendroit de sa déloyale, et n'en trouvant aucune suffisante à son cruel désir (car de la tuer, étoit chose périlleuse, n'y ayant preuve pour la convaincre; et de la répudier, aussi ne lui pouvoit tourner qu'à moquerie, et seroit se venger soi-même, étant incapable de se remarier tant qu'elle vivroit), s'avisa enfin de prendre tout l'argent, et même d'en emprunter de chacun le plus secrètement que faire se pourroit, sous obligation et hypothèque de tous et chacuns ses biens; si qu'ayant ainsi amassé force argent, fait semblant d'aller à une sienne métairie, et, sous ce prétexte, monte à cheval avec son serviteur, qu'il appeloit Hilairet, disant à part soi que, puisque sa femme avoit fait des siennes, il joueroit son rôle à son tour, et auroit en quelque sorte sa revanche. Or, après que la damoiselle eut été plus longtemps qu'elle ne s'attendoit sans avoir aucune nouvelle de son mari, et étant sur le point d'envoyer voir si quelque belle métayère le retenoit point, ouvre, de fortune, sa boîte, où elle trouva à dire toutes ses bagues, et n'y avoit, au lieu, que les lettres de Floradin et un autre papier qu'elle n'osa ouvrir, frissonnant pour le soupçon de la vérité. Toutefois, voyant que pis ne lui en pouvoit arriver, après avoir bien débattu, ouvrit la lettre et lut :

« Quand je sens en mon âme désolée les cruelles morsures du tourment qui m'a été occasionné par votre mauvais gouvernement, déloyale Marguerite, je ne sais si je me dois plaindre de moi-même, qui fus si fol, que de mépriser ma naturelle franchise, pour m'asservir à la malicieuse liberté des femmes, dont l'exemple de tant, qui s'en sont trouvés mal, me devoit faire sage; ou de mon malheur, qui m'adressa si mal, que, pensant trouver le re-

---

[1] Voyez sur l'ancienne signification de ce mot la note [1] de la page 449.

pos de cette vie humaine en un mariage, je suis trébuché en un gouffre de misères; et ce, d'autant que l'amour, qui devoit être également divisé entre nous deux, est demeuré tout en moi, sans que votre dur cœur, parjure, y ait jamais voulu avoir aucune part; comme avez bien montré par le bon marché, que votre incontinence lascive a fait au bien tant précieux, auquel ayant la moitié, je vous avois néanmoins laissé le tout en garde. Et pour récompense de la trop grande amour que je vous ai portée, m'avez fait participer à une éternelle infamie, et porter ma part de la faute que seule avez commise; qui rend ma vie misérable, mais le réconfort, qu'en si grande angoisse je prends, est qu'elle sera brève; car j'ai résolu de l'aller finir en quelque étrange désert, vous ôtant (voyez, ingrate, comment je vous aime plus que moi?) le déplaisir de me voir jamais en vie, puisque me hayez tant; où, pour me venger (voyez comment je vous hais), je vous ôterai le plaisir de voir la mort désirée de celui que, sous une feinte amitié pour récompense de la mienne sainte, vous avez si lâchement trahie. Que si la repentance juste de votre injuste méfait vous réveille quelquefois le souvenir de moi, sachez que pour jamais vous avez perdu

« Celui qui, pour n'avoir pu vivre à lui seul heureux, est, par le moyen d'autrui, mort misérable,
« CLARIBEL. »

Comme on voit un pavot agravé de pluie, baisser tristement la tête contre terre; ainsi, cette désolée damoiselle, après avoir noyé son tendre sein de larmes, coucha son chef en son giron: elle se fond en pleurs et soupirs, se tord les bras et déchire ses blonds cheveux, si qu'il semble qu'elle n'ait recours qu'à un triste désespoir; accusant ores sa folie, ores son malheur, ores la clef de sa boîte qui avoit si lâchement trahi sa maîtresse. Mais, puisque l'huile de temps est la souveraine médecine de toute maladie, il faut que le temps fasse plus en cette misérable, que la vertu. Parquoi, laissons-la pour quelque temps recevoir du malaise en récompense du bien passé, et retournons à notre voyageur, lequel, comme un blessé sent plus de mal lorsqu'on panse sa plaie, que lorsqu'on le blessoit; ainsi, renouvelant la mémoire du déplaisir reçu, sentoit redoubler son tourment de telle sorte, qu'il se fût volontiers pendu de dépit; sinon qu'il avisa, ne sais comment, que sa gibecière étoit pleine, et que ce seroit grande folie à lui d'enrichir quelque misérable qui s'en moqueroit. Parquoi, il print un nouveau réconfort, et dès lors, délibéra de s'aller donner du bon temps en quelque part, tant que son argent dureroit, et de fuir totalement les femmes, s'il pouvoit; estimant que Nature, après avoir donné à chacun animant son contraire, et ayant tout assujetti à l'homme, ne lui a pu donner autre contraire que la femme, dont la malice est ennemie jurée de la raison humaine; en quoi, cette même Nature a été plus marâtre aux hommes qu'aux bêtes: « Car, disoit-il, les bêtes connoissent leurs contraires et les fuient; mais l'homme est naturellement induit à chercher et aimer son ennemi, la femme! laquelle, pour avoir été créée d'une côte (qui est un os dur), est si fière, dure et cruelle, que son cœur ne peut être amolli par aucun bienfait. » Ainsi, dépitant[1] le genre féminin, notre Claribel chevaucha l'espace de trois journées; et, un soir, fut si surpris de la nuit, que force lui fut de loger en un village près de Xaintes, hors des grands chemins où il n'y avoit hôtellerie pour héberger; mais, se voyant contraint de demeurer là, pria un villageois de le retirer jusques au lendemain. Or, il n'eut plutôt mis pied à terre, que voici un vieil gentilhomme menant une damoiselle ancienne, suivie d'une jeune, lesquels venoient de se promener après le souper; et, étant averti que c'étoit la dame de ce village[2], lui alla faire la révérence, forçant sa nouvelle nature et résolution de se rendre ennemi mortel des femmes. A icelle, il exposa sa venue inopinée en ce lieu éloigné de tout passage, de si bonne façon, que la dame, non-seulement lui dit qu'il y étoit bienvenu, ains, le voyant mal accommodé, qu'il vînt à son château; de quoi, vaincu d'une gracieuse importunité, consentit enfin; et, prenant la jeune damoiselle, qui alloit seule, sous les bras, les conduisit jusques au lieu où la collation pour les promeneurs et le souper pour le voyageur furent soudain apprêtés. Or, la nouveauté du lieu et les caresses que recevoit notre pèlerin par cette belle compagnie, lui surent si finement dérober la souve-

[1] Maudissant, injuriant.
[2] La dame à qui appartenait la seigneurie ou la châtellenie de ce village.

nance de son familier ennui, qu'il n'y avoit que pour lui, et durant et après le souper, à discourir et faire mille petits contes si plaisants et bien à propos, qu'ils pouvoient donner sel au plus fade repas du monde ; laissant l'assistance en merveille de ses perfections, à laquelle il sembla bien n'avoir jamais vu homme mieux appris, qui s'entretînt plus dextrement, ou qui eût meilleure grâce à se recommander secrètement au cœur d'un chacun, comme de fait, ceux qui le connoissent, confessent bien que son gentil esprit sait bien montrer par pratique qu'il a bien vu. Ainsi devisant, passèrent la soirée, jusques à ce que l'heure de dormir survint : qui fit que la damoiselle, ayant conduit son nouvel hôte en sa chambre, lui pria le bon repos[1] et se retira. Puis, ayant appelé un garçon (qu'elle savoit fidèle et de bon esprit), lui enchargea qu'il fît tant, que l'un des chevaux de ce gentilhomme venu ce soir, fût tellement boiteux, qu'on ne s'en pût servir le lendemain (sans toutefois le gâter ne endommager) ; car elle vouloit le retenir plus longuement, sachant que son voyage n'étoit pressé ; d'autant que le pèlerin lui avoit donné à entendre qu'il alloit voir un sien oncle à Bordeaux, duquel il étoit héritier, et le vouloit solliciter de se défaire de son état de président, de peur qu'il se perdît par sa mort qui ne pouvoit guère tarder. Le serviteur, pour mettre en exécution sa charge, s'avisa d'une finesse digne d'un laquais ; vrai fils de putain ; car, ayant arraché deux poils de la queue du cheval, il lia avec iceux fort serrés, le pied de la bête au-dessous du boulet, et l'accoûtra si dextrement sous le poil, qu'on n'eût su voir ce qui lioit ; puis lui mit une langue de serpent[2] dans l'oreille, afin que le cheval, par un tremblement continuel, semblât avoir les avives ; si bien qu'au matin, la pauvre bête n'osoit, ainsi accoûtrée, appuyer ce pied qu'elle avoit ainsi pressé. D'onc advint, que Claribel, pensant que ce fût quelque entorse, commanda à son homme de l'étuver ; et ce pendant, force lui fut de faire séjour : de quoi il s'excusa envers ses hôtesses, qui ne purent tenir de lui montrer combien elles en étoient aises, et, le voyant retenu, mirent tout leur souci de lui faire passer le temps joyeusement. Ce qui ne se put si bien faire, que quelquefois à l'improvu la mémoire de son mal ne le fît soupirer par ses vives atteintes : qui fut cause que la damoiselle (qui plus le fréquentoit, et plus voyoit en lui naître, à toute heure, je ne sais quoi de gentil), par une privauté à laquelle lui-même donnoit accès, demanda que c'étoit qui le maltraitoit tant, comme ses soupirs temoignoient et déceloient ; disant qu'il falloit bien que le mal lui livrât dure guerre en privé[1], puisqu'il ne craignoit point de le venir assaillir en compagnie. Or, le bon seigneur ne fut point tant surpris (encore qu'il en rougît comme une pucelle qui a vu son fiancé), qu'il ne controuvât une fine menterie pour sa réponse ; disant qu'il avoit aimé une dame, laquelle (après lui avoir tenu trois ans le bec en l'eau, l'allaitant d'une espérance morte, sans être par lui en rien offensée, et contre sa foi secrète donnée entre eux deux) s'étoit mariée à un vieillard assoti[2], qui ne sait de quoi la contenter, que de beaux habits et de bagues. « De quoi, dit-il, en soupirant et déguisant aux damoiselles ce qu'il ne pouvoit déguiser à soi-même, me souvenant, je meurs sur le pied. » A quoi la jeune damoiselle répondit : « Las ! monsieur, que votre mal est contraire au mien, qui me fait habiller comme voyez ! (De fait, elle portoit le deuil, et de robe et de fait.) Ha ! vous vous plaignez de n'avoir point été aimé, et je me plains d'avoir été trop aimée de deux gentilshommes, qui, outrés d'extrême jalousie, s'étant rencontrés ici près (ainsi que l'un retournoit de céans et l'autre y venoit), s'enferrèrent de leurs épées, et ne véquirent demi-quart d'heure l'un après l'autre : dont j'ai porté tel deuil, que je me suis rendue ennemie de toute consolation. — Ha ! madamoiselle, répondit Claribel, ce n'est pas d'aujourd'hui que la beauté est plus dommageable que le couteau ; témoins, Hippodamie, Déjanire, Atalante, et tant d'autres dames, desquelles les noces ont été ennoblies du sang de la plus courageuse jeunesse ; même, ne se contentant de perdre les personnes particulières, ont embrasé les grandes villes, comme Hélène et Dina. Et, le plus grand malheur est que cette beauté, au lieu de détruire ses en-

---

[1] C'est-à-dire, lui souhaita une bonne nuit.
[2] C'est une plante vulnéraire nommée *ophioglosse*, ou bien une glossopêtre, sorte de pétrification qu'on a prise longtemps pour une langue de serpent pétrifiée.

[1] En particulier. — [2] En enfance, stupide.

nemis, ne se prend jamais qu'à ses amis, dont nous avons de cruelles enseignes partout où nous tournons les yeux. Parquoi, je ne m'émerveille, madamoiselle, si vos perfections ont fait coûter la vie à ces désireux amants ; pour lesquelles je ne sache gentil cœur qui ne désirât mourir autant de fois, qu'en mourant il vous pourroit agréer. » Puis, déliant doucement sa langue détrempée au miel le plus savoureux, il se print à consoler la détresse de la damoiselle, qui, prenant ces propos à son avantage, sentit peu à peu ressusciter en son cœur le même feu qui autrefois l'avoit allumé ; et dès lors, commença à espérer de recouvrer en ce gentilhomme ce qu'elle avoit perdu en ses deux autres serviteurs. De quoi notre pèlerin (qui n'étoit nouveau à ce métier, et avoit l'œil assez bon pour connoître mouche en l'air) s'aperçut aussitôt ; parquoi, après avoir débattu le tout à part soi, enfin donna cause gagnée à l'Amour, et délibéra de ne se montrer couard, espérant qu'un nouveau bien chasseroit un vieil mal, comme un clou pousse l'autre. Ce qui fut conduit si finement et heureusement, que de regards, premiers messagers d'Amour, ils vinrent aux requêtes, et des paroles à l'effet ; tellement, qu'en peu de temps les arbres et les fleurs furent seuls témoins de leur amoureuse jouissance, laquelle ils continueront quelque temps, jusqu'à ce que Claribel, qui n'étoit endormi aux chants de cette douce Serène[1] (et tel étoit le nom de la damoiselle), pensa qu'en peu de temps il pourroit être connu et approuvé, non-seulement menteur, mais imposteur et débaucheur de filles ; même, pourroit être en danger de porter deux quenouilles et une mitre, peine ordinaire de ceux qui ont eu deux femmes tout à une fois. Pour à quoi obvier, prévoyant bien que ses hôtesses, et principalement la jeune, ne lui donneroient jamais congé, délibéra de le prendre ; parquoi, un jour, appela son serviteur Hilairet et lui dit : « Il faut que cette nuit tu trouves moyen d'emporter ma valise, et qu'à toute bride tu gagnes droit vers Bordeaux, et que tu m'attendes à Bourg, où je t'irai trouver. Et, afin de donner couleur à notre départ, il faut que tu me dérobes, me donnant occasion de te poursuivre. Et, pour avoir occasion de me dérober, il faut que tu endures d'être battu, pour t'être noisé[2] avec un serviteur de céans. »

[1] Pour *Sirène*. — [2] Querellé.

Ce que le garçon (qui étoit si bien leurré, qu'on pouvoit dire : A tel maître, tel valet.) exécuta fort bien ; de sorte, qu'au soir, Claribel ne faillit de le trouver, comme il s'escrimoit à beaux coups de poing contre le cuisinier. Adonc, Claribel, sans dire mot, les vint départir[1] avec un bâton, et commença à dauber son galant, qui ne fut point opiniâtre, ains fuit tant qu'il put à l'étable, où son maître, grinçant les dents et faisant mine d'être fort irrité le poursuivit, et, encore qu'il ne lui touchât, le faisoit crier, comme qui l'eût écorché ; même, pour dire qu'il l'avoit foulé aux pieds, le compagnon se vautra dans la litière des chevaux, se diffamant[2] la face de telle sorte, que la dame du château, le voyant en cet état piteux, accusa grandement la colère du maître, et eût désiré qu'il eût donné au cuisinier les coups, dont son garçon avoit trop ; lequel, faisant toute la soirée le mutin, joua si bien son rôle, que le premier bonjour qu'eut son maître, fut que son Hilairet avoit fait un pertuis en l'eau[3], et au déçu de chacun, avoit gagné pays. Si Claribel fit l'étonné et l'ébahi, il n'en faut pas douter, principalement, trouvant sa valise à dire. Toutefois, revenant un peu à soi : « Eh! bien! dit-il, ce n'est pas le premier qui a joué le tour ; mais il a été un peu mal avisé de me laisser un cheval pour courir après lui. Et par Dieu ! il n'est pas encore si loin, que je ne l'attrape, premier que je dorme ; et vous serez bien ébahies, dit-il à ses hôtesses, si je vous le ramène coucher ici, quelque grande journée qu'il pense faire. Ha ! je lui montrerai, que tel n'est pas échappé, qui traîne son lien. » Puis, se tournant, dit au palefrenier, qu'il lui bridât son cheval, d'autant que plus il arrêteroit, et pis. Ce qu'étant promptement fait, soudain il monte dessus, ne voulant boire ne manger, disoit-il, qu'avec monsieur son valet, qui de si bon matin avoit mené abreuver son cheval si loin. Parquoi, disant un adieu sans adieu à ses gracieuses hôtesses, pique si roide, que son cheval, qui n'étoit plus boiteux, mais bien frais et de séjour[4], le porta, de grande heure, à Bourg, où il trouva son homme ; et dès lors se mirent en conche[5] et équipage pour courir le pays, commençant leur incertain voyage par la

[1] Séparer. — [2] Se salissant.
[3] Nous avons déjà remarqué cette expression proverbiale qui équivaut à : *Faire un trou dans la lune*.
[4] Reposé. — [5] Pour *coche*.

Gascogne. Cependant, nos damoiselles xaintongeoises, après avoir longtemps attendu leur hôte en vain, le tinrent pour perdu; et pource que, quelque diligence qu'elles fissent, elles ne purent savoir nouvelles de lui à Bordeaux, où son oncle le désavoua, Crainte, qui est compagne d'Amour, fit soupçonner ce qui en étoit à la jeune amante, qui commença de nouvelles douleurs. Mais nous lairrons un peu décharger ses regrets parmi les bois où elle avoit reçu tant de plaisirs, et lairrons aussi notre voyage, pour retourner à notre Floradin, qui nous attend à Xaintes, en la maison de son père, où nous l'avons laissé entre ses amis; lesquels (comme c'est la coutume, quand on voit un jeune homme prêt à se retirer, de lui chercher parti qu'on appelle : *parler de son avancement*) sollicitèrent le bonhomme son père d'y penser; qui prêta volontiers l'oreille, désirant voir son fils pourvu devant que mourir, selon qu'il étoit jà menacé par un catarrhe[1] qui lui donnoit ajournement personnel à brefs jours. Toutefois, il vouloit que son fils, en telles matières, choisît et ne s'en fiât qu'à soi-même; d'autant que, puisque nous ne nous marions que pour nous, et non pour nos voisins, c'est grande folie de prendre femmes au gré d'autrui, dont la tromperie seroit plus poignante, que venue de soi-même. Selon ce conseil, le jeune homme se mit, comme on dit, le bouquet sur l'oreille; mais il ne fut longtemps en ce pourchas amoureux, car une damoiselle champêtre (que, sans y penser, il vit à sa métairie) lui revint tant à son gré, qu'elle gagna la maîtrise de son cœur. Ce qu'étant venu à la connoissance du père, qui n'estima son fils volage et malavisé d'avoir logé ses affections en si bon lieu, y consentit volontiers et en fit parler aux parents de la fille; lesquels, voyant ce jeune homme de grandes espérance (car notez qu'il faisoit bien valoir ses coquilles), et que son bien étoit prochain de celui de la damoiselle, trouvèrent fort bon; aussi qu'elle commençoit à passer fleur; et (disent les bons compagnons) comme cerneaux sont viandes de seigneurs, et noix vieilles, viandes de laboureurs : aussi, filles jeunes sont de requête, mais l'âge les fait mépriser. Ainsi donc, par le commun consentement, s'ensuivirent les noces avec grandes magnificences, où, tous les gentilshommes d'autour, en faveur de la damoiselle, et toute la jeunesse de Xaintes, pour faire honneur à Floradin, se trouvèrent, chantant l'épithalame qui s'ensuit :

Jà du cristal voûté la lampe journalière,
De ce grand univers emporte la lumière;
Jà mille, et mille, et mille, et mille et mille feux,
S'allumant dans le ciel, assommeillent nos jeux;
Et jà, déjà la Nuit, avec son aile brune,
Atelle les chevaux de l'argentine lune.
Je vois le beau soleil dans la mer se plonger,
Et de bien près le suit l'étoile du berger.
Sus doncques, qu'entre nous soit joie demenée :
O Hymen ! doux Hymen ! Hymen ! ô Hyménée!

LES GARÇONS.

Étoile, que l'Amour a prise et retenue
Pour messager certain de sa douce venue,
Hâte-toi de verser ci-bas le sommeil doux,
Pour éteindre le feu de ce nouvel époux.
Étoile, que Vénus entre autres a choisie
Pour témoin de son jeu, plaisir et courtoisie,
Je te prie, hâte-toi d'une course empennée :
O Hymen ! doux Hymen ! Hymen ! ô Hyménée!

LES FILLES.

Étoile, plus que Mars, fière, dure et cruelle,
Pourquoi dérobes-tu cette journée belle,
Et ravis notre sœur qui vivoit entre nous,
La mettant à merci de la loi d'un époux?
Pour oublier sa mère, et faire condescendre
Sous un joug étranger cette génisse tendre,
De qui la jeune fleur s'en va flêtrir et fenée[1] :
O Hymen ! doux Hymen! Hymen! ô Hyménée!

GARÇONS.

Comme on voit une vigne, en la terre rampante,
Sécher, sans que son bois aucun raisin enfante,
Le fer du laboureur ne la vient caresser;
Mais si, contre un ormeau, elle se vient dresser,
Soudain, parmi le vert, son pourpre reluira,
Que le pasteur joyeux en cueillant bénira.
Ainsi celle qui veut fille passer son âge,
Sans bien faire flétrir; mais si, par mariage,
Se lie à un ami, fruit elle produira,
Qui, elle et ses parents jà vieux, éjouira,
Voyant prendre un poupon de sa tine emmantée[2] :
O Hymen ! doux Hymen ! Hymen ! ô Hyménée!

FILLES.

Comme une rose on voit, des papillons hôtesse,
Des filles le déduit, des garçons la liesse,
Du favorable ciel recevoir les bienfaits,
Tant que de son rosier elle est le plaisant faix;
Mais si elle est cueillie, alors son lustre perd,

[1] Pour *flêtrie et fanée*.
[2] Dans ce vers obscur, la métaphore de la vigne continue; *tine emmantée* signifie : une hotte ou cuve couverte.

[1] On écrivait encore *caterre* à la fin du seizième siècle.

Et rien que de jonchée, en la place, ne sert.
Ainsi, celle qui a aux amours son hommage,
Se ride sous le joug d'un pénible ménage,
Dit adieu aux festins ; et tout, pour faire court,
Les garçons amoureux ne lui font plus la cour,
Ains la laissent au coin de quelque cheminée :
O Hymen ! doux Hymen ! Hymen ! ô Hyménée !

GARÇONS.

Sus, époux desséché au rais d'une beauté,
Vengez-vous de l'Amour et de sa cruauté ;
Triomphez, bienheureux, jouissez de votre aise,
Et éteignez l'ardeur de l'amoureuse braise.
Je vois un camp ouvert, où mille Cupidons,
Pour trophée, ont pendu leur arc et leurs brandons,
S'efforçant de livrer, dans cette molle couche,
Pour leur dernière main une chaude escarmouche.
Alarme ! à l'arme ! à l'arme ! on assaut, on défend,
Et, sous ce vif combat, tout se rompt, tout se fend.
Le loyer[1] étendu, de frayeur, se retire,
Et le chalit gémit sous un si doux martyre.
Alarme ! à l'arme ! j'oi les rideaux tressaillir,
Et semble que dessous tout se doive faillir,
Sans qu'on voie pour qui victoire est amenée :
O Hymen ! doux Hymen ! Hymen ! ô Hyménée !

FILLES.

O Hymen ! crée tout, fils de Nature heureux,
Hymen, frère d'Amour, soulas des amoureux,
Qui crient après toi, afin que ta puissance
De leur bien désiré leur donne jouissance.
Puisque de notre rang cette il t'a plu tracer[2],
Pour au bras d'un mari doucement l'enlacer,
De sa virginité lui rompant la ceinture,
Récompense sa perte en plus juste mesure ;
Bannis d'entour d'eux jalousie et mépris,
Et de sainte amitié enchaîne leurs esprits ;
Fais qu'au lieu de pucelle elle soit femme et mère,
Commençant à bâtir sa famille prospère ;
Et que de nous chacune, à son ordre et son tour,
Ayons ces gages sûrs des soldats de l'Amour,
Qui la peine enfin rend de plaisir terminée :
O Hymen ! doux Hymen ! Hymen ! ô Hyménée !

Peu de temps après ce fortuné mariage, le bonhomme, voyant ce qu'il avoit désiré, donna sa bénédiction à Floradin son fils, pour s'aller reposer avec ses pères au dernier sommeil, et lui laissa de grands biens. Mais, selon la malédiction que donna Épictète aux richesses, il les dépensoit assez joyeusement, faisant grand'chère à chacun. O ! le bon temps, s'il n'eût été si court ! mais quoi ? encore fut-il plus long qu'il ne devoit, si chacun eût eu le nez assez long ; car vous devez entendre, gracieuse compagnie, qu'il y avoit environ six mois que Floradin étoit marié, quand sa femme accoucha ; laquelle (afin que connoissiez), étoit cette même Serène dont je vous ai parlé : qui, sentant à sa ceinture je ne sais quoi qu'il faudroit malgré elle montrer, n'avoit fait aucun refus sur le mariage, afin que ce lui fût couverture. Mais l'enfant, qui ne put attendre le septième mois pour le moins, décela tout, confessant qu'il étoit sans doute du bel ouvrage de Claribel, laissé pour payement à son hôtesse. Or, je vous laisse à penser quel plaisir ce fut au nouveau marié de se voir si tôt père, et, sans son travail, avoir fait ce bel acquêt. Bien vous peux assurer que cette infamie et déshonneur fut cause que les compagnies cessèrent dès lors à le visiter, de peur d'avoir leur part de la honte : qui fut cause, que (comme la douleur a plus de puissance sur une personne solitaire que sur une qui est divertie par fréquentation) le misérable Floradin cuida mourir de dépit, estimant bien que l'on faisoit de beaux contes de lui, puisque personne ne venoit plus le voir ; et toutefois, si étoit-il réduit à telle extrémité, qu'il n'eût osé aller voir personne ; ayant si fort appréhendé ce déshonneur, qu'il lui sembloit voir, à toute heure autour de soi, de petits enfants le montrer au doigt et lui tirer la langue ; tellement, que désormais il fit son compte de dire adieu à toutes compagnies, s'il ne vouloit que chacun le prît par les cornes. Étant ainsi bourrelé de cette vergogneuse appréhension, et (pour n'oser aller en aucune part divertir son ennui) voyant en gésine celle qui en son nid couvoit les œufs d'un autre (dont il ne voulut jamais s'enquérir, craignant que ce fût quelque gros maraud, qui lui eût encore plus fâché que tout), délibéra de s'en aller bien loin, en un lieu où on ne le connût point, jusques à ce que le temps lui eût fait apprendre à porter si dure et pesante patience. Parquoi, ayant prins tout l'argent qu'il put amasser, monta sur un cheval, commandant à Pierre, son garçon, de le suivre sur un autre, et sans dire mot (car s'il eût pensé que sa chemise eût su son dessein, il l'eût brûlée), s'en alla à son aventure. Mais, quelque mine qu'il fît, son ennui acharné ne le laissoit point, encore qu'il se fût soi-même pour le fuir, et ne pouvoit

---

[1] Il me semble que ce mot est pris ici dans l'acception de *courtepointe* ou *drap de lit*.

[2] Ce mot, employé au figuré comme terme de jardinage, s'entend d'une plante dont les racines s'éloignent de la tige et vont, en se glissant à la superficie du sol, former plus loin des drageons multipliés à l'infini.

tellement se feindre, que sa face triste et morne trahit à un chacun la douleur de son cœur. De quoi s'apercevant son hôte, et jugeant que le mal venoit d'amour, le va arraisonner le plus plaisamment du monde, discourant dessus la nature des femmes, et les dépêchant en forme commune; parquoi, conclut, après un long narré de leurs tourdions[1] ordinaires, que le plus expédient, tant pour les amoureux que pour les maris trompés, étoit de penser que toutes femmes étoient femmes, et n'étoient différentes, sinon de face, et de quelques fantaisies qui sont plus ou moins familières aux unes que aux autres, pour mieux pincer sans rire; tellement que, pour bien faire, il leur falloit mettre la bride sur le cou, et de son côté faire du mieux qu'on pourroit, le tout à profit de ménage; et que celles qui ont ainsi la bride lâche, ne courent jamais si fort que les autres. A ces mots, Floradin, voyant que sous un faux personnage on jouoit sa farce, commença à dresser les oreilles et se résoudre de suivre ce bon conseil, lequel dès le lendemain il pratiqua fort bien; car, voyant que son hôte étoit allé, selon sa coutume, de grand matin au village pour faire ses provisions, il alla coucher avec l'hôtesse entre les courtines; si bien, qu'il s'en alla avec son contentement, et, montant à cheval, poursuivit tant son chemin, que son bon commencement. Or, si de son côté Floradin laissoit de grandes marques de ses prouesses par où il passoit, Claribel ne se montroit pas moins vaillant; car, ayant commencé de meilleure heure, et bien continué, cette coutume lui étoit tournée en nouvelle nature, si que déjà s'étoit éprouvé en beaucoup de périlleuses entreprises, pour avoir traversé maintes nations, comme les pays de Gascogne, Languedoc, Provence, Dauphiné, Bourgogne, Champagne, et le pays de France[2], d'où il descendit en Beauce; là, il délibéra d'arrêter un peu. Toutefois, ne pensez qu'il fût oisif, car il s'accosta d'une meunière de moulin à vent, demeurant près du bourg où il s'étoit logé; avec laquelle il fut bientôt d'accord, aux conditions que, quand son mari n'y seroit point, elle mettroit un drapeau blanc sur le sommet de la tour, pour amoureux signal. Or, advint, un soir que le meunier ne faisoit que sortir pour aller à la pêche à un lac prochain, qu'un gentilhomme, avec son garçon, surpris de la nuit et égaré de son chemin, arriva à ce moulin, qui paroissoit de loin, et demanda si, pour cette nuit, il ne pourroit en quelque façon se retirer là; ce que la gracieuse meunière lui accorda, pour le voir jeune et beau, et, partant, indigne de coucher dehors. Icelui, étant entré et ayant repu de ce que son hôtesse avoit, commença à la remercier de sa courtoisie, et peu à peu fit tellement ses approches, qu'il vint aux prières d'amour d'une si bonne façon, qu'après quelques petits entredits accoutumés, se couchèrent ensemble. Mais, de malheur, Claribel, qui n'étoit jamais paresseux, étant venu faire sa revue, découvrit le drapeau blanc que sa meunière avoit mis au départ de son mari, s'étant oubliée de l'ôter à la venue de son nouvel hôte. Parquoi soudain elle cacha en un petit coin, derrière des sacs, son nouvel ami, et alla ouvrir la porte à l'ami de provision[1], avec lequel, après les caresses accoutumées, elle se coucha. Mais ils ne furent guère ensemble que voici le meunier, lequel, pour n'avoir le temps propre à la pêche, retourna et heurta rudement à l'huis, qui fut cause que la femme, hâtée d'aller ouvrir, dit à Claribel qu'il se cachât où il pourroit; puis, ayant fort bien couvert son feu, ouvrit à son fâcheux mari, qui tançoit la paresse endormie de sa femme. Toutefois, sa colère se changea bientôt en grand étonnement et frayeur, quand, soudain qu'il fût monté, il ouït le bruit de deux qui crioient et s'entrebattoient; car notez que Claribel, cherchant où se cacher, avoit été au coin des sacs, derrière lesquels étoit l'autre amoureux, lequel étoit en grand'peine, ne sachant si c'étoit point quelqu'un attitré par la putain pour le tuer et avoir son argent: qui fut cause d'une telle dissension, que le meunier, plein de frayeur, s'enfuyoit au prochain village crier aux larrons, quand sa femme le retint, lui disant que c'étoient deux pauvres passants qui, ne sachant où aller, s'étoient serrés léans, et étoient épouvantés d'ouïr un tel bruit à ces heures. Parquoi, toutes querelles s'apaisèrent d'une part et d'autre, sans toutefois que le meunier fût guère content de la charité de sa femme; vrai est qu'il fit semblant de trouver tout bon et

---

[1] Galants tours, amours, intrigues.
[2] On appelait ainsi la province de l'Île-de-France.

[1] C'est-à-dire: l'ami dont elle s'était pourvue.

pria ses hôtes de prendre patience, laquelle lui-même ne pouvoit prendre; ains délibéroit de s'en venger sur sa femme; laquelle étant (ce lui sembloit) endormie, il se lève tout bellement et va prendre le chevêtre de son mulet, qui étoit de cordes, lequel il vint approprier au col de sa femme. Or, icelle faisant semblant de dormir, mit finement le bras dedans le collier, et fut si constante que d'endurer, sans sonner mot, le mal que lui faisoit cette corde; faisant si bien semblant d'écumer et de se débattre, et de roidir, que son mari pensa l'avoir étranglée, selon son intention: qui fut cause que soudain il troussa bagage, monte sur son mulet et s'enfuit, craignant d'être appréhendé de justice. Il lui print une fois envie d'aller quérir des voisins pour venir à son moulin, où les compagnons, étant trouvés avec sa femme morte, seroient convaincus du meurtre; mais, craignant qu'enfin la vérité gagnât les couvertures[1], pensa que le plus sûr étoit de fuir, et qu'un bon défaut valoit mieux qu'une mauvaise comparution[2]. Ainsi le misérable fuyoit, quand il trouva le serviteur de son premier hôte, gardant les chevaux de son maître, qui n'avoient pu ranger au moulin. Adonc, ce méchant garçon arrêta le fuyard et lui ôta le mulet, car le pauvre homme n'en fit point de refus pour la hâte ou envie qu'il avoit de se sauver; lui semblant avoir déjà un prévôt des maréchaux en queue, et appréhendant le gibet. Or, laissons-le maintenant fuir à pied, et retournons à notre moulin, où la meunière, sachant que son mari s'en étoit fui pour l'opinion qu'il avoit de l'avoir étranglée, toute pensive qu'elle deviendroit, se lève, et à quelque peine alluma sa lampe; puis, va trouver ses deux hôtes, tapis contre leurs sacs de farine comme le lièvre contre une motte de terre. Iceux, à la faveur de la clarté, s'étant reconnus, tout éperdus d'extrême joie, s'embrassèrent si étroitement, qu'on eût dit que la véhémence de l'ancienne affection ressuscitée, combattant avec l'étonnement et merveille de s'être rencontrés en ce lieu, les mettroit hors d'eux-mêmes. Car vous devez savoir, honorable compagnie, que cet hôte, qui étoit venu sur les marches de Claribel, étoit notre gentil Floradin, son grand ami; lequel, comme je vous ai dit, après s'être dérobé de son accouchée, et ayant traversé les pays de Bretagne, Touraine, Anjou, le Maine, et quelque peu de Normandie, s'étoit de fortune rendu à ce moulin; moulin bienheureux, puisqu'il fit rencontrer deux amants qui ne s'étoient point vus depuis leur bonne vie d'Italie. Or, ainsi qu'ils renouveloient leur ancienne amitié, ne se pouvant saouler d'embrassades, et de se rire de la peur qu'ils s'étoient donnée eux-mêmes, leur jeune hôtesse, s'inclinant à leurs pieds, les requit avec larmes qu'il leur plût se souvenir de ce qu'elle avoit fait pour eux[1], et ne lui déniassent la grâce et pitié, que mérite celle qui, en leur faveur, s'est pour jamais rendue chétive et misérable. Lors, elle leur va montrer le témoignage du cruel dessein de son mari, par les noires marques d'une corde empreinte en son col ivoirin; qui les émut à grande compassion. Parquoi, la relevant et embrassant, lui promirent de jamais ne l'abandonner; ains, pour récompense de son bienfait, qu'ils la pourvoiroient à son contentement si elle vouloit les suivre, comme il lui seroit bien facile; et, pour ce faire, lui conseillèrent d'aller par tout le voisinage emprunter argent, et engager son moulin, feignant que son mari étoit allé à la foire pour acheter du bétail. Ce qu'étant dextrement mis à fin par la femme, ils la déguisèrent en garçon, et, montée sur le mulet que Pierre, serviteur de Floradin, avoit ôté au meunier, commencèrent ensemble leur voyage avec cette nouvelle provision d'amour, qu'ils faisoient leur homme de chambre et l'appeloient Du Moulin. Ainsi allant, s'enquirent l'un à l'autre comment chacun d'eux avoit vécu depuis leur séparation, et tant entrèrent en propos qu'ils n'oublièrent à se déclarer la cause de leur voyage entrepris; de sorte que, se contant l'histoire de leurs amours sans en rien épargner la vérité (car leur privauté ne le permettoit), se trouva enfin que c'étoient eux-mêmes qui s'étoient donné la venue l'un à l'autre, et par un coup fourré s'étoient fait cocus, l'un en gerbe et l'autre en herbe: qui leur fut une nouvelle confédération et renfort d'amitié; tant s'en faut qu'ils s'en voulussent

---

[1] C'est-à-dire: se fit jour à travers tous les obstacles.
[2] Proverbe usité au Palais et tiré de ces causes épineuses où il vaut mieux faire défaut que de comparaître.

[1] Dans cette histoire, bien supérieure aux quatre précédentes comme invention et comme narration, il y a certainement quelques réminiscences du *Joconde* de Boccace.

mal, et, de là en avant, s'appeloient toujours frères. Puis, se voyant bien quittes l'un à l'autre, commencèrent à l'envi de se montrer l'un à l'autre de beaux chefs-d'œuvre de leur métier, et faire preuve combien ils avoient profité en l'école d'amour; et ce, avec tant de dextérité, qu'on eût dit qu'ils avoient certains charmes dont la force contraignoit toute résistance à se rendre, et faisoit de nuit ouvrir les portes mieux fermées; de sorte qu'il n'y avoit si sauvage, qu'on appelle chaste, qu'ils n'apprivoisassent, et rien n'échappoit des rets de ces bons chasseurs; car, selon que les occasions se présentoient, ores ils prioient et ores étoient priés, ores donnoient et ores leur étoit donné, ores cherchoient et ores étoient cherchés; si bien que, ou par présents, ou par promesses, ou par gaillardises, belles paroles et amoureux services, ils forçoient tellement les rebelles volontés, qu'il n'y avoit fille, femme, vefve, nonnain, pauvre, riche, jeune, vieille, blanche, brune, grande, petite, grosse, menue, sage, sotte, grasse et maigre, qui n'allât par terre sans savoir comment; et faisoient leur trafic, ores chacun à son parsoi[1], ores à moitié. Mais, quand ils ne trouvoient rien digne d'être aimé, ils avoient recours à leur quotidien (Du Moulin), que pour cette raison ils épargnoient le mieux qu'ils pouvoient, et envoyoient leurs valets chercher leur vie ailleurs. En cet état, ils firent beaucoup de chemin par divers lieux, et sembloient commissaires qui alloient pour la réformation des coutumes des femmes. Mais leurs poursuites furent interrompues par la troisième guerre civile qui se leva[2]; car, tous les passages étant fermés, force leur étoit de demeurer. Toutefois, si trouvèrent-ils encore passe-port; car ils allèrent acheter des armes à Tours, et firent faire de belles casaques à deux endroits[3], l'un qui avoit force croix, et l'autre qui n'en avoit point, mais étoit tout de blanc, et portant en une pochette des Heures et en l'autre des Psaumes, afin de s'accorder avec tous ceux qu'ils trouveroient et être tout ce qu'on voudroit. En cet équipage, ils se mirent entre les compagnies qui descendirent en Poitou, gardant pour une maxime entre eux d'être toujours tard aux coups, et tôt au butin ou à la fuite, portant la cuirasse à l'épreuve par derrière surtout; et s'il falloit aller à la charge, toujours il y avoit quelque chose à redire en leurs chevaux, ou bien ils alloient chercher leur serviteur de bagage pour avoir leurs gantelets, et mille autres petits lieux communs d'échappatoires qu'ils savoient, composant un art militaire tout à part, qu'ils pratiquèrent fort bien jusqu'à la journée de Luçon, où des vieilles bandes furent défaites par des troupes de la Rochelle. Là, Floradin fuit vaillamment, jetant ses armes par terre comme celui qui n'avoit fiance et espérance qu'en Dieu et en ses éperons; mais le misérable Claribel, non pour ne fuir assez tôt et de bonne volonté, mais pour avoir commencé trop tard, fut happé et mené à Marans avec beaucoup d'autres, qui s'étonnoient fort de le voir prins; mais il les ôta de cette merveille, quand il leur dit que ses armes en étoient cause. Or, tous furent le lendemain renvoyés sans rançon, excepté notre pauvre Claribel, qui, pour être trouvé, sans y penser, jouant en une étable avec une lansquenette (qui, encore qu'elle n'entendît le langage, entendoit bien par signes), fut mené à la Rochelle, étant à la plus grande peine du monde sauvé d'entre ces grands lifrelofres[1], qui le cuidèrent échiner avec leurs longs bois. Or, étant à la Rochelle, pource, volontiers, que tous les logis étoient pleins du grand peuple qui s'étoit là retiré, on le logea en la prison pendant qu'on lui feroit son procès criminellement, où, par sa fenêtre grillée, il faisoit force belles observations, reconnoissant les Rocheloises d'entre les étrangères, disoit-il, à certains signes, dont il conféroit avec sa geôlière, qui quelquefois le venoit relever de sentinelle: avec laquelle, par secrètes accointances, il fit si bien ses besognes, que, pour récompense de ce qu'il avoit fait pour elle, elle lui sauva la vie, le faisant sortir et évader de la prison et de la ville à son grand besoin; de sorte que les exécuteurs de justice (car ce crime étoit puni de mort, encore que les lois de France ne le permettent), entrant en la tour du garot, ne trouvèrent l'homme, ains en son lieu

---

[1] Ce substantif est formé avec une locution encore en usage: *à part soi*.
[2] En 1568.
[3] C'est-à-dire, qui pouvaient se retourner à volonté: les catholiques portaient des croix rouges sur leurs casaques; les huguenots avaient des habits blancs.

[1] Ancien sobriquet donné aux Allemands et aux Suisses, et synonyme de *buveur*.

force figures, caractères et cernes[1] croisés diversement, qui leur fit soudain estimer que le compagnon, par art de magie, s'étoit sauvé ou s'en étoit volé[2]; car de ceux qui volent, il n'y en a plus depuis Icarus, sinon dans les bois, avec armes. Parquoi, soudain le poil leur dressa en la tête, se battant à qui sortiroit le premier, pour crainte qu'ils avoient que le diable les emportât avec celui qu'ils cherchoient, dont ils firent courir un grand bruit par la ville. Cependant notre homme, étant sorti dans une patache, tout en pourpoint, faisant grande chère; et quand ce venoit à payer, au lieu de mettre la main à la bourse, il la mettoit à la braguette (pardonnez-moi si je ne peux parler plus proprement). En cet état, il vint à Saint-Just, où il trouva son compagnon avec le bagage: qui fut un grand plaisir à l'un et à l'autre; lesquels, bien ralliés, s'en allèrent en l'île de Brouage, où ils arrivèrent tard et furent accommodés tellement quellement. Mais le pis fut que sur la minuit on donna une fausse alarme, qui mit nos deux gens d'armes en grand'peine pour ne savoir où fuir; et le plus expédient qu'ils trouvèrent, fut de passer pardessus une petite muraille et de gagner à travers des jardins, où, après avoir demeuré quelque temps cachés, et n'oyant plus aucun bruit, ils sortirent comme fait un limaçon de sa coquille, et ayant quasi peur l'un de l'autre, s'acheminèrent vers une petite porte de maison qu'ils trouvèrent mal fermée; parquoi, ils entrèrent dedans, feignant (s'ils cussent trouvé quelqu'un qui leur eût demandé où ils alloient) d'avoir charge de faire revue par les maisons, et voir en quel devoir un chacun s'étoit mis durant l'alarme; aussi, pour faire mettre de la lumière aux fenêtres. Mais ils ne furent en cette peine; car, ayant entré partout, ne trouvèrent personne, fors que dans une chambre ils virent deux chaperons de velours sur la table, et un gros chapeau gras avec; puis, tournant les yeux, avisèrent en un grand lit deux jeunes femmes et un gros vastibousier[3] entre elles, si bien endormis qu'ils n'entendirent rien. Et, croyez que nos deux compagnons n'avoient garde de les réveiller: d'autant qu'ils furent surpris de si grand ébahissement, qu'ils eussent voulu être bien loin de là; car, sachez qu'ils reconnurent incontinent, que, pour certain, c'étoient leurs femmes qui s'étoient là rencontrées inopinément. Et devez entendre que Marguerite, damoiselle de Fondargent et femme de Claribel, fuyant le siège de Poitiers, étoit venue à Xaintes vers sa tante (de laquelle je vous ai ci-dessus recommandé la souvenance), où s'estimant mal assurée, étoit venue aux îles. Là, de fortune, elle trouva Serène, femme de Floradin, retirée aussi pour sa sauveté, qui, pour être d'étrange pays comme elle, lui sembla compagnie fort commode pour se réconforter en leurs communs ennuis. Partant, s'allièrent de si étroite familiarité, que tous les biens et les maux étoient communs entre elles, comme connurent bien leurs maris; lesquels, se grattant où il ne leur démangeoit point, s'en retournèrent avec un pied de nez. Mais, étant dehors, commencèrent à s'éclater de rire, disant l'un à l'autre : « Voilà ta femme bien à son aise; as-tu point peur que le cœur lui faille ? » Et conclurent qu'il falloit savoir qui étoit ce vénérable; lequel, de peur de se morfondre, couchoit ainsi entre deux femmes, s'assurant tant de sa suffisance; mais leur homme de chambre Du Moulin (qui jamais ne les perdoit de vue, et pour cause) les ôta bientôt de cet émoi, les assurant que c'étoit le meunier son mari sans doute. De quoi ils furent encore plus étonnés, car on eût dit que cette rencontre étoit une chose fée. « Foi de soldat! dit Claribel, il a raison, et lui en sais bon gré: hé! pourquoi ne couchera-t-il entre nos deux femmes, vu que sa femme couche bien entre nous deux ? — Il est vrai, dit Floradin; mais il me souvient bien de ce qu'il voulut faire à sa femme pour l'amour de nous; car, je m'assure, à l'en croire, qu'il jurera foi de meunier qu'il l'a tuée. » Or, après plusieurs menus propos fort salutaires pour leur réconfort, ils résolurent d'aller donner le bonjour à leurs femmes, et réintégrer les amours conjugales, rentrant en leur ancien ménage, qui leur devoit sembler nouveau, et ne les estimant de rien moins, pour tout ce qui s'étoit ensuivi, sachant que, tout compté et rabattu, il n'y avoit guère grand reliquat d'une part ne d'autre; même, s'ils l'eussent osé dire, ils les prisèrent davantage, d'autant que, comme disoient les sages, une maison vaut beaucoup mieux étant habitée, que si

---

[1] Cercles.
[2] Pour *s'était envolé*.
[3] Ce mot, qui n'a pas été recueilli dans les Dictionnaires, doit signifier *un rustre aux larges épaules*.

on la laissoit moisir déserte et abandonnée aux rats et araignées, et qu'il vaut mieux s'embarquer en un bateau bien expérimenté pour avoir porté sûrement plusieurs, qu'en un qui n'a jamais porté personne; joint aussi qu'ils avoient bien de quoi se contenter de leurs femmes, et louer grandement leur chasteté et pudicité notable, de se contenter ainsi d'un homme à toutes deux, vu, que c'étoit le moins qu'on eût pu requérir en chose si nécessaire. Ainsi, suivant ce bon avis, soudain qu'il fut jour (qui leur tardoit beaucoup), ils furent recevoir leurs femmes, et furent reçus d'elles avec autant de contentement que si c'eût été le jour de leurs noces. Vrai est que, premier que les avoir recouvertes[1], se contant les trousses[2] qu'ils s'étoient données l'un à l'autre, avoient mis en délibération, puisque par essai ils savoient la portée de leurs femmes l'un de l'autre, de changer aussitôt qu'ils seroient ensemble; mais ores et la considération des murmures du peuple et le renouvellement d'amour ne le permet. A cet exemple, le meunier reprint sa femme avec autant d'ébahissement que s'il l'eût vue ressuscitée, et lui requit pardon. Aussi voulurent les maîtres pour l'accomplissement de ce bonheur, que leurs valets fussent mariés avec les chambrières de leurs femmes, qu'ils connoissoient de longue main; savoir est : Pierre avec Radegonde, et Hilairet avec la servante de Serène : ce qui fut fait si brusquement, que les souris n'avoient pas beau temps en la paille du lit. Puis, nos amoureux gens d'armes, oyant dire que les forces de La Rochelle les venoient assaillir tant par mer que par terre, suivant le conseil de Floradin, à qui l'expérience donnoit autorité et créance, délogèrent de bonne heure, s'acheminant vers Xaintes, et de Xaintes (qu'ils estimèrent mal assurée, comme de fait, peu après elle fut prise) allèrent à Saint-Jean-d'Angéli, où ils eurent la tant désirée publication de la paix[3], qui fut cause que, chargés de butin (auquel, comme j'ai dit, ils s'étoient toujours montrés fort âpres, comme bon serviteurs du roi[4]) se retirèrent au château de Floradin et Serène, où ils achetèrent, aux dépens communs, un moulin à vent, pour leur meunier et sa femme, et donnèrent leurs fermes, borderies et métairies à tenir et cultiver à leurs serviteurs; et tout pour les bons et agréables services respectivement. Puis, après mille embrassements, Claribel et sa Marguerite retournèrent à Poitiers en leur maison, vivant les uns et les autres en parfaite union, vides de toute jalousie. Et n'omettrai à vous dire une chanson, qu'encore aujourd'hui, en mémoire de leur folle jeunesse, ils chantent ensemble par forme de personnages.

BRANLE DE POITOU.

L'AMI.

Durant que j'avois de ma belle
  Tant de faveur,
Que d'être bien avoué d'elle
  Pour serviteur,
J'ai eu l'heur et contentement
  Autant fidèle,
Que peut le prince le plus grand
  Qui soit vivant.

L'AMIE.

Durant que j'avois un sûr gage
  Dedans mon cœur,
De l'amour fidèle présage,
  D'un serviteur,
Je n'eusse pas changé ce bien
  Pour le partage
Qu'une reine au val terrien[1]
  Peut faire sien.

L'AMI.

Mais depuis qu'elle a connoissance,
  Par le miroir,
De la beauté qui tant m'offense,
  Je n'ai pouvoir
De soulager en quelque endroit
  Mon espérance,
Voyant un autre qui reçoit
  Ce qu'on me doit.

L'AMIE.

Mais, las ! depuis que ce volage
  D'autres a vu,
Il leur a donné l'avantage
  Qui m'étoit dû ;
S'assurant de pouvoir choisir
  A mon dommage,

---

[1] Pour *recouvrées*.
[2] Tromperies.
[3] La paix *boiteuse et malassise*, ainsi nommée parce qu'elle avait été conclue, au mois d'août 1570, à Saint-Germain, par le sieur de Biron, qui était boiteux et par M. de Mesmes, seigneur de Malassise.
[4] Cette phrase indique clairement que Jacques Yver était du parti des huguenots, sinon de fait, du moins de sympathie.

[1] Vieille périphrase signifiant *la terre*.

Et des belles, à son désir,
  Prendre plaisir.

L'AMI.

Voilà que c'est de la fiance
  Qu'on peut avoir ;
Voilà la belle récompense
  D'un long devoir !
Plus on se porte loyaument
  En sa souffrance,
Et plus reçoit-on de torment
  En payement.

L'AMIE.

Voilà que devient la promesse
  De ces menteurs :
Qui se disent de leur maitresse
  Tant serviteurs.
Ce n'est que pour nous abuser
  D'une caresse,
Et, par un vanteux deviser,
  Nous dépriser.

L'AMI.

Parquoi, celui caût et bien sage,
  Heureux sera,
Qui de cet amoureux servage
  Se passera.
Le jour fut bien mal fortuné,
  Qu'à mon courage,
A ce malheur tant obstiné
  A destiné.

L'AMIE.

Parquoi, heureuses sont les âmes
  Qui sagement
Évitent les ardentes flammes
  De ce tourment.
Ne faites doncques comme moi,
  Honnêtes dames,
Qui me suis mise sous la loi
  De cet émoi.

L'AMI.

Toutefois, depuis qu'il m'est force,
  Si faut-il bien
Que d'ores-avant je m'efforce
  De vivre mien ;
Car il vaut mieux tard que jamais
  Fuir l'amorce
Qui ne peut nos ardents souhaits
  Laisser en paix.

L'AMIE.

Toutefois, il faut de bonne heure
  Son cœur armer
Encontre cette guerre dure
  Qui vient d'aimer.
Le mal est plus fort à guérir
  Que l'on endure,
Quand d'heure on ne vient accourir
  Le secourir.

L'AMI.

Pourtant, si ma dure ennemie,
  D'un œil piteux,
Me vouloit redonner la vie
  Des bienheureux,
Je voudrois mourir en baisant
  Ma belle amie,
Et rien, à mon corps reposant,
  N'iroit poisant.

L'AMIE.

Pourtant, si cet ami volage
  Vouloit, un jour,
Venir encore faire hommage
  A notre amour,
Je me repentirois soudain,
  De bon courage,
D'avoir voulu tracer son seing
  Dedans mon sein.

L'AMI.

Viens donc, mon cœur, mon ancelette [1],
  Viens, mon soulas ;
Viens enchaîner mon amourette
  De tes deux bras !
Hâte-toi, belle, de panser
  La plaie faite,
Dont le mal ne peut s'apaiser
  Que d'un baiser.

L'AMIE.

Viens donc, mon désir ; viens, ma vie ;
  Viens, mon souci ;
L'effort de la jalouse envie
  Est adouci.
Je ne veux le bien l'envier,
  Qui le dévie,
Pourvu que l'honneur qui m'est cher
  Demeure entier.

L'AMI.

Belle, reprenons ores l'ère
  De nos amours,
Et aux combats de cette guerre
  Passons nos jours.
Las ! quand une froide pâleur
  Nous cache en terre,
Le feu de l'amour le meilleur
  Perd sa chaleur.

L'AMIE.

Ami, la gaillarde jeunesse
  Et l'amour fol,
Fuyant la tremblante vieillesse
  D'un même vol ;
Plutôt donc dessous la mer
  Le feu s'abaisse,
Qu'on nous voie désaffamer
  De nous aimer.

---

[1] Ma petite servante.

Ainsi, aimable compagnie, notre Claribel et Floradin, pour avoir démené une jeunesse débauchée, sont tombés, par l'équitable sort divin, à ce désastre que de trouver des femmes selon eux, et, comme on dit, de même farine; lesquelles, pour se montrer en tout et partout semblables à leurs maris, ne se sont point épargnées, ne devant ne après les noces, à les imiter comme leur chef; jusques à ce que les voyant enfin amendés, se sont aussi rangées dans les bornes de même modestie, retranchant les vices du passé. En quoi mon dire se montre très-véritable, et fait suffisante preuve que les querelles, malheurs et inconvénients qui surviennent en amour, procèdent tant de l'homme que de la femme, lesquels inconsidérément ouvrent la porte à leur ennemi domestique, coupant d'un couteau de jalousie et mauvais gouvernement le nœud gordien et indissoluble de l'amour conjugal, et comptant, par leurs fautes, d'une misère perpétuelle, la chose de soi la plus heureuse du monde. « Qu'en dites-vous, madame, dit-il à la maîtresse du château; ne me donnez-vous pas votre voix? » A quoi elle répondit : « Vraiment, après vous avoir tous entendus, je vous trouve pourvus de si grandes raisons, que méritez bien tous avoir cause gagnée; mais, pour vous mettre d'accord, je me réserve la partie à demain, pour, à mon rang, jouer mon personnage, où, suivant le chemin que m'avez tracé, nous discourrons plus profondément d'amour et de sa nature; pource que cette dispute me semble la plus digne et excellente qui puisse jamais tomber en considération d'un noble esprit. Et poserons un amour non pas tel que le vulgaire le fait, mais bien une intelligence parfaite et principe de toute chose, que quelques-uns ont appelé *endélechie* de divinité résidant en notre âme, comme la lumière du feu dans la mèche d'une lampe (de fait, c'est véritablement ce feu céleste que déroba le Prométhée des poëtes); nous accordant avec ceux qui ont divisé l'âme en deux parties, l'une appelée *sensualité*, qui n'est autre chose qu'un fourneau de perturbations, de passions et appétits désordonnés, pour lesquels ranger et assujettir à la bride de raison, toutes les vertus morales sont occupées; l'autre, nommée l'*intellect*, où est la résidence des vertus contemplatives qui approchent l'homme de la vie de Dieu. Or, en quelle de ces deux parties de l'âme mettrons-nous l'amour? De le mettre entre les vertus morales, il n'y a point de raison, car elles sont pour purger l'âme, et lui, il est une fonction d'une âme déjà purgée. Il le faut donc mettre entre les vertus contemplatives; même faut confesser que l'amour est la plus parfaite vertu des vertus contemplatives, pource que c'est la vraie queux [1] pour aiguiser les cogitations spirituelles, et les ériger en haut pour chercher vérité; car, je vous prie, qu'est-ce qui élève l'âme à la contemplation, sinon l'amour de vérité? nous allumant l'esprit d'une curiosité et désir insatiable, et ne le laisse en repos jusques à ce qu'il l'ait amené par degrés à ce dernier et parfait intelligible, qui est l'*idée des idées*; dont l'heureuse jouissance, par un ravissement, engendre cette mort philosophique que Platon appelle son extase. Et ne faut s'étonner si l'amour appète jouissance, puisque c'est le souverain bien et félicité; qui ne se peut communiquer aux grossiers, nés pour servir, et auxquels l'âme ne sert que de sel; mais l'amour requiert une âme vraiment héroïque et bien formée. Parquoi, il appert que l'erreur en laquelle plusieurs, disputant de l'amour, sont tombés, est venue de ce qu'ils le font une passion aveuglant notre âme; et au contraire, c'est ce qui ôte l'obscurité qui nous empêchoit de voir au vif; puisqu'ils le font une qualité bonne ou mauvaise, selon que le sujet est bon ou mauvais, ce qui est du tout faux; car, puisque le mal vient de la matière, laquelle, selon les sages, résiste toujours à la divinité, et que le bien vient de la forme, il s'ensuit qu'amour, qui n'a rien de corporel, soit pour objet ou pour sujet, ains est abstrait et spirituel, doit être toujours bon. Et davantage, amour n'est autre chose qu'un désir de ce qui est bon, et ce bon-là n'est autre chose qu'une influence de cette grande bonté qui est Dieu : ce qui a ému quelques-uns de dire que l'amour est une petite scintille de ce grand et parfait amour qui est Dieu; si que, non sans cause, les plus sages et saints personnages du temps passé, appelés philosophes, ont voulu commencer leur nom par amour. Or, nous remettons cette considération à demain, où, avec la lumière de vérité, nous chercherons en quelle partie l'amour se cache, si c'est au cœur, ou au cerveau, ou au foie; puis, de quoi

---

[1] Pierre à aiguiser.

il se nourrit, qui sont ses vraies fonctions, quand et comment il s'engendre, et quelles gens il requiert pour établir sa demeure ; ou, tout à notre aise, nous dirons quel ami ou amie il faut choisir sans se tromper, et enfin quel est le devoir de l'une et l'autre partie, afin qu'un bon commencement ait une meilleure fin ; car il est éternel pour être de nature divine, et nous être donné de Dieu ici-bas pour arrhes de cette glorieuse béatitude, dont la parfaite jouissance attend là-haut ceux que la Grâce céleste a rendus amoureux de la seconde vie.

CONGÉ A SON LIVRE.

Demeure un peu, demeure ; où vas-tu, mon enfant ?
Où vas-tu, pauvre fol ? ton âge te défend
De t'enfuir sitôt, ainsi comme un navire,
Qui n'a parmi les flots qu'un vent pour le conduire.
Demeure donc. Premier que de se mettre à l'air,
Les petits colombeaux s'apprennent à aller
Par les nids, pépiant ; puis, déplient leurs ailes,
Tous glorieux d'y voir des plumettes nouvelles.
Mais toi, de la coquille à peine éclos, tu sors,
Et sans repos tu veux déjà courir dehors.
Telle audace jadis Icare fit occire,
En lui fondant en l'air ses deux ailes de cire ;
Quand, pour laisser son père et s'envoler trop haut,
Il fut poussé en bas par la force du chaud.
Ha ! pauvret, tu ne sais quel mal suit à la trace
De ce tien foible vol la trop volage audace ?
Las ! comme un ours aguette et épic à sortir
Le petit faon de biche, afin de l'engloutir,
Ainsi, ainsi, mon fils, la noire ingratitude
T'attend pour t'attraper, sortant de mon étude.
Alors les crocs aigus d'Envie sentiras.
Et de m'avoir laissé l'envie maudiras,
Quand on dira de toi que tu n'es qu'un folâtre,
Ne demandant sinon qu'à gaudir et t'ébattre ;
Quand quelque gros sourcil, en tordant son museau,
T'envoira pour tenir compagnie au fuseau ;
Quand un, qui ne sait rien que fraiser sa chemise,
Dira que tu n'es pas digne que l'on te lise ;
Quand, en t'interprétant, par géhenne et tourment,
Un te fera servir à son lourd jugement ;
Et bref, quand on dira qu'en tout tu ne vaux guères
Qu'à faire des cornets chez les apothicaires,
Alors tu auras honte, et point ne rougiras,
On te démembrera, et point ne saigneras.
Empêché du dépit, voilà la pénitence
Que, caché, tu feras de ton outrecuidance.
Mets-toi donc en état de tout ce mal porter.
Il est vrai, mon enfant, pour te réconforter,
Je t'avertis que tous n'auront pas le courage
De te traiter si mal ; donc, si tu es bien sage,
Crois-moi ; comme une nef fuit le roc apparent,
Fuis, je t'en avertis, fuis bien loin l'ignorant.
A ce le connoîtras, que, d'une enflée gloire,

De tout ce qu'il dira se voudra faire croire,
Dérobant, d'un chacun qu'il méprise, l'honneur.
Et partant, si tu veux, mon fils, vivre en bonheur,
Ne t'arrête aux brocards de cette gloire vaine :
Être blâmé des sots est louange certaine ;
Mais accompagne ceux desquels l'humanité
Se lie sagement avec la gravité.
Ceux-là te chériront ; de leur main honorée,
Ceux-là te donneront une robe dorée ;
Ceux-là, par les jardins, par les prés et les bois,
Te tirant de leur sein, écouteront ta voix :
C'est à ceux, c'est à ceux, mon fils, qu'il faut complaire,
Et humble serviteur de leur grâce te faire.
O heureux, si le ciel t'adresse en si bon lieu,
Où je te recommande en te disant : Adieu !
Adieu donc, mon enfant, mon *Printemps* de liesse ;
Adieu, gage éternel de ma folle jeunesse ;
Le ciel te soit propice, et que les rameaux verts
S'étendent, mon *Printemps*, par tout cet univers !
Que l'été leur soit doux, et que de la froidure
De l'hiver hérissé ils ne sentent l'injure.
Les baveurs limaçons, qui sont les médisants,
Cèdent à leur bonneur ; et les soupirs cuisants
Des tendrelets Amours, éventent tes florettes,
Les arrosant sans cesse avecque leurs larmettes.

DU TRÉPAS DE L'AUTEUR,

PAR I. TH.[1]

Tu peux, en meurtrissant, tout à coup faire vivre,
Yver, chacun de ceux que tu mets à la mort.
Nature t'a meurtri ; mais, contre son effort,
Tu vivras immortel tant que vivra ton livre.

DU MÊME.

SONNET.

L'homme est fait, mon Yver, de deux belles parties :
La première est l'esprit, la seconde est le corps.
Le corps garde cachés les superbes trésors,
Et de l'esprit divin les grâces infinies.

Or, tandis qu'écrivant tes noires tragédies,
Tu fais ton bon esprit connoitre par dehors,
Ton corps, entretenant Nature en ses accords,
De sa vie a senti les trames accourcies.

[1] Ces initiales cachent peut-être le nom de Jean Tharon, sieur de La Roche, conseiller au présidial du Maine, qui s'occupait de belles-lettres et qui possédait en 1584 une bibliothèque remarquable *non-seulement pour les belles et propres reliures ou couvertures de ses livres, mais pour les plus beaux et plus corrects exemplaires*, selon son contemporain La Croix du Maine.

Et ce qui en Nature a eu commencement,
Doit sa fin en Nature attendre également;
Mais l'esprit, qui du ciel peut vanter sa naissance,
Yver, comme ton corps, n'est sujet à la mort.
Ton livre lui a fait un bouclier assez fort,
Pour brave dépiter la mort et sa puissance.

Tant qu'il en reste.

ANAGRAMMATISME DE JACQUES YVER.

Du pinceau le docte soin
Me faire vivre a envie :
Mais, las, qu'en est-il besoin,
Puisqu'en mourant *j'aquers vye.*

FIN DU PRINTEMPS D'YVER.

TABLE DES MATIÈRES

CONTENUS DANS CE VOLUME.

	Pages.
Préface de l'Éditeur	v
Introduction	IX
Notice sur les Cent Nouvelles nouvelles	XIII
Notice sur Bonaventure des Periers	XIX
Notice sur Marguerite d'Angoulême, reine de Navarre	XXV
Notice sur Jacques Yver	XXXVIII

LES CENT NOUVELLES NOUVELLES.

Nouvelles.	Pages.
1. La Médaille à revers	3
2. Le Cordelier médecin	6
3. La Pêche de l'Anneau	8
4. Le Cocu armé	12
5. Le Duel d'aiguillettes	13
6. L'Ivrogne au Paradis	15
7. Le Charreton à l'arrière-garde	17
8. Garce pour garce	18
9. Le Mari maquereau de sa femme	20
10. Les Pâtés d'anguille	21
11. L'Encens au Diable	23
12. Le Veau	24
13. Le Clerc châtré	25
14. Le Faiseur des Papes, ou l'Homme de Dieu	27
15. Nonnain savante	30
16. Le Borgne aveugle	31
17. Le Conseiller au bluteau	33
18. La Porteuse du ventre et du dos	35
19. L'Enfant de Neige	37
20. Le Mari médecin	38
21. L'Abbesse guérie	41
22. L'Enfant à deux pères	43
23. La Procureuse passe-la-raie	45
24. La Botte à demi	46
25. Forcée de gré	47
26. La Demoiselle cavalière	53
27. Le Seigneur au bahut	55
28. Le Galant morfondu	58
29. La Vache et le Veau	60
30. Les trois Cordeliers	62
31. La Dame à deux	64
32. Les Dames dîmées	66
33. Madame tondue	70
34. Seigneur dessus-dessous	75
35. L'Échange	76
36. A la besogne	78
37. Le Bénétrier d'ordures	79
38. Une Verge pour l'autre	81
39. L'un et l'autre payé	84
40. La Bouchère lutin dans la cheminée	85
41. L'Amour et le Haubergeon en armes	87
42. Le Mari curé	89
43. Les Cornes marchandes	91
44. Le Curé courrier	92
45. L'Écossois lavandière	95
46. Les Poires payées	Ib.
47. Les deux Mules noyées	97
48. La Bouche honnête	98
49. Le Cul d'écarlate	99
50. Change pour change	101
51. Les vrais Pères	102
52. Les trois Monuments	103
53. Le Quiproquo des épousailles	105
54. L'Heure du berger	107
55. L'Antidote de la peste	109
56. La Femme, le Curé, la Servante, le Loup	110
57. Le Frère traitable	111
58. Fier contre fier	113
59. Le Malade amoureux	Ib.
60. Les nouveaux Frères mineurs	116
61. Le Cocu dupé	117
62. L'Anneau perdu	120
63. Montbleru, ou le Larron	123
64. Le Curé rasé	125
65. L'Indiscrétion mortifiée et non punie	127
66. La Femme au bain	129
67. La Dame à trois maris	Ib.
68. La Garce dépouillée	130
69. L'honnête Femme à deux maris	131
70. La Corne du diable	133
71. Le Cornard débonnaire	134
72. La Nécessité est ingénieuse	135
73. L'Oiseau en la cage	137
74. Le Curé trop respectueux	139
75. La Musette	140
76. Les Lacs d'amour	141
77. La Robe sans manches	143
78. Le Mari confesseur	Ib.
79. L'Âne retrouvé	145
80. La bonne Mesure	146
81. Le Malheureux	147
82. La Marque	150
83. Le Carme glouton	Ib.
84. La Part au diable	152
85. Le Curé cloué	Ib.
86. La Terreur panique ou l'official juge	153
87. La Cure des yeux	155
88. Le Cocu sauvé	156
89. Les Perdrix changées en poissons	158
90. La Bonne malade	159
91. La Femme obéissante	160
92. Le Charivari	Ib.
93. La Postillonne sur le dos	162
94. Le Curé double	163
95. Le Doigt du moine guéri	164
96. Le Testament cynique	166
97. Le Hausseur	Ib.
98. Les Amants infortunés	167
99. La Métamorphose	170
100. Le Sage Nicaise ou l'Amant vertueux	171

LES CONTES OU JOYEUX DEVIS

DE BONAVENTURE DES PERIERS.

Sonnet	183
Au lecteur	Ib.
1. En forme de préambule	184
2. Des trois Fous, Caillette, Triboulet et Polite	186
3. Du Chantre qui accompagna les chanoines à leurs potages	187
4. Un Basse-Contre de Reims, chantre, Picard et maître ès-arts	188
5. Des trois Sœurs qui répondirent chacune un bon mot à leurs maris la première nuit de leurs noces	189
6. Du Mari de Picardie, qui retira sa femme de l'amour, par une remontrance qu'il lui fit	192
7. Du Normand allant à Rome, qui fit provision de latin pour parler au Saint-Père	193
8. De l'Assignation donnée par messire Siace, curé de Bagnolet, à une belle vendeuse de naveaux	194
9. Des Moyens qu'un plaisantin donna à son roi, afin de recouvrer argent promptement	196
10. Du Procureur qui fit venir une jeune garce du village pour s'en servir, et de son Clerc qui la lui essaya	196
11. De Celui qui acheva l'oreille de l'enfant à la femme de son voisin	198
12. De Fouquet, qui fit accroire au procureur son maître que le bonhomme était sourd, et comment le procureur se vengea de Fouquet	199
13. D'un Docteur en décret qu'un bœuf blessa si fort qu'il ne savait en quelle jambe c'était	200
14. Comparaison des alquemistes à

42

TABLE DES MATIÈRES.

Nouvelles.	Pages.
la bonne femme qui portait une potée de lait au marché.	201
15. Du roi Salomon, qui fit la pierre philosophale.	Ib.
16. De l'Avocat qui parlait latin à sa chambrière, et du Clerc qui était le truchement.	204
17. Du cardinal de Luxembourg et de la bonne Femme qui voulait faire son fils prêtre.	205
18. De l'Enfant de Paris nouvellement marié, et de Beaufort qui trouva moyen de jouir de sa femme.	207
19. De l'Avocat en parlement, qui fit abattre sa barbe pour la pareille.	210
20. De Gillet le menuisier, comment il se vengea du lévrier qui lui venait manger son dîner.	211
21. Du savetier Blondeau.	212
22. De trois Frères, qui cuidèrent être pendus pour leur latin.	213
23. Du jeune Fils qui fit valoir le beau latin que son curé lui avait montré.	Ib.
24. D'un Prêtre qui ne disait autre mot que *jesus* en son évangile.	214
25. De maître Pierre Fai-Feu, qui eut des bottes qui ne lui coûtèrent rien.	215
26. De maître Arnaud, qui emmena la haquenée d'un Italien et ne la rendit qu'au bout de neuf mois.	217
27. Du Conseiller et de son Palefrenier, qui lui rendit sa mule vieille au lieu d'une jeune.	219
28. Des Copieux de La Flèche en Anjou; comment ils furent trompés au moyen d'une lamproie.	220
29. De l'Âne ombrageux, qui avait peur quand on ôtait le bonnet.	221
30. Du prévôt Coquillaire, malade des yeux, auquel les médecins faisaient accroire qu'il voyait.	223
31. Des finesses et des actes mémorables d'un renard.	224
32. De maître Jean du Pontalais; comment il la bailla bonne au barbier d'étuves, qui faisait le brave.	226
33. De madame la Fourrière, qui logea le gentilhomme au large.	228
34. Du Gentilhomme qui avait couru la poste, et du Coq qui ne pouvait caucher.	Ib.
35. Du Curé de Brou, et des bons tours qu'il faisait.	229
36. Du même Curé et de sa Chambrière.	230
37. Du même Curé, et de la Carpe qu'il acheta pour son dîner.	232
38. Du même Curé, qui excommunia tous ceux qui étaient dans un iron.	Ib.
39. De Teiran, qui, étant sur la mule, ne paraissait point sur l'arçon de la selle.	233
40. Du Docteur qui blâmait les danses, et de la Dame qui les soutenait.	234
41. De l'Écossais et sa Femme qui était un peu trop habile au maniement.	235
42. Du Prêtre et du Maçon qui se confessait à lui.	236
43. Du Gentilhomme qui criait la nuit après ses oiseaux, et du Charretier qui fouettait ses chevaux.	Ib.
44. De la Veuve qui avait une requête à présenter.	238
45. De la jeune Fille qui ne voulait point d'un mari, parce qu'il avait mangé le dos de sa première femme.	Ib.
46. Du Bâtard d'un grand seigneur, qui se laissait pendre à crédit, et qui se fâchait qu'on le sauvât.	239
47. Du sieur de Raschaut, qui allait tirer du vin, et comment le fausset lui échappa dedans la pinte.	240
48. Du Tailleur qui se dérobait soi-même, et du drap gris qu'il rendit à son compère le chaussetier.	241
49. De l'Abbé de Saint-Ambroise et de ses Moines.	242
50. De Celui qui renvoya ledit abbé avec une réponse de nez.	243
51. De Chichouan, laboureur, qui fit ajourner son beau-père pour se laisser mourir.	244
52. Du Gascon qui donna à son père à choisir des œufs.	245
53. Du Clerc des finances, qui laissa choir deux dés de son écritoire devant le roi.	246
54. De deux Points, pour faire taire une femme.	Ib.
55. La Manière de devenir riche.	Ib.
56. D'une Dame d'Orléans, qui aimait un écolier qui faisait le petit chien à sa porte.	247
57. Du Vaudrey, et des tours qu'il faisait.	Ib.
58. Du Gentilhomme qui coupa l'oreille à un coupeur de bourses.	248
59. De la Demoiselle de Toulouse, qui ne soupait plus.	Ib.
60. Du Moine, qui répondait à tout par monosyllabes rimés.	249
61. De l'Écolier légiste, et de l'Apothicaire qui lui apprit la médecine.	Ib.
62. De messire Jean, qui monta sur le maréchal, pensant monter sur sa femme.	251
63. De la Sentence que donna le prévôt de Bretagne.	252
64. Du Garçon qui se nomma Toinette, pour être reçu en une religion de nonnains.	253
65. Du Régent qui combattit une harangère du Petit-Pont à belles injures.	254
66. De l'Enfant de Paris, qui fit le fol pour jouir de la jeune veuve.	256
67. De l'Écolier d'Avignon, et de la vieille qui le prit à partie.	258
68. D'un Juge d'Aigues-Mortes, d'un Pasquin et du concile de Latran.	Ib.
69. Des Gendarmes qui étaient chez la bonne femme de village.	259
70. De maître Berthaud, à qui on fit accroire qu'il était mort.	260
71. Du Poitevin qui enseigne le chemin aux passants.	261
72. Du Poitevin et du Sergent, qui mit sa charrette et ses bœufs en la main du roi.	262
73. D'un autre Poitevin, et de son fils Micha.	Ib.
74. Du Gentilhomme de Beauce et de son dîner.	263
75. Du Prêtre qui mangea à déjeuner toute la pitance des religieux de Beaulieu.	Ib.
76. De Jean Doingé, qui tourna son nom par le commandement de son père.	265
77. De Janin, nouvellement marié.	266
78. Du Légiste qui voulut exercer à lire.	Ib.
79. Du bon ivrogne Janicot et de Junette, sa femme.	Ib.
80. D'un Gentilhomme qui mit sa langue dans la bouche d'une femme en la baisant.	268
81. Du Coupeur de bourses, et du Curé qui avait vendu son blé.	269
82. Des mêmes Coupeurs de bourses, et du prévôt Lavouste.	270
83. D'eux-mêmes encore, et du Coutelier à qui fut coupée la bourse.	271
84. Du bandoulier Cambaire.	272
85. De l'honnêteté de M. de Salzard.	273
86. De deux Écoliers qui emportèrent les ciseaux du tailleur.	Ib.
87. Du Cordelier qui tenait l'eau auprès de soi, et qui n'en buvait point.	274
88. D'une Dame qui faisait garder les coqs sans connaissance de poules.	Ib.
89. De la Pie et de ses Piaux.	275
90. D'un Singe qu'avait un abbé, et qu'un Italien entreprit de faire parler.	Id.
91. Du Singe qui but la médecine.	277
92. De l'Invention d'un mari pour se venger de sa femme.	278
93. D'un Larron qui eut envie de dérober la vache de son voisin.	280
94. D'un pauvre Homme de village, qui trouva son âne qu'il avait égaré, par le moyen d'un clystère qu'un médecin lui avait baillé.	Ib.
95. D'un superstitieux Médecin, qui ne voulait rire avec sa femme, sinon quand il pleurait.	281
96. D'un bon Compagnon hollandais.	282
97. De l'Écolier qui feuilleta tous ses livres pour savoir ce que signifiaient *ramon, ramonner, hurt*, etc.	Ib.
98. De Triboulet, fol du roi François 1er.	283
99. Des deux Plaidants qui furent plumés à propos par leurs avocats.	Ib.
100. Des joyeux Propos que tenait celui qu'on menait pendre au gibet de Montfaucon.	284
101. Du Souhait que fit un certain conseiller du roi François 1er.	Ib.
102. De l'Écolier qui devint amoureux de son hôtesse.	285
103. Du Curé qui se colérait en sa chaire, de ce que ses semblables ne faisaient le devoir, comme lui, de prêcher ses semblables.	286
104. D'un tour de Villon joué dextrement par un Italien à un Français.	Ib.
105. Des facétieuses Rencontres et façons de faire d'un Hibernois.	287
106. Des Moyens dont usa un médecin afin d'être payé d'un abbé malade.	Ib.
107. De l'apprenti Larron, qui fut pendu pour avoir trop parlé.	288
108. De Celui qui se laissa pendre sous forme de dévotion.	Ib.
109. D'un Curé qui n'employa que l'autorité de son cheval, pour confondre ceux qui niaient le purgatoire.	289
110. Du Bateleur, qui gagea contre un duc de Ferrare, qu'il y avait plus grand nombre de médecins en sa ville que d'autres gens.	Ib.
111. Des Tourdions joués par deux larrons.	290
112. D'un Gentilhomme qui fouette deux Cordeliers pour son plaisir.	291
113. Du Curé d'Onzain, qui se fit châtrer à la persuasion de son hôtesse.	Ib.
114. D'une Finesse dont usa une jeune femme d'Orléans pour attirer à sa cordelle un jeune écolier qui lui plaisait.	292
115. La Manière de faire taire et danser les femmes lorsque leur mari les prend.	Ib.
116. De Celui qui s'ingéra de servir de truchement.	293
117. Des menus Propos que tint un curé au roi Henri II.	Ib.
118. De Celui qui prêta argent sur gages.	294
119. De la Catinelle dont usa un jeune garçon pour étranger, plusieurs moines qui logeaient en une hôtellerie.	Ib.

TABLE DES MATIÈRES. 657

Nouvelles.	Pages.
120. Du Larron qui fut aperçu fouillant en la gibecière du cardinal de Lorraine.	295
121. Du Moyen dont usa un gentilhomme italien afin de n'entrer au combat qui lui était assigné.	Ib.
122. De Celui qui paya son hôte en chansons.	296
123. D'un Procès entre une belle-mère et son gendre.	296
124. Comment un Écossais fut guéri du mal de ventre.	297
125. Des Epitaphes de l'Arétin.	Ib.
126. De la Harangue qu'entreprit de faire un jeune homme en sa réception en l'état de conseiller.	298
127. Du Chevalier âgé, qui fit sortir les grillons de la tête de sa femme par saignée.	299
128. De deux Jouvenceaux siennois, amoureux de deux demoiselles espagnoles.	301
129. D'une jeune Fille surnommée Peau-d'Ane, et comment elle fut mariée.	302
Sonnet de l'auteur aux lecteurs.	303

L'HEPTAMÉRON.

Dédicace.	307
Préface.	308
1. Une Femme d'Alençon avait deux amis, l'un pour le plaisir, l'autre pour le profit.	314
2. Piteuse et chaste Nuit d'un des muletiers de la reine de Navarre.	317
3. Le Roi de Naples abusant de la femme d'un gentilhomme, porte enfin lui-même les cornes.	319
4. Téméraire Entreprise d'un gentilhomme à l'encontre d'une princesse de Flandres.	322
5. Une batelière s'échappa de deux cordeliers qui la voulaient forcer, et fit si bien, que leur péché fut découvert à tout le monde.	326
6. Subtilité d'une femme, qui fit évader son ami lorsque son mari pensait le surprendre.	327
7. Un Marchand de Paris trompe la mère de son amie, pour couvrir leur faute.	328
8. Un Quidam ayant couché avec sa femme, au lieu de sa chambrière, y envoya son voisin, qui le fit cocu, sans que sa femme en sût rien.	329
9. Piteuse Mort d'un gentilhomme amoureux, pour avoir trop tard reçu consolation de celle qu'il aimait.	332
10. Amour d'Amadour et de Florinda.	335
11. Propos facétieux d'un Cordelier en ses sermons.	351
12. L'Inconvénient d'un duc, et son impudence pour parvenir à son intention.	353
13. Un Capitaine de galères, sous ombre de dévotion, devint amoureux d'une demoiselle, et ce qui en advint.	356
14. Subtilité d'un amoureux, qui, sous la faveur du vrai ami, cueille d'une dame milanaise le fruit de ses labeurs passés.	362
15. Une Dame de la cour du roi, se voyant dédaignée de son mari, s'en vengea par peine pareille.	365
16. Une Dame milanaise approuve la hardiesse de son ami.	371
17. Le roi François montre sa générosité au comte Guillaume, qui le voulait faire mourir.	373
18. Une Gentilhomme expérimenta la foi d'un jeune écolier son ami, avant que lui permettre avantage sur son honneur.	375
19. De deux Amants qui, par désespoir de n'être mariés ensemble, se rendirent en religion.	378
20. Un Gentilhomme est inopinément guéri du mal d'amour, trouvant sa demoiselle rigoureuse entre les bras de son palefrenier.	383
21. L'honnête Amitié d'une fille de grande maison et d'un bâtard.	385
22. Un Prieur réformateur tente tous moyens pour séduire une religieuse.	394
23. Trois Meurtres advenus en une maison par la méchanceté d'un Cordelier.	390
24. Gentille Invention d'un gentilhomme pour manifester ses amours à une reine.	402
25. Subtil Moyen dont usait un grand prince pour jouir de la femme d'un avocat de Paris.	407
26. Plaisant Discours d'un grand seigneur, pour avoir la jouissance d'une dame de Pampelune.	409
27. Témérités d'un sot secrétaire, qui sollicite d'amour la femme de son compagnon.	416
28. Un Secrétaire pensait affiner quelqu'un qui l'affina, et ce qui en advint.	417
29. Un bon Jannin de village, de qui la femme faisait l'amour avec son curé, se laissa aisément tromper.	418
30. Merveilleux Exemple de la fragilité humaine, qui, pour couvrir son horreur, en court de mal en pis.	419
31. Exécrable Cruauté d'un Cordelier, pour parvenir à sa détestable paillardise.	423
32. Punition, plus rigoureuse que la mort, d'un mari envers sa femme adultère.	425
33. Abomination d'un prêtre incestueux.	427
34. Deux Cordeliers, trop curieux d'écouter, eurent si belles affres, qu'ils en cuidèrent mourir.	429
35. Industrie d'un sage mari pour divertir l'amour que sa femme portait à un Cordelier.	431
36. Un Président de Grenoble, averti du mauvais gouvernement de sa femme, y mit si bon ordre, que son honneur n'en fut intéressé, et si s'en vengea.	434
37. Prudence d'une femme pour retirer son mari de folle amour qui le tourmentait.	437
38. Mémorable Charité d'une femme de Tours envers son mari.	438
39. Bonne Invention pour chasser le lutin.	440
40. Un Seigneur fit mourir son beau-frère, ignorant l'alliance.	441
41. Étrange pénitence donnée par un Cordelier confesseur à une jeune demoiselle.	444
42. Continence d'une jeune fille contre l'opiniâtre poursuite amoureuse d'un des grands seigneurs de France.	446
43. L'Hypocrisie d'une dame de cour fut découverte, par le démêlement de ses amours, qu'elle pensait bien céler.	451
44. De deux Amants qui ont subtilement joui de leurs amours.	454
45. Un Mari, baillant les innocents à la chambrière, trompait la simplicité de sa femme.	457
46. D'un Cordelier, qui fait grand crime envers les maris de battre leurs femmes.	459
47. Un Gentilhomme du Perche, soupçonnant à tort l'amitié de son ami, le provoque à exécuter contre lui la cause de son soupçon.	461
48. Deux Cordeliers, une première nuit de noces, prirent, l'un après l'autre, la place de l'époux, dont ils furent bien châtiés.	463
49. Subtilité d'une comtesse, pour tirer secrètement son plaisir des hommes, et comme elle fut découverte.	464
50. Un Amoureux, après la saignée, reçoit le don de merci, dont il meurt, et sa dame, pour l'amour de lui.	466
51. Perfidie et Cruauté d'un Italien.	469
52. Du sale déjeuner préparé par un valet d'apothicaire à un avocat et à un gentilhomme.	471
53. Diligence personnelle d'un prince, pour étranger un importun amour.	472
54. D'une Demoiselle de si bonne nature que, voyant son mari, qui baisait sa chambrière, ne s'en fit que rire.	475
55. Finesse d'une Espagnole, pour frauder les Cordeliers du legs testamentaire de son mari.	476
56. Un Cordelier maria frauduleusement un autre Cordelier à une jeune demoiselle, dont ils sont tous deux punis.	478
57. Conte ridicule d'un milord d'Angleterre, qui portait un gant de femme par parade, sur son habillement.	480
58. Une Dame de cour se venge plaisamment d'un sien serviteur d'amourettes.	482
59. Un Gentilhomme, pensant accoler en secret une des demoiselles de sa femme, est par elle surpris.	483
60. Une Parisienne abandonne son mari pour suivre un chantre; puis, contrefaisant la morte, se fit enterrer.	486
61. Merveilleuse pertinacité effrontée d'une Bourguignonne envers un chanoine d'Autun.	489
62. Une Demoiselle, faisant un conte de l'amour d'elle-même, parlant en tierce personne, se déclara par mégarde.	492
63. Notable Chasteté d'un seigneur français.	493
64. Un Gentilhomme, dédaigné pour mari, se rend Cordelier, de quoi sa mie porte pareille pénitence.	495
65. Simplicité d'une vieille, qui présenta une chandelle ardente à Saint-Jean de Lyon, et l'attacha au front d'un soldat qui dormait sur un sépulcre, et de ce qui en advint.	497
66. Conte récréatif advenu au roi et à la reine de Navarre.	498
67. Extrême Amour et Austérité de femme en terre étrange.	499
68. Une Femme fait manger des cantharides à son mari pour avoir un trait de l'amour, et il en cuida mourir.	500
69. Un Italien se laisse affiner par sa chambrière, qui fait que la

Nouvelles. Pages.	Nouvelles. Pages.	Nouvelles. Pages.
femme trouve son mari blutant au lieu de sa servante.... 502	amants........... 503	revint en santé........ 513
70. L'Incontinence furieuse d'une duchesse fut cause de sa mort et de celle de deux parfaits	71. Une Femme, étant aux abois de la mort, se courrouça en sorte, voyant que son mari accolait sa chambrière, qu'elle	72. Continuelle repentance d'une religieuse, pour avoir perdu sa virginité, sans force, ni par amour.................. 514

LE PRINTEMPS D'YVER.

Aux belles et vertueuses damoiselles de France 519
Première journée 521
Deuxième journée 552
Troisième journée 572
Quatrième journée 596
Cinquième journée 625
Congé à son livre 653
Du trépas de l'auteur .... Ib.
Du même .... Ib.
Anagrammatisme de Jacques Yver 654

FIN DE LA TABLE DES MATIÈRES.

www.ingramcontent.com/pod-product-compliance
Lightning Source LLC
Chambersburg PA
CBHW050322020526
44117CB00031B/1330